当代全球棉花产业

Contemporary World Cotton

毛树春　李付广

中国农业科学院棉花研究所　　主编

中国农业出版社

内 容 提 要

  全书按产业链思路，从中观层面，分纵横双向论述全球植棉业、棉花初级加工业和棉纺织业的布局、结构、转移、流通、消费、贸易和经济交换的发展过程，取得的经验、存在的问题和未来的发展趋势。系统介绍"一带一路"和60多个国家的棉花产业最新情况，分析比较中国、美国近100多年以来棉花产业的发展及其可资借鉴的经验。全书160万字，分篇分章节论述，具有较强的可读性和重要的参考价值。

主 编:

　　毛树春　李付广

副主编:

　　李亚兵　李鹏程　林永增　孔庆平

　　别 墅　陈德华　陈 宜　华 珊

　　董合忠　杨国正吕 新　彭 军

成 员 (按姓名笔画排序):

于谦林	王 维	王子胜	王功著	王国平	王树林
韦京艳	支晓宇	毛正轩	毛树春	孔 杰	孔庆平
田立文	史 伟	代建龙	冯 璐	邢红宜	吕 新
华 珊	庄生仁	刘小玲	刘传亮	关建波	江鸣华
孙瑞斌	纪从亮	苏 璟	李 飞	李 蔚	李付广
李亚兵	李雪源	李维江	李景龙	李鹏程	杨苏龙
杨国正	别 墅	宋美珍	张 泽	张 祥	张 强
张 雷	张宋佳	张国龙	张思平	张教海	陈 宜
陈德华	林永增	郑曙峰	房卫平	赵付安	胡爱兵
范术丽	贵会平	聂太礼	徐守东	徐海江	郭荣敏
黄 群	彭 军	董合忠	韩迎春	雷亚平	路占远
谭砚文	潘 苏	潘宁松	薛惠云		

学术秘书: 朱巧玲　支晓宇　杜文丽

序

棉花是全球重要大宗农产品，是全球最大的天然纤维作物，是纺织工业的主要原料，是主要大田经济作物，棉花产业也是全球重要的经济支柱产业，还是主要食用植物油来源。2014 年，全球纺织品服装出口额 7 973.6 亿美元（其中纺织品 3 140.8 亿美元，服装 4 832.8 亿美元），从 2000 年到 2014 年的 15 年间，全球纺织品出口额年均增长率高达 6.55%，出口额年均增长 309 亿美元，具有较大的消费增长潜力。

棉花产业具有较高的集中度，全球从事棉花种植的国家或经济体有 80 多个，其中中国、印度、美国、巴基斯坦和巴西占全球植棉面积的七成以上；全球棉纺织国家或经济体有 100 多个，其中中国、印度、巴基斯坦、土耳其和巴西占全球纺织品份额的七成以上。

全球人均纺织纤维消费量，从 1960 年的 4.99 千克/人提高到 2014 年的 11.96 千克/人，在这 54 年时间里人均消费量增长了 1.26 倍，年均增长率 1.38%。2014 年，工业化国家消费量达到 30.27 千克/人，高于全球平均水平 18.31 千克/人的 1.53 倍；发展中国家人均消费量 9.34 千克/人，比全球平均水平低 21.9%，可见人均纺织品消费仍有较大潜力。

棉花是中国国民经济的重要支柱产业，中国棉花产区曾覆盖一亿多农民，中国纺织服装产业从业人员 2 000 万。2014 年人均纺织品消费量 17.5 千克/人，高于全球平均水平 46.3%。中国是棉花产业大国，于 1983 年成为全球棉花产能第一大国，在加入世界贸易组织的 10 多年形成了"中国因素"——对全球棉花总产的贡献率高达 27.8%，对全球原棉进口的贡献率高达 30.3%，对全球棉工厂原棉消费量的贡献率高达 37.5%，对全球纺织品服装出口贸易的贡献率高达 28.6%。

我国依据十分完整的棉花产业体系，很长很长的产业链条，各环节存有极强的互补性、抗逆性和配套能力，我国即将进入居民中等生活水平，未来棉花产业仍将充满活力，绽放光芒。

科学技术和科学种田是推动棉花产量不断提高、品质不断改善和效益不断增长的主要措施。进入 21 世纪以来，以转基因棉为标志的高新技术在全球植棉业中得到广泛应用，如今全球 60 多个国家、87% 的棉田面积种植转基因棉花品种，全球植棉机械化、信息化和智能化的技术和装备发展迅速，但发达国家与发展中国家的差别很大。

产量、质量、成本和效益是评价一个国家棉花产业竞争力的基础，中国棉花单产水平位居产棉大国之首，高于全球平均单产水平70%，为提升产业竞争力奠定了充实基础，早已成为消化高额成本的有力武器。中国棉花和棉纱线进入高成本时代，然而，中国原棉品质位居全球中等水平，产量、质量、成本和效益相互交织的矛盾需要科技进步和体制、机制的创新予以攻克。同时，高效棉纺织技术和装备的迅速发展不断要求棉花品质的改良和提升，"中高端品质"原棉将是棉花大国和强国棉花竞争的重要领域，我国要加快棉花科技进步缩短差距。

中国棉花发展面临的劳动力成本大幅度上涨与人多地少、粮棉争地的矛盾，也是未来印度、巴基斯坦等棉花生产国家即将面临的问题，在这一大的背景下，全球棉花供不应求和价格上涨将是大趋势。因此，我国要保持足够的棉花产能以确保人口大国的纺织品基本需求，大力发展盐碱地植棉，用科学方法和有效政策措施保障东海、黄河三角洲、环渤海和黑龙港2 000多万亩宜棉盐碱旱地的棉花种植规模，用轻简化植棉、机械化植棉、组织化植棉破解棉花生产用工多，劳动力费用占比大，还要减轻劳动强度，大力发展棉花的机械化采收，实现"快乐植棉"。

毛树春是我国著名的棉花栽培专家，他长期从事棉花栽培技术和信息技术研究，取得了一系列重要学术成果，他还长期从事棉花发展战略和产业技术经济研究，《当代全球棉花产业》是他长期研究棉花发展战略的结晶，较好地传承和发展了刘毓湘前所长《当代世界棉业》的学术思想。全书160多万字，分五篇共26章，数据量大，信息量多，涉及棉花产业的知识、技术面极为宽广，值得一读，为此特做序予以推荐之。

中国工程院院士

2016 年 7 月 24 日

前　　言

　　棉花是全球重要的大宗农产品，是全球最大的天然纤维作物和纺织工业的主要原料，是主要大田经济作物，是棉花集中产区农民的主要经济收益来源，"要发家种棉花"在全球具有广泛性的认同性。"衣食住行衣为首"，像粮食一样，棉花生产、消费和贸易事关国计民生。

　　棉花产业是全球经济的重要支柱产业，全球棉花产值500多亿美元（2010年），占全球农业总产值最高比例达0.1%，而全球棉花播种面积仅占全球大田作物播种面积的5%；全球棉籽产量3060万吨（1961—2011年平均），占全球植物初级油料产品产量的比例高达8.0%，是集中产区主要食用植物油来源。全球原棉贸易量745万吨，占全球生产量的32.0%；最大贸易额322.4亿美元（2000—2009年平均）。全球纺织品出口贸易额7662亿美元（2013年，纺织品3059亿美元，服装4603亿美元），从2000年到2013年的年均增长率6.64%，年均增长326亿美元，具有较大的消费增长潜力。

　　棉花产业在全球具有广泛的参与度和较高的集中度。全球棉花产业覆盖人口约20亿，有占全球四分之一的人口依靠棉花获得生计。全球有87个国家或经济体种植棉花，有140个国家或经济体参与原棉、棉纺织品的生产和贸易，几乎所有国家和经济体都参与纺织品服装的消费和贸易。同时，棉花产业的集中度较高，全球有80多个国家和经济体参与，其中中国、印度、美国、巴基斯坦和巴西占全球的七成以上；全球有近百个国家和经济体参与棉纺织，其中中国、印度、巴基斯坦、土耳其和巴西占全球的七成多。

　　全球纺织纤维产量，从1960年的1513万吨增长到2014年的8622万吨，年均增长率3.28%，年均增长115万吨。然而，棉纤维占纺织纤维的比例从1960年的68.3%下降到2014年的29.6%，棉纤维所占比例减少了38.7个百分点，年均减少0.7个百分点。全球人均纺织纤维消费量，从1960年的4.99千克/人增加到2014年的11.96千克/人，增长了1.26倍，年均增长率1.38%。2014年，工业化国家消费量达到30.27千克/人，高于全球平均水平的18.31千克/人的1.53倍；发展中国家人均消费量9.34千克/人，比全球平均水平低21.9%。

　　棉花是中国国民经济的重要支柱产业，中国棉花产区曾覆盖一亿多农民，中国纺织服装产业从业人员2000万。2014年人均消费量17.5千克，高于全球平均水平的46.3%。中国是棉花产业大国。1983年成为全球棉花产量第一大国，2002—2014 年平均，对全球棉花总产的贡献率为 27.8%，对全球原棉进口的贡献率为 30.3%，对全球棉工厂原棉消费的贡献率为 37.5%，对全球纺织品服装出口贸易的贡献率为 28.6%。如果把 1983 年作为起点，到 2015 年，中国位居全球首位的产棉大国持续时间已有 32 年，位居全球首位纺织品服装出口大国 16 年。依据完整棉花产业体系，很长产业链条，极强的互补性、抗逆性和配套能力，中等生活水平的人口大国，棉花在下一个 30 年仍将充满活力、绽放光芒。

科学技术和科学种田是推动棉花产量不断提高、品质不断改善和效益不断增长的主要措施。这 20 多年以来，以转基因棉为标志的高新技术在全球植棉业中得到广泛应用，如今全球 60 多个国家、87% 的棉田面积种植转基因棉，中国、印度、美国和澳大利亚等是转基因棉花的种植大国，主要种植转基因抗除草剂和抗棉铃虫品种。全球植棉机械化、信息化和智能化的技术和装备发展迅速，但发达国家与发展中国家的差别特别大。美国、澳大利亚植棉全程机械化，每个工时可生产 1 吨皮棉，而发展中国家不足百分之一，落后几十年甚至上百年。

产量、质量、成本和效益是评价一国棉花产业竞争力的基础，中国棉花单产水平位居产棉大国之首，高于全球平均水平的 70%，为产业竞争力奠定了坚实基础，成为消化高额成本的有力武器。中国棉花和棉纱线进入高成本时代。中国皮棉生产成本从 1997/1998 年度的 0.89 美元/千克提高到 2012/2013 年度的 2.06 美元/千克，在这 15 年时间里增长率了 1.31 倍。从 15 年前棉花生产成本低于美国、澳大利亚、印度和巴基斯坦的 30%～40%（约少 0.61 美元/千克），到 15 年后与美国（1.98 美元/千克）相近，比澳大利亚（1.56 美元/千克）、印度（1.25 美元/千克）、巴西（0.73 美元/千克）和巴基斯坦（0.81 美元/千克）高 32%～1.8 倍（高 0.50～1.33 美元/千克）。中国棉花竞争力已从低成本优势转向高成本劣势。全球棉花生产最具竞争力的国家是澳大利亚，该国棉花单产水平高（140 千克/亩），原棉品质高端，棉花生产无补贴还有较高的纯收益。2009/2010 年度中国环锭纺的纱线成本为 3.338 美元/千克，高于巴西 1.9%、韩国 3.2%、土耳其 9.6% 和印度 12.9%，但比意大利低 21.4%。中国转杯纺纱成本为 2.568 美元/千克，比巴西高 8.8%，比土耳其高 19.7%，比韩国高 11.4%，但比意大利低 1.3%。同时，中国原棉品质位居全球中等水平，品种遗传品质中的长度、细度和强度的改良效果极其显著，但生产品质、机采品质、初级加工（轧花）品质和品质检验标准都对品质产生不良影响，产量、质量、成本和效益相互交织的矛盾需要科技进步和体制、机制的创新予以攻克。

全球高效棉纺织技术和装备得到快速发展。以棉纺织纱线的高速度、低成本和独特风格为竞争力的着力点，所纺织的棉制品不仅提升了品质而且拓宽了应用领域；高速度、大容量、精细化、高支纱和宽幅业已成为棉纺织竞争力的关键点，新型棉纺织装备——紧密纱、新型环锭纺、转杯纺、喷气纺、涡流纺和摩擦纺，其速度更快，流程更短，纱线装卷更大，自动化、智能化程度更高，纱线质量更好，因而全面提升了棉制品的档次，也因此对原棉品质提出了更新更高的要求，且不同装备和技术对原棉品质指标的要求不一，总体趋势是，要求原棉纤维的长度更长，细度更细，强度更高，整齐度指数更高，特别是新装备对原棉的清洁度提出了新标准，要求原棉无任何有害杂质"三丝"的污染。

以 2001 年 11 月我国加入世界贸易组织为市场全球化的标志，国际原棉和纺织品服装贸易环境和秩序已发生了根本性变革，中国棉花产业国际化、市场化的步伐日益加快，棉花生产、纺织品制造、消费和贸易、棉花生产政策支持、原棉内贸等，各项政策的出台必须与国际紧密接轨，各市场主体既要遵从国内相关规则，又要遵从国际相关规则。我国也正在积极参与全球经济贸易的结构治理，努力提升国际制度性的话语权。

全书 26 章，分五篇。第一篇，全球棉花产业总论，共 8 章，系统论述全球棉花产业的产能发展和特点，主要产棉国的棉花产业政策，全球棉花流通、加工（轧花）和检验，全球棉花纤维贸易，全球棉花工厂消费和棉织品服装贸易，全球纺织品服装消费和贸易，全球贸易规则和贸易环境（秩序），专题介绍"一带一路"沿线国家和地区棉花产业现状。第二篇，现代棉花科技与装备，共 3 章，论述现代棉纺织技术和装备，全球转外源基因棉花，棉花生产机械化、信息化和智能化技术与装备。第三篇，中国及主产棉省（市、区）的棉花产业，共 3 章，全面论述从 1840 年到 2015 年我国棉花产业的发展进程、取得的经验和存在问题；对 7 个主要省（市、区）棉花产业发展进行了介绍，还介绍了其他省（市、区）的棉花产业情况。第四篇，全球各国棉花产业，共 12 章，系统介绍 57 个国家包括棉花生产、消费、市场、科技和政策等发展进程和现状，重点介绍美国、澳大利亚、印度、巴基斯坦和巴西等产棉大国的棉花产业和科技进展。由于中亚和非洲一些植棉国家的资料短缺，各位作者千方百计查索甄别很是难能可贵。第五篇，附录和统计资料，包括计量单位的对照和换算，全球和中国棉花生产系统资料等，以供继续使用。

2014 年，我国国民经济与棉花产业发展进入新常态，2015 年中央提出供给侧结构性改革的新要求，2016 年是国民经济第十三个五年规划的开局之年，在今后相当长的时间内，我国棉花要用"品质中高端"引领产业发展，通过供给侧结构性改革促进品质跨上中高端水平，提供有效供给，满足纺织工业的新需求；还要用"三化"（轻简化、机械化和社会化服务）引领现代植棉业发展，这是破解棉花生产"四费"（费工、费时、费劳、费钱）难点问题的精准武器，必将成为棉花产业的优先方向和主攻目标。还应破解体制和机制弊病，加快转型升级，补齐植棉业的短板，提升产业整体水平，实现棉花产品迈向中高端和原棉、纺织品服装"优进优出"的新目标，积极参与国际竞争，努力建设成为植棉业强国和棉纺织业强国。

感谢喻树迅院士为本书作序。本书撰写过程中得到中国纺织经济研究中心华珊、江西省棉花科学研究所陈宜、河北省农林科学院棉花研究所林永增等的大力帮助，我的助手支晓宇、朱巧玲、杜文丽等负责拷贝和录入，整理大量国际棉花咨询委员会数据和制图，我的研究生和助手白志刚、薛惠云、雷亚平、杨北方、刘帅、刘抒影、贵会平等翻译相关资料，特别是全国一批年轻棉花科研人员李鹏程、冯璐、韦京艳、支晓宇、王树林、张雷、张祥、刘小玲、徐海江等参与组稿和撰稿，进步大，成长快，令人欣慰，在此一并致谢。

本书棉花全球数据依据国际棉花咨询委员会（ICAC）的《世界棉花统计》、《世界棉花市场和贸易》等，关联数据来自联合国粮农组织数据库（FAOSTAT）和国际纺织机械配置统计（ITMF），国内棉花产业数据来自《1949—2000中国棉花统计资料汇编》、《中国统计年鉴》和《中国纺织工业发展报告》（2000/2001—2014/2015年度）系列报告，各国相关资料、关联数据来自互联网百度、知网等搜索引擎和专业网站，在此一并致谢。

《当代全球棉花产业》立足继承前所长刘毓湘主编的《当代世界棉业》（1995年版），重点在于接续20世纪90年代之后的全球棉花生产、市场、贸易和科技的发展。想必本书会提供一些有益的参考价值。但因撰写时间短，数据量多，信息量大，涉及的知识、技术面广，理解消化吸收的深度不够，一些数据观点可能存有谬误，敬请批评指正。

毛树春

2016年5月15日

目　　录

第二篇　现代棉花科技与装备

第五篇 附录和统计资料

第一篇

全球棉花产业总论

第一章　全球棉花生产

撰稿人　毛树春　李付广　张宋佳　谭砚文

棉花（*Gossypium*）纤维是一种天然的植物纤维，由棉花种子的表皮细胞突起，经过伸长形成一定长度的纤维，具有柔软、吸湿、透气和结实等优良特性，因此成为全球最流行的纺织纤维，适用于纺织品、服装、家居和产业用。

全球种植棉属种即栽培种有 4 个，分别是陆地棉（*G. hirsutum* L.）、海岛棉（*G. barbadense* L.）、中棉（*G. arbareum* L.，又称亚洲棉）和草棉（*G. herbaceum* L.）。

陆地棉种植面积占全球的绝对比例为 94% 上下；品质中上等，绒长 25～30 毫米，细度一般，马克隆 3.5～5.0；强力中上等，但单产较高，种植区域分布最为广泛，在全球气候温和的地区均可种植。

海岛棉（*G. barbadense* L.）又称超细绒棉、长绒棉，种植面积约占全球的 6%，历史上最高总产达到 120 万吨，占全球总产最高比例曾达到 7%；近 10 年下降到 60 万吨，占全球总产比例下降到 3%。海岛棉的品质优良，其绒长较长为 33 毫米以上，最长 38～42 毫米；细度较细，马克隆 3.3～4.0；强力较大，可纺 80～120 英支的高支纱，但产量低于陆地棉，种植区域对气温的要求较高。全球超细绒棉生产国家有 10 多个，埃及是全球超细绒棉的生产大国、出口大国和消费大国，其次是美国、印度和中国等。

中棉（*G. arbareum* L.）又称亚洲棉，只有零星种植，品质较差。

草棉（*G. herbaceum* L.），也只有零星种植，品质较差，绒长 14～20 毫米；铃重 1～3 克，产量低，大多被淘汰，但抗旱能力强。

此外，海陆杂交种和二倍体杂交棉在印度有较大的种植面积，品质一般较好，可纺 60～100 英支的高支纱。

全球棉花种植分布在热带、亚热带和温带的温暖地区。有产量记录的国家或经济体有 80 多个，千吨以上的国家和地区有 50 多个。棉花产地分布于亚洲、非洲、北美洲、南美洲和欧洲，是种植较广而集中度相对较高的大田经济作物。

亚洲是全球最大的产棉洲，产量占全球的 73% 以下。主产国有中国、印度、巴基斯坦、乌兹别克斯坦和土耳其，产量占全球的一半、占亚洲的 95%。600 万吨及以上的国家有中国和印度，100 万～200 万吨级的国家有巴基斯坦、乌兹别克斯坦和土耳其。5 万～30 万吨产棉国有土库曼斯坦、塔吉克斯斯坦、叙利亚、伊朗和哈萨克斯坦。5 万吨产量以下有吉尔吉斯斯坦、阿富汗、以色列、泰国、菲律宾、越南和印度尼西亚等。

北美洲是全球第二大产棉洲，产量占全球的 18%。主产棉国有美国和墨西哥，零星种植还有萨尔瓦多、危地马拉和尼加拉瓜等。

非洲是全球第三大产棉洲，产量占全球的 7% 以下。虽然产棉国（地）多达近 50 个，但各国的产量均不大，最大的是位于北非的埃及，产量最高达到 53 万吨；其次是布基纳法索，最高产量 38 万吨；马里最高产量 26 万吨，苏丹最高产量 22 万吨；科特迪瓦和贝宁最高产量 17 万吨；产量在 10 万吨上下有喀麦隆、坦桑尼亚和津巴布韦；产量在 10 万吨以下的有乌干达、肯尼亚、埃塞俄比亚、加纳、扎伊尔、尼日利亚、赞比亚、南非、乍得、多哥、塞内加尔、中非共和国等。

欧洲棉花产量占全球 1.5%～3%，主要国家有希腊、西班牙、阿塞拜疆、俄罗斯和保加利亚，其中希腊最高产量达到 44 万吨。

系统总结提出全球棉花产业具有产业关联度高、参与度广泛和集中度高等几个主要特点。

棉花产业是指植棉业、初级加工（轧花）业和棉纺织业的总称，对于加工业一些国家置于农业（口）范畴，一些国家作为独立的市场主体而存在。植棉业主要从事棉花种植，包括种业的生产和种子消费；加工业包含轧花、包装、检验以及贸易和运输等；纺织业包含纺纱、织布、印染和制衣等。棉花产业具有链条长，环节多，各环节的关联度较高的特点。

全球棉花产业具有参与度广泛的特点。所谓参与度广泛是棉花产业涉及国家或经济体多。全球有 80 多个国家或经济体从事棉花生产，有 100 多个国家参与棉花贸易，有 100 个国家或经济体参与棉花的消费、工厂纺纱、织布、印染和制衣等。全球 200 多个国家或经济体都参与纺织品服装的贸易和消费，这是因为"衣食住行衣为首"，"温饱问题温在先"。

全球棉花产业具有集中度高的特点。所谓集中度是指部分国家或经济体所占比例较高。比如，虽然全球有 80 多个国家或经济体参与棉花生产，但印度、中国、美国、巴基斯坦和巴西等 5 个国家的植棉面积占全球的比例高达 71.0%；虽然全球进口原棉的国家或经济体有 130 多个，但中国、孟加拉国、印度尼西亚、土耳其和越南前 5 位国家进口占进口量的比例高达 76.4%。虽然全球纺织品服装出口国家或经济体 200 多个，但前 10 个国家（地区）或经济体——中国、欧盟 27 国、印度、中国香港、土耳其、孟加拉国、越南、美国、韩国和巴基斯坦等则占 69.1%。虽然全球纺织品服装进口国家或经济体 200 多个，但是前 10 个国家（地区）或经济体——欧盟、美国、日本、中国、中国香港、加拿大、俄罗斯、韩国、越南和土耳其则占近一半，为 49.7%。

现在全球经济、政治实体有 204 个，联合国会员比 1945 年成立时的 51 个增加到了 194 个，加上非联合国成员 10 个，总计 204 个，可见全球的国家数量越来越多。

第一节　全球棉花产能发展

一、全球棉花总产

（一）90 年全球总产增长

自 1924 年至 2014 年的 90 年时间里，全球棉花平均总产 11 293 千吨（表 1-1，图 1-1），年均增长率为 1.73%，线性回归的年增长量为 243 千吨。按十年分组计算，第一个 30 年（实际 26 年）总产平均增长率为 -0.08%，第二个 30 年年均增长率为 1.31%，最近 35 年年均增长率为 1.53%。

过去 90 年，全球棉花总产跨入两个大的台阶，1959/1960 年度跨入 10 000 千吨台阶，总产达到 10 280 千吨，那时全球人口 30.38 亿人。时隔 37 年后，即 1995/1996 年度跨入 20 000 千吨台阶，达到 20 678 千吨，全球人口 58.07 人口；最近 5 年度全球总产在 25 336 千吨水平上，现在全球人口已达到 70 多亿人。全球最高产量年景是 2011/2012 年度，达到

27 800千吨；第二个高年景为 2004/2005 年度，达到 26 997 千吨。

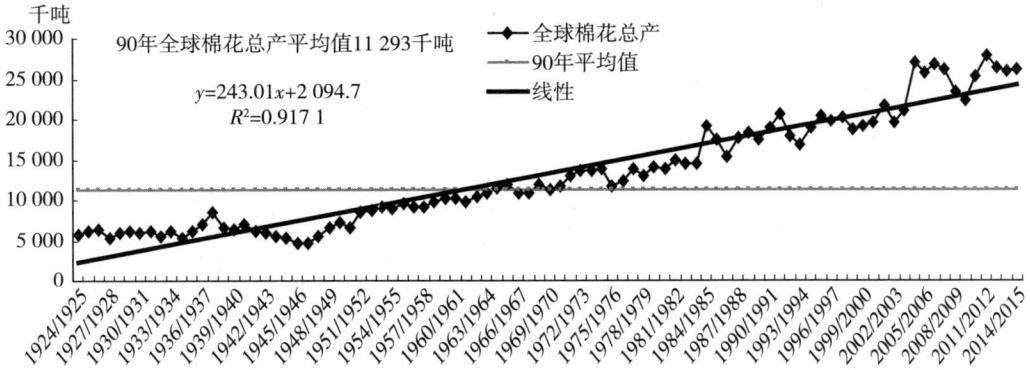

图 1-1　1924/1925—2014/1915 年世界棉花总产

资料来源：ICAC，Cotton：World Statistics. October 2014。2014/2015 年度为估计数。

表 1-1　全球 90 年（1924—2014 年度）棉花总产变化

年　　代	总　产		
	千吨	变异系数（%）	增长（%）
20 世纪 20 年代（1924/1925—1929/1930）	5 993±406	6.8	—
20 世纪 30 年代（1930/1931—1939/1940）	6 368±889	14.0	6.3
20 世纪 40 年代（1940/1941—1949/1950）	5 870±859	14.6	−7.8
20 世纪 50 年代（1950/1951—1959/1960）	8 969±963	10.7	52.8
20 世纪 60 年代（1960/1961—1969/1970）	10 949±707	6.5	22.1
20 世纪 70 年代（1970/1971—1979/1980）	13 078±888	6.8	19.4
20 世纪 80 年代（1980/1981—1989/1990）	16 305±1 895	11.6	24.7
20 世纪 90 年代（1990/1991—1999/2000）	19 158±1 166	6.1	17.5
21 世纪前 10 年（2000/2001—2009/2010）	23 315±2 899	12.4	21.7
21 世纪近 5 年（2010/2011—2014/2015）	25 336±1 239	4.9	8.7

资料来源：ICAC，Cotton：World Statistics. October, 2014。2014/2015 年度为估计数。

最近 65 年，每个十年都比上一个十年总产增加 200 万～400 万吨，增幅达到两位百分数。其中 20 世纪 60 年代最小，增长 198 万吨，70 年代增长 213 万吨，80 年代增长 323 万吨，90 年代 285 万吨，进入 21 世纪前 10 年，全球原棉生产增长达到 416 万吨，可见 20 世纪 80 年代和 21 世纪头十年是两个增长最快的十年。21 世纪全球棉花消费增长加快源自全球增长加快，得益于全球纺织品服装一体化进程，纺织品服装贸易壁垒消除，消费促进了生产的快速发展。

分析全球棉花总产增加的主要贡献是单产水平的大幅提高，并与总产的增幅完全同步，也有植棉面积扩大的因素。

全球棉花总产表现波动，原因：一是面积的波动引起总产的波动为最主要原因；其次是单产水平的波动，而单产波动又受天气的影响；第三是投入和技术要素的变化，引起单产的波动进而影响总产的增减。同时局部战争、自然灾害和异常气候变化也是重要原因。

（二）近 5 个年度全球产棉国家和棉花总产变化

从 2010/2011 到 2014/2015 的 5 个年度，全球产棉国家有 80 个，其中年产万吨以上的

表 1 - 2　近 5 年度全球棉花产量前 20 个国家

单位：千吨

国家	2010/2011	占比例(%)	国家	2011/2012	占比例(%)	国家	2012/2013	占比例(%)	国家	2013/2014	占比例(%)	国家	2014/2015	占比例(%)
中国	6 400	25.1	中国	7 400	26.6	中国	7 300	27.3	中国	6 929	26.4	印度	6 507	24.9
印度	5 865	23.0	印度	6 345	22.8	印度	6 095	22.8	印度	6 634	25.2	中国	6 480	24.8
美国	3 942	15.5	美国	3 391	12.2	美国	3 770	14.1	美国	2 811	10.7	美国	3 655	14.0
巴西	1 960	7.7	巴基斯坦	2 311	8.3	巴基斯坦	2 002	7.5	巴基斯坦	2 076	7.9	巴基斯坦	2 305	8.8
巴基斯坦	1 948	7.7	巴西	1 877	6.7	巴西	1 310	4.9	巴西	1 705	6.5	巴西	1 673	6.4
澳大利亚	926	3.6	澳大利亚	1 225	4.4	澳大利亚	1 018	3.8	乌兹别克斯坦	940	3.6	乌兹别克斯坦	885	3.4
乌兹别克斯坦	910	3.6	乌兹别克斯坦	880	3.2	乌兹别克斯坦	1 000	3.7	澳大利亚	890	3.4	土耳其	847	3.2
土耳其	611	2.4	土耳其	828	3.0	土耳其	745	2.8	土耳其	760	2.9	澳大利亚	450	1.7
土库曼斯坦	380	1.5	土库曼斯坦	330	1.2	土库曼斯坦	370	1.4	土库曼斯坦	335	1.3	土库曼斯坦	330	1.3
阿根廷	295	1.2	阿根廷	280	1.0	布基纳法索	260	1.0	希腊	296	1.1	希腊	274	1.0
缅甸	202	0.8	希腊	274	1.0	希腊	248	0.9	阿根廷	260	1.0	墨西哥	266	1.0
希腊	180	0.7	墨西哥	212	0.8	墨西哥	231	0.9	布基纳法索	247	0.9	布基纳法索	254	1.0
叙利亚	161	0.6	叙利亚	210	0.8	缅甸	204	0.8	墨西哥	193	0.7	阿根廷	247	0.9
墨西哥	157	0.6	缅甸	203	0.7	马里	192	0.7	马里	184	0.7	马里	233	0.9
布基纳法索	141	0.6	马里	187	0.7	阿根廷	157	0.5	科特迪瓦	165	0.6	缅甸	195	0.7
埃及	137	0.5	埃及	181	0.7	科特迪瓦	152	0.6	缅甸	140	0.5	科特迪瓦	182	0.7
马里	103	0.4	布基纳法索	174	0.6	叙利亚	150	0.6	贝宁	125	0.5	埃及	126	0.5
津巴布韦	103	0.4	津巴布韦	144	0.5	塔吉克斯坦	125	0.5	喀麦隆	110	0.4	贝宁	125	0.5
坦桑尼亚	90	0.4	坦桑尼亚	120	0.4	贝宁	118	0.4	塔吉克斯坦	105	0.4	喀麦隆	106	0.4
塔吉克斯坦	76	0.3	塔吉克斯坦	120	0.4	喀麦隆	110	0.4	埃及	100	0.4	塔吉克斯坦	94	0.4
20个国家合计	24 587	96.6	20个国家合计	26 692	95.9	20个国家合计	25 557	95.7	20个国家合计	25 005	95.1	20个国家合计	25 234	96.6
全球	25 453	100.0	全球	27 845	100.0	全球	26 704	100.0	全球	26 287	100.0	全球	26 110	100.0

资料来源：ICAC，Cotton：World Statistics，December，2015。

国家有 51 个。占全球总产 0.4％以上的国家有 20 个，这 20 个国家占全球总产比例在 95％以上。按总产量多少和占比例大小，大致分为 6 个方阵（表 1-2）：

第一方阵：产能最大国家，总产占全球两位百分数的国家有 3 个，分别是中国、印度和美国，总产变化在 300 万~800 万吨之间。其中，中国为全球最大的产棉国家，总产最高达到 802.5 万吨，占全球最高比例达到 34.1％；其次为印度，占全球最高比例为 23.0％，总产达到 634.5 万吨；第三为美国，占全球比例为 15.5％，总产 394.2 万吨。

第二方阵：产能大国，总产占全球比例在 5％以上和 10％以下的国家有 4 个，年际间总产变化在 50 万~200 万吨之间，分别是巴基斯坦、巴西、乌兹别克斯坦和澳大利亚。其中巴基斯坦是第二方阵中的大国，总产在 190 万~230 万吨之间，该国原棉以自纺为主，发展棉花生产旨在满足国内需求。巴西棉花总产受价格影响较大，生产波动很大，总产的稳定性差。乌兹别克斯坦总产相对稳定，也是一个以出口为主的产棉国家。澳大利亚总产年际间变化最大，由于棉花为雨养种植，受气候特别是降水影响最大，干旱年景植棉大幅缩减，总产大幅减少；降雨多的年景植棉面积扩大，总产增加。澳大利亚本国基本没有棉纺织业，生产原棉全部用于出口。

第三方阵：产能中等国家，总产占全球比例在 1％以上和 5％以下的国家有 7 个，分别是土耳其、土库曼克斯坦、叙利亚、希腊、阿根廷、布基纳法索和墨西哥。这些国家总产变化在 20 万~100 万吨之间。

第四方阵：产能少的国家，总产占全球比例在 1％以下和 0.5％以上的国家有 6 个，缅甸、塔吉克斯坦、埃及、哈萨克斯坦、贝宁和坦桑尼亚。这些国家总产变化在 10 万~20 万吨之间。

第五方阵：产能更少国家。总产在 1 万~9 万吨、占全球产能的 0.1％~0.4％的国家有 20 多个。包括亚洲的哈萨克斯坦、伊朗、阿富汗和吉尔吉斯斯坦；非洲的津巴布韦、马里、喀麦隆、埃塞俄比亚、尼日利亚、科特迪瓦、苏丹、窄得、赞比亚、贝宁、莫桑比克、乌干达、多哥和塞内加尔；南美洲的哥伦比亚和秘鲁；欧洲的西班牙和阿塞拜疆。

第六方阵：产能分散和零星国家。总产在 1 万吨以下，也有 20 多个。包括亚洲的孟加拉、以色列、越南、菲律宾和朝鲜等；非洲的南非、加纳、布隆迪、马达加斯加、肯尼亚、中非共和国、尼日尔和布隆迪等；南美洲的委内瑞拉、玻利维亚、古巴、洪都拉斯和巴拉圭；欧洲的保加利亚和俄罗斯等。

二、全球棉花收获面积

（一）近 70 年全球棉花收获面积

近 70 年（1945/1946—2013/2014 年度，表 1-3、图 1-2），全球平均棉花收获面积 32 283 千公顷，占全球大田作物总收获面积的 5％上下。由于自然灾害影响，播种面积一般大于收获面积的 5％，实际上全球棉花播种面积超过 33 333 千公顷（5 亿亩）。

整体看，近 70 年全球植棉面积保持相对稳定。除 20 世纪 40 年代低于 25 000 千公顷以外，每个 10 年的全球平均植棉面积变化在 32 355~33 240 千公顷之间，每个 10 年的变幅度相对较小，变异系数最大仅 6.0％。1984/1985 年度和 1995/1996 年度为历史上最大植棉面积达到 35 224 千公顷和 36 114 千公顷，1986/1987 年度为最小面积，为 29 503 千公顷，最大与最小面积相差 3 737 千公顷。

进入 21 世纪，全球总产量成倍增长，记录不断刷新，主要归功于单产水平的大幅提高。

表 1-3　1945/1946—2013/2014 年度 70 年全球植棉面积

年代	面积		
	千公顷	变异系数（%）	增长（%）
20 世纪 40 年代（1940—1949）	24 585±2 632	10.7	—
20 世纪 50 年代（1950—1959）	33 040±2 109	6.4	34.4
20 世纪 60 年代（1960—1969）	32 355± 945	2.9	−2.1
20 世纪 70 年代（1970—1979）	32 805±1 419	4.3	1.4
20 世纪 80 年代（1980—1989）	32 620±1 610	4.9	−0.6
20 世纪 90 年代（1990—1999）	33 240±1 586	4.8	1.9
21 世纪前 10 年（2000—2009）	32 623±1 956	6.0	−1.9
21 世纪近 5 年（2010—2014）	32 978±1 394	4.2	1.1

资料来源：ICAC，Cotton：World Statistics. October，2014。2014/2015 年度为估计数。20 世纪 40 年代面积为 1945—1949 年 5 年的平均值。

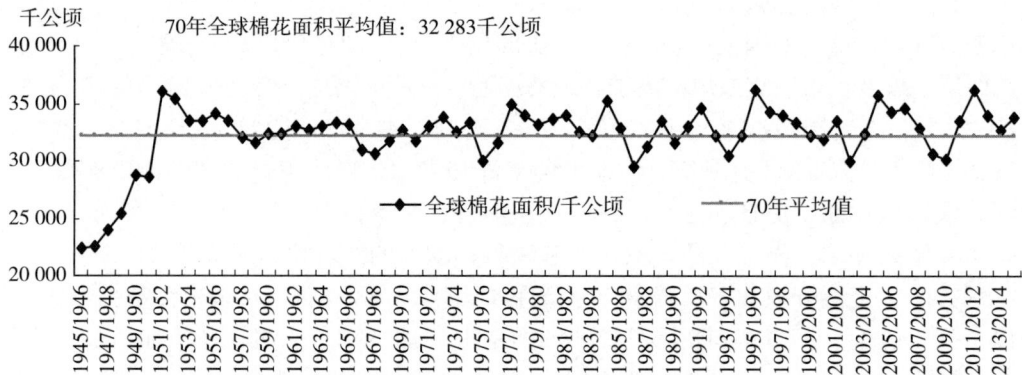

图 1-2　近 70 年（1945/51—2013/14 年度）以来全球棉花收获面积变化
资料来源：ICAC，Cotton：World Statistics. October，2014。2014/2015 年度为估计数。

　　然而，全球植棉面积仍然表现出波动特点，除 20 世纪 40 年代变化最大与 60 年代变化最小以外，其他 5 个十年增减幅度达到 4.2%～6.0%，收获面积增减 129 万～191 万公顷。

　　植棉面积波动和缩减态势的主要原因：

　　一是市场需求和价格。近 10 年全球棉价波动较大，像 2003 年全球价格大幅升高，2004 年度面积扩大；2006 年和 2007 年价格偏低，2007 年和 2008 年面积大幅缩减。2008 年全球遭遇金融危机，价格一落千丈，2009 年面积大幅缩减。据世界银行 1989 年的调查，棉花是种植风险较大的作物，对市场价格波动的反弹系数高达 1.95，在一些经济实力差的发展中国家，则高达 2.02。

　　二是天气。丰收年景，供大于求，价格下降进而导致播种面积缩减。由干旱、渍涝、盐碱障碍和低温等引起的歉收年景，价格上涨进而推动面积扩大。丰收年景，供大于求，价格下降，接着面积缩减。

三是粮食。人口增加对粮食需求的加大，由于全球总耕地面积相对稳定或减少，致使植棉面积增加缓慢或缩减。20世纪60年代全球人口33亿，新世纪前十年人口达到62.8亿之多，其中全球人口2006年66亿，2014年72亿，"吃饭"是全球农业的首要问题。

此外，局部战争战乱、恐怖组织活动、流行性疾病和社会动荡等也是引起面积波动的原因。

（二）近5年全球棉花收获面积

从2010/2011年度到2014/2015年度的5个年度，收获面积占全球0.4%以上的20个国家，占全球比例在90%～93.7%。按收获面积多少和/或占全球比例大小（表1-4），大致分5个方阵：

第一方阵：植棉面积特大国家。印度是全球植棉面积最大的国家，收获面积占全球比例高达30.7%～34.7%，近5年平均收获面积1 110万公顷（940.6万～1 217.8万公顷）。

第二方阵：植棉面积大国。收获面积占全球比例在8%以上和20%以下，或年际间收获面积在110万公顷以上～600万公顷之间，国家有中国、美国、巴基斯坦、巴西和乌兹别克斯坦。

第三方阵：植棉面积中等国家，收获面积占全球面积的比例在8%以下和0.5%以上，或面积在110万公顷以下～10万公顷以上。国家有：澳大利亚、阿根廷、土库曼克斯坦、坦桑尼亚、土耳其、津巴布韦、布基纳法索、缅甸、马里、赞比亚、尼日利亚、希腊、科特迪瓦、塔吉克斯坦、埃及、叙利亚、喀麦隆、贝宁、哈萨克斯坦、乍得、莫桑比克和墨西哥等。

第四方阵：植棉面积少的国家，收获面积占全球比例在0.5%以下，或面积在10千公顷以下，国家有：印度尼西亚、越南、布隆迪、加纳、玻利维亚、尼日尔、古巴、以色列、安哥拉、尼加拉瓜、泰国、厄瓜多尔、保加利亚和俄罗斯等。

第五方阵：分散产棉国家。面积在10千公顷上下，国家有朝鲜和萨尔瓦多等。

三、全球棉花单产

（一）全球棉花单产大幅增长

过去70年（1945/1946—2013/2014年度），全球棉花平均单产472千克/公顷（表1-5，图1-3）。全球棉花单产水平从1945/1946年度的210千克增长到2013/2014年度的792千克/公顷，增长277%，增幅很大，年均增长率1.94%，近35年的年增长率为1.95%。

在7个十年中，除20世纪60年代比40年代增长一位百分数以外，其余4个十年都比上一个十年增加两位百分数。其中80年代比70年代增长21.7%，增62千克/公顷，新世纪前10年比上一个十年增长21.0%，增87千克/公顷。

最近30年全球棉花单产进入快速增长的新阶段，分别跨上"500、600、700千克/公顷"的3个台阶。第一个高产台阶是1984/1985年度，跨上500千克/公顷，达到546千克/公顷；第二个高产台阶是2000/2001年度，跨上600千克/公顷，达到611千克/公顷；第三个台阶是700千克/公顷，2007/2008年度创最高水平，达到793千克/公顷。这些高产台阶都有很多的"中国因素"，中国的贡献率超过50%。

表1-4 近5个年度全球棉花收获面积前20个国家

单位：千公顷

国家	2010/2011	占比例(%)	国家	2011/2012	占比例(%)	国家	2012/2013	占比例(%)	国家	2013/2014	占比例(%)	国家	2014/2015	占比例(%)
印度	11 235	33.6	印度	12 178	33.7	印度	11 980	34.8	印度	11 650	35.6	印度	12 250	36.7
中国	5 166	15.4	中国	5 528	15.3	中国	5 251	15.3	中国	4 700	14.4	中国	4 310	12.9
美国	4 330	12.9	美国	3 829	10.6	美国	3 773	11.0	美国	3 053	9.3	美国	3 783	11.3
巴基斯坦	2 689	8.0	巴基斯坦	2 662	7.4	巴基斯坦	2 960	8.6	巴基斯坦	2 914	8.9	巴基斯坦	2 840	8.5
巴西	1 400	4.2	巴西	1 393	3.9	乌兹别克斯坦	1 285	3.7	乌兹别克斯坦	1 275	3.9	乌兹别克斯坦	1 298	3.9
乌兹别克斯坦	1 330	4.0	乌兹别克斯坦	1 316	3.6	巴西	894	2.6	巴西	1 122	3.4	巴西	1 017	3.0
澳大利亚	590	1.8	澳大利亚	600	1.7	布基纳法索	586	1.7	布基纳法索	557	1.7	布基纳法索	644	1.9
阿根廷	550	1.6	坦桑尼亚	568	1.6	土库曼斯坦	550	1.6	土库曼斯坦	550	1.7	马里	570	1.7
土库曼斯坦	550	1.6	土库曼斯坦	550	1.5	马里	548	1.6	阿根廷	506	1.5	土库曼斯坦	545	1.6
坦桑尼亚	496	1.5	土耳其	542	1.5	土耳其	488	1.4	马里	481	1.5	土耳其	468	1.4
土耳其	481	1.4	阿根廷	528	1.5	澳大利亚	442	1.3	土耳其	451	1.4	阿根廷	456	1.4
津巴布韦	390	1.2	赞比亚	512	1.4	坦桑尼亚	398	1.2	坦桑尼亚	400	1.2	科特迪瓦	415	1.2
布基纳法索	373	1.1	马里	478	1.3	阿根廷	352	1.0	澳大利亚	392	1.2	贝宁	379	1.1
缅甸	349	1.0	津巴布韦	450	1.2	缅甸	349	1.0	贝宁	380	1.2	坦桑尼亚	376	1.1
马里	286	0.9	布基纳法索	429	1.2	科特迪瓦	340	1.0	科特迪瓦	358	1.1	赞比亚	305	0.9
赞比亚	262	0.8	尼日利亚	350	1.0	赞比亚	330	1.0	缅甸	299	0.9	缅甸	299	0.9
尼日利亚	250	0.7	缅甸	349	1.0	尼日利亚	315	0.9	尼日利亚	290	0.9	尼日利亚	298	0.9
希腊	250	0.7	希腊	300	0.8	贝宁	312	0.9	乍得	284	0.9	希腊	275	0.8
科特迪瓦	217	0.6	科特迪瓦	260	0.7	津巴布韦	290	0.8	津巴布韦	257	0.8	乍得	256	0.8
塔吉克斯坦	160	0.5	埃及	221	0.6	希腊	279	0.8	喀麦隆	250	0.8	喀麦隆	227	0.7
20个国家合计	31 354	93.8	20个国家合计	33 043	91.4	20个国家合计	31 722	92.2	20个国家合计	30 169	92.3	20个国家合计	31 011	92.8
全球	33 442	100.0	全球	36 165	100.0	全球	34 421	100.0	全球	32 679	100.0	全球	33 417	100.0

资料来源：ICAC，Cotton：World Statistics．December，2015。

表 1-5   1945—2014 年 70 年全球棉花单产变化

年代	单产		
	千克/公顷	变异系数（%）	增长（%）
20 世纪 40 年代（1940—1949）	232±21	21.0	—
20 世纪 50 年代（1950—1959）	230±28	12.3	-0.9
20 世纪 60 年代（1960—1969）	252±24	9.4	9.6
20 世纪 70 年代（1970—1979）	286±18	6.2	13.5
20 世纪 80 年代（1980—1989）	348±57	16.3	21.7
20 世纪 90 年代（1990—1999）	414±16	3.9	19.0
21 世纪前 10 年（2000—2009）	501±66	13.1	21.0
21 世纪近 5 年（2010—2014）	578±11	1.9	15.4

资料来源：ICAC，Cotton：World Statistics. October，2014。2014 年为估计数。20 世纪 40 年代单产为 1945—1949 年 5 年的平均值。

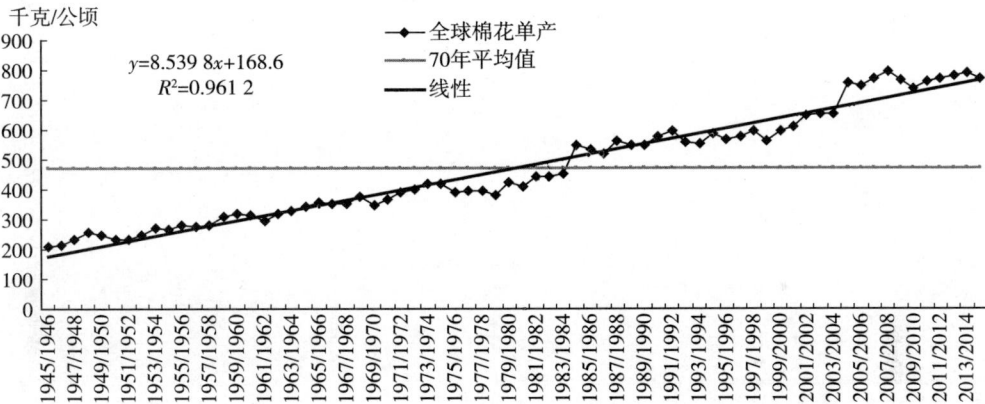

图 1-3   近 70 年（1945/1946—2013/2014 年度）全球棉花单产变化

资料来源：ICAC，Cotton：World Statistics. October，2014。2013/2014 年度为估计数。

（二）近 5 年全球棉花单产

在全球有产量数据记录的 70 个植棉国家中，高于全球棉花平均单产水平的有 13 个（表 1-6），单产最高的国家是澳大利亚，达到 2 228 千克/公顷（2014/2015 年度），是全球平均单产水平的 1.85 倍；单产超过 1 000 千克/公顷的国家有 6 个，分别是以色列、巴西、中国、叙利亚、墨西哥和土耳其。单产高于全球平均水平 2.5%～30% 的国家有 7 个，分别是秘鲁、希腊、南非、美国、哥伦比亚、埃及和吉尔吉斯斯坦。单产低于全球平均水平 35% 以内的国家有 6 个，分别是乌兹别克斯坦、印度尼西亚、巴基斯坦、伊朗、尼加拉瓜和印度。单产最低国家大多在非洲，除位于南部非洲的南非和北部非洲的埃及以外，西非和中非国家马里、乍得、贝宁、布基纳法索、喀麦隆、科特迪瓦、塞内加尔和多哥等单产水平都很低。

全球棉花单产水平差异悬殊，表明全球棉花产区的适宜程度、生产条件、物质投入、科

表1-6　近5年度全球单产前20位国家以及一些国家单产

单位:千克/公顷

国家	2010/2011	比全球(%)	国家	2011/2012	比全球(%)	国家	2012/2013	比全球(%)	国家	2013/2014	比全球(%)	国家	2014/2015	比全球(%)
以色列	1 860	144.4	澳大利亚	2 041	165.1	澳大利亚	2 138	175.5	澳大利亚	2 270	182.3	澳大利亚	2 228	185.3
澳大利亚	1 569	106.2	以色列	1 930	150.6	以色列	1 786	130.2	以色列	1 809	125.0	土耳其	1 809	131.6
巴西	1 400	84.0	土耳其	1 528	98.4	土耳其	1 527	96.8	土耳其	1 686	109.7	以色列	1 786	128.7
墨西哥	1 357	78.3	墨西哥	1 407	82.7	墨西哥	1 511	94.7	墨西哥	1 625	102.1	墨西哥	1 668	113.6
土耳其	1 270	66.9	巴西	1 347	74.9	巴西	1 465	88.8	巴西	1 546	92.3	巴西	1 507	93.0
中国	1 239	62.8	中国	1 339	73.9	中国	1 390	79.1	中国	1 474	83.3	中国	1 503	92.4
叙利亚	1 071	40.7	叙利亚	1 140	48.1	叙利亚	1 100	41.8	希腊	1 190	48.0	南非	1 209	54.8
南非	1 050	38.0	南非	986	28.1	美国	999	28.7	南非	1 172	45.8	孟加拉	998	27.8
秘鲁	981	28.9	希腊	933	21.2	西班牙	933	20.2	孟加拉	998	24.1	希腊	997	27.7
美国	910	19.6	西班牙	926	20.3	希腊	930	19.8	叙利亚	976	21.4	叙利亚	981	25.6
埃及	869	14.2	美国	886	15.1	秘鲁	880	13.4	美国	921	14.6	美国	939	20.2
哥伦比亚	800	5.1	吉尔吉斯斯坦	858	11.4	吉尔吉斯斯坦	874	12.6	哥伦比亚	884	10.0	西班牙	918	17.5
全球	761	100.0	埃及	834	8.3	乌兹别克斯坦	778	0.3	秘鲁	835	3.9	哥伦比亚	836	7.0
吉尔吉斯斯坦	750	-1.4	秘鲁	808	4.9	南非	777	0.1	吉尔吉斯斯坦	831	3.4	吉尔吉斯斯坦	822	5.2
巴基斯坦	725	-4.7	巴基斯坦	808	4.9	全球	776	100.0	全球	804	100.0	巴基斯坦	812	4.0
印度尼西亚	720	-5.4	哥伦比亚	794	3.1	孟加拉	773	-0.4	西班牙	775	-3.6	秘鲁	792	1.4
土库曼斯坦	707	-7.1	全球	770	100.0	埃及	757	-2.4	埃及	770	-4.2	全球	781	100.0
乌兹别克斯坦	691	-9.2	印度尼西亚	711	-7.7	巴基斯坦	740	-4.6	乌兹别克斯坦	737	-8.3	伊朗	720	-7.8
西班牙	684	-10.1	土库曼斯坦	669	-13.1	哥伦比亚	717	-7.6	伊朗	713	-11.3	埃及	714	-8.6
伊朗	676	-11.2	乌兹别克斯坦	600	-22.1	哈萨克斯坦	677	-12.8	巴基斯坦	712	-11.4	乌兹别克斯坦	682	-12.7
哈萨克斯坦	674	-11.4	塔吉克斯坦	597	-22.5	土库曼斯坦	673	-13.3	缅甸	647	-19.5	哈萨克斯坦	679	-13.1
印度	522	-31.4	印度	512	-33.5	印度	518	-33.2	印度	581	-27.7	印度	531	-32.0
科特迪瓦	377	-50.5	科特迪瓦	435	-43.5	科特迪瓦	447	-42.4	科特迪瓦	480	-40.3	科特迪瓦	466	-40.3
布基纳法索	273	-64.1	布基纳法索	404	-47.5	布基纳法索	423	-45.5	布基纳法索	426	-47.0	布基纳法索	443	-43.3
乍得	162	-78.7	乍得	185	-76.0	乍得	127	-83.6	乍得	156	-80.6	赞比亚	174	-77.7

注:资料来源:ICAC.Cotton:World Statistics.December,2015。

技支撑和生产管理的差异甚大。虽然时间已进入 21 世纪，但是全球农业发展路径的几种形态依然存在。这几种形态分别是：原始农业——农业生产依靠刀耕火种，棉花种管收处于原始状态，这在非洲和亚洲的印度、巴基斯坦的一些棉花产区仍然可见。传统农业——棉花生产投入较少的石油化学品（化肥、农药、除草剂、地膜、柴油和电等），使用较简易的农机具，农业生产大部靠天种地，农民靠天吃饭，这在非洲、亚洲的一些国家仍然可见。石油农业——投入大量的石油化学品、灌溉水以及应用生物技术，中国是典型代表，因此，中国农业正在转型升级，2014 年农业部提出农业"减肥减药"计划，2015 年实施"农药零增长"和"化肥零增长"方案，以加速石油农业向"绿色"的现代农业转变。现代农业——依靠机械化、信息化、生物技术、节水灌溉技术等现代科学技术支撑，用大型精密农机具，现代滴灌和排灌设施，以及人工干预天气等装备武装农业，机械化、信息化以及智能化技术和装备参与棉花的全程管理。现代农业在美国、澳大利亚和以色列可见，中国新疆生产建设兵团植棉园场初见端倪。

四、全球产棉大国的位置变化

美国、中国、苏联、印度、巴西和巴基斯坦是全球 6 个最大的棉花生产国家（图 1-4）。据现有可比年份资料计算，自 1919 年开始到 2014 年的 95 年时间，美国领先全球棉花大国的地位长达 62 年。如果向前延伸，美国在全球棉花第一位置有 150 年之多。之后苏联领先全球 10 年，接着中国领先全球 32 年。可见，自 20 世纪 60－80 年代的 30 年时间里，全球第一产棉大国的位置进入转换和交叉的变化时期。

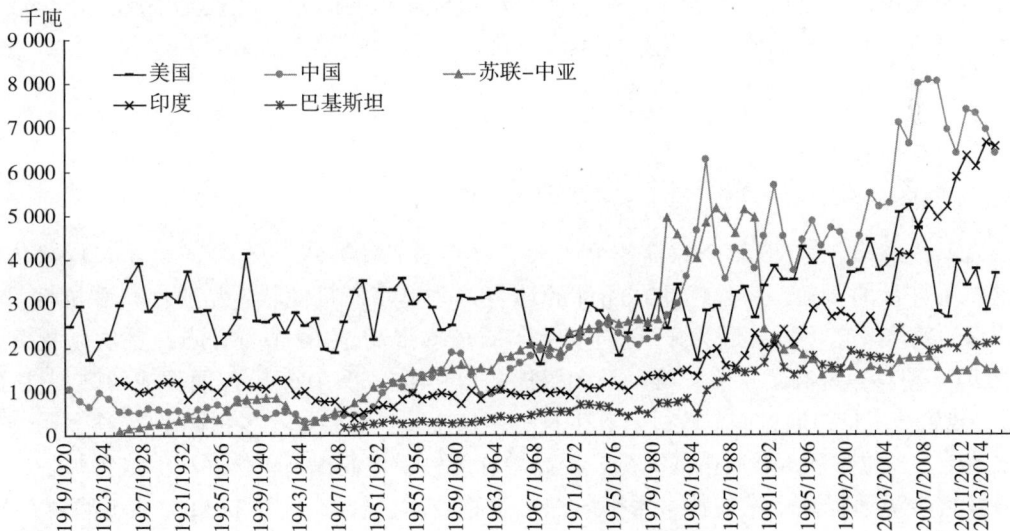

图 1-4　全球 5 大产棉国家的总产变化

资料来源：据 ICAC，Cotton：World Statistics. October，2014 整理。2014/2015 年为估计数。

自 1919 年到 1980 年，美国保持全球总产第一大国的位置长达 62 年，历史上最高总产达到 520 万吨。但自 1981 年开始，美国首次失去全球第一大国的位置，由苏联接替。

苏联自 1981 年成为全球第一大产棉国家，最高总产达到 510 万吨，直到 1991 年 8 月的解体前，位居全球第一大国位置保持了 10 年，这时苏联对棉花生产加大投入，机械化水平不断提高，科技支撑能力加强。但是，解体后中亚 5 国因投入严重不足，整体生产水平下降，生产优势被削弱很多。在中亚 5 国之中，乌兹别克斯坦的总产最大，达到 120 万吨。

中国于 1966 年首次跨入全球总产第一的国家，但直到 1982 年的 16 年时间里优势并不明显，1983 年再次跨上全球总产第一大国位置，这一年对中国人民的衣着产生极其重要影响——废除了长达 29 年布票管制，到 2014 年保持了全球的绝对优势地位 32 年，从 90 年代至今的 25 年优势地位明显，最高总产达到 800 多万吨，是迄今全球最高总产记录的国家。

印度虽然植棉面积位居全球第一，但是长期以来因投入不足，管理粗放，单产水平低，总产量并不大，占全球的份额比较低。然而，由于科技进步特别是转基因棉花品种的引进、推广和种植，进入 21 世纪棉花生产加快，2008 年首次跨入总产 500 万吨的高台阶，2011 年又跨上 600 万吨的新台阶，并呈良好发展势头。

巴基斯坦是全球 5 大产棉国家之一，1984 年跨上 100 万吨级台阶达到 101 万吨，1991 年跨上 200 万吨级达到 218 万吨；2004 年创最高总产记录达到 243 万吨，植棉面积和单产水平位居 5 国之末。

巴西也是全球产棉大国，南美洲第一大产棉国家，但是直到 21 世纪棉花总产才跨上100 万吨级台阶，2003 年达到 131 万吨，2010 年创最高纪录达到 196 万吨。

第二节　全球棉花产能增长原因

除消费促进棉花生产发展以外，在保证一定植棉面积的同时，在技术措施上，全球各国都注重提高单产和改善品质，这是棉花生产发展、产能不断增长的共同特点。

一、增加投入

（一）改良品种，改进栽培措施，大幅提高单产水平

依靠科技进步，近 70 年全球棉花单产水平提高 2.77 倍（表 1-7），主要来自遗传改良和栽培技术进步的贡献：一是棉花新品种的培育，改良了产量性状、品质性状和抗性。首先是衣分率的遗传改良，效果最为显著。近 70 年衣分率提高了 15 个百分点。其次是提高单铃重。近 70 年单铃重提高了 1 倍。第三是大幅提高成铃数。近 70 年单位面积成铃数提高了 1～1.2 倍。栽培技术最终通过调节改进营养生长和生殖生长，成铃率至少提高了 20 个百分点，实现了生殖生长的增加和蕾铃脱落的减少，提高单株载铃量进而提高单位面积的成铃数。

科技进步显著提高生产的技术水平。一是生物技术。转 Bt 基因抗虫棉和抗除草剂棉 20世纪 80 年代在瑞士和美国率先研究，90 年代进入美国、澳大利亚和中国生产应用；21 世纪进入印度和非洲部分国家。据不完全统计，2009 年全球转基因棉种植面积约 1 550 万公顷，占全球植棉总面积的 40% 上下；主要种植国家有美国、中国、印度和澳大利亚，棉铃虫和杂草防治成本下降，挽回了产量损失。二是棉花杂种优势利用。全球棉花杂交种种植面积667 万公顷，约占总面积的 15%～20%。如中国杂交种种植面积占 33%，印度则占 50% 上下，近几年环境释放转基因杂交种达到 1 000 多个。杂交种一般增产 15%～20%，抗耐病性

能增强，且品质优良。三是栽培技术的改进提高。石油化学品包括化肥、农药、除草剂、地膜覆盖技术的广泛应用，提高了棉花生产能力，特别是化学调控技术的应用让人们主动调控生长发育成为可能，育苗移栽、地膜覆盖和合理密植在中国广泛应用，成为促进生长，增结成铃，大幅提高单产的关键技术措施。四是灌溉和排水条件的改善得益于农田水利建设，农田土地平整，农业机械、电力等动力的应用，解除了干旱和渍涝危害。

表 1-7　科技进步对全球棉花生产力的贡献

年代	衣分率（％）	铃重（克/个）	蕾铃脱落率（％）	单位面积成铃数（万个/亩）	单产（千克/亩）
20 世纪 40 年代	25～30	3 上下	80 以上	1.5 上下	14～18
20 世纪 50—60 年代	30	3 上下	80 以上	1.5～2.0	18～20
20 世纪 70 年代	33	3.5～3.8	70 上下	2.5～3.3	35～45
20 世纪 80—90 年代	35～36	4～4.5	65	4.0～4.5	50～65
21 世纪前 10 年	38.5～40	5～5.5	60	5.0～6.0	90～110

（二）增加投入，提高植棉的现代化水平，提高单产水平

主要是增加化肥、农药、除草剂、地膜等石油化学品的供应能力，提高个体和群体的生产力，在提高生物学产量的同时提高了经济产量。推广综合防治，减轻病虫的危害，减少产量损失。机械化和半机械化作业成为棉花种植管理的好帮手，减轻了人力劳动强度，增强棉花生产的竞争力。

（三）减轻自然灾害的侵袭，大幅提高基础产量水平

常年全球作物受灾面积占播种面积的 10％～20％，绝收面积占播种面积的 3％～5％。干旱是全球最大的自然灾害，干旱还引起盐渍化危害。因此，近 60 年，全球农田水利建设主要是增加储水、蓄水和排灌等大型基础设施，对减轻干旱和渍涝威胁十分有利。减少绝收面积，增加收获面积，全球棉花绝收面积每减少一个百分点即可增加收获面积 33.3 万公顷（500 万亩）。同时，开垦荒地，平整土地，开发中低产田，扩大棉田面积。新修农田水利，改善棉田灌溉和排水条件，提高单产水平，从而提高全球的基础产量水平。通过增加滴灌、喷灌和井灌的设备，为高产提供水分保障，从而大幅提高单产水平。

（四）改良品质结构，不断满足纺织加工的新需求

伴随着纺织加工技术的变革，棉纺织机械向高速度、大容量、精细化、高支纱和宽幅的方向发展，新型棉纺织机械如切换自如的清梳联成套系统装置、大容量的卷装系统装置、精密的粗细联络系统装置、高速转杯纺设备和喷气涡流设备、高效的自动络筒系统，棉纺纱转速从 1 万转/分钟提高到几十万转/分钟，全球原棉品质结构也发生了根本变化，纤维类型多样性的进展明显，其中绒长延长、中长绒比例大幅增加，强度提高达到 30 厘牛/特克斯、纤维整齐度提升，这几个品质指标改良的特征最为明显（表 1-8）。

表 1-8　全球原棉生产中不同类型绒长原棉所占比例

单位:%

类型	1925—1929 年	1989—1990 年	2000—2001 年（估计）
短绒（20 毫米以下）	32.0	3.9	1.0（很少）
中短绒（21～25 毫米）	41.7	29.3	13.0
中绒（26～28 毫米）	14.4	51.3	55.0
中长绒（28～33 毫米）	9.3	9.0	30.0
超长绒（33 毫米以上）	2.6	6.1	3.0 以下

过去以生产粗短绒为主的许多亚非国家，自 20 世纪 50 年代至今，大多已改为中绒棉、中长绒棉（陆地棉）和超长绒棉（海岛棉），其中超长绒棉总产最高达到 120 万吨，占全球总产的 3.0% 上下。陆×陆杂交种、陆×海杂交种的种植面积扩大，棉花杂种优势利用在中亚、美国、印度、非洲和我国新疆也都了较大面积的种植，占全球总产的 33%。

在绒长改进提高的同时，纤维强力、细度和整齐度都也有明显的改进和提高，注重纤维长细强指标的协调性。其中纤维强度提高较为明显。在我国，以江苏省为代表的高比强棉花品种进入了大面积生产。

纤维类型的多样性。在纤维色泽上，白色、乳白色为主。近 10 年，棕色和绿色等彩色棉也进入生产应用，在我国新疆最大种植面积 6 667 公顷。

针对环境友好的新要求，有机棉在中国、美国、土耳其等也有一些种植面积，但总产所占比例不大。"良好棉花"推广速度在加快（见本章第四节）。

二、发展科技

（一）20 世纪 50—70 年代，全球棉花处于传统种植技术提升与生物技术、生长模拟和新型调节剂的研究阶段

品种选育采用系统方法和杂交育种方法，培育高产抗病新品种。栽培管理立足农艺措施——垄作，标准行株距配置，合理密植，提出氮磷钾、硼、锌的诊断指标和施用方法，提出平衡施肥和诊断施肥方法，证实植物生长调剂——矮壮素具有调节生长和提高单产作用，机械化采收在美国扩大应用。美国、以色列等先进植棉国家开展棉花生长发育的模拟研究，建立了棉花生长发育和产量模拟模型 COTTON。1971—1972 年研究建立了 SIMCOT 模型，并建立了第二代棉花模拟模型 SIMCOT Ⅱ。1975 年后，汇集近 30 年的研究成果，尤其是 1978 年建成和使用了 SPAR 土壤—植物—大气研究系统以来，又致力于研究建立棉花系统动力学模拟模型。这时生物技术在棉作应用研究中处于启动阶段。

新型棉花生长调节剂发明成为影响和改变棉花生长主动调节的重要发明专利。20 世纪 70 年代初德国巴斯夫公司发明 Pix（中文名缩节胺、助壮素，化学名为 N,N-二甲基呱陡嗡氯化物），1973—1979 年在世界主要产棉国广泛开展试验和示范，结果表明，助壮素对棉花生长、发育、防病、机械收获等均有良好的效果。1980 年美国环保局批准其使用，并规定了允许残留量标准。1979 年进入中国，成功接替不易使用的矮壮素（CCC），至今仍在棉花生产中广泛使用。

（二）20 世纪 80—90 年代，全球棉花处于传统技术向石油农业技术转变阶段，发达国家转基因生物技术、信息技术和机械化进入应用阶段

栽培技术方面主要研究新型植物生长调节剂——Pix 应用，美国等行种植模式完全定型，化学肥料采用经济和平衡施用，施肥方法注重底施、追施与叶面喷施相结合，新型肥料——缓控肥料有利于减少施肥次数，以喷灌和滴灌为支撑的节水灌溉进入应用。常规育种注重抗病性，纤维品质特别注重强度、长度和细度有机结合。

高新技术进入应用阶段，转基因方法——农杆菌介导法和基因枪法（又称微弹轰击法）在美国研究成功，成为支撑生物技术在棉花应用中的重要工具，继美国 Agrocitus 公司成功构建来自苏云金芽孢杆菌（*Bacillus thuringiensis*）的 Bt 基因，并在棉花表达之后，美国孟山都公司采用改造的土壤农杆菌的 Ti 质粒转化载体的启动子，使基因合成毒素的表达水平提高 100 倍，具备较强的杀虫能力，培育的 33B 和 99B 抗杀能力和产量性状比较协调。美国于 1989 年首次开展 Bt 基因的田间试验，1994 年抗棉铃虫品系 6－NuCOTN33 和 6－NuCOTN 35 在全美棉花带开展多点试验，到 1996 年，全美抗虫棉种植面积达到 80 万公顷。这一时期，美国深入研发棉花模拟模型——GOSSYM（Gossypium Simulation Model）。同时利用人工智能技术创建了棉花管理专家系统——COMAX（Cotton Management Expert System），并集合形成棉花专家管理计算机模拟系统——GOSSYM/COMAX，经逐年改进不断更新版本，形成了迄今全球最为著名的棉花动态解释性模型，它可以模拟大田棉花生长发育和产量形成过程，绘出相应的棉花模式图和水分及养分胁迫图，具有预测产量和提供管理决策的功能。在此基础上，美国继续开发三维可视化的棉花模型——COTONS，该模型可在计算机屏幕上显示个体和群体的生长状况，对棉花长势状况进行可视化的诊断，具有指导生产管理的功能。

（三）21 世纪初，全球棉花处于石油技术与生物技术并进，以基因工程为支撑的生物技术和以 3S 为支撑的信息化技术进入深入研究和扩大应用阶段

栽培方面研究开发了新型植物生长调节剂——Prep（噻苯隆）和 ProGibb，注重增加密度提高单产，研究建立以信息化、智能化为支撑的精量播种技术、精量肥水调控管理技术和精准收获技术，具有指导耕整地、播种、管理和收获功能。常规育种注重产量、品质和抗逆性的协调和统一。针对杂草危害棉花生长进而导致减产，研究开发了用于防治棉田杂草的除草剂主要有草甘膦、溴苯腈和 2,4－D，具有杀草高效、省工等特点。杀草机制在于除草剂影响和改变植物生理生长过程，如光合作用或氨基酸生物合成，抑制杂草生长；还大力开发植物抗除草剂分子育种，开展棉花纤维改良基因工程和分子辅助育种。

精准农业变量施肥技术是 20 世纪 90 年代逐步兴起的一种精准科学施肥的综合技术。这项技术是基于地理信息系统（GIS）、全球定位系统（GPS）、农田遥感监测系统（RS）和智能装备技术对农业施肥进行定量决策、变量投入并定位精确实施的现代农业施肥管理技术体系，对于提高肥料利用率、保护农田生态环境、提高农产品品质、加快农业现代化进程具有重大意义。

三、当前科技状况

（一）育种科技发展

国际上注重种质资源的收集与挖掘、分子设计育种和转基因等生物技术研究与运用。棉花育种技术的方向朝着生物技术发展，尤其是转基因技术应用将使棉花产量、质量和抗性得以同步提升，各国都十分注重转基因技术开发和应用。需要指出的是，美国十分注重常规育种技术与生物技术的紧密结合，注重产量、早熟性、品质和抗性的紧密结合。

1. 分子设计育种。发达国家已经建成大规模集成性 DNA 和蛋白质遗传信息数据收集与处理系统，能够快速、准确地为基因鉴定、标记和定位提供 DNA 和蛋白质序列信息及其他高通量生物信息。

分子标记辅助育种开始成为育种工作者的有效工具。胞质雄性不育恢复系 0－613－2R 与转 Bt 基因抗虫棉 R019（轮回亲本）杂交、回交产生 BC2 群体。利用 CMS 恢复基因 Rf1 紧密连锁的 3 个 SSR 标记和 Bt 基因的 PCR 标记开展分子标记辅助选择培育聚合有 Rf1 和 Bt 的转基因抗虫棉恢复系。在所分析的 59 个 BC2 单株中 55 株存在恢复基因标记，54 株存在 Bt 基因；综合标记分析结果，共获得 54 个同时具 Rf1 与 Bt 基因的聚合单株；这些聚合单株自交后，通过标记辅助选择，获得 10 株含 Bt 基因、且 Rf1 纯合的单株，为棉花优良恢复系的快速培育提供了重要基础。

2. 转基因育种。随着生物技术的发展，全球转基因棉花迅速增长，2009 年全球棉花种植面积为 3 300 万公顷，其中转基因棉花种植面积达到 49％；2014 年度转基因棉花的播种面积占全球总面积的 80％（见第十章）。转基因抗除草剂、转基因抗虫、转基因杂交棉品种成为近年棉花品种培育的主要发展方向，也是应用增长最快的棉花品种类型。

美国新的转基因技术以无性系获得的胚性愈伤为受体材料，替代传统的棉花下胚轴为外植体，进行棉花的遗传转化，可以缩短转化周期至 3 个月以内，提高转化效率到 87％以上，并克服了以往嵌合体的高频发生的难题，获得遗传背景相对纯合的转基因再生植株，从而可大大提高棉花转基因规模，并降低转基因成本。其核心技术为棉花针状胚性愈伤组织的获得及转基因植株嵌合体的避免。

3. 杂种优势利用。美国虽然是全球最早开展棉花杂种优势利用研究的国家，但迄今棉花杂种优势并没有在生产应用。印度是全球棉花杂种优势利用并取得显著成效的国家之一，杂交种种植面积占其总植棉面积的 60％以上，但其产量水平、制种技术和不育系改良等相对落后，杂交优势局限于产量单一性状，缺乏集成多项优良性状的综合型优势杂交种。其他产棉国家如埃及、巴基斯坦、澳大利亚、前苏联的一些国家等虽然都相继开展了相关的研究，但由于多方面因素的限制，其选育的杂交种从产量、适应性、纤维品质等综合性状上需要改进提高，杂交种的种植规模非常小。

4. 分子标记辅助育种。自异源四倍体棉花种间杂交 RFLP 遗传连锁图以来，国际上先后构建了 10 多张遗传连锁图谱，其中，Rong 等（2004）构建的图谱是目前综合了多种标记、最为完善的棉花遗传连锁图谱。Yu（喻树迅）等（2012）首次报道了含有 247 个 SNPs（Single Nucleotide Polymorphism）标记的陆海种间遗传连锁图谱。

（二）全球棉花栽培科技

1. 提高播种技术，实现一播全苗。精细整地是提高播种质量的基础，美国采用大型旋耕机旋耕，旋耕深度视土壤质地不同为 18～55 厘米，并采用激光平地机广泛应用于平整土地，整地质量达到地平、土细。很多农场还使用 UPS 定位系统指挥作业机械，起垄、播种、施肥、覆土同时进行，精量播种一次完成，质量好，效率高，成本低。

垄作有利于播种、抗盐和方便排灌。美国、澳大利亚和西非等国家试验证实垄作比平作更易获得全苗，更方便灌溉和排水，特别是春季多雨，高垄易排水，提高地温，减轻土壤板结。因此，澳大利亚种植方式为高垄 2～6 行直播，垄宽 1～2 米。美国一般作垄高 15 厘米，西非作垄高 10～15 厘米，垄上播种棉花 1 行。在盐碱地和干旱地区，棉花播于垄沟底可以躲避盐分危害。

美国棉花采用机械化采收，研究证实采用宽窄行（30 英寸即 76 厘米）比等行距（1 米）具有增产 25% 的良好效果，主要原因是提高收获密度和早期果节数，促进早熟；还因封行早田间杂草少，可以减少除草剂的使用量。宽窄行密植在美国西部棉区广泛采用。

研究适时播种时间，提高播种质量。美国要求播种稳定为 20 厘米土壤地温 3～5 天内达到 20℃ 为适宜，播种时间在 4 月中下旬。

棉花保苗技术一直是美国研究的重点领域，包括研究新型种衣剂提高发芽率、裸地培育壮苗和全苗技术。种子采用精加工精选和种衣剂包衣，包被杀虫剂和杀菌剂，具有防治苗期立枯病、炭疽病、红腐病等病害，为精量播种和一播全苗提供保障。

2. 种植模式化和合理密植。种植模式化、规范化和合理密植是棉花常规技术，增加收获密度是增产的主要措施。澳大利亚对行株距配置进行了大量研究，发现行距比株距对产量和纤维品质的影响要大，该国棉花以果枝第一果节为成铃的主要生产目标，采取高密度、超窄行栽培，种植密度 9 万～30 万株/公顷，单株生长果枝 10～15 个/株，结铃 6～15 个/株。美国研究发现，超窄行种植可以减少杂草的竞争能力，降低土壤蒸发，提高光的截获量，从而能够提高棉花的产量潜能，该国收获密度在 60 000～135 000 株/公顷之间，且以西北干旱棉区收获密度最大。

3. 开展化学调控研究，塑造高产群体结构。美国合成新型植物生长调节剂 Prep6、ProGibb 和 1－MCP（1－甲基环丙烯），试验证实 Prep、ProGibb 调节剂可明显提高棉花幼苗活力，促进早发，提升棉花抗病虫和应对不利气候的能力，进一步研究把 Pix 与蜡样芽孢杆菌混合使用比 Pix 单独使用效果更佳，于是给该混合物更名为 Pix Plus。还研究 1－MCP 植物延缓剂在棉花上的应用，确定了棉花最佳长势喷施标准和喷施时间，明确了初花首次化控时间在第一朵白花以上或少于 7 个果枝时不宜化控。国外也十分注意看苗、看长势、蕾铃脱落和氮肥水平来确定棉花生长调节剂的使用原则和方法。

4. 研究肥水科学管理，提高利用效率。美国是一个棉田施肥量相对较低和施肥补充养分较为全面的国家。早在 20 世纪 60 年代，据 Berger（1969）研究，皮棉产量 817 千克/公顷，一季棉花从土壤中吸取的 N（氮）、P_2O_5（磷）、K_2O（钾）、Mg（镁）、CaO（钙）分别为 62、25、26、11 和 6 千克/公顷。皮棉产量 1 633 千克/公顷，上述元素吸收量分别为 125、50、52、22 和 13 千克/公顷。就大量元素而言，三要素 N（氮）、P_2O_5（磷）、K_2O（钾）化肥施用量分别为 59、2 和 17 千克/公顷。东南棉区产量水平高，三要素施用量分别为 90.5、52.3 和 88.9 千克/公顷；高原棉区的产量水平低，三要素施用量分别为 24.7、14.1 和 3.4 千克/公顷。

美国棉花施肥量依靠土壤化验和植株诊断进行，由众多的地区性农业服务公司或私人土壤分析实验室承担，林格尔试验室对旺长和晚熟棉花推荐叶面喷糖，可以调节生殖生长和促进成熟。美国佐治亚州对棉花管理提出采用基于叶柄含氮量诊断来确定氮肥土壤施用和叶片喷施方法。

精准施肥。应用 GPS 取样器将田块按坐标分格取样，约 0.5～2 公顷取一份土壤样品，分析每个取土单元内土壤理化性状和各大、中、微量养分含量；应用 GPS 和 GIS 技术，做成该地块的地形图、土壤性状图等，同时在联合收割机上装上 GPS 接收器和产量测定仪，记录田间每个单元的产量，然后制作成当季产量图。做施肥决策时，调用数据库数据，主要根据每一操作单元养分状况和上一季产量水平，参考其他因素，确定这一单元的各种养分施肥量，应用 GIS 技术，做成施肥操作系统，安装到变量平衡施肥机上进行田间操作。通过精准施肥技术，在田间任何位点上（或任何操作单元上）均实现了各种营养元素的全面均衡供应，使肥料投入更为合理，使肥料利用率和施肥增产效应提高到较理想的水平。在这种管理水平下，氮肥当季利用率可达 60% 以上。

灌溉和排渍。研究不同沟灌技术对棉花生产管理和土壤水分保持的影响，得出隔行封沟灌比传统开放性沟灌节水 717～900 毫米/公顷和单产提高 490～765 千克/公顷的良好效果，隔行沟灌主要是减少灌溉水的地表径流，水分利用效率提高 65% 左右。研究了不同棉花品种对耕翻和灌溉的响应，一些品种深层耕翻与浅层耕翻对灌溉的反应差异大，深层耕翻有利提高水分利用率和节水，不同品种对浅层耕翻和灌溉反应的差异更大。研究了棉花躲避雨季雨水过多的生产管理技术。研究棉花在不利气候条件包括干旱，低温，旺长等条件下的脱叶技术。

澳大利亚属于干旱农业，建立了一整套根据棉花长势指标和土壤水分指标进行灌溉时间和灌溉量确定的综合标准，通过对田间和棉株生理的定时监测，以自动控制进行沟灌（定量灌溉）的效果最好。

5. 合理轮作，减轻病害，提升土壤肥力。 棉田合理轮作有利于提高单产，促进早熟，特别是有利于减轻黄萎病和枯萎病的发生和危害。美国试验指出，合理轮作可提高棉花产量 15% 甚至更多，降低病害发生率与棉花连作年份和轮作时间的长短有关。各国和同一国家的不同棉区轮作方式不同，在有水源地区实行水（水稻）与旱（棉花）轮作，轮作周期 2～3 年好于 1～2 年；在干旱地区采用旱（小麦、大麦、高粱、玉米、向日葵等）与旱（棉花）轮作，轮作周期 3～4 年。其中美国轮种作物有大豆并种植一季绿肥（苜蓿、三叶草、草木樨、野豌豆等），更有利土壤培肥。早期美国研究证实土壤有机质含量与产量高低有关，而土壤有机质含量高，其苗病发生率低。为了提高生产潜力，美国在不同时期的《农场法》中都对农场在轮作作物中种植绿肥进行补贴，以资鼓励。

6. 模拟模型在棉花管理决策的应用。 从 1990 年开始，美国农业部成立了一个 COMAX/GOSSYM 小组，负责推广应用。在 Mitchener 农场试运行，单位面积可增产皮棉 129 千克/公顷，净利润为 148 美元。美国棉花带 14 个州全部参与试验和应用，其中在 6 个州的 1 254 公顷的棉田，熟练用户可获 350 美元/公顷的利润，新的用户则可获 100 美元/公顷的利润，平均可以取得 169 美元/公顷的纯利。澳大利亚负责模拟模型软件注册使用者从

1995 年的 200 户发展到 2004 年 1 100 户，2002 年澳大利亚棉花种植总面积（40.4 万公顷）的 51％的棉田使用了 CottonLOGIC，其中 69％的用户借助该软件协助决策管理。

（三）棉花植保

20 世纪 40 年代中期，在美国等植棉国的害虫防治中开始使用有机氯类杀虫剂进行害虫防治，这是高效化学杀虫剂在棉花害虫防治中应用的开端。这以后的数年里，一直依靠有机氯类化学杀虫剂进行棉花害虫治理。有机氯类化学杀虫剂在杀死棉田害虫的同时，也杀死了大量棉铃虫的天敌，造成棉田棉铃虫的大量发生，导致有机氯类杀虫剂的使用量逐年增加。

到了 50 年代中期，棉田害虫对有机氯类杀虫剂已经产生抗药性，于是开始使用有机磷类杀虫剂甲基 1 605 进行棉田害虫防治，在防治烟芽夜蛾和棉铃虫幼虫的时候还加入 DTT。60 年代中后期，棉田主要害虫对有机氯和甲基一六零五产生较强的耐受性，单纯加大剂量和增加施药次数防治棉田害虫已变得困难。这时研究者开始重新认识害虫防治的策略，转变单纯依靠农药进行棉田害虫防治的方法，提出害虫综合防治策略。

70 年代微生物杀虫剂苏云金杆菌和拟除虫菊酯化合物在棉田得到应用，不过由于缺乏相应的技术指导，导致新的拟除虫菊酯农药在田间只使用 3～5 年便使害虫产生抗药性。80 年代出现第二个有效的微生物杀虫剂。由于全球各国对开发生物农药的高度重视，使得生物杀虫剂不断得到飞速发展并取得了前所未有的技术进步。

90 年代初期美国第一个培育出转 Bt 棉花，到 90 年代中期转 Bt 棉在美国大面积种植。Bt 棉花的大量商业化种植对有效控制棉铃虫、红铃虫、美洲棉铃虫、烟芽夜蛾等主要靶标害虫的为害发挥了重要作用。但和其他化学农药一样，靶标害虫也能对 Bt 棉花产生抗性，从而导致 Bt 棉花失去利用价值，至今已在田间发现美洲棉铃虫、红铃虫和草地夜蛾等多种害虫的 Bt 抗性个体。未来，转基因抗虫棉花在棉花害虫防治中的作用会得到加强，新型转基因棉花，特别是针对刺吸类害虫和地下害虫的转基因棉花将得到广泛的应用，转双价或多价抗虫棉花品种也会在生产中得到应用。害虫抗药性的治理会上升到国家层面，农业手段在棉花害虫的治理中也会得到重视，化学农药的使用量会减少。

自 1996 年转基因棉花在美国首次商业化种植以来，随后种植范围在全球范围扩大，种植面积快速增长，因其对靶标害虫特别针对多种鳞翅目害虫有显著抗虫性，被纳入害虫综合管理可持续利用范畴。Bt 棉对主要害虫有很好的控制作用，不过次级害虫很快上升为主要害虫，而且靶标害虫对 Bt 的耐受性迅速提高，目前已有多种靶标害虫的抗性个体在大田中被发现。高剂量/庇护所策略和使用新的抗虫品种是抗性治理较为有效的办法。在美国，庇护所措施由政府强制执行设置，政府规定在种植 Bt 棉的同时，要种植一定面积的非 Bt 棉，非 Bt 棉在棉花总面积中的比重为 20％～25％，而且规定非 Bt 棉上的害虫防治不能使用 Bt 杀虫剂。另外，由美国孟山都（Monsanto）公司研制的第二代双价转基因（Cry1Ac＋Cry2Ab）抗虫棉，2006 年在美国、澳大利亚、南非、墨西哥和菲律宾等国开始商品化种植。至今，澳大利亚的单价（Cry1Ac）抗虫棉已完全被双价（Cry1Ac＋Cry2Ab）抗虫棉所取代。另外美国 Dow AgroSciences 公司研制出了另一种转 CrylF＋CrylAc 双价基因棉花，2005 年就已在美国进行商业化种植。

目前，国外发达国家棉田害虫的治理正朝着统一协调，统一防治的方向发展。在美国、澳大利亚和以色列等国已制定棉花 IPM 规程，棉花害虫的治理按照规程进行。

在除草剂抗性方面，国外使用量最大的除草剂是草甘膦，故抗草甘膦杂草频繁出现。美国建立了专门的网站统计全球抗性杂草的发生情况，为抗性杂草的研究和控制提供了很好的参考。目前，国外很多研究者致力于探寻检测杂草抗药性的方法，用于区别抗药性植株和敏感性植株。抗性杂草产生之后，寻找各种有效防除方法已成为努力的方向。

（四）棉花生产机械化（见第十一章）

1. 全球棉花生产机械化发展。 20 世纪 50—70 年代，全球农业机械化进入发展阶段。全球棉花生产先进国家如苏联和美国，机械化植棉已有几十年甚至上百年历史，耕整地、播种、施肥和施药等机械化水平较高。美国开始发展微量喷雾装置和静电喷雾装置防治病虫害。

80—90 年代，全球农业机械向大型化、自动化、智能化方向发展。美国研制出大型的 4 行采棉机和幅宽 18～24 米的喷雾机，农业生产效率很高。美国航空喷雾进入生产应用阶段。

2000 年代，全球农业机械更新换代的速度更快，所需时间更短。以美国为主的先进国家棉田耕种管收机械作业机械向大型化、信息化和智能化发展，智能化导航已替代驾驶员。

然而，全球各主产棉国的机械化水平参差不齐。耕整地、播种、施肥、中耕、灌溉、病虫害防治和采收的机械化率以美国和澳大利亚最高，几乎达到 100%；亚洲较低，约 20%～30%；非洲最低或极少。在中国，西北内陆棉区最高，约 70%；华北棉区次之，约 40%；长江棉区最低，约 20%。

2. 机械化采收。 籽棉采收机是棉花作物唯一的作业机械，独立于其他机械和作物，是棉花唯一使用的机械。当前全球有 30%（100 万～120 万公顷）的棉田面积采用机械化采收，其中美国和澳大利亚全部机采，其他有乌兹别克斯坦、保加利亚、希腊和西班牙，中国新疆棉花机采也有 20 年历史。

全球采棉机研制国家有美国、苏联和土耳其等，主要进展如下：

（1）苏联采棉机。研制采棉机选择垂直摘锭采棉机，因其制造精度低、价格便宜、简单易维护。两行机和四行机的研制与应用推进了中亚加盟共和国棉花机械化的进程。由于苏联解体，棉花生产机械化严重倒退。现在已经很少棉田采用机械化采收，再次恢复到人工采收。

（2）美国采棉机。采收机械化的主要研制企业有约翰·迪尔公司（John Deere）和凯斯公司（CASE），而拉默斯公司（Lummus Corporation）和大陆鹰公司主要研制采棉机的辅助装备——打模机、运模车、开模机和清花除杂机等。

美国采棉机研制思路是从性能、采净率、品质损失率等进行综合考虑，水平摘锭采棉机结构复杂、制造精度高，其造价也高，但其性能优良，采净率高，受到农场主和棉农的欢迎。70 年代，由于打模机、运模车及开模机的研发成功，采棉机迅速推广应用，很快完成棉花机械化的进程。

约翰·迪尔公司、凯斯公司等公司采棉机生产厂家生产的采棉机都是一次收获六行的大型自走式水平摘锭采棉机，两家各自研发了自带打包机的采棉机，约翰？迪尔公司研制打圆包采棉机，每个棉包重约 2.5 吨，田间不需要辅助人员，工作效率有很大提高，且降低活劳力成本，是一个突破；约翰·迪尔公司还专为欠发达国家的棉花收获研制了一种水平摘锭小型牵引式两行采棉机，棉花收获时拖拉机牵引，收获完毕拖拉机可作他用，棉花种植面积较小的农户可以使用。凯斯公司研制的打方包的采棉机，每个棉包重约 3.0 吨，工作效率可提高很多，是一种创新。

美国拉默斯公司、大陆鹰公司等是机采籽棉清理加工设备的生产厂家。生产的机采籽棉清理加工工艺设备也是向大型化、智能化、高速化的方向发展，其工艺可随棉花的品种、采收质量等进行调整和变化。

从全球范围来看，水平摘锭式采棉机应用最广，覆盖了美国、澳洲、巴西及以色列等产棉国家和地区，垂直摘锭式采棉机仅在前苏联棉区应用。两种采棉机在技术水平上有一定差距，水平摘锭式采棉机以自动化程度高、适应性强、作业性能好，处于技术领先地位。

此外，阿根廷研制了一种"Sapucay 492"型双行采棉机，行距在 0.85～1.0 米之间可调，采净率为 85%～90%，目前已商业化生产，我国也已引进和试用。

第三节　全球超细绒棉（长绒棉、海岛棉）产能

一、超细绒棉（长绒棉、海岛棉）产能不断下降

全球超细绒棉（Extra-fine Cotton，绒长 35 毫米以上）大多为海岛棉（*G. barbadense* L.），也包括部分陆地棉（*G. hirsutum* L.）的中长绒（绒长 28～35 毫米）棉品种，以及陆地棉（*G. hirsutum* L.）与海岛棉（*G. barbadense* L.）的杂交种 F_1。因此，超细绒棉在国际上又称为长绒棉，是优质高端上等原棉。这类棉花品种只能在热量丰富的热带和亚热带地区种植，要求无霜期较长，全生长期一般不少于 210 天，开花结铃期最高气温要求达到 30℃以上，持续日期较长，一般不少于 20 天。

超细绒棉除纤维长度长以外，还有细度细，马克隆值大小适中，为 3.0～4.2 之间；强度大，纤维强度一般达到 33～38 厘牛/特克斯，最高可达 40 厘牛/特克斯及以上，成熟纤维的染色效果好，因而超细绒棉适合纺织 60^s 以上的高支纱，是府绸、纯棉超薄超细、高支宽幅面料等高档棉纺织品的重要原料和配料，也是高端大轮胎的帘子布等的优质原料。

与陆地棉相比，海岛棉的结铃性好，单株成铃多，单铃小，一般单铃重 2.5～3.5 克，为陆地棉的 50%～70%，衣分率大多 33% 上下，科研机构已提高到 33%～39%，纤维有光泽，更柔软，织物丝光性好，染色效果好。

由于超细绒棉的铃重轻，衣分率低，产量普遍低于陆地棉。

全球超细绒棉种植国家有 20 多个，除欧洲和大洋洲以外，亚洲、非洲和美洲都有分布，主要种植国家有 10 多个，分别是中国（东亚），以色列（西亚），塔吉克斯坦（中亚），土库曼斯坦（中亚），乌兹别克斯坦（中亚），印度（南亚），埃及（北非），苏丹（西非），美国（北美洲）和秘鲁（南美洲）等。

中国超细绒棉种植在新疆的南疆塔里木盆地和东疆的吐鲁番盆地，这里为沙漠绿洲农业，日照充足，阳光强烈；夏季气温高，昼夜温差大，无霜期 200 天左右，全年几乎无降雨，依靠灌溉植棉，适合长绒棉生长。土壤为灰漠土和灌漠土，因蒸发量大，土壤有不同程度的盐渍化。

美国种植在加利福尼亚、新墨西哥、亚利桑那和得克萨斯州。

埃及长绒棉和超细绒棉种植在尼罗河的河谷和三角洲地区，该地区气候干燥炎热，日照强烈，年无云日长达 360 天，土壤盐碱，依靠尼罗河的河水灌溉植棉。

中国长绒棉种植新海岛棉系列品种，全部是手工采摘和皮辊加工，长度 35 毫米及以上；

马克隆值为 3.5～4.9；强度为 38GPT（即克/特克斯）及以上。美国长绒棉为比马棉系列品种，主要指标与中国长绒棉接近，长度为 35 毫米及以上，马克隆值为 3.5～4.9，强度为 37GPT 及以上。印度长绒棉的主要品种是 DCH－32，全部手工采摘和皮辊轧花加工，长度在 34 毫米及以上，马克隆值为 3.0～3.7，强度为 33GPT 及以上。以色列皮马棉长度 36～38 毫米，马克隆值 3.7～4.5，强度最低为 39GPT；以色列 Acalpi 棉品种，长度 34～35 毫米，马克隆值 3.4～4.1；强度最低为 34GPT。以色列长绒棉 100％循环水灌溉，全部为机采和皮辊加工，100％HVI 测试和 100％黏性测定。

埃及种植长绒棉吉扎系列品种，马克隆值 3.8～4.2，长绒棉产量处于下降通道，主要原因是消费量减少。

为了保持长度、细度、成熟度和整齐度等品质指标的伤害最小，全球超细绒棉大多采用手工采摘和皮辊轧花，皮辊轧花的特点是轧花速度慢，不损伤纤维，单颗粒杂质面积大，很少有棉结，加工质量好。加上海岛棉的产量低，其生产成本高于陆地棉。

总体看，近 30 多年全球超细绒棉产量呈下降趋势，产量从 1980 年的 872 千吨减少到 2013 年的 400 千吨，产量减少了 54.1％，年均递减率 2.23％。

超细绒棉占全球原棉的比例则由 20 世纪初期的 3％提高到 80 年代的 6％，最高总产年景出现在 80 年代的后 5 年，达到 1 150 千吨（图 1－5），占全球原棉总产量的最高比例达到 7.6％。然而，自 20 世纪 90 年代到 21 世纪的 20 多年时间里，全球长绒棉产量不断减少，总产量最低时不足 500 千吨，仅占全球棉花总产的 2.0％。

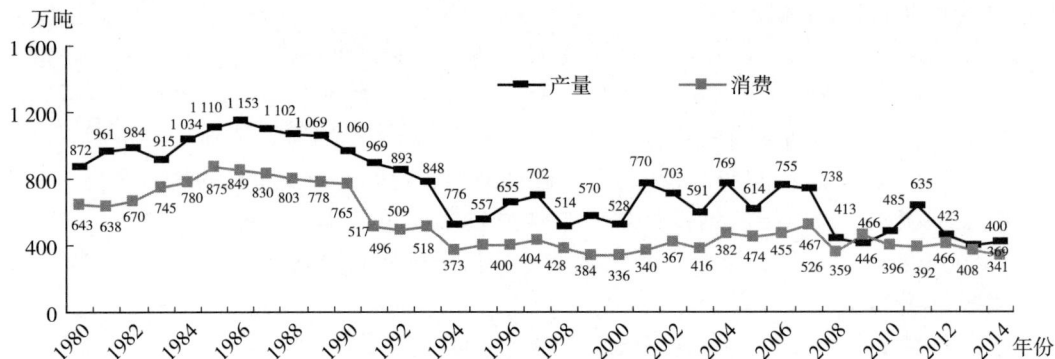

图 1－5　1980—2014 年全球超细绒棉产量与消费量变化
资料来源：ICAC，Cotton：World Statistics. October，2014 年度为估计数。

美国、中国、埃及和印度是长绒棉生产大国，约占全球产量的 90％。最近 20 多年，美国最高总产 185 千吨（2007），占当年全球总产的 30.8％。埃及最高年景产量 520 千吨（1980），占全球的 58.4％。乌兹别克斯坦最高总产 390 千吨（1988），占当年全球总产的 36.4％。印度最高产量 299 千吨（1984），占当年全球的 28.9％。中国最高总产 178 千吨（2006），占当年全球的 23.6％。

20 世纪 90 年代以来，由于全球长绒棉价格持续走低（表 1－9），超细绒棉与陆地棉的性价比更低，种植超细绒棉不合算，因而产量大幅减少。最近几年长绒棉价格在回升，生产在恢复，其中中国、埃及和美国恢复较快，其他生产国恢复较慢。

表 1-9　1980—2014 年全球主要超细绒棉产量

单位：1 000 吨

| 年代 | 中国 | 埃及 | | 印度 | 以色列 | 秘鲁 | 苏丹 | 塔吉克斯坦 | 土库曼斯坦 | 美国 | 乌兹别克斯坦 | 其他生产国 | 全球总产 |
		超长绒	长绒										
20世纪80年代（1980—1989年）	16	105	297	203	11	18	66	—	—	48	254	10	1 020
20世纪90年代（1990—1999年）	25	66	231	118	8	15	15	24	27	99	67	12	700
21世纪初（2000—2009年）	111	46	167	72	13	13	27	12	23	131	12	6	632
近4年（2010—2013年）	81	16	111	72	12	9	7	1	18	145	2	7	481

资料来源：ICAC，Cotton：World Statistics. November，2014。

全球超细绒棉出口量占生产量的比例，从 20 世纪 80 年代的 28.8%，提高到 90 年代的 36.9%，到 21 世纪初的 50.7%，尽管出口的比例扩大很多，但出口的绝对量增长较少。

20 世纪 80 年代，埃及是全球超细绒棉的最大出口国，出口量占全球一半以上，最大出口量 174 千吨（1981），占全球的 66.7%。苏丹是第二大出口国，最大出口 115 千吨（1983），占全球当年的 34.9%。美国出口 98 千吨（1989），占当年全球的 34.5%。

20 世纪 90 年代，由于生产减缩，总产减少，超细绒棉出口量减少一半以上，在出口国家之中，埃及和美国成为全球超细绒棉的出口大国，其中埃及出口 117 千吨（1993），占当年全球的 38.5%；美国出口 101 千吨（1996），占全球的 45.5%；乌兹别克斯坦出口 106 千吨（1991），占当年的 27.2%。

在 21 世纪初，美国取代埃及成为全球超细绒棉第一出口大国，最大出口量 181 千吨（2007），占全球的 45.1%；埃及最大出口量只有 159 千吨（2002），占全球的 35.6%；中国出口量仅 45 千吨（2002），占全球的 10.1%（表 1-10）。

表 1-10　全球超细绒棉生产和消费（2010、2011、2012 年 3 年排序）

年份	期初库存（千吨）	产量（千吨）	消费（千吨）	出口（千吨）	Cotlook报价美国比马棉（美分/磅）	Cotlook报价埃及吉扎81（美分/磅）
20世纪80年代（1980—1989年）	281	1 026	761	295	127	145
20世纪90年代（1990—1999年）	311	700	461	258	120	113
21世纪初（2000—2009年）	270	633	425	321	115	120
近5年（2010—2014年）	199	482	381	266	191	184

资料来源：ICAC，Cotton：World Statistics. November，2014。

全球超细绒棉的消费量随着生产量的增长而增加（图 1-5），但总体看，全球消费量从 1980 年的 643 千吨减少到 2013 年的 369 千吨，减少了 42.6%，年均递减率为 1.67%。

埃及还是全球超细绒棉的消费大国。20 世纪 80 年代，埃及平均消费量 247 千吨，占全球的 32.5%；最高曾占 49.9%，消费量 321 千吨（1980）。据了解，埃及超长绒棉主要作为阿拉伯领导人高级着装纺织原料，比如长头巾、长袍和床上用品，是总统、亲王高级服装的主要原料。

其次是乌兹别克斯坦，最大消费量 316 千吨（1987），占全球的 38.1%。

第三是印度，最大消费量 242 千吨（1984），占全球的 31.0%。

20 世纪 90 年代，埃及消费仍占全球一半，最大消费量 281 千吨（1992），占全球的 56.7%。其次仍是印度，最大消费量 161 千吨（1991），占全球的 32.1%。第三是中国，年均消费量 111 千吨，占 17.5%。

在 21 世纪初，埃及又恢复到消费大国的地位，消费量 299 千吨（2002），占全球的 71.0%；其次是中国，最大消费量 190 千吨（2006），占全球的 40.7%；第三是印度 148 千吨（2006），占全球的 31.8%；而 2006 年埃及消费量 79 千吨，占全球的 16.7%。可见埃及对超细绒棉的消费表现出较大的弹性。

二、全球长绒棉产能和消费量为什么下降

分析为什么全球超细绒棉的消费量在减少？主要原因：

一是棉纺织技术和装备的变革，是新机器替代了长绒棉。比如，新型环锭纺的转杯纺、喷气涡流纺、紧密纺（全聚纺）和赛络纺（紧赛纺）等先进技术，采用清梳联系统、高效精梳机、细纱机长车（每组 1 008 锭以上）的配套装备和工艺，这些高端纺机装备可用普通陆地棉精纺高支纯棉纱，达到 60^s～80^s，甚至 120^s，只是梳棉工艺中梳出较多的短绒，原棉与成纱线的比例为 1.5∶1，因此，这类新型棉纺织机械的增加减少了棉纱线对超细绒棉的应用。据毛树春 2015 年 7 月的调研，河南永安纺织厂是一家全棉纺织公司，拥有棉纺纱锭 15 万锭，全部为紧密纺高效棉纺织精梳装备，全流程采用数字化控制的棉纺精梳生产线，采用 100% 的细绒（陆地）棉，年产高支纱 5 万吨，可生产 JCF 60^s、JCF 70^s、JCF80^s 的纯棉纱，不需长绒棉作为配料即可生产。这类棉纺织机械要求陆地棉的长度 30 毫米以上，强度 30 厘牛/特克斯，马克隆值 3.7～4.9，短绒率低于 12.0%，无有害杂物特别是"残膜"的污染。

又据研究，2009 年获国家科技进步奖的"高效短流程嵌入式复合纺纱技术"突破了环锭纺的高支极限。据报道，这套设备可纺纱支从 300 英支提到 500 英支，而对原棉的长度和强度的要求却不是很高，甚至下脚料都可直接纺高支纱。

二是中长陆地棉与化学纤维在竞争力中部分替代了超细绒棉的功能。在陆地棉中，其绒长达到 30～33 毫米，强度提高到 30 厘牛/特克斯以上，由于陆地棉的产量高于海岛棉，在棉纺织工艺中不需配棉这一工艺，在替代竞争中表现明显优势。因此，可替代超细绒棉。化学纤维中粘胶纤维和功能性纤维具有长度更长，细度更细的特点，这类新型化学纤维也可替代长绒棉，其性价比更低，优势更大。其中高端大轮胎的帘子布逐步被化学纤维替代。

三是价格不断下降，种植超细绒棉不合算，长绒棉种植面积在减少，总产因此而减少。比如，一些调控政策对长绒棉不利，2011—2013 年的 3 个年度，中国临时收储政策没有对长绒棉实行加价补偿，2014 年度目标价格长绒棉加价 30%，2015 年长绒棉面积有了较大恢复。

当前我国棉花产业正处于转型升级和结构调整的关键期，从全球超细绒棉以及棉纺织业装备和工艺改进来看，我国全面提升陆地棉品质对提升棉纺织工业的竞争力具有重要作用，提升陆地棉纤维的长度、强度、细度、整齐度，发展陆地棉中长绒，以及改进轧花品质都是十分必要的。

第四节　良好棉花、有机棉和彩色棉

相比较大田棉花生产的"大投入"和"大水大肥"等粗放式管理和掠夺式经营，良好棉花（Better Cotton Initiative，简称 BCI）、有机棉（Organic Cotton）和彩色棉（Colored Cotton）则致力于在生产过程中最大限度减少石油化学品（化肥、杀虫剂、杀菌剂、除草剂、柴油、机油和地膜等）的使用和投入，最大限度地减少石油化学品对土壤和水体的污染和破坏，最大限度地节约用水，大力提倡增施有机肥；棉花生产过程管理透明，产品形成过程全部登记，结果可追溯；同时，劳动者和管理者需遵守法律法规，尊重人权，做到产品安全、卫生和环保等；农民植棉能获得较好的经济收益。

良好棉花、有机棉和彩色棉注重农业的产业化经营，致力于从植棉业到轧花加工业到棉纺织业的全产业融合，致力于从皮棉、原棉的初级产品的生产到纺织品服装的终端产品的一体化经营，也正是我国农业转型升级和提质增效的切入点，是农业延长产业链需要大力弥补之处，即全力打通农业的产前—产中—产后的联结和产业一体化问题，大幅度提升企业的社会责任，是可持续棉花的重要表现形式。

比较而言，有机棉生产要求的条件比较苛刻，认证过程费时和费钱，在产业领域获得的认可程度不高；彩色棉还因植物天然颜色存在颜色单一、色牢度差和稳定性差的问题。因此，全球有机棉和彩色棉的生产规模小，两者的产量都在"十万吨级"范围，占全球棉花生产的比例很小，不足以改变全球棉花生产的体系和格局。然而，良好棉花的生产和认证条件相对宽松，经过努力在大田生产环境下大多可以实现，全球参与国家有几十个，获得认可的棉花产量已达到"百万吨级"，在农业领域获得认可的程度高，推进速度也较快，发展势头好。特别是良好棉花符合我国化肥和农药"零增长"计划，在减少化肥、农药投入基础上实现增加产量、改善品质和增加收益的目标，这与良好棉花所追求的目标不谋而合。

2012 年国际棉花咨询委员会（ICAC）设立了一个棉花辨识工作组（Task Force on Cotton Identity Programs，TFCIP）专门确认有机棉、良好棉花、非洲棉花（Cotton Made in Africa，CmiA）和原产地棉花（Fairtrade Cotton，FC），发起和倡导这 4 种技术以帮助发展中国家农民提高棉花生产水平，促进农民增收。但中国彩色棉没有进入这一系统。

在这 4 个项目中，有机棉是一种种植技术，需经过认证方能得到市场认可。良好棉花也是一种种植技术，虽然不需认证但需要相关机构的认可。CmiA 是一个项目名称，旨在为支持非洲撒哈拉以南地区女性棉农发展棉花生产。FC 不是棉花种植技术，旨在保护国际贸易中原产地产出国棉农利益的一种国际协议，包括最低价和劳动工作条件，最后也有一些公司开具"公平贸易证书"（不是强制性的公约和证书）。

据 ICAC 的统计，2011/2012 年度，全球有机棉、良好棉花和非洲棉花项目的植棉面积160 万公顷，占全球植棉面积的 4.5%；皮棉产量 100 万吨，占全球总产的 3.6%。面积以赞比亚最大（317 450 公顷）、巴基斯坦次之（260 000 公顷）、巴西第三（210 000）、印度第四（138 000 公顷）和科特迪瓦第五（132 114 公顷）。产量巴西第一（295 000 吨）、巴基斯坦第二（215 000 吨）和印度第三（208 004 吨）。2011/2012 年度全球参与有机棉、良好棉花和非洲棉花项目的农民有 85 万人，其中印度参与有机棉种植农民 18.4 万人；参与非洲棉花项目农民 27.1 万人。

一、良好棉花（BCI）

（一）进展

"良好棉花"由瑞士良好棉花协会创建和推广，于 2009 年注册，总部在瑞士日内瓦，是一家非营利的国际性会员组织机构，在中国、印度、巴基斯坦和伦敦等地设有业务代表处。

2010 年，全球种植良好棉花的棉农只有 50 家（个），2011 年达到 1 000 多家。

2011 年，全球种植良好棉花的国家只有 5 个，面积 68.6 万公顷，产量 67.2 万吨，其中巴西 21.0 万公顷和产量 29.5 万吨，占 30.6％和 43.9％；巴基斯坦 28.0 万公顷和产量 21.5 万吨，占 40.8％和 32.0％；印度 13.8 万公顷和产量 10.5 万吨，占 20.1％和 15.6％；埃及 13.8 万公顷和产量 10.5 万吨，占 20.1％和 15.6％；中国 1.5 万公顷和产量 3.2 万吨，占 2.2％和 4.8％。

2014 年，良好棉花种植国家有中国、印度、巴基斯坦、土耳其和马里等，植棉农户 114.2 万户，比 2013 年增长 68.0％；植棉面积 255.5 万公顷，比 2013 年增长 89.1％；生产皮棉 227.8 万吨，比 2013 年增长 151.7％，可见增长势头良好。

2014 年，全球拥有 700 多名会员组织单位，包括棉花生产组织、纺织企业、零售品牌和零售商业，且单位数量在不断增长，许多企业像零售企业冠以"良好棉花"将有助于销售，也是终端产品与前端产品的连接之处。

2014 年，全球获得良好棉花认证的国家有 10 多个，认证棉花占该国的比例，巴西占 39.0％，巴基斯坦占 16％，印度占 14％，中国占 6％，澳大利亚占 3％，马里占 2％，美国和土耳其各占 1％，以及非洲棉花（CmiA）的生产项目，该项目认证女性棉农生产的棉花占面积的 18％，2014 年有 85 000 名女性棉农因棉花项目而获益，女性棉农可以免费参与生产技术培训，培训后更容易获得贷款支持生产发展，还帮助培养女性棉花的能人和领导人才等。

2014 年，全球有 12 个国家或地区采购商人获得认证的"良好棉花"采购权利，合计采购量 31.2 万吨，其中巴基斯坦采购量 110 895 吨，占 35.5％；印度采购量 60 616 吨，占 14.9％；中国采购量 57 062 吨，占 18.3％；孟加拉国采购量 42 120 吨，占 13.5％；土耳其采购量 25 135 吨，占 8.0％；新加坡采购量 11938 吨，占 3.8％；其余还有印度尼西亚、毛里求斯、法国、意大利、瑞士和巴林等。

多方面看好 BCI 的发展前景，有人预计到 2020 年获得"良好棉花"认证的产量将可能达到全球总产的 30％。之所以有这样大的预测，主要原因：一是按"良好棉花"规则种植的棉农可以提高单产，改善品质，节省成本，增加植棉收益。据资料介绍，在 2014 年按照"良好棉花"规则植棉比本地常规方法植棉，巴基斯坦棉农增收高达 46％，印度棉农增收 32％，中国棉农增收 30％，土耳其棉农增收 26％，马里棉农增收 14％，可见增收幅度很大。二是增收源自——单产提高了 3％～11％，节省灌溉水 4％～18％，减少农药使用量

8%～20%，减少化肥使用量 8%～33%，增施有机肥 12%～789%，增收是全方位的，包括产量和物化投入。三是项目经常组织聘请来的农业专家对农民进行培训和现场指导，落实良好棉花规则和种植管理方法，引导农民科学植棉，减少生产资料投入，提高投入产出比；还培养棉农树立正确的劳动价值观，增强自我劳动保护意识，维护劳动者的合法权益。

（二）追溯体系问题

● 良好棉花需要通过付费方式获取证书吗？

不需要——良好棉花在供应链的任何环节都不需要证书，也就不存在通过付费方式获取证书的问题。

● 能够通过检测的方法鉴别纤维、纱线和面料是否含有良好棉花成分？

不能——不能通过检测方法检测产品中是否含有良好棉花成分，良好棉花的物理指标与传统棉花没有区别，通过对棉花种植者单位进行认证和执行供应链监管文件来追踪良好棉花在供应链中的流通。

良好棉花是由瑞士良好棉花倡议组织单位（BCI）进行认证并发放证书的，其他任何组织单位不得进行认证。BCI 会员及非会员不允许以任何形式在具体产品上吊牌。

● 如何从事良好棉花业务？

供应链各个环节的参与者都可以销售良好棉花制品；

棉农——籽棉（必须是良好棉花项目生产者单位）；

轧花厂——皮棉（不必是 BCI 注册会员）；

棉商——原棉（必须是 BCI 注册会员）；

纺纱厂——纱线（必须是 BCI 注册会员）；

织造厂——面料（选择成为 BCI 会员或 BCT 用户或都不是）；

织造厂之后——面料（选择成为 BCI 会员或 BCT 用户或都不是）；

零售品牌——必须是 BCI 会员。

良好棉花追溯体系有 3 个主要环节：一是按"良好棉花"规则进行生产，皮棉 100% 是"良好棉花"，需要分隔堆放，分别轧花和打包，分隔储存。二是出库入库平衡管理和供应链监管指导文件，包括纺纱厂——织布——成衣的可追溯体系，需要成为会员。三是零售商需要成为会员，遵守会员准则。

（三）良好棉花追溯术语介绍

MBA（Mass Balance Administrative）是进出库平衡追溯模式；BCT（Better Cotton Tracer）是一个在线追溯工具软件。轧花厂——必须登录系统，记录每笔良好棉花买卖交易；纺纱厂之后企业——可以登录系统，记录每笔良好棉花买卖交易；零售品牌——必须登录系统，确认每笔良好棉花的采购交易；BCCU（Better Cotton Claim Unit）即良好棉花额度 1 BCCU＝1 千克良好棉花；ODF（Output Declaration Form）即良好棉花销售申报单（如果从非 BCT 用户购买 BCI 产品，须索取 ODF 加以证明）。

种植棉农向轧花厂转移——良好棉花向种植项目棉农发放包含证书编码及籽棉数量的良好棉花证书；当轧花厂向棉农采购籽棉时，需要在系统内输入相应证书号码以转移籽棉数量，然后根据衣分率将籽棉转化为相应的皮棉数量。

轧花厂向棉商/纺纱厂类供应商转移——当棉商或纺纱厂向轧花厂采购实物良好棉花时，同时需要在系统内申报交易，不能预售，不能替换，必须确保100%实物良好棉花棉包。

棉商转移——遵循进出库平衡指导原则（预售和替换）。替换原则：棉商购买了100吨巴西良好棉花，同时获得了100吨的良好棉花额度（即100吨的BCCU），棉商可以用巴西的100吨普通棉花来代替真正的良好棉花完成订单。预售原则：棉商在没有良好棉花销售额度（即BCCU）条件下，可以预售相当于500吨BCCU的良好棉花，但必须在4个月内实际采购相应数量的良好棉花，已弥补预售的额度。

棉商向纺纱类供应商转移——当纺纱厂向棉商采购良好棉花时，同时需要在系统内申报交易。

供应商（纺纱厂、布厂及贸易公司）——遵循进出库平衡指导原则（预售和替换）。替换原则：面料厂在拥有BCCU的条件下，可以用普通纱线代替实物良好棉花织造；可以将BCCU分配给任何棉制品，并宣称该产品为良好棉花产品。预售原则（BCT用户）：BCT用户面料厂在没有BCCU条件下，可以预售相当于500吨BCCU数量的良好棉花制品，但必须在4个月内实际采购相同数量的良好棉花制品而获取BCCU，以填补预售的BCCU。

供应商向其他类参与者转移——当BCT纺纱厂会员、布厂用户向其他参与者出售BCI产品时，同时需要在系统内申报交易。

● 如何实现交易透明化和可追溯性？

良好棉花的一个重要功能就是实现交易的透明化和可追溯性，具体来说与普通棉花分开采摘、加工，保证100%是良好棉花，从籽棉开始，到运输、加工，每一包良好棉花要100%保证是单独分开的，不和普通棉花混合码放。

在销售或者市场化过程中，也要通过特殊标注与普通棉花加以区分，比如标明，交易的是良好棉花。

供应链交易模式将棉农与零售商直接链接。此外，协会推广的供应链交易的模式，可以把棉农的棉花直接卖给有兴趣的终端品牌商。

专业的信息系统实现交易的可追溯性。通过单据的认证，专业的信息系统，实现交易的透明化和可追溯性。

● 如何交易？

选择可靠的、有资质的供应商。并不是所有的棉商都是被认可的，所以供应要选择协会指定的。根据订单选择合适的品种、交期，比较棉花的价格。

注意相关单据：具体交易与普通棉花区别不大，相对简单。

（四）良好棉花生产规则

良好棉花涉及生产、石油化学品投入、产品品质、劳动、保障、工资等6个大的方面100多个小的方面，使其有章可约束。

1. 生产良好棉花的棉农对作物保护措施的不利影响降至最低。 实施病虫害综合防治计划，包括要素5项——健康作物的种植、预防害虫发生、保护与改善益虫的数量、对作物健康状况和主要益虫与害虫实行常规性的实地考察以及对抗药性的治理。

使用的农药均应：经过国家登记注册适用于应用的作物治理；具备正确的国家语言书写；不得使用斯德哥尔摩公约所列农药（即不使用被禁止使用的农药）；制备和使用农药者必须符

合以下条件：身体健康，受过农药安全使用培训并掌握必要技能，年满 18 岁或以上，非孕妇或哺乳期妇女；将基于良好替代品的有效性与风险可控性的时限，逐步淘汰。农药调配者与使用者应当时刻正确使用适当的防护与安全设备。正确存放、使用和清洗农药喷洒设备和容器，避免危害环境和人体健康。农药必须根据标签说明或制造商说明，在合适的天气状况下，配合正确且维护状况良好的设备使用。使用过的农药罐，通过回收计划回收或安全处理掉。

何谓斯德哥尔摩公约所列农药？为了加强化学品的管理，减少化学品尤其是有毒有害化学品引起的危害，国际社会达成了一系列的多边环境协议，其中斯德哥尔摩公约涉及持久性有机污染物的相关规定。2001 年国际社会通过该公约，作为保护人类健康和环境免受持久性有机污染物（POPs）危害的全球行动。POPs 是指高毒性的、持久的、易于生物积累并在环境中长距离转移的化学品。公约于 2004 年生效，目前有包括中国在内的 124 个成员。斯德哥尔摩公约所列农药有：艾氏剂、氯丹、杀白蚁剂、狄氏剂、异狄氏剂、七氯、六氯代苯、灭蚁灵、毒杀芬、多氯联苯、滴滴涕（1,1,1-三氯-2,2-二（对-氯苯基）乙烷）等。

2. 生产良好棉花的棉农应高效用水与保护水资源。采取优化用水的水资源管理实践；采用管理措施确保取水时不对地下和地表水体造成不良影响。

3. 生产良好棉花的棉农应重视土壤健康。采用土壤管理措施，维护土壤结构并培养土壤肥力；肥料的使用必须基于作物及土壤的实际需要，且须把握好时间、施肥方式及施肥量。采用管理实践，最大限度减少土壤受到侵蚀，进而减少水土流失和保护河道、饮用水源和其他水体不受流出农场的水土污染。

4. 生产良好棉花的棉农应保护自然栖息地。采用措施提升农场与农场周边的生物多样性；棉花种植土地的使用与转换应体现农业用地相关的国家法律法规。

5. 生产良好棉花的棉农应关心和保护纤维品质。采取管理措施最大程度优化纤维品质；以最低的杂质含量、最少的污染和损坏对籽棉进行采摘、管理和存放。

6. 生产良好棉花的棉农提倡体面劳动。规定植棉者有结社自由、健康安全、童工规定、强迫劳动、反歧视、就业、同工同酬和工资支付、基本待遇和处分等 26 个条款。其中结社自由包括小农（包括佃农、分成农户和其他类型种植者）有权在自愿的基础上成立和发展代表自身利益的组织。健康和安全包括提供饮用水与清洗用水。健康和安全（同时参照作物保护标准）：关于童工，包括国际劳工组织公约第 138 条规定，不允许雇佣童工。例外的是，如果是家庭式小农，儿童可以在自家的农场帮忙，但其所从事的工作不能对其健康、安全、幸福感、教育和发展带来伤害，并且有大人在旁监管和有经过适当的培训。危险性工作的从事者必须年满 18 岁。关于强迫劳动，劳动者有自由选择就业：不允许强迫或强制劳动，包括强迫负债人或被拐骗人员进行劳动。不存在基于个人特征、组织成员或协会的原因而出现机会、条件和待遇不平等的歧视现象（区别对待，排挤或偏倚）。工资谈判：所有工人们和雇主们有权建立和加入自己选择的组织，制定组织宪章与规定，选举组织代表人与规划组织的活动。工人有权加入工会，实施合法的工会活动，而不用担心任何反工会的歧视行为。雇主应为工人代表提供必要的便利设施。

农业部农村经济研究中心于 2013 年提出了《中国棉花良好农业规范》（China Better Cotton Practice，CBCP），该规范规定了良好棉花生产的原则和技术要求，包括棉花产地环境、生产投入品管理、劳动者福利、档案记录、棉花收购、加工、储运等方面的要求，适用于棉花种植、收购、加工、经营等主体对良好棉花生产规范的符合性判定。

二、有 机 棉

（一）进展

有机棉也称生态棉或生物棉，是指按照有机认证标准生产，并通过独立认证机构认证的原棉。在其生产过程中不使用化学合成的肥料、农药、生长调节剂等物质，也不使用基因工程生物及其产物，其核心是建立和恢复农业生态系统的生物多样性和良性循环，以维持农业的可持续发展。在有机棉生产体系中，作物秸秆、畜禽粪便、豆科作物、绿肥和有机废弃物是土壤肥力的主要来源；作物轮作以及各种物理、生物和生态措施是控制病虫害和杂草的主要手段。

有机棉原料必须来自于已建立或正在建立的有机农业生产体系，或采用有机方式采集的无污染的野生天然产品。产品在整个生产过程中须严格遵守有机产品的加工、包装、贮藏和运输标准。生产流通过程中须有完善的质量控制和跟踪审查体系，完整生产和销售记录档案。整个生产过程中对环境造成的污染和生态破坏影响最小，须通过独立的有机认证机构认证。

有机棉与其他棉花的区别：一是生产标准严格。有机棉在生产和加工过程中绝对禁止使用农药、化肥、激素等人工合成物质和基因工程技术，而其他棉花则允许使用或有限制地使用这些物质和技术。因此，有机棉的生产比其他棉花难得多，需要建立全新的生产体系，发展替代常规农业生产的技术和方法。二是质量控制和跟踪审查体系严格。跟踪审查系统是有机认证不可缺少的组成部分，有机棉生产必须建立完善的质量控制和跟踪审查体系，并保存所有记录，以便能够对全生产过程进行跟踪审查。三是证书管理严格。有机棉产地要经过2～3年有机转换期才能获得认证，有机棉证书有效期一年，每年须接受现场检查，确定是否能继续获得认证。

有机棉协会（OTA）统计，全球有几十个国家种植有机棉，中国、土耳其、美国、印度、叙利亚、秘鲁、乌干达、坦桑尼亚、埃及、塞内加尔、以色列、巴基斯坦、希腊、贝宁和巴西等。据有关方面估计，全球约45%有机棉种植面积在中东地区（土耳其、叙利亚和以色列），约32.9%的有机棉种植在东南亚（印度和巴基斯坦），其他种植在美洲的美国、墨西哥以及中国等。

据有机棉种植的棉花品种有陆地棉和海岛棉，陆地棉中还有彩色棉品种。

2005/2006年度，全球有机棉31 000吨，其中土耳其产量10 160吨，占全球的32.8%；印度有机棉产量9 835吨，占全球的31.71%；中国有机棉产量1 868吨，占全球的6.0%；美国有机棉产量1 336吨，占全球的4.3%。可见全球有机棉的产量还很低。

2011/2012年度，全球有机棉面积316 907公顷，产量138 613吨，其中印度产量103 004吨，占全球的74.3%；土耳其15 802吨，占全球的11.4%；中国产量8 106吨，占全球5.8%；美国1 580吨，占全球的1.1%。

据有机棉协会（OTA）2006年的调查，2005年美国有13家农场种植有机棉，种植面积3 893公顷，比2004年增长14%。种植地点主要在得克萨斯州，加利福尼亚州和新墨西哥州也有少量面积。

中国新疆自20世纪90年代末开始种植有机棉，2000年进入常规地转换有机棉4 000多亩，当年获得通过认证的有机棉转换产品 20 多吨；2001 年进入有机棉生产，面积 7 000 亩，获得有机棉认证产品 60 多吨。2002 年有机棉种植面积约 1.1 万亩，产量 90～100 吨。2003 年新疆有机棉面积 1.5 万亩，产量 600 吨，沃尔玛和耐克公司均在新疆采购有机棉。当前新疆有机棉保持 2 万亩的生产规模，其中，南疆的新疆生产建设兵团第一师把有机棉作为招商引资的条件获得政府与企业的认可。

（二）认证机构

进入国际市场的有机棉需要国际有机棉机构进行认证，主要认证机构有：国际有机农业运动联合会（International Federation of Organic Agriculture Movement，IFOAM），该机构制订了"有机纺织品标准"，其认可度较高。还有：美国的有机贸易协会（Organic Trade Association，OTA），英国的土壤协会（Soil Association），德国的国际天然纺织工业协会（International Association Natural Industry，INV），欧洲国际组织（Demeter），瑞典和北欧的 KRAV，日本有机棉协会（Japan Organic Cotton Association，JOCA），瑞士的生态市场协会（Institute for Market Ecology，IME）和荷兰的 Skal 等。

国内认证机构——中绿华夏有机食品认证中心和南京国际有机产品认证中心。

国际标准认证和国际标准：土地、气候、种子、培育、种植、收割、储运、纺纱、编制和制衣等所有环节（包括相关使用的物品、设备、助剂等）都要经过认证。还要求生产过程无童工、少剥削和交易公平。

认证需要时间和费用，需要详细记录等，因此，种植有机棉的成本额外增加，有机棉价格高于普遍棉花。有机棉不使用石油化学品，保护了土壤和水体，对生态环境有益，因而有机棉具有更大的增值空间和更快的发展前景。许多商家在获得有机棉认证的认可之后社会价值得到提高，企业或品牌实现了增值，这是企业融入有机棉生产的主要原因之一。

（三）有机棉生产技术要点

本部分主要参考中国农业科学院棉花研究所主编的《中国棉花栽培学》（2013 版），要点如下：

1. 品种和种子。 禁止使用经基因工程技术改组的棉花品种，如转 Bt 基因抗虫棉和抗除草剂的棉花品种。选用抗病、丰产、后期不易早衰的棉花品种。

2. 土壤培肥。 主要通过种植绿肥和豆科作物、采用合适的轮作、施用动植物肥料和天然矿物质来保持土壤肥力。

3. 害虫草防治。 包括农业防治、生物防治、物理机械方法防治和使用植物性杀虫剂等，不能使用化学农药。对于病害控制，包括种植抗病品种，对于草害提倡棉花与其他作物轮作、精选种子，地膜覆盖仅允许使用由聚乙烯和聚丙烯等原料制成的塑料产品，而且使用后必须清理出土壤。

4. 合理密植。 新垦荒地，土壤肥力低，棉株的个体发育较小，前两年种植棉花应主要靠群体增加总铃数，因此一般采用高密度种植方式。

5. 生长调控。 有机棉生产中禁止使用缩节胺等化学合成的植物生长调节剂，主要通过采用合理的密度、合理灌溉和人工，按农艺方法进行调控。

6. 农田保护。应在地块四周种植宽 5～10 米的防风林带。

7. 质量控制。为确保有机地块及其产品的有机完整性，有机农场应制定完善的内部质量控制计划，并采取有机棉田与常规棉田的间隔、员工技术培训、机械设备检修和维护、收获、贮藏、运输、轧花等一系列质量控制措施。

需建立完善的质量记录和跟踪审查系统，确保质量可追溯。

（四）有机棉产品使用

由于有机棉在种植和纺织过程始终保持纯天然特性，现有的化学合成染料无法对其染色。只有采用纯天然的植物染料进行自然染色，经过天然染色的有机棉具有更多的色彩，能满足更多的需要，因此，有机棉产品又称为"生态纺织品"。

有机棉纺织品适合童装、玩具、服饰、婴儿装和妇女卫生用品等。越来越多的名牌服装纷纷参与有机棉生产过程，把有机棉布做成轻薄棉布、色织棉布、运动针织面料、贴身面料和牛仔面料，制成服装渐成时髦。著名品牌有：美国的 Patagonia（巴塔哥尼亚）、耐克和 Sam's Club（山姆会员商店）/沃尔玛，德国的 Otto（奥托）、Hess Natur（赫斯特）和 Elmer& Zweifel，英国的 Marks & Spencer（玛莎百货）、Prople Tree，herbal Fab、Evenesl，瑞士的 Coop Schweiz 和 Migros（米偌丝）等。

三、彩色棉

彩色棉是指棉纤维天然色彩的新型棉花，与普通陆地棉品种一样，纤维柔软透气、富有弹性和穿着舒服。由于纤维的色泽是天然的，不需印染化学品颜色即可生产纺织品，因此又称为更高层次的生态棉，国际上称之为"零污染棉"。

彩色棉纤维的色泽是天然的，可以用来生产商品的颜色主要是棕色（深棕和浅棕），绿色仅为少量但颜色的稳定性很差。彩色纤维利用自然色泽进行纺纱、织布和成衣，减少了印染过程使用化学颜料和废水处理，节约水资源，减少印染对环境造成的污染。国际标准化组织（ISO）颁布零污染 ISO1 400 认证体系，即纺织品和服装通过环保认证，获得绿色通行证才允许进入国际市场。由此可见，在 21 世纪谁拥有绿色产品认证，谁就拥有了进入国际市场的绿卡。

中国彩色棉商业化种植始于 20 世纪 90 年代，为了推进彩色棉的产业化，中国农业科学院棉花研究所于 1998 年注册成立了"安阳九采罗彩棉产业有限责任公司"，这是一家致力于彩色棉生产、彩色棉纺织品的销售、推广和应用的公司，是全国的第一家彩色棉产业化公司，着力点在于销售彩色棉服装和家用纺织品。

全国彩色棉第二家公司为"新疆天彩科技股份有限公司"，该公司创立于 1990 年，前身是新疆军区商业贸易有限公司（军办企业），1999 年整体改制为新疆天彩科技股份有限公司。2003 年经国务院批准名称冠以"中国"字号，变更为中国彩棉（集团）股份有限公司，注册资金 33 790 万元。主要从事天然彩色棉花的科研、育种、种植、收购、加工、销售和彩棉产品的开发、生产和销售等全产业所涉及的各项业务。拥有商品化基地面积 100 万亩，成为集彩色棉科研、生产、制造、销售于一体的产业化龙头企业。

中国彩棉集团是全球彩色棉花原料的核心供应商，而且在彩棉产业链的前端形成以科研为先导，良种繁育、棉花种植、收购及加工精密结合的体系，承担国家星火计划、火炬计划、"863"子课题及技术创新等科研项目。到2014年审定彩色棉花品种14个，新品种的生产性品质和工业性品质均有明显提高和改进。

依托中国彩棉集团业已制定了企业标准36个，其中国家标准7个，行业标准8个和地方标准21个。《天然彩色细绒棉》和《天然彩色棉制品及含天然彩色棉制品通用技术要求》两项国家标准成为规范我国天然彩色细绒棉、天然彩色棉制品和含天然彩色棉制品质量的基本技术规范。

我国拥有彩色棉遗传材料200多份，共有纤维颜色20多种，主体颜色为绿色和棕色系列。培育棕色棉遗传稳定的品质达到2.5％的跨距长度25～31毫米，纤维强度25～32厘牛/特克斯；衣分率从30％提高了38％，产量性状也有明显改善。绿色棉已获得遗传性状稳定、综合性状良好的新品系，可供商业化订单生产。

第五节　全球棉花生产成本

成本和品质是评价一个地区和一个国家农产品竞争力的两个重要指标。棉花生产成本早已成为我国原棉竞争的关键指标，同时品质也已上升到重要的位置。这是因为我国棉花供需关系发生了革命性的变化，从短缺时代的供不应求到市场经济时代的供求大致平衡，再到全球市场化条件下的供大于求，因此，原棉成本和品质决定着一个地区和一个国家的竞争力。

据对国际棉花咨询委员会1997/1998年度和2012/2013年度两次调查结果进行比较，全球棉花生产物化投入和成本已经发生了根本性改变。整体看，全球棉花生产成本在快速增长，皮棉1.5美元/千克的高生产成本时代已经到来，各国围绕提升竞争力在不断调整投入，改革棉花支持政策，因而生产成本构成也在发生显著变化。

从时间上的比较可见，中国皮棉生产成本从1997/1998年度的0.89美元/千克提高了2012/2013年度的2.06美元/千克，在这15年时间里，中国棉花生产成本的增长率高达1.31倍。中国棉花生产成本已从15年前低于美国、澳大利亚、印度和巴基斯坦的30％～40％，转变到15年后（2012/2013年度）与美国相近，高于澳大利亚、印度、巴基斯坦和巴西的50％到2倍多，中国棉花竞争力已从15年前的低成本优势转向15年后的高成本劣势。提升品质是化解高成本一个重要的有效途径，因此，中国在"十三五"规划强调和引导原棉品质从中低端转向中高端，同时力争不断降低生产成本，发展适度规模生产经营，提高规模效益。

一、全球棉花生产成本变化趋势

据国际棉花咨询委员会的归纳（表1-11），近12年全球棉花生产成本呈快速增长态势。每千克皮棉成本，从2000/2001年度的0.82美元/千克增长到2012/2013年度的1.50美元/千克，增长82.9％，年均增长率为5.62％。同期籽棉成本从0.25美元/千克增长到0.52美元/千克，增长108％，年均增长率6.88％。

关于灌溉和雨养旱作植棉的成本比较问题。在2012/2013年度调查的31个国家中，采用灌溉植棉占种植面积的61％，皮棉产量1050千克/公顷，占全球产量的73％；单位面积平均生产净成本 1 658 美元/公顷，每千克皮棉平均生产成本 1.59 美元。采用雨养不灌溉植棉占种植面积的 39％，雨养旱作的皮棉单产 617 千克/公顷，占世界产量的 27％；旱作植棉单位面积平均净成本 860 美元/公顷，每千克皮棉平均生产成本 1.39 美元。可见，灌溉植棉单位面积的产出大幅度提升，比雨养旱作增产 70.2％，而单位面积生产成本也增长了 92.8％，每千克皮棉成本则增长了 14.4％，即每千克雨养棉花的成本比灌溉植棉的更低，竞争力则有所增强。从生产成本来看灌溉植棉导致成本增长，这是投入产出的一个悖论；从投入和收益来看，灌溉植棉的产值和收益则是增长的。

表 1-11　近 12 年全球棉花生产平均成本变化

单位：美元/千克

年度	每千克皮棉成本	每千克籽棉成本	每千克皮棉除草成本	每千克皮棉肥料成本	每千克皮棉杀虫剂成本	每千克棉籽价值
2000/2001	0.82	0.25	0.09	0.13	0.17	0.30
2003/2004	1.11	0.33	0.01	0.21	0.15	0.19
2006/2007	1.04	0.34	0.13	0.23	0.13	0.18
2009/2010	1.22	0.43	0.21	0.24	0.13	0.22
2012/2013	1.50	0.52	0.31	0.27	0.16	0.22

注：平均值包括 31 个产棉国家。成本不包括地租和棉籽价值。

资料来源：A Report by the Technical Information Section of International Cotton Advisory Committee. Cost of production of raw cotton. Sept. 2013, Washington USA。

在 2012/2013 年度调查中，有 90％的棉田种植了转外源基因的棉花品种，数据显示，允许使用生物技术国家的皮棉产量 906 千克/公顷，净生产成本 1 418 美元/公顷，每千克皮棉 1.57 美元。非生物技术国家皮棉产量 714 千克/公顷，净生产成本平均 873 美元/公顷，每千克皮棉 1.22 美元。结果可见，种植转基因国家的单产大幅度增长了 26.9％，净生产成本大幅度增长了 62.4％，每千克皮棉的生产成本增长了 28.7％。从生产成本来看，应用生物技术植棉导致成本增长，这也是投入产出的一个悖论；但从投入、收益来看，应用生物技术植棉的产值和收益则是增长的。

关于除草成本。从 2000/2001 年度的 0.09 美元/千克增长到 2012/2013 年度的 0.31 美元/千克，12 年间增长了 244.4％，由此可见，杂草作为农作物大敌的地位在加强，除草成为保护棉花的重要农事操作，占生产成本的比例最高，达到 21％，可见除草的重要性。除草可用手工、机械和化学方法，不管如何，杂草需在种子形成之前予以除去以减少来年生长量。随着人工费用的上涨人工除草在减少。机械除草比除草剂除草更环保，但机械无法除掉棉花周围的杂草，因此机械除草只能确保一定的棉花产量。转基因耐除草剂棉花的商业化于 1990 年发放，它比抗虫棉释放要早一年，但抗耐除草剂转基因品种应用面积还很有限。

关于化肥成本。化肥是棉花增产和增收的保证，化肥成本从 2000/2001 年度的 0.13 美元/千克提高到 2012/2013 年度的 0.27 美元/千克，12 年间增长了 107.7％，在全球棉花生产体系中化肥使用具有广泛性。但过量化肥使用也会导致成本增长，收益减少。数据显示，农民不再增加单位面积的化肥使用量，而增加有机肥使用量。

关于杀虫剂成本。从 2000/2001 年度的 0.17 美元/千克下降到 2012/2013 年度 0.16 美元/千克。总体看，这 12 年杀虫剂的成本在下降，主要原因应归功于转 Bt 基因抗虫棉花大面积种植，大幅度降低了杀虫剂的使用，但生物技术费则计入种植种子的成本而不是以一种杀虫剂的形式计入。

关于棉籽价值。棉籽价值从 2000/2001 年的 0.30 美元/千克下降到 2012/2013 年度的 0.22 美元/千克，从 5 次调查结果来看这 12 年整体处于下降通道，减幅高达 26.7%。

各成本所占比例（图 1-6），按 2012/2013 年度的调查结果，以除草费用为最大，占成本的比例达到 21%；其次为化肥费用，占成本的 18%；虫害防治费用占成本的 11%，灌溉占成本的 5%，收获占成本的 15%，轧棉占成本的 13%。播种种子，包括技术费用，占净生产成本的 8%。

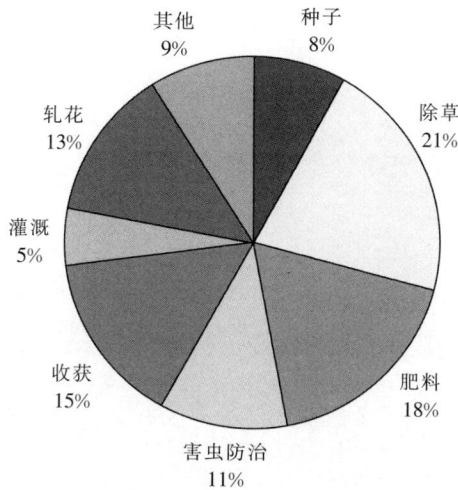

图 1-6　2012/2013 年度全球棉花生产成本构成比例

资料来源：A Report by the Technical Information Section of International Cotton Advisory Committee. Cost of production of raw cotton. Sept. 2013，Washington USA。

二、2012/2013 年度全球棉花成本调查情况

2012/2013 年度，前面所述全球皮棉生产成本 1.50 美元/千克，最高几个国家分别是泰国 3.56 美元/千克、保加利亚 3.49 美元/千克和哥伦比亚 3.19 美元/千克，其次是以色列 2.44 美元/千克、中国 2.06 美元/千克和美国 1.98 美元/千克。同年度，全球籽棉生产成本 0.52 美元/千克，中国 0.74 美元/千克是植棉大国中最高的（表 1-12）。

从中国、美国、印度、巴西、巴基斯坦和澳大利亚（无乌兹别克斯坦资料）等大国比较可见，2012/2013 年度中国皮棉生产成本 2.06 美元/千克，与美国 1.98 美元/千克的相当；高于澳大利亚 1.56 美元/千克（高 32.1%），可见澳大利亚原棉最具有竞争力；高于巴西皮棉生产成本 0.73 美元/千克（高 182.2%），高于巴基斯坦皮棉生产成本 0.81 美元/千克（高 154.3%）。同期中国籽棉生产成本 0.74 美元/千克，高于印度籽棉生产成本 0.45 美元/千克（皮棉约 1.25 美元/千克）（高 64.4%）。

表 1-12　2012/2013 年度全球主要国家棉花生产成本

国家或地区	籽棉成本(美元)		皮棉净成本(美元)		单位面积(美元/公顷)	成本构成(美元/公顷)						
	每公顷	每千克	每公顷	每千克		播前	播种	生长	收获	财务	租金	固定
中国,全国平均	2 806.62	0.74	2 922.99	2.06	4 209.74	1 045.16	1 085.65	772.68	750.00	193.44	120.97	241.94
美国,中西部集中产棉区			1 821.79	1.67	2 615.65	287.92	404.28	784.17		389.01	246.24	504.03
美国,密西西比州			1 759.87	1.58	2 560.54	293.43	344.80	842.34		414.36	239.61	426.00
美国,远西棉区			2002.87	2.21	2 910.21	326.02	253.57	1 199.32		419.30	286.91	425.09
美国,三角洲棉区			1 180.69	2.87	1 486.02	114.51	189.50	476.90		158.47	212.73	333.91
美国,南部沿海棉区			1 633.93	1.47	2 304.15	233.16	274.87	852.22		357.58	217.77	368.55
美国,全国平均			1 448.85	1.98	1979.30	190.59	243.71	683.43		269.96	224.49	367.12
澳大利亚,灌溉	2034.33		3 972.56	1.75	4 537.27	112.75	1 013.74	506.86	400.98	710.78	1 191.18	600.98
澳大利亚,雨养	824.51		853.03	1.37	1 029.04		334.31	186.27	303.92	204.54		
澳大利亚,全国平均	1 429.42		2 412.80	1.56	2 783.16		674.03	346.57	352.45	457.66		
巴西,雨养	1 654.26	0.37	1 638.15	0.89	2 549.42	319.82	662.73	729.26	128.44	206.80	432.13	70.24
巴西,半干旱雨养	989.76	0.38	577.97	0.57	1 011.12	16.59	231.71	348.78	392.68		13.56	7.80
巴西,全国平均	1 322.01	0.38	1 108.06	0.73	1 780.27	168.21	447.22	539.02	260.56	206.80	222.85	39.02
印度,北部灌溉	1 018.52	0.42			1 443.34	386.67	259.81	359.07	305.56	66.67	65.56	
印度,中部灌溉	885.57	0.39			1 234.06	290.52	294.17	317.56	233.33	41.67	56.81	
印度,中部旱作	652.52	0.48			913.94	234.59	231.31	240.44	140.25	25.00	42.35	
印度,南部旱作	896.01	0.51			1 161.06	233.06	238.89	386.11	223.15	25.93	53.92	
印度,南部灌溉	1 093.7	0.44			1 462.14	336.76	307.87	403.70	304.63	41.67	67.51	
印度,全国平均	909.26	0.45			1 242.91	296.32	266.41	341.38	241.38	40.19	57.23	
巴基斯坦,旁遮普	796.35	0.35	603.76	1.25	1 330.55	439.54	63.27	512.71	121.58	113.97	49.48	
马里,全国平均	533.91	0.62		0.81	533.92	45.87	32.35	398.36	57.34			

（续）

国家或地区	籽棉成本（美元）		皮棉净成本（美元）		单位面积（美元/公顷）	成本构成（美元/公顷）						
	每公顷	每千克	每公顷	每千克		播前	播种	生长	收获	财务	租金	固定
乍得·全国平均	626.08	0.63			723.71	83.25	141.31	321.58	79.94	79.61	18.02	
土耳其·东南部	2 492.01	0.55	2 628.50	1.39	3 907.76	840.43	518.61	1 478.72	239.36	830.64		
土耳其·地中海	2 787.24	0.66	3 229.96	1.83	4 941.67	1 319.15	643.62	1 462.77	425.53	824.64	265.96	
土耳其·爱琴海	2 813.89	0.54	3 519.59	1.60	5 180.50	1 106.44	670.21	1 462.77	425.53	1 196.40	319.15	
土耳其·全国平均	2 697.71	0.58	3 126.02	1.61	4 676.64	1 088.67	610.81	1 468.09	363.47	950.56	292.56	

注：籽棉成本，包括从播种到收获的所有成本，但不包括地租。

净成本，是总成本（包括租金和固定成本），但是不包括地租和种子价值（轧花后销售）。

经济成本或称财务费用，包括经营和管理，投入资本的利息，农场灌溉系统，拖拉机和喷雾设备。

固定成本，指农场的供电损耗成本，农场灌溉系统，分级/定级费用。

轧花成本，指籽棉运输到轧花机，轧花，分级/定级费用。

采收成本，指人工或机械采摘棉花和茎秆移除成本。

灌溉成本，指用于灌溉农田中有机的水和人工费用。

肥料成本，指肥料和肥料施用成本。

害虫防治成本，指杀虫剂及应用及除草成本。

奈草防治成本，指除草剂及应用及应用（人工的或机械的）锄草成本。

播种，指播种和种子处理费用。

印度全国平均按籽棉0.45美元/千克换算成皮棉约1.25美元/千克。

资料来源：A Report by the Technical Information Section of International Cotton Advisory Committee. Cost of production of raw cotton. Sept. 2013, Washington USA.

从单位面积的生产投入来看，中国投入最多达到 4 209.74 美元/公顷，高于澳大利亚 2 783.16美元/公顷（高 51.3%），高于美国 1979.30 美元/公顷（高 112.7%），高于巴西 1 780.27美元/公顷（高 136.5%），高于巴基斯坦 1 330.55 美元/公顷（高 216.4%），高于印度 1 242.91 美元/公顷（高 238.7%）。可见，中国棉花生产投入是全球最高水平，中国的单产也位居全球植棉大国的首位。但是，非洲马里和窄得等主产棉国家的棉花投入不足 1 000美元/公顷，由于投入严重不足制约生产发展和单产的提高，在全球不具竞争优势。在亚洲，其他一些国家也存在投入不足的问题。然而，土耳其棉花生产的投入很大，该国也是一个棉花产业大国，棉纺织业正在加快发展。

各国生产环节投入存在明显的差异，中国棉花生产播前成本是全球最高的，包括耕整地、播种、地膜覆盖、铺滴灌设施或育苗移栽等。中国棉花收获依靠人工，每千克籽棉收获费用2.0元人民币，约合 0.32 美元/千克籽棉，按籽棉产量 3 375 千克/公顷测算，单位面积 1 080 美元/公顷，占总投入 4 209.74 美元/公顷的 25.7%，这四分之一投入有农户自己的投入即收益，也有雇工行为而支付给他人。这要看耕地面积和植棉面积的多少。

三、1997/1998 年度全球棉花成本调查情况

20 世纪 90 年代中国棉花生产成本具有比较优势。据国际棉花咨询委员会（1998）发布的调查结果（表 1-13），1997/1998 年度中国棉花生产成本偏低，单位面积平均总成本为 1 110美元/公顷，低于美国 13.6%，澳大利亚 49.4%和以色列 64.9%，但高于印度 34.8% 和巴基斯坦 59.4%。

进一步比较，新疆棉花生产成本与美国的平均成本相当；在主要现金生产成本中，中国棉花种子成本偏高；南疆肥料成本是全世界最高的，达 386.5 美元/公顷，占其总成本的 30.0%。长江流域和黄河流域农药成本亦高于美国 13.4%。由此可见，中国棉花生产成本存在的比较优势主要是劳动力资源优势和低工资成本，其化学品成本仍然较高，那时棉种产业化经营尚未对降低种子成本起作用。

中国棉花每千克成本仍有一定的比较优势。1997/1998 年度，中国每千克皮棉平均成本为 0.89 美元（0.76～1.11 美元）/千克；低于美国 1.50 美元（1.21～2.1 美元）/千克（低 40.7%），低于澳大利亚 1.45 美元（1.08～1.94 美元）/千克（低 38.6%）；低于以色列 1.53 美元（1.34～1.72 美元）/千克（低 41.8%）；低于印度 1.22 美元（1.03～1.46 美元）/千克 （低 27.0%）；但高于巴基斯坦 0.68 美元（0.65～0.71 美元）/千克（高 30.8%）。结果表明，多年以来我国强调提高棉花单产水平对有效降低生产成本起到了良好的作用。

从时间上的比较可见，中国皮棉生产成本从 1997/1998 年度的 0.89 美元/千克提高到 2012/2013 年度的 2.06 美元/千克，增长率高达 1.31 倍。中国棉花成本从前 15 年低于美国、澳大利亚、印度和巴基斯坦成本的 30%～40%，到 15 年后（2012/2013 年度）与美国相近，高于澳大利亚、印度、巴基斯坦和巴西的 50%到 2 倍多，中国棉花竞争力即从 15 年前的低成本优势转向 15 年后高成本劣势。

我国棉花轧花（初加工）成本也较低。据国际棉花咨询委员会（1998）调查，每吨皮棉加工费我国仅 25 美元，低于美国的 178 美元，澳大利亚的 270 美元，以色列的 150～240 美元，巴基斯坦的 300 美元，吉尔吉斯斯坦的 146 美元和巴西的 170 美元。

表1-13 1997/1998年度主要产棉国家棉花生产成本比较

单位：美元/公顷

调查国别	籽棉成本（美元/公顷）	总成本（美元/公顷）	每公顷净成本①（美元）	每千克皮棉净成本（美元）	皮棉产量（千克/公顷）	主要现金成本组成				
						种子	肥料	农药	灌溉	土地租金
中国										
ICAC调查①	856.4	936.4	700.6	0.76	916.5	37.5	95.1	142.9	45	
1995全国②		1 095	1 023.2	1.11	921.4	—	—	—	—	
自调南疆③		1 298.8	1 298.8	0.81	1 594.5	41.7	386.5	40.1	148.2	—
平均		1 110.1	1 007.5	0.89	1 144.1	37.5~41.7	95.1~386.5	40.1~142.9	45~148.2	118.1
美国										
东南部	821.9	1 289.9	968.7	1.21	802	25.1	139.9	203.5	—	89
三角州	902.5	1 603.7	1 224.6	1.39	882	23.1	141.9	217.5	—	200.2
西南部	502.9	906.7	742.8	2.1	354	58.9	72.5	51.3	0.7	67.5
西部	1 440	2 408.4	1 833.8	1.62	1 130	39.5	201.8	142.6	134.3	200.2
平均	734.1	1 285.3	992.4	1.5	662	41.4	114.9	126	15	118.1
澳大利亚										
租地农场	1 315.3	2 906.3	2 409.7	1.08	2 230	23.9	132.2	234.1	43	—
东南雨养棉	1 507.1	2 021	1 458.3	1.33	1 100	40.6	244.9	548.3	—	—
西北雨养棉	1 108.6	1 662.5	1 417.2	1.94	730	21.8	81.9	421.4	—	—
平均	1 310.3	2 196.9	1 761.7	1.45	1 353.3	28.8	81.9~244.9	234.1~548.3	—	—
以色列										
灌溉陆地棉	1 485.9	3 084.9	2 473.6	1.34	1 849	75.7	121.6	270.27	433	85.7
灌溉长绒棉	1 555.1	3 256.5	2 799.8	1.72	1 632	75.7	121.6	297.3	433	15.4
平均	1 520.5	3 170.7	2 636.7	1.53	1 740.5	75.7	121.6	270.3~297.3	433	15.4~85

（续）

调查国别	籽棉成本（美元/公顷）	总成本（美元/公顷）	每公顷净成本①（美元）	每千克皮棉净成本（美元）	皮棉产量（千克/公顷）	主要现金成本组成				
						种子	肥料	农药	灌溉	土地租金
巴基斯坦										
旁遮普	483.5	621	357.7	0.65	553	11.1	67.1	107.1	49	112.3
信德	414.7	542.5	349.8	0.71	496	14.2	68.6	97	20.5	56.2
平均	449.1	581.8	353.8	0.68	524.5	11.1~14.2	67.1~65.6	97~107.1	20.5~49	56.2~112
印度										
北部灌溉棉	650.4	739.7	444.5	1.03	433	11.9	71.2	108.9	26.2	71.4
中南部灌溉棉	824.4	924.4	606.3	1.2	505	11.9	84.5	133.9	54.8	59.5
中南部雨养棉	535.7	593.1	382.4	1.18	325	14.3	38.1	120.2	—	35.7
南部超长绒棉	883.9	987.5	613.2	1.46	420	35.7	86.9	164.9	47.6	71.4
平均	723.6	811.2	511.6	1.22	420.8	11.9~35.7	38.1~86.9	108.9~164.9	26.2~54.8	35.7~71.4

注：①ICAC调查只含中国长江和黄河流域棉区，因总成本未包括税金和成本外支出两项，作者已加上。

②据1995年国家农调队全国调查结果，含物化成本、用工成本。总成本＝总生产成本559.36元/亩＋负担税金17.4元/亩＋成本外支出21.82元/亩，按1美元＝1元人民币÷8.2换算，净成本＝总生产成本。

③新疆南疆调查1996—1998年3年平均物化成本440元/亩＋30个用工×每工9元/亩＝1298.78美元/公顷。

④每公顷净成本＝总成本－土地租金－棉籽价值。

资料来源：Survey of the Cost of Production of Raw Cotton。International Cotton Advisory Committee(ICAC)，October 1998。Washington DC USA。见《WTO与中国棉花》。北京：中国农业出版社，2002：166－169。

四、2013 年中国棉花生产成本和收益情况

2013 年中国棉花生产成本和收益报告由《中国棉花生产景气报告》第 370 期于 2014 年 2 月 10 日发布，《中国棉花景气报告 2013》收录。这一年中国棉花产值比 2012 年减少 4.9%，成本比 2012 年增长 0.43%，纯收益比 2012 年减少 19.2%；粮棉和肥棉比价变化不大。

（一）2013 年全国棉花主产品产值减，纯收益减，三大产区之间的差异大

全国样本籽棉产量 3 810 千克/公顷，同比 2012 年（下同）减 7.2%。三大流域产值：长江 3 207 千克/公顷，减 7.5%；黄河 3 328.5 千克/公顷，减 1.1%；西北 4 767 千克/公顷，减 12.5%（表 1-14）。

全国棉花主产品产值 5 045.6 美元/公顷，减 263.7 美元/公顷，减幅 4.9%。三大流域产值：长江 3 919.1 美元/公顷，减 535.2 美元/公顷，减幅 11.5%。黄河 4 392.6 美元/公顷，增 36.3 美元/公顷，增幅 0.8%。西北 6 663.4 美元/公顷，增 491.4 美元/公顷，减 6.9%。

全国棉花主产品纯收益 1 166.1 美元/公顷，减 280.4 美元/公顷，减 19.4%。三大流域收益：长江 32.7 美元/公顷，减 560.1 美元/公顷，减幅 94.5%；黄河 1 638.4 美元/公顷，增 314.5 美元/公顷，增幅 23.8%；西北 1 638.4 美元/公顷，减 688.3 美元/公顷，减幅 29.6%。

监测结果，2013 年全部样本农户都获得了补贴，补贴资金 48.6 美元/公顷，减 2.7 美元/公顷，减幅 5.2%，超过 36.3 美元/公顷的部分来自粮食等补贴。三大流域补贴资金：长江流域 69.0 美元/公顷，减 1.5 美元/公顷；黄河流域 44.0 美元/公顷，减 6.5 美元/公顷；西北内陆持平，为 36.3 美元/公顷。

（二）2013 年全国棉花增收的原因

1. 单产降和成本涨是减收的主因，价格上涨一定程度上缓解了减收幅度。 分析 2013 年主产品减收 280.4 美元/公顷的原因：一是籽棉单产同比减少 7.2%，减收 382.7 美元/公顷。二是籽棉售价略增 2.5%，增收 122.7 美元/公顷。三是总成本上涨 0.43%，收益减少 16.9 美元/公顷。其中物化成本上涨 0.76%，减收 11.4 美元/公顷；人工费用上涨 1.8%，减收 36.5 美元/公顷；固定资产折旧和间接费用约减少 31.2 美元/公顷。

2. 物工双上涨大幅减缓，人工费用所占比例高于物化成本 15.5 个百分点。

（1）总成本略涨。全国棉花生产总成本自 2007 年突破千元连续 6 年高涨后即进入缓慢增长期，2013 年仅涨 0.43% 为 3 879.7 美元/公顷，增 16.9 美元/公顷（表 1-14，图 1-7）。在总成本中，物化成本占总成本的 38.6% 为 1 498.8 美元/公顷，涨 11.4 美元/公顷，涨幅 0.76%；人工费用占总成本的 54.1% 为 2 100.7 美元/公顷，涨 36.5 美元/公顷，涨幅 1.8%；固定成本占总成本的 3.9% 为 151.9 美元/公顷，减 3.4 美元/公顷，减幅 2.2%；间接费用占总成本的 3.3% 为 128.2 美元/公顷，减 27.8 美元/公顷，减幅 17.8%。

表 1 - 14 2013 年中国棉花主产品产值、成本和收益比较

项目	年份	全国	长江流域	黄河流域	西北内陆
籽棉产量（千克/公顷）	2012	4 096.5	3 466.5	3 366.0	5 649.0
	2013	3 801.0	3 207.0	3 328.5	4 767.0
籽棉产量 2013 年比 2012 年（%）		-7.2	-7.5	-1.1	-15.6
皮棉产量（千克/公顷）	2012	1 528.5	1 275.0	1 248.0	2 134.5
	2013	1 399.5	1 129.5	1 234.5	1 780.5
皮棉产量 2013 年比 2012 年（%）		-8.5	-11.4	-1.1	-13.5
籽棉售价（美元/千克）	2012	1.30	1.28	1.29	1.31
	2013	1.33	1.22	1.32	1.40
籽棉价格 2013 年比 2012 年（%）		2.5	-4.3	2.0	6.5
主产品产值（美元/公顷）	2012	5 309.3	4 430.1	4 356.3	7 154.8
	2013	5 045.6	3 919.1	4 392.6	6 663.4
主产品产值 2013 年比 2012 年（%）		-5.0	-11.5	0.8	-6.9
总成本（美元/公顷）	2012	3 862.7	3 837.3	3 032.4	4 828.1
	2013	3 879.4	3 886.5	2 905.9	5 025.0
总成本 2013 年比 2012 年（%）		0.4	1.3	-4.2	4.1
其中物质投入（美元/公顷）	2012	1 487.4	1 289.5	1 228.5	1931.4
	2013	1 498.8	1 292.9	1 205.8	1996.2
物质投入 2013 年比 2012 年（%）		0.8	0.3	-1.9	3.4
其中人工投入（美元/公顷）	2012	2064.0	2 229.2	1 590.5	2 461.2
	2013	2 100.7	2 285.1	1 542.8	2 599.6
人工投入 2013 年比 2012 年（%）		1.8	2.5	-3.0	5.6
用工数量（个/公顷）	2012	238.5	253.5	264.0	201.0
	2013	225.0	238.5	234.0	208.5
用工数量 2013 年比 2012 年（%）		-5.7	-5.9	-11.4	3.7
其中固定成本（美元/公顷）	2012	155.3	59.8	85.2	314.5
	2013	151.9	76.7	65.6	340.9
固定成本 2013 年比 2012 年（%）		-2.2	28.4	-22.9	8.4
其中间接成本（美元/公顷）	2012	156.0	258.6	128.2	121.0
	2013	128.2	231.8	91.7	330.5
间接成本 2013 年比 2012 年（%）		-17.8	-10.4	-28.5	173.2
纯收益（美元/公顷）	2012	1 446.5	592.7	1 323.9	2 326.7
	2013	1 166.1	32.7	1 638.4	1 638.4
纯收益 2013 年比 2012 年（%）		-19.4	-94.5	23.8	-29.6
每千克皮棉成本（元）	2012	15.7	18.7	15.1	14.5
	2013	17.2	21.3	14.6	17.5
每千克皮棉成本 2013 年比 2012 年（%）		9.6	14.0	-3.3	20.7

（续）

项目	年份	全国	长江流域	黄河流域	西北内陆
补贴（美元/公顷）：100％样本户获得	2012	51.3	70.4	50.6	36.3
补贴	2013	48.6	69.0	44.0	36.3
补贴2013年比2012年（％）		-5.2	-2.0	-13.0	0.0

注：按2013年人民币与美元6.2∶1的汇率进行换算。

资料来源：中国棉花生产监测预警数据。

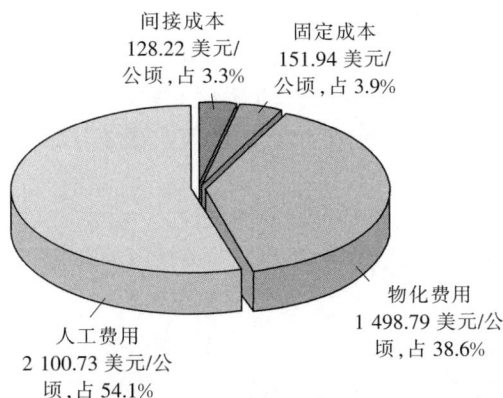

图1-7　2013年中国棉花生产总成本（3 879.67美元/公顷）构成

资料来源：中国棉花生产监测预警数据。

（2）物化成本略涨。2013年物化成本略涨0.76％为1 498.8美元/公顷，涨11.4美元/公顷，占上涨部分的68.1％；占总成本的38.6％。进一步分析，肥料622.7美元/公顷，减27.8美元/公顷，减幅4.4％。机械作业费210.5美元/公顷，增16.9美元/公顷，增幅8.8％。灌排费229.8美元/公顷，增59.3美元/公顷，增幅34.8％。农药和除草剂229.8美元/公顷，减12.1美元/公顷，减幅5.0％。地膜78.6美元/公顷，减18.1美元/公顷，减幅18.8％。化调费减2.4美元/公顷，减幅14.3％。育苗移栽物化费26.6美元/公顷，减2.4美元/公顷，减幅8.3％。种子费96.8美元/公顷，减1.9美元/公顷，减幅2.0％。

关于肥料部分：尿素减3.6美元/公顷，减幅2.7％；过磷酸钙减4.8美元/公顷，减幅20.0％；钾肥减4.8美元/公顷，减幅7.7％。复合肥减24.4美元/公顷，减幅12.0％；二铵减6.5美元/公顷，减幅5.4％。此外，有机肥、叶面肥、硝铵、碳铵等增16.5美元/公顷，增幅16.9％。

排灌费用和机械作业费用上涨是物化成本上涨的主因。监测结果，2013年因长江大旱、华北和南疆的涝灾等旱涝灾害严重，导致管灌费增幅37.8％。机械作业费用增幅8.8％也与春季低温重复播种有关。而农资价格稳中有降，个别品种降幅很大。其中地膜降价达18.8％，复合肥降价10.1％，尿素降价4.3％，磷酸二铵降价5.4％，钾肥价格持平。尿素用量增6.0千克/公顷，增1.7％；钾肥用量减9.0千克/公顷，减7.7％；过磷酸钙减30.0千克/公顷，减20.0％；二铵用量持平为202.5千克/公顷，复合肥用量减7.5千克/公顷，减2.0％。农药和除草剂229.8美元/公顷，减12.1美元/公顷，降5.0％。

（3）人工费用涨 1.8%。2013 年人工费用涨至 2 100.7 美元/公顷，涨 36.5 美元/公顷，增幅 1.8%，占总成本上涨部分的 219.3%，占总成本的 54.1%。全国植棉用工量 225.0 个/公顷，减 13.5 个/公顷，减幅 5.9%。用工作价涨 9.4% 至 58.0 元/工，其中自用工占 78.0%，雇工占 22.0%。

各流域用工：长江减 5.9% 为 238.5 个/公顷；黄河增 11.4% 为 234.0 个/公顷；西北增 3.7% 为 208.5 个/公顷。

在人工费用中，2013 年有 70.0% 的样本农户发生雇工行为，雇工费 633.4 美元/公顷，占人工费用的 30.2%。与 2012 年相比，雇工农户的比例增 2 个百分点；雇工 57.0 个/公顷，雇工费增 53.7 美元/公顷，增幅 9.3%。

三大区域：长江雇工 45.0 个/公顷，占用工的 18.9%；黄河雇工 37.5 个/公顷，占 16.0%；主要用于棉花收获、播种和管理。西北雇工数 75.0 个/公顷，占 36.0%。

（4）固定成本折旧费略减。2013 年棉花生产固定成本 151.9 美元/公顷，减 3.4 美元/公顷，减幅 2.2%；占总成本的 3.9%。

（5）间接费用减少。2013 年棉花生产间接费用 128.2 美元/公顷，减 27.8 美元/公顷，减幅 17.8%。包括地租、排灌费和籽棉出售运输费等，其中租地费基本持平，占总成本的 3.3%。

（6）三大流域成本有增有减。长江涨 1.3% 为 3 886.5 美元/公顷，涨 49.1 美元/公顷；黄河减少 4.2% 为 2 906.1 美元/公顷，减 126.5 美元/公顷；西北涨 4.1% 为 5 025.0 美元/公顷，增 196.9 美元/公顷。

五、中国皮棉成本和原棉成本

（一）中国每千克皮棉生产成本

据中国棉花生产监测预警数据（图 1-8），中国每千克皮棉的生产成本，从 2002/2003 年度的 0.91 美元/千克上涨到 2015/2006 年度的 2.52 美元/千克，在这 15 个年度增长幅度达到了 1.77 倍，年均增长率高达 7.55%，增长速度快，绝对值大。

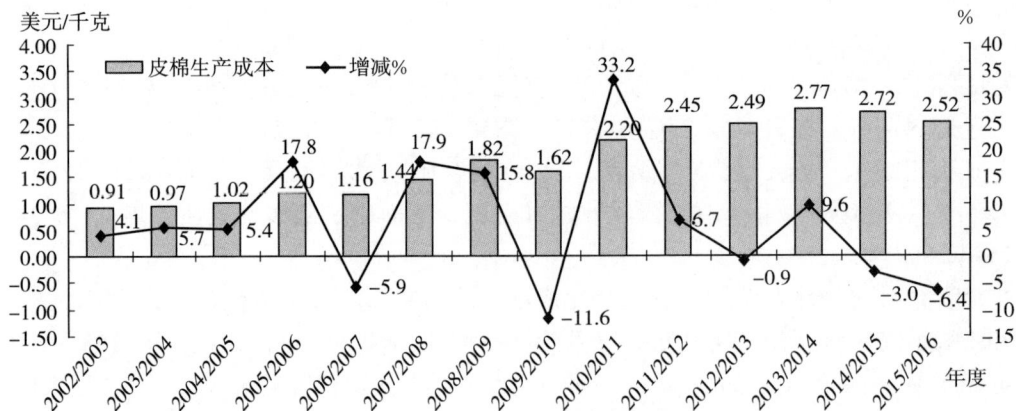

图 1-8　自 2002/2003 年度到 2015/2016 年度中国每千克皮棉生产成本变化

资料来源：中国棉花生产监测预警数据。

中国每千克皮棉成本，自 2004/2005 年度跨上 1 美元时代，达到 1.02 美元/千克，6 年

之后跨上 2 美元时代，2010/2011 年度达到 2.20 美元/千克，2013/2014 年度达到高峰值为
2.77 美元/千克，之后两个年度进入下行通道，合计下降幅度达到 9.0%。

分析中国皮棉的高成本，需要讨论劳动力费用问题，单位面积劳动力费用从 2001 年的
582.1 美元/公顷增长到 2015 年的 1913.5 美元/公顷（图 1-9），增长 2.29 倍，年均增长率
达到 8.87%，同期劳动力费用占生产总投入的比例从 42.9% 增长到 58.3%，平均为
49.6%。即棉花生产投入现金的一半为劳动力费用，可见农业劳动投入有了较好的收益回
报，且劳动力收益的费用成本能够有效地转移到商品价格和价值之中，这是农产品价格在市
场化条件下形成的新变化、新特点，也是农产品价格与国际接轨的一个重要体现。

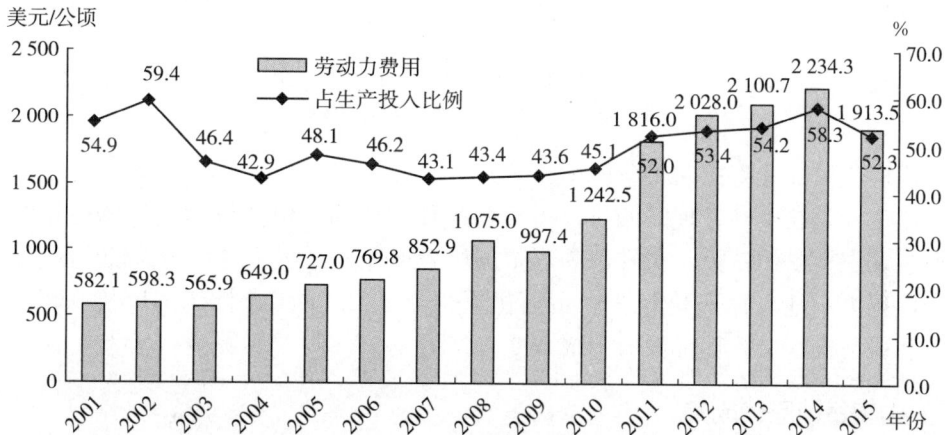

图 1-9　2001—2015 年中国植棉劳动力成本和比例变化

资料来源：中国棉花生产监测预警数据。

需要说明的是，每千克皮棉成本的另一半为物质费用、固定资产折旧和财务费用，其中物
质费用与国际石油价格的变化有紧密相关性，占 43% 上下，固定资产折旧和财务费用占 7.0%
上下，固定资产折旧与植棉农场规模和专业合作社规模相关，财务费用特别是贷款额度，以及
贷款的及时性、利息与还贷时间对植棉大户和承包租地的植棉农场有至关重要的作用。

我国植棉的劳动力费用分自用工和雇工两个部分，自用工又涉及如何作价与雇工所占比
例。中国棉花生产监测预警采用当地雇工从事非农工价的一半作为农民务农的工价，雇工从
事农业或工业、建筑业价格没有差异，这个估价很有科学性和可行性。

监测结果指出，农民植棉用工作价从 2001 年的 1.29 美元/日提高 2015 年的 10.96 美
元/日（图 1-10），增长 7.50 倍，年均增长 16.51%，可见增速是很快的。植棉的劳动价值
与社会进步的价值相吻合。而用工数据呈加速减少趋势，用工作价和单位面积用工数量在
2004 年形成交汇点，之后分道扬镳，即用工数量继续大幅减少，植棉大户和兵团植棉团场
用工数量分别下降到 120 个/公顷和 60 个/公顷。

全国用工作价在 2010 年之前有区域性差异，其中长江中游、沿海和西北基本为一个相
近的高水平，黄淮平原腹地为一个相近的中水平，但是，这些差异在 2011 年之后被缩小，
地域性差异几乎可以忽略不计。

关于雇工占用工的比例问题，在 2010 年及之前约占 20%，自用工费用占 80% 上下，但
在 2011 年及之后发生很大变化，大致每年雇工比例增长 1 个百分点，原因是棉区向西北内

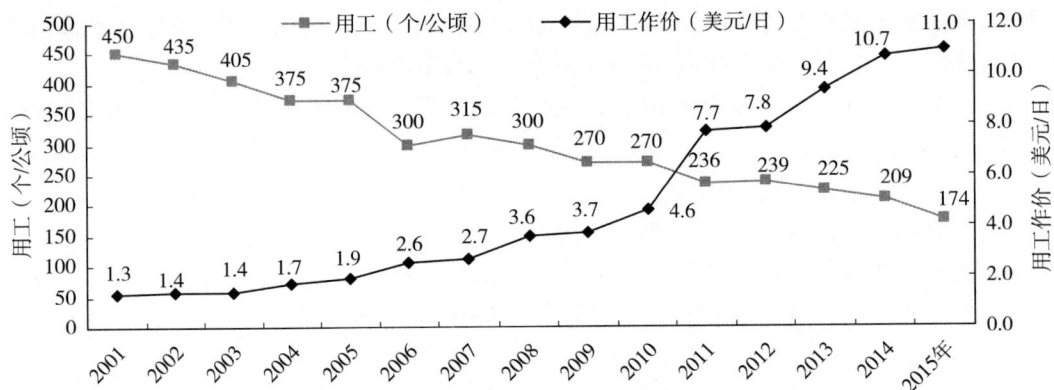

图 1-10 中国植棉单位面积用工数量与用工作价的变化
资料来源：中国棉花生产监测预警数据。

陆转移，规模化植棉发生的雇工急剧增长。

棉花雇工发生在生产管理的两头。一头是播种和苗期，包括耕整地、播种和保苗环节，育苗和移栽等农事操作；另一头在收获，全国机采棉主要在西北内陆的新疆棉区。新疆生产建设兵团面积大，地方面积仍较少。黄河机采棉始于 2011 年，长江棉区机采棉始于 2013 年，长江和黄河棉区机采棉都没有形成现实生产力。

（二）中国每吨原棉成本

从皮棉生产成本（用每千克皮棉的生产成本表示）到进厂的原棉全成本（用中国棉花价格指数 328 表示），中间还要经历籽棉的收购、轧花和国内流通等环节，这些环节完成之后棉花才能进入工厂进行纺纱。这中间收购需要投入资金、轧花需要投入加工设备和劳动力费用，国内流通还需要运输等费用，据最近 14 个年度的跟踪监测和对比（图 1-11），从 2002/2003 年度到 2015/2016 年度的 14 个年度，从皮棉的生产成本到原棉的全成本扩大了 31.65%，其中原棉成本低于生产成本有 3 个年度，占 21.4%；在这 3 个年度经销商可能存在赔钱的风险；其余 11 个年度原棉成本高于生产成本平均达 44.0%，即在这 11 个年度经销商可能存在赚钱的机遇。

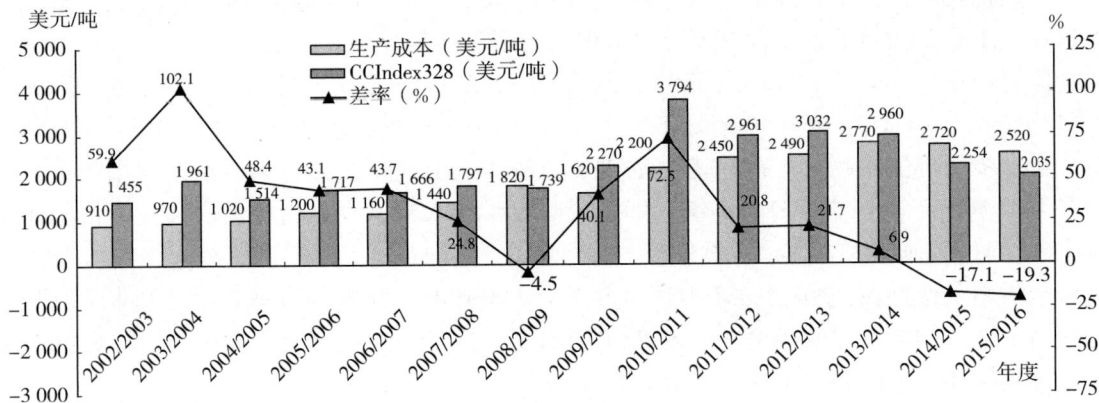

图 1-11 中国棉花生产成本到原棉成本的差异
资料来源：中国棉花生产监测预警数据。

美国和澳大利亚的棉花轧花厂或轧花设备隶属于农场主，或农场主委托建有轧花厂的协会或农民合作社进行加工，其委托加工仅收取加工费，该两个国家都没有棉花的收购环节和国内贸易环节，其加工包装的原棉进入期货市场进行贸易。据测算，中国棉花收购和轧花作为一个独立环节和市场主体，由此产生的成本至少要比美国和澳大利亚多10%。

另外，为了解决新疆棉花运输成本过高问题，国家自2011年开始对出疆棉花的运输实行补贴，每吨补贴500元，到2015年度结束。

六、澳大利亚棉花成本和收益报告

澳大利亚是全球棉花净出口大国，最大出口量120万吨，占全球原棉出口市场的最大份额达到15%，次于美国、印度、乌兹别克斯坦和巴西，在全球排位第三到第五位（见第二十章）。澳大利亚植棉历史并不悠久，棉花产业链不完整，棉纺织业因劳动力极其昂贵于20世纪80年代几乎完全停止，所产棉花全部出口，澳棉在全球棉花市场形成了极具竞争力的绝对优势，而且特别因品质优良深受中国纺织业消费者的青睐。主要特点是：

一是纤维品质的一致好，形成核心竞争力。澳全国种植棉花品种仅2～3个，不管植棉面积500万亩还是900万亩，品种优势地位突出。同时，澳棉品种的内在品质优良。全国种植主栽品种有Sicot71BRF、Sicot74BRF和Siokra 24 BRF，这几个品种具有抗棉铃虫和抗除草剂（抗草甘膦）的生物学特征，其功能基因来自美国孟山都公司，由澳大利亚棉花研究所培育，其中Sicot 71BRF为早熟类型品种，纤维长度31.0毫米、比强度30.8厘牛/特克斯，麦克隆值4.3，在南部棉区种植。Sicot 74BRF为中熟类型品种，产量更高，纤维品质更优，在中北部棉区种植。Siokra 24 BRF则是未来的接班品种。

据调查了解，虽然澳大利亚没有残膜污染籽棉问题，但棉田也可能有鸟的羽绒，野兽的毛发散落物，因此，一些大型农场安装视频进行监测，还安装吹赶装备进行吹赶，在机械化采收前对棉田进行全面清理，以保证不落入棉田进而影响棉花品质。在农场、在田间地头未见塑料包装袋、食品袋、方便面包装纸等包装材料残留物（在我国农村、在农户家里到处可见食品塑料包装袋、方便面碗或包装袋，房前屋后到处都是，以及用肥料特别是尿素袋包装籽棉等，这些化纤材料包装袋极易混入籽棉）。

二是单产水平高，形成实际竞争力。从国家来讲，澳国单产水平最高，2011/2012年平均单产达到2063千克/公顷（皮棉137.5千克/亩，与中国新疆生产建设兵团的单产水平相当），同时棉花生产的投入产出合理，成本适中。特别需要指出的是，澳大利亚国家对棉花生产没有实行任何现金补贴，农场主只有依靠产量和品质才能赢得市场、价格和收益，才能实现自我生存和发展的目标，这与美国农业和棉花依靠补贴才能获得利润而生存的情况完全不同。

三是生产效率高，植棉效益好，形成高效率的大规模植棉农场企业。澳棉种植采用全程机械化，种植制度为一年一熟制，棉花采用不覆盖地膜的裸地直播，灌溉方法为沟灌，合理密植，收获密度60 000株/公顷（4 000株/亩），机采棉采用带状种植，实行精量播种，不间苗、不定苗、不整枝，耕耙地、播种、施肥、打药、采收、运输等全程使用美国成套进口大型机械、配套农具以及飞机喷洒等，一个面积为12.25万亩的植棉农场仅需4个工人，单位面积人工费用400.6澳元/公顷（约合人民币133.5元/亩，约7.3小时工作时产皮棉190千克/亩），占总投入比例仅为8.8%，是很低的（表1-15）。

表 1-15 澳大利亚近 10 年所有植棉农场平均收入和支出对比

单位：澳元/公顷

年份	2006	2007	2008	2009	2010	2011	2012	2013	2014	2015	平均
皮棉收益	3 788	3 963	4 027	4 265	4 758	5 256	4 866	4 712	4 709	6 133	4 648
棉籽收益	436	859	1 016	935	742	546	400	524	805	1 180	744.3
冰雹保险收益	55	49	73	169	79	106	70	17	57	10	68.5
收入小计	4 279	4 871	5 116	5 369	5 579	5 908	5 336	5 253	5 571	7 323	5 461.0
运输	105	128	101	100	112	136	117	132	86	106	112.3
药剂施用	158	115	110	87	136	138	131	106	151	146	127.8
药剂—脱叶剂	57	54	71	79	63	55	53	42	49	61	58.4
药剂—除草剂	109	159	183	174	108	108	85	84	115	116	124.1
药剂—杀虫剂	292	132	116	144	151	142	84	35	81	112	128.9
药剂—其他	3	3	4	48	38	11	7	5	4	6	12.9
剥片	66	91	39	24	15	2	3	3	2	1	24.6
顾问	59	75	63	76	72	64	57	52	43	45	60.6
雇佣采摘	180	257	250	255	261	282	241	176	182	151	223.5
雇佣耕地和翻土	89	77	85	42	24	122	164	215	100	102	102.0
采摘包装和杂物	11	10	6	14	9	55	84	78	75	104	44.6
折旧	199	338	508	372	426	164	178	227	249	354	301.5
电力	21	40	46	59	79	76	29	45	50	104	54.9
肥料	356	312	394	428	399	387	517	546	533	478	439.6
燃油和机油	323	418	429	327	305	258	271	403	380	377	349.1
厂房租用	3	9	12	2	7	22	43	32	52	39	22.1
保险	144	227	216	217	179	161	123	110	104	116	159.7
牌照费—保铃棉	150	173	232	218	252	286	292	310	305	270	248.8
牌照费—草甘膦	25	26	50	50	62	60	56	39	69	69	50.6
机动车开支	22	30	31	34	35	21	19	19	19	23	25.3
维护—工具间	135	133	139	137	154	121	109	123	113	159	132.3
维护—泵和土体	101	128	133	116	183	61	84	130	159	217	131.2
种子	77	112	98	105	126	115	146	107	79	140	110.5
水费	188	399	439	486	189	134	141	160	306	343	278.5
轧花	479	551	521	495	542	484	512	630	621	744	557.9
税费	33	38	33	37	35	33	31	36	46	54	37.6
工资—员工	327	473	445	391	384	357	344	380	391	514	400.6
工资—业主	38	96	105	106	69	20	21	31	17	25	52.8
行政	41	68	58	58	35	49	47	52	56	93	55.7
其他农场开销	73	103	162	154	103	65	155	166	148	92	122.1
支出小计	3 864	4 775	4 685	4 835	4 553	3 989	4 144	4 474	4 585	5 161	4 507.0

（续）

年份	2006	2007	2008	2009	2010	2011	2012	2013	2014	2015	平均
营业利润	415	96	37	534	1 026	1 919	1 192	779	986	2 162	914.6
工资—业主	38	96	105	106	69	20	21	31	17	25	52.8
农场经营利润	453	192	142	640	1 095	1939	1 213	810	1 003	2 187	967.4

注：①资料来源：据澳大利亚棉花考察报告（中国农业科学院棉花研究所资料，2016年5月21日）。

②本表资料来自澳大利亚 Boyce 注册会计师公司与澳大利亚棉花研发公司（CRDC）联合推出的《Australian Cotton Comparative Analysis（2015澳棉对比分析）》。

③2015年澳币对人民币汇率为1：5。

④澳大利亚国家对棉花无任何补贴，对棉花种植和销售不进行干预，棉花产业完全市场化。

⑤籽棉销售没有税，国家只对最终皮棉销售收取所得税。

⑥按单产137.5千克/亩测算，农场工人最低周薪为640.9澳元，每周工作35小时，每小时工资18.31澳元；每周工作5天，每天7小时。

依靠先进农业装备和大型农机具，实行耕地、播种、管理和收获的全程机械化作业，生产效率极高，产生了较好的植棉效益。从2006年到2015年的10年，全澳植棉收益变化幅度为4 279澳元/公顷（相当于人民币1 426.3元/亩）～7 323澳元/公顷（人民币2 441.0元/亩），平均收益5 461澳元/公顷（人民币1 820.3元/亩）；全国植棉支出幅度3 864澳元/公顷（人民币1 288元/亩）～5 161澳元/公顷（人民币1 720元/亩），平均支出4 507澳元/公顷（人民币1 502.3元/亩）；全国植棉平均净收益（盈利）＝收入5 461－支出4 507＝954澳元/公顷（人民币318.0元/亩）（表1-15），这个净收益是非常高的，边际回报率很大。一个规模为5万亩农场的年收益为1 590万元，效益非常可观。

需要指出的是，澳大利亚是岛国，为了防治海水倒灌或渗入地下，对陆地取水实行最严格的配额管理，包括用水实行分配制度，在陆地禁止打井。因此，澳国植棉面积或农业耕种面积的多少受水资源的制约，对农场主而言"无水少种，有水多种"，因而植棉面积和产量很不稳定，雨养棉田单产水平更不稳定，故澳国棉花产量在年际间呈现倍数的差异，实属正常。

虽然澳大利亚国家对棉花生产没有任何补贴，但是，澳国政府对农业和农场主的服务非常到位。政府服务农业包括农业棉花科技创新，与美国几乎同步，科技水平先进，棉花模拟模型和转基因育种水平相近，由于热量丰富，没有霜冻期，采收时间较长，机采棉采用相对稀植的种植技术，此为独树一帜。政府开展病虫害的测报和发布，对病虫害防治效果进行监测，能够及时提出指导意见和建议；对棉田土壤水分进行测定，对灌溉进行科学指导；对棉田土壤肥力进行定位监测，提出推荐施肥方案，开展技术交流、观摩、培训和指导等。

第六节　全球棉花价格

价格是市场的牛鼻子，价格是价值的体现，价格是成本和利润的总和，价格变化反映市场的供需状况，反映供给和需求的强度，同时供需也反过来影响价格。

一、国际棉花价格及其变化

（一）全球棉花价格变化

Cotlook 棉价指数由英国考特鲁克公司于 1966 年生成。该指数是反映国际棉花市场现货价格水平指标，分 Cotlook A 指数（Cotlook A Index），Cotlook B 指数（Cotlook B Index），报价单位为美分/磅。

Cotllok A 指数是一系列国际棉花贸易品种指标，主要陆地棉选择 15 个国家（目前为 14 个）中的 5 个最便宜报价作为平均值。基准品质标准是美国 M 级（1-1/32 英寸，中级 1-1/32），相当于中国商品棉品级的"328"级，代表"中绒棉"的平均价格，绒长早期为 26 毫米，现在为 28 毫米。报价地理位置为北欧到岸价（CIF），其中包括运输费、保险费以及盈利和代理商的佣金等。这 15 个国家和地区是：美国孟菲斯、乌兹别克斯坦、墨西哥、土耳其、坦桑尼亚（2 类 RG）、美国加利福尼亚、巴基斯坦（1 503）、澳大利亚、印度（H-4/Mech-1）、巴拉圭、中国（329 级）、非洲法属区、希腊、叙利亚和西班牙。

Cotlook B 指数是指每日国际上 8 个陆地棉品种折算成 SLM 级 1/32 英寸运到北欧的报价中 3 个最便宜报价的平均价。这 8 个陆地棉品种是：美国得克萨斯州（SLM 级 1-1/32 英寸）、乌兹别克斯坦、阿根廷（C-1/2 级）、印度（J-34）、中国（商品棉品级的"527"级）、巴西（5/6，1-1/16 英寸）、巴基斯坦（Afzal 1-1/32 英寸）和土耳其（Adana Std. I RG）。代表"中绒棉"的平均价格，绒长 26～27 毫米。

近 45 年来，全球棉价在波动之中不断下降，其中以 20 世纪 80 年代的 71.36 美分/磅为最高，比 70 年代上涨 12 美分/磅，涨幅 19.7%。90 年代 71.67 美分/磅，比 80 年代下降，但降幅不大。进入 21 世纪头十年大幅下滑至 60.61 美分/磅，比 90 年代下滑 11.06 美分/磅，降幅 15.4%，最近 5 个年度大幅上涨 67.5%（表 1-16）。

表 1-16　近 45 年全球棉花价格变化

年代	Cotlook A 指数（美分/磅）	变异系数（%）	增长（%）	中等级皮棉价格（美元/吨）
当年价格及变化				
20 世纪 60 年代（1966/1967—1969/1970）	29.47±1.60	—	—	648
20 世纪 70 年代（1970/1971—1979/1980）	61.29±19.52	31.8	108.0	1 348
20 世纪 80 年代（1980/1981—1989/1990）	73.36±16.94	24.1	19.7	1 614
20 世纪 90 年代（1990/1991—1999/2000）	71.67±13.62	19.0	−2.3	1 577
21 世纪前 10 年（2000/2001—2009/2010）	60.61±10.52	17.4	−15.4	1 333
21 世纪近 4 年（2010/2011—2013/2014）	101.54±33.54	33.0	67.5	2 234
以 1999 年美国 CPI 为基期的比较				
1969/1970	125.3	—	—	2 756.6
70 年代（1970/1971—1979/1980）	187.95±41.40	22.0	—	4 134.9
80 年代（1980/1981—1989/1990）	118.31±31.00	26.2	−37.1	2 602.8
90 年代（1990/1991—1999/2000）	80.55±17.55	21.8	−31.9	1 772.1

（续）

年代	Cotlook A 指数 （美分/磅）	变异系数 （%）	增长 （%）	中等级皮棉价格 （美元/吨）
新世纪前 10 年（2000/2001—2009/2010）	52.29± 7.16	13.7	−35.1	1 150.4
前 5 年（2010/2011—2013/2014）	75.82± 27.12	36.0	44.0	1 656.1

注：美分/磅乘以 22.0 转换为美元/吨。2009/10 年度截止时间为 2009 年 12 月。

在这 45 年，Cotlook A 指数≥70 美分/磅以上有 11 年，分别是 1973、1978、1981、1982、1987、1993、1996、1997、2007、2008、2014 年度；≥80 美分/磅以上有 7 年，分别是 1976、1979、1983、1989、1990、1995、2014 年度。≥90 美分/磅以上有 4 年，分别是 1980、1994、2011、2012 年度。大于 100 美分有 1 年，2010 年为 158.51 美分/磅。低于 69 美分/磅的有 22 年，除 20 世纪 70 年代以外，1999 年仅 52.8 美分/磅。

以 1999 年美国 CPI 为基期进行比较发现，近 45 年全球棉价每个十年都以三成多的速率大幅下降，80 年代比 70 年代下降 37.1%，90 年代比 80 年代下降 31.9%，新世纪头十年下降 35.1%，最近 5 年有所回升（图 1-12、图 1-13）。

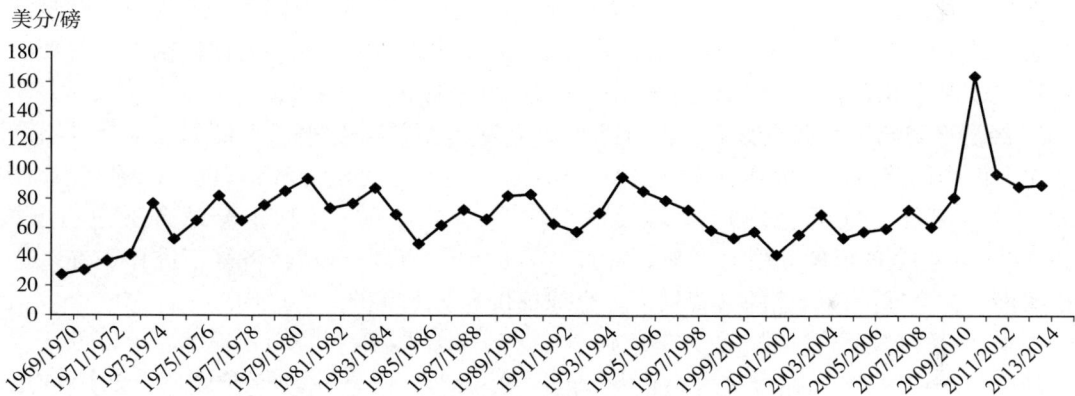

图 1-12 Cotlook A 指数（1969/1970—2013/2014）

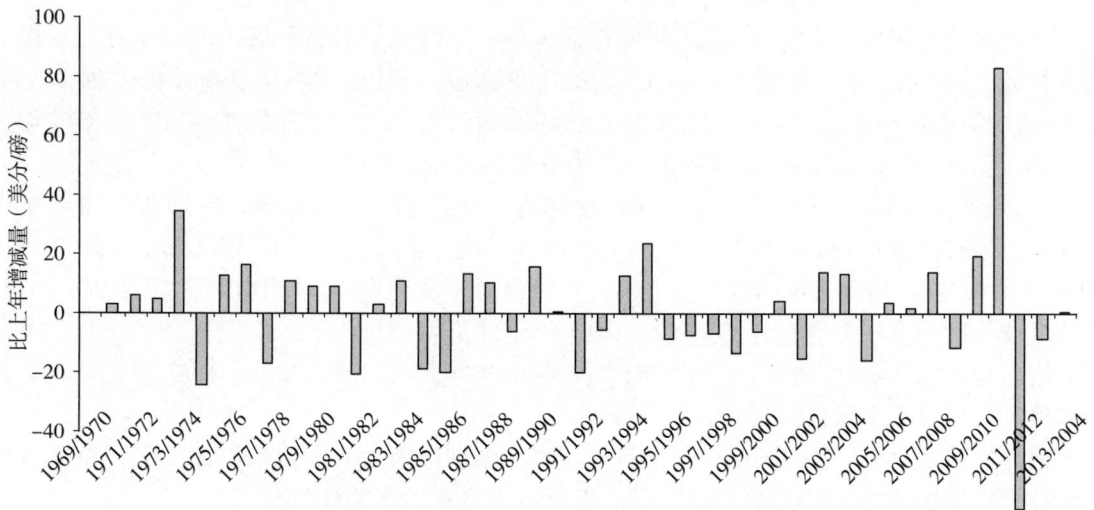

图 1-13 Cotlook A 指数增减变化（1969/1970—2013/2014）

（二）影响全球棉花价格因素

全球棉价变化受供需基本面、经济走势和国内外市场调节等综合因素影响，其中中国因素举足轻重。

1. 全球棉价受供需基本面影响。 当原棉供大于求时国际棉价就下行，像 1984/1985 年度，全球棉花丰收，总产增幅 32.7% 达到 1925 万吨；1985/1986 年度全球棉价下跌 18.5 美分/磅，降幅高达 21.1%。当资源短缺国际价格就上涨，像 1992/1993 年度全球棉花减产 273 万吨，减幅 13.2%；1993/1994 年度全球棉价上涨 12.9 美分/磅，涨幅 22.4%。另外，全球总产处于一个较低位置时，全球棉价维持在一个高位上。像 1987/1988、1988/1989、1990/1991、1991/1992 年度，全球总产 1 736 万～1 830 万吨，全球棉价维持在 72～82 美分/磅。

2. 补贴打压全球棉价。 据记录，新世纪头 10 年全球棉价不断出现新低，如 2000/2001 年度 57.2 美分/磅，2001/2002 年度 41.81 美分/磅，2002/2003 年度 57.71 美分/磅，2003/2004 年度 69.19 美分/磅，2004/2005 年度 53.52 美分/磅，2005/2006 年度 57.04 美分/磅，2006/2007 年度 59.15 美分/磅上下，2007/2008 年度 72.9 美分/磅水平，2008/2009 年度 61.2 美分/磅，2009/2010 年度 67.0 美分/磅。

据分析，尽管引起新世纪头十年全球棉价下滑有多个原因，但以美国的棉花补贴政策为最主要，是美国的补贴打压了国际棉价，扰乱了国际棉花价格形成的规律。据测算，美国补贴导致全球棉价下跌了 270～300 美元/吨，降幅 20% 上下。

3. 经济形势与市场调节影响。 棉价除受供需基本面影响以外，其涨跌还与全球经济形势变化、市场调节失灵等因素有紧密关系。比如，1989 年，亚洲经济危机，原棉需求减少，1999 年全球棉价比危机前的 1995 年大幅下跌 38.3%。2008 年秋季全球金融危机暴发，2008/2009 年度全球棉价下跌 16.0%，2010/2011 年度之后，全球经济复苏进程缓慢，贸易增长减慢，在全球经济收缩的大背景下，全球棉价逆势上涨的一些原因：

一是针对全球经济危机，2008 年底到 2011 年。中国采取投资救市路线，4 年投资总额度达到"四个一万亿"，在巨大投资的拉动下，2010—2012 年出现通货膨胀，2010 年 CPI 上升到 3.3%，比 2009 年扩大 4 个百分点，2011 年进一步上涨到 5.4%，再扩大 1.1 个百分点。在这样的大背景下，2010/2011 年度籽棉售价一路高涨，最高突破 10 元/千克，皮棉最高价突破 30 000 元/吨，达到 33 000 元/吨的历史高位。2010/2011 年度全球棉价创 163.56 美分/磅的历史新高，比 2009/2010 年度上涨幅度达到 1.03 倍，若按 1980—2010 年的均价为 71.70 美分/磅进行测算，中国棉价溢出效应抬高全球价格的 128.4%。

二是临时收储政策。2011—2013 年，中国先后出台临时收储政策，除政策本身干扰市场以外，临时价也特别高，2011/2012 年度 19 800 元/吨，2012/2013 年度和 2013/2014 年度 20 400 元/吨，由此造成国内外巨大价差，又由价差推动进口，3 年实际进口 1 264 万吨，拉动全球棉价的大幅上涨。若按 1980—2013 年全球平均棉价为 73.3 美分/磅，2011—2013 年平均达到 92.80 美分/磅计算，中国因素拉动占 26.6%（92.8－73.5＝19.5 美分/磅），即每进口 1 万吨抬高全球棉价 0.015 美分/磅。

据卢峰早期研究，20 世纪 80—90 年代，当我国进口增大时全球棉价即上涨，每净进口 1 万吨，A 指数即涨 2 美分/磅；每净出口 1 万吨下降 0.169 美分/磅。

此外，国际石油价格变化、热钱涌入和市场炒作也对国际棉价产生一定影响。

二、国际棉花品质、价格与价差变化

中绒 A 指数与中绒 B 指数的价差反映品质与价格的关系变化（表 1-17），价差变化在 1.2 (1997/1998) ~14.02 美分/磅（1975/1976）之间，差异 10.7 倍。各 10 年的价差，20 世纪 70 年代为 8.12 美分/磅，80 年代为 7.65 美分/磅，90 年代为 3.65 美分/磅，21 世纪前 10 年为 2.77 美分/磅。40 多年以来，全球中绒棉的价差在缩减，绒长 28 毫米与绒长 26 ~27 毫米的差价缩小了 65.9%（[(2.77-8.12)÷8.12]×100%）。价差缩小与牛仔服装长期畅销不衰，粗厚织物生产量扩大，中短绒这一类型棉花需求量增加、质量改进和棉纺织装备提升有关。

表 1-17 国际棉花价格变化情况（C. I. F）

年度	中绒 A	中绒 B	A-B 差价	爱字棉 SJV	爱字棉 SJV-中绒 A 价差	吉扎 70	美国比马	澳大利亚 MIDD1-3
1969/1970	28.00	24.25	3.75	31.33	3.33	63.18		
1970/1971	31.11	29.65	1.46	33.31	2.20	61.14		
1971/1972	37.14	33.92	3.22	38.28	1.14	64.85		
1972/1973	45.89	37.95	7.94	45.93	0.04	69.95		
1973/1974	76.40	64.86	11.54	83.57	7.17	152.63		
1974/1975	52.59	46.22	6.37	56.99	4.40	140.03		
1975/1976	65.32	51.30	14.02	72.39	7.07	122.30		
1976/1977	81.89	72.43	9.46	84.94	3.05	158.21		
1977/1978	65.05	57.06	7.99	69.13	4.08	133.28		
1978/1979	76.09	67.79	8.30	82.96	6.87	150.80		
1979/1980	85.39	74.48	10.91	90.69	5.30	153.05		
1980/1981	94.10	84.18	9.92	101.85	7.75	158.66		
1981/1982	73.78	64.42	9.36	79.79	6.01	137.34		
1982/1983	76.62	66.56	10.06	84.94	8.32	135.84		
1983/1984	87.64	80.30	7.34	94.90	7.26	162.33		
1984/1985	69.18	59.55	9.63	76.20	7.02	164.96	121.62	
1985/1986	48.86	40.85	8.01	59.43	10.57	147.14	109.81	
1986/1987	62.13	54.84	7.29	74.27	12.14	146.94	112.79	
1987/1988	72.32	67.53	4.79	81.17	8.85	181.68	128.93	
1988/1989	66.36	61.31	5.05	77.13	10.77	231.44	177.86	
1989/1990	82.43	77.38	5.05	88.59	6.16	254.11	112.54	
1990/1991	82.90	77.80	5.10	92.84	9.94	248.91	136.25	
1991/1992	63.04	58.49	4.55	74.47	11.43	178.14	115.86	
1992/1993	57.69	53.70	3.99	68.37	10.68	139.09	99.80	
1993/1994	70.59	67.30	3.29	77.55	6.96	114.11	103.00	

（续）

年度	中绒A	中绒B	A-B差价	爱字棉SJV	爱字棉SJV-中绒A价差	吉扎70	美国比马	澳大利亚MIDD1-3
1994/1995	94.30	82.30	2.00	106.40	12.10	111.00	130.40	
1995/1996	85.61	81.06	4.55	103.49	17.88	195.25	169.92	
1996/1997	78.59	74.78	3.81	89.55	10.96	153.39	122.53	
1997/1998	72.21	71.01	1.20	85.11	12.90	136.38	115.46	
1998/1999	58.89	54.12	4.77	78.57	19.68	121.79	108.16	
1999/2000	52.84	49.60	3.24	68.76	15.92	120.71	97.60	
2000/2001	57.20	53.72	3.48	67.30	10.10	117.20	113.55	
2001/2002	41.81	38.96	2.85	52.75	10.94	115.73	97.90	
2002/2003	55.71	52.39	3.32	66.74	11.03	99.50	95.53	67.40
2003/2004	69.19	66.65	2.54	81.22	12.03	132.88	124.54	75.94
2004/2005	53.52	51.20	2.32	67.69	14.17	97.59	97.58	
2005/2006	57.04	54.92	2.12	66.49	9.45	120.71	134.00	
2006/2007						107.78		
2007/2008						99.96		
2008/2009								
2009/2010								93.49
2010/2011								163.16
2011/2012								114.69

　　爱字棉 SJV 高于中绒 A 指数的数额在 0.04（1972/1973）～19.68 美分/磅（1998/1999）之间，差异 491 倍。各 10 年的价差，20 世纪 70 年代为 4.46 分/磅，80 年代为 8.49 美分/磅，90 年代为 12.85 美分/磅，21 世纪前 10 年为 11.29 美分/磅。40 多年以来，爱字棉 SJV 与全球中绒棉的价差在扩大，绒长 28 毫米与"高品质"的差价扩大了 60.5%（[（4.46－11.29）÷11.29]×100%），反映国际市场特别是中国市场对高档织物的需求在上升。

　　超长绒棉价同样经历了大起大落的变化。各 10 年的均价，20 世纪 60 年代因需求量小价格仅为 50 美分/磅；70 年代需求量增加，价格上涨到 120.62 美分/磅；80 年代需求量进一步增长，价格攀高到 172.04 美分/磅；90 年代需求量减少，价格下降到 151.88 美分/磅；21 世纪前 10 多年，需求量进一步减少，价格下降到 112.58 美分/磅。40 多年以来，超长绒棉价变化呈开口向下的抛物线形，最高价格在 80 年代，近 10 多年下降速度加快，这与机器和化纤替代有关。

　　此外，澳大利亚因陆地中绒原棉的品质高端，价格显著高于中绒 A 指数（表 1-17）。

三、中国计划经济时期棉花价格及其变化

新中国成立以来的 67 年，我国棉花价格大致可以划分为两个大的阶段：第一阶段为计划经济时期，棉花价格由国家有关部门根据生产、需求和成本等予以确定，收购价格直接与棉农和集体利益"挂钩"。第二阶段为市场经济时期，价格由供需基本关系确定。

价格政策是调节棉花生产的重要政策，提高棉价并实行超购加价政策是 20 世纪 80—90 年代棉花生产发展的主要原因。1995 年以前，棉价政策坚持执行计划第一，价格第二，等价交换，稳定市场，稳定物价的原则。棉花商品价格由中央统一编制，统一管理。自 1995 年开始，国家对棉价政策进行了改革，也是这一年，我国棉花管理从计划经济体制向市场经济体制转轨。

从 1949 年到 1977 年，全国棉花采取统一收购价格，每 100 千克皮棉的人民币价：1949—1950 年 156 元、1951 年 168 元、1952 年 164 元、1953 年 154 元、1954—1962 年 160 元、1963—1971 年 178 元、1972—1977 年 207 元（表 1-18）。

1978 年，党的十一届三中全会出台提高粮、棉、油、猪、蛋、水产品等农产品的收购价格政策，其中棉花提价 15%，超计划收购另加价 30%，北方低产区另加价 5%（表 1-18）。

1979—1983 年，国家对棉花实行定基数，超基数加价的政策。加价基数按 1976—1978 年三年平均收购量为依据，1978 年超过基数部分加价 30%。1983 年加价由基数改为"正四六"，即 60% 按牌价（订购任务）和 40% 加价组成标准价。1984—1988 年调整牌价和加价比例。1987 年加价比例由"正四六"改为"倒三七"，即 30% 按牌价，70% 超购价。1988 年向用棉单位征收生产扶持费和生产资料补助费，每 100 千克标准价为 420 元。

1989—1995 年，国家 5 次调高收购价。其中 1989 年调高 12.5%，每 100 千克为 472.84 元（含加价 61.24 元，下同）；1990 年调高 26.9%，每 100 千克为 600 元；1993 年调高 10%，每 100 千克 660 元；1994 年标准价 1 088 元（含财政补贴 60 元，化肥、柴油差价补贴 28 元）。1995—1998 年再次调高，每 100 千克为 1 400 元，同时取消了财政补贴和化肥、柴油差价补贴。

1995 年改革棉价政策，中央出台国家指导价并允许浮动。1995—1998 年价格浮动率为 4%～6%，允许新疆下浮 10%。1998 年价格下调 7.1%，下限价格 1 235 元/100 千克，允许新疆自定浮动率。1999 年指导价 1 100 元/100 千克，实际价格 792 元/100 千克，2000 年由全国供销合作总社出台商业指导价 860 元/100 千克，实际价格 1 038 元/100 千克。

2000 年以后棉花价格由市场形成，基本与国际接轨（表 1-18）。

表 1-18　棉花收购价格和超购加价政策的变化（327 或 328 标准级皮棉）

单位：元/100 千克

年　　度	全　　国			北方棉区			南方棉区		
	定购价格	价格补贴	实际价格	定购价（占%）	加价（占%）	实际价格	定购价（占%）	加价（占%）	实际价格
1978	230		230	统一价格			统一价格		
1979	265	29	294	超基数加价			超基数加价		

（续）

年　　度	全　国			北方棉区			南方棉区		
	定购价格	价格补贴	实际价格	定购价（占%）	加价（占%）	实际价格	定购价（占%）	加价（占%）	实际价格
1980	292	50	342	超基数加价			超基数加价		
1981	292	53	345	超基数加价		369	超基数加价		321
1982	292	66	358	超基数加价		376	超基数加价		329
1983	292	73	365	超基数加价		376	超基数加价		337
1984	292	58	350	20	80	362	60	40	327
1985	292	50	342	30	70	353	60	40	323
1986	292	44	336	40	60	344	60	40	322
1987	292	61	353	30	70	353	30	70	353
1988	292	61	353	30	70	353	30	70	353
1989	412	61	473						
1990	539	61	600						
1991	539	61	600						
1992	539	61	600						
1993	539	61	660						
1994			1 088						
1995			1 400	新疆收购价 1 280					
1996			1 400	价格可上下浮动 4%，新疆收购价 1 280					
1997			1 400	价格可上下浮动 6%，新疆收购价 1 280					
1998			1 300	价格可上下浮动 5%，收购价格下限 1 235；新疆收购价 1 200					
1999			1 100	国家指导价					

中国棉花价格指数（CC Index 328）元/吨

1998/1999	11 000	
1999/2000	11 901	
2000/2001	11 733	市场形成
2001/2002	8 676	注：①实际价格中含定购价格，超购加价和北方棉区 5% 的价格补贴。
2002/2003	11 934	②由于锯齿棉有 4% 的衣分亏损，国家对锯齿棉实行价格补贴，每 100 千克加
2003/2004	16 080	价标准：1967—1977 年 8 元，1978 年 9.2 元，1979 年 10.6 元，1980—1988 年
2004/2005	12 413	17.6 元，1989 年 16.4 元，1990—1992 年 21.6 元，1993 年 24 元，1994 年 40
2005/2006	14 077	元，1995—1996 年 56 元。1999/2000 年度起为中国棉花价格指数
2006/2007	13 284	
2007/2008	13 675	
2008/2009	12 085	华尔街金融危机，10 月出台临时收储价 12 800 元/吨
2009/2010	15 731	针对金融危机投入"四个一万亿元"陆续进入实体经济，价格回升
2010/2011	25 684	针对危机投入"四个 1 万亿元"大部进入进入实体经济，诱发 2010 年秋季的通货膨胀，2010/2011 年度棉价大涨
2011/2012	19 126	目标价格改革试点第一年，19 800 元/吨
2012/2013	19 129	目标价格改革试点第二年，20 400 元/吨
2013/2014	18 354	目标价格改革试点第三年，19 800 元/吨
2014/2015	13 894	新疆目标价格改革试点第一年：19 800 元/吨，内地 9 省补贴 2000 元/吨

（续）

年　度	全　国			北方棉区			南方棉区		
	定购价格	价格补贴	实际价格	定购价（占%）	加价（占%）	实际价格	定购价（占%）	加价（占%）	实际价格
2015/2016	12 594		新疆目标价格改革试点第二年：19 400 元/吨，内地 9 省补贴 2000 元/吨						
2016/2017			新疆目标价格改革试点第三年：18 100 元/吨						

　　资料来源：中国棉花栽培学．上海：上海科学技术出版社，2013：10-11．

四、中国市场经济时期棉花价格及其变化

　　1999 年是我国棉花流通体制从计划经济迈向市场经济的重要转折点。1998 年 11 月，国务院出台《关于深化棉花流通体制改革的决定》，提出棉花流通体制改革的目标是，逐步建立起在国家宏观调控下，主要依靠市场机制实现棉花资源合理配置的新体制。国家决定，从 1999 年新棉上市后，棉花收购销售价格主要由市场形成，国家不再作统一规定。此后，我国棉花价格由市场供需形成，全国棉花交易市场适时建立，国家通过交易市场采购和投放储备棉，对棉花供求和价格进行调控。

　　2002 年 6 月中国棉花价格指数（China Cotton Index，CC Index）由全国棉花交易市场创建，反映现货价格运行趋势，并对 1999—2002 年价格进行了追溯。中国棉花价格指数英文简写为 CC Index328，即商品棉 3 级长度 28 毫米；2006 年度增加马克隆值为 CC Index328B，B 为 3.5～3.6 与 4.5～4.9。2013 年度为 CC Index 3128B "31" 为白棉 3 级，长度为 28 毫米，马克隆值为 B。

　　从 1999 年至 2015 年间，我国棉花市场经历了 2001 年入世，2005 年纺织品出口配额取消，2008—2009 年全球金融危机，2011 年度连续三年临时收储，以及 2014 年度开始实施目标价格补贴改革试点。回顾 17 年来我国棉花市场行情和棉花价格变化特征，可谓大起大落，中国棉花价格指数均值为 15 854 元/吨，最高价为 2010 年 11 月 11 日的 31 302 元/吨，最低价为 2001 年 12 月的 7 924 元/吨，上下价差 23 378 元/吨，极值相差达 3 倍（图 1-14、表 1-18）。

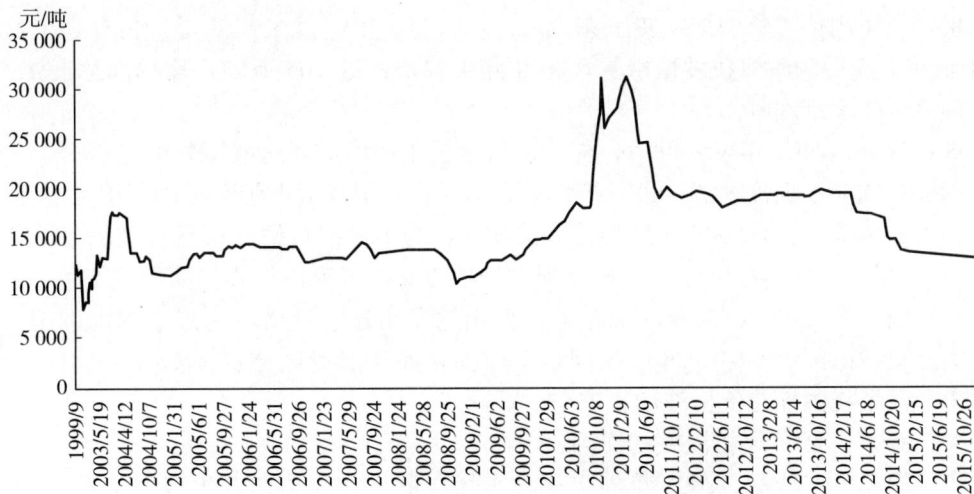

图 1-14　1999—2015 年中国棉花价格指数变化

按照我国棉花价格变化和市场运行的基本特点，从 1999 年到 2015 年大致划分四个阶段：1999—2004 年的先抑后扬再回落阶段，2005—2008 年的相对平稳后期下滑阶段，2009—2011 年的窜至新高后回落阶段，以及 2012—2015 年的先稳后降阶段。棉花价格巨大波动的背后，是中国棉花市场和全球市场逐步接轨，政府宏观调控措施不断完善，中国棉花和纺织产业结构不断调整的过程。

（一）第一阶段（1999—2004 年）先抑后扬再回落

1. 中国棉花价格变化特征。比较发现，1999—2004 年间国内皮棉现货行情呈现先抑后扬再回落的走势，其中 2001 年末跌至最低点 7 900 元/吨附近，而后逐步回暖，于 2003 年10 月下旬上涨至 17 000 元/吨以上高位运行，直至 2004 年"五一"过后，行情跌至 17 000元/吨一线，持续回落至年底的 11 000 元/吨附近。

2. 引起棉价变化主因简析。一般情况下，造成棉价波动的主要原因是供需基本面变化，包括：生产、国储棉操作、进出口和消费；当然还会有经济环境、贸易、货币政策、汇率以及投机等关联因素（表 1 - 19）。

表 1 - 19　1999—2015 年国内外棉花生产量和进口量变化

单位：万吨

年份	1999	2000	2001	2002	2003	2004	2005	2006	2007
生产量	383	442	532	492	487	673	571	753	762
进口量	4.6	4.7	5.6	17.1	87	190	257	364	246
年份	2008	2009	2010	2011	2012	2013	2014	2015	1999—2015 合计
生产量	749	638	596	659	684	630	616	561	5 095
进口量	211	153	284	336	514	415	244	147	1 176

资料来源：国家统计局。

从产量来看，受到深化流通体制改革政策提出的压缩棉花种植面积政策导向的影响，1999 年总产降至 383 万吨，但 2000 年、2001 年连续增产，供大于求，棉价持续探低；随着我国入世，纺织用棉需求增加，接下来 2002 年、2003 年连续减产使得行情存在上冲动力，2003 年棉花大涨后刺激棉花种植恢复，2004 年大幅增产近 200 万吨，增幅高达近 40％，行情高位回落也就不难理解。

从进口量看，2001 年末入世后，棉花进口量逐年递增，环比增幅分别为 206％、408％、118％。其中 2003 年棉价大涨，进口扩张最为迅猛，一定程度上带动了国际棉价上涨。

从国家储备棉来看，2003 年度棉价大涨期间，为了平抑行情向市场投放了近 80 万吨资源，而 2004 年高位回落之际，为了确保棉农种植收益，国家进行收储，但成交量一般。

另一方面，加入 WTO 后我国棉花进口作用越发明显，价格不局限于国内供需面影响，而是扩大至全球范围。2001—2004 年间，全球棉花库存消费比分别是 58％、48％、49％和56％，也印证了我国棉花价格波动轨迹与全球同步。

2003—2004 年棉价大幅涨跌的原因：

首先，棉花生产情况。2003 年棉花秋收实际产量与之前预期发生较大偏差，受天气影响面积扩大了 13％总产反而减少 1％，造成了当年第四季度棉花价格出现暴涨。2003 年 6

月下旬，国家统计局与中国农业科学院棉花研究所发布的棉农种植意向调查结果显示，国内棉花播种面积大幅扩大，同比增加近 80 万公顷，增幅高达 20% 以上。而棉花生长关键阶段的灾害性天气以及采摘期的持续阴雨使得当年棉花产量、质量均下降，造成了 2003 年"收棉花收不上，买棉花买不到"的短期供求紧张局面。

第二，棉花进口情况。当年中国棉花进口有两个特点：一是进口量大，二是进口时间非常集中。2004 年 2—6 月，全国共进口 127 万吨。国家为了平衡国内资源缺口，平抑棉价，后在 2003 年 12 月和 2004 年 2 月两次追加了 150 万吨进口配额，不过一些企业过度使用进口配额，大量集中进口造成了国内棉花供求关系逆转，棉价高位滑落。进一步显示了入世后，棉花进口重要性增强，需要考虑全球供需状况。

第三，国内纺织形势。那些年国内棉纺织生产能力不断扩张，纺织品出口形势向好，有效拉动用棉需求。而高增长的纺纱用棉并没有带来棉花价格的一路攀升，企业利润持续增长的局面。主要原因是，棉花价格上涨并没有完全在纱布价格上体现，价格传导受阻。此外，由于 2004 年出口退税率下调 2～4 个百分点，棉价又在高位运行，导致棉纺织品出口竞争力下降，5 月棉纺织品出口数量更是出现负增长，纱线下降近 3%，纺织品下降 11.45%。

第四，化纤替代情况。在纺织原料中，化纤是棉花的最主要替代产品，因此二者间的价格息息相关。一般棉花与涤纶短纤维的正常价差维持在 20% 左右，若高于 20%，则部分市场需求就会转向化纤，若低于 10%，则棉花更受青睐。2003 年棉花价格大涨后，与涤纶短纤价格维持高额价差，化纤替代作用明显。据调查，为了降低纺织成本，有相当一部分企业增加了化纤使用比例，有的企业甚至将正常年份的 70% 用棉比例下调至只有 30% 左右。

第五，国家宏观调控。央行于 2004 年 4 月上旬宣布将存款准备金率提高 0.5 个百分点，与上次上调一个百分点仅隔了 7 个月时间，距离出台差别存款准备金率制度更是相隔仅仅半个月。国家紧缩银根使得纺织企业资金紧张，加上企业规避原料市场风险，多采取"随用随买"的策略，导致有效的棉花需求大大减少。同时，银行加大资金回笼力度，对棉花企业造成很大压力，为了还贷款，许多企业被迫将待售棉花降价处理，使得市场上资源供给量骤然上升，从而加剧了因进口棉大量到港导致棉价下跌的效果。同理可推出，在 2003 年度棉花暴涨的时候，部分企业屯棉待售的投机行为也是助推棉价大涨的因素之一。

小结：加入 WTO 初期恰逢我国棉花生产遭遇灾害，短期内供需缺口导致市场行为扭曲，棉花价格可以说是非理想的大涨，而棉花进口以及国家调控适时地发挥了作用，平抑市场行情。棉价大涨大跌的过程使得整个产业链遭受洗礼，投机牟利的企业也得到应有的教训，为后市留下了宝贵经验。入世后，我国棉花行情判断应该着眼于更宽广的全球供需平衡，国内短期内的缺口是可以解决的，应该理性应对。

（二）第二阶段（2005—2008 年）相对平稳后期下滑

比较可见，2005—2008 年是入世十年间棉花价格相对稳定的阶段（图 1-15），棉价大部分时间都维持在 11 500～14 500 元/吨这一区间。这一阶段行业政策和调控手段推陈出新，外围经济环境风云变幻。国内的棉纺企业迎来一个高速发展时期。回顾这看似平稳的四年，国外输入性通胀压力加大，从 2006 年开始，国家就开始从紧的货币政策，金融类存款准备金率不断上调。GDP 增速稳步上涨从 10% 升至 14% 以上，随后经济遭遇金融危机增速降温，回升至 10% 以下。国内 CPI 和 PPI 大部分时间运行相对平稳，表明经济发展平稳；但

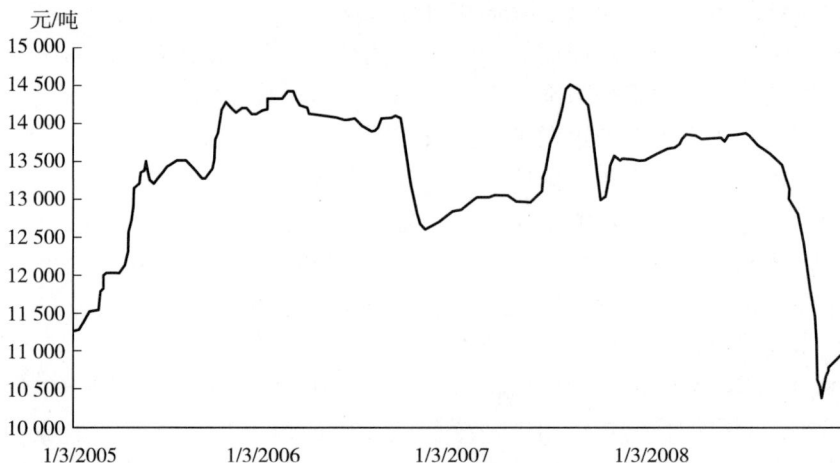

图1-15 2004—2008年国内棉花现货价格走势

从2007年开始高企，2008年金融危机暴发后，迅速回落。

如果把这个阶段放大，会发现这四年的棉花价格同样也有波澜，表现为上涨—平稳—震荡—下滑四个阶段。

上涨阶段（2005年）：2005年受上一年影响棉花种植面积下降，棉花生产区天气不佳导致棉花产量下降，国内棉花供应明显不足。这一年也是全面取消纺织品出口配额，全球纺织贸易实现自由化的第一年，纺织企业出口预期空前高涨。在"缺口论"的影响下，国内棉花价格开始大幅上涨，从年初的11 266元/吨上涨至年末的14 168元，上涨2 902元，增幅26%。为了满足国内用棉需求，抑制棉价过激上涨，国家增发配额并实施了滑准税配额政策。"滑准税"是2005年棉花进口方面不得不提的一个新术语，它是指关税的税率随着进口商品价格的变动而反方向变动的税率形式，即价格越高税率越底。滑准税的实施使国内市场免受来自外棉价格的冲击。滑准税政策的实施，调节了进口棉的数量和价格，保证了国内棉花的平稳运行。这一年还有一个重要事件是汇率改革：自2005年7月人民币兑美元为1∶8.35，汇率形成机制由固定汇率制改为浮动汇率制，自此拉开了人民币升值大幕。据统计，自2005年7月22日至2008年7月21日，汇改三周年人民币累计升值达21%，汇率上浮增加了国际贸易的风险（图1-16）。

平稳阶段（2006年）：这一时期棉花价格维持在14 000～14 500元/吨相对平稳区间。这一年风调雨顺，棉花产量恢复性增长，棉花进口创新高。在2005年"缺口论"的影响下，国家在2006年初就发放了一部分滑准税配额，但是由于内外棉价差较为稳定，加之棉花企业抗跌性较好，棉花价格没有出现剧烈波动。可以说2006年棉花价格平稳运行更多的来自于灵活的宏观调控手段：一是继续使用滑准税配额作为灵活的调控手段；二是在上半年较低价位进口外棉，下半年将积压多年的老商品棉出清，年末组织收储30万吨新疆棉；三是直接调节，通过出台采购新疆棉给予相同数量进口配额的政策，解决新疆棉滞销问题。

震荡阶段（2007年）：这一阶段更准确的应该是从2006年10月开始，棉价快速下跌，至2007年5月维持在12 500～130 000元/吨相对较低的价位，这一年棉花产量创出历史新高，但是外部经济环境不佳，银根紧缩，企业资金困难。银根紧缩是2007年宏观调控的基调，为了防止通货膨胀，国家先后在这一年10次上调金融类机构存款准备金率（图1-17），

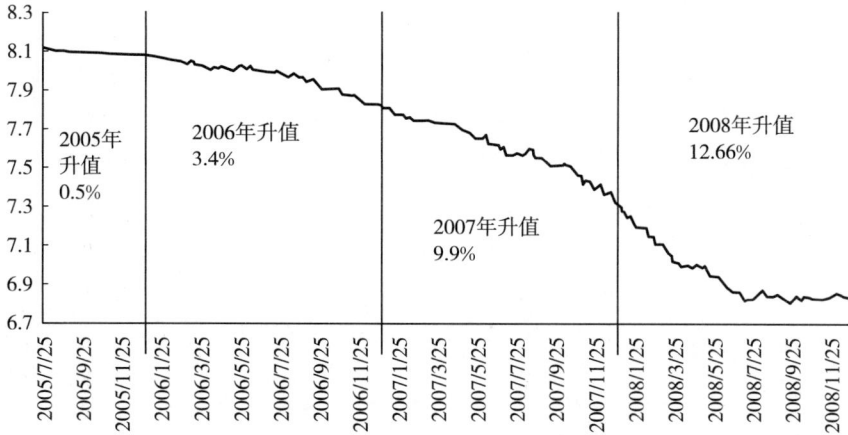

图 1-16　2004—2008 年人民币升值走势

从 10％提高到 14.5％，企业信贷融资压力增加，CPI 冲到新高（图 1-18）。棉价在 5 月至 9 月出现了快速上涨阶段，价格上涨至全年高点 14 553 元/吨，然而高处不胜寒，棉价迅速回落，虽然后期出现反弹，但是幅度很小，价格最终维持在 13 500 元/吨附近。这一年国家首次实施棉花良种补贴政策：2007 年为推进全国棉花优势区域布局规划的实施，提高棉花产量，改善棉花品质，保护国家棉花产业的安全，增加农民收入，设立棉花良种补贴，平均每亩 15 元。

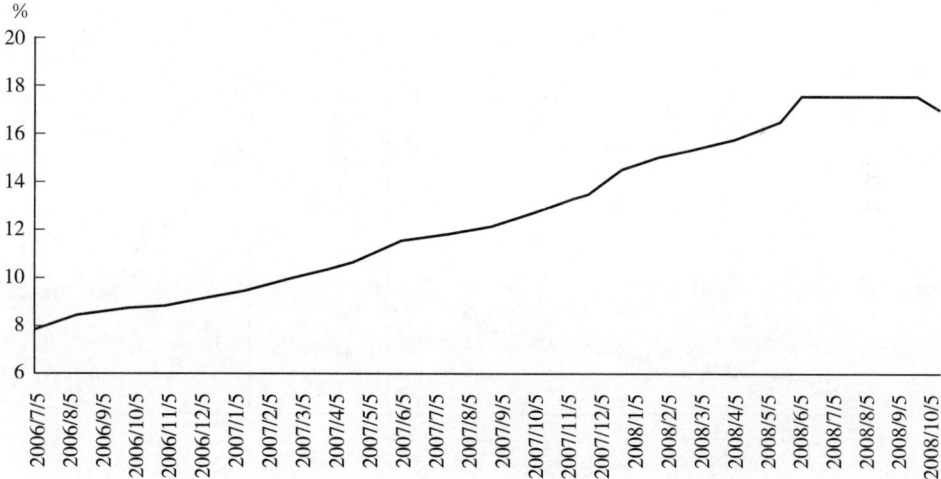

图 1-17　2005—2008 年存款准备金率调整

下滑阶段（2008 年）：这一年国家统计局棉花产量 749 万吨，随着之前纺织行业的高速发展，行业产能过剩出现，美国次贷危机暴发和蔓延成为全球性金融危机，中国经济难以独善其身。整个市场供大于求，在 2008 年 6 月以后国内棉价加速下滑，从 13 000 元/吨左右下滑至 11 月 10 000 元/吨附近，现货实际成交价更低至万元以下。当年 11 月国家把"保经济增长，刺激内需"放在首位，伴随着这一决心，棉花市场宏观调控政策迎来了空前的大手笔，史无前例，国家先后收储棉花 272 万吨，至年底国内棉花缓慢上涨。

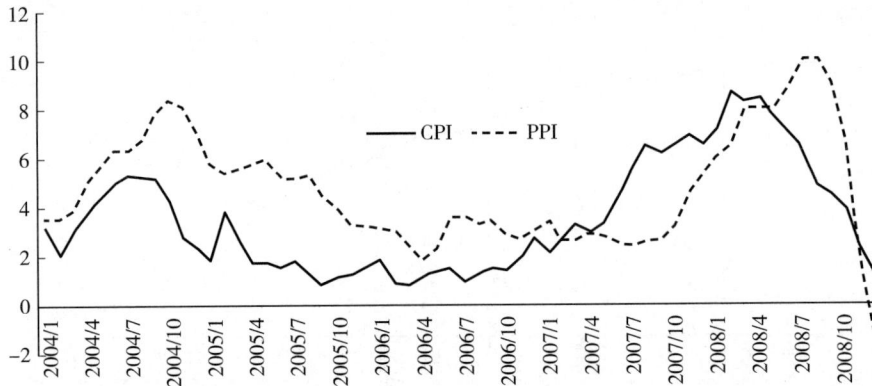

图 1-18　CPI 与 PPI 走势图

　　从配额时期到后配额时代的配额限定，再到贸易自由化；从贸易摩擦到反倾销，再到贸易保护；从次贷危机到金融危机，再到债务危机；从人力成本上升到原材料价格波动，再到人民币升值，一路坎坷，但中国的棉纺织行业一路"山花浪漫"地开启了十年里棉花价格历史上的新高峰。

（三）第三阶段（2009—2011 年）窜至新高后回落

　　这一时期（2009—2011 年）主要分三个阶段，主体特征是外围经济形势的影响与国内宏观政策的引导相博弈的过程（图 1-19）。

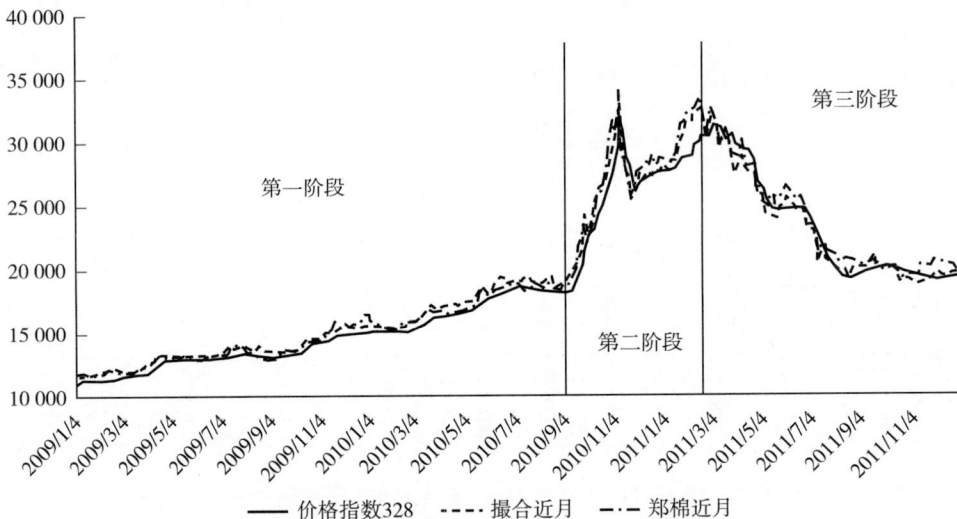

图 1-19　2009—2011 年我国棉花现货和期货价格行情趋势

　　第一阶段（2009 年初—2010 年 9 月初）：2009 年初，国际金融危机继续向实体经济蔓延，国内消费信心下降，内需不足，由于出口转向内销，导致国内供给增加，供需矛盾突出，企业间竞争加剧，生存环境恶化。面对严峻的经济形势，政府积极组织市场调研，频繁出台调控措施，包括继续贯彻和优化"4 万亿"投资计划；放松银行信贷，增加市场流动性；对大宗农产品实施收放储；缓解中小企业经营困难等。同时，各国政府也采取积极调控措施恢复国内经济。

2009 年初为了控制持续下跌的棉花价格，国家继续进行第三批收储；5 月，由于现货供应逐渐紧张，棉价加速上涨，抛储政策如期而至；新棉上市，随着多方预期棉花减产，加之纺织企业产销回暖，棉价再度大幅上涨，国家延续抛储政策直至年末。棉价于 2008 年 11 月探底后，在这一阶段整体呈现回升之势，无论是电子盘，还是现货市场，价格咬合紧密，呈现阶梯上涨趋势，中国棉花价格指数由 2009 年初的 10 966 元/吨，涨至 2010 年 9 月初的 18 100 元/吨左右，一年多的时间上涨 7 000 多元/吨，涨幅 64%，涨幅不可谓不大！但是，相比较于本时期的第二个阶段，又小巫见大巫了。

第二阶段（2010 年 9 月初—2011 年 2 月中旬）：这一阶段棉花市场经历了惊心动魄的大起大落。全球经济遭遇复苏过程中的通货膨胀，中国也未能幸免，以粮、油、蔬菜等为代表的农副产品价格交替上涨，代表着人民生活成本和企业生产成本的 CPI 和 PPI 指标一路走高，中国政府适时退出金融危机时期的适度宽松调控措施，转向收紧趋势。但美国继续实施量化宽松政策，造成全球流动性泛滥，加重了全球的通货膨胀。中国的流动过剩，加之天气因素造成的农产品减产，以及输入性通胀的共同影响下，经济过热和通胀预期不断增加。

这一阶段各类农产品价格上涨，棉花更是一枝独秀遥领风骚。前期一直呈温和上涨的棉花价格，在 2010 棉花年度拉开序幕后加速上涨。由于纺织消费需求伴随经济复苏明显增加，棉花产量下降并面临新年度继续减产的局面，棉价持续大幅上涨，中国棉花价格指数最高涨至 11 月中旬的 31 302 元/吨，短短两个月时间，棉价快速拉升了 13 000 元/吨，平均每月上涨 6 500 元/吨，涨幅之大可谓开拓了历史先河。但是本次棉价的拉升跟资本市场的炒作不无关系，棉花价格已脱离基本面的支撑。

为保物价稳定，应对通胀压力，政府在 2010 年 2 次加息，6 次上调存款准备金利率，打出调控组合拳来应对投机炒作、物价上涨，重点关注棉花行情。受此影响，投机炒作资金迅速出逃，电子盘应声回落，现货市场也跟随下跌，跌幅之大堪比此前涨幅。大跌之后，在国际市场上可供给资源有限，市场预期后市供需偏紧，棉花行情再度反弹，郑棉期货刷新纪录突破 11 月上中旬创下的最高点，撮合远月均价也创下 34 105 元/吨的历史最高价。但是随后在进一步收紧的宏观调控下，棉花行情再度下跌，并由此拉开了震荡回调的序幕。

第三阶段（2011 年 2 月中旬—2011 年末）：2011 年中国通货膨胀压力巨大，控通胀成为政府工作重点，央行紧缩银根导致资金紧张，投机受到抑制。2011 年，欧债危机继续蔓延并加剧，危机已经从希腊蔓延至整个欧洲，欧元区除德国与法国外，其他国家均面临不同程度的冲击。受危机的影响，国际金融与商品市场风险厌恶情绪上升，消费被抑制，欧洲经济有陷入衰退迹象。

2011 年第一季度国际棉价因逼仓屡次刷新历史高点，但在全球经济因欧美债务危机陷入低迷及世界各国大力抑制通货膨胀的政策压力下，国际棉价在 3 月合约逼仓结束后盛极而衰，持续下跌，棉价由此进入了新一轮的熊市格局。受上年度棉花价格大幅走高的影响，2011 新年度棉花大幅增产，棉价掉头向下；加之国内纺织旺季不旺，纱线布料持续低迷，拖累到现货行情，同时国内政策压力不减，相关方面严查电子盘关联账户交易，炒作资金难以作为，现货市场供需销售不畅，棉花行情持续下跌。进入 2011 棉花年度后，相关部门为保证棉农利润，以 19 800 元/吨无限量收储托市，棉花行情止跌企稳，并保持这种稳定状态进入 2012 年。

但是，从宏观来看，2011 年度我国原棉价格跃上高位，并持续到 2014 年度，这 4 年形成了全球棉花价格的高地，也是市场变化极端剧烈震荡期。一是棉花价格经历的历史新高，延续 2010 年的"通货膨胀"，2011 年 3 月最高月均价达到 30 733 元/吨的历史新高。二是密集出台棉花市场调控和价格调节政策。临时收储政策沿着 2010 年"通货膨胀"的高价思路，出台 2011 年度价格为 19 800 元/吨、2012 年度为 20 400 元/吨和 2013 年度为 19 800 元/吨；接着针对新疆棉花目标价格改革，2014 年度试点价格为 19 800 元/吨，其他省份补贴 2000 元/吨。三是中国棉花进口创新高，2011 年进口 336.3 万吨，2012 年进口 513.8 万吨，2013 年进口 415.0 万吨和 2014 进口 244.3 万吨，这 4 年合计进口 1 509 万吨。这是临时收储高价诱导形成的大量进口，各年国内外原棉的"差价"分别为 1 850 元/吨、5 972 元/吨、6 403 元/吨和 5 541 元/吨，大量进口冲击国内棉花生产，冲击棉农增收，冲击棉纺织业。四是全球经济复苏进程缓慢，国内经济发展进入新常态，棉花消费减少，库存增长，到 2015 年 12 月中国原棉库存量至少 1 100 万吨，大量库存迫使棉花与钢材一样需要通过"去库存"方法解决"过剩"问题。

（四）第四阶段（2012—2015 年）先稳后降

国内棉花市场刚刚结束暴涨暴跌的行情，这一阶段前期纺织品出口和内销市场形势低迷，其中外需受到欧债危机的持续和美国经济复苏缓慢的多重影响，内销市场受到经济增速放缓的影响，国家从 2011/2012 年度开始，连续三年实施临时收储政策，市场棉花价格受到收储价格的较强支撑，维持高位运行，内外棉价差屡创新高，纺织用棉成本高企，产成品竞争优势下降。从 2014/2015 年度开始，国家退出临时收储政策，改为在新疆实施目标价格补贴，棉花定价机制回归市场化，棉花价格持续下滑，内外棉价差缩小；同时，棉花生产和棉纺产业在一系列配套政策的引导下向新疆集中，新疆正逐渐发展成为我国最重要的棉花生产基地和棉纺制造中心。总体看，这一阶段是国内棉花市场由特殊经济形势下实施政策调控，过渡到市场化运行的阶段；也是国家以棉花品种为试点，对农产品市场定价机制实施改革的重要阶段；更是国内棉花和棉纺产业结构调整，向西部转移，逐步转型升级的阶段。

这一阶段可以很明显地划分为 2011 年末到 2014 年初的临时收储政策影响时期，也即棉价高位运行时期；以及 2014 年初至 2015 年末的目标价格政策影响时期，也即棉价持续下滑至合理区间时期（表 1-20、表 1-21、图 1-20）。

1. 临时收储政策影响时期（2012 年 1 月—2014 年 3 月） 金融危机后，全球经济一直没有从低增长中走出，在全球纺织消费增速大幅下滑的背景下，国家连续三年出台棉花临时收储政策，力求稳定棉花产供需三方的市场预期，保护棉农利益。三年临时收储价格分别为 19 800 元/吨，20 400 元/吨和 20 400 元/吨，收储实际到库量分别为 325 万吨、662 万吨和 658 万吨，分别占到当年国内棉花总产量的 44%、90% 和 95%，累计收储量 1 645 万吨。大量棉花收入国储，国内棉价高位运行，国际市场则相对低廉，即使采用 40% 全额关税通关，仍低于国内价。这一时期纺织企业从国际市场上采购了大量棉花补充用棉，三个年度累计进口量达到 1 284 万吨，大幅高于同期的配额发放数量，其中 2011/2012 年度进口量更是达到创纪录的 544 万吨。根据对中国棉花价格指数和 Cotlook A 指数对比，这一时期国内棉价运行在 18 000～20 000 元/吨的高位区间，外棉 1% 关税价格在 14 000 元/吨附近，内外棉价差平均达到 4 800 元/吨，其中最高价差出现在 2013 年 11 月的 6 500 元/吨附近。内外棉价大幅倒挂不仅催生了大量棉花进口，更使进口纱迎来了进入国内市场的绝佳契机，三个年度进口量分别达到 131 万吨、194 万吨和 203 万吨，累计 528 万吨，如果按照 1.1 的损耗计算，替代用棉达到 580 万吨。

表 1-20　中国棉花产消平衡表

单位：万吨

项目	2011/2012	2012/2013	2013/2014	2014/2015	2015/2016（预测）	2016/2017（预测）
期初库存	143	569	935	1 202	1 270	1 148
产量	733	732	692	629	469	457
进口量	544	440	300	167	100	90
消费量	850	805	724	725	689	689
出口量	1	1	1	3	2	3
期末库存	569	935	1 202	1 270	1 148	1 003

资料来源：中国棉花信息网。

表 1-21　2011—2013 年临时收储成交及棉花棉纱进口情况

单位：万吨

时间	收储价格	总成交量	实际到库量	当年度产量	收储占比	当年度棉花进口量	当年度棉纱进口量
2011.9.1—2012.3.31	19 800	313	325	733	44%	544	131
2012.9.10—2013.3.29	20 400	651	662	732	90%	440	194
2013.9.10—2014.3.31	20 400	631	658	692	95%	300	203
合计	—	1 595	1 645	2 157	—	1 284	528

注：产量为中国棉花信息网调查数据。

资料来源：中国棉花信息网。

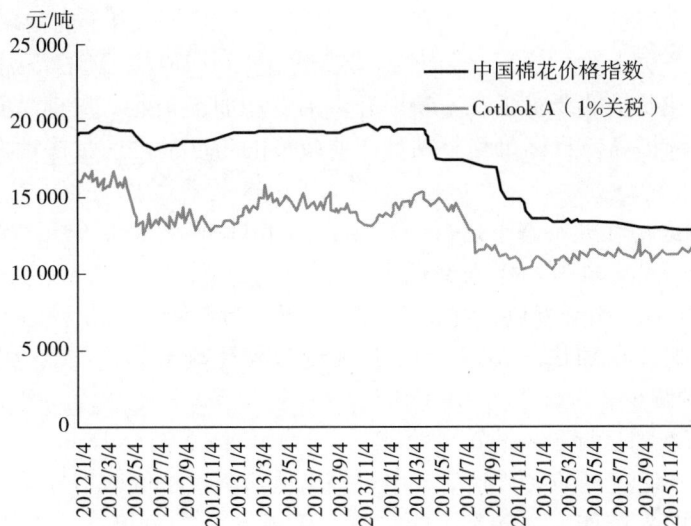

图 1-20　2012—2015 年国内外棉花价格走势比较

这一时期国家为了保障纺织用棉需求，也分三次轮出了部分储备棉，累计成交493万吨，起拍价格在18 000～19 000元/吨的较高位置。

总体看，3年临时收储国家以较高价格大量收储国内棉花，虽然保障了棉农利益，保持了棉花面积的基本稳定，但也带来国内棉价长期高位运行，纺织用棉成本高企，客观上支持了国际棉花价格，同时带动了周边国家纺织生产和出口。中国棉花生产高成本与低效率的问题没有得到解决，反而出现高成本与低品质的新问题；产业链供给与需求的不匹配矛盾加深；市场主体围绕政策运转，失去市场活力和产业竞争力；同时大量财政资金占压在储备棉上，一场围绕棉花供给侧的改革呼之欲出。

2. 目标价格补贴政策影响时期（2014年4月—2015年12月）。2014年1月发布的中央1号文件提出，启动新疆棉花目标价格补贴试点。目标价格政策是在市场形成农产品价格的基础上，通过差价补贴保护生产者利益的一项农业支持政策。实施目标价格补贴后，棉花价格的形成机制重新交归市场。目标价格根据市场供求，棉农生产成本以及合理利润进行设定，每年春播前发布。当年4月初，国家公布2014/2015年度目标价格为19 800元/吨，次年目标价格下降700元为19 100元/吨。

目标价格发布后，国内棉花价格呈持续的下滑走势，从之前的19 400元/吨左右，下降至2015年末的13 000元/吨左右，累计下降6 000余元，降幅超过30%，回到了2005—2008年的平均价附近。同时，国内外棉价差持续收窄，从初期的近3 000元/吨缩小到1 200元/吨左右。

随着目标价格补贴政策的实施，国内棉花生产逐渐向新疆集中。从2013年到2015年，新疆植棉面积占全国的比例从48%上升到69%，产量从64%上升到76%，从占全国棉花产能的"半壁江山"向绝对优势迈进。2014年下半年，新疆印发关于发展纺织服装产业带动就业的一系列支持政策，并提高了出疆棉纱、棉花运费补贴。至2015年底，全疆纺织服装固定资产投资318亿元，登记备案纺织服装企业1 460家，规模以上企业的纺织纱线产能55万吨。

目标价格补贴政策在执行中不断调整。第一年的补贴按照中央补贴资金60%补贴面积，40%补贴实际籽棉交售量进行。第二年调整为补贴总额的10%用于向南疆四地州基本农户兑付面积补贴，90%用于兑付全区实际种植者交售量部分补贴。随着下游纺织产业转型升级，市场对新疆棉花质量的要求正在不断提升，棉农和加工企业对皮棉品质的关注度受到市场价格的影响已逐渐提高，目标价格补贴从产业政策的角度，理应更多地发挥引导产业发展的作用。

2015年是中国经济在新常态下运行的一年，当年GDP增速6.9%，增速有所放缓，但在年初计划区间；CPI涨幅为六年来新低为6.9%；出口贸易负增长，进出口额下滑7%。目标价格下调3.5%后，引导新疆调减次宜棉区面积，当年新疆棉花种植面积减少好几百万亩，内地棉花生产缩减在加快。2015年由于新疆棉区气候不利，"低等级棉"比例扩大，"高等级棉花"比例减少。

2016年是国家新疆目标价格改革的第三年，目标价格下调至18 600元/吨。在国民经济减速，需求不足，产能过剩的大背景下，中央提出供给侧改革的政策导向，提出"三去一降一补"五项任务，即去产能、去库存、去杠杆、降成本、补短板，不幸的是棉花也被列入"去库存"之列。

五、棉花期货

我国棉花期货市场价格（也称郑州棉花期货价格）由郑州商品交易所（简称郑商所）于2004年6月1日生成。

郑州商品交易所是经国务院批准成立的我国首家期货市场，隶属于中国证券监督管理委员会垂直管理。

所谓期货即把未来可能发生的趋势、看法转换成价格（英国壳牌石油公司首席执行官杰伦·范德维尔）。信心比金子更重要（针对2008年金融危机，国务院总理温家宝说），而信心来源于对未来的正确把握，期货通过发现价格对未来趋势提供了一种估计的可能。

通常认为，期货的三大功能为发现价格、规避风险和套期保值。期货市场是一种投资工具，也是一种风险管理手段，其中价格信息对生产及其结构调整具有积极的引导作用。

投资者参与期货交易需通过期货经纪公司作交易代理，投资者对期货经纪公司的选择标准包括：企业应符合主体资格合法，企业拥有业务素质高和市场经验丰富的员工队伍，企业管理和运行规范，市场信誉好。

期货市场有一系列规则，投资者须遵循规则，才可以将期货市场的高风险化为低风险，以达到多赢小亏的目的。期货基本规则有市场分析法、止损原则和资金管理原则等。

期货分析采用基本因素分析法和技术分析法。基本因素分析法即通过对棉花供求关系的综合分析判断价格走势的一种方法，主要分析影响棉花的各项政策、基本供求状况、市场参与者的动向、相关商品走势以及突发事件等基本因素，以确定棉花期货价格的大势或中短期走势。技术分析法即通过对市场行为本身的分析来预测市场价格的变动方向，依据期货市场日常交易状态，包括成交量的波动幅度、成交量与空盘量的变化等信息，按时间顺序绘制成图表，再针对这些图表进行分析研究，以预测期货价格走势。

截至2010年底，郑州商品交易所拥有会员215家，遍及全国27个省（市、区），其中经纪会员173家，占会员总数的80%；非经纪会员42家，占会员总数的20%。在2007/2008—2009/2010年度，参与期货交易客户分别增长61%、17%和73%；法人客户数分别增长18%、30%和47%。

（一）期货市场活跃，交易旺盛

期货与现货的数量和金额比例表示期货经营活动的强弱，市场参与者的活跃程度，是赢得国内和国际话语权的主要佐证。不同期货品种的比例不同，从1∶0.1～1到1∶100～10 000不等，其比例越大表明该品种的期货市场活跃和交易越旺盛。

从近12年来看（表1-22），期货经营量总体呈大幅增长态势。2009/2010年度，郑商所各品种总成交量为7.79亿手，比2008/2009年度增长80.3%；2010/2011年度成交量为101 449.41万手，同比增长30.2%。据统计，近12年郑州商品交易所棉花期货交易量与现货总产量之比在1∶2.8～1∶193之间。如，2010年棉花总产725.5万吨，期货交易量为17 391.1万张（每张5吨，合86 955.5万吨），现货与期货的比例为1∶120。但是，政府对市场实施过度干预，2011—2014年的3个年度国家出台临时收储政策，目标价格为19 800～20 400元/吨，与现货比例从2011年的193下降到14.6，表明这几年市场交易活跃程度明显下降。

表 1－22　2004—2015 年郑州商品交易所棉花期货一号棉总成交量

单位：万张

时间	2004	2005	2006	2007	2008	2009	2010	2011	2012	2013	2014	2015
1 月		128.7	88	13.7	51.3	41.9	713.3	1 638.9	129.9	274.9	105.7	469.1
2 月		85.3	87.2	5.9	64.8	54.4	260.3	1 847.5	303.5	313.6	63.3	307.2
3 月		187.7	59.2	18	156.5	28.8	623.6	4 934.6	382.6	288.8	105	309.7
4 月		179.3	19.8	24.4	40.7	40.8	310.6	4 156.7	257.9	174.1	101.7	500.6
5 月		179.5	19	22	30.7	33.2	761.1	4 948.9	836.2	81.6	46.9	495.5
6 月	14.0	226.3	20.4	28.1	38.9	45.4	681.5	3 129.7	641.5	396.4	80	289.3
7 月	68.7	223.5	13.4	53.3	44.1	40.2	584.5	3 526.6	533.9	88.6	284.1	326.7
8 月	77.5	190.1	15.4	49.8	30.2	52.4	379.5	2 129.1	346.9	65.5	602.6	302.3
9 月	113.1	179.8	10	122.4	31.5	55.3	1 987.1	812.7	264.3	34.2	1 499.3	247.0
10 月	93.9	188.9	14	134.8	208.6	80.8	2 647.7	238.3	162.2	29.3	1 366.5	401.7
11 月	118.3	206.4	31.2	80.3	230.6	426	5 007.9	160.8	153.3	38.6	1 132.6	435.9
12 月	113.4	198.7	39.3	38.3	152.4	808	3 434.1	285.5	194.8	61.8	968.8	436.8
年合计	598.8	2 174.2	416.9	591.1	1 080.2	1 707	17 391.1	27 809.3	4 207	1 847.4	6 356.5	4 521.8
与现货比例		19.0	2.8	3.9	7.2	11.4	120.0	193.0	30.8	14.6	51.6	40.3

资料来源：郑州商品交易所各月交易汇总. http：//www.czce.com.cn.

从近 12 年度的成交金额来看（表 1－23）。2009/2010 年度，郑商所成交金额 39.54 万亿元，比 2008/2009 年度增长 161.7%。2010/2011 年度成交金额为 866 259.5 亿元，比 2009/2010 年度增长 119.1%，与成交量一样，在干预背景下，成交金额大幅度减少。从比例来看，2010 年棉花产值 1 695.1 亿元，2011 年棉花产值 1 425.6 亿元，现货与期货总成交额的比例在 1：146.7～1：254 之间，在干预背景下，比例大幅下降。

表 1－23　2004—2015 年郑州商品交易所一号棉总成交金额

单位：亿元

时间	2004	2005	2006	2007	2008	2009	2010	2011	2012	2013	2014	2015
1 月		825	676	96	382	247	5 871	24 482	1 385	2 720	1 010	3 071
2 月		575	671	41	494	325	2 106	29 448	3 326	3 143	597	2 048
3 月		1 325	437	124	1 240	174	5 278	73 926	4 121	2 916	929	2 053
4 月		1 307	144	165	299	265	2 621	57 818	2 746	1 750	835	3 305
5 月		1 285	137	148	226	219	6 561	61 786	8 183	820	375	3 306
6 月	92	1 606	147	199	289	299	5 775	37 809	6 084	396	622	1 889
7 月	452	1 607	94	398	320	272	4 915	38 862	5 158	875	2 065	2 089
8 月	488	1 309	110	365	211	357	3 251	22 703	3 354	638	4 381	1 899
9 月	737	1 298	68	901	208	377	20 081	8 750	2 592	329	10 040	1 533
10 月	582	1 457	93	1 031	1 299	585	33 199	2 421	1 584	279	9 301	2 401
11 月	731	1 577	218	601	1 265	3 346	69 503	1 629	1 474	360	7 336	2 587
12 月	700	1 508	280	282	863	6 500	46 786	2 955	1 878	583	6 300	2 514
年合计	3 785	15 685	3 079	4 355	7 101	12 971	205 952	362 594	41 888	14 813	43 795	28 699
与现货比例		21.0	3.0	4.3	7.2	13.6	146.7	254.0	32.4	12.1	41.4	38.6

资料来源：郑州商品交易所各月交易汇总. http：//www.czce.com.cn。

国际地位日益上升。据美国期货业协会（FIA）的统计，2009/2010 年度郑州商品交易所棉花期货成交 78 389 万手，是全球增长最快的期货品种，排名全球农产品期货类合约第 8 位。该所在全球 53 家期货交易所中总排名第 12 位，比 2008/2009 年度的第 14 位上升 2 位。2010/2011 年度棉花期货成交 39 388.82 万手，同样是全球增长最快的期货品种，排名全球农产品期货类合约第 1 位。郑棉期货交易量在全球商品期货交易量中总排名第 1 位，比 2010 年的第 8 位上升 7 位。

（二）期货功能逐步发挥

1. 期货价格和现货价格保持协和关系。 郑州棉花期货价格与现货价格之间存在高度的正相关关系。自 2009 年 11 月棉花交易规则修改后，这种相关性又有了明显的提高。期货与现货价格保持长期稳定的协整关系，即使短期内出现价格走势差异，长期看也将得到逐步修正，期货市场协调整合功能表明期货市场具备一定的价格发现功能。

2. 投资和套保匹配。 从套保和投资动态关系看，投资者到位情况逐步充分，前期市场工作做得比较扎实，产业链机构客户开户总数呈逐步增长的数据结构。套保比重和投资比重对成交量、持仓量的协调关系以及对价格波动的贡献度比较合理。

3. 市场效率。 作为市场主要效率性指标的棉花期货流动性逐年提高，呈现厚积薄发局面。标志性指标成交量比率超过美棉期货。在波动率方面，棉花期货无穷平均波动率平稳于 0.66%，2010 年年均波动率 0.74%，周波动均值 1.39%，月波动均值 3.0%，取短、中、长不同的时间跨度评价该指标均在波动合理阈值内。

此外，棉花期货与"订单农业"（棉花）正在实践，应该向市场机制健全的美国、澳大利亚市场一样，有效发挥套期保值减轻市场波动对植棉者和流通贸易企业的冲击。

第七节 棉花在全球和中国农产品中的位置

棉花是全球重要的大宗农产品，最大的天然植物纤维作物，主要大田经济作物，纺织工业主要原料，还是天然食用植物油脂的主要原料。然而，相对于禾谷类粮食，棉花却不是全球最大的农产品。

一、棉花产量在全球农产品产量中的地位

棉花是全球重要的农产品。据 Artus（2013）研究，51 年长期平均数据（1961—2011 年，后同），全球禾谷类、豆类、初级营养体、水果、坚果和初级纤维产品的合计产量为 32.635 亿吨，其中禾谷类为最高产量作物，占全球农产品产量的比例高达 50.80%，可见"吃饭"是全球农业的头等大事；其次为根茎类作物，占全球农产品产量的 18.34%；棉花纤维产量占全球农产品产量的 0.51%，仅为禾谷类作物产量的十分之一（图 1-21）。

然而，棉纤维位居全球天然纤维作物的首位。据 51 年的长期平均数据（表 1-24），全球天然纤维产品包括棉纤维产量在内为 222.6 亿吨。其中，棉纤维占全球纤维类作物的比例高达 74.92%，其次为黄麻纤维占 11.78%，木棉纤维（Kapok fruit）所占比例为 1.28%。

关于木棉，其绒长较短，细胞中空，韧性差，无弹力，同样是纺织原料，由于纤维细

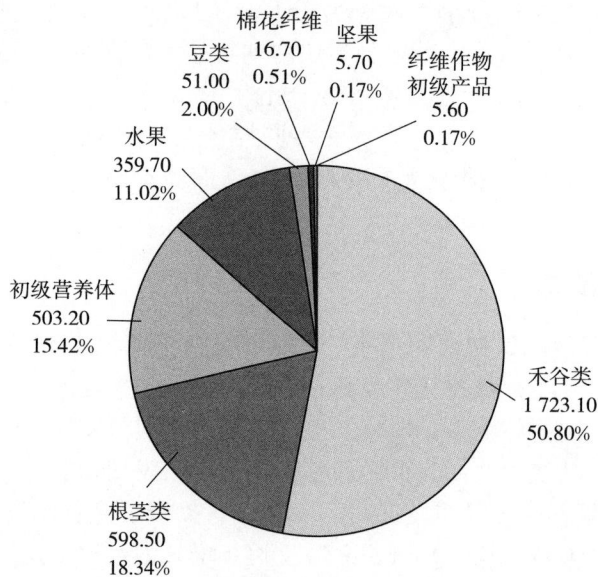

图 1-21 1961—2011 年棉花在全球农产品中（合计值为 32.635 亿吨）的比例（%）

数据来源：ICAC. Cotton：Review of World Situation. Set. —Oct. 2013。

中空，可制成棉被和枕垫，具有保暖性和膨胀性，在许多非产棉地区成为棉花的替代品，还是航空服装所选材料之一。唐代诗人李琼就有"衣裁木棉上"之句，木棉因花瓣靓丽而成为广东省广州市、高雄市以及四川攀枝花市的市花。

表 1-24 1961—2011 年全球初级纤维作物平均产量

项目	产量（千吨）	占比例（%）
棉花纤维	16 678 685	74.92
黄麻纤维	2 642 321	11.87
其他韧皮纤维	761 299	3.42
亚麻纤维	520 141	2.34
剑麻	285 381	1.28
木棉	226 332	1.02
大麻	166 955	0.75
苎麻	131 769	0.59
马尼拉麻	111 729	0.50
其他麻类	51 089	0.23
总计	22 263 268	100.00

数据来源：ICAC. Cotton：Review of World Situation. Set. – Oct. 2013。

棉籽是全球主要的天然初级食用植物油的原料。据 51 年的长期平均值，全球油料作物初级产品平均产量为 3.63 亿吨，其中棉籽产量为 3 060 万吨，占全球油料初级原料的比例为 8.0%，比带壳花生（占 7.0%）、油菜籽（占 7.0%）和橄榄（占 3.0%）的多，但比大豆（占 31.0%）、油棕榈果实（占 20.0%）和椰子（占 11.0%）的少（图 1-22）。

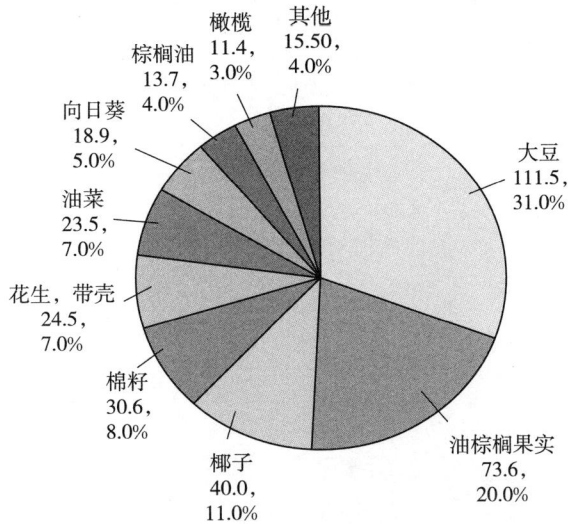

图 1 - 22　1961—2011 年棉籽在全球植物油初级原料
（产量合计为 3. 632 亿吨）的产量（百万吨）和比例（％）

数据来源：ICAC. Cotton：Review of World Situation. Set. —Oct. 2013。

棉籽油是全球集中棉花产区主要食用植物油来源。从 1991 年到 2005 年，由于全球植棉面积的扩大，全球棉籽产量占全球植物油料产量的比例提高了 4 个百分点，达到 8.0％，高于带壳花生和油菜所占比例 1 个百分点，而大豆则是全球最主要的食用植物油原料，占全球的比例高达 31.0％。

如果全球棉籽都能够脱酚，或选育种植低酚棉品种，棉籽蛋白可为全球 5 亿人口提供优质的植物蛋白质。

二、棉花产值在全球农产品产值中的地位

包括棉花产品在内的农产品在全球经济中占有重要的地位。据 ICAC 的 Artus（2013）依据粮农组织数据库数据（FAOSTAT）的研究，全球农产品产值对全球 GDP（国内生产总值）的贡献率从 1991 年的 6.2％下降到 2010 年的 4.5％。而全球籽棉产值对全球 GDP 的贡献率在 1991 年和 1995 年为 0.1％，2000 年下降到 0.07％，2010 年进一步下降到 0.06％。在棉花产品的产值之中，籽棉（包括棉籽加纤维）对棉花产值的贡献率从 1991 年的 13.4％提高到 2005 年的 26.9％。2010 年籽棉产值比 2000 年和 2005 年约下降 6 个百分点为 20.8％，比 1995 年约下降了 4 个百分点。

就全球而言，棉花纤维的产值较高。研究指出，从 1991 年到 2010 年的 20 年研究周期，全球棉花纤维产品占全球所有农产品产值份额高达 2.0％，而这一比例在 2010 年减少了 0.6 个百分点为 1.4％。如果包括棉籽产品在内从 1991 年到 2010 年研究周期比例约为 3.0％，而 2010 年则减少了 0.7 个百分点为 2.3％。全球棉花纤维产品的绝对值从 1991 年的 208 亿美元增长到 2010 年的 400 亿美元，增长了 92.3％。

棉籽油也有较高的产值。据测算，2010 年全球油料作物初级产品产值为 2 490 亿美元，

其中棉籽油产值为 105.0 亿美元，占全球食用植物油产值的比例为 4.21%（图 1-23）。

全球棉籽油产品的产值占全球初级油料作物产品产值的比例不断增长，从 1991 的 5% 提高到 2000 年和 2005 年的 10%。然而，2010 年因价格因素下降到 4.0%，低于 1991 年 5 个百分点。

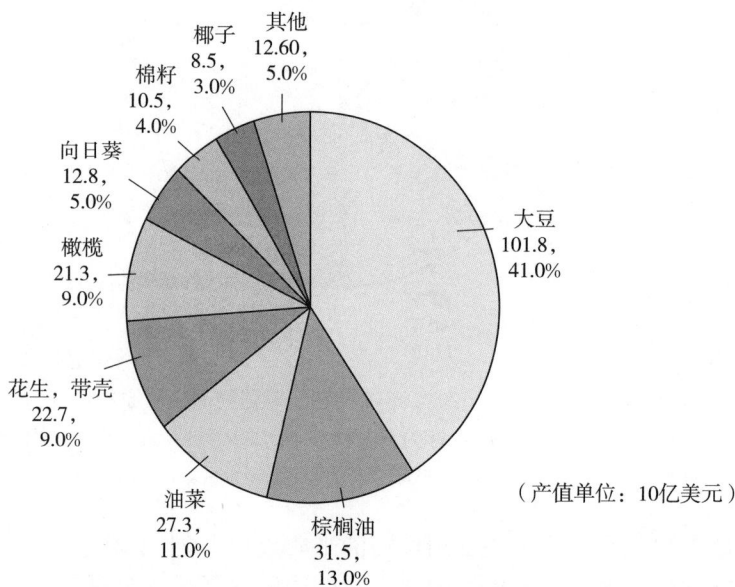

图 1-23 2010 年全球油料作物初级产品产值（合计 2 490 亿美元）及比例（%）

数据来源：ICAC. Cotton：Review of World Situation. Set.—Oct. 2013。

就全球产棉大国而言，除乌兹别克斯坦以外，棉花在各国大宗农产品中所占比例都不是很高，变化幅度在 0.28%～25.59% 之间。据长期（1961—2011）数据（表 1-25），中国是全球第一大产棉国家，棉花产量占全球的 20%，而棉花仅相当于本国同季作物水稻产量的 2.47%。美国是第二大产棉国家，棉花产量占全球的 17.0%，而美国棉花产量仅相当于美国同季节玉米的 1.65%。印度是第三大产棉国家，棉花产量占全球的 10.0%，而棉花产量仅为该国甜菜产量的 0.95%。巴基斯坦棉花产量占该国主要作物——甜菜产量的 3.41%。乌兹别克斯坦棉花产量占该国小麦产量的 25.59%。巴西棉花产量占该国甜菜产量的 0.28%。土耳其棉花产量占小麦产量的 3.68%。澳大利亚棉花产量占甜菜产量的 1.17%。这些数据表明，一方面棉花在各国农产品中所占的比例都不大；另一方面，各国发展棉花生产都有较大潜力。

尽管如此，棉花在全球植棉大国和集中产区仍是重要的经济作物，是欠发达地区农民致富的主要大田经济作物。在全球棉花集中产区"要发家种棉花"的经济特征具有广泛的认同性。比如，中国新疆维吾尔自治区棉花产值占农业产值的 60%，占农民经济收益的 65%。在欠发达经济落后国家，棉花在非洲农产品和国民经济之中占有极其重要的地位。2005 年非洲农产品占全非洲 GDP 的 17.19 %，高于全球农产品占 GDP 3.92% 的 13.27 个百分点，非洲农产品产值对非洲 GDP 的贡献率是全球农产品对全球 GDP 贡献率的 4 倍多。可见，非洲仍处于农业大洲的地位，棉花在非洲、亚洲仍有着重要的经济价值。

表 1-25 1961—2011 年全球主要产棉国家棉花平均产量与该国最大农产品平均产量比较

项目	棉花产量（百万吨）	棉花占全球比例（%）	该国同季节作物和产量（百万吨）	棉花占该作物产量的比例（%）
中国	3.8	20.0	水稻，154.3	2.47
美国	3.2	17.0	玉米，193.3	1.65
印度	1.9	10.0	甜菜，201.9	0.95
巴基斯坦	1.2	6.0	甜菜，35.2	3.41
乌兹别克斯坦	1.1	6.0	小麦，4.3	25.59
巴西	0.7	4.0	甜菜，252.8	0.28
土耳其	0.6	3.0	小麦，16.3	3.68
澳大利亚	0.3	1.0	甜菜，25.7	1.17
8 国合计	12.8	67.0		
全球合计	18.7	100.0		

注：乌兹别克斯坦为一年种植一季作物。

数据来源：ICAC. Cotton：Review of World Situation. Set. - Oct. 2013。

三、棉花在中国农业中的地位

（一）棉花在中国农产品中的比重高

在中国主要农作物中，棉花单位面积产值较高，与粮食、油料作物和大豆相比，棉花的单位面积产值最高。自 1980 年起，单位面积平均产值棉花为粮食和油料的 2 倍，为大豆的 3 倍（表 1-26）。其中，1991 年棉花产值为 8 177.25 元/公顷，为粮食的 2.9 倍和大豆的 4.6 倍；2003 年棉花产值为 17 080.65 元/公顷，为油料作物的 2.7 倍。自改革开放以来，棉花产值不断增长，从 1978 年的 50 亿元增长到 2010 年的 1 395 亿元，32 年间增长了约 26.9 倍，而同期粮食产值仅增长 12.3 倍。可见，棉花产值的增长速度远高于粮食。

自 2004 年以来，国家不断提升粮食最低价，此时，棉花价格也在不断上涨，因此棉花仍保持较高的产值。

表 1-26 中国棉花主产品产值及占中国农业总产值比例

单位：亿元

年份	棉花主产品产值	农业总产值	棉花主产品产值占农业总产值的比重（%）
1980—1989	144.70	2 549.30	5.68
1990—1999	426.30	9 929.40	4.29
2000—2009	703.95	20 089.19	3.50
2010—2014	1 123.39	46 427.82	2.42

资料来源：棉花主产品产值数据为历年《全国农产品成本收益资料汇编》整理；农业总产值资料来源于《2015 中国统计年鉴》。1980—1999 年数据来自《中国棉花栽培学》，上海科学技术出版社，2013：56.

（二）棉花在中国的投入回报率高

棉花生产可获得较高的经济回报。从 1980 年到 1989 年，棉花生产的平均净利润为 1 458.15元/公顷（表 1-27）。21 世纪头十年，棉花平均净利润上升至 3 762.53 元/公顷，比 1980 年代大幅上升了 2 304.08 元/公顷，增长了 1.58 倍；其中，2003 年棉花净利润高达 6 919.2 元/公顷，增长了 3.75 倍。与粮食相比，棉花的净利润和成本利润率均较高（表 1-27、表 1-28）。从 1980 年起，均超过粮食的 2 倍，可见，植棉的利润回报远高于粮食作物，反映出棉花生产过程中所消耗资源的净回报率较高。

然而，近 5 年净利润的波动极大，2010 年净利润 14 759.55 元/公顷，比 2009 年增长 2.18 元/公顷，而 2013—2014 年均为负值，中国棉花生产采用目标价格补贴试点。

表 1-27　中国棉花生产回报

单位：元/公顷

年份	总产值	总成本	净利润
1980—1989	3 413.25	1955.10	1 458.15
1990—1999	11 018.10	7 157.85	3 860.25
2000—2009	16 062.96	12 300.44	3 762.53
2010—2014	28 822.17	27 891.27	930.90

注：由于统计数据原因，1980—1989 年的土地成本未加以考虑。

资料来源：历年《全国农产品成本收益资料汇编》。1980—1999 年数据来自《中国棉花栽培学》，上海科学技术出版社，2013：56.

表 1-28　棉花与粮食生产回报比较

单位：元/公顷

年份	棉花		粮食	
	净利润	成本利润率（%）	净利润	成本利润率（%）
1980—1989	1 458.15	74.58	637.80	55.82
1990—1999	3 860.25	53.93	1 511.25	38.44
2000—2009	3 762.53	31.80	1 669.86	23.78
2010—2014	930.90	9.69	2 532.15	20.45

注：由于统计数据方面的原因，1980—1989 年的土地成本未加以考虑。

资料来源：历年《全国农产品成本收益资料汇编》。1980—1999 年数据来自《中国棉花栽培学》，上海科学技术出版社，2013：56.

（三）中国棉花土地成本上涨

中国棉花种植的土地成本一直处于上涨态势。从成本投入看，2000 年至 2009 年棉花种植土地成本平均为 1 554.0 元/公顷（表 1-29），比 20 世纪 90 年代上升了 924 元/公顷，年均增长速度较快至 13.9%。从占有份额看，尽管棉花土地成本在近 30 年来占总成本的比重较低，2008 年仅占 13.84%，2009 年占 14.99%，为历年土地成本所占比重的最高值，但是，土地成本占总成本的比重在不断上涨，从 20 世纪 90 年代的 8.2% 上升至 21 世纪前 9 年的 12.3%，可见棉花土地成本呈现上升趋势，土地承包费用和租赁费用正成为影响棉花种植成本的主要因素。分开看，土地成本提升对家庭承包制度而言则是收益，但对租赁而言就是资金成本，因此对发展农业规模化经营产生不利影响。

表 1-29　植棉的土地成本及其所占比重

单位：元/公顷

年份	总成本	土地成本	土地成本占总成本的比重（%）
1990—1999	7 731.90	630.00	8.15
2000—2009	12 300.44	1 554.00	12.63
2010—2014	27 891.27	3 382.47	12.13

资料来源：历年《全国农产品成本收益资料汇编》。1980—1999 年数来自《中国棉花栽培学》，上海科学技术出版社，2013：59.

第八节　经济发展与植棉若干问题研究

一、美国植棉面积与人均 GDP 增长的关系

人均 GDP（国民生产总值）是衡量社会富裕程度的主要指标。美国人均 GDP 增长与植棉面积变化有着极其紧密的关系。据美国农业部数据，本书按美国人均 GDP<8 000 美元、8 000~15 000 美元、15 000~30 000 美元、30 000~40 000 美元，40 000~50 000 美元划分，植棉面积与人均 GDP 的变化大致分为几个阶段（图 1-24，表 1-30）：

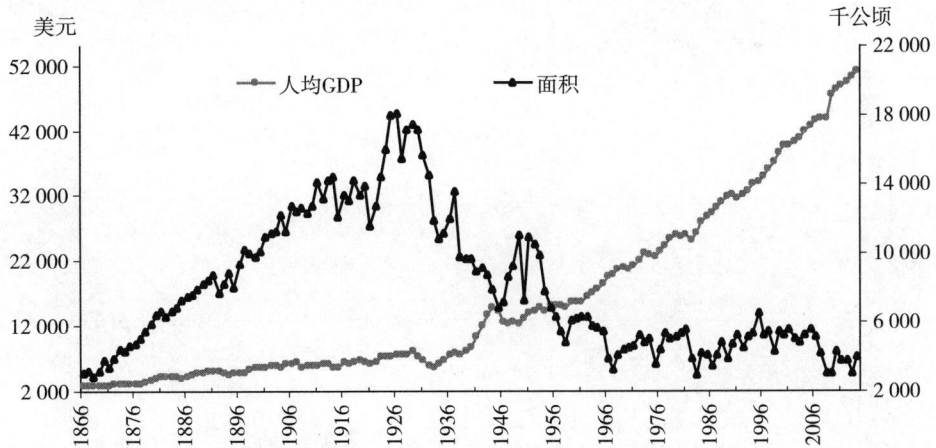

图 1-24　美国植棉面积与人均 GDP 的增长

资料来源：美国 USDA 网站. http://www.fas.usda.gov/.

自 1866 年到 1937 年的 72 年时间，人均 GDP 从 2 763 美元增长到 7 970 美元时（均值 5 288 美元），植棉面积从 3 102 千公顷增长到 18 053 千公顷。当人均 GDP 小于 8 000 美元时，植棉面积与人均 GDP 的增长呈极为显著的正相关关系，回归方程 $Y=0.339X+1\ 842$ （$R^2=0.899**$），即植棉面积越大，GDP 增速越快，每扩大 10 000 公顷人均 GDP 即可增加

3 390 美元。这一极显著的正相关的线性关系保持长达 72 年。这 72 年即是美国历史上棉花生产的鼎盛时期，形成所谓"棉花的帝国"，平均面积 10 162 千公顷，占全球面积的 60%。期间，面积在 9 770～18 053 千公顷保持了 40 年（1897—1937 年），1926 年美国面积创历史最高达到 18 053 千公顷，占全球的 70%；总产 390.5 万吨，占全球的 63.3%。

自 1938 年至 1954 年的 17 年时间，美国人均 GDP 从 7 636 美元增长到 14 363 美元时（平均值 12 374），植棉面积从 1937 年的 13 607 千公顷下降到 1954 年的 7 791 千公顷，但仍保持较大规模，17 年平均 9 012 千公顷，比前 72 年减少 11.3%，但占全球面积的比例仍然超过一半。1938 年，当人均 GDP 达到 7 637 美元时，面积首次出现下降，这是美国近 150 年以来的首次下降，比前 72 年减幅为 11.3%。

自 1955 年至 1986 年的 32 年时间，美国人均 GDP 从 15 128 美元增长到 29 443 美元时（均值 21 223 美元），植棉面积波动在 2 974（1983 年）～6 851（1955 年）千公顷之间，32 年平均为 4 955 千公顷。其中，1953 年，当人均 GDP 达到 15 128 美元时面积出现第二次下降，比前 17 年减幅高达 45.0%；1983 年首次下降到历史最低水平，仅 2 974 千公顷（仅次于发展初期的 1868 年的 2 822 千公顷）。

自 1987 年到 2001 年的 15 年时间，美国人均 GDP 从 30 115 美元增长到 39 774 美元时（均值 34 400 美元），植棉面积在 3 860（1989 年）到 6 478（1995 年）千公顷之间波动，15 年平均为 5 038 千公顷，比前 32 年略有回升。其中，1987 年美国首次跨入全球棉花高产国家的行列，当年单产突破 750 千克/公顷，达到 791 千克/公顷，但比中国的 1983 年晚了 5 年。

表 1 - 30　1866—2014 年的 149 年美国植棉面积与人均 GDP 变化

时间 （年）	GDP （美元/人）	植棉面积 （千公顷）	植棉面积与人均 GDP 变化的 重大事件
72 （1866—1937）	5 288 （2 763～7 970）	10 162 （3 102～18 053）	当人均 GDP 小于 8 000 美元时，植棉面积与人均 GDP 的增长呈线性正相关关系
17 （1938—1954）	12 374 （7 633～14 363）	9 012 （13 607～7 791）	当人均 GDP 达到 7 637 美元时，首次出现植棉面积的下降，17 年平均比前 72 年面积减少 11.3%
32 （1955—1986）	21 223 （15 128～29 443）	4 955 （6 851～2 974）	当人均 GDP 达到 15 128 美元时，植棉面积出现第二次下降，32 年平均比前 17 年减幅达到 45.0%
15 （1987—2001）	34 400 （30 115～39 774）	5 038 （3 860～6 478）	当人均 GDP 小于 40 000 美元时，植棉面积与前 32 年的相当，并略有回升
13 （2002—2014）	45 519 （40 107～51 056）	4 251 （3 063～5 586）	当人均 GDP 大于 40 000 美元时，植棉面积比前 32 年减少 15.6%

资料来源：美国 USDA 网站．http：//www.fas.usda.gov/.

自 2002 年到 2014 年的 13 年间，人均 GDP 从 40 107 美元增长到 51 056 美元时（均值 45 519 美元），植棉面积在 3 063（2008 年）～5 586（2005 年）千公顷之间波动，平均面积

4 251 千公顷，比前 15 年减少 15.6%。期间，2004—2005 年连续 2 年总产首次突破 500 万吨，达到 520.3 万吨，占全球总产的 19.3%。2007 年，美国棉花单产再次创立新高，达到 985 千克/公顷，高于全球平均单产的 27.4%。

二、美国植棉面积缩减若干原因

美国棉花科技世界领先，发展棉花生产拥有先进的科技支撑，那么为什么最近几十年美国植棉面积下降？前述人均 GDP 超过 3 万美元以后，美国经济发展不再以棉花为依靠。按需求和经济属性进行分析，主要原因：

一是美国自用棉的数量大幅减少。据 ICAC 数据，美国棉纱产量自 1980 年的 1 114 千吨、占全球棉纱产量份额的 9.1% 下降到 2010 年的 659 千吨、占全球棉纱产量份额的 1.6%，棉纺织的萎缩对原棉的需求大幅减少。2008 年全球金融危机之后，尽管美国制造业回流，纺织业也有回流，但是扩大原棉消费尚需时日。

二是最近 20 多年全球棉花的真实价格不断下降，以美国 1999/2000 年度 CPI 为基准年，20 世纪 90 年代全球棉花真实价格为 80.55 美分/磅，比 80 年代下降 31.9%，21 世纪头 10 年为 51.43 美分/磅，比 90 年代下降 36.2%。可见，对经济发达国家而言，种植棉花在经济上不合算，美国政府对棉花发展予以限制。同时，从全球来看，美国产能的减少，中国、印度的棉花产能扩大足以弥补。

三是棉花比较效益下降。在美国大田作物中，棉花比较效益不及同季节的玉米和大豆（图 1-25）。据美国农业部数据，1975—1996 年 22 年平均，棉花收益 33.48 美元/英亩；比玉米 55.14 美元/英亩，减少了 65.7%；比大豆 74.51 美元/英亩，减少了 122.6%。因此，植棉面积在缩减。

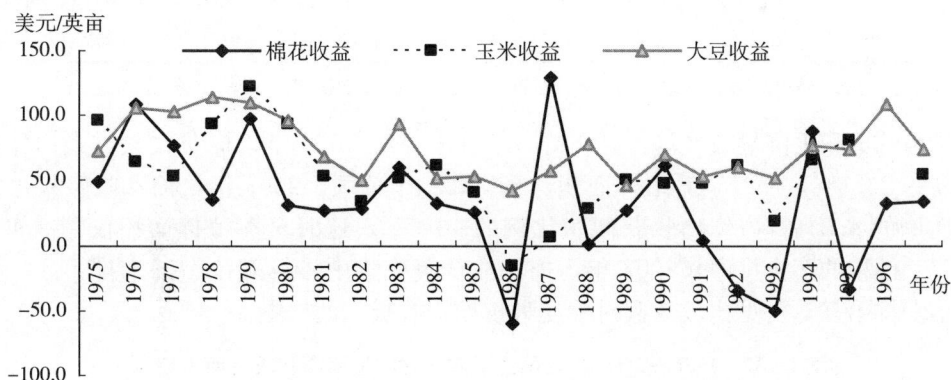

图 1-25　1975—1997 年美国棉花、玉米和大豆生产成本和收益比较
注：①棉花为籽棉、玉米和大豆为籽粒。②支出不包括土地租金和农场家庭的机会成本。③收益不包括任何补贴。

四是可能与鼓励发展生物质能源玉米补贴增长有关。从 1996 年开始美国政府鼓励发展生物质能源，对玉米的补贴不断增长，扩大了玉米种植面积。同期，美国大豆补贴也在增加，玉米和大豆面积的扩大都可能挤占棉田面积。由于棉花补贴资金的大幅下降，植棉面积不断缩小（表 1-31）。

表 1 - 31　2000—2013 年美国对棉花、玉米和大豆的生产补贴变化

单位：千公顷，千吨，亿美元

年份	棉花			玉米			大豆		
	面积	总产	补贴	面积	总产	补贴	面积	总产	补贴
1996	5 930	4 124	1.94	32063	234 520	0.17	25 979	59 248	−0.06
1997	5 624	4 092	5.43	32 187	233 866	0.48	28 330	73 176	−0.03
1998	5 420	3 030	13.63	32 442	247 892	17.75	29 147	74 598	13.16
1999	6 019	3 694	26.57	31 317	239 561	26.42	29 837	72 230	29.88
2000	6 279	3 742	10.20	32 193	251 855	27.50	30 054	75 060	37.43
2001	6 381	4 420	30.01	30 636	241 390	14.64	29 977	78 680	37.19
2002	5 649	3 747	19.41	31927	227 774	9.08	29 932	75 006	3.02
2003	5 455	3 975	10.21	31 810	256 275	3.09	29 706	66 787	5.68
2004	5 528	5 062	24.11	32 751	299 889	29.64	30 436	85 021	5.22
2005	5 765	5 201	31.75	33 095	282 260	44.51	29 150	83 497	−0.85
2006	6 181	4 700	32.21	31 698	267 502	1.38	30 563	87 008	−0.77
2007	4 381	4 182	8.88	37 849	331 184	−2.46	26 200	72 856	1.52
2008	3 833	2 790	30.29	34 796	307 154	21.47	30 642	80 749	14.83
2009	3 703	2 654	4.51	34 958	332 552	21.67	31 343	91 417	11.98
2010	4 441	3 942	3.20	35 690	316 168	17.71	31 324	90 601	10.76
2011	5 963	3 391	8.19	37 205	313 951	28.94	30 370	84 205	15.97
2012	4 963	3 770	5.87	39 372	273 827	27.01	31 241	82 561	14.80
2013	4 212	2 853	4.73	38 593	353 715	28.31	30 972	89 507	15.57
年均	5 318	3 854	12.24	33 921	278 407	17.63	29 734	79 012	11.96

注：面积资料来源于美国农业部网站，总产和补贴资料来源于 OECD 数据库，谭砚文教授提供。

　　五是植棉面积下降导致经济效益下降（表 1 - 32）。1950 年，棉花收益占大田作物收益的比例高达 23.1%，那时全美植棉面积达到 7 221 千公顷。2007 年，棉花收益仅占大田作物收益比例的 4.3%，占作物收获面积比例的 10.5%，这时全美植棉面积仅为 2 997 千公顷。按收获面积的多少排序，2007 年，棉花在全美作物中排第四位、玉米排第一、大豆排第二、小麦排第三，可见比较效益对棉花种植面积有极大的影响。

表 1 - 32　1950—2007 年美国主要农作物种植面积和收益所占比例

产品	2007 年收获面积		占所有作物收益的比例（%）		
	英亩（100 万）	所占比例（%）	2007	1982	1950
大田作物	299.7	96.4	63.2	73.8	74.1
其中：大麦	3.3	1.0	0.5	1.1	1.9
玉米	86.3	27.7	22.7	17.7	9.2
棉花	10.5	3.4	4.3	6.2	23.1

（续）

产品	2007 年收获面积		占所有作物收益的比例（%）		
	英亩（100 万）	所占比例（%）	2007	1982	1950
干草	58.1	18.7	4.0	2.8	2.9
燕麦	1.5	0.5	0.1	0.5	2.1
水稻	2.8	0.9	1.4	2.1	1.5
高粱	6.7	2.1	0.9	2.1	1.2
大豆	63.9	20.6	15.4	17.3	5.4
烟草	0.4	0.1	0.9	4.6	8.6
小麦	50.9	16.4	7.6	13.6	14.0
其他大田作物	15.5	5.0	5.4	5.8	8.3
高效作物	11.1	3.6	36.8	26.2	25.9
蔬菜、西瓜	5.8	1.9	12.9	11.2	11.6
水果、坚果、浆果	5.3	1.7	12.4	9.4	9.6
温室/苗圃	0	0	11.5	5.6	4.7
所有作物	310.8	100	100	100	100

资料来源：主要作物收获面积收益资料来自 USDA，National Agricultural Statistics Service，Census of Agriculture. Cash receipts are from Economic Research Service. http：www. ers. usda. gov/data/FarmIncome/fi nfi dmu. htm.

三、美国棉花发展的启示和借鉴

（一）棉花作为大田经济作物的经济属性具有普遍性特征，我国发展棉花生产仍正当时

棉花在美国经济建设和社会发展进程中具有举足轻重的地位。在国家原始资本积累的初期面积不断扩大，当人均 GDP 跨上 8 000 美元时，美国植棉面积开始第一次缩减。当人均 GDP 跨上 15 000 美元时，美国植棉面积开始第二次缩减。当人均 GDP 在 30 115～39 774 美元时，仍保持较大面积，波动幅度在 3 860（1989 年）～6 478（1995 年）千公顷之间。当人均 GDP 在 4.0 万～5.0 万美元时，植棉面积在收缩，波动幅度在 3 053（2013 年）～5 586（2005 年）千公顷之间。

2013 年我国人均 GDP 6 695 美元（表 1 - 33），仅相当于美国 1919 年的 6 607 美元水平，落后美国 94 年。主要产棉省市区中唯江苏省人均 GDP 超过万美元，达到 10 827 美元水平，也仅相当于美国 1941 年的水平。其次为山东省 8 230 美元，新疆地方 5 391 美元和兵团 7 154 美元。2015 年棉区省级人均 GDP 超万美元新增山东省和新疆生产建设兵团。从经济水平可见，我国发展棉花生产仍是棉区农民致富奔小康的重要途径。

按棉花产地来讲，地区级人均 GDP 都明显低于全省平均水平（表 1 - 34）。像江汉平原的荆州和天门等，沿江棉区的安庆地区，沿淮棉区阜阳地区和亳州地区等，沿海棉区的盐城地区，黄淮平原的菏泽、济宁和德州、周口、商丘等，华北棉区水资源贫乏地区的邯郸、衡水、保定和沧州，绿洲地区的南疆和田、阿克苏、喀什地区亟待发展经济作物提升地区的经济水平。特别是在全国 14 个集中连片特别贫困地区，棉花产地的县有 60 多个，分布在长江中游、黄河流域和南疆地区。

表 1 - 33 全国主要产棉省市区人均 GDP（初值）

单位：美元/人

省 份	1990	1995	2000	2006	2012	2013	2015
全国	343	604	949	2070	6 093	6 995	8 016
湖南省	257	402	655	1 289	5 034	5 959	6 922
湖北省	322	440	760	1 676	6 111	6 892	8 158
安徽省	247	368	577	1 254	4 561	5 098	5 808
江苏省	441	876	1 412	3 578	10 827	12061	14 142
山东省	380	683	1 127	2 961	8 230	9 117	10 333
河南省	228	395	658	1 652	5 043	5 520	6 297
河北省	306	532	917	2063	5 810	6 270	6 481
新疆（地方）	358	563	891	1 644	5 391	6 003	6 514
新疆生产建设兵团	588	355	900	1 832	7 154	8 917	11 515

注：人民币兑美元汇率：1990 年 478.32，1995 年 834.90，2000 年 827.84，2006 年 797.18 和 2012 年 629.00。

资料来源：①各省市区、新疆生产建设兵团和地区生产总值，据 http://zh. wikipedia. org/wiki/Category；

②新疆生产建设兵团地区生产总值 1978—2003 来自 http://www. datatang. com/data/38 084；2006 年和 2012 年来自新疆生产建设兵团统计年鉴 2013。

表 1 - 34 2013 年和 2015 年全国棉花集中产区人均 GDP（初值）及在当地的位次

省 份	人均 GDP（美元/人）		在全省（区）位次	
	2013 年	2015 年	2013 年	2015 年
湖南省（前 4 个地级）	5 959	6 922		
常德市	6 349	7 460	5	5
益阳市	4 176	4 952	9	9
湖北省（17 个地级）	6 892	8 158		
潜江市	8 371	9 421	4	5
荆州地区	3 769	4 446	15	15
黄冈地区	3 453	4 074	16	16
天门市	4 462	5 470	12	12
孝感地区	4 169	4 813	13	13
江西省（11 个地级）	5 202	5 912		
九江地区	5 418	6 355	6	6
安徽省（16 个地级）	5 098	5 808		
安庆地区	4 304	4 818	12	12
阜阳地区	2 246	2 601	16	16
亳州地区	2 610	3 209	15	15
江苏省（13 个地级）	12 061	14 142		
盐城地区	7 777	9 367	10	10

（续）

省　　份	人均 GDP（美元/人）		在全省（区）位次	
	2013 年	2015 年	2013 年	2015 年
山东省（17 个地级）	9 117	10 333		
东营地区	25 429	26 388	1	1
滨州地区	9 209	9 849	7	7
德州地区	7 135	7 742	13	14
济宁地区	6 943	7 820	14	13
聊城地区	6 693	7 205	15	15
菏泽地区	3 974	4 569	17	17
河南省（18 个地级）	5 520	6 297		
开封地区	4 584	5 664	13	13
南阳地区	3 977	4 621	15	15
商丘地区	3 392	3 991	17	17
周口地区	3 215	3 797	18	18
河北省（11 个地级）	6 270	6 481		
沧州地区	6 551	7 055	4	4
邯郸地区	4 978	5 387	7	7
衡水地区	4 051	4 428	9	9
保定地区	3 812	4 192	10	10
邢台地区	3 604	3 894	11	11
新疆（14 个地级）	6 003	6 514		
巴音郭楞州	12 701	12 088	2	3
昌吉州	10 624	11 602	4	4
塔城地区（沙湾、乌苏）	6 123	5 949	8	8
伊利州直属县	4 435	4 630	10	10
喀什地区	2 504	2 917	12	12
阿克苏地区	3 558	3 870	11	11
和田地区	1 314	1 702	14	14

数据来源：http://www.360doc.com/content/14/0313/15/502486_360275919.shtml.

从增加农民的收益而言，在适宜产区发展棉花生产仍正当时，棉花仍是农民致富奔小康的主要大田大宗经济农作物，也是破解"中等收入陷阱"的大田支撑作物。

（二）美国走扩大规模以增加收益之路，不适合我国人多地少的国情

从 1866 年到 1936 年的 72 年间（图 1-27），美国棉花单产长期徘徊在 137～250 千克/公顷，为典型粗放型经营。从 1937 年到 1957 年的 21 年间，单产徘徊在 265～458 千克/公顷，仍是粗放型经营。从 1958 年到 1980 年的 23 年间，单产提高到 500 千克/公顷，即植棉规模大幅缩减以后注重提高单产水平，进入 21 世纪依靠先进植棉技术和现代装备武装现代植棉业，棉花单产进一步提高。

同期，美国植棉农场数量因经营规模的扩大而不断减少，植棉农场只所以减少与棉花单

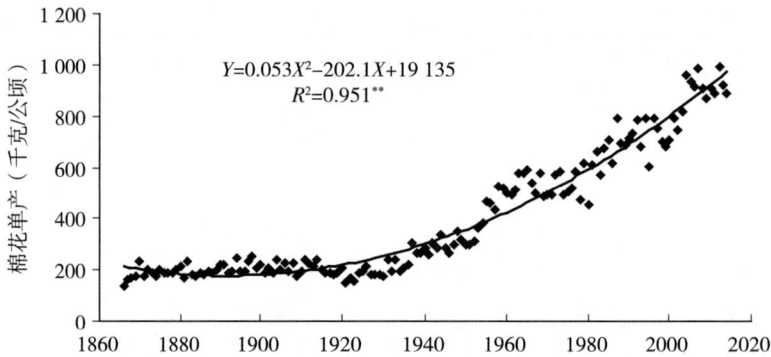

图 1-26　从 1866 年到 2014 年的 149 年美国棉花单产水平变化

资料来源：美国 USDA 网站．http://www.fas.usda.gov/.

产较低无法满足植棉者收益有关，唯扩大规模才能获得有保障的收益。例如，1949 年美国植棉农场数量 111.1 万个，平均每个农场植棉面积 10 公顷；1987 年植棉农场减少到 22 661 个，平均每个农场植棉面积 103 公顷；2007 年植棉农场 18 605 个，平均每个农场植棉面积 235 公顷；2012 年植棉农场 18 002 个，每个农场植棉面积 331 公顷。显然，靠扩大种植规模来增加收益这条路不适合中国人多地少的国情。

（三）美国棉区均衡布局值得借鉴，我国棉花区域布局应坚持"三足鼎立"原则

成就美国 200 年产棉大国和强国地位的重要经验之一，就是无论棉花适宜产地有多大，植棉面积的多与少，全国棉区布局都保持均衡结构。虽然在第二次世界大战之后棉区向西部快速扩张转移，随后美国市场化机制不断发展，为了保持生产的稳定，甚至在 1965—1971 年之间植棉面积采用配额制管理。

进入 21 世纪我国棉区形成了"三足鼎立"的均衡结构，棉花产能不断攀升。据国家统计局数据，2001—2005 年总产提升到 5 428 千吨，比前 5 年（1996—2000 年）平均总产 4 311千吨增长 25.9%，2006—2010 年又提升到 6 997 千吨，再增长 28.9%。受高额库存影响，2011—2014 年总产下降到 6 472 千吨，并具有 8 000 千吨的高产潜能。可见，经过 60 多年的不断调整构建形成的"三足鼎立"这一均衡结构，对保障人口大国原棉的基本供给与规避市场风险、防范生物灾害风险和抵御气候风险具有极其重要的作用。

从棉纺织大国、人口大国、区域经济发展、棉区农民增收，以及棉花耐盐碱、耐旱生物学特性的综合需求来看，发展棉花生产仍当其时，稳定"三足鼎立"布局结构是重要举措。当前和今后，长江流域棉田面积仍在 1 000～1 200 千公顷水平上，这里棉田继续"下湖上山"（洞庭湖与鄱阳湖、大别山与武夷山），即便未来面积缩减也不会少于 800 千公顷，预计产能达到 1 200 千吨。当前黄河流域棉田面积仍在 1 334 千公顷以上，即便继续缩减仍不会低于 1 000 千公顷，预计产能达到 1 300～1 400 千吨。特别是本棉区华北地下水"漏斗区"的分布广，面积大，如果一年种植一季棉花可基本维持水资源的平衡；沿海盐碱地 667 千公顷很适合植棉，只要技术和服务跟上，发展棉花生产的潜力很大，更有利于科学利用自然资源，保持水资源的基本平衡。西北是以新疆为主的棉区，全疆棉花实际播种面积超 2 667 千公顷，所占比例 50% 以上。根据绿洲水资源平衡和环境生态保护的要求，棉花播种面积需

调减 667 千公顷，主要是调减风险、次适宜棉区，以及近几年因高价诱导的新开垦荒漠并由草场、牧场、林地转换而来的棉田，适当控制植棉规模对延长新疆的高产能年限，促进全国棉花可持续发展具有极其重要的战略意义。从国家层面来看，棉花调控政策应注重区域之间的平衡性和全国的整体性。

在国民经济第十三个五年规划期间，国家规划棉花生产保护区，建设区域应兼顾长江中游、黄河流域的传统优势产区，以及红黄壤、盐碱旱地棉田。

大力发展棉花科技。这是美国可资借鉴的经验之二。当今美国棉花转基因技术发展迅速，不断研发商品化棉花品种的功能基因，农业装备与信息化智能技术结合更是如虎添翼，具有重要的借鉴作用。我国要加快棉花机械化、轻简化技术研究和应用，突破机采棉技术和装备瓶颈。转基因自 Bt 之后，无论抗耐除草剂还是高产、优质新基因，近 10 年在应用领域都没有取得新进展。还有转基因新疆环境释放处于非释放而大面积生产应用的不正常状况，急需证实和改变。

第二章 主要产棉国家棉花支持政策

撰稿人 谭砚文 关建波 毛树春 潘苏

全球棉花主要生产国家和地区都对棉花产业采取补贴支持政策。棉花补贴是国家对棉花产业实行财政转移性支付的一种形式，以实现棉花产业部门的生产目标或者收入目标，减少市场价格异常波动或者自然灾害对棉农造成的损失。

中国作为全球最大的棉花生产国，棉花补贴种类单一，补贴力度相对较弱，对于提升国内棉花竞争力，保护农民植棉利益的政策效果并不显著。研究全球棉花主产国的补贴政策，借鉴国际补贴政策的经验，对于保障中国棉花产业的平稳发展，促进国民经济又好又快发展，均具有极其重要的参考价值。

第一节 全球棉花生产补贴概况

一、全球棉花生产补贴

全球主要产棉国家为了推动棉花产业的发展，对国内棉花生产提供补贴。据国际棉花咨询委员会、美国农业部、经济发展与合作组织（OECD）等资料，2000—2014 年的 15 个年度，美国是对棉花生产者提供巨额补贴的国家之一，年均补贴棉花生产者 15.20 亿美元（表 2-1），希腊、西班牙、土耳其和巴西的棉花补贴相对较低，这 4 个国家的年均补贴分别为 4.42 亿美元、1.40 亿美元、2.54 亿美元、3.59 亿美元，占美国年均补贴的 29.08%、9.21%、16.71% 和 23.62%。

表 2-1 2000—2014 年度全球主要棉花补贴国家的棉花生产与补贴变化情况

年度	美国			希腊			西班牙			土耳其			巴西		
	面积 （千公顷）	总产 （千吨）	补贴 （亿美元）	面积 （千公顷）	总产 （千吨）	补贴 （亿美元）	面积 （千公顷）	总产 （千吨）	补贴 （亿美元）	面积 （千公顷）	总产 （千吨）	补贴 （亿美元）	面积 （千公顷）	总产 （千吨）	补贴 （亿美元）
2000	6 279	3 742	10.20	412	432	5.37	92	96	1.79	654	784	1.06	853	939	2.36
2001	6 381	4 420	30.01	404	456	7.35	91	104	2.45	693	865	0.59	748	766	0.40
2002	5 649	3 747	19.41	383	435	7.18	86	102	2.39	700	910	0.57	735	847	1.28
2003	5 455	3 975	10.21	375	365	7.61	95	96	2.33	710	893	0.22	1 100	1310	2.20
2004	5 528	5 062	24.11	374	391	8.22	89	115	2.26	700	904	1.15	1 172	1285	2.39
2005	5 765	5 201	31.75	365	411	7.12	86	113	1.96	600	773	1.65	850	1023	1.34
2006	6 181	4 700	32.21	374	347	2.34	63	48	0.85	630	827	1.96	1 094	1524	4.02
2007	4 381	4 182	8.88	363	285	2.65	65	42	0.93	520	675	4.29	1 077	1602	8.60
2008	3 833	2 790	30.29	250	240	2.71	53	19	0.90	340	420	2.27	843	1193	9.29

（续）

年度	美国			希腊			西班牙			土耳其			巴西		
	面积 (千公顷)	总产 (千吨)	补贴 (亿美元)	面积 (千公顷)	总产 (千吨)	补贴 (亿美元)	面积 (千公顷)	总产 (千吨)	补贴 (亿美元)	面积 (千公顷)	总产 (千吨)	补贴 (亿美元)	面积 (千公顷)	总产 (千吨)	补贴 (亿美元)
2009	3 703	2 654	4.51	230	215	2.60	59	26	0.93	280	381	2.60	836	1187	4.18
2010	4 441	3 942	3.20	250	180	2.77	63	39	0.93	320	459	3.02	1 400	1 960	1.24
2011	5 963	3 391	8.19	300	280	2.66	68	60	0.89	490	749	4.28	1 400	1 894	14.17
2012	4 963	3 757	5.63	291	251	2.62	70	60	0.87	410	575	4.88	900	1302	0.40
2013	4 212	2 801	4.54	272	280	2.74	64	57	0.73	330	499	4.49	1 120	1736	0.35
2014	4 467	3 541	4.90	283	NA	2.38	74	NA	0.72	430	694	5.08	1 020	1519	1.56
年均	5 147	3 860	15.20	328	326	4.42	75	70	1.40	520	694	2.54	1010	1339	3.59

注：美国、希腊、西班牙、土耳其的棉花补贴包括收入补贴和价格支持补贴；巴西棉花补贴已根据巴西雷亚尔兑美元汇率换算成美元；巴西棉花补贴为 OCED 发布的 Producer Single Commodity Transfers（Producer SCT）数据，Producer SCT 是指通过支持政策把消费者和纳税人上缴政府的资金作为农产品补贴转移至农业生产者，由市场价格支持（Market Price Support，MPS）和财政及其他转移（National Aggregate Budgetary and other Transfers to Producers From Policies，Aggregate BOT）两部分构成。

资料来源：美国、土耳其、巴西的棉花面积和总产资料来源于美国农业部 2015 年 11 月发布的《Cotton and Wool Yearbook》；希腊、西班牙的棉花面积和总产资料来源于联合国粮农组织（FAO）数据库。美国、希腊、西班牙、土耳其的棉花补贴资料来源于国际棉花咨询委员会每年发布的《Production and Trade Policies Affecting the Cotton Industry》；巴西的棉花补贴和巴西雷亚尔兑美元汇率数据均来源于 OECD 数据库。

按单位面积平均补贴来看（表 2-1），过去 15 年美国补贴 295.32 美元/公顷、希腊补贴 1 347.56 美元/公顷、西班牙补贴 1 866.67 美元/公顷、土耳其补贴 488.46 美元/公顷、巴西补贴 355.45 美元/公顷。按单位皮棉产量平均补贴来看，过去 15 年美国补贴 393.78 美元/吨、希腊补贴 1 355.82 美元/吨、西班牙补贴 2 000.00 美元/吨、土耳其补贴 365.99 美元/吨、巴西补贴 268.11 美元/吨。

从发展趋势看，近几年，美国、希腊、西班牙和巴西的棉花补贴有所降低，特别是美国在最近几年的棉花补贴金额下降幅度明显。而土耳其的棉花补贴总体呈上升态势。

二、主要产棉国家的棉花补贴政策

（一）美国棉花补贴新政策

美国 2014 年出台的《2014 年农业改革、粮食与就业法案》（以下简称"2014 法案"），对《2008 年食品、环保与能源法案》（以下简称"2008 法案"）中农业补贴政策进行了改革，其中对棉花补贴政策进行了较大幅度的修改。2014 法案废除了直接补贴（Direct Payments）、反周期补贴（Counter-Cyclical Payments）和平均作物收入选择方案（Average Crop Revenue Election Program），新增了对棉花的累计收入保护计划（Stacked Income Protection Plan），下调对陆地棉的营销援助贷款率，保留了陆地棉特殊营销贷款条款（Special Marketing Loan Provisions for Upland Cotton）和长绒棉特殊竞争条款（Special Competitive Provisions for Extra Long Staple Cotton）。2014 法案大幅削减了农业补贴，其主要原因是为了缓解政府财政压力和应对世贸组织谈判等，特别是因为美国在巴、美棉花补贴仲裁中败诉，促使美国在 2014 法案中取消了绝大部分棉花补贴，棉花援助以贷款和保险为主。

1. 营销援助贷款和贷款不足补贴（Marketing Assistance Loans and Loan Deficiency Payments）。营销贷款是美国政府在市场价格较低时给棉花生产者提供的一种收入支持，以保证棉农的最低收入。2014 年法案规定，2013—2017 年间，长绒棉固定贷款率与 2008 法案一致，为 79.77 美分/磅。陆地棉贷款率修订为前两年陆地棉调整的全球价格（Adjusted World Price，AWP）① 平均值，但实际贷款率不能低于 47 美分/磅或不能高于 52 美分/磅，而 2008 法案规定陆地棉的贷款率固定为 52 美分/磅。农户可以通过两种途径获取政府的营销贷款援助。一种是营销贷款收益（Marketing Loan Gains，MLG），当 AWP 低于法案规定的贷款率时，农户可以把 AWP 作为实际偿付率偿还贷款，原贷款率与实际偿付率之间的差额成为农户的营销贷款收益。另一种是贷款不足补贴（Loan Deficiency Payments，LDP），农户也可以选择将棉花提前抵押给政府取得营销贷款，当 AWP 低于营销贷款率时，农户可以放弃从政府赎回棉花的权力，从而免除相关贷款的偿还，已经得到的贷款率与 AWP 之间的差额便成为农户的贷款不足补贴。

另外，2014 法案保留了农业部长对营销援助贷款率进行适当修改的权力，比如在出现营销困难或者有关交通和基础设施发生严重破坏影响正常的市场销售时，农业部长可以对贷款偿付率进行调整。此项政策为美国政府对棉花市场进行一定程度的干预提供了法律上的保障。

2. 陆地棉特殊营销贷款条款（Special Marketing Loan Provisions for Upland Cotton）。陆地棉特殊营销贷款条款是 2008 法案新增的补贴项目，2014 法案保留了这项条款。法案规定，当连续四周，每周周五到下周四美国运至北欧的陆地棉最低到岸价的平均值，均比北欧陆地棉价格超出 1.25 美分/磅时，政府将提供 3 美分/磅的援助给能够证明这一援助是用于扩大陆地棉生产面积、发展陆地棉生产设备的援助使用者。这对于提升陆地棉产量和生产效率有极大帮助，有利于提升美国陆地棉的出口竞争力。

3. 长绒棉特殊竞争条款（Special Competitive Provisions for Extra Long Staple Cotton）。长绒棉特殊竞争条款同样是 2008 法案新增的补贴项目，2014 法案继续延用这项条款，其设立的目的是为了扩大美国长绒棉的消费和出口，以及保持美国长绒棉的国际竞争力。

当连续 4 周，美国国外长绒棉每周的 LFQ 价格（LFQ 价格是指美国国外长绒棉每周周五至下周四的平均市场报价，折算成与美国长绒棉统一质量级别的价格后，再加上美国港口与远东目的港之间运费的价格）都低于其国内每周的平均市场价格和低于其长绒棉营销贷款率的 134％时，政府需要对参加长绒棉特殊竞争条款的美国长绒棉消费者或出口商进行补贴。长绒棉特殊竞争补贴金额为连续 4 周美国市场平均价格与 LFQ 价格的差额，乘以这 4 周美国长绒棉消费量或出口量②。可见，长绒棉特殊竞争条款的实质是弥补美国商人消费或

---

　　①　AWP 是根据每周的 Cotlook A 指数的平均值折扣掉美国国内运价、美国至北欧主要港口运价以及一定的品质差价计算得出。

　　②　长绒棉特殊竞争条款的补贴条件和补贴金额计算办法根据 U. S. Government Printing Office 的相关材料整理得出，http：//www.gpo.gov/fdsys/pkg/CFR－2012－title7－vol10/pdf/CFR－2012－title7－vol10－sec1427－1204.pdf。

出口美国长绒棉时因价格波动而造成的损失，这对长绒棉的消费和出口产生一定的激励作用，有利于促进美国国内长绒棉的生产。

4. 累计收入保障计划（Stacked Income Protection Plan）。累计收入保障计划是新设立的棉花生产保险计划，其设立的目的是在取消棉花直接补贴方案，帮助解决 WTO 巴美棉花补贴纠纷的同时，以农户购买保险，政府通过保险赔偿农户收入损失的方式，保护投保农户的棉花生产收入。由于政府对投保农户提供 80％的保费补贴，因此农户的参加费用较低，这对于保障农户植棉收入提供了重要的支持。

累计收入保障计划设定一个预期地区收入（单位面积收入），当投保农户所在地区的每户棉花生产单位面积平均收入低于预期地区收入（Expected County Revenue）的 90％时，该计划便被触发，投保农户需要承担 10％预期地区收入的损失，超过 10％以上的预期地区收入损失由政府向投保农户赔付，但赔付上限为预期地区收入的 30％，具体计算公式为：

赔付金额＝预期地区收入－地区实际平均收入－10％×预期地区收入

＝90％×预期地区收入－地区实际平均收入（上限为预期地区收入的 30％）

预期地区收入由该地区的预期价格乘以预期单产计算得出。其中，预期价格由集团风险收入保障（Group Risk Income Protection）[①] 方案或农场信贷系统保险公司（Farm Credit System Insurance Corporation）的区域政策（Area-wide Policy）设定；预期单产选择以下两项的较高值：一是农场信贷系统保险公司的区域计划（Area-wide Plans）中规定的单产，二是最近 5 年，去掉最高值和最低值后，投保农户所在地区的年均单产。

与以前的直接补贴方案相比，累计收入保障计划具有一定的差异。首先，农户必须支付一定的投保费用，才能获得政府对其棉花生产收入的保护；其次，只有该地区的实际平均收入低于预期地区收入时，才有可能得到保险赔偿，而与单个农场的收入没有直接关系；最后，政府只对超过预期收入 10％以上的收入损失进行赔付，其余的收入损失由农户承担。

5. 补贴限制（Payment Limitations）。2014 法案对政府补贴总额设定了上限，每人或每个法人实体（不包括一般合资企业）的补贴上限为 50 000 美元。政府对于三年移动平均毛收入超过 75 万美元的农户或法人团体不给予 2014 法案中规定的任何补贴。

（二）美国棉花生产补贴情况

美国的棉花生产补贴在全球处于较高水平，根据国际棉花咨询委员会（International Cotton Advisory Committee，ICAC）统计，2000—2014 年度，美国政府按照农业法案的棉花补贴政策，平均每年补贴全国棉花生产者 15.20 亿美元，占棉花年均总产值的比重为 27.41％（表 2-2）。其中，2000—2009 年度美国棉花生产补贴占棉花生产总值的比重基本超过 10％，2001 年度该比重更高达 70.12％。然而，从 2010 年度开始，由于棉花生产补贴的降低，其占棉花产值的比重大幅下降，2010—2014 年度该比重年均仅为 7.96％。因此，近几年美国的棉花生产补贴对棉花生产发展的贡献程度有所下降。

---

① 集团风险收入保障是一个以区域为基础的收入保险项目，当投保作物所在地区的单位面积收入低于投保农户选择的单位面积收入时，集团风险收入保障项目就会向投保农户赔偿损失。

表 2-2　2000—2014 年度美国棉花生产补贴占总产值比重的变化情况

年度	总产值（亿美元）	生产补贴（亿美元）	生产补贴占总产值比重（%）
2000	58.22	10.20	17.52
2001	42.80	30.01	70.12
2002	42.97	19.41	45.17
2003	75.72	10.21	13.48
2004	66.04	24.11	36.51
2005	65.06	31.75	48.80
2006	58.75	32.21	54.83
2007	68.99	8.88	12.87
2008	46.58	30.29	65.03
2009	40.65	4.51	11.09
2010	81.30	3.20	3.94
2011	86.64	8.19	9.45
2012	75.28	5.63	7.48
2013	64.25	4.54	7.07
2014	62.42	4.90	7.85
年均	62.38	15.20	27.41

注：棉花总产值根据棉花每英亩产值乘以棉花播种面积计算得出，其中棉花每英亩产值包括棉籽的产值。

资料来源：棉花生产补贴来源于 ICAC 每年发布的《Production and Trade Policies Affecting the Cotton Industry》；棉花每亩产值来源于美国农业部成本收益数据库；棉花播种面积来源于美国农业部于 2015 年 11 月发布的《Cotton and Wool Yearbook》。

　　美国棉花的补贴金额与出售价格具有一定的反向变动关系，当棉花出售价格上涨时，美国政府会降低棉花生产补贴（图 2-1）。根据美国农业法案的棉花补贴条款，当美国棉花价格较高，棉花生产者的生产收入获得一定保证时，美国政府降低棉花补贴力度，这在一定程

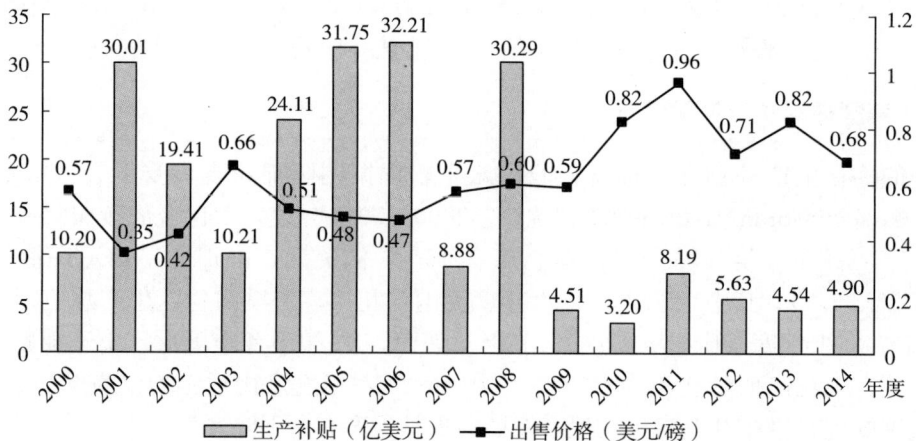

图 2-1　2000—2014 年度美国棉花生产补贴与棉花出售价格的变化关系
资料来源：棉花生产补贴来源于国际棉花咨询委员会每年发布的《Production and Trade Policies Affecting the Cotton Industry》；棉花销售价格来源于美国农业部成本收益数据库。

度上能缓解财政支持压力；而当棉花售价较低，生产收入下降甚至出现亏损时，政府对生产者的补贴力度会上升，进而保护美国国内棉花的生产。近几年来，由于美国棉花出售价格较高，加上美国棉花在国际市场上具有一定的竞争优势，美国政府对棉花生产者支付的补贴大幅下降。

美国棉花生产补贴的变动对棉花生产收益的影响较低。从成本收益数据看，美国的生产补贴对植棉收益起到了良好的保障作用。2000—2014年度，在不存在补贴的前提下，美国棉花生产在大多数年份都是亏损的，平均每年每英亩亏损48.90美元（表2-3）。然而，美国政府对棉花实行生产补贴，有效提高了美国国内棉花生产的整体收益。2000—2014年度，美国政府对棉花生产每年平均补贴每英亩116.73美元（约合人民币119.62元/亩），补贴后的年均生产净收益为每英亩67.83美元。

表2-3 2000—2014年度美国棉花生产成本收益变化情况

单位：美元/英亩

年度	生产产值	生产成本	生产净收益	政府生产补贴	补贴后的净收益
2000	375.18	436.08	−60.90	65.73	4.83
2001	271.40	456.41	−185.01	190.31	5.30
2002	307.83	449.53	−141.70	139.06	−2.64
2003	561.72	410.18	151.54	75.74	227.28
2004	483.49	420.05	63.44	176.51	239.95
2005	456.69	459.49	−2.80	222.89	220.09
2006	384.61	470.83	−86.22	210.88	124.66
2007	637.19	587.29	49.90	82.02	131.92
2008	491.78	603.14	−111.36	319.82	208.46
2009	444.28	597.33	−153.05	49.29	−103.76
2010	740.82	636.45	104.37	29.16	133.53
2011	588.01	646.54	−58.53	55.58	−2.95
2012	613.84	696.25	−82.41	45.91	−36.50
2013	617.42	688.65	−71.23	43.62	−27.61
2014	565.52	715.05	−149.53	44.40	−105.13
年均	502.65	551.55	−48.90	116.73	67.83

注：棉花产值包括棉籽的产值；生产成本为美国农业部公布的每英亩总成本减去土地的机会成本和家庭劳动机会成本；生产补贴数据根据生产补贴总额除以美国棉花播种面积计算得出。

资料来源：生产产值、成本、净收益数据均来自于美国农业部成本收益数据库；棉花生产补贴总额来源于国际棉花咨询委员会每年发布的《Production and Trade Policies Affecting the Cotton Industry》；播种面积来源于美国农业部2015年11月发布的《Cotton and Wool Yearbook》。

美国棉花各种补贴最后结果见表2-4，美国政府按照农业法案进行棉花补贴政策，根据ICAC统计，2000—2014年度的15个年度，平均每年补贴全国棉花生产者15.20亿美元，占棉花年均总产值的比重为27.41%。这15年平均，单位面积补贴295.32美元/公顷（按同期7.388 2平均汇率，约合人民币145.46元/亩），单位产量补贴393.78美元/吨（约合人民币2 909元/吨）。如果这15年不补贴，美国棉花生产者大多数年份（占73.33%）是亏损的，年均亏损48.90美元/英亩（1英亩=6.075亩，合人民币59.47元/亩），补贴后植棉者的年均纯收益为 82.49 元/亩。可见，美国政府对棉花实行生产补贴，有效提高了美国国内棉花生产的整体收益。

2014 年美国新农业法案对农业支持方法作出重大调整，取消了直接支付、反周期补贴和平均作物收入选择补贴等项目，加大了农业保险的支持力度和覆盖范围（见第二十一章）。

表 2-4　2000—2014 年度美国棉花生产补贴变化及其占总产值比重的变化情况

年度	面积 （千公顷）	总产 （千吨）	总产值 （亿美元）	生产补贴 （亿美元）	生产补贴 占总产值比重（%）
2000	6 279	3 742	58.22	10.20	17.52
2001	6 381	4 420	42.80	30.01	70.12
2002	5 649	3 747	42.97	19.41	45.17
2003	5 455	3 975	75.72	10.21	13.48
2004	5 528	5 062	66.04	24.11	36.51
2005	5 765	5 201	65.06	31.75	48.80
2006	6 181	4 700	58.75	32.21	54.83
2007	4 381	4 182	68.99	8.88	12.87
2008	3 833	2 790	46.58	30.29	65.03
2009	3 703	2 654	40.65	4.51	11.09
2010	4 441	3 942	81.30	3.20	3.94
2011	5 963	3 391	86.64	8.19	9.45
2012	4 963	3 757	75.28	5.63	7.48
2013	4 212	2 801	64.25	4.54	7.07
2014	4 467	3 541	62.42	4.90	7.85
15 年之和	77 201	57 905	935.67	228.04	411.21
年均	5 147	3 860	62.38	15.20	27.41

资料来源：谭砚文据 ICAC/USDA 发布的各年报告系统整理。

（三）印度棉花生产支持政策

印度是全球主要棉花生产国之一，棉花总产量仅次于中国，它主要是通过实施最低支持价格政策来提供补贴，该政策与我国曾实行的保护价收购政策非常类似。印度政府还通过投入补贴、国家纤维政策等措施保护国内棉花产业的发展。除此之外，印度政府还通过资助棉花发展项目、提供良种和统一防治病虫害等服务来对棉花种植者提供帮助。

1. 最低支持价格。印度政府根据农业成本和价格委员会的建议来决定各州的最低支持价格，当市场价格低于最低支持价格时，无论棉花质量水平高低，印度棉花公司（Cotton Corporation of India，CCI）都要按照公布的最低支持价格来进行保护性收购。由于市场价格基本高于最低价格，2000—2013 年度，CCI 只进行了两次市场干预。当市场价格高于最低价格时，CCI 更多是发挥商业运行的作用，将库存的棉花供应给国内棉纺织企业，以弥补 CCI 每年提供基础设施维护所花费的成本。

2014/2015 年度，印度皮棉市场价格低于政府当年设定的最低支持价格（每 100 千克

3 950印度卢比，合每磅85美分）。为此，截至2015年5月30日，CCI以最低支持价格从市场购买大约160万吨的棉花，财政支出约为29亿美元。

2. 生产投入补贴。 印度政府对棉花生产投入提供补贴，包括化肥、电力和灌溉，在一些弱势地区对农业信贷还提供利息补贴。投入补贴虽然可以提高棉农的收入和生活水平，但是可能会导致过度使用化肥、农药和水资源，对环境造成破坏。作为国内主要的农业补贴政策，从20世纪90年代开始，印度政府为稳定国内化肥价格，逐步实施化肥补贴。但印度是化肥进口大国，其化肥进口会影响国际化肥价格的波动（Sharma & Thaker，2009），由此化肥补贴成为印度政府每年昂贵的项目（Kondurul，Yamazaki & Paggi，2012）。在所有棉花投入补贴项目中，化肥补贴在印度政府每年投入补贴中占最大的比例，2011年化肥补贴达到12亿美元，2012年达到21亿美元。棉农从零售商手中以固定的价格购买化肥，化肥零售价格根据每年的生产成本和国际价格的变化进行调整。政府根据国际价格和固定零售价格补贴化肥生产商。由于印度财政赤字的增加，政府正在改变化肥政策并开始废除管制化肥价格（Sharma & Thaker，2009）。

3. 国家纤维政策。 2010年，印度政府颁布国家纤维政策来提高印度棉花在国际市场的竞争力。为刺激国内纺织企业消费国内棉花，政府在2011—2020年的10年要花费40亿美元为纺织企业提供现金和利息补贴，以实现纺织企业的现代化。这样，将大大提升印度棉纺织产品的国际竞争力，扩大印度纺织产品的对外出口，在促进印度纺织业长远发展的同时，也保护了印度棉农的植棉利益。

（四）欧盟棉花补贴政策

欧盟只有希腊和西班牙生产棉花，且产量较低，2011年欧盟棉花产量仅占全球棉花产量的1.3%[①]，但欧盟却给予了其棉花种植者较高的补贴。2004年，欧盟对棉花种植者的收入补贴达到11亿美元。2006/2007年度以前，欧盟对棉花的补贴是一种价格补贴和产量补贴的混合政策。欧盟既规定了高于全球价格的棉花指导价格，同时也规定了享受价格支持的具体生产数量，希腊只有78.2万吨籽棉、西班牙只有29.4万吨籽棉享受补贴，而对于超过的数量，不但享受不到补贴，而且还会缩小原补贴额度。除了价格支持政策外，欧盟还给予棉花种植者其他形式的补贴。

2006/2007年度起，欧盟实施新的棉花补贴政策。主要的修订内容是，享受补贴支持的指标从产量变为生产面积。2006/2007年度，欧盟规定享受补贴的具体面积，希腊为37万公顷，西班牙为7万公顷，如果超过规定的生产面积，会减少原补贴额度。2011/2012年度，欧盟降低享受补贴的最大生产面积，希腊降低至25万公顷，西班牙降低至4.8万公顷。欧盟新的棉花补贴政策不再限制产量，而是鼓励农民在生产面积限定的情况下，对棉花生产技术进行改造，从而刺激棉花单产和产量的提高。在新规下的政府棉花直接补贴，2013/2014年度希腊达到了2.74亿美元（每磅42美分），西班牙为0.91亿美元（每磅84美分）。然而，由于财政预算削减和欧元对美元弱势，2014/15年度的政府棉花直接补贴，希腊下降到2.38亿美元（每磅39美分），西班牙下降到0.72亿美元（或每磅44美分）。

除此之外，在希腊，欧盟和希腊政府还为棉花种植者提供棉花机械投资补助，以提高棉

[①] 根据FAO数据库相关数据计算得出。

花生产的机械化水平。欧盟各成员内采取了有助于棉花产业结构调整和棉花生产市场化的改革计划，意在发展欧盟棉花产业。

（五）巴西棉花补贴政策

巴西棉花补贴政策主要是均衡价格支付政策（Equalizer Price Paid to Producer），是在美元对巴西里尔贬值时，根据最低保障价格直接补贴生产者，从而弥补巴西棉花出口因为美元贬值所造成的损失。最低保障价格设为每15千克44.6巴西里尔，或每磅66美分（按照2012年7月汇率换算）。2005/2006年度至2009/2010年度，巴西财政为棉花均衡价格支付政策总共支出了9.65亿美元，平均每年度支付1.93亿美元，平均每磅棉花补贴6.8美分[①]。在2010/2011—2013/2014年度，由于美元弱势，均衡价格支付政策没有实施。2014/2015年度，均衡价格支付政策再次启动，最低保障价格为每15千克皮棉54.90巴西里尔，或每磅皮棉68美分（按照2013年9月至2014年10月的平均汇率换算），政府为此总支出的财政金额为1.02美元。

此外，巴西政府通过信贷补贴的形式为棉花生产、营销和投资提供支持。在过去的10年（2004/2005—2013/2014年度）中，巴西政府平均每年提供给棉农的贷款约达500万美元。低收入棉花生产者只需支付5%的贷款利息，而市场利率达到20%～25%，从而减轻了棉农的贷款负担。

（六）土耳其棉花补贴政策

棉花是土耳其最主要的农作物，产量水平位于全球第7位。纺织品产量占土耳其国内生产总值的7%左右，纺织行业的就业人数占了工业就业人数的28%（潘苏、谭砚文，2007）。土耳其政府对棉花生产的补贴采用的是良种补贴政策，为了鼓励农民使用优质棉花种子，政府对使用指定种子生产的农户，给予相对较高的补贴。2011/2012年度，选用政府规定种子进行生产的农民，获得每千克26美分的产量补贴；使用普通种子的棉农，产量补贴为每千克22美分。2005/2006年度土耳其政府提供了总额为1.65亿美元的补贴，而2010/2011年度补贴总额增加至3.02亿美元，2011/2012年度由于棉花生产面积的上升，补贴总额达到4.28亿美元。

2012/2013年起，为了推广优良棉种，政府只对使用规定种子进行生产的农民实施补贴，对使用普通种子的棉农不再发放补贴。这在促进棉花单产和质量提升的同时，把对棉花的财政支持集中在对政府规定种子的补贴上。2013/2014年度，选用政府规定种子进行生产的农民，获得的产量补贴增长到每千克29美分；2014/2015年度该补贴进一步增长到每千克30美分。这使得政府为这项补贴提供的补贴总额，从2013/2014年度的4.49亿美元增长到2014/2015年度的5.08亿美元。

（七）墨西哥棉花补贴政策

墨西哥通过价格支持机制保障主要农产品的生产利益，棉花也适用于这一机制。墨西哥政府会根据国际市场形势及国内棉花生产情况，每一棉花生产年度设定一个目标价格，当棉

[①]　资料来源于历年 ICAC 棉花报告。

花市场价格低于目标价格时，政府会把两者的差额支付给棉花种植者。由于政府设定的目标价格与市场价格较为接近，因此墨西哥的棉花种植者只得到较少的补贴。2007/2008 年度，墨西哥政府根据价格支持机制，支付给棉花种植者的金额大约仅为 800 万美元；2008/2009 年度，墨西哥政府把目标价格设定为每磅 43 美分，比 2007/2008 年度的每磅 67.75 美分大幅下降，由于目标价格较低，因此棉花种植者基本得不到任何通过这项机制所发放的补贴。

此外，墨西哥政府为了保护棉花种植者的利益，棉花种植者得到了技术上的帮助、种植保险的帮助和价格风险管理。政府还提出了棉花套期保值扶持计划，该计划是在播种棉花时卖出期货，在收获棉花时买进期货，差额就是利润。主要目的是锁定棉花的成本，避免棉花价格风险（潘苏、谭砚文，2007）。

（八）埃及棉花补贴政策

1995 年，埃及政府制订了棉花收购的最低保护价，这个价格往往高于全球价格。在 1999 年以前，埃及棉花能得到比全球价格高很多的价格。对棉花的这种最低保护价政策在 1999/2000 年度被取消。2003 年，埃及政府提供了 0.11 亿美元的补贴，其中 900 万美元用于国内贸易，200 万美元用于出口贸易。

三、产棉国家的危机应对

2008 年秋季，随着美国华尔街金融危机的蔓延，对全球棉花生产的不利影响加深，秋收大宗农产品价格一落千丈，市场流通几乎停止，各国农产品都出现了"卖难"问题。为此，许多产棉国都在积极应对，力图减轻危机对棉花的冲击，保持棉花生产与市场的稳定。采取主要救市措施包括出台最低收购价，敞开收购；取消原棉棉纱的出口禁令，开放市场促进贸易等。

（一）主要产棉国应对危机冲击的对策

1. 中国。 为了应对金融危机，国家在 2008 年度 3 次收储棉花（表 2-5），收储总量达到 280 万吨（其中 8 万吨为收储 2007 年度的新疆棉），其速度之快、力度之大为历史罕见，具有托市和救市的积极效果，对解决"卖棉难"和稳定植棉信心发挥了重要的作用。

第一次：2008 年 10 月 21 日至 24 日，收储 2008 年度新疆棉，计划 22 万吨，价格一律标准级 12 600 元/吨，全部成交。这次收储实际上起到了托市效果。

第二次：2008 年 10 月 29 日至 11 月 23 日，收储 2008 年度新疆棉及内地棉，计划 100 万吨，价格一律标准级 12 600 元/吨，全部成交。这次收储实际上起到救市效果。

第三次：2008 年 11 月底，进一步收储 2008 年度新疆棉及内地棉，收储计划 150 万吨，价格一律标准级 12 600 元/吨，要求企业先竞得收储额度后再按不低于 2.6/斤挂牌价收购农民籽棉。

以上 3 次收储棉花总量 272 万吨，到 2008 年 12 月 31 日，收储成交 145.3 万吨，占收储计划的 53.0%；至次年 2 月 13 日，收储成交 196.5 万吨，占计划收储的 72.2%。其中新疆棉成交 116.2 万吨，内地棉成交 80.3 万吨；完成初验入库 161 万吨。

从收储实际来看，前两次收储 122 万吨，采取集中发放对新疆棉价起到较好的支撑作用，托市和救市效果极为显著。至 2009 年 1 月，西北内陆棉区籽棉收购基本完成，国家收储还带动内地企业进疆收购，整体进度加快；同时，西北籽棉售价下降幅度仅 11.8%，低于全国跌幅 22.2% 的 10.4 个百分点。第二次收储对"熊市"起到一定的救市作用，对深度恶化的市场起到支撑作用，表现在信心支持上作用更大。虽然第三次收储 150 万吨发放内地，但救市效果很差，至 12 月 31 日，成交量 23.3 万吨，只完成目标的 15%。主要原因：一是由于 11 月之后市场恶化加深，国内外棉价持续走低，企业不敢收。二是收储强调大打包棉，由于内地符合招标的企业分布很不均匀，一些没有收储企业的产区棉农仍无法卖棉，价格跌至 3.8 元/千克的低点，未能有效解决"卖棉难"问题。三是收储指标都采用招标方法很不妥，形成新的不均衡性，导致局部价差很大。一些产区到 3 月仍有棉花没有卖掉。

从实际效果来看，第一，籽棉售价大幅降 23.0%。据中国棉花生产预警监测数据，2008 年度棉农售价为 4.69 元/千克（按衣分率 38.5% 和油籽价 2 元/千克计，皮棉成本仅 8 987元/吨），比 2007 年度大幅下跌 23.0%，到 2009 年 3 月继续下跌，4 月出现翘尾现象，全国棉花主产品减收 421 亿～441 亿元，植棉收益损失惨重。第二，植棉面积大幅下滑两位百分数。据中国棉花生产预警监测数据，2009 年全国植棉大幅减少两位百分数，表明棉花生产遭受的冲击极其严重。

此外，为了提升应对危机的力度，鼓励发展生产，良种棉补贴全覆盖，补贴资金 15 亿元，补贴省份由 2008 年的 8 个扩大到 25 个，补贴面积由 2008 年的 3 333 万亩扩大到全国所有棉田；在全国 198 个产棉县 200 片开展棉花万亩高产创建活动。同时，国家一再提高出口退税率，鼓励出口。2008 年 11 月 1 日、2009 年 2 月 1 日、4 月 1 日连续 3 次上调纺织品服装出口退税率至 14%、15% 和 16%。

2. 印度。2008 年 9 月，印度政府大力提高了籽棉的最低支持价格（Minimum Support Prices，MSPs），中等级棉花最低支持价格比上年度提高了 39%（表 2-5），从上年度的每 100 千克 1800 卢比，提高到 2 500 卢比（约每磅 72 美分），而当时的国际市场价格为 55～58 美分/磅；长绒棉提高了 48%，从上年度 2 030 卢比/100 千克提高到 3 000 卢比/100 千克。

由于最低支持价格高于市场价格，印度政府所属的印度棉花公司（CCI）截至 2009 年 4 月 5 日共从市场上购买了约 209.2 万吨棉花，几乎占了全年产量的一半。同时，印度政府又以市场价格销售给纺织企业，并且给予购买 1 000 包（2179 吨）以上的企业每吨 23～29 美元的折扣。资料显示，本年度印度政府还将进一步购买棉花，总量将达到 228.8 万吨。

在印度政府强有力的棉花支持政策鼓励下，2009/2010 年度的棉花播种面积由上年度的 937 万公顷，增加到 1 020 万公顷，增长幅度达到 8.85%；产量由上年度的 490.3 万吨增加到 528.5 万吨，增幅达到 7.8%（表 2-5）。

3. 巴基斯坦。对棉花生产实施最低支持价格的政策，在每年的棉花销售季节之前，巴基斯坦政府就宣布最低棉花支持价格，当棉花市场价格低于政府规定的最低支持价格时，具体由巴基斯坦贸易公司负责对市场进行干预。但是由于每年巴基斯坦政府宣布的最低支持价格往往低于市场价格，因此截至目前，巴基斯坦政府还未对棉花市场进行过干预。2006/2007、2007/2008、2008/2009 年度，巴基斯坦政府公布的最低支持价格为每吨籽棉 25 625 卢比（约 320 美元/吨），而 2007/2008 年度籽棉平均市场价格为 480 美元/吨、2008/2009 年度籽棉的平均市场价格为 600 美元/吨、2009/2010 年度籽棉的平均市场价格已达到 690 美元/吨（表 2-5）。

表 2 - 5　中国与主要产棉应对全球金融危机对策及其效果比较

国家	实施时间	支持对策	实施情况	实施效果
中国	2009 年 10—11 月，2009 年 1 月	最低收储价 12600 元/吨，计划收储 272 万吨，占总产的 36.3%	（1）三次收储救市和托市。 10 月收储新疆棉 22 万吨，价格一律标准级 12 600 元/吨，全部成交。 10—11 月收储新疆棉及内地棉 100 万吨，价格一律标准级 12 600 元/吨，全部成交。这次收储实际上起到救市效果。 11 月收储新疆棉及内地棉 150 万吨，价格 12 600 元/吨，要求企业先竞得收储额度后再按不低于 2.6/斤挂牌价收购农民籽棉。 三次收储农民籽棉售价 4.69 元/千克，降 23.0%，植棉损失巨大。 （2）良种棉全补贴，补贴资金 15 亿元。 （3）3 次提高纺织品服装出口退税率至 16%	2009 年棉花播种面积大幅减两位百分数
印度	2008 年 9 月	最低支持价格	（1）收购支持。中等级最低支持价格比上年度提高了 39%，每 100 千克补贴从 1 800 卢比提高到 2 500 卢比（约 72 美分/磅）。收购 209 万吨，占产量的 50%。 （2）纺企支持。给购买 1 000 包（约 2179 吨）以上的企业 23～29 美元/吨的折扣	2009/2010 年度棉花面积 1 020 万公顷，增 8.85%
巴基斯坦		最低支持价格	（1）收购支持。出台最低价，但未进行干预。原因是国内价格高于最低价。 （2）实际价格。2008/2009 年度籽棉的平均市场价格为 600 美元/吨，2009/2010 年度籽棉的平均市场价格达到 690 美元/吨	2009/2010 年度棉花面积 300 万公顷，增 3.4%
美国	2009 年全年	全年补，补贴政策应对危机的作用巨大	（1）目标价格补贴。71.25 美分/磅，直接支付率 6.67 美分，营销贷款率 52 美分/磅。 （2）反周期补贴。当市场价等于或低于 52 美分/磅，棉农获最大补贴 12.59 美分/磅；当市场价为 64.58 美分/磅时，反周期补贴为零。 （3）实际补贴。2009 年 1—8 月，美国棉价低于营销贷款率，棉农获反周期补贴维持 12.59 美分/磅，再加上直接支付率，实补 19.26 美分/磅。2009 年 9 月和 10 月，美国棉价 61.1 和 58.8 美分/磅，此时棉农获补 3.48 和 5.78 美分/磅，再加上直接支付率，棉农获补 10.15 美分和 12.45 美分/磅①	2009/2010 年度，棉花播种面积 313 万公顷，增 2.3%

① 这些补贴数据为作者根据美国的市场价格及补贴率计算的理论值，实际补贴额度还受到美国各地棉花市场价格、棉花纤维长度及美国政府发放补贴核算时间的影响，因此，具体数值会有差异。

（续）

国家	实施时间	支持对策	实施情况	实施效果
埃及	2009 年 1 月	取消进口关税，支持纺企使用国产棉	（1）取消进口关税，调节进口纱布。2009 年 1 月取消了对从印度进口棉纱、棉布征收 25％的保护性关税政策。 （2）支持纺企，鼓励使用国产棉。2009 年 4 月，埃及政府对使用国产棉纺制的纱线补贴 0.50 美元/千克，补贴资金 5 800 万美元	
巴西	2008 年 5 月	最低保护价	2008 年 5 月，巴西棉价一直低于政府制定的 1.28 美元/千克的最低价格，对棉花生产补贴 2.37 亿美元。补贴占总产值的 63.9％	
叙利亚	2009 年	扶持生产	投入要素补贴政策。对使用柴油水泵灌溉的棉农给予每德南（1 000 平方米）3 000 叙利亚镑（约 63.16 美元）的补贴	

巴基斯坦棉花播种面积将由 2008/2009 年度的 290 万公顷，增加到 300 万公顷，增幅达到 3.4％（表 2 - 5）；产量将由 194 万吨增加到 200 万吨，增幅达到 3.1％。

4. 美国。尽管美国在金融危机背景下没有出台专门的棉花应对措施，但是美国完善的棉花补贴政策却在金融危机下发挥了巨大作用（表 2 - 5、表 2 - 6、表 2 - 7）。美国 2008 农业法案设置的棉花目标价格为 71.25 美分/磅，直接支付率为 6.67 美分/磅，营销贷款率为 52 美分/磅。在新农业法案中，保留了反周期补贴，反周期补贴等于目标价格与有效价格之差，其中有效价格等于直接支付率与市场价格或者营销贷款率（其中最大者）之和。根据反周期补贴的计算公式，当市场价格等于或低于每磅 52 美分时，棉农得到的最大补贴水平为每磅 12.59 美分；当市场价格达到每磅 64.58 美分时，反周期补贴为零。2009 年 1—8 月，美国棉花市场价格一直低于营销贷款率，因此，美国棉农获得的反周期补贴额度维持 12.59 美分/磅，再加上直接支付率，美国棉农获得的补贴额度高达 19.26 美分/磅。在 2008 年 9 月和 10 月，美国棉价达到 61.1 美分、58.8 美分/磅，此时棉农获得补贴为 3.48 美分/磅、5.78 美分/磅，再加上直接支付率，美国棉农获得的补贴仍达 10.15 美分/磅和 12.45 美分/磅。

正是由于巨额的棉花补贴使得美国棉花生产在金融危机下、在全球棉花生产总量下降的情况下，产量不但没有减少反而有所增加。据美国农业部的数据显示，2009/2010 年度，美国棉花播种面积由上年度的 306.3 万公顷增长到 312.9 万公顷，增幅 2.3％；产量由上年度的 279 万吨增长到 283 万吨，增 1.4％。

表 2 - 6　主要产棉国棉花播种面积

单位：万公顷

年度	美国	印度	巴基斯坦	中国
2008/2009	306	937	290	600
2009/2010	313	1000	300	520
增长（％）	2.3	6.3	3.4	−15.4

资料来源：Cotton：World Markets and Trade（2009.11），www.usda.gov.

表 2-7　美国棉花补贴额度

单位：美分/磅

时间	市场价格	直接支付	反周期支付	补贴额度
2008 年 8 月	53.7	6.67	10.88	17.55
2008 年 9 月	61.1	6.67	3.48	10.15
2008 年 10 月	58.8	6.67	5.78	12.45
2008 年 11 月	54.8	6.67	9.78	16.45
2008 年 12 月	53.3	6.67	11.28	17.95
2009 年 1 月	46.0	6.67	12.59	19.26
2009 年 2 月	41.2	6.67	12.59	19.26
2009 年 3 月	40.4	6.67	12.59	19.26
2009 年 4 月	44.7	6.67	12.59	19.26
2009 年 5 月	44.9	6.67	12.59	19.26
2009 年 6 月	45.0	6.67	12.59	19.26
2009 年 7 月	43.6	6.67	12.59	19.26
2009 年 8 月	47.7	6.67	12.59	19.26
2009 年 9 月	55.0	6.67	3.48	10.15
2009 年 10 月	52.6	6.67	5.78	12.45

资料来源：Counter-cyclical Payments Under the 2008 Farm Billoctober 2009（经作者计算），www.cotton.org.

（五）其他国家

1. 埃及。在危机背景下，取消了自 2009 年 1 月对从印度进口棉纱、棉布征收 25％的保护性关税政策（表 2-5）。为了促进使用本国棉花，埃及政府于 2009 年 4 月起对使用埃及棉花纺制的纱线给予每千克 0.50 美元的补贴，据估计本年度将投入 5800 万美元用于支持纺织业使用本国的棉花，这项政策有力地提升了埃及棉花市场的竞争力。

2. 巴西。对棉花生产一直采取最低支持价格的政策（表 2-5）。根据巴西农业部的数据，2008 年巴西政府对棉花生产给予了 2.37 亿美元的补贴，因为从 2008 年 5 月开始，巴西的棉花市场价格一直低于政府制定的每千克 1.28 美元的最低价格。2008 年巴西棉花产量为 160.2 万吨，得到政府最低价格支持的棉花达到 102.3 万吨，占 63.9％。

3. 叙利亚。2009 年该国实行了投入要素补贴政策（表 2-5）。对于使用柴油水泵灌溉的棉农给予每德南（1000 平方米）3000 叙利亚镑（约 63.16 美元）的补贴。

（六）我国棉花生产的保护性政策取向

制订以产值为基础的价格支持政策。据对国内外支持棉花产业政策进行比较研究，发现对籽棉收购价格的支持更有利保持植棉面积的稳定。因为产值是单产和价格的乘积，采用产值有利于调动农民科学植棉的积极性，依靠科技进步大力提高单产水平，还可更好地发挥市场调节资源生产的效率。

第二节　国际棉花补贴经验借鉴

一、保障棉农的生产收入

目前，全球各主要棉花生产国对棉花补贴政策虽然都与价格有关，但实质上都是为了保障棉花种植者的收益不受损失，不管是目标价格、指导价格还是参考价格，其目的皆是通过维护棉花生产者的利益，避免棉花生产受价格波动的影响，从而把棉花产量维持在一个相对稳定的水平上。虽然美国 2012 年出台的新法案中大幅削减了对棉花的补贴力度，但调整后的棉花支持方案，特别是新增的累计收入保障计划，可以更有效地保障农户实现棉花生产收入目标，确保了美国棉花生产稳定，保护了美国棉花的生产利益。印度、巴西、墨西哥、埃及等国主要通过设置棉花最低价格，维护棉农的生产收益。

二、棉花补贴形式多样

发达国家对其棉花补贴形式多种多样。例如美国，虽然在 2012 年的新法案中取消了大部分的棉花补贴政策，但适用于棉花的支持政策包括营销援助贷款和贷款不足补贴、陆地棉特殊营销贷款条款、长绒棉特殊竞争条款和累计收入保障计划，补贴形式依然多样。这些政策不仅保护了农户种植棉花的利益，稳定了棉花生产，也保证了棉花市场运行正常。

对于发展中国家而言，除了土耳其采取的是良种补贴外，其他主要棉花生产国对棉花补贴的形式主要集中在价格上，如巴西的最低保障价格、埃及的最低保护价、墨西哥的目标价格等，通过设立高于市场价格的国内最低收购价格，来保证国内棉花市场稳定和保障棉花种植者的收益。发展中国家对棉花的支持政策也有其他类型，但只是一些辅助的政策，比如提供棉花机械投资补助、对棉花生产技术研究的资助、棉花套期保值扶助计划等。虽然这些辅助政策都不属于对棉花生产补贴的内容范畴，但对于我国棉花支持政策的完善仍具有较好的借鉴作用。

三、各国棉花补贴主要集中在生产环节

目前多数棉花主产国对棉花产业的主要支持政策都集中在生产环节。美国的营销贷款补贴、巴西的营销补贴，看似补贴营销环节，但实质上都是针对棉花生产者的补贴，目的仍然是扶持棉花生产。美国出台的"陆地棉特殊营销贷款条款"，是一种鼓励美国棉花出口的政策，但是补贴的对象仍然是棉花生产者而非出口商。

按照 WTO "绿箱"规则，对农业生产的支持政策应不能对市场价格具有扭曲作用，美国的 2013 农业法案中关于棉花的补贴政策基本上采取的也是"与生产不挂钩"的补贴政策。因此，为了确保棉花生产稳定发展、保证棉花市场平稳运行，政府应将支持政策集中于棉花的生产环节，而非流通、加工环节，更不应采取干预市场价格、违背市场经济运行规律的政策。

四、加大棉花科学技术研究投入

美国政府和企业每年都对农业部门科技研发投入大量的资金，且投入费用逐年增长（图 2-2）。根据美国农业部统计，2009 年政府部门对农业科技研发的投入达 52 亿美元，比 2000 年的 37.96 亿美元增长了 37.83％；私人部门对农业的科研投入更是超过政府部门，2007 年私人部门对农业科研投入比政府部门高出 7.12 亿美元。

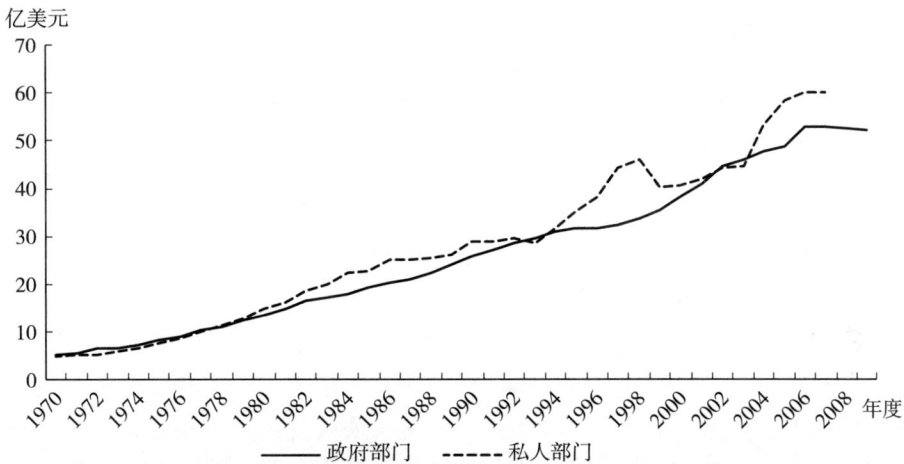

图 2-2　1970—2009 年美国政府部门和私人部门对农业科研投入状况
资料来源：美国农业部。

美国作为全球棉花生产大国，政府和私人部门对于棉花科技研发都十分重视。美国政府专门成立了一个国际棉花研究中心（International Cotton Research Center，ICRC），并与德州理工大学等研究性大学建立长期的合作关系，通过分子育种和基因工程改良棉花品种，提升棉花抗旱能力、控制昆虫和疾病，增强棉花单产和纤维质量。与此同时，美国政府着力于采棉机的改良，提高机采棉花的纤维质量，降低其杂质含量。我国应积极寻求与国际科研组织合作，进一步改善我国棉花育种技术，推进符合我国棉花生产实际的棉花机械轻简化生产，进而提高我国棉花的单产和品质。

除了政府部门之外，美国私人部门也对棉花育种技术发展作出了重要贡献。美国孟山都公司、先锋良种国际公司等都积极从事棉花先进种质资源的研发与推广，其转基因棉花种子在其他棉花主产国的生产使用中均占有较高的比例。我国政府应考虑扶持一批优秀的棉种科研公司，推动我国棉花育种技术的发展，保护国内棉种市场，积极参与国际种业竞争。

第三节　棉花补贴 WTO 诉讼及变革

棉花是全球大宗农产品中最为敏感的产品，关于棉花补贴遭遇两次重要诉讼，一次是巴西状告美国棉花补贴违反 WTO 农业补贴规则案，另一次是西非四国在 WTO 争取合法权益案。

一、巴西诉美国棉花补贴案

2002 年，巴西以美国给予陆地棉的高额补助违反世界贸易组织补贴规定，严重损害其他贸易国家为由，向世贸组织提起诉讼。这是 WTO 历史上第一次针对"绿箱"政策的争端，也是第一次将"严重损害"规则应用到农业补贴问题上的争端，同时适逢 WTO 新一轮农业谈判陷入僵局，因此引起了普遍关注。

(一)争端起源

棉花是巴西重要的经济支柱，在巴西出口产品中占有重要地位。然而，发达国家过多补贴棉花产业，导致棉价下降，严重损害巴西棉农的利益，许多棉农被迫改种其他作物，造成了巴西"棉花危机"。1999 年 8 月至 2003 年 7 月间，美国棉花生产者共得到 124.7 亿美元的补贴，补贴率高达 89.5%，致使巴西与以美国为首的发达国家在棉花补贴问题上的矛盾日益加重。巴西与美国的争端始于巴西对美国高额棉花补贴的不满。

(二)争端过程

1. 巴西向世贸组织提起诉讼。2002 年 10 月，巴西正式向 WTO 就美国对棉花生产商和出口商提供补贴的行为提起诉讼。巴西认为，美国所采取的补贴措施以及有关陆地棉花的各种法规和支持手段，如出口信贷、奖金还有其他提供给美国陆地棉花业的补助都违反了世界贸易组织的补贴规定。美国对陆地棉的生产灵活性合同支付计划（PFC）、直接支付计划（DP）、反周期支付计划（CCP）补贴不属于"绿箱"补贴，所以美国 1999—2000 年国内支持超过承诺的水平，属于可诉补贴，并且对巴西造成了实质损害；出口信贷担保计划、境外收入排除法案（ETI 法案）提供的补贴属于出口补贴，构成禁止性补贴，棉商和国内消费补贴（Step2）同时构成进口替代补贴，提高了美国产陆地棉的国际市场份额，对巴西棉产业造成严重损害。与此同时，巴西遭到了美国棉花生产商的反击，美国指控巴西马托格罗索州棉花生产商正在获得税收优惠，有悖世贸组织规则。

巴西的行动得到了非洲国家的支持。非洲棉花生产国、生产商以及地区组织均表示支持巴西的行动，他们还要求非洲所有棉花生产国与巴西一起向世贸组织指控美国。巴西认为，美国对棉花生产的补贴阻碍了其他国家棉花的出口，扰乱了国际市场的棉花价格。印度、巴基斯坦、中国、阿根廷、委内瑞拉、加拿大和欧盟等国家及地区被要求作为第三方参与此案调查。

2. WTO 争端解决机构的裁决。WTO 专家组于 2004 年 9 月认定，美国确实对国内棉农提供非法补贴，并要求美国调整其政策使之符合世界贸易组织规则（表 2-8）。

表 2-8　美国棉花补贴及专家裁定结果

补贴措施	专家组定性	专家组建议
出口信贷担保	出口补贴（禁止性补贴）	取消
Step2 出口支付计划	出口补贴（禁止性补贴）	取消
Step2 国内消费支持计划	进口替代补贴（禁止性补贴）	取消
营销贷款支付	黄箱（可诉）	取消（造成严重损害）

（续）

补贴措施	专家组定性	专家组建议
反周期支持计划（CCP）	黄箱（可诉）	取消（造成严重损害）
市场损失协助计划（MLA）	黄箱（可诉）	取消（造成严重损害）
直接支付（DP）	黄箱（可诉）	列入黄箱
生产灵活性合同支付计划（PFC）	黄箱（可诉）	列入黄箱
2000年境外收入排除法案（ETI法案）	巴西未能举证	适用"和平条款"

资料来源：孙女尊．巴西诉美国棉花补贴案［J］．WTO经济导刊，2004（11）：86-87.

世贸组织争端解决机构2005年3月驳回美国政府2004年10月提交的上诉，终审裁决认定美国为本国棉农提供了"非法"补贴，并要求美国立即停止这种违反国际贸易规则的做法。经过长达一年的调查取证，世界贸易组织认为美国三种出口信用担保项目属于违禁出口补贴，美国对棉花生产还提供了其他的几项非法补贴，某些项目条款有严重的歧视性规定，导致世界棉花市场价格下跌，严重损害了巴西和其他世贸组织成员的利益。世贸组织贸易纠纷解决程序责令美国必须在指定的期限内将国内法案修改为与国际法规一致，表2-8为专家组对争端的裁定结果。

3. 美国宣布采取妥协措施。 2005年7月，美国宣布决定根据世贸组织对"巴西告美国高地棉花补贴案"的仲裁采取措施同世贸组织妥协。美国随即停止接受长期出口信用担保项目的申请，采用了"风险基费"结构来提供两项短期出口信用担保。2006年2月，美国总统签署了法令废除陆地棉花用户营销执照项目，2006年8月1日起生效。2006年6月，美国总统签署条令，从2006年8月起取消棉花出口补贴。美国在与巴西的棉花补贴争端中做出了一定让步。

4. 巴西再次状告美国。 虽然美国按照世贸组织裁决结果对其棉花补贴政策作了一定调整，但巴西认为美国的调整不足以改变其非法补贴的性质，并于2006年9月再次就棉花补贴问题向世界贸易组织状告美国。巴西代表指出，由于美国没有完全落实2005年3月世贸组织要求其立即停止棉花补贴的裁决，巴西要求世贸组织立即成立专家组以审议这一问题。2007年8月，WTO宣布的裁决支持巴西，认为美国的调整措施不够充分，没能完全取消其棉花补贴违规做法，违反国际贸易管理制度。本次裁决支持WTO前两次对巴西状告美国棉花补贴的裁决。

5. 巴西重启仲裁程序。 2008年8月，巴西政府要求重启针对美国棉花补贴处罚的仲裁程序。巴西表示，美国补贴棉花生产的行为扰乱了棉花市场的交易，对巴西和全球其他国家和地区的棉花种植和商业化造成了极大的消极影响。

（三）争端最终结果

2009年8月31日，WTO判定美国为其国内棉农提供巨额补贴的做法违反了WTO的相关贸易规则，并批准巴西对美国实施总额为2.95亿美元的制裁措施。2010年3月，巴西公布了针对美国"棉花补贴"做法的报复措施，包括对102项商品课征报复性关税，将对从化妆品到奶粉，从葡萄干到棉织品，从香波到药品，从小麦到移动电话，从家电到汽车等100种美国产品提高进口关税，总值达到5.91亿美元。一周后，巴西又针对美国21种知识产权产品进行报复，总价值达 2.38 亿美元①。

为了避开巴西的制裁，美国已初步做出三项承诺，包括将修改其出口信贷方案，建立一临时性基金（1.417 亿美元/年）以对巴西棉花产业提供资助，并宣布恢复巴西猪肉进口，且将进一步评估是否恢复来自巴西的牛肉进口。然而，与巴西达成的协议内容必须经过美国国会同意，到目前为止，美国国会仍拒绝取消对棉花出口提供的补贴，且基于 2008 年通过的农业法案，将至 2012 年才到期，因此巴西可能还要再等至少 2 年才可能看到美国的棉花补贴政策有较大改变。

（四）裁决后美国棉花补贴方式的变化

美国在巴美棉花补贴争端中，面对巴西提供的确凿证据表现较为被动，在 WTO 中数次败诉，于 2005 年 7 月宣布同世贸组织妥协，并随即停止接受长期出口信用担保项目的申请，采用了"风险基费"结构来提供两项短期出口信用担保；2006 年 8 月起取消棉花出口补贴；2006 年 10 月废除高地棉花用户营销执照项目（表 2-9）。

表 2-9　2008 新法案对棉花补贴的主要调整

补贴方式		调整方式	调整内容
生产补贴	直接补贴	调整了计算面积	计算基期面积的百分比，从原来的 85%，调整为 2009—2011 年的 83.3%；2008 年和 2012 年保持 85%不变
	反周期补贴	调整了目标价格	陆地棉目标价格从原来的 72.40 美分/磅，调整为 71.25 美分/磅
		增添"平均作物收入选择方案"	实质是补偿农户收入的损失。当该方案规定的各州实际收入低于一定数额时，就实施该补贴
营销补贴	营销援助贷款	给予农业部长修改权力	农业部长有权对贷款率进行修改，以更好地反应棉花市场情况
	贷款不足补贴	仅保留两个方案	一是总统颁发的特殊进口配额；二是在美国月均现货价格高于前 36 个月平均价格的 130%时颁发有限进口配额
陆地棉经济调整援助		增添	从 2008 年 8 月至 2012 年 7 月，对使用美国国内陆地棉的用户给予 4 美分/磅的援助；2012 年 8 月起，补贴额下降至 3 美分/磅。同时规定了援助只能用于用棉企业进行采购、发展、转型等现代化建设，对厂房的扩建以及对设备、设施的更新等

资料来源：根据谭砚文《完善中国棉花产业补贴政策研究》150-159 页整理得出。

2008 年 6 月，美国《2008 年食品、环境保护与能源法案》（以下简称"2008 法案"）颁布，其中针对棉花补贴政策执行中存在的问题，同时也可能迫于世贸组织的裁决压力，对棉花补贴问题做出调整。2008 法案保留了 2002 法案的基本框架和补贴措施，仍然将市场营销

---

① http://www.wtocenter.org.tw/SmartKMS/do/www/readDoc? document_id＝106652，中华经济研究院（台湾 WTO 中心）。

贷款、直接补贴和反周期补贴相结合。同时，2008 法案也进行了必要的修订和改革，对直接补贴、反周期补贴、营销援助贷款补贴进行了调整，而且还增添了"平均作物收入选择"、"陆地棉经济调整援助"等补贴方案（表 2-9）。美国农业支持的重点有所变化，在延续将市场营销贷款、直接补贴和反周期补贴相结合的基础上，将争议较大的扭曲性补贴转向分歧相对较小的直接补贴。

（五）争端结果对巴美两国棉花产业的影响

1. 对巴西的影响。巴西棉花产量自美国棉花补贴贸易争端中胜诉以来快速上升（表 2-10），2006/2007 年度、2007/2008 年度分别达到 152.4 万吨和 160.2 万吨。2008/2009 年度和 2009/2010 年度，由于棉花收益低以及生产投入增加等原因，棉花产量回落至 120 万吨左右。随着新棉花品种的研究，2010/2011 年度巴西棉花产量增加至 195.9 万吨，比 2006/2007 年度增长了 28.5％。

同期，巴西棉花出口呈增长趋势，且贸易顺差逐年扩大。出口量从 2006/2007 年度的 41.94 万吨，上升至 2010/2011 年度的 73.0 万吨，增长了 75.0％；贸易顺差从 32.3 万吨上升至 58.5 万吨，增长了 81.4％。

从巴西棉花产量和贸易情况看，巴西棉花国际竞争力有所提升，这从一定程度上受益于在美国削减棉花补贴后，巴西棉花生产成本优势的体现和棉农植棉意愿的提升。可见，巴西在与美国的棉花贸易争端案中取得的胜利成果初步显现（表 2-10）。

表 2-10　2006/2007—2010/2011 年度巴西棉花供需情况

单位：千吨

年度	初期库存	产量	进口	供应	消费	出口	末期库存
2006/2007	355.9	1 524.0	96.8	1976.7	990.0	419.4	567.3
2007/2008	567.3	1 602.2	33.7	2 203.2	995.3	532.9	675.0
2008/2009	675.0	1 213.7	14.5	1 903.2	1 004.1	504.9	394.2
2009/2010	394.2	1 194.1	39.2	1 627.5	1 039.0	512.5	76.0
2010/2011	76.0	1 959.8	145.0	2 180.8	955.0	730.0	495.8

资料来源：CONAB, Brazil Crop Assessment（2011），www. conab. gov. br.

2. 对美国的影响。此次争端迫使美国修改棉花补贴方式和降低棉花补贴额度，虽然程度尚未达到巴西及 WTO 仲裁机构的要求，但却对美国棉花的生产和贸易条件产生了不利影响。自 2006 年 8 月美国宣布取消棉花出口补贴起，美国棉花产量和出口量均受到较为严重的影响（表 2-11）。从年度值看，2006/2007 年度产量为 470.5 万吨，比上一年度的 520.6 万吨降低了 50.2 万吨，下降了 9.63％；2006/2007 年度出口量为 282.4 万吨，比上一年度的 385.1 万吨降低了 102.7 万吨，下降了 36.4％。一直到 2010/2011 年度，产量和出口量均呈下降态势。从年均值看，2001/2002—2005/2006 年度的年均产量为 448.5 万吨，年均出口量为 299.7 万吨，均高于最近 5 个年度的年均产量（363.5 万吨）和出口量（为 286.7 万吨）。虽然棉花产量受到能源作物生产推动的影响，但补贴额度的下降，明显对美国棉花产业发展造成消极影响。

表 2 - 11　2006/2007 至 2010/2011 年度巴西棉花供需情况

单位：万吨

年度	初期库存	产量	进口	消费	出口	末期库存
2001/2002	130.75	442.44	0.46	167.71	239.71	162.31
2002/2003	162.31	375.02	1.46	158.49	259.32	117.35
2003/2004	117.35	397.81	0.98	136.55	299.81	75.18
2004/2005	75.18	506.69	0.63	145.81	314.59	119.75
2005/2006	119.75	520.61	0.61	127.94	385.13	132.26
2001/2002—2005/2006 平均	121.07	448.51	0.83	147.30	299.71	121.37
2006/2007	132.26	470.45	0.41	107.54	282.40	206.57
2007/2008	206.57	418.56	0.26	99.89	297.11	219.03
2008/2009	219.03	279.26	0.00	78.17	288.98	138.10
2009/2010	138.10	265.60	0.00	75.42	262.31	64.22
2010/2011	63.83	383.54	0.04	84.42	302.49	56.05
2006/2007—2010/2011 平均	151.96	363.48	0.14	89.09	286.66	136.79

注：2010/2011 年数值为估算值。

资料来源：2001/2002—2009/2010 年数据均来源于美国农业部《Cotton and Wool Yearbook》，2010 年 11 月；2010/2011 年度数据来源于美国农业部《Cotton and Wool Outlook》，2011 年 12 月。

（六）美国出台《新农业法》

根据 WTO 的裁决，2014 年美国修改的农业新法案才生效，美国出台并于 2014 年开始实行《新农业法案》（2014—2018）（见第二十一章），这个法案取消了实施近 18 年的农业直接补贴。

新农业法改价格直接补贴为农业保险补贴，扩大农业保险项目覆盖范围和补贴额度，突出保险在防范农业生产风险中的作用，以保障农民在遭受严重自然灾害或者农产品价格下跌时获得补偿。保险补贴包括灾后补贴和基本收益补贴两个层次，对生产者实行的保险补贴则从生产成本扩大到基本收益，其中基本收益保险是指，当参保农民的农产品价格低于过去 5 年平均水平 14% 时，将开始获得补偿。保险赔付不设上限，保证农民在农产品价格下跌时，依然能获得往年平均水平 86% 的收益。参与农业保险的农民只需承担 35% 的保险费用，其余 65% 保险费用由政府承担。保险赔付按一个地区而不是一家一家农场核算。

然而，新农业法也有可能带来更大问题。经济学家认为，美国作为世界最大的粮食出口国，此次加强农业保险的举措，其政策外溢效果不可小看，可能引发新的国际贸易争端。因为美国政府提供的农业保障，是世界上大部分农民所无法享受到的。按照新农业法的保障措施，美国农民会生产更多、出口更多，最终带来世界农产品价格下跌，这对很多发展中国家的农业发展不利，可能引发新的贸易争端。

二、西非四国棉花问题

(一) 背景

在 WTO 农业谈判中，棉花问题较为敏感和特殊因而受到更多的关注。2003 年 5 月，4 个非洲国家（贝宁、布基纳法索、乍得和马里）棉花出口国向 WTO 提出棉花问题。主要观点是根据国际棉花咨询委员会的资料，美国、欧盟和中国等对棉花进行了大量补贴，压低了世界市场棉花价格，妨碍了非洲 4 国棉花的出口竞争力，使贫穷国家的小农场主很难参与国际市场竞争。取消棉花产品补贴将有利于消除市场扭曲，营造公平竞争，同时将改善非洲等发展中国家和最不发达国家的民生。要求在新一轮谈判中，先行对棉花产业实行自由化。这个议题受到了高度的关注，以致成为后来坎昆会议中农业问题的一个组成部分。

棉花是西非国家的主要经济作物。马里常年植棉面积 50 万公顷，产量 20 万吨，植棉农户 10 万余户，覆盖人口 400 万，占全国人口的 1/4。贝宁常年植棉面积 20 万公顷，产量 10 万吨，从业农民 35 万，覆盖人口 300 万，占贝宁全国人口的 1/3。乍得常年植棉面积 20 万公顷，产量 8 万吨，从业农民 20 万，覆盖人口 300 万，占乍得全国人口的 1/3。三国拥有棉花轧花加工企业 57 家，负责籽棉的收购和轧花，以及生产组织和管理等工作，提供就业岗位 1 万个。棉花生产不仅满足当地传统民族服装原料需求，还是三国出口创汇的主要产品，占农产品总出口量的 40％以上，占国家净创汇总量的 70％～75％，其中乍得在石油开采之前棉花出口曾占全国出口比例的 65％。因此，棉花在西非以及整个非洲经济中的地位举足轻重。

从三国来看，籽棉单产水平仅 1 000 千克/公顷上下，且仍存在差异，其中马里和贝宁单产水平相当，而乍得单产水平低 50％上下（表 2-12）。再看同期全球水平，2000/2001—2009/2010 年度全球皮棉单产水平为 708（合籽棉 2 082）千克/公顷，三国低于全球平均水平的 50％上下，远远落后于世界平均水平。

表 2-12　马里、贝宁和乍得三国棉花单产水平

单位：千克/公顷

年度	马里		贝宁		乍得	
	籽棉	皮棉	籽棉	皮棉	籽棉	皮棉
2000/2001	1 065	493		377	602	163
2001/2002	1 073	487		449	516	166
2002/2003	979	428		460	675	166
2003/2004	1 131	484	1 053	440	492	163
2004/2005	1 044	419	1 364	527	774	254
2005/2006	970	419	1 001	400	614	232
2006/2007	864	375	1 035	448	393	174
2007/2008	853	345	1 150	465	611	230
2008/2009	1 024	401	1 053	430	433	169
2009/2010	915	383	1 086	423	347	177
2010/2011	852	398	753	363	399	218
2011/2012		363	1 000	416		218
平均	979	416	1 055	433	532	194

注：籽棉产量是毛树春等在 2011 年 12 月考察三国获得，皮棉产量从 ICAC 获得，也可按 40％的衣分率测算皮棉，当地按 42％。

　　再看非洲单产水平，80 年代皮棉 370（合籽棉 999）千克/公顷，90 年代 375（合籽棉 1 000）千克/公顷，21 世纪头十年为 333（合籽棉 888）千克/公顷，可见单产在徘徊中下降。

　　低产遭遇全方位的冲击。一是无法应对市场的冲击。事实表明，近 10 年非洲皮棉单产水平为 333 千克/公顷，比 20 世纪 90 年代下降 11.2%。这是对 21 世纪前 10 年全球棉价格大幅下降的积极响应。按可比价格，与 20 世纪 90 年代相比，21 世纪前 10 年全球棉价大幅下降 36.2%，全球棉价仅为 51.43±6.42 美分/磅。据分析，尽管引起 21 世纪前十年全球棉价下滑的原因很多，其中以美国的棉花补贴政策为最主要，是美国的补贴打压了国际棉价，扭曲和扰乱了国际棉价的形成规律。据测算，美国补贴导致全球棉价下跌了 270～300 美元/吨，比实际价格降幅 20% 上下。二是无法应对高涨的农资成本压力。近 10 年全球石油价格大幅上涨一倍多，特别是自 2008 年以来全球石油价格攀高到 100 美元/桶以后，近几年化肥、农药等石油化学品价格大幅上涨 1～2 倍，像非洲这样极低单产水平的产区，石油化学品投入不仅不增加反而减少。三是无法应对自然灾害的风险。农业的两个风险在加剧，冲击大，危害重。除市场因素以外，棉花遭遇的灾害因素也在增强，异常天气导致干旱、洪涝、高温，绝收面积增加，病虫危害加重，基础产量增长很慢甚至下降。近几年非洲干旱、洪涝、大风等异常灾害频发对其脆弱的农业造成更加沉重的打击。

（二）中国的响应

　　中国坚决支持非洲棉花四国的诉求，积极推动解决棉花问题。2011 年 12 月 14 日，中国商务部与棉花四国共同发布《在世贸组织框架下棉花领域合作联合新闻公报》，与四国共同制订了 3 年合作规划；2011 年 12 月商务部派中国农业科学院专家王坤波、毛树春、杨伟华等组成棉花专家组对马里、乍得和贝宁三国进行棉花考察；2012 年对西非 4 国提供 2 000 万美元经济技术援助项，并通过援建棉花技术推广项目、提供农用物资，连续 3 年举办系列棉花培训班，培训三国棉花管理、经营人才，还培养棉花方面的研究生，派遣农业专家组帮助四国培育和推广优良棉种，转让技术和经验，提高棉花种植、加工和贸易能力，促进四国棉花产业发展，取得了良好成效。

　　随后中国与四国确立的援助重点在六个方面：一是援建基础设施，包括城市道路和桥梁；二是提供农业生产物资，包括化肥、农药、拖拉机和农具；三是加大培训力度和人员往来；四是开展科研合作和科研人才培养；五是提升贸易能力，鼓励进口四国商品；六是推动企业合作。通过援助进一步帮助棉花四国全面提升棉花生产、加工、储运和贸易能力，争取在棉花领域的合作成为南南合作的一个新的亮点。

（三）WTO 第十次部长级会议通过《内罗毕部长宣言》

　　由于西非 4 个最不发达国家的坚定态度和持续努力，WTO 于 2015 年 12 月 15—19 日在肯尼亚内罗毕举行部长级会议取得重要成果。一是承诺免关税、免配额进口最不发达国家棉花。162 个成员首次达成共识，决定从 2016 年 1 月起，4 个非洲棉花生产国家和其他最不发达国家免关税、免配额税出口棉花；还就出口融资支持、棉花、国际粮食援助等方面达成了新的多边纪律。二是承诺取消农产品出口补贴。根据农业出口协定，162 个成员首次承诺全面取消农产品出口补贴，并将限制农产品出口信贷。其中发达国家必须在 2017 年取消农产品补贴政策，发展中国家必须在 2018 年底前终结对农产品的直接出口支持。但并非所有成员都必须在 2018 年前全面取消此类措施，一些成员被允许放宽到 2023 年。这几个成果据认为是世贸组织 20 年历史中最重要的成果。

三、争端重要启示

巴西和西非 4 国状告美国棉花补贴并取得胜诉案，动摇了美国对棉花生产者的国内补贴，包括营销贷款支付、对国内棉花使用者的 Step 2 支付、直接支付、作物保险支付和反周期支付，美国于 2014 年修改出台新农业法案，取消农业直接补贴，改价格直接补贴为农业保险补贴。这有利于推进全球农业体制改革进程，推进农业贸易自由化。中国是全球棉花生产大国和棉纺织大国，从 WTO 棉花补贴争议案应获得更多关于国内棉花支持政策的启示，也应该对棉花问题进行更深入的研究。

第三章 全球棉花流通、检验、加工（轧花）和期货

撰稿人　徐守东

本章介绍全球棉花流通市场和质量标准，重点介绍中国、美国、澳大利亚棉花期货交易的操作，期货在规避市场风险和减低成本方面的功能，最后介绍棉花轧花机械化的发展和轧花工艺流程。

第一节　全球棉花流通、质量标准、检验和期货

一、中　　国

（一）棉花市场

新中国成立以来，中国棉花流通体制经历了从统购统销到逐步放开，从供销社棉麻公司独家经营到国内、国际流通企业逐步参与，从封闭式的计划调拨到开放条件下的市场化棉花流通的巨大变革。这期间"棉花"经历了从国民经济"重要战略物资"到"主要经济作物"的身份转换，迄今棉花是主要大田经济作物。

计划经济体制下，我国棉花流通领域实行独立于生产以外的"计划配置、纵向管理和行政分配"的特殊体制。国家对棉花实行严格的计划管理，推行"不放开市场、不放开收购和不放开价格"的"三不"政策。即棉花市场由国家全面垄断，棉花种植面积由国家统一安排，棉花价格由国家制定，棉花资源由国家分配、调拨，棉花生产所需的农业生产资料以及生产资金补贴、棉区农民口粮等都由国家统一发放。这一政策一直延续到1978年。

1978年，中共十一届三中全会确定家庭联产承包责任制，此后棉花生产进入快速发展的崭新阶段，供销合作社棉花经营工作不断加强，棉花资源得以有效地控制。

1982—1984年，全国棉花总产量跃居世界首位，实现自给有余，并开始出口。特别是1984年，全国棉花产量达625万吨超过了市场需求，当时喜获丰收与卖棉难并存，1985年中央发布《关于进一步活跃农村经济十项政策》文件规定，明确取消棉花统购政策，采取合同定购。定购棉花按国家规定价格由供销合作社收购，定购以外棉花允许农民上市自销。从此开始棉花流通从原有的单一流通渠道向多元化流通渠道方向发展。

1985—1991年，国务院根据当时的棉花形势和发展状况，连续较大幅度调整棉花政策，坚持供销社统一收购、统一经营棉花；同时，积极探索推行通体制改革，为我国棉花市场由计划经济向市场经济过渡奠定基础。

1992—1998年，是我国棉花流通体制改革试点探索阶段。1992年8月，国务院批转改革棉花流通体制的意见，明确改革目标是放开经营，放开市场，放开价格，逐步建立起在国

家宏观调控下，以市场调节为重要手段，内外贸相互联结，高效畅通的棉花流通新体制。1998年12月，国务院发出《关于深化棉花流通体制改革的决定》，从1999年开始进一步改革棉花流通体制，逐步建立起在国家宏观调控下，主要依靠市场机制实现棉花资源合理配置的新体制。国家在管好棉花储备、进出口管理和强化棉花质量监督的前提下，完善棉花价格形成机制，拓宽棉花经营渠道，建立新型的产销关系。棉花的收购价格、销售价格均由市场形成，国家不再作统一规定。以此为标志，我国结束了长达45年的棉花流通计划经济体制（1954—1998年）。

从1999年度起，按照社会主义市场经济体制，以及2001年加入WTO后的新要求，国家对棉花流通体制进行了全面改革。改革的主要目标：一是建立起在政府指导下由市场形成棉花价格的机制；二是拓宽棉花经营渠道，减少流通环节；三是培育棉花交易市场，促进棉花有序流通。改革的主要内容是："一放、二分、三加强，走产业化经营的路子"。一放即放开棉花收购，打破垄断经营，这是改革的核心，也是鼓励有序竞争、发挥市场调节作用的根本前提。二分，即实行供销社与棉麻公司、企业分开、储备与经营分开，实质上就是深化棉花收购、加工和流通企业改革，使其真正成为自主经营、自负盈亏、自我发展、自我约束的经济实体，这是改革的关键。三加强，即加强国家宏观调控、加强市场管理和加强质量监督。这是放开市场之后，促进供求基本平衡，维护市场秩序，确保棉花质量的重要保障。

2001年，国务院决定放开棉花收购，鼓励公平有序竞争，凡符合《棉花收购加工与市场管理暂行办法》规定、经省级人民政府资格认定的国内各类企业，均可从事棉花收购。一个适应社会主义市场经济的要求，按照"一放、二分、三加强，走产业化经营的路子"原则，建立在宏观调控下，依靠市场机制实现棉花资源合理配置的新型棉花流通体制逐步形成。

市场经济体制下，棉花收购逐步放开形成了棉花收购经纪人，作为联系棉农和轧花厂的中间商，专门收购棉农手里的籽棉，然后集中转卖给轧花厂，其收售模式方便灵活，符合市场经济规律，也方便了棉农售棉。需要指出的是，异性纤维混入现象频繁而严重，有的来自农户采摘、晾晒、堆放和运输中混入，有的来自中间商有意混入。异性纤维给纺织企业埋下了质量隐患，是纺织企业用棉的大忌。虽然专业纤检机构在每年收购加工季节都加强宣传和检查，但问题依然没有得到彻底解决。

随着市场经济的发展和国家相关惠农政策出台，特别是前几年收储政策的实施，使棉花加工企业有利可图，轧花能力过剩问题突出，新疆产区几乎集中了全国棉花加工力量，必然出现"僧多粥少"争抢籽棉资源、收购混等混级现象。这种情况下，收购棉花根本无暇顾及"一试五定"，基本就是"一脚蹬"、"一口价"，造成棉花品质无法保障。即使一些比较规范的企业，在收购中，也只是偶尔检测衣分和回潮率，基本不执行"一试五定"。这是特殊时期的特殊政策下，出现的不正常现象。

1999年4月，全国棉花交易市场正式成立。同年12月以来，交易市场接受国家有关部门委托，通过竞卖交易方式累计采购和抛售国家政策性棉花近1 000万吨，成交金额1 000多亿元。国家储备棉通过交易市场公开抛售，开创了我国储备物资由计划分配转向利用市场机制配置资源的先河。目前，交易市场在与国内大型仓储、公路运输、铁路运输等企业开展广泛合作的基础上，建立覆盖全国的棉花物流配送体系，逐步实现统一品牌、统一管理制度、统一业务操作规程。一个以现代物流为基础、电子商务为手段的覆盖全国的棉花交易网络和交易体系已经初步形成。同时，通过积极吸引国外棉商成为交易商，逐步构建一个国际性的棉花现货交易服务平台。

2003 年 3 月，中国储备棉管理总公司成立。储备棉的意义从"战略储备"转变成为国家宏观调控的重要手段，也是对棉花流通体制改革顺利推行的有效保障。

2003 年 9 月，中国棉花协会成立。作为棉农、企业和政府之间的桥梁和纽带，中国棉花协会在棉花行业内发挥着服务、协调、自律、维权、国际合作等重要作用。积极推动了我国棉花流通体制深化改革的进程。探索建立了中国棉花预警系统，每月发布中国棉花形势报告，为引导棉花生产、流通、消费提供信息。建立了进口棉贸易规则和国产棉贸易规则，引导企业搞好行业自律，维护了正常的流通秩序。

（二）棉花期货

2004 年 6 月 1 日，棉花期货合约在郑州商品交易所上市交易。上市以来，共完成棉花交易数十亿吨，其成交价格得到国内外棉花界的广泛关注和认可。这是中国棉花流通积极探索的新的棉花交易方式。近年来，棉花期货参与企业数量逐渐增多，市场规模不断扩大，实体企业参与利用市场程度更加广泛。棉花期货为涉棉企业套期保值、管理经营风险提供了有效的金融工具。产业链企业套期保值模式日益丰富，棉花期货在服务"三农"，促进棉花产业健康发展方面发挥了积极作用。郑州棉花期货市场（CZCE）2004—2015 年日均成交量和日均持仓量不断增加（表 3-1）。

表 3-1　郑棉期货市场日均成交量、日均持仓量

单位：手

年份	日均成交量	日均持仓量
2004	26 123	19 525
2005	27 788	33 280
2006	8 376	21 638
2007	18 950	51 284
2008	34 311	50 140
2009	61 062	62 615
2010	531 715	205 503
2011	926 003	336 261
2012	129 291	254 092
2013	50 538	92 766
2014	207 820	269 778
2015	143 133	324 234

注：1 手＝5 吨，下同。

资料来源：中储棉花信息中心。

从交易效果看，郑棉期货交易充分发挥了期货市场功能，对发展棉花市场体系具有重要作用。价格发现（机制）和风险转移（规避）这两个期货市场重要的功能得以显现。期货市场是形成价格的风向标，棉花期货价格反映了很多市场参与者现在对未来某一时期价值的估计。期货投资参与者包括生产者、棉花商、纺织企业和投资机构等都集中于交易所竞价交易，影响供求的每一个因素的变化都迅速体现到价格上，集中供求、市场信息迅速反映、公开竞价、有序竞争，产生出全国最权威的近期价格和远期预测价格。同时，每日的价格又反馈到生产者、经营者和消费者，调整着供给和需求。供求形成价格，价格又反过来调节供求。

对于现货商而言，套期保值是规避价格风险的最好方法。具体做法是在期货市场上采取与现货市场上方向相反的买卖行为，即对同一种商品在现货市场上卖出，同时在期货市场上买进；或者相反。套期保值有空头套期保值和多头套期保值两种形式。例如：某生产企业当年10月收获了一批棉花，当时市场价为18 000元/吨，该企业打算12月出售该棉花，但是到12月，棉花价格却下跌到了16 000元/吨，这样该企业在现货市场上将会亏损。但是，如果该企业运用了套期保值，他就可以规避该风险，具体操作如表3-2。

表3-2　棉花期货与现货若干操作

	现货市场	期货市场
10月初	市场价格为18 000元/吨	卖出一月合约，价格为18 800元/吨
12月初	市场价格为16 000元/吨	买入一月合约，价格为16 800元/吨
套保效果	现货市场亏损2 000元/吨	期货市场盈利2 000元/吨 期现市场盈亏相抵
不做套保		每吨亏损2 000元

在本案例中，该企业在3个月后以16 000元/吨的价格卖出棉花，与10月初的18 000元/吨的价格相比少赚了2 000元/吨，相当于亏损2 000元/吨。但在期货交易中盈利2 000元/吨，刚好与现货市场的亏损相对冲。通过套期保值，该企业实际卖出棉花的价格是16 000+2 000＝18 000元/吨，与10月份初卖出价格水平完全一致，相当于将12月初要卖出的棉花价格锁定在10月初的水平，完全回避了棉花价格下跌的风险。而如果不做套期保值，该企业将遭受每吨2 000元的损失，影响其利润。

需要注意的是，这个案例是完全套期保值。事实上，盈亏完全冲抵是一个理想化的情形，现实套期保值操作中的效果更可能是不完全套期保值，即两个市场盈亏只是在一定程度上相抵，而非刚好完全相抵。这是因为某一特定地点某种商品或资产的现货价格与同种的某一特定期货合约价格间存在价差，也就是"基差"，用公式来表示就是：基差＝现货价格—期货价格。基差变动直接影响套期保值效果。

1. 基差走强。基差走强通俗地说就是有时期货价格的涨幅往往超过现货，存在升贴水。这样运用套期保值功能，不仅能规避相应的风险，还能获得额外的收益。例如上例：10月初，某棉花生产企业收获了一批棉花，当时现货价为19 000元/吨，该企业打算12月初销售该棉花，为了防止价格下跌，该企业卖出1月份的棉花合约，成交价格为18 800元/吨。至12月，棉花现货价格下跌至18 000元/吨，该企业按此价格出售棉花，与此同时，将棉花期货合约平仓，成交价格为17 600元/吨。套期保值效果因基差走强为净盈利（表3-3）。

表 3-3 中国棉花期货操作

	现货市场	期货市场	基差
10月初	市场价 19 000 元/吨	卖出一月合约，价格为 18 800 元/吨	200 元/吨
12月初	卖出价 18 000 元/吨	买入一月合约，价格为 17 600 元/吨	400 元/吨
套保效果	现货市场亏损 1 000 元/吨	期货市场盈利 1 200 元/吨 期现市场每吨盈利 200 元	走强 200 元/吨
不做套保		每吨亏损 1 000 元	

在该案例中，由于现货价格下跌幅度小于期货价格下跌幅度，基差走强 200 元/吨。期货市场盈利 1 200 元/吨，现货市场亏损 1 000 元/吨，两者相抵后存在净盈利 200 元/吨。通过套期保值，该企业实际销售棉花的价格相当于：现货市场的销售价＋期货市场的每吨盈利＝18 000＋1 200＝19 200 元/吨。该价格比 10 月的 19 000 元/吨高出 200 元/吨，而这 200 元/吨正是基差走强的变化值。这表明，进行卖出套期保值，如果基差走强，两个市场盈亏相抵后存在净盈利，它将使套期保值者获得的价格比预期价格还要更理想。也就是说，该贸易商不仅规避了现货价格下跌的风险，还另外获得了 200 元/吨的收益。

2. 基差走弱。 还是如前同一个案例：10 月初，某棉花生产企业收获了一批棉花，当时现货价格为 19 000 元/吨。该企业打算 12 月初销售该棉花，为了防止价格下跌，该企业卖出 1 月的棉花合约，成交价格为 18 800 元/吨。至 12 月，棉花现货价格下跌至 18 000 元/吨，该企业按此价格出售棉花，与此同时，将棉花期货合约平仓，成交价格为 17 900 元/吨。套期保值因基差走弱出现净亏损（表 3-4）。

表 3-4 中国棉花现货与期货价格差比较

	现货市场	期货市场	基差
10月初	市场价 19 000 元/吨	卖出一月合约，价格为 18 800 元/吨	200 元/吨
12月初	卖出价 18 000 元/吨	买入一月合约，价格为 17 900 元/吨	100 元/吨
套保效果	现货市场亏损 1 000 元/吨	期货市场盈利 900 元/吨 期现市场亏损 100 元/吨	走弱 100 元/吨
不做套保		亏损 1 000 元/吨	

在该案例中，由于现货价格下跌幅度大于期货价格下跌幅度，基差走弱 100 元/吨。期货市场盈利 900 元/吨，现货市场亏损 1 000 元/吨，两者相抵后存在净亏损 100 元/吨。通过套期保值，该企业实际销售棉花的价格相当于：现货市场的销售价＋期货市场的每吨盈利＝18 000＋900＝18 900 元/吨。该价格比 10 月份的 19 000 元/吨低了 100 元/吨，而这 100 元/吨正是基差走弱的变化值。当然，如果不做套期保值，则损失更大，亏损 1 000 元/吨。

2014 年 9 月 27 日，中国棉花"O2O"（线上线下）公共平台——国家棉花资源监测信息平台正式推出，对完善中国棉花信息建设，提高流通效率、实现供求精准对接具有显著的促进作用。

（三）棉花检验

1. 标准沿革。按照 1998 年，国务院决定深化棉花流通体制改革要求，1999 年 9 月 1 日，颁布实施了 GB 1103—1999。该标准提出了主体品级的概念；规定了将棉花长度以 2 毫米为组距分级改为 1 毫米为组距分级；将棉花标准含水率 10％改为公定回潮率 8.5％；首次将马克隆值作为质量考核指标；引入了公定重量，体现了棉花重量检验的贸易公平。马克隆值指标的引入，也使标准增加了定量检验的物理性能指标，实现了从感官检验向仪器检验的突破。

2007 年，为适应棉花质量检验体制改革的需要，再次对标准进行了修订。2003 年 9 月，国务院批准了《棉花质量检验体制改革方案》，明确提出要力争用五年左右的时间，采用科学、统一、与国际接轨的棉花检验技术标准体系，在棉花加工环节实行仪器化、普遍性的权威检验，建立起符合我国国情、与国际通行做法接轨、科学权威的棉花质量检验体制。明确要求研制全国棉花色特征图及其应用软件，制定适应仪器化检验的棉花质量标准及相关技术规范。中国纤维检验局会同有关部门对 GB 1103—1999《棉花　细绒棉》国家标准进行了修订。国家质检总局和国家标准委批准发布实施了 GB 1103—2007《棉花　细绒棉》国家标准。

然而，由于当时颜色级研究还不够成熟，颜色分级图也不完善，有关颜色级（色特征级）部分只是作为推荐性条款，实际上还是沿用了品级检验方法及体系，仪器化检验和感官检验相结合，实现了部分指标与国际接轨。2008、2009、2010 棉花年度，在生产、收购、加工、检验、使用环节共同组织开展了棉花颜色级验证试验工作，修改完善颜色分级体系。2011 棉花年度，在上述环节开展了棉花颜色级检验和取消品级检验的试点工作，取得了较好效果，奠定了锯齿加工细绒棉全面推行棉花颜色级检验的基础。

2013 年 9 月 1 日，由国家纤维检验局牵头修订的 GB 1103.1—2012《棉花　第 1 部分：锯齿加工细绒棉》和 GB 1103.2—2012《棉花　第 2 部分：皮辊加工细绒棉》标准颁布实施。仪器化公证检验全面推行。

与此同时，我国棉花贸易结算体系也相应调整。以前国内棉花贸易结算，主要是以品级、长度和马克隆值为结算指标。长期以来，由市场形成了一套通行的贸易结价规则。随着品级指标的取消，全新的颜色级指标和其他质量指标的引入，使传统结价指标的权重发生了变化。现在的贸易结算体系，既借鉴了国外结价经验，也考虑到纺织使用的客观效果，更充分考虑到我国棉花的质量状况和实际使用价值。是根据颜色级指标的差价率，轧工质量、长度、长度整齐度、断裂比强度和马克隆值等指标升贴水等决定的。

2. GB 1103.1—2012《棉花　第 1 部分：锯齿加工细绒棉》的主要内容。本新标准规定锯齿加工的细绒棉的质量要求、分级分档规定、检验方法、检验规则、检验证书、包装及标志、储存与运输要求等。适用于生产、加工、流通、纺织和质量监督等各个环节。检验项目包括：颜色级、轧工质量、长度、马克隆值、回潮率、含杂率、断裂比强度、长度整齐度指数、危害性杂物（成包皮棉异性纤维含量）、反射率和黄色深度等。

颜色三要素：色调、明度和饱和度。棉花颜色色调基本不变，因此可以用饱和度、明度来表示棉花颜色。在棉花颜色分级图中，纵向坐标用反射率（Rd）的百分数表示亮度（明度），横向坐标用黄色深度（＋b）值表示饱和度。高等级靠近图的顶部，低等级靠近图的底部，灰色靠近左部，有染污和黄染的靠近右部。

此图覆盖了我国不同产区的棉花颜色特征。通过纤维快速测试仪对棉花样品表面的反射率和黄色深度进行测试，测试结果的坐标点所在位置对应区域即为该棉花的颜色级。

棉花颜色级分级图的主要作用是明确了各棉花颜色级的区域和所在位置，简单直观。感官检验颜色级时，根据颜色级实物标准进行检验。仪器检验颜色级时，按反射率（Rd，%）和黄色深度（+b）的值，在棉花颜色分级图中对应的分类线和分级线方程所划分的区域定级。

在该检验体系中，将棉花颜色划分为白棉、淡点污棉、淡黄染棉、黄染棉四种类型。其中，白棉分 5 个级，淡点污棉分 3 个级，淡黄染棉分 3 个级，黄染棉分 2 个级，共计 13 个颜色级。白棉三级定为颜色级标准级。轧工质量根据外观形态粗糙程度和所含疵点的程度，分为好、中、差三档。为满足国情需要，方便农商收购和现货贸易中进行感官检验，颜色级和轧工质量分别制作了国家实物标准，基本实现与国际通用标准接轨。

新标准制作白棉 4 个级、淡点污棉 2 个级、淡黄染棉 2 个级和黄染棉 1 个级的颜色级实物标准，各级标准均为底线。每个类型的最低级不制作实物标准。

标准明确颜色级实物标准是感官评定棉花颜色级的依据。颜色级实物标准分保存本、副本和仿制本。保存本为副本每年更新的依据；副本为仿制本制作的依据。副本和仿制本应每年更新，并保持各级程度的稳定。

轧工质量是反映棉花质量的重要指标，是原棉花标准中品级的三条件之一。新标准提出了轧工质量单独检验的方案。并根据皮棉外观形态粗糙及所含疵点种类的程度，将轧工质量分好、中、差三档。分别用 P1、P2、P3 表示。轧工质量检验采用对照实物标准感官检验。轧工质量实物标准是感官评定棉花轧工质量的依据。轧工质量实物标准分保存本、副本和仿制本。保存本为副本更新的依据；副本为仿制本制作的依据。轧工质量实物标准应每年更新，并保持各档程度的稳定。

3. GB 1103.1—2012《棉花　第 1 部分：锯齿加工细绒棉》的特点。"标准"涉及农业、加工、流通、纺织和质量监督等各个方面。具有充分体现质检体制改革的国家宏观政策，使棉花检测手段更加科学化、指标设置精细化的显著特点。既符合我国棉花流通现状，又适应棉花质量检验体制改革要求；既适用于棉花各个流通环节，又适用于符合规定的不同棉花包型；既适用于感官检验的需要，又满足了仪器化检验的需要；既适用于成包皮棉的按批检验，又适用于成包皮棉的逐包检验。

"新标准"较好地协调处理了当前棉花质量检验中感官检验与仪器化检验的关系、按批检验与逐包检验的关系、成包皮棉组批与不组批的关系。同时，在质量设置上考虑到实用性和与国际接轨。例如，①引入颜色级指标，实现了颜色级指标的仪器化检验。②将成包皮棉按批检验抽样分为重量检验抽样和品质检验抽样，明确了抽样主体的责任，也符合期货、电子撮合和国储棉检验的需要。③将马克隆值按批检验抽样和检验数量提高到批样数量的100%，进一步提高了马克隆值检验结果的代表性和准确性。④对出厂成包皮棉异性纤维含量检验做出了严格规定，对批量交易成包皮棉的异性纤维提出了定量或定性两种检验方法以供选择。明确交易有关方面可协商确定具体的抽样方法和抽样数量，增强了可操作性。加大了从源头杜绝异性纤维的力度，有利于促进我国棉花质量的提高。

（四）棉花质量检验

2013 年 9 月 1 日，GB 1103.1—2012《棉花　第 1 部分：锯齿加工细绒棉》颁布实施，仪器化公证检验全面推行。检验项目包括：颜色级、轧工质量、长度、马克隆值、回潮率、含杂率、断裂比强度、长度整齐度指数、危害性杂物（成包皮棉异性纤维含量）、反射率和黄色深度等。其中仅采用仪器检验的指标有：马克隆值、断裂比强度、长度整齐度指数、反射率和黄色深度。这些质量指标由专业纤维检验机构采用 HVI 测试完成，作为质量检验证书的主要内容；可以采用感官检验和仪器检验的指标有：颜色级、长度。这两项指标感官检验，主要是用于棉花收购、加工单位质量控制与自检、流通与纺织企业检验等。进行仪器化检验时，与前述指标同步测试，并作为质量检验证书的主要内容；仅采用感官检验的指标有：轧工质量、成包皮棉异性纤维含量。这两项指标，棉花加工厂需要按照标准规定取样检验，轧工质量检验结果作为考核轧花工艺和加工质量的参考依据，异性纤维含量则需要作为最终检验结果汇同重量检验结果填写重量检验证书。

回潮率和含杂率虽然列为棉花的质量指标，但主要是用于棉花公定重量折算。实际贸易中是"从量处理"的。棉花加工过程中，回潮率采用在线实测，测试结果直接进入条码系统。含杂率需要按照"原棉含杂率试验方法"取样检验。

实际上，仪器化公证检验，我国从 2004 年棉花质量检验体制改革推行开始就尝试实施，当时我国已经建成的 HVI 实验室有 21 家，配置 HVI 设备 22 台。到 2005 年增加至 61 个实验室和 83 台 HVI 仪器。那时，配合棉花质量检验体制改革，连续几年运用 HVI 对我国棉花质量指标进行测试试验，希望品级检验也能从感官检验过渡到仪器化检验。但结果表明，HVI 无法实现直接对棉花品级的测量。后来通过利用 HVI 对反映棉花颜色特征的反射率（Rd）和黄色深度（+b）指标进行测试，获得色特征级（GB 1103—2007 推荐性条款）。再经过多次修订和 2008、2009、2010 棉花年度棉花颜色级验证试验，以及 2011 年颜色级检验试点，形成了现在颜色级检验方法和标准。

2009、2010 棉花年度，我国棉花部分实行了仪器化公证检验（试点、推广颜色级检验）；2011、2012、2013 三个棉花年度，国家实行临时收储政策，所有收储棉花全部采用了仪器化公证检验；2014、2015 棉花年度，国家实行目标价格改革试点政策，全部采用了仪器化公证检验。其中 2015 棉花年度公证检验尚未结束。需要说明的是，由于颜色级检验标准 2013 年 9 月 1 日起实施，2012 年度以前的颜色级检验结果均不作为检验出证和贸易结价的依据。长度、长度整齐度指数、马克隆值、断裂比强度等检验结果一直通用。

"2010—2015 年度公检数量和部分仪器化公正检验数据"（表 3-5）及"2010—2015 年三大棉区公证检验量统计（万包）"（表 3-6），可见因生产量的减少检验量在减少。

至 2015 年，我国已经建成了辐射全国主要产销区的棉花公证检验网络，形成了行之有效的内部质量管理体系、与国际接轨的质量标准和检测方法体系以及先进高效的信息网络体系。全国建成仪器化检验实验室 89 家，配备棉花大容量纤维测试仪（HVI）400 余台（套）。培养了一支业务能力强、技术素质高、数量充足的棉花质量公证检验人员队伍，年检验能力可达 1 000 万吨，覆盖了新体制棉花加工企业 2 000 余家，检验规模居世界首位。其中，新疆共有仪器化公检实验室 17 家，配备 HVI222 台，覆盖新体制棉花加工企业 800 余家。这些实验室及其人员、装备，陆续开展了经营棉、期货交割棉、交易商品棉等各类公证

表 3-5　2010—2015 年度原棉公检数量和部分仪器化公正检验量

年度（当年 9 月 1 日至次年 8 月 31 日）	2010/2011	2011/2012	2012/2013	2013/2014	2014/2015
全国公检包数（万包）	1 184.2	2 444.1	3 183.1	3 268.2	2 271
全国公检重量（万吨）	268	556	721	741	510
平均品级/颜色级（2013 年度实施）	3.97	3.27	3.21	白棉 3 级以上占 76.35%	（新疆）白棉 3 级以上占 91.93%
长度（平均值，毫米）	28.98	28.71	28.46	28.37	28.55
长度整齐度指数（%）	82.38	82.3	82.42	82.41	82.73
A 档、B 档马克隆值合计占比	82.82	90.15	90.11	78.48	88.58
断裂比强度（厘牛/特克斯）	28.23	28.56	28.12	27.99	27.83
公检棉花加工企业数量（家）	1 540	1 738	1 806	1 789	1 542

资料来源：中国纤检官网数据，中国棉花产业经济研究，2015（3）、2016（1）.

表 3-6　2010—2015 年度三大棉区公证检验量统计

单位：万包

年度（当年 9 月 1 日至次年 8 月 31 日）		2010/2011	2011/2012	2012/2013	2013/2014	2014/2015
长江流域棉区	合计	161.51	390.65	484.96	513.71	131.54
	江苏	27.88	35.92	39.24	41.72	13.13
	浙江	2.82	4.58	6.11	6.73	1.66
	安徽	28.70	69.85	67.17	55.64	23.49
	江西	5.55	24.86	36.03	43.21	6.22
	湖北	77.29	202.36	256.47	281.50	65.09
	湖南	19.27	53.09	79.94	84.91	21.95
黄河流域棉区	合计	178.88	525.18	675.95	631.32	264.92
	天津	1.76	17.87	23.48	32.53	5.68
	河北	64.71	205.17	260.95	193.63	94.25
	山西	0.49	1.74	2.84	3.36	0.83
	山东	104.99	268.11	334.20	346.67	161.07
	河南	6.72	31.85	47.17	44.54	2.70
	陕西	0.21	0.43	7.32	10.60	0.39
西北内陆棉区	合计	843.78	1 528.24	2 022.21	2 121.87	1 874.56
	甘肃	22.86	47.20	47.62	48.81	35.39
	新疆地方	492.44	903.98	1 248.26	1 348.13	743.07
	新疆兵团	328.48	577.05	690.33	724.93	1 096.10

资料来源：中国纤检官网数据，中国棉花产业经济研究 2016（1）.

检验。包括承担全部国家临时收储棉花的入库公证检验和目标价格补贴的到库公证检验，仪器化公证检验覆盖率达到 100%。

从仪器化公证检验实施结果看，棉花公证检验制度在反映全国棉花数量、控制棉花质量、规范市场秩序、促进依质论价、维护公平交易、服务纺织企业、发展现代物流、防范信贷风险、落实宏观政策等方面发挥了重要的技术支撑作用。然而，仪器化公证检验并不能解决棉花质量涉及的所有问题。甚至有些问题是顽疾，需要进一步探索解决方案。其中比较突出的有：①异性纤维防而不止。这是最致命也是标准本身无法解决的问题。这一问题涉及很多环节，迫切需要棉花产业有关各方多措并举，共同治理。特别是要加强源头控制，同时严格执行标准，形成监管合力，切实杜绝。②混等混级现象普遍。这是导致棉花质量下降、纺织厂不愿使用国产棉的主要原因之一。也和 GB 1103.1 有关规定相违背，必须引起足够重视。要继续加强对棉花收购、加工环节混等混级问题的监督检查，引导或强制棉花生产、收购、加工企业加强质量管理、顺应市场需求、提高棉花质量。③需要解决仪器化公证检验指标与纺织配棉精准接轨的问题，确保检验结果的实用意义。④完善机采棉质量检验及标准。机采棉是我国棉花产业发展的必然趋势。如何提升机采棉质量需要从品种、种植、采收、加工全过程加以研究，系统解决。对机采棉质量检验则应结合其特点，进一步探索包括短纤维率、棉结等指标在内的检验方法和标准。

（五）长绒棉标准沿革

虽然我国长绒棉种植历史较长，但长绒棉产品标准制定工作相对较晚，1960 年纺织工业部、商业部、农垦部等联合发布了《长绒棉暂行品级标准》，起草了长绒棉籽棉、皮辊棉暂行品级条件（5 个级），在暂行品级条件的基础上，由新疆制作了长绒棉暂行品级实物标准（一至四级，低于四级的均为五级）。1989 年新疆发布实施了自治区地方标准 DB/6 500 B32014－89《长绒棉》，并制作了实物标准，送国家审定，该标准的实施，为长绒棉的品质提高，增加棉农的经济收入，促进长绒棉产业发展起到了积极的作用。

2002 年国家标准化管理委员会批准立项《棉花　长绒棉》国家标准，长绒棉国家标准的起草工作按照中国纤维检验局关于《2002 年修订纤维国家标准任务项目计划》的通知要求，由新疆质量技术监督局负责牵头实施。2003 年 9 月，GB 19635—2005《棉花　长绒棉》通过由中国纤维检验局组织专家对该标准进行的审定。并报国家标委会批准。于 2005 年 1 月正式发布，同年 8 月实施。本标准是在 DB/ 6500B32014—89《长绒棉》新疆地方标准基础上制定的，在制定中参照了 GB 1103《棉花　细绒棉》国家标准的相关内容，充分考虑了当前长绒棉生产的特点，标准内容符合我国基本国情和长绒棉生产现状。

二、美　　国

（一）棉花期货

严格地讲，美国棉花产业中没有"流通"一词，这是因为美国棉花生产采用综合性、垂直式的一体化管理模式，把收购、轧花（厂）、仓库储藏和运输都纳入生产体系中，归农口管理，这样大大减少了棉花从田间到纱厂的中间环节和费用，也减少管理决策中的扯皮和效率低下问题。因此，棉花流通费用极低，这是美国棉花具有国际竞争力的显著特点之一。

美国棉花市场早已形成以期货价格形成机制为核心、现货高效物流为基础、政府通过其信息发布加大市场透明度和提供质量检验服务为条件的高效、透明、完善、发达的市场体系。纽约棉花交易所已有 100 多年历史，它是全球最古老的商品交易所，自成立以来，一直是棉花产业的一个重要组成部分。如今，它已成为世界上首要的棉花期货交易市场。2010年以来，美国棉花期货交易日均成交量和日均持仓量呈现本段（表 3-7）。

表 3-7 美国棉花期货持仓量和成交量

单位：手

年份	日均成交量	日均持仓量
2010	13 288	109 958
2011	12 123	81 426
2012	15 521	104 777
2013	15 868	120 172
2014	14 105	106 763
2015	16 854	119 086

美国棉花全部采用期货交易，农场主、合作社、棉商以及纺织企业广泛参与和应用期货交易。他们或利用期货套期保值，或参与投资，或使用期货价格信息。期货市场产生的价格，不断地将各个方面的利益进行协调处理。棉花生产经营者把纽约期货价格当作市场"晴雨表"。因此，美国棉花期货和期权交易十分活跃，功能日趋完善。期货交易所形成的价格是现货流通的基准价，现货流通只是一个物流系统，因产地、质量有别，在交易现货时双方需要谈一个对期货价的升贴水，即：交易价＝期货价＋升贴水。

美国棉花期货价格是 SLM 级（相当我国的 427 级）的价格（见第二十一章）。美国农业部每天向 7 个产区的棉商了解某个特定等级的升贴水的标准，据此制订所有不同等级的升贴水价格。美国棉花分级 8 个等级（分 30 个档次）指标，19 个长度指标，5 个整齐度指标，5 个强力指标，还有叶屑和马克隆值等，每个指标都与价格有关，构成庞大复杂的排列组合。美国农业部每天都要发布一整套各种指标排列组合的价格信息，相应的财政补贴即以此为基础。

实际交易中，未来现货市场上买方或卖方，都会利用期货的套期保值功能避免价格波动带来的收益风险。即在合适的价格买进或卖出某一月份一定数量的期货合约，来锁住利润或成本，以达到转移风险的目的。对套期保值者来说，因为期货市场价格的变化在时间上尤其与现货市场前后相关联，即随着合约趋向到期而与现货价基本保持一致——期货市场上的盈利将会抵消在现货市场中的亏损，反之亦然。美国棉商若不将自己的现货贸易进行 100％的套期保值，谁也没法抵御风云变幻的价格变动的影响。不参与期货，意味着赌博，公司随时可能破产。但参与期货，不仅仅限于套期保值。特别是一些大公司，有信息和预测优势，可以通过期货、期权的交易获利。

美棉套期保值包括买空套期保值和卖空套期保值两种。

买空套期保值是那些想确保最低购置成本的棉花买主，为了防止未来的棉花价格上涨而陷于被动，在期货市场买进明年某一月份一定数量的棉花期货合约。如果明年棉花涨价，这就避免了棉花买主免受它所支付的最高价之损失。例如，某家纺织厂每年都是世界棉花的稳定买主，今年世界棉花是 70 美分/磅，而纺织厂感到今年世界棉花价格偏低，世界棉花需求量又比较大，未来世界棉价有上涨的可能，它就可以在期货市场上购买远期某月份期货合约。如果棉花价格涨到 80 美分/磅，纺织厂不得不在现货市场上以 80 美分/磅购买现货，同时期货价也会上涨，这样纺织厂在现货市场上多支付的 10 美分而由期货市场上所得利润得到补偿或抵消。如果现货市场棉花价格降至 60 美分，那么在期货市场的套期保值上损失 10 美分。但在现货市场上购买现货时可少付 10 美分/磅。

卖空套期保值为寻求保护自己免受棉价下降之损失的市场参与者所利用，尤其是棉农、零售商、批发商、棉花产品市场的买方和卖方等。例如，某一农场主播种的棉花明年 10 月份收获，现在期货市场上明年相关月份的期货价格是 70 美分，农场主担心明年卖棉时棉价下降，现在就可以卖出一定数量的期货合约，如果到时棉价下降了 10 美分，即降至 60 美分，农场主将因套期保值而盈利 10 美分，但在现货市场上卖出的棉价是 60 美分。这实际上保障了棉农的 70 美分的价格出售他们的棉花而不是 60 美分，如果没有做套期保值的话，则只能以 60 美分的实际价格出售棉花。如果到时棉价上涨至 80 美分，农场主可在现货市场上多收 10 美分/磅，但在期货市场保值上损失 10 美分。

美国政府通过各种方式来完善市场，保证市场机制的正常运行，为市场充分地发挥作用提供条件。美国期货交易监管委员会（CFTC）为期货市场的正常运行提供法规、监管保障，CFTC 根据市场发展的客观要求，不断完善期货法规，使法规不滞后，同时，对市场参与者各方进行监管，使市场平稳运行，保证其交易完全遵循"三公"（公开、公平、公正）原则，充分竞争；美国农业部对于市场的运行提供信息和质检服务，使市场透明有序。同时，还要发周报、月报，定期将农产品的信息发布，以便形成公正的价格。根据美国棉花的产地、纽约期货交易所、大学、政府其他部门、其他国家获得的各方关于棉花的数据，进行综合的比较分析，在足够保密的前提下，进行数据的整合，定期在纽约期货交易所开盘前进行统一公布。由于规定参与研究人员本身及其亲属不能直接或间接从事棉花现货及期货的交易，同时允许研究人员独立从事研究工作，避免政府因素对其干扰，所以其研究数据有着极高的可信度和迅速的市场反应。对于期货交割棉的检验，由总部设在孟菲斯的检验部和各分级室负责实施。AMS（海关申报费）依靠每年的检验收费和销售检验后的样品棉销售款支付分级检验成本。样品的物权在分级检验后，归国家所有。对于其他类型检验，样品在检验后物权也变成国有，除非样品被要求退还并为此付出费用。所有样品在检验后重新打包进行拍卖。

（二）棉花检验

美国政府对棉花产业十分重视，建立了比较完善的法规体系和棉花检验体制。美国棉花检验项目是全国性的、长远的规划性项目，由美国农业部（USDA）的市场服务局（AMS）具体实施。全国设有棉花检验中心 12 个，负责日常的棉花检验和出证工作。其中田纳西州的孟菲斯棉花检验中心为美国农业部市场服务局棉花项目部的执行总部，下设检验部、标准工程部和质量保证部等。负责全美棉花分级检验管理，主要职能：①制作和销售棉花等级实物标准和校准棉花等。②负责为出口棉和期货交割棉花重新检验出证。③为保障各棉花检验中心提供一致的测试结果，实行抽查检测计划。④负责收集当天美棉交易的价格、等级、数量、供求情况等，并于当天下午 3 点发布棉花市场信息。

——官方年度分级。AMS 每年至少两次指派专家对所有的扞样员进行检查，确保取样正确且样品具有代表性，并在样品中加入识别卡。

棉花使用棉包终身代码（PBI），共 12 位，1～2 位是检验机构代码，3～5 位是加工厂代码，6～12 位是流水包号。

棉花检验样品在加工厂逐包抽取。棉花打包机上的切割装置在棉包两侧切割样品，人工取下。每个棉包取两个样品，都夹入 PBI 卡片，一份交棉花检验中心检验，一份留样。

美国的棉花分级检验是 HVI 检验在前，感官检验在后。陆地棉分级包括人工叶屑分级、异物和 HVI 检验的颜色级、长度、马克隆值、断裂比强度、杂质和长度整齐度等。比马棉分级包括人工颜色级、叶屑级和异物，以及 HVI 检验的颜色级、长度、马克隆值、断裂比强度和长度整齐度。感官检验由两名分级员进行，一名是监督分级员，一名是季节分级员。监督分级员的职责除日常检验外，还负责监督季节分级员的工作。当两人的检验结果有差异时，以监督检验员的结果为准。每个样品的 HVI 检测和分级员人工判定一结束，结果就被存储在计算机中，所有检测结果都被传输至中央数据库。棉花生产者可通过网络或电话方式自动获取，并依据此结果销售棉花或者将结果提供给农产品信贷公司的贷款项目（CCC 贷款）。

美国陆地棉分级标准有 25 个色泽品级，另有 5 个等外级，其中有 15 个实物等级，其余均为描述标准。比马棉品级标准有 6 个品级符合号。

——期货交割棉检验。期货交割棉分级不同于年度官方分级，其分级的依据是《棉花期货法案》和 USDA 与纽约商品交易所（NYBOT）之间的协议。自 1914 年《棉花期货法案》生效，期货检验即为收费检验，且收费标准不同于年度检验。

样品在交割仓库称重前使用自动切刀抽取，按批提供给 AMS。每个批次不多于 100 包。每批由仓库使用自编的条码作为样品标识，包号独立且连续，不再使用 PBI。

期货交割棉的分级由设在孟菲斯的质量保证部负责。期货交割棉的检验使用与官方检验相同的检验流程、环境和校准方法。检验更加严格，采用两台仪器检验取平均值的办法，如果需要，感官检验由两名分级员共同进行。

HVI 检验指标包括：马克隆值、断裂比强度、长度、长度整齐度、杂质、反射率、黄色深度。感官检验依据实物标准。期货棉检验使用独立的数据传输和存储系统，每批检验完毕后集中出证。分级报告提供给申请人、仓库和 NYBOT。

——其他分级服务。AMS 在全球范围内为棉花行业提供仲裁分级检验，还为独立购买者、生产者、育种者、研究者等进行委托检验，并为美国农场主和棉制品进口商赞助的棉花研究促进项目提供检验支持。

负责棉花实物标准与校准棉样的职能部门是设在孟菲斯的 AMS 标准工程部，该部门制作等级实物标准和校准棉样，提供给遍布全球的分级员、公司和政府部门。棉花实物标准的制作精细，可以准确反映美棉官方等级的质量要求和特点。选择标准用棉时，全部使用测试仪器，以保证复制标准的一致性和准确性。实物标准有效期一年。

为保证官方检验的科学、准确、公正，AMS 制定了一套非常完善的内部质量保证措施，并根据 HVI 特点制作 HVI 校准棉样和验证用物质（用于验证 HVI 校准的有效性），从分级室温湿度环境、仪器验收、检验过程等多方面对仪器的准确性和精确性以及检验结果的再现性进行控制。其研制的校准物质包括：长/强、短/弱校准棉样、马克隆值校准棉和校准塞、颜色校准色板。验证用物质包括：颜色验证棉样（测色盒）、2×60 验证用标准棉样、8×8 长/强标准棉样、6×8 马克隆值验证用标准棉样、验证用杂质样照板等。AMS 每年对自己生产的校准和验证用物质进行检查，判断其准确性。目前全球使用的 HVICC 全部是 USDA 制作的。

AMS 对新购买的 HVI 验收严格，包括：2×60 水平测试、8×8 长/强模块测试、6×8 马克隆模块测试、测色盒（棉样）颜色测试、杂质模块精度测试和整体性能测试等。在检验过程中，每台 HVI 必须在规定时间内使用验证用物质进行验证检查，保证检验水平的一致性。

为保证各分级室检验水平的一致性，所有检验样品的 1% 由孟菲斯的棉花项目质量保证部随机抽取并重新检验。抽验的样品在各分级室随机抽取，样品一旦被选取，数据将无法更改。抽验样品连夜运至孟菲斯。每一抽验样品由质量保证部使用两台独立的 HVI 进行测试，平均值作为抽验结果。叶屑级、外来物的感官检验抽验由质量保证部的分级监督员完成。所有 HVI 指标、感官检验指标均进行重复性和偏差统计，抽验结束，结果迅速反馈至各原检验分级室。

USDA 分级员大部分是聘用制，被聘用分级员需经过 7 周的培训（HVI 操作人员需经过每年一周的培训）。考试时每人检测 100 个样品，正确率超过 70% 的通过考试，第二年继续参加检验的，保留资格，如果两年以上没有从事分级检验，则需重新考试。所有 HVI 维护人员需经过为期两周的技术培训。

——美国民间棉花检验机构。美国各州都有民间棉花检验机构，接受棉商和纺织厂的委托在政府检验的基础上，根据用户需要进一步细化检测（棉商用来进一步赚取差价，纺织厂用来调整生产工艺和降低成本），并进行相关新技术的开发和测试。这些民间机构的设备更全面，更专业化，但它不具有政府的职能和公正性，检验结果是对政府检验的一种社会监督，也是一种补充。

三、澳大利亚

澳大利亚产的原棉完全出口，也全部采用市场化和国际化方法进行运作，政府几乎不采取任何干预措施。在澳大利亚籽棉轧花商与原棉营销商之间的竞争很激烈，在这种情况下，种植者可以销售原棉也可以销售籽棉，自由度很大，看谁最合算。所有棉花都通过纽约棉花期货进行套期保值，棉农在棉花播种前就开始出售远期合约，以获得一个好的市场价位。棉花收获后，棉农根据合同把籽棉运送到指定的轧花厂，或委托加工，多数棉农选择由轧花厂代为加工，然后自己出售皮棉，以取得更高的收益。

对于澳棉来说，无论市场如何发展和变化，合同都是神圣不可侵犯的，这一点极为重要，尤其当棉花企业与种植者和工厂签订几年的期货合同时。全澳棉业已做好充分的心理准备，并全力支持国际间做出的一切努力，协助国际建立解决争议的仲裁程序，制定仲裁书的履行和贸易规则标准。

澳棉没有制定国家棉花质量标准标准，国家也没有专门的棉花分级检验机构，所有的棉花质量问题都由各棉花公司负责，分级检验参照国际通用标准。过去棉花公司参照美棉标准制定自己的棉样标准，质量差距不大，标准级皮棉是 SM 级，相当于我国的二级 29 毫米。大容量测试仪（HVI）引进以后，建立了棉花分级的客观标准，提高了棉花质量检验的水平和效率。目前，轧花厂都是将棉花样品送至农场主指定的棉花检验机构进行分级检验。全澳大利亚有 5 家棉花分级检验机构。澳大利亚采用 HVI 分级的比例占棉花总产量的一半以上。昆士兰棉业的分级中心先后从美国引进四台 HVI 系列的检测仪。其中两台 USTERHVI900 检测仪，手工取样，速度较快，每小时可检 200 个棉样；两台 SPINLABHVI900A 检测仪是自动取样，对纤维长度和比强度同时进行两次检测，每小时可检 60 个棉样。该中心每日可检测 2000 多吨棉花的上万个棉样，效率高。测试时，先将成捆的棉样包按其条码编号摆入棉样盘，再通过全自动温湿度平衡机 10 分钟后，棉样就可达到检测所需的温湿度，整个检测室温度稳定在 20℃，相对湿度稳定在 65％左右，由自动记录仪记录。HVI 检测结果由电脑网络通过 Create Visual Classing-BuyGrade 系统汇集在一起，内容包括棉花生产年份、农场主、田块、品种、轧花厂、检测员、经销商、批号、包号和长度、比强度、马克隆等各项质量指标，不论是棉农还是经销商、购棉商都可以查到，便于以质定价和销售。澳大利亚棉花纤维质量大体是：长度 28～30 毫米，比强度 30～32 厘牛/特克斯，马克隆值 3.7～4.2（HVICC 标准）。

澳大利亚支持基于仪器的棉花分级制度，将机器测定色度与相关的目测色度分级进行连续对比试验。除了色度和叶屑之外，所有特性都由仪器检验得出结果，分级实验室环境接受独立评估，分级连续性要求非常高。

四、印　　度

印度棉花流通高度自由化，没有官方统一检验，国内棉花质量管理比较粗犷，没有比较系统的棉花分级方法，在交易中棉花质量一般按照品种进行评价。国内贸易中一般是通过对比小样和看大货的方式确定质量，大多以买方的认可为准。国际贸易中为配合棉花出口，出口棉花的企业一般委托 SGS 出具 HVI 检验报告。

在印度，棉农的籽棉可以直接送到附近的某一家轧花厂，也可以卖给棉花经纪人，还可以将籽棉运到籽棉交易市场，现场看货、检验，买卖双方协商成交。如果棉农对某一轧花厂的价格不满意，再运到另一轧花厂，这样不可避免增加运费。因此，许多棉农采用到交易市场销售籽棉。通过这种方式，可保障棉农利益，避免买方压级压价。印度建有籽棉交易市场 500 家，不管谁投资兴建都由政府部门管理，配备有比较完善的检验和现场交易设施，可以很好地满足籽棉贸易的需要。

印度轧花厂可以从棉农手里收购籽棉，也可从籽棉交易市场采购籽棉，然后运回轧花厂加工。加工成皮棉后即可随行就市对外销售，卖给谁、卖什么价、质量和重量如何确定等等完全由买卖双方自主确定，政府不予干预。

印度棉花公司（CCI）接受印度中央政府委托，当市场棉花价格较低时，以政府确定的最低保护价从棉农手里收购籽棉，以稳定籽棉价格水平，保护棉农利益，这些棉花在经营过程中发生亏损由印度中央政府承担。同时，该公司也从事棉花自营业务，其从籽棉采购点采购籽棉，委托轧花厂代加工，然后出口或销售给国内的纺织用棉企业，盈亏自行承担。为保障棉花产业发展，印度制订了一系列扶持棉花政策，其中有更新改造轧花厂所需资金，中央政府负担 35％，邦政府负担 10％～15％，其余由轧花厂自筹，以提升加工业水平。

印度至今还没有统一的分级标准。在分类和品级标准制订上，国内有两种意见：一是按纤维长度分类，再按各类长度制订品级标准；二是按植物学品种分类方法制订品级标准。但实际上印度棉花的收购和销售大多按品种分类和制订标准。

东印度棉花协会（EICA）是半官方组织，负责制定印度棉品级标准，主要是按品种区分，一般每个品种根据色泽，叶屑和黄染程度分五个品级，品级实物标准每年制定一次，一式两套，一套主要用于国内仲裁使用，一套密封保存作为参考标准。目前东印度棉花协会正在考虑棉花实物标准改革，将单纯按品种分类改为按棉花长度分类，再按各类长度制定棉花实物标准。制订的印度官方品级标准（含说明）有 27 个，每个说明有 5 个品级，即：Extra Super Fine、Super Fine、Fine（标准级）、Fully Good、Good。在具体分级时，还可在两个全级中间加一个"Half"级（1/2 级）。

印度棉花品级标准制备所考虑的因素为色泽、叶屑、棉枝含量（杂质）和黄染程度等。品级实物标准每年制订一次，一式两套，一套作仲裁；另一套密封保存，作为参考标准。

经印度政府认可，EICA 根据印度的不同棉区和品种，制定出供出口品种用的品级标准，供其在英国和欧洲各国分支机构使用，也可作国内仲裁使用。

EICA 还是美国通用标准协定签字会员国，接受美国通用标准副本，在附属法规下，承认美国棉花标准作为仲裁依据，东印度棉花协会官员中有的作为美国棉花鉴定委员会的官方鉴定委员，故印度棉花较多使用美国棉花标准成交，有时亦按小样型号成交。

印度没有系统的棉花品质分级办法，一般按照品种来说，习惯上认为 Shankar6 和 MCU5 属于中高等级棉花。

籽棉检验：先按品种，再按长度分级；皮棉检验：根据色泽、杂质和轧工 3 个因素，手握棉样对照实物标准评定品级。印度国内棉花检验由印度棉花公司负责，主要是感官检验为主；出口检验，则是出口棉花的公司出具 HVI 检验报告，然后由政府签发。

印度棉花的传统贸易方式是以棉花品种为依据，EICA 也是根据棉花品种来确定"每日现货报价"和"等级差价率"。

五、乌兹别克斯坦

乌兹别克对棉花产业实行高度计划经济管理体制，包括棉花种植、收购、加工、仓储、运输、销售、检验等各个环节。

棉花收购、加工由棉花工业协会（原棉花工业部）负责管理，棉花加工厂负责从农场收购籽棉。为稳定棉花收购秩序，每年的籽棉收购价格由乌兹别克农业部、棉花工业部（棉花工业协会）、外经贸部、财政部共同协商确定并对外统一公布，收购由国家统一确定。种植棉花的集体农庄或国营农场在棉花播种时须与当地指定的棉花加工厂签订籽棉购销合同，约定前者收获的棉花必须按国家确定的价格、在指定的籽棉收购点交售。事实上，无论收购价格高低，集体农庄或国营农场，轧花厂加工棉花 100% 交售给地方的棉花工业协会（棉花工业公司）在各地设立的收购网点。

收购籽棉经轧花厂加工成皮棉并经 SIFAT 检验后即运到各州棉花仓库，此时棉花的所有权属于棉花工业协会。用于出口或国内使用的棉花，由棉花工业协会分别与负责出口的企业或国内用棉企业签订合同，其中供出口部分的棉花价格成本，由政府部门根据棉花进入棉花仓库时的国内外价格情况核定，在棉花入库后一周内由有关出口企业将货款付给棉花工业协会。政府将供出口的棉花大部分分配给外经贸部下属的三家外贸公司，少部分通过乌兹别克商品交易所对外销售。作为国外的购买方，可以直接与外经贸部下属的三家外贸公司签订棉花进出口合同，也可以直接参与该国商品交易所的竞卖交易，认为价格合适即可签订合同采购，所有成交价格为棉花仓库的提货价。政府有关部门根据国际棉价水平结合国内棉花成本以及销售进度等，适时制定一段时期的棉花出口销售指导价。三家外贸公司在对外签订合同时不得低于规定的价格水平。同时，政府部门制定一个在乌兹别克商品交易所公开对外销售的竞卖底价，在一定时间内谁出的价最高，棉花就销售给谁。政府同时指定三家公司而不是一家公司负责对外出口棉花，另外还允许部分棉花通过竞价方式对外销售，主要目的就是尽可能提高乌兹别克棉花的出口价格，为国家谋取最大利益，同时又避免了出口渠道过多而内部相互恶性竞争，损害乌棉的声誉。国内用棉企业可按国家制定的价格从棉花工业协会采购棉花，少部分可通过乌兹别克商品交易所竞价采购。

乌国棉花轧花成包后按 50 吨左右组成一个批（220 包，每包重 227 千克），由集装箱直接运送到各州棉花仓库。装有棉花的集装箱车直接靠近库房的作业平台，由夹包车从集装箱车里直接将棉包掏出来，一次四包，然后直接送到库房码垛。一般一批堆一垛，每垛码放棉包 5～6 层。棉花如果用于出口，则由夹包车直接将棉包装到火车车皮里。无论是卸车、上车，还是码垛、卸垛，均实现了全程机械化作业，效率很高。

为加强棉花库存管理，准确掌握在库棉花的动态信息，仓库还建立了一套现代化的棉花库存信息管理系统，包括每一包棉花的入库日期、码垛位置、垛位变更情况、棉包质量重量情况、货权人信息等，均一目了然，查询和管理十分方便。

此外，乌兹别克还对成包皮棉的包装尺寸和重量作出统一规定，其包装尺寸统一规定为 600 厘米×800 厘米×1 200 厘米，棉包密度是全球最高的，以便于棉包流转过程中的机械化作业和长途运输。棉包尺寸的标准化、运输过程的集装箱化、装卸和码垛的机械化、库存管理的信息化，大大提高了仓库的作业效率和周转能力。特别是能将出口棉花通过公路、铁路、海运等方式及时便捷地发运出去，这是与该国大力加强棉花仓储物流的现代化密不可分的。

为保证棉花产业的有序发展，国家实行严格的计划经济政策。如：国家严格管理种植计划；棉花实行统一收购、统一定价、统一加工、统一经营。加工厂与棉农签订棉花收购合同，价格由国家一年一定，由农业部、棉花工业部等政府多部门研究确定方案后报内阁总理审批。加工检验后皮棉全部存入库，统一经营；棉花检验由国家强制检，财政部制定收费标准，根据通货膨胀等因素进行调整。内销棉花检验费用由棉花工业部负担，出口则由外贸公司承担。棉花贸易实行政府管制，价格实行政府指导价。

乌棉检验标准有三大类指标，即类别、类型、疵点和尘杂含量。

类别。以长度分类别，两类九档，要按照棉纤维的品质长度分档：

长纤维（长绒棉）：1a、1b、1、2、3；

中纤维（细绒棉）：4、5、6、7。

同时每一档长度中，还提出来线密度（豪特）及断裂比强度指标要求。类别分档由品质长度所决定，若线密度达不到指标要求，应从棉花价格中折扣。若断裂比强度达不到要求，也从棉花价格中折扣。若断裂比强度高于该档指标范围，达到上一档的指标范围，在价格中给予加价。

类型。根据棉花的类型（纤维的颜色和外观）和成熟系数两项指标进行分等，共分 5 个等：Ⅰ（Birinchi）、Ⅱ（Ikkinchi）、Ⅲ（Uchinchi）、Ⅳ（Turtinchi）、Ⅴ（Beshinchi）。

疵点和尘杂含量。棉花疵点包括索丝、连接索丝、不成熟纤维带光块片和带纤维的棉籽皮等。根据疵点和尘杂的含量百分率进行分级，共分5个级，即：1级（最好）、2级（好）、3级（中等）、4级（一般）、5级（毫无价值）。

实际检验时，当确定了某批棉花的类别当数、类型等级后，在某一等的情况下，根据疵点和尘杂含量百分率，确定其属于哪个级。标准特点如下：

色征和疵点、杂质结合定级，可以确定一批棉花的等级比例，允许在一批棉花中存在同一等但不同级的棉花，且不同品级的棉花有不同的价格折扣，便于实际检验和销售。

检验方法上感官和仪器相结合，如棉纤维的长度可用手扯长度，也可用 HVI 长度，并且手扯长度与 HVI 长度相匹配。

由 SIFAT100％抽样检测，统一分级，再由 WIS 和 SGS 等第三方检验机构为买方核查，可做到客观公正。

乌国棉花标准内容与国际通行的棉花标准相近，棉花类型与美棉标准相近，标准中明确指出，根据买方要求，可以采用本标准的技术条件，也可以采用手扯长度、品级和马克隆值三项指标，还可以采用 HVI 测试指标。后两种指标可以在交易合同中规定具体指标及要求。

政府对棉花实施强制检验，由国家棉花质量检测中心（SIFAT）全权负责，该机构是政府检验机构，由总理直接管理。SIFAT 除在首都塔什干设有中央级检测中心和培训中心外，在 13 个产棉州设有 13 个地区性检测中心，有工作人员 1 400 人，实行公务员管理。SIFAT 除了负责对成包皮棉进行质量、重量检验并出证外，还负责种子、短绒、棉籽油质量检验。同时，SIFAT 的中央检测中心除负责日常检验外，还负责制定国家棉花标准。

实行"包包"检验，SIFAT 各地区检测中心派员驻厂负责抽样工作。棉包打包时通过取样刀自动切割出样品，SIFAT 人员负责取样，并在每个样品中放入一个条形码。条形码由 SIFAT 统一制作，每个条码 12 位数，前五位为轧花厂代号，后七位为棉包流水号。在轧花厂取样的同时，SIFAT 还负责对成包皮棉重量进行监磅，并出具重量检验结果（按净重结算）。检验后的样品 95％退回轧花厂，其余 5％用于培训 SIFAT 的棉检师。

从 2002 年开始，乌兹别克全面推行 HVI 仪器化检验。轧花厂样品由 SIFAT 人员送达实验室后，首先进行样品和条码卡核对工作，并用简易装置测量样品回潮率。对符合要求的样品码放在样品箱内，通过美国 USTER 快速平衡箱进行样品平衡，15 分钟后即可进行 HVI 检验。HVI 型号为 900A 型，由专人通过手摇取样器人工取样。每班、每台由 2 人同时操作，每班 8h 可以检验 600 个样品。检验项目主要包括：Rd、＋b、长度、整齐度、马克隆值、强力、成熟系数、短纤维指数等。样品经 HVI 检验后还要进入另外一个实验室由经过培训的技术人员对照实物标样，参考已经测出的 Rd、＋b 值进行等级检验。

根据棉花长度区分类型（主要包括长绒棉、细绒棉），根据棉花颜色分为五个级，每个级根据含杂质的多少又分为五个等级。检验等级时还要检查是否含有异性纤维，并抽查 10％的样品进行手扯长度检验，用于与 HVI 检验长度进行对照。

SIFAT 各地区检测中心每两周向中央检测中心报送检验数据，中央检测中心及时进行统计和质量分析，并将统计分析报告提供给有关各方。

所有棉包加工后都要运到指定仓库，因此，SIFAT 在各州的棉花仓库也派驻专门人员，负责监督棉包与证书是否相符，同时，各棉花仓库也配有棉花分级室，SIFAT 人员可以在贸易过程中与买方在仓库协商质量争议，必要时在仓库重新取样检验。

检验收费标准由财政部制定，其中，用于出口的棉花的检验费由外经贸部下属的三大外贸公司支付，用于国内销售的棉花的检验费由棉花工业协会支付。

检验模式、检验流程和取样环节等与美国类似，但两者也有不同：美国农业部棉花检测中心只负责质量检验，重量部分由仓库负责，而乌兹别克的 SIFAT 既负责质量检验，也负责重量检验；美国农业部检测中心不负责轧花厂取样，而乌兹别克则由 SIFAT 工作人员在轧花厂现场取样；美国农业部检测中心没有派员在仓库，协调解决质量重量纠纷，而乌兹别克 SIFAT 则派员在仓库协调解决质量和重量纠纷。乌兹别克既很好学习借鉴了美国先进的检验模式和检验手段，又结合本国国情对若干环节特别是取样环节、重量检验环节、质量重量纠纷处理环节等做了改进，使 SIFAT 的检验更符合本国国情。

六、巴　西

巴西也是全球生产和消费大国之一。巴产棉花一半用于国内消费，另一半通过国际贸易，出口销售到国外。其贸易形势主要是农场主直接销售，或通过国际贸易公司出口。

巴西棉花期货交易虽然开始于 1917 年，但至今交易不太活跃，其成交价格对国内棉花市场影响不大。参与巴西期货交易的投资人有金融机构、投资机构、国外投资人、自然人和其他，其中金融机构的交易额占总交易额的 62.6%。

近几年来，由于棉花生产的快速发展，国内的棉花供给超过了本国的棉花消费，才开始向国外出口。正因为如此，巴西棉花的仪器化检验并不普及，用于国内消费的棉花，一般不经过 HVI 检验，级别和价格由买卖双方协商确定。HVI 检验只针对外销棉花。随着棉花出口量的不断增加，巴西的棉农越来越重视棉花的质量，并希望更多了解自己棉花的内在品质情况，HVI 检验在未来几年将会在巴西全面推开。

棉花分级室主要有巴西期货交易所下属的棉花分级室（地点设在圣保罗），以及国外棉花检验中介机构（伟得公证）在主要产棉区设立的棉花分级室。期货交易所下属的分级室，负责参与期货交易棉包的检验出证、接受有争议棉花的复验以及部分出口棉花的分级检验，像棉花公司，出口所有棉花都要经过这个分级室检验。该分级室准备推出类似美国绿卡棉的质量检验证书，确保出口质量。该分级室的收费标准是每包 1 美元，2014 年检测 120 万包棉花。在马特格罗索州伟得公证的分级室，为棉农提供棉花分级检验服务，收费标准是每包 0.45 美元，2014 年度检验 40 万包棉花。

棉花分级检验完全参照美国标准，包包检验，HVI 仪器检验与感官检验相结合。棉样是由送检者用大卷牛皮纸包装送来，在分级室加注标签后，放到恒温恒湿室进行 24 小时平衡，之后进行 HVI 检测。除色特征级以外的其他质量指标，将作为最终的检测结果，被录入条码，而 HVI 测试的色特征级一般只作为参考指标，最终以感官检验结果为准。检验结果将及时反馈给送检者，在互联网上也随时可以查到这些检测数据。如果买卖双方检测结果不一致，将以 BM&F 的检验结果为准。由于是机采棉，巴西 GM、SM 的棉花很少，以 M 级为主，占到 60%，SM 占 10%，SLM 占 30%。长度以 $1\frac{1}{8}$ 吋为主，占 60%，$1\frac{3}{32}$ 吋占 30%，$1\frac{1}{16}$ 吋占 10%。

七、土 耳 其

土耳其在棉花生产、收购、加工、贸易、进出口、消费等环节实行完全市场化的政策。为保证国内流通的棉花质量，政府要求棉花成包后只有经过国家组织的检验才能进入流通。这些政策的推行，既保证了国内棉花生产的稳定，棉花流通秩序的规范，又符合全球贸易组织和欧盟有关规定，保障了国内棉花产业协调稳定发展。

土耳其对国内棉花贸易以及棉花进出口完全采取自由化政策。政府对国内棉花生产给予高额补贴，轧花厂将棉花加工并经过国家检验后即可进入市场自由流通，是否进入仓库、是否通过商品交易所交易、是否出口、每年进口数量、进口品种等等完全由市场决定，价格与国际市场完全接轨。

在土耳其，轧花厂可将棉花卖给棉商，也可直接卖给纺织用棉企业，还可以通过各地的商品现货交易所销售。一些轧花厂、棉商、纺织用棉企业愿意通过交易所买卖棉花的主要原因是，棉花贸易完全由买卖双方协商进行，双方贸易过程中如出现质量、重量等纠纷往往难以协调，如通过交易所成交，出现贸易纠纷，可由交易所的调解委员会进行调解，同时，通过交易所交易也可作为企业没有逃税的证明。

土耳其从 1924 年开始棉花贸易时就对棉花进行分类，1953 年，随着棉花出口量的增加，土耳其正式颁布国家棉花标准。土耳其棉花检验由外贸署负责管理，其设有专门机构，负责制定棉花标准和检验工作。土耳其国家检验机构实行公务员编制，统一由财政拨款，共有 800 多人，其中专门负责棉花检验的有 50 人，检验机构总部设在安卡拉。在四个主要产棉区设有棉花检验机构，由于安卡拉总部负责检验的产品较多，由位于西部棉区的伊兹密尔棉花检验机构代表总部负责制作棉花实物标准和检验技术管理工作。

国产所有棉花都须经过国家检验，国家检验不收费，检验过的棉花在棉包上都加盖印章，检验单位还出具相应的一年有效的检验证书。没有检验证书和在棉包上没有检验机构印章的棉花不能销售。检验证书还是棉花生产补贴发放的主要依据之一。由于国家检验主要是人工检验，检验项目已难以满足市场需要，因此，在国家检验以外，棉商和用棉企业也对自己经营或采购的棉花另外使用 HVI 仪器进行检验，一些用棉企业还应用 HVI 检验指标指导配棉。

检验分两种方式：一是按批检验法，即：在轧花厂或棉花仓库有北向自然光的分级室内，或在模拟昼光分级室内，将从棉包上随机抽取的棉样对照实物标准，综合考虑棉花颜色、气味、杂质、加工等因素进行感官分析，定等定级。棉花实物标准是结合美国、西欧和土耳其的特点综合制定的，根据不同产地分为四个产地标准，根据棉花颜色分为白棉、淡点污棉和点污棉三个类型，根据杂质含量情况分为六个级，根据加工方式分为锯齿棉标准和皮辊棉标准。每批棉花一般 200 包，抽取 2%～20%的棉包进行取样，取样比例取决于国家检验机构有关检验人员对棉包及内在质量水平的直观认识进行确定。二是包包检验法，每包都要抽样检验。目前 98%的土耳其棉花是按照按批检验方法进行检验的，只有 2%是按照包包检验法进行检验。根据市场需求和国际通行做法争取实现用 HVI 仪器检验棉花。通过建立棉花检验数据库，包含被检验棉花的等级等质量信息，从而为市场提供质量信息服务，促进棉花产业发展。

第二节　棉花轧花机械和轧花工艺

一、轧花机械化发展

(一)中国

新中国成立后，从 1955 年到 1957 年，供销合作社新建轧花厂 400 多个，1956 年加工量占 40%，1957 年占 75%，1958 年达到 93.5%。

加工装备不断提升。1955 年中国第一台锯齿轧花机——"5571"型锯齿轧花机诞生，20 世纪 90 年代初，以"121"轧花新工艺及成套设备为代表的大型棉花加工新工艺、新设备装备各轧花厂。90 年代末到 21 世纪，以 168、171 轧花机为代表的大型锯齿轧花机实现了棉机产品从中型向大型、从手动控制向自动化控制的方向发展。2003 年，推广 400 打包机和棉包信息化管理，推进加工的"规模化、信息化和集约化"。随着机采棉的发展，自主研发了机采棉清理加工工艺及成套设备、机采棉打模、运模及开模设备、货场机械化设备、自动捆包和自动刷唛等设备，在加工全程机械化、智能化和管理信息化方面取得新进展，目前，我国棉花加工工艺及主要设备基本达到国际先进水平。

(二)美国

美国轧花厂大体分为四种形式：农场主独立开办，加工自己棉花；几个或几十个植棉者联合开办联合加工；轧花厂主开办实行委托加工，收取加工费。还有经营商开办，轧花厂只负责轧花。榨油厂对棉籽进行剥绒然后榨油。

美国棉花加工厂特点是规模大、自动化、智能化程度高，加工质量好，成本低，皮棉在国际市场的竞争力强，因此处于国际领先地位。

美国现代棉花加工业经历了 200 年的时间，发展特点如下：

全球最早使用棉花加工机具是美国契尔卡（Churka）辊轴轧花机生产的皮辊轧花机的前身。全球锯齿轧花机是美国在 1792—1796 年间由艾里·惠特尼（EI. Whitney）和豪根·荷尔姆斯（Hodgen Homes）发明。1840 年麦卡锡发明了冲刀式皮辊轧花机，1902 年起，有许多发明人发明旋转滚刀代替往复式动刀，目的是提高皮辊轧花机的产量。20 世纪 60 年代初，美国设计制造出了滚刀式皮辊轧花机。大陆公司和拉默斯公司（Lummus Corporation）设计制造的滚刀式皮辊轧花机较为先进，特点是采用大皮辊（直径为 15 吋，约合 381 毫米）、小滚刀（直径为 27/8 吋至 3 吋，约合 73~76 毫米），工作长度 40 吋（约合 1 016 毫米）；台时皮棉产量为 500 磅（合 227 千克），时时皮棉产量为 5.67 千克。该滚刀式皮辊轧花机附有籽棉喂给装置，定刀对皮辊的压力采用气动控制，滚刀设有安全抬刀机构，未轧净的棉籽由吸运系统回收复轧。

1878 年开始使用单箱蒸汽柱塞打包机，到 1930 年已发展成为双箱液压打包机。1884 年开始使用管道气力输送籽棉和皮棉，并配置了籽棉分离器、机械配棉器、喂料器以及集棉机等附属设备。1900 年开始使用籽棉清理机，随着机械采摘籽棉的迅速发展，籽棉清理机也不断完善。1929 年开始使用籽棉烘干设备，1939 年开始使用皮棉自动采样器，1951 年开始使用皮棉清理设备，1957 年开始对籽棉的输送、分配、喂给等采用自动控制。其中 1950—

1960 年出现了大锯片。多锯片甚至双锯片滚筒的"新时期轧花机"。最大锯片直径达 18 吋（约合 457 毫米），锯片滚筒上锯片数多达 141 片，片时皮棉产量最高达 9.7～13 千克。1973 年以后，设计出籽棉棉模新工艺，新型轧花机和皮棉打包机，采用了集中控制和工业电视监视的先进技术，机械化、自动化程度进一步提高，生产效率大幅提高。

1979 年大陆公司（Continental Corporation）设计制造 141 片新型锯齿轧花机，台时皮棉产量约 2 615 千克，片时皮棉产量达 18.5 千克。该公司 1993 年又推出了 161 片新型锯齿轧花机，台时皮棉产量达 3 270 千克，片时皮棉产量高达 20.3 千克。

20 世纪 80 年代，全美棉花加工厂大约 2000 多家，如今整合为 885 家，平均为 4 台型的大型锯齿轧花机，每个加工厂的加工能力约为 1 万吨皮棉，接近年皮棉产量的 4 倍。棉花加工产能严重过剩、市场饱和，基本上不会再新建棉花加工厂。仅需更新改造个别配套设备和正常更换零配件。据有关机构数据，2009 年全年美国只新增了 5 台新型轧花机。

美国的轧花加工早在 80 年代就已实现了全自动化，每台轧花机的效率已从 80 年代 6～7 包（1 包＝227 千克）/小时提高到 20 包/小时，全美开工的轧花机总台数也从 80 年代初期的 3 000 台减少到当前的不足 2000 台。

（三）澳大利亚

该国轧花厂分属于棉花公司、独立企业和专业合作社。对于代加工，轧花厂每包（225 千克，净重）收加工费 50～60 澳元，加工量越大，收取费用就越低。全澳有 30 多家轧花厂，棉花加工工艺与设备及管理模式主要引自美国，加工设备先进，加工能力很大，轧花厂竞争激烈，有些企业还出现了亏损。在轧花厂里，籽棉被专用车辆整垛运送到加工生产线上，自动喂花，风力输送，经过多道清杂、调湿，籽棉被送到轧花机。通常一个车间有 158～161 片的锯齿轧花机 8 台，加工效率 15 包/小时。皮棉经过清理后输送到 700 吨压力的大型打包机，每包皮棉 227 千克。在打包的同时，从棉包的上下各切一块棉样，作为该包棉花的检验样品。棉样经过编号后一份挂在棉包上随棉包运输，一份集中用塑料袋包装成棉样卷，由棉检中心质量检测中心进行分级检验。打成的棉包挂上与棉样相同的条形码被运送到临时仓库，经过 48 小时降温后，储存到专用仓库待售。加工后的棉籽一些用来榨油，一些直接当做饲料喂牛，棉短绒基本不再利用。

（四）印度

2003 年全印度在册轧花厂约 4 000 家，最多需要加工能力 8 包/小时（每包 165～170 千克）的加工企业 1 200 家，因此加工能力过剩问题突出。仅旁遮普邦地区棉花实行锯齿轧花，全印有 45 家剥绒加工厂和 80 家榨油厂。

全印普遍采用皮辊轧花，皮辊机加工量占总量的 92％，主流皮辊轧花机的产量在 75～85 千克/小时。多数加工厂机器设备陈旧，效率低下，加工形态不好，缺乏皮棉清理机"皮清"工艺因而杂质含量高，普遍含有"三丝"有害杂物；大多采用棉布包装，外捆铁丝，但是印度原棉内在品质好，加工费少，约合人民币 500 元/吨，加上种植成本低等，标准级皮棉成本约 10 000 元/吨，在国际上价格相对便宜，具有一定竞争力。

为了提高棉花品质，2000 年 2 月，印度成立了棉花技术委员会（TMC），该委员会下辖四个分会，对纳入国家改造计划的加工厂进行技术改造：包括更新加工设备和改善轧花工艺等，已有634家加工企业完成了技术改造和更新，加工质量明显提高，这也是近几年棉出口增加的原因之一。

（五）巴基斯坦

全巴有1 263家棉花加工厂，其中：80片锯片轧花机158台，90片锯片轧花机3 614台。100片锯片轧花机1 877台，120片锯片轧花机96台。多数轧花机沿用了美国大陆鹰公司20世纪50年代的技术，由巴基斯坦本国设计生产。大多数轧花机上用的锯片直径是305毫米、262/282齿的轧花锯片，肋条宽度是12.5～18毫米，皮棉加工量在340～425千克/小时。几乎100%手摘棉，但是籽棉中仍杂质很多，不比机械采摘的棉花好，轧花衣分是33%～36%。

（六）乌兹别克斯坦

全乌有130个轧花厂，绝大多数是国家所有，每厂加工籽棉量约2.5万吨。加工设备都是本国生产，工艺均配有籽棉清理和烘干设备，从皮棉外观上看，其加工质量较好；但从棉籽上看，毛头率很低，说明加工时将"一类绒"全部剥入到皮棉中，所以其短绒率较高。

与中国相比，这些加工厂普遍设备陈旧、工艺落后，如轧花机为80片，轧花厂每小时皮棉产量为6包（210～220千克/包），加工质量也比较差，棉结和索丝较多，衣分大多在32%左右，加工周期5～6个月或更长时间。

为提高加工厂效率正在进行股份制改造和加工设备更新改造。在股份制方面，国家持股最低为51%，其余49%可由自然人、其他法人持股。在加工设备改造方面，根据政府评估，符合条件即可从政府取得改造资金进行设备技术改造。目前，棉加工企业已基本完成技术改造。

政府不禁止个人或企业新建轧花厂，但是，如果新建轧花厂，一是政府必须占至少51%的股份，二是必须得到政府批准，同时政府核定加工费为200～300美元/吨皮棉。因此，企业或个人要想兴建一家新的轧花厂几乎是不可能的。这一做法，避免了棉花收购加工环节的恶性竞争，维护了收购加工秩序，其弊病是限制了加工行业的充分竞争，比如，该国加工企业的每吨棉花加工费就远远高于中国同行水平。

近年来，政府正在对棉包包装进行改进，包括改进包装铁丝的质量、研究是否统一包装布材料（现在有棉布包装、塑料包装以及其他包装）等，以降低该国棉花在长途运输和多次装卸过程中出现的破包、炸包和棉包破损导致的污染问题。

（七）巴西

巴西80%的棉花为机械化采收，锯齿轧花，配备皮棉清理机。巴西有棉机制造企业使用美国技术和工艺，美国棉机制造企业大陆鹰公司和拉玛斯公司在巴西设有分公司和办事处。

在巴西，多数农场主因植棉面积大而拥有自己的轧花厂，规模较小的棉农则采取加入棉农合作社或委托邻近的轧花厂进行代加工。全国共有加工厂700多家，大多距离棉田100～300千米处。轧花厂规模较大，加工量在1万吨以上。加工设备主要有两种类型：一种是国产或合资生产的四台型90片轧花机配一台大型打包机；一种是全套引进美国的智能控制生产线。但没有看到安装全自动捆包的大型打包机。加工的棉包包型有200千克和227千克两种，全部采用条码标识，但包装方式并没有全国统一标准，包装材料主要是棉布。从工艺上看，完全采用了美国的机采棉加工工艺技术和管理程序，有些设备虽然是70—80年代的旧设备，但设备运行稳定，管理规范，加工质量较好。如果在籽棉清理环节提高技术含量和清理次数，加工质量有望进一步提升。

（八）土耳其

土耳其全国有800多个棉花加工厂采用皮辊机加工，因投资少加工技术比较落后。随着劳动力成本的不断增加，土耳其也在加快推进机械采棉的步伐，采用锯齿机加工棉花的数量在不断增加，但进展比较缓慢。据介绍，因土耳其国内不生产锯齿轧花机，如新建一条锯齿机生产线必须从国外引进，投资巨大（从美国引进一台锯齿轧花机就需要60万～100万美元）。

新建轧花厂没有任何限制，只要通过外贸署统一编号即可，但轧花厂大多数为棉农合作社或大的农户所有，因此，该国不存在轧花厂建设过多过滥的问题。

棉包包重为190千克，包型尺寸为650厘米×950厘米×1 050厘米。棉包实际重量由买卖双方在贸易时现场过磅确定。

（九）非洲

非洲有很多国家种植棉花，其中埃及、布基纳法索、马里、窄得、科特迪瓦、贝宁、坦桑尼亚和津巴布韦等是产棉大国。整体看，全非洲棉花加工设备陈旧，老化严重。像埃及主要使用土耳其或印度生产的结构简单的低产量的皮辊轧花机加工棉花。布基纳法索棉花加工厂约有15家，主要配置是20世纪70—80年代美国制造的轧花机；马里有10家棉花加工厂，4家采用美国制造的最新锯齿轧花机，工艺先进，但设备严重老化，缺少零部件。坦桑尼亚皮辊轧花和锯齿轧花各占50%，津巴布韦主要是锯齿轧花。

二、轧花工艺要求

轧花工序的基本工作是完成长纤维与棉籽的分离，实现这一目标的必要条件是长纤维在棉籽上的生着力大大低于纤维本身的断裂强力。而这恰恰符合籽棉本身的物理性状。不同品种的籽棉，依其成熟度、等级的不同，长纤维的断裂强力是不同的。一般地，单根纤维的断裂强力在3～6克力范围，单根纤维在棉籽上的生着力是其本身断裂强力的40%～60%。成束纤维的断裂强力是其在棉籽上生着力的12～15倍。棉纤维具有的这一力学性质，决定了现有的轧花方式，也是长纤维以原有长度与棉籽分离的必要条件。

长纤维与棉籽分离的外部条件是要有机械作用。使纤维与棉籽同时受到外力作用，且这些外力作用在棉籽表皮、纤维基部的合力应大于长纤维在棉籽表皮上的生着力。

在轧花中体现这种外力作用，使长纤维与棉籽分离的方式不外乎有以下三种：一是棉籽被阻挡的同时，长纤维受到外力的牵引（皮辊轧花、锯齿轧花）。二是棉籽与长纤维同时受到外力作用而运动，由于外力的大小、方向及纤维、棉籽的质量不同，两者之间产生速度差，使长纤维与棉籽形成相对运动（锯齿轧花）。三是长纤维受到外力牵引的同时，棉籽在另一方向上受到冲击（皮辊轧花）。

轧花就是借助机械作用，将棉籽上的长纤维从棉籽上分离下来，形成皮棉，并保留棉籽上的短绒。轧花工艺除满足轧下棉籽上的长纤维，保留棉籽上的短绒这一基本要求外，还要求做到：一是轧下的长纤维应保持原有天然物理性能（指长度、整齐度、色泽等）。二是尽可能排除籽棉、长纤维中的原有杂质（包括天然杂质和外附杂质），如沙土、碎棉叶、不孕籽、僵瓣等。排除杂质过程中争取达到最小的落棉损失，并做好下脚料的清理回收工作，以减少衣亏损失。三是加工过程中尽可能减少新生杂质，如破籽、棉结、索丝等。四是力求轧后的棉籽符合毛头率标准。加工过程中，尽可能不损伤棉籽。

三、锯齿轧花工艺

（一）手摘棉

目前我国的棉花采摘大多以手摘棉为主，针对中国手摘棉的现状，经过多年的探索总结、改进，形成了适合中国国情的手摘棉加工工艺。

手摘棉在收购后一般是堆成垛或存放在仓库中，散状籽棉通过人工喂花或散状籽棉喂料机喂入籽棉清理系统管道，籽棉由外吸棉系统借助风力经过通大气阀和重杂物清理机运送到籽棉卸料器，通大气阀可控制吸风，而重杂物清理机则能清除掉石块等重杂物以保护设备，籽棉卸料器使籽棉与空气分离，随后籽棉落入喂料控制箱。热风和籽棉通过烘干塔将多余的水分去除掉（最适宜籽棉清理和锯齿轧花的籽棉回潮率为 6%～8%）。烘干后的籽棉（若籽棉含水率不高，则烘干系统可以省略掉）由风力输送到籽棉清理机上方的卸料器，籽棉清理机将籽棉中的一些软特杂、僵瓣、杂质和灰尘清理出来。清理后的籽棉落入配棉绞龙，配棉绞龙将籽棉分配给各清花喂花部，清花喂花部清除部分细杂并将籽棉均匀喂入轧花机，棉纤维在轧花机中经锯齿勾拉被从棉籽上分离出来，然后由风力输送至气流式皮棉清理机，较重的杂质在通过气流式皮棉清理机时由于惯性而被分离出来。皮棉继续被风力输送到锯齿式皮棉清理机做进一步清理。在锯齿式皮棉清理机之前安装有旁通阀门，当加工高等级籽棉时，轧出的皮棉可不经锯齿式皮棉清理机，而是在通过气流皮清机之后经皮棉旁路直接进入集棉机，以降低对皮棉的损伤。清理后的皮棉由集棉管道进入集棉机，皮棉与气流分离并被压成棉胎后落入溜棉槽，然后进入打包机被打成棉包。如果皮棉含水太低，在皮棉溜槽处可以安装皮棉加湿系统将皮棉回潮率加到 6%～8%，方便打包并避免包索断裂。

配棉绞龙末段多余的籽棉落入溢流棉仓并通过溢流棉卸料器被送回配棉绞龙。棉籽和不孕籽棉分别落入地面之下的输送绞龙。轧花机和皮棉清理机排出的不孕籽棉将由不孕籽棉输送系统输送至不孕籽提净机，不孕籽提净机从不孕籽中回收有用的纤维，这些纤维将被单独

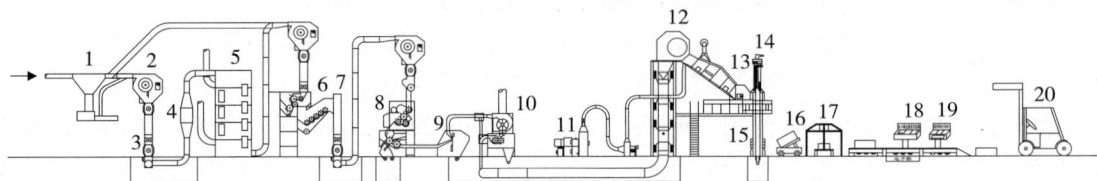

图 3-1　手摘棉锯齿轧花系统工艺流程

1—重杂物清理机　2—卸料器　3—喂料控制箱　4—热风管　5—烘干塔　6—籽棉清理机
7—溢流箱　8—轧花机　9—气流皮清机　10—锯齿皮清机　11—皮棉加湿　12—集棉机　13—皮棉溜槽
14、15—打包机　16—接包车　17—套包系统　18—电子秤　19—条码系统　20—夹包车

打包。所有输送系统的含尘空气经过沙克龙除尘净化，干净空气排放到大气中。其工艺流程如图3-1：

（二）机采棉

近年来，机采棉成功在新疆生产建设兵团试点后，得到大力推广。经过不断探索总结，我国棉花栽培、机械采摘和清理加工等配套技术不断完善，实现了棉花从种植、采摘、储运、喂料到加工全程机械化、车间设备的初步智能化和管理的信息化。节本、提质、增效日益显现。特别是近几年来随着人工成本的不断攀升，机采棉面积迅速扩大，新疆机采棉得到迅猛发展。但是，机采棉与手摘棉相比，具有水杂含量高、地膜等异性纤维含量多的特点，机采棉一般含杂率在8%～15%左右，回潮率一般在12%左右，这都给机采棉的清理及加工带来困难。因此机采棉的加工必须使用完备的工艺及设备，使加工的皮棉保持原有的品质。机采棉加工工艺中，配备了异性纤维清理机、四道籽棉清理机、两道烘干机、两道锯齿皮棉清理机。其中，在第一次籽棉烘干之后增加了用于清除棉铃、铃壳、棉枝等杂质的提净式籽棉清理机，并在第一、第二次籽棉烘干之后均采用了兼有籽棉分离作用的倾斜式籽棉清理机。对加工后的皮棉，也增加了皮棉清理次数，采用一次气流式皮棉清理和二次锯筒式皮棉清理。典型的机采棉轧花流程为：喂棉机——重杂物清理机——籽棉分离器——自动喂料控制箱——一级烘干——清铃机——回收式（提净式）籽棉清理机——二级烘干——倾斜式籽棉清理机——回收式（提净式）籽棉清理机——配棉绞龙——轧花机——气流皮棉清理机——一级锯齿式皮棉清理机——二级锯齿式皮棉清理机——集棉机——打包机。其工艺流程如图3-2：

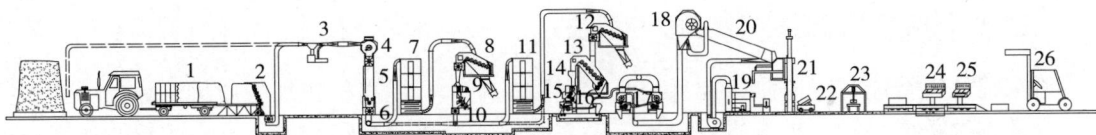

图3-2　机采棉锯齿轧花系统工艺流程

1—棉模车　2—自动喂料机　3—重杂物清理机　4—卸料器　5—喂料控制箱　6—热风管　7—烘干塔
8—一级倾斜式籽棉清理机　9—清铃机　10—热风管　11—烘干塔　12—二级倾斜式籽棉清理机
13—回收式籽棉清理机　14—配棉绞龙　15—轧花机　16—气流皮清机　17—锯齿皮清机
18—集棉机　19—皮棉加湿系统　20—皮棉溜槽　21—打包机　22—接包车
23—套包系统　24—电子秤　25—条码系统　26—夹包车

四、锯齿轧花典型工艺

目前，我国最具典型性和代表性工艺系统是邯郸金狮棉机研发的"棉花加工成套设备计算机管控系统"、"机采棉加工智能在线监测管控系统"和天鹅棉机研发的"Uster在线检测、智能控制、信息化管理系统"。

（一）棉花加工成套设备计算机管控系统

该系统智能控制部分——"棉花加工过程数字化监测系统"，是国家"十一五"科技支撑计划重点项目《棉花加工产业升级关键技术研究与开发》课题的研究成果。

棉花加工成套设备计算机管控系统实现了以下四个目标：一是关键设备运行状态和关键工艺参数"透明化"；二是故障排查"高效化"；三是操作人员"安全化"；四是数据传输"网络化"。

该计算机控制系统是由监控级操作站（工控机、触摸屏）及现场 PLC 通过网络连接而成。

该系统以先进的计算机人机界面替代了以往的操作按钮，可根据籽棉的品级、回潮率和含杂率自动生成最佳加工工艺方案，具有故障报警分析和远程故障诊断功能，通过智能控制，真正实现人机对话。该系统在技术性能指标和智能化控制方面都代表着国内棉机制造及工艺系统的最高水平。

轧花车间工艺以动画直观地显示到电脑上：依据工艺需求设置互锁关系，一钮启动、一钮停车避免人为误操作，提高设备生产率；轴承温度检测模块检测关键设备高速运转轴的轴承温度，防止关键轴的损坏造成故障的扩大；转速检测模块是检测关键设备运转轴的转速，判断设备运行状态，提前进行安全防范及自动报警，减少设备停车次数；在线火星探测装置，实时准确发现并定位火星产生位置，自动声光报警，根据工艺要求自动切断给棉通道的相关设备；料位检测装置，与散装籽棉喂料形成闭环控制，可以自动调节散装籽棉喂料频率；风机变频器控制，节能降耗；包重及电量的实时统计，便于管理者随时了解生产情况；故障报警及故障统计功能，便于现场操作人员可及时发现故障，采取措施，防止故障蔓延；强大的网络功能，便于管理者从 Internet 上方便地看到车间的生产情况；打印班次报表功能，极大地方便了生产管理。

（二）机采棉加工智能在线监测管控系统

机采棉加工智能在线监测管控系统是实现因花配车、提高棉花加工质量，减少用工和提高生产效率的重要手段，也是机采棉加工工艺的发展趋势。其特点是在已有的棉花加工自动化控制系统的基础上，增设智能控制，围绕"监"、"测"、"管"、"控"等关键技术，实现棉花加工全方位视频监管，全环节数据采集、检测与传输，全过程信息化管理，全系统智能化管控，达到提质、节能、减员、增效的目的。

"监"即监控，通过视频监控器采集车间重点设备、关键加工区域，实现全方位视频监管，替代人工巡检。

"测"即检测，通过智能仪表、传感器等，实现对主要设备关键部位的轴温、电流、转速、电压、频率、功耗、料位、火星、风压、包重等参数的在线检测、显示并预警，提高设备安全运转率。通过棉花色泽检测、回潮率检测、轧工质量检测，实现棉花品质管理，为智能管控提供数据和依据。

"管"即管理，检测数据及视频图像通过互联网实现实时共享；远程诊断功能使工程师可以远程修改程序并排除故障；大功率电机变频控制，实现节能；故障、能耗、产能统计报表使管理快捷、信息准确。

"控"即智能化控制，通过 PLC 对智能仪表、传感器、回潮率检测仪、皮棉颜色级快速检测仪、皮棉轧工质量检测仪所采集的数据进行分析、处理、反馈，自动调整热风温度，自动调整轧花机、籽清机、皮清机、自动喂料机运行速度，通过旁路系统调整工艺配置，形成棉花加工生产线在线智能管控系统，保证最佳加工质量。

（三）Uster 在线检测、智能控制、信息化管理系统

山东天鹅棉业机械股份有限公司从最早引进消化吸收以 MY121 轧花机为代表的轧花工艺及成套设备，在新疆生产建设兵团建立了国内首套机采棉生产线。以此为起点实现兵团机采棉加工技术大范围推广。2006 通过"三模"技术的实施，实现了机采棉采摘、运输、加工全程机械化加工模式，兵团机采棉加工技术达到较高水平。

随着国内外纺织企业形势的变化，棉纺企业对原棉质量的要求越来越高，棉花市场竞争日趋激烈，给新疆支柱产业棉花种植、加工带来新的挑战。特别是机采棉的推广，迫使现有的加工工艺和设备需要升级改造。否则容易导致加工成本增加、生产效率降低、故障频发、棉纤维品质难以保障等一系列问题。针对这些客观情况，山东天鹅棉机联合山东大学、新疆石河子大学、兵团 149 团等组成"产学研"合作团队。充分考虑到棉花加工过程的各种影响因素，包括棉花品种、杂质种类特性、杂质量、籽棉回潮率、皮棉回潮率、产量、设备运行参数等因素对皮棉质量影响的相互关系等。对引进美国 Uster Intelligin 籽棉、皮棉检测设备进行消化、攻关，研制开发了对加工过程进行全程信息化、智能化控制的 Uster 在线检测、智能控制、信息化管理系统。通过对棉花加工过程中各环节、各种因素进行实时监测，特别是对棉纤维回潮率、含杂率、反射率、黄色深度等指标进行在线检测，获得实时数据，智能调整相关参数，甚至远程控制、管理加工过程，真正实现了棉花加工的"因花配车"，做到棉花质量指标的目标控制，形成了一个能够提升棉花加工生产线加工性能和管理水平的综合系统。该系统的推广应用，实现了兵团机采棉生产线从机械化自动化到信息化、智能化的跨越升级。目前，已有 1 团、125 团、13 团、33 团、芳草湖农场、149 团等 6 个团场 7 条生产线安装了 Uster 智能化系统，完成了转型升级改造。

五、皮辊轧花

皮辊轧花机具有结构简单、造价低、轧花动作缓慢、不易轧断棉纤维等特点，适宜于加工长绒棉和成熟度较差的细绒棉。皮辊轧花机按主要工作部件——动刀的运动形式不同，可分为冲刀式皮辊轧花机和滚刀式皮辊轧花机两种。冲刀式皮辊轧花机的生产效率很低，皮辊时时产量约为 1.3 千克，不适合用作长绒棉或细绒棉规模化生产的加工机具。20 世纪 60 年代初，美国成功研制了以旋转运动的滚刀代替往复运动冲刀的滚刀式皮辊轧花机。这种新型的皮辊轧花机在生产效率上有了很大的提高，皮辊时时产量可达 5 千克以上，是长绒棉规模化生产的理想加工机具。我国新疆棉区加工长绒棉选用的就是这种滚刀式皮辊轧花机。

（一）冲刀式皮辊轧花机的工作过程

冲刀式皮辊轧花机的工作原理是依靠各机件的相互配合，使皮辊牵引籽棉上的纤维，定刀阻隔棉籽，同时由动刀冲击棉籽，使棉纤维与棉籽分离，实现轧花。

当籽棉由喂花机或人工喂入推花板前端的棉籽栅上，因为棉籽栅的倾斜及推花板的前后往复运动，籽棉被推向皮辊。当籽棉以一定的压力压向表面粗涩的皮辊后，产生足够大的摩擦力使棉纤维跟随转动的皮辊进入定刀的刀口内。由于定刀是以一定的压力压向皮辊的，亦

即定刀与皮辊表面间紧密接触，故棉籽不能通过而被阻隔在定刀口，但棉纤维对皮辊表面的摩擦系数远大于对定刀的摩擦系数，故柔细的棉纤维得以继续随皮辊转动。皮辊表面对纤维牵引力还不足以克服纤维在棉籽上的生着力。此时，依靠曲柄转动而作上、下往复运动的动刀，冲击停留在定刀口的棉籽，使棉籽和纤维分别受到不同方向力的作用而分离。分离后的棉纤维仍随皮辊转动，转到剥棉位置时被剥下。轧后的棉籽和小僵瓣等一些大杂质从棉籽栅的栅头及栅条间隙中下落，而一些细小杂质往往随皮辊进入定刀口而混入皮棉内。

（二）滚刀式皮辊轧花机的工作过程

滚刀式皮辊轧花机工作原理和冲刀式类似，籽棉上的纤维在皮辊摩擦牵引作用下进入定刀刀口，棉籽在定刀口被阻隔，旋转的滚刀刀片对棉籽进行冲击，使进入定刀口的纤维与棉籽分离。

一对喂花辊相向转动，使得从进棉口进入轧花机的籽棉喂到了位于其正下方的刺钉滚筒。刺钉滚筒配合下部的除杂筛网对籽棉进行打击松解。从籽棉中分离出来的杂质穿过除杂筛网网孔后，由气流及时送出机外。籽棉随刺钉滚筒转动，在除杂筛网网面上向前运移，到了末端被刺钉滚筒抛给料槽。

籽棉依靠自重作用落到磁铁淌棉板上，并依靠自重作用沿磁铁淌棉板下滑。籽棉中的铁质类杂物被磁铁条吸住；而籽棉一直滑落到固定筛处，在此被转动的针齿滚筒上的针齿钩住，随针齿滚筒运动；从籽棉中分离出来的杂质从固定筛的筛孔落入下部的棉籽螺旋。当籽棉随针齿滚筒运动到导向辊工作区时，导向辊将籽棉压向针齿，以便针齿牢牢抓住籽棉，并将针齿滚筒上多余的籽棉拨落到磁铁淌棉板上。当籽棉随针齿滚筒运动到加速辊工作区时，高速旋转的加速辊把针齿滚筒钩住的籽棉刷落到滚刀上。

旋转的滚刀带着籽棉通过前弧板后，籽棉便落到皮辊表面。籽棉上的纤维在皮辊摩擦牵引力作用下进入定刀刀口。由于定刀以适当压力压在皮辊表面，故棉籽在定刀口受阻。旋转的滚刀刀片对阻留在定刀口的棉籽进行冲击，使进入定刀口的纤维与棉籽分离。与棉籽分离后的纤维继续随皮辊向前运移，直到吸棉口位置，由气流吸运进入共同集棉管道。棉籽被滚刀推动沿着可调式多孔网网面移动。如果棉籽上的长纤维已经轧净，它就能穿过可调式多孔网网孔，落入棉籽螺旋。而未轧净长纤维的棉籽能被针齿滚筒钩住，加入到从磁铁淌棉板下来的籽棉群中，再次经历加工循环，如此重复，直到棉籽上的纤维被轧净为止。

第四章 全球棉花贸易与棉花库存、供需平衡

撰稿人 毛树春 薛惠云

本章全面论述全球原棉和棉织品的进出口贸易，以及与贸易的相关规则。贸易是商品流通与资源配置的重要形式。通过贸易交换获得生产国的利润，实现资源性生产和消费的优化配置，由此产生了经销商、运输工具、流通经济、保险和流通规则，使商品流通更加规范，因而也是棉花产业经济的一个重要环节。

第一节 全球棉花贸易

一、全球棉花贸易量占总产量的比例

棉花是全球重要的大宗农产品和贸易农产品。据分析（表 4-1），自 1940 年以来的 75 年时间里，参与全球贸易量占原棉生产量幅度在 20.1%～35.0% 之间，平均贸易量的比例为 30.3%，在产地消费的平均比例为 70%。其中 20 世纪 60 年代和 21 世纪的近 5 年贸易量与生产量的比例最高，达到 34.2% 与 35.0%。前者与当时的棉纺织中心位于欧洲有关，后者与现在的纺织中心位于亚洲特别是中国和东南亚有关。而 20 世纪 90 年代，全球棉花贸易比例最低，其原因可能与当时亚洲危机和棉纺织产业正在向亚洲转移有关。

表 4-1 75 年来全球原棉贸易比例

年代	全球原棉总产量 （千吨）	出口量 （千吨）	出口量/生产量之比 （%）	Cotlook A 指数 （美分/磅）	理论出口贸易额 （亿美元）
20 世纪 40 年代（1940—1949）	5 870	1 690	28.8	—	—
20 世纪 50 年代（1950—1959）	8 969	2 993	33.4	—	—
20 世纪 60 年代（1960—1969）	10 949	3 726	34.2	—	—
20 世纪 70 年代（1970—1979）	13 078	4 238	29.5	54.87	51.26
20 世纪 80 年代（1980—1989）	16 305	4 825	29.6	107.45	114.30
20 世纪 90 年代（1990—1999）	19 158	3 851	20.1	152.38	129.37
21 世纪初（2000—2009）	23 315	7 453	32.0	196.23	322.42
21 世纪近 5 年（2010—2014）	25 336	8 858	35.0	101.80	198.80
合计	15 373	4 704	30.3		

注：①Cotlook A 指数为名义价格。

②出口量 USDA20 世纪 70 年代 5 697 千吨、6 327 千吨、5 872 千吨，与 ICAC 的数据差异很大。

③美元/磅×2 204.62＝美元/吨。

资料来源：ICAC，Cotton：World Statistics. November，2014。2014 年为估计数。

以全球主要粮食产品小麦为例，全球贸易量仅占生产量的 10%，可见，棉花的贸易比例远远超过了粮食，这表明棉花资源具有全球配置的显著特点，棉花是喜热作物，在一些温带和寒带则不能种植，因而资源生产具有明显的区域性特征。

按进出口，全球货物贸易分为三种类型：一是净进口，包括日本、韩国和欧盟等。这类经济体不生产该产品，或是需求短缺产品，在进出口平衡中进口量大于出口量。二是净出口，包括美国、澳大利亚和苏联等。这类经济体出口量大于进口量，其中，由于纺织加工能力弱，非洲产的原棉大多出口。三是贸易调节类型，包括中国、印度、巴基斯坦和巴西等。这类经济体既进口又出口，有进口弥补结构不足之需，也有出口的商业性逐利之需，具有多重性。

关于全球原棉贸易额（表 4-1），自 60 年代末 Cotlook 指数诞生以来，按名义价格折算，全球原棉出口贸易额从 70 年代的 51.26 亿美元增长到 21 世纪初的 322.42 亿美元，增长了 5.29 倍。贸易量的增长扩大了贸易的经济量。但这一数据随着贸易量增长和名义价格的变化而变化。

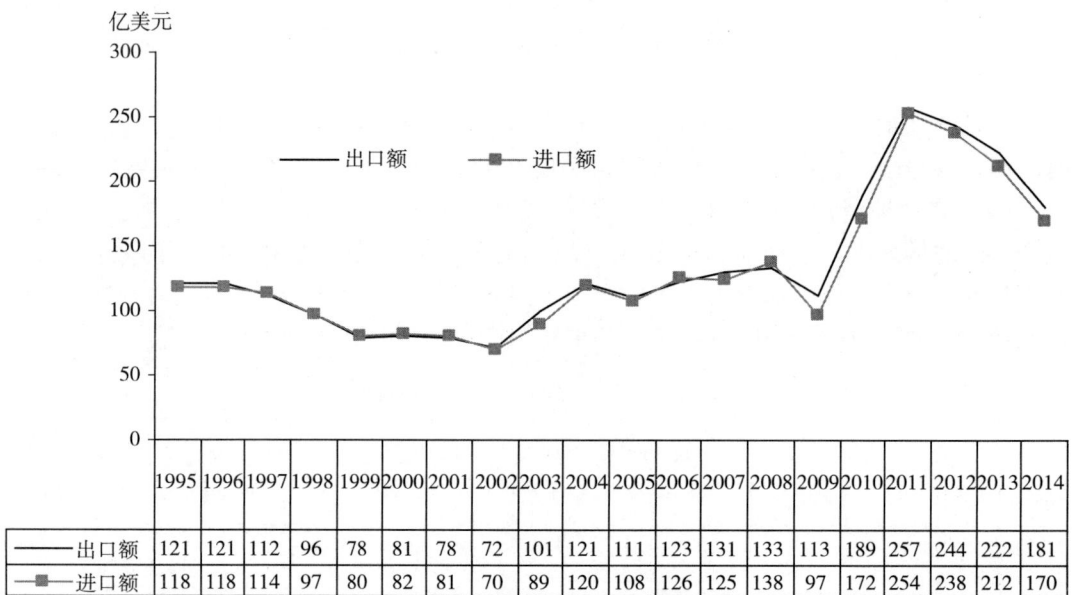

	1995	1996	1997	1998	1999	2000	2001	2002	2003	2004	2005	2006	2007	2008	2009	2010	2011	2012	2013	2014
出口额	121	121	112	96	78	81	78	72	101	121	111	123	131	133	113	189	257	244	222	181
进口额	118	118	114	97	80	82	81	70	89	120	108	126	125	138	97	172	254	238	212	170

图 4-1　1995—2014 年全球原棉贸易额

资料来源：据联合国贸易组织数据。

关于全球原棉贸易额，又据联合国贸易数据库数据（图 4-1），1995—2014 年的 20 年时间里，全球平均出口额 134.2 亿美元，最高年景出口额为 2011 年达到 244 亿美元；平均进口额 130.3 亿美元，最高年景进口额为 238 亿美元（2011）。进口额小于出口额可能与损耗有关。

自 1940 年以来的 89 年，参与全球棉花贸易经济体不断增加。全球棉花出口原产地（国家和地区）从 20 世纪 20 年代的 28 个、50 年代的 31 个增加到 21 世纪头 10 年的 84 个，表明全球原棉贸易在扩张，一是需求在增多，二是地缘政治原因。比如，苏联于 1991 年解体后国家或经济体增加了 14 个，南斯拉夫也于 1991 年解体分成了主权国家 6 个（见第一章）。

美国、俄罗斯及中亚、非洲、澳大利亚、印度和巴西等是全球原棉主要出口国家和地区。近5年出口地相对集中，美国、印度、乌兹别克斯坦、澳大利亚和巴西出口量占全球市场份额的76.4%，加上非洲出口所占份额的15.7%，合计占92.1%。其中美国出口仍占全球份额的40%以上，印度出口比例在提高，达到20%以上，这是目前全球最主要的出口市场，尽管美国出口数量在不断减少。

89年来，全球棉花进口目的地（指经济体、国家和地区）从20世纪20年代的41个、50年代的42个增加到21世纪头10年的98个，其中90年代最多达到106个。表明全球棉纺织业在扩张，从事纺织业的国家和地区也在增多，也有前述的地缘政治原因。

研究指出，75年来，全球棉花进口集中区域大致分为两个阶段，前4个十年以欧洲为主，进口量占全球市场份额的67.5%，随后下降到47.6%。从数据记录来看，欧洲在第一次工业革命时就形成了全球棉纺织消费中心，随后转向了美洲（美国），数据表明这时期是欧洲棉纺业衰落的中后期。后35年全球棉纺织中心正从欧洲、美洲转向亚洲，并以亚洲为中心，亚洲的原棉进口量占全球市场份额从20世纪70年代的51.8%增长到21世纪初的71.4%，其中90年代的结构调整和消费变化最为明显，本世纪前15年亚洲已成为全球棉花进口和纺织加工、消费中心。

中国是全球棉花生产、进口、消费和纺织品中心，呈"30"、"40"的比例结构，地位优势突出。近5年平均，中国棉花产量占全球的30.3%，进口量占全球的30.3%，消费量占全球的40.1%，纺织品服装出口额占全球的30.3%（2008）、36.0%（2012）和37.1%（2013，全球出口7 661.7亿美元，中国出口2 840.1亿美元），均位居全球各经济体的首位。

二、全球棉花出口贸易

（一）全球出口贸易增长

全球棉花出口贸易不断增长（图4-2），89年的年均出口量4 423千吨，年均增长70千吨。从20世纪20年代到21世纪初的84时间里，出口增长率为1.04%。最近30年，出口增长率为1.80%。

在8个十年单元之中，有3个十年出口减少，5个十年出口增长（表4-2）。20世纪30—40年代，全球经历了第二次世界大战和中国14年的抗日战争，这一时期全球经济遭受

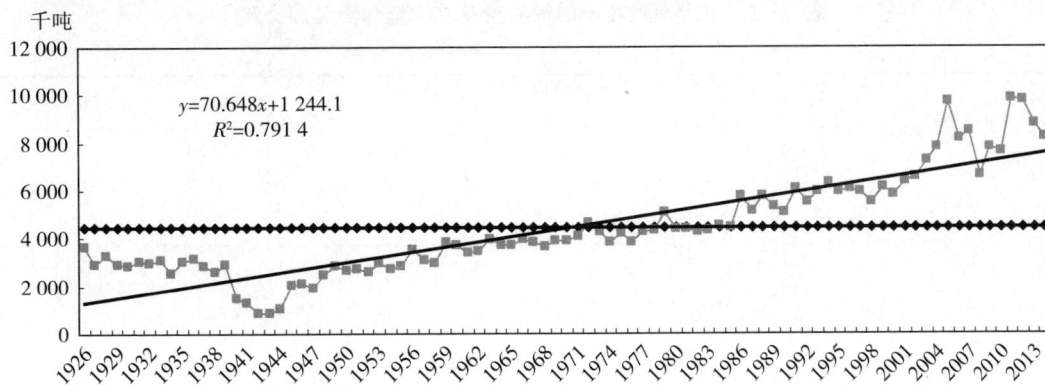

图4-2　1926—2014年以来全球原棉出口变化

资料来源：ICAC，Cotton：world statistics. November，2014. 2014年为估计数。

严重破坏，棉花生产萎缩，出口量减少。20 世纪 90 年代这一次出口减缩与亚洲金融危机导致棉花消费减少，以及与全球棉纺织业结构调整有紧密的关联。

20 世纪 50 年代全球经济恢复，棉花出口增长达到 77.1%，此后增长保持了 30 年。进入 21 世纪迎来全球原棉出口的高峰期，比 90 年代增长了 93.5%，这十年出口量净增 3 602 千吨。这一时期正是中国加入 WTO，自 2005 年起全球纺织品配额取消，中国经济的高速发展，棉纺织业也在高速发展，棉花消费大幅增长，进口的大幅增长拉动了全球原棉的出口快速增长。此外，全球棉纺织业中心正在亚洲形成，亚洲其他国家包括孟加拉国、土耳其、印度尼西亚、巴基斯坦、泰国和越南等国的棉纺织业也在快速发展，也是拉动进口的主要原因之一。

表 4-2　89 年以来全球原棉贸易比例

年代	全球原棉出口量（千吨）	增长（%）	变异系数（%）
20 世纪 20 年代（1925—1929）	3 170±352	—	11.1
20 世纪 30 年代（1930—1939）	2 897±198	−8.6	6.8
20 世纪 40 年代（1940—1949）	1 690±683	−41.7	40.4
20 世纪 50 年代（1950—1959）	2 993±391	77.1	13.1
20 世纪 60 年代（1960—1969）	3 726±199	24.5	5.3
20 世纪 70 年代（1970—1979）	4 238±393	13.7	9.3
20 世纪 80 年代（1980—1989）	4 825±592	13.9	12.3
20 世纪 90 年代（1990—1999）	3 851±375	−20.2	6.4
21 世纪初（2000—2009）	7 453±1 165	93.5	15.6
21 世纪前 5 年（2010—2014）	8 858±970	18.9	10.9

资料来源：ICAC，Cotton：World Statistics. October，2014。2014 年为估计数。

（二）全球各州出口变化

在自 1950 年以来的 60 多年时间里，五大洲以亚洲和美洲出口量和所占比例为最大，两洲合计占全球比例的 71.6%（表 4-3）。

表 4-3　五大洲棉花出口贸易量及其占全球贸易量比重

单位：万吨

年份	亚洲		非洲		欧洲		美洲		大洋洲	
	出口量	占全球比重（%）	出口量	占全球比重（%）	出口量	占全球比重（%）	出口量	占全球比重（%）	出口量	占全球比重（%）
1950—1959	41.7	14.2	63.1	21.4	33.4	11.3	156.6	53.1	0	0.0
1960—1969	61.8	16.3	73.9	19.5	53.9	14.2	189.9	50.0	0.04	0.0
1970—1979	74.3	17.9	76.3	18.4	83.8	20.2	179.8	43.3	1.1	0.3
1980—1989	109.6	23.4	72.2	15.4	92.1	19.6	180.6	38.5	14.9	3.2
1990—1999	178.0	32.6	82.2	15.0	46.5	8.5	195.4	35.7	44.6	8.2

（续）

年份	亚洲		非洲		欧洲		美洲		大洋洲	
	出口量	占全球比重（%）	出口量	占全球比重（%）	出口量	占全球比重（%）	出口量	占全球比重（%）	出口量	占全球比重（%）
2000—2009	203.6	28.4	117.0	16.3	35.5	5.0	309.9	43.2	51.5	7.2
2010—2013	293.5	33.3	98.7	11.2	30.5	3.5	367.4	41.7	91.4	10.4

　　资料来源：1950—1969 年数据来自刘毓湘主编的《当代全球棉业》，1970—2008 年来自 FAOSTAT，http：// faostat. fao. org。苏联在未解体之前属于欧洲。

　　亚洲出口不断增长，出口占全球的比例从 20 世纪 50 年代的 14.2% 提高到 21 世纪头 10 年 28.4%，出口数量增长了 3.9 倍。本洲包括中国、印度、巴基斯坦以及中亚的乌兹别克斯坦生产不断发展，生产量和出口量都在持续增加，是全球棉花生产和进出口贸易中心。

　　美洲出口占全球的比例不断下降。从 50 年代的 53.1% 下降到 20 世纪头 10 年 43.2%，出口数量增加了 97.7%，其绝对量仍最大，占全球第一为 43.0%。主要是美国和墨西哥。

　　非洲出口占全球的比例在下降，从 20 世纪 50 年代的 21.4% 下降到 21 世纪头 10 年 16.3%，出口量增加达到 117 万吨，其中以西非马里、窄得、贝宁和科特迪瓦为最大。

　　欧洲出口占全球的比例下降，从 20 世纪 50 年代的 11.3% 下降到 21 世纪头 10 年 5.0%。

　　澳大利亚位于大洋洲，出口量和出口比例不断增长，占全球出口的比例从 20 世纪 80 年代的 3.2% 提高 21 世纪头 10 年的 7.2%，最近几年提高到 10.4%。

（三）主要出口国和地区变化

　　中国：出口比重不大的国家（表 4 - 4）。20 世纪 80 年代生产发展，特别是 1984 年丰收，总产创新高 632 万吨，出口 27.4 万吨。90 年代因亚洲金融危机和纺织业结构调整，出口 12.1 万吨，随后进口大幅增加。21 世纪，纺织业受惠于加入 WTO，出口很少，进口则大幅度增加。

表 4 - 4　全球棉花出口国家和地区变化

年代	全球出口量（万吨）	主要国家和地区（个）	主要国家和地区出口占全球出口棉的比例（%）
20 世纪 50 年代	295.4	31	美国 33.4、非洲 21.4、苏联 10.6、墨西哥 9.4、巴基斯坦 5.2，占 79.9
20 世纪 60 年代	372.9	75	美国 25.3、非洲 20.0、苏联 11.8、墨西哥 9.2、巴西 6.5、巴基斯坦 3.1、土耳其 4.6、叙利亚 3.3、秘鲁 2.8，占 86.6
20 世纪 70 年代	569.7	73	苏联 39.2、美国 19.7、非洲 13.3、土耳其 4.5、墨西哥 3.0、巴基斯坦 2.4、巴西 2.1、叙利亚 2.0，占 86.2
20 世纪 80 年代	632.7	80	苏联 33.4、美国 20.6、非洲 10.8、巴基斯坦 6.5、中国 4.3、澳大利亚 2.8、巴拉圭 2.0、土耳其 1.9、墨西哥 1.6、印度 1.5，占 85.4

（续）

年代	全球出口量（万吨）	主要国家和地区（个）	主要国家和地区出口占全球出口棉的比例（%）
20世纪90年代	587.2	84	美国25.6、非洲15.1、乌兹别克斯坦18.0、澳大利亚7.8、土库曼斯坦4.4、希腊3.1、巴基斯坦2.7、叙利亚2.6、中国2.0、巴拉圭1.8，占83.3
21世纪头10年	739.9	84	美国37.5、非洲15.7、乌兹别克斯坦11.0、印度7.5、澳大利亚6.8、巴西4.1、希腊3.4、土库曼斯坦1.8、叙利亚1.8、塔吉克斯坦1.6，占91.1
近5年			

资料来源：50年代数据来自刘毓湘《当代全球棉业》，60年代以后资料来源于美国农业部，http://www.usda.gov/wps/portal/usda/usdahome.

美国：全球最大的棉花出口国，长期占据全球霸主地位，左右全球市场，是我国最大的进口棉来源地。出口量从20世纪50年代的98.8万吨上升到21世纪头十年的277.8万吨，增长1.8倍；出口占同期全球的比重从33.3%上升至37.5%，增3.9个百分点。期间70年代和80年代因苏联、中国、巴基斯坦、印度等国棉花连年增产，挤占了美棉市场，出口比重下降。21世纪美国采取出口补贴措施，使出口竞争力显著提高，出口份额提高到37.5%。近5年，美国平均出口229万吨，占全球份额下降到35.4%，这与美国大力发展生物质能源，植棉面积减少有关。

苏联及中亚：为全球第二大出口地，50年代出口量为31.3万吨，占全球份额的10.6%；70年代达到最高为223.5万吨，增长了6.1倍，占全球出口量的39.2%；80年代出口量略下降到218.8万吨，占全球份额的34.5%。1991年苏联解体后出口市场由中亚几个产棉国接替。近2个十年，乌兹别克斯坦出口量为105.7万吨和82.1万吨，占全球份额的18.0和11.0%；土库曼斯坦出口量26.0万吨和13.7万吨，占全球份额的4.4%和1.8%；塔吉克斯坦出口12.3万吨和11.7万吨，占全球份额的2.0%和1.6%。近5年乌兹别克斯坦出口量为84万吨，占全球份额提高到12.9%。

埃及：是历史上全球产棉大国之一，也是传统出口大国之一。50—80年代年出口量分别29.7万、29.9万、21.5万和13.7万吨，占全球市场份额最高达10.8%。然而，由于自用棉增加与生产的不稳定，近两个十年出口量下降到5.7万吨和9.6万吨。

西非：出口占非洲的60%左右。该地区植棉面积相对稳定，单产较高，其中马里、贝宁、布基纳法索、科特迪瓦等近两个十年出口增加。马里出口14.4万吨和16.5万吨，贝宁出口10.8万吨和12.1万吨，布基纳法索出口7.9万吨和19.4万吨；科特迪瓦出口9.7万吨和8.7万吨；喀麦隆出口5.8万和7.3万吨；乍得6.2万和5.1万吨。这些国家是中国主要进口来源地之一。

印度：是一个棉花生产大国、消费大国和出口大国。前4个十年出口比例很少，90年代出口跃入10万吨级为10.5万吨，近10年出口55.3万吨，占全球份额的7.5%，同比增5.8个百分点，出口量增4.3倍。近5年出口跃入百万吨级，出口94万吨，占全球份额的14.4%，为全球仅次于美国的第二大出口国，也是中国主要进口来源地。主要源自科技兴棉，引进美国转基因抗虫棉品种，增加投入，单产水平得以大幅度的提高，植棉面积进一步扩大。

澳大利亚：是一个棉花净出口国，也是总产很不稳定的国家。近3个十年出口量分别为17.6万吨、45.9万吨和50.3万吨，占全球份额为2.8%、7.8%和6.8%；近5年出口41万吨，全球份额提高到6.3%，成为全球第五大出口国。

巴西：出口不稳定。60年代受益于经济高速增长，出口量最高为24.5万吨，仅次于美国和埃及；然而80年代，受国际环境剧变和国内政策失误的影响，巴西经济遭遇严重衰退，出口量随之大幅下降，80年代和90年代出口量仅为8.8万吨和2.7万吨。进入本世纪，巴西实施出口导向型战略，生产量和出口量随之快速提升，虽然近十年受美国补贴的打压，出口量仍恢复到60年代水平为30.8万吨，但占全球贸易量份额比1960年代下降了2.4%，仅为4.2%。近5年生产恢复加快，平均出口量48万吨，占全球份额提高到7.3%。

巴基斯坦：6个十年中有5个十年出口量在10.0万吨水平上，其中80年代最高为41.4万吨，占全球份额的6.5%。近10年加快纺织业发展，改出口原棉为棉纱，原棉出口减少到7.9万吨，同比下降51.0%，仅占全球份额的1%。

墨西哥：6个十年中有4个十年出口10.0万吨级以上，其中50年代和60年代出口27.7万吨和34.6万吨，占全球份额高达9.2%～9.4%；70年代和80年代出口量下降到17.2万吨和10.4万吨，占全球份额的3.0%和1.6%，近2个十年退出出口市场。

叙利亚：6个十年中有4个十年出口10.0万吨级，占全球份额为1.8%～3.3%。

希腊：近2个十年，希腊出口19.5万吨和25.1万吨，占全球比例为3.1%和3.4%。

土耳其：60—80年代出口17.5万、24.5万和125万吨，占全球份额的4.7%、4.5和1.9%。

巴拉圭、秘鲁（南美洲）和危地马拉（北美洲）等出口量也曾达10.0万吨级水平。

（四）全球原棉出口现状

2008—2012年的5个年度，全球原棉出口国家和地区有75个。按出口量多少可分为大、中和小几个层次。

1. 全球原棉出口大国。出口量在百万吨以上的国家有4个（表2-5），分别是美国、印度、巴西和澳大利亚。其中美国出口量占全球最高的比例达到43.7%；印度最高比例达到21.9%，大有接替美国的势头。

2. 全球出口中等国家。出口量在百万吨以下和10万吨以上国家有5个（表4-5），分别是乌兹别克斯坦、希腊、布基纳法索、土库曼斯坦和马里。其中乌兹别克斯坦出口量占全球最高的比例达到10.5%。

表4-5　全球棉花出口量在10千吨及以上国家

单位：千吨

国家或地区	2008/2009	占全球（%）	2009/2010	占全球（%）	2010/2011	占全球（%）	2011/2012	占全球（%）	2012/2013	占全球（%）
全球	6 609	100	7 798	100	7 636	100	9 843	100	9 795	100
美国	2 887	43.7	2 621	33.6	3 130	41.0	2 526	25.7	2 902	29.6

（续）

国家或地区	2008/ 2009	占全球 （%）	2009/ 2010	占全球 （%）	2010/ 2011	占全球 （%）	2011/ 2012	占全球 （%）	2012/ 2013	占全球 （%）
乌兹别克斯坦	650	9.8	820	10.5	600	7.9	550	5.6	653	6.7
巴西	596	9.0	433	5.6	435	5.7	1 043	10.6	938	9.6
印度	515	7.8	1 420	18.2	1 085	14.2	2 159	21.9	1 615	16.5
澳大利亚	261	3.9	460	5.9	545	7.1	1 010	10.3	1 100	11.2
希腊	220	3.3	213	2.7	142	1.9	238	2.4	237	2.4
布基纳法索	161	2.4	181	2.3	136	1.8	152	1.5	215	2.2
土库曼斯坦	100	1.5	235	3.0	256	3.4	151	1.5	230	2.3
马里	84	1.3	109	1.4	92	1.2	130	1.3	171	1.7

资料来源：ICAC，Cotton：World Statistics. November，s2014. 2014 年为估计数。

3. 全球原棉出口其他国家。出口量在 10 千吨以上国家或地区有 11 个（表4-6）。其中中国大陆出口量较少，而中国香港大多为过境转口贸易。

表 4-6　全球棉花出口量在 50 千吨以上与 10 千吨以下国家

单位：千吨

国家或地区	2008/ 2009	占全球 （%）	2009/ 2010	占全球 （%）	2010/ 2011	占全球 （%）	2011/ 2012	占全球 （%）	2012/ 2013	占全球 （%）
全球	6 609	100	7 798	100	7 636	100	9 843	100	9 795	100
贝宁	81	1.2	85	1.1	64	0.8	60	0.6	93	0.9
巴基斯坦	78	1.2	156	2.0	148	1.9	257	2.6	87	0.9
津巴布韦	76	1.1	90	1.2	100	1.3	134	1.4	84	0.9
哈萨克斯坦	75	1.1	74	0.9	54	0.7	62	0.6	45	0.5
中国	72	1.1	72	0.9	73	1.0	31	0.3	60	0.6
塔吉克斯坦	70	1.1	96	1.2	77	1.0	118	1.2	136	1.4
坦桑尼亚	57	0.9	60	0.8	7	0.1	16	0.2	7	0.1
中国香港	53	0.8	67	0.9	43	0.6	19	0.2	40	0.4
喀麦隆	48	0.7	57	0.7	68	0.9	69	0.7	82	0.8
科特迪瓦	45	0.7	75	1.0	55	0.7	105	1.1	136	1.4
叙利亚	45	0.7	50	0.6	2	0.0	3	0.0	7	0.1

资料来源：ICAC，Cotton：World Statistics. November，2014.

三、全球棉花进口贸易

（一）全球原棉进口贸易增长

与出口相似，全球棉花进口贸易不断增长（图4-3），89 年的年均进口量 4 439 千吨，年均增长 69 千吨。从 20 世纪 20 年代到 21 世纪初的 84 年时间里，进口增长率为 1.04%。最近 30 年，进口增长率为 1.80%，增长率与出口相似。

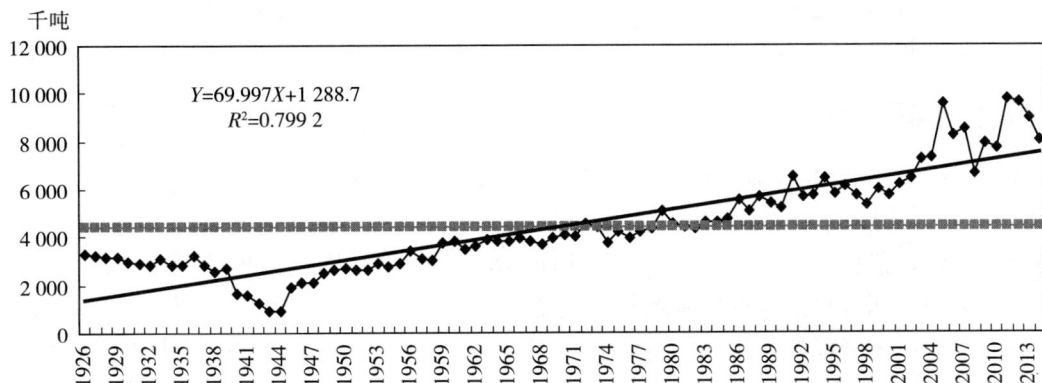

图 4-3 1926—2014 年以来全球原棉出口变化

资料来源：ICAC，Cotton：World Statistics. October，2014。2014 年为估计数。

在 8 个十年单元之中，有 2 个十年出口减少，6 个十年出口增长（表 4-7）。与进口一样，20 世纪 30—40 年代为全球经历了第二次世界大战和中国 14 年的抗日战争，这一时期全球经济遭到严重破坏，棉花生产萎缩，出口量减少。20 世纪 90 年代这一次出口减缩与亚洲金融危机导致棉花消费减少，以及与全球棉纺织业结构调整有关联。

表 4-7 89 年以来全球原棉进口贸易比例

年代	全球原棉进口量 （千吨）	进口增长 （%）	变异系数 （%）
20 世纪 20 年代（1925—1929）	3 200±71	—	2.2
20 世纪 30 年代（1930—1939）	2 881±187	−10.0	6.5
20 世纪 40 年代（1940—1949）	1 756±607	−39.0	34.6
20 世纪 50 年代（1950—1959）	2 982±368	69.8	12.3
20 世纪 60 年代（1960—1969）	3 777±154	26.7	4.1
20 世纪 70 年代（1970—1979）	4 259±373	12.8	8.8
20 世纪 80 年代（1980—1989）	4 897±486	15.0	9.9
20 世纪 90 年代（1990—1999）	5 864±417	19.7	7.1
21 世纪初（2000—2009）	7 386±1 186	26.0	16.1
21 世纪前 5 年（2010—2014）	8 832±920	19.6	10.4

资料来源：ICAC，Cotton：World Statistics. October，2014。2014/2015 年度为估计数。

20 世纪 50 年代全球经济恢复，棉花出口增长达到 77.1%，此后增长保持了 30 年。进入 21 世纪迎来全球原棉出口的高峰期，比 90 年代增长了 93.5%，这十年出口量净增 3 602 千吨。这一时期正是中国加入 WTO，自 2005 年起全球纺织品配额取消，中国经济的高速发展，棉纺织业也在高速发展，棉花消费大幅增长，进口的大幅增长拉动了全球原棉的出口快速增长。此外，全球棉纺织业中心正在亚洲形成，亚洲其他国家包括孟加拉国、土耳其、印度尼西亚、巴基斯坦、泰国和越南等国的棉纺织业也在快速发展，也是拉动进口的主要原因之一。

全球原棉进口量比出口量约少 0.3%～1.6%，这可能是贸易损失包括霉烂、火灾以及重量减轻等所致。

（二）全球各州进口变化

亚洲：在自 1950 年以来 60 多年时间里，五大洲以亚洲进口比例最高，占全球比例从 20 世纪 50 年代的 29.4% 提高到 21 世纪头 10 年的 88.4%（表 4-8）。可见本洲是全球原棉贸易的调节洲，包括中国、印度、巴基斯坦以及中亚的乌兹别克斯坦等国家的生产不断发展，总产增长，而进口量也在持续增长，是全球原棉加工中心。

美洲：进口占全球的比例从 20 世纪 50 年代的 5.8% 上升 21 世纪头十年的 11.0%，增 5.2 个百分点。进口量 75.5 万吨，增长了 3.4 倍，其中墨西哥进口占一半，美国既进口又出口。

欧洲：进口占全球的比例从 20 世纪 50 年代的 67.5% 上下降到 21 世纪头十年的 13.7%，减 53.8 个百分点。进口量从 199.4 万吨下降到 97.4 万吨，减幅 51.2%。与 50 年代相比，欧盟主要进口大国——德国、法国、英国的进口量分别下降了 76.8%、96.5% 和 81.7%，进口占全球的份额德国从 12.0% 下降到 1.1%，法国从 9.3% 下降至 0.7%；英国从 11.4% 下降至 0.1%。在欧洲国家中唯意大利保持较高的、稳定的进口量和市场份额。

欧洲其他进口国家还有加拿大、罗马尼亚、荷兰、波兰、瑞士、西班牙、前南斯拉夫、葡萄牙以及乌克兰、白俄罗斯等大多是非产棉国。

非洲：非洲自产原棉使用较少，是出口洲，进口原棉较少，2000—2009 进口近 20.7 万吨，占全球份额的 2.9%。

大洋洲：澳大利亚、新西兰等位于大洋洲，该地区人口少，劳动力严重短缺，无纺织业，不进口原棉，唯出口。

表 4-8　五大洲棉花进口贸易量及其占全球进口贸易比重

单位：万吨

年份	亚洲		非洲		欧洲		美洲		大洋洲	
	进口量	占全球比重（%）	进口量	占全球比重（%）	进口量	占全球比重（%）	进口量	占全球比重（%）	进口量	占全球比重（%）
1950—1959	86.8	29.4	1.3	0.4	199.4	67.5	17.0	5.8	1.9	0.6
1960—1969	138.5	37.1	5.0	1.3	216.4	58.0	18.3	4.9	1.6	0.4
1970—1979	198.3	47.0	7.5	1.8	200.5	47.6	14.9	3.5	5.0	0.1
1980—1989	252.3	51.8	12.1	2.5	202.4	41.5	20.3	4.2	1.0	0.0
1990—1999	300.7	53.9	19.0	3.4	166.0	29.7	72.5	13.0	0.0	0.0
2000—2009	508.2	72.4	20.7	2.9	97.4	13.9	75.5	10.8	0.0	0.0
2010—2013	769.6	88.4	18.7	2.1	32.0	3.7	50.1	5.8	0.0	0.0

资料来源：1950—1969 年数据来自刘毓湘主编的《当代全球棉业》，1970 年之后来自 FAOSTAT，http：//faostat.fao.org。苏联在未解体之前属于欧洲。

（三）主要进口国和地区变化（表 4-9）

中国：中国进口多于出口，60 年代以后的 5 个十年分别进口 9.6 万吨、32.8 万吨、24.0 万吨、381 万吨和 170.3 万吨，占全球份额从 2.6%增长到 22.9%；近 5 年进口 240 万吨，占全球的 30.3%，为全球最大的进口国。同期台湾省进口量分别为 7.4 万吨、18.5 万吨、30.9 万吨、28.9 万吨和 24.1 万吨，占全球份额从 1.9%增长到 3.2%。1998 年香港回归祖国后，纺织业转移加快，进口量分别为 13.7 万吨、19.8 万吨、22.7 万吨、16.8 万吨和 8.7 万吨，占全球份额从 1.7%下降到 1.1%。

表 4-9　全球棉花进口 60 年

年代	全球进口量（万吨）	进口国家和地区（个）	主要进口国家和地区占全球进口棉的比例（%）
20 世纪50 年代	295.4	42	日本 17.3、德国 12.0、英国 11.4、法国 9.3、意大利 6.3、印度 4.3、加拿大 2.6、苏联 2.6、前捷克斯洛伐克 2.6、荷兰 2.3、占 70.7
20 世纪60 年代	372.9	72	日本 19.0、德国 10.0、法国 7.1、意大利 5.8、英国 5.5、苏联 4.5、印度 3.7、香港 3.7、波兰 3.6、前捷克斯洛伐克 2.8、占 67.5
20 世纪70 年代	569.7	77	苏联 27.9、日本 12.9、中国 5.7、德国 5.4、法国 3.9、韩国 3.5、意大利 3.4、中国香港 3.4、中国台湾 3.2、波兰 2.7、占 72.0
20 世纪80 年代	632.7	93	苏联 22.9、日本 11.3、韩国 6.0、德国 5.2、中国台湾 4.9、意大利 4.2、中国 3.8、中国香港 3.6、法国 2.6、印度尼西亚 2.6、泰国 2.6，占 69.7
20 世纪90 年代	587.2	106	俄罗斯 8.2、印度尼西亚 7.1、日本 6.6、中国 6.2、韩国 5.9、意大利 5.4、泰国 5.3、中国台湾 4.8、土耳其 3.7、墨西哥 3.0，占 56.2
21 世纪头 10 年	739.9	98	中国 22.9、土耳其 8.9、孟加拉 7.2、印度尼西亚 6.5、泰国 5.4、墨西哥 5.0、巴基斯坦 5.0、俄罗斯 3.8、韩国 3.5、中国台湾 3.2，占 71.4

日本：为非产棉国家和新兴纺织强国。前 5 个十年分别进口 51.7 万吨、71.3 万吨、74.4 万吨和 72.2 万吨，占全球进口市场份额从 17.3%下降 6.6%，近 10 年从进口原棉纺纱转向进口棉纱线，以及纺织加工业向外转移。

德国：为非产棉国。前 4 个十年进口 35.8 万吨、37.5 万吨、30.7 万和 33.5 万吨，占市场份额的 9.3%、10%、5.4%和 5.2%，近 2 个 10 年进口量下降到 16.7 万吨和 8.3 万吨，占全球份额下降到 2.8%和 2.1%。

英国：为非产棉国。前 3 个十年进口 34.0 万吨、20.7 万吨和 10.2 万吨，占全球份额从的 11.4%下降到 2.0%，近 2 个十年进口量下降到 1.2 万吨，基本退出进口市场。

法国：为非产棉国。前 5 个十年分别进口 18.7 万吨、26.5 万吨、22.1 万吨、16.6 万和 12.3 万吨，占全球份额从 50 年代的 9.3% 下降到 90 年代的 2.0%。近 10 年进口量减少到 5.1 万吨。

意大利：为非产棉国，也是全球先进纺织工业国家，是欧洲仍保留较大纺织加工能力的国家。6 个十年分别进口 18.7 万吨、22.1 万吨、19.8 万吨、26.8 万吨、32.8 万和 17.5 万吨，占全球份额从 6.3% 下降到 2.3%，是欧洲进口最多的国家，也是纺织品制造大国。

苏联：苏联时期纺织业集中在欧洲地区，用棉靠中亚加盟共和国供应，前 4 个十年进口 7.9 万吨、17.0 万吨、160.0 万吨和 146.0 万吨，占全球份额从 2.6% 增长到的 22.9%。苏联解体后俄罗斯本土基本不生产棉花，近 2 个十年进口 49.6 万吨和 28.8 万吨，占全球份额的 8.2% 和 2.8%。

韩国：非产棉国，新兴的纺织强国，也是净进口大国。60 年代以后的 5 个十年分别进口 7.4 万吨、20.2 万吨、38.1 万吨、35.9 万吨和 26.5 万吨，占全球的份额从 1.9% 增长到 3.5%。

印度尼西亚：是一个产棉不多的消费大国。70 年代以后的 4 个十年分别进口 6.5 万吨、16.6 万吨、43.7 万吨和 48.7 万吨，占全球的份额从 1.2% 增长到 6.5%。近 5 年进口 46 万吨，占全球份额的 5.8%。

土耳其：近 2 个十年进口量大增，分别为 22.2 万吨和 66.2 万吨，占 3.7% 和 8.9%。近 5 年进口 77 万吨，占全球份额的 9.8%。

孟加拉国：近 10 年进口 54.1 万吨，占全球份额的 7.2%。近 5 年进口 79 万吨，占全球市场份额的 10.0%。

泰国和越南：新兴的纺织国家。近 3 个十年泰国进口量分别为 16.4 万吨，占全球份额的 2.4%。

巴基斯坦和印度：巴基斯坦为了发展国内纺织业也进口原棉，近 10 年进口 37.5 万吨，占全球份额的 5.0%。印度是棉花贸易调节，因国内减产也有少量进口，近 10 年进口 21.5 万吨，占全球份额的 2.8%，近 5 年国内生产发展加快成为一个净出口国。

（四）全球原棉进口现状（排序）

近几年，全球进口原棉的国家或地区（目的地、经济体）有 78 个。按进口量多少和进口比例大小，全球原棉进口目的地可分为特大型、大型、中型、小型和零星几个层次。

特大型原棉进口国。进口量在 100 万吨以上，进口比例在两位百分数以上，中国是全球特大型原棉进口国。近几年进口量从 1 523 千吨增加到 5 342 千吨，进口占全球的比例从 22.9% 提高 54.7%。中国几百万吨级的进口量拉动了全球原棉生产、出口贸易和国际价格，形成了国际市场看中国的"中国因素"和大国效应。

大型原棉进口国。进口量在 100 万吨以下到 50 万吨以上，进口比例在两位百分数到一位百分数之间，这类国家有孟加拉、土耳其和印度尼西亚。近几年，该三国进口量从 417 千吨到 914 千吨不等，进口占全球比例从 5.3% 到 13.8% 不等。

中型原棉进口国或地区（经济体）。进口量大致在 50 万吨以下到 5 万吨以上，进口比例大致在 5%～3% 之间，这类经济体有巴基斯坦、泰国、墨西哥、越南、韩国、俄罗斯和马来西亚。

小型原棉进口国或地区（经济体）。进口量在 5 万吨以下 1 万吨以上，进口比例在 2%～

1%之间，这类经济体有中国台湾、印度、埃及、日本和中国香港等。

零星原棉进口国或地区（经济体）。进口量在1万吨以下，进口比例小于1%。这类经济体有哥伦比亚、意大利和伊朗等。

表4-10 近5个年度全球原棉进口量排名前10个国家和地区

单位：1 000 吨

国家或地区	2008/2009	占全球（%）	2009/2010	占全球（%）	2010/2011	占全球（%）	2011/2012	占全球（%）	2012/2013	占全球（%）
全球	6 647	100	7 928	100	7 725	100	9 761	100	9 643	100
中国	1 523	22.9	2 374	29.9	2 609	33.8	5 342	54.7	4 426	45.9
孟加拉国	914	13.8	887	11.2	843	10.9	680	7.0	631	6.5
土耳其	635	9.6	955	12.0	729	9.4	519	5.3	804	8.3
印度尼西亚	479	7.2	517	6.5	471	6.1	540	5.5	683	7.1
巴基斯坦	417	6.3	342	4.3	314	4.1	173	1.8	470	4.9
泰国	349	5.3	393	5.0	383	5.0	275	2.8	329	3.4
墨西哥	285	4.3	305	3.8	261	3.4	221	2.3	245	2.5
越南	264	4.0	363	4.6	350	4.5	379	3.9	517	5.4
韩国	215	3.2	220	2.8	230	3.0	255	2.6	286	3.0
俄罗斯	204	3.1	184	2.3	111	1.4	76	0.8	43	0.4
中国台湾	171	2.6	221	2.8	175	2.3	188	1.9	205	2.1
印度	170	2.6	110	1.4	87	1.1	153	1.6	258	2.7
埃及	95	1.4	110	1.4	90	1.2	25	0.3	34	0.4
日本	93	1.4	66	0.8	82	1.1	65	0.7	69	0.7
中国香港	73	1.1	85	1.1	49	0.6	40	0.4	86	0.9
哥伦比亚	57	0.9	52	0.7	65	0.8	22	0.2	32	0.3
意大利	52	0.8	58	0.7	63	0.8	51	0.5	54	0.6
伊朗	51	0.8	59	0.7	66	0.9	67	0.7	49	0.5
马来西亚	48	0.7	76	1.0	63	0.8	245	2.5	151	1.6
德国	42	0.6	39	0.5	58	0.8	59	0.6	49	0.5
合计	6 137	92.3	7 416	93.5	7 099	91.9	9 375	96.0	9 421	97.7

资料来源：ICAC, Cotton：World Statistics. October，2014.

第二节　棉花贸易规则和仲裁

贸易规则是买卖双方、多方共同遵循的规则和程序，为贸易谈判和贸易实现提供通用的便利。贸易仲裁则是依据贸易规则有效解决贸易矛盾和争端的一种方法。

一、国际棉花贸易一般规则

国际棉花贸易中品质标准有三种形式：国际通用标准、小样标准和美国农业部"绿卡棉"标准。

美国农业部的"国际通用标准"：等级和颜色以美国农业部每年修订的标准样为贸易中的品质标准，由于该标准已被国际上广泛接受，因此该标准既被称作"美棉标准"又被称作"国际通用标准"。

小样标准：此标准一般以卖方提供的小样作为品质标准。一般小样仅代表等级，长度、细度、强力等需单独注明。

美国农业部"绿卡棉"标准：该标准以"国际通用标准"为依据，但品质以美国农业部原始检验的等级、强力、细度、长度结果（绿卡或 FORM A、FORM R 证书）作为最终结算依据。买方不得对品质提出索赔。由于绿卡棉在品质上更有保证，所以绿卡棉一般要比同等级棉花溢价每吨几百元。一般中国企业进口棉花更偏向于以"中国出入境检验检疫局"（英文简称为 CIQ）的到岸品质检验作为最终结算依据以保护自身利益。前两种形式可以按次方法结算，第三种则不可以，但第三种方式的品质经过美国农业部检验，对于对棉花质量要求比较严格的企业，一般可以保证到货质量。

关于"绿卡棉""买方不得对品质提出索赔"，但是"绿卡棉"同样有质量问题。据报道，2005 年张家港口岸进口美国"绿卡棉"23 批，其中 17 批不合格，不合格率超过 74%。在 17 批不合格中，品级平均降级率为 16.1%，细度不合格率为 15.4%，其中品级降级率超过 20% 有 7 批，细度不合格率超过 20% 有 5 批。

虽然现行国际棉花贸易品质标准"绿卡棉"标准作为"国际通用标准"，但品质指标则以美国农业部原始检验的等级、强力、细度、长度结果作为最终结算依据，买方不得对品质提出索赔。因此，当"绿卡棉"贸易出现"问题棉"时，进口企业只能自认倒霉。为此，检验检疫部门提醒企业，不要迷信"绿卡棉"，应根据产品要求和用途进口合适的棉花，要选择信誉好的棉商作为贸易伙伴，而利用"中纺条款"进行棉花贸易和以中方检验检疫证书作为最终结算依据，要比进口"绿卡棉"更有保障。

所谓"中纺条款"，即中纺购棉合同一般条款是中国纺织品进出口总公司在 1982 年与美国棉花协会以及其他一些国家的棉商所签订的意向棉花贸易协议，于 1989 年做了补充修订。该条款在国际上得到了许多国家和棉商的认可，目前它已经成为我国棉花进口遵循的贸易规则。该条款为维护我国棉花进口企业的利益起到积极作用，具体条款规定如下：

关于数量：按公吨或按包装计算总重量，原规定允许多交或少交 1%，但现行的合同一般短溢装为 ±3%，印度棉有时为 ±5%。关于单价的单位为美分/磅，CIF/CFR 中国主港，即期或者 90 天远期信用证。关于货描规格：按国际通用标准或凭样。关于装运：规定装运月份，如果卖方不能在交货期内及时装船，卖方从超过交货期的第 11 天起到装船日止付给买方每月 1.25% 货值的损失，并且在未得到买方同意的情况下，卖方不得转船或分批装运。卖方在装船后的 5~7 个工作日内必须传真通知买方具体的装船信息，以便买方及时投保或跟踪到港情况，否则由此产生的任何损失由卖方承担。关于付款：在装运月前的 15 个工作日左右买方必须开出信用证。否则卖方有权按照自己核定的 CARRING CHARGE 比率向买方收取费用。关于品质重量结算：品质和重量按照到岸 CIQ 检验为准（中纺条款有计算公式），货物到港后的 90 天内向卖方提交商检证书索赔有效。当买方在规定时间内不能提供商检证书时，一定在 90 天之内向卖方申请延期，以免延误索赔。关于仲裁：如果买卖双方产生纠纷，现行合同条款一般为 ICA 仲裁。ICA 是指国际棉花协会，总部在英国利物浦，其前身为英国利物浦棉花协会（LCA），成立于1942年。关于其他特殊条款：根据双方约定，可以添加其他必要条款。比如是否有单据独立于信用证寄送给买家；卖方是否派公正行进行监磅。

（一）棉花分级国际通用标准

1. 颜色。按照国际通用标准，棉花按颜色由高到低分为：白棉（White）、淡点污棉（Light Spotted）、点污棉（Spotted）、淡黄染棉（Tinged）、黄染棉（Yellow Stained）、淡灰棉（Light Gray）和灰棉（Gray）等7个等级。国内进口以白棉为主，其他等级很少进口。

2. 等级。在白棉中又分为7个等级，这7个等级基本与我国的1～7级对应（表4-11）。

表4-11　美国白棉级别

全称	简称	级别	美国农业部代码					相当于中国的级别
			白棉	黄点棉	露黄棉	染黄棉	黄染棉	
GOOD MIDDLING	GM	上级	11	12	13	—	—	一级
STRICT MIDDLING	SM	次上级	21	22	23	24	25	二级
MIDDLING	MID	中级	31	32	33	34	35	三级
STRICT LOW MIDDLING	SLM	次中级	41	42	43	44	—	四级
LOW MIDDLING	LM	下级	51	52	53	54	—	五级
STRICT GOOD ORDINARY	SGO	次下级	61	62	63	—	—	六级
GOOD ORDINARY	GO	平级	71	—	—	—	—	七级
	BG	等外级	81	82	83	84	85	

3. 长度。按照国际通用标准，棉花长度以"1/32"作为长度分级间隔（表4-12）。

表4-12　国际棉花长度分级

国际通用标准表示法	1/32表示法	美国农业部代码	公制长度（毫米）
1-5/32″	37/32	37	大于29.4
1-1/8″	36/32	36	大于28.6
1-3/32″	35/32	35	大于27.8
1-1/16″	34/32	34	大于27.0
1-1/32″	33/32	33	大于26.2
1″	32/32	32	大于25.4

4. 含杂。国际通用标准将含杂作为划分等级的组成因素之一。国际通用标准将含杂分为7级，分别用代码1～7代表含杂从最低到最高。在用代码表示等级时，含杂代码放在中间，例如21-3-36，即绒长。

5. 马克隆值。国际通用标准将代表成熟度的指标称为马克隆值。一般正常的马克隆值范围为：3.5～4.9NCL（NCL为无公差的意思），超出这一范围价格将要折扣。

6. 强力。根据国际标准强力或强度从价计算，只要超出或低于这一范围将会有价格的溢价或折扣。强力有两种表示方法：断裂比强度，卜氏强度断裂比强度表示方法如：8GPT (gram/tex)；卜氏强力 88 000PSI，即每平方英寸有多少磅的受力。举例：SM1 $\frac{1}{8}''$、Mic3.5～4.9，类似于我国的229。

国际棉花贸易的定价方法：有固定价格和过夜实盘价格等。

1. 固定价格。 棉花进口用户或棉农根据棉商报价，双方经协商于当日确定一个固定的价格作为成交价格，这种简单的定价方法是我国进口棉花最常用的贸易作价方式。

2. 过夜实盘。 因为棉商往往在期货市场上做了套期保值，价格是以最近日的纽约期货收盘价为基础计算出来的，如果买家对行情看跌则可以给棉商一个过夜有效的较低实盘买价，这样就可以利用期货的波动做到一个理想的价格。当然，如果市场与买家的判断相反，也可能错失前一个工作日的有利价格。结果有买方选择定价与卖方选择定价。买方选择定价，即买家与卖家在合同只确定差价的定价方式与卖方选择定价，卖方选择定价即卖家与买家在合同只确定差价的定价方式。

（二）进口棉花的价格换算

进口棉花价格换算成人民币成本需依据是"一般贸易"形式还是"加工贸易"形式而有所不同。

1. 一般贸易价格换算。 目前棉花进口价格主要为 CIF 价，进口成本包括以下费用：

（1）发票金额。

（2）进口关税。不同的配额，不同的价格有不同的关税税率。①国家按照加入 WTO 贸协定下发 89.4 万吨的正常配额关税为 1%。②国家按照机动需要临时调剂的配额为滑准税配额，当进口棉花完税价格大于等于 14 元/千克，暂定税率为 0.570 元/千克；当进口棉花完税价格低于 14 元/千克时，暂定关税税率按下式计算：

$$R_i = 8.23/P_i + 3.235\% \times P_i - 1(R_i \leqslant 40\%)$$

式中：R_i 为暂定关税税率，P_i 为关税完税价格。

（3）增值税：关税完税后的 13%。

（4）配额费用：不同的配额，不同的价格。

（5）港口费用：包括各种报关报检及港口费用的杂费每吨成本约合 200 元人民币。

举例：美棉 C/A SM 1 $\frac{1}{8}$，价格 113 美分/磅，CIF 青岛，粗略换算成人民币价格：

$$(1.13 \times 2\ 204.62 \times 6.3 + 570) \times 1.13 + 500 + 200 = 19\ 078.94 \text{元/吨}$$

2. 加工贸易价格换算。 加工贸易无须支付关税增值税，其他同一般贸易。

（三）进口棉花的重量结算

与国外签订的棉花买卖合同，一般对重量的约定为溢重或短重 3%；

买方根据发票净重付款；

根据中国国家质检总局的规定棉花为法检产品，到岸后由棉花入库仓库逐包过磅，并由当地商检局按照一定比例抽检复磅，一般抽检比例约为 2%，但具体视情况而定。

中纺条款规定，棉花按照到岸净重结算，短重与合同单价的乘积加上过磅费即为买方对卖方的索赔金额。

索赔期限一般为船到港后的 90 天内，超过此天数卖方有权拒绝索赔。

二、国际棉花贸易仲裁

国际棉花协会（ICA）是国际棉花贸易的仲裁组织，提出贸易仲裁规则和程序被全球棉花贸易商遵守和运用，也是贸易方签订合同的基本依据。

（一）贸易仲裁一般规则

国际棉花协会有限公司制定《国际棉花协会有限公司章程与规则》，本规则于 2015 年 2 月 27 日经成员批准，2015 年 4 月 1 日生效。主要内容：

1. 第一部分由术语、会员注册和一般贸易术语等组成。

比如，"美国棉"指在美利坚合众国境内各州种植的棉花，包括所谓高（陆）地棉、海（岛）湾棉及得克萨斯棉，但不包括皮马棉各品种。"远东棉"是指生长于孟加拉国、缅甸、中国、印度或巴基斯坦的棉花。"目的地"指将棉花送交订货人或其代理的具体地点，此时运货人的责任终止。"发货地"指承运人或其代理接收棉花的确切地点，承运人的责任在此处开始。关于品质"一般控制界限"和"UCL"，UCL 指对同一棉纤维，允许不同仪器测量的读数有正常波动。

2. 第二部分为规则。

规则 201 内容：

（1）卖方必须在合同规定的时限内提供发票或提单所载的完整和正确的唛头、船名和其他情况细节。如卖方未提供，则买方可按我们规则之规定结清提单所覆盖之全部或部分合同，并向卖方回开发票。买方必须在合同规定的 14 天（两周）期限内按此操作。如卖方在时限过后方提供发票或提单详细情况，则买方如欲终止合同或其任何一部分，必须在三天内通知卖方。

（2）如合同中未规定时限，卖方在提单出具之日起 21 天（三周）内未提供发票或详情，则可适用上述规定。

（3）装运指示和信用证必须按装运量全额开具，无论是否有装运量允许差值（请参见规则 220）。

（4）如信用证开具时间延后，或未按合同规定装运，则双方可以协商同意延长装运期。如双方不能就装运期延展达成一致，则适用规则 237 和规则 238。

（5）唛头有轻微差异不构成影响。

规则 202 内容：

如买方能证明提单规定的详情出错或不符合合同条款，可将相关事项提交仲裁。仲裁员将裁定买方是否应当在接受补贴的情况下接受棉花，还是可以终止合同。如系陆地运输，则买方必须在收到提单详情后 42 天（六周）内提出仲裁申请。如系海运，则买方必须在收到提单详情后 28 天（四周）内提出仲裁申请。

规则 203 内容：

如棉花或其部分滞留未装上指定货船，但只要提单正确并符合章程 100 所规定之定义，则合同不得终止。以上仅适用于货运合同，不适用于航行或通关合同。

规则 204 内容：

如就从美国港口起运的集装箱装载美国棉货运合同发生争议，则可按我们的规则手册附件 B 规定的"集装箱贸易规则"处理。

规则 205、规则 206、规则 207、规则 208 和规则 209 的内容涉及保险。

规则 210 和规则 213 涉及开票和付款。其中付款条款为"货船抵达后，必须在到达之日或者提单或货运文件日期后 49 日（七周）内支付货款，以先到者为准。合同所约定的货运文件首次展示后，须在三个工作日内付款，除非双方另有约定"。"依据合同条款提出的索赔必须在索赔之日起 21 日（三周）内支付。如负有付款义务的一方未按此履行，则还须按双方议定的利率根据最终索赔金额支付利息。如双方不能达成一致，则索赔金额和利息将依据我们的章程通过仲裁确定"。

规则 214 内容为"叫价"销售，规则内容：

一是买方叫价。遵照美国洲际交易所（简称 ICE）二号棉花期货合约叫价销售，叫价销售的棉花最终价格将以销售合同所定 ICE 二号棉花期货合约当月定价为基础确定。买方应将可执行的定价指示通知卖方。卖方应以书面方式通知买方已填报的定价细节和定价结果。除非双方另行协商一致，否则棉花定价必须在销售合同所定 ICE 二号棉花期货合约的期货合约月份的第一个通知日之前确定。如届时棉花仍未定价，则最终价格须以销售合同所定的期货合约月份的第一个通知日前一日的 ICE 二号棉花期货合约收盘价格为基础。

对于 ICE 二号棉花期货合约市场以外产品叫价销售，叫价销售的棉花的最终价格将以销售合同所定产品报价为基础确定。买方应将可执行的定价指示通知卖方。卖方应以书面方式通知买方已填报的定价细节和定价结果。除非双方另行协商一致，否则棉花必须在产品到期日之前确定。如在产品到期日之前棉花仍未确定，则须在产品最后一次公开报价的基础上确定价格，或者，如无到期日，则按装运/交付日确定。

二是应卖方叫价，买卖双方的角色互换。

关于纽约棉花期货：

期货交易是一种建立在标准合同上的远期交易。根据纽约期货交易所的规定：每张棉花合同代表在指定交割月份将 100 包（相当于 50 000 磅）等级为 SLM（四级），长度为 $1-1/16''$ 的棉花交到期货交易所的指定仓库（卖方）或从该指定仓库提走（买方）。

纽约棉花期货的价格以"美分/磅"为基础（1 吨＝2 204.62 磅），并以 1/100 美分作为浮动基础，每 1/100 美分叫 1 个"点"。除特殊限定条件外，每日最高涨跌幅限制为 3 美分/磅。纽约期货交易所规定当任意两个持仓量最大的交割月的价格高于 84 美分时，涨跌幅为 4 美分/磅，因此现行的涨跌幅为 4 美分/磅。如果前一个工作日涨停或跌停，后一个工作日涨跌幅加 1 美分，以此类推。

纽约期货的交割月为 3 月、5 月、7 月、10 月和 12 月等 5 个。由于各参与方主要通过期货作为套期保值和投机的手段，实际交割的棉花并不多。

规则 215、规则 216、规则 217、规则 218、规则 219 和规则 220 内容涉及皮（毛）重和重（净）量检验，其中皮重必须检验至少 5％的棉包，并且对同一批次或唛头的每一种棉包至少抽检 5 个。

规则 221 和规则 222 涉及棉花交货质量检验。其中关于质量"买卖双方可以在合同中约定所交付的棉花必须具备一定的等级、长度、马克隆、强度和其他纤维属性。合同也可以规定补贴、差额、限制及如何适用，以及如可适用，在发生争议的情况下使用何种手段确定问题的性质"。

规则 223、规则 224、规则 225 和规则 226 内容涉及采样。其中采样重量为每个样品从一个棉包取出的样品重量应为约 150 克。若发生手工评级索赔和/或仲裁，则美国棉和澳大利亚棉均须 100% 采样。除非另有约定，其他棉品只须从卖方商业发票所注明的各批次或唛头中抽取 10% 的代表样品即可。样品可以从部分批次和/或货物中抽取；但索赔只能针对采样时适用的棉包数提起，即只对采样包棉花提出索赔。若买方或卖方认为棉花或废棉系掺次包装、混杂包装或夹次棉包，则每个棉包都必须取样，并且样品必须从棉包两侧采集。

规则 227、规则 228、规则 229、规则 230 和规则 231 内容涉及掺次包装、混杂夹次包装和含异物的货包方面的索赔。内容有索赔时间、再检验及其费用承担等。

关于棉花质量索赔：

马克隆及赔偿涉及规则 234 和规则 235（表 4-13），对于读数为 2.9～2.6（含）的棉花，在 3.0 以下每 0.1 个马克隆提高赔偿百分比至 3%；并且对于读数为 2.5 或以下的棉花，在 2.6 以下每 0.1 个马克隆提高赔偿百分比至 4%。

表 4-13　对于美国棉的最小与最大马克隆值赔付标准

马克隆值低于控制界限	赔偿百分比	马克隆值高于控制界限	赔偿百分比
0.1	0.5	0.1	0.5
0.2	1.0	0.2	1.0
0.3	2.0	0.3	2.0
0.4	3.0	0.4	3.0
0.5	4.0	0.5	4.0
0.6	5.0	0.6	5.0

注：以此类推，每 1% 提高 0.1 个马克隆。

对于规定最大马克隆值的合同，超过最大值的棉包赔偿为表 4-13（右边）。以此类推，每 1% 提高 0.1 个马克隆。但若合同规定了最大马克隆读数为 4.9 或以下，则：对于读数为 5.6 及以上的棉花，在 5.6 以上者每 0.1 个马克隆提高赔偿百分比至 3%。

关于非美国产原棉马克隆值索赔为表 4-14。

表 4-14　对于非美国产原棉马克隆值索赔

马克隆值低于控制界限	赔偿百分比	马克隆值高于控制界限	赔偿百分比
0.1	0.5	0.1	0.5
0.2	1.0	0.2	1.0
0.3	2.0	0.3	2.0
0.4	3.0	0.4	3.0
0.5	4.0	0.5	4.0
0.6	5.0	0.6	5.0

以此类推，每 1% 提高 0.1 个马克隆。但若合同规定最小值为 3.5（3.5NCL 或 3.8UCL）或更高，则：对于读数为 2.9 至 2.6（含）的棉花，在 3.0 以下每 0.1 个马克隆提高百分比赔偿至 3%；并且对于读数为 2.5 或以下的棉花，每 0.1 个马克隆提高赔偿百分比至 4%。

对于规定最大马克隆值的合同，超过最大值的棉包赔偿为表 4-14，以此类推，每 1% 提高 0.1 个马克隆。但若合同规定了最大马克隆读数为 4.9 或以下，则：对于读数为 5.6 及以上的棉花，在 5.6 以上者每 0.1 个马克隆提高赔偿百分比至 3%。强度索赔涉及规则 237（表 4-15）。

表 4-15　对于原棉强度索赔标准

HVI—克/特值低于控制界限			卜（葡）氏强力：磅/平方英寸（psi）值低于控制界限		
最低	最高	赔偿百分比	最低	最高	赔偿百分比
1.1	2.0	1.0	1 050	3 000	1.5
2.1	3.0	1.5	3 050	5 000	3.0
3.1	4.0	3.0	5 050	7 000	5.0
4.1	5.0	5.0	7 050	9 000	8.0
5.1	6.0	8.0	低于 9 000 与 2000 磅/平方英寸另加 4%		
低于 6 则每克/特值另加 4%					

另外，国际棉花协会还有标准合同文本、集装箱贸易规则协议等。

3. 第三部分为仲裁章程。

仲裁章程从 300 章到 354 章共 55 章，分技术仲裁和质量仲裁两个方面，大致程序如下：

仲裁庭建立和和仲裁员的任命。依据章程进行裁决的争议须由三名仲裁员组成的仲裁庭审理，或者如双方同意，由一名独任仲裁员审理，该独任仲裁员须被视为章程所述之合格的仲裁员。双方各自指定一名仲裁员，国际棉花协会指定第三名仲裁员，由其担任仲裁庭主席。仲裁庭须保证公平公正的原则，各方均获得公平的机会在仲裁庭主席主持下陈述本方理由。仲裁庭须以方便快速解决争议为宗旨主持仲裁程序。

司法管辖权。在不违反仲裁法关于司法管辖权规定的前提下，仲裁庭可以就其司法管辖权问题作出裁定，即关于是否存在有效的仲裁协议、仲裁庭的构成是否适当以及依据仲裁协议将何事项提交仲裁。

仲裁、口头庭审、申诉和裁决书下达等。首先要确定仲裁庭是否具有司法管辖权，确定及决定所有程序和证据事项，当事人有义务执行所必需的事项促进仲裁程序的适当和快速进展，包括不迟延地遵守仲裁庭的关于程序和证据事项的任何命令或指示。如有任何一方不遵守仲裁庭的任何程序性命令，则仲裁庭有权继续仲裁并作出裁决。决定、命令和裁决须由全体或多数仲裁员确定，包括仲裁庭主席在内。如在作出决定、命令和裁决过程中无法达成一致同意或无法使多数同意，则以仲裁庭主席的意见为准。

小额索赔技术仲裁（争议金额等于或小于 US＄25 000）。

索赔。对于掺次包装、混杂夹次包装和含异物货包的索赔：

规则 227 主要内容：

（1）买方必须在棉花到货之日起六个月（26 周）内就掺次包装、混杂包装或夹次棉包提出索赔。索赔提出后，棉包必须留存 28 天（四周）供检验，并且检验必须由经认可的专家进行。若卖方在索赔证实后 14 天（两周）内告知买方其欲收回棉花，则他有权如此行事。若买方已经支付了棉花价款，则卖方必须按索赔证实当日优良棉花市场价买回，并向买方赔偿其经证明的支出。

（2）若卖方不收回棉花，则索赔必须按向卖方证实当日优良棉花的市场价进行结算。卖方还必须向买方赔偿其经证明的支出。

（3）买方必须在棉花到货之日起六个月（26 周）内就不适销的棉花提出索赔。索赔提出后，棉包必须留存 28 天（四周）供检验，并且检验必须由经认可的专家进行。买方可以就打开棉包以及分离适销棉花与不适销棉花所发生的合理和经证实费用向卖方索赔。买方还可以就从棉包中分离的不适销棉花的价值提出索赔。价值必须按索赔向卖方证实当日适销棉花的市场价值确定。

（4）异物。买方必须在棉花到货之日起六个月（26 周）内就棉花中的异物提出索赔。索赔提出后，棉包必须留存 28 天（四周）供检验，并且检验必须由经认可的专家进行。买方可以就去除异物所发生的合理经证实的支出向卖方提出索赔。

规则 228 主要内容：

买方必须就规则 207 或规则 208 详述的产地污损索赔发出通知，并且调查工作须在索赔通知发出后 14 天（两周）内，或在棉花到货之日起 56 天（八周）内完成，以先到者为准。

规则 229 对棉包采样进行内含水分检验时适用如下规定：

必须从每个待采样棉包中采集至少 250 克样品。样品必须由要求检验的一方代表采集，另一方代表在场（若其指定代表）。样品必须在称重时采集。

代表性样品必须从每一批次的 5% 棉包（至少三个棉包）中采集。棉包必须随机选择。样品必须从每个棉包至少两处不同的部分采集，深度为深入棉包约 40 厘米。样品必须立即置于干燥、完全密封的容器中并贴上标签显示样品采自棉包的识别号。样品必须立即送往双方共同接受的检验实验室。

规则 230 规定买方必须在 42 天（六周）内就内含水分索赔发出通知，并且在 63 天（九周）内提供双方同意的实验室出具的报告以及最终的索赔。以上时限按棉花到货日起计算。给予买方的补贴将以实验室报告为依据确定。补贴应为以下二者的差价，该批次中完全干燥纤维加上合同中规定回潮水分的百分比；与该批次的总重量，此项补贴也以发票价格为基础确定。

还有仲裁收费标准和免费规定。

4. 第四部分为行政管理章程。

涉及在国际棉花协会注册和成为会员资格等相关条款包括：即应成为注册会员，取得资格，公司申请必须以国际棉花协会的董事批准的表格形式提出。成为会员后享受会员待遇，有选举权，可以选举仲裁员。仲裁委员会由初步调查委员会、价差委员会和质量申诉工作小组组成，以及纪律程序。

国际棉花协会的会员分布在世界 54 个国家。协会董事来自 12 个不同国家，中国棉花协会于 2007 年加入棉花协会国际合作委员会（CICCA）。任何会员可通过董事会指定或年度选举加入一系列委员会，如规则委员会，质量差额委员会，申诉委员会等。如北京棉花展望公司的郭荣敏已通过仲裁员第一阶段考试，作为仲裁员可为任何卷入纠纷的公司进行仲裁。天津棉花交易市场的毕玉娟女士已通过同样的考试，是仲裁员并且是规则委员会的成员。来自不同国家和原棉业不同分支的会员参与对于协会保持中立是非常重要的，会员，董事会和委员会的组成确实反映了这一点。

国际棉花协会的主要功能和服务：

出版用于国际棉花贸易的章程和规则书，其用于四分之三的世界原棉贸易。为国际原棉贸易产生的纠纷提供质量和贸易仲裁服务，裁决书被世界大多国家认可。为会员和非会员提供原棉测试服务，用于仪器仲裁或原棉工业所要求的其他目的。每年9月或10月在利物浦举行贸易会议和晚宴；每年4月至5月在利物浦为原棉业潜在的管理人员举行国际贸易讲座。出版价值差额期刊以及一系列其他刊物，以使得会员们获得贸易规则，仲裁等领域的最新信息。作为棉花协会国际合作委员会和美国通用棉花标准外国签约者的秘书处，拥有包括中国在内的最广泛的世界棉花标准，为仲裁和世界原棉业服务。

(二)原棉贸易国内裁定

有一案例：江苏省无锡市中级人民法院民事裁定书，最终裁定涉案仲裁条款未成立，不符合《纽约公约》第二条所规定的可进行仲裁的条件。同时，涉案仲裁裁决具有《纽约公约》第五条第一款（甲）项所规定的可以拒绝承认和执行的情形。据此，法院依照《承认及执行外国仲裁裁决公约》第五条、《中华人民共和国民事诉讼法》第一百五十四条第一款第十一项之规定，"不予承认和执行国际棉花协会于2013年1月11日就395080号合同作出的案件编号为A01/2010/80的仲裁裁决"。

事件经过：申请人艾伦宝棉花有限公司与被申请人江苏倪家巷集团有限公司，涉案原棉1 000吨。

艾伦宝公司申请称：艾伦宝公司与倪家巷公司于2011年2月17日签订395 080号棉花购销合同，向倪家巷公司销售1 000吨棉花。合同约定任何与棉花购销协议有关的争议应根据国际棉花协会章程，在英国利物浦进行仲裁，适用英国法。因双方发生纠纷，艾伦宝公司于2012年4月9日提起仲裁，国际棉花仲裁协会于2013年1月11日作出仲裁裁决：一是倪家巷公司应以107.50美分/磅的单价向艾伦宝公司结价，支付涉案1 000公吨棉花的合同价格与2012年1月20日市场价格之间的差额1 058 208美元，及7.5%计算的利息77，626.08美元，合计1 135 834.08美元；还以支付利息和裁决费用5 060英镑。二是该仲裁裁决已于2013年1月11日生效，由于倪家巷公司未履行上述裁决项下的义务，路易达孚澳大利亚公司向法院提出申请，请求承认和执行上述裁决事项。三是倪家巷公司提出不予承认和执行的抗辩，理由是：根据《纽约公约》第二条的规定，本案不符合申请承认与执行的前提条件。双方未达成涉案棉花购销合同，故涉案仲裁裁决所依据的仲裁条款未成立；张永忠的签字行为不能构成表见代理，导致倪家巷公司与艾伦宝公司之间不存在合同，故不存在仲裁条款。

法院查明结果：本院经审查后查明：

一是在买方代表栏上有"张永忠"字样的签名。该合同上没有倪家巷公司的公章．艾伦宝公司向倪家巷公司发送函件主张倪家巷公司违反涉案合同，并告知艾伦宝公司将向国际棉花协会提起仲裁。倪家巷公司两次收到函件后14天内指定其代表，该函件于4月12日被签收。称其未与艾伦宝公司签订购销合同，也没有授权任何人代表倪家巷公司与艾伦宝公司签订合同，称该公司没有人叫做"张永忠"，也没有叫做"张永忠"的人担任总经理。关于本案的仲裁管辖权，国际棉花协会审查后认为根据英国法律，合同必须被签字这一点不是最重要的。但是，双方的行为将表明双方的意图。仲裁协议无需被签字，只要是以书面形式作出即可。故仲裁庭认定双方签署了有效的书面合同，合同中存在仲裁协议，仲裁庭确定其具有仲裁管辖权。

二是关于包含涉案仲裁条款在内的合同签订的事实申请人艾伦宝公司认为，张永忠代表倪家巷公司与北京路易达孚公司就涉案合同条款进行电话磋商，后北京路易达孚公司制作合同，并由艾伦宝公司签字后以电子邮件形式发送给张永忠。张永忠在合同上签字后传真给北京路易达孚公司。被申请人倪家巷公司认为，其并未与艾伦宝公司签订涉案合同，也没有授权任何人签订该合同。经本院调查，张永忠否认在涉案的合同上签字。张永忠仅担任天工公司的总经理，并不在倪家巷公司任职。倪家巷公司虽然控股天工公司，但并不过问日常经营情况。倪家巷公司并未就该合同向张永忠出具书面授权。

法院裁定主要过程和结论：法院经审查认为：

一是根据《中华人民共和国民事诉讼法》第二百八十三条的规定：国外仲裁机构的裁决，需要中华人民共和国人民法院承认和执行的，应当由当事人直接向被执行人住所地或者其财产所在地的中级人民法院申请，人民法院应当依照中华人民共和国缔结或者参加的国际条约，或者按照互惠原则办理。本案所涉仲裁裁决在英国作出，系外国仲裁裁决，中国与英国均为《承认及执行外国仲裁裁决公约》（以下简称《纽约公约》）的缔约国，故本案所涉仲裁裁决是否予以承认和执行应当根据《纽约公约》的相关规定进行审查。

二是国际棉花协会于2013年1月11日就395080号合同作出的案件编号为A01/2010/80的仲裁裁决应不予以承认和执行。理由如下：①法院可以依法对仲裁协议是否成立予以审查。仲裁协议是否成立是仲裁协议是否有效的前提，因此仲裁协议是否成立也应该属于《纽约公约》第五条第一款（甲）项关于拒绝承认的规定范围；而且仲裁协议是否成立的前提，是当事人就仲裁解决争议是否达成合意，如果本案中的双方当事人之间没有达成将争议通过仲裁解决的合意，那么国际棉花协会仲裁该纠纷就缺乏事实和法律依据，因此法院可以依法对仲裁协议是否成立予以审查。②本案的仲裁协议未成立。根据《纽约公约》第五条第一款（甲）项规定："该项协定依当事人作为协定准据之法律系属无效，或未指明以何法律为准时，依裁决地所在国法律系属无效者"。因涉案仲裁裁决在英国作出，故应以英国法作为判断仲裁协议是否成立的准据法。③从目前的举证情况来看，不能认定双方就涉案仲裁条款达成一致。首先，根据本院对张永忠进行的调查，在涉案合同缺乏倪家巷公司的公章、而张永忠又否认其在包含仲裁条款的合同上签字的情况下，应由申请人艾伦宝公司证明其与倪家巷公司就仲裁条款达成一致。艾伦宝公司虽提供了涉案合同的传真件原件，但未能进一步举证证明涉案合同上"张永忠"签字的真实性。经本院释明，艾伦宝公司明确对涉案合同上"张永忠"签字是否为其本人所写不进行鉴定，本院对涉案合同的真实性无法确认，亦无法确认双方是否就涉案仲裁条款达成一致。其次，从倪家巷公司和天工公司通过北京路易达孚公司签订的四份已履行的合同可见，无论合同双方当事人是谁，均以在纸质版合同上由张永忠签字并加盖公司公章的形式订立，仲裁条款才随之成立。但涉案合同以传真形式订立，且只有"张永忠"字样的签字，与之前的惯例不同。艾伦宝公司亦未举证证明其以传真形式与倪家巷公司或天工公司签订过其他合同。因此，艾伦宝公司提供的现有证据不足以证明其与倪家巷公司就仲裁条款达成一致。④即使涉案合同上张永忠的签字系其本人所为，亦不能推断倪家巷公司具有仲裁的意思表示。英国代理法认为，仅在代理人具有签订仲裁协议的授权时，仲裁协议才是有效的。代理人的授权有以下类型有实际授权和表面授权。实际授权不仅包括明示授权，也包括默示授权（即该职位上的人应该具有的实际授权）以及根据该案情况可以推定的授权。表面授权是指代理人"对他人呈现出的授权"：根据表面授权的原理，被代理人授予第三人的合同约束因为代理人显示其有授权，尽管被代理人和代理人之间并没有这种授权发生。被代理人的默许或不作为可能会被认为是构成追认。

　　本案中，艾伦宝公司未举证证明张永忠获得倪家巷公司的授权而签订涉案合同，故不存在张永忠获得明示授权的情况。艾伦宝公司举证张永忠的名片，认为其具有默示授权，但张永忠的身份不能仅凭名片来判断；张永忠的名片上同时印有倪家巷公司和天工公司的抬头，恰恰应引起艾伦宝公司的注意，要求张永忠在签约时明确其到底是代理哪个公司签订合同。艾伦宝公司举证合同，认为张永忠具有代表倪家巷公司的表面授权。但是在签订合同后，艾伦宝公司分别与天工公司签订并履行了两份合同，合同的买方皆为天工公司，由张永忠签字并加盖天工公司公章。在此情况下，艾伦宝公司应对张永忠的身份情况有清楚明确的认识，起码在签订涉案合同时，应再行核实张永忠是否具有代表倪家巷公司的授权或要求加盖倪家巷公司的公章。艾伦宝公司在其发送给张永忠的邮件中反复要求张永忠将合同"签章回传"，说明其也清楚合同需有张永忠签字并加盖公司公章这一交易习惯。从双方交易往来情况看，除合同外，张永忠并未代表倪家巷公司与艾伦宝公司发生其他业务往来，艾伦宝公司推定张永忠具有代表倪家巷公司的授权，缺乏事实和法律依据。倪家巷公司要求对仲裁裁决不予承认与执行，亦即其对张永忠的签字行为不表示追认。故从现有证据看，艾伦宝公司无法证明其在签订涉案仲裁条款时有理由相信张永忠可以代表倪家巷公司。因此，就涉案仲裁条款而言，倪家巷公司并未与艾伦宝公司达成一致，故涉案仲裁裁决符合《纽约公约》第五条第一款（甲）项规定的"该项协定依当事人作为协定准据之法律系属无效，或未指明以何法律为准时，依裁决地所在国法律系属无效者"得以拒绝承认与执行的情形。

　　上述举例说明原棉贸易纠纷处理的诉讼程序，不少是采用庭外协商办法，也可以得到解决。

三、棉花进口几种贸易方式

　　1. 原产地美金原棉。根据棉商报价，用固定价格从原产地购进原棉，如果自营买方需要承担开证费，报关报检，缴纳关税增值税，入库费仓库费等各项费用，收益不固定，风险较高。如果美金对缝销售给下游工厂则只需承担开证费，无需承担其他任何费用，收益固定，风险较低。如果装船期较长，要收取下游履约保证金。

　　2. 保税区美金原棉。根据棉商报价，用固定价格从国内保税区购买棉商寄售到保税库的原棉，如果自营买方承担开证费，报关报检，缴纳关税增值税，出库费，超期仓库费等费用，收益不固定，风险仅次于原产地美金原棉贸易。如果美金对缝销售给下游工厂则只需要承担开证费，有时承担出库费，无需承担其他费用，收益固定，风险较低。

　　3. 原产地或保税区美金货物购进。此种贸易需向下游工厂收取一定头寸的履约保证金。

　　4. 人民币对缝业务。低价买入人民币棉花，高价卖出人民币棉花赚取差价。

四、中国棉花进口管理制度

中国棉花进口实行"配额许可证制度"（详见第七章）。按照中国加入 WTO 的约定，每年固定下发 89.4 万吨的 1% 低关税税率的配额，当年配额最迟可使用到次年 2 月底。

追加配额由国家发改委会同相关部门报国务院批准，追加配额外进口原棉的关税税率采用滑准税，税率由国务院关税税则委员会确定，报国务院批准。根据市场供需机动发放滑动关税配额，当年配额当年 12 月底之前使用，发放时间和数量都依照市场而定。

根据需要国家还会发放加工贸易配额，用此配额清关无需支付关税和增值税，但加工后的产品一定要出口。

第三节　全球棉花贸易机构

ICAC 于 1994 年和 2012 年对全球棉花公司进行了 2 次大型调查，结果指出，全球从事棉花贸易的公司（集团）、合作社、私人商行和政府商业贸易机构共有好几百家。据 ICAC 的统计和报道（2013），这些贸易公司、合作社、私人商行或政府机构具有多种功能，比如从农民手中购买籽棉，经过轧花、仓储、运输，出售皮棉到棉纺织厂；自 2005 年全球棉纺织品贸易一体化后，许多大型棉花贸易公司（集团）不断扩展功能，发展一体化体制，从棉花贸易扩展到投资、贷款、咨询和技术推广；还有一些贸易大公司建立棉花生产基地、大型棉花垦殖场和棉纺织业厂，形成较大的棉花产业集团，产业功能增强。

全球棉花贸易结构和贸易商发生了很大变化，这个变化包括棉花产业向新兴经济体中国、印度、巴基斯坦和越南、印度尼西亚等国家转移的步伐加快，全球特大型棉花贸易商的市场份额在提升，亚洲特别是南亚一些大型和中型棉花贸易商随着生产量和消费量的增长在增加，而另外地区特别欧洲和非洲棉花贸易公司则破产。

中国凭借丰富的劳动力资源和娴熟的劳动技能，在 2001 年加入 WTO 之后，特别是自 2005 年全球纺织品配额取消以后，棉纺织业得到快速发展，棉花产能大幅度提升，国内特大和大型贸易商的收购、加工和销售量大销售额大。同时，我国进口原棉数量大幅增长，2012 年进口量占全球市场的 60%，全球棉花贸易商纷纷踏至我国市场，销售全球各地生产的原棉，其中美棉、印度棉、澳大利亚棉占中国市场份额的 70%。

围绕棉花贸易还有海外运输业、棉花银行业和棉花保险业等。

一、全球棉花贸易公司

按棉花贸易规模大小分为特大公司、大公司、中等公司和专业化公司等。按所有权属性又可分为国有制贸易、合伙贸易商行和私有制贸易公司。2012 年，全球国有棉花贸易公司 24 家、棉花合伙贸易行 9 家和棉花私有公司 414 家。调查结果显示，全球棉花产业加快向新兴经济体转移，发达国家的市场份额在减少，棉花运输业的竞争也非常激烈。与此同时，全球最大棉花贸易公司也发生变化，部分特大和大型公司的贸易量有所上升，贸易市场的集中度有所提升。

（一）特大棉花贸易公司

棉花年贸易量 200 千吨以上，特大公司贸易量约占全球原棉总贸易量的一半（表 4 - 16）。

表 4 - 16　全球棉花贸易机构
（公司按大小及 ICAC 秘书处的评估排列）

序号	英文名称	中文公司名称	国家	类型
特大棉花贸易公司（年贸易量：大于 200 000 吨）				
1	Allenberg Cotton Co, Cordova1/	艾伦宝棉花公司，科尔多 1/	美国	私有
2	Cargill Cotton, Cordova2/	嘉吉棉花公司，科尔多 2/	美国	私有
3	Olam International Ltd, Singapore	奥兰国际有限公司，新加坡 4/	新加坡	私有
4	Staple Cotton Cooperative Association, Greenwood	长绒棉合作社，格林伍德	美国	合伙
5	Ecom USA Inc, Dallas6/	美国电子商务公司，达拉斯 6/	美国	私有
6	Chinatex, Beijing, China	中国中纺集团公司，中国	中国（大陆）	国有
7	Paul Reinhart AG, Winterthur5/	保罗赖因哈特银，温特图尔 5/	瑞士	私有
8	Toyo Cotton（Japan）Co, Osaka8/	东洋棉花株式会社，日本大阪 8/	日本	私有
9	Joint-Stock Company Uzinterimpex, Tashkent	乌兹别克国际进出口联合股份公司，塔什干	乌兹别克斯坦	国有
10	State Joint Stock Foreign Trade Company "Uzmarkazimpex, Tashkent"	乌兹别克进出口国有股份制外贸公司，塔什干	乌兹别克斯坦	国有
11	Uzprommashimpeks, Tashkent	乌兹别克工业机械进出口公司，塔什干	乌兹别克斯坦	国有
12	Plexus Cotton Ltd, Liverpool7/	丛棉有限公司，利物浦 7/	英国	私有
大型棉花贸易公司（年贸易量：50 000～ 200 000 吨）				
1	Namoi Cotton Cooperative Ltd, Wee Waa, NSW	纳莫伊棉花合资有限公司，威瓦，新南威尔士州	澳大利亚	合伙
2	Ecom Agroindustrial Corp Ltd, Pully6/	经济农业和工业集团有限公司，普伊 6/	瑞士	私有
3	The Cotton Corporation of India Ltd, Mumbai	印度棉花有限公司，孟买	印度	国有
4	Calcot Ltd, Bakersfield	德卡尔科特公司，贝克尔斯菲市	美国	合伙
5	C. A. Galiakotwala & Co Ltd, Mumbai	加利亚技术公司，孟买	印度	私有
6	Cargill Cotton, Liverpool2/	嘉吉棉花，利物浦 2/	英国	私有
7	Gill & Co Ltd, Mumbai	吉尔有限公司，孟买	印度	私有
8	Kotak & Co Pvt Ltd, Mumbai	科塔克私人有限公司，孟买	印度	私有
9	Olam, Fresno4/	奥兰公司，夫勒斯诺 4/	美国	私有
10	Toyoshima & Co Ltd, Nagoya10/	丰岛科技有限公司，名古屋 10/	日本	私有
11	Multigrain SA, Sao Paulo	杂粮公司，圣保罗	巴西	私有

（续）

序号	英文名称	中文公司名称	国家	类型
12	Agro Industrias Unidas De Mexico SA De Cv Amsa，Mexico City6/	农工业联合体，墨西哥市 6/	墨西哥	私有
13	Devcot SA，Lile	德棉公司，里尔	法国	私有
14	Jess Smith & Sons Cotton，Lic，Bakersfield	杰西史密斯父子棉花，地方政府投资公司，贝克尔斯菲市	美国	私有
15	Otto Stadtlander Gmbh，Bremen	奥托股份有限公司，不来梅	德国	私有
16	EISA-Empresa Ineragricola S. A. Sao Paulo6/	普雷萨扩展工业标准结构公司，圣保罗 6/	巴西	私有
17	Khimji Visram & Sons	姬路伐柏拉姆父子公司	印度	私有
18	Toyo Cotton Co，Dallas8/	东洋棉花有限责任公司，达拉斯 8/	美国	私有
19	Toyoshima USA，Inc，Cordova10/	丰岛美国公司，科尔多瓦 10/	美国	私有
20	Ecom Commodities Pty Ltd，NSW6/	电子商务商品有限公司，新南威尔士州 6/	澳大利亚	私有
21	International Cotton and Textile Trading Co Ltd，Lugano	国际棉花纺织贸易有限公司，卢加诺	瑞士	私有
22	Noble Resources Group，Singapore	贵族资源集团，新加坡	新加坡	私有
23	SA Goenka，Barcelona	戈恩卡公司，巴塞罗那	西班牙	私有
24	Texas Cotton Marketing Corp.，Austin	德克萨斯棉花营销公司，奥斯汀	美国	私有
25	Allbright Cotton，Fresno	大光明棉花公司，弗雷斯诺	美国	私有
26	Mambo Commodities，Paris	曼博的商品，巴黎	法国	私有
27	Cottip SA，Geneva	天然纺织纤维，日内瓦	瑞士	私有
28	Violar SA，Larisa	violar 公司，拉里萨	德国	私有
29	ACG Cotton Marketing，Lubbock	美国企业成长协会棉花市场，卢博克市	美国	私有
30	Arco Cotton Agents（I. C. T. International Cotton Trading），Milan	阿科棉花代理商，米兰	意大利	私有
31	Baumann Hinde & Co Ltd，Southport	鲍曼亨德有限公司，绍斯波特	英国	私有
32	Compagnie Cotonniere Copaco，Paris9/	巴拉圭棉公司，巴黎 9/	法国	私有
33	Dubai Cotton Centre，Dubai	棉花中心，迪拜	阿拉伯联合酋长国	国有
34	Gap Pazartama A. S.，Istanbul	差距市场营销公司，伊斯坦布尔	土耳其	私有
35	Loeb & Company，Inc，Montgomery	洛布公司，蒙哥马利	美国	私有
36	Montgomery Co，Inc，Lubbock	蒙哥马利公司，卢博克市	美国	私有
37	Volcot America Inc，Phoenix	Volcot 美国公司，菲尼克斯	美国	私有
38	Yamachu Mengyo Co Ltd Osaka，Osaka	大阪亚马处 Mengyo 有限公司，大阪	日本	私有

（续）

序号	英文名称	中文公司名称	国家	类型
中型棉花贸易公司（年贸易量：20 000～50 000 吨）				
1	Auscott Ltd，Sydney NSW11/	奥斯考特公司，悉尼新南威尔士州 11/	澳大利亚	私有
2	Glencore International Ag，Baar	嘉能可国际公司，巴尔	瑞士	私有
3	J. G. Boswell Company，Pasadena11/	J. G. 博斯韦尔公司，帕萨迪纳 11/	美国	私有
4	The Cotton Company of Zimbabwe Ltd，Harare	津巴布韦棉花公司，哈拉雷	津巴布韦	私有
5	Etem Ozsoy Tarim Ticaret Ve Sanayi As，Izmir	埃泰姆，伊兹密尔	土耳其	私有
6	Jaume Artigas，Barcelona	乌梅阿蒂加斯，巴塞罗那	西班牙	私有
7	Central Cotton Company Limited，Liverpoor7/	中央棉有限公司，利物浦7/	英国	私有
8	Esastem Trading Co，Lubbock	东方贸易公司，卢博克市	美国	私有
9	M. Schiefer Trading Co，Lubbock	席费尔贸易有限公司，卢博克市	美国	私有
10	Societe d'Importation et de Commission，Le Havre	群集进口委员，勒阿弗尔	法国	私有
11	ACM，Inc，Collierville	维尔丙烯酸酯橡胶公司，科利尔	美国	私有
12	Battistel Amiotti Srl，Milan	Battistel Amiotti 有限公司，米兰	意大利	私有
13	Cukurova Cotton Cooperatives Association Cukobirlik，Adana	库库罗瓦棉花合作社协会，亚达那	土耳其	合伙
14	Sekhsaria Exports，Mubai	sekhsaria 出口公司，孟买	印度	私有
15	Taris Pamuk Tarim Satis KOOP. Birligi，Lzmir	帕慕克塔里斯塔里木满意库普，伊兹米尔	土耳其	私有
16	Plains Cotton Cooperative Association，Lubbock	平原棉花合作社协会，卢博克市	美国	合伙
17	Cargill Tanzania Limited，Dar es Salaam2/	嘉吉坦桑尼亚有限公司，达累斯萨拉姆 2/	坦桑尼亚	私有
18	Daewoo Corporation，Seoul	大宇集团，汉城	韩国	私有
19	First American Cotton Co，Lubbock	第一美国棉花有限公司，卢博克市	美国	私有
20	Francis & Company，Inc，Memphis	弗兰西斯公司，孟菲斯	美国	私有
21	Indutech Spa，Milano	工业用纺品公司，米兰	意大利	私有
22	Knowles-Taylor Cotton Co Inc，Matador	诺尔斯泰勒棉花公司，玛思达	美国	私有
23	Lyons Cotton，Inc，Memphis	里昂棉公司，孟菲斯	美国	私有
24	Pamteks A. S.，Adana	Pamteks 公司，亚达那	土耳其	私有
25	Santista Textil SA，Sao Paulo	Santista 纺织公司，圣保罗	巴西	私有
26	Societe Cotonniere du Tchad Cotontchad，Paris	乍得棉花公司，巴黎	乍得	国有
27	TCT United SA	TCT 联合公司	乌拉圭	私有
28	Compagnie Ivoirienne Pour Ie Development des Textiles CIDT	科特迪瓦务实贸易发展纺织业公司	科特迪瓦	国有
29	Rhein-Schelde Handelgesellschaft Fp Mostert Kg，Neuss	莱茵斯海尔德河，诺伊斯	德国	私有

（续）

序号	英文名称	中文公司名称	国家	类型
30	Bangladesh Textile Mills Corporation，Dhaka	孟加拉国纺织米尔斯公司，达卡	孟加拉国	国有
31	Cargill Zimbabwe Pvt Ltd，Harare2/	嘉吉津巴布韦私人有限公司，哈拉雷	津巴布韦	私有
32	Compagnie Cotonniere du Benin，Cotonou9/	双贝宁棉公司，科托努	贝宁	国有
33	Cotton Distributors Inc，Lausanne	棉花经销商有限公司，洛桑	瑞士	私有
34	FCA Comexim Ltd，Moscow	Comexim 自由运输有限公司，莫斯科	俄罗斯	私有
35	Industrie Cotonniere Du Benin，Cotonou	贝宁人棉公司，科托努	贝宁	国有
36	Label Coton，Cotonou	库顿商标，科托努	贝宁	私有
37	Modem Nile Cotton Co，Alexandria	现代尼罗河棉花公司，亚历山大	埃及	私有
38	Newcot Ltd，Chene-Bougeries	新棉有限公司，Chene-Bougeries（地名）	瑞士	私有
39	Ritis International，Cotonou	Ritis 国际公司，科托努	贝宁	私有
40	Societe Beninoise de Representation Sobere，Cotonou	特拉华州贝宁人银行，科托努	贝宁	私有
41	Societe Nationale pour Ia Promotion Agricole Sonapra，Cotonou	科托努，科托努	贝宁	私有
42	Taevertex，Ghent	根特，	比利时	私有
43	The Sudan Cotton Company Ltd，Khartoum	苏丹棉花有限公司，喀土穆	苏丹	国有
44	Volcot Switzerland Ltd，Khartoum	瑞士 Volcot 有限公司，喀土穆	瑞士	私有

注：ICAC 秘书处有包括特例公司的所有公司的名单及其联系方式。

①爱伦宝格棉花公司（Allenberg Cotton Co）是路易达孚公司（Louis Dreyfus）的子公司。

②科尔多瓦嘉吉棉花公司（Cargill Cotton）附属于利物浦嘉吉棉花公司（Cargill Cotton，Lieverpool）、嘉吉坦桑尼亚（Cargill Tanzania）和嘉吉津巴布韦（Cargill Zimbabwe）。

③安德森克莱顿公司（Anderson Clayton Corp.）、澳大利亚弗雷斯诺和昆士兰（Fresno and Queensland，Australia）隶属于新加坡奥兰（Olam，Singapore）。

④温特图尔赖因哈特棉行（Paul Reinhart AG，Winterthur）隶属于意大利的 Cottagon 公司。

⑤电子商务美国公司，达拉斯（Ecom USA Inc，Dallas）隶属于经济农业和工业集团有限公司（Ecom Agroindustrial Corp Ltd），瑞士电子商务商品有限公司（Switzerland，Ecom Commodities Pty Ltd），和（Australia，EISA，Brazil and Agroindustrias Unidas de Mexico）。

⑥丛棉有限公司（Plexus Cotton Ltd）隶属于利物浦中央棉花有限公司（Central Cotton Company Limited，Liverpoor）。

⑦日本大阪东洋棉花株式会社（Toyo Cotton（Japan）Co，Osaka）隶属于达拉斯东洋棉花有限责任公司（Toyo Cotton Co，Dallas）。

⑧巴黎巴拉圭棉公司（Compagnie Cotonniere Copaco，Pari）隶属于科托努双贝宁棉公司（Compagnie Cotonniere du Benin，Cotonou）。

⑨名古屋丰岛科技有限公司（Toyoshima & Co Ltd，Nagoya）属于科尔多瓦丰岛美国公司（Toyoshima USA，Inc，Cordova）。

⑩帕萨迪纳 J. G. 博斯韦尔公司（J. G. Boswell Company，Pasadena）隶属于澳大利亚奥斯考特公司（奥斯考特公司）。

资料来源：ICAC：Cotton Review of the World Situation Vol. 66 - Nunber3；January-February 2013.

2011 年，10 家特大贸易公司的贸易量合计为 720 万吨（包括再贸易，下同），占全世界总贸易量的 26%。8 家私有企业的贸易量达到 600 万吨，占全世界贸易量的 22%，两者合计占全球贸易量的 48%。

2012 年，10 家特大贸易公司的贸易量为 630 万吨，占全球贸易总量的 24%。大型贸易公司有 8 家，贸易量为 530 万吨，占全球棉花贸易量的 20%。特大和大型贸易公司 18 家，合计占全球贸易量的 44%。

1994 年首次调查发现，特大棉花公司 19 家，年贸易量为 680 万吨，占全世界总贸易量的 36%。其中，特大私有或合伙贸易行的棉花公司 14 家，年贸易量为 550 万吨，占全世界贸易总量的 29%。

2012 年，全球棉花贸易量 20 万吨的特大棉花贸易公司有 12 家，其中美国 4 家，分别是艾伦宝（Allenberg）、嘉吉（Cargill）和美国电子商务公司（Ecom），这 3 家公司均为私有制，长绒棉合作社（Staple Cotton）则为私人合伙公司。乌兹别克斯坦 3 家，分别是乌兹别克国际进出口联合股份公司（Joint-Stock Company Uzinterimpex）、乌兹别克进出口国有股份制外贸公司（State Joint Stock Foreign Trade Company）和乌兹别克工业机械进出口公司（Uzprommashimpeks），这 3 家公司均为国有股份制公司。日本 1 家，为东洋棉花株式会社（Toyo Cotton），私有制公司。中国 1 家为中国中纺集团公司（Chinatex, Beijing, China），国有股份制公司。新加坡 1 家，为奥兰国际有限公司（Olam International Ltd），私有制公司。瑞士 1 家，为保罗赖因哈特银（Paul Reinhart AG），私有制公司。英国 1 家，为丛棉花有限公司（Plexus Cotton Ltd），私有制公司。

特大公司有（表 4-16）：中国中纺集团公司，位于中国北京，是我国加加入 WTO 界贸易组织后的主营棉花进口发国有棉花贸易集团公司。该公司纺织和粮油两大主业，纺织业务涵盖棉花、羊毛贸易、棉纺生产、纺织品服装的贸易和生产等；粮油业务包括大豆、玉米、油菜籽、豆油、棕榈油等的贸易、加工、仓储物流等，是中国最大的棉花贸易商和大豆贸易商，是中国棉花交易市场发起人之一，澳大利亚羊毛拍卖市场重要的采购商之一，同时，也是国家四家粮食直属加工企业之一，压榨能力位居国内粮油加工行业前三位。拥有 30 余家贸易子公司、海外企业和 40 余家各类生产企业，从事着纺织原料、纺织品贸易及生产、油料贸易与实业等经营活动。拥有分布在海内外的棉田、棉纺厂、针织及梭织成衣、粮油生产基地。

中纺棉花进出口公司隶属于中国中纺集团公司，是集棉花进出口贸易和国内棉花经营于一体的大型棉花企业。该公司业务范围涵盖棉花进出口、代理棉花进口、国内棉花购销、棉花加工、仓储业务、棉籽油生产加工等产业链内的各个环节，也是中国唯一拥有境外期货套保业务经营权的棉花经营企业。公司在澳大利亚投资农场参与棉花种植和经营。

路易达孚（Louis Drefus）商品公司是全球最大的多商品贸易商，位于美国，年收益达 780 亿美元，年贸易成本为 100 亿美元。路易达孚也是全世界最大的棉花公司，2010 年合并了另一家最大的家族企业 Dunavant Enterprises 的大部分子公司。

嘉吉（Cargill）棉花公司是一个棉花贸易商，位于美国，是一个最大从事食品、农业、金融、工业生产和服务的 Cargill 公司的子公司。公司经营范围包括粮食、油料种子、糖、肉、禽、燃料和其他商品。2012 年全公司收益（包括棉花）为 1 340 亿美元。棉花公司从事棉花买卖、轧花和存储等业务。

（二）大型棉花贸易公司（表4-16）

大型棉花公司年贸易量为50千~200千吨，经营量占全球市场份额15％，比1994年25％的市场份额下降约10个百分点。据ICAC统计（2012），从2008年到2012年的4年之间，全球大型棉花公司的数量由44家减少到38家，贸易量也从440万吨减少到320万吨，减少了120万吨，占全世界贸易量的比例也从17％减少到12％。可见大型棉花贸易公司市场份额在继续减少。

2012年，大型私有贸易企业36家，年贸易量300万吨，占全球总贸易量的12％。有43家特大和大型非国有控股的棉花贸易公司贸易量占全球贸易总量的32％，而1994年相同类型公司有49家，贸易量占全球的比例为42％，可见2012年下降了10个百分点。

与2008年相比，2012年私有私有制大型棉花公司的数目从15家减少到2家，且都分布在非洲，这与非洲棉花生产减少有关。

1994年，大型棉花贸易公司51家，贸易量为410万吨，其中非国有棉花公司35家，年贸易量为250万吨，占全世界棉花贸易量的13％。2012年，全球大型私有棉花贸易36家，贸易量为300万吨，占全世界总贸易量的12％，贸易量在增加，贸易比例略有下降。

2012年，特大和大型非国有控股的棉花贸易公司43家，贸易量占全球的32％，而1994年，相同类型棉花贸易公司49家，贸易量占全世界贸易量的42％，贸易量比例下降了10个百分点。

2012年，大型棉花贸易公司有38家，其中美国11家，分别是：德卡尔科特公司（Calcot Ltd）、奥兰公司（Olam）、杰西史密斯父子棉花公司（Jess Smith & Sons Cotton）、东洋棉花有限责任公司（Toyo Cotton）、丰岛美国公司（Toyoshima USA）、德克萨斯棉花营销公司（Texas Cotton Marketing Corp.）、大光明棉花公司（Allbright Cotton）、洛布公司（Loeb & Company）、蒙哥马利公司（Montgomery Co）和Volcot美国公司（Volcot America Inc），除德卡尔科特公司为合伙商以外，其他10家都为私有制公司。印度5家，分别是印度棉花有限公司（The Cotton Corporation of India Ltd）、加利亚技术公司（Galiakotwala）、吉尔有限公司（Gill & Co Ltd）、科塔克私人有限公司（Kotak & Co Pvt Ltd）和姬路伐柏拉姆父子公司（Khimji Visram & Sons），其中印度棉花有限公司为国有公司，其余4家为私有制公司。法国3家，分别是德棉公司（Devcot SA）、曼博的商品（Mambo Commodities）和巴拉圭棉公司（Compagnie Cotonniere）。瑞士3家，分别是经济农业和工业集团有限公司（Ecom Agroindustrial）、国际棉花纺织贸易有限公司（International Cotton and Textile Trading）和天然纺织纤维（Cottip SA）。澳大利亚2家，分别是纳莫伊棉（Namoi Cotton Cooperative）、电子商务商品有限公司（Ecom Commodities）。英国、日本、法国各2家，巴西、意大利、墨西哥各有1家见表。

欧兰（Olam）国际公司，位于新加坡，是全球最大的日用品和棉花贸易商之一。该国际公司于1989年在新加坡成立时是一个纺织企业。欧兰在中亚、东西非、美国和中国等从事棉花轧花、仓储和贸易。在2007年兼并了澳大利亚的皇家棉花公司，还兼并和投资多种商品包括大米、糖、粮食、咖啡、可可、腰果、花生、大豆、奶制品、毛织品等。

Ecom，Noble，Glecore和Multigrain是棉花贸易中越来越突出的经营多种商品贸易的几家大公司。农业商品部门的合并随着最大贸易商们经营范围的扩大而呈增加趋势，扩大经营范围以利用人口和收入增加而进一步带动的需求增加从而增加收益，特别是在新兴经济快速增长的时候。对棉花贸易结构的研究结果指出基于经营和涉及棉花贸易的公司的数目可知棉花运输产业的竞争依然很激烈。

随着产品的增加，印度纺织工厂的需求和出口的增加，因此许多印度商人开始活跃在国际市场，进军其他市场例如中国、印度尼西亚、越南和泰国等，并在其他国际市场建立办事机构经营纺织工厂所需要的多种产品。

（三）中型棉花贸易公司（表 4 - 16）

年贸易量为 20 千～50 千吨，2012 年有 44 家，比 2008 年多 2 家，年贸易量为 120 万吨，由于向大公司的发展，中等棉花贸易公司数量减少，贸易量在下降。1994 年 50 家中型棉花公司与 2012 年 44 家的贸易量相似。在 2012 年的 44 家中等棉花公司中，美国 9 家，土耳其 4 家，瑞士 4 家，其他各国都有。

（四）棉花贸易小商行

据 ICAC 的统计（2013），2012 年全球棉花贸易小商行有 355 家，总贸易量为 170 万吨。这类棉花小商行数目也有很大变化。过去十年中许多欧洲棉花公司都破产了，还有一些公司由于贸易量的减少从大公司降为专业化公司。小商行棉花公司各个国家都有，如美国、土耳其、印度、瑞士、德国、埃及、巴西和意大利等。

（五）中国棉花贸易公司

《中华人民共和国加入议定书》指定国有贸易公司为 4 家，这 4 家公司是：中国纺织品进出口公司、北京九达纺织品集团公司、天津纺织工业供销公司和上海纺织原料公司。这 4 家经营配额内 89.4 万吨 1％的关税税率的原棉份额的 33％，另 67％包括中国储备棉公司以及其他公司经营。

配额外追加进口原棉采用滑准税税率进行。配额分配有国家发展改革委员会会同多部门和机构确定；追加进口原棉按滑准税执行，由挂靠在财政部的国务院关税则委员会确定。追加配额分配是具有一定纺织规模和经营业绩的企业，由企业自己进口，依托公司包括国内外很多公司，其中中国中纺集团公司、艾伦宝棉花有限公司在国内有一定市场份额。

二、棉花银行及海外机构

据 ICAC 统计（2013），2012 年全球有 12 个国家的 45 家银行和 17 个国家的 40 家海运和空运机构经营原棉贸易。这 45 家主要涉及全球棉花贸易的大部分服务机构见表 4 - 17。

银行为棉花贸易提供许多重要的服务，包括：财政和现金管理、信用证书、收集和处理文件、贷款、票据托收、运费融资、国际汇兑、价格风险管理工具、债券和担保、存货质押融资、收费和易货贸易融资、结算、保管和其他服务。银行不仅为大小生产者提供当地、异地存储设施也为国际商人提供异国业务。有专业为特定市场提供业务的银行也有提供全球存储业务的国际银行组织。据 ICAC 统计（2013），2012 年全球海外运输机构有 40 家。

表 4 - 17　棉花银行组织

序号	英文名称	公司名称	国家	类型
1	ANZ Banking Group Limited，Sydney	澳新银行集团有限公司，悉尼	澳大利亚	私有
2	Commonwealth Bank of Australia，Sydney	澳洲联邦银行，悉尼	澳大利亚	私有
3	Macquarie Bank Limited，Sydney	麦格理银行有限公司，悉尼	澳大利亚	私有
4	National Australia Bank Group	澳大利亚国民银行集团	澳大利亚	私有
5	B. N. P. Paribas，Paris	法国国家巴黎银行，巴黎	法国	私有
6	Banque Nationale De Paris，Le Havre	巴黎国民银行，勒阿弗尔市	法国	私有
7	Bred，Paris	先锋良种公司，巴黎	法国	私有
8	Calyon Group，Paris	东方汇理银行集团，巴黎	法国	私有
9	Credit Agricole SA，Paris	农业信贷银行，巴黎	法国	私有
10	Credit Lyonnais，Le Havre	里昂信贷银行，勒阿弗尔	法国	私有
11	Natexis Banque，Le Havre	法国外贸银行，勒阿弗尔	法国	私有
12	Societe Generale，Le Havre	法国兴业银行，勒阿弗尔	法国	私有
13	Bankhaus Carl F. Plump & Co.，Bremen	卡尔夫·普伦普银行，不来梅	德国	私有
14	Bankhaus Neelmeyer Aktiengesellschaft，Bremen	Neelmeyer 股份银行，不来梅	德国	私有
15	Bremer Bank，Landesbank，Kreditanstalt，Oldenburg，Bremen	布雷默银行，德国奥尔登堡地方信贷银行，不来梅	德国	私有
16	Bremer Bank，Niederlassung Der Dresdner Bank AG，Bremen	布雷默银行，德累斯顿银行分支机构，不来梅	德国	私有
17	Bremische Volksbank AG，Bremen	Bremische 银行，不莱梅	德国	私有
18	Commerzbank Aktiengesellschaft，Bremen	德国商业银行，不莱梅	德国	私有
19	Deutsche Bank AG Filiale Bremen，Bremen	德意志银行不来梅分公司，不来梅	德国	私有
20	DG Bank Deutsche Genossenschaftsbank AG，Frankfurt Am Main	德国中央合作银行，法兰克福	德国	私有
21	Die Sparkasse Bremen AG，Frankfurt	迪埃不莱梅储蓄银行，法兰克福	德国	私有
22	Dresdner Bank AG，Frankfurt	德国德累斯登银行，法兰克福	德国	私有
23	ABN AMRO Bank，Mumbai	荷兰银行，孟买	印度	私有
24	UniCredit S. p. A.，Milano	意大利联合信贷银行公司，米兰	意大利	私有
25	Tokai Bank，Ltd.，Osaka	东海银行有限公司，大阪	日本	私有
26	Banco Comercial e de Investimentos，SARL，Maputo	商业投资银行，有限责任公司，马普托	莫桑比克	私有
27	ING Groep N. V.	ING 股份有限集团，阿姆斯特丹	荷兰	私有
28	Rabobank International，Utrecht	荷兰国际合作银行，乌特勒支	荷兰	私有
29	Fortis，Brussels	富通银行，布鲁塞尔	荷兰，比利时	私有
30	Novikombank，Moscow	Novikom 银行，莫斯科	俄罗斯	私有
31	Rosbank，Moscow	罗斯银行，莫斯科	俄罗斯	私有
32	Credit Lyonnais，（SUISSE）S. A.，Geneva	里昂信贷有限银行（瑞士），日内瓦	瑞士	私有

（续）

序号	英文名称	公司名称	国家	类型
33	Credit Suisse，Zurich	瑞士信贷，苏黎世	瑞士	私有
34	Barclays Bank PLC，Liverpool	英国巴克莱银行，利物浦	英国	私有
35	HSBC Bank PLC，Traders Services，Manchester	汇丰银行，贸易服务，曼彻斯特	英国	私有
36	Royal Bank of Scotland Group，Manchester	苏格兰皇家银行集团，曼彻斯特	英国	私有
37	Standard Chartered，London	渣打银行，伦敦	英国	私有
38	KeyBank NA，Bellevue，WA	美国核心银行，贝尔维尤市，华盛顿州	美国	私有
39	National Bank of Commerce，Memphis	国家商业银行，孟菲斯	美国	私有
40	PNB Financial，Lubbock	PNB金融银行，卢博克市	美国	私有
41	Regions Bank，Montgomery	地区银行，蒙哥马利	美国	私有
42	Sun Trust Banks，Inc.，Memphis	太阳信托银行公司，孟菲斯	美国	私有
43	U. S. Bank International Banking Group	美国国际银行集团	美国	私有
44	Union Planters National Bank，Memphis	种植者联盟国家银行，孟菲斯	美国	私有
45	Wells Fargo Bank，Fresno	威尔斯法戈银行，弗雷斯诺	美国	私有

注：为棉花贸易供给经费的所有银行的名单及其联系方式可从 www. icac. org 获取。

资料来源：ICAC：Cotton Review of the World Situation Vol. 66－Nunber3，January-February 2013.

三、海外运输组织和棉花保险机构

据 ICAC 统计（2013），全球有 8 个国家 16 家保险公司从事国际棉花贸易业务，并在全球多地设立了多处银行业务（表 4 - 18、表 4 - 19）。

表 4 - 18　海外运输组织

序号	英文名称	公司名称	国家	类型
1	Transportes Fast SA.，Maipu	块运输快公司，迈普	阿根廷	私有
2	ANL Container Line Pty Ltd，Sydney	澳大利亚国家航运公司，悉尼	澳大利亚	私有
3	Logisticsnew Ltd.，Sao Paulo	圣保罗国际物流有限公司	巴西	私有
4	Maersk，Copenhagen	马士基，哥本哈根	丹麦	私有
5	CMA-CGM The French Line，Marseille	法国达飞轮船有限公司，马赛	法国	私有
6	Delmas，Le Havre	德尔马斯，勒阿弗尔	法国	私有
7	GETMA International，Paris	法国捷特玛国际公司，巴黎	法国	私有
8	Transports Terrestres Maritimes Et Fluviaux (T. M. F.)，Docelles	陆陆空运输公司，多塞莱	法国	私有
9	WAL West-Africa Linen-Dienste Gmbh & Co.，Hamburg	威名西非亚麻公司，汉堡市	德国	私有
10	George A. Callitsis Succsrs S. A.，Thessaloniki	塞萨洛尼基	希腊	私有
11	Interforex Shipping Agency Ltd.，Piraeus	Interforex船舶代理有限公司，比雷埃夫斯	希腊	私有

（续）

序号	英文名称	公司名称	国家	类型
12	Sarlis Container Services SA，Piraeus	集装箱服务，比雷埃夫斯	希腊	私有
13	Sea Levant（Hellas）LTD.，Thessaloniki	海黎凡特（海勒斯）有限公司，塞萨洛尼基	希腊	私有
14	Expo Freight Pvt Ltd.，Nungambakkam，Chennai	海外运输有限公司，Nungambakkam，金奈	印度	私有
15	Veneta Lombarda Spedizioni，Venice	宝缇嘉伦巴第威尼斯	意大利	私有
16	American President Lines，Osaka	美国总统班轮公司，大阪	日本	私有
17	Kamix Corporation，Kobe	贝印株式会社，神户	日本	私有
18	Kawasaki Kisen Kaisha，Ltd.，Osaka	日本川崎株式会社，大阪	日本	私有
19	Meiko Trans Co.，Ltd.，Osaka	名港海運有限公司，大阪	日本	私有
20	Mitsubishi Logistics Corporation，Kobe	三菱物流公司，神户	日本	私有
21	Mitsui O. S. K. Lines，Ltd.，Nagoya	株式会社商船三井，名古屋	日本	私有
22	Nippon Yusen Kaisha，Osaka	日本邮船公司，大阪	日本	私有
23	Shiota Kingyo Co.，Ltd.，Yokohama	为新龙有限公司，横滨	日本	私有
24	Toyo Logistics Co.，Ltd.，Nagoya	东洋物流有限公司，名古屋	日本	私有
25	Cignals-P Ltd.，Riga	标志有限公司里加	拉脱维亚	私有
26	A. J. Goncalves De Moraes，Lda.，Leca da Palmeira	贡萨尔维斯安塞尔莫公司，莱萨达帕尔梅拉	葡萄牙	私有
27	Cargomaris Shipping & Trading Ltd	马里斯货物航运贸易有限公司	葡萄牙	私有
28	Cargonautica AG，Zurich	诺蒂卡货物公司，苏黎世	瑞士	私有
29	DHL Danzas Air & Ocean Tas. Tic Ltd.，Mersin	敦豪丹沙海空运国际资本流动公司，梅尔辛	土耳其	私有
30	Maya International Trading Co Ltd.，Mersin	玛雅国际贸易有限公司，梅尔辛	土耳其	私有
31	RJJ Worldwide Ltd.，Berkshire	RJJ 全球贸易公司，伯克郡	英国	私有
32	Ilyichevskvneshtrans，Ilyichevsk	伊利切夫斯克 vneshtrans 公司，伊利切夫斯克	乌克兰	私有
33	Allways Transprotation Inc.，Memphis，TN	总运输公司，孟菲斯，田纳西州	美国	私有
34	Coppersmith Inc.，EI Segundo，CA	铜匠公司，埃尔塞贡，多首都航空公司	美国	私有
35	Logisource Inc.，Mattews，NC	Logisource 公司，马迪，新喀里多尼亚	美国	私有
36	Mallory Alexander Int.，Logistics，Memphis，Tn	马洛里亚历山大物流公司，孟菲斯	美国	私有
37	Mediterranean Shipping Co.，Dallas，TX	地中海航运有限公司，达拉斯，得克萨斯州	美国	私有
38	The Keamey companies Inc.，New Orleans，LA	Keamey 公司，新奥尔良，洛杉矶	美国	私有
39	TMM Lines，Houston，TX	美国墨西哥轮船公司，休斯敦，得克萨斯州	美国	私有
40	Transales，Inc.，Sumter SC	菲律宾销售公司，萨姆特堡，塞舌尔	美国	私有

资料来源：ICAC：Cotton Review of the World Situation Vol. 66 - Nunber3，January-February 2013.

表 4 - 19 棉花保险机构

序号	英文名称	公司名称	国家	类型
1	Centralia Argentina S. A. , Buenos Aires	森特罗利亚阿根廷公司布宜诺斯，艾利斯	阿根廷	私有
2	Agririsk Services PTY Limited，Sydney	高危服务有限公司，悉尼	澳大利亚	私有
3	Activa ASsurances，Douala	激活保险，杜阿拉	喀麦隆	私有
4	AXA Group，Paris	安盛集团，巴黎	法国	私有
5	C. Wm. Konig Gmbh & Co. KG，Bremen	康尼有限股份公司，不来梅	德国	私有
6	H. Kraft & Co. Bremen	卡夫公司，不来梅	德国	私有
7	Lampe+Schwartze KG，Bremen	兰珀加施瓦策公司，不来梅	德国	私有
8	NHA Hamburger Assekuranz-Agentur Gmbin，Hamburg	NHA 汉堡 Assekuranz-Agentur，汉堡	德国	私有
9	Agri Insurance Company	农业保险公司	印度	国有
10	National Agricultural Insurance Company	国家农业保险公司	印度	国有
11	Windsor Insurance Brokers Ltd. ，London	温莎保险经纪有限公司，伦敦	英国	私有
12	Agri Insurance Southeast，Inc. ，Tifton，GA	蒂夫顿东南农业保险公司，Tifton，GA	美国	私有
13	AIG Global Marine，New Yourk，NY	美国国际集团全球海洋公司，纽约	美国	私有
14	Cotton Fire & Mar. Uderwriters	防火减产棉花保险公司，Uderwriters	美国	私有
15	Rekerdres & Sons, Dallas, TX	Rekerdres 父子保险公司，达拉斯，得克萨斯州	美国	私有
16	Zurich NA，Schaumburg，IL	苏黎世 NA、摩托罗拉	美国	私有

资料来源：ICAC：Cotton Review of the World Situation Vol. 66－Nunber3，January-February 2013.

通过经纪人，按照国际标准条款例，如美国协会货物保险条款、伦敦的劳埃德条款向棉花产业提供保险服务，也可在特定情况下在标准条款之外提供保险业务。专业保险公司中为棉花海运提供海洋货物运输保险的保险公司有 Rekerdres 父子保险公司、美国的防火减产棉花保险公司、德国的兰珀加施瓦策公司、康尼有限股份公司、卡夫公司、NHA Hamburge Assekuranz-Agentur Gmbh、英国的温莎保险经纪有限公司。也有许多大型金融/保险公司在 10 个国家设立了 100 个多办事处，为棉花经销商提供更大范围的产品和服务，包括棉花产业需要的保险产品 AXA（财富保障和服务业务），Zurich（再保险及资产管理）和 AIG（国际保险和金融服务）。

更加全面的棉花贸易公司、银行、海外运输和保险机构名单及联系方式可通过 www. icac. org 获得。

第四节 全球棉花库存与供需平衡

棉花市场价格的高低是决定全球棉花生产规模的扩大还是缩小，消费用量的增长还是下降的关键因素，对生产棉花的品质结构和价格也起着导向作用，但国际市场棉价又主要取决于生产供给和消费需求的状况，通常以贸易年度末库存量和消费量的比率来表示这一状况（刘毓湘，1995）。

关于季末库存量的适宜标准，1970 年国际棉花咨询委员会第 29 次会议的意见，8 月 1 日总库存大约相当于 6 个月的消费量，库存与消费比率的适宜指标被认为是 0.45～0.50 范围，高于这一指标，表示棉花供应量过剩，预示棉价将会下落；如果低于这一指标，说明供应紧缺，预示棉价将会上涨（刘毓湘，1995）。迄今这个判断指标没有改变。

从全产业链（产、供、销、纺）来看，全球原棉总量的一半处于库存状态。国际上认为，库存量相当于 6 个月即半年的消费量被认为是合理的，然而这个库存量在不同时期的数据不一样，从 20 世纪 40 年代的 330 万吨增长到近几年的 1 000 多万吨。

一、全球棉花库存量和库存消费比率变化

全球棉花库存量，在 71 个年度时间里（1945—2015 年），全球棉花库存消费比值在 0.33（1989 年）～1.06（1945 年）之间变化（图 4-4），其中在合理比值 0.45～0.50 之间有 15 个年度，占 71 个年度的 21.1%；<0.45 比值有 27 个年度，占 38.0%；>0.51 比值有 29 个年度，占 40.8%，可见全球棉花库存量过大的年景多些，库存量过少的年景少些。

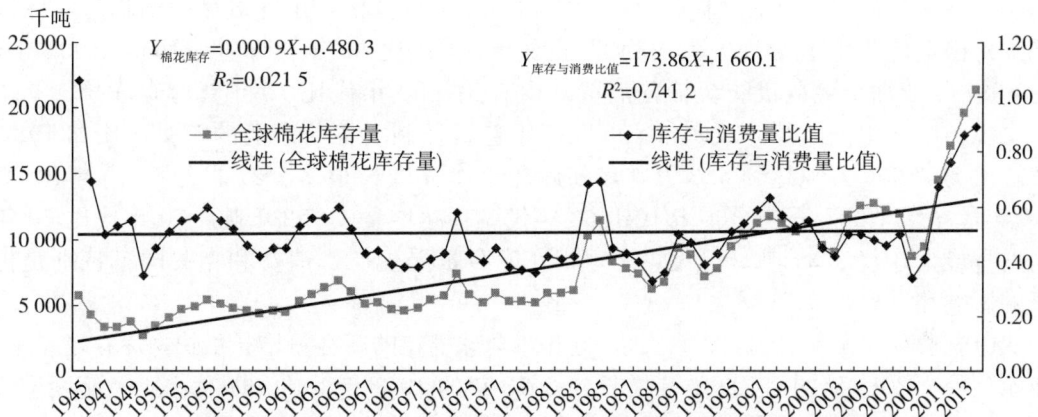

图 4-4　1945/1946—2005/2016 年度全球棉花库存量和库存消费比值
资料来源：ICAC Cotton：World Statistics．December，2015．

从时间段来看（表 4-20），20 世纪 50 年代、60 年代、80 年代和 90 年代都在适宜指标范围，70 年代处于短缺的年代。有趣的是，本研究最早的几年时间和最晚后的几年时间，库存消费比值都较大，这两头都处在供大于求或过剩的局面。

表 4-20　全球棉花库存消费比

年代	消费量（千吨）		库存量（千吨）		生产量（千吨）		库存消费比值	Cotlook A 指数（美分/磅）
	消费量	增长（%）	库存量	增长（%）	生产量	增长（%）		
20 世纪 40 年代	6 211±530	—	4 057±996	—	5 870	—	0.67	—

（续）

年代	消费量（千吨）		库存量（千吨）		生产量（千吨）		库存消费比值	Cotlook A 指数（美分/磅）
	消费量	增长（%）	库存量	增长（%）	生产量	增长（%）		
20世纪50年代	8 857±907	42.6	4 393±811	8.3	8 969	52.8	0.50	—
20世纪60年代	11 021±822	24.4	5 445±792	23.9	10 949	22.1	0.49	—
20世纪70年代	13 146±557	19.3	5 538±769	1.7	13 078	19.4	0.42	61.29
20世纪80年代	16 262±1 939	23.7	7 435±2 040	34.3	16 305	24.6	0.46	73.36
20世纪90年代	18 727±397	15.2	9 366±1 746	26.0	19 158	17.5	0.50	71.67
21世纪头10年	23 486±2 458	25.4	11 053±1 517	18.0	23 315	21.7	0.47	59.47
21世纪近5年	23 728±719	1.0	16 406±4 656	48.4	25 336	8.7	0.66	109.66

资料来源：ICAC Cotton；World Statistics. December, 2015. Cotlook A 指数来自第一章表1-15。

从库存的增量来看（表4-20），21世纪近5年度最大，比21世纪头10年的净增量达到5 353千吨，这主要是中国大量进口导致全球库存增量的大幅度增长，这阶段Cotlook A指数达到109美分/磅，库存多似乎价格要下降，但在国际层面不一定，原因是中国2011—2013年的3个年度出台临时收储价格，大大抬高了全球价格，由此可见中国临时收储政策对国际价格走势产生了干扰。其次为20世纪90年代比80年代库存量净增1 931千吨，这与1997年亚洲金融危机纺织棉花消费减少有关。80年代比70年代库存净增1 931千吨，主要归结于中国改革开放实行家庭联产承包责任制度棉花产能的扩张，比如1984年总产首次突破600万吨达到623万吨，随后几年库存增长很多。21世纪头10年比20世纪90年代净增1 687千吨。60年代比50年代库存净增量1 052千吨，70年代比60年代的净增量最少，仅93千吨。可见，全球棉花库存量受生产、消费和相关国家特别是棉花大国的影响。

从历史来看（表4-21、图4-4），近几年全球棉花的库存量增长最快，库存增量最大，全球库存量从2010年的9 429千吨增长到2013年的19 346千吨，即在这4个年度增长了9 917千吨，增幅高达1.05倍，这是全球棉花库存量有记录以来的最高值。

从统计来看，全球有近100个经济体有棉花库存活动，前20个经济体库存量占全球库存量的92.4%～95.2%。

库存量以中国最多，排第一，库存量从2010年的2 087千吨增长到2013年的12 088千吨，增长10 001千吨，增幅高达4.79倍，这也是全球棉花有库存量记录以来的最高值，同期中国棉花库存量占全球库存量的比率从20.5%提高到59.5%，即全球库存棉花约60%在中国。

印度棉花库存量排第二，这4个年度变化在1 817～1 891千吨之间，占全球库存量的8.9%～18.5%。作为生产大国和消费大国，印度棉花的库存量比较稳定，库存量不算多。

巴西库存量在这4个年度中有3个年度排第三，库存量1 239～1 400千吨，库存占全球比率为6.1%～13.7%。

排第四是巴基斯坦，第五是美国，第六是澳大利亚，这些国家排位各年有变化但库存量不算多。

表 4 – 21　近几年全球前 20 位经济体库存量变化

2010/2011			2011/2012			2012/2013			2013/2014		
经济体	库存量	占比（%）	经济体	库存量	占比（%）	经济体	库存量	占比（%）	经济体	库存量	占比（%）
中国	2 087	20.5	中国	6 181	40.6	中国	9 607	53.4	中国	12 088	59.5
印度	1 889	18.5	印度	1 891	12.4	印度	1 853	10.3	印度	1 817	8.9
巴西	1 400	13.7	巴西	1 344	8.8	巴基斯坦	1 129	6.3	巴西	1 239	6.1
巴基斯坦	901	8.8	巴基斯坦	1 028	6.7	美国	903	5.0	巴基斯坦	864	4.3
美国	566	5.5	美国	729	4.8	巴西	820	4.6	美国	651	3.2
澳大利亚	487	4.8	澳大利亚	694	4.6	澳大利亚	399	2.2	土耳其	581	2.9
土耳其	453	4.4	土耳其	435	2.9	土耳其	390	2.2	乌兹别克斯坦	305	1.5
乌兹别克斯坦	299	2.9	乌兹别克斯坦	335	2.2	乌兹别克斯坦	358	2.0	阿根廷	285	1.4
阿根廷	232	2.3	土库曼斯坦	273	1.8	土库曼尼斯坦	311	1.7	澳大利亚	244	1.2
土库曼尼斯坦	219	2.1	孟加拉	193	1.3	叙利亚	184	1.0	孟加拉	194	1.0
孟加拉	194	1.9	阿根廷	190	1.2	墨西哥	161	0.9	叙利亚	182	0.9
墨西哥	106	1.0	墨西哥	137	0.9	阿根廷	158	0.9	土库曼斯坦	164	0.8
缅甸	93	0.9	坦桑尼亚	132	0.9	坦桑尼亚	120	0.7	墨西哥	146	0.7
印度尼西亚	93	0.9	叙利亚	128	0.8	印度尼西亚	114	0.6	坦桑尼亚	114	0.6
坦桑尼亚	80	0.8	缅甸	104	0.7	缅甸	107	0.6	缅甸	99	0.5
泰国	77	0.8	赞比亚	103	0.7	马里	86	0.5	印度尼西亚	86	0.4
越南	77	0.8	印度尼西亚	95	0.6	孟加拉	82	0.5	越南	83	0.4
津巴布韦	71	0.7	泰国	83	0.5	越南	81	0.5	韩国	72	0.4
叙利亚	54	0.5	埃及	81	0.5	布基纳法索	64	0.4	马里	69	0.3
埃及	51	0.5	津巴布韦	72	0.5	韩国	64	0.4	埃及	63	0.3
前 20 位合计	9 429	92.4		14 226	93.4		16 991	94.5		19 346	95.2
全球	10 203	100.0	全球	15 240	100.0	全球	17 981	100.0	全球	20 311	100.0

资料来源：ICAC Cotton：World Statistics. December，2015.

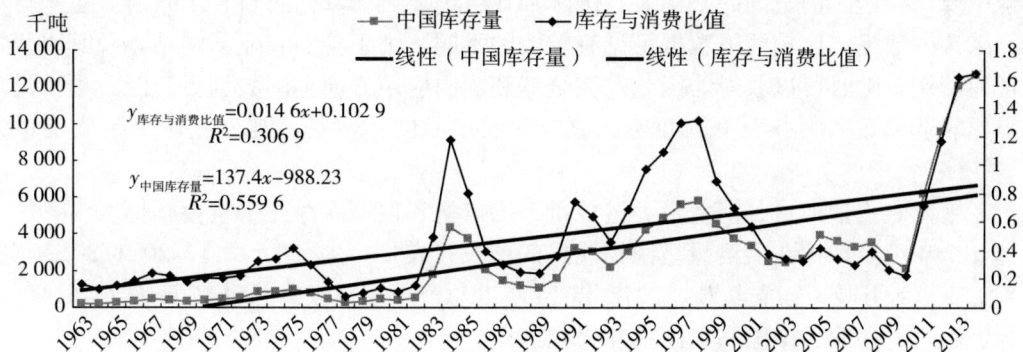

图 4 – 5　1963/1964—2014/2015 年度中国棉花库存量和库存消费比值

资料来源：ICAC：Cotton：World Statistics. December. 2015.

中国棉花库存量，从 1963/1964 年度有记录到 2014/2015 年度的 52 个年度，大致分为四种情况（图 4-5）：一是库存量极少期，在 60 年代到 1983 年，这 20 年度的库存量少，库存消费比值都在 0.08～0.42 之间，是典型的短缺年景。二是库存量的大波动期，从 1983/1984 年度到 2000/2001 年度，这 18 年库存量波动大，从 1 028 千吨（1989/1990）到 5 824 千吨（1998/1999），库存消费比值从 0.24（1989）增长到 1.31（1998），是供需平衡与短缺的交互期。三是库存量较低期，2001/2002—2010/2011 年度这 10 年库存量处于较低水平，从 2 449 千吨（2002/2003）到 3 585 千吨（2008/2009），库存消费比值在 0.22～0.57 之间。这是因为中国自 2001 年 11 月加入世界贸易组织，自此以后棉纺织加工能力得以全面提升，棉花的加工量大，供小于需，资源进入短缺期。四是库存过量期。库存量从 2011/2012 年度的 6 181 千吨增长到 2014/2015 年度的 12 662 千吨，这 4 年库存量增长了 1.05 倍，库存消费比值也从同期的 0.71 扩大到 1.64。库存过量源自进口量增和生产量增，这是由于国货入库，洋货入市导致库存量增所致。进口量 2010/2011 年度 2 609 千吨、2011/2012 年度 5 342 千吨和 2012/2013 年度 4 426 千吨，3 个年度合计为 12 377 千吨，同期国内生产量很大，市场数据，2012/2013 年度 7 337 千吨、2013/2014 年度 7 440 千吨和 2014/2015 年度 6 847 千吨，这 3 年合计 21 624 千吨，是高产年景，比统计产量高约 12.4%。

鉴于中国巨大库存，棉花库存与国民经济的钢铁、煤炭等的去库存、去产能相连接。国家有关部门决定，自 2016 年 4 月开始每月向市场投放 30 万吨，根据需要可增加，价格按照中国棉花价格指数和国际 Cotlook A 指数综合考虑，原则是库存棉入市价格略低于市场价格。

二、全球棉花供给和需求平衡问题

长期以来，国际棉花咨询委员会和美国农业部对全球棉花按月发布供需平衡的预测报告，以此作为全球棉花供需况的一个判断标准。这个预测报告对全球棉花的生产、贸易和价格都产生很大影响，是全球棉花市场重要的数据资源。

全球棉花年度自当年 9 月 1 日至次年 8 月 31 日为一个年度。国际棉花咨询委员会和美国农业部的标准都一致。

美国平衡表数据来自美国农业部海外研究局和美国大使馆农业参赞获得，也有来自各国的海关统计和政府统计数据等，按月为时间单位进行调整和修改，是全球平衡表，也是美国和其他主要产棉国、消费国的平衡表。国际棉花咨询委员会数据来自各国政府，也来自该组织自己采集的数据。比较两组数据可见有较大的不同。由于美国农业部网站，及其出版物不收取任何费用，随时可以获得，因此，在全球和国内应用方面美国数据更广泛、更可见。然而，美国农业部数据服务于美国政府、农业和农产品国际贸易，其公允性受到质疑也无可厚非。

供需平衡表包括产量、消费量、进口量、出口量和期末库存几个重要指标。

近几个年度全球棉花供给量呈抛物线式的增长（表 4-22、图 4-6），2011/2012 年度产量达到 2 778.4 万吨，创立新高。2015/2016 年度总产减幅较大，预计减幅达到 16.4%，其中产棉大国——印度、中国和美国都在大幅减少。

然而，近几个年度全球棉花消费量在下降之后保持一个相对稳定的状态。消费量从 2009/2010 年度的 2 590 万吨下降到 2015/2016 年度的 2 373.8 万吨，减幅 8.3%，全球消费量减少主要源自中国的减少（图 4 - 7），中国消费量从 2009/2010 年度 1 089 万吨下降到 2015/2016 年度的 707.6 万吨，减少 381.4 万吨，减幅 35.0％。而最近几个年度全球在 2 300万吨消费量级保持了相对稳定的态势。

表 4 - 22　近几个年度全球和主要产棉国家（地区）供需平衡表

单位：万吨

年度	2009/2010	2010/2011	2011/2012	2012/2013	2013/2014	2014/2015	2015/2016 5月	4月
产量								
全球	2 224	2 561	2 778.4	2 698.6	2 620.7	2 592.5	2 167.4	−5.5
印度	518.2	592.2	631.4	620.5	674.9	642.3	583.5	0
中国	697	664	740.3	762.0	713.0	653.2	518.2	0
美国	265	394	339.1	377.0	281.1	355.3	280.6	0
巴基斯坦	201	188	230.8	202.5	206.8	230.8	152.4	0.4
巴西	119	196	189.4	130.6	174.2	152.4	141.5	−2
乌兹别克斯坦	85	89	87.1	100.2	89.3	84.9	80.6	0
土耳其		46	754.9	57.7	50.1	69.7	57.7	0
其他	601	392	485.5	448.1	431.2	404.0	352.9	−3.7
消费量								
全球	2 590	2 521	2 270.0	2 361.3	2 390.3	2 397.6	2 373.8	−12.2
中国	1 089	1 002	827.4	783.8	751.1	718.5	707.6	0
印度	430	447	423.5	473.6	506.2	533.4	533.4	0
巴基斯坦	226	216	217.7	234.1	226.4	230.8	223.2	3.3
土耳其	129	122	121.9	131.7	137.2	139.3	138.3	1.1
孟加拉国	85	91	80.6	102.3	115.4	119.7	124.1	−1.1
越南			36.5	49.0	69.7	89.3	102.3	−8.7
美国	77	85	71.8	76.2	77.3	77.8	78.4	0
巴西	96	94	87.1	89.3	91.4	74.0	69.7	0
印度尼西亚			53.3	66.4	66.4	70.8	61.5	1.6
墨西哥			37.0	39.2	40.3	40.3	41.4	0
其他	458.1	464.4	313.2	315.7	308.8	303.6	294.0	−8.4
进口量								
全球	798	801	989.7	1 037.7	897.7	777.9	739.9	−19.7
孟加拉国	85	93	74.0	108.9	115.4	117.6	121.9	−1.1
土耳其			51.9	80.4	92.4	80.0	84.9	3.3
越南	37	34	35.4	52.5	69.7	93.6	104.5	−8.7
中国	237	261	534.1	442.6	307.5	180.4	92.5	−16.3
印度尼西亚	54	57	54.4	68.3	65.1	72.8	61.0	2.2
巴基斯坦	34	31	19.6	39.2	26.1	20.7	67.5	4.4

（续）

年度	2009/2010	2010/2011	2011/2012	2012/2013	2013/2014	2014/2015	2015/2016 5月	2015/2016 4月
韩国			25.5	28.6	28.0	28.8	28.3	0
泰国	39	38	27.5	32.9	33.7	32.1	29.4	−1.6
墨西哥			21.8	20.7	22.6	18.1	21.2	0
中国台湾			18.8	20.5	18.7	19.0	16.3	−2.7
其他	215.1	213.9	126.8	143.2	118.6	114.9	112.3	1.0
出口量								
全球	774	771	1 001	1 014	891	770	744	−15
美国	262	313	255	284	229	245	196	−11
巴西	43	44	255	284	229	245	196	−11
印度	143	108.9	241.2	169	201.6	91.4	125.2	0
澳大利亚	46	54.4	101	134.3	105.6	52.1	56.6	−3.3
乌兹别克斯坦	83	57.7	54.4	69.7	58.8	53.3	47.9	−2.2
布基纳法索	17	14.4	14.2	26.1	27.2	24.5	28.3	0
希腊		16.3	23.9	23.9	28	25.4	19.6	0
马里	9.6		13.6	19.6	17.4	16.3	21.8	0
土库曼斯坦			15.2	17.4	35.4	32.7	26.1	4.4
科特迪瓦			9.3	12.5	15.8	18.5	14.2	1.1
其他	171	162	168.5	163.8	123.2	125.4	114.7	−2.1
期末库存量								
全球	1 016	1 102	1 623.9	2002.5	2 247.6	2 448.3	2 239.2	14
中国	310	231	676.7	1 096.5	1 365.3	1 478.8	1 378.6	−15
印度	204.1	256.9	231.2	256.8	249.5	293.6	237.0	1.1
巴西	94.8	172.1	174.0	126.3	167.0	164.0	146.6	−2.2
美国	64	57	72.9	82.7	51.2	80.6	87.1	11
巴基斯坦	66	55	61.7	53.9	53.9	64.2	55.0	4
澳大利亚	16		82.9	52.2	39.3	38.7	38.0	3.3
土耳其	35	29	27.0	28.6	29.5	34.7	34.2	3
其他	225	276.8	297.4	300.3	292.0	293.7	262.7	9.6
库存消费比（%）								
全球		44	72	85	94	102	93	87
美国		14	22	23	17	25	32	33
中国		23	82	140	182	205	194	169

资料来源：美国农业部（USDA）2016年5月11日出版的全球棉花供需平衡报告。

万吨

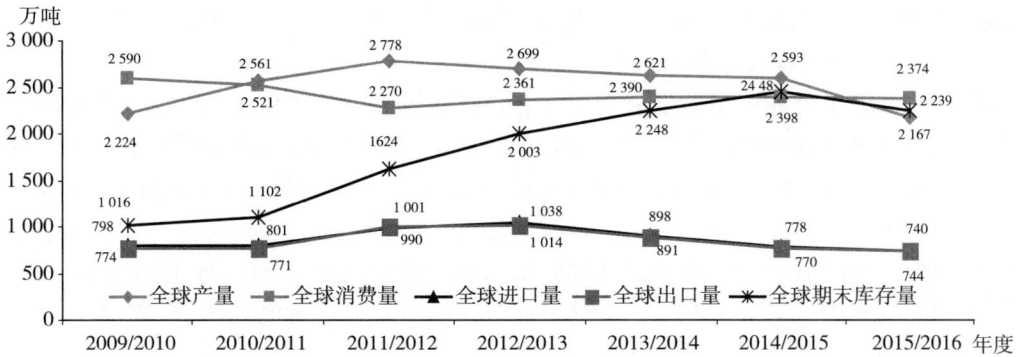

图 4-6　近几个年度全球棉花供需平衡

资料来源：据美国农业部（USDA）2016 年 5 月 11 日全球棉花供需平衡报告整理。

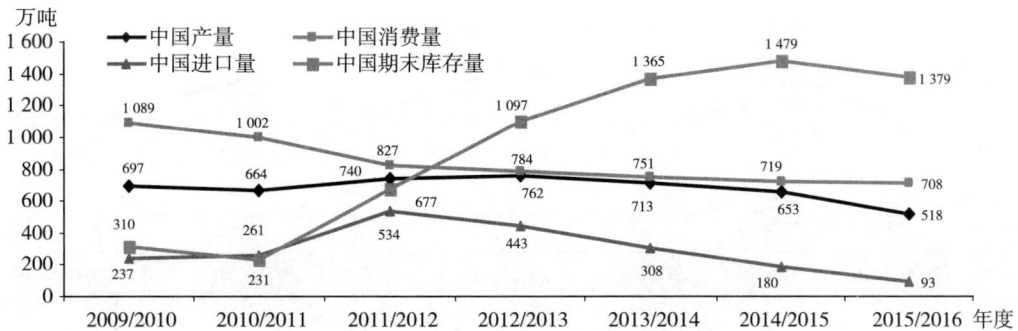

图 4-7　近几个年度中国棉花供需平衡

资料来源：据美国农业部（USDA）2016 年 5 月 11 日全球棉花供需平衡报告整理。

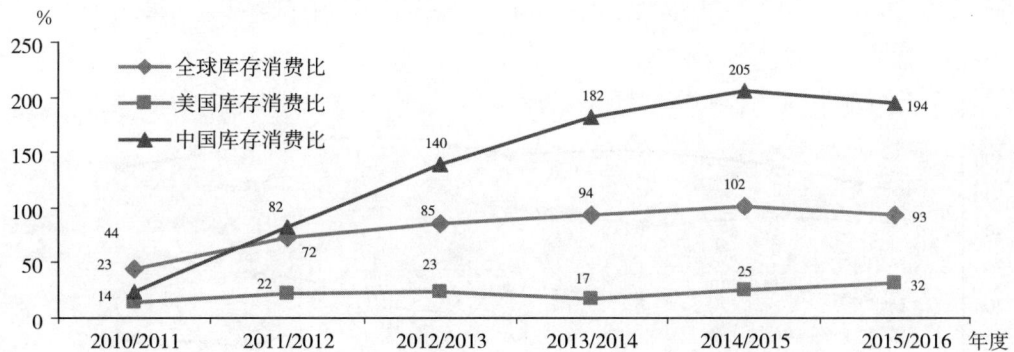

图 4-8　近几个年度全球、中国和美国棉花库存和库存消费比

资料来源：据美国农业部（USDA）2016 年 5 月 11 日全球棉花供需平衡报告整理。

　　最近 7 个年度，全球棉花贸易量呈现开口向下的抛物线式的增长（表 4-22，图 4-6）。进出口量都以 2011/2012 年度和 2012/2013 年度最大，达到 1 037 万和 1 014 万吨的最高水平，也是创立新高的年景，随后下降。全球棉花库存量在 2010/2011 年度之前都在正常水平，库存量为 1 000 万吨上下，库存消费比为 44% 也是合适比例（图 4-8）。然而，自 2012/2013 年度开始出现库存量大幅度增长的新情况，这一年度超出正常水平的 60%，库存消费比提高到 72%，且库存量在后几个年度不断增长，2014/2015 年度达到高峰，库存消费比值达到 102%，预计将会下降。

过量库存打破了全球棉花的供需平衡状态，或者说，近几个年度全球棉花的供与需处于失衡状态，引起全球棉花供需失衡的主因是中国因素，中国库存量占全球库存量的比例超过一半以上，最高达到 60.4%（2014/2015 年度）和 61.6%（2015/2016 年度），库存消费比重也从 2010/2011 年度的 23% 增长到 2014/2015 年度的 205%，而库存量的增长源自中国的进口量和国棉产量的双增长。由于国产棉的价格高于国际市场很多，加上品质不尽如人意，形成所谓"国棉入库、洋棉入市"的被动局面，进一步延伸后续的结构调整需要棉花"去库存"这一新问题。

美国作为产棉大国，近几年的生产量、消费量、出口量和库存量都没有出现大的变化，整体看，生产量和出口量都处于下行通道，美棉在国际市场保持一个相对平稳的状态（表4-22、图4-9）。

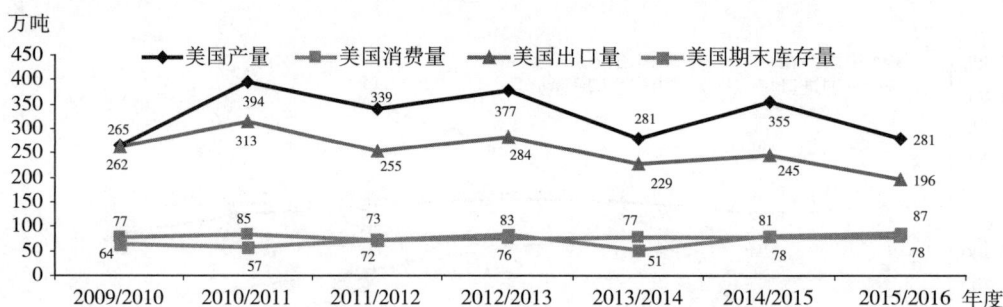

图 4-9　近几个年度美国棉花供需平衡

资料来源：据美国农业部（USDA）2016 年 5 月 11 日全球棉花供需平衡报告整理。

印度也是产棉大国，近几年的生产量增长较快，2012/2013 年度总产达到 675 万吨，占全球比例提升到了 25.8%，位于第二位，但印度出口也不稳定，增量有限（表 4-22、图4-10）。

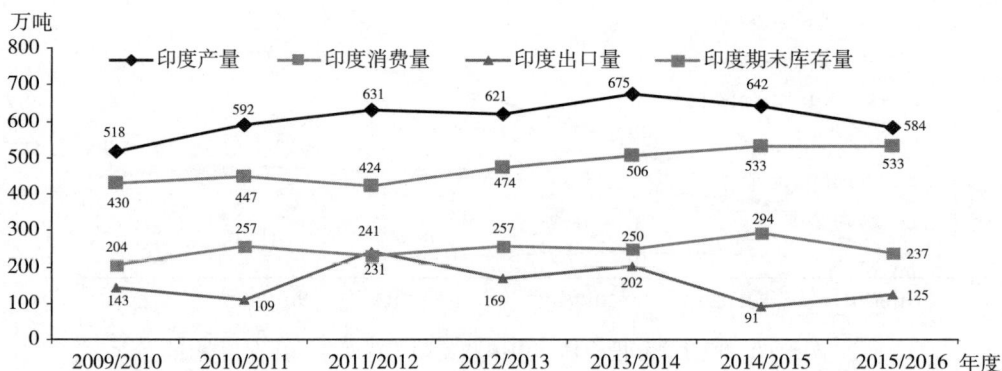

图 4-10　近几个年度印度棉花供需平衡

资料来源：据美国农业部（USDA）2016 年 5 月 11 日全球棉花供需平衡报告整理。

三、美国棉花价格预测模型

对于美国棉花市场，供给、需求和价格等的关系，Olga Isengildina－Massa；Stephen

MacDonal（2009）提出系列方程进行预测：

$$I_t + Q_t + X_t = I_{t-1} + A_t + M_t \qquad (4-1)$$

式中，I_t 为期末库存，Q_t 为国内消费，X_t 为出口，I_{t-1} 为期初库存，A_t 为国内产量，M_t 为进口。

国内消费和出口可用需求来简单表达，因此等式（4-1）可变换如下：

$$S_t - D_t - I_t = 0 \qquad (4-2)$$

式中，S_t 为当前的棉花供给量，D_t 为当前的棉花需求量，I_t 为期末库存。等式（4-2）里的 3 个变量可用以下方程来表示：

$$S_t = b(E_{t-1}(p_t), z_t)$$
$$D_t = g(p_t, y_t)$$
$$I_t = h(p_t, w_t)$$

式中，P_t 为通胀的调节价格，E_{t-1} 是 $t-1$ 时期内 p_t 的期望值，z_t、y_t、w_t 分别是影响棉花供给、需求和库存的外在变量。供给与期望价格正相关，而需求与库存与期望价格负相关。假定供给量在市场年度是预先明确的，则等式（4-2）可表达为：

$$S_t - g(p_t, y_t) - h(p_t, w_t) = 0 \qquad (4-3)$$

通常预测价格模型可表达为一个库存与使用比例的函数，等式（4-3）除以 $g(p_t, y_t)$ 可将库存与使用比引入：

$$\frac{s_t}{g(p_t, y_t)} - 1 = \frac{h(p_t, w_t)}{g(p_t, y_t)} = r(p_t, w_t, y_t) \qquad (4-4)$$

式中，r 代表库存与使用比例，等式（4-4）是含蓄的价格方程，为找到一个清楚的价格方程，对等式（4-4）进行积分：

$$dS = dr(g) + \frac{\partial g}{\partial p}dp + \frac{\partial g}{\partial y}dy + \left(\frac{\partial g}{\partial p}dp + \frac{\partial g}{\partial p}dy\right)r \qquad (4-5)$$

利用 dS 来求解 dr，可获得一个价格变化的方程：

$$dr = \left((r+1)\frac{\partial g}{\partial p}\Big|y\right)^{-1} - g\left((r+1)\frac{\partial g}{\partial p}\Big|y\right)^{-1} - \left(\frac{\partial g}{\partial p}\right)^{-1}\frac{\partial g}{\partial y}dy \qquad (4-6)$$

等式（4-6）显示棉花价格变化可以用库存与使用比来精确地估计。因此，当库存与使用比率和供给变化 2 个参数都不能满足时，等式（4-6）提供了一个较完整的价格变化模型。与传统模型不一样，由于供给是和库存完全不一样的变量，运用这个模型代替传统的模型预测近年来的棉价是比较合适的。

采用以上系列模型进行预测，在系列预测数据中，除了库存与使用比的变量在常规水平下不显著外，其他包括供给、中国净进口、库存和国外供给即进口都显著，模拟结果指出，美国国内棉花供给比上年增加 1% 将会引起棉价下降 0.9%；中国净进口比前 2 年增加 100 万包将会引起美国陆地棉的农场价格比上年上涨 3.1%；美国农业部商品信用公司（CCC）棉花库存量等于消费量的 1% 时将会引起棉价上涨 0.4%；国外供给即进口对棉价的影响有 1:1 的明显负效应。

模型预测结果可以解释美国陆地棉超过 68% 的价格变化，$R^2 = 0.688$，在 1974—2007 年美国陆地棉农场实际价格的平均误差为 0.2 美分/磅，可见模型的准确性。但是 1988 年误差最大，达 17.1 美分/磅。

四、中国棉花供给和消费需求预测模型

（一）CCPPI 模型

按照经济学供需平衡的基本理论，毛树春、李亚兵等于 2002 年建立了中国棉花生产景气指数模型（China Cotton Production Prospective Index，CCPPI），该模型旨在反映中国棉花生产和消费的平衡状况，以及生产、消费和价格走向和走势的一种指标，试图寻找科学表达中国棉花生产发展的前瞻性指标。模型表达：

$$CCPPI = f(t,p,m,c)$$

式中：t 代表时间阶段变量；p 代表产量水平变量因素，含最终产量与趋势（过程）产量，是一系列因素的综合作用结果，其中包括中国棉花生长模型；m 代表市场水平变量因素，含原棉进出口模型和原棉消费模型；c 为国家棉花库存或储备水平变量因素，含建立的适宜消费/库存比模型。

模型中，设 $p = f(x,y,z)$，x 表示棉花生产量，y 表示棉花进口量，z 表示期初库存量。

设 $m = f(a,b,c,d)$，a 表示纺织消费量，b 表示棉花民用量，c 表示期末库存量，d 表示损失量。

明确了科学含义：$CCPPI=100$ 时，棉花产销大致平衡，植棉效益一般；棉花生产呈稳定走向，种植规模保持相对稳定。$CCPPI<100$ 时，棉花产＞销，资源过剩，植棉效益将会降低；棉花生产呈缩减走向，种植规模要适当调减。$CCPPI>100$，棉花产＜销，资源短缺，植棉效益将会提高，棉花生产呈扩大走向，种植规模要适当扩大。$CCPPI>200$，表明棉产业经济跃上高台阶，呈旺盛景象，消费基数大，生产规模基数大，棉花种植规模呈现继续适当扩大的走向。$CCPPI<50$，表示棉产业经济处于低位，呈极度萧条景象，消费基数小，生产规模基数小，棉花种植规模呈现继续缩减的走向。

（二）CCPPI 作为棉花产业经济学模型，具有敏感性特征

当选择涉及棉花生产、消费、进出口和库存等经济指标构建中国棉花生产景气指数模型，形成 1989—2003 年的 15 个年度的 CCPPI，事实证明，CCPPI 能够反映我国棉产业的经济形势和变化状况，对生产、消费、进出口、库存和价格等要素的变化，能够产生积极响应，且较高灵敏度，采用 CCPPI 作为表述中国棉产业经济学模型是可行的。

归纳 15 年 CCPPI 变化可以得到概况性结果如下：

在 15 年的研究周期中，我国棉产业遭遇不景气年景有 8 年，即：1990/1991、1994/1995、1995/1996、1996/1997 和 1997/1998 年度；在 8 个不景气年度中，$CCPPI<100$，表示我国棉花消费处于低量阶段，消费增量十分缓慢或消费水平下降，其中有 4 个年度 $CCPPI<50$，表示棉产业经济非常不景气，棉花生产规模应大幅度减缩，价格也应不断下调，引导生产调减，同时，进口应严格控制，保持总量的减少。

在 15 年之中景气年景有 7 年，即：1989/1990、1991/1992、1992/1993、1993/1994、1999/2000、2002/2003 和 2003/2004 年度。7 个景气年度 $CCPPI>100$，1989/1990 年度是原棉库存最少的一年，棉花消费呈现旺盛，生产规模要适当扩大，总量要适当增加，价格应高位运

行，期间国民经济都呈高速增长。其中 2 个年度 CCPPI>200，1992/1993 年度为第一个年度，原棉需求增加；2002/2003 年度为第二个年度是我国棉花消费跃上新台阶的开始。在国民经济发展中，GDP 呈现高速增长，1992/1993 年度达到 14.2%，1993/1994 年度达到 13.5%。

该模型成功预测 2002/2003 年度是我国棉花消费进入旺盛的起点年份，预测 CCPPI 指数大于 100 达到 128 点，比 2001/2002 年度扩大了 40 点，这一年是中国加入世界贸易的第一年，项目组于 2002 年 3 月发布 2002 年需求回升，价格回升，面积适当扩大的报告预警是准确的。

预测 2003/2004 年度 CCPPI 指数首次跃上 200 达到 256 点，这是自 1989—2003 年 15 个年度的最高值，表明棉花消费旺盛，生产规模应扩大。根据预测发布预警报告为 16 个字，即：棉花"需求增加"，棉花种植"规模扩大"，价格"高位运行"，原棉"进口增多"。项目组于 2003 年 3 月 1 日在北京召开全国第一个作物生产景气发布会，预测当年是全国棉花生产的黄金年。实践证实，2003 年收购季节价格一路飙升，预测时间提早了 9 个月，结果证实，这一年的预测的走向正确，走势准确，前瞻性极强。

从 2002 年持续到 2010 年（图 4-11），这 10 个年度的棉花消费在增长，生产规模在扩大，进口在增长，价格在高位，整个产业呈现一片旺盛、繁忙的景象。历史地看，这 10 年是我国棉花产业的黄金年——产销两旺景象，生产规模扩大，产能不断提升，记录不断刷新，进口也大幅增长。

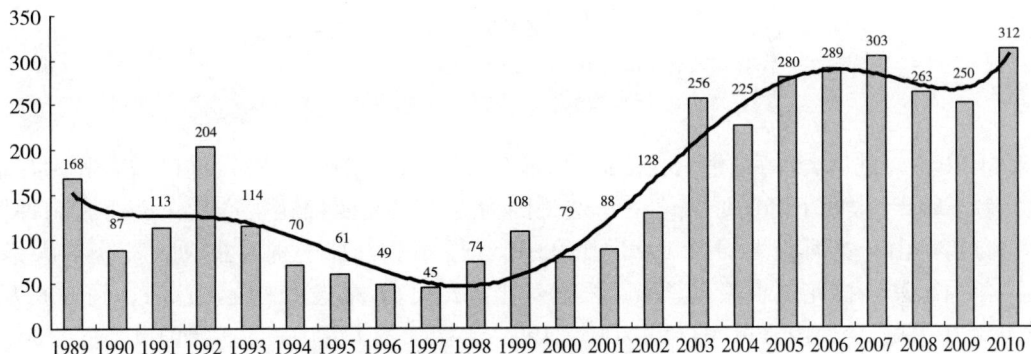

图 4-11　1989—2010 年 CCPPI 的变化

资料来源：中国棉花生产监测预警数据。

注：1989 为 1989/1990 年度，余类推。

从系统数据来看，反映棉花产业发展的所有数据都呈欣欣向荣景象。社会消费品零售总额从 2001 年的 43 055.4 亿元增长到 2011 年的 183 918.6 亿元，增长率达到 15.63%；全国居民衣着消费从 2001 年的 262.49 元/人增长到 2011 年的 1 024.67 元/人，年均增长率达到 14.59%，2011 年还是全国居民纺织品消费额跃上千元的第一年。纺织品服装出口从 2001 年的 532.8 亿美元增长到 2011 年的 2 479.5 亿美元，年均增长率达到 16.62%。棉纺线产量从 2001 年的 760 万吨增长到 2011 年的 2 900.0 万吨，年均增长率 14.33%；同期纺织用棉从 699.8 万吨增长到 1 160 万吨，年均增长率为 15.28%。国棉生产量从 2001 年的 532 万吨增长到 2011 年的 660 万吨，年均增长率为 2.18%。这期间总产不断创立新高，2006 年 753.5 万吨、2007 年 762.4 万吨、2008 年 750 万吨，这些都是统计历史上的最高数据。而同期原棉进口量从 2001 年的 6.0 万吨增长到 2011 年的 336 万吨，年均增长率达到 49.56%，新高也在不断创立。

在国家经济社会发展的大环境来看，这 10 年国民经济快速增长，GDP 增长率从 2001 年的 8.3％增长到 2011 年的 9.3％，高速运行了 10 年，GDP 平均增长率高达 9.88％。因此，评价这 10 年是我国棉花产业的黄金年、历史最辉煌年景也是合适的。尽管 2008 年遭遇全球金融危机，价格下滑。

与此同时，CCPPI 指数还能对消费需求变化作出积极响应（图 4-12），消费增加促进种植规模扩大，消费减少导致生产规模的减缩，因此，消费需求增量减少，以及在低位持续徘徊可导致 CCPPI 的下降。CCPPI 能够对生产量、进口量的变化作出积极响应。出口创汇数据也表明，2002 年是我国棉业经济转折的一年，2003 年为我国棉业经济步入新台阶的一年。

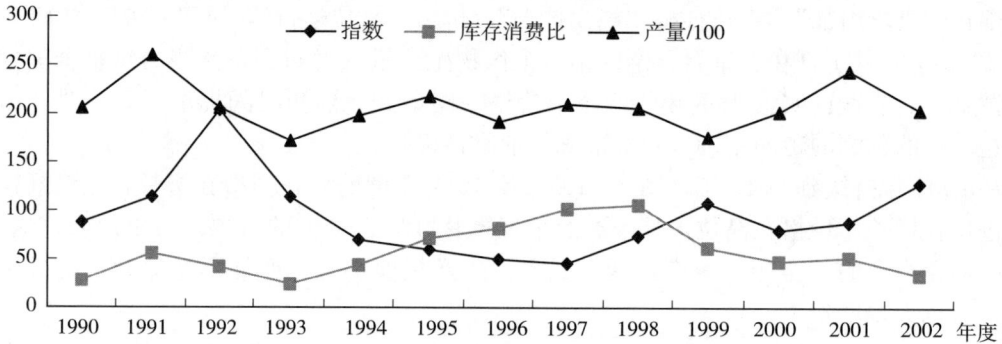

图 4-12　CCPPI 与产量及库存消费比的关系变化

资料来源：中国棉花生产监测预警数据。

注：1990 为 1990/1991 年度，余类推。

CCPPI 还与进口、库存/消费比之间也有较好的关系（图 4-12），进口增多和库存增加也是导致 CCPPI 大幅下降的原因之一，这是因为进出口改变棉花生产量，进而影响种植面积。据分析，由于黄河流域棉区 1992—1993 年气候不利，加上棉铃虫和黄萎病的大暴发，导致两年大减产，棉花供求关系紧张。根据对比，1991 年棉花大丰收，总产达到 568 万吨，1992 年 451 万吨，比 1991 年减 117 万吨，1993 年总产 374 万吨，又减 194 万吨，2 年减产约 310 万吨，这是随后刺激原棉进口增加的直接原因。根据资料记录，1994 年创历史第二个进口高峰年，达到 88 万吨，1995 年进口 66 万吨，1996 年 79 万吨，1997 年 40 万吨，4 个年度合计进口达到 274 万吨。由于进口不断增加，而国内消费持续低位徘徊，产生了供大于求的局面，库存积压增多，是导致棉花生产一再减缩的最主要原因。

20 世纪 90 年代中后期，政府为库存积压"埋单"付出了高额代价。一是由于高价棉供销社不愿收，国家拿出几十亿元价格补贴。二是原棉连续库存积压数量巨大，据认为，资源总量达到 750 万吨，大量库存导致流通领域出现了高额的亏损，国家不得不补贴国内价高于国际价的价差亏损，补贴超期储存利息，数量多达几百亿元，给国家和工商企业造成了极大的负担，对国家、棉农和企业都不利。尽管政府为库存"埋单"付出了高额代价，然而，我国棉产业经济还是出现了"萧条"景象。

价格是调控市场和消费的主要手段，高价引导生产规模扩大，刺激消费；低价引导生产规模缩减，减低消费。我国棉花价格历来低于国际市场，国家决定，1994 年棉花价格提高到 10 880 元/吨，1995—1997 年棉花价格提高到 14 000 元/吨，1998 年回落到 13 000 元/吨，其中 1995—1997 年的提价创造了新中国成立以来的最高价，也是国内棉花价格第一次高于国际价。由于国内价高于国际价 2 000 元/吨以上，成为刺激原棉和棉纱进口走私的动力，反而冲击了国内市场，这次连续 5 年的提价实际上违背了提价的初衷，也违背了市场规律，适得其反。另外，基于减少棉花大量库存积压，生产上政府又采取调整结构，提出调减面积，控制生产量，不增加新的库存，多次号召减少棉花种植面积。如提出调减长江流域棉区面积，进一步压缩黄河流域棉区面积，稳定西北（新疆）面积，由于高位收购价格的引导，尽管投入大量人力，但是，调控效果欠佳，面积虽减但没有达到预期目标，生产量没有减少，调控目标没有实现。2003 年全年纺纱量快报数 928.4 万吨，最后数量 983 万吨，分别比 2002 年增加 15.8％和 22.7％。由于纺纱月月增加，生产量显著减少，到 10 月减产有所明朗，11 月比较确定，纺纱增量也明显减少。由于棉花资源短缺，市场供需矛盾加大，CCPPI 2003/2004 年度为 256，本应于年度末即 2004 年 7 月达到，而提早到 2003 年 12 月达到。

（三）近几年 CCPPI 指数在下降

CCPPI 从 2011 年 1 月的 344 点下降到 2015 年 12 月的 165 点（图 4 - 13），揭示这 5 年棉花产业景气遭受进口的严峻冲击，供需进入严重失衡的状态，生产景气指数不断下降，告诫市场生产规模可减缩。

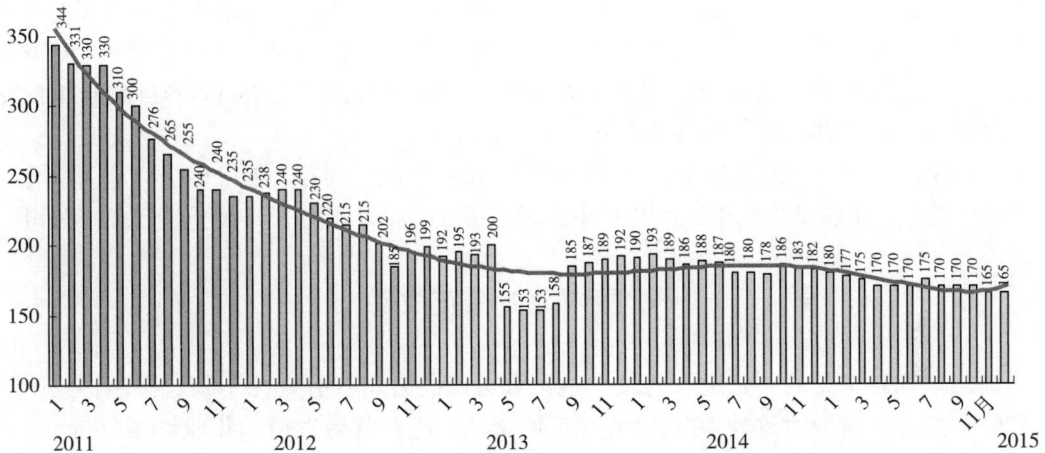

图 4 - 13　2011 年 1 月—2015 年 12 月中国棉花生产景气指数（CCPPI）变化

资料来源：中国棉花生产监测预警数据。

第一个冲击是自 2011—2015 年的原棉大量进口，连续 5 年净进口 1 646.6 万吨，比前 5 年净进口 1 252.6 万吨增长 31.5％，大量进口冲击国产棉的生产和消费，景气指数不断下降，揭示生产规模可以缩减。第二个冲击是棉纱线净进口的增长，这 5 年净进口 675.8 万吨，比前 5 年净进口 201.5 万吨，国内库存棉大量增加，2011—2013 年 3 个年度收储 1 606 万吨全部进入国家库存。四是延伸出高等棉短缺和低等棉过剩问题，需要通过供给侧结构性改革，提升国产棉品质迈向中高端的新课题。

那么要问为什么大量进口？主要是价格"倒挂"。所谓"倒挂"即国内棉花价格高于国际市场价格，按到港加权价格计，2011 年倒挂 1 857 元/吨，2012 年倒挂 5 972 元/吨，2013 年倒挂 6 403 元/吨，2014 年倒挂 5 541 元/吨，这 4 年倒挂加权平均为 5 098 元/吨，这意味着进口低价棉花可以降低纱线和布匹的生产成本。

还要问，为什么会出现价格倒挂？价格倒挂的根源是国内临时收储价格制定得过高，2011 年度 19 800 元/吨、2012 年度和 2013 年度为 20 400 元/吨，可见，临时收储政策是一把双刃剑：一方面较高价格有利于棉农增收，其效果极为显著；另一方面抬高了棉价，扩大了价差。为此，国家对棉花价格进行改革，2014 年度和 2015 年度针对新疆开展目标价格试点，设定价格为 19 800 元/吨和 19 100 元/吨，国内外价差在缩减。

第五节　中国国内棉花贸易

新中国成立后的前 50 年，棉花作为"战略物资"这一特殊商品，实行不放开市场，不放开收购和不放开加工，国内贸易由国家、省级和县级的棉麻公司承担，国家对地方棉花收购、分配和调拨具有绝对的领导权力和职责。自 1998 年开始我国尝试改革棉花市场的计划性管制，2001 年 7 月国务院下发了《关于进一步深化棉花流通体制改革意见》，这次改革概括：一放（放开棉花收购市场）；二分（实行社企分开、棉花经营与储备分开）；三加强（加强和改进对棉花市场的宏观调控、加强棉花市场管理和质量监督、改进棉花信贷资金管理）；走产业化路子（大力推进棉花产业化经营）。自此我国棉花垄断经营的局面被打破，供销社与企业（棉麻公司）分开，棉花经营与储备（成立国家储备棉公司）分开，国家和地方棉麻公司都是市场主体，不存在领导与被领导关系；同时发展有棉花检验（第三章）、储备棉的收购与发放，国家农业发展银行等相关服务机构。2001 年我国加入 WTO，自此开始棉花踏上了市场化的改革之路，目前仍在进行中。

需要指出的是，由于棉花布局的调整和棉区转移的原因，棉花产能发生极为显著变化，紧接着公司经营地位也将发生变化，由昔日小公司变成大公司，也有昔日大公司变成小公司。

一、国内地方棉花贸易

国内从事棉花贸易的国家级、省级、地区和县级的公司曾有好几千家，按照棉花产区的产能和收购能力，省级大致分为三大类（表 4 - 23）：特大贸易省份，年收购量在 50 万吨以上，新疆是近 10 多年发展起来的全国最大省级贸易公司；大贸易省份，每年收购量在 25 万吨以上 50 万吨以下；中小型贸易省份，年收购量在 25 万吨以下。这些棉花贸易公司从农民或经纪人手中收购籽棉，然后加工再出售皮棉。

表 4 - 23　国内地方棉花贸易公司

公司名称	省份	注册地	品牌	经营范围
特大型棉花贸易省份				
新疆棉花产业集团有限公司	新疆	新疆乌鲁木齐市火车北站四路 38 号	"叶尔羌""雪莲""瀚海"	主营收购、加工、销售，以及棉纺织业的投资和经营等
新疆生产建设兵团棉麻公司	新疆	乌鲁木齐市西北路 955 号	—	棉花收购、加工、批发、仓储和、物流等
新疆生产建设兵团第一师阿拉尔市棉麻公司	新疆	新疆阿拉尔市军垦大道西	"新农"	经营棉花、棉纱、麻制品、棉花加工设备和农副产品购销等

公司名称	省份	注册地	品牌	经营范围
特大型棉花贸易省份				
新疆前海集团公司	新疆	新疆喀什市孜都维路 478 号	"前海"	棉花收购、加工、批发、仓储运输和服务
新疆西部银力棉业（集团）有限责任公司	新疆	新疆维吾尔自治区石河子市北三路 79 号	"银力"	主营籽棉收购加工、皮棉和棉短绒购销、棉花加工设备及配件和仓储、纺织、商贸和自营等
山东省鲁棉（集团）有限公司	山东	济南市历城区辛祝路 2 号	"鲁棉"	主营棉花收购、加工和购销经营及仓储运输业务等
河北省棉麻总公司	河北	石家庄裕华区东岗路	—	主营棉花、棉副产品、原棉仓储、运输等
大型棉花贸易省份				
湖南省银华棉麻产业集团	湖南	湖南省长沙市五一大道 618 号	"银华"	棉花产业、仓储物流业、进出口业、生猪养殖业和银华棉织品等
湖北银丰棉花股份有限公司	湖北	武汉市江岸青岛路 7 号银丰大厦	"银丰"	棉花收购、加工、销售、仓储物流和交易市场等
安徽省棉麻有限责任公司	安徽	安徽省合肥市徽州大道 1 603 号	"皖棉"	棉花收购、加工和经营等
江苏省棉麻（集团）公司	江苏	南京市中山北路 28 号	—	棉花生产、收购、加工、储备、销售及棉花主副产品深加工
浙江特产集团有限公司	浙江	杭州市江干区杭州市文一路	—	主营国内外棉花、棉纱线等
杭州中兴棉麻有限公司	浙江	杭州市延安路 310 号	—	棉、麻及纱线麻制品和纺织原料等
河北省新合作棉花有限责任公司	河北	石家庄市建设南大街 21 号	—	棉花收购、加工、仓储和贸易等
河南省豫棉集团实业有限公司	河南	河南省郑州市红专路 66 号	"豫棉"	棉花收购、加工、仓储物流、棉花交易市场、棉麻制品生产销售和贸易
中小型棉花贸易省份				
江西省银海棉麻有限公司	江西	江西省南昌市西湖区洪都中大道 89 号	"银海"	农副产品、棉纱及棉花加工机械等
四川省棉麻集团有限公司	四川	四川省成都市青羊区白丝街 56 号棉麻大厦	—	主营棉花产业、涤纶短纤维、物流配送和外贸进出口等
陕西棉花集团有限公司	陕西	西安市新城区红十字会巷 6 号	—	棉花加工、收购、销售，以及仓储、家纺、种植、养殖等

（续）

公司名称	省份	注册地	品牌	经营范围
中小型棉花贸易省份				
山西省棉麻公司	山西	山西省太原市万柏林区晋祠路一段11号	—	以经营棉花、棉纺织品为主
天津市棉麻总公司	天津	天津市和平区营口道41号	—	主营棉麻、土畜产品、针纺织品、百货、粮油食品和农业生产资料等
甘肃省棉麻总公司	甘肃	甘肃省兰州市城关区中山路28号	—	主营棉花收购、加工、储存、销售和仓储设施租赁等
国家级涉棉公司和机构				
中国储备棉管理总公司	北京	北京西城区西单北大街131号大悦城写字楼16层	—	管理国家储备棉
全国棉花交易市场	北京	北京市西城区宣武门外大街甲1号环球财讯中心B座15层	—	组织交易和传递信息，为棉花交易提供结算、实物交收、质量检验、储运、信息、咨询和人才培训等服务
中华棉花集团有限公司	北京	中国北京西城区（金融大街33号）通泰大厦C段11层	—	棉花收购、加工、仓储、贸易

（一）特大型棉花贸易省份

新疆棉花产业集团有限公司，隶属自治区供销社，拥有"叶尔羌"、"雪莲""瀚海"牌棉花知名商标，公司拥有全资、控股企业38家，轧花厂121个，年加工能力100万吨，棉花商品经营量30余万吨，销售额55亿元。拥有纺织企业5家，纺锭规模30余万锭。还兴办新疆棉花交易市场，是国家批准的西北地区唯一一家棉花现货交易市场。

新疆生产建设兵团棉麻公司，隶属于兵团供销社的国有独资公司，集收购、加工、批发和仓储运输于一体的大型棉花流通企业，拥有棉花加工厂7家，年销售皮棉20万吨以上，棉花二级站7个，铁路专运线6条，仓储能力45万吨，发运能力150万吨；承担兵团75％以上的商品棉的仓储和运输工作。2013年收购籽棉33万吨，销售棉花186万吨，发运棉花101万吨，全年实现销售收入319亿元。

同时，新疆生产建设兵团各产棉师还有独立法人的棉麻公司，第一师阿拉尔市棉麻公司年收购皮棉25万吨，年销售收入30多亿元。第三师新疆前海供销集团公司，年销售收入27.17亿元，年利润6 393万元。第八师西部银力棉业（集团）公司拥有43个棉花加工企业，年加工棉花25万吨、年销售额近30亿元，还有新疆西部银力机械采棉有限公司、参股西域彩棉股份公司、天宏新八棉股份有限公司等。

山东省鲁棉集团有限公司，下属独资、控股、参股企业24家，拥有货场面积36万平方米，库房12万平方米，铁路专运线6条，储运设施完善，还有大型棉花收购加工厂7处

（县），年加工能力 5 万吨，加工工艺先进，公司还拥有棉纺织企业和棉花品质检测中心。近几年率先推进机采棉，在无棣、东营等县（市）建有机采棉清花生产加工线 3 条。

（二）大型棉花贸易省份

冀豫鄂苏皖湘等省份为大棉花贸易省份，在国内棉花贸易市场上占有重要的地位。

湖南省银华棉麻产业集团股份公司，拥有 1 个母公司、14 个控股子公司、5 个参股公司、4 个驻外办事处、6 个棉花储备库，总资产 15 亿元，净资产 4.87 亿元，集团员工总数 2 300 人，年销售收入近 20 亿元。优质棉花生产基地 20 万亩，加工基地 8 个，年加工"银华"品牌棉 5 万吨，年经营棉花 8 万～10 万吨，占全省总产量的 40%，销售收入近 10 亿元。

湖北银丰棉花股份有限公司，是湖北银丰实业集团有限责任公司的控股子公司，在省内外直接投资建立收购加工企业 7 家，与省内外 10 多家民营企业建立了合作联营关系，围绕这些基地创办专业合作社 20 余家，年经营棉花达 20 万吨。

安徽省棉麻有限责任公司，经营客户遍及全国 300 多家企业，购销网络遍布全国各棉花主产和主销区，棉花进口代理的范围拓展到美洲、澳洲、亚洲及非洲等多个地区。公司年销售额约 10 亿元左右，拥有 7 个直属棉花库和分库，总仓储量达 20 万吨。

江苏省棉麻集团有限公司，拥有 20 个全资子公司，8 个控股公司，年销售总额 20 亿元，销售棉花 15 万吨。

河北省棉麻总公司，是全省棉花经营和管理的总机构，集管理、经营、服务于一体。公司有 12 个分公司，主营皮棉、棉短绒及其加工副产品、棉花加工的油料，以及棉花加工机械、配件和包装物料等，拥有现代化储备库和铁路运输专线。

河南省豫棉集团实业有限公司，拥有 1 个棉花事业部、1 个信息中心、4 个经营分公司、10 家直属企业，11 家参股企业。

浙江特产集团有限公司，主营国产和进口澳大利亚、美国的原棉，以及巴基斯坦和越南等进口的棉纱线业务，是省级棉花经营流通龙头企业。

（三）中小棉花贸易省份

四川省棉麻集团有限公司，年经营棉花 5 万吨、化纤 3 万吨和短绒 2 万吨，购销网络遍及全国，是中石化涤纶短纤四川总经销商，是西南地区最大的纺织原料综合供应商。

江西省棉麻集团公司，主营棉花、棉服产品，推进物业仓储，加强企业管理，使公司各项经济指标连续 10 年大幅度增长。

陕西棉花集团有限公司，收购加工籽棉 3 万吨以上，储备量 10 万吨，年销售收入 3.8 亿元，在省内棉花收购、加工、仓储、贸易流通及合作种植业、养殖业等发挥着重要作用。

山西省棉麻公司，有多个分公司和采供站，多个棉花接运站，有大型棉花加工厂 15 家，拥有铁路专用线 6 道，货位 141 个，代国家管理 15 个棉花储备库。

天津市棉麻总公司，主营棉麻、土畜产品、针纺织品、建筑材料、粮油食品、农业生产资料、制冷空调设备、塑料制品及复制品和货物运输等。

甘肃省棉麻总公司，主营棉花收购、加工、储存和销售，以及办公、仓储设施租赁等业务。近年来，公司年经营棉花约 2 万吨，经营额达 3 亿元。

二、全国棉花贸易

（一）中华棉花集团有限公司（以下简称"中棉集团"）

中棉集团是中华全国供销合作总社直属大型流通企业，于 1993 年 10 月由国务院批准成立，注册资本金 1.3 亿元人民币，是棉花行业首家国家级农业产业化龙头企业。棉花经营量达到 100 万吨，物流配送能力达到 60 万吨。拥有棉花资源基地，营销网络覆盖国内棉花主产区和主销区，国际业务发展到全球产棉国，目前已成为国内最大的棉花流通企业，棉花年经营量达百万吨以上。通过自建、收购、联合等方式控制轧花厂 60 多家。在国内与 32 家大型纺织企业建立了战略合作关系，实现棉花流通与纺织需要的融合对接。同时积极实施"走出去"战略，在澳大利亚建有生产基地，与许多主产棉国建立稳定的直购棉花资源渠道。

（二）中国储备棉管理总公司（简称中储棉公司）

中储棉公司是经营管理国家储备棉的政策性中央企业，成立 2003 年。受国务院委托具体负责国家储备棉的经营管理。下辖 16 个直属库，分布于全国各主要棉花产销区，初步形成布局合理、设施先进、管理规范的棉花仓储体系。在国家宏观调控和监督管理下，实行自主经营、统一核算、自负盈亏。

2008 年度，受华尔街金融风暴的冲击，秋季农产品都出现"卖难"问题，为此，国家出台 12 600 元/吨的"救市"价格，收购棉花 272.0 万吨，解决了"卖棉难"问题（表 4 - 24）。

表 4 - 24　中国储备棉管理总公司收储棉花量

年份	收储棉花成交量（万吨）
2008	272.0
2011	312.5
2012	526.0
2013	484.0
2014	658.0

资料来源：中国储备棉管理总公司 2011—2014 年度社会责任报告。

2009 年度国内棉价回升，没有收储计划。

2010 年度棉花市场价格一路攀升，没有必要出台政策性收购。

2011 年度国家出台临时收储政策，收储价为 19 800 元/吨，收储 312.5 万吨。

2012 年度国家出台临时收储政策，收储价为 20 400 元/吨，收储 526.0 万吨。

2013 年度国家出台临时收储政策，收储价为 19 800 元/吨，收储 484.0 万吨。

2014 年度在新疆开展棉花目标价格改革试点，目标价格 19 800 元/吨，收储 658.0 万吨。

2015 年度针对新疆开展棉花目标价格改革试点，目标价格 19 100 元/吨；2016 年度新疆棉花目标价格改革下调至 18 600 元/吨。

针对临时收储的"价差"可能出现"转圈棉"问题，中国储备棉管理总公司发布《〈2013 年度棉花临时收储预案〉实施办法》，本着一切从严、比照新国标的原则制定，对新疆地区企业入储及防止转圈棉产生提出了新要求。并将保证金提高至 500 元/吨（收到公证检验数据后释放 400 元/吨，100 元/吨作为包装质量保证金暂扣）。公司积极参与新疆目标价格改革，出台了一系列方法措施，力争数据真实，钱款及时兑付棉农。

（三）全国棉花交易市场

全国棉花交易市场是不以营利为目的的服务组织，遵循公开、公平、公正和诚实信用的原则，主要功能是组织交易、发现价格、规避风险和传递信息，为棉花交易双方提供交易结算、实物交收、质量检验、储运、信息、咨询和人才培训等服务。1999 年 10 月全国棉花交易市场开始试运行，2002 年以来，交易市场接受国家有关部门委托，通过竞卖交易方式累计抛售国家政策性棉花 1 171 万吨，成交金额 1 500 多亿元。其中 2004 年有投放无成交，2011 年国内外棉价严重"倒挂"，无投放（表 4 - 25）。

表 4 - 25　全国棉花交易市场向市场投放量

年份	投放成交量（万吨）	成交均价（元/吨）	投放日期
2002	76.6	14 000	2002 年 5 月—2003 年 10 月
2003	0.8	16 656	2003 年 12 月 5 日
2004	0（有投放无成交）		2004 年 10 月 26 日
2006	7.1	11 037	2006 年 8 月 22—9 月 28 日，12 月 20 日—22 日
2007	29.6	13 600	2007 年 7 月 16 日—8 月 22 日
2009	264.2	13 200	2009 年 5 月 22 日—12 月 25 日
2010	100.0	13 700	2010 年 8 月 10 日—10 月 20 日
2011	0（无投放）		
2012	49.4	18 600	2012 年 9 月 3 日—9 月 29 日
2013	371.6	19 200	2013 年 1 月 14 日—7 月 31 日
2013—2014	71.8	19 500	2013 年 11 月 28 日—2014 年 3 月 31 日
2014	193.6	17 250	2014 年 4 月 1 日—8 月 31 日
2015	6.3	13 200	2015 年 7 月 10 日—8 月 31 日
合计	1 171	15 449（算术价）	

资料来源：李华．历年储备棉投放时期行情回顾．中国棉麻产业经济研究，2016（3），29 - 30.

（四）政策性银行——中国农业发展银行

中国农业发展银行成立于 1994 年，是国有农业政策性银行。主要任务是：按照国家的法律、法规和方针、政策，以国家信用为基础，筹集农业政策性信贷资金，承担国家规定的农业政策性和经批准开办的涉农商业性金融业务，为农业和农村经济发展服务。

自 2001 年棉花流通体制市场化改革以来，农发行积极支持棉花收购，累计发放棉花收购贷款 5 376 亿元，支持收购棉花 3 582.7 万吨，保障国家棉花调控政策的实施。其中 2011—2013 年实行棉花临时收储政策，累计发放临储贷款 3 389 亿元，棉花市场稳定（表 4 - 26）。

2014 年累放棉花收购贷款 501.4 亿元，支持收购棉花 369.91 万吨。特别是 2014 年度支持新疆收购棉花占全疆收购量的 84%，确保了棉花目标价格改革顺利进行。

表 4-26　中国农业发展银行对棉花的信贷业务

年份	发放储备棉贷款（亿元）	支持收储棉花（万吨）
2002	188.41	227.65
2003	116.64	117.7
2004	271.00	250.85
2005	411.00	332.4
2006	455.00	329.90
2007	557.00	445.75
2008	511.29（发放贷款）	434.55（收购棉花量）
2009	336.11（发放贷款）	486.63（收购棉花量）
2010	4.50	0.16
2011	286.31	160.43
2012	1 211.70	759.99
2013	1 391.98	648.26
2014	768.52	369.91

资料来源：中国农业发展银行 2010—2014 年度报告．http://www.adbc.com.cn/n4/n13/index.html.

第五章　全球棉花工厂消费和棉纺织品贸易

撰稿人　毛树春　华珊

　　棉花被人类用作纺织和衣着原料的历史可溯到公元前 5000 年或 6000 年。据考证，利用棉花手工纺纱织布最早的地区是南亚印度河流域和南美的印加帝国。中美洲古墓中发现的棉织物，据认为是公元前 1 800—2000 年时的产品，棉花在我国海南岛和新疆地区被用作纺织原料约在公元前三四世纪，向长江、黄河流域的传播则是在宋元时期。在此之前，我国人民的衣着原料是丝和麻，欧洲主要是羊毛。棉花在欧洲和美国的普遍应用则是在 18 世纪工业革命之后，迄今不过 200 多年历史。

　　20 世纪 30 年代以来的 84 年时间，全球棉花消费需求变化方面的主要特点：一是棉花纤维消费不断增长。二是全球棉花加工中心地区的不断转移，发达经济体棉纺织业不断萎缩，工厂消费原棉不断减少；经济欠发达的经济体或发展中国家，棉纺织业不断增长。迄今，全球棉纺加工中心在亚洲的东南亚，占全球市场份额的 80%。三是棉纺织技术的不断革新和装备的现代化，对棉花品质指标提出了更新更高的需求，棉花品级检验和分级体系不断发生新的变革。四是棉纤维面临人造纤维的激烈竞争。

　　工厂是棉花消费的主渠道。据分析，近 250 年以来，全球棉纺织业经历了工业化取代手工的第一次产能扩张，机械化和自动化催生生产制造重心的形成、现代化加速棉纺产能的转移和不断转移的发展路径。

　　近代棉纺织业的工业化起源于英国。从 1769 年到 1900 年，英国棉纺织业经历了兴起、发展、鼎盛和衰落时期，持续时间长达 130 年。第一次世界大战之前，英国纺织工业的出口额占全球纺织贸易总额的 58%，几乎垄断了全球市场。在第一次世界大战后的 1924 年，英国棉纺锭达到创纪录的 6 330 万锭，织机 79.2 万台。英国棉纺织业的高产能维持了 60 年，为英国建立工业化国家增加了就业岗位，积累了大量的原始资本，棉纺织业在英国国家的现代化进程中发挥了基础性作用。棉纺工业的发展，促进了棉纺织品服装的消费。据历史统计，1783 年，棉花在欧洲人、美国人衣着原料中仅占 4.4%，到 1833 年则提高了 77.1%，到 20 世纪中叶达到 88.4%，这时棉花已成为欧洲人、美国人最主要的衣着原料，并在工业中也有广泛用途。迄今，包括英国在内的欧盟国家仍保持着高档纺织品服装的品牌和先进制造装备。

　　约在 1828 年之后全球棉纺织业的重心开始转移到美国，现代棉纺织业在美国也经历了形成、扩张和发展的过程，并延续到 20 世纪 60 年代，持续时间长达 132 年，高产能持续了 50 年，为美国建立工业化国家增加了就业岗位和原始资本积累，棉纺织业在美国国家的现代化建设中也发挥了基础性作用。迄今，美国仍保持着棉花纤维开拓性的利用创新和纺纱、织造的先进制造装备。

　　棉纺织是劳动密集型产业。近 100 多年以来，全球棉纺织业不断向人口多和经济欠发达的亚洲转移。自 20 世纪 50 年代起，全球棉纺织业从美国、欧洲转移到亚洲"四小龙"——日本、中国香港、中国台湾和韩国。这些国家和地区因工业化进程加快，劳动力成本不断上涨，加水不生产棉花原料，无本土化资源，棉纺织高产能持续的时间不足 40 年，之后这些工厂被转化为电器、电子产品生产基地。自 50 年代起，棉纺织业陆续向亚洲的中国、印度、巴基斯坦和土耳其转移，80 年代中期，泰国、印度尼西亚、菲律宾的纺织业服装业也迅速崛起。自此以来，亚洲替代了西欧与美国，成为全球最大纺织服装工业基地。

新中国自 1949 年成立以来，棉纺织业经历了形成——缓慢发展——承接转移——调整——高速发展几个重要阶段。其中 20 世纪 50—70 年代为缓慢发展阶段，那时棉纺织业主要立足于解决居民穿衣问题，自 1954 年到 1983 年的 29 年布票"管制"就是短缺的证据，期间也有出口为国家换取宝贵的稀缺外汇货币。自 1978 年改革开放到 80—90 年代经历了承接亚洲"四小龙"的转移、调减和"东锭西移"的调整期。我国自 20 世纪 90 年代即成为全球原棉消费大国、棉纺织品生产大国。1992 年，中国的棉纱和棉布年产量分别为 464 万吨和 218 万吨，均为美国产能的约 3 倍，为前苏联和西欧的 4 倍；原棉年均消费量 450 万吨，占全球总消费量的近 25%。还是 1992 年，纺织品出口额 246 亿美元，占全国水平出口总额的三分之一。按出口量，纺织品也居全球首位，服装出口位居全球第二位。自 2001 年 11 月中国加入 WTO 以来，特别是自 2005 年全球纺织品一体化进程（全球纺织品贸易无配额限制）之后，我国棉纺织产能得到全部高效释放，人口红利得以充分发挥和高效利用，棉纺织业步入了高速发展的新阶段。自 2006—2011 年工厂原棉消费量达到 900 万～1 100 万吨，但由于全球经济危机复苏缓慢，加上临时收储政策和目标价格的调节失灵，2012—2014 年，中国原棉消费量不断减少至 700 多万吨（2014）。尽管如此，我国工厂原棉消费量最高占全球的 40%（2007），纺织品服装出口 2 984.9 亿美元，占全球的 35%，已是全球最大的原棉消费国、纺织品服装制造、消费大国和出口大国，中国纺织品服装早已出口全世界，"衣被天下"。

我国居民衣着更新周期发生了重大变化，服装消费周期由 9 年贫困型、6 年温饱型向年年更新的小康型生活。穿着经过了新三年，旧三年，缝缝补补又三年，过渡到 6 年的温饱型，到年年更新的小康型，进入 21 世纪已为季季更新的充裕型，穿着更加时髦、舒适、华丽和高贵的"小康"型。

然而，从我国成为全球棉花消费大国的历程来看，从 1978 年改革开放算起仅 37 年时间，从 2001 年加入 WTO 算起仅 15 年时间，未来仍将保持较好的发展态势。

第一节　全球原棉工厂消费和棉纱线产量

一、全球原棉工厂消费

全球棉纺织业加工原棉从 1970 的 12 078 千吨增长到 2014 年的 25 491 千吨，年均增长率为 1.71%，年净增 324 千吨（图 5-1）。如果从 1981 的 14 124 千吨算起，到 2014 年的年均增长率为 1.81%，可见全球原棉的消费增长在加快。

棉花工厂消费呈现区域和经济发展的典型特征。从 1981 年到 2014 年的 33 年时间里（表 5-1），发展中国家工厂消费大幅增长，从 8 555 千吨增长到 23 990 千吨，年均增长率 3.36%；占同期全球的消费比例则从 60.6% 提高到 94.1%。这是由于劳动力资源丰富和比较廉价，棉纺织业转移的结果。比如同期的中东欧和苏联工厂消费则从 2 445 千吨减少到 635 千吨，年均增长率为 -4.00%，占同期全球的比例则从 17.3% 下降到 2.49%。工业化

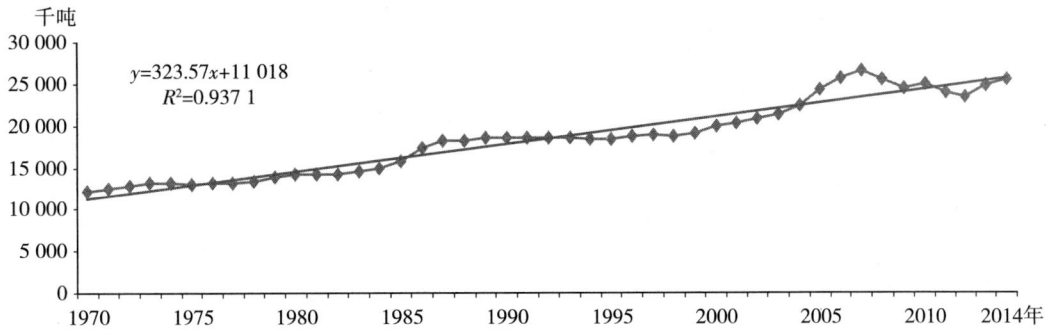

图 5-1 全球棉花工厂消费增长

资料来源：World Textile Demand，A Report by the Secretariat of the International Cotton Advisory Committee，November，2014，ICAC Washington DC USA.

国家则从 3 124 千吨减少到 866 千吨，年均增长率为－3.81%；占同期全球的比例则从 22.8%下降到 3.39%。其中：北美洲从 1 280 千吨减少到 649 千吨，年均增长率为 －2.04%，占同期全球的比例从 10.6%下降到 2.54%。西欧从 1 112 千吨下降到 156 千吨，年均增长率为－5.78%；占同期全球的比例从 7.9%下降到 0.61%。亚洲/太平洋地区则从 732 千吨减少到 61 千吨，年均增长率为－7.25%，占同期全球的比例则从 5.2%下降 到 0.24%。

表 5-1　全球分区域工厂原棉消费量

单位：千吨

项目	中东欧和苏联	工业化国家				发展中国家
		工业化国家之和	北美洲	西欧	亚洲/太平洋	
1981	2 445.2	3 123.8	1 279.7	1 111.7	732.3	8 555.4
1982	2 371.8	3 122.8	1 177.4	1 172.2	773.1	8 753.0
1983	2 390.9	3 259.6	1 328.7	1 214.9	715.9	8 896.2
1984	2 517.2	3 262.0	1 283.0	1 248.4	730.5	9 049.4
1985	2 653.3	3 326.0	1 327.7	1 293.6	704.7	9 787.3
1986	2 737.2	3 639.5	1 525.9	1 389.5	724.1	11 084.0
1987	2 718.7	3 996.1	1 745.8	1 453.7	796.6	11 510.0
1988	2 698.1	3 781.9	1 638.7	1 393.3	749.9	11 727.1
1989	2 684.3	4 019.6	1 882.5	1 370.1	767.0	11 990.9
1990	2 444.3	3 949.8	1 905.9	1 350.4	693.6	12 203.4
1991	2 158.9	3 921.5	2 015.3	1 242.5	663.7	12 467.1
1992	1 652.6	3 984.1	2 204.7	1 176.6	602.8	12 952.0
1993	1 204.7	4 006.9	2 285.7	1 206.5	514.6	13 326.5
1994	935.3	4 117.8	2 417.5	1 245.8	454.5	13 381.4
1995	787.0	3 994.6	2 401.5	1 198.0	395.1	13 619.4
1996	735.1	3 942.4	2 427.0	1 155.8	359.6	14 101.3

（续）

项目	中东欧和苏联	工业化国家				发展中国家
		工业化国家之和	北美洲	西欧	亚洲/太平洋	
1997	734.3	3 996.2	2 511.1	1 148.9	336.2	14 248.9
1998	725.6	3 810.8	2 414.1	1 075.3	321.4	14 192.5
1999	767.0	3 641.3	2 303.1	1 019.8	318.5	14 813.8
2000	852.7	3 479.8	2 168.0	1 004.9	306.8	15 557.5
2001	927.3	3 127.1	1 896.6	956.8	273.7	16 320.1
2002	939.0	2 826.6	1 707.0	875.0	244.6	17 109.1
2003	904.8	2 538.4	1 561.0	762.5	214.9	17 908.6
2004	852.0	2 301.0	1 467.0	642.2	190.9	19 226.4
2005	800.3	2 160.7	1 434.6	552.5	173.6	21 235.2
2006	786.8	1 838.3	1 227.9	461.1	149.3	23 041.5
2007	779.6	1 593.1	1 063.0	391.6	138.5	24 232.8
2008	708.1	1 327.7	912.1	293.0	122.6	23 411.9
2009	647.9	1 095.6	776.1	219.5	100.0	22 698.0
2010	635.0	1 101.9	807.3	202.8	91.8	23 265.0
2011	610.5	1 076.8	806.3	186.7	83.8	22 233.6
2012	605.7	965.2	724.2	168.6	72.4	21 891.1
2013	626.8	921.5	692.3	162.2	67.0	23 178.8
2014	635.2	865.7	648.9	155.7	61.1	23 990.3

资料来源：World Textile Demand，A Report by the Secretariat of the International Cotton Advisory Committee，November，2014，ICAC Washington DC USA.

以 2012 年为例，这一年全球工厂消费原棉 23 462 千吨，亚洲发展中国家的棉花消费占全球比例为 50.4%，工业化国家消费量占全球的 33.4%，拉丁美洲消费量占全球的 5.6%，中东地区国家消费量占全球的 3.9%，中东欧和前苏联占全球的 3.8%，非洲仅占全球的 2.9%。同样是 2012 年，发展中国家工厂消费量占全球的 51.4%，北美洲工厂消费量占全球的 25.6%，西欧工厂消费量占全球的 14.0%，亚洲/太平洋地区工厂消费量占全球的 6.3%。

据 ICAC 资料，全球有 95 个国家和地区在工厂加工棉花（表 5-2），按加工量和占全球的比例，中国和印度为第一方阵，是特大消费国，消费量在 500 万～1 100 万吨，占全球市场份额高达的 18%～40%。巴基斯坦、土耳其、巴西、美国、孟加拉国为第二方阵，是全球消费大国，消费量在 72 万～230 万吨，占全球市场份额在 3% 以上到 10% 以下。中等消费量的国家和地区有印度尼西亚、墨西哥、越南、乌兹别克斯坦、泰国、韩国、缅甸、中国台湾、阿根廷、叙利亚、伊朗、土库曼克斯坦、埃及、俄罗斯和秘鲁等，消费量在 15 万～46 万吨，消费比例占全球的 0.7%～0.3%。消费量在 10 万吨以下和 1 万吨以上，有 29 个国家和地区。

表 5-2　2012 和 2013 年全球前 10 位工厂纺织消费原棉

序号	国家或地区	消费量（千吨）	占全球的比例（%）	国家或地区	消费量（千吨）	占全球的比例（%）
		2012			2013	
1	中国	9 169	39.1	中国	9 699	39.2
2	印度	4 383	18.7	印度	4 790	19.4
3	巴基斯坦	2 268	9.7	巴基斯坦	2 413	9.8
4	土耳其	1 240	5.3	土耳其	1 299	5.3
5	巴西	900	3.8	巴西	912	3.7
6	美国	722	3.1	美国	690	2.8
7	孟加拉国	720	3.1	孟加拉国	781	3.2
8	印度尼西亚	438	1.9	印度尼西亚	463	1.9
9	墨西哥	377	1.6	墨西哥	372	1.5
10	越南	327	1.4	越南	353	1.4
	前 10 位合计	20 544	87.6	前 10 位合计	21 772	88.0
	全球总计	23 462	100	全球总计	24 727	100
11	乌兹别克斯坦	276	1.2	乌兹别克斯坦	290	1.2
12	泰国	269	1.1	泰国	272	1.1
13	韩国	238	1.0	韩国	238	1.0
14	缅甸	192	0.8	缅甸	196	0.8
15	中国台湾	186	0.8	中国台湾省	181	0.7
16	阿根廷	153	0.7	阿根廷	164	0.7
17	叙利亚	142	0.6	伊朗	138	0.6
18	伊朗	135	0.6	土库曼斯坦	138	0.6
19	土库曼斯坦	126	0.5	埃及	128	0.5
20	埃及	117	0.5	叙利亚	120	0.5
	前 20 位合计	22 378	95.4	前 20 位合计	22 637	95.6

资料来源：World Textile Demand, A Report by the Secretariat of the International Cotton Advisory Committee, November, 2014，ICAC Washington DC USA.

　　中国是最大的棉纺织加工大国，也是全球最大的人口大国。中国工厂的原棉消费量，20 世纪 70 年代平均 2 457 千吨，占全球平均消费比例 18.8%；80 年代平均消费量 3 832 千吨，占全球的平均比例 23.9%；90 年代平均消费量 4 396 千吨，占全球的平均比例为 23.6%；21 世纪前十年平均消费量 8 049 千吨，占全球的平均比例为 34.3%，其中 2007 和 2008 年工厂消费原棉创历史新高，分别达到 10 725 千吨和 10 219 千吨，占全球工厂消费的最高比例达到 40.3% 和 40.2%。2010—2014 年，全球处于金融危机的后时代，经济复苏进程缓慢艰难，中国工厂原棉消费量在减少，5 年平均 9 627 千吨，占全球工厂消费的比例为 39.3%。近几年，中国受劳动力成本高涨和国内的高价原棉，一些棉纺企业开始转移至东南亚越南、泰国、孟加拉、印度尼西亚和巴基斯坦等，有的甚至转移到美国，以图更低的原棉成本。

印度是全球第二大工厂消费原棉大国，该国是人口大国，劳动力价值更便宜。70 年代，工厂消费原棉 1 200 千吨，占全球工厂消费比例的 9.2%。80 年代，工厂消费原棉 1 524 千吨，占全球工厂消费比例的 9.5%。90 年代，工厂消费原棉 2 371 千吨，占全球工厂消费比例的 12.7%。21 世纪头十年，工厂消费原棉 3 403 千吨，占全球工厂消费比例的 14.7%。近 5 年，印度工厂消费原棉 4 612 千吨，占全球工厂消费比例的 18.8%。

巴基斯坦是全球第三大工厂消费原棉大国，该国也是人口大国，劳动力价值更便宜。70 年代，工厂消费量 455 千吨，占全球工厂消费比例的 3.5%。80 年代，工厂消费量 610 千吨，占全球工厂消费比例的 3.8%。90 年代，工厂消费量 1 485 千吨，占全球工厂消费比例的 8.0%。21 世纪头十年，工厂消费量 2 252 千吨，占全球工厂消费比例的 9.7%。近 5 年，巴基斯坦工厂消费量 2 339 千吨，占全球工厂消费比例的 9.5%，约为印度的一半。

土耳其是 21 世纪之后的新兴棉纺织国家。棉纱线工厂加工量从 1970 年的 182 千吨增长到 1980 年的 227 千吨和 1990 年的 559 千吨，2000 年增长到 1 195 千吨，2014 年提高到 1 279 千吨，年均增长率为 6.08%。可见，土耳其正在利用连接欧亚的地理优势发展棉纺织业。

发达经济体工厂原棉加工量不断减少。工业化的发达国家包括英国、法国、德意、意大利、荷兰、奥地利、葡萄牙、希腊、西班牙、瑞典、比利时、爱尔兰、丹麦、芬兰等 14 个国家，工厂棉花加工量从 1970 年的 1 305 千吨减少到 2014 年的 151 千吨，年均递减率达到 6.33%。

英国是近代棉纺织工业的鼻祖，1970 年工厂加工量 157 千吨，然而进入 21 世纪几乎没有棉纺织。澳大利亚也很相似，1970 年工厂加工量 30 千吨，2011 年以后的加工量不足 1 万吨。

原来的亚洲四小龙——日本、韩国、中国台湾和中国香港，工厂原棉加工量从 1970 年的 1 158 千吨增长到 1980 年的 1 496 千吨，1990 年缓慢增长到 1 694 千吨，2000 年则下降到 973 千吨，2014 年进一步下降到 473 千吨，年均递减率为 2.68%。

美国工厂原棉消费量在波动中大幅减少。工厂加工量从 1970 年的 1 775 千吨减少到 1980 年的 1 377 千吨，1990 年增长到 1 898 千吨，其中 1997 年创近 45 年的新高，达到 2 443 千吨；2000 年下降到 2 099 千吨，2014 年进一步下降到 647 千吨，年均递减率为 3.01%。

二、全球棉纱线生产量

与棉花工厂加工相对应的是棉纱线的生产和产量，从 1980 年到 2014 年的 35 年时间里，全球棉纱线产能从 12 234 千吨增长到 50 339 千吨，增长了 3.09 倍，年均增长率达到 4.52%。在几大洲中（表 5-3），棉纱线增长量最大和增长速率最快的地区在亚洲和大洋洲，产能占全球比例，80 年代为 55.8%，90 年代为 66.4%，21 世纪头十年为 83.6%，近 5 年为 92.9%，可见亚洲已成为全球最大的棉纺织加工中心，而这个中心则是以中国及其周边国家和地区为圆心的集合中心，即以中国为棉纱线产能原点为中心。在亚洲和大洋洲大幅增长的同时，美洲、非洲和欧洲都呈大幅减少趋势。与 20 世纪 80 年代相比，近 5 年平均，欧洲减少了 82.4%；非洲减少了 50.8%，美洲增长了 14.7%。

表 5-3 近 35 年全球分区棉纱线产量变化

单位：千吨

项目	美洲		非洲		欧洲		亚洲/大洋洲		全球	
	产量	比前 10 年增长（%）	产量	比前 10 年增长（%）	产量	比前 10 年增长（%）	产量	比前 10 年增长（%）	产量	比前 10 年增长（%）
20 世纪 80 年代（1980—1989）	2 068	—	447	—	3 702	—	7 860	—	14 077	—
20 世纪 90 年代（1990—1999）	3 024	46.2	503	12.5	2 027	−45.2	10 960	39.4	16 514	17.3
21 世纪头 10 年（2000—2009）	2 817	−6.8	381	−24.3	1 234	−39.1	22 608	106.3	27 039	63.7
近 5 年（2010—2014）	2 372	−15.7	220	−42.2	653	−47.1	42 237	86.8	45 482	69.2
2010	2 531		261		693		36 631		41 929	
2011	2 472		229		633		38 595		40 116	
2012	2 302		198		635		43 090		46 225	
2013	2 304		205		652		45 638		48 799	
2014	2 250		205		653		47 231		50 339	

资料来源：World Textile Demand, A Report by the Secretariat of the International Cotton Advisory Committee, November, 2014, ICAC Washington DC USA.

最近 35 年全球棉纺线产能的大幅增长，一是得益于中国和亚洲的改革开放，区域经济持续快速地增长。据国际货币基金组织（IMF）和世界银行数据（2013）资料，以 1990 年人均真实 GDP 为 100%，从 1980 年到 2013 年，亚洲人均真实 GDP 增长了 584%，高于全球平均水平 1.74 倍。中国和亚洲的经济发展有效地承接到欧洲、美洲的棉纺织产能的转移，更有效地发挥了亚洲丰富的劳动力资源优势，娴熟技能的产业工人和廉价丰富的劳动力优势。二是得益于棉纺织工业技术的进步和棉纺织装备的改良。一大批棉纺前道工序的机械化、自动化、智能化棉纺织装备武装在棉纺、织造、印染和成衣工艺中，棉纺织效率提高很快。三是纺织业结构十分完整，产业链的前端、中端和后端，以及消费和贸易配套。先进纺织业技术和装备大大解放劳动力，用工量大幅度减少。以中国棉纺细纱为例，每万锭需求的劳动力数量，20 世纪 70 年代 500 人，80 年代初期 350 人，90 年代 250 人，2000 年 200 人，目前中国环锭纺细纱平均仅需 70 人左右，自动化、智能化程度高的先进装备仅需 30～50 人，最少仅 5 人。

全球棉纱线生产的国家和地区有 100 多个。与工厂原棉消费一样，中国是全球最大的棉纱产量生产国，棉纱线产量从 1980 年的 2 926 千吨增长到 2014 年的 36 447 千吨，增长了 11.5 倍，年均增长率高达 7.70%；2012 年占全球市场的 72.1%（表 5-4）。印度是全球第二大棉纱线生产国，从 1980 年的 1 058 千吨增长到 2014 年的 3 853 千吨，增长了 2.64 倍，年均增长率高达 3.87%；2012 年占全球市场的 7.1%。巴基斯坦是第三大棉纱线生产国，从 1980 年的 368 千吨增长到 2014 年的 3 341 千吨，增长了 8.10 倍，年均增长率高达 3.44%；2012 年占全球市场的 6.6%。土耳其是第四大棉纱线生产国，从 1980 年的 181 千吨增长到 2014 年的 1 260 千吨，增长了 5.96 倍，年均增长率高达 5.87%，2012 年占全球市场的 2.5%。巴西是全球第五个棉纱线生产国，从 1980 年的 510 吨增长到 2014 年的 986 千吨，增长了 93.3%，年均增长率高达 2.02%，2012 年占全球市场的 2.2%。这四个国家的棉纱线产能占全球市场的 88.3%。

表 5-4　棉纱线产量前 20 位国家或地区

排序	2012			2011		
	国家或地区	棉纱线产量（千吨）	占全球（%）	国家或地区	棉纱线产量（千吨）	占全球（%）
1	中国	33 333	72.1	中国	28 946	69.0
2	印度	3 297	7.1	印度	3 302	7.9
3	巴基斯坦	3 039	6.6	巴基斯坦	2 960	7.1
4	土耳其	1 175	2.5	土耳其	1 088	2.6
5	巴西	995	2.2	巴西	1 051	2.5
6	印度尼西亚	788	1.7	印度尼西亚	776	1.8
7	美国	631	1.4	美国	703	1.7
8	墨西哥	418	0.9	墨西哥	429	1.0
9	泰国	216	0.5	泰国	272	0.6
10	越南	261	0.6	越南	270	0.6
	前 10 位合计	44 154	95.5	前 10 位合计	39 795	94.9
11	韩国	231	0.5	韩国	209	0.5
12	中国台湾	215	0.5	中国台湾	201	0.5
13	乌兹别克斯坦	202	0.4	乌兹别克斯坦	200	0.5
14	孟加拉国	174	0.4	孟加拉国	179	0.4
15	阿根廷	118	0.3	阿根廷	152	0.4
16	叙利亚	109	0.2	叙利亚	131	0.3
17	土库曼斯坦	110	0.2	土库曼斯坦	103	0.2
18	俄罗斯	93	0.2	俄罗斯	83	0.2
19	伊朗	81	0.2	伊朗	81	0.2
20	埃及	42	0.1	埃及	72	0.2
	前 20 位合计和占比（%）	45 528	98.5		41 203	98.3
	全球总计	46 225	100.0	全球总计	41 928.6	100.0

资料来源：World Textile Demand，A Report by the Secretariat of the International Cotton Advisory Committee，November，2014，ICAC Washington DC USA.

发达经济体或工业化国家，与工厂原棉加工消费量减少的变化一致，美国棉纱线产量从1980 年的 1 114 千吨下降到 2012 年的 631 千吨，减少了 43.3%。包括英国、法国、德意、意大利、荷兰、奥地利、葡萄牙、希腊、西班牙、瑞典、比利时、爱尔兰、丹麦、芬兰、挪威、瑞士等 22 个国家，棉纱线产量从 1980 年的 3 682 千吨减少到 2014 年的 657 千吨，减幅460%，年均递减率达到 5.1%。其中英国棉纱线产量从 1970 年的 72 千吨减少 2014 年至0.5 千吨，澳大利亚从 1970 年的 21 千吨减少到 2014 年的 2 千吨，可见发达经济体现今几乎没有棉棉纱线产能。

原来的亚洲四小龙，工厂加工量从 1980 年的 1 109 千吨增长到 1990 年的 1 448 千吨，2000 年下降至 892 千吨，2014 年则下降到 482 千吨，从 1980 年到 2014 年减幅高达 56.5%。

非洲是全球最不发达的集中地区，棉纱线产量低而不稳且在减少。全非洲棉纱线产量1980 年 429 千吨，1990 年 495 千吨，2010 年 422 千吨，2014 年 205 千吨。从 1980 年到2014 年减幅高达 52.2%。在非洲国家中，埃及是最大的棉纱线生产国家，产能几乎占非洲一半。1980 年 323 千吨，1990 年 260 千吨，2010 年 180 千吨，2014 年 45 千吨。

三、全球棉纺织规模和棉纱线成本比较

(一) 全球棉纺织规模

从国际棉纺织业的产能分布看，全球棉纺织集中在亚洲，而亚洲又主要集中在中国、印度和巴基斯坦三个国家。据 ITMF 对全球短纤维纺机配置锭数的统计（图 5-2），2005 年全球短纤维环锭纺的锭数为 18 833.9 万锭，2011 年增长到 25 012.7 万锭，增长率为 24.7%。2011 年全球超过 1 000 万锭的国家有 3 个，中国 12000 万锭，印度 4 819 万锭，巴基斯坦1 176万锭，这 3 个国家合计 17 995 万锭，占全球的 71.9%。中国、巴基斯坦和印度尼西亚的织机规模占全球比重的 68.0%。2014 年，中国、印度和巴基斯坦三国原棉产量占全球的69%，中国和印度的化纤产能占全球的 77.0%。

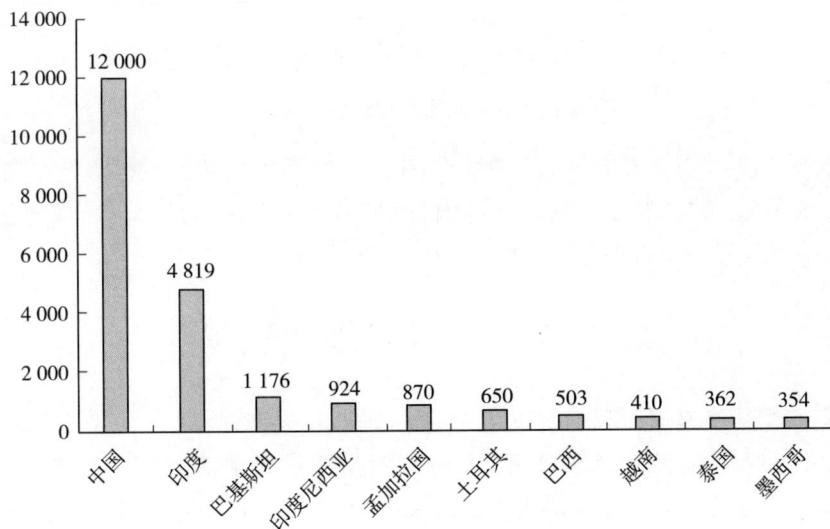

图 5-2 2011 年世界主要国家短纤维纺机配置锭数

资料来源：ITMF（International Textile Machinery Shipment Statistics，2013）（不包括 OE 纺机）.

（二）全球棉纱线成本

纱线成本的高低是纺织品竞争力的基础，因而是纺织品服装的重要评价标准。全球以工资成本上涨为最主要因素的各项综合成本都在持续上涨。根据印度纺织工业部发布的 2009/2010 年度数据（图 5-3），中国环锭纺纱成本 3.338 美元/千克，比巴西 3.276 美元/千克的高 1.9%、比土耳其 3.046 美元/千克的高 9.6%、比印度 2.957 美元/千克的高 12.9%、比韩国 3.233 美元/千克高 3.2%；但比意大利 4.248 美元千克的低 21.4%。其中，中国原材料成本占成本比例的 61%，仅次于埃及，比意大利高 20 个百分点，还高于巴西、印度和韩国的 6~7 个百分点。可见我国棉纺织业在国际上的成本优势越来越不明显。

总和： 3.276　　3.338　　3.456　　2.957　　4.248　　3.233　　3.046　　3.224
（美元/每千克纱线）

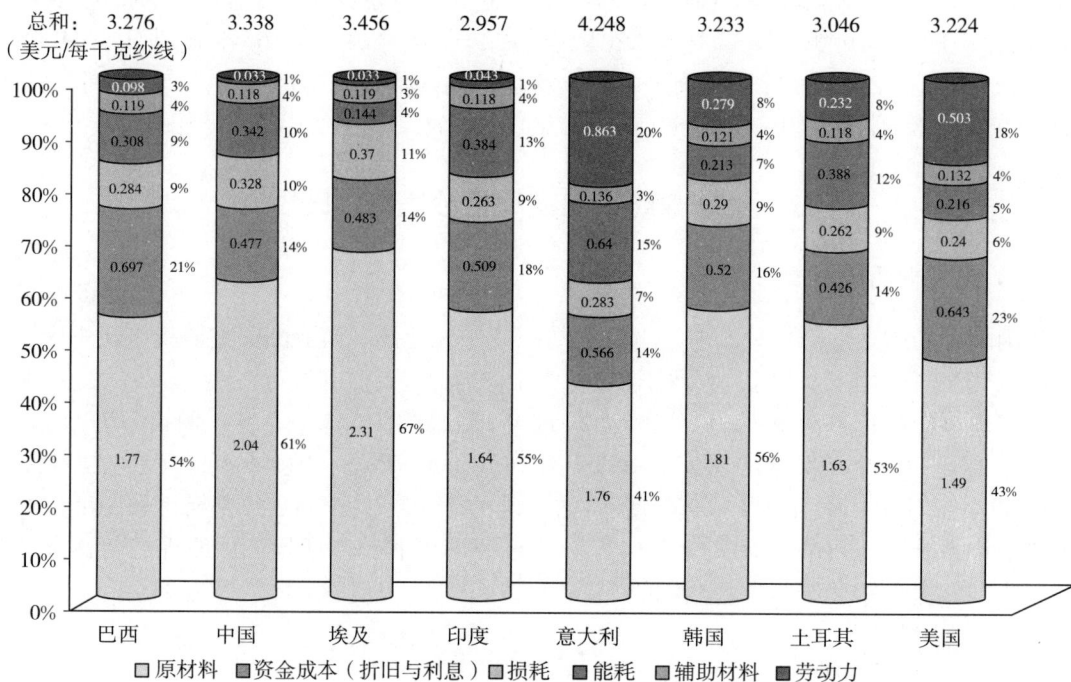

图 5-3　主要国家环锭纺纱成本结构

中国转杯纺纱成本为 2.568 美元/千克（图 5-4），比巴西 2.360 美元/千克高 8.8%，比土耳其 2.146 美元/千克高 19.7%，比韩国 2.305 美元/千克高 11.4%，但比意大利 2.601 美元/千克低 1.3%，其中原材料成本比意大利高 13 个百分点。

第二节　全球棉纱线贸易

2012 年全球棉纱线最大贸易量 388 万吨，占全球生产量的 8.4%，并且在不断增长；出口贸易额最大值 147.5 亿美元（2011 年），进口贸易额最大值为 130.0 亿美元（2011 年），也在不断增长。参与全球棉纱线贸易的经济体有 100 多个，主要进出口贸易调节经济体有中国、中国香港、韩国和土耳其，这 4 个经济体占全球市场份额的 50% 以上。

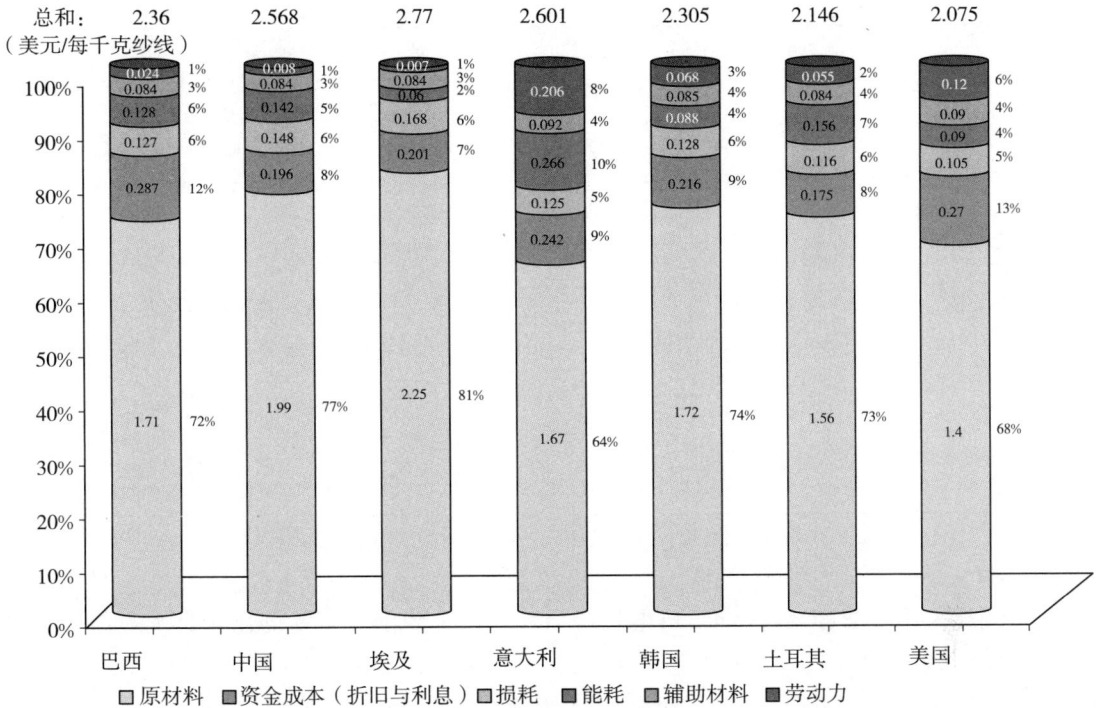

图 5 - 4　主要国家转杯纺纱成本结构

一、棉纱线出口量和出口额

全球棉纱线出口贸易量占生产量的比例，20 世纪 80 年代为 7.8％，90 年代为 11.1％，21 世纪头 10 年占 10.6％，近 3（2010—2012）年占 8.0％。即全球棉纱线出口量占产量的比例在 8％～11％。从近 33 年来看（表 5 - 5），全球棉纱线的出口贸易在增长，从 1980 年的 827 千吨增长到 2012 年的 3 381 千吨，年均增长率为 4.50％。从三个十年出口贸易来看也在增长，90 年代比 80 年代增长 67.2％，21 世纪头十年比 90 年代增长 55.6％，近 3 年出口量增长 27.2％，出口量达到 3 640 千吨。最高出口量年景为 2012 年，出口量 3 881 千吨。

表 5 - 5　近 35 年全球分区棉纱线出口贸易变化

单位：千吨

项目	美洲		非洲		欧洲		亚洲/大洋洲		全球	
	出口量	比前 10 年增长（％）	出口量	比前 10 年增长（％）	出口量	比前 10 年增长（％）	出口量	比前 10 年增长（％）	出口量	比前 10 年增长（％）
20 世纪 80 年代（1980—1989）	120	—	84	—	316	—	581	—	1 100	—
20 世纪 90 年代（1990—1999）	115	−4.2	98	16.7	408	29.1	1 217	109.5	1 839	67.2

（续）

项目	美洲		非洲		欧洲		亚洲/大洋洲		全球	
	出口量	比前10年增长（%）	出口量	比前10年增长（%）	出口量	比前10年增长（%）	出口量	比前10年增长（%）	出口量	比前10年增长（%）
21世纪头10年（2000—2009）	342	197.4	62	−36.7	362	−11.3	2 091	72.0	2 862	55.6
近3年（2010—2012）	966	182.5	73	17.7	173	−52.2	2 425	16.0	3 640	27.2
2010	479		139		210		2 682		3 514	
2011	1 199		50		184		2 091		3 526	
2012	1 219		29		126		2 503		3 881	

资料来源：World Textile Demand，A Report by the Secretariat of the International Cotton Advisory Committee，November，2014，ICAC Washington DC USA.

　　从各大洲来看，亚洲/大洋洲出口增长量最大，占全球出口贸易的比例最大，21世纪头十年出口比例高达73.1%。欧洲出口不断下降，非洲所占比例极小，只是美洲在大幅增长，源自美国较低的原棉和电力成本，包括中国棉纺织业的进入，纺织业回流致棉纺纱出口增长。

　　全球参与棉纺纱出口贸易国家和地区有81个。印度、巴基斯坦、中国和美国是棉纱线的传统出口大国（表5-6），这4个国家在2010年的出口量占全球市场的68.5%，其中印度所占全球市场的最高比例达到26.5%。越南、印度尼西亚和泰国等东南亚国家出口在增长，2010年这3个国家出口占全球市场的12.3%。

表5-6　棉纱线出口量前20位国家或地区

单位：千吨

排序	2010			2011		
	国家或地区	出口量	占全球（%）	国家或地区	出口量	占全球（%）
1	印度	931.5	26.5	巴西	672.0	19.1
2	巴基斯坦	538.6	15.3	印度	660.2	18.7
3	中国	525.1	14.9	巴基斯坦	503.1	14.3
4	美国	411.5	11.7	美国	472.0	13.4
5	越南	243.4	6.9	中国	392.9	11.1
6	印度尼西亚	127.0	3.6	越南	209.9	6.0
7	土耳其	98.4	2.8	土耳其	110.4	3.1
8	埃及	93.8	2.7	印度尼西亚	91.5	2.6
9	叙利亚	65.3	1.9	韩国	56.9	1.6
10	泰国	60.8	1.7	泰国	43.1	1.2
	前10位小计	3 095.4	88.1	前10位小计	3 212.0	91.1

（续）

排序	2010			2011		
	国家或地区	出口量	占全球（%）	国家或地区	出口量	占全球（%）
11	韩国	59.4	1.7	意大利	38.4	1.1
12	意大利	41.5	1.2	埃及	37.4	1.1
13	西班牙	38.8	1.1	西班牙	34.3	1.0
14	德国	31.5	0.9	德国	30.2	0.9
15	墨西哥	29.9	0.9	墨西哥	22.1	0.6
16	尼日利亚	28.7	0.8	比利时	17.9	0.5
17	比利时	21.1	0.6	马来西亚	13.3	0.4
18	希腊	20.3	0.6	希腊	11.9	0.3
19	马来西亚	16.3	0.5	萨尔瓦多	10.1	0.3
20	萨尔瓦多	11.0	0.3	葡萄牙	7.1	0.2
	前 20 位合计	3 394	96.6	前 20 位合计	3 435	97.4
	全球合计	3 513.9	100.0	全球合计	3 526.2	100.0

资料来源：World Textile Demand，A Report by the Secretariat of the International Cotton Advisory Committee，November，2014，ICAC Washington DC USA. 数据四舍五入有差异。

巴西是全球棉花生产大国之一，但生产的稳定性差。巴西纺织品全球排名第三，服装制造业全球排名第六，是南美洲棉纱线的生产大国，拥有纺锭 500 多万锭，主要生产棉纱线的精梳纱品种，以及面料和服装的制造。由于国内消费疲软，有利棉纱线出口。2011 年跃入全球第一大棉纱线出口国，但也很不稳定。

最近 13 年全球棉纱线出口贸易大幅增长（表 5-7），从 2000 年的 66.72 亿美元增长到 2012 年的 128.2 亿美元，增幅达到 92.2%，年均增长率 5.59%。2005 年全球纺织品配额取消以后，2006 年首次突破 100 亿美元，达到 107.1 亿美元；2008 年全球暴发金融危机，2009 年跌破 100 亿美元为 95.4 亿美元，随后的 2009—2012 年由于中国陆续投资 4 万元人民币，拉动全球经济以及棉纱线贸易的增长，出口额 42.4%，出口额达到高峰为 147.5 亿美元。然而，2012 年之后全球经济复苏乏力，棉纱线出口贸易量在下降。

全球棉纱线主要出口地区在亚洲/太平洋，2009 年出口额最高，占全球的比例达到 76.7%；其次为美洲 2009 年占全球市场份额的 11.1%，欧洲占 9.9%，非洲仅占 2.1%。

表 5-7　近 15 年全球分区棉纱线出口贸易变化

单位：百万美元

项目	美洲		非洲		欧洲		亚洲/大洋洲		全球	
	出口额	增长（%）	出口额	增长（%）	出口额	增长（%）	出口额	增长（%）	出口额	增长（%）
2000	653.7	—	212.8	—	1 613.2	—	4 152.7	—	6 672.2	—
2001	535.7		189.9		1 589.5		4 359.9		6 718.0	
2002	554.8		168.6		1 568.9		4 668.7		7 007.3	

（续）

项目	美洲		非洲		欧洲		亚洲/大洋洲		全球	
	出口额	增长（%）	出口额	增长（%）	出口额	增长（%）	出口额	增长（%）	出口额	增长（%）
2003	769.5		184.1		1 677.2		4 668.7		9 155.0	
2004	905.0		183.9		1 677.8		6 481.8		9 685.1	
2005	896.2		147.8		1 436.9		6 874.7		9 439.7	
2006	1 014.9		147.7		1 426.6		6 921.6		10 714.7	
2007	1 143.6		152.8		1 442.3		8 091.8		11 114.2	
2008	1 239.5		202.3		1 267.8		8 351.3		11 269.8	
2009	1 064.7		202.3		941.8		7 317.5		9 543.0	−15.3
2010	1 388.3		376.0		1 127.7		10 678.7		13 586.7	42.4
2011	2 154.6		395.2		1 357.5		10 820.9		14 749.8	8.6
2012	1 518.8		228.9		698.1		10 352.6		12 822.0	−13.1

资料来源：World Textile Demand，A Report by the Secretariat of the International Cotton Advisory Committee，November，2014，ICAC Washington DC USA.

与全球棉纱线出口一样，全球棉纱线出口国家或地区也有 80 多个，按出口多少排序（表 5-8），2010 年，印度、中国、中国香港和巴基斯坦为前 4 位，占全球出口额比例的 63.0%。前 10 位出口额占全球的 87.5%。欧洲国家仅意大利在前 10 位。前 20 位的国家和地区占全球出口额的 95.5%，说明棉纱线贸易相当集中。

表 5-8　全球分国家或地区棉纱线出口额变化

单位：百万美元

排序	2010			2011		
	国家或地区	出口额	占全球（%）	国家或地区	出口额	占全球（%）
1	印度	2 778.7	20.5	印度	2 819.3	19.1
2	中国	2 250.8	16.6	中国	2 256.1	15.3
3	中国香港	1 878.8	13.8	巴基斯坦	2008.0	13.6
4	巴基斯坦	1 657.1	12.2	美国	1 843.1	12.5
5	美国	1 121.7	8.3	中国香港	1 528.6	10.4
6	越南	631.8	4.7	越南	715.8	4.9
7	印度尼西亚	407.8	3.0	土耳其	499.4	3.4
8	土耳其	323.9	2.4	印度尼西亚	400.7	2.7
9	意大利	307.7	2.3	意大利	366.1	2.5
10	埃及	288.2	2.1	埃及	313.6	2.1
	前 10 个国家和地区合计	11 893.1	87.5		12 750.7	86.4

（续）

排序	2010			2011		
	国家或地区	出口额	占全球（%）	国家或地区	出口额	占全球（%）
11	韩国	246.6	1.8	韩国	278.6	1.9
12	泰国	212.5	1.6	德国	242.0	1.6
13	德国	191.6	1.4	泰国	213.9	1.5
14	叙利亚	191.5	1.4	西班牙	134.7	0.9
15	墨西哥	106.7	0.8	墨西哥	115.9	0.8
16	西班牙	101.6	0.7	比利时	105.2	0.7
17	比利时	81.0	0.6	希腊	74.4	0.5
18	希腊	76.7	0.6	奥地利	71.3	0.5
19	法国	64.2	0.5	法国	63.6	0.4
20	奥地利	50.6	0.4	萨尔瓦多	53.3	0.4
	前20个国家和地区计	12 969.5	95.5		14 103.6	95.6
	全球合计	13 586.7	100.0	全球合计	14 749.8	100.0

资料来源：World Textile Demand，A Report by the Secretariat of the International Cotton Advisory Committee，November，2014，ICAC Washington DC USA.

二、全球棉纱线进口贸量和进口额

与出口相一致，全球棉纱线进口量占生产量的比例，20世纪80年代为7.4%，90年代为12.1%，21世纪头10年占11.0%，近3（2010—2012）年占6.5%。即全球棉纱线进口量占产量的比例在6.5%～12%之间。从近33年来看（表5-9），全球棉纱线的进口贸易在增长，从1980年的763千吨增长到2012年的2 873千吨，年均增长率为4.2%。从三个十年出口量来看也在增长，90年代比80年代增长91.3%，21世纪头十年比90年代增长48.6%，但近3年没有增长，最高进口年景为2006年，进口量达到3 700千吨。

表5-9　近35年全球分区棉纱线进口贸易变化

单位：千吨

项目	美洲		非洲		欧洲		亚洲/大洋洲		全球	
	进口量	比前10年增长（%）	进口量	比前10年增长（%）	进口量	比前10年增长（%）	进口量	比前10年增长（%）	进口量	比前10年增长（%）
20世纪80年代（1980—1989）	48	—	26	—	544	—	423	—	1 047	—
20世纪90年代（1990—1999）	141	193.8	34	30.8	664	22.1	1 153	172.5	2003	91.3

（续）

项目	美洲		非洲		欧洲		亚洲/大洋洲		全球	
	进口量	比前 10 年增长（%）	进口量	比前 10 年增长（%）	进口量	比前 10 年增长（%）	进口量	比前 10 年增长（%）	进口量	比前 10 年增长（%）
21 世纪头 10 年（2000—2009）	370	162.4	73	114.7	669	0.8	1 825	58.3	2 976	48.6
近 3 年（2010—2012）	377	1.9	124	69.9	498	−25.6	1 932	5.9	2 951	−0.8
2010	477		186		586		2 089		3 282	
2011	426		133		519		1 603		2 697	
2012	230		54		406		2 164		2 873	

资料来源：World Textile Demand，A Report by the Secretariat of the International Cotton Advisory Committee，November，2014，ICAC Washington DC USA.

从各大洲来看，亚洲/大洋洲出口增长量最大，占全球进口贸易的比例最大，21 世纪头十年出口比例高达 61.3%，比同期的出口量比例减少了 10 多个百分点，即亚洲/大洋洲棉纱线的出口量贸易大于进口贸易。欧洲进口在下降，非洲进口所占比例极小，最近 13 年美洲进口较为稳定，这与美国保持一定的棉纱线生产量有关。

中国、中国香港、韩国和土耳其是棉纱线的传统棉纱线出口经济体（表 5 - 10），这 4 个经济体在 2010 年的进口量占全球市场的 53.4%，其中中国是棉纱线的贸易调节国，进出口比例都很大，前述中国出口占全球市场的最高比例达到 15%，进口则占全球的 25.4%。在非洲国家中，埃及也是棉纱线的贸易调节国，进出口占全球市场份额的 2.5%～4.6%。该国出口超长绒棉的棉纱线，在国际市场占有一席之地。

前 10 位经济体进口占全球的 71.1%，前 20 位经济体占全球市场的 85.5%，表明棉纱线贸易更广泛，参与经济体更多，全球有 85 个。

表 5 - 10　棉纱线进口量前 20 位国家或地区

单位：千吨

排序	2010			2011		
	国家或地区	进口量	占全球（%）	国家或地区	进口量	占全球（%）
1	中国	833.2	25.4	中国	751.0	27.8
2	中国香港	512.9	15.6	中国香港	304.3	11.3
3	韩国	252.9	7.7	韩国	194.0	7.2
4	土耳其	152.2	4.6	多米加共和国	118.3	4.4
5	埃及	139.1	4.2	埃及	102.3	3.8
6	意大利	109.9	3.3	土耳其	98.9	3.7
7	俄罗斯	86.2	2.6	俄罗斯	97.6	3.6
8	葡萄牙	85.0	2.6	意大利	93.6	3.5
9	多米加共和国	84.4	2.6	德国	64.2	2.4
10	危地马拉	78.5	2.4	日本	63.4	2.4
	前 10 位合计	2 334.3	71.1		1 877.6	70.0

（续）

排序	2010			2011		
	国家或地区	进口量	占全球（%）	国家或地区	进口量	占全球（%）
11	巴西	70.4	2.1	危地马拉	59.3	2.2
12	德国	66.0	2.0	葡萄牙	54.0	2.0
13	美国	52.8	1.6	萨尔瓦多	46.6	1.7
14	日本	51.6	1.6	墨西哥	45.4	1.7
15	越南	44.4	1.4	越南	44.2	1.6
16	哥伦比亚	44.2	1.3	美国	40.8	1.5
17	萨尔瓦多	43.3	1.3	马来西亚	34.7	1.3
18	马来西亚	41.5	1.3	哥伦比亚	33.5	1.2
19	斯里兰卡	36.2	1.1	巴西	31.2	1.2
20	西班牙	32.8	1.0	西班牙	29.3	1.1
	前20位合计	2 817.5	85.8		2 306.6	85.5
	全球合计	3 282.4	100.0		2 697.4	100.0

资料来源：World Textile Demand，A Report by the Secretariat of the International Cotton Advisory Committee，November，2014，ICAC Washington DC USA。2010年和2011年中国海关进口棉纱线量为1 112.5千吨和904.5千吨，与ICAC的833.2千吨和751.0千吨的相差较大。但表5-8的出口额数据完全相同。

全球棉纱线进口贸易额在增长（表5-11），从2000年的73.68亿美元增长到2012年的110.66亿美元，年均增长率3.45%，其增速比出口额5.59%的增长率要低。但年际间贸易和年内存在不平衡问题，在贸易中出现了市场和价格变化，以及运输、港口、库存和周转发生财务费用和损失，是一般规律。比例2008年发生全球金融危机，2009年全球棉纱线进口额下降了10.0%，而出口额则下降了15%（表5-7）。

表5-11　近15年全球分区棉纱线进口额贸易变化

单位：百万美元

项目	美洲		非洲		欧洲		亚洲/大洋洲		全球	
	进口额	增长（%）	进口额	增长（%）	进口额	增长（%）	进口额	增长（%）	进口额	增长（%）
2000	928.2	—	98.6	—	2 306.1	—	3 955.9	—	7 368.0	—
2001	765.2		98.8		2 283.6		4 148.1		7 377.1	0.1
2002	739.0		80.9		2 129.8		4 586.9		7 615.1	3.2
2003	722.9		112.0		2 429.7		5 076.7		8 419.9	−10.6
2004	915.8		151.1		2 491.9		5 418.0		9 063.0	7.6
2005	1 039.5		146.8		2 147.1		5 301.5		8 713.6	−3.9
2006	1 037.7		168.2		2 353.3		5 906.6		9 540.6	9.5
2007	1 134.4		214.0		2 527.9		6 156.2		10 108.4	6.0
2008	1 323.5		433.3		2 306.6		5 516.2		9 711.9	3.9

（续）

项目	美洲		非洲		欧洲		亚洲/大洋洲		全球	
	进口额	增长（%）	进口额	增长（%）	进口额	增长（%）	进口额	增长（%）	进口额	增长（%）
2009	1 008.1		359.0		1 797.0		5 483.2		8 737.2	−10.0
2010	1 520.8		388.4		2 337.4		7 675.7		12 026.7	37.6
2011	1 827.0		396.7		2 895.5		7 737.3		12 985.3	8.0
2012	847.2		275.7		1 590.6		8 262.6		11 065.7	−14.8

资料来源：World Textile Demand，A Report by the Secretariat of the International Cotton Advisory Committee，November，2014，ICAC Washington DC USA.

从各大洲来看，亚洲/大洋洲进出口额所占比例最大，占60%上下，即全球棉纱线贸易额六成发生在亚洲/大洋洲；其次是欧洲，占25%上下；美洲占14%上下，非洲仅占3.0%。再从贸易平衡来看，美洲棉纱线进出口金额基本平衡。亚洲/大洋洲出口额大于进口额，是一个净出口地区。欧洲与非洲的进口额也大于出口额，但非洲进口额所占比例极低。

中国、中国香港、韩国和土耳其也是传统棉纱线进口的经济体（表5-12），这4个经济体在2010年的进口量占全球市场的55.3%，又是全球棉纱线贸易的主要调节经济体，其中中国棉纱线进出口比例都很大，前述中国出口占全球市场的最高比例达到15%，进口则占全球的26.7%。在非洲国家中，埃及也是棉纱线的贸易调节国，进出口占全球市场份额的2.0%～4.6%。该国出口超长绒棉的棉纱线，在国际市场占有一席之地。

前10位经济体进口占全球的70.9%，前20位经济体占全球市场的85.0%，表明棉纱线进出口贸易更广泛，参与经济体更多，全球有85个。

表5-12　全球分国家或地区棉纱线出口额变化

单位：百万美元

排序	2010			2011		
	国家或地区	进口额	占全球（%）	国家或地区	进口额	占全球（%）
1	中国	3 213.4	26.7	中国	3 415.0	26.3
2	中国香港	1 957.9	16.3	中国香港	1 570.0	12.1
3	韩国	914.2	7.6	韩国	982.1	7.6
4	土耳其	559.9	4.7	意大利	664.1	5.1
5	意大利	541.0	4.5	土耳其	511.6	3.9
6	葡萄牙	317.4	2.6	多米尼加共和国	420.4	3.2
7	危地马拉	272.6	2.3	日本	410.9	3.2
8	德国	267.9	2.2	德国	377.5	2.9
9	巴西	239.7	2.0	俄罗斯	297.6	2.3
10	埃及	237.5	2.0	葡萄牙	289.3	2.2
	前10位合计	8 521.5	70.9		8 938.5	68.8

（续）

排序	2010			2011		
	国家或地区	进口额	占全球（%）	国家或地区	进口额	占全球（%）
11	日本	231.0	1.9	危地马拉	277.5	2.1
12	美国	225.0	1.9	埃及	270.9	2.1
13	多米尼加共和国	209.3	1.7	美国	233.6	1.8
14	俄罗斯	196.7	1.6	萨尔瓦多	212.5	1.6
15	斯里兰卡	152.1	1.3	墨西哥	179.5	1.4
16	越南	150.3	1.2	越南	178.0	1.4
17	马来西亚	148.1	1.2	马来西亚	170.5	1.3
18	哥伦比亚	139.8	1.2	哥伦比亚	158.1	1.2
19	西班牙	125.1	1.0	西班牙	157.9	1.2
20	萨尔瓦多	124.4	1.0	法国	152.5	1.2
	前20位计	10 223.3	85.0		10 929.6	84.2
	全球合计	12 026.7	100.0		12 985.3	100.0

资料来源：World Textile Demand，A Report by the Secretariat of the International Cotton Advisory Committee，November，2014，ICAC Washington DC USA.

第三节　全球棉机织物生产和贸易

棉机织物，又称棉布，是指以棉纱线为原料织造的织物，棉织物以优良的服用性能成为最常见的面料之一，广泛用于服装面料、装饰织物和产业用织物。

一、全球棉机织物生产量

全球棉机织物的生产量不断增长（表5-13），从1980年的7 395千吨增长到2014的17 159千吨，年均增长率2.51%，由于美洲、非洲和欧洲的数量都在减少，亚洲/太平洋年均增长率为4.25%，可见全球所有增量都来自亚洲/太平洋。

表5-13　近35年全球分区棉机织物生产量变化

单位：千吨

项目	美洲		非洲		欧洲		亚洲/大洋洲		全球	
	生产量	比前10年增长（%）	生产量	比前10年增长（%）	生产量	比前10年增长（%）	生产量	比前10年增长（%）	生产量	比前10年增长（%）
20世纪80年代（1980—1989）	1 240	—	239	—	2 324	—	4 587	—	8 394	—
20世纪90年代（1990—1999）	1 742	40.5	253	5.9	1 435	-38.3	5 956	29.8	9 389	11.9

（续）

项目	美洲		非洲		欧洲		亚洲/大洋洲		全球	
	生产量	比前 10 年增长（%）	生产量	比前 10 年增长（%）	生产量	比前 10 年增长（%）	生产量	比前 10 年增长（%）	生产量	比前 10 年增长（%）
21 世纪头 10 年（2000—2009）	1 477	−15.2	223	−11.9	780	−45.6	11 935	100.4	14 658	56.1
近 5 年（2010—2014）	1 059	−46.2	171	−23.3	523	−32.9	14 589	22.2	16 344	11.5
2010	1 113		178		554		14 286		16 134	
2011	1 072		174		517		14 168		15 932	
2012	1 018		165		518		14 258		15 961	
2013	1 053		169		514		14 797		16 536	
2014	1 039		170		512		15 436		17 159	

资料来源：World Textile Demand, A Report by the Secretariat of the International Cotton Advisory Committee, November, 2014, ICAC Washington DC USA.

与工厂原棉消费和棉纱线的生产一样，全球棉机织物的重心在亚洲/太平洋，棉机织物生产量占全球的比例，20 世纪 80 年代占 54.6%，90 年代占 63.4%，21 世纪头 10 年占 81.4%，近几年占 89.3%，可见全球棉机织物的生产重心在亚洲。

全球棉机织物生产国家或地区有 80 多个，棉机织物的产能主要在亚洲，生产大国有（表 5-14）：中国生产量第一，占全球的 33.3%；其次为印度，生产量占 27.1%；第三为巴基斯坦，生产量占全球的 19.6%。这 3 个国家合计占全球的 80.0%。

表 5-14 棉机织物产量前 20 位国家或地区

单位：千吨

排序	2012			2013		
	国家或地区	棉机织物产量	占全球（%）	国家或地区	棉机织物产量	占全球（%）
1	中国	5 320.9	33.3	中国	5 198.6	31.4
2	印度	4 327.5	27.1	印度	4 729.5	28.6
3	巴基斯坦	3 123.3	19.6	巴基斯坦	3 322.2	20.1
4	印度尼西亚	719.7	4.5	印度尼西亚	761.3	4.6
5	巴西	633.3	4.0	巴西	647.8	3.9
6	土耳其	329.8	2.1	土耳其	345.6	2.1
7	俄罗斯	175.9	1.1	俄罗斯	165.3	1.0
8	墨西哥	143.9	0.9	墨西哥	152.9	0.9
9	泰国	126.0	0.8	泰国	127.4	0.8
10	美国	92.0	0.6	美国	88.0	0.5
	前 10 位计	14 992.3	93.9	前 10 位计	15 538.6	94.0

（续）

排序	2012			2013		
	国家或地区	棉机织物产量	占全球（%）	国家或地区	棉机织物产量	占全球（%）
11	乌兹别克斯坦	72.8	0.5	乌兹别克斯坦	76.6	0.5
12	坦桑尼亚	65.0	0.4	坦桑尼亚	66.4	0.4
13	孟加拉国	56.8	0.4	孟加拉国	61.6	0.4
14	伊朗	55.7	0.3	阿根廷	58.3	0.4
15	意大利	55.2	0.3	伊朗	56.9	0.3
16	中国台湾	52.7	0.3	意大利	53.6	0.3
17	阿根廷	50.4	0.3	中国台湾	51.2	0.3
18	摩洛哥	38.5	0.2	哥伦比亚	40.5	0.2
19	越南	35.7	0.2	摩洛哥	39.4	0.2
20	德国	35.5	0.2	越南	38.6	0.2
	前20位计	15 510.6	97.2	前20位计	16 081.7	97.3
	全球合计	15 960.9	100.0	全球合计	16 535.5	100.0

资料来源：World Textile Demand，A Report by the Secretariat of the International Cotton Advisory Committee，November，2014，ICAC Washington DC USA.

在其他 17 个经济体中，亚洲有印度尼西亚、土耳其、泰国、乌兹别克斯坦、孟加拉国、伊朗、中国台湾和越南等 8 个，占棉机织物的比例为 11.8%，整个亚洲则占 91.8%。其余 9 个经济体为美洲的巴西、墨西哥、美国和阿根廷占 5.8%；欧洲的俄罗斯、意大利和德国占 1.6%；非洲的坦桑尼亚和摩洛哥占 0.6%。

二、全球棉机织物出口贸易

与原棉和棉纱线相比，棉机织物的附加值更高。全球棉机织物出口在增长，从 1980 年的 1 264 千吨增长到 2011 年的 2 808 千吨，年均增长率为 2.70%。

全球棉机织物出口量占生产量的比例（表 5-15），20 世纪 80 年代占 19.0%，90 年代占 26.7%，新世纪头十年占 18.3%，近几年占 16.2%。可见，棉机织物在全球配置的比例高于棉纱线。

表 5-15　近 35 年全球分区棉机织物出口量变化

单位：千吨

项目	美洲		非洲		欧洲		亚洲/大洋洲		全球	
	出口量	比前10年增长（%）	出口量	比前10年增长（%）	出口量	比前10年增长（%）	出口量	比前10年增长（%）	出口量	比前10年增长（%）
20 世纪 80 年代（1980—1989）	126	—	47	—	558	—	870	—	1 600	—

（续）

项目	美洲		非洲		欧洲		亚洲/大洋洲		全球	
	出口量	比前 10 年增长（%）	出口量	比前 10 年增长（%）	出口量	比前 10 年增长（%）	出口量	比前 10 年增长（%）	出口量	比前 10 年增长（%）
20 世纪 90 年代（1990—1999）	276	54.3	70	48.9	665	17.4	1 473	69.3	2 504	56.5
21 世纪头 10 年（2000—2009）	304	10.1	43	−38.6	688	3.5	1 633	10.9	2 681	7.1
近 3 年（2010—2012）	165	−45.7	33	−23.3	327	−52.5	2 118	29.7	2 647	−1.3
2010	206		59		404		2 120		2 893	
2011	200		29		378		2 201		2 812	
2012	89		10		200		1 933		2 237	

资料来源：World Textile Demand, A Report by the Secretariat of the International Cotton Advisory Committee, November, 2014, ICAC Washington DC USA.

由于全球棉机织物的生产重心在亚洲/太平洋。因此，棉机织物的出口最大市场也在亚洲/太平洋，该地区出口占全球的比例，20 世纪 80 年代占 54.4%，90 年代占 58.8%，新世纪头十年占 80.0%，近几年仍占 80.0%。

全球棉机织物最大出口国家为中国（表 5 - 16），占全球市场的 55.2%。其次为巴基斯坦占 6.4%；发达国家也占有相当比例，包括意大利、美国、德国、韩国、日本、法国、比利时和荷兰等在内，合计比例为 20.8%，这些国家保持高端棉机织物，包括高级服装面料，纳米织物具有较强的竞争力。

表 5 - 16　全球主要经济体棉机织物出口量及占比例

排序	2010			2011		
	国家或地区	出口量（千吨）	占全球（%）	国家或地区	出口量（千吨）	占全球（%）
1	中国	1 596.2	55.2	中国	1 487.3	52.9
2	巴基斯坦	185.2	6.4	巴基斯坦	267.2	9.5
3	意大利	105.7	3.7	印度	130.4	4.6
4	土耳其	99.3	3.4	土耳其	94.6	3.4
5	美国	84.1	2.9	意大利	94.4	3.4
6	印度	80.6	2.8	美国	81.6	2.9
7	德国	67.8	2.3	德国	68.5	2.4
8	泰国	66.2	2.3	泰国	54.1	1.9
9	多米尼加共和国	52.6	1.8	多米尼加共和国	53.2	1.9
10	印度尼西亚	51.9	1.8	西班牙	49.7	1.8
	前 10 位计	2 389.6	82.6	前 10 位计	2 381.0	84.7

（续）

排序	2010			2011		
	国家或地区	出口量（千吨）	占全球（%）	国家或地区	出口量（千吨）	占全球（%）
11	西班牙	50.5	1.7	韩国	46.5	1.7
12	韩国	44.4	1.5	印度尼西亚	45.7	1.6
13	日本	35.7	1.2	法国	36.4	1.3
14	法国	33.3	1.2	日本	34.5	1.2
15	比利时	31.2	1.1	比利时	28.6	1.0
16	中国香港	28.0	1.0	巴西	20.6	0.7
17	巴西	22.7	0.8	墨西哥	17.0	0.6
18	荷兰	21.3	0.7	荷兰	16.7	0.6
19	埃及	18.0	0.6	中国香港	15.8	0.6
20	捷克共和国	12.6	0.4	捷克共和国	14.2	0.5
	前20计	2 687.3	92.9	前20位计	2 657.0	94.5
	全球合计	2 892.5	100.0	全球合计	2 812.2	100.0

资料来源：World Textile Demand，A Report by the Secretariat of the International Cotton Advisory Committee，November，2014，ICAC Washington DC USA.

全球棉机织物出口额保持增长势头，从2000年的188.82亿美元增长到2012年的255.48美元，年均增长率达到2.55%；最大出口额年景为2011年，达到304.5亿美元；其次为2006年，达到273.86亿美元。

表5-17　近18年全球分区棉机织物出口额变化

单位：100万美元

项目	美洲		非洲		欧洲		亚洲/大洋洲		全球	
	出口	进口	出口	进口	出口	进口	出口	进口	出口	进口
21世纪头10年（2000—2009）	1 826	3 265	236	1 887	7 506	6 193	13 767	8 123	23 454	19 749
近3年（2010—2012）	1 244	2 703	274	1 443	5 145	4 937	20 749	8 801	27 458	18 116
2010	1 297	2 874	424	2 082	5 890	5 405	18 763	8 947	26 418	19 561
2011	1 577	1 686	287	1 686	6 524	6 125	22012	10 179	30 450	21 751
2012	858	1 774	112	560	3 021	3 282	21 472	7 278	25 505	13 035

资料来源：World Textile Demand，A Report by the Secretariat of the International Cotton Advisory Committee，November，2014，ICAC Washington DC USA.

与棉机织物出口量一样，棉机织物出口额最大市场在亚洲/太平洋，2000—2009年平均占全球市场份额的58.7%，近几年提高到71.0%。

分经济体来看（表5-18），棉机织物出口额最高的国家为中国，占40.9%，金额为108.0亿美元；中国香港也占足够比例，在棉机织物转口贸易方面发挥重要功能。与棉机织物出口量一样，发达经济体占有一定比例，意大利、德国、日本、美国、韩国、比利时、荷兰、英国和奥地利占全球出口额比例的 21.1%，高端棉机织物出口获得了更高的附加值。

表 5 - 18　全球主要经济体棉机织物出口量及占比例

单位：100 万美元

排序	2010			2011		
	国家或地区	出口额	占全球（%）	国家或地区	出口额	占全球（%）
1	中国	10 805.6	40.9	中国	13 161.7	43.2
2	中国香港	1990.3	7.5	中国香港	1996.1	6.6
3	意大利	1 857.0	7.0	意大利	1972.7	6.5
4	巴基斯坦	1 841.0	7.0	巴基斯坦	1 841.3	6.0
5	印度	1 014.2	3.8	印度	1 420.7	4.7
6	土耳其	988.6	3.7	土耳其	1 154.1	3.8
7	德国	959.0	3.6	德国	1 148.2	3.8
8	日本	639.6	2.4	美国	756.0	2.5
9	美国	604.8	2.3	日本	747.1	2.5
10	西班牙	595.0	2.3	西班牙	686.7	2.3
	前 10 位计	21 295.1	80.6	前 10 位计	24 884.6	81.7
11	泰国	496.1	1.9	泰国	546.3	1.8
13	韩国	449.6	1.7	法国	474.4	1.6
14	比利时	364.0	1.4	荷兰	379.3	1.2
15	荷兰	303.4	1.1	比利时	355.4	1.2
16	印度尼西亚	297.1	1.1	印度尼西亚	349.7	1.1
17	多米尼加共和国	228.6	0.9	多米尼加共和国	276.2	0.9
18	英国	209.4	0.8	捷克共和国	268.0	0.9
19	捷克共和国	207.1	0.8	英国	240.2	0.8
20	奥地利	202.9	0.8	奥地利	237.1	0.8
	前 20 位计	24 532.2	92.9	前 20 位计	28 537.8	93.7
	全球合计	26 417.7	100.0	全球合计	30 449.9	100.0

资料来源：World Textile Demand, A Report by the Secretariat of the International Cotton Advisory Committee, November, 2014, ICAC Washington DC USA.

比如，美国康奈尔大学纺织纳米技术实验室有许多穿戴织物的原始创新，最近又研制出了一种可以杀菌、导电、吸附有害气体，且能把晶体管织入衬衫和礼服中的新型织物，该技术是直接在棉纤维中加入含有纳米颗粒的保形涂料以及半导电、导电集合物制成电子元件，比如晶体管和热敏电阻等，可以调节织物性能。含有纳米金颗粒的保形涂料不仅可以在不用染料的情况下对织物进行表面着色，而且在附着到棉布后，还可以杀死 99.99% 的细菌，用含有这种涂料的织物制成的附着可以有效预防感冒、流感和气体疾病。

该实验室还利用导电棉线制成一种可以穿戴的 iPhone 手机充电衣服，该项技术是把超薄的太阳能电池板裁剪成适当的形状，并将 USB 充电插口埋在附着腰部，当衣服在西南方向受到激发时，便可捕捉到足够的阳光为手机等设备充电。该产品可以嵌入到衬衫中测量心率和分析汗液，也可嵌入大脑检测信号，还能应用于具有加热和制冷功能的交互式纺织品中。

三、全球棉机织物进口贸易

与出口一样，全球棉机织物的进口量增长，从1980年的1 099.5千吨增长到2011年的2 366.2千吨，年均增长率为2.50%（表5-19）。

各大洲来看，亚洲/太平洋由于是全球棉机织物的织造重心，为净出口；美洲、非洲和欧洲都为净进口地区，其进口量远远大于出口量。

表5-19　近33年全球分区棉机织物进口变化

单位：千吨

项目	美洲		非洲		欧洲		亚洲/大洋洲		全球	
	进口量	比前10年增长（%）	进口量	比前10年增长（%）	进口量	比前10年增长（%）	进口量	比前10年增长（%）	进口量	比前10年增长（%）
20世纪80年代（1980—1989）	264	—	56	—	727	—	266	—	1 326	—
20世纪90年代（1990—1999）	479	81.4	113	101.8	791	8.8	660	148.1	2 157	62.7
21世纪头10年（2000—2009）	594	24.0	263	132.7	842	6.4	1 592	141.2	3 346	55.1
近3年（2010—2012）	383	−35.5	244	−7.2	499	−40.7	1 047	−34.2	2 201	−34.2
2010	462		406		614		1 202		2 720	
2011	472		221		559		1 082		2 366	
2012	216		105		232		858		1 515	

资料来源：World Textile Demand, A Report by the Secretariat of the International Cotton Advisory Committee, November, 2014, ICAC Washington DC USA.

全球棉机织物进口国家或地区有85个（表5-20），最大进口地区为中国香港，比例为10.3%，可见在中国香港在棉机织物转口贸易中发挥重要功能。其他国家和地区的进口量都不大，因此棉机织物进口贸易不像出口那样集中，前10位计仅为全球进口贸易的一半，前20国家或地区占全球的70%，可见棉机织物进口贸易呈现明显的分散特征，这是纺织品资源全球性配置的一个典型例子。

与出口额一样，全球棉机织物的进口贸易额也在增长（表5-15）。从2000年的171.20亿美元增长到2011年的217.51亿美元，年均增幅2.2%。其中，2009年进口额为最大，达到227.11亿美元，其次为2011年达到217.15亿美元，2000—2009年10年平均为197.49亿美元，为出口额的84.2%。

表 5 - 20　全球棉机织物进口国家或地区排序

单位：千吨

排序	2010			2011		
	国家或地区	进口量	占全球（%）	国家或地区	进口量	占全球（%）
1	中国香港	280.3	10.3	中国香港	225.6	9.5
2	中国	152.1	5.6	越南	149.8	6.3
3	土耳其	146.4	5.4	土耳其	135.6	5.7
4	意大利	140.9	5.2	中国	132.8	5.6
5	美国	132.7	4.9	意大利	125.4	5.3
6	印度尼西亚	121.0	4.4	印度尼西亚	119.0	5.0
7	越南	118.7	4.4	美国	115.2	4.9
8	埃及	113.4	4.2	墨西哥	85.3	3.6
9	韩国	86.9	3.2	斯里兰卡	72.8	3.1
10	斯里兰卡	71.6	2.6	德国	69.4	2.9
	前 10 位计	1 364	50.1	前 10 位计	1 230.9	52.0
11	德国	69.2	2.5	韩国	66.0	2.8
12	墨西哥	69.0	2.5	巴西	56.9	2.4
13	泰国	57.2	2.1	埃及	49.7	2.1
14	西班牙	57.2	2.1	日本	48.4	2.0
15	坦桑尼亚	54.7	2.0	泰国	45.9	1.9
16	巴西	50.9	1.9	法国	44.0	1.9
17	法国	47.2	1.7	西班牙	42.0	1.8
18	日本	46.4	1.7	哥伦比亚	35.8	1.5
19	摩洛哥	39.5	1.5	波兰	34.9	1.5
20	波兰	37.0	1.4	比利时	34.5	1.5
	前 20 位计	1 892.3	69.5	前 20 位计	1 689.0	71.4
	全球合计	2 720.8	100.0	全球合计	2 366.2	100.0

资料来源：World Textile Demand，A Report by the Secretariat of the International Cotton Advisory Committee，November，2014，ICAC Washington DC USA.

　　亚洲/大洋洲为棉机织物最大进口目的地，占 41.1%；其次为欧洲，占 31.4%，美洲占 16.5%，非洲占 9.6%。

　　分经济体来看（表 5 - 21），中国香港棉机织物进口额占比最大，达到 9.2%，金额为 17.99 亿美元；其次为中国，占 8.7%，金额 16.99 亿美元。

　　与棉机织物出口额一样，发达经济体进口也占一定比例，意大利、德国、日本、美国、韩国、比利时、荷兰、英国和奥地利占全球进口额比例的 25.2%。

表 5 - 21 棉机织物进口金额前 20 位国家或地区

单位：100 万美元

排序	2010			2011		
	国家或地区	进口额	占全球（%）	国家或地区	进口额	占全球（%）
1	中国香港	1 799.4	9.2	中国香港	1 840.3	8.5
2	中国	1 699.9	8.7	中国	1 790.7	8.2
3	越南	1 137.3	5.8	越南	1 480.1	6.8
4	土耳其	1 099.4	5.6	印度尼西亚	1 292.3	5.9
5	意大利	1 074.8	5.5	意大利	1 271.6	5.8
6	印度尼西亚	1 006.2	5.1	土耳其	1 232.9	5.7
7	美国	885.2	4.5	美国	1 020.8	4.7
8	德国	701.8	3.6	德国	904.4	4.2
9	墨西哥	575.0	2.9	墨西哥	696.6	3.2
10	摩洛哥	493.1	2.5	斯里兰卡	530.4	2.4
	前 10 位计	10 472.1	53.5	前 10 位计	12 060.1	55.4
11	西班牙	448.7	2.3	韩国	457.8	2.1
12	法国	444.8	2.3	西班牙	452.6	2.1
13	韩国	439.3	2.2	法国	451.9	2.1
14	斯里兰卡	427.6	2.2	日本	416.2	1.9
15	波兰	345.5	1.8	波兰	412.2	1.9
16	埃及	339.2	1.7	巴西	395.0	1.8
17	泰国	297.6	1.5	埃及	354.6	1.6
18	比利时	291.9	1.5	英国	325.8	1.5
19	日本	288.5	1.5	比利时	323.8	1.5
20	巴西	275.8	1.4	泰国	305.2	1.4
	前 20 位计	14 071.0	71.9	前 20 位计	15 955.2	73.4
	全球合计	19 561.4	100.0	全球合计	21 750.7	100.0

资料来源：World Textile Demand, A Report by the Secretariat of the International Cotton Advisory Committee, November，2014，ICAC Washington DC USA.

第四节 全球棉布贸易

一、棉布贸易量

从 2000 年到 2012 年，全球棉布贸易量呈减少趋势（表 5 - 22），进出口最大值都出现在 2001 年，分别达到 751.6 千吨和 768.9 千吨。

表 5-22 2000—2012 年全球棉布进出口量贸易变化

单位：千吨

年份	美洲		非洲		欧洲		亚洲/大洋洲		全球	
	出口量	进口量	出口量	进口量	出口量	进口量	出口量	进口量	出口量	进口量
2000	179.2								181.6	
2001	168.4	228.7	18.3	71.2	120.8	146.2	442.9	314.1	751.5	768.9
2002	153.8	270.1	15.8	65.1	135.5	146.2	400.4	264.8	710.7	760.0
2003	168.3	242.2	11.8	66.8	107.4	99.7	333.1	238.6	630.7	661.5
2004	187.4	260.0	16.3	71.5	106.8	103.4	351.9	281.7	674.2	730.8
2005	155.8	255.4	13.1	75.2	90.7	94.6	405.5	313.4	674.2	754.9
2006	148.2	278.1	10.0	68.7	82.8	76.6	385.0	281.1	632.5	717.6
2007	131.3	222.9	11.1	68.2	77.5	79.8	405.7	300.6	631.0	682.6
2008	103.3	221.9	13.3	72.3	66.4	68.0	431.5	307.1	618.3	683.6
2009	77.8	151.4	10.3	69.3	54.3	51.3	276.6	261.0	421.8	545.7
2010	87.3	181.6	11.3	99.2	57.5	55.0	497.7	291.8	656.4	644.0
2011	76.6	193.0	4.6	53.4	44.1	44.4	472.7	244.1	600.4	548.3
2012	41.4	51.3	1.4	19.4	14.9	22.2	382.7	186.3	442.3	280.1

资料来源：World Textile Demand, A Report by the Secretariat of the International Cotton Advisory Committee, November, 2014, ICAC Washington DC USA. 棉布（denim）指牛仔布。

亚洲/太平洋为全球最大的贸易区域。2001 年，亚洲/太平洋棉布出口占全球的 58.9%，进口占全球的 40.9%；其次为美洲，出口占全球的 22.4%，进口占全球的 29.7%；欧洲出口占全球的 16.1%，进口占全球的 19.0%；非洲进出口的份额极少。

全球棉布贸易不断向亚洲/太平洋转移，其中 2010 年出口占全球的 75.8%，2009 年进口占全球 47.8%。其他各州贸易量都在不断减少。可见，亚洲/太平洋成为全球棉纺织的集中区。

参与全球棉布出口贸易国家或地区有 60 多个，中国位居全球第一（表 5-23），占全球出口市场份额的 48.4%；其次为巴基斯坦，占全球的 7.8%；美国第三，占全球的 7.0%。包括美国、意大利、日本、西班牙、希腊、德国和比利时等发达国家计占全球出口市场的 16.5%。

表 5-23 全球棉布出口量

单位：千吨

排序	2010			2011		
	国家或地区	出口量	占全球（%）	国家或地区	出口量	占全球（%）
1	中国	317.9	48.4	中国	294.8	49.1
2	巴基斯坦	51.0	7.8	巴基斯坦	69.8	11.6
3	美国	45.7	7.0	土耳其	37.4	6.2
4	土耳其	44.2	6.7	美国	34.5	5.7

（续）

排序	2010			2011		
	国家或地区	出口量	占全球（%）	国家或地区	出口量	占全球（%）
5	意大利	28.5	4.3	印度	31.2	5.2
6	印度	25.8	3.9	意大利	24.0	4.0
7	中国香港	25.7	3.9	墨西哥	15.0	2.5
8	日本	12.6	1.9	中国香港	13.3	2.2
9	巴西	11.5	1.8	巴西	11.0	1.8
10	泰国	10.3	1.6	日本	10.2	1.7
	前10位计	573.2	87.3	前10位计	541.2	90.1
11	哥伦比亚	9.3	1.4	泰国	10.0	1.7
12	西班牙	9.2	1.4	哥伦比亚	9.2	1.5
13	墨西哥	9.1	1.4	西班牙	6.6	1.1
14	智利	6.9	1.1	印度尼西亚	5.0	0.8
15	印度尼西亚	6.0	0.9	德国	4.0	0.7
16	摩洛哥	5.4	0.8	希腊	3.9	0.6
17	希腊	5.4	0.8	厄瓜多尔	3.3	0.5
18	德国	3.9	0.6	秘鲁	1.7	0.3
19	比利时	3.2	0.5	前南斯拉夫	1.4	0.2
20	叙利亚	2.5	0.4	法国	1.1	0.2
	前20位计	634.1	96.6	前20位计	587.4	97.8
	世界合计	656.4	100.0	世界合计	600.4	100.0

资料来源：World Textile Demand，A Report by the Secretariat of the International Cotton Advisory Committee，November，2014，ICAC Washington DC USA.

参与全球棉布进口贸易国家或地区有80多个，中国香港位居第一（表5-24），占全球出口市场份额的19.6%；其次为土耳其，占全球的9.0%；埃及第三，占全球的7.7%。包括意大利、美国和韩国等发达国家计，仅占全球进口市场的5.7%。

表5-24 全球棉布进口量

单位：千吨

排序	2010			2011		
	国家或地区	进口量	占全球（%）	国家或地区	进口量	占全球（%）
1	中国香港	126.2	19.6	中国香港	95.2	17.4
2	土耳其	58.2	9.0	土耳其	58.2	10.6
3	埃及	49.5	7.7	墨西哥	52.6	9.6
4	墨西哥	42.1	6.5	哥伦比亚	27.6	5.0
5	中国	41.8	6.5	中国	27.2	5.0

（续）

排序	2010			2011		
	国家或地区	进口量	占全球（%）	国家或地区	进口量	占全球（%）
6	哥伦比亚	25.1	3.9	埃及	21.8	4.0
7	意大利	19.2	3.0	智利	18.5	3.4
8	美国	17.6	2.7	意大利	16.5	3.0
9	智利	17.3	2.7	巴西	16.0	2.9
10	韩国	16.7	2.6	越南	13.8	2.5
	前20位计	413.7	64.2	前20位计	347.4	63.4
11	秘鲁	13.7	2.1	秘鲁	12.7	2.3
12	斯里兰卡	13.4	2.1	美国	12.3	2.2
13	巴西	11.5	1.8	斯里兰卡	11.7	2.1
14	厄瓜多尔	10.1	1.6	韩国	11.5	2.1
15	危地马拉	9.7	1.5	危地马拉	11.4	2.1
16	摩洛哥	9.6	1.5	玻利维亚	9.2	1.7
17	西班牙	9.4	1.5	厄瓜多尔	7.8	1.4
18	玻利维亚	8.5	1.3	巴拉圭	7.1	1.3
19	印度尼西亚	7.9	1.2	印度尼西亚	6.8	1.2
20	越南	6.5	1.0	西班牙	6.2	1.1
	前20位计	514	79.8	前20位计	444.1	81.0
	全球合计	644.0	100.0	全球合计	548.3	100.0

资料来源：World Textile Demand, A Report by the Secretariat of the International Cotton Advisory Committee, November，2014，ICAC Washington DC USA.

二、棉布贸易额

与进口量相反，全球棉布贸易额在增长。2000—2012 年全球棉布出口额最大值为 43.15 亿美元（2008），最大进口额 39.01 亿美元（2006）；亚洲/太平洋为贸易最大区域，出口占全球 104.3%（2011），进口占全球 93.8%（2011）（表 5 - 25）。

表 5 - 25 2000—2012 年全球棉布进出口额贸易变化

单位：百万美元

年份	美洲		非洲		欧洲		亚洲/大洋洲		全球	
	出口额	进口额	出口额	进口额	出口额	进口额	出口额	进口额	出口额	进口额
2000	872.1	1 144.9	58.8	300.2	568.8	483.1	1 291.1	770.4	2 804.0	2 737.5
2001	828.8	1 031.5	83.6	389.4	784.4	746.3	1 619.3	866.7	3 333.1	3 091.3
2002	759.1	1 220.0	74.3	405.7	937.7	790.0	2 086.4	1 211.9	3 903.8	3 704.6
2003	743.5	1 078.9	59.6	449.3	849.9	612.9	1 879.3	1 100.4	3 571.7	3 299.6

（续）

年份	美洲		非洲		欧洲		亚洲/大洋洲		全球	
	出口额	进口额	出口额	进口额	出口额	进口额	出口额	进口额	出口额	进口额
2004	867.8	1 188.7	85.6	538.2	901.7	681.1	2 271.5	1 282.1	4 177.0	3 755.0
2005	720.2	1 213.0	71.0	559.8	796.9	621.3	2 567.7	1 435.2	4 201.0	3 901.5
2006	678.6	1 065.5	57.7	503.7	704.1	513.9	2 471.0	1 300.7	3 944.3	3 901.5
2007	625.2	963.8	76.8	614.6	767.7	513.9	2 618.0	1.455.9	4 125.0	3 681.0
2008	544.9	931.5	83.7	663.9	702.3	539.9	2 952.2	1 527.1	4 315.3	3 681.0
2009	406.9	931.5	65.5	570.0	516.7	401.8	2 614.7	1 427.3	3 618.8	3 191.2
2010	491.0	884.7	70.8	595.0	523.2	422.7	3 192.0	1 595.9	4 291.3	3 582.8
2011	581.3	316.9	40.1	486.0	531.6	447.6	3 636.3	1 688.4	3 487.0	1 799.6
2012	299.7	316.9	12.0	146.8	143.9	—	3 021.1	1 330.4	3 487.0	1 799.6

资料来源：World Textile Demand，A Report by the Secretariat of the International Cotton Advisory Committee，November，2014，ICAC Washington DC USA.

参与全球棉布出口贸易的国家或地区有60多个（表5-26），中国出口额位居第一，占全球30.2%；其次为中国香港，占全球出口贸易额的17.5%；第三为土耳其，占全球出口贸易额的9.1%。在前20位出口贸易额经济体之中，发达国家占市场份额的20.2%，发展中国家或地区占80.0%。

表5-26　2010—2011年全球棉布出口额前20位国家或地区

单位：百万美元

排序	2010			2011		
	国家或地区	出口额	占全球（%）	国家或地区	出口额	占全球（%）
1	中国	1 294.8	30.2	中国	1 571.5	32.7
2	中国香港	752.7	17.5	中国香港	701.0	14.6
3	土耳其	389.1	9.1	巴基斯坦	471.8	9.8
4	巴基斯坦	335.0	7.8	土耳其	426.7	8.9
5	意大利	302.7	7.1	意大利	321.3	6.7
6	美国	252.7	5.9	美国	283.1	5.9
7	印度	166.1	3.9	印度	204.7	4.3
8	日本	140.1	3.3	日本	137.8	2.9
9	西班牙	73.1	1.7	墨西哥	97.8	2.0
10	巴西	68.3	1.6	巴西	87.1	1.8
	前10位计	3 774.6	88.0	前10位计	4 302.8	89.6
11	墨西哥	59.0	1.4	西班牙	76.3	1.6
12	泰国	54.7	1.3	泰国	73.3	1.5
13	哥伦比亚	47.7	1.1	哥伦比亚	62.5	1.3
14	希腊	47.6	1.1	德国	47.6	1.0

（续）

排序	2010			2011		
	国家或地区	出口额	占全球（%）	国家或地区	出口额	占全球（%）
15	智利	38.9	0.9	印度尼西亚	43.8	0.9
16	德国	38.3	0.9	希腊	38.0	0.8
17	印度尼西亚	38.3	0.9	厄瓜多尔	21.1	0.4
18	摩洛哥	31.4	0.7	智利	12.5	0.3
19	比利时	15.2	0.4	秘鲁	11.8	0.2
20	叙利亚	13.0	0.3	匈牙利	9.3	0.2
	前20位计	4 158.7	96.9	前20位计	4 699.0	97.8
	全球合计	4 291.3	100.0	全球合计	4 804.2	100.0

资料来源：World Textile Demand, A Report by the Secretariat of the International Cotton Advisory Committee, November, 2014, ICAC Washington DC USA.

参与全球棉布进口国家或地区有 80 多个（表 5-27），中国香港位居第一，占全球进口市场份额的 15.5%，呈典型转口贸易特征；其次为土耳其，占全球市场的 10.2%，中国占全球市场的 9.8%，具有典型的贸易调节特征。发达经济体占全球市场份额的 14.4% 上下，新兴经济体则占八成多。

表 5-27 2010—2011 年全球棉布进口额前 20 位国家或地区

单位：百万美元

排序	2010			2011		
	国家或地区	进口额	占全球（%）	国家或地区	进口额	占全球（%）
1	中国香港	555.1	15.5	中国香港	539.8	14.3
2	土耳其	364.4	10.2	土耳其	431.0	11.5
3	中国	351.7	9.8	中国	331.3	8.8
4	墨西哥	268.0	7.5	墨西哥	322.5	8.6
5	意大利	159.5	4.5	意大利	187.8	5.0
6	埃及	140.5	3.9	哥伦比亚	160.5	4.3
7	美国	129.3	3.6	埃及	134.8	3.6
8	哥伦比亚	120.9	3.4	美国	124.8	3.3
9	韩国	80.4	2.2	越南	84.7	2.3
10	摩洛哥	80.2	2.2	斯里兰卡	81.3	2.2
	前10位计	2 250.0	62.8	前10位计	2 398.5	63.7
11	斯里兰卡	70.1	2.0	韩国	75.9	2.0
12	秘鲁	61.5	1.7	巴西	73.3	1.9
13	西班牙	58.9	1.6	秘鲁	69.5	1.8
14	巴西	46.6	1.3	西班牙	57.5	1.5
15	波兰	45.6	1.3	德国	55.8	1.5

（续）

排序	2010			2011		
	国家或地区	进口额	占全球（%）	国家或地区	进口额	占全球（%）
16	厄瓜多尔	44.2	1.2	危地马拉	52.9	1.4
17	德国	42.9	1.2	厄瓜多尔	46.2	1.2
18	越南	41.4	1.2	阿根廷	44.5	1.2
19	危地马拉	39.6	1.1	波兰	40.0	1.1
20	智利	37.2	1.0	智利	39.9	1.1
	前20位计	2 738.0	76.4	前20位计	2 954.0	78.5
	全球合计	3 582.8	100.0	全球合计	3 762.8	100.0

资料来源：World Textile Demand，A Report by the Secretariat of the International Cotton Advisory Committee，November，2014，ICAC Washington DC USA；棉布（denim）指牛仔布。

比较棉布进出口额，全球棉布出口市场相对集中，20个国家或地区占全球市场份额达到96.9%，参与经济体仅60多个；全球参与棉布进口经济体达80多个，前20位占全球市场仅76.4%，比出口额低了20多个百分点，即发达经济体棉布出口多进口少，而且是高度宽幅的高等级面料，具有较高的附加值。

第六章　全球和中国纺织纤维、
纺织品服装消费和贸易

撰稿人　毛树春　华珊

纺织原料原先都是天然纤维，如棉、麻（苎麻、亚麻、黄麻、槿麻、罗布麻等，植物叶纤维蕉麻、剑麻等，植物维管束纤维中的竹纤维、莲梗纤维）和丝（桑蚕丝、柞蚕丝、蓖麻蚕丝、天蚕丝、樗蚕丝、栗蚕丝以及蜘蛛丝）等。天然植物纤维具有保暖、吸湿和通透性等诸多优点，一直作为纺织的主要原料。

全球天然纤维生产受地域、气候、季节和生产条件等的限制，不能满足人口不断增长和人们生活水平不断提高的新需求；加上粮食安全问题越来越突出，因而棉花生产能力的扩大受到限制。于是，20 世纪 50 年代，人类发明了化学纤维并在纺织工业中使用，从而形成了天然与人造纤维的二维结构，从此摆脱了天然纤维生产的完全依赖环境，使纺织原料由农业扩大到工业，从农村转向了城市。从短期看，棉纤维与化学纤维既存在互补又存在竞争的关系；从长期看，天然纤维与化学纤维仍不是替代而是相互依存的关系。

第一节　全球纺织纤维消费

全球纺织纤维、纺织品生产和消费与全球人口增长、经济社会发展和纤维生产量等诸多因素紧密相关。

一、全球纺织纤维产品消费在增长

在近 55 年（1960—2014 年，后同）间（图 6 - 1、图 6 - 2），全球棉花纤维和人造化学纤维产量增速加快。从 1960 年到 2014 年，全球主要纺织纤维产能从 1 515.3 万吨增长到 8 622.3 万吨，增长率为 2.75%，年均增长 114.9 万吨。其中，棉纤维产能从 1 036 万吨增长到 2 549 万吨，年均增长率为 1.42%，年均增长 30 万吨；人造化学纤维产能从 4 797 万吨增长到 6 073 万吨，年均增长 2.64%，年均增长 85.6 万吨。棉纤与化纤的增量比例为 1∶2.9。而同期全球人口从 30.38 亿增长到 72.0 亿，增长率达到 3.38%，年均增长 790 万人，高于棉纤维和化学纤维的增长率。可见全球人口增长是拉动纺织纤维消费的第一原因。

全球棉花产量每个十年都大幅增长（表 6 - 1）。20 世纪 70 年代比 60 年代增 231 万吨，增幅 21.0%。80 年代比 70 年代增长 277 万吨，增幅 20.0%。90 年代比 80 年代增 284 万吨，增幅 17.7%。新世纪头 10 年快速增长，比 90 年代增 425 万吨，增幅 22.5%。近 5 年提高了 2 452 万吨。

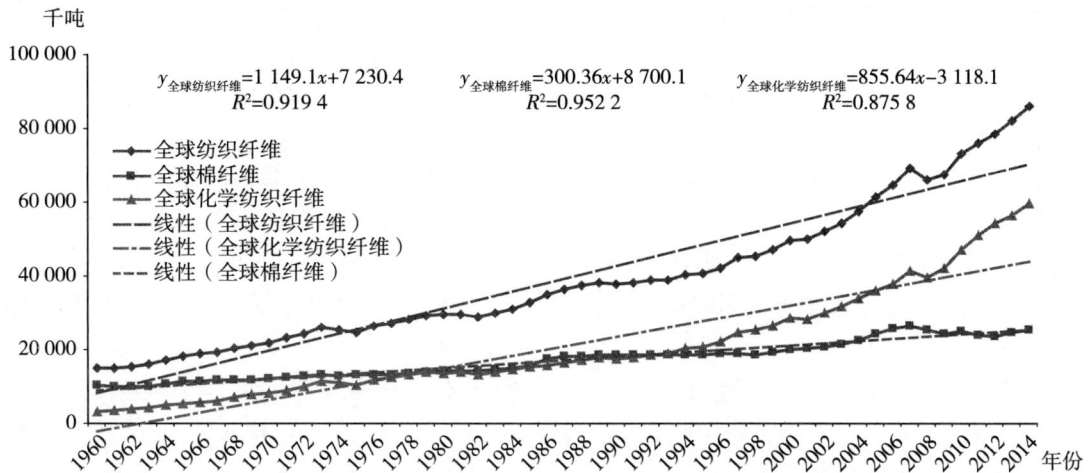

图 6-1　全球纺织纤维消费量与全球人口关系

资料来源：World Textile Demand，A Report By the Secretariat of the International Cotton Advisory Committee，November，2014.

表 6-1　棉纤维在全球纤维消费和纺织工业加工纤维中的比重变化

项目	全球人口（百万）	棉纤维在每10年之初和之末占纺织纤维的（%）	棉花消费量（千克/人）	非棉消费量（千克/人）	纺织纤维消费量（千克/人）	全球棉花产量（千吨）	全球非棉纺织纤维产量（千吨）	全球主要纺织纤维消费量合计（千吨）
20世纪50年代		72.7~69.1						
20世纪60年代	3 308.3	68.3~56.1	3.31	2.01	5.32	10 954	6 718	17 673
20世纪70年代	4 039.1	55.7~47.2	3.23	3.11	6.34	13 265	12 602	25 646
20世纪80年代	4 819.6	48.3~48.9	3.32	3.50	6.82	16 038	16 920	32 960
20世纪90年代	5 720.9	49.1~41.1	3.32	3.97	7.29	18 881	22 815	41 497
21世纪头10年	6 492.2	40.0~36.1	3.57	5.58	9.14	23 128	36 905	59 319
近5年	7 051.9	34.2~29.6	3.58	7.76	11.23	24 521	54 745	79 266
2014	7 207.5	29.6	3.54	8.43	11.96	25 491	60 732	86 223

注：主要纺织纤维包括棉花纤维、人造化学纤维和毛。近5年为2010—2014年。

资料来源：本表据刘毓湘（1995）和毛树春（2009，2013）据 World Textile Demand，A Report By the Secretariat of the International Cotton Advisory Committee，October 2007，November 2014；Washington DC USA. 整理。

同时期，全球非棉纤维产量也保持了大幅增长。70 年代比 60 年代增 588.4 万吨，增幅 86.7%。80 年代比 70 年代增 432 万吨，增幅 34.2%。90 年代比 80 年代增 589.5 万吨，增幅 38.4%。新世纪头 10 年快速增长，比 90 年代增 1 782 万吨，增幅 42.9%。近 5 年产能提高到了 7 926.6 万吨。

全球非棉纤维在纺织纤维中的比例不断增长，而棉纤维的比例不断下降（表 6-1）。据 ICAC（2001，2007、2013）报告，从 20 世纪 50 年代之初到 2014 年，棉纤维占纺织纤维的比例从 72.7% 下降到 29.6%，减少了 43.1 个百分点，年均减少 0.78 个百分点。主要原因是化学纤维的产能提高加快，同时期非棉纤维增长了 8 倍为 5 401.4 万吨，而棉纤维仅增长 1.32 倍为 1 453.7 万吨。

全球纺织纤维消费量不断增加（表 6-1，图 6-2），从 1960 年到 2014 年的 55 年时间里，纺织纤维每年的消费量从 5.32 千克/人增加到 11.23 千克/人，增长 1.1 倍，每年增长 0.14 千克/人；非棉纤维消费量从 2.01 千克/人增加到 7.76 千克/人，增长 2.9 倍，年均增长 0.099 千克/人；棉纤维消费量从 3.31 千克/人增长到 3.58 千克/人，仅增 0.27 千克/人，增 8.2%，年增长 0.005 9 千克/人。可见纺织纤维消费增长量主要来自非棉纤维。分析主要原因是全球人口基数大，增长快，同期人口从 33 亿增加到 70.5 亿，增长了 1.13 倍，年均增长 6 818 万人口需要穿衣。

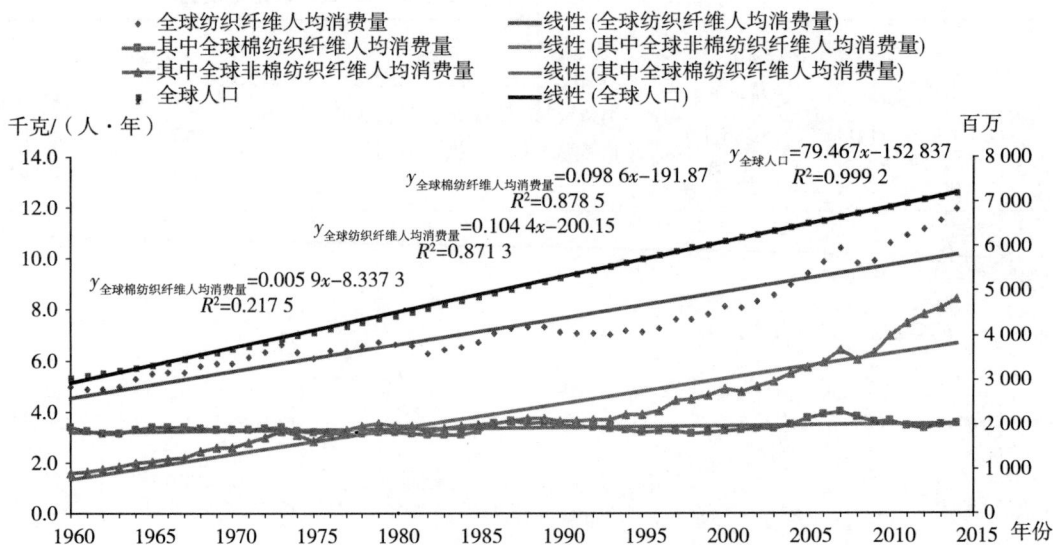

图 6-2　全球纺织纤维人均消费量与全球人口关系

资料来源：World Textile Demand，A Report By the Secretariat of the International Cotton Advisory Committee，November，2014.

二、全球主要纺织纤维消费分区

全球主要纺织纤维消费的分区（表 6-2），20 世纪 70 年代及 70 年代以前，全球纺织纤维消费的重点在工业化国家，其中 60 年代占全球的比例超过一半为 51.5%，70 年代工业化国家的消费比例下降到了 48.0%，中欧、东欧和前苏联计占 18.1%，发展中国家则占 33.9%。

表 6-2　全球主要纺织纤维消费的分区

项目	全球主要纺织纤维消费（千吨）	中欧、东欧和苏联	工业化国家	发展中国家				
				合计	非洲	亚洲	中东和欧洲	拉丁美洲和加勒比海
20 世纪 60 年代	17 673	3 411	9 105	5 157	561	3 166	424	992
20 世纪 70 年代	25 646	4 638	12 318	8 690	1 022	5 346	779	1 543
20 世纪 80 年代	32 960	5 427	14 473	13 061	1 181	8 601	1 256	2 022
20 世纪 90 年代	41 497	2 833	19 217	19 447	1 173	13 416	1 856	2 983
21 世纪头 10 年	59 319	2 262	24 250	32 858	1 688	24 833	2 663	3 661
近 5 年	79 266	3 031	26 670	49 565	2 258	39 850	3 089	4 369
2014	86 223	3 339	28 029	54 855	2 628	44 343	3 251	4 633

注：主要纺织纤维包括棉花纤维、化学纤维和毛。近 5 年为 2010—2014 年。

资料来源：World Textile Demand, A Report By the Secretariat of the International Cotton Advisory Committee, November, 2014.

80 年代以后，全球纺织纤维消费量发生了重大的转折，发展中国家占全球比例，80 年代为 39.6%、90 年代为 46.9%。进入 21 世纪，发展中国家特别是亚洲成为全球纺织纤维消费的中心，21 世纪的头 10 年占全球比例高达 58.3%，其中亚洲占 41.9%。近 5 年发展中国家占 62.5%，其中亚洲占 50.3%，工业化国家占 33.6%，中欧、东欧和苏联计仅占 3.8%。

全球纤维消费增长原因：一是亚洲国家工业化进程进入快速发展阶段，特别是中国自 1978 年实行改革开放政策，到 2015 年持续了 37 年，中国工业化进入了一个全新的发展阶段，纤维消费大幅增长。比如中国合成纤维产量，2000 年 694.2 万吨，2005 年提高到 1 712.1 万吨，2010 年 2 808.2 万吨，2013 年 3 778.4 万吨，比 2000 年增长了 4.4 倍，占全球生产量的 64.1%。二是国家与地区的政治变局。1991 年 12 月苏联解体，加上 80 年代末期东欧国家的政治剧变，整个国家的工业化出现严重倒退，中欧、东欧和前苏联的纤维消费 90 年代比 80 年代萎缩了 47.8%，21 世纪头 10 年萎缩加重至 58.3%，幸好近 5 年有所恢复。三是生活水平的提高促进消费需求的增长。

三、全球化学纺织纤维纱线生产

过去 35 年（1980—2014）全球化学纤维纱线产量持续大幅增长（表 6-3），从 1980 年的 1 371.8 万吨增长到 2014 年的 6 093.1 万吨，年均增长率 4.48%。比较可见，同期工厂棉纱线的生产量，从 1980 年的 1 223.4 万吨增长到 2014 年的 5 033.9 万吨，年均增长率为 4.25%。化学纤维纱线增幅高于棉纱线的 0.23 个百分点，产量却比棉纱线多了 1 059.2 万吨。

表 6 - 3　1980—2014 年全球分区化学纤维纱线生产变化

单位：千吨

项目	美洲	非洲	欧洲	亚洲/大洋洲	全球
20 世纪 80 年代	4 250	127	5 381	5 448	15 206
20 世纪 90 年代	4 556	211	4 070	12 417	21 254
21 世纪头 10 年	3 642	186	2 877	28 255	34 960
近 5 年（2010—2014）	2 738	114	2 074	49 762	54 672
2010	2 659	107	2 187	43 326	48 279
2011	2 595	114	2 116	46 091	50 916
2012	2 692	115	2 056	49 322	54 182
2013	2 782	115	2 014	54 139	59 051
2014	2 885	117	1 997	55 932	60 931

资料来源：ICAC，2014，纺织纤维包括纤维素纤维、非（植物）纤维素纤维（合成纤维）、单长丝和短纤维。

全球化学纤维产量（表 6 - 3），20 世纪 80 年代，亚洲/太平洋与欧洲的产能很接近，为 5 381~5 448 千吨，美洲略低，处于"三足鼎立"的布局状态，三个大区分别占 35.8%、35.4% 和 27.9%。然而，自 90 年代以来，全球化纤纱线产能在亚洲/太平洋大幅增长，而在欧洲和美洲不断下降，90 年代分别占 58.4%、19.1% 和 21.4%；21 世纪头 10 年分别占 80.8%、8.2% 和 10.4%；最近 5 年分别占 91.0%、3.8% 和 5.0%。可见，21 世纪头 15 年全球化纤纱线的产能几乎全部转移到了亚洲/太平洋，而非洲却被"边缘化"了。

2014 年，全球棉纱线和化纤纱线合计产能为 11 127 万吨，在这些棉纺织纱线产能之中，其中棉纱线占 45.2%，化纤纱线占 54.8%。

全球化纤纱线生产国家或地区只有 40 个，前 10 位合计占产能的 92.4%（表 6 - 4），表明化纤纱线生产量比较集中。按 2012 年的产能排序，中国为几千万吨级，达到 36 071.6 千吨，占全球绝对比例为 66.6%。百万吨级有印度、中国台湾、美国、印度尼西亚和韩国。十万吨级有泰国、土耳其、日本和巴基斯坦。

表 6 - 4　全球化纤纱线产量前 20 位的国家或地区

单位：千吨

排序	2012			2013		
	国家或地区	产量	占全球（%）	国家或地区	产量	占全球（%）
1	中国	36 071.6	66.6	中国	40 279.3	68.2
2	印度	3 989.0	7.4	印度	4 334.6	7.3
3	中国台湾	2 054.7	3.8	中国台湾	2009.7	3.4
4	美国	1 911.6	3.5	美国	1 964.9	3.3
5	印度尼西亚	1 637.8	3.0	印度尼西亚	1 672.9	2.8

（续）

排序	2012			2013		
	国家或地区	产量	占全球（%）	国家或地区	产量	占全球（%）
6	韩国	1 546.5	2.9	韩国	1 611.8	2.7
7	泰国	898.2	1.7	泰国	874.8	1.5
8	土耳其	778.9	1.4	土耳其	810.9	1.4
9	日本	670.8	1.2	日本	677.6	1.1
10	巴基斯坦	512.8	0.9	巴基斯坦	546.8	0.9
	前 10 位计	50 071.9	92.4	前 10 位计	54 783.3	92.8
11	马来西亚	385.5	0.7	马来西亚	377.6	0.6
12	巴西	306.6	0.6	巴西	336.1	0.6
13	墨西哥	214.4	0.4	伊朗	238.7	0.4
14	伊朗	197.7	0.4	墨西哥	219.5	0.4
15	孟加拉国	152.4	0.3	孟加拉国	180.6	0.3
16	加拿大	99.7	0.2	加拿大	92.4	0.2
17	埃及	73.3	0.1	埃及	73.6	0.1
18	阿根廷	51.1	0.1	阿根廷	52.9	0.1
19	捷克共和国	45.6	0.1	捷克共和国	49.1	0.1
20	罗马尼亚	45.2	0.1	罗马尼亚	48.3	0.1
	前 20 位计	51 643.4	95.3	前 20 位计	56 452.1	95.6
	全球总计	54 184.2	100.0	全球总计	59 050.8	100.0

资料来源：ICAC，2014.

四、棉纤维与化学纤维将在竞争中长期共存

尽管化学纤维发展快速，然而化纤与植物天然纤维的关系却是长期共存和互为补充的关系。尽管化纤不断更新，然而天然植物纤维的诸多优点却无法比拟，且天然植物纤维的品种、品质、纺织和功能都在发生变革。

一是棉纤维具有吸湿、保暖和不带静电等天然优良特性，化纤却无法模仿。随着生活水平的提高，人们更趋向回归自然，返璞归真，对内衣、衬衣等贴身服装，床上被单和枕巾等家用纺织品，特别是儿童、妇女和老人等制品，更要求全棉制品。

二是改良纤维品质。利用遗传和现代生物技术，开发纤维长度更长的品种，使绒长更长，通过远缘杂交选育不同长度的纤维品种再转化到陆地棉品种之中，使长度类型多样化；强力更强，从海岛棉到陆地棉的中长绒；同时天然植物纤维的色彩更加丰富。利用转基因技术生产天然抗虫棉、天然彩色纤维、天然高强纤维，由于无需染色，对环境产生重要的保护作用，"良好棉花"和有机棉生产过程减少石油化学品的使用，对土壤环境产生积极影响等。

三是棉纤维预处理加工艺的改进和应用，棉织物也具有易管和免烫功能。高效新型纺织机功能更强，对纤维的特异性和专用性能的要求大大下降，因而可纺强力更高棉纱。获中国

2009 年国家科技进步奖的"高效短流程嵌入式复合纺纱技术"突破了环锭纺的高支极限，所纺纱支数从 300 英支提高到 500 英支，对原棉长度和强度的要求还没有提高多少，甚至下脚料都可直接纺高支纱。

四是不断开发棉纤维新功能。据 2010 年 3 月 13 日报道，美国康奈尔大学开发出在棉线表面覆盖导电纳米粒子，棉线像金属一样具有"导电"功能，并制成"太阳能服装"，这种服装能让棉纤维具有吸收太阳能进而转化成电能，除有提高保暖和降温的功能以外，还可随时充电，只要在制品安装一个接口，就可为多媒体播放器（iPod）和播放器（MP4）随时充电；还可安装心电图和脑电图，为健康和保健服务。

五是化学纺织纤维具有新功能。全球不断提高化学纤维的功能：一是不断改进化纤的产品结构，形成差别化纤维，增强柔软性和舒适性。二是不断扩大化纤的应用领域。中国在不断提高纺织品在家庭用和产业用中的比例，服装用：家庭用：产业用的比例，1995 年为 80：13：7，2000 年提高 67：23：17，2005 年提高 54：33：13，2013 达到 48：29：23。三是不断创造新型产品，如抗火焰纤维，异物充实纤维。四是结合颜色、花型、款式和功能的流行周期，生产周期越来越短，新产品花样越来越多，也使得化学纺织纤维在国际市场具有较强的竞争力，加上化学纺织纤维成本通常低于天然纤维的 20% 上下因而增强竞争力。但是石油属不可再生资源，储量有限，据认为可开采期只有数十年，使化纤的生产和消费蒙上了一层厚厚的阴影。

五是棉纤维与化学纺织纤维具有优势互补功能。棉纤维适应不同用途和不同产品，但是棉纤维的长度较短，成纱毛羽无法避免，需要无毛羽的化学纤维纱弥补不足。棉纤维具有吸湿功能，但蒸发性差、干得慢需要化学纤维弥补蒸发快和干得快的不足。棉纤维具有柔软、弹性、保暖性，但高回潮率下强度低、湿膨胀低，特高湿下黏贴、弹性差、柔软且玻璃化转变，温度降到常温以下，需要化学纤维弥补纺织品保持的平展挺括。棉纤维强度偏低、耐磨损性不高需要化学纤维弥补。棉纤维易染色且色牢度深，湿摩擦色牢度和耐日晒牢度均需要化学纤维弥补。棉纤维呈扁平形、有转曲、反射光散漫、光泽柔和；丝光处理（浓碱或液氮）使纤维膨胀成圆管，反射光略高。遇高温易碳化，遇明火易燃，抗酸能力低，但耐碱。

第二节 全球和中国纺织品服装消费

一、全球人均纺织纤维消费增长

全球人均纤维消费量不断增长（表 6-5，图 6-2），从 20 世纪 60 年代到 2014 年的 55 年时间里，全球人均纺织纤维消费量从 1960 年的 4.99 千克/人增加到 2014 年的 11.96 千克/人，增长了 1.26 倍，年均增长率达到 1.38%，人均年增长 0.104 4 千克。

从不同类型的经济体来看，在这 55 年时间里，工业化国家人均纤维消费量增长率为 1.44%，2014 年消费水平达到 30.27 千克/人，比全球平均水平多 18.31 千克/人，高出 1.53 倍。其中，中欧、东欧和苏联为负增长，增长率为 -0.07%，2014 年消费水平仅为 8.22 千克/人，低于全球平均水平的 3.74 千克/人，少了 31.3%。发展中国家增长率为 1.80%，2014 年消费水平 9.34 千克/人，也少于全球平均水平的 2.62 千克/人，低了 21.9%。

表6-5　全球人均纤维消费量

单位：千克/人·年

项目	全球人均纤维消费量	中欧、东欧和苏联	工业化国家	发展中国家				
				合计	非洲	亚洲	中东和欧洲	拉丁美洲和加勒比海
20世纪60年代	5.35	10.25	13.65	2.22	1.72	1.91	4.60	4.03
20世纪70年代	6.34	12.70	16.95	2.91	2.45	2.55	6.54	4.47
20世纪80年代	6.81	13.71	18.68	3.56	2.17	3.36	7.85	5.07
20世纪90年代	7.30	6.87	23.35	4.36	1.66	4.39	8.84	6.21
21世纪头10年	9.14	5.58	27.61	6.30	1.87	7.11	10.35	6.62
近5年	11.01	7.17	28.63	8.46	2.02	10.38	10.10	7.11
2014	11.96	8.22	30.27	9.34	2.35	11.59	10.46	7.52

资料来源：World Textile Demand，A Report By the Secretariat of the International Cotton Advisory Committee，November，2014.

二、全球和中国纺织纤维消费增长原因

全球纺织纤维消费增长原因：包括人口增长、生活必需品、经济收入对生活水平的改善、消费需求弹性和流行爱好等综合因素的影响。

一是人口增长拉动纺织品消费。全球人口自1960年的30.38亿增长到2014年的72.07亿，年均增长率达到1.61%。按纺织品平均消费水平计，估计人口增长拉动纺织品消费的比例在30%以上。

二是纺织品服装是生活必需品。常言道"衣食住行衣为首"，解决好温暖问题是人类必需遵循的生活准则。因此，纺织纤维消费是一种基本生活消费品。

三是经济收入增长和生活水平提高促进消费需求的增长。发达国家人均经济收入是发展中国家的好几倍，纤维消费量也是发展中国家的好几倍。从不同时期来看，发达国家是发展中国家的纤维消费量倍数，20世纪60年代是5.1倍，70年代是4.8倍、80年代是4.2倍、90年代是4.4倍、21世纪头10年是3.4倍，最近5年缩小至2.4倍，即发达国家人均穿2.4件衣服发展中国家才穿一件。结果表明，发展中国家的纤维消费在增长，发达国家纤维消费增长却在减慢，这与发展中国家经济增长收入加快和明显增加的关系密切。据Worsham（1987）的早期研究，纤维消费量的变化，约72%是受经济收益状况制约，全球范围人均收入每增加1%，纺织品服装消费量大约增长0.6%。经济收入对纺织纤维消费量的影响程度，发展中国家大于发达国家，同样是1%的经济收入增长，在发展中国家可引起纺织纤维消费增加0.7%~0.8%，在发达国家只可引起纺织纤维消费增长0.35%~0.6%。

四是纤维消费量与国家稳定、生活水准变化的关系密切。1991年12月苏联解体后，加上80年代末到90年代东欧国家的政治剧变，这些政局动荡国家导致人民生活水平严重下降。比如，中欧、东欧和前苏联的人均纤维消费水平20世纪90年代比80年代萎缩了49.9%，21世纪头10年萎缩加重至59.2%，消费量减少了近六成，幸好近几年在恢复。中东乱局持续多年已对全球纺织品消费产生了明显的负面影响。

五是纺织品服装消费具有弹性需求特征（图6-3）。美国是全球纺织品服装的消费大国，自2008年起源于华尔街的经济危机仍在持续，受危机的冲击美国经济复苏缓慢，一度经济陷入停滞，居民收入减少，由此扩展到消费水平下降，美国人均表观纤维消费量从危机前的2006年41.1千克/人下降到2013年危机后的33.9千克/人，降幅达到18.3%。同样，受全球金融危机、欧债危机与日本大地震的多重影响，日本和欧盟的纤维消费量也在下降。可见当纤维消费量达到一定高度的水准后，所谓"奢侈"或过度消费现象则有较大的收敛，因而纺织品纤维具有明显的消费弹性特征。

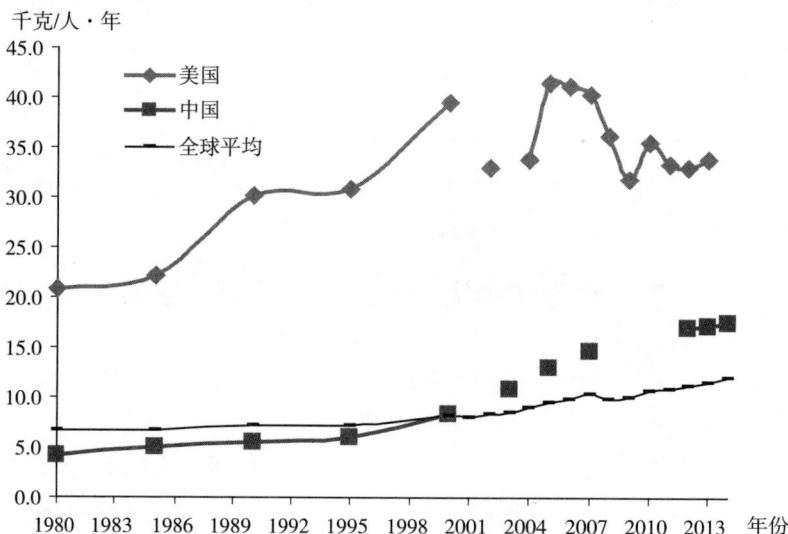

图6-3 全球、美国和中国人均纤维表观消费量

资料来源：①美国数据来自2000—2013《中国纺织工业发展报告》系列出版物，北京：中国纺织工业出版社。②中国人均表观消费数据为毛树春系列资料整理。

六是消费周期影响。纤维消费量还受流行爱好趋势的影响，据姚穆桂院士（2015）资料，100年前，全球纺织品使用周期为80～150年；50年前，全球纺织品使用周期为近30年；20年前，全球纺织品使用周期缩短到3～5年；近10年，全球纺织品产品寿命只有1年，甚至仅3个月。这是受纺织品颜色、花型、款式、功能和流行趋势变化的影响，也有社会需求所致的原因。比如，美国在20世纪60年代由3个州试行，后由合众国国会通过法律确定，若有男士受人指认今天穿的衬衣的颜色、花型和昨天一样，昨晚发生的事故可确认为这位男士所为，可以用穿衣来作刑事判罪的"实证"。因为美国男士每天晚上回家一定要淋水洗澡，一定会换衬衫；如果衬衫没换，一定是昨晚没有回家。所以，20世纪60年代末以来，美国男士每人30～40件衬衫，不允许有两件同一花型和颜色，增加了纺织纤维和花色品种的消费量。早在20世纪80年代初开始，其他一些国家也有这种趋势。例如，日本生产的女士外衣，新型同一款式、同一颜色和花型的服装，在同一城市只卖 1 件。对于经济发达国家所形成的这种观念，近年来在中国大城市已开始出现。因此，流行爱好引导纺织品消费的增长，也逼迫纺织企业在市场竞争力中采取"多品种、小批量、快交货"行动以适应市场的变化。

七是中国纺织纤维消费量发生巨大变化，跻身全球中等先进国家的消费水平。总结中国 1949—2014 年纺织品服装消费周期，由 9 年的生存贫困型、6 年的温饱型向年年更换的小康型转变，当前城市居民正在向享受型消费转变，特别是"90 后"、"00 后"出生的青年、少年、儿童和婴幼儿群体，纺织品消费正在向一日三新的享受型、豪华型、"奢侈"型转变。我国居民纺织品服装消费量从 1949 年的 0.8 千克/（人·年）增长到 2014 年的 17.5 千克/（人·年），年均增长率达到 5.47%，在这 65 年时间里纺织品服装消费量增长了 21 倍，高于全球平均水平高的 46.3%，这是中国改革开放取得重大成就的又一诠释。2000 年中国纺织品纺织消费达到全球平均水平（图 6 - 3），比较美国，未来我国纺织品消费增长仍有潜力。

1949 年：居民衣不裹体，纺织品服装人均消费量仅 2.3 平方米/年（约合 0.8 千克/人·年）。

50—70 年代：居民穿着消费为新三年，旧三年，缝缝补补又三年的贫困型。由于纺织纤维资源的严重短缺，为了保障居民的温暖，国家于 1954 年开始实行布票票证管制。

80—90 年代：居民穿着消费为新两年、旧两年和缝缝补补 6 年的温饱型，很快过渡到到年年更新的小康型。1978 年人均纺织品服装消费量 11.4 平方米/年（约合 2.88 千克/（人·年），1978 年全球平均水平为 6.57 千克/（人·年），中国仅为全球平均水平的 43.8%）。1983 年全国棉花丰收，皮棉单产达到 50.8 千克/亩，总产创历史新高达到 460 万吨，比丰收的 1982 年增产 104 万吨，增幅高达 28.9%，成为我国跻身先进植棉大国行列的标志，从此结束了长达 34 年的棉花短缺史；1984 年全国取消了自 1954 年开始实行的布票票证管制，从此结束了长达 35 年（1949—1983 年）的纺织品短缺史，由此步入了丰衣足食的新时代。

2000—2015 年：居民纺织品服装消费为一年四季型、季季更新的充裕奢侈型，穿着时髦、舒适、华丽和高贵，纺织品也由服装用向家庭用和产业用转变。居民纺织品服装消费量从 2000 年的 8.3 千克/（人·年）提高到 2003 年的 10.8 千克/（人·年），超过世界平均水平 8.5 千克/（人·年）；2007 年提高到 14.6 千克/（人·年）（全球平均水平为 10.41 千克/（人·年），超过全球平均水平 40.2%），2013 年提高到 17.5 千克/（人·年），全球平均水平为 11.53 千克/人，超过全球平均水平的 51.8%。

同时，我国纺织品消费还有三个新变化：一是纺织品由服装用向家庭用和产业用转变。二是我国纺织品"衣被天下"。如今我国已成为全球最大的纺织服装生产国和出口国，出口量占全球贸易量的 38%，出口创汇占全国货物总值的比重 1995 年曾高达 25.5%，2014 年下降到 12.7%。三是城市家庭和居民的纺织品大量过剩，勤俭节约依然是中华民族的优良传统，要重视纺织品的二次利用，以最大限度地节约资源，推进环境友好。

第三节　全球和中国纺织品服装贸易

一、全球纺织品服装贸易在增长

近 30 多年，全球纺织品服装贸易额在不断增长。据 WTO 统计（表 6 - 6），全球纺织品服装出口贸易额从 1980 年的 957.0 亿美元增长到 2013 年的 7 661.7 亿美元，年均增长率为 6.51%，出口额增长了 7 倍。同期纺织品服装进口额从 1980 年的 843.9 亿美元增长到 2013 年的 8 047.9 亿美元，年均增长率为 7.07%，进口额增长了 8.5 倍。

表 6-6　1980—2013 年全球纺织品服装进出口额变化

单位：亿美元

年份	全球出口额			全球进口额			出口额比上年增长		进口额比上年增长	
	合计	纺织品	成衣	合计	纺织品	成衣	额度	增长（%）	额度	增长（%）
1980	957.0	556.0	401.0	843.9	450.0	393.9	—	—	—	—
1985	1 055.5	563.5	492.0	963.7	481.6	482.1	98.5	10.3	119.8	14.2
1990	2 125.6	1 045.1	1 080.5	2 347.6	1 162.1	1 185.5	1 070.1	101.4	1 383.9	143.6
1995	3 076.8	1 502.6	1 574.2	2 992.7	1 360.2	1 632.5	951.2	44.7	645.1	27.5
1996	3 165.2	1 506.5	1 658.7	3 278.6	1 570.3	1 708.3	88.4	2.9	285.9	9.6
1997	3 402.3	1 589.5	1 812.8	3 406.7	1 572.7	1 833.9	237.1	7.5	128.1	3.9
1998	3 346.4	1 513.1	1 833.4	3 435.7	1 573.9	1 861.8	−55.9	−1.6	29.0	0.9
1999	3 339.5	1 479.2	1 860.3	3 513.0	1 555.5	1 957.9	−6.9	−0.2	77.3	2.2
2000	3 542.2	1 547.8	1976.4	3 668.7	1 637.7	2 031.0	202.7	6.1	155.7	4.4
2001	3 420.1	1 469.8	1 950.3	3 615.7	1 564.7	2 051.0	−122.1	−3.4	−53.0	−1.4
2002	3 550.7	1 527.6	2 023.1	3 706.9	1 603.2	2 103.7	130.6	3.8	91.2	2.5
2003	3 953.6	1 694.2	2 259.4	4 145.2	1 785.8	2 359.4	402.9	11.3	438.3	11.8
2004	4 545.3	1 953.8	2 591.5	4 948.6	2 125.1	2 823.5	591.7	15.0	803.4	19.4
2005	4 786.1	2 029.7	2 756.4	5 009.0	2 138.3	2 870.7	240.8	5.3	60.4	1.2
2006	5 299.9	2 185.7	3 114.0	5 535.1	2 296.4	3 238.7	513.8	10.7	526.1	10.5
2007	5 861.9	2 403.6	3 453.0	6 077.0	2 499.0	3 578.0	562.0	10.6	541.9	9.8
2008	6 120.9	2 502.0	3 618.9	6 383.5	2 627.6	3 755.0	259.0	4.4	306.5	5.0
2009	5 253.4	2 098.2	3 155.2	5 518.1	2 220.0	3 298.0	−867.5	−14.2	−865.4	−13.6
2010	6 058.7	2 524.6	3 534.1	6 365.4	2 671.2	3 694.2	805.3	15.3	847.3	15.4
2011	7 119.1	2 943.9	4 177.2	7 479.2	3 112.8	4 366.4	1 060.4	17.5	1 113.8	17.5
2012	7 067.3	2 841.6	4 225.7	7 423.7	3 006.6	4 417.1	−51.8	−0.7	−55.5	−0.7
2013	7 661.7	3 059.0	4 602.7	8 047.9	3 236.6	4 811.3	594.4	8.4	624.2	8.4
增长率	6.51%			7.07%						

资料来源：中国纺织工业联合会. 2000—2013《中国纺织工业发展报告》. WTO《世界贸易统计》整理。数据前后年份有差异，以后年份为准。

　　在过去 34 年时间里，全球纺织品服装出口额约每 3～8 年上一个千亿美元的增量台阶，从 1985 年到 1990 年上一个千亿美元的台阶，达到两千亿美元数量级；从 1990 年到 1955 年再上一个千亿美元台阶，达到三千亿美元数量级；然而，从三千亿美元到 2004 年的四千亿美元花了 8 年时间，期间经历了 1997 年亚洲金融危机，加上同期中国限产压缩 1 000 万棉纺纱锭，到 1999 年底完成压锭 906 万锭，全球纺织品生产和贸易增长十分缓慢，1998—1999 年出口额呈现负增长，到 2000 年中国棉纺织业转好，出口增长 21.1%。从 2004 年的 4 000 亿美元级到 2006 年的 5 000 美元级仅花 4 年时间，从 2006 年的 5 000 美元级到 2008

年的 6 000 亿美元级，再从 6 000 亿美元级到 2011 年的 7 000 亿美元级，都仅花 3 年时间，其中自 2005 年全球纺织品服装出口配额被取消后，带来全球纺织品服装出口贸易量大幅增长。然而，2008 年秋季华尔街金融危机暴发，当年全球纺织品服装出口贸易额增量明显下滑至 4.4%，2009 年出口呈现大幅度收缩态势，比上年出口额减少了 14.2%，在 2008 年底到 2009 年中国陆续投资"四个一万亿元"的救市拉动下，2010—2011 年全球纺织品服装出口额呈现恢复性增长，增幅达到两位百分数，分别为 15.3% 和 17.5%。然而，由于全球经济复苏进程十分缓慢，美国、欧盟和日本发达经济体的经济复苏不确定性增加，新兴经济体包括金砖国家（俄罗斯、中国、印度、南非、巴西）经济增收放慢，全球经济增速大幅缩减，加上局部遭受恐怖主义威胁、地缘政治冲突、中东战乱，全球纺织品服装出口增量再次呈现减缩态势。据 WTO 数据，2012 年和 2013 年全球贸易增长率为 0.5% 和 1.9%，纺织品服装出口额增 0.7% 和 8.4%，仅仅略高于全球贸易水平。

在全球纺织品服装的出口额中（表 6-6），纺织品额平均占比为 41.7%，成衣额平均占比为 58.3%，纺织品因附加值低，其出口比例在缩小，成衣因附加值高出口在增长，也有进出口目的地的纺织产业结构调整和功能完善的因素。在进口额中，纺织品额平均占比为 41.2%，成衣额平均占比为 58.8%。

全球 200 多个国家和地区全部参与纺织品服装贸易，可见纺织品服装的贸易度极为广泛，各国各地区的互补性极强，因而在所有货物贸易中只有纺织品和服装的竞争表现得更加充分和激烈。

从纺织品服装出口额来看，据 WTO 统计，按经济体划分，2001 年欧盟 15 国家排第一，占全球出口额的 28.5%；按国别分中国排第一，中国出口额占全球的 15.6%（表 6-7）。2013 年，无论按经济体还是按国别中国都排第一（表 6-8），占全球出口市场的 37.1%。其次为欧盟 27 国家对欧盟以外的出口，占全球市场的 7.0%；第三为印度，占全球市场的 4.7%。包括中国、美国等在内的前 10 位经济体出口占市场份额的 69.1%。

表 6-7　2001 年全球纺织品、成衣出口国和地区

单位：亿美元

排序	国家或地区	合计	纺织品	成衣	占全球（%）
1	欧盟（15）	976.3	505.4	976.3	28.5
2	中国	534.8	168.3	366.5	15.6
3	中国香港	356.6	122.1	234.5	10.4
4	美国	175.0	104.9	70.1	5.1
5	韩国	152.5	109.4	43.1	4.5
6	中国台湾	124.0	99.2	24.8	3.6
7	印度	119.3	59.0	60.3	35.0
8	土耳其	105.4	39.1	66.3	3.1
9	墨西哥	101.0	20.9	80.1	3.0
10	印度尼西亚	77.3	32.0	45.3	2.3
	合计	3 227.6	1 260.3	1 967.3	94.4
	全球	3 420.1	1 469.8	1 950.3	100.0

资料来源：中国纺织工业联合会. 2002 年中国纺织工业发展报告。

表 6 - 8　2013 年全球纺织品、成衣出口国/地区

单位：亿美元

排序	国家或地区	合计	纺织品	成衣	占全球（%）
1	中国	2 840.1	1 065.8	1 774.3	37.1
2	欧盟（27 国）	534.3	228.0	306.3	7.0
3	印度	357.5	186.1	168.4	4.7
4	中国香港	326.6	107.2	219.4	4.3
5	土耳其	275.6	121.6	154.1	3.6
6	孟加拉国	253.8	18.9	235.0	3.3
7	越南	220.2	47.9	172.3	2.9
8	美国	197.8	139.2	58.6	2.6
9	韩国	141.4	120.4	21.0	1.8
10	巴基斯坦	138.9	93.4	45.5	1.8
	前 10 位计	5 286.2	2 128.5	3 154.9	69.1
	全球	7 661.7	3 059.0	4 602.7	100.0

资料来源：中国纺织工业联合会. 2014 年中国纺织工业发展报告。

　　进一步分析，中国纺织品服装出口不断增长，出口额从 2000 年的 1 574.8 亿美元增长到 2013 年的 3 059.0 亿美元，增长近 97.6%。

　　从纺织品服装进口额来看，据 WTO 统计，按经济体分，2001 年欧盟 15 国家排第一，占全球出口额的 34.5%；其次为美国，占全球进口额的 22.6%；中国香港排第三，占全球市场份额的 7.8%（表 6 - 9）。2013 年，欧盟 27 国排第一（表 6 - 10），占全球出口市场的 15.4%。其次为美国，占全球市场的 14.7%；第三为日本，占全球市场的 5.37%；中国排第四，占全球进口市场份额的 3.3%。

表 6 - 9　2001 年全球纺织品、成衣进口国和地区前 10 位

单位：亿美元

排序	国家或地区	合计	纺织品	成衣	占全球（%）
1	欧盟（15）	1 248.8	456.2	792.6	34.5
2	美国	818.2	154.3	663.9	22.6
4	中国香港	282.8	121.8	161.0	7.8
6	日本	239.0	47.5	191.5	6.6
3	中国	138.4	125.7	12.7	3.8
5	墨西哥	98.6	60.2	38.4	2.7
7	加拿大	77.3	38.1	39.2	2.1
8	韩国	47.0	30.7	16.3	1.3
9	瑞士	45.2	12.9	32.3	1.3
10	俄罗斯	39.3	12.6	26.7	1.1
	合计	3 034.6	1 060.0	1974.6	83.9
	全球	3 615.7	1 564.7	2 051.0	100.0

资料来源：中国纺织工业联合会. 2014 年中国纺织工业发展报告。

表 6－10　2013 年全球纺织品、成衣出口国/地区前 10 位

单位：亿美元

排序	国家或地区	合计	纺织品	成衣	占全球（%）
1	欧盟（27 国）	1 239.8	290.7	949.1	15.4
2	美国	1 180.8	270.6	910.3	14.7
3	日本	424.0	87.7	336.3	5.3
4	中国	269.0	215.6	53.4	3.3
5	中国香港	268.8	104.2	164.6	3.3
6	加拿大	145.2	45.7	99.5	1.8
7	俄罗斯	133.8	43.6	90.1	1.7
8	韩国	127.5	52.2	75.4	1.6
9	越南	113.3	105.4	6.9	1.4
10	土耳其	99.3	67.9	31.4	1.2
	前 10 位计	4 001.5	1 283.6	2 717.0	49.7
	全球	8 047.9	3 236.6	4 811.3	100.0

资料来源：中国纺织工业联合会. 2014 年中国纺织工业发展报告。

从全球纤维产品消费的分别来看，欧盟、美国和日本这三个最发达经济体是纺织品服装最主要的消费者，在消费产品方面占据绝对多数的份额，2000 年和 2011 年这三个国家和地区的服装进口额占全球服装进口总额的比重分别是 84% 和 72%，随着发展中国家经济的快速发展，2011 年其他国家和地区的服装进口额占全球的比重增长了 12 个百分点，但仍然只占 28% 这样一个较小比重。未来的发展过程中随着新兴经济体消费水平的不断提高，这一比重会不断提高，但是美日欧在纤维消费产品上的主体地位在一段时间内仍然不会改变。

二、中国纺织品服装贸易在增长

中国纺织品服装出口在增长，中国是全球最大纺织品服装出口国。据 WTO 统计（表 6－11），中国纺织品服装出口贸易额从 1980 年的 42.5 亿美元增长到 2013 年的 2 840.1 亿美元，年均增长率高达 13.58%，增速高于同期全球平均水平的 7.07 个百分点，出口额增长了 65.8 倍，高于全球平均水平的 58.8 倍。中国纺织品服装占全球的比例从 1980 年的 4.4% 增长到 2013 年的 37.1%，增长了 327 个百分点。中国 1980 年纺织品服装在全球市场份额中排第 9 位，自 1995 年以来业已成为全球最大的纺织品服装出口国，2013 年纺织品服装出口占全球份额的 37.1%，其中纺织品占全球份额的 34.8%，成衣占全球份额的 38.5%。中国纺织品服装在全球市场可谓"十分天下有其三"。

同期，中国纺织品服装进口额从 1980 年的 10.2 亿美元增长到 2013 年的 269 亿美元，年均增长率为 10.42%，高于同期全球纺织品服装进口增速的 3.35 个百分点，进口额增长了 25.3 倍，高于同期全球进口增速的 16.9 倍。然而，中国纺织品服装进口额占全球的比例从 1980 年的 1.2% 减缩到 2013 年的 0.13%，因此中国不是全球纺织品服装进口大国。

表 6-11　中国纺织品服装出口以及占全球比例

单位：亿美元

年份	中国出口额			出口占全球比例（%）			中国进口额			贸易顺差	出口额比上年增长（%）
	合计	纺织品	成衣	合计	纺织品	服装额	合计	纺织品	成衣		
1980	42.5	25.7	16.8	4.4	4.6	4.2	10.2	10.0	0.2	32.3	—
1985	61.6	37.0	24.6	5.8	6.6	5.0	21.2	21.0	0.2	40.4	44.9
1990	168.9	72.2	96.7	7.9	6.9	8.9	54.8	54.3	0.5	114.1	174.2
1995	379.8	139.2	240.6	12.3	9.3	15.3	118.8	109.1	9.7	261.0	124.9
1996	371.4	121.1	250.3	11.7	8.0	15.1	130.2	119.8	10.4	241.2	-2.2
1997	456.3	138.3	318.0	13.3	8.7	17.5	133.9	122.7	11.2	322.4	22.9
1998	428.9	128.3	300.6	12.8	8.5	16.4	121.5	110.8	10.7	307.4	-6.0
1999	431.2	130.4	300.8	12.9	8.8	16.2	121.7	110.8	10.9	309.5	0.5
2000	522.0	161.3	360.7	14.7	10.4	18.3	140.2	128.3	11.9	381.8	21.1
2001	534.8	168.3	366.6	15.6	11.5	18.8	138.5	125.7	12.7	396.3	2.5
2002	618.6	205.6	413.0	17.4	13.5	20.4	144.2	130.7	13.6	474.5	15.7
2003	789.6	269.0	520.6	20.0	15.9	23.0	156.4	142.2	14.2	633.2	27.6
2004	952.8	334.3	618.6	21.0	17.1	23.9	168.5	163.0	15.4	784.4	20.7
2005	1 152.1	410.5	741.6	24.1	20.2	26.9	171.3	155.0	16.3	980.8	20.9
2006	1 440.6	486.8	953.8	27.2	22.3	30.6	180.8	163.6	17.2	1 259.9	25.0
2007	1 715.5	560.3	1 155.2	29.3	23.3	33.5	186.2	166.4	19.8	1 529.3	19.1
2008	1 857.7	653.7	1 204.0	30.4	26.1	33.3	185.7	162.9	22.8	1 672.0	8.3
2009	1 670.9	598.2	1 072.6	31.8	28.5	34.0	167.8	149.4	18.4	1 503.1	-10.1
2010	2 066.9	768.7	1 298.2	34.1	30.4	36.7	202.0	176.8	25.2	1 864.9	23.7
2011	2 481.8	944.1	1 537.7	34.9	32.1	36.8	229.1	189.0	40.1	2 252.7	20.1
2012	2 550.6	954.5	1 596.1	36.1	33.6	37.8	243.3	198.1	45.2	2 307.3	2.8
2013	2 840.1	1 065.8	1 774.3	37.1	34.8	38.5	269.0	215.6	53.4	2 571.1	11.4
2014	2 982.7	1 116.6	1 866.1	37.4	35.6	38.6	263.7	202.5	61.2	2719.0	5.0

资料来源：中国纺织工业联合会.2000—2013 年《中国纺织工业发展报告》. WTO《世界贸易统计》整理。数据前后年份有差异，以后年份为准。

在中国纺织品服装的出口额中（表 6-11），纺织品额平均占比为 35.5%，低于全球平均水平的 6.2 个百分点；成衣额平均占比为 64.5%，高于全球平均水平的 6.2 个百分点，这一比例基本符合"利益最大化原则"，这是中国纺织产业结构调整时间较早，以及纺织全产业链十分完整所致。

在中国进口额中，纺织品额平均占比为 88.8%，高于全球平均水平的 47.6 个百分点；成衣额平均占比为 11.2%，低于全球平均水平的 47.6 个百分点。中国主要进口短缺的棉纺线、新型特异材料和高档服装面料等。

棉织品及棉制服装占纺织品服装出口的三分之多的天下。2013 年，全国棉纺织品及棉制服装出口 1 000.1 亿美元，占全部纺织品服装比例高达 35.2%。

棉制产品是纤维产品的重要类别，按照服装、家用纺织品和产业用纺织品这三个最终消费产品类别，棉制产品主要运用于服装和家用纺织品，在产业用纺织品中也有应用，但比例较低。服装产品中的针织 T 恤、针织内衣、男式衬衫、休闲裤、牛仔裤、休闲外套、童装等都是用棉比例较高的产品类别；家用纺织品中的巾被产品、床上用品是棉织品的重要运用领域。

不同类型棉制产品，因为消费特点不同，从纤维产品的角度也呈现不同的特点。例如：针织 T 恤和男式衬衫是棉制品的传统类别，随着国内消费档次的不断提升，高支产品比例不断提高，相应对长绒棉的需求量也增加。在出口产品中，随着越南、柬埔寨、孟加拉等国家服装加工业的快速发展，低支普梳产品向这些国家转移的趋势明显。在家用纺织品中巾被产品用棉量很高，根据经验估算我国巾被产品纤维消耗量在 60 万～80 万吨左右，其中棉纤维是主要纤维品种，巾被领域以 21^s 和 30^s 普梳纱的应用最为普遍。从目前国内市场看巾被产品领域因为国内外棉价差的缘故，用印度和巴基斯坦纱的情况很普遍。床上用品的棉纤维消费比例也较高，在中高档产品上 40^s 和 60^s 精梳纱应用普遍，更高支的纱线在高档产品上也有应用。

棉制服装出口也因价格发生变化。棉制服装出口量从 2006 年的 132.9 亿件下降到 2015 年的 127.4 亿件（图 6-4），这 10 年减少了 4.1％，服装出口占所有服装出口数量的比例也从 2006 年的 49.9％下降到 41.9％，这 10 年间减少了 8 个百分点。其中出口占比最高年份是 2007 年、2008 年和 2010 年，比例占一半多，出口额度超过棉织品一半，为 600 多亿美元。可见附加值高的升值空间很大。然而，最近 5 年持续下降并且下降幅度大，这与自 2011 年以来的"高价棉"的价格成本传递到服装的关系密切，其中 2015 年棉制服装出口比例最小就是一个佐证。相信随着国内外价格的接轨棉制服装出口量及其比例将回升。

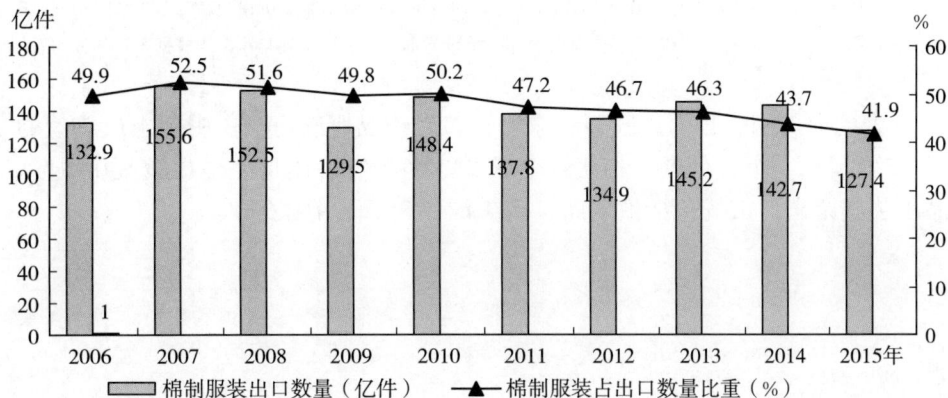

图 6-4 2006—2015 年棉制服装出口数量及其占服装出口数量的比重

资料来源：根据中国海关数据整理。

中国纺织品服装主要出口目的地见表 6-12。第一大出口目的地是美国和欧盟，其次为日本，中国向这 3 大市场的出口份额占中国出口市场份额的比例 2006 年为 43.8％，2015 年为 43.0％，总的份额虽然没有大的变化，但这 3 个目的地之间有变化，其中美国和欧盟市场份额在提升，而日本明显下降了 5.5 个百分点。美国从中国进口占美国市场的份额从 2006 年的 29.5％提高到 2015 年的 38.6％，扩大了 9.1 个百分点；同期，欧盟从中国进口占欧盟市场份额则扩大了 3.1 个百分点。然而，日本从中国进口占日本市场份额则大幅缩减了 11.8 个百分点，这些市场份额已被越南、柬埔寨等东南亚新兴纺织国家所占有。幸好，东盟自由贸易区于 2010 年启动，东盟从中国进口占东盟市场份额从 2006 年的 4.9% 扩大到 2015 年的 12.6%，扩大了 7.7 个百分点，证明中国与东盟的双边贸易取得了明显进展。

表 6-6　中国纺织品服装出口在美、日、欧市场结构

单位：%

年份	美国		日本		欧盟		东盟		中国纺织品服装出口总值（亿美元）
	向美国出口额占中国出口额比例 (1)	从中国进口占美国进口额比重 (2)	向日本出口额占中国出口额比例 (1)	从中国进口占日本进口额比重 (2)	向欧盟出口额占中国出口额比例 (1)	从中国进口占欧盟进口额比重 (2)	向东盟出口额占中国出口额比例 (1)	从中国进口占东盟进口额比重 (2)	
2006	15.2	29.5	13.1	76.3	15.5	15.0	4.9		1 436.2
2007	14.6	33.2	11.5	76.7	16.5	16.1	6.4		1 712.9
2008	13.7	34.5	11.5	77.1	21.0	18.4	6.0		1 852.8
2009	15.8	38.4	12.8	78.7	21.6	19.9	6.5		1 670.8
2010	16.3	40.1	10.9	77.2	21.6	20.5	7.2		2 065.6
2011	15.2	39.1	10.9	75.0	21.6	19.9	8.0		2 479.3
2012	15.3	39.2	10.7	73.3	18.4	19.2	10.5		2 559.4
2013	14.6	39.8	9.5	71.2	18.1	38.3	12.1		2 851.8
2014	15.0	38.9	8.2	67.5	19.6	37.8	12.1		2 999.8
2015	16.8	38.6	7.6	64.5	18.6	36.8	12.6		2 842.5

资料来源：表格第（1）列的数据以及中国纺织品服装出口总值根据中国海关进出口额统计数据，不包括 94 章褥垫、睡袋及其他寝具，第（2）列 2006—2012 年数据根据 WTO 统计年报，2013—2015 年数据根据美国商务部、欧盟统计局和日本统计局资料整理。

2015 年中国向美国、日本、欧盟和东盟出口纺织品服装份额占中国出口总值的 55.6%，比 2006 年扩大了 6.9 个百分点，相比较全球 200 多个经济体是一个比较集中的贸易区。中国纺织品服装其余出口市场包括俄罗斯、南美洲和南亚、中亚等。

第七章　WTO 与棉花贸易环境（秩序）

撰稿人　毛树春

20 世纪 90 年代以来，特别是自中国于 2001 年 11 月加入世界贸易组织（WTO）以来，全球贸易规则和贸易环境发生了根本性的变化。这些变化包括从关税与贸易总协定（GATT）到 WTO，从单边协议到多边协议，从一个双边自由贸易区到多个双边自由贸易区，以及由 2000 年中国政府倡议的"中国非洲合作论坛"峰会至 2015 年举办了六届，还有系列部长级会议；2014 年中国国家主席习近平倡议的"一带一路"战略构想得到沿线 60 多个国家和地区的积极响应。这些表明，全球经济秩序、贸易环境发生的显著变化正在改变着全球投资、制造、生产和贸易环境，正在改变全球农业和农产品的贸易格局，发展中国家的合法权利得到维护。最终目的是不断开放市场、取消配额管制、不断削减关税、增加产业投资和融资、降低制造业成本，便利流通和服务，为国际商品贸易和投资，为发展中国家农业可持续发展创造更多的有利条件。

全球贸易环境不断改良有利于推动中国种植业从大国转向强国，有利于棉纺织工业从大国转向强国，有利于助推中国棉花产业走出去，特别是这些年中国自身也在积极参与构建新的国际贸易环境，倡导制订国际贸易规则和标准，构建国际经济贸易新秩序，在国际经济贸易体系中获得更多的话语权。

第一节　从关税与贸易总协定（GATT）到世界贸易组织（WTO）

WTO 成立于 1994 年 4 月 15 日，其前身为关税与贸易总协定（GATT），成立于 1947 年。至 2015 年 12 月底，世界贸易组织拥有成员 162 个，各成员贸易总额占全球的 98％，素有"经济联合国"之称。

一、WTO 基本原则

自由竞争原则。以市场经济为基础，自由竞争为基本原则，价格取决于市场供求关系，积极主张自由贸易，开放门户。

非歧视原则。这是 WTO 各项规则的基石。包括最惠国待遇原则和国民待遇原则。任何缔约方与任何第三方的利益、优惠、特权，应当无条件地给予与缔约的其他各方所有，为最惠国待遇原则。在民事权利方面一个国家给予在其国境内的外国公民和企业与其国内公民、企业同等待遇。

关税保护原则。允许对国内工业进行保护，但只能利用关税进行保护，不可采取非关税壁垒的办法。

稳定性原则。要求各成员履行所承诺的义务，如关税减让和服务领域的开放承诺。

公平贸易原则。对补贴、倾销等不公平贸易现象允许成员采取反补贴和反倾销等措施进行保护。

一般禁止数量限制原则。下列情况除外，农渔业产品、国际收支失衡、促进发展中国家经济发展。

透明度原则。即保护贸易政策法则的全国统一实施和及时公开，并定期接受评审。

互惠原则。贸易优惠不要求对等互惠。发达国家在作出贸易减让不应期待发展中国家给予对等的回报。

基本原则的例外：

国际收支平衡例外。

幼稚工业保护例外。当一个国家某个企业处于新建时期，可申请保护，实行进口限制。但需要经过 WTO 批准。

对发展中成员的特殊优惠待遇。

关税同盟和自由贸易区的例外。

豁免和紧急行动例外。

此外，还有保障措施和特殊保障措施等。

二、中国市场经济地位问题

到 2015 年，全球包括澳大利亚、新西兰、瑞士、俄罗斯和巴西等 80 多个经济体承认中国的市场经济地位。2016 年欧盟对于承认中国市场经济地位处于一种纠结状态，美国仍没有承认中国市场经济国家地位。按照中国《加入 WTO 议定书》第 15 条规定，"非市场经济国家地位"条款将在规定（15 年）期限内即 2016 年 12 月 11 日自动失效，即中国将自动获得市场经济国家地位。

为什么要承认中国市场经济地位？美国、欧盟、日本等在反倾销和反补贴问题上对中国使用的"非市场经济国家"标准，即用"替代国"或第三国条款进行评价，这对中国反倾销和反补贴争取公正、公平待遇即"打官司"显然不利。

2016 年 5 月 12 日，欧盟反对通过承认中国市场经济地位，企图在中国自动获得市场经济国家地位后继续保留对华反倾销调查的特权，这种做法损人不利己，很不明智。也有人认为，不给中国市场经济地位是伪命题，在入世协议中专门增加了市场经济地位的条款。这个条款是在反倾销的特定范畴里提出"要承认中国企业的市场经济地位"。这不涉及国家的市场经济地位，而仅涉及企业的市场经济地位。如果中国企业能够证明自已取得市场经济地位，在反倾销的调查中就可以使用 WTO 的一般条款，否则就要用"替代国"条款（龙永图，2016 - 05 - 17）。

三、中国基本兑现承诺

自 2001 年以来中国市场化程度显著提升，中国更加开放，逐步减低关税。经过几次大幅度的自主降税，2001 年的关税总水平为 15.3%。根据承诺，2002 年降至 12%，2005 年降至10％。实际上，2015年关税总水平降至9.8％。

第二节　WTO农业和棉花/农产品相关规则

一、中国有关农业和农产品权利

中国在农业和农产品的权利：

对农业提供占农业总产值的8.5％的微量"黄灯"补贴的权利。

在涉及补贴和反补贴、保护措施时，享有协议规定的发展中国家权利。

在解决争端中，有权要求WTO秘书处提供法律援助。

在采取技术性贸易保护措施时，可以根据经济发展水平用有一定的灵活性。

保留国营贸易体制。中国保留了粮食、棉花、植物油、食糖、原油、化肥和香烟等8种关系国计民生的大宗产品的进口实行国营贸易管理（即由中国政府指定的专营公司经营）。

保留了对茶、大米、玉米、大豆、钨及钨制品、煤炭、原油、成品油、丝、棉花等的出口实行国营贸易管理的权利。

维护国家定价。保留了对重要产品和服务实行政府定价和政府指导价的权利。其中：对粮食、植物油、成品油、化肥、蚕茧、棉花等产品和运输、专业服务、服务代理、银行结算、清算和传输实行国家定价权利。

二、WTO关于农业协议和规则

WTO农业规则由四个主要协议组成，即《农业协议》、《马拉喀什议定书》所附国别减让表关于农产品的承诺、《实施植物卫生检疫措施协议》和《关于改革计划对最不发达国家和粮食净进口发展中国家可能产生消极影响的措施的决定》等。

WTO农业规则的主要内容包括：扩大农产品市场准入、削减农产品生产补贴、削减农产品出口补贴和规范卫生与植物检疫措施。

（一）农产品贸易规则中的市场准入条款

《农业协议》要求各成员方尽力排除非关税措施的干扰，并将非关税壁垒关税化，禁止使用新的非关税措施。

1. 非关税措施关税化。 只允许使用关税这个手段对农产品贸易进行限制，所有进口数量限制、进口差价税、最低进口价格、任意性进口许可证、经营国家专控产品的单位所保持的非关税措施、自愿出口节制，以及普通关税以外的同类边境措施等非关税措施均需转化为进口关税。

2. 关税减让。 协议要求承诺在实施期限内，将减让基期的关税（包括新量化成的"税率"）削减到一定水平。

3. 最低市场准入承诺。 协议规定一些进口国可以规定最低市场准入机会，以扩大农产品的进口量，促进农产品贸易自由化。

4. 关税配额管理。 关税化一揽子方案要求各国维持"现行市场准入机会"，至少要等同于现有的准入机会。如果目前的准入机会不到有关产品在基期国内消费量的 5%，那么这些国家就要在最惠国基础上，以低税率或最低税率实行关税配额，以提供最低准入机会，但超过配额准入量的进口则按高税率（配额外税率）征税。棉花是典型的关税配额管理的农产品。

5. 特殊保障条款。当某种农产品进口量突然增加，或价格急剧下跌到一定限度时，允许进口国对该产品征收一定的附加税。

6. 实行特殊和差别待遇。发展中国家可灵活地建立关税上限约束；最不发达国家虽然也进行关税化及关税约束，但可免于减让承诺。

（二）国内支持条款

"绿箱"、"黄箱"和"蓝箱"政策是国内支持的主要条款。"绿箱"政策是指那些对生产和贸易没有影响或者影响非常微弱的政策，农业协议既不要求削减这些政策，也不限制将来扩大和强化使用这些政策。"黄箱政策"是指对生产和贸易有直接扭曲作用的那些政策，农业协议要求各方用综合支持量（AMS）来计算其措施的货币价值，并以此为尺度，逐步予以削减。"蓝箱"政策是指那些虽然对生产和贸易有扭曲作用，但是以限制生产面积和产量为条件的国内支持政策，是"黄箱"政策中的特例，不列入需要削减的国内支持计算。

1. "绿箱"政策补贴措施。主要包括：

（1）由公共基金或财政开支所提供的一般性农业生产服务。包括环境项目研究和特定产品研究、病虫害控制、农业科技人员和生产操作培训、技术推广和咨询服务、检验服务、市场促销服务、农业基础设施建设等。

（2）为保障食品供给而支付的储存费用。

（3）食品援助补贴以及单亲家庭农场补贴。

（4）一般性农业收入保障补贴。这类补贴必须符合以下标准：第一，接受补贴的生产者收入损失量必须为全体农业生产者平均收入的 30% 以上，或该损失量超过其正常收入年份收入的 30% 以上；第二，有关补贴应该仅针对收入的减少，而不针对产品或产量；第三，补贴总量必须低于收入损失量的 100%。

（5）自然灾害补贴。这类补贴必须符合以下标准：第一，必须基于实际发生的损害；第二，必须基于实际损失；补贴量不得超过实际损失量。

（6）农业生产结构调整性补贴。包括可销售的生产者退休计划；旨在帮助生产者对运营进行财政或实物结构调整的投资支持等。

（7）向生产条件明显不利的产区所提供的地区发展补贴。该受援地区应基于明确的合理的标准加以认定；所谓"不利的生产条件"必须是长期性的；该补贴必须是受援地区农业生产者所普遍能够获得的；补贴额应限于该地区的平均生产成本高出一般平均生产成本的部分。

2. "黄箱"政策。补贴总量不得超过农业总产值的 8.5%。需要减让承诺的"黄箱"政策包括下述范围：①价格支持；②营销贷款；③面积补贴；④牲畜数量补贴；⑤种子、化肥、灌溉等投入补贴；⑥某些有补贴的贷款计划。

（1）总综合支持量（总 AMS）。协议执行期间，任何国家每年的总 AMS 不能够超过已经减让了的上年的水平。

（2）微量许可。①对于某一特定产品的本应削减的国内支持，如果国内支持不超过该国该年该产品总产值的 5％，则不需要纳入计算和削减。②对那些本应纳入削减计算的而不是专门针对某一特定产品的国内支持，如果不超过该国农业总产值的 5％，则不需要纳入计算和削减。③发展中国家的微量许可为 10％。

发展中国家的国内支持承诺作了特殊规定：①发展中国家只需削减 13％的 AMS，且实施期限增加到 10 年；②发展中国家三个方面的国内支持允许不列入削减计算。

3. "蓝箱"政策。 即不需要进行削减承诺。条件是政府用于这些方面的直接支付方式是：按固定面积和产量，或者按基期生产水平的 85％或 85％以下给予补贴。

（三）农产品出口补贴条款

出口补贴是指依据出口行为而给予的补贴，是最容易产生贸易扭曲的政策。列入减让承诺的出口补贴措施范围如下：①政府或其代理机构根据出口实绩向特定的企业、行业、生产经营者或其所组成的社团所提供的各种直接补贴，包括实物支付。②政府或其代理机构以低于国内市场的价格销售或处理农产品库存以供出口。③给出口的农产品或用作出口产品原料的农产品融资付款，包括提供优惠贷款或担保，减免出口农产品税收等。④为降低出口产品的营销成本而给予的补贴，包括农产品的处理、分级或其他加工成本补贴，以及国际运输成本等。⑤政府或其代理机构为降低出口农产品的成本而给予优惠的国内运输费用。⑥以其纳入出口产品为条件而向农产品提供的补贴。

（四）动植物卫生检疫措施条款

农产品贸易中的环境保护和动植物卫生措施是指各国（地区）出于保护居民、动物和植物的生命安全和健康的需要，而采取的某些限制农产品进口的措施。这类进口限制措施有其一定的合理性，主要包括基本权利和义务、检疫保护、透明度、控制、协调、通知程序、特殊和差别待遇等。

三、WTO 关于棉花规则

（一）中国棉花关税配额及棉副产品关税

加入 WTO 中国逐步取消非关税措施，有关棉花市场准入的承诺，根据石广生主编的《中国加入世界贸易组织知识读本》中的《中华人民共和国加入议定书》文件，主要内容如下：

1. 棉花市场准入量和配额分配。 棉花市场准入量。棉花包括未梳原棉（not carded or combed，税号为 5201）；和已梳棉花（carded or combed，税号为 5 203）。棉花市场准入的棉花，即关税配额棉花，是指未梳原棉和已梳原棉。关税配额量 2002 年 81.85 万吨，2003 年 85.625 万吨，2004 年起为每年 89.4 万吨（表 7-1）。

配额国有贸易公司经营比重和配额分配量。国有贸易公司经营比例为 33％，即：2002 年 27.0 万吨，2003 年 28.2 万吨，2004 年起每年 29.5 万吨。《中华人民共和国加入议定书》指定国有贸易公司为 4 家，这 4 家公司是：中国纺织品进出口公司、北京九达纺织品集团公司、天津纺织工业供销公司和上海纺织原料公司。

表7-1 棉花关税配额

年份	关税配额 （万吨）	国营贸易比例 （%）	私营贸易比例 （%）	配额内关税 （%）	配额外关税 （%）
2002	81.850	33	67	1	54.4
2003	85.625	33	67	1	47.2
2004	89.400	33	67	1	40.0
2005	89.400	33	67	1	5～40 滑准税
2006	89.400	33	67	1	5～40 滑准税
2007	89.400	33	67	1	6～40 滑准税
2008	89.400	33	67	1	5～40 滑准税
2009	89.400	33	67	1	5～40 滑准税
2010	89.400	33	67	1	5～40 滑准税
2011	89.400	33	67	1	5～40 滑准税
2012	89.400	33	67	1	4～40 滑准税
2013	89.400	33	67	1	4～40 滑准税
2014	89.400	33	67	1	4～40 滑准税
2015	89.400	33	67	1	4～40 滑准税

注：①本表数据，2002—2004年据石广生主编《中国加入世界贸易组织知识读本》（三）整理，北京：人民出版社，2001。2005—2015年据中国棉花信息网相关数据整理得出。

②2008年6月5日至10月5日，国家对配额外进口的棉花实施由5%～40%降至3%～40%的临时滑准税政策，并从10月6日起恢复正常滑准税。

③2008年起滑准税政策适用0.570元/千克的从量关税；2008年6月5日至10月5日适用从量关税暂时调整为0.357元/千克。

资料来源：石广生. 中国加入世界贸易组织知识读本（三）[M]. 北京：人民出版社，2001.

关于政府指导价。在《中华人民共和国加入议定书》中，中国政府把国营贸易产品（出口）价格分为政府指导价、政府定价和政府指定价三种类型。税号为52010000的原棉列入政府指导价格范围。

关税税率。未梳原棉和已梳棉花在加入之日的约束税率都为61.6%，最终约束税率都为40%，实施期都为2004年。此外，按国民待遇原则，进出口原棉都征收13%的增值税。

所谓关税是指一国或地区对经过其关境的货物征收的税为关税。关税是世界贸易组织允许各成员使用的保护国内产业的重要政策工具。

2. 棉副产品与木棉关税。棉子（籽）（Cotton Seeds）。在第152号减让表中，税号为1 207，包含其他含油子及果实，不论是否破碎；其中税号为12072010指种用棉子（Seed for Cultivation），加入之日的约束税率为0%；和其他税号为12072090；加入之日的约束税率为15%。在税号为2 306所指提炼植物油所得的油饼及其他固体残渣，不论是否碾磨或制成团粒；棉子（Cotton Seeds）的税号为23061000，加入之日的约束税率为5%。

棉短绒（Cotton Linters，税号14042000），加入之日的约束税率为4%。棉籽油及其分离品。棉籽油分为初榨棉籽油及其分离品和精炼棉籽油及其分离品两种。税号15122100为初榨棉籽油及其分离品，不论是否祛除棉子酚，但未经化学改性；税号15122900为精炼棉籽油及其分离品，但未经化学改性。棉籽油列入单一许可产品范围，在加入之日取消许可证，加入之日的约束税率为 10％。

废棉（Cotton Waste，Including Yarn Waste and Garneted Stock，税号 5202）。包括废棉纱线及回收纤维。税号为 52021000 含废棉纱线和废棉线，加入之日的约束税率为 10％。税号为 52029100 指回收纤维，加入之日的约束税率为 10％。

木棉（税号 14021000），加入之日的约束税率为 15％。

（二）与棉花有关的 WTO 知识

1. 税号是贸易产品的编号。为了便于关税谈判、进口税率查找和货物贸易，各国货物编号遵从世界海关《商品名称及编码协调制度》制订的进口税则编码。该协调制度对不同的商品采用 6 位数字编码，按章、目、子目依次编排。前 1、2 位数字代表章，第 3、4 位代表目，第 5、6 位数字代表子目。各国在 6 位数字编码基础上，再细化为 8 位或 10 位甚至更细的编码，形成某一类商品或一种商品的税号。52 为代表棉花，包括原棉、废棉和所有棉制纺织品（棉纱、棉线、棉机织物和含棉的机织物等）等。如 5201、5202、5203、5204 和 5205 分别代表原棉、废棉、已梳棉、棉制缝纫线和未精梳纤维纺制的单纱。

棉籽、棉油和棉副产品等涉棉税号为非 52 数字编码。棉籽税号为 2306，种用棉子税号为 1207，棉短绒税号为 1404，税号 15122100 为初榨棉籽油及其分离品，税号 15122900 为精炼棉籽油及其分离品。此外，木棉的税号为 14021000。

2. 在《中华人民共和国加入议定书》中对分销方面所作的承诺。

分销服务。有关涉棉服务中国政府承诺内容："中国加入 WTO 后 1 年内，外国服务提供者可设立合资企业，从事所有进口和国产品的佣金代理业务和批发业务，但下列产品除外。对于这些产品，将允许外国服务者在中国加入后 3 年内，从事图书、报纸、杂志、药品、农药和农膜的分销，并在中国加入后 5 年内，从事化肥、成品油和原油的分销。中国加入后 2 年内，将允许外资拥有多数股权，取消地域或数量限制。中国加入后 3 年内，取消限制，但对于化肥、成品油和原油在加入后 5 年内取消限制。"

上述承诺表达的意思是，在批发服务中除盐和烟草外，到 2005 年 1 月 1 日放开所有其他商品的经营，原来的一些商品如化肥的专营制也将全部取消，同时到 2003 年 1 月 1 日，取消所有对批发企业股权/企业设立形式的限制，到 2005 年 1 月 1 日以后，国内的分销基本是完全开放的。

与棉花的流通（分销）的关系是：在 2003 年以后，棉花的进口专营权要取消，外国企业可以直接进口棉花然后在中国分销；外国公司可以参与中国的棉花经营，可以在中国国内收购、加工、经营棉花。换言之，棉花流通全面向国外公司开放。实际上美国棉花公司已经在华设置分支机构，着手在华的分销业务，但这个业务没有实现，外国公司仅参与中国棉花期货交易。

分销服务国有和私营的经营权。原棉国有贸易公司经营比例为 33％，私营公司经营比例为 67％。《议定书》同时规定，在分销服务领域，作为敏感性的重要产品包括棉花在内，超过 30 家分店的连锁店不允许外资控股。

中国承诺遵守有关国营贸易的规定，国营贸易公司按照商业考虑经营，并履行有关通知义务。在保留国营贸易体制的同时，允许一定比例的进口由非国营贸易公司经营。另外，植物油（豆油、棕榈油、菜子油和棉籽油等）的国营贸易管理在 2006 年 1 月 1 日取消。

出口补贴。中国政府承诺遵照 WTO《补贴与反补贴措施协定》的规定，取消协定禁止的出口补贴，通知协定允许的其他补贴项目。取消农产品的出口补贴，减少国内补贴使贸易扭曲消除。

遵守 WTO 的相关协议，依据协议对动植物进行检疫。

四、进口棉配额外追加与滑准税征收

中国加入 WTO 以来，特别是自 2005 年全球纺织品服装配额取消之后，我国纺织业的快速发展，89.4 万吨的 1% 低关税配额进口原棉数量远远不用满足纺织工业之需，为此需要追加进口量弥补短缺，追加多少由国家发展和改革委员会负责，并与多部门、多机构（农业部、财政部、中国棉纺织协会和中国棉花协会等）进行会商报国务院批准实施。

按照 WTO 的议定书规定，追加配额外进口棉采用 40% 高关税征收，显然过高的关税不利于进口，于是我国采用滑准税方法予以软化（表 7-1）。滑准税（Sliding-Scale Duties）也称可变关税（Variable Levies），是根据不同的国际市场价格水平制定不同税率的一种进口关税，即按照国际市场价格由高到低而设置由低到高的关税率，以使商品进口完税后保持在一个预定的价格标准上，达到稳定该种进口商品国内市场价格的目的，因此，滑准税也被认为是"最低进口价格制"（Minimum Price Scheme）。

征收滑准税税率的高低由财政部、国务院关税税则委员会确定，自 2005 年以来追加进口棉的税率禁令 6 次调整，实际征收的税率变化幅度在 3.0%～10% 之间（表 7-2）。实践中，配额外约束关税税率设定两个条件：一是完税价格低于基准价，则按照一定的计算公式和不高于 40% 的税率征收；二是完税价格高于或等于基准价 2005—2007 年征收税率为 5%～6%，2008 年 1—5 月改为从量税按 0.57 元/千克。2008 年 6 月—2011 年，滑准税由 5%～40% 下调为 3%～40%，征税基准价调高至 11 914 元/吨，从量税由 0.57 元/千克调低至 0.357 元/千克。2012—2013 年征税基准价提高到 14 000 元/吨，2014—2015 年提高到 15 000 元/吨。

此外，按国民待遇原则，进口原棉都征收 13% 的增值税。

表 7-2　配额外追加进口棉滑准税征收方案

年　份	征税基准价（元/吨）	配额外约束关税税率（%）	完税价格低于基准价	完税价格高于或等于基准价
2002	没有发生	54.4	没有发生	没有发生
2003	主动放弃	47.2	主动放弃	主动放弃
2004	主动放弃	40.0	主动放弃	主动放弃
2005.05—2006.12	10 029	5～40	按照一定的计算公式和不高于 40% 的税率征收	5%

（续）

年　份	征税基准价 （元/吨）	配额外约束 关税税率 （%）	完税价格低于基准价	完税价格高于或 等于基准价
2007.01—2007.12	11 397	5～40	按照一定的计算公式和不高于 40% 的税率征收	6%
2008.01—2008.05	11 397	5～40	按照一定的计算公式和不高于 40% 的税率征收	从量税按 0.570 元/千克计征
2008.06—2011.12	11 914	4～40	按照一定的计算公式和不高于 40% 的税率征收	从量税按 0.357 元/千克计征
2012.01—2013.12	14 000（当进口棉完税价高于或等于14 000元/吨时，按0.570元/千克计征）	4～40	按照一定的计算公式和不高于 40% 的税率征收。（当进口棉完税价低于 14 000元/吨时，暂定关税按公式计算计征）	从量税按 0.570 元/千克计征
2014.01—2015.12	15 000（当进口棉完税价高于或等于15 000元/吨时，按0.570元/千克计征）	4～40	按照一定的计算公式和不高于 40% 的税率征收。（当进口棉完税价低于 15 000元/吨时，暂定关税按公式计算计征）	从量税按 0.570 元/千克计征

资料来源：2009 年前来自中国棉麻流通研究会课题报告：充分利用 WTO 贸易规则，积极推进我国棉花产业发展，2009 年 3 月；2010—2015 年为中国棉花协会《中国棉业》各期.

五、棉花进口贸易

加入 WTO 13 年（2002—2014）合计，我国原棉进口量 3 327.4 万吨，1% 关税配额棉花 1 158.4 万吨，配额外追加量占进口总量的 65.2%，进口额 620.4 亿美元（表 7 - 3）。

表 7 - 3　棉花配额、关税和实时效果

年　份	1%关税配额（万吨）	配额外追加 （万吨）	配额合计 （万吨）	实际进口量 （万吨）	进口额 （亿美元）
2002	81.850	0	81.9	18.0	1.86
2003	85.625	50	135.6	87.0	11.69
2004	89.400	100	189.4	198.0	31.76
2005	89.400	140	229.4	257.0	31.97
2006	89.400	247	336.4	364.2	48.68
2007	89.400	260	349.4	246.2	34.79
2008	89.400	260	349.4	211.5	34.92

（续）

年份	1%关税配额（万吨）	配额外追加（万吨）	配额合计（万吨）	实际进口量（万吨）	进口额（亿美元）
2009	89.400	70	159.4	152.7	21.14
2010	89.400	360	449.4	284.5	56.56
2011	89.400	270	359.4	335.6	94.69
2012	89.400			513.7	118.02
2013	89.400			415.0	84.42
2014	89.400			244.0	49.91
13年合计	1 158.9	1 757	2 639.7	3 327.4	620.41

资料来源：中国棉花生产预警监测数据。

我国进口棉来源地，美国位居首位，印度其次，澳大利亚第三，乌兹别克斯坦第四，数量分别占来源地的 38.4%、22.3%、10.2%、9.4%，该 4 国合计占 80.3%。其中印度比例不断提高，美国比例不断下降。西非占来源地的 11.6%，其中布基纳法索最大，占比3.2%；其次是科特迪瓦、贝宁、马里、喀麦隆；位于南美洲的巴西占比 1.4%（表 7-4）。

表 7-4 加入 WTO 13 年（2002—2014 年）中国进口棉花来源地

国别	进口量（万吨）	进口量比重（%）	进口金额（亿美元）	进口金额比重（%）
中国	3 319.3	100.0	620.4	100.0
美国	1 273.9	38.4	228.0	36.8
印度	738.3	22.3	148.9	24.0
澳大利亚	337.7	10.2	72.4	11.7
乌兹别克斯坦	311.3	9.4	56.4	9.1
布基纳法索	104.7	3.2	17.8	2.9
科特迪瓦	88.4	2.7	18.9	3.1
贝宁	70.5	2.1	10.8	1.7
马里	57.9	1.7	10.4	1.7
喀麦隆	46.9	1.4	8.4	1.4
巴西	45.1	1.4	7.9	1.3
其他	239.3	7.2	39.4	6.4
前 10 位合计	3 074.6	92.8	580.0	93.6

资料来源：据《海关统计》2002—2014 年各年整理.

另外，加入 WTO 13 年（2002—2014 年）我国还累计进口棉短绒 137.7 万吨，进口额7.79 亿美元。进口其他棉花（包括已梳棉花）35.3 万吨，进口额 2.77 亿美元。进口棉籽7.4 万吨，进口额 2 463 万美元。2013 年还进口 40%的高关税原棉 60 万吨。

第三节　WTO 有关《纺织品和服装协议》

WTO 的前身为关税与贸易总协定（GATT），成立于 1947 年。从乌拉圭回合全球多边贸易协议到 WTO，全球纺织品服装贸易的一体化进程加快，自 2005 年 1 月 1 日起全球纺织品出口贸易取消配额限制，结束了纺织品贸易长达 40 年的配额制度。

一、《纺织品和服装协议》

GATT 有《多种纤维安排》（MFA，Multi Fiber Arrangement），WTO 关于国际棉纺织品贸易相关协议有《纺织品和服装协议》（ATC，Arrangement on Textiles and Clothing）。自 1995 年 1 月开始实行，到 2004 年 12 月 31 日全部结束，协议不再延期。该协议适用于所有纺织品，按 4 个阶段取消纺织品服装贸易配额限制，实行全球一体化无配额贸易，并规定了反规避行为条款及过渡期保护机制。第一阶段为期 3 年，1995 年 1 月 1 日到 1997 年 12 月 31 日，以 1990 年进口量为基数，一体化进口量的减让数量为 ≥16%；第二阶段为期 4 年，自 1998 年 1 月 1 日到 2001 年 12 月 31 日，一体化进口量的减让数量为 ≥17%；第三阶段为期 3 年，自 2002 年 1 月 1 日到 2004 年 12 月 31 日，一体化进口量减让数量为 ≥18%；2005 年 1 月 1 日，减让进口的其余部分。

据国际棉花咨询委员会估计，通过 10 年《多种纤维安排》进口量限额的取消及进口关税的降低，会导致纺织品零售价格下降 1%～11%，也会导致全球棉花消费量上升 1%～2%。从实际绩效来看，实行《纺织品和服装协议》后，全球纺织品服装出口额从 2004 年的 4 545.3 亿美元增长到 2013 年 7 661.7 亿美元，出口贸易额增长了 68.6%。全球棉花纤维消费量从 2004 年 2 237.9 万吨增长到 2013 年的 2 472.7 万吨，消费量增长了 10.5%。但是，全球一体化以后，市场需求疲软，贸易保护主义抬头，全球纺织品过剩，纺织原料成本上升挤压纺织服装产业的生产和出口的利润空间。

关于《反规避行为条款》，出口商以各种形式逃避进口国采取的贸易救济措施的行为，如转运、变更航线、谎报原产国或伪造证件及谎报纤维成分、数量、货名或商品归类，可采取的抵制措施有不准货物进入；调整费用；对转运地成员实行限制。

在国际市场准入方面，美国、欧盟等发达国家和地区都给予了包括非洲在内的最不发达国家贸易优惠政策。2000 年 5 月美国总统签署了《非洲增长与机会法案（AGOA）》（2000—2015 年），给予非洲撒哈拉地区 48 个国家单方面的贸易优惠政策，涉及免关税、免配额进入美国市场产品约 6 450 种，其中适用零关税商品 1 260 种，包括石油、鞋类、行李、手包、表、扁平餐具等。服装条款内容为：取消对非洲纺织品和服装的进口配额，但是纺织品服装在 48 国生产，还要对原产地进行认证。2015 年 6 月美国国会通过了将延长该法案 10 年至 2025 年（2016—2025）。这 48 个国家的纺织品服装出口到美国可以免关税、免配额，扩大了原产地规则范围，允许受益国拥有更大自由权从他国采购零部件，使相关国家采购原材料时有更大灵活性。同时，欧盟也给予最不发达国家的贸易优惠，除武器外任何产品均可免关税和免配额出口到欧盟。近年来这些国家出口到欧美的纺织品服装增长较快。非洲各国也积极响应 AGOA，一些国家政府层面专门成立了棉花发展管理局，棉花纺织管理局，以加快棉花产业发展，增加对美国的纺织品出口。

二、纺织品出口退税政策

出口货物退（免）税，简称出口退税，是一个国家根据本国税法规定，对已经报关离境的出口货物，将其在出口前生产和流通各环节已经缴纳的国内增值税或消费税等间接税税款退还给出口企业，使出口商品以不含税价格进入国际商场，从而保证本国产品在国际市场上具有平等的竞争力。根据 WTO 相关规定，各成员方可以对本国（地区）出口产品实行退税，但退税的最大限度不能超过出口产品在国内已征的税款，并在此范围内确定恰当的出口退税水平。

棉花纺织品出口退税政策的变动，对棉花产业的发展产生直接作用，不仅关系到 1 亿多棉农的利益，而且对整个农业生产的发展产生一定影响。

（一）出口退税政策调整历程

从出口退税的调整历史看，如果根据税率调整方向划分，中国出口退税经历了多个阶段。

第一阶段：从 1994 年 1 月纺织品出口退税政策实施起，退税率为 13％，到 1996 年 12 月，纺织品出口退税率分两次，逐步从 13％下调至 6％。

第二阶段：从 1998 年 2 月到 2001 年 7 月，纺织品出口退税率分三次逐步从 6％上调至 15％。此次出口退税率提高的原因主要在于缓解 1998 年亚洲金融危机对中国纺织品出口带来的巨大冲击。

第三阶段：从 2004 年 1 月到 2007 年 7 月，纺织品的出口退税率分两次逐步从 15％下调至 11％。这也是中国加入 WTO 后，纺织品出口退税率的首次调整。

第四阶段：从 2008 年 8 月到 2015 年 3 月，纺织品出口退税率分四次逐步从 11％上调至 16％。此次出口退税率提高的原因主要是，2008 年全球性金融危机的爆发，导致中国纺织品出口严重受阻，中国政府希望通过出口退税率的上调，挽救急剧恶化的中国纺织品出口形势。

第五阶段：从 2015 年 4 月起部分纺织品实行全额退税，退税税率上调至全额的 17％。

（二）出口退税率变动影响

一方面，纺织品出口退税率的下调，对纺织企业主要带来不利的影响。一是纺织企业的利润空间被缩小。出口退税率的下调，意味着纺织企业支付更多的税金，使得总成本上升，利润出现下降。二是纺织品出口增量下降。纺织品出口受到多种因素的影响，但出口退税率的影响也是显而易见的。加入 WTO 后中国纺织品出口额不断增长，但自 2004 年 1 月到 2007 年 7 月纺织品出口退税率逐步下调以来，期间的纺织品出口额增长幅度不断下降（表 7 - 5），年均增长幅度为 3.01％，低于 2002—2003 年年均增长的 4.30％。三是国内生产能力过剩。由于中国纺织行业产能一直处于饱和状态，随着纺织品出口的增加，纺织行业规模快速增长，产能过剩现象已十分明显。出口退税率下调后生产费用增加，一些低技术含量、低附加值的纺织品将大量退出市场，导致纺织行业产能进一步过剩。

纺织品出口退税率的下降，对纺织行业的发展也有一定的正面影响。一是通过出口退税率的下调，促进纺织行业淘汰落后产能，为优质企业让出更大的发展空间，提升行业的整体竞争力。二是由于中国纺织行业的产量、出口量等均居世界首位，容易引发欧美等发达国家的不满，并利用反倾销等措施限制中国纺织品的出口。而出口退税率的下调，有利于减少纺织品贸易摩擦，同时也会促进企业对拉美洲、澳洲等新市场的开拓，对中国纺织品出口的国际环境带来有利的影响。

表 7 - 5　2002—2014 年中国纺织品出口总额

年份	纺织品出口额（亿美元）	增长（％）
2002	205.8	22.2
2003	269.3	30.9
2004	334.7	24.3
2005	411.4	22.9
2006	487.9	18.5
2007	561.0	15.0
2008	653.8	16.5
2009	599.9	−8.2
2010	770.7	28.5
2011	946.7	22.8
2012	957.8	1.2
2013	1 069.4	11.7
2014	1 121.4	4.9
2015	1 095.0	−2.4

资料来源：2002—2015 年《海关统计》.

另一方面，纺织品出口退税率的上调，对纺织企业的发展产生重要的推动作用。一是有利于增强纺织品出口的国际竞争力。由于出口退税的增加，纺织企业降低成本，进一步体现中国纺织品的成本优势。自 2008 年 8 月为应对国际金融危机的冲击，对纺织品出口退税率进行上调后，纺织品出口额经过短期下降后出现反弹，从长期看呈波动上涨态势。二是有助于拉动经济增长。中国经济的发展主要依赖出口拉动，纺织品是中国重要的出口创汇产品，其出口额常年占出口总额的 20％ 左右。出口退税率的上调，促使出口产品价格的下降，增加国外消费者对中国纺织品的消费需求。根据贸易乘数理论，纺织品出口的增加对就业和国民收入有倍增的作用，推动国民经济的发展。虽然上调出口退税率会增加政府财政支出，但由于税收的"自动稳定器"功能，财政收入会随着国内生产总值的增加而上升，借以弥补部分财政损失。

三、《纺织品和服装协议》对中国的影响

中国自 2001 年加入 WTO，特别是自 2005 年起全球纺织品配额取消对中国棉花产业产

生了及其深远影响。从实际绩效来看，一是刺激出口量的快速增长，产品出口的竞争力大幅提高。纺织品服装出口额从 2004 年的 852.8 亿美元增长到 2013 年 2 840.1 亿美元，增长233.0%；棉花工厂消费量从 2004 年 767.2 万吨增长到 2013 年 970.0 万吨，增长了 26.4%。但是，我国纺织品出口的市场较为集中在美国、欧盟、日本等发达经济体。近年来欧盟、美国设限后对欧美周边市场的出口有所增长，其中对东盟的增长最快。

不利因素：我国劳动力成本不断提高削弱竞争力。一是人口红利不断消失。2007 年，我国东部沿海纺织工人的小时工资为 0.85 美元，是内地的 1.55 倍，月工资在 1 000~1 500元，与 2002 年相比，提高了 95.9%。与国外比较，是印度的 1.23 倍、印度尼西亚的 1.31倍、巴基斯坦的 2.02 倍、孟加拉国的 304 倍；但与发达国家相比，则是其 1/10~1/20。又据 ICAC（2013）关于东盟和中国的劳动力成本调查，按月最低工资比较，从 2008 年到2013 年期间，东盟和中国的劳动力成本都是增加的，增幅从最低的柬埔寨 5%，到中国的115%，到越南的 227%。按 2013 年最低月工资排序，柬埔寨 43 美元，越南 64.5 美元，老挝 72 美元，泰国 117.9 美元，印度尼西亚 151.9 美元、菲律宾 192.5 美元、中国 204.2 美元。除马来西亚 263.4 美元/月外，其他国家的最低工资都低于中国。又据国际纺织联合会发布《国际纺织业生产成本报告》（2013），2012 年我国环锭纺每千克纱成本超过 45 美元，高于美国、韩国的 35 美元。二是劳动生产率不高，我国纺织业人均劳动生产率 3.76 万美元，欧美发达国家达到 8 万美元以上，可见我国纺织业人均劳动生产率仅为欧美国家 1/4。三是纺织服装出口呈现"量增价跌"态势，"一流设备、二流产业、三流价格"状况正在改写。虽然我国纺织品服装出口已占全球市场的 2/3，但约一半为定牌加工，制约出口定价，2014 年我国经济进入新常态，纺织业正在走转型升级提升品质之路。

此外，人民币升值削弱出口产品的价格竞争力。

四、纺织品主要技术性贸易壁垒

"绿色纺织品"是国际纺织品服装的主要技术贸易壁垒，其目的是把纺织品消费与保护环境和维护人类生态平衡结合起来，出发点较为积极，因此在欧盟等发达国家比较盛行，但多数认为这是一种贸易保护主义措施。中国对绿色纺织品的看法和应对早期负面多于正面，在绿色发展、和谐发展的生态观念引领下，现在正面多于负面，许多企业正在积极适应和参与，以深度融入国际化环境，进一步提高纺织品附加值，提高经济效益与提升中国生态环境质量，提升人类健康水平，促进绿色发展。

全球纺织品服装主要技术性贸易壁垒有"绿色纺织品"和"纺织品生态标签"，最权威标准是欧盟的 Oeko-Tex Standard100 和 Eco-label 标签，由国际生态纺织品研究和检验协会（即 Oeko-Tex Association 或国际环保纺织协会）于 1992 年制定并颁布，每 2 年修改一次。

获得 Oeko-TEXStandard100 的认可，需要对供应链上全部纺织产品进行有毒有害物质的检测和认证。自 1992 年标准建立以来，OEKO-TEX 已颁发了 15 万多份证书，其中 2015年颁发 1.4 万多份，比 2014 年增加 5.7%。自 2010 年起，在推行以 OEKO-TEXStandard100 为标准的产品有害物质检验的同时，OEKO-TEX 还在全球全面推行强制性质量管理审核，至少每 3 年对企业进行一次现场审核，以有效确保生态纺织品的质量，还可为 STePbyOEKO-TEX 认证体系中的质量管理模块提供有效支持。

（一）绿色纺织品

何谓绿色或生态纺织品？是指采用对周围环境无害或少害的原料制成的并对人体健康无害的纺织产品。全球禁止和限制使用的有害化学物质内容和范围不断扩大，现在已达到 13 大类、品种 300 多个。

生态纺织品标准即绿色标准，该标准对染料分为禁止使用和限量使用，技术标准类别非常多，分类非常细致，含量十分具体，包括无机、有机、染料等的种类、成分和含量。2002 对纺织品中的甲醛、pH 值、可萃取的重金属、杀虫剂、含氯酚、有机氯载体、PVC 增塑剂、有机锡化合物、有害染料、抗菌整理、阻燃整理、色牢度、挥发性物质释放和气味等 14 项分别规定了禁用或限量指标。比如：

禁止和限制使用的染料。禁止在织物上使用在特定（即还原）条件下会裂解产生致癌芳香胺的偶氮染料有 24 种。其中：类别 MAK Ⅲ A1 致癌芳香胺 4 种，即：4-氨基联苯、联苯胺、4-氯-2-2甲基苯胺和2-萘胺。类别 MAK Ⅲ A2 致癌芳香胺 20 种，即 4-氨基-3，2'-二甲基偶氮苯、2氨基-4-硝基甲苯、2,4-二氨基苯甲醚、4-氯苯胺、4,4'-二氨基二苯甲烷、3,3'-二氯联苯胺、3-3'-二甲氧基联苯胺、4'-二氨基二苯甲烷、2-甲基苯胺、2,4-二氨基甲苯、2-氯苯胺、2-甲氧基-5-甲基苯胺、4,4'二氨基二苯醚、4,4'二氨基二苯硫醚、2,4,5-三甲基苯胺、乙-甲氧基苯胺、4-氨基偶氮苯、2,4'-二甲基苯胺、2,6'-二甲基苯胺。

禁止使用致癌诱变的或对生殖有害染料 9 种。包括：酸性红、碱性红、碱性紫、直接黑、直接蓝、直接红、分散蓝、分散黄和分散橙等。

禁止使用耐汗渍（酸或碱）色牢度小于 4 级（不含 4 级）的潜在过敏染料有 18 种。

禁止使用铬媒染料。特定结构铬媒染料与铬媒染剂，有染料索引号和已知结构的铬媒染料共 237 个，其中深色品种 122 个、中色（红、紫）品种 71 个、浅色（黄、橙）品种 44 个，这些染料中偶氮型结构超过 70%。铬媒染料中的铬元素对环境和人体都会产生严重危害。其他一些发达国家对铬排放量也有很严格要求，如泰国规定为 0.5 毫克/升、日本为 2 毫克/升、加拿大为 2.5 毫克/升，这些含量也在不断调整。

关于重金属离子浓度的限制，欧盟市场上不同环境标志之间的标准差异较大。这表现在：对同一重金属离子的浓度限值不同，如 Oeko-Tex 标准 100 和 White Swan 对锌离子没有作任何限定；而 Milieukeur 对锌离子的限值为 10 毫克/千克。

对甲醛的限值，各标志也不相同，如 Eco-1abel 标志和白天鹅标志对婴儿服装的限定值为 30 毫克/千克，而 Oeko-Tex 标准 100 标志对婴儿服装的限值为 20 毫克/千克。

2016 年 1 月 1 日，OEKO-TEX 国际环保纺织协会发布了最新版 OEKO-TEXStandard100 标准和限量值。新标准将于 2016 年 4 月 1 日起正式实施。新标准结合最新版 REACH（欧盟《化学品的注册、评估、授权和限制》）高度关注物质（SVHC）候选清单、"有害化学物质零排放（ZDHC）行动"和"去毒行动"的要求。OEKO-TEXStandard 100 新标准涵盖了 12 项变化，具体细则如下：

全氟化合物：检测新增 3 种物质及其盐类，包括全氟庚酸（PFHpA）、全氟壬酸（PFNA）和全氟癸酸（PFDA）。每种物质的限量值分别为 0.05 毫克/千克（第Ⅰ级别）、

0.10毫克/千克（第Ⅱ和第Ⅲ级别）及0.50毫克/千克（第Ⅳ级别）。

有机锡化合物：新增10种有机锡化合物。包括一丁基锡（MBT）、一甲基锡（MMT）、一辛基锡（MOT）、二甲基锡（DMT）、二苯基锡（DPhT）、三环己基锡（TCyHT）、三甲基锡（TMT）、三辛基锡（TOT）、三丙基锡（TPT）和四丁基锡（TeBT）。每种限量值分别为1.0毫克/千克（第Ⅰ级别）和2.0毫克/千克（第Ⅱ至第Ⅳ级别）。

邻苯二甲酸酯（软化剂）：新增对邻苯二甲酸二环己酯的检测，并且修改了对已有邻苯二甲酸酯的监管要求。标准更新后，针对第Ⅰ至第Ⅲ级别所有邻苯二甲酸酯总量的限量值均为0.1%（1 000毫克/千克），而针对第Ⅳ级别，规定除了邻苯二甲酸二异壬酯（DINP）以外的其他所有邻苯二甲酸酯总量的限量值为0.1%（1 000毫克/千克）。

紫外线稳定剂：针对第Ⅳ级别，新增"紫外线稳定剂"测试项。该测试项对4种物质做出了监管要求，包括UV320、UV327、UV328和UV350，每种物质的限量值为0.1%（1 000毫克/千克）。这些物质已于2014年12月和2015年纳入SVHC候选清单中。

杀虫剂：新增7种新烟碱类物质，包括啶虫脒、可尼丁、呋虫胺、吡虫啉、烯啶虫胺、噻虫啉和噻虫嗪。杀虫剂总量的限量值为0.5～1.0毫克/千克，与现行标准相同。还新增涕灭威测定。

氯化苯酚：在氯化苯酚测试项中，新增一氯取代和二氯取代苯酚类物质，其限量值为0.5毫克/千克（第Ⅰ级别）和3.0毫克/千克（第Ⅱ至第Ⅳ级别）。

氯化苯和氯化甲苯：在氯化苯和氯化甲苯测试项的总量计算中，新增一氯代苯物质，总量的限量值维持不变，仍为1.0毫克/千克。

禁用致癌染料：在禁用致癌染料列表中，新增C.I.碱性蓝26（≥0.1%米希勒酮或米希勒碱）、C.I.碱性紫3（≥0.1%米希勒酮或米希勒碱）、碱性绿4（孔雀石绿氯化物）、碱性绿4（孔雀石绿草酸盐）和碱性绿4（孔雀石绿）。

多环芳烃：检测多环芳烃（PAH）的OEKO-TEX萃取方法再次进行了优化，新方法有可能使检测出的PAH含量更高，但现行的限量值仍保持不变。

残余表面活性剂：壬基酚（NP）、辛基酚（OP）、壬基酚聚氧乙烯醚NP（EO）和辛基酚聚氧乙烯醚OP（EO）的总量的限量值由小于等于100毫克/千克变更为小于100毫克/千克。

阻燃产品：在禁用阻燃物质列表中新增3种物质，包括二-（2,3-二溴丙基）磷酸酯（BIS）、四溴双酚A（TBBPA）和2,2-双（溴甲基）-1,3-丙二醇（BBMP）。另外，自2016年1月1日起，如同往年已经在第Ⅰ至第Ⅲ级别中规定的，今后针对第Ⅳ级别产品（家饰材料），也仅可以使用经评估对健康无害（基于最新技术）的，且已加入OEKO-TEX认可清单的阻燃物质。将来阻燃产品可能只允许在第Ⅳ级别产品中被使用。

致癌芳香胺：在"具有致癌性的芳香胺"类别中，列出4,4′-二氨基二苯甲烷（4,4′-diaminobiphenylmethane）将改为更常用的名称（4,4′-diaminodiphenylmethane），两个名称描述同一种化学物质。

关于化学农药的种类和成分的限制。Oeko-Tex Standard 100在与棉花生产直接有关农药（包括杀虫剂、除草剂、脱叶剂）共列入了54种，如表7-6所示。标准规定，生态纺织品中的农药残留加上五氯苯酚（PCP）和四氯苯酚（TeCP）的残留总量在婴幼儿用品上必须小于或等于0.5毫克/千克，在其他三类纺织品上的残留总量必须小于等于1.0毫克/千克。

表 7-6　生态纺织品对农药的限制目录

序号	英文名称	中文名称	序号	英文名称	中文名称
1	2,4,5-T	2,4,5涕	28	β—endosulfan	β一硫丹
2	2,4-D	2,4滴	29	endrine	异狄氏剂
3	aldrine	艾氏剂	30	esfenvalerate	氰戊菊酯
4	azinophosethyl	乙基谷塞昂	31	fenvalerate	杀灭菊酯
5	azinophosmethyl	谷硫磷	32	heptachlor	七氯
6	bromophosethyl	乙基溴硫磷	33	heptachloroepoxide	七氯环氧化物
7	captafol	敌菌丹	34	α-hexachlorcyclohexane	α-六六六
8	carbaryl	甲氨甲酸萘酯	35	β-hexachlorcyclohexan	β-六六六
9	chlordane	氯丹	36	γ-hexachlorcyclohexane	γ-六六六
10	chlordimeform	氯苯甲脒，氯二甲脒	37	hexachlorobenzene	六氯苯
11	chlorfenvinphos	毒虫畏，杀螟威	38	lindane	高丙体六六六，林丹
12	coumaphos	香豆磷，库马福司	39	malathion	马拉硫磷
13	cyfluthrin	氟氯氰菊酯	40	MCPA	2-甲-4-氯苯氧乙酸
14	cyhalothrin	(RS)-氟氯氰菊酯	41	MCPB	2-甲-4-氯苯氧丁酸
15	cypermethrin	氯氰菊酯	42	mecoprop	2-甲-4-氯苯氧丙酸
16	DDD	二羟二萘基二硫醚	43	metamidophos	甲胺磷
17	DDE	滴滴意	44	methoxychlor	甲氧滴滴涕
18	DDT	滴滴涕	45	mlrex	灭蚁灵
19	DEF	三硫代磷酸三丁酯	46	monocrotophos	久效磷
20	deltamethrin	溴氰菊酯	47	parathion	对硫磷，1605
21	diazinon	二嗪磷，二嗪农	48	Parathion-methyl	甲基对硫磷
22	dichorprop	2,4-滴丙酸	49	Phosdri/mevinphos	速灭磷，法斯金
23	dicrotophos	百治磷	50	profenophos	丙溴磷
24	diedrine	狄氏剂	51	propetamphos	烯虫磷
25	dimethoate	乐果	52	quinalphos	喹硫磷
26	Dinoseb and salts	地乐酚	53	toxaphene	毒杀芬
27	α-endosulfan	α-硫丹	54	trifluralin	氟乐灵

资料来源：杨伟华. 生态纺织品农残限量与棉花质量安全 [J]. 中国棉花，2005，32（2）：2-4.

（二）纺织品生态标签

关于纺织品服装 Eco-label 生态标签和环境认证，欧盟在纺织品服装领域主要有两种

"绿色"标签，即欧盟生态标签和 Oeko-Tex Standard 100 标签。前者生态标签标准涉及纺织品原料、生产、产品本身和耐用性等多方面，后者 Oeko-Tex Standard 100 标签主要关注纺织品本身。因此，前者比后者的要求更严格，如果把 Oeko-Tex Standard 100 标签比为"银牌标签"，那 EU Eco-label 可算"金牌标签"。从消费市场来看，"金牌标签"发展较慢，而"银牌标签"却数目众多，遍布全球。

欧盟生态标签于 1992 年设立，旨在鼓励和推广那些对环境更加友好的产品和服务。作为一个商标，欧盟生态标签已经赢得了消费者的信任，一般是环境影响和产品性能最好的产品才能授予生态标签，以表示其符合欧盟批准的产品生态规范。带有"绿色"标签的纺织品服装比同类产品的价格要高 20％～30％。同时，欧盟各国政府鼓励和带头使用"绿色产品"，并且出台了《政府采购应符合生态标准》指南。

从 1992 年到 2010 年初，全球获得欧盟生态标签的产品数量增长迅速，欧盟总共发出了 1 000 多张 EU Eco-label 许可证（其中意大利 336 张，法国 186 张，西班牙和德国超过 60 张）。在全球 5 000 余家企业 45 000 张 Oeko-Tex Standard100 证书中，我国企业取证数仅 700 张左右，仅占 1.6％。由此可见，中国企业如获"绿色"标签，就可以向客户适当提价，即增加产品出口的附加值和利润。这对提高纺织品附加值与避免反倾销都具有积极意义。

欧盟市场纺织品其他"绿色"标签，如北欧天鹅标志以及荷兰环境标签等，主要是区域性的，影响程度不如欧盟生态标签 EU Eco-label 和 Oeko-Tex Standard 100 标签。其他国家和地区的生态标签包括北欧白天鹅、瑞典良好环境选择、荷兰生态标签、奥地利生态标签、克罗地亚环境标签、加拿大环境选择计划与日本生态标志等。

（三）中国生态纺织品

中国环境标志制度建立之初，即在纺织行业中推行环境标志制度。1994 年，由国家环保总局批准的《环境标志产品技术要求：生态纺织品》（以下简称《生态纺织品技术要求》）（HJBZ 005—1994）是颁布最早的关于生态纺织品的技术要求。虽然我国很早认识到环境标志的重要性，但我国生态纺织品的技术要求却比较低。自 1994 年第一个《生态纺织品技术要求》颁布以来，国家环保总局对纺织品技术要求进行了多次修订，分别于 1998 年、2000 年、2006 年颁布了新的《生态纺织品技术要求》，新标准自实施之日起代替以前的标准。其中，2000 年颁布的《生态纺织品技术要求》（HJBZ 30—2000），是第一个与国际接轨的生态纺织品标准，参照德国生态纺织品 100 标志制定。在全国第一个获得生态纺织品环境标志的企业是江苏梦兰集团公司，时间是 2004 年 1 月。最新《生态纺织品技术要求》（GB/T 18885—2009）由国家质检总局发布，并于 2010 年 1 月 1 日起实施。

国家纺织产品基本安全技术规范（GB 18401—2010）于 2011 年 8 月起实施。该标准把纺织品分为三类：A 类（婴幼儿用品）尿布、尿裤、内衣、围嘴、睡衣、手套、袜子、外衣、帽子、床上用品。B 类（直接接触皮肤的产品）文胸、腹带、背心、短裤、棉毛衣裤、衬衣、（夏天）裙子、（夏天）裤子、袜子、床单。C 类（非直接接触皮肤的产品）毛衣、外衣、裙子、裤子、窗帘、床罩、墙布、填充物、衬布。包括技术内容见表 7 - 7。

表 7-7　国家纺织产品基本安全技术规范甲醛等含量规定

纺织品类别	A 类	B 类	C 类
甲醛含量（毫克/千克）	≤20	75	300
pH	4.0～7.5	4.0～7.5	4.0～9.0
色牢度（级）≥耐水（变色、沾色）	3～4	3	3
耐酸性汗渍（变色、沾色）	3～4	3	3
耐碱性汗渍（变色、沾色）	3～4	3	3
耐干摩擦	4	3	3
耐唾液（变色、沾色）	4	—	—
异味	无	无	无

色牢度。一般色牢度是针对染色、印花、或色织（由染色纤维、纱线织造的）产品而言。该标准考核色牢度的目的，是担心染色牢度不佳时，染料会从纺织品转移到人的皮肤上，在细菌的生物催化作用下，成为人体病变的诱发因素，造成对人身健康的伤害。本色产品因并未经过染色，不存在染料转移问题，因此可不考核色牢度。对于本色产品容易理解，对于自然色的彩棉、驼毛（绒）、兔毛、彩绒等制品，其色彩来自于天然色素，还没有其对人体健康影响的报道，因此色牢度可不作考核要求。

该标准对禁用偶氮染料中致癌芳香胺的检测限量要求规定为 20 毫克/千克，这是参照采用了 Oeko-Tex 标准 100 的限量要求，与目前欧盟指令规定的 30 毫克/千克不符，与现有的 GB 标准的要求也不同，将在以后进行调整。

该标准第 8.1 条规定："依据《中华人民共和国标准化法》及《中华人民共和国标准化实施条例》的有关规定，从事纺织产品科研、生产、经营的单位和个人，必须严格执行本技术规范。不符合本技术规范的产品，禁止生产、销售和进口"。

绿色纺织品具有贸易生态化和保护人类健康等的积极影响，但也提高了纺织品生产和出口成本，还有引起贸易争端的弊病，包括绿色反补贴。因此，研究和适宜绿色发展需要产业、法律、制度、科技、政府、社会等一起行动。

第四节　加入 WTO 对全球和中国棉花产业规模的基本影响

一、中国棉花及棉纺织制品形成"大进大出"的贸易格局

据毛树春系统研究（2015），自 2001 年加入 WTO 以来，中国棉花产业经济呈现典型的加工业经济，形成"大进大出"的贸易格局。这是在加入 WTO 之后出现的新情况，即棉花进口多，棉纱线进口多，棉机织物出口多，棉制服装出口多，通过加工和贸易获取的利益多。

图 7-1 指出，加入 WTO 13 年（2002—2014 年，后同），我国累计净进口原棉 3 279 万吨，净进口棉纱线 780 万吨，净出口棉机织物 756 亿米。

亿米/万吨

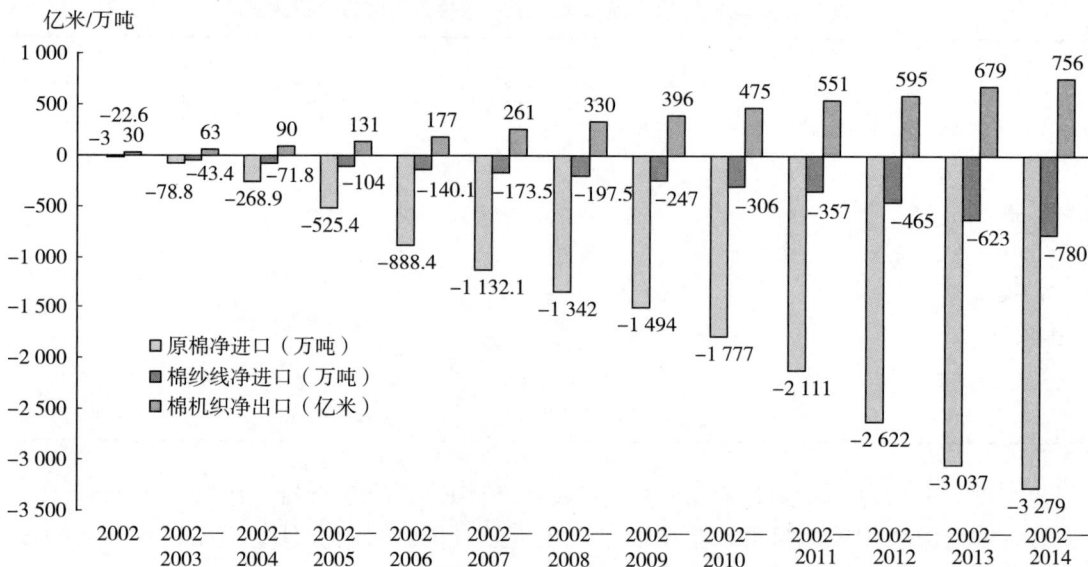

图 7-1 加入 WTO 13 年中国原棉、棉纱线和棉机织物贸易量变化

资料来源：依《海关统计》各年累加。

加入 WTO 13 年，我国原棉＋棉纱线＋棉机织物贸易的出口总金额 1 512 亿美元，进口总金额 1 263 亿美元，累计顺差 249 亿美元，比 2013 年增长 11.2％，但比 2013 年的增幅下降 1.5 个百分点，表明贸易顺差增长有所减弱（图 7-2），且三种产品相加的顺差是不断增加的。这是由于 2012—2014 年连续 3 年国内棉花价格高于国际市场过多，因此，贸易顺差增长幅度减小。

棉花产品"大进大出"的贸易格局，是比较优势理论的有益发挥，因而可以产生双赢和多赢的结果。在这样的贸易格局下，对进口国家而言，谁进口得越多，谁的收益就越大；对于出口国而言，谁出口得越多，谁获得收益也越大。通过贸易发挥各国的比较优势，形成具有竞争优势的集约化、规模化产业，从而发挥棉纺织业在增加就业，提高人民生活水平，推

亿美元

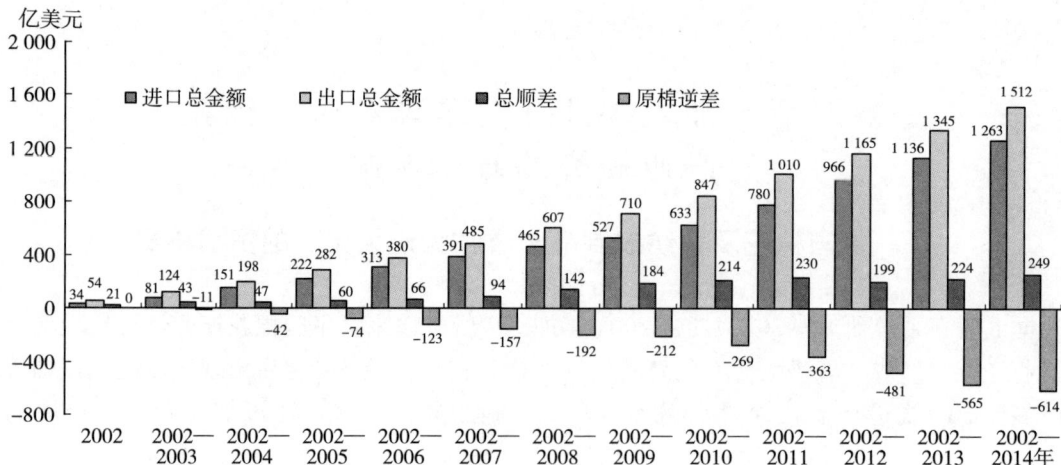

图 7-2 加入 WTO 13 年中国原棉、棉纱线和棉机织物贸易金额变化

资料来源：依《海关统计》各年累加。

进社会进步方面的积极作用。

二、中国和全球棉花产业规模扩大的效应明显

自中国 2001 年加入 WTO 的 13 年时间以来，全球和中国棉花产业产生了"四量齐增"的良好效应，带来"四个规模扩大"的良好局面，"中国棉花因素"在国际地位的日益彰显，中国真正成为"衣被天下，温暖地球人"，中国真正成为棉花生产和棉纺织业制造大国。

一增为纺织品服装贸易量增，全球和中国纺织品服装消费的规模扩大（图 7-3）。全球纺织品服装出口量从加入 WTO 前的 2001 年 3 420.1 亿美元，提高到 2013 年的 7 661.7 亿美元，贸易规模扩大了 1.24 倍，年均增长率达到 7.61%。中国因素不断提升，纺织品服装出口贸易量从 2001 年的 534.8 亿美元提高到 2013 年的 2 480.1 亿美元，贸易规模扩大了 3.63 倍，年均增长率达到 14.79%。中国占全球纺织品服装的市场份额也从 2001 年的 15.6% 提升到 2013 年的 37.1%，扩大了 21.5 个百分点。12 年平均，中国纺织品服装出口额 1 678.1 亿美元，占全球市场份额为 29.9%，其中，中国出口棉织品及棉制服装占 35% 上下。

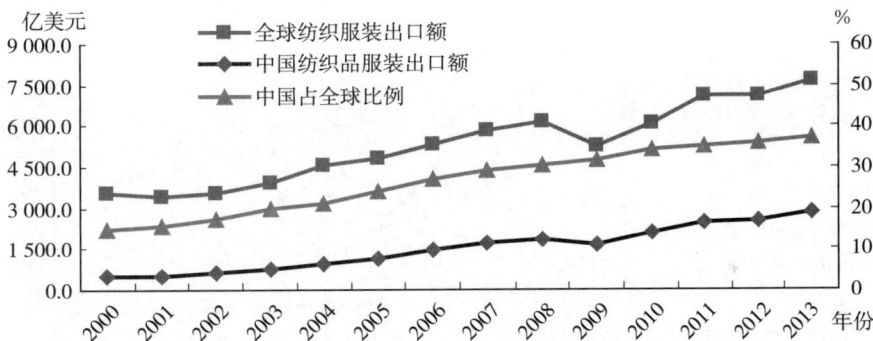

图 7-3　2000—2013 年全球和中国纺织品服装出口贸易及中国所占比例

资料来源：中国纺织工业联合会. 2000—2013 年中国纺织工业发展报告，北京：中国纺织工业出版社.

二增为原棉消费量增，全球和中国棉纺织业产能的规模扩大（图 7-4）。全球原棉工厂消费量从加入 WTO 前 2001 年的 20 375 千吨，提高到 2014 年的 25 491 千吨，全球棉花消费规模扩大了 25.1%，年均增长率达到 1.88%。中国因素不断提升，工厂棉花消费量从 2001 年的 5 513 千吨，提高到 2014 年的 10 025 千吨元，中国棉纺产能规模扩大了 181.8%，年均增长率达到 5.11%。中国占全球工厂棉花消费的份额也从 2001 年的 27.1% 提升到 2014 年的 39.3%，扩大了 12.2 个百分点。13 年平均，中国工厂消费原棉 9 084 千吨，占全球市场份额为 37.7%。中国真正成为全球第一棉纺织大国。

三增为原棉进口量增，全球和中国原棉贸易的规模扩大（图 7-5）。全球原棉进口量从加入 WTO 前（2001 年）的 6 182 千吨，提高到 2014 年的 8 212 千吨，全球进口规模扩大了 32.8%，年均增长率达到 2.39%。中国因素不断提升，进口原棉从 2001 年的 60 千吨增长到 2014 年的 2 440 千吨，中国进口规模扩大了 39.7 倍，年均增长率达到 36.8%。中国占

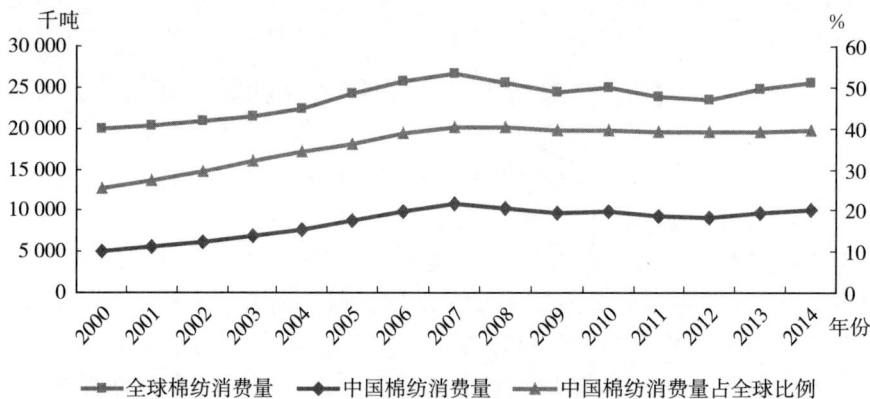

图 7 - 4 2000—2014 年全球和中国工厂原棉消费量及中国所占比例

资料来源：World Textile Demand, A Report By the Secretariat of the International Cotton Advisory Committee, October, 2007；November, 2014；Washington D C USA. 整理.

全球进口原棉份额也从 2001 年的 1% 提升到 2014 年的 29.7%，扩大了 28.7 个百分点。这 13 年平均，中国进口规模 2 554 千吨，占全球进口份额的 31.3%。中国真正成为全球第一进口原棉大国。

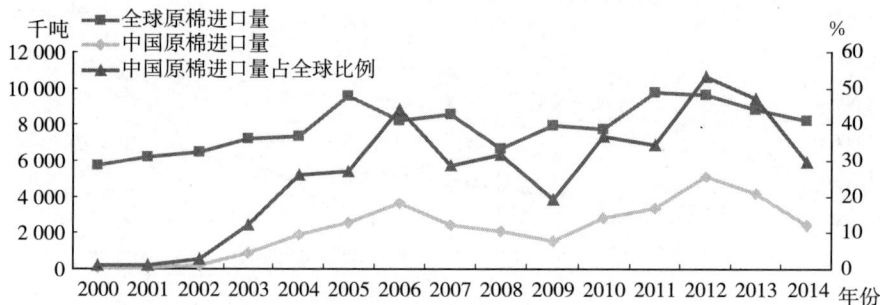

图 7 - 5 2000—2014 年全球和中国原棉进口量及中国所占比例

四增为棉花产量增，全球和中国的棉花产能的规模扩大（图 7 - 6）。全球原棉产量从加入 WTO 前的 2001 年 21 667 千吨，提高到 2014 年的 25 087 千吨，全球棉花产能规模扩大了 15.8%，年均增长率达到 1.23%。其中，2004、2006、2007 和 2012 年全球总产突破 26 000 千吨大关，2011 年突破 2 700 千吨大关，创 27 810 千吨的历史新高。中国因素不断提

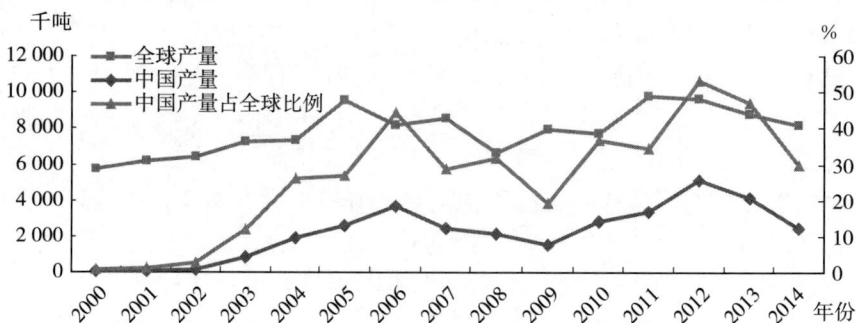

图 7 - 6 2000—2014 年全球和中国棉花产量及中国所占比例

升，中国产能从 2001 年的 5 487 千吨，提高到 2014 年的 6 113 千吨，中国产能规模扩大了 11.4%，年均增长率达到 0.9%。中国占全球棉花产能的比例也从 2001 年的 25.3% 下降到 2014 年的 24.4%，略缩减了 1 个百分点。其中，2007—2008 年中国棉花总产记录不断刷新，最高市场数据突破 8 000 千吨，创历史新高。这 13 年平均，中国产能规模 6 897 千吨，占全球产能的比例为 27.8%。中国真正成为全球第一原棉生产大国。

总体上，加入 WTO 13 年全球和中国棉花产业呈现强劲的发展态势，纺织品服装消费规模全球和中国分别扩大了 1.24 倍和 3.63 倍，原棉消费规模全球和中国分别扩大了 25.1% 和 181.8%，原棉出口贸易规模全球和中国分别扩大了 32.8% 和 39.7 倍，棉花产量全球和中国分别增长了 15.8% 和 11.4%。

虽然中国棉花生产的波动仍较大，但稳定性趋好，说明消费促进了生产发展，广大棉农可获得更多收益，表明国产棉和进口棉可以找到一种相得益彰的关系。

三、过量进口国际市场原棉冲击国产棉

2011 年度到 2013 年度，国家实行棉花临时收储政策，定价分别为 19 800 元/吨、20 400 元/吨和 20 400 元/吨，加上 2014 年度新疆产区试点目标价格，定价 19 800 元/吨，由于临时收储和目标价格的定价过高，4 个年度中国分别进口原棉 3 356、5 137、4 150 和 2 440 千吨，合计 15 083 千吨，这 4 年国际价格偏低，国内外价差过大至 30% 以上，进口棉到岸价格加权平均价比国内市场价格每吨低 5 000 多元，结果导致"国棉入库，洋棉入市"，对国产棉冲击很大，导致内地植棉面积不断下滑，似乎存在"一荣一损"关系。因此，在经济全球化和市场国际化条件下，要把握好进口棉花的强度，避免过量进口对国产棉产生冲击。这 14 年贸易经验指出，当年原棉进口量超过 300 万吨时就会对国产棉产生冲击。

四、加入 WTO 前的基本判断和预测经得起时间的检验

毛树春于 2002 年在《WTO 与中国棉花》（中国农业出版社，2002）提出了加入 WTO 对中国棉花产业影响的三个基本判断：一是加入 WTO 后中国棉花生产大国的地位不会变；二是加入 WTO 后中国棉纺织工业大国的地位不会变；三是加入 WTO 后棉花生产在国民经济中的地位必将进一步加强。经过 14 年的实践证实，2002 年之前有关加入 WTO 对中国棉花产业影响的判断和预测是准确的，经得起时间的检验。

五、用中高端品质引领"优进优出"

2014 年中国经济发展进入新常态，2015 年中央提出供给侧结构性改革新举措。当前我国棉花产业状态是，由前几年的"洋货入市、国货入库"、"三量齐增"（生产量增、进口量增、库存量增）演化成国产"高等级棉"严重短缺与"低等级棉"严重过剩（即"一缺一剩"）的结构性矛盾，需要通过供给侧结构改革予以化解。这充分说明我国棉花产业急需转型升级，而且提质增效正恰逢其时，满足纺织业将从"大进大出"的结构转化成为"优进优出"结构对中高端品质原棉之需。

强调提升品质，既是国民经济转型升级、棉纺织业转型升级迈向新高端与消费巨大国产棉库存之需，在"一带一路"沿线国家有更低成本的中低端品质原棉、更低价格的棉织品可供采购；还与 2015 年 12 月 WTO 部长级会议确立"发达国家取消出口棉花补贴、非洲最不发达国家向发达国家出口棉花将享受免关税免配额优惠政策"的议题所需；是破解国产棉成本刚性上涨、单位皮棉成本高、价格高与质量中低端这一短板的长期措施。因此，提升品质不是短期行为，是立足国际和国内两个市场，立足供给侧与需求侧的长期行为，以提质为关键的供给侧结构性更有利于长期保量，满足质量和数量需求的刚性增长。为此，产业界要树立没有品质就没有效益和竞争力，抓住品质问题就抓住了终端消费需求，抓住了植棉业竞争力的核心问题之一（另一问题是植棉效率），抓住了品质就能保障棉花产业大国不会败下阵来，保住产棉大国地位。"十三五"要从单纯追求提高单产向全面提升遗传品质、生产品质、轧花品质、品质检验和提高经济效益转变，满足纺织品由中低端向中高端转变的新需求。

第五节　从全球一体化贸易到区域自由化贸易

全球有多种多样自由贸易区，包括欧盟（European Union，EU28，2007 年生效）、北美自由贸易区（NAFTA，1994 年生效）、中国—东盟贸易区（China and ASIAN Free Trade Area，CAFTA，2010 年生效），中国—澳大利亚自由贸易区（2015 年生效），以及由中国政府倡导的"中非合作论坛"（China-Africa Cooperation Forum，2000 年开始）政府间合作伙伴和"一带一路"（The belt and road，简称 B&R，2014 年开始）战略构想，沿线国家地区投资贸易伙伴等，还有中国—智利自由贸易区（2006 年生效）、中国—新西兰自由贸易区（2008 年生效）、中国—新加坡自由贸易区（2015 年生效）、中国—哥斯达黎加自由贸易区（2011 年生效）、中国—秘鲁自由贸易（2015 年生效）、中国—瑞士贸易区（2014 年生效）、中国—冰岛贸易区（2014 年生效）、中国—韩国贸易区（2015 年生效）等 10 多个。

一、中国—东盟自由贸易区

中国—东盟自由贸易区（CAFTA），是中国与东盟十国组建的自由贸易区，中国和东盟对话始于 1991 年，中国 1996 年成为东盟的全面对话伙伴国。2010 年 1 月 1 日贸易区正式全面启动。自贸区建成后，成为涵盖 19 亿人口，GDP 达 6 万亿美元的巨大经济体，东盟和中国的贸易额达到 4.5 万亿美元，占到全球贸易额的 13%，是目前世界人口最多的自贸区，也是发展中国家之间最大的自贸区。中国—东盟双边贸易额从 2009 年的 2 130.0 亿美元增长到 2014 年的 4 803.9 亿美元，4 年间增长了 1.26 倍，中国与东盟贸易额占中国贸易额的比重达到 11.16%，努力实现 2020 年双边贸易达到 1 万亿美元目标。

（一）关税削减时间表（表 7 - 8）

根据中国—东盟自由贸易区"早期收获计划"实施时间框架，中国和东盟六国（马来西亚、新加坡、印度尼西亚、菲律宾、泰国、文莱）关税消减和取消时间表是，最惠国关税税率高于 15% 的所有产品，2004 年 1 月降到 10%，2005 年 1 月降到 5%，2006 年 1 月降到 0%；最惠国关税税率在 5%～15% 之间的所有产品，2004 年 1 月降到 5%，2005 年 1 月降到 0；最惠国关税税率低于 5％的所有产品，2004 年 1 月降到 0％。

表 7-8　中国—东盟自由贸易区关税削减时间表

起始时间	关税税率	覆盖关税条目	参与国家
2000	对所有东盟成员 0～5％	85％的 CEPT 条目	原东盟 6 国（马来西亚、新加坡、印度尼西亚、菲律宾、泰国、文莱）
2002 年 1 月 1 日	对所有东盟成员 0～5％	全部 CEPT 条目	原东盟 6 国
2003 年 7 月 1 日	WTO 最惠国关税税率	全部	中国与东盟 10 国（加 4 个新成员——越南、老挝、缅甸、柬埔寨）
2003 年 10 月 1 日	中国与泰国果蔬关税降至 0	中泰水果蔬菜	中国、泰国
2004 年 1 月 1 日	农产品关税开始下调	农产品	中国与东盟 10 国
2005 年 1 月	中国与东盟 10 国	全部	中国与东盟 10 国
2006 年	农产品关税降至 0	农产品	中国与东盟 10 国
2010 年	对老东盟成员零关税	全部减税产品	东盟 6 国
2010 年	关税降至 0	全部产品（部分敏感产品除外）	中国与东盟 6 国
2015	对新东盟成员零关税	全部产品（部分敏感产品除外）	东盟新成员（越南、老挝、缅甸、柬埔寨）
2018	对东盟自贸区和中国—东盟自贸区所有成员零关税	剩余的部分敏感产品	东盟新成员

注：CEPT（Common Effective Preferential Tariff）指逐年减税模式。

对于东盟新成员（越南、老挝、缅甸、柬埔寨），最惠国关税税率高于 30％（含）的所有产品，2004 年 1 月降到 20％，以后每年降低 5 个百分点，2009 年降到零税率（柬埔寨 2010 年降到零）；最惠国关税税率在 15％（含）～30％（不含）之间的所有产品，越南 2004 年 1 月降到 10％、2006 年 1 月降到 5％、2008 年降到零税率，其他新东盟国家 2006 年降到 10％、2008 年降到 5％；最惠国关税税率低于 15％的所有产品，越南 2004 年 1 月降到 5％、2006 年 1 月降到零税率，其他新东盟国家 2006 年降到 5％、2008 年后降到零税率。

（二）贸易纺织品服装出口快速增长

中国—东盟纺织品服装的互补性强，中国有中高端纺织品技术和装备，东盟有便宜劳动力资源，双边在技术、资源和劳动力方面良好的互补性，促进纺织品生产和贸易的快速增长，在 2010—2013 年的 4 年间，双边贸易纺织品服装贸易额从 2010 年的 160 亿美元扩大到 375 亿美元，年均增长 33％。我国进口越南、印度尼西亚和泰国等棉纺纱，出口纺织品及其服装。

东盟还是我国还有一些纺织企业走出去的落脚地，在泰国、越南、柬埔寨和印度尼西亚等生产棉纱线和成衣出口到日本、美国和欧盟，这种互补有利资源的高效利用。

二、"一带一路"战略构想

(一)"一带一路"战略构想的倡议和响应

"一带一路"即"丝绸之路经济带"和"海上丝绸之路经济带"为中国首倡、高层推动的国家战略。

2013年9月7日和10月3日,中国国家主席习近平在哈萨克斯坦纳扎尔巴耶夫大学发表演讲时表示:为了使各国经济联系更加紧密、相互合作更加深入、发展空间更加广阔,我们可以用创新的合作模式。共同建设"丝绸之路经济带",以点带面,从线到片,逐步形成区域大合作。2013年10月3日,习近平主席在印度尼西亚国会发表演讲时表示:中国愿同东盟国家加强海上合作,使用好中国政府设立的中国—东盟海上合作基金,发展好海洋合作伙伴关系,共同建设21世纪"海上丝绸之路"。先后提出的共建"丝绸之路经济带"和"21世纪海上丝绸之路"的重大倡议,强调相关各国要打造互利共赢的"利益共同体"和共同发展繁荣的"命运共同体"。这一跨越时空的宏伟构想,从历史深处走来,融通古今、连接中外,顺应和平、发展、合作、共赢的时代潮流,承载着丝绸之路沿途各国发展繁荣的梦想,赋予古老丝绸之路以崭新的时代内涵,得到国际社会高度关注。中国国务院总理李克强参加2013年中国—东盟博览会时强调,铺就面向东盟的海上丝绸之路,打造带动腹地发展的战略支点,加快"一带一路"建设,有利于促进沿线各国经济繁荣与区域经济合作,加强不同文明交流互鉴,促进世界和平发展,是一项造福世界各国人民的伟大事业。

推进"丝绸之路经济带"和"21世纪海上丝绸之路"建设,是党中央、国务院根据世界形势深刻变化,为统筹国内国际两个大局提出的重大战略构想,意义重大。为此,2015年6月,国务院授权发布了《推动共建丝绸之路经济带和21世纪海上丝绸之路的愿景与行动》(以下简称《愿景与行动》),提出了合作重点,与农业、纺织业、文化科技紧密关联有:拓展相互投资领域,开展农林牧渔业、农机及农产品生产加工等领域深度合作;优化产业链分工布局,推动上下游产业链和关联产业协同发展,鼓励建立研发、生产和营销体系,提升区域产业配套能力和综合竞争力;传承和弘扬丝绸之路友好合作精神,广泛开展文化交流、学术往来、人才交流合作、媒体合作、青年和妇女交往、志愿者服务等,为深化双多边合作奠定坚实的民意基础;加强科技合作,共建联合实验室(研究中心)、国际技术转移中心、海上合作中心,促进科技人员交流,合作开展重大科技攻关,共同提升科技创新能力;整合现有资源,积极开拓和推进与沿线国家在青年就业、创业培训、职业技能开发、社会保障管理服务、公共行政管理等共同关心领域的务实合作。

我国倡导的"一带一路"是促进沿线国家和地区的共同发展、实现共同繁荣的合作共赢之路,是增进理解信任、加强全方位交流的和平友谊之路,倡议和强调"一带一路"的"共商、共建、共享"原则,突出"一带一路"的开放性、包容性。

"一带一路"沿线国家和地区贯穿亚欧非大陆,一头是活跃的东亚经济圈,一头是发达的欧洲经济圈,中间广大腹地国家经济发展潜力巨大。丝绸之路经济带重点畅通中国经中亚、俄罗斯至欧洲(波罗的海);中国经中亚、西亚至波斯湾、地中海;中国至东南亚、南亚、印度洋。21世纪海上丝绸之路重点方向是从中国沿海港口过南海到印度洋,延伸至欧洲;从中国沿海港口过南海到南太平洋。

根据"一带一路"走向，陆上依托国际大通道，以沿线中心城市为支撑，以重点经贸产业园区为合作平台，共同打造新亚欧大陆桥、中蒙俄、中国—中亚—西亚、中国—中南半岛等国际经济合作走廊；海上以重点港口为节点，共同建设通畅安全高效的运输大通道。中巴、孟中印缅两个经济走廊与推进"一带一路"建设关联紧密，要进一步推动合作，取得更大进展。

"一带一路"建设是沿线各国开放合作的宏大经济愿景，需各国携手努力，朝着互利互惠、共同安全的目标相向而行。努力实现区域基础设施更加完善，安全高效的陆海空通道网络基本形成，互联互通达到新水平；投资贸易便利化水平进一步提升，高标准自由贸易区网络基本形成，经济联系更加紧密，政治互信更加深入；人文交流更加广泛深入，不同文明互鉴共荣，各国人民相知相交、和平友好。

强化多边合作机制作用，发挥上海合作组织（SCO）、中国—东盟"10＋1"、亚太经合组织（APEC）、亚欧会议（ASEM）、亚洲合作对话（ACD）、亚信会议（CICA）、中阿合作论坛、中国—海合会战略对话、大湄公河次区域（GMS）经济合作、中亚区域经济合作（CAREC）等现有多边合作机制作用，相关国家加强沟通，让更多国家和地区参与"一带一路"建设。

（二）"一带一路"沿线涉及国家和地区 67 个

据 2015 年 7 月 29 日的百度检索资料，"一带一路"沿线涉及 67 个国家和地区，"一带一路"战略有近 60 个国家参与支持。已经有 50 多个国家明确表示愿意参与"一带一路"战略。这意味着，在欧亚大陆上至少有一半的国家已经明确表示愿意参与，愿意参与的国家数量还在不断增加中。

据中国经济网数据，"一带一路"贯穿亚欧大陆，一头是活跃的东亚经济圈，一头是发达的欧洲经济圈。大西洋南北线的欧盟，2013 年人口约 5 亿，GDP 为 17.4 万亿美元，占世界 GDP 总量的 23.3%。西太平洋南北线包括中国、日本、韩国和东盟等在内的东亚经济区人口约 21.5 亿，GDP 为 17.9 万亿美元，占世界 GDP 总量的 24%。这两大经济带合计占世界人口的 37%，占 GDP 的 47%。而包括中国在内的东西横贯两大经济带的"一带一路"沿线有 65 个国家，人口约 44 亿、GDP 为 21 万亿美元，分别占世界总量的 63%、29%，贸易总量只占全球 1/4。以贸易促经济发展，以经济发展带动贸易增长的正循环潜力巨大（高虎城，2014）。

"一带一路"国家普遍处于经济发展的上升期，开展互利合作的前景广阔。2013 年中国与"一带一路"国家的贸易额超过 1 万亿美元，占中国外贸总额的 1/4。过去 10 年，中国与沿途国家的贸易额年均增长 19%。

包括中国在内的"一代一路"大多国家是农业大国、经济作物大国，具有丰富农产品，具有完整的棉花产业链，是全球棉花产业集中带，也是棉花中低端产品的集中带。

"一带一路"沿线涉及 67 个的基本划分：

东亚 13 国（东盟 10＋3 国，即中国、日本、蒙古，新加坡、马来西亚、印度尼西亚、缅甸、泰国、老挝、柬埔寨、越南、文莱和菲律宾）。

西亚 18 国（伊朗、伊拉克、土耳其、叙利亚、约旦、黎巴嫩、以色列、巴勒斯坦、沙特阿拉伯、也门、阿曼、阿联酋、卡塔尔、科威特、巴林、希腊、塞浦路斯和埃及的西奈半岛）。

南亚 8 国（印度、巴基斯坦、孟加拉国、阿富汗、斯里兰卡、马尔代夫、尼泊尔和不丹）。

中亚 5 国（哈萨克斯坦、乌兹别克斯坦、土库曼斯坦、塔吉克斯坦和吉尔吉斯斯坦）。

独联体 7 国（俄罗斯、乌克兰、白俄罗斯、格鲁吉亚、阿塞拜疆、亚美尼亚和摩尔多瓦）。

中东欧 16 国（波兰、立陶宛、爱沙尼亚、拉脱维亚、捷克、斯洛伐克、匈牙利、斯洛文尼亚、克罗地亚、波黑、黑山、塞尔维亚、阿尔巴尼亚、罗马尼亚、保加利亚和马其顿）。

三、中非合作论坛

非洲大陆有着 10 多亿人口，国家和地区共有 59 个。非洲是世界重要的产棉区。非洲植棉、出口的国家和地区有 30 多个。2013 年，全非洲植棉面积 4 413 千公顷，占全球总面积的 13.5%；由于单产水平较低，总产 1 460 千吨，仅占全球的 5.6%；出口 1 326 千吨，占全球的 15.1%。大部分棉花出口到亚洲和中国，2013 年中国进口非洲原棉 442 千吨，占中国进口量 4 148 千吨的 10.6%。来自非洲的 31 个国家和地区，其中布基纳法索进口量最多为 74 千吨，占非洲的 16.8%，其次为喀麦隆 66 千吨，占非洲的 14.9%；第三位马里 53 千吨，占非洲的 12.0%。

纺织业在非洲也是一个传统的劳动密集型产业和工业化先导产业，在许多非洲国家如埃塞俄比亚、坦桑尼亚、赞比亚、南非、津巴布韦、尼日利亚、埃及等都具有一定的基础。近年来，随着亚洲纺织业的快速发展，国际市场竞争日趋激烈，非洲的纺织业面临着许多挑战不少企业的生产经营遭遇困境。非洲发展纺织业不仅当地市场需求潜力大，而且在国际市场准入方面享有来自欧美等发达国家的优惠。目前非洲的人均纤维消费量仅为 3.2 千克，远低于世界人均纤维消费量的 10 千克（2010）的平均水平。随着非洲国家的经济逐步发展纺织品服装市场需求的潜力很大。

中非合作论坛始于 2000 年，自此中国对非洲援助与合作发展进入了全新时代，2015 年正值中非合作论坛成立 15 周年之际，中非合作取得了丰硕成果，这 15 年中国在非洲援建了农田水利工程 40 个，援建了农业技术示范中心 23 个［埃塞俄比亚、贝宁、坦桑尼亚、乍得、津巴布韦、乌干达、南非、莱索托、南苏丹、赞比亚、莫桑比克、苏丹、厄立特里亚、赤道几内亚、刚果（金）、刚果（布）］。棉花是这个中心的合作内容之一，在埃塞俄比亚、刚果、贝宁、肯尼亚、坦桑尼亚、苏丹、马达加斯加等开展棉花试验研究和示范。邀请包括农业、棉花在内非洲各类人才 8 多万人来中国培训、进修、学习、考察，中国选派了 5.5 万个农业科研和技术专家到非洲指导农业生产，引入中国棉花品种和种子开展示范试验，援建籽棉加工厂，传授中国植棉技术和经验，提供政策技术咨询服务，协助制订发展规划，提高非洲棉花产量和品质，提升非洲自主发展能力。

2009 年，中国成为非洲第一大贸易伙伴国家，2014 年中非双边贸易额达到 2 200 亿美元（其中南非 603 亿美元，占中非贸易额的 27.4%，为中国在非洲的最大贸易伙伴），比 2000 年 100 亿美元增长了 21 倍。其中，2014 年中非农业贸易额 61 亿美元，中国出口额 28.6 亿美元，增长 1.32%，进口 32.3 亿美元，增长 4.02%。非洲是中国的原棉进口来源地之一，中国从非洲进口的原棉量和进口额占市场份额的 10% 以上。

为了支持非洲自主发展和中国企业走出去，中国于 2006 年成立了"中非发展基金"。首次注资 50 亿美元，成为中国对非投资和融资的主力平台，到 2014 年底，中国对非洲投资存量达到 324 亿美元，是 2000 年 5 亿美元的 63 倍（其中投资南非 130 亿美元，占中国对非洲投资的 40.1%），进入非洲投资兴业的中国企业有 3 000 多家。该合作基金支持与国家企业合作在马拉维、莫桑比克、赞比亚、埃塞俄比亚等采取公司＋农户模式开展棉花种植，带动当地棉农增收 10 万户。2012 年中国为非洲提供 200 亿美元贷款，主要支持非洲基础设施和农业等，未来将以市场化方式推动中国对非的投资。

2015 年 12 月 4 日，中非论坛峰会首次在非洲大陆的南非首都约翰内斯堡举行，国家主席习近平提出把中非关系提升为全面战略合作伙伴关系，携手迈向合作共赢、共同发展的新时代。12 月 5 日，中国政府在南非首都约翰内斯堡发表《中国对非洲政策文件》提出，中国助推非洲工业化和助推非洲农业现代化，增强粮食自主生产能力，促进粮食生产安全，提升棉花等特色产品的国际竞争力，增加收入，改善农民生活；中国还将提供 600 亿美元的资金支持；中非各选择 10 家科研机构，建立 10＋10 的对口合作机制，并依托援非农业技术示范中心等平台，支持非洲国家农业科技创新，开展种子选育和种植技术研究示范等；承诺继续对原产于与中国建交的最不发达国家 97% 的税目产品实行零关税。非洲的棉花产业将迎来发展新机遇，中非棉花产业迎来合作共赢、共同发展的新时代。

四、中国—澳大利亚自由贸易区

中国与澳大利亚自由贸易区谈判于 2005 年启动。澳大利亚是我国重要的贸易投资伙伴国，是国内生产总值排名全球第 12 位的西方发达经济体，是经合组织和二十国集团的重要成员，有着成熟的市场经济和相匹配的法律制度及治理模式，在亚太地区乃至全球都有重要影响力。目前，我国是澳大利亚第一大货物贸易伙伴，第一大进口来源地和第一大出口目的地。澳大利亚是我国海外投资仅次于中国香港的第二大目的地。中澳经济互补性强，在能源矿产、农产品、工业品等领域合作潜力巨大。中澳商签自贸协定，有助于进一步密切两国贸易投资关系，更好实现互利双赢。

中澳自贸协定在货物领域的自由化水平很高。中国 96.8% 的税目将实现自由化，剩余产品降税过渡期最长不超过 15 年。澳大利亚所有产品均对中国完全降税，自由化水平达到 100%，其中 91.6% 的税目关税在协定生效时即降为零，6.9% 的税目在协定生效第 3 年降为零，最后 1.5% 的税目关税在协定生效第 5 年降为零。

从贸易额角度看，中国实现自由化的产品自澳大利亚进口额占自澳进口总额的 97%，其中协定生效时关税即降为零的产品进口额占比为 85.4%，5 年内关税降为零的产品进口额占比为 92.8%。澳大利亚协定生效时关税即降为零的产品进口额占自中国进口总额的比例也是 85.4%，3 年内关税降为零的产品进口额占比为 98.4%，5 年内所有产品关税均将降为零。

中国出口增加潜力较大的产品主要是纺织品、服装、皮革制品、电子和机械设备、钢铁和金属制品、矿产品、化工产品和交通运输设备等。

中澳双方均有各自的敏感产品，对中国而言，由于澳大利亚农业竞争力较强，协定实施后将给中国部分农产品带来一定的竞争压力。对此，中国通过对重点农产品设置较长的降税期，并辅以特保措施和国别配额等特殊安排对相关产业给予一定的保护，实施适度开放。此外，中国还对粮食、棉花、植物油和糖等产品作出例外安排，不进行关税减让。

第八章 "一带一路"沿线国家和地区棉花产业

撰稿人 毛树春 华珊 支晓宇

"一带一路"即"丝绸之路经济带"和"海上丝绸之路经济带",是习近平主席于2013年9月和10月首倡,这一倡议得到国际社会高度关注,参与支持"一带一路"战略的国家有60多个,并在不断增加。

包括中国在内的"一带一路"大多数国家和地区是农业大国,全球纤维和经济作物生产大国。这里棉花产业链完整,是全球棉花产业的集中带,也是棉花中低端产品的集中带。

"一带一路"沿线涉及:东亚13国、西亚18国、南亚8国、中亚5国、独联体7国和中东欧16国(见第七章)。

第一节 "一带一路"沿线国家和地区棉花产业

研究指出,"一带一路"是全球棉花产业的集中带,即全球棉花生产的集中带、全球棉花消费的集中带、全球棉纺织的集中带,全球棉花贸易的集中带和全球最大的棉花进口市场。

"一带一路"棉花产业在全球位置呈"五、六、七、八、九"特征,即棉花收获面积和原棉总产占全球的六成多,原棉进口贸易量、棉纱线出口贸易额占全球的七成多,棉花消费量和棉机织物产量占全球的八成多,棉纱线产量占全球的九成。棉机织物出口量占全球的五成多,进口量占全球的六成多。

"一带一路"呈现大国效应。中国和印度是"一带一路"棉花生产大国,印度棉花收获面积占"一带一路"的49.7%,中国棉花总产占"一带一路"的38.4%。

印度是"一带一路"原棉出口大国,占"一带一路"出口量的53.6%,中国是"一带一路"原棉进口大国,占"一带一路"进口量的63.4%。

中国是"一带一路"棉花消费大国,占"一带一路"消费量的45.3%;中国是"一带一路"棉纱线产量最大的国家,占"一带一路"棉纱线产量的75.0%。中国是"一带一路"棉机织物的最大生产国,占"一带一路"生产量的38.3%。中国是"一带一路"棉纱线贸易最大的国家,占"一带一路"出口额的33.0%,占"一带一路"进口额的35.5%。

一、"一带一路"沿线国家和地区的棉花产能

"一带一路"是全球植棉面积的集中带。据国际棉花咨询委员会资料(ICAC,2014),21世纪头十年(2000—2009),"一带一路"棉花收获面积21 920千公顷,占全球总收获面积的67.2%;近5年(2011—2014)收获面积23 374千公顷,占全球的68.7%(表8-1)。

表 8-1　"一带一路"沿线国家和地区棉花产能及占全球的比例

年度	东亚 13 国	西亚 18 国	南亚 8 国	中亚 5 国	独联体 7 国	中东欧 16 国	67 国 之和	全球 总计	其中 中国
棉花收获面积（1 000 公顷）									
2000/2001	4 518	1 874	11 569	2 358	91	9	20 419	31 947	4 121
2001/2002	5 323	1 924	11 946	2 448	84	9	21 734	33 553	4 950
2002/2003	4 734	1 764	10 559	2 373	64	9	19 503	30 060	4 380
2003/2004	5 753	1 604	10 918	2 449	63	9	20 796	32 358	5 423
2004/2005	6 609	1 751	12 073	2 508	80	9	23 030	35 712	6 261
2005/2006	6 081	1 617	11 878	2 537	106	4	22 223	34 317	5 698
2006/2007	6 541	1 487	12 315	2 534	89	3	22 969	34 607	6 143
2007/2008	6 694	1 417	12 574	2 577	71	2	23 335	32 893	6 297
2008/2009	6 508	1 222	12 342	2 496	52	1	22 621	30 623	6 123
2009/2010	5 705	1 085	13 502	2 251	30	1	22 574	30 164	5 327
10 年平均	5 847	1 575	11 968	2 453	73	6	21 920	32 623	5 472
占全球比例（%）	17.9	4.8	36.7	7.5	0.2	0.0	67.2	100.0	16.8
占"一带一路"比例（%）	26.7	7.2	54.6	11.2	0.3	0.0	100.0		25.0
2010/2011	5 535	1 154	14 006	2 194	33	1	22 923	33 447	5 166
2011/2012	5 898	1 395	14 926	2 244	49	1	24 513	36 164	5 528
2012/2013	5 346	1 176	14 740	2 170	34	1	23 467	33 919	4 975
2013/2014	4 955	1 069	14 684	2 181	29	0	22 918	32 687	4 600
2014/2015	4 571	1 086	15 211	2 151	29	0	23 048	33 850	4 216
5 年平均	5 261	1 176	14 713	2 188	35	1	23 374	34 013	4 897
占全球比例（%）	15.5	3.5	43.3	6.4	0.1	0.0	68.7	100.0	14.4
占"一带一路"比例（%）	22.5	5.0	62.9	9.4	0.1	0.0	100.0		21.0
棉花产量（1 000 吨）									
2000/2001	4 588	2 040	4 222	1 380	33	2	12 265	19 524	4 505
2001/2002	5 575	2 161	4 503	1 561	32	2	13 834	21 667	5 487
2002/2003	5 268	1 936	4 081	1 475	32	2	12 794	19 574	5 193
2003/2004	5 353	1 841	4 785	1 423	40	2	13 444	21 132	5 276
2004/2005	7 175	2 082	6 588	1 702	49	2	17 598	26 997	7 085
2005/2006	6 724	1 902	6 311	1 740	71	1	16 749	25 668	6 616
2006/2007	8 094	1 624	6 914	1 743	43	1	18 419	26 766	7 975
2007/2008	8 197	1 492	7 156	1 766	36	1	18 648	26 073	8 071
2008/2009	8 199	1 173	6 899	1 520	21	0	17 812	23 503	8 025
2009/2010	7 124	1 072	7 287	1 271	12	0	16 766	22 247	6 925
10 年平均	6 630	1 732	5 875	1 558	37	1	15 833	23 315	6 516
占全球比例（%）	28	7	25	7	0	0	67.9	100	27.9

（续）

年度	东亚 13 国	西亚 18 国	南亚 8 国	中亚 5 国	独联体 7 国	中东欧 16 国	67 国之和	全球总计	其中中国
棉花产量（1 000 吨）									
占"一带一路"比例（%）	42	11	37	10	0	0	100		41.2
2010/2011	6 613	1 148	7 847	1 455	14	0	17 077	25 408	6 400
2011/2012	7 615	1 489	8 695	1 442	25	0	19 266	27 833	7 400
2012/2013	7 516	1 244	8 140	1 577	20	0	18 497	26 480	7 300
2013/2014	7 082	1 202	8 754	1 471	16	0	18 525	25 900	6 929
2014/2015	6 551	1 281	8 720	1 466	16	0	18 034	26 164	6 398
5 年平均	7 075	1 273	8 431	1 482	18	0	18 280	26 357	6 885
占全球比例（%）	27	5	32	6	0	0	69.4	100	26.1
占"一带一路"比例（%）	39	7	46	8	0	0	100		37.7

资料来源：ICAC，Cotton：World Statistics. October，2014。

在 67 个国家之中，参与棉花生产活动国家有 32 个，占总数的 47.8%。其中印度是植棉面积第一大国，2011/2012 年度棉花收获面积 12 178 千公顷，占"一带一路"的 49.7%，占全球的 33.7%（表 8-2）。

表 8-2　"一带一路"沿线国家和地区 2011/2012 年度棉花产能及占全球前 10 位国家的比例

项目	数量	占全球比例（%）	占"一带一路"比例（%）
收获面积（1 000 公顷）			
印度	12 178	33.7	49.7
中国	5 528	15.3	22.6
巴基斯坦	2 662	7.4	10.9
乌兹别克斯坦	1 316	3.6	5.4
土库曼斯坦	550	1.5	2.2
土耳其	542	1.5	2.2
缅甸	349	1.0	1.4
希腊	300	0.8	1.2
埃及	221	0.6	0.9
塔吉克斯坦	201	0.6	0.8
67 国之和	24 513	67.8	100.0
全球	36 164	100.0	
棉花产量（1 000 吨）			
中国	7 400	26.6	38.4
印度	6 345	22.8	32.9
巴基斯坦	2 311	8.3	12.0
乌兹别克斯坦	880	3.2	4.6

（续）

项目	数量	占全球比例（%）	占"一带一路"比例（%）
棉花产量（1 000 吨）			
土耳其	733	2.6	3.8
土库曼斯坦	330	1.2	1.7
希腊	280	1.0	1.5
叙利亚	212	0.8	1.1
缅甸	203	0.7	1.1
埃及	181	0.7	0.9
67 国之和	19 266	69.2	100.0
全球	27 833	100.0	

资料来源：ICAC，Cotton：World Statistics. October，2014。

"一带一路"沿线国家和地区是全球棉花产量的集中带。据国际棉花咨询委员会资料（ICAC，2014），21世纪头十年（2000—2009），"一带一路"棉花产量15 833千吨，占全球总产量的67.9%；近5年（2011—2014）产量18 280千吨，占全球的69.4%（表8-1）。中国是"一带一路"沿线国家和地区棉花总产量最大的，2011年棉花产量7 400千吨，占"一带一路"的38.4%，占全球的26.6%（表8-2）。

二、"一带一路"沿线国家和地区棉花贸易

"一带一路"是全球棉花贸易的集中带。据国际棉花咨询委员会资料（ICAC，2013），21世纪头十年（2000—2009），"一带一路"67国家棉花出口量2 547千吨，占全球总出口量的34.3%；近5年（2011—2014），棉花出口量3 333千吨，占全球的37.6%（表8-3）。

表8-3　"一带一路"沿线国家和地区棉花贸易及占全球的比例

年度	东亚13国	西亚18国	南亚8国	中亚5国	独联体7国	中东欧16国	占"一带一路"之和	全球	其中中国
原棉出口量（1 000 吨）									
2000/2001	129	612	153	1 103	38	5	2 040	5 805	104
2001/2002	100	583	50	1 164	35	2	1 934	6 378	81
2002/2003	188	641	64	1 105	30	4	2 032	6 587	172
2003/2004	66	548	175	1 101	40	6	1 936	7 255	46
2004/2005	35	660	271	1 274	43	6	2 289	7 775	13
2005/2006	52	691	825	1 446	60	5	3 079	9 717	29
2006/2007	82	481	1 123	1 431	31	5	3 152	8 142	64
2007/2008	79	498	1 714	1 365	27	9	3 692	8 465	71
2008/2009	89	327	623	918	10	6	1973	6 609	72

（续）

年度	东亚 13 国	西亚 18 国	南亚 8 国	中亚 5 国	独联体 7 国	中东欧 16 国	占"一带一路"之和	全球	其中中国
原棉出口量（1 000 吨）									
2009/2010	115	356	1 603	1 250	13	2	3 339	7 798	72
10 年平均	94	540	660	1 216	33	5	2 547	7 453	72
占全球比例（%）	1.3	7.2	8.9	16.3	0.4	0.1	34.2	100.0	1.0
占"一带一路"比例（%）	3.7	21.2	25.9	47.7	1.3	0.2	100.0		2.8
2010/2011	104	283	1 258	1 004	4	1	2 654	7 636	73
2011/2012	258	416	2 432	915	5	0	4 026	9 843	31
2012/2013	278	362	1 720	1 093	5	0	3 458	9 795	60
2013/2014	277	391	1 539	1 013	7	0	3 227	8 802	56
2014/2015	269	486	1 567	976	4	0	3 302	8 212	47
5 年平均	237	388	1 703	1 000	5	0	3 333	8 858	53
占全球比例（%）	2.7	4.4	19.2	11.3	0.1	0.0	37.6	100.0	0.6
占"一带一路"比例（%）	7.1	11.6	51.1	30.0	0.1	0.0	100.0		1.6
原棉进口量（1 000 吨）									
2000/2001	1 752	426	609	4	408	232	3 431	5 764	393
2001/2002	1 871	650	958	4	326	229	4 038	6 182	538
2002/2003	2 422	517	757	4	346	210	4 256	6 450	1 049
2003/2004	3 346	598	955	9	306	176	5 390	7 237	2 195
2004/2005	3 168	860	1 054	10	337	165	5 594	7 317	1 754
2005/2006	5 748	876	979	13	318	126	8 060	9 584	4 554
2006/2007	3 963	1 039	1 299	9	311	100	6 721	8 213	2 650
2007/2008	4 222	845	1 813	9	259	69	7 217	8 536	2 808
2008/2009	3 016	791	1 503	6	225	37	5 578	6 647	1 767
2009/2010	4 137	1 133	1 340	5	204	25	6 844	7 928	2 680
10 年平均	3 365	774	1 127	7	304	137	5 713	7 386	2 039
占全球比例（%）	45.6	10.5	15.3	0.1	4.1	1.9	77.3	100.0	27.6
占"一带一路"比例（%）	58.9	13.5	19.7	0.1	5.3	2.4	100.0		35.7
2010/2011	4 199	803	1 246	5	127	20	6 400	7 725	2 833
2011/2012	7 080	594	1 008	5	93	12	8 792	9 761	5 570
2012/2013	6 487	861	1 361	4	58	15	8 786	9 643	4 717
2013/2014	5 244	1 003	1 533	4	64	12	7 860	8 984	3 300
2014/2015	4 187	857	1 669	4	64	11	6 792	8 049	2 216
5 年平均	5 439	824	1 363	4	81	14	7 726	8 832	3 727
占全球比例（%）	61.6	9.3	15.4	0.0	0.9	0.2	87.5	100.0	42.2
占"一带一路"比例（%）	70.4	10.7	17.6	0.1	1.1	0.2	100.0		48.2

资料来源：ICAC，Cotton：World Statistics. October，2014。

  "一带一路"沿线 67 个国家都参与棉花的出口贸易。其中印度是出口量最多的国家，2011 年原棉出口量 2 159 千吨，占"一带一路"的 53.6%，占全球的 21.9%（表 8-4）。

  "一带一路"是全球棉花进口贸易的集中带。据 ICAC（2014），21 世纪头十年（2000—2009），"一带一路"棉花进口量 5 713 千吨，占全球的 77.3%；近 5 年（2011—2014）棉花进口量 7 726 千吨，占全球的 87.5%（表 8-4）。

  在 67 个国家之中，参与棉花进口贸易的国家有 42 个，占总数的 62.7%。其中中国是进口量最多的国家，2011/2012 年度原棉进口量 5 570 千吨，占"一带一路"的 63.4%，占全球的 57.1%（表 8-4）。

表 8-4 "一带一路"棉花贸易量前 10 位排序及占全球的比例

国家	2011/2012 年度	占全球比例（%）	占"一带一路"比例（%）
原棉出口量（1 000 吨）			
印度	2 159	21.9	53.6
乌兹别克斯坦	550	5.6	13.7
巴基斯坦	257	2.6	6.4
希腊	238	2.4	5.9
马来西亚	223	2.3	5.5
土库曼斯坦	151	1.5	3.8
塔吉克斯坦	118	1.2	2.9
埃及	93	0.9	2.3
土耳其	65	0.7	1.6
哈萨克斯坦	62	0.6	1.5
67 国之和	4 026	40.9	100.0
全球	9 843	100.0	
原棉进口量（1 000 吨）			
中国	5 570	57.1	63.4
孟加拉国	680	7.0	7.7
印度尼西亚	540	5.5	6.1
土耳其	519	5.3	5.9
越南	379	3.9	4.3
泰国	275	2.8	3.1
马来西亚	245	2.5	2.8
巴基斯坦	173	1.8	2.0
印度	153	1.6	1.7
俄罗斯	76	0.8	0.9
67 国之和	8 792	90.1	100.0
全球	9 761	100.0	

  资料来源：ICAC，Cotton：World Statistics. October，2014。

三、"一带一路"沿线国家和地区的棉花消费

"一带一路"是全球棉花消费的集中带，消费量占全球总消费量的八成。据国际棉花咨询委员会资料（ICAC，2013），21世纪头十年（2000—2009），"一带一路"棉花消费量19 162千吨，占全球消费量的81.6%；近5年（2011—2014）棉花消费量20 533千吨，占全球消费的86.5%（表8-5）。

表8-5　"一带一路"棉花消费量及占全球的比例

年度	东亚 13国	西亚 18国	南亚 8国	中亚 5国	独联体 7国	中东欧 16国	67国之和	全球	其中 中国
原棉消费量（1 000吨）									
2000/2001	7 008	1 809	5 121	304	353	227	14 822	20 212	5 613
2001/2002	7 649	1 926	5 096	330	372	224	15 597	20 614	6 245
2002/2003	8 348	1 949	5 225	349	343	211	16 425	21 250	6 967
2003/2004	8 815	1 953	5 404	353	321	185	17 031	21 501	7 533
2004/2005	10 015	2 149	6 068	317	319	164	19 032	23 615	8 620
2005/2006	11 126	2 093	6 744	313	321	128	20 725	25 013	9 777
2006/2007	12 291	2 162	7 273	360	322	104	22 512	26 582	10 901
2007/2008	12 656	1 924	7 528	387	277	73	22 845	26 687	11 152
2008/2009	10 877	1 666	7 297	356	240	40	20 476	23 862	9 475
2009/2010	12 017	1 899	7 609	384	219	28	22 156	25 520	10 432
10年平均	10 080	1 953	6 337	345	309	138	19 162	23 486	8 672
占全球比例（%）	42.9	8.3	27.0	1.5	1.3	0.6	81.6	100.0	36.9
占"一带一路"比例（%）	52.6	10.2	33.1	1.8	1.6	0.7	100.0		45.3
2010/2011	11 314	1 793	7 419	417	160	24	21 127	24 478	9 785
2011/2012	10 244	1 678	7 154	443	107	12	19 639	22 735	8 838
2012/2013	10 179	1 698	8 004	486	90	12	20 469	23 566	8 519
2013/2014	9 672	1 798	8 219	512	75	12	20 288	23 479	7 734
2014/2015	10 128	1 841	8 562	520	77	12	21 140	24 384	8 117
5年平均	10 307	1 762	7 872	476	102	15	20 533	23 728	8 599
占全球比例（%）	43.4	7.4	33.2	2.0	0.4	0.1	86.5	100.0	36.2
占"一带一路"比例（%）	50.2	8.6	38.3	2.3	0.5	0.1	100.0		41.9

资料来源：ICAC，Cotton：World Statistics. October，2014。

"一带一路"67个国家都有棉花消费。其中中国是消费量最多的国家，2011/2012年度原棉消费量8 838千吨，占"一带一路"的45.0%，占全球的38.9%（表8-6）。

表 8 - 6 2011/2012 年度 "一带一路" 棉花消费量前 10 位排序及占全球的比例

国家	消费量（1 000 吨）	占全球比例（%）	占 "一带一路" 比例（%）
中国	8 838	38.9	45.0
印度	4 231	18.6	21.5
巴基斯坦	2 217	9.8	11.3
土耳其	1 300	5.7	6.6
孟加拉国	700	3.1	3.6
印度尼西亚	448	2.0	2.3
越南	410	1.8	2.1
乌兹别克斯坦	295	1.3	1.5
泰国	270	1.2	1.4
缅甸	192	0.8	1.0
67 国之和	19 639	86.4	100.0
全球	22 735	100.0	

资料来源：ICAC，Cotton：World Statistics. October，2014。

四、"一带一路"沿线国家的棉花纺织产能

"一带一路"是全球棉纱线生产的集中带，棉纱线产量占全球总消费量的九成。据国际棉花咨询委员会资料（ICAC，2013），21 世纪头十年（2000—2009），"一带一路"棉纱线产量 24 242 千吨，占全球棉纱线总产量的 89.7%；近 5 年（2011—2014）棉纱线产量 42 550 千吨，占全球的 93.75%（表 8 - 7）。

表 8 - 7 "一带一路"棉纱线产量及占全球的比例

年度	东亚 13 国	西亚 18 国	南亚 8 国	中亚 5 国	独联体 7 国	中东欧 16 国	"一带一路"之和	全球	其中中国
棉纱产量（1 000 吨）									
2000/2001	8 182	1 567	4 067	195	302	221	14 533	19 212	7 021
2001/2002	8 732	1 573	3 974	251	325	229	15 084	19 354	7 434
2002/2003	10 374	1 782	4 187	262	322	221	17 147	21 102	8 933
2003/2004	11 746	1 710	4 086	277	300	184	18 303	22 267	10 227
2004/2005	14 866	1 708	4 627	265	296	174	21 936	25 976	13 260
2005/2006	16 078	1 809	5 097	247	293	150	23 674	27 403	14 448
2006/2007	19 083	1 790	5 523	240	276	114	27 026	30 748	17 569
2007/2008	21 841	1 750	6 004	283	260	79	30 217	33 717	20 266
2008/2009	23 302	1 042	5 998	281	212	54	30 889	34 129	21 777
2009/2010	35 818	1 305	6 030	276	155	25	43 609	36 485	34 321

（续）

年度	东亚13国	西亚18国	南亚8国	中亚5国	独联体7国	中东欧16国	"一带一路"之和	全球	其中中国
棉纱产量（1 000 吨）									
10 年平均	17 002	1 604	4 959	258	274	145	24 242	27 039	15 526
占全球比例（%）	62.9	5.9	18.3	1.0	1.0	0.5	89.7	100.0	57.4
占"一带一路"比例（%）	70.1	6.6	20.5	1.1	1.1	0.6	100.0		64.0
2010/2011	28 994	1 469	6 093	297	155	16	37 024	40 116	27 443
2011/2012	30 619	1 410	6 442	311	108	12	38 901	41 929	29 174
2012/2013	34 956	1 436	6 511	326	127	9	43 365	46 225	33 573
2013/2014	36 949	1 478	7 026	348	117	13	45 930	48 799	35 495
2014/2015	38 160	1 493	7 394	361	112	13	47 532	50 339	36 670
5 年平均	33 935	1 457	6 693	329	124	12	42 550	45 481	32 471
占全球比例（%）	74.6	3.2	14.7	0.7	0.3	0.0	93.6	100.0	71.4
占"一带一路"比例（%）	79.8	3.4	15.7	0.8	0.3	0.0	100.0		76.3

资料来源：ICAC，Cotton：World Statistics. October，2014。

"一带一路"67 个国家都有棉纺织业。其中中国是棉纱线产量最高的国家，2011 年棉纱线产量 29 174 千吨，占"一带一路"的 75.0%，占全球的 69.6%（表 8-8）。

表 8-8　2011/2012 年度"一带一路"棉纱线产量排序及占全球的比例

国家	棉纱线产量（1 000 吨）	占全球比例（%）	占"一带一路"比例（%）
中国	29 174	69.6	75.0
印度	3 302	7.9	8.5
巴基斯坦	2 960	7.1	7.6
土耳其	1 088	2.6	2.8
印度尼西亚	776	1.8	2.0
泰国	272	0.6	0.7
越南	270	0.6	0.7
乌兹别克斯坦	200	0.5	0.5
孟加拉国	179	0.4	0.5
叙利亚	131	0.3	0.3
67 国之和	38 901	92.8	100.0
全球	41 929	100.0	

资料来源：ICAC，Cotton：World Statistics. October，2014。

五、"一带一路"沿线国家的棉纱线贸易

"一带一路"是全球棉纱线贸易的集中带，棉纱线出口额占全球出口额的五成，进口贸易额占全球总贸易额的七成多。

据国际棉花咨询委员会资料（ICAC，2013），21世纪头十年（2000—2009），"一带一路"棉纱线进口贸易额90.59亿美元，占全球棉纱线贸易额的45.9%；近5年（2011—2014）棉纱线进口贸易额96.2亿美元，占全球的53.1%（表8-9）。

表8-9 "一带一路"棉纱线贸易额及占全球的比例

年度	东亚 13国	西亚 18国	南亚 8国	中亚 5国	独联体 7国	中东欧 16国	占"一带一路"之和	全球	其中 中国
棉纱线进口额（百万美元）									
2000/2001	5 290	446	416	4	112	864	7 133	17 120	4 013
2001/2002	4 825	515	545	3	134	992	7 014	16 974	3 715
2002/2003	4 879	829	798	4	135	1 101	7 746	18 063	3 658
2003/2004	5 332	907	1 007	4	181	1 304	8 735	19 416	4 070
2004/2005	6 209	1 094	1 264	5	195	1 466	10 233	21 650	4 842
2005/2006	6 334	1 100	1 276	5	217	1 375	10 305	21 725	4 863
2006/2007	6 452	1 024	929	9	220	1 354	9 989	20 842	4 873
2007/2008	6 552	1 186	1 066	9	270	1 399	10 481	21 962	4 794
2008/2009	6 795	1 266	715	11	291	1 279	10 356	22 711	4 278
2009/2010	5 638	1 252	587	10	212	897	8 596	17 022	3 399
10年平均	5 831	962	860	6	197	1 203	9 059	19 749	4 250
占全球比例（%）	29.5	4.9	4.4	0.0	1.0	6.1	45.9	100.0	21.5
占"一带一路"比例（%）	64.4	10.6	9.5	0.1	2.2	13.3	100.0		46.9
2010/2011	6 403	1 588	726	10	280	736	9 743	19 561	3 499
2011/2012	7 382	1 707	846	30	158	882	11 004	21 751	3 631
2012/2013	5 265	1 135	761	27	176	752	8 115	13 035	3 421
3年平均	6 350	1 477	777	22	205	790	9 620	18 116	3 517
占全球比例（%）	35.1	8.2	4.3	0.1	1.1	4.4	53.1	100.0	19.4
占"一带一路"比例（%）	66.0	15.3	8.1	0.2	2.1	8.2	100.0		36.6
棉纱线出口额（百万美元）									
2000/2001	2 111	533	1 298	0	20	99	4 060	6 672	1 927
2001/2002	2 315	562	1 248	0	23	106	4 253	6 718	2 151
2002/2003	2 765	497	1 218	0	18	122	4 620	7 007	2 582
2003/2004	3 482	666	2 147	2	13	146	6 455	9 155	3 261
2004/2005	3 540	644	2 466	3	15	146	6 812	9 685	3 314

（续）

年度	东亚 13 国	西亚 18 国	南亚 8 国	中亚 5 国	独联体 7 国	中东欧 16 国	占"一带 一路" 之和	全球	其中 中国
棉纱线出口额（百万美元）									
2005/2006	3 449	588	2 669	6	12	148	6 873	9 440	3 212
2006/2007	4 030	692	3 118	18	12	120	7 990	10 715	3 781
2007/2008	4 120	759	3 263	11	22	105	8 280	11 114	3 839
2008/2009	4 119	1 180	3 020	14	22	107	8 462	11 270	3 686
2009/2010	3 938	618	2 606	6	18	85	7 272	9 543	3 402
10 年平均	3 387	674	2 305	6	18	118	6 508	9 132	3 116
占全球比例（%）	37.1	7.4	25.2	0.1	0.2	1.3	71.3	100.0	34.1
占"一带一路"比例（%）	52.0	10.4	35.4	0.1	0.3	1.8	100.0		47.9
2010/2011	5 051	889	4 438	5	17	79	10 481	13 587	4 130
2011/2012	4 796	895	4 831	2	22	120	10 667	14 750	3 785
2012/2013	3 828	741	5 376	2	22	62	10 030	12 822	3 590
3 年平均	4 558	842	4 882	4	21	87	10 393	13 720	3 835
占全球比例（%）	33.2	6.1	35.6	0.0	0.1	0.6	75.8	100.0	28.0
占"一带一路"比例（%）	43.9	8.1	47.0	0.0	0.2	0.8	100.0		36.9

资料来源：ICAC，Cotton：World Statistics. October，2014。

据国际棉花咨询委员会资料（ICAC，2013），21 世纪头十年（2000—2009），"一带一路"棉纱线出口贸易额 65.08 亿美元，占全球棉纱线出口贸易额的 71.3%；近 5 年（2011—2014）棉纱线进口贸易额 103.93 亿美元吨，占全球的 75.8%（表 8 - 9）。

在 67 个国家之中，参与棉纱线贸易的国家有 43 个，占总数的 64%。其中中国是棉纱线贸易大国，2011/2012 年度棉纱线出口额 36.31 亿美元，占"一带一路"的 33.0%，占全球的 16.7%；同年度棉纱线进口额 37.85 亿美元，占"一带一路"的 35.5%，占全球的 25.7%（表 8 - 10）。

表 8 - 10　2011 年"一带一路"棉纱线贸易额排序及占全球的比例

国家	2011/2012 年度	占全球比例（%）	占"一带一路"比例（%）
棉纱线出口额（百万美元）			
中国	3 631	16.7	33.0
越南	1 480	6.8	13.5
印度尼西亚	1 292	5.9	11.7
土耳其	1 233	5.7	11.2
斯里兰卡	530	2.4	4.8
日本	416	1.9	3.8
波兰	412	1.9	3.7

（续）

国家	2011 年	占全球比例（%）	占"一带一路"比例（%）
	棉纱线出口额（百万美元）		
埃及	355	1.6	3.2
泰国	305	1.4	2.8
印度	255	1.2	2.3
67 国之和	11 004	50.6	100.0
全球	21 751	100.0	
	棉纱线进口额（百万美元）		
中国	3 785	25.7	35.5
印度	2 819	19.1	26.4
巴基斯坦	2008	13.6	18.8
越南	716	4.9	6.7
土耳其	499	3.4	4.7
埃及	314	2.1	2.9
泰国	214	1.5	2.0
希腊	74	0.5	0.7
马来西亚	51	0.3	0.5
捷克	35	0.2	0.3
67 国之和	10 667	72.3	100.0
全球	14 750	100.0	

资料来源：ICAC，Cotton：World Statistics. October，2014。

六、"一带一路"沿线国家和地区棉机织物

"一带一路"是全球棉机织物生产的集中带，棉机织物产量占全球的八成，棉机织物贸易带，进口量占全球的五成多，出口量近几年占全球的占八成多。

据 ICAC 资料（2013），21 世纪头十年（2000—2009），"一带一路"棉机织物产量11 754千吨，占全球棉机织物 80.2%；近 5 年（2011—2014）棉机织物产量 14 179 千吨，占全球的 86.8%（表 8 - 11）。

表 8 - 11　"一带一路"棉机织物产量及占全球的比例

年度	东亚13 国	西亚18 国	南亚8 国	中亚5 国	独联体7 国	中东欧16 国	占"一带一路"之和	全球	其中中国
2000/2001	3 226	738	2 751	51	284	121	7 170	10 326	2 722
2001/2002	3 153	748	2 734	72	317	138	7 162	10 258	2 667
2002/2003	4 925	845	4 544	76	343	132	10 865	14 003	4 439

（续）

年度	东亚 13 国	西亚 18 国	南亚 8 国	中亚 5 国	独联体 7 国	中东欧 16 国	占"一带 一路" 之和	全球	其中 中国
2003/2004	5 212	848	4 616	74	350	128	11 227	14 299	4 821
2004/2005	6 437	946	5 482	67	312	132	13 376	16 639	6 056
2005/2006	5 100	948	5 878	61	322	97	12 406	15 522	4 753
2006/2007	5 803	975	6 362	63	321	87	13 610	16 518	5 477
2007/2008	6 421	833	6 801	76	306	66	14 502	17 219	6 031
2008/2009	6 773	504	6 939	76	271	46	14 607	17 047	6 463
2009/2010	4 814	419	7 074	75	208	29	12 618	14 747	4 542
10 年平均	5 186	780	5 318	69	303	97	11 754	14 658	4 797
占全球比例（%）	35.4	5.3	36.3	0.5	2.1	0.7	80.2	100.0	32.7
占"一带一路"比例（%）	44.1	6.6	45.2	0.6	2.6	0.8	100.0		40.8
2010/2011	5 850	440	7 311	81	205	21	13 909	16 134	5 592
2011/2012	5 521	461	7 533	79	183	18	13 795	15 932	5 280
2012/2013	5 595	464	7 515	81	198	18	13 870	15 961	5 388
2013/2014	5 475	474	8 121	85	187	14	14 356	16 536	5 264
2014/2015	5 647	477	8 564	87	175	14	14 964	17 159	5 435
5 年平均	5 618	463	7 809	82	189	17	14 179	16 344	5 392
占全球比例（%）	34.4	2.8	47.8	0.5	1.2	0.1	86.8	100.0	33.0
占"一带一路"比例（%）	39.6	3.3	55.1	0.6	1.3	0.1	100.0		38.0

资料来源：ICAC, Cotton：World Statistics. October, 2014。

据 ICAC 资料（2013），21 世纪头十年（2000—2009），"一带一路"棉机织物进口量 1 662千吨，占全球棉机织物出口量的 50.2%；近 5 年（2011—2014）棉机织物产量 1 137 千吨，占全球的 51.7%（表 8-12）。

表 8-12　"一带一路"棉机织物贸易量及占全球的比例

年度	东亚 13 国	西亚 18 国	南亚 8 国	中亚 5 国	独联体 7 国	中东欧 16 国	"一带 一路" 之和	全球	其中 中国
棉机织物进口量（1 000 吨）									
2000/2001	2 439	93	128	1	36	158	2 856	4 660	2 257
2001/2002	2 205	96	154	1	51	119	2 625	4 343	2 023
2002/2003	830	142	149	112	46	130	1 408	3 277	634
2003/2004	855	160	200	2	57	134	1 408	3 127	645
2004/2005	924	173	204	2	66	142	1 509	3 256	708
2005/2006	922	249	215	3	65	132	1 586	3 290	696

（续）

年度	东亚13国	西亚18国	南亚8国	中亚5国	独联体7国	中东欧16国	"一带一路"之和	全球	其中中国
棉机织物进口量（1 000 吨）									
2006/2007	907	212	159	5	69	135	1 487	3 106	677
2007/2008	879	201	180	3	75	132	1 470	3 082	637
2008/2009	845	177	106	3	78	142	1 350	2 992	520
2009/2010	702	170	91	3	51	88	1 104	2 331	415
10 年平均	1 151	167	159	14	59	131	1 680	3 346	921
占全球比例（%）	34.4	5.0	4.7	0.4	1.8	3.9	50.2	100.0	27.5
占"一带一路"比例（%）	68.5	9.9	9.4	0.8	3.5	7.8	100.0		54.8
2010/2011	793	287	98	6	55	78	1 316	2 721	432
2011/2012	738	200	101	12	43	74	1 168	2 366	359
2012/2013	590	125	86	6	48	72	926	1 515	379
3 年平均	707	204	95	8	49	75	1 137	2 201	390
占全球比例（%）	32.1	9.3	4.3	0.4	2.2	3.4	51.7	100.0	17.7
占"一带一路"比例（%）	62.2	17.9	8.3	0.7	4.3	6.6	100.0		34.3
棉机织物出口量（1 000 吨）									
2000/2001	1 122	139	492	0	60	61	1 875	3 015	901
2001/2002	1 101	154	501	1	57	64	1 878	3 034	872
2002/2003	749	118	550	2	62	64	1 544	2 702	522
2003/2004	972	118	348	2	50	64	1 554	2 680	746
2004/2005	1 056	134	457	1	54	68	1 770	2 897	825
2005/2006	1 067	124	524	3	51	68	1 837	2 899	837
2006/2007	1 149	139	504	6	48	51	1 896	2 833	927
2007/2008	1 102	148	298	5	37	48	1 637	2 521	890
2008/2009	1 033	133	282	7	22	37	1 513	2 485	854
2009/2010	751	108	209	5	14	31	1 119	1 743	608
10 年平均	1 010	132	416	3	45	56	1 662	2 681	798
占全球比例（%）	37.7	4.9	15.5	0.1	1.7	2.1	62.0	100.0	29.8
占"一带一路"比例（%）	60.8	7.9	25.1	0.2	2.7	3.3	100.0		48.0
2010/2011	1 781	136	268	5	9	31	2 230	2 893	1 624
2011/2012	1 640	108	400	2	6	30	2 187	2 812	1 503
2012/2013	1 664	116	113	4	9	28	1 934	2 237	1 540
3 年平均	1 695	120	261	3	8	30	2 117	2 647	1 556
占全球比例（%）	64.0	4.5	9.8	0.1	0.3	1.1	80.0	100.0	58.8
占"一带一路"比例（%）	80.1	5.7	12.3	0.2	0.4	1.4	100.0		73.5

21 世纪头十年（2000—2009），"一带一路"棉机织物出口量 1 662 千吨，占全球棉机织物出口量的 62.0%；近 5 年（2011—2014），棉机织物出口量 2 117 千吨，占全球棉机织物出口量的 80.0%。

在 67 个国家之中，参与棉机织物生产和贸易的国家有 43 个，占总数的 64%。其中中国是棉机织物进生产量、进出口贸易量最大的国家，2011/2012 年度棉机织物生产量 5 279.9 千吨，占"一带一路"的 38.3%，占全球的 33.1%。

中国也是全球棉机织物进口量最大的国家，2011/2012 年度进口棉机织物 358.5 千吨，占"一带一路"的 30.7%，占全球的 15.2%；出口量 1 503 千吨，占"一带一路"的 68.7%，占全球的 53.4%（表 8 - 13）。

表 8 - 13 "一带一路"2011/2012 年度棉机织物产量、进出口量前 10 位国家及占全球的比例

国家	数据	占全球比例（%）	占"一带一路"比例（%）
棉机织物产量（1 000 吨）			
中国	5 279.9	33.1	38.3
印度	4 334.0	27.2	31.4
巴基斯坦	3 135.9	19.7	22.7
土耳其	302.1	1.9	2.2
俄罗斯	162.4	1.0	1.2
泰国	158.6	1.0	1.1
乌兹别克斯坦	71.9	0.5	0.5
孟加拉国	56.2	0.4	0.4
伊朗	55.7	0.3	0.4
希腊	43.4	0.3	0.3
67 国之和	13 794.7	86.6	100.0
全球	15 932.2	100.0	
棉机织物进口量（1 000 吨）			
中国	358.5	15.2	30.7
越南	149.8	6.3	12.8
土耳其	135.6	5.7	11.6
印度尼西亚	119.0	5.0	10.2
斯里兰卡	72.8	3.1	6.2
埃及	49.7	2.1	4.3
日本	48.4	2.0	4.1
泰国	45.9	1.9	3.9
波兰	34.9	1.5	3.0
俄罗斯	26.8	1.1	2.3
"一带一路"之和	1 168	49.3	100.0
全球	2 366	100.0	

（续）

国家	数据	占全球比例（%）	占"一带一路"比例（%）
棉机织物出口量（1 000 吨）			
中国	1 503	53.4	68.7
巴基斯坦	267	9.5	12.2
印度	130	4.6	6.0
土耳其	95	3.4	4.3
泰国	54	1.9	2.5
印度尼西亚	46	1.6	2.1
日本	35	1.2	1.6
捷克	14	0.5	0.6
希腊	6	0.2	0.3
埃及	6	0.2	0.3
"一带一路"之和	2 187	77.8	100.0
全球	2 812	100.0	

资料来源：ICAC，Cotton：World Statistics. October，2014。

第二节 "一带一路"与中国棉花产业

一、棉花种植融入"一带一路"

根据 2015 年 6 月国务院授权发布了《推动共建丝绸之路经济带和 21 世纪海上丝绸之路的愿景与行动》，融入"一带一路"将为我国深化改革提供新的机遇期，是促进国民经济持续稳定发展又一有利因素，是进一步发挥"市场在资源配置中起决定作用"的积极因素，是推动国际和区域间深化合作互利的积极因素。特别是自 2008 年华尔街金融危机以来，全球经济增速陷入深度衰退，未来中低速增长将成为新常态，"一带一路"将可能成为全球经济增长的新引擎。

前述"一带一路"是全球棉花产业的集中带，相对而言，中亚、南亚国家正处于经济发展的上升期，人口多劳动力成本更低；"一带一路"棉花产业的资源丰富，且原棉成本更低，棉纱线成本更低，棉制品的成本更低。我国原棉成本高于进口巴基斯坦的低支纱成本，这意味着未来我国棉花产业的低端、部分中端棉产品，包括中低档原棉、中低档棉纱线、棉机织物等不具备竞争力的中低端棉制品将要让出部分市场。

因此，我国棉花产业要加快转型升级和提质增效，这是棉花产业练好内功所必需。"十三五"时期，棉花产业加快从"数量效益型"向"质量效益型"的转变步伐，树立重塑大国棉花产业新优势的战略观念；统一提质增效的思路，明确采取"品质中高端"实现提质增效的行动路径，力争在几年时间之内打好转型升级这场硬仗，打牢建设现代植棉业强和现代棉织业强国的基础。

稳步推进棉花产业"走出去"，棉花科技应先行。比如，与"一带一路"国家合作开展棉花转基因和棉花杂种优势利用研究。建议国家立项为"一带一路"开展棉花品种和技术研究，包括选育转基因抗虫、抗旱耐涝、耐瘠薄的棉花新品种选育；研制棉花轻简化栽培和中小型农机具。在中巴经济走廊合建"中亚棉花科研中心"和"棉花技术转移中心"。鼓励企业、科研、教学、社会资本联合建立国际棉花种业集团公司，联手推进棉花种业进入"一带一路"市场。派遣一批技术专家在"一带一路"推广我国传统植棉的经验方法和农机具，培训棉农，帮助"一带一路"沿线国家棉农提高棉花单产，改善品质，增加农民收入。

科技在"一带一路"融合方面走在前头。2014 年，中国农业科学院棉花研究所培育的棉花品种中棉所 44 通过吉尔吉斯国家审定，籽棉产量达到 3 570 千克/公顷，比本国品种增长 2 倍。2015 年，山东棉花研究中心培育的棉花品种鲁棉研 37 通过苏丹国家审定，籽棉产量达到 4 555 千克/公顷，比本国品种增长 3～4 倍，将作为雨养棉区的主要种植品种。在中国与巴基斯坦合作建立的中巴科技开展了一系列试验研究，引进中国棉花技术开展示范。

二、我国纺织行业"走出去"进程

改革开放前，我国纺织工业"走出去"是以对外援助的形式开始的。我国对外援助始于 1950 年，改革开放前的 28 年（1950—1978 年），我国对外援助的主要内容是向受援国提供贷款或无偿援助。对外援助的方式一般为成套项目援助、技术援助、物资援助及现汇援助等。

1956 年，我国开始向蒙古提供经济技术援助，援助项目都采取"交钥匙"方式，即中国包揽一切，全部建成后把钥匙交给蒙方。到 1964 年，共建成毛纺织厂、发电厂和造纸厂等 21 个项目，我国还动用极其紧缺的外汇为蒙古国从英国订购纺织厂设备。

1958—1963 年，我国以无息贷款方式为朝鲜承担了纺织厂、轴承厂和热工仪表厂等 29 个成套项目。1960 年我国同意供应朝鲜 10 万锭的棉纺设备。1962 年，我国将已建成但尚未使用的邯郸第三、第五纺织厂的设备全套拆往朝鲜。

改革开放前，我国还帮助阿尔巴尼亚兴建了纺织厂，并动用外汇为阿尔巴尼亚采购棉花。改革开放后的 80—90 年代，在非洲很多国家也都有中国援建的纺织厂，例如马里、赞比亚、贝宁、坦桑尼亚和埃塞俄比亚等，大多数都是在有棉花资源的国家或是纺织业非常薄弱不能满足其国内需求的国家，应这些国家政府的要求援助建设。

改革开放后，我国纺织产业快速发展，纺织工业"走出去"的形式发生了变化。我国凭借劳动力成本等优势，成为国外制造业转移的热点地区，大量承接了来自发达国家和新兴工业化国家的纺织服装转移，同时国内几大纺织基地的建设也为纺织工业未来快速发展创造了条件。建立科研院所，引进、消化和吸收国外先进设备及技术，提高国产化装备研发及制造能力，以国有企业为主力军的集中建设与集中发展为我国纺织工业插上了腾飞的翅膀。通过 30 多年的建设，中国已从一个纺织品极其匮乏的国家，发展成为名副其实的世界纺织生产大国和贸易大国。目前，中国纺织纤维加工总量已超过世界纺织纤维加工总量的 1/2，我国纺织工业已形成从原材料到纺纱、织布、印染和成衣一系列完整的产业链和产业体系，一大批大型现代企业集团成为中国纺织工业的栋梁。然而，随着人民币升值、原材料涨价、劳动力成本上升和贸易摩擦的增加，众多小微企业开始呈现内外交困的状况，我国经济的快速增长，使得纺织产业转移成为一种必然选择。

20世纪90年代，我国纺织产业迅速发展，为了开拓更多的海外市场，提升国际竞争力，纺织产业开始往海外转移。一些纺织企业为了开拓海外市场纷纷选择在非洲、南美投资建厂，如1997年上海华源纺织厂，不断在海外设厂，先后在墨西哥、印度尼西亚、加拿大和美国等地投资商产，拓宽海外业务，成为纺织业海外转移的探路者。

进入21世纪后，我国纺织企业"走出去"的步伐在加快，据相关资料统计，2005—2008年间，经商务部核准的境外纺织服装企业从130家增长到330家，中方投资额从7.8亿美元增长到15.8亿美元，增长了103％。

随着投资步伐的加快，投资规模在扩大。2005年以前，纺织企业对外投资超过100万美元的企业数较少。近年来，我国纺织企业对外投资额大多在100万美元以上，且上千万美元投资的项目比比皆是。如2008年，浙江天龙数码印染有限公司在越南投资8 000万美元，成立天龙（越南）股份有限公司；2009年，山东新光集团在南非投资4 545万美元建立纺织工业园项目；2011年，浙江富丽达股份有限公司以2.53亿美元并购加拿大纽西尔特种纤维素有限公司等。

根据商务部统计，2003—2012年间（表8-14），我国制造业年均复合增长率为30.10％，2012年达866 741万美元，占当年我国对外直接投资总额的9.9％。纺织工业对外直接投资中，纺织业年均复合增长率10.64％，2012年达25 552万美元；纺织服装服饰业由于2011年的较大幅度增长，年均复合增长率为36.52％，高于制造业同期增长率。

表8-14 2003—2012年中国纺织业对外直接投资额

单位：万美元

年份	制造业	纺织工业				纺织工业占制造业比重（％）	纺织工业对外投资同比增长（％）
		纺织业	纺织服装服饰业	化学纤维制造业	合计		
2003	62 404	9 294	983	193	10 470	16.8	
2004	75 555	7 961	2 300	1 204	11 465	15.2	11.6
2005	228 040	3 583	1 986	306	5 875	2.6	−48.8
2006	90 661	4 942	1 857	2 019	8 818	9.7	50.1
2007	212 650	3 184	5 202	1634	8 386	3.9	−4.9
2008	176 603	9 327	20 378	1 184	30 889	17.5	268.3
2009	224 097	16 288	4 624	438	21 350	9.5	−30.9
2010	466 417	12 868	1 680	2 274	16 822	3.6	−21.2
2011	704 118	11 284	13 357	1 674	26 315	3.7	56.4
2012	866 741	25 552	22 106	6 801	54 459	6.3	107.0

资料来源：中国商务部。

然而，受2008年金融危机影响，2009—2010年，纺织工业对外直接投资增长出现较大幅度下降，分别为−30.9％和−21.2％。2011年，纺织工业对外投资出现大幅回升，同比增长56.4％。2012年，纺织工业对外投资合计54，459万美元，同比增长107.0％。近10年，纺织工业对外投资占制造业的平均比重为6.3％，但年度之间波动比较大。

据商务部对外投资核准信息，目前我国纺织工业对外投资企业689家，投资目的地涉及全球 82 个国家和地区。其中，亚洲作为最大的投资目的地区，数量占 55％，欧洲占 16％，南北美洲占 16％，非洲占 12％，大洋洲占 1％。对外投资企业数量最多的 10 个目的国家和地区中，亚洲占了 7 个。

在对外投资企业数量最多的 10 个国家和地区的投资企业户数有 429 家（表 8－15），占全部 689 家企业户数的 62.3％，集中度较高。其中，中国香港是对外投资最大的目的地，占 15.5％。亚洲地区投资较为集中的国家还主要包括柬埔寨、越南、孟加拉、韩国、日本等。在欧美投资较为集中的国家主要有美国、意大利、俄罗斯等。在美欧日韩等发达国家和地区的投资主要定位于贸易、设计、市场信息等方面，在不发达国家和地区的投资则主要定位于生产性项目。

表 8－15　中国纺织工业对外投资企业数量最多的 10 个目的地

序号	投资目的地	企业户数（家）
1	中国香港	107
2	美国	81
3	阿拉伯联合酋长国	52
4	柬埔寨	37
5	越南	34
6	韩国	30
7	意大利	26
8	俄罗斯	24
9	日本	21
10	孟加拉国	17
合计		429

资料来源：中华人民共和国商务部。

三、棉纺织业"走出去"案例

我国棉纺织业"走出去"历程与全纺织业基本一致，大致分两种情况，一是援外项目投资。比如 2000 年之前的境外投资项目基本是援外性质、由政府主导的项目性质的投资，而以企业为主体、市场为驱动的境外投资主要发生在近几年。

（一）援外背景下的棉纺织业"走出去"项目

贝宁的贝宁纺织工业公司（SITEX）是我国 20 世纪 80 年代援建的纺织项目，曾经是贝宁最大的国有企业，拥有棉纺纱锭 22 400 锭，织布机 620 台，为贝宁纺织产业的发展做出了重要贡献。但因管理和资金方面的原因已经于 2003 年 12 月停产。

马里是非洲产棉大国，棉花产量在西非国家中名列前茅，马里纺织股份有限公司（COMATEX）是我国在 60 年代援建的纺织厂，棉纺纱 1.5 万锭，织布机 628 台，印染生产线一条。1994 年，应马方要求，以"债转股"形式由中国海外工程总公司同马政府合作成立合资公司，中方持股 80％，马政府为 20％，但成立之后经营状况惨淡。

坦桑尼亚的坦中合资友谊纺织有限公司的前身是坦桑尼亚友谊纺织厂，由我国政府援建于1966年，1968年建成投产。经过1976年的扩建和1993年的设备更新大修，生产规模达到4万棉纺锭、1 086台织机和2条印染生产线，有员工1 400人。但自20世纪80年代后期，由于多种原因，企业生产经营开始滑坡，亏损严重，被迫于1995年4月停产。1995年7月经双方商定，将坦桑尼亚纺织厂改制为合资企业，中方占51%的股份，坦方占49%股份。

赞比亚的赞中合资穆隆古希纺织有限公司地处赞比亚卡布韦市，是根据赞中两国政府协议，以原有经援项目为基础，1996年改制建立的合资企业。主要生产能力为年产棉花8 000吨、棉纱1 800吨、各类花布1 700万米、服装10万件套和食用油1 000吨。

(二) 市场化背景下的棉纺织业"走出去"项目

近年来，随着纺织行业国际化步伐的加快，我国棉纺织企业"走出去"的重点地区是东南亚地区，其中越南、马来西亚和柬埔寨是重点国家，随着TPP协议（即跨太平洋伙伴协议）的签订，越南和马来西亚是其成员，成为棉纺织企业"走出去"投资的重要目的地国家，从2011年起我国出口这些国家的纺纱机械设备数量增长迅速，尤其是越南近年来一直是我国纺织机械出口的第一目的地国，2014年我国出口越南纺纱设备6 387台，是2011年的5.4倍（表8-16）。

表8-16 中国出口越南、柬埔寨和马来西亚的纺纱机械数量

单位：台

年份	柬埔寨	马来西亚	越南
2011	3	109	1 187
2012	48	181	674
2013	59	317	1 901
2014	324	848	6 287

资料来源：中国纺织工业联合会统计中心。

投资境外纺织业的典型企业有：天虹集团、东渡集团和山东岱银集团等，目前天虹集团在越南投资的项目已经超过100万锭，山东岱银集团在马来西亚投资的20万锭棉纺项目在2015年5月已经投产。

(三) 棉纺织业"走出去"动因

我国纺织业"走出去"动因，一方面是改革开放进入新的发展阶段，合理布局制造业是企业进行全球资源配置，做大做强的发展路径之一，同时也是响应国家"一带一路"战略号召的具体行动。在此基础上，作为企业对外投资兴业，需全面考虑土地、成本、劳动力资源、产业配置和国际、区域贸易规则等诸多因素。

1. 关于成本、资源类的考量。以纺织龙头企业浙江科尔集团有限公司（以下简称科尔集团）在美国南卡罗来纳州兰开斯特郡开设其第一家海外棉纺纱工厂为例：该企业投资总额2.18亿美元，2014年2月动工，10月投产。用地820亩，总建筑面积15万平方米，购置先进气流纺机100台，年产棉纱线15万吨。

关于成本测算。一是廉价原棉成本，这是资源型成本问题。按国产棉价格高于国际市场计算，即价差每吨在 5 000 元左右，年用棉 15 万吨，年可节省 7.5 亿元人民币，这是境外办厂的最主要经济考量，同时还有低价能源成本。美国天然气价格前几年仅相当于中国的 40%，工厂年用电 1 亿千瓦时，国内电价每千瓦时 0.7 元，美国 0.3 元，每千瓦时电节省 0.4 元，每年可节省 0.4 亿元。测算资源型可获得近 8 亿元人民币的潜在利好。二是高昂的劳动力成本，这是劳动力资源问题。美国劳动力价格昂贵。美国设厂需劳动力 500 个，国内劳动力成本 5 万元左右/年·人并不断上涨，国内"招工难"已经成为普遍现象，企业用工成本压力持续加大。美国劳动力工资需人民币 20 万元/年·人，并且这一标准维持了 20 年，劳动力成本比我国高 3 倍。三是较低的运输成本，这是涉及市场配置问题。美国尚不存在中国这样完整的纺织服装产业链，在美国生产的棉纱线往往需要运回国内进口成品生产。但由于美国对中国长期存在的贸易逆差，运输中国制成品的船舶返程时大量空载，因此美国生产的货物能以极低的费用运往中国，即使在油价处于高位时仍然有运输成本优势。

然而，形势正在发生变化。一是原棉低成本将可能丧失。建立在高额补贴上原棉成本是美国政府补贴结果，然而这种高额补贴不符合世界贸易规则，在国内外招致了强烈的批评。2015 年 12 月世界贸易组织内罗毕部长级会议，162 个成员首次承诺全面取消农产品出口补贴，并将限制农产品出口信贷。根据农业出口协定，发达国家必须立即取消农产品补贴政策，发展中国家必须在 2018 年底前终结对农产品的直接出口支持。一旦取消棉花出口补贴，美国低原料成本优势也将丧失。二是石油价格日益下滑，国际油价自 2008 年的 120 美元/桶跌至 2016 年 2 月的 30~50 美元/桶，包括美国在内国际油价已低于生产成本，美国能源成本优势也因国际油价大幅下跌而大大缩小，低能源成本也将可能丧失。

2. 关于贸易规则的考量。2005 年全球纺织品配额取消后，越南和孟加拉国等发展中国家为了扩大纺织品出口，纷纷与发达国家签订了双边纺织品贸易优惠安排。这些发展中国家向发达国家纺织服装出口不仅没有配额限制，还享受零关税进口等优惠待遇，导致我国纺织品在发达国家的市场份额被挤走。多哈回合谈判停滞后，区域化的自由贸易协定成为主流。世界上越来越多的自贸区带来了大量的关税减让和双向投资，如越南加入了 8 个自由贸易区，2012 年又参与 TPP（跨太平洋伙伴关系协议）谈判，并将启动与欧盟双边自贸区的谈判。作为越南的主要出口行业，纺织业目前的平均关税为 17.2%，加入 TPP 后可能下降为 0%。

随着国际经济波动的加剧，我国与其他国家的纺织品贸易摩擦加剧，为保护当地的纺织业，欧洲、美国等发达国家和地区频繁使用关税、反倾销、特别保障措施、技术性贸易壁垒和社会责任壁垒等手段对我国纺织品出口设限。而一些发展中国家出于自身利益，也频繁对我国出口的纺织品实施多种贸易限制。

第 二 篇

现代棉花科技与装备

第九章　现代棉纺织技术和装备

撰稿人　韦京艳　毛树春　王功著　江鸣华

棉纺工艺是把棉纤维加工成棉纱、棉线的纺纱工艺过程。这一工艺过程也适用于纺制棉型化纤纱、中长纤维纱以及棉与其他纤维混纺纱等。棉织物服用性能良好，价格低廉，且棉纺工序比较简单，所以在纺织工业中占首要地位。棉纺技术在我国国民经济发展历程中扮演着重要角色，横跨农业和工业两大生产领域，涉及棉花生产、轧花、纺纱、织布、印染、成衣和终端消费等多个环节，已成为国民经济发展的支柱产业之一。

第一节　棉纺织技术和装备变革

一、棉纺纱技术、装备创新和发展

人类纺纱技术经历了古代手工纺纱、近代机械纺纱和现代无锭纺纱的几个阶段。

（一）第一阶段：手工动力纺纱阶段

我国手工纺纱的历史可以追溯到新石器时代。中国最原始的纺织工具为纺砖，根据出土文物，春秋时期已有纺车，秦汉时期，手摇单锭纺车已广泛使用，元代元贞年间，黄道婆改良旧有的纺织机械成为一套集杆、弹、纺、织的生产工具，发明了脚踏纺车，可同时纺三根纱，在当时是非常了不起的发明，不但提高了工作效率，而且增加了产量，比欧洲的珍妮机要早上五百年。

（二）第二阶段：机器动力纺纱代替手工纺纱

近代棉纺织业工业起源于英国。18世纪中叶的英国工业革命，首先是从纺织业中革新纺纱机开始的；从1738—1779年四十年间，纺纱由手工生产变成庞大的工业制造。1737年保罗（L. Paul）发明了罗拉式纺纱方法，成为往后许多发明的先驱；1764年，哈格瑞佛斯（J. Hargreaves）发明珍妮纺纱机（Spinning Jenny），该纺纱方法可以使16个锭子同时运转；1769年亚克莱特（R. Arfwrighe）发明了水力纺纱机，这种水力操作机械在纺织工业史上具有极重要意义，是工厂制度的开端；1767年，木匠海斯设计了18锭以上的水力纺纱机；1779年克朗顿（S. Crompton）研发出走锭式的纺纱机（Spinning Mule），可纺又细又结实的细纱，每台锭子数发展到300~400枚，产量比珍妮机提高十余倍；1785年，英国建立了第一个以蒸汽机为动力的棉纺织厂，它是手工纺织业转向近代机器纺织大工业生产的标志。

18世纪欧洲工业革命中发明了最早的动力纺纱机后，走锭和环锭纺纱机成为主要的纺纱方法。这两种纺纱机中，走锭纺纱机纺出的纱质量高但速度慢，从而纱的成本较高；环锭纺纱更为快捷，成本低约72%。在劳力日益昂贵和市场激烈竞争的形势下，到20世纪40

年代，它逐步取代了机构繁杂的走锭纺纱机，而成为现代纺纱的主要机器。此后，降低纺纱成本的压力一直在继续，推动纺织界寻求更快速低成本的纺纱与织布技术。1807 年英国人 Samuel Williams 发明的无锭纺纱技术是直接从棉条纺成纱，纺纱速度又有了显著提高。但它只能纺成粗纱，纺纱质量低，初期未被接受和认可，经过不断改进，并由于 70 年代以来厚重纯棉织物为原料的牛仔服装和提绒服装的流行，主要采用粗支纱，使气流纺纱首先在欧美国家渐获普及应用。1811 年，英国拥有走锭纺纱机锭数 500 万锭，生产棉纱 4 000 多万磅，出口量达到 1 000 多万磅。英国兰开夏和曼彻斯特因此成为全球纺纺织业中心，整个欧洲的资本主义用近代纺纱机器武装起来了。1830 年，英国靠棉、毛纺织业的发展为基轴，完成了工业化，1845 年英产棉布占全球市场的 45%，1924 年纱锭 6 330 万锭，织机 79.2 万台。1785—1910 年，英国领先全球棉纺织业持续时间长达 125 年，但自 1910 年英国纺织业停止增长并转入衰退，1924 年纱锭 6 330 万锭，织机 79.2 万台；1955 年纱锭 2 500 万锭，毛纺 324 万锭，占全球的 19.7%；1985 年纱锭 96 万锭，毛纺 83 万锭，所占全球市场不足 1%，真正进入"夕阳工业"。

现代棉纺织业起源于美国。1828 年，美国人约翰·索普（John. Thorp）发明了环锭纺纱机（Ring Spinning Frame），新发明把走锭机的加捻和卷绕的间歇结构改进成连续机构，生产效率提高 4 倍，这些发明因效率高从而获得了普遍应用，带动美国的纺织业快速发展，加上早期美国人艾利·惠特尼（Eli Whitney，1793）发明的锯齿轧花机，使美国棉花生产和原棉消费快速增长，约在 1900 年前后，棉花消费量赶上了英国。1900—1954 年，美国棉纺织业规模又成倍增长，1924 年拥有棉纱锭 3 620 万锭，1955 年下降到 2 224 万锭。美国自 1913 年取代英国成为全球最大的纺织国和原棉消费国，这一优势一直保持到 20 世纪 60 年代，即美国作为全球最大的棉纺织国家持续了 60 年。

进入 20 世纪 80 年代，气流纺纱技术发展成为计算机控制的自动化连锁体系，使纺纱效率和生产能力大幅度提高，它的出纱速度比环锭纺纱提高了 5~10 倍，从 25 米/分钟跃增至 100~200 米/分钟，纺纱成本比环锭纱纺纱降低了 54%，在欧洲国家及中国香港地区，无锭纺纱已占纺纱比重的 70% 以上，全球约占 40%，我国这一比例也在迅速扩大之中，2000 年全部 16 支粗纱已改用转子纺纱。

（三）第三阶段：第一阶段无锭纺纱机替代有梭纺锭机

自由端纺纱原理突破了环锭纺的固有框框，为大幅度提高纺纱产量开辟了新的领域。1967 年，捷克斯洛伐克首先建成全球第一家 BD‐200 型气流纺纱工厂，纺杯转速达到 35 000 转/分以上，约为初期环锭纺（1920 年）的十余倍。目前，西德施拉夫霍斯特公司已开始研制第三代机型，Autocoro 型气流纺机的转速已高达 80 000 转/分。1964 年，英国曼彻斯特科技学院和日本尤尼吉卡公司制成东洋纺 AS 型涡流纺纱机。1975 年，波兰罗兹纺织研究所研制出 PF‐1 型涡流纺纱机，在波兹南市设有 10 台涡流纺纱机的中试车间，年产 40 支细纱 2 100 吨。1962 年，澳大利亚雷普科公司研究成功自捻纺纱机，纺纱速度达 220 米/分钟。1979 年，英国泼拉脱公司制成 MKZ 型自捻纺纱机，纺纱速度达到 300 米/分钟。这些新型纺纱机均已正式投产。60 年代初，我国也开始各种无锭纺纱的研究工作。国产气流纺纱机和自捻纺纱机已在上海、北京、大连等地的棉纺纱厂中正式投产。世界上第一个静电纺纱车间在我国建成，并进行了长期的生产试验，棉纱产量质量都达到了相当高的水平。

80 年代以来，无锭转子纺纱的转子直径也在不断缩小，纺纱速度不断加快，据认为，不久的将来，新纺纱技术可将出纱速度增为 400～600 米/分钟。不过，传统的环锭纺纱技术目前仍在世界纺纱生产中占主要比重，它可纺高支细纱，目前仍难以被无锭转子纺纱或其他高速纺纱技术所取代。环锭纺纱近年也在不断改进之中，装置自动络筒和连续绕线设备，自动接头及采用更小型的纱筒和更小直径的环锭，可成倍加块出纱速度，能以 25 000 转/分的速度纺纱，并实施计算机控制和自动化，可比旧有环锭纺纱机降低成本约 1/4，增强了这一技术的竞争能力。

其他纺纱工序，如开棉、清花、梳棉、纺粗纱等，也都有技术方面的进步和自动化水平。现代化的纺织厂管理，在欧、美国家及日本，大都采用了计算机程序控制和电子自动检验以消除和减少不合格的产品，使加工工艺日益合理化。

全自动无锭纺纱技术，在生产能力和纺纱支数范畴又取得了新突破，70 年代末到 80 年代初，无锭转子纺纱只能纺 10～16 支粗纱，所用棉花绒长仅限于 25.4～27 毫米。目前，则已能主纺 24 支纱，并有愈来愈多的厂家可纺 30～40 支纱，所用棉花绒长已经增长到 30 毫米。美国德克萨斯州的纺织研究所，在 1989 年已报道采用超级长绒棉比马棉纺出 100 支高档细纱。

二、全球棉纺纱线规模

20 世纪 60 年代，美国在纺织工业设施更新及现代化方面，落后于欧洲国家，但自 80 年代中期后已逐渐赶超，转子钢锭数量从 1985 年的 50 万升为 1989 年的 85 万，生产能力相当于 450 万纱锭，占 31%，加上 2% 的喷气纺纱，1% 的摩擦纺纱，新型纺纱技术共占 34%；按纺纱重量占约 40%，其中，转子纺纱产量高于环锭纺纱产量，占 35% 左右。2000 年无锭纺纱已占纱产量的 60%。

西欧国家自 80 年代初以来纺纱能力再增长 90%，新增设施基本全为自动化转子钢砂，织布生产能力新增约 66%。同期，美国新增纺纱能力 230%，织布能力新增 83%（表 9-1）。

表 9-1　几个主要国家纺纱厂纱锭变化

单位：万锭

	1970 年之前	1975—1978 年	1990—1996 年	2000 年	2014 年
中国	500	1 600	4 300	3 000	>12000
美国	2 224	1 719	1 021	—	—
英国	5 700	1 600	100		600

资料来源：郁崇文. 纺纱学 [M]. 北京：中国纺织出版社，2009：30-42.

日本纺织工业处于大幅减缩态势，1924 年拥有棉纺纱锭 1 300 万锭，但从 1980 年的 1 245 万锭压缩至 1993 年的 771 万锭，下降了 35.6%，当前几乎没有棉纺纱锭。美国历史上最高纱锭数 3 620 万锭，印度纱锭数 2 700 万锭，巴基斯坦 700 万锭，印度尼西亚 700 万锭。美国和英国的纱厂纱锭在逐年减少（表 9-1），中国从解放初期一直在增加，2001 年加入 WTO 之后，中国纱厂规模和纱锭增长迅速，中国纺织工业逐渐形成了上海、青岛、天津三大基地"三足鼎立"的格局，发展迅速，被人们称为中国纺织工业的"上青天"时代，在中国民族纺织工业发展史上具有不可忽视的地位。

20世纪90年代至今发展中国家因财力限制，大多设备陈旧，新型棉纺装备年更新率约20％。21世纪以来，发达国家劳动力成本高涨，制造业兴起"去产能"，全球棉纺锭转移到亚洲。据国际纺织工业联合会调查（表9-2），2010年全球环锭2.44亿锭，部分国家气流纺756.6万头，亚洲主要纺织国家纺锭约占全球的84.5％，其中中国12000万锭，占全球比例的49.3％为第一；印度4800万锭，占全球的19.7％为第二；巴基斯坦1200万锭，占全球4.9％；印度尼西亚882万锭，占全球3.6％；孟加拉870万锭，占全球的3.6％，与巴基斯坦并列第三，可见全球棉纺锭都转移到亚洲。

然而，经过2008年全球金融危机和欧债危机之后，发达制造业在回流，像美国提供优惠土地、较低电价，以及较低棉花价格，中国一些企业进入美国办棉纺织业工厂，再把棉纱运回中国，因运费较低也很合算。

表9-2　2010年全球新兴经济体建成纺纱产能

国家	纺锭量		纺锭占全球的比例（％）	
	环锭纺（万锭）	气流纺（头）	环锭纺	气流纺
中国	12 000	2 280 000	49.3	29.9
印度尼西亚	882	117 256	3.6	1.5
马来西亚	60	8 000	0.2	0.1
缅甸	25	1 600	0.1	0.0
菲律宾	25	50 000	0.1	0.7
泰国	362.2	48 000	1.5	0.6
越南	365.7	104 348	1.5	1.4
印度	4 800（不含小作坊）		19.7	
巴基斯坦	1 200（不含小作坊）		4.9	
孟加拉国	870（不含小作坊）		3.6	
合计	20 589.9	2 609 204	84.5	34.5
全球	24 357.4	7 566 164	100	100

资料来源：国际纺织工业联合会（ITMF）．ICAC：Review of the World Situation. Vol 66，2013.

第二节　棉纺基本技术

一、棉纺基本概念

棉纺基本概念包括棉纺产品、特点、设备等。具体介绍如下：

棉纺产品：用棉纺设备将多种纤维加工成的纱线制品。

棉纺特点：工艺流程短，速度高，设备完善，对纤维适应性广，加工成本低。棉纺产品品种繁多，风格各异。

棉纺设备可加工：传统的棉花、各种棉型化纤、中长化纤、长丝以及其他天然纤维的纯纺和混纺。

棉纺规模：以细纱锭子数和转杯纺头数来表示棉纺厂的规模大小。

棉纺产品开发设计包括：棉纺新原料的开发、混纺纱不同混纺比的设计、新原料和新品种的工艺设计、多种花式纱的设计与加工方法。

棉纺工艺工程可以简单概括为：检花→配棉→开清棉→梳棉→条并卷→并条→粗纱→细纱→络筒→并线→加捻。如果是精梳纱，工艺中会增加精梳过程。为对棉纺工艺有深入全面的了解，需要掌握对棉纺各工序的作用及发展情况。

（一）前处理

现代棉纺企业在原棉进入棉纺工艺之前除了要轧花之外还有一个重要的工作就是除去原料中的"三丝"。

"三丝"即指棉花中的异性纤维，如化学纤维、丝、麻、毛发、塑料绳、布块和残膜等有害杂物。它们来源于棉花采收、晾晒、包装物和贮藏过程中。"三丝"污染所纺的纱线，所织布易产生疵点，降低纱线和纺织质量。疵点包卷在线条中或附着在纱条上，使条干不均匀，断头率增加，棉纱的棉结和杂质粒数增加，纱线强力和印染效果下降；一些企业因纱线和布的质量没有达到要求，影响企业信誉，损失很大。棉花中混入"三丝"，会影响纱线和棉布的外观，导致纺织品质量下降。有的棉企除了上"三丝"清理机、新型皮清机外，雇用10～20人专门挑拣"三丝"，有的棉企则直接给交售籽棉的农民或植棉单位发放棉布袋子、帽子、手套等，争取从源头上控制籽棉混入"三丝"。

为了减少"三丝"危害，最好在源头进行解决，在棉花采摘季节，棉花加工企业要深入棉田、棉农家中广泛宣传棉花"三丝"的危害及控制方法，并协助棉农做好这项工作，形成人人认识"三丝"、人人防范"三丝"的良好习惯。棉花是纺织工业原料，全国自用优质棉所占比例非常低，质量的好坏与纺织工业的产品的好坏和效益的多少呈高度正相关。因此，棉农在选择一个好品种，多生产霜前花和减少僵瓣花的基础上，还要在收、晒、贮的过程中严格控制异性纤维的混入。

国家对籽皮棉装袋前质量要求，棉花三丝含量标准为 0.4 克/吨，最高在 0.6 克/吨以下。目前"三丝"问题依然严峻，成为棉纺企业提高品级质量、降低产品成本的主要难题，特别是做高档棉纺产品的企业，需要投入大量人力、物力来加以解决，"三丝"问题值得引起大家的关注。

（二）开清棉

开清棉又称清花，包括混棉、开棉和清棉，能够对原棉进一步分离、清除杂质、疵点及短纤，并初步使纤维平行排列，形成棉条（生条）。

1. 开清棉工序主要任务。

开松：将紧压的原棉包和皮棉松解成较小的棉块或棉束，以利混合、除杂作用的顺利进行。

除杂：清除原棉中的大部分杂质、疵点及不宜纺纱的短纤维，除杂率达到40%～70%。

混棉：将不同成分的原棉进行充分而均匀地混合，以利于棉纱质量的稳定。

成卷：制成一定重量、长度、厚薄均匀、外形良好的棉卷，或制成棉丛送到下道工序中。

2. 开清棉机械的发展。 开清棉在国内的发展可以分为三个阶段：第一个阶段是 20 世纪

50 年代，主要是 54 型、58 型、59 型；第二个阶段是 20 世纪 60—70 年代，主要是 LA001～LA007等型开清棉机，以 LA004 型生产最多，应用最广；第三个阶段是 80 年代，主要是 FA 先进系列。

目前国内主要是应用清梳联，国内的主要生产厂商以青岛纺机、郑州纺机的全流程设备为代表。国外有德国 Trutzschler 公司、瑞士 Rieter 公司、意大利 Marzoli 公司、英国 Crosrol 公司和美国 Hollingsworth 等公司的清梳联设备。

（三）梳棉机

梳棉又称预清梳，先将棉条紧压成均匀的宽带状棉层，然后经成卷机制成棉卷，过程中伴随着混合和平行牵伸，使棉纤维更趋于平行，结构不断改善。

1. 梳棉工序主要任务。

分梳：将棉块分解成单纤维状态，改善纤维伸直平行状态。

除杂：清除棉卷中的细小杂质及短绒。

混合：使纤维进一步充分均匀混合。

成条：制成符合要求的棉条。

2. 梳棉机械国产和国外发展基本情况。

国产第一代：

1 181 型，产量 5～6 千克/小时。

A181 型，产量 10～15 千克/小时。

国产第二代：

A186，C、D、E、F、G 型，产量 20～35 千克/小时。

国产第三代：

产量 30～40 千克/小时 FA201、FA201B、FA203、FA231、FA221。

国外：

超高产 60～100 千克/小时。

瑞士 Rieter 公司：C50、C51。

意大利 Marzoli 公司：C501。

德国 Trutzschler 公司：DK760、DK803、DK903 等。

（四）精梳机

精梳是以针排或梳针等机件对纤维进行分梳，将纤维梳开、伸直，并除去不合要求的短纤维、杂质以及短纤维结粒，以使纱线条干均匀、光洁、强力明显提高。

1. 精梳工序主要任务。

除杂：清除纤维中的棉结、杂质和纤维疵点。

梳理：进一步分离纤维，排除一定长度以下的短纤维，提高纤维的长度整齐度和伸直度。

牵伸：将棉条拉细到一定粗细，并提高纤维平行伸直度。

成条：制成符合要求的棉条。

经过精梳系统加工的纱线质量与普梳系统相比有明显改善，具体效果表现在以下几个方面：

成纱强力：可以提高 10％～20％；

棉结杂质粒数：可减少 50％～60％；

短绒含量：可减少 42％～48％；

纤维伸直度：由生条 50％提高到 85％～95％；

成纱条干好，外观光洁，毛羽少。

2. 精梳机械国产和国外发展基本情况。

（1）精梳机类型

国产：

低速（普通）钳次 120～170/分：上海纺机总厂 A201C、A201D、A201E。

中速钳次 170～230/分：上海纺机总厂 FA251A、C，CJ25。

高速钳次 300～400/分：上海纺机总厂 PX2J、CJ40。

经纬榆次 FA261、F1 268、F1 268A，经纬合力 FA261、FA266、FA269 等。

国外高速：

瑞士立达的 E7/5、E7/6、E62、E72。

意大利马佐里 PX2 型，日本原织机公司 VC－300 型。

日本丰田公司 HZ 型，意大利沃克公司的 CM100 型。

（2）高性能精梳机特点。高效能精梳机主要是速度高（300 钳次/分钟以上）、工艺质量优、精梳机机构设计先进合理。

（五）并条机

并条是指并合多根棉条，经过混合及牵伸，使纤维伸直，纺成棉条；此棉条称为熟条。

1. 并条工序主要任务。

并合：一般用 6～8 根棉条进行并合，改善棉条长片段不匀。

牵伸：把棉条拉长抽细到规定重量，并进一步提高纤维的伸直平行程度。

混合：利用并合与牵扯伸，使纤维进一步均匀混合，不同唛头、不同工艺处理的棉条，以及棉与化纤混纺等均可采用棉条混纺方式，在并条机上进行混合。

成条：做成圈条成型良好的熟条，有规则地盘放在棉条桶内，供后工序使用。

2. 并条机在国产和国外发展基本情况。

国产：

沈阳宏大纺机公司的 FA302、FA306、FA326、FA327、FJ1 321、FJ1 329 等。

湖北天门纺机的 FA317、FA319。

陕西宝成纺机的 FA311F、FA313、FA322。

中航石家庄飞机制造公司纺机公司的 FA312、FJ1 312。

上海纺机总厂的 FA316。

单眼高速并条：沈阳宏大纺机公司的 JWF1 301，湖北天门纺机的 FA381，陕西宝成纺机的 FA382，上海纺机总厂的 CB100、JWF1 301 和 FA381。

国外：

瑞士立达 RSB-D30、RSB-D35、SB-D10、RSB-D30C、RSB-D35C 德国特吕茨勒尔

HSR1 000、TD03。

意大利马佐里 UNIMAXR、UNIMAX、UOMAXR、DUOMAX。

（六）粗纱机

粗纱是将熟条经过 4～12 倍牵伸，使其抽长变细，并稍微加捻，纺成较粗的纱，卷绕于筒管上。

1. 粗纱工序主要完成以下两个任务。

牵伸：将熟条均匀地拉长抽细，并使纤维进一步伸直平行。

加捻：将牵伸后的须条加以适当的捻回，使纱条具有一定的强力，以利粗纱卷绕和细纱机上的退绕。

2. 粗纱机械国产和国外发展基本情况。

国产：

A454、A456G、FA401，天津纺机的 TJFA458A、FA481、FA491、河北太行 FA425/426、FA467/468、上海二纺机 EJK211。

国外：

Zinser670、MarzoliFT1（FT1－D）、ToyoTaFL100、RieterF11/F33 梳并联：特吕茨勒尔、立达集成并条机 IDF。

（七）细纱机

细纱是将粗纱经过 10～50 倍的牵伸，使其抽长变细，加适当的捻度，使之成为具有相当强力的棉纱，并将其绕在筒管上。

1. 精梳工序主要任务。

牵伸：将粗纱拉细到所需细度，使纤维伸直平行。

加捻：将须条加以捻回，成为具有一定捻度、一定强力的细纱。

卷绕：将加捻后的细纱卷绕在筒管上。

成型：制成一定大小和形状的管纱，便于搬运及后工序加工。

2. 细纱机械国产和国外发展基本情况。

国产：

上海二纺机：FA503、FA507、FA509、EJM128K、EJM128L。

经纬纺机：FA502、FA504、FA506、FA506V、FA514、FA541。

国外：

Zinser、Marzoli、Rieter。

（八）成纱后工序

1. 络筒。络筒工序的主要作用是：①卷绕和成形，将管纱（线）卷绕成容量大、成型好并具有一定密度的筒子。②除杂：清除纱线上部分疵点和杂质，以提高纱线的品质。

2. 捻线。捻线工序的主要任务：①加捻，用两根或多根单纱，经过并合，加捻制成强力高、结构良好的股线。②卷绕，将加捻后的股线卷绕在筒管上。③成型，做成一定大小和形状管线，便于搬运和后工序加工。

3. 摇纱。 摇纱是将络好筒子的纱（线）按规定长度摇成绞纱（线），便于包装，运输及工序加工等。

4. 成包。 成包的主要任务是将绞纱（线）、筒子纱（线）按规定重量、团数包数、支数等打成一定体积的小包、中包、大包、筒子包，便于储藏搬运。

二、纱线基本结构参数

（一）纱线种类

纱线是纱和线的统称，由纺织纤维制成的细而柔软的、具有一定粗细和物理机械性质的连续长条。包括纱、线和长丝等。

按原料可分：棉纱线、毛纱线、化纤纱线、混纺纱线等；

按纺纱方法：环锭纺、气流纺、涡流纺、自捻纺、包缠纺纱；

按纺纱工艺：普梳纱、精梳纱、烧毛纱等；

按产品用途：织布（经纱、纬纱）、针织纱；

按纱支：粗支纱、中支纱、高支纱；

按加捻方向：Z 捻纱、S 捻纱，通常单纱为 Z 捻，股线为 S 捻。

（二）纱线结构参数

纱线结构指组成纱线的纤维的空间形态、纤维间的空间排列关系、纱线的整体几何形态，主要包括纱线的细度、细度不匀、捻度、纤维在纱中的排列、毛羽等方面，纱线结构主要影响纱和织物的外观特征和品质性能，如手感、光泽、悬垂性等。

1. 纱线细度。 纱线细度指标分为直接指标和间接指标。直接指标就是纱线的直径，但是一般不容易测量，用得较多的是间接指标。

间接指标有四种表示方式，分别是特数制、旦支数、英制支数、公支数。其中旦支数制适用于化纤纱、绢丝纱，公支数适用于毛纱、毛型纱线，特数制和英制支数是表示棉纱细度的指标。

特数制也是平时说的号数，有时也称为公制号数，指 1 000 米长的纱线，在公定回潮率 8.5% 时称得的重量克数，即为该纱线的号数，多少重量即为多少 tex，符号记作 N_t。

$$N_t = G_k \times 1\ 000/L \tag{9-1}$$

式中，G_k 为纱的标准重量（克），L 为纱的长度（米）。

旦支数也是平时说的旦尼尔，指 9 000 米长的丝在公定回潮率时的重量克数，称为旦数。符号记作 $NTEX$。

$$NTEX = (G/L) \times 9\ 000 \tag{9-2}$$

式中，G 为丝的重量（克），L 为丝的长度（米）。

英制支数（英支）是指在棉花公定回潮率 8.5% 时，一磅纱线有多少个 840 码长度个数，纱线细度就为多少英支。符号记作 N_e。

$$N_e = L_e/840G_k \tag{9-3}$$

式中，N_e 为英制支数，L_e 为试样码长，G_k 为试样重量（磅）号数。

公制支数（公支）是指 1 克纱（丝）所具有的长度米数。符号记作 N_m。

$$N_m = L/G \qquad\qquad (9-4)$$

式中，L 为纱（丝）的长度（米），G 为纱（丝）的重量（克）。

特数制和旦支数属于定长制，英制支数和公支数属于定重制。

纯棉纱线的英制支数和特数制之间的转换关系为：$N_t = 583.1/N_e$

2. 加捻指标。加捻指标有捻度、捻系数、捻缩等，加捻能使纱线具有一定的强力、弹性、伸长、光泽、手感等物理机械性能。

捻度（Twist）指单位长度纱线的捻回数，公制为 10 厘米内捻回数，英制为 1 英寸内捻回数。仅能表示相同品种的加捻程度，不能表示粗细不同纱线的加捻程度，捻度用 T 表示。

捻回角 β（Twist angle）指由线股（或绳股）与网线（或绳索）的轴线构成的夹角能直观反映纱线的加捻程度，但测量较为困难费时。

捻系数 α 是纱线加捻程度的量度，与捻回角成正比，是表征不同密度纱线的捻紧程度，不能直接测量，是计算值。

捻缩（Twist takeup）计算方法为：加捻前后纱条长度差值/加捻前原长×100%，能够反映加捻前后纱条长度的变化。

三、工艺设计要点

（一）原棉选配

1. 混合的目的。合理使用原棉，满足纱线使用产品的实际要求。通过多种原棉混合纺纱，充分发挥各方面的特性，相互取长补短，能满足不同品种、不同用途纱线的质量要求。

保持生产和成纱质量的相对稳定。如采用单唛（一批）原棉纺纱，当一批原棉用完调换另一批原棉时，大幅度地调换原棉，势必造成生产和成纱质量的波动。通过结合成纱要求和原料性能搭配使用原棉，可以保持生产过程和成纱质量的相对稳定。

节约用棉，降低原棉成本。质量好的原棉并非所有指标和纺纱性能都好，而质量差的原棉并非纺纱性能都差。如纤维较短的混合棉中，适当混用一定比例长度较长的低级棉，在纤维线密度较粗时，混用部分成熟度较低、线密度较细的低级棉，不仅成本降低，节约用棉，还使成纱质量有所提高。

2. 混合的方式。目前棉纺企业普遍使用分类排队法的配棉方法。分类排队法就是根据原棉的特性和纱线的不同要求，把适合纺制某品种纱线的原棉划分为一类，排队就是将同一类的原棉按产地，性质，色泽基本接近的排在一队中，然后与配棉日程相结合编制成配棉排队表。分类排队法的优点是可以有计划地安排一个阶段的纱线配棉成分，可以保证混用效果，是一种科学的配棉方法。

（二）配棉依据

配棉的原则讲究质量第一，全面安排，统筹兼顾，保证重点，瞻前顾后，细水长流，吃透两头，合理调配，统筹兼顾。保证重点就是要处理好质量与节约用棉的关系，在生产品种多的基础上，根据质量要求不同，既能保证重点品种的用棉，又能统筹安排；瞻前顾后就是充分考虑库存原棉，车间半成品，原棉采购的各方面情况，保证供应；细水长流就是要尽量延长每批原棉的使用期，力求做到多唛头生产，至少为 6～8 个唛头；吃透两头，合理调配就是要及时摸清用棉趋势和原棉质量，随时掌握产品质量反馈信息，机动灵活，精打细算的调配原棉。表9-3为纺纱厂根据实际工作总结出的纺不同支数的纱线对原棉性能的要求。

所纺纱线越细，对原棉的长度要求、短绒含量要求越高，而且长度差异越小，即原棉的长度整齐度越好，所需要的原棉品质要求就高，原棉的品质一致性也就好。所纺纱线的支数越低，对原棉品质要求以及原棉品质的一致性要求也偏低，纺这种纱线的原棉就比较容易配。

表9-3　纺不同支数的纱线对棉纤维性能的要求

纱支	平均长度范围（毫米）	长度差异（毫米）	短绒率（%）
特细特（58ˢ 以上）	长绒棉或31~33细绒棉	—	8%以下
细特（29~58ˢ）	28.5~31.0	2	9%~10%
中特（28~18ˢ）	27.0~29.5	4	13%~14%
粗特（18ˢ 以下）	24.5~27.0	4~6	

当纺纱厂要纺特细号纱线，原棉基本属于长绒棉，但是对长绒棉的各项指标也有很高的要求，如直径、马克隆值、长度、短绒率、强力等，只要对纺纱工艺影响的指标，都会有要求。表9-4指出纺特细号棉纱对纤维品质的要求。

表9-4　纺特细号棉纱对纤维品质的要求

棉花指标		纱线支数				
		201~253ˢ	253~299ˢ	299~349ˢ	349~399ˢ	399ˢ 以上
直径（微米）	<	11.5	10.5	9.5	9.0	8.0
马克隆值	<	3.8	3.0	3.0	2.5	2.2
成熟度（%）	>	96	98	98	98	98
长度（毫米）	>	39	40	42	45	45
短绒率（<25毫米）（%）	<	12	10	9	8	8
强力/（厘牛/特克斯）	>	42	45	50	55	60
含杂率（%）	<	1.5	1.5	1.0	1.0	1.0
棉结	<	600	500	300	300	200

资料来源：熊伟.纺特细号纱（2.9特克斯以下）对原料和纺纱器材的要求［J］.纺织器材，2013，40（1）：46-53.

在实际配棉工作中，不仅要考虑到所纺纱线的粗细特数，还要考虑到所纺纱线的用途，织造的产品。具体可以参考表9-5常见产品的配棉参考指标。

表9-5　常见产品的配棉参考指标

配棉类别	平均长度范围（毫米）	长度差异（毫米）	产品类型
特细	35 以上	—	6tex 以下的精梳纱线，高速缝纫线，商标布、丝光巾、揩镜头布、特种用纱等
特细甲	长绒棉或31.0~33.0 毫米细绒棉	—	6~10tex 精梳纱，精梳全线府绸、精梳全线卡其、高档手帕、高档针织品、高档薄型织物、绣花线、羽绒布、巴里纱、缝纫线、特种工业用纱等

（续）

配棉类别	平均长度范围（毫米）	长度差异（毫米）	产品类型
细特	29.0～31.0	2	11～20tex 精梳纱，精梳府绸、精梳横贡、高密织物、提花织物、高档汗衫、涤/棉混纺织物、刺绣底布等
细甲	28.5～30.5	2	半线府绸、半线直贡、府绸、羽绸、丝光平绒、割绒、汗衫、棉毛衫、色织、被单、薄型牛仔布、伞布、绉纱布、烤花绒、麦尔纱、化纤混纺要求较高的产品等
细乙	28.0～30.0	2	半线织物（平布、哔叽、华达呢、卡其）的经纱、平布、斜纹、直贡、麻纱、细帆布、纱罗、透孔布、泡泡纱、印花布、漂白布等
中甲	27.5～29.5	4	府绸、纱罗、织物起绒、灯芯绒纬纱、牛仔布、割绒、汗衫、棉毛衫、薄型卫生衫、化纤混纺、深色布、轧光和染色要求高的产品等
中乙	27.0～29.0	4	半线织物的纬纱、平布、斜纹、哔叽、华达呢、卡其、直贡、色织被单、毛巾、鞋布、中帆布、原色布等
中丙	26.5～28.5	4	纱布、蚊帐布、夹里布、面粉袋布、篷盖布、稀密布、印花布、漂白布等
粗甲	25.5～27.5	4	半线织物（府绸、华达呢、卡其）的纬纱、高档粗平府绸、织物起绒、针织起绒、牛仔布、被单、床罩、深色布等
粗乙	25.0～27.0	4	平布、斜纹、哔叽、华达呢、卡其、直贡、服装帆布、纱布、疏松织物、印花布等
粗丙	24.5～26.5	6	工作服、面粉袋布、粗帆布、底布、基布、垫布、劳动手套、贴墙布、食糖袋布等
细中（低）	27.0～29.0	6	家具布、窗帘布、装饰布、绒布、低档帆布、印花布等
粗（低）	25.0～27.0	6	绒毯、毛巾、低档粗布、漆布、箱布、色布等

资料来源：南阳新野纺织集团。

第三节　新型棉纺纱技术

一、新型棉纺纱技术

纺纱就是将纤维混合并制成纱线的过程，纺纱过程可分为开松、梳理、并和、牵伸和加捻等步骤。纺纱可以分为三个基本操作：棉条或者粗纱进行牵伸加工至所要求线密度；增加纤维束的凝聚力，一般通过加捻实现；纱线缠绕至合适尺寸成包。

业界认为，1965年以来全球发明的不同于传统纺纱技术的纺纱方法统称为新型纺纱，都属于新型纺纱的范畴。

按新型纺纱的发源时间和国家分：

1949、1965：美国 E. S. 肯尼迪与 S. 奥格斯尔、A. L. 托马斯发明静电纺纱装置专利，自由端纺纱自此诞生了。

1965：捷克（捷克斯洛伐克 VUB 棉纺织研究所）发明转杯纺纱 KS200。

1971：澳大利亚（澳大利亚雷普科公司）发明自捻纺纱 MKI。

1975：波兰（罗兹纺织研究所）发明涡流纺纱 PF－1。

1975：奥地利（奥地利费勒公司）发明摩擦纺纱 DREF-Ⅱ。

1975：荷兰 Dr Ernst Fehrer 发明黏合纺纱 Twilo。

1981：日本（村田公司制造）发明喷气纺纱 MJS，以 MJS（Murata Jet Spinner）机型为代表。

目前，全球纺纱系统包括环锭纺（紧密纺和双股线系统）、转杯纺（自由端纺纱）、自捻纺、摩擦纺（自由端纺纱）、喷气纺和无捻纺，其中环锭纺和转杯纺是最重要的棉纺系统，占全球棉纺比重高达 90％以上，其中环锭纺纱占全球长和短纤维纱生产的 70％，转杯纺纱占 23％，喷气涡流纺占 3％。2003 年全球共生产 1.75 亿环锭纱和 800 万头转杯。在产能方面，一个转杯纺相当于 5 个或更多环锭纺系统的产能，因此，转杯纺纱是一个重要的棉纺纱系统。目前全球环锭纺纱系统（历史 100 年）仍占主导地位，因为环锭纱比其他方式纺出的纱线质量更优、强度更高、条干均匀度更好，可纺特别细的纱线（甚至可纺 2 特克斯），所纺纱线的细度范围是在精梳纱的横截面有 35 根纤维和粗梳纱条横截面 75 根纤维。

（一）新型纺纱分类

新型纺纱方法按成纱原理和成纱方法有分有不同的分类，按成纱原理分自由端纺纱和非自由端纺纱两类。

1. 自由端纺纱（Open-end-Spinning）。自由端纺纱是在纺纱过程中，将喂入的纤维条松懈成单纤维，再使单纤维凝聚成自由端纤维条，纤维条经过加捻而成纱的纺纱方法。即自由端纺纱的喂入点与加捻点之间的纤维须条是断开的，形成自由端，自由端随加捻器一起回转使纱条获得真捻。如转杯纺、涡流纺、静电纺、摩擦纺 DREF-Ⅱ。自由端纺纱的形式有很多种，但是都必须经过松解、凝聚、加捻和卷绕四个过程。

2. 非自由端纺纱（Non-open-end spinning）。喂入点与加捻点之间的纤维须条是连续的，须条两端被握持，借助假捻、包缠、黏合等方法使纤维抱合到一起，从而使纱条获得强力。非自由端纺纱和自由端纺纱的主要区别在于纺纱过程中，喂入的纤维条没有产生自由端，须条两端备握持，借助其他方法将纤维抱合在一起，使纱条获得强力。如喷气纺、平行纺、自捻纺、无捻纺等。

新型纺纱技术按成纱方法分为五类，具体如下：

（1）加捻成纱。靠给纤维须条施加一定的捻度成纱。如转杯纺、涡流纺。

（2）包缠成纱。靠纤维相互包缠成纱。如喷气纺、摩擦纺 DREF-Ⅲ、平行纺。

（3）自捻成纱。靠两根单纱的假捻自捻成纱。如自捻纺。

（4）黏合成纱。靠一定的黏合剂使纤维黏合成纱。如黏合纺。

（5）复合纺和结构纺。复合纺和结构纺包括赛络纺、分束纺、集聚纺、赛罗菲尔纺等。

（二）新型纺纱特点

（1）产量高，因为加捻和卷绕采用不同的机构完成，加捻卷绕速度可以大大提高，因此产量大幅提高，一般是环锭纺的几倍到几十倍。

（2）装卷大，采用筒子卷绕，不受钢领直径、铜管高度等限制，因此卷装增大。

（3）流程短，大多采用棉条喂入的形式，纺成的纱直接缠绕成筒子纱，省去了粗纱、络筒的工序，简化了成产工序，降低了生产成本。

（4）自动化程度高，新型纺纱输出速度高，卷装容量大，客观上要求提高自动化程度，许多新型纺纱机上配备了自动接头装置及激动络筒装置。

（5）成纱风格独特，各种新型纺纱的纺纱原理不同，因此成纱结构特征也不相同，多样化的成纱结构，丰富了产品风格，如竹节纱、花式纱及多种有色纤维混纺纱等，可以形成多种风格的织物。

二、新型纺纱方法

随着纺织科学技术的发展，目前在纺纱生产中普遍采用了两类纺纱技术：一是环锭纺纱技术，从发明到应用已有 100 多年历史。二是新型纺纱技术，如转杯纺、喷气纺、喷气涡流纺等，由于其成纱机理、成纱结构不同于环锭纺，并在纺纱工序缩短、劳动用工减少等方面具有一定优势，故近期得到快速发展，用新型纺纱技术生产的各类纱线比重逐年有较大增加。但从总体分析，目前用环锭纺纱机生产的纱线仍占主导地位，国内外 90% 短纤纱线是在环锭纺纱机上加工生产的。

（一）环锭纺纱（Ring Spinning）

环锭纺属于传统纺纱方法，环锭纺纱是将牵伸、加捻和卷绕同时进行的一种纺纱方法，粗纱在牵伸系统中被牵伸至所要求纱支的须条，再经钢领、钢丝圈的加捻和卷绕形成一根纱线。纺纱特点：须条两端握持，有加捻三角区，加捻与卷绕同时完成，成纱结构较紧密，纱线强度高、毛羽少，纤维伸直度高。

环锭纺纱线在纱线线密度、适用纤维类型和纱线的优良品质和性质方面有良好性能，环锭纺纱系统对纤维运动、方向控制良好，所以环锭纺纱仍是目前最受欢迎的纺纱系统，特别是纺高支细纱。其主要缺点是主轴转速限制了纱线的产量，主要是因为产生的热量高、钢丝圈磨损和纱线张力。即使是小包装的纱线也需要旋转纱线包，大概每加一次捻回需要旋转一次，这个过程会消耗大量的能量。更小的圆环、更高的主轴转速、自动落纱，紧密纺、在线监控、和钢丝圈（如陶瓷）等技术在纺纱系统中越来越受欢迎。根据 Oxtoby（1987）研究指出，约总功率的 85% 用于环锭细纱机的纺锤波驱动（根据纱线密度、包装尺寸、主轴转速等等）平衡用于牵伸和其他机制之间。

下列因素是主要影响纺纱的条件：

（1）环的直径（影响包装尺寸、纱线张力、钢丝圈和主轴速度、功率、运营成本、占地面积和落纱成本）；

（2）气圈高度（影响功率消耗、经济成本、占地面积、落纱成本、气圈消耗）；

（3）锭子转速；

（4）钢丝圈体积。

主要限制锭子上钢丝圈的速度（最高速速大约为 45 米/秒），转子的最高转速一般是在

25 000 转/分，纱线的产出速度大概在 40 米/分钟，牵伸倍数在 10~80 倍。减少气圈的尺寸和钢丝圈的摩擦力能够减少牵伸倍数的限制。钢丝圈能够控制纱线的张力，很大程度上取决于钢丝圈对转子的摩擦阻力，摩擦力主要是由锭子的转速决定的。钢丝圈需要有较好的散热性能、足够的线程空间，大小和形状要和转子匹配。纺纱示意如图 9-1。

环锭纺（精梳）流程：

原料→开清棉→梳棉→预并条→条并卷→精梳→并条（二道）→粗纱→细纱→后加工

环锭纺（普梳）流程：

原料→开清棉→梳棉→并条（二道）→粗纱→细纱→后加工

纱线张力（S）可近似如下：

$$S = \frac{\mu_L}{\sin\alpha}\left[\frac{m_L v_L^2}{d_R}\right] \qquad (9-5)$$

其中，μ_L 为纲领和钢丝圈之间的摩擦系数；m_L 为钢丝圈尺寸；α 为纱线对钢丝圈的包角；v_L 钢丝圈的圆周速度；d_R=钢领直径。

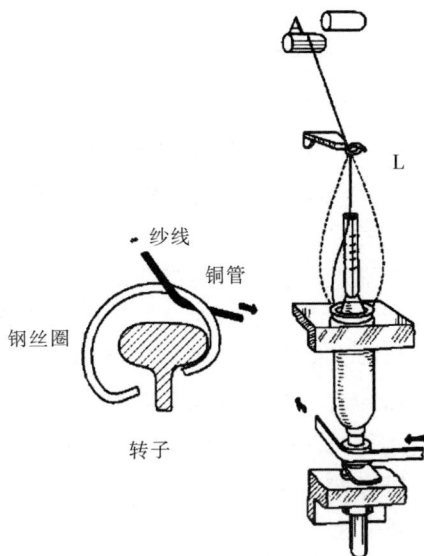

图 9-1　纺纱过程示意图
资料来源：S. Gordonand and Y L. Hsieh. Cotton：Science and technology. Woodhead Publishing Limted，2007：256.

纺纱张力同样受到气圈长度和直径的影响，控制气圈的装制和设备（例如钢圈和钢领附件），使纱线张力降低和气圈大小减少，从而提高纺纱速度、增大纱线卷装、减少能量消耗，钢丝圈速度可能达到 45 米/秒（甚至 50 米/秒）。例如，使用烧结环和尼龙的钢丝圈者。旋转的钢领是另一种用于克服钢圈和纱线张力的方法，但是目前还没得到广泛应用。

纺纱的输出产量以及生产成本和需要加捻的水平有关，加捻影响纺纱效率（断头率）和纱线性能（特别是拉伸性能、毛羽和刚度）。

一般选择的最小捻系数要保证纺纱工艺性能和纱线性能。纱线加入捻数后在长度上会有一定的减少，称为捻收缩，通常情况下是纺 20 特克斯的纱线在长度上减少 4%。

纺纱过程的中断可能是因为纺纱张力过大导致纱线断裂，特别容易发生在纱线弱环地方，或者是纱线弱的地方，如棉结、原料中的短纤。

据 Krifa 和 Ethridge（2004）研究提出的定义，现代环锭纺纱设备技术有自动化、加捻变化、自动络纱、条子/粗纱自停装置、纱线断裂指标分析、电子速度和大卷装、自动接头、在线监测、数据收集、自动清洁等。要想达到很好的纺纱性能，纺纱过程需要合适的温湿度条件，相对湿度 60±5%，温度 22±2℃。

环锭纺纱经历了 100 多年发展，技术越来越成熟、对生产品种适应性越来越广，生产纱支在 5~300 特克斯内的纱线均可在环锭纺纱机上加工，同时环锭纺技术不仅在棉纺上应用，还广泛应用于毛纺、麻纺、绢纺等领域，生产毛纱、麻纱、绢丝纱等各种纱线。跨入 21 世纪以来，随着纺纱技术的不断进步，环锭纺纱技术不但在纺纱方法上取得了重大突破与改进，而且在纺纱技术装备上运用高科技手段在智能化、自动化、机电一体化技术等方法也有重大创新，环锭纺纱技术正以崭新的面貌展示在纺纱领域。

（二）紧密纺纱（Compact spinning）

很多专家为消除纺编织纱线过程产生的双向弯钩做出了很多的努力，最终的目标是可以不通过合股或者上浆等方式生产尽可能细的纱线。有两种方法已被沿用，即双纱纺纱（如赛络，EliTwist 和赛络菲尔纺）和紧密（稠）纺纱，后者主要用于棉纺。双纱纺纱，也称自捻纺纱或者双粗纱纺纱，是两根粗条同时被送入同一个双皮圈牵伸系统，每根粗纱在达到罗拉之前分别进行加捻。赛络纺的应用能够防止机械作用产生的纱线断头并可以预防当一根粗纱断裂后不影响正常纺纱。纺纱的范围在每根纱线的横截面有大约 35 根纤维。随着技术的发展，目前，可以纺 Ne20/2，Ne140/2 粗细的纱线。

1999 年，巴黎国际纺织机械展览会上展出了生产紧密纱的环锭细纱机，其参展商有瑞士立达公司、德国绪森公司、青泽公司及 MAL 公司等。紧密纺又称集聚纺，主要是在环锭细纱机牵伸装置前增加了一个纤维凝聚区，从牵伸装置前罗拉钳口线迁移出来的纤维束集聚在一条线上，基本消除了前罗拉至加捻点之间的纺纱加捻三角区，很好地解决了传统环锭纺纱存在的成纱强力、毛羽和飞花等关键问题，并给后续加工和产品质量带来一系列益处。为减少纺纱用工，提高劳动生产率，在环锭细纱机上广泛应用自动化、机电一体化等新技术，国外带自动落纱的细纱长车及细络联已得到广泛应用，国内带集体络纱的细纱长机也取得长足进步，正在逐步推广应用，并向细络联与粗细联延伸，实现纺纱工序的连续化。国外细纱锭速最高已达 2.5 万转/分，国内采用新型高速锭子等措施后，有望环锭纺生产效率比原来提高 15%～20%。

紧密环锭纱比普通环锭纱的纱线质量高，毛羽减少约 80%，3 毫米及以上的毛羽更少，提高了纱线质量，织物具有轮廓清晰的织物结构，悬垂性明显提高，起球现象降低，织物耐磨牢度提高，光泽和美观提高，耐磨性比传统的纱线提高 40%～50%，降低了断头率，提高了效率；单纱强力可提高 5%～10%，捻度可降低 20%，既增加了细纱产量，又改善了织物手感；紧密纱的条干 CV 值小、纱疵少、耐摩擦，经络筒后效果更明显，纤维在纱线中排列有序，可替代精梳纱；在生产紧密环锭精梳纱时，可减少精梳落棉 6%～12%，而不影响纱线质量，提高经济效益；可以使用较高 CV 值的原料，而纺出纱线的粗节、细节优于传统纱线，对原料要求不高。生产中去除烧毛等工序，缩短了工艺流程，生产成本降低，而纱线售价每千克比普通环锭纱高 1～3.5 美元，因而具有良好的经济效益。

环锭紧密纺技术的研发成功与投入生产，标志着环锭纺纱技术进入了一个新的历史发展阶段，用紧密纺技术生产的纱线在可纺支数与品质方面比传统环锭纺及新型纺纱均具有明显优势。在环锭细纱机上采用多种形式复合纺纱技术，使环锭纺纱线不仅呈现原料、色泽多元化，而且形态结构多样化，进一步拓宽了环锭纺生产纱线的应用领域。

综合看来，紧密纱的优越性，涉及到原料的节省、环境保护、节约能源、节约人力资源、提高生产效率等一系列纺、织生产中有关成本和管理的项目，确实是在传统环锭纺纱领域一个实质性改善纱线品质的飞跃。

（三）转杯纺纱（Rotor spinning）

转杯纺纱，通常被称为开放式（OE 纱）纺纱。因为在成为纱线之前纤维之间有一个断裂（不连续或开口端），该纺纱技术是在 20 世纪 60 年代后期被商业上引入，在短纤维纺纱生产方面能力仅次于环锭纺。现在一般将环锭纺纱和该方法称为传统纺纱方法。适纺纱线的范围在 10～600 特克斯，当输出纱线速度高达 300 米/分或者更高时，所纺纱线范围是 15～100 特克斯，尽管在纺较细纱线并没有很好的经济效益。转杯纺纱和环锭纺纱相比的劣势是纱线的比强低，而且较多缠绕纤维影响手感，纺纱的界限也比较低，一般在横截面内最多有100～200 根纤维。

Brandis 设计了转杯纺纱过程在纱线底部的最大纺纱张力（F）计算公式，如下：

$$F = 1.25 \times 10^{-6} \times \frac{n^2 D^2}{g} \times tex \qquad (9-6)$$

式中，n 为转子速度（转/分）；D 为转子直径（米）；g 为重力加速度（米/秒^2）。

摩擦力作为一个系统常量引入，代表了理论和实际之间的比值（S），比值的大小有很多影响因素，包括纤维的类型、转子速度、采用双轴或同轴系统。有效纺纱拉伸张力 Fe 遵循以下公式：

$$Fe = 1.25 \times 10^{-6} \times \frac{n^2 D^2}{g} \times tex \times S \qquad (9-7)$$

Brandis 在转子最大转速时的纺纱张力最大，纺纱张力也可认为是纱线受到的最大牵伸力，发明了克房伯公式，简化为：

$$n_{\max} = \frac{2\ 700}{D} \sqrt{\frac{B}{S}} \qquad (9-8)$$

其中：D 为转子直径（米）。

假设以下的典型值 $D=0.04\text{m}$，$B=12\text{km(orgf/tex)}$，$S=1.5$，则 $n_{\max}$ 为 190 000 转/分。

转杯纺纱机可与梳棉机或并条机条子（头并、二并条）结合使用，甚至在某些情况下，可在梳棉机梳棉后直接棉条喂入用于转杯纺纱。最近研究表明，梳棉机和并条机能很好地适应转杯纺纱技术。实际上，喂入罗拉将纤维棉条喂入分梳辊，在分梳辊的分梳作用下纤维进行充分的梳理。分束后的纤维通过气流管道顺应纤维方向运送至专门设计的转子槽内，这些纤维沿着纤维进行气动运输管特别设计的槽转子（通常有特殊耐磨涂层），转子具有很高的转速，转子直径通常 28～56 毫米。

纱线通过自身的旋转或者特殊设计（引纱管），纱线每旋转一周加入一个捻数，加捻是旋转的纱条在转子槽内进行。加入的捻数可通过以下公式进行计算：

$$捻数 = \frac{转子速度}{纱线自转速度} \qquad (9-9)$$

转杯纺纱的加捻水平通常要比环锭纺纱的加捻水平高，纱线直接进行络筒，络筒形式可以是平行的或者锥形的，纱线的长度和均匀度能够在纺纱过程进行监控，纱线在编织过程可以进行上蜡工序。纱线结构包括：主体部分，类似于环锭纱；被包缠纱包覆的纱芯、包缠纤维，图 9-2 纱线结构图可以清楚地看到纱芯和包缠纤维结构，粗的部分是包芯部分纱线，细的是包缠纱线部分。几乎成直角包缠在纱线周围，这是包芯纺纱的主要典型缺点之一。纱线的芯部主要担当的是纱线的强力，包缠纤维很大程度上决定了纱线的大小和体积，主要影响纱线的手感（毛羽）。

牵伸的倍数通常为 100～200 倍，当转子速度高达 4.0 万～15 万转/分时，牵伸倍数可以达到 400（较高牵伸倍数有益于纱线质量），牵伸倍数跟转子直径以及最大转速有关，通常认为极限转速为 180 000 转/分。纱线的质量跟转子形状（角度、半径、深度）、转子直径、转子速度、引纱管性能以及转子的倾斜和摩擦有关。

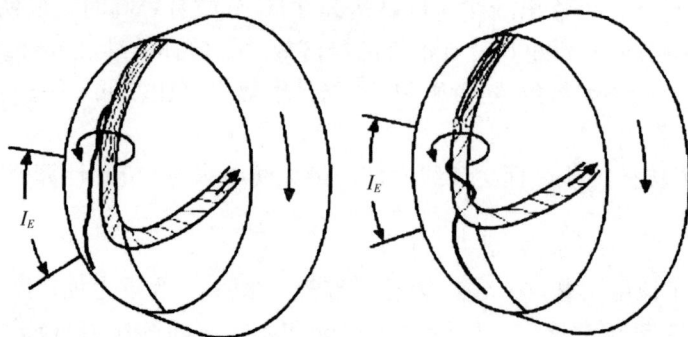

图 9-2　纱线结构图

资料来源：S. Gordonand and Y L. Hsieh. Cotton：Science and technology. Woodhead Publishing Limted，2007：264.

　　转杯纺是目前新型纺纱中应用最为广泛的技术，自 1967 年在瑞士巴塞尔国际纺织展览上展出第一台转杯纺纱机至今已有 40 多年的发展历史，它经过几个阶段的发展，技术和设备水平不断提高，纺纱速度更快。

　　目前国内外转杯纺技术发展各有千秋，纺纱参数、机型、转速等有所不同，表 9-6 给出了目前常用的国内外几种转杯纺技术特征参数。

表 9-6　国内外几种转杯纺的主要技术特征

制造厂商	德国 SCHLAFHORST	立达 RLETER	捷克 BASETEX	中国 浙江泰坦	中国 经纬纺机厂
机型	Autocoro360	R40	BT903	TQF268	F1 631
适纺纤维长度（毫米）	＜60	＜60	＜60	＜60	25～40
适纺特数（特克斯）	145～10	200～10	240～15	250～10	100～14.5
每台最多头数	360	400	240	240	192
最高转速（转/分）	150 000	160 000	100 000	100 000	75 000
最大引纱速度（米/分）	300	350	180	—	116.7
控制方式	微处理系统	PC 机	微处理系统	智能化电控系统	PLC 控制系统
主电机类型	换向器	变频控制	变频控制	变频控制	带减速器

　　资料来源：中国国际纺机展览会暨 ITMA 亚洲展览会（ITMAASIA＋CITME）展品评估报告 .2014.

(四) 喷气纺纱（Airjet spinning）

　　喷气纺纱是村田在 1997 年推出了真捻喷气（涡流）纺纱工艺（MVS），已被认为是最成功的纯棉纺纱系统，也是生产效率较高的喷气纺纱系统。村田 MVS 系统利用有主轴系统的四线皮辊牵伸系统、导纱钩、喷嘴系统赋予纱线真捻，棉条直接喂入牵伸装置，经牵伸后的须条进入喷嘴，两个方向相反的高速旋转气流对纱条进行假捻并包缠成纱，纱条引出后经电子清纱器去除疵点后被卷绕在筒子上。

喷气纺纱，通常称为涡流纺纱，在20世纪80年代引进，一般生产纱线线密度约在5～40特克斯，纺纱速度可达400米/分钟，甚至更高。喷气纺纱过程类似于环锭纺纱，尽管在纺纱前处理梳棉中去除了灰尘和杂质。纱线性能接近环锭纺纱，但是纱线强力比环锭纱低。喷气纺纱系统不适合高速生产，纱线的存储装置类似于制造机的储存式喂纱器，纱线自动进行存储、输出、喂入等。

喷气纺纱输入的棉条一般来自并条机（通常是精梳条）具有一定捻度的纤维，主要分布在纱线的表面，由两个喷气喷嘴产生，当纺100%纯棉的时候采用一个喷嘴。纱线的结构通常是中心平行的纤维和外侧加捻的纤维。喷气纺制成的纱线强力比环锭纱低，直径略粗，表面光洁度差，手感较硬，着色性能较好，喷气纱织物麻感较强。

喷气纺可使纺纱成本再降低约72%。自1975年开始研制，经过10年的发展已占约占全球1%的市场份额，美国则占3%～4%。喷气纺以输出速度高、可纺纱细的特性而被人们所看好，其出纱速度可达350～400米/分，生产效率为环锭纺的10～20倍、转杯纺的3～5倍，适宜加工精细原料（如精梳产品、化纤等），适纺中、细号纱，一般为18特克斯以下。世界80%左右的喷气纺纱机在美国，喷气纺其纱号细、硬挺、均匀、光洁、短毛羽较多的特性而通常用于制作衬衫、轻薄织物、床单、针织物和磨绒织物等。

我国喷气纺约有1万头，占世界喷气纺21.5万头的4.6%。但喷气纺纱存在一些不足：一方面是传统喷气纺包缠假捻的成纱特性较适合纺制涤纶和涤棉混纺纱以及其他较细、软的纤维，而纺制纯棉纱的强力较低、仅为同类纱的60%～70%，从而限制了其应用范围，这是喷气纺的一个主要不足；另外一方面是设备和运转成本太高。但是随着技术的进步，以上这些问题正在逐步解决。我国尽管在喷气纺纱技术与工艺方面已做了不少研究工作，但在喷气纺纱设备制造方面仍为空白。

（五）涡流纺（Vortex spinning）

涡流纺纱，是继MJS之后1975村田公司推出的新一代的喷气纺纱技术MVS（Murata Vortex Spinning）。涡流纺的成纱原理是棉条直接喂入牵伸装置，经牵伸后的须条从前罗拉钳口输出，立即被纺纱器的直喷嘴中涡流所产生的负压吸入，形成芯纤维，当纤维的末端脱离前罗拉时，因涡流作用而扩张，覆盖在空心锭子表面，并沿着固定的空心内壁回转，随着纱条的向前运动，纤维末端缠绕于纱芯上使纱线获得捻度而成纱。

表9-7 国内外涡流纺纱的主要技术特征

制造厂商	立达 J20	日本村田 VORETEXⅢ870	中国华方科技 HFW80
适纺纤维	精梳棉、纤维素纤维、混纺	100%化纤，化纤和棉混纺，100%棉	100%化纤，化纤和棉混纺，100%棉
纤维要求	纤维素纤维、超细纤维及混纺	≤38毫米	27～40毫米化纤、纯棉、混纺

（续）

制造厂商	立达 J20	日本村田 VORETEXⅢ 870	中国华方科技 HFW80
适纺英支数（S$_e$）	24～70	15～60	15～60
适纺特数（特克斯）	9～25	10～39	10～39
引纱速度（米/分钟）	450	500	＜450
锭数（锭）	200	96	80

资料来源：魏雪梅. 纺纱设备与工艺［M］. 北京：中国纺织出版社，2008：285-290.

涡流纺纱线毛羽少，布面光洁，优良的抗起球性、耐磨性能和优良的吸湿性等特点，在全球范围内得到广泛的认可，至今为止，涡流纺纱线已经获得全球大型服装企业的广泛采用，日本村田公司作为全球唯一成熟的涡流纺纱机供应商，产品供不应求，其中46％销往中国市场。

（六）摩擦纺纱（Friction spinning）

摩擦纺纱是利用尘笼内的负压气流吸附纤维和尘笼回转对纤维须条摩擦加捻的纺纱方法，采用这一摩擦原理的纺纱方法最早是由英国泼拉脱萨克洛威尔（Platt Sa-co Lowell）发明的，后经各国研究开发业已成为一种成熟的纺纱方式，它的特点是速度快，适纺纤维范围广。

摩擦纺纱机对原料的要求较低，可适用于天然纤维、化学纤维、下脚废料等各种原料，由于摩擦纺纱机能借助尘笼内部的吸风装置的吸力清除尘杂，使它能用低级原料甚至下脚废料纺出较好的纱线，当混合纤维原料中有50％的纤维短于15毫米，或纤维长度离散度大、纤维线密度变异大、含杂多时，环锭纺和转杯纺都会遇到困难，而摩擦纺可以顺利纺纱，从而节约成本，增加利润。

（七）黏合纺纱（Bonding spinning）

黏合纺纱主要是用于纺化纤，利用黏合剂使须条相互黏合成纱的方法，短纤维的黏合为无捻纱，利用的是化纤的熔融状态。

黏合纱有长丝的高强和短纤维的毛绒感，纱疵少、无接头、耐磨性好、手感粗硬、毛羽多。

（八）自捻纺纱（Self-twisting spinning）

自捻纺是将两根须条两端握持、中间加持，形成两根具有正、反抢交替的假捻单纱，再将两根纱条平行紧靠在一起，依靠两纱条的抗扭力矩自行捻合成具有自捻捻度的双股自捻纱。全球最早的自捻纺纱机制造商是澳大利亚Repco公司，始于1996年。自捻纺有低速高产的特点，在社会竞争如此激烈的今天，它大大降低了生产成本和能耗，自捻纺最高纺纱速度可达250米/分。与环锭纺相比，在生产环节可减少物料重量80％，降低32％以上的能耗。可一次性生产不同股数纱线。适纺长度在50～220毫米之间的所有长丝纤维及其混合纤维，自捻纺纱线的外观结构更接近于环锭纺纱线，其较高的加捻速度、纺纱速度、单体产量等都优于其他纺纱方法，仅次于摩擦纺。综合考虑，自捻纺在未来高效节能的生产趋势下，具有更好的发展空间。

（九）静电纺纱（Electrostatic spinning）

静电纺纱作为一种新的纺纱方法，具有结构简单、单产高、噪声小、在间环境清洁等特点，但由于其强力和制成率较低等问题，当前应用范围还不广，主要用于纺 13～60tex 纯棉纱、纯麻纱和棉麻混纺纱。

（十）复合与结构纺纱（Composite spinning）

复合与结构纺主要是指在环锭纺纱机上通过增加喂入装置或者喂入单元形成的复合纱和通过须条分束或集聚得到的结构纱的纺纱方法。

赛络纺（Sirospun）是由澳大利亚联邦科学与工业研究所（CSIRO）在 1975—1976 年发明的，是一种集纺纱、并线、捻线为一体的纺纱方法，该方法的纱线表面较光洁、毛羽少、内松外紧、弹性好、耐磨性高。

赛罗菲尔纺（Sirofil）是在赛络纺的基础上发展起来的新型纺纱方法，但是其相关的专利技术在 20 世纪 60 年代就出现了，短/长复合纱的表面毛羽较环锭少，且截面近似圆形。

分束纺（Solospun）是继赛络纺后澳大利亚 CSIRO 的又以新型结构纺纱技术，分束纺纱线的毛羽少、表面光洁、强力高、耐磨性好。

三、新型纺纱特性比较

（一）不同纺纱方法特点

新型纺纱方法种类有很多种，不同纺纱方法在实际纺纱过程中各有千秋，所纺纱线编织成的织物也有不同风格，具体见表 9-8。

表 9-8 不同纺纱体系所纺 100%纯棉纱比较

纺纱体系	纱支范畴（支）	引力	均匀度	光泽度	布手感	棉纱适用性	
						针织	织布
转子纺纱	3～50	中等	好	中等	坚实	适用	适用
喷气纺纱	12～70	低	好	上等或中等（精梳）	坚实	适用	有选择的布种类
摩擦纺纱	10～50	低	优	中等	中间状态	适用	有选择的布种类
环锭纺纱	0.5～160	高	好	优（精梳）	松软	适用	适用

从表 9-8 可以看出，环锭纺纱的可纺范围最广，这应该是环锭纺纱目前还占有很大比重的原因之一，这几种纺纱系统所纺纱线都适用于针织用纱，但是有些不适用于布种类，当需要布种类的纱线时，选择对应的纺纱系统，根据实际需要纱线的特点及用途，参考表 9-10 选择对应的纺纱系统。

紧密纺、赛络纺、分束纺、集聚纺是在环锭纺的基础上新型纺纱技术，属于复合与结构纺纱。一般来说，环锭纱毛羽较少，强度较高，品质较好；转杯纺工序短，原料短绒较多，纱线毛羽，支数和捻度不能很高，纺的纱一般比较粗，纱支比较低。

纱线的产量与纺纱系统的输出速度有关，也跟纺纱厂的效益息息相关，而纱线的输出速度和实际纺纱过程加捻有关。同一纺纱系统，纱线的加捻数越多，则纺纱速度越慢，输出速度也越慢，但不同的纺纱系统则不能这样简单的比较，如果加捻数越多，输出速度越越高，则该纺纱系统在产能方面占有很大的优势，如摩擦纺系统，每分钟加捻数最多，输出速度越高，说明摩擦纺纱的产能高，加捻过程受限于纤维牵伸速度。具体可以参考表9-9纺纱工艺加捻过程的比对。

表9-9　纺纱工艺加捻过程比对

纺纱系统	每分钟实际加捻数	系统受限原因		输出速度（米/分）
		加捻率	纤维牵伸速度（米/分）	
环锭纺	15 000～25 000	是	否	20～30
包芯纺	25 000～35 000	是	否	20～100
转杯纺	80 000～150 000	是	部分	100～300
喷气纺	150 000～250 000	否	是	150～450
摩擦纺	200 000～300 000	否	是	150～400

资料来源：S. GordonandY-L. Hsieh. Cotton：Scienceandtechnology. Woodhead Publishing Limited．2007：254.

表9-10　不同纺纱方法综合性能比对

纺纱类别	纺纱方式	适纺纱线	成纱特点	成纱用途	其他特点
自由端纺纱	转杯纺	18～100tex 纯棉纱，毛、麻或与化纤的混纺纱	纱线有外松内紧结构	灯芯绒、劳动布、浴巾、针织布等	以生产粗支纱为主
	静电纺	13～60tex 的纯棉纱，纯麻纱线，棉麻混纺纱	条干较均匀、毛羽和棉结杂质较少、但是成纱捻度较多、弹性较差、手感较硬	府绸、卡其、被单、纯麻西服等	与环锭纱比强力较差
	摩擦纺	10～100tex（或更粗）的纯纺、混纺纱，特别是棉麻毛丝化纤的下脚料	纱线有外松内紧的结构	地毯、衬布、粗厚装饰物等	—
	涡流纺	60～100tex 的化纤或混纺纱	纱线光洁毛羽少、抗起毛起球性能好	毛毯、围巾等起绒织物等	纯棉纱的强力弱，仅为环锭纺的60%
非自由端纺纱	自捻纺	适纺60～230毫米的纤维长度	专用于多股纱线、成纱具有线特征	棉、毛、化纤类织物等	产量高、能耗低、流程短
	喷气纺	等长纤维的化纤纱及其与天然纤维的混纺纱，适纺纱支范围5.5～3.0tex	耐磨性好、毛羽少、但手感硬	针织体恤、床上用品、休闲用品、纺麻织物	适宜化纤细特纱生产、但纺纯棉有难度

（续）

纺纱类别	纺纱方式	适纺纱线	成纱特点	成纱用途	其他特点
非自由端纺纱	黏合纺	熔融高聚物或粘附有熔融高聚物的长丝、短纤维	纱疵少、无结头、耐磨性好、手感粗硬、毛羽多	外衣面料、绳索等	成初始模量高、强度低
	环锭纺	各种短纤维的纺纱，纱的结构紧密，强力高	纱线结构紧密、表面光洁、毛羽少，弹性好、耐磨性好、强力高	用途广泛，可用于各类织物、编结物、绳带中	市场上用量最多的纺纱方法
	紧密纺	纺制高支精梳纱	纱线强力高、耐磨性好、毛羽少	高档纺织品	机器价格贵
	赛络纺	3～3.5级的棉纤维，可纺 29～9.7tex 的纯棉纱	表面光洁、毛羽少、内松外紧的圆形纱、弹性好、耐磨性好	衬衣、春夏装面料及装饰布	短/长复合纱的毛羽环锭纱少
	集聚纺	9.7～18.2tex 的棉纱最好	毛羽少、强力高、耐磨性好	衬衣、服装、高档服装等	毛羽比分束纺少

（二）不同纺纱方法的产品特性

1. 强力。纱线强力取决于纤维间的抱合力和摩擦力。如果纤维的形态及其排列状态不良，即有弯曲、打圈、对折、缠绕等纤维存在，相当于减短了纤维长度，削弱了纤维的接触程度，因而易产生纤维间的滑移，降低纱线强力。

由大量试验得知，如以环锭纱强力为1，那么其他种类纱线的强力分别为：转杯纱 0.8～0.9，喷气纱 0.6～0.7，涡流纱 0.8，紧密纺纱强力最高为 1.15。

不同纺纱方法成纱强力比较，紧密纺纱对纤维强力的需求最高，其次是环锭纱，转杯纱和涡流纱强力较低，喷气纱强力最低。

2. 毛羽。相对于传统环锭纱，气流纱、涡流纱、紧密纱的1～2毫米的毛羽均有降低，而喷气纱由于缠绕纤维数量低，无捻纱芯覆盖少，因而有较多的短毛羽。

不同纺纱方法成纱毛羽比较，紧密纺纱、气流纱、涡流纱的毛羽少、喷气纱的毛羽较少、环锭纺纱的毛羽相对较多。

3. 耐磨性。环锭纱由于纤维大多呈螺旋线形态，当反复摩擦时，螺旋线纤维逐步变成轴向纤维，纱线易失捻解体而很快磨断，因而耐磨性较差。

紧密纺纱的纤维排列整齐顺直，纱线结构紧密，纤维不易脱散，因而纱线的耐磨性好。

转杯纱、喷气纱和涡流纱均由纱芯和外包纤维两部分组成，纱线表面包有不规则的缠绕纤维，纱线不易解体，同时纱线表面摩擦系数大，在织物中纱与纱之间的抱合良好，不易产生相对滑移，故耐磨性提高。

不同纺纱方法成纱耐磨性比较，紧密纺纱的耐磨性好、转杯纱、喷气纱和涡流纱的耐磨性较好、环锭纺纱的耐磨性相对较差。

纱线的性能不仅仅包括强力、毛羽以及耐磨性，还包括纱疵、刚度收缩率等，本节就不一一介绍，具体参考表9-11，此表涵盖了几乎所有关注的纱线指标，有利于对纺纱系统有更全面深入的了解。

表9-11 不同纺纱方法纱线性能比对

性能	环锭纺纱线	转杯纺纱线	摩擦纺纱线	喷气纺纱线
抗拉强度	好	次于环锭纺纱线	次于环锭纺和转杯纺纱	好
条干均匀度	好	非常好	符合要求	好
纱疵	—	—	相当高	—
毛羽	高	—	高	—
纱线缠绕	高	低	高	低
刚度	低	优于环锭纺纱	类似转杯纺纱	高
收缩率	—	—	—	高
捻度结构	长度和横截面均匀	除了系统形成的缠绕，基本均匀	不均匀，纱线表面有系统形成的包缠纤维	不均匀，沿长度方向有无捻的梢纤维

第四节　不同棉纺技术对原棉品质的要求

一、纺纱对棉纤维性能的基本要求

（一）马克隆值

马克隆值与成纱质量的关系，不能一概而论，与成纱纱支的粗细密切相关。纺低支纱用高马克隆值纤维的成纱质量好；纺细支纱特别是特细支纱用低马克隆值的纤维较好。纱支粗，单位截面纤维根数多，纤维的强力直接影响成纱强力；纱支细，单位截面纤维根数少，纤维的根数直接影响成纱强力。

成熟度高的棉纤维强力好，能经受加工和清棉机械打击，易清除杂质，不易产生棉结和索丝，成品制成率高；成熟度差的棉纤维，则容易形成较多的有害疵点，成品制成率也低。成熟度高的棉纤维，成纱强力高，条干均匀度也较好；但过成熟的棉纤维，抱合力差，成纱强力和条干均匀度反而不好。成熟度高的棉纤维，吸色性好、织物染色均匀。马克隆值是棉花细度和成熟度的综合反映。因此，它与成纱质量和纺纱工艺都有密切的关系。会影响成纱强力。马克隆值过低的棉纤维，往往成熟度差，容易产生有害疵点，染色性能差。所以，只有马克隆值适中的棉花，才能兼顾两个方面，获得较全面的经济效果。

环锭纺适宜的棉纤维马克隆值一般在4左右，成熟度一般在1.7多，强度越高越好，细度越细越好，短纤维越少越好。商品棉的等级越高越好，但考虑到成本，一般30支左右可用3级，40多支用2级，60支以上可用1级或长绒棉。马克隆值在3.7~4.3时纱线综合质量最好；在3.3~3.5和4.5~4.7时居中；9~3.1和4.9~5.1时纱线综合质量最差。

（二）细度

首先，棉纤维细度与成纱强度的关系密切，同支数的纱，纤维愈细，则截面内纤维根数愈多，纤维间相互重叠的地方多，抱合力亦愈强，纤维不易滑脱，成纱强度高。其他条件不变时，纤维越细，成纱强度越高。纤维的细度对成纱的条干不匀率有显著影响，纤维越细，纱的条干不匀率越低；纤维越细，刚性越差，不宜做起绒织物的起绒纱；纤维越细，加工过程中容易扭结或折断，清棉、梳棉处理不当时容易产生大量短纤维，在并条高速牵伸时也易形成大量棉结。棉的成纱截面纤维根数一般在120根左右，越多则越好，截面纤维根数等于纤维的支数除以纱的支数。主体长度在25毫米以下的细绒棉，一般只能纺20英支以下的中、粗支纱；长度在29~31毫米的细绒棉，可纺60英支纱；如果要纺60英支以上的高支纱，最好配用长绒棉。

（三）长度及长度整齐度

当其他条件相同时，纤维长度越长，成纱强度越高。在保证成纱具有一定强度的前提下，棉纤维的长度越长，纺出纱线的极限细度越细；棉纤维的长度越短，纺出纱的极限细度越粗。纤维的长度整齐度对细纱强度的影响也不能忽视，原纱的短绒率高于15%时，成纱强度明显下降。纤维长度愈长，长度整齐度越高时，细纱条干越好；纤维长度很短，特别是长度整齐度指数小时，由于牵伸过程中大量短纤维成为浮游纤维，致使纱线条干恶化，成纱品质下降。如果对成纱强度要求一样，用比较长的纤维纺纱时，可取较低的捻系数，在细纱中的纤维端露出较少，成纱表面光洁，毛羽也少。纤维达到一定的长度后，长度的变化对成纱强力和均匀度的影响已经不显著。因此，可以认为，适当缩短纤维长度有利于简化纺纱过程。一般细绒棉长度和可纺纱支数的关系见表9-12。

表9-12　一般细绒棉长度和可纺纱支数的关系

主体长度（毫米）	可纺纱支数
25毫米以下	20^{s}以上
29~31毫米细绒棉	60^s
长绒棉	60^{s}以上

（四）成熟度

纤维的成熟度即指纤维素在细胞壁中充满的程度。随着成熟度的变化，纤维的主要性能、断裂比强度、细度、天然转曲、弹性、吸湿性、染色能力等都会发生相应变化，因而成熟度被称为综合素质指标。棉纤维成熟度高，在纺织过程中能经受机械打击，易清除杂质，并不易产生棉结和索丝，飞花和落棉少，成品制成率高，而且织物耐磨性好，染色较均匀。

若成熟度过高，则结晶区大，吸湿较低，弹性好，加捻效率降低，又因纤维偏粗，成纱强力也较低；而成熟中等的棉纤维，由于纤维细，纤维间抱合力大，因而成纱强度高；成熟度过低的棉纤维，中腔大，亲水基团的羟基多，易吸收水分子，而不易散失水分，故回潮率较大，纤维间粘连性大，生产中易生成棉结。同产地，由于成熟度不同，回潮率亦不同，因而使成纱外观疵点差异较大，只有使用成熟度较好的原棉（其他条件正常），才能保证成纱质量。

（五）强度

具有一定捻度的纱线，其强度主要取决于纤维的断裂比强度、细度和纤维在纱线中的抱合力等。正常情况下，纤维断裂比强度愈大，纱支亦愈强韧，而且在纺纱过程中不易折断。但当纤维断裂比强度增大到一定限度时，由于纤维细度的降低，成纱强度也不一定继续增加，即除棉纤维本身的强度能决定成纱强度外，在很大程度上还决定于纤维细度。所以，纤维的细度与断裂比强度是成纱强度不可分割的两个方面。棉纤维断裂比强度特别差时，在工艺过程中易折断，增加短纤维率，影响条干均匀度，增加断头率和用棉量，降低劳动生产率。不同的纺纱工序对棉纱的机械作用不同，对棉纱的强力要求也不同，具体可见表 9 - 13。

表 9 - 13　不同范围、不同工序纺特细号纱对棉纱强力的要求

纱线支数（支）	应对特数（特克斯）	细纱工序	络筒工序	并条工序	倍捻工序
		厘牛/特克斯			
119～162	3.6～4..8	80	75	75	130
162～201	2.9～3.6	70	65	65	12
201～253	2.3～2.9	65	60	60	105
253～299	1.9～2.3	60	60	60	10
299～349	1.7～1.9	55	55	55	90
349～399	1.5～1.7	50	50	50	90

资料来源：魏雪梅. 纺纱设备与工艺 [M]. 北京：中国纺织出版社，2008：285 - 290.

（六）短绒

原棉中的短绒一般是成熟度较差、弹性差较脆弱的纤维，在纺纱过程中短绒易在纺纱通道积聚造成纱疵，在梳理过程不易控制形成棉结，在牵伸过程中形成不易控制的浮游纤维造成成纱质量下降。

原棉中短纤维含量对纺纱过程和成纱质量影响很大，短绒率增加势必增加清棉、梳棉过程中产生的落棉率，直接影响纱厂的制成率，导致纱线的成本提高。成纱中短纤维过多会产生较多的毛羽和使纤维间的抱合力下降导致纱线的强力降低，短纤维含量的增加不仅影响纱线质量，同时会降低纱厂的经济效益。所以，国内外的纺纱厂对短纤维含量多少一直非常关注。

如果短绒率高于 15%，成纱强力会明显下降，严重影响纱厂效益，所以短绒率必须低于 15%，一般短绒含量在 10% 可以保证纺纱效益。

当然不同的纺纱方式对各种指标的要求顺序是不一样的，根据美国棉花技术与科学中介绍，不同纺纱对原棉品质需求顺序不同，具体参考表 9 - 14。

表 9 - 14　不同纺纱对原棉品质需求的顺序

重要性顺序	环锭纺纱	转杯纺纱	喷气纺纱	摩擦纺纱
1	长度和长度整齐度	强度	细度	强度
2	强度	细度	清洁度	强度
3	细度	长度和长度整齐度	强度	细度
4	/	清洁度	长度和长度整齐度	长度和长度整齐度
5	/		细度	清洁度

注：Cleanliness 指垃圾、尘埃和有害杂质，与中国"三丝"概念相近似。

资料来源：S. Gordon and Y-L. Hsieh. Cotton：Science and technology. Woodhead Publishing Limited. 2007：256.

二、新纺纱技术对棉花综合品质的需求

无锭转子纺纱之所以出纱速度快，是因为工作机制与环锭纺纱相比有了很大的简化，将原来纺纱的三道工序并成一步，直接用棉条纺成纱线，省去了需人工更换的铜环。加上设施运转的高速度以及自动化程度的提高，对纤维品质性状的要求就有了一定的变化，首先在品质性状的重要性顺序上，纤维比强度和细度的重要性超过了长度，清洁度也显得更为重要。

新型纺纱设施对纤维品质性状的需求也在不断的变化之中，随转子直径日益变小，转速日益加快，就需更强、细、长的棉花，对清洁度和成熟度的要求也更高。

国际纺织加工协会在转子纺纱技术发展形势下，1990 年对棉花纤维性状重要性的顺序排列为：比强度、长度、整齐度、细度、成熟度、杂质含量、色泽。而在近一世纪以来传统棉花贸易分级体系中是把色泽、杂质和长度放在最前列。

当考虑到棉花强力的重要性时，要区别是纯棉纱还是混纺纱，当与化纤混纺时，棉纤维强力的重要性就会降低，棉花的主要作于在于改善吸湿和透气性，并使织物增加柔软与舒适性。

1993 年美国公布对棉花贸易中纤维强力的奖罚标准，以比强度 23.5～25.4 克/特克斯为基数，低于这个强力的范畴扣款，高于它的给予加价，以支持鼓励种植生产高强力品种，弥补棉农种植高强力品种在单产方面的损失。美国育种家的目标是到 2000 年时生产上大部分品种纤维比强度在 27 克/特克斯以上，而目前成产上大部分品种比强度为 25g/tex 上下。2001—2005 年中国与美国长度棉纤维上半部平均长度差异明显，年度间变化趋势完全一致，中国明显高于美国。中国棉纤维上半部平均长度 5 年的平均值是 29.2 毫米，而美国仅为 27.7 毫米。中国棉纤维整齐度指数 5 年的平均值为 83.3%，达到纤维整齐度指数分档的高档；而美国纤维整齐度指数平均值是 81.1%，为一般档。2001—2005 年中国与美国棉纤维比强度除 2003 年相当外，其余年份棉纤维比强度差异明显，中国高于美国。中国棉纤维比强度 5 年平均值为 29.0 厘米/特克斯，而美国为 28.3 厘牛/特克斯，但美国棉纤维比强度有逐年升高的趋势。2001—2003 年中美两国棉纤维马克隆值是中国低于美国，但从 2004 年开始，中国要高于美国。中国棉纤维马克隆值分布在 A 级的占 29.2%，比美国高 6 个百分点。我国 C1 级棉的比例高于美国，这是因为美国的农场较大，区域化联产种植，一般在棉花正常吐絮后集中机械采集，纤维成熟较好；而我国为小农户生产，部分棉农受棉花收摘习惯影

响，剥桃棉比例较大，导致纤维成熟度差（C1 比例过大）。中国棉纤维马克隆值随年份有逐年升高趋势，而美国有下降趋势，中国棉花在最佳马克隆值 A 级范围的比例高于美国，美棉在马克隆值较高区域（B2、C2）所占比例高于中国，具体参见表 9 - 15。

表 9 - 15　2001—2005 年中美棉花品质比较

年份	国家	上半部平均长度（毫米）	整齐度指数（%）	断裂比强度（厘牛/特克斯）	马克隆值
2001	中国	29.3	83.3	28.7	4.3
	美国	27.4	81.2	27.2	4.5
2002	中国	29.1	81.1	29.0	4.3
	美国	27.2	81.1	29.0	4.3
2003	中国	28.8	82.6	28.4	4.3
	美国	27.6	81.1	28.4	4.4
2004	中国	29.5	83.5	29.2	4.5
	美国	27.8	81.1	28.7	4.3
2005	中国	29.1	83.4	29.7	4.5
	美国	27.2	80.8	28.8	4.3
总平均	中国	29.2	83.3	29.0	4.4
	美国	27.7	81.1	28.3	4.5

资料来源：万少安，任琪. 中外棉花纤维品质比较分析［J］. 中国棉花加工，2007（1）：27 - 29.

2009—2013 年美国棉纤维各项品质指标均较稳定，棉花品级一般为 SM 级或更高，相当于我国棉花标准的 2 级；我国棉花杂质含量中等，处于美棉标准的 M 级水平，马克隆值平均值为 4.2，短绒率平均值为 9.9%，长度整齐度在 82.1% 左右，平均断裂比强度为 30.6 厘牛/特克斯棉花性能优良，适合各种纺纱方式，可作为多种高端纱线的纺制原料。

转子纺纱技术由于纺出纱线捻数少，纱线质量取决于每根纱断面中的纤维根数。纤维愈细，一定支数纱线断面中的纤维根数就愈多，也就可不致因捻系数少而过多降低纱线强力。

改革开放 30 多年来，我国广大科技人员学习与消化吸收国外先进的纺纱加工技术，自主创新，有力地促进了我国纺纱加工技术的进步，突出反映在各种新型纺纱技术的推广应用和传统的环锭纺纱的技术进步，已形成以下特点：①以高纺纱速度、效率，低纺纱成本为特点的新型纺纱技术的应用，如转杯纺纱、喷气纺纱与涡流纺纱等。②以提高成纱质量、增强纱线强力、降低纱线毛羽为目的，对纺纱过程中纤维的转移进行有效控制的纺纱新技术，如紧密纺纱等。③以改善织物风格和功能为目的，在纺纱过程中进行不同纤维的混纺、长丝与短纤复合纺纱等技术，如包芯纺、赛络纺、赛络菲尔纺等。④以为织物提供变化效果为目的的纺纱技术，如竹节纱、花式纱及多种有色纤维混纺纱等。⑤以提高织物柔软度、改善手感为目的的纺纱技术，如无捻纱、低捻纱及中空纱等。

总之，纺纱加工技术的进步与发展，为纺织产品提供了丰富多彩的新型纱线，改变了

20世纪70年代前使用原料单一、加工工艺落后、产品档次低、品种少的落后面貌，为提高人们的穿着质量作出了积极的贡献。

新型环锭纺纱由于环锭纺纱的号数范围广、纱线的应用性能好、质量高，因此高质量的纱仍需环锭细纱机加工，而且成为衡量其他纺纱技术是否成熟的标志。采用新型环锭纺纱能改变纱线结构是当今国际纱线产品发展的一个趋势，有利于降低对原料细度的要求，可纺制细号纱、改善面料服用性能、丰富产品花式品种，并可减少纺纱后道工序、提高生产效率。

（一）不同纺纱方法适纺的纤维和纱号

表9-16　各种纺纱方法适纺的纤维和纱号

纺纱方法	环锭纺	转杯纺	喷气纺	涡流纺	赛络纺
适纺纤维	各种天然纤维、化纤	56毫米以下棉型纤维与化纤	56毫米以下化纤与棉混纺	56毫米以下纯棉和棉型化纤及混纺	3～3.5级的棉纤维
最适纺纤维	粗短纤维	纯棉、化纤棉混纺	涤、涤棉混纺，极限比例40/60	纯棉、棉与化纤混纺，化纤比例不超过40%	纯棉、化纤
适纺号数（tex）	98～2.3	98～27.8	18.2～7.3	14.5～9.7	9.7～18.2
最适纺号数（tex）	29～7.3	36.4以下	12.9～9.7	14.5～9.7	14.6～11.7
适纺号数（s）	6～253	6～27.8	32～79	40～60	—
最适纺号数（s）	30～79	16以下	45～60	40～60	—

资料来源：于修业. 浅议新型纺纱技术及其适纺性［J］. 纺织器材，2008（6）.

（二）不同纺纱方式纺不同细度纱线时对棉纤维的要求

随着科学技术不断发展，棉纺领域纺纱方法也不断创新和发展，目前除了传统的环锭纺方法外，近些年来不断增加了转杯纺、紧密纺（实质是改进型的环锭纺）、喷气纺、涡流纺等方法。

一般在纺40^{s}以上的纱线时，马克隆值应该在4.1～4.8，比强度在26.9～30.9（厘牛/特克斯），长度在29.0～31.9毫米，长度整齐度指数在80%～83%，短绒率在10%以下，达到这种纤维品质的原料适宜纺40^{s}以上的纯棉纱线。但是不同的纺纱系统对各个指标的要求重要次序是不同的。其他条件相同时，不同棉纤维细度适宜纺纱线范围可以参考表9-17。

表9-17　纯棉针织纱的纱线支数和棉纤维细度的关系

纱线支数（支）	棉纤维细度（特克斯）	棉纤维细度（公支数）
32～42	5.6～6.2	178～161
49～79	6.5～7.4	135～153
79	6.8～7.7	130～147

目前，棉纺企业的环锭纺、紧密纺仍占主导位置，其产品应用广泛，这是由于环锭纺机构简单、适纺纱支范围广。一般生产 30^S 以上的品种大多数还是选择环锭纺或紧密纺。其中生产 40^S 以上品种一般要用 29 毫米以上、强度在 30 克/特克斯以上的细绒棉；生产 60^S 品种一般要搭用长绒棉，使混合棉长度要在 31 毫米以上，或者用部分高强的细绒棉（比强度在 32 克/特克斯以上）替代长绒棉；生产 80^S 以上品种一般要搭用长绒棉，混合棉长度要在 33 毫米以上，100^S 以上品种要选择 100% 的长绒棉，混合棉长度要在 36.5 毫米以上，同时要求在成熟度好的前提下马克隆值低一些、纤维细。纱支越高，对纤维的细度要求也越细。具体紧密纺纺不同纱线支数对棉纤维性能要求见表 9-18。转杯纱大多数以生产 21^S 以下的粗支纱品种为主，若生产 16^S、21^S 特纺纱一般要配用 5%～30% 左右的 26～28 毫米棉花，马克隆值可以高一点，纤维可粗一些，其他用梳棉滤尘和精梳落棉等再用棉；若生产 7^S、10^S 等副牌纱，基本上 100% 使用清花、梳棉滤尘和精梳落棉等再用棉（表 9-18）。

表 9-18 紧密纺纺不同支数的纱线对棉纤维性能的要求

纱支	JC20^S～JC32	JC32^S～JC40^S	JC50^S～JC80^S	JC80^S～JC120^S	J120^S～J180^S
长度（毫米）	28	29	35	37	39
细度（分特）	150～175	155～170	145～165	140～155	140～150
马克隆值	3.7—4.6	3.8—4.3	3.6—4.3	3.6—4.0	3.6—3.9
成熟度系数	1.5	1.8	1.7	1.9	1.9
成熟度百分比（%）	85	87	89	89	90
短绒率（%）	12.5	10.5	10	8.5	8.5
整齐度（%）	83	86	88	88	88
强力（厘牛/特克斯）	23	25	35	38	40
疵点数量（个/克）	2000	1 500	1 500	1 200	1 000
带纤维籽屑（个/克）	1 000	600	500	400	300

注：J 代表是精梳纱线，C 代表纯棉纱线，JC 代表纯棉精梳纱线。

资料来源：熊伟，周献珠. 原棉质量与紧密纺纱之间的关系分析［J］. 德昌杯 2006 年全国紧密纺纱技术研讨会，2006：297-306.

自捻纺纱适纺纤维长度为 60～230 毫米，最适合的赛络纺棉纤维指标值：马克隆值 3.82，成熟度 0.95，主体长度 29.5 毫米，整齐度 84.7，短绒率 7.6% 左右，断裂强度 33.5 厘牛/特克斯。集聚纺最适纺纯棉纱线细度：9.7～18.2 特克斯，该方法比较适合纺中粗号纱。

第五节　棉纺企业对原棉综合品质的需求

一、棉纺企业对棉花质量性能需求

（一）棉花质量性能与纺织产品质量的关系

织物的性能是由纱线性能和织物结构决定，纱线的性能由纤维性能和纱线结构决定。因此，棉花的质量在一定程度上决定着纱线和织物的质量，棉花质量性能与纺织产品质量的关系如表 9-19：

表 9 - 19　棉花性能与成纱质量

棉花性能	成纱质量
纤维长度	纤维长，纺纱断头少，成纱强力高，可纺细号纱（高支纱、特高支纱）
短绒率	短绒率低，制成率高，成纱条干均匀，成纱强力高
比强度	比强度高，成纱强力高，纺纱断头少
马克隆值	马克隆值高，纤维粗，纱的截面纤维根数少，成纱强力低，条干也差；在成熟度正常情况下，马克隆值稍低一点，纤维细，成纱强力高，成纱条干好，可纺细号纱；成熟度差，马克隆值低，棉结高，同时单纤维强力低，成纱强力低
杂质、疵点	杂质、疵点多，成纱棉结杂质多，特别是索丝、棉结、软籽表皮、带纤维籽屑对成纱质量影响大
异纤纤维	由于异纤纤维的外观颜色和吸色性能差异大，对坯布、漂白布和染色布的外观质量影响大；异纤纤维粗细程度差异大，纺纱时也会造成断头增加
含糖	纺纱时缠绕罗拉、胶辊、胶辊，产生断头，成纱条干变差

棉纤维含糖系指纤维含有的可溶性糖（单糖与双糖）的总量。一般认为它包括纤维本身所含的"生理糖"（即内糖）和附着在纤维表面的外源物质中的糖类（即外糖）。新疆棉纤维外糖含量主要是受棉蚜蜜露的污染，也有认为与苞叶和棉叶蜜腺分泌物污染有关。外糖含量高是造成纺织上三绕（绕皮辊、绕皮圈、绕罗拉）的主要原因。

棉纤维内糖对纺织上的三绕影响虽然不如外糖，但内糖含量高，必然引起强力减弱，降低棉纤维的内在品质。影响棉纤维内糖含量的主要因素是品种特性和棉纤维发育时期的气候条件，与栽培技术措施也有一定的关系，品种是影响纤维含糖量的重要原因，长绒棉含糖量很低，这与长绒棉前期纤维素合成及沉积的速度明显高于陆地棉有关，这是由遗传特性决定的；陆地棉的含糖量高，而且品种间的差异很大，这也是由遗传特性所决定的。结铃部位反映了成铃的时间，以及在纤维发育过程中所处的气候条件（特别是温度），必然影响到糖的转化、纤维素的合成与沉积，与纤维含糖量也有密切关系，总的趋势是随果枝节位的升高，含糖量增加；开花期的早晚与结铃部位是相对应的，也对棉花纤维含糖量产生影响，一般是随开花期的推迟，棉纤维含糖量逐渐增多。

为了减少棉纤维的含糖量，可以从以下几个方面进行：品种是决定棉纤维含糖量的主要因素，必须加强选育或引进新品种，加速品种的更新换代，培育含糖量低的品种。推广综合防治措施，保护利用自然天敌，合理科学用药，控制蚜虫的发生与危害，减少蚜虫蜜露污染；全面推广"密、早、矮、膜"的栽培模式，适期早播，延长有效结铃期，合理密植，结合化控，控制株型，适当早打顶，促进优质铃部位全面推广"密、早、矮、膜"的栽培模式；按优质铃部位和吐絮进程，推行分部位、分期收花。

棉纤维含糖高，在高温高湿情况下融化发黏，造成纺织机械脏物积累，引起频繁停工清污；纤维黏性大，纺纱过程缠绕现象严重，容易产生断头，甚至无法生产。由于含糖棉对车间温湿度变化特别敏感，温度过高时，糖分会软化溶解，湿度较大时，水分会和糖分粘附在一起而造成棉纤维间及纤维与纺机机件间发生粘、缠、绕现象，故纺纱车间的温湿度控制应以相对低温低湿为宜。因而原棉含糖亦应作为品质内容之一，经常进行检测。降低黏性的方法是对黏性棉堆放处理，降低温、湿度，将黏性棉和非黏性棉混合使用或采取喷洒消糖剂预处理等。

（二）纺织企业对棉花性能的要求

从上述关系中可以看出，棉花质量性能与纺织产品质量关系十分相关。然而近些年以来由于国家收储等多种原因，很多棉农、棉商追求产量、追求私利、轻视质量，质量意识下降，导致棉花质量下降，近些年来很多纱厂使用的棉花中也遇到短绒率高、棉结高、强度低、"三丝"多等质量问题。为了保证和提升棉纺产品质量与档次，提高棉花质量水平迫在眉睫，既是必由之路，也是各涉棉企业摆脱棉花市场困境的主要途径。把棉花质量提高了，不仅能为提升棉纺产品质量和国际市场竞争力提供坚实的原料基础，而且更能使我国棉花产业得到健康地发展，意义十分重大。

当前现行有效的细绒棉国家标准中规定的质量指标有 11 项，分别是颜色级、轧工质量、长度、马克隆值、回潮率、含杂率、断裂比强度、长度整齐度指数、危害性杂物（异性纤维含量）、反射率、黄色深度。

在上述质量指标中，对棉纺织品的生产质量影响相对更大的有长度、马克隆值、断裂比强度、短绒率（标准中暂没有）、棉结（标准中暂没有）、异性纤维含量、含杂率、轧工质量等。为了保证和提升产品质量，安徽华茂集团公司提出的棉花质量需求。

（三）通用类棉花质量指标要求

——纤维长度 29 毫米及以上。

——12.7 毫米以下短绒率 7.5％及以下。

——马克隆值 3.7～4.8，马克隆值 CV％低于 5.0％。

——强度 30.0 克/特克斯及以上。

——棉结含量 180 粒/克及以下。

——含杂率 1.7％及以下。

——异性纤维含量低于 8 根/227 千克（包）。

表 9-20　通用类棉花、手摘棉与机采棉品质指标

项目	通用棉	手摘棉	机采棉
纤维长度（毫米）	＞29.0	＞30	＞29.5
12.7 毫米的短绒率（％）	＜7.5	＜7.0	＜7.2
马克隆值	3.7～4.8	4.0～4.5	4.0～4.5
马克隆值变异系数（CV％）	＜5.0	＜5.0	＜5.0
纤维强度（克/特克斯）	≥30.0	≥31.0	≥30.5
棉结（粒/克）	≤180	≤160	≤220
含杂率（％）	＜1.7	＜1.2	＜1.6
异性纤维含量（根/包）	＜8 根/227 千克	＜8 根/227 千克	＜4 根/227 千克（含碎地膜）

（四）"专用棉"质量指标要求

手摘棉：

——纤维长度 30.0 毫米及以上。

——12.7毫米以下短绒率7.0%及以下。

——马克隆值4.0～4.5、马克隆值CV%低于5.0%。

——强度31.0克/特克斯及以上。

——棉结160粒/克及以下。

——含杂率1.2%及以下。

——异性纤维含量低于8根/227千克。

机采棉：

——纤维长度29.5毫米及以上。

——12.7毫米以下短绒率7.2%及以下。

——马克隆值4.0～4.5、马克隆值CV%低于5.0%。

——强度30.5克/特克斯及以上。

——棉结220粒/克及以下。

——含杂率1.6%及以下。

——异性纤维含量低于4根/227千克（含碎地膜）。

二、进口棉综合品质比较

近年来澳棉品质逐渐在提升，从2012—2014年华茂公司采购进厂的澳棉看，质量总体较好，长度平均达到30毫米左右，强度达到31克/特克斯以上，棉花颜色较白，棉花中"三丝"极少，尤其是发"荧光"的化纤品异纤更少，生产漂白品种给客户的纱线基本无"三丝"投诉，可纺性也好，基本未出现缠绕罗拉、皮辊现象。

美国SJV细绒棉的强度确实高，华茂公司每年都采购一定数量的SJV美棉，纤维长度在29毫米以上、强度都在32.5克/特克斯以上，主要用于对强度要求比较高的高支或高档的品种上，棉花中"三丝"少，能做漂白品种。

因此，建议国内有关部门在对棉花质量性能的研究和管控上努力，提高我国棉花整体质量水平，向棉纺企业提供优质棉花，从而为提升棉纺织产品质量和国际市场竞争力提供更坚实的原料基础。

三、新疆机采棉与美棉、澳棉比较

棉花机械化采收是现代植棉业的顶端技术和先进装备，美国于20世纪60年代全面实现机械化采收，70年代棉花机械化率达到100%，生产效率大幅度提高。按生产1吨皮棉所需的人工工时，1950年640个，1970年减少到110个，1990年减少到仅1个。1990年，全美棉花农场的雇工费用仅43.8美元/英亩。据国家统计局，2013年中国每生产50千克皮棉所用工时11个，即每吨皮棉所用工时222个，当今我国棉花生产效率约相当于美国60年代初期水平，落后55年。

棉花质量关系棉花产品的最终用户——棉纺织业的需求、效益和国际竞争力，原棉质量好坏应由终端产品——棉纺织产品来评价。

(一) 新疆机采棉质量的差距在哪里

1. 机采棉的一致性差、含杂率高、异型纤维多、短绒率高、绒长短等问题突出（表 9 - 21）。与美棉、澳棉相比，新疆机采棉含杂率多在 2% 左右，杂质粒数多，杂质面积是澳棉、美棉的 150% 以上。多数棉纺织企业反映，与美棉相比，新疆机采棉的前纺落棉率远高于美棉，个别企业高达 10%，而美棉的落棉率仅在 5% 左右。新疆机采棉成纱品质差，表现为棉结、索丝粒数过多，大部分在 350~450 粒/克，对纱布品质负面影响很大。

表 9 - 21　美棉、澳棉 M 级与新疆 3 级棉的数据对比

项目	马克隆值	成熟度	长度（毫米）	整齐度（%）	<12.7毫米短纤维（%）	比强度（厘牛/特克斯）	伸长率（%）	杂质（%）
澳大利亚原棉	4.39	0.88	29.97	82.70	10.48	29.18	6.48	1.64
美国原棉	4.26	0.87	29.17	81.70	11.66	29.83	7.91	1.76
新疆机采棉 1	3.90	0.84	28.30	81.80	18.20	27.00	5.50	2.90
新疆机采棉 2	4.03	0.85	28.19	81.70	12.70	27.70	6.60	3.00
新疆机采棉 3	4.25	0.86	27.89	81.50	11.60	28.30	7.50	1.90

资料来源：中国棉纺织行业协会. 新疆机采棉须快马加鞭 [N]. 中国纺织报，2015 - 4 - 13，第 2 版；毛树春. 中国棉花景气报告 2014 [M]. 北京：中国农业出版社，2015：107 - 112.

2. 新疆机采棉有害杂物"三丝"问题极为突出。新疆机采籽棉的废地膜及其碎片很多，棉纺织企业难以清除，导致总体异纤含量远高于美棉和澳棉。虽然表 9 - 21 的短绒率数据没有太大的差异，但新疆机采棉的短绒率要远高于澳棉和美棉，多在 16% 以上，且新疆机采棉的长度较短，长度多在 27 毫米左右，整齐度不够，单纤维强力低，影响中高支纱质量，使得企业配棉成本较高。

3. 新疆棉轧花加工质量问题也很突出。新疆机采棉的轧花加工工艺以及管理不当，使得棉结、杂质、带纤维籽屑、软籽皮的数量增多而变小，疵点是手采棉的 5 倍以上。许多疵点都以带纤维籽屑的形式出现，疵点小、重量轻，在开清棉工序过程中很难被清除，在纺纱过程中很容易随纤维而转移到下一工序，加重了梳棉工序开松、除杂、梳理的负担。特别是棉结、短粗节较多，而且这些疵点在纺纱过程中很难被消除，既增加了纺纱生产成本，也使成纱棉结未得到明显的改善（表 9 - 22）。

表 9 - 22　新疆机采棉与澳棉、美棉 M 级配棉纺纱的质量差异

棉花类型	类型	强力	条干变异系数（CV%）	50%粗节	50%细节	200%棉结
澳棉 M		199.8	13.1	18	7	33
美棉 M	JC50[s]	188.5	12.9	20	6	43
新疆机采棉 3 级		180.3	13.5	30	15	57
澳棉 M		251.2	14.0	59	2	125
美棉 M	C32[s]	242.1	14.5	65	3	130
新疆机采棉 3 级		240.1	14.3	75	3	150

注：JC50[s] 表示精梳纱 50 支，C32[s] 表示普梳纱 32 支。

资料来源：中国棉纺织行业协会. 新疆机采棉须快马加鞭 [N]. 中国纺织报，2015 - 4 - 13，第 2 版.

4. 机采棉的棉纺织品质量全面下降，仅适纺中低支纱。 新疆棉成纱棉结比澳棉、美棉高 10%～40%，这类棉结对后工序织造的影响，绝大多数都是以棉球的形式出现；同时新疆机采棉成纱的毛羽也比澳棉、美棉高 10%～20%。特点是长毛羽更明显，一般情况下这类毛羽对高质量的针织物有害，即高质量的针织物用纱很难使用机采棉纺纱，即便使用也要严格控制疵点数量。

5. 棉纺织业提出原棉品质指标，应认真研究和采纳。 随着纱线质量水平的不断提高，对原棉质量的要求也越来越高，国产棉能够满足需求的棉花数量越来越少。棉纺织企业应用新疆机采棉纺纱的支数主要集中在 20～40 支，个别品种最多不超过 60 支。企业普遍反映，不太关注颜色级指标，而是更关注长度、马克隆值、强力、含杂率、短绒率等内在指标（表 9-23），一般情况下，在生产超高支纱时需要采用新疆长绒棉、美国皮马棉或埃及长绒棉，生产中高支纱线主要采用 2 级或 3 级棉，生产中低支纱时主要采用 4 级棉，不同的企业原棉采购有不同的标准。比较特殊的要求是做漂白纱对原棉的异纤含量有特殊的要求，在生产高档漂白纱时要求异性纤维不能超过 4 根/包，一般加工漂白纱要求异性纤维不能超过 8 根/包（200 千克/包），常规品种不能超过 20 根/包。

表 9-23　中高档棉纺织产品对国产棉质量的要求

技术长度（毫米）（≥）	含杂率（%）（≤）	马克隆值	长度整齐度（%）（≥）	断裂强度（g/tex）（≥）	≤12.7毫米短绒率（%）（≤）	≤16.5毫米短绒率（%）（≤）	棉结（粒/克）（≤）
国产细绒棉 2 级（颜色级 21 级及以上）							
29.5	1.3	3.8—4.8	83.5	30.5	6.8	10.8	160
国产细绒棉 3 级（颜色级 31 级）							
29.3	1.5	3.7—4.8	83.0	30.5	7.0	11.0	170
国产细绒棉 4 级（颜色级 41 级）							
29.0	1.7	3.7—4.9	83.0	30.0	7.5	11.5	210
新疆长绒棉 1 级							
37.0	1.9	3.6—4.2	87.0	42.5	4.5	6.5	130

资料来源：中国棉纺织行业协会. 新疆机采棉须快马加鞭 [N]. 中国纺织报，2015-4-13，第 2 版。

棉纺织业提出适纺中高支纱原棉技术指标：纤维长度≥29～29.5 毫米；含杂率≤1.3%～1.5%；马克隆值 3.7～4.9；长度整齐度≥83%～83.5%；断裂强度≥30～30.5 厘牛/特克斯；≤12.7 毫米短绒率≤6.8%～7.0%；≤16.5 毫米短绒率≤10.8～11.5%；棉结≤160～210 粒/克。

关于机织、针织纺织企业对棉花质量的要求，以 40ˢ 支纱为例，HVI 指标见表 9-24。由此可见，原棉纤维长度在 28 毫米及以上、马克隆值在 3.5～5.0 之间、断裂比强度在 27.5 厘牛/特克斯及以上、12.7 毫米或 16.5 毫米的短纤维含量分别在 7.5% 或 11.5% 及以下；对异性纤维纺漂白纱企业的要求高，而纺色纺纱企业的要求低些。

表 9 - 24 机织、针织企业对棉花质量的要求

支数	用途	纤维长度 （毫米）	马克隆值	长度整齐度 （%）	断裂比强度 （厘牛/特克斯）	成熟度指数 （%）
≥40ˢ	机织	≥29.0	3.5～4.2	≥83	29.0	≥85
	针织	≥28.5	4.0～4.5	≥82	28.5	≥88
<40ˢ	机织	≥28.5	3.5～4.9	≥82	28.0	≥85
	针织	≥28.0	4.0～5.0	≥81	27.5	≥88

资料来源：中国棉纺织行业协会．新疆机采棉须快马加鞭［N］.中国纺织报，2015 - 4 - 13，第 2 版；
毛树春．中国棉花景气报告 2014［M］.北京：中国农业出版社，2015：107 - 112.

（二）提高新疆机采棉质量的意见和建议

棉花科研、生产、收购、加工、检验各环节都要为机采棉提高质量、提高机采棉竞争力做出新的贡献，各环节要把原棉质量和优质放在第一位。

1. 生产和科研环节，提高棉花品种内在品质至关重要。培育适合机采的优质棉花品种。机采棉花遗传品质要求：绒长不低于 30 毫米，比强度不低于 30 厘牛/特克斯，早熟性好，成熟度好；要开展机采棉国家区域试验比较，杂交种二代利用评价的区域试验。注重品种内在质量，进一步提高棉纤维的长度、马克隆值和强度等内在品质，弥补国产机采棉不成熟而导致的与澳、美棉的质量指标差异，填补纺织行业对优质原料的需求增长市场空缺。生产上主体当家品种，减少"多、乱、杂"种植，逐步推行"一地一个品种"是提升纤维一致性水平的重要保障措施。

2. 种植和田间管理环节，严控有害杂物"三丝"的污染。采用更加耐用的地膜和揭净田间地膜，加强对棉田废旧地膜回收和收后的加工管理，搞一场棉田清洁运动，要千方百计防止采摘时吸入和带入籽棉，使得经过轧花打碎后难以处理；在采收管理上如除叶剂喷洒、收摘机械工艺需研究改进，进一步降低棉杂含量。

3. 收购、轧花环节，减少机采棉清花次数。严格分清头道和二道籽棉，避免将不同成熟度的棉花进行混淆加工，造成整体质量下降。目前，轧花厂为了获得更好的棉花外观效果，卖高价，一般进行 3～4 道皮清处理，虽然皮棉外观改善了，但过度加工却对纤维造成了损伤，导致棉结增加、纤维断裂、短绒增加，降低了皮棉内在的品质。同时将一些很容易在棉纺清花工序去除的大杂打碎，变成纺织厂难以去除的小杂。建议加工时对机采棉减少皮清，使得棉花既得到了清理，也不对纤维造成过度损伤；还应鼓励机采棉加工企业加强地膜的挑拣，类似有害杂物"三丝"管理分档分级工作。

机采棉要缩短籽棉的加工流程，防止疵点增多变小，以此达到减轻清梳联工序开松、除杂、梳理的压力。

4. 棉纺织环节，减少纺纱工艺的打击次数和打击力度。棉纺企业使用新疆机采棉时，在纺纱工艺流程中要减少对机采棉的打击次数和减小打击力度，避免纤维损伤变短，保证产品质量不下降，采取优质器材和减少使用周期（不利因素即购买器材次数增加，增加生产成本）；针对新疆机采棉短绒率、含杂率高、异性纤维多等问题，为了保证产品质量，从棉纺企业工艺进行调整，例如，增加落棉率，在清花工序增加清除异纤机，把短纤维、棉花杂质在清花、梳棉、精梳工序落掉，异性纤维在清花工序清除 60％ 等保证纱线质量，但纺纱制成品率会大幅度下降，原料成本会大幅提高，同时还要采取调整相应的工艺流程等。

5. 提升机采棉的市场认可度。 目前，许多企业认为机采棉是未来趋势，也在积极尝试使用，但由于质量不尽如人意、生产成本上升以及影响产品质量等原因，多数企业在尝试后就放弃继续使用或控制使用量。从机采棉与手摘棉的价格对比看，国产机采棉低于手摘棉1 000元/吨左右。中国棉纺织业行业协会调查结果，棉纺织企业对质量差机采棉可接受的价差范围为1 000～1 500 元/吨，对于优质机采棉可接受的价差约为400～500 元/吨。实际上，如果机采棉的质量好，则纺企对价差问题并不敏感。因此，棉纺织企业热切期望新疆机采棉质量能够迅速提升，逐步接近美棉、澳棉等进口棉的质量水平。

6. 开展棉花全产业链技术研究。 建议国家立项，组织科研、生产、收购轧花、纺织和协会、学会、棉农共同参与，开展棉花全产业链技术的研究示范，通过集成、组装和融合形成全产业链优质技术，包括良好棉田、良好品种、良好种植、良好脱叶、良好采收、良好收购、良好清杂、良好轧花、良好检验、良好包装、良好纺织。如果全产业的各环节都关注和重视机采棉质量，提高国产棉的竞争力是大有希望的。

第十章 全球转外源基因棉花

撰稿人 刘传亮 支晓宇 宋美珍 毛树春 冯璐 田立文 孙瑞斌

转基因技术是指利用重组的 DNA，采用农杆菌介导和基因枪等方法把外源基因整合到靶标生物基因组中，并使靶标生物得以稳定遗传表达目的性状的技术。该技术克服了生物有性杂交的限制，使物种间基因交流的范围无限扩大，既可以从原核生物到真核生物，也可以从单细胞生物到多细胞生物，还可以从低等生物到高等生物，反之亦然。棉花转基因技术，将来源于动物、植物或微生物等其他生物甚至人工合成的外源基因转入基因组中，使之稳定遗传并赋予其靶标性状，如抗虫、抗病、抗逆、高产、优质等农艺性状。

自从 1953 年 Watson-Crick 发现 DNA 双螺旋模型以后，1972 年，美国人 Paul Berg 首次将不同的 DNA 片段连接起来，并且把这个重组的 DNA 分子有效地插入到细菌细胞之中，重组的 DNA 可进行繁殖，产生了重组 DNA 的克隆。Berg 是重组 DNA 或基因工程技术的创始人，并于 1980 年获得了诺贝尔奖。自此以后基因工程学全面地推进了生物科学的发展，其中植物转外源基因是 20 世纪生物技术领域的一个划时代事件。早在 70 年代国际上就已开展土豆的转基因研究，1987 年，Umbeck 等（1987）和 Firoozabady 等（1987）首次利用农杆菌介导法将 NPT Ⅱ 和 CAT 标记基因转入棉花获得转基因植株。1988 年，美国孟山都公司采用同样的转化方法将 Bt 基因转入珂字棉 Coker 312，成功获得了转基因抗虫棉。此后，国际上以珂字棉为主要受体，我国则主要以国内棉花品种为受体，棉花遗传转化研究迅速发展，所用目的基因也由最初的标记基因和 Bt 基因为主扩展到抗虫基因、耐（抗）除草剂基因、抗病基因、抗逆基因和品质基因等。利用转基因在棉花抗虫、抗病和抗逆育种方面取得了很大进步，至今已有不少的转基因品种商品化种植。

全球种植转基因棉，从美国扩大到澳大利亚和中国，再扩大到印度、巴基斯坦和巴西等产棉大国，从一个植棉国家扩大到全球 60 多个国家，转基因棉花种植面积占全球棉花播种面积的比例从 1996 年的 23.9% 扩大到 2015 年的 87.0%。同时，全球棉花转基因技术也从单抗（耐）除草剂、单抗棉铃虫（*Helicoverpa armigera* Hubner）进入到抗耐草甘膦除草剂和抗虫的复合抗性、抗耐多种除草剂和抗虫的复合抗性的新阶段，近几年取得的研究进展非常迅速。

第一节 棉花转外源基因技术起源

利用基因工程技术对棉花进行遗传改良是棉花分子设计育种的主要途径，有效地弥补了传统育种方法不能解决的问题，快速地培育出多种新型棉花育种材料。近年现代生物技术快速发展，可将外源抗虫（或杀虫）基因转入棉花植株体内，直接增强棉花抗虫的内在潜力，世界各主要产棉国都十分重视转基因抗虫（或杀虫）的棉花品种培育和利用。目前，这方面研究工作的热点主要集中在将苏云金芽孢杆菌的晶体毒蛋白基因（*Bacillus thuringiensis*，

Bt）和豇豆胰蛋白酶抑制剂基因（*Cowpea Trypsin* Inhibitor Gene，*Cpti*）转入陆地棉的栽培品种（或品系）之中。遗传转化方法是进行基因功能分析和改良作物性状的必要手段。主要植物遗传转化技术可分为两大类：第一类是直接基因转移技术，以基因枪转化法和花粉管通道法为代表；第二类是生物介导的转化方法，主要有农杆菌介导和病毒介导等方法。

一、植物基因工程受体

植物基因工程的主要目的是让外源 DNA 稳定地插入植物细胞的染色体组中，并再生出完整的植株，这种利用基因工程技术所获得的具有新功能的植物一般被称为"基因工程植物"，常用植物转化的受体类型及其转化方法如表 10-1。

表 10-1　常用植物转化的受体类型及其转化方法

受体类型	转化方法	发明人
1. 叶片和茎段等（包括子叶和胚轴）	农杆菌介导、基因枪等	Horsch 等（1985）；Sanford 等（1987）
2. 原生质体	电击法、PEG、脂质体、显微注射等	Felgner 等（1989）
3. 愈伤组织和悬浮培养细胞	基因枪、超声波等	Christou 等（1988）
4. 未成熟胚和分生组织	农杆菌介导、基因枪、超声波等	Klein 等（1987）；
5. 花粉	基因枪、浸泡法等	Leed-Plegt 等（1995）
6. 子房或胚珠	花粉管通道、子房注射等	周光宇（1978）

资料来源：谢友菊等. 遗传工程。

把外源基因转入花粉（或卵细胞），通过正常的受精过程就可以产生转化体，转化体再发育成完整的转化植株。虽然花粉作为转化受体细胞的应用前景十分诱人，但目前这方面成功的报道还比较少。周光宇等（1983）发展了利用花粉管通道转入外源基因的方法，转化率可达 1%。这一方法不影响幼胚的正常发育，可以直接获得转化体。若在幼胚或分生组织中转化少数细胞，而不经过选择，就会形成嵌合体。只有当嵌合体中的转化细胞形成配子，转化性状才能传递给后代。因此，在对植物多细胞组织进行转化时连续多代的选择是十分重要的。

在植物基因工程研究中，常用的载体有大肠杆菌质粒、农杆菌 Ti 质粒（包括改造的双元载体）和病毒载体等。植物转化载体的另外一个重要组成部分是能够在植物细胞中表达的标记基因（Marker），它对应转化体的失败和选择是必不可少的。标记基因又分为两类，选择标记基因（Selectable Marker Gene）和报告基因（Reporter Gene）。目前在植物遗传转化研究中常用的选择标记包括控制抗生素，如卡那霉素、潮霉素等抗性的基因和控制除草剂抗性的基因。标记基因大多是从微生物中分离出来的，只有与在植物细胞中能够表达的启动子连接后才能起作用（表 10-2）。

为了有效地选择转化体，受体细胞必须对所选用的抗生素或除草剂十分敏感，没有自然抗性。而对报告基因来说，则要求未转化受体细胞没有本底或活性极地。因此，在实际转化工作中究竟使用哪个标记基因要根据植物的种类和受体细胞的来源确定。迄今为止，卡那霉

表 10 - 2　植物基因工程研究中常用的选择标记基因

基因	编码产物	选择剂
抗生素		
npt Ⅱ	新霉素磷酸转移酶	卡那霉素、新霉素、G418
Hpt	潮霉素磷酸转移酶	潮霉素
除草剂		
AroA	5-烯醇丙酮基莽草酸	草甘膦
	3-磷酸转移酶	3-磷酸转移酶
bar	phosphinothricin	Basta，PPT
	acetyltransferase（PAT）	Bialaphos

　　资料来源：谢友菊等. 遗传工程。

素是应用最广泛的选择剂。棉花基因工程中，载体上的选择标记基因和筛选标记基因（报告基因）是方便对阳性转化体（或转化子）进行选择和筛选。目前，已经有许多标记基因可供载体构建应用。作为标记基因，需具备一些条件：①编码的产物在正常的植物受体中不存在；②基因小，便于构成嵌合基因和后期的遗传转化；③在转化体中能够充分表达，并且便于检测或者定量分析。

　　报告基因是一种编码可被检测的蛋白质或酶的基因，也是一个其表达产物非常容易被鉴定的基因。把它的编码序列和基因表达调节序列相融合形成嵌合基因，或与其他目的基因相融合，在调控序列控制下进行表达，从而利用它的表达产物来标定目的基因的表达调控，筛选得到转化体。作为报告基因，在遗传选择和筛选检测方面必须具有以下几个条件：①已被克隆和全序列已测定；②表达产物在受体细胞中本不存在，即无背景，在被转染的细胞中无相似的内源性表达产物；③其表达产物能进行定量测定。由于一些选择标记基因同样能起到报告基因的功能，所以，新霉素磷酸转移酶基因（npt-Ⅱ）、潮霉素磷酸转移酶基因（HPT）及草丁膦抗性基因（bar）等基因也常作为报告基因使用。另外，β-葡萄糖酸苷酶（Gus）和绿色荧光蛋白（GFP）也可作为报告基因使用。

二、主要转外源基因方法

　　应用于棉花的转基因方法主要是农杆菌介导法、基因枪轰击法和花粉管通道法，其他方法应用较少且目前处于研发阶段或已被淘汰，在此概述有发展前景的技术和方法。

（一）农杆菌介导方法

　　目前，棉花遗传转化中应用最多的、最主要方法是农杆菌介导法。棉花易受农杆菌侵染，经过农杆菌介导的遗传转化和外源基因的整合成功率高，且多为单拷贝，遗传稳定性好。应用农杆菌介导法转化棉花时，从农杆菌侵染外植体到获得转化株需要借助于体细胞胚胎发生途径，大体经历转化体筛选、脱分化形成愈伤组织、胚性愈伤组织形成、再分化形成胚状体和植株再生几个阶段，最终经过嫁接形成可移栽的转化株。然而，棉花的体细胞再生较为困难，存在愈伤组织再分化率低、再生周期长，以及再生过程中易畸变致死等不良反应。影响棉花体细胞培养再生的因素很多，包括培养基组成、激素种类与配比、培养方式和外植体类型等，而基因型从根本上决定了棉花体胚发生和植株再生的能力。不同品系、不同品种的体胚发生和植株再生的能力存在很大差异，容易再生的材料能在多种培养基上培养，经过少数几次继代便可诱导出体胚，再生困难的材料只能在特定的培养基上培养，诱导对激素种类和配比有严格限制，往往继代很长时间也难以诱导出胚胎或再生。Trolinder 等（1987）Trolinder and Goodin（1987），Trolinder and Chen（1989）通过多项研究对培养再生体系进行改良，并比较棉属内不同基因型间的体胚发生能力，发现高频胚胎发生的棉花材料——珂字棉（Coker 棉系）。在国外，珂字棉（Coker312、Coker201 等）成为棉花转基因的常用高效品种。然而，在国内大多数主栽品种受到基因型限制，农杆菌侵染转化后再生率低或难以再生，尤其是愈伤组织再分化效率低，成为限制棉花转基因发展的瓶颈。伴随着棉花细胞培养和组织培养再生体系的不断研究、完善与发展，目前已经能从多个棉种及品种通过体细胞培养途径获得再生植株，在国内通过对不同棉花品种的体细胞培养及再生试验研究，逐步建立了中棉所 24、中 394、冀合 321、冀合 713、泗棉 3 号和鲁棉 6 号等棉花品种的高效再生体系，其中中棉所 24 已成为高效转化的再生模式品种。

刘传亮等（2003）对影响棉花体细胞培养再生的关键因素进行研究，建立了一种适用于多种基因型的棉花体细胞再生体系，研究所用中棉所 24、中棉所 19 和泗棉 3 号等 20 余个国内主栽优良品种均诱导获得了体胚和再生植株，并首次从体细胞愈伤直接诱导出胚胎，使棉花体细胞培养再生周期明显缩短。但整体看来，棉花体细胞再生的基因型限制问题仍然存在，还有很多品种难于再生。目前农杆菌介导的棉花遗传转化主要以无菌苗下胚轴为外植体材料进行转化后的组培再生，培养基一般以 MS（一种烟草离体培养基，Murashige and Skoog Medium）为基础进行适当调整，培养基中一般添加 Gelrite 和 Phytagel 做固化剂，以葡萄糖或蔗糖为碳源，在愈伤组织诱导过程中添加 2,4-D、ZT、IAA、IBA、KT、6-BA 等激素。不同基因型的棉花品种在诱导愈伤和胚状体时适用不同的培养基、激素和外植体类型等。

为克服棉花遗传转化后植株再生的基因型限制，扩大农杆菌介导转化的棉花材料范围，一方面需要针对不同的棉花品种分别进行体细胞培养再生体系的探索、优化，为不同品种量身定制适宜的高效再生体系。马盼盼等（2014）对新疆主栽品种新陆早 33 号体细胞培养及再生的培养基及培养方法进行改进，在低浓度的 2,4-D 和 KT 激素诱导下，愈伤诱导率达100%，胚胎分化率达到 67.2%，比对照 Coker312 为高，且体胚发生时间也早于 Coker312。肖向文等（2014）建立了新陆早 33 号的高效农杆菌介导转化再生体系，并成功获得转AtPGIP1 基因植株。另一方面可通过杂交、回交等手段将体胚发生及植株再生能力强的棉花材料中的有利基因型渐渗至新的棉花品种材料中，或者通过自交和再生鉴定、单株选育，获得胚胎发生纯合品系，提高受体材料的再生率（迟吉娜等，2005；吴家和等，2003）。吴家和等（2003）选择再生率高的冀合 321 自交后代的单株再经多次自交，使后代株系的再生率大为提高。

另外，寻找或 QTL 定位体细胞胚胎发生及再生相关基因，就可能通过分子辅助育种或基因工程手段培育高体胚发生及再生能力的棉花材料。Xu Zhenzhen 等（2015）用高体胚发生率的 W10 株系和难以诱导体胚的 TM-1 株系杂交群体，用 SSR 标记构建了陆地棉的体细胞胚发生相关基因座的高密度连锁图谱，这为高体胚发生能力的棉花材料分子辅助培育提供了有利条件。此外，鉴于农杆菌介导转化的整合成功率高、遗传稳定的优点，对于一些难于诱导体胚及再生却希望通过农杆菌介导转化的棉花材料，农杆菌介导的茎尖转化成为解决这一问题的途径之一。茎尖培养可以直接分化再生，转化后可以不通过愈伤组织直接诱导叶、根的形成获得转化株，缩短了转化周期，且无基因型限制。但存在转化率低和嵌合体等问题。近年来，一些研究者对农杆菌介导的棉花茎尖转化体系进行了优化，如赵福永（2009）通过对农杆菌介导的茎尖转化法的侵染时间、菌液浓度、恢复培养等条件进行优化，成功将除草剂抗性基因转入中棉所 35 号、中棉所 27 号、石远 321 等难于再生的陆地棉品种也获得了转化植株。刘明月等（2011）发现针刺处理可以提高农杆菌介导棉花茎尖转化的转化率。欧婷等（2013）以中棉所 49、Coker201 和 YZ－1 为研究材料，对茎尖农杆菌介导转化体系进一步优化，成苗的转化率达到 6.4%，并建立了具有较好应用价值的以草甘膦为筛选剂的农杆菌介导棉花茎尖转化体系（表 10－3）。

表 10－3　部分转基因棉花事件

转化方法	外源基因	时间	作者
农杆菌介导法	NPTⅡ、CAT	1987	Umbeck 等
农杆菌介导法	NPTⅡ	1987	Firoozabady 等
农杆菌介导法	*Bt*	1990	Perlak 等
基因枪	GUS、HPT	1990	Finer 等
农杆菌介导法	GUS、NPTⅡ	1991	Cousins 等
农杆菌介导法	2,4－D	1992	Bayley 等
农杆菌介导法	2,4－D	1993	Lyon 等
基因枪	GUS	1993	MeCabe 等
农杆菌介导法	TfdA	1994	陈志贤等
基因枪	CPTI＋NPTⅡ	1994	吴敬音等
农杆菌介导法	PI	1995	Thomas 等
农杆菌介导法	NPTⅡ	1995	Cousins 等
基因枪	NPTⅡ	1995	Chlan 等
农杆菌介导法	CP4	1996	Nida 等
农杆菌介导法	突变体 AHAS	1996	Rajasekaran 等
农杆菌介导法	NPTⅡ	1996	Rajasekaran 等
农杆菌介导法	*Bt*＋CPTI	1997	焦改丽等
农杆菌介导法	Mn 超氧化物歧化酶基因	1997	Payton 等
基因枪	Bialaphos	1997	Keller 等
农杆菌介导法	NPTⅡ	1998	赵俊侠等
农杆菌介导法	CPTI	1998	王伟等
农杆菌介导法	CPTI	1998	李燕娥等
基因枪	CPTI＋NPTⅡ	1998	朱卫民等
农杆菌介导法	P－Lec＋SKTI	1999	王伟等
农杆菌介导法	*Bt*＋CPTI	1999	李付广等

（续）

转化方法	外源基因	时间	作者
农杆菌介导法	NPTⅡ	1999	Zapata 等
基因枪	兔防御素基因 NP-1	1999	郝秀英等
基因枪	GUS+NPTⅡ	2000	Rajasekaran 等
农杆菌介导法	Bt+GUS+NPTⅡ	2001	李宝平等
农杆菌介导法	TfdA+GUS+NPTⅡ	2001	李宝平等
农杆菌介导法	GFP	2001	黄国存等
农杆菌介导法	GFP	2001	Sunilkuoar 等
农杆菌介导法	葡萄糖氧化酶基因	2002	巩万奎等
激光微束	1,3-葡聚糖酶，几丁质酶基因	2002	陈正华
农杆菌介导法	GFP	2003	Sunilkuoar 等
农杆菌介导法	alPha—globulinPromoter	2003	Sunilkumar 等
农杆菌介导法	CPTI	2002	陈宛新等
农杆菌介导法	Cry1Ac3	2002	Chen 等
农杆菌介导法	Bt、API-B	2003	Guo 等
农杆菌介导法	BmKITS+chi	2004	张志云等
农杆菌介导法	aroAM12	2004	谢龙旭
农杆菌介导法	Bt-CpTI-GNA	2005	吴霞
农杆菌介导法	pBinMoBc	2005	张林水
农杆菌介导法	Bts1m	2005	张福永
农杆菌介导法	PBP	2006	李萍
农杆菌介导法	GhABP	2006	芦亚
农杆菌介导法	EPSPS	2007	刘锡娟
农杆菌介导法	ARF3	2007	张锋
农杆菌介导法	barnase	2007	张慧军
农杆菌介导法	GhACT1	2008	范小平
农杆菌介导法	SoBADH	2008	罗晓丽
花粉管通道法	MpAFP149	2008	马纪
农杆菌介导法	arf1 启动子	2008	管敏
农杆菌介导法	GhADL1	2009	南芝润
农杆菌介导法	alfAFP	2009	张海平
农杆菌介导法	GhGAI1	2009	王拴锁
农杆菌介导法	PhyA	2009	郭彩菊
农杆菌介导法	CkND	2009	李付广
农杆菌介导法	accD	2009	张煜星
农杆菌介导法	SNC1	2010	雷江荣等
农杆菌介导法	GroEL	2010	吴丹等

（续）

转化方法	外源基因	时间	作者
农杆菌介导法	Vd991	2010	徐荣旗
农杆菌介导法	viral truncated AC1	2011	Hashmi 等
农杆菌介导法	fungal phytase	2011	Liu 等
农杆菌介导法	Agrobacterium IPT	2012	Liu 等
农杆菌介导法	betA	2012	Zhang 等
农杆菌介导法	CYCD2；1	2012	Liu 等
农杆菌介导法	GhNHX1	2012	吴等
农杆菌介导法	PRP5 RNAi	2013	Xu 等
农杆菌介导法	PhyB	2013	Rao 等
花粉管通道法	CryIA（c）+GNA	2013	Liu 等
农杆菌介导法	miR 156	2013	Zhang 等
农杆菌介导法	AtNPR1	2013	Kumar 等

资料来源：刘传亮等．棉花规模化转基因技术体系构建及其应用［J］．中国农业科学，2014，47（21）：4183 - 4197.

以棉花下胚轴为例，根癌农杆菌转化操作程序如下：

无菌苗的获得——外植体的采集——外植体侵染——外植体与农杆菌共培养——愈伤组织诱导——胚性愈伤诱导——胚状体发生——再生苗诱导——成苗——嫁接——嫁接苗成活——移栽。

1. 无菌苗的获得。将脱绒过的棉花种子放入三角瓶中，在三角瓶中加入适量配置好的3％ H_2O_2 溶液，28℃ 150 转/分摇床培养，培养约两天后，棉花种子开始露白，此时，将露白的种子播种于种子培养基上。培养基的配方如下：大量元素母液 37.5 毫升/升；蔗糖 15 克/升；琼脂粉 6 克/升；调节 pH 至 7.0 左右。培养种子约一周左右，当棉花幼苗长至10 厘米左右时，即可进行下胚轴剪切工作。

2. 外植体采集。收集长势良好的棉花幼苗，在超净台中将棉花的下胚轴剪成 0.5 厘米长度的小段，放入诱导愈伤培养基中，每瓶培养基中放置 7~8 段，注意不要剪取靠近子叶及根部位置的下胚轴。

3. 外植体农杆菌侵染。将切割成小块的下胚轴浸泡在制备好的工程菌液中，浸泡一段时间后，尚需用无激素植物培养基或无菌水漂洗，再用无菌吸水纸吸干。但目前外植体用菌液浸泡后常不经漂洗直接放在无菌吸水纸上吸干下胚轴非伤口面的菌液，即可进行共培养。

4. 外植体与农杆菌共培养。农杆菌和外植体共培养是决定转化能否成功重要的一个环节，在这一环节中农杆菌附着在植物创伤位置，将农杆菌中的 T-DNA 转移至植物细胞并整合至植物基因组中。因此掌握共培养技术条件是转化的关键。有研究表明，在固体培养基表面加上 1~2 层滤纸，有利于控制外植体上的农杆菌过度繁殖，但是目前大多数研究者并没有在培养基上添加滤纸，农杆菌也没有繁殖过剩。共培养也可在液体培养基中进行，目前采用较少。共培养的时间对转化率有着很大影响，而且不同物种、外植体种类、农杆菌菌株的最佳共培养时间不同，统一植物的不同外植体所需的共培养时间也不同，棉花切段用农杆菌浸泡 5 分钟，沥干菌液平放于培养基上共培养 48 小时。

5. 愈伤组织诱导。 当外植体与农杆菌培养两天后，取出外植体将其放入愈伤诱导培养基，每瓶培养基放入 7～8 个小切段，注意每瓶中不能放入太多，要留有足够的空间使其诱导愈伤。愈伤诱导培养基主要采用改良后的 MS 培养基（pH 5.8～6.5），在愈伤诱导的不同时期，通过调节 IAA、2,4-D、KT 等激素的含量及配比，确定最佳培养基组成。

6. 胚性愈伤诱导。 当下胚轴小切段转移至适宜的愈伤诱导培养基上，培养一段时间后，大量愈伤组织形成，这时需要对这些诱导出的愈伤组织进行严格筛选，去除一些假阳性愈伤块，将阳性愈伤块转入胚性愈伤培养基上诱导。现在大部分科研人员使用的胚状体诱导培养基的成分为：MS 盐，无激素或低于 0.01 毫克/升的激素处理添加谷氨酰胺、天门冬氨酸、酪氨酸各 0.5 克，维生素 B_5 加倍。

7. 胚状体发生。 棉花胚状体萌发生长需要适宜的激素种类及配比，目前主要采用的为在 MS 培养基中添加 6-BA 与 IAA 两种激素，并调节合适的配比含量。

8. 再生苗的诱导培养及成苗。 棉花胚状体萌发后需要进行再生苗的诱导。目前主要采用的培养基为改良的 D29 培养基：MS 盐类（大量、微量及铁盐）+（1～5）倍 B_5 培养基的有机成分+3%蔗糖+（1～2）克活性炭+0.1 毫克/升 IAA+（0.005～0.2）毫克/升6-BA，在再生苗的诱导中 6-BA 的含量因材料的不同有所差异，其浓度区间为 0.005～0.2 毫克/升不等，除了一些极个别情况，绝大部分胚性愈伤都可以获得再生苗。

9. 嫁接。 目前再生苗除生根定植方法外，也可以采用嫁接方式定植，以受体棉花幼苗为砧木，以转化植株为接穗进行嫁接，现在棉花再生苗嫁接技术已经相当成熟，其成活率可高达 93%以上。

（二）基因枪轰击法

基因枪轰击法，又称粒子轰击（Particle Bombardment）、高速粒子喷射技术（High-Velocity Particle）或生物弹击法（Biolistic Method），是依赖于高速的金属微粒将外源基因导入活细胞的转化技术。原理是：应用氯化钙沉淀技术，将要转移的带有目的基因的克隆载体的 DNA 片段包裹在直径仅为 1 微米左右的钨粒或金粒的外表面，使之形成了生物弹。在此之后利用仪器系统所形成的高压气流轰击，将生物弹射入靶细胞或组织之内，从而完成外源基因的导入转化。基因枪法作为一种物理转化手段，受体不受组织、器官和基因型限制，具有操作简便和高效的特点，同时在棉花中主要以茎尖分生组织、胚性愈伤组织为受体材料，茎尖培养不经过愈伤组织阶段就生成丛生芽，经嫁接再生，植株再生不受基因型的限制，且再生周期短，通常 1.5～3 个月时间就能成苗。国内外利用基因枪法进行的棉花遗传转化研究也较多，1990 年，美国俄亥俄州立大学的 John 等第一次将此技术应用于棉花遗传转化之中，他们以陆地棉胚性悬浮细胞系作为受体，将 35S 启动的 GUS gene 和 aphIV gene 进行轰击转化，成功得到转化植株。但是基因枪转化法仍有外源基因整合率低，遗传稳定性差，常为多拷贝整合从而容易诱发基因沉默、嵌合体较多等诸多问题，有待进一步研究。

基因枪轰击法步骤如下：

1. 受体材料的准备。 胚性愈伤组织及愈伤组织：将预培养得到的胚性愈伤组织 0.1～0.2 克置于培养皿（直径 9 厘米）中心不大于 1 厘米的范围内。分别于轰击前 4～6 小时和轰击后 16 小时内进行渗透压处理，渗透培养基为 MS3 附加渗透剂。渗透剂分别采用甘露醇

（0～0.8摩尔/升），山梨醇（0～0.8摩尔/升），甘露醇＋山梨醇（0～0.8摩尔/升），轰击材料经渗透压处理后转入恢复培养基MS3中。本实验研究了前渗透时间和渗透剂种类及浓度对转化的影响，轰击材料经渗透压处理后转入MS3恢复培养48小时，用含有卡那霉素的培养基进行筛选继代，每30天继代一次。

2. 载体构建。 一般情况下，可以使用大肠杆菌菌株构建的载体，只要有完整的表达框即可。相对于农杆菌菌株，其质粒DNA的质量要好一些。

3. 质粒载体的构建及制备。 质粒载体构建时，利用碱裂解法提纯质粒，经酚：氯仿：异戊醇＝25：24：1纯化，使其浓度达到1微克/微升，260纳米和280纳米除紫外吸光度比值在1.8～2.0，将提取好的质粒放在－20℃备用。

4. 基因枪轰击。 目前，实验用的基因枪多为美国Bio-Rad公司的PDS-1 000/He Particle De-livery System。选用轰击参数时，金粉直径为$1\mu m$，包裹微弹的沉淀剂用10微升2.5摩尔/升$CaCl_2$和4微升0.1摩尔/升亚精胺（Spermidine，现用现配，或者储存于－20℃冰箱中，时间不能超过1个月。若没有保存好或保存时间过长，亚精胺会发生降解，则会影响DNA吸附于金属微粒表面的能力）。每轰击一枪的金粉用量是1微克DNA/600微克金粉；对于植物材料转化，微粒子弹载体的选择视受体材料而定。如胚性愈伤组织一般为1 100Psi（＝7.584兆帕），茎尖分生组织一般为1 300Psi（＝8.963兆帕）。此外，可裂圆片的规格应该与微粒子弹载体对应。轰击最佳距离为9厘米。将目的基因轰击到所用材料，并以未轰击材料为对照。

5. 恢复培养。 将轰击材料转入MS培养基中，恢复培养至幼叶发绿。在微粒轰击过程中，转化细胞或多或少受到一定伤害，所以转化后，恢复培养是必不可少的，细胞需要一个恢复调整的过程。恢复培养时间的长短是很关键的，过短或过长，都会导致再生转化率的下降。经过多年试验，我们发现恢复培养3～7天效果最好。

6. 筛选培养。 恢复培养后，开始采用抗生素梯度浓度筛选。这样既可以保证刚刚恢复的受伤转化细胞不致于在高浓度的抗生素筛选压下死亡，又可以使非转化细胞受到抑制。抗生素浓度的梯度设置极为重要，每种抗生素都要经过严格的预实验，才能确定最低和最高筛选浓度。以卡那霉素筛选梯度为例，采用的梯度浓度为65毫克/升、80毫克/升、90毫克/升、100毫克/升以上，每次筛选间隔为7～15天，逐步筛选出转基因再生植株。

7. 再生培养。 筛选后的组织的再生与一般组织培养基本一致，但需要添加筛选标记所对应的抗生素或其他筛选物质。

（三）花粉管通道法

1979年发表的"远缘杂交的分子基础——DNA片段杂交假设的一个论证"一文，为花粉管导入外源DNA的整合奠定了理论基础。1983年，周光宇等在《Methods in Enzymology》杂志上报道了棉花花粉管导入外源DNA获得成功。这一技术的建立为活体基因的转化开创了新途径。Trolinder等（1999）报道了一种原位转化方法并申请了专利。通过子房注射法已将抗虫、抗病、抗除草剂和纤维品质改良等不同基因导入棉花品系，获得了转基因棉株（王义琴等，2003；张红艳等，2004）。目前通过此方法已得到了多个转基因抗虫棉新品种（品系），其中部分已经审定并在生产上大面积推广应用（李付广等，2008）。但该方法受环境和人为操作等因素的影响大，转化过程仍带有相当的随机性，转化率比较低，外源基因的插入多拷贝比例较高（李付广等，2007）。随着分子生物学和基因工程的发展，外源 DNA 可通过花粉管通道导入植物胚囊这一事实越来越多地被许多学者所证实，同时也说明 DNA 的片断杂交是客观存在的。

应用这一技术存在的问题：应用总 DNA 片段的导入，筛选到的子代仍可能带入目的基因以外的片段。这一技术局限在于只能用于开花植物，且只有花期可以进行转育。方法虽然简单，但外源基因能否与受体基因整合，决定于目的基因的性状与功能是否与受体基因组 DNA 和细胞代谢相容。在自然田间进行操作，受环境条件的影响很大，外源基因的导入具有很大的随机性。

操作程序及注意事项如下：

受体材料的选择：包括铃、果枝位置的选择和花冠摘除等。①开花时幼铃最宽处直径在 0.6 厘米以上，高度在 0.7 厘米以上，尤其是直径在 1.0 厘米以上的大幼铃适合于花粉管注射，铃不易脱落，而幼铃最宽处直径小于 0.5 厘米，高度小于 0.6 厘米的棉花品种花粉管注射后，铃易脱落。当幼铃的直径大时，其花柱也相对较粗，呈正相关，测量表明，进入幼铃处的花柱直径在 0.07 厘米以上，易于注射，幼铃不易脱落，而花柱较细，在 0.07 厘米以下，尤其是 0.06 厘米以下的棉花品种，花粉管注射后，幼铃脱落率较高，影响转化率。②一般从第 2 个果枝开花到第 5 果枝开花期间进行注射最好。注射时要选择生长匀称的标准幼铃，垂直伸入幼铃的花柱，注射损伤小，获得较高成功率。③花冠摘除时间在开花 24 小时左右，花冠颜色呈浅粉色，用右手食指与中指夹住花柄靠花的底端，并用拇指、食指及中指固定在花颚部分，使整朵花不会随着用力而折断，然后用左手指尖部将整个花冠在花柱基部捏住，并与右手巧妙同时反向用力，并稍向上拔，将花冠自子房基部完整拉脱，同时使柱头在子房上部形成一个平整界面。

转化率的影响因素：首先掌握棉花的受精过程及其时间规律，是花粉管通道法转化成功的关键因素。棉花珠心孔道开放时间在授粉后的 12～28 小时。因此，一定要掌握导入外源基因的最佳时间。提供有外源 DNA 片段的纯度对转基因植株的获得及其后代的表型变异有一定的影响。在 DNA 纯化过程中，既要保持 DNA 片段的完整性，又要去除杂质 DNA 片段，排除蛋白或 RNA 的干扰。

至 2005 年，中国农业科学院棉花研究所对棉花转基因技术体系进行多年研究，建立起以农杆菌介导法、花粉管通道法为主和基因枪轰击法为辅的三位一体棉花规模化转基因技术体系。该体系已将双价抗虫基因、反式抗棉蚜基因、棉纤维品质改良基因、雄性不育基因等目的基因导入到不同的棉花品种中，年产转基因植株从 2010 年的 2 000 株提高到 2015 年的 20 000 株/年，转化效率提高了 9 倍。

（四）其他方法

电激法是以原生质体为受体的一种基因转化方法，当电脉冲以一定的电场强度持续作用于细胞等渗液一段时间后，细胞膜上会生成一些小孔。随着电激条件的不同，这些小孔不断变化，电场消失后这些小孔又可以重新闭合，但是这些小孔的闭合速率受温度的影响，温度越低，小孔维持时间越长。电激法就是基于上述原理用外加电场将外源基因导入植物细胞之中。电激法等最初也用于细胞融合，随后用于动物细胞的基因转化。自应用于植物原生质体转化，已在烟草、水稻、玉米和棉花等作物中取得了良好的成果。1976 年，Auer 等首次采用电穿孔技术将基因物质导入活细胞，从而开创了电穿孔基因转移的先例。他们使用脉冲电场对红细胞进行电穿孔处理，使 3H 标记的 SV40DNA 进入细胞内，并在 37℃ 下培养 90 分钟使细胞膜孔再封闭，表明基因物质能转移到活细胞。1985 年，Fromm 等用电激法将 pat 基因导入了玉米原生质体，得到了该基因稳定表达的愈伤组织。1989 年，李宝健等以烟草无菌试管苗、玉米愈伤组织、大豆菊黄愈伤组织为受体，使用电激法将含有新霉素磷酸转移酶Ⅱ基因的质粒载体导入其中，最后分别得到了转基因植株的稳定表达愈伤组织。2002 年，耿德贵等利用电激法将 GUS 基因转入杜氏盐藻细胞内进行瞬间表达，研究了盐藻的生长状态和电激转化条件对转化率的影响。但在棉花上的应用还未见到报道。电激法在棉花中的应用还是较新的，需要不断尝试与改良。

三、主要外源功能基因

棉花作为一种重要的经济作物，目前已克隆并应用于棉花的作物性状相关基因包括抗虫基因、抗病基因、抗除草剂基因、抗逆基因、纤维品质相关基因、产量相关基因和育性相关基因等。用于棉花遗传转化研究的基因不计其数，但仅仅少数基因可商业化种植，分述如下：

（一）抗虫基因

1. Bt 基因。苏云金杆菌属于革兰氏阴性的孢子细菌。在芽孢形成过程中，可产生伴胞晶体，它由一种或多种蛋白组成，具有高度特异性杀虫活性，这种蛋白通常称作 α-内毒素或杀虫结晶蛋白。根据杀虫结晶蛋白的抗虫谱及其序列同源性，将其划分为四个主要类型：类型Ⅰ（CryⅠ）具有抗鳞翅目昆虫的活性，对其幼虫有特异的毒性作用；类型Ⅱ（CryⅡ）抗鳞翅目和双翅目（昆虫）；类型Ⅲ（CryⅢ）抗鞘翅目昆虫；类型Ⅳ（CryⅣ）抗双翅目昆虫。

1989 年 Agracetus 公司的 Bt 棉花首次在美国植棉带进行大田抗性鉴定和产量比较实验，结构不很理想，可能是由于 Bt 基因表达剂量不够，转基因棉株中的晶体毒蛋白含量不足以使害虫致死。与此同时，孟山都（Monsanto）公司对原 Bt 基因作了比较详细的研究，通过对基因和载体改造，能增强目的基因的表达效果：Bt 基因在烟草、棉花等植株中得到最大限度的表达，毒蛋白含量能提高 100 倍，占总可溶性蛋白的 0.1%，能有效地防治棉铃虫和烟草夜蛾等鳞翅目害虫。孟山都公司于 1988 年获得含上述 Bt 基因的基因工程棉花，1989 年经温室鉴定，杀虫效果良好；1990 年取代 Agracetus 公司，用 6 个不同的转化系在美国植棉带的 6 个不同的点上进行品系比较试验，结果表明，Bt 转化系在治虫和不治虫的处理下，其皮棉产量均高于对照，Bt 转化系的受害程度比治虫的对照还轻得多。1991 年孟山都公司用前一年表现最好的四个转化系，在相同的点上进行试验；这四个转化系中有两个带 Bt. k. HD-1 CryIA（b）基因，另两个带 Bt. k. HD-73 CryIA（c）基因，试验结果与 1990 年基本相同。此后该公司开发 Bt 转化系的市场，培育新的基因工程棉花。

澳大利亚科学与工业联邦组织（Commonwealth Scientific and Industrrial Research Organization，CSIRO）与孟山都公司合作，以 Bt 转化系为父本，用常规杂交转育法，将该转化系的 Bt 基因转育到澳大利亚当地的陆地棉栽培品种之中，所得后代的抗虫效果比较好；同时还把孟山都公司提供的 Bt 基因转入当地陆地棉栽培种 Sickral-3 之中，所得的转化系对澳洲棉铃虫等鳞翅目的害虫有一定的毒杀作用。

我国抗虫基因工程棉花品种的培育起步较晚，但发展很快。1991 年，谢道昕等首次报道将 Bt 毒素基因通过花粉管途径导入我国棉花品种。范云六、郭三堆等通过对 Bt 基因进行改造，获得了具有自主知识产权的抗虫性强的 Bt 基因。随后，中国农科院棉花研究所等多个单位联合攻关，将改造后的 Bt 基因导入到我国自育品种中棉所 12 号、中棉所 16 号、晋棉 7 号、泗棉 2 号和泗棉 3 号等，获得了第一批转基因棉花，这些转基因 Bt 棉推广应用占我国棉花种植面积的 90％以上。

2. VIP 基因。 苏云金芽孢杆菌（*Bacillus thuringiensis*，Bt）是目前应用最多的生物杀虫剂。它能够产生多种杀虫因子，其中，最主要的是杀虫晶体蛋白（Insecticidal Crystal Proteins，ICPs）和营养期杀虫蛋白（Vegetative Insecticidal Protein，Vip），对营养期杀虫蛋白的报道始见于 1996 年，由 Estruch 等发现，由于这种蛋白是在 Bt 的营养期生长期分泌的，故被称为营养期杀虫蛋白。当前，大部分商业化利用的转基因作物均为杀虫晶体蛋白类，随着这些转基因作物种植面积的扩大，害虫对这些较为单一的杀虫蛋白产生抗性的几率越来越大。Vip 与 ICP 蛋白相比不存在同源性，结构和功能都不一样，其对鳞翅目、鞘翅目和同翅目等害虫具有毒杀作用，抗虫谱较广，尤其是对杀虫晶体蛋白不敏感的害虫具有很高的杀虫活性，故被作为害虫综合治理中的"新毒素"广泛应用。根据蛋白序列的同源性，Vip 被分为 Vip1、Vip2 和 Vip3 三种（Doss et al.，2002），在 Vip3 中也已发现多个类型，其中，Vip3A 蛋白是一种广谱杀虫蛋白，其对鳞翅目昆虫的幼虫具有广谱的杀虫活性。例如草地贪夜蛾、烟蚜夜蛾和美国棉铃虫，尤其对小地老虎、甜菜夜蛾和黏虫具有特效。对甜菜夜蛾和棉铃虫高毒（Cai et al.，2006），对秋黏虫的毒性要高于 Cry1Ab 和 Cry1Fa（Sena et al.，2009），对烟蚜夜蛾和小菜蛾 *Plutella xyllostella* 也具有较高的杀虫活性（Doss et al.，2002；Bhalla et al.，2005），杀虫活性均达纳克级水平。因此，Vip3 蛋白作为新的杀虫资源在研究和应用方面具有巨大的潜力。Vip3A 基因编码的毒蛋白代表了一类新型的防治鳞翅目幼虫的杀虫毒素，它的发现使得 Bt 在害虫生防领域产生更大的实用价值，使得 Bt 的商品化生产更具有实际意义。棉花上，美国已经开始进行其生物测试，我国浙江大学等诸多单位也克隆了相关基因，中国农业科学院棉花研究所等单位也获得了相当数量的转基因材料并正在进行相关实验。

3. Cpti 基因。 Cpti 基因是从豇豆品种 TVu 2027 中分离、克隆出来的，它表达所产生的豇豆胰蛋白酶抑制因子（Cowpea Trypsin Inhibitor）能抑制昆虫所必需的消化蛋白酶（如胰蛋白酶）的生物活性，使昆虫的生化代谢过程发生紊乱，引起昆虫不正常的发育或由于缺少必需的氨基酸而"饿"死。Cpti 与 Bt 相比较，不像 Bt 那样具有专一性，它的杀虫范围较广，对烟草夜蛾、棉铃虫、棉铃象鼻虫和玉米螟等多种害虫均有一定的毒害作用。该基因已被转到烟草植株之中，其表达所产生的豇豆胰蛋白酶抑制剂的含量只要达到可溶性总蛋白含量的 0.9％，抗虫性就显著表达，并稳定遗传达 7 个世代以上。美国孟山都公司已将该基因转到陆地棉栽培品种中。但为了避免单一 Cpti 基因可能会诱导害虫产生抗性，某些专家主张将 Cpti 和 Bt 转入同一受体作物之中，这样可能会有效地解决昆虫产生抗性的问题；同时，还能提高该转化系对各类农业害虫的综合抗性。

（二）除草剂基因

1. 抗溴苯腈、草甘膦和抗 2,4-D。 培育转基因抗除草剂的棉花是棉花基因工程中另一非常活跃的研究领域。在机械化程度高的国家和地区，农田杂草的清除往往是依靠使用化学除草剂来实现的。为避免对本田农作物的危害，通常是选用选择性的除草剂，但这影响田间杂草的清除效果。为此，美国 Calgene、Monsanto 等公司和澳大利亚的 CSIRO 等单位利用现代 DNA 重组技术，将外源的抗除草剂的基因转入陆地棉的栽培品种之中，并成功地培育出抗溴苯腈、草甘膦和抗 2,4-D 等几种不同类型除草剂的基因工程棉花。Calgene 公司 McBride 等（1985，1986）从农田土壤中发现一种细菌能分解溴苯腈，并从土壤中分离出该臭鼻杆菌（Klebsiella Ozaenae）；该细菌体内有一种特殊的水解酶，能将溴苯腈水解成 3,5-二溴-4-羟基苯甲酸，从而失去除草的功效。进一步研究表明该水解酶为溴苯腈水解酶，并成功地分离、克隆了编码该酶的基因（Bxn）。Calgene 公司 Stalker 等（1987）将 Bxn 基因克隆到大肠杆菌（Escherichia Coli）体内，能稳定表达，且产生有生物活性的腈水解酶。Fillatti 等（1989）将该基因转入棉花的商用品种之中，田间抗性鉴定实验结果表明：在每英亩施用 1/3 磅溴苯腈的情况下，上述转基因棉花仍能正常生长；Kiser 等（1991）对这些转基因抗溴苯腈的基因工程棉花的品系在大田中各类农艺性状的表现做了全面而系统的比较研究。Calgene 公司 Comai 等（1983）从原本对草甘膦十分敏感的微生物——伤寒门氏菌（Salmonella Typhimurium）自然群体中发现一突变体，它能产生一种降解草甘膦的异构 EPSP 合成酶，因而对草甘膦表现出一定程度的抗性。Monsanto 公司的 Deaton 等（1989）也将 EPSP-NPT Ⅱ 嵌合基因转入棉花，经过连续 3 个世代的研究，他们认为抗除草剂基因能单一地转入棉花，且遵循孟德尔的遗传规律。Lyon 等（1989）和 Streber 等（1989）从产碱菌（Alcaligenesspp）中分离并克隆了编码 2,4-D 单氧化酶的基因（tfdA），经过适当的修饰，将其转入烟草植株体内，并培育出抗 2,4-D 的烟草转化系。澳大利亚 CSIRO Lyon 等（1990）和美国 USDA Trolinder 等（1991）将经修饰的 tfdA 基因克隆到农杆菌 Ti 质粒 T-DNA 之上，并转化到棉花植株体内，经田间抗性鉴定表明：含 tfdA 的棉花转化系可耐 0.1％的 2,4-D，是生产上除草用量的 2.5 倍。我国山西省农业科学院棉花研究所陈志贤等（1992）将澳大利亚 CSIRO 提供的抗 2,4-D 的外源基因 tfdA 转入晋棉 7 号之中，将通过分子杂交证明该基因连同标记基因 NPT Ⅱ 已整合到棉花的基因组中；进一步的田间抗性鉴定表明可耐 0.08％的 2,4-D，超过大田除草 2,4-D 的用量。现代农业生产中，除草剂的使用越来越普遍，为了在使用除草剂的过程中不对作物产生伤害，需培育抗除草剂品种，转基因手段可以有效快速地培育出抗除草剂品种。

2. 抗除草剂基因机理。 目前生产上使用的除草剂根据其作用机理主要分为 3 类：①氨基酸或蛋白合成抑制型除草剂，如草甘膦；②光合作用抑制型除草剂，如百草枯、溴苯腈等；③激素类除草剂，如 2,4-D（郭书巧等，2012）。了解了这些除草剂的作用机理后，转基因抗除草剂育种可以从转化表达可降解除草剂的酶系，或者是突变除草剂作用的靶位点或结构，使除草剂不能发挥作用，或超表达除草剂受体，中和过多的除草剂（郭三堆等，2015）。因此，抗除草剂棉花基因工程中用到的目的基因主要有：①降解除草剂基因，如 1987 年 Stalker 等从臭鼻杆菌中克隆了腈水解酶基因 Bxn 并将该基因导入棉花，获得抗溴苯腈的转基因棉花；Castle 等（2004）从地衣芽孢杆菌中克隆得到草甘膦 N-乙酰转移酶基因

gat，能将草甘膦转化为无毒的 N-乙酰草甘膦；又如降解 2,4-D 的 tfdA 基因，解毒草铵膦的 bar 基因。②改造的除草剂作用受体基因，如中国农科院生物技术所从草甘膦污染的土壤中分离克隆得到的新型 EPSPS 合成酶基因 GR79，表达产生的 EPSPS 合成酶不受草甘膦的抑制，将其与 N-乙酰转移酶 GAT 改造后转入棉花和烟草，获得了对草甘膦抗性较强的双价转基因抗除草剂棉花。类似的还有 cp4-epsps、aroA 等基因。③过量表达的除草剂受体基因，如乙酰乳酸合成酶基因 ALS，其编码的乙酰乳酸合成酶催化支链氨基酸的生物合成，是磺酰脲类除草剂的受体。LV Sulian 等（2007）将 betA/ALS 基因转入鲁棉研 19 号，获得了抗除草剂和耐盐转化株。目前国内外在抗除草剂棉花培育方面已经取得丰硕成果，成功培育了抗 2,4-D、溴苯腈、草铵膦、草丁膦、草甘膦等除草剂的棉花品种。

（三）处于研发阶段具有应用价值的基因

1. 纤维品质基因。 棉纤维是棉花种子的表皮毛，由单细胞生长分化发育而成，其品质指标主要有纤维长度、强度和细度等。棉纤维在发育过程中经历纤维原始细胞分化和突起、纤维细胞的伸长、纤维次生壁形成与增厚、纤维脱水成熟几个阶段。目前已发现多个与棉花纤维发育相关的基因，如，GhEX1 基因可能控制纤维细胞伸长，H6 基因可能参与了次生壁物质的组装，GhACP 基因可能与纤维细胞膜油脂蛋白含量相关。同时棉纤维发育相关基因中很多基因的表达在棉纤维发育过程中有不同组织和阶段特异性。E6、FS、GhEX1、GH3、GhCAP 等基因都在纤维伸长期出现表达峰；H6、FbL2A 等在纤维次生壁增厚期活跃表达，其他时期只有少量表达；而肌动蛋白基因等在整个棉纤维发育过程中都维持相对恒定的表达水平（李付广，2013）。基于此，可以利用棉纤维发育不同阶段特异启动子，在纤维发育特定时期启动超表达特定棉纤维发育相关基因或表达特定的外源功能基因，从而有针对性地改变棉纤维特性或品质，还可以赋予棉纤维新的特性。Lee Joohyun 等（2010）将参与棉纤维细胞壁构建的 GhXTH1 基因转入 Coker312 中，使转基因株系的纤维长度比未转化株系高 16% 左右。John 等（1996）将细菌的 phaB 和 phbC 基因连接到 E6 和 FbL2A 启动子后转入棉花，使棉花纤维中合成 PHB，纤维的保暖性改良。又如将黑色素基因连接棉纤维特异启动子后导入棉花，可生产褐色或褐色棉纤维。张震林等（2004）将 E6 启动子驱动的兔角蛋白基因导入苏棉 16 号；李菲菲等（2009）将蚕丝心蛋白基因导入陆地棉品系 WC，均使转基因株的纤维品质有所改良。

2. 产量及育性相关基因。 棉花早衰可导致吐絮异常，影响产量和质量。提升棉花的抗衰老能力对提高产量有重要意义。施用外源细胞分裂素可以提高植物抗衰老能力，因此通过转基因提高植物内源细胞分裂素含量，就可以同样提升植物抗衰能力进而提高棉花产量。烯基转移酶基因 ipt 编码是细胞分裂素生物合成限速步骤的关键酶，在植物转基因中多有研究，目前 ipt 基因已被导入水稻、小麦和玉米等，受体植物的抗衰能力得到增强（林拥军等，2002）。于晓红等（2000）将菜豆蛋白启动子 Ph/P 驱动的 ipt 基因导入棉花，获得的转化株内源细胞分裂素含量显著提高，根系更发达，次生根增多，棉纤维缩短。刘钊等（2012）将嵌合基因 Psag12-ipt 导入棉花冀合 321 中，成功获得转基因株系，且成铃数和单株子棉产量得到提高。

3. 不育基因。 生产上通过三系或二系配套进行杂交育种已成为作物制种的高效手段，棉花的杂种优势明显，尽管已实现"三系"配套制种，但由于用于棉花制种的恢复系材料少、恢复力不强等使棉花三系法制种系统的大规模应用受到限制。王学德等（2002）将谷胱甘肽 S-转移酶基因 gst 导入待改良的棉花恢复系 DES-HAF277 中，从转化株自交后代中育成一个对雄性不育系具有强恢复力的恢复系"浙大强恢"。王学德（2000）对哈克尼西棉的研究表明不育系与保持系相比，线粒体基因组缺少一个 1.9kb 的与 coxⅡ基因（线粒体细胞色素氧化酶基因）部分同源的片段，因此表明 coxⅡ基因可能与棉花细胞质雄性不育相关。黄晋玲（2003）晋 A 不育系及其保持系的研究同样发现不育系线粒体 DNA 中缺少 coxⅡ基因探针的强杂交带，同时表现出 apt6 基因的差异。有关棉花雄性不育分子机理研究，在继续寻找差异基因并进行验证的同时，可运用转基因工程技术，将花粉或花药特异启动子驱动的育性不利基因导入棉花或通过 RNAi 等技术阻断花粉发育相关基因的表达以获得不育材料（马小定等，2006）。

第二节　全球转基因棉花种植发展

一、全球转基因棉花的种植发展

自 1996 年美国、澳大利亚等国家率先商业化种植转基因棉花以来，越来越多的国家加入到转基因棉花种植的行列。到目前，种植转基因棉花国家多达 50 多个，种植规模较大国家有印度、美国、中国、巴基斯坦和澳大利亚，这几个植棉大国"基因棉"占各国棉花播种面积的比例在 90%～99% 之间，其中以美国和澳大利亚最大，印度后来居上，中国长江、黄河流域棉区有转外源基因的环境释放许可，而西北内陆（新疆）棉花产区因环境未释放而不够大。

自有统计面积以来，全球转基因棉花播种面积从 2000 年的 570 万公顷增长到 2012 年的 2 544 万公顷，13 年增长了 3.5 倍；2012 年基因棉播种面积占全球棉花总播种面积的 73.2%；2013 年全球植棉减少，基因棉面积下降到 2 390 万公顷，占全球棉花收获面积的 70%（图 10-1）。

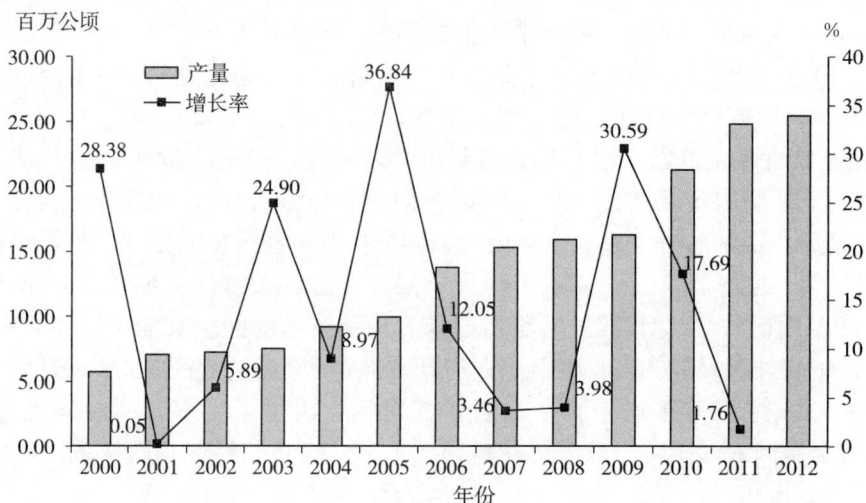

图 10-1　2000—2012 年全球转基因棉花种植面积及增速
资料来源：国际农业生物技术应用服务组织（ISAAA）。

全球批准转基因棉花品种种植的国家有 50 多个。按种植规模排序依次是：印度、美国、中国、巴基斯坦、阿根廷、澳大利亚、缅甸、布基纳法索、巴西、墨西哥、哥伦比亚、南非和哥斯达黎加等。

1994 年，中国转基因棉花开展试验，中间经历了中国农业科学院棉花研究所培育的转 Bt 基因抗虫棉 R93-1、R93-2、R93-3、R93-4、R93-5 和 R93-6 的试验示范种植，但因技术成熟度不够，出现过有抗性但产量偏低的问题。

1996 年，美国转基因棉花品种进入生产种植，全美抗虫棉种植面积达到 80 万公顷，占美国播种面积的 16％，种植面积以品种 NuCOTN33B 为最大。1999 年，转基因棉花品种占美国收获面积的 60％以上。2000 年以后不断增长，2010 年之后美国全国几乎全部为基因棉，其中长绒棉仅转抗除草剂，未转抗虫基因。

1996 年，澳大利亚、墨西哥率先商业化种植转基因棉花。

1996 年河北冀岱棉种技术有限公司成立；1998 年安徽安岱棉种技术有限公司成立，美国抗虫棉在中国种植进入合法化的轨道，黄河抗虫棉品种 33B 和 99B 占流域面积 80％以上，长江抗虫棉品种 DP32B、DP1 560BG 和 DP410B 占安徽市场的 95％，占流域市场一半以上。

2004 年以后，随着"中棉所"系列、"鲁棉研"系列、"冀棉"等系列新品种的审定，国产转基因抗虫棉才收复失地，打破了"美棉"垄断中国转基因抗虫棉种子市场的局面，加上"美棉"抗病性偏弱，高产性状不够，导致市场份额迅速下降，到 2008 年冀岱公司停止棉种业务经营，逐渐退出了河北市场。

2006 年以来，中国转基因棉花种植面积稳定在 350 万公顷左右，2013 年抗虫棉面积达 420 万公顷，占当年种植面积的 90％。1996—2014 年我国累积推广抗虫棉面积达 3 860 万公顷，因此减少农药使用约 5 万吨，经济效益和生态效益巨大（郭三堆等，2015）。棉花转基因研究主要涉及抗虫、抗除草剂、抗病、抗早衰、纤维品质等重要农艺性状改良，其中抗虫转基因棉花和抗除草剂转基因棉花的研发与生产推广应用最为广泛，对棉花产业影响很大。

1998 年，阿根廷和南非开始种植转基因棉花。

2002 年，印度开始种植转基因抗虫棉，推广面积发展迅速，2013 年已超过 1 100 万公顷，2014 年成为种植转基因棉花面积最大的国家，种植面积 1 080 万公顷，占印度棉花种植面积的 95％（表 10-4）。

2006 年，缅甸批准种植转基因棉花，2007 年开始种植，此后快速发展，至 2010 年达 27 万公顷，占全国棉花面积的 75％。

2010 年，巴基斯坦开始种植转基因棉花，已种植近 300 万公顷，种植面积位居全球第四。

全球种植转基因棉花性状主要有两类：一是抗虫转基因，二是耐除草剂转基因。其中耐除草剂棉花主要种植国家和地区有阿根廷、澳大利亚、巴西、加拿大、哥伦比亚、哥斯达黎加、欧盟、墨西哥、巴拉圭、南非和美国；抗虫棉种植国家和地区有阿根廷、澳大利亚、巴西、布基纳法索、加拿大、中国、哥伦比亚、哥斯达黎加、欧盟、印度、墨西哥、缅甸、巴基斯坦、巴拉圭、南非和美国（ISAAA，2014）。

目前，国内外已经选育出抗 2,4-D、溴苯腈、草胺膦、磺酰脲类、草丁膦和草甘膦等除草剂的转基因棉花品种，美国各大农药公司或与有关的科研单位合作在转基因抗除草剂作物

表 10 - 4 全球主要产棉国转基因棉花普及情况

单位:%

年份	美国	中国	印度	缅甸	巴基斯坦
1996	16.8				
1997	20				
1998	39	0			
1999	44	6			
2000	61	15			
2001	69	25			
2002	71	50	1		
2003	73	58	1		
2004	76	65	7		
2005	79	61	15		
2006	83	66	40		
2007	87	68	66	1	
2008	86	69	76	2	
2009	88	60	89	39	
2010	93	69	87	75	75
2011	90	72	88	75	83.8
2012	99	80	90	80	84
2013	99	90	95	85	84
2014	96	93	95	88	88

资料来源:刘定富,刘立清:《全球转基因棉花商业化进程》,2013;ISAAA,2009—2014.

研究与应用方面处于领先地位,并已有部分抗除草剂品种在美国和澳大利亚商业化种植。至 2011 年,全球获批商业化应用的棉花转化事件 40 个,其中抗虫 12 个,耐除草剂 6 个,抗虫复合性状 7 个,耐除草剂复合性状 2 个,抗虫和耐除草剂复合性状 12 个。在抗逆、抗病、抗早衰、纤维品质改良转基因棉花培育方面,国内外相关研究尚处于起步阶段,真正培育出能够应用于生产的转基因品种任重道远。

二、转外源基因棉花种植的主要技术效果

转基因棉花的种植,可以降低劳动强度,增加产量,减少农药支出,从而保护环境以及降低人畜损害,为社会创造大量效益,也为种子企业带来丰厚利润。一些事例如下:

美国于 1996 年率先将转基因作物商业化种植,至 2013 年,转基因作物为美国农业至少带来了 584 亿美元的收入,这大约占全球农业在同一时期的收入的 44%。

转 Bt 基因棉花的毒素能在棉株内持续表达,使得棉铃虫在棉花的整个生长期都受到 Bt 毒蛋白的高压选择,因而减少了农药用量约 60%,减少劳动力投入 7%,转基因抗虫棉比一般棉花单产可提高 10%,扣除种子成本和价格因素,每公顷增收可达 1 250 元(秦永华等,

2007）。据资料显示，中国转基因抗虫棉的商业化种植产生了巨大效益，10 多年来棉农由于农药和用工减少、产量增加，增收节支超过 166 亿元。转基因棉花推广种植的经济效益分析研究表明（黄季焜等，2002），种植转基因棉花的农民和消费者可从中分别获利占 65％和 32％，转基因棉花种子企业获利占 2％，技术研发部门获利占 1％。转基因作物的产业化带来了巨大的经济效益和环境效益。据 2006 年 ISAAA 报告，2005 年全球种植转基因作物的经济效益达 50 多亿美元，1996—2005 年，累计增加经济效益达到 240 多亿美元，累计减少杀虫剂 22.4 万吨（按活性成分计）。此外，由于种植转基因作物减少了除草剂和农药生产和施用所需的能源以及减少锄草（免耕）带来的作物生产方式的变化，大大减少温室气体的排放。据统计，2005 年转基因作物的种植在全球减少了 900 多万吨 CO_2 的排放，相当于近 400 万辆汽车一年的排放量。总体评价，推广转基因作物的效益主要表现在少用杀虫剂和除草剂；有效地控制害虫和杂草；减少了耕作，保护土壤；减少气体排放；增加食品安全性，有益于健康；提高作物产量；增加农民收入等方面。

印度是全球植棉面积最大的国家。由于棉铃虫害频发，每年导致棉农收入损失 50％～60％。自 2002 年引进 Bt 棉和商品化种植以来，有效降低了棉铃虫危害（ISAAA，2014）。2002—2014 年的 13 年间，种植转基因棉花单产提高了 3 倍。2002—2013 年的 12 年，农民种植 Bt 棉收入增加 167 亿美元（表 10-5），其中 2010 年增加 25 亿美元，2011 年增加 32 亿美元。在种植 Bt 棉提高棉花单产的同时，杀虫剂使用量减少了 50％，对印度棉花生产产生了变革性影响。为了满足印度人口急速增加的需求，Bt 棉可以从以下 3 方面带来收益：提供食用油、饲料用的脱脂油饼和纺纱用的纤维。2010 年，棉籽及其副产品产量从 2002 年 46 万吨增加到 120 万吨，其中作为饲料用的 Bt 棉脱脂油饼满足了 1/3 的总饲料需求，棉籽油占印度 13.7％的食用油消费量。Bt 棉籽油产量增加部分代替了进口食用植物油，2009 年印度国产植物油产量首次超过进口食用植物油。

表 10-5　2014 年印度种植 Bt 棉对棉铃虫防治的影响因素

项目	Maharashtra		Andhra Pradesh		旁遮普 Punjab		全印度	
	次数	占次数（%）	次数	占次数（%）	次数	占次数（%）	次数	占次数（%）
	(n＝1 000)		(n＝1 000)		(n＝400)		(n＝2 400)	
农艺效益								
棉铃虫防治效果	820	82	721	72	362	90	1 903	79.2
不喷药	891	89	780	78	398	99	2 069	86.3
减少喷药	732	73	797	80	390	98	1 919	80.0
早熟、优质棉花	624	62	592	59	176	34	1 392	58.0
经济效益								
高产	254	25	525	52	388	97	1 167	48.6
高收益	377	38	418	42	370	93	1 165	48.6
种子成本	209	21	147	15	97	24	447	19.0
减少用工	238	24	159	16	50	13	445	19.0

资料来源：ISAAA，2014.

表 10 - 6　中国 Bt 棉种植收益和成本

单位：美元/公顷

项目	总额	山东	河北	河南	安徽
净收益	667.3	474.8	634	657.4	860.3
总成本	1 300.9	1 038	1 230	1 313.2	2 009.6
种子费用	50.2	49.6	42.6	46.3	87.0
杀虫剂费用	78.3	45.5	106	75.4	94.4
人工费用	752.7	615.7	582.5	822.1	1 189.6
化肥费用	214.8	174.7	229.7	181.6	407
粪肥费用	16.3	6.0	22.3	20.1	8.2
其他	188.6	146.5	246.9	167.7	223.4

资料来源：ISAAA，2014.

三、美国转基因棉花的种植发展

2000 年，美国转基因棉花种植面积的比例达到 61%（图 10 - 2），2014—2015 年棉花种植面积分别为 422 万公顷和 380 万公顷，其中种植转基因面积的比例达到 99.4%。

从 2000 年到 2011 年，美国 Bt（抗棉铃虫）棉花种植面积基本保持稳定，其比例变化幅度为 13%～18%。HT（抗除草剂）棉花种植面积的比例在 2002 年占全国的 26%，到 2011 年仅占全国面积的 15%。复合抗性转基因棉花的种植面积保持稳步提升的势头，从 2000 年占全国的 20% 提高到 2011 年的 58%，其中 2009 年提高 10 个百分点达到 58%，之后在 58% 的比例水平上保持了多年的稳定。由于棉花对常用除草剂草甘膦的抗性较差，HT 抗性棉花在转基因早期种植面积所占的比例较高，但随着转基因技术的不断发展，转基因的抗性也从最初的单抗虫或单抗除草剂进一步改良成为抗虫和抗除草剂的复合性状，且在纤维品质的强度和长度等方面也有明显改进。因此，近年来复合抗性的棉花品种已占美国转基因棉花的主导市场。

2012 年，美国约 99% 的棉花是转基因棉，其中佛罗里达州、路易斯安那州和密西西比州，转基因棉花的种植面积比例达到 100%。

2012 年，在美国"Deltapine"品种是最受欢迎的种子，占总种植面积的 28.2%。其中，在东南棉区（阿拉巴马州、佛罗里达州、佐治亚州、北卡罗来纳州、南卡罗来纳州和弗吉尼亚州），该品牌棉种占 42%；在中南棉区（阿肯色州、路易斯安那州、密西西比州、密苏里州和田纳西州）占 34%；在西南棉区（堪萨斯州、俄克拉荷马州和得克萨斯州）占 20.5%；在西部棉区（亚利桑那州、加利福尼亚州和新墨西哥州）占 33.4%。"Deltapine"棉种里，最畅销的种子是 DP1044 B2RF，DP0912 B2RF，DP1050B2RF 和 DP1048B2RF，分别占美国陆地棉种植面积的 7.2%、4.3%、3.8% 和 2.9%（表 10 - 7）。

2012 年，拜尔作物科学"FiberMax"棉种的种植面积位居第二，占美棉总种植面积的 24.5%。其中，在东南棉区，该品牌棉种占 5.2%；在中南棉区，占 3.3%；在西南棉区，

表 10 - 7　2012 年美国陆地棉主要品种种植情况

中南棉区

品种	面积（英亩）	品种	面积（英亩）	品种	面积（英亩）
阿肯色州		路易斯安那州		密西西比州	
DP 0 912 B2RF	25.12	ST 5 288 B2F	51.24	ST 5 458 B2RF	20.75
ST 5 458 B2RF	17.05	PHY 499 WRF	19.7	ST 5 288 B2F	13.68
PHY 375 WRF	8.14	DP 1 133 B2RF	14.43	DP 1 034 B2RF	13.33
AM 1 550 B2RF	7.49	DP 1 048 B2RF	4.01	DP 0 912 B2RF	7.72
ST 4 145 LLB2	6.79	DP 0 912 B2RF	3.46	DP 1 133 B2RF	7.49
DP 1 133 B2RF	4.99	PHY 375 WRF	1.35	ST 4 145 LLB2	5.51
ST 5 288 B2F	4.94	DP 1 137 B2RF	0.99	DP 1 137 B2RF	5.22
ST 5 445 LLB2	3.85	DP 1 034 B2RF	0.98	DP 1 028 B2RF	4.08
PHY 499 WRF	3.7	CG 3 787 B2RF	0.81	PHY 499 WRF	3.85
AM 1 511 B2RF	2.97	ST 5 458 B2RF	0.71	DP 1 048 B2RF	3.74
合计	590 000		230 000		470 000

东南棉区

品种	面积（英亩）	品种	面积（英亩）	品种	面积（英亩）
阿拉巴马州		佛罗里达州		佐治亚州	
DP 1 050 B2RF	18.69	DG 2 570 B2RF	37.94	PHY 499 WRF	32.39
PHY 499 WRF	17.42	DP 1 050 B2RF	26.21	DP 1 050 B2RF	21.58
DP 1 048 B2RF	15.63	DP 1 048 B2RF	12.06	DP 1 048 B2RF	13.16
PHY 375 WRF	7.96	PHY 499 WRF	8.62	PHY 375 WRF	5.73
DP 1 137 B2RF	7.56	DP 0 949 B2RF	7.59	FM 1 845 LLB2	4.63
DP 0 912 B2RF	7.38	ST 5 445 LLB2	3.79	DP 1 252 B2RF	4.07
PHY 565 WRF	5.0	DP 1 137 B2RF	3.79	DP 0 912 B2RF	2.97
DP 1 133 B2RF	3.73			DP 1 137 B2RF	2.42
ST 4 288 B2F	2.78			PHY 565 WRF	2.06
DP 1 034 B2RF	2.49			ST 5 458 B2RF	1.83
合计	380 000		108 000		1 290 000

西南棉区

品种	面积（英亩）	品种	面积（英亩）	品种	面积（英亩）
堪萨斯州		俄克拉荷马州		德克萨斯州	
NG 1 572 RF	17.5	DP 1 044 B2RF	34.43	DP 1 044 B2RF	11.42
DP 0 912 B2RF	17.0	FM 1 740 B2F	15.42	FM 9 170 B2F	8.7
NG 1 551 RF	15.0	DG 2 570 B2RF	14.39	FM 2 484 B2F	6.34
FM 1 740 B2F	7.5	DP 0 935 B2RF	4.39	FM 1 740 B2F	6.2
DP 0 924 B2RF	5.5	DP 0 912 B2RF	4.05	Epic RF	5.89
FM 9 160 B2F	5.0	DP 104 B2RF	3.15	NG 4 012 B2RF	5.56
FM 9 250 GL	4.5	DP 0 920 B2RF	2.62	FM 9 063 B2F	3.52
PHY 375 WRF	4.5	DP 1 032 B2RF	2.5	PHY 499 WRF	3.4
FM 2011 GT	4.0	ST 4 288 B2F	2.31	NG 4 111 RF	3.28
FM 9 103 GT	3.5	AM 1 532 B2RF	2.03	NG 3 348 B2RF	2.96
合计	57 000		305 000		6 600 000

　　资料来源：2012 年棉种种植情况：美国农业部/美国农业部推广服务司；种植面积：美国农业部/国家农业统计局，2012 年 6 月种植面积报告。

占 39.1％；在西部棉区，占 19.8％。拜尔作物科学"FiberMax"棉种里，最畅销的种子是 FM 9170 B2F，FM 1740 B2F，FM 2484 B2F 和 FM 9063 B2F，分别占美国陆地棉种植面积的 4.7％、4.1％、3.5％和 1.9％（表 10－7）。

"Phytogen"棉种是 2012 年第三个畅销的种子，占美棉总种植面积的 18.4％。其中，在东南棉区，该品牌棉种占 41.8％；在中南棉区，占 19.4％；在西南棉区，占 8.0％；在西部棉区，占 33.7％。"Phy togen"棉种里，最畅销的种子是 PHY 499 WRF，PHY 375 WRF 和 PHY 367 WRF，分别占美国陆地棉种植面积的 9.7％、5.4％和 1.7％（表 10－7）。

"Americot"棉种在 2012 年位居第四，占美棉总种植面积的 11.2％。其中，东南棉区占 1.3％，中南棉区占 3.2％，西南棉区占 18.3％。最畅销的种子是 NG 4012 B2RF，NG 4111 RF 和 NG 3348 B2RF，分别占美国陆地棉种植面积的 3.0％、1.8％和 1.6％（表 10－7）。

拜尔作物科学"Stoneville"棉种是 2012 年种植面积位居第五的种子，占美棉总种植面积的 10％。"All-Tex"棉种排名第六，占 2012 美棉总种植面积的 4.7％。"Dyna-Gro"棉种排名第七，占 2012 年度种植面积的 2.4％（表 10－7）。

"Phytogen"棉种是 2012 年度最畅销的美国皮马棉种。"Phytogen"的 PHY 805 RF 棉种占美国皮马棉种植面积的 48.8％，也是加利福尼亚州最畅销的皮马棉种（占加利福尼亚州皮马棉种植面积的 52.3％）。"Phytogen"的 PHY 820 RF 排名第二，占美国皮马棉种植面积的 12.7％。"Deltapine"的 DP 340 棉种紧追其后，占美国皮马棉种植面积的 12.3％。

2014 年，全美种植陆地棉品种增 8～96 个（另有 12 个海岛棉品种），增 9.1％。2014 年美国陆地棉面积扩大 31.0％至 400 万公顷。全美陆地棉占播种面积 0.5％以上（面积 2 万公顷以上）的品种 44 个，增 5 个，合占陆地棉播种面积的 92.73％，增 0.73 个百分点。2014 年，全美陆地棉转基因品种占播种面积的 99.5％，增 0.5 个百分点。12 个产棉州种植的转基因品种达到 100％，其他几个产棉州的转基因品种在 97％以上，可见全美棉花种植品种基本实现转基因化（表 10－8）。

表 10－8　2014 年美国最大植棉品种名称及其种植面积、比例和主要分布地区

棉花品种名称/经营公司	面积（万亩）	比例（％）	主要分布州
PHY 499 WRF/Phytogen（WideStrike® and Roundup Ready® Flex）	554.9	9.25	路易斯安那州、南卡罗来纳、弗吉尼亚
ST 4946 GLB2/Bayer CropScience‑Stoneville（GlyTol® LibertyLink® Bollgard Ⅱ® variety with a two-gene *Bt* trait）	401.9	6.70	密苏里、阿肯萨斯、田纳西
DP 1044 B2RF/Deltapine（Bollgard Ⅱ® with Roundup Ready® Flex cotton）Bacterial Blight and Verticillium Wilt tolerance	400.1	6.67	亚利桑那、新墨西哥和俄克拉荷马
FM 1944 GLB2/Bayer CropScience‑FiberMax（GlyTol® trait，the LibertyLink® trait and Bollgard Ⅱ®）	362.3	6.04	阿肯萨斯、北卡罗来纳、弗吉尼亚
FM 2484 B2F/Bayer CropScience‑FiberMax（Bollgard Ⅱ®Flex cotton）	235.8	3.93	新墨西哥和得克萨斯

（续）

棉花品种名称/经营公司	面积（万亩）	比例（%）	主要分布州
NG 1511 B2RF/Americot（Bollgard Ⅱ® with Roundup Ready® Flex cotton）	262.8	4.38	俄克拉荷马和密苏里
DP 1252 B2RF/Deltapine（Bollgard Ⅱ® with Roundup Ready® Flex cotton）	205.2	3.42	佐治亚、佛罗里达和南卡罗来纳
DP 1050 B2RF/Deltapine（Bollgard Ⅱ® with Roundup Ready® Flex cotton）	181.2	3.02	佛罗里达、佐治亚和亚利桑那
ST 6448 GLB2/Bayer CropScience - Stoneville（）	246.6	4.11	阿拉巴马、佐治亚、南卡罗来纳
DP 1219 B2RF/Deltapine（Bollgard Ⅱ® with Roundup Ready® Flex cotton）	177.0	2.95	亚利桑那、佐治亚、南卡罗来纳
FM 2011 GT/Bayer CropScience - FiberMax（GlyTol technology）	162.6	2.71	得克萨斯
DP 1321 B2RF/Deltapine（Bollgard Ⅱ® with Roundup Ready® Flex cotton）	161.4	2.69	肯萨斯、阿拉巴马
DG 2570 B2RF/Dyna-Gro（Bollgard Ⅱ® with Roundup Ready® Flex cotton）	154.8	2.58	俄克拉荷马和新墨西哥
DP 1137 B2RF/Deltapine（Bollgard Ⅱ® with Roundup Ready® Flex cotton）	153.6	2.56	佛罗里达、佐治亚和阿拉巴马
NG 4111 RF/Americot（Bollgard Ⅱ® with Roundup Ready® Flex）	137.4	2.29	得克萨斯
DP 0912 B2RF/Deltapine（Bollgard Ⅱ® with Roundup Ready® Flex cotton）	129.0	2.15	肯萨斯、密苏里、俄克拉荷马
PHY 375 WRF/Phytogen	124.2	2.07	田纳西和弗吉尼亚
FM 2989 GLB2/Bayer CropScience - FiberMax（GlyTol LibertyLink Bollgard Ⅱ variety）	79.2	1.32	新墨西哥
FM 9250 GL/Bayer CropScience - FiberMax（GlyTol and LibertyLink）	105.6	1.76	得克萨斯
DP 1212 B2RF/Deltapine（Bollgard Ⅱ® with Roundup Ready® Flex cotton）	94.2	1.57	得克萨斯

注：①WRF-WideStrike（Bt-Cry1F with Bt-Cry1Ac protein）系抗烟草夜蛾幼虫、棉铃虫、黏虫和红铃虫等的抗虫基因标识；Roundup Ready 是抗草甘膦基因，孟山都品牌；GlyTol 抗草甘膦除草基因，替代 Roundup Ready，主要用在 FiberMax 和 Stoneville 品牌的种子中；LibertyLink 抗草铵膦基因；Bollgard Ⅱ 孟山都第二代抗虫棉。

②B2RF 为第二代保铃棉抗草甘膦除草剂 Bollgard Ⅱ® with Roundup Ready® Flex cotton 的简写。

③DP 555 BG/RR 中的 BG 为 Bollgard 第一代的简写，RR 为 Roundup Ready 的简写，为抗棉铃虫和抗草甘膦除草剂品种的标识。

四、中国转基因棉花的种植发展

1992—1993 年棉铃虫在我国大部分棉区肆虐，使我国棉花生产几乎陷入绝境。为了控制棉铃虫，棉农加大施药力度，而一方面增加了农户的种植成本，另一方面因为农药的毒性也会危及农户和牲畜的安全，我国出现了多起牲畜中毒事件。频繁暴发的棉铃虫灾害给棉农的经济和身体造成了巨大的伤害。棉铃虫灾害使长江流域棉区减产 30％以上，黄河流域棉产区减产 60％～80％，部分地区甚至绝产。回顾中国转基因抗虫棉的科学研究、生产示范和应用，经历以下了几个重要阶段：

第一阶段，从 1991 年起，作为国家"863"计划的重点研究项目，转基因抗虫棉的研究在我国正式启动，以中国农业科学院生物技术研究所、中国科学院遗传发育所和微生物所等为代表的科研单位，开始了杀虫基因的合成工作。1992 年，郭三堆等利用分子设计技术人工合成了具有高杀虫活性的 *Bt* 杀虫基因 GFM Cry1A 并于 1994 年将该基因导入棉花，在此基础上与育种单位合作，成功选育出 GK1（国抗棉 1 号）、GK12、GK19、GKZ1 和晋棉 26 国产单价转基因抗虫棉品种，使中国成为继美国之后世界上第二个研制成功转基因抗虫棉的国家。之后，为了提高抗虫棉的杀虫效率、延缓棉铃虫等害虫对杀虫蛋白产生抗性，郭三堆等将 2 个不同杀虫机理的抗虫基因 GFM、Cry1A 和 Cpti 同时导入棉花，创制了双价转基因棉花新种质。通过与国内多家育种单位合作，成功选育出 sGK321（1998）、中棉所 41（2001）和中棉所 45（2003 年）等双价转基因抗虫棉新品种。2011 年中国 720 万小农户种植了 400 万公顷的 Bt 棉，抗虫棉品种的覆盖率达到 80％。

第二阶段，转单价抗虫基因棉花植株 R93-1、R93-2、R93-3、R93-4、R93-5、R93-6 由中国农业科学院棉花研究所于 1994 年培育成功，1995 年之后进入生产试验示范。但是，终因产量性状、抗性性状不尽如人意，未能大面积推广。

第三阶段，1996 年 11 月，河北省种业集团公司与新加坡岱字棉有限公司在河北合资成立"河北冀岱棉种技术有限公司"。1998 年 7 月，安徽省种子总公司与美国孟山都公司、岱字棉公司合资成立"安徽安岱棉种技术有限公司"，自此开始外国培育棉花品种——转基因抗虫棉进入了中国市场。1996 年经农业部批准，河北省种子公司从美国引进了新棉 33B 种子 1 000 千克，1997 年 1 月通过了省级审定，当年示范面积 0.47 万公顷，2001 年扩大到 23.9 万公顷，2002 年新棉 33B、DP99B 进一步扩大到 34.5 万公顷，占河北全省棉花面积的 82.5％，2003 年占黄河流域市场份额的 90％以上。在安徽省推广保铃棉 DP32B、DP1 560BG 和 DP410B，占安徽市场的 95％。但是，河北冀岱棉种技术有限公司于 2008 年停止棉种业务经营，2010 年转让 33.33％的股权，挂牌价为 998 万元；迄今安岱公司仍在经营。据分析，冀岱公司停止棉种经营与美育抗虫棉品种的产量潜力不及中国国产抗虫棉的潜力有紧密关系。

自 1997 年以来，中国转基因棉花种植面积持续增长，由 3.4 万公顷增长到 2015 年的 475.8 万公顷，且国产转基因棉花种植比例也持续增加，1997 年国产转基因棉花品种仅占市场份额的 0.36％，到 2005 年通过国审和省审的单、双价抗虫棉的常规品种和杂交种共 46 个，累计推广超过 840 万公顷，国产棉抗虫棉占国内市场份额的 99％，此后美棉品种基本退出了中国市场（图 10 - 2）。

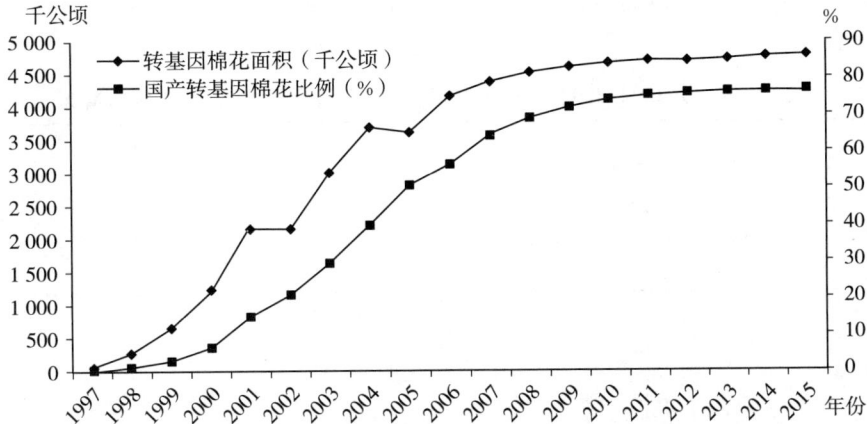

图 10-2　1997—2015 中国转基因棉花种植面积及国产转基因棉花比例

经过 20 多年的发展与积累，中国建成全球为数不多的，包括功能基因克隆、遗传转化、品种选育、安全评价、产品开发、应用推广等各环节在内的转基因育种科技创新和产业发展体系，转基因作物研究开发的整体水平已领先于发展中国家，目前在转基因技术的研究与应用方面积累大量知识产权。抗虫 Bt 基因是目前全球转基因作物中应用最为广泛的功能基因之一，在全球共有相关专利超过 500 项，其中中国申请占 10% 左右。中国农业科学院生物技术研究所申请的"携带编码杀虫蛋白质融合基因的表达载体及其转基因植物""两种编码杀虫蛋白质基因和双价融合表达载体及其应用"等专利是我国转基因抗虫棉的核心技术，获得了国际知识产权组织（WIPO）金奖。我国已利用这些抗虫 Bt 专利技术培育出 100 多个抗虫棉新品种。

据统计，转基因抗虫棉是我国种植面积最大的转基因作物，国产转基因抗虫棉品种除了性能和国外抗虫棉相当外，还普遍比其增产 10% 以上，杂交抗虫棉则增产 20% 以上。

五、印度转基因棉花的种植发展

棉花在印度农业中具有重要地位，棉花产值占农业产值比例高达 30%，棉花是印度地地道道的重要经济作物，印度还是全球重要的棉纺织业大国。

印度是全球唯一种植 4 个棉属种的国家，包括陆地棉、亚洲棉、草棉和海岛棉，其中陆地棉种植面积占 90%，其余 10% 为海岛棉品种，以及陆地棉与陆地棉、陆地棉和海岛棉的杂交种，到 2015 年全印陆地棉品种均为 Bt 棉。

2002 年，印度首次种植 Bt 棉花，当年种植面积 5 万公顷；4 年后即 2006 年 Bt 棉花种植面积增长到 380 万公顷，面积增长了 75 倍，可见推广迅速。2006 年印度棉花总产达到 476 万吨，首次超过美国成为全球第二大产棉国（第一大产棉国家为中国），这是印度植棉历史上值得书写的新篇章。此后印度 Bt 棉花种植面积继续扩大，从 2009 年的 840 万公顷增长到 2010 年的 940 万公顷，增长率高达 11.9%；Bt 棉面积占全国的比例也从 2009 年的 81% 提高 2010 年的 86%（全国棉花种植面积 1 100 万公顷）；全国获益棉农从 2009 年的 560 万户增长到 2010 年的 630 万户，增幅达到 12.5%，所增户数有 70 万户，每户种植 Bt 棉

1.5公顷。2010年Bt棉种植面积比2002年增长了187倍，可见印度推广基因棉速度在加快（表10-9、表10-10、表10-11）。

表10-9 从2002/2003年度到2013/2014年度印度Bt棉推广应用情况

年度	基因棉事件数（个）	Bt杂交棉品种数量（个）	经营Bt棉种子公司数量（个）	Bt棉种植面积（万公顷）	当年棉花总面积（万公顷）	当年Bt棉种植面积比例（%）	种植Bt棉农户数（百万户）	单转基因Bt棉品种种植面积比例（%）	双转基因Bt棉品种种植面积比例（%）	皮棉总产（万吨）	单产（千克/公顷）	控制棉铃虫所用的杀虫剂数量（吨）
2002	1	3	1	5	766.7	1	0.05	100	—	231.2	302	4 470
2003	1	3	1	10	763.0	1	0.08	100	—	304.3	399	6 599
2004	1	4	1	50	878.6	6	0.3	100	—	413.1	470	6 454
2005	1	30	1	130	867.7	15	1.0	100	—	409.7	472	2 923
2006	4	62	15	380	914.4	42	2.3	96	4	476.0	521	1 874
2007	4	131	24	620	941.4	66	3.8	92	8	521.9	554	1 201
2008	5	274	30	760	940.6	81	5.0	73	27	493.0	524	652
2009	6	522	35	840	1 031.0	81	5.6	43	57	518.5	503	500
2010	6	780	35	940	1 114.2	85	6.2	30	70	576.3	517	249
2011	6	884	40	1 060	1 217.8	88	7	18	82	623.9	512	222
2012	6	1 097	44	1 080	1 197.8	93	7.2	10	90	620.5	518	—
2013	6	1 167	45	1 160	1 155.3	95	7.7	4	96	637.5	552	—

注：2002为2002/2003年度，余类推。

资料来源：国际农业生物技术应用服务组织（ISAAA）整理分析，2014.

表10-10 2006—2014年印度单价和双价转基因Bt杂交棉应用情况

单位：百万公顷

基因数	2005	2006	2007	2008	2009	2010	2011	2012	2013	2014
双价	—	0.15（4%）	0.46（8%）	2.04（27%）	4.82（57%）	6.60（70%）	8.70（82%）	9.7（90%）	10.4（94%）	11.2（96%）
单价	1.3（100）	3.65（96%）	5.74（92%）	5.56（73%）	3.58（43%）	2.80（30%）	1.90（18%）	1.1（10%）	0.6（6%）	0.4（4%）
总和	1.3（100）	3.80（100%）	6.20（100%）	7.60（100%）	8.40（100%）	9.40（100%）	10.6（100%）	10.8（100%）	11（100%）	11.6（100%）

资料来源：国际农业生物技术应用服务组织（ISAAA）整理分析，2014.

表10-11 2002—2014年印度批准商业化的棉花转基因事件

序号	基因名称	基因事件	基因研发者	批复年份
1	cry1Ac	MON-531	印度马哈拉施特拉杂交种子公司（Mahyco）/美国孟山都公司（Monsanto）	2002
2	cry1Ac、cry2Ab2	MON-15 985	印度马哈拉施特拉杂交种子公司（Mahyco）/美国孟山都公司（Monsanto）	2006

序号	基因名称	基因事件	基因研发者	批复年份
3	cry1Ac	Event-1	印度 JK 农业贸易公司（JK Agri-Genetics）	2006
4	cry1Ab 和 cry1Ac 的融合基因	GFM Event	印度 Nath 种子公司	2006
5	cry1Ac	BNLA-601	印度中央棉花研究所（CICR）[印度农业研究委员会（ICAR）] 和达尔瓦德农业科技大学（University of Agricultural Sciences, UAS, Dharwad）	2008
6	synthetic cry1C	MLS-9 124	印度 Metahelix 农业生命科技公司	2009

资料来源：国际农业生物技术应用服务组织（ISAAA）整理分析，2014.

2011 年，是印度引进和成功种植 Bt 棉十周年，这一年全印度 Bt 棉种植面积扩大到 1 060 万公顷，占全国 1 210 万公顷棉花种植面积的 87.6%；这一年获益棉农增加到 700 万户，每户 Bt 棉平均种植面积仍为 1.5 公顷。据认为，基因棉在改革棉花作物使其变成印度最富有生产效率和最有经济效益的作物，取得巨大成功是全球一个范例。2011 年印度棉花总产创立新高，达到 623.9 万吨，跃上全球"600 万吨级"大国的俱乐部会员，中国于 1984 年进入 600 万吨级俱乐部，是大国中最早入会的会员国家，印度仅次于中国，位居全球第二，也是全球第二个 600 万吨级的会员国家。

2012 年之后，印度 Bt 棉花种植面积不断创立历史新高，因此成为全球转基因棉花种植面积最大的国家。印度 Bt 棉花种植面积从 2012 年的 1 080 万公顷、2013 年的 1 100 万公顷增长到 2014 年 1 160 万公顷，占全国棉田面积的比例从 2012 年的 88%、2013 年的 93% 提高 2014 年的 95%，可见印度全国实现了"转基因棉"，是全球植棉大国转基因化的第三个国家（表 10-10）。第一个国家是美国，第二个国家是澳大利亚。

归纳印度种植转基因的好处和存在问题：

一是棉花单产水平大幅度提高。印度全国棉花单产水平从 2002 年度种植之初的 302 千克/公顷提高到 2013 年度的 552 千克/公顷，12 年增长 82.8%，年均 5.64% 的增长率是全球和植棉国家极为罕见的。一般认为，单产是科技进步的结晶。可见，印度种植 Bt 棉花一举摘掉了低产大国的帽子，但印度还没有进入高产国家的行列。

二是棉花产能大幅度增长。印度国家棉花产量从 2002 年度种植之初的 231.2 万吨增长到 2013 年度的 637.5 万吨，这 12 年增长速度高达 1.76 倍，这种年均 9.66% 的产能扩张式的增长率也是全球和植棉国家极为罕见的，其特点是产能扩张来自单产和面积的共同作用，一般认为这种"双扩双增"模式具有持久性特点。可见，印度种植 Bt 棉花一举迈进了高产能大国的行列。

三是种植 Bt 棉花产生的环境效益极为显著。全印防治棉铃虫的化学药剂从 2002 年度 Bt 棉花种植之初的 4 470 吨（单位面积平均用量 5.83 千克/公顷）减少到 2012 年度的 222 吨（0.21 千克/公顷），这 10 年减少速度高达 95.0%，这种年均 28.37% 的削减率也是全球和植棉国家极为罕见的。化学农药使用量的大幅度减少对环境和人畜的安全产生了有效保护。

四是 Bt 棉本土化取得的成效显著。印度转基因棉花品种和组合极为丰富，Bt 棉杂交种数量从 2002 年初期的 3 个增长到 2014 年的 1 167 个。其中大多是陆地棉与陆地棉杂交种，也有少部分陆地棉与海岛棉杂交种，其中 2014 年印度基因工程委员会常务委员会批准新释放了 70 个 Bt 杂交棉。这些杂交种就是本土化的 Bt 棉。更重要的是，印度已在逐步采用双价转基因棉花替代单价转基因棉花，而且 2014 年正着手完成第一个既抗虫又耐除草剂的转基因棉花（表 10-11）。全印从事抗虫棉经营公司从 1 家增加到 45 家，国外公司为孟山都公司，国内公司有种子公司、研究所型公司和其他科技型公司等，就全印 1 000 万公顷这样巨大的棉种市场而言，经营 Bt 棉种公司的总数并不是很多。

然而，印度在转基因棉花推广过程中也出现不少典型"案例"（表 10-11）。"基因棉事件"数从 2002 年度的 1 件增加到 2013 年度的 6 件。这些事件包括：高昂的 Bt 棉种价格与农户无力购买种子，必须向银行贷款或借高利贷，以及随后还贷问题而诱发自杀事件；劣质、冒牌 Bt 棉种的坑农事件；种植环境变化、季风灾害与抗虫棉产量问题；抗虫效果和防治成本等问题。幸好，在政府主导和公司有效的参与下，大部分事件得到，解决（第十六章）。

第三节 转外源基因作物的安全性评价

转基因生物安全性的评价，需要证实目的基因的功效，包括其分子证据、田间试验等。同时，规避对转基因植物未知物质风险的主要担忧，主要有：①致病性物质的出现，即转基因生物产品食用后是否会致病。②营养成分的变化及抗营养因子的出现，如蛋白酶抑制剂、脂肪氧化酶的产生或含量的变化。③新的过敏原的出现，如大豆中的致敏性蛋白和巴西坚果中的 2s 清蛋白。④天然有毒物的产生，如茄碱、葫芦素等。其中，最令人关注的是有可能会产生毒素、抗营养物质、过敏原以及致癌物质或联合致癌物质。⑤基因飘移到近缘植物中。为证明效果及规避这些风险，主要国家都制订了其安全性评价法规及标准。这里主要介绍美国和中国的安全性评价规则及程序。

一、转外源基因作物技术安全性和评价

转基因棉花的主要环境安全性问题是靶标病虫草的抗性，以及转基因棉花生态系统生物多样性和管理模式的变化对有害生物地位演化的影响。针对转基因抗病虫、耐除草剂棉花等潜在的环境风险问题，我国应加强环境安全性评价，采取相应的风险管理策略。

（一）安全性评价的靶标问题

转基因抗虫棉花安全性评价主要是指转基因抗病虫棉田生态系统靶标生物地位演化、对农业生态系统群落结构和生物多样性的影响以及靶标生物对转基因抗病虫棉花的抗性监测及风险评估（Wu K.，2007）。因此，要建立转基因抗虫棉花对天敌种类和数量、经济昆虫的环境风险及其节肢动物群落结构的影响等方面的安全评价体系，要明确抗病虫蛋白对棉花病虫害的作用机理和抗性机制，发展以分子快速检测为基础的抗性监测平台，针对我国这种特殊的棉花种植模式的特点，对抗性治理因素进行评估。针对转基因抗病虫棉花种植的潜在风险，首先要合理地种植转基因抗病虫棉花，延缓靶标生物的抗性进化；其次要积极推广应用基于农业防治和化学防治相结合的非靶标生物的综合防治技术（Gould F.，2000）。

（二）转基因耐除草剂棉花

杂草抗性和转基因耐除草剂棉花对棉田及周边的植物群落结构和生物多样性的影响是安全性评价的核心内容。转基因耐除草剂棉花商业化种植将增加除草剂的使用量，长期使用单一的除草剂必然会导致杂草产生抗性，同时也可能对棉田及周边的植物群落结构和生物多样性产生影响。因此，要建立有效的防控技术和适当的管理措施防止杂草对除草剂产生抗性，通过研究除草剂对植物群落的影响，发展以种植转基因耐除草剂棉花为核心的杂草治理技术体系，长期高效地控制杂草的发生和危害（Valverde B. E. 等，2009；Werth J. A. 等，2008）。

二、美国转外源基因棉花的安全性评价

由美国农业部食品安全、监管及营养部门，及卫生医药等部门，制订了安全性评价，并于 2001 年 6 月 18 日起生效，主要内容如下：

FDA 在咨议过程中对食品开发商提供的植物新品种信息进行评价，旨在解决这些食品和饲料在进入市场流通前的安全性问题及管理问题（如产品标示）。在此过程中，如果植物新品种/基因工程产品要进入商品流通，FDA 不会对开发商提供的数据信息做综合的科学审查，而是基于 FDA 科学家的评估意见，审查这些植物新品种食品是否存在一些可能需要相关机构采取法律行动的问题隐患。这些问题包括：食品中植物毒素/反营养物质的显著增加、重要营养成分的减少、新过敏原、未经批准的食品添加剂的存在等。所有的安全性问题和管理问题得到解决后咨议程序结束。1994 年，FDA 食品和兽药咨询委员会的一个有众多食品和饲料专家参加的联席公开会上就咨议程序进行了讨论，委员会成员认为，随着各种类型基因工程食品和饲料的发展，咨议程序提供了适度的政府监管。

初期咨议（产品开发之初的咨议）：植物新品种咨议为生物工程产品进入市场之前行业者和政府机构讨论相关科学和管理问题提供了一个很好的平台。FDA 鼓励开发商在其产品开发阶段就及需要向相关部分咨询，这样可以促进一些安全性问题、营养问题及管理问题的解决。在一次转化事件中如果一个品种审查没有出现问题，则认为同批次转化中的其他品种也不太会出现问题。然而，如果某个品种表现出可能引发安全性或管理问题的迹象，FDA 鼓励并希望开发商在产品进入市场前与相关机构进行咨商解决这些问题。

后期咨议（产品开发完成后的上市前咨议）：在产品开发的一些阶段，开发公司需要积累充分的数据信息以确保产品安全并符合食品/药品/化妆品等的相关法令规定。如果开发商打算将生物工程食品投入市场流通，FDA 建议开发商按以下步骤向 FDA 递交打算进入市场流通的生物工程食品的相关信息：

• 向 FDA 提交符合要求的营养和安全性评估摘要。

• FDA 召开会议与科学家们就提交的营养和安全性评估摘要中的数据和信息进行讨论，允许开发公司的科学家参与答辩和讨论。但在某些情况下，这样的会议非必需。如，FDA 的科学家对公司产品非常熟悉，或提交的营养和安全性评估摘要附有充分的支持数据或信息，或植物新品种为从生物工程品种中经传统育种方法选育而来。

营养和安全性评估摘要需提供足够的信息以使 FDA 科学家清楚了解开发公司鉴别和解

决相关问题的方法。通常需要包含以下信息：

（1）生物工程食品名称和来源作物。

（2）生物工程产品用途。

（3）产品来源信息、特性、导入的遗传物质的功能。

（4）进行生物工程改造的目的和预期技术效果，以及预期的食品/饲料的特征属性和组分。

（5）导入的遗传物质编码的表达产物的特性和功能，生物工程作物或食品中其表达产物的浓度估计。

（6）表达产物已知或可能的毒性/过敏原性，食品中表达产物可以被安全消化的依据。

（7）生物工程植物品种食品中所含组分和特性（尤其是重要营养物和毒素）与亲本品种或一般消费品种的比较。

（8）生物工程食品的潜在致敏性是否已经通过遗传修饰得到改变。

（9）其他生物工程食品营养和安全性评价相关信息。

咨议程序：生物技术评价小组（BET）：食品安全与应用营养中心（CFSAN）的市场准入办公室（OPA）和兽药中心（CVM）的监管办公室（OSC）成立了一个生物技术评价小组，来促进和确保依照政策咨议，并向 FDA 汇报生物工程食品的市场行销和植物新品种食品的成分特性。生物技术评价小组对咨议进行监督，负责鉴别需要解决的管理和科学问题，直至所有的相关问题都得到恰当解决。一般情况下，咨议生物技术评价小组通常由一个消费者安全官（CSO）及来自于 OPA/CFSAN 和 OSC/CVM 的分子生物学家、化学家、环境科学家和毒理学家组成。消费者安全官（CSO）领导整个生物安全评价小组，通常由调控策略部门（RPB）人员担任，但当咨议的生物工程产品主要用于动物饲料时，由兽药中心（CVM）的营养和标示小组（NLT）的科学家担任。

个别案例可能需要额外的专家加入，比如，咨议涉及到产品标示或婴幼儿配方食品问题时，就需要食品标示和特殊营养办公室的相关专家的帮助。当咨议涉及新问题或预设问题时，相关上级部门也将参与进来。

总体来说，美国的程序的时效性及操作性是目前全世界同类规定中最好的，但过于机械。获得安全性评价的新材料，通过农业部备案，才能在适宜区域种植。

三、中国转外源基因棉花的安全性评价和品种审定

我国对转基因产品的管理主要是针对农业转基因生物的管理。全国农业转基因生物安全的监督管理工作由农业部负责；卫生部依照《食品卫生法》的有关规定，负责转基因食品卫生安全的监督管理工作；国务院还建立了由多个有关部门组成的农业转基因生物安全管理部际联席会议制度，负责研究和协调农业转基因生物安全管理工作中的重大问题。为了促进我国生物技术的发展，对作为其核心技术的重组 DNA 技术的研究和开发，必须加强安全性管理。1990 年，中国政府就制定了《基因工程产品质量控制标准》，成为我国第一个有关生物安全的标准和办法。1993 年，原国家科学技术委员会发布了《基因工程安全管理办法》，对基因工程的定义、安全等级及安全性评价的划定、申报及审批程序等作了规定。在这一技术在国际上开始进入商品化的 1996 年，农业部又相应制定《农业生物基因工程安全管理实施

办法》，具体规定农业生物基因工程安全等级的划分标准，明确各阶段的审批权限，以及相应的安全性控制措施；对农业生物技术的全过程，从实验研究，到中间试验，遗传工程体及其产品的环境释放，到遗传工程体及其产品的商品化生产实施管理，其适用范围涵盖我国自己研发的工作，也包括国外研制的相应产品在我国境内的各个阶段的试验、研究、应用。在联合国环境规划署（UNEP）和全球环境基金（GEF）的支持和资助下，2000 年国家环保总局牵头编制了《中国国家生物安全框架》，提出了我国生物安全管理体制、法规建设和能力建设方案。2000 年通过的《种子法》，要求转基因植物品种的选育、试验、审定和推广必须进行安全性评价，并采取严格的安全控制措施。销售转基因植物品种种子的，必须用明显的文字标注，并提示使用时的安全控制措施。这是我国第一次要求对转基因产品进行标识。2001 年国务院颁布实施《农业转基因生物安全管理条例》。2002 年农业部发布施行《农业转基因生物安全评价管理办法》、《农业转基因生物进口安全管理办法》和《农业转基因生物标识管理办法》三个配套管理规章，并设立了农业转基因生物安全管理办公室。2004 年国家质检总局发布了《进出境基因产品检验检疫管理办法》。

我国转基因棉花的安全评价内容包括：分子特征、遗传稳定性、环境安全和食用安全等。

1. 分子特征。包括从基因水平、转录水平和翻译水平，考察外源插入片段的整合和表达情况，包括表达载体相关资料、目的基因在植物基因组中的整合情况和外源插入片段的表达情况。

2. 遗传稳定性。主要考察转基因植物代际间目的基因整合与表达情况，包括目的基因整合的稳定性、目的基因表达的稳定性和目标性状表现的稳定性。

3. 环境安全。生存竞争能力、基因漂移的环境影响、外源基因漂移风险、转基因植物的功能效率评价、有害生物抗性转基因植物对非靶标生物的影响、对植物生态系统群落结构和有害生物地位演化的影响和靶标生物的抗性风险。

4. 食用安全。按照个案分析的原则，评价转基因植物与非转基因植物的相对安全性，主要进行新表达物质毒理学评价、致敏性评价、关键成分分析和食品安全性评价。

传统非转基因对照物选择：无性繁殖的转基因植物，以非转基因植物亲本为对照物；有性繁殖的转基因植物，以遗传背景与转基因植物有可比性的非转基因植物为对照物。对照物与转基因植物的种植环境应具有可比性。

在按规定和程序完成上述试验和实验后，提出申请，经安全委员会评价，发放环境释放许可等证书。转基因材料在获得环境释放许可等证书后，再参加品种的区域试验，通过品种审定后才能在适宜区域种植。然而，环境释放有时间限制，有的获得通过使用年限很短，当没有通过区域试验即工作无效。为了提高效率，有的采取边申请环境释放边参加区域试验。中国的安全性评价同美国的安全性评价内容大致相同，但在执行上存在着较大的自由度，容易受非科学因素的影响。

在棉花转基因安全性评价中，目前获得安全证书的主要是抗棉铃虫棉花，在安全性评价中主要是毒蛋白含量测定和生物测试等两个部分。

（一）毒蛋白含量测定

在安全性评价过程中，须首先进行毒蛋白含量测定，测定方法采用 ELISA 法。目前尚未有国家标准，有一个参考分级标准（表 10 - 12）。

表 10 - 12　转基因抗虫棉毒蛋白含量参考标准

标准	含　　量
不表达	Bt 蛋白量≤50 纳克/克鲜重；
低表达	50 纳克/克鲜重<Bt 蛋白量≤150 纳克/克鲜重；
中表达	150 纳克/克鲜重<Bt 蛋白量≤300 纳克/克鲜重；
中高表达	300 纳克/克鲜重<Bt 蛋白量≤450 纳克/克鲜重；
高表达	Bt 蛋白量>450 纳克/克鲜重。

毒蛋白的含量 ELSIA 测定存在着较高误差，且可能受环境影响较大，还要进行生测指标，如幼虫死亡率，蕾铃被害率等，两方面加权后综合排名，如果今年要发放 200 个品种证书，就前 200 名发放，但指标上均要优于对照品种，如中棉所 45。

（二）转基因抗虫棉花的安全性评价（生物测试）

根据农业部 953953 号公告（12.1—2007）所发布国家标准（GB 4407.1）中棉花转基因安全性评价关于抗虫棉花的相关要求，转基因抗虫棉花的安全性评价主要包括：对靶标害虫的抗虫性、生存竞争能力、基因漂移、生物多样性影响等四个部分。主要内容如下：

1. 对靶标害虫的抗虫性

（1）试验设计。采用随机区组设计，三次重复，小区面积不小于 100 平方米，常规耕作管理，靶标害虫发生期不应喷施杀虫剂。按当地春棉或夏棉（短季棉）常规播种时期、播种方式和播种量进行播种。①对靶标害虫的抗虫性生物测定：在靶标害虫二、三、四代发生盛期，分别从转基因抗虫品种田、感虫对照品种田和当地主栽转基因抗虫棉品种田采集顶部展开的第三片棉叶，每处理每小区随机采集 20 片。抗虫性生物测定时在大试管（35 毫米×120 毫米）中加入 20 毫米的琼脂培养基，将叶片（保留叶柄）插入培养基中保鲜，每试管放一张叶片，每张叶片接棉铃虫 1 日龄幼虫 5 头。接虫后用脱脂棉塞紧管口，以防棉铃虫逃逸；放于 25～28℃的养虫室或培养箱中饲养。接虫后第 5d 检查幼虫取食状况和幼虫死亡状况，记录幼虫死亡虫数和活虫数，目测幼虫取食状况，幼虫取食状况级别按表 10 - 13、表 10 - 14 执行。判定转基因抗虫棉的抗虫性，转基因抗虫棉抗虫性级别判定标准按表10 - 13执行。

幼虫死亡率按公式（10 - 1）计算：

$$X = \frac{n}{A} \times 100 \tag{10-1}$$

式中，X 为幼虫死亡率，单位为％；n 为死虫数，单位为头；A 为接虫数，单位为头。

校正死亡率按公式（10 - 2）计算：

$$Xt = \frac{X_1 - X_0}{1 - X_0} \times 100 \tag{10-2}$$

式中，Xt 为幼虫校正死亡率，单位为％；X_1 为处理死亡率，单位为％；X_0 为对照死亡率，单位为％。

（2）对靶标害虫抗性的稳定性与纯合度生物测定。对靶标害虫抗性的稳定性生物测定分别于棉花生长的苗期、蕾期、花铃期从转基因抗虫品种田、对应的非转基因棉花品种田和当地主栽转基因抗虫棉品种田采集棉花的上部倒数第三片展开叶，每小区随机采集20张叶片。对靶标害虫抗性的纯合度生物测定分别于棉花生长的苗期、蕾期、花铃期从转基因抗虫品种田、对应的非转基因棉花品种田和当地主栽转基因抗虫棉品种田采集棉花的上部叶片，每小区随机选择20株棉株，每株采3张叶片。在大试管（35毫米×120毫米）中加入20毫米的琼脂培养基，将叶片（保留叶柄）插入培养基中保鲜，每试管放一张叶片，每张叶片接棉铃虫1日龄幼虫5头。接虫后用脱脂棉塞紧管口，以防棉铃虫逃逸；放于25～28℃的养虫室或培养箱中饲养。接虫后第5d检查幼虫死亡状况。记录幼虫死亡虫数和活虫数，幼虫死亡率和校正死亡率的计算采用公式（10-1）和公式（10-2）。计算每小区20张叶片对靶标害虫抗性的校正死亡率平均值，用于对靶标害虫抗性稳定性的统计分析。计算每小区每株3张叶片对靶标害虫抗性的校正死亡率平均值，用于对靶标害虫抗性纯合度的统计分析。用方差分析的方法分析转基因抗虫棉对靶标害虫的抗性稳定性和纯合度。

（3）对靶标害虫抗虫效率田间检测。在第二、三、四代靶标害虫（棉铃虫）发生盛期，分别调查1次转基因抗虫棉品种田、对应的非转基因棉花品种田、当地主栽转基因抗虫棉品种田靶标害虫的残虫数量和蕾铃危害情况。采用对角线5点取样法，每个小区调查5个样点，每个样点顺序连续调查10株棉花。记录靶标害虫的幼虫数量和龄期、棉株顶尖被害株数、每株棉花蕾铃被害数和蕾铃总数。对试验数据进行统计，计算靶标害虫的百株幼虫数量、顶尖被害率、蕾铃被害率，用方差分析方法分析比较转基因抗虫棉品种对靶标害虫的抗性效率（表10-13、表10-14）。

表10-13　转基因抗虫棉抗虫性评定标准

抗性级别	幼虫校正死亡率Y（%）	叶片受害级别
高抗（1级）	Y＞80	1
抗（2级）	50＜Y≤80	2
中抗（3级）	30＜Y≤50	3
低抗（4级）	Y≤30	4
感（5级）	同对照品种	5

表10-14　棉铃虫幼虫取食转基因抗虫棉叶片状况目测分级标准

叶片受害级别	取食状况描述
1	受害呈针头状不连片
2	受害呈小片，但不超过叶面积的25%
3	被害成片，超过叶面积的25%，但不超过叶面积的50%
4	被害成片，超过叶面积的50%
5	叶片被大量取食，被害同常规对照品种

2. 生存竞争能力。

（1）荒地生存竞争能力测定。采用随机区组设计，小区面积为6平方米（2米×3米），三次重复。4月下旬和5月下旬，分期播种两次，分地表撒播和3厘米深度播种两种方式，每小区播种40粒。播种后不进行任何栽培管理。在播前调查一次试验小区的杂草种类、数量，按植株垂直投影面积占小区面积的比例估算出覆盖率。棉花播种后 30 日开始，至棉花吐絮，每月调查一次，调查内容同播前。采用对角线 5 点取样方法，杂草每点调查 0.25 平方米。

（2）转基因抗虫棉自生苗数量。在种植后第二年 5 月和 6 月，各调查一次前一年种植转基因抗虫棉花的试验小区内自生苗情况，记录每小区自生苗的数量，并对自生苗进行生物学或分子生物学检测，然后用人工或除草剂将转基因抗虫棉花自生苗完全清除。

（3）栽培地生存竞争能力测定。采用随机区组设计。小区面积不小于 25 平方米（5 米×5 米），重复四次，按当地常规耕作管理的模式进行。按当地春棉或夏棉（短季棉）常规播种时间、播种方式和播种量进行播种。在棉花苗期（4～6 片真叶期）、现蕾期、花铃期及吐絮期，按对角线 5 点取样方法每小区调查 5 个样点，每点调查 10 株棉花的株高，并估算出覆盖率。棉花吐絮期每小区收取 50 个棉铃，比较转基因抗虫棉品种、对应的非转基因棉花品种的产量差异，并对收获的种子进行发芽率检测，按 GB/T 3543.4—1995 规定的方法进行。

（4）生存竞争能力分析。用方差分析方法比较转基因抗虫棉品种、对应的非转基因棉花品种和杂草之间的生存竞争能力的差异。

3. 基因漂移。

（1）试验设计。试验地面积不小于 10 000 平方米（100 米×100 米），在中心划出一个 25 平方米（5 米×5 米）的小区种植转基因抗虫棉花，周围种植非转基因棉花。试验不设重复。转基因抗虫棉花与当地常规棉花品种同期播种。按当地常规播种时间、播种方式、播种量进行播种。

（2）调查方法。沿试验地对角线的四个方向，分别用 A、B、C 和 D 标记，距转基因抗虫棉花种植区 5 米、15 米、30 米和 60 米，每点随机取 10 个铃的籽棉，并按照 A1、A2、A3……的顺序作上标记，籽棉风干后，用小型轧花机在室内单独轧花，单独按编号保存棉籽，用于进一步检测。

（3）检测。当年在温室内单粒种植，于棉花苗期（6～10 片真叶）进行室内生物测定，根据抗虫苗数和总棉苗数确定不同方向上基因漂移的距离和频率。对生物测定中初步确认的含外源基因的植株涂抹卡那霉素溶液（3 000 毫克/千克）进行初步筛选，然后进行分子生物学检测或用试纸条进行检测，确定花粉传播的距离和不同距离的漂移率。

（4）结果记录与分析。记录收获的每个棉铃中籽粒总数及其含外源基因的棉花籽粒数。用方差分析方法分析转基因抗虫棉花花粉漂移距离和不同距离的漂移率。

漂移率按式（10-3）计算：

$$P = \frac{N}{T} \times 100 \qquad (10-3)$$

式中，P 为漂移率，单位为％；N 为每个棉铃中含外源基因的棉花籽粒数量，单位为粒；T 为每个棉铃籽粒总数。

4. 生物多样性影响。

（1）试验设计。随机区组设计，小区面积不小于 300 平方米，三次重复，常规耕作管理，全生育期不应喷施杀虫剂。按当地春棉或夏棉（短季棉）常规播种时间、播种方式、播种量进行播种。

（2）调查对棉田节肢动物多样性的影响。①直接调查观察法：从棉花出苗至吐絮，每 7 天调查一次。每小区采用棋盘式取样方法调查 10 个样点，每点调查 5 株棉花。记载整株棉花（伏蚜只调查上部倒数第三片展开叶）及其地面各种昆虫和蜘蛛的数量、种类和发育阶段。开始调查时，首先要快速观察活泼易动的昆虫和（或）蜘蛛的数量。对田间不易识别的种类进行编号，带回室内鉴定。②吸虫器调查法：在棉花生长的苗期（4～6 片真叶）、蕾期、花期、铃期、吐絮期各调查一次，共计五次，每小区采用对角线五点取样。每点用吸虫器吸取 5 株棉花（全株）及其地面 1 平方米范围内的所有节肢动物种类。将抽取的样品带回室内清理和初步分类后，放入 75％乙醇溶液保存，供进一步鉴定。记录所有直接观察到和用吸虫器吸取的节肢动物的名称、发育阶段和数量。运用节肢动物群落的多样性指数、均匀性指数和优势集中性指数 3 个指标，分析比较转基因抗虫棉田节肢动物群落、害虫和天敌亚群落的稳定性。

节肢动物群落的多样性指数按公式（10-4）计算：

$$H = \sum_{i=1}^{s} P_i \ln S \tag{10-4}$$

式中，H 为多样性指数；$P_i = N_i/N$，N_i 为第 i 个物种的个体数，N 为总个体数；S 为物种数。计算结果保留 2 位小数。

节肢动物群落的均匀性指数按公式（10-5）计算：

$$J = H/\ln S \tag{10-5}$$

式中，J 为均匀性指数；H 为多样性指数；S 为物种数。计算结果保留 2 位小数。

节肢动物群落的优势集中性指数按公式（10-6）计算：

$$C = \sum_{1}^{n} (N_i/N)^2 \tag{10-6}$$

式中，C 为优势集中性指数；N_i 为第 i 个物种的个体数；N 为总个体数。计算结果保留 2 位小数。

（3）调查对靶标害虫和主要非靶标害虫及其天敌种群数量的影响。每小区采用棋盘式取样方法调查 10 个样点，每点调查 5 株棉花，每 7 天调查一次。调查的靶标害虫包括棉铃虫、红铃虫；其他鳞翅目害虫包括小地老虎、甜菜夜蛾、斜纹夜蛾、棉造桥虫、玉米螟等；其他主要刺吸性害虫包括棉蚜、棉叶螨、烟粉虱、棉叶蝉、棉盲蝽；主要天敌种类包括七星瓢虫、龟纹瓢虫、草间小黑蛛、狼蛛、小花蝽、草蛉、中红测沟茧蜂、齿唇姬蜂等。记录每次调查的棉铃虫的落卵量、幼虫龄期和数量，其他害虫及天敌的数量。

（4）调查对棉花主要病害的影响。采用对角线 5 点取样法，每点连续调查相邻两行的 20 株棉花。分别在棉花苗期、现蕾期、花铃期、吐絮期，调查 3～5 次棉花苗病、黄萎病、枯萎病发生情况。

棉花苗病、黄萎病、枯萎病和棉铃病发病情况用发病率 D 表示，按式（10-7）计算：

$$D = \frac{N}{T} \times 100 \tag{10-7}$$

式中，D 为发病率，单位为百分率（％）；N 为病株数，单位为株；T 为调查总株数，单位为株。

对棉花黄萎病、枯萎病发病严重程度用病情指数表示，按式（10-8）计算：

$$I = \frac{\sum (N \times R)}{M \times T} \times 100 \qquad\qquad (10-8)$$

式中，I 为病情指数；$\sum$ 为调查病害相对病级数值及其株数乘积的总和；N 为病害某一级别的植株数，单位为株；R 为病害的相对病级数值；M 为病害的最高病级数值；T 为调查总株数，单位为株。

（5）调查对生物多样性的影响。用方差分析法分析比较转基因抗虫棉花与非转基因棉花对主要害虫及天敌种群数量、节肢动物群落结构的影响。

第四节　棉花转外源基因技术展望

培育高产、优质、抗病虫害、抗逆境等综合性状优良的棉花新品种，是我们共同的目标。目前，Bt 抗虫基因是使用最早、最广泛，也是最有效的基因，在生产上使用的转基因抗虫棉大多是转 Bt 抗虫基因。随着转基因抗虫棉大量种植，一些昆虫开始对其产生抗性。张浩男报道，在黄河流域田间监测出棉铃虫对转基因抗虫棉已产生早期抗性，一旦棉铃虫对抗虫棉产生抗性，抗虫棉将失去价值。通过转入双价基因或多价基因，可有效延缓棉铃虫对转基因棉花产生抗性的时间。目前，转基因抗虫棉仅对鳞翅目昆虫中棉铃虫、菜青虫有较为理想的毒杀效果，对棉蚜、红蜘蛛、棉叶螨、棉盲蝽等棉田主要害虫不能有效控制。因此，需要加强基因克隆和研究，获得新型抗虫、抗病、优质和抗逆等性状的关键功能基因，扩大转基因材料的受体基因型，研究更为安全和有效的转化体系，如多基因共转化、叶绿体转化、标记基因删除和新选择标记等未来棉花转基因技术。

一、棉花转外源功能基因性状展望

（一）多基因高抗虫转基因棉花

抗虫棉从开始应用到现在已经近 20 年的时间。长期种植转基因单价、双价抗虫棉，虽有效防治了棉铃虫的发生，但由于农药施用量大大减少，一些次要害虫，如盲蝽象、蚜虫等的危害日益突出，上升成为棉花主要害虫；同时，抗虫棉本身也存在生长发育后期抗虫性下降、可能发生抗性棉铃虫等综合问题，所以需要加大力度寻找新型有效的抗虫基因资源，研发新型双基因、多基因的抗虫棉，以提高转基因抗虫棉的综合抗虫能力。

（二）培育自主知识产权的抗除草剂棉花

随着农村劳动力向城市转移以及农业可持续发展的需要，全生育期利用除草剂防除杂草成为机械化植棉的重要需求。针对不同棉区的杂草种群类型和除草剂使用偏好，尤其针对高效、低毒、低残留的除草剂类型，积极筛选新的有利用价值的抗除草剂基因，研发具有中国自主知识产权的抗除草剂棉花。

（三）培育耐旱耐盐碱转基因棉花

中国人多地少是无法解决的难题，要满足优质原棉的供应问题，利用中国现有的 2 000

多万公顷的干旱地、盐碱地，将其转变成棉田，扩大植棉面积、增加原棉总量，提高原棉质量是解决优质原棉供应问题的重要途径。伴随着植物耐逆分子通路的解析和对极端生境微生物（如盐湖微生物等耐逆机理）的研究，耐旱、耐盐碱的基因资源正在逐步被挖掘和应用于转基因棉花育种。

（四）培育抗病转基因棉花

枯、黄萎病一直是影响世界棉花生产的主要病害。随着对枯、黄萎病遗传规律和抗性机理的进一步揭示，以及抗性相关基因 QTL 定位和基因克隆，为转基因抗病棉花育种提供了抗性基因资源。同时，由于致病生理小种的复杂性，还需广泛搜集和挖掘利用野生棉及棉属近缘物种中高抗枯、黄萎病的基因，并将分子标记育种、转基因育种与常规育种相结合，利用综合育种技术聚合多种抗性基因，加快棉花抗病育种的进程，培育出高抗病的转基因棉花新品种。

（五）培育优质转基因棉花

受国际市场的影响，棉纺工业正处在一个由低端产品向中高端产品过渡的转型期。而要提高中国棉纺企业的国际竞争力，首当其冲的就是要解决优质棉原料的供应问题。因此，满足纺织企业需求的优质棉生产必将成为中国棉花生产发展的主要方向。随着棉花功能基因组学研究的发展，棉纤维的发生、发育机制正在逐步明晰，一批对棉纤维的品质起决定作用的基因正在被挖掘和应用于转基因优质棉的培育。

二、棉花转外源基因新方法展望

（一）多基因共转化方法

多基因共转化是通过构建多基因植物表达载体共转化不同杀虫机制的抗虫基因，或者通过基因聚合技术将多个抗虫基因聚合于一个转基因棉花材料内，培育获得含有多个基因的转基因抗虫棉。多基因共转化不仅可以使棉花受体获得多种机制的抗虫性，利用基因互补的方式加强转基因棉花的抗虫能力，延缓害虫产生抗（耐）性，而且可以拓宽棉花抗虫谱，使其获得能够高效杀死主要害虫的广谱抗虫性。多基因载体的构建策略主要有独立表达框组合法、多聚蛋白酶解法。

表达框组合法：目的基因的两端均具有各自的启动子、增强子、终止子等转录和翻译调控元件，将多个表达框串联在一起共同组建于一个表达载体中。采用这种构建方式时，需要先对融合蛋白的多个功能区的活性、稳定性等特性进行验证。调控原件的选择，既要保证目的基因的特异性高效表达，又要避免使用相同调控序列而引起同源重组导致基因沉默。另外，筛选标记基因的选择也十分重要，既要方便对多个目的基因的转化后代的筛选，又要避免标记基因在受体材料中的积累。中国农业科学院棉花研究所将已验证功能的多个基因构建在同一个载体上，分别进行以抗虫棉（载体为 pBI121-IAP-RRM2-EPSPE-HS1-GUS）、常规棉（载体为 pBI121-IAP-RRM2-P35-Bt-EPSPE-HS1-GUS）为受体的转化，并获得了转基因材料。该技术体系虽然有效，其试验操作比较复杂，组装效率较低，还需要进一步改良简化其操作流程和提高效率。

多聚蛋白酶解法：将多个目的基因的内含子序列融合在一起，构建在同一表达（OFR）内，使多个基因在同一个调控元件下转录成为一个聚合 mRNA，翻译后得到一个由不同的功能多肽结合在一起而形成的融合蛋白。1994 年，Salm 等将含 cryIA（b）和 cryIC 的融合蛋白基因表达载体成功地转入到烟草和番茄中，获得了抗多种害虫的转基因阳性植株。

（二）定点转化或基因叠加方法

基因定点整合技术，是指构建在目的基因表达框两端含有与受体基因组特定位点同源 DNA 片段的整合载体，通过各种转化方法，使同源 DNA 序列与受体基因组序列之间发生同源重组，从而使目的基因插入到特定的受体基因组中，通过一系列的筛选培养，最终得到定向转化的再生植株。基因定点整合载体可分为两类：插入型载体和置换型载体。基因定点整合技术，不只用于外源基因的转化，也可用于基因的定点删除。目前，植物中成功利用基因定点整合技术的有烟草、拟南芥、水稻、玉米等，棉花中还未见定点整合技术应用的报道。但随着对基因同源重组原理深入的了解及棉花基因组信息的公布，棉花基因定点转化技术会得到改进和提高。2012 年，中国农业科学院棉花研究所与中国科学院华南植物园 David Ow 教授合作，开展了基因叠加转基因的研究，构建了适宜于棉花的以重组系统为基础的基因定点转化载体，目前正在进行棉花的遗传转化。

（三）质体遗传转化方法

质体转化技术是 20 世纪 90 年代兴起的一项基因工程技术。质体基因转化在一定程度上克服了核基因转化的不足，具有独特的优越性：①高效表达。每个叶片中的质体基因组拷贝数非常大，外源基因整合进去后，再生阳性植株的每片叶子的目的基因拷贝数必然极高，这就为基因的高效表达提供了条件。②原核表达系统，大多目的基因无需修饰改造。由于质体内的表达为原核表达系统，对于来自原核生物的或由 mRNA 反转录得来的具有重要价值的外源基因，无需改造和修饰就可在质体内高效表达，这是核基因转化无法做到的。③安全性好。外源基因整合进质体基因组后，只进行母系遗传，不会随花粉扩散，从而保证了基因工程的安全性。④便于遗传操作，并可以实现定点整合。质体基因组小，结构简单，许多作物的质体基因已被测序，正在进行深入的功能基因组学研究，其遗传背景较清楚，便于遗传操作。⑤易保持纯系、后代不分离。一旦得到纯合而稳定的质体转化体，由于外源基因的母系遗传特性，这种纯系的种子后代将永远保持为纯系，不会因为有性杂交而发生分离。美国已开始了棉花的叶绿体转化，并成功获得转化质体，华中农业大学正与其合作研究。中国农业科学院棉花研究所已构建了 2 个转化载体，正在转化中。

（四）外源基因删除方法

中国转基因棉花的筛选标记多为卡那霉素抗性。以抗虫棉为受体的许多潮霉素抗性的材料目前无法进入安全性评价，需要进行该标记的删除，因此，需要无选择标记体系的建立。目前，应用于标记基因删除的分子生物学技术主要有 4 种：共转化法、转座子介导的再定位、同源重组法和定点敲除技术。中国科学院遗传与发育研究所开展双 T-DNA 插入获得无选择标记转化技术的研究。目前，已获得转基因再生单株。

（五）安全型标记转化体系方法

为了消除公众对转基因产品安全性顾虑，科学家正积极研发新型的安全的筛选标记。发现一些糖类代谢酶等正选择标记基因、可实时监控的荧光素酶类、荧光蛋白家族和 GUS 等报告基因、植物来源的耐胁迫类基因和一些安全的负选择标记基因。这些标记基因不存在危害人类健康和环境安全的风险，又可快速地用于转基因作物的商业化应用。在棉花中磷酸甘露糖异构酶基因（pmi）是最为成功的，山西省农业科学院棉花研究所已建立了其转化体系，并获得了转化材料。

（六）基因打靶

基因打靶是指通过 DNA 定点同源重组，改变基因组中的某一特定基因，从而在生物活体内研究此基因的功能。基因打靶技术是一种定向改变生物活体遗传信息的实验手段。基因组编辑是建立在基因靶向修饰的基础上，对生物基因组进行改造的一项新技术。通过利用人工核酸酶 ZFn、TALEN 和细菌获得性免疫系统 CRISPR，可在靶位点制造 DNA 双链切口进而诱导细胞内源性修复机制，通过同源重组修复或非同源末端连接途径实现基因敲除、替换和纠正。锌指（Zinc Finger，ZF）是一种常见的 DNA 结合蛋白结构基元，每个锌指可直接特异识别 DNA 双螺旋中 3 个连续的核苷酸。人工串联 3～6 个识别不同靶位点序列的重组锌指结构，能够与靶序列特异性结合（Klug 2010）。将多个锌指串联形成的 ZFP 结构域与Ⅱs型限制性内切酶 FokI（Bitinaite，Wah et al，1998）的切割结构域相连接，就可构建成锌指核酸酶（ZFn），实现对靶序列的切割。增加串连锌指的数目可识别更长的靶序列，同时也就增加了 DNA 靶向修饰的特异性（Wolfe，Nekludova et al，2000）。TALE 核酸酶（TALEN）是由 TALE 代替了 ZF 作为 DNA 结合域与 FokI 切割结构域连接而成。通过 TALE 识别特异的 DNA 序列，FokI 二聚化产生核酸内切酶活性，与 ZFn 一样在特异的靶 DNA 序列上产生双链断裂以实现精确的基因编辑（Miller，Tan et al，2011）。通过对目前发现的所有 TALE 蛋白分析发现，TALE 蛋白中 DNA 结合域有 1 个共同的特点，不同的 TALE 蛋白的 DNA 结合域是由数目不同的、高度保守的重复单元组成，每个重复单元含有 33～35 个氨基酸残基。这些重复单元的氨基酸组成相当保守，除了第 12 和 13 位氨基酸可变外，其他氨基酸都是相同的，这两个可变氨基酸被称为重复序列可变的双氨基酸残基（Repeat Variable Diresidues，RVD）。TALE 特异识别 DNA 的机制在于每个重复序列的 RVD 可以特异识别 DNA 的 4 种碱基中的 1 种，目前发现的 5 种 RVD 中，组氨酸—天冬氨酸特异识别碱基 C；天冬酰胺—异亮氨酸识别碱基 A；天冬酰胺—天冬酰胺识别碱基 G 或 A；天冬酰胺—甘氨酸识别碱基 T；天冬酰胺—丝氨酸可以识别 A、T、G、C 中的任一种。而通过对天然 TALE 的研究发现，TALE 蛋白框架固定识别碱基 T，所以靶序列总是以碱基 T 开始（Moscou and Bogdanove，2009）。规律性重复短回文序列簇（Clustered Regularly Interspaced Short Palindromic Repeats，CRISPRs）是一类独特的 DNA 直接重复序列，广泛存在于原核生物基因（大多数的细菌和几乎所有的古细菌）中（Lillestøl，Redder et al，2006）。自 2002 年首次被人们定义以来（Ruud，Embden et al，2002），CRISPRs 一直以其奇特的结构与特殊的功能吸引着各国科学家们的共同关注。它的结构非常稳定，长度约 25～50bp 的重复序列（Repeats）被间区序列（Spacers）间隔（C，TL et al，2007）。2005

年，Cas 系统（CRISPR-Associated Sequences System，CASs）被发现在原核生物中表现出某种获得性免疫功能，能使宿主获得抵抗噬菌体、质粒等外来 DNA 入侵的免疫能力（Rodolphe，Christophe et al，2007）

（七）转座子介导转基因

转座子又称跳跃因子，是存在于基因组上可自主复制和移位的 DNA 片段，可直接从基因组内的一个位点移到另一个位点，从而改变原有基因组的结构和排序。自 1951 年美国 McClintock 在玉米中首次发现 DNA 转座子以来，转座子已成为基因工程和基因功能分析等的有效工具之一（唐丽莉等，2010）。作为基因操作工具，转座子在植物、细菌、真菌、昆虫中的应用较多。在植物上关于 Ac Ds 转座子与植物基因工程育种方面的研究起步较早。以水稻 Ds 转基因后代的种子为抗性筛选材料，建立了种子浸润发芽的抗性检测方法（王新其等，2001）。利用实验室构建的转 Ac（Ac TPase）及 Ds（Dissociation）的水稻（Oryza Sativa L.）转化群体，探讨了构建转座子水稻突变体库进行水稻功能基因组学研究的策略（朱正歌等，2001、2003）。采用 Ac Ds 转座子系统在水稻（Oryza Sativa L.）中进行无 hpt 选择标记的转基因，证实利用 Ac Ds 转座子系统在水稻中获得无选择标记的转基因植株是可行的（金维正等，2003）。

第十一章 棉花生产机械化、信息化和智能化技术与装备

撰稿人 吕新 张泽 毛树春 张国龙 张强

本章论述全球棉花种植从耕整地、播种、管理到收获的机械化、信息化、智能化技术和装备，一些重大关键技术和装备的起源、发展和现状，其中采收机为棉花作物所独有，不与任何其他作物共享，同时论述棉花机械化、信息化和智能化的重要辅助技术和装备。

第一节 棉田耕整地和播种机械化、信息化、智能化技术和装备

一、棉田耕整地技术与装备

（一）棉田耕整地技术与装备的起源、发展历程和现状

种植之前要对田间土壤进行耕翻，目的是疏松土壤，恢复土壤的团粒结构，以便积蓄水分和养分，改善理化性质，覆盖杂草、肥料，防止病虫害，为作物生长发育创造良好的条件。根据工作原理，土壤耕翻整理分为三大类：铧式犁、圆盘犁和凿形犁。其中，铧式犁应用历史最长，技术最为成熟，作业范围最广，并根据农业生产的不同要求、自然条件变化、动力配备情况等，铧式犁在形式上又派生出一些具有现代特征的新型犁：双向犁、栅条犁、调幅犁、滚子犁、高速犁等。

土地整理是指通过采取各种措施，对田、水、路、林、村综合整治，提高耕地质量，增加有效耕地面积，改善农业生产条件和生态环境的行为。土地整理中最基础的过程莫过于土地平整。常规土地平整方法包括人工平地、半人工半机械平地以及机械平地等多种手段，但是受到机具自身缺陷和人工操作精度有限的制约，土地平整精度在达到一定程度后无法继续提高。目前，世界上最先进的土地平整方式就是激光控制土地精细平整技术。该技术利用激光束产生的平面作为非视觉控制手段代替操作人员的目测判断能力，用以控制平地机具刀口的升降高度，从而有效提高土地平整的精度。

（二）棉花耕整地技术与装备

1. 人工整地。 传统的人工整地方法通常为人们在立春积雪处在日化夜冻时，使用加大型的平土框或者铁平土框，在白天化冻时进行带雪耱地，夜间结冻时停止作业。采用对角耱效果最佳，可起到耱平犁沟，破碎犁垡及土块，并利用冻融交替作用，使表层土壤变酥的效果。随后，拖拉机带动整地器械进行平地整地逐步取代了传统的人工方法，但是由于机车进地次数过多，因此容易压实土壤，降低播前土壤整地的质量。

2. 常规整地作业机械。整地机械的种类很多，根据不同作业的需要有以下几种类型：钉齿耙、圆盘耙、碎土器、镇压器等。按工作部件驱动方式可分为牵引耙和驱动型耙。牵引耙由拖拉机牵引进行作业，驱动型耙利用拖拉机的动力输出轴驱动工作部件进行工作。与牵引式相比驱动型耙具有碎土能力强、作业深度大、地表平整及对土壤条件适应能力强的特点。并能充分利用拖拉机功率，减少机组下地作业次数和降低油料消耗。但也具有结构较复杂，生产率较低，作业成本高等问题。

（1）圆盘耙。主要用于犁耕种后的碎土和平地，也用于收获后的浅耕灭茬作业（图 11-1）。

图 11-1 圆盘耙

主要特点：被动旋转，断草能力较强，具有一定的切土、碎土和翻土功能，功率消耗少，作业效率高。

常用圆盘耙一般都由耙组、耙架、牵引或悬挂装置、偏角调整装置和运输轮等部分组成。调整圆盘耙偏角的大小可改变耙地的深浅，偏角愈大，耙地深度愈大；反之，耙深愈浅。机组作业时可根据不同土质调节工作角度。有些耙架上还设有配重箱，以便在必要时加载配重，以保持耙的作业深度。轻型耙工作深度一般在 8～12 厘米，重型耙工作深度一般在 12～15 厘米（图 11-1）。

（2）钉齿耙（图 11-2）。主要用于耕后播前松碎土壤，也可用于雨后破土、耙除杂草、覆盖种子等。其结构由钉齿、耙架和牵引器等部分构成，耙架一般为"Z"形以便合理配置

图 11-2 钉齿耙

钉齿。为适应地形，单个耙架的工作幅宽不宜过大，常用多组耙联结作业。耙组作业时牵引线与水平线应成 $10°\sim15°$ 夹角，以保证耙组前、后部入土一致。

（3）镇压器。主要用于压碎土块，压实耕作层，以利于蓄水保墒，在干旱多风地区镇压还能防止土壤的风蚀。常用的有锯齿形镇压器和环形镇压器等。

①锯齿形镇压器。先碎土，后压土，碎土能力强，工作后地表平整，有利于宽幅播种机作业（图 11-3）。

②环形镇压器。由一组轮缘呈凸齿状的铸铁网轮组成，其特点是压透力大，对黏土有破碎作用；可使表层土壤疏松，常用于破碎黏重土壤（图 11-4）。

（4）常用整地机械（图 11-5、图 11-6、图 11-7、图 11-8）。

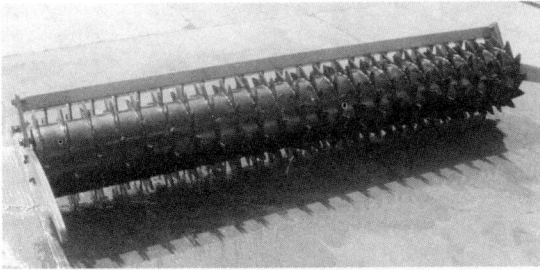

图 11-3　锯齿形镇压器

图 11-4　环形镇压器

图 11-5　碎土整地机

图 11-6　联合整地机

图 11-7　旋耕整地机

图 11-8　激光平地机

3. 联合整地机。我国发达农业地区，如东北三省、新疆、山东等地，普遍使用的为联合整地机进行整地，联合整地机标准配置：前部缺口耙、圆盘耙，中部一排钉齿加锯齿型碎土辊和直径 400 毫米的环型镇压器，后部安装扎膜辊和板耱、条耱。一般宜采用联合整地机进行对角作业，突出强调碎度和匀度，深度控制在 3～5 厘米。联合整地机有较强的碎土和拌和表层土壤的作用，有利于除草药剂药效的发挥（图 11 - 9）。

图 11 - 9　联合整地机

4. 土壤耕翻技术与机械。

（1）液压垂直翻转犁。液压垂直翻转犁是目前耕地作业中广为采用的耕地作业机具，它是在液压控制下，能在耕作的往返行程中，进行梭形双向作业，交替变换犁的翻垡方向，使土垡向地块的同一侧翻转，减少了空行率，耕后地表平整，无沟无垄，地头空行少，在坡地上同向翻垡，可逐年降低耕地坡度（图 11 - 10、图 11 - 11）。

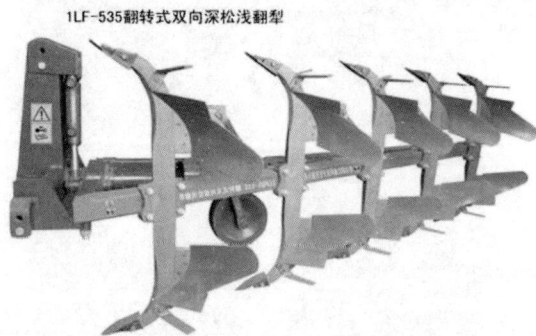

图 11 - 10　垂直翻转四铧犁

图 11 - 11　垂直翻转五铧犁

（2）超深耕翻转双向犁。新疆长期单一的种植模式，致使土壤地力下降、板结加剧、土壤病菌感染，枯萎病面积逐年扩大，直接影响作物的产量和质量。特别是滴灌田块更存在土地板结的问题。推广超深耕深翻耕作技术，可改善土壤结构、减少病虫害，促进作物可持续增产。该技术主要利用大功率拖拉机配套超深耕机具对土壤进行深翻作业，耕翻深度达到 50～60 厘米，有效消灭杂草、减少病虫害。该项作业可以 4～5 年进行一次（图 11 - 12）。

图 11 - 12　ILHEF - 240 型翻转双向超深耕犁

图 11 - 13　1LF - 535 翻转式双向浅耕犁

（3）浅翻深松耕作机械。浅翻深松耕作是采用深松铲与浅翻犁铧部件组合作业，在不破坏土壤原来层次的前提下，浅翻犁铧对土壤浅层原茬耕翻，深松铲对土壤进行深松，以打破犁底层，使下层土壤疏松，有利于积蓄雨水和作物根系的下扎。该项技术可使深松深度达到30～40 厘米，比传统的铧式犁耕翻技术加深耕层 10 厘米。棉花根系深扎能充分吸收土壤中的水分和养分，促进作物茎叶生长（图 11 - 13）。

（4）1LF - 535 翻转式双向浅翻深松犁。该产品适用于长期在同一耕层耕作的原茬地上进行犁底层土壤的松动和熟土层的翻动作业。一次作业犁铧在正常耕深范围内翻土的同时深松铲将下面的土层松动，能够打破犁底层、加深耕作层、熟化土壤。同时又保证表层熟土和底层生土不相混拌。形成上虚下实、虚实相间的耕层结构，利于土壤蓄水保墒。作业速度5～8千米/小时，生产率0.6～1公顷/小时，犁耕深度 20 厘米～25 厘米，深松深度 30 厘米～40 厘米，耕深稳定性变异系数≤10%，耕宽稳定性变异系数≤10%，碎土率≥65%，植被覆盖率地表以下≥80%，植被覆盖率（8 厘米深度以下）≥60%，入土行程≤4 米。

5. 激光平地整地技术。 激光平地整地技术是利用激光独有特性，将激光束作为控制手段，来控制液压平地机具的升降高度。激光平地设备一般由激光发射器、接收器、控制器和平地机具组成。激光发射器发射一束极细且能旋转 360°的激光束，提供恒定平地基准。装有接收器的装置放在靠近平地机具测量标杆上，从激光束到平地刀口之间的固定距离即为标高测量基准，接收器检测到激光信号后不间断地给控制器发送坡度信号，从而实现机具控制。高科技激光技术的应用，使其具有了自动化程度高、操作简单、作业率高等特点。

自 20 世纪 70 年代，美国光谱精仪公司研制开发出第一套激光刀板调平系统。由于它具有许多独特的技术效果和经济效益，得到了快速的发展。美国首先将激光技术应用于农用平地整地机械，并取得了巨大经济效益和社会效益。到 80 年代，美国的德莱塞、光谱物理公司、拓普康激光系统公司，日本的小松公司和德国的鲍克玛公司、哈雷建筑机械公司、瑞士Leica 公司等国家的许多企业生产了配有激光调平装置的平地机。因此该技术在美、英、日、俄等国的农业生产中得到了广泛应用。国外多采用红色氦氖激光器产生基准光线，其接收与控制系统精度较高，但价格十分昂贵。到 90 年代，发展中国家如印度、土耳其、巴基斯坦等国也相继使用激光平地技术，取得了较好的经济效益。

20 世纪 80 年代，我国一些大型农场和企业相继引进了用于农田精平作业的激光控制平地设备（图 11 - 14、图 11 - 15）。1986 年，黑龙江垦区农场首次引进牵引式激光平地机，该

图 11-14 激光平地整地机

图 11-15 激光平地机

机工作半径小，可在坡度以内自找水平。1987年，天津工程机械厂（现为天工工程机械公司）引进了美国CAT公司14G和16G型产品技术，并利用引进技术嫁接改造原有机型开发了新的系列，形成了80、118、132、160、205千瓦的PY型和引进型的两个系列产品，可以安装激光和声纳自动调平装置。1998年，新疆兵团农一师七团引进美国光谱物理公司生产的系列激光平面发射器及其控制系统。该系统主要技术参数为工作半径500米，发射扇面360°、找平精度2°、4毫米/30米、倾斜范围最大值9.99%，自动找平能力在任意一个预置倾斜度±5°。1999年，黑龙江饶河县红旗农场引进美国光谱精仪公司生产的L600型农业激光平地设备。

自20世纪80年代开始，一些部门就已引进国外机型进行试验，但一直未能推广。从技术上看，激光调平技术所需的关键元件（如激光发射器、接收器、电磁液压控制阀、水平及高度传感器等）研制问题已基本解决，多数元件在国内已有厂家生产，但供平地机使用的专用元器件还很少，不能完全适应农用平地机的使用要求。

1990年，黑龙江省农垦科学院与北京理工大学合作研制了1PTY-6型农业激光平地机。1996年，中国航空工业总公司303所，在国家计委、轻工总会和航空工业总公司的组织和主持下，经过五年的研制，完成了"激光校准平地机的研究"项目，能够小批量生产GP-1型激光校准平地机，该机主要用于新建和修复盐池。1995年，中国农业大学工程基础科开发了一套应用于农田平整作业的JSP-1型激光平地机。1999年，安徽机电学院生化工程系研制了一套激光基准信标仪，主要用于平整土地、基础和楼板标定和大型机床安装等。这些研究成果，或者因为工作半径小，或者因为平地精度低，或者由于单机工作效率低等诸多因素而没有得到应用和转化为生产力。2001年，黑龙江八一农垦大学工程学院设计了IPJ-3型激光平地机。2003年，东北农业大学工程学院研究开发了一套IPJY-3.0型综合激光平地机，主要集中在平地铲设备的研究。2005年，中国农业大学开发一套与我国常用的中等功率拖拉机匹配、面向旱田土地精细平整作业、具有自主知识产权、价格低廉、性能优良的激光平地机的液压控制系统（图11-16、图11-17）。

6. 耕深自动调节控制技术。土壤耕整作业是一项基本的田间作业项目，而耕深作为其一项重要的测试指标，在作业过程中是否稳定、是否符合农艺的要求则会直接影响耕作的效果。耕深自动调节的控制系统，主要用于精确、稳定地控制犁耕地时的耕深，以达到稳定耕

图 11-16　激光平地机工作图

图 11-17　激光平地机工作图

深的目的。该系统主要由检测装置、控制装置和执行机构组成。检测装置用来间接检测犁的耕深，采用电位器来检测耕深。计算机对检测装置检测到的信号进行分析、计算后控制步进电机转动，步进电机与耕深调节手柄连接在一起，从而使耕深调节手柄上下移动，实现调节、稳定耕深的目的（图 11-18、图 11-19）。

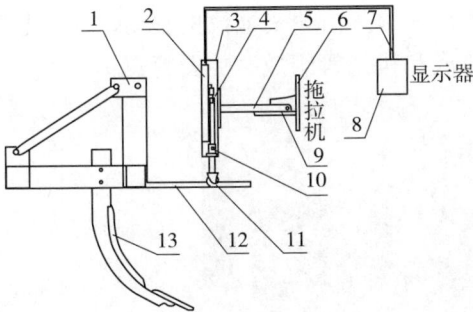

图 11-18　耕深自动调节控制装置结构

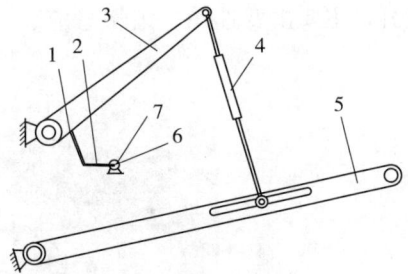

图 11-19　耕深检测控制装置

7. 棉秆灭茬机械作业技术。 秸秆粉碎还田机是秸秆还田技术的具体应用，它针对不同作物对象有不同类型和结构形式，采用轮式拖拉机作为配套动力，标准三点后悬挂，其结构主要由悬挂装置、传动系统、机架、粉碎机构、限位装置等组成。我国棉秆粉碎还田主要采用"水平刀式"（图 11-20）和"横轴式"两种类型。

（1）"水平刀式"棉秆粉碎还田机。主要由悬挂装置、齿箱总成、传动机构、壳体、刀轴总成限深辊等主要机构组成。主要特点：

①设计了立式刀轴结构，立式刀轴上安置 3 层刀盘，每个刀盘上水平固定 2 把刀片，结构简单、负荷小，生产效率高。

②设计了离合器装置，可以预防土堆、石块对刀片的伤害。

③装置为滑板式结构，由垫板、滑板体和连接支腿组成。采用此结构仿形可靠、耐用。主机运动平稳不需进行班次维护保养。还可通过调整支腿上

图 11-20　"水平刀式"棉秆粉碎还田机

不同的孔位，达到调整割茬的目的。

④整机结构简单，维修方便，功率消耗小，使用时间长。

技术参数及性能指标见表 11-1。

表 11-1　水平刀式棉秆粉碎还田机技术参数

序　号	项目	棉　秆
1	外形尺寸（毫米）	2 490（长）×1 400（宽）×1 000（高）
2	整机质量（千克）	600
3	配套拖拉功率（千瓦）	55～70
4	工作幅宽（毫米）	2 200
5	运输方式	三点悬挂式
6	切碎长度（厘米）	≤12.0
7	切碎长度合格率（%）	≥80.0
8	留茬高度（毫米）	≤8.0
9	可靠性（%）	≥90.0
10	作业行走速度（千米/小时）	10～15

（2）"横轴式"棉秆粉碎还田机（图 11-21，表 11-2）。由轮式拖拉机驱动，三点悬挂牵引，主要由变速箱、齿箱总成、传动机构、刀轴总成和机架等组成。主要特点：

图 11-21　"横轴式"棉秆粉碎还田机

①壳体型腔采用前小后大，粉碎腔室宽大，有利于秸秆抛送动刀与定刀转动，刀轴运转直径合理，提高动刀线速度，减少动力消耗。

②动刀在刀轴采用双螺旋排列。螺旋排列形成的气流可使秸秆按照一定方向有序流动；动刀采用三把刀，两把弯刀，一把直刀，对于硬质棉秆粉碎效果更好。

③刀轴轴承采用全密封装置，并用双列调心滚子轴承，使轴承润滑效果更好，提高轴承使用寿命。

技术参数及性能指标见表 11-2。

表 11 - 2　"横轴式"棉秆粉碎还田机技术参数

序　号	项目	棉　秆
1	外形尺寸（毫米）	2 470（长）×1 400（宽）×1 150（高）
2	整机质量（千克）	900
3	配套拖拉功率（千瓦）	75～110
4	工作幅宽（毫米）	2 300
5	运输方式	三点悬挂式
6	切碎长度（厘米）	≤12
7	切碎长度合格率（%）	≥80.0
8	留茬高度（厘米）	≤8.0
9	可靠性（%）	≥90.0
10	作业行走速度（千米/小时）	6～12

8. 棉田残膜清理机械。残膜回收是我国农业的一件大事，也是困扰"白色革命"的一大难题。我国业已形成春播前回收、苗期回收和秋后回收及机械。

（1）春前回收。主要机型有 2 种：一是楼耙式密排弹齿残膜回收机。密排弹齿式残膜回收机的结构简单，由二排或三排高弹力楼齿密排组成，小四轮悬挂牵引，整地后播种前回收地表残膜，双排或三排弹力楼齿将地表上的残膜搂出。二是扎膜辊式残膜回收机，该机结构复杂，由一排排高度 10 厘米的尖锐齿钉、密排长度 200 厘米的齿钉排组成的辊筒构成，连接在整地机的后部或平土框的后部，播种前清理地表残膜，采用尖锐齿钉扎入土中，穿透残膜于齿钉上，可以清除 5 厘米左右深度的不易清理的小片残膜。

（2）苗期回收。苗期揭膜与中耕作业同时进行。代表机型有：新疆研制的 MSM - 3 型苗期残膜回收机（图 11 - 22）、新疆兵团农机推广站和 134 团研制的 CSM - 130B 型齿链式悬挂收膜机等（图 11 - 23）。但是，苗期覆膜增温效应削减很多，生产应用难度大。

（3）秋后回收。回收当年地膜，因薄膜老化回收难度大，与秸秆还田机配合作业。膜边松土、起膜铲将地表残膜推起、挑膜齿挑起残膜，最后脱（卸）膜机构将被挑起的残膜卸下并送入集膜部件。其中挑膜、脱膜和集膜部件是核心机构。工作原理如下：

——伸缩杆齿式捡拾滚筒，残膜收净率高，但该机构的结构复杂，造价偏高。

——弹齿式拾膜部件，由地轮带动收膜弹齿工作，结构简单，残膜收净率高。

——铲式起茬收膜部件，它在起茬的同时将残膜一起铲起经输送带送入鼠笼式旋转滚筒

图 11 - 22　杆齿式搂膜机作业及效果图

图 11 - 23　齿链式搂膜机作业及效果

进行土茬分离。结构简单，工作可靠，收净率高，但其对土壤的性能有一定的要求，且收起的残膜与作物的根茬混合在一起，会给残膜的再生利用带来困难。

——轮齿式收膜部件，收膜机构采用苗期收膜机的收膜部件，靠收膜轮与地面的摩擦力转动收膜，结构简单。收起的残膜比较干净，便于残膜的再生利用，特别适宜捡拾玉米、高粱等有硬根茬地的秋后残膜回收。对厚度 0.008 毫米以上的标准地膜，该机构是一种比较理想的残膜回收机构。

——齿链式收膜部件。结构简单、紧凑，加工制造方便，苗期和秋后均可收膜。整个结构可以向纵向设置，可以前置，有利于整地复式作业。

二、棉花播种技术与装备

发达国家（如美国、德国、意大利等）从 20 世纪 70 年代中期开始，加快了农业机械装备与应用电子技术结合的研究及产业化开发，集机械、电子、液压等技术于一体的一批新产品被迅速开发出来，并且装备到农业机械上，农业机械作业效率、作业质量大幅度提高，作业成本降低，农田作业的舒适性与安全性得到改善。

国外机具普遍可以根据农业技术要求，实现精量播种和精确施肥，并一次性完成开沟、播种、施肥、覆土、镇压等工序，其中的精量播种可省种 30%～50%，而且保证了出苗率，精确施肥可节省 60%的化肥；智能型施肥机可根据传感器监测到的氮磷钾含量的信息实现精准定位施肥，相应地调整施肥的构成与数量，使化肥有效成分利用率更高。

国外棉花播种机大多采用精密播种与单粒播种，还配备有农药喷洒装置。单粒播种借助于气力式排种器，也有气吸式、气吹式、气流一阶分配式集中排种系统都在精量播种机上得到普遍应用推广。智能视觉检测系统在很多机具上也得到了应用，主要借助光电传感器对种子和肥料进行监测，光电传感器信号对种子粒数、排肥量、施肥管通畅程度以及排种管通畅程度进行识别检测，农户借助电子监视装置可以通过在电子显示器上呈现的图像或者数字信号对播种情况进行判断，得到漏播信号、种子、肥料拥堵信号，缺种缺肥信号等，方便对播种情况及时准确作出调整，以保证播种精度。

（一）关键技术装备的特点及技术效果

1. 1835 分施肥锄式气吹播种机（图 11-24）。约翰迪尔的 1 835 分施肥锄式气吹播种机，配备有独立的分施肥锄式开沟器，具有四种关键功能：主动性液压向下压力、开沟器中的深度调节、低土壤和残渣扰动及主动性闭合系统。机具开沟深度调节范围为在 0.5～3.5 英寸，可以实现的最小调节间隔为 0.25 英寸。分施肥式开沟器能开出的肥沟比较窄，减小了对土壤的扰动，有利于保持土壤中的水分。

2. NG-6 播种机。美国十方集团的 NG-6 播种机（图 11-25）是一台免耕播种机，播种精度高，均匀性好，各部件工作稳定，配备有排种系统激光监测与报警装置，当排种器出现无种或者堵塞等现象时，自动报警，工作中少漏播，无重播，不用间苗。

3. 2BQJ-6 播种机（图 11-26）。德国格兰 2BQJ-6 播种机配备有电子监控仪，可同时监控播种及施肥；排种器气吸室完全利用轴承密封，无任何橡胶密封圈，以保证真空装置的密封性和可靠性，单种调节器分 2 级调整，2 个调节板，更为精确可靠，微调可用于葵花播

图 11-24 1835 分施肥锄式气吹播种机

图 11-25 美国 NG-6 播种机

种；配套有表层清石头分土器和 V 形覆土镇压轮，对地压力（0～45 千克）及开角可调；播种效果好，节约种子。

4. ZBQJ-6 播种机（图 11-27）。意大利马斯奇奥 ZBQJ-6 播种机同样配备有播种及施肥监视：采用了激光监视系统，驾驶室内的显示器可清楚的显示播种情况和播种量，同时还配备有排种器自动清理装置，保证播种时种子的数量。

图 11-26 2BQJ-6 播种机

图 11-27 ZBQJ-6 播种机

5. 气力式精密棉花播种机械。20 世纪 80 年代，美国、澳大利亚、加拿大、法国等西方国家开始研制并广泛使用气力式精密棉花播种机械，气吸式、气吹式、气流一阶分配式集排种系统都在精量播种机上得到普遍的应用和推广。

国外机具普遍可以根据农业技术要求，实现精量播种和精确施肥，并一次性完成开沟、播种、施肥、覆土、镇压等工序，其中的精量播种可省种 30%～50%，而且保证了出苗率。国外棉花播种机已经比较成熟，其大多采用精密播种。目前国外精密播种机已达到相当完善的程度，除了能实现基本的复种作业外，还配备有农药喷洒装置，且能实现较高的单粒播种。其单粒播种的实现大多借助于气力式排种器。

（二）国产播种机关键技术和装备

1. 免耕播种机的应用及效果。新疆石河子大学机械电气工程学院研制了悬挂式 2BCM-6 型茬地免耕播种机（图 11-28）。该机优点是既能实现整机仿形，又能实现各工作部件的单体仿形，且仿形范围大，确保播深稳定一致；不足之处是覆土性能差，开沟深度和宽度有待加大。2002 年农业部和财政部启动保护性耕作项目以来，免耕播种技术的研究进了一大步。2004 年新疆兵团根据地理生态特点，形成了玉米、小麦、大麦、油菜等作物的免耕播种技术作业规范。2004—2009 年新疆兵团实施免耕播种总面积累计 4 万公顷，至 2009 年拥有免耕播种机具总量达 99 台/套。设计了一款满足农艺要求，并能实现麦茬地作业的棉花播种机 2BMM-3 免耕粉碎灭茬精量棉花播种机（图 11-29）。

图 11-28　棉花播种铺膜机械

图 11-29　GPS 精量播种铺膜机

新疆生产建设兵团近年来，在棉花播种机车全部装有 GPS 卫星定位导航仪，百分之百实现了播行端直、接行间距误差不超过 2 厘米，土地利用率提高 3% 以上，不但节约了土地面积，而且极大地降低了播种驾驶员的劳动强度，为全面实现棉花机采、减少棉花田间浪费打下了坚实的基础。

2. 播种质量在线监测技术。 播种机监测系统方面，中国农业机械化科学研究院针对光电法精密播种机监测系统易受田间灰尘影响的缺点，提出了基于电容测量的新型精密播种机监测方法，研制了精密播种机排种监测系统，根据电容的实时变化，实现播种性能监测，完成种箱排空和排种管阻塞等造成的漏播情况报警。西北农林科技大学在借鉴国内外研究、分析比较各种传感元件及其转换线路的基础上，设计了精密播种机自动监测系统。该系统采用软硬件相结合的设计思想，在 Windows 环境下，采用 VC++ 和 Matlab 开发了相关软件，实现对试验数据的自动采集与处理，研制出一种精密播种机自动监测装置，比较全面地自动测试播种机排种性能的各项指标，并利用相关软件建立数据库进行存储数据，绘制性能曲线，解决播种机实时监测问题。

3. 基于图像处理的播种质量监测技术。 随着计算机技术的发展，图像分析方法开始在播种量检测中得到应用。图像法是由 CCD 摄像机对种子流进行拍摄并把信号传输给计算机，计算机对样本进行处理，逐步完成图像处理、特征量提取和模式识别等过程，从而对播种量进行监测。

Alchantis 利用机器视觉技术对播种机排种性能进行监测，并验证了该方法的可行性。Shrestha 利用相应算法对采集到的玉米播种行视频进行处理并提取特征信息完成播种间距的识别检测。David 采用 Nikon D70 相机获得种子下落视频，由 Matlab 完成视频处理实现播种机的播种粒距检测并获得播种量信息。专利 US7478603B2 将图像分析与光电技术相结合实现播种机播种量在线监测，由摄像机提取种子图像，处理器对图像进行相关分析后获取种子数量，由光电传感器检测是否存在重播和漏播，系统根据种子数量和漏重播信息，对当前播种状况判断并提醒机手进行相关操作。

国内学者也开展了基于图像处理的播种机性能检测方法的相关研究。李伟采用基于标记的图像匹配技术，实现长序列图像拼接，完成 3 路播种单体的平行实时采集，粒距检测误差小于 2 毫米。蔡晓华通过图像拼接，利用动态阈值法结合种子分布样本实现种子识别和粒距检测，测量误差小于±1 毫米。胡少兴利用序列图像拼接建立排种性能检测数学模型，在去除重复种子标记后得到种子水平间距。采用计算机视觉方法进行排种性能检测能够获得很高的检测精度，但这种检测方法成本高、易受田间道路颠簸等影响，目前只是停留在实验室研究中。

一些学者也对压电传感器用于播种机播种量检测开展了探索研究。Meyer 设计了压电式传感器阵列实现气流输送式播种机的播种量在线检测，每一阵列单元对应各自的调理电路，阈值可动态调节。黄东岩设计悬臂梁式压电传感器安装于排种管内部，通过调整传感器安装角度，确保种子与传感器仅发生擦碰而不反弹，试验表明所设计系统能够有效监测机具排种性能。这种压电式检测方法需要将传感器安装在管道内壁，不可避免地会对种子下落轨迹产生影响，导致排种变异系数发生变化。

三、棉花工厂化育苗和机械化移栽技术

棉花工厂化育苗和机械化移栽是现代农业技术，其核心技术是基质育苗（裸苗）移栽。在"十五"国家科技攻关重大项目、农业科技成果转化、"十一五"行业（农业）科研专项和国家棉花产业技术体系等项目资助下，中国农业科学院棉花研究所研制无土育苗基质、促根剂、保叶剂和移栽机具等一系列专利产品和技术规程，无土育苗技术具有苗床成苗率高、移栽成活率高、高产高效和省种、省地、省工、省力等"三高五省"效果，是一项轻简化的植棉新技术。该项技术将为棉花生产提供集约型和节约型的技术支持，满足农村劳动力转移的新形势和新需求，它的应用将改变我国棉花的生产方式，显著提升生产技术水平，促进棉花生产的现代化，具有广阔的应用前景。

（一）棉花工厂化育苗和机械化移栽技术发展历程

针对农村劳动力大量转移的新情况，育苗移栽技术出现的新问题，中国农业科学院棉花研究所毛树春研究员领衔的团队开展了为期 12 年的研究和探索，坚持自主创新、技术发明和产品研制的紧密结合，试验示范推广紧密结合，完成了棉花基质育苗移栽技术的第一次创新，实现了轻简育苗移栽，"栽棉如同栽菜"；在此基础上，又研制棉花工厂化育苗和机械化（简称"两化"）移栽技术，形成了第一代技术，实现了"栽棉如同插秧"的轻简栽培目标，展现现代棉花生产特征。

替代营养钵是该技术研发的基本思路，自 2000 年以来，在多个项目的资助下，2002 年完成了促根剂和无土育苗基质专利产品，一举攻克了裸苗移栽不易成活的难题，解决了替代营养钵的关键问题。2003 年初试在江苏省射阳县、安徽省灵璧县、河南省鹿邑县和湖南省棉花研究所（常德市），2004—2005 年逐步扩大，2006 年示范点分布于鄂、皖、湘、苏、赣、浙、豫、鲁、冀、川、晋和秦等 13 省（区），示范面积 3.4 万公顷。自 2007—2016 年

列入农业部主推技术，在湖南、湖北、江西、安徽、江苏、山东、河北、河南、天津9省市棉区示范推广。同时，由于基质可以循环利用，在瓜类、蔬菜和花卉上的应用，育苗效率提高。经过大面积示范转化，检验证实工厂化育苗机械化移栽技术"三高五省，产品循环利用和多种用途"的技术效果，可以重现。

（二）棉花工厂化育苗和机械化移栽技术要点

1. 育苗基质。该基质无土，富含植物营养，不带病菌，不或极少发生病害，无烂子烂芽，是一粒种子成一株苗的基础物质。由于育苗期不需使用杀菌剂、杀虫剂和除草剂，是一种环境保护产品；还由于基质可以重复利用，因而是一种资源节约型产品。同时，使用基质育苗具有生根多，起苗方便，运苗省劲的优点。由于基质无土而变得轻便，既适合棉花千家万户育苗，更适合棉花、蔬菜、瓜类和花卉的规模化和工厂化育苗。

2. 促根剂复合型。植物生长调节剂，具有促进快速生根、调节生长发育功能，通过苗床灌根和移栽前浸根实现化学调节由地上转向地下，由调控转向调节。

3. 保叶剂。一种大分子化合物，具有短时抑制叶片蒸腾失水而不影响光合作用，实现裸苗移栽不萎蔫或萎蔫度很轻，也是裸苗长途运输的保鲜物质。

4. 移栽机具。一是全自动裸苗移栽机。由于棉花根系多，机械自动分苗还有困难，需要改进，突破分苗而不伤苗才能进入使用。二是半自动移栽机具，具有机械开沟、人工放苗、机械覆土、镇压和加水等一体化作业的功能，与人工移栽相比，移栽工效提高10多倍，节省劳动力80%以上，显著减轻劳动强度，解放生产力。

5. 棉花基质育苗技术和裸苗移栽技术。提出了基质育苗标准；建立了基质育苗技术，提出了基质、促根剂、保叶剂的使用方法；规定了建床标准，确立了苗床划行、播种、覆盖、镇压和浇灌"促根剂"等标准；研发了裸苗移栽技术，明确了移栽技术和"栽棉如栽菜"的技术细则，提出了基质育苗和裸苗移栽的操作问题及克服方法。

（a）　　　　　　　　　　　　　　　　（b）

图 11-30　苗床无土育苗

（a）无土基质苗床育苗适合千家万户　（b）长江早稻育苗之后接着育棉花苗，苗床利用率提高，高效模式有冬季菜—早春菜—春季棉花连续育苗、早春棉—晚春棉连续育苗等技术规程：苗床无土育苗适合千家万户在房前屋后育苗（图 11-30），工厂化育苗采用连续模式具有高效特点，有生命力。裸根苗带走根系不少于 20 条/株（图 11-31），苗床苗适于沙壤土，穴盘苗适于黏土。移栽机移栽根系入土深度不浅于 7 厘米（图 11-32），可选择旋耕施肥移栽一体机或板茬施肥移栽一体机，自带"安家水"宜多不宜少。

（a） （b）

图 11-31 裸根苗

（a）苗床裸苗适合沙壤土 （b）穴盘裸苗适合黏土

（a） （b） （c）

图 11-32 旱地多功能移栽机

（a）半自动裸苗直插栽机（实用新型专利 ZL2006200022720.9），中国农业科学院棉花研究所 2006 年研制

（b）板茬打洞施肥一体化移栽机（发明专利 ZL200910237345.8），中国农业科学院棉花研究所与山东青州火绒机械制造公司 2009 年研制

（c）旋耕施肥加水一体化移栽机（发明专利 ZL201210074377.2），中国农业科学院棉花研究所与山东青州火绒机械制造公司 2011 年研制

棉花轻简化育苗移栽自 2007—2016 年连续 10 年列为农业部主推的轻简技术，自 2011—2016 年列为财政补贴推广项目。移栽机专利转让山东青州火绒机械制造公司，自 2011—2016 年连续 6 年列为农机财政补贴推广项目。

毛树春领衔的团队经过连续 16（2000—2015）年研制，在工厂化育苗和机械化方面获得授权专利和计算机软件著作权 40 多件，形成包括无土育苗基质、促根剂、保叶剂、工厂化育苗装备和技术、多类型移栽机具等专利产品 10 个，搭建起中国棉花轻简化育苗移栽技术平台。

第二节 棉田管理机械化、信息化、智能化技术和装备

早在 1910 年美国就已制造拖拉机，第二次世界大战后由于农村劳力急剧减少，促进了棉花生产机械化。棉田耕耙整地、栽培管理的机械化程度 1950 年只有 25%，机械采收面积不到 10%，1970 年分别达到 100% 和 98%，1972 年机械收棉面积也达到了 100%。

目前美国棉花生产的现代化和规模化程度非常高，从整地、播种、灌溉、施肥、植保到收获，全部采用大型现代化机具作业。种植和管理技术非常先进，留给世人印象最深的是使用 GPS（卫星定位技术）对棉田病虫害、施肥、棉花成熟程度进行管理，用飞机对棉田喷洒农药。

然而，中国的棉花种植代表地域新疆，其棉花种植面积 1 500 万亩，占全国的 26%，产量占全国的 36%。尽管近年来农业生产水平以及集约化、机械化、规模化程度不断提高，但是田间管理与作业（如播种、灌溉、施肥、喷药等）的粗放和盲目性普遍存在，造成资源浪费，影响区域生态环境和农产品质量。目前全新疆氮肥利用率仅 30%～50%，水分利用效率 0.4～0.7 千克/（亩·毫米），远远落后欧美、以色列等发达国家。

一、棉花灌溉技术和装备

美国政府十分重视节水，每年都拿出一定资金用于节水灌溉技术的研究与推广，节水灌溉措施有明显的节水增产效果。从 20 世纪 70 年代末到 90 年代初，由于美国法律上对生态环境用水要求逐步严格，以及城市工业、生活用水量增加，使农业可供水量减少；再加上 70 年代和 90 年代出现连续枯水年份，降水量和来水量的减少，因此，美国总的灌溉面积近 20 年有所减少。但由于采取节水措施，农业产值逐年上升，在节水灌溉面积中，时针式喷灌面积和微灌面积明显增加。此外，灌溉效益也非常明显，全国灌溉面积占播种面积的 15%，而农业产值则占到 40%。

棉田灌溉和节水新技术的应用是我国棉花增产的关键要素之一。在黄河流域，灌溉方式由过去的大水漫灌变为沟灌和隔行灌溉，麦棉两熟棉田则推行垄作，省水达 30%。西北地区的棉田经历了漫灌、膜上灌和喷灌等不同灌溉方式，目前正大力推广膜下滴灌，水利用率可提高到 70%。

（一）地面灌溉

地面灌水技术在美国农业灌溉中占主导地位，60% 以上的农业灌溉应用这种灌水技术，

其方法主要有沟灌、畦灌。美国的沟灌与畦灌是经过技术改良的，它融合着现代最新技术成果与科研成就，所以传统的灌溉方法在美国仍然具有较高的科技含量。在我国，地面灌溉是传统的灌水方法，随着技术的发展完善，最近也有许多节水的新方法出现。

1. 沟灌（图 11-33）。沟灌是美国地面灌溉的主体，约占地面灌溉的 70% 以上，主要应用于果树和棉花、花生、蔬菜等行裸型种植作物。

2. 畦灌（图 11-34）。在美国畦灌主要应用于大田密植作物。畦宽度在 10 米左右，畦长 20 米左右，灌溉时采取大流量快速推进方式，每畦配一个给水砼，一次灌一畦，畦田规格根据农场、作物、水源情况确定，畦田都经过严格的激光平整。这种灌水方式主要分布在水源相对丰富的河流两岸或地下水丰富的地区。

图 11-33 沟灌

图 11-34 畦灌

3. 膜上灌。膜上灌是指地膜覆盖时，在地膜上做成沟状，使水在膜上流动，通过地膜把水送到作物的放苗孔处，然后再渗入根部进行灌溉。我国膜上灌常见的方式有打埂膜上灌、开沟扶埂膜上灌、沟内膜上灌、膜缝灌等。其优点是地膜阻力小，渗漏少，减少了水分蒸发，并能通过膜上孔的数量和大小来调节灌水量。膜上灌一般可节水 40% 左右，又不需要专门的设施，投资较小，很值得推广。

4. 波涌灌。近年来由犹他州立大学提出的波涌灌是一种新的节水灌溉方式。它是通过在输水渠道上布设可控制的放水装置，间歇性地向田间灌水，第 1 次灌水后停一段时间再进行第 2 次，这样使水渗漏减少，速度加快，水量分布均匀，田间水利用系数可以达到 80%～90%。

由此可见，美国的地面灌水技术无论是沟灌或畦灌，其田间大部分都是采用管道输水，水通过管道直送沟、畦，即使在自流灌区也是如此，因此，输水过程的水损失相当少。田间通过激光平整、脉冲灌水、尾水回收利用等技术，灌水均匀度很高，水流均匀渗入，从而提高灌水效率。输水防渗，田间改造，加之相应的配套设备，构成美国地面灌溉节水的三个核心内容。虽然我国的节水灌溉工程已有了很大的发展，农田灌溉用水量占总用水量的比例也在不断下降，但节水灌溉理论技术研究相对缓慢。

（二）喷灌

喷灌是将水通过特定的设备或水库加压后，经管道输送至喷头，然后形成细小的水滴喷散到田间的一种灌溉方法（图 11-35）。

喷灌系统的形式很多，美国的喷灌形式多种多样，时针式、滚移式、平移式、卷盘式、

图 11-35 棉花喷灌技术

支架式都有。支架式从微喷、小喷灌到喷灌呈系列化。滚移式、时针式、平移式、卷盘式与世界各地没有大的区别,只在使用范围上有所侧重,草皮种植场以平移式为主,大田作物则多用时针式、平移式或卷盘式。在我国用得较多的有以下几种:固定管道式喷灌、半移动式管道喷灌、滚移式喷灌支管、时针式喷灌机(又称圆形喷灌机)、大型平移喷灌机、绞盘式喷灌机和中小型喷灌机等。

棉花喷灌技术可以根据棉花需水规律和土壤水分状况进行适时适量灌溉,提高灌水均匀度,满足棉花不同生育时期对水分的最佳需求,实现高产优质。喷灌植棉可提高肥料利用率,控制棉花生长发育,对蚜虫及红蜘蛛有抑制作用,化控次数和用药量可以适当减少,并能提高霜前花比例和棉花等级。棉花喷灌技术的缺点是需要的一次性投资较多,受风的影响较大,喷灌表层土壤水量较多,深层水量不足,容易使棉根浅扎,在利用时间上有局限性,必须避开上午开花时间喷灌。

喷灌灌溉均匀,可根据不同的作物、土壤和地形来进行定时定量的灌溉,尤其是在地形复杂,土壤渗漏严重,不适合地面灌溉的地区,喷灌具有更大的优势。我国的喷灌是从 20 世纪 50 年代由苏联引进的,70 年代初我国开始发展喷灌技术,经历了引进、探索、发展、提高几个阶段,至 2001 年底喷灌面积 236 万公顷,取得了显著的节水、增产效益。根据《中国灌溉农业节水规划》,到 2010 年,我国喷灌面积也达到 666.7 万公顷。

(三)滴灌

滴灌(图 11-36)是利用管道和滴头将水直接输送到作物根部附近,可做到精确灌溉,使作物根部一直处于最优的水分状态,是目前节水较佳的灌溉技术。但其缺点是出水口小,

图 11-36 棉花滴灌技术

流速慢，容易堵塞，所以要对灌溉水进行过滤和处理，不仅要防止物理堵塞，还要注意生物和化学堵塞。早在 1860 年德国就开始用排水瓦管进行地下灌溉的试验；Charles Lee 在 1920 年申请了瓦管灌溉的专利，其特点是只润湿瓦管周围的部分土壤，可看成是滴灌的原始模型。在 1920 年德国首次采用穿孔管灌溉，使水沿着管道输送时从孔眼流出，这种试验装置改善了水的出流条件；这以后其他国家也出现了这类研究。1923 年苏联和法国研究出穿孔管系统的灌溉方法，用于地下水位的改变来进行灌溉；1934 年 Robey 在其研究中利用帆布管渗水灌溉，成为滴灌的另一种形式。自 1935 年以后着重试验各种不同材料制成的孔管系统，研究根据土壤水分的张力确定管道中流到土壤里的水分。荷兰、英国首先应用这种灌溉方法灌溉温室中的花卉和蔬菜；二次世界大战后塑料工业迅速发展。由于塑料管易于穿孔和连接，且价格较低，使得塑料管在灌溉系统得到了广泛应用，使现代意义上的滴灌得以推广。到了 20 世纪 50 年代后期，又研制成功长流道管式滴头，在滴灌技术的发展中迈出了重要的一步。20 世纪 70 年代以来，滴灌在许多国家得到了快速发展，获得广泛的应用。我国常用的滴灌方式有：固定式地面滴灌、半固定式地面滴灌、膜下滴灌和地下滴灌。70 年代，美国滴灌完全实现了自动化（包括土壤水分探测器，制动器及配水管顺序起闭装置），并利用电子计算机及其辅助设备计算灌溉时间和蒸腾量，还用红外线温度计、中子探测仪等先进设备测定土壤水分和气候变化情况。微管滴头也已被铺设或埋设在两垄或四垄作物之间的波纹塑料管取代。

我国膜下滴灌技术最早出现在新疆兵团石河子垦区。十几年来，经过不断的研究和实践，该技术逐渐走向成熟和完善，成为我国滴灌技术在大田应用中的成功典范。近年来，随着膜下滴灌技术的日臻成熟和滴灌设备在垦区国产化水平的提高，滴灌系统的投资逐渐降低，使滴灌技术呈现迅猛发展的势头。至 2009 年底，滴灌总面积达到 58.1 万公顷，基本与新疆兵团滴灌面积持平。现已建成高效节水灌溉面积 66.7 万公顷，其中滴灌面积 58.1 万公顷，占高效节水面积的 87.3%。

由此可见，膜下滴灌技术是目前最节水的灌溉方式之一，是对传统节水技术的提升和创新。在全球水资源日趋紧张的情况下其未来的发展空间十分广阔。从 1996 年膜下滴灌技术在我国新疆试验并取得成功以来，这项最先进的节水灌溉技术得到大面积推广。目前，膜下滴灌技术已成为节水灌溉领域的热门研究方向。但该领域仍未形成系统的技术体系和标准，在生产应用中仍存在不少深层次理论和技术问题，针对膜下滴灌本身的不足和缺陷，加强理论及技术攻关，开发研制、改革创新适合我国国情的膜下滴灌技术是节水灌溉的前瞻性工作。

（四）浸润灌溉

我国称这项技术为小管出流灌溉。因美国具有雄厚的经济实力，在浸润材料的研制与应用上有长足的发展，从而使这一技术展现了较好的前景。

总体上看，美国农业灌溉的节水主要是针对输水、灌水、田间三个环节，地面灌溉特别强调通过提高田间入渗均匀度实现节水，同时做到输水管道化。美国是从 20 世纪 60 年代开始发展管道输水灌溉的，我国是在 20 世纪 80 年代初期开始的，自 20 世纪 80 年代以来大力发展喷灌、滴灌技术，还结合自身特点强化管道防渗，并不断完善有关政策，以实现节水灌溉的硬措施与软措施的有机结合。

（五）自动灌溉技术

节水灌溉在国外的发展已经有了近百年的历史，美国早在 20 世纪 20 年代就已应用管道输水技术，低压管道灌溉面积已占总灌溉面积的 50%，第二次世界大战以后，西方国家经济恢复很快，节水灌溉技术和设备的研制也得到了迅速发展，50 年代以后，由于塑料工业的飞速发展，以塑料为原材料的滴灌和微喷灌系统逐渐发展起来，到 1991 年全世界的滴灌和微喷灌面积已达到 160 万公顷。目前，超过 100 个国家和地区采用了微灌技术，英国、德国等国的旱地灌溉面积中 90% 采用了喷灌技术。除此之外，美国、法国、英国、日本、以色列等发达国家采用了先进的节水灌溉系统，自动化程度很高。灌溉事业发达的国家根据各自的国情，综合考虑社会、经济、资源、环境和技术因素，采取了适合本国特点的农业高效灌溉措施。

以色列节水灌溉技术最有国际的先进性，温室种植以微灌、滴灌为主，最高水利用率为 95%，目前普遍应用一体化滴灌管，滴头和滴灌管合而为一，安装和使用非常方便，寿命可长达 20 年。压力补偿型的内镶式滴管，有效提高了灌水均匀性，在水流进口处还安有过滤装置。在运行开始和结束时具有自冲洗功能，能减少堵塞。以色列开发了一系列用于温室灌溉的微喷头产品。每个喷头的耗水量大约在每小时 30～300 升之间，喷洒半径为 1～6 米。这种灌溉方式可以使水的有效利用率达 85%。以色列开发出的系列化缝隙式、折射式、旋转式微喷头及连接件产品，材质好、耐磨损、喷洒效果好。以色列近几年推出的脉冲式微灌技术代表着一种新的灌水方式的应用，节水效果更好。微灌系统中自动施肥系统的应用已经非常广泛，施肥器受计算机或小型控制器控制，以实现精确施肥。在以色列，已经出现了在家里利用电脑对灌溉过程进行全部控制的农场主。以色列拥有像耐特费姆、普拉斯托、美滋—雷鸥等多家世界著名灌溉公司。

近年来，美国、以色列和加拿大等国家，将电气信息技术、人工智能技术应用到节水灌溉自动化控制中，控制精度和智能化程度越来越高，可靠性越来越好，操作也越来越简便。1980 年以色列开发的佳维士（GAVISH）控制系统是一套计算机的温室小气候和施肥控制系统，基于 Gavish 自主开发的软件，具有很大的灵活性而且可以根据用户特定的要求很方便进行定制；1954 年美国人 Phena 和 Howell 等在灌溉系统的控制中使用了土壤湿度传感器，通过土壤水分传感器把土壤湿度反馈给控制系统，根据传感器获得的数据决定是否灌溉，使作物根部总能保持一定的湿度，模糊控制技术及神经网络等人工智能应用在灌溉控制器上取得较好的结果。

近年来，国外节水灌溉系统正朝着信息化、自动化、高效化的方向发展，智能技术、计算机技术、气象数据检测技术陆续应用于灌溉的信息管理和决策，随着模糊控制、神经网络等新技术为节水灌溉自动控制系统的研制开辟了广阔的应用前景（图 11 - 37）。

近年来，我国在节水灌溉自动化研究方面作出了有益的探索，中国农业机械化研究院研制的 2000 型温室自动灌溉施肥系统，可以多种方式对灌溉行为进行控制，在温室内较为适用；中国灌排技术开发公司开发的微灌自动监控系统和中国农业大学研制的自动化灌溉控制系统均以单片机为核心，可以实现对土壤含水率数据的多通道采集，实现灌溉的多通道控制；中国科学院农业机械化研究所研制成功的"节水灌溉供水自动化测控系统"在江苏省射阳县新洋港农业综合开发示范区大显身手，产生了较大的经济效益和社会效益；河海大学与

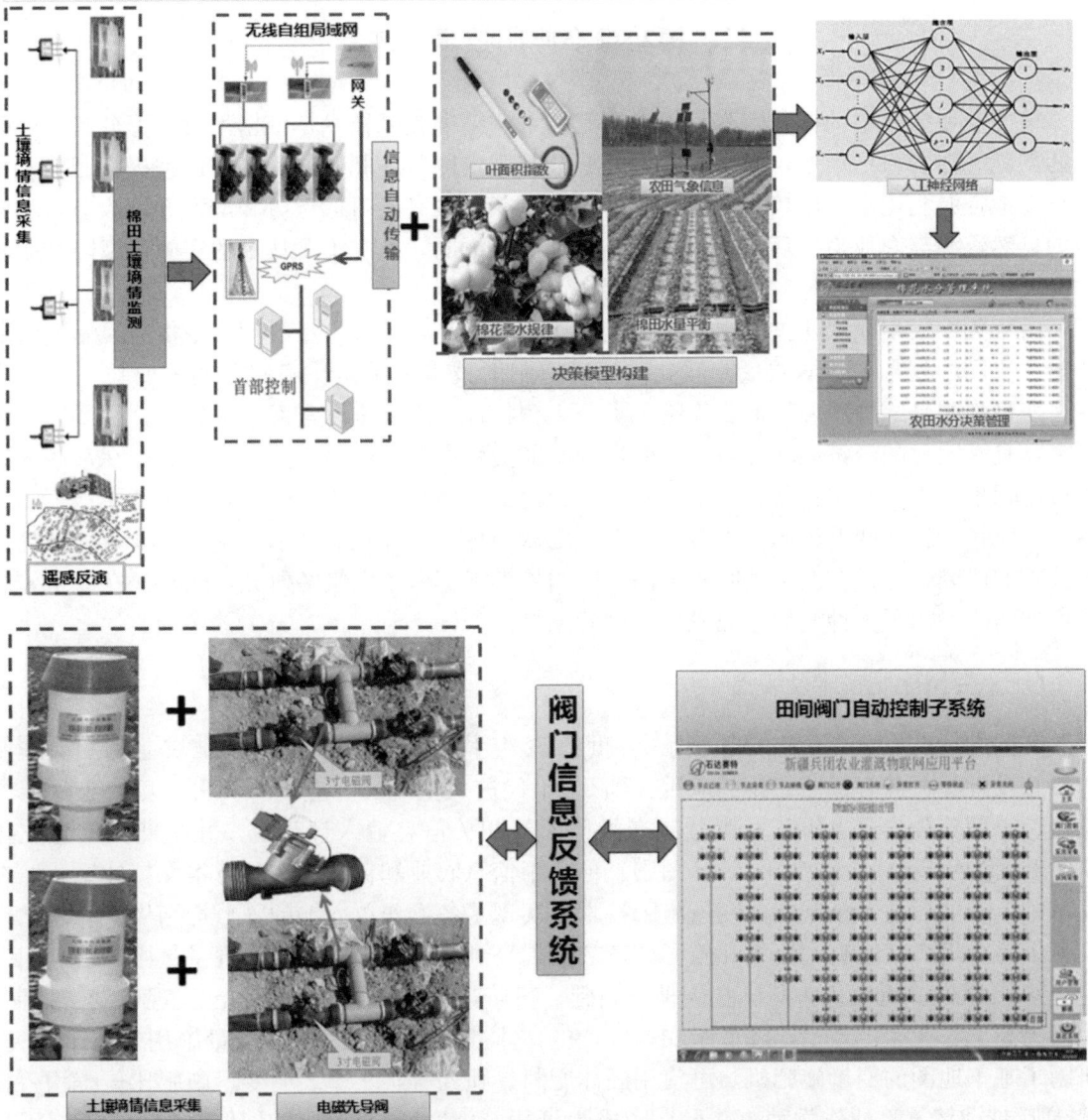

图 11-37　基于组网的棉田墒情监测与灌溉远程控制系统

相关企业联合研制了"设施农业节水灌溉远程控制系统"，使用户可通过计算机或手机实时掌握温室内的温湿度等植物生长数据，温湿度超标时能及时发出声光报警，并向用户发出报警短信；用户可远程控制设备动作，开关水泵或调节光照等。系统还具有自动存储功能，可方便用户查阅温室运行历史数据。

随着我国经济的快速发展，城市化建设步伐的加快，节水灌溉技术在农业（尤其是高附加值作物种植）、畜牧业、林业、园林绿化、运动场地、环境保护（降尘除尘）等行业和领域得到日益广泛的应用，并取得了显著的经济效益和广泛的社会效益。但是，目前的灌溉控制器价格昂贵，农民承受不起，影响了技术的普及和应用。

二、棉花精准施肥技术和装备

精准农业技术中的核心内容是精准施肥技术。精准施肥技术是依据土壤的养分状况、作物的需肥规律和目标产量，氮磷钾比例、调节施肥量以及施肥时期，从而达到提高肥料利用率与土地资源利用率、以较为合理的肥料投入量获取最高产目标产量和最大经济收益，达到保护自然资源与农业生态环境的目的。有相关研究证明，精准施肥技术的实施可以降低肥料的投放量，增加作物产量，均衡土壤肥力。

由于化肥成本在农业投入中占有比较大比重，而且化肥投入量与利用率将直接影响农业产出、农民的收入和环境质量，因此，变量施肥的技术体系是精确农业的重要技术体系之一。变量施肥是综合地域特征、作物种类、土壤特性等因素进行全面平衡施肥，提高肥料利用率，具有明显的经济和环境效益。变量施肥能使生产投入更合理，避免了养分在某些地点的过度积累，也抑制了化肥、农药对农产品的污染，减少了水资源的浪费，降低了地下水的污染。但是，目前变量施肥技术多应用于基肥撒施环节，并在该环节无论是从变量施肥处方图技术的研究，还是在变量施肥机方面，国内外学者都做了大量的研究，尤其是在变量施肥设备方面研发出了多种变量施肥机械与抛肥系统。

（一）变量施肥技术及装备

美国的精准农业变量施肥起步于20世纪70年代，80年代初提出精准农业和变量施肥的概念及设想，并有了商业化的应用，到90年代进入生产实际应用。其将土壤类型、土壤质地、土壤养分含量、历年施肥量和产量情况等相关信息输入计算机，并将此类信息支撑GIS土壤养分或者肥料施用的GIS图层，形成了信息农业和精准农业的技术支持体系，并在此基础上发展形成了精准农业变量施肥技术。实现了各操作单元上的养分均衡供应，使肥料投入更为合理，是肥料利用率和施肥增产效益提高到较理想的水平，实现了氮肥当季利用率达到60％以上。近年来，美国在播种、施肥、喷药，灌溉技术等方面均已实现了变量控制，大大提高了农业生产效率，降低了农业生产的成本投入。日本对氮肥变量施用进行了研究。研制了基于地图的变量施肥机，可使用固体肥料、喷药等，实验表明变量施肥比传统均一施肥节肥12.8％，且使作物种植获得高产成为可能。俄罗斯全俄农机化研究所自行研制了自动变量施肥机，并进行了田间试验。

已商品化的变量施肥机械有美国John Deere公司的变量撒肥机等，大都是通过旋转的圆盘达到均匀撒播肥料的目的，化肥撒播的范围通过调整圆盘的转速达到调整，通常情况下化肥撒播的范围在10～30米之间，具有这种结构的变量施肥控制机构无法与旋耕作业结合在一起。由于我国当前的农业生产中土地的经营规模相对来说比较小，机械施肥往往是将施肥和耕作结合起来，这些地方推广使用变量施肥技术必须把旋耕和变量施肥二者有机地结合起来，在旋耕作业的同时实现变量施肥，因而必须开发适合中国耕作习惯的变量施肥机械。

目前精准农业的技术思想已开始在我国传播和引起科技和产业界的高度重视，并取得了丰硕的成果。国家在863计划中也列入了精准农业变量施肥技术的内容；河北农业大学人工智能研究中心研究了用于变量施肥的决策支持系统VRF-ISDSS；2000年，清华大学与北京市农业局合作，通过GPS田间管理系统对田间土地进行精确采样和精确施肥的研究。2015

年，石河子大学张泽建立了基肥变量施肥处方图，施肥处方图表现出整个区域的施肥量明显存在不均匀状况；将变量施肥处方图应用在变量施肥设备中，变量施肥控制误差在 0.14%～6.65%之间，变量施肥机作业过程中的实际下料量与推荐施肥量之间的控制精度达到93%以上。通过变量推荐施肥模型进行施肥指导作业，基肥推荐量平均为 46.9 千克/公顷，通过变量施肥机进行执行，实际施肥量为 48.5 千克/公顷，相对于传统均匀施肥作业 75 千克/公顷，每公顷地约减少氮肥投入 35.4%；对比变量施肥区与传统施肥区棉花个生长阶段棉田土壤碱解氮含量可知，变量施肥可以降低棉田土壤碱解氮分布的差异，并且减小了土壤中碱解氮的残留，在棉花正常生长的基础上，降低了肥料残留对生态环境的污染；同时，变量施肥区中棉花干物质的积累量和氮吸收量较传统施肥区呈显著或极显著增长，适量的施用氮肥可在一定程度上显著增加棉花干物质积累量及棉株氮素吸收量，同时增加棉花单株铃数和单铃重从而增加棉花产量。

（二）滴灌棉花精量控制施肥系统

针对传统滴灌棉田追施化肥存在的定时定量性不高、注肥均匀度低，化肥利用率不高，且无法实现精量控制施肥等问题，石河子大学开发出以轮灌区为单元的滴灌精准追肥系统及设备，并采用移动通讯传输技术，将决策信息发送到施肥自动控制系统，创新性的研发了定量配肥装置，该装置可定时、定量的向活塞式施肥罐内配入肥料，实现施肥量的精确可控。并将自动配肥运算模型应用在施肥决策系统推荐施肥量，能够精确计算出配肥设备的配肥次数、施肥时间与配肥间隔，提高了注肥的均匀度。同时，以滴灌精量控制施肥装置为核心，建立了"农田作物信息快速感知→综合网络信息传送→大数据综合分析→施肥决策→施肥装置精量配肥施肥"的滴灌智能化精量控制施肥系统。施肥均匀度 95%以上，节约肥料 8%～12%（图 11-38）。

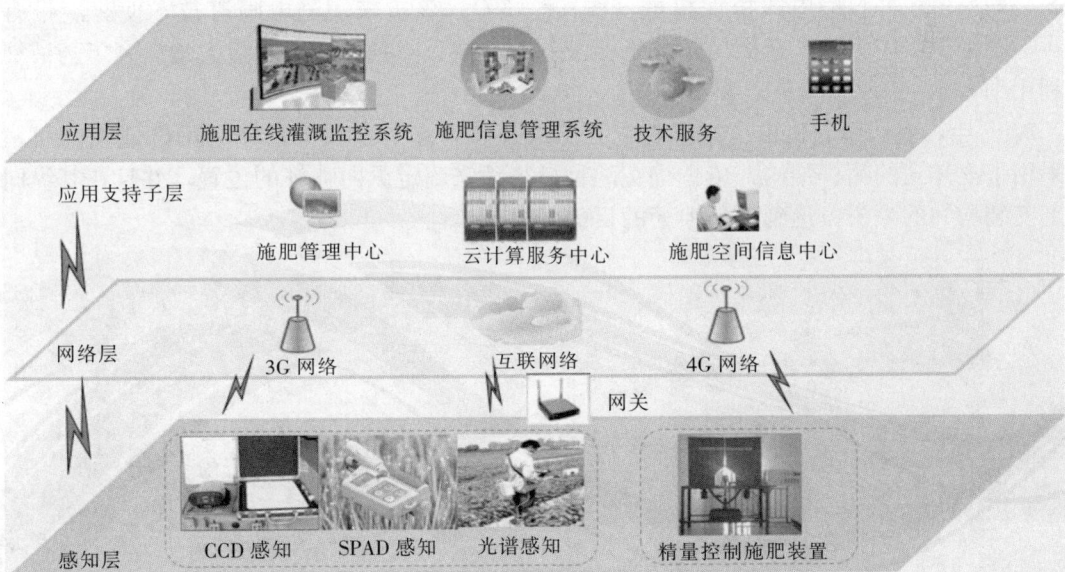

图 11-38　滴灌棉花精量追肥控制系统

三、棉田喷药技术和装备

目前在我国的棉花施药机械中，传统的背负式手动喷雾器占主导地位，相关技术比发达国家落后 20～30 年。现有手动喷雾器喷射水平低，结构简单落后，喷头种类单一，不能满足不同病虫害防治的需要；农药有效利用率低，大量农药漂移流失，不仅严重浪费农药，而且严重污染了生态环境。由于手动喷雾机结构简单、易于操作且价格低廉，广大农民具有购买力，在整个国内植保机械市场中占有 80% 的份额，承担着全国 70% 以上面积农作物病虫草害防治任务。而手动背负式喷雾器在棉花施药机械中占 90% 以上，但其效率太低，难以做到适时防治病虫害。在过去的几年中，棉铃虫灾害暴发的原因之一是因为棉花施药机械的工作效率太低，不能及时有效地控制灾害。

（一）小型棉花施药机械

小型棉花施药机械的研发和应用在我国也取得了一定成果。目前，国产小型拖拉机配套的喷雾机大体有两种形式：一种是悬挂式挂接方式，如邯郸农业药械厂生产的喷雾机，能根据棉花种植形式调整作业行距和植株大小调节喷头高低位置；另一种是背负式挂接方式，如辛集市农业机械化研究所研制的 3W-280 型棉花喷雾机，主要采用了 240 型隔膜泵加压，不仅雾化性能好而且压力高，使用两层喷头喷雾形成雾包，使棉花植株叶面药液附着率达到 90% 以上，杀虫能力强。这是手动喷雾器和其他类型的加压泵不能达到的。

（二）大中型棉花施药机械

大中型棉花施药机械的应用在我国也取得了一定的发展。2008 年，新疆兵团从美国 ESS 公司引进了两台静电式植保机械（图 11-39）。该机采用静电喷雾技术使雾滴带有静电，雾滴细且吸附力强，在微风情况下药液基本都被吸附到目标上，极大地提高了药液液滴的利用率。

2009 年，农八师农机推广站和农八师农机装备产业协会共同研制了吊杆式喷药机。该机采用了立体式的喷杆结构，依据棉花的种植行距来确定纵向喷杆的位置，并且在其纵向喷杆上安装均匀的喷头，达到均匀喷药的目的。

图 11-39　军良农机厂研制的棉花植保机械

图 11-40　风送式喷雾机工作图

（三）风送式喷药机

新疆兵团从国外引进了风送式喷药机进行试验。其原理是：在原来的喷杆喷药机的基础上安装了风机和风囊，作业时利用风机的作用，在风囊出口形成风幕，气流对作物枝叶有较强的翻动作用，更有利于雾滴的穿透；同时，在风幕风力的作用下，大大提高了抗自然风干扰的能力。该类机具的特点是生产率高，喷洒质量好，是一种理想的大田作物用大型植保机具。综合全国施药机械来说，我国棉花施药机械的水平与发达国家相比还存在很大的差距，不能达到现在棉花生产和环境保护的要求（图 11-40）。

大型棉花植保机械为满足当地棉农对棉花植保机械的需求，一些地区自主研发了大型棉花植保机械。例如，滨州沾化的军良农机为了节省农村劳动力，缓解劳动力紧缺与棉花植保靠人工的矛盾，自 2008 年 7 月开始自主研发大型棉花植保机械。该机械作业宽幅 6.5 米，能一次性容纳 600 升药液，工作 1 小时相当于 2 个人工作 1 天，大大提高了工作效率，节省了劳动力。

（四）大型吊杆式喷药机

该机采用吊杆式喷头，吊杆在不同高度装有三层喷头，能使棉株在上、中、下三个层面全方位受药，提高作业质量；加装了支承轮进行辅助支承，拖拉机在工作及道路行驶时由支承轮辅助支承行进，减少了长时间提升对其悬挂系统的损害；采用了全液压折叠、提升系统，降低了人工劳动强度，提高了工作效率；采用了特殊的四连杆自平衡机构，有效保证了机具在地表不平的田块工作时，两展臂与地面高度距离一致，提高施药效果。外加汽油机对药罐进行加水，一方面减少采用隔膜泵加水杂质对泵体造成损伤，另一方面缩短加水时间，整机药罐加水 4 分钟完成。该产品适应作物全程作业：包括喷施除草剂、杀虫剂、化调、脱叶剂及催熟剂等作业（图 11-41）。

图 11-41　吊杆式喷雾机

（五）航空施药机械

当 1918 年美国第一次用飞机喷洒农药灭棉虫时，农用航空拉开了历史序幕。随后，农用航空在新西兰、澳大利亚、英国等国也逐步得到应用与推广。20 世纪 40 年代末期，大量二战军用飞机退役后转入农业生产，新肥料、新农药对高效能农业机械的需求促进了农用航空的快速发展。随着航空工业的发展，各种符合农艺要求的专用机也相继出现，近年来美国、澳大利亚等国研制了许多农业专用的新型轻便飞机，如美国的画眉鸟、PA-36（勇士）、AG-1、AG-2、AG-38以及澳大利亚的空中卡车等机型。据国际农业航空组织统计公布，目前全世界约有70多个国家拥有农用飞机近3.2万架，全球经过农业航空处理的耕地面积24 666万公顷，占世界耕地总面积的17%，其中美国、俄罗斯、日本等3个国家农业航空处理面积占本国耕地面积的百分比分别为45%、35%、39%，而我国仅有1.7%。

　　航空植保机械的发展已有几十年的历史，近年来发展很快，可用于病虫害防治、化学调控等作业。我国在农业航空方面使用最多的是运-5型双翼机和运-11型单翼机，运-5型飞机是一种多用途的小型机，设备比较齐全，低空飞行性能好，可距离作物顶端5～20米，作业速度160千米/小时。起飞、降落占用的机场面积小，对机场条件要求比较低。在机身中部安装喷雾或喷粉装置，可以进行多种作业（图11-42）。新疆棉花植保无人机主要采用单旋翼和多旋翼两种结构，但由于无人机存在载荷小，续航时间短、单次作业面积少且大多采用锂电作为动力电源，外场作业需要配置发电机，及时为电池充电等缺点。所以无人机只用在棉田信息遥感、小面积突发性飞行害虫暴发和流行性病害的预防等方面。对于大面积棉田病虫害的暴发以及化学药液的喷施还得需要人工操作机械装备进行作业。

图 11-42　航空植保机械

图 11-43　巴西佳克特研制的新型
全自动棉花植保机械

　　美国于1947年研制除草剂成功，80年代施用除草剂的棉田约占总棉田面积的82%。美国在1967年就已开始在棉田上应用飞机超低容量喷雾防治棉花害虫。许多大的农场观察棉花生育状况，在很大的程度上，也是依靠飞机和红外遥感。

　　目前，在欧美发达国家中，棉花施药机械以中、大型喷雾机为主，并且都与计算机技术紧密结合起来。这些植保机械都采用了机电一体化、风送喷雾、静电喷雾、自动对靶施药及农药回收等新技术（图11-43）。新型技术的应用极大地提高了农药的利用率，实现了精确、精量喷药，有效地保护了生态环境。例如，美国通过卫星控制和计算机采样，使施药机械实现自动定位、导向行走及调节喷雾量大小等功能。

在大型棉花施药机械尤其是在自走式施药机械上采用全液压系统，如在棉田作业时根据棉花行距调整轮距、根据棉花高度调整喷头喷杆的高度及机架的折叠等。这不仅简化了整个施药机械的结构，还增加了传动系统的可靠性。为了避免人体触药中毒，发达国家的棉花施药机械还采用自动混药技术，不但减少了操作人员在加水、加药过程中与农药接触的机会，而且灵活方便，还可以根据需要调节不同的混药比例。

航空施药机械在欧美发达国家也已经取得了很大的发展。它可以及时有效地控制大面积的各种病害，特别是农用小型植保飞机的出现，使喷洒农药更加灵活快捷。根据统计，现在全世界已有农用飞机约 2 万架。随着航空植保机械的兴起，还出现了棉花专业航空施药机械。

总之，发达国家的棉花施药机械主要具有以下特点：①采用机电一体化、静电喷雾、自动对靶喷药、农药回收等技术，以实现精确、精量施药；②采用全液压驱动系统，既简化了整机，又增加了传动系统的可靠性；③采用注入农药和自清洗系统，避免人与药液直接接触，而且可以根据实际需求调节水和药比例；④产品系列化、专用化、标准化程度高。我国棉花施药机械还处于农业机械化的起步阶段，主要表现在：①产品结构落后，品种数量少；②喷洒部件专业化、标准化、系列化程度很低；③新型技术应用较少，产品技术水平低；④行业技术标准不健全，产品质量和使用监控体系不完善；⑤施药技术较落后，农药利用率低，农药和施药机械缺乏有机结合；⑥缺乏完整和系统的机械施药技术规范。

四、棉花打顶技术和装备

(一) 国外

欧美发达国家在 19 世纪初就开始了棉花打顶机的研究，经历了最初的畜力牵引和后来的拖拉机机械动力驱动及液压驱动的发展过程。

1919 年，美国德克萨斯州的 Alex Marquis 和 Willie Sprott 研究出了马拉式机械打顶装置。其由地轮带动往复式切刀切割，机架上两个回转轮用于拍掉棉花枝叶上的象鼻虫。这是目前所知的世界上最早的棉花打顶机（图 11-44）。

1931 年，美国俄克拉荷马州 Jay. A. Smith 研究出了人工调整切割高度的打顶机。其由驾驶员根据棉花长势，通过上下提压手柄调节切顶高度。从此，打顶机向着高度浮动发展（图 11-45）。

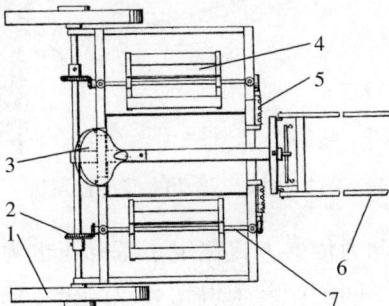

图 11-44　国外马拉棉花打顶机

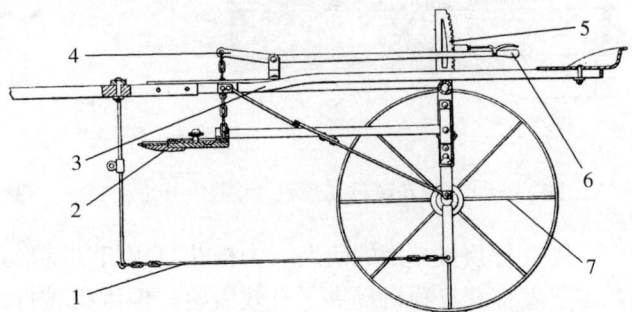

图 11-45　人工调整切割高度打顶机

1951 年，美国 Joseph. W. Bell 发明了螺栓调高的棉花打顶机。将打顶机挂接在拖拉机前部，由皮带带动一字型甩刀高速旋转进行切割，切顶刀高度根据棉株高度预先通过门字型高度锁定装置调整。该打顶机一次能切两行，打顶刀外有罩网以防割下顶芽飞溅（图 11-46）。

1954 年，美国德克萨斯州 Howell. J. Price 研发的连环带轮用于打顶机，使得打顶机的行数大幅扩展。这个结构目前仍是主流多行打顶机动力传输的主要方式（图 11-47）。

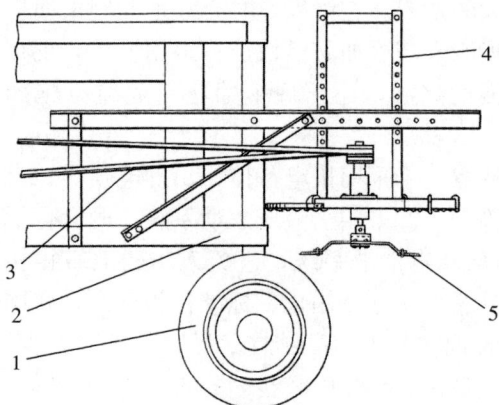

图 11-46 螺栓调高的棉花打顶机

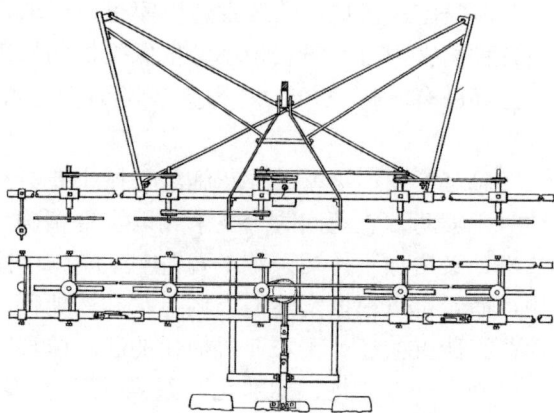

图 11-47 皮带传动多行打顶机

1961 年，喀麦隆的 Lawrence. E. strongman 研制了棉花疏枝切顶机。该机型带分禾器和残叶排除导向装置，侧面设有排叶风道，将切下的顶芽排入分禾器打开的棉花行间空当中，减少了残叶挂枝遮光和病虫害的传播（图 11-48）。

1962 年，美国德克萨斯州 Andy. A. Keyes 研发出了挂接在拖拉机前端、用液压马达驱动的打顶机。这种前挂接结构可视性更好，操作者可以根据棉株高度调整打顶高度（图 11-49）。

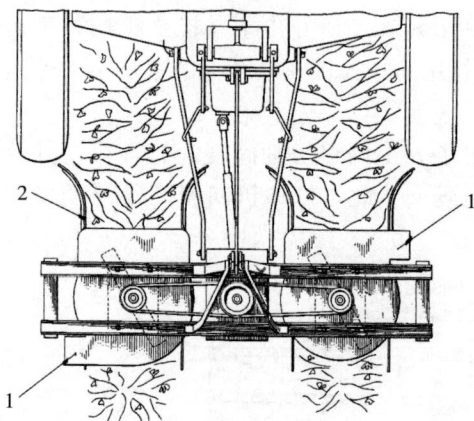

图 11-48 棉花疏枝切顶机

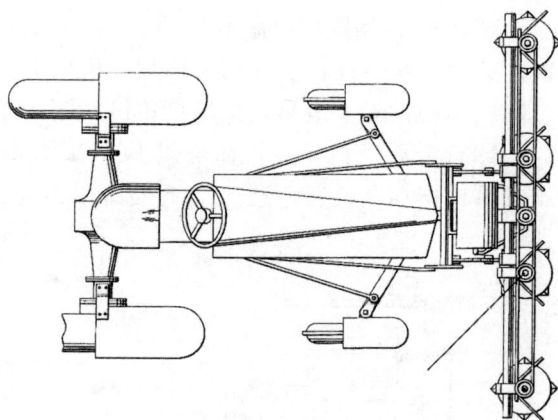

图 11-49 前挂接液压驱动的棉花打顶机

美国在打顶机方面的研发，为棉花打顶机切割形式和动力传递方式奠定了基础，也为日后我国研发棉花打顶机提供了有效借鉴。但因机械打顶仿形问题始终未得到有效解决，致使欧美各国 20 世纪 60 年代以后，就没有继续进行棉花打顶机的研究。

（二）中国

我国棉花打顶机研发始于 20 世纪 60 年代初期，从畜力牵引机械研究开始，逐渐发展为机械动力、液压驱动，并逐渐向自动化方向发展。

1. 简单的棉花打顶装置。我国从解放初期开始棉花打顶机的研究，研制出了马拉打顶机等简单的打顶装置，但因生产效率低、作业质量差等问题，未投入生产应用。

1961 年，我国第一台马拉打顶机，由地轮传递动力，利用两套齿轮对滚筒切刀加速，切刀回转切去棉顶。但是，由于入地后打顶高度不变，造成漏切率和伤枝率高，作业质量差（图 11-50）。

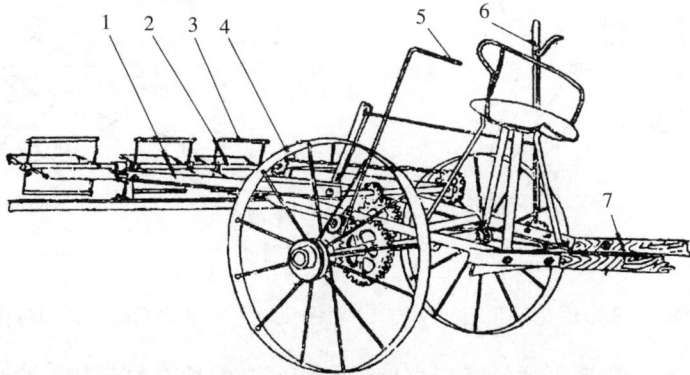

图 11-50　国产马拉打顶机

随后，出现了人工打顶的辅助装置，如用于辅助人工打顶的打顶指套。杨发展提出了手推棉花打顶机，是一种以蓄电池为动力，通过电机驱动刀片，模仿人手掐顶动作的手推、手提平台。陈延阳提出了手提式棉花打顶机，由人工背负电池，手提旋转切刀剪枝打顶。

简易打顶机构种类繁多，但没有从根本上改变打顶现状，这里只介绍了部分有代表性的装置。

2. 大型悬挂式棉花打顶机。20 世纪以来，出现了拖拉机挂接的多行棉花打顶机，打顶机进入机械动力阶段，并逐步向大型化和自动化方向发展。悬挂式棉花打顶机按高度仿形原理划分，主要有地面仿形、整体高度仿形和单株高度仿形 3 种型式。

地面仿形棉花打顶机。地面仿形是指用打顶机地轮等装置依据地面高度改变切顶高度的高度控制方法。

新疆大学王春耀、蒋永新等研制的 3DDF-8 型棉花打顶机，在机架的两侧采用地轮对地整体仿形，每行又有仿形靴进行单行对地仿形，在地轮上装有减震器以消减拖拉机越障带来的震动和冲击，打顶刀采用滚筒式切刀，虽切刀切净率高，但位置精度不容易控制。

对地仿形很难达到满意结果。于是，研究了转向直接针对棉花顶芽高度改变打顶高度的仿形方法。

整体高度仿形棉花打顶机。整体高度仿形是指根据作业幅宽内所有棉花顶尖的位置，由人工判断较合适的平均打顶位置，然后利用液压机构等装置将多行机组整体升降的高度控制方法。整体高度仿形棉花打顶机具有粗略仿形的功能。

新疆石河子大学胡斌等研制了 3MD-12 型后挂接棉花打顶机（图 11-51）。该机型动力由拖拉机输出轴经变速箱变速后带动甩刀回转。打顶高度以螺栓调节机架的基准位置后，人工操纵液压系统带动切刀和变速箱一起升降，实现整体仿形。在此基础上，胡斌等研制了3MDY‑12型前悬挂棉花打顶机，以液压马达驱动回转，解决打顶机构前悬挂动力的问题；采用平行四边形机架，以提升油缸确定打顶机的工作基准位置后入地工作；驾驶员根据棉田局部长势，操纵举升油缸升降整排12行打顶装置。

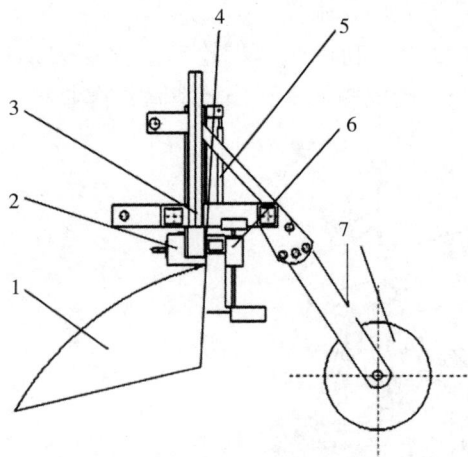

图 11‑51　3MD‑12 型棉花打顶机

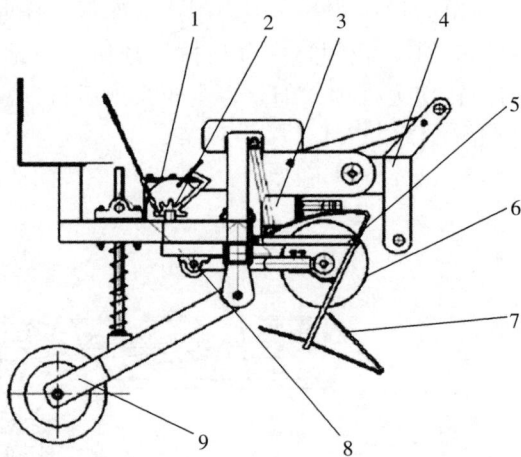

图 11‑52　3MDZK‑12 型单体仿形棉花打顶机

山东农业大学周桂鹏等研制的基于高地隙通用底盘的棉花打顶机，也属整体高度仿形棉花打顶机。驾驶员根据棉田状况，通过液压系统同时升降装有若干行打顶装置的机架，达到整体仿形的目的。这个机型同时还有喷药的附加功能（图 11‑52）。

单株仿形棉花打顶机。单株仿形棉花打顶机通过检测各行中每株棉花高度，分别调节单株打顶高度，力求对不同高度的棉花切除相同长度的顶芽。单株仿形打顶机经历了从人工调高到自动测高和仿形的发展过程。新疆建设兵团农机推广站唐军等研制的 3MDZK‑12 型单体仿形棉花打顶机，以拖拉机输出轴驱动滚筒切刀回转，由人工通过调节手柄 1 调整打顶高度，实现单株仿形。

新疆石河子大学杨旭海等人对该打顶机进行了数控改造。采用超声波测量棉株高度，回转电位器间接测量刀具位置，根据两者位置差通过 PID 算法计算后，控制刀具升降。从此，自动检测棉花高度，规划打顶刀动作路线，液压控制打顶刀升降的控制流程就形成了。

基于此控制流程，中国农机化研究院周海燕等设计完善了液压控制的 3WDZ‑6 型自走式棉花打顶机。石河子大学何磊等人设计了采用仿形板浮动推动电磁阀通断开关液压系统，分档控制高度位置的垂直升降式棉花打顶机。这种分级控制办法，是除了 PID 控制之外，一种新的高度控制思路。

第三节　棉花采收机械化、信息化、智能化技术和装备

全球采棉机自 1850 年的第一个发明专利到 1950 年的推广应用经历了 100 年的发展历程。在这 100 年的时间里，采棉机器和机采棉技术经历了从无到有、从试验研发到应用，是一个农艺、农技和农化的深度融合、农业文明和工业文明交融汇合的发展过程。如今，采棉

机业已成为全球最先进的农业顶端装备，还是棉花作物的专一农机装备，具有省工节本高效特征；机采棉种植技术业已成为全球最先进的农业顶端技术，具有系统性特征。

一、国外机采棉技术及装备

美国、澳大利亚和以色列是世界上全部用机器采棉的国家。早在 17 世纪美国就开始了采棉机的研究。1850 年，美国人兰巴托（S. S. Remberr）和普莱斯特（J. Prescott）获得了全球第一个采棉机专利，在以后的一个多世纪，陆续获得了 2000 多项专利。1871 年，美国人黑格斯（J. Hughes）发明了一次采棉机，后经发展形成了尼龙丝刷条和橡皮叶片组合的斜摘辊式一次采棉机，即今日的刮板毛刷统收采棉机。1895 年，美国人坎贝尔（August Campbell）发明了水平摘锭机，其基本原理应用至今。1940 年，摘锭式收花机在美国研制成功，1941 年批量生产。1950 年后，经过改进的籽棉去杂皮清机，使机采籽棉的加工品质接近手采皮棉，机采棉才得以快速推广。

从 1850 年到 1950 年的 100 年期间，还有几项重要的辅助发明助推机采棉的成功：一是除草剂和脱叶剂的发明和使用，1900 年除草剂氯酸钠投入使用，1942 年 2,4 - D 投入使用，1947 年美国基本普及除草剂，让杂草可控。1938 年，美国首次把氰氨化钙（Calcium Ayanamide）作为脱叶剂在棉花上应用，长期困扰机械化采收的杂草和棉叶碎屑被解除，脱叶剂和催熟剂还提高了对机采棉的熟性控制能力，采收效率进一步提高。二是农艺与农机的融合。按照机采要求，选育无茸毛的光滑叶片，为机械化采收效率的提高创造了条件，栽培上采用等行距和宽窄行配置，以等行距为主便于叶片落到地面。60 年代是美国收花机械化高速发展的时代，1972 年棉花带全部实现了机械化采收。

然而，科技创新远没有停止，噻苯隆（TDZ, thidiazuron）（N-苯基- N′-（1,2,3-噻二唑-5基)-脲，又名脱落宝）于 1976 年由德国先灵公司研制成功，并使用至今。脱吐隆悬浮剂（噻苯隆（Thidiazuron）和敌草隆（Diuron）的混剂）是德国拜耳作物科学公司继脱落宝之后新近推出的又一棉花生长调节剂，主要用于机采棉花的脱叶和催熟。而采棉机自身还在向大型多行采收、打模和运输的智能化的综合配套，向进一步提升作业的稳定性、可靠性和高效率发展。

采棉机按采摘部件的工作原理及结构可分为 4 大类：一是水平摘锭采棉机，由美国约翰迪尔公司和凯斯公司生产。二是垂直摘锭采棉机，由前苏联（现乌兹别克斯坦）塔什干棉花机械局设计制造。三是刮板毛刷统收采棉机，由美国约翰迪尔公司生产。四是梳刷式、不对行统收采棉机，由阿根廷生产。另外，还有气力式采棉机和振动式采棉机。其中摘锭式中的水平摘锭式是全球应用最广泛的机型，其他机型大多处在研发和试验阶段，定型机型的保有量和使用范围都很少。

乌兹别克斯坦采棉机的主要特点是全部采用垂直摘锭式采摘部件，结构简单，制造容易，价格低；适宜采收棉株较矮（80 厘米以下）、分枝少、棉桃集中、吐絮率在 60% 左右、需多次采收的棉花；采摘性能差，籽棉含杂率在 10%～20%，采摘率 85% 左右，落地棉 10%～20%；班次生产率较美国采棉机低 20%，作业速度为 3～5 千米/小时；采棉机多采用悬挂式，动力利用率高，但自动化控制水平低，操作性能较差，人工辅助作业时间多。由于上述特点，仅在其国内应用，我国新疆生产建设兵团引进后试验效果较差，已停止使用（图 11 - 53）。

50年前，约翰迪尔公司第一个研制出4行和5行摘棉机（图11-54），1997年生产出6行摘棉机9976。9986系列摘棉机专为最大限度地提高劳动生产率而设计，带有电控采棉头高度调整系统；80加仑的摘锭润滑脂箱，延长了摘棉机的作业时间；采棉导航系统可降低驾驶员的疲劳程度，提高采棉效率。9996自走式摘棉机是迪尔公司于2006年推出的6行机，为第3代产品，拥有大容量的PRO-LIFT棉箱，容积达到39.6立方米；革新的卸棉系统具有强大的棉箱升起架、棉箱"装满"监视器增加了机器的稳定性和驾驶员操作卸棉的信心，棉箱升降迅速，卸棉快捷、准确；双液压驱动泵，保证强大、高效的驱动能力；3速范围的静液压无级变速箱使变速更平顺，一挡采摘速度可达6.4千米/小时（两轮驱动），可一次完成田间采棉和机载打包，实现连续不间断的田间采棉作业，配置了排气量13.5升、涡轮增压、空气中冷的368千瓦（500马力）柴油发动机，可以实现在田间不加油连续工作12小时。7760自走式采棉机在田间采棉时，当棉箱存满棉花后，积存的棉花会被自动送到机载的圆形打包机中，进行压实成形和用保护膜打包，然后棉包被弹出打包仓，放置在机器后面的一个可回收的平台上，等摘棉机到地边上再把棉包卸载到地面上或拖车上，减少了所需的配套设备和人力支持，节省了燃油消耗。棉包最大直径2.29米，最大宽度2.39米。圆形棉包改善了雨天的防水性能，棉包内部湿度和密度均匀，较好地保护了棉花纤维和棉花种子。减少了过去其他形状棉包由于刮风、易破损而造成的棉花损失。运输方便，也极大地方便了轧花厂卸载和储存。

图11-53　乌兹别克斯坦采棉机

图11-54　约翰迪尔自走式摘棉机

凯斯的前身国际收割机公司（IH）于1943年推出了世界第1台单行自走式采棉机H-10-H，并用于商业化作业，它的出现被美国农业工程学会誉为农业机械史上重要的里程碑。之后，凯斯不断推出新的采棉机。2006年，凯斯向全世界宣布推出了新的带籽棉打垛功能的采棉机ME625，被称为"棉花收获行业的第二次革新"。1999年，新疆生产建设兵团机采棉试点单位农一师8团首次引进了美国凯斯公司生产的2155型采棉机用于试验，开创了凯斯采棉机进入中国的先河。随后的几年时间，新疆生产建设兵团陆续引进了大批量的凯斯2555型、CPX系列采棉机用于机采棉的推广。同时，凯斯也首次将精准农业引入到棉花收获行业中，为新疆生产建设兵团的机采棉进程起到了促进作用。凯斯采棉机配备了豪华完美的人性化操作控制驾驶室，从可调气悬式座椅到全景式曲线挡风玻璃，从功能强大的自动化仪表到集多种操作功能于一体的控制盘，都体现了凯斯采棉机的人性化设计（图11-55、图11-56）。

图 11-55　H-10-H 采棉机

图 11-56　美国 2155 型采棉机

有人曾经总结了美国采棉机的主要特点，其中包括全部采用水平摘锭，结构复杂（2 行型配 96 个摘锭），但制造工艺水平高，质量可靠；适宜采收棉株高 80～120 厘米，株形大，棉桃较松散，吐絮率高（90％）以上的棉花；机采籽棉含杂率低（6％～8％），采摘率高达 90％以上，落地棉少（约 5％～10％）；生产率及作业速度高，一般为 5.67～6.7 千米/小时；采用自走式，自动化控制水平高，操作性能好，但造价高。

二、我国机采棉技术和装备

我国对棉花收获机械化一直比较重视，起步也较早。50 年代末和 60 年代初，农业部为新疆军垦农场引进了 50 余台原苏联生产的垂直摘锭式自走采棉机，由于没有引进相应的清花设备，采棉机采摘的籽棉因含杂太高而无法使用。1959—1961 年，中国农机院组织全国 60 多名科技人员进行国产棉田自动底盘拖拉机及配套农具的研制，重点就是配套采棉机，同时还研制棉花去碎叶片机，解决采棉机籽棉含杂过高的问题。为了适合中国国情，中国农机院和新疆农机所对采摘部件如水平摘锭式、气吸式和气吸振动式也进行过研究，国家科委还在新疆生产建设兵团农 7 师车牌子二场建立了我国第一座机采棉加工车间。但当时棉花生产水平低，单产只有 450～600 千克/公顷皮棉，加之采棉机总损失率超过 10％，含杂率 9％～10％以上，与我国传统的精耕细作和追求高产相差较大，所以一直没能推广。"文化大革命"开始后，这项工作停顿，这一停就是近 20 年。而在这 20 年，原苏联和美国的棉花收获机械化发展很快，技术也日趋成熟，美国棉花收获实现 100％的机械化，前苏联也达到 80％。

棉花收获机械化的重新被人们重视是在 1988 年以后。由于新疆地处中亚地区、干旱少雨、日照长、昼夜温差大，又是平原灌溉农业区，自然条件适合棉花生长，国务院决定将新疆列为棉花生产的重点开发区，计划在 1995 年建成 106 万～133 万公顷稳产高产的商品棉生产基地，产量逐渐达到全国产量的 1/3。在国家科委的支持下，新疆科委正式将"采棉机及清花设备的引进试验研究"作为新疆重点科研项目，由新疆农科院农机化所负责。在兵团和地方各单位的通力合作下，经过 4～5 年时间，对原苏联和美国凯斯公司、迪尔公司的采棉机进行试验分析比较，又在新疆玛纳斯县建立示范点，对栽培模式和棉花脱叶催熟技术进行试验，山东棉机厂专门研制机采棉的清理加工设备，对机采棉的标准制定也在研究。在这段时间，新疆棉花生产发展很快，逐渐成为支柱产业。大量扩种棉花使得收获劳动力更加紧张，国产采棉机的研制被提上日程。1996年，国家经贸委和国家科委正式分别立项，将"棉花生产及加工技术与成套设备"和"4MZ-2（3）型国产自走式采棉机的研制"两个项目统一交给新疆联合机械厂负责。经过3年时间，在兵团、中国农机院、新疆农科院农机化所等单位的共同努力下，国产自走式采棉机和与铁牛-80型拖拉机配套的背负式采棉机均研制出来，4MZ-2（3）型采棉机通过鉴定，清理加工设备也有了第一代样机。从2001年开始的"十五"规划，国家机械工业局仍然将棉花收获机械作为重点发展的项目。进入21世纪以来，新疆机采棉基本上在推广应用国外采棉机。2007年，由新疆建设兵团农八师与贵州航空工业集团联合研制开发的"平水"牌采棉机4MZ-5自走式采棉机投入使用，打破了国外采棉机垄断市场的局面。该机是一种采用前置悬挂式采摘工作台，翻转自动输卸式棉箱，液压与机械混合式传动的大型（5行）水平摘锭自走式采棉机。作业效率0.4～0.67公顷/小时、吐棉采净率可达90％、籽棉含杂率约为10％、机械撞落棉损失率约10％。

目前我国小型采棉机械研制的类型较多，但大部分处于研究开发阶段，在生产上推广应用较少。2013年5月在新疆昌吉州举行的新疆农业机械博览会上，浙江"大宇"牌便携式采棉机引起了观众的注意。每台机组可适配4～6只采摘头，满负荷作业时，每只采摘头按10小时工作，可拾棉200多千克（图11-57）。

1995年底，兵团司令员办公会议批准，投资5 000万元，立项推广机采棉，决定首先在南疆农1师8团和1团两个团场进行示范。其技术方案是在8团引进美国迪尔公

图11-57　国产贵航采棉机

司技术成熟的采棉机和美国拉姆斯公司的清理加工设备，轧花机由国产121型配套；1团则采用铁牛-80型拖拉机配套的美国迪尔公司背负式采棉机和山东棉机厂的清理加工设备。从棉花品种的选择试验，机采棉栽培模式和脱叶催熟剂的选择应用，机采棉标准制定和国内研制采棉机试验等各个方面，系统研究棉花收获机械化问题。经过4年多的实践，摸索了许多推广机采棉的经验。国外公司尤其是美国迪尔公司、凯斯公司看到兵团农场这一巨大的市场，也积极参与，他们拿出了最新的采棉机参加示范试验。

2010年以来，由于摘棉工"人难招"和"工钱高"，新疆机采面积不断增长，中国棉花生产监测预警数据（表13-8），2014年全疆机采棉种植模式面积达到1 000千公顷，机采棉面积733千公顷，约占播种面积的24.4％，比2013年增长67.8％。累计采棉机保有量达到2 200台，比2013年增长29.4％；累计机采棉加工生产线330条，比2013年增长13.8％。

三、棉花机械化采收技术及装备

（一）机采棉脱叶催熟技术

为降低采棉机采收籽棉的含杂率，保证机采籽棉的清理加工质量，增加采棉机的采收

量，在实施机采作业前（15～21 天），需对棉株进行化学脱叶催熟处理。目前普遍使用的药剂有德国生产的棉花脱叶剂脱吐隆 50％噻苯隆水剂以及国产瑞脱龙 50％噻苯隆可湿性粉剂。

脱吐隆是一种植物生长调节剂，可作用于棉花脱叶、催熟。使用脱吐隆有以下优点：棉株在喷施该药后，在棉叶柄处形成离层，叶片在枯萎前脱落而避免污染棉絮，提高采收质量。改善成熟条件，抑制贪青，使晚秋桃提早均匀成熟，提高产量。

机械采收棉花施药时，棉花的吐絮率应达到 40％，过早施药对棉花的品质有影响，而且为达到脱叶效果药剂的使用量可能偏高而不经济。单纯使用脱吐隆推荐的剂量为 25～40克/亩，从使用成本上看，脱吐隆与乙烯利的混合液虽然较经济，也可达到脱叶效果，但易对棉花的品质造成损伤，另外施用乙烯利后，棉叶易焦脆、枯死后仍与枝杆相连，机械采收时，籽棉的叶片杂偏高。在棉花生长后期气温较低时，为获得高的产量和保证机采作业质量可施用脱吐隆与乙烯利混合液，一般推荐的剂量为 25 克脱落宝加 150 克乙烯利/亩。

棉花的脱叶催熟作业是采棉机采收棉花的前提，考虑到药剂的作用期一般为 2～3 个星期，喷药期可根据当地情况在 8 月下旬—9 月上旬（北疆）、9 月上、中旬（南疆）之间进行，以确保采棉机能够在 9 月 20 日（北疆）、10 月 15 日（南疆）左右开采。

在新疆喷施脱叶剂：8 月 25 日—9 月 10 日（正常年份 9 月 5 日开始喷施）；日平均温度 18℃以上（日最低温度≥14℃）品；棉花吐絮率 40％以上；喷施时间过早：脱叶效果较好；对铃重和品质影响严重。

脱吐隆 11～13 毫升＋伴宝 30 毫升＋乙烯利 70～100 毫升/亩；飞机喷用水量≤8 升/亩；机械喷用水量 35～40 升/亩。

伴宝可增强药液在叶面上的渗透能力，在低温或干旱条件下，可提高药效。在适宜气候时，可减少药剂用量。田间试验表明：伴宝可提高药效 15％，用药量降低 10％～25％，脱叶速度提前 3～7 天。

正常棉田适量偏少，过旺棉田适量偏多；早熟品种适量偏少，晚熟品种适量偏多；喷期早的适量偏少，喷期晚的适量偏多；密度小的适量偏少，密度大的适量偏多。

（二）棉花产量在线监测技术及装备

获取作业区域空间位置上的棉花产量分布信息能够为来年施肥、灌溉决策提供重要参考。凯斯公司与 AgLeader 公司合作开发了当今采棉领域具有世界领先水平的棉花产量监测及信息收集系统——凯斯精准农业系统。早在 1999 年，美国已有 13 台凯斯 2 555 采棉机成功进行这套系统的实际运作，目前在澳大利亚、美国、巴西有很多凯斯采棉机上应用此系统，并已开始和 AFS 精准农业系统配套工作，指导农业生产。

凯斯采棉机精准农业系统由信息收集传感器、DGPS 差分定位系统、产量信息监测仪、数据卡等部件组成各种传感器负责感知产量、行走速度、面积以及采棉机工作状况等信息；DGPS 差分定位系统对收集的产量信息的位置进行精确定位；产量监测仪负责对收集的以上信息进行处理，实施监测、储存等；数据卡可以将产量监测仪收集的信息进行转存，以进一步对数据进行分析。这种应用大大扩展了采棉机的功能和使用效能。

目前，国内针对棉花流量传感器及产量监测系统所开展的研究，均是在美国光电式棉花质量流量传感器及监测系统的基础上完成。中国农业机械化科学研究院首次采用基于微电容检测与差分信号处理技术，设计了车载差分型电容质量流量传感装置，获取籽棉电容响应信息，建立了基于电容响应与籽棉质量流量、籽棉含水率的多元关系模型，结合获取的籽棉实时含水率信息，实现籽棉质量流量的在线测量，提高了监测系统对不同含水率籽棉的适应性，并在此基础上构建了基于 CAN 总线的棉花产量监测系统，开发了基于 Labwindows/CVI 虚拟仪器软件平台的产量测试软件，实现了基于经纬度坐标的棉花产量在线测量，解决了国外光电式传感监测无法消除由于田间振动、环境温度、散射光线、落叶及器件表面覆土对监测精度的影响，测产误差较光电式传感器降低 1.5%～3.1%。本系统在新疆推广应用，测产准确率达 95.8%（图 11-58）。

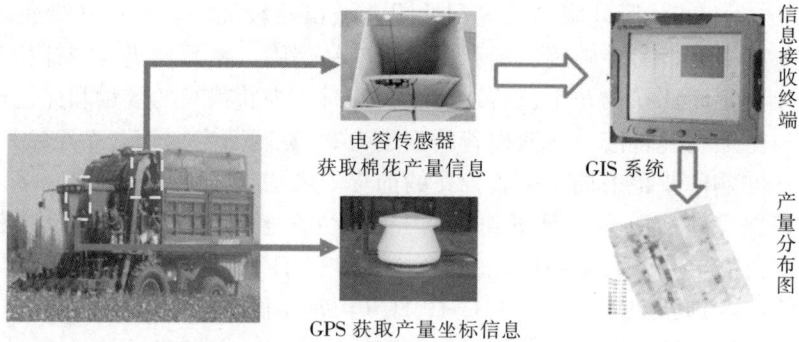

图 11-58 采棉机产量监测系统

（三）棉箱火情预警技术及装备

采棉机在收获棉花过程中，摘锭旋转、伸缩等动作，与棉秆摩擦可能会产生火星，沾到籽棉上，被气流自集棉室经输棉管道输送至棉箱，或者由于烟头、其他火源，导致棉箱里棉花阴燃。由于棉花着火前期，着火点被包裹在棉箱深处，被棉花覆盖，没有烟雾和明火出现，温度变化也不明显，驾驶员不能发现。一旦有烟雾或火苗出现，火势将迅速蔓延而无法扑灭，导致整个采棉机着火，造成极大的经济损失。据不完全统计，仅 2013 年兵团辖区发生火灾 69 起，烧毁籽棉 80.3 万吨，完全烧毁采棉机 4 台，损失超过千万元。因此，采棉机棉箱内棉花阴燃起火预警技术的研究，对收获作业过程中采棉机火灾早期预警与防范具有极其重要的意义。

中国农业机械化科学研究院从采棉机棉箱阴燃火灾基本特征和燃烧产物出发，设计开发了一种高抗干扰能力的适用于棉箱火灾的基于多传感信息融合的阴燃识别方法和装备。采用积层结构，包含有敏感层和加热层，在加热层和基板之间有耐热玻璃层用于绝热，敏感层放置在加热层上面的绝缘体上。为了降低感染气体的影响，传感器内侧和外侧充填了活性炭。所设计的 CO 和 NO 传感模块具有低功耗、低成本、高稳定性、长寿命及受温湿度影响小等特点，对一氧化碳和一氧化氮气体具有很高的灵敏性和选择性，适合采棉机现场使用。根据被测对象 CO 和 NO 气体为具有不同传感特征，首先将它们通过传感器转换成为电信号，经过 A/D 转换将现场参数变为可由微处理器处理的数字量。数字化后的电信号经过预处理，以滤除数据采集过程中现场环境下的干扰和噪声，经处理后的目标信号作特征提取，根据所提取的特征信号，进行数据融合，最终输出结果。为了验证棉箱火灾监控系统的有效性，在实验室环境下开展了相关试验研究。按照采棉机棉箱情况设计了室内棉箱模拟环境，设置传感器火情报警阈值为 10 毫克/千克，当传感器检测数据超过阈值，控制器经多传感数据融合分析处理后，将会发出蜂鸣报警。

在本系统中 CO 传感器、NO 传感器各四个，运用连接支架安装在棉箱四个侧面中间偏上的位置，探头方向面向棉箱内部。棉仓传感数据通过棉仓顶端的无线数据收发模块将数据发向驾驶室中的监控器中，通过控制终端计算分析，做出火情预警判断，整体结构如图 11-59、图 11-60 和图 11-61 所示。

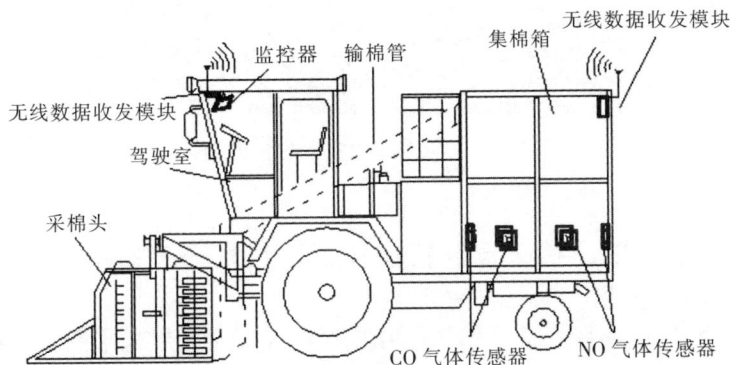

图 11-59　棉仓火灾监测预警系统布局

图 11-60　CO 型气体传感器

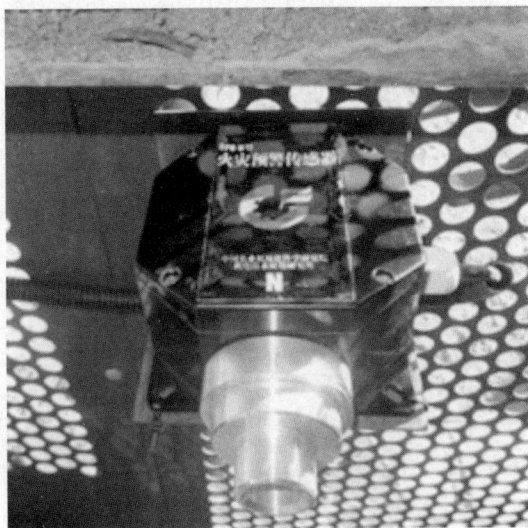

图 11-61　NO 型气体传感器

传感器不断的检测采棉机棉箱周围 CO、NO 浓度信息，并传送到棉仓火情预警控制终端，由控制终端（图 11-62）进行分析，当采集数据读数大于 10（考虑温度、振动等干扰，有 0~5 毫克/千克的波动），继续查询判断，如果同一传感器读数连续 5 组数据都大于 10，或者有 2 个以上的传感器读数大于 10，即 CO、NO 浓度超过预先设定的报警线，机载电脑自动发出报警信号，提醒驾驶员处理。

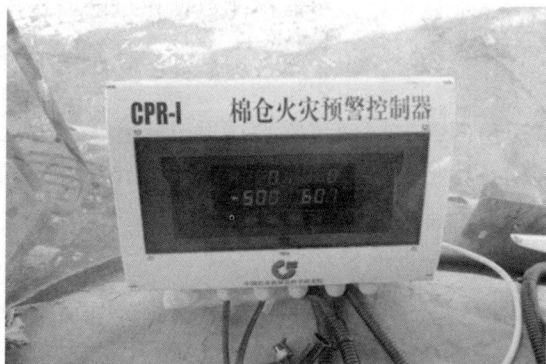

图 11-62　棉仓火灾预警控制器

四、机采棉的打模和运输技术与装备

采用棉模方法贮运机采籽棉是美国 20 世纪 70 年代开始发展起来的。综观业已实现棉花收获机械化的国家，棉花田间机械化收获后到加工厂之间的工艺主要包括：采棉机卸棉—打模机打模—棉模运输至加工厂 3 道工序。与该工艺配套的设备主要有籽棉田间打模机、棉模专用运输车或专用运输拖车、开模设备等。其主要工艺过程为：棉模压实机由拖拉机牵引至棉田地头，接受采棉机或棉田中转车卸棉。棉模车上的液压踩实机压实籽棉，压实完毕后，打开挡板，无底的棉模压实机在拖拉机的牵引下，与棉模分离，棉模贮存在棉田地头。棉模长 7.3～9.5 米、宽 3 米、高 2.44 米、重 8～10 吨，贮存时籽棉水分不超过 12%，用防雨布遮盖好，贮存期 5～10 天。一个大型轧花厂可保存 1 200 个棉模，需要付轧时，用棉模运输车运至加工厂指定位置，开模设备将棉模匀速拆解、输送至加工车间。整个过程实现了自动化，效率高，并可避免人工装卸时多次翻腾、践踏籽棉，减少了异性纤维，保护了籽棉品质。不需要大型的贮棉场或籽棉库房，解决了采收、贮存、加工进度之间的矛盾。

棉模贮运技术有效破解了以往棉花机采下来以后的储存、防水、防火、防盗、装车、拉运的难题，推动了棉花生产向机械化、集约化、规模化、现代化的发展进程。

山东天鹅 6MDZ10 打模机（图 11-63）。该机主要适用于手摘棉和机采棉的打模成型，可实现籽棉的现代化储存和机械化运输、自动喂入；籽棉打模机主要由：①打模机箱体；②踩压部；③液压系统；④照明系统组成。该打模机主要特点：①操作简单，整个打模过程只需操纵几个液压阀即可完成；②工作效率高，处理量大；③适应性强，即适合田间打模，又适合籽棉垛场打模；既适合机采棉打模，又适合手摘棉打模；④棉模方便贮存、运输与加工。

400BC4 摇臂式全自动棉花捆包机（图 11-64）。该机只需要在打包机两侧各加工 5 个螺孔，安装简单定位精度高；对打包机的压缩高度，有较松的空间，提高了主压油缸的使用寿命；带盘车的安装更为灵活，对现场布置要求较宽松；节省了全自动棉花捆包机的工作时间；保证一次完成 4 根塑带的捆扎，一个棉包的捆扎时间大约是 26～28 秒，完全能满足 40 包/小时以上高效打包机的工作周期；机头工作可靠，减少了机头的更换时间，不需要配置试验台；比市场上原有的捆包机可靠性高、动作简单、操作简单、故障率低；动力来源于约

图 11-63　6MDZ10 打模机

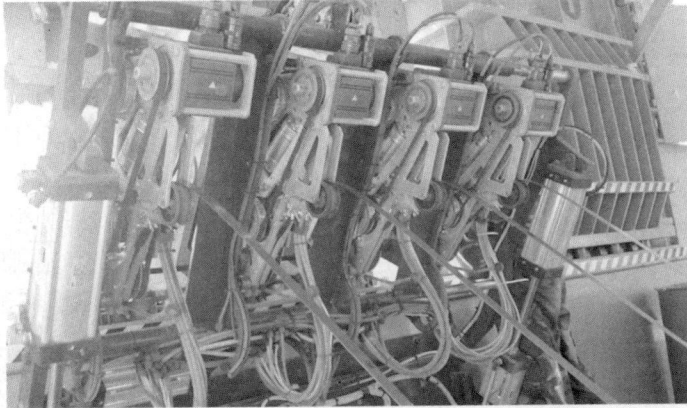

图 11-64　400BC4 摇臂式全自动棉花捆包机

1 兆帕的气源，故没有液压油的泄漏，无环境污染。

山东天鹅 7CBXM10 运模车（图 11-65）。适用 8～10 吨棉模运输。主要特点是遥控控制、经济、节能、运输棉花效率高。其工作原理是将运模车移动调整到棉模附近。运模车与棉模应在同一中心线上，左右偏差不大于 50 毫米，启动自备内燃机动力，将双后桥自锁机构松开，操纵液压盘按钮，移动液压缸带动双后桥总成前移至终点位置附近停止，然后倾斜液压

图 11-65　7CBXM10 运模车

缸伸长，将运模倾斜至一定角度，注意提升部前端链轮距地面约 25.4～38.1 毫米；开动提升部，行走部液压马达，注意观察棉模的提升状况（防止跑偏、散模），随时采取相应措施，当棉模完全提起后停止行走部液压马达的运行，提升部液压马达继续工作；当棉模到达挡模板附近（约 150 毫米）时，停止提升部液压马达的运行；操纵移动液压缸，使其带双后桥总

成后移，其间相机操纵倾斜液压缸回缩，使车体放平，当双后桥移动到终点时，自动锁紧机构将其锁紧，停止液压操作，自备内燃机熄火。

五、机采籽棉清花技术与装备

回潮率是指棉花的干基含水率，对棉花加工及安全存储的产生重要影响。回潮率过高，会造成棉纤维表面的摩擦系数增大，难以从棉纤维表面剥离杂质，增大皮棉含杂率。回潮率过低，棉纤维比较脆弱，在经过轧花机和皮棉清理机时较容易断裂，增加皮棉短纤维含量，降低衣分。随着棉花加工过程的进行，棉花中的回潮率会有一定程度的降低，如果不对打包前的皮棉进行加湿处理，会增加打包机的能耗，影响其使用寿命，同时增加棉包"崩包"现象。棉包存储过程中回潮率过高，会造成因内部温湿度过高而变质，影响色泽及纤维性能。所以，在整个棉花加工及棉包存储过程中，回潮率控制不合适会造成皮棉等级的降低和棉花价值的损失。

(一) 籽棉烘干

籽棉烘干是轧花厂加工回潮率偏高的籽棉采用的一项技术，以提高籽棉清除杂质能力。利用棉纤维放湿能力和空气容纳水分功能，以空气为介质，先对空气进行加热，以提高空气温度及降低空气的相对湿度，然后使空气与籽棉混合，在热空气与棉纤维之间形成一个温度差、湿度差和压强差，迫使纤维中的吸附水分子逐渐向外移，被热空气所吸收，达到烘干籽棉的目的。空气温度越高，则相对湿度越低、饱和湿度越大，它与棉纤维之间的湿度差越大，烘干效果越好。提高温度对提高空气的饱和湿度影响很大，当温度由 25℃升至 100℃时，温度只增加 3 倍，空气的饱和湿度却增加 25 倍。目前国内的机采棉工艺配备了两级烘干，生产过程中人工不定时测量棉垛中的回潮率，启用两级烘干设备，调节烘干塔热空气的出口温度。然而传感器的不准确和人工操作的延时容易造成回潮率的控制不精确，甚至烘干过度，造成资源浪费和棉纤维烧伤（图 11-66）。

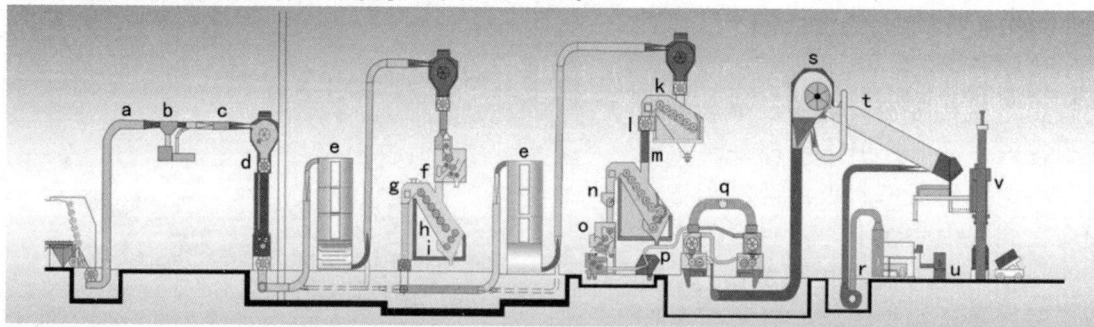

图 11-66 机采棉扎花工艺流程图

a. 通大气阀 b. 重杂物分离器 c. 外吸分离器 d. 籽棉自动控制器 e. 烘干塔
f. 倾斜式籽棉清理机 g. 籽棉闭风阀 h. 提净式籽棉清理机 i. 籽棉闭风阀 j. 烘干塔
k. 倾斜式籽棉清理机 l. 籽棉闭风阀 m. 倾斜回收籽清机 n. 配棉绞龙 o. 轧花机
p. 气流式皮棉清理机 q. 锯齿式皮棉清理机 r. 加温器 s. 集棉机 t. 灌棉道 u. 自动取样器 v. 打包机

1. 垂直式烘干塔（图 11 - 67）。热空气将成团、潮湿、杂质较多的籽棉送入垂直式烘干塔顶部，第一个导向滚筒将成团的籽棉打成松散片状的籽棉流，松软的籽棉沿着铝排部分下滑，滑到下一个导向滚筒，将籽棉送到下一组铝排。这个过程重复五次，不仅保持了籽棉的流动，同时使每束纤维和热空气充分接触，能源得到了有效利用。导向滚筒的开松作用使籽棉团变得蓬松，从而增强烘干塔的干燥作用，当籽棉向下穿过烘干塔后，热空气将籽棉输送到下道工序。

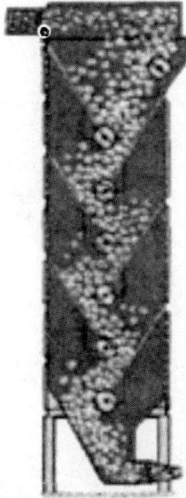

图 11 - 67　垂直式烘干塔　　　　　　　图 11 - 68　塔式烘干机

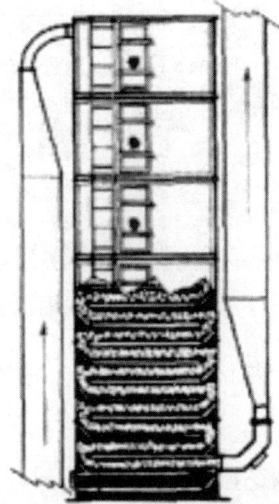

2. 塔式烘干机（图 11 - 68）。输棉管道内的热空气与籽棉从塔式烘干机的上部进入烘干机的顶层。在烘干塔内部，籽棉随热空气自上往下逐层运动，处于半悬浮状态下的籽棉被热空气所包裹，两者之间产生热交换，籽棉中的水分蒸发由热空气吸收，达到干燥籽棉的目的。运动到塔式烘干机底层的干燥籽棉和湿热空气从下部出口进入内吸棉管道，进入下道工序。

（二）皮棉加湿技术及装备

皮棉加湿的目的是提高打包机的工作效率，主要是根据棉纤维具有天然亲水性能，使干燥的棉纤维与湿热空气接触而吸湿。具体过程，先对液态水进行高压雾化，再使其高温气化，最后将高温高湿气流引入到皮棉滑道，使其与皮棉充分混合，达到皮棉自动吸湿、提高皮棉回潮率的目的。我国轧花工艺过程中也引入了相关技术及装备，但加湿装备还未得到推广，如何准确地掌握棉花的回潮率情况，及时改变相应的烘干和加湿控制策略，成为现代棉花加工行业需要解决的问题。

MJS-1400B 皮棉加湿成套设备（图 11 - 69）。该套设备是皮棉滑道内加湿设备，可自动、手动切换控制温度、皮棉含水率，双高精度调节，操作简单；滑道内气雾水细微均匀，且经有过滤装置过滤大颗粒水滴，使加湿效果更佳；全套设备采用耐高温、高压、防腐蚀不锈钢制作，产品安全可靠耐用。

超声波工业加湿器（图 11 - 70）。采用世界上最先进的雾化技术和集成式雾化组件，所产生的雾粒直径只有 1～5 微米，颗粒均匀，能长时间悬浮于空气当中，独创的防止风机溅

图 11-69 MJS—1400B 皮棉加湿成套设备

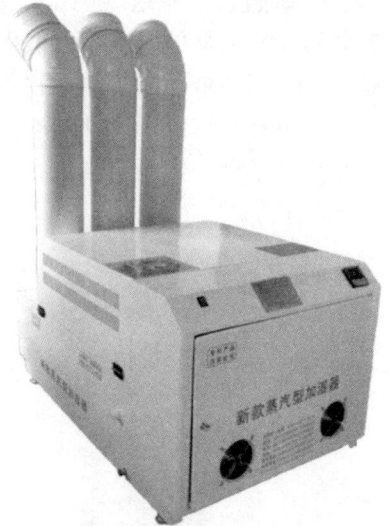

图 11-70 超声波工业加湿器

水设计、出雾口防漏水设计、易清洗设计和缺水保护装置，确保加湿器质量优异，安全可靠。

（三）清花技术及装备

清花技术和装备也是棉花专有，是机采籽棉的一道除杂工序。新疆兵团机采棉加工厂建设具有以下特点：加工厂建设技术起点高，引进了国内外多项新工艺、新技术，新装备，设置七级籽棉清理工序，两级籽棉烘干工序，三级皮棉清理工序。

机采籽棉含杂特性决定机采棉清理加工工艺及配套设备是以籽棉的清理和烘干为主，以降低叶片类杂质的含水率，减少杂质与棉纤维之间的附着力，提高杂质清除效率。

皮棉清理在于提高皮棉的轧工质量。皮棉加湿在于提高打包机工作效率、减少崩包，且可保持纤维品质，增加棉包商业重量。七级籽棉清理所配套的设备依据其工作原理的不同可分为气流式重杂清理机、刺钉滚筒式籽棉清理机和锯齿式籽棉清理机以及组合式籽棉清理机四种机型，皮棉清理机可分为气流式和锯齿式两种机型。

新疆机采棉清理加工设备主要采用山东天鹅棉麻机械公司和邯郸金狮棉机有限公司在引进美国机采棉清理加工技术装备的基础上，分别研制开发的各具特色的机采棉清理加工工艺和设备。在设备选型上，山东天鹅棉麻机械公司以美国大陆鹰公司为技术依托，籽棉清理烘干系统中，采用了两级塔式烘干设备、增设了一级提净式籽棉清理机（可旁通），籽棉的二级清理工艺中采用了冲击式籽棉清理机；邯郸金狮棉机有限公司则在美国拉姆斯公司设备的基础上，针对机采棉的特点，按照先清重，后清轻，再清细小杂质的顺序，推出了机采棉清理加工成套设备。

MQZY-15B 棉花异性纤维清理机。主要用于清理籽棉在采摘、摊晒、贮存、运输过程中混入的各种异性纤维杂质，技术特点：结构紧凑合理，操作简单，性能稳定，安全运转率高；高效清除异性纤维杂质，不损伤籽棉纤维；适合棉花加工企业的流水生产作业，节约劳动力，降低劳动强度；尘笼采用两侧吸风，内胆闭风，气流吸附清理效率高；分离室封闭，吸风气流规则，又可排除细小重杂；防护罩采用本钢1.5～2.0毫米一级冷轧钢板，通过数控设备加工成型，采用先进的磷化工艺和塑粉涂覆技术，强度大、精确度好、抗腐蚀、抗氧化、美观大方（图11-71）。

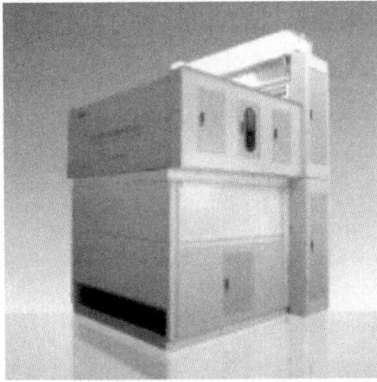

图11-71　MQZY-15B棉花异性纤维清理机

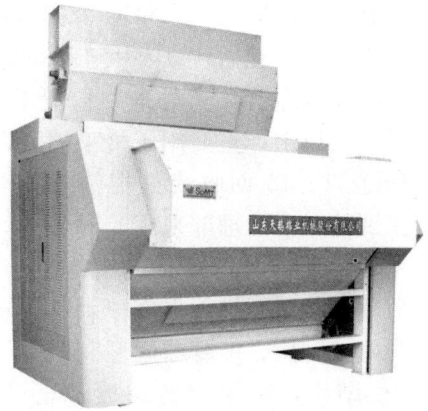

图11-72　MQZX-15倾斜式籽棉清理机

MQZX-15倾斜式籽棉清理机。该机械是一种将杂质（不孕籽、僵瓣棉、铃壳、叶屑、尘土等）从籽棉中分离出来的机械，籽棉经清理后杂质明显降低，同时还能使籽棉提高0.5～1个品级。技术特点：结构合理，工艺性强，对籽棉损伤小；刺钉辊设计为机械铆结锥度球冠型刺钉的12棱结构，辊筒制造精度高，径向跳动不大于1.5毫米；采用多项新技术，新材料，新工艺，性能稳定、可靠，噪声小（图11-72）。

MQZJ-10排僵式籽棉清理机。用于棉花加工企业在棉花加工生产线上清理籽棉。技术特点：集软特杂清理、僵瓣排除、杂质清理、僵瓣开松四种功能于一体；排僵率不小于70%，杂质清除率不小于50%；附带功能调节板，实现功能自由组合；结构合理、性能可靠，因花配车、节能降耗；防护罩采用本钢1.5～2.0毫米一级冷轧钢板，通过数控设备加工成型，采用先进的磷化工艺和塑粉涂覆技术，强度高、精确度好、抗腐蚀、抗氧化、美观大方；适用范围手摘棉清理，尤其适用于混级棉的分级处理（图11-73）。

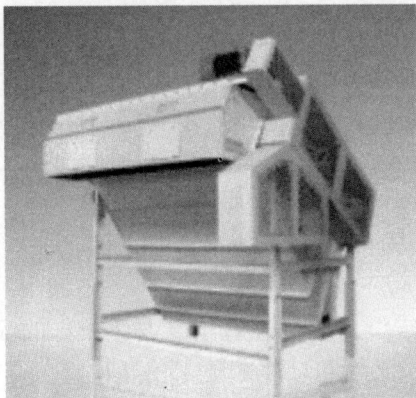

图11-73　MQZJ-10排僵式籽棉清理机

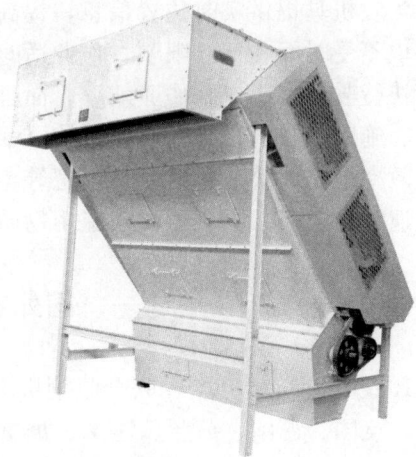

图11-74　MQZT-15提净式籽棉清理机

　　MQZT－15 提净式籽棉清理机。主要用来清除机采棉中的棉铃壳和棉秆，属于大杂清理机。分上下两部分，上部抛掷提净，确保在均匀状态下去除铃壳，下部采用三级回收清理，提高整机性能．铃壳清除率≥85％。内置调节阀门，可根据机采棉含杂情况随意调节，保证清杂效率的同时，尽量减少棉纤维损伤；U 型刺条辊采用管轴和鼠笼结构，保证了齿辊的传动精度，径向跳动不大于 2.5 毫米，包板采用数控加工，精度高，便于齿条的更换及维修；U 型齿条经淬火处理，齿尖不会产生倒勾，减少了索丝及对纤维的损伤，使用寿命提高了二倍以上；主要用于机采棉、人工快采棉的清理（图 11－74）。

　　MQZH－15 回收式籽棉清理机。主要特点：清理部采用非同心圆结构，实现了籽棉的抖动清理。清杂效率高，对纤维无损伤；刺钉辊筒为机械铆接、锥度球冠型刺钉的 12 棱结构，辊筒制造精度高，径向跳动不大于 1.5 毫米；回收辊能有效回收清理部掉落的小花头，减少了衣亏；间隙易于调整，操作维修方便；防护罩采用本钢 1.0～2.0 毫米一级冷轧钢板。通过数控设备加工成型，采用先进的磷化工艺和塑粉涂覆技术，强度高、精确度好、抗腐蚀、抗氧化、美观大

图 11－75　MQZH－15 回收式籽棉清理机

方；清杂效率≥70％；主要用于机采棉、人工快采棉、手摘棉清理（图 11－75）。

第四节　GPS 导航技术在农业中的应用

　　全球卫星定位系统在农业机械中的应用极大地提高了农业生产和作业的效率。卫星定位技术为农机具提供实时位置信息，提高了行走精度及行驶速度。使用卫星定位系统导航，农民可以不受时间和气候限制，作业适时性提升；有了卫星定位系统为拖拉机导航，驾驶员可以加快行驶速度，提高作业效率，而且集中精力在田间作业上，如苗床准备、种植、喷药、栽培、施肥和收割；有些导航系统（如安装了导航系统的自动驾驶仪）可以更快、更精确、更有效率地完成整地、播种和施肥等工作，消除了重叠或者遗漏可能，避免了昂贵的复查和补救遗漏作业，减少了燃料与施用物质的花费。

一、国外农用车辆 GPS 导航技术

　　1995 年，美国开始在联合收割机上装备全球卫星定位系统标志着精准农业技术的诞生。此后，英国、德国、荷兰、法国、加拿大、澳大利亚、巴西和日本等国家相继开始实施精准农业。发源于美国的精确农业实际上就是高科技联合应用于农业的产物，它指的是利用 3S 技术（即遥感技术、地理信息系统和全球定位系统）、计算机技术、自动化技术和网络技术

等，逐步实现精确化、集约化和信息化控制农业生产，可根据田间因素的变化，精细准确地调整各项土壤和作物管理措施，最大限度地优化各项投入，以获取最高产量和最大经济效益，同时保护农业生态环境和土地等农业自然资源，给农业技术推广实施带来革命性的变化。

美国近51%的农民接上了互联网，20%的农场用直升机进行耕作管理，很多中等规模的农场和几乎所有大型农场已经安装了GPS定位系统。这些新科技构成了美国农业信息化的主要内容，也打造出美国的"精确农业"。

日本农林水产省农业研究中心开发出的无人播种机利用全球定位系统在指定位置播种稻苗，其植苗误差只有8厘米。该中心还利用该技术开发出了稻田无人插秧机，定位精度可以控制在2厘米以内。由日本北海道大学与农业机械厂联合研制的无人驾驶拖拉机首次实现了从农机具仓库到农场的无人驾驶，它通过GPS测量技术可瞬间定位，精确度可以达到2厘米。

关于卫星定位导航系统，美国天宝（Trimble）公司具有面向农业而开发的GPS系统。美国阿什泰克（Ashtech）双频Z-Xtreme GPS接收机，包容Ashtech有专利权的Z跟踪技术（Z-Tracking），在树下、峡谷中或建筑物之间等可见度降低的条件下，增强了其收星跟踪能力。加拿大的诺瓦泰（Novatel）拥有多项GPS领域的专利技术，如高数据采样率技术、窄相关技术（NCT）、微脉冲相关技术（PAC）、风火轮技术（Pin-wheel）和多路径消除及延迟锁相环技术（MET&MEDLL）（图11-76）。

图11-76 国外GPS导航精准作业　　　　　　图11-77 国内GPS导航精准作业

二、我国农用车辆GPS导航技术

我国农机装备业已建立了一个完整的科技、开发、生产体系和比较完整的推广示范体系，农机产品进出口增长趋势明显。20世纪80年代初，一些院校和科研单位已开始研究GPS技术，当前我国已建成北京、武汉、上海、西安、拉萨和乌鲁木齐等地永久性的GPS跟踪站，对GPS卫星的精密定轨，为高精度的GPS定位测量提供观测数据和精密星历服务，致力于我国自主的广域差分GPS（WADGPS）方案的建立，参与全球导航卫星系统（GNSS）和GPS增强系统（WAAS）的筹建。同时，我国已建立卫星导航系统（双星定位系统），能够生产导航型GPS接收机。GPS技术的应用正向更深层次发展，GPS技术在农业中的应用也在日趋进步（图11-77）。

第三篇

中国及主产棉省棉花产业

第十二章　中国近代棉花产业

撰稿人　杨国正

本章介绍中国近代棉花产业，起止时间为 1840—1949 年。

一般认为，人类发展到今天，已经走过了 300 万年的历程。为便于研究人类自身发展的规律、人类社会活动的特点、人类认识自然的过程，不同的学者按照不同区域、不同方法，将人类这一漫长的发展经历划分为不同时期或阶段。中国是世界文明古国之一，拥有悠久的历史，许多学者将中国历史划分为四个时期：

第一，原始社会时期。约 300 万年前至约 4000 年前，主要经历了旧石器时代、新石器时代和传说时代（三皇五帝）。

第二，先秦时期。约公元前 2070 年至公元前 221 年，主要经历了夏、商、西周、东周（春秋和战国）。

第三，帝制时期。公元前 221 年至公元 1840 年，此期又分为远古时期（公元前 221 年至公元 589 年），中古时期（589—1368 年）和近古时期（1368—1840 年）。

第四，近现代时期。从 1840 年至今，可再分为近代时期（1840—1949 年）和现代时期（1949 年至今）。

本章内容主要涉及近代时期（约 110 年间）中国（陆地棉）棉花产业形成和发展概况，其中重点围绕陆地棉引种、试种、推广、改良等所经历的简要过程。

本章内容按时序，分三个阶段介绍中国近代棉花生产概况：一是陆地棉引种、试种阶段（1841—1911 年），二是陆地棉品种筛选、示范阶段（1912—1936 年），三是陆地棉推广、品种改良阶段（1937—1949 年）。另外，为使读者对中国棉花生产有个比较完整、比较全面的了解，本章首先扼要介绍中国棉花种植历史。

第一节　中国棉花种植简史

在我国古代文字中，找不到"棉"字，只有"绵"或"耗"，指蚕所产的丝绵，说明我国不是棉花原产地。外来棉花传到我国后，在边疆一带称为"吉贝"或"白叠"等，这都是梵语的音译。尔后种棉渐多，为人所常见，由于棉絮洁白，酷似丝绵，遂称棉花为"木绵"，即加上木字以表明系植物所长之棉，而区别于蚕产之丝绵。我国在南宋时（公元 1190 年）出现了木旁的"棉"字，专指棉花。显然，棉字比木绵二字更为简便准确，很快被大家接受，并沿用至今。然而，历史上的木绵二字并未消灭，改为木棉而又延续保留至今。但木棉所指纯为多年生木本植物了，包括棉花树和木棉树。

中国种植与利用棉花始于 3000 年以前。战国后期的《书·禹贡》载："岛夷卉服，厥筐织贝"。对此，一些学者推测夏商时代我国东南沿海居民已用棉花织布。到 1978 年，福建省崇安县武夷山崖洞墓中发现了一小块青灰色布。经鉴定为棉花纤维织成，存在时间为 3000

年前，即相当于商代。由此，证实了《书禹贡》的记载，并且确认当时我国南方海岛上已有棉的栽培和加工。

后来，棉花自宋代分别由南路和西路向我国内地传播，到元代中后期逐渐扩展至黄河中下游地区。元至元十年（1273 年）的《农桑辑要》中有载木棉法一篇，详述了棉花种植技术，其中所记："木棉……西域所产，近岁以来……种于陕右，滋茂繁盛，与本土无异"。可见这时棉花不过初入陕右而已。另外，该书新添一节"木棉"，第一句话"新添栽木棉法"。这可以说是我国的中央政府开始重视植棉业了，从此我国有了第一篇专门的棉花文献。在巴楚和吐鲁番的唐代古墓中发现了棉子、棉铃壳等遗物。这些棉子经中国农业科学院棉花研究所鉴定，认为其外形完好，短绒犹存，从种粒较小、纤维短，带有黄色等方面看，应该属于非洲棉种（即草棉）。这也是我国现存最古老的棉花种，距今 1 000 年以上。从而证实了我国古代西北一带种植的棉花是非洲棉。它自非洲、中亚细亚传入我国新疆，再进入甘肃以及陕西等地。至元二十六年（1289 年）湖广已置有木棉提举司，"责民岁输木棉十万匹"。说明宋末元初湖广一带已有棉花种植。

1980 年，王缨将我国漫长的植棉史，按照主要种植区域划分为四个阶段（时期）：一是边疆植棉时期（3000 年前至公元 3 世纪），二是岭南植棉时期（3 世纪至 13 世纪），三是长江、黄河流域植棉时期（13 世纪至 20 世纪初），四是现代植棉时期（20 世纪初至今）。不同时期棉花种植和利用的特点相差很大：

第一阶段：一是植棉区域为海南岛、滇西和新疆；二是所植棉种，海南岛为亚洲棉，滇西为云南木棉，新疆为非洲棉；三是植棉和棉花纺织技术已为当地民族所掌握，而且纺织技术相当发达；汉族虽已看重棉布，但尚未植棉；四是尚无棉花专文或专书，只在一些史书、游记中提到棉花。

第二阶段：一是南方的亚洲棉已逐渐由"广"北上至福建，非洲棉缓慢地向东扩展，但云南木棉并未向内地推广；二是汉人逐渐掌握了棉花的栽培技术和棉纤维的纺织技术；三是对棉花的特征、特性已有较具体的记叙，汉人已亲睹棉花，但仍无棉业专文；四是闽、广一带虽已深获植棉之利，但棉花在整个国民生计上尚不占重要地位。

第三阶段：一是棉区主要在长江流域及黄河流域，后渐以黄河流域为主；原来的老棉区或者不产棉花，或者虽产棉花，但却成为次要的了；二是在棉种上以亚洲棉占绝对优势，非洲棉和云南木棉越来越居于次要地位；三是有了棉花的专文、专书，对棉花的分布、品种、形态、生理、栽培和加工技术都有了越来越详尽的记载和描绘；四是棉花在纺织业上逐渐占绝对优势，棉纺织工艺技术有很大提高，棉布更加精良，但至此棉花加工仍然是手工业；五是棉花在国民经济上占据重要地位，是衣、被的主要原料，政府在棉花、棉布上征得大量赋税。

第四阶段：一是主要棉区仍在长江流域及黄河流域，西北新疆棉区有所发展，北方达到辽河流域；二是在棉种上全面推广了陆地棉，并在新疆建立了海岛棉生产基地；三是在棉花加工上，已逐渐以现代化工业代替了手工业，棉花生产的商品化程度进一步提高；四是不仅有了大量的专业文献，而且也有了棉花科技队伍，建立了大量的棉花科研机构；五是棉花不仅是服、被原料，而且在工业上、国防上、医药上、国际贸易上都占有极为重要的地位。

第二节　陆地棉引种

我国古代种植的棉花种以亚洲棉（亦称中棉）为主，其次有少部分非洲棉（亦称草棉），但现在种植的棉花种以陆地棉占绝对多数。我国种植陆地棉始于近代，引自美国，因此刚刚引入期间又叫美棉（与陆地棉相通），即美国高原棉（American Upland Cotton）。

一、陆地棉引种、试种阶段（1841—1911年）

随着加工技术的不断改进，棉花综合利用程度不断提高，因此现阶段一般认为棉花用途十分广泛，棉花全身都是宝。但人类最初种植棉花的目的，就是简单地利用其纤维，纺纱织布。所以，我国引种陆地棉与纺纱织布的工业化密不可分。

（一）陆地棉引种

第一，被动引种（民间引种）。18世纪后期到19世纪前期，英国发生"工业革命"，资本主义生产完成了从工场手工业向机器大工业过渡的历史性转变，机器生产逐步取代手工劳动。工业革命最初发生在纺织领域，从而带动了纺织行业的飞跃式发展。由于生产效率的大幅提高，原棉的产量越来越难以满足纺织行业发展的需要，从而引起了一股世界范围内的植棉热潮。我国幅员广阔，且全国大部分地区均为宜棉地区，棉花向来为我国主要经济作物之一，棉花生产在我国国民经济中占有重要地位。

1864年美国爆发内战，美国南部各州棉花输出困难，引起世界范围内原棉供应紧张，英国为维持其纺机的运转，高价收购中、印棉花，华（中国）棉输出一直不减。加上19世纪70年代日本纺织业发展迅速，也从中国大量进口棉花，仅湖北荆州一地日商每年收购就有7万～10万千克。"中棉用为商品之期，实发端于1864年当美国南北战争之际，棉花供给不足，始引起各国植棉之注意而为中国棉花输出之动机，是年中国棉花输出于欧洲之额达三十九万一千二百八十七担[①]，即五百磅之捆约十万捆"。然而，就棉花而言，我国长期以来种植的中棉品种纤维粗短，柔韧性较差，难以适应机器纺织的需要，导致我国棉花输出在美国内战之后"六七年间则逐渐递减，竟减至二万九千三百九十一担"。

对此，一些民间人士开始了引种美国棉种的尝试。1866年《天津海关年报》中，有一段英国人Thomas Dick的记述："尽管中国的棉花品种来源于印度，但中国的气候条件与印度差异较大，而和美国更为相似，中国的棉花播种季节也和美国一致，因而我们十分关注去年（即清同治四年，1865年）将美棉种子引来上海种植的结果"。说明1865年引种美棉就在民间开始了。其后，一些地方督抚和实业界人士亦曾购买美国棉种种植。但是，可能引种美棉种子的数量非常有限，试种地区也较分散，因而，未引起人们的足够注意。

由于当时中国尚未采用机器纺纱，并无引种美棉的必要，因此此次引入美棉者应当为英国人（一般认为是传教士）。英人引种美棉的原因来自于英国本土对于原棉需求的不断增大以及英国本土不宜植棉的客观事实，再加上1861—1865年，"南北花旗开战，种花固属不多，又值歉收，以致印英（印度当时为英国殖民地）两国无处购棉接济机厂"，而"气候条件和美国更为相似，播种季节也和美国一致"的中国自然成为英国人眼中最佳的选择。可见，这次引种与中国社会经济发展并无直接关系，应该属于被动引种或称民间引种，这也是中国方面无相应记载的原因所在。

---

① 1担=50千克；1亩=666.67平方米=0.067公顷。

第二，主动引种（官方引种）。鸦片战争后，英、日等国相继在我国兴建纱厂，中国近代棉纺织业也在这时候兴起。纺织工业的兴起使得对原棉的需求激增，而我国原先种植的中棉逐渐退化，产量减少，品质较差，其纤维粗短，只能作为手工纺纱的原料，不能供机器纺纱之用。而这一时期社会对细纱、细布的需求量迅速增加，每年要进口大量的美棉或印棉来填补国内缺口。清光绪、宣统年间，"进口货之多，估较价格，棉织物曾达一万八千余万两（银两），次则钢铁，他货无能及者"。国内的实业家和有识之士为了挽回利权，开始提倡引种美棉。

19世纪80年代初，李鸿章等在上海筹办我国自己的机器织布局，负责具体事宜的洋行买办郑观应打算向美国定购纺纱织布机器，先请清廷驻美使臣容闳在美国聘请熟悉机器纺织的技术人员来华洽谈。美国棉纺织工程师应聘到沪后，鉴于中棉纤维粗短，能否以中棉为原料、用美国机器纺纱织布，没有把握。为此，郑观应派译员梁子石携带中棉数十担，随同美国纺织工程师赴美试行纺织。结果证明中棉可以用机器纺纱织布，但不及用美棉纺的纱、织的布好。

1889年张之洞调任湖广总督后，将他在两广总督任内所定购的英国纺织机器移设武昌（1892年建成机器织布厂及纺织厂）。1891年，负责安装布局织机的英国工程师摩里斯在考察鄂棉后，认为鄂棉朵瓣细小，纤维短粗，不如美棉纤维匀细柔韧，成布光滑耐看，建议引进美棉。

可见，此时业内人士均认识到，我国长期以来种植的中棉受种性所限，以及品种退化严重等原因，棉花产量低，品质差，只能纺20支以下的粗纱，因此棉花的品质和机器纺织要求之间的矛盾日益尖锐。如湖南省本为产棉之地，但"棉花绒质不及外洋，织造纱布未能特别，坐使外货内输，棉业亦因之不盛"。湖北所产棉花以黄冈、孝感、汉州、沔阳、武昌各属为多，织成土布行销于川滇等省，"惟本地棉性质尚欠柔韧，若织上等纱布，仍须采购外国棉花"。山东种植的棉花，品种杂乱，不下40余种，花色纱捻极不一致，且"绒短而硬"，各品种不能用于纺细纱，只供各地织土布及絮衣之用。同时发现，"历考棉花之佳，以美国所产者为最，朵大棉多，绒细而长，色白而亮，收成倍富，纺织俱良，是以各国讲究种棉之区，莫不购种于美国，历著成效"。因此，我国每年不得不进口大批的美棉和印棉，以满足需求。

1891年张之洞致电出使美国大臣崔国因，请其代购与湖北气候、土壤相仿的优质美国棉种2吨，速寄汉口。次年5月，美国棉种34担运抵汉口。由湖北织布局转发江夏、兴国（阳新县）、大冶、黄陂、天门、孝感等15个产棉区官吏，令其免费分给农家，劝谕农户试种，并发布了《札产棉各州县试种美国棉籽》。

札文强调："此项棉子由数万里外不惜劳费远道购来，各州县务必谆嘱领种棉户，小心培植，不要轻易弃置。如本年播种不及，尚可留俟来年。凡领种者，饬令于收成之后各缴土种洋种棉树各一株，由该州县转送织布局。汇同考验，评定甲乙，择其培植最佳，花朵最旺者，由布局给予该棉户奖赏，以示奖励"。

但由于"所购棉子到鄂稍迟，发种已逾节候，且因初次，不知种法，栽种太密，洋棉包桃较厚，阳光未能下射，结桃多不能开，是以收成稀少"，致使试种结果并不理想。同时，许多地方官吏因为对试种洋棉不甚理解，故而热情不高。于是，张之洞再次致电崔国因，请再为代购燥种美国棉子10吨。"务求迅速起运为感"。并请参考外国种法，代为收集各式种棉洋书，先行寄来。

这次引种美棉是由中国官方组织、并有文字记载的最早记录，也是我国出于发展自身经济，挽回本国利权的活动，因此可视作中国自主引种美棉的开始，是真正意义上对我国具有深远影响的引种，即主动引种或称官方引种。所以，业界一般认为清朝湖广总督张之洞是我国引种陆地棉第一人，开始于1892年。为此，中国棉花学会于1992年在湖北襄阳召开了张之洞引种陆地棉100周年纪念大会。

1893年（清光绪十九年）春，第二批美国棉种5吨运抵汉口。张之洞再次发布了《札各州县续发美国棉籽暨章程种法》，并随同译印"美棉种法"及"畅种美棉说"十条，从深耕、施肥、播种时节及间距、防治虫害直到收花，详细说明种植美棉的各项技术要领，分发给江夏、汉阳、黄冈、武昌、应城5县棉农，广为晓谕。张之洞在《畅种美棉法》中详细描述了美棉的栽培方法："每地一亩，相距一米种棉一颗，六百六十六颗"；"播种宜早，约在清明时节即须下种。播种之时，假如天旱土干，宜将棉种浸水半日，然后下土，盖洋种子壳较厚故也"；"洋棉结桃多者，每树百余颗，少亦六七十颗，扯算每树至少可收花六两，每公顷可收126千克，树数比土棉为少，收数比土棉加多"。在"札各州县续发美国棉籽暨章程种法"中，张之洞详列了美棉比较土棉所具有的优势，明确指出："上年歉收之故，实人事有未尽，非土性之不宜"。"所收新棉数千斤，绒长色美，确有明征可知"。要求种棉各户，按照章程种法"分投试种，小心培植"。并责成督标、抚标二人主持此事。这次由于试种范围较上年为小，准备比较充分，棉农对于美棉的知识开始有所了解，故所收洋花较第一次试种有明显增加。1894年他再次令各县试种美棉，但因中日甲午战争爆发，张之洞调署两江，试种之事不得不有所停顿。

1896年（清光绪二十二年），张謇在家乡江苏南通创办"大生纱厂"，他认为与其输入洋棉，权操于人不如自种洋棉，因此他从美国引种陆地棉在江苏滨海地区种植，以供大生纱厂的纺织原料。1901年张謇创设海通垦牧公司，开发沿海的盐性土地，种植美国陆地棉，因为是在大面积新垦土地上种植同一品种，得以避免混杂，多年保持美棉纯种的优点。

1904年（清光绪三十年），商部又从美国引入了"乔治斯"、"皮打琼"、"奥斯亚"、"银行存折棉"等几个陆地棉品种，在黄河、长江流域主要产棉省，如江苏、浙江、湖北、湖南、四川、山东、山西、直隶、河南及陕西等省棉农广为试种。另外，山东省于1905年，从美国买得5个品种的棉种680千克，在鲁西一带发给棉农试种。1907年又从美国购得棉种60包，大部分分配给山东各产棉县试种，小部分由河南省购去，在豫北几个县散发。

（二）陆地棉种植

在种植方法上，晚清政府在"劝棉谕旨"中对美棉、中棉进行比较："中国棉花质性较逊于外国，种植又不讲求，南北各省间有数处较胜，而培植仍多鲁莽"，分析了美棉种植效果好的原因："皆由外国农业家于辨别种类，审度土性燥湿，考验精详，故能地产日精、商利日厚"，进而提出了广种美棉的建议："是必须博求外国佳种，采取培养良法，料美工精，自能广行各省，保全利权"。山东试种美棉后，通过具体比较，确认"从前中国原产之木棉，向不讲究泥土，故发生须在秋间。若美国种子则不然，如能培养得法，萌发出土甚速，发枝甚多，再加沃壅得法，则所结之球甚多，十倍于中国所产"。经过反复实践，总结出种植美棉最要紧的两点：早播种，勤灌溉。山东省西北部、河北省南部宜棉区，"从前所种土产，现已悉改美种，收成有十倍之望，去年（1906 年）棉花出市，即悉被购尽"。

随着人们对美棉优势认识的加深，以及各地对改良棉业逐渐重视，到 1910 年，大批量引进美棉的省份已达十余省，而且成效可观，为中国棉花丰产丰收打下了良好基础。

山东是引进美棉成绩最好的省份之一。山东省土质宜棉，且气候干燥，故于美棉尤宜。1904 年，该省试种商部输入的美棉种子后，道员余思诒于次年又自美国圣路易斯赛会场购回棉种 5 种，发给东昌府清平县试种，发科结实，均较土棉为胜，"惟因种晚，且霜信较早，未能十分收成"。1906 年，东昌府知府魏家骅由农工商务局请领美国棉种发交东昌产棉各属试种，收成均较本地棉花加倍，且与该地地土甚为相宜。据该知府于棉花收成后查验报告：美国棉种高大 3 倍于本地之棉，每亩之地，本地棉约种 7 000 棵，美国棉至多不过 1 000 棵，本地棉结实多则 20 余个/株，美国棉可结七八十桃/株，本地棉约收七八十斤[①]，美国棉可收 100 千克。于是，魏家骅又禀请山东巡抚杨士骧再发美国棉种一二万磅，以广传播。杨即函请驻美公使梁诚查明美国产棉处所，就近电购。1908 年东昌府所属产棉之区堂邑、馆陶、高唐、清平、恩县共 5 州县试种美棉，并与土棉相较，"土棉之蒴多者不过 30 颗，美棉倍之；土棉之蒴皆系 3 瓣，美棉有四五瓣者，因其瓣多，故蒴体较大，收量自丰，且花丝柔韧，花色洁白，均非土棉所能及"，试种获得较大成功。1909 年，再次试种，据胶海关报告，由美国运至棉花种 136 包，经种植，"收成大佳，出于望外"，是年试种美棉又大为成功。东昌府美棉试种取得一定成绩之后，1909 年夏间山东劝业道萧应椿筹拨银 1 500 两，函请驻美大臣续购棉种，还将调查试种美棉成绩表先行颁发各州县，"广告农民"，"以期逐渐扩充改良"。1910 年初萧应椿又购得大量棉种，分给各府州县劝民种植，"其效大著"，在这种情况下，"民间纷纷上禀争求领收"。于是，萧应椿又于同年由美国购得棉种甚多，并派员分往各州县散给农民，并教以种收之法，"以期利源愈辟愈广"。宣统年间，该省农民种植美棉已成风气。如武定府各属向为产棉之区，经曹知府劝种美棉，民间非常乐从。"惠民及阳信、利津各属领种者亦络绎不绝"。由于美棉"能耐寒且不怕旱，棵杆硕大，结实甚多，所获之利较土棉直过数倍"，故一经官方晓谕，"试种者均争先恐后"。美棉在山东扩展很快。

据北京英使馆商务委员 1911 年调查：中国当时棉花外销之所以"日增而月盛"，"其故有美国棉花出产不足所至，然亦由去岁山东棉花收成极佳，故出口担数为之骤增。"由于美棉种植面积在山东的飞快扩展，清末该省省城"济南成为最大的棉花市场"，行人"见黄河以北，触目皆外国棉矣"。据 1910 年《大公报》载："山东省播种美国棉花成绩即如此之佳，故民人乐于从事，然亦须由政府提倡，俾得发明尽致也。山东省西北，直隶南端各府县地土于棉尤相宜，从前所种土产现已悉改美种，收成有 10 倍之望"。可见山东种植推广美棉，获得很大成功，棉花总产量大大增加，以前每年要从上海输入棉花 1 5000～2 500 吨，到 1910年已能出口 750 吨以上，1911 年出口增至 2 000 吨以上。据 1911 年的估计，山东棉花平均产额岁约 1 万吨，除供给本省自用外，其剩余者则运往天津，以机器压榨运销欧洲、日本。

山东引种美棉成功，技术上主要是由于种植方法的改良：其一，播种期宜早，土棉播种约在谷雨以后，而美棉宜在谷雨以前。其二，苗之间宜稀，行间株间皆宜距二尺，使空气阳光易于流通。其三，中耕回数宜多，土棉五六次即可，美棉宜八九次。其四，勤灌溉，所受雨水必须沾足，平时浇灌亦不可松懈。

---

① 1 斤＝500 克；1 两＝50 克；1 担＝100 斤；1 磅＝0.453 58 千克。

除山东之外，直隶省最先由正定县试种美棉，其后其他州县也陆续种植。民国《迁安县志》载："清季迁安县输入美棉种子，邑人多仿种之，产量三倍于当地棉，西北境多种之，颇获厚利。"直隶农务总会还对种烟地亩改种美棉大力提倡，1906 年时，直隶种植鸦片的耕地面积约 2.56 万公顷，到 1910 年，直隶鸦片种植全行禁绝，一律改种美棉等他项作物。美棉在直隶各地试种成功后扩展很快，1910 年，直隶移植美棉之产量已达 3 767 吨。

河南巡抚"以该省土性与美棉相宜"，1907 年专门派员来山东"携银借领棉种，回汴饬民播种"。在浙江，绍兴府知府萧文昭禀省农工商矿局，于 1909 年购自美国之棉花籽种，札发绍兴各地试种，取得了较为理想的成绩。在陕西，有些地区美棉已逐渐替代本地棉种。如民国《重修户县志》载：陕西西安府"洋棉输入，俗名洋花，茎高实大，收数优于乡棉，故种者多。至宣统间，洋棉遂普及，而乡棉日少"。四川曾"由美国圣鲁伊斯赛会场购得各种棉种，辟地试验，较中国棉子独占优胜，惟播种节候稍晚，收成未见十足"，1908 年"另购新种，并讲求培植灌溉之法，收获极丰，计每亩约得百余斤"。在广东，许多州县也大力倡导种植美棉，如兴宁县"先行调查种植之法，刊刷分送，并代购棉种分给同人"，当地有些农户试种成功之后，带动了该县的美棉种植，"邑人已争购地试办"。即使是僻处边隅的云南，引种和推广美棉也是成效可观。如该省城种植局采购美棉种子，先行"择地试办"，后由于"各属均渐推广"，因而 1911 年又筹款加购棉种，颁发民间。

鉴于各省试种美棉已有较好成绩，1910 年，农工商部再次购得大批美棉种子，颁发各省，并通电各省督抚迅速分别试种，以免延误，还咨请各省"于收成时，将一切情形具覆报部，以凭查核"。

据不完全统计，1910 年，移植美棉之产量湖北 2.42 万吨，河南 8 859 吨，山西 2 251吨，陕西 21 132 吨。由于美棉种植面积的扩大，清末棉花的出口贸易"日增而月盛"。1909年前，从直隶、山东的一部分地区、河南、山西出口棉花不曾超过 200 吨，到 1910 年猛增到 6 261 吨，到 1911 年增到 19 372 吨。据北京英使馆商务委员报告，1910 年中国出口之棉花共 62 365 吨，值银 28 141 234 两，"较前年增多二倍"。至于棉花大量出口的原因，1911年 8 月 28 日的《申报》明确指出："棉花之所以如是畅销者，则以美国输入棉子极力改良之故。"

综上所述，经过多年、多地试种美棉，人们普遍认识到中、美棉之间差异明显。产量方面，据《棉业图说》记述："中国种棉花每株结桃少则 30 个，多则 60 个，每亩产花上等150 斤，中等 100 斤，下等 70 斤。此就寻常农家种棉者而言，若能早播种、厚壅、勤锄，则每株可结至百桃，每亩可收 200 斤以上。美国种棉花，每株结百桃，中者百五十，至多200 桃，如鸡卵，大于中国种 3 倍，每亩可收 300 斤。"价格方面，中棉与美棉因品质不同，价格存在明显差异。当时美棉价贵，每百斤值洋三十三元，本地棉价贱至十七八元。如山东东昌府所种美棉，"收成均较本地棉花加倍"，加以价格方面的优势，以至于"所获之利较土棉直过数倍"。

在改良种植技术方面，天津种植园（又名北洋种植园，后又改称天津农业实验站）设立的棉花生产改进会取得的成绩最大。直隶本地棉种类较多，有长绒、短绒、白籽、黑籽、毛籽、大花、紫花各种，且由于不讲求种植，产量不高。该会专门进行棉花种植试验，"还约集士农人等"，"开特别农事会"，通过多次试种，对棉花辨种、播种、相土、灌溉、匀苗、施肥、耘田、摘心、收获等技术方面取得进展。如种法于谷雨前后下种，土质易黄壤微含沙性者，泡种宜用凉水，须泡六七日，地喜深耕，浇忌太勤，肥料用粪，选棵距离七八寸或一尺[①]，苗高尺许即须打头，苞开花出便可摘桃。并将这些技术成果刊发民间，对改进直隶省的棉花生产有着很大作用。许多州县也对改良棉花种植技术非常重视。如丰润县令马为瑗到任后，见种棉者均不得法，于是会商乡耆"细为根究底蕴，测其地理，辨其土性，度其形势"，并劝谕绅耆随时讲解植棉新法，谕令先由绅富之家试种，并购农话报册，设立宣讲所，延请"学术勤奋、通晓农学者数人"，用白话逐日讲说，设有长条木凳，"任农夫野老坐而观听"，遇有不明之事，准其随时诘问，并令人将植棉新法在乡民聚集之时"妥为讲解"。

（三）政府推广陆地棉措施

早在 1904 年，商部就通咨各出使大臣考查各国棉业，并购美棉种子分发各省试种。1906 年（光绪三十二年）清政府设立农工商部，内置农务一司综理农业行政。并在当年就购入大量美棉种子，分发各省种植。农工商部通饬各省将全境棉业情形详细调查，由商务议员、商务总分会将调查情况分别考核，汇报到部；后又派农科专门人员分往各省辨别棉花种类，"集讯乡农，实行试验"。目的就是使"人人知棉业为大利所在"。

在清政府振兴实业的口号下，1908 年农工商部奏《整顿棉业拟具大概办法折》，从选种、推广以及应注意的问题等各方面提出要求，鼓励植棉。因纱布进口增多，漏卮甚大，清政府专门发布上谕："中国棉花质性较逊于外国，种植尤不讲求，南北各省，间有数处所产较胜，而种植仍多鲁莽。是必须博求外国佳种，采取培养良法，料美工精，自能广行各省"，责令农工商部"详细考察各国棉花种类，种植成法，分别采择，编集图说，并优定奖励种植章程，颁行各省"。并饬令各省督抚对棉业"认真提倡，设法改良"。农工商部即"咨行各出使大臣迅饬商务随员将该国棉花种植及织造纱布悉心查考，绘图贴说，详细报部，并将该国所出棉花子种选择采购，寄部试验"。还咨行各省将"所属地方现在种植棉花以何处为最多，以何地为最良，所织纱布行销何处，能否仿造洋布，与洋纱比较优劣若何"等，"先行调查，以资比较而便考核"。

由于引进美棉品种在当时已被证明是改良棉花品质的重要途径，因而，这就将清末的种植美棉推向了一个高潮。另外，此期在全国展开的声势浩大的禁烟运动，也促进了美棉的传播和推广。1909 年，农工商部鉴于直隶种烟地亩改种美棉"著有成效"，以为种植罂粟地亩改种美棉，"事简易行，殊于实业前途大有裨益"，通咨各省"一律照行"，并通札各省商务总会，"传知农民，切实仿办"。为鼓励民间大力发展和改良棉花品质，1910 年农工商部经详细考察各国及各省棉花种类、种植方法，编成《棉业图说》，然后颁发各省。同年，农工商部又制定了《奖励棉业章程》14 条，对能改良棉花种植，开拓利源者酌给奖励，规定奖励"以该地棉花确系改良种法，收成丰足，棉质洁白坚韧，能纺细纱者为断"。

二、陆地棉品种筛选、示范阶段（1912—1936 年）

由于国产棉花在数量上和质量上均不能满足国内棉纺织业的需要，从 1920 年开始，中国不得不从国外大量进口原棉，亦从是年开始，中国棉花对外贸易开始出现入超，此后一发

---

① 1 尺＝10 寸，约等于 33 厘米。

不可收拾。及至 30 年代，随着中国棉纺织业的发展，国内纺纱标准已由原来的 16 支进至 20 支，国产棉花在质量上更不能满足国内棉纺织工业的需要。于是，中国不得不继续从国外大量进口原棉，棉花入超量亦随之呈逐年递增之势。1930 年棉花入超量为 13 247 吨，1931 年则激增至 17.39 万吨，创造历年的最高纪录。1932 年虽然有所降低，但仍高达 15.43 万吨，超过 1930 年以前的水平。棉花的大量入超加剧了外贸入超的程度。仅以 1931 年为例，是年外贸入超总值为 816.413 百万元，而棉花入超额为 237 百万元，占外贸入超总值的 29%。外贸严重入超必定削弱国家的统治基础，若求国内统治稳固，必须减少外贸入超，尤其是减少棉花入超，因此，改善国内棉花的品质，增加棉产遂成为减少棉花入超的必须途径。由于当时的优质品棉中，美棉业已证明最适宜于移植中国，因此，推广美棉遂成为改进棉产的首要前提。

（一）陆地棉品种筛选

清朝末年不间断的美棉引种试验证明了美棉的优越性。1914 年，第一次世界大战爆发，素执世界牛耳之英国，疲于战争，棉业生产陷入颓靡。我国棉货进口素以英国为大宗，进口减少，带来棉货价格上涨，刺激了我国棉纺业的发展。同时，国际市场上棉花及棉制品供应量锐减，导致国内外花、纱、布价格猛涨，更坚定了刚刚成立的民国政府引入美棉的决心，同时随着引入美棉品种数量的增加，政府开始重视引入品种适应性比较筛选工作。因此，从 1914 年起的 20 多年间，我国通过各种不同的渠道引入大量美棉，在不同地区进行试种、比较（表 12-1）。

表 12-1　引进美棉品种区域比较试验情况

引进时间	引进美棉的机构或人员	引进的品种	引进数量	试种地区
1914 年	山西省	美棉		山西
1914 年	上海棉纺企业家郁屏翰	美棉		上海浦东沿江一带
1918 年	北洋政府农商部	脱字棉、金字棉等		冀、鲁、豫、苏、皖等
1919 年	上海华商纱厂联合会	8 个品种标准棉		产棉省 26 处
1920 年	上海华商纱厂联合会	脱字棉、隆字棉	10 吨	河南、陕西
1929 年	江苏省、荣宗敬	美棉	100 吨	河南、陕西
1931 年	陕西省建设厅	脱字棉	551.3 千克	陕西省
	山东省农矿厅	脱字棉	2000 千克	山东省
1932 年	山东省	脱字棉	4 410 千克	山东省
	江苏省第一棉作推广区	脱字棉	100 吨	江苏省
	江苏省立棉作试验场	脱字棉	1 725 千克	江苏省
1933 年	湖南省	脱字棉	6 615 千克	湖南省
1935 年	全国经济委员会	斯字棉 4 号	少量	北方地区
1935 年	全国经济委员会	德字棉 531	907.0 千克	南京地区
20 世纪 30 年代初		福字棉		湖北、浙江、江西

1918 年一战结束，西方列强又卷土重来对我国进行经济侵略，上海华商纱厂为了增强自身的竞争实力，联合起来成立了"上海华商纱厂联合会"。联合会为了改善原料棉的来源，特设立了植棉委员会，由当时著名的植棉专家穆藕初主持引种美棉。

该会于 1918 年在南京、上海、郑州等 7 处设立植棉试验场，1919 年又与金陵大学农林科棉作改良部合作，由美国农部介绍，从美国购得"金字棉"、"爱字棉"、"脱字棉"、"杜兰歌"、"科伦比亚棉"、"隆字棉"、"埃及棉"及"海岛棉"等 8 种，分别在浙江、江苏、安徽、江西、湖北、湖南、河南、直隶等省 26 处同时进行棉花品种试验，观察其生长习性，借以决定引种推广哪些品种。这是我国第一次较正规的棉花引种试验。同年 8 月，联合会又聘请美国农业部农作专家顾克（Q. T. Cook）来华，在调查长江及黄河中、下游的南通、汉口、北京、天津、保定等几处试验场棉产及研究品种试验情况后，顾克得出结论：在试验的各种美棉中，脱字棉（Trice）表现早熟、产量较高、适应性广，最适宜于中国栽培，爱字棉（Acala）次之。因此他建议：①黄淮流域可引种脱字棉，长江流域可引种"爱字棉"；②开展棉品种选育试验，改进纯系选育试验的方法；③东南沿海一带，气候潮湿，种植中棉较为适宜，但中棉品种应加以改良。顾克后又推荐隆字棉（Lonestar）在中国推广。

从此我国大量推广脱字棉、爱字棉及隆字棉。脱字棉在黄河、长江流域推广，由于没有妥善保种繁育，很快退化。隆字棉主要在河南、陕西陇海沿线推广，以后一度成为著名的"灵宝棉"。爱字棉则在长江下游一些地区推广。此外，1919 年还从朝鲜木浦引入美国早熟种金字棉，主要在东北棉区及河北、山西推广，后来成为我国特早熟棉区培育早熟品种的主要种质来源。

根据顾克的意见，1920 年，华商联合会向美国购买"脱字棉"、"隆字棉"种子 10 吨，运至河南、陕西散发种植。

鉴于 1919 年棉花品种试验之品种仅为 8 种，时间仅为 1 年，试验方法上也存在着问题，试验结果仅凭顾克的经验，并无详细数据记载。洛夫（H. H. Love）博士（为美国作物育种专家，1931 年来华）认为爱字棉和脱字棉已推广了十多年，很少再引进新的品种。而农业科学在不断发展，作物新品种不断出现，栽培的作物品种不能长期停留在原来推广的几个品种上，所以他建议必须举行新的棉品种试验。为此 1932 年成立的中央农业实验所（简称中农所）接受洛夫的建议，决定举行方法比较周密的"中、美棉区域试验"，从国内外征集了 31 个中、美棉品种，如"德字棉 531"、"福字棉 6 号"、"斯字棉（Stonevillen）4 号"、"斯字棉 ZB"、"坷字棉 100 号"，于 1933 年在全国 12 处举行联合试验，由总技师洛夫主持。1934 年继续试验，1935 年洛夫回国后，中农所与中央棉产改进所（1934 年由棉统会设立）合作，改变试验方法，由冯泽芳主持，试验点增至 17 处——南京、南通、南汇、徐州、杭州、安庆、湖口、武昌、常德、重庆、柳州、齐东、高密、定县、保定、郑州、西安等（表 12-2）。

经过 3 年试验指出，美国"斯字棉 4 号"具有早熟丰产的特点，显著优于脱字棉等其他品种，适于黄河流域棉区推广，增产幅度高达 37.1%。此外，"德字棉（Delfos）531"具有丰产、绒长的特点，明显优于爱字棉等品种，适于长江流域棉区种植。德字棉 531 号在杭州、南京、安庆和重庆等九处的试验结果显示，平均比标准品种增加 6.75 千克/亩，高于其他美棉品种；从南通和安庆成绩来看，平均比标准品种增 24.7 千克/亩，提高 41.0%。这次试验为 1936—1950 年中国引进斯字棉和德字棉棉种，以及斯字棉、德字棉代替脱字棉提供了可靠依据，也成为我国自育棉花品种的重要选育基础之一。

表 12 - 2　改良美种与标准品种产量比较

品种	试验地点	1934 年		1935 年		1936 年	
		增产量（千克）	增产（%）	增产量（千克）	增产（%）	增产量（千克）	增产（%）
斯字棉 4 号	西安、定县、郑州、高密、齐东、保定、徐州	23.6	35.5	26.65	45.7	17.75	24.5
德字棉 531 号	西安、定县、郑州、高密、齐东、保定、徐州	18.55	29.0	19.85	324		
德字棉 531 号	南通、杭州、武昌、重庆、安庆、湖口、常德、中央大学、金陵大学、中央农业实验所	9.3	16.7	6.75	7.7		

注：标准品种一般指脱字棉，但下列地点有所不同：南通指洋鸡脚棉，中农所、金大、中大、安庆指爱字棉，1936年，高密指金字棉。

1935 年，中央棉产改进所从美国输入斯字棉种子，用以繁殖；1936 年又购得斯字棉种子 42 000 磅[①]扩大繁殖。次年开始在北方各省推广 4 万余亩。抗日战争期间以陕西为此棉推广中心，在豫西及关中一带推广，栽培面积每年达 100 万亩以上。

同年，棉统会从美国购入"德字棉"种 2 000 磅，先在南京繁殖，1936 年起又在江浦棉场扩大繁殖。1937 年开始在豫西推广。江浦棉场繁殖的德字棉，于日军侵华战争中全部丧失，幸赖豫西推广的一部分得以保存，以后用于在西南各省推广。此棉从 1938 年起在川、康一带推广，1940 年又在云南等地推广。1936 年以后，我国推广的美棉品种主要是德字棉 531 和斯字棉 4 号这两种。

（二）陆地棉品种繁殖、改良

1919 年美国农部棉作专家顾克曾经指出："民国八年（1919 年）以前棉花品种试验方法不合，应立即放弃，开始'纯系育种'。同时建议，当推广之前，如经过品种试验，而能确定最优良之品种，随后即输入该品种之纯种，以作育种之用，将此纯种分区种植，用驯化品种方法先行严密的去劣手续，再选择多数的优良单本，经考察后，第二年用精密的试验方法，试验其遗传习性，以求最优良之品种，然后繁殖推广，不然徒劳无益。如美棉不合宜之处，则以改良中棉代之。改良中棉，则以选择优良母本为起点，再用自花受精纯系选择法，培植优良纯系品种，候种子繁殖多量时，即可开始推广。

1921 年，上海华商纱厂联合会将其所在各省的植棉试验场全部委托东南大学农科管理。东南大学农科采纳顾克建议，参考外国试验方法，结合我国具体情况，拟定棉花育种程序，厘定记录表式，制定统一标准。后来又在此基础上和金陵大学农林科多次开会讨论，斟酌损益，订立《暂行中美棉育种法大纲》，编写《棉花纯系育种》，对选株、考种、试验、繁殖等均作了详细说明，后又增加选铃、自交等内容，方法日臻完善，并为当时国内棉作育种工作者广泛采用。

---

①　1 磅＝0.453 592 千克。

在这段时期，东南大学农科及金陵大学在选育中棉（亚洲棉）的同时又从事着"脱字棉"及"爱字棉"的驯化及纯系育种工作。驯化后的美棉品种以地方纯种制度推广，"脱字棉"推广于黄河流域的河北、河南、山东等省，"爱字棉"推广于长江流域的江苏、安徽等省。

金陵大学农林科 1919 年聘美国棉作专家郭仁风（J. B. Griffing）任教，主持该校的棉作改良工作，驯化推广脱字棉和爱字棉等，育成亚洲棉"百万棉"一种，并在 20 年代中叶开始推广。另外，20 年代东南大学农科除驯化和推广脱字棉、爱字棉等美棉外又开展中棉的品种选育。该校农科先后育成亚洲棉"青茎鸡脚棉"、"小百花"、"江阴白籽"、"孝感长绒"等四种，均于 1924 年开始推广。北京农业专门学校育成"北京长绒棉"，南通大学农科育成"南通鸡脚棉"。此外，改良的亚洲棉还有"肖县大茧花"、"齐东细绒"、"常德铁字"、"湖北白籽"等，都是各地试验场在 30 年代初育成的。东南大学农科又将江阴白籽和北京长绒杂交育成"过氏棉"；用江阴白籽和鸡脚棉杂交育成"大茹棉"；用印度多毛鸡脚棉和孝感长绒棉杂交育成抗病长绒棉等，开我国棉花杂交育种的先河。可见，我国棉花生产中，对美棉、中棉的改良、培育从无到有，从小到大，逐渐发展。不过，上述各种改良的亚洲棉，除"百万棉"、"江阴白籽"、"南通鸡脚棉"、"孝感长绒"等推广稍多外，其他推广面积都很小，甚至没有推广（表 12-3）。

表 12-3　1922—1936 年中国美棉种植、培育情况

年份	美棉面积（公顷）	美棉面积占全国比重（%）	育种面积（公顷）
1922	341 533.6	15.3	
1923	314 205.4	16.6	
1929	688 307.5	30.5	
1930	866 622.2	37.9	
1931	623 333.3	23.1	
1932	957 088.6	38.6	
1933	1 223 333.3	45.4	
1934	1 518 045.9	50.7	288
1936	1 965 936.4	53.4	539

经过这段时间的探索，进一步了解到亚洲棉不可能改善到像陆地棉一样适于机器纺细纱之用，利用价值不大，没有发展前途。基于这个认识，30 年代以后，我国棉花育种主要放在陆地棉上，亚州棉的育种不再受重视。

据统计，1930 年，进口外棉占我国纱厂用棉的 39.3%；1931 年以后，进口外棉数量逐年下降，表明我国棉品种改良已有成绩。

（三）棉花种植

第一次世界大战爆发后，我国从国外进口的棉花及棉制品锐减，引起国内外花、纱、布价格猛涨，于是江浙一带资本家纷纷在上海、无锡等地开办棉纺织厂。日本商人亦利用欧美列强无暇东顾的机会，在上海扩大经营棉纺织工业。上海、无锡等地棉纺织工业的骤兴，导致江苏植棉业迅猛发展。如 1913 年江苏棉田不过 500 余万亩，而 1919 年为 1 300 万亩。

张謇在担任农商总长期间曾制订《奖励植棉制糖牧羊提案》。提案规定："对于棉产，宜用奖励法。奖励之中，又分扩充、改良二法，扩充则注重大农，改良则注重小农。凡集合公司，垦辟荒地，植株至亩以上者，奖 1 000 元。50 000 亩以上者，奖 6 000 千元。10 万亩以上者，奖 12 000 元。100 万亩以上者，奖 30 000 元。凡个人改良棉产 10 万亩以上者，每亩奖 2 元。农会、农校及私人或公共团体改良 50 亩以上者，每亩奖 1.5 元。公司改良 100 亩以上者，每亩奖 1 元。扩充之棉种，先选中国佳种改良之。采取之种，则以埃及或美洲为准"。

斯字棉于 1936 年大量引入我国，并在河南、河北、山东、山西、陕西等省迅速繁殖推广，据当时统计种植面积已达到 470 多万亩，约占以上 5 省美棉种植面积的 27.9%。受其影响，到抗战爆发前的 1937 年，全国棉田面积已增至 5 931.6 万亩，其中美棉约占 42.3%，皮棉产额达到 63.57 万吨，美棉约占 43.1%，达到战前的最高水平。

1920—1937 年，"脱字棉"的栽培在内地极为普遍，但陆地棉早熟品种之一的"金字棉"则在东北得到发展。

1930 年，江苏省棉业试验场与大生纱厂合作于东台设特约棉场推广脱字棉，在盐城推广脱字棉和青茎鸡脚棉，在如皋推广青茎鸡脚棉、试种脱字棉。

棉业统制委员会大力推进全国植棉事业，如在湖北的襄阳、宜城、天门等地设立指导区，以棉种的选育和繁殖为主要工作，在过去不植棉的区域提倡植棉，增加棉田面积。在棉种退化之区，换以优良棉种，仅 1936 年湖北就推广美棉面积达 20 万亩。对棉花的病虫害，也有专门机构研究，并提出了预防办法和消灭的对策。

自 1936 年棉业统制委员会购进 4.2 万磅"斯字棉"棉种后，前陕西省棉业改进所领得种子 1 万磅，即在该所径阳棉场繁殖，并与金大西北农场及特约农家数处合作，共计繁殖 1 110 余亩，当年即收种子 5 万千克，于 1937 年在径阳县开始推广，成立径惠渠棉种管理区，以司棉种理事宜。是年管理区内种 4 号斯字棉 12 900 余亩。此外在兴平、咸阳、渭南（省东区）等繁殖场及径阳斗口村农场等处繁殖 650 多亩，择其他主要地区办理示范试验，此为 4 号"斯字棉"在陕西省繁殖推广之始。

政府的极力倡导，使美棉的种植面积不断扩大。如山东省邹平县，1932 年全县脱字棉种植面积只有 58.3 公顷，1933 年则激增至 1 551.1 公顷。全国经济委员会在 1935 年首次引进斯字棉后，次年又从美国购进美棉种子 19 047.6 千克，扩大种植范围，1937 年在北方各省推广。1935 年购进德字棉在南京试种以后，又在江浦地区扩大种植面积，并在豫西、川康、陕南、云南等省推广。

据 1923 年河南省政府的调查，河南所辖的 108 个县，除 10 个县或因不产棉花或未作调查而无棉田数字外，其余 98 个县均有棉花出产。据华商纱厂联合会统计，1922—1926 年，河南植棉面积年均为 285.0 万亩，占全国（10 个产棉省）植棉总面积的 9.70%，年均产棉 2.9 万吨，约占总产量的 7.8%。自民国八年以来，"河南棉产额在各省当中常居第 5 位"。1934 年，河南各县"棉田所占耕地面积，在唐河、安阳为 50%，在陕县为 55%，阌乡为 60%，偃师为 70%，禹县 70%，灵宝更高，至 75%"。1936 年，安阳县有棉花 71.6 万亩，棉产量占全省的 13.8%，当地农户将 80% 的耕地用来种植棉花。据河南省政府统计，到 1936 年，美棉的种植面积占全省植棉总面积的 3/4，主要分布在豫北、豫西铁路沿线产棉区以及豫南地区，而传统中棉仅占 1/4，主要分布在豫东地区。

江苏情况也类似，据 1934 年统计，南通、如皋、海门、东台、启东、盐城、阜宁 7 县植棉面积 481.7 万亩，其中美棉种植面积已达 193.9 万亩，占总面积的 40.3%，7 县皮棉产量共 15 678 吨，占总产量的 32.4%。

由于美棉卓有成效的推广，全国主要产棉省份美棉的栽培面积不断扩大，产量不断提高（表 12 - 4，表 12 - 5）。

表 12 - 4　中国主要产棉省 1922—1936 年美棉种植面积

单位：公顷

年份	陕西	江苏	河南	山东	山西	湖北	河北
1922	103 446.4	—	25 765.1	1 456.5	2 083.7	178 175.9	3 831.5
1923	92 062.3	—	44 171.5	2 279.1	7 739.6	124 354.5	19 167.3
1929	11 366.4	—	14 802.9	92 904.6	14 154.9	475 514.7	—
1930	74 274.8	—	62 144.7	111 245.7	11 636.1	444 618.5	17 793.0
1931	43 427.6	—	109 044.9	200 207.0	14 582.9	176 353.5	20 674.5
1932	86 794.0	97 545.2	137 648.1	172 754.6	15 620.5	349 642.6	87 916.1
1933	129 050.1	107 309.1	161 967.5	156 100.9	75 737.4	352 085.4	116 820.3
1934	228 000.5	117 822.5	186 429.3	157 757.7	103 350.5	358 957.9	219 670.7
1935	223 101.3	109 502.3	84 475.2	54 135.3	60 549.3	197 202.6	190 868.5
1936	262 657.3	122 433.3	277 393.6	220 721.7	124 909.2	415 090.5	238 099.9

表 12 - 5　中国主要美棉种植省美棉皮棉产量

单位：千克/公顷

省份	民国十二年（1923 年）		民国十八年（1929 年）	
	中棉	美棉	中棉	美棉
山东	282.8	257.3	201.8	237.0
山西	185.3	270.0	82.5	97.5
河南	186.0	186.0	90.8	128.3
陕西	204.0	211.5	—	—
湖北	154.5	179.3	102.0	102.0

由于美棉的种植面积不断增加，种植水平逐渐提高，我国棉花产量连年大幅度提高（表 12 - 6），而且棉花纤维品质也大为改善，因此需要进口的棉花所占比例逐渐下降。据记载，1933 年，国产棉花能纺制 20 支以上之棉纱者不超过 33.3%，在华纺厂纺粗纱（棉纱以 20 支为粗细分界线，以下为粗纱、以上为细纱）所用的棉花有一半必须从国外进口，纺细纱则几乎全部用进口外棉。但到 1934 年，纺制 20 支纱的国棉可以全部自给，黄河流域一带还可以较为大量地生产可纺出 30 支的长绒棉；1936 年，国棉可纺出 24～42 支纱。尤应指出的是，由于国棉品质和单位产量的提高以及棉花运销事业的改善，1931—1936 年，全国纱厂销用国棉率呈直线上升，与此同时，棉花进口量逐年下降（表 12 - 7）。

表 12-6　1920—1928 年中国主要年份皮棉产量

单位：吨

年份	皮棉产量	年份	皮棉产量
1920	394 898.6	1930	515 476.7
1922	486 155.8	1933	571 791.1
1924	456 819.6	1934	655 317.0
1928	517 097.6	1936	848 731.5

表 12-7　1927—1936 年中国棉花生产、进口、采用情况

年份	皮棉产量（吨）	进口量（吨）	纱厂采用国棉率（%）
1927	336 605.4	120 774.1	55.85
1928	441 963.7	95 807.0	66.07
1929	379 351.1	125 739.3	68.25
1930	440 478.4	172 824.7	63.11
1931	319 989.0	232 636.3	49.67
1932	405 281.9	185 642.8	52.13
1933	488 710.4	99 709.6	70.00
1934	560 100.0	96 198.6	77.70
1935	409 884.4	45 374.4	87.11
1936	721 964.6	33 651.0	92.30

（四）政府措施

1914 年第一次世界大战爆发后，西方列强忙于战事，无暇东顾，这使得中国民族纺织业得到了快速的发展，原棉供不应求，出现花贵纱贱的状况。因此，国家对棉花生产的重视程度也显著提高。

在行政管理机构的设立方面，按时间顺序来看，1912 年农林部下设的农务司掌管棉业品种改良、种植等业务，1913 年农商部内设的农林司负责统筹规划全国棉业发展；张謇任农商部长后，提倡棉铁政策（意为兴棉业和兴钢铁救国的政策），他认为与其进口洋棉，权操于人，不如自种洋棉来得有利，于是他拟定了一系列奖励棉花生产的政策法令。1914 年 4 月就制定了《植棉制糖牧羊奖励条例》，对棉花种植的区域以立法的形式固定了下来，规定直隶（今河北省、天津市、北京市）、山东、江苏（今江苏省和上海市）、浙江、安徽、江西、湖北、山西、河南、陕西十一省为植棉区。还规定凡经勘定植棉的县份，如有未垦的荒地，县知事须设法招垦，扩充植棉。同时，农商部于 1915 年在河北正定南门外设立第一棉业试验场，在江苏南通设立第二棉业试验场，在湖北武昌武胜门外设立第三棉业试验场，1916 年在河南彰德府（今安阳）设立模范棉场，1918 年在北京设立第四棉业试验场。开办这 4 个部属棉业试验场，用地均为 300 亩左右，以试验引种陆地棉为主要目的，分别进行"种类"、"栽培"、"肥料"三项试验。另外，鉴于美棉品种优良，农商部特聘请美国专家来

华指导；采购大批美棉种子，委托冀、鲁、豫、苏、皖、鄂等省官厅配售给棉农，并编印美棉栽培、选种等方法的说明书，随种散发；同时规定：农民栽种美棉收获的棉花，视棉质优劣，要比中棉高一、二成的价格收买，规定凡种植美棉者，每亩奖大洋三角。农商部拟订的推广美棉章则比以前颁发的办法具体周密。

1916 年 11 月农商部为"研究棉业之改良并图棉业之发达起见"，内设棉业处。1919 年成立棉业整理局，专司棉产改进之责，其主旨是促进整个棉业包括植棉业及棉纺织业的改良行业发展。1927 年农工部下设的农林司负责棉业发展事项。南京国民政府时期，全国经济委员会于 1933 年设立棉业统制委员会。据《全国经济委员会棉业统制委员会暂行组织条例》第一条，"全国经济委员会为改进发展全国棉业纺织业并使其合理化起见依组织条例之规定设置棉业统制委员会"，其任务是指导监督全国棉花生产运销的改良及棉纺织业的改进。

由于组织力量改进棉产"须有全国整个之计划，故于棉业统制委员会之下，设立中央棉产改进所"，统筹、推进全国棉产改进技术力量，并作为棉产改进研究中心，与全国"产棉最有希望"的省份合作成立省级棉产改进所，推进该省棉产改进工作；设立中央棉花掺水掺杂取缔所，将实施产地检验、开展铲除掺水掺杂积弊事宜纳入工作计划，为此拟定取缔棉花掺水掺杂办法草案及原则，经中央政治会议核交立法院审议通过，于 1934 年 10 月 1 日实施，同时公布实施细则并根据实施细则成立中央棉花掺水掺杂取缔所。中央棉产改进所和中央棉花掺水掺杂取缔所，既是其他各省棉产改进工作的业务指导机构，同时负责江苏省和上海市棉产改进工作。1936 年，实业部成立农本局负责办理控制粮食和棉花的收购运销。1942 年后农本局改组为花纱布管制局，办理花纱布的收购运销业务。

同时，政府主导棉业研究、推广工作，在全国范围内成立了各级相应的管理机构或试验场。如 1915 年，江苏南通设棉业试验场；1916 年，农商部奏准"中央及地方农事试验场联合办法"，"各省或各县所设立农事试验场"；1919 年，中央设棉业整理局，全国各地开办试验农场 20 多所，1926 年达 230 所；1931 年 10 月，"中央农业试验所"在南京成立，这是第一家全国性的现代农业科学技术综合研究机构；1933 年 4 月，中央棉产改进所在南京成立；1934 年，中央研究院与棉业统制委员会在上海合办棉纺织染试验馆，1937 年全部设备迁往西南。

1930 年，中央政府"实施全国农业推广计划"，其目标是在全国各县都设农业指导员，"教导和扶持农民"。与此同时，还建立了农业推广试验机构，主要是：①由农矿部与中央大学农学院先后在江宁县第四区及汤山镇合办中央模范农业推广区，推广改良稻、麦、棉等种子，并倡导组织合作社及农户储押仓库等。②由中央农业推广委员会与金陵大学农学院合办乌江农业推广实验区，推广改良棉、麦品种，并组织农会及合作社。它们是我国政府最早举办的农业推广实验区，"颇有若干成就"。

棉业统制委员会于 1934 年 7 月至 1935 年 6 月与中央大学合办植棉训练班一班，毕业人数 36 人；开办棉业合作训练班一班，从 1934 年 7 月到 1935 年 3 月，毕业学员 48 人。同时自 1934 年起，棉业统制委员会还与地方学校联合培养地方实用人才或购置教学科研设备等，如与南通学院纺织科、江苏省立苏州工业学校染织科合作培养实用人才；通过经费补助的方式，为南通学院纺织科扩充设备，添置纺织机械，充实印染整理设备，创设织品试验部，为江苏省立苏州工业学校染织科，购进瑞士立达厂纺纱机械全套，自动织机及染色整理等机械，既供学生实习之用，又可作为研究机构；1935 年春天还派人到日本学习纺织最新工艺。

另外，大学农科及其研究场所也从事棉业教学科研推广工作。1914 年金陵大学开设农林科。1917—1927 年，该校教授邹秉文在南京成贤街、武胜关、太平门外及江苏、河南等四省开办 9 个水稻、桑蚕、棉花试验场。1920 年金陵大学成立棉作推广部，聘请美国农业部的一位棉花专家进行指导，从事中棉育种和美棉驯化工作，开始推广棉花良种，还到各省宣讲农业改进方法。于 1924 年正是成立推广部，以安徽和县、乌江为据点，推广爱字棉，很受农民欢迎，为后来在该地成立农业推广实验区打下基础。继金陵大学之后，东南大学 1920 年开办农科，1921 年设棉作改良推广委员会，从事棉作改良推广；1926 年成立推广部，办理江苏省内巡回农业讲演、农业展览等推广项目。同时还有广东大学农科亦于 1924 年成立推广部，其工作多为编辑农业浅说及调查各县农业状况。1928 年，中央农业推广委员会与金陵大学农学院在乌江农业推广实验区推广改良棉、麦品种。1947 年，全国国立和私立农科院校设有农科研究所 15 家，如东南大学（1928 年改称中央大学）和金陵大学农科研究所。

当时，在所有农科大学及甲、乙种农业学校中，凡是办理时间较长，经费较为宽裕者，成绩较为显著，和农业推广的关系亦较密切。如江苏省崇明县立乙种农业学校（1925 年改为县立第一农业学校），学制三年，相当于旧制高小。学生从二年级开始学习农业课程。校内办有农场，种植棉花、小麦等大田作物，进行品种等对照试验，均由教师率领学生操作，毕业班学生还要每人分一小块田试种作物。由于所收种子优良，种植方法先进，都为四乡农民所景仰，来校领种学习者，络绎不绝。当时学校还开办农民夜校，讲授新式农学，兼教农民识字。

此外，还有社会力量举办的教学研究机构。如 1916 年前后，穆藕初在家乡浦东开办植棉试验场，这是民办棉作试验研究的开始。1917 年，聂云台、黄首民、郁屏翰、尤惜阴、吴善庆和穆藕初等在上海组成中华植棉改良社，设事务所于上海杨树浦，并在上海吴淞、奉贤、南通设试验场，又建有多处植棉实验场，以研究改良植棉方法。1918 年上海华商纱厂联合会成立，在其《章程草案》第二条中，将该会宗旨表述为"本会以团结团体互通情谊促纱业之发展增进共同利益为宗旨"，并组织"植棉改良委员会"，任务是改良棉花，生产优质棉花，为纱厂提供原料，先后设有"棉作改良推广委员会"和"植棉改良委员会"。1919 年，上海华商纱厂联合会在宝山、南京设立棉业试验场；1920 年，在长江及黄河流域的重要产棉区设植棉场，总场设于南京，聘江苏省立第一农业学校校长、曾任金陵大学校长的过探先为总场场长。该会设在各棉区的棉场则为分场，其中在江苏境内还设有江浦、溧水、金坛、宝山、灌云、铜山、萧县、宝应等分场。各场都以试验、繁殖和推广脱字棉、爱字棉及隆字棉等为主要任务。这年，该会又从美国采购脱字棉及隆字棉十吨运往河南、陕西推广。1921 年，南京高等师范的农业专修科改组为东南大学农科，江苏省立第一农业学校也并入东南大学农科。联合会将南京植棉总场及各地分场全部委托东南大学农科管理，每年补助经费二万元。东南大学农科接管联合会的各地棉场后，裁并成上海、江浦、砀山、郑州、武昌五个棉场，作为南京总场的分场，从事棉花栽培、品种选育及繁殖推广等工作。1931 年 3 月 15 日，华商纱厂联合会联合 12 个产棉省之省立农棉场及棉业机关，组织成立中华棉产改进会。成立大会议定的《中华棉产改进会章程》第二条将"宗旨"表述为"筹划全国棉产之改进为宗旨"，第七条规定大会事业有如下九点：促进棉作试验、提倡棉质研究、训练植棉人才、协助植棉推广、辅助棉产统计、推进原棉运销、鼓励棉病虫研究、编辑棉业刊物、扶助其他关于棉业改进之事业。1936 年底,上海纺织业同业公会达 10 家以上。

1921 年及 1922 年的两年中,华商纱厂获利较丰,联合会补助东南大学农科经费增为三万元。这年东南大学农科又在河北及湖北增设两个棉场。这几年植棉业的改进工作颇为顺利。可是好景不长,1923 年华商纱厂营业失利,1924 年联合会只补助东南大学农科 1 万元。次年华商纱厂更不景气,不得不停止补助。所幸 1926 年又取得"庚子赔款"的补助,改良棉品种的试验得以继续进行。

三、陆地棉推广阶段 (1937—1949 年)

进入 1937 年后,中国经历了长达 12 年的战争。由于处于社会强烈动乱时期,农业生产受到了极大地摧残。棉花生产,其中包括陆地棉的引种、试验、推广、生产等工作必然地遭遇严重困境。但由于经历了几十年不间断地引种陆地棉实践,也由于陆地棉优良种性得到充分体现,广大农民基本接受了陆地棉。所以,尽管受到战争的影响很大,但是陆地棉的引种事实上已经进入到了一个崭新的阶段——推广应用阶段。

(一) 陆地棉种植

1937 年下半年开始,日本大举侵略中国,全面抗日战争爆发。在此情形下,美棉引种工作被迫中断,中、美棉区域试验也不得不中止。同时,随着我国大片国土沦丧,土地使用面积大为缩减,我国的棉花生产受到了极大的破坏。统计资料显示,1946 年全国植棉面积急剧下降到 2 941.8 万亩,其中美棉面积较 1937 年减少约 860 万亩,(美棉)共产皮棉225 724 吨,比 1937 年减少约 48 300 吨。抗日战争时期,我国棉花生产量极度萎缩,美棉的播种面积和皮棉产量也明显下降。抗战结束后,我国棉花生产得到很快恢复(表 12 - 8)。

表 12 - 8 1937—1947 年中国皮棉产量

单位:吨

年份	皮棉产量
1937	635 679.7
1938	421 617.5
1945	250 390.3
1946	371 500.0
1947	551 160.9

在抗日战争期间,未被日本占领的区域,美棉(主要是斯字棉 4 号和"德字棉")的推广有较好的连续性和代表性。例如:陕西省于 1936 年正式开始推广斯字棉 4 号和"德字棉",当年种植 147.0 公顷。因为战争,各地棉价暴跌,棉业颇受影响,而陕西省"斯字棉"独免厄运,盖因"斯字棉"之产量高,棉农因植"斯字棉"所增之纯益尚能弥补棉价惨跌之损失,故 1938 "斯字棉"在陕西省推广仍为顺利,计达 4.3 万亩,较 1937 年增加 3 倍多,而其他非"斯字棉"地区的种植面积则较 1937 年减少三分之一以上。1939 年春棉价回升,推广继续进行,是年复成立兴平县棉种管理区,推广范围扩大,计增加长安、渭南、鄠县、

酷泉、宝鸡第县，连前计为 12 县，推广面积达 19.8 万亩，比 1938 年增加了 4 倍多。1940 年后推广面积年年持续增加，到 1945 年美棉种植面积占当年陕西植棉总面积的 91％。抗日战争期间以陕西为"斯字棉"推广中心，在豫西及关中一带推广，栽培面积每年达 100 万亩以上。1947 年农林部推广美棉 454.5 万亩中，陕西即达 256.5 万亩，占 56.5％，高居全国首位。

另一个美棉品种"德字棉 531"的推广应用也很迅速，主要在河南和四川省进行。

河南省棉产改进所于 1937 年开始在灵宝和陕县等地推广"德字棉 531"，在正式推广前的 1936 年曾在灵宝县举行省际美棉品种比较试验。试验结果表明，产量方面，以"斯字棉 4 号"为最高（单产 137 千克/亩），"德字棉 531"次之（单产 128 千克/亩）。但"德字棉 531 号"有纤维长和成熟早等优点。为保持长绒棉区，遂决定选择产量稍低于"斯字棉"之"德字棉 531"棉种，在灵宝、陕县一带推广，以代替产量低的"灵宝棉"。

四川省在 1938—1942 年推广德字棉 531。试种结果指出，其产量名列前茅，在该省推广成绩卓著，表现早熟、抗旱、抗风雨力等状况极为良好，衣分亦较在黄河流域为高，常在 33％～35％之间，已超过原种性状之数字（原种德字棉 531 衣分为 32％～34％），产量也很高，比之中棉和退化美棉"脱字棉"相差甚巨。当地之中棉、退化棉，及推广之"脱字棉"均被取而代之。"德字棉"在四川推广，大部分为换种性质。射洪方面全系换种性质，以"德字棉"代替原有"脱字棉"及退化美棉。中江以"德字棉"代替原有中棉。金堂广汉、奉节以"德字棉"代替原有退化美棉。三台县则系新增加之面积。如三台灵兴场，1938 年尚未种植棉花，经 1939 年一年的推广，1940 年该处栽培"德字棉"已达 1 500 多亩，占全坝耕地面积 50％以上。关于改良繁殖，自 1939 年即组织农民合作繁殖，有特约棉种繁殖场之组织，1939 年"德字棉 531"特约繁殖 70 多亩，1940 年增至 2 770 多亩。"德字棉"棉种管区，亦于 1940 年开始实行，计在射洪俞家坝、三台灵兴场、青东坝、蓬溪蓬莱镇、隆盛场，各划管种区一区。各区均有山河天然界隔，共计面积 16，330 多亩。是年天气不适，5 月 16 日发生狂风暴雨，棉花幼苗颇受损害；而自五月中旬至六月期间，均未降雨，各地旱作物均成枯槁之象，但棉作未受多大影响，不过生长较迟缓而已。"德字棉"在干旱情况下生长较中棉为优。在前期遇到大风、干旱，后期遭受雨涝的 1940 年，"德字棉"仍然生长较好，产量较高，和"中棉"相比增产极为显著。根据当年对一百户棉农调查统计，"德字棉 531 号"平均每亩产籽棉 77.5 千克，当地"中棉"平均产量 35 千克，相差至 42.5 千克之多。即与"脱字棉"相较，亦超出 24.5 千克。5 年间，仅以"德字棉"较之当地棉增加收获量之数字计算，总计增加皮棉 1 500 吨。

至 1942 年底，"德字棉"在四川北部和河南西部栽培面积已达 30 万多亩。且集中于四川的三台、射洪、中江、蓬溪及河南的陕县、灵宝、阅乡等县，自成区域，收购优良产品及种子，极为便利，为农业推广方法上的一大进步。"德字棉"推广之始，即采取棉种管理区制度，注意良种保纯。至 1942 年，"德字棉"棉种管理区已达 4 万亩以上，为供给推广区良种的源泉。此种制度实行以来，人们严密注意管理区棉种纯度。豫西检查之结果，"德字棉"种子之纯度，1938 年为 95.31％，1940 年为 95.98％。四川省"德字棉"棉种管理区之种子纯度，历年平均为 97.2％，种子毫未退化混杂，皆是管理制度之效果。抗战胜利后，复兴我国棉区所需棉种，管理区之纯种发挥了极大作用。

另外，1939 年，我国从美国引进的"坷字棉"在西南六省区域试验中表明，其产量和品质均优于"德字棉531",当时曾有小面积推广。

抗日战争胜利后,联合国善后救济总署(简称联总)于1946年运来棉籽225吨,次年又运来3 100吨。这两年运来的棉种主要是"斯字棉"等品种,其中一部分在江苏推广。1946—1947年中国又先后引入"坷字棉10号"、"岱字棉14号"、"岱字棉15号"、"斯字棉4A"、"斯字棉SA"、"帝国棉"、"大使棉"等品种。这时中农所经过品种试验,证明美国的"岱字棉"表现较好,其产量高于"斯字棉"及"德字棉",尤其是"岱字棉15"衣分特高,纤维品质亦佳,因于1947年在美国购买"岱字棉"种子400吨,在江苏的大仓、宝山、南通等地示范、种植、繁殖,后在各产棉区大面积推广。至此,美棉种植面积基本占我国棉花面积的绝大多数(表12-9)。

表 12-9　1945—1948 年中国种植美棉品种面积

年份	美棉品种种植面积(公顷)	美棉面积占棉田总面积比重(%)
1945	1 094 825.8	55.8
1947	1 525 451.2	58.9
1948	1 508 173.9	61.1

新中国成立后"岱字棉"的栽培面积迅速扩大,取代了原来推广的"斯字棉"和"德字棉",成为全国栽培面积最广的陆地棉品种。

(二)政府措施

在此期间,中国基本处于全面战争状态,先是抗日战争,后是全面内战。即便如此,国民政府成立的负责棉业行政管理的组织也很多,如1938年隶属于行政院的农业促进委员会,1942年后由农本局改组成立的花纱布管制局,1946年农林部设于北京和上海的华北、华中棉产改进处,1947年在南京成立的中央棉产改进处,1948年底农业部的农业推广委员会,等等。

此外,1938年因国统区对粮食和棉花的迫切需求,农业促进委员会与金陵大学农学院合作,统筹全国农业推广业务,到1941年止,在四川温江(后改为璧山)、仁寿、新都三县及陕西泾阳、南郑二县成立举办农业推广试验站。40年代,金陵大学农学院为成都广播电台介绍农业科普知识,促进了农业新知识的传播,有利于农业的改良。1948年底,农业部农业推广委员会在苏、浙等18省派驻代表,在苏、浙等16省的农林厅(处)或农业改进所内附设推广机构,在苏、浙等11省内按照专区范围设立19个农业推广辅导站。

第三节　中国近代棉纺织业

棉纺织业是指以棉花纤维为原料而进行的纺纱、织布等加工的生产过程,包括棉纺业(将原棉加工成纱线)和棉纺织业(将纱线加工成棉布)两部分。作为对棉纤维进行加工的棉纺织业兴衰与棉花生产息息相关,二者构成棉花产业完整的产业链,并相互影响。棉花生产的发展直接促进棉纺织业的兴盛,反过来棉纺织业的兴盛也带动棉花生产的大发展;反之亦然。同时棉纺织业中加工技术的进步,加工设备的革新,不断促进棉花品种的更新换代。

我国棉纺织业的发展大致经历了两个阶段：传统手工生产和近现代机器生产，我国古代的棉纺织业属于传统手工生产阶段，我国现代的棉纺织业属于以机器为动力的机器生产阶段，而我国的近代棉纺织业，属于这两个阶段的过渡阶段，开启于鸦片战争之后。

一、棉纺织业发展简史

世界纺织生产已经有几千年的历史，早在公元前 5000 年，人类文明发源地就有了纺织品生产，例如非洲尼罗河流域的亚麻纺织、我国黄河流域和长江流域的葛纺织和麻纺织以及丝绸纺织、印度河流域的棉纺织等。公元前 500 年我国就有了手摇纺车和脚踏织机。16 世纪以后，欧洲手工纺织机器有了很大改进。18 世纪下半叶，产业革命首先在西欧纺织业界掀起，出现了水力驱动的纺纱机。18 世纪末，纺织厂开始利用蒸汽机作动力，工业化生产从此取代了家庭手工纺织。

我国原始手工纺纱技术最初使用手指加捻，由于使用手指加捻搓合速度太慢而且不能保证纺线的均匀度，人们考虑借助工具来纺纱。后来人们发现，利用回转体的惯性来给纤维做成的长条加捻比用手搓捻又快又均匀。这种回转体由石片或陶片做成扁圆形，称为纺轮。纺轮中间插一短杆，称为锭杆或专杆，用以卷绕捻制纱线。纺轮和锭杆合起来称为纺专，又称作纺坠。纺专是我国夏代以前使用过的唯一的纺纱工具。

中国原始织机的结构可能有多种，常见有原始腰机、综版式织机、竖机等，前两种，经面是水平的，后一种是垂直的。它们的结构都相当简单。从河姆渡遗址出土的工具与草鞋山、钱山漾遗址出土的织品和编织技术的发展来看，在新石器时代早期，我国已有了综版式织机和原始腰机。

棉布在中国古代称白叠布或帛叠布，原产于中国的西域、滇南和海南等边远地区，秦汉时才逐渐内传到中原。宋代以后，中原地区开始参照丝麻纺织发展棉纺织技术。棉布分本色棉布和色织布（包括提花布）两大类，在各种形式的织机上织造。平纹组织的本色棉布，是中国棉织物的最初形式。如福建武夷山 3200 年前洞穴岩墓的船棺内出土的棉布就属平纹组织，经纬纱直径都在 0.5 毫米左右，经纬密度均为 14 根/厘米，捻向为 S，捻度为经纱 67 捻/10 厘米，纬纱 53 捻/10 厘米。这种棉布估计为原始腰机所织。秦汉以后带机架的腰机、斜织机等在中原已普及，通过贸易逐渐传到边疆，促进了当地的棉织技术发展。如 1959 年在新疆民丰东汉墓出土的蓝白印花棉布、白布裤、手帕等棉织品残片，都是平纹组织，经密为 18 根/厘米，纬密为 12 根/厘米。1964 年吐鲁番晋墓出土的布俑、连衣裤均为棉布缝制。可见，东汉前西域已将染色、印花技术用于加工棉布。棉布幅阔的增大也是棉织技术发展的标志。如 1966 年浙江兰溪宋墓出土的一条本色棉毯，证明当时的织机和织造技术已有较大的发展。这条棉毯长 2.51 米，阔 1.15 米，由纯棉纱织成。经纱约 50 特克斯，纬纱约 48 特克斯，绒纬粗于 370 特克斯，条干均匀，双面拉毛，细密厚实。

到元代初年朝廷设立木棉提举司，大规模地向人民征收棉布实物，每年多达 10 万匹。虽然不久就撤销了这一机构，但后来又把棉布作为夏税（布、绢、丝、绵）之首，可见棉布已成为当时主要纺织原料之一。棉花在中国堪称纺织原料中的后起之秀。唐宋以来，人们越来越看出棉花作为絮衬和纺织原料的优越性。《农书》对此作了较全面的评价，说棉花是"比之桑蚕，无采养之劳，有必收之效。埒之枲苎，免绩缉之功，得御寒之益，可谓不麻而布，不茧而絮""又兼代毡毯之用，以补衣褐之费"。元以后的历代统治者都极力征收棉花棉布，出版植棉技术书籍，劝民植棉。到了明代，棉花已超过丝、麻、毛成为主要的纺织原料。宋应星在《天工开物》中说："棉布寸土皆有""织机十室必有"，由此可知当时植棉和棉纺织业已遍布全国。

元代元贞年间（1 295—1297 年），松江人黄道婆由崖州（今海南崖县）带回了先进纺织工具和技术，她发明了轧籽机，创制了三结纺车，改进了松花弹弓，传授了织锦技艺，使纺织效率提高数倍，极大地推动了松江地区棉纺织业的发展。

明代是中国手工棉纺织业最兴盛的时期。当时棉布已十分普及，中国衣着原料舍丝麻而取棉。历年出土的明代棉织物十分丰富，其品种、规格则与元代相仿。可见长期以来棉布生产仍是沿袭在脚踏织机上以双手投梭织成，故布幅均约一尺左右，没有改变。明代棉布产量较多，除自足之外还供出口。清代后期"松江大布""南京紫花布"等名噪一时，成为棉布中的精品。

到清代鸦片战争前，中国的棉花和棉布不仅自给，而且还输出到欧洲、美洲、日本和东南亚地区。美国商人到中国来贩运货物，以土布为主，不仅销到美国，还转销到中、南美洲乃至西欧。英国也曾经大量销用中国土布（表 12 - 10）。19 世纪初 30 年代，从广州运出的土布平均每年在 100 万匹以上，最多的一年（1819 年）曾经达到 330 多万匹，直到 30 年代初才跌落下去，到 1831 年，中国对美国由出超转变为入超。鸦片战争后，帝国主义国家开始向中国大量倾销机制棉纱棉布，破坏了中国的手工棉纺织业，但同时也为在中国发展大机器生产的现代棉纺织工业准备了客观条件。

表 12 - 10　中英纺织品贸易额（1817—1833 年）

单位：两（白银）

年份	英国输入中国	中国输入英国	中国对英国贸易差
1817	—	395 237	395 237
1818	—	515 640	515 640
1819	—	265 987	265 987
1820	—	433 734	433 734
1821	9 807	367 651	357 844
1822	—	337 264	337 264
1823	—	451 434	451 434
1824		321 162	321 162
1825	1 895	366 750	364 855
1826	36 144	145 172	109 028
1827	124 983	467 876	342 893
1828	183 338	469 432	286 094
1829	215 373	355 295	139 922
1830	246 189	386 364	140 175
1831	360 521	115 878	−244 643
1832	337 646	61 236	−276 410
1833	451 565	16 304	−435 261

可以看出，中国机具纺织可追溯至五千年前新石器时期的纺轮和腰机。西周时期具有传统性能的简单机械缫车、纺车、织机相继出现，汉代广泛使用提花机、斜织机，唐代以后中国纺织机具日趋完善，大大促进了纺织业的发展。当然这里所提到的"机"所使用的动力仍然是人力，这时的纺织业仍然只能称为手工生产阶段，而不能称为机器生产阶段。

二、近代棉纺织业发展

人类第一次工业革命后，西欧国家纺织工厂迅速地发展起来。1840年后大量的"洋纱"、"洋布"倾销到中国，几乎把中国传统的纺织手工业摧毁。19世纪60年代洋务运动兴起，洋务派逐步兴办了官营军事工业，又扩展到了军用纺织品生产。如中国人自办动力机器纺织厂始于1872年，归侨陈启沅在家乡广东南海创办缫丝厂，采用动力缫丝机。又如左宗棠于1878年创办的兰州织呢总局，这是中国除缫丝以外第一家采用全套动力机器的纺织工厂。同一时期外国资本家也开始在中国建纺织厂，如法国人在上海办的宝昌缫丝厂在1878年投产。

这个时期，除了各省地方官吏陆续兴办的官营纺织厂和日益增多的外国资本纺织厂之外，地方士绅也逐渐合资办起民营和官商合营的纺织厂。第一次世界大战对中国的民族纺织业来说，是一个短暂的春天，到1919年，全国华商棉纺厂已有54家165万锭。抗日战争结束时，国民政府接管了日本人在华的69个纺织厂，组成了名为国营实为官僚资本主义的"中国纺织建设公司"（简称"中纺公司"）。该公司共拥有棉纺设备近180万锭和近4万台织机，分别占当时全国总数的36％和60％；在生产较为正常的1947年，该公司生产的棉纱和棉布分别占全国总产量的44％和73％。

历史表明，始于鸦片战争的近代中国棉纺织业开启了现代机器生产的序幕，但是其发展历程非常坎坷。它在初创时期历经外国侵略势力的倾轧，几经起伏，得到了微弱的发展。到了20世纪30年代，世界经济危机的袭击，迫使它在萧条中挣扎，而40年代的战争破坏和战后官僚资本的摧残，终于使棉纺织业这个非常有发展前途的行业陷入了空前的危机。总体来看，我国近代棉纺织业的发展可分为三个阶段：起步阶段、发展阶段和萧条阶段。

（一）近代棉纺织业起步阶段（1841—1911年）

我国在1840年鸦片战争前，中国人口约为4亿，每人每年消费1.5匹布，其中城镇人口年均消费量为1.8匹，农村纺织户的人均年消费量为1.65匹，而非纺织户为1.35匹。手工纺织技术已经达到很高的水平，但是没有普及动力化。在纺纱方面，飞轮式辊子轧棉机、多锭退绕上行式合股加捻机、多种复锭（2～4锭）脚踏纺车都在一些地区使用。但是纺车上还没有牵引机构，因此牵介不得不在人手与锭尖之间进行，难以实现多锭化、动力化。

鸦片战争后，中国被迫签署《南京条约》及其附属条约，规定开放"五口通商"，即广州、厦门、福州、宁波、上海五口为通商口岸，并且确定了关税协定的方针，在纺织行业的进口税率中，相关纺织品的关税税率大幅度下降（表12-11），这无疑为外来纺织品，特别是西方近代纺织工业的产品进入中国打开了闸门。对此，签订了《南京条约》的英方全权代表璞鼎查在胜利回到英国后的演讲中稍带夸张而又直截了当地表达了对中国市场的期望："即使开动兰开夏郡的全部纺织厂，也不足以满足中国一个省的需求。"

表 12 - 11　鸦片战争前后进口棉纺织品的关税税率

货品名称	旧征税率（%）	新订税率（%）
棉纱	13.4	5.6
头等白纱布	29.9	7.0
二等白纱布	32.5	7.0
本色纱布	20.7	5.6
细纹布	14.9	5.6
纺织品平均	19.9	6.0

　　1842 年输入商品总值白银 2 500 万两，其中鸦片占 55%，棉花占 20%，棉织品占 8.4%，居第三位。到 1867 年进口总值增为 6 930 万两，其中鸦片占 46%，棉织品占 21%，居第二位。到 1885 年，在进口总值 8 820 万两中，棉织品占 35.7%，升至首位，此后长期居高不下（表 12 - 12）。

表 12 - 12　棉纺织品进口值与总进口值（5 年均值）比较（1874—1908 年）

单位：千两（白银）

年　份	洋货进口总值	棉制品进口值	棉制品进口占进口总值（%）
1874—1878	69 294	18 675	27.0
1879—1883	80 943	23 357	28.9
1884—1888	95 097	32 834	34.5
1889—1893	131 689	46 458	35.3
1894—1898	189 760	68 141	35.9
1899—1903	272 245	107 377	39.4
1904—1908	402 468	137 616	34.2

　　19 世纪末，中国传统的手工纺织业解体并发生了一系列的近代化转变。但是由于国内的土纱、土布的劳动生产率与洋纱、洋布的劳动生产率不同，受到的市场冲击也是不同的，手工纺纱业与手工织布业、纺与织、耕与织之间的相互分离程度也不尽相同。其具体变化为三个方面：机制纱开始替代手纺纱，棉纺业其他环节的工具改良，机器缫丝的发展。

　　首先是洋纱逐渐代替了土纱。19 世纪 80 年代，英国殖民下的印度产的机制棉纱大量进入中国。印度国内巨大的纺纱能力，不仅已经能完全满足国内的需求，并且开始积极寻求出口，而中国纺纱所需要的劳动力付出过于巨大，两方的需求由于中国国门的打开而变得更加直接。中国传统的纺织业一般以 10 支左右的土纱为原料，而印度的机制棉纱比中国产土纱捻得更为结实，韧性更强，于是中国的纺织业开始以进口机制棉纱作经线，国产土纱作纬线，这样经线的断线率低，同时又保留了国产土纱特有的结实耐磨、粗疏保暖的特性。此外，另一个印度产机制棉纱畅销的原因是由于其价格的低廉，低到竟然比国产棉花的价格还低，于是，与其花更多的钱买来棉花，费工费力地先纺纱再织布，还不如直接买进口棉纱来得实在。

　　1861 年，英商创办的怡和纺丝局，是中国第一家近代化的纺织工厂。中国民间则有华侨陈启沉于 1872 年在广东南海县兴办的继昌隆缫丝厂，拉开了近代民族纺织业的序幕。政府层面有"洋务运动"中所兴办的近代化纺织工厂，1878 年左宗棠筹设甘肃织呢局，同年李鸿章在上海开办上海机器织布局。中国的纺织行业由此开始了一系列的近代化转变。

可见，从清末到中华民国初期中国机器棉纺织业开始酝酿于 19 世纪 70 年代后半期。但第一家棉纺织厂——上海机器织布局直到 1889 年才创建，1890 年投产。当时，李鸿章鉴于外洋棉货输入之巨，为挽回利权，创设该机器织布局，是中国机器纺织业的开端，我国棉纺织业向近代化迈出了第一步。该厂集资 40 万两，拥有纱锭 35 000 枚，布机 530 台。可惜在投产后三年左右，毁于大火。1889 年湖广总督张之洞在武昌筹建湖北织布局，于 1892 年底投产，1894 年增设武昌纺织厂。另外，1891—1896 年，先后又有华新纺织新局（1891）、华盛纺织总局（1894）、裕源纱厂（1894）和三泰、大纯、业勤等新式纱厂设立。我国机器纺织业得到初步发展，到 1894 年甲午战争前全国已开车的机器设备计有纱锭 12.9 万余锭，布机 1 800 台。

甲午战争后，外商纱厂利用马关条约等不平等条约纷纷在中国广设纱厂，攫取利权，至光绪二十五年（1899 年），十年之间，已建有纱厂 17 家，纱锭 60 万枚，颇极一时之盛。其中，1895—1899 年分别在上海、宁波、无锡、苏州、杭州、萧山、南通等地增设了 10 家棉纺织厂，18.8 万枚纱锭，形成中国棉纺织业第一次设厂高潮。而其中 1897 年一年中，上海出现了 4 家外资棉纺织厂，分属英、美、德三国所有。资本总计 405 万余两，纱锭 16 万枚。纱厂数量的增多进一步促进了棉花品种的改良与生产，棉花播种面积不断增大，但由于引种方法不当，美棉产量不尽如人意，棉价暴涨，一定程度上限制了近代机纺工业的发展。加上，20 世纪初，列强加紧对华侵略，1902 年又有日本三井洋行收买华厂楔入上海棉纺织业。在英、美、德、日四国势力交相抢夺的情势下，1900—1904 年五年中，华资棉纺织厂竟无一家成立。

日俄战争（1904 年 2 月—1905 年 9 月）后，因棉价日昂，棉农植棉积极性提高，棉田日渐推广，棉纺业再次得到发展。先后有 13 家新厂设立，纱锭数增至 97 万枚。其中 1905—1908 年四年中，分布在苏、浙、豫及上海新建棉纺织厂 8 家，共有资本 534 万元，纱锭 12.9 万余枚。但是面临外资兼并和压迫的处境，中国棉纺织业经营的困难有增无减。创业于 1895 年的大纯纱厂到 1908 年为日本资本所兼并；1907 年以中日合资开办的上海九成纱厂，开业不久便为日资所吞并。其他华商各厂也屡经改组。据不完全统计，在 1905 年以后的六年中，新旧华资纱厂的改组、出租和出售的达 8 家、11 次之多。这表明了中国棉纺织业在兴起阶段遭到外国侵略势力的威胁，处于艰难的地位。

总之，1894—1913 年间，我国的棉纺织业获得了快速的发展，工厂数由 1894 年的 2 家（上海的华新与裕源两家工厂），增加到 1913 年的 18 家，增加数为 16 家，工厂的年均增长率是 11.6%，纱锭枚数由 1894 年的 170 388 枚增加到 1913 年的 509 564 枚，增加数为 339 176 枚，年均增长率为 5.9%；布机台数由 1894 年的 2 100 台增加到 1913 年的 2 616 台，年均增长率为 0.39%；资本额由 1894 年的 67.1 万元增加到 1913 年的 1 085.9 万元，增加额为 1 018.5 万元，年均增长率为 15.8%。1897 年后，外国资本在上海建立数家棉纺织企业，他们凭借雄厚的资本，新颖的设备，先进的经营管理办法，与我国的棉纺织企业展开了激烈的竞争，这使我国的棉纺织企业陷于困境。1904 年日俄战争爆发后，布销大畅，纱价回升，纱厂盈利增加，1904—1913 年间，我国的民族纺织业获得了发展。

据苑朋欣考证，1902 年时全国华商纱厂共有纺锭 312 810 枚，至 1910 年这些纱厂纺锭即达 497 448 枚。其布机在这一时期也增长了 12%。而且还有新的纱厂设立，如 1905 年后的三年内就增新纱厂 9 家。但据王缨考证，张謇 1910 年著《奖励植棉及纺织业说》一文载，至宣统元年（1909 年），全国有纱锭 75 万个，每年成纱 50 万箱，用棉 1 750 吨。

（二）近代棉纺织业发展阶段（1912—1936 年）

截至中华民国成立后的 1913 年，全国还只有纱锭 484 192 枚，布机 2 016 台。

1914 年第一次世界大战爆发，外国棉纺织品输入减少，欧洲各国在华纱厂也无力增加投资，中国市场上纱布价格猛升，原来处于维持状态的旧有纱厂，如无锡振新、宁波和丰、江阴利用、天津裕元及华新、南通大生等厂在战争期中都获得了高额利润，年年扩充并增设新厂。

这个时期，除了各省地方官吏陆续兴办的官营纺织厂和日益增多的外国资本纺织厂之外，地方士绅也逐渐合资办起民营和官商合营的纺织厂。第一次世界大战对中国的民族纺织业来说，是一个短暂的春天（表 12 - 13）。

表 12 - 13　第一次世界大战期间中国棉纺织业生产量（1914—1922 年）

年份	机纱产量（万包）	机布产量（万匹）
1914	64.5	226.7
1915	64.5	229.9
1916	72.6	290.6
1917	79.5	298.3
1918	92.8	308.3
1919	91.8	353.4
1920	92.7	481.6
1921	101.1	459.9
1922	190.5	741.7

注：1 包＝480 磅＝217.73 千克；1 匹＝10 丈＝100 尺＝33.33 米。

1914—1919 年，全国华商棉纺厂已有 54 家 165 万锭，反映了中国棉纺织工业的初步发展。若干大型纱厂如上海申新、永安、厚生，天津华新、恒源、北洋和武昌裕华等厂都是在这一时期创办的。但这一时期日本棉业托拉斯却乘虚而入，仅 1921—1922 两年间，日本在上海、青岛两地，便设立了 15 家棉纺织厂，纺锭总数增加近 30 万枚，新增布机 1 500 台。日本资本尽力楔入一些新设的和资金周转发生困难的华商纺织厂，以致这一时期与日本垄断资本发生借款关系的华资厂达 13 家，其中有 7 家因无力偿债为日资所兼并。到 20 世纪 20 年代，一度出现的建立纱厂的热潮随之消逝。

1925 年上海发生五卅运动，抵制外货是群众运动的一项重要内容，这对棉纺织业的发展有所刺激，在其后的三年中，华资纺织厂增至 73 家，已开工纱锭达 201 万余枚，布机 1.2 万台。但同期，外资纱厂的倾轧日益严重，其中日本资本的膨胀最为明显（表 12 - 14）。

另外，棉花品质和产量的提高，在一定程度上促进了我国机器纺织业的长足发展。在 1920—1936 年的 19 年间，全国先后成立了 76 家机器纺织厂，它们大多集中于美棉的主要种植区附近的上海、无锡、天津、青岛等大中城市，形成了我国主要的机器纺织中心（表12-15）。1921年（即民国十年）机纺工业达到了这一时期的最高峰，这一年就有纬通纺织公司、鸿章纺织染厂、华丰纺织公司、民生纱厂等22家机纺厂开工投产（其中有大康纱厂、崇信纱厂等6家属于外商独资或中外合资），占这一期间建成机纺厂数量的29%，机纺工业的蓬勃发展反过来又促进了棉花（以美棉为主）生产的进一步发展。

表 12-14　中国棉纺织规模及其构成（1936 年）

项目	全国	其中		其中上海	其中			
		外资	占比（%）		内资	占比（%）	日资	占比（%）
纺织厂/家				65	31	47.7	30	46.2
布机/台	58 439	32 936	56.4	30 058	8 754	29.1	17 283	57.5
纱锭/万枚	510.3	235.6	46.2	266.7	111.4	41.8	133.1	49.9
线锭/万枚	53.2	35.9	67.4					

表 12-15　中国六大城市华商纱锭在全国的比重（1919—1936 年）

年份	全国锭数	武汉		上海		青岛		天津		无锡		南通	
		锭数	占比（%）	锭数	占比（%）	锭数	占比（%）	锭数	占比（%）	锭数	占比（%）	锭数	占比（%）
1919	658 748	90 000	1.7	216 236	32.8	—	—	55 120	8.4	59 192	9.0	61 180	9.3
1920	842 894	131 310	15.6	303 392	36.0	14 964	1.8	55 112	6.5	59 192	7.0	65 380	7.3
1921	1 248 282	123 440	9.9	508 746	40.8	15 000	1.2	140 200	11.2	73 192	5.9	65 380	5.2
1922	1 506 634	153 440	10.2	629 142	41.8	32 000	2.1	193 000	12.8	128 800	8.5	75 380	4.3
1924	1 750 498	199 816	11.4	675 918	38.6	32 000	1.8	205 000	11.7	133 800	7.6	90 380	4.3
1925	1 866 232	263 896	14.1	687 358	36.8	32 000	1.7	177 802	9.5	138 800	7.4	91 464	4.8
1927	2 018 588	258 160	12.8	684 204	33.9	32 000	1.6	215 512	10.7	150 800	7.5	91 464	4.5
1928	2 059 088	173 936	8.4	747 588	36.3	32 000	1.6	219 512	10.7	106 968	5.2	92 104	4.4
1929	2 146 152	266 414	12.4	810 978	37.8	33 196	1.5	221 512	10.3	134 800	6.3	92 104	4.3
1930	2 345 074	185 376	7.9	874 446	37.3	33 196	1.4	223 512	9.5	169 672	7.2	92 104	3.9
1931	2 453 304	227 144	9.3	1 005 328	41.0	43 564	1.8	203 556	8.3	191 768	7.8	92 104	3.8
1932	2 625 413	227 144	8.7	1 029 976	39.2	43 564	1.7	211 652	8.1	200 672	7.6	104 252	4.0
1933	2 742 754	196 364	7.2	1 102 032	40.2	44 332	1.6	223 364	8.1	230 904	8.4	112 028	4.1
1934	2 807 391	206 664	7.4	979 672	34.9	47 276	1.7	120 172	4.3	230 904	8.2	112 325	4.0
1935	2 850 745	84 552	3.0	908 446	31.9	48 044	1.7	135 715	4.8	185 888	6.5	112 028	3.9
1936	2 746 392	244 472	8.9	1 105 408	40.2	48 044	1.7	104 482	3.812	7 237 664	8.7	112 028	4.1

　　此外，我国其他地区也相继建立了许多棉花加工企业。如 1920 年以来，河南省先后建起了豫丰、华新、广益等大型棉纱厂。其中，1920 年建成的郑州豫丰纱厂拥有 5 万纱锭，每年消费皮棉达 5 000 吨，刺激了郑州附近植棉区域的扩张；卫辉华新纱厂建于 1920 年，1922 年开始生产，拥有纱锭 2 万余枚；安阳广益纱厂则是当时河南省最大的纱厂，有纱锭

4万枚。另外，1925—1936年，河南先后出现了豫中、陕州、大中、协和、中华、灵宝中国、安阳中国等7家棉花机器打包厂，共有资本270多万元，职工总数4 000人，每小时可打各类棉包200个左右。1890年投产的上海机器织布局，到1911年已有纱锭83万枚，布机2 000余台。到1936年，全国华商的棉纺织工厂纱锭已扩展到290万枚，布机3万台。

　　但是，在世界经济大萧条期间，中国棉纺织业也出现了萧条。1933—1934年，据抽样调查，制棉、棉纺及棉织三部门的工厂数占全国工业工厂总数的13.7%，资本额占全国工业资本总额的36.2%，工人数占全国工人总数的40.9%。我国棉纺织厂效益持续下滑（表12-16），国货工业的营业额也急剧减少，其中尤以棉纺业为甚（表12-17）。

表12-16　我国主要纱厂的资本纯收益率（1922—1936年）

单位:%

年份	上海永安	上海申新一、八	天津华新	青岛华新	卫辉华新	石家庄大兴
1922	11.3	26.6	26.0	17.5	−8.6	
1923	3.5	8.2	26.4	8.3	11.1	18.8
1924	6.7		8.8	0.2	15.1	22.2
1925	10.1	11.8	8.7	6.5	35.6	31.0
1926	9.6	10.3	−3.6	8.6	18.1	30.2
1927	13.4	12.0	1.4	2.5	4.5	27.0
1928	33.9	15.5	7.5	13.9	13.6	36.3
1929	63.6	24.1	9.6	12.3	6.9	29.8
1930	16.2	−0.5	2.2	12.3	7.1	31.0
1931	18.6	28.1	7.0	13.5	20.8	36.7
1932	12.7	14.3	9.0	5.0	24.8	4.8
1933	5.9	8.7	−6.1	1.1	7.1	−9.1
1934	2.8	5.9	−5.5	2.2	−7.7	−4.7
1935	0.6	10.2	5.6	−2.3	−1.4	0.7
1936	7.9	34.5		8.7	11.4	14.3

表12-17　国货工业营业额指数（1931年为100）

产业	1931年	1932年	1933年
棉纺业	78	52	35
染织业	125	110	80
棉织业	128	110	110
毛织业	89	65	85
丝织业	160	110	90
针织业	100	70	50
面粉业	120	85	50
机器业	125	81	73
卷烟业	115	105	80

（续）

产业	1931 年	1932 年	1933 年
火柴业	120	135	140
搪瓷业	158	126	95
化妆品	120	75	85
橡胶业	200	135	80
油漆业	128	137	185
调味业	112	135	100
热水瓶业	100	120	150

如果把名义上是华资，但是实际上已经由帝国主义资本控制（包括已经被外资掌管，以及虽然还未完全被接管，但因为欠下债务，利润被外资控制的），计算结果将是非常令人吃惊的。帝国主义资本不仅在中国境内投资设厂，而且凭借着产业贷款吞占中国的棉纱厂，然后凭借其先进的技术，廉价的生产成本，对国内的棉纺织业形成严重的打击（表 12 - 18）。

表 12 - 18　中国棉布纱产销售份额（1932—1936 年）

年份	棉布（以总计为 100%）			棉纱（以总计为 100%）								
				超过 23~35 支			超过 35~42 支			超过 42 支		
	华商	日商	英商	华商	日商	英商	华商	日商	英商	华商	日商	英商
1932—1933	35.6	55.3	9.1	48.6	50.7	0.7	25.6	74.4	—	18.0	82.0	—
1933—1934	36.1	57.3	6.6	45.5	54.2	0.3	24.7	75.1	0.2	27.8	72.2	—
1934—1935	35.0	59.2	5.8	46.8	52.5	0.7	21.9	77.7	0.4	15.8	84.2	—
1935—1936	30.2	63.7	6.1	39.4	57.9	2.7	20.7	77.9	1.4	13.3	86.7	—

1931—1936 年，日本通过不断吞并中国企业，以及不断在中国设厂，扩大投资设备，仅仅用了 5 年时间，在青岛、天津和上海这三个国内重要的棉纺织市场强化了垄断地位，削弱了中国企业的地位（表 12 - 19）。日本厂商积极织布，侧重于制造细支品种。

表 12 - 19　上海华资、日资棉纺织企业实力对比

项目	1931 年				1936 年			
	纺机（锭）	纺机比重	布机（台）	布机比重	纺机（锭）	纺机比重	布机（台）	布机比重
华商	1 005 328	41.9%	6 914	34.0%	114 408	41.8%	8 754	29.1%
日商	1 221 644	51.0%	10 742	52.8%	1 331 412	49.9%	17 283	57.5%

中国棉纺织业产生萧条的原因概括为以下几点：①受到国际银价波动，汇率的不利影响传导到中国的工业，进而冲击了中国的棉纺织业，这其中包含着美国《白银购买法案》对中国经济的冲击。美国《白银购买法案》导致的白银价格上升，对中国整个国民经济体系都产生了影响。《白银购买法案》将国际白银的价格提高，导致中国的白银价格上升，进而导致中国的出口受阻，白银外流以及贸易赤字。更严重的是白银的大量外流使得中国的货币供给

减少，接下来中国陷入了通货紧缩之中。中国的扩大再生产缺少了资金来源，陷入严重的困境。②自然灾害、战争使得棉纺织业的正常交易被隔断，其中包括农民的生活水平下降，收入水平降低，从而对棉纺织业的购买力下降。③外国棉纺织业的涌入，对国内的棉纺织企业产生压迫。如1930年，每锭纺锤的投资华商纱厂为50.49元，日商则为81.08元，每台布机的投资华商纱厂为630.50元，日商则达到了1 157.35元。日商棉纺织业的优厚实力不仅体现在棉纺织产品市场上，还体现在对原材料进出口以及收购环节上。④高利贷资本的吞噬。

不过，自鸦片战争以后进口洋货以及机制纱布占有一定的优势，但是这并未使手工纱全部消失。据估计1936年全国手纺业产纱量约为59.34万吨，占全国的16.8%；全国总销纱量约为57.87万吨，约占全国的17%，当时中国手纺车的数量高居世界首位。可见，尽管棉纺织产品销量颇大，机械化程度、技术水平有所提高，但是鉴于我国特殊的国情，劳动力丰富，迫于生产的压力，劳动力成本低廉，手工业生产仍占有重要地位（表12-20）。

表 12-20　手织业在中国棉纺织业所占比重（1934—1935年）

项目	全国生产、销售总量	手织业生产、消费量	手织业占全国百分比（%）
棉纺消费量（万吨）	57.87	31.80	55
棉布生产量（百万码）	5 506	3 993	73
棉布生产量（百万方码）	3 800	2 329	61
棉布消费量（百万码）	5 573	3 977	71
棉布消费量（百万立方码）	3 860	2 319	60

注：1码=0.914 4米，1立方码=0.764 5立方米。

（三）近代棉纺织业萧条阶段（1937—1949年）

1937年，日本发动全面侵华战争，战火波及地区棉纺织业损失奇重。据统计，上海、常州、无锡华商纱厂纱锭遭直接破坏的达52.2万余枚（锭），布机达6 000余台。武汉、沙市、郑州一带棉纺织厂历尽颠沛，内迁川、陕等地。据国民党政府经济部工矿调查处统计：至1939年3月止，迁到后方的纺织厂共有59家，大部分是小型织布厂，大中型棉纺织厂只有9家，计有纱锭15.9万枚，布机800台。战时后方购置大型纱机设备十分困难，新增的纺织厂多是拥有2000枚纱锭的小厂。国民党政府采取严格的管制政策，实行纱布统购统销、代纺代织，而统购统销所规定的官价远低于市价，代纺代织的工作又远在成本之下，加之苛捐杂税，通货恶性膨胀，使民族棉纺织厂难以维持，不得不相继减产停工。据统计，1942年，后方大型纱厂虽有30余万枚纱锭，但开工运转的只有17.6万枚。

沦陷区棉纺织业的处境更为困难，它完全被日本侵略者控制，华资棉纺织厂开工者不多。日本是一个产棉不足的国家，1942年太平洋战争爆发后，从美国和印度输入棉花的来源断绝，华棉遂成了日本本土急需的资源。在沦陷区，原棉和动力的供应十分缺乏，迫使各大型纺织厂停工。1943年，南京、上海一带遂出现了一些拥有纱锭一二千枚的小型纱厂，以适应社会需要。

第二次世界大战结束后，中国棉业极度萧条，严重阻碍着纺织业的复苏。由于战争的破坏，我国棉花产量连年大幅度下降，1945年的国棉产量仅有25万吨，约是战前棉产最高年度 1936 年的三分之一，1946 年的国棉产量是 37 万吨，虽有增长，却仍不足 1936 年的二分之一。战争结束伊始，全国的纱锭数约有 420 万枚，按 1932—1936 年的平均耗棉量计算，每锭每年平均用棉是 85 千克棉花，420 万枚纱锭全部开工全年所需原棉是 35.7 万吨，而每年消耗在手工棉纺织业及生活用棉约需 10 万～15 万吨原棉，以至于可提供城市大机器生产的国棉量又打了一个折扣，再考虑纺织生产的储备棉至少需要 3 个月的存量，国棉产量远不足纺织业复工的需要是显而易见的。

所以，战后通过贸易和外援两种方式，大量外棉涌入国内市场，1946—1948 年的三年中，进口外棉总值达 35 016 万美元，占全国进口总值的 20%～24%，进口外棉总量达 68.6 万吨，占全国总耗棉量 214.8 万吨的 32%，而机器棉纺织业的用棉量更是半数左右依靠外棉（表 12 - 21）。

表 12 - 21 我国外棉输入量（按国别、地区、组织统计）（1946—1948 年）

国家	1946 年		1947 年		1948 年	
	数量（吨）	占总量（%）	数量（吨）	占总量（%）	数量（吨）	占总量（%）
联总*	63 194.9	18.3	75 693.7	38.4	79.0	0.1
美国	107 931.1	31.3	61 531.7	31.2	79 406.2	50.7
埃及	3 100.1	0.9	2 811.9	1.4	485.2	0.3
巴西	58 207.7	16.9	14 415.1	7.3	3 674.7	2.3
墨西哥	22 061.7	6.4	155.6	0.1	87.4	0.1
巴拉圭	8 614.8	2.5	—	—	—	—
秘鲁	1 007.9	0.3	0.1		—	—
阿根廷	807.8	0.2	—	—	—	—
印度	77 561.6	22.5	39 587.1	20.1	67 836.3	43.3
伊朗	11.5	0.0	—	—	0.1	—
缅甸	572.5	0.2	1 294.1	0.7	3 257.6	2.1
泰国	—	—	—	—	26.3	0.0
越南	125.7	0.0	0.1		—	—
日本	3.2	0.0				
中国香港	922.8	0.3	18	0.0	616.1	0.4
英国	58.7	0.0	27.5	0.0		
德国	30.5	0.0	2.7	0.0		
其他	603.4	0.2	1 566.9	0.5	1 114.2	0.7
总数	344 812.1	100.0	197 104.5	100.0	156 583.1	100.0

＊ 联合国善后救助总署。

抗日战争结束，当时的国民政府接管了日本人在华的 69 个纺织厂，组成了名为国营实为官僚资本主义的"中国纺织建设公司"（简称"中纺公司"）。

中纺公司在当时中国纺织业中处于举足轻重的地位，技术也处于领先地位。中纺公司吸收日资工厂管理的优点，去粗取精，汇编整理出版了纺织操作标准方法、纺织工艺规范等技术文件，开办多期技术训练班培训各级技术骨干和技术工人。

被认为是纺织业兴盛时代的 1946 年，"中纺公司"所属纺织厂的利润率达 100％以上，民营纺织厂也有相当的盈余，究其原因最重要的就是美棉的大量输入，这不仅因为它解决了开工必需的原料问题，更因为它受低关税保护，价格低廉，每吨至少比国棉低 40 万法币，从而大大降低了生产成本，在购棉手续上又有自由结汇、按合同先取货后付款、按取货日的兑换值结算，分期付款等种种优惠政策相辅，使纺织厂既可以变相地得到一笔流动资金，又可以不受法币贬值的影响，十分有利于资金的周转和再生产。

附：中国近代与棉花相关的事件

同治四年（1865 年）

英国商人将美棉种子带到上海，美棉开始传入中国。

同治十三年（1874 年）

左宗棠在陕、甘倡导植棉，"刊印《种棉十要》、《棉书》等分行陕甘各属，设局教习纺织"。从此，关中棉花渐及各地。

光绪十六年（1890 年）

张之洞饬令湖北云梦等县从江南、通州、上海等地购回棉种，垦荒种植，以供布厂所需。

光绪十八年（1892 年）

张之洞请中国驻美使臣崔国因在美国选购陆地棉种子 1.7 吨，湖北大规模引种美棉。

光绪十九年（1893 年）

湖北再次购美棉种子百担，并译印《美棉种法》，分发给江夏、汉阳、黄冈、武昌、应城五县棉农种植。

光绪二十二年（1896 年）

张謇创办大生纱厂，提倡引种美国陆地棉。

陕西学政赵惟熙与刘光贲在径阳县创办机器轧花厂，日出棉数百斤。

光绪二十四年（1898 年）

黄宗坚撰《种棉实验说》。

光绪二十七年（1901 年）

张謇筹款创办海通垦牧公司，开发苏北滨海地区植棉。

光绪二十八年（1902 年）

张之洞委托日本农学教习美代清彦对湖北农村的水稻、棉花、烟草、大豆等主要作物的生产水平进行调查。

民国三年（1914 年）

北洋政府农商部公布《植棉、制糖、牧羊奖励条例》。

穆抒斋（穆藕初胞兄）在上海创办植棉试验场，并刊行《改良植棉浅说》及《植棉试验报告》，以传播植棉改良之常识。

民国四年（1915 年）

在直隶正定设第一棉业试验场，在江苏南通设第二棉业试验场，在湖北武昌设第三棉业试验场，试验内容均为种类、栽培、肥料三项。

民国五年（1916年）

农商部设立中央直辖模范棉场于河南彰德府，旋改为第一植棉场，对于摘心整枝均极讲求。

民国六年（1917年）

聂云台等在上海组织中华植棉改良社，以郁屏翰为社长，穆藕初为书记。

在临汾设立山西棉业试验场，引种美棉，推广植棉，至1919年棉田面积扩展到40余万亩。

民国七年（1918年）

农商部购进大宗美棉种子，计有脱里司、金氏、隆斯太等，由山东实业厅转发给农事试验场、棉业试验场及各县种植，大多颇有成绩。

山东实业厅于临清东门外设立第一棉业试验场，购地百亩，实地试验。

民国八年（1919年）

华商纱厂联合会植棉改良委员会在宝山、唐山、南京设立试验场，以南京为总场，聘过探先为场长，进行植棉与引种试验。

美国棉作专家顾克（Q. F. Cook）来华考察棉作，认为"脱字棉"适于黄河流域，"爱字棉"适于长江流域，给中国的棉花种植带来深刻影响。

金陵大学、东南大学从事"脱字棉"、"爱字棉"的驯化工作。

民国九年（1920年）

华商纱厂联合会从美国购进"脱字棉"及"隆字棉"棉籽10吨，分发给陕西、河南农民种植。

东南大学设立国内第一个植物病虫害系，并在南汇成立棉虫研究所。

民国十年（1921年）

南汇县建立棉虫研究所，由张巨伯主持，为我国植保专业创立研究机构之始。

民国十一年（1922年）

东南大学农科建立农具制造所，研制生产的农具有犁、手耙、单畜五齿中耕器、单畜棉花播种器、梯形锄、发芽器等。

金陵大学农学院从事农具改良研究工作，制成新式犁、中耕器、棉花玉米播种机、轧花机等。

江苏省成立昆虫局，从事棉虫、螟虫、桑虫、蚊虫等的防治方法研究，为我国第一个省级农业昆虫研究机构。

民国十二年（1923年）

沈宗瀚去美国佐治亚州立大学研究院研究棉作学。

20世纪20年代中叶前后，金陵大学郭仁风（J. B. Griffing）用中棉育成"江阴自籽"，东南大学过探先用中棉育成"百万华棉"。两品种均作推广。

民国十五年（1926年）

山东设立棉作育种场，进行驯育美棉和改良中棉工作。

民国十七年（1928年）

湖北设立第一棉花试验场于武昌珞珈山武汉大学新校址。

中央大学、金陵大学共同制定《暂行中美棉育种法大纲》。

江苏昆虫局在上海用熏蒸剂处理引进的美棉种子 2 500 包，开昆虫部门执行植物检疫之先声。

民国十八年（1929 年）

江苏省设立棉作试验场，总场设于南通，并设南汇分场和盐垦分场。

民国二十二年（1933 年）

中央农业实验所开展全国范围中美棉区域试验。

金陵大学在陕西径阳县梁宋村创办西北农事试验场，对棉花、小麦等作物进行育种栽培试验研究，曾育成"517"棉花良种及"西北 302"等小麦良种，均大面积推广。

民国二十三年（1934 年）

全国经济委员会在南京设立中央棉产改进所和全国稻麦改进所。

实业部地质调查所派梭颇（J. Thorp）和侯光炯等，对江苏滨海平原盐土作土壤调查，认为该地区适于植棉。

全国经济委员会所属棉花统制委员会与陕西省建设厅联合成立陕西省棉产改进所。

孙云沛、吴振钟用棉籽油、石碱、肥皂等制成混合药剂，治棉蚜虫。

民国二十四年（1935 年）

冯泽芳选出"斯字棉"（Solneville）为黄河流域推广品种，"德字棉"（Delfos）为长江流域推广品种。

江苏棉产改进所苏北东台大丰盐垦公司成立，夏永生为指导所主任，从事棉花良种繁殖及推广工作。

吴福祯使用农药防治棉花蔬菜蚜虫，为我国大规模使用农药治虫之始。

民国二十五年（1936 年）

冯泽芳在云南推广木棉获得成功。

棉业统制委员会拨一万元经费从美国购回 2 万千克"斯字 4 号"棉种子，在黄河流域推广。

沈其益编写《中国棉作病害》一书，是我国有关棉花病害较早的重要文献。

伍廷飏在浙江把稻麦、棉业、蚕桑、林业、园艺、茶叶以及家畜、保育等改良场所统一组成浙江省农林改良总场，自兼场长，编辑出版《新农村》月刊。抗战爆发后，改为农业改进所，从杭州迁到松阳。

中央农业实验所和中央棉产改进所合作，参照国外样机，研制成压缩式喷雾器和双管喷雾器，月产 600 架。

民国二十六年（1937 年）

江苏农具制造所制造单管强力喷雾器、单管自动喷雾器，手提轻灵喷雾器、肩挂喷雾器、喷粉器、喷枪等，用于防治棉花、果树、蔬菜等病虫害。

民国二十七年（1938 年）

中央农业实验所孙云沛研制成功砒酸钙，用以防治棉花大卷叶虫。

民国二十九年（1940 年）

陕甘宁边区政府在延安南关新市沟举办陕甘宁边区第二届农工业展览会。毛泽东、王明、吴玉章、林伯渠等出席了开幕式。农业部分展品有谷物、棉花、蔬菜、果品、林产、狩猎、畜牧、药材等七大类，累计参观者达 3 万多人次。

国民政府农林部派中央农业实验所技正冯泽芳赴陕西省主持推广"4号斯字棉",并拨专款2万元,成立陕西省棉花增产督导团,冯泽芳任主任督导员。"4号斯字棉"很快在关中普及,1941年种植面积达102万亩。

1月,宁夏农业改进所成立,罗时宁任所长,开展引种推广水稻、小麦、棉花、花生、甘薯、芝麻、大豆、甜菜等,并开展蚕桑试验示范。

民国三十年(1941年)

湖南省举办省农产品展览会,展出条播器、五齿中耕器、轧花机、水稻脱粒器(即人力打稻机)、耘荡、溜筛、捕鼠器等共26种产品。

中央农业实验所在陕西设立工作站,派俞启葆以棉花督导之职赴陕西从事棉花研究工作,时间长达四年,协助泾阳农场育成"泾斯棉"。

民国三十一年(1942年)

甘肃省张家寺农场进行棉花施用硫酸铵、过磷酸钙、草木灰试验。

民国三十六年(1947年)

国民政府农林部在南京成立棉产改进处,同时在上海、北平、西安设分处各一所。

第十三章　中国当代棉花产业

撰稿人　毛树春　华珊

　　我国当代棉花产业包括植棉业、流通加工业和棉纺织业，是一个结构完整、配套齐全和产业各环节关联高的产业，是一个产能大、技术含量高、从业人员多的劳动密集型、技术密集型和资金密集型产业，更是一个关系国计民生的大产业。如今，我国棉花产业的国际地位日益提高，国际化进程日益加快，融入全球化的程度加深，具有比较优势和竞争力。因此，棉花产业在国民经济中的地位举足轻重。

　　按照我国国民经济社会的发展进程，为了论述方便，本著对历史长数据按"整年代"进行划分，如20世纪50年代包括的时间为1950年到1959年的10年，这与国民经济计划跨"年代"的时间不同。对1949年新中国成立之后的66年，划分三个阶段，从1950年到1979年的30年为第一阶段，这一阶段为国民经济的计划时期，包括自1978年起的改革开放头两年，这个时间段全国棉花产业的重心是立足于解决居民的温饱问题。从1980年到1999年的20年为第二阶段，历史地看，这一阶段为改革开放的初级阶段，是经济社会发展从计划经济转向市场经济的过渡时期，这一时期棉花产业进步明显，居民穿衣问题基本得到解决。从2000年到2015年的15年为第三阶段，这一时期仍在进行之中，这一阶段为改革开放的深入发展阶段，特别是2001年加入世界贸易组织之后，我国改革开放程度不断加深，国际化和市场化进程不断加快，棉花产业取得了全面发展和长足进步，植棉业产能连年创新高，历史记录不断刷新；纺织品服装从温暖走向时尚，出口全球。2014年中国经济社会发展进入新常态，2015年中央提出供给侧结构性改革，表明我国改革开放进入更高更深层次的调整期，"十三五"规划国民经济中高速增长，预示着国民经济发展即将进入中高端品质的新阶段。

　　总结66年以来，我国棉花生产发展历程归纳为植棉面积扩大，单产大幅提高和总产成倍增长的历程。在植棉业领域有几个划时代事件：一是1983年全国棉花丰收，皮棉单产达到50.8千克/亩，成为我国跻身世界先进植棉大国行列的标志，从此结束了棉花的短缺史；也是这一年全国取消了布票，从此结束了长达29年的棉纺织品管制史。二是自2001年我国加入世界贸易组织以后，依靠科学兴棉，加大投入，棉花生产快速发展，皮棉单产大幅提高，总产不断创立新高；棉花流通市场化改革加快和加工工艺向自动化和信息化迈进；棉纺织业规模高速扩大，棉纺织装备向智能化和信息化迈进，纤维加工总量快速增长，从此我国跨入了衣着丰富靓丽和"衣被天下"的新时代。

第一节　中国棉花生产发展

　　过去60多年我国生产发展的主要特点：一是总产不断增长；二是植棉面积大，生产的波动也大；三是单产水平不断提升，位居全球产棉大国的首位。

一、总产持续增长，保障有效供给

在 1950—2015 年的 66 年时间里，全国棉花总产年增长率为 3.95%，年均增长 96 千吨。从 1980 年到 2015 年的 36 年时间里，全国棉花总产年增长率为 2.10%，年均增长 92 千吨。2015 年总产比 1949 年增长 11.6 倍，比 1980 年增长 1.1 倍。

总结 60 多年全国棉花总产不断增长的特点，可划分为三个时期（表 13-1，图 13-1）：

表 13-1　全国每 10 年棉花面积、总产和单产变化

（毛树春，1991，2010，2013，2016）

年　代	播种面积 （千公顷）	面积稳定性 （%）	总　产 （千吨）	总产稳定性 （%）	单产 （千克/公顷）
1949 年	2 770	—	444	—	165
20 世纪 50 年代（1950—1959）平均	5 436	11.8	1 353	27.7	249
20 世纪 60 年代（1960—1969）平均	4 678	12.2	1 670	39.5	357
20 世纪 70 年代（1970—1979）平均	4 883	32.2	2 222	8.8	455
20 世纪 80 年代（1980—1989）平均	5 396	13.6	4 004	24.6	742
20 世纪 90 年代（1990—1999）平均①	5 239	18.0	4 467	12.2	870
21 世纪头 10 年（2000—2009）平均	5 135	13.0	6 060	19.6	1 174
21 世纪近 6 年（2010—2015）平均	4 564		6 242		1 408
2000	4 041		4 417		1 093
2001	4 809		5 324		1 107
2002	4 184		4 916		1 175
2003	5 111		4 860		951
2004	5 693		6 324		1 111
2005	5 060		5 700		1 126
2006	5 816		7 535		1 295
2007	5 926		7 624		1 286
2008	5 760		7 500		1 302
2009②	4 950	−13.9	6 400	−14.7	1 293
2010	4 850	−2.1	5 961	−6.9	1 229
2011	5 038	3.9	6 589	−10.6	1 308
2012	4 700	−6.7	6 850	4.0	1 445
2013	4 346	−7.5	6 299	−8.0	1 449
2014	4 219	−2.9	6 161	−2.2	1 460
2015	3 799	−1.0	5 605	−9.0	1 475

注：①21 世纪头十年棉花平均播种面积 5 145 千公顷。实际上这十年平均播种面积在 5 333 千公顷（8 000 万亩）以上，比 90 年代是增加的。这样，在 6 个十年面积的比较之中，1 个十年最大、2 个十年减少和 3 个十年增加。因此，评价棉田面积的结论应是"前 66 年植棉面积在波动中有所扩大，近几年在减少"。

②2009 年面积稳定性−13.9%为比上年的增长百分率，总产稳定性−14.7%为比上年的增长百分率，下同。

资料来源：国家统计局。

第一个时期 30 年，总量缓慢增长和供不应求时期。在 20 世纪 50 年代到 70 年代的 30

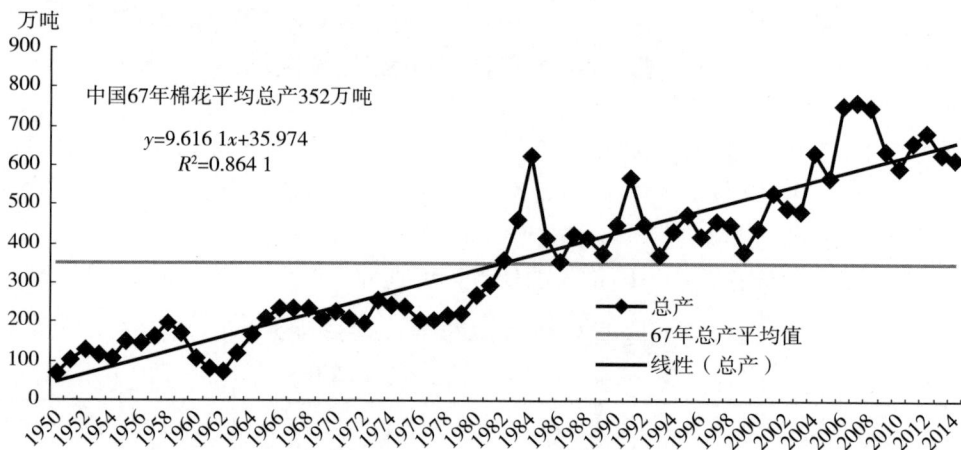

中国67年棉花平均总产352万吨

$y = 9.616\,1x + 35.974$

$R^2 = 0.864\,1$

◆— 总产
—— 67年总产平均值
—— 线性（总产）

图 13-1 1949—2015 年全国棉花总产变化（毛树春，1991，2010，2013，2016）

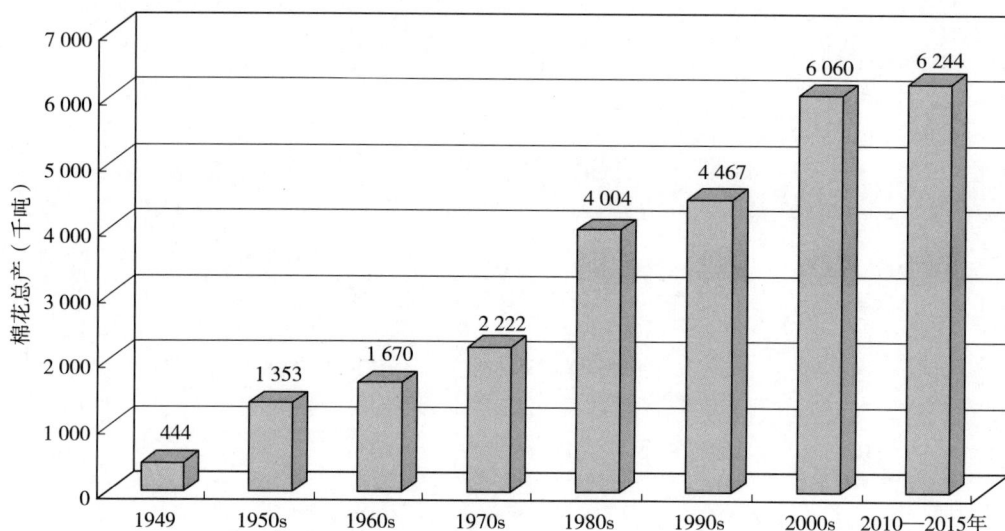

图 13-2 1949—2015 年全国棉花总产年代变化（毛树春，1991，2010，2013，2016）
注：2011—2013 年实际总产比统计数据高 10% 上下。

年时间里，全国棉花产能处于较低水平上，3 个十年总产 1 780 千吨，但供小于需，靠进口保持国内平衡，3 个十年合计净进口 3 350 千吨，花费了大量外汇。

第二个时期 20 年，总量增长较快和供需大致平衡时期。20 世纪 80—90 年代平均 4 237 千吨，比前 30 年增长 138.0%，其中 1984 年总产创历史新高，达到 6 258 千吨，占当年世界总量的 1/3；1991 年创历史第二个高产纪录，达到 5 675 千吨。这 20 年我国棉花处于供需大致平衡，成为全球贸易调节国，净进口 3 155 千吨。比如，20 世纪 80 年代丰收之后的几年出口大幅增长，但是由于 1992—1993 年黄河流域棉铃虫和黄萎病的暴发危害，导致棉花大幅减产。从 1994 年到 1998 年的 5 年间，由于诸多因素共同作用，全国共进口原棉 2 850 千吨，而国内库存和农民滞销原棉达 2 050 千吨。

第三个时期 16 年，总产高速增长和供不应求时期。进入 21 世纪，受消费需求高速增长的拉动，全国棉花生产迎来了第二个高速发展期，头十年总产上升到 6 060 千吨高水平，比

20 世纪 80—90 年代增长 43.0%。其中，2006—2008 年连续 3 年总产突破 7 000 千吨，分别达到 7 535 千吨、7 624 千吨和 7 500 千吨，历史新高不断刷新。然而，由于纺织产能连续 10 多年的快速扩张，虽然年均总产跃入 6 000 千吨级的高台阶，但仍产不足需。2000—2009 年的 10 年净进口 14 701 千吨，占同期全球棉花进口量的 24.7%。

从 2010 到 2015 年的 6 年，全国棉花总产仍呈增长态势，达到 6 244 千吨，其实 2011—2014 年实际产量仍在 7 000 千吨水平上，统计产量低估了 10% 上下。然而，受临时高价收储政策影响，国内价格明显高于国际市场，这 6 年净进口 19 303 千吨，其中 2011—2013 年净进口 12 597 千吨，出现"国货入库、洋货入市"的新问题，由于大量进口的冲击局面十分被动，随后要求西北—新疆棉区面积进行结构型调减，内地面积竞争性减少，全国棉花总产在减少。

二、植棉面积大，波动也大

全面看，从 1950 年到 2015 年的 66 年，全国平均植棉面积 5 040 千公顷（7 560 万亩），总结 66 年植棉面积变化，可划分为三个时期（表 13-1、图 13-3、图 13-4）：

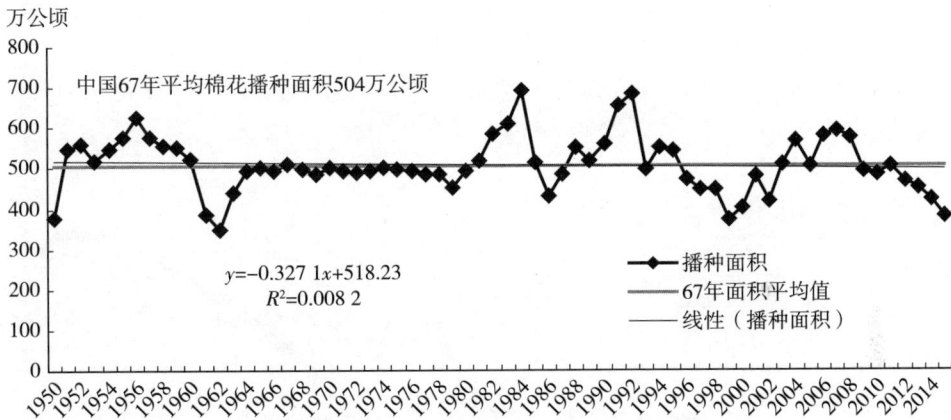

图 13-3　1949—2015 年全国棉花播种面积变化（毛树春，1991，2010，2013，2016）

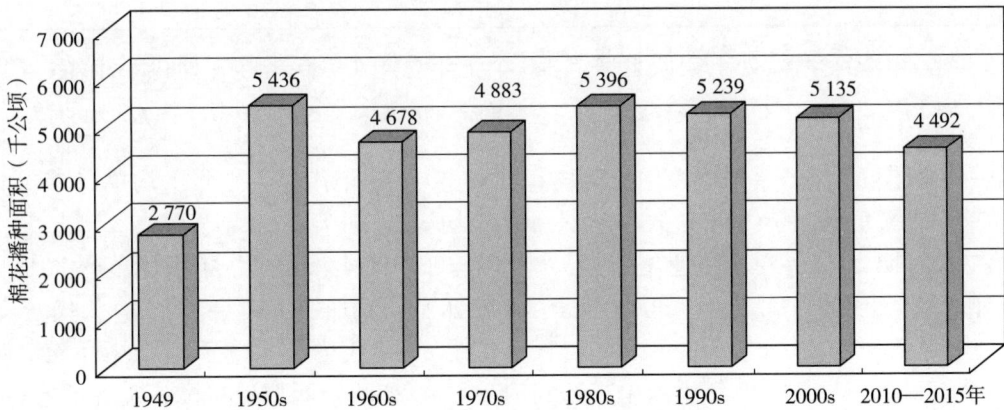

图 13-4　1949—2015 年全国棉花播种面积年代间变化（毛树春，1991，2010，2013，2016）

注：2011—2013 年实际种植面积比统计面积大 10% 上下。

第一个时期 30 年，植棉面积相当较少时期。20 世纪 50—70 年的 3 个十年平均植棉面积 5 001 千公顷，以 50 年代面积最大，达到 5 436 千公顷；60 年代最小为 4 678 千公顷，其中 1961—1963 年遭遇三年自然灾荒，1962 年全国植棉 3 500 千公顷，是近 67 年的最少年景。

第二个时期 20 年，植棉面积扩大年景。80—90 年代的 2 个十年平均 5 314 千公顷，比前 3 个十年增 6.3%，其中 1984 年 6 923 千公顷，为 66 年的最大面积年景；1991 和 1992 年分别达到 6 540 千公顷和 6 835 千公顷，为近 66 年的第二个次大面积之年。

第三个时期 16 年，植棉面积相当较少时期。21 世纪头十年，植棉面积 5 140 千公顷，比前 20 年减少 3.3%。其中 2006—2007 年达到 5 816 千公顷和 5 926 千公顷，为近 66 年的第三个次大面积之年。近 6 年植棉面积减少到 4 564 千公顷，也是面积的较少年景。正与前面总产所述，主因是受进口冲击和消费减少的影响。需要说明的是，2011—2013 年实际播种面积比统计面积大 10%上下，西北特别是新疆非统计的植棉面积很大，但是内地面积却在减少。

三、单产水平高，增长速率快

在 1950—2015 年的 66 年时间里，全国棉花单产的年增长率为 3.37%，年均增长 19.74 千克/公顷；从 1980 年到 2015 年的 36 年时间里，全国棉花单产年增长率为 3.95%，年均增长 24.42 千克/公顷。2015 年单产比 1949 年增长 8.9 倍，比 1980 年增长 2.1 倍。

总结 66 年棉花单产增长，可分为三个时期（表 13-1，图 13-5、图 13-6）：

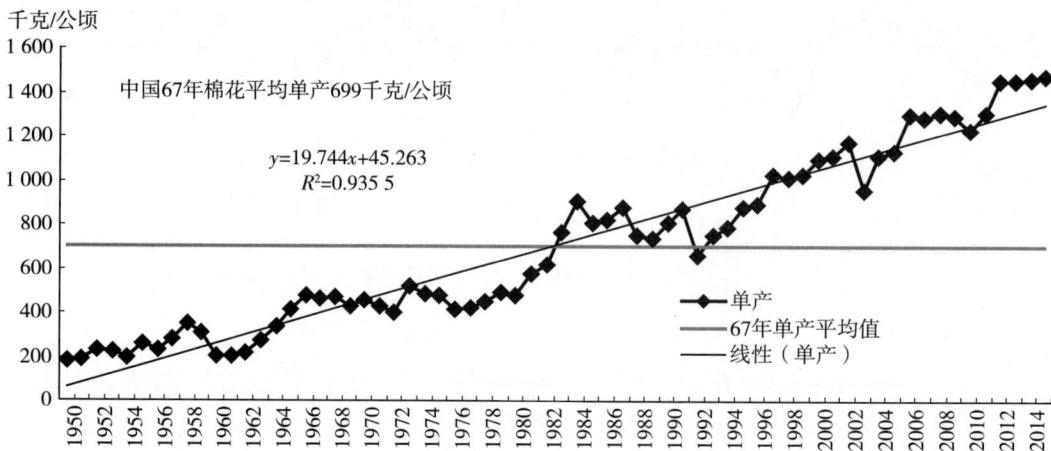

图 13-5　1949—2015 年全国棉花单产逐年变化（毛树春，1991，2010，2013，2016）

第一个时期 30 年，单产缓慢增长期。20 世纪 50—70 年代 3 个十年平均单产 350 千克/公顷，单产水平每隔十年约增 100 千克/公顷，年均增长 10 千克/公顷。

第二个时期 20 年，单产快速增长期。20 世纪 80—90 年代的 20 年平均单产 801 千克/公顷，比前 30 年增长 128.9%。这 20 年全国单产水平增长加快，80 年代比 70 年代增长 287 千克/公顷，年均增长 28.7 千克/公顷；90 年代比 80 年代增长 128 千克/公顷，年均增长 12.8 千克/公顷。其中 1983 年全国单产达到 762 千克/公顷，即百斤目标，实现了老一辈领导人的夙愿，是我国跻身全球先进植棉国家行列的标志，也是这一年全国取消了自 1954 年开始实行的长达 29 年的布匹票证管制，历史意义极其深远。

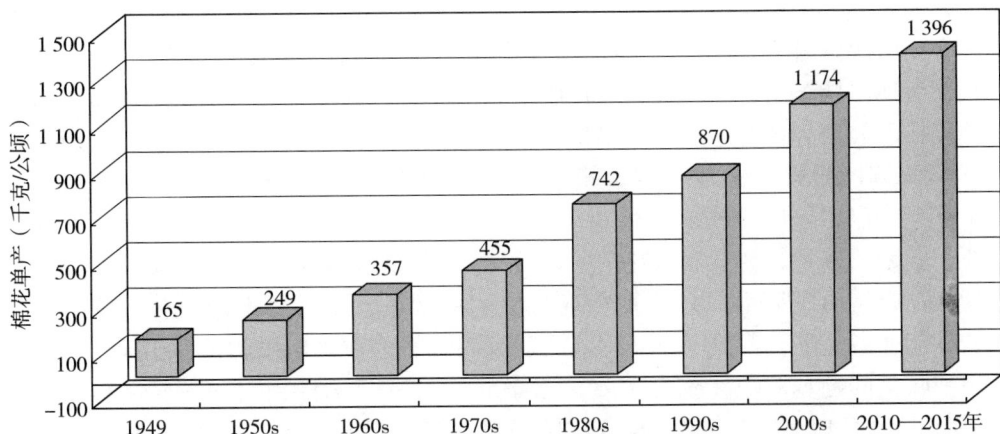

图 13-6　1949—2015 年全国棉花单产年代变化（毛树春，1991，2010，2013，2016）

第三个时期 16 年，单产高速增长持续期。21 世纪头 10 年，全国平均单产达到 1 174 千克/公顷，比前 20 年代增长 46.6%，年均增长 30.4 千克/公顷。近 6 年平均 1 396 千克/公顷。由于面积在总量很大的基础上有所减少，单产的提高对总产增长的贡献率为 100%。

在提高棉花单产的同时，棉花的遗传品质和生产品质得到全面改进和提高，不断满足纺织工业的新需求。

四、产能发展的特点和贡献

（一）主要特点和生产波动的原因简析

特点之一，增加总产依靠扩大面积和提高单产水平，但各个阶段的依赖程度不同。前 30 年（1950—1979）主要以扩大面积来增加总产，后 36 年（1980—2015）主要以提高单产与扩大面积并重以增加总产。

特点之二，棉花生产年际间的波动幅度大，面积增减幅度高达 63 万公顷，总产增减幅度高达 50 万吨，虽然单产整体呈增长态势，但由于棉花播种面积年际间的增减幅度较大，由此导致棉花总产量的波动。因此，稳定播种面积是减小总产量剧烈波动的主要途径之一。

特点之三，棉花生产波动呈现高峰和低谷特征。在这 60 多年的时间里，植棉面积高峰出现 7 次，共 18 年，依次是 1958 年、1966—1968 年、1973—1974 年、1980—1984 年、1991—1992 年，2003—2004 年、2006—2008 年。植棉面积低谷出现了 9 次，共 20 年，依次是 1961—1963 年、1972 年、1976—1977 年、1986—1989 年、1992—1994 年、1998—2000 年、2002 年、2005 年、2009 年和 2014—2015 年。

（二）棉花生产波动的原因简析

1. 粮棉矛盾及其协调要素。总体看，新中国成立以来，全国粮棉争地矛盾逐步得到解决。面对人多地少的国情，棉花与粮食生产经历了激烈的争地到缓和、协调和双丰收的发展历程。20 世纪 60 年代遭遇三年自然灾害，导致粮食严重短缺，粮棉争地矛盾极其尖锐。20 世纪 70 年代还存在粮棉生产争劳力和争肥料等问题。自 80 年代改革开放和实行联产承包责任制之后，随着生产积极性的发挥和粮棉单产水平的不断提高，两熟和多熟种植，粮棉争地矛盾逐步得到解决。进入 21 世纪还取得棉粮双高产双丰收的成就，其经验十分难能可贵。然而，粮棉争地问题缓解之后，如今又面临着粮经和棉经、粮果和棉果争地的新矛盾，特别是出现粮棉技术和服务在竞争中的新情况和新问题，而且这些矛盾和问题有愈演愈烈之势。

2. 政策和调控要素。在 1978 年改革开放之前的计划经济时期，为了发展棉花生产，国家出台了一系列以粮保棉的政策。20 世纪 70 年代以及 70 年代以前的政策有：预购、统购统销、合同定购、奖售、口粮和奖励等，80 年代实行收购定基数和超基数加价等政策。90 年代后期棉花政策出现明显的过渡期特点。这些政策在新中国成立初期对于控制面积、产量、收购和流通各个环节起到了一定作用，政策目标旨在调动农民的植棉积极性，妥善解决农民口粮和收益问题。但随着社会主义市场经济的发展，对棉花生产和流通实行指令性计划生产和垄断性经营体制已越来越不符合市场经济发展的规律。自 2001 年起，棉花生产从计划走向市场，市场需求和价格成为影响棉花播种面积和总产量波动的主要因素。

3. 市场和价格要素。供需影响价格，而价格进一步影响面积。1997 年遭遇亚洲金融危机，由于国际纺织市场需求量萎缩，导致棉花消费疲软，1997—1999 年棉花价格一直处于低位。2008 年秋，全球金融危机暴发，棉价一落千丈，"卖棉难"问题凸显，由于"棉贱伤农"，2009 年植棉面积大幅缩减 14.0%。然而，随着金融危机的结束，国际纺织品服装市场的复苏，对棉花的需求量迅速增加，而由于 2008 年棉花生产减少，棉花市场出现了较大的供需缺口，使得 2009 年棉价一路高涨，籽棉售价涨幅高达 35%，创历史新高。

4. 丰歉与灾害、天气要素。除了市场和价格以外，另一个影响棉花生产的因素是生物灾害和异常气候灾害。1992—1993 年黄河流域棉铃虫大暴发危害致使面积和总产大幅减少 17%。生物灾害一方面会直接导致产量损失，另一方面会使得棉农产生恐慌，缩减棉花面积，进一步降低产量。因此，有效防治病虫等生物灾害，是稳定发展棉花生产的关键路径之一。1984 年全国棉花大丰收，使当年出现棉花供大于求的局面，价格下跌，进而导致 1985 年面积同比大幅缩减 25.7%。2004 年全国棉花再次大丰收，又使得 2005 年的棉花面积同比大幅缩减 11.0%。2003 年，长江、黄河和西北三大产区同时遭遇异常气候的不利影响致使棉花大幅减产三成，导致棉花价格大幅上涨三成多，从而使得 2004 年的棉花播种面积同比增长了 11.4%。

（三）产能发展贡献

棉花生产的发展对于人口大国的直接贡献是人均原棉占有量和纺织品消费总量的增长，人民生活水平的日益提升。

1. 跻身世界先进植棉大国的行列，结束了棉花的短缺史。1983 年是全国棉花生产重要的一年，这一年全国单产达到 50.8 千克/亩，成为我国跻身世界先进植棉大国行列的标志，从此结束了长达 33 年的短缺史；也是这一年取消了布票，从此结束了长达 29 年的纺织品管制史，由此步入了丰衣足食的新时代；也是这一年我国由棉花进口国一跃成为出口国。

2. 节省了耕地，实现了粮棉双丰收。高产对我国棉花具有重要意义。由于单产水平高，我国不仅成功解决了 13 亿人的穿衣问题，衣着靓丽，"衣被天下"，而且还节省了 2 个百分点的耕地面积，相当于每年节省耕地面积 267 万公顷（4 000 万亩，按大田作物播种面积 15 亿亩匡算），同期全球棉花播种面积占全球大田作物播种面积的 5%，而我国只占 3%。按同期全球平均单产水平测算，我国用 533.3 万公顷（8 000 万亩）棉田生产出 933.3 万公顷

（1.4 亿亩）的总产量，相当于每年节省耕地 400 万公顷（6 000 万亩）。正是因为棉花的高产，我国才得以战胜国际低成本原棉的冲击，战胜棉花自身不断上涨的成本压力，战胜粮经菜作物的挤占和打压，稳定了棉田面积。

3. 不断提升棉花生产的国际地位。2000—2009 年，我国植棉面积 5 156 千公顷，占全球的 15.7%，次于印度位居全球第二；总产 6 070 千吨，占全球的 26.3%，位居全球第一，其中 2007 年占 30%；单产 1 160 千克/公顷，高于全球平均水平的 65.8%，位居全球产棉大国——印度、美国、巴基斯坦、巴西和乌兹别克斯坦的首位。

五、全国棉花种植区域

根据生产生态条件，全国棉花种植区域划分为 5 个生态区，分别是华南、长江流域、黄河流域、辽河流域和西北内陆棉区。按照商品棉生产的多少，全国棉花主要产区为长江流域、黄河流域和西北内陆三大商品棉产区。经过 60 多年的发展，到 20 世纪 90 年代全国棉区布局形成长江、黄河和西北"三足鼎立"的优化结构。但是，近年来这一优化结构正在被改变。

（一）长江流域棉区

长江流域棉区包括四川、湖南、湖北、江西、安徽淮河以南、江苏苏北灌渠以南、浙江和上海，以及河南南阳盆地和信阳地区。

本棉区热量充足，雨水丰沛，土壤肥力高，障碍因素少，唯日照条件差（表 13 - 2）。≥10℃活动积温持续有效天数 220～300 天，≥10℃活动积温 4 600～5 900℃，年日照时数 1 000～2 100 小时，年平均日照率 30%～55%；年降水量 1 000～1 600 毫米，从 3 月开始便可受到暖湿的夏季风影响，降水增多，6—7 月副热带高压与西风带气流在本区交汇，形成持续约 1 个月的梅雨季节，梅雨过后的一段时间受到副热带高压控制，为炎热多阳季节，秋季大部秋高气爽，日照比较丰富，唯上下游部分地区秋雨过多，对成铃和收获有一定影响。

表 13 - 2 全国主要商品棉主产区的主要气候资源

项目	长江流域棉区	黄河流域棉区	西北内陆棉区	辽河流域棉区
气温≥10℃持续期 （天）	247 （200～294）	205 （196～230）	190 （150～212）	160 （140～190）
气温≥10℃活动积温 （℃）	5 200 （4 600～6 000）	4 300 （3 800～4 900）	3 900 （3 000～5 400）	3 100 （2 600～4 000）
气温≥15℃活动积温 （℃）	4 700 （3 500～5 500）	3 900 （3 500～4 500）	3 500 （2 500～4 900）	2 700 （1 600～3 600）
年降水量（毫米）	1 200 （1 000～1 600）	600 （500～1 000）	90 （15～380）	537 （400～800）
年日照时数（小时）	1 600 （1 200～2 500）	2 400 （1900～2 900）	2 900 （2 600～3 400）	2 700 （2 200～3 000）

资料来源：中国农业科学院棉花研究所.中国棉花栽培学.上海：上海科学技术出版社，2013：70 - 71.

棉田面积和总产曾占全国较高的比重（表 13-2），20 世纪 50 年代为 33.9％和 33.6％，60 年代为 40.1％和 54.5％，70 年代为 43.2％和 57.5％，是当时全国棉花生产的重心；80 年代为 32.8％和 32.7％，90 年代前为 31.1％和 35.9％。然而，进入 21 世纪以来，棉田面积在徘徊之后进入下降状态，近几年棉田面积占全国的比重下降到 20％上下，加上单产水平的不断下降，总产占全国的比重不足 20％。

本区棉田为一年两熟和多熟种植，复种指数高；前作有油菜、小麦、大麦以及蔬菜等，雨养面积大，灌溉条件差。棉花育苗移栽采用套栽也有套种，正在研究示范前作收获后棉花连作移栽或直播种植模式。

（二）黄河流域棉区

黄河流域主要产棉省市区有山东、河南大部，安徽淮河以北，江苏苏北灌区以北，河北以及天津、山西、陕西、北京等。

本棉区地处北温带的亚湿润季风气候区，西部高原为荒漠和干旱气候区（表 13-2）。无霜期 180～230 天，西部 140～170 天。≥10℃活动积温 4 000～4 600℃，西部为 2 600～3 300℃；≥15℃活动积温 3 500～4 100℃，西部为 2 600℃上下；年降水量 500～1 000 毫米，但降水分布不均，且年际间和年内的变幅大，旱涝并发；西部 250～400 毫米。全年日照 2 200～3 000 小时，较为充足，年均日照率为 50％～65％，热量条件好，西部高原较差。

本棉区曾是全国最大的产棉区。棉田面积和总产均占全国的最高比重，20 世纪 50 年代为 57.8％和 58.1％，60 年代为 52.9％和 39.1％，70 年代为 50.6％和 38.3％，80 年代为 62.9％和 62.1％，是当时全国棉花生产的重心；90 年代为 56.6％和 46.6％。其中棉田面积 80 年代比 70 年代增加 921 千公顷，是这个区域的面积扩大才促进了全国棉花生产大发展，总产 80 年代比 70 年代翻了近 3 番，为国家做出了巨大贡献。然而，21 世纪以来，本流域棉花在徘徊之后也进入下降状态。近几年棉田占全国比例在 30％上下，因单产低于全国平均水平，总产占全国比例不足 30％。

本区棉田为一年两熟和一熟种植；前作主要是小麦，蒜（葱）棉两熟面积也很大，灌溉条件好，一熟棉田地膜覆盖，两熟育苗移栽及套栽，盐碱旱地以及可供开发利用的滨海盐碱地面积大，适合植棉。

（三）西北内陆棉区

西北内陆棉区，包括新疆的南疆、北疆、东疆和甘肃的河西走廊四个亚区，以及内蒙古的西部，在新疆分地方和新疆生产建设兵团两个部分。

本棉区范围广阔，气候资源差异大，海拔高度相差 1 500 米，无霜期 170～230 天，相差 60 天以上；年均温度 11～12℃，4—10 月平均温度 17.5～20.1℃，≥10℃积温 2 900～5 500℃，≥15℃积温 2 500～5 300℃，年降水量在 250 毫米以下；气候干旱，年均相对湿度 41％～64％，年蒸发量约 1 600～3 100 毫米；日照充足，年日照时数 2 600～3 400 小时；昼夜温差大，一般为 12～16℃，最大为 20℃；春季气温回升不稳，秋季气温陡降，早熟性的风险大。

西北内陆是以新疆为主的棉区，是近 20 年快速发展起来的新棉区。从 20 世纪 50 年代到 80 年代，棉田面积占全国比例仅 2.0％～5.4％，总产占全国比例仅 3.4％～5.0％；90 年代植棉面积占全国的比例提高到 11.6％，总产占全国的比例提高到 17.0％。21 世纪前 10

年棉田面积占全国比例提高到 30%，总产占全国比例提高到 40%，这时全国棉区"三足鼎立"的结构才得以形成。然而，近几年受临时收储政策利好的拉动，棉花生产快速扩张，棉田面积占全国的比例提高到 50%，总产占全国比例扩大到 60%。

本区棉田一熟，有少量孜然间作套种，近几年果棉间作面积在扩大，降水少，是典型绿洲农业，依靠灌溉才能从事农业生产。棉花生产技术水平高，全部采用宽膜覆盖、膜下滴灌、高密度种植和全程化学调控，机械化程度高，机采棉发展迅速。

（四）辽河流域棉区

这是一个面积比重不大的早熟棉区，位于棉区东北的北界，包括河北承德以西以北，千山山脉以西，包括辽宁大部和吉林长春以南、内蒙古东中部。该棉区位于中温带半湿润区及半干旱区。其中辽宁省 20 世纪 50—80 年代中期面积较大，最近 30 多年植棉大幅衰减，然而吉林长春以南的白城地区在发展，植棉已有 20 多年的历史。

（五）结构及其变化

通过 30 多年的基地建设、结构调整和市场推进，全国棉区布局已形成"三足鼎立"，具有结构均衡和布局优化的特点，这对防范异常气候风险、保持较高的生产能力和规避市场波动极为重要，是保障大国所需棉花原料必须坚持的布局原则，取得的经验难能可贵。

在"三足鼎立"基础上，全国棉花呈现四个集中种植带：一是长江中游集中带，包括洞庭湖、江汉平原、安徽沿江和江西沿江两岸以及南襄盆地，棉田面积 1 200 千～1 333 千公顷，且该集中带棉田继续"下湖上山"——洞庭湖和鄱阳湖，长江北岸的大别山南麓，南岸的庐山、九华山和皖南等丘陵坡地转移。二是沿海集中带，包括苏北、黄河三角洲、环渤海和河北的黑龙岗，黄淮平原鲁西南，棉田面积 1 667～1 800 千公顷，且该集中带棉田继续向渤海、黄海和东海的盐碱地集中，大致分布在沿海岸线向内陆 200～300 千米。三是南疆环塔里木盆地集中带，棉田面积 1 067～1 200 千公顷。四是北疆沿天山北坡和准噶尔盆地南缘的集中带，棉田面积 800～867 千公顷。然而，原黄淮平原集中已成为分散产区，而鲁南和江苏徐淮地区因大蒜棉花两熟高效种植保持了面积的相对集中。

六、当前棉花生产

据国家统计局数据，2014—2015 年全国产棉省市区有 26 多个——新疆、山东、河北、湖北、河南、安徽、江苏、湖南、江西、浙江、四川、天津、山西、陕西、甘肃、内蒙古、辽宁、吉林、北京、重庆、上海、贵州、云南和海南，仅黑龙江和西藏自治区未见种植面积。主要产地有新疆、山东、河北、湖北、安徽和湖南。

2014 年，全国植棉面积 4 219 千公顷，新疆面积占全国的 46.3%、山东占 14.4%、河北占 9.7%、湖北占 8.2%、安徽占 6.3%，该 5 省占全国的 84.5%，其余 10 省区占 16.5%（图 1-7）。

2015 年，全国植棉面积 3 799 千公顷，新疆面积占全国的 50.1%、山东占 13.6%、河北占 9.5%、湖北占 7.0% 和安徽占 6.1%，该 5 省占全国的 86.2%，其余 10 省区占 14.8%。

2014 年，全国棉花总产 6 161 千吨，新疆产量占全国的 59.7%、山东占 10.8%、河北

千公顷

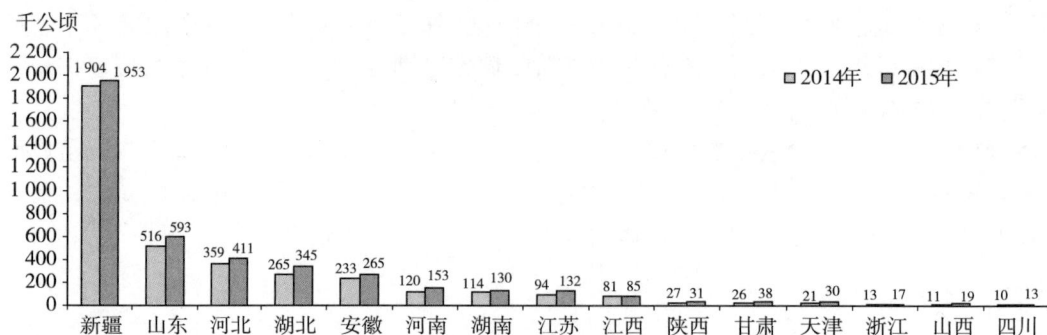

图 13-7 2014—2015年各省（市、区）植棉面积

占 7.0%、湖北占 5.8% 和安徽占 4.3%，该 5 省占全国的 87.6%，其余 10 省区占 12.4.5%（图 13-8）。

千吨

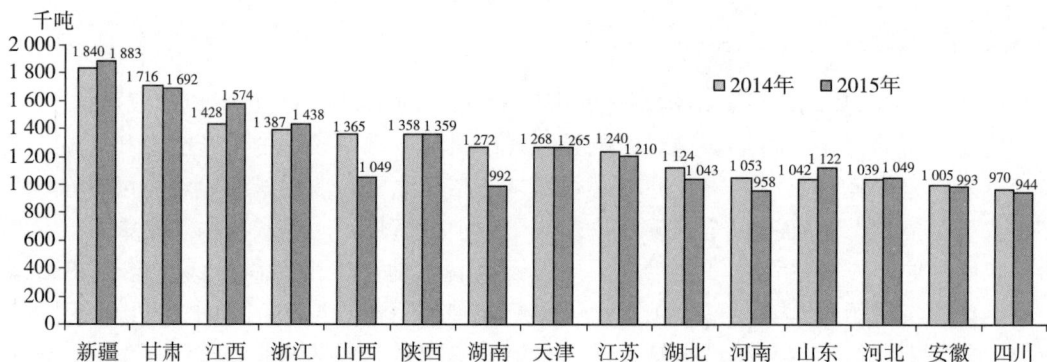

图 13-8 2014—2015年各省（市、区）棉花产量

2015 年，全国棉花总产 5 605 千吨，新疆产量占全国的 62.5%、山东占 9.6%、河北占 6.7%、湖北占 5.3% 和安徽占 4.2%，该 5 省占全国的 88.2%，其余 10 省区占 11.8%。

2014 年，全国棉花单产 1 460 千克/公顷，与全国平均水平比，新疆高于全国的 29.0%；甘肃高于全国水平的 15.9%，江西高于全国的 7.8%，其余各省均低于全国平均水平。

2015 年，全国棉花单产 1 475 千克/公顷，与全国平均水平比，新疆高于全国的 24.7%；甘肃高于全国水平的 16.3%，其余各省均低于全国平均水平（图 13-9）。

千克/公顷

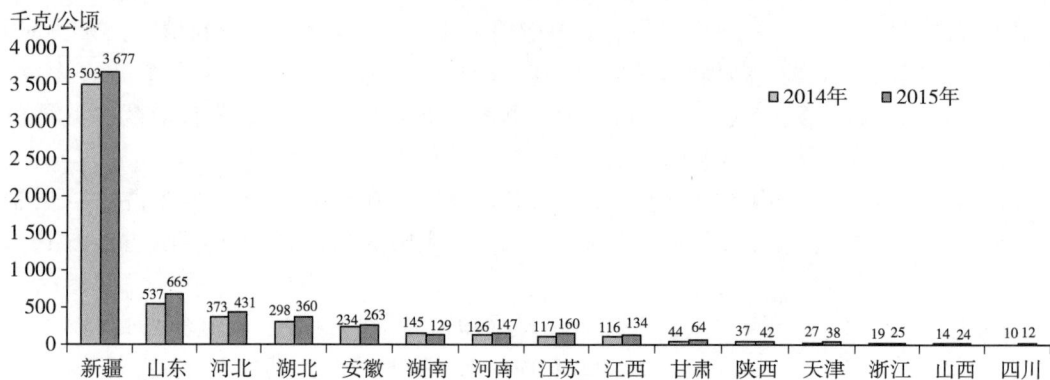

图 13-9 2014—2015年各省（市、区）棉花单产

第二节　中国棉花生产发展的主要经验

中国是人口大国，吃饭穿衣始终是国民经济的头等大事。新中国成立60多年来，党和国家努力发展棉花生产，较好地解决了人口大国的穿衣问题，衣着从温暖到靓丽，如今衣着丰富多彩，温暖全世界，成为全球棉花生产大国、纺织品生产、消费和出口大国，取得的经验值得总结，弥足珍惜。我国植棉业不断发展，产能不断增长的主要经验可归纳为：一靠政策支持，保障有效供给；二靠科技支撑，提高科学植棉水平；三靠增加投入，不断提升基础产能；四靠劳动人民的勤劳，实行精耕细作；五是走可持续生产的道路，建设具有中国特色的现代植棉业。

一、依靠政策支持，保障有效供给

（一）计划经济时期努力保障棉花供给，系列政策旨在保棉花，协调粮棉发展

从1950年到1978年，党和国家始终把棉花当作战略物资予以高度重视，把穿衣与吃饭放在同等地位，在不同时期制定和出台了一系列的政策，包括预购政策、统购统销政策和合同定购政策；棉农口粮政策；奖售政策和收购价格政策。同时，不断创新棉花流通、加工和质量检验的管理机制。一是加强棉花生产的组织领导。新中国成立后，在党中央和国务院的领导下，国家设立了棉花专门管理机构，由国家计划部门、农业部门、商业部门和全国供销合作总社，以及质量管理和监督机构等组成。这些机构负责制订棉花政策和管理措施；编制需求量和计划种植面积，制订收购标准和价格，落实计划分配与监督执行，负责收购、调拨、销售和进出口等。在主产区，成立了棉花领导小组，由主管农业省长任组长。二是制订一系列政策，鼓励发展棉花生产，稳定市场，保障供给。包括：预购政策、统购统销政策和合同定购政策；棉农口粮政策以安排好主产棉区农民的粮食供应；提供生产资金，优惠供应化肥、农药等生产资料；奖售化肥、口粮政策和收购价格政策，1989—1995年连续5次（年）调高收购价；1990—1998年实行价格浮动政策等。

（二）积极探索建设有中国特色并与国际接轨的社会主义市场经济体制

临时收储政策和目标价格试点是重大的政策支持。自2000年以来，我国对棉花进行了三次大的市场调节，第一次，2008年针对华尔街金融危机出台临时收储政策，价格为12 600元/吨，当年度收储196.5万吨，解决了"卖棉难"问题。第二次，连续3年临时收储政策。2011年3月出台临时收储政策，收储价19 800元/吨，当年度收购皮棉313万吨，占720万吨总产量的43.5%。2012年1月出台临时收储政策，达到20 400元/吨，到2013年1月底收储棉花630万吨，约占新棉总产的八成多。2013年1月出台继续实施19 800元/吨的临时收储政策，到2014年3月底国家收储皮棉501万吨，占总产的80%。第三次，目标价格改革试点。2014年对新疆试行目标价格改革试点，设定目标价格19 800元/吨，同时对湖南、湖北、江西、安徽、江苏、山东、河北、河南、甘肃等9省棉花进行补贴的额度为2 000元/吨，国家统计局快报数补贴233.8万吨，补贴46.76亿元。改革仍在继续，2015年度目标价格下调至19 100元/吨，2016年度下调至18 600元/吨，其他9省补贴为新疆价格的10%（表13-3）。

表 13-3　2008 年、2011—2014 年棉花临时收储、目标价格改革试点

项目	全国	新疆	内地	骨干企业
2008 年度，2008 年 10 月 24 日—2009 年 2 月 13 日，收储价 12 600 元/吨				
计划收储（万吨）	272.0			
实际收储（万吨）	196.5	116.2	80.3	
实际收储比例（%）	72.3			
2011 年度，2011 年 10 月 8 日—2012 年 3 月 31 日；328B 级，临时收储价 19 800 元/吨				
计划收储（万吨）	1 168.8	502.2	666.4	
实际收储（万吨）	313.0	170.9	142.1	
实际收储比例（%）	26.8	34.0	21.3	
籽棉均价（元/千克）	8.32	8.35	8.29	
皮棉均价（元/吨）	18 801	18 801	18 802	
2012 年度，2012 年 10 月 8 日—2013 年 3 月 29 日；328B 级，临时收储价 20 400 元/吨，加权数				
计划收储（万吨）	1 446.1			
实际收储（万吨）	630.0	255.0	223.0	172.7（含内地和新疆）
实际收储比例（%）	43.6			
籽棉均价（元/千克）	8.67	8.72	8.59	
皮棉均价（元/吨）	19 356	19 421	19 309	
2013 年度，2013 年 10 月 9 日—2014 年 3 月 31 日；3 128B 级，临时收储价 20 400 元/吨，加权数				
计划收储（万吨）	1 237.7			
实际收储（万吨）	643.3	403.9	226.9	其中骨干企业 193.3 万吨
实际收储比例（%）	52.0			
籽棉均价（元/千克）	8.70	8.60	8.74	
皮棉均价（元/吨）	19 019	18 712	19 177	
2014 年度，新疆目标价格改革试点，设定目标价格 19 800 元/吨				

（1）国家统计局核定新疆面积 3 548 万亩，其中地方 2 517 万亩，兵团 1 031 万亩。核定新疆皮棉产量 370.0 万吨，其中地方 222.0 万吨，兵团 148.0 万吨。

（2）通过独立采集价格，确认市场价格为 13 537 元/吨，目标价格与市场价格之差，即补贴额度为 6 263 元/吨。

（1）资金拨付。至 2014 年 12 月底，中央分 3 次拨付资金合计约 240 亿元。其中地方资金约 139.0 亿元，占 57.9%，兵团转移支付资金约 101 亿元，占 42.1%。按《实施方案》该资金地方财政按总额 5% 的额度预留，机动补差。

（2）地方和兵团支付。地方棉农分 3 次获得 60% 的棉花面积补贴，分别是 191 元/亩、33 元/亩、43.63 元/亩，小计 267.63 元/亩；兵团按籽棉交售团场交售时发放。

（3）测算单位面积补贴额度。全疆单位面积可获得的中位数补贴额度为 491.23 元/亩。其中地方补贴 446.51 元/吨，兵团补贴 560.00 元/亩。

（4）9 省棉花补贴。湖南、湖北、江西、安徽、江苏、山东、河北、河南、甘肃等 9 省，对棉花进行补贴的额度为 2 000 元/吨，国家统计局快报数补贴 233.8 万吨，补贴 46.76 亿元，但是各省补贴发放的差异很大。另外，天津本地制定政策出资补贴本地植棉棉农，补贴 156.00 元/亩。这是全国唯一出资补贴的省份。

注：据中国棉花协会整理，参考毛树春主编《中国棉花景气报告 2013》第 16-17 页，北京：中国农业出版社，2014. 毛树春主编《中国棉花景气报告 2014》第 167-181 页，北京：中国农业出版社，2015。

（三）出疆原棉、棉纱和棉布的补贴政策

针对棉花产区转向新疆，为了平衡市场各主体利益，支持新疆棉花生产的发展，解决产区与销区运输距离长达 3 500 千米的高额运费问题，国家出台了出疆原棉运输补贴政策，2008 年度补贴 400 元/吨，2011—2015 年度提高到 500 元/吨。国家还出台了出疆棉纱、棉布运输的补贴政策，2011—2015 年度补贴标准为 500 元/吨。

（四）改革棉花流通体制，改进棉花质量标准，开展仪器化检验

我国自 1999 年起对棉花流通体制实行"一放二改三加强"的全面改革，自 2004 年起棉花在郑州商品交易所挂牌交易，自 2005 年起开展仪器化检验的改革持续到 2014 年。2016 年将可能放开棉花加工轧花企业的资格认证为市场注册，这可能是自 1999 年以来最彻底的改革（见第三章）。

二、依靠科技进步，提高棉花科技水平

（一）推广种植新品种

新品种数量增多和品种更换周期缩短是棉花科技进步的重要体现。前 30 年，我国以引进品种为主，参加区域试验合计 615 个，向生产推荐 215 个，占 35%；20 世纪 80 年代国育品种基本替代了引进品种，每 5～6 年更换一次。90 年新品种选育速度加快，每年通过国家和地方审定的品种数量 30 多个，1996 年又开始引进美国品种，到 90 年代末全国进行了 6 次品种更换。

进入 21 世纪，我国棉花品种科技进步加快，审定、推广的品种数量大幅增长。从 2002 年到 2012 年，首次通过国审和省审品种 900 多个，其中"十一五"期间初次审定 597 个，同比"十五"时期增长了 1.34 倍，新品种的更新周期从 5～6 年一次缩短至 3 年一次。一般认为，新品种替代旧品种，单产提高 10%～15%，杂交种比常规种增产 8%～10%，种植品种极为丰富，2014 年种植品种（系）427 个，比 2001 年增长了 2.5 倍，且新品种的抗病性和品质也有明显改进和提高（表 13-4）。

表 13-4　1996—2015 年全国和地方棉花品种初次审定数量

单位：个

年份	初次审定合计	国审	地审	川	湘	鄂	赣	皖	苏	浙	冀	鲁	豫	晋	秦	津	疆	甘	辽
2011	84	15	69	5	6	2	1	6	1	8	6	10	3	1	1	11	5	1
2012	68	6	59	1	2	1	0	2	0	0	8	5	6	3	5	3	19	2	2
2013	97	5	92	1	2	0	19	2	1	11	0	6	11	1	2	23	5	2
2014	85	0	71	3	1	4	4	19	1	13	2	7	1	0	2	18	1	3
2015	74	27	47	0	2	4	0	0	1	1	10	4	11	0	2	13	0	0
2011—2015	407	53	291	15	6	10	6	26	28	4	50	17	40	18	9	84	13	8

（续）

年份	初次审定合计	国审	地审	各地审定															
				川	湘	鄂	赣	皖	苏	浙	冀	鲁	豫	晋	秦	津	疆	甘	辽
2006—2010	603	95	508	19	55	29	16	54	20	4	65	38	77	23	8	20	64	12	4
2001—2005	985	139	846	33	68	54	31	84	49	9	105	59	111	53	12	27	120	21	10
1996—2000	124	10	114	6	2	9	3	13	8	2	17	5	8	12	2	0	22	3	2

注：①合计数为初次审定数，不等于国审和省审之和。即国家和地方的重复审定、地方和地方之间的重复审定仅计1个数。2014年国家审定品种为初审品种，不计数。地方之中，2014年江苏审定品种19个，其中初次审定计数5个，另14个为2013年安徽审定，2014年不计新增数量。②2001年以来，美国培育的转基因抗虫棉在我国种植有8个——新棉33B、新棉99B、410B、302B、1 560B、109B、岱杂1号和岱杂2号。③2001年中棉所29和湘杂棉2号，该2个杂交种以转Bt基因抗虫技术获奖。④各年均无Bt优质棉即长绒棉、彩色棉和中长绒棉审定的品种。

资料来源：中国棉花生产监测预警数据。

20世纪80年代以来，推广种植面积大的品种有：鲁棉1号、中棉所10号、中棉所12、中棉所17、中棉所19、泗棉2号、中棉所49、鲁棉研15、中植棉2号、鲁棉研28、中棉所35、新陆早33、新陆早42、新陆中35、新陆早36、新陆早41、新陆早50、新陆中47、冀棉958等。进入21世纪我国棉花杂种优势在生产中应用面积不断扩大，优势杂交种有中棉所28、中棉所29、湘杂棉1号、湘杂棉2号、中棉所63、瑞杂816、鄂杂棉10号、湘杂棉10号、苏杂3号、冀棉958、鄂杂棉29、湘杂棉7号、鄂杂棉10号、鄂杂棉11号、铜杂411F₁、华惠4号、鲁棉研24号、中棉所56等。

自1978年改革开放以来全国棉花品种获得一等奖4个，鲁棉1号（1981）和中棉所12（1990）获国家发明一等奖，中棉所16（1995）和中棉所19（1998）获国家科技进步一等奖。邢台6 871（1987）获国家发明二等奖。以品种名称为申报材料获国家科技进步二等奖品种有：中棉所17（1996）、中棉所20（1999）、豫棉19（2002）、中棉所24、中棉所27和中棉所36（2004）、中棉所29（2006）、中棉所41（2009）、鲁棉研15（2006）和鲁棉研28（2015），以育种技术方法基础理论等带品种的获奖品种有：湘杂棉2号和皖杂4号（2003）、农大棉6号、冀棉26号、农大94-7、邯284、邯199（2009）、华杂棉H318（2013）、GS豫杂35和豫杂37（2013）。此外，川杂4号（1984）获国家发明三等奖。

关于棉花资源、育种理论、育种方法等获国家奖的有：棉纤维细胞伸长机制研究（自然科学二等奖，2011）、棉花组织培育性状钝化及转外源基因平台构建（科技发明二等奖、2010）、棉花规模化转基因技术体系平台（科技进步二等奖，2005）、野生与特色棉花遗传资源创制（科技进步二等奖，2006）、棉花抗虫基因研制（发明二等奖，2002），中国亚洲棉性状研究（科技进步二等奖，1989）。此外，获三等奖的有：棉花品种资源开发利用（1987）、亚洲棉（A）与比克氏（G）棉人工合成（AG）染色体组新棉种（1995）。

"全国棉花品种区域试验及其结果应用"获国家科技进步一等奖（1985），自改革开放以来全国棉花界共获得一等奖5项，其中4项为中国农业科学院棉花研究所取得，占改革开放以来棉花领域获得国家一等奖数量的80%。

以新品种选育技术、转基因技术和品种获得何梁何利奖有4项：郭三堆于2007年获得何梁何利产业创新奖。喻树迅于2010年获得何梁何利基金科学与技术进步奖，2011年当选中国工程院院士。李付广于2012年获何梁何利科学与技术创新奖。马峙英于2015年获得何梁何利基金科学与技术创新奖。

反映 21 世纪棉花品种科技进步加快，有几个划时代事件：

一是国育抗虫棉（即 Bt 棉）完全替代美国品种（表 13-4）。1996 年引进美国抗虫棉新棉 33B 和新棉 99B，1998 年种植面积 253 千公顷，占黄河流域抗虫棉面积的比例高达 95%。据中国棉花生产监测预警数据，2004 年以后，国育抗虫棉品种数量多，2014 年种植 Bt 棉品种（系）340 个，比 2001 年增长率 41.5 倍；Bt 种植面积不断扩大，2014 年美育抗虫棉品种仅 2 个，所占面积比例不足 0.3%，国产 Bt 棉占 99% 以上的市场份额。种植抗虫棉节省农药用量的 60%，节省成本 60 元/亩，且保护了环境，减少人工管理。

二是棉花杂交种的种植面积快速扩大。自 2001 年以来，杂交种种植面积占全国棉田的比例从 2001 年的 1.6% 扩大到 2015 年的 16.5%，其中 2007 年占全国面积的 36.4%，种植面积达到 2 353 千公顷，为最大。长江流域自 2006 年开始基本普及杂交种，黄河流域种植面积不断增加，新疆生产建设兵团也在积极尝试（表 13-4、图 13-10）。

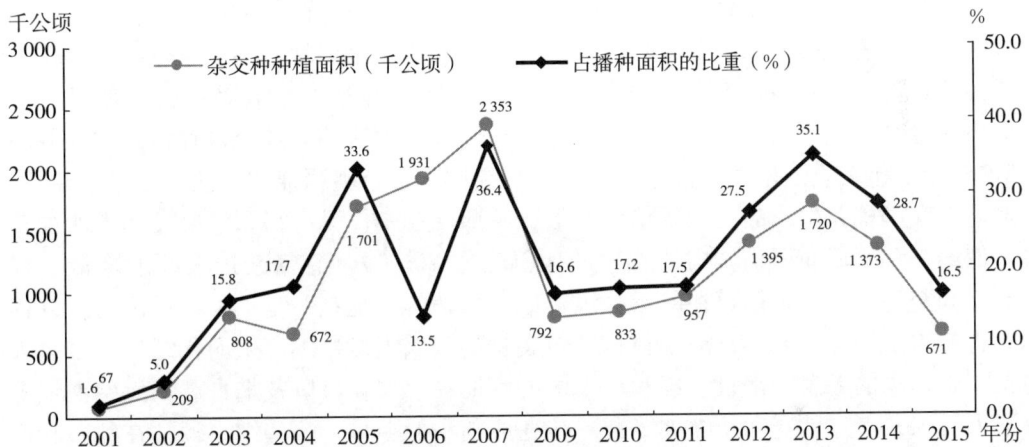

图 13-10　2001—2015 年棉花杂交种种植面积和所占比例

资料来源：中国棉花生产监测预警数据。

2006 年全国杂交种制种面积达到 9 685 公顷，为最大。然而，2014 年全国杂交棉制种 1 467 公顷，基本回归到 2001 年的 1 333 公顷水平。

三是短季棉新品种的成功选育为耕种制度改革和棉区西移提供了重大技术支撑。优质专用棉（高比强、海岛棉和彩色棉）种植面积不断增长，常年占播种面积的 3% 上下。随着高比强棉在江苏的种植，长绒棉价格高面积扩大，优质专用棉最高年景占播种面积比例达到 8%，丰富了原棉品质类型，为提高纺织品的附加值提供了优质原料。

不断提高品质。纤维长度——根据纺织工业需要我国棉花（陆地棉）纤维长度近年来呈下降趋势，向环锭纺中号纱（27 毫米）和细号纱（29 毫米）所需的长度靠近。长江、黄河和特早熟棉区主要栽培品种，20 世纪 80 年代加权平均（后同）长度 28.3～29.2 毫米，90 年代参加区域试验品种（系）平均长度 28.6～29.0 毫米。西北内陆棉区早中熟陆地棉品种（系），80 年代长度平均 29.6 毫米，90 年代平均 28.3 毫米。纤维强度——全国棉花纤维强度改良效果明显，20 世纪 90 年代 10 年改良效率提高 2.4～20.8gf/tex，年平均改良速度为 0.25gf/tex，这与美国的改良速率 0.25gf/tex·年相同。

进入 21 世纪我国棉花主要纤维遗传品质的改良效果明显，如今纤维长度和强度进入了双"三零"时代。据毛树春等（2012）的统计分类研究，对 20 世纪 90 年代 102 个、2002—2005 年 224 个和 2006—2010 年 476 个审定品种进行分区域比较，发现近 10 年棉花遗传品质进入了双"三零"时代。其中：遗传育种对纤维强度的改良效果最为显著，强度提高 0.2~6.2 厘牛/特克斯，提高幅度为 0.7%~24.5%，达到 29.6~31.5 厘牛/特克斯。对纤维长度的改良效果次之，纤维延长幅度为 0~1.7 毫米，增幅 0~5.9%，达到 29.9~30.6 毫米。

反映纤维细度和成熟度的马克隆值指标整体呈升高的趋势，而黄河流域转 Bt 基因抗虫棉的长度延长，强度提升，马克隆值处于最佳范围，整体改良效果更为显著。

同时，全国棉花品质类型多样化也取得了新进展。积极稳妥推进品质结构的调整，发展优质专用棉，其中高比强优质棉、海岛棉（长绒棉）、彩色棉与有机棉得到发展。

生产品质进一步改善。霜前花率和僵瓣花率是棉花生产品质的主要指标。一是霜前优质棉比例大幅提升，正常年景达到 80% 以上，早熟性的改善和优质棉比例的提升主要归功于育苗移栽和地膜覆盖技术的广泛应用。僵瓣花率与秋季干旱和秋湿的关系密切，由于气候异常，长江流域棉区呈减少的趋势明显，黄河流域棉区整体呈加重的趋势。二是狠抓质量控制，努力减轻"三丝"污染。棉花收摘、包装、储存、运输和轧花全过程强调"人戴帽子狗穿衣"，棉兜、包装袋强调使用棉布。在全过程控制之下新疆原棉"三丝"含量呈减少趋势。

然而，我国棉花生产品质问题依然严峻，一些问题不仅没有得到解决反而有所加重。总量中，僵瓣花和霜后花所谓"劣质棉"的比例约占 20.0%，急需改进大幅度降低。籽棉采收、储存和交售过程中普遍存在的不分级，形成所谓的"统花"是一种严重倒退。籽棉中混入的有害外来杂物"三丝"——来自化纤包装材料（编织袋）中产生的化纤丝，来自人的头发与猪、狗、猫的毛发，来自农田和环境中的废地膜、农膜，以及来自鸡鸭鹅的羽绒等有害杂物混入籽棉，经过轧花和纺纱加工进一步变成细小的颗粒，这些细小颗粒在纱布和面料中形成有害的"疵点"，严重影响纺织品纱线、布匹和服装的质量。

（二）推广高产优质栽培技术、轻简化机械化植棉新技术

1. 普及促进早发早熟栽培技术。育苗移栽、地膜覆盖和化学调控是我国棉花增产的基础性、关键技术，长期处于国际领先水平，之所以把这 3 项技术称之为"基础性"、关键性技术，即棉花生产都采用"不栽就盖、不盖就栽"和"既栽又盖"，全国棉花普遍进行 2~3 次化学调控，西部高密度也以地膜覆盖和化学调控为基础，实行全程调控，其他播种、管理和收获技术都是在"栽"和"盖"的基础上进行衍生。

据中国棉花生产监测预警数据，棉花直播（不移栽、不覆盖）占播种面积的比例从 2000 年的 11% 下降到 2011 年的 3%。棉花育苗移栽和地膜覆盖占播种面积 96%。育苗移栽增产 15%~20%，地膜覆盖增产 15%~20%（表 13 - 5）。

然而，棉花育苗移栽面积比例在不断下降，地膜覆盖面积比例上升，从可持续发展来看育苗移栽为绿色栽培技术，地膜覆盖存在残膜污染的危害，提倡育苗移栽是看持续生产的关键技术之一。

化学调控长江、黄河常年使用 2~3 次，西北内陆全程化学调控 5~7 次，并由看苗化控发展到全程化控，取得增产 8% 的良好效果。根据土壤测定，复配棉花专用肥料，平衡施用

氮磷钾和硼、锌微量元素肥料，基施、追施和叶面喷施结合，测土配方施肥节肥 10％和增产 10％。黄河、西北采用盐碱地压碱、灌溉底墒水和生育期补充灌溉，井灌、沟灌和滴灌结合。其中兵团普及膜下滴灌技术，灌溉水的利用率提高 70％，取得灌溉增产 15％的良好效果。综合测算栽培技术对棉花增产的贡献率达到 45％，优质棉比例提高 20 个百分点（表13－6）。

表 13－5　全国棉花促早化栽培水平

单位：％

年份	育苗移栽	地膜覆盖	促早措施不同类型			大田直播
			常规地膜覆盖	宽膜覆盖	双膜棉	
2000	45.0	44.0	25.0	6.0	13.0	11.0
2001	44.0	44.0	24.5	7.5	11.0	12.0
2002	43.0	47.0	27.0	10.0	10.0	10.0
2003	42.0	47.1	26.1	12.0	9.0	10.9
2004	41.0	49.0	27.2	15.0	6.8	10.0
2005	40.5	49.7	25.3	19.2	5.2	9.9
2006	40.2	52.3	26.4	20.1	5.8	7.5
2007	36.0	57.3	30.8	21.6	4.9	6.6
2008	30.4	67.1	36.5	23.9	6.7	2.4
2009	23.8	70.4	45.3	19.9	5.2	5.8
2010	27.9	68.0	41.9	22.5	3.5	4.2
2011	30.6	66.9	38.0	27.4	1.5	2.7
2012	27.2	70.5	34.7	31.3	4.5	2.2
2013	24.6	73.4	38.1	33.0	2.3	2.0
2014	21.1	77.7	39.8	37.8	0.2	1.2
2015	22.6	76.5	38.8	37.4	0.3	0.9

资料来源：中国棉花生产监测预警数据。

表 13－6　中国棉花促早栽培技术的增产和品质改善效应

技术类型	长江流域		黄河流域		西北内陆	
	增产（％）	霜前花率提高百分点	增产（％）	霜前花率提高百分点	增产（％）	霜前花率提高百分点
育苗移栽	15～20	10 个	10～15	10 个	—	—
地膜覆盖	10～15	10 个	15～20	10～15 个	30	20 个
移栽地膜	10～15	10～15 个	10～15	10～15 个	—	—
缩节胺	10	有	8	有	10～15	明显
种子包衣	8	有	5	有	5	

资料来源：中国棉花生产监测预警数据。

2. 棉种技术水平提升，市场化程度加快，种子成本在降低。一是种子技术水平大幅提高。与 2001 年相比，生产用种使用毛子比例提高了 31 个百分点；包衣子提高了 32.6 个百分点。二是种子市场化程度提高。与 2001 年相比，2014 年自留种下降了 23.4 百分点；市场购买种提高了 15.1 个百分点。统一供种比例加大与良种棉补贴和兵团机制紧密相关。三是用种量在不断减少。单位面积用种量从 2001 年的 3.8 千克/亩下降到 2014 年的 2.3 千克/亩，降幅高达 39.5%，这是种子科技和种植技术共同进步的结果。种子价格从 2001 年的 5.76 元/千克提高 2014 年的 17.70 元/千克，提高了 2.1 倍。单位面积种子费用从 2001 年的 21.19 元提高 2014 年的 40.66 元，增长近 1 倍。而单位面积种子费用占物化成本的比例则从 2001 年的 9.9% 下降到 2014 年的 6.9%，减少 3 个百分点，表明种子以外的物化成本不仅都在上涨，而且涨幅更大（表 13 - 7）。

表 13 - 7　2001—2014 年全国棉花种子技术、市场化水平和种子成本变化

项目	种子技术水平（%）			种子市场化水平（%）			种子成本			
	毛子	光子	包衣子	自留种	统一供种	市场购买	用种量（千克/亩）	单价（千克/元）	种子费用（元/亩）	种子费用占物化成本的比例（%）
2001	33.0	18.0	49.0	29.2	24.7	46.1	3.8	5.76	21.19	9.9
2013	7.4	18.4	74.1	9.8	33.9	52.2	2.5	16.00	40.00	6.4
2014	1.2	17.2	81.6	5.8	32.9	61.2	2.3	17.70	40.66	6.9

资料来源：中国棉花生产预警监测数据。

3. 推广轻简育苗移栽，培育代育代栽服务新模式。自 2009 年到 2015 年，农业部在湖南、湖北、安徽、江西、江苏、河南、山东、河北和天津等 9 省（市）开展棉花轻简育苗移栽示范工程，每省（市）每年支持资金 100 万元补贴育苗移栽。这是棉花方面首次对单项关键技术给予经费支持的项目，可见轻简技术对棉花生产的重要程度。在国家的带动下，2011年江西省积极筹措资金 500 万元支持开展轻简育苗移栽。通过项目的实施，轻简育苗移栽的示范面积扩大，形成一批年育苗能力达到 1 000 万株，移栽面积 5 000 亩的规模化、基地化、专业化的育苗基地，培育一批公司型、专业化的"代育代栽"育苗基地，以及能人和大户自育自栽典型，在破解棉花生产的社会化服务难题方面取得新经验。为了搞好项目的实施，农业部和全国农业技术推广服务中心每年组织督导、考察和观摩，举办经验交流和技术培训等，有力地推进了新技术应用。

在项目带动下，湖南、江西和江苏增加投入，整合地方资金予以支持，建立一批规模化育苗基地，实现集中育苗，一个育苗基地一季可育苗 5 000 万～1 亿株，移栽棉花面积 4 000～7 000 亩。同时，依托基地开发形成综合种苗基地，常年育苗，常年种植，育苗基地利用率提高。从"代育苗"发展到代"代移栽"模式，形成机械化移栽。在项目带动下，湖南、江西、江苏、河南、河北和山东纷纷开展机械化移栽，湖南购买移栽机 5 台，代移栽面积 500～1 000 亩。其中，江西省连续 3 年在九江县江州镇召开棉花机械化移栽观摩会。在河南，推进轻简育苗与麦茬两熟轻型制度结合，早茬小麦棉花 5 月 20 日机械化移栽，晚茬小麦移栽期至 6 月初。为了节省成本，麦茬移栽棉采用"一钵双株"育苗，栽植密度 2 000～2 500 株/亩，籽棉 250 千克/亩，霜前花率 80%，本模式河南省有较好的应用前景。在河北，

发展棉麦套种和麦茬移栽棉，曲周县曲周镇采用集中育苗，机械化移栽，集成短季棉品种、工厂化育苗、机械化移栽、小麦抢收、抢时耕整地、喷灌节水、肥料基施的棉轻简栽培模式。培育新型专业育苗机构，发展植棉业的社会化服务。专业机构有种业公司、育苗公司、农技服务站、农民专业合作组织、能人和植棉大户等。经过7年示范，形成政府主导、企业参与、集中育苗、能人代育、大户自育和农民合作社"代育代栽"相结合的模式。

4. 发展棉田节水灌溉技术。 新疆棉田大面积滴灌是我国植棉史上又一具有划时代的标志事件，新疆成功的实践对黄河流域棉区具有借鉴和指导作用。新疆宽膜覆盖、膜下滴灌的试验示范始于90年代末和21世纪初。据程海等（2012）报道，宽膜覆盖、膜下滴灌面积从2000年的1万公顷增长到2011年的191.3万公顷，如今从兵团到地方，从棉田到小麦田、玉米田、番茄田、辣椒田和果园，几乎农田全覆盖，成为绿洲农业和节水农业的新亮点，推广速度之快和覆盖农田面积之广的确令人欢欣鼓舞。

5. 发展统防统治，减轻病虫害的危害和产量、品质的损失。 进入21世纪，随着棉种加工设备和精加工技术的进步，包衣种子基本普及。据中国棉花生产监测预警数据，生产上使用播种毛子仅占5%上下，光子和包衣子占95%，其比例越来越大。由于大面积使用精加工包衣种子，苗期病虫害得到有效控制，出苗率提高，有利于一播全苗，培养壮苗，促进早发，特别是缺苗断垄和补种的几率大大降低，生产管理得以简化。大面积种植抗虫棉以后，次要害虫如棉盲蝽呈发生危害加重趋势，通过加强测报，实行统防统治较好地解决了农村劳动力不足的问题，提高了种植水平，防治效果显著提高，受到农民欢迎。棉田除草剂应用扩大，减少了人工除草。科学防治病虫害每年减低产量损失15%～30%，挽回产量50万吨。在Bt棉的抗性监测和治理、农药新品种的开发与天敌保护利用方面也取得了一系列新进展。

6. 推进生产机械化。 棉花生产机械化是指全程机械化，包括犁地、整地、播种、中耕、病虫害防治、脱叶催熟及机械采收等。按国家农业行业标准规定，机械化率为耕种收的综合机械化水平，分为耕地、整地机械化程度（%）、播栽机械化程度（%）和收获机械化程度（%），其权重系数分别为0.4、0.3和0.3。

耕整地机械化。 整地、施肥和施除草剂一体化作业，新疆采用中大型旋耕机耕地和耙地，旋耕机耕翻和耙磨田间没有出现脊、沟和地头地边，高差不超过3厘米，达到了地平土细，大大提高了棉花种植的基础水平，也方便了灌溉，节约用水，播种、覆膜、打孔、覆土实行一体化作业，工序减少3道。

播种覆膜机械化。 新疆棉花机械化实现了精量和准确定位播种，机械化还实现了播种、施肥、施除草剂、铺设滴灌管和地膜等多道程序的联合作业，一次完成。一是精量播种，一穴播一粒精加工种子，出苗后不需疏苗、间苗和定苗。二是膜上打孔和覆土，自然出苗，不需人工放苗。三是滴灌技术，有效管理水分，简化了播种前造墒，把一播全苗技术集成组装至极高水准，同时大大简化了管理程序。

打药机械化。 各类机引（挂）式喷药机械化在新疆和华北棉区应用。采用农用飞机及喷洒装置喷洒农药和脱叶剂在新疆兵团应用，具有经济、及时、喷洒效率高、不损伤作物、不受地形条件限制等特点，提高了防效，节省了人力。

采收机械化。 新疆机采棉研究始于20世纪90年代中期，于2000年进入初试示范，以后机采面积缓慢增长，到2005年之前机采面积不足10千公顷，2007年为69千公顷（表13-8），自2009年以来因摘棉工"人难招"和"工钱不断攀高"，机采面积快速增长，2011

年机采 257 千公顷，今后将稳步扩大。

为什么近几年推广加快？这是机采与手采的性价比决定的。据中国棉花生产监测预警数据，当人工采摘籽棉费用 1.5 元/千克的机械化采收推进缓慢，当达到或超过 2.0 元/千克，机采比手采合算。

机采棉全部成本测算，采棉机固定成本折旧和人员等分摊费用 1 800 元/公顷，脱叶催熟成本 370 元/公顷，清花设备及基建分摊 330 元/公顷，全部费用 2 500 元/公顷，按籽棉 6 000 千克/公顷，机采籽棉费用 0.42 元/千克。手采费用 2.3 元/千克，单位面积费用 13 800 元/公顷，两者相差近 11 300 元/公顷，机采产量损失和品级下降减收约 6 000 元/公顷，机采增收约 5 300 元/公顷（表 13 - 8）。

表 13 - 8 新疆棉花机械化机采进展

项目	机采种植模式 （千公顷）	机采面积 （千公顷）	累计采棉机保有量 （台）	累计机采棉 加工生产线（条）	手工采摘费用 （元/千克）
2001—2005 年累计	1 003	206	315	60	1.0～1.4
2006 年	100	54	303	58	1.5～1.6
2007 年	147	69	315	66	1.6～1.7
2008 年	200	78	426	81	1.7～1.8
2009 年	167	116	604	94	1.8～2.0
2010 年	280	171	708	114	2.3～2.4
2011 年	333	257	1 008	159	2.2～2.3
2012 年	533	362	1 508	198	2.2～2.3
2013 年	800	437	1 700	290	2.2～2.3
2014 年	1 000	733.3	2 200	330	2.2～2.3
2015 年	1 000?	667	2 400	360	2.2～2.3
比 2014 年增（%）	0	-9.0	4.5	9.1	0.0

资料来源：中国棉花生产监测预警数据。

7. 新疆生产建设兵团率先实现机械化植棉。 2006 年以来，全疆机械化植棉发展很快，2010 年棉花生产机械化率 73.6%，其中兵团 80.6%，地方 70.1%，高于同期全国 52.0% 的耕种收综合机械化水平。

8. 栽培、土肥和病虫害获得国家奖励技术。 获科技进步二等奖的有：全国不同生态区优质棉高产栽培技术（1993）、干旱区棉花膜下滴灌技术（2004）、棉花化学调控栽培技术（2007）、棉花精量铺膜播种机具（2008）、滨海盐碱地棉花丰产栽培技术体系的创建与应用（2013）、新疆棉花大面积高产栽培技术（2015）、控制棉花主要病虫害综合防治技术（1998）、棉铃虫对 Bt 棉的风险评估及预防性治理（2010）、棉铃虫迁飞防治（2007）、新疆棉蚜生态治理技术（2007）等。获科技进步三等奖的有：黄淮地区棉麦高产栽培技术（1996）、河南省盐碱地植棉增产技术（1998）等。

（三）开展棉花高产创建，不断提高科学植棉水平

2009 年和 2010 年农业部在全国 198 个优质棉基地县 200 个万亩片开展棉花高产创建行动，2011 年增加 60 片至 260 片，每片面积 667 公顷（1 万亩），每片支持资金 20 万元，持

续到 2015 年。

高产创建的皮棉产量指标：长江流域棉区 1 800 千克/公顷（120 千克/亩）、黄河流域棉区 1 500 千克/公顷（100 千克/亩）和西北内陆棉区 2 250 千克/公顷（150 千克/亩）。创建的主要目标任务为"五个 100%"：即良种统供率 100%、测土配方施肥 100%、病虫害专业化防治 100%、"三丝"含量 100% 达到国家质量标准和万亩片订单生产 100%。显然，实现这些目标要在植棉业的服务机制和途径上下工夫。

高产创建采用的关键技术：包括轻简化技术、机械化和半机械化技术、规模化技术和环境友好技术，要有较高的科技兴棉水平。通过高产创建推进良种推动轻简化、机械化技术的引进、集成、示范和应用。

高产创建取得增产和增收效果极为显著。据各地自测和农业部专家组的抽测，棉花单产提高一到两成，植棉效益增加 1 500～3 000 元/公顷。山东总结高产创建成为棉花四个"有力四手"，即，棉农增产增收的有力帮手，稳定棉花生产的有力推手，组织棉花生产的有力抓手，培养棉花生产人才的有力带手，创建发挥的功能和效果十分显著。

"千（公）斤棉"创建。2009—2015 年，国家棉花产业技术体系组织体系专家和综合试验站开展棉花超高产——"千（公）斤棉"竞赛活动，取得引领示范的良好效果。创建目的在于：筛选优良品种和优势杂交种、集成轻简化、机械化植棉技术，提出针对性强的防灾减灾措施，通过创建集成高产轻简栽培体系，为大面积生产服务。鄱阳湖试验站领衔竞赛于2009 年取得籽棉产量 7 607 千克/公顷，内蒙古综合试验站领衔竞赛于 2011 年取得籽棉产量7 889 千克/公顷，李雪源岗位科学家领衔竞赛在南疆塔里木盆地的兵团于 2009 年取得籽棉12 060 千克/公顷的超高产成绩，对引领技术创新、技术集成和综合应用起到示范带头作用，在棉花界产生积极的反响。总结提出主要技术措施包括：选择优良品种或优势杂交种、合理密植、轻简育苗或宽膜覆盖、膜下滴灌、平衡施肥和简化施肥、全程化调、统防统治、灾害预防和及时救治等。

高产创建是推动科技兴棉的有力抓手，促进大面积均衡增产；搭建公益性服务平台，充分发挥基层农技人员作用，提升多部门、多机构的联合协作能力，集成服务棉花生产；推进棉花生产方式转变，提升科学植棉水平；探索规模化种植，提升棉花产业化水平。

三、依靠增加投入，不断提高基础产能

（一）持续开展优质商品棉基地建设

自 1985 年以来，国家开展了优质棉生产基地建设，每县支持国拨资金 150 万～200 万元建设棉花良种繁殖加工工程。据不完全统计，到 2009 年，全国建设优质棉基地县约 300多个。

国家持续支持新疆建设特大商品棉生产基地。自 1996 年以来，国家支持新疆发展"一黑（石油）一白（棉花）"战略，连续投入大量资金支持新疆建设特大优质商品棉生产基地。建设内容包括：开垦荒地扩大棉田面积，改造中低产田和建设高产棉田，提高棉花基础生产能力。大力兴修农田水利设施，兴建和除险加固水库，新打机井，硬化输水渠道，引进推广棉田滴灌和节水灌溉技术，提高棉花水分利用效率，节约用水。建设农业技术推广体系、植保服务体系、肥料推广体系和农机化服务体系，提升棉花生产保障和服务能力。兴建原种基

地和商品种子基地，棉花种子加工厂和种子质量检验实验室等，形成了全疆棉花良种"育繁推"一体化的种子体系，提高棉花良种生产能力、供种能力和监管能力。兴建大容量棉纤维质量检验室，提升质量检验能力。兴建棉花育种中心和生物育种中心，提升棉花科技创新能力。经过连续15年建设，全疆棉花生产基础能力、科技创新能力、生产保障条件能力、生产服务体系能力、生产社会化服务体系能力和棉花质量检验检测体系能力得到全面提升。

"十二五"期间，国家继续支持新疆建设特大优质商品棉生产基地，投入资金14.3亿元。项目建设内容包括：建设种质资源创新与育种研发平台1个，品种选育和良种引进试验基地1个，良种繁殖田面积20千公顷，良种价格生产线9条，新增高产稳产棉田41千公顷，高标准节水灌溉棉田57千公顷，机采棉面积62千公顷，残膜污染治理面积53千公顷，精量播种及病虫害统防统治面积23千公顷；支持育繁推一体化，提升棉花创新能力，提升科技支撑能力。2008年为应对金融危机的冲击实施了棉花高产工程建设支持政策。

（二）增加生产投入

增加投入是提高单产水平的物质保证，棉花生产广泛使用石油化学品和灌溉水，前述棉花生产技术应用育苗移栽、地膜覆盖、大面积滴灌技术等与蔬菜生产技术相当，用高投入和密集型技术换取高产出，是我国棉花生产的典型特点。

据中国棉花生产监测预警数据，棉田常年施入化肥实物量1 125千克/公顷，其中尿素375千克/公顷、复合肥330千克/公顷、二胺235.5千克/公顷、钾肥132千克/公顷，总量600万吨，约占全国表观化肥施用量6 000万吨的10.0%，而棉花播种面积只占全国大田作物面积的3.2%，可见棉田化肥施用量是其他作物的2倍多。

棉花生产广泛应用促进早发早熟技术，常年地膜覆盖面积占棉田面积63.0%，约333.3万公顷，厚度为0.006~0.008毫米地膜用量37.5千克/公顷，年用量达到12.5万吨，约占总量100万吨的12.5%。新疆推广应用宽膜覆盖和膜下滴灌，与窄膜和常规灌溉相比，滴灌棉田的宽膜和滴灌管用量约增30%。

棉花病虫草害种类多，棉田常年农药和除草剂1.5亿亩次，按施用实物药量3.5千克/亩，年用药量为15万吨，占全国农药总量96万吨的15.6%。

灌溉是棉花增产的关键技术之一。除长江流域为"雨养棉"以外，全国棉田2/3面积分布在半湿润、半干旱和干旱的沙漠地区，在黄河和西北内陆棉田灌水量100~1 200立方米/亩。在黄河采用抽取地下水与引黄灌溉相结合，在西北主要用天山融雪性洪水灌溉。随着棉田面积的扩大，南北疆都在抽取地下水灌溉。

棉田耕整地、播种、施肥、机械化采收等全程机械化作业，柴油、机油消耗量西北内陆棉区为120千克/公顷，华北平耗油量45千克/公顷。西北滴灌棉田用电量达到80千瓦时。

化学调控是棉花增产又一关键技术，棉田使用以缩节胺为主植物生长调节剂3~5次，常年原药用量约450吨。

四、依靠人民的勤劳，实行精耕细作

（一）改革耕作制度，提高复种指数，实现粮棉双丰收

复种指数是指全年总收获面积占耕地面积的百分率。复种指数是一个国家、一个民族的

农业基础生产力，它的变化及其稳定性是气候、政策、措施和技术的综合结果，是评价农业生产力的基础性指标。我国棉田两熟和多熟占总面积的 2/3，复种指数最高达到 156%。近 30 年我国棉区耕作制度先后进行了三次大的改革，第一次是 20 世纪 80 年代后期，长江流域棉区在油菜棉花一年两熟制的基础上，进一步发展形成麦—菜—棉，油—菜—棉和豆—菜—棉的一年三熟、四熟的间套作种植模式，复种指数达到 250%～300%。黄河流域加快耕作制度改革，棉麦两熟制度面积不断扩大，复种指数达到 110%。第二次 90 年代，长江流域棉区研究发展粮—饲—棉一年三熟种植的新模式。黄河流域棉区到 1992 年棉麦两熟种植面积达到 2 188 千公顷，占本区域（不含黄土高原亚区）棉田面积的 60.5%，两熟种植北界已达到北纬 38°，耕作制度改革实现了粮棉的"双增双扩"（即粮棉面积的双扩大和产量的双增加），复种指数达到 130%。第三次是进入 21 世纪，长江流域从一年三熟、四熟倒退到一年两熟和一年一熟制。黄河两熟进一步北移，两熟制棉田种植模式改套种为连作，取得年增产小麦 800 万吨，生产皮棉 200 万吨的良好效果，相当于扩大耕地面积 3 000 万亩。依靠耕作制度改革和集约化种植取得粮棉协调同步增产的显著效果，最具中国特色。

然而，进入 21 世纪，我国棉田复种指数呈现波动和下降趋势（表 13-9），棉花种植模式向轻型化方向发展的趋势强烈。据中国棉花生产监测预警数据，全国棉田复种指数从 20 世纪末的 165% 下降到 2011 年的 145%，下降了 20 个百分点也与棉区西移有关。近几年复种指数变化幅度在 3～6 个百分点之间，棉田两熟制、多熟制面积波动幅度达到了 667 千公顷。

表 13-9　2007—2015 年全国棉田复种指数和种植模式

年份	棉田复种指数（%）	所占比重（%）			占全国棉田面积比重（%）			折面积（万公顷）		
		一熟	两熟	多熟	一熟	两熟	多熟	一熟	两熟	多熟
2007	148	54.5	41.2	4.2	54.5	41.3	4.2	329.9	249.5	25.5
2008	147	55.3	41.7	3.0	55.3	41.7	3.0	324.0	244.3	17.6
2009	150	55.4	42.5	2.1	55.4	42.6	2.1	274.9	211.1	10.3
2010	144	57.6	40.8	1.6	66.2	32.5	1.3	285.1	201.7	8.1
2011	145	59.0	37.0	4.0	60.5	35.1	4.4	319.5	200.6	21.5
2012	143	63.0	30.9	6.2	63.7	30.4	5.9	323.3	154.1	29.9
2013	138	66.9	28.7	4.4	65.3	31.0	3.8	320.0	151.7	18.4
2014	134	69.5	30.8	5.0	70.0	26.1	3.9	333.9	124.6	18.3
2015	136	66.7	30.4	2.9	70.5	22.9	2.3	286.4	192.3	11.0

资料来源：中国棉花生产监测预警数据。

当前长江流域棉区以油菜（麦）/棉花两熟套种改革成为连作复种，其复种模式占两熟棉田面积的比例，从 2000 年的不足 10% 上升到 2012 年的 66.9%，近几年以每年 10 个百分点速率增长。黄淮平原棉麦套种改为连作也在扩大。

（二）精细管理，提高农艺技术措施的到位率

棉花精细管理是夺取高产、减轻灾荒和抗灾夺丰收的重要保障，也是我中国棉花单产之所以能够长期保持增长的根本措施。所到各地，棉花长势整齐，棉田缺苗很少，田头地边种植到位，几乎没有任何空地，土地利用率极高，为提高单位面积生产效率奠定了坚实基础，

同时农田排渍非常及时，千方百计抗旱浇水，涝灾、雹灾后及时施肥、防治。这些措施为减轻灾荒损害提供的坚实保障。

棉花农艺工序有 40 多道，种植用工多是生产管理的主要特点，包括播种、育苗移栽、中耕培土、施肥灌溉、病虫害防治、整枝打顶和分次采收等农艺管理需要投入大量的人工和劳动力。20 世纪 50—60 年代，传统棉花生产的耕种管主要依靠人力，这时棉花科技和生产呈现典型的劳动密集型特征，单位面积用工量达 70 个/亩。70 年代，我国农业已进入传统农业的后时代，处于传统农业快速转向石油农业的过渡阶段，以化肥和农药为代表的石油化学品不断渗透棉花生产，投入逐步增加；人力和畜力的投入也大幅增长，棉花生产技术采用精耕细作模式，呈现典型的劳动密集型特征，单位面积用工量下降到 900/公顷（60 个/亩）。80—90 年代，我国农业完成了传统农业向石油农业的过渡，并维持石油农业水平的中等水平，机械化投入在增长，单位面积用工量下降到 450/公顷（30 个/亩）上下。新世纪头十年，人畜力耕种管几乎完全被机械化与免耕所替代，我国农业从石油农业的中级水平跨越到高级阶段。轻简化、机械化技术进入生产应用，单位面积用工量大幅减少到 300/公顷（20 个/亩），规模化种植下降到 150/公顷（10 个/亩）上下。

然而，随着农村劳动力的不断转移，老人农业的现状与规模化农业的形成，棉花生产费工、费时、费老等问题已成为制约科学植棉的主要问题之一，破解"三费"问题需要轻简化技术、机械化技术和装备支撑，还需要社会化服务予以保障，两者缺一不可。

五、走可持续生产的道路，建设具有中国特色的现代植棉业

随着我国深度融入国际化，未来原棉和棉制品需求的战略定位，"十三五"时期，国产棉要以保障居民原棉消费的增长需求和纺织品消费的增长需求为基本目标。

（一）主要技术途径和关键技术措施

转型升级、提质增效、提升国产棉竞争力将是"十三五"时期棉花产业发展的重要任务之一。2014 年我国国民经济进入新常态，当前棉花由"三量齐增"进一步演化成"一缺一剩"（国产"高等级棉"严重短缺与"低等级棉"严重过剩）的新问题，2015 年 12 月中央经济工作会议强调要着力推进供给侧结构性改革，2016 年是第十三个五年计划的第一年，加上我国深度融入国际市场，棉花产业转型升级和提质增效将是极其重要任务，当然拥有充足的储备棉也为转型升级提供了物质支持条件，说明转型升级恰逢其时。主要途径是发展优质原棉生产，全方位提高原棉质量，包括遗传品质、生产品质、初级加工品质和品质检验，要"用中高端品质"国产棉引领棉花产业发展；同时还要发展轻简化、机械化植棉技术，以及培育社会化服务，支撑规模化植棉，把提高国产原棉竞争力落到实处。

主要措施和方法包括：一是选育和种植"中高端品质棉"品种，提升产地纤维一致性水平。二是研究和应用提质增效栽培技术，提升"中高端品质棉"的产出率。三是提升棉花耕种收机械化水平，突破机采棉技术和装备。四是建立棉花生产保护区，发展"中高端品质棉"规模化生产。五是推进优棉优用，优质优价，保护棉农合理收益。六是促进棉花一、二、三产业的融合发展。推进产业化，提高棉花生产专业化、集约化、组织化程度，提高社会化服务水平，建立棉花上下游产业利益紧密联结机制，助推棉花全产业链的转型升级、提质增效。

（二）实施节水节肥，治理棉田残膜污染迫在眉睫

我国棉田残膜污染极为严重，综合治理残膜迫在眉睫。棉花是最早采用地膜覆盖的大田作物，始于 20 世纪 80 年代初。1992 年全国地膜用量约 80 万吨，2011 年增长到 125.5 万吨，覆盖农田面积 3 334 万公顷（5 亿亩）。全国棉花地膜覆盖面积占 60%，面积约 267 万公顷（4 000 多万亩），棉田用量约占全国农膜用量的 10%，其中西北和华北棉田全部采用地膜覆盖有 30 多年历史。

按农膜在土壤中平均残留率按 20%～30%计算，农田残留量 15 千克/公顷，5 年累加达 75 千克/公顷，残膜碎片 60 多万块，新疆一些棉田残膜量超过 1 500 千克/公顷。据研究，当残膜达到 37～45 千克/公顷时，小麦减产 7%，蔬菜减产 10%，棉花减产 10%～15%，倘若继续下去，前期地膜覆盖的增产效应将被残膜污染所造成的减产而抵消。由于农膜不易腐烂，在土壤残存时间长达 100 年，不仅殃及子孙后代，且当代人也深受其害，由覆盖产生的"白色革命"同时也产生严重的"白色污染"。

虽然棉花是比较节水的大田作物，但棉花生产也消耗了较多的水资源。全国棉区主要分布在半湿润、半干旱和干旱区，雨养棉田占三成，灌溉棉田占七成，加上棉田采用两熟和多熟种植占植棉面积 60%。全国半湿润棉区常年灌溉 1～2 次，耗水 50～60 立方米；半干旱棉区常年灌溉 3～4 次，耗水 100～120 立方米；干旱棉区常年灌溉 7～8 次，耗水 1 000～1 200立方米，可见节水灌溉是我国棉花科技进步的重点之一。

自 2015 年开始，农业部推进化肥农药减量的绿色增产技术，实施化肥和农药"零增长"计划。肥料方面包括测土配方施肥，肥水一体化节水节肥技术，按照农业部推荐施肥量进行减量施肥。农药"零增长"推进绿色防控技术，包括推进统防统治提高防治效果减量，推进绿色防治控制病虫害危害减量，推广高效节约植保机械提高利用率减量，推广高效低风险农药优化结构减量。

第三节　中国棉花贸易

我国是世界棉花生产大国，但长期以来对国际棉花的需求量较大，造成棉花贸易基本以净进口为主。受到国内外市场的影响，我国棉花贸易呈波动增长的态势，波动幅度也在不断扩大。回顾新中国成立后至入世前棉花贸易发展历程，大致可划分为三个阶段。

一、原棉贸易发展

中国原棉贸易规模不断扩大，从 1950 年到 2015 年的 66 年时间里，进出口贸易总量 788 千吨，其中出口 87 千吨/年，进口 701 千吨/年，净进口即贸易量出口大于进口，逆差 62 千吨/年。因此，我国在国际上是原棉贸易调节大国，既进口又出口，还是净进口大国。

（一）我国棉花贸易大致分为三个阶段

第一阶段 30 年，贸易规模小的增长阶段。20 世纪 50—70 年代，原棉贸易规模在较小基础上不断增长，常年保持净进口（图 1-18）。这 30 年平均，出口 40.2 千吨，进口 151.8

千吨，进出口总量累计 5 759.9 千吨，年均 192 千吨。由于物资短缺，储 1959 年以外，中国棉花贸易绝大部分年份处于净进口国状态。其中 50 年代贸易规模最小，60 年代扩大，70 年代更大（表 13 - 10）。

表 13 - 10 1950—2015 年每 10 年原棉进出口平均值

单位：千吨

年代	出口	进口	净进口	贸易总量
20 世纪 50 年代（1950—1959）	26.5	65.7	39.2	92.3
20 世纪 60 年代（1960—1969）	37.6	104.5	66.9	142.1
20 世纪 70 年代（1970—1979）	56.4	285.2	228.9	341.6
20 世纪 80 年代（1980—1989）	269.2	295.6	26.4	564.7
20 世纪 90 年代（1990—1999）	107.9	397.0	289.1	504.9
21 世纪头 10 年（2000—2009）	67.9	1 538.0	1 470.1	1 605.9
21 世纪近 6 年（2010—2015）	16.5	3 233.7	3 217.2	3 245.4
2010	6.5	2 840.0	2 833.5	2 846.5
2011	25.7	3 360.0	3 334.3	338.7
2012	17.5	5 137.3	5 119.8	5 154.8
2013	6.7	4 150.0	4 143.3	4 156.7
2014	13.5	2 440.0	2 426.5	2 453.5
2015	29.0	1 475.0	1 446.0	1 475.0

资料来源：1950—1985 年资料来源于《中国对外经济贸易年鉴》（1984—1986 年）；1986—2001 年资料来源于《中国统计年鉴》（1987—2002 年）；2003—2015 年资料来源于《海关统计》。

第二阶段 20 年，贸易规模扩大，波动幅度较大阶段。20 世纪 80—90 年代，贸易规模扩大，波动幅度加大，贸易地位转换频繁。20 年平均出口 188.5 千吨、进口 346.3 千吨、净进口 157.7 千吨和进出口 534.8 千吨，分别比前 30 年增长 116.2%、－50.6%、155.2% 和 178.5%。然而，自改革开放后，中国"买棉难"和"卖棉难"的情况交替出现，导致了棉花贸易在净出口国和净进口国地位之间频繁易位。原棉大量进口主要发生在 80 年代初期，以及 90 年代初、中期，这主要是因为纺织业的快速发展，使当时的棉花消费增长超过了产

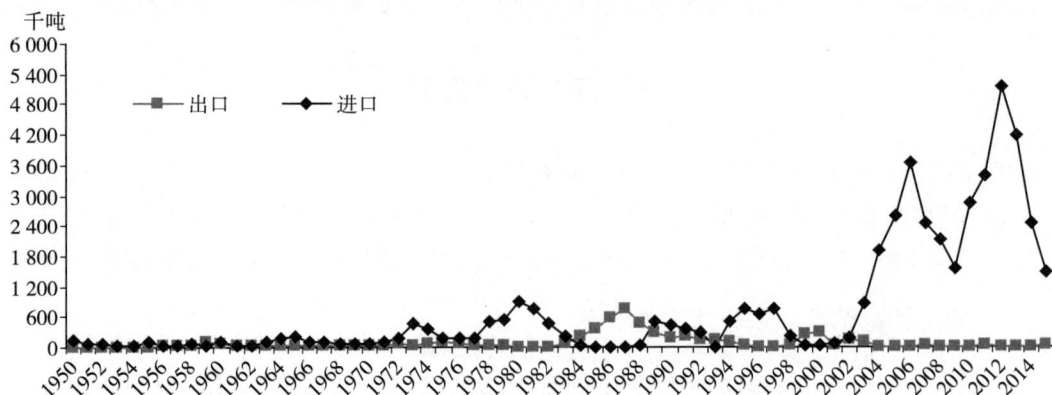

图 13 - 11 1950—2015 年全国原棉进口出口

量,造成国内棉花供应紧张。典型事例是"先出口和后进口"的地位交换,1980—1983 年的 4 年,合计进口 2 360.8 千吨,年均进口 590 千吨,接着 1984—1988 年的 6 年,出口 2 605.1 千吨,年均出口 434.2 千吨,主要原因是农村联产承包责任制推行初期,农民生产积极性获得极大提高,使得国内棉花产量逐年提升,并在 1984 年达到入世以前最高纪录的 6 258 千吨,导致棉花库存量不断增大。为了缓解国内棉花供给过剩的压力,中央政府实行了棉花出口政策,同时控制棉花进口。此外,90 年代也有贸易地位交换的过程,但以净出口为主。

第三阶段 16 年,进口高速增长阶段,成为净进口第一大国。进入 21 世纪,特别是自 2001 年加入世界贸易组织和 2005 年全球纺织品出口配额取消之后,我国棉花贸易规模迅速增大并成为世界最大的进口国。受纺织品出口高速增长的拉动,从 2000 年到 2014 年,出口量从 292.5 千吨减少到 13.5 千吨,减幅 90.1%;进口量从 50.0 千吨增长到 2 440.0 千吨,增长 47.8 倍;净进口量从 −242.5 千吨增长到 2 426.5 千吨,增长了 110 倍;贸易总量从 342.5 千吨增长至 2 453.5 千吨,增长了 6.2 倍。棉花进口的快速增长,使中国成为世界最大的棉花进口国。2003/2004 年度,中国棉花进口量已达 1 941 千吨,占世界进口总量的 26.8%,超越欧盟成为全球棉花进口量最大的经济体;2011/2012 年度,中国进口棉花 5 390 千吨,占世界进口总量的比重高达 54.7%。

此外,加入世界贸易组织 13 年(2002—2014 年),我国还大量进口棉短绒、废棉及棉的回收纤维进口,其中累计进口棉短绒 137.7 万吨,进口额 7.79 亿美元(表 13-11)。积累进口其他棉花(包括已梳棉花)35.3 万吨,进口额 2.77 亿美元;进口棉籽 7.4 万吨,进口额 2 463 万美元。2013 年 40% 高关税进口原棉 60 万吨。

表 13-11 2001—2014 年进口废棉及回收纤维

年份	数量(万吨)	金额(万美元)	平均单价(美元/吨)
2001	5.3	785.3	148.2
2002	2.3	456.0	198.3
2003	8.1	1 819.2	224.6
2004	7.7	1 954.2	253.8
2005	8.0	2 424.8	303.1
2006	16.4	5 347.7	326.1
2007	15.6	5 622.6	360.4
2008	7.8	3 279.8	420.5
2009	7.1	3 463.2	487.8
2010	10.0	5 029.3	503.0
2011	6.2	5 556.0	896.1
2012	10.8	11 080.0	1 025.9
2013	19.6	20 933.0	1 066.4
2014	18.1	10 979.3	607.0
2002—2014 年合计	137.7	77 945.1	566.0

注:废棉税号包括 52021000、52029900 和 52029100。

资料来源:据《海关统计》整理。

（二）当前原棉贸易主要伙伴

1. 进口贸易伙伴。加入世界贸易组织 13 年（2002—2014 年），我国累积进口原棉（税号 52010 000）33 193 千吨，年均 2 553 千吨，占全球进口的比例为 30.0%；进口额 620.4 亿美元（表 13 - 10）；年均进口额 47.72 亿美元。

我国进口原棉贸易伙伴和来源地常年 30～40 个，其中 2013 年因进口量最多，来源地也最多，达到 64 个。

在所有进口来源地之中，美国位居首位，印度其次、澳大利亚第三、乌兹别克斯坦第四，数量分别占来源地的 38.4%、22.3%、10.2%、9.4%，该 4 国合计占 80.3%。其中印度比例不断提高，美国比例不断下降。西非国家占来源地的 11.6%，其中布基纳法索最大，占比 3.2%；其次是科特迪瓦、贝宁、马里、喀麦隆；位于南美洲的巴西占比 1.4%（表 13 - 12，图 13 - 12 和图 13 - 13）。

表 13 - 12 加入世界贸易组织 13 年（2002—2014 年）**中国进口棉花来源地前 10 位**

国别	进口量（万吨）	进口量比重（%）	进口金额（亿美元）	进口金额比重（%）
中国	3 319.3	100.0	620.4	100.0
美国	1 273.9	38.4	228.0	36.8
印度	738.3	22.3	148.9	24.0
澳大利亚	337.7	10.2	72.4	11.7
乌兹别克斯坦	311.3	9.4	56.4	9.1
布基纳法索	104.7	3.2	17.8	2.9
科特迪瓦	88.4	2.7	18.9	3.1
贝宁	70.5	2.1	10.8	1.7
马里	57.9	1.7	10.4	1.7
喀麦隆	46.9	1.4	8.4	1.4
巴西	45.1	1.4	7.9	1.3
其他	239.3	7.2	39.4	6.4
前 10 位合计	3 074.6	92.8	580.0	93.6

资料来源：据《海关统计》2002—2014 年各年整理。

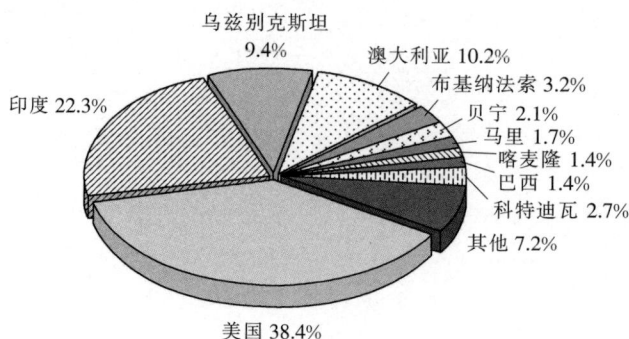

图 13 - 12 加入 WTO 后 13 年（2002—2014 年）进口原棉 3 319.3 万吨来源地比重
资料来源：中国棉花生产监测预警数据。

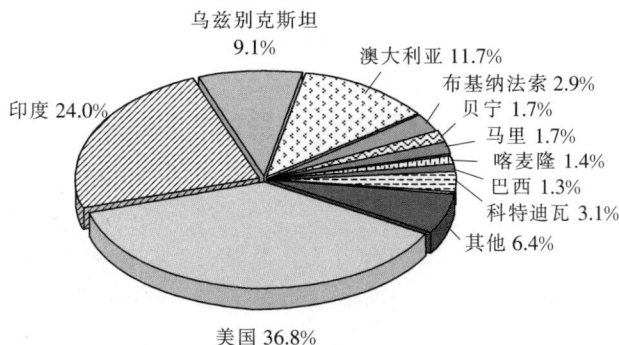

图 13-13　加入 WTO 后 13 年（2002—2014 年）进口原棉金融 620.4 亿美元来源地比重
资料来源：中国棉花生产监测预警数据。

　　进一步分析，2002—2005 年，中国从美国进口棉花的金额占中国棉花进口总额的比重均在 45％以上，其中，2003 年所占比重高达 56.77％，是历年所占比重最高的一年。乌兹别克斯坦是中国第二大棉花进口来源国，但进口份额远低于美国，中国从该国进口棉花金额占中国棉花进口总额的比重均在 10％～15％之间。澳大利亚的进口地位基本位列第三。可见，这一时期中国棉花进口主要依赖于美国。2006 年之后，从印度进口超过从美国进口，印度一跃成为中国最大进口来源国家。

　　2006 年开始，中国棉花主要进口来源国结构及其份额发生重大变化。美国依然是中国最重要的棉花进口来源国，但中国从该国进口棉花金额占中国棉花进口总额的比重呈下降态势，从 2006 年的 47.0％下降至 2012 年的 31.2％，6 年间下降了 15.8 个百分点。印度由于大量推广转基因棉花种植，其棉花产量及出口量增长速度较快，一跃成为中国第二大棉花进口来源国，中国从该国进口棉花金额占中国棉花进口总额的比重基本保持在 20％以上，进口份额逐渐接近美国。乌兹别克斯坦的进口地位逐步下降，2006—2010 年，受到中国大量进口印度棉花的影响，乌兹别克斯坦进口份额下降至第三位；2011 年和 2012 年，进一步下降至第五位，低于澳大利亚和巴西；2006—2010 年，澳大利亚基本排在第四位；2011 年和 2012 年，其进口量和进口份额均有较大幅度提高，进口份额均超过 16％，成为中国第三大棉花进口来源国。可见，2006 年以后，中国棉花进口主要依赖于美国、印度和澳大利亚。

　　2002 年起，中国棉花进口来源国结构先后经历了市场集中度高到进口来源分散的局面。加入 WTO 初期，中国主要从美国进口棉花，各年进口额占中国棉花进口总额的比重约为 50％；但自 2008 年国际金融危机后，中国从美国进口棉花的份额不断下降，印度、澳大利亚等国的棉花进口份额逐步上升，使得当前中国棉花进口主要来源于上述 3 个国家，进口市场集中度下降。印度自 2006 年起成为中国第二大棉花进口国，中国从印度进口棉花的金额及其份额增长势头强劲。中国对乌兹别克斯坦的棉花进口依赖程度越来越低，乌兹别克斯坦的进口地位从入世初的第二位下降至当前的第五位，2012 年中国从该国进口棉花的金额仅占中国棉花进口总额的 5.87％。

　　2. 出口贸易。自 2000—2015 年我国出口原棉总量 779.0 千吨，这 16 年年均出口 48.6 千吨。其中 2000—2003 年出口总量 606.4 千吨，占 77.8％。自 2004 年之后的各年出口量极少，其中 2004、2005、2009、2010 和 2013 年出口量不足 10 千吨。

我国出口目的地主要是亚洲发展中国家和周边地区，包括泰国、韩国、印度尼西亚、新加坡、孟加拉、越南、柬埔寨、朝鲜、日本等，早期出口印度和巴基斯坦等。

二、巨大原棉进口量的化解途径

（一）异常进口是主因

2011—2014 年分别进口原棉 336 万吨、513 万吨、415 万吨和 244 万吨，4 年合计进口 1 508 万吨（表 13-10，图 13-14）。另外，这 4 年还进口 40% 高关税原棉 66 万吨，进口其他棉花 83 万吨，总计进口 1 657 万吨。

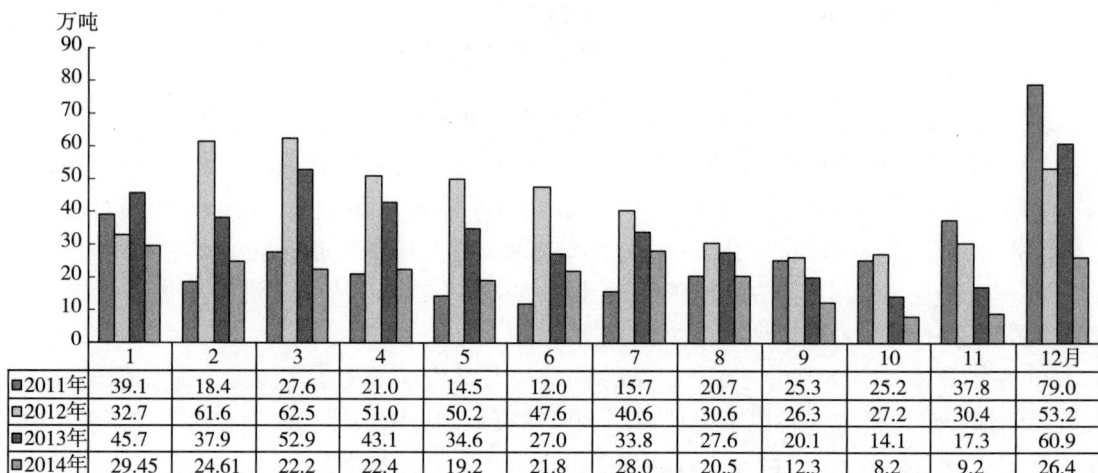

	1	2	3	4	5	6	7	8	9	10	11	12月
2011年	39.1	18.4	27.6	21.0	14.5	12.0	15.7	20.7	25.3	25.2	37.8	79.0
2012年	32.7	61.6	62.5	51.0	50.2	47.6	40.6	30.6	26.3	27.2	30.4	53.2
2013年	45.7	37.9	52.9	43.1	34.6	27.0	33.8	27.6	20.1	14.1	17.3	60.9
2014年	29.45	24.61	22.2	22.4	19.2	21.8	28.0	20.5	12.3	8.2	9.2	26.4

图 13-14　2011—2014 年各月棉花进口量

资料来源：据《海关统计》整理。

异常极端进口原棉形成的主因是价格倒挂。据对 15 年（2000—2014）系统数据分析，国产棉与进口棉的价格差异即"倒挂"加权均价差为 3 992 元/吨，这 15 年合计进口原棉 33 300 千吨。据对 15 年 180 个月的数据统计，国产棉价格低于国际市场只有 6 个月（图 13-4），仅占 3.34%，分别是 2000 年 9 月、2011 年 2—6 月，其余 174 个月都高于国际市场。按 180 个月的各月价差比较，最低月 2011 年 3 月为 -2 297 元/吨，最高月为 2013 年 11 月的 7 602 元/吨。按年加权均价计算（表 13-2），最低差价为 2000 年的 689 元/吨，最高年 2013 年的 6 403 元/吨，证实价格"倒挂"是长期存在的。

然而，2011—2014 年这 4 年的价格"倒挂"在不断拉大（图 13-15）。进口棉到港加权均价的"倒挂"，2011 年 1 857 元/吨，2012 年 5 972 元/吨，2013 年 6 403 元/吨，2014 年 5 541 元/吨。这 4 年到港加权均价"倒挂"5 098 元/吨。早期棉纺织行业认为，价差在 2 000 元/吨上下可以通过技术进步和娴熟的劳动技能予以消化，然而因劳动力成本不断上升这种消化功能在近几年基本消失。为了消除原棉价格成本的巨大差异，形成推动进口的强大动力，结果是，在临时收储政策的支撑下，国棉生产多；在国际低价条件下，我国进口原棉多，最后是国内库存多的恶性循环在延续。

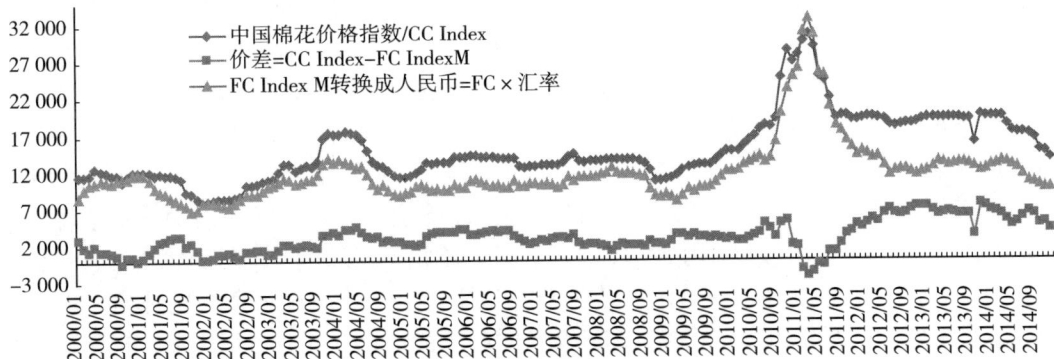

图 13-15　2000—2014 年进口棉到港价的加权"价差"比较

资料来源：毛树春据中国棉花协会系统数据整理计算。

（二）应对进口贸易冲击的主要途径和措施

转型升级、提质增效提高国产棉竞争力是"十三五"时期棉花产业发展的重要任务之一（见第十三章第一节），"去库存"是化解产能过剩所需采用的方法，要坚持配额和关税管理，这是看好"国门"的政策保障。当国产棉遭遇贸易冲击时，应采取贸易救济的补偿措施，减轻贸易的冲击和损害。

1. 异常进口形成巨大库存的后果严重，演化成"去库存"化解过剩产能的新问题。"洋货入市、国货入库"是异常进口造成的严重后果。2011—2013 年国家出台棉花临时收储政策，价格分别是 2011 年的 19 800 元/吨，2012 年和 2013 年的 20 400 元/吨，据中国棉花协会公布的数据，2011 年国家收储 313 万吨，2012 年收储 630 万吨，2013 年收储 643 万吨，这 3 年合计收储国产棉 1 586 万吨，由"洋货入市、国货入库"演化成"三量齐增"（产量增、进口量增和库存量增）局面。目前各方认为，国家原棉积压库存总量在 1 100 万～1 300 万吨之间，按损耗和财务费用 2 000 元/吨年计算，每年约损失 200 多亿元，财政负担加重。如果 2011—2013 年收储原棉按现行价格 13 600 元/吨销售，至少每吨亏缺 6 000 元，可见国家不得不花费巨大财力消化库存，进口棉和储备棉的最终成本都是极高的。因此，棉花"去库存"与国民经济"第十三个五年计划"钢铁、煤炭等的"去产能、去库存"相连，初步方案是今后几年库存棉设置"常态化"轮出，做到不因轮出对市场造成冲击。

2. 国家棉花调控要兼顾和平衡国内外市场和棉花价格。自 2014 年我国取消临时收储政策，2014 年和 2015 年改临时收储为目标价格，在新疆棉花产区实施，国内外价格"倒挂"减小。比如，2014 年"倒挂"缩小至 5 541 元/吨，比 2013 年减少 862 元/吨，减幅 13.5%；2015 年"倒挂"缩小至 2 974 元/吨，比 2014 年减少 2 567 元/吨，减幅 46.3%。从进口实绩来看数量减少很多。2014 年进口原棉 244.0 万吨，比 2013 年减少 41.2%，2015 年进口 147.5 万吨，比 2014 年减少 40.0%。

3. 坚持进口棉配额和高关税管理政策。加入 WTO 谈判时，我国确定对进口棉花实行关税配额管理制度，在看好国门和免受冲击方面发挥了应有作用。1% 的关税配额，2002 年为 81.850 万吨，2003 年 85.625 万吨，2004 年 89.4 万吨一直延续。对配额外进口棉实行高关税管理，设定约束税率 2002 年为 54.4%，2003 年 47.2%，2004 年 40.0%，其中 2004 年

40%的高关税一直沿用至今。目的是看好国门，最大限度地避免外棉的冲击。在操作上，对配额外追加的数量和关税税率实行多部门的协商制度，在方法上对配额外进口原棉实行滑准税或从量税制度，这是避免棉花步入大豆后尘的重要政策保障条件。

4. 实行贸易救济。关于贸易冲击的底线，从2000年以来的进口实绩来看，自然年进口原棉总量不能超过300万吨（包括配额内的89.3万吨），否则必将冲击国产棉的生产能力、冲击产棉区的农民收益、冲击棉纺织业。即当进口原棉达到300万吨应启动贸易救济措施。

2006年，进口原棉超过300万吨达到364万吨，不得不采取国产新棉原棉搭配进口棉进行销售。2011—2013年超量进口导致国产棉的严重积压。由于全球经济危机的冲击，近几年棉纱用棉量减少到800万吨，库存原棉约需好几年时间才能消化。同时，每年库存棉所需的财务成本至少2 000元/吨，每年约损失200多亿元，财政负担很重。按最近几年棉纺用棉800万吨匡算，国产原棉的自给率下降到50%上下，可见进口棉对国产棉的冲击强度极大。

超量进口造成损害的主要环节。我国的棉花产业链长并且链条的结构完整，超量进口对全产业链都产生损害。其中，对植棉业的损害最大，超量进口首先冲击棉花生产环节和农民的生计，其次冲击棉花的初级加工（轧花）环节，第三是冲击棉纺织业环节，进而冲击我国的城镇化进程，冲击劳动力的成功转移。总之，由于棉花是大田经济作物，超量进口原棉和棉纱线不利于棉区农民的增收，不利于我国有效破解"中等收入陷阱"这一难题。

2011—2013年，每年进口原棉损害10.0万个的农民工的生计和就业，每年损害棉花主产品产值571.16亿元。因此，应给予遭遇贸易冲击的农民进行救济，减轻贸易冲击造成的损害。贸易救济可用征收的滑准税税款弥补，起到外棉补偿国产棉的作用。

5. 把握贸易时机，化解贸易风险。棉花作为大田经济作物的属性具有广泛性和普遍性特征。在中国棉花纺织产能全面扩张的拉动下，最近10多年全球棉花产能和贸易量大幅增长，总产量从20世纪90年代的2000万吨增长到21世纪最高产量达到2 600万吨，增长600多万吨，增长幅度高达30%。同期全球原棉出口贸易量从600万吨提高了800多万吨，增长33.3%。就全球而言，棉花资源丰富，最近30多年全球不存在明显的短缺行为。因此，国际棉花市场整体对我国进口相对有利，进口风险相对较小。不仅如此，西非一些人均收益低于1美元/日的最不发达国家，强烈要求我国免配额、免关税进口原棉，以帮助最不发达国家的经济发展，但因不符合WTO规则因而不允许。同时，这些国家的原棉品质一般，价格相对便宜。中亚地区产棉国家包括乌兹别克斯坦、塔吉克斯坦和土库曼克斯坦等，经济也欠发达，很希望中国帮助发展棉花生产，并出口我国。印度已成为全球最大的棉花生产国家之一，2014年植棉面积达到1.8亿亩，植棉面积位居全球首位，即将接替美国成为全球最大的原棉出口国。巴西植棉面积波动大，最近几年在恢复，也希望增加出口量。所以，我国在国际市场可以选购的原棉出口贸易的国家较多。市场上，普通原棉按贸易规则和价格来确定从哪个国家进口，以对企业有利为原则。

第四节 中国棉花消费和棉纺织业

中国是棉花消费大国。通常所指棉花消费包括工厂纺织消费、居民消费和其他工业用消费，是总体消费，居民消费包括床上用品棉絮，其他工业消费有军用，纺织消费是棉花的最主要消费。与此同时，工业用纺织纤维包括天然纤维和化学纤维两大组成部分，天然纤维又包括植物的棉麻纤维和动物的丝毛等。

一、原棉消费和棉纱线产量

从 1950 年到 2014 年的 66 年，全国棉花产量从 690 千吨增长到 6 161 千吨，增长 7.9 倍；工厂纺棉消费量从 5 011 千吨增长 10 025 千吨，增长 1 倍；棉纺线产量从 437 千吨增长到 36 447 千吨，增长 81.4 倍。1978 年棉花产量 2 170 千吨，到 2014 年增长 1.8 倍；工厂棉花消费量 2 178 千吨，增长 3.6 倍，棉纺线产量 2 380 千吨，增长 14.3 倍。

对自 1950 年以来分 3 个时间段，分析棉花产量、工厂原棉消费和与棉纺织纱锭变化。

（一）50—70 年代的 30 年

1949 年新中国成立后，国家百废待兴，急需通过发展棉纺织工业较快解决 4 亿人口大国居民的穿衣问题，也急需通过纺织品出口以解决外汇的短缺问题，因此，棉纺织工业亟待发展。1950 年，全国棉纺织工业总规模 513 万锭，仅占当时全球 1 亿锭的 5%，棉纱产量仅 43.7 万吨，穿衣仍是大头。为此，国家在"一五"（1953—1957）计划时期，分别在北京、石家庄、邯郸、郑州和西安兴建了 5 个大型棉纺织新基地，到 1957 年这 5 个基地新增棉纺锭 247.5 万锭，占全国总纱锭 756.9 万锭的比重高达 32.7%，新增纱锭相当于新中国成立前的全国近代纺织工业 70 年累计棉纺锭总量（包括帝国主义列强在华设厂）的一半，新增棉纺织设备相当于旧中国 60 年建成的棉纺织业总规模的 40%。

从 1958 年开始的第二个五年计划到改革开放前后，我国棉纺织业经历了"左"的思潮冲击、"大跃进"以及"文化大革命"，棉纺织工业经历了几起几落，但总体来说，棉纺工业仍有所增长。棉花产量从 1950 年的 69 万吨增长到 1979 年的 220 万吨，增长 2.2 倍。棉纺锭数从 1950 年的 513 万锭增长到 1979 年的 1 893.5 万锭（1981 年数据），增长 2.79 倍；棉纱产量从 1950 年的 32.7 万吨增长到 1979 年的 263 万吨，增长了 7.0 倍。早在 20 世纪 70 年代我国就已登上全球最大棉花消费国的台阶（表 13-13）。

表 13-13　1970—2014 年中国工厂原棉消费量和棉纱线产量

单位：千吨

项目	工厂棉花消费			棉纱线产量			化学纤维产量		
	中国	全球	中国占全球（%）	中国	全球	中国占全球（%）	中国	全球	中国占全球（%）
20 世纪 70 年代（1970—1979）	2 457	13 023	18.9						
20 世纪 80 年代（1980—1989）	3 832	15 997	24.0	3 727	14 077	26.5	812	15 206	5.3
20 世纪 90 年代（1990—1999）	4 396	18 667	23.5	5 139	16 514	31.1	3 004	21 254	14.1
21 世纪头 10 年（2000—2009）	8 049	23 123	34.8	14 169	27 039	52.4	15 700	34 960	44.9

（续）

项目	工厂棉花消费			棉纱线产量			化学纤维产量		
	中国	全球	中国占全球（％）	中国	全球	中国占全球（％）	中国	全球	中国占全球（％）
21世纪近5年（2010—2014）	9 627	24 521	39.3	32 232	45 481	70.9	35 957	54 672	65.8

资料来源：ICAC World Textile Demand，2013。

（二）80—90年代的20年

20世纪80—90年代是我国棉纺织工业快速发展阶段。棉花产量、棉花消费量和棉纱线产量呈现较快增长态势。从1980年到1999年，全国棉花产量从2 710千吨增长到3 830千吨，增长41.3％。工厂纺棉消费量从3 149千吨增长4 282千吨，增长36.0％；棉纺线产量从2 926千吨增长到5 670千吨，增长93.8％（表13-13，图13-16）。

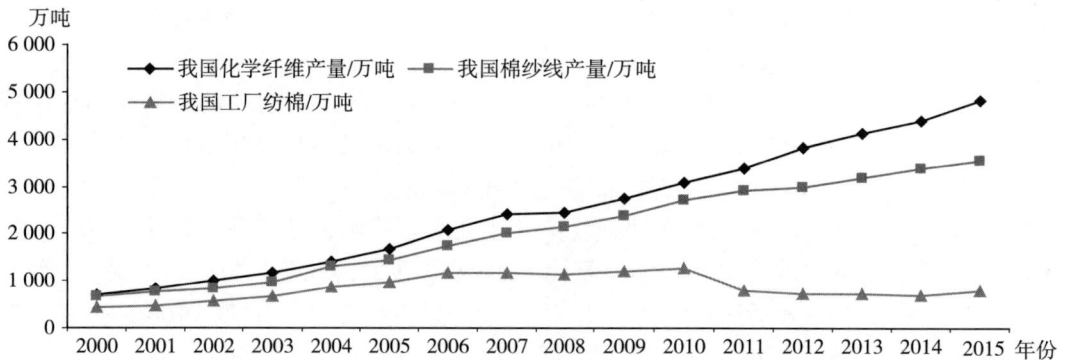

图13-16 2000—2015年中国棉纱线产量、工厂原棉消费量和化学纤维产量
资料来源：棉纱线和棉纱线来自国家统计局，工厂原棉消费量来自市场。

这20年，棉纺织业经历扩大、波动、平稳和结构性调减几个阶段，有几个重要事件：一是基于棉花丰收和棉纺织业产能的全面提高，1983年取消了自1952年开始实行的长达29年的布票历史，自此开始我国彻底解决了居民穿衣问题。二是纺织品服装出口不断刷新纪录。1987年纺织品服装出口首次突破100亿美元，达到133亿美元，1991年突破200亿美元，达到201.5亿美元，1999年达到455.5亿美元，比1980年增长9.3倍。三是纺织业压锭重组。针对棉纺织业低水平重复建设，冗员过多、包袱沉重陷入了严重困境的现状，1997年中央经济工作会议提出压缩淘汰1 000万落后棉纺锭，分流安置职工120万，到1999年底压锭906万锭，分流安置116万人，国有纺织企业实现利润8亿元，基本实现了3年目标，到2000年再压缩34万锭，3年完成压锭940万锭任务。棉纺织行业实现利润52.34亿元，同比增407.6％，创历史最好水平；纺织品服装出口521亿美元，比1999年增长21％。

经过3年的压锭后，到2000年，全国棉纺织达到20世纪90年代较先进设备有1 090万锭，约占总量的1/3；但80年代以前生产的老设备仍占2/3，约有2 353万锭，其中70年代以前生产的落后设备仍有422万锭，占总量的12.3％。

在压锭期间也曾提出"东锭西移"但没有达到预期目标。

（三）2000 年代的 16 年

这 16 年是我国棉纺织业整体进入高速增长期，棉花产量、棉花消费量和棉纱线产量加速增长。从 2000 年到 2014 年，全国棉花产量从 4 417 千吨增长到 6 161 千吨，增长 39.5％；工厂纺棉消费量从 5 011 千吨增长 10 025 千吨，增长 1 倍；纱线产量从 6 576 千吨增长到 36 447 千吨，增长 4.54 倍。

这 16 年棉纺织经历了持续加速发展期和下降转型升级，大致可从三方面解释：一是在 1997 年压锭之后，进入 21 世纪棉纺织装备得到显著改善，纺织业原棉消费开始进入大幅高速增长期，工厂原棉消费量从 2000 年的 5 011 千吨增长到 2005 年原棉消费量达到近 10 000 千吨级，这 6 年消费每年以近百万吨在增长。二是 2005 年全球纺织品服装出口配额取消后，纺织业产能进一步释放和产能扩张引起新一轮的增长，2006 年工厂原棉消费量跃上千万吨到 2010 年持续了 5 年时间，这期间还经历了 2008 年下半年国际金融危机暴发，全球纺织品服装消费需求下降的不利环境。三是工厂原棉消费自 2011 年开始减少并在持续之中，然而棉纱产量并没有减少，主要是化学纤维消费在增长。前述国内外原棉价格"倒挂"是引起工厂原棉消费减少的主因，也有全球经济恢复缓慢，纺织品服装出口和消费减少的因素。2014 年我国经济转入新常态，2015 年棉纺织业进入转型升级的新一轮发展阶段（表 13 - 13，图 13 - 16）。

在经济全球化条件下，我国棉花产业"两个市场、两种资源"的特征明显。棉花产业在充分利用两个市场、两个资源中形成了比较优势，深度融入并形成了具有全球竞争力的产业。但是，作为全球产棉大国，虽然我国棉花产能够满足居民原棉消费的需求，但不能满足整个纺织行业的原棉需求。因此，进口国际市场原棉弥补国内纺织加工的缺口已成为一种发展趋势。认清国产原棉这一产需形势和供求格局，对保持我国棉花生产持续稳定发展和促进纺织行业的转型升级具有重大意义。然而，如何处理好原棉的国产和进口、棉纺织品服装的居民消费与出口关系，仍将是当前和今后需要面对的问题。

二、棉纺织产能、区域布局和结构转移

（一）棉纺织产能不断扩张

棉纺纱锭是纺织业的基础产能。进入 21 世纪，全国棉纺纱锭不断增长，从 2000 年的 3 353 万锭增长到 2014 年的 12000 万锭，15 年增长了 3.5 倍。据国际纺织工业联合会调查，2010 年中国拥有棉纺织机 1.2 亿锭，占全球的 49.3％；气流纺 228.0 万头，占全球 29.9％（图 13 - 17）。

2000 年以来，在经济快速发展的大背景下，棉纺织业也呈现快速发展的强劲势头。2000—2015 年，我国规模以上棉纺织企业数由 4 651 户增长到 9 167 户，年均增长 4.63％，主营业务收入由 2 651.45 亿元增长到 21 930.73 亿元，年均增长 15.13％，利润总额由 75.52 亿元增长到 1 142.67 亿元，年均增长 19.86％。据国家统计局数据，2015 年全国纱产量为 3 538 万吨，是 2000 年的 4.35 倍。2010 年规模以上棉纺织企业细纱机 1.2 亿锭，转杯纺 232 万头（表 13 - 14）。

万锭

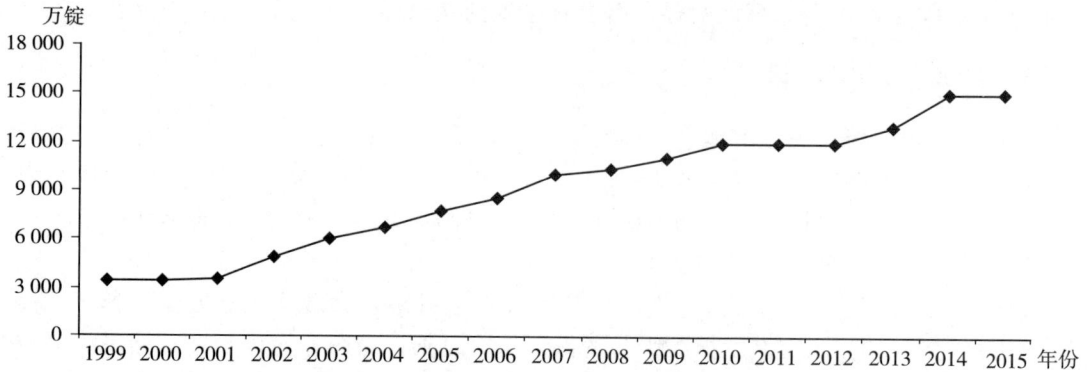

图 13 - 17　2000—2015 年中国棉纺纱锭

表 13 - 14　2000—2015 年规模以上棉纺织企业情况

年份	棉纺织企业数量（个）	主营业务收入（亿元）	利润总额（亿元）	纱产量（万吨）
2000	4 651	2 651.45	75.52	660
2005	7 865	5 300.66	166.96	1 451
2009	11 806	10 047.41	469.48	2 266
2010	12 214	12 777.26	803.02	2 573
2011	9 019	15 312.52	945.76	2 718
2012	9 188	17 241.44	1 020.93	2 984
2013	9 436	19 521.92	1 077.49	3 200
2014	9 218	20 604.93	1 103.84	3 379
2015	9 167	21 930.73	1 142.67	3 538

注：2000 年的主营业务收入指标为工业销售产值，2013—2015 年为统计快报数据，其中纱产量为国家统计局数据。

资料来源：华珊据纺织工业统计年报中数据整理。

　　棉纺产能的扩大源自棉纺织业投资和固定资产的增长，进入 21 世纪受国内外市场消费需求不断上升的影响，棉纺工业固定资产投资保持较快增长。2005—2015 年，我国棉纺织行业累积实际完成投资由 823.1 亿元增长到 2 592.1 亿元，年均增长 12.16%，2015 年，占纺织行业实际完成投资的 21.76%，施工项目 3 679 个，其中新开项目 2 906 个。从分地区结构来看，中部、西部地区投资增速均显著高于全行业投资平均水平，显示出我国纺织行业向中西部投资转移的趋势仍在加强（表 13 - 15）。

　　自 2008 年遭遇全球金融危机后，全球经济复苏极为缓慢，2014 年我国国民经济发展进入新常态之后，棉纺织行业发展形势较为艰难，但国内棉纺织投资状况仍较良好，尤其在中央授疆政策引导下，新疆迎来投资热潮。据中国棉纺织业协会调查，2015 年全国棉纺纱和织造完成投资额 2 592 亿元，同比增长 15.3%，新开工项目数 2 906 个，同比增长 14.5%。投资数据作为衡量行业发展信心指数的重要指标，可以判断棉纺织行业不遗余力对产能提升做出的努力。

表 13 - 15　棉纺年度新增生产能力

单位：万锭

2000 年		2005 年		2010 年		2011 年		2012 年	
全国	40.17	全国	1 378.65	全国	973.01	全国	1 110.48	全国	1 161.61
前 5 位的省计	25.44	前 5 位的省份计	1 159.41	前 5 位的省份计	725.90	前 5 位的省份计	885.67	前 5 位的省份计	899.74
新疆	6.90	山东省	747.47	山东省	285.21	山东	321.20	河南	301.62
湖北省	5.33	河南省	146.50	河南省	245.37	湖北	161.40	山东	192.71
山东省	5.00	江苏省	142.26	河北省	102.77	河南	145.42	福建	167.89
陕西省	4.56	福建省	68.32	四川省	47.90	福建	129.22	湖北	123.60
河南省	3.65	河北省	54.86	江苏省	44.65	河北	128.43	河北	113.92
前 5 位省份占比	63.3%	前 5 位的省份占比	84.1%	前 5 位的省份占比	74.6%	前 5 位的省份占比	79.8%	前 5 位的省份占比	77.5%

资料来源：根据中国纺织工业联合会统计中心数据整理。

据中国棉纺织业行业协会的调研，近几年棉纺织投资主要集中在内地产能进疆、先进产能的升级、节能减耗和设备改造等领域，先进产能占比的提升能大幅降低用工人数，提高生产效率；通过改造空调、电机等设备，能节约用电，改善车间作业条件，提升产品质量。一些棉纺织业工业已开始机器人代替人力资源进行值班，人力劳动强度减低，劳动力减少。

（二）棉纺织业布局、重点产地及其转移

回顾改革开放 30 多年以来我国棉纺织产业产能增长和布局变化，大致可归纳为扩张、转移和承接，布局和重点产区在不断变化，但是棉纺织产业集中沿海主体地位没有变，产业向棉花主产区转移的特点没有变。

第一次是改革初期到 90 年代的 20 年，沿海承接来自亚洲"四小龙"的棉纺织业，形成沿海纺织业集中带，到 2000 年，江苏、山东、河北、浙江和广东 5 省棉纱线产量占全国的46.4%，棉布产量占全国的 39.9%。

第二次是 21 世纪的 10 多年，随着劳动力成本上升，棉纺织业从沿海向劳动力丰富的中部地区转移，形成沿海和中部集中带，东中部地区的棉纱产量占全国的比重从 2000 年的81.9%增长至 2010 年的 94.2%，棉布产量由 2000 年的 86.2%增长至 2010 年的 93.5%。棉纺织业作为对原料依赖性较强的行业，过去 10 年在新疆、河南、河北、山东和湖北这几个棉花主产区，棉纺生产能力稳步上升，这 5 个省的棉纱产量占全国的比重由 2000 年的56.2%上升至 2010 年的 63.5%。

棉纺织行业布局的区域集中度还有进一步提高的趋势。例如，棉纱产量前 10 位的省份占总量的比重在 2000 年是 84.7%，而 2010 年增长到 91.7%；棉布产量前十位的省份占总量的比重在 2000 年是 60.1%，2005 年增长到 92%，2010 年进一步增长到 93.4%。对于纺纱产能，最集中的三个省份是山东、河南和江苏，该三省 2010 年棉纱产量占全国的比重为67%，比 2000 年增加 24 个百分点，尤其是山东和河南两省的十年的增长速度大幅高于全国平均水平。在织造环节，山东省和江苏省也是最重要的省份，其中山东省 2010 年棉布产量占

全国的比重为 30%，比 2000 年增加 20 个百分点。在中部省份里，河南、湖北增长最为明显，该两省 2013 年棉纱线产量 867.6 万吨，比 2000 年的 75.5 万吨增长 1 049.1%，比 2010 年的 495.2 万吨增长 75.2%，占全国的比例提高 23.95 和 24.1%（表 13 - 16、表 13 - 17）。

表 13 - 16　棉纱线产量及布局重点地区

单位：万吨

省份	2000 年	占全国比例（%）	省份	2010 年	占全国比例（%）	省份	2013 年	占全国比例（%）
全　国	358.1	100.0	全　国	2 069.6	100.0	全　　国	3 599.0	100.0
山东省	62.6	17.5	山东省	688.0	33.2	山东省	854.5	23.7
江苏省	48.4	13.5	河南省	389.9	18.8	河南省	564.5	15.7
河南省	42.5	11.9	江苏省	313.7	15.2	江苏省	484.7	13.5
新　疆	33.4	9.3	浙江省	108.9	5.3	福建省	315.0	8.8
湖北省	33.0	9.2	湖北省	105.3	5.1	湖北省	303.0	8.4
河北省	29.0	8.1	河北省	91.6	4.4	浙江省	243.0	6.8
安徽省	18.6	5.2	江西省	57.1	2.8	河北省	198.5	5.5
浙江省	16.0	4.5	湖南省	53.7	2.6	江西省	162.1	4.5
广东省	11.1	3.1	安徽省	45.7	2.2	湖南省	107.1	3.0
陕西省	8.6	2.4	四川省	44.2	2.1	安徽省	93.8	2.6
10 省区计	303.2	84.7		1 897.9	91.7		3 326.2	92.5

注：2000 年福建省棉纱产量 14.82 万吨，江西省棉纱产量 5.0 万吨，湖南省棉纱 4.8 万吨。数据为华珊整理。

表 13 - 17　棉布产量及分布

单位：亿米

省份	2000 年	占全国比例（%）	省份	2005 年	占全国比例（%）	省份	2010 年	占全国比例（%）	省份	2013 年	占全国比例（%）
全　国	139.2	100.0	全　国	252.7	100.0	全　国	383.45	100.0	全国	392.8	100.0
江苏省	20.2	14.5	山东省	61.8	24.5	山东省	116.37	30.3	山东省	107.5	27.4
山东省	14.5	10.4	江苏省	55.3	21.9	江苏省	49.84	13.0	湖北省	65.3	16.6
湖北省	10.7	7.7	广东省	28.9	11.4	河北省	48.33	12.6	河北省	52.7	13.4
河北省	9.6	6.9	河北省	21.9	8.7	湖北省	36.85	9.6	江苏省	50.4	12.8
广东省	7.5	5.4	湖北省	18.2	7.2	河南省	35.74	9.3	浙江省	30.5	7.8
河南省	7.4	5.3	河南省	18.0	7.1	浙江省	28.08	7.3	河南省	27.9	7.1
浙江省	3.8	2.7	浙江省	12.6	5.0	广东省	19.54	5.1	广东省	19.6	5.0
陕西省	3.6	2.6	陕西省	6.9	2.7	四川省	9.36	2.4	四川省	10.0	2.6
安徽省	3.6	2.6	四川省	4.5	1.8	安徽省	8.24	2.1	福建省	9.7	2.5
新　疆	2.8	2.0	安徽省	4.4	1.7	陕西省	5.79	1.5	安徽省	4.0	1.0
10 省区计	83.6	60.1		232.5	92.0		358.14	93.4		337.6	96.2

注：数据为华珊整理。

纺织服装业转移至新疆是近几年全国产业转移的新趋势。2014年5月，中央第二次新疆工作会议提出发展新疆纺织服装业，根据中央号召，国家发展和改革委员会、工业和信息化部联合出台《关于支持新疆发展纺织服装产业发展促进就业的指导意见》，新疆也出台了《发展纺织服装业带动就业的意见》、《新疆发展纺织服装产业带动就业规划纲要（2014—2023年）》和《新疆纺织服装业十大优惠政策》等政策性文件，集中体现在政策支持、项目带动和资金补贴等方面。主要目标是，计划新疆棉纺锭从2013年的700万锭增长到2023年的2000万锭（新增1 300万锭），纺织服装就业人数从2013年的20万人增加到100万人（新增80万人）。规划指出，新疆全力打造"三城七园一中心"，"三城"即阿克苏纺织工业城、库尔勒纺织服装工业城和石河子纺织工业城；"七园"即哈密、巴楚、阿拉尔、沙雅、玛纳斯、奎屯和霍尔果斯；"一中心"即乌鲁木齐市纺织品国际商贸中心。因此，纺织服装新一轮"西移"成为产业转移和投资的重点区域。

纺织服装业对新疆的投资和转移取得了阶段性进展。在国家和地方多个政策红利的引导下，近两年内地有华孚、溢达、华芳、鲁泰、魏桥等100多家具有实力的纺织服装产业向新疆转移，新疆服装服装业的投资大幅增长，形成新的生产能力，取得了较好的早期收获。据新疆统计数据，2015年引进项目118个，比2014年48个增长145.8%；新增纺织服装382家，其中内地服装服装企业在疆体系设厂103家。2015年新增投资317.9亿元（其中兵团66.6亿元），比2014年96.2亿元增长231%。2015年新增棉纺织锭400万锭，全疆纺锭达到1 160万锭，比2014年760万锭增长52.6%；2015年棉纱产量约100万吨，比2014年63万吨增长58.7%；2015年新增服装产能5 000万件；新增就业人数达到9.7万人（其中兵团1.36万人），比2014年新增就业4万人，增长142.5%。

关于棉纺织，投资新疆兴建的棉纺织设备均较先进，新型棉纺装备包括紧密纺和喷气涡流纺为主的新型纺纱装备在增长，平均每万锭用工60~80人。

投资新疆可获得较多的优惠。首先，棉纱出疆运费补贴700~1 000元/吨，基本解决了运费问题。其次，原料价格优势明显，在疆纺企比内地便宜1 100~1 300元/吨，折算成C32^{S}比内地可节省1 000~1 200元/吨。第三，加工费用低，综合人工及电费折C32^{S}比内地节省近1 300元/吨。新疆是"一带一路"面向中亚和欧洲的桥头堡，进军新疆有利于企业进军"一带一路"贸易和投资，2014年中国与"一带一路"沿线国家货物贸易额达1.12万亿美元。综合算下来，新疆纺纱成本比内地可低3 000元/吨以上。

但是，进军新疆棉纺织企业也有困难和问题，新疆地区劳动力资源与人才资源的短缺问题较为突出，培养熟练技术工人需要较长时间，留住人才需要更多的投入。纺织、印染、成衣以及设备的配套和维修等各环节配套性差，形成完整产业链需要较长的培育时间；对内地的运输距离长，耗时多，出疆产品运输困难将长期存在。

（三）棉纺织业技术和装备水平不断提高

棉纺织行业随着技术装备水平的不断提高，产品结构不断优化，满足了国际国内市场不断升级的消费需求。棉纺织加工原料由棉与棉型化纤混纺扩大到棉与毛、丝、麻以及各种差别化、功能性纤维的混纺，不断开发新型纱线使产品更加精细化、功能化。根据中国棉纺织行业协会测算，2010年各种新型纱线产量合计已经超过900万吨。棉纺业关键设备的技术改造使"三无一精"产品比重得到较大提高，2010年无卷化率、无结头纱、无梭布、精梳纱比重分别达到 48.1%、69.4%、73.8% 和 28.1%。棉纺通过自动化、连续化和高速化工艺技术的推广应用，提高了生产效率和产品质量，近年来在棉纺中得到重点应用的工艺主要围绕缩短流程、减少用工和提高品质几个方面。

1. 自动络筒与无梭织机。2015 年，全国运转的纺纱织造产能约为八成，先进装备占有率稳步提升，如自动络通覆盖率达 82.1%，比 2014 年增长 10 个百分点；无梭织机占有率也比 2014 年提高 6.7 个百分点（表 13 - 18）。

表 13 - 18　2010—2015 年纺织装备增长情况

项目	单位	2010 年	2014 年	2015 年
自动络筒	占比（%）	61.69	72.1	82.1
无梭织机	占比（%）	58.75	61.5	68.2

资料来源：中国棉纺织行业协会。

2. 清梳联系统。到 2009 年底，我国近 46.5% 的纱锭采用清梳联设备。清梳联设备流程短，适纺性广，实现了清花短流程，梳棉产量高、质量高、大卷装。近几年国内新增和技改项目，自主化清梳联设备占 85% 左右。

3. 细络联纺纱系统。细络联在原自动络筒机投资额的基础上增加细纱到络筒的连接部分，细纱机带集体落纱，与非集体落纱细纱机相比万锭生产细纱用工可以减少 50%，并且落纱、插管全部采用自动化，既减少了落纱工人、运纱工人数量，也提高了劳动生产率和纺纱质量，降低了劳动强度。根据统计，每万锭平均可节约 10 个劳动力。

4. 新型纺纱技术。我国新型棉纺织技术的应用范围逐步扩大，紧密纺、喷气纺、涡流纺及转杯纺等新型纺纱技术的应用，在纺纱结构、喂入方式、新型多纤维复合混纺、工艺参数等方面创新技术，为下游工序加工出了风格各异的纱线新品种，不仅满足了市场需求，也给企业带来较好的效益。2010 年以上几种新型纺纱产量占全部纱产量的 20% 左右。近年来国产紧密纺技术发展迅速，每年全国新增的紧密纺锭约 100 万锭左右，其中国产占比 70%以上（表 13 - 19），新型棉纺织装备对原棉质量提出了新需求（见第九章）。

表 13 - 19　2000—2010 年新型纺纱装备增长

项目	2000 年	2005 年	2010 年
转杯纺（万头）	62.38	147.70	232
紧密纺（万锭）	0	30	720
喷气涡流纺（万头）	0	1.56	7.8

资料来源：华珊据中国棉纺织行业协会整理。

5. 精梳工艺。精梳在棉纺中去除棉纤维中短绒、棉结、杂质等并使棉纤维伸直平行，是高支纱生产的重要工艺。精梳纱比重是衡量棉纺织产品质量提升的重要指标，2010 年我国精梳纱比重为 28%，比 2005 年提高 3 个百分点，2010 年全国精梳机数量已有 37 145 台，是 2000 年精梳机台数的 2.8 倍。精梳机技术不断发展和成熟，通过不断优化运动机构、机械结构和集合精梳工艺来提高精梳机速度的可靠性、稳定性和效能，达到节约用棉、节约能源的目的。

6. 电子异纤清除装置。针对棉花有害杂物"三丝"问题比较严重的情况，越来越多的企业选择电子异性（色）纤维、杂物自动检测清除系统（简称异纤清除装置），用以代替人工拣杂，异纤清除装置一般安装在清棉机后。

三、纺织纤维产业、家用和居民消费

纺织纤维产品按最终消费，可分为服装用纺织品、家用纺织品和产业用纺织品三大类（表13—20），20世纪90年代我国服装用纺织品所占比例极高，达到80%，随着经济社会的全面进步和居民生活水平的日益提高，服装用纺织品的比例在不断下降，家庭用纺织品随着住房条件的不断改善而在继续增长，医学领域用纺织品、建筑业用纺织品和农业用的纺织品比例也在加快提高。到2013年，服装用纺织品、家庭用纺织品和产业用纺织品的纤维消费比例为48%、29%和23%，分别比2000年提高了－19个百分点、9个百分点和16个百分点。总之，作为服装用纤维消费量的占比逐渐下降是我国纤维消费结构的发展趋势，但与发达国家相比，我国产业用纺织品和家用纺织品仍有较大的增长空间（表13－20）。

表 13－20　服装、家用纺织品和产业用纺织品的纤维消费比重

单位：%

项目	服装用纺织品	家用纺织品	产业用纺织品
中国1995年	80	13	7
2000年	67	20	13
2005年	54	33	13
2010年	51	29	20
2013年	48	29	23
2014年	46.8	28.6	24.6
2015年	46.4	28.1	25.5
美国（20世纪90年代末）	40	37	23
西欧（20世纪90年代末）	68	34	16
日本（20世纪90年代末）	35	30	35

资料来源：纺织工业"十五"、"十一五"和"十二五"发展规划报告。

从纤维消费的品种结构看，化学纤维在纤维加工总量所占的比重不断提高（图13－16），我国化学纤维产量从2000年的695.4万吨增长到2015年的4 831.7万吨，年均增长率为16.07%，化学纤维产量占纤维加工总量的比重从2000年的51.1%增长到2014年的83%，可见，我国纤维加工总量的增长值绝大部分是由化学纤维的增长贡献的。2000—2014年我国纤维加工量的净增加量为3 640万吨，同期我国化纤产量的净增加量为3 280万吨，占纤维加工量净增加量的比重超过90%。

居民纺织品消费不断增长。全国人均纺织品消费量从1949年0.8千克/年增加到1978年的2.8千克/（人·年），1983年取消了纺织品的布票管制；从2000年8.3千克/（人·年）提高到2003年的10.8千克（人·年），超过世界平均水平8.5千克/（人·年），2007年提高到14.6千克/（人·年）（杜钰洲，2004），2012年17千克/（人·年）。由于棉花生产增长，经济社会进步，居民衣着更新周期发生了重大变化，服装消费周期由9年贫困型、6年温饱型向

年年更换的小康型。穿着经过了"新三年，旧三年，缝缝补补又三年"，过渡到 6 年的温饱型，到年年更新的小康型，进入 21 世纪为一年更新的充裕型，穿着时髦、舒适、华丽和高贵，纺织品也由服装用向家庭用和产业用转变。然而，勤俭节约依然是中华民族的优良传统。

　　近 10 年，我国居民纺织品服装消费快速增长，全国居民衣着类消费支出从 2005 年的 428.8 元/人增长到 2010 年的 853.6 元/人（图 13 - 18、图 13 - 19），2005—2010 年均增长率为 14.7%，高于同期居民收入的增长率，随着我国经济的发展、消费率的增加、城镇化率的提高以及农村贫富差距的缩小。2015 年我国居民人均衣着类消费达到 1 164 元，比 2010 年的 853.6 元增长 36.4%。可以预测衣着类消费在未来 5～10 年仍将保持较高的增长率，并考虑人口增长的因素，若 2011—2020 年全国居民衣着类消费总额年均增长率按 10% 计算，到 2020 年全国每年居民衣着类消费支出总额将达到近 30 000 亿元，意味着纺织品服装消费市场将有很大的增长空间。

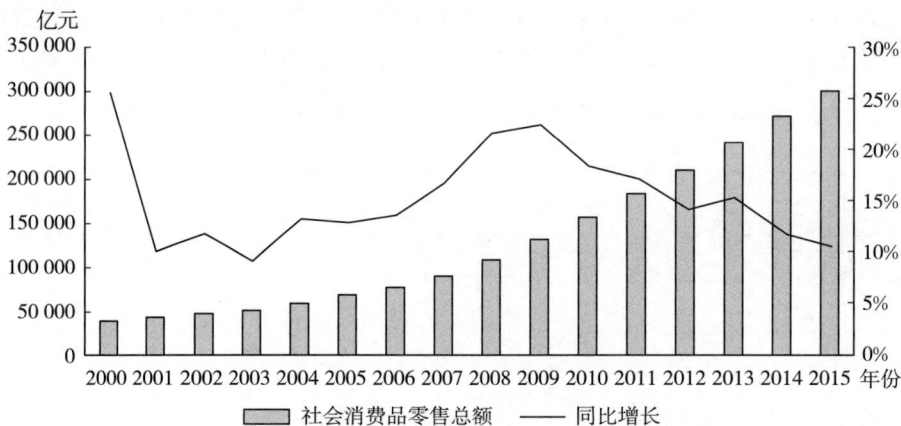

图 13 - 18　2000—2015 年中国人均社会消费品零售额

资料来源：华珊据国家统计局数据计算。

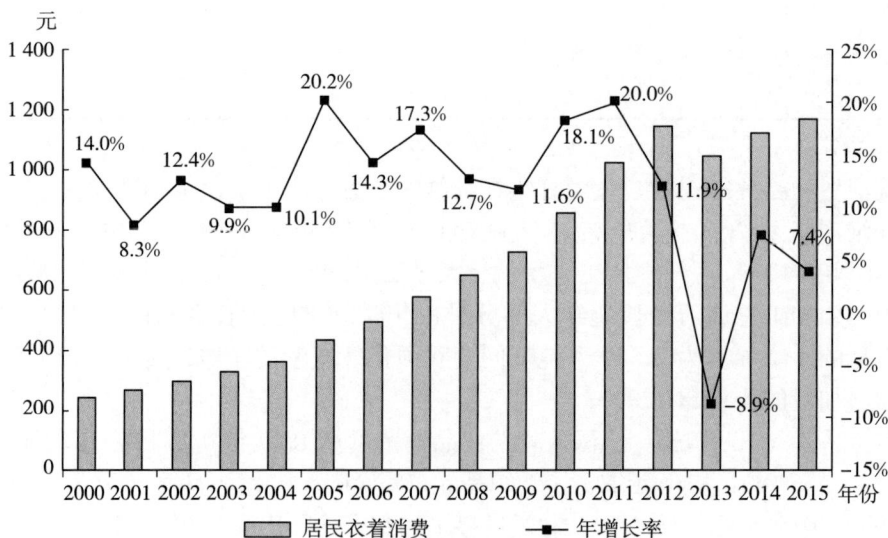

图 13 - 19　2000—2015 年我国城乡居民衣着类消费支出

资料来源：华珊据国家统计局数据计算。

我国居民衣着消费有明显的城乡差异，从 2009 年到 2014 年，农村居民衣着消费额为城镇的 18.1% 提升到 31.4%，按件计，当前城镇居民每购买 9 件衣服农村居民仅购买 3 件（表 13-21）。

表 13-21　全国居民衣着消费

单位：元/人

年份	全国	城镇	农村	全国比上年增长（%）	农村为城镇的（%）
2009	722.49	1 284.20	232.50	11.6	18.1
2010	853.59	1 444.34	264.03	18.1	18.3
2011	1 024.67	1 674.40	341.07	20.0	20.4
2012	1 146.57	1 823.40	396.40	11.9	21.7
2013	1 044.78	1 553.70	453.80	−8.9	29.2
2014	1 122.07	1 627.20	510.40	7.4	31.4

资料来源：毛树春据国家统计局网站整理。

同时，衣着消费水平还有明显的区域和气候的差异，因经济发展水平与气候冷暖的不同，东部地区与东北地区的城镇居民的衣着消费水平相近，但中部地区和西部地区城镇居民要少 15%，农村居民少 30%～40%。近几年全国经济发展均衡性不断改进，经济收益的差距缩小，中部和西部城镇居民衣着消费水平与东部地区的差距已缩小到 10%，农村差距缩小到 30% 以内。

四、棉织品和棉制服装出口贸易

棉织品包括棉纱线、棉机织物和棉制服装。

（一）棉纱线和棉机织物贸易量和贸易额

近 16 年，我国棉纱线进出口平衡，数量为逆差，进口大于出口，我国是棉纱线净进口国。从近 6 年来看，贸易量的比前 10 年扩大逆差 3.0 倍。与贸易量的变化趋势相同，近 6 年棉纱线贸易逆差扩大了 11.5 倍，但金额的总量较小（表 13-22、图 13-20 至图 13-24）。

表 13-22　2000—2015 年棉纺线和棉机织物贸易

项　目	棉纱线贸易量（万吨）				棉机织物贸易量（亿米）			
	出口	进口	净进口	贸易总量	出口	进口	净进口	贸易总量
21 世纪前 10 年代（2000—2009）	45.0	75.0	−30.0	120.0	56.8	14.6	42.2	71.4
近 6 年（2010—2015）	44.3	166.8	−122.5	211.1	82.0	7.5	74.5	89.5
项　目	棉纱线贸易额（亿美元）				棉机织物贸易额（亿美元）			
21 世纪前 10 年代（2000—2009）	14.0	16.4	−2.4	30.4	64.2	23.3	40.9	87.5
近 6 年（2010—2015）	21.6	51.7	−30.1	73.3	138.6	16.2	122.4	154.8

（续）

项　目	棉纱线贸易量（万吨）				棉机织物贸易量（亿米）			
	出口	进口	净进口	贸易总量	出口	进口	净进口	贸易总量
2010 年	52.5	111.3	22.5	32.1	78.8	8.6	113.9	17.3
2011 年	39.2	90.5	22.6	34.2	76.4	7.7	139.6	18.2
2012 年	44.4	152.8	21.8	49.6	78.6	8.4	132.7	18.4
2013 年	52.3	210.0	25.2	68.2	91.2	7.9	155.1	17.9
2014 年	43.1	201.0	20.6	62.2	83.8	6.5	146.2	14.6
2015 年	34.4	235.0	16.7	63.7	83.1	5.8	144.3	12.5

注：毛树春据《海关统计》2000—2015 年各年整理。

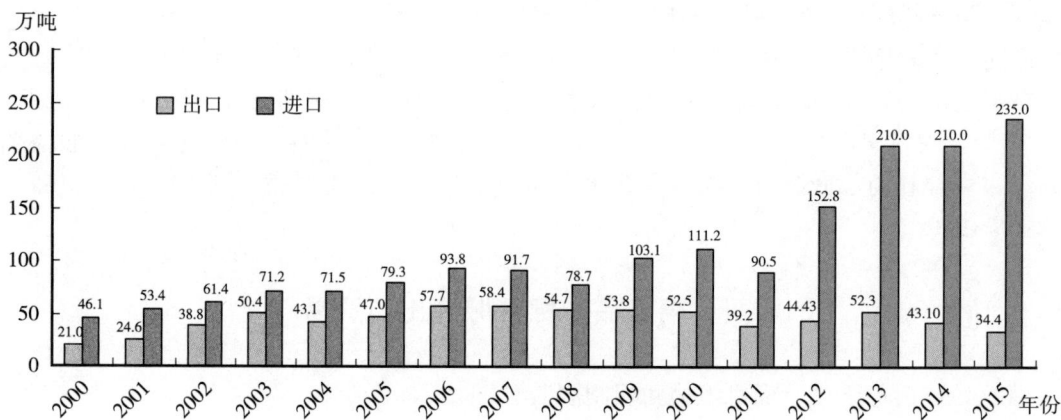

图 13 - 20　2000—2015 年棉纱线进出口量

资料来源：毛树春据《中国海关统计》整理。

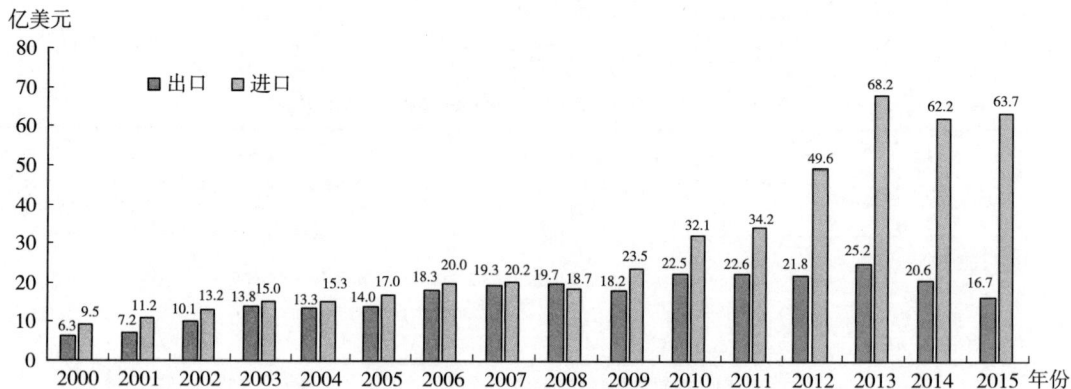

图 13 - 21　2000—2015 年棉纱线进出口额

资料来源：毛树春据《中国海关统计》整理。

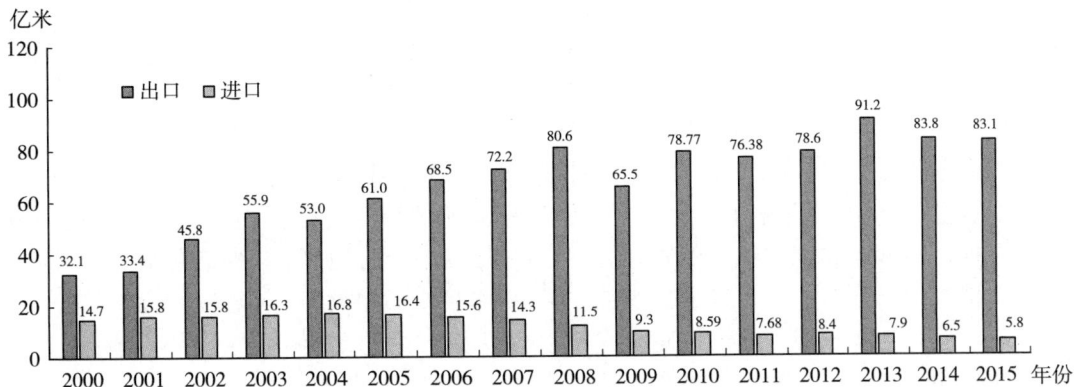

图 13-22　2000—2015 年棉机织物进出口量

资料来源：毛树春据《中国海关统计》整理。

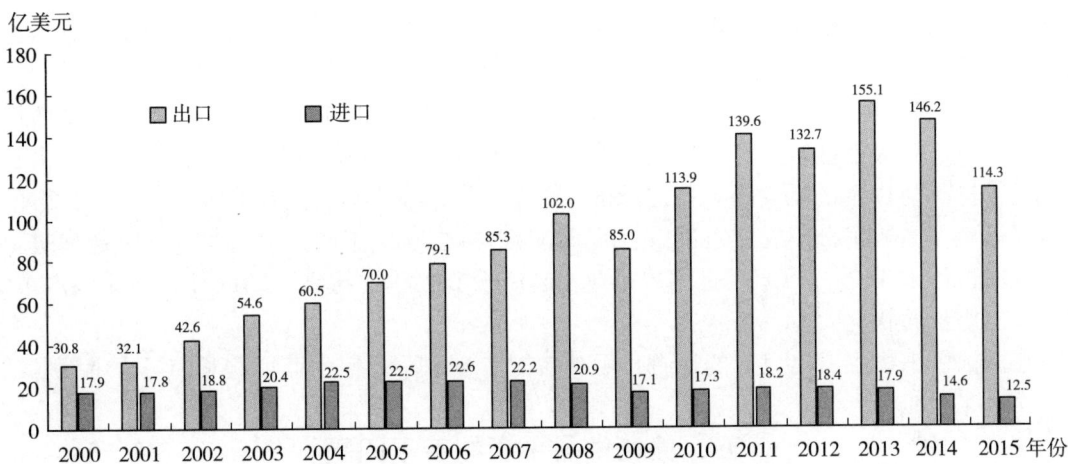

图 13-23　2000—2015 年棉机织物进出口额

资料来源：毛树春据《中国海关统计》整理。

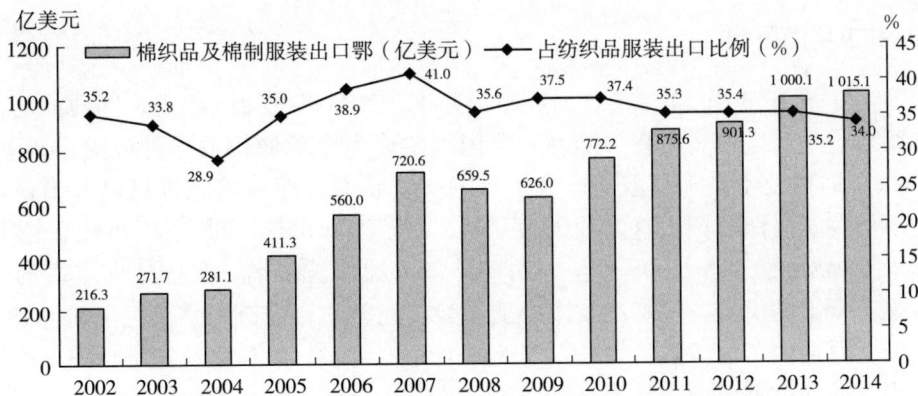

图 13-24　棉织品和棉制服装占纺织品服装出口额的比例

资料来源：毛树春据 2002—2014 年据《中国海关统计》整理。

近 16 年棉机织物贸易平衡为顺差，即出口大于进口，我国是机织物的净出大国。从近 6 年来看，贸易量扩大 76.5%，贸易额与贸易量的变化趋势相同，近 6 年棉机织物的贸易顺差比前 10 年增长 76.9%（表 13 - 22、图 13 - 22 至图 13 - 24）。

比较可见，棉机织物竞争力显著强于棉纱线，其中原棉成本是主要问题。2011—2015 年国产棉成本高，在比较中发现，进口棉纱线比用国产棉所纱线更合算，但是在棉纱线和棉机织物的贸易平衡中，仍获得较大利润，表明我国棉纺织业有较强的加工能力。进一步分析，在原棉、棉纱线和棉机织物的平衡之中，呈现双线开头的曲线，即棉花进口多，棉纱线进口多，棉机织物出口也多，形成棉织品"大进大出"的贸易格局（见第七章）。

然而，近几年我国棉纱线进口超出常年水平很多，也可以采用贸易救济措施减缓过量进口对就业的冲击和对工人生计的不利影响。

（二）进口贸易来源地和出口目的地

我国棉纱线进口主要来源地：2014 年和 2015 年，从印度占进口的比例为 26.4% 和 30.0%，为第一；从巴基斯坦占进口比例为 24.8% 和 23.0%，为第二；从越南占进口比例为 19.6% 和 21.2%，这 3 个国家占进口比例的 80% 上下。

从进口纱支看，$8 \sim 25^s$ 的低支纱线进口量最大，占总量的 55%，又以来自巴基斯坦所占比例最大；其次是进口 $30 \sim 47^s$ 的中低支纱，占总量的 33%；进口 $25 \sim 30^s$ 支纱，占总量的 7%；进口 8^s 以下的低支纱，占总量的 4%。另外，在进口棉纱中，精梳纱 $30 \sim 47^s$ 的数量增长迅速，主要来自印度，占进口总的 69.0%，比 2014 年增长 113.33%。从越南进口的精梳纱增长达 134.97%，原因是国内企业在越南投资兴建的纺纱厂纺的纱线回流国内市场，形成成倍增长的状况。

我国棉机织物主要出口目的地有：孟加拉国、越南、贝宁、菲律宾和中国香港地区。

五、棉花供需平衡的若干问题

中国棉花资源的供需平衡，更准确地讲是国产原棉的产能供给和居民消费所需原棉的平衡问题，厘清这一问题具有重要的学术价值和决策参考作用。

（一）供求平衡历程

宏观看，20 世纪 50—70 年代，国产原棉处于产不足需的短缺状态，即便如此，那时棉纺织品和服装也是我国的主要出口商品，我国因此成为全球原棉的净进口国。20 世纪 80—90 年代，国产原棉处于产不足需与产大于求的交替状态，即原棉有进口也有出口，在国际贸易中的地位为贸易调节国，这时我国即开始利用了国际市场。进入 21 世纪，特别是 2001 年我国加入世界贸易组织，2005 年全球纺织品出口配额被取消，我国凭借丰富的劳动力资源和勤劳吃苦肯干的优势，娴熟的技术技能优势，完整的产业链和结构优化的优势，棉纺织业快速发展，原棉加工总量成倍增长，与此同时，棉纺织品出口也快速增长，国产原棉不能满足棉纺织业的加工需求越来越紧迫，我国一举成为全球最大的原棉净进口国。厘清入世后原棉净进口与纺织品居民消费和棉纺织品出口对理解供需平衡问题具有的学术价值和决策支持作用。

（二）供求平衡的评价

据毛树春等的新近研究（2013），加入 WTO 后，我国棉纱产量从 2001 年的 760 万吨增长到 2011 年的 2 900 万吨，年均增长率高达 14.33%，产能扩大了 2.8 倍。与此同时，纺织用棉高速增长，总量增多。纺织用棉总量从 2001 年的 460 万吨增长到 2011 年的 1 059 万吨，年均增长率 8.70%，纺纱用棉扩大了 1.3 倍。

根据国产原棉和进口棉的历史数据，入世后的 10 年纺纱用棉总计 9 025.2 万吨，其中，国产原棉总量 6 793.3 万吨，占 75.27%；净进口原棉 2 110 万吨，加上进口其他棉花（包括已疏）122 万吨，占 24.73%，年均缺口 223 万吨。从原棉资源和纺织品表观消费来看，这 10 年我国原棉净进口总量与消费总量之比即对外依存度为 24.7%。这里包括纺织品服装的居民消费即内需和出口两个部分，这个比例不算高（表 13-23）。

表 13-23　入世前 10 年（2002—2011）中国棉花资源总量

项目	资源量（万吨）	占资源量的比例（%）
10 年（2002—2011）用棉总量	9 025.2	100.0
这 10 年国产原棉总量（含 20 世纪 90 年代拍卖的老商品棉约 45 万吨）	6 793.3	75.27
这 10 年净进口原棉（含进口其他棉花 122 万吨）	2 232.0	24.73

资料来源：毛树春等，2013。

（三）纺织品服装出口大幅增长

据毛树春对中国海关统计系统数据的整理，入世 10 年中国纺织品服装积累出口额为 14 835.22 亿美元。出口额从 2001 的 532.8 亿美元增长到 2011 年的 2 479.5 亿美元，年均增长率为 16.62%，增长 3.65 倍。然而，纺织品服装出口额占全国货物出口总额的比例则从 2001 的 20.0% 下降到 2011 年的 13.1%，主要是机电产品和高技术产品的出口增长。

需要指出两点：一是在纺织品服装出口额中，过去 10 年棉及棉制品约占 28.9%～41%（图 13-26），比例高低受原棉成本的影响最大，近几年基本稳定在 35%～37%。然而，受国产高价棉影响，2015 年比例下降到 31.1%，是近 16 年以来最低的年景。二是纺织品出口额比例从 2002 年的 33.32% 增长到 2011 年的 35.3%；服装出口额的比例则从 2002 年的 66.68% 下降到 2011 年的 64.7%，说明纺织品比服装更有优势。

又据毛树春、李鹏程对 WTO 统计整理和计算，入世 10 年我国原棉贸易量逆差 2 107.8 万吨，贸易额逆差 362.6 亿美元；棉纱线贸易量逆差 365.7 万吨，贸易额逆差 365.7 亿美元；棉纺织品贸易基本平衡；棉机织物贸易量顺差 535.4 万吨，贸易额顺差 548.5 亿美元。原棉及棉制品贸易总平衡为数量逆差 2 493 万吨，贸易额顺差为 141.3 亿美元（表 13-23）。

国产原棉足以满足居民的纺织品需求。从原棉的国产和进口、棉纺织品进出口贸易平衡数据可见（表 13-24），入世 10 年国产原棉总量 6 793.3 万吨不仅成功地解决了大国居民的穿衣问题，而且还约有 10% 的国产原棉通过棉纺织加工成棉制纺织品服装予以出口。

然而，自 2011 年到 2014 年的 4 年间，因国内外原棉价格每吨相差好几千元，由价格"倒挂"推动大量原棉和棉纱线的进口，演化成"国货入库、洋货入市"的严峻局面，原有的原棉和棉纱线供需格局被打破，并由此演化成国产"低等级棉严重过剩"和"高等级棉严重短缺",进而需要"去库存"以解决原棉"过剩"的新问题,结合经济转型升级的新需求,需对植棉业进行结构性调整。

表 13-24 入世 10 年(2002—2011)中国原棉、棉纱线和棉机织物贸易量变化

项目	单位	进口	出口	平衡
原棉	数量(万吨)	2 144.4	36.6	−2 107.8
	金额(亿美元)	367.8	5.2	−362.6
棉纱线	数量(万吨)	795.8	430.1	−365.7
	金额(亿美元)	191.3	146.7	−44.6
棉纺织品	数量(万吨)	5.8	2.9	−2.9
	金额(亿美元)	0.3	0.3	0.0
棉机织物	数量(万吨)	176.1	711.5	535.4
	金额(亿美元)	196.7	745.2	548.5
总平衡	数量(万吨)			−2 493(原棉和按棉纱所需原折算成原棉)
	金额(亿美元)			141.3

资料来源:毛树春、李鹏程据 WTO 统计整理,2013。

第十四章　中国主要省（市、区）棉花产业

本章选取湖北、安徽、江苏、山东、河北、河南和新疆等棉花生产大的省市区，研究观察大省棉花生产、棉花加工和棉花纺织的发展进程，阐述大省市区棉花产业发展轨迹，寻找发展经验和问题，为区域棉花产业可持续发展提供新借鉴。

本章还论述中小省市区的棉花产业，包括四川、湖南、江西、浙江、上海，陕西、山西、甘肃、内蒙古，辽宁以及吉林等13个产棉省市区的棉花生产、消费和纺织品服装制造和出口，以及沿海发达地区的广东和福建的纺织服装业。

第一节　湖北省棉花产业

撰稿人　别墅　张教海

湖北是全国棉花产能大省。植棉面积保持800万亩（533千公顷）有29年，占自1950年以来66年的43.9%；总产超过40万吨有28年，占66年的42.4%，最高总产60万吨有2年（1984、1992）。特别是20世纪50—80年代40年，面积和总产位居全国的第一或第二，为棉花这一国民经济的重要战略物资做出了重大贡献；与江苏、安徽、江西和湖南等一起成为全国棉花生产的重心。湖北又以高产而闻名，1963年全省棉花单产跨上98.7斤/亩（739千克/公顷）的大关，1974年单产提高到107斤/亩（806千克/公顷），与江苏、上海一起成为那时国家追求的棉花单产"100斤（长江）"目标，直到1983年全国单产水平才达到这一水平，早于全国时间有9年。20世纪60—70年代党中央和老一辈无产阶级革命家多年多次在湖北麻城、新洲、天门等县召开全国棉花生产现场会，成为全国棉花生产学习的榜样。80—90年代是全国优质商品棉的重要生产基地。然而，进入21世纪以来，随着棉区西移，全省植棉面积在全国排第四位，位居新疆、山东和河北之后，近几年全省棉花生产处于萎缩状态，发展科技支撑现代棉花生产极为重要。

湖北是全国棉纺织大省之一。从2000年到2013年，棉纱线产量从33.0万吨增长到303.0万吨，增长了8.2倍，但占全国比例从9.2%下降到8.4%（2015年纱产量355.2万吨，占全国的比例提高10.0%）。棉布产量从10.7亿米增长到65.3亿米，增长5.1倍，占全国的比例从7.7%提高到16.6%。

2013年，全省服装产量10多亿件，纺织品服装出口26.9亿美元，占全国的0.9%，棉花纺纱、织造、印染和服装也有足够的产能，产业结构完整。

一、棉花生产

自1950年以来的66年，湖北棉花生产经历了面积扩大——相对平稳和减缩、走以扩大

面积增加总产与扩大面积和提高单产并举增加总产的发展道路（表 14 - 1、图 14 - 1、图 14 - 2、图 14 - 3）。

表 14 - 1 湖北棉花生产情况

年份	面积（千公顷）	产量（千吨）	单产（千克/公顷）
1950—1959	534	141	259
1960—1969	558	284	490
1970—1979	591	387	654
1980—1989	502	405	829
1990—1999	461	470	1 013
2000—2009	403	410	1 016
2010—2015	411	443	1 081

注：表内数据均为每 10 年的平均数据。

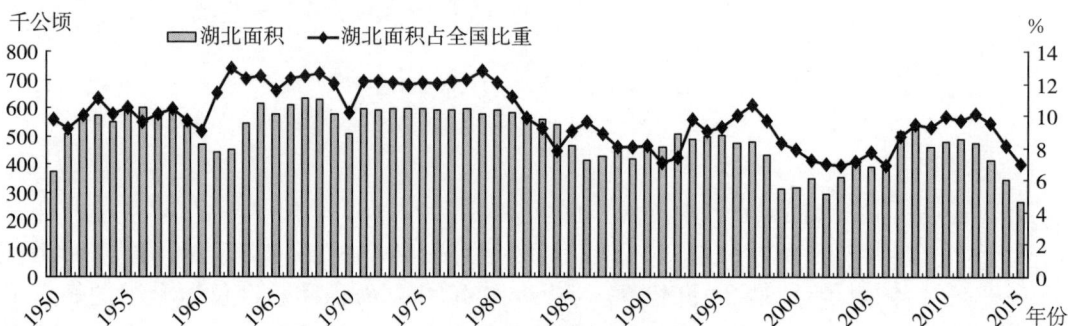

图 14 - 1 1950—2015 年湖北省棉田面积及占全国的比例

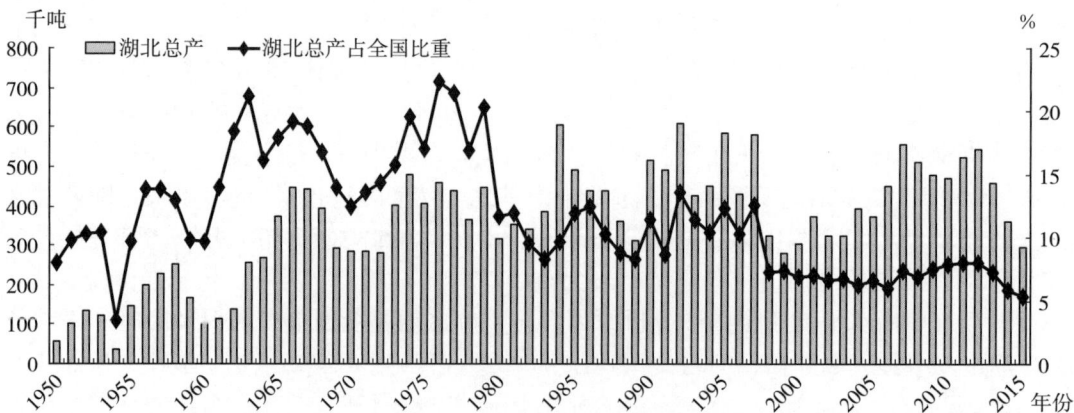

图 14 - 2 1950—2015 年湖北棉花产量及占全国的比例

（一）棉花产能发展

1.1950—1979 年的 30 年。 走以扩大面积增加总产之路。这 30 年平均，全省植棉面积 555.4 千公顷，总产 27 万吨，单产 467 千克/公顷，面积从恢复到扩大，总产每 10 年上一个台阶，有 8 年（1965、1966、1973—1977、1979）总产超过 40 万吨，有 8 年（1962、1963、1965—1967、1974、1976 和 1977）总产位居全国第一，1974 年最高总产达到 48 万

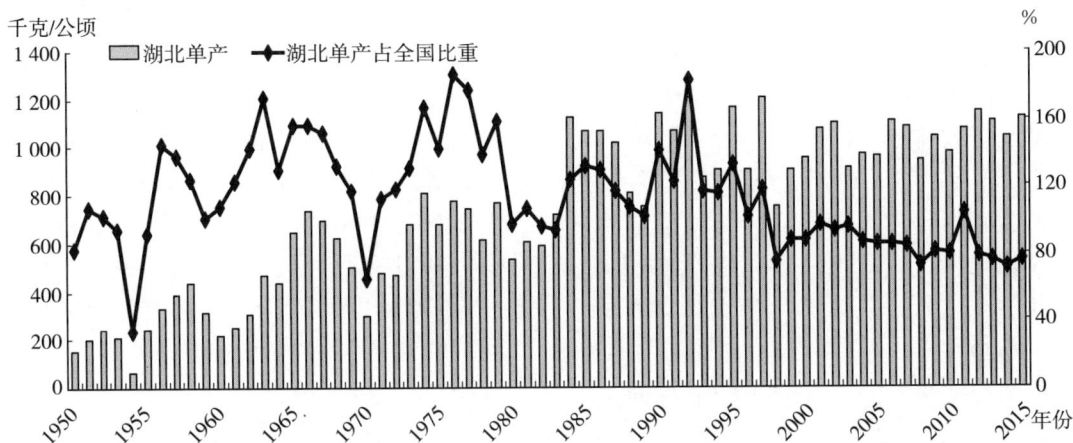

图 14-3　1950—2015 年湖北省棉花单产及与全国单产水平比较

吨。期间，1963 年全省单产跨上 739 千克/公顷的台阶，1974 年单产提高到 806 千克/公顷，当时全国最高水平，成为那时国家追求的棉花单产"100 斤（长江）"目标。

2. 1980—1999 年的 20 年。 走以提高单产和扩大面积并举的增加总产之路，这 20 年平均，植棉面积 481.5 千公顷，比前 30 年减少 74 千公顷，减幅 13.3%；总产 43.8 万吨，比前 30 年增加 16.8 万吨，增幅 62.2%，其中总产超 50 万吨有 5 年（1984、1990、1995、1997 和 1992），最高达到 61.0 万吨（1992）；单产 919 千克/公顷，比前 30 年增长 452 千克/公顷，增幅 96.7%，是那时全国高产的典型样板。

3. 2000—2009 年的 10 年。 棉花产能整体处于下降阶段，21 世纪前 10 年平均，植棉面积 403 千公顷，比前 20 年减少 78.3 千公顷，减幅 16.2%；总产 41 万吨，比前 20 年减少 2.8 万吨，减幅 6.4%，仍有 2 年总产超过 50 万吨（2007、2008）；单产 1 040 千克/公顷，比前 20 年略增 121 千克/公顷，增幅 13.2%，但低于全国平均的 11.4%，这是湖北植棉史上首次低于全国的单产水平。

4. 近几年（2011—2015）。在全国棉区西移的大背景下，湖北作为老棉区仍保持较高的产能，植棉面积 411 千公顷，总产 44 万吨，其中有 2 年超过 50 万吨（2011、2012），单产 1 150千克/公顷，低于全国平均的 30.7%（图 14-1）。其中 2015 年全省总产 27.8 万吨，是自 1965 年以来的最低水平。

关于全省单产水平低于全国，分析原因：一是棉区西移全国单产水平大幅提升；二是自身单产水平在下降，近几年全省单产水平几乎以每年 15 千克/公顷的速率在下降，这反映出湖北棉花在科技、生产和服务等跟不上全国发展的步伐。

（二）棉区划分

湖北省棉区位于长江中游，亚热带湿润季风气候，光照充足，热量丰富，无霜期长，雨量充沛，雨热同季，为棉花生长提供了优越的气候条件，以粮、棉、油商品生产基地而著称。全省主要棉区年均太阳辐射总量 440～469 千焦/平方厘米，年日照时数 1 850～2 100 小时，日照百分率 42%～48%，能充分满足棉花生长发育的需求。全省棉区地处北方冷空气南下的通道，年均气温 15.9～16.6℃，无霜期 240～272 天；≥10℃ 的活动积温为 5 100～

5 300℃，持续 235～245 天，热量丰富，对棉花生长非常有利。年降水量 1 000～1 150 毫米，4—10 月降水量占年降水量的 80％左右。但降水变率大，降水量不稳定，年际间不平衡，四季降水量差异明显，常致旱涝灾害发生。

湖北全省耕地 3 333 千公顷，人均 634 平方米，是一个人多地少的省份。全省适宜植棉面积 1 333 千公顷。棉田土壤类型有潮土、水稻土和黄棕壤等。根据地理位置和生态生产条件等，全省划分为鄂东棉区、江汉平原棉区和鄂北棉区。鄂东棉区，包括黄冈地区、黄石市、鄂州地区、武汉地区等，棉田面积占全省的 30％；江汉平原棉区，包括荆州、孝感、荆门和潜江、天门、仙桃 3 个省直管市等，一般占棉田面积的 60％；鄂北棉区包括襄阳、宜昌、随州和老河口等，棉田面积占全省的 10％。2014 年全省有 69 个县（市、区）种植棉花，占棉田面积 75％，集中度相对较高。

（三）科技进步

1950 年以来，湖北棉花品种改良和栽培管理技术取得了显著的成效。

20 世纪 50—70 年代，新中国成立初期以种植中棉和退化的陆地棉和德字棉、珂字棉为主，单产不足 10 千克/亩。1951 年从江苏引种岱字棉 15 获得成功，到 1956 年成为全省主导品种，占全省种植面积的 69％，单产翻一番达到 22 千克/亩，称为"发家棉"。60—70 年代，引进光叶岱字棉和推广自育的鄂光棉，亩产又翻一番达到 49 千克/亩。

80—90 年代初期，自育品种鄂沙 28 号，1984 年推广面积达 350 千公顷，占当年棉田面积的 62％，助推皮棉总产过 60 万吨，单产提高到 75 千克/亩。80 年代中后期，以鄂荆 92、鄂荆 1 号为代表的棉花新品种更换了鄂沙 28，1990 年全省皮棉亩产超过 75 千克/亩，品质明显改善，鄂棉获得"钢筋棉"的美誉。90 年代中后期，鄂棉 18 号的育成，全省皮棉产量再上新台阶，单产达到 80 千克/亩。

21 世纪前 10 年，随着杂交棉的兴起，以鄂杂棉 1 号、鄂杂棉 3 号、鄂杂棉 5 号、中棉所 29 和湘杂棉 2 号为代表杂棉品种成为主体品种，皮棉产量达到 100 千克/亩潜力，这 10 年全省累计审定杂交棉品种近 50 个，国审棉花品种 11 个，湖北杂交棉面积普及率达 85％以上，成为全省进入棉花杂种化的新时代的重要标志。

改革耕作制度，提高复种指数增加周年产出，湖北棉田复种指数以 20 世纪 90 年代最高，达到 250％。历史上棉田耕作制度主要是一熟制，即冬季冬闲冬炕，春季施肥整地，谷雨前直接播种棉花，一年一熟，俗称"春花田"。新中国成立后，湖北棉田一熟制很快被两熟制淘汰，目前以两熟制为主，一熟和多熟为辅的种植制度。

所谓两熟制，就是棉田冬种小麦或大麦、蚕豆、油菜等作物，春种棉花，也就是湖北棉区人们通常所说的"小麦茬花"、"大麦茬花"、"蚕豆茬花"、"油菜茬花"，一年棉麦（豆、油）两熟。其中小麦茬花面积逐年扩大，到 20 世纪 70 年代以后，曾稳定发展成为主体地位，为全省粮棉增产起了决定性的作用。进入 21 世纪，由于种植业结构调整，棉花前作油菜已被小麦取代，小麦成为棉花前作的主导作物。近年来结构调整在加快，麦后棉连作和油后棉连作直播或机械化移栽在增长，早熟新品系和精量直播正在进行试验示范探索中。

棉田种植方式的转变。新中国成立前，小（大）麦和棉花都是撒播，叫做"种麦满田撒，棉花满天星"，种植中棉，密度 4 000～5 000 株/亩。新中国成立后，50 年代初改种岱字棉，开展棉花种植方式改革，改撒播为条播，每厢夏粮三幅麦，棉花四等行，夏粮占地面积33％，棉花1 000～2000株/亩。60年代，棉花种植仍以等行为主，分三等行和四等行，密度有所增加。70年代棉花由等行向宽窄行转变，种植向高密度发展，相继产生"三组六行"、"一组四行"、"明三暗四"、"一边倒"、"一窝双株"等配置。主要特点：夏粮播幅扩大，占地50％左右；预留棉行窄，仅27～30厘米；棉花为宽窄行配置，宽行100厘米，窄行10～13厘米，密度5 000株/亩。这中窄行配置有利于提高夏粮产量。80年代以后，经过考察、比较和筛选，棉花配置方式逐步规范为等行（两等行、三等行）和宽窄行，其中以"一麦两花"，棉花宽窄行种植为主，棉花种植密度有所下降。

进入21世纪，随着杂交棉推广应用和便于机械进田，多采用等行种植，棉花种植密度继续下降，全省平均1 500株/亩，有的棉区不足1 000株/亩。

改直播棉为"两膜"栽培是一项重大技术变革。营养钵育苗移栽虽然始于50年代中期，70年代集体时推广，到80年代初期，随着塑膜技术的发展，进入大面积推广应用阶段，棉花直播改营养钵育苗移栽逐步普及，占棉田面积的75％以上，90年代发展移栽地膜棉，即先栽后盖，又栽又盖，创一批高产超高产典型。至今，移栽地膜棉栽培技术仍为湖北省棉花夺高产的重要栽培方式之一，常年占全省棉花种植面积的20％左右。

棉田管理的革新。随着新品种、新农药、新化肥、新机械和新技术在棉花生产上的推广应用，在棉田管理上围绕轻简、省工、节本和高效，主要实现了七大改革创新。一是改统一操作为点片示范辐射。二是病虫害防治改单一背扶式喷雾器、台式喷雾器为机动喷雾器机防统治，降低了劳动强度，显著地提高防治效果。三是改杨树枝把诱蛾为高压汞灯、频振灯、性诱剂，有效地控制了虫害的发生。四是改主施氮肥、磷肥为增钾、补微和测土配方施肥。80年代以施氮肥和磷肥为主，90年代推广棉花专用微肥，21世纪以来，随着抗虫棉和杂交棉的推广普及，钾肥、复合肥和配方肥施用量显著增加，满足了棉花生长对多种养分的需求，提高了肥料使用效果。五是在生长调控上改被动调控物理损伤方法向为主动化学调控。70年代主要以捏顶、切侧根、推株损根等被动物理调控措施为主，80年代后，随着缩节安（助壮素）、乙烯利、"802"和壮苗素等新型植物生长调节剂在棉花上的开发应用，做到了根据棉花生育进程和目标进行主动全程化调，实现了控制旺长，培育壮苗，防止早衰，协调营养生长与生殖生长，塑造理想株型和合理群体结构的目标。六是改人工除草为化学除草。目前，化学除草占全省棉田面积的80％左右。七是中耕灭茬改牛犁耕为机械旋耕，显著地提高了工效和中耕效果。

轻简化栽培。如营养钵育苗移栽优质高产栽培技术、杂交棉优质高产栽培技术、油后棉栽培技术、麦后棉栽培技术、基质育苗移栽和地膜覆盖栽培技术等。

（四）涉棉龙头企业及农村合作组织的发展

龙头企业上连千变万化的市场，下系千家万户的棉农，是棉花产业上规模增效益的决定因素。它不是一般意义上的工商企业，肩负着带动农户和棉花生产基地的重任，与棉农的利益息息相关。湖北省棉花产业化经营已初显雏形。以棉花生产基地为第一车间，充分挖掘棉花生产的资源优势，形成了棉花种子繁育推广、籽棉加工、棉花纺织印染制衣一条龙的产业化经营格局，产业覆盖了湖北大部分宜棉地区。近年来，伴随市场经济的稳步发展，各种农村合作组织、产业协会发展迅速，已成为广大棉农了解市场信息、掌握植棉技术、维护自身权益的有效途径。银丰集团公益棉花合作社、郑湖棉花合作社分别在京山和当阳挂牌。此次入社棉农共有 137 户，种植优质棉 197 公顷。按照协议，农户一次性交纳 10 元会费后，可不定期享受银丰集团提供的服务，包括对棉农给予种子、农药、化肥、资金等方面的优惠和扶持，解决农户分散种植、缺乏技术指导等问题。

二、棉花加工业

棉花加工业主要指棉花及副产品的加工、深加工。具体来讲，包括轧花、剥绒、打包、榨油、浸出、棉蛋白生产及种子处理等。棉花加工业是控制棉花质量，降低棉花成本的重要环节。棉花加工业紧随棉花产业发展的规律，经历了从无到有、从小到大、从分散到集中、从落后到具有一定水平的发展历程。

自 1999 年我国棉花经营逐步放开后，湖北省新增了大量棉花加工企业，加工能力迅速扩大。2001—2002 年，湖北省经过资格认定的各类棉花收购、加工单位（不分所有制）已接近 1 100 家，棉花加工能力达 200 万吨，是历史上棉花最高产量的 3 倍。再加上一些未经批准的大大小小的棉花收购、加工个体户，湖北省棉花加工能力呈严重过剩状态。经过多年的调整，至 2012 年湖北省拥有新体制棉花加工企业 132 家。

国务院于 2001 年和 2002 年相继出台了新的政策，将稳定市场的储备功能从原棉花系统分离出来，另组建国家棉花储备公司，同时放开了棉花市场价格。目前，湖北省有 60 余个县、市级棉花公司，千余家具备收购资格的企业。价格放开后，棉花收购量和收购价格逐年上升，随着棉花质量检验体制改革力度的加大，湖北省棉花质量检验体制改革工作进展顺利，新体制棉花加工企业更新改造速度较快，棉花资源和金融资本逐渐向新体制棉花加工企业集中，新体制棉花加工企业的作用逐步显现。

2004 年，改革试点前，全省有旧体制棉花加工企业近 1 500 家，其中通过质保能力审核发证的有 1 043 家，无证企业近 500 家。旧体制棉花加工企业关、停、并、转速度，促进棉花产业的健康发展。改革方案出台后，通过加大宣传力度，国家相应出台一系列配套优惠政策，如技改贷款贴息、收购贷款优先、免费提供公证检验、购买新体制棉花给予进口配额奖励等政策，极大地促进了新体制棉花加工企业参与改革的积极性，鼓励和引导棉花加工企业利用现有的场地、人员、资源优势改扩建或积极与新体制企业联合、兼并、重组等形式，加快其关、停、并、转的速度，整合了棉花资源，促进了质检体制改革与农业产业结构的调整结合，加快了棉花加工企业从数量型向资源型、质量型转变。短短四年时间，全省新体制棉花加工企业在原 1 043 家旧体制棉花加工企业的基础上，按照省发改委规划，已有 98 家企业完成更新改造，并通过质保能力审核和省发改委验收，2008 棉花年度共收购加工棉花约400 千吨，占全省棉花总产量的 80% 左右。

三、棉花纺织业

湖北不仅是棉花生产大省，也是用棉大省，是中国纺织工业的老基地，在改革开放以来，为湖北增加财税收入、积累建设资金、提高创汇能力、吸纳社会就业、带动农业和支持相关产业的发展等方面，一直发挥着重要作用，做出了不可磨灭的历史贡献。

1950—1979 年，湖北棉纺织业经历了恢复与改造、调整与巩固、干扰与建设三个阶段。新中国成立后通过扶持旧私营企业恢复生产和国家投资新建国营棉纺织厂，至 1952 年拥有棉纺企业 37 家，纱锭 23.7 万锭，纱产量 2.3 万吨，棉布 5 328 万米；1957 年纱锭 31.0 万枚，纱产量 4.5 万吨，棉布 1.37 亿米。后经历浮夸、大炼钢铁及"文化大革命"等影响，棉花纺织业发展缓慢，尽管如此，1979 年增加到纱锭 124.0 万枚，是 1952 年的 5.2 倍；棉织机 4.16 万台，比 1957 年多 2.9 万台。

1980—1999 年，湖北纺织业在改革中快速发展。1997 年全省拥有纺织企业 174 家，棉纺锭 394.6 万锭，棉织机 7.8 万台，世纪之交，经过"压锭、减员、扭亏"三大行动，压缩棉纺锭 66.8 万锭，压锭企业经兼并重组，分流减员，一举扭亏为盈，走上集约型发展道路。棉纱产量从 1993 年的 38.9 万吨增加到 1999 年的 53.2 万吨，年增长 3.7％；在全国的排名从第五名升至连续六年的第三位；棉纱产量在全国的比重在 9％以上。

2000 年以来，湖北纺织业再次走上快速发展期，形成以棉纺织、服装为主导，印染、针织等相关产业共同发展的较为完善的产业体系，服装、家纺、产业用三大终端产品结构比例由"十五"末的 80∶8∶12 调整为"十一五"末的 70∶10∶20。

棉纱产量由 2000 年的 64.8 万吨增加到 2015 年的 355.2 万吨，年均增长 19.4％；棉纱产量占全国的比重，从 2000 年的 9.9％下降到 2008 年的 5.9％；2009 年比重提升，2015 年占比达 10.0％。棉纱产量在全国的排位由入世前的第 3 位，下降至 5 位。

2010 年，全省纺织工业规模以上企业累计完成纱产量 169.6 万吨（2001），坯布产量 46.4 亿米，印染布产量 4.5 亿米，服装产量 5.64 亿件，比"十五"末分别增长 0.8 倍、1.1 倍、2.7 倍和 1.7 倍，年均递增 14％、16％、30％和 23％；完成工业总产值 1 419.4 亿元，工业增加值 379.3 亿元，比"十五"末分别增长 2.36 倍和 2.65 倍，年均递增 28％和 29％；实现主营业务收入 1 311.5 亿元，利润 54.2 亿元，出口创汇 16.7 亿美元，比"十五"末分别增长 2.3 倍、7.6 倍和 0.6 倍，年均递增 28％、54％和 10％。主营业务收入在全国排名第七位，比"十五"末前移两位。

2014 年，全省棉纺锭达到 1 100 万锭以上，纺织工业的综合生产能力仍居全国前列，湖北纺织行业产销总量居全国第 7 位，中部六省（湖北、湖南、江西、安徽、河南和山西）第 2 位（第 1 位是河南省）；增幅居全国第 4 位，中部六省第 2 位。主营业务收入居全国第 7 位，中部六省第 2 位；增幅居全国第 13 位，中部六省第 3 位。利润总额居全国第 9 位，中部六省第 3 位；增幅居全国第 16 位，中部六省第 3 位。

从产业布局来看，湖北纺织工业分布在全省纺织原材料和劳动力资源相对集中的地区，形成了襄阳、仙桃、孝感和咸宁等四大纺织服装产业集群地。2001 年全省拥有环锭纺 331.3 万锭，居全国第三位；转杯纺 5.4 万头，居全国第二位；棉织机 4.9 万台，居全国第五位；毛纺锭 9.6 万枚，居全国第七位，麻纺锭 8.0 万枚，居全国第一位；服装生产能力居全国第九位。

湖北省纺织用棉进口数量总体呈增加趋势，进口棉来源国主要为巴西、美国、澳大利亚及印度。

四、产业发展展望

基于湖北是棉花产业大省，未来棉花产业发展"三个不会变"——湖北是老棉区地位不会变，湖北是全国主产棉区的地位不会变，棉花是湖北产区农民的经济支柱地位不会变。

湖北植棉业总体发展思路，优化布局，保持基础产能，调减低产分散棉区，稳定高产主产棉区，划定和建设三大优势产区——鄂东棉区、江汉平原棉区和鄂北棉区。

突破轻简化、机械化植棉技术，发展棉田高效立体种植，提高植棉效益。强化科技支撑和引领，品种上，要突破产量、品质和早熟性的矛盾；栽培上，要主攻种植制度的轻简化、栽培管理的机械化；产业上，要发展"中高品质"的原棉生产，建设适纺 50 支纱以上的中长纤维原棉生产基地和适纺 30 支纱以下的中短纤维原棉生产基地，切实提高优势产区棉花的科技含量和土地产出率、劳动生产率。

推进规模化植棉、标准化植棉，推进一、二、三产业的融合和经营产业化，培育一批龙头企业，发展新型"订单农业"，引领行业发展。到 2020 年形成一批大型企业和企业集团，培育销售收入过 10 亿元的企业 20 户以上。

增加投入，推动优质棉板块基地建设。推进鄂东、江汉平原和鄂北三大优质棉板块，重点支持植棉面积 10 万亩以上的 20 个棉花主产县（市），各建设 1~2 个 2 万亩的优质高产高效示范区，做到排灌配套、土地平整，通过推广新品种、新技术、新成果应用，起到辐射带动作用。

培育壮大龙头企业。重点扶持 5 个产业化基础好、辐射带动力强、经济效益高、信誉好的棉花收购加工和棉种企业（或企业集团），逐步形成一定规模的棉花育繁推一体化、产加销一条龙的产业链。

做大做强湖北纺织业。湖北纺织工业虽已形成了较为完整的产业体系，但近年来产业结构不尽合理、产业链不够完善、人才缺乏等问题制约了其快速健康的发展。在转型升级的关键时期，湖北要抓住国家纺织产业向中西部地区转移的机遇，充分发挥原料、交通、高校等方面的优势，进一步调整服装、家纺、产业用三大终端产品结构比例；优化产业布局，产业园区布局向集群化、规模化、层次化发展；发挥 1（武汉）＋8 城市（武汉周边城市）圈的辐射作用，降低物流成本；加快纺织产业升级换代，提高高支纱比重，引进机器人、互联网＋技术促进湖北纺织业提档升级。做大做强武汉市"汉派"服装、仙桃彭场镇的无纺制品、汉川马口镇的缝纫线、襄阳樊城区和谷城石花镇的织布、随州厉山镇的细帆布、黄冈龙感湖针织品、团风回龙镇的色织布等产业集群；积极主动地"引进来"与"走出去"，引导纺织服装企业向园区和集群地区集中，打造鄂东服装走廊、长江纺织产业带、苎麻特色产业园、蚕丝绸加工基地，形成一批销售收入过 50 亿元的集群和园区。

第二节 安徽省棉花产业

撰稿人 郑曙峰

安徽是棉花产能大省之一。近 30 年年均植棉面积 513 万亩（342 千公顷），常年总产 28.5 万吨，总产超过 40 万吨有 2 年（2004、2006），最高总产 41.2 万吨（2004）。与江苏、湖北、湖南、江西、浙江、上海等一起，成为 20 世纪 50—80 年代全国棉花生产的重心。安徽棉区横跨长江、黄河两个优势棉区，以棉田两熟多熟种植而闻名。进入 21 世纪以来，随着棉区西移，全省植棉面积大幅减少，但仍保持一定规模。

安徽是全国棉纺织大省之一。从 2000 年到 2013 年，棉纱线产量从 18.6 万吨增长到 93.8 万吨，增长了 4.0 倍，但占全国比例从 5.2％下降到 2.6％；棉布产量从 3.6 亿米增长到 4.0 亿米，增长 10.0％，但占全国的比例从 2.6％下降到 1.0％。

2013 年，全省纺织品服装出口 41.6 亿美元，占全国的 1.4％，棉花纺纱、织造、印染和服装也有一定产能，产业结构完整。

一、棉花生产

（一）棉花产能发展

1. 1950—1979 年的 30 年。 从面积看，前 20 年变化不大，后 10 年有较大增长；从总产和单产看，总体水平不高，但增长快速，每 10 年上一个台阶，每 10 年比上一个 10 年增长近 1 倍（表 14-2、图 14-4、图 14-5、图 14-6）。

表 14-2　安徽省棉花生产情况

年份	面积（千公顷）	产量（千吨）	单产（千克/公顷）
1950—1959	217	33	150
1960—1969	221	70	287
1970—1979	327	131	399
1980—1989	283	175	638
1990—1999	387	269	703
2000—2009	382	347	910
2010—2015	297	289	973

资料来源：国家统计局、安徽省统计局，为每 10 年的平均值。

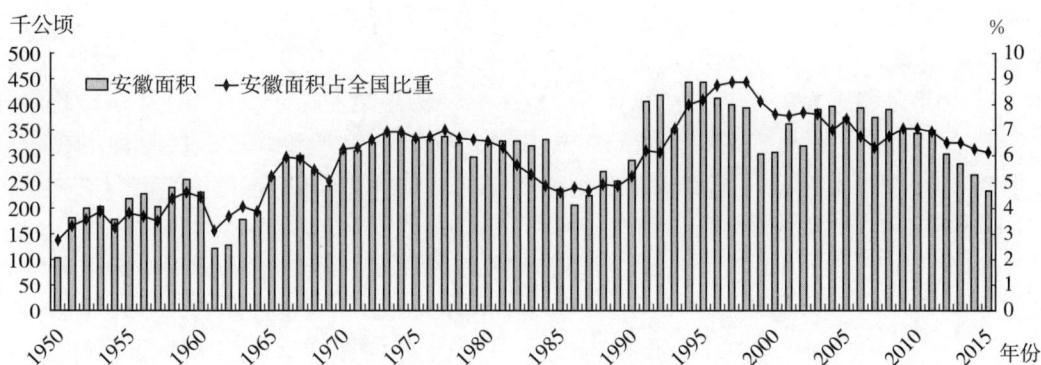

图 14-4　1950—2015 年安徽省棉花面积及占全国的比重

2. 1980—1999 年的 20 年。 这 20 年年均植棉 335 千公顷，植棉面积占全国的 4.6％～8.9％；单产平均 664 千克/公顷，多数年份单产为全国平均产量的 60％～80％；年均总产 220 千吨，占全国总产量的 3.7％～7.0％。1984 年全省植棉面积 333 千公顷，单产首次突破 700 千克/公顷，达到 701 千克/公顷，皮棉总产 234 千吨，第一次突破了 200 千吨水平。

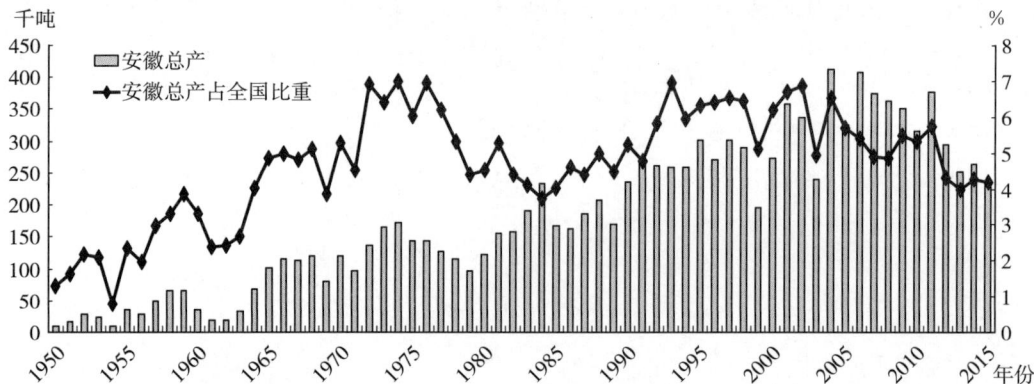

图 14-5 1950—2015 年安徽省棉花总产及占全国的比重

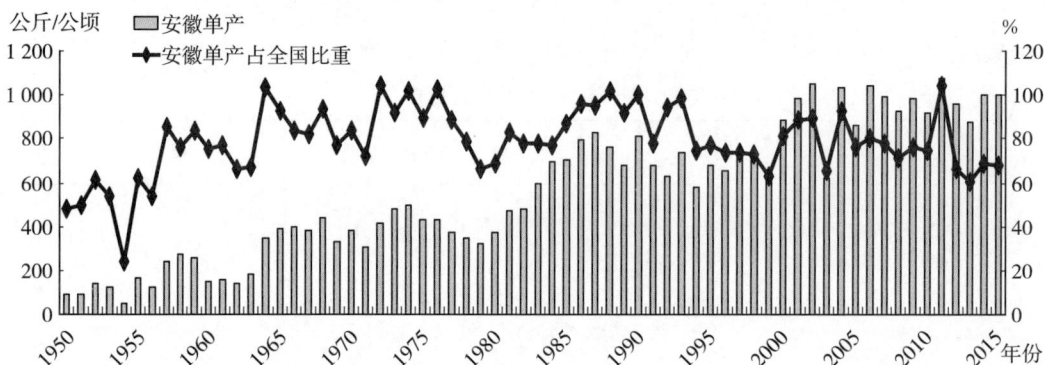

图 14-6 1950—2015 年安徽省棉花单产及与全国单产水平比较

1985—1989 年是波动调整期。一是因受 1984 年"卖棉难"的影响，从 1985 年开始全省棉花面积和总产大幅下降，最低的 1986 年棉花面积（206 千公顷）和总产（163 千吨），分别比 1984 年减少了 38.3％和 30.4％，直到 1990 年总产才恢复到 1984 年的水平。二是低产分散棉区大幅滑坡，高产集中的沿江棉区反而发展上升。三是优质高产棉花品种迅速推广。1990—1999 年是稳定发展期，总产稳定在 24 万～30 万吨之间。1990 年国家和省政府连续出台奖励植棉政策，提高棉花收购价格，棉花种植面积，单产和总产都持续稳定在较高水平，但是 1997 年开始出现了"卖棉难"现象，一直持续到 1999 年，虽然影响农民种植的积极性，但科学植棉技术不断提高，单产仍能保持较高水平。

3. 2000—2009 年的 10 年。这 10 年棉花生产比较稳定，年均植棉面积 367 千公顷，占全国的 6.3％～7.7％；年均总产 344 千吨，占全国的 4.8％～6.9％左右；单产平均 939 千克/公顷，为全国的 60％～80％，虽然单产比上一个十年增加 25％，但大大低于全国平均水平。全省棉花单产水平低于周边省份，可能与淮北棉区棉花的面积和单产等统计数据大于实际种植面积和单产有关。

4. 2010—2015 年的 6 年。由于粮食作物机械化水平逐年提高，而棉花生产机械化水平低，劳动力成本急剧上升，植棉效益大大下降，安徽省棉花面积、总产均呈"跳水"的走势。相比上个 10 年，这 6 年，年均植棉面积由 367 千公顷降为 297 公顷，降幅 19.1％，年均总产由 344 千吨降为 289 千吨，降幅为 16.0％。从棉花产业发展的形势看，这种"跳水"

走势还将继续。这 6 年，棉花单产基本稳定，与上个 10 年变化不大。

（二）生产发展经验

近 30 多年来，安徽省棉花品种从完全依靠引进到自育。据不完全统计，从 1985 年开始，安徽省审定和认定的棉花新品种（组合）92 个，国省品种 4 个。从 20 世纪 50 年代开始，全省棉花品种进行了 4 次更换：第一次是 20 世纪 50 年代，引种美国的岱字棉 15 取代了本省原来的低产、绒短的亚洲棉（中棉）及退化陆地棉。第二次是 60—70 年代，用国内自育品种（如沪棉 204、沪棉 497、徐州 1 818、徐州 514 以及后来的徐州 553、泗棉 2 号、泗棉 3 号等）更换了引进的外国品种。第三次 90 年代中期，本省自育品种，如皖棉 13（皖杂 40）、皖棉 11、皖棉 9 号、淮杂 2 号等取代了省外品种，成为全省当家品种。第四次为 21 世纪初，为了解决棉铃虫危害，推广国抗棉 1 号、中棉所 29 号、中抗杂 1 号和中棉所 63 等国产转基因抗虫棉，以及美国培育的保铃棉 DP32B、DP1 560BG 和 DP410B 等转基因抗虫棉。

值得一提的是，抗虫棉品种替代非抗虫棉品种得益于 1998 年 7 月安徽省种子总公司与美国孟山都公司、岱字棉公司共同组建的中外合资公司——安徽安岱棉种技术有限公司，该公司推出保铃棉（bollgard）抗虫性好、农艺性状整齐、品质好，曾占全省棉种市场的半壁江山和抗虫棉种市场的 95％以上，但由于棉铃小，苗期长势弱，采摘困难，不适应当时棉农稀植的习惯。2004 年后杂交抗虫棉新品种（组合）取代了保铃棉。

30 年多来，安徽省在棉花栽培方面取得一些新技术新成果，包括碱地、砂姜黑土地棉花均衡增产技术（1986）、地膜覆盖高产优质技术（1986）、沿江棉田高效植棉技术（1991）、丘陵棉花节本高效技术（2004）和棉花专用配方缓控释肥（2009、2015）等，在病虫害防治方面：棉铃虫发生规律及防治、沿江棉区棉花害虫综合防治研究（1987）、沿江棉区棉虫天敌资源利用、棉铃虫预测预报及综合防治（2002）等，性信息干扰素（PB-ROPEL、AB-ROPEL）防治棉红铃虫、棉铃虫技术（2003）、棉业智能化信息系统（2004）、杂交棉高效生产技术（2007）等成果在棉花生产发挥积极作用。

近年来，为推进科技入户、高产创建等工作，安徽省农委及农业部先后推介发布了多项主推技术——棉田节本高效防污、全程化控、高品质棉栽培、棉花抗灾、化学调控、棉业信息与科技服务网络平台（安徽棉网）、轻简育苗移栽、盐碱地丰产技术、超高产综合技术、杂交棉节本增效、测土配方施肥、秸秆还田、锌肥施用，以及植保技术（病虫预报与防治可视化，病虫鼠害防治，安全用药，化学除草）等。通过新成果和新技术的推广，科技贡献率不断提升：棉花品种杂交化，良种包衣化，种植制度优化，棉麦（油）两熟制、多熟制占全省棉田面积的 95％以上。

（三）种植区划

安徽省地处长江、淮河中下游，位于北纬 29°41′～34°38′，东经 114°54′～119°37′。东连江苏、浙江，西接湖北、河南，南临江西，北靠山东。境内地貌类型复杂多样，从北到南依次分为淮北平原、江淮丘陵、皖中长江冲积平原和皖南山区。全省气候以淮河为分界线，北部属暖温带半湿润季风气候，南部属亚热带季风气候。依据自然生态条件的差异，形成了淮北、沿江和江淮三大自然棉区，适宜植棉面积近 530 千公顷。

沿江棉区是集中两熟和三熟的高产高效棉区。该区紧靠长江中游，气候条件较好。无霜期245～255天，≥10℃积温5 100～5 400℃，≥20℃积温3 600～4 100℃，年平均气温16.1～17.7℃，稳定通过15℃的初终日期是4月15日左右和10月16日至11月24日，秋后降温时间迟，速度缓慢，棉花的有效结铃期长达75天左右。全年日照2000～2 200小时，特别是7月中旬以后的最佳结铃期内，每日光照长达10小时以上，对结铃和棉纤维成熟十分有利。该区雨水充沛，年平均降水量1 200～1 400毫米，但分布不均，春季降水量占全年的28%～37%，梅雨季节明显，从6月中旬至7月上旬约有30～40天的梅雨季节，降水量约占全年的57%，往往造成涝渍灾害，秋季少雨干旱，7月中旬至8月下旬，降水量仅占全年的13%左右，常常出现伏秋干旱。由于境内江河交错，湖泊众多，水库、塘堰星罗棋布，水源充足，一般棉田都可自流或提水灌溉。该区75%～80%棉田分布在江、河两岸的洲圩区，这类棉田的土壤属灰潮土，土层深厚肥沃，20%～25%的棉田在沿湖丘陵，土壤为下蜀系黄土，土质黏重，土层较浅，肥力较差。棉田种植制度以油菜、棉花两熟为主，约占80%，另外有20%为各种三熟制和其他高效益两熟制。

淮北棉区地处黄河流域棉区的最南端，生态条件优于同类棉区，日照丰富，全年日照2 500小时左右，无霜期200～230天，≥10℃积温4 600～5 000℃，≥20℃积温3 600～3 800℃，年降水量800～900毫米，地下水丰富，且水位较高。

江淮丘陵棉区地处长江和淮河的分水岭，是北亚热带气候向南暖温带气候的过渡区，地理位置和生态条件介于上述两大棉区之间，农业气候基本特点是光照适宜、热量较丰富、降水量明显不足，年降水量在850～1 000毫米，年际间变幅大，季节分配不均衡，梅雨期间降水集中且往往伴随低温，中后期出现伏旱秋旱加冬旱，干旱持续时间长，该区无大江大河等过境客水可以利用，地形高低不平，地表蓄水能力弱，地下水位低，以致旱灾成为该区的主要自然灾害。

不断调整结构，优化布局，全省形成沿江、江淮和淮北集中种植区域，先后建立了16个优质商品棉基地，分别是：望江县、宿松县、东至县、无为县、枞阳县、宣州市、宿县（墉桥区）灵璧县、泗县、萧县、利辛县、涡阳县、界首市、亳州市（县）、濉溪县、淮北市。《安徽省优势农产品区域布局规划（2008—2015年）》，其中棉花区域布局进行了微调，向优势产地集中，全省划定亳州、阜阳、宿州、蚌埠、淮北、安庆、巢湖、宣城、池州、滁州、合肥、铜陵、芜湖13个市28个重点县（市、区）为棉花优势区。

二、棉纺及消费

据省纺织协会统计，到2008年，全省具有资格认定的棉花加工企业800余个，拥有纺锭328万枚，气流纺4.5万头，布机2.5万台，加工能力近80万吨，年用棉量31万吨，年生产棉纱线42.3万吨，棉布4.92亿米。全省纺织企业拥有华茂股份、皖维高科、华孚色纺等上市公司。全行业拥有中国名牌5个，安徽名牌14个，省级企业技术中心14家。棉纱产量从1993年的20.5万吨上升到2013年的93.8万吨，年均增长率达17.0%，占全国棉纱的比重为2.0%～4.3%。

2005年，全省服装产业总量仅占全国的0.8%，排名全国第16位。2012年这一比例已上升至2.1%，排名第11位。在2004年之前，全省没有一个真正意义上的纺织服装市场，到 2012 年全省服装市场经营面积约 200 万平方米，现在合肥的"安徽服饰第一街"已成为安徽最大的市场集群，在全国 21 个纺织服装市场集群中排名第 15 位。2005 年之前，安徽的服装产业在全国的产业版图上没有一个产业集群，2013 年已有中国服装出口制造名镇孙村镇、中国纺织新兴产业基地望江县和宿松县、中国手工家纺名城岳西县四个国家级纺织服装产业基地。然而，总体来说，安徽的纺织服装业发展还是比较落后的，主要表现在：纺织集群少，集群不成熟；这些集群内企业数目虽多，但企业规模较小，以中小企业为主；集群内企业的创新能力严重不足，多数企业没有技术创新中心，产品开发能力十分有限；集群产品档次不高；企业信息不灵，反应不快；企业管理和信息化建设滞后，一些集群充斥着大量家族企业和夫妻工厂，管理方式十分原始；集群内企业开拓国际市场的能力有限；有些集群已树立了区域品牌，但集群内的企业一般没有企业品牌和产品品牌。

这些以中小企业为主体的安徽纺织产业集群基本上可以分为两类：一类是无主导企业、完全以相似规模的中小企业组成的集群；一类是具有核心企业的中卫型产业集群，在集群中，所有中小型企业都围绕核心企业进行协作。在中卫型产业集群中，大企业和小企业在创新上可以形成互补：大企业资金雄厚，对市场掌控能力强、创新不易被模仿，规模经济使新产品的引入更加顺利，政策常常倾斜于它们；大企业的灵活性较差，投资及决策更趋于保守，而这点恰好是小企业可以弥补的。不过，安徽纺织大企业本就不多，中大型纺织产业集群更是凤毛麟角，基本都由中小企业集群组成（图 14-7）。

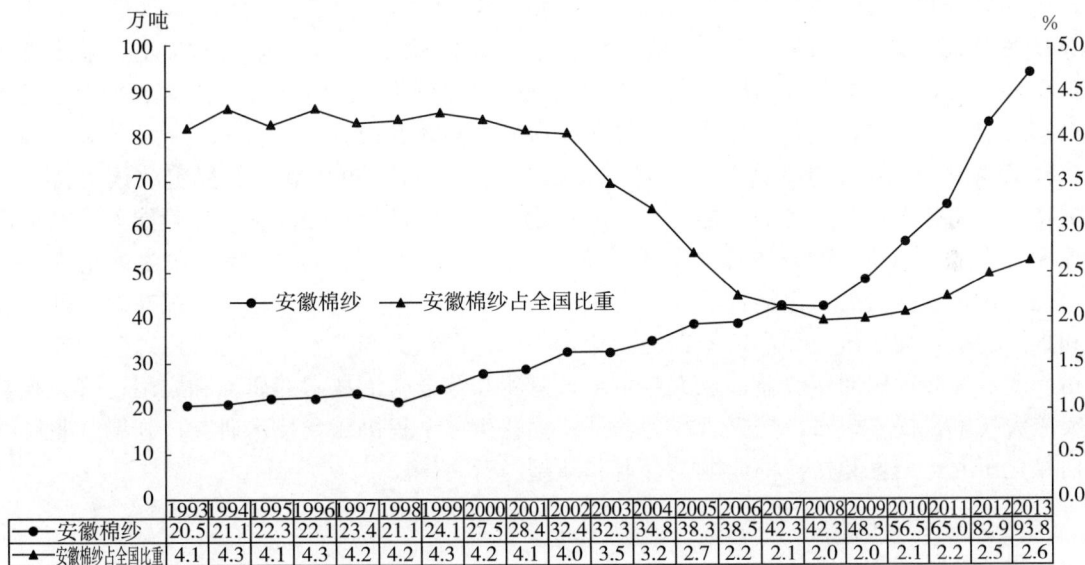

	1993	1994	1995	1996	1997	1998	1999	2000	2001	2002	2003	2004	2005	2006	2007	2008	2009	2010	2011	2012	2013
安徽棉纱	20.5	21.1	22.3	22.1	23.4	21.1	24.1	27.5	28.4	32.4	32.3	34.8	38.3	38.5	42.3	42.3	48.3	56.5	65.0	82.9	93.8
安徽棉纱占全国比重	4.1	4.3	4.1	4.3	4.2	4.2	4.3	4.2	4.1	4.0	3.5	3.2	2.7	2.2	2.1	2.0	2.0	2.1	2.2	2.5	2.6

图 14-7 1993—2013 年安徽省棉纱产量及与全国棉纱的比重

全省纺织服装业已形成以棉纺织为主体，丝绸、化纤、麻纺为特色，服装、印染、毛纺、家纺、针织化纤和纺机等行业全面发展较为完整的产业体系。到 2012 年底，全省规模以上纺织服装企业 814 户，职工 20 万人，总资产 227 亿元；全省纺织服装工业总产值 578 亿元，工业增加值 149 亿元，出口交货 82 亿元，纺织服装进出口总额 42 亿美元。棉纺纱锭 300 万锭，服装加工能力近亿件。统计资料表明，安徽纺织服装产业的生产规模、产品质量及经济运行总体水平始终保持全国同行业第十位左右，是全国纺织服装大省之一，纺织服装已经达到从原料、纺织、染整、后处理、成衣制造、仓储、货运、展销、内销、外销、零售于一体的完整产业链及较高的加工配套水平。

三、产业发展展望

（一）植棉业展望

1. 优势分析。 安徽棉花具有竞争力的优势：一是有区位优势，二是有科技支撑，三是政策环境优势，四是有产业配套及规模优势，五是有人力资源和劳动力优势。

2. 问题分析。 一是农业生产形势发生较大变化，加上自身因素，导致棉花比较优势下降，急需轻简化机械化技术。二是育种技术有待提高，种质资源狭窄，品种的原始创新不够。三是病虫草害防控技术有待提高。四是收获管理与棉副产品综合利用跟不上。五是缺乏科学准确的信息支撑。六是政府科技投入少，公益性技术创新不足。七是资源约束增强，棉田基础条件变差。

3. 潜力分析。 一是面积潜力，安徽地跨长江流域优势区域及黄河流域优势区域两大优势区域，适宜种植面积近 1 000 万亩。二是单产潜力，未来全省棉花单产还有提高 30％的潜力。通过加强棉田水利设施建设和中低产田改造，提高棉田地力，推广优良品种及配套高产栽培技术，增强科技支撑能力，棉花单产将有较大增产潜力。三是品质提升有品种和技术支撑，提升空间潜力大。四是市场潜力较大。

4. 发展思路。 以市场为导向，依靠科技，实现植棉业"调结构、转方式、促升级"，即：调整棉田种植布局和种植制度；实现棉花种植向规模化、机械化、轻简化的生产方式转变；实现棉花与小麦、油菜等作物周年绿色、协调、高效升级。

5. 政策建议。 一是像对待粮食一样重视棉花生产，合理布局规划，稳定政策支持，防止棉花生产大起大落。二是加强标准化、品牌化生产基地建设，提高基础保障能力。三是扶持棉业龙头企业和新型经营主体，完善产业化组织体系和运行机制。四是强化棉花科技创新，提高科技支撑能力，包括：加大"省工型"、"新型抗性"及"专用型"棉花新品种的选育和推广种植；加快研究和推广棉花轻简化、集约化和超高产技术；大力推广绿色增效棉田种植制度，提高棉田周年效益；加大病虫草害监测和综合防治技术的研究和应用；研究开发防灾减灾技术，提升应对自然灾害能力；开展棉花生产全程机械化技术研究；开展产业经济与信息化研究。培育和扶持棉业龙头企业和新型经营主体。

（二）棉纺织业展望

1. 问题分析。 一是棉花种植业与纺织业没有形成利益共同体，棉花生产规模化程度低，龙头企业带动能力弱。二是棉纺织业集群化水平不高，整体竞争力不强。三是加工能力严重浪费，成本高、效益低，资源的深度开发不够，高附加值的产业链尚未形成。四是企业自主创新能力较低，开端产品开发不足。五是本地棉纺资源（原棉）品质和质量不高。

2. 发展思路。 以市场为导向，依靠科技，实现棉纺业"调结构、转方式、促升级"，即：调整纺织业结构，提高集群化水平；实现纺织服装业向节本省工、高端、高效、品牌化的生产方式转变；实现纺织服装业效益、质量和品牌升级。

3. 对策建议。 一是建立本地棉花种植业与纺织业利益共同体，有效开发和利用本地资源，提高产业整体效益。二是提高棉纺织业集群化水平，提高市场整体竞争力。三是调整纺织业结构，开发高附加值的产业链。四是支持企业自主创新能力建设，开发高端产品，进一步提升品质，着重提高中高档纺织产品的比重，大力发展高支纱和精梳纱。

第三节　江苏省棉花产业

撰稿人　纪从亮　史伟　潘宁松

江苏是全国棉花产能大省。植棉面积保持 800 万亩（533 千公顷）有 35 年，占自 1950 年以来 66 年的 53.0%，其中 1984 年最大面积达到 721.3 千公顷；总产超过 40 万吨以上的年景有 28 年，占 66 年的 42.4%，其中最高总产 66 万吨的年景有 2 年（1983、1984）。而江苏又以单产高而闻名，早在 1973 年在全国率先跨上"100 斤/亩（750 千克/公顷）"的高台阶，直到 1983 年全国单产才达到这一水平，早于全国 10 年，与湖北、上海和浙江等一起成为那时国家追求的棉花单产"100 斤（长江）"标杆，与湖北、安徽、湖南等一起成为全国棉花生产的重心。进入 21 世纪，率先发展杂交棉轻简化栽培，推进高品质棉规模化种植和产业化经营取得有益经验。但是，在人均 GDP 较早超过万美元的苏南地区，棉花业已成为历史，2012 年全省人均 GDP 达到 10 827 美元，自此之后棉花产能不断下降，到 2015 年植棉面积减少到 94.3 千公顷，为新中国成立后从未有过的最低水平；总产 11.7 万吨是自 1962 年以来的最低水平，单产 1 240 千克/公顷。

江苏是全国棉纺纱、织造和服装产能大省。改革开放初期，凭借纺织业的基础好，加上承接亚洲"四小龙"的产业转移，形成较大的纺织和服装产业的规模基础。进入 21 世纪，特别是自 2005 年全球纺织品配额取消之后，棉纺、织造和服装产业迎来又一次飞跃。从 2000 年到 2013 年，棉纱线产量从 48.4 万吨增长到 484.7 万吨，增长了 9.0 倍，占全国的比例保持 13.5% 份额没有变化，但在全国的排序从第二位（第一山东）下降到第三位（第一山东、第二河南）。棉布产量从 20.2 亿米增长到 50.4 亿米，增长 1.5 倍，占全国的比例则从 14.5% 下降到 12.8%，在全国的排序从第一位下降到第四位（前三位分别是山东、湖北和河北）。

2013 年，全省纺织品服装出口 457.4 亿美元，占全国的 15.7%，排第二（浙江第一）。全省棉纺、织造、印染和服装的产能大，原棉产不足需，进口量大。由于全省棉花的产业结构完整，加上位于沿海经济发达的区位优势，具有较强的竞争力。

一、棉花生产发展

（一）产能发展

自 1950 年以来的 66 年，江苏棉花生产经历了面积扩大——相对平稳和减缩、走以扩大面积增加总产与扩大面积和提高单产并举增加总产的发展道路（图 14 - 8、图 14 - 9、图 14 - 10）。

1. 1950—1979 年的 30 年。1950—1956 年棉花生产有很大发展。新中国成立后经过 3 年

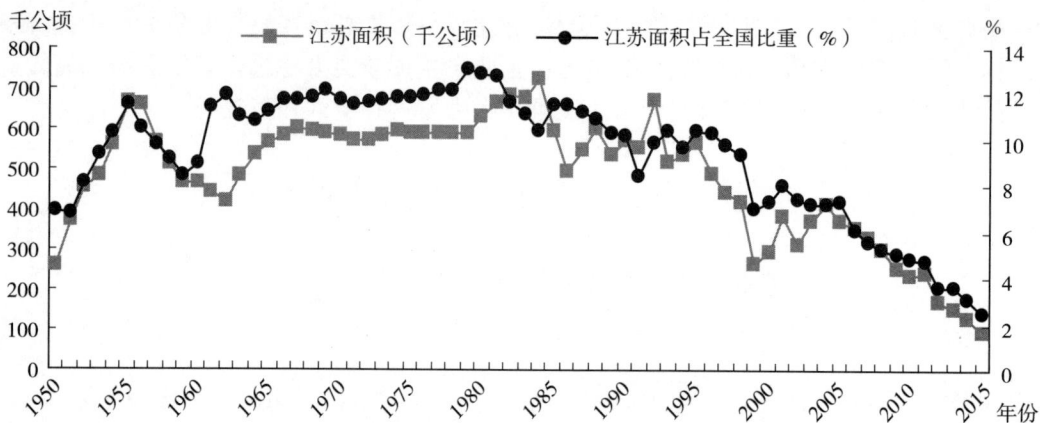

图 14 - 8 江苏棉花面积及占全国的比例

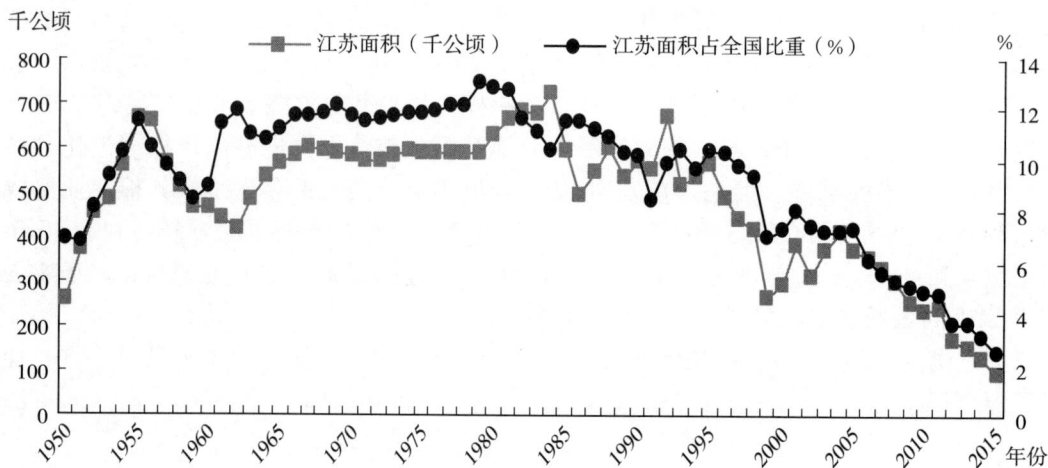

图 14 - 9 江苏棉花产量及占全国的比例

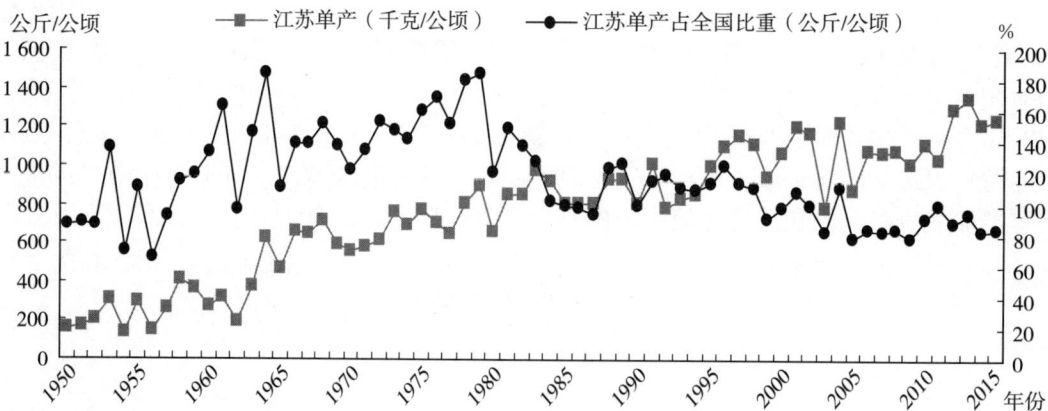

图 14 - 10 江苏棉花单产及与全国单产水平比较

恢复时期，面积和产量都有所发展，1952 年面积达 455 千公顷，总产 92 千吨。1955 年面积扩大到 666 千公顷，总产 195 千吨。1957—1979 年为调整提高阶段，这 23 年中，前 11 年面积有所调减，平均 508 千公顷，后 12 年基本保持在国家计划 587 千公顷水平。1963 年 8 月，国务院召开第二次全国集中产棉县生产会议，全省认真贯彻中央政策，提高棉花收购价 10%，恢复预购合同，调整奖售政策，充分调动广大干群积极性，促进棉花生产。全省棉区围绕抓"三桃"促高产的目标，落实关键技术措施，此阶段平均单产提高到 635 千克/公顷。1966 年开始，江苏棉花单产显著高于长江流域和全国平均水平。其中，1973 年单产首次突破 750 千克/公顷，成为全国第三个单产达到 750 千克/公顷的省份。至 1979 年，全省棉花面积、单产、总产分别达到 588 千公顷、907.5 千克/公顷和 533 千吨。

1950—1979 年，全省年均植棉面积 537 千公顷，占全国 10.8%，且自 1962 年后占全国植棉面积的比例相对稳定。

2. 1980—1999 年的 20 年。 从 1980—1984 年全省棉田面积年均增长 42.2 千公顷，1984 年全省植棉面积增加到 721 千公顷，亩产 922.5 千克/公顷，总产 665.9 千吨，这是江苏植棉史上面积增长最快的时期，总产量也呈逐年增长的态势。然而，1985 年国家开始控制棉花生产，全省棉花种植面积、总产和单产俱减，当年面积、亩产分别为 592.2 千公顷和 810 千克/公顷。

鉴于全国性棉花供需矛盾尖锐，国家在 1987 年 3 月公布调整棉花价格，实行南北同价，由正"四六"加价调到倒"三七"加价，占江苏 70% 面积的淮南地区的棉农得到实惠，每 50 千克皮棉加价比 1986 年增 13.12 元，加上春播前省政府要求"苏纺用苏棉，苏棉供苏纺"，每亩另增临时性生产扶持费 5 元，1987 年棉花生产开始回升，1988 年全省棉花种植面积恢复至 602 千公顷，1992 年达到阶段性高点的 673 千公顷，单产 783 千克/公顷。

受 1992 年棉铃虫严重危害的影响，1993 年全省植棉面积锐减到 518 千公顷，单产 829 千克/公顷。当年棉花收购价格先后两次调整提高到每 50 千克皮棉 330 元。与此同时，农业部门采取了有力措施，加强对棉铃虫的防治，基本控制住危害。

1994 年 3 月初，国务院下发《关于切实抓好今年棉花生产的通知》，并调整棉花价格政策，使 1994 年全省棉花生产扭转减产趋势呈恢复性增长，面积达到 534.6 千公顷，总产量达 457 千吨。其中全省推广集高产、优质、早熟、抗病虫于一体的泗棉 3 号新品种 260.7 千公顷，占棉田总面积的 48.8%。此外，全省基本实现了棉花统一供种，脱绒包衣种覆盖率达到 90% 以上。

1998 年受亚洲金融危机影响，棉纺企业严重亏损、限产压锭，加上大量进口棉的冲击，棉花市场形势严峻。年初省委省政府采取了主动调减棉花生产计划的措施，将棉花种植面积由 1997 年 438.7 千公顷，调减为 400 千公顷，总产控制在 400 千吨左右。1998 年 11 月，国务院作出《关于深化棉花流通体制改革的决定》，这是在总结 20 年改革的基础上，对棉花流通体制实行的全方位改革，也是全国棉业政策方面的一项重大转变，标志着全国棉花生产从计划经济步入市场经济轨道。同年中央决定放开棉花市场。1999 年棉花收购价下降到每 50 千克皮棉 383 元，棉农植棉积极性严重受挫，当年全省棉田面积仅为 262 千公顷，比上年减少 153.3 千公顷，下降 37.1%，相当于 1950 年的水平，亩产 939 千克/公顷，总产 246 千吨，分别比上年下降 14.2% 和 46%。

1978—1999 年，全省年均植棉面积 561 千公顷，占全国的 10.7%，1993 年后该占比呈下降态势。

3. 2000—2015 年的 16 年。 2000 年全省棉花生产止跌回升。2001 年中国加入 WTO 后，纺织工业迅猛发展，纺织用棉量大增，全省棉花生产出现了面积、单产、总产全面恢复的态势（2002年除外），2004年分别达到409.6千公顷、1 227.5千克/公顷、503千吨。2002—2004年国内棉花连续三年产不足需，库存进一步减少；棉价保持高位运行，带动全省棉花种植面积持续回升。

2007年国家出台政策保护棉价，下达江苏省棉花127千公顷、2 850万元的良种补贴任务。虽然有一系列利好支撑，但是2007—2008年依然面积、单产、总产"三减"。2008年全省棉花实际面积300.5千公顷，为1978年以来（除1999年外）最低，平均亩产1 085千克/公顷，仅属于"十五"时期以来的中等产量水平。2010全年籽棉平均收购价格约12.4元/千克，创历史新高，是2009年平均收购价格的1.88倍，是历史次高年份2003年收购价格的1.5倍，因此全年棉花生产在面积降至历史新低（236千公顷）的背景下起步，在单产（1 107千克/公顷）恢复增长、效益创历史新高的成绩中落幕。2010年的高价格并未有效激发棉农的种植意愿，2011年全省棉花种植面积略增至239千公顷、单产1 031.6千克/公顷、总产247千吨。此后受植棉用工多，比较效益低等因素影响，棉花生产加速下行，到2015年全省植棉面积再现新低94千公顷、单产1 240千克/公顷、总产117千吨。

2000—2015年江苏省植棉面积占全国比例呈波动性下降态势，2000年后降至10%以下，并呈持续下降态势，至2015年降至2.5%。

4. 全省区域植棉面积减少与经济发展的若干关系。全省植棉面积不断减少与人均GDP不断增长有紧密关系。据全省人均GDP与植棉面积的拟合为负的相关关系，拟合结果，当人均GDP每增加1 000元时，植棉面积减少180千公顷，$R^2 = 0.425 8$。苏南是全省有名的老棉区，该地区1998年人均GDP达到20 816元，平均植棉面积从50—70年代的55千公顷下降到18千公顷，2003年人均GDP达到35 278元成为全省的分散棉区。苏中人均GDP 2006年达到23 501元，平均植棉面积从50—70年代的235千公顷下降到58千公顷，2009年人均GDP达到33 735元，很快即成为全省的分散棉区。苏北是全省经济的后发展地区，人均GDP 2008年达到19 555元，平均植棉面积从50—70年代的246千公顷下降到174千公顷，2013年人均GDP达到45 444元，植棉面积下降到96千公顷，一些地方政府部门明确提出苏北要退出棉花生产。

（二）生产发展经验

——认真落实产业发展政策。进入新世纪后，棉花价格逐步走向与国际接轨，由市场化运作，为保证植棉利益，稳定棉花生产，国家出台的临时收储等政策在江苏得到全面贯彻落实，并配套出台了相应的指导性意见和工作办法，积极推进全省棉花产业发展。

——着力建设优质棉生产基地。加大投入，围绕优质棉生产基地建设，完善配套基础设施，做到农田条整化，灌溉水网化，管理规范化，为棉花增产增收提供了基本条件。

——积极推进高品质棉发展。江苏省于1999年提出高品质棉的概念，并以品种为核心技术，开展了高品质棉品种配套、加工和纺织应用等一系列试验研究工作。同时，推进高品质棉产业化开发，将高品质棉列为"十五"重点发展的主导产业，自列为《江苏省高品质棉产业发展规划（2003—2007）》以后，全省高品质棉产业得到快速发展，带动了全省棉纤维品质水平的提高。据统计，2002年全省棉花纤维品质总体水平已接近全国平均水平，2003年位于全国前列，2004年居全国首位。

（三）大力开展科技兴棉

1. 推广种植新品种。 20 世纪 70 年代末之前，江苏棉花主栽品种为常规棉丰产感病品种，以泗棉 2 号和徐州 142 为主。80 年代，由于枯、黄萎病蔓延，遂从黄河流域棉区首先引进推广 86－1 抗病丰产品种。1985 年盐棉 48 作为江苏第一个通过审定的抗病品种，并逐步替代 86－1。之后，1993 年审定的泗棉 3 号和 1995 年审定的苏棉 8 号逐步替代盐棉 48。泗棉 3 号是江苏乃至全国棉花育种史上推广面积最大、应用时间最长的少数几个品种之一，是 80 年代至 90 年代中期江苏棉区的主栽品种。

1999 年，自转基因杂交棉中棉所 29 引进江苏种植之后，江苏转基因抗虫杂交棉面积不断扩大。2001 年全省种植转基因抗虫杂交棉 86 千公顷，占全省植棉总面积的 22％，主要品种是中棉所 29。2002 年、2003 年、2004 年转基因抗虫杂交棉种植面积逐年扩大，分别达到 127 千公顷、227 千公顷、455 千公顷，分别占全省植棉总面积的 41％、61％、74％，主要品种是中棉所 29、鲁棉研 15、科棉 1 号、南抗 3 号等。2007 年、2008 年在 273 千公顷左右徘徊，但占全省植棉总面积的比例仍有所上升，分别占 83％和 85％，主要品种是科棉 3 号、鲁棉研 15、中棉所 48、鲁棉研 20、南抗 3 号等。

2. 推广栽培管理新技术。 棉花栽培技术的进步对棉花生产的促进作用重大，多年来，江苏棉花生产每一次新的突破都与棉花栽培科技发展进步密切相关。50 年代开展以早播密植为主要内容的栽培技术改造；60 年代研究推广增结"三桃"的高产栽培技术；进入 70 年代后，全省棉花耕作栽培技术向育苗移栽、移栽地膜棉转变，成为全省主要栽培技术，并沿用至今，同时配套的地膜覆盖技术、化学调控技术、平衡施肥技术等也广泛应用于生产；21 世纪初围绕轻简栽培，大力示范推广轻简化育苗移栽技术，在全省棉花生产中得到一定应用。

——育苗移栽。棉花育苗移栽作为全国棉花生产上的三大创新技术之一，对解决粮棉两熟矛盾和夺取麦棉双丰收效果非常显著。江苏省于 1954 年首先开展营养钵温床育苗移栽试验，1962 年苗床覆盖物塑膜取代玻璃后，该技术才得到迅猛发展。1975 年全省应用面积达 45 千公顷。1982 年全国加速了棉花营养钵育苗移栽的大面积推广应用，1984 年棉花育苗移栽面积约占全国植棉面积的 1/5，其中，浙江、上海和江苏移栽棉占植棉面积的 80％以上。1987 年以后营养钵育苗移栽成为江苏省植棉的主要种植方式。

——移栽地膜棉。移栽地膜棉是棉花育苗移栽和地膜覆盖两项创新技术的有机结合和再创新，具有营养钵育苗移栽壮苗、全苗和地膜覆盖增温促早发的双重优势，是实现棉花生产由中产变高产的技术途径。于 20 世纪 80 年代初在江苏进行试验示范，取得较好的增产效果，20 世纪 90 年代，江苏再次对移栽地膜棉的高产机理及其配套技术进行了系统研究和推广应用，取得了皮棉单产、纤维品质和经济效益三者同步提升的良好效果，1998 年江苏省移栽地膜棉面积达到 216 千公顷，单产比常规棉增 10％以上。

——轻简育苗栽培。传统的营养钵育苗移栽技术，用工多、劳动强度大。国内科研单位和生产企业自 20 世纪 90 年代始陆续研发了一系列棉花轻简育苗及移栽技术，包括基质育苗、无土育苗、水浮育苗等。江苏自 2003 年引入棉花轻简育苗技术，2004 年开始在沿海、沿江各棉花主产县试验示范，此后规模不断扩大，2010 年后年均示范推广轻简育苗移栽技术面积 5 000 公顷。该项技术在各地均表现出省工、节本、高产的良好效果，得到了棉农的广泛认可，显现出较好的推广应用前景。

3. 推进耕作制度改革。20世纪70年代，为解决麦棉套种情况下共生期长、棉花晚熟等问题，江苏棉区逐步改棉花在麦（油）行套种为套栽。20世纪80年代中期起，棉区群众为了增产粮食和提高土地利用率，逐步采用麦（油）后移栽棉花的两熟种植方式，尤以稻棉轮作区发展较快。1988年全省麦（油）后移栽棉田占棉田总面积34%左右。麦后移栽棉虽比麦行套栽棉减产10%左右，但麦子满幅播，可增产30%左右，因此麦后移栽棉年产值比套栽棉增加20%左右。进入20世纪90年代，棉田高效多熟种植制度得到快速发展。它是在麦棉套作的基础上，充分利用棉田秋冬季节或棉花生长前期个体小、空间大的优势间套蔬菜、瓜果及其他特种经济作物，改粮套棉为经棉套作或间作，进一步提高棉田综合经济效益的一项种植制度。至2008年，这一种植制度占全省棉田面积的40%左右。

二、加工业发展

新中国成立后，江苏棉花加工业随着棉花生产的发展而不断进步，从人力为主、单机作业、单一轧花，发展到轧花、剥绒、打包一条龙的机械化、自动流水作业生产线，形成较为完善的棉花加工工业体系，为支持纺织工业发展作出了重要贡献。

（一）发展阶段

1. 自由贸易阶段（1949—1954年）。新中国成立后，随着纺织工业的发展和棉花生产的大幅度增长，全省棉花加工业得到迅速发展。1949—1953年，民间棉花加工约占棉花总产量的80%，国营企业加工仅占20%。1954年国家对棉花实行统购统销后，政府十分重视籽棉加工业的发展，1955年起，全省供销社系统共建轧花厂24个，加工量从1951年的6千吨增加到42千吨，占收购棉花的比例从11.8%上升到22.6%。

2. 统购统销时期（1954—1984年）。1954年9月国家颁布《关于棉花计划收购的命令》，开始长达30年的棉花统购统销时期。1956年开始大力发展棉短绒生产，轧花厂先后装备了国产141型锯齿剥绒机，逐步使轧花厂的单一轧花生产发展成为轧花、剥绒的连续生产。1964年供销系统轧花厂发展到50个，皮辊机1 649台、锯齿机123台，轧花量增加到172千吨。此后由于棉花产量的大幅提高，加工量剧增，除部分老厂重新布局、改造扩建外，全省又建了一批新厂，到1984年供销系统轧花厂发展到135个，轧花量增加到474千吨。

3. 合同定购时期（1984—1996年）。1985年1月，国家发布《关于进一步活跃农村经济的十项政策》，开始棉花合同定购时期。这一时期由于生产布局变化，部分轧花厂转产，1996年全省供销系统轧花厂调整到122个，形成了轧花800千吨、剥绒100千吨的生产能力。加工企业分布在全省10个市、42个产棉县，平均每厂承担8个乡镇的棉花加工任务。

4. 流通体制改革时期（1998年至今）。1999年放开棉花经营后，民营资本进入棉花加工流通行业，棉花加工企业快速发展，但造成产能严重过剩，据2001统计，仅江苏射阳县各类棉花加工企业加工能力就达40万吨，进入统计范围的只有不到80千吨。2003年9月，国家推行棉花质量检验体制改革，改用国际通用棉包包型，使用400吨的打包机，并对成包皮棉包包检验逐包编码实行信息化管理。至2009年，质量检验体制基本完成，400吨加工企业占据市场主导地位，2011 年全省共 99 家，分布在盐城、南通、徐州、泰州四个地区，加工能力超 1 000 千吨，但随着全省棉花生产面积骤降，当年新体制加工企业全年加工量仅为 91 千吨，不足加工能力的 10%，棉花加工企业产能过剩的矛盾依然突出（表 14-3）。

表 14-3　2009—2011 年江苏省棉花加工企业收购加工情况

年份	类型、数量	新体制企业	有证老体制企业	无证老体制企业	"两小一土"加工者	合计
	收购数（家）	81	42	17	50	188
2009	加工量（吨）	70 540	26 276	4 325	5 473	106 614
	所占比例	66.2%	24.6%	4.1%	5.1%	100%
	收购数（家）	85	49	16	63	210
2010	加工量（吨）	77 748	23 842	3 390	6 518	111 498
	所占比例	69.7%	21.4%	3.0%	5.9%	100%
	收购数（家）	99	53	18	68	235
2011	加工量（吨）	90 811	20 627	2 475	5 723	119 636
	所占比例	75.9%	17.2%	2.1%	4.8%	100%

资料来源：江苏省统计局。

（二）加工业技术发展

第一次飞跃是从 1955 年开始，以 "5571" 型锯齿轧花机取代皮辊轧花机为标志，棉花加工业从手工作坊型迈向工业化时代，从此结束了棉花加工依赖小型皮辊轧花机的历史。之后，锯齿轧花机基本代替了皮辊轧花机。从 1956 年开始剥绒、轧花厂先后装了国产的 141 型锯齿剥绒机，使轧花厂的单一轧花生产发展为轧花、剥绒的连续生产。

第二次飞跃始于改革开放的 80 年代初。我国棉花加工行业研制成功了 "121" 轧花新工艺及成套设备。1993 年 3 月，江苏大丰供销机械厂的 "机电一体化轧花新技术成套设备" 的单机通过国家有关部门组织的技术鉴定，1995 年通过工艺验收，被列为 "八五" 期间重点推广的 "150 条龙" 之一，使全省棉花加工技术与国际先进水平的差距缩短了 40 年，从而改变了棉花加工设备的陈旧面貌，极大地推动全省及全国的棉花加工工业发展。

（三）主要经验

加快技术进步、引领产业升级。20 世纪 90 年代末，伴随着棉花加工工艺的逐步完善，江苏棉花加工技术和棉机设备有了巨大进步。以成套设备为标志的工艺改进及以高效化、大型智能化棉机成套设备的推广应用改变了江苏省棉花加工技术落后、工人劳动强度大、工作环境差、生产效率低的落后面貌，使得棉花加工及棉机制造水平与国际先进水平差距逐步缩小。

促进加工的规模化、集约化发展。针对流通体制改革后加工企业过多、恶性竞争的情况，一是整合加工企业，促进了规模化经营。二是行政与经济手段并举。通过农发行贷款、贴息贷款等扶持政策，促进加工企业优胜劣汰。同时加强对棉花市场的监督管理，对无照的棉花收购加工企业，坚决取缔。

完善棉花质量保障体系。一是全面推行质检体制改革。为保证棉花质量，促进市场发育，江苏省全面推进棉花质检体制改革，完善了棉花质量保障体系。二是加强质量监督。继续依法加强棉花质量监督检查工作，加强收购和加工环节质量规范，严厉打击掺杂使假、以次充好、混等混级、质量和标识不符等违法行为。

三、棉纺织业发展

江苏棉纺织业历史悠久，基础牢固，实力雄厚，技术先进。不仅在全省 GDP 中占据重要地位、承担着出口创汇重任，而且吸纳了数百万新增非农劳动力资源，对促进江苏经济又好又快发展，推进"两个率先"具有重要作用。

(一) 棉纺织工业发展历程

1. 新中国成立后大发展阶段（1949—1979 年）。江苏机器纺织工业始于清光绪二十二年（1897 年）无锡创办的勤业纱厂，到 1949 年以前，已经初具规模，成为当时比较领先的一个行业。新中国成立后，棉纺织业得到快速发展，1952 年全省运转纱锭 67 万锭，生产棉纱 77 千吨、棉布 61 千米，分别比 1949 年增长 67.5% 和 162.9%。70 年代，全省纺织企业普遍进行技术改造，高产疏棉机得到广泛应用，明显增加了生产能力，棉纺织业又有很大的发展。至 1978 年，纱锭增至 182 万锭，织机达 7.7 万台，年产棉纱 283 千吨，布 141 千米，分别比 1966 年增长 90.1% 和 84.6%。

2. 改革开放后的提高、调整阶段（1980—1999 年）。20 世纪 80 年代随着经济体制改革的深入，棉纺织企业逐步走上了自主经营的道路。这一时期，棉纺织业技术改造进入新的阶段，其中国产织机窄幅改阔幅，使 56 时以上的阔幅织机由 1978 年的 4 800 台增加到 1987 年的 5.3 万台，增加 10 倍。同时积极引进国际上的先进设备和技术，其中有全程纺棉纺锭 6 万锭，气流纺 47 352 头，喷水、喷气、剑杆和片梭织机 1 318 台。技术改造和设备引进，不仅提高了棉纺织业的技术和装备水平，扩大了生产能力，并为产品结构调整，提高质量，增加出口创造了条件。1987 年全省棉纺锭 378.8 万枚、织机 12.4 万台，年产棉纱 601 千吨、布 255 千米，均占全国第一位。进入 90 年代，棉纺织行业由于前期高速发展中的重复建设、产能过剩、造成全员性效益低下、亏损严重的局面，1993—2000 年，全省国有棉纺企业通过改革，压锭、减员、调整和重组，使得行业逐渐实现了从数量到质量和效益方面的提升。

3. 加入 WTO 后的振兴、发展壮大阶段（2000 年至今）。2001 年我国加入 WTO 后，江苏棉纺织工业抓住了重要战略机遇期，积极开拓国内国际两个市场，出现了改革开放以来发展最快最好的局面。2005 年全行业实现总产值 4 983 亿元，同比增长 27.2%，占全国 24.3%，经济总量名列全国同行业第一位。2010 年，江苏的纺织产业在全国率先突破万亿产值大关，达到 10 521 亿元，比"十五"期末翻了一番，出口创汇 350 亿美元，增长 80% 以上，利润 556 亿元，增长了四倍。2013 年，在遭受国际金融危机和国内棉花高价位寒流双重夹击下，全年纱、布产量依然达到 483 万吨和 51 亿米，规模以上棉纺织行业累计实现利润总额 322 亿元，与上年同比增长 3.7%，利润增速高于全国平均水平（表 14 - 4）。

表 14-4　1949—2013 年江苏省棉纱线和棉布产量

年份	纱（千吨）	布（亿米）	折合用棉（千吨）	用棉比（%）	年份	纱（千吨）	布（亿米）	折合用棉（千吨）	用棉比（%）
1949	43	1.4	43		1998	906	18.2	634	
1952	114	3.7	114		1999	1 038	15.7	727	70
1957	130	4.2	130		2000	1 184	20.1	829	
1962	60	1.9	60	100	2001	1 281	20	653	
1965	126	4.1	126		2002	1 553	22.7	792	
1970	179	5.8	179		2003	1 988	23.7	1 014	
1975	217	7	217		2004	2 162	26.2	1 103	
1978	262	8.4	220		2005	3 050	33	1 556	
1980	334	10.8	281	84	2006	3 506	39.1	1 788	51
1985	392	12.6	329		2007	3 818	42.5	1 947	
1990	538	17.4	376		2008	3 789	43.2	1 932	
1991	502	16.2	352		2008	3 789	43.2	1 932	
1992	559	16.2	391		2009	4 019	47.1	2 050	
1993	713	17.7	499	70	2010	4 260	50.4	2 173	
1994	656	18.6	459		2011	4 112	43.8	1 809	
1995	863	25.3	604		2012	4 513	47.8	1 986	44
1996	833	18.8	583		2013	4 833	50.7	2 127	
1997	966	23	676						

资料来源：《江苏统计年鉴》。

（二）棉纺织业发展特点

1. 规模总量迈上新台阶。江苏是全国最大的纺织品生产基地，棉纱产量占全国的21.4%、全球的 7%，棉布产量占全国的 15.2%全球的 6%。至 2013 年，江苏规模以上纺织企业 4 880 户，实现工业总产值 6 504 亿元，同比增长 7.8%，为 2000 年的 5.3 倍，年均增幅达 14.1%；完成出口交货值 811 亿元，同比增长 7.3%，占全国份额在 20% 以上。在规模增长的同时，全省纺织工业效益同比增长，2013 年实现利润总额 322 亿元，为 2000 年的 10.3 倍，年均增幅 19.6%（表 14-5）。

表 14-5　2000—2013 年江苏省规模以上纺织企业主要经济指标

单位：亿元

年份	企业单位数（个）	工业总产值	新产品产值	出口交货值	利润总额	企业亏损面（%）	从业平均人数（万人）
2000	2 056	1 238.0	85.4	356.3	31.1	21.0	83.5
2001	2 348	1 350.5	96.2	365.6	30.8	22.2	83.1
2002	2 727	1 539.8	73.7	370.6	44.2	18.0	85.0
2003	3 132	1 829.3	85.2	457.6	51.3	17.0	91.6
2004	3 666	2 280.1	117.8	534.5	112.4	18.1	96.7

（续）

年份	企业单位数（个）	工业总产值	新产品产值	出口交货值	利润总额	企业亏损面（％）	从业平均人数（万人）
2005	4 740	3 027.4	103.5	667.7	49.2	44.2	56.6
2006	5 510	3 665.6	132.0	766.3	198.0	13.0	115.0
2007	6 382	4 313.9	167.4	819.7	246.3	13.1	119.2
2008	7 013	4 880.0	160.5	818.6	199.2	12.4	133.2
2009	8 239	4 905.7	197.6	727.8	17.9	11.5	118.0
2010	8 493	5 962.5	278.9	893.1	282.5	7.5	124.5
2011	5 227	6 084.9	501.8	892.9	298.1	9.2	96.2
2012	4 848	5 997.4	629.9	755.8	310.1	12.6	91.2
2013	4 880	6 503.8	348.4	811.1	321.6	12.0	

资料来源：《江苏统计年鉴》。

2. 产业集群优势明显。 江苏棉纺织产业实施调整发展战略，通过技术改造淘汰了一批生产能力落后的企业，培育了无锡一棉、江苏阳光、海澜、常熟纺机等一批具有较强竞争力的企业集团和股份制公司，形成了一批产业集聚发展优势突出，区域经济特色明显的纺织产业集群。这些以龙头企业引领、技术品牌为支撑的产业集群竞争力强，产能规模、效益水平居全国领先地位，并创建了一批区域性品牌。在中国纺织工业联合会公布试点的 175 家特色产业集群名称中江苏就有 32 家，占 18.3％，并有 23 家企业进入 2009—2010 年度中国纺织企业竞争力百强。

3. 具有较强的比较优势。 江苏纺织产业具有丰富的天然纤维资源和迅速发展的化学纤维优势。纺织品上、中、下游的生产能力和水平在全国均为领先，向深加工发展的条件较好，配套优势突出，人均工资成本仅为美国、西欧的 1/10、韩国的 1/4，人力资源优势十分显著。此外，江苏省具有优越的区位条件，较强的经济、科技实力和较为完善的纺织专业人才培养体系。特别是地处长江三角洲，沿江靠海、交通发达、毗邻上海，使得江苏可以率先接受国际纺织产业转移和上海资本市场的辐射。

4. 棉纺织业发展经验。

——技术和装备始终走在前列。江苏棉纺技术改造始终走在全国同行的前列，不少企业较早采用数字化、网络化、智能化技术，使棉纺行业整体大幅提高劳动生产率、提升产品质量，改善劳动环境打下坚实基础。无锡一棉通过引进德国诸森紧密纺技术，带动全行业新技术推广，成为推动全国棉纺行业提高劳动生产率及降低用工的标杆企业。近年来，全省棉纺行业在新型纺织机械的研发和使用上取得了突破，新一代棉纺织设备基本形成了完整的配套，特别是清梳联、精梳机、自动络筒机、无梭织机等位居国内处于领先水平。

——产品结构得到新的提升。近年来江苏纺织企业抢抓机遇，积极调整产业结构，加大投资和技术改造，开发生产了一批适应市场需求、技术含量和附加值较高的中高档纺织产品，产品结构开始由中低档纺织品为主向中高档纺织品为主转变。目前江苏纺织业的创新能力在全国处于比较领先的地位，已经拥有了一批纺织国内知名品牌，并形成了具有一定影响的江苏出口品牌，在相当程度上提高了企业的核心竞争力。

——加快走出去步伐，提高纺织服装生产全球化水平。在境外投资办厂，是中国纺织企业应对国际贸易保护主义的有效途径。目前，江苏纺织企业"走出去"战略已经起步，而且取得了一定的成效：一方面有效规避了贸易壁垒，另一方面通过产业梯度转移，减轻国内资源和能源的紧张局面，为产业结构调整拓展空间。

四、产业发展展望

（一）植棉业

针对棉花生产"两大两低"的瓶颈制约，根据棉花实际，按照农业现代化发展的要求，围绕提高综合经济效益目标，加快推进棉花生产转型发展，探索经济发达地区棉花的可持续发展之路。

——着力稳定植棉面积。盐城、南通作为江苏植棉大市，常年植棉面积占全省80%以上，要制定落实关于稳定棉花生产的各项措施，大力推广棉田高效立体种植，提高棉田综合经济效益，并借助棉花高产创建活动的开展，强化宣传引领和示范带动，着力稳定射阳、大丰、如东、启东等县级主产区面积。充分利用沿海丰富的滩涂资源，发挥棉花耐盐特性优势，着力推进滩涂盐碱地植棉，开拓植棉新空间，构建棉花产业新格局。

——努力推进科技创新。积极推进品种、技术和机械的协同创新，以"育繁推一体化"种子企业为主体，充分发挥企业在商业化育种、成果转化与应用等方面的主导作用，选育高品质高产稳产、适宜机械化和在市场上有明显竞争优势的新品种。围绕轻简化、机械化目标示范应轻简育苗、麦油后直播棉等轻简植棉技术，强化产学研深度合作，开展超高产攻关、机械研制与示范、沿海盐碱地植棉技术示范以及应对茬口后移、灾害频发等苗头性技术的研究，加快成果转化运用。

——加快转变生产方式。推动棉花生产向规模化、专业化、集约化方向发展，研究规模经营扶持政策，鼓励引导有条件、有能力的纺织、加工企业和种植大户引领开展规模种植，发挥规模优势和效益。推进棉花合作化生产，积极发展育苗专业组织，开展代育、代栽服务，大力发展田管专业组织，开展统一除草、统一施肥、统一病虫防治等服务，引导发展农机专业组织，逐步提供机耕、机播、机防、机灌、机管、机收等服务，为棉花适度规模经营发展打好基础。

——加大政策扶持力度。进一步加大政策支持，千方百计稳定植棉面积，集成创新新形势下现代植棉体系。大力支持开展高产创建活动，推动大面积平衡增产，提升棉农积极性。支持商品化育苗技术发展，加快轻简栽培技术的示范推广和应用，努力减轻劳动强度。支持高品质棉产业发展，做大做强江苏棉花品牌，促进产业各环节的融合互动，积极提升产业发展的层次和水平。支持棉花生产科技创新，加大实用先进技术的科研攻关，建立健全现代植棉技术体系。

（二）轧花加工业

——行业集中度逐步提高，大型棉花产业集团将承担起保障棉花产业安全的重任。随着行业市场化程度的提升，特别是少数优势企业已率先搭建起较为完善的棉花专业供应链，规模化棉花加工流通企业在竞争中的综合优势日益显现，在省政府鼓励和扶持农产品骨干企业做大做强的政策支持下，江苏棉花加工行业整合正在加速，棉花加工流通企业专业化、规模化、集约化发展的趋势已经形成，未来行业集中度将逐步提高。

——与棉农的联系更加紧密，加工流通企业将成为提升棉农组织化程度的主导者。当前棉花加工流通企业将供应链向上游延伸、进一步联系棉农、提前掌控棉花资源已成为行业发展的趋势。由于棉农在某种程度上缺乏建立专业合作社、提升生产组织性的能力和动力，棉农组织化程度的提升主要依靠棉花加工流通企业的推动和主导，规模化企业充分发挥专业棉花合作社的作用，推行"公司＋基地＋合作社＋棉农"的共赢合作模式，代表了棉花行业未来的发展方向。

——棉花流通方式逐步现代化，电子交易和专业仓储物流组织能力成为加工流通企业核心竞争力的主要组成部分。随着市场对棉花质量要求的提升以及棉花流通方式的现代化、规范化、多样化，电子交易和专业仓储物流组织能力在棉花加工流通企业竞争中发挥的作用日益提升，电子交易和专业仓储物流组织能力未来将成为棉花加工流通企业核心竞争能力的主要组成部分。

（三）棉纺织业

——抓住淘汰落后产能，优化配置资源。进一步淘汰落后产能，加强东西部合作外，加速资本向海外及东南亚配置，江苏红豆、波司登、天虹等知名企业已纷纷海外建厂开店。其中天虹集团是我国较早开始实施"走出去"战略的棉纺企业，向越南转移百万纱锭，在国内棉纺企业被高棉价拖累的情况下，天虹整体毛利率由 2012 年的 8.1％增至 2013 年的 15.3％。江苏金昇纺机大手笔斥资 42.3 亿元，成功收购了世界纺机巨头欧瑞康，此举一度改变了世界纺机产业的格局，确立了中国纺机全球高端装备制造的地位。

——走自主创新之路，加大研发力度。为了使全省纺织业能够在竞争激烈地纺织品市场中抢占先机并有所建树，必须加大科技创新与研发投入，汇聚政府、企业、大专院校、科研院所的力量，建立一批省级技术研发中心，通过走出去、引进来，项目攻关等形式，从纺织机械设备制造、设计创新、产品创新、营销创新等各个方面入手，不断提高科技含量，形成技术优势。

——调整市场布局，加大开拓力度，提高抗风险的能力。继续大力推进出口市场多元化的战略，鼓励企业拓宽思路，拓宽视野，进一步调整出口市场布局和产品结构布局，在更广泛的空间寻求多元化合作的方式，同时也将引导出口企业重视国内市场的巨大潜力，通过提升国内纺织产品的消费水平和消费结构，创造国内需求，在国内市场上一展身手。

第四节　河南省棉花产业

撰稿人　房卫平　赵付安

河南是全国棉花产能大省之一。改革开放以来，棉花生产迎来快速发展的新时代，植棉面积保持 800 万亩（533 千公顷）有 31 年，占自 1979 年以来 37 年的 83.72％，其中 1992 年最大面积达到 1 248 千公顷（1872 万亩），占全国的 18.3％，位居全国第二（第一为山东）；总产超过 40 万吨以上的年景有 29 年，占 37 年的 78.4％，1991 年总产创历史新高达到 94.8 万吨，占全国的 16.7％。河南以棉麦两熟生产而闻名，在攻克了一系列两熟种植的难点技术问题之后，90 年代完成了"双增双扩"的熟制改革，"夏收一片麦，秋收一片棉；一亩小麦吃全年，一亩棉花赚千元"是对耕作制度改革取得巨大成功的科学诠释，也是统筹协调解决国家和农民增粮增棉增收这一大目标的真实写照。20 世纪 80—90 年代，与山东、河北一起，完成了全国棉区从长江向黄河的第一次转移，由此形成了那时的全国棉花生产重心。进入 21 世纪前 10 年，尽管棉区西移，全省棉花仍保持较高的产能。然而，近 5 年产能持续下滑，2015 年植棉面积 120 千公顷，为改革开放以来的最低点。分析全省两次植棉面积下降的原因：一是棉铃虫和黄萎病生物灾害是诱发植棉面积下降的起点；此后进入下降周期。二是进入 21 世纪由雨季北移、雨季后移、秋雨多湿等极端异常气候引发植棉面积的持续下降，也有市场和价格等因素，最后才是粮棉的竞争问题。

河南是全国后发的棉纺织服装产能大省。进入 21 世纪，特别是近几年积极承接纺织业产能从沿海向内地的转移，棉纺织服装产业迎来了一次飞跃。从 2000 年到 2013 年，棉纱线产量从 42.5 万吨增长到 564.5 万吨，增长了 12.3 倍，占全国的比例从 11.9％提高到 15.7％，从位居全国第三（第一江苏、第二山东）提升到第二位（第一山东）。棉布产量从 7.4 亿米增长到 27.9 亿米，增长了 2.8 倍，占全国的比例从 5.3％提高到 7.1％，在全国的排序第六位保持 13 年不变。

2013 年，河南全省纺织品服装出口 20.9 亿美元，仅占全国的 0.9％，全省纺织品产能优势正在转化为经济优势。经过近几年的发展，全省棉花纺织、织造、印染和服装的产能不断扩大。针对产业结构不够完整，依托人口多，劳动力资源丰富的明显优势，加快发展服装制造基地，这将对原料资源不足和位于内陆中部的区位劣势产生较好的补偿效应，但原棉产不足需的矛盾将越来越突出。

一、棉花生产发展

（一）产能发展

河南省地处黄淮和长江两大流域，北纬 $31°23'\sim36°22'$，由北至南，年均气温 13.5～14.9℃，$\geqslant15℃$活动积温为 3 500～4 100℃；年日照时数 2 200～2 600 小时，其中 4—10 月 1 400～1 500 小时，年均降水量 630～850 毫米，是全国最适宜种植棉花的生态区域之一。河南植棉历史悠久，新中国成立后一直是我国重要产棉大省，面积、产量均居全国前列，20 世纪 90 年代植棉面积和总产达到高峰，但进入 21 世纪全省植棉面积和总产均在下降，单产在上升（表 14-6）。

表 14-6 近 66 年以来河南省棉花棉花面积、总产和单产

年份	面积（千公顷）	产量（千吨）	单产（千克/公顷）
1950—1959	765	160	206
1960—1969	554	150	257
1970—1979	610	251	419
1980—1989	788	527	662

（续）

年份	面积（千公顷）	产量（千吨）	单产（千克/公顷）
1990—1999	954	730	782
2000—2009	774	677	895
2010—2015	263	258	991

资料来源：国家统计局，为每 10 年的平均值。

1949 年新中国成立至今，河南棉花发展大致经历了五个阶段（图 14 - 11、图 14 - 12、图 14 - 13）：

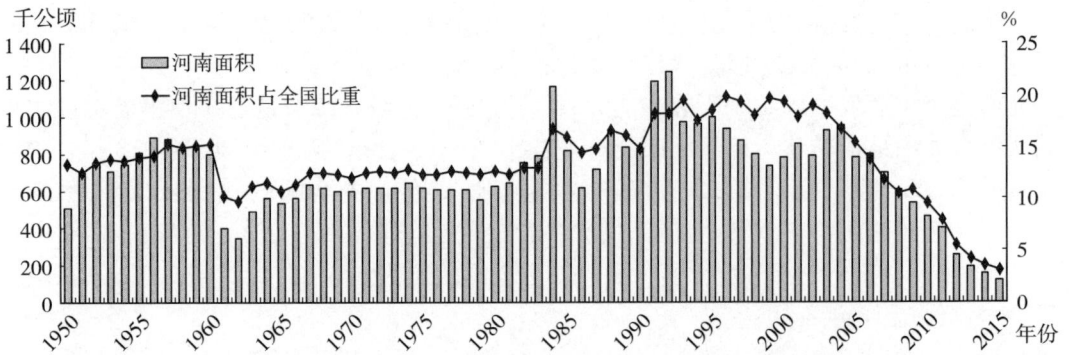

图 14 - 11　1950—2015 年河南省植棉面积及占全国的比重

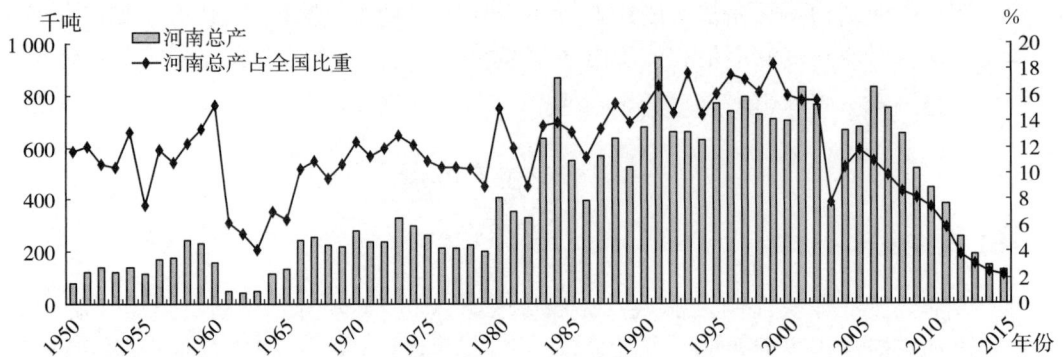

图 14 - 12　1950—2015 年河南省棉花总产及占全国棉花的比重

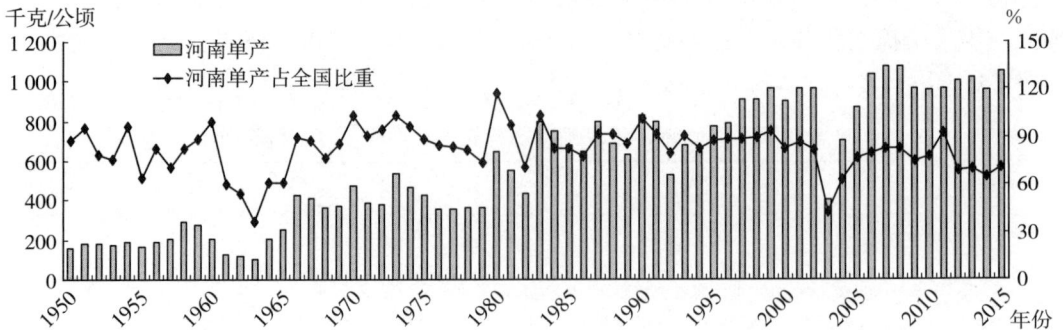

图 14 - 13　1950—2015 年河南省棉花单产及与全国水平比较

一是三年恢复和"一五"时期。由于大规模的土地改革，农民成为土地的真正主人，长期受封建制度压抑的生产力迸发出来。通过三年恢复和第一个五年计划的实现，到"一五"末，河南棉花种植面积突破 1 300 万亩（867 千公顷），总产达 17.7 万吨，单产达 210 千克/公顷。与 1949 年相比，种植面积、总产、单产三项指标分别增长 93％、181％和 40％，产量平均增幅为 14％，属较快增长时期。

二是"二五"计划和三年调整时期。这一阶段棉花生产出现较大波动。1958 年全省棉花获得丰收，单产 285 千克/公顷，总产达 23.5 万吨。但由于随后"浮夸风"和"共产风"的影响，农业生产遭受严重破坏，加之三年自然灾害，棉花连年减产，1962 年跌入谷底，总产量仅有 4 万吨，种植面积和总产均不及 1949 年水平。经过"三年调整"，棉花生产虽有回升，但无论总产和单产都未恢复到 1958 年的水平．

三是 1960—1978 年。由于农业生产片面强调"以粮为纲"，棉花生产出现了停滞、徘徊局面，种植面积维持在 900 万亩（600 千公顷）左右，总产量在 25 万~34 万吨之间，单产 405 千克/公顷左右。

四是 1978—1999 年。在"决不放松粮食生产、积极发展多种经营"的指导方针下，河南棉花生产有了突飞猛进的发展。1980 年单产突破 600 千克/公顷，总产达 40 万吨；到 1983 年和 1984 年总产量又连续上了 60 万吨和 80 万吨两个高台阶，单产超过 750 千克/公顷，播种面积突破 1 700 万亩（1 133 千公顷）；1991 年种植面积接近 1 800 万亩（1 200 千公顷），总产达 95 万吨，成为河南植棉史上最高的年份。然而，1992—1993 年棉铃虫和黄萎病大暴发，1994 年之后进入调减阶段，全省以每年 6 万公顷的速度连续 4 年减少，从 1995 年的 100 万公顷下调到 1999 年的 73 万公顷。尽管如此，这一时期植棉面积和总产仍居全国第二位，对稳定全国棉花生产，防止大起大落，起到了关键作用。

五是 2000 年以后。植棉面积持续下滑，植棉面积由 2000 年 779 千公顷，下降到 2015 年的 120 千公顷，全国占比从 19.3％下降为 2015 年的 3.2％；总产从 704 千吨下降到 126 千吨，全国占比从 15.9％下降为 2015 年的 2.2％。分析原因：首先是极端异常气候，受气候变暖不利影响，降水北移和雨季后移，秋雨日数增多，日照少寡照，像 2003 年、2005 年和 2008 年等持续的秋雨连绵，秋涝秋湿加重收获困难，产量品质损失大。这一情景自 2003—2006 年发生在黄淮平原，接着 2006—2009 年转移到豫北（华北）平原，由于持续多年的秋湿导致烂铃严重，致使单产不断降低，品质普遍下降，籽棉卖相差，价格降，收益减少，棉农对棉花逐步丧失信心，出现全省放弃棉花生产行为。其次是与全国棉花市场和价格的波动一样，植棉规模呈现增减相间的态势。

（二）棉花生产发展经验

1. 棉区分布相对集中，资源优势地位突出。 全省棉区区域分布相对集中，县域棉花的优势十分明显。全省棉田主要分布于南阳盆地、豫东和豫东南平原。自 20 世纪 80 年代以来已建设一批优质棉基地生产大县，总数量达到 30 多个次，百万担大县有扶沟、太康、邓州和原商丘县等，其中扶沟百万担达到 7 年，太康县年最高总产达到 6 万多吨，占全国 300 个集中大县的 15％，表明河南县域棉花的优势十分明显。

2. 改革耕作制度，发展棉麦两熟，解决了人口大省的吃饭穿衣问题。 在总结传统植棉经验的基础上，经过整理、完善、提高、创新，逐步形成适合全省不同生态类型区不同种植模式：①南阳盆地棉区形成了以麦套存棉为主体，以杂交抗虫棉品种为主导，适当稀植、化学调控、配方施肥、病虫害综合防治相配套的综合高产技术模式；②豫东棉区形成了以麦套春棉为主体，麦套夏棉为补充，以常规抗虫棉品种为主导、地膜覆盖营养钵育苗移栽、合理密植、化学调控、配方施肥、病虫害综合防治相配套的综合丰产技术模式；③豫北棉区形成了以麦套夏棉为主体，麦后移栽为补充，以常规抗虫棉品种为主导、地膜覆盖、密植促早、化学调控、配方施肥、病虫害综合防治相配套的早熟丰产技术模式。但都以两熟制为主体。目前为提高植棉综合效益，探索了瓜套棉、蔬菜套棉等多熟模式，但两熟模式仍沿用至今。

20世纪90年代，河南棉田基本实现两熟种植，复种指数达到200%。豫东农民形象总结"夏收一片麦，秋收一片棉；一亩小麦吃全年，一亩赚千元"。全省两熟制度棉田占总面积的95%。如果没有两熟种植，全省植棉面积可能仅600万～700万亩，换句话讲，全省棉田面积的50%来自耕作制度的改革。目前两熟种植以麦棉套种（栽）为主，还有蒜棉套种等模式。棉田复种指数达到近200%，实现了从棉田要粮，从粮田要棉，成功创造粮棉"双增双扩"的新模式，在解决吃饭和穿衣的问题上为国家做出了巨大贡献。由于耕作制度改革的成功，为全国扩大棉田面积达到750万亩（500千公顷），也扩大了小麦面积600多万亩（400千公顷）（图14-14）。

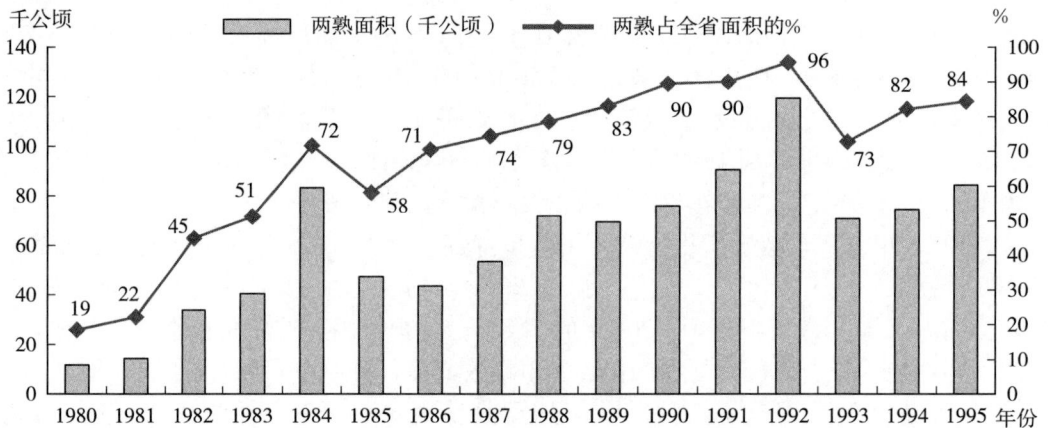

图14-14　河南省棉田两熟面积及占棉花播种面积的比重
资料来源：毛树春. 中国棉花可持续发展研究［M］. 北京：中国农业出版社，1999.

3. 营养钵育苗移栽解决了保苗早发问题。营养钵育苗移栽技术是麦棉两熟的配套技术，也是实现棉花早播、早发、早熟和盐碱地保全苗的综合措施之一。该项技术始于50年代，成熟于60年代，推广于70年代。1975年全省2万公顷，1980年发展到24万公顷，984年达到33万公顷，到90年代突破了66万公顷，约占棉田面积的60%～70%。营养钵育苗一般可比露地棉提前1个月播种，大田生育期提早10～15天，可增产10%～20%，霜前花率提高10个百分点，其早熟增产作用十分显著。

4. 地膜覆盖技术促进了棉花早发早熟。地膜覆盖栽培技术于1980年引入河南省，1982年示范面积仅20千公顷，1984年超常发展到220千公顷，后因棉田减少影响了推广，直到90年代又得以发展。1996年全省突破270千公顷，1998年超过400千公顷，成为营养钵育苗移栽的配套互补技术。由于地膜覆盖栽培具有增温、保温、提墒、保墒的多重作用，并能解决长期存在的密度偏稀问题，冲进棉花早栽、早发、早熟而增产，一般可比露地棉增产20％～30％，霜前花率提高10～15个百分点。在豫东豫北成为替代露地直播的常规增产技术。当时全省棉区形成了"不（移）栽就盖膜，不盖就栽或既盖又栽"的技术格局。

5. 化学调控技术有利于简化整枝管理。 河南省棉花的化调技术研究经历了六七十年代的矮壮素应用阶段，到80年代才确立了以缩节胺为核心成分的棉花全程化调产品及配套技术。化学调控能塑造理想株型，简化整枝管理，优化群体结构，提高成铃率，促进早熟增产，已经成为棉花生产不可替代的常规配套技术。1990年应用面积占棉田的50％，1998年超过90％。现已全面普及，其经济效益和社会效益非常显著。

6. 脱绒包衣技术保证了播种质量。 棉种脱绒包衣技术是20世纪90年代研究开发的新技术，主要采用泡沫酸（或稀硫酸）去除棉短绒，并经过精选、去杂、包衣、包装环节，使棉种纯净度、健子率、发芽率大大提高。具有出苗快、出苗齐、病虫害轻、省种、省工、适于机播的特点，很受群众欢迎。1993年示范包衣棉种300公顷，1996年应用面积突破60千公顷，1998年超过年达到260千公顷，1999年达到410千公顷。随后河南省棉种的脱绒包衣率占95％以上，在生产中发挥了越来越大的作用。

7. 品种更新提升了生产水平。 品种是实现棉花优质高产的前提。新中国成立以来河南省大体经历8次品种更新。五六十年代以引进美国斯字棉、岱字棉为主，经历3次品种更新；70年代国产品种替代国外品种进行了第4次品种更新；80年代初河南79和豫棉1号的推广，推动了第5次品种更新；80年代中期，以中棉所12、中棉16和豫棉4号为代表的抗病品种全面推广，完成了全省的第6次更新；90年代中期以中棉19、豫棉19为代表的优质抗（耐）病棉花新品种逐步占据主导地位，实现了第7次品种更新；90年代后期以来，由于国内外转基因（主要是Bt基因、CpTI基因等）抗虫棉育种研究取得突破性进展。抗虫棉种植面积迅速扩大，约占全省棉花面积的90％，实现了棉花品种的第8次更新。近年来，以杂交抗虫棉为代表的高产、优质、多抗新品种不断推出，在生产中发挥了越来越大的作用。实践证明，河南省每一次棉花品种更新都在产量、品质或抗逆性方面有所突破，促进了棉花生产水平的提升，成为棉花技术发展的里程碑。

8. 轻简化技术。 棉花无土育苗、棉花工厂化育苗机械化移栽、春棉育苗麦后移栽等配套技术逐步成熟，在适宜区域快速发展，为棉花生产的可持续发展奠定了技术基础。

二、棉纺织业

新中国成立初期，河南纺织工业厅对原有华新、成兴两家私营棉纺织企业及各地的个体小工场给予支持，使纺织生产得以恢复，同时国家投资兴建了郑州纺织机械厂、豫北纺织厂、郑州棉纺织厂和新乡漂染厂等。"一五"时期，纺织工业部将郑州定为全国纺织工业基地之一，建立五家大中型棉纺织企业，与此同时在新乡、安阳、南阳等地相继建立印染、针织、丝织等企业。"二五"及三年调整时期，在对老纺织厂扩建的同时，先后在洛阳、郑州、新乡、三门峡、平顶山等地建立了纺织、印染、化纤、纺织器材等企业，使得河南省纺织工业取得很大发展，尤其是棉纺、棉织企业具有一定的规模，化纤、印染具有一定的生产能力，并为河南省国民经济的发展做出了一定贡献。改革开放以后的20年，河南纺织工业依据产棉大省的优势和全国工业区域结构调整的机遇，得到迅速发展。政府加大了对纺织工业的投资力度，并由单纯基建投资转变为通过技术进步和技术改造，走内涵型为主的扩大再生产的道路，经技术更新与改造，使河南纺织工业有很大提高。①棉纺织工业生产能力大幅度提高；②化纤工业得以大力发展，其中粘胶纤维和帘子布两个生产基地的建设奠定了河南在全国纺织工业中的重要地位；③加快毛纺、服装行业的发展，使之具有一定的生产能力。河南棉纺服装业虽然起步较早，但传统优势明显，目前已发展成为河南省六大支柱产业之一，棉纱产量稳居全国第二。

（一）发展现状

河南纺织工业由新中国成立前两家私营小型纺织厂（仅有纱锭 1.7 万枚，织机 42 台），经过 60 多年的建设，取得了迅速的发展。现拥有 1 400 多家大中型企业，已形成棉纺、印染、化纤、毛纺、服装等门类齐全的产业体系，并有设计、施工、安装、科研、教育、检测、经贸与之相配套，已成为全国重要的纺织基地之一，在河南国民经济中占有重要地位，棉纱产量在全国的占比一路攀升，已连续三年稳居全国第二（图 14－15）。

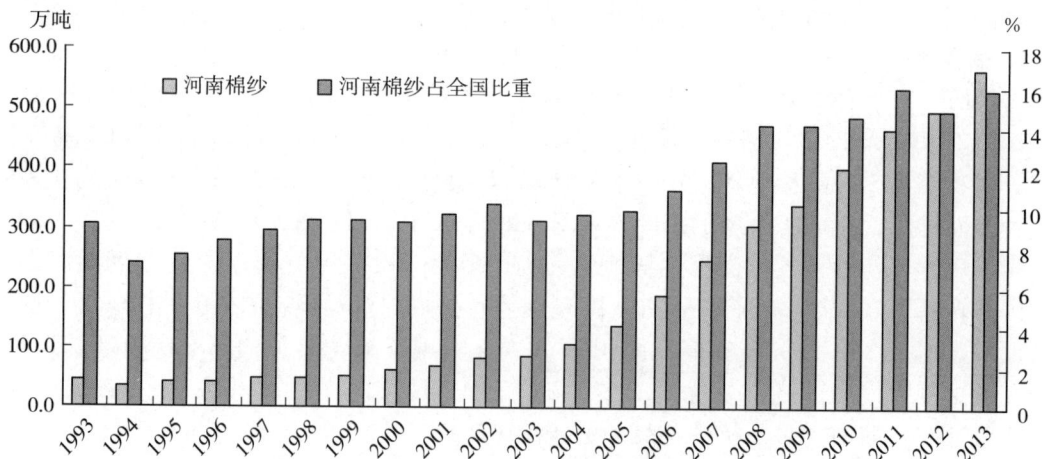

图 14－15　1996—2013 年河南省规模以上纺织服帽企业数和年棉纱产量
资料来源：据河南统计年鉴整理。

"十一五"河南纺织服装产业同食品、装配制造业、有色金属、化工、汽车及零部件共同构成了河南省六大优势产业，其中纺织服装产业工业增加值稳步提升，至 2010 年纺织服装产业在各产业比率以达到 9.63% 超过了汽车及零部件产业，并逐步接近化工、有色金属产业。2010 年河南纺织服装产业主营业收入达到 1 800.7 亿元，较 2006 年增长接近 300%，工业增加值 2010 年实现了 518.7 亿元，较 2006 年增加了 270%。

2012 年全省规模企业纱锭 1 800 多万锭，产能居全国第 3 位。据测算，纱线中棉纱的产量占主体地位，纯棉纱和混纺纱的比重占整个产量的 90% 以上，棉花使用比例在 60% 左右。河南针织纱线产量占全国的 1/3，是全国最大的针织纱线生产基地。2012 年，全省规模以上纺织企业 1 506 户，累计完成主营业务收入 1 627.8 亿元，同比增长 15.5%，较全国增幅 12.2% 高 3.3 个百分点；累计完成利税总额 145.82 亿元，同比增长 5.41%；累计出口交货值 40.8 亿元。2013 年河南棉纱产量 564.5 万吨，第三年稳居全国第二位。2014 上半年，河南省规模以上纺织企业 1 509 户，累计完成主营业务收入 1 556.7 亿元，同比增长 10.9%，较全国增幅 8.5% 高 2.4 个百分点；累计完成利税总额 146.4 亿元，同比增长 9.2%，其中，实现利润总额 107.8 亿元，同比增长 11.51%；累计出口交货值 39.30 亿元，同比增长 9.5%。

（二）棉纺织业特点

1. 河南纺织服装业部门齐全，市场适应性强，对本地棉花生产依赖度低。 纺织工业是河南省六大支柱产业之一，有着较好的基础。特别是改革开放以来，纺织工业得到快速发展，行业结构逐步完善，形成了纤维、纺纱、织造、染整、服装、纺机及其他最终制成品的门类齐全的产业体系。部门齐全有利于产业内部衔接，市场适应能力强。

近几年河南省棉花年均需求量平均 300 万吨左右（含絮棉等其他用棉 20 万吨）。省内自产棉产量较小，缺口较大（缺口达 200 多万吨），由进口、新疆及其他省流入，其中进口棉 50 万～70 万吨，新疆棉 160 万吨左右，其他省 40 万吨左右（表 14-7）。这也是近几年河南棉花面积收缩、总产下滑，而棉纱产量反而上升，出现明显"剪刀差"的主要原因（图 14-16）。

表 14-7　2010—2012 年河南省棉纺用棉来源

单位：万吨

年份	内地棉		新疆棉	进口棉	合计
	河南	其他省			
2010	38	40	160	52	290
2011	35	40	160	69	304
2012	22	40	160	70	292

资料来源：河南纺织工业年报。

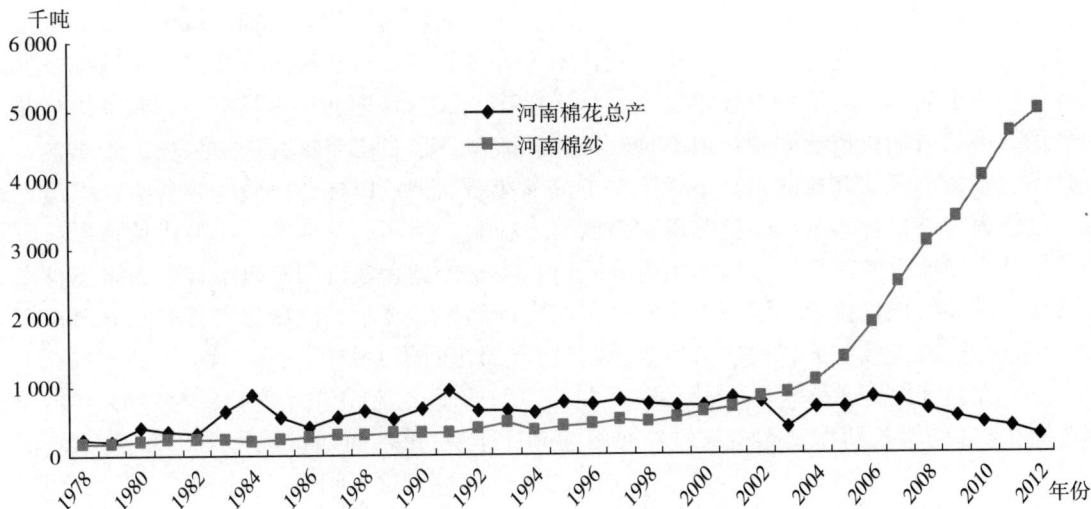

图 14-16　河南省棉花产量和棉纱产量的反差

资料来源：据《河南统计年鉴》数据整理。

2. 发展棉花产业具有独特优势和便利条件。

——棉花科研与技术推广机构众多。中国农业科学院棉花研究所，作为中国棉花专门研究的最高机构，本部在河南安阳，分部在郑州高新区和开封河南大学建有棉花生物学国家重点实验室，可为棉花生产提供强有力的科技支撑；有较强的地方棉花研究机构：河南农科院经济作物研究所及各地市农科院棉花研究室，河南科技学院农学院、河南农业大学农学院、河南科林种业有限公司等，在棉花应用基础研究、新品种选育与示范推广、植棉技术和服务上，可为棉花生产提供一线技术支持。

——具有棉花流通信息优势。郑州国家商品交易所，设有棉花期货交易。目前，郑州棉花期货已纳入全球报价体系，在发现未来价格、套期保值等方面发挥积极作用。"郑州价格"已成为全球棉花价格的重要指标。这为科学预测和及时把握棉花市场变动，提供了权威便利的信息平台。

——有较完整的纺织教育体系。河南现有中原工学院、河南工程学院、河南纺织干部学校、河南纺织工业学校、河南纺织技工学校等大中专院校，培养了大批高、中、低管理和技术人才，使纺织职工的文化素质和技术熟练程度有了很大提高，具有一定的竞争力。纺织教育机构齐全使纺织业发展具有后劲。

——有国家骨干、亚洲最大的纺机企业。郑州纺织机械股份有限公司，可为当地棉纺业承接沿海产业转移和转型升级提供装备和服务。

三、产业发展展望

（一）棉花生产发展问题与对策

当前主要问题是粮棉在技术和服务方面存在激烈的竞争，提高植棉业竞争力要大力研究开发轻简化、机械化植棉技术，发展社会化服务。主要措施有：

——以轻简化和全程机械化为突破口，实现"快乐植棉"，稳定植棉面积。一要解决好棉花生产播栽轻简化、机械化问题：以解决不同茬口播栽机械化为目标，以示范推广抗虫棉地膜精播技术、工厂化育苗、机械化移栽技术等为突破口，重点解决易烧苗、缓苗期长、成本偏高等突出问题，力争形成技术过硬、易于操作、成本合理的技术标准。二要解决棉花田间管理、后期采摘机械化问题：以品种改良为突破口，选育出半矮秆、短果枝、中早熟、适宜晚播、密植、无需整枝的高产、优质、多抗棉花新品种；以棉花田管、收获机械引进、改良、创新为突破口，研制出适应棉田中耕锄草、施肥、施药、收获等中小型机械；以适应新品种、新机械要求的栽培技术新体系为突破口，实现农艺和农机的有机结合，力争培育出成熟品种，试验出成熟技术，研制出成熟机械，实现品种、技术、机械化装备的无缝对接。只有实现既轻松又有效益的"快乐植棉"，才能稳定棉花面积。

——大幅度提高棉花单产。据研究，河南1979—2005年棉花单产增长率为2.6%，低于同期全国3.3%的增长速率；年增长量，河南为0.6千克/亩，同期全国为1.2千克/亩，低于50%。近些年随着面积加速下滑，植棉积极性减低，田间管理不到位，单产增产乏力。但差距即潜力，只要能优化品种结构，继续探索相应的高产技术体系，棉花单产仍可以大幅度提高。

——要全方位提高品质。在协调产量、质量和效益方面要取得重大突破，要主抓5项技术：一是优良品种和优质种子，品种主抓转基因抗虫棉，做到优势品种地位明显；二是研究示范推广集约化、规模化、促早化和约型农业新技术，棉花工厂化育苗和机械化移栽以及地膜覆盖等先进技术要进一步扩大应用面积；三是平衡施肥技术；四是病虫害防治技术；五是提高防灾减灾能力。

（二）纺织服装业发展的主要问题与对策

针对纺织服装产业的人才匮乏、龙头骨干企业缺乏、品牌创建尚需时日和服装产业链不完整，突出应对措施：

——大力开展纺织服装人才建设。纺织企业可以从以下五个方面逐步推进人力资源的管理工作：第一创造良好的用人环境，使得劳动者能有充分的空间体现自己的价值和能力，重要的在于充分授权、加强沟通、完善监督；第二加强企业文化机制建设，充分体现能者多劳，劳者多得，庸者下、无德无能者走的局面；第三加强优秀企业文化建设，通过优秀的企业价值观建立劳动者的优秀就业情操，增强对企业的归属感；第四加强人力资源培训，增进道德修养的提高，使得劳动者能够胜任将来的竞争。

——增强产业品牌效应。品牌战略的建立需要长期的努力，但是最重要的是管理层是否意识到实施品牌战略的紧迫性。纺织企业如何在通过技术改造增强企业有形资产竞争力的同时，创造并发展自身的品牌，不断开发技术含量高的名、优、特新产品，依靠技术进步来增强企业的核心竞争能力，是今后纺织企业参与国际竞争的重要条件。

——鼓励企业做大做强。河南纺织服装企业要提升综合竞争能力，和东南沿海地区实力雄厚的企业竞争，就必须壮大自身实力，提升企业规模。建设棉纺基地，上大规模，创大效益，建设纺织产业集群。上先进纺织设备，棉纺织品要走中高档、走高精发展之路，用高精设备生产高精产品，实现产品的高附加值，将纺织品向高档化发展，实现河南由纺织大省向纺织强省转变，把河南建设成为高标准的新型纺织工业基地。应结合河南纺织服装产业发展规划，有选择、有步骤、有计划、有条件地合理引进。

——突破瓶颈，完善产业链。着力解决制约河南省纺织服装产业的印染瓶颈问题，淘汰落后产能，提升新技术研发，发展绿色染整。结合东部地区印染的优势，积极承接东部地区实力强、技术领先的印染企业转移，以尽快补上产业链短板。

第五节　河北省棉花产业

撰稿人　林永增　王树林

河北是全国棉花产能大省。改革开放以来，棉花生产迎来快速发展的新时代，植棉面积保持 533 千公顷（800 万亩）有 26 年，占自 1979 年以来 37 年的 70.3%，其中 1984 年最大面积达到 1 047 千公顷（1 571 万亩），占全国的 15.2%；总产超过 40 万吨以上的年景有 23 年，占 37 年的 62.2%，其中 1984 年总产创历史新高达到 105 万吨，占全国的 16.8%。河北棉花以抗旱节水栽培而闻名，有"水种包包"的旱地植棉传统经验，也有"重浇蕾期水"的节水灌溉新方法。20 世纪 80—90 年代，与山东、河南一起，完成了全国棉区从长江向黄河的第一次转移，由此形成了那时的全国棉花生产重心。进入 21 世纪前 10 年，尽管棉区西移，全省棉花仍保持较高的产能。然而，近几年产能下滑的趋势明显，2015年植棉面积359千公顷，是自2001年以来的最低点。

河北是全国棉纺织服装产能的中等省份。进入21世纪，棉纺织服装产业迎来又一次飞跃。从2000年到2013年，棉纱线产量从290千吨增长到1985千吨，增长了5.8倍，占全国的比例从8.1%下降到5.5%，从位居全国第七位下降到第八位。棉布产量从9.6亿米增长到52.7亿米，增长了4.5倍，占全国的比例则从6.9%提高到13.4%，在全国的排序从第四位（第一江苏、第二山东、第三湖北）上升到第三位（第一山东、第二湖北）。

2013年，全省纺织品服装出口63.2亿美元，占全国的2.2%，排第八位，在新疆之后。但是全省棉花纺织、织造、印染和服装的产能大，原棉进口量大。由于全省棉花产业结构完整，加上位于沿海经济发达的区位优势，具有一定的竞争力。

一、棉花生产发展

河北省棉花生产自新中国成立后的66年间经历了多次的面积波动（表14-8、图14-17、图14-18、图14-19），既有快速发展时期，也有剧烈下滑阶段。随着植棉技术的进步与品种的更新，单产呈持续升高趋势，总产受面积与单产影响波动较大。河北省作为传统棉花生产大省，未来仍具有较大的生产潜力。

表14-8　河北棉花生产情况

年份	面积（千公顷）	产量（千吨）	单产（千克/公顷）
1950—1959	956	239	248
1960—1969	724	177	251
1970—1979	569	175	307
1980—1989	784	553	680
1990—1999	604	346	606
2000—2009	550	553	1 001
2010—2015	508	508	1 004

资料来源：国家统计局，为每10年的平均值。

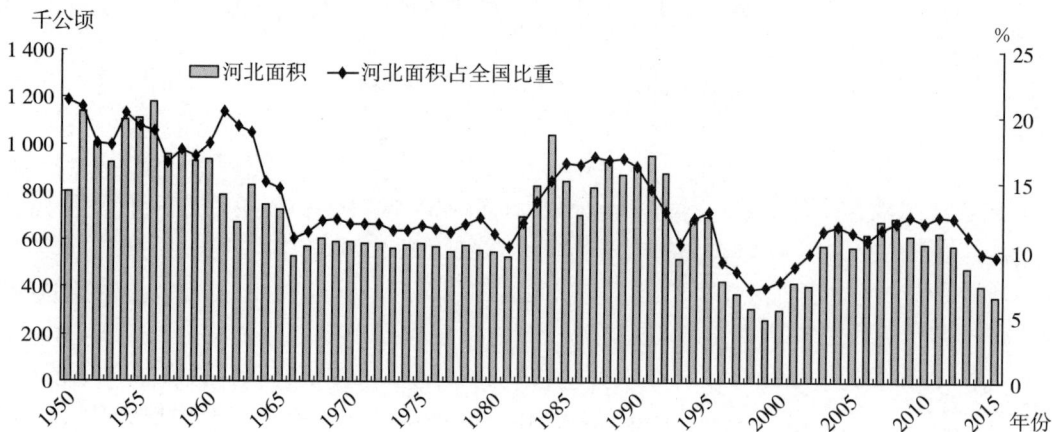

图14-17　1950—2015年河北省植棉面积及占全国的比重

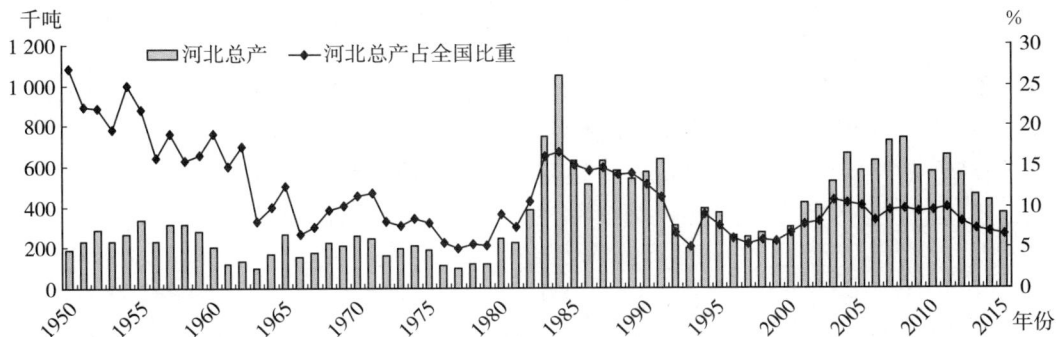

图 14-18　1950—2015 年河北省棉花总产及占全国棉花的比重

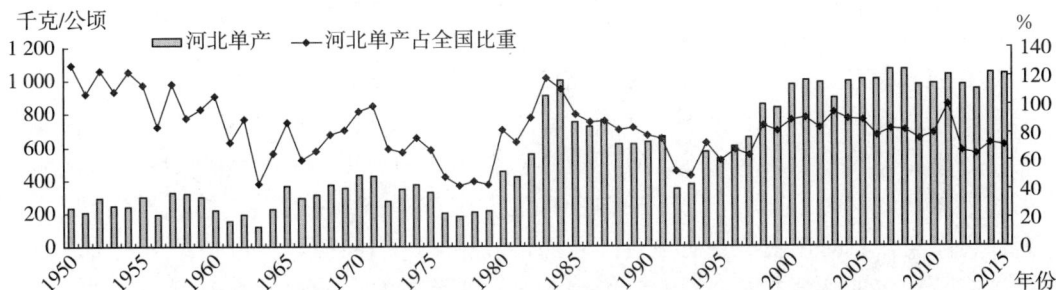

图 14-19　1950—2015 年河北省棉花单产及与全国单产水平比较

（一）产能发展

1. 1950—1979 年的 30 年。新中国成立后 30 年河北省棉花面积平均为 750 千公顷，单产 269 千克/公顷，总产 197 千吨。总体来看面积呈下降趋势，单产增加，总产降低；1950—1957 年全省面积、单产、总产稳步增加，其中 1957 年棉田面积 1 147 千公顷，总产 207 千吨；但进入 60 年代以后棉花面积持续下降，单产增加趋势较明显，总产年际间波动很大，1964 年与 1978 年不足 100 千吨，1960 年、1966 年、1971 年则超过了 250 千吨；导致棉花面积下降与总产波动的主要原因：一是政府为解决"南粮北调"问题而大力压缩棉花面积，二是棉田布局分散，集中产棉县减少，三是受自然灾害影响较大。

2. 1980—1999 年的 20 年。这 20 年平均，植棉面积 694 千公顷，比前 30 年下降 56 千公顷，单产 643 千克/公顷，总产 450 千吨，分别是前 30 年的 2.4 倍与 2.3 倍。进入 80 年代后全省棉花面积迅速恢复，1984 年创历史最高点，80 年代中期、面积、单产、总产、收购的位次曾连续几年居全国第二。但从 80 年代末开始出现了滑坡，特别是 1993 年面积仅 520 千公顷，单产 24.6 千克/公顷，总产 192 千吨，面积退至全国第四位，单产降至倒数第一位，总产退至第七位，而到 1999 年则下降到 267 千公顷，90 年代后棉花面积下滑主要是受国家压缩棉花面积与棉铃虫危害猖獗所致。

3. 2000 年至今的 16 年。21 世纪后的前 10 年，全省棉花面积和总产实现了恢复性增长，平均面积为 550 千公顷，单位为 1 001 千克/公顷，总产为 553 千吨。其中 2008 年面积最大，达到了 690 千公顷，单产为 1 068 千克/公顷，总产突破 737 千吨。河北省植棉面积恢复得益于引进推广了美抗虫棉 33B 与 99B 两个品种，而后国产抗虫棉的培育成功为河北省棉花产业的快速发展提供了有力支撑。

自 2011 年以后，河北省棉花面积持续下降，至 2015 年已跌至 359 千公顷，总产也仅有 373 千公顷，单产则变化不大，植棉面积连年下降。一是植棉效益下降，棉农植棉积极性受挫；二是自然灾害导致减产降质减收；三是粮食等其他作物积压棉花种植面积；四是棉花生产费工费时；五是劳作环境差，劳动强度大。

（二）棉花生产发展经验

1. 全省棉区分布和调整。 新中国成立以后河北省棉花生产有了重大发展，棉区分布广泛，南起大名，北至山海关，南北相距 800 千米；进入 80 年代以后，全省棉花种植区域进行了"西棉东移、北棉南移"的战略性调整，棉区从水肥条件较好的山前平原转移到干旱缺水的黑龙港。2010 年以后，棉区又东移到沧州市、唐山市的滨海盐碱地。

2. 种植技术演变。 新中国成立以后，全省棉花栽培技术着重于总结植棉能手、劳动模范的丰产高产经验；70 年代注重棉田间作、套作和育苗移栽等技术的推广；80 年代发展完善 50 千克/亩皮棉的综合栽培技术，其中地膜覆盖节水自 1981 年进行多点试验示范后，增产节水效果显著，大面积推广，迄今棉田全部地膜覆盖和缩节胺化控。进入 21 世纪，棉田间作套种高产高效、简化栽培、病虫害综合防治和杂交抗虫棉技术等也相继得到推广应用。

在棉花品种引进培育方面，河北省经历了五次重大更新。第一次（1979—1984 年），以引进国内品种为主。主要推广了从山东引进的鲁棉 1 号。第二次（1984—1988 年），以省内自育品种为主，如冀棉 8 号、冀棉 16 等。第三次（1989—1997 年），以中棉所 12、中棉所 10 成为河北省的主导品种。第四次（1998—2004 年），以引进国外转基因抗虫棉新棉 33B 为主。第五次（2005 年至今），以国产转基因抗虫棉品种为主。

3. 美国抗虫棉影响。 河北冀岱棉种技术有限公司（简称冀岱公司）成立于 1996 年，为了有效地遏制由于棉铃虫危害导致的棉花滑坡趋势，1996 年经农业部批准，冀岱公司从美国引进了新棉 33B 种子 1 吨，率先在河北试种，1997 年通过河北省级审定，随后迅速扩大推广，占据全省及黄河流域棉区很大面积，直到 2004 年以后，随着"中棉所"、"鲁棉研"、"冀棉"等系列新品种的审定，国产转基因抗虫棉才收复失地，打破了"美棉"垄断中国转基因抗虫棉种子市场的局面，加上"美棉"抗病性偏弱，高产性状不够，导致市场份额迅速下降，到 2008 年该公司停止棉种业务经营，逐渐退出了河北市场。

冀岱公司对棉种产业的发展产生的影响深远：一是加快国产转基因抗虫棉新品种的创新研究水平，特别是国家增加转基因技术的科研投入。二是在棉花种子技术和市场方面发挥了引领示范带动功能，促进国产棉花种子与国际接轨。包括提升抗虫棉种子的规模化生产、繁育和加工水平，促进了包衣种子国家标准的制定；引领转外源 Bt 抗虫棉种子纯度检验新技术突破；带动国产种子精加工和精量包装，引领种子用量向少而精的方向发展，同时也大幅度提高了抗虫棉种子价格；加快改变国内种业的售后服务意识，带动种业增强售后服务的功能。

4. 有较好的棉花科研条件。 主要有河北省农林科学院棉花研究所、河北省农林科学院旱作农业研究所、邯郸市农业科学院和沧州市农业科学院等。河北省农林科学院棉花研究所的品种以超强的抗病性而享誉全国，育成品种在河北市场占有率达 50% 以上。河北省农林科学院旱作农业研究所围绕抗旱节水培育出了衡棉 3 号、衡棉 4 号等一批抗旱棉花品种。邯郸市农业科学院的三系杂交棉育种目前仍居世界领先水平，同时，抗病虫棉、低酚棉、短季棉育种也均处于全国前列。石家庄市农科院育成 SGK321 双价转基因抗虫棉通过国家品种审定，新近审定特早熟短季棉新品种石早 2 号、石早 3 号。沧州市农林科学院开展高产、适简、耐盐棉花品种筛选，盐碱旱地省工、高效集成技术创新、优质棉产业化机制研究。

二、轧花加工业

棉花加工业方面，河北的棉花加工企业在 20 世纪 50—60 年代建成一大批中小型（两台型及一台型）的轧花厂。到 80 年代中期，河北棉花收购量达到历史性的 100 多万吨，国家和地方政府加大了对棉花加工企业的支持和投入，集中产棉县的供销社棉价加工企业扩大了企业规模，一些加工厂有四台型的加工规模，并形成了轧花、脱绒、榨油一体化生产。

随着农业结构调整，20 世纪 90 年代中后期石家庄、保定、廊坊、唐山等地棉花种植面积锐减，这些产棉市的绝大多数棉花加工企业基本处于倒闭或关停状态，有些被转让拍卖。进入 21 世纪，加工业增长迅速，2001 年全省棉花收购加工企业已发展到近 700 家，年棉花加工能力达到 100 万吨。国家深化棉花流通体制改革后，全省的棉花收购加工企业在三年的时间里增加了 600 多家，达到了 1 300 多家，年棉花加工能力超过 150 万吨。

三、棉纺织业

纺织工业是河北的传统工业，作为传统的纺织大省，河北纺织业利润、销售收入、工业总产值、棉纱、布、成衣服装等指标，多年来位于全国前十位之列。纺织品出口是拉动河北外贸出口的重要力量，也是河北吸纳就业人口最多的传统制造业。据统计，河北纺织企业生产的产品约三分之二被直接出口或间接出口。经过多年发展，河北纺织行业已经形成了竞争优势，具有较高的水平、较完善的产业链以及以"中国羊绒纺织名城"清河县、"中国羊剪绒和毛毡名城"南宫市、"中国童装加工名城"磁县、"中国男装名城"容城县、"中国休闲服装名城"宁晋县、"中国毛巾毛毯名城"高阳县为代表的河北纺织产业集群。

（一）1950—1979 年

在这 30 年间，河北省纺织工业经历了快速恢复时期，进入 60 年代后发展速度有所减慢，但仍建成了具有一定潜力的全国重要纺织工业基地。1962 年全省纺织工业生产能力居全国第三位，到 1978 年下降到第六位。从 1950 年到 1979 年，棉纱产量增长 41 倍，到 70 年代末，年需皮棉 75 千吨。纺织工业发展减速主要是受原料短缺导致开工不足所致，60 年代以后全省棉花由调出急转为调入，数量由平均每年调入 1.25 万吨，增加到 9.25 万吨，其中多年（1977—1978 年）达 11.5 万吨，1978 年所产棉花只能满足本省需要的一半左右。

（二）1980—1999 年

在此期间河北省纺织工业却发展较快，1980—1993 年，河北棉纺业织布机由 3.2 万台增加到 6.1 万台，增近一倍；纱锭由 110 万锭猛增到 1994 年底的 370 万锭，全省计划内棉纺企业（国有棉纱厂）年需纺棉 325 千吨左右，加上乡镇企业及供销部门的小纱厂用棉，全省年需纺棉 450 千吨。

自 1993 年后国有纺织企业陷入全面亏损，中央做出了国有企业改革脱困以纺织为突破口的重要决策，河北省到 1999 年底共监销落后棉纺锭 85.0 万锭，超额完成任务；1993—1999 年平均年棉纱产量 379 千吨，棉布产量 8.3 亿米（图 14-20）。

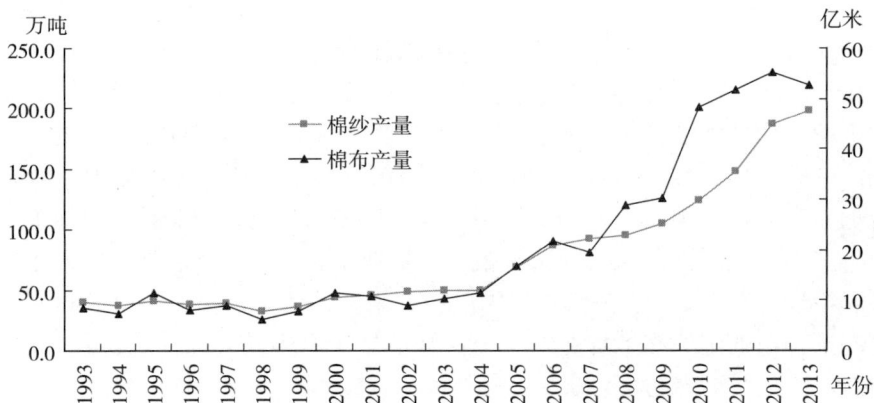

图 14-20 1993—2013 年河北省棉纱线和棉布产量

（三）2000 年以后

2000 年以后纺纱能力逐年增加，尤其是 2005 年以后增长迅速；从 2000 年到 2013 年，棉纱产量由 437 千吨增长到 1985 千吨，提高了 4.5 倍，棉布产量也由 8.5 亿米增长到 52.7 亿米，提高了 6.2 倍。2005 年 WTO 的《纺织品服装协议》（ATC）中止生效，欧盟、美国等发达国家取消纺织服装贸易领域的配额限制，纺织品服装出口配额全部取消，对出口导向型企业有利。但自 2008 年金融危机以来，纺织业造成一定影响，直到 2010 年才出现回暖迹象，但随着劳动力成本上涨，环保压力不断加大，信贷资金收缩，出口下滑等诸多不利因素的叠加，全省纺织工业国际竞争优势不复存在，一些企业陷入困境。2015 年全省有规模以上统计企业 1 061 家（不包括皮革、毛皮、羽毛及其制品和制鞋业），1—11 月完成主营业务收入 2008.4 亿元，同比增长 1.04%。由于增幅降低，在全国排第九位；实现利润 123.3 亿元，同比增长−0.18%，首次出现负增长，在全国排第八位，行业发展遭遇的形势严峻。

四、产业发展展望

（一）棉花生产发展展望

近年来全省棉花面积逐年下降，主要原因是农村劳动力流失，植棉机械化程度与粮食作物相比仍处于较低下的水平。棉花价格受市场消费水平与国内外棉花供给量的影响较大，随着全球经济形势的持续低落与国外原棉大量涌入国内市场，棉价难以在短期内大幅上涨，只有从棉花种植方面入手，提高棉花产量，降低生产投入成本，棉花才有出路。

经过结构调整，全省棉田面积分布在水利条件较差的干旱半干旱地区和滨海盐碱地，主要地市有邯郸市、衡水市、邢台市和沧州市等，石家庄市的棉田越来越少。

在种植技术方面，进一步向轻简化和机械化发展。首先是全程虫害防治机械化需要尽快实现，当前防治虫害是棉花种植中最为费工费力的环节，仍需人工多次喷药应对，如实现棉花喷药机械化，将对减少棉花生产投入、提高植棉效益贡献巨大。其次是棉花收获的机械化，棉花人工采摘费用已经占到籽棉收入的17％～20％，是影响植棉收益、阻碍棉花发展的重要因素，培育机采品种，研发机采棉配套栽培技术，是河北棉花发展的必经之路。

棉花高产超高产是发展棉花生产的另一条途径。在全省主产区，籽棉产量稳定在4 500千克/公顷，则与粮食作物相比，棉花仍然具有较大的优势。因此研究棉花高产超高产技术途径，对于稳定棉花面积仍具有重要意义。

河北省作为全国地下水过量超采的中心区，国家高度重视控制地下水的压采和补偿问题；相对于小麦、玉米、蔬菜、果树和土豆等作物，棉花是最耐旱的大田经济作物和节水型作物，具有节水的优势，因此，要减少地下水的开采，未有保持棉花种植面积是减少地下水开采的有效措施之一。

（二）棉纺织业展望

纺织业是河北省传统经济支柱产业，但近年来由于需求不旺、原料制约、环保压力、用工缺口、淘汰落后产能、融资难、税负重等因素影响，全省纺织行业呈现低速增长的态势。未来应强化改革创新意识，大力推动企业技术创新和体制机制创新；调整优化产业结构，做优棉纺产业，做精皮革毛皮产业，做强服装产业，做大毛纺产业，培育壮大高技术纤维和产业用纺织品产业，向高端化、品牌化、特色化发展；加强与京津企业、科研所及相关院校的交流合作与沟通对接，吸引京津优势资源，加快谋划实施一批有利于河北省纺织行业提档升级的好项目。

第六节　山东省棉花产业

撰稿人　董合忠

山东是全国棉花产能大省。改革开放以来，棉花生产迎来快速发展的新时代，植棉面积保持800万亩（533千公顷）有33年，占自1979年以来37年的89.2％，其中1984年最大面积达到1 712千公顷（2 568万亩），占全国的24.7％，植棉面积连续15年（1980—1994）居全国第一；总产超过40万吨以上的年景有34年，占37年的91.8％，其中最高总产100万吨的年景有11年（1983—1985、1987—1989、1991、2004、2006—2008），1984年总产创历史新高达到172.5万吨，占全国的27.6％，总产连续13年（1980—1992）位居全国第一。山东棉花以规模大和发展快速而闻名，"要发家种棉花"是对棉花经济属性的科学诠释，更是农民增收的真实写照。20世纪80－90年代，与河南、河北一起，完成了全国棉区从长江向黄河的第一次转移，由此形成了那时的全国棉花生产重心。进入21世纪前10年，尽管棉区西移，全省棉花仍保持较高的产能。近几年棉花轻简化栽培和机械化采收领先内地，棉花产能下滑的趋势有望得到遏制。

山东是全国棉纺织服装产能大省。改革开放初期，首先承接亚洲"四小龙"的纺织产能转移，形成较大的纺织服装产业的规模基础。进入 21 世纪，特别是自 2005 年全球纺织品配额取消之后，棉纺织服装产业迎来又一次飞跃。自 1993 至 2013 年的 21 年间，山东省棉纱产量一直位居全国前两位，其中从 2000 年到 2013 年，棉纱线产量从 62.6 万吨增长到 854.5 万吨，增长了 12.7 倍，占全国的比例从 17.5％提高到 23.7％，且自 2005 年至今山东省棉花产量一直位居全国第一。棉布产量从 14.5 亿米增长到 107.5 亿米，增长了 6.4 倍，占全国的比例则从 10.4％提高到 27.4％，在全国的排序从第二位（第一江苏）上升到第一位。

2013 年，山东省纺织品服装出口额 222.3 亿美元，仅占全国的 7.6％（排第五，第一浙江、第二江苏、第三广东、第四福建）。2012 年全省服装产量 36 亿件，位居全国第一。全省棉花纺织、织造、印染和服装的产能大，拥有像魏桥好百万锭的巨大棉纺织企业集团。全省原棉的加工量大，生产量大，进口量大，纺织品服装出口量大，是典型的"大进大出"之省，产业中初级产品比例高。由于全省棉花产业结构完整，加上位于沿海经济发达的区位优势，"优进优出"将是棉花产业转型升级、提质增效和提升竞争力的主攻方向。

一、生产发展

山东植棉始于元代，棉花生产历史悠久。由于气候、自然条件适宜植棉，山东在明、清时期就有一定的植棉规模，多数地区均有棉花种植。但是，1949 年以前，由于战乱和自然灾害等原因，棉花生产发展十分缓慢。新中国成立以后，特别是 1978 年以来，山东棉花生产得到迅速发展，一度成为全国最大的产棉省份，并一直是消费大省和纺织品服装出口大省，山东棉花产业得到了长足发展。近年来，随着政策和农业结构调整，山东棉花种植面积逐渐调减，但仍是全国产棉大省，原棉消费大省和纺织品服装出口大省，棉花面积和总产居全国第二位，棉花能力居全国第一位。

（一）产能发展

棉属植物多是起源于高温、干旱的热带和亚热带的荒漠草原，是多年生的亚灌木或小乔木。中国古代大面积栽培的草棉和亚洲棉是从国外分两路传入的。北路传入草棉，南路传入亚洲棉。山东最早种植的则是由南路传入的亚洲棉，一直种植到 19 世纪以前。根据现有资料推断，山东种植棉花已有 700 多年的历史。1904 年，山东开始引种美棉品种，美棉的引进和试种成功，不仅提高了产量，也显著改善了品质，有力促进了当时棉花生产的发展。1918 年，全省植棉面积 151 千公顷，单产 239 千克/公顷，总产 36 千吨。此后，由于军阀混战，导致植棉面积起伏很大，加之生产技术落后，单产水平很低。1919—1949 年的 30 年内，年均面积 194 千公顷，产量 245 千克/公顷，总产 47 千吨。期间，以 1931 年面积最大，达到 492 千公顷；皮棉单产以 1923 年最高，为 360 千克/公顷；总产以 1930 年最高，为 127 千吨。1948 年全省植棉面积仅 144 千公顷，总产 33 千吨，单产 233 千克/公顷。

新中国成立后山东棉花产能经历了缓慢发展、高速发展和平稳发展几个重要阶段，近几年处于调整和萎缩状态（图 14-21、图 14-22、图 14-23 图 14-24）。

1. 棉花生产缓慢发展阶段（1950—1979）。新中国成立以后，为满足国民经济建设需要，尽快恢复和发展棉花生产，国家采取了一系列政策措施，促进了棉花种植规模的迅速扩

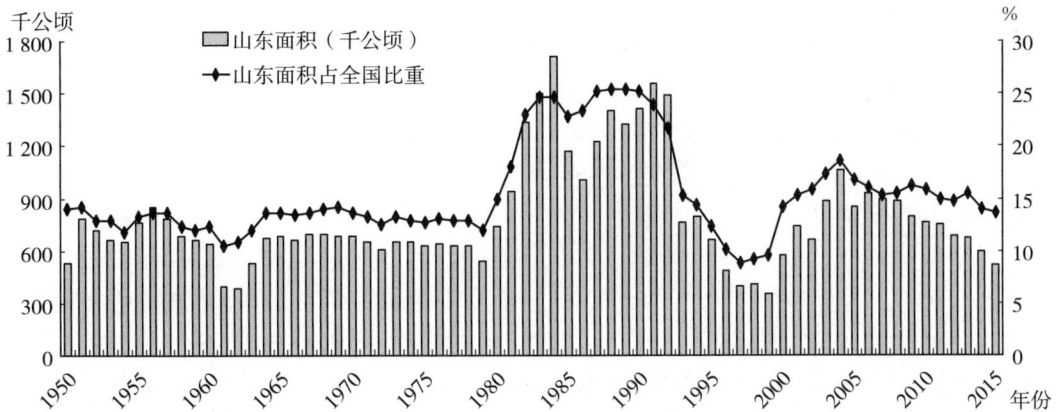

图 14 - 21　1950—2015 年山东省植棉面积及占全国的比重

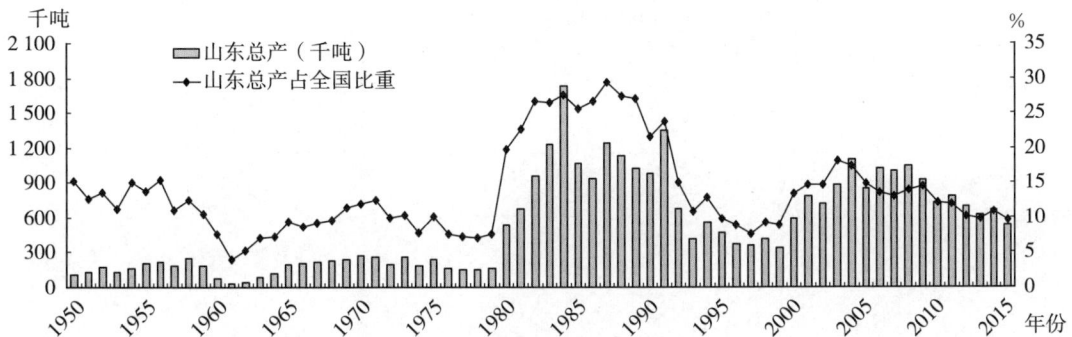

图 14 - 22　1950—2015 年山东省棉花总产及占全国棉花的比重

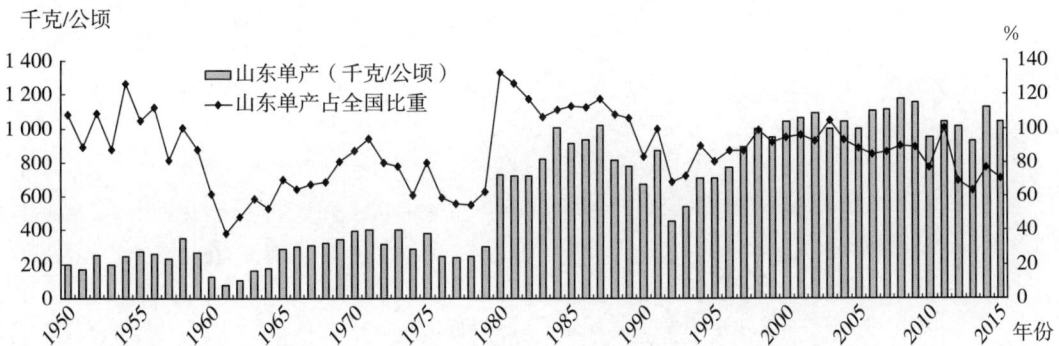

图 14 - 23　1950—2015 年山东省棉花单产及与全国单产水平比较

大。到 1952 年，全省植棉 697 千公顷，比 1949 年扩大了 52％，皮棉单产达到 240 千克/公顷，提高了 60 千克/公顷，总产达到 169 千吨，增加 109％。1952 年以后，农村逐步成立了互助组、农业合作社等，特别是推广应用深耕改土、播种保苗等先进技术以及斯字棉 2B、斯字棉 5A 等棉花品种，进一步促进了棉花生产的发展。1953—1959 年全省平均年植棉 724 千公顷，皮棉单产 252 千克/公顷，总产 180 千吨。1960 年后的三年经济困难时期，棉花生产严重受挫，面积、单产、总产均显著下降。这之后，经过三年国民经济恢复调整，棉花生产又开始恢复发展，到 1970 年，棉花生产创历史最高水平，单产达到 390 千克/公顷，总产 273 千吨。1971 年以后，由于强调"以粮为纲"，棉花生产又出现严重滑坡，到 1979 年，全省植棉 543 千公顷，总产 167 千吨。

2. 高速发展的鼎盛时期（1980—1991）。党的十一届三中全会以后，由于实行农村联产承包责任制、价格调整、棉花科技进步和政府重视，使 20 世纪 80 年代成为山东棉花生产的辉煌时期，也在全国棉花生产史上留下了光辉的一页。1980—1991 年，山东棉花面积、总产一直居全国第一位，12 年累计植棉 1 533 万公顷，占全国同期植棉面积的 23.2%；累计总产 1 291 万吨，占全国同期总产的 25.7%，是新中国成立后 30 年全省棉花总产量的 2.5 倍；12 年平均每公顷皮棉产量 842 千克/公顷，比全国平均水平高 83 千克/公顷，比前 30 年平均水平高 576 千克/公顷。其中，植棉面积最多的 1984 年，面积、总产分别达到 171 万公顷和 173 万吨，分别占全国的 24.7% 和 27.6%；皮棉单产达到 1 005 千克/公顷，比全国平均水平高 90 千克/公顷；收购量 168 万吨，占全国的 28.1%（表 14-9）。

表 14-9　1980—2015 年山东省棉花生产情况

年份	面积 （千公顷）	总产 （千吨）	单产 （千克/公顷）	面积占全国 （%）	总产占全国 （%）	单产占全国 （%）
1980—1991	1 221	1 002	792	22.0	24.0	107.0
1992—1999	670	449	752	13.0	10.0	84.0
2000	569	590	1 037	14.1	13.4	94.9
2001	735	781	1 062	15.3	14.7	95.9
2002	665	722	1 086	15.9	14.7	92.4
2003	882	877	994	17.3	18.0	104.6
2004	1 059	1 098	1 036	18.6	17.4	93.3
2005	846	846	1 000	16.7	14.8	88.6
2006	930	1 023	1 100	16.0	13.6	85.0
2007	900	1 001	1 112	15.2	13.1	86.5
2008	888	1 041	1 172	15.4	13.9	90.0
2009	800	920	1 151	16.2	14.4	89.4
2010	766	724	945	15.8	12.1	76.9
2011	753	785	1 043	14.9	11.9	100.4
2012	690	698	1 012	14.7	10.2	69.4
2013	673	621	923	15.5	9.8	63.6
2014	593	665	1 122	14.1	10.8	76.8
2015	516	537	1 042	13.6	9.6	70.6

3. 生产急速调减和在低谷中徘徊时期（1992—1999）。受棉铃虫危害和种植业结构调整的影响，从 1992 年起山东省棉花生产开始下滑并在低谷中徘徊。1992 年全省棉花种植面积 149 万公顷，比上年减少 2.7 万公顷，减 1.7%；单产仅有 455 千克/公顷，比上年降低 415 千克/公顷，降幅 47.7%；总产 68 万吨，比上年减少 67 万吨，减幅 49.9%，为 1981 年以

后的最低水平，棉花生产倒退 10 年。此后，由于棉铃虫危害持续严重和种植业结构调整步伐加快，棉花种植面积一直较少。1992—1999 年 8 年全省年均植棉 67 万公顷，单产 680 千克/公顷，总产 46 万吨，分别为 1980—1991 年 12 年平均水平的 52.4％、80.7％和 42.3％。面积、总产占全国的比重也降为 13.2％和 10.6％，单产比全国低 179 千克/公顷。由全国的第一产棉大省降为全国第三。但 1999 年后棉花单产的大幅度提高为山东棉花生产的恢复发展奠定了基础。

4. 生产第二个高速发展时期（2000—2009）。由于抗虫棉的推广普及，从 2000 年起山东省棉花生产得到明显恢复和发展。2000—2009 年的 10 年，全省年均植棉面积 827.4 千公顷，占全国的 16.1％；单产 1 075 千克/公顷，为全国平均单产的 91.6％；年均总产 889.9 千吨，占全国年均总产量的 14.7％，面积和总产均居全国第二位。

5. 生产再次萎缩和调整（2000—2015）。"十二五"以来，因效益低而不稳等原因棉花生产呈下滑态势，表现出面积、单产、总产全面滑坡的局面。2010—2015 年全省年均植棉面积 665.2 千公顷，占全国的 14.8％；年均总产 671.7 千吨，占全国年均总产量的 10.7％；平均皮棉单产 1 014.5 千克/公顷，为全国平均单产的 72.5％。尤其是 2014 年国家取消棉花临时收储政策后，植棉面积快速下调，2015 年植棉面积仅为 516 千公顷，总产 537 千吨，虽然仍居全国第二位，但面积和总产占全国的比重分别降为 13.6％和 9.6％（表 14-9）。

（二）取得的主要经验

1. 生产结构持续调整，种植区域进一步集中。山东是全国的优势棉花产区，传统上有 5 个产棉区，分别是鲁西南、鲁西北、鲁北、鲁东和鲁南棉区，经过多年调整和发展，特别是随着种植业结构调整，棉花生产向生态条件适宜、比较效益高、生产潜力大、竞争优势强的优势区域转移，德州、聊城等鲁西北传统棉区，优质棉田多改种粮食和蔬菜。目前全省棉花种植主要集中在 3 个产棉区：一是以在滨州、东营、潍坊北部为主的黄河三角洲地区，占全省棉田面积的比重达到 40％左右；二是以济宁、菏泽为主要产区的鲁西南两熟棉区，占全省面积的 35％以上；三是以鲁西北聊城、德州、济南三市为主的鲁西北棉区，占全省面积的 20％。

2. 产量质量齐抓，质量总体较好。山东棉花（纤维）主要品质指标马克隆值、长度、断裂比强度和长度整齐度总体较好，中国纤维检验局关于中国棉花质量分析报告，2013/2014 年度，山东棉花质量各指标都略高于或与全国平均水平持平。马克隆值优于全国平均水平；长度 28.7 毫米，略高于全国平均水平；比强度 29.7 厘牛/特克斯，优于全国平均水平 28.0，且优势明显；长度整齐度值基本与全国持平；山东白棉占比 79.3％，其中白棉三级占白棉总量的 60.4％，优于长江流域棉区和黄河流域棉区大多数产棉省。在轧工质量方面，轧工质量 97.9％的检测棉属于中档，但达到好档的比例仅为 1.8％，远低于 15.2％的全国水平。农业部公告，2014/2015 年度，山东棉花主栽品种马克隆值 4.9，长度 29.5 毫米，比强度 29.8 厘牛/特克斯，整齐度指数 84.9％，除马克隆值指标略差外，比强度、整齐度优于全国平均指标，长度与全国平均数持平，代表纤维纺纱性能的纺纱均匀性指数 140，高于全国和黄河流域其他省。

3. 积极培育棉花科技力量，棉花科研创新能力较强。生产技术水平较高。依托山东棉花研究中心和山东农业大学等科研、教学机构，山东省在棉花品种选育和棉花栽培技术创新等方面一直处在国内前列,特别是由山东棉花研究中心培育的鲁棉研系列棉花品种,一直占据山东棉花主栽品种的主导地位,在黄河流域棉区乃至西北内陆棉区也占有重要地位。山东已成为全国重要的棉花科技创新基地,具有很强的科研创新能力。

4. 狠抓技术培训和普及,耕作栽培管理水平高。根据各地生产生态条件,实行纯棉连作或与其他作物间作套种等多种种植方式,资源利用和生产水平总体较高,棉花单产在黄河流域棉区植棉大省中多年位居首位,2013 年金乡县一个高产创建核心攻关田,亩产皮棉达177 千克(2 655 千克/公顷),创黄河流域棉花单产水平的新纪录。

通过多年研究和实践,山东已基本形成了完整配套的种植模式和栽培技术体系。针对鲁西北棉区棉田多为旱薄地、棉花易早衰的特点,形成了以选用后发型高产品种、深耕深松、秸秆还田、平衡施肥等为主要内容的防早衰高产栽培技术体系;针对鲁西南棉区棉麦、棉蒜(瓜、菜)间套复种的特点,形成了以选用高产早熟杂交棉品种、轻简育苗、合理密植、适当晚拔柴等为主要内容的棉花高产高效简化栽培技术体系;针对黄河三角洲棉区盐碱地棉田特点,形成了以灌水压碱、逆境成苗、经济施肥、简化管理为主要内容的盐碱地棉花丰产栽培技术体系。

5. 不断培育新型棉花经营主体,全程机械化较快发展。随着农村土地承包权的确权颁证和经营权流转,滨州市、东营市、德州市等棉花规模种植有较快发展。至 2013 年,滨州市,种植面积在 50 亩以上的植棉大户 1 546 户,植棉面积 8 万亩,占全市植棉面积的 5%以上。学习借鉴新疆机采棉发展的经验做法,在滨州、东营和潍坊 2011 年率先在内地开展机采棉的试验示范,2014 年按机采棉模式种植 12 万亩,实际机采 2 万亩。到 2015 底,全省拥有 8 台采棉机,机采棉配套清花生产线 3 条,棉花生产全程机械化的路子正在探索前进,棉花生产机械化水平会不断提高。

(三)棉花加工

山东拥有先进棉花加工和制造企业。天鹅棉机企业是一家著名的棉机制造企业,该企业生产制造的轧花机系列产品——锯齿轧花机、锯齿剥绒机、棉籽锯齿剥绒机、锯齿皮棉清理机系列产品、气流式皮棉清理机、回收式籽棉清理机系列产品,籽棉异型纤维清理机、地坑式开松喂棉机和成套打包系列产品,产品的市场竞争力强,一些产品占据全国市场一半以上份额。根据市场需要,开发机采棉的籽棉打摸机、平板运摸车、籽棉开摸机和清花机等;企业进一步向种植业延伸,制造栽植的半自动移栽机、智能化的配肥机和喷雾机械,研制采棉机等。

到 2015 年底,依托天鹅棉机山东省建成机采棉加工生产线 3 条,加上采棉机为机采棉面积扩大创造了良好条件。

二、棉纺织业发展

山东是全国棉纺织业的大省。近 20 多年来棉纱量连年名列前茅。1993—2004 年的 12年间,山东棉纱年均总产量 110.4 万吨,占全国棉纱总量的 16.5%,棉纱产量居全国第二位;以后逐年增加,到 10 年后的 2002 年,棉纱量达到 142 万吨,占全国棉纱量的 17.7%,是 2002 年棉纱量的 2 倍,比重提高了 7.7 个百分点。2002 年以后,山东棉纱量快速增长,至 2012 年,山东棉纱总产量达到 830 万吨,占全国总棉纱量的 25%左右,比 2002 年总产

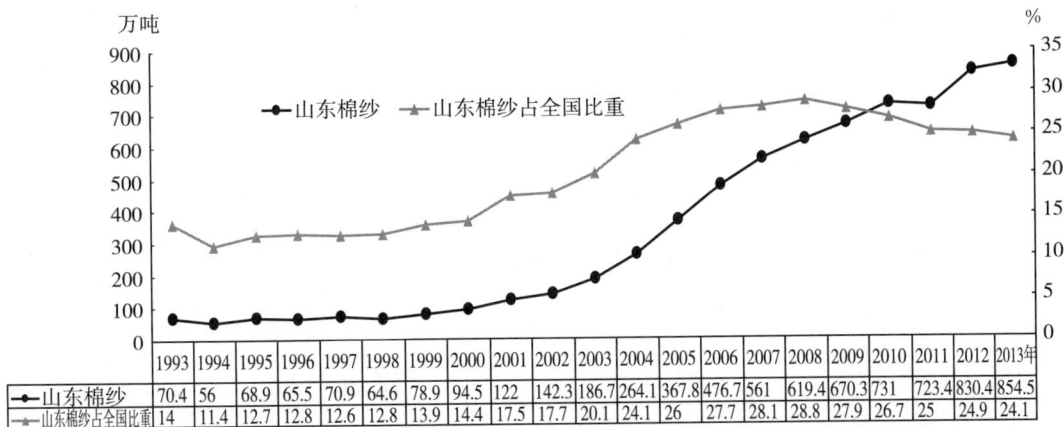

	1993	1994	1995	1996	1997	1998	1999	2000	2001	2002	2003	2004	2005	2006	2007	2008	2009	2010	2011	2012	2013年
山东棉纱	70.4	56	68.9	65.5	70.9	64.6	78.9	94.5	122	142.3	186.7	264.1	367.8	476.7	561	619.4	670.3	731	723.4	830.4	854.5
山东棉纱占全国比重	14	11.4	12.7	12.8	12.6	12.8	13.9	14.4	17.5	17.7	20.1	24.1	26	27.7	28.1	28.8	27.9	26.7	25	24.9	24.1

图 14-24　1993—2013 年山东省棉纱与占全国棉纱比重

量增加了 4.8 倍，比重提高了 7 个百分点。2005—2013 年的 9 年里，全省年均棉纱产量648.3 万吨，占全国同期棉纱产量的 26.3%。自 2005 年以来，棉纱产量连续 10 多年位居全国第一位（图 14-24）。

作为全国的纺织工业大省，山东拥有较为完整棉纺织产业体系，拥有棉纺、印染、针织品、服装和纺织机械等，门类齐全，产业链完整。2013 年，全省规模以上纺织企业 4 344户，实现主营业务收入 11 437 亿元、利税 1 089.8 亿元、利润 712.7 亿元，完成出口额 216亿美元，均居全国同行业前列。纺织服装业从业人员 180 余万人。

在 2011—2013 年有关机构评比中，中国纺织服装企业竞争力 500 强企业中，山东省有69 户，占 15%，其中前 4 位中山东省占 3 位。拥有像魏桥这样的好几百万棉纺纱锭、集棉业、棉纺、织造、染整、制衣、服装、家纺为一体的大型规模企业，中国制造业 500 强第30 位，中国企业 500 强纺织印染业第一位。如意集团在紧密纺纱、赛络纺精梳高支棉纱、棉纺织机械制造拥有国内一流水平，俗称"如意纺"的"高效短流程嵌入式复合纺纱技术"获 2010 年国家科技进步一等奖，"嵌入式复合纺纱技术"在打破毛纺纱支数世界纪录的同时，棉纺技术也突破 300 英支的高限，达到 500 英支。同时，原来被丢弃的下脚料，也可以纺出高品质的产品，羽绒、木棉等原本不可纺的天然纤维也可以成为纺织原料。

2014 年，全省纺织服装行业共有省级以上纺织服装产业集群 30 个，其中国家级产业集群 21 个；经省政府认定的棉花收购加工企业 389 家，规模以上纺织服装企业 4 093 家。拥有中国驰名商标 38 个，山东省著名商标 178 个，拥有省级及省级以上纺织服装技术研发中心 88 个，其中国家级企业技术中心 14 个。

2014 年，全省棉纱线产量 856 万吨，织布 115 亿米，纺织用棉约 350 万吨，出口创汇222 亿美元，规模以上企业实现销售收入 11 769.0 亿元。与 2010 年相比，全省纱产量、纺织品服装销售收入和出口创汇均有较大幅度增加。全省从事棉花生产、加工和纺织服装从业人员约 800 多万人，其中多数为农民工，棉花及加工服装业已成为我省国民经济和社会发展的主要支柱产业之一。

前述山东是全国棉花生产大省，然而山东也是原棉进口第一大省。由于纺织业的规模大，加工能力大，进口原棉不断增长。自 2006 年开始，进口量超过 100 万吨有 7 年，占全国进口原棉总量的 34%～51%，最大进口量达到 166.5 万吨，成为全国原棉进口最多、进口比例最高的省份。进口原棉与全国一样，来自全球 60 多个国家和地区（图 14 - 25）。

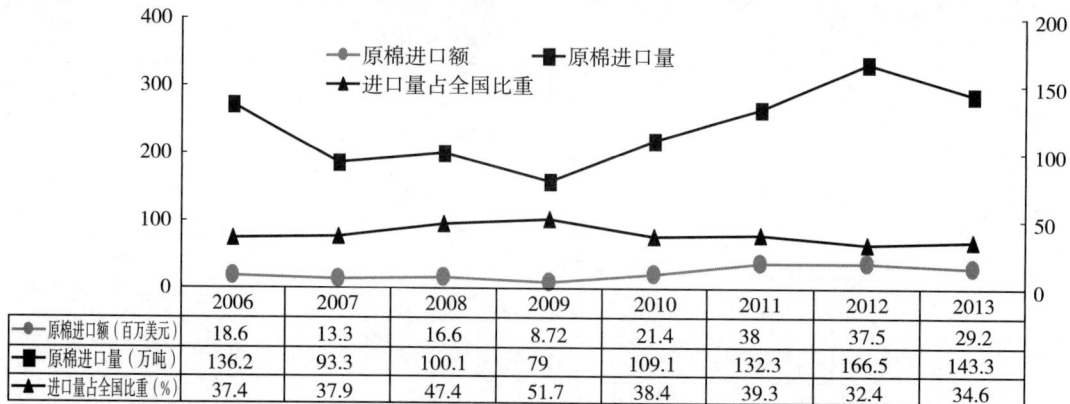

原棉进口额（百万美元）	2006	2007	2008	2009	2010	2011	2012	2013
原棉进口额（百万美元）	18.6	13.3	16.6	8.72	21.4	38	37.5	29.2
原棉进口量（万吨）	136.2	93.3	100.1	79	109.1	132.3	166.5	143.3
进口量占全国比重（%）	37.4	37.9	47.4	51.7	38.4	39.3	32.4	34.6

图 14 - 25　2006—2013 年山东省原棉进口量、金额与占全国原棉进口比重

山东纺织品服装出口全球 200 多个国家（地区）和经济体，主要出口日本、美国、韩国、欧盟、东盟、中国香港和澳大利亚等，这些市场占全省出口量的 85%。纱、布内销主要市场有长三角和珠三角一带。

三、产业发展展望

山东是全国第二大产棉省，棉花在主产区农民主要经济来源的地位没有变；山东是全国第一大棉纺织省，拥有 3 400 万锭以上的纺纱能力，年需原棉 350 多万吨，棉纺织服装高产能的地位不会变；山东濒临黄海拥有区位优势，全省棉花产业结构完整，有较强竞争力的地位不会变；基于三个不会变的重要判断，在结构调整和供给侧结构调整的大背景下，棉花产业要紧紧抓住转型升级和提质增效的新机遇，做强棉花产业。

（一）植棉业展望

1. 主要制约因素。一是生产成本高，植棉效益低。与国外产棉国相比，目前山东单位原棉生产成本约为印度、巴基斯坦的 2 倍，也高于美国、巴西、澳大利亚等产棉大国；在国内，生产成本高于新疆，竞争力水平偏低。二是生产规模小、机械化程度低。2014 年山东棉花耕种收综合机械化水平约 55%，明显低于小麦的 98% 和玉米的 87%。三是社会化服务体系不健全，加工企业竞争力不强。四是政府重视不够，政策支持力度低。五是棉田素质下降，单产提高难。此外，大量进口对大省棉花生产的冲击很大。

2. 发展对策思路。实现山东棉花生产可持续健康发展，必须以发展现代植棉业为基础，以质量效益提升为中心，努力转变棉花生产经营发展方式，节本增效，提高单产，品质中高端，构建棉种繁育、棉花生产、收购加工、质检储备一体化保障体系，提高山东棉花的竞争力水平。

主要措施如下：一是准确定位棉花产业，"要发家种棉花"，这是棉花的经济属性决定。二是坚持全省棉花"三足鼎立"的优化布局，在优势产区划定棉花保护区。基于棉花抗旱、耐盐的特点，在黄河三角洲地区，积极发展盐碱地规模植棉，稳定面积 400 万亩（267 千公顷）上下，占全省棉田面积的比例提高到45％。鲁西南传统优势两熟棉区面积稳定250万亩上下（167千公顷），占全省面积的35％以上。鲁西北传统优势棉区，稳定面积200万亩上下（133千公顷），占全省面积的15％；分散产区占面积的5％。三是加强科技支撑，发挥科技的引领功能，积极发展"中高端"原棉生产，引领产业的转型升级。四是以"快乐植棉"作为棉花科技进步和生产可持续发展的落脚点，加快研究开发和推广应用轻简化、机械化、规范化植棉的配套品种和栽培管理技术措施，扶持社会化服务，实现"快乐植棉"。六是加大政策支持，推进一、二、三产业的融合。

（二）棉纺织业展望

目前，山东省棉纺织业发展势头良好，但发展形势不容乐观，存在着中低档产品比例过高、产业结构不合理、国际竞争力减弱等诸多问题。从"大进大出"向"优进优出"是纺织业转型升级的主攻方向。

1. 主要制约因素。一是产业结构不够合理，初加工比例较高。全省纺织服装产业结构以棉纺织初加工产品为主，多数产品处于价值链中低端，精、深加工能力相对较弱；二是印染业发展滞后，与织造能力极不匹配，成为制约纺织服装产业链发展的瓶颈；三是装备技术水平相对较低，特别是染整行业装备技术水平的差距更大；四是品牌建设和时尚创意设计能力不足；五是传统竞争优势受到挑战，主要表现在原料成本居高不下、国际贸易摩擦增多、融资难、融资成本高问题非常突出，人力资源日趋紧张。另外，新疆大力发展纺织服装产业或对山东棉纺企业带来了很大冲击。

2. 发展对策思路。一方面，随着消费水平提高和城镇化进程加快，国内市场潜力巨大，城镇化将为纺织服装产品增加新的消费需求；另一方面，国际市场上，全省纺织服装产业链所形成的综合竞争优势，仍然具有较好的增长潜力。特别是随着国家"丝绸之路经济带建设"战略的实施，有助于山东省纺织服装产业开拓更加广阔的国际市场。

主要发展对策和措施如下：一是加快棉纺织业技术改造和产业升级。以装备升级为先导加快产业升级，引导和鼓励棉纺织企业采用各类新型纺织技术更新改造落后生产能力，实施以提高无卷、无梭、无接头和精梳比重和自动化、连续化为主要内容的改造升级。在全省棉纺行业大力推广"如意纺"、"扭妥纺"、"复合纺"、"赛络纺"等新型纺纱技术，提升产品质量档次和水平。重点支持棉企业转型升级发展家纺、服装等深加工产品，提高最终产品比重，逐步形成完整的生产链，提高企业市场竞争力。二是振兴装备制造业，为产业升级提供硬件支撑。大力发展染整机械。积极推动智能化染色系列设备、自动化物流系列设备和数字化纺织后整理系列设备的研发生产，提升印染在线检测、工艺自控和机械手自动操作及远程诊断等功能，促进国产染整设备向高速高效短流程、节能环保方向发展。加快机电一体化纺织机械研发。加快非织造成套设备等产业用纺织品设备研发和产业化，形成纺机行业新的经济增长点。提升纺织器材、配件水平和市场占有率，打造知名品牌基地。三是加强产业创新平台建设，促进产业升级。加快技术创新体系建设，提高企业自主创新能力。提高时尚创意设计水平，提升服装内涵品位价值。创新营销模式，大力发展电子商务。加强企业管理创新，提高企业综合管理水平。四是做大做强产业集群，提升产业聚集度。发挥产业集群的产业聚集作用和龙头骨干企业的引领带动作用。加大培育力度，促进省级产业集群升级。推进信息化与企业生产经营各环节深度融合，全面提升企业竞争力。

第七节　新疆棉花产业

撰稿人　孔庆平　毛树春　孔杰

新疆隶属于西北内陆棉区，是后发的全国棉花生产大区，也是一个地方产能约占七成和兵团产能约占三成的特殊结构的产区，还是全国唯一光热资源适合种植海岛棉的产区。

20 世纪 50—80 年代，新疆植棉面积和总产占全国的比例都很低。90 年代初期，由于内地棉铃虫的暴发危害，加上新疆得天独厚的植棉优势，国家鼓励支持开发新疆棉区，新疆利用这一机遇出台"一黑（指煤炭）一白（指棉花）"战略，棉花生产迎来第一次高峰发展期。到 90 年代后期，全疆棉花生产才初具规模，1997 年总产首次跃上百万吨台阶，达到 1 150 千吨，占当年全国总产比例的 25%，这标志着全国棉区"三足鼎立"的优化布局形成。进入 21 世纪特别是自 2010 年的"高棉价"，加上后几年的临时收储政策，新疆棉花迎来第二次发展高峰期，2014 年新疆棉花实际播种面积达到 4 082 万亩（2 721 千公顷），最高总产达到 451 万吨，均创新高。新疆棉花素以高产优质而闻名，高产棉田皮棉单产可达 200 千克/亩（3 000 千克/公顷），最高籽棉单产达到 838.3 千克/亩（125 746 千克/公顷，2012 年）。同时，又以高密度"密矮早膜"种植、水肥一体化滴灌和全程机械化而著称。

新疆棉花发展为国家做出了重大贡献，植棉面积、原棉总产和单产位列全国第一，自 1994 年至今持续了 22 年，新疆因此成为全国最大的原棉输出地，在全国植棉业的优势地位更加显著，在全球棉花生产格局中也占有极其重要的地位。立足于植棉业和棉花产业的可持续发展，未来全疆棉花产能以不超过全国一半的比例为宜。

然而，新疆远离大陆，纺织服装业历来比较薄弱。从 2000 年到 2013 年，全疆棉纱线产量从 33.4 万吨增长到 37.4 万吨，增长 12.0%；棉布产量从 2.8 亿米下降到 0.3 亿米，降幅 89.3%，棉纱棉布产能占全国的份额极低，2013 年纺织品服装出口 83 亿美元，仅占全国 2.8%。如何把棉花资源优势转化为商品优势和经济优势，2014 年 5 月，中央第二次新疆工作会议提出发展新疆纺织服装业，根据中央号召，国家和地方出台了一系列优惠政策，在政策支持、项目带动和资金补贴的引导下，产业转移的进展明显，也取得了较好的早期收获。2015 年，新疆纺织服装业新增投资 317.9 亿元，比 2014 年增长 231%；新增棉纺锭 400 万锭，比 2014 年增长 52.6%；棉纱产量约 100 万吨，比 2014 年 63 万吨增长 58.7%；2015 年新增服装产能 5 000 万件；新增就业人数达到 9.7 万人，比 2014 年增长 142.5%。不仅如此，新疆正在利用纺织服装业转移的优惠政策进一步向中亚、南亚和欧洲延伸，发挥着"一带一路"的"桥头堡"作用，有望成为纺织服装业的重要生产基地和面向中亚、南亚及欧洲延伸的纺织服装产品的集散中心。

一、棉花生产发展

回顾新疆棉花发展大致分为低产能，持续时间约 30 年；中产能为发展起步时期，经历约 20 年；当前正处于高产能阶段（图 14 - 26、图 14 - 27、图 14 - 28）。

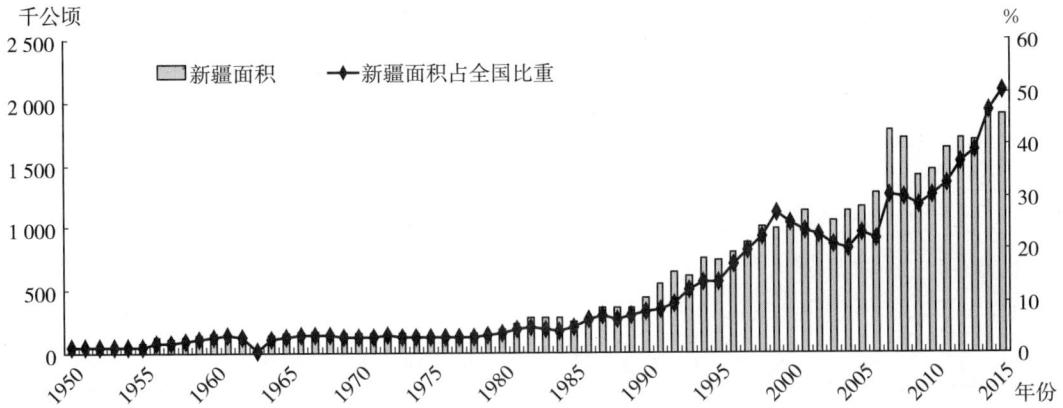

图 14 - 26　1950—2015 年新疆植棉面积及占全国的比重

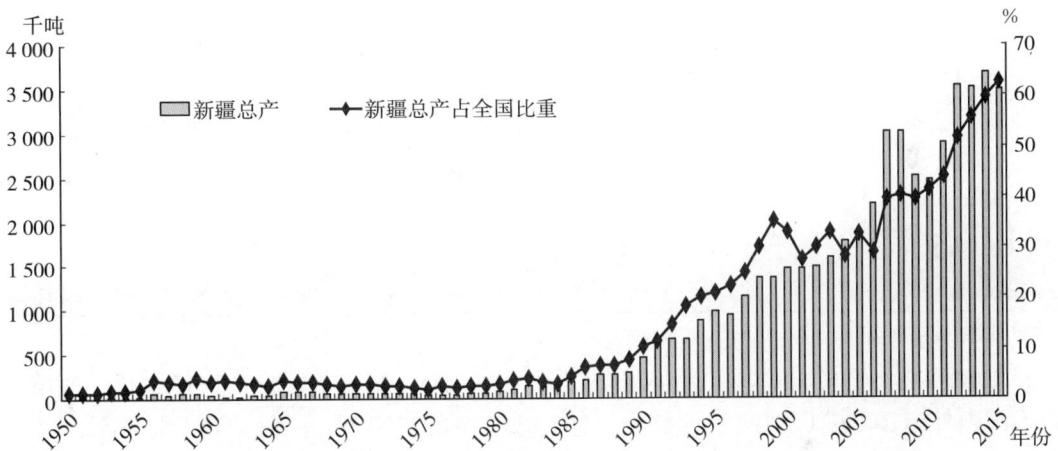

图 14 - 27　1950—2015 年新疆棉花总产及占全国棉花的比重

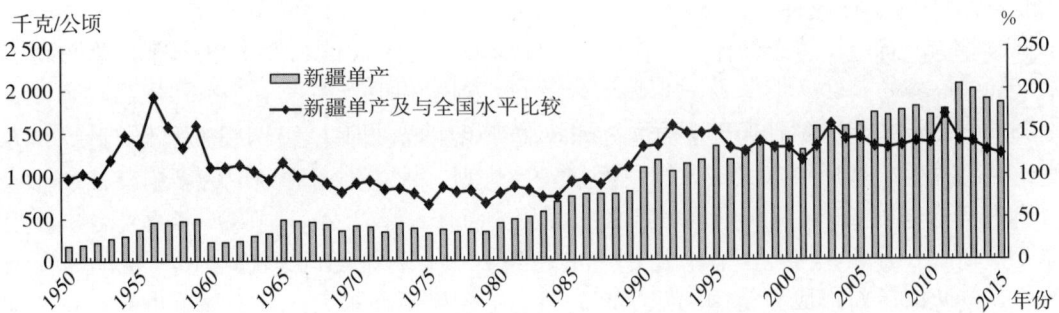

图 14 - 28　1950—2015 年新疆棉花单产及与全国单产水平比较

（一）产能发展

1. 1950—1979 年的 30 年，产能低位阶段。新中国成立后，棉花生产迅速恢复。1950—1980 年棉花种植面积从 53.3 千公顷增加到 181.2 千公顷，单产 300～450 千克/公顷，总产从 15 千吨增长到 79 千吨。这一时期由于大规模屯垦用于植棉，棉花种植面积增加较快，并

20 世纪 60 年代后长期保持在 133～200 千公顷。但受植棉技术水平低下、自然灾害、国际环境及计划经济政策的制约，单产和总产长期处于较低水平，未形成一定的规模和影响力，植棉面积和总产仅占全国的 3.1％和 2.5％，棉花生产始终以满足本地为数不多的纺织工业用棉为主要目标。

从 1954 年开始，新疆有组织地进行了一年生海岛棉的引进试种工作，并在 1955 年规模种植 0.2 千公顷、单产 278 千克/公顷、总产 50 吨，开创了中国海岛棉生产史，其后逐渐发展成为中国唯一的海岛棉产区。这一时期海岛棉种植面积 13～20 千公顷、皮棉单产 300 千克/公顷、总产 4～6 千吨左右。

表 14-10　新疆全疆及兵团、地方棉花生产概况

项目	面积（千公顷）			总产（千吨）			单产（千克/公顷）		
	全疆	兵团	地方	全疆	兵团	地方	全疆	兵团	地方
20 世纪 50 年代	83	16	67	27	6	21	288	366	279
20 世纪 60 年代	147	38	109	51	16	35	342	416	314
20 世纪 70 年代	152	43	109	56	18	38	369	411	349
20 世纪 80 年代	287	117	170	195	86	109	658	718	618
20 世纪 90 年代	750	271	479	918	368	550	1 216	1 313	1 133
21 世纪前 10 年	1 252	496	757	2 150	956	1 194	1 759	1935	1 583
21 世纪近 6 年（2010—2015）	1 738	580	1 158	3 312	1 427	1 885	2 043	2 459	1 628

资料来源：国家统计局，为每 10 年或 6 年的平均值。

2. 1980—1999 年的 20 年，发展起步阶段。这一阶段新疆棉花生产快速增长。改革开放打开了国内外市场并使因地制宜调整种植结构成为可能。同时，品种改良与棉花矮、密、早种植技术研究获得显著进步并得到大面积推广，棉花单产与效益显著增加。1990 年种植面积达到 435 千公顷、单产达到 1 050 千克/公顷、总产量 469 千吨，分别是 1980 年的 2.4 倍和 4.9 倍。2000 年棉花种植面积突破 1 000 千公顷、单产达到 1 516 千克/公顷、总产量达到 1 500 千吨，面积与总产量比 90 年代初期分别增长了 1.3 倍和 2.7 倍。棉花单产高于全国水平的 39.7％。

20 世纪 90 年代以来，新疆植棉优势和效益开始显现，棉花生产快速发展。新疆作为国家优质商品棉生产基地被正式纳入国民经济发展规划，棉花生产逐渐成为新疆支柱产业。自 1994 年起至今连续 22 年位居全国各产棉省面积、总产、单产第一。1997 年总产首次跃上百万吨、达到 115 万吨，占全国总产比例首次达到 25％，标志着全国棉区"三足鼎立"结构的形成。自此以后新疆成为全国棉花生产的重心，规模不断扩大，单产显著提高，总产量持续攀升。

海岛棉生产在 1980—1991 年时期由于国家鼓励、纺织工业恢复发展以及出口创汇需要，长绒棉需求量增大，生产规模扩大，种植面积 20～60 千公顷左右、670～900 千克/公顷、总产量 15～60 千吨。1992—1999 年受国际市场美国比马棉和埃及棉降价竞销，生产规模萎缩，种植面积在 13 千公顷、单产 1 050 千克/公顷和总产 15 千吨。

3. 2000 年至今，快速发展阶段。2000 年以来，新疆棉花生产规模迅速扩大，2006 年首次突破 2000 千吨达到 2 190 千吨，紧接着 2007 年突破 3 000 千吨达到 3 010 千吨，2014

年植棉面积最大达到 2 630 千公顷，最高总产突破 4 000 千吨（市场数据）。2015 年种植面积开始减少，植棉面积 1904.8 千公顷、总产量 3 530 千吨。2011 年以来棉花面积、总产量分别约占全国的 40%左右和 60%以上。

2000—2015 年，新疆海岛棉生产逐渐向阿克苏地区集中，种植面积 40～143 千公顷、单产 1 200 千克/公顷、总产量 48～121 千吨。

彩色棉生产自 20 世纪 90 年代中期以来累计种植面积 87 千公顷，主要为棕色棉花，在南北疆都有种植，年均种植面积 4～15 千公顷，总产量 8～15 千吨。

表 14-11　新疆全疆及兵团、地方棉花面积、总产与单产占全国的比重

项目	面积占比（%）			总产占比（%）			单产占比（%）		
	全疆	兵团	地方	全疆	兵团	地方	全疆	兵团	地方
20 世纪 50 年代	1.5	0.3	1.2	2.0	0.5	1.5	116.8	148.2	113.0
20 世纪 60 年代	3.1	0.8	2.3	3.1	1.0	2.1	97.9	119.0	89.8
20 世纪 70 年代	3.1	0.9	2.2	2.5	0.8	1.7	81.2	90.5	76.8
20 世纪 80 年代	5.3	2.2	3.1	4.9	2.1	2.7	89.2	98.1	84.5
20 世纪 90 年代	14.3	5.2	9.2	20.5	8.2	12.3	139.7	150.9	130.3
21 世纪前 10 年	24.4	9.7	14.7	35.5	15.8	19.7	149.9	164.9	134.9
21 世纪近 6 年	38.7	12.9	25.8	53.1	22.9	30.2	151.2	181.9	120.4

资料来源：国家统计局，为每 10 年或 5 年的平均值。

这一时期新疆棉花生产成为地方支柱产业，总产值占全区农业总产值的 40%以上，一些主产棉区和兵团师局棉花产值占 70%以上。包括棉花品种改良、膜下节水滴灌、水肥一体化、机械化采收等先进技术的研发应用为棉花单产效益提高提供了有力支撑，2004—2013 年的 10 年间，单产从 1 575 千克/公顷增长到 2 057 千克/公顷，年均递增 45 千克/公顷、年均增长率接近 3%，单产位居世界主产棉国的前列，为中国内地黄河、长江棉区平均单产的 1.7 倍。

新疆生产建设兵团属于大型国有农场，规模化、集约化的生产方式有利于先进植棉技术和大型农机具的集成示范与推广应用，一批重大实用新技术率先在兵团大面积成功应用，促使兵团自 2000 年以来创造了近 600 千公顷棉田平均单产 2 459 千克/公顷的世界植棉高产典范，比新疆平均单产高出 20%以上，对新疆地方棉花生产技术进步也起到了良好的示范带动作用。

2011—2013 年国家实行临时收储政策，收储价分别为 19 800 元/吨、20 400 元/吨和 20 400 元/吨；2014—2015 年针对新疆的目标价格直补政策，分别为 19 600 元/吨和 19 100 元/吨，促进了棉花生产的稳定发展。

4. 新疆棉花结构。新疆棉花由地方与兵团两个部分组成，近 6 年平均，面积兵团占全疆的 33.4%，地方占全疆的 66.6%；总产地方占全疆的 56.9%，兵团占全疆的 43.1%；单产兵团高于全疆水平的 20.4%，地方则低于全疆水平的 20.3%。

又据中国棉花所生产监测预警数据，关于地方与兵团的面积结构：2014 年全疆植棉面积 4 082 万亩，其中地方 2 967 万亩，占 72.7%；兵团面积 1 115 万亩，占 27.3%，地方与兵团面积大致比例为 7：3；其中地方基本农户种植 1 786 万亩，占总面积的 43.7%；地方

国有农业生产经营单位种植 1 181 万亩，占全疆面积的 28.9%。

关于区域面积结构：南疆植棉面积 2 400 万亩（1 600 千公顷）上下，占全疆的 58.8%；北疆植棉面积 1 519 万亩上下，占全疆的 37.2%，东疆植棉面积 163 万亩（109 千公顷），占全疆的 3.99%。

关于产量结构：皮棉公检入库核实结果，2014 年全疆棉花产量 451.0 万吨，其中地方 275 万吨，占 61.0%；兵团 176 万吨，占 39.0%，地方与兵团产量大致比例为 6：4。

关于品质结构：2014 年全疆 99% 的棉田面积种植陆地棉，仅 2%～3.0% 面积种植海岛棉与彩色棉，面积约 100 万～120 万亩。

5. 棉花产销。与全国其他省市区相比，新疆本土自用比例小，是显著的外向型特征。1952—1990 年，全疆棉麻公司累计收购、调运棉花 3 238 千吨，其中新疆本土自用量（含区内纺织厂、民用絮棉和其他用棉）仅 25%，调往区外为 45%、供应出口为 30%。

1991—2000 年，在新疆棉花大发展的 10 年中，新疆累计生产原棉 10 202 千吨。随着新疆棉花总产量的提高，销往国内其他省份和出口创汇的比例也逐年增长，其中区内自用量仅占总量的 17.4%～24.1%，2000 年棉花自用提高到 361 千吨；出口最低年度 1 千吨，最高年度 229 千吨，仅占总产量的 6.3%；其余总量的 80% 调往国内其他省份。

2001—2015 年，全疆累计生产棉花 37 030 千吨，疆内自用棉比例仅 20% 以内，其余总量的 80% 左右调出疆外使用。2014 年自用棉量提高到 500 千吨。

自 1981 年以来，新疆开始对外出口棉花，早期基本没有对外销售。1982—2004 年，累计出口 1 000 千吨，年际间波动很大，年均出口原棉 69 千吨。2005 年后国内原棉价格显著高于国际棉价，新疆棉花出口基本停滞。

（二）棉花生产发展经验

1. 政府主导、政策支持有力促进棉花生产发展。国家和新疆各级政府对于新疆棉花产业给予了大量的资金支持和政策保护。连续 20 年实施了"新疆优质棉基地建设"工程，并在 2014 年开始单独在新疆实施棉花生产目标价格直补政策，有力促进了棉花生产发展。此外，政府在棉产业基础设施建设、重大技术示范推广、人员培训、产业整合发展等方面强化组织领导、大力推行实施，有力推进了棉花生产的快速发展。

2. 大力开展科技创新，为产业发展提供有力支撑。长期以来，国家和新疆加大科技投入，设立了大量的技术研发专项，促进新疆形成了从品种改良、栽培管理技术、节水技术、植物保护新技术、全程机械化机具研发以及加工技术等方面在内的比较完全的研究开发体系。在不断吸收国内外先进农业技术的基础上，结合新疆自然生态特点研发出一系列独具特色的实用品种技术，并逐步集成完善和示范推广，有力推动了新疆棉花生产技术进步，使新疆棉花单产及植棉效益显著持续提高，单产水平位居世界前列。

3. 大力调整种植结构，为稳定发展棉花生产创造有利条件。1978 年以后，新疆本着适应市场变化、满足社会需求、充分发挥和挖掘农业资源优势和增产潜力的原则，贯彻"稳粮增棉"和"稳定增加粮棉总产"的指导思路，有计划地不断调整、优化种植业结构，在提高粮食单产和保证粮食总产稳步增长的基础上，逐步压缩粮食作物种植面积，扩大经济作物种植面积，使粮食作物占总播种面积的比例由 1978 年的 76.5% 调减到 1990 年的 61.3%，1995 年下调到 52.2%，20 世纪以后在保证粮食自给有余的前提下，通过提高复种指数和单产压缩粮食作物播种面积，从而为发展棉花生产提供了增长空间。

4. 积极推行集约化生产经营，促进生产技术进步和效益提高。新疆人均耕地面积大，在生产过程中重视机械化与精耕细作技术相结合，对提高产量和劳动生产率，实行集约化经营有重要意义。新疆兵团农场规模化经营模式和高度集中统一管理方式对于先进技术迅速集成熟化和示范应用发挥了重要作用。同时，新疆地方家庭农场和棉花专业合作社组织经过不断探索实践，形成了统一种植安排、统一生产投入、统一重大技术措施、统一农田水利建设等集约化经营管理模式，从而保证了棉田关键技术增产措施和重大设施装备的应用，对促进大面积平衡增产、保证产品质量、增加经济效益起到了关键作用。

5. 不断提高单产水平，全力提升核心竞争力。单产是农产品的核心竞争力，是环境（天气）、政策和措施（含技术）的综合结果。进入 21 世纪全疆棉花单产再上新台阶，近 16 年平均达到 1 687 千克/公顷，比前 16 年的 578 千克/公顷增长了 191.9%，高于同期全国平均水平 1 244 千克/公顷的 35.6%，如果仅算内地 1 200 千克/公顷的平均水平，则高于 40.5%。是大面积高产才得以化解生产的高成本，才得以战胜国际市场单位重量皮棉的低成本。近 16 年全疆单产以 4.3% 的速率在增长，而同期全国单产增长速率 2.0%，新疆高于全国增长速率的 2.3 个百分点。从比较来看，新疆地方与兵团单产差异在 30% 以上，可见未来全疆单产增长仍有潜力（图 14-29）。

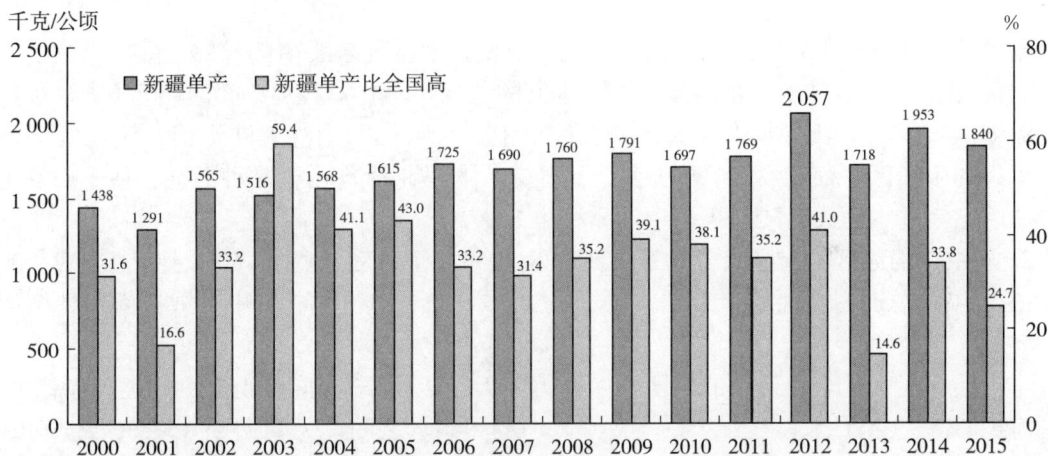

图 14-29　新疆棉花单产水平高于全国平均水平

与此同时，全疆棉花生产品质也有大幅度提升，随着宽膜覆盖技术的广泛应用，早熟性指标得到全面改进，之所以强调早熟性是因为只有早熟的棉花，其遗传品质得以保障和表达。测算近 16 年至少比 20 世纪 90 年代提升了 10 个百分点。然而，随着机采面积的扩大，以"残膜"为主要的"三丝"污染籽棉问题，以采收质量和加工质量为主要的种植管理和初级加工问题也越来越突出，这是新疆也是全国棉花发展中遇到的新问题。需要通过提高认识，依靠科技进步和依靠优质优价政策等综合措施才能化解。特别是采收质量与株行距的配置关系密切，而较宽行距配置又与产量有紧密关系，在全部机采的美国和澳大利亚通常采用放宽行距或带状种植，这样落叶问题可以全面解决，残膜也回收也变得比较便利，籽棉杂质大幅减少，清理工艺可减少，机采皮棉长度、细度和强度损害即减轻。然而，放宽行距单产水平即下降，因此，需要用优质优价政策或"订单农业"来保障植棉者的收益。

（三）棉花种植区划

新疆地域辽阔，地势复杂。北部阿尔泰山、中部天山、南部昆仑山和阿尔金山，将新疆分成塔里木和准噶尔两个巨大的盆地以及自然条件差异显著的南疆和北疆。植棉区地处盆地和山脚边缘由戈壁、沙漠隔成的绿洲，分布十分广泛，从低于海平面154米的吐鲁番到海拔1 424米的于田县、从北纬36°51′的于田县到北纬46°17′的夏孜盖、从东经75°59′的喀什市到东经95°08′的淖毛湖均有种植，南北跨度1115千米，东西跨度1 630千米，处于若干个不同气候带类型。

根据热量条件、无霜期长短并结合棉花生产的实践，将新疆棉区共划分为3个亚区，即中熟棉亚区、早中熟棉亚区、早熟和特早熟棉亚区。

1. 中熟棉亚区—东疆地区。 近年东疆植棉面积和总产仅占全疆的2％以内，约30～40千公顷；总产约50千吨。由于瓜果发展快速，东疆植棉面积在减少。

东疆位于天山东段山间吐鲁番盆地中，包括吐鲁番市、鄯善、托克逊县及新疆生产建设兵团221团，位于习惯上的东疆地区，这里是中国地势最低的棉区，也是新疆最早栽培棉花的地区。

东疆生态条件差异较大，火焰山以北，包括吐鲁番北部和鄯善北部，海拔在200～300米，≥10℃积温在4 500℃左右，最热月均温度28～30℃，无霜期190～211天。以种植早熟、早中熟长绒棉和中熟陆地棉为主。火焰山以南，包括吐鲁番南部和鄯善南部以及221团场，海拔在－100～200米，是热量资源最丰富的地区，≥10℃积温5 400～5 500℃，最热月平均温度32～33℃，无霜期224天，适宜种植中熟长绒棉和中晚熟陆地棉。该地区又是葡萄和瓜果的生产区，棉花发展受到制约。近年来，长绒棉生产由于品种混杂、枯萎病发生严重等原因已经基本消失，陆地棉以中熟品种岱80为主。

2. 早中熟棉亚区—南疆大部地区。 近年南疆植棉面积占全疆的60％上下，约1 200～1 300千公顷，总产占全疆的55.0％上下，约2 500～2 700千吨。其中长绒棉面积种植面积约60～120千公顷。

早中熟棉亚区是全疆最大的棉区，主要集中天山以南的塔里木河流域，位于南疆地区，该区海拔980～1 420米，≥10℃积温在4 100～4 660℃之间，无霜期200～239天，7月均温24.6～27.4℃。该区地域广阔，光热条件好，气候干燥，灾害性天气影响小，病虫害发生率低，适宜棉花生长发育，单产高，比较效益明显优于其他农作物，是棉花生产潜力最大的棉区，也适宜种植早熟类型的长绒棉。

3. 早熟和特早熟棉亚区—北疆地区。 近年北疆植棉面积占全疆的40％上下，约800千公顷，总产占全疆的45.0％，约2000千吨。早熟棉亚区主要分布在天山以北的准噶尔盆地西南缘的海拔400米以下的地区，东起玛纳斯河流域，西至博尔塔拉河谷东南部，位于北疆。受荒漠下垫面的影响，热量条件高于我国同纬度的其他地区，本棉区光照充足，年平均≥10℃的积温为3 500℃～3 900℃，无霜期175～195天，棉花生长期日均日照时数9.2～10.1小时，最热月均温25.2～27.8℃。该地区是北疆光、热条件最好的地区，属典型的早熟陆地棉区，适宜种植早熟陆地棉品种。但春季温度上升不稳定、秋季降温迅速、苗期和吐絮期热量不足对棉花生产构成较大威胁。

在早熟棉区中有一些高海拔棉区因热量不足属特早熟棉亚区，种植具有抗寒性强的、生育期在 110 天以内特早熟棉花品种。特早熟棉区面积小，属次宜棉区，今后在种植结构调整中会逐渐消失。

（四）科技进步为生产提供强有力的支持

1. 引进和培育多类型优良品种。

——1950—1979 年，引种鉴定与利用时期。20 世纪 50 年代以前，新疆棉花除古代引入的草棉（非洲棉）及自然变异形成的当地农家土种外，还有 20 世纪 30—40 年代从苏联引进的陆地棉。20 世纪 50 年代后新疆有计划从苏联及中国内地等引进了大量品种资源，经过鉴定筛选在 20 世纪 50 年代初期首次实现了全面的品种更换。代表品种有陆地棉 C - 3173、KK - 1543、C - 1470 和 C - 4744 等品种。

20 世纪 60 年代后通过系统选育出的陆地棉新和 1 号、军棉 1 号、新陆早 1 号以及海岛棉新海 4 号、新海 5 号、军海 1 号和新海 3 号等品种在南北疆棉区开始大面积种植。

——1980—2000 年，品种引进与自育改良利用并行期。这一时期，由于棉花面积迅速扩大、连作面积大、年限长以及区内外引调种频繁，使棉花枯、黄萎病逐渐蔓延、危害加重，急需选育和引进筛选抗病、高产品种。在 20 世纪 90 年代以来南疆棉区大面积引进种植了中棉所 12 号、35 号、43 号和豫棉 15 号、石远 321 等品种，吐鲁番棉区以岱字 80 和新海 5 号、9 号为主栽品种，北疆等早熟棉区以新陆早 4 号、7 号、8 号和中棉所 24 号已逐步取代新陆早 1 号。南疆早熟长绒棉区以新海 14 号、新海 7 号等为主。因内地品种多为长果枝类型、熟期较晚，导致霜前花率和品质下降。

——2000 年至今，自育品种研发与利用成熟期。21 世纪以来，新疆自育棉花品种逐渐成熟，先后育成棉花新品种 100 余个，在株型结构、早熟性、抗病性以及产量、品质性状方面得到显著改良，陆地棉品种大多具有密植条件下籽棉产量 9 000 千克/公顷的产量潜力，衣分 42%～45%、铃重 5.5 克左右，陆地棉 2.5% 纤维长度 29.0～31.0 毫米、断裂比强度 28.0～30.0 厘牛/特克斯、马克隆值 4.2～4.7，其中，大面积推广品种南疆棉区为新陆中 21 号、28 号、36 号、42 号、47 号、54 号、56 号等以及中棉所 41 号、中棉所 43 号和中棉所 49 号等，北疆棉区为新陆早 26 号、36 号、41 号、42 号、48 号、50 号、57 号等。南疆海岛棉品种为新海 20 号、21 号、24 号、28 号、35 号等，衣分 30%～33%、铃重 3.2 克左右，2.5% 跨距长度 36.0～38.0 毫米、断裂比强度 44.0～48.0 厘牛/特克斯、马克隆值 3.6～4.2。南疆还种植彩色棉品种，以棕色新彩棉 1 号、3 号、5 号、19 号和绿棉新彩棉 3 号、7 号为主。

2. 研发棉花高产高效种植栽培技术。新疆春季温度低且回升慢、易受霜冻危害，并存在无霜期短而使霜前花产量较低等问题。20 世纪 80 年代前露地种植栽培方式出苗率低、保苗率差且幼苗生育缓慢，因此造成保苗不足、产量低等现象。随着地膜覆盖技术的应用，20 世纪 80 年代后期研发形成了符合新疆生态特点的"矮、密、早、膜"栽培技术体系，极大地促进了棉花产量的提高。21 世纪初开始研发集成精量播种、节水滴灌技术和水肥一体化技术并大面积推广应用，节水增效显著。随着劳动力成本不断上升，棉花全程机械化生产技术成为必然选择，近 10 年来机采棉种植采收技术发展迅速，为新疆植棉业提高效率、显著降低成本的关键所在。

——密矮早膜。地膜覆盖增温保墒作用显著，有利于出苗保苗和促进棉苗生育，比露地常规种植成苗率提高 20%，从而促成了棉花高密度种植模式的形成。种植密度由露地 7.5万～9.0 万株/公顷提高到 22.5 万株/公顷左右；矮化是利用缩节胺、水肥、打顶等技术控制棉株高度，使紧凑矮壮、株高控制在 70 厘米左右、果枝数 8～12 台。地膜及矮密种植使播种出苗期提前 12 天、现蕾开花期提前 14 天、吐絮期提早 20 天，并使单位面积总铃数增加一倍以上、达到 90～150 万个/公顷，最终使霜前花率提高到 85% 以上、单产大幅度增加到 1 950～2 250 千克/公顷。

——膜下滴灌。膜下滴水灌溉技术使作物主要根系活动区的土壤始终保持在最佳含水状态，能够更大限度地提高地膜的增温保墒效应以及实现更大限度地节约用水，提高水分利用效率。同时，具有增产增收显著、节约劳力、适应性广等显著优势。自 20 世纪初开始推广应用，到目前新疆 80% 以上的棉田均应用了该项技术。

随着滴灌技术的应用，生产中逐渐研发应用了水肥一体化技术，即将肥料溶于水中并随水滴施入土壤，在棉花不同的生长发育阶段，通过作物营养诊断、土壤养分诊断以及土壤干旱诊断，适时适量一体化提供多种肥料（营养液）和水分的配套方法，从而达到水肥协同、提高肥效、促进棉花稳健生长、快速发育的目的。

滴灌节水及水肥一体化技术的大面积应用，不仅节水节肥效果显著，而且促使棉花生长发育更加易于控制、群体结构进一步优化，所以棉花产量与品质得到显著提高，单产大幅度增加到 2000 千克/公顷以上。

——精准化（量）播种。20 世纪 90 年代，新疆棉区实现了机械化铺膜、播种一体化作业。2000 年以来，成功研发了精量播种机，实现了"一穴一粒"精量播种，用种量从 60～70 千克/公顷大幅减少到 18～24 千克/公顷，并免除人工间、定苗。近年来，开始在生产中推广应用卫星导航播种作业，大大提高了播种质量和作业效率。

——机械化采收。新疆棉区自 20 世纪 90 年代开始进行机采棉技术攻关，解决了高密度矮化种植情况下机械化植棉、采棉、清棉的三大主要技术难题。2001 年在生产建设兵团实现规模化采摘，使用机具主要为美国的水平摘锭式大中型采棉机。近几年应用较多的是约翰·迪尔采棉机，同时有石河子贵航农机装备有限公司生产的国产采棉机。目前新疆兵团采棉机保有量 1990 台、地方为 288 台，可满足全疆 1 200 万亩左右棉田机械化采收的需要。到 2014 年，全疆棉花生产机耕水平达到 99.3%、机播水平达到 99.3%、机收水平达到 30% 以上，以耕种收为主的全程综合机械化水平达到 73.9%。

新疆引进和生产的采棉机采摘头间距 76 厘米，是采摘头间距最小的。为保证一定的种植密度获得高产，研究形成了比较成熟的新型机采棉植棉模式，大大地提高采棉机的实际生产效率及作业质量。机采棉的株行距配置为宽窄行（66+10）厘米或（62+12）厘米、株距 9～10 厘米，一膜六行（选用宽度≥205 厘米的薄膜）或一膜四行（选用宽度≥125 厘米的薄膜）。使用的脱叶剂为瑞脱龙和脱吐隆，一般在 9 月中下旬兑水喷施。

采棉机采净率可大于 93%，籽棉含杂率小于 10%。大型采棉机每天可采摘 10 公顷以上的棉田，成本仅为人工采摘的 1/3，有效降低植棉成本、提高了植棉效率。与人工采摘相比，机采棉农户可节省成本近 2 200 元/公顷。2015 年全疆机采棉面积 900 千公顷，生产建设兵团机采率达 70% 以上，地方北疆棉区机采率达 50% 左右，地方南疆棉区机采水平仅有 1%。

二、轧花加工业与副产品综合利用

（一）轧花加工发展几个时期

1. 1950—1979 年，棉花轧花工艺改进发展期。1949 年以前籽棉收购加工是分散的、作坊式的，使用的加工设备主要是人力或畜力皮辊轧花机，加工工艺十分简单。

20 世纪 50 年代中期新疆棉花加工机械化开始起步。1955 年，国产轧花机研制成功，新疆开始大量使用由河北邯郸、江苏大丰成批生产的 5571 型 80 片毛刷式锯齿轧花机和 141 型锯齿剥绒机，轧花厂由过去的单一轧花逐步上升到轧花与剥绒相结合，皮棉加工速率提高较快，质量得到很大改善。

20 世纪 60 年代，新疆棉花加工进一步发展为集轧花、剥绒、下脚料清理为一体的生产模式。棉花打包主要是预压人力踩压，打包机多是单厢，包重 80～85 千克，包型尺寸400×600×900 毫米。棉花检验多按每 10 包在集棉机出口取样对照标样自行检验。1965 年新疆兵团农七师 127 团建成了我国第一个机采籽棉清理加工厂。

20 世纪 70 年代，轧花厂装备了新型加工设备，基本上由锯齿轧花机取代了皮辊轧花机。绞车式打包机在南疆棉花加工厂广泛使用，皮棉打包由单纯人力打包逐步过渡到用畜力打包，打包机由单厢逐步过渡到两厢，包重和 60 年代一致。长绒棉的加工主要采用皮辊机，单机作业。

2. 1980—2000 年，自动化轧花工艺成熟期。20 世纪 80 年代，棉花加工也从传统手动、半自动迅速向自动化迈进。随着国产机电一体化大型棉花加工成套设备及工艺新技术研发成功，高效籽棉清理机和新研发的 96、100、121、139 型锯齿轧花机及配套皮棉清理机和 144 型锯齿剥绒机在生产中大量应用，提高了棉花加工速度和质量。打包机从半自动逐步实现了关键环节的自动。长绒棉加工 1993 年之前新疆多使用 80 型、90 型、100 型冲刀式皮辊轧花机，台时产量较低为 20～25 千克；1993 年从苏联引进滚刀式皮辊轧花机（长绒棉）并进行了改进，其后新疆棉机厂研制成功滚刀式 6MPY190×1 000 型皮辊压花机，台时产量可达100～130 千克，逐渐在生产上使用。

20 世纪 90 年代末以来，山东棉花机械公司、邯郸棉机有限公司研制的机采棉加工设备开始在新疆试验，初步取得了较好效果。机采棉加工生产线在 2004 年以后迅速推进。2005 年农八师建成了两条生产线，主要由四道籽棉清理、三道皮棉清理、两道籽棉烘干、一道皮棉加湿的系统工艺配置而成，同时生产线也实行 PLC 人机界面操作系统，配置了 MMIS－1 型棉包条形码信息管理系统和自动搭扣装置，并建设了两套独立的籽棉烘干籽清系统新技术生产线，到 2007 年底，新疆兵团建成了 58 条机采棉加工线。

在 1990 年以前，棉花的收购与销售实行"统购统销"体制，由供销社下属的棉麻公司专门从事棉花的收购、检验、加工、分级、调拨、批发等具体业务。1991 年根据国家安排，新成立了兵团供销社棉麻公司，两家棉麻公司在 1991—2000 年共同承担着新疆棉花的收购调运任务，期间各植棉县市设有良种棉轧花厂，在国家的指导下从事良种棉的收购加工。

3. 2000 年以来，轧花检验与国际标准接轨期。2000 年以后，国家逐渐放开了棉花收购加工与销售经营业务，供销社棉麻公司独家垄断棉花收购、经销的历史终于结束（兵团除外），准许各种资本进入棉花收购加工业与棉花市场，但对收购加工环节实行资格审批制度以控制企业的数量与收购加工质量。到 2003 年，加工能力已经超过 300 万吨。

自 2006 年全自动 400 型打包机开始在新疆推广，包型尺寸 1 400 毫米×530 毫米×700 毫米，包重 227±10 千克，同时该生产线实行 PLC 人机界面操作系统，配置了中棉成套设备公司的 MMIS 型系列棉包条形码信息管理系统，实现了从抽样检测到包包取样送检（由地区纤维检验所检验），并结合导轨开模式、地坑链床式、大垛式喂花机等机械喂花设备广泛应用，使棉花加工已全面实现了从喂花、籽棉清理、轧花、皮棉清理、打包到在线数据传输的自动化，到 2008 年全疆有资质的棉花加工厂改造基本完毕。长绒棉加工在这一时期也快速发展，技改后的轧花厂滚刀式大型轧花机基本取代了冲刀式轧花机，轧花机型以 6MPY190×1 000 为主，另有 6MPY380×1 300 在一些加工厂使用。

自 2006 年实行新的棉花收购加工管理体制以来，新疆棉花轧花加工厂基本完成了技术工艺改造，小作坊式加工企业逐渐退出市场，参加新体制棉花公证检验的棉花加工企业逐年增加。2015 年棉花加工生产线已 1 574 条，满足不同区域、不同时期快速增长加工需要。

2011 年以来，机采棉加工生产线建设随着棉花机采面积扩大而迅速发展，规模逐年加大，新疆地方上机采棉加工线也在快速建设中，至 2014 年底新疆建成机采棉加工生产线 370 多条。

（二）棉副产品的综合利用

目前，新疆棉籽年产量约为 6 000 千吨左右，年产 900～1 000 千吨优质棉籽油，一般作为调和油等基质油使用。新疆棉仁中粗蛋白含量在 35%～48%，部分品种可高达 60%。棉籽粕蛋白质含量接近大豆粕蛋白质含量，一般在 43%，是全营养绿色谷物蛋白质含量的 3.5～4.7 倍，棉饼粕作为优质原料大部分外调加工成复配饲料，少量直接作肥料。

棉花秸秆主要通过粉碎机具粉碎后还田，用于培肥地力。2008 年国能生物发电公司在南疆阿瓦提、巴楚分别建厂，利用棉秆发电。

三、棉纺织服装业发展

新疆经过 60 余年的建设，现已形成棉纺织、印染、针织、服装等门类比较齐全的规模化现代纺织工业体系。

（一）2000 年前的稳步发展期

新疆现代纺织工业起始于 20 世纪 30 年代，但在 1949 年后才逐渐发展起来的。20 世纪 90 年代前，新疆棉纺织工业长期处于徘徊发展阶段，拥有纱锭数量不足 100 万锭，1952—1990 年近 40 年纱线总产量 800 余千吨，年均产量 20～30 千吨。

1995 年，国家对纺织工业进一步调整产业结构和生产力布局，实施"东锭西移"战略，新疆纺织工业进入新的发展期，到 2000 年底新疆已拥有环锭纺 183 万锭、气流纺 5 万头、精梳机 440 台、自动络筒机 130 台、棉织机 2 万台、无梭织机 395 台；年产棉纱线 33 万吨、棉布 2.8 亿米、出口交货值 992 亿元。另有棉针织企业 8 家，服装企业 126 家，2000 年服装产值 13 763 万元。

（二）2000 年后的快速发展期

21 世纪以来在新疆资源、能源成本、土地及政策的优惠条件吸引下，纺织产业正在向西部有序转移，新疆纺织业服装业得到快速发展，平均以每年 10％以上的速度增长。截至 2013 年底，全疆棉纺产能约 700 万锭（环锭纺约 560 万锭、转杯纺为 13.4 万头）、棉织机约 10 300 台，棉纺总产能约占全国的 4％。纺织企业生产设备在全国范围内都属于领先水平，其中，清梳联、精梳机、自动络筒机、无梭织机等先进装备占比超过 60％，超过全国平均水平，部分企业还具有高支紧密纺和高支紧密赛络纺生产能力。2013 年全疆纺织服装产业从业人员总人数约为 20 万人，棉纺织业从业人员接近 6 万人。

2014 年中央召开第二次新疆工作会议，从战略高度重新定位发展纺织服装业对于新疆发挥资源与区位优势、解决人口就业、促进经济发展和社会和谐稳定的重要意义，出台了《中共中央关于进一步维护新疆社会稳定和实现长治久安的意见》和《国务院关于支持新疆纺织服装产业发展促进就业的指导意见》等一系列重要文件，新疆地方政府大力落实中央战略部署，出台了纺织业发展十大优惠政策，包括：①设立 200 亿元左右的纺织服装产业发展专项资金，用于园区基础设施建设、企业技改、标准厂房建设等；②实施税收特殊优惠政策，将纺织服装企业缴纳的增值税，全部用于支持纺织服装产业发展；③实施低电价优惠政策，支持具备条件的纺织工业园区建设配套电厂，切实降低企业用电价格；④实施纺织品服装运费补贴政策，扩大补贴范围，提高补贴标准，实施南北疆差别化的补贴政策；⑤实施新疆棉花补贴政策，对疆内棉纺企业使用新疆棉花按实际用量给予适当补贴；⑥实施企业员工培训补贴政策，对企业招录新员工开展的岗前培训按培训后实际就业人数给予培训费用补贴；⑦实施企业社保补贴政策，对纺织服装企业新招用的新疆籍员工和南疆四地州享受低保的就业人员，均制定特殊补贴政策；⑧支持高标准印染污水处理设备建设，在一定时期内对运营费用给予补贴；⑨加大对南疆地区支持力度，实施更加优惠的政策，在资金安排、项目布局上向南疆地区倾斜；⑩加大金融支持力度，研究制定了一系列金融支持新疆纺织服装产业发展的具体措施。

2015 年中央和自治区支持新疆纺织服装产业发展带动就业专项资金达 32.8 亿元，纺织服装产业固定资产投资创历史新高，达到 318 亿元，较 2014 年增长 2.3 倍，全年实现新增就业 9.7 万人。全区棉纺新增产能 346 万锭（含气流纺），服装新增产能 9 052 万件（套）。主营业务 300 万元以上的纺织企业累计实现工业增加值 53.52 亿元，同比增长 10.3％。规模以上纺织服装企业生产纱线 54.9 万吨，增长 27.1％，服装 1 346.8 万件，增长 35.6％。全区规模以上纺织企业累计实现利润 14.6 亿元，同比增长 1.6 倍，应缴增值税 5.67 亿元，同比增长近 1 倍。

2016 年新疆进一步完善促进纺织服装产业发展优惠政策，规划纺织服装产业固定资产投资目标是 455 亿元，实现新增就业 11 万人目标。

目前，新疆纺织服装业"三城七园一中心"（"三城"即阿克苏纺织工业城、石河子纺织工业城、库尔勒纺织工业城，"七园"即哈密、巴楚、阿拉尔、沙雅、玛纳斯、奎屯和霍尔果斯；"一中心"即乌鲁木齐纺织品国际商贸中心）的发展格局已初具规模，同时着力推进产业集聚区的建设与发展。

四、产业发展展望

针对国内外原棉市场竞争加剧、生产成本上升造成竞争力显著下降，水资源紧缺等资源环境压力日趋严重，棉花纤维品质难以满足市场需求，产业集聚度低、产品单一、人才缺乏，制约着纺织服装业的发展，市场与技术服务体制机制滞后、产业保护政策体系不健全等问题。

针对新疆棉花产业可持续发展提出主攻方向和主攻目标是：用"中高端品质"原棉引领产业发展作为提升新疆棉花竞争力的主攻方向，用环境友好引领植棉业科学发展作为新疆农业/棉花可持续发展的主攻目标，用发展现代农业/植棉业作为新疆农业/棉花可持续发展和提升竞争力的最终落脚点。为此，拟采取的对策措施：

一是优化结构，调减规模，为提质增效创建优势生产资源，提供有效的保障能力。综合分析，新疆棉花产能占全国比例不超过一半为合适，要进一步调减风险产区和次适宜产区面积，地方和兵团的植棉面积也应合理配比和适度，通过调减植棉规模把棉花生产引入科学发展的轨道；同时要不断改进棉花生产的扶持政策，保障农民植棉的合理收益。

二是增加投入，提升品种和技术的创新能力和支撑能力，采取多种措施引导鼓励发展"中高端"原棉生产，全面提升遗传品质、生产品质、加工品质和检验品质，发展海岛棉（绒长＞35 毫米、超级长绒棉绒长＞37 毫米）、陆地棉中长绒棉（绒长＞32 毫米）、彩色棉等高端原棉生产，探索建立优棉优用和优质优价的产业化道路，把全面提升品质和以质取胜各项措施落到实处。

三是建立生态友好型的生产技术模式，促进农业/棉花生产的可持续发展。

四是努力建设现代植棉业，加快推进棉花产业生产组织方式的变革。

五是纺织服装业要加快高新技术研发创制，增加新型纺纱转杯纺、紧密纺、喷气纺、涡流纺在针织、机织领域的应用，应大量采用细络联、自动络筒机、无梭织机等新技术，提高纺织领域的自动化水平。实施纺织服装业大集群发展战略。

六是构建现代棉花产业的支撑体系，发展适度规模化生产。通过体制、机制和科技的创新，全疆棉花产业的科技进一步提升，资源进一步整合，从分散经营向规模化、集约化、集团化变革发展，培育产业基地和大型产业集团，充分发挥新疆棉花生产优势，建立完整的棉花生产—收购加工—棉纱—棉布—成衣等全产链一体化的生产运营模式。

七是加大机采棉和采棉机的研究和研制。机采棉是顶端现代农业技术，采棉机是顶端现代农业装备，具有专一性、唯一性特点；要加大机采棉国产化的研制和开发，要加强机采棉关键技术和种植体系的再研究。

第八节　其他省（市、区）棉花产业

撰稿人　毛树春　毛正轩　李景龙　李飞　陈宜　聂太礼

　　　　杨苏龙　邢红宜　王子胜　庄生仁　路占远　彭军

本节论述全国中小产棉省市区的棉花产业，涉及四川、湖南、江西、浙江、上海、天津、山西、陕西、甘肃、内蒙古、辽宁和吉林等省市区，以及非棉产地的纺织服装大省市区的产业情况，涉及福建省和广东省。

一、四川省、湖南省和江西省

（一）四川省

四川省是全国棉花中小产能省份。棉田面积大小以"袖珍"而闻名，在丘陵，山下种稻，山腰植棉，山上植树；棉田又以多熟种植而著称，春季与大豆、菜豆、蚕豆等间作，全季节棉田间作红薯或山岳等块根植物。春早棉花播种早，秋霖多雨易烂桃。

四川是全国中小等棉纺织省份。从 2000 年到 2013 年（表 14 - 12），棉纱线产量从 15.4 万吨增长到 90.0 万吨，增长了 4.8 倍，占全国比例从 2.3％略增到 2.5％。棉布产量从 2.6 亿米增长到 10.0 亿米，增长 2.8 倍，占全国的比例从 2.6％略降到 2.5％。

2013 年，四川省纺织品服装出口 32.4 亿美元，占全国的 1.1％；比 2012 年增长 28.0％。棉花纺纱、织造、印染和服装也有一定产能，产业结构完整。

（二）湖南省

湖南省是全国典型的中等级的产棉省份（表 14 - 12、表 14 - 13），是单产过 1 500 千克/公顷的高产省份之一。全省 5 万吨及以上年景有 51 年，占 66 年的 77.3％，其中 10 万吨及以上有 29 年，20 万吨有 14 年。在过去 66 年时间里，除 20 世纪 80 年代以外，每个 10 年的总产都在上台阶，增长幅度大。

20 世纪 60 年代总产跨上 4 万吨台阶，其中 1965 年总产首次突破 5 万吨，此后连续 4 年（1967、1968、1968）不断增长，最高总产达到 7.4 万吨（1966）。70 年代总产跨上 8 万吨台阶，其中 2 次总产首次突破 10 万吨（1974、1976）；80 年代总产 8.7 万吨，与 70 年代基本持平，其中 2 次突破 10 万吨（1984、1985）；90 年代跨上 20 万吨的高台阶，平均达到 19.6 万吨，其中 1992 年总产首次突破 20 万吨达到 20.3 万吨，1997 年最高总产达到 25.6 万吨，1994 年最大植棉面积 313.5 万亩（209 千公顷）。然而，2014 年总产下降到 12.9 万吨，是 1991 年以来的最低年景。

湖南棉区位于洞庭湖区，这里光温水土资源丰富，非常适合植棉，相对容易夺取高产。比如，湖积土壤的土层深厚，后发性较足；湖区秋季气温下降缓慢，阳光充足，秋爽概率高，特别有利增结早秋桃和晚秋桃。21 世纪以来，以大面积种植棉花杂交种而闻名，也以育苗移栽、稀植大棵、单株成铃多、单铃重大和单产高而著称，有不少植棉劳动模范形成许多高产栽培经验。

湖南省是全国重要的棉纺织省份。从 2000 年到 2013 年，棉纱线产量从 16.7 万吨增长到 107.1 万吨，增长了 5.4 倍，占全国比例从 2.5％略增到 2.9％。棉布产量从 0.8 亿米增长到 2.2 亿米，增长 1.8 倍，占全国的比例从 0.8％下降到 0.6％。

2013 年，湖南全省纺织品服装出口 8.69 亿美元，仅占全国的 0.3％，比 2012 年增长 30.9％。虽然棉花纺纱、织造、印染和服装也有一定产能，但不及麻纺产业的产能和结构完整。

表 14 - 12 2013 年原棉、棉纱线、棉布和纺织品服装出口

原棉			棉纱线			棉布			纺织品服装出口额		
省(市、区)	产量(千吨)	占全国的比例(%)	省(市、区)	产量(千吨)	占全国的比例(%)	省(市、区)	产量(亿米)	占全国的比例(%)	省(市、区)	出口额(亿美元)	占全国的比例(%)
全国	6 299	100.0	全国	3 599.0	100.0	全国	392.8	100.0	全国	2 920.8	100.0
新疆	3 518	55.9	山东	854.5	23.7	山东	107.5	27.4	浙江	695.0	23.8
山东	621	9.9	河南	564.5	15.7	湖北	62.3	15.9	江苏	457.4	15.7
河北	457	7.3	江苏	484.7	13.5	河北	52.7	13.4	广东	456.5	15.6
湖北	460	7.3	福建	315.0	8.8	江苏	50.4	12.8	福建	234.9	8.0
安徽	251	4.0	湖北	303.0	8.4	浙江	30.5	7.8	山东	222.3	7.6
河南	190	3.0	浙江	243.0	6.8	河南	27.9	7.1	上海	213.4	7.3
湖南	198	3.1	河北	198.5	5.5	广东	19.6	5.0	新疆	83.0	2.8
江苏	209	3.3	江西	162.1	4.5	四川	10.0	2.6	河北	63.2	2.2
江西	131	2.1	湖南	107.1	3.0	福建	9.7	2.5	辽宁	61.9	2.1
甘肃	71	1.1	安徽	93.8	2.6	安徽	4.0	1.0	广西	57.2	2.0
天津	48	0.8	四川	90.0	2.5	陕西	3.3	0.9	江西	49.3	1.7
陕西	58	0.9	广东	39.6	1.1	辽宁	2.3	0.6	黑龙江	45.2	1.5
山西	31	0.5	新疆	37.1	1.0	湖南	2.2	0.6	安徽	41.6	1.4
浙江	28	0.4	陕西	35.4	1.0	重庆	2.1	0.5	四川	32.4	1.1
四川	13	0.2	重庆	18.7	0.5	江西	2.0	0.5	湖北	26.9	0.9
上海	4	0.1	广西	11.8	0.3	天津	1.8	0.4	北京	26.6	0.9
辽宁	1	0.0	辽宁	10.3	0.3	山西	0.4	0.1	天津	24.6	0.8
北京	0	0.0	吉林	6.6	0.2	吉林	0.3	0.1	河南	20.9	0.7
			山西	5.7	0.2	新疆	0.3	0.1	重庆	19.8	0.7
			黑龙江	5.1	0.1	上海	0.3	0.1	西藏	16.5	0.6
			天津	3.3	0.1	广西	0.1	0.0	云南	13.8	0.5
			上海	3.2	0.1	宁夏	0.1	0.0	内蒙古	9.5	0.3
			贵州	2.7	0.1	云南	0.0	0.0	吉林	9.0	0.3
			甘肃	1.5	0.0	北京	0.0	0.0	湖南	8.7	0.3
			青海	0.6	0.0	甘肃	0.0	0.0	甘肃	7.7	0.3
			云南	0.6	0.0	贵州	0.0	0.0	贵州	7.3	0.2
			内蒙古	0.3	0.0	海南	0.0	0.0	宁夏	5.5	0.2
			宁夏	0.2	0.0	黑龙江	0.0	0.0	陕西	3.7	0.1
			北京	0.2	0.0	内蒙古	0.0	0.0	青海	2.7	0.1
			海南	0.0	0.0	青海	0.0	0.0	海南	2.7	0.1
			西藏	0.0	0.0	西藏	0.0	0.0	山西	2.2	0.1

资料来源:棉纱线和棉布产量数据据国家统计局、全国棉花交易市场,纺织品服装出口额数据据《2013 中国纺织工业发展报告》,北京:中国纺织工业出版社,2014。

表 14－13　湖南省、江西省棉花产能变化

项目	湖南省			江西省		
	总产（千吨）	植棉面积（千公顷）	单产（千克/公顷）	总产（千吨）	植棉面积（千公顷）	单产（千克/公顷）
1950—1959	21	104	204	14	63	214
1960—1969	43	124	331	33	97	333
1970—1979	83	182	431	40	111	344
1980—1989	87	122	739	53	80	675
1990—1999	197	169	1 144	116	115	991
2000—2009	198	155	1 255	90	66	1 345
2010—2015	198	157	1 247	132	83	1 475

资料来源：国家统计局，经整理而成。

（三）江西省

江西省是全国中小等级的产棉省份，是单产过 1 500 千克/公顷的高产省份之一。全省棉花总产 5 万吨及以上的年景有 33 年，占 66 年的 50%，其中总产 10 万吨及以上年景有 16 年。在过去 66 年时间里，90 年代是棉花生产的黄金年代，总产比 80 年代增长 1 倍，其中 1994 年创历史最高纪录，总产达到 17.5 万吨，最大植棉面积达到 244.5 万亩（166 千公顷）。

江西棉区位于长江中游的鄱阳湖棉区，这里光温水资源丰富，适合植棉，全省棉花高产典型不断涌现，20 世纪 90 年代曾创当时的高产典型，1993 年在彭泽县棉船镇全国率先达到 150 千克/亩的高产水平；2009 年再创籽棉单产 507.1 千克/亩的高水平。70 年代形成许多以棉保棉农口粮的政策，当时国家领导人曾视察棉船乡，这里光热水土适合植棉。

江西省是全国中等棉纺织省份。从 2000 年到 2013 年，棉纱线产量从 12.6 万吨增长到 162.1 万吨，增长了 11.9 倍，占全国比例从 1.9%增长到 4.5%。棉布产量从 1.5 亿米增长到 2.0 亿米，增长 33.3%，占全国的比例从 1.5%下降到 0.5%。

2013 年，江西全省纺织品服装出口 49.28 亿美元，占全国的 1.7%，比 2012 年增长 34.0%。棉花纺纱、织造、印染和服装也有一定产能，产业结构完整。

二、上海市、浙江省、广东省和福建省

（一）上海省

上海市是 20 世纪 50—80 年代全国重要的棉花生产基地（表 14-14），总产超过 10 万吨年景有 3 年（1968、1978、1984）。1949 年植棉面积 152 万亩（101 千公顷），皮棉总产 1.3 万吨；50 年代植棉面积 200 万亩（129 千公顷），皮棉总产 4.2 万吨，其中 1952 年植棉面积为最大达到 239 万亩（159 千公顷）。60 年代植棉面积 86 千公顷，总产 6.8 万吨，其中 1968 年首次跃上 10 万吨的台阶，达到 11.3 万吨。70 年代植棉面积 96 千公顷，总产 8.5 万吨，其中 1978 年总产创新高达到 11.9 万吨。80 年代植棉面积 67 千公顷，总产 5.2 万吨，其中 1984 年在此达到 10 万吨为 10.4 万吨的高产。90 年代棉花生产每况愈下，植棉面积 7

千公顷，总产 8 千吨。

由此追溯到，1929 年上海市民评选棉花作为"市花"（汪若海，李秀兰，2007；汪若海，2009），陆地棉于 1865 年从美国引入中国，首先落户上海，因而上海是近代中国接纳现代棉花科技的第一站和试验基地。1964 年上海全市皮棉单产突破 100 斤/亩达到 114 斤/亩（856 千克/公顷），比 1983 年全国达到这一单产水平早了 20 年，1968 年上海单产达到 159 斤/亩（1 192 千克/公顷），比 2002 年全国达到这一水平早了 34 年，因而上海是这一时期全国高产棉的典型和样板，涌现出原川沙县、南汇县（曾是全国棉花高产县）的样板县，形成许多高产植棉经验。

表 14 - 14　上海市、浙江省棉花产能变化

项目	上海市			浙江省		
	总产（千吨）	植棉面积（千公顷）	单产（千克/公顷）	总产（千吨）	植棉面积（千公顷）	单产（千克/公顷）
1950—1959	42	129	344	29	80	366
1960—1969	68	86	770	71	96	735
1970—1979	85	96	893	61	85	715
1980—1989	52	67	764	78	91	854
1990—1999	8	73	1 069	60	62	959
2000—2009	0.3	1.1	1 532	25	21	1 248
2010—2015	0.5	1.7	1 643	27	19	1 415

资料来源：国家统计局。

但是，在经济快速发展的大都市，大城市农民增收主要依靠附加值更高的蔬菜、花卉与养殖业，发展工厂化农业等现代农业。因此，上海市于 20 世纪 90 年初通过结构调整主动退出棉花生产，主动调减棉田面积，进入 21 世纪全市棉花仅零星种植，面积不足万亩（0.4 千公顷），已成为一个分散产区。

上海是中国近代和现代棉纺织业的中心。早在 13 世纪宋末元初时，上海就产生了黄道婆，她教人植棉和纺纱，为长江中下游棉花产业发展做出了最大贡献，上海因此成为中国棉花产业的根据地，黄道婆因此成为中国棉业的开山鼻祖（汪若海，李秀兰，2007；汪若海，2009）。1840 年鸦片战争后，大量的"洋纱"、"洋布"倾销到中国来，几乎把中国传统的纺织手工业摧毁，之后资本主义国家纺织业进入中国率先进入上海。从清末到中华民国初期中国第一家棉纺织厂——上海机器织布局于 1889 年创建，1890 年投产。李鸿章鉴于外洋棉货输入之巨，为挽回权利，创设机器织布局于上海，是中国机器纺织业的开端，因而上海成为近现代棉纺织业的试验基地。20 世纪初期以来，若干大型纱厂如上海申新、永安、厚生创办，上海市郊盛产棉花，市内纱厂林立，农民植棉，工人纺纱织布，纺织业是全市的支柱产业。

新中国成立后，上海自然成为新中国的棉纺织业基地，棉纺线和棉布的产能很大，纺织业成为上海的重要经济支柱，也为全国棉纺织业培养和输送了大批优秀人才。当劳动密集型的纺织业完成了一个地区的资本原始积累的重任之后，1997 年按照中央棉纺织业限产压锭政策的新要求，上海主动压锭减少棉纺织产能，主动退出棉纺织的低端产品生产，棉纺线和棉布等初级产品的产量不断减少。从 2000 年到 2013 年，棉纱线产量从 15.0 万吨减少到

3.2 万吨，减幅 78.7%，占全国比例从 2.3% 下降到 0.09%。棉布产量从 1.6 亿米增长到 0.3 亿米，减少 81.3%，占全国的比例从 1.6% 下降到 0.08%。

然而，上海市仍保留附加值更高纺织品服装设计和高端面料的生产、纺织机械设计和制造、纺织品高端品牌与纺织业高等教育的功能，全市居民纺织品消费水平位居全国首位，仍是全国纺织品服装出口的大省市之一。2013 年，纺织品服装出口 213.4 亿美元，占全国 7.3%，在全国排第六，比 2012 年增长 0.4%；棉花纺纱、织造、印染和服装的产能不断减少，产业结构不完整（表 14-12）。

（二）浙江省

浙江省是全国棉花中小等级的产棉省份（表 14-12、表 14-14），1950 年以来总产 5 万吨及以上有 36 年，占 66 年的 54.5%，其中 10 万吨及以上有 3 年（1965、1968 和 1984）。植棉面积和总产均以 20 世纪 80 年代为最大，目前仍保持 30 万亩（20 千公顷）上下的生产规模：一是位于沿海的盐碱地在植棉，这是因为棉花是先锋作物；还有金衢盆地的红黄土壤适合植棉。二是棉田高效种植，即利用棉秆作为立架在秋冬季节套种荷兰豆，春季采收，采用豆棉连作周年，全田可以获得较高的产值，用高效益保留了棉田面积。

浙江是全国棉纺织产业大省。从 2000 年到 2013 年，棉纱线产量从 34.2 万吨增长到 243.0 万吨，增长了 6.1 倍，占全国的比例从 5.2% 增长到 6.8%，在全国排第七。棉布产量从 3.8 亿米增长到 30.5 亿米，增长 7.0 倍，占全国的比例从 3.9% 提高到 7.8%，在全国排第五。

浙江省是纺织品服装出口大省。2013 年，纺织品服装出口 695.04 亿美元，在全国排第一，占全国的 23.8%；比 2012 年增长 12.2%。除棉花面积较小以外，棉花纺纱、织造、印染和服装的产能大，产业结构完整。特别是纺织品服装的市场流通和国际化贸易非常活跃，产品出口欧洲、非洲、北美洲和东南亚全球各地。

（三）广东省

广东省位于华南棉区，20 世纪 50 年代曾发展过棉花生产，但因不适宜，很快停止商品棉生产，但广东省是全国改革开放前沿阵地。

广东省是全国纺织工业大省。从 2000 年到 2013 年，棉纱线产量从 17.0 万吨增长到 39.6 万吨，增长 1.3 倍，占全国比例从 7.5% 下降到 1.1%。棉布产量从 7.4 亿米增长到 19.6 亿米，增长 1.6 倍，占全国的比例从 2.6% 提高到 5.0%，广东全省仅零星种植棉花，没有商品量。

2013 年，广东省纺织品服装出口 456.45 亿美元，占全国的 15.6%，在全国排第三（第一浙江、第二江苏）；比 2012 年增长 5.5%。除不种植棉花以外，由于濒临香港的人才、市场等优势，纺纱、织造、印染和服装也有足够的产能，产业结构完整。

（四）福建省

福建省是非产棉省份，依靠濒临台海的地理优势成为纺织业大省。从 2000 年到 2013 年，棉纱线产量从 14.4 万吨增长到 315.0 万吨（全国排第四位），增长 20.9 倍，占全国比例从 2.2% 扩大到 8.8%。棉布产量从 0.3 亿米增长到 9.7 亿米，增长 31.3 倍，占全国的比例从 0.3% 提高到 2.5%。

2013 年，福建省纺织品服装出口 234.85 亿美元，占全国的 8.0%，在全国排第四，比 2012 年增长 21.9%。除不种植棉花以外，依托沿海，承接台湾省的产业转移，纺纱、织造、印染和服装也有足够的产能，产业结构完整。

三、天津市、辽宁省和吉林省

(一) 天津市

天津市位于黄河流域棉区的华北平原亚区，濒临渤海，盐碱土壤的面积大，地膜覆盖植棉，采用规模化种植，机械化程度相对较高。自 1966 年开始有棉花生产的统计记录，20 世纪 60—70 年代仅零星种植；80 年代有所扩大，1984 年植棉面积 38 千公顷，总产 33 千吨；90 年代最高总产 26 千吨；进入 21 世纪，随着水资源的日益减少，植棉面积不断扩大，2004 年最大植棉面积达到 130.5 万亩 (87 千公顷)，总产达到 12 万吨；2006 年植棉面积 79 千公顷，大面积丰收，总产达到 10.9 万吨。2014 年国家对内地 9 省每吨皮棉补贴 2 000 元，天津不在补贴之列，因此由本地财政出资补贴。实际上，天津本土还有隶属于河北、北京的多个大型农场，这些农场都在植棉，常年天津本土植棉面积 67 千公顷 (100 万亩) 上下，总产约 8 万吨 (表 14 - 15)。

表 14 - 15 辽宁省、天津市棉花产能变化

项目	辽宁省			天津市		
	总产 (千吨)	植棉面积 (千公顷)	单产 (千克/公顷)	总产 (千吨)	植棉面积 (千公顷)	单产 (千克/公顷)
1950—1959	56	260	224			
1960—1969	32	113	237	0.6	1.6	31
1970—1979	28	107	272	3	11	236
1980—1989	24	34	659	12	18	598
1990—1999	19	29	721	11	15	781
2000—2009	3	3	1 200	79	60	1 329
2010—2015	1	0	1 629	50	43	1 204

注：天津 60 年代为 1966—1969 年数据。

资料来源：国家统计局。

天津市的棉纺织业规模小。从 2000 年到 2013 年，棉纱线产量从 8.8 万吨减少到 3.3 万吨，减少 62.5%，占全国比例从 1.3% 下降到 0.09%。棉布产量从 1.5 亿米增长到 1.8 亿米，增长 20.0%，占全国的比例从 1.5% 下降到 0.4%。

2013 年，天津市纺织品服装出口 24.59 亿美元，占全国 0.8%；棉花纺纱、织造、印染和服装的产能不大，产业结构不完整。

(二) 辽宁省

辽宁省位于辽河流域棉区，是植棉面积持续减少和占全国比例不大的产棉省份，在 1949 年以来的 66 年时间里，总产 5 万吨以上有 10 年 (1951—1953、1956、1958—1959、

1966、1983—1994），1952 年最高总产达到 9.2 万吨，1984 年达到 6.6 万吨，20 世纪 90 年代以来，植棉面积每况愈下，成为一个分散产区。针对冷凉地区的热量不足，采用垄作、铺沙增温等促进早发早熟措施，又以较早采用化学催熟而闻名。

辽宁省是棉纺织业小的省份。从 2000 年到 2013 年，棉纱线产量从 17.1 万吨减少到 10.3 万吨，减幅 39.8%，占全国比例从 2.6% 下降到 0.3%。棉布产量从 1.7 亿米增长到 2.3 亿米，增长 35.3%，占全国的比例从 1.7% 下降到 0.6%。

2013 年，辽宁省纺织品服装出口 61.85 亿美元，占全国 2.1%，比 2012 年增长 16.5%；棉花纺纱、织造、印染和服装的产能不大，产业结构不完整。

（三）吉林省

吉林省棉花生产受辽宁省影响较大，白城地区植棉最大面积 1 万多公顷，该地区是我国棉花种植东北区域的北界，北纬 45°4′，属于半干旱冷凉地区，年均降水量 311 毫米，有效积温 2 900～3 100℃，春寒秋旱。土壤为盐碱土、沙壤土。吉林白城地区辖洮南市、洮北区、通榆县、镇赉县和大安市等。植棉始于 1993 年，当年试种 1.67 公顷，籽棉产量 1 650 千克/公顷；1995 年面积扩大到 1 000 公顷，1998 年面积 4 500 公顷，2004 年白城地区提出发展棉花生产计划，当年植棉面积 1 373 公顷，2007 年植棉面积 3 667 公顷，2012 年仅洮南县植棉面积达到 3 400 公顷。

吉林棉花市场销路好，可工业用，更可作棉絮、衣裤絮绒等，民用市场的需求量很大。吉林植棉效益好，籽棉产量随着种植技术的发展，可以达到 3 000～4 500 千克/公顷水平。据当地测算，与玉米相比，第一年植棉效益是玉米的 3.96 倍、第二年是玉米效益的 2.76 倍，第三年是玉米效益的 4.4 倍，5 年平均为玉米效益的 3.85 倍。但是，吉林热量不够，棉花的早熟性差，种子成熟度差，因此，需要提供特早熟品种和种子支持，也需要高密度栽培技术支持。

四、山西省、陕西省、甘肃省和内蒙古自治区

（一）山西省

山西省位于黄河流域的黄土高原亚区，该省是一个中小产棉省份（表 14 - 16）。在 1950 年以来的 66 年，历史上总产 5 万吨及以上有 55 年，占 53.3%；其中 10 万吨及以上 12 年，占 18.2%；1956 年最大植棉面积达到 550 万亩（367 千公顷），1984 年最高总产达到 13.3 万吨；2004—2008 年连续 5 年总产超 10 万吨，是历史上最好的发展时期。山西棉花以精细管理为著称，植棉劳动模范层出不穷，其中以吴吉昌看苗诊断和精细管理而闻名，地膜覆盖技术的引进和示范、轻简育苗移栽的思路和技术创制，转外源 Bt 基因技术的研究应用都走在全国的前头。然而，近几年生产不断减缩，2015 年总产 1.4 万吨，为自 1950 年以来的最低水平。

山西省是棉纺织业小的省份。从 2000 年到 2013 年，棉纱线产量从 9.2 万吨减少到 5.7 万吨，减幅 38.0%，占全国比例从 1.4% 下降到 0.2%。棉布产量从 2.2 亿米下降到 0.4 亿米，减少 88.2%，占全国的比例从 2.2% 下降到 0.1%。

表 14 - 16 山西省、陕西省、甘肃省棉花产能变化

项目	陕西省			山西省			甘肃省		
	总产 （千吨）	植棉面积 （千公顷）	单产 （千克/公顷）	总产 （千吨）	植棉面积 （千公顷）	单产 （千克/公顷）	总产 （千吨）	植棉面积 （千公顷）	单产 （千克/公顷）
1950—1959	93	292	314	78	275	290	6	24	246
1960—1969	79	263	299	74	248	298	3	14	215
1970—1979	97	260	375	71	244	293	4	15	257
1980—1989	64	157	514	90	165	598	5	6	869
1990—1999	45	79	576	78	106	751	26	18	1 389
2000—2009	68	66	1047	100	89	1041	101	60	1584
2010—2015	56	41	1398	41	34	1275	72	43	1660

资料来源：国家统计局。

山西省 2013 年纺织品服装出口 2.2 亿美元，占全国 0.08%，比 2012 年下降 13.8%；棉花纺纱、织造、印染和服装的产能不大，产业结构不完整。

（二）陕西省

陕西省位于黄河流域的黄土高原亚区，该省是一个中小产棉省份（表 14 - 16）。在 1950 年以来的 66 年，总产 5 万吨及以上有 53 年，占 80.3%，其中总产 10 万吨及以上有 13 年，占 19.7%。1957 年植棉面积为最大达到 468 万亩（312 千公顷），1958 年总产为最高达到 135 千吨。整体看，陕西植棉面积不断减少，至 2015 年仅 27 千公顷，总产 37 千吨，占全国份额不足 1%。

陕西省也是我国现代棉纺织业的发源地之一，但棉纺织产能不大。从 2000 年到 2013 年，棉纱线产量从 15.7 万吨增长到 35.4 万吨，增长 1.3 倍，占全国比例从 2.3% 下降到 1.0%。棉布产量从 3.4 亿米增长到 3.3 亿米，几乎持平，占全国的比例从 3.4% 下降到 0.8%。

2013 年，陕西省纺织品服装出口 3.66 亿美元，占全国 0.1%，比 2012 年下降 28.5%；棉花纺纱、织造、印染和服装的产能不大，产业结构不完整。

（三）甘肃省

甘肃省是全国较小的产棉省份（表 14 - 16），大部棉区隶属西北内陆棉区，为河西走廊亚区。自 1950 年以来的 66 年总产 5 万吨及以上有 16 年，占 24.2%；其中 10 万吨有 6 年（2004—2008、2010），占 9.1%。该省棉花是自 20 世纪 90 年代末期才开始发展，其中 1991 年跨过万吨大关，达到 1.2 万吨；1998 年首次跨过 5 万吨大关达到 6.1 万吨；2004 年首次突破 10 万吨达到 11 万吨，此后连续 4 年保持 10 万吨的产能。2007 年创棉花的历史新高，总产达到 12.9 万吨，面积达到 120 万亩。

甘肃省是全国的高产省份，1991 年首次突破 100 千克/亩达到 103.5 千克/公顷，1998 年首次突破 120 千克/亩达到 121.3 千克/亩。

甘肃省棉花呈绿洲农业的典型特征，采用地膜覆盖、宽膜覆盖、膜下滴灌和高密度种

植。敦煌、金塔和瓜州（安西）等市县植棉面积相对集中，以户为单元，规模化植棉也是特色之处。

甘肃省是棉纺织业小的省份。从 2000 年到 2013 年，棉纱线产量持平为 1.5 万吨，占全国比例从 0.2% 下降到 0.04%。棉布产量从 0.1 亿米增长到无统计数据。2013 年，甘肃省纺织品服装出口 7.67 亿美元，占全国 0.26%，比 2012 年增长 130.0%；棉花纺纱、织造、印染和服装的产能很小，产业结构不完整。

（四）内蒙古自治区

内蒙古是一个新兴棉花产区。据记载，20 世纪 40 年代和 70 年代试种棉花都没有成功。1993 年又开始有组织试种，试种试验的结果良好；1996 年试种面积 30 公顷获得丰收，1997 年试种面积 267 公顷，1999 年试种面积 805 公顷，1999 年因市场供大于求试种面积缩小到 580 公顷，2000 年植棉 608 公顷。进入 21 世纪，随着地膜覆盖、滴灌、密植、化学调控等促进早发早熟栽培技术和品种早熟性的改进，加上气候变暖，内蒙古植棉面积在扩大。棉花种植地区也从阿拉善盟的额济纳旗、左旗和右旗扩大到巴彦淖尔盟的乌拉特前期和磴口县，以及鄂尔多斯市的乌审旗。全内蒙古最大植棉面积 5 万多亩，其中一半面积在额济纳旗，平均籽棉产量 300 千克/亩，是一个新兴的高产棉区。

为了培育国家新兴棉区，国家棉花产业技术体系于 2010 年增设内蒙古棉花综合试验站，2011 年创籽棉高产，达到 532.4 千克/亩。2013 年遵照国家领导人的批示，国家科技支撑计划专门设立内蒙古棉花品种选育、轻简化栽培、节水灌溉和机械化采收试验示范项目。据 2015 年 10 月在额济纳旗的现场观摩，引进品种的早熟性和优质、高密度栽培、膜下滴灌和机械化采收取得较好进展。

内蒙古棉区位于呼和浩特市的西部，地处阴山山脉，北温带超干旱荒漠区，冬季受蒙古高压气流所控制，夏季受西风带的影响，属典型温带大陆性气候。全年干旱少雨，年降水量仅 40 毫米，年蒸发量却高达 3 700～4 000 毫米。光热充足，年日照时数 3 300 小时以上，日照百分率达到 78%；无霜期 140 天（138～150 天），夏季极端高温 41.4℃，冬季极端低温 -37.6℃，年均温 8.2℃；≥10℃活动积温 3 549～3 695℃，持续日数 167～173 天，昼夜温差大。因降水量少蒸发量大，土壤普遍盐渍化。属于典型绿洲农业，农业必须依靠灌溉。

内蒙古西部土壤以灰棕漠土为主要地带性土壤，受水盐运移和气候及植被多种影响，分布有硫酸盐盐化潮土、林灌草甸土及盐化林灌草甸土、碱土、草甸盐土、风沙土及龟裂土等非地带土壤。在河滩地灌丛草地中砾石含量低于半固定沙（堆）地，在土层 60～80 厘米处有少量粒径＞2 毫米的砾石，各层粒径主要集中在≤0.1 毫米，物理性黏粒含量较高，土壤质地细，发育良好。灌溉条件下，有机质和养分含量相对较高，土壤富钾，缺磷；土壤碱性，pH 8.5。

按品种类型内蒙古西部棉区划分特早熟区域，种植短季棉早熟或特早熟类型品种。低温和早霜冻害是绿洲农业的主要自然灾害之一。额济纳旗 4 月最低气温为 -11.4℃，5 月为 -4.9℃，9 月为 -2.5℃和 10 月为 -12.7℃。4—5 月极端低温往往造成严重冻害，致使棉花缺苗、烂种死苗，生产上要求补种或重播，以确保全苗。针对早春大风天多，低温寒潮频率高，后期降霜早，极端气温低，要提高棉花产量和保障品质，品种上要选择短季棉早熟或特早熟类型；栽培上要采用前期促进早发，后期促进早熟为主的栽培新技术体系，确保高产优质。另外，本地病虫害少而且危害很轻有利于棉花作物生长。

  按照水资源状况，额济纳旗属于西北内陆的河西走廊亚区，这里引用祁连山的黑河之水进行灌溉，地域包括阿拉善盟大部，以及额济纳旗全部。另巴彦淖尔和鄂尔多斯依托黄河水资源进行灌溉，阿拉善盟科泊尔滩地属于黄河的泄洪蓄水区，有丰富的地下水可资开发利用，作为国家后备棉区具有较高的产能潜力可资开发利用。

  2013 年，内蒙古纺织品服装出口 9.5 亿美元，占全国比例 0.3%。棉纱线产量极低为3 000 吨，未见棉布统计数据。但内蒙古毛纺业先进，拥有一定产能。

第四篇

主要产棉国家棉花产业

第十五章　中亚和独联体棉花产业

撰稿人　别墅　张教海　毛树春

中亚地区植棉历史悠久，早在公元前 5～6 世纪就有关于棉花的文字记载，中亚五国——乌兹别克斯坦、土库曼斯坦、塔吉克斯坦、哈萨克斯坦和吉尔吉斯斯坦，以及北高加索地区的阿塞拜疆作为主要原棉产地，也是全球棉花的集中产地。苏联时期，棉花产量占全球的份额，1924—1926 年占全球的 2.5%，50 年代占全球的 15%，60 年代占全球的 18% 左右，70 年代约占全球的 20%，80 年代占全球的份额减少到 15% 上下，1991—1993 年占全球的 12%。20 世纪 70 年代中期，苏联棉花总产曾位居全球之首，但 70 年代末期被美国超过退居第二位；到 80 年代初被中国超过，居第三位。长绒棉产量 1972 年曾占全球的 5.8%。

20 世纪 50 年代，苏联农业和棉花专家应邀来华指导棉花生产和科学技术研究，那时传授的技术对我国棉花种植产生积极影响，一些技术迄今仍起作用，包括国家棉花品种区域试验方法、合理密植技术、化学肥料施用技术和病虫害综合防治技术，特别是害虫的天敌繁育和使用技术迄今在乌兹别克斯坦国家仍保持和使用，棉田生物防治技术位居全球先进水平。

1991 年 12 月 8 日，苏联宣布成立独立国家联合体（独联体），12 月 25 日宣布苏维埃社会主义联盟解体，自此开始分解成 15 个主体国家，整个地区的社会经济遭受沉重打击。植棉业和棉纺织业也不例外，棉花生产、农业机械、轧花、棉纺织业，以及科学技术研究都出现了不同程度的倒退，棉花产能大幅度下降，科学研究几乎处于停止状态，其中阿塞拜疆下降幅度最大。

经过 10 多年的挣扎，进入 21 世纪，原苏联和中亚地区棉花生产进入恢复阶段，单产有所提高，总产有所增长，科学技术研究也有不同程度的恢复，但是，都没有达到苏联时期的最好水平。当前面临的主要问题：一是农业和轧花机械严重老化，缺少零部件，农业生产资料短缺，轧花加工能力不足，有的不得不出口籽棉，棉花的附加值极低。二是市场体制和经济体制的转换滞后于经济发展，企业与企业之间、国与国之间的货币交换存在障碍，各国税法的不一致和不透明，企业生存和发展遭遇不少困难，长期贷款和投资不足，新型工业化进程缓慢；一些内陆国家还存在口岸和货物进出口不畅问题。三是由于苏联时期工业体系配置的不完整，解体后各国针对经济发展的需要，通过招商引资，增加基础设施建设，正在积极构建农业生产资料工业和棉纺织工业。

如今，俄罗斯、阿塞拜疆和中亚各国积极响应和参与"一带一路"建设，出台一系列吸引外资的政策措施，与我国农业、棉花方面开展了广泛合作，中亚各国的植棉业、棉花加工业和棉纺织业的基础条件和装备也有很大改进。

苏联时期和独联体棉花总产、棉田面积及单产变化见表 15-1。

表 15-1　苏联和独联体时期中亚及外高加索地区棉花生产情况

年代	皮棉总产（千吨）	占全球（%）	棉田面积（千公顷）	皮棉单产（千克/公顷）
1927—1929	254	4.4		
1930—1934	386	6.7		
1935—1939	766	11.2		
1940—1944	496	8.4		
1945—1949	631	11.1	1 496	416
1950—1954	1 254	15.0	2 390	541
1955—1959	1 483	15.5	2 131	696
1960—1964	1 616	15.3	2 371	681
1965—1969	1 988	17.5	2 467	806
1970—1974	2 457	18.5	2 775	879
1975—1979	2 585	19.9	2 999	863
1980—1984	2 429	15.7	3 208	757
1985—1990	2 662	15.2	3 377	790
独联体时期				
1991—1993	2 216	11.9	2 918	759
1981	2 453	16.3	3 168	774
1982	2 260	15.6	3 188	709
1983	2 172	15.0	3 192	680
1984	2 597	13.5	3 347	776
1985	2 782	16.0	3 316	839
1986	2 660	17.4	3 475	765
1987	2 469	14.0	3 527	700
1988	2 766	15.1	3 432	806
1989	2 654	15.3	3 338	795
1990	2 640	13.9	3 171	833
1991	2 473	11.9	3 002	824
1992	2 074	11.5	2 870	722
1993	2 102	12.6	2 881	730
1994	2 168	11.6	2 738	792

独联体包括：亚美尼亚、白俄罗斯、哈萨克斯坦、吉尔吉斯斯坦、俄罗斯、塔吉克斯坦、乌克兰和乌兹别克斯坦等。

第一节　乌兹别克斯坦棉花产业

一、产业概况

乌兹别克斯坦位于中亚中部，与哈萨克斯坦、吉尔吉斯斯坦、塔吉克斯坦、土库曼斯和阿富汗毗邻。乌兹别克斯坦自然资源丰富，属温带大陆性气候；年降水量 400～500 毫米；夏季最高气温达 40℃，昼夜温差大，秋季降温快；无霜期 200 天左右；土壤多为沙壤灰土，盐渍化面积大。该国盛产棉花，素有"白金之国"美誉，棉花种植历史逾两千年。独特的地理位置，全年 300 多天日照以及适宜水土造就了原棉优良的品质。

乌是全球第六大产棉国，第三大棉花出口国，曾是苏联的最大棉花生产基地，产能占苏联的 70%。1913 年皮棉产量 17.8 万吨，1940 年皮棉产量 53.4 万吨，1960 年达到 106.4 万吨，1980 年提高到 182.0 万吨，占中亚地区棉花总产的近 65%。20 世纪 80 年代，乌籽棉产量曾达 600 多万吨。但自 1992 年独立以来，经济下滑，投入不足，植棉面积下降，总产减少。2012 年，籽棉产量 335 万吨（皮棉 120 万吨），籽棉单产 2 650 千克/公顷（约合皮棉 928 千克/公顷）。其中，卡拉卡尔帕克斯坦共和国、安集延、纳沃伊、布哈拉、萨马尔罕州棉产量居前列，籽棉单产 3 000～3 500 千克/公顷。

乌兹别克斯坦主要生产中绒陆地棉，棉区集中在阿姆河和锡尔河流域；长绒海岛棉的生产则是集中在最南端的苏尔汉达里、布哈拉、卡什卡达里和纳瓦依地区。从 1981 年到 1985 年，这些地区超细绒棉扩大了约 8.3 万公顷，1986—1989 年间，年产皮棉 17.3 万吨，占中亚地区长绒海岛棉总产的 45.7%，1987 年棉田面积达最高峰，为 210.8 万公顷，占总耕地面积比重 49%。1980 年后棉田面积虽继续扩大，并未使棉花产量增加，1987 年产皮棉 150.3 万吨，比 1980 年反而减少了近 32 万吨，这是单产下降造成的，皮棉单产由 1980 年 978 千克/公顷下降为 713 千克/公顷。1987 年后棉田不断有所缩减，到 1991 年棉田面积 172.0 万公顷，比 1987 年减少 38.8 万公顷，减少了 18.5%。皮棉产量 1991 年为 150.8 万吨，约为 1980 年的 83%。1992 年和 1993 年分别为 167 和 175 万公顷，产皮棉 131 万吨和 136 万吨。

21 世纪前 10 年乌国棉花生产仍保存较高产能，植棉面积 1 316～1 453 千公顷，皮棉总产 893～1 210 千吨，皮棉单产在 650～1 020 千克/公顷之间波动。然而，近几年受国际棉价下降、生产投入不足和水资源短缺等的影响，棉花产能呈现明显的收缩走势，植棉面积下降到 1 300 千公顷，单产下降到 770 千克/公顷，总产下降到 1 000 千吨以下（表 15 - 2）。

表 15 - 2 乌兹别克斯坦近年棉花生产情况

年份	面积（千公顷）	皮棉产量（千吨）	皮棉单产（千克/公顷）	出口（千吨）
1992	1 667	1 306	783	1 300
2000	1 441	975	676	750
2001	1 453	1 055	727	760
2002	1 421	1 022	719	740
2003	1 394	893	641	680
2004	1 419	1 134	800	850
2005	1 432	1 210	845	1 020
2006	1 432	1 171	818	980
2007	1 450	1 206	831	915
2008	1 391	1 000	719	650
2009	1 317	850	645	820

（续）

年份	面积（千公顷）	皮棉产量（千吨）	皮棉单产（千克/公顷）	出口（千吨）
2010	1 330	91	684	600
2011	1 316	910	669	550
2012	1 285	880	778	653
2013	1 275	1 000	737	650
2014	1 275	940	737	628
2015	1 275	945	737	595

资料来源：国际棉花咨询委员会。

独立后，乌国把原集体农庄改为农民经济体，但名不符实，仍对农业实行指令性计划，国家限定很低的棉花价格，统购统销，由外贸部统一出口。用高压政策强制农民劳动，且强度大，而习惯于畜牧业的农民，像对待畜牧业一样对待棉花生产，组织散漫，积极性不高，农艺措施随意性很大，因投入不足和管理不到位，单产大幅度下降。

乌全国从事棉花种植的大型农业企业有近 300 个，涉及个体农户有 9 万家。据统计，2006 年全国 85％的棉花是由私人农场生产。

二、栽培措施

选择抗病品种。棉花枯黄萎病除采取轮作倒茬措施外，选用种植抗病（以黄萎病为主）品种。

种植制度。棉田种植制度主要为小麦—棉花轮作、间作，也有采用 3 年苜蓿—3～5 年棉花的轮作模式。采用密植的常规栽培，全国 90％的棉田采用覆膜播种，这套技术对乌兹别克斯坦棉花产量的提高发挥着决定性的作用。

种植机械。有深耕犁、平地耙、种子处理机、双层施肥机、中耕机、喷雾喷粉机、采棉机和打捆机等几十种，从种到收全部实现了机械化作业。除采用地膜覆盖外，还从中国引进地膜育苗技术，投入巨资对棉田进行土壤改造，增建灌溉渠网，以提高质量和产量。

播种。由于播种期气温较低，用种量较大，近年来，在地膜覆盖基础上采用精加工种子，播种量由 1998 年的 123 千克/公顷下降到 2007 年的 49 千克/公顷，通过增加密度，籽棉单产也由 1998 年的 6 300 千克/公顷上升到 2007 年的 7 980 千克/公顷的较高水平。一般 3 月底播种，最佳播期 4 月 5—20 日。

种植方式。棉花采用种植模式有一膜四行 30＋60＋12（厘米），一膜两行 50＋40＋12（厘米），一膜两行 70＋20＋7（厘米）和单行 90＋9（厘米）对等配置，种植密度 105 000～165 000 株/公顷。

施肥。施肥以化肥为主，生育期施肥量 450～600 千克/公顷，基肥尿素 300 千克/公顷，头水前沟施尿素 150～225 千克/公顷，磷酸二铵 75～120 千克/公顷。

灌水。灌水 4～5 次，少则 3 次，多时达 7 次。头水 5 月底灌，停水也早，一般 7 月下旬停水。

管理。7月下旬打顶，已开始应用缩节胺，用量不多，对育种和良繁田不使用缩节胺。9月初喷施落叶催熟剂。机械化程度高，从播种到收获基本上都实现了机械化操作，如从美国引进大型全电脑控制的精量点播机，一天可以播种100公顷。在采收方面，自1993年以来机械化采收逐被人工采收替代，约占98%以上，这主要是为了降低原机械采收所造成的浪费和提高采收等级。为了方便采收，棉田普遍喷洒国产的脱叶剂。

病虫害防治。棉花虫害与我国相似，前期有地老虎、棉蓟马，中后期有棉蚜、棉铃虫和红蜘蛛等为主，以生物防治为主，棉铃虫等主要害虫的防治已经全面实现了生物防治。

主要病害：黄萎病（*Verticilliumdahliae* Kleb）、枯萎病（*Fusariumoxysporum* Schl）、锦葵角点病菌（*Xanthomonas*（*Bacterium*）*malvacearum* Dowson.）、棉黑斑病菌（*Macrosporiumnigricantium* Atk.）和根腐病菌（*Thielaviopsisbasicola*）。主要虫害有：棉蚜（*Aphidodea*）、棉蓟马（*Tripstabaci*）、棉红蜘蛛（*Tetranuchusurticae*）、棉铃虫（*Heliothisarmidera*）、黏虫 Armyworms（*Agrotissegetum*）和白粉虱等。病虫害防治主要采取 IPM 综合防治策略，特别是在虫害的防治方面，90%采取生物防治方法。

目前全国有10多个害虫预警监测站，800多个生物防治站，研制了害虫天敌自动化繁育系统，集中繁育生产生物害虫天敌并提供给农场主。繁育赤眼蜂（*Trichogramma*）防治棉铃虫卵；利用草蛉（*Chrysopidae*）防治棉蓟马、棉蚜和棉红蜘蛛；利用繁育的印度紫螟小茧蜂（*Braconhebetor*）控制棉铃虫幼虫。生物防治方法如下：

蓟马、棉蚜、棉红蜘蛛。在3月底至4月初的早春季节，田间出现杂草时，每公顷棉田释放500个草蛉卵；5月中旬棉田发现蚜虫时，第2次释放草蛉卵，用卵量是1 000个/公顷，6月释放草蛉卵1 000个/公顷，主要控制棉红蜘蛛。

棉铃虫和黏虫。棉田释放赤眼蜂3次以灭黏虫卵。第一次是在诱捕场所发现2～3头成虫出现时，一般在4月底5月初释放。以后每隔5～7天释放1次，释放量1克/公顷。

利用印度紫螟小茧蜂控制棉铃虫幼虫。当百株虫量在2头成虫时，开始释放小茧蜂。一共3次，分别释放200、400和200头/公顷。

生物防治站（又叫生物实验室或生物工厂）在乌兹别克斯坦逐年增加。1970年仅有4个，1971年为16个，1985年为710个，1990年为774个，2000年为790个，最近几年有864个，平均年生产赤眼蜂9 954千克，印度紫螟小茧蜂28.1亿只，生物控制棉田面积1985年362万公顷，1990年592万公顷，2000年757万公顷，2007年1 089万公顷，面积增加很快。

三、加工与出口

1993年发布了皮棉国家标准：y3CP6T04-93《棉纤维技术条件》，1994年发布了籽棉国家标准，y3PC6T15-94《籽棉技术条件》。皮棉国家标准为非强制性标准，有三大类指标，即类别、类型、疵点和尘杂含量，这也是棉纤维技术条件的三个层次。类别为第一个层次，以长度分类别，分成长纤维和中纤维两大类，并进一步细分：将长纤维分成5档（la，lb，1，2，3），中纤维分成4档（4，5，6，7）；类型是棉纤维技术条件的第二个层次。根据棉花的类型（纤维的颜色和外观）和成熟系数两项指标进行分等，共分成5个等，即Ⅰ、Ⅱ、Ⅲ、Ⅳ、Ⅴ；疵点和尘杂含量是棉纤维技术条件的第三个层次。棉花疵点包括索丝、连结索丝、不成熟纤维和带纤维的棉籽皮等。根据疵点和尘杂的含量百分率进行分级，共分5级，即：最好、好、中等、一般、毫无价值。

籽棉国家标准为强制性标准，分为三大类指标，即类别、类型（籽棉工业分等）、含尘杂率和回潮率三个层次。类别和皮棉标准中的类别分档以及具体指标完全一致，即籽棉类别涉及品质长度、线密度和断裂比强度三项物理性能指标；类型共分5等，每等的成熟系数指标与皮棉标准相同，在纤维颜色和外观方面的文字描述比皮棉标准更详尽，官方的籽棉实物标准供对照用；含尘杂率和回潮率，在数值上都大于皮棉的含尘杂率和回潮率（表15-3）。

表15-3 乌兹别克斯坦棉纤维类别分档规定

指标名称		长纤维					中纤维			
		1a	1b	1	2	3	4	5	6	7
品质长度（毫米）不小于		40.2	39.2	38.2	37.2	35.2	33.2	31.2	30.2	29.2
线密度（米/特克斯）不大于		125	135	144	150	165	180	190	200	>200
断裂比强度	Ⅰ标准范围（厘牛/特克斯）	35.3~36.3	34.3~35.3	33.3~34.3	31.4~32.4	29.4~30.4	25.5~26	24~25	23.5~24.0	23~24
	Ⅱ不小于（厘牛/特克斯）	34.3	33.3	32.4	30.4	28.4	25	23.5	23	22.5

近年来，乌兹别克斯坦加强工业现代化和技术装备的改造升级，出台吸引外资发展轻工业，合资企业数量在增长，外国投资也在增加。据统计，自2000年起，棉花和纺织业吸引外资20亿美元，兴办轻工业企业数量超过2200家，在全国129个轧花厂中有45个进行了技术改造升级，轧花质量有所提高。

但是，本国纺织用棉的消费量仅占棉花产量的15%，85%需出口。在出口市场方面，约50%出口到前苏联加盟共和国，35%出口到前苏联的境外，其中经伊朗出口占59.8%，近几年主要出口到中国。据中国海关统计，2010年中国自乌进口原棉37.7万吨，成为乌棉的第一大买家。

乌独立25年来，尽管出口大幅度减少，仍位居全球第3位或第4位。据乌兹别克斯坦国家统计委员会数据，2010年生产皮棉112.5万吨，比2009年增长7.5%，受益于国际市场棉花价格的上涨，出口额15亿美元，比2009年增长46%。

乌兹别克斯坦是中国原棉进口的主要来源地，从2002年到2014年的13年，中国累计进口311.3万吨，占中国总进口量的9.4%，在中国进口量的位置仅次于美国、印度和澳大利亚，位居第四位。

四、棉纺织工业

乌兹别克斯坦有150家轧花厂加入了乌兹别克轧花工业协会（Uzbekengilsanoat），该协会代表90%以上的棉纺织产能。在150家工厂中，有90家参与棉纱和梭织布的生产，其他50家生产针织服装，12家企业生产成衣服装，3家企业生产袜子。原棉纺织消费潜力达到300万吨，可生产 25 万吨的棉纱、4.8 亿平方米的面料、1.1 亿件的针织服装和 4 000 万双袜子。

该国政府重视发展服装业，2015 年总统签署了《关于保障 2015—2019 年生产结构性改革、现代化及多元化措施纲要》文件，推进纺织服装生产企业的改革，规定改革工作由轻工业股份有限公司负责，2015 年以提升生产现代化、技术工艺升级改革为主要内容的纺织服装业初见成效，公司所属企业纺织服装产值超过 3 万亿苏姆（约合 68.6 亿元人民币）。大力拓展海外市场，纺织服装出口额超过 10 亿美元，销往 55 个国家；吸引投资扩大生产规模，2015 年，纺织服装业吸引外资达 1.87 亿美元，比 2014 年增长 2.7%，新增企业有 33 家新投入运营，新增就业岗位 1.25 万个。

未来目标是，力争成为中亚地区的纺织大国，棉纱和坯布逐步扩大在俄罗斯和东欧地区的市场份额。重点扩大初级纺织品的深加工，尤其是通过增加轧花厂的纵向合并，提高产品的价值，以满足本地和出口的需求。

五、科研和进展

全乌有近 20 个与棉花有关的科研机构，主要有乌兹别克国家棉花育种和种子生产研究所、棉花栽培研究所、乌兹别克科学院的植物遗传和实验生物所、国家植物研究所、乌兹别克斯坦国立大学、塔什干农学院、安吉延农业研究所和撒马尔罕农业研究所等。并在布哈拉和苏尔汉达里都还设有棉花育种的分支机构，近年育出 65 个棉花品种，其中，长绒棉品种 15 个。乌国棉花科研力量雄厚，设施比较全。其中，成立于 1930 年的国家棉花研究所安集延分部，是苏联时期最主要和最重要的棉花育种科研单位和科研基地，设置有完整的与棉花有关的研究室，服务于整个费尔干纳盆地乃至全国。但是，苏联解体后，一度人员流失，经费极为困难，近几年经费呈恢复性增长，许多科研工作在恢复之中。

品种资源收集与利用。种质资源丰富，20 世纪初该国开始广泛搜集种质资源，从中国、秘鲁、美国、墨西哥、澳大利亚等国家征集到大量的种质资源，并进行鉴定、整理、分类，共保存棉花 49 个种约 2 万份种质资源。2003 年以前，收集世界各地资源。国家棉花育种研究所保存资源 12 099 份种质，其中来自北美洲 4 035 份，南美洲 621 份，亚洲 4 735 份，非洲 1 285 份，欧洲 846 份，大洋洲 559 份。在常温下，每 8～10 年更新一次。

保存体系。考察收集种子先经过 2 年的隔离种植，观察其性状，并检疫病虫，田间观测和繁育，野生和半野生种质在温室种植和观测，在顶部有孔的金属铝盒中保存。性状调查按 IPGRI 标准，共有 75 项。野生棉棉种的保存和利用，尤其是利用野生棉培育抗黄萎病品种。

彩色棉资源。乌兹别克斯坦国家棉花育种研究所的棉花种质资源库保存彩色棉资源 100 份，颜色有深棕色、棕色、浅棕色、绿色、深绿色和浅绿色。乌兹别克斯坦植物工业研究所保存有陆地棉彩色棉 13 份，以及海岛棉彩色棉 7 份。

品种更换。自 20 世纪 20 年代瓦维洛夫在全世界收集种质资源以来，经过了六次品种更换。20 世纪初首次选育出棉花品种"108F"、"C-460"等，取代了农家自留种。按现在的观点，这些品种虽然晚熟、产量较低，但在当时也是较为先进的品种，并且纤维品质优良。

早熟棉取代晚熟棉。最初选育的品种生育期较长，特别是来源于埃及的长绒棉生育期达 160～170 天。之后选育的"苏-9"、"苏-10"和"苏-12"等生育期均在 110～120 天，株型紧凑，株高一般在 100 厘米左右。

第一次更换抗病品种。上世纪 60 年代以"159F×墨西哥半野生棉"育成著名的抗黄萎病品种"塔什干 1、2、3 号"。

第二次更换抗病品种。上世纪 80 年代又以尖斑棉（*G. hirsutum. ssp. punctatum*）作为供体亲本选育出新一代抗黄萎病品种"C-6524"、"Namangan77"等。

提高质量。用海岛棉与陆地棉杂交先后育成的"布哈拉 6、8 号"，不仅纤维质量好，而且耐旱性强，在灌溉棉田一般一季要灌溉 4 次，而它们只需 2 次即可。

第三次更换抗病品种。棉花苗期病害往往可能造成种子用量增加，棉苗大小差距较大难以管理，棉花生育进程推迟，农药用量加大，成本增加且污染环境。　"C-6541"、"Namangan34"就是基于此种观点而选育出的多抗品种。

主要育种目标和方法：

育种目标：培育高产、优质、早熟、抗旱、耐盐碱、抗高温、抗黄萎病、枯萎病、根腐病，抗棉蓟马、棉蚜、棉铃虫等的品种。乌兹别克斯坦的耕地中，盐碱地占了很大比例。乌国是世界上纬度最高的植棉国，春季温度上升慢，秋季寒冷风来得早，需要 9 月下旬到 10 月上旬收获，对早熟性的要求相应提高，而且，对品种的耐寒性也不可轻视。在南部与阿富汗接壤的地区，夏季气温可高达 50℃以上，品种的耐热性也值得重视。由于植棉区纬度较高，无霜期相对缩短，生产上均为直播棉。苗期病害影响一播全苗，所以不仅重视选育抗枯萎病和黄萎病的品种，对苗期病害抗性也有一定的要求。育种方法主要有系谱选育、种内杂交、种间杂交、品种间杂交、回交、诱变（^{60}Co 和化学诱变）以及多倍体育种等。108 夫就是利用系统选育法获得的，C-4727、C-6524、塔什干 6 号、Bukhara-6、Bukhara-8、Bukhara-102、175 则是杂交育种而成，AH-402，Samarkand-3 等品种则是辐射诱变而来。但还没有开展转基因抗虫棉育种，也没有开展杂种优势利用。

育种特点：注重提高品种的品质，培育成丰产、优质、抗病等综合性状良好的品种 C-6524，生产利用 20 年依然有很大面积。品种数量从 1991 年的 32 个逐年下降到 2007 年的 16 个。每年生产上使用的品种数量逐渐减少，但单产和总产量仍然不断增加。而且，单位面积的种子使用量也在逐渐减少，这说明与种子选育配套的生产技术也得到改进。1990 年推广面积最大的品种是 108 夫，面积达 90.66 万公顷，2007—2008 年推广面积最大的品种是 C-6524，年推广面积达到 27.8 万～29 万公顷，其次是 Bukhara-6 和 An-Bayaut-2 等品种。C-6524、Bukhara-6、An-2、Namangan-77 等 4 个品种种植面积占总面积的 45%～50%。乌兹别克棉花品种的主要特点是生育期较短，一般在 110～125 天，铃较大，铃重达 6 克左右，衣分低，多在 35%～36%左右（表 15-4）。

长绒棉育种。长绒棉占该国棉花总产的 3%。位居埃及之后的世界第二。但 20 世纪 90 年代后海岛棉种植面积减少。新培育出 Surhandarya101、Surhandarya4、Surhandarya10 和 Surhandarya12 等海岛棉品种。关于品种类型，1947 年前是 3 式果枝的长绒棉品种，1947 年培育零式果枝品种。零式果枝品种比 3 式果枝早熟 6～7 天；零式果枝品种密度为 16 万株/公顷，3 式果枝品种密度 7 万～8 万株/公顷，零式果枝品种籽棉产量 4 200 千克/公顷，3 式果枝籽棉产量 5 200 千克/公顷。埃及型海岛棉单铃重在 2.6～2.9 克，生育期 160～170 天，海岛棉单铃重 3.9～4.2 克，生育期 110～120 天。纤维长度是主要品质参考指标。2001 年前长绒棉分为 3 类。2001 年后乌兹别克斯坦长绒棉国家标准分为 5 类。长绒棉的收购价格通常为陆地棉的 1.7 倍。

表 15 - 4　2010 年乌兹别克斯坦收获的主要棉花品种的纤维质量指标

品种	马克隆值	纤维长度（毫米）	断裂比强度（厘牛/特克斯）	长度整齐度指数（%）	反射率（%）	纤维黄色饱和度（%）	断裂伸长率（%）	杂质含量（%）	短纤维率（%）	纺纱均匀性指数
C6524	4.6	35.6	31.8	83.5	75.7	8.4	8.4	2.5	7.0	142
布哈拉 102	4.5	35.9	31.6	83.3	79.0	8.9	8.7	1.4	5.1	144
布哈拉 6	4.4	35.9	31.5	83.3	79.5	9.0	9.7	1.3	4.6	144
布哈拉 8	4.4	36.0	31.5	83.3	79.9	8.9	9.9	1.2	4.6	145
安博耶武特 2	4.6	65.4	30.9	83.0	77.8	8.7	9.2	2.0	7.4	138
纳曼干 77	4.6	35.4	31.1	83.5	78.0	8.7	8.6	1.7	5.1	141
安集延 35	4.7	35.1	31.8	83.2	74.6	8.6	7.4	2.6	8.9	138
花拉子模 127	4.5	35.8	31.3	82.9	80.6	8.1	9.3	1.7	5.0	141
奥马德	4.4	36.1	31.2	83.4	77.2	8.7	8.9	2.3	5.4	143
C4727	4.6	35.6	31.0	83.1	77.9	8.4	6.0	2.0	4.3	139
美何乃提	4.5	35.8	31.0	82.9	80.8	8.1	9.7	1.6	4.9	141
安集延 36	4.6	35.8	32.0	83.1	76.4	8.7	6.8	2.3	5.0	141
C6541	4.3	35.6	30.8	82.8	79.9	8.7	9.0	1.9	6.5	141
苏丽坦	4.6	35.4	31.8	83.4	77.3	8.9	7.5	1.8	6.0	142
安 16	4.6	35.3	30.7	83.5	77.8	8.5	9.9	1.6	6.1	140
伊毕来提	4.4	36.0	31.3	83.1	79.1	8.6	9.1	1.7	4.8	143
诺维	4.6	35.8	31.6	83.3	77.7	8.8	8.4	1.6	6.3	142
安集延 37	4.6	35.8	31.6	82.9	75.2	7.6	2.6	10.4	1 382	
拜西卡合热曼	4.6	35.6	31.6	83.4	78.6	9.1	8.5	1.3	4.7	143
苏尔汉 14	4.0	43.1	36.7	84.6	70.4	11.8	9.2	1.3	3.8	170

　　生物技术应用。乌国生物技术起步时间较晚，正在开展相关研究。利用微卫星多态性、miRNA 等技术鉴定种质资源。开展种间杂种优势利用的尝试，比如利用木槿属的木槿植物（*Hibiscus syriacus*）的花粉萌发，产生花粉管后，高速离心提取其中的原生质（包括 DNA 和蛋白质），然后注射到棉属种（*G. barbadense*）的子房中，从而使 *G. barbadense* × *H. syriacus* 的后代产生了很多变异。该技术也用在棉属种间杂交。比如 *G. Hirsutum* × *G. arboreum*、*G. hirsutum* × *G. arboreum*，种间杂交后代主要在株高、株型、铃型、铃大小、纤维品质等方面产生了很大的变异。其中，出现了株高 150～160 厘米、果枝多、花铃数达到 120 个以上的植株。他们对 *Hibiscus syriacus*、*G. barbadenze*（C - 6037）、*G. barbadense* × *H. syriacus*（F_0）和 *G. barbadense* × *H. syriacus*（F_1）进行了蛋白质电泳，发现了差异蛋白质。该项技术已经申请了专利保护。

　　新品种审定和保护。1937 年，苏联在乌兹别克斯坦成立了品种检测中心，1991 年，改名为乌兹别克斯坦品种测试委员会。全国设立棉花品种区试点 34 个。新品种要进行 3 年的产量和品质评价。第 1 年由育种家自己提出拟参加的预试，第 2 年和第 3 年参加 34 个区试点的试验，第 3 年试验结束可以让国家品种审定委员会进行审定登记。新品种审定严格，每年只审定几个品种，有的年份无审定品种。品种审定后，育种家可以申请新品种的专利保护。乌兹别克斯坦已成为植物新品种保护国际公约（UPOV）的成员之一。

种子质量检验。乌国种子质量监督检验制度严格，国家种子检测中心下设有 65 个分支机构，遍布于全国各农产区，对棉花种子生产、加工、储藏、销售到生长情况进行全程监控。种子质量标准要求较高，健子率≥95％，水分≤10％，发芽率≥90％（出芽即算发芽，与我国现行采用的国家种子发芽标准不太一致），纯度≥90％，净度≥99.5％，破子率≤7％，盐分≤0.3％。

良种繁育。国家设有棉花种子检验中心，下设 57 个实验室，监督、检测生产用种质量。全国不同棉区分布有 82 个良种基地（棉花和小麦）生产良种，并培训和指导农户植棉。制定了统一的种子繁育技术规程和栽培技术规范，生产原种一代统一供生产上使用。原种场采用三圃制，生产原种必须先经监督部门检验，对纯度、发芽率、成熟度、健籽率等 10 项指标达标的种子方可提供给生产上种植，否则禁止使用，这样保证了高质量的生产用种。

第二节　土库曼斯坦棉花产业

土库曼斯坦是内陆国家，国土面积 49.12 万平方千米，人口 531 万（2014），地处中亚最南端，东接阿姆斯河，北和东北部与哈萨克斯坦、乌兹别克斯坦接壤，西濒里海与阿塞拜疆和俄罗斯隔海相望，南邻伊朗，东南与阿富汗交界。国土面积的 80％为全球第 4 大的卡拉库姆沙漠，地势平坦，土壤以沙壤为主，无地面径流，唯一水源来自长度 1 450 千米的卡拉库阿姆运河。属典型大陆性气候，冬冷夏热，无霜期 184～240 天，气候常年炎热干燥，年蒸发量超过 2 000 毫米，年降水量卡拉库阿姆河谷地 80 毫米，卡拉库姆 150 毫米，山前地区 200～300 毫米。≥10℃的活动积温 4 065～5 390℃，有效积温 2 130～3 060℃。

一、产业概况

土库曼斯坦农业以种植业为主，1997 年耕地面积 132.9 万公顷，灌溉面积 131.3 万公顷，其中谷物占耕地面积的 49.3％，棉花占耕地面积的 40.1％，饲料占耕地面积的 8.3％，土豆和蔬菜占耕地面积的 2.2％。

土全国划分为 5 个州，达绍古兹州、列巴普州和马雷州是主要产棉州，这 3 个州占全国棉花产量的 75％以上。另外，阿哈尔州和巴尔干州棉花产量占全国产量的 25％以下。全国棉花种植主要分布在 30 个国营农场，343 个集体农庄。

土国植棉历史可追溯到公元前四到三世纪，是苏联时期第二大产棉国。进入 21 世纪棉花生产有较大恢复，植棉面积最大达到 642 千公顷（2009），皮棉产量 380 千吨（2010），单产水平也有较大提升，最高达到 691 千克/公顷（2010）（表 15 - 5）。土国还种植长绒海岛棉，产量约占总产量的 30％。

土国棉花生产之所以恢复较快：一是苏联解体后，国内政局和社会相对稳定，对农业和植棉业的影响较小。二是国家重视棉花生产，出台棉花生产扶持政策，对农民植棉进行补贴。三是利用卡拉库姆运河的水源，扩大了灌溉面积，增加了植棉面积。四是兴建农田水利，建设土库曼斯坦湖和水坝，扩大水库蓄水灌溉能力，以及开垦沙漠扩大耕地面积，改良土壤，扩大植棉面积。

表 15 - 5　土库曼斯坦棉花生产情况

年份	面积（千公顷）	皮棉产量（千吨）	皮棉单产（千克/公顷）	出口（千吨）
1992	567	378	667	350
2000	491	187	381	122
2001	515	184	357	128
2002	490	148	302	90
2005	550	200	364	116
2006	550	203	369	91
2007	600	215	358	125
2008	600	260	433	167
2009	642	280	436	185
2010	550	380	691	256
2011	550	330	600	151
2012	525	335	638	230
2013	550	329	485	195
2014	545	327	482	171
2015	545	264	482	108

资料来源：国际棉花咨询委员会。

二、种植、加工与出口

土国商用棉花品种为本国培育的中长纤维和细绒棉的优育品种。国内有土壤研究所、棉花研究所等科研机构专门从事棉花种植研究，全国建立 37 个专业育种科研机构，选育适宜栽培区生长的 30 个棉种已在国家注册。

全国设立繁育良种基地 115 处，繁育和种植 30 个早熟高产棉品种——主要种植中纤棉"133"。此外，阿哈尔省和马雷省种植"中纤-7"；达绍克兹省种植"达绍克兹-120"、"达绍克兹-114"、"149"、"4727"等品种；马巴尔坎和列巴普省种植中纤棉"2606"及其他一些品种；马雷及阿哈尔州种细纤棉"9871"、"14"、"32"等。

土库曼斯坦设立国家垄断下的棉花专营集中公司——康采尼集团（以下简称集团），这家集团公司是国家的管理机关和生产经营联合体。旨在组织实施棉花种植及棉花加工所有经营活动。国家赋予该集团自主核算和自负盈亏，直接隶属土库曼斯坦总统和内阁。集团遵循国家宪法、法律和土库曼斯坦议会、总统及内阁的决定开展经营活动。集团下设多家分公司和 2 家干部专业培训学校。这些分公司也具有独立经营权利。集团主要任务：组织实施总统关于棉花产业发展的决定；协调推广应用新技术、新装备，并对新技术研究示范提供资金支持；实施招商和投资政策，提高经营管理水平和劳动生产率，增加利润（收入）。

籽棉收购由康采尼集团实施，该集团在全国设立 157 个收购点，150 座仓库，35 家棉花加工厂，6 个棉花贸易公司，2 个维修供应厂，3 个机械建筑公司。籽棉按国家统一价格由康采尼集团进行收购，统一轧花和统一销售。

2010 年，土总统宣布取消棉花的统购统销，允许农民按合同完成国家订购任务后，将余下自产棉直接到交易市场挂牌销售。

土库曼斯坦高度重视棉花生产，总统每年亲自布置任务，检查落实情况。当棉花采收季节全国上下关闭市场，上至总统下至军人、干部、工人、学生一起摘花。为了解决采收难题，自 2006 年开始在全国 47 个植棉区试验机械化采收，目前机采面积已占播种面积的 25%。

棉花是土库曼斯坦的主要农作物，也是该国主要出口的货物之一，出口额仅次于油气能源（油气工业是土库曼斯坦的支柱型产业）。独立以来，土库曼斯坦大力发展棉花加工业，棉花加工能力从独立初期的 3%，提高 2013 年的 51%。尽管如此，仍有 50% 原棉需要出口。陆地棉出口到中国、俄罗斯、英国、美国、加拿大、朝鲜、土耳其、伊朗、印尼、乌克兰等国家。其中长绒棉系列产品因品质优良享誉世界，其中中国是主要买家。

三、棉纺织工业

苏联时期，土库曼斯坦没有纺织业。独立后，国家耗资 16 亿美元建立了数家棉纺织工厂。到 2005 年，建成 19 座大型纺织综合体，生产棉短绒 21.7 万吨，棉纱线 8.2 万吨，棉布 1.58 亿平方米，针织面料 9 807 吨，针织品 2 864 万件。纺织工业产值占 2005 年国内生产总值的 2.45%。到 2013 年，建成 74 家纺织企业，包括 32 家纺织厂、棉纺厂及织造厂，17 家成衣厂、7 家丝绸厂和 2 家羊毛处理厂；棉纱线产量 17.7 万吨，比 2005 年增长 115.8%；棉布产量 1.86 亿平方米，比 2005 年增长 17.7%；针织面料 1.1 万吨，比 2005 年增长 12.2%；毛面料 7 200 吨，针织品及成衣 8 000 万件。

土国不断提高纺织业的产量和挖掘纺织品的出口潜力，大型纺织企业 90% 的产品用于出口，且大部分产品达到国际标准。2005 年，纺织品出口占全国出口总额的 6%，产品远销到美、加、英、法、德、瑞士等工业发达国家。全球著名公司 Saralee、Jcpenney、沃尔玛，彪马等都从土库曼斯坦进口服装制成品。2012 年，纺织品产值达 10.8 亿马纳特（约合 3.8 亿美元），增长 5.7%，实现销售产品总额 11.7 亿马纳特（约合 4.1 亿美元），增长 11.3%。

四、科研和进展

与中亚其他国家一样，土库曼斯坦科学技术，包括农业科技不如俄、乌、白等独联体和欧洲地区的国家发达。全国最大的科学研究中心是土库曼斯坦科学院创建于 1951 年，下设 3 个学部（物理技术和化学科学部、生物科学部和社会科学部），15 个研究所。由于土地面积 80% 是沙漠，该国学院有著名的沙漠研究所，它在苏联时期曾是独一无二的专门研究沙漠利用、治沙、沙土种植、沙土灌溉等的农业技术。此外，还有专门从事农业研究的农业科学院。在高校和中等专业学校有专门培养农业科技人才的农学院和各类农业学校。农科院植棉研究所下设棉花选种室、育种室、良种繁育室、品种试验与农业技术室。另外，该研究所在各州都设有棉花育种研究中心。土库曼斯坦植棉研究所的主要研究领域：棉花遗传学研究，并将其应用到选种、培育高产、早熟、高品质、高纤维含量的棉花品种上，广泛推广栽种；完善良种棉花的繁育和种植技术；研究棉花新品种对矿物肥料的敏感性。

在农业机械化、电气化和自动化方面，也具有相当的规模和水平。独立前农业早就普遍实行机械化，1980 年已拥有 3.71 万台拖拉机，摘棉机 9 300 台。此外该国农科院在土壤耕作与改良、灭除莠草、害虫和抗植物病害、抗土壤侵蚀等方面取得诸多成就。该国培植的高产抗凋萎棉花，特别是细纤维棉花优良品种，以纤维质量优良而著称。

第三节　塔吉克斯坦棉花产业

塔吉克斯坦位于中亚南部，是一个境内多山的内陆国家，东部、东南部与我国新疆接壤，南部与阿富汗交界，西部与乌兹别克斯坦比邻，北部与吉尔吉斯相连。

国土面积 14.31 万平方千米，境内多高山，山地占国土面积的 93%，人口 835 万人（2015），可供耕土地面积不到国土面积的 7%，且集中在首都杜尚别周围和北部的费尔干纳盆地西缘，以及西南部的瓦赫什谷地、吉萨尔谷地和喷赤谷地等。

塔吉克斯坦属于大陆性气候，热量充足，夏季最高气候达到 35～40℃，地表温度达 60～70℃，1 月最低气温—20℃。日照充足，年日照 2 500～3 000 小时，无霜期长，适宜棉花种植。

一、产业概况

棉区主要分布在索格德州、哈特隆州、图鲁松扎得区、沙赫里纳夫区、吉莎尔区、鲁达基区和瓦赫达特区。棉田多分布在谷地，土壤为灰钙土、棕色土和高山草甸土。

棉花曾是塔吉克斯坦战略物资，是继工业电解铝之后的第二大经济支柱产业，在国民经济中占有重要地位，塔吉克还是中亚地区的第三大产棉国。

塔国植棉历史悠久，早在 1913 年就有籽棉产量 32 300 吨的记录。加入苏联后，棉花产量不断提高，1936 年籽棉产量 14 万吨，1980 年籽棉产量提高到 100 万吨。1970—1990 年被认为是棉花生产的黄金年，这期间，籽棉产量有 3 年超过 70 万吨，5 年超过 80 万吨，9 年超过 90 万吨，1 年超过 100 万吨，是苏联重要的棉花生产基地，单产也为中亚地区最高。1991 年后因内战及经济因素，产能下降，1992 年仅产 16.0 万吨皮棉，比 1991 年减产 35.2%。

塔吉克斯坦是中亚地区最不幸的国家。1991 年 9 月宣布独立，1992 年苏联解体，1992 与 1997 年国内发生内战，由于各种政治、宗教、地方利益集团斗争日趋激烈，政局持续动荡，农业与植棉业遭受破坏，科研人员解散，集体农庄更名为股份公司，农庄主席改为董事长，但仍由政府任命。作为股东的农民，没有享受到股东应有的权利。幸运的是，拖拉机站还在，生产资料破坏不很严重，土地也没有分，生产还能维持。近几年，国内政局稳定，生产有所恢复，经济在发展，从 1996 年到 2003 年，国内生产总值平均增长幅度 7.0%。

21 世纪前 10 年棉花生产恢复加快但不稳定（表 15 - 6），2003—2004 年最高总产达到 17.2 万吨，近 5 年植棉面积减少，单产下降，总产 10 万吨左右，均为历史较低水平。

表 15 - 6　塔吉克斯坦近年棉花生产与出口

年份	面积（千公顷）	皮棉产量（千吨）	皮棉单产（千克/公顷）	出口量（千吨）
1991	292	247	846	200
1992	285	160	561	100
1993	268	181	675	180
1994	287	168	584	160
1995	273	130	476	135
1996	234	99	423	85
1997	218	106	488	107
1998	249	110	441	90
1999	254	98	384	83
2000	242	106	436	110
2001	258	145	563	117
2002	269	165	613	140
2003	285	172	604	151
2004	293	172	585	147
2005	255	139	545	129
2006	260	140	538	120
2007	250	130	520	110
2008	223	107	480	70
2009	170	82	481	96
2010	160	90	562	77
2011	201	120	597	118
2012	196	125	638	136
2013	189	105	556	83
2014	175	104	597	94

资料来源：国际棉花咨询委员会。

　　塔国棉花产量之所以减少：一是国际棉价一直在下降，种植棉花的农场主不合算，棉花种植投入较大，化肥和农机等需要进口，内陆国家运输不畅更增加了成本。二是农业生产日益多元化，一些农民转而种植饲料，发展畜牧业与家禽业；一些农民转而种植粮食，减少粮食进口，保障国家粮食安全。为此，棉花不再作为塔国的战略作物，预计产量将逐步减少。

二、栽培措施

　　由于光热资源丰富，没有春季的倒春寒、大风、沙尘暴，秋季急速降温、霜冻等恶劣天气，塔吉克斯坦棉花播种从 3 月上旬开始，可一直持续到 6 月。在栽培模式上，以露地直播为主，株行距配置为 20 厘米×60 厘米等行距，一般使用其国内（或乌兹别克斯坦）生产的播种机，可直接播毛子，虽然理论上是点播（每穴 3~5 粒种子），但实际上基本算是条播。因此播种量较大（100~110 千克/公顷，实际更大），缺苗断垄情况较普遍，播种技术较落后。出苗后进行人工间、定苗。由于耕地多为坡地，细流沟灌技术成熟，棉田全生育期沟灌 5~8 次，8 月初棉株 12~14 果枝时打顶，株高一般 80~100 厘米。在肥料上，基肥以磷肥为主，秋天犁地前施 200 千克/公顷（或播前整地施 200 千克/公顷），蕾期第一次追氮肥 200 千克/公顷、磷肥 100 千克/公顷、钾肥 40~50 千克/公顷，开花期第二次追氮肥 200 千克/公顷、磷肥 100 千克/公顷。独立后，全国国营农场逐渐演变为 40 万个私人农场。受国家经济发展持续低迷的影响以及农业扶助政策的不足，农民对化肥的购买力有限、积极性不高，化肥投入明显不足，不少地方少施甚至不施化肥。化肥种类和用量各地有较大差别。

虫害主要有蚜虫、棉铃虫、红蜘蛛等，但基本上没有能力防治。病害主要有枯萎病和黄萎病。由于所选育的品种在抗病性方面表现较好，有效地降低了危害。棉花收获，苏联时期是以机械为主；独立后，由于经济落后，人工成本较低，棉花主要是人工采收，每年秋季组织干部、学生参与棉花摘收工作。近年来每千克籽棉人工采收费 0.2 索莫尼（塔吉克斯坦货币），约合人民币 0.3 元，相当于新疆 20 年前的水平；棉花由国家统一收购，籽棉收购价格每吨 400~500 美元。国家以较低价格统一收购，是农民植棉积极性不高的一个重要原因。由于棉花吐絮期较长、劳力紧缺，棉花收获从 8 月中下旬开始可持续到 11 月。12 月收获后人工拔除棉秆，棉秆主要做农村生活燃料。

三、加工与出口

塔吉克斯坦棉纤维按品种不同划分成 7 个类别。一类、二类和三类属于细纤维棉花，其余四类属于长纤维棉花。棉纤维根据杂质含量划分成 5 个等级：高级、优级、中级、普通级、等外级。若以英国利物浦棉花交易所的棉花牌价（即 Cotlook A 指数）作为参考价，塔国不同等级的棉花价格在−55%~5% 之间变动。

棉花收购采用自由市场政策，农场主可以自主决定棉花是内销还是对外出口。关于收购价格，2010 年全国籽棉开秤价 600 美元/吨，随后长至 850~900 美元/吨，但 2008—2009 年平均价格没有超过 500 美元/吨。

近几年在发展棉花期货市场，外国公司按照利物浦棉花期货价格与农场主签订合同，依据"订单"，由外国公司为"订单"农场提供农业生产资料包括柴油、拖拉机、化肥和农药等，以确保合同产量的兑现。

全国共有 500 家棉花轧花厂，加工能力达到 167 万吨，有锯齿轧花机和皮辊轧花机，2011 年仅 70 家加工籽棉，其中约 20% 可加工优质棉，其余加工质量差，这些机械都是苏联时期遗留下来设备，老化严重，也进口一些轧花机，但整体加工效率不高。

塔吉克斯坦棉花 90% 出口。2001 年出口 7.54 万吨，价值 7 150 万美元，出口均价 948 美元/吨。2012 年出口 14.4 万吨，2013 年出口 11.4 万吨，2014 年出口 8.7 万吨，比 2013 年下降 24.5%；出口金额 1.32 亿美元，比 2013 年减少下降 30.2%。

主要目的地有：拉脱维亚、俄罗斯、伊朗、土耳其、巴基斯坦、保加利亚、白俄罗斯、瑞士和中国等。

四、棉纺织工业

塔吉克斯坦纺织工业产值约占工业总产值的 15%，是继有色冶金工业（制铝业）和食品工业之后的第三大主要支柱工业。位于北部索格德州的塔、韩（韩国）合资纺织企业和塔、意合资纺织企业是两家明星企业，产品质量和档次较高。其中塔韩合资企业主要从事棉花加工和布料生产，产品出口至韩国和欧洲其他国家，年出口额 3 000 万美元。该厂开工率为设计能力的 93%，基本达到了预期的目的。塔、意（意大利）合资企业主要从事棉花加工和服装制成品生产，产品为纯棉裤等服装，2002 年总产量约为 150 万条，几乎全部出口到意大利和比利时，年均销售利润 100 万美元。

杜尚别纺织企业和库尔干秋别纺纱厂是苏联时期的老企业。但由于设备老化严重，无钱购买原材料，两家企业开工率严重不足，产品质量、档次也较低。杜尚别纺织企业棉纱产量 1 万多吨，坯布 8 000 万米，成品布 7 400 万米，服装 24.5 万件，产品主要在国内销售。南部哈特龙州的库尔干秋别纺纱厂棉纱产量为 3 700 吨，产品部分出口到俄罗斯，部分在国内销售。

由于塔国纺织品品种、档次、花色单一，除外资企业外，其他厂家生产的产品质量较差，缺乏市场竞争力。外国纺织品，主要是来自中国、土耳其、伊朗等国大量进入塔市场。从中国进口的纺织品主要有各式中低档男女服装、童装、毛浴巾、床上用品、装饰布、桌布和地毯等。消费者反映中国产品选择余地大，价格合理，适合大众需求。据了解，中国纺织品主要通过民间贸易、旅游贸易等渠道或从其他国家进入塔国，还有通过吉尔吉斯、阿联酋等国转运进入塔市场。

五、科研和进展

塔吉克斯坦开展棉花相关的科研单位主要有位于首都杜尚别市的国家农科院作物研究所、土壤肥料研究所和塔吉克斯坦国家农业大学。

独立后，作物研究所育成以陆地棉为主的棉花品种近 20 个，如尼拉尔托 64 号（籽棉产量 3.8～4.0 吨/公顷、衣分 37.8%～38.8%、绒长 35.5～36 毫米、生育期 118～120）、zarnigor（籽产 4.3～4.4 吨/公顷、衣分 35.5%～36.5%、绒长 36～36.5 毫米、生育期 115～118 天）、依拉姆 1 号（籽产 3.8～4.1 吨/公顷、衣分 38.8%～39%、绒长 36.5～38 毫米、生育期 118～120 天）、SUGDIYON－2（籽产 3.8～3.9 吨/公顷、衣分 38.8%～39%、绒长 35.5～37 毫米、生育期 120～125d）、伊索尔（籽产 3.7～4.1 吨/公顷、衣分 36.3%～37.0%、生育期 118 天）、VD－11（籽产 3.5～3.7 吨/公顷、衣分 34.5%～36.5%、绒长 35～36 毫米、生育期 120～125 天）等。

国家农科院哈特隆州农作物试验站（前身是瓦赫什棉花研究所）位于首都杜尚别市以南 150 余千米的库尔干秋别市近郊，有效积温 5 800～6 000℃，适合长绒棉种植，在苏联时期是主要的长绒棉产区。该站成立于 1930 年，当时主要从事长绒棉品种的选育研究。1935 年引进埃及吉扎系列、美国比马系列等长绒棉品种，开始进行本国品种的选育研究。在近 80 年的发展历程中，有 180 多个品系参加区试，60 多个通过审定成为品种。其中，长绒棉优良品种 9 326 - B 最多时曾经达到 13 万公顷的种植面积，现在仍有 7 个长绒棉品种在生产中应用。近年来由于长绒棉面积的逐年减少，地棉育种成为重点。同时也进行小麦、苜蓿等其他作物的试验研究，已演变为综合性研究所。该所育成的品种（系）在当地表现抗病性优、早熟（长绒棉从播种至 10% 吐絮全生育期 118～122 天，陆地棉全生育期 105～115 天），纤维品质优良（单纤维断强可达 5 克以上，长绒棉绒长在 40～42 毫米，陆地棉绒长在 33～36 毫米）；衣分一般在 34%～35%（长绒棉）和 38%～40%（陆地棉）；长绒棉籽棉产量在 3.5～4.5 吨/公顷。如长绒棉品种（系）93 - 26 - B、88 - 9 - B、750 - B、748 - B 和陆地棉品种 ВД - 11、塔吉克斯坦棉、11 - В、В - 70、3ВД、7ВД、90ВД 等。资源材料有特早熟大铃材料，生育期仅 95 天，铃重可达 7 克；生长势旺盛的胡占 67、75 号；紧凑零式果枝结铃性强的长绒棉品种 P326 - B 等（表 15 - 7）。

表 15 - 7　塔吉克斯坦主要种植棉花品种的特点

品种	果枝数（个/株）	结铃（个/株）	铃重（克/个）	衣分（%）	绒长（毫米）	比强度（厘牛/特克斯）	马克隆值	收获密度（万株/公顷）	籽棉产量（千克/公顷）
塔吉克斯坦棉	10.4	5.8	4.46	35.3	28.7	29.3	4.4	19	4 895
ВД - 11	8.8	6.1	4.5	34.8	27.5	28.7	4.7	15	4 220

作为育种工作的基础，种质资源研究是苏联的优势。但独立后塔吉克斯坦在此方面一度停滞不前，近几年才逐步得到了重视。俄罗斯已将 13 000 余份包括棉花在内的各类种质资源材料返还给塔吉克斯坦。同时，乌兹别克斯坦作为苏联时期棉花种质收集保存研究中心，同样保存有塔吉克斯坦的材料。塔吉克斯坦计划近期从乌兹别克斯坦回引棉花种质资源。除俄罗斯、乌兹别克斯坦外，塔吉克斯坦也重视同其他周边国家如伊朗、巴基斯坦、土耳其等国的交流合作。另外，在国外种质资源和优良品种的交流引进方面，最早引进有新疆品种新海 7 号（海岛棉）、新陆早 1 号等。近年来，随着中国（新疆）与中亚国家各层面交往的广泛深入，新疆棉花品种通过多种途径在塔吉克斯坦种植应用。

第四节　哈萨克斯坦棉花产业

哈萨克斯坦位于亚洲中部，西濒里海，北临俄罗斯，东联中国，南与乌兹别克斯坦、土库曼斯坦、吉尔吉斯斯坦接壤，人口 1 750 万（2015）。国土面积 272.49 万平方千米，60% 面积为沙漠和半沙漠，境内多低平原。

位于哈萨克斯坦东南部奇姆肯特省的南哈州是该国唯一的产棉区，紧靠乌兹别克斯坦。7 月均温 22～24℃，极端最高温度 47℃；1 月均温北部为 -9℃，南部 -2℃，绝对最低温度 -41℃。≥10℃ 的活动积温 4 050℃，有效积温 2 020℃，无霜期 230～320 天。年降水量 130～170 毫米。土壤以灰钙土、浅栗色土壤、沙土为主。适宜的温度、土壤及其他自然气候条件，再加灌溉，为该州种植棉花、优质果树和桑树等经济作物创造了良好的条件。

一、产业概况

哈萨克斯坦植棉业 19 世纪末开始扩大生产规模。1885 年原锡尔县（现奇姆肯特、江布尔和克兹尔—奥尔金省）棉面积 432 公顷，1910 年棉田面积 3 632 公顷，1913 年棉田面积 20 800 公顷，籽棉产量 1.8 万吨，籽棉单产 360 千克/公顷。十月革命前，植棉技术落后。十月革命后，开始对土地进行水利设施建设和土壤改良。1927 年籽棉产量 5 万吨。1951—1960 年，年均棉田面积 10.7 万公顷，籽棉单产 1 460 千克/公顷，总产籽棉 15.6 万吨；1980 年，棉田面积 12.7 万公顷，籽棉单产 2 830 千克/公顷，年产籽棉为 35.8 万吨。1985—1989 年，棉田面积在 13 万公顷左右。1991 年籽棉总产 19.11 万吨，1998 年减到 16.16 万吨，减少 15.4%。

独立后哈萨克斯坦植棉面积波动大（表 15-8）。1995 年植棉面积 11 万公顷，2000 年扩大到 14.9 万公顷，2005 年达到最大值 20.4 万公顷，2014 年又减少到 12.9 万公顷。皮棉总产以 2004 年最高，达到 15.3 万吨，近几年下降到 7.2 万吨，减幅高达 52.9%。

表 15-8　哈萨克斯坦棉花生产与出口

年份	面积（千公顷）	皮棉产量（千吨）	皮棉单产（千克/公顷）	皮棉出口（千吨）
1991	116	94	810	70
1992	112	78	696	50
1993	106	65	612	39
1994	108	70	651	55
1995	110	78	709	70
1996	110	59	536	58
1997	102	64	627	61
1998	115	55	479	52
1999	119	79	664	74
2000	149	85	570	93
2001	184	142	772	128
2002	165	115	697	110
2003	185	133	719	129
2004	200	153	765	150
2005	204	138	676	132
2006	196	135	688	125
2007	200	120	600	122
2008	175	90	514	75
2009	140	75	536	74
2010	134	60	447	54
2011	140	80	571	62
2012	133	90	677	45

（续）

年份	面积（千公顷）	皮棉产量（千吨）	皮棉单产（千克/公顷）	皮棉出口（千吨）
2013	140	74	530	61
2014	129	72	556	60
2015	129	72	556	63

资料来源：国际棉花咨询委员会。

据分析，棉花产能下降的主要原因：一是棉田面积减少，而棉田减少的主因则是水资源严重短缺，独立 20 年以来，由于水资源的严重不足，农田灌溉面积减缩了 43%，棉农植棉积极性下挫。二是投入大，植棉收益不稳。一个农户植棉面积 5～10 公顷，每年投入 540 美元/公顷。因产量受气候影响，加上棉价不稳定，植棉收益没有保障，很多棉农改种蔬菜或其他作物，近几年棉田面积减少很多。

为了提高棉花生产能力，1998 年利用世界银行贷款对马克塔拉尔棉区的水利设施进行改造，到 2002 年，共改造水渠 190 千米，新建水利设施 1 086 个，新打机井 57 眼，架设电线 92 千米，另外还新打盐度观测井 93 眼。

哈国有植棉农户 16 000 户，户均棉田面积仅 3.2 公顷。为了发挥规模植棉的优势，政府积极鼓励规模植棉，通过资金支持引导集中经营，按化肥、农资和水价分档进行补贴。具体方法：漫灌棉农仅能获得 10% 的水价优惠，滴灌棉农可享受 80% 的水价补贴。但中小农户由于资金匮乏无法更新灌溉技术，原因是贷款银行不接受棉农的住房抵押和土地抵押。

政府补贴。2010 年哈国家粮食集团公司共发放 1 700 万美元棉花生产低息贷款，扶植棉花生产，小额贷款是通过小额贷款机构进行，农户平均贷款额度为 308 美元/公顷。

二、栽培措施

种植品种。在 2000 年以前种植苏联品种 C-4727，2001 年推广自育品种（占 8%），到 2013 年自育品种种植面积 12 万公顷，占总面积的 85% 以上。目前种植的自育品种：Ⅱ A3031、Ⅱ A3044、M-4005、M-4007、M-4011、Bereke007、Merzaxol-80、Atakenet2010 和 Pamyat1 ERraiva 等白色陆地棉品种，以及 Btm-4047 等棕色陆地棉品种，纤维绒长 33 毫米以上，衣分 36%～39%，马克隆值在 4.5 以上，生育期在 130 天左右。

哈国棉花品种主要特点：一是抗盐性较强，在较高的盐碱条件下能稳定生长；二是品质较好，纤维长度在 33～35 毫米。缺点是产量较低，衣分不高，不抗棉铃虫。

2011 年，政府在南方提高育种业的补贴，并兴建 7 个育种场，19 个二代、三代繁殖农场，由繁殖专家选育的优良品种，并进行良种的繁殖，生产原原种、原种和良种，扩大繁殖系数。至此，全国棉花良种繁殖农场从 24 个增加到 35 个繁殖场，还新建一座棉种加工厂，加工棉种 7 000 吨/年，工厂采用化学工艺清除短绒，从而获得高质量棉种，而棉籽油则由哈棉花公司加工厂进行压榨。

制定了合理的夏季灌水和冬季灌水压盐碱制度。南哈萨克斯坦棉区地表水位较高，夏季炎热、蒸发量高导致土壤盐碱量增加是棉花产量进一步提高的限制因素之一。利用合理灌溉降低盐碱、改良土壤是棉花栽培的首要问题。因此，哈萨克斯坦棉花生产研究所一直将棉田盐碱地改良放在重要位置，多采用夏季起垄灌洗碱排出盐碱、冬季灌水压碱、春季深耕破碱等土壤改良措施达到改良土壤的目的。

制定了合理的轮作倒茬制度。通过制定棉花和其他作物的轮作倒茬制度，在土壤改良、病虫害防治方面取得很好的效果。目前采用2种轮作倒茬耕作模式：第一种模式是长间隔期轮作模式，即7年连续种棉花，然后3年种苜蓿；或者3年种苜蓿，4年种棉花，1年种甜瓜，然后2年种棉花；或者3年种棉花，3年种苜蓿。第二种模式是短期轮作模式：即1年种苜蓿，2年种棉花；或2年种苜蓿，1年种棉花；或棉花和小麦每隔1年轮作倒茬种植。

哈国5%～6%棉田面积采用机械化采收，其余手工采摘，每年收获季节由来自邻国季节工2～3万人帮助采收。

三、加工与出口

棉花质量与等级受气候、土壤、耕种条件、播种方式、采收和收获时间等因素制约，政府根据棉花等级、品种、质量制定了确定棉花等级的标准（表15-9）。

表15-9　哈萨克斯坦产棉花纤维品质分级

型号	纤维长度（毫米）	纤维细度（分特）	断裂强度（克/特克斯）	
			一级	二级
4	33.2	180	26.0	25.5
5	31.2	190	24.5	24.0
6	30.2	200	24.0	23.5
7	29.2	>200	23.5	23.0

资料来源：哈萨克斯坦农业部。

棉花收购由一家国家棉花契约公司承担，这家公司于2005年成立，负责完成国家下达的收购任务，也有稳定棉花市场的任务，公司有加工能力6万吨的轧花加工厂、棉籽榨油厂和维修站。正常情况下，棉农将籽棉卖给棉花加工企业，由加工企业加工再卖给国内棉纺织企业或出口。除个别棉花紧俏年景，零散的购货商都愿意支付定金，其余的以现金支付方式与棉农进行交易。在国家实施补贴时，补贴资金的30%交由收购企业发放。

哈国有轧花厂十几家，还有一些作坊式加工厂，轧花加工设备较为落后，设备更新和技术改造已成为影响哈棉业加工的主要障碍之一。

近年来，哈国出台了相关措施发展棉花加工产业，试图把棉纤维加工留在本国。如在南哈州设立纺织发展园区，享受多项优惠政策，吸引国内外投资。2007年棉纤维加工能力11.1万吨，其中96.5%出口国际市场。为发展轻纺业的发展，计划将40%的棉纤维用于纺织品加工，优先满足本国轻纺需要。但是统一收购价执行情况一直不尽如人意。如2008年，国家倡导的棉花收购价为"一等品"每千克60坚戈（哈萨克斯坦货币，100哈萨克斯坦坚戈＝3.385 3人民币），"二等品"52坚戈/千克，但棉商和棉厂却自定收购价，"一等品"、"二等品"收购价皆为50坚戈/每千克，部分"二等品"收购价低于48坚戈。由于收购价格低，棉农不愿意销售，2008年全国籽棉收购量31.8万吨，一等棉仅4万吨。

在销售定价方面，国内市场棉花售价参照国际市场行情，紧盯 Cotlook 价格指数，计算棉花的国内和国际市场价。具体为：以 Cotlook 发布的价格为棉花基础价格，减去运保费和包装费形成当地棉花出口价。2010 年棉花价格为 1 200 美元/吨。

四、棉纺织业

苏联解体后，各国原有的计划体制被打乱，资金结算方式、国家间货币币种等均发生了根本性变化，致使货币流通不畅，购销渠道不畅，企业资金全靠自己筹措，资金严重匮乏，使得 90% 的国有企业处于停产、半停产甚至破产状态。

最近 4 年来，哈国加快纺织业引资步伐，其中德国投资纺织领域提供贷款和投资总额 1.95 亿美元。土耳其投资兴建合资企业 10 家，韩国投资 2 179 万美元，兴建一家纺织联合体，日本投资兴建和改造一家纺织联合体，投资 7 500 万美元。美国投资 1 230 万美元兴建一家精梳纱厂。

2011 年，哈国有棉纺织契约企业 70 家，包括 16 家合资企业，大型纺织联合体 4 家，每个联合体拥有职工万人。其中，投入生产的优捷克斯股份公司纺织厂，年产棉纱 6 000 吨，生产的产品为精梳纱。使用 Rieter 设备的梅兰诗股份公司，年产棉纱 5 000 吨，还有织布。使用 Dormier、Thies、Benninger 设备，由哈棉公司和俄罗斯公司的纺织联合体，年轧花加工籽棉 8 000 吨，生产的产品为牛仔布。使用 Rieter、Picanol、Benninger 设备的 NimexTextile 纺织厂，年加工原棉 12 000 吨，生产的产品为棉纱和牛仔布。

五、科研和进展

哈萨克斯坦棉花科研由哈萨克斯坦棉花生产研究所承担。该所是哈萨克斯坦唯一的棉花科研单位，位于马赫塔阿拉棉区。该所历史较长，前身是 1927 年成立的马赫塔阿拉棉花灌溉及土壤试验站。独立后 1997 年改成哈萨克斯坦国家科学院棉花实验站，2008 年改成哈萨克斯坦棉花生产研究所，下设 4 个实验室及 7 个研究室，从事棉花育种、栽培、病虫害防治等科研，另外还从事小麦、苜蓿、甜西瓜、蔬菜育种栽培等研究。

近 10 年，该所在棉花新品种培育、种植技术、土壤改良、灌溉技术、施肥技术、病虫害及杂草防治方面取得了较大的进展。

第五节　吉尔吉斯斯坦棉花产业

吉尔吉斯斯坦是内陆国家，位于中亚的东北部，北部与哈萨克斯坦比邻，西南与塔吉克斯坦相连，西部与乌兹别克斯坦交界，东部和东南部与中国交壤，边境线全长 4 170 千米，其中与中国的共同边界长 1 096 千米。国土面积 19.99 万平方千米，天山山脉占国土面积约 4/5。2015 年人口 593.5 万人。

吉国属于大陆性气候，四季分明，夏季炎热、干燥，冬季寒冷，昼夜温差大，晴天多，少风。1 月平均气温 −6.0℃，7 月气温 27℃。农业耕地面积 136.7 万公顷，可耕地占 69.0%，其中灌溉面积占 74.0%，以纳伦河和楚河等内河灌溉。

一、产业概况

棉花主要种植在贾拉拉巴德州、奥什州和巴特肯州，占该三州农业播种面积的 20%。2011 年，吉国植棉面积 35 370 公顷，其中贾拉拉巴州占 55.3%、奥什州占 44.0%、巴特肯州祝占 0.7%。全国从事棉花产业约 50 万人。

在奥什州共有 36 个集体农庄和国营农场种植棉花，产棉区划分为三个亚区：低地亚区，棉田约占 15%；海拔 700～900 米的山前平原，棉田占 70%；海拔 900～1 300 米的山前区棉田占 15%。

棉花是吉尔吉斯斯坦重要的经济作物之一。棉田面积 20 世纪 40—50 年代为 65 千公顷上下，60～70 年代为 71～76 千公顷，80 年代后棉田缩减，1991 年和 1992 年间分别约 26 和 21 千公顷，1993 年为 20 千公顷，所占比例不到中亚和外高加索棉田总面积的 1%，棉花产量以 20 世纪 70 年代最多，1975 年 7 万吨，到 1985 年仅产 1.8 万吨，1991—1993 年下降到 2 万吨。20 世纪 80 年代由于棉田面积大幅减少，棉花产量也随之大幅下降。

独立后，由于调整了农作物种植结构，棉田面积大幅度增加，2004 年皮棉产量达 4 万吨，2007 年后年植棉种植面积与总产又呈减少态势；单产水平从 1992 年的 682 千克/公顷，增加到 21 世纪初的 923 千克/公顷，2008—2015 年平均 828.9 千克/公顷（表 15-10）。

表 15-10 吉尔吉斯斯坦棉花生产与出口

年份	面积（千公顷）	皮棉产量（千吨）	皮棉单产（千克/公顷）	出口（千吨）
1992	22	15	682	5
1998	33	27	812	25
1999	31	26	852	25
2000	35	27	790	28
2001	38	35	923	31
2002	28	25	900	25
2003	35	25	725	25
2004	46	40	862	36
2005	46	38	834	40
2007	46	37	809	39
2008	35	30	862	33
2009	33	26	786	23
2010	20	15	750	17
2011	37	32	858	34
2012	31	27	874	29
2013	27	23	831	24
2014	27	23	835	23
2015	27	23	835	24

资料来源：国际棉花咨询委员会。

二、栽培措施、加工和贸易

吉国主栽棉种为本国培育的早熟品种"吉尔吉斯斯坦 3 号"和"吉尔吉斯斯坦 5 号"，当地棉农也从中国引进棉种（非官方），但据官方统计，中国棉种不适合当地气候条件，主要问题是晚熟（在雪中或雪后收摘），采收从 9 月初开始至 10 月底。2015 年，中棉所 44 通过吉尔吉斯斯坦的国家审定，即将成为主栽品种。

两次国内革命对该国棉花种植产生消极影响，革命后"自由的"人民占据了原用于培育棉种的耕地，植棉面积减少，目前政府正努力改变这一局面，恢复并增加植棉面积。

棉花种植采用地膜覆盖，但是地膜、肥料、农药等生产资料较为短缺。原因是，吉国没有自己的肥料、农药生产厂，早期进口肥料来自乌兹别克斯坦，但因边境问题关闭口岸不得不中断进口，棉农不得不花高价从俄罗斯和哈萨克斯坦购进口。

采棉分人工和机械，以人工采摘为主，原因是棉田不适宜机械作业。

棉农向轧花厂出售籽棉。全国有轧花厂 30 多家，均为苏联时期遗留下来，设备老化、零部件短缺的问题突出，可开工仅为 15％。由于加工能力不足，约一半以籽棉出口，也有产量流失情况，附加值极低。

贾拉拉巴德州是吉国主要棉花产地，也是轻工业的主要集中地，该州拥有各种形式的纺织企业 70 多家，多数企业设备落后，原料匮乏，开工不足。主要产品有棉纱、棉布和毛料、混纺丝绸面料、无纺面料等。

轧花厂将轧花后的 10％皮棉自用，其余 90％经中间商销售或出口。原棉主要出口俄罗斯，占份额的 60％，出口土耳其占 10％，出口东欧国家占 25％，出口中国占 5％，但数量在增加。由于俄罗斯与吉国加强经贸合作，出口数量一直在增加。但是，由于国际市场行情的影响，原棉出口不稳定，常有积压。

第六节　阿塞拜疆与俄罗斯棉花产业

一、阿塞拜疆棉花产业

阿塞拜疆位于欧洲，人口 947.7 万（2014），国土面积 8.66 万平方千米。气候呈多样化特征，中部和东部为干燥型气候，东南部降雨较为充沛。

属亚热带气候，7 月平均温度低平原 25～27℃，夏季最高温度 43℃，大于 10℃活动积温 3 750～4 650℃，有效积温 1 870～2 550℃；年降水量山前地区 200 毫米，连科兰低平原 1 200～1 700 毫米。大部分地区夏天为旱季，干燥少雨；秋末至次年春季为雨季，部分地区有降雪。

境内主要河流为库拉河及其支流阿拉克斯河，用于灌溉平原，境内还修有一些运河。

19 世纪初叶，棉花在基奥克恰依和阿格穆县及纳希契凡边区种植。在波斯人统治时期棉花生产只供本地手工纺织需要，且种植粗短绒草棉。19 世纪中后期，伴随俄罗斯棉纺织工业的发展，尤其是莫斯科大型织布厂的建立，在依万诺夫．沃兹涅信斯克市附近棉田扩大，并开始在巴库、基洛夫城和埃里温省、什里万省、什金省、卡拉巴哈省、库宾等省种植，1913 年，棉田达 10.3 万公顷，籽棉产量 64 千吨，皮棉单产 310 千克/公顷。曾是苏联第二大棉花生产基地。苏联解体后，因连年与亚美利亚交战，棉花种植面积缩减。

产棉区主要集中在米里—卡拉巴哈地区（占 39%）；穆加诺—卡里扬地区（占 33%）；什里万地区（占 20%）；基洛夫——哈萨克地区（占 8%）。2010—2014 年均皮棉产量 17 千吨，比 2000—2009 年 36 千吨减 19 千吨，减 52.0%，比 1990—1999 年 95 千吨，减 78 千吨，减 81.9%。

近五年，年均植棉面积 34 千公顷，分别比前十年平均 72 千公顷和 20 世纪 90 年代 205 千公顷减少 38 千公顷和 172 千公顷，而单产水平呈增加趋势，单产 556 千克/公顷，分别比前十年和上世纪后十年提高 13.5% 和 25.2%（表 15 - 11）。

近 5 年，所产棉花主要用于国内消费，年均 151 千吨，占 87.9%，出口 5 千吨。

表 15 - 11　中亚及阿塞拜疆、俄罗斯近 25 年棉花生产与进出口情况

项目	皮棉产量 （千吨）	面积 （千公顷）	单产 （千克/公顷）	消费量 （千吨）	原棉出口量 （千吨）	原棉进口量 （千吨）
1990/1991—1999/2000 年度平均						
哈萨克斯坦	74	119	663	21	59	5
吉尔吉斯斯坦	21	28	764	14	12	5
塔吉克斯坦	156	266	572	20	127	
土库曼尼斯坦	294	565	514	28	246	
乌兹别克斯坦	1 253	1 594	784	166	1 079	1
中亚	1 798	2 565	696	249	1 523	9
阿塞拜疆	95	205	444	19	72	2
白俄罗斯				16	1	15
俄罗斯	0.7	1	501	462	17	464
2000/2001—2009/2010 年度平均						
哈萨克斯坦	119	180	654	10	114	5
吉尔吉斯斯坦	30	36	832	2	31	3
塔吉克斯坦	136	251	537	18	119	
土库曼尼斯坦	222	572	385	83	136	
乌兹别克斯坦	1 052	1 415	742	232	817	1
中亚	1 558	2 453	630	345	1 216	7
阿塞拜疆	36	72	490	8	30	
白俄罗斯				12		12
俄罗斯	1	2	504	275	1	276

（续）

项目	皮棉产量 （千吨）	面积 （千公顷）	单产 （千克/公顷）	消费量 （千吨）	原棉出口量 （千吨）	原棉进口量 （千吨）
			2010/2011—2014/2015 年度平均			
哈萨克斯坦	75	135	556	13	56	0.4
吉尔吉斯斯坦	24	28	830	1	25	3
塔吉克斯坦	109	184	590	9	102	
土库曼斯坦	340	544	579	135	201	
乌兹别克斯坦	934	1 296	721	318	616	1
中亚	1 502	2 190	678	475	1 000	4
阿塞拜疆	17	34	486	151	5	
白俄罗斯				12		11
俄罗斯	1	1	518	195		65

二、俄罗斯棉花产业概况

俄罗斯为独联体国家，横跨欧亚，大部分地区为北温带，以温带大陆性气候为主，温差普遍较大，1 月平均温度−18℃～−10℃，7 月平均温度为 11～27℃，气候多样，大多数地区不适合棉花种植。年均降水量 150～1 000 毫米。人口 1.43 亿（2012），农业人口 668.4万人，占总人口的 9.9%。

苏联时期，俄罗斯原棉依靠联邦各国供应，但自 1992 年苏联解体后，俄罗斯开始在伏尔加河下游的三角洲重新种植棉花，最初籽棉产量 1 700～2 100 千克/公顷，2005—2006 年提高到 2 000～2 250 千克/公顷。2007 年伏尔加河下游植棉面积 13 千～14 千公顷，2010—2014 年植棉面积缩减到 1 000 公顷，皮棉单产 518 千克/公顷（表 15 - 11）。俄政府计划，根据原棉和半成品的市场需求，将在斯塔夫罗波尔边疆州、位于北高加索的达吉斯坦和位于里海的卡尔梅克共和国扩大棉花种植面积。

1980 年，俄罗斯纺织行业的产能最大，那时纺织厂棉纤维加工能力达到 1 300 万吨。苏联解体后，棉纤维加工能力下降了 80% 以上，纺织加工量不足 20 万吨。俄本国原料供应占比不到 15%，85% 原棉需要进口。在进口来源中，75% 来自中亚国家——乌兹别克斯坦、土库曼斯坦、塔吉克斯坦、哈萨克斯坦和吉尔吉斯斯坦，部分来自印度和土耳其等。

苏联解体后，俄罗斯棉花轧花加工业几乎处于停滞状态，设备老化、税法不完善、长期贷款及投资紧缺加工能力下降。最近 10 多年，棉花轧花加工能力和棉纺织业有所恢复，但进展都不快。

第十六章　印度棉花产业

撰稿人　田立文　孔庆平　毛树春

印度（印度语：**भारत**；英语：India）是全球四大文明古国之一，大约公元前 5000 年，印度河流域就开始了棉花种植，后传入中国，公元前 1500 年印度吠陀经曾提到过"织布机中的线"（threads in the loom），据此推断印度是全球植棉和棉花加工历史最悠久的国家之一，也是当今全球植棉大国之一。

印度人口 12.7 亿（2015），是仅次于中国的全球第二大人口国家，全印有近 6 亿多的人口依靠棉花维持生计，直接参与棉花种植和棉纺织人员 2 亿人，可见棉花在印度国民经济中具有极其重要地位。

印度 1947 年 8 月独立，共和国于 1950 年 1 月 26 日成立，英联邦成员。印度全国一级行政区域划分为 29 个邦、6 个联邦属地及 1 个国家首都直辖区。印度是 5 个金砖国家之一（其他为巴西、俄罗斯、中国和南非），也是当今全球发展最快的新兴经济体，是全球投资热点地区之一。

第一节　棉花产业概况

印度属于热带季风气候，光热资源丰富，土地肥沃，一年四季均可种植农作物，适宜种植棉花，四个棉花栽培种——陆地棉（*Gossypium hirsutum* L.）、海岛棉（*G. barbadense* L.）、草棉（*G. harbacaum* L.）和亚洲棉（*G. arborsum* L.）都有种植。

尽管长期以来棉花生产水平低，但植棉面积、单产和总产都呈增长趋势。进入 21 世纪，特别是自 2002 年抗虫棉技术和品种的引入，以及 2005 年全球纺织品贸易一体化之后，棉花生产及棉纺织业遇到历史最好的发展时期，产能大幅度增长，当今印度植棉面积位居全球第一，消费量位居全球第二，仅次于中国；出口量位居全球第二，仅次于美国；纺织品服装生产和出口位于全球第二、第三位，仅次于中国和欧盟经济体。

一、棉花产能发展

（一）植棉面积不断扩大

20 世纪 60—80 年代，植棉面积 720 万~790 万公顷，90 年代扩大到 830 万公顷，21 世纪头 10 年，植棉面积继续扩大，达到 880 万公顷，最近 5 年不断刷新纪录，2014 年达到 1 270 万公顷，占全球面积的 37.2%，成为全球植棉面积最大的国家（表 16-1、图 16-1、图 16-2）。

表 16-1　印度棉花产能发展

年度	面积（千公顷）	单产（千克/公顷）	皮棉总产（千吨）
1950/1951—1958/1959	7 272	95	695
1960/1961—1968/1969	7 904	118	930
1970/1971—1978/1979	7 657	153	1 171
1980/1981—1988/1989	7 506	221	1 652
1990/1991—1998/1999	8 303	296	2 469
2000/2001—2008/2009	8 834	436	3 874
2010/2011	11 142	517	5 763
2011/2012	12 178	512	6 239
2012/2013	11 978	518	6 205
2013/2014	11 553	552	6 375
2014/2015	12 700	523	6 641

资料来源：印度棉花咨询委员会（CAB）。

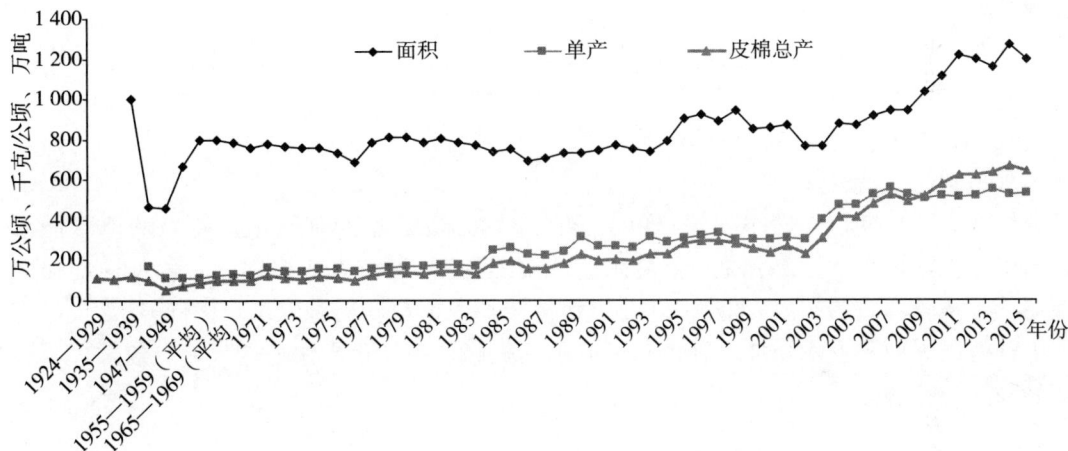

图 16-1　印度历年棉花生产情况
资料来源：印度棉花咨询委员会（CAB）。

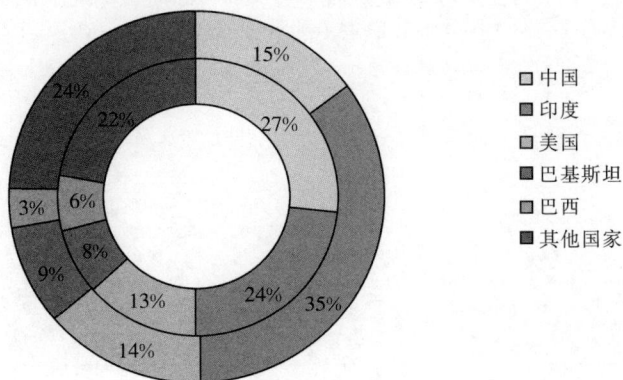

图 16-2　2010—2014 年世界植棉大国历年平均产量与面积所占比例
注：内圈为总产量比例，外圈为面积比例。
资料来源：美国农业部（USDA），2014。

（二）总产增长缓慢，但最近 10 多年增长在加快

棉花生产大致可分为四个阶段：

第一阶段：20 世纪 50—60 年代，总产在 70 万～90 万吨之间徘徊。

第二阶段：20 世纪 70—80 年代，总产在 110 万～170 万吨之间波动，但呈上升趋势。

第三阶段：20 世纪 90 年代，跨上 250 万吨级的新台阶。

第四阶段：21 世纪头 10 年，再一个台阶，达到 390 万吨，特别是最近 5 年，总产突破 600 万吨，达到 660 万吨（2014），占全球总产的比例提高到 24％，其中 2014 年占全球总产的 26％，均创历史最高水平。

（三）单产增长缓慢，但最近 10 多年增长在加快

第一阶段：20 世纪 50—60 年代，单产在 90～118 千克/公顷之间徘徊。

第二阶段：20 世纪 70—80 年代，单产从 153 千克/公顷提高到 80 年代的 221 千克/公顷，增长很慢。

第三阶段：20 世纪 90 年代，单产提高 296 千克/公顷，比 80 年代增长 33.9％。

第四阶段：21 世纪头 10 年，单产再上一个台阶，达到 436 千克/公顷，比 20 世纪 90 年代增长 47.3％；特别是最近 5 年，单产提高到 524 千克/公顷（表 16-1、图 16-1），跨上中等水平国家的行列。

分析认为，长期以来，印度棉花单产低的主因是农业生产基础条件差，种植管理水平低，棉田灌溉面积小，大部分是天然降水的"雨养棉"，种植方式多样，品种抗逆性强但丰产性差，栽培管理较为粗放。但自 2002 年引进转基因棉花新品种以来，优良 Bt 常规品种和杂交棉种得以大面积推广，加水种植水平的不断提高，单产水平快速增长，有效发挥了转基因新品种的独特功能。

（四）步入 600 万吨级的高产能俱乐部国家

从 2011/2012 年度开始，印度步入全球棉花"600 万吨级"俱乐部的高产能国家行列，而中国自 1984 年步入。到 2014 年度，全球棉花"600 万吨"俱乐部国家为中国和印度（图 16-3），美国还不是。

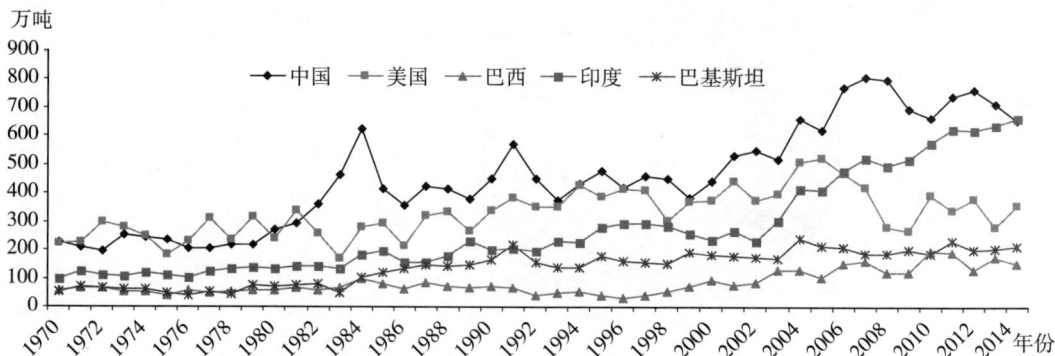

图 16-3　世界棉花主产国历年总产量动态图

资料来源：美国农业部（USDA），由国际农业生物技术应用服务组织（ISAAA）整理分析，2014。

表 16-2　2000 年、2010—2014 年印度主要植棉邦棉花种植面积总产和单产

单位：千公顷、千吨、千克/公顷

邦名称	2000/2001			2010/2011			2011/2012			2012/2013			2013/2014			2014/2015			2010/2011—2014/2015年 5 年度平均				
	面积	总产	单产	面积	总产	单产	面积	总产	单产	面积	总产	单产	面积	总产	单产	面积	总产	单产	面积	占比(%)	总产	占比(%)	单产
旁遮普邦	474	162	341	530	315	593	560	340	607	480	357	744	505	357	707	450	238	529	505	4.2	321	5.1	636
哈里亚纳邦	555	170	306	492	289	587	641	442	690	614	425	692	566	408	721	639	425	665	590	4.9	398	6.3	671
拉贾斯坦邦	510	183	358	335	172	513	470	306	651	450	289	642	303	238	785	416	289	695	395	3.3	259	4.1	657
北部合计	1 539	514	334	1 357	775	571	1 671	1 088	651	1 544	1 071	694	1 374	1 003	730	1 505	952	633	1 490	12.5	978	15.4	656
古吉拉特邦	1 615	404	250	2 633	1 805	686	2 962	2 074	700	2 497	1 581	633	2 691	2 108	783	3 006	2 125	707	2 758	23.1	1 939	30.5	702
马哈拉施特拉邦	3 077	310	101	3 932	1 492	379	4 125	1 292	313	4 146	1 343	324	3 872	1 428	369	4 192	1 445	345	4 053	34.0	1 400	22.0	346
印度中央邦	506	327	647	650	301	463	706	306	433	608	323	531	621	323	520	579	306	528	633	5.3	312	4.9	495
中部合计	5 198	1 041	200	7 215	3 598	499	7 793	3 672	471	7 251	3 247	448	7 184	3 859	537	7 777	3 876	498	7 444	62.4	3 650	57.4	491
安得拉邦	1 022	429	420	1 784	1 012	567	1 879	1 020	543	2 400	1 428	595	2 269	1 326	584	736	459	624	1 814	15.2	1 049	16.5	583
卡纳塔克邦	560	132	235	545	189	346	554	255	460	485	255	526	594	391	658	760	476	626	588	4.9	313	4.9	523
泰米尔纳德邦	193	94	484	122	122	1 003	133	111	831	128	102	797	139	85	612	70	85	1 214	118	1.0	101	1.6	891
特伦甘纳邦	—	—	—	—	—	—	—	—	—	—	—	—	—	—	—	1 651	850	515	—	—	—	—	—
南部合计	1 775	655	369	2 451	1 323	540	2 566	1 386	540	3 013	1 785	592	3 002	1 802	600	3 217	1 870	581	2 850	23.9	1 633	25.7	571
奥里萨邦	—	—	—	74	35	471	102	59	583	124	68	583	134	68	507	125	68	544	112	0.9	60	0.9	535
其他	64	17	266	45	34	756	46	34	739	46	34	739	33	34	1 030	31	34	1 097	40	0.3	34	0.5	858
印度全国	8 576	2 380	278	11 142	5 765	517	12 178	6 239	512	11 978	6 205	518	11 727	6 766	577	12 655	6 800	537	11 936		6 355		537

资料来源：印度棉花咨询委员会（CAB）。

（五）主要产棉邦和县

全印植棉邦（属地或直辖区）有 25 个，其中植棉大邦 10 个，植棉小邦（属地）10 个，零星邦（直辖区）5 个。按常年植棉面积从大到小依次是，马哈拉施特拉邦（Maharashtra）、古吉拉特邦（Gujarat）、特伦甘纳邦（Telangana）、卡纳塔克邦（Karnataka）、安得拉邦（Andhra Pradesh）、哈里亚纳邦（Haryana）、印度中央邦（Madhya Pradesh）、旁遮普邦（Punjab）、拉贾斯坦邦（Rajasthan）和泰米尔纳德邦（Tamil Nadu）。

近 5 个年度平均（表 16 - 2），按面积和总产，以位于中部棉区的马哈拉施特拉邦为最大，分别占全国的 34.0％和 22.0％；其次是位于中部棉区的古吉拉特邦，分别占全国的23.1％和 30.5％；第三为位于南部棉区的安得拉邦，分别占全国的 15.2％和 16.5％。这 3个邦合计占全印植棉面积的 72.3％，棉花总产占全印的 69.0％，是全印最集中的棉花产区。

2014 年，单产从高大到低依次是泰米尔纳德邦、古吉拉特邦、拉贾斯坦邦、哈里亚纳邦、卡纳塔克邦、安得拉邦、奥里萨邦、旁遮普邦、印度中央邦和特伦甘纳邦。

二、棉纺织业

纺织工业是印度非常古老的行业，为全印除农业以外的第二大行业，提供就业岗位9 000万个，其中直接就业岗位 3 500 万个、间接就业岗位 5 500 万个，还有大量家庭手工作坊提供较多的岗位。

全印纺织企业可分为有组织（工厂化企业）和无组织（类似于家庭手工业）两种类型，有组织纺企包括大、中型纺纱企业和综合纺织企业，纺织装备较为先进。无组织纺企包括小型纺纱、机织、针织和手工机织企业。全印 96％的针织业属无组织纺企，其中属于无组织纺企的机织企业占全国纺企的 59％，针织企业占 26％、生产成衣的机织企业占 11％，仅有4％的针织品是由有组织的大型纺织企业生产。

2000 年，有组织纺纱（大、中型纺纱）企业有 1 565 家，2014 年增加到 1 772 家，增长13.2％；无组织的小规模纺纱企业数则由 2000 年的 996 家增加到 2014 年的 1 324 家，增长32.9％。上述两类企业纱锭由 2000 年的 3 800 万锭增长 2014 年的 4 500 万锭，年均增长 50万锭，增长 18.4％。动力织机由 2000 年的 166 万台增长 2013 年的 235 万台；动力织机企业数由 2000 年的 373 家增加到 2013 年的 527 家。棉纱产量由 2000 年的 227 万吨增加到 2014年的 337 万吨，年均增长 8 万吨，增长 48.5％。全棉面料产量由 2000 年的 197 亿平方米增加到 2014 年的 306 亿平方米，年均增加 8 亿平方米，增长 55.3％（表 16 - 3）。

尽管无组织（类似于家庭手工业）有足够的规模，但对纺织业的贡献差异特大，表现为有组织的现代化纺纱企业数量占该国现代工业企业数量的 80％，纱产量超过全印总产量的 95％。

纺织业在印度国民经济中的地位极其重要。2012 年，全印纺织工业总产值 800 亿美元，纺织服装业占国内工业总产值 14％，纺织业占全国 GDP 的 6％，总产出占全国制造业的 20％，占出口创汇的 13.3％。因此，纺织业的成长和发展直接关系到印度的经济和社会发展。

全印纺织品服装产量 64％供应国内消费，36％供出口外销。纺织品（含纱和制成品等）

出口额由 2009 年的 117.4 亿美元增加到 2013 年的 179.6 亿美元（表 16 - 3），年均增长 16 亿美元，5 年增长 53.0%，其中，纯棉纱出口量由 2009 年的 69.6 万吨增加到 2013 年的 126.6 万吨，年均增长 14 万吨，其中 2013 年棉纱出口至中国 63 万吨，占印度出口量的 49.8%。

表 16 - 3　印度棉纺织企业和棉纺产能

年份	纱锭数（万锭）	动力织机（万台）	动力织机企业数（个）	有组织的纺纱（大、中型纺纱）企业（家）	小规模纺纱企业数（家）	棉纱线产量（万吨）	纯棉面料（亿平方米）	棉纺织品出口额（亿美元）	纯棉纱线出口量（万吨）
2000	3 800	166.1	373	1 565	996	226.7	197.2		
2003	3 700	183.6	413	1 564	1 135	212.1	180.4		
2004	3 700	190.2	425	1 566	1 161	227.2	206.6		
2005	3 800	194.3	433	1 570	1 173	252.1	238.7		
2008	4 100	220.5	494	1 653	1 247	289.6	269.0		
2009	4 200	224.6	505	1 673	1 260	307.9	289.1	117.4	69.6
2010	4 800	227.8	513	1 692	1 389	349.0	317.2	143.7	64.6
2011	4 300	229.9	520	1 761	1 338	312.6	305.7	164.4	90.0
2012	4 400	232.3	523	1 769	1 350	358.3	338.7	165.9	112.6
2013	4 400	234.7	527	1 775	1 311	392.8	355.1	179.6	126.6
2014	4 500	—	—	1 772	1 324	337.1	306.3	—	—

资料来源：印度纺织专员办公室。

印度是棉纱线出口大国，2011 年出口棉纱线 66 万吨，出口额 28.2 亿美元，出口量占全球比例的 18.7%，位居全球出口大国之首。也是棉布出口大国，2011 年出口棉布 3.1 万吨，占全球棉布出口比例的 5.2%，出口额 2.0 亿美元，是全球第七大出口国。棉纱线主要出口到中国内地、中国香港等，棉布主要出口到中国香港、美国、英国和孟加拉国。

印度是全球纺织品服装出口大国。据世界贸易组织统计，2013 年纺织品出口 189.1 亿美元，占全球的 6.2%，位居中国、欧盟后的第三位。出口成衣 168.4 亿美元，占全球的 3.7%，位居中国、欧盟、孟加拉、中国香港、越南后的第六位。纺织品成衣出口额从 2009 年的 211.1 亿美元增长到 2013 年的 357.5 亿美元，5 年间增长了 69.4%，占全球出口市场份额的 4.0%～4.7%，2013 年位居中国、欧盟后的第三位；2012 年位居中国、中国香港之后的第三位，还有较大的增长潜力（表 16 - 4）。

印度发展棉花产业具有一定优势。首先，在棉花生产方面，棉花产量远远大于消耗量。而且，近几年产能不断提高，有可持续发展的后劲。其次，纺织业有竞争力。因为随着农业机械化、自动化水平提高，农业用工不断减少，有相当劳动力转移到纺织行业，且由于印度纺织用工成本仅相当于中国的三分之一，用工成本低。再次，在设备方面，纺织厂机械整体处于世界先进水平，有不少机械甚至处于领先地位，同时该国还充分引进与消化吸收先进的纺织技术，结合本国自主研发技术，使得本土生产的纺织机器性价比非常高。在纺纱方面，由于生产过程中实现了较好的管理，纱线质量总体达优良水平，且产能较大。在政策方面，政府制定多项促进纺织业发展的支持政策，引进外商直接投资纺织业，全球服饰大厂包括

Hugo Boss、Liz Claiborne、Diesel 与 Kanz 等大公司均在印度设厂。全球零售服饰巨擘纷纷外包给印度生产，该产业亦随之提升价值，预计未来十年内，非洲和拉丁美洲将是印度纺织品的主要市场。

表 16 - 4 印度纺织品成衣出口

单位：亿美元

年份	纺织品出口	成衣出口	合计	全球纺织品成衣出口额	占全球比例（%）
2009	91.1	120.0	211.1	5 253.4	4.0
2010	128.7	112.5	241.2	6 058.7	4.0
2011	150.2	143.6	293.8	7 119.1	4.1
2012	152.7	138.3	291.1	7 067.3	4.1
2013	189.1	168.4	357.5	7 661.7	4.7
2014	183.4	177.4	360.8	7 973.6	4.5

资料来源：中国纺织工业联合会. 2009/2010 中国纺织工业发展报告，2015/2016 中国纺织工业发展报告 [M]. 北京：中国纺织工业出版社，2010，2016.

中国与印度纺织品服装市场。在印度，奢华的高端市场与廉价的低端市场呈明显的两极分化，中国纺织品在印度市场所占的份额很小。印度消费者对中国产品的情结比较矛盾，爱其物美价廉的同时，又不愿丢掉本国服装的特色。目前印度市场上流通销售的中国纺织品服装被驻扎在中国的印度买手所垄断。为了谋求更高的利润，这些印度买手往往采购中国最低端，甚至大量购买库存商品销往印度各地，这导致整个印度零售市场 90% 的中国纺织品都是低端的大路货，而中国真正性价比高的产品由于缺乏有效的销售渠道，无法被印度消费者所了解。

中国投资印度的契合点。业内专家认为，中国在纺织业产业链构建、产品设计研发和生产技术等方面具有相对优势，印度在原材料供应包括棉花、麻和丝都很丰富，劳动力成本低廉等，两国通过投资合作，实现资源合理配置，可以扩大生产规模和贸易规模，相互促进技术进步和纺织产业结构调整。两国还可以通过共建纺织工业园以及企业并购等多种方式和途径实现优势互补，这也是印度企业最感兴趣的两种合作方式。

棉副产品开发利用情况。棉籽作为主要棉副产品，在印度已被开发利用，主要加工成食用油和动物饲料。目前该国近年棉籽产量随着棉花产量的大幅度增加而增加，棉籽由 2002 年的 421 万吨增长至 2013 年的 1 210 万吨，除少量用于种子和棉农自用外，其他基本用于榨油。目前年产棉籽油 150 万吨，全部作为食用油，占本国食用油产量的 20%，榨油后产生的脱脂棉粕超过 1 000 万吨，主要作为动物饲料，约 1/3 的动物饲料来自棉粕。

三、棉花供需和贸易

由于纺织业的快速发展，促进棉花消费量不断增加，印度已成为全球第二大棉花消费国。

棉花总供给量由存货量、生产量和进口量组成。从表 16 - 4 可知，2005 年与 2009 年年初存货量明显偏大，分别为 122 万吨与 122 万吨，占总供给量的 22.6% 与 18.7%，2011—2014 年生产量较大，达到 621 万～680 万吨，分别占总供给量的 87.0%～91.1%。2001 年进口量最大，为 43 万吨，占总供给量的 11.9%。虽然棉花年初存货量不大、进口量总体较低，但由于产量巨大，总供给量不断刷新，总供给量从 2001 年的 361 万吨增至 2013 年的 726 万吨，年均增加 30 万吨。2010—2014 年的年均年初存货量、生产量和进口量分别为 67 万吨、636 万吨、146 万吨（表 16-5）。

表 16-5　印度棉花历年供需平衡表

单位：万吨

年度	2001	2002	2003	2004	2005	2006	2007	2008	2009	2010	2011	2012	2013	2014	2010—2014 年平均值
期初库存	49.3	68.0	40.8	35.7	122.4	88.4	80.8	60.4	121.6	68.9	77.8	68.0	68.0	54.4	67.4
产量	268.6	231.2	304.3	413.1	409.7	476.0	521.9	493.0	518.5	576.3	623.9	620.5	676.6	680.0	635.5
进口量	42.9	30.0	12.3	20.7	8.5	9.4	10.8	17.0	10.2	4.0	12.8	24.8	18.4	11.9	14.4
总供给量	360.8	329.2	357.4	469.5	540.6	573.8	613.5	570.4	650.3	649.2	714.5	713.3	763.0	746.3	717.3
中、大型纺织厂消费量	249.9	242.1	255.7	278.8	306.0	331.3	332.6	323.0	372.3	377.0	380.1	425.2	452.2	467.5	420.4
小型纺织厂消费量	19.9	19.8	22.1	28.2	32.3	36.1	37.5	34.0	39.1	41.6	37.6	39.1	42.3	44.2	41.0
其他消费	22.2	25.1	23.3	24.6	34.0	27.0	32.5	32.3	28.9	22.7	8.5	17.0	13.6	17.0	15.8
总消费量	292.0	287.0	301.1	331.6	372.3	394.5	402.7	389.3	440.3	441.3	426.2	481.4	508.1	528.7	477.1
出口量	0.9	1.4	20.6	15.5	79.9	98.6	150.5	59.5	141.1	130.1	220.1	172.4	200.5	153.0	175.3
总需求量	292.8	288.4	321.7	347.1	452.2	493.1	553.1	448.8	581.4	571.4	646.5	653.8	708.6	681.7	638.3
期末库存	68.0	40.8	35.7	122.4	88.4	80.8	60.4	121.6	68.9	77.8	68.0	59.5	54.4	64.6	64.9

注：2001 为 2001/2002 年度，余类推。

资料来源：印度棉花咨询委员会。2014 年为非最后数。

棉花需求量由总消费量和出口量组成，消费主要由纺织企业用棉所需，随着印度纺织企业的快速发展，印度国内棉花总消费量从 2001 年的 293 万吨增至 2014 年的 529 万吨，年均增 18 万吨。自 2013 年起总消费量稳定在 500 万吨以上，其中 2013 年消费量达 508 万吨，同比增长 10.5%（表 16-5）。

调查表明，中、大型纺织企业占国内棉花总消费量的 85.5%（2010—2013 年），占印度棉花消费主导地位，无组织的小纺织厂和作坊式纺织厂数量虽然较多，但其棉花消费数量仅占总消费量的 9.4%（2010—2013 年）。

虽然印度十分重视棉花出口，但当国内原棉出现供不应求局面，政府常限制出口，而当棉花出现供大于求时，政府鼓励出口，特别是近几年政府还制定了鼓励棉花出口政策。

1997—2004 年，棉花年均产量为 287 万吨，而同期印度国内消费量却达到约 300 万吨，供需缺口年均约 20 万吨，导致除 2003 年净出口 8 万吨外，期间其他年份出现连续净进口，且数量较大，2001 年达 43 万吨以上，1997—2004 年年均净进口量为 19 万吨。从 2005 年起，连续多年为净出口国，且出口数量急剧攀升，其中 2006 年出口量 99 万吨，取代乌兹别克斯坦成为全球第二大棉花出口国，自 2009 年以来出口量为 130 万～220 万吨，取代美国成为全球第二大原棉出口大国。2013 年出口 201 万吨，占世界出口总量 890 万吨的 22.5%。出口原棉主要是陆地型 27.5～30.0 毫米纤维长度的高等级原棉。出口量依据当年季风雨水多少从而导致棉花的丰歉状况，在丰收年份，印度政府也鼓励多出口原棉换取外汇，并对出口棉花给予补贴，还鼓励出口加工纺织品。

总需求量从 2001 年的 293 万吨增至 2013 年的 709 万吨，呈现高峰期，在此期间总需求量年均增加 35 万吨。2013 年总需求量同比增长 0.6％，占全球消费的比重约 20％。

自 2001 年以来，总供给量均大于总需求量，从而形成期初或期末库存，但由于印度对国家控制的棉花库存原则上实行"当年库存，当年处理"的不跨年政策，因而期初和期末库存数量不大，范围在 36 万～122 万吨，其中 2009 年以来棉花库存量保持在 54 万～122 万吨，2010—2014 年年末库存量为 65 万吨，是同期生产量的 10.2％。虽然期初或期末库存量不算大，但在棉花收购期间，其库存压力较大，特别是随着实行多年最低保护价（MSP）收购政策，由于其棉花收购成本价明显大于市场价，其库存压力将越来越严重，供大于需的矛盾更加突出。

近年由于国内外市场对高质量纺织品需求的快速增加，印度纺织企业对 ELS 长绒棉需求呈明显增加趋势，国内消费量平均 7 万吨/年，而国内 ELS 长绒棉国内生产量平均只有 3 万吨，仅相当于需求量的一半，需从国外进口 3 万吨。为缓解国内高等级 ELS 长绒棉短缺和节约成本，有些纺织企业将国内的中长绒、长绒与进口的 ELS 混纺使用（表 16-6）。

表 16-6 印度历年 ELS 长绒棉（纤维长度 $1\frac{3}{8}$ 或 35 毫米以上）供求情况

单位：万吨

项目	2007	2008	2009	2010	2011	2012	2013	2014	2015	平均
期初库存	1.1	3.7	2.0	2.8	1.8	1.1	1.8	1.0	1.1	1.8
生产量	3.4	3.1	2.9	3.7	4.1	3.6	3.4	3.3	3.1	3.4
进口	5.6	1.9	4.6	2.6	2.4	4.9	2.8	3.1	2.9	3.4
总供给量	10.2	8.6	9.5	9.0	8.3	9.6	8.0	7.4	7.1	8.6
国内消费量	6.5	6.6	6.7	7.2	7.1	7.8	7.0	6.3	6.1	6.8
期末存货	3.7	2.0	2.8	1.8	1.1	1.8	1.0	1.1	0.9	1.8
比例（％）	10.2	8.6	9.5	9.0	8.3	9.6	8.0	7.4	7.1	8.6

注：2007 为 2007/2008 年度，余类推。

资料来源：印度棉花咨询委员会（CAB）。

导致优质棉（ELS）产量不足的主因是棉农愿意种植高产的陆地棉杂交或杂交转基因棉花品种，这类品种绒长范围宽广，纤维长度在 26.0～32.5 毫米之间。品种有：J-34、Hybrid、H4、MECH 1、Bhakti BG Ⅱ-NCS 245、Malini BG Ⅱ-NCS 9015、MRC 7351 BG-Ⅱ、Nikki Plus、RCH 134 BG Ⅱ、RCH 569 BG Ⅱ、JKCH-0109 BG Ⅱ、Ashirwad、Ankur-651-Bt、Uttam BG Ⅱ-NCS 860 等。然而，农民也不愿种植本土的低产、低品质的陆地棉品种，这类品种有 DCH-32、TCH-213 和 Suvin 等 ELS，以及 Bengal Deshi、Jayadhar、G. Cot. 2、Cot. 13、G. Cot. 19、Cot. 21、G. Cot. 23、DH 9 AK/Y-1（Mah&M. P.）、K-11（TN）等。由于农民不愿意种植优质棉品种，纺织业不得不进口美国的Pima 棉、埃及的超长绒棉、以色列和澳大利亚的优质棉。除进口 ELS 优质原棉外，当国际市场上出现性价比高于印度国内的低等级或纤维长度≤22 毫米原棉时，纺织企业为降低生产成本也进口这些低等级原棉。

印度棉纤维类型丰富，其纤维长度包括短绒、中绒和中长绒，除满足国内纺织企业原料外，还大量出口，出口棉花品种主要有 Shankar‑6、MECH 1、H‑4，J‑34、LRA、MCU 5、Bunny 和 Brahma 等。通常把 S‑6 和 MCU5 认定为中高等级原棉，受到国际市场欢迎。除 J‑34 品种原棉外，其他出口原棉多为皮辊棉，品级检验结果多为 2～3 级，长度27～31毫米，马克隆值3.6～4.5，颜色偏乳黄，成熟较好，棉结少，纤维强度27～29厘牛/特克斯。J‑34 为锯齿轧花，色泽灰，品级一般为 SLM 级（点污棉次中级，相当于中国 4 级以下棉花），长度24～26毫米左右，马克隆值3.5～4.9，比强度26厘牛/特克斯，含杂5%左右，染色好。V797 多为 4 级棉，黄根多，不孕籽、软籽表皮、叶片等杂质较多，长度22～24毫米。其中 Shankar‑6 采用 PALA 轧花、打包系统，加工棉花一致性好，迎合了国际市场的需求特点，从而成为国际市场出口量最大、需求最多的棉花品种，但随着转基因杂交棉的大面积推广应用，作为种植时间较长的非转基因常规品种 S‑6 和 MCU5 面积大幅度缩减，产量有限。

与国际棉价 Cotlook A 指数相比，印度棉花价格一般低 4～5 美分/磅，因而具有价格竞争优势。原棉出口目的地有：中国、巴基斯坦、孟加拉国、越南和印度尼西亚等国家。由于中国的进口，印度产原棉中国进口量从 2011 年的 101.4 万吨增长到 2013 年的 146.4 万吨，占中国市场份额从 2011 年的 30.6% 提升到 2014 年的 33.8%，在中国原棉进口市场，近几年印度棉替代了美棉。

印度是中国原棉进口的主要来源地之一，从 2002 年到 2014 年的 13 年，中国累计进口原棉738.3万吨，占中国总进口量的22.3%，在中国进口量的位置仅次于美国，位居第二。

中国进口印度棉花的主要品种有 Shankar‑6、MECH1、H‑4、LRA，MCU5、Bunny、Brahma、J‑34 和 V797 等。其中 70% 为 Shankar‑6。采用 HVI 对进口棉纤维指标的测定，表明其内在品质尚可（表16‑7），品种 Shankar‑6 纺纱效果指出，纱线织成坯布后色泽光洁，具有独特丝光，且棉结含量最低，仅35～50个/克，棉纱含结少。

表 16‑7 印度出口至中国的不同棉花品种纤维品质

品种	长度（毫米）	马克隆值	比强度（厘牛/特克斯）
Shankar‑6	27.5～29.5	3.5～4.9	28
J‑34	24.0～26.5	3.5～4.9	26
MCU‑5	32.0～34.0	3.2～3.7	30
Bunny、Brahma	29.0～32.0	3.5～4.5	29
H‑4、MECH‑1	27.0～29.0	3.5～4.9	27

第二节　棉区划分

一、自然生态特点

印度位于 8°N～30°N 之间，是南亚次大陆的最大国家，北回归线穿过领土中部，三面临海，东临孟加拉湾（Bay of Bengal），西濒阿拉伯海，北依喜马拉雅山脉。北部是山岳地区，中部是印度河——恒河（the Ganges River）流域的平原区，南部是德干高原（Deccan Plateau）及其东西两侧的海岸平原。国土面积 298 万多平方千米，其中平原约占总面积的 43%，台地、缓丘占 27.7%，山地占 27.3%，但这些山地、高原大部分海拔不超过 1 千米，全国低矮平缓地形面积占绝对优势，大部分土地可供农业利用，可耕地比例高达 60% 左右。棉区土壤多为"黑绵土"，团粒结构良好，质地为黏质或壤质，持水力强，富有钙、钾、铝和碳酸镁等矿物质，为农业和棉花发展提供了得天独厚的土壤条件。

因处于低纬度地区，大部分棉区属典型的季风型热带草原气候，年均温 24～27℃，比世界上同纬度的其他地区高 3～5℃，日均温≥15℃期间的活动积温，大部分地区 8 000℃ 以上，超过我国积温较高的海南岛地区（7 500℃ 以上），全国约有四分之三的地区最低温度不低于 0℃，仅北部少部分地区有轻霜冻。太阳辐射强、日照时数多、日照率高，年日照 2 500～3 200 小时，日照率达 60%～70%，年日平均辐射量为 1 923～1 965 焦耳/平方厘米，年太阳辐射总量 698～706 千焦耳/平方厘米。

由于受季风环流的影响，大部分棉区自 6 月中旬起开始出现西南季风，因季风途经暖湿的印度洋洋面，带来大量水气，形成了明显的季风雨。年降水量 1 170 毫米，其中在 750 毫米以上的地区占全国面积的三分之二左右。一年分为四季：冷季（12 月—次年 3 月）、热季（4—6 月）、雨季（7—9 月）和西南风退却季（10—11 月）。生产上一般把雨季以外的三季称为旱季。

总之，印度光、热资源丰富，雨量充沛，宜植棉区域广，是全球产棉区中光热能资源最丰富的区域之一，植棉自然条件十分优越，但也存在棉花生长期长，铃期温度过高，蕾铃脱落严重等问题。棉区之间的降雨分配严重不均，少的仅 300 毫米，多的高达 2 000 毫米，常旱涝并存。棉田土壤氮、磷和有机质相对缺乏，棉田配套设施较差，管理粗糙，机械化程度低，制约棉花生产潜力的发挥。

二、棉区分布

印度棉区南自德干高原西南部，经印度卡提阿瓦半岛、马尔瓦高原与巴基斯坦印度河平原，向北至巴基斯坦东北部和克什米尔地区，形成世界上独一无二的长达约 2 500 千米的南北向棉花集中种植带。除这一棉花带以外，印度德干高原中部也有大量棉花种植。

印度棉花分布广泛，遍布整个印度半岛，但大部分位于印度中部平原区和德干高原区，是中部棉区所在地。除古吉拉特、马哈拉施特拉、特伦甘纳、卡纳塔克、安得拉、哈里亚纳、印度中央、拉贾斯坦、旁遮普、泰米尔纳德 10 个产棉邦之外，还有位于北部、东北部、东部、中东部、西南部的 9 个邦，以及南部的一个联邦属地有少量面积的棉花种植，另外位于印度中东部和东北部有 4 个棉花零星种植邦和 1 个零星种植区（中央直辖区）。

全国主要植棉邦共有 281 个 districts（相当于中国的县），其中 205 个县种植棉花，占比 73.0%。其中安得拉邦所在地的所有县均有棉花种植（表 16-8）。

按照地域、生态区划分为中部、南部和北部 3 个棉区。其中中部棉区种植面积约占全国的 62.4%，其次是南部棉区，占全国的 23.9%，再次是北部棉区，占全国的 12.5%。

表 16-8　不同植棉区主要植棉邦名称、所在邦县数量及其种植县名称及数量

棉区	邦名称	所辖县数（个）	植棉县数（个）
中部棉区	古吉拉特邦	33	23
	马哈拉施特拉邦	36	28
	印度中央邦	51	23
南部棉区	特伦甘纳邦	10	9
	安得拉邦	13	13
	卡纳塔克邦	30	20
	泰米尔纳德邦	32	29
北部棉区	旁遮普邦	22	9
	哈里亚纳邦	21	20
	拉贾斯坦邦	33	31
合计		281	205

（一）中部棉区

中部棉区主要集中在古吉拉特邦、马哈拉施特拉和印度中央邦，上述三个邦植棉县分别有 23、28 和 23 个，占所在邦县数的是 69.7%、77.8%、45.1%，该棉区是棉花面积和产量最大的产区。常年种植面积占全国的 62.4%，产量占全国总产的 57.4%。该地区土壤为黑绵土，质地相对较黏，保肥保水性较好，土壤较肥沃，是棉花的主产区。此地区 77% 的棉花面积完全依靠降雨提供水源，属典型的雨养农业区。目前此区皮棉单产水平约为 491 千克/公顷，是单产最低的棉区（表 16-2、表 16-8、表 16-9）。

表 16-9　不同棉区基本情况

项目	北部棉区	中部棉区	南部棉区
土壤类型	冲积土为主	黑壤土为主	砖红壤为主
地貌	平原	起伏	起伏
灌溉棉田占棉田比例（%）	98	23	40
品种类型	以种植 27.5～30.0 毫米的普通陆地棉为主，同时还是印度土种棉主要种植区	4 个栽培种均有种植，但以种植普通陆地棉为主	4 个栽培种均有种植，是种植优质 ELS 棉的主产区
植棉面积占全国比例（%）	12.5	62.4	23.9
产量占全国比例（%）	15.4	57.4	25.7
单产水平	高	低	中

棉花播种期取决于土壤水分，多数棉区常年适播期为 6—7 月，收获期 10 月—来年 2 月。印度不同植棉区棉花品种农艺性状有典型的区域特点，该棉区早、中、晚熟品种均有种植，但生产中以生育期较长品种为主。其中早熟品种生育期 140 天左右，中熟品种生育期

160 天左右，晚熟品种生育期 180 天左右。

种植的常规陆地棉品种主要有 Shankar－6（简称 S-6）、MCU－5、DHY286、B 1007、G. Cot 12、Khandwa 2、Khandwa 3、CNH 36、LRA 5 166 和 Anjali。粗绒亚洲棉和草棉主要有 Bengal Desi、AKA 8401、AKH4、AKA 5、G. Cot 15、G. Cot 11、G. Cot 13、V－797。大面积种植的杂交棉品种主要有 Hybrid 4（H4）、JKHY－1、H6、AHH 486（PKV HY2）（也称 CAHH 468）、MECH 1、NHH 44、H8、Bunny、Brahma 和 DCH－32。近年新育的杂交棉品种主要有 CICR HH1、MDCH 201、Raghav BG Ⅱ-NCS 855、Sona BG Ⅱ-NCS 1111 等几十个。其中，INDRA VAJRA DOUBLE Bt、ASHIRWAD、Pravallika 和 MRC－7918 BG-Ⅱ纤维长度 27～32 毫米，马值 3.6～4.8，可纺 30～60 支纱。MCU－5 纤维长度 32.5～33.5 毫米、马值 3.2～4.3，可纺 60～80 支纱；DCH－32 纤维长度 34.5～36.0 毫米、马值 3.0～3.5，可纺 60～100 支纱，该品种为印度第一个陆地棉与海岛棉种间杂交种。

在古吉拉特邦、马哈拉施特邦和中央邦种植品种有：H6、H4、MDCH 201、G. Cot DH7、G. Cot DH9、LRA 5 166、Anjali、Raghav BG Ⅱ-NCS 855、Sona BG Ⅱ-NCS 1 111、Bhadra BG Ⅱ-NCS 2 434、Mallika Gold BG Ⅱ-NCS 859、Super Mallika BG Ⅱ-NCS 955、Kanak BG Ⅱ-NCS 954、MRC-7 347 BG-Ⅱ、Chaitanya（MRC-7 377 BG-Ⅱ）、MRC7 017 Plus BG-Ⅱ、RCH 515 BG Ⅱ、RCH 2 BG Ⅱ、RASI 2000、INDRA VAJRA DOUBLE Bt 和 ASHIRWAD，其中 H4 是印度种植历史最长的杂交棉。S-6 在古吉拉特邦和马哈拉施特拉邦种植，但主要种植在古吉拉特邦，它是印度出口棉最有影响力的品种。G. Cot 11、G. Cot 13、G. Cot 12、V－797、H 8 和 Pravallika 在古吉拉特邦种植；Bunny、Brahma、MCU－5、LRA 5 166、MECH 1、JKHY－1 和 MRC-7 918 BG-Ⅱ在马哈拉施特邦和中央邦种植；DCH-32 在马哈拉施特邦、古吉拉特邦种植；AHH 486、DHY286、B 1 007、CNH 36、NHH 44、AKA 8 401、AKH4、AKA 5、G Cot 15 在马哈拉施特拉种植；Khandwa 2、Khandwa 3 在中央邦种植。

本区夏季温度高达 43.3℃，冬季温度最低在 10℃以上，年降水量 500～1 250 毫米，只有马哈斯特拉邦和古吉拉特邦的局部地区不足 500 毫米，降雨集中在 6—9 月的季风季期间。

马哈拉施特拉邦位于印度德干半岛西部，西临阿拉伯海，沿海有狭窄而断续的孔坎平原，平原西侧为西高止山，内地大部为德干高原，是典型的季风气候类型，一年中 1、2、11、12 月为冬季，天气微风凉爽、晴朗干燥，昼夜温度在 12℃～34℃之间。

全邦 4—5 月常有雷电，5—6 月为夏季，天气炎热，温度在 22～39℃之间，季风季为 6—9 月，6 月初开始出现大量雨水，其中 7 月最多，8 月雨水较多，9 月逐渐退去。马哈拉施特拉邦不同植棉区降水差异较大，年降水量自东至西递增，由 1 000 毫米以下增至 3 000 毫米以上。如在高原的河谷盆地年降水量仅 450 毫米，成为半干燥的荆棘草原。

马哈拉施特拉邦棉区奥兰加巴德气候数据表明一年中最高气温出现在 4—5 月，年均最高气温 32.9℃，高达 39.9℃；年均最低气温 19.7℃，最低气温出现在 8 月，为 29.1℃，无霜降天气，年降水量为 731 毫米，其中 6—9 月降雨较多（表 16－10）。

古吉拉特邦位于印度西海岸，是中部棉区生长季节相对较长的棉区。该邦西北部气候干燥，年降水量平均不足 500 毫米；中部气候较为温和，年降水量 700 毫米以下，而南部沿海年平均降水量高达 2 000 毫米。该邦冬季平均气温度为 12～27℃。夏季平均气温为 25～43℃。邦棉花播种期为 6—9 月，收获期为 11 月—来年 3 月，单产水平 702 千克/公顷。

表 16-10　奥兰加巴德（Aurangabad）气候资料

月份	1	2	3	4	5	6	7	8	9	10	11	12	平均或总和
月均高温（℃）	29.7	32.5	36.1	39.0	39.9	34.9	30.3	29.1	30.4	32.6	30.9	29.3	32.9
月均低温（℃）	14.2	16.3	20.2	23.7	24.6	23.0	21.8	21.1	20.9	19.7	16.4	14.0	19.7
月均降水量（毫米）	2.2	2.9	5.1	6.3	25.5	131.4	167.0	165.0	135.3	52.6	29.3	8.4	731.0

资料来源：印度国家气象局（IMD）。

古吉拉特邦植棉区艾哈迈德巴德气候数据表明一年中 40℃ 以上月高温纪录出现在 2—10 月，高温在 5 月达 47.8℃；一年中 35℃ 以上月均高温出现在 3、4、5、6 和 10 月，年均高温 34.3℃，月均高温最高在 5 月，达 41.6℃；月低温在 1、2、11 和 12 月，年均低温为 20.7℃；一年中月低温出现在 1、2、3、4、11 月和 12 月，最低温在 2 月为 2.2℃，月低温为 12.5℃，无霜降天气；年降水量为 740 毫米，其中 6、7、8 和 9 月降雨多，累计降雨 707 毫米，占全年的 95.4%。月均降雨天数随降水量增多而增加，7、8 月的月均降雨天数为 11 天和 10 天。月均相对湿度随着降水量的增加而增加，相对湿度较高出现在 7、8 和 9 月，最高达 81%，最低值出现在 3 月，为 37%，年均相对湿度 55%。月均日照时间最高值出现在 5 月为 330 小时，最低值出现在降雨较多的 8 月为 111 小时，年日照时间 3 020 小时，光热资源丰富（表 16-11）。

表 16-11　艾哈迈德巴德（Ahmedabad）气候资料

月份	1	2	3	4	5	6	7	8	9	10	11	12	平均或合计
月高温纪录（℃）	36.1	40.6	43.9	46.	47.8	47.2	42.2	40.4	41.7	42.8	38.9	35.6	41.9
月均高温（℃）	28.1	30.5	35.7	39.7	41.6	38.7	33.5	32.0	33.8	35.7	32.8	29.4	34.3
月均低温（℃）	12.0	14.0	19.1	23.7	26.5	27.3	25.7	24.9	24.3	21.3	16.6	13.2	20.7
月低温纪录（℃）	3.3	2.2	9.4	12.8	19.1	19.4	20.4	21.2	17.2	12.6	8.3	3.6	12.5
月均降水量（毫米）	1.9	1.0	0	2.7	10.2	95.1	281.3	234.6	95.8	12.3	4.3	0.8	740.6
月均降雨天数（天）	0.2	0.1	0	0.3	0.7	4.0	11.4	10.0	4.9	0.8	0.7	0.2	33.3
月均相对湿度（%）	49.0	43.0	37.0	41.0	47.0	62.0	77.0	81.0	71.0	53.0	48.0	50.0	55.0
月均日照时间（小时）	287.3	274.3	277.5	297.2	329.6	238.3	130.1	111.4	220.6	290.7	274.1	288.6	3 019.7

资料来源：印度国家气象局（IMD）。

中部棉区棉花产量低的主因：①降水量不稳定；②劳动力不足，缺乏畜力和机械动力，常导致不能在土壤最佳墒情时及时完成播种；③种子质量差，棉农使用合格的注册种子比重低；④植物保护措施应用不普遍，病虫危害损失大。

（二）南部棉区

由于 2014 年安得拉邦分开为安得拉邦和特伦甘纳邦，印度南部棉区主要有特伦甘纳、安得拉、卡纳塔克和泰米尔纳德（Andhra Pradesh、Karnataka, and Tamil Nadu）四个邦，上述 4 个邦分别有 9、13、20 和 29 个植棉县，占所在邦县数的是 90.0%、100.0%、66.7%、90.6%，该棉区是棉花面积和产量第二大产区，面积占全国的 23.9%，产量占全国的 25.7%（表 16-12）。

表 16 - 12　卡因纳加尔（Karimnagar）气候资料

月份	1	2	3	4	5	6	7	8	9	10	11	12	平均或合计
月均高温（℃）	31	33	37	40	42	37	33	32	33	33	32	30	34.4
月均低温（℃）	16	19	22	26	28	27	25	24	24	22	18	15	22.2
月均降雨（毫米）	32	8	43	17	41	162	204	126	133	75	48	18	907

资料来源：sunmap. eu 互联网气象服务（The Sunmap. eu Internet service）。

南部棉区棉田土壤多为砖红壤，约有 40％的棉田有灌溉条件，其余 60％的棉田靠雨水灌溉。年均降雨 500～1 250 毫米，降雨来自西南季风或西北季风。该棉区夏季最高温 32～40℃，冬季最低温度 19～26℃，有灌溉条件的地区棉花可常年种植。

南部棉区全年无霜冻，棉花生育期相对较长，主要种植长绒和超长绒（ELS）品种，是优质棉的主产区，但也种植草棉和亚洲棉。常规陆地棉品种有：MCU - 5、MCU - 7、LK861/L389、LRA 5 66、Surabhi，海岛棉品种有 Suvin，亚洲棉品种有：DB 3 - 12、K 10 和 K 11；草棉常规种有：Jayadhar；大面积种植的杂交棉品种主要有 DCH - 32、Hybrid 4（H4）、JKHY - 1、H6、MECH 1、NHH 44、Savita、TCHB 213、HB 224、Bunny、Brahma 和 DDH2。近年新育的杂交棉品种主要有：TM 1312、Uttam BG Ⅱ-NCS 860、Bhakti BG Ⅱ-NCS 245、Bhadra BG Ⅱ-NCS 2434、Mallika Gold BG Ⅱ-NCS 859 等几十个。其中，Neeraja MRC 7201 BG-Ⅱ、RCH 2 BG Ⅱ、RASI 2000、JKCH - 0109 BG Ⅱ、JK DURGA DOUBLE Bt、JK CHAMUNDI Bt 和 Akka-Bt 在安得拉邦、卡纳塔克邦和泰米尔纳德邦均有种植，DB 3 - 12、Bunny、Brahma、H4 在安得拉邦和卡纳塔克邦种植，Ashirwad 和 Pravallika 在安得拉邦和特伦甘纳邦种植，MCU - 5 在在安得拉邦和泰米尔纳德邦以及奥里萨邦种植。NHH 44、LK861/L389、Hybrid 4（H4）、JKHY - 1、H6 和 MECH 1 主要在安得拉邦种植。MCU - 7、K 10、K 11 在泰米尔纳德邦种植，Jayadhar 主要种植在卡纳塔克邦。LRA 5166、TCHB 213、HB 224、Savita、Suvin 和 MRC - 7918 BG-Ⅱ主要种植在泰米尔纳德邦和安得拉邦，其中 Suvin 是品质最好、种植时间最长的海岛棉品种。

南部棉区由于不同产地降水量和轮作方式不同，多数棉区播种期为 6—7 月，但在泰米尔纳德邦，夏季作物播种期在 1—2 月，冬季作物播种期在 6—7 月，收获期主要集中在当年 12 月—下年 2 月。作为夏季作物的泰米尔纳德邦和卡纳塔克邦，其收获期主要集中在 5—7 月。

特伦甘纳邦位于德干高原，在印度半岛的东海岸中部延伸地带。该邦有戈达瓦里河和奎河两条主要河流。虽然该邦包括戈达瓦里河 79％的流域面积和奎河 69％的流域面积，但特伦甘纳邦整体仍属半干旱地区，气候炎热、干燥是其典型特点。夏季自 3 月开始，5 月月平均高温达峰值，达 42℃。季风季从 6 月持续到 9 月，特伦甘纳邦北部年降水量 900～1 500 毫米，南部降水量为 700～900 毫米。干燥、温和的冬季从 11 月下旬开始，持续到下年 2 月初，湿度小，冬季均温 22～23℃。

特伦甘纳邦的卡因纳加尔夏季从 3 月开始持续至 6 月初，一年中月均高温出现在 4—5 月，昼夜温差大，温度从最低的 22℃到最高的 42℃，最高纪录温度 44℃，湿度为 50％。由于东北季风，10—11 月降雨明显增加。冬季始于 12 月至翌年 2 月，温度范围 20～35℃。月均高温最低值在 12 月为 30℃，年均温度 22.2～34.4℃，无霜降天气，年降水量为 907 毫米（表 16 -

12)。

泰米尔纳德邦位于印度德干半岛东南部，气候类型包括干旱半湿润和半干旱。该邦的年降水量约 945 毫米，有 2 个不同时期的季风降雨季。6—9 月为西南季风，10—12 月为东北季风，其中 32% 来自西南季风，48% 来自东北季风。气候以热带气候为主，夏季气温在 43℃ 左右，冬季气温在 18℃ 左右。最低气温在 1 月和 12 月份，最高气温在 4—6 月。由于农业生产灌溉用水完全依赖雨水补给，季风季过后易导致严重缺水而出现旱灾。

泰米尔纳德邦塞勒姆气候数据表明，一年中最高气温出现在 5 月达 38.6℃，年均最高温度 33.8℃；最低气温在 12 月为 29.1℃，年均低温 22.4℃，无霜降，年降水量 923 毫米（表 16-13）。

表 16-13　塞勒姆（Salem）气候资料

月份	1	2	3	4	5	6	7	8	9	10	11	12	平均或合计
月均高温（℃）	29.3	32.8	35.9	37.2	38.6	37.4	34.7	33.5	33.3	32.2	31.0	29.1	33.8
月均低温（℃）	19.7	20.0	22.0	24.0	25.0	25.0	24.0	23.0	23.0	22.0	21.0	19.9	22.4
月均降水量（毫米）	24.9	12.0	14.0	44.0	75.0	48.0	60.1	73.0	122.0	161.0	197.0	92.0	923.0

资料来源：印度国家气象局（IMD）。

（三）北部棉区

北部棉区地处亚热带干旱、半干旱地区，包括与巴基斯坦相邻近的旁遮普、哈里亚纳和拉贾斯坦三个邦，这 3 个邦植棉县分别有 9、20 和 31 个，占所在邦县数的 40.9%、95.2% 和 93.9%，该棉区面积占全印的 12.5%，产量占全印的 15.4%，其中哈里亚纳邦产棉最多，其产量占该棉区 39.8%（2010—2014 年）（表 16-2、表 16-8 和表 16-9）。

北部棉区土壤有干旱土、盐碱土和冲积土，以冲积土为主，土壤 pH 值高，年降水量 300～700 毫米，主要集中在季风期间。夏季最高温达 45℃，冬季最低温在 0℃ 以下。2010—2014 年皮棉单产 656 千克/公顷，比全国平均水平高 22.1%，是印度三个棉区中产量最高的棉区，主要原因是该棉区大多为河流冲积土，土质较好，灌溉条件好，以及良种良法的普及。

播种期大多为西南季风来临之前的 4 月中旬—5 月底，收花期为 9—11 月。其中，拉贾斯坦邦稍迟，播种期为 5—7 月，收获期为 9—12 月。

北部棉区主要种植早、中熟品种。因长期采用棉—麦轮作方式的种植模式，为确保及时倒茬，大多数棉田种植生长期较短的早熟棉品种，常规陆地棉品种有：F414、H 777、G N Ageti、LH 900、F 505、LH 886、HS 45、LH 1134、RST 9、J-34 和 Jhurad。亚洲棉品种有：Bengal Deshi、RG 8、LD 327 和 DS 5。近年新育的杂交棉品种有：Fateh、HHH 81、Raj HH 16、Raghav BG Ⅱ-NCS 855、Malini BG Ⅱ-NCS 9015、Nikki MRC 7017 BG-Ⅱ、RCH 134 BG Ⅱ、RCH 134 BG Ⅱ、RCH 314 BG Ⅱ、JKCH-0109 BG Ⅱ、Ankur-651-Bt 和 Ankur-2226-Bt。

该棉区曾是种植纤维长度 20 毫米以下印度土种棉的主产区，种植老品种有 Bengal Deshi、RG 8、LD 327 和 DS 5 纤维长度 15～18 毫米，但随着国内纺织品的升级以及东南亚市场对短绒棉需求急剧下降，土种棉大幅度萎缩。

旁遮普邦坐落在印度的西北部，全境 95% 为平原，从东北向西南缓倾。北部分布着西瓦利克山的支脉，海拔 300～600 米。虽然该邦大部分为肥沃的河谷地区，但东、西部有沙漠，北面为喜马拉雅山脉的余脉，拉维河、阿斯河和萨特莱杰河流经境内。

　　旁遮普邦属副热带大陆性气候，气候多变，寒暑变化剧烈。6 月均温 34℃，1 月均温 13℃。降水量由东北部的 1 220 毫米逐渐减少到西南部的 352 毫米，年降水量 463 毫米，超过 70% 的降雨在季风季节期间，即 7—9 月，另外 4—6 月有热风与尘暴天气。旁遮普邦冬季（10 月下旬—下年 2 月中旬）清凉有雨，春季（2 月中旬—4 月中旬）气温回升，历史上季风常在 5 月抵达，但自 1970 年以来季风时间甚不稳定，6—7 月极为炎热，8 月才有降雨，直到 10 月天气转凉。

　　旁遮普邦棉区的珀丁达位于印度西北部，属印度恒河冲积平原的一部分，平均海拔 201 米，除 5 月中旬—8 月底天气很潮湿外，其他月份空气干燥，相当于半干旱气候。夏、冬间温度变化较大，年均高温 32.3℃，月均高温出现在 4—6 月达 41℃，年均低温 18.9℃，无霜降，年降水量 345 毫米，由于西南季风天气，降水主要集中在 7—9 月，冬季有小阵雨降临（表 16 - 14）。

表 16 - 14　珀丁达（Bathinda）气候资料

月份	1	2	3	4	5	6	7	8	9	10	11	12	平均或合计
月均高温（℃）	20	24	30	37	41	41	37	36	36	34	29	23	32.3
月均低温（℃）	7	10	15	21	26	28	28	27	25	19	13	8	18.9
月均降水量（毫米）	10	19	7.9	9.8	20	38	90	84	52	9.4	1.4	3.6	345.1

　　资料来源：印度国家气象局。

　　北部棉区生产主要限制因素：灌溉水源不足往往导致花铃期受旱；灌排体系不配套，一些棉田只灌不排，或排水不畅，造成地下水位上升，严重棉田甚至不得不改种水稻等其他作物；大约只有 15% 的棉田使用合格种子，大多数棉田使用种子质量较差的不合格种子，进而无法保证群体密度，且丰产性和品质也较差。

　　印度除以上三个棉区所述的主要植棉邦外，另有 9 个邦和 1 个联邦属地有少量面积的棉花种植，这 9 个邦分别是位于印度北部的北方邦、喜马偕尔邦、印度东北部的梅加拉亚邦、阿萨姆邦和那加兰邦、印度东部海岸的奥里萨邦、恒河平原东部的西孟加拉邦、印度中东部的恰蒂斯加尔邦，以及西南端的喀拉拉邦，1 个联邦属地是印度南部的联邦属地本地治里，其中除奥里萨邦种植面积和总产均占全国的 0.9% 外，其他植棉邦植棉面积和总产占全国比重非常小。

　　印度还有 4 个邦和一个中央直辖区零星种植棉花，4 个邦分别是位于印度中东部比哈尔邦、东北部特里普拉邦、米佐拉姆邦和曼尼普尔邦，一个中央直辖区是印度北部的德里。

三、棉花生产基本条件

　　棉田基础设施差，灌溉设施不配套，65% 的棉田完全依靠季风雨灌溉，是自然"雨养棉"，加上气候类型以热带季风气候为主，其中西南季风很不稳定，降水量时空分配不均，旱涝灾害频繁交替发生。棉花生产对季风雨来临的早晚和雨量的多少依赖性大，季风雨来临早而丰足年份是棉花的丰收年景年；季风雨来临晚或量少时是棉花大幅度减产的年景。

印度全国人均耕地 0.22 公顷，农户间植棉面积差别很大，一户种植几公顷到几十公顷的都有，户均种植棉面积约 1.5 公顷。有 1％的农户种植面积达到 20 公顷以上，也有不少棉农无田，仅靠给其他棉农做长工、短帮工或租赁土地植棉。

据 2014 年调查资料，全印有 770 万户棉农种植 1 160 万公顷转基因棉，占印度总面积的 95％，虽然总种植面积较大，但户均植棉规模很小，产量低，导致农户间产量差异较大。

植棉技术落后，机械化程度低。印度棉花普遍采取粗放型种植和管理模式，生产技术十分落后，大部分棉田完全依靠雨水灌溉，棉田农事作业大量依赖牛耕，一些地区甚至使用骆驼或水牛，人工作业比例大，机械化程度极低。由于棉田群体结构普遍不合理、水肥运筹不当，以及病虫草害防治不到位，导致多数棉田旺长形成"高大空"架子，棉花收获 100％依靠人工采摘。

土地利用不合理，垦殖指数高而复种指数低。印度垦殖指数高达 56.7％，超过世界绝大多数国家，但因"用养"不合理，造成大批耕地地力耗竭而抛荒休闲。以印度丰富的水热资源论，该国农作物可常年种植，其复种指数理应较高，但目前大部分耕地复种指数较低。

印度现有品种抗逆性，特别是抗高温性差，丰产性总体较低，再加良种良法严重不配套，另外印度仍种植被其他植棉国淘汰的亚洲棉、非洲棉（草棉），这些品种产量低、品质差，目前印度是世界棉花产量较低的国家。

由于印度为发展中国家，国内外汇储备有限，因而靠进口棉发展国内纺织业并不现实。国内棉花种植业的快速发展，确保纺织业原料供给，为该国纺织业发展创造条件。纺织业发展，特别是纺织规模的扩大与产品档次的不断提高，又对棉花种植规模与品质提出新的要求。印度土种棉（又称 desi 棉）品种不断萎缩，优质陆地棉面积不断增加，同时印度土种棉新品种的品质与产量都有较明显的提高，纤维长度由原由≤20 毫米提高至 24.5 毫米，马克隆值由原有的高达 6.8 降低至 3.4～5.5，完全能满足纺 10～20 支纱线需要，显然其可纺性大幅度提高，并且随着 ELS 海岛型长绒棉、优质又高产的陆海杂品种的成功选育，出现大面积种植。

在印度独立时，印度种植的棉花品种 97％为粗短绒的印度土种棉品种，其纤维长度多≤20 毫米，其中亚洲棉占全国棉花面积的 65％，草棉占 32％。由于纺织厂对较长纤维类型的需求快速增加，至 1965 年该国种植的棉花品种调整至 40％为品质较好的陆地棉，36％为亚洲棉，24％为草棉，此时印度土种棉新品种 Jayadhar、Y-1 已在生产中大面积种植，到 2000 年印度亚洲棉面积占 18％，草棉占 7％。此时优质高产印度土种棉新品种 V-797、K 11、AKA 8 401、MCU-7 等已在生产中大面积推广应用。

近十多年以来，印度原棉纤维类型和品质得到明显改良。据印度纺织专员办公室数据（表 16-15），2002 年，纤维长度≤20 毫米为 15 万吨，占总产的 6.7％；纤维长度≤25.5 毫米 138 万吨，占总产的 59.6％。2010—2013 年，纤维长度≤20 毫米为 9 万吨，占总产的 1.4％；纤维长度 27.5～32.0 毫米 471 万吨，占总产的 76.7％，说明 2002 年以后以生产纤维长度≤25.5 毫米为主，当前以生产 27.5～32.0 毫米为主。较短纤维棉花无论是生产数量还是比例均大幅度下降，棉花品种主要是品质较好的陆地棉。调查还表明：随着转基因棉的大面积推广，印度土种棉种植面积再次大幅萎缩，至 2011 年印度土种棉种植面积只占 7％左右，目前印度种植的棉花品种主要是品质较好的陆地棉，约占 95％。

表 16-15　印度不同纤维长度类型棉花产量

单位：千吨

长度类型（毫米）	2002	2003	2004	2005	2006	2007	2008	2009	2010	2011	2012	2013	2010—2013 年平均（占比%）
≤20	153	129	121	116		68	60	68	68	102	85	85	85 (1.4)
20.5~25.5	1 224	1 290	2 326	1 088	1 020	1 037	1 020	986	1 207	1 275	1 275	1 275	1 258 (20.5)
25.0~27.0 27.5~32.0	867	1 529	1 599	2 812	3 675	4 029	3 774	4 046	4 403	4 760	4 760	4 930	4 713 (76.7)
≥32.5	68	94	85	82	65	85	77	77	85	102	85	85	89 (1.4)
累计	2 312	3 043	4 131	4 097	4 760	5 219	4 930	5 185	5 763	6 239	6 205	6 375	6 146 (100)

资料来源：印度纺织专员办公室（孟买）（Office of the Textile Commissioner，Mumba）。

第三节　棉花栽培

一、种植品种

（一）种植品种的类型多，数量大

1. 从生产角度看，全印不仅种植陆地棉和海岛棉，还种植草棉和亚洲棉，4 个栽培种的农艺和性状产量差异大。（表 16-16）。

表 16-16　印度栽培种主要特征特性

性状特点	陆地棉	海岛棉	亚洲棉	草棉
1. 产量性状				
籽棉量（克/株）	15~242	3~106	3~96	15~107
铃数（个/株）	5~65	7~26	3~55	7~77
铃重（克/铃）	2.3~7.3	2.0~3.5	1.4~5.5	1.2~2.6
棉籽数（个/铃）	21~37	20~29	24~48	10~24
衣分（%）	22~44	25~33	28~41	22~44
籽指（克）	4.4~15.0	7.7~11.7	3.5~8.6	3.5~7.7
衣指（克）	2.3~8.3	2.9~6.5	1.7~6.9	1.6~5.2
2. 植株特性				
株高（厘米）	42~70	60~105	52~180	78~165
营养枝数（台/株）	0~7	0~3	1~7	1~8
果枝数（台/株）	14~27	10~22	6~30	10~24
营养枝有铃率（%）	—	—	8~53	10~51
果枝有铃率（%）	—	—	8~55	12~52
生育期（天数）	140~226	180~210	155~185	185~240

性状特点	陆地棉	海岛棉	亚洲棉	草棉
3. 纤维品质指标				
平均长度（毫米）	16～36	22～32	12～30	16～27
跨长（毫米）	15～37	22～35	13～27	19～27
整齐度（%）	34～52	40～52	44～55	42～52
马克隆值	2.6～5.6	2.5～4.2	3.1～8.0	2.4～6.2
成熟度	55～79	52～88	70～93	53～78
强力（克/特克斯）	31～56	37～58	32～59	41～58
4. 棉籽含油性				
棉籽含油率（%）	15～28	14～30	12～23	13～20
棉籽油指	1.0～2.1	1.2～3.1	0.5～1.8	0.5～1.7
5. 生物产量				
总生物产量（克/株）	61～590	28～145	25～244	99～383
单株根重（克）	3～13	3～25	3～24	9～32
单株茎重（克）	32～63	10～166	10～86	57～226
经济系数（%）	7～52	20～40	15～58	20～31
6. 叶子特性				
叶长度（毫米）	74～142	48～102	42～92	37～73
叶宽度（毫米）	86～157	50～108	38～91	57～89
叶裂片长度（毫米）	39～137	32～84	26～77	31～53
叶裂片宽度（毫米）	26～80	24～48	10～26	21～35
叶柄长度（毫米）	55～160	29～102	22～57	28～53
叶数（个/株）	17～338	—	125～415	95～335
叶脉数	4～7	—	—	6～8
蜜腺数	0～3	0.3	0～3	1～3
平均叶面积（平方厘米）	41～217	—	—	19～46
7. 铃特性				
铃柄长度（毫米）	11～36	—	12～33	—
单铃皮棉重（克）	0.7～2.4	—	0.5～1.8	—
单铃棉籽重（克）	1.6～4.1	—	0.7～1.9	—
单铃铃壳重（克）	0.8～2.6	—	0.3～1.5	—
铃直径（厘米）	24～37	18～29	17～36	18～31
铃长度（厘米）	22～53	21～60	19～69	16～40
体积（立方厘米）	14～29	—	—	—

（续）

性状特点	陆地棉	海岛棉	亚洲棉	草棉
8. 幼苗特性				
子叶长度（毫米）	14～25	—	14～31	
子叶宽度（毫米）	28～60	—	26～46	
幼苗高度（毫米）	160～250	—	73～300	
根长度（毫米）	43～95	—	47～107	
干重（克/株）	0.5～1.3	—	0.5～2.3	
根冠比	0.05～0.15	—	0.5～2.3	
9. 成铃特性				
果节数（个/株）	90～585	—	18～390	
结铃数（个/株）	14～92	—	3～55	
成铃率（%）	7～39	—	8～32	
果节数（个/台果枝）	5～9	—	4～8	
10. 花与棉籽特性				
花药数	80～120	—	—	70～100
胚珠数（个/花）	26～41	—	—	19～28
棉籽数（个/铃）	20～37	—	—	10～24
花粉胚珠比（%）		24～44	—	22～31
种子胚珠比（%）	59～99	—	—	47～99

2. 从生产用种类型可分为常规种与杂交种，目前印度是世界唯一大面积种植杂交棉品种的国家。其杂交棉种子类型有陆地棉与陆地棉种内杂交种、陆地棉与海岛棉种间杂交种、亚洲棉与亚洲棉种内杂交种和草棉与亚洲棉种间杂交种，但主要为陆地棉与陆地棉种类杂交种。

3. 从基因来源可分为转基因和非转基因棉品种，转基因分为单基因和双基因棉品种。印度自 2002 年开始种植转基因抗虫棉品种，目前是全世界种植转基因棉花品种面积最大的国家。

由于从事基因棉品种开发不能是外资独立控股企业，外国企业在印度从事基因棉开发须与印度本国种子合作开发。印度棉农种植的棉花品种主要由世界跨国种业公司孟山都与印度本土私人公司联合研发与经营，印度本土具备强大研发转基因棉花品种的种子公司主要有 nuziveedu、Mahyco、Rasi、JK、Rallis、Metahelix 和 Ankur 等。棉花转基因有一定研发势力的机构还有印度中央棉花研究所（CICR）和达尔瓦德农业科技大学。为开发印度转基因棉花市场，中国农科院创世纪公司利用自主研发的基因和印度 Nath 种子公司合作，Nath 种子公司利用创世纪公司提供的基因开发了 6 个转基因棉品种，获准在印度 3 个棉花产区商业化种植。

印度可商业化的棉花转基因事件共 6 件，印度棉花外源基因和基因事件主要来自印度马哈拉施特拉杂交种子公司（Mahyco）/美国孟山都公司（Monsanto）、印度 JK 农业贸易公司和印度 Nath 种子公司等 4 家公司，其生产用种基因主要来自美国孟山都公司，也有来自印度 JK 农业贸易公司的 cry1Ac 基因、中国的 cry1Ab 和 cry1Ac 的融合基因、CICR 和达尔瓦德农业科技大学的 cry1Ac 基因和印度 Metahelix 农业生命科技公司的 synthetic cry1C 基因（表 16 - 17）。

表 16 - 17   2002—2014 年印度批准商业化的棉花转基因事件

序号	基因名称	基因事件	基因研发者	批复时期
1	Cry1Ac	MON - 531	印度马哈拉施特拉杂交种子公司（Mahyco）/美国孟山都公司（Monsanto）	2002
2	Cry1Ac 和 cry2Ab2	MON - 15985	印度马哈拉施特拉杂交种子公司（Mahyco）/美国孟山都公司（Monsanto）	2006
3	Cry1Ac	Event - 1	印度 JK 农业贸易公司（JK Agri-Genetics）	2006
4	cry1Ab 和 cry1Ac 的融合基因	GFM Event	印度 Nath 种子公司	2006
5	Cry1Ac	BNLA - 601	印度中央棉花研究所（CICR）［印度农业研究委员会（ICAR）］和达尔瓦德农业科技大学（University of Agricultural Sciences，UAS，Dharwad）	2008
6	synthetic cry1C	MLS - 9 124	印度 Metahelix 农业生命科技公司	2009

资料来源：国际农业生物技术应用服务组织（ISAAA）整理分析，2014。

4. 按纤维长度，可分为超长纤维、中长纤维、短纤维和超短纤维。 纤维长度共分为纤维长度≤20 毫米（超短）、20.5～25.5 毫米（较短）、25.0～27.0 毫米（短）、27.5～32.0 毫米（普通与中长）和≥32.5 毫米（超长）五类品种，其中 27.5～32.0 毫米品种生产的原棉占全国总产量 76% 以上，≤25.5 毫米的短绒和超短绒（含超短纤维和短纤维）棉花品种基本属印度土种棉；27.5～32.0 毫米的普通与中长纤维品种属美种陆地棉或陆地棉种内杂交品种；≥32.5 毫米超长纤维属陆地棉或海岛棉或陆海杂交棉品种，不同纤维长度典型代表品种及其主要品质指标与适纺纱支数（表 16 - 18）。

表 16 - 18   不同纤维长度类型典型棉花品种及其主要品质指标与适纺纱支数

品种名称	主体长度（毫米）	马克隆值	适纺纱支数
20 毫米及以下			
Assam Comilla	—	7.0～8.0	—
Bengal Desi	—	6.8～7.2	—
20.5～24.5 毫米			
V - 797/G-Cot - 13/G-Cot - 21	21.5～23.5	4.2～6.0	10～14
Jayadhar	21.5～22.5	4.8～5.8	10～14
AK/Y - 1（MAH/MP）	23.5～24.5	3.4～5.5	10～20
PCO - 2 AP/KAR/k - 11（TN）	23.5～24.5		
Mcu - 7（TN）	23.5～24.5		
SYPR - 2（TN）	23.5～24.5		

（续）

品种名称	主体长度（毫米）	马克隆值	适纺纱支数
25.0～27.0毫米			
F - 414/H - 777/J - 34 Raj	24.5～25.5	4.3～5.1	24～30
LRA - 5 166/KC - 2（TN）	26.0～26.5	3.4～4.9	24～30
F - 414/H - 777/J - 34 Hybrid（Rajasthan）	26.5～27.0	3.8～4.8	24～30
F414/H - 777/J - 34 Hybrid（Haryana）	26.5～27.0	3.8～4.8	24～30
27.5～32.0毫米			
F414/H - 777/J - 34 Hybrid（Punjab）	27.5～28.5	4.0～4.8	24～30
H - 4/H - 6/MECH	27.5～28.5	3.5～4.7	30～50
RCH - 2	27.5～28.5	3.5～4.7	30～50
SANKAR - 6 Gujarat/10	27.5～29.0	3.6～4.8	30～50
Bunny	29.5～30.5	3.5～4.3	40～60
Brahma	29.5～30.5	3.5～4.3	40～60
32.5毫米及以上			
MCU - 5/Surabhi	32.5～33.5	3.2～4.3	60～100
DCH - 32（South）	34.0～36.0	3.0～3.5	60～100
DCH - 32（MP）	34.0～36.0	3.0～3.5	60～100
Suvin	37.0～39.0	3.2～3.6	3.2～3.6

资料来源：印度纺织专员办公室。

（二）品种选育与布局

近 15 年来，特别是 2003 年转基因品种大面积推广以来，至 2013 年印度政府审批通过的转基因抗虫杂交棉品种达到 1 167 个，分布在不同气候、不同地区、不同土壤、不同种植模式的各类自然生态环境下。每一个生态区官方认定的杂交种数量差异不大，均在 300 多个，另外由于棉花种子产业化存在明显管理不到位现象，生产中还种植了 40～50 个官方未审批的转基因抗虫杂交棉品种，其中有不少是不合格种子。虽然该国棉花品种选育数量与类型多、速度快、适应广，但全国主栽棉花品种数量（常规种和杂交种）不足 60 个（表 16 - 19）。

表 16 - 19　印度主栽棉花品种（常规种和杂交种）主要纤维特征与种植区域

品种名称	籽棉产量（吨/公顷）	衣分（%）	平均纤维长度（毫米）	可纺纱支数（英支，s）	种植区域
1. 常规种					
(1) 陆地棉（G. Hirsutum）					
F 414	2.0	34.2	22.5	30	旁遮普邦
H 777	2.8	34.6	22.5	30	哈里亚纳邦
G N Ageti	2.5	36.0	23.5	30	拉贾斯坦邦
LH 900	3.5	33.9	22.5	30	旁遮普邦

（续）

品种名称	籽棉产量 （吨/公顷）	衣分 （%）	平均纤维长度 （毫米）	可纺纱支数 （英支，s）	种植区域
F 505	3.0	34.6	22.5	30	旁遮普邦
LH 886	3.8	35.0	23.0	35	旁遮普邦
HS 45	3.0	34.0	22.0	30	哈里亚纳邦
LH 1 134	4.2	35.5	25.0	40	旁遮普邦
RST 9 Jhurad	2.6	36.0	22.5	30	拉贾斯坦邦
DHY286/B 1 007	1.4	36.0	28.0	50	马哈拉施特拉邦
G Cot 12	1.8	36.0	24.0	24	古吉拉特邦
Khandwa 2/3	9.0	35.0	23.0	30	印度中央邦
AHH 081	2.0	36.0	24.0	34	马哈拉施特拉邦
LRA 5 166	3.0/1.5	35.0	24.5	34	南部棉区和中部棉区
Anjali	3.0	36.0	25.0	36	中部棉区
CNH 36	3.0	35.5	25.5	40	马哈拉施特拉邦
MCU 5/MCU5 VT	3.0	34.0	29.5	50/60	南部棉区
MCU 7	1.4	35.0	23.5	34	泰米尔纳德邦
LK861/L389	2.5	36.0	27.0	50	安得拉邦（含现特伦甘纳邦棉区）
Jhurad	2.5	34.0	25.0	34/40	旁遮普邦、哈里亚纳邦
（2）海岛棉（*G. barbadense*）					
Suvin	2.0	29.0	36.0	120	泰米尔纳德邦、安得拉邦（含现特伦甘纳邦棉区）
（3）印度土种棉（*Desi* cotton，指亚洲棉和草棉）					
RG 8	2.5	40	16.5	—	拉贾斯坦邦
LD 327	3.5	42	16.0	—	旁遮普邦
DS 5	2.5	40	16.0	—	哈里亚纳邦
AKA 8 401	1.0	38	27.0	40	马哈拉施特拉邦
AKH4 /AKA 5	7.0	39	23.0	20	马哈拉施特拉邦
G Cot 15	1.0	34	22.0	20	马哈拉施特拉邦
G Cot 11/G. Cot 13	1.0	39	23.0	24/30	古吉拉特邦
DB 3 - 12	8.0	34	29.5	24	卡纳塔克邦
K 10	7.0	36	27.0	26/30	泰米尔纳德邦
2. 杂交种					
（1）主栽杂交棉品种					
Hybrid 4（H4）	2.5	34	29	40/50	古吉拉特邦、马哈拉施特拉邦、安得拉邦（含现特伦甘纳邦棉区）
JKHY - 1	2.3	33	27	40	印度中央邦、安得拉邦（含现特伦甘纳邦棉区）、马哈拉施特拉邦

（续）

品种名称	籽棉产量 （吨/公顷）	衣分 （%）	平均纤维长度 （毫米）	可纺纱支数 （英支，s）	种植区域
H6	2.8	35	29	60	古吉拉特邦、马哈拉施特拉邦、安得拉邦（含现特伦甘纳邦棉区）、印度中央邦
AHH 486（PKV HY2）（also CAHH 468）	1.2	35	25	40	马哈拉施特拉邦
MECH 1	2.5	38	30	60	马哈拉施特拉邦、安得拉邦（含现特伦甘纳邦棉区）、印度中央邦
NHH 44	2.4	35	25	30/40	马哈拉施特拉邦、安得拉邦（含现特伦甘纳邦棉区）
Savita	2.5	34	30	60	泰米尔纳德邦、安得拉邦（含现特伦甘纳邦棉区）
H8	3.0	34	26	50/60	古吉拉特邦
DCH 32	3.0	34	33	80	安得拉邦（含现特伦甘纳邦棉区）、泰米尔纳德邦、古吉拉特邦
TCHB 213	2.5	34	32	80	泰米尔纳德邦、安得拉邦（含现特伦甘纳邦棉区）
HB 224	2.5	33	31	80	泰米尔纳德邦、安得拉邦（含现特伦甘纳邦棉区）、卡纳塔克邦
DDH2	1.0	34	22	20	安得拉邦（含现特伦甘纳邦棉区）、卡纳塔克邦、泰米尔纳德邦
(2) 新培育的杂交棉品种					
CICR HH1	1.5（R）	35	25.5	30/40	马哈拉施特拉邦
TM 1 312	2.5	38	30	50/60	泰米尔纳德邦、安得拉邦（含现特伦甘纳邦棉区）、卡纳塔克邦
Fateh	2.8	34	25	30/40	哈里亚纳邦
HHH 81	2.8	34	26	30	旁遮普邦
Raj HH 16	2.6	34	25	30/40	拉贾斯坦邦
MDCH 201	2.0	38	25	30	中部棉区
G. Cot DH7	1.0	37	22	20	中部棉区
G. Cot DH9	1.2	34	28	40/50	中部棉区

　　大面积种植的棉花品种是陆地型种内的杂交转基因棉。为防止转基因棉对棉区生物种群的不利影响，印度政府强制规定棉区种植一定面积的非抗虫棉以形成庇护区，但由于非转基因棉品种产量低，在实际生产中存在庇护区落实明显不到位的现象。

二、栽培措施

（一）常规栽培技术

播种技术。通常灌水或降雨后翻耕整地，人工或半机械点播，一穴 1～2 粒种子，播种深 3～4 厘米，播种理论密度最大为 88 889 株/公顷，最小为 11 111 株/公顷。密度大小因棉区、品种、水源情况而定。北部棉区行距有 60 厘米、67.5 厘米、75 厘米，株距有 15 厘米、30 厘米、67.5 厘米，理论密度 21 948～88 889 株/公顷；中部棉区行距 45 厘米、60 厘米、120 厘米和 150 厘米，株距 30 厘米、40 厘米和 60 厘米，理论密度 11 111～74 074 株/公顷；南部棉区行距 60 厘米、75 厘米、90 厘米和 120 厘米，株距 30 厘米、45 厘米和 60 厘米，理论密度 13 889～55 556 株/公顷（表 16 - 20）。在雨养棉区，转基因杂交棉株行距设置一般为 90 厘米×30 厘米（表 16 - 20），非转基因棉花品种在 45 厘米×10 厘米高密度种植情况下，可与大豆或豇豆或黑豆间作。在高密度种植情况下，棉花以垄上播种方式为佳。

表 16 - 20　印度不同棉区不同类型品种棉花株行距配套及用种量

棉区名称	行距×株距（厘米）	株数（株/公顷）	用种量（千克/公顷）
中部棉区	60×30	55 556	18～20
中部棉区	60×30	55 556	10～12
中部棉区	45×30	74 074	12～15
中部棉区	120×40，或 120×60	28 334 或 13 889	2～3.5
中部棉区	150×60	11 111	3～3.5
北部棉区	75×15	88 889	20～22
北部棉区	60×30	55 556	10～12
北部棉区	68×68	21 948	3～3.5
南部棉区	75×30，或 75×45	44 445 或 29 630	10～15
南部棉区	60×30	55 556	18～20
南部棉区	60×30	55 556	12～15
南部棉区	90×30，或 75×30	37 037 或 44 445	8～10 或 12～15
南部棉区	90×30，或 60×45，或 90×60	37 037 或 37 037 或 18 519	2～3
南部棉区	120×60	13 889	2.5～3

在雨养棉区，最好选择早熟或抗虫杂交棉品种。在种植非转基因棉花品种时，宜选择早熟品种，如 Suraj、NH 615、AKH 081、Phule Dhanwantari、Anjali，这些品种在 60 厘米×10 厘米或 40 厘米×10 厘米的种植密度下，在 6 月 15 日前完成播种工作，可躲避干旱和棉铃虫危害造成的损失。在雨养棉区，一旦出现降水量 80 毫米以上，须立即落实播种，确保适时早播。

由于印度棉区光热资源，特别是热资源较好，棉花均没有采用地膜覆盖方式种植。

由于棉区配套设施普遍落后，再加上播种人力、物力条件的限制、种子质量总体不好，以及自然因素的影响，如季风带来降水量和降水时间均无法人为控制到最佳状况，棉花苗期常出现播后缺水或涝灾或高温伤苗，印度棉花播种质量普遍较差，其保苗率总体较低。如北部棉区 2008 年 5 月 15 日—6 月 15 日连续温度高达 47℃，此时正是在棉花出苗期，导致该棉区苗情差。通常保苗好的棉田，其保苗率为 80%～90%。为有利于获得高产，棉田每穴留苗一株是较好选择，但生产中也有少量棉田存在较多的每穴双株，甚至多株的现象。

为减少因季风雨而受涝灾，增加保苗率，在多雨棉区，棉农普遍采用"垄作"种植。因垄上种植棉花，可有效避免受水淹而造成发育异常。

施肥技术。为合理施肥，印度政府技术部门根据不同棉区情况制定了棉花具体配方施肥技术方案（表 16-21）。

表 16-21 不同棉花化肥投入量与方法

项目	北部棉区	中部棉区	南部棉区
化肥投入参考用量	1. N：60～100 千克/公顷。 2. P_2O_5 肥和 K_2O 肥用量依据土壤测试结果而定，通常 P_2O_5-K_2O 肥用量分别为 20-20 千克/公顷。 3. 如果前茬作物是小麦，P_2O_5 肥少施，甚至不施。 4. 每两年棉花—小麦轮作后施一次 Zn 肥，用量为 $ZnSO_4$ 15 千克/公顷	1. 常规种子田：N-P_2O_5-K_2O 肥用量分别为 40-20-20 千克/公顷或 50-25-25 千克/公顷或 80-40-40 千克/公顷； 2. 杂交种子田：N-P_2O_5-K_2O 肥用量分别为 100-50-50 千克/公顷或 160-80-80 千克/公顷或 240-120-120	1. 常规种子田：N-P_2O_5-K_2O 肥用量分别为 40-20-20 千克/公顷或 60-30-30 千克/公顷或 90-45-45 千克/公顷； 2. 杂交种子田：N-P_2O_5-K_2O 肥用量分别为 100-50-50 千克/公顷或 120-60-60 千克/公顷或 150-60-60 千克/公顷
化肥投入方法	1. 一半 N 肥在初花期施入。 2. 一半 N 肥在播种时施入。 3. 根据棉田实时需要，叶面喷施 N。 4. P_2O_5 肥作基肥深施	1. N 肥在播种、现蕾和盛铃期三个时期施入。 2. P_2O_5 肥和 K_2O 肥具体用量依据土壤测试结果而定。 3. 在开花或初铃期叶面喷施浓度为 2% 的尿素或磷酸二铵	1. N 肥在蕾期和盛花期施入；P_2O_5 肥和 K_2O 肥全部作底肥施入。 2. 在卡纳塔克邦雨养棉花地 N、P_2O_5 肥和 K_2O 肥全部作底肥，在灌溉地一半 N 肥、全部 P_2O_5 肥和全部 K_2O 肥作底肥，剩下的一半 N 肥如是常规种子田在花铃期作追肥，如是杂交棉田分四次追施
生物肥料使用情况	—	建议用固氮菌拌种	建议在泰米尔纳德邦用固氮螺菌对种子和土壤进行处理

棉农实际施肥情况调查表明：北部棉区肥料投入与政府技术部门制定的具体施肥技术方案接近，但在一些地方或一些年份，为防止肥多遇高温造成伤苗危害，氮肥底施总用量仅为 25%，其余 75% 的氮肥从播后 30 天左右开始分 3 次追施，每次间隔 25 天左右，每次用总氮量的 25%。

中部棉区多数农户 N、P_2O_5、K_2O 化肥用量分别为 128 千克/公顷、83 千克/公顷、83 千克/公顷，其中底肥用量较少，甚至有些地方不施底肥，而是全部作追肥。第一次追肥在播后 25 天，追肥量与种类：N 83 千克/公顷，P_2O_5、K_2O 各 68 千克/公顷；第二次追肥在播后 55 天，追肥量与种类：N 45 千克/公顷，P_2O_5、K_2O 各 15 千克/公顷。

地处中部棉区的高产棉田化肥用量为 N 120 千克/公顷、P_2O_5 90 千克/公顷、K_2O 100

千克/公顷。N、P_2O_5、K_2O 化肥底肥用量均为 60 千克/公顷，播后 30~35 天追 N 20 千克/公顷，播后 60~65 天追 N 20 千克/公顷、P_2O_5 15 千克/公顷、K_2O 20 千克/公顷，播后 80~85 天追施剩余肥料。

南部棉区农户 N、P_2O_5、K_2O 化肥用量分别为 68 千克/公顷、195 千克/公顷、113 千克/公顷。P_2O_5、K_2O 化肥施入量明显较高。化肥投入方式与中部棉区一样，底肥用量少，甚至有些地方不施底肥，而是全部作追肥，分别于播后 25 天、50 天、80 天每次追 N 23 千克/公顷、P_2O_5 65 千克/公顷、K_2O 38 千克/公顷。

为避免化肥淋失，化肥在雨后追施，通常雨后，施农家肥 5 到 10 吨/公顷或堆肥。如遇到涝灾，每隔一周叶面喷施 0.5%~1.0% 磷酸二铵或可溶性氮复合肥，从而有助于减少灾害损失。

为发挥大豆根瘤菌的固氮作用，在棉花播种前每千克棉花种子用 25 克固氮菌（Azatobacter）和光合细菌（PSB）固氮菌对棉花种子进行处理。另有报道表明：在印度棉花与大豆或豇豆或黑豆间作，棉花单产较单作没有降低。

灌溉与排水。印度约有 65% 的棉田，特别是植棉规模大的中部棉区绝大部分棉田为雨养棉区，全国仅有 35% 的棉田可进行人工灌溉。

棉田灌溉采用沟灌方式，通过人工或畜力在行间开沟，形成灌水道，同时植株行得到培土壅根，而雨养田一般不进行培土壅根。在旁遮普邦依据降雨情况，灌溉 4~6 次，第一次在播种 4~6 周后，以后每隔 2~3 周灌水一次，原则上棉花花铃期不能受旱。

印度不少棉区，特别是中部和南部的多数棉区，尤其是在降水量达 700~900 毫米的地区，常会因为季风雨棉田受涝灾，因而做好棉田雨后排水非常重要。通常使用起垄犁培垄开沟，用于排水，发生特大暴雨时还对其及时进行疏通，以便更好地发挥其排水降涝的作用。

种植制度。为提高土地利用率，增加对忽早忽晚、忽多忽少季风雨和虫害的抗风险和生产调节能力，根据各自自然生态条件与作物布局特点，采用了多种棉花种植制度，一年一熟与两熟并存，棉花-小麦的一年两熟制面积较大，一熟多为棉花、豆科轮作，同时有多种轮作倒茬制度（表 16-22）。有不少转基因杂交种采用一行大豆、豇豆或黑豆，两行棉花的间作模式。

表 16-22　印度不同邦棉花种植制度

邦　名（棉区）	种植制度
旁遮普邦、哈里亚纳邦、拉贾斯坦邦（北部棉区）	棉花—芥末、棉花—亚历山大车轴草
印度中央邦、马哈拉施特拉邦、古吉拉特邦（中部棉区）	单作棉花，棉花—高粱（二年轮作）、棉花—小麦、棉花间作辣椒、黑豆、绿豆、大豆、花生或木豆、在马哈拉施特拉邦甘蔗种植区，棉花作为的搭配作物
泰米尔纳德邦（南部棉区）	单作棉花、水稻—棉花、水稻—水稻—棉花、棉花—高粱、棉花—豆类—高粱、棉花套种洋葱、黑豆或花生、在甘蔗为主的泰米尔纳德邦种植区，棉花作为该区的搭配作物
安得拉邦（南部棉区）	单作棉花、棉花—水稻（1 年）、棉花—辣椒或棉花—烟草（二年轮作）
卡纳塔克邦（南部棉区）	单作棉花、棉花—小麦、棉花间作辣椒、黑豆、木豆或花生

其他管理技术。由于印度棉田密度较低，田间个体与群体矛盾较小，再加上生产上一般不整枝、不打顶、不化控，棉田下部叶枝和果枝较长，结铃较多，上部 4～6 果枝仅 2～3 个果节，基本无有效成铃；主茎节间基部与上部较短、中部较长，顶部叶小、叶薄。

棉田人工清除杂草，也有使用除草剂对棉田进行土壤封闭，方法是：在棉花播种前，使用 30% 含量的二甲戊灵乳油除草剂或 45% 含量的氟硝草乳油除草剂。其中二甲戊灵乳油除草剂对一年生禾本科杂草和部分阔叶杂草效果显著，该除草剂是最佳的旱田作物选择性除草剂，氟硝草乳油除草剂可防除一年生阔叶杂草、禾本科和莎草科杂草。除草剂用量均为 2.5 升/公顷。土壤封闭时，应注意立即耙耱，防止降解。

出苗后，针对不同杂草使用不同的除草剂，具体如下：①禾本科杂草，使用喹禾灵、精恶唑禾草灵和吡氟禾草灵；②莎草科杂草，喷喔草酯；③阔叶类杂草，使用嘧硫草醚。除草剂使用量为有效成分 50～75 克/公顷。除草剂对 10～15 日的幼龄杂草，特别是禾本科杂草，效果明显。

生产中经常出现长势好的田块田间杂草少，而长势差、缺株多的田块田间杂草多的现象。

印度棉花吐絮基本都在进入旱季以后，加之田间荫蔽轻，田间烂铃少、吐絮畅。棉农都在吐絮籽棉干透后再采收，所以一般棉田分 2～3 次可收花结束。由于吐絮畅、籽棉干，所以既好采摘、节约人工，又可保证籽棉含水率低。

不同类型棉田长势长相。长势长相较好田块：株高 1.5～2.0 米、果枝 24～26 个/株、结铃叶枝 2～4 个/株、成铃 60～80 个/株；长势长相中等的田块：株高 1.2～1.5 米、果枝 18～23 个/株、结铃叶枝 1～3 个/株、成铃 40～50 个/株；长势长相较差的田块：田间缺苗多、株间差异大，下部叶枝多、中下部成铃差、上部赘芽多，至吐絮中后期都青枝绿叶。有的架子小、枝节短、瘦长早衰的。这类田块单株成铃差别也大，单位面积总铃数少产量低。灌溉棉田长势和产量好于雨养棉田；深黑土棉田长势和产量好于浅黑土、灰沙土棉田，适期播种棉田长势和产量好于晚播棉田。长势长相好的棉田籽棉产量可超过 3 000 千克/公顷，一般棉田籽棉产量 1 500～2 000 千克/公顷，较差棉田籽棉 1 000 千克/公顷左右，甚至更低。

（二）试验示范栽培新技术

推广应用大铃品种及其配套栽培技术。印度棉花品种绝大多数铃重在 4～5 克，明显偏低。考虑铃重主要是由品种决定的，充足的水肥供应对保持较高的铃重也很重要，因而可以试验应用大铃型品种，增加肥料投入，注意盖顶肥、实践整枝打顶和化调等技术。

低密度棉田管理策略与调整办法。为方便牛耕种以及人工作业，是导致印度棉田密度较低的主要原因之一。低密度栽培高产棉田要求个体有较大的生长量、较多的生物产量和经济产量，因而在密度不增加的情况下，必须选用生长势强、后发性好的品种，同时合理增加水肥投入，确保棉花个体发育好，从而提高群体成铃数和铃重，进而提高产量和经济效益。

针对印度有相当一部分因棉田密度小而低产，因而应尽快试验示范验证不同棉区不同密度范围的棉田产量，包括较高密度的种植模式，再配合水肥管理与群体调控技术，包括合理运筹水、肥、药，改变水肥投入低的局面，适量去留利用叶枝，适时打顶，优化棉田群体结构、积极引进与消化吸收国外棉田机械化作业技术，实现棉花产量再提高。

建立配套的棉田灌排系统。印度雨季常出现局部和阶段性多雨涝渍，良好的灌溉设施可提高棉区灌排水能力，是减轻棉花洪涝灾害、保苗增产的重要措施，解决印度棉花生产中阶段性水资源制约问题。

在主产棉区建立配套灌溉设施，提高灌溉棉田比例，不仅可确保棉花在最佳播种期完成播种工作和棉田有较高的保苗率，还可合理延长棉花有效结铃期，创造适宜生育期较长品种生长发育环境，协调个体、群体生长，建立丰产群体结构，提高结铃率，从而全面充分发挥新品种增产优势，优化个体与群体结构，促进优质品种的大面积推广应用。

推广现代化的棉花种植管理模式。印度棉田田间作业方式原始，管理粗放，是棉花单产、收益和生产效率较低最主要原因之一，因此应积极推广具有现代特色的集约化种植模式，如推广化除、化调、机械化（机械播种、中耕、喷药、施肥、收花），注重开发以固氮菌为主的新型菌肥，应用叶肥型生长促进剂补充棉花矿物营养、促进中后期棉花生长的技术，提高棉田管理水平、提高工效。

三、病虫害及防治

虽然印度温、湿度高，但其棉花病虫害总体不重，主要病虫害有白粉虱、棉铃虫、棉蚜、曲叶病、枯萎病、白叶枯病和黄萎病等。虫害在各棉区危害时间不同，如中部棉区白粉虱危害主要发生在 9—10 月、南部棉区主要发生在 6—8 月、北部棉区主要发生在 7 月。中部棉区棉铃虫危害主要发生在 9 月—次年 1 月、南部棉区主要发生在 11—次年 1 月、北部棉区主要发生在 7—9 月，其他主要虫害发生时间（表 16 - 23）。

表 16 - 23　印度不同棉区主要虫害常年发生时间

虫害名称	北部棉区	中部棉区	南部棉区
小叶蝉	7—8 月	7—11 月	11 月—下年 1 月
棉蚜	10 月	7 月—下年 2 月	11 月—下年 1 月
蓟马	7 月	9—10 月	8—9 月
白粉虱	7 月	9—10 月	7—8 月，12 月—下年 1 月
金刚钻	7—9 月	9 月—下年 1 月	11 月—下年 1 月
美洲棉铃虫	8—10 月	8—10 月	11 月—下年 2 月
红铃虫	8—11 月	10—11 月	12 月—下年 4 月
茎象甲	—	—	8—9 月
斜纹夜蛾	8—9 月	8—9 月	—
卷叶螟	—	8—9 月	—
棉红蟎	—	11 月—下年 3 月	—
盲蝽	—	12 月—下年 4 月	—

资料来源：印度中央棉花研究所（CICR）官网。

棉花病虫防治主要采用 AICCIP（All India Coordinated Cotton Improvement Project，印度棉花提高工程）专家团队研发的病虫综合防治技术（IPM），包括合理的种植模式与耕作等农艺措施、生物防治、化学防治相结合的方式，如间作豇豆/高粱/大豆，实行多样的作物种植模式、提高棉花天敌种群，种植害虫诱集作物，减少危害，棉田播前深翻、避免过度密植与过量施氮与灌溉。在中部棉区选择种植 G Cot 13、Eknath、Rohini 等品种，可有效防枯萎病,采用多菌灵或卫福拌种处理可减少根腐病发生的风险,黄杆菌和荧光假单胞菌可用于防治白叶枯病。使用赤眼蜂、NPV病毒、印楝,矿物油和鱼油的松香皂等,可减少杀虫剂用量,用50%杀螨隆悬浮剂可较好防治棉花刺吸式害虫,该技术最终实现杀虫剂用量减少30%~40%,而籽棉增产20%~30%。

四、生产成本和植棉收入

印度中部马哈拉施特拉、南部安得拉和北部旁遮普三个邦在所在棉区有较强的代表性,且是所在棉区较大的植棉邦,其中马哈拉施特拉、南部安得拉和北部旁遮普邦棉花总产分别占所在棉区(南部棉区)总产的38.4%、64.2%、32.8%。

按当年(2011年)汇率计算,获得当年籽棉单价相当于人民币5.1~5.4元/千克,马哈拉施特拉邦、安得拉邦和旁遮普邦毛收入分别为8 800、9 600和11 640元/公顷,全国平均植棉毛收入为10 000元/公顷,植棉毛收入仅相当于同期我国新疆主产棉区的30%左右。马哈拉施特拉邦、安得拉邦和旁遮普邦种植总成本相当于人民币分别为4 700、4 500和4 540元/公顷,全国平均植棉成本为4 600元/公顷,植棉成本仅相当于我国新疆主产棉区的25%左右。马哈拉施特拉邦、安得拉邦和旁遮普邦植棉效益(净收入)分别为4 200、5 100和6 800元/公顷,全国平均植棉效益为5 400元/公顷(表16-24)。

表16-24 印度转基因棉生产成本分析

项目	马哈拉施特拉邦	安得拉邦	旁遮普邦	全印度
籽棉产量(千克/公顷)	1 640	1 875	2 086	1 867
毛收入(卢比/公顷)	69 405	75 000	88 581	77 562
种植总成本(卢比/公顷)	36 520	35 214	35 442	35 725
净收入	32 885	39 786	53 139	41 837

注:汇率按1卢比=0.128元人民币计。资料来源:印度棉花品种改良协会(ISCI)提供,2013。

印度棉花虽然产量低,毛收入不高,但由于其投入成本较低,仍有较好的效益。不过随着印度卢比的不断贬值,棉农实际收入存在大幅度下降的趋势。

生产成本从低到高依次为农药、种子、化肥与灌溉、收花和用工(含除草成本),分别为7%、12%、17%、29%和35%(图16-4)。

由于印度棉花生产成本较低,2015年相当于中国329级棉花籽棉(纤维长度27.5~29.0毫米、马克隆值3.6~4.0)最低保护价40 500卢比/吨,按2015年11月2日汇率,折人民币3 910元/吨,即籽棉单价3.91元/千克。而中国主产棉区新疆的生产成本在5.5元/千克以上。

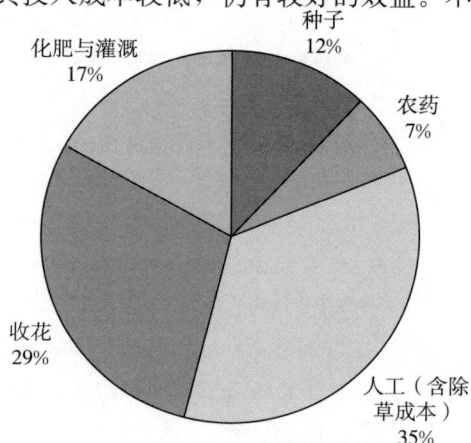

图16-4 印度转基因棉花种植成本

资料来源:Adopted from Mayee and Choudhary, 2013.

第四节 棉花产业支持政策

一、棉花生产支持政策

(一) 最低保护价体系 (Minimum Support Prices, MSPs)

20 世纪 60 年代印度成立了农业成本和价格委员会 (Commission on Agricultural Costsand Prices, CACP), 其主要作用就是为政府提出农产品最低保护价 (Minimum Support Prices, MSP)。CACP 依据每个棉花年度国内棉花生产成本和国际市场价格发展趋势确定两个基础性棉花品种 (J-34 和 H-4) 的 MSP, 其他品种的 MSP 由印度纺织委员办公室根据与这两个基础性品种的籽棉质量和衣分差异来制定, 明确 MSP 于棉花播种前公布。对于不符合平均质量等级的籽棉, 收购价视实际质量而定。

2015 年政府最低价格补贴的涉及纤维长度≤20 毫米的品种有: Assam Comilla 和 Bengal Desh (纤维长度 15.0～18.0 毫米); 纤维长度 22.0～24.0 毫米品种有 Jayadhar 和 V-797; 纤维长度 20.5～24.5 毫米的品种有 Cot.13、G. Cot.21、AK/Y-1 (Mah&M. P.)、MCU-7 (TN)、SVPR-2 (TN)、PCO-2 (AP&Kar) 和 K-11 (TN); 纤维长度 25.0～27.0 毫米的品种有 J-34 (Raj)、LRA-5 166、KC-2 (TN)、F-414、H-777 和 J-34 Hybrid; 纤维长度 27.5～32.0 毫米的品种有 F-414、H-777、J-34 Hybrid、H-4、H-6、MECH、RCH-2、Shankar-6/10、Bunny 和 Brahma; 纤维长度≥32.5 毫米的品种有 MCU-5、Surabhi、DCH-32 和 Suvin。

为了确保政府 MSP 的落实, 于 1970 年纺织部组织成立了印度棉花公司 (CCI), 当任意品种的籽棉市场价格低于 MSP 时, 政府即指定 CCI 无限量保护性收购, 即以印度棉花公司 (CCI) 代表政府以 MSP 价格收购棉花, 当然 CCI 有时也得到联邦政府和帮政府的其他机构以 MSP 价格协助 CCI 收购棉花, 从而保障棉农收益, 进而提高棉农的生产积极性, 稳定棉花的种植面积。MSPs 与我国 2011—2013 年实施的保护价格收购很相似。

在 2010 和 2012 年, 由于世界棉花市场价格处于较高水平, 印度棉花最低保护价格收购政策并没有实施。2013 年棉花市场价格较低, CCI 以 MSP 价格收购了 38.9 万吨棉花, 2014 年度 CCI 当年通过其在全国棉花主产邦设立 341 收购中心, 以 MSP 价格收购了 147 万吨棉花, 共花费 1 600 亿卢比 (约 25 亿美元)。

为确保 CCI 正常经营, 政府除承担 MSP 价格收购棉花造成的所有损失, 还允许 CCI 在市场价格高于最低保护价格时, 采用完全的商业运作模式, 将库存的棉花以较高的价格供应给国内棉纺织企业, 以弥补 CCI 基础设施维护花成本与市场风险带来的其他损失。

(二) 生产投入补贴和税收减免政策

印度对棉花实行生产投入补贴, 补贴含种子、农药、化肥、机械设备、电力和灌溉等, 具体由 CCI 操作。其中化肥补贴在投入补贴中占最大的比例, 起始于 20 世纪 90 年代, 棉农从零售商手中以固定的优惠价购买化肥, 政府根据化肥市场零售价格和固定优惠价的差额补贴化肥经销商或直销的生产商。补贴额度将根据每年的生产成本和国际价格有政府确定, 如此不仅确保化肥经销商有合理利润, 还有效地保证了棉农能购买低价化肥。2011 年化肥补贴达到 12 亿美元，2012 年增长到 20 多亿美元。然而，为减少不断增加的国家财政赤字，政府将最终实现化肥价格完全市场化，减少市场零售价格与优惠价的差额，从而降低补贴总额。为防止补贴导致化肥、农药和水资源过度使用或开发，进而对环境造成破坏，政府还出台了相应防范措施。

印度政府不仅对棉农灌溉油费和电费进行补贴，对棉花种植者提供税收减免政策，还针对生活贫困的农民实行用电免费的政策。

（三）农业信贷支持

印度农村有三大类金融机构，分别是政策性金融机构、商业银行和农村合作金融机构。

政策性金融机构主要指国家农业农村发展银行和农业保险公司，国家农业农村发展银行在承担了大量的农村信贷资金供给的同时，还为农村金融机构提供再融资和负责地区农村银行和农村合作银行的监管。农业保险公司，为农户提供保险保障，其推出的农业收入保险很有特色，可以为农户提供 50%～75% 的额外补贴。

商业银行在农村发展及商业金融中起主导作用，为鼓励商业银行在农村发挥更大作用，在农村发展的商业银行资本金由中央政府、邦政府和主办商业银行按照 50%、35% 和 15% 的比例认缴，政府强行要求商业银行增设农村网点，特别是在农村信贷服务薄弱的地区，实现其在农村地区的资金供给。

印度的农村合作金融机构主要由农村合作银行和土地开发合作银行构成。印度农村合作银行为农户提供中短期贷款服务。土地开发银行主要业务是为农户提供长期贷款服务。

除了上述三大类农村金融机构外，印度还设有专门为农户服务的存款保险机构和贷款担保公司。印度的贷款担保公司除了有存款保险制度外，还能够为急需资金又无适宜抵押品的农户提供信用担保，该保险制度使印度金融机构几乎都可以成为存款保险组织成员，印度的存款保险制度对于维护印度农村金融体系的稳健运营起到了不可替代的作用。

另外政府还制定了专门的农业信贷条款，如提供利息补贴降低棉农的生产成本，特别是对一些弱势地区的棉农，如印度对棉农以下三种信贷用途均给予优惠政策：一是用于购买种子、化肥等必须生产资料的短期信贷，不需要抵押担保，但是期限一般是在 15 个月内，利率很低，约为 4%；二是用来改善农业生产条件的中期贷款，如购买机械装备，贷款一般规定在 5 年内，利率更低；三是用于保护农田等基础性设施的长期贷款，一般规定的期限为 5 年以上。

从 2007 年起印度政府开始从政策层面更加主动扶持小的特困农户，确保其能享受少量的债务豁免。

（四）对农村基础设施与农业合作社的支持

政府直接投资建设棉区农村基础设施，主要有灌溉、电力设施、道路以及农产品市场等基础设施，从而方便棉农，减少棉农负担。

在政府的指导下，印度的农业合作社采用入社自愿，民主管理的理事会决策方式。理事会由社员大会选举产生，每届任期多为 5 年，大会通常每年召开一次；合作社形式多样，有农业信贷合作社、农产品销售合作社、农产品加工合作社以及农业生产资料合作社等，社员棉农不仅可购买价廉物美的农业生产资料，还可帮助社员将其农产品以较高的价格进行出售，从而为合作社社员规避市场风险，极大地促进了农业的规模化和市场化的发展。

农业合作社不仅可促进棉花种植业健康发展，加速棉花生产现代化进程，还是农民对自己利益保护的重要途径。政府对农业合作社十分重视，及时制定了鼓励创办农业合作社的多项税收优惠及相关配套政策，在组织上和经济上给予"民办官助"支持，包括培训、补贴和资金援助，帮助合作社开展种植生产、加工、销售等业务工作。

（五）技术服务支持

印度每个 5 年计划用于科研和技术的预算均为国民经济总预算的五分之一，这个水平接近发达国家水平，包括对棉产业的技术推广与科研开发。70 年代以来，印度政府通过连续多个"五年计划"设立的促进棉产业发展的特别项目——印度棉花提高工程项目（All India Coordinated Cotton Improvement Project（AICCIP）），开展棉花品种改良及配套技术研发，提高良种覆盖率和棉花病虫害防治水平。

印度政府于 2000 年 2 月设立了"棉花技术战略任务技术"工程项目（TMC），该项目及时研究与推广了棉花高产品种、配套的适用种植新技术，以及更好农场管理措施，促进了转基因杂交棉品种大面积种植，棉花生产量取得重大突破，同时帮助棉农、加工厂、棉商在棉花种植、收获、加工以及市场运作方面获得最大效益的目标，促进了棉花种植业的高速发展。该计划实施 6～7 年使该国棉花产量翻了一番，较计划实施前 3 年（1997—1999 年）平均单产 312 千克/公顷，提高到 2014 年的 523 千克/公顷，增产率达到 67.6%。

TMC 计划在改进市场环境，特别是棉花销售、收购、加工与经营的市场环境方面，卓有成效，彻底解决了当时由于印度棉花消费增长速度快，国内棉花生产数量和质量均不能满足纺织业用棉量需求，至 2004 年起印度棉花完全实现自给自足。

（六）灾害救济

如印度实施的旱灾救济金（Special Drought Relief Prices，SDRP），对受旱区棉农生产的所有棉花，不受品级限制给予补贴，2002 年补贴 0.20 卢比/千克。为增加棉农补贴数，该补贴与棉花最低保护价扶持政策分开，独立核算，确保棉农同期可同时享受。

（七）流通领域市场化改革，有利于提高棉农收益

1995 年，印度政府在棉花流通领域开始实施棉花市场化改革，当年取消了对棉花调配、运输和储存棉花的控制，在棉花市场化平台建设方面取得突破。1996 年，政府取消了对棉花贸易商信贷的限制，有效地刺激了私人进入棉花仓储业务。1997 年政府取消棉花轧花厂必须向政府缴纳一定费用的规定，激励企业参与棉花收购、加工与经营，同时为棉花经营企业构建合理的市场竞争环境。2003 年印度政府放开马哈拉施特拉邦棉花经营权，允许私人企业在马哈拉施特拉邦开展棉花收购、加工和经营业务，从而降低政府对棉花产业的管控成本，实现棉花流通高度自由化，棉花市场化改革有利于促进国内棉价与国际接轨，彻底改变由于政府管控导致国内棉花价格明显低于国际价格的局面，非常有利于提高棉农收入。

二、纺织业支持政策

（一）制定进出口政策

印度政府于 1991 年开始放开棉花进口，不仅打破了之前的进口垄断，允许私营贸易者进口棉花，还大幅度降低关税。目前正常的棉花进口税率为 5%，但如果是以进料加工或是来料加工进口的棉花不收取进口税。由于印度棉花进口的绝大多数为进料加工或来料加工，因而有利于棉纺企业可以不受限制地以任何价格购买任何产地、任意数量的棉花，特别是国际市场性价比高的原棉。

自 2001 年 7 月以来，为了鼓励棉花出口，允许棉花自由出口，不但不收取关税，还给予棉花 1% 的出口退税补贴，从而减轻棉花的库存压力，稳定了棉花价格。

印度外贸总局 2009 年 8 月公布了 2009—2014 年新的对外贸易政策，总体目标是：挖掘出口潜能、鼓励对外贸易和促进贸易平衡，包括财政刺激、改革机构、简化程序、完善与出口相关的基础设施建设、降低交易成本、出口间接税全额退税等，扭转印度出口下降的不利局面。

2012 年由于国内纺织业的快速发展，棉花出现较大缺口，为保护国内纺织业发发展，当年 3 月 5 日印度工商部发布棉花出口限制政策，但同时遭到了多国政府的谴责与质问，以及来自印度内部的质疑声，包括由于该政策导致印度国内棉花价格低于国际市场，进而影响棉农收入，印度农业部长要求总理取消宣布的棉花出口禁令。印度商业和工业部于 2012 年 3 月 11 日决定再次取消 2012 年 3 月 5 日出台的棉花出口禁令，但印度政府仍坚持出口棉花控制在国内消费有多余的情况下进行。

2013 年 9 月印度取消棉纱出口登记制度，2014 年 2 月政府恢复棉花出口的"增加出口奖励计划"（IEIS）的优惠待遇，当年 12 月取消棉花出口登记制度，彻底取消棉花和棉纱出口数量限制，并加强落实出口信用担保计划（EPCG），赋予出口商出口货物价值 2% 的关税信用，该信用可用于进口免税或者在市场上流通。目前印度已提出恢复棉花、纱线、布料与成衣零货物税，自 2014 年 11 月 22 日又开始实施纺织品出口 2.8%～10.3% 新的退税率，扩大了纺织退税产品，如染色棉布的出口退税率为 5.0%，退税上限调到 50 卢比每千克。由于实现零关税，以及明显提高出口退税率，再加上出口不受配额和数量的限制，从而促进纺织品出口。

目前印度大约 60% 的纺织品出口到欧盟和美国，为减少对美国和欧盟 27 国的依赖，印度政府采取积极有效措施和外交途径，如印度政府与美国、欧盟、日本以及澳大利亚等世界纺织品进口大国就纺织品的出口达成有利于印度纺织品出口的政府协议，以及政府制定纺织"东向政策"，推动对日本、东南亚和澳大利亚的出口。同时鼓励纺织企业丰富与创新出品棉产品，调整和优化出口产品结构，提高印度纺织品和服装在核心市场的份额，积极开拓俄罗斯、拉丁美洲和非洲等棉纺织品新市场，实现印度纺织品和服装出口的多元化。

（二）启动多个扶持项目

1. "技术更新基金计划项目"（The Technology Upgradation Fund Scheme，TUFS）。

为推动纺织工业以利用先进技术为导向，鼓励纺织企业更新设备与技术升级，特别是动力织机部门的技术升级，促进现代纺织工业的发展，满足国内80％的面料企业需求，印度政府制定了TUFS计划。该计划的核心是政府给予纺织企业低息贷款支持，时间从1999年开始，目前印度政府内阁经济事务委员会（CCEA）已批准在2017年3月以前持续执行TUFS。2009年政府为TUFS计划拨出46亿美元，在第十二个五年计划（2012—2017）期间政府为TUFS计划总预算是20亿美元。新无梭织机的一次性资金补贴由原来的10％提高到15％，对进口适合本国市场需求的二手无梭织机的利息偿付率也从5％降到2％。

2. 综合纺织工业园区建设项目（Scheme for Integrated Textile Parks，SITP）。为建设具有世界级水平的纺织业基础设施，实现动力织机和手摇织机现代化，有利于纺织业的生态发展以及为纺织业的信用评估提供标准等，印度于2005年设立SITP项目，该项目将激励公私合营企业［国有股权在40％以内或4亿卢比（约相当于630万美元）以下］投资纺织基础设施，包括道路、仓储、供水、供电、污水处理系统，以及设计与急救中心等。

至2015年11月底印度政府已批准建设纺织品园区72个，包括服装园区、针织品园区、纺纱及织布园区、地毯园区、纺机园区以及涵盖医用纺织品在内的产业用纺织品园区等。园区将分阶段分批在不同地区建设，其中30个工业园区已开始运营。每个纺织园区政府提供4亿卢比（相当于6 154亿美元）的财政补贴。

预计72个纺织品园区全部建设完工，并投入运营，可以吸引3 000亿卢比（相当于47亿美元）投资，解决45万人就业。

3. 其他项目。纺企综合生产开发项目（Scheme for Integrated Processing Development，IPD），政府每年投入50亿卢比（约相当于8 000万美元），用于纺企污水处理，避免纺织业带来的环境污染问题。

棉纱补贴项目（Yarn Supply Scheme），向私人和弱小的作坊式针织厂提供纱线补贴，确保这些针织厂能与动力织机厂和各类纺织厂竞争。

另外还有东北部纺织促进项目（North East Textile Promotion Scheme，NERTPS）、综合技能培训项目（Integrated Skill Development Scheme）、动力织机升级项目（In-Situ Powerloom Upgradation）、手工艺项目（Handicrafts Schemes）、人工织机项目（Handloom Scheme）等。

4. 其他扶持政策。印度出台了一系列纺织产业发展政策，对纺织品不采用增值税制，实行纺织品出口退税，放松劳工法对出口商的用工约束，对纺织业实行特殊的电费标准、10％的资金补贴和棉纱与纺织机械的低关税政策，允许纺织行业进行劳工改革、提供充足的熟练劳动力、吸引纺织业投资，通过相关政策与CCI市场调节，稳定原棉价格，鼓励国内纺织企业使用国内棉花，以及增加高附加值纺织品生产，减少原棉直接出口，加大面料与成衣生产，确保纺纱和服装业同步发展，如此不仅提高了印度棉纺产业经营利润，还保护了印度国家支柱产业的发展。政府还在纺织业提升计划（TUFS）框架下对那些想要增加投资的纺织企业给予高达8％的优惠补助。

由于印度政府已准许外商百分之百直接投资于纺织业，2000年4月—2013年2月，外国直接投资（FDI）的金额高达12.2亿美元。目前印度政府正积极前往日本、德国、意大利和法国宣传探访，以吸引其在纺织业的外国投资。印度第12个五年计划（2012—2017年）中，联邦政府在纺织业财政预算高达91亿美元，是"十一五"规划的两倍以上（"十一五"规划在纺织业预算为 40 亿美元）。

除了中央政府的扶持政策外，各邦也根据所在邦特点，制定相应的邦纺织产业扶持政策（State Textile Policies）。其政策主要内容集中在税收优惠和补贴。如 2012 年古吉拉特邦对纺织企业免征增值税（增值税），免征幅度为 80%～100%，时间为 10 年、对该邦服装园区所在地企业和纺织工厂，邦政府提供相当于 50% 的基础设施成本补贴，或者最多为 1 亿卢比补贴，并有条件地免除土地出让金、印花税和部分电费，同时提供 5%～7% 利息补贴和研发投入补贴资金。为鼓励纺织业在印度中央邦投资，该邦政府宣布投资纺织项目的最低投资金额为 2.5 亿卢比，相当于 3 846 亿美元，并为从事面料生产的纺织厂提供五年 5% 的利息补贴，为综合性纺织厂（需要有固定的生产链、从棉花加工、纺纱、织造直到成品服装的纺织厂）提供 7% 的利息补贴，以吸引更多投资商投资纺织业。该邦面料生产企业购买原料时所支付的增值税以及销售成品时所支付的增值税和销售税，以及印度中央邦所在地轧花厂在州际间销售成品时所支付的增值税或销售税，全部由邦政府承担。

三、棉花检验与质量管理

截至目前，全印度没有统一的强制性国家棉花标准，棉花质量管理比较粗犷。对棉花分类和品级标准制定上，有两种意见：一种是按纤维长度分类，再分级，另一种是按植物学品种分类法制订品级标准，即按鸡脚棉、草棉、陆地棉、海岛棉分类，再分级。

在实际操作中，主要通过感官检验。棉花收购时籽棉品级的检验大多先按品种，通过现场检验明确品种及其纤维长度后，再参照品级实物标准样，分为 extra super fine（特超细绒棉）、super fine（超级细绒棉）、fine（优质细绒棉）、fully good（超级普通棉，品级达到超好级别，但细度一般）、good（优质普通棉，品级达到优良级别，但细度一般）5 个等级，在分级时，还可在两个全级中间加一个"Half"级（1/2 级），其中 fine 为标准级，具体等级以色泽、叶屑、棉枝含量（杂质）和黄染程度等为依据。

为准确把握品级检验，棉花品级实物标准样制备。印度按每个棉花品种每种品级制定相应的实物标准样，5 个等级共 5 个品级实物标准样。品级实物标准样每年制定一次，一式两套，一套用作仲裁，另一套密封保存，作为参考标准（Reference Standard）。印度皮棉分级方法，根据色泽、杂质和轧工 3 个因素，手握棉样对照实物标准样评定品级。印度皮棉包标准重量为 170 千克，在进行皮棉包检验时，大一点的企业有 HVI 检验室，小的只能完全依靠人工分级。

印度国内棉花检验由印度棉花公司（ICC）负责，ICC 是半官方组织，代表政府负责制定印度棉花品级标准实物样。目前 ICC 正在考虑改革棉花实物样制备方式，将单纯按品种分类改为按棉花长度分类，再按各类长度制定相应的棉花标准实物样。

ICC 为美国通用标准协定签字会员国，有的 ICC 管理人员作为美国棉花鉴定委员会的官方鉴定委员，接受美国通用标准副本，在附属法规下，承认美国棉花标准作为仲裁依据，故印度棉花较多使用美国棉花标准在市场上进行交易。

在国内贸易中一般是通过对比小样和看大货的方式确定质量，大多以买方的认可的品级为准；在国际贸易中为配合棉花出口，出口检验证书是由出口棉花公司提供小样和委托通标标准技术服务有限公司（SGS）出具的 HVI 检测报告。除品级以成交小样定级外，长度、细度和强力均以指标形式约定于合同中。由于供货企业较多，又没有统一的小样标准，甚至连同一公司同一品种同一品级小样均有明显差异，因而各个公司自制的小样，其实际级别比较混乱。

质量管理欠标准化，对纤维长度的定性明显偏低。长期以来，由于棉花良种良法严重不配套，棉田管理普遍粗糙，农艺操作有明显的因陋就简的方式，棉花检验环节与其他植棉大国相比存在较大差距，具体如下：

国内棉花质量管理比较粗犷，没有比较系统的棉花分级方法。通常印度棉花的收购和销售大多按品种分类和制定标准，截至目前印度还没有国家统一的强制性棉花检验标准。

棉花检验标准中对纤维长度的定性明显低于其他植棉大国，国际通常认为纤维长度≤27.0毫米为短绒棉、27.5～30.0毫米为普通陆地棉、纤维长度30.5～32.5为中长绒棉、32.5～34.5毫米为长绒棉、纤维长度≥35.0毫米为超级长绒棉（ELS），而印度国内却将纤维长度≤20毫米认为是短绒棉，纤维长度20.5～24.5毫米认为是中绒棉，纤维长度25.0～27.0毫米为中长绒棉，纤维长度27.5～32.0毫米为长绒棉，纤维长度≥32.5毫米认定为超级长绒棉。

由于该国棉花质量检验存在欠标准化管理，以及对纤维长度的定性明显偏低，造成其棉花质量亟待提高。从我国大量进口印度棉的复检中，明确该国棉花存在以下问题：一是品级一致性差，棉花中混有较鉴定证书标明级别低的棉花，有不少甚至低两级以上的棉花。二是异性纤维和杂质高，由于印度棉花采摘与堆放场所不规范，再加上有些轧花厂加工工艺落后，原棉中经常出现布片、头发、麻绳等异性纤维，还有报纸、糖纸等特殊杂质。三是人为掺假现象严重。Shankar-6是印度比较受欢迎且出口量较大的原棉，但由于Shankar-6是常规品种，而印度现主要种植的品种是转基因杂交棉品种，显然Shankar-6种植面积非常有限，市场上不可能有很多的Shankar-6原棉，而现实中印度却有大量的Shankar-6原棉交易，这些原棉有相当一部分不是Shankar-6品种生产的原棉，而是其他品种生产的原棉，存在以假乱真的现象。甚至有的印度棉商在新棉中掺杂霉烂棉、陈旧棉以及重量不足等现象经常发生。四是包装太差。由于包装不标准，经过长途运输后造成棉包破损严重，导致棉花散落，甚至被污染。

第五节　棉花科学技术研究

一、引进推广转基因棉花品种

印度政府于2002年批准转基因棉花商业化生产，从2002年到2014年全印有5 400万户棉农选择种植转基因棉花品种，其中2014年棉农户数770万，转基因棉花品种种植面积由2002年的5万公顷增加2013年的1 160万公顷，增加232倍，由占总种植面积的1％提高到95％。由2002年100％单基因转变为2013年96％的双基因与4％的单基因抗虫棉。转基因棉花商业化之初，印度棉花转基因事件只有1件，Bt杂交棉品种只有3个，经营Bt棉花种子公司只有1家，2013年转基因事件6个，杂交品种历年累计数1 167个，种子公司45家（表16-25）。

表 16 - 25　　2002/2003—2013/2014 年度印度 Bt 棉推广应用情况

年度	基因棉事件数（个）	Bt 杂交棉品种数量（个）	经营 Bt 棉种子公司数量（个）	Bt 棉种植面积（万公顷）	当年棉花总面积（万公顷）	当年 Bt 棉种植面积比例（%）	种植 Bt 棉农户数（百万户）	单转基因 Bt 棉品种种植面积比例（%）	双转基因 Bt 棉品种种植面积比例（%）	皮棉总产（万吨）	单产（千克/公顷）	控制棉铃虫所用的杀虫剂数量（吨）
2002/2003	1	3	1	5	767	1	0.05	100	—	231	302	4 470
2003/2004	1	3	1	10	763	1	0.08	100	—	304	399	6 599
2004/2005	1	4	1	50	879	6	0.3	100	—	413	470	6 454
2005/2006	1	30	3	130	868	15	1.0	100	—	410	472	2 923
2006/2007	4	62	15	380	914	42	2.3	96	4	476	521	1 874
2007/2008	4	131	24	620	941	66	3.8	92	8	522	554	1 201
2008/2009	5	274	30	760	941	81	5.0	73	27	493	524	652
2009/2010	6	522	35	840	1 031	81	5.6	43	57	519	503	500
2010/2011	6	780	35	940	1 114	85	6.2	30	70	576	517	249
2011/2012	6	884	40	1 060	1 218	88	7.0	18	82	624	512	222
2012/2013	6	1 097	44	1 080	1 198	93	7.2	10	90	621	518	—
2013/2014	6	1 167	45	1 160	1 155	95	7.7	4	96	638	552	

资料来源：国际农业生物技术应用服务组织（ISAAA）整理分析，2014。

2014 年，共种植 1 150 万公顷 Bt 棉，各植棉邦 Bt 棉种植情况：马哈拉施特拉邦种植了 390 万公顷，占该邦当年总面积 93.0%；古吉拉特邦种植了 250 万公顷，占该邦当年总面积 83.2%；安得拉邦和特伦甘纳邦种植了 230 万公顷，占该这个邦当年总面积 96.4%；北部棉区种植了 140 万公顷，占该棉区当年总面积 93.0%；印度中央邦种植了 56 万公顷，占该邦当年总面积 96.7%；卡纳塔克邦、泰米尔纳德邦等其他棉区种植了 84 万公顷，占这些邦当年总面积 84.7%。

为防治棉铃虫，常规棉需要喷 20 多次农药，而 Bt 棉只需喷 2～3 次。在大面积种植 Bt 棉前的 2001 年棉花所用杀虫剂占整个农业杀虫剂的 46%，随着 Bt 棉种植面积的增加，至 2011 年（此时 Bt 棉种植面积占棉花总面积的 88%）棉花所用杀虫剂占整个农业杀虫剂下降至 20%，用于防治棉铃虫杀虫剂占棉花所用的杀虫剂比例由 2001 年的 71% 下降至 2011 年的 3%（图 16-5），表明印度大面积种植转基因棉花大大地减少了杀虫剂的用量。防治棉花棉铃虫使用的杀虫剂从 2003 年起至 2011 年，逐年下降，由 2003 年的 6 599 吨下降到 2011 年的 222 吨，下降 96.6%（表 16-25）。防治费用由 2001 的 1.6 亿美元下降至 2010 年 2 500 万美元，节约成本 1.35 亿美元。

从图 16-6 可见，印度棉花面积较快增加、总产急剧增长，正是发生在印度转基因棉花快速发展时期。研究表明棉花单产、面积、总产与转基因棉花普及率（Bt 棉种植面积比例）呈极显著正相关，其相关系数分别为 0.78，0.88 和 0.93，因此，可以认为印度棉花面积扩

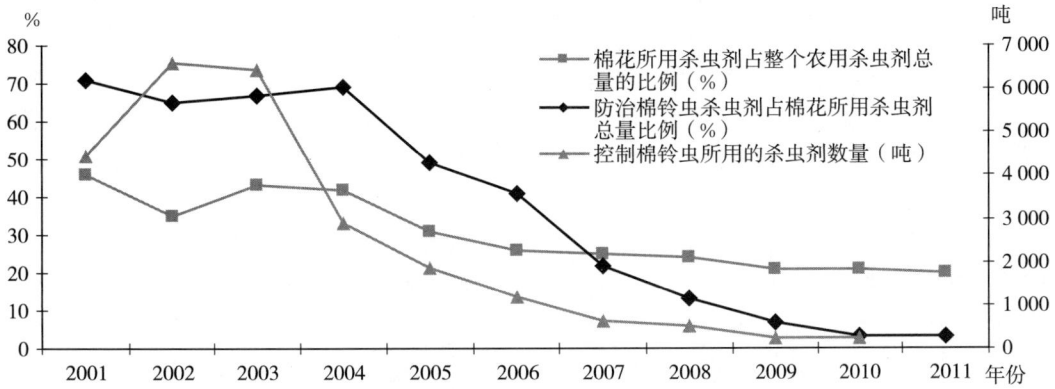

图 16-5　印度棉区大面积种植 BT 棉前后棉田所用杀虫剂比例动态变化情况

资料来源：Kranthi，2012；印度中央农药登记委员会（CIBRC），2012；国际农业生物技术应用服务组织（ISAAA）整理分析，2014.

大、总产增加、植棉效益提高、棉花产业格局与植棉大国的地位发生积极变化与转基因品种的大面积推广应用有密切关系。

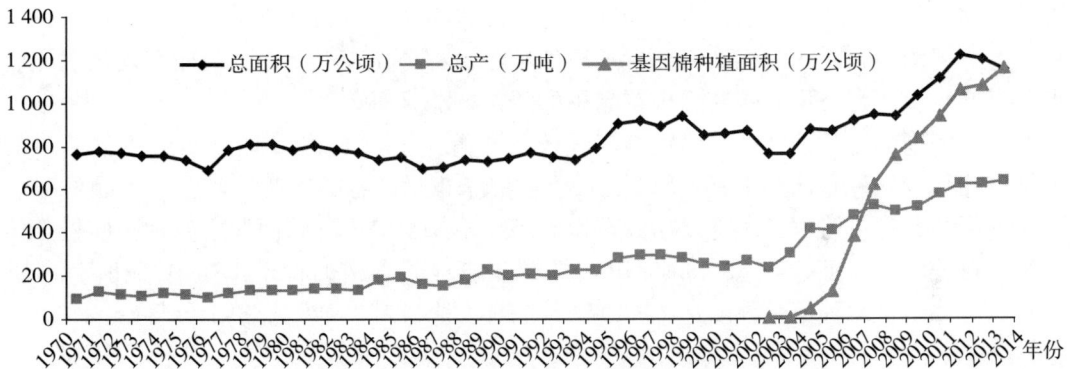

图 16-6　印度转基因棉花发展动态图

资料来源：印度棉花咨询委员会（CAB），2014；国际农业生物技术应用服务组织（ISAAA）整理分析，2014.

20 世纪末棉铃虫戏谑世界各棉花主产国，不仅棉农损失巨大，而且严重影响棉产业的发展，这给孟山都公司（Monsanto）创造了难得的商业机会。因孟山都公司投入巨资研发抗虫棉花品种，此时已成功地开发出了可商业化的转基因抗虫棉花新品种多个。由于这些品种能产生一种专门杀灭棉铃虫幼虫的蛋白毒素，使得棉花防治棉铃虫农药用量大幅度减少甚至不用，仅靠棉花自身就能抵御害虫的侵害。

2002 年，孟山都公司研发的转基因"保铃棉"种子在印度上市。刚上市时的价格较高，尽管在政府的干预下，孟山都公司将售价降低了一半左右，但其生产的 Bt 杂交棉种子价格仍超过 30 美元/千克，而印度自产 Bt 杂交棉种子价格相对较低，不到 3 美元/千克。

由于刚开始转基因棉花品种主要在印度生产条件较好、棉农种植水平与科技素质相对较高的棉田示范种植，棉花产量大幅度增加，甚至出现翻番的现象，这些棉农除能支付高价种子价格外，还因增产和减少了杀虫剂使用量，最终种植转基因棉花品种较周边种植常规种子的棉农收入多得多，达 922 美元/公顷，其示范效应迅即出现放大趋势。再加上孟山都公司与其他基因棉种子经营企业，特别是当地代理经销商为售出更多的种子，从而获得更多的代理费，过度宣传其增产增效的作用，导致其他棉农纷纷盲目种植转基因棉花品种，转基因棉花品种迅速大面积推广，后来转基因棉因种植区域广、各区域生态差异大，再加上种植管理上的差异，导致一些种植转基因棉花品种的棉田增产增收效果不明显，甚至不增产，这是种子经营企业和棉农未曾预料的。

为购买比常规种子贵数倍的转基因棉花品种，有些棉农本来就没有足够的钱购买种子和其他生产资料，只得向银行贷款或借高利贷，其中有少数借高利贷的棉农，特别是贫穷的小农户因种植高价的转基因抗虫棉品种，因未采取良种良法的种植管理方法或因当年雨水欠佳或因购买假的转基因品种未实现增产增收，甚至减产减收，而无法偿还贷款，第二年就不能再贷款购买种子，而只能去借高利贷。如果来年收成仍然不好，会导致其倾家荡产，一些人走投无路，无力偿还债务而自杀。统计数据表明，2004 年有 18 240 个棉农自杀身亡，2006年，棉农自杀数量再次骤然增加。有些学者认为印度农民自杀与孟山都公司开发的转基因棉花品种有一定相关性。

客观上印度棉农自杀不是都与种植转基因棉花品种有关，至少不是唯一原因，现实中引起自杀的直接原因有：季风等导致的自然灾害、超过自身偿还能力的债务，包括高利贷、劣质转基因棉花品种、政府伤农政策、精神与心理健康疾病、个人和家庭问题等，但贫穷与债务是不可忽视的问题，印度棉农大批自杀事件给孟山都公司蒙上阴影，因而客观认识印度棉农自杀事件与孟山都公司的转基因棉花品种的关系，非常必要。

然而，印度棉花品种（种）多乱杂问题较为严重。至 2013 年，印度政府审批通过的转基因抗虫棉品种（种）达到 1 167 个，再加上政府未审批的各类棉花种，生产中品种数量过多，品种保纯和种子管理工作难度加大，良繁工作不易到位，导致商业用的种子质量整体较差。有资料表明，印度大约 35% 的棉田选择经政府检验合格的种子，在中部和南部地区，有些棉农每公顷耕地种植品种多达 7~10 个，品种"多、乱、杂"现象十分普遍。

二、科研机构

印度农业科技系统包括中央政府机构、邦机构以及其他机构和组织。在中央政府机构一级，成立全国性的农业科研协调机构——印度农业研究委员会（the Indian Council of Agricultural Research，ICAR），该组织实行社团理事会管理机制。理事会负责 ICAR 日常管理和决策，其成员由著名农业科学家、教育家、议员及农民代表组成，主任由总干事兼任，理事长由农业部长兼任。

ICAR 分别在那格浦尔和孟买成立印度中央棉花研究所（Central Institute for Cotton Research，CICR）和印度国家棉花工程技术研究所（The Central Institute for research on cotton technologies，CIRCOT），其中 CICR 具体负责国家棉花种植业领域的战略性基础和应用研发工作，包括与种植业密切的品种选育、配套耕作、水肥与病虫害防治技术等。CIRCOT 主要开展各类纤维，含棉花纤维的质量评估与利用研发工作等。

在邦机构一级，棉花农业科技主要包括两个系统：一是邦教育系统，主要指植棉邦农业大学，二是邦政府机构，主要是指植棉邦农业厅。印度每个植棉邦至少有一所农业大学。邦农业大学主要承担所在邦农业教育和研究工作，同时也承担一定的农业技术推广职能。而按照印度《宪法》，农业是邦管事务，农业技术推广主要是邦政府的责任，因而各邦棉花技术示范及推广由各邦农业厅具体负责，为提高基层棉农的植棉技术水平，农业厅还在县、区两级设办公室，隶属邦农业厅管理。

为给印度棉花生产提供强有力的技术支撑。ICAR 于 1967 年启动了国家棉花重大专项——印度棉花提高工程项目（All India Coordinated Cotton Improvement Project，AICCIP）。该项目在 ICAR 的指导下，由 CICR 负责组织与协调，组建由该研究所与 12 个农业大学、11 个研究中心和 10 个分中心构建印度棉花研究团队，开展重大专项和其他科研项目的攻关工作。另外孟买的国家棉花发展局（DOCD）也提供有关棉花研究项目的资金支持。

进入 21 世纪，印度政府意识到棉花种植业状况远远不能满足整个棉产业发展需求，政府于 2000 年 2 月以印度总理名誉设立"棉花技术战略任务技术"工程项目（Technology Mission on Cotton，TMC），该项目分为四个专题，分别是棉花新技术研究、技术示范推广、棉花交易市场标准化建设、棉花加工现代化改造与更新建设四个专题。各专题的目标任务依次是通过研发优良品种及其配套技术，包括水肥管理、病虫害防治等技术，并积极示范推广，从而减少种植成本，提高棉花产量和质量，增加棉农收益；通过建立现代化的市场交易平台，包括道路、称量、籽棉堆放、质量监测平台，减少棉花杂质及污染；通过更新改造棉花轧花设备与加工工艺，提高加工质量和效率。第一专题由 ICAR 下属单位 CICR 负责实施，第二专题由 DOCD 负责组织落实，其他专题由纺织部下属单位 CCI 负责实施。

除了中央和邦政府设立的专门针对的农业科研、教育和推广机构外，其他一些公共部门、私人部门和非政府组织也广泛参与农业科技发展，例如科技部、生物技术部等政府机构和私人企业等。此外，目前遍布棉区的农业合作社也是向农民提供技术支持的重要力量。

印度对从事农业研究和推广的科研机构，包括从事棉花研究和推广的科研机构实行政府全额拨款，经费主要来源于中央政府和邦政府的财政预算。印度棉花科技体制的主要经验是：实行棉花科技项目的统筹管理和协调，明确政府在棉花农业科教发展中的主导地位，注重棉花科研、教育和推广的紧密结合，合理划分中央与地方的棉花科研任务，同时重视和鼓励私营部门参与。印度农业科技运行机制的最大特点是中央和地方的各类研究、教育、推广机构既有明确分工又有紧密合作，总体运行效率较高。

三、科研进展

（一）资源和遗传育种

CICR 建立国家棉花种质资源库，拥有资源累计 10 744 份。其中，陆地棉 7 484 份、海岛棉 1 049 份、亚洲棉 1 870 份、草棉 568 份和其他多年生野生棉 173 份。研究划分了资源特性，明确了国家棉花基因库优良栽培种，其中陆地棉有早熟、矮秆、紧凑等类型；海岛棉有高产、超长、高油等类型、亚洲棉有高产、大铃、高衣分、长纤维等类型，草棉有综合性状较好的多份材料（表 16 - 26）。

表 16 - 26　国家棉花基因库优良栽培种

栽培种类型	特征特性	品种名称
陆地棉	早熟（140～150 天）	TXORSC - 801 - 79、Acala - 8 - 1 x Tamcot-SP. 21、Acala - 69/5、D. 244 - 10、Riverina Paplar、U. ArK、D. 203 - 5、D. 238 - 13. 5、USSR N. Ac. 83（RKS）、MCU. 7、SIMA - 1、PKV. 081、NHS. 1412、LRA. 5166、PKV. 442 等
	矮秆（≤80 厘米）	USSR. 6248、Acala - 8861 x CA. 491 early F - 8、Acala - 1577 - 7780，TXORSC80 - 1 - 79，TXCA MD21 - 5 - 78，SIMA - 1，PKV. 081
	紧凑株型	54727、USR. 6250、PRS. 72、PRS. 74、NHS. 1412、DCI. 118
陆地棉	抗白叶枯病	TX Maroon 2 - 78、TXORHUI - 78、Tamcot CAMDE、Tamcot、SP. 37、Tamcot SP. 215、Tamcot SP. 23、TXCAMD. 21 - 5 - 1 - 78、TAXORSC - 78、Tamcot SP. 37H、Reba-B - 50、101 - 102B、BJA 592
	大铃（单铃重≥4.25 克）	T120 - 76、GP. 188、Acala 8 - 1 x Tamcot SP. 215、108 - F、Wir. 3617、Hopicala、NC. Smooth - 1、Pan F3 - 52、133F、Empire WR 61、DS. 56、DS. 59、Taskent 1.
	结铃性强	FTA、MDH. 133、Deltapine 90、MDH. 2、LRA. 5166、NHS. 1412.
	高衣分（≥40%）	NC. 177 - 16 - 30、Arkot 2 - 1、Superokra、NC hairy、IRMA 23、U585 - 12、Kirghis-K2、Half and Half 等
	特殊性状类型（鸡脚叶、棉籽无腺体、有特殊颜色等）	9 - 1487、TXORSLEBO - 1 - 79、TXCAMD. 21 - 5 - 78、T586、ORS. 75 - 75、GP. 188、Ne（4）Tx Blank ORSBO1 - 78、TXORSC - 78、Acala 69 - 5、2130PB＋SPB、79 - 43031、Arizona Super okra、Super okra-ne hairy、GP. 187、GP. 191、GP. 192、Auburn RNR. 643.
	高产	Reba Pvt. 9、Delcot - 311、Aleppo - 40、Deltapine - 14. 3 Tashkent - 3；Pee Dee - 2164、Demeter Ⅲ（1）、S. 1 291、149F、B. 4 Empire、152F、DS. 59、SIMAI、Suman、LRA. 5166、MCU. 5、MCU. 7、MCU. 10、F. 414、NH. 1412
海岛棉	高产	25 - 1 - 3、K. 3475、CBS. 34、C. 6002 - 3、ERB. 4492、ERB. 13552、SIV. 135、USSR mix 76、CV. 76、ECI. 34390、ECI. 32374
	超长绒	K. 3474、EC. 97618、6002 - 3、Menoufi、CV. 76、SIV. 135、Suvin.
	高油含量（≥25%）	EC. I01784、SIA9、EC. 97624、SIA. 4、SIA. 276 - 13、EC. 97630、Menoufi、Mount Serrat、EC. 97633.
	大生物产量	Giza 7 - 1、EC. 104729、C. 6002 - 3、Marrad、Menoufi、EC. 97618、SIV. 2727、Suvin、SB. 1085 - 4. 3

（续）

栽培种类型	特征特性	品种名称
亚洲棉	红色植株体	G. 27、Lohit、Ac. 36、G. 29、Sanguineum、Chinese narrow leaf
	棕色棉	Cocanada. 1、Cocanada. 2、5 and 20、Kotah khaki.
	无蜜腺	Lohit、Ac. 36、LD. 134. 2
	茎秆叶表面无茸毛	Chinese narrow lobe、Chinese broad lobe NMD.
	脱落率低	Rosi. 7、Chandrolla、N. 14、G. 26、G. 27、G. 29、Cocanada—20.
	大铃、高衣分	All new cernuum accessions from Assam.
	早熟	AK. 14、K. 41、Ac. 13、AC. 18、AC. 36、AC. 48、AC. 60、AC. 63、AC. 65、AC. 543、A. 733、C. 410、DC. 92.
亚洲棉	高油含量（≥20%）	79/Lohit、Behnoor、AKA. 12、H. 4616、AC. 733、AKH. 4、Comilla、30820、30840、Gao. 16、CB VⅢ、Gao. 16 - CB4、Gao 16 - CB7、Cocanadas、Chinese broad lobe、Chinese narrow lobe、Chinese spotless 等品种
	纤维长	LS. 1、2 and 3、2927、H. 511、Adonicum、32 - 1、K. 5567、K. B. K. 7、K9、K. 10.
	高产	G. 27、Lohit、AKH. 4、LD. 230、LD. 133、LD. 135、LD. 141、LD. 143、AKA. 28、H. 46、H. 47、Bani 306、AC types（PAU）、Nanded. 3883、Desi. 52、Cocanada white.
草棉	综合性状好	5495、Sot M. 3 - 3 - 5、EPSB、519 - 14、Suj 3 - 3 - 19、86 - 5、87 - 2、Russian 9、E. 2 - 13 - 2、72 - 34、Suj. 22 - 3 - 1、L. S. Early、Baluchistan、Kumpta、G. Cot. 11、G. Cot. 13.

资料来源：印度中央棉花研究所（CICR），那格浦尔（Nagpur）。

自从 1967 年实施的印度棉花提高工程项目，截至 2009 年，共培育出适宜印度各棉区种植的 224 个棉花品种，其中在 2000—2009 年共育成了 87 个品种，产量水平净增长 18～25 千克/公顷（表 16 - 27）。

表 16 - 27　2000—2009 年由 AICCIP 项目支持培育的棉花品种

序号	品种名称	栽培种类型	审批日期	培育单位或人名称及所在地区	品种主要特点
1	HD 123	亚洲棉	2000	Chaudhary Charan Singh 哈里亚纳农业大学（CCSHAU），希萨尔	高产品种，适宜在哈里亚纳灌溉区种植
2	RS 810	陆地棉	2000	拉杰恩德拉农业大学（RAU），斯里兰卡甘加纳加	抗棉花曲叶病
3	L 603（H）	陆地棉	2000	海得拉巴兰加农业大学（ANGRAU），海得拉巴	适合在安得拉邦雨养和灌溉棉区种植

（续）

序号	品种名称	栽培种类型	审批日期	培育单位或人名称及所在地区	品种主要特点
4	L 604（H）	陆地棉	2000	海得拉巴兰加农业大学，海得拉巴	适合在安得拉邦雨养和灌溉棉区种植
5	Aravinda	亚洲棉	2000	海得拉巴兰加农业大学，海得拉巴	耐旱品种
6	LAHH－4	陆×陆	2000	海得拉巴兰加农业大学，海得拉巴	适合在安得拉邦雨养和灌溉棉区种植的杂交棉品种
7	MCU 12	陆地棉	2000	泰米尔纳德邦农业大学，哥印拜陀	该品种适纺50支纱，对刺吸式口器害虫有较好耐性
8	SVPR－3	陆地棉	2000	泰米尔纳德邦农业大学，哥印拜陀	适宜在泰米尔纳德邦三角区稻田休耕地种植
9	PHH－316（Ganga）	陆×陆	2000	马拉特瓦达农业大学，伯尔珀尼	适合在 Marathwada 种植，耐旱杂交品种
10	RHB－0 388	陆×亚	2000	MPKV 农业大学，拉胡里	优质陆海杂交品种
11	RG 18	亚洲棉	2001	拉杰恩德拉农业大学（RAU），斯里兰卡甘加纳加	亚洲棉品种，其对抗棉花曲叶病有耐受性，且丰产性好
12	Vagad Kalyan	陆地棉	2001	Maharana Pratap 农工大学（MPUA&T），班斯瓦拉	适合在拉贾斯坦邦雨养地种植
13	G. Cot. 18	陆地棉	2001	纳夫萨里农业科技大学（GAU），苏拉特	适合在古吉拉特邦种植。适合在古吉拉特邦种植
14	G. Cot. 21	草棉	2001	纳夫萨里农业科技大学，苏拉特 GAU，Surat	适合在滨海盐渍地区种植
15	AKA 7	亚洲棉	2001	马哈拉施特拉邦 Dr. PDKV 农业大学，阿科拉	适合在马哈拉施特拉邦雨少地区种植
16	PKV HY 4	陆×陆	2001	马哈拉施特拉邦 Dr. PDKV 农业大学，阿科拉	利用细胞质雄性不育生产的适合雨养条件下的杂交陆地棉品种
17	Pratima	陆地棉	2001	印度中央棉花研究所（CICR），那格浦尔	适合南方棉区种植
18	Sahana	陆地棉	2001	达尔瓦德农业科技大学（UAS），达尔瓦德	适合在雨养和灌溉棉田种植，产量高
19	RAMPBS 155	陆地棉	2001	达尔瓦德农业科技大学（UAS），达尔瓦德	Robust genotype responsive to inputs 棉花红叶病，铃圆形常规陆地棉品种

（续）

序号	品种名称	栽培种类型	审批日期	培育单位或人名称及所在地区	品种主要特点
20	Sumangala	陆地棉	2001	印度中央棉花研究所（CICR），哥印拜陀	适合在南方棉区种植的陆地棉品种，产量高
21	Bunny	陆×陆	2001	M/s Nuziveedu 种子公司	由私人种子公司开发的主栽杂交棉品种，且通过 AICCIP 审核发放
22	Vagad Kalyan	陆地棉	2001	Maharana Pratap 农工大学（MPUAT），班斯瓦拉	适合在拉贾斯坦邦南部雨养棉区种植
23	H 1117	陆地棉	2002	Chaudhary Charan Singh 农业大学，希萨尔	适合在哈里亚纳邦种植
24	HHH 223	陆×陆	2002	Chaudhary Charan Singh 农业大学，希萨尔	适合在北方棉区种植的陆地棉种内杂交品种
25	RS 2013	陆地棉	2002	拉杰恩德拉农业大学（RAU），斯里兰卡甘加纳加	适合在北方棉区种植的品种
26	JK 4	陆地棉	2002	Jawaharlal Nehru Krishi Vishwa Vidyalaya 大学（JNKVV），肯德瓦	适合在印度中央邦棉区种植
27	G. Cot. 23	草棉	2002	纳夫萨里农业科技大学（GAU），苏拉特	适用于沿海边缘地区种植
28	Phule 492	陆×陆	2002	MPKV 农业大学，拉胡里	适合在马哈拉施特拉邦 Deccan 运河地区种植
29	Phule 388	陆×陆	2002	MPKV 农业大学，拉胡里	品质好的陆海种间杂交品种
30	VICH 5	陆×陆	2002	Vikram 种子公司	私人种子公司开发的杂交棉品种，得到 AICCIP 审核
31	LAHH 5	陆×陆	2002	兰加农业大学（ANGRAU），贡土尔	适合在安得拉邦棉区种植
32	F 1 861	陆地棉	2003	旁遮普邦农业大学（PAU），Faridkot	该品种棉籽含油量较高
33	PA 402	亚洲棉	2003	Marathwada 农业大学（MAU），Nanded	适合在少雨棉区种植
34	DLSA 17	亚洲棉	2003	达尔瓦德农业科技大学（UAS），达尔瓦德	纤维长度较长的印度土种棉品种
35	Swadeshi	亚×亚	2003	M/s Ankur 种子公司	私人种子公司开发的杂交棉品种，得到 AICCIP 审核

（续）

序号	品种名称	栽培种类型	审批日期	培育单位或人名称及所在地区	品种主要特点
36	Mallika	陆 x 陆	2003	M/s Nuziveedu 种子公司	私人种子公司开发的杂交棉品种，得到 AICCIP 审核
37	G. Cot. 19	亚洲棉	2003	纳夫萨里农业大学（NAU），苏拉特	适宜在古吉拉特邦雨养棉区种植的亚洲棉品种
38	G. Cot. MDH 11	陆×陆	2003	纳夫萨里农业大学（NAU），苏拉特	适合在雨养棉区种植的杂交棉品种，丰产性好
39	G. Cot. Hy. 102	陆×陆	2003	纳夫萨里农业大学（NAU），苏拉特	陆地棉种内杂交品种，产量高
40	Veena	亚洲棉	2004	兰加农业大学（ANGRAU），穆托尔	抗旱性好
41	CISAA - 2 (CICR - 2)	亚×亚	2004	印度中央棉花研究所（CICR），锡尔萨	利用核基因雄性不育生产的适合北方种植的亚洲棉种内杂交棉品种
42	PKV DH 1	亚×亚	2004	马哈拉施特拉邦 Dr. PDKV 农业大学，阿科拉	适合雨养种植方式的亚洲棉杂交品种
43	PKV Hy. 5	陆×陆	2004	马哈拉施特拉邦 Dr. PDKV 农业大学，阿科拉	利用细胞质雄性不育生产的陆地棉种内杂交棉品种
44	NH. 545	陆地棉	2004	Marathwada 农业大学（MAU），Nanded	抗旱棉花品种
45	Parbhani Turab (PA 255)	亚洲棉	2004	Marathwada 农业大学（MAU），伯尔珀尼	纤维绒较长的亚洲棉品种
46	CSHH - 198 (Shresth)	陆×陆	2005	印度中央棉花研究所（CICR），锡尔萨	适合在北方棉区种植的陆地棉种内杂交品种，产量高
47	Pratap Kapi (RBDV. 7)	草棉	2005	Mahatma Phule Krishi Viswa Vidalaya, 班斯瓦拉县 MPKVV, Banswara	适宜拉贾斯坦邦南部雨养棉区种植的草棉类型品种
48	JLA 794	亚洲棉	2005	MPKV 农业大学，贾尔冈，MPKV, Jalgaon	适宜在马哈拉施特拉邦 khandesh 雨养棉田种植的亚洲棉品种
49	HD 324	亚洲棉	2005	印度 Chaudhary Charan Singh 哈里亚纳农业大学，希萨尔	适宜在哈里亚纳灌溉棉区种植的亚洲棉品种，其丰产性好

（续）

序号	品种名称	栽培种类型	审批日期	培育单位或人名称及所在地区	品种主要特点
50	MCU 13	陆地棉	2005	泰米尔纳德邦农业大学，哥印拜陀NAU，Coimbatore	适宜在泰米尔纳德邦早冬灌棉区种植，可纺 50 支纱
51	Mahabeej 106	陆×陆	2005	马哈拉施特拉种子公司，马哈拉施特拉邦	适宜在雨养条件下种植的陆地棉种内杂交品种
52	Mahabeej DH 986	亚×亚	2005	马哈拉施特拉种子公司，马哈拉施特拉邦	种植的杂交亚洲棉品种
53	HHH 287	陆×陆	2005	Chaudhary Charan Singh 纳农业大学，希萨尔	利用核基因雄性不育生产的陆地棉种内杂交棉品种
54	PH 348（Yamuna）	陆地棉	2005	Marathwada 农业大学（MAU），伯尔珀尼	适合雨养棉区种植
55	PA 402（Vinayak）	亚洲棉	2005	Marathwada 农业大学（MAU），伯尔珀尼	品种抗旱
56	Raj DH 9	亚×亚	2006	拉杰恩德拉农业大学（RAU），斯里兰卡甘加纳加	对棉花曲叶病毒（CLCuV）有良好的耐性
57	CISA 310（CICR 1）	亚洲棉	2006	印度中央棉花研究所（CICR），锡尔萨	适宜在北部灌溉棉区种植的亚洲棉品种
58	NACH6（Navinya）	陆×陆	2006	M/s Nirmal 种子公司	私人种子公司开发的杂交棉品种，得到 AICCIP 审核
59	Vasant（Navkar 5）	陆×陆	2006	Ms Navkar 种子公司	私人种子公司开发的杂交棉品种，得到 AICCIP 审核
60	Ajeet Ⅱ（AHH 90 - 1）	陆×陆	2006	Ms Ajeet 种子公司	私人种子公司开发的杂交棉品种，得到 AICCIP 审核
61	Ajeet 33（AHH 90 - 2）	陆×陆	2006	Ms Ajeet 种子公司	私人种子公司开发的杂交棉品种，得到 AICCIP 审核
62	G Cot Hy 12	陆×陆	2006	纳夫萨里农业大学（NAU），苏拉特	适宜在古吉拉特邦灌溉棉区种植的高产杂交棉品种
64	NDLHH 240（Sona）	陆×陆	2006	兰加农业大学（ANGRAU），迪亚尔	适合在安得拉邦的 Rayalaseema 地区种植

（续）

序号	品种名称	栽培种类型	审批日期	培育单位或人名称及所在地区	品种主要特点
65	NDLA 2463 (Srinandi)	亚洲棉	2006	兰加农业大学（ANGRAU），迪亚尔	适合在安得拉邦的 Rayalaseema 地区种植
66	NH 615 (Anusuya)	陆地棉	2007	Marathwada 农业大学（MAU），Nanded	抗旱
67	JK 5	陆地棉	2007	Jawaharlal Nehru Krishi Vishwa Vidyalaya 大学（JNKVV），肯德瓦	适合印度中央邦棉区种植
68	CSHH 238 (Kalyan)	陆×陆	2007	印度中央棉花研究所（CICR），锡尔萨	适合在北方棉区种植的陆地棉种内杂交品种，产量高
69	Dhruv	陆×陆	2007	Ms Zuari 种子公司	私人种子公司开发的杂交棉品种，得到 AICCIP 审核
70	LAHH 7	陆×陆	2007	LAM 农业研究站，贡土尔	适合在安得拉邦沿海雨养棉区种植
71	KC 3	陆地棉	2007	泰米尔纳德邦农业大学（TNAU），戈维尔伯蒂，	非常适宜在少雨棉区种植
72	AKA 8	亚洲棉	2007	马哈拉施特拉邦 Dr.PDKV 农业大学，阿科拉	抗旱品种
73	Moti	亚×亚	2007	旁遮普邦农业大学（PAU），卢迪亚纳	适宜在旁遮普邦种植的亚洲棉种内杂交品种
74	H 1 226	陆地棉	2007	印度 Chaudhary Charan Singh 哈里亚纳农业大学，希萨尔	适宜在哈里亚纳灌溉棉区种植
75	AKH 8 828	陆地棉	2007	马哈拉施特拉邦 Dr.PDKV 农业大学，阿科拉	适宜在雨养区种植
76	Suraj	陆地棉	2008	印度中央棉花研究所（CICR），哥印拜陀	耐小叶蝉、长绒棉品种
77	RAHH 98	陆×陆	2008	达尔瓦德农业科技大学（UAS），Dharwad	适合在南方棉区种植的陆地棉种内杂交品种
78	G Cot 20	陆地棉	2008	纳夫萨里农业大学（NAU），苏拉特	适合在古吉拉特邦灌溉棉区
79	NDLH 1755 (Sivanandi)	陆×陆	2008	兰加农业大学（ANGRAU），迪亚尔	非常适宜在雨养区种植
80	CICR 1 (CISA 310)	亚洲棉	2008	印度中央棉花研究所（CICR），锡尔萨	短绒长的亚洲棉品种

（续）

序号	品种名称	栽培种类型	审批日期	培育单位或人名称及所在地区	品种主要特点
81	CSHH 243 (Simran)	陆×陆	2008	印度中央棉花研究所（CICR），锡尔萨	陆地棉种内高产杂交棉品种，具有对棉花曲叶病毒（CLCuV）良好的耐受性
82	RAS 299 - 1	陆地棉	2009	达尔瓦德农业科技大学（UAS），Dharwad	适合雨养方式种植
83	DDhc - 11	草棉	2009	达尔瓦德农业科技大学（UAS），Dharwad	适合在土壤瘠薄棉区种植的草棉品种
84	Suvidha (DHH 543)	陆×陆	2009	达尔瓦德农业科技大学（UAS），Dharwad	适合在卡纳塔克邦种植的高产杂交棉品种
85	CNHO 12	陆地棉	2009	印度中央棉花研究所（CICR），那格浦尔	适合牛仔布纺织用棉
86	CISA 614	亚洲棉	2009	印度中央棉花研究所（CICR）研究站，锡尔萨	丰产性较好，但不可纺的亚洲棉品种

不仅培育棉花品种多，而且一些品种有创新性的突破，如适应性强的品种有：Bikaneri Narma，LRA 5166，Narasimha，SRT 1 and MCU 5；综合性状好的非洲草棉和亚洲棉新品种有AKA -8401、G. Cot. 21、MCU - 7（TN）、K - 11（TN）和V 797；品质优良的海岛棉品种有 Suvin，以及 1970 年培育了世界第一个陆地杂交棉品种 H - 4，杂交棉品种因此取得了重大突破。这些品种至今生产中还有种植，具体如下：

1950：培育了草棉品种 Jayadha，适纺 10～14 支纱。

1961：培育了适应性较强的陆地棉品种品种 J - 34，适纺 24～30 支纱。

1962：培育的品质较好的亚洲棉品种 Y1，适纺 10～20 支纱。

1966：培育的耐盐草棉品种 V - 797，适纺 10～14 支纱。

1968：培育优质、抗黄萎病的陆地棉品种 MCU - 5，耐旱，适纺 60 支纱。

1969：培育了品质有重大突破的海岛棉品种 Sujata，适纺 100 支纱。

1970：培育了世界上第一个高产又优质杂交棉品种 H - 4。

1972：培育陆地棉品种 MCU - 7。

1972：培育了世界第一种间杂交的四倍体棉花品种 Varalakshmi，适纺 80 支纱。

1974：培育了印度最优质的海岛棉品种 Suvin，适纺 120 支纱，其品质与埃及 GIZA 45 相媲美。

1976—1978：培育了适宜北部棉区种植的 Bikaneri Narma 及其系选品种 F - 414 和 H - 777，其中 H - 777 耐涝性较好。

1978：由 CICR 培育了世界第一个杂交品种 Suguna 的转基因棉花品种。

1980：培育了超优质杂交棉品种种 H-6。

1981：培育了种间杂交四培体棉花杂交种 DCH-32，适纺 80 支纱，培育了耐盐的草棉品种 G. Cot 13，至今生产中仍有种植。

1982：培育了适应强的陆地棉品种 LRA-5166，耐旱又耐涝品种。

1983：培育了世界上第一个种间杂交的二倍体棉花品种 DH-7。

1983：培育了雨养条件下适应强的杂交棉品种 NHH-44。

1989：培育了品质有突破的亚洲棉品种 AKA-8401，适纺 40 支纱。

1992：培育了早熟紧凑品种 LRK-516。

1992：培育的品质较好且适应性较强的亚洲棉品种 K 11，适纺 10～20 支纱。

1998：培育的适应性较强的草棉品种 G. Cot 21，适纺 10～14 支纱。

2000：全国 40％面积种植杂交棉品种。

2002：培育了多个优良转基因 Bt 杂交棉品种，如 Mallika、Bunny、MRC-6301、MRC-7351、Dr Brent、Bramha、RCH-2、RCH-134、Ankur-651、Jay Bt、MRC-6301、Ajeet-11、Tulasi-9、Vikram-5、Krishidhan-441、Bioseed-6488 和 Kaveri-707 等。

2008：培育了适应强、品质优的陆地棉新品种 Suraj。

2010：由 2001 年杂交非转基因棉品种种植面积占全国 45％上升到杂交转基因棉花品种占 90％；1970—2010 年大约有 50 个杂交种由公共研究机构研发、800 个杂交种主要由私人种子公司研发，因而杂交种主要由私人种子公司研发完成。2005 年以前北部棉区还没有杂交棉种植，但之后随着转基因杂交棉的推广，至 2010 年北部棉区有 90％棉花面积为杂交棉品种，目前全国有 20～30 个大面积种植的转基因杂交棉品种。

2013：转基因棉花品种种植面积由 2002 年的 5 万公顷增加 2013 年的 1 160 万公顷，增加 232 倍，由占总种植面积的 1％提高到 95％，由 2002 年 100％单基因转变将转为 2013 年 96％的双基因与 4％的单基因抗虫棉。

（二）栽培管理技术

利用固氮螺菌和固氮菌，可向棉花提供 20～30 千克/公顷氮肥。施农家肥 5～10 吨/公顷，再加上叶面喷施 2％浓度磷酸二铵或尿素，化肥的使用量可减少 50％。研究证实使用萘乙酸水剂（40 毫克/千克）可防止蕾铃脱落。使用化学除草剂代替人工除草，如用二甲戊乐灵或氟消草，结合人工除草，高效、省工。通过推广"开沟垄播"可提高出苗率，在南部棉区试验示范滴灌施肥，不仅节水节肥，籽棉产量提高 25％。研究表明，在灌溉条件下，打顶可防止营养生长过旺，促进铃发育，提高后期坐铃率。研究明确高产草棉的常规棉花品种为 RAHS14、G. Cot. 2、杂交棉品种为 G. COT DH 7 和 G. Cot. DH 9，因其生理与生化特性，适宜在沿海地区种植。发现北部棉区硫是主要的营养限制元素，且土壤硫含量相当低，建议施硫肥 20 千克/公顷。在中部棉区，土壤锌元素缺乏，建议每三年施一次 $ZnSO_4$ 25 千克/公顷；在南部棉区土壤 P 和 K 含量较高，建议减施节本。

通过新品种新技术应用，成功地开发新棉区、大幅度提高老棉区种植规模与植棉水平，全国单产水平由 2002 年的 302 千克/公顷提高到 2014 年的 523 千克/公顷，增长 73.2％。

（三）病虫害防治策略

AICCIP 棉花科研攻关团队成功研发棉花不同虫害综合防治技术（IPM modules），该技术目标：虫害减轻、天敌增多、喷药次数减少 50％、杀虫剂成本减少 40％～50％，投入产出比例调整为为 1：2.5；节省成本 30％～40％，籽棉增产 20％～30％，主要采用农艺、生物和化学三种防治办法，原则上优先农艺和生物防治办法，谨慎使用化学防治。

1. 农艺防治措施。 通过栽培、机械和化学等措施达到减少杀虫剂用量，实现环境持续友好型生产，具体措施有：夏天深翻棉田，使土传害虫、病菌暴露在阳光下，有利于减轻病虫害。使用合格的硫酸脱绒种子，有效预防棉种自身传播病菌与害虫。在北部棉区，在 5 月 15 日前播种，可防治棉花曲叶病发生。避免单作，采用合理轮作制度，如棉田间作豇豆/高粱大豆/黑豆，有利于增加刺吸式害虫天敌的"以益控害"作用。实行多样的作物种植模式、提高棉花天敌种群；棉田间作豇豆、黑豆和绿克，减少小叶蝉和棉铃虫对棉花的危害；避免过度密植、氮肥投入和灌溉过量，可明显减轻病虫危害，如氮肥用量减至最低值，可减少刺吸式害虫危害。种植诱集植物如种植蓖麻吸引斜纹夜蛾、种植木豆吸引棉铃虫，以便集中消灭或销毁有害虫聚集的植物，包括及时销毁易感粉蚧的植物，可防治粉蚧危害，

通过使用性诱剂和生物杀虫剂如印棟、矿物油和鱼油的松香皂等，可减少杀虫剂用量，如施用混有 1％印楝油的印楝饼 150 千克/公顷，可减少茎象甲危害。使用印楝油 1％＋楝树籽提取物 5％＋洗涤剂 0.05～0.1％可防治刺吸式害虫。基于 ETL（经济危害水平）防治技术，利用性诱捕器监测与评估害虫种群发生、发展情况，为高效防治提供决策，注意及时除草，保持田间清洁，有利于虫害防治。明确监测棉铃虫等害虫的抗药性有利于更科学地制定防治对策，从而实现害虫防治时，实现对生态环境破坏最小化的目标。

2. 生物防治。 在棉行边行种植 2～3 行木豆，可作为避难所，避免粉蚧直接危害棉花。在棉花生长的前两个月利用生物防治，尽可能不使用化学杀虫剂。注意保护瓢虫幼虫、甲虫、草蛉、食蚜蝇幼虫、扶桑绵粉蚧寄生蜂、盲蝽和和蜘蛛等重要的自然天敌，这些天敌对防治棉蚜、蓟马、盲蝽象、小叶蝉、白粉虱和粉蚧等害虫非常有效，因地制宜地采用人工捕捉害虫并杀死。

选择抗刺吸式害虫的棉花品种（含杂交种），种植转基因抗虫杂交棉品种时，可大幅度降低种植转基因棉花品种棉田农药，避免出现更大的虫害防治压力（表 16 - 28）。

表 16 - 28　典型的抗病虫害棉花品种

病虫害种类	品种名称	发病地区
白粉虱	Abadhita、LK 861、Kanchana 和 Supriya	南部棉区
棉铃虫	Abadhita、所有转基因 Bt 棉品种	南部棉区
棉花曲叶病	LHH 144、CSHH 198、RS 810、RS 875、RS 2013、F 1 861 和 H1 117	北部棉区
枯萎病	G Cot 13、Eknath 和 Rohini	中部棉区
白叶枯病	Arogya	中部棉区
黄萎病	MCU 5 VT 和 Surabhi	南部棉区

赤眼蜂可在棉田将其卵产于棉铃虫卵内，通过吸收棉铃虫卵营养完成自身发育，同时杀

死棉铃虫卵，因而通过在非转基因棉田人工施放赤眼蜂与喷洒 NPV 病毒可有效防治棉铃虫，可减少杀虫剂用量，转基因棉田不宜采用人工施放赤眼蜂来防治棉铃虫，赤眼蜂防治棉铃虫技术是一项省工、省时、成本低、易操作、无污染、效果好的生物防治技术。另外对 Bt 棉花使用棉铃虫核型多角体病毒，一周后再使用 5％印楝提取物，防治效果明显。

不使用农药防治小鳞翅目昆虫，如棉花卷叶螟、棉大卷叶螟，拟尺蠖和棉小造桥虫。这些害虫对棉花造成的危害可以忽略不计，防止使用农药造成对棉铃虫寄生性天敌如赤眼蜂寄主，绒茧蜂属的伤害。

充分利用杀菌剂防治病害，如通过对拮抗微生物抗性评估，在北部棉区使用木霉制剂可防治根腐病，在棉花播种前对种子或土壤用黄杆菌、荧光假单胞菌处理可防治白叶枯病，利用蜡蚧轮枝菌可防治刺吸式害虫（表 16 - 29）。

表 16 - 29　棉花不同病害杀菌剂使用方法

主要病害种类	推荐的杀菌剂
根腐病	多菌灵或卫福种子处理
白叶枯病	硫酸链霉素（100 毫克/千克）＋王铜（氧氯化铜）（0.3％）叶面喷施两次，间隔 10 天
黑斑病	大生 M - 45（代森锰锌）或王铜叶面喷施两次，间隔 10 天或叶面喷施杀菌剂甲基托布津（0.05％）和多菌灵（0.05％）
灰霉病	多菌灵 250 克/公顷叶面喷雾，在中部棉区噻瘟唑和丙环唑（敌力脱）对灰霉病防治效果显著
漆斑菌斑	叶面喷施杀菌剂甲基托布津 0.05％和多菌灵（0.05％）、王铜
苗腐病	木霉菌种子处理

3. 化学防治。 棉铃虫防治：棉铃虫杀虫剂有氯虫苯甲酰胺、乙酰胺、多杀菌素、甲氨基阿维菌素苯甲酸盐和茚虫威，这些杀虫剂对目标害虫具有较高的选择性，对许多益虫的毒性较小，非常适宜防止害虫发生抗药性，是生态可持续的虫害防治策略。

新型杀虫剂甲氧虫酰肼 RH.2 485、虫螨脲、百树得、溴氰菊酯（又名敌杀死）和棉铃威均可有效防治棉铃虫。

棉铃虫达经济危害水平的防治指标，可对 Bt 棉花使用伏杀磷。

红铃虫和金刚钻防治：其 ETL 防治指标是每调查 10 个未成熟铃发现平均有一个活的幼虫或连续三个晚上监测，每晚可诱捕 8 个蛾子时，喷施浓度均为 20 毫克/千克的 25％含量的喹硫磷乳油、或 50％含量的丙溴磷乳油，也可喷施 75％含量硫双威可湿性粉剂 20 克或其他拟除虫菊酯。

刺吸式害虫防治：白粉虱或小叶蝉损伤达到棉花下部位卷曲、皱缩和 25％以上植株变黄达二级 ETL 防治指标，建议采用下列化学防治措施：①用含量为 50％的丁醚脲可湿性粉剂 800 克/公顷，或用含量为 50％的氟啶虫酰胺水分散粒剂有效成分 200 克/公顷或如用含量为 25％的噻嗪酮悬浮剂有效成分 200 克/公顷。②叶面喷施 35％吡虫啉悬浮剂或 50％的可湿性粒剂噻虫嗪或 50％噻虫胺可湿性粒剂或 50％杀螨隆悬浮剂均可防治棉花刺吸式害虫。从生态安全、疗效和抗药性等方面综合考虑，也可以选择乐果、乙酰甲胺磷和乙硫磷等杀虫剂，这也可能是唯一的选择。③每千克棉花种子用吡虫啉 8 克或卫福或福美双 3 克或噻虫嗪 4.3 克拌种，可有效防治小叶蝉和白粉虱危害。

如果盲蝽象造成蕾铃脱落达 ETL 防治指标，建议喷施用含量为 75％的乙酰甲胺磷可溶性粉剂，或用乐果防治。

其他害虫防治：

斜纹夜蛾：在害虫卵上喷施斜纹夜蛾核型多角体病毒，用量为 500 升/公顷或喷雾 200 毫升 10％含量的氟酰脲乳油或 250 克 75％含量硫双威可湿性粉剂，加水 618 升/公顷。斜纹夜蛾或白粉虱达 ETL 防治指标，还可使用伏杀磷。

茎象甲：为了使茎象甲损害最小化，喷施丙溴磷，浓度为 2 毫升/升。

蜗牛：在降水量大的地区出现蜗牛危害时，用 2％灭蜗灵诱杀蜗牛，用量 12.5 千克/公顷，它适用于有蜗牛藏身之处的棉田。

突发萎蔫病或突然干枯或萎蔫病或根腐病：症状多发生在一些地方干旱后降雨或灌溉后。当棉株出现病症数小时内，可喷氯化钴，其浓度为 10 毫克/升或者用铜氧氯 25 克＋和 200 克尿素配制 10 升水溶液或多菌灵 1 克/升喷施。

烂铃：多发生多雨寡照天气，下部棉铃腐烂。喷施 75％含量的代森锰锌可湿性粉剂＋70％含量百菌清可湿性粉剂，浓度为 2 克/升。为了取得更好的效果，再使用 10 克 Selvet 99 或 50 毫升的 Triton 配制的 100 升杀菌剂溶液。

黑斑病：喷施代森锰锌，浓度为 2.5 克/升。

漆斑菌、叶斑病或细菌性疫病：喷硫酸链霉素（15～20 克/公顷）加氧氯化铜（1 500～2 000 克/公顷），用水量为 200～250 升。

枯（黄）萎病：在棉花枯（黄）萎病刚发生时，喷施 1％二氯化钴，并用 1％多菌灵对土壤进行处理，有利于患病棉花恢复生长。

棉花红叶病：棉花生育期达 90 天后，每 15 天喷一次叶面肥，叶面肥种类为 2％尿素、0.5％硫酸锌和 0.2％硼，可防治棉花红叶病。

蓟马、盲蝽象、粉蚧等害虫：在棉花根基部用吡虫啉、乐果或乙酰甲胺磷在棉花近根区喷施或土壤处理，可有效防治。

苗期病害：每千克棉花种子用吡虫啉 8 克或卫福或福美双 3 克，可防治一些苗期病害。

红叶病：叶面喷施硫酸镁、2％尿素后，之后再喷 2％磷酸二铵（DAP），可减少棉花红叶病发生，还有利于 cry1Ac 基因表达。

对于已经用吡虫啉进行处理的棉花种子，为避免产生抗药性，禁止在叶面喷施啶虫脒、吡虫啉、噻虫胺和噻虫嗪等新烟碱类杀虫剂易使害虫。

不使用极危险的一类杀虫剂，如磷胺、久效磷、甲拌磷、甲基对硫磷、敌敌畏、克百威、灭多威、三唑磷和甲基内吸磷。

避免使用氟虫腈和拟除虫菊酯类杀虫剂来防治白烟粉虱危害。

避免使用混配型杀虫剂，此类杀虫剂对生态系统破坏严重，易引发害虫暴发。

发现旁遮普和拉贾斯坦的西部棉花曲叶病毒病是从邻近的植棉邦传播来的。

成功研发了印度棉花病原菌和害虫的 PCR 检测方法。

第十七章 巴基斯坦棉花产业

撰稿人 王国平 王树林 林永增

巴基斯坦伊斯兰共和国（Islamic Republic of Pakistan）简称为巴基斯坦（Pakistan），位于亚洲南部，属南亚次大陆西北部，国土面积79.6万平方千米（不含巴控克什米尔地区），南濒阿拉伯海，东接印度，东北邻中国，西北与阿富汗交界，西邻伊朗。全境五分之三为山区和丘陵地，东南部一带为沙漠，向北伸展则是连绵的高原牧场和肥田沃土。

巴基斯坦属于热带、亚热带气候，气温普遍较高，降水比较稀少，年降水量少于250毫米的地区占全国总面积的四分之三以上；印度河流入境，但径流季节变化大，为了满足灌溉之需，兴建了大批水利工程，为农业生产创造了条件。全国除南部属热带气候外，均为亚热带气候。南部湿热，受季风影响，雨季较长；北部干燥寒冷，有的地方终年积雪；年均气温27℃。

全国人口1.88亿（2014），农业人口约占66.5%。巴基斯坦经济以农业为主，属农业大国，农业产值占国民经济总产的21%（2009），全国可耕地面积5 768万公顷，其中实际耕作面积2 168万公顷，80%以上具灌溉条件。

国土面积东南部为印度河平原，约占面积的40%，为主要农业区；主要农产品包括小麦、棉花、水稻、甘蔗、柑橘、芒果和土豆等。

巴基斯坦是植棉大国，全国常年植棉面积300万公顷上下，占该国耕地总面积的15%，棉花产值占农业产值的10%，棉花生产涉及130万农民的生计，植棉面积占全球面积的12%。巴基斯坦还是棉纺织品制造、消费和出口大国，出口额占全国货物贸易的54%，棉制品出口值在国际上仅次于中国、美国和印度。

第一节 棉花生产

一、产能发展及主要经验

（一）产能发展

1. 植棉面积不断扩大。 20世纪50—70年代，植棉面积在136万～190万公顷之间波动，80—90年代增长到237万～290万公顷，21世纪头10年，植棉面积继续扩大，达到302万公顷，占全球棉花播种面积的10%上下，但最近5年有所下降（表17-1），成为继印度、中国、美国之后的第四大植棉国家。其中陆地棉面积占90%，亚洲棉面积占10%。

2. 总产不断增长，近5年跨上200万吨新台阶。 20世纪50—70年代，总产在29.6万～59.8万吨之间徘徊；80—90年代，总产在107万～165万吨之间波动，但呈上升趋势，这个阶段，巴基斯坦的总产占全球的产量的比例一直持续上升，最大时达到10.5%（1991/1992财年）。21世纪头10年，产量继续增长，达到190万吨级的新台阶，占全球总产量的 8%~9%；近 5 年，总产突破 200 万吨，达到 209 万吨，占全球总产 9.3%，成为继中国、印度、美国之后的第四大产棉国家（图 17-1）。

3. 单产增长在加快。 20 世纪 50—60 年代，单产在 217~272 千克/公顷之间徘徊；70—80 年代，单产从 312 千克/公顷提高到 80 年代的 443 千克/公顷，增长 42.0%。90 年代，单产提高 576 千克/公顷，比 80 年代增长 30.0%。21 世纪头 10 年，单产再一个台阶，达到 651 千克/公顷，比 90 年代增长 13.0%；近 5 年，单产提高到 743 千克/公顷，跨上中等水平国家的行列（图 17-1）。

表 17-1 巴基斯坦棉花

年份区间	皮棉产量（千吨）	面积（千公顷）	单产（千克/公顷）
1947—1949	202	1 225	175
1950—1959	296	1 356	217
1960—1969	426	1 559	272
1970—1979	598	1 912	312
1980—1989	1 068	2 371	443
1990—1999	1 656	2 880	576
2000—2009	1 967	3 018	651
2010—2014	2 090	2 811	743

资料来源：国际棉花咨询委员会．棉花：世界统计。

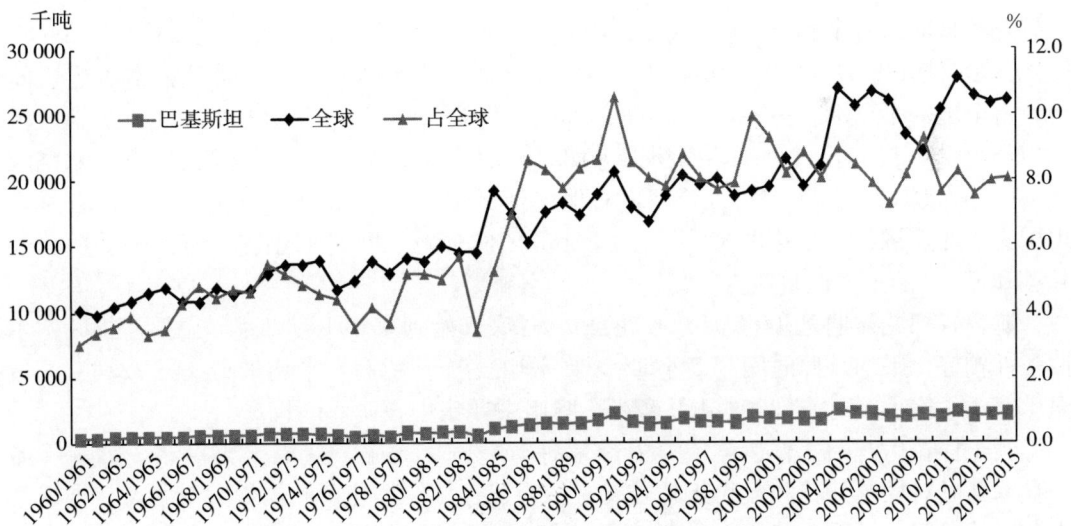

图 17-1 巴基斯坦棉花产量、全球总产及占比变化
资料来源：World Textitle Demand，ICAC：Cotton World Statistics，December 2015.

（二）主要经验

巴基斯坦国家把棉花产业作为国民经济和出口创汇的支柱产业予以发展，棉花在巴基斯坦素有"白金"之称，因而历届政府高度重视。开垦荒地，新修水利，改善灌溉条件，增加可灌溉面积；同时给予资金、农业生产资料的扶持增加生产投入；总结种植经验，发展实用科技，开展技术培训，普及常规技术，改变粗放管理等，一系列措施促进了棉花生产发展。

其中，2004 年植棉面积达到 319.3 万公顷，总产 243 万吨，创历史新高；而最小面积为 2013 年，棉花面积降到 217.1 万公顷，总产 207.6 万吨，下降主要原因：一是当年棉花卷叶病毒危害加重成灾，绝收面积大，单产降幅大。二是受国内电力影响，播种时春灌给水晚和电力不足，无法灌溉，播种面积减少。三是水稻价格偏高，粮食与棉花比价出现小幅上升，部分棉农改种水稻。

当前，巴基斯坦中央政府和省级棉花科研机构的棉花研究与发展项目重点是扩大棉花种植、提高单产、筛选抗病品种、推广 Bt 棉栽培以及全面改良棉花品质。在"2015 棉花规划"框架下确保棉花产业的稳定增长，将棉花单产从目前的 620 千克/公顷提高到 1 060 千克/公顷，同时使收获率从当前的 84% 提升至 92%。

二、种植分区

巴基斯坦棉花集中产区分布于印度河流域，是世界上最早种植棉花的国家也是亚洲棉的起源地。根据地域和气候等特点，巴基斯坦可分为三个产棉区：旁遮普省棉区、信德省棉区和西部边境省棉区。

(一)旁遮普省棉区

棉花播种面积占全国总播种面积的 69%（2009 年），棉花产量占全国 83%（2009 年）；其中木尔坦（Multan）和巴哈瓦浦尔（Bahawalpur）地区产棉最多，合计占本省棉田面积80%，占全国一半以上。另外，北部的锡亚尔科特（Sialkot）和拉合尔（Lahore）地区占本省棉田约 20%。旁遮普省总耕地面积为 1 183 万公顷，该省有 5 条河流穿过，其中水浇灌溉地近 870 万公顷、雨养地 310 万公顷，对保证棉区生产尤为重要；同时，旁遮普省对巴基斯坦国家农业经济的贡献率非常高，全国约 83% 的棉花、80% 的小麦、97% 的香稻、63%的甘蔗和 51% 的玉米产自该省。

旁遮普省棉花播期是 4—5 月，收花自 10 月底开始到来年 1 月结束。主要产棉区木尔坦日照条件较好，平均日照时间 8.5 小时/天，平均气温 25.2℃，平均最高气温 32.6℃，最低气温 17.9℃，年均降水量 200～400 毫米；降雨主要集中在 7—8 月。

不利于棉花生产的气候因素有：春季播种时易发生大雨，造成土壤板结，影响一播全苗。夏季高温对棉花开花和花粉正常开裂有影响，容易导致花蕾和幼铃大量脱落，推迟蕾铃的坐花座铃时间，易造成晚熟和植株疯长。但 10 月中旬以后坐的花铃由于夜间温度偏低，不利于棉铃发育和成熟。

(二)信德省棉区

为第二大主产棉省，1975 年前占全国棉田比重约 25%，产量约占全国的 34%；到 1990年，棉田面积下降，单产上升幅度小，面积占全国的比例下降到 20%，而产量比例不足12%。信德省全年平均温度高于旁遮普省，全年无霜冻，棉花播期自 3 月初到 6 月初，因东南临阿拉伯海，夏季无极高温，可坐住早期的棉铃，到8月即可以开始收获吐絮的棉花。产棉区分布在海得拉巴德（Hyderabad）地区。主要问题：一是水资源相对欠缺，耕种潜力有限。二是农田水利落后，因灌溉排水渠系不配套而引起次生盐渍化，已成为棉花生产的制约问题。

（三）西北边境省棉区

产棉区在白沙瓦（Peshawar）地区，现属于开伯尔——普赫图赫瓦省（前身为西北边境省），棉田面积与产量占全国的比重不到1%。

三、农业和棉花经营规模

巴基斯坦是一个典型的农场式农业（表17-2），全国建有私有化农场662万个，面积达到了204.4万公顷，农场规模以中小型居多。对巴基斯坦农场的规模和数量进一步的分析如下：面积<0.5公顷的农场数量占19%，面积占2%，这些小型的每个农场的平均面积仅为0.3公顷；面积在0.5~20公顷农场占农场总数的80%，面积占总面积约72%；其中，面积为1~2公顷的农场的数量最多，约143万个，占总农场数量的22%；面积为5~10公顷的农场的占有的面积最大，占全国农场总面积的19%左右；巴基斯坦国内还有近1.4万个较大型的农场，平均面积120公顷，面积占总面积的8%。在巴基斯坦，农业土地制度是私有化形式，99.8%农场归农场主私人所有，农村人口中只有50%拥有土地，可以称之为农民；其余的50%没有土地的人，处于被雇佣和贫困的状态。

表17-2 巴基斯坦农场数量、面积以及所占比例

农场规模（公顷）	农场数量		农场面积		农场平均面积（公顷）
	数量（个）	比例（%）	面积（公顷）	比例（%）	
<0.5	1 290 098	19	362 544	2	0.3
0.5~1.0	1 099 330	17	821 245	4	0.7
1.0~2.0	1 425 370	22	1 981 277	10	1.4
2.0~3.0	966 411	15	2 256 772	11	2.3
3.0~5.0	890 755	13	3 442 507	17	3.9
5.0~10.0	580 200	9	3 891 228	19	6.7
10.0~20.0	260 791	4	3 324 310	16	12.7
20.0~40.0	77 773	1	1 955 330	10	25.1
40.0~60.0	15 277	*	689 070	8	45.2
>60.0	14 054	*	1 682 491	8	119.7
私有农场	6 620 059	100	20 406 774	100	3.1
巴基斯坦农场	6 620 224	—	20 437 554	—	—

注：＊表示可以忽略不计；

资料来源：Four brothers Group Pakistan.

四、栽培措施

主栽品种。主要棉花品种有 IR3701、IR1524、FH－114、FH－142 和 MNH－886、CRIS－9、Marvi、CRIS－467、CRIS－134、CRIS－121 等。

播种。棉花播种日期一般在 5 月初开始，收花期在 11 月底。其中在旁遮普省棉区的陆地棉品种，播种期为 5—6 月，收花期为 11—12 月。而其他地区种植的德赛棉品种比陆地棉生育期短，一般为 5 月播种，10 月即可收花。20 世纪 70 年代植棉施肥方式多为撒播，至 80 年代后到现在已全部改为条播，水浇地行距大多为 75 厘米，盐碱地行距为 90 厘米；株距 20～30 厘米。留苗密度 49 000～52 000 株/公顷，德赛棉为 60 000～75 000 株/公顷。由撒播改条播后，估计全国单产提高 20％～30％。

施肥。自 70 年代以来棉田施肥量显著增长，1989 年推荐施肥用量，每公顷施氮肥 95～100 千克（旁遮普省 87 千克，信德省 120 千克），磷肥 P_2O_5 为 32.5 千克、钾肥（K_2O）32.5 千克，厩肥 1.8～2 吨。磷、钾肥只有部分地区需要施用，不是全面应用。

灌溉。棉花生育期中灌水 4～6 次，9 月底或 10 月初棉株开始吐絮时停水，每公顷用水量 1 900 毫米左右。主要灌溉方式有沟—床种植和滴灌，沟床种植的主要措施是在田间设置沟床，采用平面的间歇灌溉，生育需水时期灌溉 2～3 次；自 2004 年起，由于政府开始启动水道改善计划，大大提高渠道输水能力和效率，并建设了部分滴灌农田，而滴灌在水源有保证的情况下，把灌水间隔日数由过去 15～20 天缩短为 10 天左右，可增产 15％～20％。

病虫害防治。由虫害造成的产量损失约为 30％左右，病害 10％左右。目前为害棉花生产的主要问题是高温和棉花卷叶病毒病 CLCuV（Cotton leaf curl virus），该病毒分类为联体病毒科、菜豆金黄花叶病毒属（*Begomovirus Geminiviridae*），由白粉虱传播，周围其他作物和杂草都可以作为寄主，是目前为害当地棉花生产的第一大病害。发病植株症状依病害的轻重有所不同，发病轻的植株叶片皱缩，发病重的叶片背面会长出 1～2 个小叶，株高变矮，少结或不结桃，造成棉花大幅减产甚至绝收。

针对卷叶病毒病提出的主要防治措施：一是选育抗病品种。如最近育成的 TARZAN 1、TAZAN 2、MNH－886 和 IR 1524 等新品种。二是物理方法。保持棉田清洁，即时清除杂草，有效控制粉虱的数量，例如悬挂黄板，增加粘贴剂，及时监测和减少烟粉虱的数量。三是化学防治粉虱。用吡虫啉、蚜虱螨净等农药进行喷施。四是增强棉株抵抗和恢复能力。喷施一定的叶面肥或化学促活剂有利于加快叶面生长，恢复叶片活力，增强光合能力。

巴基斯坦的主要棉花害虫是叶蝉、粉虱、翠纹金刚钻、红铃虫和棉铃虫等。全国约 70％棉田进行虫害防治，一部分依靠农业病虫综合防治技术进行控制。例如通过棉花间作豆类作物如鹰嘴豆、赤豆、绿豆、黑豆和玉米等作物，减少叶蝉和粉虱的危害。或者通过化学防治如吡虫啉、噻虫嗪进行拌种或生长期叶片喷施；防治翠纹金刚钻、红铃虫和棉铃虫等用溴氰菊酯和棉铃威可进行有效和合理的防治，还可以采用天敌防治，如寄生性天敌赤眼蜂、姬蜂、寄蝇等和捕食天敌草蛉、黄蜂、猎蝽等。主要棉病是根腐病、角斑病和铃病，可以用杀菌剂如甲基托布津（Topsin-M）、多菌灵、多美福等进行拌种或喷施，还可使用土壤抗菌和病菌拮抗剂如木霉素等进行田间耕层的土壤混合等处理。

其他管理技术。由于产量形成期气温较高，7—8 月遭遇极端高温天气长期，会导致花蕾高温不育，因此，栽培管理无需整枝打顶，利用植株上部盖顶桃可以提高单产。

第二节　棉纺织业

巴基斯坦是世界第三大棉花消费国和第二大棉纱出口国，棉花和纺织品出口额占巴基斯坦全部出口额的54％，棉花消费量占全球总消费量的10％左右；纺织和服装是巴基斯坦支柱产业，其产值约占制造行业总产值的46％，出口额占国家出口总额的67％以上，2009—2010年巴基斯坦GDP为1 670亿美元，其中64％为纺织行业所贡献，全国40％的劳动力从事纺织行业。

一、发展概况

1947年巴基斯坦成立之初，棉纺工业尚处在婴儿阶段，仅有纱锭7.8万（表17-3）。由于政府采取了鼓励性工业政策，棉纺业得到飞速发展。到1960年，棉纺能力达到149万纱锭，消费棉花134万包，2000年消费超过1 000万包；1948年巴基斯坦全国只有3 000台织布机，50年代早期随着棉纱本地化程度的提高，纺织工业也开始发展并取得巨大进步，70年代动力织布机时代的到来使一个全新的织造工业得到发展，到2000年可以生产布50亿平方米，但服装工业规模还很小。

表 17-3　巴基斯坦棉纺业的增长

年份	工厂棉花消费量（千吨）	棉纱产量（千吨）	纱线出口量（千吨）	纱线进口量（千吨）	棉花消费量（千吨）	原棉进口量（千吨）	原棉出口量（千吨）
1990	1 201	991	436	0.3	1 343	0	272
1991	1 381	963	474	0.3	1 434	4	448
1992	1 467	1 219	572	0.3	1 514	5	256
1993	1 543	1 270	567	0.3	1 583	76	69
1994	1 552	1 167	532	0.3	1 508	151	32
1995	1 522	1 211	507	0.3	1 540	27	312
1996	1 534	1 279	570	0.3	1 524	61	26
1997	1 532	1 562	502	0.3	1 543	62	74
1998	1 536	1 525	420	0.3	1 525	192	2
1999	1 582	1 617	455	0.0	1 661	103	91
2000	1 771	1 707	534	0.0	1 924	—	127
2001	1 919	1 734	561	0.0	1 911	191	39
2002	1 961	1 915	551	0.0	2 032	186	50
2003	2 029	1 929	497	1.0	2 024	393	37
2004	2 150	2 281	478	4.7	2 326	383	120
2005	2 412	2 547	594	3.3	2 532	352	60
2006	2 574	2 695	680	2.7	2 633	502	47
2007	2 640	2 908	636	2.0	2 649	851	59
2008	2 595	2 907	513	6.7	2 519	417	78

（续）

年份	工厂棉花消费量（千吨）	棉纱产量（千吨）	纱线出口量（千吨）	纱线进口量（千吨）	棉花消费量（千吨）	原棉进口量（千吨）	原棉出口量（千吨）
2009	2 467	2 882	641	1.8	2 393	342	156
2010	2 313	2 616	539	6.7	2 100	314	148
2011	2 209	2 960	503	4.9	2 217	173	257
2012	2 268	3 039	709	8.0	2 416	470	87
2013	2 413	3 233	—	—	2 271	402	87
2014	2 494	3 341	—	—	2 308	520	87

资料来源：Wold Textile Demand，December，2015. ICAC-Cotton World Statistics.

进入新世纪以来，巴基斯坦棉的纺织业进入飞速发展，形成较为完整棉纺产业和门类较为全面、分工专业的部门，主要包括籽棉加工、棉纱、棉布、棉布处理（坯布印染）、家纺、毛巾、针织品、成衣等。这些子部门中既有加入商会、协会组织的上规模的大工厂，也包括没有在商协会注册登记的小作坊和中小企业。

工厂原棉消费。自1970年以来，巴基斯坦的工厂原棉消费情况大致分为3个阶段。第一个阶段是1970年（447千吨）到1989年（960千吨），这个阶段处于缓慢增加阶段，年均增加率4.4%，年消费原棉数量占世界总消费量的3.0%～5.2%，最大年份是1989年，占5.2%，最小年份是1979年，占3.0%；第二个阶段是1990年（1 201千吨）到2002年（1 960千吨），这个阶段处于快速增加阶段，年消费原棉数量跃进到1 200千吨数量级以上，占世界总消费量的6.4%～9.4%，最大年份是2001年，占9.4%，最小年份是1990年，占6.4%；第三个阶段是2003年（2 029千吨）到现在，这个阶段处于较高位消费增长的持续期，年消费原棉数量跃进到2 000千吨数量级以上，占世界总消费量的9.2%～10.2%，最大年份是2008年（2 595千吨），占10.2%，最小年份是2011年（2 209千吨），占9.2%。巴基斯坦国内消费一部分用于居民生活，更大一部分加工成棉纱和纺织品，出口创汇（图17-2）。

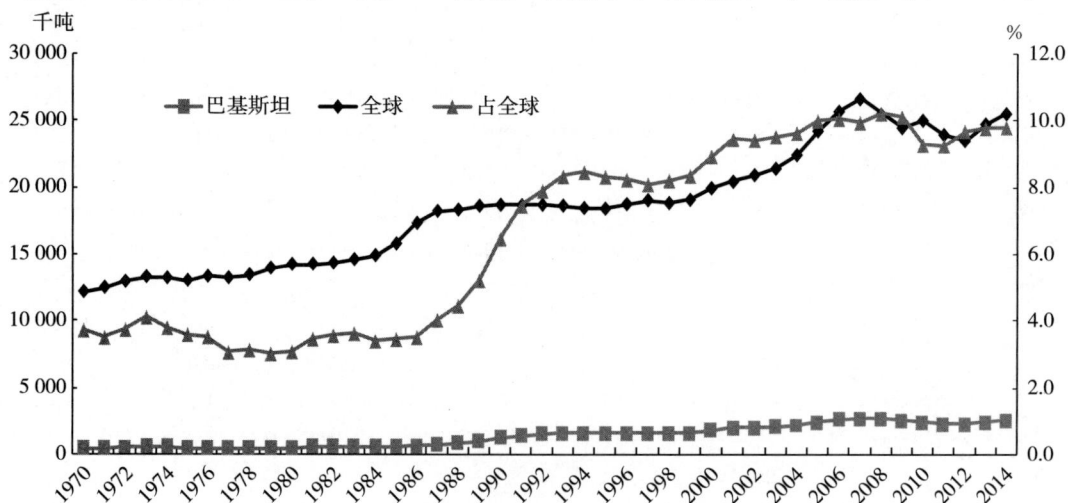

图17-2　巴基斯坦棉花消费量、全球总消费量及占比

资料来源：World Textitle Demand，ICAC：Cotton World Statistics，December 2015.

籽棉加工（轧棉业）。籽棉加工厂几乎遍及巴基斯坦每一个产棉区和大型农场，轧棉业在巴基斯坦棉花种植区发展迅速，而且并没有受到政府过多地监管。据统计，2008 年轧棉厂 1 221 家，按一个班次生产估算，安装产能超过 100 万包棉花，按三班生产估算则总产能在 300 万包棉花左右，部分产能尚处于闲置状态。

棉纺。全国有纺织厂 500 家（50 家联合纺织厂，450 家纺纱厂），工厂原棉消费量从 2000 年的 170 万吨增长到 2014 年的 249 万吨（表 17 - 3），年均增长率 2.67%。拥有棉纺锭从 2007 年的 930 万锭（另有转杯纺 13.6 万头）增长到 2011 年的 1 176 万锭。其纱锭是继中国、印度之后的第三大棉纺织装备大国。棉纺纱产量从 2000 年的 170.7 万吨增长到 2014 年的 334.1 万吨，年均增长 2.96%，占全球比重为 7.1%，是继中国、印度之后的第三大棉纺织产量大国。

织造。在织造部门有三种不同类型的企业，分为联合织造企业、独立织造企业和动力织机企业。目前已有联合织造企业和独立织造企业开始投资于无梭织机，中期内还将有进一步的投资流向这个部门。在过去 20 年中，动力织机企业已经现代化并显著增长。这种增长很大程度上是政府政策导向的结果，也是对此种产品市场需求增大的结果。该部门目前正生产附加价值较小、质量较低的坯布。织造和制成部门的问题主要在于缺乏资金，难于获得信贷资金来更新设备、购买棉纱。而当棉纱价格上涨时则情况更糟，因为棉布价格上涨滞后棉纱价格上涨一段时间。政府有必要提供培训便利和指导，使其产品多元化，特别是满足成衣部门的需求。

棉布。巴基斯坦棉布生产由大型企业和中小企业两部分产出构成，且以中小企业产量为主。中小企业棉布的产量估计超过大型企业的 7 倍。近年来棉布产量大幅增长，2007 财年增幅达到 8.8%。该部门的强劲增长为下游行业如床上用品、成衣部门的发展提供了有力支撑。

纺织品下游行业。这是纺织业最具活力的部门，其主要产品是毛巾、帐篷或帆布、棉袋、床上用品、针织或毛衣、成衣包括时装。

针织行业。巴基斯坦全国有 12 000 台针织机，产能使用率大概在 70% 左右。由于棉花增值的很大部分都发生针织品部门，所以巴政府非常重视该行业的发展。除本地生产的机器，针织机器允许自由进口，出口产能正在快速增长，出口潜力巨大。

成衣行业。巴基斯坦成衣出口总额在 10 亿美元左右，但在全球服装市场上的份额仅占 1%。而巴基斯坦出口服装主要以男式服装和针织外套为主打产品。成衣行业在纺织部门是附加价值最大的环节。这一行业在有大型、中型和小型企业，大多数企业拥有的机器在 50 台以下，大型企业现在也开始形成自己的商协会组织。这个行业享受机器进口免关税和所得税减免的政策优惠，未来将有更好的出口表现。

毛巾行业。目前巴基斯坦有大约 7 500 台毛巾织机，该行业是以出口为基础，其销售增长一直依靠出口渠道。过去出口增长超过 300% 的业绩表明，如果现在毛巾制造厂商准备好生产出附加价值更高的毛巾，此行业将存在进一步扩张的巨大可能性。

防水油布和帆布。帆布出口能被细分为 5 个种类，防水油布、雨棚布、遮阳布、帐篷、船用帆布，充气床垫和露营用品。尽管这些不同的帆布类型在巴基斯坦制造，但巴基斯坦在防水油布和帆布的生产上形成了一定程度的专业化。作为原棉消耗最多的部门，其产能有 1 亿平方米，90% 的产量都用于出口。这个增值部门也有很大的出口潜力。巴基斯坦是帐篷和帆布最便宜的供应来源。

合成纤维制造部门。随着纺织部门的需求增加，该部门也不断进步。目前有 7 家聚酯纤维厂，年产能达到 62.5 万吨，2 家丙烯腈纤维厂，一家是 Dewan Salman 公司，于 1999 年开始商业化生产，年产 2.5 万吨；另一家是 Crescent 集团，年产 1 万吨的粘胶纤维厂也已经投产。

二、纺织品服装出口

巴基斯坦是棉纱线出口大国，2011 年出口棉纱线 54 万吨，出口额 20 亿美元，出口量占全球比例的 15.3%，是继印度之后的第二大出口国。也是棉布出口大国，2011 年出口棉布 7 万吨，占全球棉布出口的 11.6%，出口额 4.7 亿美元，是继中国之后的第二大出口国。棉纱线主要出口到中国和中国香港等，棉布主要出口到中国香港、美国、英国和孟加拉国。

巴基斯坦也是纺织品服装出口大国之一（表 17-4），纺织品和成衣出口从 2009 年的 98.7 亿美元增长到 2013 年的 138.9 亿美元，5 年间增长了 71.1%，占全球出口市场份额的 1.8%～1.9%。近年来，巴基斯坦加大了对纺织业的升级和自动化建设，大大增加了纺织机械的进口和引入，2013 年进口纺织服装机械超过了 40 亿美元，进一步提高纺织服装生产能力、机械化水平和纺织品质量。2020 年，力争纺织服装出口额增长到 200 亿美元，市场潜力大。

表 17-4 巴基斯坦纺织品成衣出口

单位：亿美元

年份	纺织品出口	成衣出口	合计	全球纺织品成衣出口额	占全球比例（%）
2009	65.1	33.6	98.7	5 253.4	1.9
2010	78.5	39.3	117.8	6 058.7	1.9
2011	90.0	45.5	136.3	7 119.1	1.9
2012	87.0	42.1	129.2	7 067.3	1.8
2013	93.4	45.5	138.9	7 661.7	1.8

资料来源：国际棉花咨询委员会（ICAC）和 Fiber Organon；中国纺织工业联合会.2013/2014 中国纺织工业发展（M）.北京：中国纺织出版社，2015：392-402.

随着巴基斯坦内阁批准的巴基斯坦—欧盟的第三代协定，新的贸易和商业途径将出现，这将导致巴基斯坦多出口数十亿美元的商品。由于欧盟给予的优惠市场准入政策，出口欧盟的纺织品和服装的数量大幅增加，2013—2014 财年，出口意大利的服装数量增长 30.9%，比利时的服装数量增长 27.0%，西班牙的服装数量增长 25.5%，英国的服装数量增长 18.9%，法国服装数量增长 18.8%。同时毛巾和床上用品的出口也大幅增长。2014 年欧盟从巴基斯坦进口纺织品数额增长了 18.1%，进口服装的数量增加了 30.5%，由此成为欧盟纺织品和服装供应中增长最快的国家。充分利用优惠的市场准入政策，抢占更多的欧盟纺织品和服装的进口份额。

在纺织品服装出口剧增的背景下，巴基斯坦纺织业也面临着一系列的困境。一是能源供给能力落后于生产发展。自 2011 年以来，受电力供应不足的影响，旁遮普省的纺织业产能下滑了 40%。2011 年之前，该省纺织业几乎没有断电现象，2011 年每天停电时数多达 4 个小时，到 2014 年，停电时数每天竟达到 6 个小时以上，2014 年 4 月后，频繁的能源危机已造成该省部分纺织厂关停、大批工人失业，纺织业出口损失达到 10 亿美元。二是设备急需升级换代，纺织成本上升。2014/2015 财年，由于全国财政原因，巴基斯坦纺织机械设备进口额大幅下跌 25.06%，纺织行业新型原料进口 25.6 亿美元，下降 4.25%；加上电力成本高昂、出口退税不力等问题，面对进口棉纱线的冲击，十分不利于纺织业的健康发展。2015 年 9 月，全巴纺织厂协会（APTMA）发动了一场为期一天的全国范围大罢工，抗议政府对纺织业界关于降低营商成本等诉求的反映冷漠。纺织品出口占巴总出口的比例将近 50%，纺织业现状可视作巴出口困境的一个缩影。

第三节　棉花产业支持政策

一、棉花生产支持政策

由于棉花和纺织在巴基斯坦的农业出口的重要性，良性的棉花生产对国家经济增长非常关键。因此，巴基斯坦政府历来重视对国内棉花产业的政策支持，以促进国内棉花产业的健康发展。主要措施：

修建水利，保证和扩大灌溉面积。巴基斯坦气候干燥，全年温度高，蒸散量大，因此，棉田对灌水需求量大，政府自 1960 年开始的对灌溉系统的改造，十分注重对棉田水利基本设施建设，一方面发展渠道灌溉，另一方面大力发展管井灌溉，对安装管井国家给予补贴。进入 21 世纪以来，还陆续引入滴灌技术和装备，用于降水量低的棉田。自 2004 年到 2011 年的 8 年内，巴基斯坦启动国家水道改善计划（NPIW），对全国将近 14.5 万条水道中的近 9 万条水道实施了衬砖的砌筑和渠边硬化，提高了从渠首到田间的灌溉用水的运输和利用效率近 30%。使农业大省旁遮普省灌溉极为便利。而且，2013 年起，旁遮普省政府实施了名为旁遮普灌溉农业生产率提高工程（PIPIP）的大型基础建设项目，该项目包括拟建成多方式多途径的高效率灌溉系统（HEIS），除了渠道灌溉以外，还实施滴灌和喷灌方案，还进行了激光平整农田。得益于巴基斯坦的水利建设，其耕地面积从 1961 年到 2012 年增加了近 30% 的面积。

及时调整政策，协调棉花农资和生产资料的供应，扶持棉花生产。巴基斯坦棉花生产易受气候、病虫等不稳定因素的影响，波动很大，为求得稳定发展，政府还通过农资相关政策加以调节，以鼓励和巩固农民的种棉积极性。在主要农资的价格上，每年都规定保证价，在播种季节以前宣布，使棉农早做安排，并对棉农所需的农药、喷雾器给予 50% 的补贴。自 20 世纪 70 年代以来，巴基斯坦棉花生产资料的供应增长很快，包括农药、化肥的需求增长较快，棉田植保面积由不治虫发展到较广泛的治虫，据 2000 年统计，全国 80% 的农药基本用于棉花作物上。此外，还放宽农业信贷，扶持生产者购买及时农资，以促进生产发展；国家还进行收购、分配合格良种，有利于扩大良种种植比例。在 2007/2008 财年，全国经济增长预期在 7.2% 的好形势下，政府预算为棉田的建筑管井提供 20% 的电力费用补贴，还包括增加化肥补贴至 470 卢比/每 100 千克磷酸二铵化肥，比以前每袋 400 卢比补贴的增加了

70 卢比，增长了 17.5%。同时，政府还拨款近 3.36 亿卢比，用于生产棉花良种和建立 15 个新实验室。

出台籽棉和皮棉最低保证价格。在棉花生长财年的年初，国家食品和农业部将根据全国的原棉消费计划和植棉意向，制定本财年的棉花生产目标，根据国家财年预算还制定关于棉花生产和纺织发展其他有关政策，以平衡生产、加工和贸易等各方面的利益。

自 1987 年以后，政府为了防止国营公司垄断弊端和市场失衡，逐步允许部分民间和私人公司进入棉花的贸易和加工体系，允许私人经销商进入棉花流通、加工和进出口领域，加强了棉花市场经济化运作。但是，巴基斯坦政府也同时加强了政府调控作用，每年根据生产成本与竞争作物的关系、纺织业需求和国际棉价等情况，在当年的棉花播种之前公布不同棉区的有关棉产品的最低保证价格，其中，皮棉的支持价格由农业物价委员会（APCOM）定期公布，支持价格需要种植者、巴基斯坦轧棉协会（PCGA）和巴基斯坦纺织协会（APT-MA）磋商后敲定，一般会参考国家财政收入、植棉成本和纺织成本进行公布价格。这样，有助于棉农计划当年的种植面积和规模，以及采用合适的品种，以保证植棉的效益，起到市场和政府双重调节的作用，既有利于棉农和农场主作为生产者的利益，同时皮棉的最低价格有利于保护轧花厂和纺织公司的成本预算和利益。这种体制下，植棉面积较其他作物相对稳定，而且稳中略升。在棉花产能相对过剩的时候，政府适时作出增库通告，分别在 2004 年 8 月，通过巴国贸易公司将收购 10 万包棉花，确保对棉花收购的信贷，以免市场压制需求，与此同时，在下一年度宣布国内籽棉的支持价格提高到 925 卢比（15.81 美元）/40 千克，以确保稳定的植棉面积。

2008 年秋季全球遭受华尔街金融危机的冲击，全球农产品价格一落千丈。2008/2009 年度巴基斯坦籽棉的平均市场价格为 600 美元/吨、2009/2010 年度籽棉的平均市场价格达到 690 美元/吨，因而政府适时启动最低收购价格，结果是 2009/2010 年度巴基斯坦植棉面积 300 万公顷，增 3.4%（表 17-5）。

表 17-5　2001—2011 年巴基斯坦主要农产品（最低）支持价格

单位：卢比/40 千克

项目	2001	2002	2003	2004	2005	2006	2007	2008	2009	2010	2011
籽棉	780	800	850	925	978	1 025	1 025	1 465	—	—	—
小麦	300	300	350	400	415	425	625	950	950	950	1 050
水稻	205	205	215	230	300	306	—	700	600	—	—
甘蔗	43	43	41	43	60	67	63	81	102	125	154

注：水稻为普通稻，甘蔗为旁遮普省价格。
资料来源：巴基斯坦国家粮食安全研究部。

2012 年，由于国内缺乏相关的棉花政策，棉花价格前期出现低迷，导致棉农遭受价格剥削。巴基斯坦农业部及时颁布一项棉花政策，主要内容是因当年的农业生产投入物质的价格上升明显，包括化肥和石油产品等，建议当年棉花收购价格适度上涨，提出政府向上修订了原棉价格，达到每莫恩德 4 000 卢比（1 莫恩德=37.324 千克）。

统筹产业链管理，协调各环节利益。巴基斯坦中央棉业委员会（PCCC）负责统筹对棉花生产、科研、市场、纺织、出口等各个环节和全产业链的领导和管理，协调各方面的利益。巴基斯坦中央棉业委员会（PCCC）的成员包括农、工、商方面的代表以及中央和地方政府的官员，它密切注视和研究农业生产、市场、纺织方面的动向，反映、协调各方面的意见。委员会并不代替其他职能部门，而是增强管理的最高协调机构。此外，巴基斯坦早在1973年就成立了国家直接经营的"棉花出口公司"，在国家宏观层面上制定了有关棉花贸易和进出口的政策和规划，还通过建设储备仓库和加工的车间，实行对流通和加工领域的平台和条件建设，以保证产业链的顺畅和现代化，同时，政府还注重平衡国内外棉花市场，降低原棉出口税和免征纺织品出口税，增强巴基斯坦的棉花进出口的产品竞争力。随着棉产业的发展和对国民经济的贡献，到2010年5月，鉴于国内棉花产量增加近10%，巴基斯坦政府又制定新的全面的棉花政策，旨在保护所有产业链的利益，特别是保护棉农免受市场操纵者的伤害，因此，政府通过从市场上收购所有的棉花，并根据需要将棉花提供给纺纱工厂。政府还在为纺织工业进一步增长制定政策，旨在通过提高生产力，确保纺织工业每年250亿美元的盈利能力。2013年3月，为支持其国内棉花价格保持稳定，巴基斯坦政府在棉纱销售加征2%的销售税的基础上，又宣布对棉花进口加征5%的关税。

合理利用农业补贴，促进棉花生产。在20世纪80年代以前，农业补贴占国家预算的9.31%，关于棉花政策重点放在对棉花生产和种植环节的支持补贴，如农田基础设施改善、灌溉水利设备的购置维修，农药、化肥、种子等农资的补贴，以及科学植棉技术的研发等方面；1995年以后，农业补贴逐步降低到2%左右，重点放在农业退税、化肥和农机等方面。进入21世纪后，则将支持重点放在了流通领域，如棉花的收购价格、纺织品的进出口贸易等方面。

二、纺织业相关支持政策

纺织行业在巴基斯坦国民经济中占据了举足轻重的地位，巴基斯坦政府采取多种措施，积极支持纺织行业的发展。在后纺织品配额时代，面对全球竞争，巴基斯坦政府清醒地认识到，要使本国纺织品在全球市场保持领先地位并扩大市场份额，不仅要扩大纺织品的贸易量，更重要的是要提高单价。而单价的提高则只有通过质量、市场销售、品牌建设方面显著的进步和转变商业思维来达到。因此，巴基斯坦政府把握住纺织行业生产和销售这两个关键环节，一方面重点支持研发、技术创新，产品开发，另一方面重视市场品牌的推广发展，其目的在于使本国纺织品从全球纺织品价值链中低端移至高端。

参与多双边经贸合作，为本国纺织品开拓潜在市场。近年来区域经济合作日趋密切和深入，巴基斯坦政府在多双边经贸合作方面表现得非常活跃。巴政府在《2005—2010中期发展框架》中提出要积极参与多双边经贸合作，加快各类贸易协议的谈判进度，消除市场准入障碍，扩大产品出口。在此背景下，巴基斯坦政府已和马来西亚、中国、南亚国家、斯里兰卡等国家签署了自贸协定，这为巴基斯坦纺织品的出口创造了良好的环境。其中，巴基斯坦与中国于2006年底签订自由贸易协定，预计将增加50亿美元贸易量，其中绝大部分为纺织业相关产品，巴国内经济分析者已将此协议称之为"通往中国的棉花之路"。巴基斯坦政府将会充分利用与各国签订的自贸协议，以支持国内纺织业的发展。

加强科学研究。培育适应本国生态条件的品种，在增产潜力、增加衣分、改进纤维长度、强度和细度等方面都有所进展。并针对当地主要棉花害虫叶跳虫和高温气候，培育出多毛的抗叶跳虫和耐热品种。政府重视农业科研机构与地区的棉农保持联系，并推荐研究成果用于生产实践，同时农业部门重视加强和不断改进农业技术推广工作，培训农民推广现代植棉技术。同时，为了进一步提高单产、转化和利用先进的国外品种，设立一定专项在棉花科技上进行研究和推广，主要用于提高植棉效益、改进植棉生产管理、种质改良、发展杂交棉和扩大新棉区。在俾路支省（Baluchistan）和开伯尔—普赫图赫瓦省（Khyber Pakhtunkha）进行未来棉花生产发展研究。

鼓励纺织业投资和研发。为了鼓励国内资本加大对纺织业的投资，巴政府出台了一系列的鼓励措施：

出口导向企业长期融资支持计划。由巴商务部提出提案，巴中央银行宣布实施。从2004年5月开始，在该计划下对出口导向企业进口设备提供长期项目优惠融资，利率在7.5%左右，7年内偿还，而正常市场利率为12%～13%，至2007年6月，在该计划下已经发放490亿卢比，其中150亿卢比直接用于进口设备贷款。

出口部门营业税便利化项目。对整个纺织行业产业链上企业免除营业税，纺织机械、绝大部分原材料、中间产品和产成品的销售税率已经为零。这一计划取得了市场的积极反响，纺织企业愿意加大对行业的投资，用于更新设备、调整结构和扩大规模。1999—2006年间，该行业大约投资60亿美元。2006财年就进口了价值8亿美元的纺织机械。投资主要集中于纺纱、织布和纺织品加工和成衣部门。这些投资直接创造了大约45 400个工作，并有助于增加产能和出口。纺织机械成了机械类产品进口中最大单一项目，2006财年进口了7.71亿美元。这表明始于2002年的纺织行业现代化进程还在继续，这导致了所有产品产能的大幅提高。棉纱产量提高12%，布产量提高7%。出口显示出积极态势，棉纺出口从2005财年的92亿美元增长到2 006财年103.7亿美元。

研发资助计划。对纺织成衣行业实施了研发资助政策，即补贴企业研发费用的6%。这一政策的实施有助于巴基斯坦纺织成衣业继续发展下去，防止了数百万美元的潜在损失，保证了行业的就业人数。巴政府在2007年将此政策适用对象扩大到家纺部门。至2007年5月，研发资助政策已资助成衣部门142.86亿卢比，资助家纺部门40亿卢比。

加强基础设施建设，提供公共服务。巴基斯坦纺织部作为纺织行业的主管部门，为促进纺织行业健康快速发展，自成立起便采取了一系列的措施整合部门资源，加强基础设施建设，解决供应链管理和纺织品增值等问题。棉花是纺织行业的主要原材料，其品质、产量和价格等情况将从源头上影响到整个行业。为了应对棉花污染问题，保证无污染高品质棉花的供应，纺织部决定在巴基斯坦贸易公司和各省农业部门的协助下发起"清洁棉花工程"，其措施包括收购每包无污染棉花时向直接向棉农额外多支付50卢比。2007年政府已经批准3 500万卢比用于次收购项目。同时，引入棉花对冲交易（Hedge）促进棉花贸易，增加棉花检验检疫评估的测试工具。

实施纺织城计划。纺织城基本目的在于建设开发1 250英亩的工业园区，用于生产附加价值大的纺织品，以充分利用WTO协定规定自2005年1月取消纺织品配额的决定所带来的机会。2006年初已划拨700英亩，2007年1月将得到剩下的550英亩。政府已经在2 004财年贸易政策中宣布，将在卡拉奇、拉合尔、费沙拉巴德建立三个服装城，为纺织部门提供便利和必要的基础设施，促进增值服装（纺织、针织）、家纺产品、成衣和服装附件开拓国际市场。政府批准 14.25 亿卢比开发这三个服装城。该项目将吸引外国投资者，有助于提升高附加值产品在纺织品出口中的比重，创造就业，而由项目带来的培训、实验室测试设备又促进了更高的人均生产率和降低损耗。

开发纺织人力资源。2005 年 10 月设立纺织成衣技能发展局，主要负责成农业工人技能培训计划的执行，目标在于生产无污染的棉花，对高附加值纺织部门的中小企业进行项目融资，关注棉花国内、国际价格，保证棉农合理利润，维持国内棉花价格平稳，建立从棉农到纺织品出口商所有利益相关者的联系机制以克服在执行措施计划时所遭遇的障碍。预计一年内工厂里培训 10 000～12 000 名的缝纫机操作员，形成一大批熟练工人。在 2007 财年内，这些培训项目的范围将扩展至毛巾和床单部门。目前，这些培训项目在 30 家工厂里执行。

第四节　棉花科学技术研究

一、科研机构

巴基斯坦的棉花科研机构主要有木尔坦（Multan）中央棉花研究所、萨克兰德（Sakrand）中央棉花研究所、巴基斯坦棉花工艺研究所三家，以及地区级科研机构——旁遮普省阿尤布农业科学院棉花所，负责开展棉花育种、栽培、植保等方面的技术研究，并取得了一系列重要进展，为巴基斯坦棉花生产做出了重要贡献。

巴基斯坦中央棉花委员会。根据 1923 年巴基斯坦政府通过的棉花税收法（Cotton Cess Act）成立，总部设在卡拉奇，承担全国范围内棉花各专业及棉花加工产品的研究与协调，也对全国棉花生产、布局、市场动态进行调研，主要负责领导和管理棉花研究等的国家专业机构，成员包括各种专业的专家，主席由政府农业部副部长兼任，下设有农业研究处、市场经济研究处、纤维棉纺处、人事处、财务处等部门。主要职能是：促进棉花及其副产品有关生物学、工艺、贸易、统计和经济的研究。推广和传播低成本工艺技术，提高棉花生产潜力和广泛采用研究新成果。资助与组织协调短期和长期的棉花研究项目；在全国不同生态区建立棉花专业研究中心与研究站。收集和分析有关棉生产、研究、贸易的情报与信息资料，并出版和提供有关部门与人员应用。组织专题讨论会、学术交流会，并负责棉花专业培训、鉴定和有关棉花立法建议的提出。

该委员会有直属三处棉花专业研究所：分别是木尔坦中央棉花研究所、萨克兰德（Sakrand）中央棉花研究所和巴基斯坦棉花工艺研究所。

木尔坦中央棉花研究所。该所成立于 1970 年，地处旁遮普省，为巴基斯坦最主要的棉花研究中心。设有农艺、遗传育种、细胞遗传、昆虫、病理、生理生化、农业工程、纤维工艺、技术推广与咨询和统计分析等 10 个室。在资源上，保存有棉花种质材料 1 300 份左右，主要是陆地棉，还有亚洲棉约 20 份，草棉 30 份。此外，还有 1 700 平方米的野生棉种植圃，保存 25 个野生和一些栽培种和半野生种，并开展了大量种间远缘杂交和胚离体培养工作，有一座专门贮藏棉花种质资源的基因库，内藏有紫茎、红叶、不同彩色纤维以及抗病、无蜜腺、无腺体、高棉酚、窄苞叶、鸡脚叶、多毛等各种基因种质资源 178 份。在育种上的主要品种 CIM-70，1976 年推出，早熟耐高温；CIM-135，1990 年育成的无花外蜜腺品种；还有一些有抗角斑病、根腐病和叶蝉品种，如 CIMAR-196-2-1，cIMAR-198-3-1 等。在栽培研究方面和植保方面，围绕生产，提高单产如在合理灌溉、施氮和防治红铃虫、棉铃虫、角斑病防治等方面取得一定的成绩。

巴基斯坦棉花工艺研究所。该所成立于 1962 年，负责全国品种与新品系的纤维性状测试鉴定，也进行对棉花种子、纤维、棉纱、织物及棉花加工技术研究，为国内外培训纤维测试技术人员，其测试报告并提供给工业和贸易部门。

萨克兰德（Sakrand）中央棉花研究所。建立于 20 世纪 80 年代初成立，地处信德省，设有遗传育种、细胞遗传、农艺、生理、昆虫和病理 6 个研究室。在高特（Ghoti）和米尔甫尔卡斯（Mirpurkas）设有分站。该所保存棉花种质资源 832 份，其中陆地棉遗传资源 740 份，海岛棉 38 份，亚洲棉 54 份。该所于 1989 年新推出 Gohar-87 品种具有较好耐旱及抗虫性能，因此，该所在巴基斯坦棉花的抗虫育种方面具有较强的基础和优势。其次在苗期根腐病研究方面和间作豆科作物等方面有一定进展。当前选育和主推品种：CRIS-9（1992 年），Marvi（CRIS-5A，2001 年），CRIS467（2004 年），CRIS134（2004 年）和 CRIS121（2010 年），这些品种的籽棉产量潜力范围为 3 900～4 500 千克/公顷，主要品质指标为衣分 35%～38%，长度 26.5～28.4 毫米。此外，最近几年还研究出 2 个新品种一个是 CRIS-494 产量达到 4 500 千克/公顷，可使衣分提高到 39.2%，长度 28.8 毫米，整齐度 85.5%，强力 99.0 tppsi（千卜氏强度）；另一个是 CRIS-508（Bt.），转基因抗虫棉，产量水平为 4 315 千克/公顷，衣分 39.0%，长度 29.2 毫米，整齐度 86.0%，强力 95.9 tppsi。

旁遮普省阿尤布农业科学院棉花研究所。这个地级棉花研究所成立于 1905 年，在产棉省各县几乎都设有分站，在旁遮普省就有 15 个分站。巴基斯坦最早引入陆地棉试验和育成大量推广品种代换了亚洲棉，主要就是该所的贡献。该所 1959 年育成的 AC-134 与 1976 年育成的 B-577，均曾是当家品种（表 17-6）。70 年代后，又育成 AC-135、AC-11、BS-1、MS-39、MS-40 等品种。1986 年育成 MNH-129 耐高温，1988 年育成 FH-87，早熟，具抗虫性能，当前还育有 FH-114（紧凑型、早熟、抗 CLCuV、耐高温、Bt 棉，具有耐密植能力），FH-142 和 MNH-886（Bt 棉，高抗 CLCuV、大铃高产、早熟、适于麦棉两熟），FH-942 和 BH-167（高产、耐旱、乃贫瘠土壤、抗逆性好），SLH-317（适宜高肥力地，高产，中等铃），FH-118（Bt 棉，高产、紧凑型、适宜高肥力地），VH-259（高产、优质、中等抗 CLCuV、形态抗虫）等。是一个具有雄厚实力和成果的地方棉花所，当前该所主要和一些商业化公司合作，进行棉花品种培育和技术服务。

表 17-6　旁遮普省阿尤布农业科学院棉花研究所育成的主要品种及主要性状

序号	品种名称	审定年份	衣分（%）	长度（毫米）	马克隆值	比强度（tppsi）
1	4-F	1914	32	21.5	5	85
2	LSS	1933	32	23	5	85
3	289 F/43	1934	30	24	4.5	93.5
4	124-F	1945	33	25	4.7	95

（续）

序号	品种名称	审定年份	衣分（%）	长度（毫米）	马克隆值	比强度（tppsi）
5	199 - F	1946	35	25	4.5	90
6	AC - 134	1959	34.5	26.5	4.5	92.5
7	L - 11	1959	33.7	27.7	4.0	90.0
8	BS - 1	1962	34.5	25	4.5	91.5
9	MS - 39	1970	33.6	31.5	3.8	87.5
10	MS - 40	1970	32.7	31.3	3.8	88
11	149 - F	1971	34.5	28	4.1	94.3
12	B - 557	1975	34.5	27.5	4.5	92.5
13	MNH - 93	1980	37.5	28.4	4.5	94
14	MS - 84	1983	34.5	33	3.9	91.4
15	MNS - 79	1983	36.5	27.5	4.4	99.3
16	MNH129	1985	38.6	28.7	4.4	95.4
17	SLH - 41	1985	36.5	27.7	4.4	89
18	S - 12	1988	41.2	28.2	4.4	93
19	FH - 87	1988	33.8	28.5	4.3	95
20	Gohar - 87	1990	34.5	27.2	4.4	92.6
21	RH - 1	1990	31.5	29	3.9	103.7
22	MNH147	1992	42.5	27.3	4	96.6
23	BH - 36	1992	35	28.3	4	87
24	S - 14	1995	43.9	29.5	4.2	93.6
25	SLS - 1	1995	36.8	27.4	4.6	95.3
26	MNH329	1996	41.8	28.5	4.2	96.6
27	FH - 634	1996	36.3	28.5	4.1	95.1
28	RH - 112	1996	34.3	27.6	4.6	95.1
29	FVH53	1998	35.8	27.5	4.8	101.2
30	BH - 118	1999	37.5	28.5	4.7	96.9
31	FH900	2000	37.5	28.5	4.5	94
32	FH901	2000	38.2	26.7	5.1	92
33	MNH554	2000	43	28.5	4.3	98.9
34	MNH552	2000	40	27.5	5.2	96.3
35	FH - 1000	2003	38.8	27.5	4.9	96.9
36	BH - 160	2004	35.3	29.5	4.6	101.9
37	MNH - 786	2006	39.5	27.5	4.7	101
38	CRSM - 38	2009	39.5	29.0	4.5	95

（续）

序号	品种名称	审定年份	衣分（％）	长度（毫米）	马克隆值	比强度（tppsi）
39	FH-113	2010	40	28.0	4.7	98
40	FH-114	2012	39.6	28.1	4.9	95.5
41	FH-942	2012	38	29.6	4.2	95.1
42	BH-167	2012	41.2	29.1	4.8	92.7
43	SLH-317	2012	38	29.8	4.4	96.7
44	FH-118	2013	38.3	28.5	4.8	95.5
45	FH-142	2013	40	28	4.5	99.6
46	MNH-886	2013	41	28.2	4.9	99.5
47	BH-178	2013	—	—	—	—
48	VH-259	2013	—	—	—	—

资料来源：http://www.aari.punjab.gov.pk/research/verities/cotton.

　　此外，产棉省农业大学和原子能委员会属下的原子能农业研究中心（Atomic Energe Agricultural Research Centers）也进行棉花研究，1972年6月成立。该所主要开展遥感土地测定和棉田面积统计的工作。主要成就是1983年该单位选育出的棉花品种NIAB78，是90年代末旁遮普省种植面积最大的品种，随着商业化发展和业务变更，该所主要开展棉花信息采集和核定工作，至今一直负责全国的棉花面积调查和监测等工作，成为巴基斯坦棉花信息和生产调查的专业研究机构。巴基斯坦还专门设有研究棉花品质和出口价格的机构。如棉花轧花研究所（CEC Institute of Cotton Ginning）、棉花分级检验研究所（CEC Institute of Cotton Grading and Classing）和巴基斯坦棉花标准化研究所（Pakistan Cotton Standards Institute），隶属于巴基斯坦棉花出口公司。

二、科研进展

（一）品种种质资源研究与鉴定

　　巴基斯坦所属印度河流域，作为亚洲棉的起源地之一，也是野生棉的斯托克斯棉（Gossypium stocksii）的原生地。信得省的考古研究发现3100年前就有棉纱、棉布，巴基斯坦是世界上较早种植棉花的国家，当地的德赛棉是重要的亚洲棉资源。至1914年时，才有美国的陆地棉种质的引进，主要有4F、289-F、199-F和387-F等种质资源。当前巴基斯坦棉花大多品种资源具有衣分高、抗黄萎病性好和抗高温等特点。

　　品种鉴定和种质保存主要由中央棉花委员会主持的国家棉花品种联合试验统一进行新育成和新引入品种的多点比较试验，连续2～3年，以便筛选和鉴定不同地区最适宜的品种，试验是以当地推广面积最大的品种作为对照。棉花良种繁殖在巴基斯坦有规定程序，育种单位自己繁殖的种子叫育种者种子或核心种子，用它们繁殖出的种子叫前基础种子。这两种种子均由育种单位负责提供，大都是中央棉花委员会属下的中央棉花研究所或试验站。用前基础种子繁殖的叫基础种子，由产棉省种子公司负责它的进一步繁殖。而田间鉴定种子纯度和发芽率则是由联邦种子鉴定局进行。也有私人进行种子经营，但均需接受政府机构监督。

（二）育种研究

近 60 年来，巴基斯坦棉花品种实现了从过去的短粗绒品种（如德赛棉）到较高产和优质的中绒陆地棉品种的逐步转变。

60—70 年代，主要种植的陆地棉品种有，AC-134、14-中、BCI 等，绒长 24～28 毫米，卜氏强力 90～95 千磅/平方英寸。

90—80 年代，在旁遮普省由 B-577、BS-1、MNH-93 替换了 AC-134 和 149-Φ；在信德省由 H-59-1 品种（Qullandari）和 S-59-1（Sartmast）替换了 MS-4 和 M-100，丰产性和品质显著提高。

2000 年以后推广品种有：MNH-93、NIAB-78、CIM-70，及 TH-l101 等，衣分率和增产潜力提高。其中旁遮普省以 NIAB-78 推广面积最大，占全国棉田约 41%：早熟、高产潜力好，耐夏季高温，提高了早熟性。MNH-93 次之，占 25% 多。B-577（1976 年育成）约占棉田 10% 左右。旁遮普省后期的育成品种还有如 SDH-41、MS-84、CIM-70、MNH-129、S-12、FH-87 等，单产潜力较高，衣分提高 2%～5%，达到 38%～41%，绒长增 1.5～3.0 毫米；卜氏强力提高 3～4 千磅/英寸。信德省主要是 TH-1101（Rehmani）和 GH（28/82）（Shaheen）、CRIS-6 和 CRIS-9，但是 70 年代中期育成的 S-59-1（Sarmast）和 M-4，还有一定种植面积，占全国棉田面积的 7.6% 多，老品种仍占棉田面积的 8.4%。

2012 年，育成多类型多目标的商业品种，耐旱品种：CIM-1 100，CIM-534，CRIS-134，MNH-554，MNH-786，IR-3，IR-1 524，A-1 等；耐高温品种：Cyto85，Cyto94，CIM-70，CIM-240，CIM-135，NIAB-99，NIAB-111，CRIS-121，IR-901，NS-141 等；抗病（毒）品种：NIBG-2，CIM-557，MNH-786，MNH-2007，Sitara-08，CRIS-467，Neelum-121，MNH-886，等；抗虫品种：CIM-534，CIM-496，SG-1，FH-142，IR-701，CIM-473，MNH-786，NIAB-99，NIAB-111，FH-1000，Bt-703，Bt-802，等，以及天然彩色棉品种 2 个，野生棉 25 个。与此同时，品种商业化进程加快，私营公司（Four BrothersGroup Pakistan）新育成功了抗虫、抗棉花卷叶病毒病的高产新品种 TARZAN 1 和 TAZAN 2，已经开始在当地推广。TAZAN-1 种植密度为 61 750 株/公顷，2 月播种籽棉产量为 7.9 吨/公顷，5 月播种籽棉产量 4.14 吨/公顷；TAZAN-2 种植密度 185 250 株/公顷 7 月播种，籽棉产量 5.73 吨/公顷。

当前育种的目标主要有抗虫、优质、抗 CLCuV、抗热/耐热和早熟等。由于巴基斯坦地处南亚，濒临印度洋，夏季高温，气候相对湿润潮湿，生产上主要问题是提高品种抗虫性，以及引起的 CLCuV 病毒病，同时早熟性和品质也需提高。然而，巴基斯坦的机采棉发展还处于相对落后和起步阶段。所以，巴基斯坦主要围绕当前生产问题开展中短期的育种以获得种质，也是当前棉花育种的主要目标。据最近的研究报道，育种家已成功将得西棉和野生棉的抗 CLCuV 基因转入到高产的陆地棉中。

（三）品质研究与发展

棉花按绒长分为短绒（21 毫米以下，13/16″以下）、中级（21～22 毫米，13/16″～1″）、中长绒（26～28 毫米，1+1/32″～1+3/32″）、长绒（28～33 毫米，1+1/8″～1+5/16″）四

类。中长绒一般占总量的 60%～70%。

原棉按级别可分为 1 到 6 个范畴，分别对应特级、1 级、2 级、3 级、4 级和 5 级，与美国标准比较，分别与之对应有 GM、SM、M、SLM、LM、SGO 等级别（表 17-7）。

表 17-7　巴基斯坦棉花品级分类标准与美国标准比较

序号	级别名称	巴基斯坦标准	美国标准	手扯长度	分类
1	特级	1544	Good Middling（GM）	1+1/8″至 1+1/32″	长绒
2	1 级	1505	Strict Middling（SM）	1+1/8″至 1+1/32″	长绒
3	2 级	1467～1 503	Middling（M）	1+1/8″至 1+1/32″	长绒、中长绒
4	3 级	Afzal/Nemis/1414	Strict Low Middling（SLM）	1+1/8″至 1″	中长绒、中级
5	4 级	Alaka/1412/Nadan	Low Middling（LM）	1+3/32″至 1″	中长绒、中级
6	5 级	1210	Strict Good Ordinary（SGO）	1+1/32″至 15/16″	中级、短绒

主栽品种、种质纤维品质。赵国忠于 2003 年从巴基斯坦引进 54 份种质，在中国国内的鉴定结果：各品种产量和品质的综合性状表现一般，其中纤维长度类型单一，多集中在 27～29 毫米；但有部分材料在品质有利用价值，特别是在某个单项性状上表现较为优异和突出，有 3 份比强度＞34 厘牛/特克斯和 2 份材料跨长＞33 毫米，缺少长度在 30 毫米且比强度＞34 厘牛/特克斯的品种。

三、转基因技术引进

巴基斯坦生物遗传工程中心所（NIBGE）对转 Bt 基因棉的研究始于 20 世纪 90 年代中期，抗虫材料引自美国。在本国按照国际标准对转 Bt 基因棉已实施了 3 年生物安全性评价，结果表明是安全的，这种 Bt 棉的抗虫性稳定而且对许多害虫具有抗性，如烟芽夜蛾、棉铃虫和红铃虫。反对者说一旦政府允许种植本国的 Bt 棉，那就意味着必须允许外国公司品种的进入，大规模种植这种品种可能更易遭受其他病虫的危害。

巴政府规定所有的 Bt 棉和杂交棉品种必须通过巴中央棉花委员会（PCCC）、联邦种子鉴定与注册部（FSC&RD）、国家生物安全委员会（NBC）、植物保护部（DPP）和省级种子理事会的检测和认定。但是巴目前种植的所有 Bt 棉和杂交棉品种并未按照上述程序和要求从合法途径进口，未对其种植效果进行验证，未能提供适宜当地生产环境的种植技术，且受棉花卷叶病毒感染的概率较高（60%～100%），易发生粉蚧、叶蝉和粉虱（这也是巴棉花种植的最主要威胁）等病虫害。

2009 年，巴农业委员会（PARC）从中国进口 5 个 Bt 棉品种，开展大田试验。2010 年 4 月，美国食品和农业部同孟山都公司签署了一份关于为巴基斯坦提供转基因棉种的谅解备忘录，12 月巴基斯坦尼政府同美国孟山都种子公司签署协议，将合作引进更多的 Bt 棉品种及 Bt 杂交棉，包括 Bollgard II 棉花种子，该协议将彻底改变巴基斯坦国家的种子市场现状，有利于提高棉花质量。同时，巴国加快转基因棉花自主品种的研发，依托巴基斯坦生物技术与基因工程国家研究院、旁遮普大学和萨克兰德（Sakrand）中央棉花研究所等开始进行 Bt 棉的培育和生产试验。

自 2010 年，Bt 棉的种植面积在巴基斯坦明显增加，信德省和旁遮普省 Bt 棉种植面积分别达到 80％，棉花单产提高 30％。从 2010 年起，先后有 41 个转 Bt 棉品种（杂交棉）推广种植。2010 年，Bt 棉占播种面积的 75％。2014 年，种植比例提高到 88％，扩大了 13 个百分点，抗虫棉基本普及。此外，自 2015 年起巴基斯坦原子能委员会（PAEC 的）生物科技中心和巴基斯坦生物技术与基因工程国家研究院（NIBGE）已开发出两种 Bt 棉——IR 3701 和 IR 1524，其中 IR 3701 品种的衣分较高，达到 43％～47％；IR 1524 还兼抗棉卷叶病毒病的功能。

四、中巴农业、科技合作与棉花

巴基斯坦是第一个与中国建交的伊斯兰国家。建交 60 多年来，双方在经贸合作方面取得了很大的成绩，2010 年，中巴贸易总额达 86.67 亿美元，中国成为巴基斯坦第二大进口来源地和第四大出口目的地。巴基斯坦与中国类似，农业在国民经济中占有传统的重要地位，近年来，中巴在棉花、玉米的繁育推广、农机农药、杂交水稻等领域开展了一系列卓有成效的合作，双边农产品贸易不断扩大，农业贸易在双方进出口贸易中所占比重呈上升趋势。

在中巴农业合作进程中，棉花是重要合作内容。2008 年开展杂交棉、Bt 杂交棉、彩色棉及其他转基因作物合作研究；提供节水灌溉领域及棉花新品种的咨询及技术服务。2010 年启动设立中巴农业示范园工作等，湖北省种子集团有限公司与巴基斯坦 Auria 集团在杂交玉米、棉花、油菜等作物开展贸易合作，先后将水稻、玉米、棉花、油料及瓜菜等多种作物引种到巴基斯坦，使当地农作物增产，农民增收。2013 年巴基斯坦农业研究委员会与中国农业科学院棉花研究所开展两国棉花资源、育种与生物技术中长期合作研究。2015 年 4 月 21 日，习近平和巴基斯坦总理纳瓦兹谢里夫开展了建立全天候战略合作伙伴关系的联合声明，举行了中巴经济走廊 5 大项目破土动工仪式，并签订了中巴 51 项合作协议和备忘录，第 17 项为中国科学技术部和巴基斯坦科学技术部关于建立中国—巴基斯坦联合棉花生物技术实验室备忘录，加强了两国棉花科技合作，包括在棉花遗传种质资源、现代信息生物学和生物工程等方面逐步开展交流合作。2015 年 7 月巴基斯坦信德农业大学与中国农业科学院棉花研究所双方签订了棉花科技研究的合作备忘录。在"一带一路"战略框架下，中巴农业合作在正向深度发展。

第十八章　中东棉花产业

撰稿人　董合忠

中东或中东地区是指地中海东部与南部区域，从地中海东部到波斯湾的大片地区，"中东"地理上也是亚洲西部与非洲东北部的地区。该区主要产棉国家有土耳其、叙利亚、伊朗、伊拉克和以色列等。2010—2014 年的 5 年，该区年均植棉 34 013 千公顷，平均单产 775 千克/公顷，年产皮棉 88.3 万吨。其中，土耳其年均植棉 485 千公顷，总产 66.3 万吨，是该区植棉面积最大、总产量最高的国家；以色列年均植棉只有 6 200 公顷，是该区植棉面积最小的国家，但平均皮棉单产高达 1 834 千克/公顷，是该区皮棉单产最高的国家，也是世界上单产最高的国家。2010—2014 的 5 年，中东 5 国原棉年总出口量 7.5 万吨，进口量高达 82.1 万吨，尤以土耳其和伊朗的进口量最大，年均进口量分别达到 75.3 万吨和 6.2 万吨。

在棉花产业方面，土耳其有植棉业、纺织业、印染业和服装制造业，其结构完整，是全球纺织大国之一，也是纺织品出口大国之一。2013 年土耳其纺织品服装出口额 273.6 亿美元，位于全球第五位，比 2001 年出口额 39.1 亿美元（排名全球第十位），增长 6.0 倍，是欧盟主要出口国之一。

然而，中东地区还是全球石油输出最集中的地区，长期以来，也是遭受地区冲突、内战和极端恐怖主义侵袭的重灾区。叙利亚内战已有 6 年，国民经济遭遇重创，棉花产业也无一幸免。伊拉克和伊朗两个国家因边界于 1980 年发生战争，至 1998 年结束。2003 年 3 月 20 日，伊拉克国家政权被美国以所谓"大规模杀伤性武器"推翻，自此国家处于长期动乱之中，棉花产业在倒退。伊朗自 2011 年开始遭遇经济封锁，棉花产业发展十分缓慢。

第一节　土耳其棉花产业

土耳其 20 世纪一直是世界上第六大棉花生产国，棉花产量约 90 万吨，排在中国、美国、印度、巴基斯坦、乌兹别克斯坦后面。但进入 21 世纪以来，随着播种面积和年产量水平的增加，巴西在生产能力上超过了土耳其。尽管如此，在过去 30 年中，随着纺织品和服装产业的逐步发展，对土耳其的内外贸易以及工业部门而言，棉花产业却变得日益重要起来。当前，纺织品和服装部门大约占土耳其 GDP 的 10%，但是它却占据了土耳其总出口收益的 30% 左右。全国种植棉花的农户有 30 万户上下。凭借着这样的表现，土耳其在世界服装贸易中排到了第六位。棉花已经成为土耳其数百万人的主要收入来源，对就业的直接和间接影响都很大。良好的农业生态条件和长期的棉花生产实践是土耳其的主要植棉优势，正是这些优势使得棉花种植在几个世纪里都十分重要。棉花对食品和纺织品工业的贡献也变得越来越重要。在土耳其，由于植物油的供给远远低于需求，所以棉籽油主要被用来满足国内对植物油的部分需求。

一、棉花产业概况

土耳其棉花种植与利用具有悠久历史。据考古发掘证实,安纳托利亚半岛可能是世界上手工纺织业发展最早的地区之一,马可波罗(Marcopolo)13世纪时曾记述了这一地区棉花栽培和纺织工业发展的盛况。15世纪时,土耳其是欧洲棉花与棉纺织品主要输出国。欧洲产业革命,动力机械纺织工业兴起之后,土耳其的手工棉纺业才趋于衰落。

(一)棉花生产概况

土耳其的现代化棉花生产在第二次世界大战后有了明显发展。1940—1948年,年均产棉50千吨,到1949年跃增为105千吨,50年代下半期进一步增长为166千吨;1965—1969年年产皮棉持续增长达388千吨;1970—1975年达516千吨。1975年到1987年生产处于停滞不前状态,1988年起又向前发展,1990—1999年年产皮棉平均为716千吨;2000—2010年年产皮棉平均为764千吨;2010—2014年,由于面积减少,总产有所回落,年产皮棉平均为663千吨(表18-1)。

表18-1 不同时期土耳其年平均棉花种植面积、单产和总产量

年度	皮棉产量 (千吨)	面积 (千公顷)	单产 (千克/公顷)	消费量 (千吨)	原棉出口量 (千吨)	原棉进口量 (千吨)
1990/1991—1999/2000	717	673	1 061	874	64	234
2000/2001—2009/2010	764	596	1 270	1 388	33	667
2010/2011—2014/2015	663	485	1 369	1 004	47	754

资料来源:ICAC,世界棉花统计,2014。本章同。

土耳其棉田面积1934—1938年间为近25公顷,1950—1960年间有了显著扩展。1965—1969年间年均693千公顷。此后到1990年及以后,棉田面积呈逐渐下降趋势,1990—1999年间年均植棉面积672千公顷;2000—2010年间年均植棉面积596千公顷;2010—2014年间年植棉面积减少到485千公顷。尽管面积减少,但产量却逐年增长。1955—1959年间,全国平均皮棉单产264千克/公顷,1965—1969年为560千克/公顷,1985—1989年间年均863千克/公顷,1990年全国平均为1 021千克/公顷,1993年为1 039千克/公顷,1990—1999年间平均单产1 061千克/公顷;2000—2010年平均单产1 270千克/公顷;2010—2014年间年平均单产1 369千克/公顷,居世界产棉国前列(表18-1)。

(二)棉花纺织加工

19世纪末,在土耳其开始出现机械动力的纺织厂,1949年全国有纱锭27万,织布机5 000台。20世纪60年代起,土耳其利用本国棉花和劳力价格低廉的优势,大力发展棉纺织业,曾企望成为欧洲经济共同体的纺织业中心。仅在1985—1989年的五年中,土耳其纺纱能力就跃增了50%。1990年,全国已有纱锭约400万,织布机5万台,针织能力年产约9万吨,纺纱能力占欧洲共同体总额的35%,织布能力约占30%。由于纺织工业的迅速发展，棉花消费量直线上升，1950—1954 年年均消费原棉 6.9 万吨，到 1960—1964 年已上升为 12 万吨；1970—1974 年年均达 21.1 万吨，1985—1989 年年均近 53 万吨，1990—1999 年年均近 87 万吨，2000—2009 年年均近 138.8 万吨，2010—2014 年年均 100 万吨左右（表 18-1）。

土耳其是世界上第六大纺纱生产国，年产纱 250 万吨左右，占世界纱总产量的 5% 左右，其中合成纱线年产 27 万吨左右、棉制纱线 80 万吨左右；土耳其也是世界主要纺纱出口大国之一，产品主要销往东欧和西欧南部的国家，尤其是意大利、葡萄牙和西班牙。织物产品年产量约 160 万吨，其中棉织物占 90% 左右。

土耳其纺织品市场最活跃的一个领域要属家具布和薄窗纱市场。土耳其几乎生产所有的家纺产品，其家纺业产品覆盖范围广泛，质量出众，已成为世界家纺业的领导者，尤其在网帘、刺绣品、网带、毛巾和被褥等方面。土耳其的服装产品蜚声海外，其所生产出口的服装产品中约 80% 为棉制品，60% 为针织品，40% 为机织品。由于有灵活的生产结构，其生产可以随时适应时尚的变化，大部分出口商都自主设计产品，生产所需材料几乎都取自于当地，产品重视健康和环保，受到国际市场的青睐。

土耳其的棉纺织生产结构也在不断改善，对原有纺织工业进行了技术改造，增添了新的纺织设备，目前，50% 的环锭纺和 90% 的转杯纺都是 90 年代以后安装的。强大的纺织业催生了纺织机械设备制造业。1980 年前土耳其几乎所有的纺织设备都是进口的，此后其开始生产中小型的纺织设备。现在，它的产品线已经涵盖了从全自动设备到基本模具的广泛范围，在很多方面可以与进口设备竞争。纺织业已成为土耳其的支柱产业，有 11% 的产业工人在从事着纺织业。

（三）棉花和纺织品出口

土耳其原棉出口量在 1965—1969 年曾达 22.5 万吨，比 1955—1959 年的年均 5.4 万吨增加近 3.2 倍；1975—1979 年年均出口量 24.1 万吨，主要出口欧洲国家。1980 年后由于国家重点发展纺织品和服装出口，以获取更大经济效益，原棉出口量减少。1980—1984 年年均出口原棉 16.5 万吨，之后的 30 多年，年均出口量只有 3 万～6 万吨。但此消彼长，原棉进口量大幅度增长，1990—1999 年的 10 年间，年均进口原棉 23.4 万吨，但近 5 年的年原棉进口量达到 75.3 万吨，超过了其年产量（表 18-2）。

表 18-2　不同时期土耳其棉纱产量和出口情况

年度	工厂棉花消耗		棉纱生产		棉纱进口		棉纱出口	
	用棉量（千吨）	占全球（%）	产量（千吨）	占全球（%）	进口量（千吨）	占全球（%）	出口量（千吨）	占全球（%）
1990/1991—1999/2000	839	4.5	467	2.8	45	2.2	62	3.4
2000/2001—2009/2010	1 370	5.9	1 131	4.2	92	3.1	106	3.7
2010/2011—2014/2015	1 278	5.2	1 173	2.6	116	3.9	114	3.1

随着纺织工业的发展，土耳其纺织用棉消耗量呈逐年增加趋势。1990—1999 年的 10 年间，年均纺织用棉 839 千吨；之后的十年间年均纺织用棉高达 1 370 千吨，近年来年均纺织用棉有所回落，但仍高达 1 278 千吨。棉纱生产也呈现出呈逐年增加趋势，1990—1999 年的

10 年间，年均棉纱产量 467 千吨；之后的十年间年均棉纱产量 1 131 千吨，近年来年均棉纱产量呈小幅增长，为 1 173 千吨。随着棉纱产量的增加，棉纱出口量逐年增加，1990—1999 年的 10 年间，年均棉纱出口 62 千吨，占全球棉纱出口量的 3.4%；2000—2009 年的 10 年间，年均棉纱出口 106 千吨，占全球棉纱出口量的 3.7%；近年来，土耳其棉纱出口继续呈增长趋势，年均棉纱出口 114 千吨，占全球棉纱出口量的 3.1%。需要注意的是，土耳其在大量出口棉纱的同时还大量进口棉纱，近几年年均棉纱进口量高达 116 千吨，超过了出口量。这一方面说明自身生产的棉纱在种类上已不能满足自身需要，需要进口来补充；另一方面，说明土耳其纺织服装业已发展起来，需要消耗更多的棉纱。

纺织产品出口占其出口总量的 1/3，是其重要的贸易顺差来源。欧盟是土耳其纺织服装最重要的出口市场，土耳其有 70% 以上的服装出口到欧盟，是欧盟第二大纺织品供应国，仅次于中国。由于具有丰富且低廉的原料来源以及接近西欧市场等竞争优势，土耳其在欧盟纺织服装市场中仍将继续发展。与中国相比，土耳其由于国内消费有限，纺织工业则更多的依赖出口。在产品竞争力上，由于其生产设备现代化程度较高，在国际市场的交流和生产效率上比中国大陆占有优势，其产品定位略高于中国大陆。

二、棉花种植、科研和政策支持

土耳其棉花种植主要分布在国土的南部地区，有四个棉区：一是西南部的安塔利亚（Antalya）棉区；二是西部的爱琴棉区（Aegean）；三是南部的楚库罗瓦棉区（Cukurova）；四是东南部的咖普（GAP）棉区（也称东南棉区）。该 4 个棉区的植棉面积分别为 11 千、176 千、135 千和 354 千公顷，总产量分别为 1.5 万、25.5 万、17 万和 46 万吨。

楚库罗瓦棉区。即沿地中海东端梅尔辛湾的海滨平原。位于安纳托利亚高原南部的阿达纳—梅尔辛地带，从安塔利亚省直到叙利亚边界，本区中以阿达纳省产棉最为集中，另外也还包括伊切尔、尼德、马腊什等省。无霜期长，从 3 月到 12 月底，气温较高，7—8 月间月平均温度 28℃ 上下，夏季炎热干旱，雨量稀少，尤其是 7—8 月，只有 4 毫米左右降雨，在有灌溉条件的棉田，有利于棉纤维品质提高。本区棉田和皮棉年产量均占全国总额 20% 左右。

本区植棉农场规模较大，每场大都有数百公顷土地，有的农场达上千公顷，但本区棉花单产低于全国平均水平，在 1 260 千克/公顷左右，但产棉品质较好。棉花的竞争作物是小麦、玉米、大豆、花生、芝麻、蔬菜以及柑橘等水果。

播种期为 3 月中旬到月底，4 月 1 日到 10 日结束。一般用播种机条播。85% 平作，15% 垄作。本区灌溉面积占 85%，棉花生长季节中灌水 3～4 次，每次用水量 400～500 立方米，为沟灌。治虫喷药次数 6～11 次，属各区中最多，主要害虫为粉虱、棉铃虫、蚜虫等。收花期为 9 月 15 日到 11 月初，手工采收。

爱琴棉区。位于安纳托利亚高原的西南部，包括依兹米尔省、艾登省、马尼萨省等，春季气温上升较慢，气候较阴冷潮湿，往往使棉花播种期推迟。本区一般是 4 月 20 日到 5 月 20 日之间播种棉花，收花期为 9 月 20 日到 11 月底，比楚库罗瓦地区迟一个月左右。收花期已临近雨季，遇雨后影响品质。

本区年降水量 400～500 毫米，比楚库罗瓦地区多出 150～250 毫米，降雨主要集中在秋、冬春季节 10—5 月间，夏季 6—9 月间基本无雨。

本区棉田面积和皮棉年产量分别占全国总额 26％和 28％左右。近年皮棉单产高达 1 448 千克/公顷，在各产棉区中属最高水平。

本区植棉农场规模较小，一般不到 50 公顷，小的仅几公顷。种植作物与楚库罗瓦地区相类似。灌溉次数及每次用水量、灌溉方式也同于楚库罗瓦地区。棉田灌溉面积占 98％。

安塔利亚棉区。位于安纳托利亚高原南部的地中海沿岸地区，介于上两个棉区之间。生长季节长短与楚库罗瓦区相似，是全国最小的棉区，棉田面积和产量占全国总额比重均为 2％左右。本区雨量较多，年降水量超过 1 000 毫米。但 6—9 月间也同样基本无降雨，灌溉面积已达 100％。灌水次数与用水量同前二个棉区。

该区棉花单产一般在 1 400 千克/公顷左右，也属较高水平。与棉花轮作换茬的作物如小麦、玉米、豆科植物、花生、芝麻等。整地方式，平作占 85％，垄作占 15％。

东南棉区。此区夏季平均温度高于其他棉区 3～4℃，1—9 月降水量更少，基本为 0，从而 6—9 月间的平均湿度也更低，仅为 27％～30％，低于其他棉区近一半。灌溉棉田占 95％。棉花生长期中灌水 3～4 次，每次用水量比其他棉区多出 300 立方米，一般为 700～800 立方米。本区病虫害均少于其他棉区。

棉花播种期为 4 月 20 日到 5 月 15 日。播种行距比其他棉区小 10 厘米左右。行株距搭配一般为 70 厘米×20 厘米，收花为 9 月 15 日到 11 月初。

本区是全国最大的棉区，棉田面积和皮棉产量占全国总额一半左右，皮棉单产 1 300 千克/公顷上下。

土耳其棉花一般为一年一熟，秋季收花后以拖拉机带动的翻耕和秋耕，春季用圆盘耙耙地，棉田一般为平作。50—60 年代中棉花为撒播，70 年代以来已逐步改为条播。只有东南部棉区仍有撒播，条播的行距 70～80 厘米，株距 15～20 厘米，留苗密度 60 000～65 000 株/公顷，棉花不进行人工整枝，果枝 13～15 台，棉花收后棉柴粉碎还田。

播种量 50～80 千克/公顷。

棉田杂草往往造成产量损失 20％以上，杂草防治大部为机械除草和化学除草并用，在东南棉区则仅为机械除草。

棉花病害主要是立枯病、黄萎病等。主要虫害是粉虱、蚜虫、红蜘蛛、夜蛾科害虫、棉铃虫、红铃虫、盲蝽等。防治仍主要靠农业措施和化学农药。棉花全生育期喷药次数以楚库罗瓦地区最多，为 6～11 次；安塔利亚地区次之，4～8 次；爱琴地区区 1～4 次；东南棉区虫害最少，平均喷药 0.3 次，基本上不进行化学防治。

使用生长调节剂的棉田约占总棉田 10％～15％，东南部地区则不应用。

轧花设施，在楚库罗瓦棉区以锯齿机为主，占 70％，滚筒轧花占 30％；在其他棉区仍以滚筒轧花为主，如爱琴地区占 90％，安塔利亚占 70％，东南棉区则为 100％。

棉田一般均进行轮作。土质好的土地多与小麦换茬；土质较差的与花生、芝麻轮作；在雨水多或水源充足地区与水稻轮作。

旱地棉花只收一次花，灌溉棉田收花 2～3 次，均为人工收花。

水利灌溉。因主产棉区楚库罗瓦和爱琴地区的 7—8 月间基本无雨，水利灌溉是土耳其发展棉花生产的重要条件。20 世纪 60 年代，土耳其大力兴修水利工程，使灌溉植棉得以扩展，在阿达纳地区已建成塞汉河水库、电站和分级拦水闸与灌水渠道，保证 20 多万公顷棉田灌溉用水及用电。爱琴地区门德雷斯河上也已建成水库，保证这一地区基本上可全部灌溉。有灌溉条件的棉田的纳济利平原增产幅度约为 50%。棉花生育期每 10～20 天灌一次水，灌水方法大多仍为沟灌。灌溉棉田已约占全国棉田 90%。

安纳托利亚东南部大型水利工程和综合开发项目是对土耳其棉花和农业生产进一步发展仍有重大意义的一个大型项目。它的覆盖面积为 7.4 万平方千米，包括东南部地区 6 省（加济安特普、阿德亚曼、森里乌尔兹、迪亚巴克尔、马尔丁、锡尔特），这 6 省占全国人口约 6%。该地区在托雷斯山脉东部的伊拉克和叙利亚边界附近，为稍有起伏的大平原。这一工程包括在幼发拉底和底格里斯河上修筑的 22 处大坝和 19 个水电站，以及灌溉 170 万公顷的田地的渠系网络，也包括交通运输、纺织工业和社会经济建设。这个项目的部分工程已于 20 世纪 70—80 年代陆续完工，20 世纪 90 年代中完全建成，灌溉面积扩大到 170 多万公顷，接近土耳其现有全国已有灌溉面积的 75%。

土耳其东南部发展棉花生产具有更大优越性：一是土壤肥力未耗竭，增产潜力大；二是病虫害少，生产成本低；三是气候条件好，9 月份收花季节气候干燥，不会因雨淋降低品质，从而可生产更便宜和质量更好的棉花，而使土耳其产棉区逐步向这一地区转移。

土耳其政府农业部中设有棉花总局，在地区与省政府也设有棉花局，负责棉花生产、研究、推广、籽棉收购价格的管理、棉花研究所和大专院校的专家教授，为国家棉花有关政策制定、研究与推广计划的确立提供方案和咨询。

农业部棉花总局下属按三个主产棉区分别设立棉花研究所，地址分别在阿达纳、纳济利和安塔利来。每个棉花研究所下都设有分站。研究所都有大面积的实验农场、实验室与纤维分析设施。农忙时雇用临时工。棉花研究所的任务主要是负责选育适于本地区种植的高产优质棉花品种，负责提供良种的原种以进行良种繁殖和供应，承担品种区域试验和栽培管理措施研究、纤维品质分析、种子鉴定等。各地区设有棉花生产农场，在棉花研究所指导下，负责繁殖和生产种子。

为保证种子纯度，各棉花所都有数百公顷到上千公顷的大面积农场、大型轧花厂与种子仓库，负责代轧、代售棉花种子。从而，分设在三个地区的棉花研究所既是各棉区的棉花研究中心，又是技术推广和良种繁育的中心。

各棉区除棉花研究所外，也还有植保研究所、土壤灌溉研究所、气象研究所等。阿达纳和爱琴地区都有农业大学。它们与研究所之间通过与棉花咨询委员会活动相互协调和结合，彼此合作进行研究工作。

土耳其农业部棉花局负责组织举办示范田，推广新技术，由"农业 Combat"和"保险服务"帮助农民进行病虫防治，由国家水土管理局负责灌溉项目的管理和灌溉指导。对农场水平的培训，由农业总理事会（General Directorate of Agriculture）负责主持和组织实施。广大农村的棉田种子和机具，由农业机械和农具公司及一些私营公司供应。棉花良种价格只比榨油棉籽高出 25%左右。

第二节　叙利亚棉花产业

叙利亚是中东地区重要的棉花生产国和出口国。叙利亚只生产陆地棉，所有棉花均采用灌溉种植，是叙利亚经济回报率较高的作物。叙利亚棉花是世界公认的优质棉，品质高的主要原因是全部采用手工采摘，其次是叙利亚很少霜雪，几乎没有病虫害的侵扰。因此，叙利亚的棉花品质均匀，精亮洁白，等级较高。棉花是叙利亚的重要经济作物，1974 年之前是首要出口创汇产品。1974 年后被石油出口取代，居于次要地位，但仍是最重要的出口农产品。近年来，叙利亚受战乱和恐怖组织危害，棉花产业大幅下滑，表现在种植面积减少，单产降低，棉花纺织业萎缩，原棉和棉纺织品出口大幅度减少。由于一直以来叙利亚全国在棉花生产及加工部门就业人口有 180 多万，占总人口比重约为 16.4%，大量从事棉花产业的人员失业或收入降低，生活受到严重影响。

一、棉花产业概况

叙利亚是文明古国，曾有过辉煌的文化历史，是古代阿拉伯的文化中心，植棉和用棉也已有悠久的历史。但过去长时期中只是手工作坊纺织业，规模有限。第二次世界大战之前全国棉田面积仅 3.6 万多公顷，年产皮棉不到 6 000 吨。二战后，尤其是 50 年代起，棉花生产逐年发展。60 年代后半叶，棉田已有近 30 万公顷，年产皮棉花 1965 年曾达 18 万吨。1973—1980 年有所缩减，80 年代以来又有回升。1990—1999 年的 10 年间，年均植棉 211 千公顷，年均总产 243 千吨；2000—2009 年的 10 年间，年均植棉 219 千公顷，年均总产276 千吨；2010—2014 年的 5 年间，由于国内长期战乱和遭遇恐怖组织危害，植棉面积迅速下降，年均植棉 130 千公顷，比 2000—2009 年的 10 年间的植棉面积减少了 38.4%；总产量也随之大幅度下降，年均总产 139 千吨，比 2000—2009 年的 10 年间的植棉面积减少了42.8%（表 18 - 3）。

表 18 - 3　不同时期叙利亚年平均棉花种植面积、单产和总产量

年度	皮棉产量 （千吨）	面积 （千公顷）	单产 （千克/公顷）	消费量 （千吨）	原棉出口量 （千吨）	原棉进口量 （千吨）
1990/1991—1999/2000	243.2	210.9	1 138.4	77.0	167.7	—
2000/2001—2009/2010	275.8	218.7	1 257.8	153.0	118.0	—
2010/2011—2014/2015	138.6	129.6	1 053.6	476.3	15.6	—

叙利亚棉花单产自 50 年代以来已有显著提高，1983 年，单产达成协议 101 千克/公顷，为世界平均单产水平的 2.4 倍。1990—1993 年，年均 1 043 千克/公顷，约为 50 年代的 2.9倍，在世界产棉国中居第 3~4 位；2000—2009 年的 10 年间，平均皮棉单产有大幅度提升，达到 1 258 千克/公顷。这主要由于灌溉面积的扩大，施肥与防治虫害的普及，优良品种的培育和应用。50—60 年代中期，灌溉棉田只占总棉田约 75%，有 1/4 为旱地植棉，近年来棉田已全部灌溉。旱地棉田棉花单产一般仅为灌溉棉田的 1/4 左右。棉田现今仅占农田的3%～4%，但占全国灌溉面积的 33%。

叙利亚有比较发达的水利灌溉事业。在幼发拉底河、阿西河上均已修有大坝蓄水灌溉。棉田灌溉水源主要来自水库蓄水，也利用地下水和溪流，水量依决于冬季降雨和山区降雪的多少而有变化。

叙利亚棉花种植在 4、5 月，9—12 月收获，叙利亚政府鼓励提前种植棉花以延长棉花收获期。

叙利亚实行禁止进口、限制出口的棉花贸易政策。虽然有所限制，但棉花的出口额也居叙出口商品前三位，仅次于石油和羊毛出口。叙利亚年消费原棉万吨上下，1993 年约为 6.5 万吨。叙利亚近年纺织能力不断增加，棉纱年产量 1992 年约为 61.6 千吨，1993 年进一步增长为约 63.5 千吨，而 1984 年尚仅产 33.2 千吨。织布厂基本上全用本国产棉纱，仅进口少量高档细纱。1990 年进口 0.5 千吨。棉布年产量 1992 年约为 12.71 千吨，1993 年 13.86 千吨，比 1984 年 10.4 千吨已增长 3 000 多吨。棉布进口量也很少，1986 年以来年均不足 500 千吨。叙利亚为世界十大主要棉花净出口国之一，年产量 66% 左右供出口，1990—1993 年，年均约出口 14 万吨原棉。叙利亚的棉花主要出口到土耳其、埃及、日本、韩国和中国。近年来，由于棉花产量下降和纺纱能力提高，棉花出口量一直在下降。1990—1999 年的 10 年间年出口原棉 167 千吨；2000—2009 年平均每年出口原棉 118 千吨；2010—2014 年 5 年间年出口原棉只有 15.6 千吨，显示出近年出口量大幅度下降（表 18-3）。

叙利亚对扩大社会对棉花生产的重视和支持的宣传工作颇重视，每年 10 月 5 日到 9 日是棉花节，在阿勒颇城举行，对来自全国各产区的高产单位或有突出贡献的人员授奖，选举采棉皇后及进行时装表演等，也邀请国外纺织企业和棉花贸易部门代表参加。全国共有 60 多处现代化轧花厂，为锯齿机轧花。轧花工业大都集中在阿勒颇城。在棉花品种和种子方面，叙利亚的政策是全国只种植一个当家品种，个别具有特殊问题的地区，种植搭配品种。这有利于品种纯度的保持和品质的改良和稳定。

棉花收购由"棉花市场贸易组织"（Cotton Marketing Organization，CMO）负责经营，从生产者直接购买籽棉。这个组织共有 17 处轧花厂，分布在主产棉区，如阿勒颇、迪尔祖尔、哈萨卡、哈马、霍姆斯和依迪里布等地。纺锭数量 1987 年为 61.37 万个，织布机为 2 050 台。

叙利亚棉花种植和生产的机械化程度低，生产成本比国际水平略高，因此大部分年景种棉成本比国际棉价还高些。因此，叙利亚棉花局需要对棉农进行大量补贴，这给叙利亚财政造成了一定的困难，叙利亚棉花出口依然会下降。叙利亚当局与武装反对派 2011 年 3 月暴发冲突，持续至今，持续冲突给该国工业和农业带来巨大损失，受损失最严重的是纺织业和棉花产业。

棉花在叙利亚被认为是国家永不枯竭的可更新的财富，在叙利亚经济中十分重要，是仅次于石油的第二大出口创汇行业，叙利亚人称棉花为"白色黄金"。叙利亚农业与农业改革部下设有两个局管理棉花事宜：一是棉花局（Cotton Bureau），主管棉花生产、科学研究、技术推广咨询、种子发放、棉花分级及发放贷款等；二是棉花贸易组织（Cotton Marketing Organization），主管棉花贸易、轧花、出口等等；其上还有一个高层农业委员会，包括各关系部门领导人，负责审订决策、主要成果的推广和经济政策。

实行国家统一管理。叙利亚政府对棉花产供销都实行严格的管理，由叙利亚农业部下设棉花管理局（Cotton Marketing Organization）统一管理棉种出售、棉花生产、加工、收购和贸易，任何私营企业未经棉花局同意不能参与棉花经营。国家制定统一价格向棉农收购棉花，私营企业不能直接收购。定价机制为成本价加补贴价构成收购价格，每年叙利亚政府专门评估棉农种植棉花成本，然后按照 10%～20% 的比例计算补贴价。

自 1965 年建立这个机构以来，叙利亚棉花政策一直比较稳定和成功。主要政策和措施如：一是农民种植棉有农业和农业改革部的许可证；限定种植棉花的面积不得多于他们农田面积的 45％，方向是提高单产；二是籽棉价格在全年保证稳定，棉价在整地和播种之前公布；三是因叙利亚生长季节短，棉花播种期结束日期规定全国各地都不得晚于 5 月 15 日；四是每个推广单位负责的面积有规定和限制，由推广单位负责病虫防治、农业措施咨询，及对每块棉田估产；五是鼓励机械化，以降低生产成本。在促进棉花机械化方面，"农业机械化总部"与棉花局合作进行。国家也通过农业合作银行向棉农贷款，包括肥料、农药、机具和劳务支出花费。全国各地区生产的棉花，规定必须交售给棉花贸易组织。棉花贸易及出口均由政府专营。农业技术推广部门对植棉技术的指导，包括播种期、间苗时间、密度、化肥与农药应用，以及灌溉排水、病虫防治、机械化作业等。

多种销售渠道。叙利亚棉花依然由政府统一销售和出口，采购商可直接向叙利亚国家棉花局购买，棉花局按照国际价格出售皮棉，价格每个月重新审定一次。在每个销售季节开始，棉花管理局还向传统出口国家派出贸易团，此外，叙利亚政府采取了扩大销售渠道的办法，即委托销售，即选择叙利亚一些私营企业作为代理，在世界各地设立代表机构进行销售，各国可通过这些代表机构购买。加大纺织品服装出口比重。据叙利亚有关部门测算，100 基本单位的棉花的价值在纺成纱之后可增值到 200，在加工为布料后可增值到 600，在变为成衣后可增值到 900，而在制成高档服饰之后可增值到 1 300。在这个思想的指导下，叙政府的目标是扩大棉纱和纺织品的生产和和出口规模，以替代皮棉的出口。

近年来叙利亚战乱和恐怖活动严重影响了整个棉花产业。2012 年 6 月叙利亚纺织工业总公司总干事苏海尔表示，公司下属企业的实际生产总额为 70 亿里拉，仅为预计生产总额 120 亿里拉的 60％，而生产线反复中断所造成的损失为 20 亿里拉。公司当前的生产总额同比下降 43 亿里拉。在对外销售方面，公司对外贸易下降总额为 7 000 万美元，实际销售额不超过 700 万美元。这主要是由于经济封锁导致纱线及其他纺织品出口贸易困难。截至 2012 年 4 月末，公司股值为 125 亿里拉，而 2011 年同期为 127 亿里拉，相较下跌 2.04 亿里拉。

二、棉花种植、科研和政策支持

棉花产区主要在国土东北部、北部和中部地区，尤以幼发拉底河和阿西河的两岸谷地或冲积平原上最为集中，大体划分为幼发拉底河流域、阿拉颇平原、奥龙特斯河流域 4 个棉区，面积分别占 60％、20％、15％和 5％左右。

幼发拉底河以及其支流哈布尔河的河谷。在叙利亚的东北部和北部，是最主要产区，近年约占全国棉田的 60％，产量比重的 65％，包括拉卡省（Al-Rakka）、德尔祖尔省（Deir-ez-zor）和哈萨卡（Al-Hasaka）三省，以哈萨卡省棉田最多，单产、总产也最高。

阿勒颇平原。为一大块肥沃盆地，过去靠自然降雨植棉，近年也已有灌溉，包括阿勒颇和 Idlib 省。

阿西河谷地。有霍姆斯—哈马水利工程，利用阿西河水汇集的 Kattinch 湖水，用于灌溉，可灌溉 2 万公顷。阿西河向北进入狭谷后，又修有两处水库，共可蓄水 3 亿立方米。

地中海滨拉塔基亚平原。为沿海滨的山前狭窄平原。

叙利亚棉田近年已全部具有灌溉条件，主要因幼发拉底河大坝等水利工程的修建，扩大了灌溉面积。但灌水方法仍主要采用漫灌，播前灌水每公顷 800～1 000 立方米，播种后生育期中灌 5 000～8 000 立方米。除靠近水利工程的地区靠引水库水灌溉外，大多用水泵提河水或井水灌溉。伴随灌溉扩大，灌区盐渍化问题也已成为生产上重要障碍。

棉田实施轮作，普遍施用矿物肥料。每公顷施氮 150～200 千克，磷（P_2O_5）100～150 千克。

叙利亚棉花播期均为 4 月 15 日到 5 月 15 日之间，对每一地区限定结束播种的日期，以促进掌握农时。由于冬春和晚秋雨多，生长季节短促，棉农常常不得不在冷湿的春天播种，秋雨中收花。

棉花局供应的棉种，是按每户农民规定的棉田面积。棉田面积在引河水灌溉区，规定不得超过棉农自有土地的一半；在井灌地区，不得超过 25%～33%。棉花生产的主要方向是提高单产与改进品质。

棉田的耕地和整地，已采用拖拉机为动力。但棉田管理和收花仍全靠人工或马拉农具。劳力不足是生产上另一主要问题。因而，政府支持和鼓励提高机械化水平，机械收花在示范推广之中。棉田采用化学除草剂比重已达 90%。

虫害在叙利亚较少，主要是棉铃虫、红铃虫等，9%～13% 棉田采用杀虫剂防治虫害。

病害中最广泛发生的是黄萎病（*Verticilium dahliae*），主要以培育和采用抗病品种来减少损失。

棉花研究在叙利亚由农业和农业改革部负责组织领导，不同的研究内容由不同局具体组织。

棉花局长负责棉花育种、农艺措施研究和机械化；研究局长负责昆虫、病理、植物生理及新杀虫剂研究；土壤局长负责水的利用，土壤肥力，杂草防除，盐碱地改良；推广局长负责全部技术推广工作。

有一个高层的农业委员会，负责审订研究成果及成果推广，推广干部培训等。

农艺措施的研究，主要是促进植棉机械化。土壤研究旨在扩大有机肥料和矿物肥料的应用。另外，在棉花栽培上，注意调节控制棉花长势，防止疯长现象出现。关键在于适度施用氮肥，灌水量不过多，密度不过大，另外也注意防治盲蝽，以及高温影响。

在生产上更重视采用早熟品种，以避过虫害，和在不利天气到来之前收花完毕。抗逆性强的品种也更受关注，尤其是抗高温和抗旱。在叙利亚，占棉田总面积 60% 以上的东北部地区，在最热月份（7、8 月）平均最高温度常超过 40℃，平均最低温度也达 25～27℃。从 1982 年起已开始引入国外耐高温品种，进行试验和选择。

棉田加速机械化问题，也是研究的重点。尤其是播种、锄地、犁地的机械化，化肥和有机肥的机械施用等，都已由棉花局组织研究。到 80 年代末，大约 40% 棉田由机械播种，棉花机械采收仍在研究中。

植保方面的重点，也是在抗病育种上。另外，对杀菌剂和除草剂的应用，以及对新杀虫剂的研究和筛选，也在加强研究。

抗病性品种如阿勒颇 40、阿勒颇 33/1 和塔什干 3 号，都已在病区应用。另外，在萎蔫病田实行棉花与禾谷类作物轮作，可显著减轻黄萎病危害。

对苗期主要病害立枯病的防治，主要是采用种子处理。

在叙利亚棉花受虫害的产量损失很小。研究着重于采用早熟品种、栽培措施、天敌应用、性诱剂及杀虫剂等等。

在叙利亚，播前使用除草剂的棉田已达 90％以上，主要采用氟乐灵。研究工作注重于对多年生杂草的防除等。

第三节　以色列棉花产业

以色列是一个植棉规模小但独具特色的植棉国家，主要体现：一是单产高，近 5 年以色列年均植棉只有 6 200 公顷，但平均皮棉单产高达 1 834 千克/公顷；二是现代化程度高，采用节水灌溉、水肥一体化和全程机械化生产管理。棉花高产量的取得一方面是由于自然气候条件适于植棉，也是政府和生产者都十分重视生产投入的结果，更归功于农业部组织的深入细致的研究和高效率的农业技术推广网络。棉花生产销售理事会及时处理棉花病虫害防治、棉花生产机械化、质量标准检测、储存及销售中的技术问题。以色列在棉花生产中注重发展水利灌溉、应用优良品种，科学施肥与防治病虫，机械化植棉和信息技术，处于世界领先地位。

一、棉花产业概况

以色列是 1953 年开始在红旦河谷地种植棉花的，数年之后，棉花就已发展成为主要大田作物。根据土地狭小的特点，以色列自 70 年代起不再强调粮食自给，和"粮食作物与经济作物并举"，而转向着重发展经济价值高的出口创汇作物，并缩减生产投入高的肉、奶、蛋等生产比重，扩大投入较低而效益较高的棉花、蔬菜、水果、花卉生产。在棉花生产方面，农业部门和农民自己都加强投资兴建完善的灌溉设施，购置机具，加强研究和开发事业，采用最新科技成果，使生产水平迅速提高，单产达世界先进水平。棉花种植高度集约化，皮棉单产在 20 世纪 50—60 年代为 1 000～1 264 千克/公顷，到 80 年代末 90 年代初，已提高到 1 600～1 700 千克/公顷，近些年来已经在 1 800 千克/公顷以上，属世界最高水平。

1953 年有棉田 30 公顷，到 1960 年已发展为 11 000 公顷，1970 年 32 000 公顷，1980 年 58 000 公顷，1985 年达到 65 000 公顷，皮棉总产 96 800 吨，单产 1 504 千克/公顷，为最高纪录。其后，由于水源不足，尤其是 1989 年后连年干旱缺水，迫使缩减棉田面积，到 1991 年棉田已缩减为 13 000 公顷，产棉 23 000 吨。从 1985 年到 1991 年，以色列棉田缩减 3/4 以上，产量下降 2/3。1992 年和 1993 年棉田面积及产量有所回升，分别为 17 500 和 16 000公顷，产棉 31 000 和 27 000 吨。但是，2000 年以后连年下降，近 5 年年均植棉 6 000 千公顷左右，总产 12.6 千吨（表 18-4）。

表 18-4　不同时期以色列年平均棉花种植面积、单产和总产量

年度	皮棉产量（千吨）	面积（千公顷）	单产（千克/公顷）	消费量（千吨）	原棉出口量（千吨）	原棉进口量（千吨）
1990/1991—1999/2000	38.6	22.3	1 700	19.5	30.8	11.5
2000/2001—2009/2010	17.7	10.4	1 700	1.67	19.2	1.4
2010/2011—2014/2015	12.6	6.2	1 834	432.4	13.4	—

以色列棉花单产持续增长，1991 年为 1 697 千克/公顷，1992 年单产 1 771 千克/公顷（117 千克/亩），1/4 以上的棉田面积单产超出 2 000 千克/公顷（133 千克/亩），属世界最高。

以色列的产棉区主要集中在约旦河岸的上加利利及加利利地区西部和南部的海滨平原，其次为哥兰高地南部。按以色列法律规定，因水源紧缺，淡水不能用于棉花灌溉，所有棉田灌溉水在以色列全部是再循环污水。所谓"再循环"，就是将城市污水引导渗漏通过 100 米深的砂层，之后再用水泵抽到地面上来。经这样处理过的污水，已足够洁净，对人类健康无害。但污水经这样处理的成本高昂。灌溉水在以色列统一由政府机构控制分配，灌溉水价有时包括全部成本，有时被允许有所变通，低到农民可承受的边缘水平。由于人口增长和经济活动及工业扩展，水的竞争会进一步加剧，从而使用水成本进一步提高。但是，因棉花利用的是再循环污水，来源较多。

以色列生产的棉花，1984 年之前主要是优质陆地棉，品种大都是引自美国远西棉区的爱字棉类型品种，爱字棉占总棉田面积 90%，只少量（不到棉田 5%）种植有海岛棉，是引自美国西部的比马棉（Pina），绒长 35 毫米以上。自 1985 年起，由于国际市场长绒海岛棉供应紧张，价格上涨，而以色列气候条件适宜种植该棉种，因此面积迅速扩大，从 1984 年只占棉田比重 4%，到 1989 年扩大到占棉田 70% 以上，种植 21 500 公顷。但 1990 年后，因以色列水源紧缺，限制农田用水，比马棉需水量大于爱字棉，加上国际市场长绒海岛棉竞争激烈，价格下跌，面积大幅度缩减，爱字棉比重又回升。到 1991 年，比马棉已只占棉田比重 11.5%，仅种植 1 500 公顷。单产方面，属中绒陆地棉的爱字棉比属长绒海岛棉种的比马棉一般要高 100～150 千克皮棉/公顷，但在有的年份和地区，两者相差无几，甚至有比马棉可高出爱字棉。

二、棉花种植、科研和政策支持

棉花品种陆地棉主要是美国加利福尼亚州的爱字棉系列。如爱字棉 SJV、爱字棉 SJ-2 等；长绒海岛棉为比马棉 S-4，比马棉 S-6。近年有自育比马棉新品种"爱 JF-19"（Eden F-19）、爱 JF-27、爱 JF-177 等，衣分率高，丰产性更好，前两个品种衣分率 32%，铃重 3.8 克，但比较晚熟。

以色列的棉花种植技术是以推广节水灌溉系统和相应配套技术为核心的综合技术，棉花百分之百使用滴灌、喷灌系统。可以说以色列的农业是管道上的农业，灌溉水、施肥全部通过滴灌管道滴入作物根部土壤；棉花生长发育是根据仪器监测与人工观测控制棉花生长相结合的方法进行测定，并以此为依据确定棉花施肥、灌溉的时间和用量；棉花田间杂草采取种植抗虫除草品种与拖拉机、飞机喷施农药防虫、除草相结合的方法进行防除。以色列棉花从种到收生产过程全部采用机械化作业。以色列十分注重土壤改良，保持生态平衡。如以色列法律规定在棉花采摘后 24～48 小时内，必须秸秆还田；棉花种植不使用地膜；只有 10% 的棉田使用生长调节剂；土壤没有被严重污染的棉田可以不需轮作；但如果出现杂草、病害和严重板结等情况必须轮作，轮作方式有四种：棉花—玉米—棉花；向日葵—向日葵—向日葵—棉花—棉花；棉花—高粱—小麦；棉花—玉米—小麦。

根据每年冬季降水量和夏季可利用水的总量，主要采取以下 3 种灌溉方式：① 在北部沿海平原和年降水量在 450 毫米以上的 Yazrele 峡谷区，棉花在夏季无需灌溉，即可生长，这称为旱作系统。②补充灌溉系统。只在棉花生产期补充灌溉的地区。③充足灌溉系统。通过这种系统，可以使常年灌溉的棉田得到棉花生长所需的恰当而精确的水分。在沿海地区，每公顷需水 3 500～4 000 毫米；在较热的内陆地区，每公顷需水 4 500～7 000 立方米。灌溉系统最初以色列的棉田大都采用喷灌灌溉，之后滴灌的运用越来越广，到 1987 年，60％的棉田采用滴灌灌溉，几年来已全部采用滴灌。

灌溉水源有地表水（河流、水库）和地下水（打井）以及城市废水、微盐水、加工后的海水等（棉花等非食用作物的灌溉主要是利用处理过的城市废水和微盐水）。控制节水的办法：一是大幅度提高水价，二是推广节水灌溉系统。灌溉量：地中海附近控制在生长期 350 毫米降水量左右的范围，东部棉区控制在 1 000 毫米 左右。头水一般在播后 70 天左右，头水后滴灌次数较为频繁，一般每周二次左右。

利用田间生长自动监测系统监测棉花的生长情况，获取茎粗、株高、植株水分、温度、营养情况及土壤情况，自动输送至计算机终端，及时掌握棉花生育进程，决定灌水及施肥量。同时还进行飞机远红外遥感测试，得出最佳生长速度为：开花后株高每天增长 2 厘米。对棉株的不同生长时期进行精确的检测，帮助棉农和农技推广人员管理棉花。以色列采用先进办法，在整个棉花生长期及时收集各种数据，这样每位棉农都可以及时得到棉花生产情况的信息。

在全部秸秆还田的基础上，主要使用化学肥料。施肥分底肥和追肥施入，其中底肥在秋天和秸秆还田时一并施入；追肥则利用灌溉设备和灌溉水一并施入。追肥种类：主要为氮、磷、钾肥，在盐渍化土壤加入硫酸钙。施肥依据在于土壤肥力水平，预期产量、灌溉方法、调控能力等。

施 N 量：喷灌 80～120 千克/公顷，滴灌 250～280 千克/公顷；主要品种有氨水、硫酸铵、硝酸钾、磷酸二铵、尿素等。施 P 量：600～800 千克/公顷，含纯 P8％～11％的速效磷肥。施 K 量：一至二年施一次或根据土壤情况施 100～200 千克/公顷的钾肥。

大多数棉田采用轮作方式种棉花，在雨季到来之前，棉田要实行深耕，深耕时将棉秸秆粉碎后翻入地中作为肥料。第一场雨过后，通常将土地进行整理以防止杂草生长。如果雨量过大，无法整地，则采用飞机喷洒除草剂。

每年春天的 3、4 月份，整理好棉田。所有的棉田均在播种前后喷施除草剂，并采用高质量的种子种植。在棉花生长初期，由于没有足够的人力，还采用直接喷施除草剂的方式控制杂草。

病虫害防治。病虫害是棉花生长的大敌，昆虫防治是棉花高产的关键。专门负责田间病虫害监测的观察员及时将棉花病虫害情况向棉花推广服务中心通报，推广中心确定病虫害危害达到一定限度时，就采取措施，控制病虫害。通常一个棉花生长周期，要治理 4 到 6 次病虫，最多时达 12 次。有 2 个专门的飞机公司负责在适当的时候及时喷洒除虫剂，但最近几年高效的地面喷洒得到越来越广的运用。

所有的棉田均采用最先进的摘棉机进行机械化采摘。采摘前，先用飞机喷洒脱叶剂除掉全部棉叶。绝大多数基布兹拥有采棉机，所以采摘工作量并不大。籽棉由现代化的运输设备从田间运给轧花机。

以色列棉花生产管理和棉花营销主要由棉花生产及市场营销董事会有限公司统一负

责。该公司是一个棉农自发组成的民间组织，并且是全国唯一的棉花营销组织。公司董事会由代表各产棉区的董事选举产生。公司主要责任是负责棉花质量评估和棉花营销工作，棉花种植由棉农根据生产成本、单产、国际市场棉价确定，加工由各地棉农自建的加工厂完成。

质量评估的具体做法是，董事会有限公司将各轧花厂送来的加工棉包（220磅）的样品集中在质检中心，按照国际标准用HVI900对每个样品进行长度、细度、强力、整齐度、含糖等指标检测，并把检验结果及时通知轧花厂，由轧花厂在棉包上标明棉花质量、产地、植棉户等项内容。

棉花销售主要是以出口为主，由董事会有限公司统一与外商洽谈、订货、发送货、结账。如出现质量问题，由双方协商解决或到国际仲裁委员会仲裁解决。为便于质量纠纷的解决，质量评估中心在每个棉包的送样中都留一个备用品。

该公司为非营利性组织，其公司经营费用是从经销每磅棉花中提取一定的佣金，除用于棉农组织经营外，还代棉农组织统一购买杀虫剂，提供相应的技术服务。公司每年还统一从银行贷款转给棉农，年底从销售贷款中扣回。在特殊情况下，该组织也代表棉农向政府申请风险补贴。目前，以色列棉农都加入了该组织。

第四节　伊朗棉花产业

伊朗是中东地区的纺织品大国，目前伊朗全国的纺织品从业人员约有28万。伊朗的纺织品基地主要分布在伊斯法罕、亚兹德、加兹温和设拉子等省市。目前伊朗每年的棉花需求量约15万吨。伊朗的棉花产量基本上能做到自给自足，棉花丰收年份甚至还有余量出口。但近年来，西方制裁让伊朗遭受巨大损失，年通货膨胀率在25%左右而导致生产资料价格大幅上涨，棉花的种植成本也随之增加，加之纺织服装在国际市场上缺乏竞争力，棉花售价低，政府对种植棉花的农民也没有补贴措施，因而影响了棉农的种棉积极性，种植面积和产量不断减少。目前棉花的年产量约7万吨左右，其余的棉花需靠进口来解决。

一、棉花产业概况

（一）棉花生产概况

伊朗的棉花种植历史，可回溯到史前时期。现代化的棉花生产开始于20世纪初，尤其是第二次世界大战后，才有了较快发展。50—70年代，棉田迅速扩大，1974年曾达36.9万公顷，皮棉产量达到23.7万吨。因棉花生产花劳力及投资多，伊朗缺乏劳力，工资高昂，棉花生产不如种植粮食作物有利。棉田到1980年仅有14.5万公顷，年产皮棉5.7万吨。90年代初以来有所回升，1990—1999年的10年间，年均植棉226千公顷，总产131千吨；进入21世纪后，棉田面积又开始减少，2000—2009年的10年间，年均植棉154千公顷，总产108.5千吨，2010—2014年的5年间，年均植棉100千公顷，总产61.6千吨（表18-5）。

表 18-5　不同时期伊朗年平均棉花种植面积、单产和总产量

年度	皮棉产量 （千吨）	面积 （千公顷）	单产 （千克/公顷）	消费量 （千吨）	原棉出口量 （千吨）	原棉进口量 （千吨）
1990/1991—1999/2000	131.3	226.2	585.1	123.7	11	5.5
2000/2001—2009/2010	108.5	153.9	708.0	127.0	10	31.0
2010/2011—2014/2015	61.6	100.2	624.0	274.4	—	62.4

　　两伊战争结束后，伊朗经济开始逐步恢复。伊朗政府关于棉花生产的指导方针是着重提高单产，计划将棉花产量恢复到年产 12 万吨水平，为此，着重加强新品种培育与良种种子的繁殖推广、扩大使用肥料与先进技术，加快机械化进程。为促进棉花生产，政府近年采取了一些支持措施：①籽棉价格由政府给予保证；②以低价供应棉农种子、肥料、农药；③免费供应使用三次农药防治病虫；④棉农每交售轧花厂 1 吨籽棉，免费供给 40 千克棉花改良种子，150 千克肥料；⑤国家农业银行提供给棉农以短期无息贷款。但是，这些政策在遭受西方制裁后便无力施行，导致近些年来棉花生产呈现出萎缩趋势。

　　伊朗的棉花生产和加工一律由政府加以管理和控制。具体负责棉花生产、加工、贸易、研究、推广的机构，是"伊朗棉花和油籽组织"。

　　伊朗目前生产的棉花 95% 左右是中绒陆地棉，有 5% 左右是本地传统种植品种，称作"宝买棉"（Bommy Cotton），属非洲草棉种（*Gossypium herbaceum*）的波斯棉小种（Race *Persicum*）。

　　伊朗大约有 70% 左右的棉田分布在沿里海岸的北部地区，如戈尔甘（Gorgan）、贡巴德（Gonbad）、马萨达兰（Mazandaran）等地；其余棉田分布在中部和南部的霍腊散（Khorassan），东阿塞拜疆、德黑兰（Tehran）、塞姆南（Semnan）等省中。

　　棉田 90% 灌溉，只有里海沿岸约 10% 棉田不需灌溉。灌水方式仍较落后，大多仍为漫灌，有部分沟灌。

　　播种期为 3 月到 4 月，多用条播机播种，行距 60～100 厘米，也有仍用旧农具播种，整地耕地已大多用拖拉机作为动力。播种量 35～40 千克/公顷，留苗密度 60 000～80 000 株/公顷。收花仍主要靠人工，因缺乏劳力，机械收花正在推广之中。

　　70 年代末起，开始推广施用化肥。由法国国际纺织纤维研究所（IRCT）与伊朗的种子和植物改良研究所建立协作关系，帮助指导改革棉花栽培技术，使棉花单产显著提高。

　　全国有 100 多处轧花厂，装备有 350 台左右轧花机，并有籽棉烘干和清花设施，籽棉由棉农自己送往轧花厂。

　　棉包有 150 千克和 230 千克重两种，体积每吨 2.2 到 4.0 立方米，平均轧花出花率为 32%。

　　棉花分级标准是由工业标准化研究所制订。每个轧花厂中都有专门的分级室。每个棉包上都打上该包品质状况，分级标准与国际通用标准很近似。

　　伊朗因棉区气候条件及品种特性，所产棉花的纤维品质优良。1991 年产棉纤维品质状况为：绒长 28～30 毫米，马克隆值 3.8～4.2，纤维强力 18～22 克/特克斯；卜氏指数 7.0～8.0，伸长度 6.0～7.5。

　　在棉花贸易方面，1985 年前，皮棉只售给纺纱厂，但因未售出皮棉有一定积存，商业

部属下的"商业开发服务公司"（Commercial Services Development company）也是建筑了现代化仓库并开始购进原棉组织出口。

伊朗本国棉花消费量，20世纪70年代中期年均近7.2万吨，年均出口原棉近9万吨。20世纪80年代年均消费量上升为11.2万吨，出口量有限，年均仅2 000多吨，仅1985年和1986年有少量出口。近年已无出口，进口量则显著增加，1990—1999年的10年间均进口5.5千吨；进入21世纪后，进口量大幅度增加，2000—2009年的10年间，年均进口31千吨，2010—2014年的5年间，年均进口62.4千吨。

（二）棉纺织品生产与出口情况

伊朗是中东地区的纺织品大国，目前伊朗全国的纺织品从业人员约有28万。伊朗的纺织品基地主要分布在伊斯法罕、亚兹德、加兹温和设拉子等省市。伊朗现有纺纱厂262余家，拥有各类纺纱机共计约181万锭，每年生产各类纱线约28.7万吨；纺织厂165家，每年生产各类纱线20.8万吨，针织布料6.2亿平方米；机织地毯厂295家，机织地毯织机1 100余台，每年生产机织地毯4 711万平方米；织毛毯厂135家，拥有各类毛毯织机6 000台，每年生产毛毯826万余条；织布厂478家，拥有各类织布机45万台，每年生产布匹近68亿平方米；印染厂约200家，每年印染布匹15亿平方米。

据伊朗纺织工业局发布的消息，自2014年以来，伊朗的纺织企业遇到了前所未有的困境，近三分之一的纺织企业被迫关闭或处于半停产状态，其原因除了受西方制裁、经济危机的影响和企业流动资金缺乏外，还有来自纺织品生产出口大国通过正常或非正常渠道大量进入伊朗市场，给伊朗的纺织品造成了很大的冲击。

伊朗全国现有服装企业约2万家，全部是私人企业，从业人员约35万。绝大多数服装企业属于那种裁缝作坊式的雇佣5人左右的小店。而形成规模的上百人的服装企业仅几家，主要是从事服装出口的企业。目前伊朗服装企业生产的服装仅能满足40%的本国市场，其他服装都是依赖进口。由于伊朗的劳动力成本高，加之纺织面料不仅款式单调，而且价格缺乏竞争力，因此，近年来一些服装生产企业停止自己生产服装，而到土耳其或中国等国去进行贴牌生产，然后利用自己的传统销售渠道在伊朗国内进行销售。

二、棉花种植、科研和政策支持

为发展棉花生产，曾实施的项目和管理办法有：①引进美国品种试种；②政府垄断棉花经营，建立了棉花、羊毛和皮革股份公司；③成立了包括有农业部、商业部、工业部在内的高级理事会，所有管理事务交给农业部，机构改名为"伊朗棉花和油籽组织"（COSOT），负责供应改良种子和肥料，经营籽棉轧花、打包，批给棉花出口执照，负责棉花分级和棉包标准化等工作。

棉花项目也有以下一些机构参与：①种子和植物改良研究所（Seed Plant Improvement Institute）；②植物保护组织（Plant Protect Organization）；③工业标准化研究所（Institute for Standardization for Industrial Research）；④棉花工艺实验室（Cotton Technology Laboratories），有2处设在棉区。

伊朗过去长期种植的是非洲草棉波斯小种（*Gossypium herbaceum race Persicum*），在北部地区冬季到来之前能及时成熟收花。这种棉花在当地叫"宝买棉"（Bommy Cotton），如今只占总产的一小部分（约5%）。

引进了美国等国的陆地棉品种，并从中选育出了多个品种。这些品种都比原来引入品种具有更好的丰产性和纤维品质，衣分率较高，抗萎蔫病性能方面也有显著提高。

在伊朗，棉花研究工作是由种子和植物改良研究所、植物保护和土壤研究所与"伊朗棉花和油籽组织"合作进行，这些研究所都属农业部领导。植物育种方面主要在瓦拉明研究所，已培育出了适于全国不同地区种植的一些棉花品种，提高早熟性是棉花育种的重点，特别是对于秋季温度降低快的地区尤其重要。主要的病害是黄萎病和苗期病害。在北部地区的Kordkouy试验站就致力于培育抗这类病害的品种。

昆虫学研究着重研究棉产区主要害虫的生物学习性，有效杀虫剂及其使用方法，植保项目由属农业部的植物保护组织管理，并与棉花和油籽组织进行合作。

栽培措施研究方面的成果，如合适的行株距与种植密度，轮作、施肥，肥料需求、灌溉及杂草防除等。由于手工收花的劳力缺乏，从而也加强了对机械收花的研究。

农业部也设立和发展了关于种子繁殖的项目，以保证对各棉区棉农所需技术、注册和合格种子的供应。

总之，伊朗作为一个传统植棉国家，由于西方制裁和自身的问题，近年来棉花产业发展遇到了前所未有的困难。投资不足、设备陈旧、技术落后，纺织服装在国际市场上缺乏竞争力，外国纺织服装生产大国冲击伊朗纺织服装业，资金周转困难，政府对纺织服装产业重视不够，投资环境差，外资缺乏吸引力等问题严重限制了棉纺织业的发展，进而影响了整个棉花产业。不过，随着西方制裁的消除，存在的这些问题也将会逐步解决，伊朗棉花产业的振兴值得期待。

第十九章 东南亚棉花产业

撰稿人 林永增 王树林

东南亚位于亚洲东南部，包括中南半岛和马来群岛两大部分。中南半岛因位于中国以南而得名，南部的细长部分叫马来群岛。东南亚有 11 个国家，面积 457 万平方千米，地处热带，中南半岛大部分地区为热带季风气候，一年中有旱季和雨季之分，农作物一般在雨季播种，旱季收获，马来群岛的大部分地区属热带雨林气候，终年高温多雨，分布着茂密的热带雨林。农作物随时播种，四季都有收获。

东南亚是一个植棉面积不大的种植区域，受热带气候影响，单产水平不高，常年种植面积约 50 万公顷，单产 500 千克/公顷，产不足需的矛盾很大，因而成为全球原棉进口的主要区域之一。棉田面积分布在缅甸、阿富汗、越南、印度尼西亚、孟加拉国等国。

东南亚是全球新兴纺织业制造区域，这一区域凭借人口多，劳动力成本低，区域自由化贸易包括"一带一路"、"东盟 10＋3"等多边自由贸易协定的签订，市场进一步开放，纺织业迅速崛起，成为全球纺织业吸引外资的一片热土。2013 年孟加拉国、越南、印度尼西亚、泰国业已成为全球主要纺织品服装出口前十位的大国。随着纺织规模的扩大，也已成为全球原棉进口主要区域，2015 年孟加拉国、印度尼西亚和越南成为继中国之后的三个进口大国，进口量孟加拉国、印度尼西亚都超百万吨级。由于位于中国周边，东南亚也成为中国纺织业"走出去"的重要落脚之地。

第一节 孟加拉国棉花产业

一、棉花产业概况

孟加拉人民共和国属于南亚国家，国土面积 144.4 万平方千米，人口 1.46 亿人（2014），人均 GDP 1 097 美元（2014），为全球最不发达的国家之一。

孟加拉国位于孟加拉湾之北，东南山区一小部分与缅甸为邻，东、西、北三面与印度毗连，国土面积 14.75 万平方千米，海岸线长 550 千米。孟加拉国属于亚热带季风气候，南部沿海地区属季风型热带草原气候，河道纵横密布，河运发达，雨季极易泛滥，常出现热带飓风，其余地区属季风型亚热带森林气候，年平均降水量为 1 800～3 000 毫米；在季风季节，来自孟加拉湾的飓风常侵入内地，造成洪水与大风灾害。一年可分三季：4—6 月为热季，7—9 月为雨季，10 月到来年 3 月为旱季。

矿藏有天然气、煤、钛、锆等，其农产品主要有茶叶、稻米、小麦、甘蔗、黄麻及其制品，黄麻是孟加拉国主要的经济来源，为仅次于印度的第二大黄麻生产国，同时也是世界第一大黄麻出口国。

20 世纪 80 年代后期，孟加拉国的棉花消费量大于生产量，进入 90 年代后消费量持续增加了 3 倍，纺织厂需求量的 15% 由当地种植条件相似的 5 个棉区供给。1990 年棉田面积在 2 万公顷左右，产皮棉约 1.4 万～1.6 万吨。1992 年后有所扩大，1993 年棉田 3.5 万～3.6 万公顷，皮棉产量 3 万吨上下。2005 年，棉花种植面积 5 万公顷，其中 3.5 万公顷土地生产 11.5 万包美国品种，而 1.5 万公顷的土地生产 9 000 包当地老品种。

最近 20 多年孟加拉国棉花产业发生根本性的变化，从纺织品服装进口大国转身为纺织品服装制造和出口大国。2001 年，纺织品服装进口 15.3 亿美元，在全球进口国中排名第 12 位，2013 年转化为纺织品服装进口 62.2 亿美元，出口 253.9 亿美元，在全球出口经济体中排第 4 位，纺织品服装出口额占该国出口创汇的四分之三以上，现已成为欧盟的第五大服装供应商，美国的第六大服装供应商。

因此，纺织业是孟加拉的主要支柱产业，在全国就业、稳定、脱贫乃至国民经济发展都有极其重要地位，全国纺织服装加工业从业人员达到 480 多万，成衣业占 GDP 的 10%。

2012 年，孟加拉国棉纺纱锭 870 万锭，拥有国有大约纺纱厂 363 家，织布厂 1 343 家，针织厂 446 家，成衣服装厂 4 500 家，以及手摇作坊式纺织机厂 3 万家。服装生产设备比较先进，工厂规模巨大，工人工资仅 40 美元/月，不到中国的十分之一，因中国生产成本过高，大量针织服装订单由中国转移至孟加拉国，使其支柱产业服装业再获增长。

在孟加拉国向出口外向型经济成功转化的过程中，制衣行业的发展是孟加拉国对私有企业成功领导的典范。1978 年注册了第一个服装出口商品，但自从 20 世纪 80 年代以后，其服装出口取得了飞速的发展，这得益于其 1977 年成立的孟加拉国成衣制造和出口商协会，该协会是孟加拉国内制衣业中的最大商业组织，2013 年拥有 3 300 个成员致力于服装出口。

2010 年度以后，由于产不足需，棉花进口量呈持续增长态势，2010 年进口棉花 67.0 万吨，2013 年进口 84.9 万吨，2014 年进口量增长到 100 万吨，取代土耳其成为继中国之后世界第二大棉花进口国。进口来源地有印度、乌兹别克斯坦和美国等。

为了获得稳定的原棉供给，2013 年，孟加拉国与乌兹别克斯坦达成棉花进口协议，确保每年从乌兹别克斯坦进口 20 万吨棉花，简化进口程序、海关手续。同时，该国立足扩大自产原棉供给，国家成立棉花开发局，制定扩大生产目标，引进棉花新品种和杂交品种。

二、棉花种植、科研和政策支持

孟加拉国主要种植陆地棉，也种植亚洲棉。陆地棉产区在中部的达卡（Dakka），西南部的杰索尔（Jessore），库什拉（Kushra）及北部的郎普尔（Rangpur）。

种植亚洲棉被称为库米拉（Comilla）棉，现今主要种在东南端的 Chittagong 岗地上，该国 12% 的土地是坡地，Comilla 棉种植在没有灌溉条件而又长有植物的旱地上。Comilla 棉是孟加拉国传统种植品种，绒长在 15 毫米上下，它对工业纺织上用途不大，主要用在与羊毛混纺，这是世界上最短、粗的棉花，含蜡量很低，作棉絮、床垫、椅垫、织地毯、挂毯，弹性好，不易压实，也可作吸水药棉。

孟加拉国特别重视新品种的开发，所有的农场都有育种队伍。在棉花开发部的直接监督下，大约生产 400 吨具有许可证的优良种子，以每千克 0.21 美元的价格供给棉农，而市场上不能种植的种子价格为每千克 0.15 美元。

孟加拉国棉农要求政府发展那些能够在较短的时间内收获的棉种，目前的棉种收获周期为 6 个月。孟加拉国降低了棉种的价格，鼓励棉农种植棉花。

2013 年孟加拉国政府引进转基因棉花品种供该国农民种植，但该转 Bt 基因的棉花种子不在国内生产，而是直接从印度种子生产商马哈拉施特拉邦杂交种子公司（Mahyco）或从中国公司进口。

栽培方法原始落后，该国 12％的土地是坡地，Comilla 棉种植在没有灌溉条件而又长有植物的旱地上，可能包括小树、灌木和草，3、4 月份时，当这些植物一干燥就焚烧掉，焚烧后不久整理好的地就可以种植棉花。通常棉花与其他作物混合种植，这些被混合种植的作物通常为旱季矮茎稻、玉米、辣椒、南瓜和芝麻等。当棉花种植比例低到 20％时，水稻是最重要的混合种植作物。Comilla 棉有四种类型并很容易区别：如开吉棉、鸡脚叶棉、阔叶棉和米色拉（Mesorum）棉。

陆地棉种在平原地区，作为水稻和黄麻的后作，7 月中旬到 9 月播种，12 月到来年 2 月收花。7 月播种有时因雨水过多而受损失，而 9 月中旬之后的晚播，又有时因 10－11 月雨水不足或过量而失收。在北部地区，12 月末和 1 月初的冷凉温度也会使单产下降，棉花播种期要看前作的收获日期，常常推迟，陆地棉品种适宜的播期是 8 月中旬到 9 月中旬，12 月到翌年 2 月收花。由于棉花成熟期温度高，天气晴朗干燥，产棉的品质优良。孟加拉国的气候和土壤情况适宜植棉。

斑点棉铃虫和叶蝉是棉花的最主要害虫，叶蝉以 *Amrasca biguttula shir*（*Empoasca flavescens*）最广泛危害。红铃虫（*Pectinophora gossypeilla*）仅在国土北部对库米拉棉造成危害，而美洲棉铃虫（*Heliothis armigera*）在西部地区的危害也居次要地位，它们 12 月—1 月才转移入棉田，早熟棉花品种可以避过侵袭，晚熟棉花害虫最主要的是 Red cotton bug（*Dysdercus cingulafus* Fb.），是一种吮吸式口器害虫，为害青铃，从而降低种子质量，同时它们也传播真菌为害，使纤维变黄。

叶蝉通过采用抗病品种可以有效地加以控制，近年防治虫害也已广泛采用拟除虫菊酯类农药，但这会导致吮吸式口器害虫危害上升，尤其是蚜虫和粉虱，红蜘蛛较为次要，只在干旱期中发生危害。

亚洲棉比陆地棉较少感染虫害，尤其是不受叶蝉和棉铃虫危害。

为了减少使用农药，鼓励农民手捉早期害虫及采用清洁田园等措施。

棉花研究主要由孟加拉国农业研究所进行，应用性研究工作受到棉花开发董事会（Cotton Development Board）的支持赞助，主要是种子的繁殖和示范农场的工作。研究重点是评价最适宜的植棉地区和探索增产的栽培方法和措施。病虫防治体系着重于减少化学农药用量，也进行棉花在全国不同地区的适应性评价及以考虑市场需求的纤维品质。由于植棉面积有限，在棉花研究上孟加拉国也需要与其他产棉国合作并采用其他产棉国的已有成果。

农业专家正在研发一种新的棉花品种，这种新品种的棉花纤维长度为 25～30 毫米，平滑统一且易于染色。自该国建国以来，总计种植过 12 种棉花品种，这种新品种是产量最高，质量最好的，如果该品种的棉花种植面积能够达到 200 万公顷，则孟加拉国在 2021 年能够满足自身 50％棉花需求。来自瑞士的一家名为亚洲农业发展私营公司的机构近日派团来孟进行了考察，并对支持和资助孟种植新品种棉花表现出兴趣。

第二节 阿富汗棉花产业

一、棉花产业概况

阿富汗国土总面积 64.8 万平方千米，其中可耕地 800 万公顷，约占总面积的 12%。牧场和草地约占 46%，实际利用面积 620 万公顷。山地面积 39%，森林面积 3%。阿富汗的经济以农牧业为主，农、牧民约占全国人口的 85%，农牧业产值占国民生产总值的 55%（不含鸦片产值）。主要粮食作物为小麦、水稻、玉米和大麦。主要蔬菜为土豆、洋葱和西红柿。主要水果为葡萄、西瓜、哈密瓜、杏、石榴、苹果、橙子等。畜牧业人口约 250 万，主要牲畜有绵羊、紫羔羊、山羊、牛、骆驼等。

阿富汗的主要农业区分布在几条重要水系一带，如位于北部塔吉克边界的阿姆河（Amu Darya）地区；位于南部的坎大哈一带的赫尔曼德河（Helmand）地区和位于东部的喀布尔河（Kabul）地区等。农业虽然是阿富汗经济的主要组成部分，但全国仅有 12% 的国土，约 800 万公顷的土地为可耕地。75% 的耕地主要集中在北部、东北部和西部。总耕地中，由于水利灌溉问题得不到解决，仅有不到 50% 的耕地可连年耕种。

阿富汗大部分地区年平均降水量不足 300 毫米，且多集中在秋冬季，整个夏季几乎滴雨不下，因此灌溉是农业生产的关键。阿富汗可灌溉面积最高时曾达到 250 万公顷，约占总农田面积的三分之一，生产了约 85% 的农产品。经过 20 多年的战争，约半数灌溉系统被毁，再加上人口迅速增长，导致阿富汗从一个农业基本自给的国家转变为粮食大量进口国。在国际社会的援助下，近年来阿富汗的水利灌溉系统得到一定修复，今后几年农业生产可望保持一定的发展速度。

由于连年不断的战争，阿富汗农业遭到严重破坏，农业基础设施缺乏必要的养护以及近几年来的罕见干旱，使得推动农业及农村发展的主要动力——技术、道路、灌溉设施、教育等濒临崩溃的边缘。

由于国内纺织产业的崩溃，2005 年以前棉花产值几乎可以忽略不计。2002 年开始，农业生产开始逐渐恢复。从 1990 年以后，阿富汗的棉花面积基本保持稳定，2011 年以后面积略有下降；棉花单产在 2011 年以后较之前有所增加，达到了 412 千克/公顷，皮棉总产量变化幅度不大，消费量则在 2011 年以后迅速增加，达到了 115.2 千吨（表 19-1）。

表 19-1　1990—2014 年阿富汗棉花生产消费

年度	皮棉产量（千吨）	面积（千公顷）	单产（千克/公顷）	消费量（千吨）	原棉出口量（千吨）	原棉进口量（千吨）
1990/1991—1999/2000	20.7	56.8	363.5	13.5	7.3	—
2000/2001—2009/2010	21.7	56.3	379.0	3.9	15.3	—
2010/2011—2014/2015	19.6	48.0	411.6	115.2	18.4	—

2008 年阿富汗第一个棉花加工厂在楠格哈尔省贾拉拉巴德市成立。该项目由楠格哈尔棉花销售协会发起，并由美国国际发展局中小企业发展计划提供资金和技术资助。该棉花加工厂的业务包括两个方面：一是把棉花按国际出口标准压缩打包，二是回收碎棉布并重新加

工。该厂目前的加工能力是每天压缩 2～2.5 吨棉花，加工 3 吨碎棉布。五年内，棉花压缩能力将达到每天 10 吨。

二、棉花种植、科研和政策支持

阿富汗棉花产区位于兴都库什山脉以北靠近原苏联中亚共和国边界的地区，主要是在昆都士、普勒胡姆里和塔鲁甘省，在席巴尔甘和马扎里沙里夫省也有少量种植，在西部的赫拉特省和国土南部的坎大哈附近的赫马特谷地也有一些分布。

在经历了近 20 年的战争后，从 2005 年开始阿富汗农民重新开始棉花种植，仅在北部昆都士省种植面积已达 6 000 公顷。以前昆都士的棉花年产量曾高达 85 000 吨，主要出口到欧洲，特别是英国。战争暴发后，产量急剧下降。2005 年昆都士省从一家法国公司引进了 6 个改良品种，已种植 2 600 公顷，现在昆都士省的许多农民种植在国际市场上较受欢迎的一种美国品种，法国品种的质量和产量可能要几年后才看得出来。目前农民面临的主要问题是缺乏农业贷款和农业机械。如果这些问题能够解决，棉花产量将会大幅增加。

2008 年，阿富汗植棉面积 1 万公顷，而棉花种植总面积曾达到 13 万公顷，产量 17 万吨，每年有 1 亿美元出口。扩大棉花生产对阿富汗换取外汇具有重要作用，因此，国家鼓励农民种植棉花，增加农民收益。

由于生长季节短促，棉花产量不稳定。田间耕作主要为畜力牵引木质农具，灌溉多为漫灌或沟灌，仍有相当面积为撒播，耕作管理技术仍较落后和原始，施用化肥的面积也很少。

20 世纪 30 年代，阿富汗种植的仍是短粗绒草棉，其后由苏联引入中绒陆地棉品种 108-Φ、塔什干 1 号以及 138-Φ 种植。播种量每公顷 30～50 千克，一般不用除草剂，田间管理除草仍主要靠手工。生育期中灌水 3～8 次，灌水量 800～1 200 立方米/公顷。化学肥料仅在大中农场中使用。病虫防治仍未广泛使用农药，主要虫害如棉铃虫、地老虎、蚜虫、盲蝽、蝗虫等常使产量遭受很大损失。9—11 月间手工收花，采收 3～4 次。

喀布尔大学开展棉花研究工作（1939—1945 年建校），1969 年由苏联赞助建立了综合性技术研究所，地址也在喀布尔，设有 15 个实验室，对棉花生理、栽培技术、土壤及农艺技术、播种量、育种及良种繁育、机械等进行研究，试验区棉花产量是农民种植产量的 2～2.5 倍，增产潜力大。

第三节　缅甸棉花产业

一、棉花产业概况

缅甸位于中南半岛西部，东部与中国接壤，西北与印度和巴基斯坦相连，东南与老挝和泰国为邻，西南濒临孟加拉湾和安达曼海。国土面积 67 万平方千米，地势北高南低，东部是掸邦高原，中部是纵贯南北的伊洛瓦底江河谷平原，河谷平原东部为勃固山脉，西部为阿拉干山脉，伊洛瓦底江是缅甸中部灌溉的主要水源和水上交通渠道，主要支流如亲敦江、萨尔温江、锡唐河等。

全境大部分地区属热带季风气候，每年 3—5 月为炎热干燥季节，6—10 月为湿热的雨季，11—2 月为干燥的凉季，沿海地区年降水量多达 3 000～5 000 毫米，且多为暴雨。除高海拔（1 000 米以上）地区外，全年均可生长农作物，最热月 3—4 月平均温度 30～32℃，1 月 15℃，北部 20～25℃。在南部和西南部，5—10 月间季风带来 90％～95％的年降水量，季风雨约占河水径流量的 80％，干燥季节中河水流量少，甚至无水，河水在雨季和旱季水位相差可达 10～15 米。

缅甸农业资源丰富，可耕地面积达 2 000 万公顷，2013 年播种面积 1 184 万公顷，休耕地 44 万公顷，可垦荒地 536 万公顷，保护林地 1 831 万公顷，其他林地 1 521 万公顷，大部分地区属于热带季风气候，境内湖泊及河流众多，水资源丰富，适宜多种作物生长。农业是缅甸国民经济的支柱产业，农业总产值约占 GDP 的 36％，农产品出口占总外汇收入的 14％。主要经济作物有棉花、甘蔗、黄麻、橡胶等。

据缅甸农业部公布，2001 年 4 月 1 日开始的 2001/2002 财政年度，缅甸计划种植棉花 348 千公顷，比上一财政年度的 325 千公顷增长 9％。

缅甸自 1990 年以来，棉花面积呈增长趋势，21 世纪初 10 年间增加幅度较大，进入 2011 年后增加幅度减小，2011—2015 年五年平均仅比前十年平均增加 12.3 千公顷；棉花单产成倍增加，由 1991—2000 年的 155 千克/公顷增加到 21 世纪初十年间的 274 千克/公顷，近五年平均则达到了 517.6 千克/公顷；皮棉产量则是随着面积和单产的增加而成倍增加。同时国内消费量也大幅度增加，伴随着消费量的增加，原棉出口减少，1991—2000 年间消费量低于产量，原棉部分用于出口，2001—2010 年间生产量基本能满足消费量，略有盈余，但进入 2011 年后原棉产量已不能满足消费需求，需要少量进口（表 19-2）。

表 19-2　1990—2015 年缅甸棉花生产消费

年度	皮棉产量（千吨）	面积（千公顷）	单产（千克/公顷）	消费量（千吨）	原棉出口量（千吨）	原棉进口量（千吨）
1990/1991—1999/2000	39.8	246	155	17.4	20.6	1.4
2000/2001—2009/2010	92.9	330	274	78.4	11.0	—
2010/2011—2014/2015	178.8	342.2	518	193.7	8.0	11.0

纺织服装业是缅甸的重要制造业。2013 年全国拥有服装厂 350 家，2014 年新开制衣厂 15 家，纺织业服装业为全国创造很多就业机会。2013 年制衣业出口额超过 11 亿美元，2014 年增加至 15 亿美元，为该国的制造业产品出口额之首。但是该国服装业的主要问题工作条件差、工资低，工人的健康与安全缺乏保障。为了提高纺织品竞争力，正在寻找影响价值创造、供应链、竞争驱动力以及本行业社会和环境效益的措施，提高工人待遇，改善工作环境。

二、棉花种植、科研和政策支持

棉花为缅甸四大重要农作物之一，全国共有 39 个棉花种植特区，主要产地为曼德里省、墨奎省、塞干省及百古省西岸等。植棉区主要在中部旱地有补充灌溉的田地上，即伊洛瓦底江谷地，曼德勒城的西部一带，在仰光城以北靠近卑谬（Prome）修筑了奈温大坝后，开辟了新的灌溉植棉区。

2009 年，缅甸全国长绒棉 6 号种植面积将达 20 万公顷。这种品种抗虫害，不分季节，且产量高，全国扩大种植，2006 年长绒棉 6 号种植 262 公顷，2007 年扩大至 8 680 公顷，2008 年达到了 10.5 万公顷。

棉花一般都作为填闲作物，种在水稻之前。季风到来之前种下的棉花具有很大风险，整地和出苗都需要灌溉，5 月份季风雨到来之前停止灌水，如季风雨延迟来临，棉花就会因受旱而减产和影响品质。相反的，如果 5 月雨水过多也会对棉籽和纤维品质造成损害。

季风雨后的棉花是种在季风雨季作物水稻、花生、玉米、芝麻等之后，因此，棉花播期取决于前作收获的时间。如土壤过湿也会延迟土地耕作和播种出苗，以及杂草控制，还会导致早期大量蕾铃脱落和棉株疯长，病虫害严重，最终造成减产。直到棉花成熟都需有补充灌溉。

缅甸传统种植的亚洲棉有两个地理种型：*Gossypium arboretum* var. neglectum forma burmanica（Wagale）和 *G. arboreum* var. typicum forma burmanic（Wagyi）。为了改进品质，1957 年引入陆地棉进行种植。到 1967 年陆地棉占棉田面积的 1/3 左右。斯字棉 213 是第一个商品陆地棉品种，属中绒棉，马克隆值 3.8～4.2。主要缺点是易感染叶蝉（jassid），需早期喷药，它其后被抗叶蝉品种的印度品种 SRT-1 所取代，SRT-1 品种的绒长稍差，不久它又被 LRA-5 166 取代，是一个品质同等而单产潜力更好的品种。

缅甸棉花全部供本国纺织厂消费利用，纺织工业公司（Textile Industry Corporation）是棉花的买主。

缅甸棉花项目获得世界银行、国际粮农组织（FAO）、联合国开发计划署（UNDP）、亚洲开发银行（ADB）资助。资助内容包括棉花种子开发和建立繁殖基地、棉花虫害综合防治项目、建立棉籽螺旋式榨油厂，还资助棉花技术研究，根据研究结果，建议棉花在季风过后播种，以及合适的灌溉日期、杂草防除、作物组合与次序安排等。

第四节　越南棉花产业

一、棉花产业概况

越南社会主义共和国位于中南半岛东部，处于东南亚的腹地，被称为东南亚的心脏，国土面积 329 556 平方千米。越南是个多山国家，全境 3/4 的面积为山地和高原，近 1/4 是平原。1954 年以前越南主要种植亚洲棉，也少量种植引进或驯化的陆地棉品种。此后主要种植引进的陆地棉，北部种植从中国引进的 Tm-xuyen373、Quannony、Quayvit 等品种，南方主要种植岱字棉 16。1994 年以前越南主要种植常规棉品种，此后主要种植杂交棉。其杂交技术主要采用人工去雄授粉，雄性不育还处在研究阶段，没有应用于大田生产。另外，越南正在进行彩色棉研究。由于越南棉铃虫危害相对较轻，所以很少种植转 Bt 基因棉。杂交棉以抗叶蝉的品种为主。近年来，蓟马危害逐年加重，越南正在尝试抗蓟马杂交棉品种培育。目前越南种植的棉花品种主要为 L-18、VN20、VN35 和 VN-36H 等。

越南的服装加工业发展水平和规模相对雄厚，而纺织行业相对薄弱。越南的纺织服装行业由国有公司、私有公司、行业组织三个层面构成，对行业影响能力较强的企业和组织包括：①越南国家纺织品服装集团（The Viet Nam National Textile & Garment Group，简称 VINATEX），是将所有国有纺织服装企业合并而成。从事生产、出口、进口、批发零售多种业务。对行业的发展起举足轻重的作用，政府对 VINATEX 的控制就形成了对全行业的控制。②越南纺织品服装协会（Vietnam Textile & Apparel Association，简称 VITAS），非国有非盈利行业组织，代表越南所有纺织品服装企业的利益。宗旨是促进越南纺织品服装出口，向政府部门及相关部门提出建议，在国内企业与国际间充当桥梁纽带。③服装、纺织品、刺绣和针织协会（Association of Garments，Textiles，Embroidery and Knitting，简称 AGTEK），其会员占全越服装出口的 20%，该协会在纺织服装工业领域影响很大，提供最新技术和咨询服务。纺织服装产品是越南的支柱性出口产品，在国际市场具有竞争优势，以美国、欧盟、日本为主要出口市场，并向其他市场逐步发展。

从 2001 年到 2006 年，越南进口的纺织纱线、织物及制品从 12.9 亿美元增加到 31.3 亿美元，增长了 142%，在全球排名从 21 名升至 10 名左右，贸易额在全球占比从 0.9% 提升到 1.4%。同期，越南的服装出口从 18.7 亿美元增加到 48.4 美元，增长了 159%，在全球排名从第 23 位稳坐到第 10 位，贸易额在全球占比从 1% 提升到 1.7%。

越南从 2007 年 1 月成为世贸组织成员，导致其纺织服装产品出口取得了较快的增长，2007 年出口纺织服装产品 78 亿美元，增长幅度超过 30%。越南加入 WTO 后的产业发展战略是：鼓励棉花、纱线、面料的生产，利用互补优势，建立主敷料进口分拨中心，增加投资，购置先进设备和技术，增加款型和设计能力，增加面料类型，提高管理水平。

越南近年来一直努力在积极参加《跨太平洋伙伴关系协定》（TPP）的谈判中，以期在协定签署后，服装纺织品出口各成员市场，尤其是美国的服装纺织品税率将从现行的 17%～23% 逐步下降为零。TPP 协定将助推越南纺织服装产业实现跨越式发展，为越南纺织服装产业发展注入重要动力，有利于巩固越南纺织服装产业的地位。越南目前共有 4 000 多家纺织服装企业，2012 年纺织服装业营业收入达 200 亿美元，其中纺织服装出口金额达 170 多亿美元，为 250 万名劳动者创造就业机会，对国内生产总值贡献率达 10%。

目前越南纺织服装业发展迅速，每年约需 30 万吨皮棉，而国内皮棉产量不足 2 万吨，仅能满足其约 5% 的需求量，95% 的棉花依靠进口。在 2001—2010 年的棉花发展计划中，棉花种植面积将扩大到 15 万公顷，皮棉产量将提高到 8 万吨，能满足纺织服装业需求量的 30%。

越南棉花种植面积在 2001—2010 年间有少量增加，但进入 2011 年以后又开始大幅度下降，由原来的 1.85 万公顷下降到了 1.08 万公顷，单产在 2001—2010 年间较前十年增加了 78.1%，2011 年后继续小幅增加，皮棉产量也是随播种面积先增后降，2011—2015 年平均皮棉产量 5.2 千吨，远远不能满足消费需求，原棉进口量呈持续增长态势，1991—2000 年间只有 36.9 万吨，到 2001—2010 年间增加到了 179.0 万吨，进入 2011—2015 年间后，原棉进口量暴增至 533.4 万吨。

表 19 - 3　1990—2015 年越南棉花生产消费

年　度	皮棉产量 （千吨）	面积 （千公顷）	单产 （千克/公顷）	消费量 （千吨）	原棉出口量 （千吨）	原棉进口量 （千吨）
1990/1991—1999/2000	3.7	15.1	251.1	40.5	—	36.9
2000/2001—2009/2010	8.2	18.5	447.2	180.7	—	179.0
2010/2011—2014/2015	5.2	10.8	462.6	163.7	—	533.4

二、棉花种植、科研和政策支持

越南棉花种植集中在南方，分为三大棉区：东南棉区包括 Dong Nai，Baria-Vung Tau 和 Songbe 等省，气候变化较大，土壤瘠薄；中南沿海棉区包括 Binthuan、Ninthuan、和 Khanhhoa 等省，高温干旱；高地棉区包括 Daklak、Ginlai 和 Contum 等省，温度不高，年降水量较大。

1975 年越南统一后，商业棉在部分地区开始有计划地发展，但受生产设施、灌溉条件以及品种、病虫害的限制和影响，棉花生产发展比较缓慢。1990 年以来，随着越南对棉花科研和生产的重视，棉花播种面积和产量逐年增加，1998 年棉花播种面积 2 万公顷，2002 年为 3.5 万公顷，近几年达到了 4 万公顷。但由于品种及栽培技术等方面的原因，目前棉花产量仍相对较低，间套作棉田的籽棉产量平均为 900～1 500 千克/公顷，衣分 30%～40%，单作棉田的棉花产量会高些。由于越南大力发展咖啡、烟草、水稻和茶叶等高效经济作物，棉花通常种植在较瘠薄的土地上，农民也不愿在种子、农药和化肥等方面多投入，这也是棉花产量较低的一个原因。另外，受雨量大的影响，棉花品质也较差。

越南棉田灌溉条件相对较差，高原少雨地区主要靠打井灌溉，大部分省份主要靠自然降水，所以自 1990 年以来，棉花多在雨季种植（越南一年分为雨季和旱季，一般 4 月至 11 月为雨季）。作物种植为一年两季模式，第一季作物一般在农历 3 月底 4 月初种植，主要是大豆和玉米；7 月左右开始种植第二季作物——棉花，由于北方雨量大，种植时间要相对提前一些。通常采用轮作和间作套种模式，如玉米—棉花、玉米—棉花—大豆、棉花—花生等。棉花种植密度约 6 万株/公顷，植株长势较强，叶片较大，一般在播种后 80～90 天，株高在 1.5 米左右开始打顶，留 13～15 个果枝，株铃数通常为 30 个，高的可达 50～60 个。

越南棉花病虫危害较重，虫害以棉褐带卷蛾、棉叶蝉、烟粉虱、棉蓟马为主，甘蓝夜蛾、棉花叶螨、蚜虫、棉红铃虫和黏虫等也时有发生。病害主要有棉花蓝病害（Blue disease，是一种病毒病害，主要由蚜虫和烟粉虱传毒）、苗期立枯病、白粉病和棉铃病害。病虫害防治水平较低，种子主要采用硫酸脱绒、烘干及简单的药剂包衣或者直接拌种等手段来防治病虫害；防治棉叶蝉、烟粉虱、蚜虫等刺吸式害虫主要采用吡虫啉，同时兼治蓝病害病毒病；防治苗期立枯病采用 Monceren（戊菌隆＋抑霉唑），后期喷洒己唑醇（Hexaconazole）防治棉花铃病。种衣剂和农药生产技术落后，主要依赖进口。植物生长调节剂（缩节胺）与除草剂的生产和使用技术也比较落后，棉花后期长势较旺时，缺乏有效的化学调控措施；除草剂使用不当造成杂草防除不力，且经常发生药害。

越南棉花科研主要由 NHAHO 棉花研究中心组织。该中心位于 Ninhthuan 省 Ninhson

区的 NHAHO 镇，距胡志明市 350 千米，是国家唯一的一所棉花研究机构，属越南棉花公司（VCC）领导。越南棉花研究中心（CRC）最早成立于 1935 年，当时由法国人在此建立了动植物研究所，在 1975 年越南统一后，该研究所主要以棉花研究为主，1992 年正式定名为 NHAHO 棉花研究中心，除了研究棉花外，至今仍还研究水稻、玉米、葡萄等作物。CRC 中心有遗传育种、栽培与生理、植物保护、作物综合种植等研究室，研究人员 130 多人，工人 70 人。该所在三大棉区还分设了三个试验站（每个棉区有一个试验站），每站有10 人以上。其科研经费来自农业部和棉花公司，政府出资占 60%～70%。

越南棉花和农业发展研究所负责收集棉花种质资源，截至目前，共收集种质资源 1 995份，其中陆地棉 1 878 份，海岛棉 62 份，亚洲棉 53 份，野生资源 2 份。其种质资源为短期保存，一份保存在研究所内，温度为 15～20℃，相对湿度 60%，仅保存两年；另一份保存在河内国家种质库，温度 5～15℃，相对湿度 60%，保存 5 年。

越南棉花和农业发展研究所还负责新品种的选育工作。自 1994 年以来，该研究所选育了一系列抗叶蝉常规棉品种，如 TH - 1、TH - 2、TM1、MCU9、C118、M456 - 10、LRA5 166等，培育并推广了一系列杂交棉品种，如 L18、VN20、VN35、VN15、VN - 36H、VN01 - 2、VN02 - 2、VN04 - 3 和 VN04 - 4 等。目前该研究所以培育和推广杂交棉品种为主，杂交类型主要为陆×陆组合，也有陆×海组合，主要进行抗刺吸式口器害虫（叶蝉、蚜虫和烟粉虱）和抗除草剂杂交育种。1998 年这些杂交种平均产量为 1 200～1 500 千克/公顷，在 Daklac 省一些地区百公顷以上的一些棉田籽棉产量达到 2 000～2 500 千克/公顷。对彩色棉及雄性不育技术也进行了大量研究，并取得了一定的突破，但还未能应用于生产。

越南非常重视转基因技术在棉花育种上的应用。除常规育种方法外，还采用较为先进的分子遗传育种方法，如胚诱导植株再生方法，农杆菌介导法和花粉管通道法进行转基因育种，通过PCR 技术和 Southern 杂交等技术评价转基因棉花，通过分子生物学方法进行遗传多样性分析。

越南非常注重杂交制种技术的研究和应用，以低成本、高质量和高产出为目标，着重在栽培和植保措施上下功夫。在栽培措施方面，调整了棉花种植季节，即改旱季播种为雨季播种，因为雨季种棉有利于天敌生存，能有效控制害虫，过去种一季必须打药 13～15 次，但现在打 1～2 次也能得到较高产量；雨季植棉不需灌溉，能有效扩大植棉面积；而且，雨季播种，旱季收获，不仅降低了生产成本还提高了棉种质量；通过采取地膜覆盖、适期播种、根据土壤类型合理施肥等方式来降低成本和提高产量。在病虫害控制方面采取综合治理（IPM）措施，例如采用生物药剂核多角体病毒（NPVs）来防治棉铃虫和甜菜夜蛾。所有这些措施保证了较高的棉花种子质量，纯度达到 98%，发芽率达到 95%，种子水分为 7%。

探索出了适宜的种植模式，过去植棉为单作，为增加农民受益，现采用轮作、间作、套作。年初第一季作物为大豆或大豆与玉米套作，收玉米 5～20 天前种第二季作物——棉花，棉花还可与其他短季作物间作。

第五节　泰国棉花产业

一、棉花产业概况

泰国位于中南半岛中部，其西部与北部和缅甸、安达曼海接壤，东北边是老挝，东南是柬埔寨，南边狭长的半岛与马来西亚相连。国土面积51.4万平方千米，西部和北部是山地，东部为高原，中部湄南河平原是主要农业区，平原约占国土面积一半。大部分地区属热带季风气候，中、北部一年中分三季：2—4月为干燥的热季，5—10月为炎热的雨季，11—1月为干燥的凉季。平原上年均降水量1 000多毫米，沿海在3 000毫米以上。平原和山前地区年平均温度22~29℃，马来群岛上27~29℃。雨季5月到来，一直持续到9月或10月，季风季节气温也很高，中央平原平均温度为36.7℃，而在旱季的11月到来年的4月，农作物需要灌溉。

泰国是传统的农业国家，从事农业的人口约1 530万人，占全国人口的80%，全国有可耕地面积约2 240万公顷，占国土面积的41%，水稻、玉米、木薯、橡胶、甘蔗、蔬菜、绿豆、麻、烟草、咖啡豆、油棕、椰子为主要作物。

棉花种植面积近年来一直呈直线下降的趋势（表19-4），从1991到2000年间的5.6万公顷下降到2011年以后的2 000公顷，虽然单产有所增加，但对总产的贡献微乎其微，原棉消费量在2001—2010年间明显高于前10年与后5年，2001—2010年原棉进口量大，其后随着消费量的减少有所下降。

表 19 - 4　1990—2015 年泰国棉花生产消费

年度	皮棉产量（千吨）	面积（千公顷）	单产（千克/公顷）	消费量（千吨）	原棉出口量（千吨）	原棉进口量（千吨）
1990/1991—1999/2000	25	56	450	338	3	325
2000/2001—2009/2010	6	12	483	413	2	407
2010/2011—2014/2015	1	2	515	229	0	345

纺织服装业是泰国最大的制造业，共有4 500多家工厂，雇佣员工一百多万人，占整个制造业就业人数的近20%，GDP总值占整个泰国的17%，自从1985年以来，泰国已经是世界最大的纺织品服装出口国之一。纺织服装年出口额达60多亿美元，是泰国第二大出口行业，其中服装出口占55%，泰国在世界服装出口国家排行中居13位，占全球市场份额的2%，纺织品出口位居全球第14位。美国是泰国纺织服装的最大买家，占据泰国全部出口的三分之一强，其中服装占有一半以上，其次是欧盟、东南亚、东亚和中东地区。

泰国纺织业覆盖了从纤维到成衣生产整个产业链的各个环节，虽然泰国并不盛产纺织原料，包括原棉和化纤都需进口，但形成了配套齐全的产业，包括纤维、纺纱、织造、针织、漂白、染色、印花和后整理，以及成衣生产和家用纺织品。全国共有18座人造纤维加工厂，154座纺纱厂，673座织布厂，675座针织厂，414座印染厂，还有150套印染设备集中在纺纱、织布和针织企业中。

此外，泰国共有2 658家服装企业，员工80多万人，这不包括那些只有20台缝纫机的小厂。在缝纫工厂中，大约10%的企业为大企业（员工超过1 000人），40%为中型企业（员工人数在200~1 000人之间），其余50%企业员工人数在200人以下。从设备上看，共有367万纱锭，13万台织布机，其中50%~60%是无梭织机，11万台现代化针织设备和75万台缝纫设备。

二、棉花种植、科研和政策支持

泰国棉花产区主要分布在三个地区：北部地区的碧差汶、沙万哈老克、素可泰；东北地区的黎府、那空口力差是玛；中部地区的那空沙旺、华富里、巴真。泰国传统的植棉地区是在沙万哈老克、素可泰、黎府、那空口力差是玛一带。近 20 年来主要种植区是在中部的那空沙旺地区。

种植棉花投资和费工较多，不如玉米、大豆等易于管理及生产成本低，所以棉田面积不宜扩展。过去在泰国东北部地区传统种植亚洲棉，虽然单产低，绒短促，但抗虫、耐干旱、生产成本低，这类棉花用于织地毯、土布以及供家用。棉花种植泰国主要是靠自然降雨，播种期在北部地区在 6 月，到南部地区为 8 月，棉田一般 1 公顷大小，因管理费工，而玉米一般每块田地为 6 公顷。

在泰国，棉花也和玉米间套种，在玉米收获之前播种在玉米行间，棉田中也间作大豆、花生及其他豆类。

棉花主要害虫为棉铃虫、小叶蝉以及蚜虫。棉花生长季节中至少需喷施 18 次杀虫剂，晚期播种的棉花单产虽较低，但虫害轻，农药使用次数也少，育种家们致力于选育可晚播丰产的短季棉品种。由蚜虫传播的病毒性缩叶病是泰国棉田主要病害，防治措施为治虫和采用抗病品种。

收花一般在 10 月底 11 月初开始，人工收花三次，第一次收花品质差，因受雨水损害，第三次收花绒短，含杂质多，以第二次收的花品质最好，有的地区因缺乏劳力只收一次花，品质混杂，卖价低。

棉花研究和开发在泰国都归农业部主管，直到近年，尚未有专门集中的棉花研究机构，从而，各个专业研究就由各自的专业部门负责，但在国家农业研究计划下已在进行改组，酝酿在那空沙旺大田作物研究中心建立一个综合专业的棉花研究组。这个研究中心是属农业部农业局下属的大田作物研究所，全权负责玉米和棉花的育种及品种改良、生产技术改进、土壤肥力管理、昆虫、植物病理、杂草科学、种子繁殖和种子技术、纤维工艺、收获后加工技术等专业研究。

棉花的试验在以下不同地区的大田作物试验站中进行：塔克里大田作物试验站，在那空沙旺省；班汉大田作物试验站，曼谷省；黎府大田作物试验站，斯里沙木朗大田作物试验站，在素可泰省；乌松大田作物试验站，苏潘伯里省。

育种目标是：高产，纤维优质，抗病虫，早熟。几乎全集中在陆地棉品种上，也引进了一些超长绒品种，但发现他们都高度感染病毒病。对短绒陆地棉也已建立了一个育种项目，为了生产少量这类棉花以满足本国对他们的需求。

有两处政府属下的纤维实验室，一个属于农业部棉花处，另一个属于工业部。另外，每一个纺纱厂都有自己的小型实验室可测定纤维强力、长度、马克隆值，工业部的工业推广局纺织工业处定期总结调查商品作物的品质状况。

第六节　菲律宾棉花产业

一、棉花产业概况

菲律宾位于亚洲东南部北纬5°—20°之间的菲律宾群岛上，由大小7 000多个岛屿组成，其中以吕宋、棉兰老两个岛屿最大。全境属热带雨林气候，高温、多雨、湿度大、台风多。年平均气温约27℃，年平均降水量大部分地区在2 000～3 000毫米之间。群岛西部有旱季（11—4月）和雨季（5—10月）之分，东部海岸终年有雨，并以冬雨最多。南部地区也终年多雨，无明显旱、雨季之分。东部的太平洋面是台风发源地，每年6—11月多台风。

全国土地面积的33%左右为农用地，农业占全国就业人口一半左右，水稻和玉米是主要作物，棉花为次要作物，生产量少，仅补充部分进口。农业生产以小农户为主，经营规模较小。最近几年棉花种植面积连年下降，2011年以后棉花面积很少，完全依靠进口（表19-5）。

表 19-5　1990—2015 年菲律宾棉花生产和消费

年度	皮棉产量（千吨）	面积（千公顷）	单产（千克/公顷）	消费量（千吨）	原棉出口量（千吨）	原棉进口量（千吨）
1990/1991—1999/2000	4	11	336	61	—	58
2000/2001—2009/2010	1	2	430	30	1	28
2010/2011—2014/2015	—	—	565	116	—	9

二、棉花种植、科研和政策支持

经过十多年的争论，菲律宾政府决定开放转基因棉花的种植，2015年9月签发转基因棉花种子销售许可证，2016年起开始正式销售。第一批种子来自吕宋和棉兰老岛的40公顷实验基地，以后的商业种植也将集中在上述2个地方。今后几年，菲律宾农业部计划种植转基因棉花2.2万公顷，预计总产量6.6万吨，这也意味着菲律宾可以减少皮棉进口4万吨。

2014年菲律宾生产了6.6万吨纤维，同比增长18%。马尼拉麻出口1.1亿美元，占世界总供应量的87%，其他类的纤维出口1.23亿美元。

在西班牙人占领之前，菲律宾已种植粗短绒亚洲棉，在一些岛屿上至今仍可发现有野生亚洲棉植株，只是在二次世界大战后才尝试引进试种中绒陆地棉，但长期未获成功，直到1970年以后陆地棉才有了一定的面积。

在菲律宾气候条件下，要成功地种植棉花是一个比较艰难的历程，因为大多地区均为高温多湿，全年农作物可生长，病虫不断繁殖，除了要严格控制棉田密度和施氮量以防止徒长和晚熟，大量蕾铃脱落外，病虫防治花费农药投入往往占植棉成本60%以上，在当地生态条件下，综合防治难见成效，棉花单产难以保持稳定，也难以达到如期的水平。

由于棉花单产低，投入成本高昂，农民植棉积极性受挫。在主要农业区的吕宋岛平原上，棉花难于和烟草、洋葱、青葱、大蒜等替代作物相竞争。在20世纪80年代初期，吕宋岛西部曾是主要棉区，为了降低植棉成本，也曾引入最少耕作法，为使推广工作收到成效，也曾推荐棉田相对集中，为控制营养生长，推荐应用生长调节剂，成熟季节采用喷人工脱叶剂，以加速棉铃吐絮等。

棉花公司因棉花生产发展缓慢，发放给农民的贷款往往难以收回，面临严重经济困难，不得不在1983年就中止了所有经济活动。菲律宾农业部已提出由"棉花发展协会"（Cotton Development Association）来代替棉花公司，在棉岛上成立了该省的"棉花发展公司"，有几个小型农场种植棉花，使棉田维持相对稳定。在棉兰老岛上一般是棉花和玉米轮作，棉田田块大小一般是1公顷左右，土壤肥沃，土层深厚。在吕宋岛上，棉田田块一般只有0.5公顷大小，棉花大多是水稻的后作，8—11月之间播种，在排水不良的水稻土上要想使棉花生长良好，需要特别技术和仔细管理，尽管有棉花研究和发展所研究推荐的技术，如适宜播期、灌溉、施肥量、行株距、防治病虫、收获及气候的保存和处理等，给予在有明显湿干季区别的地区提供了获得较满意单产的可能性，但因植棉区分散、规模小，棉田不稳定，农民难于做到按推荐技术进行管理。

棉花收获为人工采收，之后在阳光下干燥达到含水量12%或更低些，用麻袋装运往轧花厂，在轧花厂分级、称重，按等级付款，大多数为锯齿轧花，在交通不便的地区也装备有滚筒轧花机。轧花厂中一般配备有籽棉和皮棉清花机，塔式烘干机以及抽提式喂花机。为了增强推广服务的成效和减少路途上的时间耗费，推荐棉田相对集中，植棉农户组织起来，使棉田成片，每片至少20公顷。

在棉花发展项目实施初期时，菲律宾采用的棉花品种是来自美国的"岱字棉16号"（Deltapine 16）。这个品种在菲律宾高温多湿条件下感染叶蝉严重，从而逐渐被本地由非洲西部品种"RebaBTK-12"中选育的一些品种所取代。

不同品种生育期差别颇大，早熟品种为110天，晚熟品种170天。

菲律宾的棉花研究和发展所（CRDI）属于Mariano Marcos国立大学，负责对棉花品种、栽培、病虫害防治、经济等各有关方面组织政府机构和大学研究力量开展综合研究。这个所有16处试验站分设在各个产棉区，并负责提供棉花推广培训服务。

棉花研究和发展所就在国立大学的校园中，研究所帮助大学开展专题研究，同时也利用大学的研究和技术力量，共同进行棉花课题研究和培训。

最初这个所的研究计划及其实施是和国家棉花公司共同商讨的，以及和农业与资源研究和开发顾问委员会、植物工业局、菲律宾纺织研究所、植物育种所、吕宋中央国立大学、国家农作物保护中心、农学院、位于Los Banos的菲律宾大学、国际棉花研究所等进行合作和咨询。

这个所的植物保护实验室和有关设施是由菲律宾共和国/西德作物保护项目所提供。长期目的是研究发展棉花病虫害综合防治，为不同棉区培育高产优质品种及研究推荐成套技术措施，以及棉籽和其他副产品的加工和有效利用技术。育种实践证明，美国来的品种不抗叶蝉，难以适应当地条件，而来自西非的Reba BTK-12具有较好的抗性、产量和品质。

棉花研究和发展所还和植物育种所、国家植物保护中心、菲律宾纺织研究所等有着紧密的工作联系，以及和中央吕宋大学和菲律宾大学有较多业务关系。但近年来因经费短缺，使研究所人员减少，研究项目进展受到影响。

第七节　印度尼西亚棉花产业

一、棉花产业概况

印度尼西亚是东南亚国家，由约 17 508 个岛屿组成，是全世界最大的群岛国家，疆域横跨亚洲及大洋洲，别称"千岛之国"，也是多火山多地震国家，与巴布亚新几内亚、东帝汶和马来西亚等国家相接。

印度尼西亚人口约 2.2 亿。国土面积跨赤道，其 70% 以上领地位于南半球，因此是亚洲南半球最大的国家，东西长 5 500 千米以上，陆地面积 190.4 万平方千米，海洋面积 316.6 万平方千米（不包括专属经济区）。北部的加里曼丹岛与马来西亚接壤，新几内亚岛与巴布亚新几内亚相连。东北部面临菲律宾，东南部是印度洋，西南与澳大利亚相望。

印度尼西亚是典型的热带雨林气候，年平均温度 25～27℃，无四季分别。北部受北半球季风影响，7—9 月降水量丰富，南部受南半球季风影响，12 月、1 月、2 月降水量丰富，年降水量 1 600～2200 毫米。

近年来印度尼西亚棉花面积呈现持续下降趋势，1991—2000 年面积达到了 2.0 万公顷，到 2001—2010 年下降了将近一半，仅有 1.1 万公顷，进入 2011 年以后下降到了 9 000 公顷，但是其间单产大幅度增加，由 168 千克/公顷增加到了 575 千克/公顷，进入 2011 年以后又增加到了 713 千克/公顷。皮棉产量受单产大幅增加的影响，尽管 2001—2010 年植棉面积下降了一半，但皮棉总产却由 3 300 吨增加到了 5 900 吨，2011 年以后基本稳定，在 6 000吨左右（表 19-6）。

表 19-6　1990—2014 年印度尼西亚棉花生产消费

年度	皮棉产量 （千吨）	面积 （千公顷）	单产 （千克/公顷）	消费量 （千吨）	原棉出口量 （千吨）	原棉进口量 （千吨）
1990/1991—1999/2000	3	20	168	441	3	437
2000/2001—2009/2010	6	11	575	495	4	497
2010/2011—2014/2015	6	9	713	272	4	590

2001—2010 年印度尼西亚原棉消费较大，但进入 2011 年以后大幅度下降，原棉进口量增加，出口量变化不大。

印度尼西亚是人口大国，发展纺织业、满足人民穿衣的需要，一直为印度尼西亚政府高度重视的问题，纺织业为最早发展的工业。从 20 世纪 60 年代后期开始，国家政局稳定，专注经济建设，开始对外开放，发展外向型经济，取得了国内生产总值年递增 7% 的发展速度，作为劳动密集型的纺织业也逐渐发展壮大，并渐成体系。由于劳动力十分廉价，许多国际服装著名品牌纷纷到印尼投资设厂，开展加工贸易，促进了印尼纺织服装业的发展，使之成为石油、天然气外最大的出口创汇产品。

印度尼西亚全国现有棉纺纱锭 800 万锭，各类大中型纺织服装企业约 4 000 家，雇工人数 180 万人，间接就业人口 500 万人，年产值约 120 万亿印尼盾（约合 1 000 亿元人民币），年创造工业附加值 40 万亿印尼盾。2006 年各类纺织服装产品出口额为 94.6 亿美元，2007

年为 106 亿美元，同比增长 12%。2013 年出口额达到 123.2 亿美元，与 2012 年 120.6 亿美元基本持平，占全球市场份额的 1.5%，在全球排名第八位，位列巴基斯坦之后。在出口中，服装类占出口总额近一半，以原纤维、棉纱布、丝绸、纺织辅料为主。2013 年纺织品服装进口额约 57.8 亿美元，占全球的 1.8%。

印度尼西亚纺织品主要出口美国、欧盟及日本。根据印度尼西亚纺织协会统计，2007 年印度尼西亚出口至美国的纺织品总额为 43.2 亿美元，同比增长 10%；出口至欧盟的纺织品总金额为 16.5 亿美元，同比下降 12%；出口至日本的纺织品总金额为 5.04 亿美元，同比增长 2.1%。

印度尼西亚纺织企业集中分布于西爪哇和中爪哇及雅加达周边，占 88%，其高档织纱和成衣在国际市场上有一定竞争力。印度尼西亚不产棉花，主要从澳大利亚、美国进口棉花，但富产石油天然气，成本较低，同时化纤生产相对发达。

1997 年亚洲金融危机暴发，印度尼西亚成为重灾区，陷入政治经济社会等多重危机，国民经济连续三年负增长，纺织业也遭受重创，现仍面临困难有：印度尼西亚纺织机械设备落后、老化严重，机龄 20 年占 20%，机龄 10 年的占 60%；纺织效率低下，缺乏竞争力。

虽然印度尼西亚央行已大幅降息（由 12.75% 降至 8%），但银行业不愿对工业界降低贷款利率，致使纺织业难与国外厂商竞争。印度尼西亚纺织品出口信用贷款利率约为 18%，较越南的 7%、墨西哥的 8%、印度的 10.5%、巴基斯坦的 11% 及孟加拉国的 12% 均高。

2005 年 10 月，印度尼西亚政府调涨燃油价格 125%；印度尼西亚国家电力公司每千瓦小时电费平均为 8 美分，而孟加拉国仅为 3 美分，越南 7 美分，中国为 7.6 美分。据印度尼西亚劳工部统计，印度尼西亚劳工生产力世界排名第 59，中国排名第 31，印度尼西亚劳工工资每小时 0.76 美分，比中国劳工 0.55 美分高，因此印度尼西亚纺织协会呼吁政府尽快修改劳工法，以便在服务外包、解雇员工遣散费及最低工资等方面有合理的规定。

印度尼西亚纺织品走私问题严重，经常发生非法转运行为，扰乱正常的市场秩序。对此，政府一方面打击非法走私，一方面进一步开放市场吸引外资增加投入，提高纺织业装备，具体措施：

第一，更新机械设备，2007 年印度尼西亚财政部从国家预算中拨出 2 550 亿盾（约 2 800 万美元），用于补助印度尼西亚纺织与成衣厂商购置设备所需支付的贷款利息。2008 年该补助资金提高到 4 000 亿盾（约 4 400 万美元），表明印度尼西亚政府对更新纺织企业机械设备的高度重视。

第二，银行放宽融资，印度尼西亚本国银行为规避风险，宁愿投资印度尼西亚央行（SBI）票券，也不愿贷款给工商界。政府正积极鼓励印度尼西亚商业银行能对工业界增加贷款，同时印度尼西亚纺织协会也请求政府恢复特别出口信用措施，以协助纺织业特殊信用需求，此项措施曾于 20 世纪 90 年代早期推出，因当时有几家公司滥用而遭到废止。

第三，降低生产成本，工业部除已促请银行业及社保基金（Jamsostek）提供贷款予纺织业更新设备外，还推广使用煤炭等替代能源，降低对燃油的依赖，降低生产成本。

第四，鼓励投资，为充分发挥出口潜力，印度尼西亚纺织业在未来 3 年内仍需投资 51.9 亿美元。2004 年外国投资印度尼西亚纺织业的金额为 1.7 亿美元，而 2006 年已增加至 4.18 亿美元，猛增 252%，显示了纺织业良好前景。2007 年初印度尼西亚政府公布两项规定，提供奖励措施及免除纺织品生产所需的初级产品进口税，目前也在积极探索更具支持性的财政、货币和劳工政策,从而吸引更多的外来投资。

纺织业关乎印度尼西亚的国计民生,社会影响面大,中国企业与印度尼西亚企业在纺织领域有互补合作的空间,中国企业应重视与印度尼西亚企业在纺织领域的合作,探索有效的合作方式。

印度尼西亚政府为发展经济、减少失业,正着力发展实业,特别是劳动密集型产业。中国企业可在印度尼西亚投资设厂,开辟专门的中国工业园区,利用中国企业先进的技术、管理经验及资金实力加强与印度尼西亚企业的合作,产品可直接销往世界各地。

印度尼西亚纺织企业目前普遍面临设备老化问题,同时在资金方面又遇到困难,企业希望更新现有陈旧设备,提高生产效率。中国纺织工业门类齐全、设备先进且价格及维护成本低,较易为印度尼西亚企业接受,中国有实力的纺织企业与商业银行可带资入股印度尼西亚纺织企业,参与设备更新改造,这样有利于双方优势互补,提高竞争优势。

近几年来,印度尼西亚每年都举办一次大型的国际纺织机械展,规模和影响力越来越大,参与的国家也越来越多,中国有实力的纺织机械和纺织技术公司也积极参与,其规模和质量都是展会的一大亮点,使得越来越多的印度尼西亚纺织企业了解中国的技术和设备并建立了相互的合作关系。

二、棉花种植、科研和政策支持

印度尼西亚的产棉区主要在爪哇岛中部、东爪哇岛、龙目岛、松巴哇和佛罗勒岛、南苏拉威西省和东南苏拉威西省,近年植棉面积在2万多公顷。由于爪哇岛人口稠密,农田管理较印度尼西亚其他岛屿上更为集约和及时,棉花单产也比较稳定。龙目岛和松巴哇岛上虽发展棉花具有潜力,但降雨不均,时涝时旱,对单产有较大的影响,佛罗勒斯岛上不少地区为黑土,但过于偏僻,交通不便,农药等生产资料供应不及时,轧花运输困难等,影响了植棉业发展。

印度尼西亚是农业国,农业劳动力占总劳动力一半以上,水稻是最主要农作物,但印度尼西亚是世界第二大棕榈油和橡胶出口国,也是咖啡主要出口国,棉花在印度尼西亚为次要作物,近年发展不快。但印度尼西亚发展棉花具有潜力,为减少进口和增加小农收入,印度尼西亚政府关注棉花生产的进一步扩大与发展问题。

1978年,印度尼西亚农业部发起了一个扩大植棉计划项目,1982年获亚洲开发银行资助,主要在南苏拉威西岛上,包括提供轧花设施、修筑道路以及培训人才及进行有关研究,研究成果的推广与实施则由农业部的推广处安排培训推广人员,通过地区推广组织向小农推广普及。

印度尼西亚传统种植亚洲棉作为庭院作物供土纺土织,在一些岛屿上至今仍在种植,作为商品种植的棉花则多为陆地棉。最初的陆地棉品种多自美国引入,但美国品种大都易感染叶蝉,需早期就喷农药,杀伤了天敌,从而使对化学药品的依赖性愈益增强。从西非引入的抗叶蝉品种 RebaBTK-12 和 Takfa-1 已取代了原有美国品种。近年,自印度引入了高抗叶蝉品种 LRA5166,在东爪哇,已取代 Takfa-1,在龙目岛已取代了 RebaBTK-12,在佛罗勒斯已经取代了 Tamcot SP-37.

所有棉田均为人工采收,籽棉锯齿轧花。

　　印度尼西亚农业研究和开发机构（AARD）和农业教育、培训与推广机构（AETE）1974年已建立起来，负责领导和管理研究培训事宜。这些机构都属于农业部，农业研究和开发机构下有5个中央研究所，其中的中央工业作物研究所（Central Research Institute for Industrial Crops）负责进行棉花研究，在Malang也有一处工业作物研究所，从事棉花试验。在西爪哇的Bandung，设有纺织工艺研究所（Institute for Textile Technology），开展纤维和纺纱品质测试，由国家农业科学图书馆提供文献服务，该馆农业图书收藏约7万多种，2200多种期刊。

　　主要研究目标与重点：培育适于不同地区种植的品种，适于小农生产的植物保护措施，着重于选育抗叶蝉和棉铃虫品种及研究合适的喷药时期，已有研究结果表明在一些地区土壤缺硫，施入硫可改善纤维品质。

　　由于棉花和粮食作物在土地和劳力上有竞争，包括棉花在内的农作体制研究也是研究的重要内容之一，在印度尼西亚也有很多间混套种，但最广泛的还是棉花之后种玉米，或与棉花、绿豆间作，因而需要更早熟的棉花品种。

第二十章 澳大利亚棉花产业

撰稿人 陈德华 张祥 毛树春

澳大利亚全称"澳大利亚联邦"（the Commonwealth of Australia），地域辽阔，位于南半球。南北距离 3 700 千米，东西约 4 000 千米，国土面积 744 万平方千米，经济繁荣，国家昌盛，农业发达，农业强国。丰富的土地资源和南半球独特的气候条件，使澳大利亚具有得天独厚的发展农业的自然条件。人口稀少，国内消费市场小，农业必然成为出口型农业。有史以来，以农业为主，但近年来，随着采矿业、制造业和服务行业的迅速发展，使澳大利亚经济结构发生了较大的改变，农业受到冲击，农业占 GDP 的比例从 50 年代初期的 15%～20%下降到 90 年代中期的 3%，2011—2012 年所占比重仅为 2.4%。农产品出口在总贸易出口中的相对比例从 75%下降到 28%，农业从业人口从 10%降低到 5%。20 世纪 80 年代以来，矿业资源的开发和发展很快。其中，煤炭是赚取外汇的重要矿产之一。工业主要有铁、钢和发动机，制造业也很发达。此外，还有粮食加工业、机械、摩托车、化学工业、电子产品及电子设备等。就农业而言，主要出口产品依序为肉类、小麦、羊毛、糖和棉花。以 2013—2015 财政年度年为例，对全球出口产品排名前四位的依次为牛肉（46.0 亿美元）、小麦（45.2 亿美元）、羊毛（20.8 亿美元）和乳制品（20.0 亿美元）。其中 2014 年棉花出口 103.7 万吨，出口额 23.5 亿澳元，甚至超过羊毛（22.1 亿），成为第三大出口商品。目前澳大利亚棉花生产能力占世界棉花生产能力的 1%以上，其中 2010/2011—2014/2015 年度平均皮棉产量占全球产量的 4%，已从满足国内市场很快发展到出口原棉，但近年出口量所占比重有所下降，如 20 世纪 90 年代，其出口量占总产的 90%，占世界总出口量的 9%，至 2010 年产量约为 90 万吨，仅 60%用于出口。但其依然是南半球的主要产棉国。

澳大利亚是一个人少地多和农业资源丰富的发达国家，也是植棉历史相对较短，又以棉花单产水平高、纤维品质优良和植棉稳定性极差而著称的先进植棉国家。20 世纪 80 年代总产跨上 10 万吨级和 30 万吨级台阶，分别达到 13.5 万吨（1981/1982）和 31.3 万吨（1989/1990）；90 年代跨上 70 万吨级台阶达到 74.1 万吨（1999/2000）；进入 21 世纪跃上 80 万吨级台阶达到 80.4 万吨（2000/2001）。近几年受惠于农业引进外资、国际棉花市场的产销两旺和全球棉价的回升，澳大利亚生产发展迅速，总产跨上 100 万级的高台阶，创 120 万吨（2011/2012）的新纪录。然而，澳大利亚棉花产能极不稳定，10 年之间或年际间的总产量相差好几倍，主要原因是受水资源的制约——"有收无收在雨水"。

澳大利亚是我国原棉进口的主要来源地之一。从 2002 年到 2014 年的 13 年，中国累计进口量 337.7 万吨，占中国总进口量的 10.2%，在中国进口量的位置仅次于美国和印度，位居第三位。澳棉因"品质高端"在中国市场的口碑好，深受棉纺织企业的欢迎。

所谓高端品质，一是澳大利亚光热资源丰富，植棉可不采取地膜覆盖，籽棉没有任何残膜混入；棉田也没有任何塑料食品袋和塑料包装材料混入，籽棉不进入家庭没有人的毛发和鸡鸭鹅等羽绒混入；在棉田采用驱赶方法控制鸟和野生动物，避免羽绒和毛发落入棉田，做到棉田清洁卫生，籽棉干干净净。二是纤维一致性好，全澳仅种植棉花品种 1～2 个，做到"一地一种"和"一国一种"，因此全澳原棉品质高度一致。三是棉花内在品质优良，近几年种植品种在长度和强度都超"双三零"，其中 Sicot 71BRF 纤维长度 31.0 毫米、比强度 30.8cN/tex，麦克隆值 4.3，是早熟类型品种，主要在南部棉区种植；Sicot 74BRF 产量更高，纤维品质更优，是中熟类型品种，主要在中北部棉区种植。四是棉花机械化采收，机采棉种植模式采用隔行的宽行距和垄作方式种植，按机采模式看苗进行脱叶，所有叶片都落入地面，采收籽棉的杂质含量低，按机采标准行进采收，按标准工艺进行轧花加工，品质优良。因此，我国进口 337.7 万吨澳棉平均单价 2 143.9 美元/吨，高于中国进口棉花均价 1 869.2 美元/吨的 14.7%（约高人民币 1 731 元/吨）。这是中国从几十个经济体进口来源地中单价最高的，可见优质棉在国际贸易中实现了"优质优价"。

第一节　植棉业概况

一、棉区生态和生产条件

澳大利亚位于南半球东部，约南纬 11°～38°，北部热，东部多雨，整个气候温暖至炎热，属过渡性气候带，年降水量 600 毫米，降雨高峰为 1 月和 7 月的夏季。棉区主要位于内陆河流域，从昆士兰州中部（南纬 23°）至新南威尔士州中部（南纬 34°），集中分布在澳大利亚东部山区。灌溉棉田占全国总面积的 80%～90%，其中，74% 的棉田集中在新南威尔士州。26% 的棉田位于昆士兰州，多为雨养棉（rain-fed）。生长期 300 天以上，光照强度超过 2 000 千瓦/（平方米·小时）。降水量分布不匀，或干旱或洪水，南部和东部气温不利于棉花苗期生长和后期采收。新南威尔士州年降水量不足 550 毫米。棉区土壤主要为碱性黏重龟裂壤土，肥力较高。灌溉棉田主要位于土壤结构较细、龟裂和黏重土壤上，黏土比例 70% 左右，有机质含量较低，土层厚度约 120 厘米，易于水渍和紧实，影响产量。8—12 月播种期，4—6 月收获，收获期一般降雨不多。

全澳棉农有 800 户，农场平均耕地面积 1 560 公顷/个，植棉农场棉田面积 300～400 公顷/个。其中昆士兰州棉农 250 户左右，每户棉农植棉面积 140 公顷，新南威尔士州棉农 480 户左右，每户植棉面积 300 多公顷。此外还有一些拥有大面积棉田的大公司。

全澳轧花厂 30 个，陆地棉（Upland）为锯齿轧花，比马棉（Pima）为皮辊轧花。新南威尔士州西部种植比马棉面积 2 000～4 000 公顷，品种为 S-6。

20 世纪 80 年代以来，由于灌溉条件的发展，植棉面积很快上升，特别是 80 年代后期，受世界市场和国内消费需求的刺激，加之单产优势，棉花生产迅速发展。植棉面积从 80 年代初的 8.4 万公顷扩大到 90 年代初的 28.2 万公顷，增长 350%。总产 80 年代初为 9.8 万吨，1991 年提高到 43.58 万吨，增长 4.5 倍，为历史最高水平。灌溉地单产 1 619 千克/公顷，雨养地单产 785 千克/公顷，全国 1 201 千克/公顷，高产田达到 1 680 千克/公顷，仅次于以色列，位居世界第二，高于全球单产水平 2.5 倍。自 2002 年开始，单产迅速提高已位居全球第一（图 20-1）。然而，澳大利亚植棉面积和总产受气候和棉价的影响较大，尤以雨养棉为最显著。植棉投入 8 704.8 美元/公顷，总收益 13 057.2 美元/公顷。

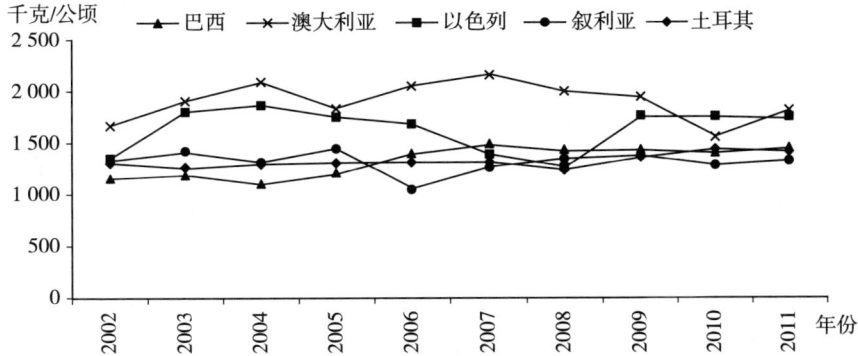

千克/公顷　▲巴西　✕澳大利亚　■以色列　●叙利亚　◆土耳其

图 20-1　全球棉花单产最高的国家皮棉产量变化

资料来源：USDA 2012，http：//www.fas.usda.gov/psdonline/.

二、主产棉区

全国主要棉花产区 11 个，主要集中在新南威尔士州和昆士兰州（图 20-2）。

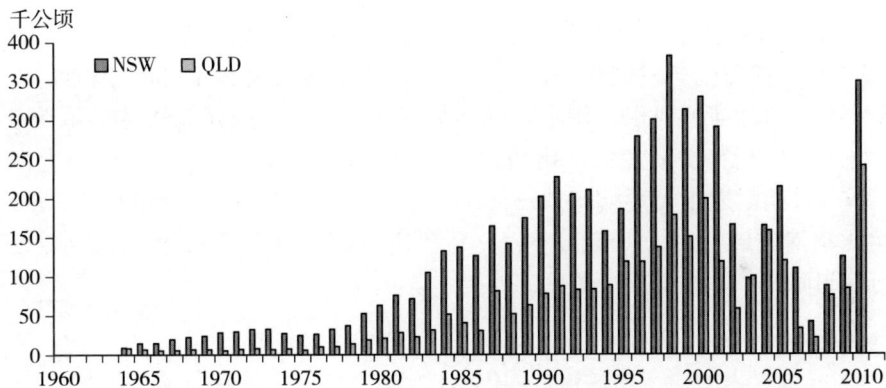

千公顷　■NSW　□QLD

图 20-2　澳大利亚昆士兰（QLD）和新南威尔士（NSW）棉花种植面积变化

（一）新南威尔士州

新南威尔士州棉区有 6 个，1991/1992 年度植棉面积 21.4 万公顷，总产 34.6 万吨，占全国总产的 78.7%。2001—2011 年度植棉面积占整全澳的 62%。其中，灌溉面积 19.2 万公顷，单产 1 700 千克/公顷；雨养棉 2.3 万公顷，单产 828 千克/公顷。

1. 盖得尔（Gwydir）棉区。位于 Gwydir，是澳大利亚第一大产棉区，水资源充足，依靠 Copeton 水坝，是全国最大的水库之一，储水量 11.364 亿立方米。1976 年开始植棉，4年后，面积便从 400 公顷迅速发展到 2.8 万公顷，单产 1 634 千克/公顷，最大的 Colly 农场除拥有棉田面积 1.2 万公顷，还拥有轧花和销售能力。近年来，播种面积维持在 10.5 万公顷。灌溉水来自从 Glenlyon 水库（储水量 2.61 亿立方米）流入两州界河中的水。但由于分配给新南威尔士州棉农的水量不够而使其面临供水不足的困难。因此，棉农在河流之外修建储水设备，储存雨季降水。1991 年灌溉棉田播种面积为 3.2 万公顷，雨养棉为 7 000 公顷。

播期 12 月，收获 3 月初至 4 月。灌溉棉田单产 1 808 千克/公顷，最高达 2 179 千克/公顷，雨养棉单产 828 千克/公顷，机采纺锭式摘花。

2. 纳莫伊（Namoi）**棉区**。1962 年开始商业植棉，为澳大利亚现代棉花生产的诞生地和全国第二大产棉区。20 世纪 80 年代初面积 2.6 万公顷，总产 3.7 万吨。近年来，播种面积 6.9 公顷。灌溉地单产 1 694 千克/公顷，最高达 2 310 千克/公顷，雨养棉单产 654 千克/公顷。灌溉用水取自 Keepit 水坝，储水量 4.25 亿立方米，季节中雨量充足，灌水 4～5 次。雨养棉生产主要采用起垄播种，沟灌注水。

3. 玛阔里岛（Macquarie）**棉区**。位于新南威尔士州的中部偏西，该州棉区的最南部，1967 年开始商业棉生产。生长季节较短，年降水量分布均匀，土壤以冲积土、灰黏土和轻红土为主，后两种土易形成板结和紧实，给灌水造成困难。棉田灌水依靠 Burrendong 水库，容水量 11.88 亿立方米。棉田播种采取 75 厘米行距。近年来，产量 3.5 万吨。一般年份，收获季节天气晴朗。主要虫害为棉花实夜蛾（*Heliothis spp.*）害虫，还有叶螨、刺吸式口器害虫等。有 50 多户棉农。

4. 拉克兰河流域。该地区为拉克兰河棉区所在地，位于新南威尔士州中西部，北接 Macquarie and Bogan catchments 西接 Darling，南接 Murrumbidgee，东接 the Sydney/Shoalhaven Basin。

5. 伯克（Bourke）**棉区**。位于新南威尔士州的西部，该地区是新南威尔士州最大的地区。近 10 多年来，棉花生产发展很快。近年来，播种面积维持在 10 360 公顷，年产棉 1.09 万吨。水源主要是达林河的河水，用水泵抽出储存备用，水源充足与否主要取决于河水充足与否。主要害虫为棉花实夜蛾害虫，化防以硫丹（endosulf an）为主。Bt 生物防治也有很好的效果。季节末期常发生黄萎病（*Verticillium* wilt）。约有 10 多户棉农。

6. 马兰比季河流域（Murrumbidgee）。马兰比季河棉区位于该地区，气候变化大，植棉面积 4 000 公顷，产皮棉 8.5 万吨。

（二）昆士兰州

昆士兰州棉区有 5 个，灌溉面积 4.9 万公顷，产量 1 634 千克/公顷，雨养棉面积 2.0 万公顷，单产 719 千克/公顷。

1. 菲茨罗伊流域（Fitzroy Basin）。中昆士兰（Central Queensland）棉区位于该地区，处于 Fitzroy 河的支流地域 Dowson 河谷中。植棉始于 20 世纪 20 年代，距今已 60 多年。一般年份，2 月雨量最多，正值生长季节，往往造成烂铃，沿 Dowson 河谷建有数个堤坝，总水容量为 4 643 万立方米，可为每公顷提供灌溉用水 2 500 立方米，有棉农 50 多个。该区季节早期没有刺吸式害虫危害，没有酷暑天气，因此，棉花生长发育很快，结铃率很高。近年来，播种面积 2.1 万公顷，产量 4.0 万吨。灌溉棉田单产 1 362 千克/公顷，雨养棉 817 千克/公顷。当前生产中的主要问题是土壤紧实，有发生土壤降解和结构变化的趋势。此外，降水量变化较大，水分蒸发量大，往往在持续干旱过后，必有洪涝发生。

2. 孔达曼（Condamine）。达林当（Darling Downs）棉区位于该地区。本区 20 世纪 50 年代末试种棉花，1961 年商业化植棉，棉农 150 多户。由于该区气候宜于种植多种作物，农民对价格十分敏感，稍感不利，便改种棉花为售价高的其他作物。因此，棉花产量年度间浮动很大。近年来，播种面积 5.3 万公顷，昆士兰州第二大轧花厂于 1992 年 5 月在该区建成，年加工量为 2.2 万吨皮棉。灌溉用水主要依靠 Condamine 河上的 Leslie 水坝，水容量 1 亿立方米。

3. 边界河（Border Rivers）。位于 Maranoa-Balonne 流域，该地区具有 3 个棉区，分别为：①圣乔治（St George）棉区，1957 年植棉，约有棉农 40 多户。1991 年植棉面积 1 万公顷，总产 1.7 万吨，单产 1 471 千克/公顷。灌溉用水主要来自位于 Ballone 河上的 Beardmore 水坝，容水量 1 亿立方米，距棉区 20 千米之远。一般情况下，每公顷灌溉用水 8 500 立方米。虽然水库规模不大，但由于汇水面积较大，灌水十分便利。②Mungindi 棉区。1968 年商业化植棉，灌溉用水主要来自 1972 年在 Nogoa 河上建造的 Fairbain 水坝。该水坝是昆士兰州最大的水坝之一，储水量 14.4 亿立方米，可提供灌溉用水 1.65 亿立方米，充分保证植棉用水。从气候而言，埃默拉尔德是昆士兰州气温最高的地区，生长季较长。生长季早期，即 10 月份气温一般高达 35℃，受刺吸式害虫的危害很轻，棉花早期长势很好。棉田以黑土和龟裂黑黏土为主，土壤营养成分和有机质含量较低。1991 年，棉田总面积 1.6 万公顷，总产 2.4 万吨，单产最高可达 2 179 千克/公顷，平均 1 656 千克/公顷，雨养棉区平均 654 千克/公顷。③Dirranbandi 棉区。棉农约 60 多户，正常年份下，灌溉地单产 1 634 千克/公顷，雨养棉单产 650 千克/公顷，生长季节中受实夜蛾害虫的危害为中等程度，季节末期危害加重，并伴有红斑棉铃虫严重发生。目前，棉花播种面积达 10.6 万公顷，总产为 4.2 万吨。

三、棉田耕作与管理

澳大利亚棉花生产起步于 20 世纪 60 年代，较早就系统地接受了美国先进的植棉技术和经验。培育棉花品种具有花期集中、花朵含絮力强和含糖量低等适合机械化的特点。一般的家庭农场均购置有较完整的、从整地播种到采收的成套机械，生产机械化程度高。从整地、播种、中耕、施肥、治虫、收花到拔棉秆全部靠机械化。主要农业机械有深耕犁、平土机、开沟机、顺垄机、精量播种机、中耕机、施肥机、喷药机、摘棉机、大型网篮集棉机等。从田间采摘、紧压、装包、运输到轧花厂也已全面机械化。

（一）播种

就全国整个棉区而言，8 月中开始播种，3 月开始机械收花，至 6 月中结束收获。灌溉棉区的播期为 9 月 25 日—10 月 20 日。在昆士兰州中部地区，雨养棉播期 8 月中旬—1 月中旬。品种不同，播期也不同，但播期晚不如播期早的产量高。为耐旱起见，播种方式采用宽窄行，即窄行距 101 厘米宽，宽行 305 厘米，近年来趋向采用 137 厘米的等行距，株距 10 株/米。近年来，窄行棉（75 厘米行距）在美国棉花带迅速推行，受此影响，澳大利亚也进行了试验和示范。结果表明，由于美国和澳大利亚的气温、土壤、病虫害均不同，窄行棉在澳大利亚不如传统的 101 厘米行距的产量高。一般情况下，播量为 18～10 粒/米，最高为 14～20 粒/米，即 11～13.5 千克/公顷。最佳密度 10 万株/公顷。根据各棉区不同的气候条件，土温是决定播期的主要依据：①休闲期可供作物使用的土壤有效水分为 50% 或 80%；②播期 3 天之内雨量需达 27 毫米，小于 6 毫米的降水量除外；③6 天内累计总雨量（小于 6 毫米不计）少于 12 毫米，第 7 天雨量不高于 6 毫米，有利于田间行车。

（二）耕作与施肥

传统的耕作做法是：圆盘耙耕翻 15 厘米，再用鉴犁深 20 厘米后作畦，行距 102 厘米。深耕作业法只提倡在干旱紧实土地上实施。播前施液态氨，根据土壤肥力不同，施氮量为 100～200 千克/公顷，磷 20～40 千克/公顷，含钾低的土壤需施钾肥 50 千克/公顷，或土施或叶面喷施。雨养棉区由于是近年新开垦的荒地，磷钾含量高，土壤自身有效氮含量为 40 千克/公顷，土壤肥沃，一般不需施肥。施氮一般是通过对叶柄硝态氮的诊断确定棉株缺氮否。轮作棉田一般是 2 年棉花，1 年小麦，或连作 15 年棉花再种小麦，近年来也与豆科植物轮作。单作棉田占 60%，与小麦轮作的棉田面积约 30%。现代生产中，仍有部分棉田采用传统的深耕作业法，深耙面积占棉田总面积的 10%，约 2 万公顷，深耙成本 120 美元/公顷，其中燃料成本 20 美元，全年对燃料一项的投资为 240 万美元/公顷。近年来，为了降低成本，研制了浅尖犁。该犁最初由英国人 Spoor 于 1978 年研制成功，速度加快，燃料减少，可降低成本约 50%，耕深约为 60 厘米，可浅至 40 厘米，已在澳大利亚迅速推广。

新南威尔士州的雨养棉在季节中往往遭受大雨瓢泼和大风侵袭。为保护土壤结构和防风，近年常采用留麦茬并少耕的做法。棉秆和棉田杂质通常被清出田间燃烧，或耕入土中，可减少害虫越冬基数。一般雨养棉为一年一熟，可保持土壤水分，在一部分雨量充足的棉区，为了消耗冬季田间过多的水分而种一茬小麦，不浇水，次年夏季休闲，再次年夏季种植也是为了便于保护土壤结构。近年来，为减轻冬耕的能源投资和备耕投入，少耕法在一些棉区开始推行。

澳大利亚棉业发展初期很少施用化肥。棉花收获后，通过科学施肥补偿由于耕作和棉花生长造成的土壤养分损失。近年来，为追求更高的产量和更优质的棉纤维，肥料投入逐渐加大。但其仍然追求可持续发展，通过不同的种植轮作制度，如与豆类轮作等，提高肥料利用率，减少化学肥料施用比例，提高产量和纤维品质。

（三）生产管理新技术

随着高新技术在农业生产中的应用，计算机模拟模型在澳大利亚棉花生产中的应用迅速发展。棉花害虫计算机管理系统（SIRATAC）和 WHEATMAN 软件可辅助农民治理虫害和在风险性气候条件下作出生产决策。1989 年研制成功的棉田土壤管理软件 SOILpak 是一个决策支持系统，含棉田土壤发展史和由此而制定的土壤管理决策，以龟裂黏壤土为基础条件，过程是：检查土壤，评定其结构状况，做出管理决策。土壤研究项目是近年来由澳大利亚棉产业资助设立的，目的是研究在灌溉条件下特别是雨量较大的年份下黏壤土和红硬沉淀土上棉花的生产能力。研究结果表明，龟裂黏壤土所形成的土壤紧实状况是造成棉花减产的因素，利用计算机模型管理可避免或降低减产的发生。该软件含两个水平级。第 1 水平级是田间指导，第 2 水平级是专家系统。用于管理灌水的有棉田灌溉计算机管理系统（Hydro-logic），用于害虫研究的还有棉铃虫区域性群体动态模型（HEAPS）和 emtomoLOGIC，用于模拟棉株生理生长并可进行生长预测的有棉花农艺计算机管理系统（OZCOT）等。

（四）灌溉用水管理

扩展棉花生产的最大限制因素是水源，因此，政府对棉农最大的辅助便是出资修建水坝蓄水，以供农业生产使用。但农民用水必须向政府主管部门申请办理用水执照，缴纳水费。一个用水执照每年最大允许用水量为 96 万立方米，干旱年份为 8 000 立方米，一般年份为 5 000立方米/公顷。用水成本为 8.9~11.9 美元/1 000 立方米，包括水泵费用。一般年份中，灌水 4~6 次。棉田灌水以沟灌为主，最佳灌水量 $6×10^6$ 升。近年来，从以色列进口高级节水滴灌设备，但成本太高。滴灌面积占棉田面积的 2%，地下滴灌植棉面积 0.3 万公顷，占播种面积的 0.6%。地下滴灌系统分别安装在 31 个农场，每个农场滴灌系统面积平均为 100 公顷，其中最大一个是 790 公顷，系统平均运行时间 2.8 年，最长 7 年。

随着高科技技术在农业生产中的发展与应用，棉田灌溉用水的操作已计算机化。由位于纳拉布赖的 CSIRO 棉花研究所研制的 HydroLOGIC 软件，是用于棉花生长和水分平衡管理的一个模拟模型，已投放市场多年，并通过实际应用不断完善新版本。该模型的原理是对定时灌水提供帮助，可向棉农回答下列提问：①未来天气低温/温暖/炎热时的灌水决策；②年季节多雨或干旱的灌水决策；③如果水源不足，应重点保证哪一块地；④最后一次灌水在什么时间。

（五）棉花病虫害及其治理

据统计，世界上可危害棉花的害虫有 1 326 种，主要害虫有 46~60 种。澳大利亚棉花生产中记录在案的害虫有 500 多种，主要害虫有 4 个，即棉铃虫（*Heliothis armigera*），澳洲棉铃虫（*H. punctigera*），二点叶螨（*Tetranychus urticae*）和棉蚜（*Aphis gossypii*）。

次要害虫有 16 个，寄生虫和天敌有 250 个，主要天敌有 31 个。棉铃虫迁入澳大利亚的历史并不长，与美国的谷实夜蛾（*H. zea*）为近缘种。棉花病害主要有苗病复合症、黄萎病和烂铃病复合症。引起烂铃发病的菌原可达 170 种，多数为腐生细菌，一般是随着昆虫的危害造成再次侵染，多雨年份发病严重。黄萎病发生已有多年，最初是侵染麦田中的杂草，之后侵染棉花。枯萎病（*Fusarium* Wilt）在 20 世 90 年代之后才对棉花造成危害，1994 年新南威尔士州（NSW）首次报道枯萎病危害，随后迅速扩散。

1. 病害。病害研究以农业和生物防治为主。①角斑病 [*Xanthomonas campestris pv mal-vacearzcm* (Smith) Dye]。是遍布于全国棉区的主要病害之一，在种子圃与大田均有发生，坐铃收花季节中对棉铃虫的侵染率为 20%，以小种 18 为主要病原，以种子受侵染为主要传播途径。因此，研究重点也从控制种子侵染率入手，如在种子圃中喷施铜素，将繁种圃移至干旱地区，轧花时将侵染与无侵染棉花分别加工，种子储存一年后再作为播种用种等。②黄萎病（*Verticillium dahliae*）。发生趋势近年来有所上升，可能的原因有棉田少耕、敏感品种、近年来雨量增多等。主要病原是 SS-4，造成减产高达 25%。主要防治手段为种植抗病品种，如 Sicala V1，与茄子轮作，留苗密度均衡，清除田间棉秆和杂草，使用杀菌剂等。③枯萎病（*Fusarium* Wilt）。发生面积逐渐扩大，2013 年新南威尔士州已有 86 个农场（约占该州植棉面积的四分之三）发生枯萎病。主要防治方法为种植抗病品种，如 Siokra 1-4，清除田间棉秆和杂草，使用杀菌剂等。④苗病。主要有立枯病（*Rhizoctonia solani*）和腐霉病（*Phythium ultimum*）。主要采用杀菌剂处理种子及沟施。⑤烂铃病。主要病原为 *Phytophthoranicotianae*，造成减产可高达 26%。次要病害有黑根腐病、叶斑病、线虫等，其中黑根腐病（Black Root Rot）近年发生趋势逐渐加重，其病原菌为 *Thielaviopsis basicola*，已成为棉花生产的重要病害。至 2003 年，新南威尔士州已有 97% 的农场 72% 的棉田发生黑根腐病。

2. 虫害。对棉花生产造成最大危害的是棉铃虫（*Heliothis armigera*），澳洲棉铃虫（*H. punctigera*）、叶螨（*Tetranychus urticae*）和棉蚜（*Aphis gossypii*）。其次是澳洲金刚钻（*Earias huegeli*），苹蓟马（*Thrips imaginis*），棉蓟马（*T. tabaci*）等。

（1）实夜蛾害虫。澳洲棉铃虫为澳大利亚当地害虫。这两个虫种除侵食作物外，亦侵食多种野生植物，寄主范围很广。对棉花的侵害最早始于苗期，咬断茎尖、咬落蕾铃，从成熟杂草上成群迁飞至棉田时，可将棉花幼苗全部毁掉。幼苗期，平均每 1 米株行中如有幼虫 1～2 头或有卵 4 粒，便可随着棉花的发育在蕾铃期造成重大危害。害虫的卵为白色，常产在棉株顶端 1/3 处，卵孵化期在 25℃气温下需 4 天，幼虫和蛹的发育气温在 25℃下分别为 17 天和 16 天，每 42 天完成 1 代，每年发生 4～5 代。棉铃虫一般在 10—11 月开始发生危害。第一代幼虫在小麦、粮食作物或杂草上，此后世代侵害棉花和其他夏季作物如高粱、玉米、大豆等，危害高峰为 3—5 月。第 1 代幼虫取食如红花、羽扇豆、油菜、牧草，9—11 月长出的新草芽等，此后各代侵害棉花及夏季油菜、豆类植物等。

（2）叶螨。在澳大利亚大部分棉区造成严重危害，尤其是在玛阔里岛。生产中危害性最大的有二个虫种：一是二点叶螨（*Tetranychus urticae*），二是卢氏叶螨（*T. ludeni*），主要发生在纳莫伊和盖得尔河谷。初始危害发生在靠近叶柄或叶褶的叶面上，随着季节进展，棉叶因叶螨的危害变红，呈细网状分布，最终棉叶脱落，对棉花产量和品质影响显著。防治方针为：一是由于叶螨在冬季仍可成活，应控制上年季节的虫口向下年集结的过程；二是利用季节早期的天敌进行防治；三是棉花一出苗即进行危害调查；四是生长中定期调查，利用危害程度或叶螨虫口增长速率确定防治是否；五是在危害严重的地块种植产量最低但抗叶螨的品种。

（3）棉蚜。春季或夏初最先进入棉田的蚜虫是黑绿雌蚜（Blackish-Green），是一种有翅蚜，在棉花上生产微暗绿或橘色若虫，这些若虫发育成无翅雌蚜，再产生出更多的若虫。反复如此，直至群体拥挤不堪，或待棉花幼株已老，又产生出有翅蚜。在无风静止的天气，这些有翅蚜因数量之大可形成"空中浮游"的景象。每年发生 7 代或更多代。蚜虫以取食幼苗为主，分泌蜜露，季节末期可造成黏棉花问题，影响纤维品质。

（4）化学防治。20 世纪 90 年代传统上病虫防治主要依赖于化学农药。公顷防治成本在 370.8 美元（约 3 000 元人民币，含人工机力费）。典型年份喷药 10～12 次，以点片防治为主。传统防治使用的农药品种主要有赛丹、毒死蜱等。喷药次数超过 7 次，便意味着治虫费用过高。喷药方式有地面机械喷药和空中飞机喷药两种。每年仅用于防治棉铃虫和澳洲棉铃虫的资金为 2 500 万美元，可供选择的农药种类有 53 种。生产中常使用的化学杀虫剂主要有硫丹，有机磷（11 种）和菊酯类农药（7 种）。用于防治棉铃虫的农药中，70%～80%是菊酯。20 世纪 90 年代末，棉铃虫对赛丹等药剂产生了严重抗性，棉铃虫发生越来越重。药剂使用量、防治次数、防治成本较原先大幅增加，公顷防治成本增加至 1 000 澳元。棉铃虫在昆士兰州埃默拉尔德河谷对菊酯类农药首次出现抗药性，之后波及新南威尔士州，造成减产高达 20%。LD90 测定表明，棉铃虫对菊酯的抗药性最低 2 倍，最高 150 倍。为阻止抗药性继续发展而采取的措施是，将季节分为三个阶段，第 1 为现蕾前；第 2 为现蕾和坐铃期；第 3 为棉铃成熟期。针对这三个生长阶段，化防策略为：①轮换用药，避免独用硫丹。在第 2 阶段只用 1 次硫丹。②第 2 阶段中有 5 个星期可施用菊酯和硫丹，6 个星期在其他作物上施用。③对棉花施用 1 次胡椒丁醚。④杀卵剂、Bt 与硫丹混用。此外，从整体治理的观点出发，提出 10 条治理方针。自实施以来，棉铃虫抗药性的发展缓慢，敏感种群在棉区有回升的趋势。

近年来，澳大利亚十分重视应用 Bt 制剂 Dipel ES 防治棉铃害虫。Dipel ES 是一种油剂，与菊酯类农药或其他农药配合施用，适于空中超低量喷雾，对捕食性天敌无毒杀作用。与 Dipel ES 配用的农药有拉维因（Larvin）、硫丹（Endosulfan）、低毒硫磷（Curacron）和敌杀死（Decis）。在低至中等害虫危害水平下，Dipel ES＋拉维因的有效用量为 1～2 升/公顷，或 2 升 Dipel＋1.5 升拉维因/公顷，在中等至严重危害水平下的有效用量为 Dipel 2 升＋拉维因 1 升，或高剂量 Dipel＋硫丹 3 升/公顷。Dipel 与低毒硫磷和敌杀死超低量喷雾的防效也很好，并可有效地降低害虫抗药性。

（5）全面推广应用最佳管理模式（BMP）和病虫害综合治理技术（IPM），实行农业防治与综合治理。研究发现，虫害的许多问题皆因棉田单作而起，由于取食种类不多，天敌密度很难达到 0.5～1 头天敌/每粒棉铃虫卵或/每头幼虫的防治阈值。农业防治主要采用：大面积播期尽量一致；清理冬季棉田残株，翻埋残茬，棉田收获后消灭或处理其他寄主以断绝食源。冬季翻耕休闲棉田，一般可减少春季羽化率 3.5％～15％。此外，在棉田附近种植一些棉铃虫的其他寄主也可相对减轻棉田的害虫虫口。其中最佳管理模式（BMP）是澳洲作物高产实践管理措施，包括作物布局、水的循环利用、新技术、栽培管理、环境保护、病虫防治等因素最佳优化管理配置。BMP 是澳大利亚棉业一项主动性的环境项目。它把农场的实际管理和现代科学技术相结合，制定出一套保护和改善自然环境的管理制度。BMP 技术是独一无二的产生于澳大利亚的管理方案，而且正在引领世界进行棉花农场的环境管理。

BMP 由政府出资，政府累计向 BMP 投入了约 445 万美元，联合各科研机构联合攻关棉花种植过程中的各种问题，提出最佳优化种植管理方案，免费提供农民使用，在政府的农业网站和一些专业书店里都能得到。同时将 BMP 与全国培训资格标准联系在一起。BMP 向棉农提供了一种农场管理系统，使农药用量、杂草和疾病也得到了很好的控制，水资源利用率最大化，国内的其他动植物得到了良好的保护，保持改善了土壤。通过 BMP 实行统一害虫管理和生物技术管理，使得棉花行业在过去的十年内的杀虫剂用量较少了 70％。目前全国 2/3 的农民都采用最佳管理模式。

近几年澳大利亚病虫害综合防治上取得了明显成绩。在作物布局上比较合理，一般情况下一个农场棉花种植面积只占农场作物面积的 1/4～1/2；棉田生态多样性较好，棉田中天敌较多，害虫猖獗和暴发明显减少，农药使用量也大大降低，棉蚜、棉叶螨等害虫很少用农药或只进行点片防治。对于棉花枯、黄萎病当地主要采用了抗病育种的方法，棉花品种基本上是本国自行选育的。此外澳洲棉种还大量出口美国，美国市场上 25％的棉花种子是由澳洲进口。

近年来，综合抗性管理（Integrated Resistance Management，简称 IPM）相继在全国范围内开展，其主要以降低现有抗性水平继而控制抗药性。IPM 概念强调只有在害虫的危害会导致经济损失的前提下才进行防治，也就是说，允许农作物上存在一定数量的病、虫害，只要它们的种群数量不足以达到经济危害水平，就不必进行防治。另外，在 IPM 的实践中，非常重视包括抗性品种、耕作方法、害虫自然天敌、化学药剂在内的综合防治技术的应用，尤其是利用自然天敌等生物因子来控制病虫害。G R Strickland 研究表明（表 20 - 1），

1996—1998 年，Ord 河灌溉棉区农场在采用 IPM 技术后，单产比常规害虫管理技术提高 3.8%，但打药次数却降低了 0.77 次（9）。与此同时，采用 IPM 技术后棉田天敌数量在整个生育期均可以保持在一个较高水平。其中短管赤眼蜂作为卵寄生蜂，是棉田害虫的重要天敌。图 20 - 3 表明，采用两种 IPM 技术后，棉田棉铃虫卵的短管赤眼蜂寄生率整个生育期大部分时间均在 70% 以上，最高可达 90% 以上。

表 20 - 1　1996—1998 年 IPM 和非 IPM 管理模式下 Kununurra 产量和打药次数对比情况

年份	非 IPM 管理模式产量 SiokraL23i	打药次数	IPM 管理模式产量 SiokraL23i + IPM	打药次数（次）
1996	6.98	3.50	7.64	3.00
1997	6.61	5.75	6.63	4.10
1998	7.27	3.75	7.36	3.58
平均	6.95	4.33	7.21	3.56

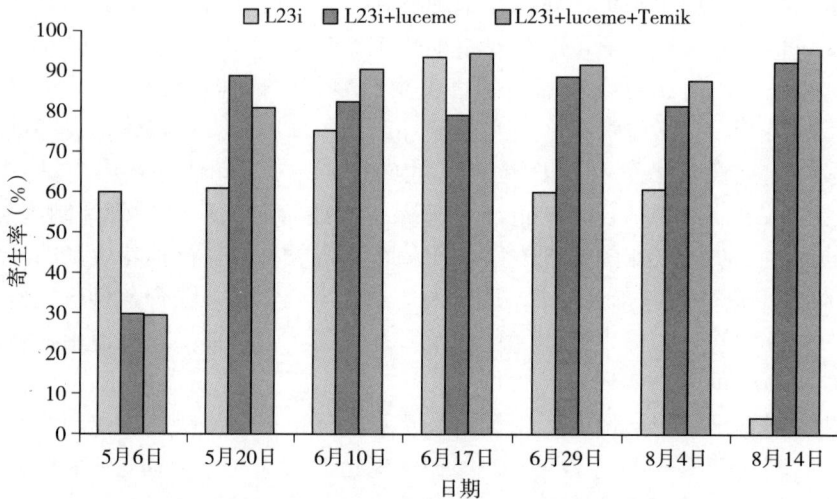

图 20 - 3　Kununurra 地区棉田不同管理模式下棉铃虫卵短管赤眼蜂寄生率变化（1998）
注：L23i 为转 Bt 基因抗虫棉品种。L23i：采用常规害虫管理技术；L23i＋lucerne：与苜蓿套种；L23i＋lucerne＋施用涕灭威。

（六）转基因品种的应用与推广

21 世纪后澳洲开始大面积的推广转基因抗虫棉，使棉铃虫的危害得到了有效控制。1996 年澳大利亚尝试在棉花上引入转基因技术，将 Bt 单基因片段（Ingard）导入棉花中，用来防治棉铃虫，得到了成功。农药使用量下降了 50% 以上，环境农药残留问题也基本解决。2003 年，澳洲开始引进双基因抗虫技术 Bollgard Ⅱ，Bollgard Ⅱ 含有两种抗棉铃虫基因，对害虫抗虫性更强，抗性稳定性好，不易丧失，受到农民的普遍欢迎。Bollgard Ⅱ 的推广应用使农药使用量较传统防治方法减少 90% 以上，公顷防治成本由原先的 500 澳元下降到 30 澳元，喷药次数由原先的 10.7 次，减少到 2.6 次（主要是防治棉蚜、叶螨等害虫）。棉铃虫基本上不用化学防治。目前 Bollgard Ⅱ 推广应用面积已占澳洲棉花种植面积的 80% 以上。21 世纪后澳洲开始大面积推广转基因抗虫棉，使棉铃虫的危害得到了有效控制。

近年来越来越注重综合治理，集自然控制因素、耕作栽培措施、化学防治和种植抗虫品种等形成系统治理，最大限度地减轻由单一防治带来的不良后果，尤其是减缓抗药性的发生与发展。利用病毒治虫也是综防体系的一个重要组成部分，着重研究在病毒中导入外源基因的技术。现已从棉铃虫体内分离出一种杆状病毒，制成 2 种生物制剂，一种是核多角体病毒（NPV），另一种是颗粒体病毒（GV），应用以来已显著见效。

（七）计算机模型在治理害虫中的研制与应用

20 世纪 70 年代初，棉铃虫和叶螨在许多棉区对多种有机磷和有机氯农药产生了抗性。70 年代末，菊酯农药作为 DDT 及有机磷农药的换代产品，在害虫防治中大展身手而一举取代了有机磷农药多年的化防地位。然而，仅 6 年左右，1983 年，埃默拉尔德河谷首次报道了棉铃虫对菊酯的抗药性。澳大利亚的科学家们认识到，害虫治理必须减少生物防治成本，选用杀伤力强抗药性低的杀虫剂，控制次要害虫上升为主要害虫，化防不能伤及人畜安全及环境污染，与此同时，最大限度地提高棉花生产能力。这就需要高新技术的应用，即计算机模拟模型的管理与应用。

1. SIRATAC 模型。 70 牛代初，由位于新南威尔士 CSIRO（澳大利亚科学与工业联邦组织）的科学家与新南威尔士州农业部协作，共同研究棉花生产生态与经济运行系统，1976 年，害虫治理计算机模拟模型 SIRATAC（两个单位的首字母缩略语）问世，1979/80 年首次大规模在新南威尔士商品棉生产中应用，之后又在昆士兰如棉花生产中推广。该系统由分析与合成两个阶段组成，从分析阶段至合成阶段有 16 项过渡因素（图 20 - 4）。在 SIRATAC原型中，所有害虫防治阈限为固定状态，1981 年，除棉蚜外，对棉铃虫的所有阈值已发展到动态式。使用面积小则 100 公顷，大则 1 000 公顷。为推广使用 SIRATAC，1981 年，成立了 SIRATAC 商品有限公司。该公司由棉农、化学家、协调员和其他人员组

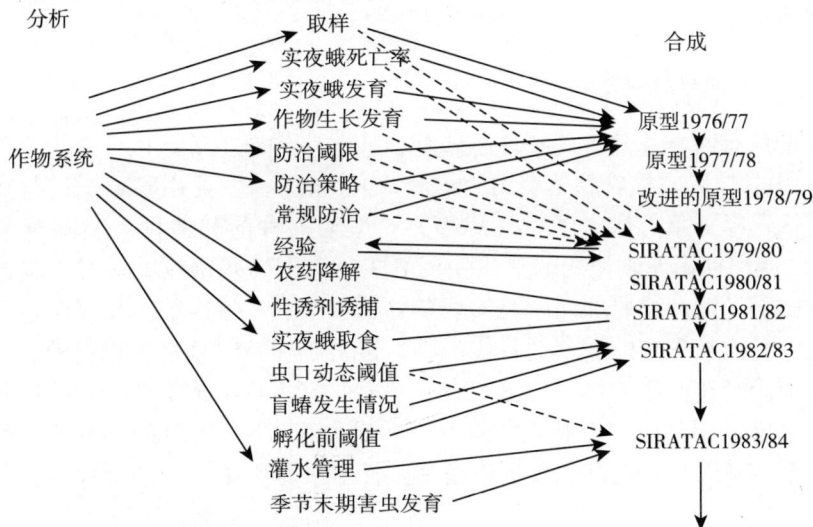

图 20 - 4　害虫治理模型 SIRATAC 的原型与发展

资料来源：Ives，P. M. 澳大利亚棉花害虫治理中的 SIRATAC 系统 . 作物损失评定与害虫管理 . 1987：251 - 269. In：Teng，P. S.（Ed.），Crop Loss Assessment and Pest Management. APS Press，Minnesota.

成，是一个非利润私办公司，部分经费来自棉农，按收入每包棉花交纳 25 分，大部分经费来自收取服务费用。SIRATAC 的版权属研究者所有，并负责维修和改进。棉农使用 SIRATAC 软件须按 9.26 美元/公顷付款，如需要田间巡视，则需付 27.50 美元/公顷。使用 SIRATAC 的棉农必须首先获得培训资格证书（ASO）。至 1984 年，SIRATAC 已在 260 个单位计 4.45 万公顷面积上使用，占当年全国棉田总面积的 27.5%。1981 年的试验表明，使用 SIRATAC 后，喷药次数大大减少，净收益回收视棉区不同提高 16～85 美元/公顷，平均提高 2%。近年来，SIRATAC 的取样范围不断增加，至今已包含 5 种植物 6 个种类共 30 份取样。

2. entomoLOGIC 害虫治理计算机专家系统。 emtomoLOGIC 棉花害虫治理专家系统的基本模型衍生自 SIRATAC，是一个简单模型。用于协助害虫治理决策，调查记录并告诉喷药次数，喷什么药，什么时候喷，为什么喷此药而不喷彼药。该模型最初在苹果 Macintosh™ TM 微机上作为 HyperCard™ 使用，1992 年季节出售的该模型软片可在 IBM PC™ 状态下使用，更方便于小型植棉农场的棉农和在携带式微机上使用。

3. HEAPS 棉铃虫生态行为模型。 该模型是一个为在大面积棉田上研究棉铃虫和澳洲棉铃虫的生态习性和行为的模型。利用模型可预测季节中害虫种群动态，并因此而采用不同的治理措施。例如，模型可提出变换作物种类布局，播种时间，预测化防效果，采取措施后对害虫种群发育的影响及害虫抗药性的动态等。目前的研究项目主要包括：①幼虫在不同寄主作物上的成活与发育；②成虫羽化，迁飞和选择寄主的习性；③成虫产卵取食习性；④成虫越冬生态学；⑤成虫在澳大利亚内陆地区的生态学。

立足于未来棉花生产发展，害虫治理必须建立在一个高度复杂的系统上，依据这个系统可以将害虫虫口调控在可以接受的低密度水平。这些复杂的因素和治理技术包括寄主作物抗性，农业防治，保护和增殖天敌，选择性微生物农药，害虫习性操纵，如种植诱集作物、大规模性诱剂诱捕、打断交配、使用交配排斥剂等，辅之以化防和计算机模型的建议等形成综合复杂的治理体系。

（八）棉田主要杂草及其治理

棉田主要杂草有西方苍耳、刺苍耳、莎草、酸浆草和牵牛等，以莎草为害最重，危害面积达总植棉面积的 15%。棉农除草费用为 138.7 元/公顷。主要用除草剂进行防治，如氟乐灵、敌草隆、伏草隆、草甘麟、阿特拉津等。一般为播种前和播种后施除草剂，生长早期（10 月）中耕。澳洲棉田原来使用的上述除草剂在环境中的残留较大，对土壤、水和周围的环境有一定的影响。澳洲科研部门研究发现草甘膦在水和土壤中能自然降解，无残留，且除草效果好，是一种比较理想的除草剂替代产品。但由于棉花对草甘膦也很敏感，不能在棉花生长期直接喷施。经过多年的努力，澳洲农业专家研究培育出了抗草甘膦棉花新品种，在棉田施用草甘膦防除棉田杂草时对棉花无影响。目前澳洲 70% 的棉花使用了这种抗除草剂品种，同时抗除草剂基因品种也都具有抗虫基因，使双抗基因棉花在澳洲大面积种植。

四、机采棉管理规程

（一）品种

灌溉棉区，产量为优先考虑因素。Sicot 71 系列在不同地区均有高产出表现，尤其 Sicot

74BRF。雨养棉地区，Siokra 24 BRF 是最佳推荐，Sicot 74BRF 表现也较好。Sicala 340BRF 纤维品质较好。其中 Sicot 71BRF 为早熟类型品种，纤维长度 31.0 毫米、比强度 30.8 厘米/特克斯，麦克隆值 4.3，主要在南部棉区种植；Sicot 74BRF 为中熟类型品种，产量更高，纤维品质更优，主要在中北部棉区种植。

（二）播种时间

播种主要考虑的是墒情，时间选择要求播种深度的土壤最低温度连续三天超过 14℃，并呈现不断上升趋势。10 月 15 日到 11 月 15 日为澳洲多数棉区播种时间。

（三）种植模式

播种方式主要根据收摘棉花机器的尺寸，一般行距 1 米，起埂（埂顶宽 35.6 厘米），在埂背上用电脑自动控制的播种机点播，播种量 11～13.5 千克/公顷，棉种由澳大利亚一家棉种分销公司（Cotton Seed Distributor，简称 CSD）统一供给，种子精选，用蓝绿色包衣，每埂（垄）上播 2 行。灌溉棉区，株距 8～12 株/米；雨养棉地区，株距 5～8 株/米。株距一定不超过 50 厘米。播后不间苗、不定苗、不整枝。

1. 雨养棉地区。为减少棉花生育期对水分需求，有些地区实行隔行种植，或者隔两行种植模式。在此模式下，棉花产量、纤维品质均有一定程度的提高和改善。如表 20-2 显示了各地区 1957—2010 年降水量。根据棉花农艺计算机管理系统（OZCOT）预测（表 20-3 和表 20-4），在 2 个作物可利用土壤含水量条件下，不同地区隔行种植模式产量潜力总体上要高于每行种植模式。图 20-5 则表明，隔行种植模式下，纤维长度得到一定改善。

表 20-2　1957—2010 年不同棉花产区 10 月至 4 月以及 12 月至 3 月平均降水量

地区	10 月至 4 月降水量（毫米）	12 月至 3 月降水量（毫米）
Histon	212	121
Narromine	303	183
Warren	310	194
Gunnedah	407	253
Coonamble	326	205
WeeWaa	391	251
Bellata	409	263
Moree	396	258
Croppa Ck	404	265
Goondiwindi	426	281
Dalby	488	319
Biloela	534	373
Emerald	489	356

注：播期为 10 月 30 日；行距 1 米；株距 7 株/米。

资料来源：澳大利亚气象局。

表 20-3　棉花农艺计算机管理系统（OZCOT）预测每行种植模式下 2 种作物

可利用土壤含水量对产量潜力（包/公顷）及其变化的影响

地区	200 毫米土层物可利用土壤含水量			250 毫米土层作物可利用土壤含水量		
	平均	80%	20%	平均	80%	20%
Gunnedah	3.1	1.9	4.6	3.9	2.5	5.5
Wee Waa	3.3	2.0	4.8	4.0	2.7	5.7
Bellata	3.4	2.2	4.7	4.1	2.8	5.4
Moree	3.1	2.0	4.4	3.8	2.7	5.3
Croppa CK	3.4	2.1	4.9	4.1	2.8	5.5
Goondiwindi	3.3	1.9	4.7	3.9	2.5	5.4
Dalby	3.4	2.0	4.7	4.1	2.8	5.2
Biloela	3.4	2.5	4.5	4.3	3.2	5.5
Emerald	3.5	2.4	4.4	4.2	3.1	5.2

注：1 包＝225 千克。

表 20-4　棉花农艺计算机管理系统（OZCOT）预测隔行种植模式下 2 种作物

可利用土壤含水量对产量潜力（包/公顷）及其变化的影响

地区	200 毫米土层作物可利用土壤含水量			250 毫米土层作物可利用土壤含水量		
	平均	80%	20%	平均	80%	20%
Gunnedah	3.3	2.4	4.3	3.8	3.0	4.8
Wee Waa	3.4	2.4	4.4	4.2	3.2	5.0
Bellata	3.6	2.6	4.8	4.3	3.4	5.0
Moree	3.3	2.2	4.4	4.0	3.0	5.0
Croppa CK	3.6	2.4	4.8	4.4	3.2	5.5
Goondiwindi	3.4	2.4	4.3	4.1	3.4	4.9
Dalby	3.6	2.5	4.4	3.9	3.1	4.6
Biloela	3.5	2.7	4.0	3.9	3.0	4.6
Emerald	3.5	2.5	4.5	4.3	3.1	5.2

　　2. 灌溉、半灌溉区。灌溉条件较好地区采用隔一行种植（Single skip）（宽窄行，窄行行距 1 米，宽行行距 2 米，66% 种植面积需灌溉）；或者宽行距种植（80 Inch or 1 in 1 out）（行距 2 米，50% 种植面积需灌溉）。灌溉条件较差，温度较高地区采用隔双行种植（Double Skip）（宽窄行，窄行行距 1 米，宽行行距 3 米，50% 种植面积需灌溉）；或者超宽行距种植

（行距 3 米，33％种植面积需灌溉）。详见图 20-6、图 20-7。

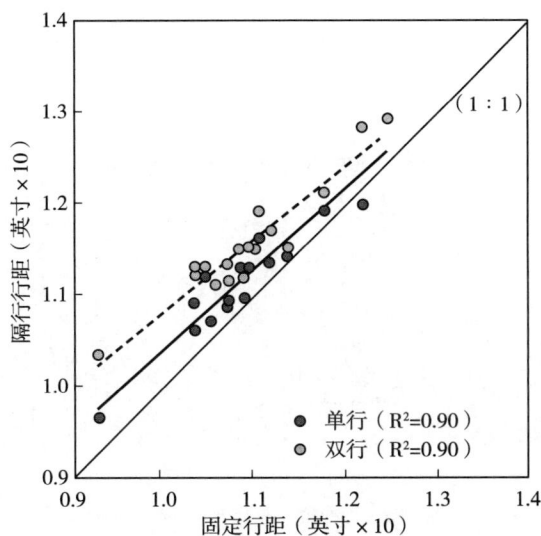

图 20-5　雨养棉区隔行种植与每行种植纤维长度对比（图中直线 1：1
表示隔行种植纤维长度与每行种植长度相等）

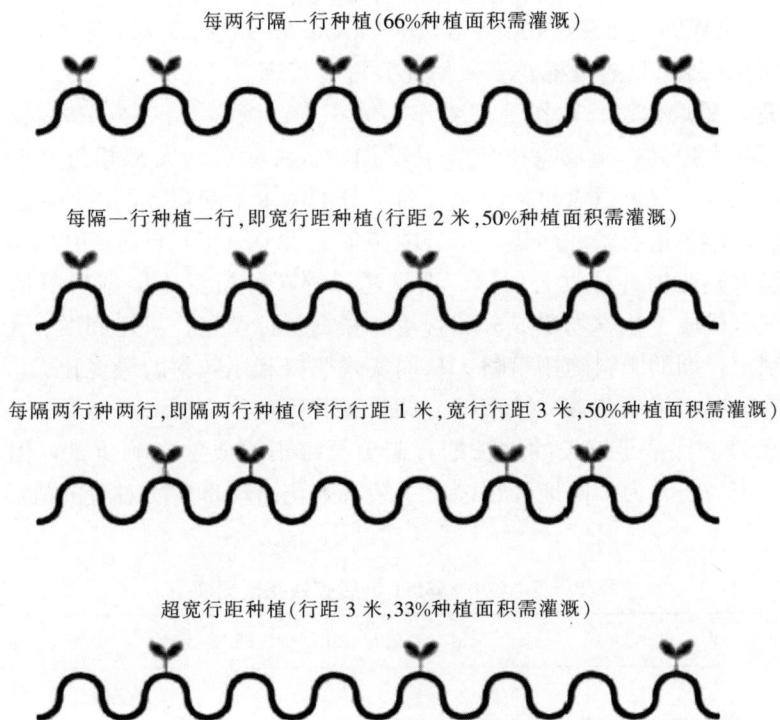

每两行隔一行种植(66%种植面积需灌溉)

每隔一行种植一行,即宽行距种植(行距 2 米,50%种植面积需灌溉)

每隔两行种两行,即隔两行种植(窄行行距 1 米,宽行行距 3 米,50%种植面积需灌溉)

超宽行距种植(行距 3 米,33%种植面积需灌溉)

图 20-6　行距配置指导图

图 20-7　田间不同灌溉方式下种植模式

注：左侧为半灌溉区，隔一行种植；右侧为全灌溉区，1 米正常间距种植。

（四）生长管理

使用棉株发育测量工具（Cottassist Crop Development Tool），助壮素氯化物（Mepiquat Chloride），测量营养生长率（VGR：Measuring Vegetative Growth Rate），顶端白花以上节点（NAWF：Nodes Above White Flower）、顶桃以上节点（NACB：Nodes Above Cracked Boll）等工具测量棉花生长情况并进行管理。

1. 施肥管理。 采取休耕、轮作（主要作物为小麦、鹰嘴豆、大豆和高粱等）和秸秆还田等措施，土壤肥力提高，土壤有机质含量增加，各种营养元素都相当充分，在棉花播种时，适当施一些氨水，就可以满足棉花生长对养分的需求，获得较高的产量。当前，为获得更高的棉花产量，施肥量有增加趋势，每公顷施氮约 200～250 千克。但从增加效益和保护环境的角度，澳大利亚棉种分发公司（CSD）建议棉花种植者应根据自身情况进行施肥管理：①分析土壤有机质、化学物质成分和含量。根据目标产量、耕作制度、土壤情况计算作物需肥量，并制定长期的肥料施用策略，从而实现肥料利用效率的最优化；②生长期中，定时监测棉花营养状况，根据营养亏缺情况，调整施肥策略。

2. 生长期管理。 保证足够长的生长期，避免纤维不够成熟影响质量，但也要在降温降雨前收获完毕。表 20-5 为不同地区在最后一朵有效花出现日期所对应的最后一颗可收获棉桃的预计日期。

表 20-5　CottASSIST 最后有效花预测模型

地区	最后有效花开花平均日期（月/日）				
	3/1	3/15	4/1	4/15	5/1
Jerilderie	12/30	1/11	1/22	1/30	2/5
Grififith	12/31	1/12	1/24	1/31	2/7
Hillston	1/5	1/17	1/29	2/5	2/12

（续）

地区	最后有效花开花平均日期（月/日）				
	3/1	3/15	4/1	4/15	5/1
Warren	1/6	1/18	1/29	2/6	2/13
Bourke	1/13	1/25	2/6	2/15	2/22
Walgett	1/11	1/22	2/4	2/13	2/20
Wee Waa	1/8	1/20	2/2	2/10	2/18
Gunnedah	1/4	1/16	1/29	2/6	2/14
Spring Ridge	12/31	1/12	1/24	2/1	2/9
Moree	1/8	1/20	2/2	2/11	2/20
Mungindi	1/11	1/23	2/5	2/14	2/22
St George	1/12	1/24	2/6	2/15	2/23
Goondiwindi	1/8	1/20	2/2	2/11	2/19
Dalby	1/2	1/14	1/28	2/6	2/15
Theodore	1/9	1/21	2/5	2/15	2/25
Emerald	1/11	1/24	2/7	2/18	2/28

注：最终收获日期的推迟并不意味着最后有效花时间相应的推迟，尤其是在较为寒冷的地区。

资料来源：www. cottassist. com. au.

3. 打顶（Cut-out）。当 NAWF 为 4、5 时，进行打顶。一块棉田当有 70%～80%的棉桃成熟时，打顶时机合适。打顶日期需要在未来产量和预期棉株成熟时间当中做一个平衡，保障收获在大规模降温降雨到来前完成。晚期开花与再生长都会直接带来马克隆值的降低和棉结的增加以及降级。延迟收获还会可能遭受降温降水带来颜色级别的降低。

4. 脱叶催熟剂。计算打脱叶剂的时间要根据所在地区情况考虑如下问题：①Nodes Above Cracked Boll（NACB）炸裂棉桃以上节点等于 4 的时候，喷洒脱叶剂 Dropp Liquid（有效成分为苯基噻二唑脲 500 克/升）。②每枝上的新棉桃需要约 3 天（气温低地区 4 天）能够吐絮。③（NACB — 4）× 3＝ 距离喷洒脱叶剂的天数。④喷洒脱叶剂的时间也是需要或者接近再次灌溉的时间。灌溉适量，既保证成熟期用水，又保证田地足够干燥，利于脱叶，避免延期与二次生长。肥料足够保证到收获，叶片自然成熟，方便打脱叶剂时轻松脱叶。在降温降水到来前留出收获时间。⑤第一次霜降前就进行脱叶。

（五）轧花质量控制

保留纤维长度：在轧花过程中，减少清棉次数（取决于籽棉质量），在轧花和清棉时将纤维含水量维持在 7%～5%之间，有助于保留纤维长度和降低短纤。但纤维含水量不可超过 7%。此外，降低进料辊和皮棉清理锯齿之间的梳理速度也可以减少纤维断裂。

减少棉结：皮棉清理是制造棉结的主要环节。减少清理次数就可以减少棉结。维持规定设备距离，例如喂棉机网格与清理机锯齿之间的距离会减少纤维损失和棉结数量，剥棉网和锯齿之间的距离更接近可以减少棉结，保证纤维含水量在控制范围内也可以减少纤维损失控制棉结产生。

减少污染：清洁棉垛堆放场地；经常检查棉垛防水布；恰当的运输与存储。

五、成本和收益

澳大利亚棉花生产可获得较好的收益。据《Australian Cotton Comparative Analysis》（见第一章）报告，从 2006 年到 2015 年的 10 年平均，全澳植棉收益变化幅度为 4 279 澳元/公顷（相当于人民币 1 426.3 元/亩）～7 323 澳元/公顷（人民币 2 441.0 元/亩），平均收益 5 461 澳元/公顷（人民币 1 820.3 元/亩）；全国植棉支出幅度 3 864 澳元/公顷（人民币 1 288 元/亩）～5 161 澳元/公顷（人民币 1 720 元/亩），平均支出 4 507 澳元/公顷（人民币 1 502.3 元/亩）；全国植棉平均净收益（盈利）＝收入 5 461－支出 4 507＝954 澳元/公顷（人民币 318.0 元/亩），这个净收益是非常高的，边际回报率很大。

澳大利亚棉花之所以能够获得较好的回报，据分析，拥有高产和高品质这两个核心竞争力是关键因素。一是单产水平极高。关于全澳棉花单产水平，自 2004/2005 年度到 2014/2015 年度的 12 个年度平均为 2 022 千克/公顷（134.8 千克/亩），高于同期全球平均水平的 769 千克/公顷的 1.63 倍，是高产抵消或消化了高成本而变得植棉有利可图。二是澳大利亚棉花品质位于全球原棉的高端水平上，所产原棉在国际市场普遍受到欢迎，更受中国用户的青睐。国际市场的高度认可促使澳大利亚以较高价高进行销售，获得较好回报。三是所有农场都依靠先进农业装备和大型农机具，实行耕地、播种、管理和收获的全程机械化作业。棉田、麦田的种植制度为一年一熟制，棉花采用不覆盖地膜的裸地直播，灌溉方法为沟灌。四是棉花农场有足够大的规模，可获得规模效益。按农场平均面积 2 000 公顷，净收益按 300 元人民币/亩计算，一个植棉农场年收益 900 万元，每个农场平均雇工 10 人，与农场主本人计 10～12 人，人均收益可观。

澳大利亚棉花最大农场在昆士兰州和南威尔士州交界处的库比私人农场，面积 9.3 万公顷，2 万公顷为灌溉用地，建有储水设施，其余为雨养农田，农场价格 2.5 亿澳币，2011 年由山东如意公司投资 2.4 亿美元（约合 15 亿元人民币）收购 80% 的股份。据近几年实践，农场收入丰硕，年产澳棉 2.5 万包（5 500 吨），价值 1.5 亿元澳币，国内企业可获得稳定渠道的高品质原棉来源。

第二节 棉业政策

一、棉花生产、销售与政策

澳大利亚是原棉净出口大国。1992/1993 年度，澳大利亚棉花总产较 1991/1992 年度减产 5%。其中，雨养棉播种面积减少 25%，减少的主要原因是棉花售价不如小麦的高。但灌溉地棉田面积由于原棉品质好售价高而略有上升。面积增减基本由市场售价所左右。澳大利亚原棉主要出口市场为日本（38%）、印度尼西亚（21%）、韩国（17%）、中国台湾省（8%），向中国大陆的出口量占其总出口量的 2%（图 20－8）。

但近年来澳大利亚棉花出口国发生显著的变化，其中出口到传统的贸易伙伴（欧洲、日本和印度）的数量大幅下降。但泰国和印度尼西亚依然保持着较高的贸易量。而其出口到中

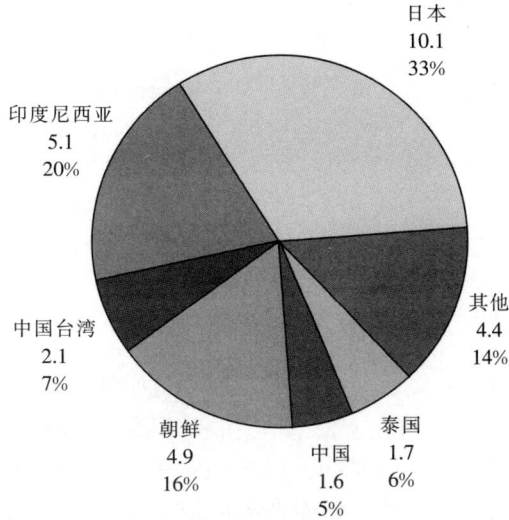

图 20-8　1992 年澳大利亚棉花主要出口市场（万吨,%）

国的棉花量大幅增加，目前，中国已成为澳大利亚棉花出口量最大的国家（图 20-9）。自 20 世纪 80 年代初，澳大利亚原棉售价（澳分/千克）基本与国际市场售价 Cotlook A 指数（美分/磅）持平，表明这 10 多年来澳大利亚货币的稳定性。澳大利亚棉花售价的依据为现金价和期货价，主要取决于纽约棉花交易所的期货价。1987—1991 年的 5 年中，原棉售价取值 150～600 美分/磅。一般情况下，如果纽约期货价在 0.75 美元/磅皮棉±5 美分时，澳大利亚每包棉的售价可达最高值。澳大利亚棉花出口按美元计，因此，美元与澳元的兑换率直接影响着棉农的收入。期货售价最低的情况下，轧花厂交货的毛收益也能达到 1.784 美元/千克。

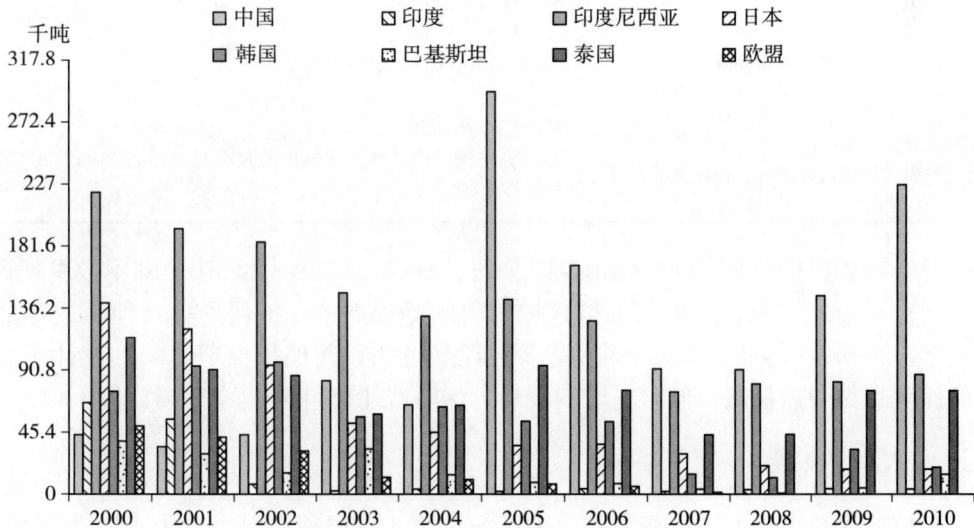

图 20-9　澳大利亚棉花出口分布

资料来源：ABARE2011，Australian Commodity Statistics 2011.

澳大利亚是中国原棉进口的主要来源地之一。据对《海关统计》数据的整理，从 2002

年到 2014 年的 13 年，中国累计进口量 337.7 万吨，占中国进口总量的 10.2%；进口额 72.4 亿美元，平均单价 2 143.9 美元/吨，高于中国进口棉花均价 1 869.2 美元/吨的 14.7%。这是中国从几十个经济体进口来源地中单价最高的，可见优质棉在国际贸易中实现了"优质优价"。澳大利亚原棉进口数据和金额在中国的位置仅次于美国和印度，位居第三位。

二、生产、营销策略及其风险管理

（一）棉花生产风险管理

农业抵御自然灾害的能力差，农业生产要发展，就必须进行农业风险管理，农业保险就是其中的一个重要手段。从 1987 年开始，澳大利亚开展棉花种植保险项目，至今棉花每年保费达 3.5～4 千万美元，全国超过 85% 以上面积的棉田参加保险。澳大利亚保险采用民办公助模式。主要特点是：没有全国统一的农业保险制度和体系，政府一般不经营农业保险。农业保险由私营保险公司、保险互助社或保险合作社经营，如 Primacy 公司，但他们一般只经营雹灾、火灾和其他特定灾害保险。保险主要包括两类：收益保险（Revenue Insurance）和固定收益保险（Fixed Benefits）。另外，可选的投保项目包括：麦克隆值降级险（Micronaire Downgrade）、降水量降级险（Rainfall Downgrade）和产量险。投保都是自愿的，农民自己支付保费，为了减轻参加农作物保险农民的保费负担，国家给予一定的保费补贴（表 20-6）。

表 20-6 收益保险与固定收益保险比较

收益保险（Revenue insurance）	固定收益保险（Fixed benefits）
● 保险金额的确定 种植面积×收获产量×价格 价格由棉农提出，并经保险公司同意	● 保险金额的确定 议定的每公顷价格 保险金额由保费和索赔费计算获得
● 索赔金额计算 净损失比例与损失评估员评定棉田投保金额计算	● 索赔金额计算 净损失比例、棉田投保金额以及损失评估员评定的潜在产量乘以 450 美元/包

损失评级主要包括两个方面：①由保险公司、承保人和棉农共同决定基本数量和评级原则。②评级过程中还应考虑：棉花种植区域；田间是否灌溉；投保种类；种植成本的节省量；忠实客户折扣（Loyalty Discounts）；多次理赔折扣；其他投保项目等。总体来看，澳大利亚的保险费交费数量高，但赔付比例也高，保险费能赔付损失的 100%。

（二）棉花营销策略

作为全球原棉净出口大国，澳大利亚棉花的种植、营销和出口完全由市场需求来决定，棉农个人承担种植和经营棉花可能出现的全部风险。棉花出口既不存在由政府补贴的基本价格，也没有控制棉业销售活动的中央营销机构，而完全由棉农自己操作。棉农一般从以下几种方法中选择一种或几种适合自己的销售办法，结合起来使用，制订营销策略：纽约期货交易市场、营销集合资金、货币套期保值、日常现货价格交易、最低价合同。期货贸易方式使棉农有效地与私人基金结合，进行棉价挂钩。棉农 50％左右的平均收成的销售一旦锁定，那么在下一个播棉季节前就可回收植棉成本，同时不会给纳税人带来任何费用或风险。棉农所拥有的销售期权与竞销澳棉的私商相结合，可鼓励业内各个不同层次上的企业营销行为。

澳大利亚是世界棉花市场上的新秀。棉花自 1968 年开始出口，40 多年来，以其优质誉满全球，出口市场不断扩大。90 年代初期，澳大利亚排在世界棉花产量的第 13 位，位居全球第 5 大出口国，出口量占全国产量的 92％。近年来，澳棉出口进一步增加，出口量已占到世界第四位。

由于近年来的金融危机的影响，澳大利亚各主要棉花贸易伙伴，特别是印度尼西亚、日本、韩国等国家经历的财政危机，使澳大利亚棉花出口受到不小的影响；传统出口地的一些国家采用人工合成纤维替代棉花，也对澳大利亚棉花出口不利。但也有好的一些方面，如亚洲一些国家主要的棉纺企业利用本国货币的有利汇率，迅速将纺织业的生产能力调整到能换回硬通货的方向，开辟了新的纺织品销售市场，从而保留了一些间接的棉花销售市场，减少了部分负面影响。

从棉花国际市场价格来看，虽然从过去的每包 500～600 澳元的高价位持续下跌到 1999 年的 400 澳元左右，但澳大利亚棉花出口公司并未受到价格的冲击，因为出口棉花的购销是根据交割时主导性的期货价的货币汇率进行套期保值的。此外，澳大利亚处于南半球，可向主要位于北半球的棉花消费国以打时间差的方式实施出口。而且，相对于美国等棉花出口大国而言，澳大利亚距传统棉花消费国的地理位置近，运输成本低。亚洲纺织业正在消化所在国棉花库存并且倾向于采用适时购入的原则。澳棉由于出手时间早、发运有保障，具有较大实现既定出口目标的优势。

（三）出口风险管理

棉花营销的性质决定了出口商面对本质上的风险市场，为实施自我保护，出口棉商制定了综合性的风险管理策略和程序（称作"风险价值"程序），以使出口赚汇的风险得到测定、监控和管理。出口风险主要有：

棉价风险。棉花公司以保护价向棉农收购棉花，而且收购时间通常早于棉农实际的交货时间。向纺织业出口棉花和从棉农购买棉花的时间通常并不吻合，这就是棉价风险。为了抵消这一不确定因素的影响，出口商积极以纽约棉花交易所的期货和期权方式进行交易。

汇率风险。棉花公司以澳元收购棉农的棉花而以美元与纺织业企业结算，棉商要面对汇率变动的风险，这就是汇率风险。一般采用期货合同和场外交易期权产品的方式进行套期保值以避免汇率风险。

利率风险。棉花公司在经销棉花过程中对流动资金的需求量很大，这是因为集中收购时间是每年的 3—7 月，而出口发运安排却比较分散。由于棉花出口商向棉农支付的收购资金是举债借贷而来，有利率问题，这就是利率风险。对此，出口棉商主要采取平安险条款、互换交易期权产品等方法进行风险管理。此外，也采取按出口销售产品的时间表向棉农分期收购的办法来减轻流动资金的需求压力。

棉籽风险。那些加工/销售一体化的棉花公司，在加工合同中涉及的有关棉籽的条款，其基础是净价。这些公司大多采用向棉农降低加工价格而换取棉籽副产品的所有权，因此棉籽的价格和销售也构成棉商的经营风险。

信用风险。出口商身处远期市场，面对三类信用风险：卖方信用风险、买方信用风险、中间商信用风险。棉商通常通过信用调查、风险评估和严格的结算程序来降低信用风险。棉农的交货风险要通过持续监控棉花的长势和交货估计来进行管理；来自金融市场的信用风险，通过选择知名的棉花期货交易所作为合作伙伴来控制；对于中间商的信用风险，则要借助于信用评级机构对中间商的信用评估，并辅以汇率和利率合同。

（四）棉花销售商

近年来，为适应棉花生产能力的迅速提高和推进原棉销售，国家规定，棉花销售商可直接先从棉农手中购买子棉，然后送去轧花。购价按全年每日现金价格的调整为依据。多数销售机构或棉商提前 18 个月预购棉花，价格则以当日现金价为准。这些销售商称之为"自主棉商"（Independent Merchants）。这些"自主棉商"主要有：

ContiCotton 公司。1965 年建立，是美国 ContiCotton 公司的分公司。在澳大利亚的年贸易量为 2.2 万～3.3 万吨。

棉花贸易联合体（CTC）。本国公司，1991 年贸易量为 8.7 万吨。

Thornton&Co。贸易业务涉及多个国家，在本国有自己的银行。

Volkart 澳大利亚。是有 140 年历史的 Volkart 跨国公司，贸易方式主要有固定的或随时支取式买卖，期货/选择权，货币套头交易等。

Weil 兄弟棉花公司。利物浦总公司设在澳大利亚的分公司。业务有澳元和美元的每日现金价，风险业务，期货，选择权和货币套头交易等。

除了"自主棉商"外，澳大利亚比较有名的大型销售商有：

Auscott 有限公司。1963 年成立，是美国亚利桑那 J. G. Bosnell 公司在澳大利亚的分公司。是一个集植棉、加工和销售原棉于一体的公司。

Colly 农场，位于新南威尔士。以生产、加工、销售棉花为主，与美国有业务往来。年轧花能力为 4.9 万吨，拥有澳大利亚最大的储棉库，靠近港口，便于运输。销售棉花的方式包括现金价，季节性集合资金，风险业务等。

Dunavant 企业集团有限公司。1984 年成立，是美国田纳西州孟菲斯 Dunavant 公司的分公司。Dunavant 公司是世界上最大的棉花贸易公司，年总贸易量 66 万吨，其中在澳大利亚的贸易量为 5.5 万吨，并不断扩大原棉销售、轧花、储棉和运输的能力。

Queensland Cotton 公司。原棉销售方式主要有现金价，季节性、区域性平衡贸易，最低价，固定的成包集合资金以及随时支取式合同方式。拥有近 9 万吨原棉的加工能力。1991 年向其股东付的股息为 0.023 美元/千克原棉，总计 89.9 万美元。

纳莫伊棉花联合体。1962 年成立，储棉能力 6.5 万吨，每月通过悉尼港和布里斯班港口运出销售的原棉为 2.2 万吨。所有这些公司，均为综合性公司，有自己的土地，轧花加工厂，大型储存仓库及贸易机构，产销一条龙。

三、政府支持棉花生产发展

澳大利亚因其得天独厚的生态条件和灌溉条件，近 10 多年来，棉花生产发展迅速，且有继续扩大棉花生产的趋势，扩大生产主要靠在雨养地区开发含磷钾量很高的荒地。据澳大利亚农村资源开发局的调查，今后几年内，澳大利亚可被开发植棉并且有灌溉条件的土地约6.4万公顷。20世纪60—70年代政府投资大兴修坝蓄水建设，使灌溉棉的生产能力大大提高，依靠这些灌溉条件棉花总产保持在较高水平。从棉花国际市场价格来看，虽然从过去的每包1.633～1.96美元/千克的高价位持续下跌到2013/2014年度末的1.762美元/千克，但澳大利亚棉花出口公司并未受到价格的冲击，因为出口棉花的购销是根据交割时主导性的期货价的货币汇率进行套期保值的。此外，澳大利亚处于南半球，可向主要位于北半球的棉花消费国以打时间差的方式实施出口。

为保证棉花生产和适应纺织部门的需求，今后几年的育种目标是，保证单产水平，提高品种对角斑病的抗性，注重对品质的完善。对品质的要求是，纤维强度、伸长度、细度、成熟度、绒长和短绒率低、含杂低与色泽好，其中1993—1994年发放的品种强度要求最低达到30克/特克斯。目前，第一代、第二代转基因抗虫棉品种的育成和推广，以及可望育成的第三代转基因棉品种，都成为了保护环境的有力措施之一。目前澳大利亚对原棉测定全部采用HVI检验，根据HVI的测定结果向棉农付款。澳大利亚棉花产业各环节的发展史和当前的育种发展趋势完全符合国际国内纺织工业和原棉消费的需求。今后几年内澳大利亚计划将在全国范围普及植棉和高新技术的培训，推行标准化生产，为棉花生产的更大发展奠定基础。

澳大利亚棉副产品多种多样，主要用于造纸。每年用于造纸的棉短绒约2.6万吨。一般用于印制书籍、博物馆用等高档次纸张，储存期可长达400～500年。此外棉花副产品还有辐射滤器、肥料、人造纤维、肥皂和化妆品、小儿尿布、枕芯等。棉纤维素可制造树脂，棉纤维浆液可制作军火用品，棉秆可提取乙醇，用作溶剂、化学品、烹饪燃料、运输燃料等。棉纤维屑还用作制造不易伪造的纸币。

但是，由于澳大利亚人口少，劳动力资源极其短缺，棉纺织业、服装制造业早在20世纪70年代基本停止，所产原棉完全出口，纺织品服装完全依靠进口，其中中国是澳大利亚的原棉最大进口国，纺织品服装的主要出口国之一。

第三节　棉花科学技术研究

一、育种和品种

育种工作主要在澳大利亚联邦科学与工业研究组织（CSIRO）以及昆士兰州和新南威尔士州的棉花研究所进行。自1984年来CSIRO已培育出100个品种，目前这些品种种植面积占全国棉田总面积的95%。

它的育种重点是培育适合澳大利亚棉区生态条件、田间管理和市场需求的棉花品种，项目有抗病抗虫育种、高产和优质育种。抗病育种侧重于抗角斑病、枯黄萎病，重点是选育鸡脚叶品种。优质育种侧重于纤维强度，近年来由于强度的改进，每包棉花平均提高售价25美元。现阶段的抗虫育种是进行多抗转基因棉品种选育。1996年澳大利亚尝试在棉花上引入转基因技术，将Bt单基因片段（Ingard®）导入棉花中，用来防治棉铃虫，得到了成功并进行安全性释放，农药使用量下降了50%以上。环境农药残留问题也基本解决。美国Ingard（Cry1Ac）转基因品种 Nucotn37，Nucotn3s，NuPearl 在澳大利亚推广面积很大。在第一代抗虫棉基础上，澳大利亚继续与美国孟山都公司合作研究第 2 代抗虫棉 Bollgard Ⅱ（Cry1Ac＋Cry2Ab），目前以 Sicot 189 为亲本培育出的 Sicot 289 Bollgard® Ⅱ 和 Sicot 289 Bollgard® Ⅱ Roundup Ready®，以及以 Sicot 71 为亲本培育出的 Sicot 71Bollgard® Ⅱ Roundup Ready® 等，已全面商业化推广，该转化该基因的品种已大面积占全澳市场份额的 80％以上。双基因抗虫技术 BollgardⅡ含有两种抗棉铃虫基因，对害虫抗虫性更强，抗性稳定性好，不易丧失，受到农民的普遍欢迎。BollgardⅡ的推广应用使农药使用量较传统防治方法减少 90％以上，公顷防治成本下降，喷药次数减少。

正在研究中的项目还有：探讨适于窄行棉（76 厘米行距）的品种和研究杂种棉的育种潜力。抗其他害虫的基因转育，抗除草剂的基因转育，主要是通过杂交技术在 Siokra 品种中导入抗 2，4－D 的基因。经过多年的努力，澳洲农业专家的研究培育出了抗草甘膦棉花新品种，在棉田施用草甘膦防除棉田杂草时对棉花无影响。1995 年 Roundup Ready（Glyphosate）转基因抗除草剂棉花品种开始商业化。2001 年 Liberty Link 转基因抗除草剂草丁膦（Glufosinate）品种开始商业化推广。2002 年 Roundup Ready Flex 转基因抗除草剂草甘膦（Glyphosate）品种开始商业化推广。总的来说，第 1 代抗除草剂品种的抗性基因主要是在棉花开花之前表达，第 2 代抗除草剂基因品种的抗性基因在整个生育期都表达。目前，澳洲 70％的棉花使用了这种抗除草剂品种。同时抗除草剂基因品种也都具有抗虫基因。

因为 Cry1Ac 基因的抗虫性主要在棉花生长早期表达，Cry2Ab 基因的抗虫性主要在棉花生的中期表达，VIP（营养期杀虫蛋白）基因的抗虫性主要在棉花生长全生育期表达。所以现在澳大利亚转基因研究的点是 第 3 代抗虫棉 BollgardⅢ（Cry1Ac＋Cry2Ab＋VIP）即组装多个抗虫基因，同时构建带抗除草剂 Glyphosate 或 Glufosinate 的新型基因抗虫棉。目前已到转基因安全评价阶段，预计近年将会投入生产应用。

澳大利亚品种发放前，必须经过 Cotton Seed Distributor，简称 CSD（棉种分销公司）的试验和审定。CSD 建立于 1967 年，通过促进和提高品种的品质增加棉产业的收入。品种发放前，先进行一年的品质鉴定，然后用 2 年的时间在 CSD 的育种圃中繁殖种子，再进入品系和品种试验。试验结果向全国的棉农发布，以便棉农挑选品种。一旦发放 CSD 按合同参照当时国际售价标准付款给育种者。

20 世纪 70 年代，生产上的主要品种为岱字棉 16 和那木卡拉（Namcala）。那木卡拉选自 60 年代引进的品种新墨西哥爱字棉，抗黄萎病性强，品质较岱字棉好。20 世纪 70 年代末岱 16 被岱 61 代换，短短几年后，岱 61 又被优质的岱 90 所代换。1984 年，由 CSIRO 自育的品种 Siokra 发放，品质与岱 90 相似，早熟，鸡脚叶，便于喷药治虫、1986 年 CSIRO 又发放了一个具有那木卡拉亲缘的自育品种 Sicala。20 世纪 90 年代开始，生产种植主要品种是自育的 Siokra 和 Sicala 系列品种，占全国面积的 80％，纤维强力 27.5～31.1 克/特克斯，均抗角斑病。主要品种有：Siokra 1－4，Siokra L22，适于晚播的短季棉 SiokraS324，Sicala33，抗黄萎病的 SiokraVl，CS189 和 CS6S。Siokra 是鸡脚叶品种，种子较小，但种子活力较高，株型紧凑，矮秆，抗棉铃虫和棉叶螨，株冠开放，对角斑病的 18 个小种均具抗性，铃小抗风暴，衣分高，光叶含杂少，绒长 27.0～28.6 毫米，卜氏强力 87000 psi，麦克隆 4.0。Siokral 1－4 的面积占总面积的 20％，Siokra22 占总面积的 25％。Sicala 系列品种为中等有限生长习性，常态叶，株高中等，铃重中等，子重大，幼苗生长势强，成熟期一致，不抗角斑病，衣分中等，品质好，收获期遭雨淋后仍能保持好品质。绒长 27.8～29.4 毫米，纤维强度 90000 psi，麦克隆 4.0。Sicala33 约占总面积的 20%。除这两个系列品种，生产上种植的品种还有岱字棉 41，50，55，61，90，坷字棉 315 等。其中，岱 90 占生产总面积的 30%。随后发放的代替 SiokraL22 的高产优质品种 L23，代替 CS6S 的早熟常态叶品种 CS7S，抗角斑病，耐黄萎病，以及优质抗黄萎病的品种 SicalaV1。比马棉在澳大利亚的面积很小，平均产量为 1199～1634 千克/公顷。每千克皮棉的售价可达 396.8～418.9 美分，但产量是陆地棉的 65%～90%，因此，与种植陆地棉的经济收入相当。20 世纪 90 年代末，澳大利亚开始推广种植转基因抗虫棉品种，并且面积逐渐扩大。目前生产上主要推广的转基因品种，主要有 Sicot289，Sicot71BR，Sicot71BRF 和 Sicot74BRF。其中，在 2010 年 Sicot71BRF 推广面积占澳大利亚棉花种植面积的 80%，并因此获得澳大利亚联邦总理奖。同时纤维品质指标也得到改善，据澳大利亚棉花生产厂商协会统计资料：2005 年棉花作物依然表现出了良好品质，其中有 91.60 %的长度超过了 28.6 毫米；比强度高于 29.4 厘牛/特克斯的棉花占到了 73.5 %；色泽和叶屑含量良好，等级为 21－3（棉花的色特征级）的棉包占 66.3 %；但是，马克隆值存在一个向高值变化的趋势，其 3.8～4.5 范围内的数量仅占 33.2 %。

二、种质资源

棉花种质资源是棉花遗传育种和生物工程的物质基础，澳大利亚分布着众多的澳洲特产的棉种。澳大利亚的棉属种质资源根据生态生长要求和地理分布分为两组。第一组的野生种基本位于南纬 25°以北的干旱地区，第二组生长于南纬 18°以北的热带干旱潮湿地区。"澳大利亚热带大田作物遗传资源中心" 1988 年 10 月成立，是全国 8 个植物遗传资源中心网中的一个，位于昆士兰州比洛拉农试站。棉花、高粱、大豆等 9 种作物的种质在该中心保存。

澳大利亚是棉属野生种染色体组 C 和 G 的原产地。棉属的 35 个野生种中，有 11 个来自澳大利亚，由澳大利亚农部与美国农部合作受联合国粮农组织国际遗传资源委员会的支持先后几次对澳大利亚干旱和沿海地区进行了野生棉资源考察，共搜集到 11 个棉属种的 178 份种子，其中多数为澳洲棉种，相当一部分材料来自金伯利（Kimberley）地区。90 年代以来，又进行了 3 次考察，共搜集到 10^6 份材料，经过考证研究，发现新种 6 个，分别是林地棉（*Gossypium enthyle* Frykell），小小棉（*G. exiguum* Fryxell），伦敦德里棉（*G. londonderriense* Fryxell），马全特氏棉（*G. marchantii* Fryxell），显贵棉（*G. nobile* Fryxell）和圆叶棉（*G. roundifolium* Fryxell），全部分布在澳大利亚金伯利地区的沿海或近陆区域内。近年对澳洲野生棉种的研究表明，比克氏棉（*G. bickii*），澳洲棉（*G. australe*）和奈尔逊氏棉（*G. nelsonii*）为同一个染色体组，只是还须进一步研究确定放在 G 组还是 C 组。澳洲棉和比克氏棉的染色体排列不同于斯特提棉，但与奈尔逊氏棉的相同。

三、科研机构

澳洲的棉花研究机构经几次整合后建成以下 2 个主要的棉花研究机构。澳大利亚联邦科学与工业研究组织（Co 毫米 onwealth Scientific and Industrial Research Organization）是澳大利亚最大的国家级科研机构，前身是于 1926 年成立的澳大利亚科学与工业顾问委员会（Advisory Council of Science and Industry），过去在全国设有 5 个规模巨大的研究所（Institute），每个研究所又分为许多研究分所（Division），全澳共有 46 个研究分所。目前合并改革后，全澳共有 14 个研究所（Division），研究性质类似于中国科学院和中国农业科学院。目前棉花生物技术小组所在的是植物工业研究所（Plant Industry）。

澳大利亚棉花研究所（Australian Cotton Research Institute）成立于 1972 年，设立在棉花种植业的中心——新南威尔士州西北部的 Narrabri，由当时在西澳地区、堪培拉和新南威尔士州等地区的棉花科学家联合组成。目前该所由澳洲联邦科工研究组织、新威尔士州产业部和澳大利亚棉花合作研究中心共有。主要的研究领域为：高产优质棉花新品种的培育、种植制度的可持续发展、病虫害综合治理和农业企业的科技支撑。目前拥有育种家、昆虫学家、栽培农学家、软件开发人员、水和土壤科学家等 70 多位员工。

四、棉花品种繁育和推广

澳大利亚棉花品种的推广全部实行企业化运作。目前全国只有两家棉种公司，一个是棉种分销公司（CSD），经营棉种量占全国的 85%；另一个是美国岱字棉种公司，经营棉种量占 15%。CSD 是 1965 年成立的私营公司，目前有几百个棉农加入该公司，与一般性质公司不同的是，所有加入公司的成员只享有选举和被选举权，并能以一定形式参与公司决策，而不参加直接分享经营利润，公司全部的经营利润都用于扩大再生产和改善生产、繁育、加工、经营条件，公司的职能是繁育、加工由联邦科学技术研究组织（CSIRO）确定推广的棉花新品种，并以较低和稳定的价格供应给签约棉农。目前，该公司共聘用 50 人，其中只有 4 个管理人员，1985 年该公司建立了新的棉种加工中心，负责全国的棉种生产、加工和供应，每年繁育加工棉种量 6 000～7 000 吨，可保证 45～50 万公顷棉田的用种量。CSD 每年都与棉农签订供种合同，确定所供应品种的数量和价格，棉种经过硫酸脱绒、药剂包衣和包装后由棉种供应分中心供应给棉农。棉种质量由企业控制，发芽率达到 93% 以上，远远高于官方制定的 80% 的标准（表 20-7），保证质量可靠。棉种的价格是由公司董事会确定的，而董事会成员主要是棉农，所以保证棉种价格是合理的，一般每公顷棉种价格在 20～30 澳元（约每千克 2～3 澳元），相当便宜。全国各地的棉农不论是否加入该公司，都以同样价格购买棉种。但是，棉种价格不包含基因使用费，澳大利亚转基因抗虫棉所采用基因的知识产权大部分属于美国孟山都公司，抗虫棉品种的基因使用费由棉农按照所种植的面积向孟山都公司交纳，种植面积由 GPS 定位测量，如 2004 年棉种的基因使用费为 195 澳元/公顷。

表 20-7 澳大利亚 CSD 棉种质量标准

4 天标准 发芽率（%）>	7 天标准 发芽率（%）>	7 天低温 发芽率（%）>	活力指数 （%）>	净度 （%）≥	纯度（转基因） （%）≥
50	80	50	140	98	98

第二十一章　美国棉花产业

撰稿人　冯璐　李亚兵　陈德华　毛树春　李鹏程　张祥

本章论述美国现代植棉业发展现代，植棉技术和支持保障体系，试图阐明全球棉花大国和强国发展棉花的经验。2010—2015 年，美国植棉面积占全球的 11%，产量占全球的 13%，出口量占全球的 30%，国内棉纺织消费仅占全球的 3%，数量不足 90 万吨。在棉花发展进程中，科技创新源源不断地提供先进的品种和技术，形成了更高级的现代化生产模式，更高级的现代植棉业。全美棉花生产机械化率高达 100%，农业从业人数仅占就业总人数的 1.6%（2010 年），棉花从业人员则不到农业的 10%，棉花产品具有较强的国际竞争力。

第一节　现代植棉业

一、植棉业发展简史

棉花是美国最早种植的经济作物之一，美国植棉史可以追溯到几百年前，而商业性栽培棉花则是在 1620 年之后。欧洲殖民者在 15 世纪进入北美洲定居后，就从地中海沿岸引入亚洲棉进行种植。其后，从西印度群岛、中美洲和南美洲相继引入四倍体的美洲棉加以驯化和选择。于 17 世纪初首先在美国的詹姆斯敦开始棉的商业化栽培。近 200 年来，棉花一直是美国最重要的外汇来源。1733 年，英国人约翰·凯依发明了飞梭，织布效率提高了一倍。1764 年，英国人哈格里夫（J. Hargreaves）发明了多轴的珍妮纺纱机（Spinning Jenny），揭开了工业革命序幕。1769 年，英国人 Arkwright 发明了水力驱动的机械纺纱和织布，由此带动英国机械纺织工业迅速发展，对原棉的需求剧增，地中海沿岸地区和印度生产的短粗绒棉花，不仅数量上供不应求，纤维品质也不符合纺织机的要求，美国产的陆地棉品质远优于短粗绒棉，大受欢迎。1779 年，英国工人克隆普顿发明了走锭式纺纱机（螺机），集中了水力纺纱机和珍妮机的优点，所纺棉纱又细又结实。1785 年，英国人卡特莱特发明了水力织布机，织布速度提高 40 倍。棉纺织业的系列发明带动英国工业的迅速发展，推进了第一次工业革命，棉纺织业因此成为最先部门，原棉需求不断增长，原来地中海沿岸地区和印度生产的短绒棉花，不仅数量上已供不应求，纤维品质也已不符合机纺机织要求。1793 年，美国人艾利·惠特尼（Eli Whitney）发明锯齿轧花机从而能够将纤维（皮棉）和棉籽分离，这使得棉花开始大规模生产，美国在其后短短数十年中发展成为世界最大棉花生产国与出口国。轧花机因此被 2013 年美国《大西洋月刊》评为推动人类历史进程的 50 项技术之一。到 1828 年，美国人约翰·索普发明了环锭纺纱机，效率高于 1825 年英国人罗伯茨发明的走锭式纺纱机，并得到普遍推广应用，带动了国内原棉的消费增长。约在 1900 年，美国棉花消费量赶上了英国。从 1900 年到 1954 年，美国棉纺织工业成倍增长，取代英国成为全球最大的棉纺织国和原棉消费国，这一优势一直保持到 20 世纪 60 年代。

在出口和消费的推动下，美国棉花产能持续增长。1861 年，美国棉花总产 980 千吨，创过去近 100 年以来的新高。1878 年，棉花总产首次突破百万吨，达到 1 03.2 万吨。1894 年，首次突破两百万吨，达到 217.4 万吨。1911 年，首次突破三百万吨，达到 340.5 万吨。1937 年，首次突破四百万吨，达到 411.8 万吨。2005 年，首次突破五百万吨，达到 506.4 万吨，创历史最高水平。其中 40 年代美国棉花因生产"过剩"而缩减，直到 20 世纪 60 年代美国棉花总产仍位居全球第一，持续时间长达两个世纪之久。

20 世纪 60 年代以来，全球棉花格局已发生重大变化，70—80 年代苏联取代美国成为全球第一，80 年代至今（1980—2014 年）中国取代美国、苏联成为全球第一。

近 200 多年来，美国先后实现了棉花种植的商业化、品种培育的公司化和转基因化以及棉花生产的机械化。从 20 世纪 40 年代开始，由于经济和技术的压力，棉花农场的面积增加，机械化收获在 20 世纪 50 年代快速发展，到 1960 年近一半棉花实现了机械化采收，1970 年所有棉花实现机械化采收。随后田间生产的其他环节的机械化也快速发展，这主要是由于日益增长的劳动力成本以及劳动力的短缺。19 世纪 50 年代，化学除草剂得到了普遍应用，代替了人工锄草，大大降低了劳动力需求。为了降低成本，从 1970 年起，许多棉花生产者开始通过扩大农场的面积来降低单位面积的成本，从而增加收益。一些农户由于无法应对增加的成本从而不再从事作物生产，因此，农场数目逐渐减少，而农场的规模开始扩大。种植棉花农场数目从 1969 年的 20 万个减少到 2012 年的 1.8 万个，而单个农场收获面积则从 1969 年的 23.5 公顷增加到 2012 年的 331 公顷，农场规模的扩大使得大型植棉机械得到应用。

（一）领先的转外源基因技术

1953 年，美国人 Watson 和英国人 Crick 发现 DNA 的双螺旋模型；1972 年，美国人 Paul Berg 首次将不同的 DNA 片段连接起来，并且把这个重组的 DNA 分子有效地插入到细菌细胞之中，重组的 DNA 进行繁殖，产生了重组 DNA 的克隆。Berg 是重组 DNA 或基因工程技术的创始人，并于 1980 年获得了诺贝尔奖。1983 年，全球第一例转基因作物——烟草和马铃薯在美国问世。1987 年，美国 Agrocitus 公司的 Umbeck 首先成功构建来自苏云金芽孢杆菌（*Bacillus thuringiensis*）的 Bt 基因并在棉花表达。美国孟山都公司采用改造的土壤农杆菌的 Ti 质粒转化载体的启动子，使基因合成毒素的表达水平提高 100 倍，具备较强的杀虫能力，培育的 33B 和 99B 抗杀棉铃虫能力和产量性状比较协调。1989 年，美国首次开展 Bt 基因的田间试验。1994 年，抗棉铃虫品系 6－NuCOTN33 和 6－NuCOTN 35 在棉花带开展多点试验，同年美国批准了第一例转基因棉花的商业化种植，即由 Calgene 公司研发的耐苯腈类除草剂的转基因棉花 BXN。1996 年，美国转基因棉花进入商品化应用阶段，全美抗虫棉种植面积达到 80 万公顷，占美国播种面积的 16％。1999 年，转基因棉花品种占美国收获面积的 60％以上，2014 年，全美种植陆地棉转基因品种占播种面积的 99.0％。从 1987 年到 2014 年的 27 年时间里，美国商品棉花品种的基因实现了三次跨越和换代。第一次是单价 *Cry1Ac* 抗虫基因和抗除草剂基因，第二次是双价（*Cry1Ac＋Cry2Ab*）抗虫基因和抗除草剂基因，第三次是双价抗虫和抗除草剂基因复合基因。全球种植转基因棉，从美国扩大到澳大利亚和中国，再扩大到印度、巴基斯坦和巴西等产棉大国，从一个国家扩大到全球 50 多个植棉国家，转基因棉花种植面积占全球棉花播种面积的比例，从 1996 年的 23.9％扩大到 2015 年的 87.0％。同时，全球棉花转基因技术也从单抗（耐）除草剂、单抗棉铃虫（*Helicoverpa armigera* Hubner）进入到抗耐草甘膦除草剂和抗虫的复合抗性、抗耐多种除草剂和抗虫的复合抗性的新阶段，近几年取得的研究进展非常迅速。

（二）机械化采收和全程机械化植棉

前述 1793 年伊莱·惠特尼（Eli whitney）发明的轧棉机轧花加工效率显著提高，从而使得美国南方山地种植短纤维棉花成为一种有利可图的作物。同时，全球采棉机自 1850 年产生第一个发明专利，到 1950 年的推广应用经历了 100 年的发展历程，在这 100 年的时间里，采棉机器和机采棉种植技术经历了从无到有、从试验研发到应用，是一个农艺、农技和农化的深度融合过程，更是农业文明和工业文明交融汇合的发展过程。如今，采棉机业已成为全球最先进的农业顶端装备，还是棉花作物的专一农机装备，具有省工节本高效的特征；机采棉种植技术已成为全球最先进的农业顶端技术，具有系统性特征。美国采棉机和机采棉发展大改进程如下：

1850 年，美国人兰巴托（S. S. Remberr）和普莱斯特（J. Prescott）获得了全球第一个采棉机专利，在以后的一个多世纪的时间里，全球相继获得了 2 000 多项专利。

1871 年，美国人黑格斯（J. Hughes）发明一次采棉机，后经发展形成今日的尼龙丝刷条和橡皮叶片组合的斜摘辊式一次采棉机，即刮板毛刷统收采棉机。

1895 年，美国人坎贝尔（August Campbell）发明水平摘锭机，其基本原理应用至今。但直到 1924 年采棉机制造成功，有四个采棉滚筒，机器通过棉行时整个棉株被送入，采摘后向后输送至回转脱棉器处脱棉，采摘效果较好，此后采棉机的研究工作着重于水平摘锭采棉机的整机和各部件的研究改进。

1910 年，美国成批生产拖拉机解决农机具牵引动力问题。1931 年，拖拉机动力牵引农具应用。1940 年，拖拉机动力基本替代畜力耕翻。由于棉花采收需要更多劳动力，1930 年设计出剥式收花机，1940 年摘锭式收花机研制成功，1946 年水平摘锭采棉机进入批量生产制造阶段。但田间杂草和棉叶碎屑困扰机械收获，直到 1947 年除草剂的普及应用和人工脱叶剂的研制成功，加上品种改良才为机械化采收创造良好条件。1951 年发明了皮清机，使机采棉加工品质接近手采皮棉，机采棉才得以快速推广。1969 年清花设备不断完善，到 20 世纪 60 年代美国棉花机械化发展迅速。1972 年，美国棉花生产管理实现了全程机械化。

然而，科技创新远远没有停止。新型脱叶剂研制成功使机采棉走上机采优质高效之路。噻苯隆于 1976 年（TDZ, thidiazuron，又名 Dropp，脱落宝、脱叶脲、脱叶灵）（N-苯基-N′-（1，2，3-噻二唑-5 基)-脲）由德国先灵公司研制成功，是一种细胞分裂素，并使用至今。还有脱吐隆悬浮剂噻苯隆（Thidiazuron）和敌草隆（Diuron）的混剂，由德国拜耳作物科学公司继脱落宝之后新近推出的又一棉花生长调节剂，主要用于机采棉花的脱叶和催熟。

进入 20 世纪 80—90 年代，美国研制大型 4 行采棉机和幅宽 18～24 米的喷雾机，农业生产效率进一步提高。同期，航空喷雾在美国也进入了生产应用阶段。这时农业机械已向大型化、自动化、智能化方向发展。

2000 年代，美国棉田耕种管收作业机械向大型化、信息化和智能化发展，智能化导航已替代驾驶员。农业机械更新换代的速度更快，所需时间更短。

棉花机械化采收是现代植棉业的顶端技术和先进装备，采收机也是棉花作物独有的专用装备，与其他任务作物都不兼用，2013年全球棉花机械收获面积约占总面积的30％，包括美国和澳大利亚全部实行机械化采收，中国、巴西和乌兹别克斯坦部分机械化采收。当今全球棉花采收由约翰迪尔（John Deere）公司和凯斯（Case International）公司两大农机制造巨头为代表制造，水平摘锭式采棉机结构复杂、制造精度高，造价也高，但其性能优良，采净率高，受到农场主和棉农的欢迎。拉姆斯公司（Lummus Corporation）和大陆鹰（Continental Corporation）公司生产采棉机的清花除杂和轧花机等装备，20世纪70年代打模机、运模车、开模机研发成功，被认为是美国现代植棉业的一场革命，它使机械化采收效率成倍增长。1972年棉模堆垛机开始推广应用。如今，籽棉清理加工工艺设备也向大型化、智能化、高速化的方向发展，其工艺可随棉花的品种、采收质量等进行调整和变化。

2000年以来美国采棉机安装和使用GPS定位导航技术、自动驾驶技术、自动测产技术和自动打包技术，新研制7 760型打圆形包的采棉机和凯斯公司研制635型打方形包的采棉机，减少了收获籽棉的田间转运工序，进一步减少工时，大幅度提升了采棉机的效率。

现代化技术和装备大幅提高棉花生产效率。按生产1吨皮棉所需的人工工时，美国1950年640个工时；1970年减少到110个工时；1990年减少到1个工时。1990年，全美棉花农场的雇工费用仅43.8美元/英亩。

（三）先进的信息化技术

自20世纪60年代以来，随着计算机应用，美国开展了棉花生长发育的模拟研究。1971年，Stapleton等在美国亚利桑那州开始模拟棉花生长发育，并建立了第一个棉花生长发育模拟模型COTTON。1972年，Duncan等建立了SIMCOT模型。1975年后，汇集前人研究成果，于1978年建成和使用了SPAR土壤—植物—大气研究系统，以后丰富了温度、水分和氮素胁迫影响营养和生殖生长等方面的资料，提供棉花根际土壤系统模拟模型RHIZOS，并于1983年发展了GOSSYM棉花模拟模型。1984年，GOSSYM模型开始推广应用于生产。1985年，把人工智能研究发展最快、最有效的重要分支——专家系统应用于棉花生产管理研究，创建了棉花管理专家系统COMAX，并组合成GOSSYM/COMAX棉花专家管理计算机模拟系统（Cotton Management Expert System，Gossypium Simulation Model）。经逐年改进，版本不断更新，使这个模型成为世界上最为著名的棉花动态解释性模型，它可模拟大田棉花生长发育和产量形成过程，绘出相应的棉花模式图和水分及养分胁迫图，并预测产量，提供管理决策。1998年，在此基础开发出上三维可视化的棉花模型COTONS，可在计算机屏幕上显示平均单株和生长状况不同的棉花群体。

GOSSYM/COMAX有良好的生产管理决策支持和盈利功能，成为农场主的好帮手。1984年开始在美国示范应用推广。1985年，在美国Mitchener农场试运行，单位面积可增产皮棉129千克/公顷，净利润增加148美元。1987年，美国棉花带14个州全部参与试验和应用，其中在6个州的1 254公顷的棉田，熟练用户新增利润350美元/公顷，新用户新增利润100美元/公顷，平均新增利润169美元/公顷。从1989年开始，美国农业部成立了一个COMAX/GOSSYM小组，负责推广应用。

（四）棉花种子高度市场化，全美经营品种数量少，优势公司地位较高

发达国家的种业发展经历了公益性、商业化和全球化阶段。美国是成熟的市场化国家，当前美国种业正处于国内市场化和国际全球化的发展阶段。据美国农业部系列报告，2006、2007、2010、2013 和 2014 年，全美播种面积分别为 5 053 千、4 720 千、4 360 千、4 047 和 3 999 千公顷，全美陆地棉种植品种数量分别为 205 个、156 个、114 个、88 个和 96 个，占播种面积比例在 0.5% 以上品种数分别为 36、39、43、39 和 44 个，占播种面积最大比例的优势品种分别为 DP 555 BG/RR 占市场份额的 17.4%；DP555BG/RR 占市场的 18.1%；FM9058F 占市场的 10.4%；PHY499WRF 占市场份额的 9.4%，PHY 499 WRF 占市场份额的 9.3%。

2006 年以来，全美经营棉种公司 14～15 家，按经营品种占播种面积比例的多少，最大是 Deltapine 公司，其次是 Bayer Crop Science-Fibermax 公司，第三为 Bayer Crop Science-Stoneville 公司。

（五）棉花产能发展与 GDP 有紧密关系

研究结果指出，从 1866 年到 2014 年的近 150 年间，美国人均 GDP 从 5 000 美元增长到 5 万美元的发展过程，植棉面积经历了不断扩大、相对平衡和大幅收缩的几个阶段，呈 $Y=a+bx+cx^2$ 开口向下的抛物线方程。自 20 世纪 50 年代或人均 GDP 达到 3 万美元就开启了植棉面积下降的通道，进入 21 世纪或人均 GDP 超过 4 万美元时植棉面积转向快速下行通道，2013 年最少，面积仅 305 万公顷。在这期间美国棉花还经历了从"棉花的王国"、"棉花的大国"到"棉花的强国"的发展过程（详见第一章第七节）。

二、棉区及气候

（一）棉区分布

美国棉区基本位于亚热带湿润性季风气候区，冬冷夏热，夏季多雨湿润，秋季少雨干燥，受寒潮和热带气旋影响多。棉区的北界大体与北纬 36°线相符，也基本上是无霜期 200 天线和夏季平均气温 25℃线。棉区年平均温度 17.7℃，春季 3—5 月平均温度 15.6℃，夏季 6—8 月平均温度 27℃，秋季 9—11 月棉区平均气温在 17℃以上。棉区无霜期 235～260 天，西部棉区最南端在 300 天以上，只有密西西比河流域北部和加利福尼亚州北端，以及得克萨斯高原部分地区无霜期较短促，为 180～200 天，接近北纬 37°线。

按照气候特征和地域特点划分西部棉区、中南棉区、东南棉区和西南棉区。主要分布在南部太平洋到大西洋岸的 19 个州，从加利福尼亚州一直到弗吉尼亚州，主要集中在包括得克萨斯州、密西西比州、阿肯色州、路易斯安那州等在内的三角洲地区，统称为"美国棉花带"，其中年产皮棉千吨以上的有 16 个州。棉花种植分区如下（表 21-1）：

西部棉区，也称远西棉区。包括加利福尼亚、亚利桑那和新墨西哥三个州，为干旱棉区，总产约占全美的 18%。加利福尼亚州种植面积排第二，植棉面积 130 万英亩，产值达 9 亿美元。西部棉区棉花主要的竞争对象是小麦、大麦和苜蓿。该棉区属热带沙漠气候，热量与光照充足，气候干旱少雨，年降水量 250 毫米，主要集中在冬季和春季。在棉花生育期间

基本无降雨，棉田 100％需要依靠灌溉，属灌溉棉区。本区南端无霜期长达 340 天，夏季棉花开花结铃期中高温往往影响花粉正常开裂和受精。只有加州最北部无霜期 200 天左右。此区域棉花单产为各区中最高，植棉投入也属最高，植棉农场一般规模大，美国所产长绒海岛棉几乎全集中在本区种植，是全美优质棉产区，主要供出口。亚利桑那州和加利福尼亚州是本区和全美单产最高的产棉州。该区域棉花播种期为 4—6 月，收获期为 9—11 月。

中南棉区，也称三角洲棉区。包括密西西比、田纳西、路易斯安娜、阿肯色和密苏里五个州，占全美植棉面积的 30％左右，产量约占美国棉产量的 34％。棉田主要分布在密西西比河两岸的冲积平原上，也有部分黏土，年均降水量 1 100 毫米，西南海滨平原 1 525 毫米，一年内降水量分布均匀，主要依靠自然降雨，棉田灌溉面积占 20％。种植品种多为中绒陆地棉，大多为岱字棉和斯字棉系列。此区域的生产特点是农场规模较大，技术水平高，产量稳定。棉花播种期为 4—6 月，收获期 9 月下旬到 11 月末。在三角洲棉区，棉花最重要的竞争对象是大豆。

西南棉区。又称高原棉区。西南棉区产量占全美的 25％以上，其中 70％的棉田集中在得克萨斯州，该州总产占全美的 20％以上。位于得克萨斯州西北部的拉伯克（LUBBOCK）地区，地势平坦，气候适宜，棉花连片种植面积达 350 多万英亩（2 124 万亩），号称是世界上最大的陆地棉区。大多棉田位于海拔 600～900 米的高原上，包括得克萨斯，俄克拉荷马和堪萨斯州。本地区属于半干旱地区，全区年均降水量 300～400 毫米，高原西部降雨仅250 毫米，高原北部降水较多，年均 700 毫米左右。本区不同地域间土壤气候条件差别大，大体划分为高原、儒林平原和德州南部三部分。高原最不利的因素是冰雹和风暴的威胁，1—4 月间多大风，6—8 月间多冰雹，每年往往造成大面积棉田重播，或种后失收。8—9 月间温度对棉花产量和品质起重要作用，高于常规温度就增产，低于常规温度就减产。初霜来临早晚对本区棉花的增减产也有重大影响。在高原最北部正常早霜来临日期为 10 月 20 日左右，中部为 10 月 28—30 日，南部则为 11 月 1—5 日。灌溉面积占棉田面积 55％以上，属于一般水浇地与旱地混合型生产区。近年来，由于地下水资源的减少，灌溉面积正逐渐减少。在得克萨斯州，俄克拉荷马和新墨西哥，高粱和冬小麦是棉花主要的竞争对手。该区域棉花保持竞争性，这主要是由于该地区农场面积较大，且可替代棉花的作物较少，当地的棉花市场已经完善，这就使得棉花在当地仍然保持较大规模的生产。棉花播种期为 4—6 月，收获期 10 月中旬到 12 月底。

东南棉区。美国最古老的农业区和产棉区，此区内部划分为海滨平原、西部高地和石灰岩谷地三部分，包括亚拉巴马州、佐治亚州、南卡罗来纳州和北卡罗来纳州四个州。植棉面积占全美植棉面积的 20％左右，产量约占美国棉花总产的 19％。亚拉巴马州北部的石灰岩谷地是东南棉区最集中的产棉区，为红色酸性黏壤土，地势平坦，农业规模在东南棉区中最大，其他州的棉田大多集中在临海平原上，佐治亚州只一个 Dooly 县集中产棉，南卡罗来纳州产棉区有 8 个县，北卡罗来纳州只有海滨平原两个小的产区，共 5 个县。东南棉区的特点是热量条件好，雨水充足，年降水量 1 250 毫米，佛罗里达州 2 250 毫米左右，6—8 月降水量最多，其他季节也有一定雨量，靠自然降雨植棉，但也有的年份降雨不足，需要补充灌溉。此区域种植品种多为陆地棉中熟品种，棉花播种期 4 月中旬到 6 月初，收获期 9 月下旬到 11 月末。

表 21-1　美国生产棉区的自然条件

地区与州、地点	海拔	无霜期（天）	严霜日期（日/月）		平均气温（℃）					降水量（毫米）				
			晚霜	早霜	全年	12—2月	3—5月	6—8月	9—11月	全年	12—2月	3—5月	6—8月	9—11月
一、东南棉区														
北卡罗来纳州，夏洛特	220	228	24/3	7/11	15.8	6.2	15.4	25.3	16.4	1 094	280	260	318	236
南卡罗莱纳州，查尔斯顿	5	272	2/3	29/11	19.2	11.2	18.6	27.1	20.1	1 168	210	233	479	246
佐治亚州，亚特兰大	315	234	24/3	13/11	16.8	7.5	16.4	25.9	17.3	1 249	357	353	311	228
亚拉巴马州，伯明翰	183	239	16/3	10/11	16.9	7.9	16.5	25.9	17.5	1 359	391	273	352	243
亚拉巴马州，莫比尔	4	294	16/2	7/12										
二、中南棉区														
田纳西州，孟菲斯	77	231	20/3	6/11	16.6	6.2	16.3	26.6	17.1	1 255	387	363	241	264
密西西比州，维克斯堡					18.9	10.3	18.7	27.1	19.6	1 260	405	383	254	218
阿肯色州，小石城	80	242	17/3	14/11	16.9	6.6	16.5	27.0	17.5	1 203	337	377	246	243
路易斯安那州，什里夫波特	64	248	7/3	10/11	19.1	9.8	19.0	28.2	19.6	1 146	339	352	221	234
路易斯安那州，新奥尔良	16	327	26/1	19/12										
三、西南棉区														
俄克拉荷马州，俄克拉荷马	365	223	28/3	6/11	16.1	4.7	15	27.2	17.1	828	112	263	240	213
得克萨斯州，阿里马洛	1 120	201	14/4	1/11										
得克萨斯州，埃尔帕索	1 131	242	19/3	16/12	17.4	7.7	17.3	26.9	17.8	199	32	24	83	60
得克萨斯州，布朗斯维尔	10	336	23/1	25/12	23.1	16.8	23.1	28.6	23.9	751	125	154	198	274
四、西部棉区														
加利福尼亚州，萨克拉门托	9	302	10/1	9/12										
加利福尼亚州，弗雷斯诺	87	289	15/2	1/12	17.2	8.4	16.7	26.2	17.5	236	123	73	3	37
亚利桑那州，菲尼克斯	330	242	5/2	6/12	21.4	11.9	20.3	31.2	22.2	181	61	31	42	47
新墨西哥州，罗斯维尔	1 084	206	7/4	30/10	15.4	5.4	15.3	25.5	17.5	307	36	65	120	86

（二）影响棉区分布的自然气候条件

1. 温度与无霜天数。 棉花原产热带，是喜温作物，产棉区的温热条件和无霜期与棉花单产高低密切相关。在美国棉花带的北部和南部棉花单产往往相差 40%～50%，温度条件和无霜期的长短就是决定因素。尽管在无霜期短到 120 天的地区，特早熟类型棉花品种也可勉强生长，但产量低而不稳，难以和其他作物竞争，尤其是春季和晚秋具有稳定的温暖天气对棉花能否成功种植具有关键作用。在美国经多年试验总结，无霜期天数与棉花单产之间呈现密切相关性。

2. 雨量及分布。 年降水量多少及在棉花生长季节中的分布状况对棉花生产的适宜性也是重要条件，即使被认为是最低可被接受的单产水平 11 千克/亩，也至少需要有 500 毫米的水分供应。在美国棉花带，东南棉区常年降水量 1 500 毫米，三角洲地区为 1 200 毫米，地处东经 100°以东，靠自然降雨即可植棉，雨量分布也较均匀，只是偶需补充灌溉。而在东经 100°以西的西南和远西棉区，年降水量分别为 500 毫米和 150 毫米，没有灌溉就难以生产棉花。

降雨与日照有关，棉花为喜光作物，充裕的日光对棉花生长发育十分重要。据研究，不管温度和水分状况如何，只要棉花生长季节中阴雨天数超过一半的地区就不适于种植棉花。美国棉花带阴雨天数在棉花生长季节中西部棉区少于 10%，东南棉区多于 30%，在春季，晴朗而温暖的天气多时，土壤升温和干燥快。据 Raney 和 Cooper（1968）研究，同等重量的水提高 1℃ 所需热量比土壤温度提高 1℃ 所需热量多出 5 倍以上。所以，冬春降雨多的地区排除土壤积水对提高低温、准备播种是必要措施。

3. 其他气候条件。 在大西洋沿岸一带，夏末和秋季常有飓风，从而在这类地区棉田稀少，得克萨斯高原棉花生长中期有冰雹、后期有风暴常造成危害，因此能避开或种植对这些灾害具有更大耐性的作物或品种，才会更具竞争优势。

4. 地貌条件和土壤肥力。 棉田机械化普及后，土地是否平坦对机械化耕作效率有重要影响。在 1949 年到 1972 年，棉田面积从岗地转向平原，包括东南、中南和西南棉区高地，红河地区棉田转移到了南部的冲积平原。密西西比河流域棉田转移到平坦的河谷平原，远西灌溉棉区棉田都是在平坦的土地上，灌溉对土地的平坦度要求更为严格。此外，东南棉区和得克萨斯东部岗地棉田的缩减与土壤侵蚀严重、地力下降有密切关系，而三角洲和远西棉区棉田大多是河流两岸冲积土，棉田产量高而稳定，从而获得持续稳定发展。

三、产能在减少

（一）产能在不断减少

植棉面积在减少。全美植棉面积从 20 世纪 90 年代第一个 5 年（1991—1995）5 271 千公顷下降到 20 年后 5 年（2006—2010）的 3 877 千公顷，即这 20 年植棉面积减幅高达 26.4%；近 3 年（2011—2013）植棉面积减少到 3 458 千公顷，减幅扩大至 34.3%（表 21 - 2）。

棉花总产在减少。全美棉花产量从 20 世纪 90 年代第一个 5 年（1991—1995）3 352 千吨减少到 20 年后 5 年（2006—2010）平均 3 136 千吨，减幅 6.4%；近 3 年（2011—2013 年）产量继续减少到 2 844 千吨，减幅扩大到 15.2%。

棉花单产提升在加快。自 1991 年以来的 23 年时间里，全美棉花单产从 1991—1995 年的 5 年平均 636 千克/公顷提高到 2006—2010 年 5 年平均 809 千克/公顷，增长 27.2%；近 3 年（2011—2013 年）提高到 822 千克/公顷，增长了 29.2%。

表 21 - 2　美国分棉区棉花植棉面积、单产和总产变化（1991—2013 年）

阶段	东南地区	三角洲棉区	西南棉区	远西棉区	其他州	总计/平均
			植棉面积（千公顷）			
1991—1995	792.6	1 698.0	2 153.0	583.3	44.3	5 271
1996—2000	1 177.2	1 463.6	1 854.7	455.3	88.5	5 039
2001—2005	1 193.3	1 519.2	2 025.5	330.5	103.8	5 172
2006—2010	891.1	984.7	1 769.8	146.6	84.5	3 877
2011—2013	1 077.0	755.2	1 367.2	154.5	104.4	3 458
			皮棉单产（千克/公顷）			
1991—1995	652.8	684.8	370.3	1 000.3	549.7	636
1996—2000	619.5	680.1	470.4	1 038.3	548.1	643
2001—2005	702.6	865.9	604.1	1 191.4	636.5	748
2006—2010	770.1	905.3	722.0	1 350.3	763.8	809
2011—2013	841.1	998.6	596.2	1 384.4	769.6	822
			皮棉总产（千吨）			
1991—1995	527.4	1 187.3	918.4	689.1	30.1	3 352
1996—2000	734.9	1 027.0	893.1	531.0	53.6	3 240
2001—2005	850.6	1 326.9	1 183.8	437.3	67.3	3 866
2006—2010	710.8	900.9	1 247.4	211.8	65.4	3 136
2011—2013	928.9	756.8	844.7	230.8	82.8	2 844

资料来源：美国棉花咨询委员会 http：//www.cotton.org.

（二）近 20 多年各州棉花产能变化

近 25 年变化面积较大的棉区分别是东南地区（35.9%）＜西南棉区（-36.5%）＜三角洲棉区（-55.5%）＜远西棉区（-73.5%）。此外，其他州的棉花零散区域有增加趋势，从 44 千公顷增加到 104 千公顷，增幅 135.9%，但是，该区面积仅占全美面积的不到 3.5%。西南棉区仍是全美最大的植棉区。据资料，按收获面积的多少排序，2007 年，棉花在全美作物中排第四位，其中排前三位的作物依次是，玉米排第一、大豆排第二、小麦排第三。

总产量依次是西南棉区（845～1 247 千吨）＞三角洲棉区（757～1 327 千吨）＞东南棉区（527～929 千吨）＞远西棉区（212～689 千吨）。此外，其他州棉花零散区域有增加趋势，产能为 30～83 千吨，但是该区产量仅占全美总产量的不到 2.9%。变化趋势是，东南地区产量回升，三角洲棉区（中南区）总产减幅较大，西南地区有一定波动，近 10 年这三个棉区占总产的 85% 以上。

各州单产增幅依次是，西南棉区（61.0%）＞三角洲棉区（45.8%）＞远西棉区（40.0%）＞东南棉区（28.8%）。其中就单产水平来讲，以远西棉区最大，单产 1 384 千克/公顷（2011—2013 平均值），其次为三角洲棉区 999 千克/公顷，东南地区 841 千克/公顷，西南棉区 596 千克/公顷；而其他州区单产能力为 770 千克/公顷，低于其全国水平。

如表 21-3，全美棉花分布在 19 个州，相对集中产棉州有 14 个，以西南棉区的得克萨斯州的绝对面积和总产最大，种植面积 1 322 千公顷，总产 819 千吨。但是单产不高，为 619 千克/公顷，低于全国水平近 25%。其次为位于中南棉区的加利福尼亚州和位于远西棉区的密西西比州。单产最高为远西棉区的加利福尼亚州，最高可达 1 600 千克/公顷，远高其他州。

如图 21-1，从近 100 多年的棉花发展历程来看，美国的棉区布局相对均衡，以西南棉区面积占比最大，最高时占全美的 54.0%；其次为中南棉区，占全美面积比例在 21%～32% 之间；第三为东南棉区，面积占全美比例在 8.0%～31.0% 之间；第四为西部棉区，面积占全美比例在 4.5%～16.9% 之间。其中第一、第二位置稳定，第三、第四位置有时互换。尽管植棉波动很大，绝对面积相差悬殊，各产棉区都有一定的棉花面积分布。尽管远西棉区气候条件更适宜植棉，但棉田面积占比最大仅为 16.9%。这种布局设计有利于产棉大国的产量稳定，保持消费需求的稳定供给和贸易市场的均衡性。

表 21-3　2011—2013 年美国主要产棉州棉花生产概况

地区/州	面积（千公顷）	总产（千吨）	单产（千克/公顷）
	2011—2013	2011—2013	2011—2013
东南地区	1 077	929	841
亚拉巴马	159	131	823
佐治亚	555	502	904
北卡罗来纳	248	201	810
南卡罗来纳	115	94	825
三角洲棉区	755	757	999
阿肯色	209	218	1 042
路易斯安那	87	89	1 030
密西西比	184	194	1 056
田纳西	148	128	865
密苏里	127	127	1 000
西南棉区	1 367	845	596
俄克拉荷马	45	26	573
得克萨斯	1 322	819	619
远西棉区	155	231	1 384
亚利桑那	82	121	1 490
加利福尼亚	56	92	1 647
新墨西哥	17	17	1 016
其他州	104	83	770
全国总计	3 458	2 844	822

资料来源：美国棉花咨询委员会．http：//www.cotton.org.

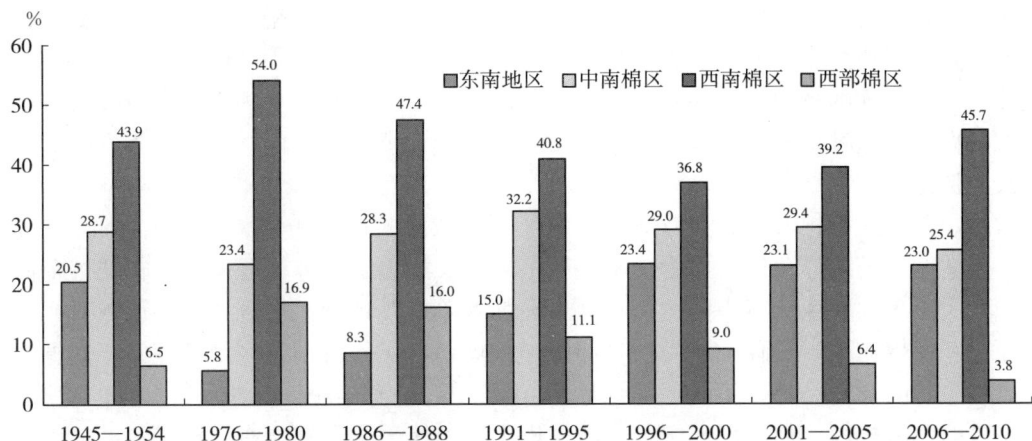

图 21-1　美国不同产棉区在不同时期的面积变化（1945—2010 年）

四、棉花经营主体、经营规模和服务

（一）经营主体和规模

农场主是美国农业和棉花生产的主体，植棉农场是美国棉花的经营主体。美国农业的很多法案、制度和政策都是通过农场来落实和实现的，农场在一定意义上是美国农业制度的基石。农场可分为家庭农场和个人经营两种类型，两者占植棉农场总数的 82%，合伙人经营农场占农场数的 13%，公司经营农场占农场总数的 5%。

由于植棉农业机械化的不断发展，美国农场数量不断合并而减少，而每个农场经营的面积不断扩大（表 21-4 和表 21-5）。比如，2012 年全美农场数量 210.9 万个，比 1929 年的 629.5 万个减少了 418.6 万个，减幅近 2 倍。植棉农场从 198.7 万个减少到 1.8 万个，减幅 110.4 倍。据资料，每个农场植棉面积 1949 年 10 公顷，1987 年 74 公顷，2012 年 331 公顷，农场经营规模比 1949 年扩大了 6.4 倍和 32.1 倍。

从 1987 年至今各棉区农场数呈减少趋势。西南棉区农场数是所有棉区中最多的；三角洲棉区农场数减少最快，从 1987 年的 11 924 个减少到 2012 年的 2 947 个，且单位农场面积持续增大，目前成为几大棉区中单位农场面积最大的棉区；远西棉区农场数最少，单个农场的面积较大；东南棉区的农场数在波动中保持相对稳定，每个农场平均面积不断扩大，但仍是所有棉区中单位农场面积最小的。

（二）农场制度特点

美国农场制度有如下特点：一是规模较大，收入稳定。这种几千亩的单体规模便于农业的专业化生产和机械化操作，保障了农户家庭从事农业稳定的收入，收入水平与美国普通城市家庭收入相当，大约五六万美元，在有些地区农户收入还略高于普通城市家庭。机械化程度高、农民的体力劳动相对较轻，加上稳定较好的收入，确保了经营农业的吸引力。二是专业经营，服务配套。在美国，一个农场一般只生产一两种农产品。专业化生产使美国农场的生产效率很高，同时农产品的商品率、优质率也很高。农场平均一个劳动力的管理面积超过 1 000 亩。与专业化生产相配套的是完善的农业社会化服务。从传统的播种、施肥、除草、收割服务到新型的金融、科技、信息、保险服务，应有尽有。三是产权清晰，流转顺畅。美国农场经营的土地大多自有，也有部分是租用。由于土地自有为主，经营者对土地经营都非常理性，都有长远的考虑，掠夺式经营极少出现。对质量下降严重的土地，农场主常会主动休耕加以保护。这种理智的做法有利于农田土壤质量、生态环境保护，有利于农产品质量安全和农业持续生态发展。

显然，美国的植棉农场和经营者已经发展到更依靠规模化、机械化来增加收益，因此，如何实现适度规模的经营体将成为未来美国植棉发展的重要研究课题。美国棉花植棉面积的确定，取决于美国农业法案中的"面积基地和削减项目"计划，农场主按照该项目要求落实种植面积。在棉花生产过程中，品种布局由国家规划，实行科学的区域种植。不同棉区种植不同类型品质的棉花品种，不能相互替代。美国有充分竞争的市场体系和先进的检测手段，加上先进的育种技术，从而保证了种子的先进水平，使美国原棉具有竞争优势。美国还十分重视棉田管理和土壤保护，并通过法律加以规范。比如土地深耕，棉田平整，合理轮作等已在各棉区行程常规化。一般情况下，棉花采摘后棉秆要立即粉碎还田，深耕入土，深耕达1米左右。美国棉花生产管理的一大特色是合理种植以及科学管理。美国农场的计算机应用已经相当普及。著名的 GOSSYM/COMAX 模型，CotMAN 棉花管理系统在美国常年应用，发展成为比较成熟的棉田管理系统。

表 21 - 4　美国农场总数和植棉农场数量变化

年份	所有农场（千个）	植棉农场（个）
2014	2 084	
2012	2 109	18 002
2007	2 205	18 605
2002	2 129	24 805
1997	2 220	31 493
1992	2 180	34 812
1987	2 340	22 661
1982	2 480	38 182
1978	2 436	53 717
1974	2 795	89 536
1969	3 000	199 784
1964	3 457	324 361
1959	4 097	508 419
1954	4 798	863 013
1949	5 722	1 110 876
1944	6 003	1 217 547
1939	6 102	1 589 723
1934	6 812	1 920 123
1929	6 295	1 986 726

资料来源：美国农业部 http：//www. agcensus. usda. gov.

第二十一章
美国棉花产业

表 21-5　美国不同棉区州植棉农场数量和棉花收获面积变化

地区和州	1987 农场数	1987 每场平均棉田（公顷）	1992 农场数	1992 每场平均棉田（公顷）	1997 农场数	1997 每场平均棉田（公顷）	2002 农场数	2002 每场平均棉田（公顷）	2007 农场数	2007 每场平均棉田（公顷）	2012 农场数	2012 每场平均棉田（公顷）
东南地区	5 278	58	6 380	92	8 872	125	7 124	167	5 260	157	5 756	170
亚拉巴马	1 820	77	1 469	119	1 470	119	1 320	160	917	169	925	165
佐治亚	1 733	54	2 015	87	4 188	132	3 216	159	2 577	156	2 616	198
北卡罗来纳	981	39	2 035	71	2 320	118	2 091	179	1 308	163	1 432	164
南卡罗来纳	744	63	861	90	894	129	497	170	458	140	783	155
三角洲棉区	11 924	85	10 359	143	7 036	196	5 376	255	3 830	280	2 947	261
阿肯色	2 479	86	2 279	168	1 730	225	1 192	313	915	378	701	339
路易斯安那	2 675	89	2 599	129	1 586	165	1 072	179	645	209	467	196
密西西比	4 225	98	3 344	161	1 701	230	1 596	293	980	271	824	231
田纳西	2 545	65	2 137	113	1 156	165	920	235	779	262	546	279
密苏里					863	182	596	269	511	299	409	347
西南棉区	19 470	78	12 963	100	11 820	138	9 478	166	7 645	210	7 480	173
俄克拉荷马	2 913	50	1 726	70	849	84	581	120	420	158	451	125
得克萨斯	16 557	106	11 237	130	10 971	193	8 897	212	7 225	262	7 029	221
远西棉区	4 933	106	3 697	142	2 935	166	2 079	167	1 355	180	1 213	175
亚利桑那	1 199	129	887	196	643	209	409	220	301	230	388	206
加利福尼亚	3 037	144	2 351	184	1 833	229	1 393	202	855	223	630	236
新墨西哥	697	46	459	47	459	60	277	77	199	86	195	83
其他州					784	110	586	154	409	152	606	126
佛罗里达					343	90	268	118	213	122	339	135
弗吉尼亚					441	98 244	318	92 809	196	59 243	267	89 072

资料来源：美国农业部．http：//www.agcensus.usda.gov.

（三）企业服务链

　　没有规模化就没有机械化和高效率；没有专业化服务，同样没有高效率。棉花企业链是棉花产业链的组织形式，是所有家庭农场和棉花企业所组成的线型链条。美国棉花产业发展主体是一个家庭农场和棉花企业。这些农场和企业运用工业理念经营棉花生产，并借助各种经济组织，实现规模化、专业化、机械化和集约化生产，大大提高棉花生产效率。美国的棉花生产经营单位约90％是规模不等的家庭农场，其他则是以家庭农场为基础组成的合伙制或股份制农场。随着美国农业机械化技术的采用和集约化经营，家庭农业劳动生产率和土地产出率大大提高，棉农之间的联合与重组加速，农场数量减少，专业化水平越来越高。美国农业合作社在棉花企业链中有着举足轻重的作用，它对内为其社员提供物资与资金、组织经营管理等，对外输出劳务和销售农副产品等。这样，农业合作社就不仅直接成为土地和市场联系的纽带，而且成为一种能够避免市场风险、保护农民利益的有效合作经济组织。

美国高度集成化的专业化农业服务公司承担了棉花生产和经营过程中的各个环节，包括产前的生产资料供应，产中的耕地、播种、施肥、灭虫、除草、采摘等，产后的筛选、包装、运输、加工等，还有全程需要的技术和信息等。我国学者曾经有过研究，这个完善的棉花企业链作用于机械化作业，使平均仅1.4人的家庭农场依然有很大的经营规模。在美国，棉农就是一个机械手和卡车司机，驾驶卡车在田地巡视，操作农机在地里耕作。整地、施肥、收获等各个环节全部实现机械化，有的项目还实行复合作业。

家庭农场实行公司核算、科学管理、标准化生产、机械化作业，生产效率高。

(四) 国内无流通环节

美国国内没有棉花流通环节，美国棉农或农场主生产的籽棉，通过轧花厂变成皮棉后进入期货市场进行销售。

美国棉花轧花厂隶属于农业（口），在种植（植棉）业内，分几种情况：一是农场主自建轧花厂，以轧自产籽棉为主，也轧他人产的籽棉，仅收取轧花的成本费。二是协会或农民合作社联合建设的轧花厂，帮助轧花，但仅收取轧花费用。即美国棉花在国内没有流通环节，轧花环节仅产生成本没有利润之说。

第二节　棉花品质和分级、检验标准

作为棉花生产大国和棉纺织工业大国，美国是全球制订棉花品质和质量标准最早的国家。1909年美国农业部首次制订了美国陆地棉品级标准，1918年又制订了皮马棉标准，并在1923年正式颁布了美国棉花标准法令。此后，为了促进国内及国际贸易的棉花品质和质量的使用与统一，1925年在美国华盛顿召开了第一届国际棉花标准会议，参加会议的国家有英国、法国、意大利、德国、波兰、荷兰、比利时、埃及、印度、巴基斯坦等生产国和消费国的棉花协会或交易所，会议审议和通过了美国制订的棉花标准，使美国的陆地棉标准成为世界公认的棉花分级标准，因此美国农业部的标准既是"美棉标准"又称"国际通用标准"（表21-6）。

表21-6　美国棉花纤维分级特征和等级指标

纤维长度：上半部平均长度（英寸）			
评级等级	短	中	长	特长
指标	<0.99	0.99~1.10	1.11~1.26	>1.26

纤维强度：1/8隔距强度（克/特克斯）				
评级等级	弱	中等	平均	强	很强
指标	<20	21~25	26~29	30~32	>33

纤维细度（毫特）				
评级等级	很细	细	中	粗	很粗
指标	<135	135~175	175~200	200~230	>230

（续）

纤维成熟度纤维成熟比			
评级等级	异常	未成熟	成熟	很成熟
指标	<0.7	0.7~0.8	0.8~1.0	>1.0

纤维整齐度（%）				
评级等级	很低	低	中	高	很高
指标	<77	77~79	80~82	83~85	>85

纤维伸长率（%）				
评级等级	很低	低	中	高	很高
指标	<5.0	5.0~5.8	5.9~6.7	6.8~7.6	>7.6

资料来源：美国棉花公司．http：//www.cottoninc.com.

美国生产的每包棉花都由美国农业部纤维分级办公室进行分类检测，纤维分级办公室分布的地点分别在全美各个产棉州，合计有 10 个，每个实验室配有纤维检测仪器和设备。

一、陆地棉分级和品质指标

美国棉花纤维品质由大容量高精度仪器测定，通常称为"HVI"分级，自 1991 年开始，美国所有棉花分级均需通过 HVI 系统进行检测，检验指标包括长度、细度、强度、整齐度、色泽、短纤维等。

1. 纤维长度。 纤维长度是较长一半纤维的平均长度（上半部平均长度），以 1/32 英寸作为长度分级间隔。测试之前样品首先在标准的温湿度环境下（温度 20℃±1℃，相对湿度为 65±2%Rh）进行预调湿处理。测定时将一束平行的纤维通过一个检测点，该束纤维的形成是通过用钳子从棉花样品中抓取一些纤维，然后将其梳理并刷直（表 21-7）。

表 21-7 陆地棉纤维长度转换表

英寸	代码（1/32 英寸）	英寸	代码（1/32 英寸）
0.79 和更短	24	1.11～1.13	36
0.80～0.85	26	1.14～1.17	37
0.86～0.89	28	1.18～1.20	38
0.90～0.92	29	1.21～1.23	39
0.93～0.95	30	1.24～1.26	40
0.96～0.98	31	1.27～1.29	41
0.99～1.01	32	1.30～1.32	42
1.02～1.04	33	1.33～1.35	43
1.05～1.07	34	1.36 和更长	44 和更长
1.08～1.10	35		

注：1 英寸=25.4 毫米.

资料来源：美国棉花公司．http：//www.cottoninc.com.

2. 长度整齐度。长度整齐度是纤维平均长度与较长一半纤维平均长度的比值，以百分数表示。如果一包棉花中的所有纤维都一样长，则均匀度指数为100。但棉花纤维在长度上存在天然的差异，因此长度整齐度总是低于100。长度整齐度影响棉线均匀度和强度以及纺织过程的效率，它也与短纤维（短于1/2英寸的纤维）含量有关。整齐度低的棉花往往含有高百分比的短纤维。这种棉花难于加工，并且易出低质量棉线。长度整齐度达到82%以上为较好，80%～82%为合格，80%以下质量差。

3. 纤维强度。强度以克/特克斯表示。特克斯是1 000米纤维的克重数。因此，强度即是拉断一个特克斯单位的纤维所需的力，以克为单位。正常范围为：26.5～28.4克/特克斯，超过或低于此标准将会有价格溢价或折扣。测定强度所用的棉花与测定纤维长度所用的棉花为同一束，该束棉花由两个钳子夹住，中间相距1/8英寸，然后测定拉断纤维所需要的力。纤维强度很大程度上取决于品种，也会因植物缺乏营养和天气因素受到影响。纤维强度和棉纱强度之间存在很大的相关性。同样，纤维强度高的棉花更能承受加工过程中的断裂。

4. 马克隆值。马克隆值是纤维细度和成熟度的综合量度。在开棉、清棉和梳理过程中，低马克隆值或细纤维的棉花要求较慢的加工速度以避免损坏纤维。用细纤维制造出的棉纱其横断面中含较多纤维，因而纱线的强度较大。染料的吸收和保留程度随纤维成熟度而变化，纤维越成熟，其染料吸收和保留程度越高。一般正常的马克隆值范围：3.5～4.9，超过此范围将会有价格折扣（表21-8）。

表21-8 美国农业部马克隆值标准

类别	马克隆值
一类	2.5～2.7
二类	2.7～2.9
三类	3.0～3.3
四类	3.4～3.5
五类	3.5～3.9
六类	5.0～5.2
七类	5.3及以上

资料来源：美国棉花公司.http://www.cottoninc.com.

5. 色泽。棉花色泽由反射（Rd）和黄色（+b）决定（表21-9）。反射显示一个样品明亮或暗淡的程度，而黄色则显示颜色沉积的程度。采用一个三位数的色泽代码，通过在陆地棉花的Nickerson-Hunter棉花比色图上找出Rd和+b数值的交叉点来决定色泽代码。影响棉花纤维色泽的因素有雨量、冰冻、昆虫、霉菌以及通过接触土壤、草或棉花植株的叶子而受到的污染等。在轧棉前后的储藏过程中过分的水分和温度条件也会影响棉花颜色。

当棉花颜色因环境因素而变差时，加工效率降低的可能性就增大。颜色变差也影响到纤维吸收和保留染料以及后整理的能力。

表 21 - 9　美国棉花色泽等级标准

色泽品级	符号	色泽品级代码	叶屑分级代码
白棉			
上级	GM	11	1
次上级	SM	21	2
中级	Mid	31	3
次中级	SLM	41	4
下级	LM	51	5
次下级	SGO	61	6
平级	GO	71	7
淡点污棉			
上级	GM Lt Sp	12	
次上级	SM Lt Sp	22	
中级	Mid Lt Sp	32	
次中级	SLM Lt Sp	42	
下级	LM Lt Sp	52	
次下级	SGO Lt Sp	62	
点污棉			
上级	GM Sp	13	
次上级	SM Sp	23	
中级	Mid Sp	33	
次中级	SLM Sp	43	
下级	LM Sp	53	
次下级	SGO Sp	63	
淡黄染棉			
次上级	SM Tg	24	
中级	Mid Tg	34	
次中级	SLM Tg	44	
下级	LM Tg	54	
黄染棉			
次中级	SM YS	25	
中级	Mid YS	35	

资料来源：美国棉花公司 . http://www.cottoninc.com.

6. 杂质。杂质是棉花中非棉纤材料（如叶屑和棉壳）的量度。用一台摄像机对棉花样品的表面进行扫描，计算出杂质所占的表面积百分数。尽管杂质测定和目测叶屑等级不一样，但它们之间有相关性（表 21 - 10）。

表 21 - 10　杂质测定与目测叶屑等级间的关系

杂质测定（4 年的平均结果）（％面积）	目测叶屑等级
0.12	1
0.20	2
0.33	3
0.50	4
0.68	5
0.92	6
1.21	7

资料来源：美国棉花公司.

二、皮马棉分级和品级标准

美洲长绒棉的分级过程与美洲陆地棉的分级过程相似，都转变到用仪器测定。因为美洲长绒棉的颜色比陆地棉的颜色更黄，所以使用的等级标准不大相同。另外，二者的轧棉方法亦不相同，前者用皮辊轧棉，后者用锯齿轧棉。皮辊棉不如锯齿棉平滑。

皮马棉的品级有 7 个品级符号（表 21 - 11）。皮马棉主要种植在西部棉区，仅加利福尼亚州的长纸棉产量即占美国总产量的 90％以上，得克萨斯、亚利桑那、新墨西哥等州有少量生产，产量 15 万吨左右几乎全部用于出口。

表 21 - 11　美国比马棉品级标准符号及代码

品级	1	2	3	4	5	6	7
符号	AP1	AP2	AP3	AP4	AP5	AP6	AP7
代码	10	20	30	40	50	60	70

资料来源：美国棉花公司. http://www.cottoninc.com.

三、"绿卡棉"标准

该标准实际以"国际通用标准"为依据，但品质以美国农业部原始检验的等级、强力、细度、长度结果（绿卡或 FORM A、FORM R 证书）作为最终结算依据。买方不得对品质提出索赔。由于绿卡棉在品质上更有保证，所以绿卡棉一般要比同等级棉花价格高一些，即溢价。

美国农业部分级：绿卡棉、R 型和 A 型。绿卡棉是美国农业部公证检验并附有电脑打印所有指标。R 型是对质量指标提出一定要求，如：马克隆要求在 3.7～4.2 之间，A 型是标准合同。

四、各棉区品质

美国棉花种植规模大，机械化、集约化程度高，各棉区种植的品种相对单一且统一，一个种植区域一般只种植 2～3 个品种，并进行种植带区分，其品种、生产品质和内在质量均比较稳定，因此，规模化经营、区域化种植和统一化供种保证了区域棉花品质的一致性和稳定性。同时由于生产的机械化管理，没有国内流通，有利于减少各环节的外来"三丝"混入途径和数量，大大减少异性纤维的产生，有利于纺织企业加工和运作，但美国棉花凭借优良的品质在世界进出口贸易中极具竞争力。但美国各区域的棉花品质存在差异，现根据美国棉花公司公布的美国不同区域的棉花品质与我国测试进口美棉的到港棉花纤维品质将不同区域的棉花纤维品质对比如表 21 - 12 和表 21 - 13。

东南品质。原棉品级以 M 级为主，颜色灰白，光泽差，轧工质量一般，相当于我国棉花标准的 3～4 级左右。据 2009—2013 年河北省对进口的美国东南棉区棉纤维测试结果，5 年进口美棉的纤维长度平均值为 27.8 毫米，短绒率较高，在 11.1% 左右，马克隆值在 3.5～4.9 之间，平均值 4.1，成熟度系数 0.85 左右。断裂比强度较低，一般在 25.0～28.5 厘牛/特克斯之间，平均值 27.0 厘牛/特克斯。适于环锭纺、气流纺等的中支纱，一般不用作纺高支纱原料。又据美国棉花公司 2015 年对 4 795 293 棉包的监测，东南地区平均值，马克隆值 4.6，上半部长度 1.12 英寸，长度齐整度 81.3%，强度 29.1 克/特克斯。

三角洲品质。该地区棉花色泽中等，细小的杂质较多，含杂率一般在 2.3% 左右，进口原品级在 M 与 SM 之间，相当于我国棉花标准的 3 级左右。据 2009—2013 年河北省对进口的三角洲棉区棉纤维测试结果，该区平均纤维长度为 27.2 毫米，短绒率在 11.5% 左右，纤维偏粗，经测试，五年来马克隆值均在 4.4 以上，平均值为 4.6。成熟度平均为 0.87，断裂比强度一般在 26.0～29.0 厘牛/特克斯之间，平均值 28.4 厘牛/特克斯。纤维质量一般，适纺环锭纺和转杯纺的中支纱，纱线支数在 20ˢ～30ˢ 之间。又据美国棉花公司，2015 年对 3 450 578 个棉包的监测，三角洲棉区品质平均值，马克隆值 4.7，上半部平均长度 为 1.14 英寸，长度齐整度 81.8 %，强度 30.9 克/特克斯。

西南品质。美国棉花主要出口地，在国际市场上标注产地为 M/O/T 的棉花即产自此区域。质量以中低等级为主。原棉品级多在 SLM 与 M 之间，相当于我国标准 4～5 级，纤维颜色灰白，光泽差，轧工质量较差，含杂率高，在 2.5% 左右，杂质等级一般在美棉的 SLM 级或 LM 级。据 2009—2013 年河北省对进口的西南棉区棉纤维测试结果，断裂比强度平均 27.2 厘牛/特克斯左右；纤维长度较短，平均值 27.78 毫米；整齐度差，在 76.0%～83% 之间，平均值为 80.9%；短绒率高，在 12.6% 左右。适用环锭纺和气流纺的 16ˢ～24ˢ 的粗支、中支纱。又据美国棉花公司 2015 年对 6 360 616 个棉包的监测，西南棉区平均值，马克隆值 4.3，上半部平均长度为 1.115 英寸，长度齐整度 80.7%，强度 30.2 克/特克斯。

远西品质。该区域是美国高等级棉花的生产基地。闻名的 SJV 棉花产自这里，这些陆地棉色泽、纤维长度、断裂强度等各项指标均优良，据 2009—2013 年河北省对进口的三角洲棉区棉纤维测试结果，纤维品质较好且稳定；其原棉品级一般为 SM 级或更高，相当于我国棉花标准的 2 级，杂质含量中等，处于美棉标准的 M 级水平，马克隆值平均值 4.2，其中 A 档（3.7～4.2）的样品数占总数的 55.3%；成熟度好，一般均在 0.84～0.89 之间，平均值 0.86；

长度较好，一般均在 1～1/8 英寸（约 28.6 毫米）以上，主要集中在 28.0～29.9 毫米（HVI 测试标准），占样品总量的 62.6%，最长达到 31.9 毫米；平均断裂比强度 30.6 厘牛/特克斯，一般均在 28.0 厘牛/特克斯以上，变化在 29.0 厘牛/特克斯～31.9 厘牛/特克斯之间，占总量的 70.7%。又据美国棉花公司 2015 年对 692 875 个棉包的监测，远西棉区平均值，马克隆值 4.6，上半部平均长度为 1.135 英寸，长度齐整度 81.3%，强度 31.0 克/特克斯。

表 21 - 12　我国进口美国不同地区棉花的纤维品质

项目	东南棉区	三角洲棉区	西南棉区	远西棉区
纤维平均长度（毫米）	27.8	28.84	27.78	28.58
短绒率（%）	11.1	11.5	12.6	—
马克隆值	4.6	4.6	—	4.2
成熟度系数	0.87	0.87	0.81	0.86
断裂比强度（厘米/特克斯）	28.4	28.4	27.2	28.0

资料来源：美国棉花公司．http：//www.cottoninc.com.

表 21 - 13　美国不同棉区纤维品质

项目	远西棉区	西南棉区	中南棉区	东南棉区
马克隆值	4.3	4.3	4.9	4.8
纤维长度（32's）	37.1	35.7	35.1	34.9
纤维整齐度（%）	81.5	80.8	81.4	81.1
纤维强度（克/特克斯）	31.2	30.1	30.1	29.4
级别（11&21）	53.3	70.2	63.0	39.5
级别（31）	35.9	18.6	18.5	33.4

注：32's 表示美国农业部的长度分级标准，按照 1/32 英寸为级差进行分级。

资料来源：美国棉花公司．http：//www.cottoninc.com.

第三节　现代植棉技术

一、主要商用品种

(一) 商用品种

美国主要种植两类棉花，第一类陆地棉（G. hirsutum L.）源于墨西哥和中美洲地区，已在美国得到开发并广泛使用，在美国棉花产量中占 95% 以上。此类棉花在美国称为美洲陆地棉，其长度在大约 7/8～1'5/16 英寸（22.2～33.3 毫米）范围之间。第二类海岛棉（G. barbadense L.）源于南美洲，约占美国棉花产量的 5%。它在美国称为美洲长绒棉，或超长纤维（简称 ELS）棉花，其长度在 1'1/4～1'9/16 英寸（31.8～39.7 毫米）范围之间。陆地棉遍布美国的棉花带 19 个州，而长绒棉主要种植在得克萨斯州的西部，新墨西哥州以及亚利桑那州。1912 年，美国第一个商业化的长绒棉品系在亚利桑那州诞生。在第一次世界大战期间，国际市场对制作加工轮胎帘子线的长绒棉需求量大为增加，促使美国

1919—1920 年海岛棉的种植面积迅速扩大，随后又快速下降，近年来，海岛棉种植面积在 100 万亩以下。

由于美国在棉花品种培育方面的高投入政策，使美国的棉花品种以优良著称于世界。美国棉花种子公司主要为拜耳作物科学公司和孟山都公司。美国主要品种有陆地棉种的爱字棉、斯字棉、岱字棉、柯字棉、佩马斯特棉以及兰卡特等 6 个类型的 40 多个品种和海岛棉的比马 S—5、比马 S—6 两个品种。1996 年，美国转基因棉花进入商品化应用阶段，全美抗虫棉种植面积达到 80 万公顷，占美国播种面积的 16%。1999 年，转基因棉花品种占美国收获面积的 60% 以上。2013 年，全美种植陆地棉转基因品种占播种面积的 99.0%，有 12 个产棉州为 100%，其他 3 个州也在 97% 以上，可见全美棉花种植品种基本实现转基因化。2014 年商品化种植的棉花新品种 PHY 499、DP 1 044 和 FM 2 989 等，同时携带有两个可以全生长季节防控鳞翅目害虫的 Bt 基因（Cry1Ac＋Cry2Ab），即保铃棉第二代基因，以及抗草甘膦和草铵膦的两种除草剂的增强型基因，表明美国转基因棉花进入综合多抗的新阶段。

（二）2015 年美国种植棉花品种

1. 陆地棉。 据美国农业部 9 月发布的报告，2015 年全美种植陆地棉品种 92 个（另有 12 个海岛棉品种）。全美陆地棉占播种面积 0.5% 以上（面积 24.7 万亩以上）的品种 44 个，合占陆地棉播种面积的 92.46%；其中以 ST 4 946 GLB2 的面积最大占 10.92%，其次为 PHY 499 WRF，占市场份额的 6.07%；第三为 DP 1 044 B2RF，占市场份额的 5.62%（表 21 - 14）。

表 21 - 14　2015 年美国最大品种名称及其种植面积、比例和主要分布地区

棉花品种名称/经营公司	面积（万亩）	比例（%）	主要分布州
ST 4946 GLB2/Bayer CropScience-Stoneville（GlyTol® LibertyLink® Bollgard II® variety with a two-gene Bt trait）	539.9	10.92	密苏里、阿肯色、田纳西
PHY 499 WRF/Phytogen（WideStrike® and Roundup Ready® Flex）	300.1	6.07	路易斯安那、南卡罗来纳、弗吉尼亚
DP 1044 B2RF/Deltapine（Bollgard II® with Roundup Ready® Flex cotton）Bacterial Blight and Verticillium Wilt tolerance	277.9	5.62	亚利桑那、新墨西哥和俄克拉荷马
PHY 333 WRF/Phytogen（WideStrike® and Roundup Ready® Flex）	248.2	5.02	俄克拉荷马、弗吉尼亚、北卡罗来纳
FM 2011 GT/Bayer CropScience-FiberMax（GlyTol technology）	233.4	4.72	得克萨斯
FM 2484 B2F/Bayer CropScience-FiberMax（Bollgard II® Flex cotton）	212.6	4.30	新墨西哥和得克萨斯
ST 4747 GLB2/Bayer CropScience-Stoneville（GlyTol® LibertyLink® Bollgard II® variety with a two-gene Bt trait）	206.7	4.18	肯萨斯、阿肯色、密苏里
FM 9250 GL/Bayer CropScience-FiberMax（GlyTol® trait, the LibertyLink® trait）	188.9	3.82	得克萨斯

（续）

棉花品种名称/经营公司	面积（万亩）	比例（%）	主要分布州
DP 1219 B2RF/Deltapine（Bollgard II® with Roundup Ready® Flex cotton）	182.9	3.70	亚利桑那、佐治亚、南卡罗来纳
DP 1252 B2RF/Deltapine（Bollgard II® with Roundup Ready® Flex cotton）	165.6	3.35	佐治亚、佛罗里达和南卡罗来纳
NG 1511 B2RF/Americot（Bollgard II® with Roundup Ready® Flex cotton）	159.2	3.22	俄克拉荷马和密苏里
FM 1944 GLB2/Bayer CropScience-FiberMax（GlyTol® trait, the LibertyLink® trait and Bollgard II®）	144.4	2.92	阿肯色、北卡罗来纳、弗吉尼亚
FM 2334 GLT/Bayer CropScience-FiberMax（GlyTol® LibertyLink® TwinLink®）	139.4	2.82	新墨西哥和亚利桑那
DG 2570 B2RF/Dyna-Gro（Bollgard II® with Roundup Ready® Flex cotton）	137.9	2.79	俄克拉荷马和新墨西哥
DP 1553 B2XF/Deltapine（Bollgard II® with XtendFlex® cotton）	97.4	1.97	佛罗里达和南卡罗来纳
DP 1050 B2RF/Deltapine（Bollgard II® with Roundup Ready® Flex cotton）	94.9	1.92	佛罗里达、佐治亚和亚利桑那
DP 1538 B2XF/Deltapine（Bollgard II® with XtendFlex® cotton）	92.9	1.88	南卡罗来纳
DP 1522 B2XF/Deltapine（Bollgard II® with XtendFlex® cotton）	79.1	1.60	田纳西
DP 1137 B2RF/Deltapine（Bollgard II® with Roundup Ready® Flex cotton）	78.6	1.59	佛罗里达、佐治亚和阿拉巴马
DP 0912 B2RF/Deltapine（Bollgard II® with Roundup Ready® Flex cotton）	77.6	1.57	肯萨斯、密苏里、俄克拉荷马

注：WideStrike（Bt-Cry1F with Bt-Cry1Ac protein）抗烟草夜蛾幼虫、棉铃虫、黏虫和红铃虫等的抗虫基因。

Roundup Ready 是抗草甘膦基因，孟山都品牌。GlyTol 抗草甘膦除草基因，替代 Roundup Ready，主要用在 FiberMax 和 Stoneville 品牌的种子中。LibertyLink 抗草铵膦基因。Bollgard II 孟山都第二代抗虫棉。XtendFlex 抗麦草畏、草甘膦和草铵膦基因，孟山都品牌。TwinLink® 为结合了针对鳞翅目虫害虫的全季 Bt 保护，包含两种拜耳专利 Bt 基因，对烟草夜蛾幼虫、棉红铃虫、棉铃虫和斜纹夜蛾等主要鳞翅目害虫提供有效的防控；以及强大的杂草管理技术，对 Liberty® 除草剂具有抗性。

资料来源：美国农业部。

据监测报告，2015 年全美陆地棉转基因品种占播种面积的 98.8%。8 个产棉州种植的转基因品种达到 100%，其他几个州的转基因品种在 95.9%～99.6% 之间。

2. 海岛棉。据监测报告，2015 年美国海岛（比马）棉种植品种 12 个（表 21-15），与 2014 年相比无变化，主要分布在亚利桑那州和加利福尼亚州，主要品种是 PHY 805、PHY 811 RF 和 DP 358 RF。这些品种都是抗草甘膦除草基因品种，但不抗虫。

表 21 - 15 2015 年全美海岛棉品种名称及分布情况

单位:%

经营公司	品种名称	亚利桑那州	加利福尼亚州	全美
Phytogen	PHY 805 RF	62.38	42.63	40.62
Phytogen	PHY 811 RF	18.64	39.86	32.76
Deltapine	DP 358 RF	4.60	7.94	9.71
Deltapine	DP 340	0.00	0.45	4.36
Deltapine	DP 357	5.55	0.00	4.17
Miscellaneous	MISC	4.17	3.52	3.70
Phytogen	PHY 800	0.00	2.98	2.18
Hazera	HA 1 432	0.00	1.92	1.40
Phytogen	PHY 830	3.81	0.43	0.75
Hazera	HA 211	0.00	0.27	0.19
Public	Pima S - 7	0.85	0.00	0.10
All-Tex	P - 203	0.00	0.00	0.05

注：RF 为抗草甘膦基因加强型，即棉株在 2 片真叶后喷施草甘膦也具有抗性。

二、种子市场化

美国是成熟的市场化国家，美国种业发展也经历了三个阶段——公益性种业、商业化种业和全球化种业。

2006 年以来，全美经营棉种公司 14～15 家，按经营品种占播种面积比例的多少，最大是 Deltapine 公司，其次是 BayerCrop Science-Fibermax 公司，第三为 BayerCropScience-Stoneville 公司。

据美国农业部系列报告，2006、2007、2010、2013 和 2014 年，全美播种面积分别为 5 053千、4 720 千、4 360 千、4 047 和 3 999 千公顷，全美陆地棉种植品种数量分别为 205 个、156 个、114 个、88 个和 96 个，占播种面积比例在 0.5% 以上品种数分别为 36、39、43、39 和 44 个，占播种面积最大比例的优势品种分别为 DP 555 BG/RR 占市场份额的 17.4%；DP555BG/RR 占市场的 18.1%；FM9 058F 占市场的 10.4%；PHY499WRF 占市场份额的 9.4%，以及 PHY 499 WRF 占市场份额的 9.3%。

虽然近 10 年美国棉花种植面积波动很大，陆地棉播种面积在 2 977～5 592 千公顷之间波动，但是占播种面积 0.5% 以上的品种数在 32～44 个之间，即不论播种面积多少，各年都有占市场份额 10% 左右面积的优势品种（表 21 - 16）。

表 21 - 16　近 10 年美国种植陆地棉品种数量

项目	播种面积 （千公顷）	种植陆地 棉品种（个）	占播种面积 0.5% 以上的品种数（个）	最大播种面积品种名称， 占市场份额的（%）
2006	5 053	205	36	DP 555 BG/RR 占市场份额的 17.4% DP 444 BG/RR 占市场份额的 13.2%，
2007	4 720	156	39	DP555BG/RR，占市场的 18.1%
2008	3 067	155	44	DP555BG/RR，占市场的 17.2%
2009	2 977	125	32	DP555BG/RR，占市场的 17.2%
2010	4 360	114	43	FM9058F，占市场的 10.4%
2011	5 592	115	39	PHY375WRF，占市场的 10.7%
2012	4 230	100	43	PHY499WRF，占市场份额的 9.7%
2013	4 047	88	39	PHY499WRF，占市场份额的 9.4%
2014	3 999	96	44	PHY 499 WRF，占市场份额的 9.3%
2015	4 944	92	44	ST 4946 GLB2，占市场份额的 10.9%

资料来源：冯璐、毛树春据美国农业部各年发布监测数据整理。

　　2015 年全美经营棉种公司 10 家（表 21 - 17 和表 21 - 18），其中前 5 家公司占市场份额的 91.36%。第一家 Deltapine 公司，占市场份额的 31.15%，增 1.29 个百分点。第二家 Bayer Crop Science-Fibermax 公司，占市场份额的 21.61%，减 1.04 个百分点。第三家 Bayer CropScience-Stoneville 公司，占市场份额的 16.93%，增 4.55 个百分点。第四家 Phytogen 公司，占市场份额的 15.31%，减 0.05 个百分点。第五家 Americot，占市场份额的 6.41%，减 5.84 个百分点。

表 21 - 17　2015 年美国陆地棉棉花品种经营公司、市场份额和品种数量

棉种公司名称	经营品种占播种面积比重（%）		经营品种数量（个）	
	2014	2015	2014	2015
Deltapine	29.86	31.15	16	23
Bayer CropScience-FiberMax	22.65	21.61	18	14
Bayer CropScience-Stoneville	12.38	16.93	12	7
Phytogen	15.31	15.26	15	13
Americot	12.25	6.41	14	15
Dyna-Gro	4.12	4.85	4	7
All-Tex	2.39	2.29	8	6
Miscellaneous	0.63	1.05	1	1
Croplan Genetics	0.39	0.43	2	4
Seed Source Genetics	0.01	0.02	2	2

资料来源：美国农业部.

表 21 - 18　2015 年全美棉种经营公司及市场份额

单位:%

经营公司	全美	东南棉区	中南棉区	西南棉区	远西棉区
Deltapine	31.15	50.10	29.81	23.65	24.88
Bayer CropScience-FiberMax	21.61	3.65	1.02	33.41	28.26
Bayer CropScience-Stoneville	16.93	13.37	44.66	12.45	17.07
Phytogen	15.26	28.22	17.49	9.04	23.17
Americot	6.41	2.63	5.26	8.41	1.87
Dyna-Gro	4.85	1.02	1.72	7.21	2.94
All-Tex	2.29	—	0.01	3.83	—
Miscellaneous	1.05	0.46	0.03	1.50	1.82
Croplan Genetics	0.43	0.49	—	0.50	
Seed Source Genetics	0.02	0.05	—	—	

资料来源：美国农业部.

三、主要栽培技术

棉花栽培管理技术主要为提高单产，改善品质，提高生产效率以及棉花生产的可持续性。总体来讲，棉花栽培管理技术主要包括确定适宜播期，合理密植，适量适时灌溉以及通过使用植物生长调节来管理棉花株型及准备棉花收获，而即时的作物长势和营养监测有助于棉花栽培技术的实施。

(一) 适宜品种选择

选取合适的棉花品种是实现棉花高产优质的最关键步骤。品种技术包括：抗草甘膦加强型（Roundup Ready Flex）；第二代抗虫棉和抗草甘膦加强型（Bollgard II/ Roundup Ready Flex）；抗烟草夜蛾、棉铃虫、黏虫和红铃虫（WideStrike）；抗烟草夜蛾、棉铃虫、黏虫、红铃虫和抗草甘膦加强型（WideStrike/ Roundup Ready Flex）；抗草甘膦、抗草胺膦和第二代抗虫棉（GlyTol/Liberty Link/ Bollgard II）；抗草甘膦、抗草胺膦和抗鳞翅目害虫（GlyTol/Liberty Link/Twlinlk），以及抗麦草畏、草甘膦和草胺膦（Xtend Flex）。棉花生产者在选择棉花品种时不仅仅考虑基因表现和产量潜能，而且还考虑品种的抗虫特性。此外，对耐旱性的品种选择也非常重要，该类品种仅依靠自然降雨，不需要额外进行灌溉。目前美国有 35% 的棉田需要灌溉。

为了降低风险，一般建议植棉者种植多个品种。选择品种时应该考虑的品种特性包括品种适宜播期范围，棉苗活力，对灌溉的敏感性，熟性以及生长特性。因此，对品种的了解有利于更好地种植棉花。目前，棉花品种的平均寿命显著缩短，因此生产者几乎没有时间来积累品种种植的相关经验，他们必须快速了解适应新的品种，这就需要依靠相关的研究数据以及当地的田间生产经验。针对这种状况，美国通过网络平台提供了大量品种的详细信息，这些资源包括大学或者试验站等科研机构提供的品种试验结果，地区政府发布的品种区试表现，以及种子公司发布的品种信息等。这些信息包含了多年多点的试验结果，也包含了同一品种在环境相似的不同地点表现的一致性和稳定性，从而对品种的选择具有很强的指导性。在多点均表现优异的品种具备较高的稳定性，也说明这类品种可能在不同播期、不同土壤类型或者不同降雨模式以及灌溉条件下均有较好的表现。

（二）适时播种和合理密植

确定棉花适宜播期的方法主要依据土壤温度，当土壤温度连续 3 日在 16℃以上且预计后期温度较高时适宜播种。长期试验研究表明在 4 月下旬到 5 月 20 日期间播种的棉花单产差异较小。棉花是对冷害非常敏感的作物，尤其是棉种和棉苗对低温更为敏感。当温度在 16℃以下时会停止生长，当温度低于 10℃就会对棉苗造成冷害。试验表明将正在进行吸胀作用的棉花种子或者幼苗置于冷空气中可以影响棉花成苗，且最终会影响棉花的单产和纤维品质。大量的研究探索了在低于 16℃的温度下进行棉花播种来保证棉苗成活，试验表明种子杀菌剂的使用以及种子品质的提高可以降低棉苗遭受低温冷害的风险。

有关某一田块适宜的播种量主要由气候、栽培措施以及土壤情况共同决定。随着棉花生产技术的提高，目前棉花的推荐播种量远比传统播种量少。Waddle（1984）建议在灌溉条件下温带地区适宜播种量为 100 000～140 000 株/公顷，在非灌溉条件下温带地区为 200 000～250 000 株/公顷，热带地区为 100 000～150 000 株/公顷。在南加州非灌溉棉田建议播种量为 70 000～100 000 株/公顷，在灌溉棉田播种量为 34 000～70 000 株/公顷。此外，美国棉花专家还通过试验证明最适宜摘锭式采收的种植密度 25 000～40 000 株/英亩。而对统收式采收的棉花，由于需要较矮的株型结构，因此适宜种植密度约为摘锭式的 1.5 倍。在种子质量较差、土壤板结、苗病较重的情况下应该适当增加播种量。

在行株距配置上，大部分田块采用宽窄行的种植方式，一般宽行 102 厘米，窄行 76 厘米；此外，还有超窄行 15～20 厘米的行距配置。主要是为了增加密度，提高光能利用率，促进成铃。

（三）合理灌溉

1. 棉田水分需求。棉花是相对耐旱的作物，目前，仅依靠自然降雨不需灌溉的棉田面积约占美国总植棉面积的 64％，仅 35％的棉田需通过灌溉来补充棉株需水。然而适时和适量的灌溉可以在降低棉花生产成本的同时增加棉花单产。表 21－19 是高产棉花灌溉量的推荐，灌溉的终止时间一般在花后第七和第八周，以田间可观察到吐絮棉铃为标志。但是，如果气候干燥或大风环境下，需要进行补充灌溉。

表 21 - 19　高产棉花灌溉量推荐

生育阶段	灌溉量（英尺/周）	灌溉量（英尺/天）
开花第一周	1.0	0.15
开花第二周	1.5	0.22
开花第三周	2.0	0.30
开花第四周	2.0	0.30
开花第五周	1.5	0.22
开花第六周	1.5	0.22
开花第七周	1.0	0.15

注：灌溉量 1 英尺相当于 3 049.5 立方米/公顷。

资料来源：美国国家棉花协会。

2. 棉田灌溉体系。①地表灌溉（沟灌和漫灌）。该方式将虹吸管放置于棉花行间，使灌溉水在地表流淌至整块棉田。因为水分在地表流淌，因此如果棉田设计合理、灌溉操作适当，该方式是最高效的一种灌溉方式。但实际中，这些条件并不能完全满足，所以地表灌溉耗费劳动力也较多。②喷灌。一般情况下，棉花喷灌系统被安装在旋转架基轴上（Center Pivot）。最早期的旋转架基轴是将喷灌装置安装在输水管道上方。但是在干旱地区，由于蒸发强烈，造成大量水分损失。因此，在干旱地区，大多数生产者将喷灌装置安放在植株顶部或者采用"低耗能精确施用"（Low Energy Precision Application，LEPA）系统。该系统直接将基架输水管道中的水通过垂直输水管道灌溉于棉花行间。③地下滴灌。地下滴灌是美国尤其是在得克萨斯西部棉花灌溉体系的最新发展方向。由于该体系需将一系列滴落管道安装在整块田地下 30 厘米处，所以其安装和维护费用巨大。但是，该体系是将水分直接输运到植株根系区域最有效的方式。该体系中可以依据土壤类型和环境特点每 1 行或者每 2 行安装一排输水管，且可连续使用 20 年以上。

3. 现代棉田水分管理技术。由于水资源紧缺以及考虑到水费、打水和灌溉时的用工费用等，棉花生产者对水分管理十分精细，需采取一系列方法来决定何时进行灌溉。如：①基于棉花生长发育时期以及天气数据来预测棉田需水的计算机模拟技术；②基于土壤水分监测装置判断土壤中是否有充足水分满足棉花生产需要的技术；③由于棉株叶片中水分散失时，其温度会升高，因此，通过红外线测温仪（Thermal infrared thermometers，IRTs）监测棉花叶片温度可以判断棉田是否需要进行灌溉。目前，已有很多公司向生产者提供这类装置，生产者可以实时观测到整个农场的叶片温度。现代的通讯技术使得通过卫星和无线电遥测等技术来远程监控土壤和植物探头，从而极大程度减少了劳动力的使用。

此外，在美国现代植棉技术体系中，还十分提倡保护水质。目前，美国正在推广保护性耕作实践，减少棉田水分流失并降低了肥料和杀虫剂的面源污染。地表水和地下水监测报告显示，免耕栽培技术可以保护地表水和地下水水源。

（四）施肥技术

美国棉花生产由于土壤磷营养较为丰富，因此主要重视氮肥和钾肥的施用。

①氮肥。棉花对氮素的需求特性在整个生育期有所不同，早期营养生长仅需要少量的氮

肥，约为整个生育期需求量的 25%。随着成铃的开始，棉花对氮素的吸收快速增加。开花后两周内棉花氮素的累积量达到全生育期氮素累积量的 25%～40%。一般情况下，在棉花播种时施用总施氮量的 1/3 或者 1/4，其他均为追施。追肥一般在初蕾期到初花期之间根据长势以及叶片的颜色进行，在开花第三周以后就不再追施氮肥。

满足氮素需求常用施肥方法包括：①根据预计产量估算氮素的需求量（以保障棉花需求和不造成氮素浪费和环境污染为基础）。②通过上季作物土壤测试来确定氮素残留水平。③最小化前季作物的氮素施用，这是由于前季作物残留的氮素被证明是最无效的。④基于作物状况来分配全生育期的氮肥施用量。⑤在盛花期前完成所有的氮肥施用。⑥基于过去的田间经验适当调整施用量。

大量营养吸收的研究表明最适宜的施氮量为每生产 1 包（217 千克皮棉）棉花需要 60 磅（27.24 千克）的氮素。氮素的施用时间为现蕾早期到盛铃期，这符合作物对氮素的需求模式。美国不同产棉州的氮肥施用推荐量见表 21-20：

表 21-20 各植棉州推荐施氮（N）量

单位：磅/英亩

地点	推荐施氮（N）量
阿拉巴马	CEC=9.0 时施用 N 60 磅/英亩，其他为 90 磅
亚利桑那	每包棉花 60 磅
阿肯色	灌溉条件下 90～120 磅，旱地 60～70 磅
加利福尼亚	根据土壤氮素水平，在 100～200 磅范围内调整
佐治亚	根据土壤结构和灌溉水平，根据预期产量在 60～105 磅范围内调整
路易斯安那	沙壤土施氮量为 60～90 磅，黏土和黏壤土施氮量为 90～120 磅
密西西比	根据土壤结构和灌溉水平，在 60～110 磅范围内调整
新墨西哥	120 磅 其中 60 磅播种时施用，其他 60 磅初蕾期施用
北卡罗来纳	50～70 磅
俄克拉荷马	60 磅
南卡罗莱纳	旱地 70 磅，灌溉条件下 100 磅
田纳西	高原土 60～80 磅；底层土壤 45～60 磅
得克萨斯	50 磅

注：1 磅=0.453 592 千克；CEC 为阳离子交换量。

资料来源：美国国家棉花协会. http://www.cotton.org/tech/physiology/cpt/index.cfm.

氮肥用量需要根据实际情况进行调整，比如在土壤为沙壤土，连作棉花，或者在长期茎秆生长不足的地块可以相应增施 25% 的氮素，而在棉花与大豆或花生轮作，与豆科牧草轮作，或在长期存在营养生长旺盛的地块可以减施 25% 的氮素。

据 2001—2010 年 10 年统计，全美棉田施氮量平均 190 千克/公顷，其中得克萨斯州最低为 156 千克/公顷，阿肯色州最多为 267 千克/公顷。

②钾肥。对于棉花而言，充足的不同种类矿物营养以及各营养元素间的平衡是完成整个生命过程的必要因素。其中钾元素参与棉花 40 多种酶的合成，因此棉花在整个生育期需吸收大量的钾肥。研究人员发现正在发育的棉铃含有大量的钾，且不同部位含钾量不同，其中

青铃＞棉籽＞叶片和茎秆＞纤维。不同部位对缺钾敏感性不同，表现为叶片＜棉铃＜根系＜茎秆。所以当叶片表现出缺钾症状时，也就表明棉株其他各器官早已受缺钾影响。经多年研究，当出现下列症状时，则认为棉株缺钾（低于0.06厘摩尔/千克土壤）：①老叶变浅绿色；②叶脉间出现黄色斑点；③顶部和叶片边缘向内卷曲；④在极度缺钾条件下，叶片变红棕色，干枯、提早脱落；⑤叶片提早脱落引起棉铃发育受阻；⑥植株矮小（节间缩短）；⑦茎秆细长，容易倒伏。但当钾营养充足时，可以提高棉铃数量和体积、增加棉籽产量并且延长棉铃发育期。因此，美国农业目前提倡增加钾肥施用。但由于美国各地自然条件差异较大，各地还未形成具有共识的钾肥施用标准。据2001—2010年10年统计，全美棉田施钾量平均为164千克/公顷，其中得克萨斯州最低为34千克/公顷，佐治亚州最多为260千克/公顷。

（五）生长调节剂

植物生长调节剂是天然的或者人工合成的有机物质，能够用来调节或控制植株内部的生理过程。通过调节肥料效应、水分管理以及辅助脱叶吐絮收获，生长调节剂已成为棉花生产的重要组成部分。Pix（N，N-二甲基哌啶翁氯化物，中国商品名称缩节胺或助壮素）是棉花生长季节最广泛使用的生长调节剂。Pix是一种生长延缓剂，它能够减少植物组织中赤霉素的含量。研究表明Pix能够下调棉花中赤霉素生物合成和代谢的基因表达。赤霉素含量的降低使得棉花主茎和果枝的节间伸长受到抑制，从而使得棉株变矮且紧凑。有关Pix对棉花产量的影响的研究结论不一。如果运用恰当，可提高棉花产量。在未喷施Pix的棉株高度超过110厘米或者棉花生长季节过短的情况下，Pix的施用可能会影响棉花的产量，否则对棉花的产量影响不显著。Pix增加了主茎节位12和以下果枝上的可收获的棉铃数量，减少了主茎节位14及以上果枝上可收获的棉铃数量。由于Pix用来抑制过度的营养生长来防止棉花晚熟，因此具体的施用应根据导致生殖生长和营养生长失调的原因来确定。这些原因包括晚播、过度降雨或灌溉、过高的氮肥施用、密植等可能引起晚熟的生物或非生物因素。

大面积应用的PGR延缓剂主要有Pix，使用方法一般在初花及初花后的第3～4周，每次用量69～141毫升/公顷，总量不超过141～210毫升/公顷。

近年来也提出了看苗应用，确定不同苗情下应用方法。其中类似于我国的全程化控技术（Low Rate Multiple Strategy）。第一次盛蕾应用，以后每隔7～14天应用一次。

棉花生产者还大面积使用生产促进剂PGR IV。该调节剂由Micro Flo公司生产，主要含有赤霉酸和合成的吲哚丁酸。该产品可以在播种、1～7片真叶期、初蕾期和初花期施用。另外一种常用的调节剂为Riverside公司生产的Maxxon。其与PGR IV相似，含赤霉酸和合成的吲哚丁酸，一般仅在盛蕾期和初花期施用。一般施用70克/公顷，单株2片真叶期至初蕾期用280克/公顷。但在使用PGR IV和Maxxon过程应注意，只有当棉花植株生长健康，没有受到高温、干旱、害虫和肥料不足等胁迫时，它们才能获得最好的效益。

美国棉花生长后期通常使用化学调节剂乙烯利来终止棉花生长，加速棉铃开裂，促进棉花脱叶以帮助机械化采收。

（六）长势诊断

Waddle（1984）描述了利用叶柄氮素监测系统来确定在棉花生长季节所需的氮肥用量。

在这个系统中，当第一朵花芽出现后两周，开始采集棉株最上部完全展开叶片的叶柄，之后按照一定的间隔进行采集，通过分析叶柄氮素的含量与试验确定的充足氮素水平下的值进行对比来确定棉株的氮素情况。然而，这种系统在雨养条件下比在灌溉条件下的可靠性降低，这是因为土壤的水分含量对叶柄氮素浓度有影响。

此外，在蕾期和初花期的活力指数被用来确定是否需要施用 Pix。测量指标包括株高、株高和主茎节数的比例（HNR）以及白花以上的主茎节间数（NAWF）。HNR 低且低于临界值为生长不足；HNR 高，说明营养生长过旺。不同阶段 NAWF 值不同，出现第一朵白花时，NAWF 为 9 时表示长势最好，打顶时（Cutout）为 4～5 表示长势最为适宜。

脱叶剂施用的时间对于优化产量和纤维品质极为重要，确定脱叶剂施用的时间是根据吐絮率和吐絮棉铃以上的主茎节数。一般吐絮率 60%～65%，最上一个吐絮铃以上的主茎节数为 4 时是脱叶剂使用最适宜的时间。

（七）虫害治理

近几十年来，美国棉花虫害治理的最重要的两大事件分别为 1986 年开始的象鼻虫根治计划（Boll Weevil Eradication Trial，简称 BWET）和 1996 年进行商业化生产的转基因抗虫棉品种的使用。

1. 自 1986 年开始，美国开始实施象鼻虫根除计划，并成为美国棉区最成功的项目之一。 该计划证明了通过技术可根除象鼻虫的可行性。在此过程中，美国棉花生产者，美国各州政府，美国联邦政府联合在一起经过多年的努力，耗费大量资金终于将象鼻虫基本完全根除。目前除得克萨斯州最南端以外，其余各地象鼻虫已完全消灭。虽然该项目花费巨大，但其回报也很高。据估算，从 1996 年至今，仅得克萨斯州由于该计划取得的植棉净利润达 19 亿美元。比如，佐治亚州防治象鼻虫杀虫剂的施用量从 1986 年实施治现计划前的 15.8 磅/英亩下降到 1991 年实施计划后的 7.4 磅/英亩，施用量降幅高达 53.2%（图 21 - 2）。

2. 自 1996 年开始，转基因棉花品种的使用大大降低了棉铃虫的危害，推动了美国棉花的虫害防治技术的重大进步。 从图 21 - 2 可以看出，佐治亚州在 Bt 棉商品化以后，棉田杀虫剂的施用次数极大降低。因此，美国虫害管理主要是施用综合性的防治技术而不是单独依靠杀虫剂的施用。所谓综合防治技术（IPM）包括耕作、品种选育、生物防治和杀虫剂的施用，选取虫害措施的原则是在保证收益最大化的前提下尽量使得对环境的负面效应最低。虫害综合防治技术的优点包括较低的生产成本，对杀虫剂抗性问题延迟出现，竞争性和收益增加。比如，佐治亚州防治棉铃虫杀虫剂使用量从 1992 年 Bt 棉种植前的 5.0 磅/英亩下降到 2014 年 Bt 棉种植后的 2.8 磅/英亩，施药量降幅达 44.0%（图 21 - 2）。

美国棉田虫害防治单位面积用工为 6 个/公顷，但防治措施实施却能及时、全面、到位。棉花害虫综合治理技术的实施，既有棉农的自觉行动，也有政府的干预行为。政府主要采用法律干预，对一些防治措施的执行具有强制性。各棉区根据自身自然条件，制定合理的播种时间和棉秆轧碎深埋期限，棉农必须无条件遵守。春季和秋季盲蝽象等害虫活动期间，专业喷药公司喷药灭虫，棉农必须无条件提供资金保障。通过依法治虫，大部分棉区红铃虫常年数量均低于经济危害水平之下，盲蝽象等的危害也大大减轻。

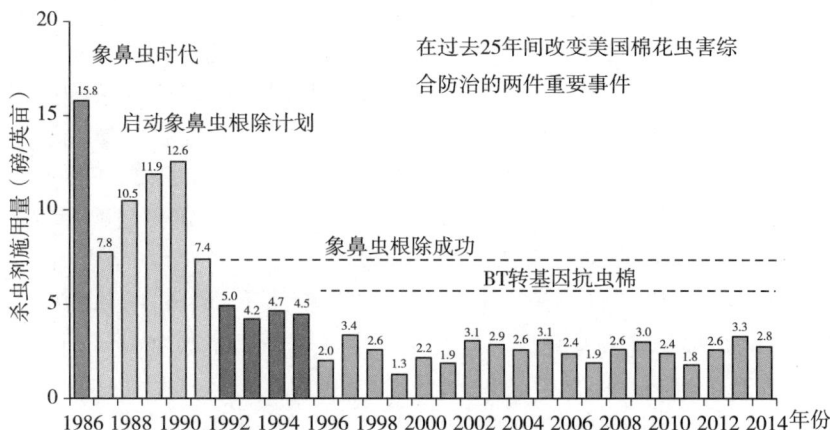

图 21-2　1986—2014 年美国佐治亚州棉田平均杀虫剂施用量

资料来源：美国棉花带会议论文集，2015。

四、机采棉种植、机械化采收和轧花

目前，美国棉花栽培的各项措施都有相应的机械设备进行配套，不少农场主使用 GPS 定位系统指挥农机田间作业，提高了生产效率和规模效益。

（一）机采棉种植模式

美国第一个机采棉的专利是在 1850 年 9 月 10 日授权给美国田纳西州的 S. S. Rembert 和 J. Prescott。目前，美国有两种采棉机——摘铃式采收机和统收式采收机。摘铃式采收机有选择地用带刺的锥形棒从吐絮的棉铃中将棉纤维采下来。一块棉田可以针对不同层次的棉铃分几次采摘。统收式采收机无选择性，它一次性地将吐絮的棉铃和未吐絮的、破裂的棉铃一起收取。统收式采棉机在得克萨斯州高原、Rolling 平原、里约观峡谷（Riaview Lanyen）以及俄克拉荷马州应用比较普遍，统收式采收机结构简单效率高，能够将棉田中 99％ 的棉花采摘上来。统收机因其采摘部分的结构不同又分为指杆结构和卷筒结构两种。摘铃式采棉机结构复杂，需要良好的维护和适当的调试才能高效工作，它的采棉效率能达 95％，但通常采收效率只能达到理论的 85％～90％。美国机采棉技术在各州、在各个环节都具有相关的技术规程和具体要求细节，下面以南卡罗莱纳州和弗吉尼亚州为例，说明机采棉的技术规程。

1. 种植密度。 单位面积 40 000～60 000 株/英亩[①]（6 590～9 885 株/亩）棉花均匀分布最适合采棉机。使用摘铃机采摘的棉花植株高度不应超过 48 英寸，用统收机采摘的棉花植株高度则不应超过 36 英寸。应采用适当的种植方法使最低的棉铃距地面 4 英寸以上。

南卡罗莱纳州：比较理想的棉花种植行间距为等行距 38 英寸[②]（96.52 厘米），每英尺（30 厘米）2～3 株。在较干旱地区可将株间距缩小，每英尺可增加 1～2 株，对于棉桃易腐

---

① 1 英亩＝6.07 亩＝0.404 公顷。

② 1 英寸＝2.54 厘米，1 英尺＝12 英寸＝30.48 厘米。

烂的灌溉区也每英尺减少到 1～2 株。

弗吉尼亚州：良好种植密度是当行距 36 英寸时，每英尺播种 3～4 粒，或行距为 30 英寸时，每英尺播种 3.5 粒。当每英尺有 1～2 株棉花生长时，可以达到最佳产量。有时候在非常不利的情况下，只有 50% 的种子成苗，这也是可以接受的范围。

2. 播种日期。弗吉尼亚州：推荐播种日期为 4 月 20 日至 5 月 25 日。无论何时播种，最为关键的是土壤温度和湿度有利于种子快速发芽和出土。为了确保较高发芽率，土层深 3 英寸的土壤温度在早上 10 点钟时需达到 18℃。当温度低于 10℃ 时，就应当考虑推迟播种。播种后，接下来最好有 5～7 天的升温。弗吉尼亚州在 5 月初到中旬播种的棉花一般生长较为良好。晚播棉花比早播棉花长势更旺，实际上会后来居上，需要在开花前使用更高水平的助壮素型生长调节剂防止过旺生长。

补种：如果出苗效果或作物健康情况不佳，在 5 月中旬可以进行一次补种。在每英尺少于一株的情况下，一般建议补种。如果部分区域出苗情况不好，可部分补种。但两次播种的时间间距不应超过 2.5 周（约 18 天），否则会带来管理困难和长势的参差不齐。然而，很多农户期待那些首次播种后出苗情况不好的种子在后期可恢复，它们往往比补种的种子生长后劲更强。

3. 播种深度。南卡罗莱纳州：偏酸型土壤的播种深度为 0.75～1 英寸。

弗吉尼亚州：播种深度取决于当年甚至当天情况。在温湿度良好的土壤中，3/4 英寸深的播种深度比较合适。在凉爽湿润的情况下，浅播有利于种子尽快破土。如果温度较高，比较干燥，往往需要深播。如果预计破土期前将会有降雨，浅播更有利于种子生长，而深播则风险较大。

4. 助壮素使用。助壮素会抑制枝叶生长，促进棉桃生长。恰当使用助壮素能够进行催熟并提高产量。一般有三种方法判断是否需要使用助壮素。

计算高度：助壮素可控制棉株高度。在首次开花时（一行 25 英尺的距离内的棉株共有约 5～6 朵花），棉株高度应为 20～26 英寸。如果首次开花，棉株高度低于 20 英寸，则不应使用助壮素，如果高于 26 英寸，建议使用。总而言之，在收获时间，最终的棉株高度应等同于行距高度，减少棉桃腐烂，提高产量和质量。

计算高度和主茎节点比：棉株高度（英寸）除以总主茎节点等于高度和主茎节点比。测量 20 株平均生长棉株可以得到较为准确的值。

现蕾期：高度与总主茎节点比应为 1.2～1.7。

开花期：高度与总主茎节点比应为 1.7～2.0。

如果测量结果低于以上数值，避免使用助壮素，如果高于以上数值，建议使用助壮素。

计算棉株最上部白花以上主茎节点（NAWB）：这是在花期测量棉株生长势的方法。具体方法是假定棉株从上往下第一朵白花所在果枝为零，然后往上计算主茎上剩余的节点，即为 NAWF。

当首次开花（一行 25 英尺的距离内的棉株共有约 5～6 朵花），NAWB 应为 7～10。尽量将 NAWB 维持在这个范围，当其缩小为 4 或 5 的时候，就说明棉株到了生理终止期。过了这个临界点，新开花发育而成的棉桃就不再有收获价值。

当考虑是否使用助壮素时，可综合考虑棉株高度、高度和主茎节点比、白花以上节点（NAWB），然后决定是否使用助壮素。

5. 化学脱叶剂。化学脱叶剂的使用是成功实现棉花机械化采收的前提。这是由于在采收时大量叶片的存在会影响机器采收的效率，增加含杂率，而且还会造成纤维染色。化学脱叶剂能够使得大部分的叶片在机器收获前脱落，从而提高收获皮棉的质量。虽然收获期化学剂的使用有超过 40 年的历史，但有效脱叶仍然是一个问题。作物生长情况、天气、化学剂和使用方法都会影响到脱叶效果。

使用时间：使用收获期化学剂的时间取决于作物成熟度、目前天气状况、未来 2～3 周预期天气和计划采摘时间。要判断使用脱叶剂的时间，应同时考虑如下两个因素：

吐絮率：根据研究，脱叶剂应在吐絮率至少达到 50％～60％ 的时候使用，有些脱叶剂会标明在吐絮率达到 60％～75％ 的时候使用。计算方法为：在一块棉田任意选择四行，计算每行 3 英尺长度上的棉株的总吐絮棉桃量和总可收获棉桃量。用总吐絮棉桃量除以总可收获棉桃量，再乘以 100，得出即为该块棉田的吐絮率。

开裂棉桃以上节点（NACB）：任意选择 20 株棉株，每 4 个点选择 5 株，找到每株最高开裂棉桃（至少 1.3 厘米开口），该棉桃所在果枝设为零，沿着主干向上计算主茎节点，直到最高可收获棉桃所在主茎节点为止。

判断青色棉桃是否成熟的标准如下（已成熟青色棉桃为可收获棉桃）：

● 很坚硬；
● 用刀子也很难轻易将外皮划开；
● 当用刀子划开外皮时，棉絮会自动露出；
● 外皮颜色为深黄或褐色；
● 棉桃内核完全充满棉桃腔室。

当 NACB＝4 的时候，喷洒脱叶剂最合适，如果 NACB 小于或等于 4，将会带来 5％ 左右的减产。大于 5 则不推荐使用脱叶剂。

在计算使用脱叶剂的时间时应综合考虑以上两个指标。然而，NACB 在很多情况下更可靠。如图 21 - 3，左侧吐絮率为 60％，NACB 为 6，但喷洒脱叶剂过早。右侧吐絮率为 44％，NACB 为 3，可喷洒脱叶剂。

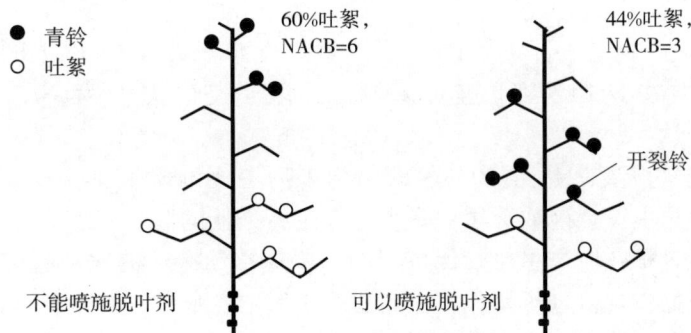

图 21 - 3　棉花 NACB 示意图

原因如下：

左图是典型的顶端和底部结桃，虽然吐絮率达到 60％ 但 NACB＝6，此时喷洒脱叶剂会造成减产和降低马值（由于顶部棉桃成熟率过低）。造成这种现象的原因可能是选种出现问题，并且在生长中期遇到干旱。

右图显示棉桃分布较为正常，但可能使用的是早熟品种，或者打顶过早。在这种情况下，吐絮率为 44％（似乎打脱叶剂过早），NACB 为 3 时，即使吐絮率过低，喷洒脱叶剂也合适。如果等吐絮率增加到 60％～75％，产量和纤维质量就会降低，因为下部棉桃会开放时间过长。

脱叶剂的种类：脱叶剂一般含有除草或激素成分。Def、Folex、Harvade、Aim 和 ET 都是除草性的脱叶剂，有效成分为脱叶磷，它们通过产生乙烯来造成叶子的变干从而导致脱落。然而，如果使用剂量过高或者吸收过快（高温，高湿）会造成叶子组织的快速死亡，由于没有足够的时间从枝干上自行脱落而附着在上面。

Dropp（噻苯隆）、Finish（乙烯利和环丙酸酰胺）、CottonQuik（硫酸脲和乙烯利）和 ethephon（乙烯利）都是激素类的脱叶剂。这种脱叶剂可以直接增加作物的乙烯合成量。由于使用这类脱叶剂造成内部乙烯合成增加，而并非带来叶子的伤害，因此不会造成叶子变干或者叶子死亡后附着在枝干上。

如果预期采摘时间延误，发生再次生长，可以使用 Desiccants（干燥剂），例如 Paraquat（百草枯）等。这类干燥剂是在脱叶剂后使用的，但使用至少 3 天后才可以采摘。另外百草枯的使用要非常谨慎，所涉及的各种残渣一定不可以被家畜食用。

没有哪种化学剂能够发挥脱叶、裂铃和抑制再生长所有这些作用。例如，Dropp 脱叶剂可以有效防止再生长，但没有乙烯利起到的裂铃效果。而乙烯利可以促进裂铃和部分脱叶，但起不到抑制再生长的作用。

为了成功脱叶，每片叶子都需要接触到脱叶剂。使用脱叶剂要求夜晚气温高于 15.5℃，棉株不受干旱影响。脱叶剂的使用应在清晨或者傍晚，这个时候一般少风且湿度较高。

（二）采摘质量控制

行业标准一般是吐絮率达到 60％～65％的时候使用脱叶剂，90％的吐絮率时使用干燥剂。一旦叶子从棉株上脱离，就可以进行采摘，一般是在脱叶剂使用 7～10 天后进行，整个采摘需要 18～20 天。

纤维含水量也是确定是否采摘的重要因素，含水量在 10％以上时，不应当进行采摘。一般含水量要在 8％或以下进行采摘。一般当空气湿度为 70％时，棉花含水量为 10％。

晴天清晨的空气湿度是超过 90％，太阳出来后会逐渐降低到 40％～50％，晚上回到 90％。一般棉花在早上 9 点前或天黑后是不适宜进行采摘的。

在采摘过程中，棉花应当尽可能保持干净。棉花移动搬运的次数越多，杂质就会越多。采摘机应严格按照操作规范进行操作，及时更换老旧的零部件，并且保证采摘前后各种部件的保养和清洗，避免将污染物带入棉花。

采棉机尽量满负荷作业，减少皮棉存放地与作业地点的距离，延迟采摘会造成产量质量双下降。作业前对操作员进行培训，检验其操作水平，坚持安全作业，避免疲劳作业。

籽棉堆垛：一般一个 32 英尺的棉垛可以堆放 12～14 包籽棉。24 英尺的棉垛可以堆放 10 包籽棉。存放如此大量的籽棉需要注意如下方面：

选址：棉垛应选在高地，避免被积水等污染。不应当放在新翻垦过的土地或较深的草地上，因为深草地会积蓄水分，造成棉垛受潮，并且一旦杂草进入棉垛也会污染棉花。最佳的堆垛地点是修剪过的草地，远离电线，避免着火。棉垛应当两侧都为采棉机留出卸棉的通道。考虑如果发生糟糕的天气状况，棉垛是否方便到达。

棉垛建设：棉垛应当中间略高，四周较低，保证雨水能够流淌下来而不是积在顶部。

遮布的选择：遮布应当能够阻挡风和阳光，对塑料材质来说，防紫外线功能也是很重要的。在铺盖棉垛之前，应当检查遮布是否有洞。站在遮布下方，如果有光线射入，说明遮布有洞，应及时修补或置换。不要使用带洞的不防水的遮布，因为这会给棉垛带来很大的风险。

棉垛的保管：棉垛中的籽棉回潮率应当低于12%。确保棉垛内的棉花不受潮，否则会引起质量的下降。一旦棉垛建好，立即用探头温度计测量棉垛温度，并做记录。连续测量棉垛温度至少十天，在下大雨或暴雨后，也要进行测量。一旦发现棉垛温度比初次测量高出6℃以上，该棉垛就应当立即安排轧花。

（三）轧花质量控制

轧花是无法提高棉花质量的，而只能做到尽可能减轻损害，保留棉花质量。一般两次清理棉花可以最大程度保证产量和质量的平衡。过度干燥和清棉会降低质量和产量。一般皮棉回潮率保持在6%～8%。

美国的棉花加工技术和设备在世界上处于领先水平，棉花加工厂的特点是规模大、自动化以及智能化程度高，加工质量好，成本低，皮棉在国际市场的竞争力强。自1915年以来，轧花厂就开始进行了联合和合并。1968年全美共有轧花厂4 210个，到2000年减少到1 018个，2004年仅剩800余家。轧花厂减少原因：一方面是轧花厂自动化水平的不断提升，加工效率提高；另一方面植棉面积的不断减少。

采后籽棉的贮藏和运输。在美国，籽棉的贮存和运输是棉花加工中的重要环节。籽棉贮存和运输有两种方式：①高栅栏运棉拖车。这种拖车将栅栏固定在拖车地板周围，重心较低，容积很大，可装运散装籽棉9吨左右，单车式牵引运输，到了轧花厂后由伸缩吸管进行卸料，不在轧花厂贮存。此拖车制造成本相对较低，由于体积大，又不能自卸，仅适用于运输棉花。②棉模贮存及运输。在美国，用于籽棉贮存和运输的另一种形式是棉模系统，它是轧花行业有影响的一项成果。采棉机在采摘棉花时，由专门的棉垛压实机将松散的籽棉压成棉垛，形成棉模，然后套上帆布套，贮存在田间地头。此后的1～3个月内可随时租用棉花加工厂专用棉模运输车将贮存在田间地头的棉模自动装上车，并运抵加工厂后自卸到开垛机平台上，再由开垛机将棉模逐层开松并由运输棉管道至加工设备。这种形式一般适用于美国秋冬季无较大雨雪且较为干燥的西南部棉区。这种形式的优点就是能将籽棉暂时贮存起来，提高了采棉机的利用效率。这种系统自1972年投入使用，到目前估计有超过85%的棉花采用这种贮存和运输方式。

籽棉卸料。籽棉卸料系统因收摘后籽棉的贮存方式不同而不同。主要有两种籽棉卸料系统：①通过可移动的伸缩吸管直接从拖车和棉模中吸棉；②棉模喂入开松系统。此系统通过机械装置先将棉模打散，后将籽棉运送至吸棉口。这种装置靠电力或液压控制，由1人操作即可。

第四节 棉花工厂消费与出口贸易

一、工厂消费

美国棉花的用途主要有服装、家用和工业三个方面。美国棉纺工业的起步晚于欧洲国家，1788 年美国在马萨诸塞州建立了自己的棉纺厂。1828 年，美国人 J. 索普发明了环锭纺纱机，效率高于 1825 年英国人罗伯茨发明的走锭纺纱机，从而获得普遍应用，带动美国的纺织工业快速发展，使美国原棉消费量急剧增长。在 20 世纪 40 年代，美国棉花消费占世界棉花消费的 30% 以上，占美国棉花总产的 80% 以上。随后，20 世纪 60 年代后亚洲不少国家纺织工业快速发展，由于亚洲国家劳动力价格低廉，纺织品价格低，因此，纺织工业中心从美国向亚洲国家转移。此外，人造纤维的生产量与消费量的增长也使得美国棉花在纺织纤维消费总量中的比重不断下降。具体来讲，在原棉消费总体下降的大趋势下，从 1960 年到 2015 年间，美国棉花消费变化大致可分为三个阶段（表 21 - 21）：

一是下降阶段（1960—1984 年）。在这期间，由于世界纺织中心向亚洲地区的不断转移，美国的棉花消费持续下降，从 1960 年的 192.7 万吨下降到 1984 年的 120.6 万吨。

二是上升阶段（1985—1997 年）。这一阶段，由于美国棉花消费与市场需求形势开始发生转折，由于化纤织物吸湿、保温与透气性差，带静电，作为服装和家用品不受喜爱，纯棉织品受到广大消费者的欢迎，因此美国的棉花消费有所增加，从 1985 年的 139.6 万吨上升到 1997 年的 247.1 万吨。

三是快速下降阶段（1998—2011 年）。由于中国、印度、巴基斯坦等发展中国家棉纺织业的快速发展，棉纺织品的成本越来越高，竞争力越来越低，国内的纺织业迅速萎缩，同时棉花的消费量也快速下降，美国棉花消费占世界棉花总消费的比例和美国棉花消费趋势一致，也呈现出快速下降趋势。从 1998 年的 226.4 万吨快速下降到 2011 年的 71.8 万吨。

表 21 - 21　1960—2014 年美国棉花消费量的变化

年份	总产 （万吨）	工厂纺纱用棉量 （万吨）	工厂消费量占总产 （%）	占世界棉花消费 量百分比（%）
2014	355.2	77.9	21.9	3.3
2013	355.2	77.3	21.8	3.2
2012	355.2	76.2	21.5	3.2
2011	338.9	71.8	21.2	3.2
2010	393.9	84.9	21.6	3.4
2000—2009	404.7	129.0	31.9	5.7
1990—1999	373.7	226.1	60.5	12.0
1980—1989	272.1	144.0	52.9	8.8
1970—1979	256.1	154.2	60.2	11.8
1960—1969	275.7	192.7	69.9	17.4

资料来源：美国农业部 . http：//apps. fas. usda. gov/psdonline/psdQuery. aspx.

四是缓慢恢复阶段（2012 年至今）。在经历 2008 年全球金融危机之后，美国在审视"去工业化"的得失之后，重新重视制造业，试图回归制造业，2012 年以后，制定相关吸引投资的政策，制造业开始复苏，在经历了几十年的萎缩之后，纺织行业吸引新的投资，设备也更新和投入使用，2015 年有更多的棉纺厂开工，棉花消费会逐步增加。

据美国经济专家统计分析结果，纺织用棉量的增减也与经济形势密切相关，实际国内生产总值增长率每上升一个百分点，一般可增加原棉消费量 10 万包（每包 480 磅）。然而，自 2008 年金融危机以来，美国经济复苏的进程十分缓慢，对原棉的消费没有出现增长的情况。

二、棉花出口贸易

美国是全球棉花出口大国，也是棉花净出口大国。在近 2 个世纪中，绝大多数年份，美国一直是世界上最大的棉花出口国。主要出口市场面向亚洲、大洋洲、欧洲、非洲与中东地区。其中亚洲和欧洲是美棉出口的最大市场。1850 年时，美国所产棉花的 90% 供出口，20 世纪 20 年代，美国棉花出口量占世界棉花贸易总额近 60%，30 年代占 48.4%。此时，美国棉花主要向当时世界棉花的纺织中心欧洲国家，特别是出口英国。40—70 年代由于美国国内纺织业的发展，出口减少，占世界出口总额下降到 20% 以下。70 年代后，亚洲纺织工业兴起，美国纺织业开始向亚洲国家转移。因此，从 80 年代开始，美国棉花出口有所上升，占本国产棉 50% 以上，在世界出口总额中占 20% 左右。70—80 年代进口量较大的买方国家为日本、朝鲜、中国、印度尼西亚、泰国、德国、意大利、加拿大。90 年代以来，美国政府采取补贴措施鼓励棉花出口，使得棉花出口量增加，占世界棉花出口的比重也上升到 25% 左右。进口量较大的买方国家仍为亚洲：中国、日本、朝鲜、印度尼西亚、泰国，其次为埃及、墨西哥、意大利、加拿大、德国等。21 世纪以来，随着中国纺织工业的飞速发展，近年来美国对中国的出口量呈大幅增加的趋势。美棉对中国的出口金额从 2000 年的 4 600 万美金增长到 2010 年的 20 亿美金。美国棉花消费量一直呈减少趋势，2000 年，美国棉花国内消费量占总产的比例降至 10% 以下，美国棉花出口量在 2001 年开始超过了国内消费量。1960—2015 年，美国棉花年均出口量 164 万吨，占全世界棉花同期出口量的 26.2%（图 21-4，表 21-22）。

表 21-22　1960—2015 年美国棉花出口量变化

年代	出口量（万吨）	占本国棉花总产（%）	占全球棉花出口量（%）
1960—1969	94.2	35.6	25.3
1970—1979	112.4	112.4	18.1
1980—1989	130.1	50.5	21.0
1990—1999	150.2	40.0	25.4
2000—2009	277.4	70.7	37.2
2010	313.0	79.4	41.3
2011	255.0	75.2	25.4
2012	283.6	75.2	28.0
2013	229.3	81.6	25.8
2014	244.9	68.9	31.8
2015	222.1	76.0	29.8

资料来源：美国农业部。

美国是棉花净出口国家，且为全球最大的出口国。1960—2015 年间，年均出口原棉 164 万吨，年均出口量占总产的 51％以上。出口量最少的年份为 1985 年，仅出口 42.7 万吨，占总产的 14.6％，出口量最多的年份 2005 年，出口 384.8 万吨，占总产的 74.0％。1960—2015 年，棉花出口量的变化大致经历了 3 个阶段：1960—1998 年为稳定增加阶段；1999—2005 年为快速增加阶段；2006—2015 年为缓慢减少阶段。

出口量在年际间的差异，主要由于国际市场的竞争引起。另外其他国家棉花的产量也是影响美国棉花出口量的重要因素之一。美国棉花政策的调整也是引起美国棉花出口量变化的原因。自巴西状告美国棉花补贴违反 WTO 规则以来，美国的棉花补贴政策进行了不断的调整，使得棉花补贴大幅度减少，这对美国棉花种植面积产生了影响，也是造成近十年棉花出口量降低的原因。

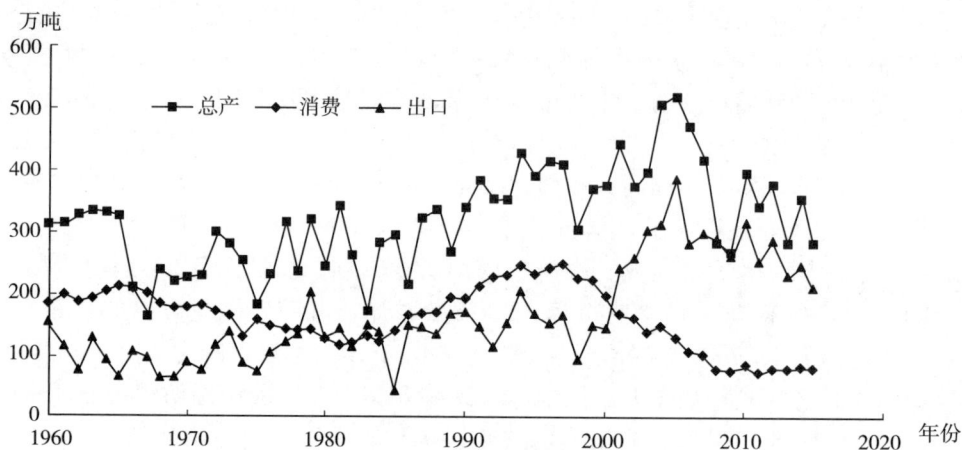

图 21-4　1960—2015 年美国棉花总产和出口量的变化

资料来源：美国农业部。

第五节　棉业政策

美国历届政府十分重视棉花，出台了一系列促进、支持和保护棉花的政策措施，旨在提高农业生产效率，增加和稳定农场主收入，增进社会福利和农村发展。自 1933 年美国颁布的农业调整法至今，经过 70 多年的变迁，美国已形成以农业法为基础，100 多部重要法律为配套的一个比较完善的农业法律体系，使美国农业真正实现了法治。

美国是实现工业化较早的国家，由于自然条件优越，生产力较发达，在 20 世纪 30 年代经济大萧条时期，农产品大量过剩，价格猛跌，农场主入不敷出，负债累累，使农业生产和农民利益遭到严重损失。为此国家采用干预的措施，通过加强和实施农业立法，促进农业发展，减轻萧条对农业的冲击。

在棉花体制、机制中，市场调节居支配和基础地位，棉花供求和价格主要由市场决定，政府采用经济和法律手段对棉花生产、流通、科研、质量控制等领域进行调控。同时，政府以法律为依据，通过建立生产者收入支持制度和信息发布制度，介入棉花市场，指导资源配置的有效性和合理性。

一、农 业 法

美国农业部是美国政府管理棉花产业的部门，其职责是依法制定和实施有关政策，对棉花产销各环节进行宏观管理。在有关棉花的立法中，最重要的是"农业法"，该法从总体上规定了政府调控棉花市场的措施。此外联邦政府还就棉花问题专门制定了五部法律，如《美国棉花期货法》、《美国棉花统计与评估法》和《美国棉花标准法》等。其他涉及棉花的还有《联邦种子法》、《植物品种法》和《贸易法》等。

1925 年，加利福尼亚州出台"一地一个品种"法案，旨在推广和特别保护新育成的棉花品种"爱子棉 8 号"。该品种适应性广，纤维品质优良，单产潜力高，成为该州普遍种植的品种。针对老棉田黄萎病发生危害加重，为了培育抗黄萎病品种，大量引进种质参加杂交，使爱子棉 8 号的遗传背景更加广泛，并具有海岛棉基因，抗性和品质得到进一步改良。

1933 年，美国诞生第一部农业法，称为《农业调整法》，这是美国在经济大萧条时期重振经济，加强政府对农业有效干预的法律措施之一。该调节法规定限制棉花播种面积，对农场按要求缩减的棉田政府给予来自税收的现金付款，该法的目标是：解决生产过剩危机，提高农产品价格，增加农场主收入。建立和维护农产品的生产和消费之间的平衡，以及因此产生的销售条件，以便重新为农民的农产品建立一种价格水平，使工农产品比价和农民的购买力恢复到对农场主有利的 1910—1914 年的水平，因为当时工农产品比价最合理，农民的购买力最高。

1935 年，《农业调整法（修正案）》，该修正案主要内容是，规定用海关收入的 30％来促进出口和国内消费，鼓励使用剩余农产品发展工业和其他用途，资助农产品进行调整。该修正案授权总统，在他认为农产品进口妨碍到农业调整计划时，有权对农产品实行进口限制。

1936 年，公布《土壤保持和分配法令》，给休耕转向豆科或牧草的土地，政府给予高额租金，从而使棉田缩减了约 1 000 万英亩。但它对限制生产仍未完全奏效。1937 年，美国棉田仍有 3 400 万英亩。

1938 年，出台《农业调整法》。该法在于保护自然土壤资源，并为州际和对外贸易提供适量和供需平衡的农产品。提出了以产品抵押贷款为优惠的强制性面积限额和贸易限额的做法。到 1942 年使棉田缩减到 2 500 万英亩左右，但因缩减的棉田大多属于边缘低产田，且这一时期中单产水平提高，虽棉田面积减少，总产却未有显著下降。

1941 年，通过《斯蒂格尔修正案》。它要求凡是第二次世界大战中需要扩大生产的所有农产品一律实行价格支持，并要求把非主要农产品的价格支持在平价的 85％或更高的水平上。1942 年，紧急价格控制法对斯蒂格尔修正案作了修正。

1948 年，制定《农产品信贷公司特许法》。该法规定，创办农产品信贷公司的目的是为了稳定、支持和保护农产品价格和收入，帮助维持平衡的、适当的农产品供应，并协助达到农产品有秩序销售的目的。同年 7 月，美国制定 1948 年农业法。该法主要目的是授权农业部长稳定农产品价格。

1949 年，出台《1949 年农业法》。该法否决了 1948 年农业法计划实行的灵活的价格支持政策，而继续把主要农产品的价格支持在平价 90％（1950 年作物）和 80％～90％（1951年作物）的水平上。该法对第 32 条款作了进一步修正，规定分配给农业部长使用的海关收入部分将主要用于易腐的非主要农产品及其制品的价格支持。

1954 年，制定《农产品贸易发展和援助法》。目的是增加美国农产品在国外的消费，改善美国的对外关系。对棉花出口采取由政府给予直接补贴的方式，使出口量显著增长。同年，美国制定了 1954 年农业法，旨在为农业提供更加稳定的环境和扩大农产品的销售和处理。该法授权农产品信贷公司拨出 25 亿美元作为储备。

1956 年，制定《1956 年农业法》。该法是一个包括价格支持、生产控制、剩余农产品处理等内容的农业法。到 1958 年，使棉田缩减为 13 700 百万英亩，共有近 500 万英亩棉田转种其他非限制作物或闲置起来。1959—1965 年间棉田面积均为 1 480 万英亩，但单产显著提高，1965 年美国棉花库存仍达 1 700 万包高峰，超出总需求量约 450 万包。

1964 年，制定《1964 年农业法》。该法旨在鼓励消费更多的棉花，维持棉花和小麦生产者的收入，为 1964 年和 1965 年生产的小麦实行自愿的销售证书计划。《1964 年棉花—小麦法令》确定了棉花面积配额，对播种面积在配额内的生产者给予较高的支持。这是由政策诱使棉花农场自愿参与限产项目的开端。1964 年的这项法令也确定了部长有权对国内纺纱厂和出口棉花也给予同样补贴，结束了自 1956 年起始的两种价格政策。

1965 年，制定《1965 年食物和农业法》。该法旨在维持农业收入，稳定价格和保证适量的农产品供应，减少过剩，降低政府成本，促进外贸，并为农村地区提供更多的经济机会。该法对棉花的价格支持水平达到世界市场价格的 90%，贷款率则从每磅 29 美分减少为 21 美分。收入支持是通过对参与限制面积的棉花农场直接付款，参与者要求减少棉田基数的 12.5%，并首次允许在一个州的范围内可出售或出租这种配额。这项法规延续实施了 4 年，即 1966—1970 年，使播种面积显著下降，库存也达正常水平。但政府为直接付款的费用巨大，1969 年达 11.04 亿美元，1970 年为 9.74 亿美元。

在 1965 年之前，美国政府的植棉政策趋向于维持棉花生产的稳定，实行棉田配额制度，在 1965 年之后棉田面积配额制度有所改变，允许在一县之内出售配额面积，可在一州之内的县进行调整，这样就促使棉田面积向土地资源丰裕、农场规模大和机械化程度更高的地区转移。但自 1971 年起，美国政府还鼓励在配额之外扩种棉花，棉田面积在新棉区扩大，1978 年彻底废除了配额制度，新区棉田面积有了更显著的扩大。

1970 年，制定《1970 年农业法》。该法旨在维护生产者和消费者的利益，建立完善的农产品计划。该法结束了棉花生产上采用贸易限额的做法，不再限制棉花播种面积，以便让市场价格对播种面积起更大的作用；规定了政府年拨款限额为 5.5 万美元用于对生产者的直接付款。

1973 年，农业法开始采用了对棉农支持收入的目标价格概念，以便做到对农民的收入支持不致影响市场价格。不过直到 1977 年一直没有差额补贴，因市场价格上涨，农民实际售棉价高于目标价格，贷款率在前三年中定为世界市场价格的 90%。

1977 年，农业法继续了 1973 年法令有关目标价格和贷款率体系，目前仍在于给予生产者价格和收入保护，同时又保持较理想的市场供需平衡，这个项目实施期间虽然使出口有所上升，库存未扩大，但棉花价格和生产成本的上涨未能保持同步增加。1977 年农业法提出了价格应以生产成本为基础，以实际播种面积计算差额补贴付款取代了过去的面积配额，促进了棉花成本低地区（西南棉区）的生产和进一步提高生产效率，使 1978—1981 年间美国棉田面积和产量均有了明显增长。

1981年，制定《1981年农业和食品法》。该法对农场收入的关注仍是重点，特点是将目标价格下限定在较高水平上。1982年为71美分/磅，到1985年之前每年增加5美分/磅；贷款率为55美分/磅，也和1977年法规一样，每年根据市场价格加以调整。1982—1985年间又建立了"面积减少项目"，减少的棉田留作储备。1981年法令实施期间，因单产达历史最高水平，从而棉花生产过剩，尽管还有"面积减少项目"。1981和1982年生产供应都大大超出了消费利用。所以自1983年起又设了PIK项目，使棉田从1982年的1130万英亩缩小到了790万英亩，产量为420万包，库存从上年季末的780万包减少到1984年季末的300万包。

1985年，农场法做了较大调整，重点是促进美棉出口，维持在国际市场上竞争地位和出口份额。在国际市场价格大幅下跌的情况下允许目标价格随之下降，1986—1990年间下降了10%，如1981年规定的中绒陆地棉目标价格是81美分/磅，1987年则降为79.4美分/磅，1988年为77美分/磅。1985年贷款利率为57.3美分/磅，1986年为55美分/磅。1985年农场法也还规定了每个农场从政府获取的差额补贴和土地改种或休闲补贴拨款总数不得超过5万美元。这个法令的实施使政府为棉花项目的支出减少，从过去每年40亿美元减少到只有4亿美元左右。另外，因美棉价格下降，政府对出口棉花给予补贴。这项措施使1986—1993年间美棉出口又恢复到较高水平上。

1990年，农场法又规定了"歉收年份预付款"和"销售贷款"二项内容，在遇灾年份棉花农场可从政府获得歉收价值的30%～50%。在市场价格下落到贷款率以下时，棉农向政府归还的贷款可低于贷款率20%～30%。

1996年，制定《1996年联邦农业完善和改革法》。该法围绕土壤、增加农产品产量和降低农产品生产成本三个目标，旨在通过加强和完善农业生产的市场导向，减轻政府农业支持政策的财政预算压力，促进农产品出口贸易。该法取消了原来的农产品计划及其为农场主提供的补贴，制定农业市场过渡计划，向农场主提供为期7年的生产灵活性合同补贴，最终在2002年以后实现无补贴。取消了对农作物耕种面积的限制，农场主可以根据市场需求来耕种自己的土地。保留了无追索权贷款和农产品销售贷款，但是利率增加了1个百分点。该法取消了农场主拥有的储备计划。1996年联邦农业完善和改革法的根本目的在于推进贸易的自由化。

2002年，农业法案增加了反周期补贴政策。该法案主要向农业生产者提供了直接补贴、反周期补贴和营销贷款补贴，此外还有针对棉花出口商的贸易补贴。法案扩大了受补贴农产品的范围，提高了农产品的直接支付率，调整了补贴的标准，补贴额度大幅增加，平均每年给棉花产业的补贴，高达30亿美元左右，相当于同期棉花产业净收入的1.55倍。补贴的性质上由绿箱政策向黄箱政策转变。

2008年，农业法案基本沿用了2002年农业法案规定的补贴基础面积和单产，并在反周期补贴政策的基础上又出台了平均作物收入选择补贴，实施目的是克服2002年农业法案中反周期补贴在单产下降、收入减少时的补贴也减少，而在产量增加、收入提高时又给予过多补贴的弊端，该方案的实质是补偿农民收入损失。从补贴绝对数量来看，2008年农业法案与2002的相比，直接补贴增加了55亿美元，加大了对包括小麦、大豆和棉花等在内的十多种农作物的补贴力度，还每年拨付16亿美元用于补贴水果、蔬菜等特种农作物生产者。

从2000年到2014年这15年平均，美国棉花多项补贴政策实际发放的补贴为116.73美元/英亩（约合人民币 119.62 元/亩）（见第二章）。

2014 年，年初通过了 2014—2018 年度的新农业法案。该法案中对补贴政策进行了大幅调整，取消了直接补贴，调整了目标价格和目标收入补贴，不再使用目标价格，而设立了参考价格。新法案的最大变化是取消此前每年达 50 亿美元的直接支付补贴项目，但扩大了农作物保险项目的覆盖范围和补贴额度，更加突出保险在防范农业生产风险中的作用。2 014 美国农业法案保留了农产品贷款项目，其中皮马棉目标价格为 79.77 美分，出口信贷保障项目的贷款期限由之前的 36 个月缩短到 24 个月。

在美国的棉花体制中，尽管政府给予棉花高额补贴，但并不直接干预市场价格的形成，市场机制始终发挥着基础性调节作用。美国政府对法案每五年调整一次的依据就是市场变化，有关实施政府项目和规范市场各主体行为的法律；建立生产者收入支持制度和信息发布制度，是政府介入最基本的方式。

二、棉花补贴政策及其演变

（一）补贴政策演变

总体来讲，美国棉花补贴政策主要经历了五个发展时期：

从 20 世纪 30 年代到 60 年代中期。棉花补贴政策以价格支持为主要特征：一是鼓励农民进行休田，政府予以货币补偿，通过减少棉花供给来提高棉花价格。二是政府贷款价格支持制度，由农户将棉花封存入仓，并以此抵押获得政府商品信贷公司的贷款。"贷款价格"为 1910—1914 年均价格，实行敞开收购。如果市场价格高于贷款价格，农户可以以现金还贷，赎回抵押的棉花按市场价格销售；相反，农民可以以抵押的棉花还贷，由信贷公司对棉花进行处理。即政府的贷款价格成为了棉花的"保底"价格。这一时期的补贴政策有利于保护棉农的收益，然而使得政府长期持有了大量的棉花库存，此外，过高的贷款价格也导致美国棉花的出口量不断下降。

20 世纪 70 年代至 90 年代中期。美国棉花补贴开始转向以"提高补贴效率"为特征的补贴政策。由于价格支持的补贴政策使得政府库存长期保持居高不下的状态，美国政府逐渐开始弱化政府贷款价格支持政策，增加了面向农民的"直接补贴"和"反周期补贴"。从 1973 年开始，美国政府每年设定农产品"目标价格"，按市场价格小于目标价格的差额向农户支付补贴。目标价格一般在播种前确定，在年度结束后进行补贴。这与之前的政府直接干预市场不同，该阶段的特征是发挥了市场价格调节种植面积的作用，而且还使得棉花在国际市场中的竞争力得以增强。

20 世纪 90 年代后期至 2002 年。美国政府在直接补贴，反周期补贴和贷款差额补贴的基础之上，又增加了贸易补贴政策，以促进棉花出口。从 1991 年开始，当国际棉价低于美国国内棉花价格时，使用国产棉和出口国产棉来获得差额补贴。1996 年，美国政府以法律形式减少农业直接补贴的额度，是美国农业市场化改革的重要标志。

2002 年至 2012 年。主要以保障农民收益以及 WTO 合规性为主要目标。2002 年美国修订颁布的农业法把"提供给农场主可靠的收入安全网"作为主要目标。2008 年开始，美国政府注重环境保护以及食品和能源安全，这一时期美国政府对农业的补贴核心是脱钩直接补贴，补贴额度和范围极度扩大，引起世界其他国家的不满。乌拉圭贸易谈判及 WTO 规则的建立使美国农产品补贴成为国际事件，美国棉花贸易补贴政策2006年被迫取消。然而美国的补贴政策在实际中扭转了美国经济困境，确保了农民收入的稳定。

2012年至今。主要以削减直接补贴，加大保险力度。美国高额的补贴引起很多国家不满，遭到国际市场的反补贴诉讼。最典型的事件是2002年巴西诉讼美国的棉花支持补贴政策违反WTO规则，使巴西利益受到损失，要求美国废除相应政策。为了避免更多的反补贴争端，同时又能强化对国内农场主的支持，美国新农业法案中取消了直接支付（DP）、反周期支付（CCP）、平均作物收入选择支付（ACRE）等直接价格补贴，仅保留营销贷款差额补贴，且通过增加其他补贴项目，对农场主实施更为隐蔽和间接的支持政策。目前，最新的农业法案是《2012年农业改革、食品和就业法案》和《联邦农业改革与风险管理法案》，这两项农业法案将形成2013—2017年美国农业政策的基本框架。在美国新农业法案中对于原有法案有关棉花补贴相关农业政策内容进行了大范围调整，形成了以累积收入风险保障计划（Stacked Income Protection Plan，STAX），棉花作物保险政策（Actual Protection History，APH）等间接支持手段为主要内容的棉花补贴农业政策。

（二）棉花补贴政策典型历史事件

巴西状告美国棉花补贴政策违反WTO规则。2002年11月，巴西就美国的棉花补贴问题向美方提出磋商要求，试图说服美国削减，甚至是完全取消棉花补贴，但遭到美国的拒绝。值得注意的是，根据美国农业法，美国政府对棉花的补贴政策要持续到2007年。这意味着如果巴西不能解决这一问题，它将蒙受更大的损失。为此，巴西政府于2003年9月要求世贸组织成立专家组调查美国棉花补贴问题。根据巴西的起诉，世贸组织于2004年4月初成立了WTO专家组。直到2004年6月18日，经过几个月对证据进行复核，WTO争端解决机构做出了正式裁决，认定美国棉花补贴政策违反了WTO规则，并在裁决报告中指出，美国政府凭借补贴保持了棉花产量和出口增长，人为降低了国际市场棉花价格。由于此次贸易争端是WTO历史（包括GATT）上第一次针对"绿箱"政策的争端，也是第一次将"严重损害"规则用到农业补贴问题上的争端。因此，深入分析此次贸易争端将有助于我们更好地理解和利用WTO规则，以及对于思考和调整我国的农业及其他产业政策，回应一些WTO成员对我国棉花补贴或其他问题，都具有非常重要的价值和现实意义。

美国棉花贸易争端的基本过程。美国棉花补贴违反WTO规则的证据巴西指控美国政府的如下几个棉花补贴政策违背了WTO的相关规则，或是违背了美国政府对WTO所作的承诺：①生产灵活性合同支付（PFC）和直接支付（DP）。PFC是根据1996年美国的FAIR法案设立的。它规定，1996—2002年生产者可基于7种农产品（包括棉花）的基期种植面积和产量获得补贴。生产者在基期种植面积上可选择种植任何农作物，但是如果种植水果和蔬菜，补贴将全部或部分取消。DP是根据2002年FSRI法案设立的。它规定，2002—2007年生产者可基于9种农产品（包括棉花）的基期种植面积和产量获得补贴。补贴额与农产品的价格无关，为每磅6.67美分。直接支付作为生产灵活性合同支付的延续，允许生产者选择基期种植面积的方式，其他限制条件不变。巴西认为，上述两项补贴只是符合WTO"绿箱"政策的某些标准，而不是全部标准。因为按WTO规定附件2第6款中关于不挂钩收入支持的规定，不能依据基期后任何一年从事生产的类型进行补贴支付。然而，美国有关这两种补贴的法律规定，在合同种植面积上可种植除水果和蔬菜以外的任何农产品，否则获得的补贴将被削减或取消，因此这并不足以说明美国棉花补贴属于"绿箱"政策。②反周期支付（CCP）和市场损失资助支付（MLA）。CCP 由 2002 年美国的 FSRI 法案设立，获得补贴的种植要求与直接支付相同。补贴额为"有效价格"与每磅 72.4 美分"目标价格"之间的差额。MLA 是美国在 1998—2001 年间，根据单独立法向生产者提供的临时紧急和辅助补贴，以弥补低价造成的损失。该支付只适用于根据生产灵活性合同支付接受补贴者。巴西指出，上述两项补贴是以生产灵活性合同支付为基础的，它与 PFC 和 DP 一样违反了 WTO 的规定。③销售性贷款项目（MLP）。对棉花提供的 MLP 始于 1986 年，沿用至今（经过几次修改）。美国政府通过该项目向棉花生产者提供无追索贷款，贷款价格为每磅 0.52 美分左右，以棉花预期收获为抵押。这种贷款可弥补生产者的生产成本，使生产者不必一定在收获时低价出售农产品。在贷款到期时，偿还价格是"经调整的世界市场价格"与"原贷款价格加利息"中较低者。巴西认为，美国新农业法案调高了 MLP 的贷款补贴率，规定棉花补贴率为 0.52 美分/磅，较 1996 年调高 0.08 美分/磅，目的是为了避免过低的市场价格对棉花生产者的收入造成负面影响。因此，它一方面鼓励了棉农在棉花市场价格持续低迷的条件下扩大种植面积，另一方面与其他补贴项目共同提高了补贴额度，使整个补贴水平超过 1992 年度的支付水平。④出口信贷担保（ECG）。美国农业部通过政府所有的"农产品信贷公司"提供出口信贷担保，主要是向进口国提供支持，支持有外汇困难的国家进口美国农产品。它包括出口信用保证项目（GSM-102 和 GSM-103），供应商信用担保项目（SCGP），设备担保项目（FGP）。其中，前者用得最多。巴西指出，ECG 等同于出口补贴，因为当国外棉花购买者无法取得信贷支持时，美国棉花出口受阻。然而，这与美国承诺不对棉花出口补贴是相矛盾的。据测算，2002 年美国通过 GSM102、GSM103 和 SCGP 项目对包括棉花在内的多种出口商品提供了 32.2 亿美元的出口信贷，2003 年则提供了 33.9 亿美元。⑤第二步支付（Step 2）。它是美国自 1990 年以来专为棉花设计的补贴项目。根据 FSRI 法案，美国国产棉花的国内使用者和出口商凭购买记录，在美国输北欧棉花报价（USNE）连续 4 周超过北欧价格（NE），而经调整的世界价格（AWP）不超过销售贷款价格 134% 时，可获得差价补贴。巴西认为，这项支付的目的是保证美国棉花在国际市场上的竞争力及鼓励美国内棉纺多使用本国棉花。其关键点在于当棉花国际市场价格低于美国国内市场价格时，美国棉花使用者和出口商接受补贴之后，仍然有利可图。按照 WTO 补贴协定第 3.1（a）条款，上述补贴构成了禁止性补贴。

（三）争端裁定和政策变革

根据巴西起诉依据和美国的辩护，世贸组织专家组 2004 年 6 月 18 日做出正式裁决。其主要如下：①美国的直接支付计划、生产灵活性合同支付计划及其相关的法律不适用于"和平条款"。②美国的棉花补贴水平超过了 1992 销售年度中确定的支持水平，不符合"和平条款"。③美国出口信贷担保属于出口补贴，违反了"和平条款"的第 8 条规定。④美国 2002 年农业法对棉花出口商提供的直接支付属于补贴协定第 3.1（a）及 3.2 条规定的出口补贴，受农业协定第 9.1 条（a）款规范，这与美国在农业协定第 3.3 条和第 8 条项所承诺的义务不符。与此同时，第二步支付属于补贴协定第 3.1 和 3.2 条所规定的出口补贴和进口替代补贴，为禁止性补贴。⑤美国的营销贷款支付、第二步支付等补贴明显压低了国际市场上的棉花价格，并严重损害了巴西利益。针对 WTO 做出的裁决，美国贸易代表发言人在日内瓦发表书面声明，表示将认真研究上诉机构的报告，并与国会和农业界密切合作制定下一步措施。需要指出的是，虽然 WTO 裁决并不具有国内法律同等效力，但面临国际压力，美国承认了裁决的合法性，更何况美国也一直督促别国尊重 WTO 裁决。诚然，美国表面上承认了事实，但是这并不代表美国会立即取消补贴，我们有理由认为美国取消棉花补贴仍有一段很长的路要走。因为美国会以此作为与其他几大贸易强国谈判的杠杆，说服也减少对本国的补贴，甚至成为在其他方面谈判的筹码，以保证美国的利益。否则，它就有足够的理由来维护自己的立场。一个明显的例子就是，美国在棉花补贴争端败诉后不久，向世界贸易组织申诉，要求该组织就欧盟对空中客车公司提供补贴政策展开调查。

三、棉花收入风险保障政策——STAX

从 2015 年开始美国执行《新农业法案》，要求所有联邦作物保险覆盖陆地棉的县执行累积收入风险保障计划（Stacked Income Protection Plan，STAX）（图 21-5）。STAX 是专门针对陆地棉的风险保障计划，提供所在地区预期收入的部分赔付。大多数的地区是生产者所在的县，但也可能包括其他的县预期收入以及保费。STAX 可以单独购买，也可与其他保险一起购买，包括单产保护，收入保护，排除收获价格的收入保护，以及其他风险保险等的配套保险。联邦政府承担 STAX 保费的 80%，其他由生产者自己负担。

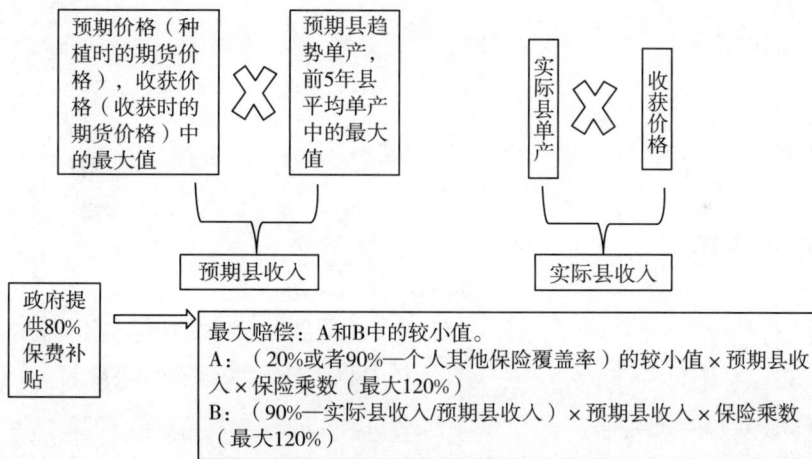

图 21-5　STAX 保险补贴政策赔付方案

STAX 提供最多 20% 的预期收入（分为 5%，10%，15% 和 20% 四个级别）。当棉农实际收入达不到预期目标的 90% 时，STAX 将对棉农提供损失保险。当实际收入降到预期收入的 70%，损失赔偿达到最大值。与其他保险计划一样，生产者可以通过选择保护系数来增加或减少赔付金额。STAX 赔付金额取决于预期单产，预期价格，覆盖范围，以及保护系数。预期单产基于美国农业部风险管理局（USDA-RMA）记录的投保生产者所在县的历史平均单产水平来确定。对数据量不足的县，多个县的数据将被综合起来以积累足够数据量来决定预期单产和保费。如果数据库中棉花单产允许按照灌溉和非灌溉区分的话，该县的预期单产也将根据不同的灌溉方式来确定。预期价格根据种植时的期货价格来确定。覆盖范围和保护系数由生产者在投保时自行选择，覆盖范围最大为 70%～90%，保护系数为 0.8～1.2。

生产者预期收入为预期价格乘以预期产量。如果棉花收获价格（收获时的期货价格）高于预期价格，则用收获价格代替预期价格计算预期收入。

STAX 的特点：一是累积收入风险保障计划是针对的一个植棉县而不是单个农场，有利提高风险保障计划的工作效率，降低工作成本。二是累积收入风险保障计划旨在保障最低收益而不是最大收益。

下面举例说明 STAX 如何进行赔付，如表 21 - 23。假定选取 90%～70% 的覆盖范围，预期价格定为 0.65 美元/磅，收获价格定为 0.70 美元/磅。该县的预期棉花单产为非灌溉棉田 688 磅/英亩，灌溉棉田 1 193 磅/英亩。因此，预期收入为非灌溉棉田 482 美元/英亩，灌溉棉田 835 美元/英亩。实际收入由收获价格决定。假定该县的平均单产非灌溉和灌溉棉田分别是 600 磅/英亩和 1 000 磅/英亩。非灌溉棉田实际收入低于保障收入的 13.44 美元/英亩，灌溉棉田低于保障收入的 51.59 美元/英亩。假定生产者选择的保护系数为 1.2，则购买了 STAX 的生产者将获得的补贴金额为非灌溉棉田 16.13 美元/英亩，灌溉棉田 61.91 美元/英亩。

表 21 - 23　STAX 补偿方案举例

项目	非灌溉棉田	灌溉棉田
预期县/地区单产（磅/英亩）	688	1 193
预期价格（美元/磅）	0.65	0.65
收获价格（美元/磅）	0.70	0.70
预期县/地区收入（美元/英亩）	481.60	835.10
收入保障（预期收入的 90%）（美元/英亩）	433.44	751.59
实际县/地区单产（磅/英亩）	600	1 000
收获价格（美元/磅）	0.70	0.70
实际收入（美元/磅）	420.00	700.00
A 收入保障—实际收入（美元/英亩）	13.44	51.59
B 最大补贴（预期收入的 20%）（美元/英亩）	96.32	167.02
C A 和 B 中较低的一个（美元/英亩）	13.44	52.59
保护系数	1.2	1.2
补贴金额（美元/英亩）	16.13	61.91

资料来源：美国农业部网站。

四、农业保险体制

美国农业之所以在全世界占据领先地位，其强大的农业保险体系发挥了不可或缺的作用。美国是全球最大的农业保险市场，农业保险历史悠久，政策法规和相关制度较为完善，有力地推动了美国农业的发展，对美国国民经济的发展也发挥了重要的作用，成为国际上成功的农业保险经营模式之一。

美国的农业保险制度近百年的发展历程，经历了政府单独经营农险的阶段、政府与私人保险公司共同经营农险阶段、政府监管下私人保险公司经营农险的阶段的不断演进。早在19世纪末20世纪初期，美国的私人保险公司就曾涉足过农险业务，这一时期是私人保险公司完全自主经营农险，政府并未介入，是美国农业保险制度的早期尝试，但农险经营均以失败而终结。1938—1980年，"联邦作物保险公司"负责主持农作物保险业务的经营，这一阶段是政府机构单独经营农险的阶段。1951—1996年为实现农业保险参与率提升以及农业保险监督成本降低的目标，在经营体制上，美国允许私人保险公司介入农险经营，从而进入政府与私人保险公司一起经营农险的发展阶段。1996年之后，政府成立"风险管理局"对于农业保险进行监管，美国农业保险制度进入政府监管下私人保险公司经营农险的进一步发展阶段。在这种制度下，联邦政府的职责是负责规则的制定、履行监督与稽核的职能，以及提供再保险等。

（一）农业保险种类

目前美国已形成了多个种类、覆盖多种农作物的农业保险产品，已有150多种农作物被纳入农业保险范畴，可供选择的保险品种超过300个，既包括玉米、棉花、大豆和小麦等大宗农作物，也包括草莓、干豌豆、柑橘等种植面积少、总产量低的小品种。2008年以来，主要农作物的参保率均在80%以上，而且呈现稳步增加的趋势。

美国农业保险的产品种类包括产量险和收入险。产量险是以产量损失达到一定程度作为赔偿发生条件的险种。收入险是通过期货市场的价格发现功能与农业保险政策相结合，把价格变化对收入造成的不确定性纳入了风险责任之中，以收入低于一定水平作为农业保险赔付的条件。收入险的风险保障的覆盖范围更广，受到了农场主的普遍认可，近年来发展较快。

（二）农业保险体系特点

1. 构建多层次农险服务体系。 美国农业保险体系形成了农业风险管理局、商业保险公司和各类民间组织组成的多层次体系。美国农业部风险管理局（RMA）和联邦农作物保险公司（FCIC）两块牌子、一套人马，负责制定农业保险政策、提供农业再保险、对经营农业保险的私营保险公司进行补偿以及开发新的农业保险品种等。

私营保险公司承担农业保险的销售、理赔全程服务，并负责质量管理、承担风险和向风险管理局提供相关数据和统计资料等。私营保险公司推出的农业保险具有商业可持续性。在2012年的农业干旱灾害的保费收入高于赔偿10余亿美元，赔付率约为91%，不考虑保险公司的相关运营成本，私营公司的农业保险产品有能力实现自负盈亏。各类民间组织积极促进农险政策的立法和推广。如美国农场局联合会（AFBF）等组织，反映农户的利益和诉求，通过影响立法机构、社会舆论等途径争取有利于农场利益的农业保险政策措施。

2. 施行对农险的供求双方进行双向政策激励。 为鼓励农场主积极投保，政府对投保农场主的保费进行一定比例的补贴，近年来的平均补贴率在60%左右。补贴水平由投保人选择的保障水平与保险单位决定（FAPRI，2010）。该种制度设计能够加大对经济状况较差农场主的支持，因为经济状况较差的农场主通常选择的保障水平较低，因此支付的保费较低。为鼓励商业保险公司推出更多的农险产品，政府对保险公司实行15%以上经营补贴、税收减免，提供低成本再保险。

3. 根据实施效果不断完善农险政策。美国农业保险历经70多年的发展，近10年开始大量应用。1938年经《农业调整法》授权开展农业保险之后，美国政府相继修改和出台了《联邦农作物保险法》（1980年修改）、《克林顿农作物保险改革法》（1994年出台）、《农业风险保障法案》（2000年出台）、《食品、环保和能源法案》（2008年出台）、《食物、农场及就业法案》（2014年出台），对农产品保险政策不断完善，形成了日渐成熟的农业保险体系。目前，农作物保险承保面积达到当年可保面积的80%左右。

4. 期货成为农业保险产品开发的重要基础。美国利用期货价格开发大豆和玉米的保险产品。预期价格（projected price）和收获期价格（harvest price）等决定农民保费水平和赔偿金额的关键参数由大豆和玉米期货价格确定，大豆使用11月合约价格，玉米使用12月合约价格。预测价格基于期货合约的2月份每日结算价的平均值计算，收获期价格基于上述合约的10月价格进行计算。收获期价格高于预测价格越多，农民获得的赔偿就越多。

第六节　棉花科学技术研究

一、科研机构

美国棉花研究工作计划项目的60%以上是由美国农业部的农业研究局负责主持和掌握；35%是由产棉州主持，州农业试验站承担完成。棉花生产者的基金组织"棉花公司"（Cotton Incorporated），约组织和主持其余5%的研究项目，主要是一些特殊的领域，诸如纤维品质的评定，以及经济和贸易问题。棉花公司也参与棉花作为纺织纤维利用的促进工作。它们的研究主要通过合同方式进行。

（一）全国性棉花研发领导机构

美国棉花全国性研发机构有美国国家棉花委员会、棉花公司和棉花促进局三大领导机构。国家棉花委员会主管棉业的立法工作，棉花公司负责市场开发和新棉产品研究，棉花促进局管理棉花的科研和推销计划。

1. 国家棉花委员会（National Cotton Council of America）。该委员会是1939年成立的民办组织，是美国棉业界的植棉者（农场或棉农）、轧花厂主、棉库主、棉花商人、榨油厂主、销售合作社和纺织厂七大行业利益的中央代表机构。由这七大行业按每包棉花或每吨籽棉提取的捐款资助工作。分布在19个州的这7大行业的各单位在国家棉花委员会的组织领导下，改进棉业的经济和福利事业。国家棉花委员会总部设在孟菲斯市（工作人员25人），在华盛顿特区设有代表处（15人），主要任务和工作如下：作为美国棉业的中央代表机构；加强美国棉业在国内外的竞争和获利能力；通过华盛顿特区的代表处发布农场法规，联邦政府对救助天灾及支持研究的政策及保证有利法规和政策的实现；通过所属国际棉花委员会促进美棉在海外的推销；管理由两个棉花基金会投资的棉花研究和教育计划的实施；给轧花厂主协会提供人员和支持；每年1月组织召开1次美国棉花带生产、科研会议。

美国国家棉花委员会在每年1月份组织召开棉花带会议。会议主要任务是总结交流棉花各行业的技术经验，指导棉业技术和经济发展方向。由上述生产单位和科研单位参加。发表学术论文，分专业交流讨论。会议分成棉花带生产会议和11个专业技术会议进行。专业技术会议分成棉业新发展、棉花生理、棉花病虫害研究及防治、棉花经济与市场、棉花工程、棉花加工、棉花改进、棉花品质检测、棉田土壤管理及作物营养等11个专业会议。会后，并由国家棉花委员会负责及时出版当年的《棉花带生产科研会议论文集》。一年一度的这种会议对提高美国棉业的生产技术起了关键的推动作用。从美国棉花带生产科研会议活动情况可见，美国的棉花生产、棉花加工甚至棉花的贸易是由农业部统一领导的；棉花农艺技术和机械化栽培、加工技术是互相结合促进的；棉花从育种、栽培到加工也是与改善纺织工艺、提高织物品质的总目标紧密结合的。

2. 棉花公司（Cotton Incorporated）。由植棉者选举组成及资助，是在国内外经营棉花和开展棉业研究的全国性组织。公司共150多人，总部设在北卡罗来纳州的拉利市，在纽约有分部，另外在洛杉矶市和达拉斯市有分支机构。主要任务和工作：在从消费者到棉纺厂的各个层次中促进美棉的推销；运用拉利总部的研究设备开发新的能增加产值的棉产品；进行农业研究，以促进美棉的竞争地位；向国内外美棉的顾客提供技术服务；运用会员提供的资金进行研究和推销工作，对本国消费者进行广告宣传活动。

3. 棉花促进局（Cotton Board）。是根据美国棉花研究和促进法于1966年建立的机构。主要任务和工作：管理棉花研究和促进推销，与棉花公司订合同，使之完成研究和推销计划；审查棉花公司的计划和预算；征收供棉花公司使用的按每包棉花征收的上交捐款；向植棉者通报工作计划实施的结果；担任与美国农业部联系的联络员工作。

（二）美国棉业的全国性行业组织

美国有销售、轧花、分级等的全国性行业组织，其机构和业务如下：

1. 美棉销售组织。国际棉花委员会（Cotton Council International）。成立于1965年，是国家棉花委员会的海外业务机构，在华盛顿、布普塞尔及香港都设有办事处。主要任务是为美棉建立创利的国际市场。工作重点是：进行广告宣传促进美棉制品销售、市场研究、公关工作及流行服饰竞争。还进行专项工作，如对棉布加工和精整的技术援助，接待外国棉纺代表团考察，派送美国商务团和政府官员去美棉顾主国家，出版和分发专门的印刷品如"美棉手册"等。工作计划受到美国农业部国外农业局和美棉行业的支持，所需经费的一半由地方集团提供，外汇由国外农业局供应。

美棉发货人协会（The American Cotton Shippers Association）。1924年成立，由150家私营棉花出口公司组成，销售85％的出口美棉。会员公司遍及美国棉花带各地。

美棉销售合作社（American Cotton Marketing Cooperatives）。于1972年合并4个销售合作社销售处组成。在密西西比、得克萨斯和加利福尼亚三个州设有4个地区销售合作社，是个体棉花生产者的组合，联合售棉，销售15％的出口美棉。

美国农业部棉花市场管理局（USDA Marketing Services Office）。是美国农业部为管理棉花带14个州的棉花销售，在各地区的1个主要城市设立的25个棉花市场管理处，其中7个城市并设立棉花分级的机构。

地方棉花公司。是从事棉花收购、分类定级及出口销售具体工作的棉花商。都是以上三大销售组织之一或同时是以上两、三个大销售组织的会员（分支机构）。各公司备有棉库及棉检设备。其工作方法是向上述三大销售组织先确定供销量，然后与当地农场联系包购棉花。公司预测农场棉花产量，议定收购价。到收棉时，由公司分类鉴定包购的棉花等级和数量（农场主不管分等级），由公司按合同原议价付款给农场主。

国际棉花研究所。由美国和10个国家派遣人员组成，主要研究如何增加国际棉花的消费量。

2. 棉花加工业组织。美国有全国的及各州、县的轧花厂主协会（Cotton Ginner Assoeiation）组织。美国共有轧花厂3 000多个，每厂有轧花机1～6台，功率1 000～2 000马力①。轧花厂有农场主或轧花厂主私人经营的，由三、四个农场主合资经营的，以及很多农场主合办的合作社营轧花厂三种。轧花厂的规模，如阿拉巴马州的一个最大的现代化轧花厂是由50家农场合营的4台型轧花厂，平均年加工1.1万包皮棉（平均500磅/包），折合加工10 000英亩（60 700亩）的棉花；加利福尼亚州有200家轧花厂，加工150万英亩棉花，年产300万包皮棉，平均每厂加工棉花7 500英亩（折合45 525亩）。

3. 棉花分级组织。全世界有13个棉花协会，共同签订了协议，根据统一的定级标准来销售棉花。棉花定级标准先由美国农业部提出，然后每3年由10个国家开1次会讨论确定分级标准。10国是美、英、日、法、德、比、荷、意、西班牙和波兰，其他国家以观察员身份被邀参加会议。美国农业部有1个棉检机构。检验合格的棉花才被发给绿卡。为培训纤维和织物的分级和销售人员，美国办有得克萨斯国际棉花学校和孟菲斯国际棉花交易学校。

4. 棉花机械制造工业。美国生产采棉机、摘铃机、棉田耕、播、田管机械及拖拉机的厂商主要有：JI凯斯公司（JI Case A Tenneco Co.），约翰·迪耳公司（John Deere）；本·皮埃森（Ben Peason）等公司。

生产棉花加工机械的公司主要有：大陆鹰公司（Continental Eagle Corporation）；拉默斯工业公司（Lummus Indsutries Inc.）；贸莱公司（Murry Co.）；沙米尔·杰克逊公司（Samuel Jackson Inc.）；美国农业部棉花公司的HGM联合公司（Consolidated HGM Corporation）等。

生产棉检设备的公司主要有：动态控制公司（Motion Contol Inc.）和兹尔威格·乌斯特技术公司（Zellweger Uster Technologies Inc.）。这些厂商对产品负责研究、设计和制造的全部业务。其他有农药、化肥、纤维的调理剂、棉花种子、棉模成形机及棉模回收车等装备。

（三）美国棉业的研究、试验机构

美国棉业的研究、试验机均可分三大体系：美国农业部农业研究局（USDA-ARS）所属的国家级研究所；各州的地区研究所和州立大学研究试验站；民间科研机构，各有侧重地开展科研活动。相互之间没有隶属关系、互为独立，但彼此之间又相互渗透依存、合作与竞争。其中国家级研究所和州的地区研究所及大学试验站是由国家赠地建立的，其研究经费占全国研究经费的75％～80％（1980年资助3 900万美元）。

1. 国家农业科研机构。美国国家农业科研机构以农业部农业研究处（USDA-ARS）为

---

① 1马力＝735瓦特。

主体，重点进行农业基础理论和应用基础理论研究。美国棉花国家级研究所主要有 8 个：

（1）棉花生产加工研究所。位于得克萨斯州洛勃克市。研究棉株水分与摘铃时断棉枝的关系；斜摘辊形状与棉花含杂、摘铃工效间的关系；三步提净式籽棉清理机；籽棉清理机锯齿滚筒的改进；皮棉清理对皮棉中细杂含量的影响；利用 GINQUL 计算机模型分析籽棉清理的效率等。

（2）耕作方法研究室。重点研究轧花计算机模拟模型，皮带型烘棉机；摘铃早晚与棉花含杂、含韧皮杂质的关系等。

（3）大田作物机械化试验站。在密西西比州斯通维尔市。重点研究 30 英寸窄行距棉花栽培机械化试验；控制走道的耕作机械系统等。

（4）美国轧花机研究室。重点研究籽棉清理代替皮棉清理的可行性；在轧花过程中检测外附杂质的方法；计算机控制烘棉；加强纺织厂除杂，不用轧花厂皮棉清理可提高皮棉质量的工艺，棉杂的排放和利用等。

（5）棉花品质研究站。在南卡罗来纳州克里姆逊市。研究低温烘棉；棉籽壳屑对棉花的污染；棉纤维长度用 HVI 新型纤维检测成套设备等。

（6）西南棉花加工研究室。在新墨西哥州迈西拉公园。研究新的喷泉式籽棉烘干工艺；计算机控制皮辊轧花技术；比马长绒棉清理加工工艺等。

（7）西南棉花加工研究室。在新墨西哥州拉斯·克鲁萨斯市。研究轧花的清理和皮棉清理机的结合等。

（8）南方地区研究中心。在路易斯安那州新奥尔良市，有 12 个研究室、1 个情报室。研究目标：使美国国内外市场的农产品能得到充分的利用，开发农产品；新的用途及其加工法；改进食品营养成分以增进人的健康及改进农产品使用的质量和安全性。12 个研究室是：生物化学机制研究室；棉花化学反应研究室；棉花品质研究室；作物保护研究室；织物纺织及处理技术研究室；纤维化学物理结构研究室；纤维和纱线加工研究室；食品和饲料工程研究室；食品和饲料质量研究室；食品和饲料安全研究室；工业环境健康研究室；油脂蛋白化学研究室。

2. 各州地方研究系统和大学研究试验站。地方科研机构为州立大学农学院牵头的州农业试验站系统，同本州的农学院和农业推广站自成体系，在州政府授权下，侧重本地区的农业科研和推广工作，农业试验站同时接受美国农业部的任务管理和拨款，重点进行本州的农业应用和开发性研究。各植棉州都有试验推广组织。如以得克萨斯州为例：有州的农业试验站（总站）和州立农业机械化大学领导的州研究推广中心网络。共有 35 个实地研究单位，其中有 15 个地区研究推广中心，设在主要农业资源区的较大城市。每个中心领导 1~5 个试验站，共有 20 个下属试验站或合作试验单位，进行专业研究和测报工作。得克萨斯州农业试验总站是 1888 年在州农业机械化大学试验站的基础上建立的。总站与其他各类研究室科学家、农学院及兽医学院的教授们合作以加强中心研究工作，也有农业部专家及其他州试验站专家参加研究；与其他单位（如农业生产者组织、咨询委员会、产品消费者）的联系中研究它们的需要。通过这种互利关系可加速解决问题，避免重复研究，科研成果可更快地为社会所用。地区研究推广中心，进行多学科研究。研究最重要紧迫的问题或开发本地区农业和生活需要的特殊项目。中心下设的试验站（场）从事专业工作及为评价研究成果提供各种环境条件的数据。上述地方研究成果是由得克萨斯州农业推广服务处通过教育示范工作运用到州的农业发展中。

美国大学承担教学、科研和生产、试验的综合任务。例举如下：

密西西比州立大学农学系三角洲试验分站：研究棉花生产机械化、脱叶对棉籽发芽的影响、机器采棉的方法和成本、实验性轧花厂。该大学农业工程和生物工程系对棉花工程也有研究。得克萨斯州农业机械化大学农业工程系试验站：研究新轧花原理的笼式轧花机和利用棉花加工厂的废杂料生产活性炭的技术。内布拉斯加州林肯大学化学工程系：研究用轧花厂废杂料制酒精的工艺。阿肯色斯州立大学生物工程和农业工程系：对 30 英寸窄行距的植棉效益开展试验研究。加利福尼亚大学：对采棉机和机采棉花品质开展试验研究。得克萨斯科技大学农业科学学院：棉田作业机具研制，如棉柴粉碎机、高架喷雾机、摘棉铃机及棉花烘干和清理设备等。

3. 民间或私人科研机构。 民间科研机构由农业企业研究机构组成，重点从事有实用价值的农业开发性研究，由私营公司领导和资助，研究成果归其所有。棉花品种培育与转基因领域私人公司投入强度几乎与政府投入的相当。美国棉花品种公司有拜耳作物科学公司和孟山都公司等 10 多家，在充分的市场竞争中，从事棉花品种培育和种子经营公司的数量已愈来愈少。随着转基因技术在法律层面的障碍消除，一些大公司也开始大举进入这一研究领域，并将转基因应用推进到农业领域，最著名的公司孟山都成为行业的领跑者。美国并非对转基因研究和产业化放任自流，而是在一套严格的监管程序下规范其发展。1984 年，联邦政府建立了一个跨部委工作小组，其主要工作目标就是确保政府在生物技术产品从实验室到市场这一过程中，对健康与环境安全的影响和后果能够监管。1986 年，在该工作小组的建议下，美国联邦政府公布了一个有关生物技术的协调管理框架书。框架书中阐述的联邦政府的结论是：经生物技术改造过的生物体同普通生物体相比，没有根本的区别。因此对转基因产品的监管不需要专门立法，只需要对其产品进行检验，无需对研究和生产过程进行监管。在这一管理框架下，FDA（食品药品监督管理局）、USDA（农业部）和 EPA（环境保护局）三家机构构成了美国转基因安全审查的三道防线。

（四）国际棉花咨询委员会（ICAC）

国际棉花咨询委员会（International Cotton Advisory Committee，ICAC），成立于 1932 年 9 月，是一家国家政府间的国际棉花机构，秘书处设在美国华盛顿。该机构采集和分析全球棉花产业信息，统计和出版国际棉花和棉纺织品的生产、消费、进出口贸易资料等多种系列出版物，系统报导各国棉花产业政策，以及棉花产业的发展方向、动态和需求预测等。其中系列出版物有 Cotton：World Statistics ；Cotton：Review of the World Situation；World Textile Demand；Survey of the cost of production of raw cotton 等，还有网站和电子出版物都需付费。制订国际棉花咨询委员会有关章程，举办国际棉花生产、消费、贸易和纤维标准方面的论坛，还举行棉花生产技术、棉花机械及棉花加工技术方面培训。

二、若干进展

（一）收集了丰富多样的种质资源，并不断增添新的资源类型

美国由农业部收集的棉花种质资源大多数保存在得克萨斯州的 College Station，该地点

收集了全世界发现的大多数棉花种质，总计有 9 300 多份，包含棉花的 45 个种，其中陆地棉 5 293 份、海岛棉 1 584 份、亚洲棉 1 800 多份、草棉 170 多份和野生棉 500 多份。

收集的种有 5 类。一是过时老品种；二是海岛棉；三是得克萨斯州种质库；四是亚洲棉种；五是野生种。这些种质来源于多年对世界各地的收集、私人捐献以及用其他种质的交换而得。除农业部的主要收集外，还有 2 类个人的收集：一是由 Russel Kohel 博士对棉花遗传标志种质的收集，主要收集陆地棉不同的突变体和遗传标记种质；二是由 Texas A&M University David Stelly 博士对棉花细胞质遗传种质的收集。主要收集单体、四倍体、易位和复制缺失的种质。棉花野生种收集了 45 个种，包括 3 个 4 倍体种（AD）和 42 个二倍体种。这些野生种来自于西半球、澳大利亚、非洲和南亚。不过有几个种来自西澳的 K 基因组丢失。来自亚洲的种质包括草棉和亚洲棉 2 个种，收集了种植于亚洲的大部分品种，同时包括来自于南非和纳米比亚的野生种，但没有草棉的野生种。种质库仅仅收集来自于世界各地早期的品种，美国和世界各地的陆地棉种质都收集在得克萨斯种质库中。海岛棉收集包括来自于南美的过时的品种、野生种和未经过改良的种质。这些种质大部分保存在得克萨斯州。

美国收集的棉花种质已被 Stewart 根据获得特别性状基因渗入的难易程度划分为 3 类基因库。初级基因库是由基因组 A、D 构成，二级种质基因库由 A、F、B 和 D 基因组构成，第三级种质库由 C、G、K 和 E 基因组构成。初级种质库中包括过时品种、海岛棉以及 3 个野生的四倍体种质（*G. tomentosum*，*G. mustelinum*，and *G. darwinii*）。由于初级库都是一些过时的品种和好的品系，一些不利的基因已被去掉，因而是育种者首选作为改善某些性状的主要材料。在未达到所需要的目标外，在初级库中还可利用 Race Stock 和海岛棉种质和野生四倍体种，但必须要解决一些特殊的问题如光周期问题、海陆杂交后代分化严重的问题。二级库种质与陆地棉可通过杂交形成多样性培育新品种。三级基因库种质虽可通过杂交形成多样性，但由于多样性存在于同源染色体上，很难分离。因此只有在初级和二级库中无法利用某一性状时，才会至三级库中寻找这一性状。当前美国种质库中无腺体（*G. tomentosum*）、抗线虫（*G. longicalyx*（F1）、*G. arboreum* and *G. herbaceum*）、抗盐种质（*G. tomentosum* and *G. darwinii*）、抗旱（*G. anomalum* and *G. davidsonii*），一些纤维突变体种质被利用改善棉纤维品质。高棉酚种质为抗虫品种培育提供支撑。此外，多茸毛、与农杆菌互作、半授精表达、再生能力、早熟性、耐除草剂性等种质也被利用。野生种质的形态多样性如抗虫性等将会有更好的利用价值。

（二）转基因技术进入第三代

利用转基因技术培育抗虫、耐除草剂、抗病、高品质纤维、抗旱等多抗耐棉花新品种进入实用阶段。迄今美国的棉花育种工作一直处于世界领先地位。美国育成的许多品种，不仅在本国生产上应用，也被世界许多产棉国引入直接种植，或作为育种基础材料加以选育改进。为适应不同生态棉区机械化栽培纺织工业无纺锭纺纱高速运转的要求，美国很重视早熟、高产、优质、抗病虫害棉花品种的选育及品种的更新换代、合理布局工作。

随着转基因生物技术的发展，棉花育种利用转基因技术培育抗虫、耐除草剂、改良纤维品种等棉花新品种已成为美国发展棉花技术的新策略。在首先成功地将 CryIAc 基因导入棉花并实现商业化并在全世界应用以来，2014 年已商品化种植携带有两个可以全生长季节防控鳞翅目害虫的第二代 Bt 基因 (Cry1Ac + Cry2Ab) 以及抗草甘膦和草铵膦的两种除草剂的增强型基因,即美国转基因在棉花上应用进入了综合多抗的新阶段。目前转基因育种正进入第三代转基因品种培育研究,即抗棉铃虫、螟虫、斜纹夜蛾的双价抗虫基因和抗除草剂基因复合的棉花品种。此外,Cry1Ab 基因、Cry1Ac 基因、Cry1F 基因、Cry2Ab 基因、Cry2Ae 基因等在抗虫棉工程上的应用正进入深入的研究。

Bt 棉表达的 Cry 杀虫基因虽对鳞翅目和鞘翅目昆虫有较好的防治效果,但对半翅目的防效甚微。由于长期种植 Bt 棉花引起次要害虫棉盲蝽发生数量增多,成为了 Bt 棉的主要害虫。美国相关公司开展了抗棉盲蝽转基因棉花研究,Baum 等发现了一种新型的对棉盲蝽有较好防治效果的 Bt 杀虫蛋白基因,在转基因抗虫棉上表达的这种 35KD 的 Bt 杀虫蛋白能够有效控制棉盲蝽的生长发育。

一种在芽孢形成前的营养阶段分泌和产生另一种非 δ-内毒素的杀虫营养蛋白,即 Vip 蛋白 (Vegetative insecticidal protein),被称为第二代杀虫蛋白。Vip 蛋白与 Bt 基因毒素蛋白的结构和功能完全不同,对鳞翅目和鞘翅目有很好的效果。Syngenta 公司对表达蛋白的转基因抗虫棉进行了多年的田间杀虫效果评估,结果表明该转基因抗虫棉能较好控制棉铃虫的种群。

植物介导的昆虫 RNAi 技术,可以有效、特异地抑制昆虫基因的表达,从而抑制害虫的生长,为农业害虫的防治提供了特异性更强且环境安全的新思路。目前虽然 RNAi 转基因抗虫棉花未进入应用阶段,但已成为十分活跃的研发领域。以 RNAi 技术为基础的转基因抗虫棉有望在将来的害虫防治领域中发挥重要作用。

耐除草剂棉花研究得到进一步发展,耐草胺膦、双丙氨膦棉花是属于表达修饰酶类的转基因耐除草剂棉花。此类型的耐除草剂棉花产生能修饰除草剂的酶或酶系统,在除草剂发生作用前对其进行修饰从而失去除草能力。bar 基因编码乙酰转移酶基因 (PAT),对草铵膦、双丙氨膦进行修饰,反应产物能被顺利代谢使其失去除草能力。通过转入 Bar 基因使棉花对草铵膦、双丙氨膦都有较好的耐性。耐磺酰脲类(绿磺隆等)棉花属于表达异构酶类耐除草剂棉花,可以产生对除草剂不敏感的靶标酶或蛋白的异构体。Surb-Hra 基因通过编码改变空间构型的乙酰乳酸合酶 (ALS) 使磺酰脲类除草剂失去作用,从而保护棉株的正常生理活动。同样 psbA 基因通过表达突变的光系统 IIQB 蛋白使植物体具有三氮苯类除草剂的耐性。

此外,传统育种在棉纤维品质改良方面起到了重要作用,但由于受到育种周期长、外源种质利用困难、产量较低等因素的限制,用常规育种技术进行纤维品质改良进展缓慢。为此,利用转基因技术,改善纤维品质的研究也在深入。美国正在开展利用外源纤维改良基因改良棉纤维品质特别是提高纤维强度有更快的进展。拜耳作物科学已在巴西市场推出第三代转基因棉花种子品种 FiberMax®,用于 2014/2015 作物季。FiberMax 依托 GlyTol®-LibertyLink®-TwinLink® (GLT) 技术,具有 3 种性状,是防控杂草和螟虫的广谱产品,纤维产量可增长 2%~3%。GlyTol® 技术使棉花作物对草甘膦除草剂产生耐药性,扩大草甘膦的施用范围,使除草剂施用更加灵活,并能减少施用量。LibertyLink® 技术赋予棉花作物对草铵膦(巴西以 Liberty® 品牌销售)除草剂的耐药性,这样农民就可以施用草铵膦防控更多种类的杂草,利用非选择性化学组分对付杂草抗性。TwinLink® 技术可以表达 2 种 Bt 基因 (Cry1Ab Cry2Ae),防控鳞翅目螟虫、棉叶虫、烟草夜蛾幼虫、草地贪夜蛾、棉红铃虫和尺蠖。GLT 技术的灵活性在于可以在杂草管理最佳时刻喷洒除草剂,而不用受限于在棉花生长的特定阶段，有效减少了施用次数，提高了入侵杂草的防控效率。

随转基因技术应用，具有抗虫、抗除草剂、优质纤维等复合性状的转基因棉花品种培育会得到进一步发展。

（三）先进的农机机械装备，提高了植棉效益

2000 年代以来，美国棉田耕种管收机械作业机械向大型化、信息化和智能化发展，智能化导航已替代驾驶员。农业机械更新换代的速度更快，所需时间更短。采收机是棉花作物独有的专用装备，全球棉花机械收获面积约占总面积的 30％。现今以约翰迪尔（John Deere）公司和凯斯（Case International）公司两大农机制造巨头为代表研制生产的水平摘锭式采棉机，结构复杂、制造精度高，造价也高，但其性能优良，采净率高，受到农场主和棉农的欢迎。拉姆斯公司（Lummus Corporation）和大陆鹰（Continental Corporation）公司生产采棉机的清花除杂和轧花机等装备，70 年代打模机、运模车、开模机研发成功被认为是美国现代植棉业的一场革命，它使机械化采收效率成倍增长。1972 年棉模堆垛机开始推广应用。如今，籽棉清理加工工艺设备也向大型化、智能化、高速化的方向发展，其工艺可随棉花的品种、采收质量等进行调整和变化。

随着信息技术的发展，美国采棉机上安装和使用 GPS 定位导航技术、自动驾驶技术、自动测产技术和自动打包技术，新研制 7 760 型打圆形包的采棉机和凯斯公司研制 635 型打方形包的采棉机，减少了收获籽棉的田间转运工序，节省了用工和时间，大幅度提升了采棉机的效率。现代化技术和装备大幅度提高棉花生产效率。按生产 1 吨皮棉所需的人工，1950 年需工时 640 个；1970 年工时减少到 110 个；1990 年工时减少到 1 个。1990 年，全美棉花农场的雇工费用仅 43.8 美元/英亩。据国家统计局数据，2013 年中国每生产每生产 50 千克皮棉用工 11 个，即每吨皮棉用工 222 个，约相当于美国 60 年代初期水平。

先进植棉技术和现代农业装备大幅度提高棉花单位面积的产出。美国原棉总产量从 2000 年的 374.2 万吨提高到 2006 年的 469.6 万吨，增长 25.5％。同期植棉面积从 5 282 千公顷提高到 5 586 千公顷，仅扩大 5.8％；单产则从 708 千克/公顷提高到 931 千克/公顷，增长了 31.1％。而农场数量则从 1982 年的 38 182 个减少到 2006 年的 25 000 个。

（四）数字化信息技术在棉花上应用为，为棉花生产智能化和精准化奠定了基础

棉花生产信息化、智能化也是美国棉花生产技术进一步应用的重点。在美国，信息技术在农业上的应用大致有以下方面：农业生产经营管理、农业信息获取及处理、农业专家系统、农业系统模拟、农业决策支持系统、农业计算机网络等。农业中所应用的信息技术包括：计算机、信息存储和处理、通讯、网格、多媒体、人工智能、3S 技术（即地理信息系统 GIS、全球定位系统 GPS，遥感技术 RS）等；各种形式的局域网和以信息高速公路为基础的广域网用户增长迅速。政府每年拨款 15 亿美元建设农业信息网络。这些先进的计算机通信网络使农业生产者更为及时、准确、完整地获得市场信息，有效地减少了农业经营的生产风险。

农业专家决策系统的研究为美国棉花生产信息化发展提供了坚实的基础。自 1970 年 Stapleton 等人在亚利桑那州开始模拟棉花的生长发育，建立了第一个棉花生长发育模拟模型。Baker 和 Lamber 等人于 1983 年创立了第三代棉花模拟模型 GOSSYM（Gossypoum

Simulation Model)。以后通过不断改进完善了棉株形态建成的功能，同时，又陆续研制了几种主要的除草剂、杀虫剂、植物生长调节剂等化学药品对棉花影响的子程序，使 GOS-SYM 日趋完善。从 1989 年开始，美国农业部成立了一个 COMAX/ GOSSYM 小组，负责推广应用。此外，Lemmon 等在 GOSSYM 基础上研究建立了 COTTONPLUS 模型，该模型能够模拟棉株地上部分光合、呼吸、物质的积累与分配、器官建成等生理过程，能模拟根际 2 米深处的水分、氮素的移动，棉花根系等物理和生理过程，还可以模拟棉株对各种环境变量的反应。基于棉花长势监测专门研究了一种集成的作物管理系统 COTMAN，它将植株监测和天气信息结合起来，用于制定棉花生产管理决策。COTMAN 在诊断植株生长状态、选择结束使用杀虫剂时机、安排施用脱叶剂和收获计划方面起到辅助决策作用。

　　一直居于世界领先地位的美国信息化技术的发展，使得精准农业与 3S 技术不断应用于棉花生产。精准农业主要应用于大农场，有 60%～70% 的大农场采用精准农业技术，也给农场主带来明显的效益。目前，精准农业应用的主要地区在美国中西部。通过田间取样及其衍生数据，可以知道当地适宜的作物品种，及作物种植过程中是否需要某种管理措施（如施肥、灌水等）以及所需要的量。包括作物品种、作物营养与施肥、作物灌溉、化学调控、管理水平、棉花产量、投入产出水平等数据。①品种知识信息：包括品种的类型、生态适应性、综合农艺性、抗病性、品质、产量等主要知识。还包括根据不同气象年型、地温、墒情、品种特性，确定适宜播期及合理的播种密度。②作物营养与施肥信息：根据不同土质和地力基础可能拥有的生产潜力，根据棉花不同生育阶段和不同苗情及需肥特点，根据土壤肥力水平和目标产量确定施肥数量、元素配比和施肥方法、不同生育期的营养现状与施肥、施肥期元素配比关系。③作物需水信息：由不同生育阶段和田间灌水原理，不同土壤水分状态对棉花发育的影响，不同生育时期棉花对水分的需求，确定灌溉时间、水量及中耕田间耕作措施。④化学调控信息：包括棉花不同生长发育阶段的植株形态指标，以确定棉花化控、生长促进化学物质的使用时间、次数、剂量和方法。⑤综合防治信息：由分析可找出不同地区棉花病虫害类型、阶段、分布及规模，草害的种类、分布及密度，提出防治对策，建议使用的药剂的种类和使用方法。

　　随着信息技术的发展，农业专家系统开发平台具有网络化、构件化、层次化、智能化、可视化的特性，进行系统开发时，无需任何修改均能在 Internet/Intranet 网络环境下运行，支持分布式计算和远程多用户、多目标任务的并行处理。平台具有开放性、异构性、封装性和继承性等特点，容易跟其他关键技术集成，可面向对象进行定制组件，挂接任何基于 Windows 开发的动态链接库 DLL（服务器端）和基于 OLE 技术标准的 ActiveX 构件（客户端），可满足不同层次用户（系统管理员、知识工程师、普通用户）的需要。开发出的系统具有友好的多媒体界面，图文并茂；事实数据、知识规则录入和结果输出完全可视化；同时集成了 GIS（地理信息系统）功能，使开发平台具有图形显示、面积测算、缩放漫游、简单查询、互动查询、条件查询、数据自动获取等功能。这些信息新技术和专家决策系统集成应用，可为棉花生产进一步精准管理提供了技术支撑。

（五）棉田水肥诊断与数字化监测技术的集成已成为水肥高效利用的发展方向

1. 水分高效利用技术。目前，研究者们正在进一步研究如何更加精确和简单地判断植株是否需要补充水分、如何进行灌溉。许多新的仪器也陆续被应用到生产中，帮助研究者预测棉花植株何时需要灌溉以及如何进行灌溉，从而达到"使每一滴水的产量最大化"。在过去的几年里，佐治亚大学 NESPAL 环境中心发明了一种新的滴灌装置并已开始逐步应用，它主要综合利用滴灌、监测土壤水分需求的探头、预设地理地图和可调节供水量的喷头等技术。在实际工作中，如果水分监测探头发现田块中某一部分（如土壤低洼部分雨水积累多，土壤含水量相对较高）不需要灌溉，该田块上方喷头将会自动关闭，从而达到节约用水的目的。此外，由 USDA-ARS 的科学家们发明了一套可以减少灌水量的测量体系，即生物最适温度综合评价平台（Biologically Identified Optimal Temperature Interactive Console，BIOTIC）。它主要通过将监测作物冠层温度与作物最适温度进行对比，安排田间灌溉。在研究中发现，当棉花冠层温度超过 28℃，每超过 1 小时，皮棉产量下降 343 千克/公顷。因此，一旦田间冠层温度超过临界值，应立即进行灌溉。

2. 肥料高效利用技术。 化肥只有在合理施用的条件下才可以提高产量，改善农产品品质，提高土壤肥力，发挥良种潜力，增加收益。如果施用不合理还可能引起相反的效果，造成土壤板结，结构变差，土壤综合肥力下降，而且使化肥施用成本增加，农产品品质下降，增产不增收。因此，在肥料的高效利用技术方面，美国棉田逐渐使用变量施肥技术。变量施肥技术是由信息技术、生物技术和农业工程装备技术优化组合而成的。变量施肥技术包括土壤数据和作物营养实时数据的采集、决策分析系统，变量控制施肥机械设备及变量控制技术等技术。变量施肥能使农业技术措施与农田个体差异精确匹配，精确控制农田每一板块化肥施用量，从而做到有目的地合理施肥。美国 John Deere 公司的种肥车是典型的美国变量施肥播种装备，采用了 AgGPS132 接收机，变量控制机构为电控无级变速器变量施肥执行机构，其变量控制机构为电控液压马达，工作幅宽长达 25 米。通过驾驶室内装备的仪表，可以显示机器工作状态，如：机器的位置、肥料使用情况、田间工作图等。操作员可以通过安装在驾驶室的监视器来观察施肥处方图和拖拉机所在的位置，以监视施肥机的行走轨迹。

发展测土配方施肥技术。测土配方施肥是通过对土壤进行测试，根据土壤养分的丰缺程度，考虑作物本身的需肥特性和土壤的供肥能力，进行配方施肥的一种农业技术，即以"土壤样品采集—化验室分析—测试结果权释—养分推荐"为主的技术路线，采用 M3 联合浸提方法为主的前处理过程，建立了不同测试方法、不同作物施肥指标体系，形成了供肥施肥一体的技术服务模式，是农业增产增收的重要措施。目前美国部分州通过的肥料法已经明确将土壤、植株测试列入管理范围，使测土配方施肥成为一项必须遵守的法律措施，在未来将进一步推广应用该技术。

（六）新型生长调节剂的开发和应用

植物生长调节剂对于调节棉花生产具有明显的效益，因此发明新型生长调节剂及施用方法也是美国棉花发展的重要研究方向。如前文所述的 Cytokin，位于密苏里东南部的 MU 研究中心研究发现与对照相比，在初蕾期和初花期施用 Cytokin 可以促进棉花产量提高。且当 Cytokin 与 Pix 混合施用时，两者互作作用明显，其增产幅度更大。但是当 Pix 与 PGR IV 或 Maxxon 混合施用时，互作作用却不明显。尽管目前关于 Cytokin 的施用技术研究还很有限，但由生产者推荐，从初蕾期开始每隔一个星期施用一次，施用 4 次，棉田共施用 140～280 克/公顷。

由于细胞分裂素由植株根系产生，当植株受到胁迫时，尤其是植株根系受到胁迫影响时，细胞分裂素合成受到抑制。而 Cytokin 被认为可以在这种情况下提供植株生长所需的细胞分裂素。因此，与上述提及的植株生长调节剂不同，在外界胁迫条件下，Cytokin 可能最有利于棉花成铃，促进早熟并形成较好的棉花根系。虽然生产者被要求使用生产调节剂时应当谨慎，并且在使用前应在当地大田环境下开展相关试验，但 Cytokin 或 Cytokin 与 Pix 混合施用时均具有提高产量的潜力。

近年来，由于固体（粉剂）剂型的研制成功，1-MCP 在棉花应用研究较多，该调节剂能抑制乙烯的合成，因而能延缓衰老，特别是能促进棉铃发育，提高铃重。因此 1-MCP（1-甲基环丙烯）可能会成为棉花应用的又一个新型调节剂。

（七）应用综合防治技术（IPM），减少农药使用，提高经济效益、生态效益和社会效益

20 世纪 60 年代以来，由于大量施用化学农药防治病虫害，人们对其负面效果达成了共识：化学农药严重污染环境；造成人畜中毒，特别是农药残留致使食品质量安全下降；大量有益生物被杀死，自然控制作用降低，次要病虫上升，成为新的威胁；抗药性致使病虫害猖獗；过高的生产成本导致农业效益低下等。这一系列的问题一直影响着美国的农业生产。基于对环境保护、社会安全、经济效益等方面的考虑，1976 年密歇根州立大学首先提出对农作物病虫害进行综合防治（IPM）。目前全国应用 IPM 面积占整个作物面积 90％以上，应用作物包括棉花、小麦、玉米和大豆，病虫害防治成本比不应用减少 30％左右。

IPM 技术实施的关键包括两个方面：一是围绕大田作物建立一个良性的生态系统，既有利于有害生物的控制、棉花生长、降低防治成本，又有利于减轻环境污染。二是培训和教育农场主成为实施 IPM 的决策者。通过生物监测查看病虫害是否达到了防治指标。至于何时防治，则通过监测查看天敌量的多少，是否能够控制病虫害的发生与为害，看施药间隔期是否符合要求，决定是否采取防治措施等。这些信息分别传递到 IPM 决策支持帮助系统和农场主。IPM 决策支持帮助系统由两部分组成：一部分是从事教学和科研的专家组成，负责病虫害监测和 IPM 技术研究，为农场主提供技术信息和咨询；另一部分为推广人员，包括大学推广站及县推广站推广员，负责技术培训、指导和咨询等。农场主根据 IPM 决策支持帮助系统和自己掌握的有关监测信息，决定是否防治，选择确定具体 IPM 措施和策略。很显然，实施 IPM 的关键在于农场主和 IPM 技术水平的高低。

随着信息技术的发展，美国一些大学和研究部门应用系统工程方法来研究病虫害发生与防治问题，取得了很大进展。主要是应用计算机，特别是地理信息系统的应用，能够把年度间的资料信息，不同地域间的资料信息，包括气象资料、农作物品种抗性、有益有害生物资料、生态变化等信息集合在一起进行分析处理，找出数学模型，对病虫害的发生作出预测，对将要采取的防治措施进行评价，进而科学地指导生产。这种思维方式和先进技术的应用，将推动病虫害 IPM 项目向纵深发展。

随着棉花转基因技术突破性进展，棉花转 Bt（Cry1Ac＋Cry2Ab）基因品种的商业化应用、对棉铃虫有效控制棉铃虫、红铃虫、美洲棉铃虫、烟芽夜蛾等主要靶标害虫。但与化学农药一样，靶标害虫也能对 Bt 棉产生抗性，从而导致 Bt 棉失去利用价值。为了延长靶标害虫对 Bt 的耐受性，提出"庇护所策略"并由政府强制执行设置，规定棉花带种植 Bt 棉的同时，要种植一定面积的非 Bt 棉，非 Bt 棉在棉花总面积中的比重为 20％～25％，且规定非 Bt 棉害虫防治不使用 Bt 杀虫剂。抗草甘膦和抗草铵膦品种的应用，显著降低棉田防除杂草

的用工投入。同时由于抗除草剂基因转入棉花等农作物，促进了一些农药公司的发展。如生产"农达"的孟山都公司把某些种子公司买下来，使种子部门培育与"农达"相配套的品种，既解决了种子销售问题，也解决了农药销路，农民也欢迎，公司有了发展市场。

随着抗病虫草转基因技术及信息技术的发展，美国棉花病虫草害的综合防除技术会有更大的突破。自 20 世纪 80 年代实施的象鼻虫根除计划、90 年代的 Bt 转基因防治棉铃虫计划，目前已进入到防治刺吸式口器害虫包括盲蝽象、芽虫、棉蓟马的研究阶段，包括转基因品种的培育。

第二十二章　拉丁美洲棉花产业

撰稿人　张雷

拉丁美洲是指美国以南的美洲地区以及地处北纬 32°42′和南纬 56°54′之间的大陆。包括墨西哥、中美洲、西印度群岛和南美洲。拉丁美洲东临大西洋，西靠太平洋，南北全长 11 000 多千米。东西最宽处 5 100 多千米，最窄处巴拿马地峡仅宽 48 千米。拉丁美洲属热带和亚热带气候，平原广阔、雨量充沛，年均降水量在 1000 毫米以上。农业然资源丰富，陆地面积 2 050 万平方千米，占世界土地总面积的 15%，但却占世界 20% 的农田、24% 的森林或林地，以及 11% 的内陆水域。该区域可利用耕地多，约为目前耕地的 3 倍。棉花产业发展较快，墨西哥、巴西、阿根廷、秘鲁、巴拉圭、哥伦比亚等国家都种植棉花，其中巴西的长绒棉最负盛名。

拉丁美洲土地占有情况很不平衡，差别极大。土地经营方式有大庄园制，有资本主义经营的现代化大中型商品生产农场，有小量土地和家庭劳力经营的小农，还有合作社集体所有制。拉丁美洲农产品出口较多。许多国家的农产品出口额在总出口额中占较大比重，在国民经济中占有重要地位。33 个国家中，有 2/3 是农产品净出口国，其价值占出口总收益的 1/3。近年每年收益 300 多亿美元，以巴西和墨西哥的出口量最大。

墨西哥被称作是"棉花的故乡"，为世界棉花育种改良提供了丰富多样的品种资源和野生资源，因这些变种是陆地棉的近缘材料，在育种上易于杂交和利用，具有特殊的重要性，其中占世界总产 90% 以上的陆地棉原产于墨西哥。所以，墨西哥是棉花种质资源搜集考察的最重点地区，也是世界棉花天然的大种质基地。巴西棉花在世界上也占有很重要的地位，常年产量居世界第六位，出口量居第四位。目前世界公认 51 个棉种（亚种），3 个四倍体野生种之一的黄褐棉（*Gossypium mustelinum*）原产于巴西。所以，巴西是现代栽培棉的起源中心之一。彩色棉和长绒棉育种是巴西的突出成就。近年来，拉丁美洲的植棉国家的棉花生产均呈现缩减衰退趋势，这也是世界棉花产业调整的大背景所导致。

在全球经济增长乏力，世界棉花产业转型升级、全球价格下行、消费减少的背景下，2015 年全球棉花生产将呈收缩态势，中国、美国、印度等产棉大国的植棉面积减少，拉丁美洲也难以避免。

第一节　墨西哥棉花产业

一、产业概况

墨西哥是拉丁美洲最北部的国家，人口 12 404.9 万（2014），位于北纬 14°32′～32°43′，北与美国毗邻，东南与危地马拉、伯利兹接壤，东临大西洋的墨西哥湾，西濒太平洋。国土面积 179.3 万平方千米，国土大部分是海拔 1 000～2 500 米的高原与山地，东、西、南三面均被马德雷山脉环绕，中部墨西哥高原占国土面积约 3/4。墨西哥湾和加利福尼亚湾沿岸有狭窄的滨海平原。全国地势，由南向北海拔降低，南部为 2 000～2 200 米，往北逐步降为 1 000 米以下。

墨西哥气候条件多样，东南沿海为热带雨林气候，墨西哥高原的大西洋坡上年降雨 1 500～2 500 毫米，东南部太平洋沿岸地区降水量也较多，1 000～1 500 毫米，但比东部坡地少一半以上。往北降水量少，气候干燥，多沙漠，年降水量只有 250～500 毫米，属沙漠气候，面积约占全国一半以上。西北部包括加利福尼亚半岛的大部，年降水量仅有 150 毫米，墨西哥高原大部雨水缺少，北纬 21°～22° 以南，年降水量 500～700 毫米，回归线以北地区降水量更少，只有 100～300 毫米。北部地区具有大陆性气候特征，除气候干燥外，冬季温度低（-10℃），年平均气温 20℃ 左右，而东南部年均气温在 25℃ 左右，尤卡坦半岛年均气温 25℃ 以上。

伴随地理气候条件的差异，墨西哥的土壤类型也比较多。东南部因高温缺水，土壤多属红壤类型；尤卡坦半岛上的土壤主要由第三纪石灰岩组成，土壤多孔保水力差。北部气候干旱，土壤多为漠钙土。高山地区的土壤由低到高分布着棕壤、灰壤和高山草甸土，高原两侧的平原地区为冲击土。

墨西哥是全球陆地棉的起源中心。当今占世界棉花总产 90% 以上的陆地棉种（*Gossypium hirstum* L.）原产于墨西哥，由于墨西哥复杂多样的气候条件，促进了陆地棉种不同类型的形成。据 Hutchinson（1951）研究和分析，将墨西哥起源的陆地棉分为 8 个地理族。其中，尖斑棉（*G. punctafum*）、马里加兰特棉（*G. marie-galante*）、尤坦卡棉（*G. yucatanense*）、莫利尔氏棉（*G. morilli*）、李奇蒙德氏棉（*G. richmondii*）和鲍莫尔氏棉（*G. palmeri*）等七个族是多年生类型，主要分布在墨西哥东南部，只有阔叶棉（*G. latifolium*）一个族是一年生类型，现今广为栽培的陆地棉品种都属于这一族，是原产墨西哥南部和尤卡坦半岛上的热带多年生野生类型向北传播驯化后形成的，由人类进一步选择成对长日照不敏感的类型。

恰帕斯州是现代陆地棉品种的发源地，阔叶棉族大都分布在这个州，从恰帕斯州往西北干旱高原扩展，形成了爱字棉（Acala）、圆铃棉（Round boll）等陆地棉原始的大铃类型，成为美国和世界各产棉国陆地棉栽培品种的始祖。

马利加懒蛋特棉（var. marie-galante）为中生灌木，向东部和南部传播后，与海岛棉种（*G. barbadense*）发生自然杂交，产生纤维细的哥伦比亚和巴西类型。

尖斑棉（*G. punctafum*）分布在墨西哥的东部，在非洲和亚洲曾有比较广泛的传播和应用。

除 AD 染色体组四倍体的（$n=26$）陆地棉种之外，墨西哥也还分布着大部美洲原产的二倍体野生棉种。现已通过考察发现的就有 10 个品种，均属 D 染色体组（$n=13$）它们是：

D1 瑟伯氏棉（*Gossypium thyrberi* Tod）分布于墨西哥北部地区索诺拉、奇瓦瓦到美国的亚利桑那州。

D2-1 辣根棉（*Gossypium armonrianum* Kearn.）分布于下加利福尼亚和圣马可斯岛上。

D2-2 哈克尼西棉（*Gossypium harknessii* Brandeg.）分布于下加利福尼亚。

D3-d 戴维逊氏棉（*Gossypium davidsonii* Kell.）分布于下加利福尼亚。

D3-k 克劳次基棉（*Gossypium klotzschianum* Anderss）分布于加拉帕戈斯群岛上。

D4 旱地棉（*Gossypium radium*）（Rose et Standl）Skov. 分布于墨西哥西部。

D6 拟似棉（*Gossypium gossypioides*）（U1br.）Standl. 分布于墨西哥的哈瓦卡。

D7 裂片棉（*Gossypium lobatum* Gentry.）分布于墨西哥的米却肯。

D8 三裂棉（*Gossypium trilobum*）（Moc. et sess. ex DC）Skov, emend, kearn. 分布于墨西哥西部，锡那洛亚到莫雷洛斯。

D9 松散棉（*Gossypium laxum* Phill）分布于墨西哥的格雷罗。

D 染色体组的野生棉种和 AD 染色体组的地棉种血缘也较近，也具有较大利用价值。

20 世纪 90 年代以来，墨西哥国内的棉花消费不断增加，2010—2014 年均消费量达 48 万吨。较 80 年代末，棉花的出口量减少，2000—2009 年均出口量最低 3.3 万吨，近年出现增长。由于皮棉总产量的降低和国内消费量的增加，2000—2009 年棉花年均进口量达 38 万吨，比 20 世纪 90 年代年均增加 1.9 倍，近年来明显降低，但仍高于 90 年代（表 22-1）。

表 22-1　近年来墨西哥棉花消费、进口和出口

单位：千吨

项目	1990/1991—1999/2000	2000/2001—2009/2010	2010/2011—2014/2015
消费量	294	441	479
原棉出口量	52	33	60
原棉进口量	195	378	252

墨西哥 70％的棉花采用机器收获，部分采用人工采摘。所有轧花机械均为锯齿机，这些机械 60％为私人拥有，40％由政府出资国家所有。有关棉花纤维品质测定，墨西哥规定了如下标准：长度（用纤维测定仪测定）分为以下几个等级，不到 1 英寸为短纤维，$1 \sim 1\frac{1}{8}$ 英寸为中长纤维，$1\frac{15}{32} \sim 1\frac{1}{2}$ 英寸为长纤维，$1\frac{1}{2}$ 英寸以上为超长纤维。平均长度的测定标准是 80％以上为非常均匀，75％～80％为中等，低于 75％为正常。强度（用卜氏强度仪测定）指的是每平方英寸 1 000 根纤维的强度，分为 4 个等级；95％以上为很强，85％～95％为强，76％～84％中等，66％～75％为弱。细度（用细度仪测定），3.0 为很细，3.0～3.9 为细，4.0～4.9 为粗，5.0～6.0 以上为很粗。

二、种植、科研和政策支持

墨西哥植棉已有历史悠久，据考古发掘证明，史前 5 000 多年已有墨西哥大铃类型棉花的种植和利用。早在纪元前很久，乌雅族和阿西德克族人已栽培棉花，当西班牙人 16 世纪进入尤卡坦半岛时，当地已有比较发达的植棉业。

棉产区主要有四个地区：索诺拉州和锡那罗亚州，约占棉田总面积的 37％，拉古纳州占 30％，墨西卡利州占 13％，奇瓦瓦州占 11％。其余 9％棉田零星分布于其他州。

索诺拉州和锡那罗亚州是西海岸植棉区，所谓"面包篮子"地区，这个地区的农业具有

多样性，除种植棉花外，还有大量种植小麦、玉米、高粱、蓖麻、水稻、甘蔗和蔬菜。墨西卡利是一个几乎没有降雨的半沙漠地区，大部分灌溉水来自美国科罗拉多河，有 20 万公顷的土地可灌溉上水；奇瓦瓦州是个老棉区；塔毛利帕斯是后来发展起来的棉区；马塔英罗斯也是 60 年代最老和最大的棉区，在以前棉花被当做旱地和部分被浇灌的作物进行种植，但严重流行的根腐病而使产量下降。

20 世纪 90 年代，墨西哥植棉面积下降，为 80 年代末年均植棉 205 千公顷的 91.1%。进入 21 世纪以后，植棉面积进一步下降，2000—2009 年均植棉面积占 20 世纪 90 年代的 46.9%。近几年年均植棉面积出现大幅度增长，但仍小于 20 世纪 90 年代。年均皮棉单产逐渐增加，2000—2009 年均皮棉单产 2 155 千克/公顷比 20 世纪 90 年代增加 2 倍多，近年来年均皮棉单产有所降低，但仍远远多于 90 年代。由于种植面积的减少，2000—2009 年均皮棉总产量最低，仅占 20 世纪 90 年代的 69%（表 22 - 2）。

表 22 - 2　墨西哥棉花生产发展变化情况

年表	面积（千公顷）	单产（千克/公顷）	总产（千吨）
1990/1991—1999/2000	187	801	152
2000/2001—2009/2010	88	2155	105
2010/2011—2014/2015	153	1475	224

墨西哥由于与美国临近，生产上采用品种大多自美国引入。墨西哥全国农业研究所也已为不同的棉花生态区进行了引入品种的选择。来自美国的 DPL - 80 和 Stoneville213 是目前主要的种植品种，在 Juavez 地区和拉古纳部分地区棉花品种为 Acala（表 22 - 3）

表 22 - 3　墨西哥主要棉花品种的种植情况

品种	种植面积（%）	纤维长度（英寸）	麦克隆值	品种	种植面积（%）	纤维长度（英寸）	麦克隆值
岱字棉80	60.0	$1\frac{1}{32}''\sim1\frac{3}{32}''$	3.8~4.8	Stonevill213 和 Stonevill713	10.0	$1\frac{1}{32}''\sim1\frac{3}{32}''$	3.8~4.8
岱字棉16	9.0	$1\frac{1}{32}''\sim1\frac{3}{32}''$	3.8~4.8	Coker310	4.0	$1\frac{1}{32}''\sim1\frac{3}{32}''$	3.8~4.8
岱字棉46	8.0	$1\frac{1}{32}''\sim1\frac{3}{32}''$	3.8~4.8	Acala517—E/70 175	7.0	$1\frac{1}{8}''\sim1\frac{7}{32}''$	3.6~4.5
岱字棉光叶	2.0	$1\frac{1}{32}''\sim1\frac{3}{32}''$	3.8~4.8				

由于墨西哥各植棉区的气候条件差异，因而各地最适播种期各异（表 22 - 4）。

表 22-4　不同植棉区的棉田面积和适宜播期

地区	种植面积占总面积（%）	播种期（月/日）	地区	种植面积占总面积（%）	播种期（月/日）
锡那罗亚	5.9	11/15—12/31	拉古纳	32.9	3/20—4/20
索诺拉	18.7	2/15—3/31	奇瓦瓦	12.2	4/1—5/10
下加利福尼亚	24.3	3/15—4/15	Chiapas	0.9	6/20—7/20

在灌溉棉区，播种量毛子 50～60 千克/公顷，机械脱绒光子为 20～25 千克/公顷。旱地棉区播种量光子为 20～25 千克/公顷，一般播种后 20～35 天进行间苗。种植密度 5.5～6.0 万株/公顷。

关于棉田施肥研究从 20 世纪 50 年代就开始了，目前对各棉区的施肥量、施肥种类、施肥期等各方面进行了深入的研究。结果表明：墨西哥大部分的棉区都需要施用氮肥和磷肥，而不需要钾肥，视各棉区的生产情况，施肥量各异，如雅基和玛约谷地、莫西卡利谷地、卡博地区、埃尔莫西略海岸每公顷的施氮量 120～200 千克、施磷 40 千克；拉古纳、德利西亚斯、华雷斯谷地每公顷施氮 80～135 千克，施磷 30～70 千克；弗来德谷地每公顷施氮 225 千克，施钾 40 千克。其余各地每公顷施氮 60～100 千克不等，施磷 30～40 千克。

全墨西哥大多数的棉区进行灌溉，但在不同的棉区灌溉体系不尽相同。通常在棉花生长季节需灌溉 6～8 次，第一次灌溉约在播种后 40～50 天，第二次则在播种后 70～80 天（因各地区的生产情况而有差异），以后每隔 15 天灌溉一次。近年来研究结果表明，适当提高播种密度并减少一次灌水，不但可以节省用水量，而且还可提早采收，提高产量，并使纤维品质不受影响。

据调查，墨西哥全国棉花杂草共有 214 多种，分为 30 个科。在灌溉区研究把除草剂混入灌溉水中同时施入棉田，避免机械过多进入棉田，造成土地板结以及棉株遭受机械损伤。据统计，采用这种方法的拉古纳棉区，可节省杂草防治费用 30%。

墨西哥危害严重的害虫有：棉铃虫、棉铃象鼻虫、秋黏虫、蓟马、红铃虫、盐沼毛虫、棉潜叶蛾、盲蝽、白粉虱、棉跳盲蝽等。灌溉棉区全生育期的施药次数大约 4～8 次不等，干旱棉区的施药次数比灌溉区为多。危害严重的病害有棉枯萎病、黄萎病、立枯病等。研究工作并不支持用化学药剂去控制这些病害，而代之于培育抗病品种，并采用大垄双行的种植方式，可大大减轻危害。

墨西哥政府对农业研究较为重视，全国拥有国家级的农业研究所，不同生态区都拥有农业研究中心。墨西哥全国农业研究所的棉花品种改良工作取得了一定的进展，自 1978 年以来，已评价试验了 52 个品系，一半以上的高代品系表现出早熟和对照产量高等特性，主要早熟高代品系有 189×130-1514、189×130-343、SBG-39-3 713、SBG-26-1613 等。北部农业研究中心在棉花抗萎育种方面也做了许多工作，并取得良好的进展（表 22-5）。

表 22 – 5　棉花抗萎品系的产量及品质性状

品种和品系	皮棉产量（千克/公顷）	衣分（%）	籽指（克）	铃重（克/个）	纤维长度（毫米）	强度（千磅/英寸²）	细度
QSU – 16 – 14	1219	36.5	10.5	5.3	28.3	82	4.1
GMS – 37 – 2 – 2	1122	37.7	10.5	5.0	27.8	83	4.1
Arizonarr – 222	1108	36.8	11.3	5.8	27.8	85	4.3
GMS6 – 3 – 1（对照 2）	1088	37.3	10.5	4.8	28.1	85	4.1
QRT – 19 – 11	1081	36.8	10.3	5.2	27.7	80	4.7
GMS – 68 – 2 – 1	1068	37.7	10.7	4.7	28.1	82	4.3
QSU – 22 – 1	1056	38.3	10.6	5.6	28.1	84	4.2
岱字 80（对照 1）	1021	39.0	10.0	5.4	28.0	79	4.3
QRT – 6 – 2	869	39.6	9.5	4.9	28.2	78	4.4

　　在抗虫育种方面，墨西哥已培育出无茸毛，无蜜腺和抗棉铃虫品系 T102（B16），LA – 17081 在墨西哥棉区，灌溉条件的优势，常常是决定棉花产量高低的主要因素，因此灌溉棉田水的使用和管理是墨西哥全国农业研究所的重要研究课题之一，研究包括节水灌溉和培育耐旱品种等。与此同时，各地还开展了不同的种植制度、栽培管理、棉田机械、棉田杂草的调查与防治等方面的研究，并取得良好的进展。

第二节　巴西棉花产业

　　巴西位于南美洲的东海岸，东临大西洋，在北纬 6°16′ 至南纬 33°45′ 之间，赤道横跨在国土北部，是拉丁美洲幅员最大的国家。国土面积 851.5 万平方千米，可用耕地面积 15.25 亿亩，现有耕地 4 950 万亩，土地开发潜力巨大，2014 年人口 2.06 亿，是人少地多的国家。

　　巴西土地面积广阔，纵跨 3 个气候带。北部亚马孙平原属赤道（热带）雨林气候，中部高原属热带草原气候，分旱、湿两季，最南端属亚热带气候。巴西整体处于热带和亚热带地区，农业资源得天独厚。温度从北向南递减，全国年平均气温 27～28℃，年平均降水量 2 000～3 000 毫米以上。全年四个季节：9、10、11 月为春季，12、1、2 月为夏季，3、4、5 月为秋季，6、7、8 月为冬季。9—12 月为雨季，降水量约占全年 90%；4—8 月为旱季。

　　全国河网密布，有世界上最大的河流——亚马逊河，全长 6 751 千米，其流量是尼罗河、长江和密西西比河三条世界长河总流量的 1.2 倍，亚马孙河、圣弗兰西斯科河、巴拉那河三大水系形成遍布全国的河网，为农业发展提供了充足的灌溉水源。

　　巴西全境 3/5 的领土为高原。低于海拔 1 200 米的地区仅占领土的 0.5%。土壤以红、黄壤为主，质地较黏，肥力较差，强酸性、缺磷，游离铝的含量高。

　　巴西为私有制经济，土地私有化，农业生产的基本单元是庄园农场，棉农即是农场主。巴西各地区发展极不平衡，大庄园主农业和小农并存，土地占有状况不均衡，全国的良田大部分掌握在大庄园主手里，其规模较大，可以达到几万、甚至几十万公顷。巴西从西到东形成植棉带，虽然贯穿了 15 个州，但棉区集中成片，可分为 3 个棉区：中西棉区（或 Cerrado 棉区）、南部棉区和东北棉区。

一、产业概况

(一)棉区

1. 中西棉区（或 Cerrado 棉区）。是主要棉区，包括中西部的马托格罗索州（Mato Grosso）、戈亚斯州（Goias）和南马托格罗索州（Mato Grosso do Sul），东南部的米纳斯吉拉斯州（Minas Gerais）以及东北部的马拉尼昂州（Maranhao），其面积约为巴西总植棉面积的 80% 以上，其中马托格罗索州是巴西第一大产棉州。该区为一年生陆地棉区，横贯巴西高原和马托格罗索高原，海拔 500～1 000 米，为典型的内陆热带气候，棉区从播种到收获基本全程机械化，采用统一生产模式，质量稳定、一致性好，且基本无异性纤维，适合纺织工业需要。

2. 南部棉区。包括 2 个州：有南部的巴拉那州（Parana）和东南部的圣保罗州（Sao Paulo），其面积约为巴西的 13%，该棉区为一年生陆地棉区。属亚热带气候，夏季炎热，冬季较寒冷，但年平均气温较高，为 16～19℃。过去长时期国际市场上春末季节供应的棉花大部来自南巴西。

3. 东北棉区。包括东北部的 8 个州：皮奥伊州（Piauí）、塞阿拉州（Ceara）、北里奥格兰德州（Rio Grande do Norte）、帕拉伊巴州（Paraiba）、伯南布哥州（Pernambuco）、阿拉戈斯州（Alagoas）、塞尔希培州（Sergipe）和巴伊亚州（Bahia）。该棉区虽然覆盖的州多，但种植面积很小，不到 7%。此棉区面临大西洋，属典型的海洋气候。东北棉区又称为干旱半干旱棉区，降水量较少，常年 400～800 毫米。该区土地瘠薄，耕作方式原始落后，大多种植多年生陆地棉，单产低，平均皮棉 120～127 千克/公顷，总产不到全国总产量的三分之一。此外，佩布库、米纳斯日赖斯也种植棉花。该地区种植的既有一年生棉，也有多年生棉。

(二)产销变迁

棉花在巴西的种植已有悠久的历史，18 世纪后半叶，伴随英国纺织工业的发展，巴西的棉花种植业也曾颇为繁荣。后来，美国棉花生产兴起，超过巴西。但巴西棉花生产一直在不断发展之中。

20 世纪 90 年代，巴西植棉面积进一步减少，年均植棉面积 1 166 千公顷。2000—2009 年均植棉面积最低，占 20 世纪 90 年代的 80.1%。近几年，植棉面积有所增加。进入 21 世纪，年均皮棉单产获得大幅度增加，2000—2009 年和 2010—2014 年年均皮棉单产比 20 世纪 90 年代分别增加 4.7 倍和 3 倍。近年来由于植棉面积和皮棉单产的提高，年均总产量达到最高 1 705 千吨（表 22-6）。

表 22-6 巴西棉花生产发展变化情况

年度	面积（千公顷）	单产（千克/公顷）	总产（千吨）
1990/1991—1999/2000	1 166	483	517
2000/2001—2009/2010	934	2 274	1 173
2010/2011—2014/2015	1 182	1 451	1 705

　　20世纪90年代以来巴西国内棉花消费量相对稳定，一直保持在4%左右；由于棉花育种技术的改变，巴西棉花单产自1992年以来得到较大的提高，国内工厂棉花消费呈增加趋势，消费量在20世纪90年代一直保持相对稳定，在2008年以后消费量平稳下降，近5年来下降幅度增大；棉纱产量呈现先增后降的趋势，在1990—2008年持续增加，并达到历史最高，自2008年棉纱产量逐渐下降；巴西棉纱进口量出现了两个高峰，分别在1995年、2008—2012年，其他年份均保持在较低的水平；巴西棉纱出口量持续降低，虽然在2002—2006年出口量有所增加，但相比90年代初，依然下降将近2分百分点；90年代初，是棉业发展的低谷，中期之后开始恢复，原棉进口量在1990—1996年持续增加，1996年巴西棉花单产大幅提高，翌年进口量逐渐降低；原棉出口量反之，1990—2000年出口量保持在全球总出口量的2%左右，2001年后，出口量逐步上升，在2014年达到全球总出口量的11.76%（表22-7）。

表22-7　1990—2014年巴西棉花的消费量和进出口量

单位：千吨

年份	工厂棉花消费	棉纱产量	棉纱线进口量	棉纱线出口量	原棉出口量	原棉进口量	棉花消费量
1990	730	621	3	54	31	143	732
1991	718	611	3	46	24	396	793
1992	742	631	0.7	45	1	407	834
1993	830	706	7	19	33	351	818
1994	837	712	8	31	22	384	818
1995	818	679	22	24	0	519	812
1996	816	662	11	17	1	410	789
1997	802	635	10	13	6	296	797
1998	792	621	11	10	2	340	852
1999	820	675	7	16	68	131	873
2000	861	778	8	17	147	53	836
2001	858	698	3	17	107	123	813
2002	826	561	2	26	210	113	869
2003	836	848	1	46	339	46	935
2004	897	925	3	27	429	67	973
2005	951	903	7	25	283	112	987
2006	979	1 096	15	21	486	36	993
2007	990	1 121	21	11	596	11	1 000
2008	996	1 123	66	4	433	33	1 024
2009	1 010	1 052	36	1	435	153	958
2010	999	1 115	70	1	1 043	6	888
2011	937	1 051	31	—	938	14	890
2012	900	994	21	—	485	32	889
2013	912	998	—	—	733	84	893
2014	900	985	—	—	855	80	898

　　资料来源：ICAC，Cotton：World Statistics. October，2014；December，2015.

二、种植、科研和支持政策

（一）中西棉区（或 Cerrado 棉区）

该棉区有巴西最大的产棉区——马托格罗索州（Mato Grosso），该州地处巴西中西部，主要品种为 ITA90。2003 年的种植面积比上年度扩大 33%，达到 39.94 万公顷，产量增长了 37%，达 57 万吨。该州植棉面积占巴西的 38.7%，而产量占全巴西的 45.6%。

（二）南部棉区

该棉区大多是一年生陆地棉区，除使用多年生的三岛棉和色列多（三里道棉）外，还引进美国棉花品种爱字棉（Acala）系统和岱子棉（Deltapine）系统。纤维长度 26.19 毫米，比强 20 克/特克斯，麦克隆值 3.2～4.0。此外，IAC17、IAC19、和 IAC20、也被南巴西广泛种植，1988 年圣保罗大约有 7% 的面积种植 IAC17，60% 的面积种植 IAC19 和 33% 的面积种植 IAC19 和 IAC20 抗棉枯萎病并耐线虫（表 22-8）。

表 22-8　IAC 系列品种的经济特性

品种	产量 （千克/公顷）	铃重 （克/个）	籽指 （克）	衣分 （%）	绒长 （毫米）	整齐度 （%）	成熟度 （%）	麦克隆值
IAC17	2 870	6.8	12.1	39.3	26.6	45.0	52.3	4.3
IAC19	2 970	7.5	13.2	39.4	27.6	45.4	55.2	4.5
IAC20	3 080	7.2	12.6	39.1	27.3	46.2	55.9	4.5

（三）东北部产棉区

该区大多种植多年生木棉，通常和粮食作物混播。

1. 三里道棉（Strido）。又称摩哥（Moco），系多年生木棉，属陆地棉。第一年产量低，第二年产量稍高，第六年产量又下降。因此，一般六年后砍去重种。宜生长在雨水稀少，年降水量不超过 500 毫米的内地，如里奥格朗德州和帕拉伊拉州等地。该品种纤维长度 28.6 毫米，比强 18～19 克/特克斯，麦克隆值 3.3～3.7。此棉种产量占北巴西棉花约 1/4，一般全部用于国内纺织厂。

2. 三岛棉（Sertao）。为多年生木棉，属陆地棉。纤维稍短，纤维长度 26.2～27.8 毫米，比强 20～21 克/特克斯、麦克隆值 3.3～3.6。三岛棉的产量占北巴西棉花产量的一半以上。

3. 马塔棉（Mata）。为一年生陆地棉，生长于雨量充足的沿海地区，如伯南布哥州。纤维长度 23.8～25.4 毫米，比强 20～21 克/特克斯，麦克隆值 3.8～4.3，仅能纺织低支或中支纱。

4. SM₃。美国亚利桑那州育成的陆地棉品种，该品种的跨距长度 33 毫米，比强 26～27 克/特克斯，麦克隆值 3.2～3.3，单产皮棉 875 千克/公顷。此外，还少量引进美国海岛棉 Pima，改变了该区低产、品质差的局面。

近年来，巴西增加中长绒棉的种植，其纤维特性表现如表 22-9。

表 22-9 巴西种植的中长绒棉的纤维特性

类型	品种	产量 (千克/公顷)	衣分率 (%)	主体长度 (毫米)	整齐度 (%)	麦克隆值
中绒棉	BR-1	1 300	36.4	27.7	46.4	4.6
	CNPA 2H	1 340	37.7	27.2	51.9	4.8
	CNPA 3H	1 400	36.6	27.5	51.9	4.9
	CNPA PRECOCEI	1 250	35.5	30.2	51.7	4.3
长绒和超长绒棉	CNPA-ACALA	2 150	36.1	30.8	54.2	
	VELUDE C-71（多年生）	300	33.1	31.6	50.7	
	CNPA 2M（多年生）	378	32.8	30.6	51.1	
	CNPA 3M（多年生）	448	33.2	30.1	51.7	

（四）栽培技术

1. 中西棉区（或 Cerrado 棉区）。该棉区播种期很长，始于 9 月，终于翌年 1 月初，收获期在 2～7 月，2002—2004 年每年植棉 507.8～640.7 百万公顷，Cerrado 棉区从播种到收获几乎是全程机械化。该棉区有单作（80%）和连作（20%），连作的前茬是大豆，而且是在收获大豆的同时播种棉花（为了抢墒），即前面收获大豆，后面紧接着播种棉花；该棉区降水量几乎都是在植棉季节，非棉季全部是旱季。所以，植棉基本上不灌溉；施肥量：N 150 千克/公顷，P_2O_5 80 千克/公顷，K_2O 60～100 千克/公顷，磷钾肥播种时一次施入，氮肥在播种 30 天后追施 2～3 次；Cerrado 棉区密度较低，用种量 14 千克/公顷左右。

Cerrado 棉区主要靠机械喷施除草剂，全生育期 1～2 次，分地表全面喷施和行间喷施；Cerrado 棉区是机械化喷施缩节胺，用量约 2.94 千克/公顷（每英亩 42 盎司）。

2. 南部棉区。常年播种期为 10～11 月，全生育期 120～150 天左右，收获期为 3～6 月。全部棉田靠雨水生长。本棉区强调轮作，通过轮作控制线虫病的发生，前茬一般为绿肥。种子通过真菌剂处理，并利用机械播种，播种行距为 80～90 厘米，穴距 30～40 厘米，间苗通过手工进行，每穴留苗 2～3 株。种植密度为 27 750～41 625 株/公顷到 55 500～83 250 株/公顷。杂草控制采用人工除草与除草剂相结合的方法。大多采用人工收花。

本区主要害虫为红铃虫，棉农每年喷药多达 12 次。

3. 东北部棉区。东北棉区的播种期较短，在 4～5 月，最佳播种期为 5 月中旬，棉花全生育期 150 天左右，各州间的收花期差异较大，自 5 月到翌年 2 月，其中 8～10 月为盛收期。该区为单季生产，与多种作物套种，用手工点播或机械条播，行距 2 米，穴距 70～100 厘米。每穴育苗 1～2 株，种植密度为 4 995～9 990 株/公顷到 7 136～14 271 株/公顷。棉花 80% 为人工采收，20% 为机械收获。

该棉区于播种前或播种时施纯 N 10 千克/公顷，P_2O_5 40～60 千克/公顷，K_2O 40～60 千克/公顷。出苗后 40 天第二次施 N，尿素 20～30 千克/公顷。该区为红壤土，pH 5.5，含铁量高，土壤贫瘠，只可耙地不宜耕地。

多年生的棉花一般五年以上为一周期，种植田块小且量低，并与其他作物混种，例如大豆和高粱，第一年作物全部种下去，当到第二年作物成熟时，通过放牧作为牲畜的饲料去控制田块中的杂草。东北棉区因地处赤道，气候湿热，病虫害严重，主要害虫有棉铃虫和棉红铃虫。但尚很少采用治虫措施。严重的病害有枯萎病、猝倒病、炭疽病和角斑病等。

巴西对转基因技术高度重视，引进应用转基因技术以提高棉花抗病虫草害能力。尽管对政府转基因监管，但是目前生产上 60% 的棉花已是转基因棉花。目前巴西本国转基因棉花种子还未通过国会，其转基因棉花主要有孟山都公司研发。孟山都研发的 BougardII、Olicoverpa、HRMInGera 转基因品种 Bt 表达量高，抗性好，正在生产上应用。孟山都还研发了针对巴西的象鼻虫新品种。德国先正达公司已研发出针对象鼻虫的种子。巴西转基因棉花的栽培种植减少大量农药的使用，避免环境污染和降低生产成本。

棉花是巴西重要的经济支柱，在巴西出口产品中占有重要地位。然而，发达国家过多的补贴棉花产业，导致棉价下降，严重损害巴西棉农的利益，许多棉农被迫改种其他作物，造成了巴西的"棉花危机"。2002 年，巴西以美国给予陆地棉的高额补助违反世界贸易组织补贴规定，严重损害其他贸易国家为由，向世贸组织提起诉讼。这是 WTO 历史上第一次针对"绿箱"政策的争端，也是第一次将"严重损害"规则应用到农业补贴问题上的争端。2009 年 8 月 31 日，WTO 判定美国为其国内棉农提供巨额补贴的做法违反了 WTO 的相关贸易规定，并批准巴西对美国实施总额为 2.95 亿美元的制裁措施。美国也迫于世贸组织的裁决压力，对棉花补贴问题作出调整，调整内容有直接补贴和出口信贷担保等。

该案巴西最终胜诉，作为 WTO（包括关贸总协定）历史上第一次对国内农业补贴的起诉，其意义深远。给 WTO 框架下的农业补贴注入了新的元素。

（五）相关政策

为协助棉农种好棉花，巴西政府鼓励从不同层面、不同行业成立协会，在国家、州层面成立了棉花种植、加工、纺织、贸易等行业协会，这些协会均是民间组织，在人员安排、资金筹措、业务拓展方面均有完全自主权。协会常针对会员遇到的共性问题，开展教育、培训、考察、研讨等各类活动，包括产前、产中、产后服务，协助会员贷款、拓宽国内外市场等。为确保协会工作正常开展，各协会经费主要来自自身实体创新、有偿服务，国家从政策与法律层面给予支持。

巴西国内制定了相应的棉花支持政策，内容涉及面较广，如棉农基本权利、补贴政策（信贷政策、价格支持政策、棉花流通补贴）、农业保险政策、土地政策、种植新技术研发与示范推广服务措施、农村基础设施投入政策、其他支持政策（减免农民债务、鼓励合作社发展、鼓励加工业发展、税收政策和公路建设等），有利于由原先的增加产量和稳定棉花生产转为提高棉花生产效率，减少本国棉农生产风险，增加棉农（特别是中小农）收入，促进农业经济与社会的均衡、协调发展。

在补贴方面，巴西政府对农业补贴的方式主要体现在充分利用市场机制作用，无现金补贴，采用利息优惠和低息贷款，一般 3～5 个百分点利差。政府国家供应公司在农产品大丰收时，会采用最低保护价保护棉农利益。具体补贴的方式采用的是拍卖方式。拍卖价格以当时市场价格为基础,拍卖价格低于最低保护价,二者之间的差额由政府补贴。

在土地政策方面,主要内容是"土地征收"和"土地银行"。在"土地征收"政策方面,主要通过把新开垦的土地分给无地或少地农民的办法,政府通过协商有偿征收一些利用率不高或有意出让的土地安置给无地或少地农民,如此可从一定程度上解决中小农户土地少、收入低和农民就业问题,增加棉农就业机会。在"土地银行"政策方面,政府通过向农民提供信贷用于购买土地,扩大经营规模,并推动社会基础设施的建设,确保巴西规模经营方式在农村中的基础地位没有改变,达到提高巴西棉花种植业的竞争力水平,从而为巴西发展现代农业生产创造条件,这也是巴西棉花近年持续发展的重要因素。

巴西政府还为棉农、棉花经销商和纺织企业搭建棉花市场供求信息桥梁,政府为出口棉花提供贴息和出口担保,加工企业和批发商异地收购棉花时,政府向其支付两地差价补贴,解决棉花从运输到出口等一系列问题,鼓励建立出口联营集团。

第三节　阿根廷棉花产业

阿根廷共和国位于南美洲南端,南纬 22°～35°之间的安第斯山脉以东,人口 4 298 万(2014 年),国土辽阔,在拉丁美洲国家面积仅次于巴西。棉区主要分布在南纬 24°～31°之间。种植棉花的省主要有查科、福莫萨、科连特斯等。宜查科省植棉最多,约占全国棉田的65%,该省年降水量在 1 500 毫米以上。西北部年降水量 750 毫米左右。

一、产业概况

阿根廷在 400 多年前就已种植棉花,但主要是第二次世界大战以后获较快发展。进入20 世纪 90 年代,植棉面积、皮棉单产和皮棉总产较 80 年代呈现增加的趋势,90 年代年均植棉面积、皮棉单产和皮棉分别为 629 千公顷、422 千克/公顷和 262 千吨。2000/2001—2009/2010 年度,年均皮棉单产有所增加,但植棉面积、皮棉总产出现大幅度降低,其分别仅占 20 世纪 90 年代的 48.7%和 51.8%。最近几年植棉面积和皮棉总产又出现了回升的趋势,但仍低于 20 世纪 90 年代(表 22-10)。

表 22-10　近年来阿根廷植棉面积、单产和皮棉总产变化

年度	面积(千公顷)	单产(千克/公顷)	总产(千吨)
1990/1991—1999/2000	629	422	261
2000/2001—2009/2010	306	798	135
2010/2011—2014/2015	509	455	233

与 20 世纪 80 年代相比,至今阿根廷国内棉花的消费量没有发生大幅度的波动。2010—2014 年均消费量最大,为 15 万吨。20 世纪 90 年代棉花的年均出口量达到 17 万吨,比 80年代出现小幅度增加。但 2000—2009 年均出口量大幅度减少,仅仅 2.3 万吨,占 20 世纪90 年代棉花的年均出口量的 13.5%,近年来出口量出现增长(表 22-11)。

表 22 - 11　近年来阿根廷棉花消费、进口和出口

单位：千吨

年度	1990/1991—1999/2000	2000/2001—2009/2010	2010/2011—2014/2015
消费量	115	132	152
原棉出口量	168	23	65
原棉进口量	7	29	6

二、种植、科研和支持政策

阿根廷早期使用的棉花品种有"萨恩兹培纳"（Saenzpenal）和"拉斑达 56"（La Banda56）。前者适于雨量较多的棉区，后者则适于灌溉地。萨恩兹病害主要是立枯病和枯萎病，现已培育出早熟优质抗黄萎病和线虫病的棉花新品种。

目前，阿根廷根据不同的气候条件和土壤类型来安排棉花品种，品种"查科 510"（Chaco 510）和"奎阿松科"（Guazuncho）是国家农业技术研究所（INTA）培育而成，该品种不耐旱并需要中上等的肥力水平。Guazuncho 是籽棉产量以及衣分率较高的高产品种，但纤维品质低于其他品种。Chaco 是个低产品种，但它的纤维品质比较好，Quebracho 的产量水平低于 Chaco510 和 Pora 品种，纤维品质略优于 Guazuncho。Pora 对气候和土壤条件有广泛的适应性（表 22 - 12）。

表 22 - 12　阿根廷种植的主要棉花品种特性

品种	种植面积（%）	播种期	全生育期（播种—吐絮）（天）	收获期	长度（毫米）	强度（克/特克斯）	伸长率（%）	麦克隆值
Chaco510 - INTA	15.7	10—11 月	148～170	2—5 月	28.5	21.3	7.2	4.5
Guazuncho-INTA	22.0	10—11 月	140～150	1—4 月	28.0	17.8	7.6	4.3
Quebracho-INTA	21.2	10—11 月	148～150	2—5 月	28.1	19.1	7.2	4.3
Pora-INTA	29.0	10—11 月	145～165	2—5 月	28.2	19.5	7.6	4.6

阿根廷生产棉花主要是小农户，全国约共有 111 500 农户种植棉花，每个农户大约种植 10 公顷，平均每个棉花种植区大约 50 公顷，一般棉花种植区的面积在 20～150 公顷之间，小型农场少于 20 公顷，最少不少于 5 公顷。

棉花整地大约四分之三利用机械设备，田间栽培管理的机械使用仍比较少。棉花通常在 9—11 月播种，2—6 月收获，棉花采收大多仍用人工，大约 10%～50% 的面积利用机械收获。阿根廷棉花最突出的问题是肥料的缺乏，除草剂的利用尚不普及。而杀虫剂则已被大面积使用。

轧花一般是通过合作社和私人轧花厂，两者比例各占 50%。在 Chaco 地区合作社轧花机占 26%，私人压花机占 34%，大多数的轧花机均为低容量的锯齿轧花机。皮棉贮藏及打包通常使用人工，且籽棉的湿度常常含量较高，结果导致皮棉等级下降，如果遇到不利的气候条件，则更是如此。阿根廷棉纤维长度平均在 $1\frac{1}{16}$ ～$1\frac{1}{32}$ 英寸。

第四节　秘鲁棉花产业

秘鲁位于南美洲西海岸，65％的面积为农业区，人口 3 072 万（2014 年），大部分为当地印第安人，是世界最大的可可生产国，捕鱼业也很兴旺，矿产资源丰富，产铜位居世界第七，产银位居世界第二，整个矿产出口占全国总出口总汇的 1/2。主要农作物有甘蔗、马铃薯、玉米、水稻、谷类作物、棉花和咖啡。沿海荒漠的气候属干旱温暖，东部丛林和平原地带炎热潮湿，Andean 高地气候寒冷。

一、产业概况

植棉可追溯到 4 000 多年前。19 世纪末，相继修建了水利设施，建立了棉籽榨油厂，修建铁路并引进植棉技术等，大大推动了秘鲁植棉业的发展。20 世纪 30—80 年代植棉面积均在 10 万公顷以上，90 年代年均植棉面积 9 万公顷，进入 21 世纪后呈现降低的趋势。皮棉单产在 2000—2009 到达 1 498.91 千克/公顷，比 20 世纪 90 年代增长 2.6 倍。由于种植面积的减少，2010—2014 年均皮棉总产量 36 千吨，仅占 20 世纪 90 的 66.8％（表 22 - 13）。

表 22 - 13　近年来秘鲁植棉面积、单产和皮棉总产变化

年度	面积（千公顷）	单产（千克/公顷）	总产（千吨）
1990/1991—1999/2000	92	585	54
2000/2001—2009/2010	71	1 499	59
2010/2011—2014/2015	41	886	36

与 20 世纪 80 年代相比较，90 年代以来秘鲁国内年均棉花消费量逐渐增加，在 2000—2009 年均消费量达到最高 10 万吨，近年来略有降低，但仍高于 20 世纪 90 年代。同时，棉花的出口量出现大幅度降低，2010—2014 出口量仅 0.2 万吨。80 年代之前，秘鲁棉花自给有余，没有原棉进口，90 年代初产棉已不符本国消费需求，原棉进口量逐渐增多，21 世纪以来，原棉进口量年均 7 万吨（表 22 - 14）。

表 22 - 14　秘鲁棉花生产消费和进出口情况

单位：千吨

年度	1990/1991—1999/2000	2000/2001—2009/2010	2010/2011—2014/2015
消费量	70	102	96
原棉出口量	8	2	1
原棉进口量	23	46	60

二、种植、科研和支持政策

棉区位于沿太平洋海岸线 80 千米的狭窄地带，有小型河流 50 多条，从安迪斯山脉流

下，横流于沿海平原。全国有四大棉区：位于秘鲁北部的皮乌拉，奥尔莫斯，兰巴耶克和中部的伊卡。其中，有灌溉条件的是兰巴耶克和皮乌拉棉区。

本世纪初，品种类型主要有三个：海岛棉品种 Aspero，陆地棉品种 Egipto 和海岛棉品种埃及 Mitafifi。当时产量很低，主要销往英国和美国。第一次世界大战后，棉花生产开始发展，这三种类型的品种被唐魁斯（Tanguis）所取代。唐魁斯是 1890 年迁居秘鲁的法国—西班牙混血儿，从以上三个品种的自然杂交群体中选出的突变体。现代生产上以种植长绒棉和超长绒棉为主，主要品种是比马棉（Pima），播期 1—3 月，收获 7—10 月，超比马棉（Supima），播期 1—3 月，收获 6—9 月，和唐魁斯，播期 6—11 月，收获 2—8 月，均为海岛棉（Gossypium barbadense）。超长绒棉约占总产的 1/3，棉田主要为冲积土。比马棉主要种在皮乌拉和兰巴耶克以及在靠近赤道气候炎热的奇拉和乌拉河谷。唐魁斯主要种植在沿拉力伯塔德向南的中部海岸线一带，80 年代后期在这个区域的发展较快。在秘鲁东北部的塞拉地区的高海拔地带，种植的是阿斯皮罗（Aspero）或半阿斯皮罗（Semi-Aspero）树棉。这 2 个品种为当地多年生树棉，株高可达 4.5～6.1 米，最长可成活 20 年之久。

1861—1865 年间，秘鲁从美国引进第一个商用陆地棉品种 Egipico；1910 年从埃及引进了 Mitafifi 品种。棉花主要与甘蔗轮作，每 5 年一轮。第一次世界大战后，秘鲁自育品种工作进展较快，首先培育出的品种是唐魁斯（表 22-15）。该品种具有长而粗的纤维，麦克隆 4.8～5.2，绒长 29.4～30.2 毫米，最长可达 32 毫米，很宜于与羊毛混纺，纺织袜子或帽子等。唐魁斯为多年生，可存活 5～6 年，连续生长 3 年后出现减产，因此生产上一般只种植 3 年。总生育期 270～300 天，之后变便粉碎埋入土层。比马棉品种于 1922 年引种自美国，随后又引种了比马棉 Direx，比马棉 S-2，Supima，Karnak 等，均为超长绒海岛棉（Gossypium barbadense）。引进的比马棉品种在皮乌拉大学再经选育和改良，1988 年发放了高产比马棉品系。超长绒陆地棉品种 Del Cerro（G. hirsutum）从美国新墨西哥州引进，主要种植在北部的比马棉棉区。

表 22-15 秘鲁优质棉花品种的品质比较

纤维品质	唐魁斯—阿斯坦	超比马
长度（毫米）	36.5	37.7
整齐度（%）	50.0	47.7
比强度（克/特克斯）	31.5	32.9
麦克隆值	4.1	3.6
反射率（rd）	76.1	69.8
黄度（+b）	7.7	11.8
缕纱强度（磅）	200.8	183.2
级别	18.6	16.8

秘鲁棉花产业随着政府的更换而政策多变。1970 年，军事政府成立，开始土地改革，棉花销售由私人公司转为国家垄断，开始由秘鲁商业公司（EPCHAP）经管，后移交给国家购买局（ENCI）。由这些机构购买所有棉籽，轧花后出售给纱厂或销往海外。1983 年，

随着军事政府的垮台，国家垄断棉花的政策也取消，取而代之的是由全国棉花委员会（Junta Naciomal del Algodon）统管棉花销售，全国棉花委员会由棉业界 20 个成员组成，8 个来自官方研究所，6 个为棉农，3 个来自纺织部门，2 个为棉商，1 个是经纪人，近年来，出口贸易不断扩大。

现在，棉花产业已不附属于任何政府部门，国家只给纯进口作物种类进行价格补贴，而不给棉花以任何价格补贴。但棉农可以低息从农业银行贷款，利率自 1987 年以来一直稳定在 25%。棉花首先以满足国内纺纱厂用量为主，国家购买局在季节早期订购少量原棉，以稳定棉价。最后由全国棉花委员会确定原棉的出口贸易量。国内棉商可自由买卖棉花，但最多允许存放 30 天。

在秘鲁国内，由于唐魁斯品质好而售价较高，纺织厂有时宁愿购买低价的进口棉花。

为促进生产的发展，国家采用了调节棉价和降低出口棉花的税收的手段。为促进品质育种，正在积极购进大容量纤维测试系统（HVI）。秘鲁所有农业研究项目均由农业部通过农业与生计研究所实施。该研究所在全国各地均设有研究中心，研究资金由 FUNDEAL 提供。长绒棉和超长绒棉的研究由皮乌拉国立大学承担，Pedro Ruiz 国立大学主要承担对品种 Del Cerro 的研究，Molina 国立土地大学主要承担对唐魁斯棉的研究，同时也承担对比马、超比马和栽培品种树棉的部分研究工作。其他研究形式有隶属棉农协会的各农试站。

纺纱厂耗棉量近年略呈下降趋势，至 2000 年前，原棉生产也难于有很大发展。

第五节　巴拉圭棉花产业

巴拉圭共和国位于南美洲中部，是个内陆国家。面积 40.7 万平方千米，人口 703.3 万（2014 年）。巴拉圭地处普拉塔平原的北部。巴拉圭河从北向南把全国分成东西两部。河东为山地、沼泽和波状平原，集中了全国人口的 90%。河西为草原，多小山丘。北部属热带草原气候，南部属亚热带森林气候。年平均降水量西部在 1 000 毫米以下，东部在 1 000 毫米以上。

一、产业概况

巴拉圭是个农牧业国，全国有 3/4 的人口从事农牧业和林业。农业是国民经济的基础，农业收入占国民总收入的 40% 左右，有利的气候条件和有益的经济政策使得近年中的农业增长率高达 14%。巴拉圭的主要产业有肉类、木材、拷胶、棉花、皮革。其他的主要作物包括甘蔗、玉米、烟草和水稻。

棉花是巴拉圭种植的主要作物，也是主要的出口农产品，在国民经济中占有很重要的位置。

棉花种植的主要区域是在本国的南部，该地区的年降水量在 1 200～1 800 毫米，7—8 月是最干旱的月份，雨水最充沛的月份则是在 10 月—翌年 1 月份，以及 4—5 月。9 月—翌年 4 月的月均温超过 20℃，但在 5—8 月份，有时会降到 0℃。

巴拉圭全国总计有 130 000 多个农场种植棉花，农场的规模较小，平均 3～4 公顷，大约 70% 生产棉花的家庭农场小于 2 公顷。巴拉圭的棉花生产发展较快，1973—1980 年间年均植棉 17 万公顷。

巴拉圭 1985 年后棉花生产迅速发展，成为世界第十三大产棉国，拉丁美洲的第四大棉花生产国。90 年代以后，植棉面积出现下降的趋势，尤其是进入 20 世纪以后出现大幅度的降低，2010—2014 年均植棉面积仅 4.1 万公顷。皮棉单产较 20 世纪 80 年代后期呈增加的趋势，2000—2009 皮棉年均单产 602 千克/公顷，近几年呈下降趋势。由于种植面积的减少，20 世纪 90 年代以后，皮棉总产量不断降低，2010—2014 年均皮棉总产 1.7 万吨，占 20 世纪 90 年代年均的 15.0%（表 22-16）。

表 22-16　近年来巴拉圭植棉面积、单产和皮棉总产变化

年度	面积（千公顷）	单产（千克/公顷）	总产（千吨）
1990/1991—1999/2000	299	403	118
2000/2001—2009/2010	153	602	52
2010/2011—2014/2015	41	431	17

20 世纪 90 年代以来，巴拉圭棉花年均消费量逐渐减少，2000—2009 年均消费量 0.61 万吨，近年来略有增加。同时原棉年均进口量逐渐减少。进入 21 世纪以后，原棉的年均出口量大幅度减少，2010—2014 年均出口量 1.0 万吨，占 20 世纪 90 年代年均出口量的 0.9%（表 22-17）。

表 22-17　近年来巴拉圭的棉花消费、进口和出口

单位：千吨

年度	1990/1991—1999/2000	2000/2001—2009/2010	2010/2011—2014/2015
消费量	12	6	8
原棉出口量	119	50	10
原棉进口量	5	1	1

二、种植、科研和支持政策

1. 品种。 巴拉圭种植的棉花品种多为引进的国外品种，早期引进的品种如：帝国抗萎棉（Empire wr-61）、卡洛琳娜皇后（Carolina Queen）和赛因 2 号（Saen-2）和彼纳 58（Pena 58）等，籽棉单产水平大都为 1 571 千克/公顷。

由法国的国际棉花研究所（IRCT）引入的西非棉花品种勒巴 B-50（Reba B-50）是由斯字棉 B-1439 和阿仑棉（Allen）507 杂交而来，它的单产水平为 2 223 千克籽棉/公顷。勒巴 P-279（Reba P-279）则来源于岱字棉和 Reba B-50 的杂交，单产水平为 2 430 千克籽棉/公顷，并抗棉花枯萎病。这两个品种均有良好的纤维品质。

Reba B-50 在巴拉圭种植直到 1972 年由 Reba P-279 取代。近年的新品系为 100 号（Line 100）是由 Reba P-279 和阿根廷品种"查科 510"（Chaco 510）杂交而来，是高抗枯萎病的品种，以上品种的产量水平及纤维性状见表 22-18。

表 22 - 18　巴拉圭主要棉花品种的纤维特性

项　目	品种及品系			
	Reba B - 50	Reba P - 279	Line 100	Carolina Queen
产量（千克/公顷）	2 220	2 407	2 469	1 580
衣分（%）	35.1	40.0	40.6	35.4
纤维长度（毫米）	28.6	27.9	28.9	27.7
麦克隆值	4.4	4.7	4.4	3.7
成熟度（%）	78.8	88.7	91.7	73.0
伸长率（%）	7.0	6.0	6.3	6.3

2. 栽培技术。巴拉圭棉田的耕作管理仍主要靠畜力和人工，土壤耕层一般较浅，一般在 9 月，种子通过棉花烟草办公室发放，播种季节常常雨水充裕而温度偏低，棉种播种前用杀菌剂处理，以减少苗期病虫危害。出苗后约 20 天时人工间苗，除草中耕多用畜力牵引的设备，为防治食叶害虫和棉铃虫，生长季节中喷用 2～3 次杀虫剂。棉花收获通常在 2 月份到 4 月，有时延长到 5 月，正值雨水较少时期，收花大都仍靠人工，棉农全家投入收花劳动。轧花一般二月开始，一直持续到八九月。化肥的使用尚不普及，因价格昂贵。合理轮作和有机肥料的应用也较少，棉花收获后棉秆焚烧以减少越冬害虫。

棉花收购价格决定于国家经济协调委员会，分级检测是农牧业部所属机构。棉花贸易一般是通过出口商或经纪人，而且，种植面积也大都与他们商定，他们也负责向棉农贷款和提供运输服务。部分经纪人把棉花卖给纺织厂或出口。

棉花的研究工作是在巴拉圭农牧业部署下的棉花研究和试验中心（PIEA），研究经费来自棉花产品加工和出口协会，也从美洲协作研究所（IICA）获得一定经费支持。研究人员大都在法国的国际棉花研究所（IRCT）或该所的西非产棉国研究基地进行过培训。

巴拉圭具有良好的适棉气候和经济条件，但是，由于人力不足，估计在近年内棉田面积的进一步扩大速度不会太快，大约不会超过 70 万公顷。棉铃象鼻虫的危害、较高的通货膨胀率以及较低的汇税率，也都是限制因素。

第六节　哥伦比亚棉花产业

哥伦比亚位于南美洲的西北部，西临太平洋，北临加勒比海，东与委内瑞拉、巴西接壤，南部与厄瓜多尔、秘鲁相邻，赤道通过国土南部，国土面积 118.84 万平方千米，人口 4 779 万（2014 年）。

一、产业概况

哥伦比亚位于热带，气温则因地势高低存在差异，国土西部除沿海平原外，主要是安第斯山脉分布区，山脉之间往往有山间盆地。国土东部则为亚马孙河和奥里科河流域冲积平原。全国年平均降水量 890～1 270 毫米，以太平洋沿岸降水量最多，亚马逊河流域次之，最北部的瓜希腊半岛上雨量最少。

棉区主要有两处：内地产区和加勒比海沿岸区，内地产区棉花生长季节为 2—3 月到 8—9 月，土壤质地肥沃，大多为小农场植棉，比较分散；加勒比海沿岸棉区棉花生长季节为 8—9 月到来年 1—2 月，棉花大都由大农牧场种植。市场价格的高低是决定棉花种植面积的主要因素。

50—70 年代，哥伦比亚棉花生产有较大发展，到 1970 年植棉 26.7 万公顷，年产皮棉 12.8 万吨。80 年代后面积和产量不稳定。20 世纪 90 年代后，植棉面积逐渐减少，2010—2014 年均植棉面积 3.9 万公顷。皮棉的单产总体上呈增加趋势，2000—2009 皮棉单产达到 1 386 千克/公顷，近年有所降低，但仍高于 70 年代。由于种植面积的不断减少，皮棉总量不断减少（表 22 - 19）。

表 22 - 19　近年来哥伦比亚植棉面积、单产和皮棉总产变化

年度	面积（千公顷）	单产（千克/公顷）	总产（千吨）
1990/1991—1999/2000	116	592	68
2000/2001—2009/2010	50	1 386	38
2010/2011—2014/2015	39	794	31

二、种植、科研和支持政策

20 世纪 90 年代以来，哥伦比亚国内棉花年均消费量没有发生大幅度的变化 2000—2009 年均消费量最大 9 万吨，近年来年均消费量降低 19.0%。同时，原棉的出口量大幅度降低，2000—2009 年均出口量 0.1 万吨，近年来不再出口原棉。20 世纪 90 年代年均原棉进口量 2.7 万吨，为 80 年代末的 17.2 倍。进入 21 世纪，原棉年均进口量 5.0 万吨（表 22 - 20）。

表 22 - 20　近年来哥伦比亚的棉花消费、进口和出口

单位：千吨

年度	1990/1991—1999/2000	00/2001—2009/2010	2010/2011—2014/2015
消费量	84	92	76
原棉出口量	11	1	0
原棉进口量	27	53	45

棉花种植品种大多引自美国，主要的如岱字棉 61、岱字棉 55、岱字棉 41，斯字棉 213、斯字棉 825、爱字棉 1517BR - 2、爱字棉 1517 - 70、爱字棉 1517 - 71、爱字棉 1517 - 77。德尔西诺（Del Cerro）A - 291 等。高西萨（Gossica）P - 11、P - 12 则属自育品种。自育品种大多是半矮生型，适应性好，易于管理，且纤维品质好。

棉花良种繁殖推广是由哥伦比亚农业研究所负责，种子播前都经杀菌剂处理。自育品种的纤维性状，绒长一般为 $1\frac{1}{8}''$ 或 $1\frac{5}{32}''$ 英寸，麦克隆值 4.10～4.20，纤维整齐度47%～51%。

哥伦比亚灌溉棉田仅占全国棉田面积25%，大都靠自然降雨。棉花大多与玉米、甘蔗、豆科作物、小麦、水稻等轮作。棉花苗期害虫有棉蚜、地老虎等，中后期害虫有棉铃象鼻虫、烟草夜蛾、棉铃虫、红铃虫等。害虫主要仍采用化学防治，防治费用占生产成本的30%左右。

第七节 拉丁美洲其他国家棉花产业

拉丁美洲除主产棉国巴西、阿根廷、墨西哥、巴拉圭、哥伦比亚和秘鲁以外，尚有六个植棉面积不等的较小产棉国——委内瑞拉、尼加拉瓜、危地马拉、厄瓜多尔、萨尔瓦多、玻利维亚。其中委内瑞拉和尼加拉瓜年均植棉在5万公顷以上，危地马拉年植棉在4万公顷以上，厄瓜多尔年均植棉2万公顷以上，萨尔瓦多和玻利维亚植棉在1万公顷以上（表22-21）。

表 22 - 21 近年来委内瑞拉等国的棉作面积与产量

项目	年度	国家					
		委内瑞拉	尼加拉瓜	危地马拉	厄瓜多尔	萨尔瓦多	玻利维亚
植棉面积（千公顷）	1990/1991—1999/2000	365	116	183	145	33	290
	2000/2001—2009/2010	164	20		12		63
	2010/2011—2014/2015	150	20		10		50
单产（千克/公顷）	1990/1991—1999/2000	439	572		375	771	498
	2000/2001—2009/2010	611	981		759		975
	2010/2011—2014/2015	365	545		436		532
总产（千吨）	1990/1991—1999/2000	16	8		5	3	14
	2000/2001—2009/2010	5	1		1		3
	2010/2011—2014/2015	6	1		1		3

皮棉单产尼加拉瓜居首位，2000—2009年的10年间，单位面积平均皮棉981千克/公顷；其次为玻利维亚，单产皮棉975千克/公顷；厄瓜多尔位于第三，单产皮棉759千克/公顷；委内瑞拉单位面积产量为611千克/公顷。

第二十三章 欧洲棉花产业

撰稿人 林永增 王树林

　　欧洲位于东半球的西北部，北临北冰洋，西濒大西洋，南濒大西洋的属海地中海和黑海，大陆东至极地乌拉尔山脉，南至马罗基角，西至罗卡角，北至诺尔辰角，面积 1 017 万平方千米。欧洲大部分为温带海洋性气候，也有地中海气候、温带大陆性气候、极地气候和高原山地气候，其中温带海洋性气候最为典型。农业为欧洲的次要生产部门，农业现代化水平高，农牧结合程度高和集约化水平高，主要种植麦类、玉米、马铃薯、蔬菜等，养殖业和园艺业发达。

　　欧洲是一个棉花种植面积不大的产棉洲，植棉面积和产量占全球比例小于 1%。这可能与欧洲位于温带海洋性气候，年最高气温偏低，$\geqslant 30℃$ 以上的高温持续时间短，无霜期短等气候，不适合起源于热带、喜温好光的棉花生长，欧洲只能种植棉花特早熟类型品种，栽培方面促进早发早熟是关键技术措施。欧洲植棉国家有希腊、西班牙和保加利亚等，其中希腊常年植棉花面积 30 万公顷，皮棉产量 30 万吨上下，是全球高产前 10 个国家之一；西班牙棉花面积约 7 万公顷，皮棉产量 6 万吨上下；保加利亚植棉面积小且减少很快。

　　欧洲是现代棉纺织业的发源地，全球著名纺织品品牌的诞生地——Zara、Massimo Dutti、Desigual、Mango 等，发生在 2008 年的全球经济危机和欧债危机深深打击欧洲经济和纺织服装制造业，在力图恢复纺织业方面，欧洲不少国家政府增加投资，出台政策吸引外资，力争吸引纺织业回流，试图重塑制造业。近年来，希腊、西班牙和保加利亚纺织业服装业呈恢复上升势头。

第一节　希腊棉花产业

一、棉花产业概况

　　希腊位于欧洲东南部的巴尔干半岛南端，三面临海，国土面积 13.2 万平方千米，境内多山，平原仅占国土面积的五分之一左右，全境属地中海式亚热带气候，冬春温暖湿润，夏季炎热干燥，1 月平均温度 9℃，7 月平均温度 27℃，在北部和山区则冬季平均温度低于 0℃。

　　希腊为工农业国，生产力发展水平中等，棉花种植和利用有着悠久历史，是欧洲植棉最早也是产棉最多的国家。在亚历山大大帝时期，建立了棉花从东方到西方的贸易路线，但仅是 18 世纪之后，棉花种植才具有了一定规模及贸易体系。第二次世界大战后，棉花工业在全国发展尤为显著。希腊又是世界 10 大产棉国之一，在欧洲，除西班牙出产少量棉花外，希腊是欧盟国家中最大的产棉国家。在加入欧盟之后，尤其是 1989 年以来，由于享受了欧盟共同农业政策给予籽棉的补贴，希腊棉花产量大幅增加；与此同时，棉花也开始成为希腊农业经济的三大支柱产品之一（另 2 个为橄榄油和烟草）。由于国内市场消费水平增长不快，政府和企业增加棉花出口，已经成为世界上重要的棉花出口国，排名于美国、乌兹别克斯坦、澳大利亚、叙利亚和阿根廷之后（表 23-1）。

表 23-1　1990—2015 年希腊棉花生产消费

年度	皮棉产量（千吨）	面积（千公顷）	单产（千克/公顷）	消费量（千吨）	原棉出口量（千吨）	原棉进口量（千吨）
1990/1991—1999/2000	324	368	875	135	197	11
2000/2001—2009/2010	344	337	1015	84	266	5
2010/2011—2014/2015	259	275	965	445	231	2

纺织工业是希腊一个传统工业部门，在出口和就业方面发挥重要作用，但自 2003 年起，纺织工业出现了明显的倒退。2004 年全国 642 个大型纺织公司的总收入比 2003 年下降 2.4%，纺织业产值下降 16%，就业机会减少 4.5 万个。

这种危机在继续，2009 年纺织业生产规模继续下降，2010 年纺织行业处于下降状态。针对纺织业的继续下滑，2014 年政府投资 1.45 亿欧元的经济开发计划，对纺织业、服装业和制鞋业提供经济支持。根据这项计划，政府将积极推动该行业的出口，提高产品质量，制定创新方案，改革行业组织结构和支持投资方案。

二、棉花种植、科研和政策支持

希腊棉区分在南部、中部和北部。南部棉区主要是忒拜（Thiba），利瓦迪亚（Levadia），拉米亚（Lamia）等；中部棉区主要是塞萨利（Thessaly）大区的拉里萨（Larissa）、特里卡拉（Trikala）和喀迪察（Karditsa）等地，北部棉区则包括了北部各省。

希腊热量不够不能种植长绒棉品种，而短绒棉最短长度为 27.8 毫米。因而种植陆地中长度纤维品种（Upland Medium Staple），通常情况下，棉花产量的 65% 到 70% 的色级为 21～31（即白色），长度为 $1\frac{3}{32}$ 到 $1\frac{5}{32}$，马克隆值为 3.6～4.5，强力 28.5 至 30.5 厘牛/特克斯。生产种植主要品种为 Acala、Zeta-S 等。

棉花播种在 4 月，采摘在 9 月底，棉花播种、施肥和采摘为全程机械化。所有棉田都应用灌溉系统进行滴灌，肥水耦合应用。

全国建有轧花企业 92 家。绝大多数轧花企业建有先进的现代化加工设备，因此棉花基本不受外来品的污染，也从未发生蚜虫病害。这些企业还为植棉者提供从播种、管理到轧花加工一条龙服务。棉花打包均采用高密度加压的方式，每包棉花均重约 217 千克，然后用塑料薄膜包裹后装入集装箱，每个 40 英尺标准集装箱可装载 20～21 吨。

全国棉花生产由希腊棉花理事会领导（The Hellentic Cotton Board），这个机构既管行政，又管技术，还管外贸出口，总部设在雅典。希腊国家农业研究基金会棉花与工业植物研究所（National Agricultural Research Foundation Cotton and Industrial Plants Institute）负责棉花的研究和发展。该研究所设在希腊北部的萨洛尼卡市，研究项目以棉花育种为主，近年来也进行了彩色棉的选育研究。

希腊是欧盟成员，棉花享受欧盟补贴。

第二节 西班牙棉花产业

一、棉花产业概况

西班牙国土面积 50.6 万平方千米，位居欧洲的第 5 位，绝大部分领土位于伊比利亚半岛，东北隔比利牛斯山脉与法国和安道尔相连，西邻葡萄牙，南隔直布罗陀海峡与非洲的摩洛哥相望，北面比斯开湾，东临地中海与意大利隔海相望，西北、西南临大西洋。西班牙地势以高原为主，由于山脉逼近海岸，平原少而且狭窄，比较宽广的只有东北部的埃布罗河谷地和西南部的安达卢西亚平原。西班牙中部高原属大陆性气候，北部和西北部沿海属海洋性温带气候，南部和东南部属地中海型亚热带气候。北部和西部沿海一带雨量充沛、气候湿润，其他大多数地区气候干燥，严重缺水，年降水量西北沿海地区 800 毫米，中部及东部沿海地区 600 毫米，南部地区 300 毫米。

1950 年代，棉田面积为 3.4 万公顷，皮棉总产不到 4 万吨。1962 年棉田面积扩大到 34.6 万公顷，皮棉总产 11 万吨，大都供出口。自 1986 年西班牙加入欧洲经济共同体后，受到欧共体的经济支持和价格补贴，使棉花生产得到较快发展。1988 年，棉田 13.5 万公顷，皮棉总产 11.1 万吨，出口 5.8 万吨。1989 年后，由于欧共体支持和补贴额有所下降，加上天气干旱，棉花生产又趋缩减。1993 年，棉田仅有 3.2 万公顷，皮棉 3.2 万吨，其中出口 2.6 万吨。

进入 2000 年以后，棉花面积有所增加，2001—2010 年平均 7.7 万公顷，皮棉总产 7.4 万吨，其消费量比 2000 年以前有了大幅度增加，年消费量达到了 5.4 万吨，但仍有 3.7 万吨的出口量；2010 年后棉花面积、单产和皮棉产量都有所下降，面积仅 6.8 万公顷，皮棉总产 5.7 万吨，但是消费量却增加了 5 倍之多，达到 277.4 万吨。这得益于西班牙经济的不断好转，纺织品服装消费呈恢复增长。

纺织服装业是西班牙国民经济的一个重要行业。2000 年从事该行业的人数为 27.8 万人，占工业雇员总人数的 2%；产值为 55 亿美元，占工业总产值的 6%，占国内生产总值的 1%。2000—2006 年，西班牙纺织业产值下降了 32%，从业人数减少了 28%，仅 2006 年就减少了 1.73 万人。2006 年纺织品贸易总额为 212.7 亿欧元，比 2005 年增长了 14.7%，纺织品出口额 75.9 亿欧元，比 2005 年增长 10.3%，纺织品进口额为 136.8 亿欧元，比 2005 年增长了 17.3%，纺织品贸易逆差为 60.9 亿欧元，比 2005 年增长了 27.4%。出口增长的主要原因是欧洲纺织品消费情况好转以及对中国纺织品进口的限制，西班牙对欧盟 15 国（德国例外）以及东欧、环地中海、北美的出口均明显好转，其中特备服装出口保持了强劲的增长势头。

纺织服装业遭遇两次危机：一次是自 2005 年全球纺织品服装一体化后，纺织品出口配额全部取消，纺织业遭受了巨大冲击，不少纺织企业倒闭，大量工人失业，产能大幅下降。二是 2008—2012 年遭遇经济危机的冲击，纺织品销售量下降了 21%，纺织服装公司倒闭 4 158 家。直到 2013 年才恢复，根据西班牙纺织业联合会统计数据，2013 年纺织企业总计 4 642 家，纺织工业产量增长 1.1 个百分点，纺织品服装出口额 33.73 亿欧元，增长 5.2 个百分点，这是恢复增长转好的一个佐证。

针对经济危机时期纺织业发展的不景气，不少企业在寻找应对措施，一是企业生产转移，如世界四大时装连锁机构之一，旗下拥有 Zara、Massimo Dutti 等著名品牌的 Inditex 集团，以及 Desigual、Mango 等，生产制造向新兴市场如中东与俄罗斯等转移，随后出口增长。而另一方面，国内各自治区陆续制定出台振兴纺织服装计划，加强职工技能培训，招商引资，试图重振纺织业。

表 23-2　近年来西班牙棉花生产消费

年度	皮棉产量（千吨）	面积（千公顷）	单产（千克/公顷）	消费量（千吨）	原棉出口量（千吨）	原棉进口量（千吨）
1990/1991—1999/2000	—	—	—	12.8	3.6	12.3
2000/2001—2009/2010	74.4	76.6	904.2	54.3	37.1	14.0
2010/2011—2014/2015	57.2	67.8	839.4	277.4	50.4	3.8

二、棉花种植、科研和支持政策

西班牙棉花产区主要是在南部的安达卢西亚、木尔西亚、厄斯特马都拉以及列万特地区；最大产区是瓜达尔基维尔河盆地的安达卢西亚平原，占全国棉田面积的 80% 以上。这一地区的塞维利亚省棉花产量就占全国棉花总产量的 60% 左右。植棉区由南向北扩展，直到瓜迪亚那河和塔霍河流域，靠近北纬 40° 地区，长绒棉种植区则只是在东南沿海的塞古腊河下游平原上，在木尔西亚和阿利坎特一带。

西班牙产棉属优质中绒棉，大约 60% 供本国消费，40% 出口欧洲国家。棉花单产虽较高，但生产成本也高，如据该国农业研究与开发中心调查，1986 年每公顷棉花生产成本为 2 113~2 785 美元之间，与以色列并列为世界生产棉花成本最高的国家。从而棉花生产对欧共体补贴具有很大的依赖性。西班牙减少对欧共体补贴依赖性的途径，据认为是在于扩大生产经营规模，以降低生产管理成本，增加植棉收益。

西班牙的棉花种植主要是小农户经营，全国大约 86% 的棉花是在小于每户 5 公顷的田地上，大于 10 公顷的植棉农户，只占 15% 左右。

棉田耕整主要采用机械，棉田施化肥量为氮素 180~200 千克/公顷，P_2O_5 120 千克，K_2O 75~125 千克，大约 25% 左右棉田使用除草剂。

棉花播种在 4~5 月间，留苗密度 8~15 万株/公顷，棉田采用塑料薄膜覆盖，以提高地温，减少土壤水分蒸发及控制杂草，间苗和除草仍大都用人工。所有棉田都进行病虫防治，由农民组织（Atrias）统一实施，而不是一家一户单独防治。

棉田几乎全部（99%）有灌溉条件，采用沟灌、喷灌或滴管。

机械收花的比重逐年在增长中，1988 年约已占 40%，对购置采棉机的个体农户，政府提供资助 25%，对合作社资助 40%。

棉花研究工作是在农业食品部属下的国家农业研究院的棉花部中进行，研究重点是改进棉花品质，棉花部设置有种子、化学、纤维检测、纺织实验室。1980 年之前，西班牙曾设有国家棉花局，负责协调棉花的研究与生产开发，80 年代初棉花局改为国家农业研究院的一部分。其后又改建为安达卢西亚地区的农业研究和推广服务机构的一部分，地点在塞维利亚附近。

西班牙生产上采用的棉花品种大都是自国外引入，主要是美国或中亚品种，20 世纪 60—70 年代时主要是美国的"卡罗琳娜皇后"，约占棉田面积的 60%，其次为斯字棉 213，和赖克斯（Rex），另有爱字棉 4－42、珂字棉 310 等。来自中亚的品种有 108－Φ，138－Φ，C－4 727 等。播种期为 4 月初到 5 月 20 日之间，收花期为 10 月 15 日到 11 月 30 日间。

全国有轧花厂 20 多处，均为锯齿轧花，皮辊轧花机只在东部地区的阿利坎特和木尔西亚，用于长绒棉轧花。

第三节　保加利亚棉花产业

一、棉花产业概况

保加利亚位于欧洲巴尔干半岛东南部，北面与罗马尼亚接壤，东南面毗邻土耳其西南面是希腊，西北面临接塞尔维亚，东濒黑海，面积 111 000 平方千米，海岸线长 378 千米。保加利亚境内低地、丘陵、山地各约占三分之一，气候属于温带大陆性气候，年降水量 450～600 毫米，气温 1 月在－2～2℃之间，7 月在 19～25℃之间，按昼夜平均温度计算，全球棉花生长期积温在 2 150℃以上，而保国仅 1 712℃，只能种植棉花的特早熟类型品种。因此，品种的早熟性是棉花种植区域和生产管理的首要前提。

20 世纪 60 年代，保加利亚的棉田面积曾达到 5 万多公顷，年产皮棉 1.7 万吨，70 年代后，棉田面积缩减，常年面积 3 万公顷，皮棉 1 万多吨，80 年代缩减，种植面积 0.9 万～1.5 万公顷，皮棉 5 000 多吨，90 年代面积 1.3 万公顷，年产棉 3 700 吨，进入 21 世纪，面积与产量持续萎缩，2001—2010 年植棉面积 5 600 公顷，皮棉 1 300 吨，2011—2013 年植棉面积继续减缩（表 23－3）。

表 23－3　近年来保加利亚棉花生产消费

年度	皮棉产量（千吨）	面积（千公顷）	单产（千克/公顷）	消费量（千吨）	原棉出口量（千吨）	原棉进口量（千吨）
1990/1991—1999/2000	3.7	13.2	281.9	19.7	3.9	19.6
2000/2001—2009/2010	1.3	5.6	281.4	17.3	1.1	16.3
2010/2011—2014/2015	0	0.6	322.2	76.4	—	3.0

保加利亚棉花种植有 1 000 多年历史。早期种植棉花"种"是粗短绒的亚洲棉和非洲草棉。20 世纪 50 年代以来才被陆地棉所取代，但属于世界最早熟的陆地棉类型。这种特早熟类型品种，大多为 20 世纪初以来从美国和其他国引入，经过驯化和持续选择而形成的一种陆地棉独特的生态类型，被苏联棉花分类学家马乌尔定名为"陆地棉保加利亚类型"。主要特征：生长发育速度快，第一果枝着生节位低，植株矮小紧凑，叶面积和铃重也相对较小，纤维较短，衣分率也低，还有较好的抗萎蔫病性能。

20 世纪 80 年代中，保加利亚是东欧国家中的主要棉花消费国。作为经互会成员，主要依靠从苏联进口棉花。1987 年棉花消费达最高水平，年消费 7.3 万吨，进口 7.8 万吨。其他向保加利亚出口棉花的国家尚有：希腊、巴基斯坦、墨西哥、土耳其和埃及等。1989 年纺织工业能力完全利用时，年产棉纱 8.3 万吨，产棉布 3.6 亿米。

自 90 年代初，保加利亚和其他东欧国家一样，由中央计划经济转向市场经济。但是由于经济体制转变中面临的困难，纺织工业生产急剧下降。1992 年棉纱产量减少为 2.4 万吨，棉布产量减少至 8 700 万米，棉花消费量下降至 1.6 万吨。

纺织服装业是保加利亚的重点行业之一，在国民经济中有着举足轻重的地位。全国第一家纺织厂于 1834 年在保斯利文（Sliven）市成立，至 1894 年全国纺织服装企业数量超过 25家，1947 年私有企业被国有化。1945—1990 年间纺织服装业生产翻了二番，1990 年该行业就业达 18 万人。1990—2000 年的 10 间，纺织行业经历了三个体制改革阶段：中央权力下放到地方，全国工业进行结构性调整，国有公司转为商业公司和私有化，至 2000 年底，全国 99％的纺织服装公司已私有化。

全国 50％的服装生产在中南和西南地区，其中西南的布拉格耶夫（Blagoevgrad）大区服装企业占 17％，普罗夫迪夫（Plovdiv）市占 12％，哈斯科沃（Haskovo）市占 11％，首都索菲亚市占 9％，鲁塞市占 7％。

进入 20 世纪，全国纺织业快速发展。2003 年，全国纺织服装生产企业超过 4 000 家，其中纺织品（含针织品）生产企业 730 家，服装企业 3 600 家，纺织企业大约占 36％，服装企业占 57％。2004 年纺织品服装出口占全国货物出口总额的 24％。2009 年纺织服装出口额 15.6 亿欧元，占全国货物出口额比例下降到 13.2％，2013 年纺织业出口额达 18 亿欧元，同比增长 8.5％。出口目的地是欧盟的希腊（针织服装为主）、德国和意大利（梭织服装为主）、法国、西班牙，还有土耳其和埃及。

纺织服装是劳动密集型行业，为国家提供大量就业岗位。2004 年纺织服装业就业人数几乎占制造业就业的三分之一，2009 年全国纺织服装业提供就业岗位超过 12 万个。凭借丰富的纺织服装业制造技术经验，以及雄厚的投资支撑和质量上佳的产品，近年来纺织服装产业已经成为该国最具竞争力的产业之一。如今纺织服装业不断提升专业制造技术，产品制造已是驾轻就熟。相关企业不但有能力为国际知名品牌代工生产，且可自行生产出口。但是，2008 年纺织业曾遭遇危机，许多企业被迫关闭或减产，直到 2012 年，纺织业逐渐恢复并成为中东欧地区最具活力的市场之一。

二、棉花种植、科研和支持政策

保加利亚棉花产区分布在南部，属地中海气候。棉区无霜期 180～200 天，与中亚乌兹别克的塔什干（7 月平均气温 26～32℃，最高 40℃）相比较，5—7 月平均温度均低 4～6℃，8 月低 2℃左右，全生长期偏低 3℃，栽培措施采取促早熟技术。降雨分布比较均匀，播种之前约有 260 毫米的降雨，生长季节降雨 210 毫米左右，但夏秋季补充灌溉 1～2 次，可使棉花显著增产。干旱年份播种后灌水 20 毫米，可保证种子发芽，一播全苗。由于无霜期特别短，棉花成熟期不宜灌水。否则，会延迟吐絮，造成减产。

品种的早熟性和产量的关系十分密切。来自不同国家、早熟性不同的品种，产量比保加利亚品种低 30％～70％。

无灌溉条件的旱地棉田，棉花黄萎病通过与谷物类轮作可以加以控制，一般病害造成的产量损失大约为 3％左右，感病植株 7％～8％。

棉花生产实现了机械化，精量点播不间苗，使用选择性除草剂，可防除一年生和阔叶杂草，但仍需手工除株间杂草，但多年生杂草仍难控制，新的除草剂正在进行筛选。

棉花生育期需中耕 3～5 次，结合追施肥。有灌溉条件的棉田，补充灌溉 2～4 次，每次灌 580～720 立方米/公顷，全生长季节共灌 2 400～4 200 立方米/公顷。棉田灌水方法采用沟灌为主，也有棉田采用软管灌溉。

在生长季节短棉区，生长调节剂对调节植株合理生长发育具有重要作用。据恰尔盼棉花研究所的研究结果，催熟剂可使棉铃提早吐絮和机械收花 7～10 天。

机械收花采用垂直型纺锭收花机，机械收花比重约占产量 80％左右。机械收花需要良好的脱叶和防止晚期再生新枝叶，这就需要能同时促进吐絮又能脱叶和防止再生枝叶的人工脱叶剂。

全国有轧花厂 3 家，归政府所有。轧花设施均为苏联生产。轧花厂按合同价从棉农购买棉花，按国内和国际市场价格出售皮棉。保加利亚政府对棉花生产已没有任何支持项目，对生产者也不提供经济方面的资助。

保加利亚棉花育种和研究工作集中在恰尔盼棉花研究所。1931 年建立，育成了很多早熟品种。20 世纪 80 年代育成的新品种，如 2 632、3 279、3 996、4 040、4 512、1 278、1 358等等。对东南部湿度大地区适应性较好的品种有 73；而 4 512 则适于其余产棉区。保加利亚棉花品种，一般株高为 60～90 厘米，生育期 115～120 天，铃重 4～5.5 克。

保加利亚棉花育种家 K. majkob（保加利亚第一位试验站站长），在培育特早熟品种方面做出了卓越的贡献，他把本地品种与引自世界各地品种进行比较，选择和优秀材料的相互杂交，最早育成的品种是来自对地方品种的选择，如 38、78、48、73 等。其中最特早熟品种名称为"38"，曾被南斯拉夫、罗马尼亚和匈牙利引种，以本地品种和苏、美引入品种杂交，培育成功一批特早熟新材料和新品种。

培育的特早熟陆地棉品种，适于保加利亚本地条件，并在邻近的巴尔干半岛国家——罗马尼亚和南斯拉夫也有一定种植面积，还适合希腊北部地区以及法国、意大利等温凉地区种植。由于育种家的长期坚持不懈的定向选择，明显改进了品种的早熟性。同时，也在一定程度上打破了早熟性和丰产性及纤维品质性状的负相关，创造出一批又一批独有的极早熟，又结合了良好农艺性状的棉花品种。在灌溉条件下，特早熟品种的籽棉可达 4 000～4 500 千克/公顷，纤维长度 29 毫米左右，衣分率 35％以上。

第二十四章　北非棉花产业

撰稿人　孔庆平　徐海江

第一节　埃及棉花产业

埃及位于北非，全称阿拉伯埃及共和国，地处欧、亚、非三大洲的交通要冲，北部经地中海与欧洲相通，东临红海，经阿里什直通巴勒斯坦。苏伊士运河贯通了大西洋、地中海与印度洋，尼罗河纵贯南北，两岸谷地和三角洲面积4万多平方千米，构成肥沃的绿洲带。根据自然条件，一般把埃及分为4个地区：尼罗河流域及尼罗河三角洲地区和西部沙漠地区、东部沙漠地区和西奈半岛地区。开罗以南是宽约3～16千米的尼罗河绿色长廊，一般称为上埃及，开罗以北称为下埃及。

一、棉花产业概况

埃及绝大部分国土属热带荒漠气候，暖热干燥，日照强烈，大陆性较强。其7月气温25～33℃，1月9～16℃，极端最低气温一般不低于0℃，热量丰富。年日照3 000～3 700小时。降水十分稀少，除沿海地区年降水100～200毫米外，绝大部分地区50～100毫米。但埃及灌溉水源条件好，年可利用尼罗河水近600亿立方米，全国100%的耕地均可灌溉。

棉花是埃及最重要的经济作物，也是埃及国民经济的重要基础，同时也是埃及外汇收入的重要来源之一。近年来，埃及棉花种植面积在400～500千公顷，约占总耕地面积的17%左右，其中长纤维棉产量占世界长纤维棉产量40%以上，是非洲产棉大国之一。埃及棉田集中在尼罗河河谷地带及三角洲地区，其中以开罗附近和三角洲地区棉田面积最大，所生产的棉花占全国的60%，且全为长绒和超长绒棉。开罗以南的整个尼罗河谷地为上埃及，也种植棉花，除长绒棉外还有中绒陆地棉。

1805—1952年市场化阶段。埃及棉产品市场化的启动和单一作物经济的形成。欧洲市场棉价上涨与统治者的政策使埃及种植结构开始发生巨变，棉花播种面积迅速扩大，产量大幅提高，贸易结构出现突变，棉花在出口商品中举足轻重。1848—1882年，棉花产销的急剧增长与英埃之间的畸形贸易，埃及农产品贸易垄断制的崩溃与土地的非国有化，增强了地主和国内外商人对农业生产和农产品销售的控制力。在这一时期，棉花产量与运输条件有所改善，棉花出口量和占出口总值比重大大提高。1882—1922年，棉花产销的继续扩大与单一作物经济固化。在英国统治埃及时期，极力提高埃及的棉花产量和出口量，力图使埃及继续成为英国的棉花产地和棉纺织品销售市场。英国人在提高埃及棉花产量和出口量的同时，还强化对棉花种植和出口的控制。在第一次世界大战期间，英商操纵的埃及棉花委员会和占领当局几乎控制所有棉花的种植和出口。1922—1952 年棉花产销的跌宕起伏与本土纺织业的艰难启动。1922 年埃及取得独立，英国的控制遭到削弱，大地主的政治影响不断扩大，国际形势的变化和由此导致的棉价波动影响了埃及的棉花种植面积。1931—1933 年，国际棉价比 20 世纪 20 年代下降三分之二。而随着市场的变化，棉花产量又从 1922 年的 302 千吨增至 1952 年的 446 千吨。埃及棉纺织业发展迅速，棉纱产量从 1934 年的 11 千吨增至 1952 年的 56 千吨。

1952—2011 年，棉花单产波动大。据埃及农业部数据，单产从 1952 年的 539 千克/公顷增至 1970 年的 744 千克/公顷，到 1977 年则降至 667 千克/公顷；1985 年恢复至 714 千克，到 2000 年增至 820 千克/公顷，至 2007 年达到 1 000 千克/公顷以上。近年来保持在 1 000～1 100 千克/公顷。相关农业生产资料投入特别是农药＋化肥＋与种子的投入，棉虫和旱涝等自然灾害，构成影响埃及棉花单位面积产量的主要因素。

1952—2011 年，埃及棉花播种面积所占比重急剧下降。其中 1950—1954 年棉花播种面积为 743 千公顷，占作物播种总面积的 18.8%。1960 年播种面积为 798 千公顷，占作物播种总面积的 18.3%。1970—1974 年棉花播种面积为 652 千公顷，占作物播种总面积的 14.3%；1978—1981 年棉花播种面积为 498 千公顷，占作物播种总面积的 10.7%。从 1985 年到 1992 年棉花播种面积从 454 千公顷降到 352 千公顷，占播种面积的比重从 9.7% 降到 6.7%，此后棉花播种总面积持续下降，2014 年总面积为 152 千公顷。

棉价低位运行是棉花播种面积所占比重下降的重要原因。20 世纪 80 年代以前埃及棉花的国内售价主要受制于政府的规定，导致棉花出口价长期高于收购价，而且价差越拉越大，棉花收购价不高导致种植效益低下。80 年代后期开始逐渐放宽对农产品的价格控制，棉花的国内售价逐渐取决于国际棉花价格波动与国内棉纺织业需求，但农民的种棉积极性仍然没有明显提高。

埃及政府对棉花种植、运输和买卖的控制直接影响棉价水平。埃及政府的农产品价格政策与政府对农业生产、农产品运输和农产品贸易的控制紧密相关。首先，通过控制棉花的生产过程，如控制种植结构、规定种植和收获的日期、采用的技术和储备容器、提供贷款以及种子和农药等生产资料。其次，控制棉花的运输。违反政府的定额强制运输规定的农民将受到处罚。第三，控制棉花等重要农产品的贸易。政府对棉花的统购包销严重挫伤棉农积极性，导致棉花品质持续下降，棉花销售量也增长缓慢。

棉花产量增长乏力与本土棉纺织业的迅速发展造成出口减少。1952—2011 年，籽棉与皮棉的产量没有出现明显增加，而且时升时降。皮棉产量在 1952 年为 446 千吨，到 1955 年降至 330 千吨，1965 年升至 520 千吨，到 1976 年降至 400 千吨，然后升至 1980 年的 530 千吨，2007—2008 年皮棉产量仅 225 千吨。1952—2011 年埃及棉纺织业发展较为快速。原棉消费量从 68 千吨增长到 331 千吨，棉纱从 56 千吨增长到 282 千吨，棉纺织品出口额占出口总值比重从 1965 年的 14.4% 升至 1995 年的 24.2%，继而降至 2000 年的 10.3%。世纪之交埃及棉花出口急剧下滑，棉花创汇大幅下降的原因在于：政府依旧控制棉花售价以便攫取农业剩余，从而挫伤棉农的生产积极性，迫使其种植价格控制程度较低的农作物；进城打工和出国务工的农村劳力增加，农业劳力发生短缺；苏丹和乌干达等国棉花种植和出口的兴起；人造纤维的发展所引发的替代效应等。

（一）棉产区的分布特点

埃及棉田主要集中于尼罗河流域，分为 2 个棉区：一是以开罗以南的尼罗河流于两岸流域，称为上埃及（Upper Egypt）棉区，又称尼罗河河谷棉区。主要生产耐热性好的中长绒棉（绒长 35 毫米以下）。3 月中旬播种，8 月中旬至 9 月收获。二是开罗以北的尼罗河三角洲地区，称为三角洲（Delta）棉区，也称下埃及棉区。主要生产超长绒棉（绒长 36 毫米以上）。播种和收获常常比上埃及棉区推迟 1 个月左右。上埃及气候十分干燥，必须种植耐热棉花品种，如丹达拉（Dandara）等；而三角洲地区的肥沃泥土在尼罗河两岸和三角洲沉积，使整个埃及棉区的土壤十分肥沃。21 世纪初，阿斯旺大水坝的建成改变了农田灌溉条件，扩大灌溉面积，延长了灌溉时间，确保了农作物的稳产和高产，但同时也带来了地下水位上升和土壤次生盐渍化现象，在一定范围内抑制了农作物特别是棉花产量的进一步提高。

（二）棉花面积、总产和单产情况

据埃及棉花研究所提供的信息，埃及棉花种植面积自 20 世纪伊始到 60 年代基本上稳定在 400 千公顷以上，50 年代达到最高点（500 千公顷），70 年代开始滑坡。进入 21 世纪锐减，2010 年降到历史最低点的 110 千公顷，近年来维持在 200 千公顷左右。长绒棉品质远远优于陆地棉（*Gossypium hirsutum* L），但单产也明显低于陆地棉。20 世纪 60 年代前，埃及皮棉单产在 450～650 千克/公顷之间，后来一直呈上升趋势，近年来维持在 750～1 000 千克/公顷，2013 年达到最高点的 1 160 千克/公顷，是 20 世纪初的 2 倍。由于单产的提高，总产没有随着种植面积陡降而降低。21 世纪初以来，总面积减少了 60%，总产仅降低了 30%。

（三）棉花生产特点

在埃及，棉花由单作向与其他作物套作或连作发展，目前已经没有单作—熟制棉田。套作或连作占全埃及植棉面积的 28%。其中，与洋葱套作占 15%，与西瓜套作占 3%，与小麦或蔬菜连作占 10%。因为棉田长期轮作，棉田病害较轻。轮作主要有两种模式：苜蓿—棉花—小麦或蚕豆，占 70%；苜蓿—棉花—小麦—玉米，占 30%。鉴于人口增加和粮食供应紧张，埃及棉花生产也要让地于粮食作物。而埃及科研部门也在发展早熟棉花品种，探讨与其他作物间或套作的可能性，比如两年三季，提高棉田复种指数。全埃及棉田基本上都需要灌溉，99% 采用沟灌，1% 采用滴灌。埃及棉花研究所正在研究新型装置，期望大幅度降低成本，提高滴灌面积比例。

埃及棉花生产很重视产品质量，从密度设计、播种、浇水、施肥、治虫、采摘等整个作业过程，都注重保持品种品质特性。棉花栽培技术仍然不高，比如机械化水平很低，尽管也在探讨从棉田平整到棉花采摘全过程的机械化，进展却不大。但是，每一个品种有其完善的配套栽培技术，目标是争取尽可能高的产量、尽可能低的成本。全国生产种植的品种数量很少，比较容易做到单个品种的种植技术配套。

二、棉花种植、科研和支持政策

（一）品种

几乎所有埃及棉花品种都直接或间接地来源于阿希莫尼（Ashmouni）。它是从 Jumel 棉与海岛棉的天然杂交后代中选出，于 1860 年育成，并在很长一段时间内成为上埃及棉区的当家品种。在 1920 年以前，埃及棉花品种是由植棉者和商人从阿希莫尼的群体中，采用系统育种方法而育成，其中推广的品种有夸里奈（Qallini 和米特—阿菲菲 Mit-Afifi）等。1906 年育成的萨克尔（Sakel）对三角洲地区的棉花生产起着很大的影响，1916—1930 年平均种植面积达 420 千公顷。自 1920 年埃及农业部成立棉花研究局（棉花研究所）以后，采用系统育种、杂交育种、回交育种和符合杂交育种等方法选育新品种。埃及全国品种均为"吉扎"系列，迄今共发放 92 个品种，即吉扎 1 号到吉扎 92。一部分品种的名称除"吉扎"，外还有商品名，往往用埃及法老名、推广利用的地名或某种特有性状来表示。一个新品种的育成要突出三性：一致性（Uniformity）、优越性（Su-periority）和遗传稳定性（Genetic Stability）。同时应用面积在 2 100 公顷以上，或者已经生产出皮棉 1 000 吨以上（表 24 - 1）。

表 24 - 1　埃及部分棉花品种的商品名

品种名称	商品名称	品种名称	商品名称	品种名称	商品名称	品种名称	商品名称	品种名称	商品名称
Giza 1	Ashmouni	Giza 26	Molloky	Giza 31	Dandra	Giza 39	Amoun	Giza 75	Lotus
Giza 12	Wafeer	Giza 29	Karnck	Giza 36	Menoufi	Giza 70	Isis	Giza 85	Mubark

埃及棉花品种分为三类：超长绒类：35 毫米以上，如吉扎 45、吉扎 70、吉扎 77 等；长绒类：绒长 32～35 毫米，如吉扎 69、吉扎 76、吉扎 80 和吉扎 81；短绒类：绒长短于 32 毫米，如阿什莫尼、勒尼拉、吉扎 82。

1. 品种主要特点。

一是具有明显的区域性。适宜于三角洲棉区的品种多为超长绒或者长绒类型，如吉扎 45、吉扎 70 等，而在上埃及棉区栽培耐热性好的品种，如丹达拉和吉扎 82 等。

二是高抗枯萎病。埃及棉为海岛棉类型，具有抗黄萎病、感枯萎病的特点。20 世纪 30 年代初从阿希莫尼中选育出高抗枯萎病的埃及棉品种吉扎 7 以后，所有育成的埃及棉新品种都具有较高的抗枯黄萎病性能。正是由于品种的抗病性和合理的轮作体制，埃及棉花枯黄萎病已不再造成经济损失。

三是纤维品质优良。埃及棉纤维具有绒长、绒细、高强和成熟度好的特性，适宜纺高支纱而且不缠绕，在国际市场享有很高的声誉。此外，埃及棉纤维含糖量极低，不需要进行脱糖处理。新育成的棉花品种，纤维品质好坏是能否推广的首要条件。

四是株型较紧凑。叶片较小，透光性好，有利于密植。结铃性强，单重 2.5～3.5 克，衣分率 34%～39%，籽指 10 克左右。

五是早熟性好。现代埃及棉品种比早期埃及棉品种成熟期约早 10 天左右，早熟性好于典型的海岛棉类型。

2. 生产主推品种。 棉花品种类型主要根据绒长及其种植区域来分。超长绒典型品种包括吉扎45、70、76、77、84、87和88共7个，三角洲（下埃及）棉区长绒品种有吉扎75、81、85、86和89共5个，上埃及棉区长绒品种主要是吉扎80、83和90共3个品种。其中吉扎70产量最大，约占埃及长绒棉总产量的75%，吉扎86约占10%左右。吉扎45在长度、物理指标等各方面最好，但产量很少。吉扎70是市场上的主流品种，中国企业进口埃及长绒棉主要是该品种。

吉扎45：是从吉扎28×萨赫7中选出的超长绒棉品种，1950年育成。它是埃及棉中纤维品质最好的棉花品种。纤维色白，绒长39.7毫米，比强度37克/特克斯，伸长率7.2%，马克隆值3.2。但产量较低。种植年限已达50年，1971年以后面积逐渐缩小，但为了照顾一些老买主的特殊需要，现还有一定的种植面积，约4 500公顷，种于三角洲棉区的DIS-UQ地区。

吉扎70（商用名：女神Isis）：是从吉扎59A×吉扎51B中选出的超长绒棉品，1965年育成。纤维品质稍差于吉扎45，绒长37.3毫米，比强度35.2克/特克斯，伸长率5.8%，马克隆值3.6。产量比吉扎45高21.1%。1977年被重新命名为女神。1987年推广面积32千公顷，种于三角洲的西北部地区和尼罗河东入海口的KAFRSAD和FNRISKUR地区。吉扎70是市场上的主流品种，中国企业进口埃及长绒棉主要是该品种。

吉扎76：是从米努非×比马S-2中选出的超长绒棉品种，1976年育成推广。纤维品质除绒稍短和粗外与吉扎45相同，绒长37.3毫米，比强度40.4克/特克斯，伸长率6.4%，马克隆值3.8。产量比吉扎45高15%。1980年大面积推广，1987年推广面积达11千公顷，种于三角洲西北部地区。

吉扎77：从吉扎70×吉扎68中选出的超长棉新品种，于1976年育成。纤维品质与吉扎70相同，但纤维稍短、稍粗，产量高于吉扎70，作为吉扎70的继代品种。于1980年大面积推广，1987年推广面积达50千公顷，主要种于三角洲西北部地区，即原吉扎70种植地区。

吉扎75（商用名：荷花Lotus）：是从吉扎67×吉扎69中选出的长绒棉品种，1976年育成推广，是长绒棉类型的当家品种。绒长34.1毫米，比强度31.6克/特克斯，伸长率6.1%，马克隆值4.7。单产较高，1978年创大面积1 184千克/公顷的记录，而被冠于荷花的美名。1990年种植面积184千公顷，主要分布于三角洲中部和上埃及北部地区。

吉扎69：是从吉扎51A×吉扎30杂交育成的长绒棉品种。绒长32.5毫米，比强度29.3克/特克斯，伸长率6.2%，马克隆值4.1。1965年育成推广，最高种植面积120千公顷，现种植面积为10千余公顷，主要分布于三角洲的东部地区。

吉扎80：是从吉扎66×吉扎73中选出的长绒棉品种，1977年育成推广。绒长32.54毫米，比强度28.6克/特克斯，伸长率7.5%，马克隆值4.0。丰产性能好，是吉扎69和吉扎75的接班品种。年种植面积50千公顷，主要分布在三角洲的中东部。

吉扎81：是从吉扎67×H10中选出的长绒棉品种。纤维品质稍差于吉扎75，绒长32.45毫米，比强度30.3克/特克斯，伸长率6.4%，马克隆值4.1。产量高于吉扎75，是目前皮棉产量最高的埃及棉品种。1981年开始推广，面积逐年上升。

丹达拉（吉扎31）：是从吉扎3中选育成的高耐高温的埃及棉品种。1949年育成，种植面积60千公顷左右。该品种纤维品质稍差，长度32.5毫米，比强度27.9克/特克斯，伸长率 8.6%，马克隆值 4.0。

吉扎 82：是从吉扎 75×H8 选出的耐热中长绒棉品种，绒长 34.0 毫米，比强度 31.1 克/特克斯，伸长 8.51%，马克隆值 3.7。1980 年开始在上埃及中南部地区种植。

（二）栽培管理

埃及农民在长期的棉花栽培管理过程中，积累了丰富的经验，形成了一整套的精耕细作栽培技术，即不连作，起垅播，高密度，不整枝，中耕 3～4 次，开花前追肥，多次少量灌水，地下暗管排水，苗期人工采虫卵，生育后期统一用飞机喷药防治病虫。

1. 播种。上埃及最适宜的播种时间为 2 月下旬到 3 月上旬；三角洲地区为 3 月下旬。从埃及的气候条件来讲，适时早播更有利于棉花生长发育，并可减少后期棉铃害虫的为害，提高棉花的产量和品质。但一般情况下早播做不到，因为农民着眼于即将收获的三叶草。另外，三角洲地区特别是地中海沿岸地区由于雨季影响而往往推迟播种。

一般用拖拉机耕翻，耕深 20～25 厘米，为打破犁底层，有时也采用深耕犁（60 厘米），播前浅耕 10～15 厘米，耙地及平整后，人工作畦。畦宽 60～80 厘米。采用人工点播，穴距 15～20 厘米。棉籽（干籽）点播于每畦南坡离畦脊 1/3 处。播种时，用 15～20 厘米长的竹（木）棍作尺，并用它挖一小穴，每穴播种 15～20 粒干种子，再用松土覆盖。每公顷播毛籽约 140 千克，机播每公顷播种量 30～40 千克。播前药剂拌种。播种时施用氟乐灵 4～5 千克/公顷或伏草隆（1.5 千克/公顷）除草。棉田播种后浇灌一次，5 天左右出苗，然后疏苗定苗，每穴留 2 棵壮苗。由于土地平整程度不够和播种质量较差等原因，棉花全苗较困难。再加上苗期地下害虫如小地老虎和蝼蛄为害，一般缺苗率在 15%～20%。缺苗超过 20% 的田块需及时补种。

近年来某些农场采用营养钵育苗栽方法，以减少用种量，提高复种指数或延长三叶草的收获次数。但由于劳力紧张，育苗移栽的效益难于补偿额外用工的开支，这一方法未被广泛采用。同理，浇水后播种，再用细沙覆盖的播种方法也未被普及。

2. 施肥。埃及土壤内含钾量较高，因此任何作物都不需施钾肥。棉花一般也不施磷肥，但磷肥普遍用于棉花前茬作物三叶草，使棉花间接受益。尽管大多数棉花的前茬为三叶草，但都作为牲畜的饲料，仅留下三叶草的地下部分和少量绿色部分被翻耕于土壤中，作为有机肥料的补充。因此，对大多数埃及棉农来讲，棉花的肥料实际上是氮肥。一般田块施用氮肥都表现为显著增产。通常用的氮肥主要是碳酸氢铵、石灰氮和尿素，多数在苗期至花铃期用做追肥。推荐年施厩肥 40～50 立方米/公顷；年施化肥量 N 160～170 千克/公顷，P_2O_5 35～55 千克/公顷，K_2O 55～60 千克/公顷。

3. 除草和浇水。棉花出苗后就开始锄地，锄地和培土相结合。棉花播于每畦南坡离畦脊 1/3 处，因此，每次锄地用宽锄将每畦的北坡锄下一层培一畦的南坡。直至棉花植株位于畦脊，棉花太高而没法再进行锄地为止。近年来某些农场也应用除草剂除草，但这种传统的锄地培土方法一直沿用至今。

埃及棉花生长季节根本无雨，所有棉花完全依靠人工灌溉。在阿斯旺大坝修建以前，埃及棉花主要依靠洪水浇灌，即冬季洪水把农田淹没，洪水退去后，播上棉种，土壤中的含水量供整个棉花生长季节之需。部分棉田也采用提水浇灌方法。阿斯旺大坝及其水利设施修建以后，大多埃及的农田都具有良好的灌溉条件，可以全年浇灌。但由于尼罗河水位和水量的限制，各种作物争水矛盾十分突出。因此，采用法定分配供水制度。一般标准沟渠为 18 天有水，6 天无水。棉花可 15～20 天浇灌一次。生长季节中灌水 8～10 次，灌水量800～1 200 立方米/公顷。但缺水季节或者年份，远离主渠地区的沟渠供水不正常，棉田浇灌无法保证。

埃及大多农田，特别是在地中海沿岸地区，地下水位很高，有的地方不足 1 米，且都是盐水，土壤次生盐渍化现象严重。为了降低地下水位和土壤盐渍化，大多国有农场和条件较好的私有农场已采用地下排水系统，即每 10～15 米设一地下沟，地下沟连着排盐井，由排盐井抽提排出。

4. 收获。棉花播种至开花通常需 3 个月，盛花期约 1 个月，铃期为 50 天。上埃及 7 月上旬吐絮，8 月份采收。三角洲地区 8 月上旬吐絮，9 月份采收。一般 4 月收完，普遍收两次花，第一次收花（9 月）约占总产量的 60%～70%。每次收花分两组，第一组只收好花，留下些虫害差花由第二组摘尽，以保证好花差花分开之目的。

所摘籽棉用麻袋送到轧花厂进行轧花和打包。轧花厂所打的包叫国家级包。国家级包除内销外，再运往亚历山大市重新打成标准的出口包。出口包密度为 35 磅/平方英尺，水分 8.5%，包重 480 磅。

5. 轮作。埃及可耕地面积仅 2 400 千公顷，所有这些土地都被广泛地耕作，农田休闲是不可能的。因此，以棉花为中心的作物轮作制度被广泛地采用。标准的轮作方式为二年轮作制，即 3 月播种棉花，10 月收毕，翻耕后于 11 月播种春小麦，下年 5 月份小麦成熟收获后播一短季干旱作物，到 7 月底 8 月初收获后播种玉米，11 月玉米收获后播种三叶草。为了争取时间，三叶草常在玉米收获前播种。三叶草是最常见的轮作作物，棉花播种前可收 2～3 茬。在上埃及这一轮作方式中的玉米常被谷子所代替，而在三角洲地区被水稻所代替。另外，一些小作物如瓜果蔬菜、籽麻等也采用这种轮作方式。一些国有农场和大的私有农场采用包括有土壤休闲在内的三年轮作制，以减轻对土壤的消耗。

6. 棉花病虫害。埃及棉花病害不太严重，常见害虫有 8 种（表 24 - 2），主要采取农业措施防治，也在研究和推广生物防治技术。埃及棉花总体面积的 10% 根本不打药，30% 左右打药 2～4 次，约 60% 打药 6 次或更多。

表 24 - 2 埃及棉花主要害虫及其防治措施

前 期		中 期	
害虫	措施	害虫	措施
蓟马（*Thrips tabaci*）	激素调控（Et）、人工采卵（Cld）和农业综合防治（Cult）	棉铃虫（*Helicoverpa armigera*）	Et；Cld；Cult
叶蝉（*Empoasca ybica*）	Et、Cld 和 Cult	棉蚜（*Aphis gossypii*）	Et；Cld；Cult
棉蚜 *Aphis gossypii*）	Et、Cld、Cult 和生物防治（Bio）	粉虱（*BioBemisia tabaci*）	Et；Cld；Cult；Bio
跳甲（*Podogricaspp*）	Et、Cld 和 Cult	叶螨（*Cult Tetranychus cinnabarinus*）	Et；Cld；Cult；Bio
		苏丹棉铃虫（*Diparosis watersi*）	Et；Cld；Cult

（1）棉花病害。埃及棉花主要病虫害是：枯萎病、苗期病、棉铃红腐病。

病害防治：因埃及棉花为海岛棉类型，具有抗黄萎感枯萎病的特点，采用育种和轮作解决了枯萎病和苗病，现棉花病害已不再造成严重的经济损失。

枯萎病。埃及植棉区很适合棉花枯萎病的发生。20 世纪 30—50 年代，枯萎病使埃及棉花生产遭受了很大损失，埃及政府对此极为重视，50 年代后加强了抗病育种工作，明确规定品种抗病性达不到100％不准推广，同时推行轮作倒茬，使枯萎病得到了控制。这些措施一直坚持至今，并不断得到加强。同时还开展了不同棉花品种感染枯萎病后生理、生化方面反应的研究，以求在抗枯萎病育种上取得突破性进展。埃及学者认为，埃及有适于枯萎病发生的有利条件，土壤中也有枯萎病菌存在，枯萎病仍是棉花生产的潜在威胁，所以防范枯萎病，特别是抗病育种工作还须不断加强。

苗期病害。埃及棉花病害主要是苗期病害，尤其是立枯病。埃及尚无抗苗期病害的棉花品种，主要采用化学杀菌剂，以浸种、拌种和种衣剂等方法进行防治。

棉铃红腐病。棉铃红腐病是棉花后期病害，近年来有加重趋势，这引起了政府和研究者的重视。据研究者分析，它的加重与棉蚜、烟粉虱分泌的蜜露及红铃虫的为害有关。埃及研究者正在对该病的发生及防治进行研究。

（2）棉花虫害。埃及棉花每年因虫害损失产量15％～20％。虫害防治主要通过人工采卵、激素、选育早熟品种、轮作倒茬，以及化学防治等综合措施，对不同害虫采取相应的防治方法。防治措施如下：

蝼蛄和小地老虎。主要地下害虫，造成棉花缺苗。小地老虎一年多代，每世代1～4个月不等。埃及对这些害虫没有作常规的防治。少数农场采用毒饵诱杀小地老虎，但大多数棉农则喜欢增加播种量，以减少因蝼蛄和小地老虎为害及其他原因所造成的缺苗损失。

棉蓟马、棉蚜和棉叶螨。苗期三种刺吸性害虫。其中棉蓟马，为害不规律，在三角洲棉区为害较重，常在第一片真叶出现时为害幼苗，棉苗生长缓慢的年份常可能造成暴发；棉叶螨的发生往往与施用某些农药防治其他害虫而大量杀伤其天敌有关，近年对棉花全生育期都造成危害，7—8月为发生的高峰期。这类害虫一般用药剂防治为主。

海灰翅夜蛾。棉花中期的毁灭性食叶害虫，是埃及最重要的棉花害虫。一年发生7代，其中2～4代为害棉花，其余4代为害苜蓿、三叶草、玉米等其他寄主作物。迁移规律为：从三叶草上幸存的第一代海灰翅夜蛾的成虫在5月下旬至6月初在棉花上产卵，4天后孵化并开始为害棉花叶片，虫口密度大时也为害棉花茎秆等。8月迁移到玉米上，再从玉米迁移到三叶草上。海灰翅夜蛾通过人工摘卵块和其他农业措施进行防治。海灰翅夜蛾成虫产卵块于棉叶表面，每卵块有卵500粒左右，容易被监测和摘除。现在采用以采卵为主，农业措施和化学农药为辅的防治方法。一般于5月20日开始采卵，7月上旬结束。采卵时将棉田划分为三块，每天采一块，三天一循环，这样一般年份即可达防治目的，当棉田亩卵块达635块以上时即喷药防治。由于埃及政府通过法律手段实施这一防治计划，海灰翅夜蛾的农业防治非常成功。除摘卵块以外，早收三叶草和灌溉种用三叶草田块，可以减少第一代棉叶虫的羽化率，在田块宽沟渠隔离防治第一代海灰翅夜蛾幼虫迁移等措施也十分有效。

20世纪50年代中期以后，海灰翅夜蛾防治以化学防治为主。但由于农药的泛滥使用，造成如白飞虱和棉叶螨等次要害虫猖獗，环境污染和棉叶虫抗药性等问题。因此，20世纪80年代以后，埃及海灰翅夜蛾的防治主要通过以农业防治为基础的综合治理措施，并取得较好的效果。近年来，埃及国家植保研究所还开展核多角体病毒防治海灰翅夜蛾的研究，并研制了一套病毒制剂生产工艺。1990年该病毒在180亩棉田试验，杀虫效果为80％～85％，但其显效时间短，易分解失效，仍在继续研究中。

棉红铃虫。棉花后期的主要食性害虫。棉红铃虫在棉田一年发生4～5代，第2、3代为害最重（7—8月），以喷药防治为主。1974年以前每年喷药7～8次，1974年以后改为7月初虫花达 10％时开始喷药，每隔 15 天喷一次，共 4 次。1990 年喷药期推迟到 7 月 15 日左右，并只对百铃虫口数达 5 头的棉田喷药防治，共喷 3 次。1980 年之后在农药中混入昆虫内激素，可提高农药杀虫效果。采用性诱剂防治一次可少喷两次药。近年来采取提前播种和培育早熟品种可避开为害期。农业措施防治包括，高温（50～58℃）处理棉籽可杀灭休眠幼虫，烧毁棉秆和田间杂草可减少基数。1950 年农业部颁布了一条法律，规定最后的轧花期限上埃及为 3 月 31 日，三角洲为 4 月 15 日；最后拔棉柴时间为 3 月 31 日。这些措施有效控制了羽化率，降低了红铃虫的越冬基数。

金刚钻和棉铃虫。棉铃虫 1972 年首次报道为害棉花，并趋向严重；金刚钻是从印度传入，1914—1918 年战争之前在埃及零星发生，在战争期间发展成为主要害虫，为害损失 15％～30％；红铃虫仍为埃及最严重的棉铃害虫，由于埃及冬天气候温和，有利于越冬，在三角洲棉区，为害损失约占总虫害损失的 3/4。金刚钻和棉铃虫主要采用化学防治，一般从蕾期开始，每 7～14 天防治一次，共防治 5～7 次。

（三）支持政策

1. 推广良种，实行区域化种植。埃及政府十分重视棉种的培育和推广，对棉种的管理非常严格。政府于 1959 年设立了棉花发展基金，70％用于研究培育优质棉花品种。埃及规定，棉花种子必须统一生产和统一供应，未经批准使用的棉种一律不得播种。埃及棉花研究所是国家授权从事棉花生产技术研究的唯一机构，主要任务是培育新品种，开展主要种植品种的商品价格研究。该研究所依据不同地区的土壤、气候等条件提出栽培技术建议，为国家制定年度种植计划提供依据。埃及从 1985 年开始实行"一地一种"棉花生产体制，包括每年进行提纯复壮，淘汰劣质品种，确保棉种纯度等。埃及长绒棉在国际市场上享有极高声誉，关键就在于埃及政府重视良种培育和更新，使其产品始终保持优质。当前推广的主导品种有 9 个，主要为"吉扎"系列，分布在 10 个地区，基本上是一个地区一个独立的品种，其中特长绒品种占 25％、中长绒棉占 75％。棉花品种可为鉴别棉花纤维品质提供重要依据，销售时在棉包上注明品种代号，同时也标示棉花等级和长度。

2. 实行保护价收购。1995 年埃及政府制定了棉花收购的最低保护价，作为棉花购销体制改革的配套措施。保护价方案每年年初由棉花出口公司、农业部、纺织工业部根据生产成本和国际棉价的估测后联合提出，经政府审定后宣布，以引导农民安排当年棉花种植面积。一般情况下，这个价格往往高于国际市场棉价。保护价格公布后，无论是国有公司还是私商，收购价格都不得低于最低保护价。1995 年，由于市场棉花价格上扬，保护价定得偏低，没有起到作用。1998 年的保护价定得过高，规定吉扎 75 标准级长绒棉的最低价格为每担 5 000 埃磅（合人民币 1 225 元），加上加工、仓储等费用，形成购销价格"倒挂"，私商退出市场，最后只好由国有公司按最低保护价收购，差价由国家财政按季度补贴。如果不计算轧花、运输等成本，1997/1998 年度，政府实际支付的补贴为每磅皮棉 38 美分，但该年度政府对品种吉扎 75 公布的最低保护价比北欧到岸价高出 32 美分，支付的补贴为每磅皮棉 1.38 美元。1998/1999 年度，政府公布的最低价比北欧到岸价高出 7 美分，支付的补贴为每磅 13 美分。按棉花总产量和每磅皮棉的补贴计算，1997/1998 年度总计补贴 2.9 亿美元，1998/1999 年度为 0.66 亿美元。随后，埃及政府决定减少并逐步取消价格补贴，引入棉花市场的竞争机制。1999/2000 年度，世界棉花价格下滑，政府支付补贴 2 千万美元。在

2000/2001 年、2001/2002 年和 2002/2003 年度，埃及政府分别给棉花生产者提供了 0.14 亿、0.23 亿和 0.33 亿美元的补贴（ICAC，2002 和 2003）。

3. 改革管理体制。为解决棉花市场放开后暴露出的问题，埃及政府正在实施一项新的改革方案，按照自下而上，自愿联合的原则，采取股份制的形式，由收购站、轧花厂、纺织厂、出口商、印染厂等相关单位集资，筹建"棉花专项合作基金"。"基金"由合作者共同管理，主要用于棉花生产、加工、销售等环节，基金实行风险共担、利益共享，每年根据经营情况而定，有利润时分红，亏损则由各成员按比例补足。这个方案已得到大多数棉花经营企业的积极响应。过去埃及棉花基本由政府指定的公司垄断经营。1994 年以后，通过改革逐步形成了有序竞争的流通体制。目前，有 9 个国营公司从事棉花流通，占市场份额的 53%，其余为多渠道经营（但也须申请并通过资格评估）。棉花收购贷款主要由国家农业银行提供。据埃及有关方面反映，建立合作基金，可协调各部门之间的利益关系，减轻国家财政府对棉花方面的支出，对稳定棉花产销将有积极作用。

4. 统一规范质量检验。棉花质量由设在亚历山大市的埃及棉花纤维检验中心统一管理，负责国家棉花标准的制定、修订，每年对实物标准更新制标等。棉花在销售前必须接受检验中心或分设机构的检验，出具质量证书。由于埃及棉区较为集中，轧花厂数量较少（全国 80 个轧花厂），能够较快地出具检验结果。具体检验分国内和出口两部分，以 50 包作为一个批次，从中任选 3 个包取样合成一个标准样，由检验中心或其下属的分支机构，按国家标准统一检测，其检测结果是唯一合法的质量依据；出口棉花的检验由外贸公司委托，按国际标准进行检验。当用户对检测质量结果有争议时，由埃及棉花出口商协会下设的棉花检验室进行复验仲裁。

近年来，埃及补贴政策的变化对棉产业链产生不利影响。过去，埃及实行棉种价格补贴政策，完全实行种子商品化，由政府给以一定的补贴。对棉农提供信贷支持。一是对农民提供优惠生产信贷。申请种植业贷款不需抵押，且实行差别优惠利率。另外，重大自然灾害风险由国家财政承担。二是对棉花收购实行优质优价和现金支付政策。棉花的质量标准由国家棉花质量控制与分级研究所制订并监督实施，只有买卖双方就棉花等级达成共识后才能成交。而且明确规定，企业可向农行申请收购贷款，但收购资金必须由农行直接支付给棉农。

但近年来，现金缺乏的银行业也拒绝给纺织业贷款。由于资金匮乏，纺企一般选择在国际市场上购买每 100 千克价格在 600～700 埃镑之间的低等棉花，而高质量的埃及棉每 100 千克 1 000 埃镑。由于埃及棉国内市场缩小，棉农种植积极性受到打击，埃及棉产量逐年降低，2012 年 380 万吨，2013 年降至 250 万吨。此外，外国的纺织品制造商更倾向于使用短绒棉。短绒棉已占据 97% 的市场份额，而埃及的主打产品依旧是长绒棉。同时，由于长绒棉在全世界的推广种植，埃及的长绒棉在品质和价格上已失去国际竞争力。这种情况将造成恶性循环，最终使埃及纺织产品失去在国际市场上的竞争力，进而影响埃及棉花全产业链的发展。

2014 年农业部宣布，政府取消对每 160 千克棉花 350 埃镑的补贴，这一补贴相当于目前市场价的 40%。2014 年第二季度棉花出口 11 万吨，比 2013 年同一季度下降 70%。棉花种植面积从 20 世纪 60 年代的 924 千公顷下降到目前的约 15 千公顷。被埃及人誉为"白金"的长绒棉市场已萎缩多年，当地很多企业则使用进口棉花生产较低质量的产品。全球棉花价格持续走低让埃及政府觉得补贴棉花厂商意义不大，而且现在埃及财政吃紧。埃及农民认为，政府决定取消对棉花种植户的补贴，这让本来就陷入衰退的埃及棉花产业跌入低谷。补贴一旦取消，棉花种植户直接陷入亏损的境地。本来利润率就低，甚至在有补贴的情况下，农民的日子也不好过。

(四) 棉花科学技术研究

1. 种质资源。 早在 1 世纪，上埃及就开始栽培由印度传入的亚洲棉，其栽培的亚洲棉可能是苏旦亚种 (*G. arboreum race soudaneses*)。17 世纪中叶，一年生的非洲棉 (*G. herbaceum race perscum*) 由阿拉伯传到尼罗河三角洲地区，并开始种植。18 世纪末，*G. Vitifolium* (现归为 *G. barbadense*) 作为庭院观赏植物在埃及出现。1820 年，法国纺织工程师 Jamel 在他的开罗私人花园里发现一棵棉花树，其纤维品质特别优良，这种棉花才被重视。Jamel 棉花为多年生，播种一次可收 3～5 年，植物分类学上归为海岛棉 (*G. barbadense*)。1820—1823 年 Jumel 棉花作为一种有很强竞争力的作物，被广泛推广。1823 年 Jumal 棉首次出口。由于 Jumel 棉花的广泛种植和商业经济利益，促使埃及从国外大量引进棉花品种，其中包括从大西洋沿海引进的海岛棉品种。大多数学者认为，是引进的海岛棉品种与埃及的 Jumel 棉进行天然杂交，而产生了适宜于埃及特殊气候条件的棉花新类型，即埃及棉。埃及棉的遗传基础是海岛棉，但在许多方面，特别是早熟性，有别于典型的海岛棉。

2. 育种。 埃及棉花育种工作只在位于开罗市吉扎 (Giza) 地区埃及国家农业研究中心 (ARC) 的棉花研究所 (CRI) 进行。

吉扎 45 被认为是埃及棉花研究所最成功的品种之一，1951 年定名，1959 年作为商业品种发放，1966 年最高推广面积达到 65 100 公顷。目前生产上还有种植 (2007 年约占埃及总面积的 1%)，迄今有 50 余年的生命力。该品种单产不高，但是纤维品质特优，综合了超长绒和超细的特点 (2007 年): 纤维长度 (上半部平均长度，下同) 36.0 毫米以上，长度整齐度 87.2%，马克隆值 3.0～3.1，细度成熟度 83%，纤维比强度 46.6 厘牛/特克斯，伸长率 6.2。埃及生产的皮棉颜色分为白色 (white) 和乳白 (creamy) 两种，前者品质优于后者。吉扎 45 为白色，黄度仅 9.4。

在超长绒超细品种中，吉扎 87 是一个优质高产的新品种，品质综合指标与吉扎 45 相当或略低，但是单产高 40%，为吉扎 45 的接班品种。吉扎 88 是超长绒非超细的典型品种，1995 年发放应用，2001 年达 21 千公顷，2004 年达到 45 千公顷，也是一个很有希望的新品种。吉扎 86 和吉扎 90 分别为三角洲和上埃及棉区的长绒棉品种代表，前者于 1995 年发放应用，得到迅速推广，成为三角洲棉区的主推品种。2007 年种植 1 407 千公顷，占该区长绒棉品种总面积的 90%，占全埃及面积的 56%。吉扎 86 出口量占埃及总量的 60%，在国际市场上，对美国比马长绒棉 (Pima Cotton) 具有很强的竞争力。吉扎 90 于 2001 年发放应用，是一个最新育成的品种，适用于上埃及干热气候，耐高温和早熟，产量较高，2007 年种植近 25 千公顷。该品种品质在埃及棉花中属于最低档次，2007 年度的表现是: 长度 29.8 毫米，长度整齐度 85.0%，马克隆值 3.9～4.0，细度成熟度 83%，纤维比强度 36.0 厘牛/特克斯，伸长率 7.6，纤维颜色呈乳白。从纤维性状看，实际上吉扎 90 的品质已经接近陆地棉品种了。表 24-3 是吉扎 45、吉扎 86 和吉扎 90 纱线性能指标，代表了 3 个品质档次，可以看出它们之间的差异非常明显，尤其是吉扎 45 和吉扎 90 是两个极端等级的典型。

表 24-3 吉扎 45、吉扎 86 与吉扎 90 纱线品质比较

纱线指标	纱线性能	吉扎 45	吉扎 86	吉扎 90
50s/3.6	纱线品质指标	3 685	3 000	2 400
T. M Carded	比强度（cN/tex）	26.2	20.65	15.6
Ring yarns	伸长率（%）	5.3	5.6	6.3
	条干均匀度（C. V. %）	14.2	15.6	18.0
100s/3.6	纱线品质指标	3 765	2 900	—
T. M Combed	比强度（cN/tex）	26.6	18.7	—
Ring yarns	伸长率（%）	4.3	4.6	—
	条干均匀度（C. V. %）	16.1	17.9	—
160s/3.6	纱线品质指标	3 310	—	
T. M Combed	比强度（cN/tex）	22.58		
Ring yarns	伸长率（%）	3.9		
	条干均匀度（C. V. %）	18.3		
50s/3.6	纱线品质指标	3 825	3 100	2 560
T. M Carded	比强度（cN/tex）	28.4	22.9	16.4
Compact yarns	伸长率（%）	5.8	5.8	6.4
	条干均匀度（C. V. %）	13.8	14.8	17.4
100s/3.6	纱线品质指标	3 915	3 050	—
T. M Combed	比强度（cN/tex）	28.3	20.2	—
Compact yarns	伸长率（%）	4.5	4.8	—
	条干均匀度（C. V. %）	15.7	16.9	—
160s/3.6	纱线品质指标	3 400	—	—
T. M Combed	比强度（cN/tex）	24.2	—	—
Compact yarns	伸长率（%）	4.0	—	—
	条干均匀度（C. V. %）	17.6	—	—

注：50s、100s 和 160s 分别指 50 英支、100 英支和 160 英支，即纱线的等级；3.6 T. M 指 3.6 的捻系数；Carded Ring yarn 指普梳环锭纺纱线；Combed Ring yarn 指精梳环锭纺纱线；Carded Compact yarn 指普梳紧密纺纱线；Combed Compactyarn 指精梳紧密纺纱线；纱线品质指标含义，如 3 685 指缕纱产品往复行程 36 毫米的张力 85 厘牛。

3. 品种特性保持。 埃及非常重视棉花品种特性的保持，这也是棉花品种在生产上有长久生命力的重要因素。品种特性的保持，就是要在商业生产中维持品种原有的遗传纯度、生产潜力和纤维品质，每一个品种年年如此。具体操作方法是：按照一个品种的原有特性，选择 3～4 个标准系，对每一个标准系进行田间评价，杂株率符合要求的标准系用于生产育种家种子（Breeder Seeds）和基础种子（Foundation Seeds，即相当于我国的原原种）。像这样的标准系最多只能应用 3 年，然后要被后来选择的新标准系替换。如有一年全埃及生产上应用的品种共 9 个，选出了 79 个标准系，生产了共约 490 万千克育种家种子和基础种子。其中一部分用于替换一些品种的"老标准系"，替换率达到 12%。为了在生产过程中有效保持品种特性，要与棉农签订合同，不允许超期使用种子。同时，要及时采用新标准系原原种生产良种，提供给棉农，以备及时更换播种的种子。在生产良种时，要进行田间杂株调查，只

有杂株率符合要求的良种才允许出售给棉农。因为埃及是严格的一地一个品种，每年商用品种不多（10 个左右），没有品种"多、乱、杂"现象，比较容易按照上述要求做到品种特性的保持，也就有效地延长了品种商业利用寿命。如 2007 年商用品种 8 个，品种寿命在 14 年以上的就有 5 个，共占全埃及棉田总面积的 79% 略多（表 24-4）。

表 24-4 埃及棉花商用品种及其纤维品质特性

品种名称	发放年份	面积比例（%）	播种月	收获月份	衣分（%）	绒长（毫米）	比强度（厘牛/特克斯）	马克隆值
吉扎 45	1959	<1	4	9—10	33.3	35.8	45.6	3.1
吉扎 80	2002	11	4—5	9—10	40.4	31.5	38.0	4.3
吉扎 85	1982	3	4	9—10	38.0	30.5	40.0	3.9
吉扎 86	1995	56	4—5	9—10	39.8	33.2	44.0	4.3
吉扎 87	1999	1	4	9—10	35.8	35.7	46.8	3.1
吉扎 88	1995	18	4—5	9—10	37.5	35.8	46.1	3.8
吉扎 89	1993	1	4	9—10	37.0	32.0	41.0	4.1
吉扎 90	2001	10	3	8—9	38.0	30.1	36.0	3.0
吉扎 92	2009	3	4	9—10	38.4	35.3	42.2	3.9

4. 土壤培肥和播种。 由于阿斯旺大水坝的建成，拦截了大量富含有机质与矿物营养的泥沙，尼罗河两岸及三角洲的农田肥力有所下降。长期的灌溉使三角洲地下水位升高，影响根系生长和造成次生盐渍化。政府已大规模的铺设地下暗管的排水工程。暗管用进口的波纹管，内径约 8 厘米，有四排小孔，埋深 70～150 厘米，沟距 20～30 米，使用年限 20～25 年。埃及政府重视有机肥，除冬季种植短期绿肥外，还根据土壤普查资料，规定不同地区氮磷钾矿物营养的施用量，相关部门保证及时将化肥送到农村。

棉花播种前精细整地，棉田要正反向耕翻 2～3 次，每次耕翻后晾晒 10～15 天。如果耕 3 次，第 3 次则按对角线方向耕翻，特别前茬是水稻，土壤板结，更要如此。耕翻后耙压，培土打垄，垄向一律东西，将来棉子播在垄的南侧，以便获得较多的热量，早出苗、出壮苗。同时，有利于苗期防止北方冷风的侵袭。

5. 种植密度。 科研工作者通过多年的试验研究，种植密度由原来 6 000～7 000 株/亩提高到现在的 11 000～12 000 株/亩，高密度产量最高。农业部规定，棉花垄距 60 厘米，穴距 20 厘米，定苗后，一穴双株，但一般很难实现 100% 的一穴双株。对此，采取在同垄相邻穴为单株的穴位，每穴留 3 株，以确保亩株数。埃及棉虽然全为长果枝类型，但叶子大小适中，叶片较薄，叶色较深，叶裂较深，全株基本无赘芽，株高可达 1 米以上，但下部通风透光性较好。由于灌排结合，生长季节无雨，常会有 2～3 级轻风，田间温度、湿度适宜，田间小气候较为适宜棉花生长，蕾铃脱落率低，单产较高。

6. 水肥调控。 埃及棉花没有任何整枝措施，也不打顶。巧施氮肥和磷肥，绝大多数的耕地有机质含量低（1%～2%），氮磷含量也低。一般每公顷施硝酸钙 705～945 千克，间苗后浇第一水施一半，24～30 天以后再施另一半。磷肥一般作底肥，最后一次耕翻时二次每公顷施入过磷酸钙 239 千克。一般在播种后 3 周开始浇水，苗期水量小，以后逐步加大，每隔 12～15 天浇一次，7—8 月份浇水间隔时间要更短些，以便增铃，促桃早发、快发、大发。

如果水肥供应不断，棉花可以多年生长。但埃及仍然采取一年生栽培，2—4 月份播种，9—11 月份收花结束，可以腾地倒茬种冬季作物。一般停水期在 8 月下旬，后期小水轻浇，灌排（暗排）结合。追肥在初花期结束，控制中后期营养生长。由于不打顶群尖生长得到一定程度的控制。也不打群尖，赘芽生长也就受到控制。没有"脱裤腿"措施，"油条"任其生长结铃。

7. 推广根外追肥。 从事生理和栽培研究的科技人员通过多年的试验研究，一致认为要重视根外追肥。在 7—8 月份，结合飞机治虫喷洒全效液体肥料。液体肥料原液是从英国、日本、德国等国进口，多数为多种化合物配成，主要成分不仅有铜、锌、铁、钼、锰、镁等微量元素，还含有氮、磷、钾。由于埃及植棉习惯是在初花期停止根际追肥，所以中后期喷施两次叶面肥对补充棉铃发育所需的营养有很大作用。

8. 病虫害防治。 埃及从 1902 年就开始害虫生物防治的研究。1902—1940 年，主要是从国外引进针对性天敌防治海灰翅夜蛾等害虫，1950 年后，化学农药防治在埃及兴起，生物防治被冷落，1975 年后，受国际上害虫防治方法变革的影响和农药副作用的逐渐产生（害虫的自然寄生率降低，1939—1950 年海灰翅夜蛾自然寄生率为 57%，1968—1972 年降为 1.9%～6.2%），生物防治作为综合防治不可缺少的一部分，又被提到了议事日程。目前在生物防治方面主要进行以下研究：①病毒、细菌、真菌、线虫等生物杀虫剂；②选择性化学杀虫剂的筛选；③控制农药使用，保护利用天敌（对棉田农药的施用量，1990 年政府采用了强制性控制措施）；④建立监测点，观察研究天敌的生物学、生态学及种群动态变化。

9. 害虫抗药性治理。 害虫抗药性监测始于 1961 年，迄今未断，并饲养有 10 年以上的敏感昆虫，还在全国建立了害虫抗性监测网，对不同地区的害虫进行较系统的抗药性监测。通过长期监测，一些主要害虫如海灰翅夜蛾、棉红铃虫等在不同地区对不同农药的抗性资料已被存入计算机数据库内，为各种农药的选用提供科学依据。埃及对害虫抗药性的产生与变化一也进行了研究，结果表明，害虫初产生抗性时，抗性变化很大，数十代后抗性才逐渐趋于稳定。

10. 科研机构。 埃及棉花科研集中在埃及农业部的农业研究中心（Agricultural Research Center，Ministry of Agriculture，Arab Republic of Egypt，简写为 ARC）及其下属包括棉花研究所（Cotton Research Institute，CRI）及国家研究中心（National Research Center，NRC）。

埃及最主要的棉花研究站为吉扎和萨哈两站，是棉花研究和育种的主要基地，其他站均分布于三角洲、上埃及和农业区，以及在三角洲的西部新开垦沙漠地区的奴巴利亚站和上埃及西沙漠地区的新河各站。

吉扎棉花研究所：棉花是埃及农业最重要的作物和出口物资，地处吉扎城的棉花研究所是成就最大的农业研究单位。棉花研究所有主任专家 250 多人，高级专家 200 多人，专家 400 多人，普通职员 2 000 多人。分理事会和基础研究部。其中理事会又分种质资源引进理事会和种子生产理事会。前者主要从事种质库保存和国外种子或其他材料的引进等工作；后者的主要工作是生产核心种子和推荐商用种子。研究部又分为生产研究部和技术研究部，有以下研究室组成：①育种室：是培育高产优质埃及棉新品种。主要课题有：超长绒棉、长绒棉和中长绒棉新品种选育；细胞遗传和种质资源；种间杂交和抗性育种等。主要育种方法是系统育种、杂交育种、复合杂交育种和回交育种等。已育成品种 94 个，其中大面积推广品种 22 个。②栽培室：研究棉花的农艺性状和常规栽培及机械化栽培措施。研究课题有棉花栽培和棉花农业机械化。③保纯室：鉴定和保持棉花品种纯度。研究课题有：超长绒棉、长绒棉、中长绒和特种棉品种的鉴定和保纯以及棉花品种区域试验等。④生理室：研究生长调节剂和脱叶剂对棉花产量和纤维品质的影响以及鉴定杀虫剂和除草剂的使用效果。主要课题有：棉花生长调节剂、脱叶剂、杀虫剂和除草剂的使用效果鉴定、棉花生物学特性及其生理特性研究等。⑤轧花室：研究目的是寻求最佳的轧花程序。⑥纤维研究室：研究棉纤维物理性状，分析棉纤维的机械性能和化学成分，以提高和保持埃及棉的优良品质。⑦纺纱室：研究棉纱的物理性能，分析棉纱的机械性能和化学成分，以提高和保持埃及棉的优良品质。⑧分类室：分籽棉分类和皮棉分类 2 个课题。

此外，农业研究中心的植保所，农学院的植保系等承担棉花病虫害及其防治的科研任务。

与棉花科研有关的科研单位：吉扎农业研究站与棉花研究所在一个地方。由于地处市区，该站的试验地有限，主要从事中绒棉类棉花品种的选育和全国统一布置的品种区域试验。该站是棉花研究中心，所以目前埃及所有的棉花新育品种都统一以"吉扎"（Giza 简写为 G）编号命名，并对其中特别优秀的品种外加特殊的称号，如"女神"、"荷花"等。

萨哈研究站位于三角洲中北部的谢赫省，为综合性的研究站，也是埃及最大的棉花育种基地。主要从事长绒棉类的选育工作。与该站设在一起的农业部萨哈试验轧花厂，负责对萨哈农业生产总局繁殖的品种和各试验站保存品种的轧花工作。

萨哈农业生产总局实际上是埃及最大的国有农场，由萨哈和穆沙两大生产单位（农场）组成，共有耕地 11 000 埃亩（约合 4 620 公顷），占埃及 18 个国有农场总面积的一半。由于萨哈站和生产总局在一起，总局的全部土地都可做试验基地和良繁基地，保证了萨哈站有足够的隔离地带（1000 米以上）。同时繁殖多个棉花品种，这是吉扎站所做不到的。在各新品种的繁殖田中同时进行多项栽培试验，既无种子混杂之忧，又便于良种良法得到推广。

值得一提的是埃及在萨哈设有农业部萨哈培训中心，该中心是培训大学毕业后分配到农村从事技术工作（也叫农村指导员）的农业工程师。培训期 3～6 个月，每期对多培训 60～70 人，分省（地区）培训，也代培一些外国学生，以本国教师为主，也聘请外国教师。开设作物，农业机械化等课程。

（五）棉花产业发展经验

为了保证优质高产，实行严格的棉产业链管理是一条重要措施。早在 1919 年，埃及就在与开罗一河之隔的吉扎地区设立了棉花研究所，专攻棉种改良。该研究所先后培育新品种 100 多个，其中以吉扎编号的有 90 多个，达到商品标准而获得大面积推广品种 23 个。埃及培育良种强调优质、抗病、早熟，故埃及棉花纤维品质优良，在国际市场上不仅售价高，而且相对紧缺。

1. 坚持不懈培育优质高产的突破性品种。①育种目标坚持以优质为主，兼顾高产。②坚持按区域育种。埃及政府根据 3 个棉花种植带不同自然条件，实行定向育种。③坚持科学严格的育种程序。埃及棉花一般采用品种间杂交的常规育种方法，从培育到推广整个过程一般需要 18～22 年（其他国家为 8～15 年），为全球最严谨的程序。

2. 高度重视种性保纯。①坚持严格的新品种区域比较试验，主要包括新品系之间比较，以选择优系；新品种（系）与已推广的主栽品种比较，以选择优良新品种（系）；已推广品种的生产性能稳定性评价，即通过广泛的定点抽样分析考察种性是否退化。②坚持通过提纯复壮方法开展专业化原种生产。为确保品种纯度，埃及不允许种子公司自己生产原种，生产上推广应用的棉花品种指定由棉花研究所年年提纯并生产原种。基本做法是 5 年 3 圃制，这是埃及棉花品种使用年限创世界之最的根本奥秘所在。③实行严格的商品种子质量认证制度。种子认证制度侧重点在于生产过程控制，由国家种子部门负责并委托有条件的大农场主进行商品种子生产，确保生产用种质量。

3. 育繁推销一体化。①育种、区试、提纯复壮与原种生产 3 个技术性很强的环节由以国家棉花研究所为龙头的科研部门完成，经费完全由国家提供。②品种登记、商品种扩繁、质量认证和销售 4 个管理与经营环节由农业部种子生产管理中心负责，垄断经营棉种。③科研经费由国家提供，新品种无偿转让。但为了激励科研人员，种子部门每年按棉种销售量返还科研机构一定的经费，作为科研奖励金。这种育、繁、推、销一体化体制，首先，保证了推广品种的少而精，以便实行单种、单收、单销。其次，它防止了品种的混杂退化并保证了种子的高质量，从而将品种使用寿命延长到最大限度，使用期 30 年以上，最长达 45 年。

4. 区域化种植。①国家通过立法实施区域化种植，严格划分每个品种的种植区域，在品种区域之间有固定宽度的自然隔离带，严格禁止品种混杂种植，违法者将受到严厉处罚。②全国实施以生物防治为主的综合防治措施，取得明显成效，防治面积达 90% 以上。棉花害虫天敌的繁殖和生物农药的生产也已达相当高的水平。

5. 研究纤维和纺织品质。埃及棉花在品质方面研究领域很广，从育种阶段的纤维常规品质性状、纱线性能和布匹化学与物理性能等，以及与其他天然纤维或化学纤维混纺等性状。常规品质性状，如上述品种的长度、强度、细度、成熟度、伸长率、整齐度等；纺纱性能指标有 50 支普梳环纺纱、100 和 160 支精梳环纺纱、50 支普梳紧密纱、100 和 160 支精梳紧密纱等，各个指标都包括纱线的纱线品质指标、比强度、伸长率、条干均匀度；化学与物理性能主要是检测纤维素、糖、蜡质和有机酸的含量，纱线性能还包括对碱化（丝光）、漂白、卷丝和熨烫处理以及染色的反应，以及这些因素对与其他纤维混纺的反应。这些品质方面的研究内容是逐渐扩展的，品种的纱线性能研究是 1971 年纳入埃及棉花研究所的，化学与物理性能研究是从 2000 年在该所开始的。值得注意的是，这些研究都是针对单一品种，而且从育种家制种到商业生产每个环节都抽样检测，所以每年的工作量非常大，但对保持品种特性是非常有效的。据埃及棉花研究所介绍，吉扎 45 就是很好的例子。其在 2007 年的纤维和纱线性能指标与它刚刚育成年代的表现几乎没有差异（表 24-3、表 24-4）。

埃及棉花出口对原棉品质分级很细，可能是世界上分级最细的，曾多达 10 个等级。因为后来出口受到美国比马长绒棉竞争的严重影响，原棉分级据美国比马棉进行了修订，目前分为 7 个等级，分别是：超级优质（extra）、完全优质级（fully good），良好优质级（good）、完全优良公正级（fully good fair）、良好公正级（good fair）、完全公正级（fully fair）和公正级（fair）。

6. 国家兴办农业推广体系。农业推广体系由政府的专业推广机构和农业科研单位的推广力量组成。由农业部直接管理，经费全部由国家提供。整个推广体系共计 4 万余人。政府农业推广体系包括中央、省、县、村四级，其龙头是农业部的农业推广管理中心。

第二节　苏丹棉花产业

苏丹民主共和国在非洲国家中国土面积最大，约为 250 万平方千米，可耕地有 80 000 多千公顷，已开发利用的仅约 5 500 多千公顷，全国人口 2 539 万（2013）中 70% 从事农业。工业不发达，农产品出口占国家外贸收入 95% 以上。现有工业也多为农产品加工业，如制糖、榨油、纺织业等，也依赖农业原料供应。

苏丹地处北纬 3°～22°之间，北部属热带沙漠气候，向南逐渐过渡到热带草原气候，最南部则属热带雨林气候。全部国土属热带，终年无霜冻，年降水量从北向南逐渐增多，北部沙漠气候区 30～100 毫米，中部 500～600 毫米，南部多达 1 000 毫米以上，最多时达 1 300 毫米。

一、棉花产业概况

棉花是苏丹最重要的经济作物和外汇收入来源。棉花出口常占国家外贸收入的 45%～55% 甚至更多。全国约 1 600 千公顷灌溉耕地中，1/4 的面积用于种植棉花，所产棉花 90% 以上供出口。

棉花的生产和利用在苏丹已有悠久历史。已发现公元前 50 年的美罗伊蒂克墓中的棉织物，证明当时在苏丹棉花已用于纺织。公元 70 年的文字记载，有美罗伊人在战争中摧毁棉花、玉米储备的记述。18 世纪 70 年代，在布鲁斯对喀土穆访问的记述中，也述及当地人主要生活来源是棉纺织业，还述及当地人把棉布作为货币使用。但过去苏丹长期种植的棉花是当地土种非洲草棉（*G. herbaceum* L.），绒短而粗，不适于现代纺织工业应用。

苏丹大规模种植棉花是在 1865 年后。最初是在红海滨的托卡尔（Tokar），其后在巴腊卡河三角洲地区试种长绒海岛棉获得成功，1912 年在达依巴的棉田增加到了 256 公顷。这促使了对青尼罗河和白尼罗河棉区的开发。由 1904 年英国工程师威廉·卡尔斯汀（W. Carstin）提出的水坝工程计划，1913 年动工，1925 年完成横跨青尼罗河的撒纳尔水坝工程并投入使用。使当年青、白尼罗河三角洲的棉田面积就从 1923 年的 9 443 公顷扩大到了 33 613 公顷，皮棉产量从 9 千吨跃增为 23 千吨。到 1936 年，这一地区棉田面积已达 77 591 公顷，年产皮棉 173 千吨，成为英国纺织工业的重要原料供应基地。本世纪 50 年代中期，青、白尼罗河上水利工程规模不断扩大，到 1956 年，苏丹棉田已扩大到 309 千公顷，年产皮棉 134 千吨。

苏丹是非洲的文明古国，1899 年沦为英国殖民地，由英国和埃及共管，直到 1956 年才获得独立。苏丹独立之后到 60 年代，植棉业持续发展，到 1970 年，棉田面积扩大为 511 千公顷，年产皮棉 245 千吨。

20 世纪 50 年代之前，苏丹主要生产长绒海岛棉，曾是世界上当时仅次于埃及的第二个长绒海岛棉生产和出口国，曾占长绒棉出口贸易量比重的 40% 以上。50 年代初以后，由于化学合成纤维生产发展迅速，在轮胎帘子线、降落伞、缝纫线等多种用途上取代了长绒棉，使国际市场对超级长绒棉需求疲软，价格下跌，这对苏丹单一地以棉花种植为主体的农业冲击很大。此后，苏丹引进陆地棉中、短绒品种进行试种和选择，政府出台政策进一步缩减长绒海岛棉生产，改种中绒陆地棉，并扩大花生及粮食作物面积，以保证粮、油食品供应。棉田面积从而大有减少，1979 年棉花面积仅 412 千公顷，年产皮棉 114 千吨。

鉴于棉花生产出口在苏丹国民经济中的特殊重要性，20 世纪 80 年代初，政府提出了一项"十年恢复计划"，获得世界银行和其他一些国际金融机构资助，使棉花生产有了一定回升。1983 年，棉花产量曾达 222 千吨，皮棉单产 565 千克/公顷，棉田 400 千公顷。可是，由于粉虱和蚜虫为害引起的棉花含糖加工黏性问题比较严重，加上灌溉水和防治虫害成本较高，在国际棉价大起大落背景下，缺乏价格支持和生产保护经济实力的苏丹棉业，难于和美国、澳大利亚等国相竞争，棉花生产每况愈下。1989 年，年产皮棉仅 128 千吨，棉田面积279 千公顷，皮棉单产 442 千克/公顷。

1990 年，政府对农业政策做出重大调整，为实现粮食自给，宣布决定缩减灌溉棉田30%，鼓励扩大雨养地区棉田面积。实施这种政策使 1991 年灌溉地棉田降为 142 千公顷，限制在吉齐拉、拉哈德和新哈尔发三个灌区的棉田面积。另外的灌区如青尼罗河、白尼罗河和托卡尔等，将 1991 年灌溉棉田面积指标增为 156 千公顷。

靠自然降雨的旱地棉田面积，过去 10 年中约为 12 140 公顷，主要是在苏丹西部生产Nuba Albar 短绒棉。政府新宣布的政策将会鼓励私人农场在 Gedaref 和 Damazin 地区扩大Acrain 的种植面积 60 700 公顷左右，比原来扩大近 6 倍。但旱地产量很不稳定。

苏丹自 20 世纪 20 年代以来的棉花生产发展变化情况统计见表 24-5。

表 24-5　苏丹棉花生产发展变化

年代	皮棉产量（千吨）	棉田面积（千公顷）	皮棉单产（千克/公顷）
1925—1929	24	834	290
1934—1938	46	173	265
1945—1949	56	152	372
1950—1956	87	253	340
1957—1959	99	345	280
1960—1969	178	462	380
1970—1979	186	462	397
1980　1989	159	349	456
1990—1993	71	154	465

1990/1991—1993/1994 年度，苏丹年产皮棉约近 80 千吨，棉田面积年平均约 167 千公顷。年产量已只为 80 年代平均产量的一半左右，缺乏资金和劳力，是苏丹棉花生产面临的主要困难，收花往往因人力短缺而推迟。

苏丹近年生产的棉花共有四种类型：超级长绒棉，为海岛棉种（*G. barbadense* L.），绒长 35～40 毫米，"巴拉卡特"（Barakat）品种为主。陆地长绒棉，属陆地棉种（*G. hirsutum* L.），绒长 30～32 毫米，"沙姆巴特"（Shambat）品种为主。中绒陆地棉，绒长 28～30 毫米，爱字棉类型品种为主。中短绒棉，陆地棉种，绒长 27 毫米，品种以"努巴—阿尔巴尔"

(Nuba Albar)和"阿克瑞因（Acrain)"为主。

直到 70 年代初以前，苏丹一直是超级长绒棉主产国，超级长绒棉产量占苏丹棉花年产量的 90% 左右。70—80 年代陆地长绒棉面积逐渐扩大，到 1986 年已占总棉田比重的 30%，到 1988 年已占棉田的 45%，产量比重的 52%。沙姆巴特 Shambat 陆地长绒棉面积的迅速扩大，其单产高于长绒海岛棉约 30%，纤维品质可与埃及的长绒海岛棉吉扎 75（Giza - 75）及美国比马棉（Pima）相当（表 24 - 6）。

表 24 - 6　1988/1989 年度苏丹不同类型棉花产量、产区、面积和单产

棉花类型	地区	面积（千公顷）	单产（千克/公顷）	产量（千吨）
超长绒（Barakat） 33.7～39.3毫米	吉齐拉	98	436	43
	托卡尔	10	134	1
	白尼罗河	12	272	3
	小计	120	394	47
长绒（Shambat） 29.1～30.6毫米	吉齐拉	79	613	48
	青尼罗河	17	394	7
	白尼罗河	5	244	1
	拉哈德	35	682	24
	苏基	11	340	4
	小计	148	570	84
中绒（Acala） 25.3～27.0毫米	新哈尔发	26	603	16
	拉哈德	16	754	12
	青尼罗河	6	404	2
	小计	48	670	30
短绒（NubaAlbar） 22～26毫米	努巴	16	57	1
	总计	3 320	490	163

资料来源：国际棉花咨询委员会.世界棉情评论（ICAC《Cotton：Review of the World Situation》.1990，5-6月）.

1991 年苏丹政府公布和实施新的农业政策，灌溉地上要求至少棉田缩减 30% 改种粮食作物。棉花面积即已从上年 279 千公顷减少为 148 千公顷，1992 年进一步减少为 123 千公顷，棉花产量从 1989 年的 12.8 千吨下降为 1990—1993 年的 71 千吨。苏丹通过灌溉可提高棉花单产 25%，2000 年棉花产量恢复到 130～140 千吨。

苏丹纺织工业基础薄弱，长期中只为英国提供纺织原料，20 世纪 60 年代以后才开始建立本国的纺织工业。但由于资金缺乏，技术设施落后，加工能力差，棉纱棉布依然靠进口，年消费原棉 13～15 千吨，不及常年产量的 2%，最多时也不超过 19～23 千吨。

自 1970 年 6 月起，棉花贸易均由国家公司独家垄断经营。而在此之前，曾是由各灌溉工程农作区委员会销售处负责经营。1986 年，政府实施了新的市场政策，改变了过去固定不变的价格体系，在每年收花之前宣布棉花收购价格。

苏丹棉花 90% 以上供出口，棉花出口量在 20 世纪 60 和 70 年代曾有较大幅度增加，年均出口分别为 153 千吨和 185 千吨。到 1989 年出口量已下降一半以上，1990—1993 年，年

均出口原棉仅 74 千吨，1994 年约为 50 千吨。

苏丹的棉花消费和出口量变化，见表 24－7。

表 24－7　苏丹棉花年出口量与消费量变化

年　度	出口量（千吨）	棉消费量（千吨）
1926/1927—1929/1930	28	—
1930/1931—1939/1940	40	—
1940/1941—1949/1950	62	—
1950/1951—1959/1960	94	—
1960/1961—1969/1970	153	89
1970/1971—1979/1980	186	131
1980/1981—1929/1930	144	165
1926/1927—1989/1990	74	170
1981/1982	56	150
1982/1983	140	130
1983/1984	219	170
1984/1985	145	170
1985/1986	115	230
1986/1987	222	160
1987/1988	149	180
1988/1989	162	140
1989/1990	141	120
1990/1991	103	140
1991/1992	86	160
1992/1993	57	190
1993/1994	53	140
1994/1995	50	210

资料来源：国际棉花咨询委员会．世界棉情评论（ICAC《Cotton：Review of the World Situation》1990，5－6 月）．

中国历年进口苏丹棉品种及品质分类：

长绒棉：S 棉（Sakel）、L 棉（Iembert）、V.S 棉（Vsiba/Sakel）、M 字棉（Mary-oud）、H 棉（Hiuda）

中绒棉：爱字棉（Acala）。

短绒棉：Nuba 棉（Nuba）、B 字棉（Barajat）、T 字棉（Tayiba）、SH 棉（Shambart）。

苏丹格齐拉局是受政府指定的管理棉花生产、棉花统销和指定棉花品级标准的半官方机构。长绒棉如为官方机构格齐拉局经营出口的，在等级前冠以"G"字，以区别于私人种植的棉花。棉花名义上由格齐拉局负责检验，但实际上格齐拉局只确定每年的品级标准程度及货到苏丹后的抽查复验，真正的具体检验工作分别由各轧花厂承担。棉花分级过程是先由格齐拉局确定品级标准和样标（长度）后，分发到各轧花厂据此分级。轧花厂籽棉加工前进行初验，经打包运至港口出口前，再由格齐拉局按规定抽查复验，经该局验明品级结果刷唛于棉包上，即作为出口品级。苏丹长绒棉全部采用皮辊轧花，利物浦 B 字棉计价基础为 G5B，SH 棉计价基础为 G3SH（R、G）。Shanbart-B 有时亦有锯齿轧花，其长度明显短于皮辊棉。

棉花的分级方法：棉花标准主要根据棉花外观形态等因素评定，如有一项不合格即作降级处理，不作综合平衡。

长绒棉品级分为 6 个正级，在 1～6 级之间还增加五个"X"级。"X"级的解释为：如长度长于本级，而强力稍好的，可在本级前加"X"符号；如长度长于本级而强力较差，仍保留原级。长绒棉在 6 级下面还增加了 C6 和 D6 两个品级，C6 表示清洁的棉花（Clean），D6 表示不清洁的棉花（Dirty）。为此长绒棉有 13 个品级符号。长绒棉因品质的不同，在表示棉花产地级别的同时，在品级符号后面再加上品种代号，注入 VS、B、M、T、H 和 SH 等字样。

长纤维棉除品级标准外，还根据不同品种、品级制备手扯长度标样，作为长度检验依据。苏丹长绒棉为底线标准，标准的正本送利物浦棉花协会保存。

中纤维棉主要为美种陆地棉，因轧花方式不同，又可分为锯齿轧花（S、G）和皮辊轧花（R、G）两套标准。

锯齿棉分为 4 个品级：1SG、2SG、3SG、4SG；

皮辊棉分为二等四级：1G、2G、3G、4G、1M、2M、3M、4M；

G 表示品质良好（Good），M 表示品质中等（Middling），1、2、3、4 表示纤维长度差异程度。

短纤维棉亦称努巴棉，共分三等四级，其表示方法为：

1A　2A　3A　　　　　　　　1B　2B　3B
1C　2C　3C　　　　　　　　1D　2D　3D

1～3 代表等级，A～D 代表长度。具体为 A 级长度代表 $1''$，B 级长度代表为 $15/16''$，C 级长度代表为 $7/8''$，D 级长度代表为 $13/16''$。

二、棉花种植、科研和支持政策

苏丹地处热带，热量资源丰富，适于棉花种植，产棉区分灌溉棉区和旱作棉区两大类。

（一）棉田灌溉

1. 灌溉棉区。主要在国土北部青尼罗河和白尼罗河三角洲以及其他河流沿岸地带，共有七处水利灌溉工程种植区：吉齐拉（Gizira）、拉哈德（Rahad）、吉尔巴（Girba）、柴达布（Zerdab）、青尼罗河（Blue Nile）、白尼罗河（White Nile）、苏基（Suki）。所有这些工程区是利用渠道引水自流灌溉或水泵提水灌溉。最大灌溉工程区是吉齐拉和拉哈德。全国共有 1 600 千公顷灌溉土地，棉花约占 400 千公顷。灌溉区棉花产量占全国棉花总产的 95％以上。长绒海岛棉的 80％以上，全国总产的 55％～68％以上集中在吉齐拉和拉哈德两处大水利工程中，这也是全国棉花单产最高的地区。

吉齐拉工程共覆盖面积约 1 000 千公顷耕地，位于青、白尼罗河之间，地势平坦，土壤肥沃，主要灌溉方式是渠道引水自流灌。棉花生长季节中气温 25～30℃，年降水量平均 381

毫米。这一工程区是世界上经营规模最大的以棉花生产为主的机械化农场之一，每块棉田约38～40公顷，规划成整齐的几何形，以便于统一计划进行轮作或机械耕作。这一工程原始建筑成本为2.5亿美元，由英国政府投资；土地国有，租给农民耕种，佃户约有10万户，季节性棉田个人50万人左右，佃户每年获取植棉纯收益的一半左右；政府提取40％左右纯收益负责提供灌溉水，工程区管理委员会提取10％纯收益，提供肥料、种子及技术指导服务。过去长期种植长绒海岛棉，20世纪70年代起开始种植陆地棉，海岛棉单产约430千克/公顷，陆地棉单产约600千克/公顷。

吉齐拉工程区设有研究站与推广服务处。除种植棉花外，也种植小麦、小米、高粱、花生、蔬菜等作物，供本地消费，种粮收入归佃农。

与吉齐拉工程相邻近的拉哈德工程区，是苏丹最大的水泵提水灌区。水利工程成本3.6亿美元，共有约1.4万户佃农。棉花种在垄上，实行沟灌，垄长274米，棉花单产比自流灌的吉齐拉工程区高，用水量少，种植长绒陆地棉。

青尼罗河和白尼罗河工程区年降雨500毫米，生长季节中气温30～33℃，全部提水灌溉，主要种植长绒海岛棉，棉花产量占全国棉花总产约20％。

哈什姆吉尔巴工程区位于吉齐拉工程区东靠近埃塞俄比亚，为大陆性气候，年平均温度28℃，年降水量327毫米，灌溉水来自阿特巴拉河（尼罗河第一条支流），主要种植中绒陆地棉爱字棉（Acala），产量占全国棉花总产约5％。

其他以水泵提水灌溉区还有如位于喀土穆附近的柴达布（Zeidab）。

临红海的巴腊卡河三角洲的托卡尔（Tokar）地区和靠近埃塞俄比亚边界的卡萨拉地区，是利用巴腊卡河和自埃塞俄比亚流入境内的阿特马拉河汛期洪水灌溉植棉，面积和产量均不稳定。托卡尔地区是试种棉花最早的地区，年平均温度25℃，年降水量70毫米，以种植中绒陆地棉为主。

各工程区都有自己的灌溉设施、农场耕作机具和轧花厂。

2. 旱作棉区。主要有两处：一是西部属努巴山脉的科尔多凡高原，年平均温度23～29℃，北部降水量630毫米，南部年降水量825毫米。土壤为砂土或黑黏土，种中短绒棉"努巴—阿尔巴尔"（Nuba-Albar），栽培方法原始。另一处是卡萨拉省，达富尔省和赤道省的广大地区，大多是热带干旱草原，年平均温度23～29℃，卡萨拉省年降水量410毫米，达尔富尔省年降水量600毫米，赤道省则多达1 300毫米。在卡萨拉省可利用河流汛期灌溉，后两省则只能靠自然降雨植棉。种植的棉花品种均为Nuba Albar或Acarain中短绒棉。近年则计划在赤道省扩大种植中长绒陆地棉和新育成的品种P32/81。

雨养棉区棉田过去只占全国比重10％左右，单产低，每公顷仅产皮棉57千克，1991年后有所扩大。

（二）棉花品种

苏丹种植的棉花品种有四种类型：巴拉卡特（Baracat），沙姆巴特（Shambat），爱字棉（Acala）和努巴·阿尔巴尔（Nuba Albar）。

1. Barakat品种类型。1991/1992年度这一类型品种占苏丹超级长绒棉面积的86％左右，占各种类型棉花总面积和总产约10％。新培育出的品种如：Barakat - 82、Huba82，Maryond - 82等已替换原有的品种。这些品种都抗角斑病（*Xanthomonas Malvacearum*）。这一类型品种主要种植在吉齐拉、白尼罗河和托卡尔工程区，绒长 35～39 毫米，马克隆值 3.3～4.1，束强力 28～32 克/特克斯，用于纺高级细纱。

新选育并已登记发放的这一类型品种如：Barakat - 90，比原有的 Barakat 及 Barakat - 82 早熟、高产、束强更好，但纤维较粗，抗枯萎病（*Fusarium* wilt），在吉齐拉工程区枯萎病田替换老品种。

新育成另一品种 B-Pima，在绒长、强力、细度、单产潜力等方面都优于 Barakat 和 Barakat - 82 及 Barakat - 90，且更为早熟。

苏丹的长绒海岛棉，最早是 1925 年自埃及引入的"多曼·萨克尔"（Domains sakel）品种，经选择改良，育成了"巴尔·萨克尔"（Bar sakel）品种，它抗炭疽病（Blackarm），1956 年之前大面积种植。另一个自埃及棉中选出的品种是"拉姆博尔特"（Lambert），也曾有一定面积。因为"巴尔·萨克尔"和"拉姆博尔特"都易感染粉虱为害，从而导致卷叶病，对产量和品质造成损失。50 年代中期，这两个品种开始被 Barl4/25、BarXLI 替换。从 Barl4/25 及 BarXLI 中后来又选出可纺 80 支细纱，纤维强力高出 6% 的 VSI - 61 品种和 B6I，对角斑病达到免疫水平。

Barakat 是从 Lambert 中经选择改良育成，70 年代初替换了其他超长绒棉旧品种，它在抗病性和纤维品质方面都优于 Lambert。

2. Shambat-B 类型品种。属纺细支纱用的陆地棉长绒品种，1985 年开始推广，1991 年约占苏丹棉田面积的 19%，主要种在青尼罗、白尼罗和吉齐拉工程区。绒长 33～39 毫米，马克隆值 3.4～3.9，束强 25.2 克/特克斯，品质与长绒海岛棉相近似，辊筒轧花高等级棉可与埃及棉"吉扎 75"相竞争，也不次于美国比马棉和印度的陆海杂交种长绒棉。锯齿轧花棉则类似于美国加利福尼亚州的爱字棉 SJV（Acala-SJV），种植在吉齐拉·拉哈德、吉尔巴、苏基、青尼罗、白尼罗河等灌区。

Shambat-B 的叶片狭窄，无茸毛，对粉虱较具抗性，近年来面积扩大较快，其单产比长绒海岛棉高 30%～40%。

这类型品种新育成的有 0LB（85）160N，它比 Shambat-B 的纤维更细、更长也更强，且易于轧花，准备用它在皮辊轧花地区替代 Shambat-B。

3. Barac（67）-B 类型品种。1978 年育成推广，属中支纱品种，1991 年种植面积仍约有 83 千公顷，占总棉田面积约 35%。绒长 26～28.6 毫米，马克隆值 4.2～4.5，纤维强度 20.5 克/特克斯，既有皮辊轧花也有锯齿轧花。

新育成的 Barac（69）-2，是 Barac（67）B 和粗支纱用棉 Albar（57）12 杂交后代，具有良好的抗角斑病性能，其最高等级纤维品质相当于 Barac（67）B 的中级或低等级棉，如用辊筒轧花机轧花，可纺高级 A 支纱，如用锯齿机轧花，则可纺中支纱。

4. 爱字棉（Acala）类型品种。1958 年自美国引入爱字棉 4 - 42（Acala4 - 42），经选育改良，育成一系列苏丹爱字棉品种，如 Acala - 67，Acala 69/2 及 Acala（82）- 8A，Acala（82）8B，Acala - 83，以及 Shadacala 等等。这类品种绒长 26～28.6 毫米，马克隆值 4.1～4.7，纤维强力 19.3～22.6 克/特克斯，可纺 20～30 支纱，占棉田面积和产量约 1/3 左右。Acala（82）8A 比 Barac（67）B 纤维长，强力高，只是稍粗了些。Acala（82）8B 纤维品质与 Barac（67）B 相当，叶上茸毛更多些，这两个新品种都抗叶蝉。

5. Nuba Albar 和 Acrain 短绒棉品种。这类品种绒长 22～27 毫米，马克隆值 3.2～4.3，

纤维强力 22.8 克/特克斯，过去这类品种占棉田约 10%，新宣布的农业政策要扩大旱地棉田，这类品种将占总棉田 34%左右。

近年新育成品种 P32/81，比 Nuba Albar 和 Acrain 纤维更细、强力也更高，各种类型品种的纤维性状、播种与收花期见表 24-8。

表 24-8 苏丹主要棉花品种播种期、收获期及纤维性状

主要品种	播种期 （月/日）	收花期 （月）	绒长 （毫米）	马克隆值	纤维强度 （克/特克斯）
			长绒棉		
Balakat	8/1—15	1—4	34.9~39.7	3.3~4.1	26.3
Balakat 82	8/1—15	1—4	34.9~39.7	3.4~4.3	28.1
Hoda 82	8/1—15	1—4	35.7~39.7	3.8~4.3	31.9
Maryoud 82	8/1—15	1—4	34.9~39.7	3.2~3.5	30.7
Shambat 82	8/1—15	1—4	34.9~39.7	3.4~3.9	25.2
			中绒棉		
Barac（67）B	5—12	9—5	26.2~28.6	4.2~4.5	20.5
Acala 82	5—12	9—5	26.2~28.6	4.4~4.7	19.7
Acala 83	5—12	9—5	26.2~28.6	4.1	22.6
Sudac~k	5—12	9—5	26.2~28.6	4.4~4.7	19.3
			短绒棉		
Nuba~Albar（57）	12	10—2	25.4~27.0	3.2~4.2	—
Acrain	7	12—3	25.4~27.0	3.4~4.3	22.8

资料来源：The World Cotton. 1980。

近年新育成三个棉花品种的纤维性状，见表 24-9。

表 24-9 苏丹三个育成品种的品质性状

项目	海岛棉 Barakat-90	陆地棉 Barac（69）2	陆地棉 P32/81
2.5%跨距长度（毫米）	31.5~34.5	28.5~30.3	29.9~32.1
马克隆值	3.4~4.1	3.7~4.5	3.8~4.0
纤维强度（克/特克斯）	26~30	21.7~24.5	22.6~24.6
成熟度	0.93~1.00	0.91~1.05	0.93~0.99
整齐度（%）	43~47	45~51	47~49
伸长度（%）	6.6~7.0	5.8~7.0	6.1~6.3

资料来源：Sudan cotton toward. 2000；Cotton International. 1992.

棉花育种工作主要在吉齐拉试验站和喀土穆附近的沙姆巴特（Shambat）试验站中进行。沙姆巴特试验站中收集有大量棉花野生种和栽培品种。

（三）种植技术

轮作：吉齐拉的传统轮作制，是棉花—休闲—高粱—休闲或绿肥—休闲—棉花—休闲—

休闲。这种八区轮作制度有助于控制角斑病和卷叶病，获得高产。但后来用花生替代了绿肥种植。

整地：从 10 月份起就开始翻耕土地和起垄，以至大块土地经过 4、5、6 月日光暴晒和温度作用，以及 7 月的雨淋，使其完全风化粉碎形成肥沃的细土。翻地耕地均用拖拉机带动的机具，起垄是为了便于灌溉。

播种：在吉齐拉北部和吉齐拉灌溉区播种棉花是从 8 月初到 15 日结束，最迟到 8 月底，中部和南部大约晚 5 天，进行到 9 月初。

在卡什三角洲和陶卡尔地区是等汛期有水之后才播种，从 8 月中旬一直到 9 月或更晚。后期的大水，往往把幼苗冲坏或淹没，需进行重播。

在自然降雨多的地区，科尔多凡省、赤道省、上尼罗河，棉花播种是在 6 月后到 8 月中旬。耕作方式仍很原始。

苏丹大部棉田播种仍用手工，用木棍轧眼穴播，一人轧洞，一个下籽，每穴播入 10～12 粒种子，然后用脚覆土。播种后三周间苗，每穴留 3 株。吉齐拉地区垄距约为 80 厘米，株距 25～50 厘米。

中耕：大部仍用手工锄地，用畜力或机械中耕的很少，一般中耕 3 次。

收花：仍全部用人工收花，吉齐拉灌区为 1 月开始，4 月结束，其他洪水灌区为 9 月至 5 月，西部旱作区为 10 月到 2 月或 12 月到 3 月。

灌溉：吉齐拉等灌溉工程区自然降雨仅 300 毫米，不足以供应棉花生育需水，种棉全靠灌溉。在吉齐拉大平原上布满灌溉渠道，进行有计划有组织的自流灌溉，大多为 14 天灌一次水，水量过多和缺水期交替出现，有干有湿，对棉株生育不够理想。减少用水量和提高土壤持水力，是提高土壤水分稳定的途径，为保证棉花苗期生育，多进行播前储水灌溉，在播前几个月进行，水泵提水灌集中在尼罗河沿岸。

加扎勒和巴腊卡（陶卡尔）三角洲采用漫灌，即在洪水期汛水淹没棉田，水淹之后播种棉花。这种灌溉的效果，决定于土壤吸收和保存水分的能力，灌水时期、数量和面积都是无控制状态。加扎勒河省棉区通常是 7 月初到 9 月底有水，最大幅度有时是 6 月 10 日到 10 月 18 日。根据水的情况，每年灌溉面积 10～15 千公顷之间。巴腊卡河比加扎勒河水流更急，水量变化更大，正常发水期是 7 月中旬到 9 月中旬，河水泛滥有时几小时，有时 3～4 天。

施肥：吉齐拉地区土壤含氮量很低，要获棉花高产，每公顷需施 N 素 40～80 千克，土壤含磷量在微缺到良好之间，总磷量约 700 毫克/千克，有效磷 130 毫克/千克，每个生长季节中从青尼罗河水灌溉可增加 K_2O 36 千克，是棉花从土壤中吸收钾素量的 2.5 倍。因此，灌区棉田不需施用钾肥，对施磷肥的反应反复无常。氮肥多在播种后 6～10 周以追肥形式施用。

病虫害：角斑病和卷叶病是灌区危害棉花最普遍的病害，炭疽病与枯萎病也有一定危害面积。对病害主要采用寄主抗性，培育抗病品种控制。

虫害主要有：棉铃虫、红铃虫、粉虱、棉蚜、棉铃象鼻虫、金刚钻等。

棉铃虫在苏丹为害最大的是美国棉铃虫（*Heliothh armigera*），另外也还有苏丹棉铃虫、西班牙埃及棉铃虫等。红铃虫过去曾危害严重，70 年代后采用拔掉棉秆、清除枯枝败叶加以焚烧及对仓库棉籽熏蒸和热处理和农药防治综合措施后，已基本控制为害。

粉虱（*Bemisia Tabaci Gennadins*）和棉蚜（*Apis Gossypii Glover*）后期为害，是造成原棉蜜露污染导致棉花加工黏性的主要原因，给苏丹棉花出口和生产发展曾带来严重损害。近年苏丹主要采用鸡脚棉增加抗性和提高农药施用效果加以控制。

（四）棉花科学技术研究

苏丹棉花研究是由农业研究局负责领导管理，研究的重点是改进品种和栽培措施，使产品适应国际市场需求，生产高品级的洁净原棉，并使生产成本与收益之间取得一定平衡，设法降低生产成本，提高生产效益。研究工作一般由多学科的研究课题组承担，由研究站主任领导管理该站所有研究课题，由国家协调人负责组织协调全面工作。

苏丹各个灌溉工程区大都有自己的研究站和推广服务处，并由研究站主任、推广服务处长、农民代表和农业研究局技术人员组成的理事会。研究人员与田间管理工作和农民保持密切联系，关注生产的发展和生产上新问题的出现。研究站在农民种植的土地上进行种子繁殖，并设置试验示范点。在研究成果登记和推广之前，有几个委员会负责审定。研究成果在农业灌溉部出版物上发表。

棉花研究站现有的设施和人力不足以承担应有的任务。需要加强配备试验室设备、运输工具、田间机械，乃至技术人员、工人等，也需要加强经济与统计方面的研究，以便对生产投入进行经济评价。

棉花育种工作的主要目标，是在保持品种对角斑病抗性的基础上，进一步寻找和结合新的抗性资源，并选择改进棉花品种的单产与品质，促使中长绒和短绒品种的多样化，及培育抗枯萎病的长绒棉品种，对已推广品种保证提供育种者种子（原原种）。

苏丹的棉花种质资源搜集，由乌干达那姆龙格（Namulonge）试验站转来的搜集品，都保存在 Shambat 研究站。保存种质的方法是每三年轮种一次，以维持种子发芽力。保存的这些种质也向邻近国家提供。

虫害防治研究方面，包括化学、生物、栽培措施的综合防治研究。这类项目获得联合国粮农组织（FAO）和联合国开发计划署（FAO）的资助，以减少对化学农药的依赖性。棉铃虫（*Heliothis Armigera*）、粉虱（*Bemisia Tabaci*）、叶蝉（*Empoasca Bybica*）和棉蚜（*Aphis Gossypii*）是苏丹棉田主要的棉花害虫。事实上目前农药防治仍是唯一主要手段，常占棉花生产成本的 30% 或更多。在化学防治方面，继续筛选效用高的农药，及研究使用时间和方法等。在育种项目中，针对粉虱为害，重点培育对粉虱的寄主抗性，利用鸡脚叶性状已证明是有效途径。

综合防治研究项目，包括引入 Trichogramma 以防治美洲棉铃虫，研究防治从巴基斯坦来的粉虱的寄生生物。1986 年在苏丹生物防治粉虱在吉齐拉工程区试验了 320 多公顷，颇有成效，但叶蝉的为害又使造成相当产量损失。1987 年试验扩大到拉哈德和青尼罗河工程区。在三点上采用推荐措施与防治标准，使农药喷洒减少一半左右，只喷一到二次农药。

由镰刀菌（*Fusarium oxyspoum* var，vasinfectum）引起的枯萎病是对超长绒和长绒海岛棉生产很大的威胁。对 Lambert 棉进行抗病品系的选择已在评价产量和品质，对 Sakel 棉改进单产和抗枯萎的育种工作都在进行，采用高产的 Lambert 选系改进 Sakel 棉。新育成推广的 Barakat—90 就是一个抗萎蔫病品种。

　　苏丹大田生产普遍用人工锄草，研究上进行筛选播前、发芽后施用的除草剂，以防除在灌溉地和旱地棉田中的杂草，以及防除多年生杂草和灌渠中杂草。

　　在施肥方面，研究试验和测定不同耕作制度下棉花对肥料的需求。苏丹棉田一般都缺氮，对磷的需求尚无一定规律，有时也需补充一些微量元素。

　　在灌溉方面，水源欠缺也是棉花生产的限制因素，研究棉花灌溉方案、灌溉间隔期、土壤湿度在雨养棉田的变化动态、棉花密度对水分蒸腾量的影响。

　　机械化方面，由于各工程区均面临劳力不足的困难，迫使研究机械耕作，利用脱叶剂、机械收花和剥铃等。

　　栽培方面，重点研究轮作、肥料施用、播种期、种植密度等问题，以提高单产。

第二十五章　西非棉花产业

撰稿人　李鹏程　毛树春

西非是全球重要的棉花产区，非洲棉花的集中产区。这是因为棉花是西非和非洲国民经济的重要大田经济农作物，农民经济收入的主要来源，因此棉花在非洲被誉为"白色黄金"，安哥拉、津巴布韦、乌干达和坦桑尼亚等国家的国徽里都镶嵌棉花的图案。

非洲常年植棉面积 6 000 多万亩，面积占全球的 13%；总产 150 万吨，仅占全球的 7%，单产低于全球平均水平的 50%。由于西非和非洲棉纺业落后，自用棉比例很低，因而西非和非洲是全球重要的原棉出口地，也是我国原棉进口的主要来源地之一。

从全球来看，近 20 多年西非和非洲大陆棉花种植规模在减少，单产水平长期处于徘徊状态，一些主产区反而在下降，分析原因故有很多，其中技术处于全球现代农业的边缘化境地是主要原因之一。

西非和非洲特别是撒哈拉沙漠以南集中了全球最不发达的国家，发展棉花生产对西非和非洲国家和农民具有重要的战略意义，我国长期援助非洲，中非合作论坛举办始于 2006 年，迄今已有 15 年，2015 年中国政府发表国家政府间指导文件《中国对非洲政策文件》，提出"助力非洲农业现代化，提升棉花等特色产业的国际竞争力，增加收入，改善农民生活"。

但是从何处着手援助西非和非洲棉花，既是重要工作方法，也是援助能否取得成效的关键。回顾分析人类农业发展的几个重要阶段，或对援助非洲工作有所启迪和帮助。

原始农业时代。原始农业对土地不灌溉、不施肥，只向自然索取而不补偿，土壤营养的平衡完全依赖自然植被的自我恢复。最初是简单模仿自然界植物生长过程，进行播种和收获。后来进入刀耕火种阶段，耕种者的住所简陋，年年迁徙。劳动对象极大丰富，而劳动能力相对不足，生产资料私有制没有生存土壤。到了石器锄耕阶段，人们的住处相对定居下来，形成村落，末期出现生产资料私有制。原始农业时代持续了 8000 年左右。

传统农业时代。传统农业在向自然索取的同时，通过灌溉和施肥也给予一定的补偿，以靠天吃饭为主。基本特点是没有农村市场，农业没有经济积累，农民没有自主生产能力，农业没有形成自我发展能力。传统农业持续了 4000 年左右。

石油（化肥）农业时代。自 20 世纪 80 年代以来全球进入石油农业时代。这时农业开始大量使用化肥、农药、除草剂、地膜和灌溉水等石油化学品。同时，农业基础设备和设施逐步增加，电力、道路和运输、加工机械和设备等农业基础装备逐步形成，基本构建农业及其产品的产业链，科技渗入农业及其产品的全过程。农业结构具有自我调整和调节能力，科技对农业支撑能力也在逐步加大。农业生产有一定积累，基本形成自我发展能力。

现代农业时代。当前发达国家正处于现代农业时代。特点是：用现代装备武装农业，用增加投入改造农田环境，农业生产和农产品加工实行机械化、电气化作业，农田灌溉自动化，控温控水的设施农业形成规模，种植、收获、加工、销售采用计算机决策和辅助管理。

科技支撑能力增强，用生物技术改造和提升石油农业是当代农业科技进步的显著特点，最具代表性的是转基因技术和杂种优势利用。同时，农业生产和农业产业已有一定积累，具有自我发展的环境条件和能力，农业及其产品逐步增强应对市场化和国际化的能力。特别是美国、欧盟等发达国家对农业实行全方位的支持和保护。

知识或智能农业时代。全球下一个农业时代将是知识农业或智能农业时代，发达国家正在大力研究开发，且有一定的科技储备，正在走向应用。知识农业时代的基本特征是：农业消耗较少的耕地和水资源，投入较低的石油化学品，需要更少的劳动力和轻型劳动，依靠新知识和高技能生产出更高的产量，更多的优质农产品。其中以色列设计出昼夜 20 小时可以生产的绿色工厂，生产效率比大田农业提高了 3 倍多，单位面积产出要高出大田农业好几倍。

提出援助西中非棉花产业的主要思路和对策措施如下：

1. 主要思路。基于西非和非洲的农业基础条件、农民基本素质、农村基本经济体制度和科研能力，提高棉花竞争力的关键是提高单产水平，只有提高单产才能保障增加农民植棉收入的愿望得以实现，才能使以农户为基本经营单位的家庭经济有所积累成为一种可能，才能逐步进入农民自主增加投入和自主发展的良性循环。

2. 主要对策。借鉴中国 20 世纪 50—60 年代勤劳致富经验，提高单产的思路是增加人工投入，基本途径是改粗放管理为相对精细管理，关键措施是提高农艺管理技巧，主要对策是增加劳动力投入，借鉴和利用中国的精耕细作经验，把人力资源优势转化为生产优势，把耕地多的优势转化为产量优势，并借助良种、石油化学品、实用农具和动力。通过科技援助，有效提升科研基础水平，把传统科技逐步引向现代科技，逐步引入到依靠科技兴棉的轨道上来。

通过援助，逐步改变人的思想，培养人的技能，改变传统农业和植棉的习惯，提高单产水平。通过援助，缩短进入石油农业时代，逐步渗透现代农业技术，逐步武装现代农业装备与人才。农业和棉花援助应以改造和提升传统耕作和农艺管理为主要抓手，逐步渗透石油农业才能相得益彰，否则因噎废食。

提升轧花加工业竞争力要走国家自救和市场结合之路，机制创新和能力提升等同重要，同步推进。首先要根据国情采用不同的企业运行机制和体制，通过国家投入剥离沉重债务，解决人员机构臃肿问题，明确加工企业的职责。在此基础上，通过引进内外资金，重组企业，兴建加工企业，更新改造设备，可以形成具有竞争力的轧花加工产业。

纺织业要通过资源的全球化配置，紧紧抓住民族服装及其当地品牌获得生存能力，逐步增加自用棉比例，把棉花资源优势转化成纺织服装产品和市场优势。

以上或许对我国援助非洲的路径选择具有参考价值。

目前非洲有 59 个国家和地区（经济体），地理上通常把非洲划分为东非、中非、西非、南非和北非。

东非：埃塞俄比亚、厄立特里亚、索马里、吉布提、肯尼亚、坦桑尼亚、乌干达、卢旺达、布隆迪、塞舌尔等 10 个。

中非：乍得、中非、喀麦隆、赤道几内亚、加蓬、刚果共和国（即刚果（布））、刚果民主共和国（即刚果（金））、圣多美及普林西比等 8 个。

西非：毛里塔尼亚、西撒哈拉、塞内加尔、冈比亚、马里、布基纳法索、几内亚、几内亚比绍、佛得角、塞拉利昂、利比里亚、科特迪瓦、加纳、多哥、贝宁、尼日尔、加那利群岛（西）等18个。

南非：赞比亚、安哥拉、津巴布韦、马拉维、莫桑比克、博茨瓦纳、纳米比亚、南非、斯威士兰、莱索托、马达加斯加、科摩罗、毛里求斯、留尼旺（法）、圣赫勒拿（英）等15个。

北非：埃及、利比亚、突尼斯、阿尔及利亚、摩洛哥、苏丹、加那利群岛、亚速尔群岛等8个。

撒哈拉以南非洲国家可以视为除北非8个国家以外的非洲国家。

第一节　贝宁棉花产业

一、棉花产业概况

贝宁位于西非，南邻大西洋的几利亚湾，面积11.3万平方千米，全国人口890万人。贝宁经济以农业为主，包括林业和渔业，其中农业人口占总人口的48%。

贝宁是全球最不发达国家之一，人均DGP 680美元（2008年）。主要作物有水稻、谷子、高粱、玉米、木薯、棉花和油棕，其他作物有可可、咖啡、椰子、波罗和花生等。

棉花是贝宁主要经济作物，常年植棉200千公顷，皮棉总产100千吨以上。植棉从业农民35万人，辐射300万人，占全国人口的1/3；棉花出口占全国农产品的40%，创汇占全国收入的75%。因此，棉花在贝宁国民经济中有着举足轻重的地位。

21世纪前10年，全国平均植棉面积273千公顷（表25-1），且与20世纪90年代持平。其中2001年最大面积383千公顷。受国际市场价格走低和干旱等不利影响，2010年下降到182千公顷，近几年植棉面积回升幅度大。

表25-1　贝宁棉花生产和消费、出口

年　　度	面积		单产		总产		国内消费		出口	
	千公顷	增长（%）	千克/公顷	增长（%）	千吨	增长（%）	千吨	增长（%）	千吨	增长（%）
20世纪60年代（1965—1970）	19	—	283	—	6	—	0.2	—	2	—
20世纪70年代（1970—1979）	50	163	238	−16	12	109	0.6	200	11	123
20世纪80年代（1980—1989）	79	58	288	21	26	123	2.5	317	23	116
20世纪90年代（1990—1999）	273	246	438	52	115	348	3.3	32	108	365
21世纪前10年（2000—2009）	273	0	442	1	121	5	2.2	−333	121	13
2010/2011	180		363		65		2.2		65	
2011/2012	170		416		71		2.2		65	
2012/2013	351		450		118		4.0		93	
2013/2014	380		329		125		4.0		140	

注：2013年非最后数。

棉花单产不高。21世纪前10年，全国平均单产442千克/公顷，籽棉1000千克/公顷上下，基本与20世纪90年代持平。其中2004年最高为527千克/公顷，2010年因严重干旱单产下降到最低为363千克/公顷，籽棉为750千克/公顷（表25-2）。

棉花总产不断增长。21世纪前10年，总产120.8千吨，且比20世纪90年代增长5.2%。其中2001年最高达到173.9千吨，2009年最低仅65.3千吨。2011年呈恢复性增长，总产70.7千吨，增长8.3%。

表25-2 21世纪前5年贝宁棉花生产和消费、出口

年度	植棉面积（千公顷）	皮棉单产（千克/公顷）	产量（千吨）	国内消费（千吨）	出口（千吨）
2000/2001	370	377	139	2.0	136
2001/2002	383	449	171	2.0	141
2002/2003	303	460	139	2.0	158
2003/2004	314	440	138	2.0	147
2004/2005	310	527	163	2.0	136

表25-3 近几年贝宁棉花生产情况

年度	植棉面积（千公顷）	籽棉单产（千克/公顷）	籽棉产量（千吨）
2005/2006	191	1 001	197
2006/2007	233	1 035	241
2007/2008	233	1 150	269
2008/2009	199	1 059	211
2009/2010	146	1 086	159
2010/2011	182	753	137
2011/2012	209	1 000	200

注：资料由贝宁棉花协会提供。

全国棉田主要分布在北方，产棉省有阿黎博里（Alibori），面积占44.2%和总产占48.5%；博尔古（BORGOU）省次之，面积占20.4%和总产占18.6%；阿塔科拉（ATA-CORA）省第三，面积占17.8%和总产占19.2%；祖（ZOU）省第四，面积占5.5%和总产占4.6%；四省产量占全国的87.9%；另外，丘陵面积占5.0%和总产占4.3%，高地占面积的1%，总产仅占0.6%。从气候和土壤分3个种植带：

北部带：6—10月有一雨季，土壤含铁，淋溶严重并十分缺磷。

中部带：包括博尔古省南部和祖省北部，3—11月有一单雨季，土壤含铁，缺磷，有的缺钾。

南部带：包括祖省南部，莫诺（Mono）省、大西洋省和韦梅（Oueme）省，有两个雨季，当中也有旱季，土壤是"岩坝土"，为极少含铁铝的红色土，农业利用价值低，缺钾。

贝宁棉花的总体品质一般，绒长25～30毫米；短绒率偏高，一般在16.3%～19.9%，有时高达20%以上；含杂率3%～4%。从经济角度看，较适合作为非洲人民喜爱的蜡染布的坯布用棉。贝宁棉花质量标准分8级，从优级偏上到四级（表25-4）。

表 25 - 4 贝宁棉花质量指标

当地棉花品级称谓	相当于美国棉花标准等级
KABA/S	优级偏上
KABA	优级
BELA	一级
BELA/C	一级偏下
BELA/T	一至二级之间
ZANA	二级
KENE	三级
BATI	四级

轧花厂的私有化改革始于 20 世纪 90 年代末期，到 1999 年，全国棉花轧花厂的私有化改革业已完成，现有轧花厂 18 家，其中贝宁棉花发展公司控股 10 家，另有私立公司 8 家，年加工籽棉能力达到 600 千吨（表 25 - 5）。

表 25 - 5 贝宁棉花轧花厂及其生产能力

公司名称	工厂数（家）	轧花加工能力（千吨）
SONAPRA（国营）	10	312
ICA（私营）	3	75
LCB（私营）	1	50
MCI（私营）	1	50
SODICOT（私营）	1	40
IBECO（私营）	1	25
SEICB（私营）	1	25
总计	18	577

与此同时，21 世纪初成立了全国棉花协会，协会旨在保护农民利益和行业自律，承担生产指导、市场维护和协调工作等任务。会员由三部分组成。第一部分为棉农。各地棉农需加入棉农合作组织，每村有棉农合作组织一到几个，每个由 20～500 户组成。即棉农以合作社形式加入协会。第二部分为 18 家轧花厂。第三部分为生产资料公司。常务理事会为协会的最高决策机构，具有表决权。由 11 人组成，其中棉农合作组织代表 5 人、轧花厂代表 3 人和生产资料公司代表 3 人，秘书处和执行处为协会的常设机构，活动资金来自会员的会费和最初注入的发展基金。

协会具有协商价格的功能，如果进口化肥价格为 1 000 美元/吨，生产资料公司按 1 100 美元/吨，此时农民植棉赔钱，协会认为 90 美元合适，经销商只能卖 90 美元，差价 20 美元通过协会与政府协商进行补贴。

全国有两家纺织厂。其中 1986 年建成投产的贝宁洛克萨纺织厂已倒闭，还有一家中贝合资的贝宁纺织公司（SITEX-CBT，简称 CBT）在运行。CBT 由中国援建，中贝双方各持股 51% 和 49%。纱锭 2.4 万锭、织机 768 台，生产能力 1 370 万米坯布和纯棉纱 923 吨。公司产品畅销，但原料（皮棉）供应不稳不足，且越来越严重。

棉花消费水平低，且没有增长。本世纪前 10 年，国内消费量为 2.2 千吨，仅占生产量的零头。

棉花几乎完全出口（表 25 - 6）。本世纪前 10 年，平均出口量 121.3 千吨，几乎占生产量的 99.9%，且比 20 世纪 90 年代上涨 127%。其中 2002 年出口高达 157.8 千吨。

贝宁是中国进口棉的来源地之一（表 25 - 6）。本世纪前 10 年积累进口 486 千吨，约占同期中国 17 770 千吨的 0.3%。其中 2005 年进口最多，数量达 100 千吨，金额 1.26 亿美元；其次是 2004 年进口 66 千吨，进口额 1.07 亿美元。棉花成为中贝贸易中占有举足轻重的大宗商品。贝宁政府早已认识到通过中国进口间接地支持了棉花发展，促进了两国经贸合作的开展。

表 25 - 6　2001—2014 年中国从贝宁进口原棉量和金额

年份	出口量 （千吨）	出口金额 （亿美元）	中国进口量 （千吨）	中国进口额 （亿美元）	中国进口占贝宁 出口数量的（%）	占中国进口数量 的比例（%）
2001	104	1.2	—	—		
2002	146	1.3	17	0.2	11.7	9.7
2003	163	1.8	51	0.7	31.3	5.8
2004	127	2.0	66	1.1	51.6	3.5
2005	161	1.7	100	1.3	62.3	3.9
2006	91	0.9	63	0.8	69.6	1.7
2007	100	1.2	60	0.8	59.4	2.4
2008	92	1.4	48	0.8	52.4	2.3
2009	81	1.0	51	0.7	63.7	3.4
2010	81	1.1	30	0.5	37.0	1.1
2011	75	1.1	29	0.7	40.6	0.8
2012	99	1.5	57	1.4	57.8	1.1
2013			43	0.8		
2014			36	0.8		

注：中国进口和金额数据，据 2001—2010 年中华人民共和国《海关统计》整理，贸易数据据 UN Comtrade 网站和 FAOSTAT 网站整理，后者由李宁辉整理。

二、棉花种植、科研和政策支持

早期推广棉花品种有 BJA592 和 HAR444 - 2 等，近年来主要推广品种为 MK73。当前全国推广品种只有一个为 H279 - 1。

据 2011 年 12 月 17 日对南部莫诺省洛可斯镇的考察，该地棉花与玉米间作，人工砍倒后玉米秸秆仍在棉田，棉花 7 月 20 日播种，行距 80 厘米，穴距约 80 厘米，7 穴 23 株，收获密度 359 375 株/公顷，棉花品种为 H279 - 1。可见吐絮不畅，没有收获，估计籽棉产量不超过 1 000 千克/公顷。另一田块行距 80 厘米，株距 30 厘米，吐絮相对好些，已收获 1

次，但见两块田的虫口花多，僵瓣花多。

又据湖北省种子公司在南部的 Defese de Fumei 轧花厂的田间试验，中方提供品种 10 个，以当地 H279-1 为对照，行距 80 厘米，株距 30 厘米，收获密度 35 714 株/公顷。7 月 1 日播种，3 日出齐苗，8 月 14—18 日进入开花期，10 月 8—14 日进入吐絮期，12 月 10 日收获完毕。据实收籽棉产量，有 2 个供试品种增产，增产幅度 3.1% 和 10.6%，另 8 个减产，减产幅度 4.2%～22.7%。但从试验来看，用中国的技术管理当地品种，籽棉产量可提高 2.9 倍，但供试中国品种还存在倒伏问题。

贝宁棉田一年一熟制，轮种时间为 2～3 年，轮种作物有花生（大豆，或蔬菜）—谷物—棉花。

棉田耕整地，用拖拉机犁、耕牛和人力等动力，采用边耕地边起垄，也有人工锄地和作垄，起垄目的在于大雨造成的棉田防涝。

在博尔古省和阿塔科拉，棉花播种自 5 月 5 日到 25 日从南向北推进，祖省北部和莫诺（Mono）省在 6 月 15 日至 7 月 15 日播种。播种为毛子和少量包衣子，播种行距为 80 厘米，在北部穴距 20 厘米，在祖省和南部为株距为 40 厘米。每公顷用种量为 45 千克。间苗，每穴留 2 株，密度分布不均。

收获季节为 10—12 月，南部为 11 月到次年 1 月，均为人工收获，随后拔柴烧毁。

棉花施肥，有机肥 1 吨/公顷，在整地时施用，播种时撒施复合肥，出苗后 40～50 天补施氮肥。根据土壤性状和栽培条件，有三种配方。①热带含铁土：施复合肥品种为 15-25-15-5-1（N-P-K-S-B），施用量 150 千克/公顷。50 天时再补施尿素 50 千克/公顷。②早熟栽培热带含铁土：配方同上，施用量 200 千克/公顷，施用方法同上。③"岩坝土"：同一配方，施用量 150 千克/公顷，加上追施氯化钾 50 千克/公顷。

北部棉区，红铃虫为主要害虫，但白色小卷蛾发生较多。中部棉区，棉铃虫、红铃虫和茶半跗线螨的危害严重。南部棉区，白色小卷蛾也是极为重要的害虫。治虫 4～5 次。

贝宁设有棉花及纤维研究所，下设南、北 2 个研究分中心，隶属于农业部下设的一个国家农业研究中心，主要开展了以下研究和技术推广工作：

运用传统技术和现代技术，提高复种指数（如稻—豆、稻—玉米、豆等），充分利用贝宁四季如春的气候（贝宁南部地区）和光热水土资源，发展集约型农业技术。

努力提高单产和总产，开发立体农业（如林—果—粮、蕉—稻、豆—玉米、牧—渔等），发展节地型农业技术。

推广现代新型的灌溉方式（渠系化、喷灌、滴灌等），发展节水型农业技术。

坚持有机无机结合，提高肥料利用效率。测定土壤肥力情况，针对性地配方施肥。坚持秸秆还地、杂草沤肥、棉花—玉米、豆科轮茬等，发展节肥型农业技术。

实施中低产耕地（田）改造，提高地力，改变垦—种—瘦—撂，不可逆转性地掠夺性用地，采用集约科学的方式培育地力，推广如园田化、平（梯）改坡、大垄沟等，解决维持土地肥力经久不衰的技术。

坚持农机农艺结合，推进适度规模的农业机械化，提高农机效率和劳动效率，发展省工节能型农业技术。

研究推广资源环境技术，如农村节能（如推广省柴灶、太阳能、沼气等）、森林保护、水土保持、污染防治、沙化治理、牲畜圈养种草放牧、生物多样性保护等，形成环保型农业技术。

研究推广高产高效增收技术，如产业化经营、种养加结合、农工贸结合、大幅度提高农业效益和农民收入，发展高效型农业技术。

贝宁棉花产业面临的问题主要来自两方面：一是内部问题，主要表现在贝宁棉花产业改革拖泥带水、众说纷纭，造成对国家农业促进公司（SONAPRA）进行私有化招标时出现多次反复，以至最终暂停，从而产生众多矛盾；改革中设立的众多管理机构间缺乏协调，造成行业间的信任危机，从业者不遵守行业协议，破坏棉籽商业化机制，轧棉厂随意取消轧棉计划，在棉农中造成极坏影响，影响棉农的生产积极性。二是外部原因，主要表现在国际市场因素的影响。具体表现为世界棉花产量的提高、汇率因素造成的价格上扬、生产资料的涨价，欧、美国家对其棉花出口的持续补贴也成为不利于贝宁等西非产棉国棉花产业发展的重要因素，这些补贴造成了世界棉花市场的失衡发展。

面对棉花产业发展所遇到的困境，贝宁政府积极应对，为挽救棉花产业，政府采取了一系列的改革措施。早在1991年，贝宁政府即出台了《农村发展政策宣言》（下简称宣言），提出棉花产业私有化设想。到2000年，政府重新审议了《宣言》并正式进入实施阶段，同年5月，贝宁政府再次针对棉花产业经营自由化问题展开讨论，并最终达成共识，形成了指导性的《意见书》。通过这些改革，国家将其肩负的棉花产业管理职责交与了私人经营者。

首先，逐渐实现了农业生产资料经营自由化，私人经营份额从1992年的20％到1993年40％，再由1994年的60％提高到1999年的100％。其次，轧棉领域向私人开放，并提出对国家农业促进公司进行私有化。但是，为保证2004年轧棉季节的顺利开展，贝宁部长内阁会议于2005年1月15日决定暂停SONAPRA的私有化进程。

为适应棉花产业的改革，贝宁政府成立了众多的管理机构，其中代表性的有：贝宁农业生产者联盟（FUPRO）、贝宁轧棉者专业协会（APEB）、农业生产资料供应商专业集团（GPDIA）以及农业生产资料管理与供应合作社（CAGIA）等。

贝宁农业部与其他职能部门一样实行清一色的条条管理。这其中的"条条"还有其自身的特色：把全国的的12个省划分为6个地区（大区），每个地区管辖2个省（非严格意义上的省，互有按民族部落划的范围）。共设农业部、地区农业厅和县农业局3级农业行政管理职能部门。人事管理权掌握在农业部门，工资、业务经费及物资装备均由农业部按照预算下拨管理，农业部门行使政府对农业的支持、保护、协调、指导的行政管理体制。

国家政府一直注重农业法律法规体系的建设，自20世纪60年代以来先后出台了有关涉农的31个法律规范，包括垦区开发、合作组织、土地管理、动植物检疫、食品安全、化肥农药、产品贸易、畜牧水产等等。2009年经通过了《贝宁共和国农业法出台程序》，正在筹备经费预算和争取外援，准备出台《农业法》。

在农业支持保护政策方面，政府每年花费110亿西非法郎作为种植补贴款，对种植棉花、玉米、水稻的农民实施了补贴政策：政府承诺最低保护价收购，免费向农民提供种子，对化肥提供优惠价50％并予赊销，收购时抵扣偿还余额。这些措施保护了农民的利益，调动了积极性，促进了粮食、棉花生产的稳步发展。

为了提升农业机械化水平，政府出台了优惠政策：对购买拖拉机的农户补贴50％的价格，对农民出钱部分还可分5年期交清：第1年30％、第3年20％、第4年30％、第5年20％。

农业基本经济制度是土地私有制，主要表现为家庭手工经营与部分家庭农场经营的基本模式。农民专业合作组织建立始于 20 世纪 60 年代，目前全国共有 1 810 个合作组织，主要有农民专业合作社（相对合作较紧密如棉花、棕榈油）和专业协会（如玉米、水稻、腰果等）两种主要形式，一些合作社还成立有联合社、总社等，合作化体系已基本建立，并发挥了一些积极的合作作用；还建立有产加销一体的农业产业化经营体系，如棉花的产业化经营由国家成立的国营棉花总公司带动棉农进行产业化经营；其余多数组织还比较松散，企业与农民的利益联结关系不密切，产前、产中和产后全程的农业社会化服务体系功能普遍不突出，生产效益仍较低下。

参与管理农业的机构有政府、专业组织和私人机构，政府通过农业部及其附属技术部门执行农业政策，开展农技推广，进行跟踪评价。农业专业组织渗透在农业各部门：非政府组织、财政机构、信贷网络等，专业组织越来越成为农业管理中不可缺少的部分。私人机构通过个体操作或各种专业协商，在农业机构中担任重要角色，特别是农业生产前后的组织活动（投资供应、销售、提供服务等）。

贝宁以解决温饱为特点的农业发展水平，决定了其农业推广的公益性。虽然农业推广体系由国家、非政府组织、私人和农业专业合作组织等共同组成，但国家专业推广组织系统无疑是农技推广的主力军，其余系统是农技推广的有效补充。

在国家专业农业推广体系方面，贝宁实行"条块管理"，负责全国农技推广的是贝宁农牧渔业部的培训推广司；省一级由农业厅下属的推广中心负责，1 个农业厅负责 2 个省；县一级由农业局的推广中心负责。一个县级中心负责一个县，下辖多个区域中心；一个区域中心负责一个或多个乡镇；村中心则负责一到三个村。由县中心派出的基层推广人员干预的区域为一到三个村。最有效的推广方法依然是试验示范，主要是成果示范和方法示范。此外，培训与访问、参与性方法、农民夜校、大众传播法等也有应用。

在农业推广资金上，由于贝宁农业推广的公益性，为确保食物安全，促进农业生产，贝宁政府为推广提供资金，并为生产者提供免费的信息和必要的监管服务。这些农业推广资金主要来源于国家预算、农业发展项目和计划，以及用以管理棉花生产的专业棉花协会的资金。总体而言，农业推广的资金来源相对单一，尤其是私人资金的投入十分薄弱。

棉花是贝宁最主要的出口创汇作物，因此棉花自然就成为农业推广的重点，政府推广系统和棉花协会协作进行推广。除政府的棉花农业推广项目经费之外，协会也收取一定的费用用于管理和促进农业推广。协会的收费标准按销售量计算，生产者 10 西非法郎/千克，轧棉工 10 西非法郎/千克，这些经费部分用于培训和管理生产者。此外，棉花推广的另一部分资助来自于世界银行对贝宁棉花部门的支持项目计划。该项目名称为"PARFC（棉花产业改革援助计划）"，由 AIC（棉花协会）执行，也为推广提供资金。由这 2 部分来源的经费总额 2006—2007 年为 6.26 亿西非法郎（1 美元≈500 西非法郎）。但贝宁除棉花之外的其他作物由于农民合作组织的发展相对薄弱，因此其推广投资强度远远不如棉花。

由于经济落后，国家和农民自身缺乏资金投入，无法开展农业基础设施建设，因而贝宁农田水利、农村道路、农村电力等基础设施建设落后，农村道路不通或狭小颠簸、农村水电不通现象十分普遍，严重阻碍了农村二、三产业的发展和农民生产、生活水平的提高。尤其是农田水利的极端薄弱导致农业生产水平低下的首因。从水资源条件看，贝宁年均降水量超过 1 000 毫米，水资源丰富，境内河网密布，南部沿海湖泊等水体众多，自然条件十分优越，具备灌溉条件，但贝宁几乎没有拦、蓄、引等水利工程，全国灌溉面积仅为 12 千公顷，只占耕地面积的 0.4%。另一方面却是水资源严重流失，绝大部分地区无灌溉条件，抗灾能力极端脆弱，基本靠天吃饭。因此加强农业基础设施建设，尤其是农田水利建设是保障和促进贝宁农业发展的重中之重。

第二节　乍得棉花产业

乍得位于非洲中部，是一个内陆国家，北接利比亚，东临苏丹，南邻中非共和国，西南与喀麦隆、尼日利亚为邻，面积 1 284 千公顷，人口 1 150 万。乍得经济以农业为主，包括林业和渔业，农业人口占总人口的 48%。

乍得经济因石油开采较为发达，人均 DGP 2 000 美元（2010 年）。主要作物有高粱、玉米和小米，还有少量水稻和小麦，经济作物有棉花、烟草、花生、芝麻、甘蔗和阿拉伯树胶等。

棉花是乍得主要经济作物，常年植棉 200 千公顷，皮棉总产 70~80 千吨。植棉从业农民 20 万，辐射 300 万人，占全国人口 1/3；在石油开采之前棉花出口曾占全国的 65%。因此，棉花在乍得国民经济中有着举足轻重的地位。

一、棉花产业概况

20 世纪前 10 年，全国平均植棉面积 286 千公顷（表 25-7），且比 20 世纪 90 年代略增 4.4%。其中 2000/2001 年度和 2001/2002 年度有所恢复，达到 100~115 千公顷，加上单产的提高，总产增加了 53.7%~76.9%，达到 218 千吨。

表 25-7　乍得棉花生产和消费、出口

年度	面积		单产		总产		国内消费		出口	
	千公顷	增长（%）	千克/公顷	增长（%）	千吨	增长（%）	千吨	增长（%）	千吨	增长（%）
20 世纪 60 年代（1961—1970）	289	—	126	—	37	—	1	—	36	—
20 世纪 70 年代（1970—1979）	278	-3.8	164	30.2	46	24.6	2	183.0	43	21.2
20 世纪 80 年代（1980—1989）	157	-43.5	265	61.6	42	-7.7	3	58.8	40	-7.4
20 世纪 90 年代（1990—1999）	274	74.5	256	-3.4	67	58.9	3	25.9	62	52.1
21 世纪前 10 年（2000—2009）	286	4.4	189	-26.2	53	-20.2	3	-2.9	51	-18.2
2010/2011	132	-54.3	162	28.6	21	-42.6	1	66.7	27	-24.6
2011/2012	172	-40.5	185	46.8	32	-12.6	1	66.7	31	-13.4
2012/2013	270	-6.6	127	0.8	34	-7.1	1	66.7	34	-5.0
2013/2014	257	-11.1	160	27.0	41	12.0	1	66.7	38	6.1

表 25 - 8 21 世纪乍得棉花生产和消费、出口情况

年度	植棉面积 （千公顷）	单产 （千克/公顷）	产量 （千吨）	国内消费 （千吨）	出口 （千吨）
2000/2001	400	163	65	3	65
2001/2002	425	166	71	3	60
2002/2003	425	166	71	3	65
2003/2004	300	163	49	3	54
2004/2005	300	254	76	3	65
2005/2006	315	232	73	3	71
2006/2007	250	174	44	3	47
2007/2008	180	230	41	3	44
2008/2009	180	169	30	3	25
2009/2010	80	177	14	3	16
2010/2011	132	162	21	1	27
2011/2012	172	185	32	1	31
2012/2013	270	127	34	1	34
2013/2014	257	160	41	1	38

表 25 - 9 乍得棉花生产情况

年度	植棉面积 （千公顷）	籽棉产量 （千吨）	籽棉单产 （千克/公顷）	皮棉总产 （千吨）	工业用废棉 （吨）
1990/1991	206	159	770	60	38
1991/1992	283	174	615	68	39
1992/1993	199	125	627	47	38
1993/1994	158	97	614	38	39
1994/1995	196	141	718	56	40
1995/1996	208	157	759	62	39
1996/1997	270	213	789	86	40
1997/1998	386	263	682	102	39
1998/1999	282	162	574	65	41
1999/2000	292	184	631	75	41
2000/2001	238	143	602	58	41
2001/2002	318	164	516	67	41
2002/2003	250	168	675	69	41
2003/2004	208	102	492	42	41
2004/2005	268	208	774	85	41
2005/2006	296	182	614	73	40
2006/2007	247	98	393	40	41
2007/2008	200	115	611	47	41
2008/2009	164	71	433	29	40

（续）

年度	植棉面积 （千公顷）	籽棉产量 （千吨）	籽棉单产 （千克/公顷）	皮棉总产 （千吨）	工业用废棉 （吨）
2009/2010	101		347	35	
2010/2011	132		399	53	
2011/2012	270		127	34	
2012/2013	257		160	41	

注：资料由乍得农业科学院提供。

乍得棉花单产不高，且波动大，年际之间相差 50%。20 世纪前 10 年，全国单产 189（籽棉 546）千克/公顷，比 90 年代下降 26.2%。其中 2004/2005 年度最高为 254（籽棉 774）千克/公顷。近 3 个年度因严重干旱，籽棉单产不断下降，最低为 347 千克/公顷。

乍得属于热带气候，雨季为 4—10 月，旱季 11 月—次年 3 月。年降水量 800～1 000 毫米（2006 年 1 043 毫米，2007 年 917 毫米，2008 年 940 毫米，2009 年 990 毫米，2010 年 1 038毫米，2011 年 897 毫米）。

棉田分布在南部，主要产棉省有帮哥（Bongor）、东巴（Doba）、蒙都（Moundou）、莱（Lai）和萨尔（Sarh）。

全国种植 2 个棉花品种，即 STAMF 和 A51。

乍得棉花公司（Cotontchad）成立于 1973 年，总部位于南部城市蒙杜，属国有控股企业，其中法国集团和当地两家银行参股，也是一家唯一国家控股的垄断企业，负责棉花种植、收购、加工和销售。70 年代建有轧花厂 22 家，轧花机械为美国大陆牌。现有轧花厂 9 家，其中 3 家因种植面积缩减已关闭，还有一家榨油和制皂厂，员工 1 200 人。轧花机械和设备老化，缺少零部件是主要问题。

由于农民没有资金，棉花生产现金投入必须依靠贷款，并由棉花公司向银行贷款，从贷款中支付种子、肥料和农药，这些物资采用招标采购，公司采购农资通过村民委员会发放农民。据了解，乍得没有农资市场，公司还为棉农提供技术支持。

从 2003 年起，棉花公司因管理不善，设备老化和年久失修，库存能力不足，化肥不能及时分发给农民，信贷支持和支付滞后，经常向农民"打白条"，财务状况每况愈下。乍得政府从 2001 年至 2011 年 12 月向公司提供 1 060 亿中非法郎（约合 2.2 亿美元）的补贴，自 2005 年起免征企业的增值税，每年还给予大量贷款（其中 2010 年提供 297.2 亿中非法郎，约合 6 200 万美元），但收效甚微。

2011 年，政府对公司进行了清算和分解，剥离债务，重新组织新公司，新棉花公司国家控股占 5.0%，法国公司占 19.0%，法国兴业银行占 4.5%，乍得银行参股占 1.5%。计划投入 530 亿中非法郎（约合 1.1 亿美元）用于更新设备，恢复加工能力。计划播种面积从 16 万公顷恢复到 50 万公顷。

棉花的自用率很低。全国仅有一家由印度提供贷款兴建的纺纱厂，年纺用棉 300～500 吨，且效益一般，几近停产。

国家对棉花生产进行补贴，一般补贴种子一半，肥料一半，补贴也是通过棉花公司来实施。

乍得棉花消费水平低，且没有增长（表 25-7）。20 世纪前 10 年，国内消费量不足 1～2 千吨，仅占生产量的零头，当前消费仍没有增长。

乍得棉花几乎完全出口。本世纪前 10 年，平均出口量 51.3 千吨，占生产量的 96.1%，且因产量的减少出口比 90 年代下降 18.2%，其中 2002 年出口高达 157.8 千吨，然而中国从乍得进口棉花的数量很少。

表 25-10　乍得皮棉生产量和出口量情况

年份	产量（千吨）	出口量（千吨）	金额（千美元）	价格（美元/吨）	出口占产量比重（%）
1991	60	65	97 133	1 494	107.6
1992	69	85	95 243	1 121	125.3
1993	47	40	51 024	1 276	84.8
1994	38	32	44 583	1 393	84.2
1995	56	62	109 273	1 762	110.9
1996	62	50	91 000	1 820	80.6
1997	86	72	113 000	1 569	83.7
1998	102	68	106 000	1 570	66.0
1999	65	60	84 000	1 412	90.9
2000	75	63	73 000	1 168	83.7
2001	58	47	60 000	1 271	81.3
2002	67	47	44 689	953	69.7
2003	69	49	55 775	1 128	71.9
2004	42	46	64 891	1 413	109.1
2005	85	45	49 325	1 095	53.2
2006	73	53	60 859	1 155	72.0
2007	40	45	54 342	1 197	112.6
2008	47	22	32 079	1 435	47.8
2009	29	18	21 829	1 244	61.4
2010	15	10	18 000	1 721	69.7
2011	25	15	41 921	2 796	60.6
2012	41	22	42 652	1 909	54.8
2013	36	34	暂无		100.0
2014	41	38			92.7

注：产量来自乍得 ONDR 和 DPCTD。贸易数据来自 FAOSTAT 网站，由李宁辉整理。

二、棉花种植、科研和政策支持

（一）棉花种植

全国推广棉花品种 2 个，一个始于 1985 年推广的 STAMF，另一个始于 1991 年推广的

A51。纤维品质：绒长 28.1～29.8 毫米；强度 21.2～21.6 克/特克斯；马值 3.9～4.1，纤维色泽白色。

棉田一年一熟，采用 4 年轮作制，轮种作物有棉花—谷物（高粱、玉米）—豆类—休闲各 1 年。

播种期为 5 月—6 月 15 日，由于雨季后移播种期一般持续到 6 月底。采用平播，畜力整地和播种，行距为 80 厘米，穴距 25 厘米，理论穴数 5 万穴/公顷；每穴播种 3～5 粒，用种量为 25 千克/公顷。间苗后每穴留 2 株，理论株数 10 万株/公顷，生产上密度分布不均。

收获季节为 10—12 月，也有延后到次年 2 月，收获 2～3 次，均为人工收获，随后拔柴烧毁。10 月初开始籽棉交售，由于棉花公司资金问题，交售时间延长很多。

棉花施肥，整地时施有机肥 1 吨/公顷，复合肥 100 千克/公顷（N19 - P12 - K19 - S5 - B1）（价值 30 052 中非法郎），在第一次除草之后或（定苗后 15 天）施，播种后 40 天左右追施尿素 50 千克/公顷（价值 14 779 中非法郎）。

引起病害的菌属有：枯萎病（*Fusarium* sp），青霉菌属（*Penicillium* sp），棉角斑病菌（*Xanthomonas campertris*），腐霉属（*Pythium* sp），双核菌丝菌（*Rhizoctonia* sp），黄萎病（*Verticillium* sp）和炭疽病菌（*Colletotricum* spp）。

虫害：棉铃虫（*Helicoverpa armigera*），埃及金刚钻（*Earias*），（*Diparopsis wateri*），苹果异形小卷蛾（*Cryptophlebia leucotreta*），红铃虫（*Pectinophora gossypiella*（Saunders），蚜虫（*Aphis gossypii* Glover），烟粉虱（*Bemisia tabaci* Gennadius），异翅目（*Dysdercus*），小绿叶蝉（*Jacobiella fascialis*）和螨类（*Acariens*）为主要害虫。

虫害防治，全生育期打药 5 次，播种后第 45 天第一次，以后每隔 2 周 1 次，为了降低成本推广治虫 3 次。杀虫剂为 CYPERCAL 720，有效含量 Cyperm′Etrine 120 克/升和 Prof′enofos 600 克/升，使用量为 250 毫升/公顷兑水 10 升/公顷喷雾。

人工除草一般 3 次，第一次在播种后 15 天进行，以后除草结合作垄和培土进行，如果棉田杂草不多，一般只培土 1 次。

乍得棉花表观投入为 56 861～60 679 中非法郎/公顷（相当于人民币 758～809 元/亩），其投入没有计入贷款利息、生产资料折旧和人工费用等；表观收益 2 201～40 899 元中非法郎/公顷（相当于人民币 29.3～545.3 元/亩）（表 25 - 11）。

表 25 - 11　乍得棉花生产投入和表观收益

单位：中非法郎/公顷

年度	籽棉价格（法郎/千克）	籽棉产量（千克/公顷）	产值（法郎/公顷）	化肥投入	农药投入	投入合计	表观收益
2006/2007	160	393	62 880	49 045	11 634	60 679	2 201
2007/2008	160	611	97 760	44 881	11 980	56 861	40 899
2008/2009	180	433	77 940	44 881	11 980	56 810	21 130
2009/2010	180	347	62 460	44 000	11 900	55 980	6 480
2010/2011	180	399	71 820	44 000	11 900	55 980	15 840
2011/2012	215			44 000	11 900	55 980	

注：1 人民币兑换 75 元中非法郎。资料由乍得棉花公司提供。农户棉花生产的贷款利息约 10 000 元中非法郎/公顷。

（二）棉花科研

乍得设有棉花研究所，隶属于乍得农业灌溉部的农业发展研究院，2011 年有科研人员 8 人，其中高级专家 5 人，技术人员 3 人。乍得科研基本条件差，设备简陋，仪器少，现代仪器更少。科研经费少，来源和渠道单一。研发效率低，很少涉及现代农业，科技不能为生产提供有效的技术支撑。

（三）政策支持

乍得政府高度重视农业发展。2011 年的政府工作报告用较大篇幅谈及农业发展，将其作为政府施政的优先目标。政府通过各方面的努力，农村生产和生活条件得到明显改善。

资金方面，政府会同非洲开发银行，投资 84.65 亿中非法郎（约合 1 290 万欧元），实施一批农牧业基础设施项目。

粮食安全方面，整治可耕地 7 330 公顷，向农民提供 223 台拖拉机，对每公顷耕地给予 1 万中非法郎（约合 15.24 欧元）的补贴，发放良种 2 892 吨，提供肥料 3 539 吨、除碱剂 5 000 升、杀虫剂 30 万升。在东凯比河、西凯比河、蒙杜、中沙里、乍得湖、巴塔、萨拉马特等地区进行农田整治，增加可耕地面积。

农产品加工方面，多巴水果加工厂已正式投产，另外数个水果加工厂也已投入运营。

畜牧业方面，畜产品的生产和销售得到提高，为 1 万名牧民提供培训，计划在农村建立 250 个兽医服务点，建设 5 个屠宰场，每年修缮动物迁徙通道 300 千米。

饮用水方面，2011 年仅有 44.7% 的农民能喝上干净的饮用水。政府已在农村安装 4 743 台手泵，建设 452 个饮用水站，农民喝饮用水比例提高到 60%。

第三节　马里棉花产业

马里位于西非，地处撒哈拉沙漠，国土面积 124 万平方千米，人口 1 457 万，85% 的人口从事农业，主要作物有水稻、棉花、谷子、高粱、玉米、木薯和花生等。

马里是非洲产棉大国，常年原棉产量 20 万吨，位居全非第二（埃及第一）、西非国家第一。全国从事棉花生产的农民 400 多万。棉花出口占国家出口总额的 40%。因此，棉花在马里国民经济中有举足轻重的地位。

一、棉花产业概况

21 世纪前 10 年，全国植棉面积 390 千公顷，且比 20 世纪 90 年代增长 18.5%。其中 2003、2004、2005 年的 3 个年度最大面积达到 521～543 千公顷，其中最高籽棉产量 600 千吨。21 世纪第二个 10 年植棉面积有所恢复，2011 年恢复到 480 千公顷，比 2010 年增长 84.6%。引起面积波动的原因很多，其中棉花价格波动为主要，其次单产水平低，农民收益没有保障等。

马里棉花单产不高。21 世纪前 10 年（表 25-12），全国单产 423 千克/公顷，且比 20 世纪 90 年代下降 15.2%。其中 2000 年最高为 493 千克/公顷，受不利气候影响，2006 年仅

345 千克/公顷。

表 25 - 12　21 世纪前 10 年马里棉花生产和消费、出口

年度	植棉面积 （千公顷）	单产 （千克/公顷）	总产 （千吨）	国内消费 （千吨）	出口 （千吨）
2000/2001	212	493	105	3	125
2001/2002	492	487	239	3	201
2002/2003	420	428	180	4	185
2003/2004	540	484	261	4	256
2004/2005	533	419	223	4	207
2005/2006	521	419	218	4	223
2006/2007	460	375	172	5	185
2007/2008	284	345	98	5	109
2008/2009	190	401	76	5	71
2009/2010	250	383	96	5	96
2010/2011	260	398	103	5	98
2011/2012	480	363	174	5	141
2012/2013	548	345	189	3	171
2013/2014	481	387	186	1	179

注：据国际棉花咨询委员会和美国农业部数据整理。见毛树春．中国棉花景气报告 2009，北京：中国农业出版社，2010.

马里棉花总产不断增长。本世纪前 10 年，全国总产 167 千吨，且比 20 世纪 90 年代增长 5.6%。其中 2003 年度最高达到 261 千吨，2009 年度最低仅 96 千吨。2011 年度呈恢复性增长 68.4%，达到 174 千吨。

马里全国棉农 400 多万，棉农组织 10 多万个，每户平均植棉 3 公顷，每户人口 16 人。

棉花生产的组织、籽棉的收购、轧花及销售由马里国家棉花公司（CMDT）和上尼日河流域管理办公室（OHVN）负责，其中前者占面积的 95%，后者仅占 5% 上下，该公司和管理办公室均隶属农业部。

CMDT 是马里国家的控股公司，最初注册资本 325 亿西非法郎（4 954 万欧元），其中国家持股 60%，法国公司（DAGRIS）持股 40%；后国家增持股份占 75.3%，法国公司占 24.7%，目前法国仅持股 15%，仍控制马里的棉花出口。

CMDT 在马里棉花产业处于垄断地位。如代表国家组织棉花生产，于棉花播种前的 3 月出台棉花收购价格，承担推广品种和种子供给，执行国家对棉花生产的化肥和种子补贴，承担棉花生产的贷款等。

CMDT 负责全国的籽棉收购、轧花和皮棉销售。属下拥有 17 家棉花轧花厂，分布在全国各产区，这些轧花厂具体完成籽棉收购、轧花和销售任务，还承担完成生产的指导和培训任务。收购农民籽棉经过核实之后扣除贷款，农民从银行领取销售资金。

在 CMDT 垄断之下，播种前的 3 月出台收购价格，受市场影响，价格执行不尽如人意，公司和农民之间矛盾加大。为了落实国家鼓励植棉政策，2008 年化肥和种子补贴一半。垄断之下难以调动农民植棉的积极性。

根据世界银行要求，马里政府于 2006 年开始对 CMDT 进行私有化改革。为了保持社会

稳定，遵循循序渐进原则，对涉及庞大垄断公司的改革慎之又慎，改革进程一推再推。于2011 年采用国际招标，虽有 4 家国内外企业中标（其中有一家浙江私有企业中标），但因企业冗员多，债务重，设备老化，包袱重，改革效果仍不理想。

虽然棉花轧花由国家垄断，但是棉籽榨油为市场化行为，全国有大大小小的榨油厂 500多家，其中小榨油厂的油脂需经大榨油厂清理加工之后才能上市。另外，马里限制棉籽出口，目的是保障畜牧大国的饲料。

CMDT 有 17 家轧花厂，加工籽棉能力达到 600 千吨，每个厂配备 3 台加工生产线。其中新建的乌埃莱塞布古厂最新最大，日加工能力 239 吨，年加工能力 40 千吨。轧花设备来自美国拉姆斯和大陆公司，都为锯齿轧花机，机械老化，缺乏零部件。

该厂位于 Koulikoro 大区的法纳市，距首都 130 多千米。厂区面积很大，没有围墙，配有籽棉运输车，厂区存棉不多，根据加工进度带车到农户收购籽棉。轧花机为美国产的大陆和拉姆斯（Lummus），现有锯齿轧花机 3 台，该厂建于 1969 年，1980 年曾更换部分设备，明确虽然很陈旧但尚可运行。每年 150 个工作日，每日平均开机 22 个小时，日加工籽棉250 吨，年加工籽棉 36 千吨。各厂都配有大打包机，每包 230 千克上下，棉包用较厚的蓝色塑料包被。

AVADANMATEX 工业公司，是一家轧花和梳理棉花供出口的公司，加工能力 4 500吨，但该公司目前困难重重，处于停产状态。

马里棉花品质和等级，80％属于中上或中等质量，纤维平均长度 1″1/8，纤维细度3.7～4.2，强度 28～30 克/特克斯。商品棉等级划分标准见表 29-13。

皮棉采用包包检验。籽棉收购时要进行检验，对加工后的成包皮棉逐包取样，送到位于塞古的棉纺工业研究中与培训中心下属的西非和中非区域技术中心进行检验。该中心建有计量室和中心实验室，各配备有一套大容量纤维检测仪（HVI）。检验结果可供纺纱厂配棉时直接采用。马里执行全非洲棉花标准，各级别指标见表 25-13。

表 25-13　马里商品棉等级划分

级别	长度	性状描述
超零级（Samara）	1″1/8	白亮，不掺杂质，易梳理
零级（Juli/s）	1″1/8	白亮
次零级（Juli）	1″1/8	白亮，稍掺杂质
一级（Kati）	1″3/32	白亮，稍掺杂质
次一级（Liba）	1″1/8	少许灰白，掺杂质
二级（Kola）		显灰色，带杂质
三级（Bata）		易梳理，但明显着色和轧花处理得不好

自 1994 年以来，马里全国种植的棉花品种数量很少，每年仅 5 个。总体来看，马里棉花品种的纤维品质一般。与中国相比，马里纤维长度偏短，比强度偏低，整齐度偏小，但马克隆值很好，反射率较高。棉花每年只收获一次，由于吐絮时间较长，先期吐絮的棉花可能要经过几十天的风吹日晒甚至雨淋，因此黄度也较高。一次性收获可能会对纤维品质造成不利影响，但也成就了较好的一致性。加上马里种植棉花品种较少，品级和品质单一，有利于

纺织厂配棉使用。

马里全国棉花消费水平虽然不高，但也有所增长。21世纪前10年，国内消费量为4.5千吨，仅占生产量的2.7%，且比20世纪90年代下降50%，近几年上升到5.4千吨，增长20%，约占国内生产量的5%，尽管如此，纺织工业在国民经济中的仍占重要地位。政府鼓励增加附加值，吸引外资投入棉花加工业。不过，前些年有几家合资企业都破产了，目前主要有以下棉纺企业：

马里纺织股份有限公司（COMATEX-S. A），简称"塞纺"。该公司原系中国经济援助项目，后应马方要求，以"债转股"形式于1994年由中国海外工程总公司同马政府合作成立合资公司，公司注册资本15亿西郎，中方持股80%，马政府为20%。主要生产纯棉纱线、坯布、漂染线和印花布。主要设备：环锭纺3万锭、梭织机664台、圆网印花布生产线、漂染生产线和针织生产线各1条。年产能力：坯布800～1 000米、漂染线400～600吨和印花布900万～1 200万米，产品在国内和周边国家销售。

自2004年以来，由于国际纺织品生产、销售环境发生了较大变化，造成塞纺产品销路不畅，生产越多赔本越大，经营惨淡。分析原因：一是受邻国科特迪瓦危机、美元疲软、国际棉价下跌、老百姓购买力低等内外因素的影响；二是燃料价格不断上涨，成本增加；三是走私严重，印花布市场竞争日趋激烈，影响了塞纺印花布的销售等。

据2011年12月13日毛树春等考察，该公司距首都250多千米，位于塞古大行政管理区的塞古市，厂区面积26公顷，工人1 400人，90%为男性。据了解，平均月工资100美元。因考察日为周日，工厂没有开工。大部设备为20世纪90年代，纺锭3万多、有梭织机664台、圆网印花布生产线、漂染生产线和针织生产线各1条。自纺自织自印染，年纺原棉600多吨，纺纱600吨，漂染线400～600吨，织坯布800～1 000米，幅宽120厘米，印花布900万～1 200万米。主要生产"花格布"，即根据市场需要可设计和印染特定图案的布，产品销路很好，没有积压。

非洲棉纺织品股份公司（FITINA-SA）。该公司由法国、马里和毛里求斯人合资成立，于2004年开业，年纺棉纱5千吨，产品80%出口欧洲及毛里求斯，20%当地销售。目前员工160人，公司位于首都巴马科20千米的Banakorori。最近几年公司规模将会进一步扩大，预计5年后将达到15千吨。

BATEX-CI纺织公司。该公司前身是马里纺织公司，现被科特迪瓦籍马里人收购。该公司采用新设备和新技术，生产能力确定为10 800吨，织布2 000万米，印花布2 300万米。

马里棉花出口比例大。21世纪前10年，平均出口量165.7千吨，占生产量的99.3%，且比90年代上涨14.4%。其中2003年出口高达255千吨，另有3个年度（2001年、2004年和2005年）出口在200千吨以上。

马里棉花出口由CMDT通过中间商（法国公司）出口。其中86.8%出口亚洲，9.8%出口欧洲，2.9%出口非洲，0.5%出口南美洲。

马里是中国进口原棉的来源地之一（表25-14）。21世纪前10年进口累计329千吨，约占同期中国1 777万吨的1.9%。进口其中2006年进口最多，数量达82千吨，进口额1.1亿美元；2004年为其次，进口棉64千吨，进口额1.1亿美元。棉花成为中马贸易中占有举足轻重的大宗商品。马里政府认识到中国通过进口间接地支持了马里棉花产业的发展，促进两国经贸的合作。

表 25 - 14　2001—2014 年中国从马里进口原棉和金额

年份	原棉进口量（千吨）	进口额（亿美元）
2001	1	0.00
2002	1	0.01
2003	21	0.28
2004	64	1.09
2005	64	0.79
2006	82	1.10
2007	23	0.32
2008	33	0.60
2009	17	0.24
2010	23	0.40
2011	42	1.05
2012	107	2.60
2013	53	1.06
2014	11	0.22

资料来源：据 2001—2010 年中华人民共和国《海关统计》整理。

马里棉纱国际贸易既有进口也有出口，但进出口量很小。1996—2010 年期间，进口量以 2010 年最高，为 384 吨，进口金额 108.1 万美元；出口量以 2008 年最高，为 655 吨，出口金额 80.1 万美元，2010 年出口 391 吨，出口金额 90.7 万美元（表 25 - 15）。

表 25 - 15　马里棉纱进出口情况

年份	进口量（吨）	进口额（千美元）	进口价格（美元/吨）	出口量（吨）	出口额（千美元）	出口价（美元/吨）
1996	68	166	2 443	0	0	
1997	70	164	2 339	0	0	
1998	30	74	2 475	32	429	13 414
1999	167	459	2 758	270	1 012	3 750
2000	49	97	2 001	226	674	2 977
2001	84	152	1 820	357	1 211	3 392
2002	293	286	977	199	905	4 552
2003	119	124	1 038	121	362	2 987
2004	120	173	1 435	584	1 660	2 842
2005	97	10	108	313	796	2 545
2006	79	123	1 561	600	1 176	1 961
2007	101	90	892	356	770	2 162
2008	125	344	2 753	655	801	1 222

（续）

年份	进口量（吨）	进口额（千美元）	进口价格（美元/吨）	出口量（吨）	出口额（千美元）	出口价（美元/吨）
2010	254	581	2 284	391	907	2 322
2011	479	1 141	2 382	298	757	2 546
2012	105	134	1 278	489	1 175	2 406

资料来源：贸易数据据 UN Comtrade 网站和 FAOSTAT 网站整理，后者由李宁辉整理。

在马里棉纱进口中，有相当一部分是从中国进口。2010 年马里从中国进口棉纱 303 吨，占马里棉纱进口总量的 78.9%（表 25-16）。

表 25-16　马里从中国进口的棉纱

年份	进口量（吨）	进口额（千美元）	占进口量比重（%）
1997	3	18	4.5
1998	3	2	10.3
1999	126	353	75.4
2000	8	12	15.4
2001	26	38	31.1
2002	59	53	20.1
2003	22	27	18.8
2004	59	74	49.0
2005	2	9	1.6
2006	17	48	21.0
2007	28	23	28.1
2008	61	158	48.9
2009	0	0	
2010	303	841	78.9
2011	285	553	59.4
2012	68	91	64.4

资料来源：贸易数据据 UN Comtrade 网站和 FAOSTAT 网站整理，后者由李宁辉整理。

马里棉布既有进口，也有出口，但主要是进口，出口量相对较小。1996—2010 年，年均进口量 3 297 吨，年平均进口额 813.3 万美元，平均进口价 2 467 美元/吨。2009 年进口量最大，为 8 937 吨，进口额 210.6 万美元。2010 年进口 4 830 吨，进口金额 127.8 万美元。1996—2010 年，年均出口量 176 吨，出口额 65.7 万美元，平均出口价 3 736 美元/吨。2010 年出口量最大，为 637 吨，出口额 155.3 万美元（表 25-17）。

表 25 - 17　马里从全球进出口的棉布

年份	进口量（吨）	进口额（千美元）	进口价（美元/吨）	出口量（吨）	出口额（千美元）	出口价（美元/吨）
1996	1 896	5 862	3 091	92	437	4 731
1997	2 342	8 911	3 805	2	5	2 043
1998	1 719	5 424	3 155	331	731	2 209
1999	2 024	5 136	2 538	71	279	3 912
2000	2 289	4 022	1 757	139	548	3 953
2001	1 983	3 638	1 835	111	519	4 665
2002	1 233	2 447	1 985	90	438	4 857
2003	2 034	4 970	2 444	42	190	4 512
2004	4 015	11 303	2 815	163	867	5 332
2005	3 461	8 904	2 573	119	600	5 038
2006	3 595	8 046	2 238	206	459	2 229
2007	5 802	11 350	1 956	140	778	5 541
2008	8 937	21 060	2 356	319	1 798	5 641
2010	4 830	12 784	2 647	637	1 553	2 438

资料来源：贸易数据据 UN Comtrade 网站和 FAOSTAT 网站整理，后者由李宁辉整理。

在马里棉布进口中，有相当一部分是从中国进口，2008 年以来占 80% 以上。2010 年马里从中国进口棉布 4 149 吨，金额 112.9 万美元，占马里棉布进口总量的 85.9%。2010 年马里也向中国出口棉布 67.5 吨，占马里出口总量的 10.6%（表 25 - 18）。

表 25 - 18　马里从中国进出口的棉布

年份	进口量（吨）	进口额（千美元）	占总进口量比重（%）
1996	812	2 090	42.8
1997	1 267	4 512	54.1
1998	986	3 020	57.4
1999	649	1 631	32.1
2000	212	321	9.3
2001	414	541	20.9
2002	303	492	24.6
2003	526	1 158	25.9
2004	1 002	3 059	25.0
2005	1 052	2 933	30.4
2006	2 224	4 426	61.9
2007	3 991	7 627	68.8
2008	7 482	16 957	83.7
2010	4 149	11 293	85.9

资料来源：贸易数据据 UN Comtrade 网站和 FAOSTAT 网站整理，后者由李宁辉整理。

二、棉花种植、科研和政策支持

马里棉田分布在南北地区（表 25 - 20），包括锡卡索（Sikasso）、塞古（Ségou）、库里科罗（Koulikoro）和基塔（Kita）区域。棉田在上尼日河的两岸。土壤为结核状，中等淋溶程度，热带含铁土，由于淋溶强度大，土壤底层板结，有机质含量低，约 0.9%，含氮量少，且严重缺磷。

棉花主产行政区 7 个年度（2001/2002—2007/2008）平均面积 480 千公顷，籽棉总产 497 千吨，籽棉单产 1 001 千克/公顷（表 25 - 19）。在全 7 个行政大区中，植棉面积最大的政区为库提亚拉（Koutiala），面积 122 千公顷，占全国的 25.3%；总产 122 千吨，占全国的 24.9%；籽棉单产 990 千克/公顷，略低于全国水平。其次为法纳（Fana）、布古尼（Bougouni）和锡卡索，面积占全国的 17.7%～18.4%，总产占全国的 16.1%～20.2%，单产 916～1 119 千克/公顷。第三为桑（San）和基塔大区，面积和总产均占全国的 7.4%～7.9%。

表 25 - 19　马里不同行政大区 7 年（2001/2002—2007/2008）**植棉面积和总产变化**

项目	植棉面积（千公顷）	面积占全国比例（%）	籽棉总产（千吨）	产量占全国比例（%）	籽棉单产（千克/公顷）	籽棉单产比全国%
法纳	85	17.7	80	16.1	916	−8.5
布古尼	88	18.4	94	18.9	1 054	5.3
锡卡索	89	18.4	100	20.2	1 119	11.8
库提亚拉	122	25.3	124	24.9	990	−1.0
桑	38	7.9	37	7.4	950	−5.1
基塔	38	7.8	37	7.4	985	−1.6
CMDT	466	96.9	47	95.0	996	−0.5
OHVN	28	5.9	25	5.0	873	−12.8
合计/平均	480	100.0	50	100.0	1001	100.0

注：CMDT 为马里棉花公司，OHVN 为上尼日河管理局。
资料来源：据马里棉花公司（CMDT）提供的资料整理。

马里棉花实行垄断下的生产，全国棉花生产的组织、籽棉的收购、轧花及销售由马里国家棉花公司（CMDT）和上尼日河流域管理办公室（OHVN）负责，其中前者占面积和总产的 95%，后者仅占 5% 上下。

马里属于热带气候，由北向南分为热带沙漠、热带草原和热带雨林气候区。全年分为热季（3—5 月）、雨季（6—10 月）和凉季（11 月—次年 2 月）。在热季，天气酷热干旱，最高气温达 50℃ 以上，北部昼夜温差达 50℃ 以上。凉季多发生狂风暴雨，全年降水量都发生在这个季节，全国年降水量 700 毫米，其特点是由南向北依次递减。南部布古尼（Bougouni）和锡卡索地区 1 300 毫米，首都巴马科（Bamaku）约 1 000 毫米，而北部撒哈拉地区则减至 50 毫米。

20 世纪 60 年代推广品种有 A49T、A151、A333 - 57 和 BJA592，70 年代有 BJA592 和

B163，8 年代有 BJA592、B163、ISA‐205B 和 IRMA‐1145，90 年代有 Stam59A，Nta88‐6，Nta90‐5，B163 和 BJASM67 等。

1996 年以来，推广品种 5 个：STAM59A、NTA90‐5、NTA93‐15、STAM279A 和 G440（表 25‐20）。据了解，棉花新品种选育采用马里、贝宁、乍得和布基纳法索几个国家联合方法，类似于穿梭育种，品种经过试验，由政府确定是否推广。在生产试验中，再确定是否扩大或停止。

表 25‐20　1996/1997 年度以来推广品种

推广年度	品种名称	特征特性	主要种植区域
1996/1997	STAM59A	适应性广，产量高，衣分率高	锡卡索（Sikasso）、基塔（Kita）、塞古（Ségou）和库里科罗（Koulikoro）
1996/1997	NTA90‐5	广适应性，适合少雨和晚播，纤维极长，衣分率高	锡卡索、基塔、塞古和库里科罗
2004/2005	NTA93‐15	广适应性，适合少雨和晚播，产量高，纤维长，衣分率高	锡卡索、塞古和库里科罗
2003/2004	STAM279A	适合南部种植，适合少雨和晚播，纤维长，衣分率高	锡卡索、塞古和库里科罗
2004/2005	G440	适合少雨区域种植，纤维色泽好	基塔

棉花品质优良，纤维指示长度 27.6～30.7 毫米，强度 28.2～29.0 克/特克斯，细度 3.8～4.1，整齐度 81.0%～83.0%（表 25‐21）。

表 25‐21　2011 年推广棉花品种纤维品质指标

品种名称	长度（毫米）	强度（克/特克斯）	马克隆值	整齐度（%）	色泽
STAM59A	29.1	28.2	4.1	83.0	75.8/9.2
NTA90‐5	30.7	29.0	4.1	84.4	73.9/10.2
NTA93‐15	29.5	28.3	3.8	81.6	76.7/10.1
STAM279A	27.7	28.5	3.9	81.0	77.4/11.4
G440	27.6	28.3	4.1	81.4	77.7/11.5

棉花 5 月中旬开始播种，延续到 7 月。播种用的种子为毛子和光子。棉铃吐絮 10—11 月，人工收摘，收获季节有时延长到次年 3 月。

棉田整地为畜力，也有拖拉机犁地。棉花行距为 80 厘米，穴播，穴距 30 厘米，每穴播种 5 粒种子。每公顷用种量为 45 千克。间苗，每穴留 2 株，密度为 41 650 株/公顷。事实上，田间缺苗断垄多，密度不足 32 000 穴，且分布不均。

全国棉田都施用有机肥和化肥，有机肥施用占棉田的 27%，化肥施用占棉田的 82%，其中 50% 棉田补施尿素。有机肥主要成分为畜粪和牧场牲畜土肥，在耕整地前撒施 5 吨/公顷。化肥为复合肥，施用量为 46～50 千克/公顷。施肥时期一般为播种时撒施，也有出苗后锄草撒施。播后 30 天追施尿素 23 千克/公顷。

棉花害虫和杂草防治。棉花主要害虫有美洲棉铃虫、红铃虫、还有金刚钻、棉小造桥虫、烟粉虱、棉叶蝉、棉蚜、灰翅夜蛾蓟马和盲蝽等。化学防治一般 4 次。

主要杂草种类有狗牙根、莎草、马唐、牛筋草、天竺草、阔叶杂草、毛叶刺苞果、蓟罂粟、三叶鬼针草、竹叶菜等。有 21% 棉田使用除草剂除草，其余为人工除草。

马里每年种植一季棉花，棉花与粮食套种为主要种植制度。畦作占面积的 72%，而垄作栽培占 22%。

轮作方式为：棉花—高粱的 2 年轮种周期（较为广泛），棉花—高粱—棉花 3 年轮种一次，或棉花—高粱—玉米 3 年轮种一次，还有棉花—高粱—玉米—高粱 4 年轮种一次。

2011 年 12 月 13 日，毛树春等专家组考察一家位于 Koulikoro 大区，户主名叫 Siaka Traoze 的农户，家庭人口 17 人，植棉面积 7 公顷，种植品种为 G440，6 月 25—27 日播种，估计籽棉产量 1 000 千克/公顷，现金投入 75 000 法郎/公顷，产值 255 000 法郎/公顷，收益＝产值—成本＝ 180 000 法郎/公顷。

棉花投入：有机肥 5 吨/公顷，整地前撒施，在 3 年的轮种期内施一次；复合肥 150 千克/公顷在播种后 2 周施用，播种后 30 天追施尿素 50 千克/公顷。主要害虫有棉铃虫、蚜虫等，防治 4 次，也有治 7 次。

农事操作：行株 80 厘米，株距 30 厘米，播种量毛子 40 千克/公顷，光子 15 千克/公顷（国家标准要求种子发芽率不低于 80%），一半留补苗用，每穴播种 7～8 粒。理论穴数 41 667 穴/公顷。平播，施肥 2 次同时作垄，垄高 10 厘米上下，整地、播种、施肥和做垄依靠畜力。

棉花长势：植株纤细，主茎和枝条细小，株高 100 厘米，成铃 11.3 个/株，果枝 14 个/株，其中有成铃 10 个/株、铃不大，吐絮通畅，纤维蓬松但未见脱落，未见虫口棉，偶见个别僵瓣花。田间十分干燥，籽棉含水量很低，籽棉手工收摘。

密度不够是一个突出问题。一穴 2 株诸多，也有 3 株或 1 株；田间可见成垄、成片缺苗，棉田杂草不多。因此，收获穴数少于计划的 30% 以上，有的少一半，按平均少 40% 计，收获穴数为 25 000 穴/公顷，每穴 1.5 株，收获株数 37 500 株/公顷。平均单株成铃 7 个，单位成铃 2.6 万个/公顷，单铃重 3.8 克计，籽棉产量 998 千克/公顷。

提高单产的关键之一，是确保全苗，其中播种保苗技术十分重要。

棉花生产成本由人工费用、物资投入和生产资料折旧等三个部分组成。从 2006 年到 2015 年度的 10 个年度平均，籽棉收购价格 179 FCFA/千克（FCFA 为西非法郎，656 FCFA 兑换 1 欧元，1 欧元约等于 8.5 元人民币），籽棉产量 1 049 千克/公顷，产值 187 653 FCFA/公顷，实际物资投入折现金 54 798 FCFA/公顷，纯收益 132 854 FCFA/公顷（相当于 202.52 欧元/公顷和人民币 114.76 元/亩）。不含人工费用每千克籽棉成本为 99 FCFA（相当于 1.28 元人民币，皮棉 3.19 元人民币，美元 0.50），含人工费用为 195.8 FCFA（相当于 2.55 元人民币，皮棉 6.38 元人民币，美元 1.00）。

分析指出，提高植棉收益核心在于提高单产水平，而提高单产要素在于加强常规管理，确保全苗，同时要逐步改善生产条件。

1. 人工费用。按 2003/04 年度人工成本估算（表 25-22），单位面积用工为 134 个/公顷，用工作价为 120 544 FCFA/公顷。

表 25 - 22　马里棉花生产人工投入

项目	用工数（人/天）	项目	用工数（人/天）
烧荒/清理	5	第一次除草	4
整地	25	追肥	1
撒施肥	5	第二次中耕	1
耕作	8	第二次除草	6
播种	3	治虫	3
施除草	1	追尿素	1
补苗	1	培土	3
整枝	5	拔柴	4
第一次中耕	2	收摘籽棉	52
		运输/打堆	4
合计	134		
费用（西非法郎/公顷）	120 544		

注：工资报酬 900 西非法郎/日，相当于 10 元人民币/日

2. 物资成本。植棉物资投入 91 795FCFA/公顷（表 25 - 23），其中复合肥 43 095 FCFA/公顷，占投入的 46.9%；真菌剂 650 FCFA/公顷，占投入的 0.7%；尿素 23 850 FCFA/公顷，占投入的 26.0%；杀虫剂 11 550 FCFA/公顷，占投入的 12.6%；除草剂 12 650 FCFA/公顷，占投入的 13.8%。

表 25 - 23　马里棉花生产物资投入

项目	单位价格（FCFA/千克）	用量（千克/公顷）	单位面积投入（FCFA/公顷）
复合肥	287	150	43 095
杀真菌剂	650	1	650
尿素	231	50	11 550
杀虫剂	4 770	5	23 850
除草剂	5 060	3	12 650
合计			91 795

3. 固定生产资料折旧分摊费用。棉花生产固定资产折旧费（表 25 - 24），包括犁、多用中耕机、播种机、耕牛、驴以及其他相关工具，以及贷款利率费，整个折旧费用为 32357 FCFA/公顷。

表 25 - 24　棉花生产固定生产资料折旧费用

单位：西非法郎

项目	购买价	使用寿命（年）	维修费用	折旧	系数	单位用人数（人）	贷款利息（FCFA/公顷）
犁	30 000	5	6 000	6 000	0.4	1.4	2 161
多用中耕机	40 000	5	8 011	8 000	0.6	1.1	3 398
播种机	52 500	10	8 200	5 250	0.3	0.6	778
手推车	175 000	22	17 081	7 955	0.5	0.8	3 220
工具 1	27 500	2	2 538	13 750	100	0.7	3 666
工具 2	35 760	9	740	3 973	0.5	0.2	152
耕牛	315 626	6	9 700	52 604	0.5	1.7	17 029
驴	52 500	5	3 000	10 500	0.5	0.9	1 953
合计							32 357

4. 总成本和收益。 马里植棉总成本有 2 种计算方法（表 25 - 25），一是不含人工费用为 124 152 FCFA/公顷，其中固定资产折旧费占 26.1%，物资投入占 74.0%。每千克籽棉成本为 99 FCFA（相当于 1.28 元人民币，皮棉 3.19 元人民币，0.50 美元）。二是人工费用为 244 696 FCFA/公顷，其中固定生产折旧占 13.22%，物资投入占 37.6%，人工费用占 49.3%。每千克籽棉成本为 195.8 FCFA（相当于 2.55 元人民币，皮棉 6.38 元，1.0 美元）。

表 25 - 25　马里棉花生产总成本

项目	现金（FCFA /公顷）
折旧	32 357
人工费用	0
物资投入	91 795
总计	124 152
籽棉产量（千克/公顷）	1 250
每千克籽棉成本（1）	99（0.15 欧元，相当于 1.28 元人民币，皮棉 3.19 元人民币，美元 0.50）
人工费用	120 544（＋ 124 152＝ 244 696）
每千克籽棉成本（2）	195.8（0.30 欧元，相当于 2.55 元人民币，皮棉 6.38 元人民币，美元 1.00）

注：币值兑换 656 FCFA（西非法郎）为 1 欧元，1 欧元约等于 8.5 元人民币。

植棉收益，受成本、产值的双重影响，而产值又受产量和价格的影响。从 2006/2007 年度到 2015/2016 年度的 10 个年度平均，籽棉收购价 179 FCFA/千克，籽棉产量 1 049 千克/公顷，产值 187 653 FCFA/公顷，实际物资投入折现金 54 798 FCFA/公顷，收益 132 854 FCFA/公顷（相当于 202.52 欧元/公顷和人民币 114.76 元/亩）。

年度收益变化很大。10 年的变化幅度在 94 961 FCFA/公顷（1999/2000 年度，相当于

144.76 欧元/公顷和人民币 82.0 元/亩）到 171 602 FCFA/公顷（2003/2004 年度，相当于 261.59 欧元/公顷和人民币 148.23 元/亩）（表 25-26）之间，收益增减高达 80%。其中收益低的 1999/2000 年度籽棉收购价格同比下降 18.9%，产量减 5.8%，尽管物资投入减少 8.0%。收益高的 2003/2004 年度价格上涨 11.1%，单产增长 15.7%，而现金投入还略增 1.5%。

表 25-26　籽棉生产成本和收益

年度	籽棉销售价格 （CFA/千克）	籽棉产量 （千克/公顷）	产值 （CFA/千克）	现金物资投入 （CFA/千克）	收益 （CFA/公顷）
1996/1997	155	1 083	167 865	48 305	119 560
1997/1998	170	1 058	179 860	52 827	127 033
1998/1999	185	1 032	190 920	55 281	135 639
1999/2000	150	972	145 800	50 839	94 961
2000/2001	170	1 085	184 450	49 215	135 235
2001/2002	200	1 089	217 800	55 883	161 917
2002/2003	180	994	178 920	57 542	121 378
2003/2004	200	1 150	230 000	58 398	171 602
2004/2005	210	1 047	219 870	61 217	158 653
2005/2006	165	976	161 040	58 477	102 563
10 年度平均	179	1 049	187 653	54 798	132 854

资料来源：据马里棉花公司（CMDT）提供的资料整理。

马里农业科研最高机构是农业研究委员会，隶属于农业部，下设 4 个研究所：农村经济研究所、畜牧研究所、教育和研究院、推广研究所。

农村经济研究所是一个大研究所，包括各种农作物科研的方方面面，比如遗传育种、耕作栽培、植物保护、情报信息等等。马里全国有 8 个行政大区，该所在其中 6 个大区设有研究中心（分所）或试验站。该所有 3 个分所（中心）的科研业务涉及棉花，包括育种、栽培和植保等，其中科学家 8～10 人。

农业部农村经济研究所出版年报、科学研究杂志和科普杂志。

马里棉花育种始于 1959 年，主要是通过杂交和系统选育的方法，培育常规陆地棉花品种。目前棉花育种的主要目标是提高棉花单产和纤维色泽，棉花病害较轻，棉花害虫主要有棉铃虫和棉蚜。棉花田间管理粗放，播种到收获主要靠人工，辅以简单工具和拖拉机。

棉花品种的认定要经过指定研究单位跟踪的四年的试验程序：第一年稳定的棉花品系参加品系比较试验，确定综合性状表现优良的品系；第二年参加多点试验，鉴定出综合性状表现优良的品系；第三年参加多点试验和农民种植，确定综合性状表现优良的品系；第四年农民大面积种植，综合性状表现优良的品系提交国家农业部种子鉴定部门进行品种认定，同时专门机构授予品种专利权。

棉花科研首先由农业部制定马里棉花发展规划，一般为 5～10 年，棉花科研机构主要是马里农业科学院棉花研究所，从事棉花研究的科研人员 8～10 人，马里政府和国企马里棉花公司是科研经费来源的两个渠道，2011 年科研人均经费为 1 600 亿西非法郎。

此外，马里棉花科研正在执行以色列援助的研究项目。

据马里农业部农村经济研究所 2010 年年报，主要进展：

土壤肥力研究。在基植系统下（直接在植被中播种的生物量）土地肥力的变化与管理研究。矿物肥与有机肥的比例能改善贫瘠酸性耕地的肥力水平。覆盖作物错开 2 个星期播种能提高玉米产量。如果覆盖作物与玉米同期播种可以获得更好的生物量。如果错开 1 个月播种，就会对其生长产生负面影响。因为玉米挡住了覆盖作物，使其不能接受足够的阳光。

为了消除这种担忧在各种土质的耕地上进行了各种农业气候条件的试验。对 6 个推广棉花品种进行增量施肥（有机物—矿物），品种以 G440 的产量最高。

对老耕地施矿物肥获得较好结果。施肥量从北向南有增加的趋势，施矿物肥使产量明显提高，对已耕种棉田（无论耕作年代多久）矿物肥最佳施肥量为 5 吨/公顷。

品种选育。改善基因，创建、适配和跟踪防虫适应性好的引进棉花品种。部分从巴西引进的品种的脱籽特性好，尤其是其中的几个品种，它们的技术特性都很均衡，耐性、纤维长度、色泽特别是黄色指数，最均衡的品种为 Buriti。

在高产和改善纤维质量技术上调整棉花品种。在选种上主要是提高品种的黄色指数和调整种子指数，以及籽棉产量和纤维产量。对 NTA L100 品种进行特性统计试验，它在整个棉产区表现优良尤其在南部地区，纤维品质优良：纤维长、抗性好、马值好、尤其是色泽好（黄色指数低于 10），该品种被列为推广品种。

按有机肥（或有或无）和生长调节激素的使用效果来选择耕作技术。与不使用的对照籽棉产量 654 千克/公顷相比，肥料和化学调控产量有 15％ 变化，即增产 380 千克/公顷效益（增 26％）。据棉农大田试验显示，植物生长调节剂（Pix，即缩节胺）用量 45 和 60 克/公顷、有机肥 5 吨/公顷和高密度处理，产值为 39.8 万 西非法郎/公顷，增收 64 631 西非法郎/公顷。

由于缺有机肥，棉农可采用第 2 种技术（TCI 2），方案为高密播种、施复合肥 150 千克/公顷和尿素 50 千克/公顷，产值 373 644 西非法郎/公顷，增收 40 418 西非法郎/公顷。

植保。抗棉花野草的除草剂变化。除草剂 Pantera 和 Gallant 对棉田杂草防治无效。试验指出，Proponit 用量 3 升/公顷，播撒后 15 天棉花有轻微中毒症状。撒药 45 天后，中毒症状消失，对生长和产量无任何副作用。棉田使用除草剂 Roundup 可减少杂草防治。

调整害虫防治策略。据 2009 年观察，主要寄生虫为小绿叶蝉（*Empoasca Facialis*）和烟粉虱（*Bemisia tabaci*）。当年寄生虫的发生比例比上年高，平均为 53.5％，上年为 33.1％。在马里是按生长历法灭虫。

除虫剂对棉花害虫的对比研究。研究结果表明使用不同的杀虫剂能减少天然耕作中发生的不同棉花害虫种群。

棉虫管理。阈值灭虫法对各种类型的棉铃虫的侵害更有效。对棉铃虫（*Helicoverpa armigera*）的抗药性的观察显示，在种植初期害虫的抗性比其他群体的记录高。

此外，在欧洲援助下，该研究所还开展遥感研究，可以随时接受欧洲卫星数据，及时进行数据处理，卫星遥感图片具有时代性。

马里政府为促进棉花的种植，出台了激励棉花政策：一是恢复种植面积，国家出资整治荒废棉田 10 万公顷，整治灌渠，提高水浇地面积；二是增加补贴，每袋化肥国家补贴 12％；三是鼓励农民植棉。另外，政府还鼓励增加附加值，吸引外资投入棉花加工业。

第四节　布基纳法索棉花产业

一、棉花产业概况

布基纳法索位于非洲西部，意为"正直人居住的土地"。国土面积 27.4 万平方千米。经济以农牧业为主，80%以上的劳动力从事农业，中南部是农业区，西北部是畜牧区。粮食作物有高粱、玉米、稻谷等。经济作物有棉花、花生和卡利特米。棉花出口居农牧业产品出口的首位。工业落后，资源贫乏，是世界上最不发达的国家之一。棉花种植已超过黄金成为该国出口创汇第一支柱产业，有超过 350 万人直接以此为生。

棉花是布基纳法索换取外汇的主要来源，政府鼓励植棉。皮棉产量从 1975/1976 年度的 18 千吨已增长为 2010/2011—2014/2015 年度平均 215 千吨，植棉面积由 81 千公顷扩大到 501 千公顷；单产由 267 千克/公顷增长为 424 千克/公顷（表 25 - 27）。

表 25 - 27　布基纳法索棉花生产、消费与出口情况表

年　度	皮棉产量（千吨）	面积（千公顷）	单产（千克/公顷）	消费量（千吨）	原棉出口量（千吨）
1961/1962	1	23	35		1
1965/1966	3	50	51	1	2
1970/1971	8	81	105	1	9
1975/1976	18	68	267		17
1980/1981	42	108	397		41
1990/1991	85	213	400	2	80
2000/2001	198	470	419	4	193
2010/2011	215	501	424	4	200

棉花产区主要分布在法达恩古玛到靠马里边界一带。棉花生产由政府间合作机构 Sofitex 负责组织管理。

耕地有 55%～60% 用牲畜或机耕，其中 51% 种植棉花。其余仍用人工耕地、播种，有 85% 的棉田施肥，63% 的棉田治病虫，一般喷药治虫 3 次。

不同地区的棉花生产的组织及推广服务均受农业部管辖。

Sofitex 管辖下有 5 个轧花厂，负责轧花和收购。全国平均衣分率约为 38%。生产的籽棉在 2 200 个出售中心或市场上向植棉者购买。出售中心或市场在收获期开市 2 次。

二、棉花种植、科研和政策支持

棉花种植在法国入侵之前已开始。过去，当地手工业使用极为粗短的棉花纤维，品种是属于亚洲棉种和陆地棉变种尖斑棉。第二次世界大战以后，仍有些家庭栽培这类棉花。对国内和国际贸易影响作用甚小，价值不大。

自 1955 年起，棉花生产开始组织起来，植棉者得到更好的装备，并开始使用研究最新成果，如优良品种，病虫害防治，使用化肥和纯种等。1956 年产量仍很少（1 000 吨皮棉），随后是缓慢而稳定的发展，现今产量已超过 20 世纪 50 年代 200 倍以上。

棉花是布基纳法索农业发展和农村人口富裕的一个重要因素。比尔曼（Birrimien）的片状系列棕色土和赭石色土特别适合种植棉花，气候属苏丹—萨赫勒塔型，雨量分布年度之间变动甚大。一年中雨水分布比总雨量更能决定季度的收成好坏。栽培局限于等雨量线 800 毫米和 1 200 毫米的地区中。降雨分布主要在 4—10 月。

20 世纪 70 年代开始，棉花—高粱间作的习惯栽培逐渐被抛弃，而采用了纯作棉花栽培。此外，农业向着越来越使用畜力牵引（牛）和普遍使用杀虫剂和化肥的方向发展。

农民于每年 5 月深耕棉田时把有机肥翻埋土中。整地后，将近 6 月 15 日时开始播种，成行播种，成行穴播，每穴 5～7 粒种子，行距为 0.7～0.8 米，穴距为 0.3～0.4 米。栽培管理自播种后 2～3 周第 1 次锄草，随后 1 周间苗，一穴两株，同时培土。根据杂草数量进行 2～3 次锄草，除草剂已普遍使用。

矿质肥料大多是复合肥料，比例为 14N‐21P‐14K‐6S‐2B 所组成。施撒量每公顷 150 千克，间苗时再施以尿素，每公顷 50 千克。

棉田中全部收花工作几乎全由家族成员分 2～3 次完成。时间是 10 月中旬至 12 月中旬，一般都是将洁白棉和脏棉分开采收。棉秆从根茎处切断加以清除，并和其他棉叶碎片一起烧毁。

主要棉花害虫有棉铃虫、赤棉铃虫及红铃虫。对变绿病最早研究是在布基纳法索进行的，这种病害在既不了解病原体（支原体），也不了解媒介昆虫的时期中，曾发展到令人不安的地步。为了防治这些病虫害和传播媒介，一般使用硫丹‐DDT‐甲基—六〇五混合剂农药，按传统防治，剂量在头两次为每公顷 2 升，第三、第四次每公顷 2.5 升，第五、六次为每公顷 3 升。它们稀释程度依使用机械而定。人们也使用剂量少得多的异狄氏剂‐DDT‐甲基—六〇五混合农药，以及在近千公顷土地上使用久效磷 DDT。也有棉农使用超低容量喷雾防治虫害，也有使用合成除虫菊酯类，如敌杀死每升 25 克，每公顷 0.5～0.7 升，即每公顷 12～18 克有效成分。

东部地区使用的品种比西部地区具有更好适应干旱和多变气候的能力。因西部地区更适宜种棉花，90%～95% 的棉花种植在西部地区。

东部地区少部分使用最老品种 HAR444‐2，珂字棉 417 逐渐代替了前者，SRIF4 能获得很好的产量，在东部地区越来越普遍使用。

西部地区，老品种 BJASM 正由 MK73 所替代，后者产量更高，纤维更长，强度相同，纤维成熟度好，正是纺织工业所需的优点。后来推广的新品种有 L299‐10‐75、H84‐75。

为保证国内棉花生产，政府将 2015 年的籽棉收购价格从每千克 38.5 美分提高到 40.2 美分，并且下调了化肥价格以提高单产。棉花纤维质量在世界上排名第四位，在国际市场上具有相当大的竞争力。西部和西南部是棉花的主产区，纤维和纺织品公司持有全国棉花管理的专营权，政府和企业投资新扩建了一批棉花加工设施。目前全国有 8 000 个棉花生产者组织，给生产者提供种子和其他农业设备，并按约到棉田里收购棉花，帮助棉农修建乡村道路，解决棉花的运输问题。

布基纳法索于 2000 年 5 月 24 日签订了生物安全议定书。其 No.005‐2006/AN 号法案于

2006 年 3 月 17 日通过，以管理布基纳法索的生物安全事务。由于生物安全制度发挥作用，Bt 棉花在 6 年的田间试验完成后于 2008 年经国家批准进行商业释放。布基纳法索也因此成为继南非和埃及之后第 3 个可以种植转基因作物的非洲国家。2010 年布基纳法索政府开始审查和修订原有的国家生物安全法律，并在 2012 年 12 月以修订版法律被国民议会采用。

布基纳法索的研究及开发活动是在以下机构进行的：负责进行转基因作物田间试验的农业研究所、正在进行转基因蚊子研究的 Muraz 中心以及国际畜牧研究中心等。布基纳法索批准通过了 5 个转基因作物品种。其中包括 2008 年就已商业化种植的抗虫（Bt）棉花、除草剂耐受的棉花、对豆荚螟有抗性的正在进行限制性田间试验的豇豆。

2003 年布基纳法索从美国孟山都公司引进转基因棉花技术并在国内大范围种植，2007 年，棉花种植面积超过埃及成为非洲第一大产棉国，因此成为非洲唯一大规模种植转基因棉花的国家。2014 年该国棉花产量达到创纪录的 70 万吨，2015 年产量 80 万吨。由于技术原因，该国计划将转基因棉花种植的面积由 73% 降至 55%。

第五节　科特迪瓦棉花产业

一、棉花产业概况

科特迪瓦位于非洲西部撒哈拉沙漠南缘，地处西非的中心，分别与毛里塔尼亚、塞内加尔、阿尔及利亚、尼日尔、几内亚等国家接壤。科特迪瓦地域辽阔，总土地面积 124.1 万平方千米，是西非第一大内陆国家。全国耕地面积 4 600 千公顷，占国土面积的 3.7%，其中灌溉地面积 175 千公顷，占 3.8%，其余的 96.2% 均为雨养耕地。灌溉耕地也是重要的商品粮生产基地，是比较富裕的地区。多数耕地由硅质砂页岩、层积岩发育形成，土质为沙壤，结构疏松，漏水漏肥，而且耕层浅薄、贫瘠，养分含量低，严重缺磷、缺钾。

科特迪瓦位于赤道附近，属热带气候，气候炎热，全年气温稳定，降水充沛，年均降水量 1 425 毫米。森林资源丰富，植被多样茂盛，有利于多种农业发展。木材生产居非洲第一位，出口量居非洲第三位。2010 年全国人口为 2 060 万，有 69 个民族，全国大部分地区使用迪乌拉语，官方语言为法语。

农业是科特迪瓦发展的经济基础，农业生产种植占国内生产总值的 26%，生产经济作物（可可、咖啡等）为主，目前，可可和咖啡的出口收入是国家主要外汇来源。其中，可可出口居世界第一位，占全球供给量的 40%，出口收入占国家出口额的 45%。咖啡生产居世界第四位、非洲第一位。籽棉产量居非洲第三位，棕榈产量居非洲第一位、世界第三位，也是国家主要创汇来源。

近几年植棉面积扩大，总产 12 万吨（表 25 - 28），消费量仅占产量的 15%，其余 85% 出口，包括 19 个欧、亚、非洲国家和地区。最大买主为中国台湾省、德国、法国、马来西亚、葡萄牙和泰国等。棉花加工后，由银行代理向各国有关公司、纺织厂联系销售。一旦洽谈成功，纺织厂就直接向纺织纤维发展公司（CIDT，主要任务是农业推广、培训、销售、加工）购买皮棉，价格由 CIDT 与银行核算。全国共有轧花厂 8 个，轧花机 31 台（美国产 185，150 片锯齿轧花机 25 台，小型 28 片锯齿轧花机 3 台，老式轧花机 3 台），轧花厂加工能力为每天 1 600 吨籽棉，每天实行三班制。

表 25 - 28 科特迪瓦棉花生产、消费与进出口情况

年 代	皮棉产量 （千吨）	面积 （千公顷）	单产 （千克/公顷）	消费量 （千吨）	原棉出口量 （千吨）
1960—1969	0.1	0.2	320	2	
1970—1979	3.6	11.7	308	3	2
1980—1989	11.6	35.8	325	4	7
1990—1999	26.2	65.4	401	14	15
2000—2009	84.8	157.0	533	17	64
2010—2014	120.9	230.0	522	19	99

　　2010 年，棉花产量仅有 175 千吨。政府意识到国家战略对于发展包括棉花产业在内的农业经济的重要性，成立了棉花及腰果理事会。该委员会成立的任务是为改革国家棉花产业提供战略规划，理事会由国内外专家及重要合作伙伴组成，其战略改革的方向由运营商及农业专业组织研讨策划。理事会战略改革的目标包括：优化棉花生产、改善棉花质量、增加棉花附加值、加强棉花监管、改善棉农的环境和居住条件等。据了解，这项改革的执行将成为棉花和腰果等农产品新管理制度的一部分。

　　此外，建立了棉花外购农业咨询委员会。棉花外购农业咨询委员会是农业投资计划（NAIP）的一部分，旨在促进国家的农业现代化生产以及通过启动各种项目创造更多的就业机会。该委员会由欧盟国家提供财政资金，监督棉花产品的加工与制作，改善象牙海岸棉农的棉花种植条件。

　　除政府设立专项资金与组织促进该国棉花产业发展外，来自国际市场的支持也成为繁荣棉花产业的重要部分，如意大利棉花加工企业 ICotoniDelFirello 通过其分支机构 ICotoni-CISARL，在科特迪瓦新建了一家轧花厂，不仅有利于发展植棉，还为全国创造了更多的就业机会。

二、棉花种植、科研和政策支持

　　科特迪瓦棉产区主要集中在北部、西部、中部，涉及 12 个地区，分别为北部的奔迪亚利（Boundiali），科尔霍戈（Korhogo）、费尔凯塞杜古（Ferkéssedougou）和帮杜库（Bondoukou）。西部的奥迭内（Odiennē）、图巴（Tonba）、塞盖拉（Seguéla）和蒙科努（Monkono）。中部的卡蒂奥拉（Katiola）、布西（Bonaké）、亚木苏克罗（Yamonssonkro）和布瓦夫莱（Bouaflé）。

　　棉花播种期，北部地区在 6 月初；中部地区在 6 月 20 日至 7 月 15 日；中部和南部在 7 月初至 8 月 15 日。棉花生育期一般为 120～140 天。棉花收获期，北部在 11 月至 12 月底，其他地区在 12 月底至 2 月 15 日。棉秆在北部翻入田间作肥料，南部地区则就地烧毁。

　　生长期共治虫 6 次。营养生长阶段防治 2 次，喷施三唑磷—氯氰菊酯或谷硫磷—敌杀死两种混合剂。在铃期防治 4 次，喷施敌杀死或二氯苯咪菊酯、氯氰菊酯。

　　杂草防治主要采用化学除莠剂，出苗前使用，如氟乐灵、敌乐灵，用于播种前或播种

后，还有二甲戊乐灵、地乐胺、杀草净和异丙甲草胺混合剂。

科特迪瓦草原研究所经济作物研究中心原是法国创办，1960 年科特迪瓦独立后，改建成草原研究所，设四个研究中心：经济作物、粮食作物、畜牧、水产养殖。经济作物研究中心有三个研究室：棉花、甘蔗、烟草。棉花研究室设有 7 个专业：育种、细胞遗传、植保、纤维工艺、农艺（包括化学除草、科技开发）。5 个实验室：遗传育种、农艺生理、纤维工艺、种子工艺、植保。棉花研究室的任务有三项：研究、培训、繁育种子。所有研究课题在国家科研部领导下制定，还有科特迪瓦纺织纤维发展公司、纺织工业企业和外贸等机构人员参加。

国家每年拨给草原研究所经费约 1.5 亿西非法郎（折 50 万美元）。布瓦凯研究中心是法国国际棉花研究所棉花育种在非洲的主要试验基地，工作卓有成效，棉花单产和衣分的提高除农艺植保作用外，棉花育种作用占 30%，主要研究：细胞遗传（棉属野生种基因转育到栽培棉中）、常规陆地棉育种、无腺体棉育种，育种目标主要是增加产量、降低成本（抗病虫）、纤维品质（长度、细度、强度、色泽）和种子品质（无腺体、油分、蛋白质含量）改良。在纤维工艺和种子工艺方面，主要是测试所属轧花厂的棉样、测试研究中心的育种材料和各试验站的试验材料，种子工艺主要是配合棉花育种需要，测定棉籽水分、蛋白质、含油量、棉酚，也为加工厂送来的样品进行棉籽分析。在植保方面重点研究虫害与棉花、农药的关系、农药剂量和防治次数。在农艺方面，着重施肥和除草剂的研究。在科技开发方面，在全国设有区域试验网络共 19 个试验站，每站有土地 3~5 公顷，人员 3~4 人，站长 1 人，技术员 2~3 人，除负责站上试验外，专门有 1 名技术员负责在农民田中进行棉花试验。在经费上，由科特迪瓦草原研究所和科特迪瓦纺织纤维发展公司签订"科技开发与推广"协议，经费由科特迪瓦纺织纤维发展公司提供，每年 2 500 万~3 000 万西非法郎。

政府重视棉花发展，设立了棉花专项资金，计划 2016 年棉花产量达到 60 万吨。设立国家农业投资计划，创造了数以万计的工作岗位，2015 年农业部门全部财政预算 10% 的资金拨给该项计划，主要是针对棉业的发展。

第六节　喀麦隆棉花产业

一、棉花产业概况

喀麦隆是非洲政治、经济强国之一。在非洲政治经济领域特别是撒哈拉以南非洲扮演了重要的角色。国内社会稳定，经济增长，2011 年国内生产总值达 256.5 亿美元，经济规模在撒哈拉以南的 44 个国家中排名第七位，在中部非洲中仅次于尼日利亚和加纳。2011 年人均 GDP 1 225 美元，达到中下等收入国家水平，具备了进一步加快发展的基础和条件。农业在喀麦隆国民经济中占有较高地位，2010 年人口 1 941 万，其中近 70% 直接从事农业生产。2011 年农业产值约 51.8 亿美元，增加值年均增速长期保持在 4% 以上。可可、棕榈油、咖啡、天然橡胶、香蕉和棉花等经济作物生产具有一定比较优势，是外汇收入的重要来源，素有"中部非洲粮仓"之称。近年来采取了积极的支持政策，农业生产稳步发展，食品保障水平不断提升，还有向周边国家出口。但水稻、玉米和小麦等品种需求增长较快，进口有所增加，粮食安全存在一定隐患。

植棉面积、皮棉单产和总产均呈增加趋势（表 25-29），2010—2014 年平均植棉面积、皮棉总产增加到 1980—1989 年平均植棉面积、总产的 2 倍多，而消费量呈下降态势，出口量也呈增长趋势。1980—1989 年平均单产水平较高，与 2010—2014 年平均单产较接近。

表 25-29　喀麦隆棉花生产、消费与进出口情况

年　度	皮棉产量 （千吨）	面积 （千公顷）	单产 （千克/公顷）	消费量 （千吨）	原棉出口量 （千吨）
1961/1962	9	64	139		8
1965/1966	21	92	230		21
1970/1971	14	102	139	2	26
1975/1976	19	73	260	4	16
1980—1989	42	81	514	6	35
1990—1999	67	139	484	6	59
2000—2009	84	179	472	3	82
2010—2014	94	180	511	2	87

喀麦隆棉花生产发展公司（SCDE COTON）是由法国纺织纤维发展公司（CFDF）（占股份的 45%）和喀麦隆政府（占股份的 55%）投资的合资企业，是进行棉花生产、加工、销售的技术与经济结合的实体。公司的主要任务是：①帮助农民代耕代种；②供应种子、农药、化肥；③以棉花为主包括玉米、高粱、花生，普及生产技术和进行技术咨询；④负责棉花收购、加工、销售。公司在若干个村庄中设有收购点。

棉花是喀麦隆消费与出口的一个重要作物，所产皮棉除留 5 000 吨供本国工业自用外，其余 80%～85% 供出口，出口目的地为欧盟和亚洲。最大买主为法国、中国台湾、意大利、德国、日本、英国和瑞士。棉花在喀麦隆出口产品中占第三位。

二、棉花种植、科研和政策支持

日照充足，属苏丹—萨赫勒热带型。一个旱季后接一个从 4 月至 10 月的雨季。在年总降水量中，雨量的分布决定着棉花收成好坏。无论是在播种时期（6 月或 7 月）或在生长季节结束时（纤维发育和棉铃成熟期），雨量过多或雨量少于平均雨量都会对棉花单产产生甚为明显的影响。

棉区土壤大致分五类：河岸四周的新进冲积土和老的冲击土；结构基细的变性土；热带含铁质土壤；热带红土；盐成土。

备耕时适当深耕。播种前使用商业杀菌剂和杀虫剂处理种子，一般 6 月初播种，棉花收获始于 11 月，到 12 月底结束，人工采摘。棉秆拔去后烧毁。播种时使用比例为 15-15-15-3-1（NPKSB）的复合肥料，每公顷 200 千克，开花时补充尿素，每公顷 50 千克。根据土壤类型和轮作方式，用量可加以变化。

喀麦隆棉花生产潜力很大，土地辽阔，日照充足，生产水平低，发展潜力和市场销路巨

大，棉农植棉积极性高，气候和地理条件都有利于棉花生产，如果推行科学合理的轮作制和选用适宜品种，每公顷产皮棉 1 350 千克是能够达到的。

2014 年，喀麦隆棉花发展公司计划设立"喀麦隆棉花价格风险与管理基金"（FGRPC-C），旨在制定籽棉最低收购价以保护棉农利益。该基金由喀棉花发展公司与"喀麦隆全国棉花生产者联合会"（CNPC-C）共同管理。喀麦隆棉花发展公司是喀农业种植与加工领域最大的国营公司，政府控股 58%，其业务涵盖喀北方三个大区，涉及 25 万余棉农。目前，该公司员工 2 500 多名，营业额 770 多亿中非法郎。

马罗瓦棉花试验站是科特迪瓦棉花科研机构。马罗瓦棉花试验站属马罗瓦农业研究中心领导，有 5 名研究人员，均为法国国际棉花所派出的法国科技人员。喀麦隆政府提供生活费，实际科研经费由法国国际棉花研究所提供。棉花品种改良致力于提高产量，均采用轮回杂交法育成，一般一个棉花新品种从科研单位选育到生产上大面积推广应用约 10 年时间。马罗瓦试验站在棉花育种工作中只负责亲本选配，后代选育、特征特性的记载，产量比较等。至于纤维品质测定，该站只负责棉样去杂制成条状，注明日期，样品编号。统一送回法国国际棉花研究所的实验室进行纤维品质测定，待报告出来以后，再结合品系、品种特性、气候和土壤情况进行综合分析评定。试验站历年资料完整，数据可靠，选育目标明确，但不保存种质资源，种质资源保存在法国国际棉花研究所蒙彼利埃的基因库中。如需要杂交亲本，可直接向基因库申请得到。在植保方面，已试验用生物工程办法将病毒 DNA 导入到植株中去，使害虫接触后病毒扩散而死亡，并计划用农药＋病毒进行综合防治。除人工锄草外，已推广使用除草剂防治杂草。在农艺方面，主要开展了肥料试验和轮作试验。在雨量 200 毫米情况下，灌溉 4 次，加上施肥（完全肥料 NPKSB）300 千克/公顷，单位面积籽棉产量可达到 3 700 千克/公顷，结果表明了喀麦隆的棉花生产潜力是很大的。轮作试验主要有棉花和花生轮作、棉花和玉米轮作、棉花和水稻轮作，比棉花连作显著增产。

第七节　中非共和国棉花产业

一、棉花产业概况

中非共和国位于非洲中部，土地面积 62.3 万平方千米，可耕地面积 145 万公顷，已开发种植耕地面积 72 万公顷，拥有森林面积 380 万公顷，人口总数 40 万，人口密度每平方千米 6 人，全国设 16 个省 6 个行政区。一年分为两季，5—10 月为雨季（种植季节），头年 11 月—次年 4 月为旱季（收获季节）。种植主要作物：经济作物（棉花、咖啡、橡胶、烟草）、粮食作物、蔬菜作物和各种水果。遭遇多次政治危机的影响，失去农业援助和贷款，农业合作组织也无经济实力，靠农业合作社自身也无力恢复生产水平。家庭式农作仍停留在原始的耕作水平。

棉区位于西北部，1999 年植棉面积 19 303 公顷，仅占可播种面积 46 300 公顷的一半。1967—1970 年棉花产量增长率为 5%。1970 年产量最高达 58 000 吨，1980 年产量降低到 28 000 吨，到 2000 年产量恢复到 42 410 吨。由于缺少肥料，仅有 32.4% 的土地使用化肥。现代化耕作没有提高，所有这些均影响中非棉花生产（表 25 - 30）。

表 25-30　中非棉花生产、消费与进出口情况

年 代	皮棉产量 （千吨）	面积 （千公顷）	单产 （千克/公顷）	消费量 （千吨）	原棉出口量 （千吨）
1961/1962	10	128	77		11
1965/1966	9	109	80	1	10
1970/1971	20	125	156	2	20
1975/1976	12	132	91	2	13
1980—1989	11	63	173	1	10
1990—1999	13	47	256	1	12
2000—2009	5	19	262		5
2010—2014	8	35	227		7

20 世纪 90 年代以来，棉田面积浮动在 19～47 千公顷之间，皮棉总产 4.9～12.6 千吨，皮棉单产 227～262 千克/公顷，原棉出口量 5～12 千吨。

二、棉花种植、科研和政策支持

棉花栽培集中在国内中部和西北地区，气候特点是苏丹—几内亚雨量分布型，只有一个雨季，年降水量 1 200～1 600 毫米，雨日数 100～130 天。

中非土壤的农业价值可以分为三类：一是面积有限的碱性变质岩或火成岩肥沃土壤，二是呈结晶片状或晶体状基础上的中等土壤，三是变质岩系列下层土上的瘠薄土壤。

栽培方法一般是轮作中先种植棉花，随后种植粮食作物（花生或高粱），在其中扦插木薯。接着是长时间休闲（4～7 年）以恢复地力。整地主要靠手工进行，繁种农场每年种植棉花 200～250 公顷，处理种子以防苗期病虫害。种植行距 0.7～0.8 米，穴距 25～30 厘米。播种时间西北部为 6 月上中旬，中部和东部为 6 月中下旬，播种期延迟至 7 月底。头一次锄草在播种后 3 周，同时对穴播的两株棉苗进行间苗和棉苗培土。在开花期间需反复锄草，同时追施氮化肥，11 月手工收获，采收期延长至第二年的 1 月。

病虫害方面，棉叶遭受茶半跗线螨和盲蝽科绿盲蝽属为害，但经济损失较小。主要害虫是红铃虫、埃及金刚钻、棉铃虫以及灰翅夜蛾。主要病害有细菌病、镰刀菌病和青紫病等。

1960 年中非国家独立后，国家采取系列措施发展农业生产。20 世纪 80 年代科林巴总统执政期间，采取了较为切合中非经济社会实际的发展政策，提倡优先发展农业、增加向农民贷款、提高农产品收购价格，实行"灵活、有计划的市场经济"政策，鼓励发展中小企业和外国投资，促进了农业和整个经济的发展。1989 年实现了粮食自给。但从中非独立后的几十年时间，农业发展起伏跌宕，一波三折，时有停滞和衰退。主要原因是国家政变频繁，战乱不断，农业生产和农民生活频频遭受破坏，国家经济和农业发展长期以来缺乏一个稳定的

环境。加上经济基础和农业生产结构脆弱，难于经受世界经济一体化带来的竞争和冲击，遇到经济危机和金融风暴便会遭到致命打击，从此一蹶不振，难于恢复重振。

农业处于原始状态，生产力水平低下，产出远远满足不了国民的需求，粮食自给率70%左右。2008年粮食总产81万吨，加上甘薯等薯蓣类作物，人均占有粮仅200千克左右（按430万人计）。其中"穷人的粮食"的主食木薯56.9万吨，占粮食70%。处于中下生活水平的人们，一天只能吃一餐正餐，2009年人均GDP 453美元，农民人均收入不足1美元/天，属世界最贫困的国家之一。

对发展农业而言，建立和完善一个好的推广体系才能使棉花单产更快提高。农业基础设施和生产物质投入少。虽然水源丰富，小溪流布满全国，但目前有水利条件的农村地区非常少，几乎没有农田灌溉设施。气候条件一年可种3～4茬作物，但由于旱季和农业生产投入的困难，一年只种一季作物。

在农业生产上，化肥、杀虫剂、除草剂等生产物资投入非常少，导致农作物产量低、品质不好、质量不优、经济效益不高。如棉田调查，产量潜力可达1 500千克/公顷，但棉农种植的产量仅600～700千克/公顷。

中非农科院从事农作物育种和繁殖良种研究工作的人员缺乏、项目经费严重短缺，也导致育种种质资源少，有的是靠从国外引进试种，但是否适应中非农业气候值得商榷。

包括农业部区域代表、农科院、畜牧发展局、农业发展局、农村教育培训中心等单位在内，在全国各省平均从事农业技术工作的人员不到10人，人数只相当中国一个乡镇从事农业服务中心的数量，因此农技人员远远满足不了农民的需求，加上缺乏必要的交通工具和业务经费，没有足够的时间下到边远农村进行技术指导和对农民进行农业技术培训。根据调查了解，许多农民还不知如何通过轮作培肥地力和改善土壤，也不知如何攒积有机肥料；不知如何做好农作物良种自留繁殖和储藏，中非没有生产农民所需农作物的良种，经营种子部门和商业活动在省级没有种子经营机构。

第八节　塞内加尔棉花产业

一、棉花产业概况

塞内加尔位于非洲大陆的西部，西临太平洋，面积约19.6万平方千米。经济以农业为主，包括渔业。几乎80%的劳力从事农业与牲畜饲养。农产品出口占国民生产总值约19%。农业以花生为主，花生种植面积占全国耕地面积的40%，花生与花生油出口占出口总值的17%。粮食以水稻、谷子、玉米与高粱为主，尚不能自给。撒哈拉地区，农业生产常遇干旱困扰。

棉花产区主要在南部岗比亚河流域比较湿润的地带，共有六个地区：中南部的韦灵加腊、科尔达和Sedhiou，共占棉花产量的57%左右；东南部的塔姆巴康达和凯多高地区，共占棉花产量的33%；西部地区的卡洪，占棉花产量的约10%。

20世纪90年代以来，塞内加尔棉花面积浮动在30～42千公顷之间，皮棉产量12～16千吨，单产349～412千克/公顷，原棉出口量11～15千吨（表25-31）。

表 25 - 31　塞内加尔棉花生产、消费与进出口情况

年　度	皮棉产量 （千吨）	面积 （千公顷）	单产 （千克/公顷）	消费量 （千吨）	原棉出口量 （千吨）
1964/1965	0.01	0.1	207	2	
1965/1966	0.1	0.3	289	2	
1970/1971	4.1	13.6	306	3	2
1975/1976	11.3	37.4	303	3	8
1980/1981—1989/1990	13.6	34.0	403	3	10
1990/1991—1999/2000	14.2	42.0	349	3	12
2000/2001—2009/2010	15.5	38.0	412	1	15
2010/2011—2014/2015	11.8	30.0	391	1	11

二、棉花种植、科研和政策支持

棉区土壤大部属沙质土，缺乏有机质，含钾量也低，各棉区土壤一般都缺磷。现今普及和通用的肥料用量比例是 8∶18∶27（N、P_2O_5、K_2O），每公顷总用量 150 千克，手工撒施于出土的幼苗旁侧，出苗后每公顷撒施尿素 50 千克。普遍使用除草剂。由于雨季短，播种尽可能在 7 月 10 日之前完成。收花从 10 月至 1 月以手工方式进行。塞内加尔的棉花品种均由西非其他产棉国引入，所有品种纤维长度都在 27 毫米以上。

2012 年，萨勒总统将农业作为优先发展的第一领域，政府制定了 2013—2017 五年农业发展规划，希望通过修建农田水利、改良土壤、投入现代化农机具、培育良种、加强农业技术培训等提高农业整体水平，创造社会财富，缩小贫富差距。

然而长期以来，农业投入不足，农业公共财政支出仅相当于 GDP 的 2.8%（2009 年），亚洲、拉美和非洲发展中国家该指标分别为 10.6%，11.6% 和 6.7%（2002 年）。塞农业财政预算占国家财政预算总额约 10%。

世界各国和组织每年对塞内加尔农业领域援助超过 1 亿美元，占受援总额的 10% 以上。政府鼓励私营企业投资农业，未禁止外商获得农业用地。2000—2010 年，政府向 17 家私人投资者转让 65 万公顷土地，其中 7 家为外国公司。

2010 年，农业领域受援 1.29 亿美元。其中美国、世界银行、日本、欧盟、西非开发银行、加拿大、非洲开发银行、西班牙和法国提供援款占总额的 30.4%、17.3%、13.5%、10.3%、6.8%、4.4%、4.1%、3.6% 和 1.4%，共 91.8%。美国在 "千年挑战账户（MCA）" 项目下实施 1 万公顷农田整治计划。欧盟实施 5 000 万欧元花生项目、360 万欧元水稻和花生育种项目。法国实施 20 余项技术合作项目、700 万欧元棉花和花生项目、350 万欧元培训项目、180 万欧元农田水利项目。意大利除推广滴灌技术外，还向塞提供 4 000 万美元优惠贷款实施农业项目。在农业领域援塞的国家和机构还有韩国、伊斯兰开发银行、非洲阿拉伯经济发展银行（BADEA）、科威特和沙特阿拉伯。

在产地附近，固定日期收购棉花是促进棉花栽培发展的有力措施。

虽然棉花生产开始的时间晚，气候条件不利，但由于法国纺织纤维开发公司推广应用在

其他西非产棉国的已有经验和高产、抗病虫品种，塞内加尔棉花生产得到了较好发展。早在1966/1967年度，籽棉单产已达到1 000千克/公顷，虽仍低于西非法语区大多产棉国，但显著高于东非、中南非其他大多英语区产棉国家。20世纪70年代籽棉下降到700千克/公顷，主要是由于气候条件不利。当把新的具有更好适应性，生育期更短的品种推荐给棉农种植后，20世纪80年代中籽棉和皮棉单产就从低于700千克/公顷和300千克/公顷一下子又跃增为1 000千克/公顷和400千克/公顷。

在塞内加尔，棉花生产发展和产量增加的前景取决于适宜的土壤肥力和纺织纤维发展公司能否保持棉花在国际市场上的竞争能力，另外采用降低成本的生产技术，进一步集约化，采用高产品种等，对棉花生产均有较好的促进作用。

第九节　多哥棉花产业

一、棉花产业概况

多哥共和国位于西部非洲，南濒几内亚湾，东邻贝宁，西界加纳，北与布基纳法索接壤。国土为近似矩形的走廊状，东西宽50～150千米，南北长约600千米，总面积56 600平方千米。其中可耕地面积340万公顷，已开垦土地面积140万公顷，粮食作物种植面积约85万公顷，其中玉米面积占45.7%，薯类占12.3%（其中薯蓣面积7.9%），其他经济作物种植面积为，棉花9.5万公顷，咖啡4万公顷，可可3万公顷。2009年粮食总产106万吨，棉花产量2.8万吨，蔬菜总产128万吨，果品总产51万吨；畜牧商品量49 689吨。海洋渔业产量1.2万～1.4万吨，淡水鱼产量3 500吨。2009年农业总产值占国内生产总值的39%。是联合国公布的世界最不发达国家之一。以玉米、高粱、薯蓣、水稻为主要农作物，自给为主，蔬菜、果树和棉花、可可、咖啡为辅，创收为主。北方以畜牧养殖业为主业。

当前农业现状，雨季农业占主导地位，灌溉农业只占已开发面积的5%左右。农业劳作以短柄镬头为主要劳动工具，劳动强度大而效率低，畜力与农业机械田间作业面积仅占耕地面积的10%。粮食作物小块土地种植为主，一般每户1～3公顷。连片种植大约在100公顷左右。果树零星分散在田地或杂林之中。家禽和羊一般都在家庭零散放养，游牧牛群有百头左右；海滩拉网大约10人一组，无淡水养殖。

20世纪70年代国际援助的水利灌溉工程（中小型水库及配套灌排系统）失修严重，基本没有发挥作用；机械化、水利化和农田标准化程度很低。优良品种供应量只占种植面积的20%（水稻、玉米、亚姆等）；化肥供应面积占已开发面积的16%；有机肥施用面积很小；农药（除草剂、杀虫剂）很少使用，绝大部分农田不进行病虫害防治；国家正在采取积极措施组织购进与推广。

农业属于低投入、低产出的自然经济型。单位面积产量很低，达不到种子增产潜力的50%。果树基本无投入，在自然状态下生长。农产品商品率很低，属于自给自足的经济类型。但水果与蔬菜、棉花有一定的商品率。

以一家一户经营为主，"小而全"自然经济无法抗拒较大的自然灾害。遇旱无力浇灌，遇涝不能排放。妇女为农业劳动力的主力军。农村男青壮劳动力不足，年轻人不愿留在农村，致使城镇人口膨胀。

交通运输不便，农产品批发市场零散，受不法商贩盘剥严重，缺少比较先进的储藏方法与设备。

值得一提的是多哥遭到过西欧国家 14 年的经济制裁，停止援助期间农业生产受到重创，农作物产量下滑 10％～70％，近几年才有所复苏。这也说明农业对外援的依赖性较大。

尽管这样，农业对国家的贡献依然很大。在农业预算只占国家总预算比例不到 4％，粮食生产每年增幅虽不大，但能略微超过人口的增长幅度，养活了 70％的人口，生产量占需求量的 90％以上，基本自给自足（年需要进口小麦 5 万吨，大米 1.5 万吨），且占国家出口创汇额的 25％。农业在减少贫困的战略中及对整个社会经济的稳定都起到了非常重要作用。

20 世纪 90 年代以来，棉花种植面积徘徊在 101～124 千公顷之间，皮棉产量 43～52 千吨，单产 318～509 千克/公顷，出口量 32～51 千吨（表 25-32）。

表 25-32　多哥棉花生产、消费与进出口情况

年　度	皮棉产量 （千吨）	面积 （千公顷）	单产 （千克/公顷）	消费量 （千吨）	原棉出口量 （千吨）
1961/1962	2	0.2			2
1965/1966	3	57	50		3
1970/1971	2	8	269		3
1975/1976	4	319	186	2	3
1980/1981—1989/1990	22	51	414	2	19
1990/1991—1999/2000	52	105	509	1	51
2000/2001—2009/2010	43	124	318		46
2010/2011—2014/2015	34	101	331		32

多哥的棉花推广种植以及籽棉的收购由多哥棉花公司 SOTOCO 负责。这个公司属国家控股公司，1974 年 3 月成立，人员约 2 100 多人，经营状况堪忧，银行欠贷情况严重。SOTOCO 有 4 家轧棉厂，年加工能力为 11 万吨。瑞士资本的 SICOT 公司有 5 万吨的棉花加工能力。另外还有两家公司共有 9 万吨加工能力，整个多哥的轧棉能力为 25 万吨。而多哥历史上最好的年景，籽棉收成也不过 18 万多吨，显然多哥的轧棉能力过剩。

新油料工业公司建于 1984 年，由两家私有化后的国营公司合并而成，资本金额 23 亿非郎，其中法国纺织纤维发展公司（CFDT）占 49.5％，多哥棉花公司（SOTOCO）占 21.6％，几内亚湾总公司（SGGG）占 17％，私人占 7％。该公司垄断了全国油料籽特别是棉籽的收购，年加工能力 82 000 吨，可满足多国内精炼油需求的 85％，并向西非地区出口部分棕榈油和全部油渣。多哥生产的棉花纤维 95％供出口，棉花等级相当于中国国家标准的 328B 级。

二、棉花种植、科研和政策支持

从种植面积的分布来看，过去棉花种植多集中于多哥南部的滨海区和高原区，目前多哥的棉花种植区域逐步向北移，中部的卡拉、萨凡纳也有少量种植。靠近布基纳法索的多哥草原区的种植面积目前约占多哥整个棉花种植面积的 40％，而这一地区是多哥最为贫困的地区。多哥棉花播种期在 6—7 月，草原区在 5 月 20 日左右。播种后 20～25 天施肥。采用肥料是 NPK SB 75％（多元素复合肥），还有尿素（氮肥），每公顷约施复合肥 150 千克，施尿素 50 千克。国家卖给棉农每千克肥料收 250 西非法郎；杀虫剂每升收 5 000FCFA，每公顷分配 6 千克。所需费用在销售籽棉的收入中扣除。一年两熟制，棉花与玉米轮作。棉田都是人力或畜力耕作。80％的棉田使用农药治虫，最少 5 次。

棉花生产由本国政府与法国纺织纤维发展公司合资的机构管理。棉花上市最早从 7 月起直到次年 4 月，在政府的保护下，棉花有保险价格。多哥政府积极鼓励棉花的种植与出口，并给予相应的政策扶持。为鼓励棉农积极性，如多哥政府向棉农承诺将 2008 年的籽棉收购价每吨提价 5 000 西非法郎，收购价将提升至每吨 18 万西非法郎。多哥政府还对农药和化肥实施补贴，供应棉农的农药及化肥的价格将维持不变。

1948 年，由法国棉花和纺织纤维研究所在阿尼埃（科洛科普）附近建立了一个棉花专业试验站。1920 年前都种植本地棉花，方格栽培。1920—1950 年，在棉花来源中有多哥海岛棉和草棉布迪，全不需特殊的植物保护措施而生长，能适应在大面积上和稻、玉米、木薯间种，籽棉产量 3 000～5 000 吨，所产短纤维棉粗劣而成熟高，衣分率不超过 32％～33％。1950—1965 年，由法国和国外纺织业研究所育成了莫诺棉栽培品种。它是来源于尼日利亚的伊字棉品种的群体中选育而成，衣分率提高了 7％，增加纤维长度 6 毫米，使当时尚在摇摆不定的棉花生产明显增加了产量，的确莫诺棉品种很适合和玉米、薯、稻等间种。1965 年起，因药剂治虫的普及，引进了艾伦棉品种，这标志着逐渐抛弃间种而改为纯作棉新阶段的到来。但莫诺棉一直使用到 1975 年，现只在极小的面积上仍使用。20 世纪 70 年代后新选育和推广的棉花品种 L299‐10，在多哥叫做布棉，在全国各棉产区均有种植，已取代了阿伦棉 333，1984 年后，棉花新品种 STAM82 又取代了布棉。

农业科学技术推广速度较慢，信息闭塞和匮乏，农民科技素质低，生产管理粗放。为了提高生产管理水平，国家正在积极地开展科技培训工作。

第十节　马达加斯加棉花产业

一、棉花产业概况

马达加斯加位于南半球非洲大陆东南部，印度洋西南面的马达加斯加岛上，为世界第四大岛。南纬 12°～25°，东经 43°～51°，南回归线穿越该岛南部，全岛大部分地区位于南回归线以北的热带地区。中部为海拔 1 000～2 000 米的中央高原地区，错落分布着平原、山丘、群山和盆地，东部宽度为 25～100 千米起伏不平的山坡地形，西部平原和高原地区，地形起伏较缓；南部平原地形较为平缓；北部为盆地，地形复杂，地貌为山地及喀斯特地貌。

光、热、水资源丰富，日照时数 11～13 小时，≥10℃积温 5 800℃，人均水资源 1.3 万立方米，天然降水充沛，地下水资源贮量大。

气候条件差异较大，东部属热带雨林气候，经年湿热，年降水量 2 000～3 800 毫米，年平均气温 24℃；中部为热带高原气候，气候温和，年降水量 1 000～2 000 毫米，年均气温 18℃；西部处在背风一侧，干燥炎热，属热带稀树草原气候，年降水量 600～1 000 毫米，年均气温 26℃；南部属半干旱沙漠气候，年降水量 600 毫米，年均气温 25℃。受季风影响，全岛 4—10 月为旱季,11 月到次年 3 月为雨季。

马达加斯加人口 2 260 万人,其中马达加斯加人占 98%,由 18 个民族组成,较大民族有伊麦利那、贝希米扎拉卡、贝希略、希米赫特、萨卡拉瓦、安坦德罗和安泰萨卡等。由于没有工业基础,劳动力以务农为主,农业因投入不足,效益差,闲置劳动力多,是全球最不发达国家之一,人均国民生产值 400 美元左右,人民基本生活得不到保障。

土壤大致分为红土、黄土和黑土。红土为一种成土母质形成的土壤,颜色为砖红色,土质坚硬,通透性强,保肥保水能力弱;黄土为二种成土母质(红色和白色)混合形成,土壤肥力中等;黑土为多种成土母质经冲刷混合腐殖质浸润形成,土壤肥力较高。

全国有小规模植棉历史,由于病虫危害,历史上所有大规模开发和种植计划都未获得成功。1954 年,法国公司(CFDT)开展了病虫害防治项目,到 1979 年,全国棉花籽棉总产30 千吨,80—90 年代增加到 40 千吨左右。由于品种退化,管理不善,到 2007 年,棉花产量下降到 16 千吨左右。继法国国有棉花企业 Hasyma Dagri 被抵押给银行财团并私有化后,由于 Hasyma 公司停止收购棉花,2008 年减少棉花种植。

20 世纪 90 年代皮棉总产 12 千吨,单产 466 千克/公顷。21 世纪前十年皮棉总产 7 千吨,单产 334 千克/公顷,植棉面积 20.1 千公顷,原棉消费量 5 千吨,出口量 2 千吨。2008年棉花面积 18 千公顷,籽棉产量 17 千吨,籽棉单产 945 千克/公顷。2010 年植棉面积 16千公顷,籽棉总产 16 千吨,籽棉单产 915 千克/公顷。

二、棉花种植、科研和政策支持

由于经济基础落后,未能有效地开发利用自然资源,水利设施和灌溉系统缺乏,靠天吃饭是棉花低产的根本原因。地下水资源和天然降雨径流没有得到充分利用。棉花种植区分三种类型,即人工灌溉区、雨养农田区和河水冲击区。由于无大型水库、水坝,在雨季大量的降水径流随着河水流入大海,没有形成蓄洪灌溉能力;人工灌溉占棉田面积很小比例,不足10%,且水量不能满足棉花生育期的需要。雨养农田区和河水冲击区被动等雨,造成需水关键期供水不足,这是棉花减产的重要因素。

农业处于原始状态,耕整地动力为耕牛,耕层浅;秸秆大多焚烧,无有机肥料,不施化肥,土壤长期耕作,有机质含量低,可持续生产能力下降。个别棉田施用少量的单因子化肥,大部分棉田叶面喷施叶面肥 1～2 次。

棉花群体不足,密度 1 000～2 000 株/亩,不整枝不打顶,枝叶丛生,呈自然生长状态。播种期不确定是生产技术不成熟的表现,早播与晚播的日期相差 2～3 个月,不能有效利用自然资源。由于当地光热资源充足,在一季棉花生产结束后,砍掉主茎,留下根部,待下一个生长季降雨来临,根部长出新芽形成二茬棉花,加上田间管理粗放,产量很低。

当地大部分棉田种植棉花品种为卡拉棉品种,也有个别地块种植长绒棉比马品种,但由于品种使用周期过长,达 30～40 年,没有提纯选育,退化严重。据杨苏龙(2013)考察,棉田有 30%棉株主茎 10 个叶片才着生果枝,营养生长期延长,有效生长期被浪费。

农业机械化装备差,中小型拖拉机及配套农具很少,即使农区有机械,由于使用价格昂贵,农民很少使用;传统农业主要依靠耕牛翻地中耕,况且没有耙、犁等农具,农作仅靠一把铁锹整地、播种、中耕、除草,连背负式喷药器械也很少,劳动效率很低。

　　世界银行、欧盟、非洲发展银行等均向马提供援助，相继在 8 个农业主产行政区建立了71 个农业开发区，总规划面积 95 581 公顷，属于国家所有，最大面积 21 280 公顷，最小面积为 50 公顷。外国投资者可以直接与马国政府洽谈合作开发事宜，农业土地只能按租赁方式办理（租期最长时间为 99 年）。

　　2008 年颁布《投资法》，规定合法注册的外国公司享受与本国公司同等待遇，投资受到法律保护，可购买土地从事房地产开发和兴办工厂，但不得将土地直接转卖。有两种投资企业，一是普通企业，其经营活动需照章纳税；二是自由工业区企业（免税企业），其产品95％以上出口，可享受免税政策。就农业开发而言，凡注册公司，享有生产、经营管理及产品加工和销售的自由权，但须遵照有关规定和交纳相关税费。

　　从总体上看，国家鼓励农业开发，对用于农业开发的农业设备和物资给予了免关税的优惠政策，手扶拖拉机和化肥全部免除关税。其中四轮拖拉机、拖车等可作为运输车辆收取关税和增值税。

　　全国设有马达加斯加农业大学，农学院开设农业、生物学课程；全国农业科研院所机械也很少，农业科研人才缺乏，经费不足，棉花科研能力差，农业发展没有技术支持。

第二十六章 非洲其他国家棉花产业

撰稿人 郑曙峰 刘小玲 王 维 李鹏程

第一节 埃塞俄比亚棉花产业

埃塞俄比亚位于非洲东北部的"非洲之角"，国土面积 110 多万平方千米，是非洲第 10 大国，人口 9 100 万（2012 年），是非洲第二大人口国。农业在其国民经济发展中具有举足轻重的作用，农业劳动力占全国总就业人数的 85％以上，农业产值占 GDP 的 47％，90％的外汇来自农业产品出口，是国民经济和出口创汇的支柱，人民收入的主要来源。

埃塞俄比亚境内多高原，占全国面积的 2/3，低地沙漠占全国面积 1/4 左右。全国平均海拔 2 500～3 000 米，素有"非洲屋脊"之称。境内多湖泊、河流，水利资源丰富，又有"东非水塔"之称。由于纬度跨度和海拔高度差距较大，虽地处热带，但是各地温度冷热不均。每年 6—9 月为大雨季，10—1 月为旱季，2—5 月为小雨季。由于不同季节和地区降雨不均，易出现局部干旱。

一、棉花产业概况

埃塞俄比亚植棉面积不大，总产不高，单产水平低。1953—1991 年，埃塞俄比亚通过发展国有农场，棉花面积一度达到了 5 万公顷。1991 年以后，为了扩大粮食作物的生产，棉花的种植面积大幅度下降。进入 21 世纪以后，埃塞俄比亚政府加大了棉花生产的支持力度，在土地使用上给予大力支持，但受市场、品种、病虫害等因素影响，面积和产量极不稳定。在 1970—2002 年的 33 年时间里，植棉面积 5 万公顷，总产 2 万吨，每公顷产量 401 千克。近几年棉花生产呈发展趋势，2000—2002 年，植棉面积扩大了 40％，单产提高 57％，总产增加 118％（表 26-1）。

表 26-1 埃塞俄比亚的棉花生产、消费和贸易

年　代	播种面积（千公顷）	年皮棉产量（千吨）	皮棉单产（千克/公顷）	消费量（千吨）	原棉出口量（千吨）	原棉进口量（千吨）
1950/1951—1959/1960	—	2	—	3	—	2
1960/1961—1969/1970	46	7	133	10	1	4
1970/1971—1979/1980	56	18	371	19	2	2
1980/1981—1989/1990	51	22	438	22	3	3
1990/1991—1993/1994	43	14	319	22	—	10

（续）

年　代	播种面积 （千公顷）	年皮棉产量 （千吨）	皮棉单产 （千克/公顷）	消费量 （千吨）	原棉出口量 （千吨）	原棉进口量 （千吨）
1990/1991—1999/2000 平均	41	20	492	23	5	8
2001/2002	59	31	569	25	5	—
2002/2003	63	33	512	20	2	—
2000/2001—2009/2010 平均	86	30	666	23	6	1
2010/2011—2014/2015 平均	120	32	274	40	1	3

按经营所有制，棉花分为国有、私有和农民 3 种类型，国有企业面积占全国的 21%，产量占 34%；私有企业面积占 24%，产量占 31%；农民面积占全国的 54%，产量只占 34%。

棉花市场：埃塞俄比亚尚未建立规范的棉花市场系统，价格依据协议和合同商定或随行就市。至 2010 年才大规模开放市场，但是局限埃塞俄比亚棉花的品质和标准、市场组织形式与国际衔接不好，竞争力不强，所以外销很少。近几年棉价与国际同步。棉籽约 30% 在埃塞俄比亚国内进行榨油加工，棉籽饼用于畜牧业做饲料。在埃塞俄比亚村庄手摇纺织机和传统纺纱织布工编织手工棉织品，是小农户生产棉花的主要消费途径。国有商业公司和私营农场生产的大部分皮棉供给纺织厂，少部分供应出口市场。

2010 年以前，埃塞俄比亚棉花价格是独立的，且年度间波动很大。目前埃塞俄比亚国内棉花的价格与世界棉花市场价格同步。出口地为印度、巴基斯坦、印度尼西亚、泰国、土耳其和中国等。

棉花加工：大部分是锯齿轧棉，机型为 88 型和 128 型。大部分轧棉厂都有自己的棉花农场，其他没有自己农场的轧棉厂则坐落于十分靠近棉花农场的位置。数据显示，一个典型的轧棉厂一个小时加工原棉 12 包，一些现代化企业可以达到 60 包/小时。埃塞俄比亚有 15 家轧棉企业，其中国有企业 3 家，其他均是私营企业。

商业和私营农场供应籽棉给轧棉厂，轧棉厂供应皮棉给纺纱厂，纺纱厂供应纱线到织布厂，织布厂把纱线织成布匹供应服装厂，服装厂生产出各式各样的服装并最终出售。纺纱厂有时也出售自用的皮棉。

轧棉厂有时也对外出售加工过的皮棉。棉籽供应给榨油厂生产食用油和饼。食用油通过批发商和零售商进行销售，饼供应给养牛场做饲料。小农户的籽棉绝大部分出售给手工业者，手工业者生产出各式各样的服装卖给消费者或零售商。

二、棉花种植、科研和支持政策

埃塞俄比亚植棉区域遍布各个州。棉花主产区位于中低海拔地区，海拔高度 360～1 300 米。棉区光热资源非常丰富，水资源适宜，并且匹配比较合理，自然资源的有利因素多于不利因素。一是光照充足。全年日照时数 3 000 多小时，由于高海拔太阳辐射量大，有利于光合作用，提高干物质产量。二是气温高，积温丰富，昼夜温差大。年均温度 26～31℃，全年≥15℃积温 9 000～11 000℃，月平均最低温度为 15～17℃，最高达到 40℃，由于地处高原，昼夜温差大，有利于植物的干物质生产和积累，纤维成熟度好，马克隆值大小适宜，不利的是，棉花纤维含糖。三是水资源丰富但利用率低，该国号称"东非水塔"，河流湖泊较多，青尼罗河发源于此，可供灌溉的水源丰富，目前利用率仅 5%。棉田按水分供应条件分为水浇地棉区和旱地棉区两大类，面积分别为 33% 和 67%。水浇地棉区分布在各个河流流域范围内，水量充足。旱地主要棉花产区位于阿瓦什河谷、东非大裂谷和湖泊地区，年降水量 200～600 毫米，蒸发量 3 000 毫米。棉花一般短雨季播种，长雨季生长，短雨季收获。棉花生长季节一般需要灌溉 4～5 次，只要具备灌溉条件就可以植棉。棉田土壤多种多样，从黑黏土到轻壤土都有，土层比较深厚，质地从黏壤土到沙壤土均有分布。代表性的土壤为变性土和冲积土，黏粒含量占 60%，沙粒占 40%，褐色。这类土壤一般适耕期短，可耕性差。土壤富含钾，一般不需要施用钾肥，但达到高产，需要施用一些氮和磷。据毛树春等于 2003 年考察带回土壤样品分析结果，有机质含量高，为 15.7～22.9 克/千克，全氮含量 0.7～1.1 克/千克，中等偏低；速效磷 5.7～7.4 毫克/千克，属潜在性缺乏；速效钾 822～878 毫克/千克，极丰富；速效硼 0.31～0.38 毫克/千克，速效锌 0.84～0.93 毫克/千克，为潜在性缺乏范围，施硼、锌有效。

埃塞俄比亚为棉花的非起源地。从美国、以色列、土耳其、苏联和西非等引进陆地棉品种：岱字棉-90、爱字棉 SJ-2、斯字棉-1324、CarolinaQueen、Cu-okra、Cucuroval 518、Arba、RebaB-50 和 Albar。近年主栽品种有 AcalaSJ-2、Arba、DP-90、Buik-202、Inal、Tatie、Tayse、Sille-91、Nebah、Gedera、Stamp-59A 等，其产量与品质表现见表 26-2。

表 26-2 埃塞俄比亚棉花品种的产量和质量

序号	品种	籽棉产量（千克/公顷）	皮棉产量（千克/公顷）	衣分 %	跨距长度（毫米）	马克隆值	纤维强度（卜氏强度）
1	Acala SJ2	3 250	1 109	34.1	28.6	3.2	79.3
2	DP-90	3 850	1 341	34.8	27.7	3.7	77.3
3	Tayse	5 280	2 086	39.5	27.0	3.8	74.6
4	Arba	3 580	1 455	40.6	30.3	3.5	79.7
5	Sille-91	3 558	1 389	39.8	27.9	3.6	72.7

资料来源：埃塞俄比亚的棉花生产和研究.

据取样测试，11 个籽棉和皮棉样品中，绒长 27.3 毫米，强度 27.9 厘牛/特克斯，按美国标准，"高强"（31 厘牛/特克斯）及以上样品 1 个，"强"样品 1 个，"中强"（26～28 厘牛/特克斯）和"中下强"（24～25 厘牛/特克斯）样品 9 个，占 81.8%，可见强力偏低。马克隆值 3.9，按中国分类标准，在"最佳范围"（3.7～4.2）5 个，占样品的 45.5%；在"较粗成熟较好"（4.3～4.9）3 个，占样品的 27.2%；在"较细成熟一般"（3.5～3.6）3 个，占样品的 27.2%，成熟度好。整齐度为 82.1%，按美国分级标准"很高"的（大于 85%）样品 1 个，"高"（83%～85%）样品 3 个，"中"（80%～82%）样品 5 个，"低"（77%～79%）样品 1 个。黄度 9.5，色泽暗淡。反射率 66.5%～77.7% 偏低。总体看，纤维成熟度好，整齐度好，一致性好，无或极少"三丝"。但是，强力偏低，黄度值大，色泽暗淡，略含糖。

2013 年埃塞俄比亚 Werer 研究中心提供给中国援非专家 13 个主栽棉花纤维样，在中国农业部棉花品质监督检测检验测试中心检测结果表明，绒长 27.96～32.43 毫米，整齐度指数 81.0%～86.1%，马克隆值 4.42～5.98，伸长率 5.5%～8.7%，反射率 75.0%～77.7%，黄度 6.9～7.9，纺纱均匀指数 107～150，断裂比强度 23.52～30.97 厘牛/特克斯。

棉花种子并不是由正规的种子部门繁育和生产的，大多来源于农场的自留种，基础种子则来源于棉花研究部门。在大规模农场种植的品种大多一场一个品种，不存在品种混杂。迄今为止，本土的棉花品种资源尚未收集和整理。

据隶属于埃塞俄比亚农科院的 Werer 农业研究中心提供数据，至 2014 年，埃塞俄比亚棉花主要生产用种 Deltapine - 90 和 Acala SJ - 2 种植年限长达 25 年和 28 年，种性退化非常严重。棉株农艺性状表现叶小、茎细，叶型和枝型的一致性差；棉铃特别小。成铃多，衣分率低，种子小；纤维品质变劣。最近注册的主栽品种 Stamp - 59A 也已种植 7 年以上，正在老化。转基因棉花品种目前尚未在埃塞俄比亚应用，埃塞俄比亚对转基因棉花持积极态度，但是尚未制定相关的法律条款。

主要栽培技术：埃塞俄比亚棉花全生育期 155～220 天，播种到出苗 5～10 天，出苗到现蕾 35～40 天，现蕾到开花 15～20 天，开花到吐絮 60～90 天，吐絮到收获 40～60 天。棉花多为垄作，行株距多采用 90 厘米×20 厘米或 80 厘米×25 厘米，平均密度 5 万～5.5 万株/公顷。在 Awash 下游的部分大水漫灌区域也有一部分平作。除了一些农场使用尿素以外，大部分棉花农场在生产中不使用肥料和有机肥。具备灌溉条件的国有农场的高产典型棉花产量构成：密度每公顷 7.5 万～10 万株，株高 120～130 厘米，单株成铃 30～40 个，但铃小（铃重 3～3.5 克），小样衣分 38%～39%，大样衣分 34%～35%，一般含杂 3%～5%，籽棉产量 3 吨/公顷，皮棉产量 1 140～1 170 千克/公顷。

主要虫病草害：有扶桑绵粉蚧、棉铃虫、棉蚜、棉白粉虱、棉叶蝉、棉叶螨和蓟马等。病害因大多数的品种抗病性强而比较少，可以见到的病害有：链格孢属叶斑病、尾孢菌叶斑病、长蠕孢菌叶斑病（胡麻斑病）、炭疽病、灰霉病、棉枯萎病、根腐病、根结线虫病、细菌性角斑病等，如蚜虫和白粉虱防治不好后期会有煤污病发生。喷药作业按不同规模，由人工、飞机和喷雾机械来完成，喷药频率 7～10 天。棉田草害比较严重，棉田中有恶性杂草银胶菊，主要靠人工除草。

扶桑绵粉蚧发生情况与防治现状：扶桑绵粉蚧于 2010 年首次发现并确认，经过 3 个季节的繁殖，业已超越非洲棉铃虫而成为第一大害虫，由于世代重叠严重、体表密闭蜡粉和寄主范围太广，防治难度远远高于棉铃虫，已成为棉花生产中的第一大技术障碍。

针对扶桑绵粉蚧危害开展了生理学研究，取得了一些研究成果。但是，对于防治研究仅局限于药剂筛选，Selecron（丙溴磷或多虫磷）和 Dimethioate（乐果）的防治效果略优于其他药剂，但差异不显著。目前丙溴磷已退出市场，生产只可选用乐果了。对于大规模的棉花农场，一般采取租赁飞机每 7～10 天喷洒杀虫剂进行防治，小规模种植户采用手工抹除，但是实际效果都不是很好。

由于扶桑绵粉蚧的暴发危害，近 4 年植棉面积急剧下降，由 2010 年的 118 千公顷下降到到 2013 年的 56 千公顷，同期单产也从 1 930 千克/公顷下降到 1 380 千克/公顷，2013 年棉花总产仅相当于 2010 年的 1/3。

灌水方式：一般垄作棉花采用沟灌方式，平作区采用大水漫灌。

整枝打杈：不整枝打杈和不搞化学调控。

采摘方式：人工采摘，尚无棉花机械收获。

机械化水平：棉花农场的机械化程度很高。棉柴残茬清理、整地、耙地、平整、播种和作垄，以及病虫草害防治大多采用大型农机具作业。播种和平整机宽 5.4 米，播种一次作业 6~8 行。上述机械均为进口，主要来自英国、意大利、土耳其、德国和苏联等，包括药械和轧花机械，普遍存在老化和缺少零部件的问题。小农户机械化水平极低，基本靠人工和畜力进行作业。

全国农药除硫丹以外都需从国外进口，化学肥料大部分是进口的，农资经营被隶属农业部的农业投入品投入机构（Agricultural Input Suppler Organization，AISCO）垄断。外资农场大多自己进口所需的化肥、农药。

埃塞俄比亚棉花种植者，包括小农户和大农场，绝大部分种植的是自留种，种子市场化程度很低。

关于棉花生产成本：2014 年（汇率为 1 美元＝20.18 比尔，2014 年 12 月 3 日中间价）：毛子 9 比尔/千克，光子 25 比尔/千克；磷酸二铵 1.7 万比尔/吨，尿素 1.45 万比尔/吨；40％乐果乳油 230 比尔/千克；灌溉水（以 Awash 河政府修建的沟渠用水为例）价格是 3 比尔/1 000 立方米。土地整理（指初次开荒清理灌木丛）4 500 比尔/公顷，耕作 300 比尔/公顷，圆盘耙作业 250 比尔/公顷，平整土地 250 比尔/公顷，起垄 250 比尔/公顷，播前准备 200 比尔/公顷，播种 200 比尔/公顷（一套播种机每日可播 20~25 公顷）。每公顷除草一次需用人工 12 个，每工 20 比尔。每公顷棉花采收需用工 40 个，每个工 20 比尔。

Werer 农业研究中心是埃塞俄比亚国家级的棉花研究机构，棉花生产协会和各个大的棉花农场也有一部分研究人员，但是没有形成系统的研究机构。

由于埃塞俄比亚棉花研究所的基本设备较差，只能进行基本研究，缺乏必要的设备设施。人员上，由于棉花研究所地处偏远的 Werer，往来首都交通不便，气候炎热，居住条件差，工资待遇较低，许多资深研究人员离开了这个行业，或者转到了别的研究领域和单位。目前从事棉花研究的大多是大学新毕业的助理研究人员，很难达到棉花生产对研究的需求，亟须解决科研人员青黄不接和业务素质偏低问题。

在埃塞俄比亚的农业研究机构里，育种是主要科研任务，尚未开展高产栽培技术研究，良种无良法配套。研究单位级别观念特别严重，由研究人员提出课题和研究实验方法，实施则由技术人员进行，骨干科研人员掌握的第一手资料很少，这也不利于研究工作的开展。

作为埃塞俄比亚棉花农场，一是由国内外大投资者经营，技术水平比较高，有自己的技术人员。二是小农户基本得不到技术推广服务，生产水平极低。所以，埃塞俄比亚政府需加大从农业部到基层棉花技术推广力度，尤其是提高对农户的推广服务，促进棉花生产均衡发展。

第二节　坦桑尼亚棉花产业

坦桑尼亚为联合共和国，位于非洲东部，赤道以南，东临印度洋，西隔坦噶尼喀湖与扎伊尔相望；北有维多利亚湖，与肯尼亚和乌干达共有。国土面积 94.5 万平方千米，人口 4 490万。

地势西北高，东南低，内陆为东非高原的延续，平均海拔1 200米；沿海为低地，东非大裂谷纵贯全境。乞力马扎罗山海拔5 895米，是非洲的最高峰。潘加尼河、鲁菲吉河是坦桑尼亚的主要河流。西临非洲著名的三大湖：维多利亚湖、坦噶尼喀湖、马拉维湖。

东部沿海地区和部分低地属热带草原气候，西部内陆高原为热带山地气候。全年分雨季（3—6月）、凉季（7—9月）和旱季（10—2月）三个季节。

热量丰富，全国大部分地区年平均气温21~25℃，最热月10—11月气温20~27℃，最冷月7—8月气温12~22℃。水资源充沛，沿海年降水量1 000毫米，滨湖地区年降水量1 000~1 400毫米，内陆高原干旱期较长，地上和地下可开采的水资源极为丰富。

农业在坦桑尼亚占出口创汇比重的80%，农业就业人口占劳动力的90%左右，耕地面积只占可耕地的面积的5%，可开垦的面积很大，灌溉地只占2%。棉花和咖啡是主要经济作物，粮食作物有高粱、玉米、水稻和木薯等。

一、棉花产业概况

棉花是坦桑尼亚三大作物（棉花、咖啡和腰果）中最重要的出口经济作物之一，在2004年棉花出口创汇在全国农产品中曾跃居第一。该国棉花生产反映实际汇率，同时实际汇率影响棉花生产。从1994年政府消除了垄断控制市场进入自由化之后，棉花生产经历了十年动荡时期，尤其2001年播种面积超出20世纪90年代初期播种面积的9%，但年皮棉产量仅是其69%，总产下降了31%。同时单产大幅下降，2001—2004年3年平均皮棉单产仅为136.3千克/公顷，较1990—1994三年平均单产降28%。至2004，年皮棉产量和单产才恢复到90年代初期的水平。进入21世纪，棉花播种面积较为稳定，最初十年平均年皮棉产量较20世纪90年代平均年皮棉产量高8%。最近五年，棉花播种面积与上个十年相比增加20.6%，平均年皮棉产量增15%。

该国近15年棉花生产不断发展，1992年面积430千公顷，总产96千吨，创历史新高。进入21世纪，棉花产量变化在44~124千吨之间，虽然2001年面积接近历史最高水平的430千公顷，为420千公顷，但由于长期干旱，单产水平下降47%（表26-3）。

从坦中合资友谊纺织有限公司获得坦桑尼亚商品棉A级和B级棉样品2个（表26-3），长度28.6~28.9毫米，绒长比我国29~31毫米短1~2毫米以上。比强25.9~27.7厘牛/特克斯，强力明显偏低，其中A级棉25.9厘牛/特克斯，与品级很不相符。马克隆值3.3~3.8，B级棉则在最佳3.7~4.2范围之外，在我国为C级，表明纤维成熟度不好。同时，整齐度82.0%~82.5%，伸长率7.2%~7.5%，与我国水平相近。由此可见，绒长短于我国2毫米上下，而成熟度和整齐度好，成熟度、强力与长度指标相匹配，适合气流纺。

坦桑尼亚棉花纤维品质受到诸多因素的影响，其中包括品种和种子质量、生产栽培措施（尤其是农药的喷施效果）、收获及收获后的分级、处理与储存、轧花（轧花机类型与管理、再分级、轧花时处理与储存）等。在市场开放前，坦桑尼亚的皮棉享有超出Cotlook A指数价格的奖金。在1994年以后，因分级标准宽松及收获的皮棉不再那么干净，享受的奖金额度逐渐降低。

据考察，坦桑尼亚原棉水分含量很低。由于棉花在小雨季播种，大雨季生长，旱季收获，干燥的收获季节，使原棉含水率很低，比我国标准低3~4个百分点，到岸水分升值补贴，对购买方非常有利。纤维的反射率高，黄度值低，色泽洁白。还由于手工采摘叶鞘杂质少，没有化学纤维及制品，因而很少有"三丝"。

表 26 - 3　坦桑尼亚的棉花生产、消费和贸易

年　代	播种面积（千公顷）	年皮棉产量（千吨）	皮棉单产（千克/公顷）	消费量（千吨）	原棉出口量（千吨）	原棉进口量（千吨）
1924/1925—1929/1930	—	4	—	—	5	—
1930/1931—1939/1940	94	10	—	—	7	—
1940/1941—1949/1950	65	8	123	—	9	—
1950/1951—1959/1960	114	21	180	—	21	—
1960/1961—1969/1970	226	55	241	5	52	—
1970/1971—1979/1980	325	63	194	11	50	—
1980/1981—1989/1990	363	53	145	14	36	—
1990/1991—1993/1994	386	73	189	15	59	—
1991/1992—1999/2000 平均	299	61	207	13	49	—
2001/2002	420	50	119	10	38	—
2002/2003	387	61	158	12	44	—
2003/2004	387	51	132	15	44	—
2004/2005	390	71	181	16	49	—
2000/2001—2009/2010 平均	386	79	362	24	51	—
2010/2011—2014/2015 平均	465	90	194	30	48	—

二、棉花种植、科研和政策支持

坦桑尼亚大陆 20 个行政区中有 13 个区种植棉花，全国约 48％的人口依靠棉花生存。棉花主产区集中在西北部地区和东部地区。所谓的西部棉花种植区（WCGA）包括欣延加（Shinyanga）、姆万扎（Mwanza）、马拉（Mara）、塔波拉（Tabora）、卡盖拉（Kagera）、基戈马（Kigoma）和辛吉达（Singida），占据全国 99％的棉花生产总量。其中欣延加和姆万扎区是最主要的植棉区，占全国的 85％。虽然，近些年坦桑尼亚棉花委员会（TCB）尽量鼓励 WCGA 中的其他地区进行棉花生产，但到目前为止也只是对欣延加和姆万扎区的棉花生产产生极小的影响。所谓东部棉花种植区（ECGA）主要集中在传统种植区莫洛哥罗（Morogoro），但官方包括滨海（Pwani）、坦噶（Tanga），伊林加（Iringa）、乞力马扎罗（Kilimanjaro）、姆贝亚（Mbeya）、马尼亚拉（Manyara）。东部棉花生产远低于西部，主要原因除较高的虫害发生率外，在这些地区生产者还有其他经济机会。由于两个区的天气状况、土地肥沃程度和害虫发生率不尽相同，棉花生长情况也不同。西部棉花生长区每年种植季节为 11 月 15 日至 12 月 15 日，收获季节为每年 7 月份，8 月份开始销售或者出口。东部棉花生长区每年种植季节在 2 月至 3 月，8 月初收获，10 月份开始销售或者出口。

坦桑尼亚棉花生产面临一些不利因素。一是农业基础设施发展落后，除部分较大规模的农场外，水利灌溉设施普遍缺乏，坦桑尼亚农业基本处于"靠天吃饭"的状态，对洪涝灾害没有防治措施。二是棉花生产技术较为落后，农业机械化程度非常低。据估计，仅有 0.2% 的农场主有 1 台拖拉机，仅 10% 的土地依靠拖拉机耕种。三是农药和肥料投入严重不足。全国没有生产农药与化肥厂家，化肥农药全部依靠进口，价格较高，政府仅在此类农业物资的运输费用上给予部分补贴。

坦桑尼亚棉花品种 1904 年从德国引进，试种失败。1920 年时由英国人引进。1930 年后，因为本国研究培育出抗虫品种而取得明显的增产。目前，坦桑尼亚种植的棉花主要是美国陆地棉，其自育品种 UK‐77，适于北部种植，UK‐82 适于南部，UK‐91 表现也很突出。

在殖民时期，坦桑尼亚棉农使用的棉种大多是国家发放的，当时是免费提供或是有高额补贴，但西部棉区的欣延加和姆万扎被区别对待，因它们各自拥有自育棉种，分别是 UK77 和 UK82，都非常适合当地的农业生态条件。当时国家为了把这两个品种分开，规定两个区的轧棉厂只允许轧各自区域内的籽棉。但是，在开放后，种植者使用的棉种只能从前一季节收获的棉花所得，且因脱绒技术落后，植棉者只能使用毛籽。同时在失去国家的管控下，西部两个主产棉区分区域轧花的限制被打破，引起自育种的混乱，这些对西部棉区棉花生产和纤维品质产生极为不利的影响。之后，坦桑尼亚棉花委员会引进了一个新的品种 UK91，在棉花区试中的表现同 UK77 和 UK82 一样好，且适宜整个西部植棉区种植。在 2004 年 UK91 的种植面积已经覆盖了西部棉区的一半左右，且政府重新规定通过分区轧棉来保证品种的纯度。

棉花单产在试验农场可高出小农户近 1.5 倍。单产低是多方面因素造成的，如土壤肥力降低，缺乏病虫防治，因仅有约 10% 的棉田喷药治虫。在实施药物治虫的棉田中，因为农药价格较高，实际喷施次数和喷施量也明细不足。主要害虫是棉红蝽（*Dysdercus spp.*）和棉铃斑刺蝽（*Calideadregei*），均为晚季害虫，靠吸食绿色幼铃，从而导致 *Nematosporagosypii* 真菌感染，使棉纤维变污和强力降低。红铃虫（*Pectinophoragossypiella*）也会造成较大减产。棉农在收花后，9 月中旬需拔棉柴和烧毁残枝败叶以减少红铃虫在干季中的存活数量。主要病害是角斑病、棉花枯萎病和根结线虫病。尽管肥料有补贴，但化学肥料价格仍然很高，因此极少数棉田施用肥料，但其中有大部分施用的肥料仅是粪肥，施用化学肥料的比例非常小。在西部棉区，农民一般把肥沃土地用来种粮食作物，棉花种在贫瘠土地上，棉田普遍缺肥。

大部分棉田耕地的主要工具是手锄。使用畜力和拖拉机耕地仍很有限，手工播种，手工采摘，几乎全靠农民自家成员劳作。

现有小农户耕种规模太小，也限制了技术的改进。除了干旱、土壤肥力低、治虫欠缺等限制因素外，交通运输、轧花设施、仓库条件及贸易环节，也同样限制着生产发展。常因缺乏零件，轧花机停开而使籽棉难于加工，以及缺乏运输工具和道路条件，棉花不出口。

坦桑尼亚棉花委员会（TCB）是一个半国营的组织机构，成立于 2001 年，2004 年正式运行，是坦桑尼亚棉花行业主要的管理主体。其任务是提高坦桑尼亚棉花产量、生产力，为棉花利益相关者提供有效和高效服务，加强利益相关方自我调节，促进棉花生产、加工和消费。TCB 在履行它的职责之外，同时享有一定的权利，比如向政府建议棉花产业的发展政策和策略；管理和控制棉花及其副产品的质量；通过搜集、提炼和宣传棉花产业相关的信息和数据监控棉花生产和出口；为棉花及其副产品的加工贮藏制定条例；提升和保护棉农的利益等。

投入的有效性在很大程度上还是依赖于及时的推广服务。在坦桑尼亚研发的主要问题在于研究者和农民之间的知识传承性差，推广机构的不稳定，以及由于当地政府对于推广服务的分权化管理而引发的制度性问题。

西部棉区的棉花研究以乌基里古鲁（Ukiriguru）农业研究站为主，东部则以依隆噶（Ilonga）农业研究站为主。研究的总体目标是通过品种选育和其他生产措施来提高棉花产量和生产力。主要研究内容包括品种开发、选育，质量监控，无机和有机肥料的使用技术，农艺栽培技术，土壤肥力综合管理技术以及棉花害虫综合防治等。西部棉区育成品种名前冠以"UK"，东部棉区品种名前冠以"IL"。

坦桑尼亚政府 2009 年制定了环境管理（生物安全）法规中的责任条款，但目前已经移除该条款，这使得研究人员可以畅通无阻地进行转基因食物和经济作物的研究。坦桑尼亚政府已经就种植棉花、玉米、木薯和香蕉等转基因作物制定了战略方案。通过该方案，政府已在引进技术之前增强了当地研究人员的研发实力、提高了实验室基础设施水平及开展测试的专业农田。Bt 棉花的引进也被认为是未来增加产量的主要途径之一。

第三节　肯尼亚棉花产业

肯尼亚位于非洲东部，赤道横贯中部，东非大裂谷纵贯南北。东邻索马里，南接坦桑尼亚，西连乌干达，北与埃塞俄比亚、南苏丹交界，东南临印度洋，海岸线长 536 千米。沿海为平原地带，其余大部分为平均海拔 1 500 米的高原。北部为沙漠和半沙漠地带，约占全国总面积的 56%。

肯尼亚位于热带季风区，主要为热带草原和热带季风气候，常年炎热高温，天气十分特别。肯尼亚全境深受季风气候影响，四季不分明，为干湿两季，不利于农业生产。3—6 月、10—12 月为雨季，其余为旱季。年降水量自西南向东北由 1 500 毫米递减到 200 毫米。

肯尼亚国土面积 58 万平方千米，人口 4 180 万（2013 年）。农业、服务业和工业是国民经济三大支柱，农业产值约占国内生产总值的 24%，全国 70% 以上的人口从事农业，农业、旅游业和侨汇是三大外汇收入来源。可耕地面积 10.5 万平方千米，约占国土面积的 18%，其余主要适于畜牧业。其中已耕地占 73%，主要集中在西南部。主要粮食作物是玉米、小麦、稻子、高粱、木薯等，主要经济作物是咖啡、茶叶、剑麻、除虫菊、棉花等。肯尼亚除虫菊产量占世界总产量的 80%，红茶和花卉产量均居世界前列。肯尼亚粮食安全存在隐患，主要是由人口增长迅速、干旱以及农业发展落后等许多相互关联的因素引起的。

一、棉花产业概况

棉花是肯尼亚干旱和半干旱地区最重要的经济作物之一，其种植面积覆盖了肯尼亚陆地面积的 87%，且养活了 27% 的人口。肯尼亚棉花生产的重要性主要体现在棉花是棉纺工业的原材料，棉籽油可作为食用油，棉籽饼是动物的饲料来源，同时棉花生产给农村的青年劳动力和妇女提供就业的机会等。

棉花种植，20 世纪初就已在西部滨湖和东南滨海一带，70 年代初开始引入大裂谷区省份，但与茶叶和咖啡相比较，棉花在肯尼亚的重要性小，仅约占农业产值的 1%。

1963—1978 年，棉田面积扩大，产量成倍增长，从年产 3 千吨增为 12 千吨，面积由 5.1 万公顷扩大为 12.6 万公顷，扩大了近一倍半。但 1985 年面积降至 4.9 万公顷，产量 15 千吨，此后由于肯纺织服装业衰退，肯轧棉业急剧萎缩，1991 年棉花产量下降至 5 035 千吨，1999 年跌至 2.964 千吨，2001 年棉花种植面积下降至 2 万公顷，产量下降至 1.1 千吨。

皮棉产量 80 年代上半期为 8 000～9 000 吨，1985 年最多，为 13 000 吨，其后年产皮棉量 5 000～7 000 吨。皮棉单产在 20 世纪处于较低水平，进入 21 世纪，单产猛增至 325 千克/公顷，但近 5 年单产水平明显降低。

据肯尼亚轧棉业协会统计，全国 24 家轧棉企业长期不景气，开工率只有三分之一，年产量不足 3 万包，缺口达 9 万包，无法满足国内市场需求。自从肯尼亚被列入非洲增长和机遇方案的受惠国后，肯尼亚每年出口到美国的纺织品从 2000 年的 4 500 万美元增长至 2003 年的超过 1.5 亿美元。但是肯尼亚较低的棉花产量却限制了充分利用该优惠政策，尤其在 AGOA 促进纺织服装业迅速复苏的形势下，棉花原料明显供不应求，需要大量进口，目前，肯尼亚主要是从中国、印度、巴基斯坦、斯里兰卡等亚洲国家以及乌干达、坦桑尼亚等非洲邻国进口棉花和棉纱。

肯尼亚棉花因产区、年度不同，品质略有差异，但大都属于中长绒。BPA－75 的纤维比 UKA（59）240 更长和强度高，尤其当种植在灌溉棉区时品质更佳。雨养地区产棉往往因后期缺水干旱纤维未完全成熟，从而使长度下降。肯尼亚还从乌干达引入的 BPA－75 品种中选出了绒长改进的品系。但在中部雨水不足地区棉纤维容易变短，衣分低且易有棉结，晚熟品种在短雨季播种，往往由于干旱促使早结铃，干季也促使蚜虫和红蜘蛛加重危害。到长雨季后又滋生杂草。这些不利因素导致纤维品质下降，绒长变短和纤维成熟不充分（表 26－4）。

表 26－4 肯尼亚的棉花生产、消费和贸易

年　度	播种面积 （千公顷）	年皮棉产量 （千吨）	皮棉单产 （千克/公顷）	消费量 （千吨）	原棉出口量 （千吨）	原棉进口量 （千吨）
1940/1941—1949/1950	21	1	53	—	1	—
1950/1951—1959/1960	33	3	80	—	3	—
1960/1961—1969/1970	61	3	55	3	3	3
1970/1971—1979/1980	73	8	95	9	1	4
1980/1981—1989/1990	94	9	121	11	0	4
1990/1991—1993/1994	60	7	94	13	0	7
1990/1991—1999/2000 平均	44	5	44	12	3	8
2001/2002	24	1	198	11	0	7
2002/2003	20	1	198	12	0	8
2003/2004	25	2	165	12	0	8

（续）

年　度	播种面积 （千公顷）	年皮棉产量 （千吨）	皮棉单产 （千克/公顷）	消费量 （千吨）	原棉出口量 （千吨）	原棉进口量 （千吨）
2004/2005	30	2	123	11	0	7
2000/2001—2009/2010 平均	33	6	326	12	2	6
2010/2011—2014/2015 平均	34	6	184	8	0	1

二、棉花种植、科研和政策支持

肯尼亚有 35 万公顷的土地适于植棉，但由于灌溉投资无法保证，开发利用不足。棉产区有梅鲁、基图伊、马查科斯、基苏木、马林迪和芒巴萨省等。

根据不同气候条件分为 6 大棉区：东北部棉区、东部棉区、西部棉区、东非大裂谷棉区、中部棉区和沿海棉区。大致分 3 个播种季节：东北部沿肯尼亚塔那河区域于 2 月进行灌溉播种，西部和东非大裂谷棉区（布西亚、邦果马、图尔卡纳和卡贾多等）于 4—5 月播种，沿海岸区（夸莱、拉穆等）于 5 月初播种，中部和东部（基里尼亚加、基安布、基图伊、马瓜尼等）于 10 月中旬播种。产棉区分布在三类条件相差悬殊的地区：一是湖滨和海岸平原，年降雨较多而且比较均匀；二是中央平原，只有勉强可供棉花生长的雨量；三是在塔纳河下游海滨平原上的霍拉（Hola）和保拉（Burra）水坝灌溉工程区，棉田有灌溉条件。地区之间最大差别是降水量，一般一年之中有一个长的和一个短的雨季，高峰分别为 3—5 月和 10—11 月，主要由于赤道低压槽的移动而形成。

湖滨和海滨地区，棉花在长雨季中生长 6 个月。棉花大多是和其他作物混种，而且晚播，与粮食作物在劳力和土地上存在竞争。在雨量分布均匀的地区，尤其是西部湖区和海滨，单产一般较高。

中部棉区雨季短促，年雨量很少有超出 450 毫米的年份，而且分布不均匀。一年中有 10 月中旬到翌年 3 月及 6—9 月两个干季，被分割开来的雨季长度不足以完成棉花生育期。所以，棉花一般是在短雨季刚开始时 10—11 月播种，到干季中生长停滞，到长雨季到来时再继续生长发育，到 7—9 月收花。

在棉区分布方面曾经有一些变化。一是棉区从传统的西部省份向中部和东部转移，中部和东部省份长期中由于虫害侵袭，棉花生产衰落，后又有重新回升趋向。20 世纪 90 年代棉花生产的增长主要来自中部和东部地区。二是向灌溉植棉区的发展，塔纳（Tana）河上的霍拉（Hola）和保拉（Bura）2 个灌溉项目区棉田占总棉田比重常年约为 25% 左右。灌溉棉田的籽棉单产往往是雨养棉田的数倍，但灌水成本较高。

用于商业生产的棉花品种是 HART 89M 和 KSA 81M。其中 HART 89M 适宜肯尼亚东部、中部和东北部地区种植，籽棉具有 2 500 千克/公顷的产量潜力，衣分可达 40%，KSA 81M 适合东非大裂谷、西部地区种植，籽棉可达 1 500 千克/公顷，衣分在 35% 左右。

来自东非的三个商用品种也在肯尼亚种植：来自乌干达的 BPA - 75，主要种在滨湖和水利工程区；UKA（59）- 240 品种来自坦桑尼亚的乌基里古鲁研究站（Ukiriguru），在肯尼亚中部地区及滨海和滨湖地区雨养棉田种植；IL - 62 来自坦桑尼亚的依隆噶研究站（Ilonga），在东南地区塔维他（Taveta）附近种植，棉田大都有补充灌溉条件。20世纪80年代末，BPA品种约占肯尼亚总棉田比重的49%，UKA也占49%，IL62占约2%。

棉花大都是由小农户种植，每户棉田一般不多于1公顷，由家庭成员从事所有播种、管理和收花，只有在大的水利灌溉工程区中的棉田是例外。由于棉花生产方法落后，当世界上大多数国家都在使用机械化作业时，大多数农民还在使用传统的农用工具如锄头。

关于栽培。为了提高单产，降低种植和间苗成本，以及规避下一季节不利天气影响棉花播种出苗的风险，棉农大多采用再生法栽培，即：截根培植（在雨季开始时去掉上部约15厘米左右的茎秆只留下棉株根桩），在下一个生长季节发育新的枝干。这种栽培方式的弊端是引起害虫的积累和增加。另外，打顶也是一项重要的栽培措施，在开花前或是棉株生长到一个月左右进行打顶，可以获得更好的产量。同时使用生长调节剂也是提高棉花产量和品质的重要手段。在棉花种植制度方面，与花生、青梅、非攀藤的豇豆和豆类等间作，使农民收入提高30%～42%。

棉田防治病虫、施用肥料和杂草防除对棉花生产十分重要，棉田除草一般在出苗后两周进行第一次除草，根据除草强度选择在第八周结束时进行第二次除草，一季棉花除草3～5次，人工除草或使用除草剂（百草枯、草甘膦和敌草隆等）。棉田主要害虫有棉铃虫、蚜虫、红蜘蛛、棉叶螨等。在害虫综合防治方面，采用化学、生物和栽培防治。栽培防治是通过焚烧棉花秸秆、轮作、种植诱虫作物等方式减少害虫虫口数量。生物防治是利用天敌如瓢虫等捕食者、寄生虫和致病菌来防治棉花节肢害虫。采用虫害防治措施的棉田在雨水合适的年份每公顷籽棉单产可达1 500～2 000千克，而不防治病虫的棉田即使有足够苗数和肥料，籽棉单产往往却不足600千克/公顷。

角斑病是肯尼亚唯一具有经济方面重要性的棉花病害，主要是在滨湖和滨海地区发生危害，偶尔在中部肯尼亚和霍拉（Hola）及保拉（Bura）水利工程灌溉地区也有发生，现有商用品种是来源于抗角斑病的Albar-51，具有高度抗性，但在非洲其他地区已有可侵染Albar-51的新生理小种。不同地区中虫害的严重程度各不相同。棉盲蝽（*Lygussp* p.）仅限于西部大裂谷地区，在东部棉区，红蜘蛛则是主要虫害。中部棉区，因棉花生长季节拖长，虫害问题更为突出，干季中蚜虫和红蜘蛛，以及粉虱都往往猖獗，使棉株上棉叶干枯，影响产量和品质，并因从收花到下次播种之间时间短促，红铃虫在肯尼亚不休眠，而是在棉籽和残留棉株或枝叶上继续生存。

全国所有棉田为人工收花，皮辊轧花机轧花。收花一般在干季，所以棉花含水量一般不成为问题。籽棉收购按清洁或污染定出差价，鼓励生产一级棉。两种等级棉花分别轧花，约85%产棉属一级花。

2006年，肯尼亚政府建立了棉花发展管理局（CODA），是用于控制和管理棉花市场的一个机构。为了消除中间商，轧棉公司和采购代理商需要通过CODA批准并颁发许可证才能购买棉种，且CODA设立一个购买窗口在一年中的某几个月进行销售，交售市场信息（价格、销售中心、购买窗口、买卖代理商和轧棉公司）通过媒体（报纸、网站、广播和CODA公告等）传递给植棉者。近些年，CODA被认为是"肯尼亚发展远景2030"一个关键的子部门，为的是提高边远地区人们的经济生活水平。

鉴于美国延长了《机会与增长法案》，肯尼亚可以继续享受免关税出口纺织品到美国市场的优惠待遇，肯尼亚通过蒙巴萨港出口到美国的纺织品数量将会迅速增长，而目前肯国棉花产量严重不足，主要依靠进口，为此，政府成立了"棉花发展管理局"，以加快棉花生产发展，增加对美国的纺织品出口。

肯尼亚是东非共同体中的第一个起草生物安全监管草案和指导方针的国家，其在 1998 年就已在全国科学技术委员会的指导下起草此法案。在 2000 年 5 月 15 日签署了生物安全议定书，并于 2002 年 1 月 24 日开始执行。生物安全法案作为监管农业生物技术的法律框架于 2009 年颁布，随后又于 2011 年 8 月公布了实施条例，为转基因作物的商业化种植铺平了道路。

尽管对转基因产品的禁令仍未取消，但研发工作仍在继续。针对 Bt 棉花、抗病毒木薯、生物强化的木薯、抗旱玉米、抗病毒甘薯和非洲抗虫玉米的限制性田间试验正在进行中。大多数研究是在肯尼亚农业研究所与国际研究机构的合作下进行。

基于 2012 年 9 月法国一所大学公布的塞拉利尼的抹黑转基因的研究结果，肯尼亚总统姆瓦伊·齐贝吉在 2012 年 11 月颁布了禁止转基因进口和生产的禁令。目前最紧迫的事情是撤消针对转基因产品进口的禁令，同时撤销针对转基因产品的禁令。

第四节　莫桑比克棉花产业

莫桑比克位于非洲东南部，南邻南非、斯威士兰，西界津巴布韦、赞比亚、马拉维，北接坦桑尼亚，东濒印度洋，隔莫桑比克海峡与马达加斯加相望。位于非洲东南部，莫桑比克与马达加斯加之间的莫桑比克海峡是世界上最长的海峡，全长 1 670 千米。

莫桑比克地处低纬地区，属热带草原气候类型，年均气温为 20℃ 左右，终年高温、干湿两季分明。干季比较短，为每年 4 月至 8 月；湿季很长，为每年 9 月到次年 5 月。年降水量 500～1 000 毫米。中部三比西河下游沿岸雨量最多，年雨量差不多有 1 000～1 500 毫米。

莫桑比克国土面积 79.94 万平方千米，人口 2 583 万（2013 年）。农业是国民经济重要支柱，农业产值约占国内生产总值的 30% 左右，全国 76% 以上的人口从事农业生产。可耕地面积 3 500 万公顷，已开发 600 万公顷。腰果、棉花、糖、剑麻是传统出口农产品。主要粮食作物有玉米、稻谷、大豆、木薯等。和大多数炎热、干燥的非洲国家不同，莫桑比克气候温和，少涝旱灾害，充沛的阳光和稳定的气温最适合腰果树的生长。腰果给莫桑比克人带来可观的财富，莫桑比克也因此成为"腰果之乡"。

一、棉花产业概况

莫桑比克是非洲第三大棉花生产国，其棉花生产历史悠久，是南非种植棉花最早的国家，60% 以上的棉花用于出口，2012 年出口棉花 18.4 万吨。第一次世界大战期间开始种植，过去以种植园经营为主，现在非洲个体农户和合作社已占压倒性优势。但耕作粗放，单产低，1980 年种植面积为 18 万公顷，单产每公顷 500 千克。

每季棉花平均产量约为 6 万～7 万吨，2012 年当季产量高达 8.5 万吨。由于莫桑比克缺少纺织业，所产棉花全部出口。

莫桑比克的棉花质量较好，纤维长，除少数在国内加工外，大都以原棉出口。棉花为人工采摘，皮辊轧花，棉花偏黄，光泽中等，轧工质量一般，棉结少，杂质偏多，一般高于3.5%，检验品级为3~4级，纤维平均长度为28.3毫米，短绒率高，为13.2%左右，马克隆值3.6~4.3之间，成熟度为0.83，断裂比强度为27.0厘牛/特克斯~29.3厘牛/特克斯之间。适用于赛络纺、环链纺和紧密纺，用于纺制中低支纱（表26-5）。

表 26-5　莫桑比克的棉花生产、消费和贸易

年　度	播种面积 （千公顷）	年皮棉产量 （千吨）	皮棉单产 （千克/公顷）	消费量 （千吨）	原棉出口量 （千吨）	原棉进口量 （千吨）
1940/1941—1949/1950	246	21	88	—	19	—
1950/1951—1959/1960	284	34	119	—	30	—
1960/1961—1969/1970	339	39	117	3	37	—
1970/1971—1979/1980	239	31	132	6	25	—
1980/1981—1989/1990	123	10	79	3	6	—
1990/1991—1993/1994	74	14	189	2	12	2
1990/1991—1999/2000 平均	170	19	143	2	18	8
2001/2002	235	24	104	—	20	—
2002/2003	222	31	141	—	31	—
2003/2004	200	19	111	—	19	—
2004/2005	230	26	115	—	30	—
2000/2001—2009/2010 平均	195	26	250	—	27	—
2010/2011—2014/2015 平均	158	43	271	—	39	—

二、棉花种植、科研和政策支持

莫桑比克国家地形西北高、东西低，东南部沿海平原占40%，是非洲最大的平原之一。全国拥有10块具有不同自然条件的生态区域，肥沃的农业生态区分布广阔。莫桑比克棉花生产占地共计13万公顷，主要集中在赞比西河谷流域，楠普拉省、索法拉省、太特省、马尼卡省等地。

莫桑比克发展棉花具有四个方面的优势：一是属热带草原气候，终年气温高，光照时间长，紫外线强度大，降水量充沛，干湿季明显，十分有利于热带作物的种植。二是耕地面积广阔、土壤肥沃，已开发永久性耕地600万公顷，仅占可耕地面积的14%，利用效率提升空间大。三是水资源丰富、水质好，具备农田灌溉的基本条件。四是区位条件优越、交通网络便利，为农产品国际贸易提供基础保障。莫桑比克南邻南非、斯威士兰，西界津巴布韦、赞比亚、马拉维，北接坦桑尼亚，东濒印度洋，与马达加斯加隔海峡相望，与坦桑尼亚共享马拉维湖。拥有马普托、贝拉和纳卡拉3个大型港口、7个中型港口，以及一些重要的区域性交通走廊，是东南部非洲国家尤其是内陆邻国的重要出海口，对莫桑比克及其周边国家的资源开发、农产品进出口具有极其重要的价值。

莫桑比克棉花产业发展仍然面临一些问题：一是受自然因素影响大，抵御自然灾害和生产风险的能力需增强。在过去的25年中，自然灾害发生次数达15次，对农业部门造成了很

大破坏。在对旱作物造成歉收风险的因素中,不利气候条件影响大,在加扎省达到 75%。另外,红色蝗虫等病虫害频发。二是农田基础设施年久失修,农业配套设施亟待完善。农田灌溉水平不高是影响农业产量与生产效率提高的主要因素。水、电、路等设施配套不足,严重影响了农产品的生产、收储、运输等,莫桑比克是南部非洲国家当中道路网络密度最低的国家。三是农业科技与物质装备条件缺乏,生产方式需向现代化转变。四是以小农经济为主,需要大力发展市场导向型生产。五是单产水平低、产业链短,生产力水平需要大幅提升。

莫桑比克农业经济形态以自给、半自给的小农经济为主,约 90% 左右的农业土地靠家庭个体化作业。

Mocuba 地区在棉花生长的 12—4 月,最高气温 41.5℃,最低气温 16.4℃,平均气温 27.1℃,≥15℃活动积温 4 098℃;降水量 860 毫米,大于棉花所需水分;日照时数 1 058 小时,能够满足棉花生长发育的需要。田间无灌排设施,在湿季种植农作物。地貌为丘陵地区,土壤为砖红壤,土壤剖面结构为:表层 0～15 厘米,无犁底层,心土层 15～50 厘米,底层 50～100 厘米,是一种自然土壤结构,无人为耕作影响,土壤肥力中等偏低。据考察该区棉花种植是在干季后期烧荒,遇雨整地,足墒下种,从 12 月份开始播种,1 月初播种结束,4 月底吐絮开始收摘,于 6 月初收摘结束。由于当地植棉密度过稀,不进行治虫、施肥、整枝打杈等管理,棉花籽棉产量 100～300 千克/公顷。

莫桑比克政府制订了棉花收购指导价政策,鼓励农场主和企业向个体棉农提供各种便利,包括种子、肥料、农具等,收购棉花时予以扣除。

农业科技与物质装备条件缺乏,生产方式需向现代农业转变。大部分农民采取刀耕火种、游垦耕作等传统生产方式,对农业生产技术和机械生产工具使用的积极性不高,仅 25% 使用机械、11% 使用畜力、5% 的使用农药、2.5% 使用化肥,每千公顷可耕地的拖拉机数量 1.4 台,农业技术推广服务范围有限,且以非政府组织提供为主,不能满足全国范围的大量需求。

农业是各国投资和援助的主要领域之一。非洲绿色革命联盟自 2011 年开始资助莫桑比克 3.2 亿美元,帮助其实施贝拉走廊农业发展计划,提高粮食生产能力。

随着中国与莫桑比克农业合作的加强,多家中国企业前来开展农业领域投资,这非常有利于推广科学种植技术和管理经验,帮助农民提高单产、增加收益。中非棉业公司就是其中一个代表,这家中国民营企业在莫桑比克发展棉花种植、加工产业,带动了当地棉农的增产增收。中非棉业莫桑比克公司以中部索法拉省为基地,采取"公司+农户"的运作模式,自己不搞棉花种植,而是组织当地农户种植棉花,再进行收购和加工。针对当地农户贫困缺少现金的问题,中非棉业免费向他们发放棉种,预付生产资料费用,派人深入田间地头指导种植,构建了一整套的生产技术服务、订单农业的培训、采购和管理网络。

第五节　赞比亚棉花产业

赞比亚共和国位于非洲中南部,内陆国家,人口 1 010 万,面积 75.2 万平方千米,地形以海拔 1 000～1 500 米的高原为主。境内河网密布,赞比西河是国内最重要的河流。

农业在国民经济中占有重要位置，农业提供 70％的人口就业。20 世纪 90 年代农业产值占 GDP 的比重平均为 19％，2000 年为 17.2％，2001 年下降到 15.9％。2001 年，由于作物生长季节遭遇干旱，主要粮食作物玉米严重减产，所占比重下降到 14.9％。

热带草原气候，阳光充足，气候温和，年均气温 21℃，水资源丰富，年降水量南部 650 毫米，北部 1 000～1 500 毫米，降水量由北向南逐渐减少，11 月至次年 4 月为雨季，5—10 月为旱季。

全国有家庭农场 43 万个，每个家庭农场种植面积 1～2 公顷，耕地面积 60 万公顷，家庭农场以手工耕作为主，属雨养农业，主要种植玉米、高粱、木薯、棉花和豆类；产品以家庭需要为主。近几年国内由于棉花收购商的增多，如赞中合资穆隆古希纺织有限公司，在东部省和中央省建立了棉花轧花厂，鼓励家庭农场种植棉花，由此推动了棉花面积的扩大，增加植棉家庭的经济收入。全国有中型农场 5 万个，种植面积 5～10 公顷，以家庭耕作为主，属雨养农业，主要种植玉米、向日葵、花生和棉花。全国有商业性大型农场 500 个，每个农场耕地 40 公顷以上，属灌溉农业，主要从事养殖业，种植业主要生产小麦、玉米、花生、水稻、花卉、咖啡和棉花，到 2004 年有中国人开办的农场 15 家，主要从事养殖业和种植业。

一、棉花产业概况

赞比亚也是一个棉花生产比重不大的国家，1994 年实行私有化以后，棉花生产发展加快，主要表现为面积增加，单产提高，总产增多，进入 21 世纪形成了国有、私有和合资企业竞争的新局面，加快了生产的发展。

据美国农业部资料，1990—1993 年，棉田面积 8 万公顷，年产皮棉 17 千吨，单产 200 千克/公顷（表 26-6）。1994—1995 年，面积 100 千公顷，产量 16 千吨。1996 年以后面积增加，2000 年扩大到 175 千公顷，总产 44 千吨，2002 年进一步扩大，为 240 千公顷，总产 52 千吨，2003 年面积保持相对稳定。

植棉面积扩大的原因：一是提供棉花生产信贷支持。二是赞比亚棉花局于每年播种前发布子棉收购指导价，让棉农一年生产早知道。据介绍，赞国籽棉收购价高于周边国家坦桑尼亚、乌干达、马拉维和莫桑比克。三是加工企业的推动，过去加工企业只管收购，由于收购企业的增多，竞争十分激烈，为了获得稳定资源，所有收购企业都从收购转向生产和收购并重，实行"订单种植"，提供种子、肥料、农药和技术服务，实际上也等于提供了资金支持。这种做法既扩大和稳定了棉花生产又解决了轧花能力不足的制约，还促进农业的社会化服务。

从赞比亚棉田获得籽棉样品 4 个，其中 2 个样品为上中部花，棉田已收获；另外 2 个样品为中部花，棉田没有收获，经检测 4 个样品的长度 27.2～29.2 毫米，比我国 29～31 毫米短 2 毫米上下。比强 25.8～30.1 厘牛/特克斯，强力偏低。马克隆值 3.7～4.5，在最佳范围 3.7～4.2 附近，表明纤维的成熟度好；同时，整齐度 84.8％～87.6％，也很好，伸长率 7.3％～8.5％，与我国水平相近。

据袁志清（2013）报道，赞比亚棉花色泽一般，略黄，检验品级一般为 3～4 级，棉结和杂质较多，含杂率在 16％～25％之间，长度为 26.0～28.0 毫米，短绒率为 12.3％左右，马克隆值 3.5～4.9，断裂比强度在 27.5～29.0 厘牛/特克斯之间。适用于赛络纺、环锭纺和紧密纺，用于纺制中低支纱，也可搭配用于高支纱、细支针织纱（表 26-6）。

表 26-6　赞比亚的棉花生产、消费和贸易

年　度	播种面积（千公顷）	年皮棉产量（千吨）	皮棉单产（千克/公顷）	消费量（千吨）	原棉出口量（千吨）	原棉进口量（千吨）
1964/1965—1969/1970	4	2	306	—	1	—
1970/1971—1979/1980	15	3	201	2	1	1
1980/1981—1989/1990	60	11	214	7	4	—
1990/1991—1993/1994	81	17	207	15	3	<1
1990/1991—1999/2000 平均	108	23	214	14	15	<1
2001/2002	200	32	185	17	16	—
2002/2003	240	46	217	13	25	—
2003/2004	200	47	202	14	33	—
2004/2005	220	69	197	12	27	—
2000/2001—2009/2010 平均	212	51	438	12	43	—
2010/2011—2014/2015 平均	340	61	172	—	50	—

二、棉花种植、科研和政策支持

传统的棉花产区主要是在东部、中部和南部和卢萨卡这四个省份，而东部省占赞比亚棉花产量的 80%。

20 世纪棉花生产的增长主要是来自于西部、北部和鲁普拉（Luapula）省。1978 年后，在鲁萨卡（Lusaka）和东部省份生产有了显著扩展，这些地区海拔低于 1 250 米，年降水量 600～1 000 毫米。

棉花种植的经济效益明显高于其他粮食作物，基本上为小农户种植。单产量也较低，每公顷产量约 700～1 000 千克。棉花管理粗放，很多是撒上种子等着收获，几乎没有什么农业技术。

商业性棉花生产始于 1962 年，采用的品种是来自津巴布韦的阿尔巴尔 637（Albar 637）。Albar 的名称是"阿尔抗黑腐病"英文字（Allen Black Arm Resistant）几个字的字头，直到 1971 年一直在生产上应用。1966 年之前的播种种子也是来自于津巴布韦。

1970 年，从阿尔巴尔（Albar）品种中选出了三个优系（Albar A. B 和 C），Albar A 1971 年替换了 Albar-637，到 1974 年 Impala 品种育成，EZA（73）M 和 ALA（73）M 两个由杂交而来的品种发放在恰姆扎（Chimza）和恰拉拉省（Chilala），替换了艾帕拉（Impala）和依萨贝尔（Ezabel），后成为主要商用品种。

其瑞扎（Chureza）和恰拉拉（Chilala）曾为主要生产用种，基瑞扎比原有品种单产高出 10%，轧花出花率高 2%～3%，纤维长度更长，分别为 26 毫米和 27 毫米。麦克隆值分别为 4.4 和 4.5。其瑞扎品种已占棉田总面积的 85%，恰拉拉品种约占棉田的 15%。播种期均为 11 月 15 日到 12 月 15 日。从播种到开始吐絮日数 150 天左右。

近些年来，赞比亚加强了棉花新品种选育与扩繁，但限于技术等原因，品种更新较慢、成本高、推广少。

赞比亚工业极端落后，化肥、农药等农资和种子生产企业很少而且生产水平较低，农业生产资料大部分依靠进口，国内企业只能提供部分农业生产资料。赞比亚的农业生产资料价格基本上是中国农业生产资料价格的 3 倍左右，全国 90% 的小型农户基本上不使用化肥农药。病虫害由于没有对应的农药防治和相应的栽培措施，往往造成毁灭性的灾害，严重打击棉花生产，制约着棉花单产提高。除草剂很少应用，主要为机械或人工中耕除草。

除大型商业农场配备有大型先进的农业生产机械外，小型农户基本没有农业生产机械，农业生产主要依靠手工劳作。

1964 年独立之前，赞比亚的棉花研究仅是中非联邦总研究项目的一个小部分，参与虫害防治研究项目。总项目的管理机构设在现今津巴布韦的卡杜马（Kaduma）城。中非联邦解体之后，各个国家开始独立负责本国的研究及开发。1966 年 9 月创立了"赞比亚棉花研究站"（Zambian Cotton Research Station），继承了过去英国"棉花研究联合会"（Cotton Research Cooperation（CRC））的育种工作。这个联合会 1974 年撤消，棉花研究工作于 1975 年终止。之后赞比亚因没有棉种繁殖的机构，农民只好长年使用自留的严重混杂的棉花种子。1978 年联合国粮农组织派驻了专家，1981 年对研究计划重新加以组织，并与法国签署了技术和文化合作协议。据此协议，法国政府派驻了一名棉花育种家和一个昆虫学家到赞比亚，专家来自法国国际棉花和纺织纤维研究所（IRCT）。

棉花育种工作最初是在芒特·马苦鲁（Mount Makulu）中央研究站进行，后来转移到了现今的马高耶（Magoye）地区研究站，种子工作的首要任务是以 Albar A65F 品种为基础，开展良种繁殖工作。1979 年由联合国粮农组织专家主持创立了对商用品种保纯的项目。将引入的品种材料进行杂交育种，则由法国棉花研究所（IRCT）的育种家进行，并在各产棉区加强了品种试验工作。在马高耶地区研究站保存有 150 多个本地和外来的种质材料，以便进行杂交育种。由赞比亚皮棉公司（LINTCO）对在各棉区的农场试验给予合作和支持。国家科学研究委员会（National Council for Scientific Research）已在鲁萨卡（Lusaka）建立了第一个纤维测试实验室。由欧洲经济共同体（EEC）提供的技术援助项目，派驻赞比亚一名昆虫学家帮助发展病虫防治的推广服务。

赞比亚农业技术推广体系主要问题：一是农业技术人员太少，无法满足生产的需要。二是农业技术人员素质普遍较低，无法提供高水平的农业技术服务。三是农业技术人员积极性不高，服务效率低下，农民得不到有效的农业技术和农业信息服务。

第六节　乌干达棉花产业

乌干达是非洲东部的内陆国家，地跨赤道。乌干达与肯尼亚、坦桑尼亚、布隆迪与卢旺达组建了东非共同体，于 2010 年建立了统一的经济市场，并将倾力于 2015 年合并为统一的联邦国家——东非联邦。

国土面积 24.15 万平方千米，全境大部分位于东非高原，多湖，平均海拔 1 000～1 200 米，有"高原水乡"之称。东非大裂谷西支纵贯西部。谷底有众多河、湖，维多利亚湖面积的 48.2% 在乌干达境内。乌虽位于赤道线上，但由于地势较高，河流纵横，湖泊星罗棋布，因而雨量充沛，植物繁茂，四季如春，曾被丘吉尔喻为"非洲明珠"。3—5 月、9—11 月为雨季，6—8 月、12 月至次年 2 月为 2 个旱季。全国年降水量 700 毫米以上，维多利亚湖地区年降水量可达 1 500 毫米，大部地区年平均气温约 22℃，最凉月（6—7 月）平均 15～19℃，最热月（2—3 月）平均气温 21～28℃。

乌干达是农业国，人口 3 540 万（2013 年），78% 的劳动力直接或间接从事农业生产。近些年，农业产值占国民经济总产值均在 20% 以上，而种植业产值占农业产值超过 60%。农业产品出口是乌干达外汇收入主要收入，咖啡是最重要的出口农产品，1984 年曾占出口价值的 92%。

一、棉花产业概况

棉花是乌干达主要经济作物之一，棉花的商业性生产在乌干达已有 80 多年历史。在 20 世纪初由英国人将棉花引进到乌干达。60 年代乌干达成为非洲撒哈拉沙漠以南最大的棉花生产国。70 年代初曾是非洲 40 多个产棉国中的第三位，棉花是仅次籽咖啡的第二位重要出口产品，占乌干达出口创汇总值的 30% 左右，是大约 60% 农民的收入来源。21 世纪以来，其地位被茶叶超越，成为乌干达第三大传统出口产品。

20 世纪 70 年代，乌干达是非洲最大产棉国；80 年代，棉花年产量从最高 50 万包下降至不到 2 万包；90 年代末，国营部门私营化使得棉花产出再度增加。21 世纪，受全球经济危机影响，世界棉花市场波动剧烈，世界棉花需求仍增长，虽然乌干达棉花面积总体呈下降趋势，但得益于单产的显著提高，年产皮棉较 20 世纪后 20 年仍有明显提高。

近几年乌干达棉花产量和出口总体呈下降趋势，棉花收购价格过低，政府支持力度不够，种棉成本增加是棉花减产的主要原因。为增加收入，乌干达部分地区棉农已改种水稻和玉米。

棉花总产在 1969—1973 年达到 7.8 吨；而 1978—1981 年下降到 0.5 万吨，原因是棉花收购价格过低，轧花厂轧花效率低，籽棉长期积压，难于出售和出口，造成财力困难。

1981 年乌干达棉花价格提高后，使 1982—1984 年间棉花产量曾一度上升，年产达 1.2 万～1.6 万吨。但由于内战，1984 年产量又再趋下落，仅年产 0.2 万～0.4 万吨，近年虽较有所好转，也仅年产 0.7 万～0.8 万吨。棉花单产 20 世纪 40—50 年代曾在 100 千克/公顷皮棉左右，但其后不但未有增长，仅因技术后盾薄弱，种子、肥料、农药供应差及战乱关系而不断下降，80 年代中期年均仅为 39 千克/公顷，90 年代初稍有好转为 66 千克/公顷。常规棉花生产占乌干达棉花总产的 90% 以上。在乌干达北部棉区（里拉、基特古姆区和帕德尔）种植一些有机棉，但有机棉的生产面临着许多挑战，比如产量低，病虫害发生率高，棉农缺乏培训和缺少有效的有机杀虫剂和种子包衣剂产品等。尽管如此，许多人仍然认为乌干达可以开发这个具有发展潜力的新兴市场。从 1998 年开始，乌干达棉花总产呈平稳上升趋势，至 2005 年皮棉产量达 1.9 万吨，达历史最高值。但是，在 2006 年之后，棉花总产急剧下降，主要原因是棉花被价格较高的粮食作物所取代。棉田面积 60 年代中期最大，年均近

820 千公顷，此后一直缩减，70 年代年均 621 千公顷，80 年代年均仅 166 千公顷，90 年代年均 124.6 千公顷，21 世纪前十年年均仅 133.6 千公顷，近 5 年年均降至 71.2 千公顷。近几年来，乌干达植棉面积起伏较大，棉花种植面积从 2008 年的 100 千公顷降到 2009 年的 67 千公顷，降幅达 33％，至 2010 年回升到 80 千公顷。植棉面积的减少主要因棉花价格下降，棉农植棉积极性降低，加上严重的干旱以及农民转向种植价格更高的粮食作物等。

乌干达纺织工业尚很薄弱，原棉纺织消费量少，所产棉花主要供出口。60—70 年代年均约消费原棉 7 000 吨上下，因内战及经济状况困难，80—90 年代进一步下降为 2 000 吨左右，随后年均消费量在 2 000 吨以下。从 20 世纪 20—60 年代，乌干达曾是非洲主要产棉国和出口国，30 年代和 50—60 年代，年均产量曾达 6 万～7 万吨，年均出口也有 5 万～6 万吨，甚至更多，如 1966 年曾出口 7.6 万吨，1970 年曾出口 6.6 万吨。但 80—90 年代，由于战乱及天灾人祸，生产下降，出口锐减，1980 年仅出口 1 千吨，90 年代初年均在 2 千吨上下，21 世纪前十年年均在 1.9 千吨左右，近 5 年约 1.0 千吨左右。

由于来自英国和非洲开发银行资助的恢复棉花生产项目，1984 年曾一度产棉 1.6 万吨，出口上升为 0.9 万吨，但由于轧花条件不足，甚至在减产情况下也使籽棉积压，难于销售和出口，生产出口都难有迅速发展（表 26－7）。

表 26－7　乌干达的棉花生产、消费和贸易

年　度	播种面积 （千公顷）	年皮棉产量 （千吨）	皮棉单产 （千克/公顷）	消费量 （千吨）	原棉出口量 （千吨）	原棉进口量 （千吨）
1950/1951—1959/1960	656	66	100	—	66	—
1960/1961—1969/1970	819	70	85	7	61	—
1970/1971—1979/1980	621	38	61	7	34	—
1980/1981—1989/1990	166	6	39	2	4	—
1990/1991—1993/1994	130	9	66	2	6	—
1990/1991—1999/2000 平均	125	11	101	1	10	—
2001/2002	150	19	123	1	18	
2002/2003	120	23	187	2	22	
2003/2004	60	20	339	2	20	
2004/2005	100	30	296	3	17	
2000/2001—2009/2010 平均	134	23.0	208	2	21	
2010/2011—2014/2015 平均	71	25.0	333	1	23	

乌干达由于土壤适宜，日照和雨水充裕，棉花含糖量低、绒较长，加工为皮辊棉质量较好，深受国际市场欢迎。

据袁志清（2013）分析，乌干达籽棉分为 A、B 两类，A 级为白棉，B 级为质量较差的染污棉，加工方式为皮辊轧花。这两种类型的棉花经轧花后定为 AR 级和 BR 级皮辊棉。该国棉花 AR 级一般相当于我国皮辊棉标准的 2～3 级，乳白色，光泽好，纤维细而柔软，但短绒率较高，黄根多，在纺高支高密纱线时易影响条干不匀率。含杂率较高，一般在 2.1％～2.8％之间。纤维长度在一般在 29.0 毫米左右，最高达到 32.5 毫米，短绒率适中，

一般在 8.6％左右。马克隆值一般在 3.5～4.5 之间，为适中的水平。适用于环锭纺、紧密纺、赛络纺，适合纺 26^s～40^s 的中支纱线。

二、棉花种植、科研政策支持

乌干达大部分地区均可种植棉花，其主要分布在北部、东部、东南部基奥加湖和西部卡塞赛区。乌干达是东非植棉最早的国家，1903 年开始在维多利亚湖沿岸种植，全国大部分地区均有种植，主要集中在东部区域和北部区域，即干旱的北部棉区和湿润多雨的南部棉区。在北部地区棉花是主要作物，但在南部地区棉花与其他作物的竞争激烈，棉花居次要地位。

乌干达的棉花绝大部分均由小农户种植，每户农田少于 5 公顷，其中约一半种棉花，田块一般小于 0.25 公顷。有些农户使用畜力或拖拉机牵引的农具耕整田地，其余作业仍靠人工。少数大农场也在发展，有的大于 90 公顷。尽管提倡早播，每一地区也都已有推荐的最适宜播期，但由于与其他作物之间的争劳力矛盾，棉花常常延迟播种，且大多和玉米及块茎作物间套作，导致后期因缺水引起的减产和品质下降。

由于 20 世纪 70 年代末贸易渠道方面存在较大缺陷，对农民售棉拖延付款，棉价又低，更造成农民失去植棉积极性，使 80 年代中期棉田面积和产量不断下降，动荡和叛乱也进一步冲击了棉花种植的稳定性。

乌干达棉花品种主要分为两种：一种是适宜东部和北部干旱区种植的品种 SATU（Serere Albar Type Uganda），其纤维短而粗糙，品质较差；另一种适宜南部和西部湿润区种植的品种 BPA（Bukalasa Pedigree Albar），其纤维长而平滑。SATU 因纤维品质差导致价格远低于 BPA。因此，乌干达棉农自 1994 年市场开放后，不愿再种植 SATU，现在大部分棉农只种植 BPA，而 SATU 只作为材料保存和供科学研究用。乌干达棉花的生育期较长，约 6—7 月，一般在 5—6 月播种，11—12 月收获。棉籽品种更新滞后，产量低。由于乌政府担心更换棉籽影响质量，加上乌干达的良种开发和生产能力不足，导致品种相对单一；还有人们对良种也不够了解，甚至不懂得种子的种植方法，这些都阻碍了良种的推广与应用，以致棉籽几十年未能更新。因此虽然棉花质量较高，但棉籽品种老化，是棉花产量不增反降的原因之一。

北部棉区主要品种是萨杜（SATU），这是一个粗绒型品种，由"赛雷雷研究站"（Serere Research Station）培育而成，1967 年发放。该品种名称是赛雷雷、乌干达、阿尔巴尔型几个英文字的字首缩写（Serere Albar Type Uganda）。

南部棉区主要棉花品种是 BPA（Bukalasa Pedigree Albar），是由那木隆格（Namulonge）研究站培育而成，属中高档细绒棉，1968 年发放。BPA 的纤维比 SATU 的长、细、强，这两个品种均有"阿尔巴尔-51"（Albar-51）的遗传背景。Albar 品种是自尼日利亚阿仑棉（Allen）中选择而来，抗黑腐病（*Xanthomanas malvacearum*），由它提供了抗黑腐病的遗传基因。

乌干达的化肥生产量能力比较低，2000 年化肥生产量 5 000 吨以上。绝大部分化肥依靠从外国进口，这也使得乌干达的化肥零售价要远远高于邻国。为了降低化肥价格，很多大农场主选择直接从国外进口化肥，而对于占绝大多数的小农来说就只有购买高价化肥，或者是减少化肥的使用量。

虽然近年来乌干达的农业病虫害防治取得了一定的效果，农药虽有补贴，但由于缺乏工具或劳力，也因农民经济能力不足，很多病虫害都没有得到有效的治疗。棉花生育前期的害虫有叶蝉（*Empoasca* spp.）、棉花盲蝽（*Toylorilygus* spp.）。叶蝉由采用抗性品种可以有效地加以防治，但盲蝽的防治需用农药。如不及时喷药，植株狂长晚熟，晚结的铃在后期不利天气条件下成熟，导致单产及品质的损失。

杂草防除差和土壤贫瘠也是单产和品质低下的重要因素。

乌干达产棉机械化程度低，轧棉厂机器设备老旧。由 FAO 提供的数据可知，每公顷可耕地拖拉机和收割机—脱粒机数量 1981 年之前仅 0.6 台，1989—2003 年 0.9 台。

棉花全部为人工收获，日光下晒干后分为洁净（AR）和含杂质（BR）二类，运往收购中心销售，然后被运往轧花厂。乌干达轧棉厂虽免费向棉农提供农机，但由于棉农无力承担农机燃油费，大部分棉农仍使用耕牛，加上过度依赖雨水灌溉，田间管理不够，棉花产量和质量受到影响。乌大部分轧棉厂使用的设备是 20 世纪五六十年代印度生产的旧轧棉机器，加之轧棉技术落后，造成轧棉成本高，影响棉花收购价格。

乌干达棉花推广服务体系落后，棉花种植合同难以落实。由于乌棉花主要由小农户种植，分散在全国 30 个棉区。这使推广服务和物资供应不能有效实施，无法向棉农普及和推广棉花种植知识和生产技术。由于乌棉农较分散且组织无序，棉农常不按合同种植棉花，种植合同无法有效实施。轧棉厂棉花供应难以保障。

棉花研究在乌干达已有较久历史和巩固基础，主要的任务是培育适应于不同生态气候区的棉花品种。共有两处棉花试验站，为北部棉区服务的是赛雷雷（Serere）研究站，那木隆格研究站（Namulonge）则是为南部地区服务。除这两处研究站之外，在全国产棉区中共有50 处试验点，以试验品种的地区适应性和其他研究成果。

早期研究站的棉花研究工作是由乌干达农业部的人员承担，1950—1972 年间则由英国的"棉花研究联合会 Cotton Research Cooperation（CRC）"提供研究人员。这期间，那木隆格研究站是主要棉花研究机构，1972 年后因研究经费削减，那木隆格研究站的工作中断，到 1987 年外来资助虽使这个站的研究工作恢复，但已不培育棉花品种，赛雷雷研究站也已不再培育棉花品种。棉花研究站现归属于乌干达农村部的农业局管理和领导。

每个研究站有一名研究主任，两处研究站共有 15 名研究人员，专业有育种、农艺、植物病理等。在土壤科学和农业气象学方面接受资助。

每个研究站每年都由试验委员会（Experimental Committee）审定研究计划和研究进展。棉花研究项目计划由农业研究咨询委员会（Agricultural Research Advisory Committee，ARAC）最终确定。农业部中的研究推广联络官员负责生产者和研究人员之间的联系事宜。但棉花研究工作 70 年代后在乌干达由于来自多方面的原因和干扰受破坏严重，棉花生产不景气，经费不足更造成工作困难。

进入 21 世纪以来，政府执政以来十分重视棉花产业的发展，制定政策和采取措施推动棉花种植和生产。1994 年制定《棉花发展法》取代 1964 年的《棉花法》，根据此法，成立了乌干达棉花发展组织（CDO），协调棉花生产。1997 年成立"乌干达轧棉与出口商协会"。目前该协会协调乌干达现有 38 个轧棉厂与各地棉农组织合作，为棉农提供资金、技术、化肥、农机，与棉农签订棉花种植协议，由棉农组织安排棉农生产棉花，按协议销售给轧棉厂。乌干达政府培育棉籽免费分发棉农，同时为鼓励棉花种植，政府提供农药和棉花价格补贴。棉花是乌政府唯一提供价格补贴的农产品。

乌干达正在研究和开发的转基因作物的列表令人印象深刻。大多数的生物技术研究活动是由国家农业研究组织（NARO）的国内科学家实施或是通过国际合作进行的，这些研究的目的是解决诸如病虫害、干旱和营养不良的挑战。

经过限制性区域试验后的改良品种，在提供给农民之前需要有相应法律监管。生物安全法案在乌干达成为法律仍是一个不小的挑战，这导致了转基因计划将仍会卡在田间试验这一步，而不能朝正式释放前进。反转基因的激进运动和游说团体对生物安全法案获得通过的抵制已经成功地扰乱了争论并拖延了政治进程。关于这一技术带来的风险和益处的平等和实质性的对话已无可能。国内辩论充斥着被误导和危言耸听的宣传活动，这助长了无谓的担忧。

第七节　尼日利亚棉花产业

尼日利亚位于非洲西部，但不属法语区产棉国集团，为原英语区国家。南临几内亚湾，靠近赤道。国土面积 92.38 万平方千米，人口 1.73 亿（2014 年），是非洲第一人口大国。盛产石油，资源丰富。

全境地势北高南低，南部沿海为平原，东南为喀麦隆高原，中部为尼日尔河—贝努埃河盆地，西北部为包奇高原—约鲁巴高原区，东北为乍得盆地区。南部沿海年雨量 1 750～5 000 毫米，为热带雨林气候，雨量向北逐渐递减到 500～600 毫米。南部雨季长达 9 个月（3—11 月），最北部雨季只有 4 个半月（5 月中旬到 9 月）。北部高原属热带草原气候。年平均最低和最高气温，南部为 23～31℃，北部为 18～35℃。

尼日利亚独立初期为农业国，棉花、花生等许多农产品在世界上居领先地位。随着石油工业的兴起，农产品产量逐渐减少。20 世纪 80 年代起，农业在国内生产总值中所占比重降至20% 左右。2011 年农业在国内生产总值中所占比重为 40.2%。全国现有可耕地约 30 万平方千米，占全国总面积的 32.3%。农村人口占全国总人数的 70%。农业主产区集中在北方地区，主要粮食作物有高粱、小米、玉米、小麦等。中南部地区主要种植水稻和木薯。农业生产能力较前有所提高，2001 年粮食产量约 10 万吨，2011 年约 17.7 万吨。粮食不能自给，每年仍需大量进口。主要进口农产品为大米、棉花，主要出口农产品为木薯、可可和腰果。

一、棉花产业概况

尼日利亚的棉花生产始于 1903 年。当时，英国殖民者为了减少其纺织工业对美国棉花的依赖，决定在尼日利亚种植棉花。那时尼日利亚生产棉花主要的目标是出口到英国，作为英国纺织工业的原料。

在 1960 年独立前，棉花是尼日利亚最重要的纤维作物，其产量在世界处于领先地位，棉花工业在尼日利亚的国民经济中占有非常重要的地位，成为外贸收入的主要来源。这一部门成为了雇佣劳动力最多的部门。据尼日利亚农业与乡村发展部提供的资料显示，全国大约有 100 万人从事与棉花生产和加工有关的工作。种植棉花的小农户大约有 80 万户，面积超过 50 万公顷。

　　尼日利亚在 20 世纪 50—70 年代是非洲主要棉花生产国和出口国之一。50 年代中期年均皮棉产量约 3 万吨，出口量年均 2.6 万吨；60 年代年均产皮棉 5 万吨，年均出口 2.6 万吨；70 年代年均产皮棉仍近 5 万吨，出口减少为 7 千吨。自 1979 年起，开始进口原棉，因棉花产量急剧下降。80 年代中期年均只产皮棉 2.5 万吨，为本国消费量 1/3 稍多，已完全无原棉出口，年均进口约 2.6 万～3 万吨原棉供本国消费。由于缺乏原料，纺织厂大多开工不足，部分已停工。90 年代随着单产的提升，棉花总产明显提高，但年消费量达到了 70.3 千吨，进口量依然不减。

　　进入 21 世纪以来，尼日利亚棉花种植面积、总产和单产均有显著提高，特别是皮棉单产，较 20 世纪 90 年代提高了近 1 倍。近 5 年，面积和总产略降，年均消费量猛增至 194 千吨，原棉出口量增加至 41.4 千吨，进口量减少至 3.2 千吨。

　　尼日利亚国内纺织品的生产竞争力不足，导致其对棉花的需求减少。近年来，尼日利亚为了稳定本国货币和提高人民生活水平，用出口原油获得的美元干预本国货币奈拉，使奈拉的币值一直在高价位徘徊。这虽然有利于降低尼日利亚进口商品的成本，但是也导致在同样价格条件下产品的出口成本提高了，降低了包括棉花在内的出口商品的竞争力（表 26-8）。

表 26-8　尼日利亚的棉花生产、消费和贸易

年度	播种面积（千公顷）	皮棉产量（千吨）	皮棉单产（千克/公顷）	消费量（千吨）	原棉出口量（千吨）	原棉进口量（千吨）
1950/1951—1959/1960	—	31	—	3	26	—
1960/1961—1969/1970	354	50	146	19	27	—
1970/1971—1974/1975	448	47	93	45	7	7
1975/1976—1979/1980	573	50	86	49	7	3
1970/1971—1979/1980	511	46	89	47	10	9
1980/1981—1984/1983	418	19	49	45	0	26
1985/1986—1989/1990	313	31	96	53	0	23
1980/1981—1989/1990	365	25	71	49	—	25
1990/1991—1993/1994	458	55	119	79	0	30
1990/1991—1999/2000 平均	290	53	192	70	9	25.8
2001/2002	350	55	157	55	29	15
2002/2003	375	60	160	60	10	15
2003/2004	340	85	250	70	22	10
2004/2005	375	75	200	70	20	15
2000/2001—2009/2010 平均	329	69	212	57	24	11.3
2010/2011—2014/2015 平均	301.4	58	193	19	41	3.2

　　由于棉花良种缺乏且价格较高，棉农只好常年自己留种，这导致棉花的品种混杂、退化

严重，进而导致棉花产量较低，品质较差。

在收购过程中，农民习惯于用塑料编织袋装籽棉，这使塑料编织袋的一些塑料丝进入了加工后的皮棉中。在布匹染色的过程中，这些塑料丝难以染上颜色，这就导致疵布的出现和布匹质量的降低。此外，农民在采收时好坏花混杂，这也是导致棉花质量下降的原因之一。

二、棉花种植、科研和政策支持

尼日利亚的棉花生产主要分布在北部的三个地区，西北部主要是卡杜纳州和索科托州，棉花产量占全国棉花总产量的 60%～70%；东北部包括包奇州、贡戈拉州、卡诺州、博尔诺州等，产量占 30%～50%；中北部尼日尔高原产量占 5%左右。

东部区的气候条件优于北部区，雨季更长，土壤的持水力也较好。这种条件促进了发展长绒棉生产。但棉田主要的扩展是在东南部，靠近喀麦隆的贡戈拉州。

棉花生产者主要是中小农户，种植面积在 0.5～20 公顷，也有一些少数是大规模种植的农场主，单独种植 40～100 公顷的棉花。有 70%小规模棉花种植农户经常将棉花与玉米、小米、高粱、花生或牛豆间作。

20 世纪尼日利亚所采用的主要品种有：

萨玛若 26 - J（Samaru—26J）：是北部地区原来的主要品种，绒长 1 英寸（25.4 毫米），由 Samaru - 26C 中选育而来，后者是自 1912 年自美国引入的陆地棉品种"阿仑"（Allen）中衍生。

Samaru - 68：单产与 Samaru - 26J 相似，但纤维稍长些，是从曾在东部种植的主要品种 S - 52SA（58）10 中选育而来。

Samaru - 69：由 SA（59）11 经绒长选择改进的品系，过去曾用名为 SA（59）11S。品质与 Samaru 26J 相当，但单产更高些，在北部地区取代 Samaru 26J。

Samaru - 70：是由 SA（63）73 和 SA（64）55 组成的综合系，品质与 Samaru - 68 相似，它在东部区已被取代。

Samaru - 71：单产高，纤维长度与 Samaru - 69 相当，但更强些，曾用名为 SA（66）44，用来在北部区取代 Samaru - 69。

Samaru - 72：来自于 [Albar51/474×SA（55）44]，杂交后的选择，过去用名为 ASA（65）38。具有更好的单产与早熟性，更抗角斑病，比 Samaru - 70 纤维长度相似但强力更高，准备在东部棉区取代它。

Samaru - 77：比 Samaru - 72 单产高，纤维也更细和更长，但纱线强力较弱。播种时种子用 Bronocottm（12% bronopol）处理，袋装后播种。

目前，全国有 6 个主要的品种用于商业化生产，分别是：SAMCOT 8、ASMCOT 9、SAMCOT 10、SAMCOT 11、SAMCOT 12 和 SAMCOT 13。SAMCOT 8、ASMCOT 9 和 SAMCOT 10 为中等长度棉品种，被推荐种植于尼东北部、西北部和中北部。SAMCOT 11 品种是一个长绒棉品种，被推荐种植于尼西南部，SAMCOT 12 和 SAMCOT 13 号也是长绒棉品种，被推荐种植于尼东北部和西北部有灌溉条件的区域。

棉花大多种在雨养旱地上，单作或与其他作物混作，大约 70%棉田为混作。

尼日利亚的棉花生产缺乏必要生产资料的有效供应。化肥和农药的价格较高且不能及时供应，棉花良种缺乏且价格较高，因此农民在棉花生产上投入较少，很少购买化肥、农药和良种，凭棉花自然生长。同时，农民棉花种植技术落后且缺乏有效的田间管理。

1986年政府解散了负责棉花生产和销售事务的棉花营销委员会，但没有成立一个新的管理部门来负责棉花生产和棉花种子等的分配，这导致了棉花产量和质量的大幅下滑，这直接威胁了棉农的生产积极性和棉纺工业的发展。1987年，尼棉花顾问委员会在联邦农业部成立，对棉花生产的相关事务发挥咨询作用，其成员有联邦政府和州政府农业部门、有关的研究机构以及棉花生产部门的代表。1994年，尼成立了棉花循环基金管理委员会，启动棉花种子净化项目，首批资金为324.8万奈拉，用改良后纯净的种子代替混杂的种子，以提高棉花的产量和质量。

棉花研究工作在1912年已开始进行，当时从乌干达引进了阿仑长绒棉品种（Allen long staple）。但棉花育种工作直到20世纪30年代末才开始，是在英国的"帝国棉花种植公司"（Empire Cotton Growing Cooporatiori）属下，以后这个公司改名为"棉花研究公司"（Cotton Research Cooporation）。1976年关闭，由尼日利亚政府负责管理棉花研究。

棉花研究项目的重点最初曾是在不降低单产的前提下改善"阿仑"品种的品质，后来增加了单产的提高和抗角斑病的目标，曾育出了一系列品种被生产者采用，品种的推广是通过种子繁殖和分销实现的。

几乎所有品种改良工作都集中在地处Samarn的农业研究所中，1966年，育种目标经过总结和修订，根据品种表现，将产棉区划分为北部、东部和南部区。纺织工业的发展使育种重点更强调品质的改进。棉花研究项目的目标主要是：

——培育棉花高产、抗主要病虫的品种，纤维品质符合尼日利亚纺织工业要求。

——研究提出适于小规模生产体系的栽培和管理措施。

——研究防治主要病虫的措施。

对在灌溉条件下较大规模农场生产长绒棉和机械化生产体系下的研究目标，主要有：

——培育改进长绒棉品种。

——培育灌溉条件下的棉花品种。

——研究提出机械化大规模生产体系下的棉花栽培管理配套措施。

——研究这种体系下的病虫防治战略和措施。

——研究大规模灌溉植棉生产体系的经济问题。

但这种庞大研究目标的实施，要依资金和相关条件而定，在目前条件下大多仍难于付诸实施。

2005年8月，尼日利亚政府成立了棉花发展委员会，专门负责棉花生产的管理，其主席为联邦农业和乡村发展部部长。成员包括：①24个产棉州（Adamawa、Bauchi、Benue、Borno、Ekiti、Gombe、Jigawa、Kaduna、Kano、Katsina、Kebbi、Kogi、Kwara、Nasarawa、Niger、Ogun、Osun、Ondo、Oyo、Plateau、Sokoto、Taraba、Yobe、Zamfara and FCT）的副州长。②联邦有关部委和机构：农业和乡村发展部、商业部、财政部、工业部、尼日利亚出口促进委员会、尼日利亚农业联合和农村发展银行、尼日利亚农业保险公司、国家生物技术发展代理处以及国家农业推广研究所等。③其他组成：尼日利亚棉纺织企业联合会、尼日利亚国家棉花联合会、尼日利亚种子油料加工者联合会以及农场主代表等。

该委员会的主要职责是种子研发和提纯、生产物资的投入和产品销售、纺织品开发和工业化生产、质量控制和贸易刊物出版以及资金补充等，主要目标是通过市场导向战略而不是产品导向战略，振兴尼日利亚的棉花生产。

第八节　津巴布韦棉花产业

津巴布韦共和国是位于非洲东南部的内陆国家，国土总面积 39 万平方千米，人口 1 306 万（2014 年），全境大部地区位于海拔 600 米以上的高原上，只有赞比亚河、林波波河等河流两岸地带海拔较低，在 600 米以下。东部边缘地带则为山区。

境内最大河流为赞比西河，国土西部、北部和东北部地区遍布赞比西河支流。南部以林波波河与南非为界，东南部还有萨比河和伦迪河。

全境属热带草原气候，年平均温度 27～30℃。全年分三种季节：4—8 月为干凉季，9—10 月为干热季，11—3 月是雨季。最冷月为 6—7 月，最热月为 10 月。雨量自东向西由 700～900 毫米减少为 500～700 毫米，东部山区年降水量 1 000～1 500 毫米。

津巴布韦是非洲获独立最晚的国家之一（1980 年 4 月 18 日独立）。但独立之后由于政府采取的政策能调动各民族的积极性，国民经济和农业生产的发展速度在非洲属最快，也最为稳定。粮食不仅已实现自给，还可出口，工业虽也有较快发展，但农业仍是最主要生产部门，农业人口约占总人口的 70％，农产品出口占国家外汇收入一半以上。烟草是首位最大宗出口农产品，约占出口创汇的 23％，棉花及其产品出口价值仅次于烟草，居第二位，约占 7％左右，年出口原棉 4 万～6 万吨。但产棉的大部仍是提供本国纺织工业原料，供本国纺织工业消费，加工成棉纱和棉布。

一、棉花产业概况

棉田面积 20 世纪 60 年代年均仅为 42 千公顷，70 年代发展迅速，增至 121 千公顷，90 年代初年均约为 274 千公顷，21 世纪前十年年均达到 343 千公顷，近 5 年略有下降。棉花产量 80 年代中增长迅速，年产量以 1987 年为最高，年产 116 千吨，比 70 年代年均产量 56 千吨增长一倍以上，比 60 年代年均产量 23 千吨已增长 4 倍多，21 世纪前十年年均 103 千吨，近 5 年年均 81 千吨。皮棉单产以 60—70 年代较高，年均 472 千克/公顷，90 年代明显下降，年均 292 千克/公顷，21 世纪前十年，单产猛增至 548 千克/公顷，近 5 年又降至 251 千克/公顷。

棉花年消费量从 20 世纪 60 年代开始逐渐增长，1990 年前 4 年年均达到 36 千吨，随后逐渐降低，2010—2014 年年均仅为 6 千吨。津巴布韦是南部非洲产棉最多、出口量最大的国家，约占南非出口总量的 71.5％，原棉出口量基本保持逐渐增长的趋势。

津巴布韦生产的棉花大部分用于出口，主要出口市场是欧洲和远东地区。棉花由于是手摘，比较洁净，在国际市场的竞争力和信誉较高。政府禁止从国外进口原棉，但由于出口量占生产量比例较大，国内纺纱厂原棉消费量常处于吃紧状态（表 26 - 9）。

表 26-9　津巴布韦的棉花生产、消费和贸易

年　度	播种面积 （千公顷）	年皮棉产量 （千吨）	皮棉单产 （千克/公顷）	消费量 （千吨）	原棉出口量 （千吨）	原棉进口量 （千吨）
1960/1961—1969/1970	42	14	472	6	13	2
1970/1971—1979/1980	121	56	472	12	42	—
1980/1981—1989/1990	199	82	426	25	61	—
1990/1991—1993/1994	246	61	245	36	28	—
1990/1991—1999/2000 平均	274	83	292	28	55	5
2001/2002	389	135	347	20	118	2
2002/2003	363	80	221	20	67	1
2003/2004	327	103	315	27	70	—
2004/2005	330	130	395	28	78	—
2000/2001—2009/2010 平均	343	103	302	20	83	2
2010/2011—2014/2015 平均	306	81	251	6	87	—

籽棉全部为锯齿轧花机轧花。该国棉花均为锯齿加工，色泽处于中等水平，检验品级一般为美棉标准的 M 级或 SLMP 级，相当于我国标准的 3～4 级。棉花绒长 40% 左右为 1'3/32 英寸或更长（28 毫米或更长），按绒长的分级为：1'3/32 英寸——A（28 毫米）；1'1/16 英寸——AA（SS）（27 毫米）；1'1/16 英寸——B（27 毫米）；1'1/16 英寸——C（27 毫米）。

津巴布韦棉花轧工质量较差，索丝、棉结和杂质较多，主要为细小的叶屑，含杂率在18.0% 左右，纤维长度较好，一般均在 28.0 毫米以上，平均值为 28.4 毫米，最高能达到30.1 毫米。纤维整齐度较好，均在 82.2% 以上，短绒率较低，平均值为 8.3%，对纺纱厂降低吨纱用棉量、降低成本很有实际意义。马克隆值适中，一般在 3.6～4.5 之间，平均值为 4.3，成熟度较好，平均值为 0.86，断裂比强度较高，正常年份均在 28.0 厘牛/特克斯以上，经检测河北省进口的该国棉纤维断裂比强度平均值为 28.6 厘牛/特克斯，最高可达到31.0 厘牛/特克斯，对于提高成纱强力很有意义，适用于赛络纺、环锭纺和紧密纺，用于纺制中低支纱，也可搭配用于高支纱、细支针织纱，纺制的纱线支数一般在 18^s～30^s。

二、棉花种植、科研和支持政策

津巴布韦的气候特点是夏季雨量充足，冬季干旱无降水。棉区主要位于北部和西部海拔1 200 米以下的地区以及东南部有灌溉条件的地区。全国农业区域中植棉有三种类型：一是大规模商品棉，二是小规模棉农，三是棉农联合体。过去，拥有大规模商品棉的棉农约700～800 个，平均植棉 100 公顷；小规模棉农约 10 多万个，棉田面积平均 2 公顷。棉花总产约 45% 来自大规模棉农，45% 来自联合体棉农，10% 来自小规模棉农或国营农场。

多年来，政府的重点是扶持小规模棉农和传统棉农的发展。由于政府的扶持，这部分棉农的生产自 20 世纪 80 年代中期以后发展很快，总产所占份额有所增长。灌溉棉田的收入虽可达每公顷 3 400 津巴布韦元，但经济效益不如其他作物，如柑橘、烟草、咖啡、小麦、玉米、大豆等，加之当时棉花统一由政府经营，一些大规模商品棉农场已转向其他作物。目前，全国小规模棉农数约 16 万，大规模商品棉棉农减少为 600 个左右，使棉花产量出现波动。

农民由于缺乏抵押物而无法从银行获得资金投入生产，棉商因此跟农民签订种植合同，津巴布韦约 98% 的棉花属于合同种植。根据合约规定，承包人应当与个人种植者签订协议，个人种植者在农业销售管理局进行登记。合约规定由承包人支持的种植面积及预期产量。在法律方面，买家不能从与其他贸易商签订合约的种植者手中采购棉花。承包公司将标有本公司名字的棉花包装分发给合约农户，任何公司及承包人禁止套购竞争对手的棉花。

生产上种植面积最大的品种是阿尔巴尔品种（Albar）系列。Albar 是中绒陆地棉，纤维品质优良，绒长 29.4 毫米，纤维较细，麦克隆值 2.8～5.4，该品种为手摘，纺纱品质上乘，深受纺纱厂用户的青睐。另一个主要品种是德尔马克品种（Delmac）系列，这是一个长绒棉品种，售价较陆地棉高 25%，颇受棉农欢迎。其他品种还有岱字棉（Deltapine）。近年来，政府致力于培育新品种，适于在海拔 1 200 米以上的地区种植，以利扩大棉田面积。

良种的繁育由棉花销售局（CMB）负责。品种的繁育年限为 3 年，因此商品棉品种的种植年限一般不超过 3 年，有时，一个新品种取代旧品种的年限甚至更短些。播种用种子也由棉花销售局提供，便于对种子实行严格统一控制。推广体系由来自科研单位、棉花销售局、推广单位的人员和棉农组成。一个新品种或一项新技术在推广之前，必须经过田间示范，以表明其在不同地区自然条件下的可行性，并使推广人员和棉农增加实际认识。推广教育所需设备由国家培训中心负责，受商品棉棉农资助。培训内容侧重生产技术、害虫治理和收花，每年可培训 1 000 人次。1985 年以来，还吸收了国外的推广人员参加培训。

不同形式和规模的经营，有无灌溉条件和不同品种的棉花单产状况有很大差别。大型商业性农场有灌溉条件的，籽棉单产 2 700 千克/公顷，旱地 1 800 千克/公顷。小规模商业性农场籽棉单产平均只有 800 千克/公顷。商业性小农只有约 750 千克/公顷。在灌溉条件下的试验区中，岱字棉品种籽棉单产可达 3 000 千克/公顷，德尔马克（Delmac）品种为 2 500 千克/公顷，旱地上约 1 800 千克/公顷，阿尔巴尔（Albar）品种平均单产约为 1 100 千克/公顷。

棉花虫害在 20 世纪 60 年代以前曾一度猖獗，60 年代后，由于防治技术的发展，虫害问题已基本解决。

近几年，棉花生产面临的问题是缺乏劳力，并因此而使雇工的工资上涨，成本增加，一些棉农弃田流向城市。劳力问题在收花时尤为突出。本来可以发展机械收花，但为保持品质在国际市场的竞争力，大多数仍为手摘。一般摘 2 次，好花、次花分装。第一次收花期持续约 20 天，可收获总产的 75%，第二次收花约持续 15 天。

由于冬季缺水，夏季的雨水常被以各种技术存储备用，大部分棉田为雨养棉。播期为10—12 月，次年 4 月至 7 月收获。播后采用除草剂、机械中耕和手锄等方式，以保持 8 个星期内棉田不长杂草。

由于棉花生产的迅速发展，轧花能力已显紧缺。因此，提高轧花能力是今后几年发展的重点。籽棉从收获至加工完毕约需 6 个月。轧花后的皮棉检验分为 5 等级：A，A 次，B，C和 D。棉农将收获的棉花卖给棉花销售局设在当地的收购检验站，不能自由出售，轧花前先行检验定级，按品级给棉农付款。

棉价由政府制定，具体由棉花销售局负责。棉花销售局是受议会条例规定而于 1969 年成立的一个政府职能机构，是全国唯一的负责棉花种子分配、轧花和销售的权威机构。自 1980 年，津巴布韦宣布独立后，棉花销售局一直以低于国际市场价的价格将棉花卖给国内纺纱厂，促进了纱厂的发展，使纱厂在 80 年代成为世界同期产棉国中的佼佼者。80 年代初，纱厂用棉量为 1.1 万吨，80 年代末增加为 3.9 万吨，年用棉量增加约 28%。棉价每年都有变动，政府先充分征求棉农的意见，再决定当年收购棉价高低。1990 年，为进一步促进棉花生产，政府决定原棉收购价在国内定出基础价的原则上随国际市场原棉价格浮动，向自由贸易发展，大大调动了棉农的植棉积极性。例如，1990 年，B 级棉的生产者价格为每磅棉花 1.25 津巴布韦元，较上年提高 13%。但津巴布韦政府于 1994 年对棉花销售局进行了私营化，取消了棉花交易市场，取而代之的是津国家棉花公司，津巴布韦棉花公司是一个致力于发展国家棉花部门的私营公司。

为了积极参与棉花的经销，提高国内棉花的产量和纺织部门的生存能力，2013 年津巴布韦政府打算恢复并重新引入棉花销售局。

棉花研究的资金主要来源于政府，个别研究项目受棉农的资助，世界银行和英国政府也给予部分资助。

20 世纪 90 年代育种研究有四个项目，其中中绒棉育种二项，长绒棉育种一项，高海拔地区品种育种一项。纤维品质育种侧重于细度和成熟度。国家研究试验站拥有纤维测试室，年测试样品 2 万多个，田间试验主要布置在试验站之外的棉农的地里，付给棉农一定补助。育种研究重视以纺织加工部门的需求为重点，所育新品种必须符合纺织部门的需求。因为有明确的育种目标，品质育种进展很快。

病虫害研究：主要病害是棉花黄萎病和叶斑病，病害防治主要靠培育抗病品种。主要虫害是棉叶蝉、棉铃虫、红蜘蛛、白粉虱等，一般年份造成的危害不大。研究侧重于防治技术，如经济危害阈值，施药时机，农药筛选等。

栽培技术研究：侧重于施肥、播期、水土保持、生长调节剂等项目的研究。

第九节 马拉维棉花产业

马拉维位于非洲东南部，是个内陆国家，被坦桑尼亚、莫桑比克、赞比亚三国包围其中，国土面积 11.8 万平方千米，人口 1 511.8 万（2014 年）。马拉维得名于境内的马拉维湖，是非洲第三大湖，面积 3 万平方千米，湖水最深可达 700 多米，有很多世界独一无二的淡水鱼种类。

马拉维曾为英国殖民地，独立后仍留在英联邦内，受英国影响很深，行政、司法、教育等都采取英国模式，至今英国仍是其最重要的援助国。全国 70% 以上的居民信奉基督教，20% 的人口信奉伊斯兰教，印度、巴基斯坦、黎巴嫩裔商人经济实力雄厚，在很多经济领域占有优势地位。

马拉维是世界最不发达国家之一，严重依赖国际援助。经济以农业为主，农业号称马拉维的"黄金"或"钻石"，农业产值占 GDP 的 40%，农产品出口额占出口额的 90%，近 85% 的人口从事农业生产或相关行业。

马拉维农业发展潜力很大，可耕地面积占国土面积的 38%，实际耕地面积 192 万公顷。

主要粮食作物有玉米、花生、水稻、高粱、小米、木薯等。主要经济作物有烟草、茶叶、甘蔗、棉花、咖啡等。马拉维是非洲最大烟草生产国之一，2006 年烟草产量为 1.16 亿千克，仅次于津巴布韦，居非洲第二位，烟草创汇占国家外汇收入的 60%。

一、棉花产业概况

棉花是马拉维主要的出口农产品，出口值位于第四。但近年棉花产量却大起大落，政府设法提高棉花产量，但并未达到预期。马拉维的棉花产量自 2006 年来逐年递增，分别为 57 千吨（2006）、62 千吨（2007）和 77 千吨（2008）。2012 年棉花产量为 100 千吨，2013 年和 2014 年均为 42 千吨，比 2012 年下降 58%，相比 150 千吨的历史最高产量大幅减产。2010/2011—2014/2015 年度年均，播种面积 152 千公顷，年均皮棉产量 37 千吨，单产 244 千克/公顷，年均消费量 3 000 吨，年均出口 30 千吨。

世界棉花市场约 8% 的棉花来自撒哈拉以南非洲，包括马拉维。在许多国家棉花种植都是在大种植园内，而在非洲，特别是马拉维，棉花都是由小农户分散种植，与玉米、大豆或花生一起，以改良土壤并减少虫害。农户种棉花是为了补贴收入，而不像其他粮食作物是必需口粮。

来自马拉维棉花开发基金（CDT）数据显示，由于马加工业落后，约 95% 的棉花作为原棉出口，仅 5% 在国内加工。近期，政府在奇夸瓦、萨利马及卡龙加地区投资建立了三个轧棉厂，以提高籽棉加工能力。

二、棉花种植、科研和支持政策

马拉维农业生产仍基本使用人力，农业机械化率非常低。农产品加工业急待发展，绝大部分农产品要么被农民自己食用，要么作为原材料直接出口。

2010/2011 财年，马拉维政府通过议会审议，成立 16 亿克瓦查棉花发展基金，用于资助棉农前期投入。此前一些个体轧棉厂在资助棉农，但力度不够。专家原先预测在该基金成立后第一年，马将生产 20 万吨籽棉，由此计算出每千克棉花生产成本为 8 克瓦查，每家轧棉厂按此价格来补贴基金。但当年产量仅为 9.6 万吨，只有预计的 50%，因此基金也大为缩水，只收取了 7.68 亿克瓦查，缺额 8.32 亿克瓦查。

按照规定，轧棉厂应在销售季节开始前偿付基金，付款后才能拿到下一季购买籽棉许可证。但有一家轧棉厂并未付款却拿到了许可证。该笔费用除去利息，超过 2.31 亿克瓦查。另外，该轧棉厂未付 25% 的保证金约 5 700 万克瓦查，也未支付农药费用。一位未透露姓名的轧棉厂管理人员对此评论说"政府不惩罚该企业，反而颁发许可证，这种行为将棉业发展基金置于危险境地，浪费纳税人及整个产业的钱。"费用缺失导致基金金额不够，不足以支持棉农生产；基金运作混乱，购买种子及农药推迟，种植面积减小，产量相应下降。而产量下降又意味着个体棉农周转资金减少。

在 2009 年，利隆圭农业和自然资源大学（前身是邦达农学院）提交了一份棉花的限制性农田试验申请。2013 年 1 月 4 日，马拉维成为非洲南部继南非之后的第二个对 Bt 棉花进行限制性田间试验的国家。马拉维成功地在位于首都利隆圭市郊的利隆圭农业和自然资源大学进行了第一次 Bt 棉花的限制性田间试验。该试验结果表明，Bt 棉花比非 Bt 棉花更耐受棉铃虫攻击并且产量更高，产量高的原因是每株棉铃数增加而不是因为单个棉铃变大。分析表明种植 Bt 棉花的经济收益比传统棉花高出 50%。在 Chikhwawa、Salima 和 Karonga，Bt 棉花种植区科研流动站进行重复限制性田间试验的许可已获得批准。

尽管马拉维成功地进行了转基因作物限制条件下的田间试验，但是却耗费了 2 年时间才得到环境事务局的批准。马拉维的监管系统仍不健全，因此，需要更多支持来增强其能力以应对未来几年汹涌而入的限制性田间试验/商业化申请。

第十节　加纳棉花产业

加纳共和国位于非洲西部，西邻科特迪瓦，北接布基纳法索，东毗多哥，南临几内亚湾。国土面积 23.853 7 万平方千米，人口 2 482 万（2012 年）。境内最大河流为沃尔特河及其众多支流，沃尔特河流域覆盖东部和整个北部约 2/3 左右的国土。西南部也还有数条河流注入几内亚湾。在沃尔特河上修有大水库（沃尔特水库），水力发电资源丰富。

加纳沿海和沃尔特河谷地为平原，西南部和北部为高原。沿海平原和西南部属热带雨林气候，沃尔特河谷地和北部高原为热带草原气候，年降水量由北向南递增，北部高原 800 毫米，西南地区为 1 400 毫米。在国土北部一年中只有一个雨季，3 月开始，8—9 月达降雨高峰期，11—2 月为干季。在南部地区一年有两个雨季，大雨季是 2 月开始，5—6 月达降雨高峰期；7—8 月相对较干燥；之后 9—10 月为小雨季，11—2 月为干季。

加纳是一个以农业为主的西非小国，第一产业约占国内生产总值的 43%，从业人员 680 万人，占全国总人口 37%。可耕地 731 万公顷，利用率为 30%。可灌溉土地 11 万公顷，但灌溉面积仅占 7.5%。粮食作物主要分布在北部，种植面积约 250 万公顷，主要作物为玉米、薯类、高粱、大米、小米等，产量不稳，正常年景可基本满足国内需要。可可为主要经济作物，种植于北部省以南所有省份，是传统出口产品。20 世纪 20—70 年代曾居世界之首，2009 年产量达 71.1 万吨，仅次于科特迪瓦居世界第二位。2012 年 1—7 月可可出口创汇达 18 亿美元。其他经济作物有油棕、橡胶、棉花、花生、甘蔗、烟草等。

一、棉花产业概况

加纳棉花生产可追溯到 17 世纪，当时是由巴塞尔传教士引进到该国。在可可引入加纳种植之前，棉花作为庭园作物早就在加纳种植，但仅提供家用。棉花的商业性栽培在 20 世纪初已进行过尝试，因病虫害严重，单产低而未能成功。1968 年由联合国粮农组织（FAO）和联合国开发项目（UNDP）共同帮助下组建了"棉花发展理事会"（Cotton Development Board），鼓励农民种棉，以减少进口原棉的外汇支出。

"棉花发展理事会"重点支持植棉的地区是在国土北部，从最北端的苏丹草原（Sudan savarna）到沃尔特水库附近的几内亚草原（Guinea Savanna）；到中部的森林区和莫赛克（Mosaic）地区。

从 1968 年至 1985 年取消棉花发展局垄断经营权期间，籽棉的产量平均只有 956 吨，1976 年籽棉产量 10 000 吨，达到这期间的最高峰。1986 年，加纳取消国家垄断经营，开放棉花生产、销售，实行全面私有化和经济自由化。该政策对棉花的生产产生巨大的促进作用，1986—1998 年，被加纳人称为"棉花爆炸"时期。籽棉的产量从 1986 年的 956 吨增加到 1996 年的 24 953 吨，增加 25 倍；棉花种植面积从 409 公顷扩大到 28 712 公顷，增加 69 倍，最高年份（1998 年）达到 44 770 公顷；单产从每公顷 504 千克增加到 870 千克。棉花经营公司从原来的 1 家，到 1997 年增加为 9 家，目前有 12 家公司经营棉花的生产和销售，加纳棉花有限公司为最大经营公司，占 62％的市场份额。

1998 年以后，棉花生产大幅度下滑。主要原因是，随着加纳经济贸易自由化的发展，大量纺织品和服装的低价进口，对加纳纺织品行业带来很大冲击，纺织品行业的减产致使棉花需求下降，1999 年棉花的收购价格下跌至 935 美元/吨，相比 1997 年 1 650～2 000 美元/吨下跌 53％，农民无利可图，纷纷转种其他农作物。与此同时，棉花国际市场价格也一路下跌，2001 年市场价格 FOB（离岸价）每吨 660 美元，跌至历史最低点。

2002 年加纳籽棉产量 15 000 吨，皮棉产量约 6 000 吨；近 5 年产量将进一步下降，皮棉产量年均约 5.6 千吨。2/3 的棉花用于出口，主要销往欧共体国、南非等（表 26 - 10）。

表 26 - 10　加纳棉花生产、消费和贸易

年　度	播种面积（千公顷）	年皮棉产量（千吨）	皮棉单产（千克/公顷）	消费量（千吨）	原棉出口量（千吨）	原棉进口量（千吨）
1960/1961—1969/1970	—	—	—	3		4
1970/1971—1979/1980	8	2	295	9	—	7
1980/1981—1984/1985	7	1	193	6	0	4
1985/1986—1989/1990	8	2	287	9	0	8
1980/1981—1989/1990	8	2	248	7		6
1990/1991—1993/1994	26	10	380	12	1	3
1990/1991—1999/2000 平均	28	10	371	9	4	2
2001/2002	35	12	343	6	7	4
2002/2003	23	6	257	6	4	2
2003/2004	17	5	317	8	3	1
2004/2005	12	4	350	7	—	2
2000/2001—2009/2010 平均	21	8	374	5	5	2
2010/2011—2014/2015 平均	15	6	357	1	5	1

加纳棉花纤维较粗、短，含杂高，没有具体的质量指标划分，只简单的划分为 A 级和 B 级，虽不能达到生产高质量坯布的要求，但能够生产普通坯布。

二、棉花种植、科研和政策支持

棉花作为加纳除可可、咖啡、烟草和木材外最重要的经济作物之一。加纳主要有 3 大植

棉区：北部、上东区和上西区。加纳的棉农和棉花公司联系紧密，公司给与之相联系的棉农提供棉花生产资料包括种子、化肥和农药，到棉花生长季节结束时，公司将棉农生产的籽棉收购回来。因此，加纳棉花生产具有一定的商业风险，但是其仍然是农民和棉花公司主要的收入来源，也是该国出口创汇的重要来源。加纳棉花的生产主要用于满足当地棉纺工业的需求和出口。

加纳的气候，除了雨量充足的阿散蒂省和西部地区，都适合棉花的生长，有 40 万公顷的土地适合棉花的种植。

加纳从 1986 年取消国家垄断经营，开放棉花生产、销售，实行全面私有化以来，虽然出现了棉花生产鼎盛时期，但由于棉花公司之间的无序竞争，国际棉花市场价格的下跌，农民种植棉花的成本增加，及 1999 年加纳政府财政因为黄金和可可价格大跌而严重受挫等原因，近几年加纳棉花生产低迷不振。

加纳棉花生产、销售体制与邻国有许多相似之处：由棉花公司向加纳农业发展银行申请贷款，向棉农提供种子和化肥，棉农必须将棉花统一销售给棉花公司。但由于无序竞争，棉农把棉花高价卖给别家公司或别国采购公司，致使投资方收购籽棉减少，收益受损，银行的贷款无法如期偿还，银行为了挽回损失，在期货市场上卖出第二年收成的棉花，致使加纳的棉花 2/3 必须出口。当地纺织厂无法在当地购买到足够数量的棉花，必须依靠从邻国进口，进口关税为 10%，这大大增加了坯布生产成本。坯布与直接进口的坯布相比缺乏竞争力，所以不得不减产或停止坯布生产，改成进口坯布，纺织厂也就改成了印染厂。2014 年 4 月，籽棉的统一收购价格取消，随行就市，A 级收购价每千克 2 200 塞地；B 级每千克 1 760 塞地。但棉花公司的负担仍然很重，据加纳农业发展银行公布，加纳所有棉花公司至 2001 年 10 月底，在该银行负债达 3 260 万美元。

基于上述原因，加纳政府对棉花生产企业结构进行了新的改革：

——划分棉花生产区域。把棉花生产区划分为三大部分，主要分布在北部、东北部、西北部地区，这样有利于棉农的集中管理和技术培训，有利于促进棉农协会的社会环境改变，制止棉花公司间的不健康的竞争。

——成立棉花生产集团。借鉴邻国成功的经验，加纳于 1999—2000 年，成立了棉花生产集团，为各公司提供相互协商与协调的条件，取得了积极的效果。如：单产的增加、贷款回收良好、棉花的质量提高、成本投入降低等。

——建立棉花基金。在加纳，棉花还是一种相对新生的农作物，属于发展阶段。通常新农作物的开发成本应该由政府承担，但在加纳，已数年都由棉花公司承担，以至公司负债累累。在欧洲、美国和亚洲主要棉花生产国，棉花生产得到补偿性帮助和产品津贴，据估算，2000 年，70% 的世界棉花生产得到产品直接津贴。政府认识到，为了竞争，保护本国产业，建立棉花基金，申请国际金融组织的帮助势在必行。

1930—1937 年，棉花研究工作集中在沃尔特地区的克佩夫（Kpeve），主要试验品种是海岛棉种（G. barbadense）的伊斯汉（Ishan）品种，是来自尼日利亚和埃及的品种；陆地棉品种为阿仑棉（Allen）。当地长期种的是一种"非洲陆地棉"混杂种，因抗病和适应当地条件，至今仍被农民种在庭园中。现今种植品种大多来自西非法语区国家或尼日利亚。

在南部地区，棉花适宜播期是 7—8 月，如早播，则会导致棉花在雨季成熟而影响收花品质。在北部地区推荐适宜播期是 6 月到 7 月上旬。留苗密度，推荐的密度是 35 000～

50 000株/英亩（约合 5 766～8 237 株/亩）。推荐行距是 90 厘米，株距 20 厘米。播种大多仍用人工穴播，发芽后 2～3 周时手工间苗，每穴留苗 2 株。

为维持地力，推荐棉田施用有机和无机肥料并进行轮作。

南方地区可一年两熟，3—4 月种玉米或花生；收获后 7—8 月种棉花，棉花收获之后有 6 个月休闲，9 月种豇豆。另一种轮作方式为棉花或木薯之后种玉米。

在北方地区只能一年一熟。轮作方式是：三年轮作为棉花→豇豆→玉米或高粱→花生→棉花；四年轮作则为 5 月种豇豆，6 月翻耕，7 月种棉花，棉花后种花生，然后又种棉花和高粱。

有机肥推荐每英亩每年施 8 吨，播前 1～2 周施入。无机肥料推荐用量是每英亩 40～50 磅 N 素，30～40 磅 P_2O_5，20～30 磅 K_2O。

棉花虫害是限制产量的最主要因素之一。最常见的虫害有：棉铃虫、美国棉铃虫、红铃虫、棉红蜘、蚜虫和叶蝉等。即使通过化学防治，籽棉产量仅在 500～800 千克/公顷。

棉花研究由属于"科学和工业委员会"（Conncil for Scientific and Industrial Research）的"作物研究所"（Crops Research Institute）进行。农业部的国营农场公司（State Farms Cooperation）和加纳大学在海滨草原克彭（Kpong）的试验站也进行棉花研究和试验工作。

位于库玛西的作物研究所和位于塔马利的草原农业研究所正在对 4 个已通过审核的转基因品种进行限制性田间试验。它们分别是：Bt 棉花、豆荚螟抗性的豇豆、营养强化的甘薯以及水与氮元素高效利用并耐盐的水稻。但在制定和实施标准操作流程、处理和审查生物安全应用、采用最佳方案进行安全监管、检查和监督限制性的田间试验等方面进行培训是非常有必要的。

第十一节　南非棉花产业

南非地处南半球，有"彩虹之国"之美誉，位于非洲高原的最南端，国土面积为 122 万平方千米，其东、南、西三面被印度洋和大西洋环抱，陆地与纳米比亚、博茨瓦纳、莱索托、津巴布韦、莫桑比克和斯威士兰接壤。东面隔印度洋和澳大利亚相望，西面隔大西洋和巴西、阿根廷相望。其西南端的好望角航线，历来是世界上最繁忙的海上通道之一，有"西方海上生命线"之称。

南非地处非洲高原的最南端，南、东、西三面之边缘地区为沿海低地，北面则有重山环抱。北部内陆区属喀拉哈里沙漠，多为灌丛草地或干旱沙漠。

南非全境大部分处副热带高压带，属热带草原气候。每年 10 月至次年 2 月是夏季，6—8 月为冬季。降水主要集中在夏季，全年降水由东向西从 1 000 毫米降至 60 毫米。东部沿海年降水量 1 200 毫米，夏季潮湿多雨，为亚热带季风气候。南部沿海及德拉肯斯山脉能全年获得降水，湿度大，属海洋性气候。西南部厄加勒斯角一带，冬季吹西南风，带来 400～600 毫米的雨量，占全年降水的 4/5，为地中海式气候。

南非气温比南半球同纬度其他国家相对低，年均温度在 12～23℃，温差不大，但海拔高差悬殊造成气温的垂直变化。冬季内陆高原气温低，虽无经常性降雪，但霜冻十分普遍。全国全年平均日照时数为 7.5～9.5 小时，尤以 4、5 月间日照最长，故以"太阳之国"

著称。

南非人口 5 397.7 万（2014 年），是非洲第二大经济体，人均生活水平在非洲名列前茅，南非的经济相比其他非洲国家是相对稳定的。矿业、制造业、农业和服务业是经济四大支柱。

2008 年，农业产值约占国内生产总值的 3%，在国民经济中作用不断减小。可耕地约占土地面积的 13%，但适于耕种的高产土地仅占 22%。农业就业人数约占人口的 7%，其产品出口收入占非矿业出口收入的 15%。农业生产受气候变化影响明显。主要农作物有玉米、小麦、甘蔗、高粱和棉花等，蔗糖出口量居世界前列，正常年份粮食除自给外还可出口。

一、棉花产业概况

南非的植棉史可上溯到 16 世纪，1516 年，当葡萄牙殖民者踏上南非本土时，当地的土著居民已种植棉花并纺织为衣着。这是一种野生种，迄今为止仍然存在。南非第一粒棉花种子种植在西开普。1846 年，Adams 博士引进了美国棉花品种，并开始在夸祖鲁—纳塔尔省的一个小镇上种植，极大地促进了当地的棉花生产。后来由于其他农作物的发展，棉花生产一跌再跌。20 世纪 70 年代后期，棉花生产开始迅猛发展，1988 年面积达 208 千公顷，随后其植棉面积一路走低，2000—2009 年十年年均植棉 29 千公顷，2010—2014 年年均植棉面积仅为 13 千公顷。

20 世纪 90 年代，南非棉花面积下降很快，主要是因为两个方面的因素。首先，南非棉花的生产者价格虽较高，但由于粮食作物，特别是玉米一再提价，对棉花生产又无生产补贴，使棉农植棉积极性受到影响。1991 年的棉、麦比价从 3.5 跌至 2.2，棉田面积就从 127 千公顷下降为 80 千公顷。

另一个对生产不利的因素是，国内纺织厂用棉量呈下降趋势。当时随着经济放开，纺织品和服装的进口关税于 1987 年取消，导致纺织品大量进口。尽管 1991 年恢复了部分项目的进口关税，但进口纺织品的热潮仍有增无减。南非"棉花委员会"代表轧花者、纱厂和棉农的利益，以上年消费量的 80% 为依据制定下年棉花生产计划。这个委员会在农业部批准下，给籽棉出售订出最低限价，垄断棉花贸易，包括棉花分级和将皮棉售给纺织厂。南非政府对棉花生产没有补贴。南非生产棉花价格高于国际市场价，1991 年平均约高出 15 美分/磅（中绒 A），1990 年则高出 20 美分/磅，轧花成本比美国高出约一倍。从而难于和进口棉纱及纺织品竞争。

1990—1993 年间，南非年均消费原棉约 67 千吨，而 80 年代年均为 72 千吨；年进口原棉 80 年代年均 2.1 千吨，90 年代年均增长至 35.8 千吨，2000—2009 年年均进口原棉 35.8 千吨，2010—2014 年年均进口原棉 20 千吨。原棉主要进口国家为津巴布韦、赞比亚和莫桑比克，除此以外，南非每年还需从中国、印度、巴基斯坦和津巴布韦等进口棉料。

南非加工工业发达，占国民经济总收入的第一位。20 世纪 50—60 年代才出现了生产编/机织面料、棉纱、人造纤维和精纺羊毛/绒的厂商。2003 年南非共有约 450 家纺织厂，主要进行服装面料和家用纺织品的生产。纺织业是南非第十一大制成品的出口行业，占南非GDP 的 1.2%（表 26 - 11）。

表 26 - 11　南非的棉花生产、消费和贸易

年　度	播种面积 （千公顷）	年皮棉产量 （千吨）	皮棉单产 （千克/公顷）	消费量 （千吨）	原棉出口量 （千吨）	原棉进口量 （千吨）
1950/1951—1959/1960	—	6	—	12	0.6	7
1960/1961—1969/1970	60	15	238	39	1.1	27
1970/1971—1979/1980	86	36	412	56	1.5	25
1980/1981—1989/1990	140	53	378	72	2.1	15
1990/1991—1993/1994	84	28	323	67	1.8	32
1990/1991—1999/2000 平均	96	34	344	71	5.2	36
2001/2002	72	39	540	68	—	33
2002/2003	51	21	412	74	—	40
2003/2004	30	17	562	73	—	54
2004/2005	43	29	664	62	—	42
2000/2001—2009/2010 平均	29	18	728	53	7.0	36
2010/2011—2014/2015 平均	13	11	860	21	8.0	20

　　南非轧花厂必须把当年产的棉花当年加工完毕，不允许有籽棉或皮棉剩余至次年。轧花厂一般为私人公司或私人联合体性质。1987 年，棉花品质检测授权南非"棉花事业局"负责，建起了 HVI（大容量）纤维测试系统，由两个轧花公司负责对全国一半的棉花进行检测定级。"棉花事业局"有 9 名成员，分别来自棉农，轧花商，政府部门和纱厂。在农业部的认可下确定籽棉的最低价格，并负责棉花销售和向国内纱厂调拨棉花。

　　为了保持测试结果的连续性和正确性，南非棉花参与了由美国农业部棉花司和不来梅棉花交易所编制和控制的国际棉花测试方案。

二、棉花种植、科研和支持政策

　　南非主要有 8 个产棉区，分别是奥兰治河（Lower Orange Rive）、西格里夸兰（Griqualand West）灌溉区、西北部弗雷堡（North-West-Vryburg）、西北部勒斯滕堡（North-West-Rustenburg）、林波波河谷（Limpopo Valley）、斯普林博克和洛斯科普平原（Loskop，Springbok Flats）、南部低地（Lowveld）、夸祖鲁—纳塔尔（KwaZulu-Natal）。其中，奥兰治河、西格里夸兰、林波波河谷和南部低地属于灌溉区，灌溉区播种季节在 10 底至 11 月初，非灌溉区在 11 月底至 12 月中旬播种。灌溉区的籽棉产量约是非灌溉区的 5 倍。

　　南非主要棉花产地是林波波省（原北方省）、西北省、普马兰加省和夸祖鲁纳塔尔省。全国约有 1 000 个商品棉棉农，1983 年曾高达 3 400 个，小规模生产棉农或联合体生产棉农 4 000 个，轧花厂 10 个和纺纱厂 13 个。地处南非高原东南部的斯威士兰王国以小规模和中等规模的农场主为主，占南非棉花生产总量的 13%～15%。所产棉花主要供南非国内销售所用，轧花也由南非的一个公司所承担，但近年来，已建起了一座自己国家的纺纱厂。

　　棉花生产所面临的主要问题是干旱。除北角省有充足的灌溉条件外，其他产棉区主要为旱地植棉，仅有部分灌溉条件。近年来，随着对奥兰治河的开发治理，使位于奥兰治河流域

的西北角省的棉田面积迅速扩大。

　　主要虫害是美国棉铃虫（*Heliothis armigera*），展叶松夜蛾（*Diparopsis castanea*），棉斑实蛾（*Earias insulana*），棉红蝽（*Dysdercs spp.*），棉叶蝉（*Empoasca spp.*）和棉叶螨（*Tetranychus spp.*），次要害虫有象虫（*Apion soleatum*）。

　　播种期始于 10 月，遇干旱时，旱地棉播期可推迟至 11 月和 12 月。田间管理基本为手工操作，收获期为 4—7 月，70% 的棉花为手摘，灌溉棉区的机械摘花呈发展趋势。主要种植品种有爱字棉（Acala），占总面积的 46%；其次是 Albacala，占 18%；岱字棉，占 15%。因光照充足，纤维品质特别优秀。

　　南非是种植转基因棉花的非洲国家之一，来源于美国的抗虫棉和抗除草剂棉。2011—2014 年，棉花主栽品种有：DP210 BRF、Delta 12BRF BRF、13P3001 B2R2、13P3005 B2R2、DP1240 B2RF、Gariep VT1、Gariep VT2、Candia BG2D、Candia B2RF、PM3225B2RF、Okra 等。据全国棉花品种区试试验结果，13P3001 B2R2、13P3005 B2R2、PM3225 B2RF 和 Candia B2RF 在灌溉区产量及其构成因素表现较好，长度和比强度较好，DP1240 B2RF 和 Candia BG2D 在非灌溉区表现突出。

　　早在 20 世纪 90 年代，南非首先开始评估农业生物技术产品。意识到围绕转基因作物的问题和担忧涉及科学、经济学、社会学、贸易和政治等，在当时作为一个过渡性质的生物安全监管实体的南非科学与工业研究理事会（CSIR）成立了南非遗传研究委员会（SAGENE），负责对政府、工业和大众在涉及转基因物种的活动中如何保证安全提供建议，这类活动需依照农业害虫监管法案（Act No. 36 of 1983）的修正案获得审批通过。

　　然而在意识到农业害虫法案不适用于转基因物种之后，一个横跨多个部门的委员会得以成立，这一委员会的成立就是为了起草一个可以监管转基因物种的研究、生产、使用和应用的法案来使其对人类和环境的风险最小化。这一工作的成果就是转基因生物法案（Act No. 15 of 1 997）的颁布并于 1999 年 12 月正式开始执行。自 2000 年以来，涉及转基因物种的活动均在此法案的监管之内并由农林渔业部（DAFF）负责执行。

　　2003 年 8 月 14 日南非批准了生物安全议定书。转基因生物法案在 2006 年也进行了修订（GMO Amendment Act，Act No. 23 of 2 006），这一修订主要是为了规定南非在这一议定书前提下应尽的义务。

　　1997 年，Bt 棉花成为南非第一个商业化种植的转基因作物。目前南非仅有 3 种转基因作物获得批准进行商业化种植，分别是玉米、棉花和大豆。这些作物经改良后对特定害虫具有抵抗力以及（或者）能耐受某些除草剂。一些旨在获得转基因玉米、棉花和甘蔗新品种正式释放授权的田间试验仍在进行中。

　　2001 年，科技部门制定了"南非国家生物技术战略"。这一举措着眼于通过启动科技及其配套产品和服务的研发来解决其健康、工业、农业部门对基于科学创新的急切需求。然而，人们很快就发现这一战略有着明显需要跨越的鸿沟。此战略重点关注的是资本能够快速获得回报的、与市场联系紧密的技术的商业化过程，而不是形成一套完善的针对生物技术产品的创新价值的产业链。随着 2013 年"生物经济战略"的发布，这一战略也随之修改：焦点转变为生物技术部门与 ICT 部门、环境署、社会科学和其他技术——尤其是本土知识实践系统（IKS）——的结合来创造满足针对农业、健康和工业部门需求的一体化解决方案和工业应用。

第十二节　安哥拉和布隆迪棉花产业

一、安哥拉

安哥拉土地肥沃，河流密布，发展农业的自然条件良好。安哥拉独立前，粮食不仅自给自足，还大量出口，被誉为"南部非洲粮仓"，其剑麻和咖啡出口量分别位居世界第三和第四。但长达数十年内战给安哥拉农业生产体系造成严重破坏，近一半的粮食供给依赖进口或援助。全国可开垦土地面积约 3 500 万公顷，目前耕地面积约为 350 万公顷。农业约占全国人口的 65%，人均耕地面积 0.2 公顷。北部为经济作物产区，主要种植咖啡、剑麻、甘蔗、棉花、花生等作物。中部高原和西南部地区为产粮区，主要种植玉米、木薯、水稻、小麦、土豆、豆类等作物。目前，农业产值仅占国民生产总值的 6.4%，主要农作物平均单产低，粮食尚不能自给。20 世纪 90 年代至 2014 年棉花年均播种面积 2 000~3 000 公顷，皮棉产量 1 000 吨，皮棉单产 287~522 千克/公顷，消费量 1 000 吨。

二、布隆迪

布隆迪位于非洲中东部赤道南侧。北与卢旺达接壤，东、南与坦桑尼亚交界，西与刚果（金）为邻，西南濒坦噶尼喀湖。境内多高原和山地，大部由东非大裂谷东侧高原构成，全国平均海拔 1 600 米，有"山国"之称。

布隆迪为农牧业国家，是联合国宣布的世界最不发达国家之一。其发展经济的困难在于国家小，人口多，资源贫乏，无出海口。国家收入的 70% 来自农业，但由于农业基础设施落后，抵御自然灾害的能力低。自 2008 年至 2014 年经济保持一定增长，但经济增长率较低，分别为 4.9%、3.8%、5.1%、4.2% 和 4.2%，人均国内生产总值 126 美元。主要出口产品有咖啡、茶叶、棉花、皮张等，进口为工业原料、机器设备和消费品。最大贸易伙伴为欧洲共同体。主要对象是比利时、德国、法国、英国、美国和日本。外援主要来自比、法、德以及欧共体和联合国机构。

布隆迪棉花产量在不断下降，从 1993 年的 9 000 吨下降到 2014 年的 2 300 吨，棉花管理公司（COGERCO）财务状况一直不佳。追溯原因包括 1993 年的政治危机，人口增加、城镇化侵占了原来的棉田、棉花价格下跌（2011 年 5 欧元/千克，下降至现在 1 欧元/千克）等。目前，全国拥有棉田 2 000 公顷，私人棉田 1 200 公顷，可棉农更愿意种植稻米、扁豆或者玉米，所以棉田面积仍在减少。对于棉花公司，值得欣慰的是棉花质量优良，销路畅通。

第 五 篇

附录和统计资料

附　　录

一、不同国家棉花常用单位与公制单位换算表

（一）重量单位	转换为 480 磅包乘以	由 480 磅包转换乘以
220 千克棉包，净重	1.010 44	0.989 67
（西班牙、危地马拉、墨西哥）		
225 千克棉包，净重	1.033 41	0.967 67
（澳大利亚、厄瓜多尔）		
400 磅包，净重（坦桑尼亚）	0.833 33	1.142 86
500 磅包，净重	1.041 67	0.960 00
Centar 100 磅，净重	0.208 33	4.800 00
埃及 RB（720 磅）	1.500 00	0.666 67
印度和巴基斯坦 RB（170 千克）	0.780 80	1.280 74
西班牙制担（101.41 磅）	0.211 27	4.733 26
苏丹 RB（420 磅）	0.229 65	1.142 86
公制吨（净重）	4.592 92	0.217 73
公担（100 千克，净重）	0.459 29	2.177 27
480 磅包（美国）	转换为吨，乘以	0.217 73
磅（英、美）	转换为千克，乘以	0.453 60
千克	转换为磅，乘以	2.204 60
公担	转换为磅，乘以	110.23
吨	转换为千克，乘以	1 000
（二）面积单位		
英亩（美国）	转换为公顷，乘以	0.404 69
公顷	转换为英亩，乘以	2.471
费丹（埃及）	转换为英亩，乘以	1.036
英亩	转换为费丹，乘以	0.963 39
（三）单产单位		
磅/英亩	转换为千克/公顷，乘以	1.120 84
千克/公顷	转换为磅/英亩，乘以	0.892 19

二、棉花纤维长度英美制（英寸）与公制（毫米）换算表

类别	1/32 英寸	毫米
短绒	13/16 英寸以下	21 毫米以下
中绒	13/16	21
	7/8	22
	29/32	23
	15/16	24
	31/32	24
	1 英寸	25
中长绒	$1\frac{1}{32}$	26
	$1\frac{1}{16}$	27
	$1\frac{3}{32}$	28
长绒	$1\frac{1}{8}$	28
	$1\frac{5}{32}$	29
	$1\frac{3}{16}$	30
	$1\frac{7}{32}$	31
	$1\frac{1}{4}$	32
	$1\frac{9}{32}$	32
	$1\frac{5}{16}$	33
	$1\frac{11}{32}$	34
超长绒	$1\frac{3}{8}$	35
	$1\frac{13}{32}$	36
	$1\frac{7}{16}$	36
	$1\frac{15}{32}$	37
	$1\frac{1}{2}$	38
	$1\frac{17}{32}$	39
	$1\frac{9}{16}$	40

三、棉花纤维长度（1/32 英寸）和 HUI 检测单位换算表

一、陆地棉

绒长（1/32 英寸）	HVI 长度（英寸）	绒长（1/32 英寸）	HVI 长度（英寸）
24	0.79 及以下	36	1.11～1.13
26	0.80～0.85	37	1.14～1.17
28	0.86～0.89	38	1.18～1.20
29	0.90～0.92	39	1.21～1.23
30	0.93～0.95	40	1.24～1.26
31	0.96～0.98	41	1.27～1.29
32	0.99～1.01	42	1.30～1.32
33	1.02～1.04	43	1.33～1.35
34	1.05～1.07	44 及以上	1.36 及以上
35	1.08～1.10		

二、长绒海岛棉

绒长（1/32 英寸）	HVI 长度（英寸）
40	1.20 和以下
42	1.21～1.25
44	1.26～1.31
46	1.32～1.36
48	1.37～1.42
50	1.43～1.47
52	1.48 及以上

资料来源：刘毓湘. 当代世界棉业［M］. 北京：中国农业出版社，1995：611-612.

四、PSI（卜氏）棉纤维强度换算表

断裂比强度	PSI（卜氏强度）
克/特克斯（g/tex）1/8 英寸实验仪	磅/平方英寸（PSI）
17 以下	71 000 以下
18～21	72 000～79 000
22～25	80 000～87 000
26～29	88 000～96 000
30 及以上	97 000 及以上

资料来源：棉花进口贸易务实手册（资料），2013 版：150.

五、各国棉花分级标准表

序号	国别	棉花类别	分级标准符号											标准组或计价基础级
			1	2	3	4	5	6	7	8	9	10	11	
1	中国	陆地棉	一	二	三	四	五	六	七					
2	巴基斯坦	陆地棉	SF	F/SF	F	FG/F	FG	G/FG	G					
3	印度	陆地棉	E/SF	SF	F/SF	F	FG/F	FG	G/FG	G				
4	缅甸	粗绒棉	BCFB	BCFM	BCFS	BCPF	BCF/1	BCF/2	BCF/3	BCF/4				
5	土耳其	陆地棉	EXTRA	1	2	3	4	5	6					
6	叙利亚	陆地棉	EXTRA	ZERO	ONE	TWO	THREE							
7	南也门	长绒棉	1	2	3	4	5	6	6A	6B	6C			
8	埃及	长绒棉	EXTRA	FG/ EX	FG	G/FG	G	FGF/G	FGF	GF/FGF	GF	FF/GF	FF	FG
9	摩洛哥	长绒棉	EXTRA	ONE	TWO									
10	苏丹	长绒棉	G1	XG2	G2	XG3	G3	XG4	G4	XG5	G5	XG6	G6	G5
		陆地棉	1	2	3	4								
11	坦桑尼亚		UK64	LAGO	TANG	GANY	YIKA							GANY
			IL62	ILMOE	BORD	DARS	ELAM							
12	尼日利亚	陆地棉	NA1	NA2	NA3									
13	西非三国	陆地棉	1	2	3	4	5							
14	美国	陆地棉	GM	SM	M	SLM	LM	SGO	GO					M (SLM)
		比马棉	1	2	3	4	5	6	7	8	9	10		
15	尼加拉瓜	陆地棉	A	BP	B	CP	C	DP	D					
16	巴西	陆地棉	T.1	T.2	T.3	T.3/4	T4	T/5	T5	T.5/6	T6	T.6/7	T7T8T9	T5
17	阿根廷	陆地棉	A	B	C	D	E	F	G					
18	巴拉圭	陆地棉	1	2	3	4	5	6	7	8				
19	希腊	陆地棉	3	11/2	4	11/2	5	51/2	6	61/2	7			4

资料来源：《棉花进口贸易务实手册》（资料），2013版，第15页.

统 计 资 料

一、世界及主要产棉国皮棉产量（1980—2016）

单位：千吨

国家（地区）	1980/1981	1981/1982	1982/1983	1983/1984	1984/1985	1985/1986	1986/1987	1987/1988	1988/1989	1989/1990
加拿大										
古巴	1	1	1	1	1	1	1	1	1	1
多米尼加共和国	1	1	1	1	1	1	2	2	2	2
墨西哥	353	314	183	226	242	220	139	223	308	167
美国	2 422	3 406	2 605	1 692	2 826	2 924	2 119	3 214	3 355	2 655
北美洲	**2 778**	**3 724**	**2 792**	**1 922**	**3 072**	**3 149**	**2 263**	**3 442**	**3 669**	**2 828**
哥斯达黎加	1	1	1	1	2	2	1	1	1	1
萨尔瓦多	45	41	40	30	30	18	11	10	9	6
危地马拉	126	79	46	60	58	48	27	48	41	41
洪都拉斯	7	6	3	5	6	4	4	3	3	1
尼加拉瓜	75	63	79	85	68	50	49	35	26	25
中美洲	**254**	**190**	**169**	**181**	**165**	**122**	**92**	**96**	**80**	**74**
阿根廷	84	152	112	180	171	120	100	282	195	277
玻利维亚	5	4	2	2	3	4	3	3	1	2
巴西	623	640	648	745	965	793	633	864	709	666
智利										
哥伦比亚	115	88	33	77	125	113	107	134	121	105
厄瓜多尔	14	9	2	3	3	12	5	7	11	13
巴拉圭	105	90	79	95	158	107	85	194	218	203
秘鲁	105	96	49	60	92	99	90	95	102	94
乌拉圭										
委内瑞拉	8	6	13	15	27	34	19	24	34	31
南美洲	**1 059**	**1 084**	**938**	**1 177**	**1 544**	**1 283**	**1 042**	**1 602**	**1 390**	**1 391**
阿尔及利亚										
埃及	529	499	460	400	399	435	403	352	310	285
摩洛哥	7	6	7	8	4	7	8	11	9	10
苏丹	97	155	206	222	203	142	164	136	139	128
突尼斯		0	0	0	0	0	0	0	0	0
北非洲	**633**	**660**	**673**	**631**	**606**	**584**	**575**	**498**	**458**	**423**
贝宁	6	6	12	17	33	34	48	27	44	43
布基纳法索	23	22	29	30	34	46	66	59	59	62
喀麦隆	32	31	29	37	38	45	48	45	69	43
中非共和国	8	6	10	12	17	13	10	8	11	11

（续）

国家（地区）	1980/1981	1981/1982	1982/1983	1983/1984	1984/1985	1985/1986	1986/1987	1987/1988	1988/1989	1989/1990
乍得	31	26	38	60	36	39	34	48	53	58
科特迪瓦	56	56	66	58	88	82	93	114	128	107
马达加斯加	9	11	10	10	13	17	16	11	12	15
马里	41	38	50	55	55	67	79	75	97	99
尼日尔	1	1	1	2	1	2	3	3	2	2
塞内加尔	7	15	18	12	19	11	11	15	15	12
多哥	10	9	11	10	22	26	32	28	33	36
远非	**224**	**220**	**274**	**303**	**359**	**383**	**440**	**433**	**525**	**490**
安哥拉	11	11	11	11	11	11	11	11	11	11
布隆迪	3	3	3	2	2	3	3	3	3	2
埃塞俄比亚	27	27	27	20	20	22	20	20	21	18
加纳	2	2	2	1	2	0	3	3	2	3
肯尼亚	9	8	8	10	13	13	9	6	6	6
莫桑比克	24	18	8	7	1	4	9	7	9	8
尼日利亚	27	21	20	13	16	10	28	30	48	41
南非	58	38	27	36	46	47	61	78	78	60
坦桑尼亚	43	40	44	48	31	67	78	54	35	48
乌干达	4	5	10	12	16	5	3	2	3	4
刚果	10	9	11	8	9	7	6	5	5	4
赞比亚	6	5	12	16	11	12	7	24	12	9
津巴布韦	62	56	60	91	103	89	87	116	92	67
南非	**295**	**248**	**248**	**288**	**293**	**298**	**333**	**368**	**337**	**293**
保加利亚	12	4	5	6	5	5	6	7	4	4
捷克共和国										
德意志民主共和国										
匈牙利										
波兰										
罗马尼亚										
南斯拉夫	1	0	1	1	0	0	0	0	0	0
中欧	**18**	**11**	**10**	**11**	**9**	**14**	**15**	**14**	**9**	**10**
挪威										
瑞士										
奥地利										
比利时										
丹麦										
芬兰										
法国										

（续）

国家（地区）	1980/ 1981	1981/ 1982	1982/ 1983	1983/ 1984	1984/ 1985	1985/ 1986	1986/ 1987	1987/ 1988	1988/ 1989	1989/ 1990
德国										
希腊	115	120	102	128	147	163	205	174	235	268
爱尔兰										
意大利	0	1	1	1	1	1	1	0	0	0
荷兰										
葡萄牙										
西班牙	59	70	55	40	55	69	90	81	111	61
瑞典										
英国										
西欧	**174**	**191**	**158**	**168**	**202**	**232**	**296**	**254**	**345**	**329**
亚美尼亚										
阿塞拜疆										
白俄罗斯										
爱沙尼亚										
格鲁吉亚										
哈萨克斯坦										
吉尔吉斯斯坦										
拉脱维亚										
立陶宛										
摩尔多瓦										
俄罗斯										
塔吉克斯坦										
土库曼斯坦										
乌克兰										
乌兹别克斯坦	3 106	2 862	2 638	2 535	3 015	3 212	3 015	2 747	3 219	3 078
苏联	**4 947**	**4 560**	**4 201**	**4 037**	**4 827**	**5 171**	**4 944**	**4 588**	**5 141**	**4 933**
中国	2 707	2 969	3 601	4 640	6 260	4 146	3 542	4 246	4 148	3 789
中国台湾	0	0	0	0	0	0	0	0	0	0
中国香港										
小计	**2 707**	**2 969**	**3 601**	**4 640**	**6 260**	**4 146**	**3 542**	**4 246**	**4 148**	**3 789**
澳大利亚	99	135	101	142	249	258	213	281	292	313
印度尼西亚	3	5	7	6	7	6	3	3	3	3
日本										
朝鲜	3	3	4	4	4	5	6	7	8	8
韩国	2	2	2	2	2	1	0	0	0	0
马来西亚										

（续）

国家（地区）	1980/ 1981	1981/ 1982	1982/ 1983	1983/ 1984	1984/ 1985	1985/ 1986	1986/ 1987	1987/ 1988	1988/ 1989	1989/ 1990
菲律宾	5	5	5	5	4	7	4	3	6	3
新加坡										
泰国	64	59	40	40	30	34	19	25	35	29
越南	1	1	1	1	1	1	1	1	1	1
东亚和太平洋	**177**	**209**	**159**	**199**	**297**	**313**	**246**	**321**	**346**	**358**
阿富汗	22	20	15	17	23	19	18	14	16	12
孟加拉国	2	3	5	6	3	6	5	6	7	11
印度	1 322	1 428	1 471	1 333	1 820	1 964	1 579	1 555	1 802	2 308
缅甸	17	25	32	33	35	42	33	27	20	20
巴基斯坦	714	748	824	494	1 008	1 216	1 319	1 468	1 425	1 455
斯里兰卡	0	0	0	0	1	2	5	3	2	
南亚	**2 077**	**2 224**	**2 347**	**1 883**	**2 889**	**3 251**	**2 959**	**3 073**	**3 273**	**3 806**
伊朗	57	78	94	91	112	106	111	106	116	114
伊拉克	15	13	14	12	14	14	15	5	4	5
以色列	78	92	87	93	88	97	67	58	63	47
叙利亚	118	130	158	194	153	162	126	96	114	128
土耳其	500	488	489	522	580	518	480	518	650	617
小计	**768**	**801**	**842**	**912**	**946**	**896**	**799**	**784**	**947**	**912**
总计	**13 831**	**14 991**	**14 479**	**14 494**	**19 247**	**17 461**	**15 269**	**17 609**	**18 301**	**17 364**

国家（地区）	1990/ 1991	1991/ 1992	1992/ 1993	1993/ 1994	1994/ 1995	1995/ 1996	1996/ 1997	1997/ 1998	1998/ 1999	1999/ 2000
加拿大										
古巴	1	1	1	1	1	1	1	1	1	1
多米尼加共和国	3	2	1	1	1	1				
墨西哥	175	179	30	24	99	212	235	209	219	135
美国	3 376	3 835	3 531	3 513	4 281	3 897	4 124	4 092	3 030	3 694
北美洲	**3 555**	**4 018**	**3 564**	**3 540**	**4 384**	**4 112**	**4 361**	**4 303**	**3 251**	**3 832**
哥斯达黎加	1	1	0	0					0	
萨尔瓦多	5	4	4	4	1	1			1	
危地马拉	41	41	20	14	6	6	2	0		
洪都拉斯	1	1	0			0	1	0	0	0
尼加拉瓜	30	25	1	1	1	7	2	1		1
中美洲	**78**	**72**	**26**	**20**	**8**	**14**	**4**	**1**	**2**	**1**
阿根廷	258	209	145	235	351	437	338	311	200	134
玻利维亚	9	6	8	10	16	28	22	20	16	2
巴西	717	667	420	484	537	410	306	412	521	700

（续）

国家（地区）	1990/ 1991	1991/ 1992	1992/ 1993	1993/ 1994	1994/ 1995	1995/ 1996	1996/ 1997	1997/ 1998	1998/ 1999	1999/ 2000
智利										
哥伦比亚	128	159	64	48	50	71	54	36	37	32
厄瓜多尔	10	10	4	5	5	5	6	3	1	1
巴拉圭	264	133	140	123	151	110	45	74	63	84
秘鲁	77	60	30	47	55	73	66	33	43	58
乌拉圭		0	0	0	0					
委内瑞拉	26	24	16	18	15	16	22	11	10	6
南美洲	**1 488**	**1 267**	**826**	**970**	**1 181**	**1 150**	**858**	**899**	**891**	**1 017**
阿尔及利亚										
埃及	296	291	357	416	255	242	346	342	230	233
摩洛哥	7	7	2	0	1	0	1	1	1	1
苏丹	83	90	56	47	83	106	105	88	46	52
突尼斯	0									
北非	**386**	**389**	**416**	**464**	**341**	**349**	**454**	**432**	**277**	**286**
贝宁	59	75	69	103	98	141	143	150	123	152
布基纳法索	77	69	69	51	63	64	90	140	119	109
喀麦隆	47	47	53	52	63	79	90	78	79	79
中非共和国	14	9	5	7	12	14	18	21	17	9
乍得	60	68	47	37	61	62	86	103	64	74
科特迪瓦	116	87	106	116	93	96	114	147	157	177
马达加斯加	12	10	8	11	10	10	12	15	16	14
马里	115	114	135	101	128	169	190	218	217	197
尼日尔	1	1	2	2	2	2	2	2	2	1
塞内加尔	18	20	19	16	12	13	16	17	5	6
多哥	41	42	42	35	54	42	61	73	78	56
远非	**562**	**547**	**562**	**536**	**603**	**698**	**828**	**975**	**891**	**885**
安哥拉	3	0	2	1	1	0	0	0	0	0
埃塞俄比亚	19	12	10	15	14	15	31	29	29	29
加纳	5	8	11	10	10	7	10	13	15	14
肯尼亚	7	6	5	8	4	5	4	4	5	5
莫桑比克	14	12	15	16	17	16	25	31	36	12
尼日利亚	36	38	63	52	45	60	50	70	65	50
南非	49	20	15	27	24	45	31	42	53	30
坦桑尼亚	85	96	45	40	82	87	62	36	35	41
乌干达	8	7	9	5	6	10	21	7	15	22
刚果	4	4	3	3	2	3	3	2	3	3

（续）

国家（地区）	1990/1991	1991/1992	1992/1993	1993/1994	1994/1995	1995/1996	1996/1997	1997/1998	1998/1999	1999/2000
赞比亚	20	9	12	13	17	20	35	42	36	30
津巴布韦	72	21	75	60	38	104	101	105	115	138
南非	**346**	**249**	**276**	**262**	**274**	**388**	**405**	**403**	**433**	**393**
哈萨克斯坦	102	94	78	65	70	78	59	64	55	79
吉尔吉斯斯坦	25	19	15	16	18	24	23	20	27	26
塔吉克斯坦	256	247	160	181	168	130	99	106	110	98
土库曼斯坦	437	430	378	430	314	235	120	180	197	219
乌兹别克斯坦	1 593	1 443	1 306	1 358	1 248	1 254	1 062	1 139	1 000	1 128
中亚	**2 413**	**2 233**	**1 937**	**2 050**	**1 818**	**1 721**	**1 362**	**1 509**	**1 388**	**1 549**
亚美尼亚										
奥地利										
阿塞拜疆	180	167	147	93	83	84	80	41	38	38
白俄罗斯										
比利时										
保加利亚	3	5	3	2	2	5	4	3	7	3
捷克共和国										
丹麦										
爱沙尼亚										
芬兰										
法国										
格鲁吉亚										
德国										
希腊	213	207	243	316	389	443	301	340	357	435
匈牙利										
爱尔兰										
意大利	0	0	0	0	0			0	0	
拉脱维亚										
立陶宛										
摩尔多瓦										
荷兰										
挪威										
波兰						0		0	0	0
葡萄牙										
罗马尼亚										
俄罗斯								0	1	1
西班牙	79	83	70	32	45	34	89	116	104	132

（续）

国家（地区）	1990/ 1991	1991/ 1992	1992/ 1993	1993/ 1994	1994/ 1995	1995/ 1996	1996/ 1997	1997/ 1998	1998/ 1999	1999/ 2000
斯洛伐克共和国										
瑞典										
瑞士										
乌克兰										
英国										
前南斯拉夫										
欧洲	**478**	**463**	**463**	**443**	**519**	**566**	**473**	**501**	**507**	**609**
欧盟	**294**	**296**	**316**	**350**	**435**	**482**	**394**	**459**	**468**	**570**
中国	4 508	5 672	4 510	3 739	4 428	4 865	4 286	4 695	4 590	3 904
中国台湾										
中国香港										
小计	**4 508**	**5 672**	**4 510**	**3 739**	**4 428**	**4 865**	**4 286**	**4 695**	**4 590**	**3 904**
澳大利亚	433	502	373	329	335	429	613	689	726	741
印度尼西亚	3	3	3	3	3	4	4	4	3	3
日本										
朝鲜	9	10	10	11	11	9	10	10	5	3
韩国	0	0	0							
马来西亚										
菲律宾	6	14	7	2	5	3	1	1	1	0
新加坡										
泰国	32	43	33	22	27	27	25	17	13	11
越南	1	4	5	6	1	2	2	4	6	6
东亚和太平洋	**485**	**581**	**437**	**380**	**385**	**483**	**662**	**732**	**761**	**771**
阿富汗	9	22	22	22	22	22	22	22	22	22
孟加拉	17	14	16	17	17	20	14	20	12	15
印度	1 989	2 053	2 380	2 095	2 355	2 885	3 024	2 686	2 805	2 652
缅甸	20	21	22	14	29	55	56	61	57	63
巴基斯坦	1 638	2 180	1 539	1 367	1 478	1 801	1 594	1 561	1 494	1 911
斯里兰卡										
南亚	**3 674**	**4 291**	**3 980**	**3 516**	**3 902**	**4 783**	**4 711**	**4 351**	**4 391**	**4 664**
伊朗	119	118	101	90	123	165	176	137	145	139
伊拉克	6	2	8	9	10	9	7	12	17	14
以色列	52	22	29	27	31	43	53	54	50	25
叙利亚	145	189	230	212	205	213	270	334	328	306
土耳其	655	561	574	602	628	851	784	838	882	791
小计	**976**	**893**	**942**	**940**	**997**	**1 281**	**1 290**	**1 374**	**1 421**	**1 275**
总计	**18 951**	**20 678**	**17 943**	**16 863**	**18 842**	**20 415**	**19 700**	**20 181**	**18 810**	**19 194**

（续）

国家（地区）	2000/ 2001	2001/ 2002	2002/ 2003	2003/ 2004	2004/ 2005	2005/ 2006	2006/ 2007	2007/ 2008	2008/ 2009	2009/ 2010
加拿大										
古巴	1	1	1	1	1	1	1	1	1	1
多米尼加共和国										
墨西哥	72	92	45	68	138	138	142	137	125	90
美国	3 742	4 420	3 747	3 975	5 062	5 201	4 700	4 182	2 790	2 654
北美洲	**3 817**	**4 514**	**3 794**	**4 045**	**5 203**	**5 341**	**4 844**	**4 321**	**2 917**	**2 746**
哥斯达黎加										
萨尔瓦多										
危地马拉										
洪都拉斯	0	0		0	0	0	0	0	0	0
尼加拉瓜	1	1	1	1	1	1	1	1	1	1
中美洲	**1**	**1**	**1**	**1**	**1**	**1**	**1**	**1**	**1**	**1**
阿根廷	167	65	65	115	146	131	175	150	117	225
玻利维亚	5	1	2	5	4	4	4	3	2	3
巴西	939	766	848	1 309	1 299	1 038	1 524	1 602	1 214	1 194
智利										
哥伦比亚	33	25	30	44	63	46	43	38	36	27
厄瓜多尔	1	1	1	1	1	1	1	1	1	1
巴拉圭	104	45	58	107	68	58	37	21	17	5
秘鲁	51	53	52	71	77	79	80	62	36	24
乌拉圭										
委内瑞拉	5	6	6	6	6	5	5	5	5	6
南美洲	**1 304**	**962**	**1 061**	**1 658**	**1 663**	**1 361**	**1 869**	**1 882**	**1 427**	**1 484**
阿尔及利亚					0	0	0			
埃及	210	317	290	198	292	202	210	222	105	95
摩洛哥	1									
苏丹	75	71	83	69	83	72	58	23	29	11
突尼斯										
北非洲	**285**	**388**	**373**	**266**	**375**	**274**	**269**	**245**	**134**	**106**
贝宁	141	172	143	142	171	82	103	113	90	68
布基纳法索	116	158	170	204	264	300	282	150	182	150
喀麦隆	95	103	95	100	124	86	77	46	60	49
中非共和国	10	14	7	3	3	2	2	4	0	4
乍得	58	68	77	42	84	74	40	49	29	14
科特迪瓦	123	162	165	73	139	115	65	50	53	81
马达加斯加	11	11	3	5	6	6	7	7	7	

（续）

国家（地区）	2000/2001	2001/2002	2002/2003	2003/2004	2004/2005	2005/2006	2006/2007	2007/2008	2008/2009	2009/2010
马里	102	240	182	260	240	223	176	101	85	99
尼日尔	1	1	1	1	2	2	2	2	2	2
塞内加尔	9	15	16	22	18	19	22	15	11	8
多哥	49	70	77	68	74	28	17	20	13	12
远非	725	1 027	947	922	1 127	940	796	559	536	491
安哥拉	0	0	1	1	1	1	1	1	1	1
布隆迪	1	1	2	2	2	1	1	2	2	2
埃塞俄比亚	31	30	20	20	20	48	47	38	32	18
加纳	12	6	5	4	7	10	10	11	8	3
肯尼亚	4	5	4	4	4	9	8	5	5	11
莫桑比克	24	31	19	26	31	42	26	25	24	15
尼日利亚	55	60	85	75	95	84	65	69	60	44
南非	39	21	17	29	22	14	11	10	9	8
坦桑尼亚	51	63	50	114	126	44	71	124	89	54
乌干达	19	23	20	30	46	19	25	12	23	13
刚果	3	3	3	3	3	3	0			
赞比亚	32	46	47	69	81	80	35	45	44	28
津巴布韦	135	80	103	130	81	106	104	92	86	116
南非	424	389	394	532	541	483	425	456	417	321
哈萨克斯坦	85	142	115	133	153	138	135	120	90	75
吉尔吉斯斯坦	27	35	25	25	40	38	37	30	26	14
塔吉克斯坦	106	145	165	172	172	139	140	130	107	82
土库曼斯坦	187	184	148	200	203	215	260	280	297	250
乌兹别克斯坦	975	1 055	1 022	893	1 134	1 210	1 171	1 206	1 000	850
中亚	1 380	1 561	1 475	1 423	1 702	1 740	1 743	1 766	1 520	1 271
亚美尼亚		1								
奥地利										
阿塞拜疆	32	30	31	39	48	70	42	35	20	11
白俄罗斯										
比利时										
保加利亚	2	2	2	2	2	1	1	1	0	0
捷克共和国										
丹麦										
爱沙尼亚										
芬兰										
法国										

（续）

国家（地区）	2000/2001	2001/2002	2002/2003	2003/2004	2004/2005	2005/2006	2006/2007	2007/2008	2008/2009	2009/2010
格鲁吉亚										
德国										
希腊	421	435	375	333	390	430	320	285	240	215
匈牙利										
爱尔兰										
意大利										
拉脱维亚										
立陶宛										
摩尔多瓦										
荷兰										
挪威										
波兰										
葡萄牙		0	0	0	0	0	0			
罗马尼亚										
俄罗斯	1	1	1	1	1	1	1	1	1	1
斯洛伐克共和国										
西班牙	94	107	100	98	110	110	45	41	17	22
瑞典										
瑞士										
乌克兰										
英国										
前南斯拉夫										
欧洲	**549**	**576**	**509**	**473**	**551**	**612**	**409**	**362**	**278**	**248**
欧盟	**517**	**544**	**478**	**433**	**503**	**541**	**366**	**327**	**257**	**237**
中国	4 505	5 487	5 193	5 276	7 085	6 616	7 975	8 071	8 025	6 925
中国台湾										
中国香港										
小计	**4 505**	**5 487**	**5 193**	**5 276**	**7 085**	**6 616**	**7 975**	**8 071**	**8 025**	**6 925**
澳大利亚	804	745	386	348	658	598	295	126	329	387
印度尼西亚	7	4	5	5	6	6	7	7	6	6
日本										
朝鲜	1									
韩国										
马来西亚										
菲律宾	1	2	1	1	2	2	1	0	0	0
新加坡										

（续）

国家（地区）	2000/ 2001	2001/ 2002	2002/ 2003	2003/ 2004	2004/ 2005	2005/ 2006	2006/ 2007	2007/ 2008	2008/ 2009	2009/ 2010
泰国	12	20	5	4	5	5	3	2	2	1
越南	8	11	12	10	7	10	11	6	3	4
东亚和太平洋	**840**	**788**	**416**	**374**	**685**	**628**	**324**	**149**	**347**	**406**
阿富汗	19	19	19	19	19	19	20	29	34	20
孟加拉国	7	15	14	15	13	14	13	8	9	12
印度	2 380	2 686	2 312	3 043	4 131	4 097	4 760	5 219	4 930	5 185
缅甸	55	51	52	57	70	85	97	111	163	188
巴基斯坦	1 816	1 783	1 736	1 708	2 425	2 181	2 121	1 900	1 926	2 070
斯里兰卡										
南亚	**4 277**	**4 554**	**4 133**	**4 842**	**6 659**	**6 396**	**7 012**	**7 269**	**7 065**	**7 478**
伊朗	156	135	109	112	134	115	90	84	84	66
伊拉克	12	10	8	7	7	7	7	7	7	7
以色列	16	22	19	18	26	19	22	19	9	7
叙利亚	345	320	235	263	333	329	225	250	240	218
土耳其	880	922	900	910	900	800	750	625	488	464
小计	**1 409**	**1 409**	**1 270**	**1 310**	**1 400**	**1 270**	**1 093**	**985**	**828**	**762**
总计	**19 524**	**21 667**	**19 574**	**21 132**	**26 997**	**25 668**	**26 766**	**26 073**	**23 503**	**22 247**

国家（地区）	2010/ 2011	2011/ 2012	2012/ 2013	2013/ 2014	2014/ 2015	2015/ 2016	2016/ 2017
加拿大							
古巴	1	1	1	1	1	1	1
多米尼加共和国							
墨西哥	157	274	231	193	266	239	244
美国	3 942	3 391	3 770	2 811	3 655	3 289	3 126
北美洲	**4 101**	**3 667**	**4 003**	**3 006**	**3 923**	**3 531**	**3 373**
哥斯达黎加							
萨尔瓦多							
危地马拉							
洪都拉斯	0	0	0	0	0	0	0
尼加拉瓜	1	1	1	1	1	1	1
中美洲	**1**	**1**	**1**	**1**	**1**	**1**	**1**
阿根廷	295	210	157	260	247	247	249
玻利维亚	3	3	3	3	3	3	3
巴西	1 960	1 877	1 310	1 705	1 673	1 673	1 666
智利							
哥伦比亚	35	41	21	27	32	32	32

(续)

国家（地区）	2010/2011	2011/2012	2012/2013	2013/2014	2014/2015	2015/2016	2016/2017
厄瓜多尔	1	1	1	1	1	1	1
巴拉圭	13	28	26	11	11	9	10
秘鲁	45	41	27	34	34	31	32
乌拉圭							
委内瑞拉	6	6	6	6	6	6	6
南美洲	**2 356**	**2 206**	**1 550**	**2 045**	**2 007**	**2 001**	**1 997**
阿尔及利亚							
埃及	137	181	109	100	126	107	110
摩洛哥							
苏丹	16	41	15	19	20	16	17
突尼斯							
北非洲	**153**	**222**	**124**	**119**	**147**	**124**	**127**
贝宁	60	75	118	125	125	126	127
布基纳法索	141	174	260	247	254	255	256
喀麦隆	68	78	110	110	106	106	107
中非共和国	6	9	9	8	8	8	8
乍得	21	32	34	41	41	41	42
科特迪瓦	59	113	152	165	182	182	184
几内亚	4	4	4	4	3	3	3
马达加斯加							
马里	103	187	192	184	233	218	219
尼日尔	2	2	2	2	2	2	2
塞内加尔	10	11	14	12	11	12	12
多哥	20	33	42	34	44	37	37
远非	**494**	**717**	**912**	**947**	**1 101**	**1 045**	**1 047**
安哥拉	1	1	1	1	1	1	1
布隆迪	2	2	2	2	2	1	1
埃塞俄比亚	20	34	30	38	40	41	39
加纳	2	7	7	6	6	6	6
肯尼亚	4	6	7	6	7	4	4
马拉维	22	38	35	43	39	34	31
莫桑比克	26	61	37	31	27	27	27
尼日利亚	45	63	62	57	61	52	51
南非	17	12	5	9	19	18	16
坦桑尼亚	76	120	85	78	85	72	72
乌干达	27	48	19	15	26	26	21

（续）

国家（地区）	2010/2011	2011/2012	2012/2013	2013/2014	2014/2015	2015/2016	2016/2017
刚果							
赞比亚	57	110	38	40	53	44	44
津巴布韦	103	144	58	56	41	41	40
南非	**405**	**648**	**393**	**386**	**410**	**368**	**356**
哈萨克斯坦	60	80	90	74	55	45	60
吉尔吉斯斯坦	15	32	27	23	19	19	19
塔吉克斯坦	90	120	125	105	94	82	87
土库曼斯坦	380	330	370	335	330	300	286
乌兹别克斯坦	910	880	1 000	940	885	892	922
中亚	**1 455**	**1 442**	**1 612**	**1 477**	**1 383**	**1 338**	**1 374**
亚美尼亚							
奥地利							
阿塞拜疆	13	24	19	15	15	15	15
白俄罗斯							
比利时							
保加利亚	0	0	0	0	0	0	0
捷克共和国							
丹麦							
爱沙尼亚							
芬兰							
法国							
格鲁吉亚							
德国							
希腊	180	280	248	296	274	247	256
匈牙利							
爱尔兰							
意大利							
拉脱维亚							
立陶宛							
摩尔多瓦							
荷兰							
挪威							
波兰							
葡萄牙							
罗马尼亚							
俄罗斯	1	1	1	1	1	1	1

（续）

国家（地区）	2010/2011	2011/2012	2012/2013	2013/2014	2014/2015	2015/2016	2016/2017
斯洛伐克共和国							
西班牙	43	62	65	50	73	59	64
瑞典							
瑞士							
乌克兰							
英国							
前南斯拉夫							
欧洲	**237**	**367**	**333**	**361**	**364**	**322**	**334**
欧盟	**223**	**342**	**313**	**346**	**348**	**306**	**319**
中国	6 400	7 400	7 300	6 929	6 480	5 411	5 220
中国台湾							
中国香港							
小计	**6 400**	**7 400**	**7 300**	**6 929**	**6 480**	**5 411**	**5 220**
澳大利亚	926	1 225	1 018	890	450	470	477
印度尼西亚	6	6	7	5	5	5	5
日本							
朝鲜							
韩国							
马来西亚							
菲律宾	0	0	0	0	0	0	0
新加坡							
泰国	1	1	1	1	1	1	1
越南	4	5	5	6	6	4	4
东亚和太平洋	**945**	**1 245**	**1 038**	**910**	**470**	**488**	**495**
阿富汗	20	20	20	19	19	19	18
孟加拉国	14	19	23	25	25	25	23
印度	5 865	6 345	6 095	6 634	6 507	6 371	6 462
缅甸	202	203	204	140	195	156	152
巴基斯坦	1 948	2 311	2 002	2 076	2 305	2 050	2 023
斯里兰卡							
南亚	**8 052**	**8 795**	**8 457**	**9 085**	**9 052**	**8 623**	**8 681**
伊朗	62	59	56	65	66	66	55
伊拉克	7	7	7	7	7	7	5
以色列	7	17	15	11	13	16	16
叙利亚	161	212	150	100	70	39	11
土耳其	611	828	745	760	847	812	763
小计	**848**	**1 123**	**974**	**943**	**1 002**	**939**	**849**
总计	**25 453**	**27 845**	**26 704**	**26 287**	**26 110**	**23 854**	**23 687**

二、世界及主要产棉国棉田面积（1980—2016）

单位：千公顷

国家（地区）	1980/1981	1981/1982	1982/1983	1983/1984	1984/1985	1985/1986	1986/1987	1987/1988	1988/1989	1989/1990
加拿大										
古巴	3	3	2	3	3	4	4	4	4	4
多米尼加共和国	2	2	2	2	1	1	1	2	3	3
墨西哥	355	350	191	253	312	204	150	230	255	188
美国	5 348	5 601	3 939	2 973	4 200	4 140	3 427	4 059	4 835	3 860
北美洲	**5 721**	**5 969**	**4 147**	**3 244**	**4 529**	**4 363**	**3 596**	**4 310**	**5 111**	**4 069**
哥斯达黎加	2	1	1	2	2	2	2	1	2	2
萨尔瓦多	58	58	50	38	37	27	14	13	13	10
危地马拉	102	79	58	57	63	67	31	40	40	40
洪都拉斯	9	8	4	5	8	7	4	4	4	2
尼加拉瓜	94	132	90	115	161	124	65	60	40	35
中美洲	**265**	**278**	**204**	**216**	**271**	**228**	**115**	**119**	**99**	**88**
阿根廷	282	399	343	470	447	339	273	492	502	545
玻利维亚	14	8	9	6	9	11	7	10	1	4
巴西	2 998	2 779	3 030	3 107	3 707	3 325	2 161	2 577	2 229	1 964
智利										
哥伦比亚	211	155	56	121	212	183	169	234	218	193
厄瓜多尔	22	21	16	9	9	23	17	14	21	28
巴拉圭	352	303	298	306	408	350	312	403	439	530
秘鲁	173	145	114	76	115	152	142	133	150	141
乌拉圭										
委内瑞拉	20	14	21	25	46	61	43	53	74	68
南美洲	**4 073**	**3 825**	**3 887**	**4 120**	**4 953**	**4 444**	**3 124**	**3 915**	**3 635**	**3 472**
阿尔及利亚										
埃及	523	495	448	419	413	454	443	412	426	422
摩洛哥	13	11	11	11	10	13	14	15	18	15
苏丹	388	362	392	400	360	326	342	323	315	288
突尼斯		0	0	0	0	0	0		0	0	0
北非	**924**	**869**	**850**	**830**	**783**	**793**	**800**	**751**	**759**	**726**
贝宁	25	18	27	40	80	83	103	72	97	111
布基纳法索	75	65	72	77	82	94	127	170	169	150
喀麦隆	65	63	55	71	73	89	94	95	112	89
中非共和国	82	54	68	72	80	83	66	40	53	40
乍得	166	134	138	176	142	148	124	149	199	185
科特迪瓦	126	125	128	136	146	153	159	180	213	201

（续）

国家（地区）	1980/ 1981	1981/ 1982	1982/ 1983	1983/ 1984	1984/ 1985	1985/ 1986	1986/ 1987	1987/ 1988	1988/ 1989	1989/ 1990
马达加斯加	17	19	17	20	24	33	43	22	26	29
马里	102	79	98	104	119	146	152	149	190	189
尼日尔	4	2	2	4	5	6	9	12	7	9
塞内加尔	30	32	42	33	46	39	25	29	39	24
多哥	29	23	26	31	44	69	62	68	81	76
远非	**723**	**614**	**673**	**764**	**841**	**943**	**965**	**987**	**1 189**	**1 108**
安哥拉	57	57	57	57	57	57	57	57	57	57
布隆迪	14	7	6	6	6	7	7	7	7	7
埃塞俄比亚	53	53	53	53	53	53	53	53	37	35
加纳	10	9	9	8	8	2	8	8	9	11
肯尼亚	160	155	150	145	97	68	50	40	35	37
莫桑比克	300	246	110	100	15	48	108	131	108	65
尼日利亚	445	429	405	405	405	220	285	320	360	380
南非	115	107	105	99	107	126	160	205	208	165
坦桑尼亚	350	371	446	390	370	400	450	450	260	320
乌干达	312	121	150	170	199	160	180	140	124	106
刚果	92	83	76	82	78	62	49	41	39	33
赞比亚	38	25	34	56	55	50	38	78	91	64
津巴布韦	125	112	138	190	231	192	243	272	248	228
南非	**2 130**	**1 818**	**1 785**	**1 825**	**1 758**	**1 510**	**1 736**	**1 865**	**1 649**	**1 562**
保加利亚	24	8	9	13	12	14	15	14	12	11
捷克共和国										
德意志民主共和国										
匈牙利										
波兰										
罗马尼亚										
南斯拉夫	1	2	2	1	1	1	1	1	1	1
中欧	**45**	**29**	**28**	**30**	**29**	**31**	**31**	**28**	**27**	**24**
挪威										
瑞士										
奥地利										
比利时										
丹麦										
芬兰										
法国										

（续）

国家（地区）	1980/ 1981	1981/ 1982	1982/ 1983	1983/ 1984	1984/ 1985	1985/ 1986	1986/ 1987	1987/ 1988	1988/ 1989	1989/ 1990
德意志联邦共和国										
希腊	141	126	138	168	192	209	210	202	256	280
爱尔兰										
意大利	3	2	2	2	2	2	3	0	0	0
荷兰										
葡萄牙										
西班牙	63	72	49	40	60	62	81	81	135	68
瑞典										
英国										
西欧	**207**	**201**	**189**	**210**	**254**	**273**	**294**	**283**	**392**	**348**
亚美尼亚										
阿塞拜疆										
白俄罗斯										
爱沙尼亚										
格鲁吉亚										
哈萨克斯坦										
吉尔吉斯斯坦										
拉脱维亚										
立陶宛										
摩尔多瓦										
俄罗斯										
塔吉克斯坦										
土库曼斯坦										
乌克兰										
乌兹别克斯坦	1 878	1 873	1 885	1 888	2 021	1 990	2 054	2 108	2 017	1 970
苏联	**3 147**	**3 168**	**3 188**	**3 192**	**3 347**	**3 316**	**3 475**	**3 527**	**3 432**	**3 338**
中国	4 921	5 187	5 828	6 076	6 921	5 140	4 305	4 843	5 534	5 203
中国台湾	0	0	0	0	0	0	0	0	0	0
中国香港										
小计	**4 921**	**5 187**	**5 828**	**6 076**	**6 921**	**5 140**	**4 305**	**4 843**	**5 534**	**5 203**
澳大利亚	85	103	96	134	196	178	154	233	192	232
印度尼西亚	6	24	31	36	30	45	17	17	7	18
日本										
朝鲜	15	15	16	16	16	16	16	16	16	16
韩国	8	5	5	5	8	8	1	1	1	1
马来西亚										

（续）

国家（地区）	1980/ 1981	1981/ 1982	1982/ 1983	1983/ 1984	1984/ 1985	1985/ 1986	1986/ 1987	1987/ 1988	1988/ 1989	1989/ 1990
菲律宾	17	14	10	12	11	17	14	10	10	9
新加坡										
泰国	152	152	107	100	70	81	49	64	71	63
越南	7	7	11	13	14	14	13	13	14	10
东亚	**289**	**321**	**277**	**317**	**345**	**359**	**264**	**354**	**310**	**348**
阿富汗	45	73	67	68	68	75	69	40	45	55
孟加拉国	9	17	26	26	12	27	23	26	17	17
印度	7 824	8 057	7 871	7 721	7 382	7 533	6 948	6 459	7 343	7 331
缅甸	143	193	201	194	201	229	200	160	160	153
巴基斯坦	2 108	2 215	2 263	2 221	2 242	2 364	2 505	2 568	2 620	2 599
斯里兰卡	1	1	1	1	2	7	14	10	6	
南亚	**10 130**	**10 556**	**10 429**	**10 232**	**9 908**	**10 237**	**9 760**	**9 265**	**10 193**	**10 158**
伊朗	145	194	205	184	212	188	188	196	191	228
伊拉克	55	41	45	46	50	50	50	17	12	7
以色列	58	60	56	57	63	65	46	40	45	32
叙利亚	139	143	159	173	178	170	144	129	171	158
土耳其	672	654	595	605	760	660	589	586	740	725
小计	**1 068**	**1 092**	**1 060**	**1 064**	**1 263**	**1 133**	**1 017**	**968**	**1 159**	**1 150**
总计	**33 662**	**33 948**	**32 568**	**32 143**	**35 224**	**32 792**	**29 503**	**31 236**	**33 511**	**31 617**

国家（地区）	1990/ 1991	1991/ 1992	1992/ 1993	1993/ 1994	1994/ 1995	1995/ 1996	1996/ 1997	1997/ 1998	1998/ 1999	1999/ 2000
加拿大										
古巴	4	4	4	4	4	4	4	4	4	4
多米尼加共和国	3	7	4	4	4	4				
墨西哥	231	251	43	33	156	318	246	201	237	151
美国	4 748	5 245	4 501	5 173	5 391	6 478	5 216	5 425	4 324	5 433
北美洲	**4 990**	**5 513**	**4 558**	**5 220**	**5 562**	**6 809**	**5 471**	**5 635**	**4 570**	**5 593**
哥斯达黎加	1	2	0	0		0	0	0	0	
萨尔瓦多	6	4	4	4	2	2	2		2	
危地马拉	36	39	22	15	9	5	2			
洪都拉斯	3	1	0			0		1	1	0	0
尼加拉瓜	45	35	2	2	2	10	4	2		2
中美洲	**91**	**82**	**29**	**22**	**13**	**17**	**10**	**3**	**3**	**2**
阿根廷	539	580	302	484	680	969	887	878	640	332
玻利维亚	17	26	12	18	25	50	52	50	35	5
巴西	1 939	1 971	1 277	1 238	1 229	953	658	877	694	824

（续）

国家（地区）	1990/ 1991	1991/ 1992	1992/ 1993	1993/ 1994	1994/ 1995	1995/ 1996	1996/ 1997	1997/ 1998	1998/ 1999	1999/ 2000
智利										
哥伦比亚	223	276	125	85	81	112	86	54	64	55
厄瓜多尔	24	30	15	10	20	20	15	4	4	3
巴拉圭	560	492	235	381	332	320	111	202	166	195
秘鲁	119	107	65	88	94	119	102	85	56	90
乌拉圭		1	1	0	0	1		1	2	
委内瑞拉	50	48	34	39	39	50	35	25	24	21
南美洲	**3 469**	**3 532**	**2 065**	**2 343**	**2 500**	**2 593**	**1 945**	**2 175**	**1 684**	**1 525**
阿尔及利亚										
埃及	417	358	353	371	303	298	387	361	331	271
摩洛哥	18	12	4	1	2	0	2	2	2	2
苏丹	209	147	123	110	175	240	279	177	117	163
突尼斯	1									
北非	**645**	**518**	**481**	**483**	**481**	**540**	**669**	**542**	**450**	**436**
贝宁	123	151	139	235	225	294	292	386	394	372
布基纳法索	166	186	177	152	184	170	196	295	355	245
喀麦隆	94	90	99	103	141	159	191	172	173	172
中非共和国	47	43	26	32	51	51	58	64	55	47
乍得	207	283	199	158	203	208	285	336	298	300
科特迪瓦	199	190	224	219	242	204	211	244	271	291
马达加斯加	27	22	20	20	21	23	25	27	34	35
马里	205	215	246	201	270	336	420	498	504	482
尼日尔	9	12	5	5	5	5	5	5	5	3
塞内加尔	45	44	45	44	34	35	50	54	48	18
多哥	80	78	80	65	93	96	108	135	159	154
远非	**1 206**	**1 325**	**1 276**	**1 249**	**1 483**	**1 591**	**1 855**	**2 241**	**2 331**	**2 146**
安哥拉	8	1	8	4	2	1	1	1	1	1
埃塞俄比亚	36	40	40	41	42	42	43	43	43	40
加纳	14	20	29	23	22	24	29	37	45	40
肯尼亚	35	35	36	76	65	40	37	38	39	40
莫桑比克	75	68	77	77	86	244	267	327	333	148
尼日利亚	380	380	340	220	210	250	210	327	300	280
南非	127	79	54	82	67	110	116	111	137	79
坦桑尼亚	450	430	344	172	344	283	350	180	250	182
乌干达	89	134	174	71	74	120	95	37	250	202
刚果	31	30	10	12	9	8	9	10	10	10

（续）

国家（地区）	1990/ 1991	1991/ 1992	1992/ 1993	1993/ 1994	1994/ 1995	1995/ 1996	1996/ 1997	1997/ 1998	1998/ 1999	1999/ 2000
赞比亚	92	62	68	74	65	98	140	173	150	125
津巴布韦	273	235	246	230	194	264	313	286	330	369
南非	**1 691**	**1 595**	**1 504**	**1 163**	**1 248**	**1 564**	**1 712**	**1 642**	**1 963**	**1 579**
哈萨克斯坦	120	116	112	106	108	110	110	102	115	119
吉尔吉斯斯坦	30	26	22	20	26	33	31	25	33	31
塔吉克斯坦	304	292	285	268	287	273	234	218	249	254
土库曼斯坦	623	595	567	580	574	572	557	480	541	560
乌兹别克斯坦	1 830	1 720	1 667	1 676	1 529	1 498	1 487	1 483	1 545	1 500
中亚	**2 907**	**2 749**	**2 653**	**2 651**	**2 524**	**2 487**	**2 419**	**2 308**	**2 483**	**2 464**
亚美尼亚										
奥地利										
阿塞拜疆	264	244	233	223	215	210	213	210	152	89
白俄罗斯										
比利时										
保加利亚	9	15	14	13	9	11	13	14	25	9
捷克共和国										
丹麦										
爱沙尼亚										
芬兰										
法国										
格鲁吉亚										
德国										
希腊	268	233	333	356	383	444	428	391	417	430
匈牙利										
爱尔兰										
意大利	0	0	0	0	0			0	0	
拉脱维亚										
立陶宛										
摩尔多瓦										
荷兰										
挪威										
波兰										
葡萄牙									0	0	0
罗马尼亚										
俄罗斯									0	1	2
西班牙	84	78	76	32	40	32	79	114	101	111

（续）

国家（地区）	1990/ 1991	1991/ 1992	1992/ 1993	1993/ 1994	1994/ 1995	1995/ 1996	1996/ 1997	1997/ 1998	1998/ 1999	1999/ 2000
斯洛伐克共和国										
瑞典										
瑞士										
乌克兰										
英国										
前南斯拉夫	1	1	1	1	1	1	1	1	1	
欧洲	**638**	**572**	**657**	**624**	**648**	**698**	**733**	**730**	**697**	**640**
欧盟	**361**	**327**	**423**	**401**	**432**	**487**	**519**	**519**	**543**	**549**
中国	5 588	6 540	6 837	4 985	5 635	5 530	4 816	4 580	4 546	3 799
中国台湾										
中国香港										
小计	**5 588**	**6 540**	**6 837**	**4 985**	**5 635**	**5 530**	**4 816**	**4 580**	**4 546**	**3 799**
澳大利亚	270	282	262	250	209	304	388	428	552	550
印度尼西亚	18	19	19	20	20	21	21	21	21	21
日本										
朝鲜	16	16	17	18	18	18	19	19	10	5
韩国	1	1	0							
马来西亚										
菲律宾	15	35	21	8	8	10	2	2	7	2
新加坡										
泰国	74	99	77	53	57	58	51	35	29	25
越南	11	21	26	12	8	12	11	12	20	18
东亚和太平洋	**404**	**481**	**432**	**368**	**333**	**433**	**502**	**526**	**647**	**630**
阿富汗	28	60	60	60	60	60	60	60	60	60
孟加拉国	20	19	20	21	21	26	35	41	30	48
印度	7 440	7 695	7 543	7 337	7 861	9 063	9 166	8 904	9 287	8 731
缅甸	149	154	158	144	209	379	333	267	326	341
巴基斯坦	2 662	2 836	2 836	2 805	2 653	2 997	3 148	2 959	2 923	2 983
斯里兰卡										
南亚	**10 303**	**10 767**	**10 619**	**10 369**	**10 807**	**12 529**	**12 745**	**12 234**	**12 628**	**12 167**
伊朗	228	207	204	148	181	305	311	233	229	216
伊拉克	9	5	20	23	23	20	18	26	31	57
以色列	31	13	17	15	21	24	29	29	29	15
叙利亚	156	174	200	195	190	204	220	251	275	244
土耳其	641	599	637	568	581	757	744	722	757	719
小计	**1 066**	**997**	**1 079**	**949**	**996**	**1 310**	**1 322**	**1 261**	**1 321**	**1 251**
总计	**33 010**	**34 680**	**32 203**	**30 444**	**32 240**	**36 114**	**34 215**	**33 896**	**33 345**	**32 253**

（续）

国家（地区）	2000/ 2001	2001/ 2002	2002/ 2003	2003/ 2004	2004/ 2005	2005/ 2006	2006/ 2007	2007/ 2008	2008/ 2009	2009/ 2010
加拿大										
古巴	4	4	4	4	4	4	4	4	4	4
多米尼加共和国										
墨西哥	72	80	42	62	105	127	114	103	101	69
美国	5 282	5 596	5 025	4 858	5 284	5 586	5 152	4 245	3 063	3 047
北美洲	**5 363**	**5 685**	**5 075**	**4 929**	**5 398**	**5 721**	**5 275**	**4 357**	**3 173**	**3 125**
哥斯达黎加										
萨尔瓦多										
危地马拉										
洪都拉斯	0	0		0	0	0	0	0	0	0
尼加拉瓜	2	2	2	2	2	2	2	2	2	2
中美洲	**2**	**2**	**2**	**2**	**2**	**2**	**2**	**2**	**2**	**2**
阿根廷	385	165	146	255	375	305	400	304	286	441
玻利维亚	9	2	3	9	10	8	6	6	5	5
巴西	868	748	735	1 100	1 179	856	1 097	1 077	843	836
智利										
哥伦比亚	50	44	44	55	81	58	50	43	44	36
厄瓜多尔	2	2	1	1	1	1	1	1	1	1
巴拉圭	259	131	177	270	215	245	100	70	50	18
秘鲁	77	74	71	89	93	92	86	68	37	28
乌拉圭										
委内瑞拉	21	17	17	17	17	15	15	15	15	15
南美洲	**1 672**	**1 183**	**1 195**	**1 797**	**1 971**	**1 581**	**1 755**	**1 585**	**1 281**	**1 380**
阿尔及利亚					0	0	0			
埃及	218	307	297	223	300	274	231	246	132	121
摩洛哥	1									
苏丹	169	147	156	171	206	169	160	52	85	27
突尼斯										
北非洲	**388**	**454**	**453**	**395**	**507**	**444**	**392**	**298**	**217**	**148**
贝宁	337	357	313	323	325	200	236	234	199	149
布基纳法索	260	359	405	459	566	646	716	407	466	417
喀麦隆	199	211	181	208	215	214	202	111	147	97
中非共和国	39	48	25	12	10	8	8	15	1	20
乍得	240	312	281	238	310	296	246	203	164	98
科特迪瓦	248	283	270	277	269	270	226	134	141	187
马达加斯加	29	28	12	15	18	16	21	21	21	

（续）

国家（地区）	2000/2001	2001/2002	2002/2003	2003/2004	2004/2005	2005/2006	2006/2007	2007/2008	2008/2009	2009/2010
马里	228	532	450	549	565	551	480	284	197	250
尼日尔	2	3	3	3	5	5	5	5	5	5
塞内加尔	22	32	35	45	50	48	44	43	33	23
多哥	135	173	194	187	202	105	61	89	55	42
远非	**1 760**	**2 366**	**2 196**	**2 329**	**2 549**	**2 371**	**2 258**	**1 559**	**1 442**	**1 301**
安哥拉	1	1	2	2	2	2	2	2	2	2
布隆迪	3	4	4	5	5	4	4	4	4	6
埃塞俄比亚	42	113	75	75	85	110	108	98	81	75
加纳	35	23	17	12	17	26	20	27	22	7
肯尼亚	36	24	20	25	30	33	36	43	40	42
莫桑比克	235	222	200	230	186	222	190	176	165	126
尼日利亚	350	375	340	375	400	330	363	300	261	196
南非	72	51	30	43	28	20	14	10	10	9
坦桑尼亚	419	364	291	459	471	245	409	450	403	348
乌干达	150	120	60	100	160	100	150	101	125	70
刚果	10	10	11	11	11	10	1			
赞比亚	114	165	150	254	300	300	180	243	231	180
津巴布韦	389	363	327	330	320	320	400	308	325	350
南非	**1 921**	**1 900**	**1 586**	**2 001**	**2 121**	**1 799**	**1 954**	**1 849**	**1 775**	**1 448**
哈萨克斯坦	149	184	165	185	200	204	196	200	175	140
吉尔吉斯斯坦	35	38	28	35	46	46	46	35	33	17
塔吉克斯坦	242	258	269	285	293	255	260	250	223	170
土库曼斯坦	491	515	490	550	550	600	600	642	674	607
乌兹别克斯坦	1 441	1 453	1 421	1 394	1 419	1 432	1 432	1 450	1 391	1 317
中亚	**1 268**	**1 317**	**1 277**	**1 317**	**1 349**	**1 365**	**1 363**	**1 386**	**1 343**	**1 211**
亚美尼亚		3								
奥地利										
阿塞拜疆	89	82	62	61	78	105	88	70	51	29
白俄罗斯										
比利时										
保加利亚	9	9	9	9	9	4	3	2	1	1
捷克共和国										
丹麦										
爱沙尼亚										
芬兰										
法国										

（续）

国家（地区）	2000/ 2001	2001/ 2002	2002/ 2003	2003/ 2004	2004/ 2005	2005/ 2006	2006/ 2007	2007/ 2008	2008/ 2009	2009/ 2010
格鲁吉亚										
德国										
德意志民主共和国										
希腊	405	423	358	363	375	363	300	300	250	234
匈牙利										
爱尔兰										
意大利										
拉脱维亚										
立陶宛										
摩尔多瓦										
荷兰										
挪威										
波兰										
葡萄牙		0	0	0	0	0	0			
罗马尼亚										
俄罗斯	2	2	2	2	2	1	1	1	1	1
斯洛伐克共和国										
西班牙	89	91	87	95	90	86	62	60	48	58
瑞典										
瑞士										
乌克兰										
英国										
前南斯拉夫										
欧洲	**593**	**609**	**518**	**529**	**554**	**560**	**455**	**434**	**351**	**323**
欧盟	**503**	**523**	**454**	**467**	**474**	**453**	**365**	**362**	**299**	**293**
中国	4 121	4 950	4 380	5 423	6 261	5 698	6 143	6 297	6 123	5 327
中国台湾										
中国香港										
小计	**4 121**	**4 950**	**4 380**	**5 423**	**6 261**	**5 698**	**6 143**	**6 297**	**6 123**	**5 327**
澳大利亚	511	404	221	197	314	335	142	63	164	208
印度尼西亚	22	8	9	10	12	12	10	10	9	9
日本										
朝鲜	2									
韩国										
马来西亚										
菲律宾	2	4	2	2	5	4	3	1	1	0

（续）

国家（地区）	2000/2001	2001/2002	2002/2003	2003/2004	2004/2005	2005/2006	2006/2007	2007/2008	2008/2009	2009/2010
新加坡										
泰国	26	42	11	7	7	12	9	5	3	2
越南	23	24	29	19	19	23	22	13	5	8
东亚和太平洋	**596**	**491**	**280**	**244**	**366**	**394**	**194**	**101**	**191**	**247**
阿富汗	50	50	50	50	50	50	54	76	83	50
孟加拉国	16	51	48	49	44	50	42	29	33	32
印度	8 576	8 730	7 667	7 830	8 786	8 677	9 144	9 414	9 406	10 310
缅甸	324	295	303	292	305	332	354	368	367	359
巴基斯坦	2 927	3 115	2 794	2 989	3 193	3 101	3 075	3 055	2 820	3 110
斯里兰卡										
南亚	**11 897**	**12 245**	**10 865**	**11 214**	**12 382**	**12 213**	**12 672**	**12 946**	**12 712**	**13 864**
伊朗	246	199	151	140	167	165	116	120	130	105
伊拉克	40	30	25	20	21	20	20	20	20	20
以色列	10	15	12	10	14	10	13	11	5	4
叙利亚	270	257	200	211	234	238	216	190	190	181
土耳其	685	693	721	637	640	547	591	530	495	420
小计	**1 251**	**1 194**	**1 109**	**1 018**	**1 076**	**980**	**956**	**871**	**840**	**729**
总计	**31 947**	**33 553**	**30 060**	**32 358**	**35 712**	**34 317**	**34 607**	**32 893**	**30 623**	**30 164**

国家（地区）	2010/2011	2011/2012	2012/2013	2013/2014	2014/2015	2015/2016	2016/2017
加拿大							
古巴	4	4	4	4	4	4	4
多米尼加共和国							
墨西哥	116	195	153	119	181	130	130
美国	4 330	3 829	3 773	3 053	3 783	3 291	3 291
北美洲	**4 454**	**4 032**	**3 934**	**3 181**	**3 973**	**3 430**	**3 430**
哥斯达黎加							
萨尔瓦多							
危地马拉							
洪都拉斯	0	0	0	0	0	0	0
尼加拉瓜	2	2	2	2	2	2	2
中美洲	**2**	**2**	**2**	**2**	**2**	**2**	**2**
阿根廷	550	528	352	506	456	447	451
玻利维亚	5	5	5	5	5	5	5
巴西	1 400	1 393	894	1 122	1 017	1 007	1 017
智利							

（续）

国家（地区）	2010/2011	2011/2012	2012/2013	2013/2014	2014/2015	2015/2016	2016/2017
哥伦比亚	44	51	28	31	32	29	29
厄瓜多尔	1	1	1	1	1	1	1
巴拉圭	30	56	70	25	16	16	16
秘鲁	46	51	31	39	36	32	33
乌拉圭							
委内瑞拉	15	15	15	15	15	15	15
南美洲	**2 091**	**2 101**	**1 408**	**1 744**	**1 579**	**1 553**	**1 568**
阿尔及利亚							
埃及	157	221	143	122	158	106	106
摩洛哥							
苏丹	41	127	45	62	50	120	120
突尼斯							
北非洲	**199**	**348**	**188**	**184**	**208**	**226**	**226**
贝宁	136	203	312	380	379	372	373
布基纳法索	373	429	586	557	644	631	634
喀麦隆	142	149	194	214	227	222	224
中非共和国	27	38	38	36	36	35	35
乍得	132	172	270	257	256	251	252
科特迪瓦	217	260	340	358	415	401	403
几内亚	13	14	14	13	12	12	12
马达加斯加							
马里	286	478	548	481	570	573	576
尼日尔	5	5	5	5	5	5	5
塞内加尔	28	26	33	32	31	32	32
多哥	60	98	122	116	122	110	111
远非	**1 419**	**1 874**	**2 461**	**2 480**	**2 696**	**2 644**	**2 657**
安哥拉	3	3	3	3	3	3	3
布隆迪	6	6	6	6	6	5	5
埃塞俄比亚	85	136	129	123	129	129	130
加纳	6	20	18	16	16	16	16
肯尼亚	17	43	39	35	38	21	21
马拉维	60	200	180	162	146	124	125
莫桑比克	128	189	150	157	120	120	121
尼日利亚	250	350	315	284	298	253	254
南非	17	13	7	7	15	15	15
坦桑尼亚	496	568	398	400	376	338	340

（续）

国家（地区）	2010/2011	2011/2012	2012/2013	2013/2014	2014/2015	2015/2016	2016/2017
乌干达	80	100	74	53	61	61	61
刚果							
赞比亚	262	512	330	290	305	298	300
津巴布韦	390	450	290	250	180	181	182
南非	**1 815**	**2 606**	**1 959**	**1 803**	**1 710**	**1 582**	**1 590**
哈萨克斯坦	134	140	133	140	129	103	103
吉尔吉斯斯坦	20	37	31	27	23	23	23
塔吉克斯坦	160	201	196	189	175	154	154
土库曼斯坦	550	550	550	550	545	534	534
乌兹别克斯坦	1 330	1 316	1 285	1 275	1 298	1 272	1 272
中亚	**2 194**	**2 244**	**2 195**	**2 181**	**2 170**	**2 086**	**2 086**
亚美尼亚							
奥地利							
阿塞拜疆	32	48	33	28	28	28	29
白俄罗斯							
比利时							
保加利亚	1	1	1	0	0	0	0
捷克共和国							
丹麦							
爱沙尼亚							
芬兰							
法国							
格鲁吉亚							
德国							
德意志民主共和国							
希腊	250	300	279	249	275	248	248
匈牙利							
爱尔兰							
意大利							
拉脱维亚							
立陶宛							
摩尔多瓦							
荷兰							
挪威							
波兰							
葡萄牙							
罗马尼亚							
俄罗斯	1	1	1	1	1	1	1

（续）

国家（地区）	2010/2011	2011/2012	2012/2013	2013/2014	2014/2015	2015/2016	2016/2017
斯洛伐克共和国							
西班牙	64	67	70	64	80	76	75
瑞典							
瑞士							
乌克兰							
英国							
前南斯拉夫							
欧洲	**348**	**417**	**384**	**343**	**386**	**354**	**354**
欧盟	**314**	**368**	**350**	**313**	**355**	**324**	**323**
中国	5 166	5 528	5 251	4 700	4 310	3 793	3 603
中国台湾							
中国香港							
小计	**5 166**	**5 528**	**5 251**	**4 700**	**4 310**	**3 793**	**3 603**
澳大利亚	590	600	442	392	202	214	216
印度尼西亚	9	9	10	9	9	8	8
日本							
朝鲜							
韩国							
马来西亚							
菲律宾	0	0	0	0	0	0	0
新加坡							
泰国	2	2	2	2	2	2	2
越南	9	10	11	12	12	9	9
东亚和太平洋	**630**	**641**	**485**	**435**	**244**	**253**	**254**
阿富汗	50	50	50	45	45	45	43
孟加拉国	32	36	30	25	25	25	25
印度	11 235	12 178	11 980	11 650	12 250	11 638	11 870
缅甸	349	349	349	299	299	239	239
巴基斯坦	2 689	2 662	2 960	2 914	2 840	2 670	2 670
斯里兰卡							
南亚	**14 358**	**15 478**	**15 372**	**14 936**	**15 462**	**14 619**	**14 850**
伊朗	92	117	110	91	91	91	82
伊拉克	20	20	20	19	19	19	14
以色列	4	9	8	3	7	9	9
叙利亚	150	186	137	103	72	44	11
土耳其	481	542	488	451	468	440	444
小计	**747**	**873**	**763**	**670**	**657**	**603**	**560**
总计	**33 442**	**36 165**	**34 421**	**32 679**	**33 417**	**31 163**	**31 184**

三、世界及主要产棉国棉花单产（1980—2016）

单位：千克/公顷

国家（地区）	1980/ 1981	1981/ 1982	1982/ 1983	1983/ 1984	1984/ 1985	1985/ 1986	1986/ 1987	1987/ 1988	1988/ 1989	1989/ 1990
加拿大										
古巴	349	434	456	320	374	272	269	269	269	269
多米尼加共和国	544	544	544	726	670	837	1 231	792	751	667
墨西哥	995	896	959	894	775	1 079	926	970	1 210	889
美国	453	608	661	569	673	706	618	792	694	688
北美洲	**486**	**624**	**673**	**593**	**678**	**722**	**629**	**799**	**718**	**695**
哥斯达黎加	359	807	897	673	920	920	733	900	398	581
萨尔瓦多	780	714	805	781	804	674	775	724	726	635
危地马拉	1 232	995	783	1 047	928	710	896	1 175	1 011	1 036
洪都拉斯	837	806	679	1 015	812	613	892	710	708	687
尼加拉瓜	796	475	884	743	424	403	755	592	654	707
中美洲	**958**	**683**	**831**	**835**	**609**	**537**	**800**	**812**	**807**	**844**
阿根廷	296	379	327	383	383	354	366	573	388	508
玻利维亚	381	446	291	412	321	351	384	333	619	530
巴西	208	230	214	240	260	239	293	335	318	339
智利										
哥伦比亚	544	568	589	631	589	620	632	571	554	544
厄瓜多尔	636	416	126	279	290	515	303	492	502	449
巴拉圭	297	297	265	311	388	306	272	482	495	384
秘鲁	603	660	427	793	799	650	630	710	679	667
乌拉圭										
委内瑞拉	422	445	606	595	578	565	446	459	463	463
南美洲	**260**	**283**	**241**	**286**	**312**	**289**	**333**	**409**	**382**	**401**
阿尔及利亚										
埃及	1 011	1 009	1 029	954	966	959	909	854	729	675
摩洛哥	538	538	621	766	404	555	599	722	501	640
苏丹	250	428	525	556	565	435	479	419	441	445
突尼斯		422	444	743	788	572	408	517	461	474
北非洲	**685**	**760**	**791**	**760**	**774**	**737**	**719**	**664**	**604**	**583**
贝宁	231	304	438	430	418	413	465	380	456	383
布基纳法索	311	332	400	392	418	489	520	344	347	416
喀麦隆	494	486	523	519	522	510	513	475	614	482
中非共和国	102	114	150	168	214	160	145	189	215	272
乍得	188	196	277	341	250	262	273	322	264	314
科特迪瓦	441	453	512	428	606	538	584	631	601	534

（续）

国家（地区）	1980/1981	1981/1982	1982/1983	1983/1984	1984/1985	1985/1986	1986/1987	1987/1988	1988/1989	1989/1990
马达加斯加	530	563	571	509	568	501	370	473	463	534
马里	397	481	510	525	464	460	517	504	511	521
尼日尔	275	349	478	406	319	314	334	291	344	211
塞内加尔	242	477	438	352	409	280	421	531	399	503
多哥	330	365	433	330	515	385	526	417	409	473
远非	**310**	**358**	**406**	**396**	**427**	**406**	**455**	**439**	**441**	**442**
安哥拉	193	193	193	193	193	193	193	193	193	193
布隆迪	231	475	538	359	358	392	468	454	401	332
埃塞俄比亚	513	513	513	372	372	414	372	372	563	514
加纳	217	211	178	163	275	221	337	320	272	282
肯尼亚	54	51	52	66	134	191	182	143	165	170
莫桑比克	78	74	74	74	75	77	80	51	86	123
尼日利亚	61	49	49	32	39	45	98	94	133	108
南非	504	354	257	361	433	372	379	378	373	364
坦桑尼亚	123	108	99	123	84	168	173	120	135	150
乌干达	13	42	65	71	79	33	19	15	26	40
刚果	106	105	141	103	115	105	124	119	118	132
赞比亚	159	188	337	283	199	239	190	308	133	140
津巴布韦	493	497	435	481	447	463	356	427	371	293
南非	**138**	**136**	**139**	**158**	**167**	**197**	**192**	**197**	**205**	**188**
保加利亚	493	538	538	455	415	323	411	477	359	375
捷克共和国										
德意志民主共和国										
匈牙利										
波兰										
罗马尼亚										
南斯拉夫	538	215	430	538	179	359	314	269	234	253
中欧	**386**	**380**	**372**	**358**	**323**	**468**	**476**	**505**	**341**	**430**
挪威										
瑞士										
奥地利										
比利时										
丹麦										
芬兰										
法国										

（续）

国家（地区）	1980/ 1981	1981/ 1982	1982/ 1983	1983/ 1984	1984/ 1985	1985/ 1986	1986/ 1987	1987/ 1988	1988/ 1989	1989/ 1990
德意志联邦共和国										
希腊	815	950	742	762	765	780	974	859	917	956
爱尔兰										
意大利	154	269	323	323	323	323	218	333	375	343
荷兰										
葡萄牙										
西班牙	930	974	1 111	1 006	910	1 103	1 120	991	817	906
瑞典										
英国										
西欧	**841**	**950**	**834**	**804**	**796**	**850**	**1 006**	**897**	**882**	**946**
亚美尼亚										
阿塞拜疆										
白俄罗斯										
爱沙尼亚										
格鲁吉亚										
哈萨克斯坦										
吉尔吉斯斯坦										
拉脱维亚										
立陶宛										
摩尔多瓦										
俄罗斯										
塔吉克斯坦										
土库曼斯坦										
乌克兰										
乌兹别克斯坦	890	822	753	722	803	868	790	701	859	841
苏联	**846**	**774**	**709**	**680**	**776**	**839**	**765**	**700**	**806**	**795**
中国	550	572	618	764	905	807	823	877	750	728
中国台湾	375	332	357	420	420	418	391	473	383	381
中国香港										
小计	**550**	**572**	**618**	**764**	**905**	**807**	**823**	**877**	**750**	**728**
澳大利亚	1 169	1 309	1 045	1 055	1 272	1 449	1 377	1 208	1 525	1 351
印度尼西亚	538	206	210	163	221	141	179	179	443	179
日本										
朝鲜	200	200	250	250	250	313	375	438	500	500
韩国	282	314	314	314	188	81	408	355	340	325
马来西亚										

（续）

国家（地区）	1980/ 1981	1981/ 1982	1982/ 1983	1983/ 1984	1984/ 1985	1985/ 1986	1986/ 1987	1987/ 1988	1988/ 1989	1989/ 1990
菲律宾	275	358	455	407	392	404	288	328	567	363
新加坡										
泰国	422	385	378	397	426	418	391	390	499	454
越南	143	141	95	87	90	98	107	106	99	126
东亚	**612**	**651**	**574**	**628**	**858**	**871**	**935**	**909**	**1 117**	**1 028**
阿富汗	482	274	225	246	334	257	253	350	350	213
孟加拉国	187	182	204	216	219	230	229	211	412	625
印度	169	177	187	173	247	261	227	241	245	315
缅甸	119	130	159	170	174	183	165	169	124	131
巴基斯坦	339	338	364	223	450	514	527	572	544	560
斯里兰卡	269	269	538	538	311	335	321	336	336	
南亚	**205**	**211**	**225**	**184**	**292**	**318**	**303**	**332**	**321**	**375**
伊朗	393	400	457	497	527	561	592	543	609	501
伊拉克	272	323	311	257	280	280	300	294	333	714
以色列	1 348	1 533	1 554	1 632	1 394	1 486	1 462	1 457	1 398	1 475
叙利亚	849	903	995	1 124	856	950	873	750	667	811
土耳其	744	747	822	863	763	785	815	884	878	851
小计	**719**	**733**	**794**	**857**	**749**	**791**	**786**	**811**	**817**	**793**
总计	**411**	**442**	**445**	**451**	**546**	**532**	**518**	**564**	**546**	**549**

国家（地区）	1990/ 1991	1991/ 1992	1992/ 1993	1993/ 1994	1994/ 1995	1995/ 1996	1996/ 1997	1997/ 1998	1998/ 1999	1999/ 2000
加拿大										
古巴	269	269	269	269	269	269	269	269	269	269
多米尼加共和国	1 000	286	250	250	250	250				
墨西哥	758	713	697	719	638	667	954	1 042	924	893
美国	711	731	784	679	794	602	791	754	701	680
北美洲	**712**	**729**	**782**	**678**	**788**	**604**	**797**	**764**	**711**	**685**
哥斯达黎加	581	581	806	442					442	
萨尔瓦多	756	884	1 051	854	607	626			696	696
危地马拉	1 134	1 055	911	917	674	1 082	730			
洪都拉斯	462	670	626			843	676	455	313	313
尼加拉瓜	667	693	588	622	516	682	427	417		538
中美洲	**850**	**874**	**901**	**867**	**639**	**787**	**421**	**456**	**627**	**505**
阿根廷	479	360	480	486	516	451	381	354	313	403
玻利维亚	532	240	673	560	656	559	430	404	466	460
巴西	370	338	329	391	437	430	465	470	750	850

（续）

国家（地区）	1990/1991	1991/1992	1992/1993	1993/1994	1994/1995	1995/1996	1996/1997	1997/1998	1998/1999	1999/2000
智利										
哥伦比亚	576	574	510	562	621	631	623	666	580	581
厄瓜多尔	419	341	252	452	261	272	392	739	245	382
巴拉圭	472	270	592	323	455	344	407	364	379	431
秘鲁	647	558	463	534	581	615	648	391	775	642
乌拉圭		400	600	250	250					
委内瑞拉	511	486	483	466	386	320	629	435	421	257
南美洲	**429**	**359**	**400**	**414**	**472**	**444**	**441**	**414**	**529**	**667**
阿尔及利亚										
埃及	709	815	1 012	1 119	841	810	894	948	693	858
摩洛哥	382	631	440	429	590	535	500	500	511	527
苏丹	397	608	457	425	476	440	378	497	395	323
突尼斯	465									
北非	**598**	**751**	**864**	**960**	**708**	**646**	**678**	**797**	**615**	**657**
贝宁	482	495	492	439	436	482	492	388	311	408
布基纳法索	465	373	392	334	341	376	461	476	335	445
喀麦隆	496	524	534	503	445	495	472	451	458	460
中非共和国	299	211	193	206	227	276	309	333	308	199
乍得	288	239	237	234	301	298	301	307	213	247
科特迪瓦	583	456	471	527	383	471	542	601	577	608
马达加斯加	452	451	395	519	490	461	478	552	461	398
马里	558	531	547	500	475	504	451	437	430	408
尼日尔	98	83	400	400	400	400	400	400	480	433
塞内加尔	407	457	429	361	356	378	322	317	99	360
多哥	513	534	526	539	584	440	561	542	491	362
远非	**466**	**413**	**441**	**429**	**406**	**439**	**446**	**435**	**382**	**413**
安哥拉	385	205	285	285	285	285	285	285	285	285
埃塞俄比亚	528	300	250	366	333	357	712	676	678	718
加纳	348	381	397	435	455	293	343	347	346	361
肯尼亚	198	165	132	99	66	122	112	110	116	115
莫桑比克	187	169	195	205	202	67	94	95	133	83
尼日利亚	95	100	185	236	214	240	238	214	218	179
南非	391	258	280	330	359	405	269	381	389	377
坦桑尼亚	189	224	131	233	238	307	177	200	142	227
乌干达	91	55	53	65	82	87	216	191	61	107
刚果	136	137	310	297	271	369	354	169	292	291

（续）

国家（地区）	1990/1991	1991/1992	1992/1993	1993/1994	1994/1995	1995/1996	1996/1997	1997/1998	1998/1999	1999/2000
赞比亚	219	140	169	170	262	204	250	243	240	240
津巴布韦	262	88	304	261	194	394	322	368	349	374
南非	**204**	**156**	**184**	**225**	**220**	**248**	**237**	**245**	**221**	**249**
哈萨克斯坦	850	810	696	612	651	709	536	627	479	664
吉尔吉斯斯坦	842	731	682	792	687	719	717	806	812	852
塔吉克斯坦	842	846	561	675	584	476	423	488	441	384
土库曼斯坦	701	723	667	741	547	411	215	375	364	391
乌兹别克斯坦	870	839	783	810	816	837	714	768	647	752
中亚	**830**	**812**	**730**	**773**	**720**	**692**	**563**	**654**	**559**	**629**
亚美尼亚										
奥地利										
阿塞拜疆	682	684	629	417	386	398	374	197	248	428
白俄罗斯										
比利时										
保加利亚	289	358	206	154	222	455	308	214	280	333
捷克共和国										
丹麦										
爱沙尼亚										
芬兰										
法国										
格鲁吉亚										
德国										
希腊	793	890	729	888	1 016	997	704	869	855	1 013
匈牙利										
爱尔兰										
意大利	500	500	200	200	200			200	200	
拉脱维亚										
立陶宛										
摩尔多瓦										
荷兰										
挪威										
波兰										
葡萄牙										
罗马尼亚										
俄罗斯								500	504	500
西班牙	937	1 058	921	1 001	1 120	1 056	1 125	1 025	1 034	1 193

（续）

国家（地区）	1990/ 1991	1991/ 1992	1992/ 1993	1993/ 1994	1994/ 1995	1995/ 1996	1996/ 1997	1997/ 1998	1998/ 1999	1999/ 2000
斯洛伐克共和国										
瑞典										
瑞士										
乌克兰										
英国										
前南斯拉夫	240	300	240	240	240	240	240	240	240	
欧洲	**750**	**810**	**704**	**710**	**801**	**810**	**646**	**687**	**727**	**952**
欧盟	**814**	**906**	**746**	**873**	**1 009**	**988**	**758**	**886**	**862**	**1 038**
中国	807	867	660	750	786	880	890	1 025	1 010	1 028
中国台湾										
中国香港										
小计	**807**	**867**	**660**	**750**	**786**	**880**	**890**	**1 025**	**1 010**	**1 028**
澳大利亚	1 603	1 781	1 424	1 317	1 603	1 411	1 580	1 611	1 316	1 347
印度尼西亚	179	162	162	162	167	174	181	181	143	169
日本										
朝鲜	562	625	588	555	611	500	526	526	544	541
韩国	327	320	325							
马来西亚										
菲律宾	392	408	336	324	538	317	341	338	139	229
新加坡										
泰国	436	431	428	422	468	463	487	483	452	433
越南	132	175	204	500	105	185	230	333	286	361
东亚和太平洋	**1 199**	**1 208**	**1 012**	**1 032**	**1 157**	**1 116**	**1 321**	**1 392**	**1 176**	**1 225**
阿富汗	332	367	367	367	367	367	367	367	367	367
孟加拉国	830	752	807	821	817	752	406	499	421	315
印度	267	267	316	286	300	318	330	302	302	304
缅甸	134	136	139	99	138	145	168	227	175	185
巴基斯坦	615	769	543	487	557	601	506	528	511	641
斯里兰卡										
南亚	**357**	**399**	**375**	**339**	**361**	**382**	**370**	**356**	**348**	**383**
伊朗	520	571	496	612	681	541	565	588	633	644
伊拉克	667	400	400	391	435	450	389	467	534	240
以色列	1 668	1 720	1 667	1 723	1 476	1 779	1 810	1 845	1 701	1 618
叙利亚	927	1 086	1 150	1 087	1 079	1 044	1 230	1 331	1 195	1 255
土耳其	1 021	938	900	1 061	1 081	1 125	1 054	1 161	1 166	1 100
小计	**916**	**895**	**873**	**991**	**1 002**	**978**	**976**	**1 090**	**1 076**	**1 019**
总计	**574**	**596**	**557**	**554**	**584**	**565**	**576**	**595**	**564**	**595**

（续）

国家（地区）	2000/ 2001	2001/ 2002	2002/ 2003	2003/ 2004	2004/ 2005	2005/ 2006	2006/ 2007	2007/ 2008	2008/ 2009	2009/ 2010
加拿大										
古巴	269	269	269	269	269	269	269	269	269	269
多米尼加共和国										
墨西哥	1 008	1 152	1 077	1 093	1 312	1 088	1 247	1 330	1 235	1 313
美国	708	790	746	818	958	931	912	985	911	871
北美洲	**712**	**794**	**747**	**821**	**964**	**934**	**918**	**992**	**919**	**879**
哥斯达黎加										
萨尔瓦多										
危地马拉										
洪都拉斯	313	313	313	313	313	313	313	316	316	316
尼加拉瓜	538	538	538	538	538	538	538	543	543	543
中美洲	**505**	**505**	**505**	**505**	**505**	**505**	**505**	**510**	**510**	**510**
阿根廷	434	394	445	451	389	429	437	493	410	510
玻利维亚	519	549	618	551	420	551	605	513	518	523
巴西	1 081	1 025	1 153	1 190	1 101	1 212	1 389	1 487	1 439	1 429
智利										
哥伦比亚	668	568	678	807	783	788	869	898	809	756
厄瓜多尔	406	406	365	436	436	436	416	420	425	429
巴拉圭	400	345	327	394	314	237	370	300	340	286
秘鲁	665	716	732	796	829	855	927	907	961	856
乌拉圭										
委内瑞拉	234	351	351	340	340	340	347	350	354	357
南美洲	**780**	**814**	**887**	**923**	**844**	**861**	**1 065**	**1 188**	**1 114**	**1 075**
阿尔及利亚		560	560	560	1 024	1 562				
埃及	965	1 031	976	885	971	736	909	901	795	785
摩洛哥	515									
苏丹	441	487	535	400	402	423	365	440	345	403
突尼斯										
北非洲	**735**	**855**	**825**	**674**	**740**	**617**	**687**	**821**	**619**	**715**
贝宁	418	482	455	440	526	408	438	483	452	459
布基纳法索	447	440	419	443	466	464	394	368	390	360
喀麦隆	478	488	525	480	578	464	382	411	408	505
中非共和国	267	291	279	250	277	250	262	273	273	201
乍得	242	218	274	176	271	250	164	242	177	142
科特迪瓦	493	572	611	264	516	426	285	373	378	432
马达加斯加	389	380	273	302	311	348	351	324	327	

（续）

国家（地区）	2000/ 2001	2001/ 2002	2002/ 2003	2003/ 2004	2004/ 2005	2005/ 2006	2006/ 2007	2007/ 2008	2008/ 2009	2009/ 2010
马里	447	451	405	474	425	406	366	356	433	396
尼日尔	400	400	400	431	423	413	426	426	431	435
塞内加尔	404	486	464	491	350	393	494	348	340	350
多哥	362	404	399	365	364	264	275	225	239	285
远非	**412**	**434**	**431**	**396**	**442**	**396**	**353**	**359**	**372**	**377**
安哥拉	285	285	285	285	285	286	288	288	291	293
布隆迪	395	356	384	421	380	371	300	394	398	281
埃塞俄比亚	739	265	265	265	235	441	440	385	394	234
加纳	343	257	317	350	426	400	512	416	360	357
肯尼亚	99	198	198	165	123	282	232	117	124	254
莫桑比克	104	141	111	115	167	188	138	144	145	121
尼日利亚	157	160	250	200	237	253	179	230	230	225
南非	540	412	562	664	774	733	784	957	915	942
坦桑尼克	121	174	172	250	268	180	173	275	222	156
乌干达	123	187	339	296	287	189	165	122	184	186
刚果	295	280	265	265	265	281	268			
赞比亚	281	279	313	271	270	267	194	185	191	158
津巴布韦	347	221	315	395	253	331	260	299	265	330
南非	**221**	**205**	**248**	**266**	**255**	**268**	**217**	**247**	**235**	**222**
哈萨克斯坦	570	772	697	719	765	676	688	600	514	536
吉尔吉斯斯坦	790	923	900	725	862	834	809	862	786	824
塔吉克斯坦	436	563	613	604	585	545	538	520	480	481
土库曼斯坦	381	357	302	364	369	358	433	436	441	412
乌兹别克斯坦	676	727	719	641	800	845	818	831	719	645
中亚	**114**	**124**	**121**	**113**	**132**	**133**	**134**	**133**	**118**	**110**
亚美尼亚		333								
奥地利										
阿塞拜疆	360	368	500	639	618	667	477	500	392	379
白俄罗斯										
比利时										
保加利亚	222	222	254	254	257	321	321	321	321	321
捷克共和国										
丹麦										
爱沙尼亚										
芬兰										
法国										

（续）

国家（地区）	2000/2001	2001/2002	2002/2003	2003/2004	2004/2005	2005/2006	2006/2007	2007/2008	2008/2009	2009/2010
格鲁吉亚										
德国										
希腊	1 039	1 028	1 049	917	1 040	1 185	1 067	950	960	919
匈牙利										
爱尔兰										
意大利										
拉脱维亚										
立陶宛										
摩尔多瓦										
荷兰										
挪威										
波兰										
葡萄牙		935	560	976	1 132	1 026	889			
罗马尼亚										
俄罗斯	500	500	500	501	501	503	507	506	508	511
斯洛伐克共和国										
西班牙	1 051	1 175	1 149	1 035	1 219	1 279	726	683	354	371
瑞典										
瑞士										
乌克兰										
英国										
前南斯拉夫										
欧洲	**180**	**945**	**984**	**893**	**996**	**1 094**	**899**	**836**	**791**	**769**
欧盟	**1 027**	**1 040**	**1 052**	**928**	**1 059**	**1 195**	**1 002**	**902**	**861**	**809**
中国	1 093	1 108	1 186	973	1 132	1 161	1 298	1 282	1 311	1 300
中国台湾										
中国香港										
小计	**1 093**	**1 108**	**1 186**	**973**	**1 132**	**1 161**	**1 298**	**1 282**	**1 311**	**1 300**
澳大利亚	1 572	1 842	1 751	1 768	2 096	1 785	2 077	2 000	2 006	1 861
印度尼西亚	318	497	534	534	534	534	700	700	700	703
日本										
朝鲜	528									
韩国										
马来西亚										
菲律宾	384	410	448	436	427	555	303	318	457	558
新加坡										

（续）

国家（地区）	2000/2001	2001/2002	2002/2003	2003/2004	2004/2005	2005/2006	2006/2007	2007/2008	2008/2009	2009/2010
泰国	471	478	437	484	652	402	383	506	506	508
越南	337	447	416	530	371	460	493	470	492	456
东亚和太平洋	**1 410**	**1 604**	**1 482**	**1 535**	**1 874**	**1 597**	**1 668**	**1 479**	**1 816**	**1 642**
阿富汗	370	370	370	370	370	370	370	380	410	410
孟加拉国	454	297	300	303	302	281	305	266	282	381
印度	278	308	302	389	470	472	521	554	524	503
缅甸	170	172	171	195	230	256	273	302	444	524
巴基斯坦	620	572	621	571	759	703	690	622	683	666
斯里兰卡										
南亚	**360**	**372**	**380**	**432**	**538**	**524**	**553**	**561**	**556**	**539**
伊朗	634	678	722	800	802	697	772	700	646	629
伊拉克	300	333	320	350	350	352	352	353	353	355
以色列	1 658	1 483	1 542	1 744	1 849	1 881	1 687	1 727	1 667	1 762
叙利亚	1 278	1 246	1 174	1 247	1 422	1 384	1 042	1 316	1 263	1 206
土耳其	1 285	1 330	1 248	1 429	1 406	1 462	1 269	1 179	986	1 105
小计	**1 127**	**1 180**	**1 145**	**1 287**	**1 301**	**1 296**	**1 144**	**1 131**	**985**	**1 044**
总计	**611**	**646**	**651**	**653**	**756**	**748**	**773**	**793**	**767**	**738**

国家（地区）	2010/2011	2011/2012	2012/2013	2013/2014	2014/2015	2015/2016	2016/2017
加拿大							
古巴	269	269	269	272	272	272	272
多米尼加共和国							
墨西哥	1 357	1 407	1 511	1 625	1 668	1 449	1 449
美国	910	886	999	921	939	963	963
北美洲	**921**	**909**	**1 017**	**945**	**971**	**979**	**979**
哥斯达黎加							
萨尔瓦多							
危地马拉							
洪都拉斯	316	316	316	319	319	319	319
尼加拉瓜	543	543	543	549	549	549	549
中美洲	**510**	**513**	**513**	**514**	**514**	**514**	**514**
阿根廷	536	398	434	597	537	537	557
玻利维亚	525	531	536	532	537	537	535
巴西	1 400	1 347	1 465	1 546	1 507	1 506	1 506
智利							
哥伦比亚	800	794	717	884	836	849	821

（续）

国家（地区）	2010/2011	2011/2012	2012/2013	2013/2014	2014/2015	2015/2016	2016/2017
厄瓜多尔	431	435	440	436	440	440	439
巴拉圭	420	500	370	432	430	430	416
秘鲁	981	808	880	835	792	792	824
乌拉圭							
委内瑞拉	361	365	368	365	368	368	367
南美洲	**1 127**	**1 050**	**1 101**	**1 213**	**1 171**	**1 174**	**1 180**
阿尔及利亚							
埃及	869	834	757	770	714	766	770
摩洛哥							
苏丹	386	336	349	411	415	415	397
突尼斯							
北非洲	**768**	**652**	**659**	**649**	**642**	**579**	**572**
贝宁	442	360	450	326	409	395	395
布基纳法索	377	404	423	426	443	431	431
喀麦隆	430	523	567	481	511	520	520
中非共和国	203	235	237	228	230	230	231
乍得	162	185	127	156	199	178	165
科特迪瓦	273	435	447	480	466	464	464
几内亚	262	276	289	270	272	273	276
马达加斯加							
马里	362	390	350	383	408	380	380
尼日尔	439	444	448	444	448	448	447
塞内加尔	365	409	420	372	343	378	378
多哥	330	336	344	292	362	332	332
远非	**348**	**382**	**371**	**382**	**408**	**395**	**394**
安哥拉	296	299	302	299	302	302	302
布隆迪	284	287	290	290	293	293	291
埃塞俄比亚	236	248	261	311	314	314	300
加纳	333	360	364	363	366	366	365
肯尼亚	250	130	170	185	184	184	181
马拉维	300	190	192	268	271	271	250
莫桑比克	203	323	250	199	222	222	223
尼日利亚	180	180	197	203	205	205	202
南非	1 050	986	777	1 172	1 209	1 209	1 092
坦桑尼亚	153	211	213	195	226	212	212
乌干达	335	476	253	277	431	431	318

（续）

国家（地区）	2010/2011	2011/2012	2012/2013	2013/2014	2014/2015	2015/2016	2016/2017
刚果							
赞比亚	219	193	126	138	174	146	146
津巴布韦	263	320	202	223	228	228	220
南非	**223**	**249**	**201**	**214**	**240**	**232**	**224**
哈萨克斯坦	447	571	677	530	679	441	582
吉尔吉斯斯坦	750	858	874	831	822	822	837
塔吉克斯坦	562	597	638	556	539	533	566
土库曼斯坦	691	600	673	475	478	515	535
乌兹别克斯坦	684	669	778	737	682	701	725
中亚	**663**	**643**	**734**	**677**	**637**	**642**	**659**
亚美尼亚							
奥地利							
阿塞拜疆	406	500	450	536	538	538	518
白俄罗斯							
比利时							
保加利亚	321	321	321	324	324	324	324
捷克共和国							
丹麦							
爱沙尼亚							
芬兰							
法国							
格鲁吉亚							
德国							
希腊	720	933	930	1 190	997	1 029	1 029
匈牙利							
爱尔兰							
意大利							
拉脱维亚							
立陶宛							
摩尔多瓦							
荷兰							
挪威							
波兰							
葡萄牙							
罗马尼亚							
俄罗斯	514	516	519	519	521	521	520

（续）

国家（地区）	2010/2011	2011/2012	2012/2013	2013/2014	2014/2015	2015/2016	2016/2017
斯洛伐克共和国							
西班牙	676	926	933	775	918	775	850
瑞典							
瑞士							
乌克兰							
英国							
前南斯拉夫							
欧洲	**682**	**880**	**866**	**1 062**	**943**	**908**	**944**
欧盟	**710**	**931**	**896**	**1 104**	**979**	**945**	**986**
中国	1 239	1 339	1 390	1 474	1 503	1 427	1 449
中国台湾							
中国香港							
小计	**1 239**	**1 339**	**1 390**	**1 474**	**1 503**	**1 427**	**1 449**
澳大利亚	1 569	2 041	2 138	2 270	2 228	2 196	2 208
印度尼西亚	707	711	653	600	603	603	615
日本							
朝鲜							
韩国							
马来西亚							
菲律宾	560	563	566	566	569	569	567
新加坡							
泰国	511	513	516	516	518	518	517
越南	459	461	463	465	465	465	465
东亚和太平洋	**1 500**	**1 942**	**2 141**	**2 092**	**1 920**	**1 930**	**1 949**
阿富汗	410	410	410	414	414	414	413
孟加拉国	437	528	773	998	998	998	942
印度	522	512	518	581	531	547	544
缅甸	579	581	584	647	650	653	634
巴基斯坦	725	808	740	712	812	768	758
斯里兰卡							
南亚	**561**	**568**	**550**	**608**	**585**	**590**	**585**
伊朗	674	504	509	713	720	720	666
伊拉克	356	358	360	360	362	362	361
以色列	1 860	1 930	1 786	1 809	1 786	1 786	1 792
叙利亚	1 071	1 140	1 100	976	981	883	985
土耳其	1 270	1 528	1 527	1 686	1 809	1 845	1 717
小计	**1 135**	**1 285**	**1 276**	**1 408**	**1 526**	**1 558**	**1 516**
总计	**761**	**770**	**776**	**804**	**781**	**765**	**760**

四、世界及主要产棉国原棉出口量（1980—2016）

单位：千吨

国家（地区）	1980/1981	1981/1982	1982/1983	1983/1984	1984/1985	1985/1986	1986/1987	1987/1988	1988/1989	1989/1990
加拿大										
古巴										
多米尼加共和国							0	0	1	1
墨西哥	175	165	78	99	125	97	48	79	122	46
美国	1 290	1 430	1 134	1 477	1 353	427	1 455	1 433	1 339	1 675
北美洲	**1 465**	**1 595**	**1 212**	**1 576**	**1 478**	**524**	**1 504**	**1 513**	**1 462**	**1 723**
哥斯达黎加	0									
萨尔瓦多	33	34	30	15	17	5	2	0	1	1
危地马拉	106	73	40	50	46	44	13	32	25	28
洪都拉斯	7	4	4	4	4	3	2	3	1	1
尼加拉瓜	71	58	78	67	66	48	46	32	24	24
中美洲	**217**	**169**	**152**	**137**	**133**	**100**	**63**	**67**	**51**	**54**
阿根廷	29	66	18	26	69	32	13	54	120	124
玻利维亚	0	0	0	0			0	0		1
巴西	21	17	222	10	77	78	66	130	101	144
智利										
哥伦比亚	57	25	10	25	53	50	37	41	33	23
厄瓜多尔										0
巴拉圭	75	98	79	80	120	109	74	160	196	230
秘鲁	41	35	61	6	23	25	18	3	32	28
乌拉圭				0	0	0	0	0	1	0
委内瑞拉									3	11
南美洲	**224**	**240**	**390**	**147**	**343**	**294**	**209**	**388**	**486**	**561**
阿尔及利亚										
埃及	162	174	180	167	152	148	121	88	60	43
摩洛哥	6	0					1	5	8	1
苏丹	93	56	140	219	145	115	222	149	162	141
突尼斯										
北非洲	**261**	**230**	**320**	**385**	**297**	**263**	**344**	**242**	**230**	**186**
贝宁	8	5	5	15	18	22	38	42	42	40
布基纳法索	22	20	28	29	32	41	60	57	58	61
喀麦隆	26	26	22	31	24	39	42	39	65	39
中非共和国	8	6	10	12	17	13	8	7	10	9
乍得	32	25	35	57	33	36	33	43	48	48
科特迪瓦	42	30	38	53	44	84	64	85	101	116

（续）

国家（地区）	1980/1981	1981/1982	1982/1983	1983/1984	1984/1985	1985/1986	1986/1987	1987/1988	1988/1989	1989/1990
马达加斯加							7	1	1	1
马里	35	35	47	37	49	60	75	73	94	95
尼日尔			0	0	0	2	2	2	1	
塞内加尔	4	12	15	8	15	7	5	13	13	11
多哥	7	5	9	8	16	35	27	32	34	33
远非	**185**	**164**	**209**	**250**	**248**	**336**	**362**	**394**	**468**	**457**
安哥拉	9	9	9	9	9	9	8	8	9	8
布隆迪	3	3	2	2	1	2	1	0		
埃塞俄比亚	5	6	4	2	1			0	0	
加纳										
肯尼亚	1	0	1		2	1	1		1	
莫桑比克	19	12	5	5	0	2	5	5	5	5
尼日利亚										2
南非	2							4	5	10
坦桑尼亚	36	34	25	36	19	27	43	51	48	38
乌干达	1	2	4	7	9	6	5	3	2	3
刚果							0			
赞比亚	3	2	1	7	11	6	1	1	2	4
津巴布韦	55	55	51	52	60	79	61	53	82	63
南非	**138**	**124**	**103**	**121**	**115**	**139**	**127**	**127**	**155**	**139**
保加利亚	3	5	19	17	23	30	20	6	10	10
捷克共和国										
德意志民主共和国										
匈牙利	39	24	20	26	22	24	20	22	22	29
波兰	25	22	11	7	13	11			6	2
罗马尼亚										
南斯拉夫	0									0
中欧	**67**	**51**	**50**	**81**	**91**	**93**	**70**	**59**	**68**	**81**
挪威										
瑞士	4	6	0	0	0	0	0	1	2	2
奥地利	1	1	2	2	2	1	1	2		1
比利时	0						1	2	3	4	3
丹麦										
芬兰										

（续）

国家（地区）	1980/ 1981	1981/ 1982	1982/ 1983	1983/ 1984	1984/ 1985	1985/ 1986	1986/ 1987	1987/ 1988	1988/ 1989	1989/ 1990
法国	15	22	22	14	8	4	8	10	11	9
德意志联邦共和国	2	12	17	17	14	13	20	16	29	24
希腊	13	19	9	47	38	16	73	48	85	84
爱尔兰		0	0	0	0	0	0	0	0	0
意大利	0	0	0	1	1	1	2	2	2	1
荷兰										
葡萄牙						5	6	3	3	3
西班牙	4	21	3	3	19	30	33	22	58	22
瑞典	1									
英国	2	2	1	1	0		1	2	3	3
西欧	**38**	**78**	**55**	**84**	**82**	**71**	**145**	**109**	**196**	**151**
亚美尼亚										
阿塞拜疆										
白俄罗斯										
爱沙尼亚										
格鲁吉亚										
哈萨克斯坦										
吉尔吉斯斯坦										
拉脱维亚										
立陶宛										
摩尔多瓦										
俄罗斯										
塔吉克斯坦										
土库曼斯坦										
乌克兰										
乌兹别克斯坦										
苏联	**876**	**931**	**870**	**715**	**650**	**683**	**744**	**760**	**758**	**746**
中国	1		16	165	214	607	690	506	356	188
中国台湾										
中国香港	13	9	8	46	43	68	77	73	45	27
小计	**15**	**9**	**24**	**211**	**257**	**675**	**767**	**580**	**402**	**215**
澳大利亚	53	81	134	81	150	255	272	175	308	331
印度尼西亚										
日本										
朝鲜										
韩国										

（续）

国家（地区）	1980/1981	1981/1982	1982/1983	1983/1984	1984/1985	1985/1986	1986/1987	1987/1988	1988/1989	1989/1990
马来西亚						0	0	0	0	0
菲律宾										
新加坡	8	7	7	7	6	6	9	11	11	11
泰国	7	11	7	12	12	7	9	13	8	4
越南	2	2	2	2	2	3	6	6	5	3
东亚和太平洋	**70**	**100**	**151**	**103**	**170**	**272**	**296**	**205**	**332**	**349**
阿富汗	18	9	7	8	11	10	7	5	2	2
孟加拉国	1	1	0	0	0	0	0	0	0	0
印度	140	59	116	62	27	63	231	23	18	185
缅甸	1	3	4	3	3	2	2	0		2
巴基斯坦	327	233	266	82	275	685	631	513	831	296
斯里兰卡										
南亚	**487**	**304**	**393**	**155**	**315**	**761**	**871**	**541**	**852**	**485**
伊朗						0	5	19	2	0
伊拉克										
以色列	67	80	78	77	77	89	56	53	56	25
叙利亚	71	78	111	151	103	100	60	33	58	70
土耳其	222	208	137	109	155	68	112	40	145	45
小计	**361**	**367**	**326**	**337**	**335**	**262**	**246**	**127**	**259**	**140**
总计	**4 414**	**4 373**	**4 261**	**4 309**	**4 520**	**4 479**	**5 755**	**5 121**	**5 726**	**5 293**

国家（地区）	1990/1991	1991/1992	1992/1993	1993/1994	1994/1995	1995/1996	1996/1997	1997/1998	1998/1999	1999/2000
加拿大										
古巴										
多米尼加共和国	0	0	1	0						
墨西哥	51	55	5	7	43	102	100	75	44	39
美国	1 697	1 447	1 132	1 494	2 047	1 671	1 495	1 633	936	1 470
北美洲	**1 748**	**1 503**	**1 138**	**1 502**	**2 090**	**1 773**	**1 595**	**1 708**	**980**	**1 509**
哥斯达黎加										
萨尔瓦多	1	0	1	0	0		1			
危地马拉	18	18	7	2	0		1			
洪都拉斯	0	1	0					2	2	2
尼加拉瓜	29	26	5	0	2	5	2	1		
中美洲	**48**	**45**	**13**	**2**	**2**	**5**	**5**	**3**	**2**	
阿根廷	141	123	47	69	208	266	290	217	244	79
玻利维亚	5	5	7	8	14	25	21	14	12	7

（续）

国家（地区）	1990/ 1991	1991/ 1992	1992/ 1993	1993/ 1994	1994/ 1995	1995/ 1996	1996/ 1997	1997/ 1998	1998/ 1999	1999/ 2000
巴西	167	31	24	1	33	22	0	1	6	2
智利										
哥伦比亚	39	40	16	3	4	5	2	2	2	1
厄瓜多尔	0					1				
巴拉圭	205	252	127	103	146	117	79	41	54	65
秘鲁	28	13	3	2	3	12	9	7	1	2
乌拉圭	0	0		0						
委内瑞拉	7	3	1	2	2	7	1	1	1	1
南美洲	**592**	**466**	**225**	**189**	**409**	**454**	**402**	**283**	**319**	**157**
阿尔及利亚										
埃及	18	17	18	117	67	19	46	70	108	97
摩洛哥	3	0	2	1	0					
苏丹	103	86	58	89	62	45	91	82	55	46
突尼斯	0									
北非	**124**	**103**	**78**	**208**	**129**	**64**	**138**	**152**	**164**	**143**
贝宁	58	72	66	115	96	135	131	131	119	136
布基纳法索	73	70	67	50	62	56	81	124	117	95
喀麦隆	44	44	50	49	57	72	77	63	71	65
中非共和国	13	9	7	6	10	13	18	19	17	12
乍得	58	69	51	41	59	63	85	92	63	64
科特迪瓦	81	76	69	80	127	76	81	110	130	160
马达加斯加	2			1	2	3	4	7	7	5
马里	114	120	140	101	129	152	179	198	216	182
尼日尔	0	0	1	1	1	1	1	1	1	0
塞内加尔	17	19	18	14	10	10	10	13	8	5
多哥	36	38	28	56	53	35	62	70	76	51
远非	**498**	**524**	**504**	**520**	**613**	**620**	**735**	**836**	**840**	**783**
安哥拉			0							
埃塞俄比亚								5	1	5	8
加纳			2	2	2		1	6	7	5
肯尼亚		1	5	5	3	2				
莫桑比克	13	9	11	14	17	14	24	28	34	12
尼日利亚		2	1	7			10	10	20	16
南非	3	4						1	12	6
坦桑尼亚	40	63	58	45	35	56	68	61	27	32
乌干达	6	9	4	8	6	9	15	7	14	21

（续）

国家（地区）	1990/1991	1991/1992	1992/1993	1993/1994	1994/1995	1995/1996	1996/1997	1997/1998	1998/1999	1999/2000
刚果					1					
赞比亚	0	1	4	1		5	24	28	25	17
津巴布韦	38	29	5	39	28	29	89	83	89	121
南非	**106**	**129**	**94**	**125**	**95**	**122**	**256**	**235**	**248**	**244**
哈萨克斯坦		70	50	39	55	70	58	61	52	74
吉尔吉斯斯坦		3	5	5	5	16	14	13	25	25
塔吉克斯坦		200	100	180	160	135	85	107	90	83
土库曼斯坦		383	350	390	310	216	115	58	210	180
乌兹别克斯坦		1 052	1 300	1 288	1 250	940	1 042	1 050	900	893
中亚		**1 708**	**1 805**	**1 902**	**1 780**	**1 377**	**1 313**	**1 289**	**1 277**	**1 255**
亚美尼亚										
奥地利			0	0	1		2	6	8	6
阿塞拜疆		127	76	70	85	101	58	56	42	36
白俄罗斯					1	1	1	1	1	1
比利时	2	3	3	3	4	5	2	8	14	16
保加利亚	4	2	7	7	9	2	2	2	2	2
捷克共和国			22	34	15	2	2	2	2	2
丹麦	0	0	0	0	0					
爱沙尼亚			0	0	0	0	0	0	0	0
芬兰		0								
法国	6	18	15	18	12	7	5	5	6	12
格鲁吉亚										
德国	44	24	21	12	15	17	19	14	13	14
希腊	86	74	120	175	265	275	195	187	285	310
匈牙利	24		5	1	2					
爱尔兰	0	0	0	0	0	0				
意大利	2	1	1	6	8	5	3	3	8	7
拉脱维亚				4	30	11	10			
立陶宛					10	10	5	5		
摩尔多瓦										
荷兰	0	0	0	0	0					
挪威										
波兰	1	10	13	10	9	4	2	2	1	1
葡萄牙	0	1	1	1	1	0	0	0	1	0
罗马尼亚										
俄罗斯			20	35	50	20	5	2	2	2

（续）

国家（地区）	1990/1991	1991/1992	1992/1993	1993/1994	1994/1995	1995/1996	1996/1997	1997/1998	1998/1999	1999/2000
西班牙	30	31	29	12	8	15	50	60	44	55
斯洛伐克共和国			11	2	3	2				0
瑞典			0	0						
瑞士	2	1	1	2	2	2	1	0	0	1
乌克兰					44	15	10	5		
英国	5	3	1	5	3			1	1	0
前南斯拉夫			0	0	0					
欧洲	**206**	**295**	**345**	**399**	**577**	**493**	**373**	**359**	**430**	**465**
欧盟	**205**	**168**	**248**	**292**	**395**	**354**	**299**	**295**	**385**	**425**
中国	202	131	149	166	40	5	2	6	148	370
中国台湾										
中国香港	32	29	19	32	48	43	25	14	18	10
小计	**234**	**160**	**168**	**198**	**88**	**48**	**27**	**20**	**167**	**379**
澳大利亚	329	459	371	367	293	308	519	575	660	696
印度尼西亚					0	0	0	0	14	
日本										
朝鲜										
韩国					2	3	2	14	2	5
马来西亚	0		0		1	1	0			
菲律宾										
新加坡	18	20	27	22	11	6	5	5	5	4
泰国	5	6	6	6	0	0	0	1	4	0
越南										
东亚和太平洋	**352**	**485**	**404**	**399**	**308**	**316**	**538**	**597**	**669**	**707**
阿富汗	6	7	7	7	7	7	12	10	5	5
孟加拉国										
印度	255		243	71	17	121	283	73	18	16
缅甸	2	1	5	9	12	44	46	21	35	31
巴基斯坦	272	448	256	69	32	312	26	74	2	91
斯里兰卡										
南亚	**534**	**457**	**511**	**155**	**68**	**484**	**368**	**178**	**60**	**142**
伊朗			3		1	10	44	6	2	
伊拉克										
以色列	42	27	19	17	21	32	37	37	47	29
叙利亚	91	134	157	186	129	112	186	230	200	252
土耳其	164	56	59	109	1	55	46	27	80	42
小计	**297**	**217**	**237**	**312**	**152**	**209**	**313**	**300**	**329**	**322**
总计	**5 069**	**6 091**	**5 522**	**5 910**	**6 312**	**5 967**	**6 065**	**5 962**	**5 486**	**6 108**

（续）

国家（地区）	2000/2001	2001/2002	2002/2003	2003/2004	2004/2005	2005/2006	2006/2007	2007/2008	2008/2009	2009/2010
加拿大										
古巴										
多米尼加共和国										
墨西哥	21	19	16	27	38	60	40	48	38	20
美国	1 467	2 395	2 591	2 995	3 143	3 821	2 821	2 968	2 887	2 621
北美洲	**1 489**	**2 414**	**2 607**	**3 022**	**3 181**	**3 881**	**2 862**	**3 017**	**2 925**	**2 641**
哥斯达黎加										
萨尔瓦多										
危地马拉										
洪都拉斯										
尼加拉瓜										0	0
中美洲										**0**	**0**
阿根廷	91	48	6	6	20	13	7	3	22	11
玻利维亚	4	2	2	3	3	3	4	3	1	0
巴西	68	147	107	210	339	429	283	486	596	433
智利										
哥伦比亚	5	0			2	1	1	0	0	0
厄瓜多尔										
巴拉圭	104	51	50	100	65	63	39	13	13	4
秘鲁	2	2	2	3	2	3	2	1	2	2
乌拉圭										
委内瑞拉	1			2	2					
南美洲	**275**	**250**	**166**	**324**	**434**	**512**	**336**	**506**	**635**	**451**
阿尔及利亚										
埃及	79	84	160	89	140	100	72	131	40	76
摩洛哥			0	0	0	0	0			
苏丹	33	60	78	85	59	85	48	53	17	37
突尼斯										
北非洲	**112**	**144**	**239**	**175**	**199**	**185**	**120**	**184**	**57**	**113**
贝宁	140	148	162	132	114	132	114	104	81	85
布基纳法索	112	123	155	197	198	290	320	188	161	181
喀麦隆	84	90	79	126	74	113	90	56	48	57
中非共和国	10	12	6	8	3	3	2	4	1	3
乍得	66	60	64	63	57	71	56	41	25	21
科特迪瓦	150	109	83	169	148	85	73	51	45	75
马达加斯加	2	2	3	1	2	1	3	2	4	

（续）

国家（地区）	2000/2001	2001/2002	2002/2003	2003/2004	2004/2005	2005/2006	2006/2007	2007/2008	2008/2009	2009/2010
马里	134	139	167	265	268	250	216	120	84	109
尼日尔	1	0	0	0	1	1	1	1	1	1
塞内加尔			15			18	20	17	12	9
多哥	51	62	84	78	54	46	36	21	11	18
远非	**767**	**770**	**831**	**1 065**	**938**	**1 014**	**933**	**608**	**477**	**563**
安哥拉							0	0	0	0
布隆迪							0	0	0	0
埃塞俄比亚	6	5	2	8	4	4	9	12	9	2
加纳	7	4	3		4	7	8	8	5	3
肯尼亚							2	2	1	
莫桑比克	20	31	19	30	28	35	36	26	25	21
尼日利亚	29	10	22	20	25	35	23	26	28	20
南非						9	8	6	7	7
坦桑尼亚	37	36	50	36	84	94	23	33	57	60
乌干达	18	22	20	17	33	25	22	14	17	18
刚果										
赞比亚		18	32	40	49	78	53	39	45	37
津巴布韦	118	67	70	78	93	79	79	82	76	90
南非	**264**	**209**	**234**	**251**	**339**	**384**	**281**	**271**	**286**	**272**
哈萨克斯坦	93	128	110	129	150	132	125	122	75	74
吉尔吉斯斯坦	28	31	25	25	36	40	39	33	23	25
塔吉克斯坦	110	117	140	151	147	129	120	110	70	96
土库曼斯坦	122	128	90	116	91	125	167	185	100	235
乌兹别克斯坦	750	760	740	680	850	1 020	980	915	650	820
中亚	**1 103**	**1 164**	**1 105**	**1 102**	**1 273**	**1 445**	**1 431**	**1 365**	**918**	**1 250**
亚美尼亚										
奥地利	2									1
阿塞拜疆	32	30	25	35	39	57	29	26	10	13
白俄罗斯										
比利时	24	16	15		17	11	10	7	2	3
保加利亚	2	1	1	1	1	1	1	1	1	
捷克共和国	1	1	2	2	2	4	3	8	5	2
丹麦										
爱沙尼亚	0									
芬兰										
法国	5	3	7	8	6	5	5	2	3	3

（续）

国家（地区）	2000/ 2001	2001/ 2002	2002/ 2003	2003/ 2004	2004/ 2005	2005/ 2006	2006/ 2007	2007/ 2008	2008/ 2009	2009/ 2010
格鲁吉亚										
德国	18	17	14	16	18	17	9	12	8	7
希腊	270	250	280	247	321	356	269	234	220	213
匈牙利			1	1	1		0			
爱尔兰										
意大利						8	4	5	5	6
拉脱维亚										
立陶宛										
摩尔多瓦										
荷兰										
挪威										
波兰	1	0	0	1	1					
葡萄牙						0	0			
罗马尼亚										
俄罗斯	1									
斯洛伐克共和国	1	0	0	1	1					
西班牙	29	32	17	56	52	89	35	29	17	15
瑞典										
瑞士	1	1	1	1	1	1				0
乌克兰	5	5	5	5	4	3	2	1		
英国										
前南斯拉夫										
欧洲	**398**	**363**	**375**	**392**	**468**	**552**	**367**	**324**	**271**	**262**
欧盟	**360**	**328**	**344**	**352**	**425**	**492**	**336**	**297**	**261**	**250**
中国	97	74	164	38	7	8	19	14	19	5
中国台湾										
中国香港	7	7	8	8	6	21	45	57	53	67
小计	**104**	**81**	**172**	**46**	**13**	**29**	**64**	**71**	**72**	**72**
澳大利亚	849	662	575	470	435	628	465	265	261	460
印度尼西亚							4	4	4	4
日本							4			
朝鲜										
韩国	3	1	2							
马来西亚			1	0	0	0	0	0		9
菲律宾				1	0	0	3			
新加坡	10	5	4	3	3	3	3	3	3	25

（续）

国家（地区）	2000/2001	2001/2002	2002/2003	2003/2004	2004/2005	2005/2006	2006/2007	2007/2008	2008/2009	2009/2010
泰国	0	5	3	3		1	0	1	2	1
越南										
东亚和太平洋	**863**	**673**	**585**	**477**	**439**	**633**	**480**	**274**	**271**	**500**
阿富汗	2	2	3	19	15	14	16	25	30	27
孟加拉国										
印度	24	9	11	119	136	751	1 060	1 630	515	1 420
缅甸	15	9	8	13	19	19	4		8	4
巴基斯坦	127	39	50	37	120	60	47	59	78	156
斯里兰卡										
南亚	**167**	**58**	**72**	**188**	**289**	**844**	**1 127**	**1 713**	**630**	**1 607**
伊朗	5	5	10	20	15	5				
伊拉克										
以色列	18	18	20	22	28	22	25	21	11	7
叙利亚	212	198	120	110	140	180	70	55	45	50
土耳其	28	28	51	60	16	28	45	57	11	10
小计	**262**	**249**	**201**	**213**	**199**	**236**	**140**	**133**	**67**	**67**
总计	**5 805**	**6 378**	**6 587**	**7 255**	**7 775**	**9 717**	**8 142**	**8 465**	**6 609**	**7 798**

国家（地区）	2010/2011	2011/2012	2012/2013	2013/2014	2014/2015	2015/2016	2016/2017
加拿大							
古巴							
多米尼加共和国							
墨西哥	47	74	49	29	33	34	35
美国	3 130	2 526	2 836	2 293	2 449	2 225	2 413
北美洲	**3 177**	**2 600**	**2 885**	**2 322**	**2 482**	**2 259**	**2 447**
哥斯达黎加							
萨尔瓦多							
危地马拉							
洪都拉斯							
尼加拉瓜	0	0	1	0	0	0	0
中美洲	**0**	**0**	**1**	**0**	**0**	**0**	**0**
阿根廷	61	90	55	43	84	154	159
玻利维亚	0	0		1	1	1	1
巴西	435	1 043	938	485	851	766	820
智利							
哥伦比亚	0	0	0	1	2	1	1

（续）

国家（地区）	2010/2011	2011/2012	2012/2013	2013/2014	2014/2015	2015/2016	2016/2017
厄瓜多尔							
巴拉圭	2	20	19	5	3	2	2
秘鲁	1	2	1	1	1	1	1
乌拉圭							
委内瑞拉							
南美洲	**499**	**1 155**	**1 012**	**535**	**943**	**925**	**984**
阿尔及利亚							
埃及	85	73	52	26	55	35	41
摩洛哥							
苏丹	15	4	24	15	5	23	29
突尼斯							
北非洲	**100**	**77**	**77**	**41**	**60**	**58**	**70**
贝宁	64	60	93	140	104	129	168
布基纳法索	136	152	247	274	188	275	306
喀麦隆	68	69	82	101	95	117	125
中非共和国	5	7	9	8	8	8	8
乍得	27	31	34	33	39	47	47
科特迪瓦	55	105	136	181	188	177	152
几内亚	4	4	4	4	4	3	3
马达加斯加							
马里	92	130	172	199	209	228	201
尼日尔	1	1	1	1	1	1	1
塞内加尔	10	9	14	9	10	11	11
多哥	18	33	40	32	38	37	39
远非	**479**	**600**	**833**	**981**	**883**	**1 033**	**1 061**
安哥拉	0	0	0	0	0	0	0
布隆迪	0	0	0	0	0	0	0
埃塞俄比亚	2	1	1	1	1	1	17
加纳	2	6	6	6	6	6	6
肯尼亚				0	0	1	1
马拉维	16	24	34	36	39	34	36
莫桑比克	19	36	53	37	31	27	27
尼日利亚	47	32	40	47	43	37	39
南非	7	16	7	3	9	6	8
坦桑尼亚	34	36	65	52	46	55	61
乌干达	27	31	18	14	22	38	21

（续）

国家（地区）	2010/2011	2011/2012	2012/2013	2013/2014	2014/2015	2015/2016	2016/2017
刚果							
赞比亚	38	52	84	38	39	51	60
津巴布韦	100	134	85	59	47	41	34
南非	**293**	**370**	**396**	**296**	**285**	**296**	**311**
哈萨克斯坦	54	62	45	61	60	63	65
吉尔吉斯斯坦	17	34	29	24	23	24	25
塔吉克斯坦	77	118	136	83	94	94	94
土库曼斯坦	256	151	230	195	171	108	117
乌兹别克斯坦	600	550	653	650	628	595	598
中亚	**1 004**	**915**	**1 093**	**1 013**	**976**	**883**	**899**
亚美尼亚							
奥地利	1	1	1	1	1		
阿塞拜疆	4	5	5	0	0	0	0
白俄罗斯							
比利时	7	9	6	6	6	6	6
保加利亚							
捷克共和国	0	0	0	0	0	0	0
丹麦							
爱沙尼亚							
芬兰							
法国	5	3	3	3	3	3	3
格鲁吉亚							
德国	9	9	6	8	6	5	5
希腊	142	238	237	280	254	231	239
匈牙利	1						
爱尔兰							
意大利	5	5	5	5	2	4	3
拉脱维亚	0	0	1	0	0	0	0
立陶宛							
摩尔多瓦							
荷兰							
挪威							
波兰							
葡萄牙			1				
罗马尼亚							
俄罗斯		1		1	1	1	1

（续）

国家（地区）	2010/2011	2011/2012	2012/2013	2013/2014	2014/2015	2015/2016	2016/2017
斯洛伐克共和国							
西班牙	35	57	57	45	70	57	63
瑞典							
瑞士	0	0	0	0	0	0	0
乌克兰							
英国							
前南斯拉夫	0						
欧洲	**210**	**329**	**323**	**350**	**342**	**307**	**320**
欧盟	**206**	**323**	**317**	**349**	**342**	**307**	**319**
中国	30	12	10	6	4	4	4
中国台湾							
中国香港	43	19	38	28	3	3	3
小计	**73**	**31**	**49**	**34**	**7**	**7**	**8**
澳大利亚	545	1 010	1 305	1 037	521	467	453
印度尼西亚	4	4	1	1	2		
日本							
朝鲜							
韩国			1	1	2		
马来西亚	18	223	160	46	37	58	79
菲律宾							
新加坡	1	0	14	0	0	0	0
泰国	0		1				
越南							
东亚和太平洋	**568**	**1 238**	**1 482**	**1 085**	**562**	**525**	**533**
阿富汗	25	16	19	17	16	14	13
孟加拉国							
印度	1 085	2 159	1 685	2 014	914	1 224	853
缅甸	8						
巴基斯坦	156	253	97	111	103	84	62
斯里兰卡							
南亚	**1 274**	**2 428**	**1 800**	**2 142**	**1 034**	**1 322**	**928**
伊朗							
伊拉克							
以色列	7	17	15	11	13	15	16
叙利亚	2	3	7	2	3	5	2
土耳其	32	65	48	45	51	56	51
小计	**41**	**85**	**70**	**58**	**67**	**76**	**68**
总计	**7 690**	**9 828**	**9 986**	**8 998**	**7 717**	**7 637**	**7 556**

五、世界及主要产棉国原棉进口量（1980—2016）

单位：千吨

国家（地区）	1980/1981	1981/1982	1982/1983	1983/1984	1984/1985	1985/1986	1986/1987	1987/1988	1988/1989	1989/1990
加拿大	64	41	56	52	47	62	33	43	41	44
古巴	36	38	39	40	48	44	41	42	46	41
多米尼加共和国			0	0						
墨西哥			2	2			20	13	9	30
美国	6	6	4	3	5	7	1	0	1	0
北美洲	**106**	**86**	**103**	**97**	**100**	**113**	**95**	**98**	**96**	**116**
哥斯达黎加	2	2	1	1	1	1	1	1	2	2
萨尔瓦多	2	0				1	5	7	7	7
危地马拉	1	0	2	2	2	2	2	1	0	1
洪都拉斯	2	1	1	1	1	0	0	1	1	1
尼加拉瓜										
中美洲	**6**	**4**	**5**	**5**	**4**	**5**	**7**	**10**	**10**	**11**
阿根廷	17	13	16	5	9	20	27	17	1	10
玻利维亚	1	0	0	1	1		0	0	0	0
巴西	2	1	1	6	7	54	53	43	101	113
智利	13	10	10	15	17	23	22	25	25	26
哥伦比亚	2	0	0	0	0	1	0	0	1	3
厄瓜多尔	3	2	1	11	10	4	4	8	6	6
巴拉圭										
秘鲁	1	1						2		
乌拉圭	8	5	4	6	7	5	9	10	8	9
委内瑞拉	6	14	12	16	15	10	11	29	22	16
南美洲	**53**	**46**	**45**	**61**	**65**	**116**	**127**	**134**	**163**	**183**
阿尔及利亚	15	21	24	33	27	16	24	31	33	21
埃及					31	31	15	31	31	57
摩洛哥	8	12	14	13	15	19	23	21	29	31
苏丹										
突尼斯	11	14	14	15	13	19	19	18	23	28
北非洲	**34**	**47**	**51**	**61**	**85**	**84**	**80**	**102**	**115**	**137**
贝宁										
布基纳法索										
喀麦隆										
中非共和国										
乍得										
科特迪瓦										

（续）

国家（地区）	1980/1981	1981/1982	1982/1983	1983/1984	1984/1985	1985/1986	1986/1987	1987/1988	1988/1989	1989/1990
马达加斯加	2	3	3	5	2				1	1
马里										
尼日尔	0	0	0							
塞内加尔										
多哥										
远非	**4**	**5**	**6**	**7**	**4**	**2**	**2**	**1**	**2**	**1**
安哥拉								0	1	0
布隆迪										
埃塞俄比亚						5	3		3	2
加纳	3	4	4	5	2	7	10	8	7	7
肯尼亚	3	3	2	3	4	3	3	4	8	9
莫桑比克										
尼日利亚	6	10	25	45	45	49	17	24	15	11
南非	3	15	22	19	21	30	17	5	10	9
坦桑尼亚										
乌干达										
刚果	2					5	9	1	4	5
赞比亚										
津巴布韦										
南非	**18**	**34**	**54**	**72**	**77**	**96**	**56**	**43**	**47**	**43**
保加利亚	59	58	76	76	78	82	73	79	77	53
捷克共和国	115	119	122	123	126	120	121	121	121	121
德意志民主共和国										
匈牙利	91	86	80	84	83	89	91	90	79	59
波兰	165	155	148	140	161	159	142	155	181	136
罗马尼亚	119	128	93	77	96	93	86	81	76	79
南斯拉夫	106	106	104	116	141	130	106	119	103	98
中欧	**755**	**752**	**732**	**750**	**818**	**797**	**739**	**765**	**758**	**663**
挪威	2	2	3	3	3	3	2	2	2	1
瑞士	51	54	58	56	59	68	80	67	66	64
小计	**54**	**56**	**61**	**59**	**62**	**71**	**83**	**69**	**68**	**65**
奥地利	21	22	25	23	23	21	22	26	22	24
比利时	28	38	37	37	40	40	55	46	48	41
丹麦	2	2	2	2	2	2	2	2	3	3
芬兰	13	11	12	9	8	7	4	7	4	4
法国	167	197	189	173	162	161	177	160	149	134

（续）

国家（地区）	1980/1981	1981/1982	1982/1983	1983/1984	1984/1985	1985/1986	1986/1987	1987/1988	1988/1989	1989/1990
德国	158	195	226	215	233	215	300	212	231	222
希腊	60	50	62	44	69	61	46	33	43	39
爱尔兰	17	17	19	19	18	20	22	21	23	23
意大利	193	218	238	257	260	263	354	318	323	326
荷兰	15	15	17	10	10	12	10	9	7	6
葡萄牙	135	124	130	144	161	171	182	197	180	198
西班牙	44	30	60	80	75	80	116	113	86	116
瑞典	3	3	5	6	5	5	5	4	5	5
英国	43	49	58	47	52	51	57	53	42	35
西欧	**899**	**973**	**1 080**	**1 068**	**1 118**	**1 110**	**1 352**	**1 202**	**1 166**	**1 175**
亚美尼亚										
阿塞拜疆										
白俄罗斯										
爱沙尼亚										
格鲁吉亚										
哈萨克斯坦										
吉尔吉斯斯坦										
拉脱维亚										
立陶宛										
摩尔多瓦										
俄罗斯										
塔吉克斯坦										
土库曼斯坦										
乌克兰										
乌兹别克斯坦										
苏联	**28**	**25**	**147**	**168**	**183**	**108**	**77**	**87**	**80**	**59**
中国	773	478	236	145	18	0	3	19	315	408
中国台湾	214	260	227	255	341	415	512	394	384	273
中国香港	153	152	170	217	185	239	328	263	300	223
小计	**1 140**	**890**	**634**	**617**	**545**	**654**	**844**	**675**	**999**	**904**
澳大利亚	2	1	1	1	3	1	1	0	1	1
印度尼西亚	106	106	114	121	127	153	203	192	242	281
日本	697	759	677	724	683	654	816	743	771	675
朝鲜	38	37	37	20	20	22	17	20	18	18
韩国	332	326	330	349	358	372	419	426	461	450
马来西亚	28	28	26	29	27	24	33	30	41	38

（续）

国家（地区）	1980/1981	1981/1982	1982/1983	1983/1984	1984/1985	1985/1986	1986/1987	1987/1988	1988/1989	1989/1990
菲律宾	27	14	15	18	19	29	51	46	60	55
新加坡	20	16	14	12	10	9	14	16	16	17
泰国	86	56	84	171	144	178	281	192	273	263
越南	40	47	48	43	46	52	60	64	57	56
东亚和太平洋	**1 376**	**1 390**	**1 346**	**1 487**	**1 436**	**1 494**	**1 894**	**1 729**	**1 940**	**1 854**
阿富汗									0	
孟加拉国	45	42	45	71	54	50	59	51	75	110
印度		9						22	41	
缅甸	1	4	2	2	2	2	1		1	1
巴基斯坦	1	1	1	52	2	1	0	1	1	3
斯里兰卡	5	8	9	8	9	9	10	10	8	7
南亚	**52**	**65**	**58**	**134**	**68**	**64**	**71**	**84**	**128**	**122**
伊朗										
伊拉克	17	18	21	21	23	21	17	15	30	14
以色列	10	8	3	6	10	10	10	8	7	5
叙利亚										
土耳其							16	60	66	44	77
小计	**27**	**26**	**24**	**27**	**33**	**46**	**87**	**89**	**81**	**97**
总计	**4 555**	**4 405**	**4 350**	**4 617**	**4 602**	**4 763**	**5 516**	**5 094**	**5 654**	**5 431**

国家（地区）	1990/1991	1991/1992	1992/1993	1993/1994	1994/1995	1995/1996	1996/1997	1997/1998	1998/1999	1999/2000
加拿大	41	45	46	45	51	55	57	66	72	64
古巴	24	28	26	4	6	8	12	15	18	18
多米尼加共和国	0	0	1	1	1	1	2	2	2	2
墨西哥	43	48	153	175	128	151	207	335	308	404
美国	1	3	0	1	4	89	88	3	96	21
北美洲	**110**	**124**	**226**	**226**	**189**	**304**	**365**	**421**	**495**	**509**
哥斯达黎加	2	1	1	1	1	1	1	1	1	
萨尔瓦多	14	16	11	14	16	25	27	28	27	28
危地马拉	1	2	3	11	18	22	27	31	32	32
洪都拉斯	2	2	1	0	2	1	2	3	4	3
尼加拉瓜										
中美洲	**18**	**21**	**16**	**27**	**37**	**49**	**57**	**64**	**63**	**63**
阿根廷	6	2	2	15	9	6	1	5	10	10
玻利维亚	0	0			0			0	0	2
巴西	108	143	396	407	351	384	519	410	296	340

（续）

国家（地区）	1990/ 1991	1991/ 1992	1992/ 1993	1993/ 1994	1994/ 1995	1995/ 1996	1996/ 1997	1997/ 1998	1998/ 1999	1999/ 2000
智利	24	27	23	23	25	25	25	24	15	18
哥伦比亚	2	7	21	32	33	26	30	40	40	44
厄瓜多尔	2	7	13	12	15	10	7	20	12	11
巴拉圭						5	5			
秘鲁		5	12	26	15	16	18	40	40	40
乌拉圭	8	8	6	6	4	4	4	4	2	1
委内瑞拉	19	25	23	21	19	38	19	29	26	37
南美洲	**169**	**223**	**496**	**542**	**471**	**514**	**629**	**573**	**442**	**503**
阿尔及利亚	21	26	25	20	18	19	19	19	21	21
埃及	51	63	37		41	20				17
摩洛哥	38	42	37	46	42	46	45	46	46	46
苏丹										
突尼斯	23									
北非	**134**	**151**	**123**	**92**	**132**	**119**	**95**	**95**	**92**	**104**
贝宁										
布基纳法索										
喀麦隆										
中非共和国										
乍得										
科特迪瓦						2	3	2	0	0	0
马达加斯加				0						
马里										
尼日尔										
塞内加尔						1				
多哥										
远非			**1**	**1**	**2**	**3**	**2**	**0**	**0**	**0**
安哥拉										
埃塞俄比亚	2	4	26	8	5	4				
加纳	4	2	2	2	2					
肯尼亚	8	8	7	8	5	6	6	10	9	9
莫桑比克	1	1	1	4						
尼日利亚	46	46	20	30	41	10	20	15	15	15
南非	14	23	44	45	46	42	32	55	32	25
坦桑尼亚										
乌干达										
刚果	5	6	5	5	4	5	5	7	6	6

（续）

国家（地区）	1990/1991	1991/1992	1992/1993	1993/1994	1994/1995	1995/1996	1996/1997	1997/1998	1998/1999	1999/2000
赞比亚		1	0	1	1					
津巴布韦		11	21		0	0	1	3	2	2
南非	**80**	**105**	**133**	**110**	**113**	**79**	**75**	**102**	**75**	**69**
哈萨克斯坦		22	6	10	0	1	1	1	1	1
吉尔吉斯斯坦		5	10	7	3				3	1
塔吉克斯坦										
土库曼斯坦										
乌兹别克斯坦		2	1	1	1	1	1	1	1	1
中亚		**29**	**17**	**18**	**4**	**2**	**2**	**2**	**5**	**3**
亚美尼亚		7	3	1	1		1	1		
奥地利	26	30	31	33	26	24	32	34	35	34
阿塞拜疆		2	2	1						
白俄罗斯		21	5	5	12	12	10	20	25	21
比利时	38	41	34	50	39	47	47	49	57	54
保加利亚	28	19	23	24	23	15	14	17	14	19
捷克共和国	104	91	67	61	55	55	48	50	48	57
丹麦	3	4	5	5	5	5	3	4	4	2
爱沙尼亚		34	8	12	14	25	27	26	26	25
芬兰	2	1	1	2	2	2	1	1	1	1
法国	118	121	121	153	119	116	130	120	109	111
格鲁吉亚		14	11	2	0	1	1	1	1	
德国	233	198	168	190	148	150	158	155	129	127
希腊	17	26	15	12	10	9	8	6	6	5
匈牙利	44	36	27	21	19	18	14	21	17	11
爱尔兰	23	20	18	19	16	14	14	3	4	3
意大利	336	299	314	347	346	348	349	342	289	317
拉脱维亚	13	12	6	2	55	9	6	2	6	3
立陶宛		14	18	10	23	19	15	17	13	13
摩尔多瓦		31	25	1	2	2	3	3	3	3
荷兰	4	3	4	5	3	3	3			
挪威	1	1	1	1	1	1	1	1	1	1
波兰	95	90	96	91	87	81	77	78	62	56
葡萄牙	149	166	146	157	173	168	168	168	161	141
罗马尼亚	53	40	43	35	50	65	58	51	43	28
俄罗斯	1 190	1 075	525	475	336	175	173	223	189	279
西班牙	83	86	77	117	91	99	75	77	49	36

（续）

国家（地区）	1990/1991	1991/1992	1992/1993	1993/1994	1994/1995	1995/1996	1996/1997	1997/1998	1998/1999	1999/2000
斯洛伐克共和国			16	10	11	14	14	14	12	7
瑞典	6	4	5	4	7	7	7	6	5	5
瑞士	64	56	54	52	40	32	30	33	27	27
乌克兰		126	81	37	74	30	15	13	19	10
英国	27	19	15	18	18	13	14	12	7	3
前南斯拉夫	76	30	35	29	25	31	28	26	26	25
欧洲	**2 738**	**2 719**	**2 002**	**1 986**	**1 835**	**1 594**	**1 548**	**1 580**	**1 396**	**1 432**
欧盟	**1 403**	**1 354**	**1 265**	**1 390**	**1 353**	**1 320**	**1 295**	**1 264**	**1 110**	**1 071**
中国	480	355	53	176	884	663	787	402	78	30
中国台湾										
中国香港	223	226	175	189	193	168	132	124	135	112
小计	**1 062**	**913**	**511**	**634**	**1 320**	**1 131**	**1 202**	**789**	**512**	**455**
澳大利亚	0	0		0		0	0	0		
印度尼西亚	324	408	433	444	452	466	467	419	507	450
日本	634	588	489	429	375	330	285	287	270	276
朝鲜	21	41	25	3	4	5	5	5	5	5
韩国	447	392	383	368	380	362	331	288	321	332
马来西亚	43	44	44	56	69	64	67	74	80	101
菲律宾	48	64	49	79	59	65	76	40	50	50
新加坡	17	18	15	13	11	6	5	5	5	4
泰国	354	357	331	351	313	336	308	269	264	371
越南	31	19	13	18	36	35	38	38	67	74
东亚和太平洋	**1 920**	**1 931**	**1 782**	**1 762**	**1 699**	**1 669**	**1 581**	**1 424**	**1 567**	**1 662**
阿富汗										
孟加拉国	80	97	77	70	90	105	113	130	145	161
印度		49	17	47	108	9	5	32	94	348
缅甸	3	2	1	1	1	1	1			
巴基斯坦	0	4	5	76	151	27	61	62	192	103
斯里兰卡	10	13	15	18	17	18	21	20	15	9
南亚	**95**	**165**	**118**	**214**	**369**	**162**	**202**	**245**	**448**	**623**
伊朗				3	8					
伊拉克			11	11	18	20	21	16	10	11
以色列	13	16	15	15	15	15	10	8	4	4
叙利亚										
土耳其	46	92	233	119	236	113	332	399	246	525
小计	**58**	**108**	**259**	**148**	**277**	**148**	**363**	**423**	**260**	**540**
总计	**5 220**	**6 497**	**5 692**	**5 768**	**6 462**	**5 785**	**6 131**	**5 729**	**5 373**	**5 983**

（续）

国家（地区）	2000/ 2001	2001/ 2002	2002/ 2003	2003/ 2004	2004/ 2005	2005/ 2006	2006/ 2007	2007/ 2008	2008/ 2009	2009/ 2010
加拿大	77	60	69	70	60	37	25	9	4	2
古巴	8	9	9	9	7	7	4	2	2	2
多米尼加共和国	2	2	2	2	2	2	1	1	1	1
墨西哥	410	450	507	405	401	386	295	333	285	305
美国	3	5			6	6	4	3		
北美洲	**501**	**525**	**602**	**496**	**476**	**438**	**330**	**347**	**292**	**310**
哥斯达黎加										
萨尔瓦多	28	28	23	22	21	26	28	31	29	29
危地马拉	32	32	22	22	22	24	24	22	22	23
洪都拉斯	3	3	3	3	3					
尼加拉瓜										
中美洲	**63**	**63**	**48**	**47**	**46**	**54**	**60**	**60**	**54**	**52**
阿根廷	2	5	53	47	23	35	40	40	26	17
玻利维亚	4	7	7	8	8	9	10	10	5	3
巴西	131	53	123	113	46	67	112	36	11	33
智利	16	15	17	12	17	15	12	13	12	8
哥伦比亚	61	54	59	63	31	54	61	44	57	52
厄瓜多尔	13	15	13	14	14	13	11	14	14	17
巴拉圭	1					1	2			
秘鲁	34	41	47	32	48	37	55	59	39	69
乌拉圭	0	0	0	0	0	0	0	0	0	0
委内瑞拉	32	19	4	8	18	2	5	4	8	4
南美洲	**296**	**209**	**324**	**297**	**206**	**232**	**309**	**220**	**172**	**201**
阿尔及利亚	18	20	17	15	17	15	14	7	9	3
埃及	27	6	6	50	90	110	109	90	95	110
摩洛哥	42	44	34	32	31	37	34	39	33	33
苏丹										
突尼斯	20	18	14	13	14	11	13	9	10	9
北非洲	**106**	**88**	**70**	**110**	**152**	**173**	**170**	**145**	**148**	**154**
贝宁										
布基纳法索										
喀麦隆										
中非共和国										
乍得										
科特迪瓦	1	1								
马达加斯加										

（续）

国家（地区）	2000/2001	2001/2002	2002/2003	2003/2004	2004/2005	2005/2006	2006/2007	2007/2008	2008/2009	2009/2010
马里										
尼日尔										
塞内加尔										
多哥										
远非	**1**	**1**								
安哥拉										
布隆迪			0							
埃塞俄比亚							1	1	1	1
加纳			4	2			2			1
肯尼亚	7	7	8	8	7	2	7	8	7	2
莫桑比克										
尼日利亚	15	15	10	15	15	14	12	10	5	2
南非	33	40	54	42	27	29	41	44	31	17
坦桑尼亚										
乌干达										
刚果	5	6	6	6	6	6	8	8	8	8
赞比亚										
津巴布韦	2	1								
南非	**77**	**78**	**92**	**88**	**74**	**75**	**96**	**101**	**78**	**53**
哈萨克斯坦				5	6	9	5	5	2	1
吉尔吉斯斯坦	3	3	3	3	3	3	3	3	3	3
塔吉克斯坦										
土库曼斯坦										
乌兹别克斯坦	1	1	1	1	1	1	1	1	1	1
中亚	**4**	**4**	**4**	**9**	**10**	**13**	**9**	**9**	**6**	**5**
亚美尼亚	0	1	1	1	1	0	0	0	0	0
奥地利	39	38	26	23	26	21	14	11	6	6
阿塞拜疆										
白俄罗斯	17	14	12	12	12	11	11	11	11	11
比利时	68	60	54	42	45	33	31	22	11	12
保加利亚	20	19	19	17	17	18	17	17	14	5
捷克共和国	64	71	60	48	50	37	37	25	12	10
丹麦	2									
爱沙尼亚	25	22	25	21	14	15	7	4		
芬兰	0	0	0	0	0	0	0	0	0	0
法国	96	90	76	59	53	43	32	22	16	17

（续）

国家（地区）	2000/2001	2001/2002	2002/2003	2003/2004	2004/2005	2005/2006	2006/2007	2007/2008	2008/2009	2009/2010
格鲁吉亚										
德国	146	128	104	82	81	71	66	61	42	39
希腊	8	6	5	7	3	6	5	5	4	3
匈牙利	12	10	9	9	7	5	2	2	2	2
爱尔兰	1	0	0	0	0	0	0	0	0	0
意大利	294	281	265	202	213	147	138	105	52	58
拉脱维亚	4	4	4	4	3	3	2	2		0
立陶宛	11	9	9	3	4	4	2	0	0	0
摩尔多瓦	3	3	3	2	3	3	3	3	2	2
荷兰	5	6	3	3	2	2	3	4	5	5
挪威	1	1								
波兰	61	57	53	50	49	29	21	17	8	7
葡萄牙	135	119	105	85	70	65	62	54	36	34
罗马尼亚	26	28	23	20	18	14	12	2	1	1
俄罗斯	373	292	314	275	307	291	284	233	204	184
斯洛伐克共和国	9	9	8	4	3	1	0			
西班牙	31	28	26	17	16	6	5	3	5	3
瑞典	5	3	2	2	0	0	0	0	0	0
瑞士	26	21	19	15	10	8	6	6	4	3
乌克兰	15	16	16	16	14	13	13	12	8	7
英国	2	1	1	1	0	0	0	0	0	0
前南斯拉夫	25	23	19	15	14	12	13	11	7	6
欧洲	**1 529**	**1 362**	**1 263**	**1 036**	**1 038**	**863**	**789**	**635**	**452**	**419**
欧盟	**1 073**	**997**	**885**	**706**	**681**	**526**	**462**	**360**	**214**	**203**
中国	52	98	682	1 929	1 394	4 200	2 306	2 511	1 523	2 374
中国台湾	226	333	265	220	291	247	253	210	171	221
中国香港	114	107	101	45	69	107	91	87	73	85
小计	**393**	**538**	**1 049**	**2 195**	**1 754**	**4 554**	**2 650**	**2 808**	**1 767**	**2 680**
澳大利亚					0	0	0	0	0	0
印度尼西亚	570	460	550	415	502	426	490	564	479	517
日本	240	227	215	165	172	139	129	122	93	66
朝鲜	5	5	5	5	5	5	5	5	5	5
韩国	304	352	330	277	293	220	236	212	215	220
马来西亚	74	50	50	55	56	41	33	43	48	76
菲律宾	45	50	39	31	34	20	19	12	13	16
新加坡	4	4	4	3	3	3	3	3	3	26

（续）

国家（地区）	2000/2001	2001/2002	2002/2003	2003/2004	2004/2005	2005/2006	2006/2007	2007/2008	2008/2009	2009/2010
泰国	342	448	424	365	497	412	415	420	349	393
越南	84	94	91	117	150	153	224	250	264	363
东亚和太平洋	**1 669**	**1 690**	**1 708**	**1 434**	**1 712**	**1 420**	**1 555**	**1 631**	**1 470**	**1 683**
阿富汗										
孟加拉国	248	240	298	388	484	534	700	850	914	887
印度	350	520	265	171	185	90	95	110	170	110
缅甸										
巴基斯坦		191	186	393	383	352	502	851	417	342
斯里兰卡	11	7	8	3	2	3	2	2	2	1
南亚	**712**	**959**	**758**	**956**	**1 056**	**980**	**1 301**	**1 813**	**1 503**	**1 341**
伊朗			10	20	19	10	46	33	51	59
伊拉克	10	12		5	5	6	6	6	6	6
以色列		3	2	1	1	0				
叙利亚										
土耳其	381	623	494	515	742	744	873	711	635	955
小计	**391**	**638**	**506**	**542**	**767**	**760**	**925**	**750**	**692**	**1 020**
总计	**5 764**	**6 182**	**6 450**	**7 237**	**7 317**	**9 584**	**8 213**	**8 536**	**6 647**	**7 928**

国家（地区）	2010/2011	2011/2012	2012/2013	2013/2014	2014/2015	2015/2016	2016/2017
加拿大	2	1	1	1	1	1	1
古巴	2	2	2	2	2	2	2
多米尼加共和国	1	1	1	1	1	1	1
墨西哥	261	221	245	233	198	234	230
美国	2	4	2	3	3	2	2
北美洲	**268**	**229**	**251**	**240**	**204**	**240**	**236**
哥斯达黎加							
萨尔瓦多	38	19	28	29	29	27	26
危地马拉	24	20	23	23	20	21	21
洪都拉斯							
尼加拉瓜							
中美洲	**62**	**39**	**52**	**52**	**49**	**48**	**47**
阿根廷	7	8	6	3	2	2	2
玻利维亚	2	1	1	2	1	1	1
巴西	153	6	14	32	5	5	5
智利	2	0	0	0	0	0	0
哥伦比亚	65	22	32	34	20	23	31

（续）

国家（地区）	2010/2011	2011/2012	2012/2013	2013/2014	2014/2015	2015/2016	2016/2017
厄瓜多尔	18	13	11	14	13	13	13
巴拉圭		2	1	0	1	0	
秘鲁	75	47	59	58	54	58	55
乌拉圭	0	0	0	0	0	0	0
委内瑞拉	3	2	2	2	7	3	3
南美洲	**325**	**101**	**126**	**145**	**104**	**105**	**110**
阿尔及利亚	5	2	3	3	3	3	3
埃及	90	41	42	87	68	68	57
摩洛哥	36	36	32	34	30	30	30
苏丹							
突尼斯	11	13	13	13	13	13	13
北非洲	**142**	**93**	**90**	**137**	**137**	**114**	**103**
贝宁							
布基纳法索							
喀麦隆							
中非共和国							
乍得							
科特迪瓦			0				
几内亚							
马达加斯加							
马里							
尼日尔							
塞内加尔							
多哥							
远非			**0**				
安哥拉							
布隆迪							
埃塞俄比亚	1	3	3	6			
加纳	1	1	0	1			
肯尼亚	2	1	0	0	0	2	3
马拉维							
莫桑比克							
尼日利亚	12	1	1	1	1	1	1
南非	20	16	17	19	17	9	15
坦桑尼亚							
乌干达							

（续）

国家（地区）	2010/2011	2011/2012	2012/2013	2013/2014	2014/2015	2015/2016	2016/2017
刚果	8	8	8	8	8	8	8
赞比亚							
津巴布韦							
南非	**61**	**53**	**51**	**57**	**63**	**65**	**69**
哈萨克斯坦	1	1	0	0	0	0	0
吉尔吉斯斯坦	3	3	3	3	3	4	4
塔吉克斯坦							
土库曼斯坦							
乌兹别克斯坦	1	1	1	1	1	1	1
中亚	**5**	**5**	**4**	**4**	**4**	**5**	**5**
亚美尼亚	0	0	0	0	0	0	0
奥地利	8	5	6	5	5	5	5
阿塞拜疆							
白俄罗斯	11	11	11	11	11	11	11
比利时	15	14	10	10	10	9	10
保加利亚	5	3	5	5	1	5	5
捷克共和国	8	5	3	3	5	4	3
丹麦			0				
爱沙尼亚							
芬兰							
法国	20	18	17	16	17	16	16
格鲁吉亚							
德国	58	59	49	52	48	53	52
希腊	3	3	3	3	3	3	3
匈牙利	1	2	1	1	1	0	0
爱尔兰	0	0	0	0	0	0	0
意大利	63	51	54	45	53	50	51
拉脱维亚	0	0	0	0	0	0	0
立陶宛	0	0	0	0	0	0	0
摩尔多瓦	2	2	2	2	2	2	2
荷兰	5	5	5	5	5	4	4
挪威							
波兰	5	2	7	7	8	7	7
葡萄牙	31	23	32	34	34	29	33
罗马尼亚	1	1	1	1	1	1	1
俄罗斯	111	76	60	78	55	52	52

（续）

国家（地区）	2010/2011	2011/2012	2012/2013	2013/2014	2014/2015	2015/2016	2016/2017
斯洛伐克共和国							
西班牙	6	4	3	3	3	3	3
瑞典	0	0	0	0	2	2	2
瑞士	5	4	4	3	3	3	3
乌克兰	3	4	2	3	2	2	2
英国	0	0	1	0	0	0	0
前南斯拉夫	7	6	6	6	6	6	6
欧洲	**371**	**300**	**290**	**296**	**279**	**269**	**273**
欧盟	**230**	**195**	**204**	**191**	**197**	**191**	**195**
中国	2 609	5 342	4 426	3 075	1 804	1 593	1 276
中国台湾	175	188	205	187	184	168	165
中国香港	49	40	86	52	1	1	1
小计	**2 833**	**5 570**	**4 717**	**3 313**	**1 989**	**1 761**	**1 442**
澳大利亚	0	0	0	0	0	0	0
印度尼西亚	471	540	686	651	735	782	765
日本	83	64	69	68	66	64	64
朝鲜	5	5	5	5	5	5	5
韩国	230	255	286	280	288	285	291
马来西亚	63	245	151	77	73	73	73
菲律宾	16	6	9	8	18	16	16
新加坡	1	0	12	0	0	0	0
泰国	383	275	329	337	320	370	356
越南	350	379	517	691	941	956	1 091
东亚和太平洋	**1 602**	**1 769**	**2 064**	**2 117**	**2 446**	**2 553**	**2 661**
阿富汗							
孟加拉国	843	680	631	967	966	972	990
印度	87	153	258	142	267	267	267
缅甸					11	51	13
巴基斯坦	314	190	411	247	200	433	721
斯里兰卡	2	2	2	2	2	2	2
南亚	**1 245**	**1 025**	**1 302**	**1 362**	**1 446**	**1 725**	**1 993**
伊朗	66	67	49	61	69	66	77
伊拉克	5	5	5	6	6	7	7
以色列							
叙利亚							
土耳其	729	519	618	876	800	680	493
小计	**801**	**591**	**673**	**943**	**875**	**752**	**577**
总计	**7 727**	**9 784**	**9 630**	**8 677**	**7 583**	**7 637**	**7 556**

六、世界超细绒棉供应情况（1980—2016）

单位：千吨

国家（地区）	1980	1981	1982	1983	1984	1985	1986	1987	1988	1989
季初库存*										
中国	7	7	7	7	7	7	7	5	5	5
埃及，超长绒	17	33	36	37	31	28	26	29	24	19
埃及，长绒	131	191	175	140	66	50	77	44	39	21
印度	65	27	37	23	13	61	38	19	34	38
以色列	1	1	1	1	1	1	1	1	1	2
秘鲁	20	23	34	25	16	13	7	4	1	2
苏丹	22	18	62	75	55	63	73	67	49	36
塔吉克斯坦										
土库曼斯坦										
美国	8	12	14	20	18	17	13	18	12	14
乌兹别克斯坦	19	18	18	16	20	11	29	35	58	74
其他生产国	5	3	4	4	6	4	6	8	7	5
总计	**296**	**333**	**387**	**348**	**233**	**256**	**277**	**231**	**230**	**216**
产量										
中国	4	6	10	11	13	15	15	25	25	35
埃及，超长绒	155	118	112	107	111	91	109	82	81	81
埃及，长绒	364	372	340	287	282	339	288	265	226	204
印度	95	164	194	192	299	221	255	218	180	209
以色列	5	4	4	4	3	7	17	13	19	31
秘鲁	22	19	9	0	15	22	28	11	25	33
苏丹	55	84	90	83	79	67	73	42	41	49
塔吉克斯坦										
土库曼斯坦										
美国	23	17	21	21	28	34	45	62	73	151
乌兹别克斯坦	139	169	196	202	198	306	313	371	390	256
其他生产国	9	8	8	10	6	9	10	13	11	11
总计	**872**	**961**	**984**	**915**	**1 034**	**1 110**	**1 153**	**1 102**	**1 069**	**1 060**
消费*										
中国	38	28	22	26	11	11	10	9	15	24
埃及，超长绒	33	34	34	33	35	24	51	35	43	51
埃及，长绒	288	258	224	228	226	255	231	235	210	196
印度	114	127	153	175	242	241	208	201	178	171
以色列	0	0	0	0	0	0	0	0	0	0
秘鲁	5	2	4	8	12	12	19	12	7	17
苏丹	6	5	4	9	12	11	5	2	1	1

（续）

国家（地区）	1980	1981	1982	1983	1984	1985	1986	1987	1988	1989
				消费*						
塔吉克斯坦										
土库曼斯坦										
美国	14	10	12	15	11	13	15	11	15	16
乌兹别克斯坦	138	168	207	243	222	301	302	316	327	293
其他生产国	7	7	10	9	9	7	9	9	6	9
总计	**643**	**638**	**670**	**745**	**780**	**875**	**849**	**830**	**803**	**778**
				出口						
中国	0	0	1	1	2	4	11	22	13	8
埃及，超长绒	106	81	79	76	83	67	60	50	38	32
埃及，长绒	57	93	101	90	69	81	61	38	22	11
印度	20	27	54	27	8	2	65	0	0	25
以色列	5	4	4	4	3	7	17	13	18	17
秘鲁	15	6	13	1	6	11	12	3	11	10
苏丹	54	36	73	115	66	50	78	63	52	33
塔吉克斯坦										
土库曼斯坦										
美国	7	3	3	8	20	23	25	52	58	98
乌兹别克斯坦	2	2	2	2	2	2	20	47	56	39
其他生产国	18	10	5	5	5	6	6	11	14	9
总计	**284**	**261**	**335**	**330**	**264**	**253**	**355**	**298**	**283**	**284**
总进口 1/	49	33	33	72	24	21	26	27	20	22
库存调整 2/	43	−41	−50	−27	9	18	−20	−1	−18	5
库存/利用，埃及	0.46	0.45	0.4	0.23	0.19	0.24	0.18	0.18	0.13	0.14
库存/利用，美国	0.56	1.08	1.35	0.8	0.56	0.36	0.46	0.18	0.20	0.38
库存/利用，总计	0.36	0.43	0.35	0.22	0.24	0.25	0.19	0.20	0.20	0.23
考特鲁克报价，美国比马棉**					122	110	113	129	178	112
考特鲁克报价，吉扎81棉**					134	111	113	145	177	190
比率：美国比马棉/吉扎81棉**					0.91	0.99	1.00	0.89	1.01	0.59
比率：美国比马棉/中绒A指数**					1.76	2.24	1.82	1.78	2.68	1.36

（续）

国家（地区）	1990	1991	1992	1993	1994	1995	1996	1997	1998	1999
					季初库存*					
中国	12	36	45	29	29	19	7	12	23	7
埃及，超长绒	30	39	42	75	110	36	22	44	82	96
埃及，长绒	11	67	64	127	124	71	108	186	187	102
印度	50	59	34	31	23	34	41	17	23	49
以色列	16	8	1	1	1	1	1	3	5	1
秘鲁	13	10	8	7	8	5	6	18	14	11
苏丹	51	19	18	18	17	17	24	22	24	17
塔吉克斯坦		5	9	6	10	6	6	6	4	4
土库曼斯坦		8	17	6	7	5	5	2	2	2
美国	44	18	26	45	49	13	14	11	14	22
乌兹别克斯坦	8	7	8	3	7	5	14	9	9	4
其他生产国	5	9	13	10	10	12	12	12	11	11
总计	**241**	**284**	**285**	**358**	**395**	**224**	**259**	**340**	**398**	**324**
					产量					
中国	57	50	15	28	15	8	17	31	14	17
埃及，超长绒	83	90	91	121	31	37	55	73	56	26
埃及，长绒	209	198	263	290	220	201	286	265	170	204
印度	175	141	151	110	87	123	63	110	115	100
以色列	16	2	5	5	5	7	12	9	5	10
秘鲁	27	18	8	10	9	22	30	9	2	10
苏丹	14	13	17	7	15	18	23	18	13	12
塔吉克斯坦		59	35	25	26	21	19	13	10	7
土库曼斯坦		98	60	25	5	9	2	17	12	17
美国	78	87	111	83	74	80	115	119	96	147
乌兹别克斯坦	298	123	82	62	24	20	18	25	9	12
其他生产国	12	16	11	9	9	11	14	13	11	10
总计	**969**	**893**	**848**	**776**	**518**	**557**	**655**	**702**	**514**	**570**
					消费*					
中国	25	26	26	26	24	22	20	22	22	15
埃及，超长绒	63	76	36	54	70	19	15	15	16	14
埃及，长绒	205	187	245	217	129	187	183	216	170	130
印度	163	166	126	147	95	114	123	110	111	116
以色列	0	0	0	0	0	0	0	0	0	0
秘鲁	10	10	8	13	13	15	15	13	13	11
苏丹	3	4	5	4	2	1	2	1	0	0
塔吉克斯坦		4	5	5	5	5	5	5	4	3

（续）

国家（地区）	1990	1991	1992	1993	1994	1995	1996	1997	1998	1999
消费 *										
土库曼斯坦		5	5	5	5	2	2	3	2	2
美国	14	14	13	16	19	24	23	25	32	32
乌兹别克斯坦	275	17	17	18	6	7	10	12	7	7
其他生产国	8	9	10	5	5	5	6	6	6	6
总计	765	517	496	509	373	400	404	428	384	336
出口										
中国	10	15	5	4	4	0	0	0	10	12
埃及，超长绒	13	9	9	41	28	19	18	19	24	39
埃及，长绒	5	8	9	76	38	0	28	50	85	58
印度	4	0	30	0	0	5	9	2	1	1
以色列	20	10	6	5	5	7	10	7	7	10
秘鲁	21	10	1	0	1	8	6	6	0	1
苏丹	28	27	11	26	14	11	9	15	15	12
塔吉克斯坦		50	33	17	25	16	14	9	6	4
土库曼斯坦		84	66	19	2	7	3	14	10	15
美国	90	65	72	67	92	65	101	96	63	97
乌兹别克斯坦	8	106	69	41	20	13	13	13	7	5
其他生产国	8	7	9	8	6	9	11	10	8	7
总计	206	390	320	304	236	159	222	242	236	260
总进口 1/	13	5	5	38	29	10	19	25	36	34
库存调整 2/	33	10	35	36	−110	27	34	0	−4	−39
库存/利用，埃及	0.37	0.38	0.67	0.6	0.4	0.58	0.94	0.89	0.67	0.59
库存/利用，美国	0.17	0.33	0.53	0.6	0.12	0.16	0.09	0.12	0.24	0.42
库存/利用，总计	0.29	0.31	0.44	0.49	0.37	0.46	0.54	0.59	0.52	0.49
考特鲁克报价，美国比马棉 **	136	116	100	103	130	170	123	116	108	98
考特鲁克报价，吉扎 75 棉 **	178	133	103	91	96		120	105	99	96
比率：美国比马棉/吉扎 75 棉 **	0.76	0.87	0.97	1.13	1.36		1.02	1.10	1.08	1.02
比率：美国比马棉/中绒 A 指数 **	1.64	1.84	1.73	1.46	1.38	1.99	1.56	1.60	1.83	1.85

（续）

国家（地区）	2000	2001	2002	2003	2004	2005	2006	2007	2008	2009
					季初库存*					
中国	3	12	29	21	26	56	62	78	81	46
埃及，超长绒	64	34	25	9	22	12	16	30	25	23
埃及，长绒	79	84	140	53	35	46	33	66	54	56
印度	47	46	26	23	22	37	19	20	23	25
以色列	1	1	8	7	2	2	2	2	2	1
秘鲁	10	11	7	9	8	17	16	19	19	11
苏丹	17	20	35	44	30	35	33	44	23	25
塔吉克斯坦	4	4	7	12	9	5	3	3	2	3
土库曼斯坦	2	2	5	7	7	4	4	14	19	28
美国	54	26	71	53	14	3	17	41	34	66
乌兹别克斯坦	4	2	3	6	5	3	3	6	14	13
其他生产国	10	9	8	6	5	4	2	3	2	2
总计	**294**	**250**	**365**	**249**	**187**	**224**	**209**	**325**	**298**	**298**
					产量					
中国	62	97	67	101	112	119	178	153	108	111
埃及，超长绒	31	51	66	59	78	44	53	41	23	13
埃及，长绒	177	262	221	138	212	158	158	181	82	82
印度	85	80	60	70	70	52	69	78	77	77
以色列	8	19	17	9	15	13	20	18	8	7
秘鲁	13	6	5	12	19	19	24	16	9	5
苏丹	19	27	45	42	44	37	31	13	10	2
塔吉克斯坦	10	18	33	17	14	8	10	8	4	1
土库曼斯坦	20	30	20	27	23	12	26	26	23	21
美国	85	152	148	94	162	137	167	185	94	87
乌兹别克斯坦	11	15	17	17	15	12	14	13	3	2
其他生产国	9	13	6	4	5	4	6	5	5	5
总计	**528**	**770**	**703**	**591**	**769**	**614**	**755**	**738**	**446**	**413**
					消费*					
中国	40	45	50	85	125	170	190	190	150	210
埃及，超长绒	18	14	16	21	17	10	12	15	5	6
埃及，长绒	118	131	174	103	145	87	67	112	38	71
印度	110	125	125	128	135	140	148	160	125	145
以色列	0	0	0	0	0	0	0	0	0	0
秘鲁	11	13	12	17	22	21	25	25	19	13
苏丹	0	1	0	0	0	0	0	0	0	0
塔吉克斯坦	3	3	3	3	3	3	3	3	3	1

（续）

国家（地区）	2000	2001	2002	2003	2004	2005	2006	2007	2008	2009
					消费*					
土库曼斯坦	2	2	2	3	5	4	4	5	4	4
美国	27	23	22	13	13	11	8	8	6	7
乌兹别克斯坦	5	5	4	2	2	2	2	2	2	2
其他生产国	6	6	7	7	7	7	7	7	7	7
总计	**340**	**367**	**416**	**382**	**474**	**455**	**467**	**526**	**359**	**466**
					出口					
中国	15	40	45	35	7	8	13	10	17	5
埃及，超长绒	40	34	54	35	75	25	25	33	19	22
埃及，长绒	38	50	105	54	65	66	47	98	21	51
印度	0	2	0	0	0	0	0	0	0	0
以色列	8	12	18	13	15	13	20	18	9	7
秘鲁	0	0	0	0	0	0	0	0	0	0
苏丹	16	9	31	56	40	39	20	32	8	21
塔吉克斯坦	7	12	25	17	15	7	8	6	1	2
土库曼斯坦	18	25	16	24	22	8	12	16	10	25
美国	95	86	138	113	164	113	146	181	51	151
乌兹别克斯坦	8	8	10	15	15	10	9	3	2	7
其他生产国	6	11	5	3	3	3	4	4	4	4
总计	**252**	**291**	**447**	**365**	**420**	**292**	**304**	**401**	**142**	**294**
总进口 1/	33	41	107	98	152	144	132	151	82	170
	−13	−37	−63	−4	10	−25	−1	12	27	20
库存/利用，埃及	0.55	0.72	0.18	0.27	0.19	0.26	0.63	0.31	0.95	0.25
库存/利用，美国	0.22	0.65	0.33	0.11	0.02	0.14	0.26	0.18	1.17	0.02
库存/利用，总计	0.42	0.55	0.29	0.25	0.25	0.28	0.42	0.32	0.60	0.19
考特鲁克报价，美国比马棉**	114	98	96	127	95	131	117	115	132	128
考特鲁克报价，吉萨88棉	122	109	100	135	98	139	128	117	118	132
比率：美国比马棉/吉扎88棉	0.93	0.90	0.96	0.94	0.97	0.94	0.91	0.98	1.12	0.97
比率：美国比马棉/中绒A指数**	1.99	2.34	1.72	1.76	1.82	2.34	1.98	1.58	2.15	1.66

（续）

国家（地区）	2010	2011	2012	2013	2014	2015
			季初库存*			
中国	32	37	92	77	70	65
埃及，超长绒	7	7	19	8	8	3
埃及，长绒	30	24	52	31	41	61
印度	27	24	24	11	22	22
以色列	1	1	1	1	1	1
秘鲁	3	8	6	5	4	2
苏丹	5	0	14	7	1	0
塔吉克斯坦	1	1	0	1	2	2
土库曼斯坦	20	17	22	25	21	26
美国	4	6	59	41	27	56
乌兹别克斯坦	6	2	1	0	1	1
其他生产国	2	2	2	3	2	2
总计	**137**	**129**	**292**	**210**	**200**	**241**
			产量			
中国	125	130	60	38	65	126
埃及，超长绒	28	40	9	5	4	2
埃及，长绒	104	145	99	89	109	79
印度	63	70	70	76	88	82
以色列	7	15	14	11	14	14
秘鲁	14	9	9	8	6	6
苏丹	4	16	3	1	0	0
塔吉克斯坦	1	1	2	2	0	1
土库曼斯坦	20	18	18	17	20	18
美国	110	185	170	138	123	98
乌兹别克斯坦	2	2	2	2	2	1
其他生产国	6	7	6	4	4	4
总计	**485**	**639**	**461**	**391**	**435**	**431**
			消费*			
中国	180	140	150	120	125	144
埃及，超长绒	1	3	3	1	1	1
埃及，长绒	33	78	84	58	55	52
印度	150	154	155	145	146	146
以色列	0	0	0	0	0	0
秘鲁	14	14	14	13	13	10
苏丹	0	0	0	0	0	0
塔吉克斯坦	1	1	1	1	1	1

（续）

国家（地区）	2010	2011	2012	2013	2014	2015
			消费*			
土库曼斯坦	4	4	4	3	3	3
美国	6	5	5	5	5	5
乌兹别克斯坦	1	1	1	1	1	1
其他生产国	7	7	7	7	6	6
总计	**396**	**406**	**423**	**352**	**355**	**367**
			出口			
中国	5	5	5	5	5	5
埃及，超长绒	24	25	17	4	7	3
埃及，长绒	76	48	35	21	33	30
印度	0	0	3	2	3	3
以色列	7	15	14	11	14	14
秘鲁	0	0	0	0	0	0
苏丹	9	2	10	7	1	0
塔吉克斯坦	1	1	0	0	0	0
土库曼斯坦	18	10	11	18	13	17
美国	108	129	184	148	89	109
乌兹别克斯坦	5	2	1	1	1	1
其他生产国	4	6	5	4	4	4
总计	**258**	**244**	**285**	**222**	**170**	**186**
总进口 1/	162	163	166	174	132	95
库存调整	—1	10	0	—1	0	0
库存/利用，埃及	0.23	0.46	0.28	0.57	0.66	0.67
库存/利用，美国	0.05	0.44	0.22	0.18	0.6	0.36
库存/利用，总计	0.2	0.45	0.3	0.35	0.46	0.18
考特鲁克报价，美国比马棉	228	179	146	194	182	162
考特鲁克报价，吉扎 88 棉	260	156	154	178	113	
比率：美国比马棉/吉萨 88 棉	0.88	1.15	0.94	1.09	1.61	
比率：美国比马棉/中绒 A 指数	1.39	1.79	1.66	2.14	2.57	2.25

注：＊仅包括生产国。库存包括所有棉花。

＊＊北欧报价。

1/生产国超细绒棉进口量。

2/库存计算值与实际值间差异。

七、2000 年度以来全球棉花库存量

单位：千吨

国家（地区）	2000/2001	2001/2002	2002/2003	2003/2004	2004/2005	2005/2006	2006/2007	2007/2008	2008/2009	2009/2010
加拿大	19	9	9	11	10	7	5	3	2	1
古巴	5	5	5	5	4	4	3	1	1	1
多米尼加共和国						1	0	0	0	0
墨西哥	66	138	215	227	272	281	221	208	170	125
美国	1 306	1 622	1 172	751	1 196	1 321	2 064	2 188	1 380	642
北美洲	**1 398**	**1 775**	**1 402**	**995**	**1 484**	**1 614**	**2 293**	**2 401**	**1 552**	**769**
哥斯达黎加										
萨尔瓦多	5	5	5	5	5	5	6	6	6	6
危地马拉	5	5	5	5	5	6	6	6	5	5
洪都拉斯		1	1	1	1	1	2	2	1	0
尼加拉瓜	0	0	0	0	0	0	0	0	0	0
中美洲	**11**	**11**	**11**	**11**	**11**	**12**	**13**	**14**	**12**	**11**
阿根廷	114	50	62	70	89	92	129	136	102	162
玻利维亚	3	3	3	4	3	2	2	2	1	1
巴西	755	589	766	1 120	1 191	904	1 252	1 411	1 050	680
智利	3	2	3	2	4	4	3	3	3	2
哥伦比亚	31	27	24	32	28	30	35	26	33	22
厄瓜多尔	3	5	6	6	6	5	4	4	4	3
巴拉圭	35	24	27	28	24	13	7	10	9	4
秘鲁	22	29	37	42	66	58	66	61	34	25
乌拉圭	0	0	0	0	0	0	0	0	0	0
委内瑞拉	23	23	23	14	14	4	2	2	3	2
南美洲	**989**	**752**	**951**	**1 319**	**1 424**	**1 112**	**1 500**	**1 656**	**1 239**	**902**
阿尔及利亚	6	6	5	4	4	4	4	2	2	1
埃及	122	168	63	62	56	59	111	84	90	43
摩洛哥	9	10	8	7	7	10	9	10	9	7
苏丹	82	90	82	62	57	42	59	26	37	9
突尼斯	5	5	5	5	5	4	4	3	3	2
北非	**225**	**279**	**163**	**140**	**129**	**119**	**186**	**125**	**141**	**63**

（续）

国家 （地区）＼年度	2000/ 2001	2001/ 2002	2002/ 2003	2003/ 2004	2004/ 2005	2005/ 2006	2006/ 2007	2007/ 2008	2008/ 2009	2009/ 2010
贝宁	49	69	45	50	103	50	35	40	45	24
布基纳法索	44	69	79	81	144	150	108	66	84	49
喀麦隆	38	46	58	30	78	48	33	19	29	19
中非共和国	4	6	7	2	2	1	1	1	0	1
乍得	19	26	38	16	41	43	26	25	28	19
科特迪瓦	25	61	137	37	17	37	23	17	20	20
马达加斯加	5	8	3	3	3	3	3	3	3	3
马里	44	142	155	150	119	90	46	24	22	9
尼日尔	0	0	0	0	0	0	0	0	0	0
塞内加尔	3	6	7	7	8	6	8	5	4	2
多哥	17	40	34	24	43	25	6	5	7	1
远非	**253**	**481**	**567**	**401**	**561**	**456**	**290**	**207**	**242**	**149**
安哥拉		0	0	0	0	0	0	0	0	0
布隆迪	1	1	1	1	1	1	0	0	0	0
埃塞俄比亚	8	8	5	2	3	28	41	43	37	29
加纳	8	4	2	2	3	3	3	3	3	1
肯尼亚	5	5	5	5	5	5	6	5	5	6
莫桑比克	21	21	21	17	20	27	17	16	16	10
尼日利亚	16	21	24	25	40	36	26	26	22	26
南非	42	27	27	18	21	13	13	14	9	4
坦桑尼亚	27	41	26	88	100	22	38	91	93	59
乌干达	4	3	1	11	22	13	12	9	14	8
刚果	2	2	2	2	2	2	2	2	2	2
赞比亚	4	19	20	37	54	44	16	17	17	25
津巴布韦	74	69	75	100	62	67	70	65	64	78
南非	**230**	**238**	**226**	**324**	**349**	**277**	**262**	**306**	**310**	**264**
哈萨克斯坦	20	28	25	23	22	26	29	20	25	15
吉尔吉斯斯坦	3	8	8	8	13	13	12	10	14	4
塔吉克斯坦	31	44	51	51	51	36	33	35	60	37
土库曼斯坦	73	73	51	51	72	72	72	72	179	104
乌兹别克斯坦	233	280	323	302	397	403	365	396	507	268
中亚	**360**	**432**	**457**	**435**	**556**	**551**	**512**	**535**	**786**	**429**

（续）

国家（地区） \ 年度	2000/2001	2001/2002	2002/2003	2003/2004	2004/2005	2005/2006	2006/2007	2007/2008	2008/2009	2009/2010
亚美尼亚	0	1				0	0	0	0	0
奥地利	6	14	11	6	4	3	1	1	1	1
阿塞拜疆	12	9	12	12	14	21	21	15	13	1
白俄罗斯	4	4	4	4	4	4	4	4	4	4
比利时	10	10	12	12	8	6	5	4	1	1
保加利亚	8	8	8	7	7	6	6	5	5	2
捷克共和国	25	31	28	24	23	20	19	12	6	4
丹麦	1	0								
爱沙尼亚	4	4	4	4	3	3	2	1		
芬兰	0									
法国						12	8	5	2	2
格鲁吉亚	0	0	0	0	0	0	0	0	0	0
德国	28	32	28	21	21	17	17	14	9	6
希腊	106	138	128	121	98	98	85	85	66	31
匈牙利	4	3	3	3	2	2	1	0	0	0
爱尔兰	0	0	0	0	0	0	0	0	0	0
意大利	41	43	46	33	41	30	26	21	11	10
拉脱维亚	1	1	1	1	1	1	1	0	0	0
立陶宛	4	4	4	2	2	2	1	0	0	0
摩尔多瓦	2	2	2	1	1	1	1	1	1	1
荷兰	1	1	1	0	0	0	0	0	0	0
挪威	0	0	0							
波兰	8	9	10	9	6	5	3	3	1	1
葡萄牙	34	28	18	18	17	16	14	12	7	6
罗马尼亚	7	7	7	5	5	4	4	2	1	0
俄罗斯	86	39	41	26	50	52	52	49	48	44
斯洛伐克共和国	3	3	3	2	1	0	0	0	0	0
西班牙	27	25	34	17	31	23	13	13	6	4
瑞典	1	1	0	0	0	0	0	0	0	0
瑞士						1	1	0	0	0

（续）

国家（地区） 年度	2000/2001	2001/2002	2002/2003	2003/2004	2004/2005	2005/2006	2006/2007	2007/2008	2008/2009	2009/2010
乌克兰	4	4	4	4	4	3	3	3	2	2
英国	0	0	0	0	0	0	0	0	0	0
前南斯拉夫	6	6	6	5	4	4	3	3	2	2
欧洲	**455**	**451**	**438**	**356**	**363**	**333**	**292**	**256**	**190**	**125**
欧盟	**338**	**385**	**367**	**303**	**286**	**248**	**207**	**181**	**119**	**71**
中国	3 755	3 397	2 506	2 449	2 622	3 991	3 653	3 321	3 585	2 688
中国台湾	45	98	93	63	93	80	78	68	54	55
中国香港	33	35	40	18	21	29	29	27	22	20
小计	**3 833**	**3 530**	**2 639**	**2 530**	**2 736**	**4 100**	**3 760**	**3 416**	**3 662**	**2 763**
澳大利亚	452	509	286	203	439	428	287	138	197	115
印度尼西亚	102	56	111	81	120	82	95	111	117	123
日本	58	60	63	46	49	41	35	39	36	18
朝鲜	2	1	1	1	1	1	1	1	1	1
韩国	45	56	59	46	49	39	45	43	43	43
马来西亚	26	15	12	13	13	10	7	8	9	28
菲律宾	7	9	8	7	8	5	4	3	2	3
新加坡	2	1	1	1	1	1	1	1	1	1
泰国	100	148	137	99	144	120	108	104	83	80
越南	10	17	16	18	23	26	51	62	61	73
东亚和太平洋	**805**	**872**	**694**	**517**	**847**	**753**	**635**	**510**	**551**	**487**
阿富汗	19	33	44	40	40	40	40	40	40	29
孟加拉国	50	55	64	82	109	107	130	168	191	180
印度	922	1 097	839	873	1 765	1 689	1 520	1 263	1 917	1 492
缅甸	34	34	34	34	34	34	40	49	70	81
巴基斯坦	608	632	471	512	874	814	757	800	546	409
斯里兰卡	3	2	2	1	0	0	0	0	0	0
南亚	**1 637**	**1 854**	**1 456**	**1 543**	**2 824**	**2 686**	**2 489**	**2 321**	**2 766**	**2 193**
伊朗	47	37	36	38	56	56	62	44	44	35
伊拉克	5	5	1	1	1	1	1	1	1	1
以色列	16	20	18	14	12	8	5	3	2	2
叙利亚	61	69	58	71	104	83	48	53	98	81
土耳其	283	428	381	331	406	422	450	404	341	400
小计	**412**	**558**	**493**	**454**	**579**	**570**	**566**	**506**	**486**	**518**
总计	**10 614**	**11 240**	**9 506**	**9 031**	**11 870**	**12 591**	**12 806**	**12 258**	**11 942**	**8 676**

（续）

国家 （地区）	2010/2011	2011/2012	2012/2013	2013/2014	2014/2015	2015/2016	2016/2017
加拿大	0	0	0	0	0	0	0
古巴	1	1	1	1	1	1	1
多米尼加共和国	0	0	0	0	0	0	0
墨西哥	106	137	161	146	205	181	159
美国	566	729	903	651	980	1 119	1 043
北美洲	**674**	**868**	**1 066**	**799**	**1 186**	**1 301**	**1 204**
哥斯达黎加							
萨尔瓦多	7	5	7	8	10	10	8
危地马拉	5	4	7	7	6	6	6
洪都拉斯	0	0	0	0	0	0	0
尼加拉瓜	0	0	0	0	0	0	0
中美洲	**13**	**9**	**14**	**16**	**16**	**16**	**15**
阿根廷	232	190	158	285	306	250	199
玻利维亚	1	1	1	1	1	1	1
巴西	1 400	1 344	820	1 239	1 117	1 081	1 037
智利	1	0	0	0	0	0	0
哥伦比亚	30	30	30	30	23	15	15
厄瓜多尔	3	2	1	2	2	2	2
巴拉圭	8	10	10	9	6	5	3
秘鲁	34	26	20	17	15	15	15
乌拉圭	0	0	0	0	0	0	0
委内瑞拉	2	1	1	1	6	6	6
南美洲	**1 711**	**1 604**	**1 042**	**1 583**	**1 476**	**1 374**	**1 277**
阿尔及利亚	1	1	1	1	1	1	1
埃及	51	81	50	63	56	32	36
摩洛哥	8	8	4	4	4	4	4
苏丹	8	43	17	9	6	14	14
突尼斯	2	3	3	3	3	3	3
北非洲	**70**	**135**	**73**	**80**	**70**	**54**	**58**
贝宁	16	27	35	15	62	76	52
布基纳法索	50	67	64	60	153	146	109
喀麦隆	17	24	51	48	67	63	52

（续）

年度 国家 （地区）	2010/2011	2011/2012	2012/2013	2013/2014	2014/2015	2015/2016	2016/2017
中非共和国	2	4	4	3	3	3	3
乍得	13	14	13	12	24	22	16
科特迪瓦	24	30	44	35	39	46	79
几内亚	1	2	2	1	1	1	1
马达加斯加	3	3	3	3	3	3	3
马里	16	70	86	69	89	76	92
尼日尔	0	0	0	0	0	0	0
塞内加尔	1	3	2	4	4	4	4
多哥	3	3	5	7	13	13	11
远非	**147**	**247**	**309**	**258**	**459**	**454**	**423**
安哥拉	0	0	0	0	0	0	0
布隆迪	0	0	0	0	0	0	0
埃塞俄比亚	14	11	3	3	12	28	28
加纳	1	3	2	2	2	2	2
肯尼亚	3	1	1	1	2	1	3
马拉维	13	24	22	26	24	20	17
莫桑比克	17	42	27	20	16	16	25
尼日利亚	16	29	33	26	26	22	17
南非	12	10	5	8	13	11	5
坦桑尼亚	80	132	120	114	120	103	104
乌干达	6	21	21	20	22	8	5
刚果	2	2	2	2	2	2	2
赞比亚	45	103	60	62	75	68	52
津巴布韦	71	72	41	34	24	21	23
南非	**285**	**455**	**342**	**324**	**343**	**308**	**251**
哈萨克斯坦	8	13	43	45	45	32	32
吉尔吉斯斯坦	3	3	3	4	4	5	5
塔吉克斯坦	44	39	21	33	30	27	27
土库曼斯坦	219	273	311	164	39	66	66
乌兹别克斯坦	299	335	358	305	253	234	256
中亚	**574**	**664**	**737**	**551**	**371**	**364**	**386**

（续）

国家 （地区）　年度	2010/2011	2011/2012	2012/2013	2013/2014	2014/2015	2015/2016	2016/2017
亚美尼亚	0	0	0	0	0	0	0
奥地利	1	1	2	1	1	1	1
阿塞拜疆	2	11	15	14	12	10	8
白俄罗斯	4	4	4	4	4	4	4
比利时	2	2	5	5	5	4	4
保加利亚	1	1	0	1	1	4	1
捷克共和国	2	1	0	0	0	1	1
丹麦							
爱沙尼亚							
芬兰							
法国	2	3	3	3	3	3	3
格鲁吉亚							
德国	8	20	25	16	11	11	11
希腊	37	57	50	49	53	53	53
匈牙利	0	0	0	0	0	0	0
爱尔兰	0	0	0	0	0	0	0
意大利	13	9	10	6	8	6	6
拉脱维亚	0	0	0	0	0	0	0
立陶宛	0	0	0	0	0	0	0
摩尔多瓦	1	1	1	1	1	1	1
荷兰	0	0	0	0	0	0	0
挪威							
波兰	0	0	0	0	2	2	2
葡萄牙	5	4	8	8	10	6	11
罗马尼亚	0	0	0	0	0	0	0
俄罗斯	20	21	11	17	18	17	17
斯洛伐克共和国	0	0	0	0	0	0	0
西班牙	8	11	17	19	20	20	19
瑞典	0	0	0	0	0	0	0
瑞士	1	1	0	0	0	0	0
乌克兰	1	1	0	0	0	0	0
英国	0	0	0	0	0	0	0
前南斯拉夫	1	1	1	1	1	1	1
欧洲	**112**	**150**	**154**	**148**	**152**	**142**	**143**

（续）

国家 （地区）	2010/2011	2011/2012	2012/2013	2013/2014	2014/2015	2015/2016	2016/2017
欧盟	**81**	**110**	**121**	**110**	**115**	**108**	**111**
中国	2 087	6 181	9 607	12 088	12 662	11 918	10 743
中国台湾	43	46	48	42	43	36	36
中国香港	7	11	32	35	33	32	29
小计	**2 138**	**6 238**	**9 687**	**12 164**	**12 738**	**11 986**	**10 809**
澳大利亚	487	694	399	244	166	162	179
印度尼西亚	93	95	114	86	114	140	134
日本	19	17	17	16	17	16	15
朝鲜	1	1	1	1	1	1	1
韩国	43	51	64	72	68	64	64
马来西亚	34	41	17	33	54	54	32
菲律宾	3	2	2	2	4	4	4
新加坡	2	2	0	0	0	0	0
泰国	77	83	52	53	35	52	52
越南	77	51	81	83	182	190	236
东亚和太平洋	**839**	**1 039**	**750**	**694**	**643**	**685**	**720**
阿富汗	20	20	18	16	14	14	14
孟加拉国	194	193	82	194	248	271	271
印度	1 889	1 891	1 853	1 817	2 243	2 060	2 060
缅甸	93	104	107	99	104	104	61
巴基斯坦	901	1 028	1 129	864	738	554	576
斯里兰卡	0	0	0	0	0	1	1
南亚	**3 099**	**3 238**	**3 190**	**2 991**	**3 348**	**3 004**	**2 984**
伊朗	28	24	38	33	36	36	36
伊拉克	1	1	1	1	1	2	2
以色列	1	1	1	1	1	2	2
叙利亚	54	128	184	182	155	103	57
土耳其	453	435	390	581	804	800	535
小计	**538**	**589**	**614**	**798**	**998**	**944**	**633**
总计	**10 203**	**15 240**	**17 981**	**20 311**	**21 804**	**20 638**	**18 907**

八、2000 年度以来全球棉花消费量

单位：千吨

国家（地区）＼年度	2000/2001	2001/2002	2002/2003	2003/2004	2004/2005	2005/2006	2006/2007	2007/2008	2008/2009	2009/2010
加拿大	75	70	69	68	61	40	27	11	6	3
古巴	12	10	10	10	9	8	7	4	3	3
多米尼加共和国	2	2	2	2	2	2	1	1	1	1
墨西哥	435	450	460	435	455	455	457	435	410	420
美国	1 929	1 676	1 583	1 364	1 457	1 278	1 074	998	771	773
北美洲	2 455	2 209	2 126	1 880	1 985	1 784	1 567	1 450	1 192	1 201
哥斯达黎加										
萨尔瓦多	28	28	23	22	21	26	28	30	29	29
危地马拉	32	32	22	22	22	23	24	22	23	23
洪都拉斯	3	3	3	4	3	4	7	7	4	1
尼加拉瓜	1	1	1	1	1	1	1	1	1	1
中美洲	64	64	49	48	47	54	60	60	57	53
阿根廷	80	70	95	120	130	150	170	180	155	170
玻利维亚	4	7	7	10	11	10	10	10	7	5
巴西	873	836	813	869	935	973	987	993	1 000	1 024
智利	16	15	16	13	15	15	13	13	12	9
哥伦比亚	87	83	92	100	95	97	99	90	86	89
厄瓜多尔	13	13	12	15	15	14	13	14	15	17
巴拉圭	10	5	5	5	7	6	6	6	5	6
秘鲁	85	85	90	95	100	120	125	125	100	100
乌拉圭	0	0	0	0	0	0	0	0	0	0
委内瑞拉	36	25	10	20	22	17	12	9	12	11
南美洲	1 205	1 139	1 140	1 247	1 330	1 403	1 435	1 440	1 392	1 431
阿尔及利亚	19	20	18	16	17	15	15	9	9	4
埃及	164	154	200	175	210	210	210	205	150	176
摩洛哥	43	43	36	32	31	34	35	38	34	34
苏丹	6	4	4	3	2	2	2	3	2	1
突尼斯	20	18	14	13	14	12	13	10	10	10
北非	251	239	272	239	274	273	275	264	205	225

（续）

国家（地区） \ 年度	2000/2001	2001/2002	2002/2003	2003/2004	2004/2005	2005/2006	2006/2007	2007/2008	2008/2009	2009/2010
贝宁	5	5	5	5	3	3	4	4	4	4
布基纳法索	3	4	4	4	3	3	4	4	4	4
喀麦隆	5	4	4	3	3	3	3	2	2	2
中非共和国										
乍得	1	1				1	2	2	2	2
科特迪瓦	17	17	6	5	10	10	6	5	5	5
马达加斯加	9	6	5	4	4	5	5	5	2	
马里	2	2	3	1	3	2	4	4	4	3
尼日尔	1	1	1	1	1	1	1	1	1	1
塞内加尔	1	1	1	1	1	1	1	1	1	1
多哥										
远非	**43**	**40**	**29**	**24**	**28**	**29**	**28**	**27**	**24**	**22**
安哥拉	0	0	0	1	1	1	1	1	1	1
布隆迪	1	1	2	2	2	2	2	1	1	1
埃塞俄比亚	25	25	20	15	15	20	25	25	30	25
加纳	6	6	8	7	3	3	4	4	3	2
肯尼亚	11	11	12	12	11	11	12	12	12	12
莫桑比克										
尼日利亚	55	60	70	70	70	67	63	54	40	22
南非	68	74	73	62	54	47	47	46	38	24
坦桑尼亚	10	14	15	16	30	28	32	38	30	29
乌干达	1	2	2	3	2	2	4	1	1	1
刚果	8	8	8	8	9	9	8	8	8	8
赞比亚	17	13	14	12	15	12	10	5		
津巴布韦	20	20	27	28	26	22	22	15	11	12
南非	**240**	**248**	**266**	**254**	**259**	**249**	**257**	**242**	**205**	**165**
哈萨克斯坦	4	6	8	10	10	11	12	12	12	12
吉尔吉斯斯坦	3	3	3	3	2	2	2	2	2	2
塔吉克斯坦	12	15	18	21	25	25	23	18	12	10
土库曼斯坦	65	56	80	84	90	90	93	95	90	90
乌兹别克斯坦	220	250	240	235	190	185	230	260	240	270
中亚	**304**	**330**	**349**	**353**	**317**	**313**	**360**	**387**	**356**	**384**

（续）

国家 （地区）	2000/ 2001	2001/ 2002	2002/ 2003	2003/ 2004	2004/ 2005	2005/ 2006	2006/ 2007	2007/ 2008	2008/ 2009	2009/ 2010
亚美尼亚	0	1	1	1	1	0	0	0	0	0
奥地利	30	30	29	29	27	22	15	11	7	5
阿塞拜疆	2	3	3	4	8	6	13	15	12	10
白俄罗斯	17	14	12	12	12	11	11	11	11	11
比利时	41	39	32	27	26	24	22	17	11	9
保加利亚	20	20	20	19	19	19	18	17	13	8
捷克共和国	60	65	61	50	49	36	35	25	13	9
丹麦	2	0	0							
爱沙尼亚	25	22	25	21	15	15	9	5	1	
芬兰	0	0	0	0	0	0	0	0	0	0
法国	95	85	70	55	48	40	32	22	16	15
格鲁吉亚										
德国	125	107	95	73	63	58	57	51	39	35
希腊	130	120	110	100	95	80	69	56	43	40
匈牙利	12	11	9	8	7	5	3	2	2	2
爱尔兰	1	1	0	0	0	0	0	0	0	0
意大利	290	270	255	210	200	150	138	105	57	53
拉脱维亚	4	4	4	4	3	3	2	2	0	0
立陶宛	12	9	9	5	4	4	3	1	0	0
摩尔多瓦	3	3	3	3	3	3	3	3	2	2
荷兰	5	6	3	3	2	2	3	4	4	5
挪威	1	1	0	0						
波兰	60	56	52	51	46	30	22	17	9	7
葡萄牙	136	125	115	85	71	66	64	56	40	36
罗马尼亚	26	28	23	22	18	14	12	4	2	2
俄罗斯	320	340	313	290	284	290	284	237	206	189
斯洛伐克共和国	8	9	8	5	3	2	0			
西班牙	106	105	100	75	60	35	25	15	11	11
瑞典	5	3	2	2	0	0	0	0	0	0
瑞士	26	21	18	15	11	8	7	6	4	3

（续）

年度\国家（地区）	2000/2001	2001/2002	2002/2003	2003/2004	2004/2005	2005/2006	2006/2007	2007/2008	2008/2009	2009/2010
乌克兰	11	11	11	11	11	11	11	11	9	7
英国	3	1	1	1	0	0	0	0	0	0
前南斯拉夫	25	23	19	16	14	13	13	11	8	7
欧洲	**1 603**	**1 534**	**1 406**	**1 199**	**1 103**	**951**	**872**	**707**	**524**	**471**
欧盟	**1 203**	**1 123**	**1 031**	**853**	**764**	**612**	**534**	**414**	**271**	**239**
中国	5 259	5 869	6 602	7 224	8 300	9 439	10 600	10 900	9 265	10 192
中国台湾	250	280	270	250	261	260	255	220	185	220
中国香港	104	96	95	59	59	78	46	32	25	20
小计	**5 613**	**6 245**	**6 967**	**7 533**	**8 620**	**9 777**	**10 901**	**11 152**	**9 475**	**10 432**
澳大利亚	36	27	26	20	12	11	11	10	10	9
印度尼西亚	530	510	500	450	470	470	480	550	475	513
日本	251	228	204	174	175	144	130	125	95	84
朝鲜	7	5	5	5	5	5	5	5	5	5
韩国	320	340	325	290	290	230	230	214	215	220
马来西亚	72	61	52	54	55	44	36	42	47	48
菲律宾	52	50	40	32	35	25	18	14	14	16
新加坡										
泰国	360	415	436	403	457	440	430	425	370	395
越南	90	98	105	125	152	160	210	245	267	355
东亚和太平洋	**1 725**	**1 742**	**1 700**	**1 560**	**1 658**	**1 536**	**1 557**	**1 637**	**1 504**	**1 652**
阿富汗	4	3	4	4	4	4	4	4	4	4
孟加拉国	240	250	303	385	470	550	690	820	900	910
印度	2 942	2 924	2 878	2 987	3 265	3 655	3 944	4 053	3 872	4 300
缅甸	40	42	44	44	51	66	86	103	134	174
巴基斯坦	1 924	1 911	2 032	2 024	2 326	2 532	2 633	2 649	2 519	2 393
斯里兰卡	11	8	8	4	3	3	2	2	2	2
南亚	**5 163**	**5 140**	**5 271**	**5 450**	**6 121**	**6 812**	**7 362**	**7 634**	**7 434**	**7 785**
伊朗	135	140	110	110	120	120	130	135	135	135
伊拉克	22	22	12	12	13	13	13	13	13	13
以色列	3	3	2	1	1	0				
叙利亚	105	115	125	140	160	170	190	190	150	185
土耳其	1 250	1 372	1 390	1 415	1 550	1 500	1 550	1 325	1 175	1 350
小计	**1 515**	**1 652**	**1 639**	**1 678**	**1 843**	**1 803**	**1 883**	**1 663**	**1 473**	**1 683**
总计	**20 212**	**20 614**	**21 250**	**21 501**	**23 615**	**25 013**	**26 582**	**26 687**	**23 862**	**25 520**

（续）

国家（地区） \ 年度	2010/2011	2011/2012	2012/2013	2013/2014	2014/2015	2015/2016	2016/2017
加拿大	3	1	1	1	1	1	1
古巴	3	3	3	3	3	3	3
多米尼加共和国	1	1	1	1	1	1	1
墨西哥	390	390	402	412	408	412	420
美国	849	718	762	773	778	806	810
北美洲	**1 247**	**1 115**	**1 170**	**1 191**	**1 192**	**1 224**	**1 236**
哥斯达黎加							
萨尔瓦多	37	22	26	27	27	27	28
危地马拉	24	21	21	23	21	21	21
洪都拉斯	0						
尼加拉瓜	1	1	0	1	1	1	1
中美洲	**62**	**43**	**47**	**51**	**49**	**49**	**50**
阿根廷	171	171	140	135	142	144	146
玻利维亚	5	4	3	3	3	3	3
巴西	958	897	910	862	808	792	760
智利	3	1	0	0	0	0	0
哥伦比亚	100	62	53	61	52	55	54
厄瓜多尔	19	14	12	14	13	13	13
巴拉圭	7	8	8	8	8	7	7
秘鲁	110	94	92	92	82	82	81
乌拉圭	0	0	0	0	0	0	0
委内瑞拉	9	8	8	8	8	8	9
南美洲	**1 381**	**1 259**	**1 226**	**1 183**	**1 117**	**1 105**	**1 072**
阿尔及利亚	5	3	3	3	3	3	3
埃及	134	122	129	142	133	126	124
摩洛哥	36	36	36	34	30	30	30
苏丹	2	4	18	18	19	19	19
突尼斯	11	13	13	13	13	13	13
北非洲	**187**	**178**	**199**	**210**	**198**	**191**	**189**
贝宁	4	4	4	4	4	4	4
布基纳法索	4	4	4	4	4	4	4

（续）

国家 （地区）	年度 2010/2011	2011/2012	2012/2013	2013/2014	2014/2015	2015/2016	2016/2017
喀麦隆	2	2	2	2	2	2	2
中非共和国							
乍得	1	1	1	1	1	1	1
科特迪瓦	0	2	2	2	2	2	2
几内亚							
马达加斯加							
马里	3	3	3	3	3	3	3
尼日尔	1	1	1	1	1	1	1
塞内加尔	1	1	1	1	1	1	1
多哥							
远非	**15**	**17**	**17**	**17**	**17**	**17**	**17**
安哥拉	1	1	1	1	1	1	1
布隆迪	1	1	1	1	1	1	1
埃塞俄比亚	33	39	40	44	45	46	46
加纳	1	1	1	1	1	1	1
肯尼亚	9	9	7	7	7	7	7
马拉维	3	3	3	3	3	3	3
莫桑比克							
尼日利亚	20	20	19	19	19	19	19
南非	22	19	20	22	22	23	23
坦桑尼亚	20	32	32	32	34	34	34
乌干达	1	1	1	1	2	2	2
刚果	8	8	8	8	8	8	8
赞比亚							
津巴布韦	10	9	5	4	4	4	4
南非	**151**	**166**	**162**	**164**	**170**	**171**	**172**
哈萨克斯坦	13	15	15	11	11	11	11
吉尔吉斯斯坦	2	1	1	1	1	1	1
塔吉克斯坦	7	7	7	11	9	9	9
土库曼斯坦	115	125	138	144	149	152	155
乌兹别克斯坦	280	295	325	345	345	346	346
中亚	**417**	**443**	**485**	**511**	**515**	**520**	**524**

（续）

国家 （地区） \ 年度	2010/2011	2011/2012	2012/2013	2013/2014	2014/2015	2015/2016	2016/2017
亚美尼亚	0	0	0	0	0	0	0
奥地利	7	4	4	4	4	4	4
阿塞拜疆	8	10	10	12	13	13	13
白俄罗斯	11	11	11	11	11	11	11
比利时	7	4	4	4	4	4	4
保加利亚	6	2	2	2	2	2	2
捷克共和国	10	6	6	5	5	5	5
丹麦							
爱沙尼亚							
芬兰							
法国	15	15	15	13	13	13	13
格鲁吉亚							
德国	46	38	38	52	48	48	45
希腊	35	25	21	20	19	19	18
匈牙利	1	2	1	1	0	0	0
爱尔兰	0	0	0	0	0	0	0
意大利	56	50	48	45	48	48	47
拉脱维亚	0	0	0	1	1	1	1
立陶宛	0	0	0	0	0	0	0
摩尔多瓦	2	2	2	2	2	2	2
荷兰	5	5	5	5	5	4	4
挪威							
波兰	6	2	7	7	7	7	7
葡萄牙	32	23	28	33	33	32	29
罗马尼亚	1	1	1	1	1	1	1
俄罗斯	135	75	70	72	54	52	52
斯洛伐克共和国							
西班牙	10	6	6	6	5	5	5
瑞典	0	0	0	0	0	0	0
瑞士	4	4	4	3	3	3	3
乌克兰	4	4	2	2	2	2	2

（续）

国家 （地区）	2010/2011	2011/2012	2012/2013	2013/2014	2014/2015	2015/2016	2016/2017
英国	0	0	1	0	0	0	0
前南斯拉夫	7	6	6	6	6	6	6
欧洲	**410**	**300**	**296**	**314**	**296**	**293**	**287**
欧盟	**237**	**186**	**189**	**200**	**199**	**197**	**191**
中国	9 580	8 635	8 209	7 517	7 705	7 743	7 666
中国台湾	187	185	204	193	183	174	165
中国香港	18	18	26	22			
小计	9 785	8 838	8 519	7 731	7 888	7 917	7 831
澳大利亚	9	8	8	8	7	7	7
印度尼西亚	503	540	672	683	711	760	776
日本	82	67	69	69	65	65	65
朝鲜	5	5	5	5	5	5	5
韩国	230	247	272	272	290	290	291
马来西亚	40	15	15	15	16	16	16
菲律宾	16	8	9	7	16	16	16
新加坡							
泰国	387	270	360	337	340	354	357
越南	350	410	492	694	847	953	1 048
东亚和太平洋	**1 628**	**1 576**	**1 909**	**2 098**	**2 305**	**2 474**	**2 588**
阿富汗	4	4	4	4	4	4	4
孟加拉国	843	700	765	880	937	974	1 013
印度	4 470	4 231	4 817	4 939	5 434	5 597	5 877
缅甸	183	192	201	201	201	207	207
巴基斯坦	2 170	2 121	2 216	2 476	2 528	2 583	2 661
斯里兰卡	2	2	2	2	2	2	2
南亚	**7 674**	**7 252**	**8 008**	**8 504**	**9 108**	**9 370**	**9 767**
伊朗	135	130	91	131	131	131	131
伊拉克	13	13	13	13	13	13	13
以色列							
叙利亚	185	135	88	100	95	86	56
土耳其	1 300	1 300	1 360	1 400	1 372	1 441	1 469
小计	**1 633**	**1 578**	**1 551**	**1 644**	**1 611**	**1 670**	**1 669**
总计	24 607	22 781	23 608	23 635	24 484	25 020	25 418

九、2010 年度以来全球棉花库存消费比

国家 （地区）	2010/2011	2011/2012	2012/2013	2013/2014	2014/2015
加拿大	0.14	0.25	0.03	0.10	0.11
古巴	0.19	0.19	0.19	0.19	0.19
多米尼加共和国	0.47	0.47	0.47	0.47	0.47
墨西哥	0.24	0.29	0.36	0.33	0.46
美国	0.14	0.22	0.25	0.21	0.30
北美洲	**0.15**	**0.23**	**0.26**	**0.23**	**0.32**
哥斯达黎加					
萨尔瓦多	0.20	0.22	0.26	0.31	0.35
危地马拉	0.21	0.21	0.33	0.32	0.29
洪都拉斯	0.01				
尼加拉瓜	0.12	0.14	0.12	0.19	0.18
中美洲	**0.20**	**0.21**	**0.29**	**0.32**	**0.33**
阿根廷	1.00	0.73	0.81	1.16	1.36
玻利维亚	0.18	0.16	0.21	0.16	0.21
巴西	1.00	0.69	0.44	0.92	0.67
智利	0.20	0.36	0.20	0.11	0.15
哥伦比亚	0.30	0.49	0.57	0.49	0.42
厄瓜多尔	0.17	0.14	0.09	0.12	0.13
巴拉圭	0.90	0.35	0.37	0.68	0.55
秘鲁	0.30	0.28	0.21	0.18	0.18
乌拉圭	0.26	0.26	0.71	0.59	0.59
委内瑞拉	0.21	0.17	0.17	0.17	0.68
南美洲	**0.91**	**0.66**	**0.47**	**0.92**	**0.72**
阿尔及利亚	0.21	0.19	0.19	0.19	0.19
埃及	0.23	0.41	0.27	0.38	0.30
摩洛哥	0.21	0.22	0.10	0.13	0.14
苏丹	0.49	5.55	0.40	0.27	0.27
突尼斯	0.21	0.21	0.21	0.21	0.21
北非洲	**0.24**	**0.53**	**0.27**	**0.32**	**0.27**
贝宁	0.23	0.42	0.36	0.10	0.58
布基纳法索	0.35	0.43	0.25	0.21	0.80

（续）

国家 （地区） 年度	2010/2011	2011/2012	2012/2013	2013/2014	2014/2015
喀麦隆	0.24	0.34	0.61	0.46	0.69
中非共和国	0.32	0.52	0.40	0.38	0.40
乍得	0.50	0.44	0.38	0.37	0.62
科特迪瓦	0.44	0.28	0.32	0.19	0.20
几内亚	0.40	0.42	0.40	0.38	0.36
马达加斯加					
马里	0.17	0.52	0.49	0.34	0.42
尼日尔	0.12	0.11	0.11	0.12	0.11
塞内加尔	0.13	0.28	0.12	0.44	0.33
多哥	0.17	0.10	0.13	0.22	0.35
远非	**0.30**	**0.40**	**0.36**	**0.26**	**0.51**
安哥拉	0.16	0.22	0.23	0.24	0.25
布隆迪	0.23	0.23	0.22	0.24	0.23
埃塞俄比亚	0.41	0.28	0.08	0.06	0.26
加纳	0.42	0.42	0.23	0.25	0.25
肯尼亚	0.35	0.11	0.16	0.17	0.24
马拉维	0.67	0.89	0.59	0.68	0.56
莫桑比克	0.89	1.16	0.50	0.54	0.52
尼日利亚	0.24	0.56	0.56	0.40	0.42
南非	0.41	0.29	0.19	0.33	0.42
坦桑尼亚	1.48	1.94	1.23	1.36	1.51
乌干达	0.23	0.66	1.09	1.36	0.90
刚果	0.27	0.27	0.27	0.27	0.27
赞比亚	1.19	1.98	0.71	1.60	1.92
津巴布韦	0.64	0.50	0.45	0.54	0.47
南非	**0.64**	**0.85**	**0.61**	**0.71**	**0.75**
哈萨克斯坦	0.13	0.17	0.72	0.63	0.82
吉尔吉斯斯坦	0.15	0.08	0.10	0.16	0.18
塔吉克斯坦	0.52	0.32	0.15	0.35	0.31
土库曼斯坦	0.64	0.99	0.94	0.34	0.09
乌兹别克斯坦	0.34	0.40	0.37	0.31	0.27
中亚	**0.41**	**0.49**	**0.48**	**0.33**	**0.24**

（续）

国家 （地区）＼年度	2010/2011	2011/2012	2012/2013	2013/2014	2014/2015
亚美尼亚	0.38	0.38	0.38	0.38	0.38
奥地利	0.16	0.18	0.46	0.23	0.13
阿塞拜疆	0.19	0.75	0.96	0.93	0.70
白俄罗斯	0.34	0.34	0.34	0.34	0.34
比利时	0.11	0.13	0.50	0.51	0.51
保加利亚	0.17	0.18	0.08	0.12	0.11
捷克共和国	0.25	0.20	0.04	0.12	0.13
丹麦					
爱沙尼亚					
芬兰					
法国	0.11	0.15	0.15	0.16	0.20
格鲁吉亚					
德国	0.15	0.42	0.55	0.27	0.20
希腊	0.21	0.22	0.19	0.16	0.20
匈牙利	0.09	0.15	0.42	0.26	0.57
爱尔兰	0.17	0.19	0.06	0.05	0.06
意大利	0.20	0.20	0.19	0.11	0.16
拉脱维亚	0.32	0.32	0.02	0.52	0.52
立陶宛	0.56	0.56	0.05		
摩尔多瓦	0.34	0.34	0.34	0.34	0.34
荷兰	0.10	0.09	0.09	0.10	0.10
挪威					
波兰	0.07	0.08	0.04	0.05	0.25
葡萄牙	0.15	0.19	0.26	0.25	0.29
罗马尼亚	0.14	0.11	0.09	0.05	0.05
俄罗斯	0.15	0.27	0.16	0.23	0.32
斯洛伐克共和国					
西班牙	0.18	0.19	0.26	0.37	0.27
瑞典	0.23	0.24	0.64	0.02	0.47
瑞士	0.22	0.22	0.08	0.11	0.11
乌克兰	0.21	0.21	0.09	0.19	0.19
英国	0.22	0.22	0.47	0.17	0.21

（续）

国家 （地区） ＼ 年度	2010/2011	2011/2012	2012/2013	2013/2014	2014/2015
前南斯拉夫	0.21	0.22	0.22	0.23	0.23
欧洲	**0.18**	**0.24**	**0.25**	**0.22**	**0.24**
欧盟	**0.18**	**0.22**	**0.24**	**0.20**	**0.21**
中国	0.22	0.71	1.16	1.61	1.64
中国台湾	0.23	0.25	0.24	0.22	0.23
中国香港	0.22	0.29	0.50	0.70	12.65
小计	**0.22**	**0.70**	**1.13**	**1.57**	**1.61**
澳大利亚	0.88	0.68	0.30	0.23	0.31
印度尼西亚	0.18	0.17	0.17	0.13	0.16
日本	0.23	0.26	0.25	0.23	0.26
朝鲜	0.24	0.24	0.24	0.24	0.24
韩国	0.19	0.20	0.24	0.26	0.24
马来西亚	0.59	0.17	0.10	0.54	1.02
菲律宾	0.22	0.23	0.21	0.33	0.26
新加坡	1.89	7.14	0.02	9.83	0.20
泰国	0.20	0.31	0.14	0.16	0.10
越南	0.22	0.12	0.16	0.12	0.22
东亚和太平洋	**0.38**	**0.37**	**0.22**	**0.19**	**0.22**
阿富汗	0.70	0.99	0.79	0.76	0.66
孟加拉国	0.23	0.28	0.11	0.22	0.26
印度	0.34	0.30	0.28	0.26	0.35
缅甸	0.49	0.54	0.53	0.49	0.52
巴基斯坦	0.39	0.43	0.49	0.33	0.28
斯里兰卡	0.22	0.11	0.11	0.11	0.11
南亚	**0.35**	**0.33**	**0.33**	**0.28**	**0.33**
伊朗	0.21	0.18	0.42	0.25	0.28
伊拉克	0.09	0.09	0.09	0.09	0.09
以色列	0.18	0.08	0.09	0.11	0.10
叙利亚	0.29	0.93	1.95	1.79	1.59
土耳其	0.34	0.32	0.28	0.40	0.57
小计	**0.32**	**0.35**	**0.38**	**0.47**	**0.59**
总计	**0.41**	**0.67**	**0.76**	**0.86**	**0.89**

十、中国及主要产棉省（市、区）棉花面积、单产和总产

单位：千公顷、千克/公顷、千吨

年份	全国			四川			湖南			湖北		
	面积	单产	总产	面积	单产	总产	面积	单产	总产	面积	单产	总产
1949	2 770	160	444	114	120	14	60	117	7	266	178	48
1950	3 786	183	693	153	100	15	74	148	11	370	151	56
1951	5 485	188	1 031	248	165	41	160	184	29	506	199	101
1952	5 576	234	1 304	243	171	42	135	198	27	560	239	134
1953	5 180	227	1 175	237	169	40	122	155	19	572	213	122
1954	5 462	195	1 065	264	195	51	106	40	4	550	66	37
1955	5 773	263	1 519	305	198	61	96	177	17	604	241	146
1956	6 256	231	1 445	318	190	60	81	245	20	599	334	200
1957	5 775	284	1 640	335	209	70	81	267	22	583	390	228
1958	5 556	354	1 969	323	279	90	74	321	24	580	438	254
1959	5 512	310	1 709	353	283	100	110	294	33	534	313	167
1960	5 225	203	1 063	300	142	43	87	240	21	471	218	103
1961	3 870	193	748	233	111	26	76	199	15	441	254	112
1962	3 498	201	702	221	119	26	72	264	19	453	305	138
1963	4 410	258	1 137	264	218	58	84	349	29	543	468	254
1964	4 935	337	1 663	297	365	108	118	298	35	613	439	269
1965	5 003	419	2 098	283	389	110	151	331	50	577	650	375
1966	4 926	474	2 337	277	590	164	197	375	74	607	739	449
1967	5 098	462	2 354	281	590	166	179	380	68	634	699	444
1968	4 986	472	2 354	266	482	128	139	481	67	628	626	393
1969	4 829	431	2 079	259	470	122	139	396	55	576	506	292
1970	4 997	456	2 277	275	476	131	181	414	75	582	509	297
1971	4 924	428	2 105	271	554	150	173	304	53	597	479	286
1972	4 896	400	1 958	269	478	128	185	341	63	592	472	280
1973	4 942	518	2 562	274	556	153	190	422	80	594	677	402
1974	5 014	491	2 461	273	438	120	190	501	95	596	806	480
1975	4 956	480	2 381	269	468	126	186	512	95	597	681	406
1976	4 929	417	2 056	271	312	85	184	531	98	589	779	459
1977	4 845	423	2 049	271	489	133	189	517	98	589	748	441
1978	4 866	445	2 167	272	544	148	182	414	76	593	618	367
1979	4 512	489	2 207	253	439	111	161	583	94	578	774	448
1980	4 920	550	2 707	252	376	95	180	536	96	592	535	316
1981	5 185	572	2 968	240	362	87	171	548	94	580	608	353
1982	5 828	617	3 599	137	601	82	168	584	98	574	594	341

（续）

年份	全国			四川			湖南			湖北		
	面积	单产	总产	面积	单产	总产	面积	单产	总产	面积	单产	总产
1983	6 077	763	4 637	134	803	108	131	745	98	558	689	385
1984	6 923	904	6 258	165	962	158	133	965	128	539	1 125	607
1985	5 140	807	4 147	127	897	113	102	993	101	465	1 059	492
1986	4 306	822	3 540	118	828	98	86	968	83	413	1 063	439
1987	4 844	876	4 245	115	882	102	64	862	56	430	1 021	439
1988	5 535	750	4 149	132	666	88	91	480	44	448	809	362
1989	5 203	728	3 788	116	728	85	94	709	67	419	747	313
1990	5 588	807	4 508	124	927	115	119	1 014	120	456	1 135	517
1991	6 539	868	5 675	147	989	146	133	1 117	149	462	1 064	491
1992	6 835	660	4 508	162	934	151	168	1 212	203	507	1 203	610
1993	4 985	750	3 739	132	621	82	172	1 227	211	486	875	425
1994	5 528	785	4 340	131	512	67	209	1 139	238	498	904	450
1995	5 422	879	4 768	141	797	112	200	1 118	224	502	1 167	586
1996	4 722	890	4 203	154	799	123	174	1 089	190	474	907	430
1997	4 491	1 025	4 603	139	771	107	177	1 449	256	481	1 209	581
1998	4 459	1 009	4 501	140	728	102	199	968	193	432	753	325
1999	3 726	1 028	3 829	94	806	76	158	1 121	177	311	906	282
2000	4 041	1 093	4 417	70	840	59	146	1 082	158	318	957	304
2001	4 810	1 107	5 324	66	448	30	149	1 272	190	347	1 077	374
2002	4 184	1 175	4 916	33	716	24	129	1 184	153	293	1 101	323
2003	5 111	951	4 860	31	812	25	139	1 174	163	355	915	325
2004	5 693	1 111	6 324	36	924	33	168	1 210	203	408	969	395
2005	5 062	1 129	5 714	28	888	25	151	1 039	198	390	961	375
2006	5 409	1 247	6 746	24	643	16	166	1 491	248	404	1 111	449
2007	5 926	1 286	7 624	22	774	17	172	1 420	244	514	1 084	557
2008	5 754	1 302	7 492	19	864	16	183	839	247	543	1 087	513
2009	4 952	1 288	6 377	16	917	15	153	1 389	212	460	1 044	481
2010	4 849	1 229	5 961	16	876	14	175	1 297	227	480	983	472
2011	5 038	1 308	6 589	16	913	15	192	1 180	227	489	1 076	526
2012	4 688	1 458	6 836	15	912	13	172	1 456	251	473	1 153	545
2013	4 346	1 450	6 300	14	942	13	160	1 241	198	416	1 106	460
2014	4 219	1 460	6 161	13	941	12	130	992	129	345	1 043	360
2015	3 799	1 475	5 605	10	970	10	114	1 272	145	265	1 124	298

（续）

年份	江西			安徽			江苏			浙江		
	面积	单产	总产	面积	单产	总产	面积	单产	总产	面积	单产	总产
1949	21	76	2	111	115	13	172	111	19	83	111	9
1950	23	155	4	103	88	9	284	159	45	77	231	18
1951	45	176	8	180	93	17	406	159	64	73	260	19
1952	59	229	14	198	143	28	492	207	102	80	255	20
1953	51	165	8	201	121	24	515	294	152	81	269	22
1954	42	123	5	176	47	8	588	141	83	77	299	23
1955	56	162	9	218	162	35	645	295	190	80	501	40
1956	69	271	19	228	124	28	661	153	101	84	182	15
1957	73	355	26	201	243	49	591	275	162	75	549	41
1958	88	312	28	240	271	65	512	402	206	70	660	46
1959	122	197	24	253	261	66	467	367	171	108	456	49
1960	109	205	22	230	153	35	466	267	124	109	483	53
1961	67	169	11	120	160	19	442	316	139	73	530	39
1962	62	181	11	128	142	18	417	197	82	76	506	38
1963	79	418	33	178	182	32	485	376	183	92	700	64
1964	98	333	33	191	351	67	535	624	334	111	772	86
1965	109	436	48	262	388	102	569	465	264	113	886	100
1966	118	398	47	295	395	117	580	664	385	95	802	76
1967	114	333	38	300	377	113	599	643	385	95	780	74
1968	100	460	46	273	441	120	591	718	424	100	1 035	104
1969	115	393	45	242	332	80	585	595	348	98	825	81
1970	123	347	43	314	382	120	592	554	328	87	880	76
1971	108	198	21	311	307	96	568	577	328	84	535	45
1972	113	433	49	325	417	136	570	610	348	84	674	57
1973	118	275	33	344	477	164	582	766	445	84	669	57
1974	109	394	43	349	493	172	593	699	415	85	749	64
1975	105	368	39	332	431	143	587	772	453	93	698	65
1976	112	358	40	333	429	143	588	699	410	85	638	54
1977	111	325	36	339	375	127	588	646	380	84	627	53
1978	114	305	35	327	352	115	590	804	475	83	874	73
1979	99	440	44	299	325	97	588	904	532	86	806	70
1980	109	397	43	324	377	122	631	663	418	107	774	83
1981	105	448	47	329	475	156	663	850	564	108	631	68
1982	101	650	66	328	481	158	680	846	576	107	914	98
1983	83	581	48	321	591	190	678	978	623	105	888	94

（续）

年份	江西			安徽			江苏			浙江		
	面积	单产	总产	面积	单产	总产	面积	单产	总产	面积	单产	总产
1984	81	852	69	334	701	234	721	923	666	105	1 268	133
1985	66	938	62	235	709	167	592	809	479	93	874	81
1986	62	888	55	206	790	163	497	808	401	81	938	76
1987	62	952	59	224	831	186	545	815	444	71	925	65
1988	65	498	33	270	764	206	602	933	562	69	633	44
1989	66	758	50	252	673	170	535	906	485	60	695	42
1990	70	811	57	293	805	236	572	811	464	69	936	64
1991	115	951	109	406	670	272	551	1 012	557	68	1 103	75
1992	135	1 099	148	420	625	263	673	783	527	71	839	60
1993	151	1 031	156	353	737	260	517	829	429	61	956	58
1994	163	1 072	175	443	583	258	535	854	457	62	893	55
1995	132	900	119	443	680	301	565	994	562	65	969	63
1996	107	1 146	123	414	653	270	486	1 106	538	67	1 025	68
1997	102	1 296	132	399	754	301	439	1 157	508	62	767	48
1998	108	702	76	396	733	290	416	1 110	462	63	1 033	65
1999	69	916	63	303	643	195	262	939	246	38	1 065	40
2000	69	986	68	308	888	274	295	1 065	315	27	1 100	29
2001	71	1 142	81	363	983	357	384	1 199	461	28	1 143	32
2002	55	1 086	67	321	1 049	337	311	1 165	363	19	1 195	22
2003	66	1 162	80	390	618	241	370	788	291	18	1 193	21
2004	63	1 357	85	399	1 033	412	410	1 227	503	19	1 213	23
2005	64	1 365	87	376	864	325	368	876	323	18	1 204	22
2006	66	1 446	95	393	1 040	408	355	1 075	381	18	1 312	24
2007	82	1 563	128	376	996	374	327	1 063	348	19	1 353	25
2008	67	1 708	112	390	931	363	301	1 085	326	20	1 385	28
2009	76	1 657	125	352	984	346	252	1 013	256	20	1 397	28
2010	80	1 640	131	344	918	316	236	1 107	261	21	1 412	29
2011	82	1 743	143	350	1 079	378	239	1 032	247	22	1 489	32
2012	85	1 790	152	305	964	294	171	1 292	220	21	1 429	30
2013	85	1 546	131	285	881	251	155	1 348	209	20	1 423	28
2014	82	1 423	119	265	993	263	132	1 210	160	17	1 350	23
2015	81	1 428	116	233	1 005	234	94	1 240	117	13	1 387	19

（续）

年份	上海			河南			河北			山东		
	面积	单产	总产	面积	单产	总产	面积	单产	总产	面积	单产	总产
1949	101	127	13	385	164	63	601	186	112	341	181	62
1950	108	192	21	506	161	81	803	233	187	533	199	106
1951	154	211	33	689	180	124	1 140	202	231	779	167	130
1952	159	241	38	754	185	140	1 000	289	289	719	245	177
1953	138	315	43	712	172	123	927	247	229	667	199	133
1954	137	261	36	744	189	141	1 107	239	265	648	247	160
1955	145	461	67	810	209	169	1 117	299	334	764	275	210
1956	137	255	35	888	192	170	1 182	196	231	856	259	222
1957	131	339	45	878	203	178	955	326	311	786	230	181
1958	104	575	60	829	294	244	968	321	311	690	355	245
1959	80	584	47	836	275	230	933	301	281	663	272	181
1960	75	501	38	796	203	162	939	216	203	640	125	80
1961	76	468	36	398	125	50	787	152	120	403	80	32
1962	69	411	29	342	118	40	674	193	131	383	103	40
1963	85	612	52	491	100	49	827	120	99	530	160	85
1964	89	856	77	567	206	117	745	223	166	671	179	120
1965	96	880	85	532	255	136	729	363	265	682	291	198
1966	83	936	78	563	428	241	533	290	154	664	305	202
1967	93	853	79	633	408	258	573	310	178	697	311	216
1968	95	1 192	113	620	364	226	603	372	225	696	324	226
1969	97	988	96	598	371	222	594	354	210	685	347	238
1970	99	893	89	598	473	283	594	434	258	684	398	272
1971	95	738	70	618	387	239	586	422	248	657	403	264
1972	95	878	84	618	380	235	582	275	160	610	322	196
1973	95	958	91	617	538	332	564	346	195	655	402	263
1974	95	891	84	645	466	301	575	369	212	647	293	190
1975	99	952	94	614	428	263	583	326	190	630	383	241
1976	95	717	68	608	355	216	570	202	115	642	247	158
1977	95	684	65	612	353	216	549	179	99	626	238	149
1978	94	1 268	119	612	366	224	577	203	117	628	246	154
1979	94	953	89	555	357	198	557	207	116	543	307	167
1980	104	735	76	627	648	406	549	451	247	737	729	537
1981	118	631	74	642	553	355	531	418	222	938	720	675
1982	108	746	81	754	433	326	699	552	386	1 339	717	960
1983	98	783	77	794	798	634	826	908	750	1 500	817	1 225

（续）

年份	上海			河南			河北			山东		
	面积	单产	总产	面积	单产	总产	面积	单产	总产	面积	单产	总产
1984	94	1 130	106	1 162	748	869	1 047	1 003	1 050	1 712	1 007	1 725
1985	71	687	49	814	672	547	850	739	629	1 170	908	1 062
1986	32	665	22	620	643	399	708	723	512	1 010	931	941
1987	21	731	15	718	795	570	825	759	626	1 222	1 018	1 244
1988	17	810	13	916	696	637	928	621	577	1 403	811	1 137
1989	11	722	8	836	631	527	878	610	536	1 323	775	1 025
1990	13	939	12	823	822	676	911	627	571	1 409	692	975
1991	14	1 159	16	1 193	794	948	955	664	634	1 563	865	1 351
1992	15	1 034	15	1 248	528	659	882	347	306	1 489	455	677
1993	10	938	9	974	678	660	520	369	192	760	540	410
1994	5	930	5	967	650	628	685	569	390	793	705	559
1995	3	1 080	4	1 000	770	770	701	529	371	666	707	471
1996	3	1 356	4	933	788	736	428	604	258	482	773	372
1997	3	1 118	4	868	910	790	377	660	249	396	894	354
1998	5	1 037	5	800	911	728	316	856	270	414	996	413
1999	2	1 100	2	733	965	707	267	835	223	358	946	339
2000	1	1 162	1	779	903	704	307	976	300	569	1 037	590
2001	1	1 292	1	858	964	828	419	1 002	419	735	1 062	781
2002	1	1 233	1	793	964	765	407	986	402	665	1 086	722
2003	1	1 429	1	927	407	377	581	898	522	882	994	877
2004	1	1 162	2	952	700	667	669	994	665	1 059	1 036	1 098
2005	1	1 628	2	782	866	677	573	1 006	577	846	1 000	846
2006	1	1 666	2	801	1 037	830	623	1 008	628	930	1 100	1 023
2007	1	1 793	3	700	1 071	750	680	1 066	725	900	1 112	1 001
2008	2		3	606	1 074	651	690	1 068	737	888	1 172	1 041
2009	1	1 983	3	537	963	520	620	975	600	800	1 151	920
2010	2	1 454	4	467	957	447	582	979	570	766	945	724
2011	2	1 940	5	397	964	382	633	1 033	653	753	1 043	785
2012	2	1 934	4	257	1 001	257	578	976	564	690	1 012	698
2013	2	1 955	4	187	1 015	190	483	946	457	673	923	621
2014	1	1 485	1	153	958	147	411	1 050	431	593	1 122	665
2015	0	1 089	4	120	1 053	126	359	1 039	373	516	1 042	537

（续）

年份	天津			山西			陕西			辽宁		
	面积	单产	总产	面积	单产	总产	面积	单产	总产	面积	单产	总产
1949				96	210	20	192	196	38	123	111	14
1950				157	166	26	236	201	48	233	190	44
1951				210	263	55	264	315	83	448	153	69
1952				274	337	92	304	242	74	407	225	92
1953				225	348	78	297	289	86	270	241	65
1954				283	335	95	287	318	91	274	131	36
1955				292	286	84	282	266	75	156	214	33
1956				367	253	93	313	333	104	214	316	68
1957				343	288	99	321	362	116	195	207	40
1958				315	371	117	316	427	135	207	291	60
1959				295	332	98	301	389	117	193	265	51
1960				285	163	47	291	231	67	161	115	19
1961				226	237	53	260	194	51	94	103	10
1962				184	227	42	193	233	45	71	144	10
1963				223	301	67	253	257	65	83	230	19
1964				262	338	88	285	234	67	116	273	32
1965				265	407	108	269	427	115	123	355	44
1966	2	28	1	255	333	85	268	417	112	125	424	53
1967	2	40	1	268	320	86	275	370	102	119	417	50
1968	1	43	1	259	287	74	272	268	73	124	391	48
1969	1	16	0	255	369	94	260	356	93	113	304	34
1970	2	313	1	264	326	86	266	342	91	109	354	39
1971	1	300	0	245	282	69	263	418	110	117	323	38
1972	1	225	0	238	203	48	263	300	79	121	213	26
1973	1		5	228	384	88	260	511	133	124	285	35
1974	18	279	5	247	300	74	258	365	94	127	284	36
1975	21	264	6	258	296	77	263	324	85	123	294	36
1976	20	107	2	255	255	65	263	267	70	126	89	11
1977	19	89	2	247	297	74	258	389	100	90	207	19
1978	19	436	8	238	293	70	253	418	106	102	234	24
1979	10	109	1	221	294	65	250	409	103	37	438	16
1980	8	192	2	224	346	78	242	334	81	39	555	21
1981	10	228	2	204	324	66	260	240	63	39	562	22
1982	11	430	5	222	543	121	252	499	126	47	501	23
1983	18	626	11	228	423	96	251	160	40	55	951	52

（续）

年份	天津			山西			陕西			辽宁		
	面积	单产	总产	面积	单产	总产	面积	单产	总产	面积	单产	总产
1984	38	861	33	219	608	133	195	378	74	73	906	66
1985	29	828	24	121	606	74	95	455	43	39	617	24
1986	18	726	13	94	685	64	54	768	42	18	650	12
1987	16	800	13	99	787	78	59	952	56	5	728	3
1988	18	556	10	116	747	87	80	690	55	10	617	6
1989	15	737	11	120	855	102	82	688	56	16	482	8
1990	18	860	15	130	856	112	112	692	78	19	713	14
1991	30	853	26	147	762	112	135	668	90	55	759	42
1992	29	566	16	151	630	95	138	400	55	75	373	28
1993	10	816	8	93	750	70	90	556	50	25	772	19
1994	23	404	9	129	657	85	85	494	42	26	644	17
1995	17	651	11	127	716	91	73	548	40	31	763	24
1996	7	781	5	93	782	72	60	525	31	12	871	11
1997	4	898	4	68	649	44	40	515	21	20	771	15
1998	6	1 027	6	65	856	56	35	649	23	21	872	18
1999	6	950	6	53	840	44	28	704	20	7	656	5
2000	15	1 165	18	43	1 041	45	30	909	27	7	763	6
2001	45	1 414	64	90	930	84	50	989	50	7	1 035	8
2002	45	1 392	62	72	1 035	75	43	1 004	43	3	1 035	3
2003	71	1 341	95	92	980	92	65	811	53	4	829	3
2004	87	1 385	120	115	1 048	120	80	1 027	82	5	894	5
2005	61	1 364	84	98	1 056	103	125	1 107	78	3	959	3
2006	79	1 379	109	109	1 080	118	84	1 035	87	2	1 184	2
2007	67	1 380	93	104	1 107	115	89	1 007	90	1	1 944	2
2008	69	1 203	83	89	1 114	107	85	1 188	101	1	1 736	2
2009	56	1 275	71	73	1 146	84	62	1 388	69	1	1 099	1
2010	52	1 211	63	59	1 180	69	51	1 361	69	0	1 523	1
2011	60	1 204	72	53	1 188	63	50	1 341	67	0	1 822	1
2012	55	1 039	58	37	1 257	47	48	1 391	67	0	1 842	1
2013	39	1 237	48	23	1 307	31	37	1 577	58	1	1 881	1
2014	30	1 264	38	19	1 260	24	31	1 387	42	0	1 470	0
2015	21	1 268	27	11	1 365	14	27	1 358	37	0	1 216	0

（续）

年份	甘肃			新疆			其中新疆生产建设兵团			其中新疆长绒棉		
	面积	单产	总产	面积	单产	总产	面积	单产	总产	面积	单产	总产
1949	17	149	3	31	169	5						
1950	20	187	4	36	177	7	2	156	0			
1951	16	273	4	55	192	11	4	308	1			
1952	22	173	4	70	218	15	13	237	3			
1953	17	167	3	58	269	16	4	564	2			
1954	16	191	3	55	287	16	4	413	2			
1955	18	310	6	74	360	27	9	599	6	0.1	278	0.4
1956	30	320	10	123	447	55	23	435	10	0.6	330	0.2
1957	24	344	8	114	447	51	26	389	10	0.8	308	0.2
1958	36	265	10	123	469	58	35	347	12	0.9	293	0.3
1959	38	227	9	140	494	69	37	340	13	0.9	263	0.2
1960	48	95	5	159	223	36	49	177	9	5	233	1
1961	11	86	1	131	226	30	36	231	8	5	255	1
1962	9	71	1	104	241	25	20	302	6	8	240	2
1963	10	179	2	119	285	34	26	386	10	7	488	4
1964	12	222	3	136	324	44	33	496	16	16	278	4
1965	12	303	4	159	483	77	44	645	28	17	390	7
1966	11	325	4	169	470	79	43	585	25	23	383	9
1967	11	310	4	172	458	79	44	548	24	21	413	9
1968	10	258	3	161	426	69	41	415	17	16	386	6
1969	10	300	3	154	344	53	41	377	16	17	278	5
1970	17	264	5	155	416	65	45	500	22	11	383	4
1971	17	231	4	156	397	62	42	523	22	19	300	6
1972	20	233	5	159	333	53	51	456	23	19	240	2
1973	16	249	4	152	441	67	42	482	20	14	405	6
1974	16	252	4	152	380	58	42	364	15	16	375	6
1975	15	207	3	148	316	47	28	282	8	14	285	4
1976	15	225	3	142	361	51	27	355	10	15	383	6
1977	12	301	4	143	340	49	28	355	10	19	383	7
1978	11	319	3	150	365	55	48	401	19	29	413	12
1979	7	286	2	162	328	53	58	354	20	44	338	15
1980	6	482	3	181	437	79	65	535	35	39	450	17
1981	6	714	4	232	490	114	81	641	52	44	405	18
1982	6	742	5	285	512	146	115	616	71	34	533	18
1983	7	900	7	277	568	157	114	659	75	22	653	14

（续）

年份	甘肃			新疆			其中新疆生产建设兵团			其中新疆长绒棉		
	面积	单产	总产	面积	单产	总产	面积	单产	总产	面积	单产	总产
1984	8	977	8	282	683	192	118	755	89	29	698	20
1985	6	888	5	254	741	188	108	753	82	26	675	18
1986	5	701	4	276	782	216	121	822	99	24	615	15
1987	5	1 042	5	356	785	280	140	849	119	39	705	27
1988	5	1 078	5	356	781	278	132	791	104	48	735	35
1989	5	1 169	5	367	803	295	135	869	118	50	765	39
1990	6	1 340	8	435	1 077	469	170	1 146	195	63	900	57
1991	8	1 552	12	547	1 169	640	212	1 101	234	56	1 075	37
1992	13	1 391	18	643	1 038	668	223	1 062	237	17	1 142	60
1993	12	1 077	13	606	1 121	680	216	1 139	246	24	1 188	20
1994	15	1 183	18	750	1 176	882	270	1 231	333	9	1 290	28
1995	18	1 272	23	743	1 338	994	266	1 436	382	8	1 353	13
1996	20	1 289	26	799	1 177	940	284	1 298	369	15	1 172	11
1997	21	1 579	34	884	1 301	1 150	316	1 498	473	39	793	17
1998	34	1 819	61	999	1 401	1 400	363	1 465	597	11	1 291	14
1999	31	1 391	43	996	1 360	1 354	381	1 606	612	13	1 295	17
2000	35	1 656	58	1 012	1 438	1 456	405	1 693	686	49	1 250	62
2001	57	1 740	99	1 130	1 291	1 458	453	1 412	639	68	1 435	97
2002	40	1 722	70	944	1 565	1 477	437	1 821	796	46	1 441	67
2003	52	1 661	87	1 056	1 516	1 600	454	1 790	812	70	1 440	101
2004	68	1 610	110	1 137	1 568	1 783	472	1 859	878	71	1 589	112
2005	64	1 730	111	1 161	1 615	1 874	472	2 092	967	73	1 618	119
2006	76	1 678	128	1 269	1 725	2 189	488	2 271	1 108	107	1 738	186
2007	79	1 633	129	1 783	1 690	3 013	613	2 034	1 247	143	1 755	250
2008	73	1 694	123	1 719	1 760	3 026	563	2 332	1 313	132	1 493	197
2009	56	1 714	95	1 409	1 791	2 520	488	2 325	1 134	83	1 337	110
2010	48	1 578	100	1 461	1 697	2 479	498	2 310	1 150	97	1 346	130
2011	48	1 587	76	1 638	1 769	2 898	535	2 419	1 293	84	1 450	122
2012	48	1 680	75	1 721	2 057	3 539	558	2 541	1 418	53	1 116	60
2013	48	1 733	71	1 692	2 009	3 518	589	2 515	1 480	38	1 398	54
2014	38	1 668	64	1 953	1 883	3 677	668	2 436	1 626	63	1 301	82
2015	26	1 716	44	1 904	1 840	3 503	659	2 456	1 616			

注：①1949—2000年全国和各省棉花生产数据据中华全国供销合作总社棉麻局、中国棉麻流通经济研究会编《1949—2000中国棉花统计资料汇编》，北京：中国统计出版社，2005。

②2001—2013年为国家统计局数据。

③2014—2015年为国家统计局快报数据。

④长绒棉数据据新疆统计局数据整理。

⑤个位数据因转换和四舍五入有差异。

⑥2008年甘肃单产和新疆单产用快报数据，出版物数据甘肃2 486千克/公顷和新疆2 388千克/公顷有误未用。

⑦新疆生产建设兵团数据2001—2015年来自兵团统计局。

参 考 文 献

第一部分 图 书

安徽省农业委员会．安徽棉花［M］．北京：中国农业出版社，2002.

B．R．m 切尔，帕尔格雷．夫，世界历史统计（亚洲、非洲的大洋洲卷，1750—1993）［M］．贺力平，译．
北京：经济科学出版社，2002.

陈发．棉花现代生产机械化技术与装备［M］．乌鲁木齐：新疆科学技术出版社，2008.

崔光莲．新疆棉花产业发展问题研究［M］．乌鲁木齐：新疆人民出版社，2002.

丁静贞．棉检仪器学（第二册）［M］．北京：中国商业出版社，1991.

国际经济和社会统计资料（1950—1982）［M］．北京：中国财政经济出版社，1985：83-84.

国家发展和改革委员会价格司．全国农产品成本收益资料汇编 2014［M］．北京：中国统计出版社，
2014，39.

国际纺织品生态学研究与检测协会．生态纺织品标准 100（Oeko-Tex Standa rd 100）通用及特别技术条件
［M］．2004.

何顺果．美国"棉花王国"史［M］．北京：中国社会科学出版社，1995：19-28.

何永政．GB1103-1999《棉花 细绒棉》宣贯教材［M］．北京：中国标准出版社，1999.

中华人民共和国农业部．新中国农业 60 年统计资料［M］．北京：中国农业出版社，2009.

黄骏麒，江苏棉作科学［M］．南京：江苏科学技术出版社，1992.

K．N．VISWANATHAN．印度纺织和棉花业的最新进展［M］．

孔庆平．棉花高效栽培［M］．乌鲁木齐：新疆人民出版社，2015.

李文炳．山东棉花［M］．上海：上海科学技术出版社，2011：1-5.

刘从九，徐守东．棉花检验学［M］．合肥：安徽大学出版社，2008.

刘晏良．棉花发展战略研究［M］．北京：中国统计出版社，2006.

刘毓湘．当代世界棉业［M］．北京：中国农业出版社，1995.

江苏省地方志编撰委员会．江苏省志·农业志、纺织志［M］．南京：江苏古籍出版社，1997.

江苏省棉麻公司，徐良，等，江苏棉麻茶行业志［M］．北京：农业出版社，1994.

毛树春．中国棉花可持续发展研究［M］．北京：中国农业出版社，1999.

毛树春，谭砚文．WTO 与中国棉花十年［M］．北京：中国农业出版社，2013：271-282.

毛树春，喻树迅．WTO 与中国棉花［M］．北京：中国农业出版社，2002.

毛树春．中国棉花生产景气报告 2004［M］．北京：中国农业出版社，2005.

毛树春．中国棉花生产景气报告 2005［M］．北京：中国农业出版社，2006.

毛树春．中国棉花生产景气报告 2006［M］．北京：中国农业出版社 2007.

毛树春．中国棉花生产景气报告 2007［M］．北京：中国农业出版社，2009.

毛树春．中国棉花生产景气报告 2008［M］．北京：中国农业出版社，2009.

毛树春．中国棉花景气报告 2009［M］．北京：中国农业出版社，2010.

毛树春．中国棉花景气报告 2010［M］．北京：中国农业出版社，2011.

毛树春．中国棉花景气报告 2011［M］．北京：中国农业出版社，2012.

毛树春．中国棉花景气报告 2012［M］．北京：中国农业出版社，2013.

毛树春．中国棉花景气报告 2013 ［M］．北京：中国农业出版社，2014．

毛树春．中国棉花景气报告 2014 ［M］．北京：中国农业出版社，2015．

全国棉花质量检验人员职业资格考试专家委员会．棉花质量检验 ［M］．北京：中国计量出版社，2001．

史建伟，杜珉．中国棉花产业报告 ［M］．北京：中国农业出版社，2004．

王德洛．美国棉花纤维检验技术 ［M］．北京：中国纤维检验局，1986．

王恒铨．河北棉花 ［M］．石家庄：河北科学技术出版社，1992：2－3．

魏雪梅．纺纱设备与工艺 ［M］．北京：中国纺织出版社，2008：285－290．

姚源松．新疆棉花高产优质高效理论与实践 ［M］．乌鲁木齐：新疆科技技术出版社，2004．

中国农业科学院棉花研究所．中国棉花栽培学 ［M］．上海：上海科学技术出版社，2013．

中国农业科学院棉花研究所．中国棉花栽培学 ［M］．上海：上海科学技术出版社，1959．

中国农业科学院棉花研究所．中国棉花栽培学 ［M］．上海：上海科学技术出版社，1983．

中国纺织工业联合会．2014/2015 中国纺织工业发展报告 ［M］．北京：中国纺织出版社，2015．

中国纺织工业联合会．2015/2016 中国纺织工业发展报告 ［M］．北京：中国纺织出版社，2016．

中华人民共和国国家统计局．中国统计年鉴 2014 ［M］．北京：中国统计出版社．2014．

中华全国供销总社棉麻局，中国棉麻流通经济研究会．1949—2000 中国棉花统计资料汇编 ［M］．北京：中国统计出版社，2005．

中国纤维检验局．棉花 第 1 部分：锯齿加工细绒棉．2012．

徐少范．棉纺质量控制 ［M］．北京：中国纺织出版社．2002．

徐水波．GB1103.1－2012《棉花 锯齿加工 细绒棉》宣贯教材 ［M］．北京：中国计量出版社，2013．

徐水波．GB1103－2007《棉花 细绒棉》宣贯教材 ［M］．北京：中国计量出版社 2007．

谢友菊，王国英，林爱星，等．遗传工程概论 ［M］．北京：中国农业大学出版社，2004．

新疆维吾尔自治区统计局．新疆统计年鉴 2014 ［M］．北京：中国统计出版社，2015．

喻树迅，马崎英，熊和平，李建琴，毛树春．中国棉麻丝产业可持续发展研究 ［M］．北京：中国农业出版社，2015．

于伟东．纺织材料学 ［M］．北京：中国纺织出版社，2006．

张宝红，丰荣．棉花的抗虫性和抗虫棉 ［M］．北京：中国农业科技出版社，2000：2－3．

郑曙峰．棉花科学栽培 ［M］．合肥：安徽科技出版社，2010．

河南省统计局，国家统计局河南调查总队．河南统计年鉴 2013 ［M］．北京：中国统计出版社．

周明炎．湖北棉花 ［M］．北京：中国农业出版社．2004．

ALAN R. Egypt's agricultural development 1800—1980 ［M］．Boulder：Westview Press，1982．

Bhagirath Choudhary Kadambini Gaur，Bt_Cotton_in_India－A_Country_Profile ［M］．July 2010：1－32．

Brown，D. C. King Cotton In Modern America. University Press of Mississippi/Jackson 2011：125－146. DM. The Cambridge history of Egypt：modern Egypt，from 1517 to the end of the twentieth century ［M］．Cambridge：Cambridge University press，1998．

DOREEN W. Land reform and development in the Middle East，a study of Egypt，Syria and Iraq ［M］．Oxford：Oxdord University Press，1957．

FARHAD K，JOHN W. Peasante and politics in the modern Middle East ［M］．Gainesville：University Press of Florida，1991．

EL-GHONEMY M. Egypt in the twenty-first century：challenges for development ［M］．London：Routledge Curzon，2003．

KHALID I. The Egyptian economy，1952—2000：performance，policies，and issues ［M］．London：Routledge，2006．

NICHOLAS H. Agrarian transformation in Egypt［M］. Boulber: Westview Press，1987.

RAY B. Counter-revolution in Egypt's countryside: land and farmers in the Era of economic reform［M］. London: Zed Books Ltd. ，2002.

RAY B. Economic crisis and the politics of reform in Egypt［M］. Boulder: Westview Press，1999.

RICHARD A. Development and social change in rural Egypt［M］. New York: Syracuse University Press，1986.

ROBERT T. State，private enterprise，and economic change in Egypt［M］. Princeton: Princeton University Press，1984.

SIMON C. The state and agricultural development in Egypt since 1973［M］. London: Ithaca Press，1987.

S. Gordon and Y-L. Hsieh. Cotton: Science and technology. First published 2007，Woodhead Publishing Limitedand CRC Press LLC.

Mckinion，J，M，A simulation of a cotton growth and yield，in computer simulation of a cotton production system- A User's Manual. ARS－S－52，1975: 27－82.

P. V. Sharma，H. Thaker. Fertilizer Subsidy in India: Who are the Beneficiaries?［R/OL］. Working Paper No. 2009－07－01，Indian Institute of Management，Ahmedabad，India，2009.

Robert Lemon，Randy Boman，Mark McFarland，et al. Nitrogen Management in Cotton. AgriLIFE EXTENSION. Texas A&M System.

ALAN R. Food，states and peasants: analyses of agrarian question in the Middle East［C］. Bouder: Westview Press，1986.

USDA. Food，Conservation and Energy Act of 2008.

USDA. Agriculture Reform，Food and Jobs Act of 2012－Passed Farm Bill Section by Section.

Cotton. World Statistics. Bulletin of the International Cotton Advisory Committee . September. 2013; October 2014; December 2015。Washington DC USA.

A Report by the Technical Information Section of International Cotton Advisory Committee . Cost of production of raw cotton. September. 2013，Washington DC USA.

Survey of the Cost of Production of Raw Cotton. International Cotton Advisory Committee（ICAC），October 1998，Washington DC USA.

A Report by the Technical Information Section of International Cotton Advisory Committee. World Textile Demand . September. 2013; December 2015。Washington DC，USA.

Cotton. Review of the World Situation . International Cotton Advisory Committee. November. -December. 2012，Januany-february 2013; March-April 2013; Man-june 2013; July-August 2013; Stp. -Oct. 2013.

D. Clayton Brown. King Cotton In Modern America. University Press of Mississippi/Jackson 2011.

Cotton: World Statistics. International Cotton Adrisory Committet. September 2013.

ICAC，Cotton: World Statistics. October，2014

ICAC. Cotton: Review of World Situation. Set. － Oct. 2013.

World Textile Demand . International Cotton Advisory Committee. September 2013

World Textile Demand，A Report by the Secretariat of the International Cotton Advisory Committee，November，2014，ICAC Washington DC USA

第二部分 论 文

李华 . 历年储备棉投放时期行情回顾［J］. 中国棉麻产业经济研究，2016（3）: 29－30.

李益农，许迪，李福祥，等．规模化激光控制土地精细平整技术应用效果评价［R］．北京：中国水利水电科学研究院，2005.

方显廷．中国经济研究（上）［C］．北京：商务印书馆，1937.

Syed Abdul Aziz．巴基斯坦棉花和纺织品的市场发展［C］.//新千年世界棉花市场和中国棉花业展望——2001年中国国际棉花会议论文集．2001.

程淑英．二十世纪二、三十年代的河南植棉业［D］．郑州：郑州大学，2002.

贺晓丽．我国棉纺织技术的发展历程研究［D］．天津：天津工业大学硕士，2005.

李涛．大萧条时期中国棉纺织业研究［D］．成都：西南财经大学，2014.

刘洁．近代河北植棉论述［D］．保定：河北大学，2004.

刘岩岩．民国武汉棉纺织业诸问题研究（1915—1938）［D］．武汉：武汉大学，2011.

柳成杰．近代上海纺织机器工业研究［D］．武汉：湖北大学，2014.

袁志清．世界各主要产棉国棉花品质分析及适纺性研究［D］．石家庄：河北科技大学，2013.

赵红帅．主产棉国棉花补贴政策对中国棉花贸易的影响研究［D］．塔里木：塔里木大学，2013.

GB／T 18885－2002，生态纺织品技术要求［S］.

2007/2008年度埃及棉花生产介绍——埃及代表团在ICAC第六十七次全体会议上的报告［J］．中国棉花，2009，36（1）：46－47.

Alisher Abdullaev，Abdumavlon A Abdullaev，徐养诚，等．乌兹别克斯坦棉花种质资源的收集与研究．新疆农业科学［J］．2012，49（9）：1600－1607.

ChiragLakhani，印度棉花的市场状况与发展方向［J］．中国纤检，2013（7）（上）：44－45.

Indian Textile Ind. Development & Challenges/Chances 印度纺织工业的变化、挑战及机遇［J］．纺织导报．1999（1）：61－64.

NompumeleloH. Obokoh，DavidKeetch．非洲撒哈拉以南的转基因作物状况［J］．华中农业大学学报，2014，33（6）：58－67.

白玮，吴美娜．后配额时代的河北省纺织品服装出口［J］．社会科学论坛，2005（5）：187－188.

本刊编辑部．国外棉花质量检验9问［J］．中国纤检，2013（6）（上）：38－41.

别墅、王孝刚、张教海，等．湖北省棉花产业链发展现状与展望［J］．中国棉花．2011，38（11）：7－14.

曹惠莉．河南省棉花生产存在的问题与发展思路［J］．河南农业，2012（8）.

曹隆恭．关于陆地棉的引种和推广［J］．古今农业，1989（2）：19－24.

曹守峰．中国与中亚五国棉花生产与贸易竞争力比较分析．中国棉花［J］.2011，38（5）：11－13.

陈利君，陆文洁．印度纺织业发展概况及其面临的问题［J］．中国发展，2011（11）：40－44.

陈雪梅，李维江，董合忠．棉花产业须自强——提升山东棉花产业自身竞争力的对策措施［J］．中国棉花，2015，42（5）：8－10.

陈雪梅，张宏宝，董合忠．对国家棉花产业政策调整的认识和建议［J］．中国棉花，2015，42（2）：1－4.

陈蕴鸾．试析建国前美棉在我国的引种、推广及其历史启示［J］．黑龙江农业科学，2007（5）：100－103.

程玮燕．原棉性能对成纱质量影响的试验分析［J］．棉纺织技术，2005（3）.

代建龙，李维江，辛承松，董合忠。黄河流域棉区机采棉栽培技术［J］．中国棉花，2013，40（1）：35－36.

戴龙进，试论江苏纺织业的战略调整与发展［J］．纺织导报，2010，（5）.

邓祥顺，秦新敏，刘敏彦．中国棉业科技进步30年——河北篇［J］．中国棉花，2009，36（增刊）：7－11.

董合忠．滨海盐碱地棉花轻简栽培：现状、问题与对策［J］．中国棉花，2011，38（12）：2－4.

董合忠．棉花轻简栽培的若干技术问题分析［J］．山东农业科学 2013，45（4）：115－117.

董合忠．中国棉花种业和原棉品质的国际竞争力分析［J］．中国棉花，2013，40（7）：1－5.

杜雄明，刘国强，喻树迅，等．越南棉花考察报告［J］．中国棉花，2000，27（5）：2-4.

杜雄明，王谧，郑曙峰，等．乌兹别克斯坦棉花育种和生产考察报告［J］．中国棉花.2008，35（11）：2-7.

段文平，管荣伟．提升河南省纺织服装企业集群竞争力的思考［J］．企业活力，2008（6）.

樊亚利，王琪．周边国家棉花产需变化的趋势分析［J］．新疆农垦经济，2006（6）：45-48.

方永安，刘文忠．埃及、坦桑尼亚、肯尼亚棉花生产发展和科学实验概况［J］．河南农林科技，1978（3）：35-38.

冯彦平，魏萍．关于将河南棉花、大豆纳入目标价格补贴范围的意见和建议［J］．河南农业，2014（4）.

付三玲，韦志仁，张伏．激光技术在农业上的应用及趋势［J］．农机化研究，2006（8）：189-190.

傅玮东，陈洪武，姚艳丽．主产棉国棉花产量波动规律分析［J］．中国农业气象，2007，28（增）：63-66.

高晓燕，汤楚宙，等．变量播种技术在精细农业中的研究现状与发展前景［J］．企业技术开发，2011，30（5）：1-3.

高映宏，韩英培，左颖．农田激光控制平地技术及应用前景的探讨［J］．天津农学院学报，2004，11（1）：41-45.

龚光亚，郑磊．主要产棉国棉花生产保护政策概览与启示［J］．中国棉麻产业经济研究，2015（1）：35-38.

谷维．乌兹别克斯坦棉花的生产、加工和出口［J］．中亚信息，2006（8）：27-29.

郭文超，阿克旦．吾外士，马祁．乌兹别克斯坦棉铃虫的生物防治［J］．世界农业，2004（7）：45-47.

国际纺织工业联合会（ITMF），ICAC：Review of the World Situation. 2013（66）.

韩金．预案先行　措施跟进完善机制为棉花收储工作提供技术保障［J］．中国棉花加工，2012（3）.

贺桂仁，李国海，刘晓峰，杨瑛霞，孙秋荣．关于河南棉花生产中长期发展的建议［J］．中国棉花，2000，27（11）：40-43.

贺西安，张爱军．印度的棉花产业［J］．中国棉花.2005.32（11）5-7.

洪晓富．中非共和国的农业现状及发展潜力［J］．世界农业，2006（9）：48-49.

侯海燕．印度：影响全球纺织业的下一个国家［J］．中国纤检，2015，4（上）.47.

侯明亮，毛恩荣，刘刚．激光控制平地系统控制技术的研究与试验［J］．农业工程学报，2006，22（1）：110-113.

黄季焜，胡瑞法．现代农业生物技术对中国未来经济和全球贸易的影响［J］．中国科学基金，2002（6）：324-329.

纪从亮，白岩，崔金杰．河北省棉花产业考察报告［J］．中国棉花，2014，41（9）：4-6.

纪从亮、史伟，等，棉花生产融入现代农业的路径探索［J］．中国棉花学会2009年年会论文汇编.

纪从亮．关于经济发达地区发展棉花生产的思考——以江苏为例［J］．中国棉花学会2007年年会论文汇编.

姜青云，马琳．印度发展棉纺业优势明显［J］．纺织服装周刊，2010（12）：34-35.

蒋和平．科特迪瓦农业发展现状［J］．世界农业，2009（9）：98-103.

蒋永凡．以色列棉花产销情况［J］．新疆农业科技，2000（5）：3-4.

焦春海，郭英，姚明华，等．泰国农业生产与作物品种改良状况［J］．湖北农业科学，2010，49（5）：1240-1244.

矫健，刘思，等．喀麦隆农业现状及合作开发前景［J］．世界农业，2013（12）：149-152.

康金莉．20世纪30年代前期河北棉花产销合作贷款探析［J］．河北师范大学学报，2012，35（5）：95-101.

孔庆平，等．新疆棉花集约高效生产技术研发策略［J］．新疆农业科学，2015，52（7）：1352-1358.

李保成．乌兹别克斯坦棉花生产与科研现状［J］．新疆农垦科技，1997（5）：32-34.

李朝晖，关建波. 世界棉花主要生产国家和地区的棉花补贴政策及启示 ［J］. 广东农业科学，2013（14）：225-227，236.

李国峰. 埃塞俄比亚棉花产业发展现状 ［J］. 中国农业信息，2015（1）：49-51.

李俊美. 印度棉花特性分析及几点建议 ［J］. 中国纤检，2010（10）：82-84.

李令福. 明清山东省棉花种植业的发展与主要产区的变化 ［J］. 中国历史地理论丛，1998（1）：83-98.

李强，李永奎. 我国农业机械 GPS 导航技术的发展 ［J］. 农机化研究，2009（8）：54.

李瑞民，任朴红，代薇，何顺利. 试析河南纺织企业的发展之路 ［J］. 行业透析，2011（9）：56-58.

李田春，史雅静，霍艳峰. 印度转基因抗虫棉的商业种植现状及其潜在的生态风险 ［J］. 黑龙江农业科学，2014（4）：111-114.

李薇. 河北纺织出口企业现状分析 ［J］. 合作经济与科技，2011（4）：10-11.

李晓芝，张香云，耿保进. 巴基斯坦农业与巴基斯坦棉花种植业发展现状——赴巴基斯坦考察总结 ［J］. 河北农业科学，2011，15（9）：92-94，108.

李雁玲. WTO 棉花补贴争议案带来的启示 ［J］. 2005，32（6）：2-4.

李义波. 民国时期长三角棉业组织研究 ［J］. 中国农史，2012（3）：81-92.

李志芳，田佳妮，徐明等. 吉尔吉斯斯坦农业发展概况 ［J］. 世界农业，2015（4）：124-128.

梁昕诺. 巴基斯坦纺织服装出口欧盟剧增 ［J］. 纺织机械，2015（8）：58.

刘晨曦，吴孔明. 转基因棉花的研发现状与发展策略 ［J］. 植物保护，2011，37（6）：11-17.

刘定富，刘立清. 全球转基因棉花商业化进程 ［J］. 中国农技推广，2013（29）：91-93.

刘定富，刘立清. 印度转基因棉花商业化及棉花产业情况分析 ［J］. 中国棉花，2011，38（5）：14-15.

刘定富. 湖北棉花种业现状与发展探讨 ［J］. 作物研究，2012，26（5）：565-570.

刘建功，买继军，薛中立. 冀岱公司对我国棉种产业发展的影响 ［J］. 中国种业，2013（2）：19-20.

刘杰. 试论近代河北植棉的迅速发展 ［J］. 邯郸学院学报，2009，19（4）：91-99.

刘清瑞，杨卫生. 莫桑比克、厄立特利亚机械化植棉应变栽培技术 ［J］. 种业导刊，2010（12）：20-21.

刘晓峰，李国海，杨瑛霞，贺桂仁. 河南棉花的历史性回顾暨新世纪发展的基本构想 ［J］. 中国棉花，2002，29（1）：10-15.

刘阳. 抗战前南京政府对美国棉花品种的引进、改良及推广 ［J］. 中国农史，1999，18（3）：48-54，71.

刘志华. 1805—2011 年埃及农产品市场化问题刍议——以棉花的种植和销售为例 ［J］. 华中农业大学学报（社会科学版），2013，104（2）：38-46.

吕善模. 乌兹别克斯坦棉花国家标准简介（二）［J］. 中国纤检，2001（8）：30-31.

吕善模. 乌兹别克斯坦棉花国家标准简介 ［J］. 中国纤检，2001（7）：30-33.

马万明，王思明，陈少华. 论张謇"科教兴农"成就 ［J］. 古今农业，2002（3）：68-73.

买买提·莫明. 乌兹别克斯坦棉花生产概述. 新疆农业科学 ［J］. 2006，43（增刊）：146-148.

毛树春，冯璐，李亚兵，等. 加快转型升级，努力建设现代植棉业 ［J］. 农业展望，2015，11（4）35-40.

毛树春，冯璐，李亚兵. 2012 年中国棉花生产回顾及 2013 年展望 ［J］. 农业展望，2013（4）：52-55.

毛树春，冯璐，李亚兵. WTO 与中国棉花十年简评 ［J. 农业展望，2013，9（7）：48-52.

毛树春，冯璐，李亚兵. 未来 5—10 年我国棉花消费需求预测 ［J］. 中国棉麻流通经济，2010（4）：26-21.

毛树春，冯璐，芦建华. 2014 年中国棉花产业发展趋势与政策建议 ［J］. 棉麻流通经济，2014，（2）：21-23.

毛树春，冯璐，芦建华. 棉花产业发展趋势与政策建议 ［J］. 棉麻流通经济，2014，（4）：1-3.

毛树春，孔庆平，等. 新疆棉花生产发展问题研究 ［J］. 农业展望，2014，10（11）：43-51.

毛树春，李鹏程，冯璐，等. 美国棉花发展与经济、棉区布局和科技进步的关系研究 ［J］. 中国棉麻产业经济研究. 2015（2）：6-19.

毛树春，李亚兵，董合林，等. 我国棉花栽培科学技术的伟大成就 ［J］. 中国棉花，2013，40（5）：44.

毛树春，李亚兵，冯 璐，等．新疆棉花生产发展问题研究［J］．农业展望，2014，10（11）43-51.

毛树春．埃塞俄比亚棉花考察报告［J］．中国棉花，2003，30（12）：13-15.

毛树春．全球棉花 60 年回顾和展望［J］．中国棉麻流通经济，2010（3）：30-37.

毛树春．我国棉花耕作栽培技术研究和应用［J］．棉花学报，2007，19（5）：369-377.

毛树春．我国棉花栽培技术体系研究和应用［J］．中国农业科学，2007，40（增1）：153-161.

明亮，唐丽霞，李小云．乌干达农业生产和粮食安全状况研究［J］．广东农业科学，2010（7）：284-286.

缪定蜀，金鑫．转型升级中的思考：江苏纺织业，如何做强［J］．江苏纺织，2014（4）.

摩西．坦桑尼亚农业发展状况分析［J］．商场现代化，2010，605（8）：17-18.

倪向东．激光平地技术应用分析［J］．农机化研究，2006（5）：63-64.

努斯热提·吾斯曼，等．哈萨克斯坦棉花生产与科研概况［J］．中国棉花．2015，42（45）：1-2.

潘苏，谭砚文．主要棉花生产国棉花补贴政策的比较分析［J］．全球农业，2007（12）：30-32.

彭玲．塔吉克斯坦的棉花种植业［J］．中亚信息，1998（5）：13.

彭玲．土库曼斯坦的棉纺业［J］．中亚信息．1998（5）：13.

齐长余，后配额时代江苏纺织业发展战略构想［J］．时代经贸，2005（10）.

羌建，王思明，王红谊．美洲陆地棉的引种、推广及其影响研究［J］．中国农史，2009（2）：23-31.

秦永华，乔志新，刘进元．转基因技术在棉花育种上的应用［J］．棉花学报，2007，19（6）：482-488.

曲春红，张振兴．哈萨克斯坦农业发展概况［J］．世界农业，2013（2）：145-148.

沈本久，朱文金．乌兹别克斯坦棉花高产优质经验［J］．新疆农业科学，1996，33（1）：46-48.

师维军．对塔吉克斯坦棉花生产与科研的考察报告［J］．江西棉花，2011，33（5）：64-66.

师维军．对乌兹别克斯坦棉花的考察报告［J］．中国棉花，2006，33（5）：6-7.

师维军．塔吉克斯坦棉花科研与生产概况［J］．中国棉花学会年年会论文汇编．2013：69-72.

石振礼，王整风．关于河北棉花产业化发展的现状与对策［J］．中国棉麻流通经济，2004（5）：23-25.

孙宁，耿向阳，曲京武，等．进口印度棉现状及分析建议［J］．中国棉花加工，2012（4）：20-21.

孙齐磊，孙立涛，等．浅析播种机械的现状与发展趋势［J］．中国农机化，2002（5）：51-52.

谭砚文，潘苏，奥克兰，等．印度的棉花产业［J］．世界农业，2007（8）（总340）：52-55.

谭砚文．美国2008新农业法案中的棉花补贴政策及其启示［J］．农业经济问题，2009（4）：103-109.

汤占山．埃及棉花生产及购销体制［J］．中国棉花，1996，23（12）：33-34.

田立文，赵德提·阿不都哈德尔，崔建平，等．乌兹别克斯坦与中国新疆两棉区的气候分析［J］．棉花科学，2014，36（3）：3-11.

万少安，任琪．中外棉花纤维品质比较分析［J］．中国棉花加工，2007（1）：27-29.

汪懋华，21世纪农业科技发展展望［J］．中国农业科学，2001（增刊）：113-117.

汪若海．我国美棉引种史略［J］．中国农业科学，1983（4）：30-35.

汪若海．我国植棉史拾零［J］．农业考古，1991（1）：323-324，337.

汪志国，王思明．美棉在中国的引种与发展［J］．中国农学通报，2006，22（2）：421-426.

王超，冯德连．全球价值链下的安徽纺织产业集群升级障碍与对策［J］．西华大学学报，2013，32（4）：87-91.

王宏立，张祖立，等．机械化保护性耕作免耕播种机的研究现状及发展趋势［J］．2006（10）：22-24.

王洪玖，王丽华，夏晓明，等．越南棉花生产及棉种产业化考察报告［J］．山东农业科学，2009（2）：122-124.

王继红．乌兹别克斯坦棉业发展全球瞩目［J］．中国纺织，2015（9）：24-27.

王可为，张鹏．高比例印度棉纺纱实践［J］．棉纺织技术，2013，41（4）：235-237.

王磊，陈永新，等，棉花播种机排种器的现状和发展趋势［J］．中国农机化，2005（3）：80-82.

王莉莉．印度或成全球最大产棉国［J］．中国对外贸易，2014（9）：64-65.

王伟．土库曼斯坦植棉业的发展现状［J］．中亚信息，2007（5）：9－11.

王希贤．从清末到民国的农业推广［J］．中国农史，1982（2）：28－36.

王新华．中国和印度纺织工业的比较研究［D］．天津：天津工业大学，2005.

王鑫宏．近代河南美棉种植及产生的影响［J］．安徽农业科学，2011，39（35）：22182，22186.

王缨．对我国植棉史分期的探讨［J］．中国棉花，1980（4）：43－47.

王勇．关注印度棉［J］．纺织科学研究，2015（3）：86－87.

王有田．以色列的棉花生产［J］．世界农业，1995（1）：17－18.

王中兴．全球棉花加工机械现状和市场走向分析［J］．中国棉花加工，2010（3）.

魏道培．印度的棉纤维问题与其纺织工业［J］．中国纤检，2014.6（上）：50－51.

魏敬周，刘维忠．世界棉花贸易新格局下的中国棉花产业发展［J］．国际商务论坛，2014：24－27.

吴建华．湖北省纺织产业优化升级路径研究［J］．现代经济信息，2013（20）：3－5.

武丽萍，赵高元．激光平地技术在农业上的应用［J］．机械产品与科技，2004（1）：2－3.

熊国辉．安徽纺织服装SWOT探析［J］．山东纺织经济，2014（3）：87－91，18－19.

熊钧，丁新贵．乌兹别克斯坦、土耳其、印度三国棉花产业情况及启示［J］．农业发展与金融，2007（7）
79－80.

熊钧，丁新贵，乌兹别克斯坦、土耳其、印度三国棉花产业情况及启示［J］．中国棉麻流通经济，2008
（1）：31－33.

熊伟，秋黎凤．世界主要产棉国标准对比分析［J］．纺织器材，2013，6（40）：247－252.

熊伟，周献珠．原棉质量与紧密纺纱之间的关系分析［J］．2006年全国紧密纺纱技术研讨会，
2006：297－306.

熊伟．纺特细号纱（2.9tex以下）对原料和纺纱器材的要求［J］．纺织器材，2013（1）：46－53.

熊伟．棉纤维马克隆值与纺纱质量的关系［J］．棉纺织技术，2001（10）.

徐大君．巴基斯坦棉花的市场竞争能力［J］．纺织导报，1993（3）：16.

徐国彬，杜永，王辉仿，等．赞比亚主要农作物生产现状、问题及对策［J］．世界农业，2010，12（总
380）：66－70.

徐凯希．晚清末年湖北农业改良述略［J］．中国农史，2014（1）：27－33.

徐养诚，阿迪力·吾彼尔．乌兹别克斯坦棉花品种品质简介［J］．新疆农垦科技．2012（9）：41－42.

徐有礼，程淑英．河南植棉业发展考略［J］．中州古今，2001（3）

徐志远，布娟鹣·阿布拉，申延龄．中国与中亚五国棉花产品贸易与发展潜力分析［J］．对外经贸实务．
2014（11）：25－27.

严玉听．巴基斯坦将同孟山都公司签署转基因棉花种子协议［R］．2010－06－03.

杨积余，路紫．对河北棉花资源与纺织工业优势的探讨［J］．河北师范大学学报，1984（3）：79－83.

杨建梅．塔吉克斯坦的棉花产业［J］．中亚信息，2007（1）：16－17.

杨建梅．中亚五国纺织工业发展状况［J］．中亚信息，2007（3）：9－15.

杨莲娜．田秀华．国际棉花生产及贸易格局分析［J］．中国棉花加工，2014（1）：34－38.

杨倩．印度纺织业如何应用新技术［J］．中国纤检，2014，1（上）：44－45.

杨苏龙．非洲马达加斯加棉花生产考察报告［R］．2015年棉花学会论文汇编．2015：42.

杨伟华．生态纺织品农残限量与棉花质量安全［J］．中国棉花，2005，32（2）：2－4.

杨新明、王世才、陈全求，等．湖北省杂交棉育种的现状与发展趋势［J］．湖北农业科学．2012，51
（17）：3665－3669.

杨子山，雷亚平．1990—2010年世界棉花生产与进出口分析［J］．世界农业，2013（2）：77－82.

于凤玲，秦新敏．河北棉花生产形势问题与对策探讨［J］．中国棉花，1996，23（10）：36－38.

于加勇，丁晓娟．棉纤维长度整齐度与成纱质量的关系［J］．棉纺织技术，2004，33（7）：27－29.

于修业 . 浅议新型纺纱技术及其适纺性 [J] . 纺织器材，2008 (51) .

余文哲，杜艳艳 . 美国主要转基因作物发展现状及启示 [J] . 中国生物工程杂志，2012，32 (1)：129 - 133.

苑朋欣 . 清末美棉的引种、推广及其影响 [J] . 中国社会经济史研究，2010 (2)：53 - 59.

苑朋欣 . 清末山东美棉的引种和推广 [J] . 农业考古，2009 (6)：22 - 24.

苑朋欣 . 清末新政时期直隶的棉花生产 [J] . 农业考古，2004 (3)：218 - 220.

岳萍 . 土库曼斯坦最高科技委员会及主要科研机构 [J] . 中亚信息，2008 (7)：16 - 17.

悦国宁 . 河南纺织服装经济发展现状及对策研究 [J] . 轻纺工业与技术，2012 . 41 (3) .

张斌 . 巴基斯坦农业发展与中巴农业合作探析 [J] . 中国农学通报，2012，28 (2)：90 - 96.

张春嘉 . 中亚的棉花种植业 . 俄罗斯中亚东欧市场 [J] . 2004 (1)：36 - 39.

章楷 . 20 世纪百年间江苏的棉产改进和发展 [J] . 古今农业，2000 (1)：55 - 62.

章楷 . 我国近代棉品种改良事业述评 [J] . 古今农业，1988 (2)：22 - 27.

赵宝民 . 河北棉花走出困境的途径 [J] . 经济工作导刊，1997 (2) .

赵洪亮，等 . 近几年山东省棉花生产情况及稳定发展的对策建议 [J] . 中国棉花，2014，41 (6)：4 - 6.

赵小伊，等 . 棉副产品加工及利用技术的应用与发展 [J] . 新疆农机化，2004 (2)：53 - 55.

郑丽莎，等 . 进口印度棉的优缺点及近几年品质概况 中国纤检 [J] . 2011，3 (上)：80 - 81.

中国国际纺机展览会暨 ITMA 亚洲展览会 (ITMAASIA＋CITME) 展品评估报告 [R] . 2014，资料 .

《中国近代农业科技史稿》编写组 . 中国近代农业科技史事纪要 (续) [J] . 古今农业，1995 (4)：57 - 76，80.

《中国近代农业科技史稿》编写组 . 中国近代农业科技史事纪要 [J] . 古今农业，1995 (3)：64 - 83.

中国棉麻产业经济研究 . 2015 第 1 期至 2016 第 1 期 .

中国农业科学院赴埃及考察团 . 埃及棉花科研特色及其启示 . [J] 中国棉花，2009，36 (4)：2 - 5.

中国驻塔吉克斯坦大使馆经济商务参赞处 . 塔吉克斯坦的棉花种植业 [J] . 中亚信息，2004 (1)：11 - 13.

中华人民共和国海关总署 . 海关统计 [R] . 2002—2014.

钟钫，江苏纺织业呈现五大发展趋势 [J] . 中华合作时报，2004 - 03 - 10.

周作民 . 河北省棉花产销问题 [J] . 河北棉产汇报，1936 (1) .

朱婷 . 1946—1948 年美棉输入问题之考察 [J] . 史林，2011 (4)：86 - 91，26.

朱永歌，张国治，刘建卫，等 . 印度棉花栽培初识 . [J] . 中国棉花，2009，36 (8)：5 - 6.

朱玉国，李忠霞，刘进红 . 世界棉花生产、消费与贸易现状 [c] . 中国棉花学会年年会论文汇编 . 2011：90 - 91.

庄任兴 . 莫桑比克的农业 [J] . 世界农业，1984 (12)：46 - 48.

Abdul Mumin Yazeed、Ditchfield P K Amegashie and Akwasi Mensah-Bonsu. Determinants of Seed Cotton Output：Evidence from the Northern Region of Ghana, 2012.

BARBAR L. Rural marketing system of Egypt over the last three hundred years [J] . Comparative Studies in Society and History, 1985, 27 (3)：494 - 530.

DYAA A，GARDNER B，RICHARD G. To violate or not violate the law：an example form Egyptian agriculture [J] . American Journal of Agricultural Economics, 1986, 68 (1)：120 - 126.

G. Nabi, C. E Mullins, M. B Montemayor, M. S Akhtar. Germination and emergence of irrigated cotton in Pakistan in relation to sowing depth and physical properties of the seedbed [J] . Soil and Tillage Research, 2001, 59 (1 - 2)：33 - 44.

Gould F. Testing Bt refuge strategies in the field [J] . Nature Biotechnology, 2000 (18)：266 - 267.

JAMES T. Rural workers and Egypt′s national development [J] . British Journal of Middle East Studies, 1994, 21 (1)：38 - 56.

KARIMA K. The rural-urban income gap in Egypt and biased agricultural pricing police [J] . Social Problem, 1981, 28 (4): 422 - 426.

Kennedy Chepkurui Pkania, Jolien Venneman, Kris Audenaert, Oliver Kiplagat, Godelieve Gheysen & Geert Haesaert. Present status of bacterial blight in cotton genotypes evaluated at Busia and Siaya counties of Western Kenya. Eur J Plant Pathol (2014) 139: 863 - 874. DOI 10. 1007/s10658 - 014 - 0440 - 7.

Srinivasa Kondurul, Fumiko Yamazaki and Mechel Paggi. A Study of Indian Government Policy on Production and Processing of Cotton and Its Implications [J] . Journal of Agricultural Science and Technology, 2012: 1016 - 1028.

Lemmon, H E. COMAX: Anexpert System for cotton crop Management. Science, 1985 (233): 29 - 33.

Luqman Amrao, Sohail Akhter, Muhammad Nouman Tahir, et al. Cotton leaf curl disease in Sindh province of Pakistan is associated with recombinant begomovirus components [J] . Virus Research, 2010 (153): 161 - 165.

R. W. Briddon, P. G. Markham. Cotton leaf curl virus disease [J] . Virus Research, 2000 (71): 151 - 159.

Srinivasa Kondurul, Fumiko Yamazaki and Mechel Paggi. A Study of Indian Government Policy on Production and Processing of Cotton and Its Implications [J] . Journal of Agricultural Science and Technology, 2012: 1016 - 1028.

Valverde B. E. Gressel J. A strategy to provide long-term control of weedy rice while mitigating herbicide resistance transgene flow, and its potential use for other crops with related weeds [J] . Pest Management Science, 2009 (65): 723 - 731.

Werth J. A. Preston C. Taylor I. N. , et al. Managing the risk of glyphosate resistance in Australian glyphosate-resistant cotton production systems [J] . Pest Management Science, 2008 (64): 417 - 421.

Wu K. Monitoring and management strategy for Helicover paarmigera resistance to Bt cotton in Chian [J]. Journal of Invertebrate Pathology, 2007 (95): 220 - 223.

Actual and estimated US upland cotton farm price. 1974—2007 http: //www. ers. usda. gov/media/155092/err80 _ 1 _ . pdf.

Braunack MV. Cotton farming systems in Australia: factors contributing to changed yield and fibre quality [J]. Crop & Pasture Science. 2013 (64): 834 - 44.

Raine SR, Foley JP, Henkel CR. Drip irrigation in the Australian cotton industry [J] . Australian Cottongrower. 2001 (22): 52 - 54.

Kirkby KA, Lonergan PA, Allen SJ. Three decades of cotton disease surveys in NSW, Australia [J] . Crop & Pasture Science. 2013, 64 (8): 774 - 779.

Kochman JK. Fusarium wilt in cotton: A new record in Australia [J] . Australasian Plant Pathology. 1995: 24 (1) .

Wang B, Dale ML, Kochman JK, Obst NR. Effects of plant residue, soil characteristics, cotton cultivars and other crops on fusarium wilt of cotton in Australia [J] . Australian Journal of Experimental Agriculture. 1999, 39 (2): 203 - 209.

Nehl DB, Allen SJ, Mondal AH, Lonergan PA. Black root rot: a pandemic in Australian cotton [J]. Australasian Plant Pathology. 2004, 33 (1): 87 - 95.

G R Strickland, A J Annells, B M Thistleton, S J Addison. Field evaluation of INGARD cotton and integrated pest management (IPM) systems in the Kimberly [R] . Canberra Chief Executive officer of department of Agriculture, 2000.

Liu Shi-ming, Constable G, Stiller W, et al. Where yield progress has come from in 30 years. 2012 - 08 - 14. Available from: http: // www. australiancottonconference. com. au/ Literature Retrieve. aspx? ID=103853.

第三部分 其 他

郭三堆，崔洪志，倪万潮．两种编码杀虫蛋白质基因和双价融合表达载体及其应用：中国，ZL98102885.3.

郭三堆，倪万潮，徐琼芳．编码杀虫蛋白融合基因和表达载体及其应用，中国，ZL95119563.8.

陈刚，赵红梅．河北棉花产业面临新挑战．河北日报，2014年10月21日．

李国章．缅甸农业促进政策成效显著．经济日报，2011年7月19日，第012版，国际财经．

中国棉纺织行业协会．新疆机采棉须快马加鞭．中国纺织报 2015-4-13；第2版．

印度棉花生产，2012-03-28. http：//www.360doc.com/content/12/0328/14/8771479_198599940.shtml.

阿富汗农业情况．http：//af.mofcom.gov.cn/aarticle/ztdy/200511/20051100712574.html.

阿富汗政府被要求关注棉花产业．http：//www.chinayarn.com/news/ReadNews.asp？NewsID=41506.

巴基斯坦2015年一月统计通报．巴基斯坦国家统计局［EB/OL］.2015/1/15.http：//www.pbs.gov.pk/content/monthly-bulletin-statistics-january-2015.

巴基斯坦纺织行业现状．http：//ccn.mofcom.gov.cn/SPBG/show.php？id=7189undefinedi.

巴基斯坦国情介绍．中国外交部网站（2015年3月更新）［EBOL］.2015/7/1，http：//www.fmprc.gov.cn/mfa_chn/gjhdq_603914/gj_603916/yz_603918/1206_604018/.

百度百科印度，2015. http：//baike.baidu.com/link？url=1n8 PLmy KEh3OFUNrG6p0DLzuxCHledqM67kXuIcGGkuMCYe6PJg5nE062fKlaKFn2o3C1JBB2IH7Pa9wT-Ax5_.

保加利亚纺织服装业．http：//www.btdcw.com/btd_3vbar7fzb16c4rp7potl_1.html.

保加利亚纺织业出口去年增长8.5％.http：//www.texleader.com.cn/article/23904.html.

贝宁棉花产业处境困难，积极寻求国际支持．http：//news.aweb.com.cn/2005/6/2/9325036.htm.

贝宁农业发展概况．http：//www.mofcom.gov.cn/aarticle/i/jyjl/k/201008/20100807057905.html.

布基纳法索成为西非第二大产棉国．http：//www.texindex.com.cn/Articles/2004-10-8/35267.html.

布基纳法索决定减种转基因棉花．http：//world.people.com.cn/n/2015/0619/c157278-27180088.html.

菲律宾计划开放转基因棉花的商业种植，2015-6-17. http：//news.wugu.com.cn/article/20150617/572897.html.

服装生产大国孟加拉国将扩大国内棉花种植以减少进口．http：//www.fzfzjx.com/News/Detail/34064.html.

国际棉花咨询委员会网站主要会议资料［EB/OL］.2015/8/30，https：//www.icac.org/getattachment/mtgs/Workshop/Research-Associate-Program-2015/Details/Pakistan.pdf.

黄日保．中非农业发展探讨．http：//cf.mofcom.gov.cn/article/ztdy/201007/20100707003100.shtml

基因工程技术资料：Paul Berg. http：//en.wikipedia.org/wiki/Paul_Berg.

喀麦隆棉花发展公司计划设立"棉花价格风险与管理基金"．http：//china.huanqiu.com/News/mofcom/2014-11/5198654.html.

科特迪瓦政府大力改革棉花产业．http：//www.zhujiage.com.cn/siliao/201311/317518.html.

李华．历年储备棉投放时期行情回顾［J］.中国棉麻产业经济研究.2016（3）：29-30.

王毅．春华秋实十五载 中非携手创未来［N］.人民日报，2015-12-03.第十版．

高虎城．共同绘就新蓝图，携手杨帆在启程［N］.人民日报，2015-12-05，第10版．

中国对非洲政策文件．人民日报，2015-12-05［N］.

澳农业部部长：向中国和世界提供高质量农产品［N］.国际商报，2014-09-26［cited 2014-09-26］.Available from：http：//news.hexun.com/2014-09-26/168881399.html.

昆都士省棉花种植有望大丰收．http：//af.mofcom.gov.cn/aarticle/jmxw/200509/20050900342292.html.

李平．中非农业发展研究及规划意见．http://cf. mofcom. gov. cn/article/ztdy/201007/20100707003116. shtml.

刘定富，刘立清．印度转基因棉花商业化及棉花产业情况分析［J］．中国棉花，2011，38（5）：14－15. http://blog. sina. com. cn/s/blog_6ed45f2a0100vfha. html.

美国安全性评价规定：http://www. fda. gov/Food/GuidanceRegulation/GuidanceDocumentsRegulatoryInformation/ucm096126. htm.

美国各州棉花面积和产量：美国棉花咨询委员会 http://www. cotton. org/econ/cropinfo/cropdata/state_data. cfm.

美国棉花成本数据：据美国农业部网站，http://www. ers. usda. gov/data-products/commodity-costs-and-returns. aspx.

美国棉花收益数据：USDA，http://www. ers. usda. gov/data/FarmIncome/fi nfi dmu. htm.

美国农场文献：美国农业部网站 http://www. agcensus. usda. gov/Publications/.

美国农业部国家农业统计局（NASS），http://www. usda. gov/wps/portal/usda/usdahome.

美国农业部最新数据：2014/15 年度全球棉花供需报告，2015－3－18. http://www. askci. com/news/chanye/2015/03/18/114958y42q. shtml.

孟加拉国服装业崛起 中国订单外流．http://www. sjfzxm. com/news/hangye/20120508/292556. html.

孟加拉国产量低于需求．http://www. tnc. com. cn/info/c－012001－d－59853－p1. html.

孟加拉国将成最大棉花进口国．http://www. cncotton. com/sy_59/gjmh_1401/tbzl/201511/t20151117_554599. html.

孟加拉国将引进转基因棉花．http://cn. agropages. com/News/NewsDetail-6307. htm.

孟加拉国棉花消费增 10％ 能源短缺致开机率不足．http://www. tnc. com. cn/info/c－001001－d－3553604. html.

缅甸．http://baike. baidu. com/link? url=_7－eoUeLv9ETw8eMGaZd1fG05klY3656rY09XZV24Ka7D2tHg7frvf6zp4yOy4duoo1izQYsnphTnZ－PZlb3k.

缅甸 10 余家服装厂落户勃生工业区．http://news. efu. com. cn/newsview－1073480－1. html .

缅甸棉花种植面积扩大，棉纱产量大增．东南亚南亚信息，2001，知网．

缅甸扩大棉花种植面积．http://finance. sina. com. cn/roll/20090217/10102678059. shtml.

商务部网站．http://www. mofcom. gov. cn/article/i/jyjl/k/201511/20151101195258. shtml.

泰国纺织服装业昨天、今天与明天．http://www. texindex. com. cn/Articles/2006－6－12/62167. html.

推动人类历史进程的 50 大发明，人民网．原文链接：http://scitech. people. com. cn/n/2013/1112/c1057－23506786. html.

魏如宽．对多哥农业合作开发环境及项目的探讨．http://www. lnjn. gov. cn/special/zjfz/tzhz/2011/3/270667. shtml.

西班牙．http://baike. baidu. com/link? url=OOssWx7xwOSkUJehpfZaPbyQCLGJ_a8ctkA2LZXq5wjbFyVFf0w50ZsYQ3NYOhiZTD3faXtLwearFaBjgmyovyX4YeP3rjjJuID6rlTUwiy.

西班牙：纺织产业开始复苏．http://www. cifnews. com/Article/8243.

西班牙纺织业介绍．http://www. texindex. com. cn/Articles/2008－5－6/142000. html.

希腊的纺织工业进入倒退时期．http://www. tnc. com. cn/info/c－012001－d－53732－p1. html.

希腊的棉花产销概况及中希合作前景．http://gr. mofcom. gov. cn/aarticle/ztdy/200405/20040500225869. html.

希腊计划加大对纺织业的支持力度．http://www. bokee. net/companymodule/weblog_viewEntry. do? id=30004.

印度的农业发展和布局有什么特点？2014－6－7. http://www. cssn. cn/jjx/jjx_hw/201406/t20140609_

1202403. shtml.

印度纺织业雄心勃勃，2014 - 09 - 30. 中国纺织报 . http：//info. texnet. com. cn/content/2014 - 09 - 30/
494115. html.

印度进口棉纱的特点及其优劣势，2015 - 04 - 21. 纺织网，http：//www. a5365. com/a/yuanliaofenxi/
2763. html.

印度棉花产业发展及现状分析，2015 - 05 - 13 . http：//www. agrogene. cn/info - 2479. shtml.

印度棉花的生产、消费现状及其特点 . http：//www. docin. com/p - 43467578. html.

印度棉花市场调研报告，2011 - 05 - 13. http：//www. 168tex. com/2011 - 05 - 12/168650. html.

印度棉花协会预测 2015/2016 年度棉花产量为 641. 2 万吨，2015 - 10 - 8. http：//www. juke123. com/news
- 113584/.

印度棉花政策摇摆 国内棉市迷茫，2012 - 03 - 13. 期货日报 . http：//news. xinhuanet. com/fortune/2012 -
03/13/c _ 122826430. htm.

印度棉花种植、收购加工、质量检验、贸易和棉花政策，2012 - 5 - 4. http：//wenku. baidu. com/link? url
＝jXmsb4V74RdKT-XzJ5tF5IdiW _ uCxuanX5356Niiu7nHPtqDhMQvoCriE _ -v55-lccs2S1jOTpni1dvEfy7y
Dboqex8QvXK0FswgdOhChQS.

印度尼西亚，http：//baike. baidu. com/link? url＝H7vMFT83Qu7zElyXlzUSY9wClOMZI82XZq58RldyrFM
2ePx5w0 _ oO0emEMlZUL63rZRbdfPr9AGPJ0rhVU2gfK

印度研发自交系 Bt 棉花种子 绕开孟山都抗虫棉专利大坑，2015 - 09 - 29. http：//cn. agropages. com/
News/NewsDetail-10505. htm.

印尼纺织业发展现状，2008 - 5 - 9，http：//ccn. mofcom. gov. cn/spbg/show. php? id＝7485.

玉米和大豆数据据经济合作与发展组织 OECD（Organization for Economic Co-operation and Development）
数据库 .

乍得政府高度重视农业发展 . http：//finance. ifeng. com/roll/20110910/4570273. shtml

赵庆元，鲍建冲. 贝宁可持续农业和农村发展 . http：//finance. ifeng. com/roll/20100802/2470021. shtml

中共中央、国务院印发《关于加大改革创新力度加快农业现代化建设的若干意见》，2015 - 2 - 1. http：//
news. xinhuanet. com/fortune/2015 - 02/01/c _ 1114210076. htm

中国出口失去价格优势 孟加拉国服装抢滩国际市场 . http：//finance. ifeng. com/news/hqcj/20081126/
225162. shtml.

中国进口印度棉花所遇问题及应对措施，2013 - 06 - 04. 品牌服装网，http：//www. china-ef. com/
20130604/395004. html.

中国商务部 2014 - 01 - 16. http：//www. mofcom. gov. cn/article/i/jyjl/k/201401/20140100462941. shtml .

中华人民共和国江苏省无锡市中级人民法院民事裁定书（2013）锡商外仲审字第 0009 号 . http：//
www. court. gov. cn/zgcpwsw/jiangsu/jsswxszjrmfy/ms/201503/t20150305 _ 6809660. htm.

中华人民共和国驻加纳共和国大使馆经济商务参赞处 . 加纳纺织业发展概况及投资机会 . http：//
gh. mofcom. gov. cn/article/ztdy/200309/20030900123637. shtml.

中华人民共和国驻肯尼亚共和国大使馆经济商务参赞处 . http：//ke. mofcom. gov. cn/ .

中华人民共和国驻马拉维共和国大使馆经济商务参赞处 . 马拉维棉花产业现状调查 . http：//
malawi. mofcom. gov. cn/article/ztdy/201405/20140500595885. shtml.

中华人民共和国驻尼日利亚联邦共和国大使馆经济商务参赞处 . 尼日利亚棉花生产的现状以及对促进中尼
在棉花领域合作的建议 . http：//nigeria. mofcom. gov. cn/article/ztdy/200703/20070304436233. shtml .

中华人民共和国驻坦桑尼亚联合共和国经济商务代表处 . 坦桑尼亚棉花生产出口情况及有关政策 . http：//
tz. mofcom. gov. cn/article/ztdy/200210/20021000044822. shtml.

中华人民共和国驻坦桑尼亚联合共和国经济商务代表处 . 坦桑尼亚农业基本情况 . http：//

tz. mofcom. gov. cn/article/ztdy/200812/20081205953371. shtml .

主要作物收获面积收益资料来自 USDA，National Agricultural Statistics Service，Census of Agriculture. Cash receipts are from Economic Research Service，www. ers. usda. gov/data/FarmIncome/fi nfi dmu. htm.

驻多哥经商参处．多哥棉花行业现状．http：//ccn. mofcom. gov. cn/spbg/show. php？id＝7676.

驻马达加斯加经商参处．马达加斯加农业发展前景．http：//ccn. mofcom. gov. cn/spbg/show. php？id＝7716 .

驻马里使馆经商处．关于马里的棉花问题．http：//ml. mofcom. gov. cn/aarticle/ztdy/201110/20111007795772. html .

驻塞内加尔使馆经商参处．塞内加尔农业基本情况．http：//senegal. mofcom. gov. cn/article/ztdy/201311/20131100374139. shtml .

转基因棉花酿印度农民自杀潮，2010 - 07 - 11. http：//club. china. com/data/thread/1011/2715/42/13/3 _ 1. html.

中国产业信息网，我国棉花加工流通行业发展历程及发展趋势分析，www. chyxx. com. Central Institute for Cotton Research，Nagpur，2015 - 3 - 6. http：//www. cicr. org. in/Downloads. html.

India Agricultural Biotechnology Annual，2015 - 7 - 10. http：//gain. fas. usda. gov/Recent％ 20GAIN％20Publications/Agricultural％20Biotechnology％20Annual _ New％20Delhi _ India _ 7 - 10 - 2015. pdf.

International Cotton Advisory Committee. Production and trade policies affecting the cotton industry，http：//icac. org.

List of districts in India，2015 - 10 - 31. https：//en. wikipedia. org/wiki/List _ of _ districts _ in _ India. Statistics，CCI. http：//www. cotcorp. gov. in/statistics. aspx.

Ahmedabad From Wikipedia，the free encyclopedia，2015 - 10 - 17. https：//en. wikipedia. org/wiki/Ahmedabad♯Climate.

Analysys of incentives and disincentives for cotton in uganda. http：//www. cdouga. org/resources/annual-reports/.

Aurangabad district，Maharashtra From Wikipedia，the free encyclopedia，2015 - 10 - 17. https：//en. wikipedia. org/wiki/Aurangabad _ district，_ Maharashtra♯Climate.

Bathinda From Wikipedia，the free encyclopedia，2015 - 10 - 17. https：//en. wikipedia. org/wiki/Bathinda♯Geography _ and _ climate.

Brazil Annual Cotton Report（2009），www. usda. gov.

Choudhary，B. & Gaur，K. Biotech Cotton in India，2002 - 2014，2015. http：//www. isaaa. org/resources/publications/biotech _ crop _ profiles/default. asp.

Colin Poulton. The Cotton Sector Of Tanzania. Africa Region Working Paper Series No. 127，2009.

Cotton Development Authority（CODA）. Cotton handbook _ A guide for farmers and extension officers. 2012. Website：www. cottondevelopment. co. ke.

Cotton Development Authority（CODA）. How to grow cotton. Website：www. cottondevelopment. co. ke.

Cotton Development Authority（CODA）. Marketing of cotton in Kenya. Website：www. cottondevelopment. co. ke.

Cotton Review of the World Situation Vol. 66 - Nunber 3；January-February 2013.

Cotton Varieties Planted，United States 2011 Crop，Agricultural Marketing Service-Cotton Program，U. S. Department of Agriculture，Memphis，Tennessee，September 2011，http：//www. ams. usda. gov.

Cotton：World Markets and Trade（2009. 11），www. usda. gov.

Cotton Varieties Planted，United States 2015 Crop，Agricultural Marketing Service-Cotton Program，U. S.

Department of Agriculture, Memphis, Tennessee, September 2015, http: //www. ams. usda. gov.

Cotton Varieties Planted, United States 2007 Crop, Agricultural Marketing Service-Cotton Program, U. S. Department of Agriculture, Memphis, Tennessee, Revised August 2007, http: //www. ams. usda. gov.

Cotton, Wool, and Textile Data-Cotton and Wool Yearbook (China, India, USA, Pakistan and Brazail cotton supply and use), 2014 - 11 - 21. http: //www. ers. usda. gov/data-products/cotton, -wool, -and-textile-data/cotton-and-wool-yearbook. aspx.

Cotton: World Markets and Trade (2009. 11), www. usda. gov.

CottonVarietiesPlanted, UnitedStates2014Crop, AgriculturalMarketingService-CottonProgram, U. S. Department ofAgriculture, Memphis, Tennessee, September2014, http: //www. ams. usda. gov.

COUNTER-CYCLICAL PAYMENTS UNDER THE 2008 FARM BILL OCTOBER 2009, www. cotton. org.

Dhruv Sood. India Cotton and Products Annual 2015 - 3 - 30. http: //gain. fas. usda. gov/Recent％20GAIN％20Publications/Cotton％20and％20Products％20Annual _ New％20Delhi _ India _ 3 - 30 - 2015. pdf.

Food and Agriculture Organization of the United Nations. http: //faostat. fao. org/.

http: //baike. baidu. com/link? url＝1xumHWiOVNDCUGH _ PV6 - JWo _ p7CFNcjhCp-kpb84atNJbla R1obTcokeaK 1Xbx4v2fgYaqk9GtpsiwtaSHTIz _

http: //baike. baidu. com/link? url ＝ oWqCpc05hzprrtavW2SpzXI7YEwEfH5PdpqUzwutFuqB2UnU _ dBQor _ 8FnLfi8Mu

http: //wenku. baidu. com/link? url＝PohkDgik9MscCIr8CP0Gs43 - kfEdK6DV9o4t1fUs2SXNNQWi7KsbtYUwJzj 8g73Rv2v0wQ7oQh6WPhXJTThgzHlAXXlFr6n3fT386xvAvbG, 2015/10/03

http: //www. cottonsa. org. za/Home/Index

http: //blog. sina. com. cn/s/blog _ 6ed45f2a0100vfha. html

India Annual Cotton Report (2009), www. usda. gov.

ISAAA, 2014. http: //www. isaaa. org.

ITMF (International Textile Machinery Shipment Statistics), 2013

Karimnagar, 2015 - 10 - 28. https: //en. wikipedia. org/wiki/Karimnagar♯Climate.

M. Abudulai, L. Abatania and A. B. Salifu. Farmers' knowledge and perceptions of cotton insect pests and their control practices in ghana.

Major Crops of India, 2014 - 12 - 20. http: //www. gktoday. in/major-crops-of-india/♯Cotton.

Pakistan Annual Cotton Report (2009), www. usda. gov.

Salem, Tamil Nadu From Wikipedia, the free encyclopedia, 2015 - 10 - 17. https: //en. wikipedia. org/wiki/Salem, _ Tamil _ Nadu.

Tanzania Cotton Board Annual Report Final (2013)

The Central Institute for research on cotton technologies, 2015 - 11 - 2. http: //circot. res. in/circot/.

U. S. Government Printing Office. Agriculture Reform, Food and Jobs Act of 2012 - Report of Committee on Agriculture, Nutrition and Forestry.

United Nations Commodity Trade Statistics Database. http: //comtrade. un. org/

后　记

　　《当代世界棉业》由前所长刘毓湘主编，于 1995 年出版，本书是让我辈深度洞察全球棉花科技和产业发展趋势，在棉花的决策咨询、战略规划和国内外生产指导诸方面获利颇多，受益匪浅，成为一生必读的高水平学术著作。为了继承发展，满足提升大国棉花产业竞争力、适应经济全球化和市场国际化，以及"走出去"战略的新需求，决定组织编撰《当代全球棉花产业》，得到全国棉花产业界的专家学者、企业家、行业专家和管理专家的热烈响应，于 2015 年 6 月 25 日在南昌召开编撰会议，10 月全部收回初稿，12 月收回修改稿，2016 年 2 月收回第二次修改稿，2—3 月修改补充，4 月中旬全部交出版社，8 月底出版，真诚感谢各位作者付出的辛勤劳动，感谢我的助手们、研究生所做的大量具体细致工作，感谢大家！

　　"书是人类进步的阶梯"（高尔基，1868—1936）。著书的人一定是一个有思想、有智慧、懂系统论的人。要谋篇布局，文心雕龙，表图规划和绘制。书是承载知识、方法和技能的载体，承载着系统论、方法论和逻辑学，因而是知识、智慧的结晶。毛树春出生于 1956 年 9 月，当本著出版发行时正值 60 岁生日，自 1979 年 12 月参加工作，长期在中棉所从事棉花栽培科学技术研究工作，38 年主/参编著作 56 部，其中主编 36 部，参编 20 部。据中棉所官网统计，自 1957 年建所至 2016 年 8 月（外加 2016 年 4 部），主/参编各类著作 177 部，占 31.1%。自 1980 年起 152 部，占 36.2%，他的书真可谓十分天下有其三。

　　大致分两类，第一类为主编的技术学术著作 20 部，处女作《棉花营养和施肥》（1993）、《棉花良种繁殖与成苗技术》（1998）、《棉花规范化高产栽培技术》（1998，重印 4 次）、《优质棉花栽培技术》（2001，教材）、《棉花栽培新技术》（2002）、《优质棉花新品种及栽培技术》（2003）、《图说棉花无土育苗无载体裸苗移栽》（2005）、《棉花优质高产栽培新技术》（2006）、《图说棉花基质育苗移栽》（2009，2014 再版）、《中国棉花栽培学》（2013）等 10 部，其中《中国棉花栽培学》180 万字，这部著作前后写了 10 年。

　　参编技术类著作 15 部，《棉花知识百科》（2001）、《棉花》（2003）、《优势农产品生产技术规范》（2004）、《2007 年农业主导品种和主推技术》（2007）和《2016 年农业主导品种和主推技术》（2016）合 10 部，《新疆棉作理论与现代植棉技术》（2016）和《快乐植棉》（2016）。

　　第二类为主编发展战略和监测预警著作 16 部，《中国棉花生产可持续研究》

（1999）、《WTO 与中国棉花》（2002）、《中国棉花生产景气报告》（2004）、《中国棉花生产景气报告 2004》（2005）、《中国棉花生产景气报告 2005》（2006）、《中国棉花生产景气报告 2006》（2007）、《中国棉花生产景气报告 2008》（2009）、《中国棉花景气报告 2009》（2010）、《中国棉花景气报告 2010》（2011）、《中国棉花景气报告 2011》（2012）、《中国棉花景气报告 2012》（2013）、《WTO 与中国棉花十年》（2013）、《中国棉花景气报告 2013》（2014）、《中国棉花景气报告 2014》（2015）、《中国棉花景气报告 2015》（2016）和《当代全球棉花产业》（2016）。

参编发展战略类 5 部，《发展优势农产品的问题与对策》（1999）、《棉花发展战略研究》（2006）、《气候变化对作物生产影响及其对策》（2013）、《中国棉麻丝可持续发展研究》（2015）和《2014—2015 作物学学科发展报告》（2016）。

在主/参编的 56 部著作中，《中国棉花栽培学》（2013）为技术措施、理论方法的研究结晶，《当代全球棉花产业》（2016）为发展战略、经济学和监测预警信息学的研究结晶。

30 多年以来，来自全国科技界、学术界、产业界、经济学界以及政府部门、相关机构等与我合作撰写的同仁有好几百位；《中国棉花景气报告》系列著作 15 部，得到国家统计局、农业部的大力支持，得到中国棉花协会、中国棉纺织行业协会、全国棉花交易市场、郑州商品交易所、农业部农业贸易促进中心，产棉省（市、区）和新疆生产建设兵团农业部门等的帮助，成就了一系列著作的出版，深表真诚感谢！

系列著作的出版得到中国农业出版社、上海科学技术出版社、金盾出版社和中国农业科学技术出版社等的大力支持和合作，致以真诚感谢。

毛树春　李亚兵
2016 年 5 月 15 日

图书在版编目（CIP）数据

当代全球棉花产业／毛树春，李付广主编．—北京：
中国农业出版社，2016.8
ISBN 978-7-109-21776-8

Ⅰ.①当…　Ⅱ.①毛…②李…　Ⅲ.①棉花－产业－
研究－世界　Ⅳ.①F316.12

中国版本图书馆 CIP 数据核字（2016）第 135170 号

中国农业出版社出版
（北京市朝阳区麦子店街 18 号楼）
（邮政编码 100125）
责任编辑　赵　刚

北京中科印刷有限公司印刷　　新华书店北京发行所发行
2016 年 8 月第 1 版　　2016 年 8 月北京第 1 次印刷

开本：787mm×1092mm　1/16　　印张：67.75
字数：1660 千字
定价：218.00 元
（凡本版图书出现印刷、装订错误，请向出版社发行部调换）